Lutter/Bayer · Holding-Handbuch

Holding-Handbuch

Konzernrecht
Konzernsteuerrecht
Konzernarbeitsrecht
Betriebswirtschaft

begründet von

Prof. Dr. Dr. h.c. mult. Marcus Lutter

ab der 6. Auflage herausgegeben von

Prof. Dr. Walter Bayer
Universitätsprofessor in Jena,
Richter am Thüringer OLG a.D.,
Mitglied des Thüringer VerfGH

Bearbeiter siehe nächste Seite

6. neu bearbeitete Auflage

2020

ottoschmidt

Bearbeiter

Prof. Dr. Walter Bayer
Universitätsprofessor, Jena,
Richter am Thüringer OLG a.D.,
Mitglied des Thüringer VerfGH

Dr. Claudia Junker, LL.M. (Cornell)
Generalbevollmächtigte, Leiterin
Law & Integrity, General Counsel, Bonn,
Rechtsanwältin, Fachanwältin
für Handels- und Gesellschaftsrecht

Dr. Thomas Keller
Unternehmensberater, Hamburg

Dr. Markus Keuthen
Rechtsanwalt, Steuerberater, Dipl.-Finanzwirt,
Düsseldorf

Dr. Thomas Kremer
Rechtsanwalt, Düsseldorf

Prof. Dr. Gerd Krieger
Rechtsanwalt, Düsseldorf,
Honorarprofessor der Universität Düsseldorf

Dr. Theresa Lauterbach
Rechtsanwältin, München

Prof. Dr. Dr. h.c. mult. Marcus Lutter
em. Universitätsprofessor, Bonn

Manuela Mackert
Chief Compliance Officer,
Rechtsanwältin, Bonn

Prof. Dr. Reinhard Marsch-Barner †
Rechtsanwalt, Frankfurt a.M.,
Honorarprofessor der Universität Göttingen

Prof. Dr. Stephan Paul
Universitätsprofessor, Bochum

Robert Polatzky
Diplom-Kaufmann, Diplôme de formation à la
gestion, Steuerberater, Fachberater für
Internationales Steuerrecht, Stuttgart

Prof. Eberhard Scheffler
Wirtschaftsprüfer, Hamburg,
Honorarprofessor der Universität Hamburg

Dr. Kersten v. Schenck
Rechtsanwalt und Notar, Frankfurt a.M.

Prof. Dr. Jessica Schmidt, LL.M.
(Nottingham)
Universitätsprofessorin, Bayreuth

Martin Schmidt, LL.M.
Steuerberater, Nürnberg

Prof. Dr. Stefan Stein
Member of the Board of Governors,
University of Europe for Applied Sciences
(Berlin)

Dr. Klaus-Dieter Stephan
Rechtsanwalt, Frankfurt a.M.

Prof. Dr. Gregor Thüsing, LL.M. (Harvard)
Universitätsprofessor, Bonn,
Attorney at Law (New York)

Dr. Thomas Trölitzsch
Rechtsanwalt, Fachanwalt
für Handels- und Gesellschaftsrecht, Stuttgart

Dr. Jens Uelner
Rechtsanwalt, Sankt Augustin

Prof. Dr. Jochen Vetter
Rechtsanwalt, Dipl.-Ökonom, München,
Honorarprofessor an der Universität zu Köln

Prof. Dr. Ulrich Wackerbarth
Universitätsprofessor, Hagen

Zitierempfehlung:

Verfasser in Lutter/Bayer, Holding-Handbuch,
6. Aufl. 2020, § … Rz. …

Bibliografische Information der Deutschen Nationalbibliothek

Die Deutsche Nationalbibliothek verzeichnet diese Publikation in der Deutschen Nationalbibliografie; detaillierte bibliografische Daten sind im Internet über http://dnb.d-nb.de abrufbar.

Verlag Dr. Otto Schmidt KG
Gustav-Heinemann-Ufer 58, 50968 Köln
Tel. 02 21/9 37 38-01, Fax 02 21/9 37 38-9 43
info@otto-schmidt.de
www.otto-schmidt.de

ISBN 978-3-504-48007-3

Das verwendete Papier ist aus chlorfrei gebleichten Rohstoffen hergestellt, holz- und säurefrei, alterungsbeständig und umweltfreundlich.

Einbandgestaltung: Lichtenford, Mettmann
Satz: Schäper, Bonn
Druck und Verarbeitung: Kösel, Krugzell
Printed in Germany

Vorwort

Bereits in der 6. Auflage erscheint das Holding-Handbuch nun und hat sich als interdisziplinärer Klassiker auf dem Gebiet des Konzernrechts etabliert. Über die „Holding" hinaus, die ihrerseits in zahlreichen Formen in Erscheinung tritt, sei es als Führungsholding, als Finanzholding oder auch in einer der vielen Mischformen, behandelt das Handbuch umfassend alle Themen aus den Bereichen Konzernrecht, Konzernsteuerrecht, Konzernarbeitsrecht bis hin zu betriebswirtschaftlichen Fragen.

Ein Handbuch über das Recht der Holding ist stets zugleich auch ein Konzernrechts-Handbuch: Denn das den Konzern prägende Gesellschafts- und Konzernrecht ist zugleich die Hauptrechtsquelle für jede Holding. Dies gilt in gleicher Weise für das Konzern-Arbeitsrecht.

Holding-Strukturen sind oft steuergetrieben: Daher ist seit jeher auch das nationale und das internationale (Konzern-)Steuerrecht Gegenstand unseres Holding-Handbuchs. Und da alle Rechtsfragen in einem engen Zusammenhang mit ökonomischen Organisations- und Finanzfragen stehen, nehmen auch betriebswirtschaftliche Themen breiten Raum ein.

Viele der bereits in der Vorauflage aufgegriffenen Themen sind nach wie vor von großer Relevanz für die Konzerne und sind in der 6. Auflage des Holding-Handbuchs noch einmal vertieft und aktualisiert worden. Darüber hinaus haben sich in der Zwischenzeit zahlreiche neue Entwicklungen in Politik, Gesetzgebung und Literatur ergeben, die nun berücksichtigt wurden.

Beispielhaft seien hier das ARUG II vom 12.12.2019 (insbesondere mit der Neuregelung der Related Party Transactions), der grundlegend überarbeitete Deutsche Corporate Governance Kodex in der Fassung vom 16.12.2019 sowie das Gesetz zur Erleichterung der Bewältigung von Konzerninsolvenzen vom 13.4.2017 genannt. Aber auch die sich durch die 9. GWB-Novelle ergebene Erweiterung des Rahmens für eine Konzernhaftung im nationalen Kartellordnungswidrigkeitenrecht und daraus mittelbar resultierende Überwachungserfordernisse werden ebenso behandelt wie die Reform der Hinzurechnungsbesteuerung durch die ATAD I.

Zudem bot die seit der Vorauflage ergangene Rechtsprechung Anlass für einige Überarbeitungen, so z.B. des BGH zur Zusammensetzung des Aufsichtsrats der SE (Vorher-Nachher-Prinzip) und zur Anfechtbarkeit der Darlehensrückgewährung sowie des EuGH in Sachen „Skanska" und „Polbud".

Schließlich haben personelle Veränderungen Anlass zu einigen Modifikationen gegeben:

Als neuen Mitstreiter für den (nunmehr zusammengefassten) steuerlichen Teil konnten wir Markus Keuthen gewinnen, der die bislang von Lenhard Jesse und Harald Schaumburg getrennt bearbeiteten Kapitel übernommen hat. Dadurch hat sich die Kapitel-Reihenfolge ab § 15 verändert. Gemeinsam mit Robert Polatzky bearbeitet nunmehr Martin Schmidt die Kapitel der steuerlichen Parameter für die internationale Standortwahl sowie der ausländischen Holding-Standorte (ausgeschieden ist Michael Schaden). Jessica Schmidt hat zusätzlich die Neubearbeitung der Holding-SE übernommen (für den viel zu früh verstorbenen Reinhard Marsch-Barner). Theresa Lauterbach kam als Mitautorin zu Jochen Vetter für das Kapitel Konzernweites Cash Management hinzu. Allen Ausgeschiedenen danken Herausgeber und Verlag für ihre Mitwirkung an den Vorauflagen!

Diese Neuauflage ist die erste, an der unser Gründungsherausgeber Marcus Lutter nicht mehr aktiv beteiligt ist. Sein Ausscheiden nehmen Walter Bayer, dem Marcus Lutter bereits in der vergangenen Auflage vertrauensvoll die Mitherausgeberschaft anvertraut hat, sowie die Autoren und der Verlag gerne zum Anlass, ihm für die jahrelange sehr enge und hervorragende Zusammenarbeit ganz herzlich zu danken! Es ist unser aller Anliegen, dass das Holding-Handbuch auch zukünftig den Namen seines „Erfinders" weiterhin im Titel trägt. Das bislang von Marcus Lutter verantwortete Einleitungskapitel hat gleichfalls Walter Bayer fortgeführt und aktualisiert.

Auf Mängel und Lücken dürfen uns unsere Leser gerne hinweisen! Auch Anregungen für eine künftige 7. Auflage nehmen wir gerne an die Adresse des Verlages (lektorat@otto-schmidt.de) entgegen.

Jena, im Juni 2020

Walter Bayer

Inhaltsübersicht

	Seite
Vorwort	VII
Inhaltsverzeichnis	XI
Autorenverzeichnis	XXIII
Literaturverzeichnis	XXVII
Abkürzungsverzeichnis	XXXI

Teil I
Die Entscheidung für die Holding und deren Entstehung

§ 1	Begriff und Erscheinungsformen der Holding *(Lutter/Bayer)*	1
§ 2	Vor- und Nachteile der Holding *(Scheffler)*	24
§ 3	Entstehung der Holding *(Stephan)*	38

Teil II
Organisation und Führung der Holding

§ 4	Die Führung und Organisation der Holding aus betriebswirtschaftlicher Sicht *(Keller)*	113
§ 5	Überwachung durch den Vorstand der Holding *(v. Schenck)*	156
§ 6	Compliance und Datenschutz in der Holding *(Mackert)*	186
§ 7	Überwachung durch den Aufsichtsrat und die Gesellschafter der Holding *(Krieger)*	218
§ 8	Haftung in der Holding *(Bayer/Trölitzsch)*	248

Teil III
Finanzwirtschaft und Rechnungslegung

§ 9	Die Rechnungslegung der Holding *(Scheffler)*	291
§ 10	Strategische Ausrichtung der Finanzwirtschaft in der Holding *(Paul/Stein)*	413
§ 11	Konzernweites Cash Management – Rechtliche Schranken und Risiken *(J. Vetter/Lauterbach)*	466

Teil IV
Arbeitsrecht in der Holding

§ 12	Arbeitsrecht und Mitbestimmung in der Holding *(Wackerbarth)*	523
§ 13	Arbeitsrecht in der Holding – Internationale Aspekte *(Thüsing)*	612

Seite

Teil V
Die Holding im Steuerrecht

§ 14 Die Holding aus steuerrechtlicher Sicht *(Keuthen)* 653
§ 15 Steuerliche Parameter für die internationale Standortwahl *(Polatzky/M. Schmidt)* ... 912

Teil VI
Internationales

§ 16 Ausländische Holding-Standorte *(Polatzky/M. Schmidt)* 955
§ 17 Holding-SE *(Marsch-Barner/J. Schmidt)* 996
§ 18 Europäisches Unternehmensrecht *(Bayer/J. Schmidt)* 1023

Teil VII
Wege aus der Holding

§ 19 Auflösung von Holdingstrukturen *(Kremer/Junker)* 1049
§ 20 Liquidation und Insolvenz *(Kremer/Uelner)* 1064

Stichwortverzeichnis 1085

Inhaltsverzeichnis

Seite

Vorwort VII
Inhaltsübersicht IX
Autorenverzeichnis XXIII
Literaturverzeichnis XXVII
Abkürzungsverzeichnis XXXI

Teil I
Die Entscheidung für die Holding und deren Entstehung

§ 1
Begriff und Erscheinungsformen der Holding
(Lutter/Bayer)

I. Überblick: Holdingkonzepte und Gründe für ihre Verbreitung 2
1. Ausgangslage 2
2. Betriebswirtschaftliche Vorteile von Holdingkonzepten 3
3. Holdingkonzepte als Folge von Divisionalisierung oder verschmelzungsähnlicher Vorgänge 4
4. Rechtliche Gründe für Holdingkonzepte 5

II. Historische Wurzeln der „Holding“ 5

III. Der Begriff der Holding 6
1. Problem 6
2. Kriterien für eine Definition 7

IV. Holding und Konzernbegriff 14
1. Problemstellung und Bedeutung des Konzernbegriffs 14
2. Konzern i.S.d. Konzernrechts (§ 18 Abs. 1 Satz 1 AktG) 15
3. Der Konzernbegriff des Bilanzrechts (§§ 290 ff. HGB) 22

V. Fazit 23

§ 2
Vor- und Nachteile der Holding
(Scheffler)

I. Einleitung 24
1. Erscheinungsformen der Holding 24
2. Gründe und Motive für die Errichtung einer Holding 28

II. Allgemeine Vor- und Nachteile einer Holding 30
1. Vorteile 30
2. Nachteile 31

III. Vor- und Nachteile der Finanzholding 31

IV. Vor- und Nachteile der Managementholding 33
1. Managementholding, konzernleitende Holding 33
2. Vorteile des Holdingkonzerns 34
3. Nachteile des Holdingkonzerns 36

V. Fazit 37

Seite

§ 3
Entstehung der Holding
(Stephan)

I. Einleitung 41

II. Der Rechtsrahmen der Holdingunternehmen 41
1. Rechtsformen der Holding 41
2. Rechtsformen der Unternehmen im Holdingkonzern 59
3. Die Ausstattung der Holding und ihrer Tochtergesellschaften 67
4. Die Unternehmensqualität der Holding 68

III. Gründung der Holding in der jeweiligen Rechtsform 70
1. Ein- oder zweistufige Holdingerrichtung 70
2. Bargründung 71
3. Sachgründung 74
4. Gemischte Sachgründung und Mischeinlage 76
5. Verwendung von Vorrats- oder Mantelgesellschaften 77
6. Formwechsel 78
7. Verschmelzung 78
8. Nachgründung nach § 52 AktG 79
9. Mitbestimmung 79
10. Sonderfall: SE-Gründung 79

IV. Typologische Besonderheiten bei der Errichtung einer Holding 80
1. Erwerber-/Investorenholding 80
2. Vom Stammhaus zur Managementholding 82
3. Holding als Kooperations- und Zusammenschlussinstrument 88
4. Holding als Anteilsbindungsinstrument 96
5. Vertragliche Holdingstrukturen 98

V. Konzernbildung und Konzernleitung 100
1. Aktiengesellschaft als Holding 100
2. Personengesellschaft oder GmbH als Holding 108

Teil II
Organisation und Führung der Holding

§ 4
Die Führung und Organisation der Holding aus betriebswirtschaftlicher Sicht
(Keller)

I. Einleitung 114

II. Instrumentaleigenschaften von Holdinggesellschaften und Holdingstrukturen ... 115
1. Rechtsfähigkeit und Rechtsgegenständlichkeit 115
2. Zentralität 115
3. Neutralität 116
4. Stabilität 116
5. Flexibilität und Elastizität 117
6. Dezentralität der Holdingstruktur 118

Seite

III. Führungsfunktionen einer Holding ... 119
1. Grundfunktionen der Holding als Gesellschafterin ... 119
2. Konzernführungsfunktionen der Holding als Obergesellschaft ... 121

IV. Führungsprinzipien im Holdingverbund ... 124

V. Führungssysteme im Holdingverbund ... 126
1. Normative Führung ... 127
2. Finanzielle Führung ... 131
3. Strategische Führung ... 136
4. Personelle Führung ... 145
5. Corporate Identity ... 148

VI. Führungsrolle, Führungskosten und die innere Führungsstruktur der Holding ... 149
1. Grundstrukturen des Leitungsorgans ... 150
2. Verbundführung mit Unterstützung von Koordinations- und Dienstleistungsfunktionen ... 151
3. Führung mithilfe organexterner Führungsgremien ... 153
4. Konzernintegration mithilfe temporärer Strukturen ... 154

VII. Führungsphilosophie und Rollenverständnis der Holding ... 154

§ 5
Überwachung durch den Vorstand der Holding
(v. Schenck)

I. Gegenstand dieses Kapitels ... 158

II. Allgemeine interne Überwachungsaufgaben des Vorstands der Holding im eigenen Unternehmen ... 160
1. Erfordernis interner Überwachung ... 160
2. Gegenstand der internen Überwachung ... 163
3. Instrumente interner Überwachung ... 165

III. Besondere interne Überwachungspflichten des Vorstands der Holding im Konzern ... 171
1. Vorbemerkung ... 171
2. Grundlagen der Beteiligungsüberwachung ... 172
3. Instrumente der Beteiligungsüberwachung ... 173
4. Grenzüberschreitende Unternehmensgruppen ... 180

IV. Abgrenzung der internen Überwachungsfunktion des Vorstands von der Überwachungsfunktion des Aufsichtsrats der Holding im Konzern ... 180

V. Abgrenzung der Überwachungsaufgabe des Vorstands der Holding von den Überwachungsfunktionen der Organe der abhängigen Gesellschaften ... 181

VI. Sanktionen bei Verletzung interner Überwachungspflichten ... 182
1. Gesellschaftsrecht ... 182
2. Kartellrecht ... 183
3. Insolvenzrecht ... 183
4. Aufsichtsrecht ... 184
5. Ordnungswidrigkeitenrecht ... 184
6. Strafrecht ... 184

Seite

§ 6
Compliance und Datenschutz in der Holding
(Mackert)

I. Compliance-Funktion in einer Holding 186
1. Compliance 186
2. Haftung der Beteiligten 191
3. Zentrale Compliance-Aufgaben 198

II. Verantwortlichkeiten innerhalb der Compliance-Organisation eines Konzerns ... 210
1. Zentrale/dezentrale Verantwortlichkeiten 210
2. Datenschutzrechtliche Aspekte 212
3. Der (Chief) Compliance Officer in der Holding 215
4. Intra Group Compliance Agreement (IGCA) 216

§ 7
Überwachung durch den Aufsichtsrat und die Gesellschafter der Holding
(Krieger)

I. Überwachung durch den Aufsichtsrat der Holding 219
1. Überblick 219
2. Gegenstand der Konzernüberwachung 220
3. Information des Aufsichtsrats 222
4. Aspekte und Verfahren der Überwachung 230
5. Eingriffsmittel 235
6. Personalentscheidungen im Konzern 237
7. Entscheidung über die Ausübung von Beteiligungsrechten gem. § 32 MitbestG, § 15 MitbestErgG 238

II. Überwachung durch die Gesellschafter der Holding 239
1. Holding-AG 239
2. Holding-GmbH 246

§ 8
Haftung in der Holding
(Bayer/Trölitzsch)

I. Einleitung 250
1. Überblick 250
2. Das Problem 251

II. Grundsatz der Vermögens- und Haftungstrennung zwischen Gesellschaft und Gesellschaftern und Ausnahmen 252
1. Grundsatz: Das Trennungsprinzip 252
2. Ausnahmen (der Haftung der Holding „oben für unten") und ihre Systematisierung . 253

III. Allgemeine Tatbestände einer Einstandspflicht der Holding 254
1. Eigene Einstandspflichten aus Vertrag und Delikt 254
2. Sonderfall des § 117 AktG 258
3. Konzernvertrauenshaftung als Durchbrechung des Trennungsprinzips? 258
4. Konzernverantwortung im Kartellrecht 259

Seite

IV. Beteiligungsspezifische Tatbestände ... 263
1. Kapitalerhaltungsrecht ... 263
2. Gesellschafterdarlehen und -sicherheiten ... 266

V. Leitungsspezifische Tatbestände ... 275
1. Pflicht zum Verlustausgleich bei Unternehmensverträgen ... 275
2. Leitung durch Beteiligung (faktische Herrschaft) ... 277

VI. Durchgriff: Die Aufgabe des Trennungsprinzips als Ultima Ratio ... 284
1. Überblick ... 284
2. Einzelheiten des Haftungsdurchgriffs und Fallgruppen ... 285

VII. Durchsetzung der Ansprüche und Anspruchskonkurrenzen ... 287
1. Durchsetzung der Ansprüche ... 287
2. Anspruchskonkurrenzen ... 289

VIII. Schluss ... 290

Teil III
Finanzwirtschaft und Rechnungslegung

§ 9
Die Rechnungslegung der Holding
(Scheffler)

I. Einführung ... 294
1. Begriff der Rechnungslegung ... 294
2. Grundzüge des Bilanzrechts ... 294
3. Unternehmensverbindungen im Bilanzrecht ... 299

II. Jahresabschluss und Lagebericht der Holding ... 305
1. Die Bilanz der Holding ... 306
2. Die Gewinn- und Verlustrechnung der Holding ... 316
3. Anhang ... 317
4. Der Lagebericht ... 321

III. Holdingtypische Abschlussposten ... 321
1. Anteile an verbundenen Unternehmen und andere Beteiligungen ... 322
2. Ausleihungen ... 333
3. Wertpapiere des Anlagevermögens ... 336
4. Holdingtypische Rückstellungen ... 337
5. Bilanzierung von Bewertungseinheiten ... 339
6. Finanzerträge und Finanzaufwendungen ... 341

IV. Der HGB-Konzernabschluss der Holding ... 348
1. Überblick ... 348
2. Bilanzierung und Bewertung im Konzernabschluss ... 352
3. Konsolidierungsmaßnahmen ... 354
4. Weitere Bestandteile des Konzernabschlusses ... 360
5. Der Konzernlagebericht ... 367

V. Konzernrechnungslegung nach IFRS ... 368
1. Einführung ... 368
2. Der IFRS-Abschluss ... 371
3. Finanzinstrumente ... 377
4. Zur Veräußerung bestimmte Anlagewerte und aufgegebene Geschäftsbereiche ... 381

Seite

5. Der IFRS-Konzernabschluss ... 381
6. Einzelne Abschlussposten ... 384
7. Sonstige Regelungen ... 392

VI. Sonstige Erklärungen und Berichte ... 393
1. Vergütungsbericht ... 393
2. (Konzern-)Erklärung zur Unternehmensführung ... 393
3. Nichtfinanzielle (Konzern-)Erklärung ... 395
4. Zahlungsberichte ... 397
5. Abhängigkeitsbericht ... 398
6. Zwischenberichterstattung ... 398

VII. Prüfung des Jahres- und des Konzernabschlusses ... 399
1. Prüfung und Prozess der Rechnungslegung ... 399
2. Prüfung durch den Abschlussprüfer ... 401
3. Abschlussprüfung durch den Aufsichtsrat ... 407

§ 10
Strategische Ausrichtung der Finanzwirtschaft in der Holding
(Paul/Stein)

I. Wertschaffung als Ziel der Holding-Finanzwirtschaft ... 415

II. Wertanalysen als Grundlage der finanziellen Steuerung ... 418
1. Renditeforderungen der Kapitalgeber als Beurteilungsmaßstab für die Wertschaffung ... 418
2. Die Kapitalwertmethode zur Ex-ante-Bestimmung der Vorteilhaftigkeit von Investitionen und Finanzinstrumenten ... 422
3. Wertbeitragskennzahlen zur Ex-post-Kontrolle der Wertschaffung ... 426

III. Generelle Beiträge des Finanzleiters zur Wertschaffung ... 430
1. Kapitalstrukturpolitik ... 430
2. Liquiditätsmanagement ... 437
3. Finanzielles Risikomanagement ... 442

IV. Spezielle Aufgaben des Finanzleiters bei der Hebung von Wertpotentialen in der Holding ... 452
1. Cash-Management: Erzielung von Größen- und Diversifikationseffekten durch Pooling und Netting ... 452
2. Unternehmenssteuerung mit differenzierten Kapitalkosten ... 455
3. Konzernstrukturierungs- und -finanzierungsmaßnahmen am Beispiel von Börsengängen, Abspaltungen und Zukäufen ... 458

V. Kommunikation der Wertschaffung ... 461

VI. Ausblick: Der „digitale“ Chief Financial Officer: Unternehmer in der Unternehmung ... 462

Seite

§ 11
Konzernweites Cash Management – Rechtliche Schranken und Risiken
(J. Vetter/Lauterbach)

I. Einleitung ... 469

II. Gefahren des Cash Pooling für einbezogene Konzerngesellschaften und den Konzern insgesamt ... 471

III. Rechtliche Rahmenbedingungen ... 473
1. Die kapitalbezogene Ausschüttungssperre des § 30 Abs. 1 GmbHG ... 474
2. Die liquiditätsbezogene Ausschüttungssperre des § 64 Satz 3 GmbHG, Verbot des existenzvernichtenden Eingriffs ... 491
3. Risiken im Hinblick auf die Rückzahlung von Gesellschafterdarlehen ... 497
4. Sonderproblem Kapitalerhöhung im Cash Pool ... 503
5. Treuepflicht bei mehrgliedriger GmbH ... 507
6. Positive Liquiditätsverantwortung des herrschenden Unternehmens? ... 508
7. Strafrechtliche Verantwortung ... 509
8. Besonderheiten bei der AG ... 511
9. Aufsichtsrechtliche Hinweise ... 513

IV. Hinweise zur Ausgestaltung ... 514
1. Vertragliche Fixierung ... 514
2. Transparenz und vollständige Dokumentation ... 515
3. Installierung eines Frühwarnsystems ... 515
4. Mindestsolidität, Zusicherungen ... 517
5. Vertragliche Bestimmungen zum Schutz des Kapitals und der Liquidität ... 517
6. Tilgungs- und Verwendungsabreden ... 518
7. Besicherung von Darlehen ... 519
8. Separate Behandlung von Sockelbeträgen ... 519
9. Begrenzung eines Haftungsverbunds ... 520
10. Wahrung eines Mindestmaßes an finanzieller Eigenständigkeit ... 520
11. Abstimmung mit konzernexterner Fremdfinanzierung ... 521
12. Konsequente Durchführung und Bereitschaft zu harten Entscheidungen ... 521
13. Schlussbemerkung ... 522

Teil IV
Arbeitsrecht in der Holding

§ 12
Arbeitsrecht und Mitbestimmung in der Holding
(Wackerbarth)

I. Die Holding als Arbeitgeber ... 529
1. Anstellung und Überlassung von Arbeitnehmern ... 529
2. Der holdingweite Arbeitsvertrag ... 537
3. Haftungs- und Berechnungsdurchgriff, insbesondere § 16 BetrAVG ... 541
4. Beendigung von Arbeitsverhältnissen im Holdingbereich ... 550

Seite

II. Die Arbeitnehmervertretung in den Aufsichtsräten des Holdingkonzerns 557
1. Mitbestimmungsgesetz 557
2. DrittelbG 574

III. Die Arbeitnehmervertretung gegenüber der Holding 577
1. Holding und Gewerkschaften 577
2. Holding und Betriebsrat 583
3. Holding und Europäischer Betriebsrat 598

IV. Gemeinsame Betriebe und Betriebsteile im Holdingbereich 605
1. Einleitung 605
2. Voraussetzungen eines gemeinsamen Betriebes mehrerer Unternehmen 605
3. Arbeitsvertragliche Konsequenzen des Gemeinschaftsbetriebes 607
4. Beteiligung der Arbeitnehmer gemeinsamer Betriebe mehrerer Unternehmen an den Aufsichtsratswahlen 609
5. Kein Gesamtbetriebsrat für den gemeinschaftlichen Betrieb 609

V. Fazit: Arbeitsrechtliche Gesichtspunkte für die Wahl von Holding-Strukturen 610
1. Allgemeine Aspekte der Konzern-Organisation 610
2. Die Obergesellschaft als Holding 610
3. Spezielle Aspekte der Bildung einer Zwischenholding 611

§ 13
Arbeitsrecht in der Holding – Internationale Aspekte
(Thüsing)

I. Arbeitsvertrag im internationalen Konzern: Anwendbares Recht 614
1. Arbeitgeber „Internationaler Konzern" 614
2. Arbeitsvertragsstatut bei grenzüberschreitenden Arbeitsverhältnissen 615
3. Gerichtsstand 626

II. Internationale, konzerndimensionale Arbeitnehmerüberlassung 628
1. Rechtliche Zulässigkeit der konzerndimensionalen Arbeitnehmerüberlassung 628
2. Sozialversicherungspflicht bei internationaler Arbeitnehmerentsendung 630
3. Sozialversicherungsfreiheit aufgrund bindender Feststellungen des ausländischen Sozialversicherungsträgers 633

III. Transnationale Vereinbarungen mit Gewerkschaften – *International Framework Agreements* (*IFAs*) 633
1. Herkommen und Geschichte der *IFAs* 633
2. Referenzobjekte der *IFAs* 635
3. Typische Inhalte der *IFAs* 635
4. Verbesserung der Rechtstellung von Arbeitnehmern und Gewerkschaft 636

IV. Internationaler Datentransfer im Konzern 637
1. Praktische Relevanz 637
2. Grundlagen von Datenschutzgrundverordnung (DS-GVO) und Bundesdatenschutzgesetz (BDSG) 637
3. Anzuwendendes Recht 639
4. Internationaler Datentransfer 641
5. Datentransfer in Drittstaaten 647

Seite

Teil V
Die Holding im Steuerrecht

§ 14
Die Holding aus steuerrechtlicher Sicht

(Keuthen)

I. Einführende Grundlagen 658

II. Rechtsformwahl 661

1. Grundsätze 661
2. Entscheidungskriterien 663

III. Steuerliche Gestaltungsziele 689

1. Minderung der Steuerbelastung 689
2. Vertikale Gewinn- und Verlustverrechnung 690
3. Dividendenfreistellung 695
4. Umqualifizierung von Einkünften 697
5. Freistellung von Veräußerungsgewinnen 698
6. Uneingeschränkter Betriebsausgabenabzug 699
7. Nutzung von Verlusten und von Verlustvorträgen 716
8. Vermeidung inländischen Ort der Geschäftsleitung 720
9. Vorsteuerabzug 723
10. Erbschaftsteuerliche Verschonung 723
11. Vermeidung der Hinzurechnungsbesteuerung 724

IV. Errichtung 728

1. Kapitalgesellschaften 730
2. Personengesellschaften 811

V. Änderung von Beteiligungsstrukturen 820

1. Kauf/Verkauf (Übertragung gegen Entgelt) 821
2. Einbringung durch verdeckte Einlage (unentgeltliche Übertragung) 826
3. Umstrukturierung 828

VI. Auflösung 828

1. Kapitalgesellschaften 829
2. Personengesellschaften 830

VII. Besonderheiten der laufenden Besteuerung 833

1. Körperschaftsteuer/Einkommensteuer 833
2. Gewerbesteuer 852
3. Maßnahmen zur Vermeidung der Doppelbesteuerung 856
4. Umsatzsteuer 866
5. Besteuerung in Organschaftsfällen 871
6. Konzernprüfung (Außenprüfung) 897

VIII. Grundlagen der Finanzierung von Holdingunternehmen 898

1. Eigenkapitalfinanzierung 898
2. Fremdkapitalfinanzierung 901
3. Finanzierungsalternativen 902

IX. Tax Compliance 903

X. Abgabenrechtliche Aspekte 905

1. Anzeige- und Mitteilungspflichten gem. §§ 137, 138 AO 905

Seite

2. Vertretung in Steuerangelegenheiten 908
3. Haftung nach § 74 AO 909

§ 15
Steuerliche Parameter für die internationale Standortwahl
(Polatzky/M. Schmidt)

I. Einführung 914

II. Allgemeine Überlegungen zur Gründung einer ausländischen Zwischenholding 915
1. Steuerliche Motive 915
2. Kapitalgesellschaft vs. Personengesellschaft als Rechtsform der ausländischen Zwischenholding 918
3. Grenzen der Gestaltungsmöglichkeiten und steuerliche Missbrauchsbestimmungen 919

III. Die Errichtung einer ausländischen Zwischenholding 926
1. Grundsätzliche Wege in die ausländische Zwischenholding 926
2. Besteuerungsrechte, Realisierung stiller Reserven sowie weitere mögliche steuerliche Folgen 927
3. Steuerliche Auswirkungen der verschiedenen Wege in die ausländische Zwischenholding 927

IV. Die laufende Besteuerung der ausländischen Zwischenholding 939
1. Laufende Besteuerung nach dem Steuerrecht des ausländischen Holdingstandorts 939
2. Deutsche außensteuerliche Aspekte 939
3. Repatriierung von Gewinnen nach Deutschland 944
4. Fragestellungen bei doppelt ansässigen ausländischen Zwischenholdinggesellschaften 946

V. Die Auflösung der ausländischen Zwischenholding 949
1. Vorbemerkung 949
2. Mögliche Wege zur Auflösung der ausländischen Zwischenholding 949

Teil VI
Internationales

§ 16
Ausländische Holding-Standorte
(Polatzky/M. Schmidt)

I. Einführung 957

II. Ausländische Holding-Standorte 958
1. Luxemburg 958
2. Niederlande 963
3. Österreich 968
4. Schweiz 972
5. Großbritannien 976
6. Belgien 979
7. Liechtenstein 983
8. USA 986
9. Hongkong 991
10. Singapur 993

Seite

§ 17
Holding-SE
(Marsch-Barner/J. Schmidt)

I. Europäische Gesellschaft (SE) als eigene Rechtsform ... 997
1. Rechtsgrundlagen ... 997
2. Vorteile der SE ... 998
3. Die SE als Holding ... 999

II. Gründung einer Holding-SE ... 1000
1. Varianten der Gründung einer SE ... 1000
2. Gründung einer deutschen Holding-SE ... 1000

III. Klagen gegen den Zustimmungsbeschluss zum Gründungsplan ... 1018
1. Bedeutung für die Eintragung im Handelsregister ... 1018
2. Klageausschuss und Spruchverfahren in bestimmten Fällen ... 1019

IV. Pflichtangebot nach WpÜG? ... 1020

V. Konzernrecht der SE ... 1022

§ 18
Europäisches Unternehmensrecht
(Bayer/J. Schmidt)

I. Einleitung ... 1024

II. EU-Rechtsformen als Holding ... 1024
1. EWIV ... 1024
2. SE ... 1026
3. SCE ... 1027
4. Rechtsformprojekte ... 1027

III. Konzern- und Holdingrecht unter dem Blickwinkel der Niederlassungs- und Kapitalverkehrsfreiheit ... 1028
1. Gewährleistungsgehalt ... 1028
2. Bedeutung für Holding-/Konzernstrukturen ... 1030

IV. EU-Recht als *enabling law* für grenzüberschreitende Umwandlungen ... 1032
1. Verlegung des Verwaltungssitzes ... 1032
2. Grenzüberschreitende Verschmelzung ... 1033
3. Grenzüberschreitende Spaltung ... 1033
4. Grenzüberschreitender Formwechsel ... 1034

V. Holdingrelevante Regelungen in EU-Rechtsakten ... 1035
1. Gesellschaftsrechtliche Rechtsakte ... 1035
2. Kapitalmarkt- und bankrechtliche Rechtsakte ... 1044

VI. Resümee und Ausblick ... 1047

Seite

Teil VII
Wege aus der Holding

§ 19
Auflösung von Holdingstrukturen
(Kremer/Junker)

I. Einführung und Gestaltungsmöglichkeiten ... 1050

II. Veräußerung der operativen Tochtergesellschaften ... 1050
1. Die Holding-AG als Veräußerer ... 1050
2. Die Holding-GmbH als Veräußerer ... 1055

III. Verschmelzung der operativen Tochtergesellschaften auf die Holding ... 1056
1. Die Holding-AG als aufnehmende Gesellschaft ... 1056
2. Die Holding-GmbH als aufnehmende Gesellschaft ... 1059

IV. Übertragende Auflösung der Tochtergesellschaft(en) durch die Holding ... 1060
1. Rechtliche Zulässigkeit ... 1060
2. Die übertragende Auflösung der Tochter-AG ... 1061
3. Die übertragende Auflösung der Tochter-GmbH ... 1063
4. Zusammenfassung und Ausblick ... 1063

V. Weitere Gestaltungsmöglichkeiten ... 1063

§ 20
Liquidation und Insolvenz
(Kremer/Uelner)

I. Einführung ... 1064

II. Auflösung und Liquidation ... 1065
1. Auflösungsbeschluss ... 1065
2. Liquidation ... 1066
3. Gläubigerschutz ... 1067
4. Alternativen zur förmlichen Liquidation ... 1068
5. Liquidation und Insolvenz ... 1068

III. Insolvenz der Holding ... 1069
1. Hintergrund und Verfahrensgrundsätze ... 1069
2. Insolvenzgründe ... 1069
3. Insolvenzantragstellung ... 1073
4. Eröffnungsverfahren und vorläufige Insolvenzverwalter ... 1073
5. Verfahrenseröffnung und Folgen für die Holding ... 1074
6. Übertragende Sanierung und Zerschlagung der Holding ... 1076
7. Beendigung des Insolvenzverfahrens ... 1076
8. Verfahrensgläubiger ... 1077
9. Eigenverwaltung, Insolvenzplan und Schutzschirmverfahren ... 1078
10. Konzerninsolvenzrecht ... 1080
11. Grenzüberschreitende Verfahren ... 1082
12. Ausblick: Restrukturierungsrichtlinie ... 1082
13. Exkurs: Insolvenzgeld ... 1083

Stichwortverzeichnis ... 1085

Autorenverzeichnis

Professor Dr. Walter Bayer ist seit 1995 an der Friedrich-Schiller-Universität Jena als Professor für Bürgerliches Recht, Handels- und Gesellschaftsrecht tätig und wurde 2000 zum Mitglied des Thüringer Verfassungsgerichtshofes berufen; von 1996 bis 2010 war er Richter am Thüringer Oberlandesgericht. Schwerpunkte seiner Forschungstätigkeit sind das deutsche und das europäische Unternehmensrecht, speziell das Aktien-, das GmbH-, das Umwandlungs- und das Konzernrecht. Zu diesen Themen ist er Autor zahlreicher Veröffentlichungen, u.a. im Münchener Kommentar zum Aktiengesetz, im AktG-Kommentar von K. Schmidt/Lutter, im GmbHG-Kommentar von Lutter/Hommelhoff, im Lutter, UmwG-Kommentar, in dem er zudem Mitherausgeber ist. Im Jahr 2008 war Professor Bayer Gutachter der wirtschaftsrechtlichen Abteilung des 67. Deutschen Juristentags.

Dr. Claudia Junker leitet als Generalbevollmächtigte des Deutsche Telekom-Konzerns den Bereich Law & Integrity mit den Bereichen Recht, Datenschutz und Compliance in Bonn. Bereits seit November 2010 ist sie als General Counsel die Leiterin der Rechtsabteilung. Von 1999 bis 2010 war sie als Rechtsanwältin auf den Bereich Corporate (Gesellschafts- und Wirtschaftsrecht sowie M&A) spezialisiert. Dr. Junker ist seit 2007 Fachanwältin für Handels- und Gesellschaftsrecht. Sie publiziert regelmäßig. Ferner hat sie seit 2012 einen Lehrauftrag der Universität zu Köln.

Dr. Markus Keuthen, Dipl.-Finanzwirt (FH), ist Rechtsanwalt, Steuerberater und Partner von Flick Gocke Schaumburg Rechtsanwälte Wirtschaftsprüfer Steuerberater Partnerschaft mbB in Düsseldorf und im Bereich des Unternehmenssteuerrechts und des internationalen Steuerrechts tätig. Er berät vor allem national wie international tätige Unternehmen steuerlich bei In- und Outbound-Investitionen sowie bei Umstrukturierungen. Er ist Autor und Mitautor zahlreicher Veröffentlichungen in den Bereichen des Unternehmenssteuerrechts und des internationalen Steuerrechts und Mitautor beim Kommentar von Schmitt/Hörtnagl/Stratz zum UmwG/UmwStG.

Dr. Thomas Keller, Dipl.-Kaufmann, ist Unternehmensberater und Senior Partner von CAPCON CAPITAL & CONSULTING KG, Düsseldorf/Hamburg. Zu seinen Tätigkeitsschwerpunkten zählen die Unterstützung von Unternehmern bei der Strategieentwicklung und Umsetzung sowei beim Kauf und Verkauf von Unternehmen, die Beratung in angewandten Holding-Fragen sowie die Übernahme von Beirats- und Aufsichtsratsmandaten. Mit der Entwicklung und Umsetzung von Holdingkonzepten befasst sich Dr. Keller seit Anfang der achtziger Jahre. Er ist Autor der „Unternehmungsführung mit Holdingkonzepten", Mitautor der Werke „Handbuch Internationales Management", „Der Konzern im Umbruch", Herausgeber des Sammelwerkes „Die Holding im Mittelstand" sowie Autor weiterer Veröffentlichungen und Fachbeiträge zu den Themen Holding, Aufsichtsrat und Unternehmensbewertung/Wertmanagement.

Dr. Thomas Kremer war von Juni 2012 bis März 2020 Vorstand für Datenschutz, Recht und Compliance bei der Deutschen Telekom AG. Seit Januar 2014 leitete er zusätzlich kommissarisch das Vorstandsressort Personal. Zuvor arbeitete Dr. Kremer für die Thyssen-Krupp AG. Nach seinem Eintritt in die Rechtsabteilung von Krupp im Jahr 1994 übernahm er 2003 als Chefjustitiar die Leitung der Holding-Rechtsabteilung der ThyssenKrupp AG, die im weiteren Verlauf auch das Compliance-Programm entwickelte. Im Jahr 2007 wurde er zusätzlich zum Chief Compliance Officer des ThyssenKrupp-Konzerns ernannt. Im Jahr 2009 übernahm er die Leitung des neu gegründeten Corporate Centers Legal & Compliance. 2011 erfolgte die Ernennung zum Generalbevollmächtigten. Zu den weiteren Stationen in seinem beruflichen Werdegang zählt die Arbeit als Rechtsanwalt in der Sozietät Schäfer, Wipprecht, Schickert in Düsseldorf (heute CMS Hasche Sigle). Nach seinem Studium der Rechtswissenschaften war Dr. Kremer als wissenschaftlicher Mitarbeiter am Institut für Handels- und Wirtschaftsrecht an der Rheinischen Friedrich-Wilhelms Universität in Bonn tätig. Im September 2013 wurde Dr. Kremer in die Regierungskommission Deutscher Corporate Governance Kodex berufen.

Professor Dr. Gerd Krieger ist seit 1980 Rechtsanwalt. Als Partner von Hengeler Mueller Partnerschaft von Rechtsanwälten mbB in Düsseldorf ist er schwerpunktmäßig im Bereich Gesellschafts- und Konzernrecht sowie M&A tätig. An der Heinrich-Heine-Universität Düsseldorf ist er Honorarprofessor für Gesellschaftsrecht. Professor Krieger ist Autor und Mitautor zahlreicher Veröffentlichungen im Bereich des Gesellschaftsrechts, u.a. Mitautor des Buches „Lutter/Krieger/Verse, Rechte und Pflichten des Aufsichtsrats", des „Münchener Handbuchs des Gesellschaftsrechts, Band 4: Aktiengesellschaft" sowie Herausgeber und Mitautor des Buches „Krieger/Uwe H. Schneider, Handbuch Managerhaftung".

Dr. Theresa Lauterbach ist Rechtsanwältin bei Hengeler Mueller Partnerschaft von Rechtsanwälten mbB in München und berät national und international tätige Unternehmen in den Bereichen Gesellschafts- und Konzernrecht, Compliance und M&A.

Professor Dr. Dr. h.c. mult. Marcus Lutter war von 1966 bis 1979 Professor an der Ruhr-Universität Bochum, von 1980 bis 1996 Direktor des Instituts für Handels- und Wirtschaftsrecht und ist seit 1989 in der Leitung des Zentrums für Europäisches Wirtschaftsrecht der Universität Bonn. Professor Lutter war Stellvertretender Vorsitzender der Unternehmensrechtskommission beim Bundesjustizministerium sowie Mitglied der Ständigen Deputation des Deutschen Juristentages (1974–1990) und in der Zeit von 1982 bis 1988 Präsident des Deutschen Juristentages. In den Jahren 2000/2001 war Professor Lutter Mitglied der Regierungskommission Corporate Governance und von 2001 bis 2008 Mitglied der Regierungskommission Deutscher Corporate Governance Kodex. Schwerpunkte seiner beruflichen und literarischen Tätigkeit sind das deutsche und europäische Unternehmensrecht mit Kommentierungen des Aktien- und GmbH-Gesetzes und des Umwandlungsgesetzes sowie Monographien zum europäischen Unternehmensrecht, zum Konzern in Deutschland und Europa sowie zum deutschen Aufsichtsrat.

Manuela Mackert ist seit 2010 Chief Compliance Officer der Deutschen Telekom AG. Insgesamt verfügt sie über mehr als 20 Jahre Top-Management-Erfahrung in den Bereichen Compliance, HR, Recht, Restrukturierung, M&A, Transformation & wertorientierter Kulturwandel bei verschiedenen internationalen Unternehmen. Sie ist Entrepreneur in der strategischen und nachhaltigen (Weiter-) Entwicklung von Compliance, inklusive innovativem Risikomanagement, und der Compliance Kultur, der Digitalisierung in Europa bzw. im Konzern Deutsche Telekom. Autorin zahlreicher Compliance- und Rechtspublikationen; Vordenkerin in digitaler Ethik mit Schwerpunkt Künstlicher Intelligenz (KI); Brückenbauerin zwischen Unternehmen, deutscher und europäischer Politik sowie der Zivilgesellschaft im Rahmen dieses Themas. Darüber hinaus ist sie Aufsichtsratsmitglied des DFKI, Mitglied des Aufsichtsrates der T-Systems GmbH, dort zudem in dessen Prüfungs- und Sicherheitsausschuss vertreten, im Expertenrat für Künstliche Intelligenz bei Microsoft Deutschland GmbH und im Beirat des Fraunhofer IMW.

Professor Dr. Reinhard Marsch-Barner † gehörte von 1973 bis September 2008 der Rechtsabteilung der Deutsche Bank AG in Frankfurt am Main an. Er war dort schwerpunktmäßig für die Bereiche Corporate Governance sowie Gesellschafts- und Kapitalmarktrecht zuständig. Seit 1976 war er als Rechtsanwalt in Frankfurt am Main zugelassen und seit Oktober 2008 als Of-Counsel bei der Kanzlei Linklaters LLP in Frankfurt am Main tätig. Seit 1995 hatte er an der Georg-August-Universität in Göttingen einen Lehrauftrag für Gesellschafts- und Kapitalmarktrecht. Im Oktober 2002 wurde er dort zum Honorarprofessor ernannt. Professor Marsch-Barner war Autor zahlreicher Veröffentlichungen im Bereich des Gesellschafts- und Kapitalmarktrechts u.a. in den Büchern „Kallmeyer, Kommentar zum Umwandlungsgesetz", „Semler/v. Schenck (Hrsg.), Arbeitshandbuch für Aufsichtsratsmitglieder" sowie „Spindler/Stilz (Hrsg.), Kommentar zum Aktiengesetz". Er war außerdem Mitherausgeber und Autor des „Handbuchs börsennotierte AG".

Professor Dr. Stephan Paul hat – im Anschluss an eine Professur für Betriebswirtschaftslehre an der Universität Hannover – seit 2000 den Lehrstuhl für Wirtschaftslehre, insbesondere Angewandte Betriebswirtschaftslehre II (Finanzierung und Kreditwirtschaft) in der Fakultät für Wirtschaftswissenschaft der Ruhr-Universität Bochum inne. Seine wichtigsten Arbeitsgebiete sind die Regulierung und das Risikomanagement von Banken sowie die Mittelstandsfinanzierung. Er leitet den Arbeitskreis „Finanzierung" der Schmalenbach-Gesellschaft – Deutsche Gesellschaft für Betriebswirtschaft e.V. sowie das ikf institut für kredit- und finanzwirtschaft an der Ruhr-Universität Bochum. Neben zahlreichen Veröffentlichungen über Bank- und Finanzthemen ist er auch als Politikberater und Gutachter auf nationaler und internationaler Ebene tätig.

Robert Polatzky ist als Partner im Bereich International Tax and Transaction Services bei EY in Stuttgart tätig. Er berät national und international tätige Unternehmen bei M&A-Aktivitäten, Umstrukturierungen und der internationalen Steuerplanung. Er ist Lehrbeauftragter der Universität Tübingen für M&A Tax und der Steuer-Fachschule Dr. Endriss für Konzernsteuerplanung und Internationale Steuerplanung. Robert Polatzky ist Autor von zahlreichen Veröffentlichungen im Bereich des Internationalen Steuerrechts.

Professor Dr. Eberhard Scheffler war 15 Jahre als Wirtschaftsprüfer und Steuerberater bei einer großen Wirtschaftsprüfungsgesellschaft tätig und betreute Unternehmen und Konzerne verschiedener Größe und Branchen. 1972 folgte er einem Ruf in die Industrie als Finanzvorstand eines internationalen Stammhauskonzerns und war danach von 1977 bis 1995 als Finanzvorstand eines internationalen Holdingkonzerns tätig. Seit 1995 ist er selbstständiger Wirtschaftsprüfer. Professor Scheffler war bis 2012 in mehreren Aufsichtsräten sowohl von Familienunternehmen wie von börsennotierten Gesellschaften tätig. Von 1978 bis 2005 lehrte Professor Scheffler an der Universität Hamburg mit den Schwerpunkten Corporate Governance, Konzernmanagement, Controlling und Rechnungslegung. Er ist Autor zahlreicher Fachveröffentlichungen. Von 1998 bis 2004 war Professor Scheffler Mitglied des Deutschen Standardisierungs-Rates und von 2002 bis 2004 Mitglied der European Financial Reporting Advisory Group. Von 2005 bis 2007 war er Gründungspräsident der Deutschen Prüfstelle für Rechnungslegung.

Dr. Kersten v. Schenck, M.C.J. (NYU), von 1987 bis 2012 Partner bzw. Of Counsel der international tätigen Anwaltssozietät Clifford Chance, ist seit 2012 als Rechtsanwalt und Notar in eigener Kanzlei in Frankfurt am Main tätig. Er studierte Rechtswissenschaften an den Universitäten Freiburg und Münster und erwarb nach dem Assessorexamen an der New York University School of Law in New York den Titel des Master of Comparative Jurisprudence (M.C.J.) und an der Universität Münster den Grad des Dr. iur. In den USA arbeitete er ein Jahr lang als Foreign Associate in einer Anwaltssozietät in Washington, D.C., und nach seiner Promotion als Notarassessor in Hamburg, bevor er in das Frankfurter Büro von Clifford Chance eintrat. Dr. v. Schenck war Mitglied und Vorsitzender verschiedener Aufsichts- und Beiräte. Er ist spezialisiert auf Gesellschaftsrecht, insbesondere Aktienrecht, sowie Bankaufsichtsrecht. Er berät heute überwiegend Organe von Unternehmen in Sonder- und Krisensituationen. Er ist Herausgeber und Mitautor verschiedener Werke und Verfasser von Aufsätzen zu Fragen des Aktien- und Bankrechts.

Professor Dr. Jessica Schmidt, LL.M. (Nottingham), ist seit 2014 Inhaberin des Lehrstuhls für Bürgerliches Recht, deutsches, europäisches und internationales Unternehmens- und Kapitalmarktrecht an der Universität Bayreuth. Ihre Forschungsschwerpunkte liegen im deutschen, europäischen und internationalen Unternehmens- und Kapitalmarktrecht sowie im Internationalen Privatrecht. In diesen Bereich hat sie umfangreich veröffentlicht, u.a. Lutter/Bayer/J. Schmidt, Europäisches Unternehmens- und Kapitalmarktrecht; Michalski/Heidinger/Leible/J. Schmidt, GmbHG, sowie Mankowski/Müller/J. Schmidt, EuInsVO 2015. Seit 2019 ist sie Mitglied der Informal Expert Group on Company Law and Corporate Governance der Europäischen Kommission.

Martin Schmidt, LL.M., ist Steuerberater und als Senior Manager im Bereich International Tax and Transaction Services bei EY in Nürnberg tätig. Er berät national und international tätige Unternehmen bei M&A-Aktivitäten, Umstrukturierungen und der internationalen Steuerplanung.

Professor Dr. Stefan Stein ist Member of the Board an der University of Europe Applied Sciences. Zuvor war er deren Rektor und Geschäftsführer. Seit 2006 hat er die Professur für Finanz- und Assetmanagement inne. Seine Forschungsgebiete sind die Geschäftsmodelle von FinTechs, Mittelstandsfinanzierung, das Risikomanagement und die Regulierung von Banken. Über 13 Jahre war er Geschäftsführer am institut für kredit- und finanzwirtschaft, ikf°, der Ruhr-Universität Bochum.

Dr. Klaus-Dieter Stephan ist Rechtsanwalt in Frankfurt am Main und im Bereich gesellschaftsrechtlicher Gestaltungs- und Strukturberatung, von Unternehmensakquisitionen und des Kapitalmarktrechts tätig. Er berät national wie international tätige Unternehmen unter Einschluss von Familienunternehmen. Dr. Stephan ist Mitherausgeber der Zeitschrift „Der Konzern" und Mitautor der Kommentare von K. Schmidt/Lutter zum AktG, von Assmann/Pötzsch/Uwe H. Schneider zum WpÜG sowie des Münchener Kommentars zum GmbHG.

Professor Dr. Gregor Thüsing ist seit Oktober 2004 Universitätsprofessor an der Rheinischen Friedrich-Wilhelms-Universität Bonn und Direktor des Instituts für Arbeitsrecht und Recht der Sozialen Sicherheit. In den vergangenen Jahren mehr als dreißig Mal Sachverständiger bei Anhörungen verschiedener Ausschüsse des Bundestages (Arbeit und Soziales, Gesundheit, Familie, Recht, Europa). 2002–2014 Mitglied der Ständigen Deputation des Deutschen Juristentags, 2010–2014 des Sachverständigenrats zur Begutachtung der Entwicklung im Gesundheitswesen, 2010–2012 der Kommission zur Erarbeitung des 8. Familienberichts der Bundesregierung, des Vorstands der Gesellschaft für Datenschutz und Datensicherheit, des Kuratoriums der EBS Law School, Vorsitzender der Gesellschaft für Europäische Sozialpolitik, stellvertretender Vorsitzender des Kirchlichen Arbeitsgerichts Hamburg (2003–2016), stellvertretender Vorsitzender der Gesellschaft für Versicherungswissenschaft- und -gestaltung, 2018–2019 Mitglied in der „Wissenschaftlichen Kommission für ein modernes Vergütungssystem" des BMG. Aktuell Mitglied des Beirats Beschäftigtendatenschutz des BMAS (Juni 2020 bis Dezember 2020).

Dr. Thomas Trölitzsch ist Rechtsanwalt und Fachanwalt für Handels- und Gesellschaftsrecht. Er ist seit 1999 Partner der Kanzlei OPPENLÄNDER Rechtsanwälte Partnerschaft mbH in Stuttgart und berät dort deutsche und internationale Unternehmen sowie öffentlich-rechtliche Körperschaften in Fragen des Gesellschafts-, Konzern- und Umwandlungsrechts, insbesondere zu Themen der Organhaftung und der Compliance, sowie bei M&A-Transaktionen. Dr. Trölitzsch ist Autor zahlreicher Veröffentlichungen im Bereich des Gesellschaftsrechts, u.a. Herausgeber von Oppenländer/Trölitzsch, Praxishandbuch der GmbH-Geschäftsführung, Mitautor im Beck'schen Online-Kommentar zum GmbHG, hrsgg. von Ziemons/Jaeger/Pöschke sowie weiterer Publikationen, u.a. zu Auseinandersetzungen unter GmbH-Gesellschaftern und zur Organhaftung.

Dr. Jens Uelner ist seit 1989 Rechtsanwalt. Als Syndikusanwalt war er für die Feldmühle Nobel AG und die Metallgesellschaft Industrie AG in Düsseldorf tätig. 1995 wurde er Chefsyndikus der Kolbenschmidt AG in Neckarsulm. Seit 1998 ist er in verschiedenen Funktionen in der Rechtsabteilung der Deutschen Telekom AG in Bonn tätig.

Professor Dr. Jochen Vetter, Dipl.-Ökonom, ist Rechtsanwalt und Partner von Hengeler Mueller Partnerschaft von Rechtsanwälten mbB in München und seit vielen Jahren in den Bereichen Gesellschafts- und Konzernrecht, Compliance und M&A tätig. Er ist Autor zahlreicher Veröffentlichungen auf diesen Gebieten, u.a. als Herausgeber und Mitautor des Lutter, UmwG-Kommentars, und als Kommentator im AktG-Kommentar von K. Schmidt/Lutter, dem Kölner Kommentar zum AktG sowie dem Münchener Kommentar zum GmbHG. Professor Vetter ist Honorarprofessor an der Universität zu Köln und Mitherausgeber der ZGR, der ZfPW und der AG.

Professor Dr. Ulrich Wackerbarth ist seit Februar 2003 an der Fernuniversität Hagen Inhaber des Lehrgebiets Bürgerliches Recht, Unternehmensrecht und Rechtsvergleichung. Nach seiner Promotion zu freiwilligen Leistungen im Arbeitsrecht habilitierte er sich im Jahr 2000 an der Universität zu Köln mit einer konzernrechtlichen Arbeit über die Grenzen der Leitungsmacht in der internationalen Unternehmensgruppe. Professor Wackerbarth veröffentlicht auf den Gebieten Bürgerliches Recht und Wirtschaftsrecht. Seine aktuellen Forschungsschwerpunkte liegen im Recht der Publikumskapitalgesellschaften einschließlich der Unternehmensmitbestimmung und im Kapitalmarktrecht.

Literaturverzeichnis

Weitere ausführliche Literaturübersichten befinden sich zu Beginn der einzelnen Kapitel.

Adler/Düring/Schmaltz — Rechnungslegung und Prüfung der Unternehmen, 6. Aufl. 1995 ff.

Assmann/Pötzsch/Uwe H. Schneider — WpÜG, 3. Aufl. 2019

Bader — Steuergestaltung mit Holdinggesellschaften, 3. Aufl. 2017

Baumbach/Hopt — HGB, 39. Aufl. 2020

Baumbach/Hueck — GmbHG, 22. Aufl. 2019

Beck'scher Bilanz-Kommentar — hrsg. v. Grottel/Schmidt/Schubert/Störk, 12. Aufl. 2020

Beck'sches Handbuch der Rechnungslegung — hrsg. v. Böcking/Gros/Oser/Scheffler/Thormann (Loseblatt)

Binder — Beteiligungsführung in der Konzernunternehmung, 1994

Blümich — EStG, KStG, GewStG (Loseblatt)

Boruttau — GrEStG, 19. Aufl. 2019

Bühner — Management-Holding, 2. Aufl. 1992

Bürgers/Körber — AktG, 4. Aufl. 2017

Busse v. Colbe/Ordelheide/Gebhardt/Pellens — Konzernabschlüsse, 9. Aufl. 2010

Ebenroth/Boujong/Joost/Strohn — HGB, 4. Aufl. 2020

Emmerich/Habersack — Aktien- und GmbH-Konzernrecht, 9. Aufl. 2019

Emmerich/Habersack — Konzernrecht, 11. Aufl. 2020

Erfurter Kommentar zum Arbeitsrecht — begr. v. Dieterich/Hanau/Schaub, hrsg. v. Müller-Glöge/Preis/Schmidt, 20. Aufl. 2020

Flick/Wassermeyer/Baumhoff/Schönfeld — Außensteuerrecht, Kommentar (Loseblatt)

Frost/Morner — Konzernmanagement, 2010

Frotscher/Drüen — KStG, GewStG, UmwStG, Kommentar (Loseblatt)

Glanegger/Güroff — GewStG, 9. Aufl. 2017

Goette/Habersack — Das MoMiG in Wissenschaft und Praxis, 2009

Grigoleit — AktG, 2013

Großkommentar zum HGB — hrsg. v. Canaris/Habersack/Schäfer, 5. Aufl. 2008 ff.

Großkommentar zum AktG — hrsg. v. Hopt/Wiedemann, 4. Aufl. 1992 ff.; hrsg. v. Hirte/Mülbert/Roth, 5. Aufl. 2015 ff.

Großkommentar zum GmbHG — hrsg. v. Habersack/Casper/Löbbe, Bd. I 3. Aufl. 2019; hrsg. v. Ulmer/Habersack/Löbbe, Bd. II 2. Aufl. 2014, Bd. III 2. Aufl. 2016

Grunewald — Gesellschaftsrecht, 10. Aufl. 2017

Habersack/Drinhausen — SE-Recht, 2. Aufl. 2016

Habersack/Casper/Löbbe — s. Großkommentar zum GmbHG

Habersack/Henssler — Mitbestimmungsrecht, 4. Aufl. 2018

Hachenburg — Großkommentar zum GmbHG, hrsg. v. Ulmer, 8. Aufl. 1990 ff.

Hasselbach/Nawroth/Rödding — Beck'sches Holding Handbuch, 2. Aufl. 2016, 3. Aufl. 2020

Hauschka/Moosmayer/Lösler — Corporate Compliance, 3. Aufl. 2016

Heidel — Aktienrecht und Kapitalmarktrecht, 5. Aufl. 2019

Henssler — Der Arbeitsvertrag im Konzern, 1983

Henssler/Strohn — Gesellschaftsrecht, 4. Aufl. 2019

Henssler/Willemsen/Kalb — Arbeitsrecht, Kommentar, 8. Aufl. 2018, 9. Aufl. 2020

Herrmann/Heuer/Raupach — EStG, KStG (Loseblatt)

Heuser/Theile — IFRS-Handbuch, 6. Aufl. 2019

Hölters — AktG, 3. Aufl. 2017

Hommelhoff	Konzernleitungspflicht, 1982
Hommelhoff/Hopt/v. Werder	Handbuch Corporate Governance, 2. Aufl. 2010
Hüffer/Koch	AktG, 13. Aufl. 2018, 14. Aufl. 2020
Ihrig/Schäfer	Rechte und Pflichten des Vorstands, 2. Aufl. 2020
Jacobs	Internationale Unternehmensbesteuerung, 8. Aufl. 2016
Jannott/Frodermann	Handbuch der Europäischen Aktiengesellschaft, 2. Aufl. 2014
Junker	Internationales Arbeitsrecht im Konzern, 1992
Kallmeyer	UmwG, 7. Aufl. 2020
Keller	Unternehmungsführung mit Holdingkonzepten, 2. Aufl. 1993
Keller	Die Holding im Mittelstand – Leitfaden zur Umsetzung moderner Managementsysteme, 1999
Kessler	Euro-Holding, 1996
Kessler/Kröner/Köhler	Konzernsteuerrecht, 3. Aufl. 2018
Kirchhof	EStG, 19. Aufl. 2020
Knobbe-Keuk	Bilanz- und Unternehmenssteuerrecht, 9. Aufl. 1993
Kölner Kommentar zum Aktiengesetz	hrsg. v. Zöllner/Noack, 3. Aufl. 2004 ff.
Krieger/Uwe H. Schneider	Handbuch Managerhaftung, 3. Aufl. 2017
Kübler/Assmann	Gesellschaftsrecht, 6. Aufl. 2006
Kübler/Prütting/Bork	InsO (Loseblatt)
Küting/Pfitzer/Weber	Handbuch der Rechnungslegung (Loseblatt)
Küting/Weber	Der Konzernabschluss, 14. Aufl. 2018
Lawall	Die virtuelle Holding nach deutschem Aktienrecht, 2006
Lenski/Steinberg	GewStG (Loseblatt)
Littich/Schellmann/Schwarzinger/Trentini	Holding, Wien 1993
Lutter	UmwG, hrsg. v. Bayer/J. Vetter, 6. Aufl. 2019
Lutter/Bayer/J. Schmidt	Europäisches Unternehmens- und Kapitalmarktrecht, 6. Aufl. 2018
Lutter/Hommelhoff	GmbHG, 20. Aufl. 2020
Lutter/Hommelhoff/Teichmann	SE-Kommentar, 2. Aufl. 2015
Lutter/Krieger/Verse	Rechte und Pflichten des Aufsichtsrats, 6. Aufl. 2014, 7. Aufl. 2020
Lutter/Scheffler/U. H. Schneider	Handbuch der Konzernfinanzierung, 1998
Marsch-Barner/Schäfer	Handbuch börsennotierte AG, 4. Aufl. 2017
Michalski/Heidinger/Leible/Schmidt	GmbHG, 3. Aufl. 2017
Münchener Handbuch des Gesellschaftsrechts	hrsg. v. Gummert /Weipert, Bd. 1, BGB-Gesellschaft, Offene Handelsgesellschaft, Partnerschaftsgesellschaft, Partenreederei, EWIV, 5. Aufl. 2019 hrsg. v. Priester/Mayer/Wicke Bd. 3, Gesellschaft mit beschränkter Haftung, 5. Aufl. 2018 hrsg. v. Hoffmann-Becking, Bd. 4, Aktiengesellschaft, 4. Aufl. 2015 hrsg. v. Leible/Reichert, Bd. 6, Internationales Gesellschaftsrecht – Grenzüberschreitende Umwandlungen, 4. Aufl. 2013
Münchener Handbuch zum Arbeitsrecht	hrsg. v. Kiel/Lunk/Oetker, 4. Aufl. 2018
Münchener Kommentar zum AktG	hrsg. v. Goette/Habersack, 4. Aufl. 2014 ff., 5. Aufl. 2019 ff.
Münchener Kommentar zum BGB	hrsg. v. Rixecker/Säcker/Oetker/Limperg 7. Aufl. 2014 ff., 8. Aufl. 2018 ff.
Münchener Kommentar zum Bilanzrecht	hrsg. v. Hennrichs/Kleindiek/Watrin, 2013/2014

Münchener Kommentar zum HGB	hrsg. v. Karsten Schmidt, 3. Aufl. 2010 ff., 4. Aufl. 2016 ff.
Münchener Kommentar zum GmbHG	hrsg. v. Fleischer/Goette, 3. Aufl. 2018/2019
Münchener Kommentar zur InsO	hrsg. v. Stürner/Eidenmüller/Schoppmeyer, 4. Aufl. 2019/2020
Palandt	BGB, 79. Aufl. 2020
Raiser/Veil	Recht der Kapitalgesellschaften, 6. Aufl. 2015
Raiser/Veil/Jacobs	MitbestG und DrittelbG, 6. Aufl. 2015
Rau/Dürrwächter	UStG (Loseblatt)
Rödder/Herlinghaus/van Lishaut	UmwStG, 3. Aufl. 2019
Röhricht/Graf von Westphalen/Haas	HGB, 5. Aufl. 2019
Roth/Altmeppen	GmbHG, 9. Aufl. 2019
Rowedder/Schmidt-Leithoff	GmbHG, 6. Aufl. 2017
Schaumburg	Internationales Steuerrecht, 4. Aufl. 2017
Schaumburg	Steuerrecht und steuerorientierte Gestaltungen im Konzern, 1998
Schaumburg/Piltz	Holdinggesellschaften im Internationalen Steuerrecht, 2002
Scheffler	Konzernmanagement – Betriebswirtschaftliche und rechtliche Grundlagen der Konzernführungspraxis, 2. Aufl. 2005
Scheffler	Corporate Governance, 1995
Schmidt, Karsten	Gesellschaftsrecht, 4. Aufl. 2002
Schmidt, Karsten	InsO, 19. Aufl. 2016
Schmidt, Karsten/Lutter, Marcus	AktG, 3. Aufl. 2015, 4. Aufl. 2020
Schmidt, Ludwig	EStG, 38. Aufl. 2019
Schmitt/Hörtnagl/Stratz	Umwandlungsgesetz, Umwandlungssteuergesetz, 8. Aufl. 2018
Scholz	GmbHG, Bd. I 12. Aufl. 2018 ff., Bd. II 11. Aufl. 2014, Bd. III 11. Aufl. 2015, mit Online Aktualisierungen 12. Aufl. 2020 (Bd. II und III)
Schulte	Holding-Strategien, 1992
Schulze-Osterloh/Hennrichs/Wüstemann	Handbuch des Jahresabschlusses (Loseblatt)
Schwartzkopff	Holdingstrukturen im Bankbereich, Bern u.a. 1993
Schwarz	SE-VO, 2006
Semler/v. Schenck	Der Aufsichtsrat, 2015
Semler/v. Schenck	Arbeitshandbuch für Aufsichtsratsmitglieder, 4. Aufl. 2013
Semler/Stengel	UmwG, 4. Aufl. 2017
Spindler/Stilz	AktG, 4. Aufl. 2019
Staub	s. Großkommentar zum HGB
Süß/Wachter	Handbuch des internationalen GmbH-Rechts, 3. Aufl. 2016
Theisen	Der Konzern – Betriebswirtschaftliche und rechtliche Grundlagen der Konzernunternehmung, 2. Aufl. 2000
Theisen	Der Konzern im Umbruch – Organisation, Besteuerung, Finanzierung und Überwachung, 1998
Uhlenbruck	InsO, 15. Aufl. 2019
Ulmer/Habersack/Löbbe	s. Großkommentar zum GmbHG
Westermann/Wertenbruch	Handbuch Personengesellschaften (Loseblatt)
Wicke	GmbHG, 3. Aufl. 2016
Widmann/Mayer	Umwandlungsrecht (Loseblatt)
Wiedemann	Gesellschaftsrecht, Band I, 1980
Windbichler	Arbeitsrecht im Konzern, 1989
Ziemons/Binnewies	Handbuch Aktiengesellschaft (Loseblatt)
Zweifel	Holdinggesellschaft und Konzern, Diss. Zürich 1973

Abkürzungsverzeichnis

a.A.	anderer Ansicht
aaO	am angegebenen Ort
Abb.	Abbildung
ABl. EG/EU	Amtsblatt der Europäischen Gemeinschaften/Europäischen Union
ABS	Asset Backed Securities
Abschn.	Abschnitt
AcP	Archiv für die civilistische Praxis
ADS	Adler/Düring/Schmaltz
a.E.	am Ende
AEAO	Anwendungserlass zur Abgabenordnung
AEUV	Vertrag über die Arbeitsweise der Europäischen Union
a.F.	alte Fassung
AG	Aktiengesellschaft; Die Aktiengesellschaft (Zeitschrift)
AGBG	Gesetz zur Regelung des Rechts der Allgemeinen Geschäftsbedingungen
AGG	Allgemeines Gleichbehandlungsgesetz
AiB	Arbeitsrecht im Betrieb
AICPA	American Institute of Certified Public Accounts
AIFM-RL	Alternative Investment Fund Manager Richtlinie
AktG	Aktiengesetz
a.M.	anderer Meinung
Anh.	Anhang
Anm.	Anmerkung
AO	Abgabenordnung
AP	Arbeitsrechtliche Praxis
APVO	Ausbildungs- und Prüfungsverordnung
ArbG	Arbeitsgericht
ArbGG	Arbeitsgerichtsgesetz
ArbR	Arbeitsrecht
ArbRB	Arbeits-Rechtsberater
Art.	Artikel
ARUG	Gesetz zur Umsetzung der Aktionärsrechterichtlinie
ARUG II	Gesetz zur Umsetzung der zweiten Aktionärsrechterichtlinie
AStG	Außensteuergesetz
ATAD I	Anti-Tax Avoidance Directive I (EU-Richtlinie 2016/1164 mit Vorschriften zur Bekämpfung von Steuervermeidungspraktiken mit unmittelbaren Auswirkungen auf das Funktionieren des Binnenmarkts)
AtomG	Atomgesetz
AÜG	Arbeitnehmerüberlassungsgesetz
Aufl.	Auflage
AuR	Arbeit und Recht
BaFin	Bundesanstalt für Finanzdienstleistungsaufsicht
BAG	Bundesarbeitsgericht
BAGE	Entscheidungen des Bundesarbeitsgerichts
BayObLG	Bayerisches Oberstes Landesgericht
BayOblGZ	Sammlung des BayObLG in Zivilsachen
BB	Betriebs-Berater
BBodSchG	Bundes-Bodenschutzgesetz
Bd.	Band

BddW	Blick durch die Wirtschaft
BDSG	Bundesdatenschutzgesetz
BeckOK	Beck'scher Online-Kommentar
Begr. RegE	Begründung Regierungsentwurf
BErzGG	Bundeserziehungsgeldgesetz
BetrAVG	Gesetz zur Verbesserung der betrieblichen Altersversorgung
BetrVG	Betriebsverfassungsgesetz
BewG	Bewertungsgesetz
BFH	Bundesfinanzhof
BFH/NV	Sammlung amtlich nicht veröffentlichter Entscheidungen des Bundesfinanzhofs
BFH-PR	Entscheidungen des BFH für die Praxis der Steuerberatung
BFuP	Betriebswirtschaftliche Forschung und Praxis
BGB	Bürgerliches Gesetzbuch
BGBl.	Bundesgesetzblatt
BGE	Entscheidungen des Schweizerischen Bundesgerichts
BGH	Bundesgerichtshof
BGHSt	Entscheidungen des Bundesgerichtshofs in Strafsachen
BGHZ	Entscheidungen des Bundesgerichtshofs in Zivilsachen
BilMoG	Bilanzrechtsmodernisierungsgesetz
BilReG	Bilanzrechtsreformgesetz
BilRUG	Bilanzrichtlinie-Umsetzungsgesetz
BKR	Zeitschrift für Bank- und Kapitalmarktrecht
BMF	Bundesminister, Bundesministerium der Finanzen
BMJ	Bundesminister, Bundesministerium der Justiz
BörsG	Börsengesetz
BörsO	Börsenordnung
BörsZulV	Börsenzulassungs-Verordnung
BpO	Betriebsprüfungsordnung
BR-Drucks.	Bundesrats-Drucksache
BSG	Bundessozialgericht
BSGE	Sammlung der Entscheidungen des Bundessozialgerichts
BStBl.	Bundessteuerblatt
BT-Drucks.	Bundestags-Drucksache
BVerfG	Bundesverfassungsgericht
BVerfGE	Sammlung der Entscheidungen des Bundesverfassungsgerichts
BVerwG	Bundesverwaltungsgericht
CAPM	Capital asset pricing model
CCZ	Corporate Compliance Zeitschrift
CFC	Controlled Foreign Company
CI	Corporate Identity
CMS	Compliance Management System
CR	Computer und Recht
DAB	Deutsches Architektenblatt
DB	Der Betrieb
DBA	Doppelbesteuerungsabkommen
DBW	Die Betriebswirtschaft
DCGK	Deutscher Corporate Governance Kodex
DiskE	Diskussionsentwurf
Diss.	Dissertation
DJT	Deutscher Juristentag
DNotZ	Deutsche Notar-Zeitschrift

DrittelbG	Drittelbeteiligungsgesetz
DRS	Deutsche Rechnungslegungs Standards
DRSC	Deutsche Rechnungslegungs Standards Committee
DSR	Deutscher Standardisierungsrat
DStJG	Deutsche Steuerjuristische Gesellschaft
DStR	Deutsches Steuerrecht
DStRE	DStR-Entscheidungsdienst
DSRL	Datenschutzrichtlinie
DStZ	Deutsche Steuerzeitung
DWiR, DZWir	Deutsche Zeitschrift für Wirtschaftsrecht
EBIT	Earnings Before Interests and Taxes
EBITDA	Earnings Before Interests, Taxes, Depreciation and Amortisation
EBOR	European Business Organization Law Review
EBRG	Europäische Betriebsräte-Gesetz
EC	European Community
ECFR	European Company and Financial Law Review
ECL	European Competition Law
ECLI	European Case Law Identifier
EFG	Entscheidungen der Finanzgerichte
EG	Europäische Gemeinschaften
EGBGB	Einführungsgesetz zum Bürgerlichen Gesetzbuch
EGHGB	Einführungsgesetz zum Handelsgesetzbuch
EGMR	Europäischer Gerichtshof für Menschenrechte
Einf.	Einführung
Einl.	Einleitung
EK	Eigenkapital
EMIR	European Market Infrastructure Regulation
EnWG	Energiewirtschaftsgesetz
ErbStG	Erbschaftsteuer- und Schenkungsteuergesetz
ErbStR	Erbschaftsteuer-Richtlinien
ErfK	Erfurter Kommentar
ErwG	Erwägungsgrund
ESt	Einkommensteuer
EStDV	Einkommensteuerdurchführungsverordnung
EStG	Einkommensteuergesetz
EStR	Einkommensteuerrichtlinien
ESUG	Gesetz zur weiteren Erleichterung der Sanierung von Unternehmen
EU	Europäische Union
EuG	Europäisches Gericht
EuGH	Gerichtshof der Europäischen Gemeinschaften
EuGHE	Amtliche Sammlung der Rechtsprechung des Gerichtshofs der Europäischen Gemeinschaften
EuGVO	Verfahrensordnung des EuG
EuGVÜ	Europäisches Gerichtsstands- und Vollstreckungsübereinkommen
EuGVVO	Verordnung des Rates über die gerichtliche Zuständigkeit und die Anerkennung und Vollstreckung von Entscheidungen in Zivil- und Handelsrechtssachen
EURLUmsG	Gesetz zur Umsetzung von EU-Richtlinien in nationales Steuerrecht und zur Änderung weiterer Vorschriften
EUV	Vertrag über die Europäische Union
EuZA	Europäische Zeitschrift für Arbeitsrecht
EuZW	Europäische Zeitschrift für Wirtschaftsrecht
EVÜ	Europäisches Vertragsrechtübereinkommen

EWG	Europäische Wirtschaftsgemeinschaft
EWiR	Entscheidungen zum Wirtschaftsrecht
EWIV	Europäische Wirtschaftliche Interessenvereinigung
EWIV-AG	EWIV-Ausführungsgesetz
EWIV-VO	EWIV-Verordnung
EWR	Europäischer Wirtschaftsraum
EWS	Europäisches Wirtschafts- und Steuerrecht
EzA	Entscheidungssammlung zum Arbeitsrecht
f., ff.	folgende
FA	Finanzamt
FamFG	Gesetz über das Verfahren in Familiensachen und in den Angelegenheiten der freiwilligen Gerichtsbarkeit
FASB	Financial Accounting Standard Board
FE	Fundatio Europaea
FG	Finanzgericht
FGE	Sammlung der Entscheidungen der Finanzgerichte
FGO	Finanzgerichtsordnung
FM, FinMin.	Finanzministerium
Fn.	Fußnote
FR	Finanz-Rundschau
FS	Festschrift
FVG	Gesetz über die Finanzverwaltung
GbR	Gesellschaft bürgerlichen Rechts
GenG	Gesetz betreffend die Erwerbs- und Wirtschaftsgenossenschaften
GewO	Gewerbeordnung
GewSt	Gewerbesteuer
GewStG	Gewerbesteuergesetz
GewStR	Gewerbesteuer-Richtlinien
GG	Grundgesetz
GK	Gemeinschaftskommentar zum Mitbestimmungsgesetz
GmbH	Gesellschaft mit beschränkter Haftung
GmbHG	Gesetz betreffend die Gesellschaft mit beschränkter Haftung
GmbHR	GmbH-Rundschau
GmbH-StB	GmbH-Steuerberater
GoB	Grundsätze ordnungsgemäßer Buchführung
GPR	Zeitschrift für das Privatrecht der Europäischen Union
GrESt	Grunderwerbsteuer
GrEStG	Grunderwerbsteuergesetz
Großkomm	Großkommentar
GrS	Großer Senat
GS	Gedächtnisschrift
GuV	Gewinn- und Verlustrechnung
GWB	Gesetz gegen Wettbewerbsbeschränkungen
GwG	Geldwäschegesetz
GWR	Gesellschafts- und Wirtschaftsrecht
HaftpflG	Haftpflichtgesetz
HBR	Harvard Business Review
HFA	Hauptfachausschuss
HFR	Höchstrichterliche Finanzrechtsprechung
HGB	Handelsgesetzbuch

h.M.	herrschende Meinung
Hrsg.	Herausgeber
Hs.	Halbsatz
HV	Hauptversammlung
i.A.	im Allgemeinen
IAS	International Accounting Standards
IASB	International Accounting Standards Board
IASC	International Accounting Standards Committee
i.d.F.	in der Fassung
i.d.R.	in der Regel
IdW	Institut der Wirtschaftsprüfer
i.E.	im Einzelnen
i.e.S.	im engeren Sinne
IFA	International Framework Agreements
IFRIC	International Financial Reporting Interpretations Committee
IFRS	International Financial Reporting Standards
i.L.	in Liquidation
INF	Die Information über Steuer und Wirtschaft
InsO	Insolvenzordnung
Inst. FuSt	Institut für Finanzen und Steuern
InsVz	Zeitschrift für Insolvenzverwaltung und Sanierungsberatung
InvG	Investmentgesetz
InvStG	Investmentsteuergesetz
InvZulG	Investitionszulagengesetz
IPrax	Praxis des Internationalen Privat- und Verfahrensrechts
IPR	Internationales Privatrecht
IPRG	Bundesgesetz über das Internationale Privatrecht
i.S.	im Sinne
ISR	Internationales Steuerrecht
IStR	Internationales Steuerrecht
ITRB	IT-Rechtsberater
i.V.m.	in Verbindung mit
IWB	Internationale Wirtschaftsbriefe
JbFSt, JbFStR, JbFAStR	Jahrbuch der Fachanwälte für Steuerrecht
JStG	Jahressteuergesetz
JurisPR-ArbR	Juris PraxisReport Arbeitsrecht
JW	Juristische Wochenschrift
JZ	Juristenzeitung
KAGB	Kapitalanlagegesetzbuch
KapErhG	Kapitalerhöhungsgesetz
KG	Kommanditgesellschaft, Kammergericht
KGaA	Kommanditgesellschaft auf Aktien
KMU	Kleine und mittlere Unternehmen
KölnKomm	Kölner Kommentar
KÖSDI	Kölner Steuerdialog
Komm	Kommentar
KonTraG	Gesetz zur Kontrolle und Transparenz im Unternehmensbereich
krit.	kritisch
KSchG	Kündigungsschutzgesetz

KSt	Körperschaftsteuer
KStG	Körperschaftsteuergesetz
KStH	Körperschaftsteuer-Hinweise
KStR	Körperschaftsteuer-Richtlinien
KSzW	Kölner Schrift zum Wirtschaftsrecht
KW	Küting/Weber, Handbuch der Rechnungslegung
KWG	Kreditwesengesetz
KWK	Küting/Weber, Handbuch der Konzernrechnungslegung
LAG	Landesarbeitsgericht
LAGE	Entscheidungen der Landesarbeitsgerichte
LG	Landgericht
Lit.	Literatur
M & A	Mergers and Acquisitions
MaComp	Mindestanforderungen an die Compliance-Funktion
MaRisk	Mindestanforderungen an das Risikomanagement
MDR	Monatsschrift für Deutsches Recht
MicroBilG	Kleinstkapitalgesellschaften-Bilanzrechtsänderungsgesetz
MiFID	Markets in Financial Instruments Directive
MiFIR	Markets in Financial Instruments Regulation
MitbestbeiG	Mitbestimmungsbeibehaltungsgesetz
MitbestG	Mitbestimmungsgesetz
MitbestErgG	Mitbestimmungsergänzungsgesetz
MMR	MultiMedia und Recht
MoMiG	Gesetz zur Modernisierung des GmbH-Rechts und zur Bekämpfung von Missbräuchen
Montan-MitbestErgG	Montanmitbestimmungsergänzungsgesetz
Montan-MitbestG	Montanmitbestimmungsgesetz
MU	Mutterunternehmen
MünchArbR	Münchener Handbuch zum Arbeitsrecht
MünchHdb	Münchener Handbuch
MünchKomm	Münchener Kommentar
MuSchG	Mutterschutzgesetz
m.w.N.	mit weiteren Nachweisen
MWStSystRL	Mehrwertsteuer-Systemrichtlinie
NaStraG	Gesetz zur Namensaktie und zur Erleichterung der Stimmrechtsausübung
n.F.	neue Fassung
NJOZ	Neue Juristische Online-Zeitschrift
NJW	Neue Juristische Wochenschrift
NJW-RR	NJW-Rechtsprechungs-Report
NotBZ	Zeitschrift für das notarielle Beratungs- und Beurkundungspraxis
Nr.	Nummer
n. rkr.	nicht rechtskräftig
NStZ	Neue Zeitschrift für Strafrecht
NuR	Natur und Recht
NWB	Neue Wirtschafts-Briefe für Steuer- und Wirtschaftsrecht
NZA	Neue Zeitschrift für Arbeits- und Sozialrecht
NZA-RR	NZA-Rechtsprechungs-Report
NZB	Nichtzulassungsbeschwerde
NZG	Neue Zeitschrift für Gesellschaftsrecht
NZI	Neue Zeitschrift für Insolvenz- und Sanierungsrecht

NZKart	Neue Zeitschrift für Kartellrecht
NZWist	Neue Zeitschrift für Wirtschafts-, Steuer- und Unternehmensstrafrecht
OECD	Organisation for Economic Cooperation and Development
OECD-MA	OECD-Musterabkommen
OStZ	Österreichische Steuer-Zeitung
OFD	Oberfinanzdirektion
OGAW	Organismen für gemeinsame Anlagen in Wertpapieren
OHG	Offene Handelsgesellschaft
OLG	Oberlandesgericht
OLGE	Sammlung der Entscheidungen der Oberlandesgerichte
OWiG	Gesetz über Ordnungswidrigkeiten
PartGG	Partnerschaftsgesellschaftsgesetz
PFG	Personalführungsgesellschaft
PIStB	Praxis Internationale Steuerberatung
ProdHaftG	Produkthaftungsgesetz
PublG	Gesetz über die Rechnungslegung von bestimmten Unternehmen und Konzernen
RAO	Reichsabgabenordnung
RdA	Recht der Arbeit
RdF	Reichsminister der Finanzen
RDV	Verordnung zum Rechtsdienstleistungsgesetz
RegE	Regierungsentwurf
REITG	Gesetz über deutsche Immobilien-Aktiengesellschaften mit börsennotierten Anteilen
RG	Reichsgericht
RGZ	Entscheidungen des Reichsgerichts in Zivilsachen
RIW	Recht der Internationalen Wirtschaft
rkr.	rechtskräftig
RL	Richtlinie
RNotZ	Rheinische Notar-Zeitschrift
Rspr.	Rechtsprechung
Rz.	Randzahl
S.	Seite
s.	siehe
SAE	Sammlung arbeitsrechtlicher Entscheidungen
SCE	Societas Europaea Cooperativa
SchwerbG	Schwerbehindertengesetz
SE	Societas Europaea
SEAG	Gesetz zur Ausführung der Verordnung Nr. 2157/2001 des Rates vom 8. Oktober 2001 über das Statut der Europäischen Gesellschaft
SEBG	Gesetz über die Beteiligung der Arbeitnehmer in einer Europäischen Gesellschaft
SEC	Securities and Exchange Commission (Börsenaufsicht)
SEStEG	Gesetz über steuerliche Begleitmaßnahmen zur Einführung der Europäischen Gesellschaft und zur Änderung weiterer steuerrechtlicher Vorschriften
SE-VO	SE-Verordnung
SGB	Sozialgesetzbuch
SGE	Strategische Geschäftseinheiten
SIC	Standard Interpretations Committee (diese Abkürzung habe ich auch noch gefunden) Zeitschrift für Immaterial-, Informations- und Wettbewerbsrecht

Slg.	Sammlung
SolZG	Solidaritätszuschlagsgesetz
SPE	Societas Privata Europaea
SpruchG	Spruchverfahrensrecht
SpTrUG	Gesetz über die Spaltung der von der Treuhandanstalt verwalteten Unternehmen
StÄndG	Steueränderungsgesetz
StandOG	Standortsicherungsgesetz
StB	Der Steuerberater
StBerG	Steuerberatungsgesetz
Stbg	Die Steuerberatung
StbJb, StBerJb	Steuerberater-Jahrbuch
StBp	Die steuerliche Betriebsprüfung
StEK	Steuer-Erlasse in Karteiform
StGB	Strafgesetzbuch
StMBG	Missbrauchsbekämpfungs- und Steuerbereinigungsgesetz
StRefG	Steuerreformgesetz
st. Rspr.	ständige Rechtsprechung
StSenkG	Steuersenkungsgesetz
StuB	Unternehmensteuern und Bilanzen
StuW	Steuer und Wirtschaft
StVergAbG	Steuervergünstigungsabbaugesetz
SUP	Societas Unius Personae
TKG	Telekommunikationsgesetz
TransPuG	Transparenz- und Publizitätsgesetz
TUG	Transparenzrichtlinie-Umsetzungsgesetz
TV	Tarifvertrag
TVG	Tarifvertragsgesetz
Tz.	Textziffer
u.a.	und andere
u.Ä.	und Ähnliche
Ubg	Die Unternehmensbesteuerung
UBGG	Gesetz über Unternehmensbeteiligungsgesellschaften
UG	Unternehmergesellschaft
UMAG	Gesetz zur Unternehmensintegrität und Modernisierung des Anfechtungsrechts
UmwBerG, UmwBG	Gesetz zur Bereinigung des Umwandlungsrechts
UmweltHG	Umwelthaftungsgesetz
UmwG	Gesetz über die Umwandlung von Kapitalgesellschaften
UmwGÄndG	Gesetz zur Änderung des UmwG
UmwStG	Gesetz über die steuerlichen Maßnahmen bei Änderung der Unternehmensform
UntStFG	Gesetz zur Fortentwicklung des Unternehmenssteuerrechts
UR	Umsatzsteuer-Rundschau
US-GAAP	US-amerikanische Generally Accepted Accounting Principles
USt	Umsatzsteuer
UStAE	Umsatzsteuer-Anwendungserlass
UStG	Umsatzsteuergesetz
UStR	Umsatzsteuer-Richtlinien
u.U.	unter Umständen
VAG	Versicherungsaufsichtsgesetz
VBL	Versorgungsanstalt des Bundes und der Länder

VG	Verwaltungsgericht
vgl.	vergleiche
VGR	Wissenschaftliche Vereinigung für Unternehmens- und Gesellschaftsrecht
VO	Verordnung
Vorb.	Vorbemerkung
VStG	Vermögensteuergesetz
VStR	Vermögensteuer-Richtlinien
VVaG	Versicherungsverein auf Gegenseitigkeit
VwGH	Verwaltungsgerichtshof
WHG	Wasserhaushaltsgesetz
WiB	Wirtschaftsrechtliche Beratung
WiSt	Wirtschaftswissenschaftliches Studium
wistra	Zeitschrift für Wirtschafts- und Steuerstrafrecht
WiVerw	Wirtschaft und Verwaltung
WM	Wertpapier-Mitteilungen
WP	Wirtschaftsprüfer
WPg	Die Wirtschaftsprüfung
WpHG	Wertpapierhandelsgesetz
WpÜG	Wertpapiererwerbs- und Übernahmegesetz
WpÜG-AngVO	WpÜG-Angebotsverordnung
WuW	Wirtschaft und Wettbewerb
ZAAR	Zentrum für Arbeitsbeziehungen und Arbeitsrecht
z.B.	zum Beispiel
ZBB	Zeitschrift für Bankrecht und Bankwirtschaft
ZESAR	Zeitschrift für europäisches Sozial- und Arbeitsrecht
ZEuP	Zeitschrift für Europäisches Privatrecht
ZfA	Zeitschrift für Arbeitsrecht
ZfB	Zeitschrift für Betriebswirtschaft
ZfbF	Zeitschrift für betriebswirtschaftliche Forschung
zfo	Zeitschrift für Führung und Organisation
ZGR	Zeitschrift für Unternehmens- und Gesellschaftsrecht
ZHR	Zeitschrift für das gesamte Handelsrecht und Wirtschaftsrecht
ZIAS	Zeitschrift für ausländisches und internationales Arbeits- und Sozialrecht
ZInsO	Zeitschrift für das gesamte Insolvenzrecht
ZIP	Zeitschrift für Wirtschaftsrecht
zit.	zitiert
ZollKodexAnpG	Zollkodex-Anpassungsgesetz
ZPO	Zivilprozessordnung
ZRP	Zeitschrift für Rechtspolitik
ZStV	Zeitschrift für Stiftungs- und Vereinswesen
z.T.	zum Teil
ZVG	Gesetz über die Zwangsversteigerung und die Zwangsverwaltung
ZVglRWiss	Zeitschrift für vergleichende Rechtswissenschaft
ZZP	Zeitschrift für Zivilprozess

Teil I
Die Entscheidung für die Holding und deren Entstehung

§ 1 Begriff und Erscheinungsformen der Holding

I. Überblick: Holdingkonzepte und Gründe für ihre Verbreitung
1. Ausgangslage . . . 1.1
2. Betriebswirtschaftliche Vorteile von Holdingkonzepten . . . 1.2
3. Holdingkonzepte als Folge von Divisionalisierung oder verschmelzungsähnlicher Vorgänge . . . 1.4
4. Rechtliche Gründe für Holdingkonzepte . . . 1.7
II. Historische Wurzeln der „Holding" . . . 1.8
III. Der Begriff der Holding
1. Problem . . . 1.11
2. Kriterien für eine Definition . . . 1.13
a) Funktionale Differenzierung . . . 1.14
aa) Das Stammhaus bzw. der Stammhauskonzern . . . 1.15
bb) Die Führungs- oder Managementholding . . . 1.16
cc) Die virtuelle Holding . . . 1.20
dd) Die Mischholding . . . 1.21
ee) Die Vermögensholding (Finanzholding) . . . 1.22
ff) Fazit . . . 1.24
b) Hierarchische Differenzierung . . . 1.25
c) Regionale Ausrichtung der Holding . 1.30
IV. Holding und Konzernbegriff
1. Problemstellung und Bedeutung des Konzernbegriffs . . . 1.33
2. Konzern i.S.d. Konzernrechts (§ 18 Abs. 1 Satz 1 AktG) . . . 1.34
a) Holding als „herrschendes Unternehmen" . . . 1.35
b) Das Merkmal der „einheitlichen Leitung" . . . 1.37
aa) Die gesetzlichen Vermutungen der § 17 Abs. 2, § 18 Abs. 1 AktG . . . 1.39
bb) Feststellung einheitlicher Leitung . . . 1.44
cc) Widerlegung der Konzernvermutung . . . 1.45
dd) Ergebnis . . . 1.53
3. Der Konzernbegriff des Bilanzrechts (§§ 290 ff. HGB) . . . 1.54
V. Fazit . . . 1.58

Literaturübersicht: *Albach* u.a. (Hrsg.), Neue Konzernstrukturen bei Großunternehmen und im Mittelstand, ZfB-Ergänzungsheft 1/94; *Bardet* u.a., Les holdings, 4. Aufl. 2007; *Altvater/v. Schweinitz*, Trennbankensystem: Grundsatzfragen und alternative Regulierungsansätze, WM 2013, 625; *Bernhardt/Witt*, Holding-Modelle und Holding-Moden, ZfB 1995, 1341; *Binder*, Beteiligungsführung in der Konzernunternehmung, 1994; *Bühner*, Management-Holding – Unternehmensstruktur der Zukunft, 2. Aufl. 1992; *Bühner*, Management-Holding in der Praxis, DB 1993, 285; *v. Ditfurth*, Holdings, in Münchener Handbuch des Gesellschaftsrechts, Band 1, 4. Aufl. 2014, § 29; *Dorfmueller*, Die Errichtung von internationalen Holdingstrukturen durch deutsche Konzerne, IStR 2009, 826; *Eisele*, Holding-Gesellschaften in Japan, 2004; *Emmerich/Habersack*, Aktien- und GmbH-Konzernrecht, 9. Aufl. 2019; *W. Everling*, Konzernführung durch eine Holdinggesellschaft, DB 1981, 2549; *Herzig* (Hrsg.), Steuerorientierte Umstrukturierung von Unternehmen, 1997; *F. Hoffmann* (Hrsg.), Konzernhandbuch, 1993 (dazu *Theisen*, ZHR 158 [1994], 689); *Hüffer*, Die Leitungsverantwortung des Vorstands in der Managementholding, in Hoffmann-Becking/Ludwig (Hrsg.), Liber amicorum Wilhelm Happ, 2006, S. 93; *Hüffer*, Stiftungen mit Holdingfunktion – Anerkennung und rechtliche Behandlung, in Ennuschat u.a. (Hrsg.), Wirtschaft und Gesellschaft im Staat der Gegenwart – Gedächtnisschrift Peter J. Tettinger, 2007, S. 449; *Ihrig/Wandt*, Die Stiftung im Konzernverbund, in Kindler u.a. (Hrsg.), FS Hüffer, 2010, S. 387; *Keller*, Unternehmungsführung mit Holdingkonzepten, 2. Aufl. 1993; *Keller*, Die Einrichtung einer Holding: Bisherige Erfahrungen und neuere Entwicklungen, DB 1991, 1633; *Keller*, Effizienz- und Effektivitätskriterien einer Unternehmenssteuerung mit dezentralen Holdingstrukturen, BFuP 1992, 14; *Kessler*, Die Euro-Holding, 1996; *Kessler*, Internationale Holdingstandorte, in Schaumburg/Piltz (Hrsg.), Holdinggesellschaften im Internationalen Steuerrecht, 2002, S. 67; *Kleindiek*, Konzernstrukturen und Corporate Governance: Leitung und Überwachung im dezentral organisierten Unternehmensverbund, in Hommelhoff/Hopt/v. Werder (Hrsg.),

Handbuch Corporate Governance, 2. Aufl. 2010, S. 787; *Lawall*, Die virtuelle Holding nach deutschem Aktienrecht, 2006; *Littich/Schellmann/Schwarzinger/Trentini*, Holding, Wien 1993; *Möslein*, Grundsatz- und Anwendungsfragen zur Spartentrennung nach dem sog. Trennbankengesetz, BKR 2013, 397; *Niethammer*, Erfahrungen mit dem Holding-Prinzip, in FS Semler, 1993, S. 741; *Jürgen Ott*, Theorien zur Entstehung der Institution „Holding" und zur Gestaltung ihrer Ordnungen, 1996; *Rose/Glorius-Rose*, Unternehmen – Rechtsformen und Verbindungen, 3. Aufl. 2001; *von Rosenberg/Rüßmann*, „Leveraged Re-Capitalizations", DB 2006, 1303; *Ruepp*, Die Aufteilung der Konzernleitung zwischen Holding- und Managementgesellschaft, Zürich 1994; *Scheffler*, Konzernmanagement – Betriebswirtschaftliche und rechtliche Grundlagen der Konzernführungspraxis, 2. Aufl. 2005; *Scheffler*, Strategieentwicklung und strategisches Controlling für eine Holding, WPg 1992, 641; *Schiessl*, Gesellschafts- und mitbestimmungsrechtliche Probleme der Spartenorganisation (Divisionalisierung), ZGR 1992, 64; *Berndt Th. Schmidt*, Integrierte Konzernführung, 1993; *Schreyögg/v. Werder*, Handwörterbuch Unternehmensführung und Organisation, 4. Aufl. 2004; *Christof Schulte* (Hrsg.), Holding-Strategien, 1992; *Schwark*, Virtuelle Holding und Bereichsvorstände, in FS Ulmer, 2003, S. 605; *Schwartzkopff*, Holdingstrukturen im Bankbereich, Bern u.a. 1993; *Seibt/Wollenschläger*, Trennungs-Matrixstrukturen im Konzern, AG 2013, 229; *Theisen*, Der Konzern – Betriebswirtschaftliche und rechtliche Grundlagen der Konzernunternehmung, 2. Aufl. 2000; *Zweifel*, Holdinggesellschaft und Konzern, Zürich 1973.

I. Überblick: Holdingkonzepte und Gründe für ihre Verbreitung

1. Ausgangslage

1.1 Holdingkonzepte als organisatorische Gestaltungsformen für Unternehmen erfreuen sich nach wie vor[1] großer Beliebtheit. Eine bedeutende Zahl deutscher Großunternehmen aller Branchen ist in dieser Form organisiert[2], so etwa die Allianz SE, die maxingvest ag, die TUI AG, die Hochtief AG, die Porsche Holding SE oder auch die WAZ-Gruppe mit der Funke Mediengruppe GmbH & Co. KGaA an der Spitze. Weitere Beispiele sind etwa die Vonovia SE, Wüstenrot & Württembergische AG oder die Oetker-Gruppe (Dr. August Oetker KG). Auch bei der Treuhandanstalt handelte es sich um eine Holding sehr großen Ausmaßes („Mega-Holding")[3]. Die Deutsche Bahn AG ist vom Gesetz zur Form der Holding gezwungen[4]. Das so genannte Trennbankengesetz[5], mit dem Kreditinstituten bestimmte gefährliche Geschäfte größeren Umfangs verboten werden, verbietet andererseits nicht, diese Geschäfte in Tochtergesellschaften durchzuführen. Das kann dazu führen, dass die Bank diese Bereiche in Tochtergesellschaften ausgliedert und selbst künftig als Holding tätig ist[6]. Im Übrigen spielt die Holding bei großen Vereinen wie u.a. dem ADAC, dem Deutschen Fußballbund (DFB) und dem Technischen Überwachungsverein (TÜV) eine große Rolle, weil auf diese Weise der Übergang vom Idealverein (§ 21 BGB) in den wirtschaftlichen Verein (§ 22 BGB) jedenfalls nach bisherigem Verständnis[7] vermieden werden kann.

Mit Holding und Holdingkonzepten meint man dabei eine Organisationsform, die sich bei allen Unterschieden im Einzelnen dadurch auszeichnet, dass sich an der Spitze eines Unternehmensverbun-

---

1 Zu früheren Holding-Wellen in den 20er- und 60er-Jahren des vergangenen Jahrhunderts vgl. *Keller*, Unternehmungsführung, S. 29 und *Bernhardt/Witt*, ZfB 1995, 1341 (1342 und 1347 f.).

2 Siehe nur die aktuellen Rechtstatsachen bei *Bayer/Hoffmann*, AG 2020, R 88.

3 So *Keller*, Unternehmungsführung, S. 19; *Keller*, DB 1991, 1633 (1638 f.); vgl. auch *Bühner*, Management-Holding, S. 185 ff. und *Spoerr*, Treuhandanstalt und Treuhand-Unternehmen zwischen Verfassungs-, Verwaltungs- und Gesellschaftsrecht, 1993.

4 Das galt früher mit dem Gebot der allgemeinen Spartentrennung auch im Recht der Versicherungen; heute ist davon nur noch das Gebot der Spartentrennung für Lebensversicherer und Krankenversicherungen geblieben, § 8 Abs. 4 VAG. Vgl. dazu *Präve* in Prölss/Dreher, 13. Aufl. 2018, § 8 VAG Rz. 23 ff.

5 Gesetz zur Abschirmung von Risiken und zur Planung der Sanierung und Abwicklung von großen Kreditinstituten und Finanzgruppen vom 7.8.2013, BGBl. I 2013, 3090 ff. (§ 3 Abs. 2–4 KWG). Mit Fragen zur Spartentrennung nach diesem Gesetz beschäftigt sich ausführlich *Möslein*, BKR 2013, 397 ff.

6 Steuerliche Bedenken dagegen bei *Altvater/v. Schweinitz*, WM 2013, 625 (629 ff.).

7 Vgl. nur *Westermann* in Erman, 15. Aufl. 2017, § 21 BGB Rz. 4 ff. mit allen Nachw.

des eine Unternehmung (meist Kapitalgesellschaft, aber auch Personengesellschaft, Stiftung oder natürliche Person) befindet, deren **Hauptzweck** und eigentliche Aufgabe in der **Führung ihrer Beteiligung** an zumindest einem anderen rechtlich selbstständigen Unternehmen besteht[8].

2. Betriebswirtschaftliche Vorteile von Holdingkonzepten

Als **Vorteile** einer solchen Organisationsform wird in der wirtschaftswissenschaftlichen Literatur und auf einschlägigen Seminaren eine Vielzahl von Strukturverbesserungen genannt; diese haben zu einer frühen „Holding-Welle"[9] auch im Bereich mittelständischer Unternehmen geführt. Die Rede ist von einer höheren Transparenz der Unternehmensstrukturen, einer Minimierung der Funktionsschnittstellen, flacheren Hierarchien, einer Reduzierung des Kontroll- und Kostenaufwands und vor allem einer Erhöhung der Unternehmensflexibilität im Hinblick auf zukünftig notwendig werdende Strukturanpassungen. Durch eine Dezentralisierung in der Führungsstruktur, also kürzere Entscheidungswege und eine größere Nähe der operativen Einheiten zum relevanten Markt, verspricht man sich positive Auswirkungen auch auf die Mitarbeitermotivation. Schlagwortartig zusammengefasst geht es also um höhere Innovationskraft und Flexibilität der Unternehmensgruppe insgesamt sowie ihrer Teileinheiten[10]. Die Betriebswirtschaftslehre hat diese Annahmen inzwischen durch empirische Forschungen bestätigen können und nachgewiesen, dass als Holding geführte Konzerne jedenfalls zur „besseren Hälfte" der börsennotierten Gesellschaften gehörten (vgl. dazu näher *Scheffler* Rz. 2.1 ff.)[11]. 1.2

Fragt man nach dem **Auslöser** dieser Organisation[12], so kommt ein ganzes Bündel von ökonomischen und rechtlichen Gründen in Betracht. So hat – das zeigt nicht zuletzt die unter den Schlagworten „lean production" bzw. „lean management" geführte Diskussion – der auf den Unternehmen lastende Wettbewerbsdruck in den letzten zwanzig Jahren angesichts immer dynamischerer und sich zugleich differenzierender Märkte, steigender Kosten, Konzentrationstendenzen (wie etwa im Handel) und nicht zuletzt auch durch das Auftreten neuer Konkurrenten vor allem im Ausland und aus dem Ausland stark zugenommen. Hinzu kommt, dass lange interne Wachstumsphasen der Unternehmen (z.B. Siemens) und/oder externes Wachstum durch Unternehmensakquisitionen (z.B. 1.3

8 *Keller*, Unternehmungsführung, S. 32; vgl. auch *Karsten Schmidt*, Gesellschaftsrecht, 4. Aufl. 2002, § 3 IIc (S. 52); *Wurm* in Herzig, S. 71, 73. Zu den Rechts- und Erscheinungsformen der Holding vgl. *Stephan* Rz. 3.3 ff.; *v. Ditfurth* in MünchHdb/GesR I, § 29 Rz. 1. Der Bundesfinanzhof (BFH) hat sich in zwei Beschlüssen vom 11.12.2013 – XI R 17/11 und XI R 38/12, Pressemitteilung Nr. 19/14 v. 5.3.2014, mit Fragen an den EuGH gewandt und dabei selbst formuliert: „Bei einer Führungsholding handelt es sich um eine Gesellschaft, die über das Halten von Beteiligungen an Tochtergesellschaften hinaus auch aktiv in das laufende Tagesgeschäft dieser Tochtergesellschaften eingreift. In den Streitfällen erbrachten die Führungsholdings an ihre Tochter-Personengesellschaften entgeltliche administrative und kaufmännische Dienstleistungen. Zur Finanzierung ihrer Geschäftstätigkeit und des Erwerbs der Anteile an den Tochtergesellschaften bezogen die Holdings ihrerseits Dienstleistungen von anderen Unternehmen (wie z.B. die Erstellung eines Ausgabeprospekts und Rechtsberatungsleistungen) …". Die Beschlüsse sind im Volltext abgedruckt etwa in DStR 2014, 466 und GmbHR 2014, 376. Vgl. auch die Definition in § 7 Nr. 31 VAG auf den § 1 Abs. 1 Nr. 2 VAG verweist: „Versicherungs-Holdinggesellschaften: Mutterunternehmen, die keine gemischte Finanzholding-Gesellschaft im Sinne der Nummer 10 sind und deren Haupttätigkeit der Erwerb und das Halten von Beteiligungen an Tochterunternehmen ist; dabei sind diese Tochterunternehmen ausschließlich oder hauptsächlich Versicherungsunternehmen oder Versicherungsunternehmen eines Drittstaates; mindestens eines dieser Tochterunternehmen ist ein Versicherungsunternehmen."

9 *Keller*, DB 1991, 1633; *Keller*, Unternehmungsführung, S. 29; zu den Gründen vgl. auch *Moeller* in Albach u.a. (Hrsg.), ZfB-Ergänzungsheft 1/94, S. 41 ff.; *Bernhardt/Witt*, ZfB 1995, 1341 (1345 f.); *Selent* in Herzig (Hrsg.), S. 51, 54.

10 *Theisen*, S. 185; *Niethammer* in FS Semler, 1993, S. 741, 746 ff.; *Bühner*, Management-Holding, S. 43 ff.; *Wurm* in Herzig (Hrsg.), S. 71, 74 f.; *Schulte* und *Bleicher/Kraehe* in Schulte (Hrsg.), S. 17 ff. und 59 ff.

11 Vgl. *Redenius*, *Bühner* und *Schober*, ZfB 1996, 1 ff. sowie Editorial ibid.

12 „Corporate Restructuring", vgl. dazu *Keller*, DB 1991, 1633; *Theisen*, S. 647 ff.; *Prinz*, JbFStR 1994/95, 391 ff. und *Bühner*, Management-Holding, S. 13 ff.

Daimler-Benz) zu einer starken Erweiterung, ja Aufblähung der zentralen Verwaltungen geführt hat, der durch Strukturierung begegnet werden sollte. Das Zusammenwachsen der politisch-wirtschaftlichen Räume mit immer offeneren Grenzen (Europäischer Binnenmarkt mit den neuen Mitgliedern durch die Osterweiterung der EU – zuletzt Kroatien als 28. Mitgliedstaat –, die übrigen einst sozialistischen Länder des europäischen Ostens, die Reform des GATT und seine Aufwertung zur WTO) bringt außerdem nicht nur einen erleichterten Marktzutritt für neue Anbieter und Konkurrenten mit sich, sondern bietet umgekehrt auch den betreffenden Unternehmen selbst große Chancen bei der Erschließung neuer Märkte; hier kann eine Holdingstruktur die rasche Integration neu gegründeter oder erworbener Unternehmen im Ausland und damit den Marktzutritt für die Unternehmensgruppe in bislang fremden Märkten erleichtern[13].

3. Holdingkonzepte als Folge von Divisionalisierung oder verschmelzungsähnlicher Vorgänge

1.4 Bei einer etwas längerfristigen Betrachtung stellt sich die Holding als eine **weitere Stufe in der Entwicklung der Divisionalisierung** von Unternehmen dar[14]. Ursprünglich waren große Unternehmen nach funktionalen Aspekten (also Einkauf, Produktion, Personal, Finanzen, Forschung und Entwicklung, Absatz usw.) gegliedert. Zunehmend wurde jedoch erkannt, dass eine solche Organisation zu Unklarheiten bei der Verantwortung führt und damit die Lokalisierung der Verantwortung für organisatorische Ineffizienzen erschwert. Man ist deshalb in einem nächsten Schritt zu divisionalen Organisationsformen übergegangen[15], d.h. zu einer nach Geschäftsbereichen (Sparten) gegliederten Struktur, in denen die einzelnen Einheiten in eigener Ergebnisverantwortung (als sog. „profit center") geführt werden (z.B. Siemens)[16].

1.5 In konsequenter **Weiterentwicklung** dieses Ansatzes und in der Zielsetzung, die Vorteile großer Unternehmenseinheiten (Kapitalkraft, Marktmacht, Größendegressionsvorteile) mit den Vorteilen dezentraler Einheiten (Flexibilität, Kooperationsfähigkeit, Marktnähe, vereinfachte Aufnahme und Veräußerung von Tochtergesellschaften) zu verbinden[17], stellt sich dann die Ausgliederung und gesellschaftsrechtliche Verselbständigung von Geschäftsbereichen als weiterer Schritt zur Optimierung der Unternehmensstrukturen dar. Als Ergebnis dieses Prozesses bleibt an der Spitze der Gruppe eine Unternehmung („die Holding"), die zwar kein eigenes operatives Geschäft mehr betreibt, aber weiterhin die Zügel in der Hand hält – sei es über eine zentrale Planung der unternehmerischen Einzelaufgaben, sei es (nur) über eine zentrale Finanz- und/oder Ergebnisplanung, über eine Personalunion auf den Führungsebenen oder über Unternehmensverträge (ausführlich zur Führung einer Holding *Keller* Rz. 4.1 ff.)[18].

1.6 Das gleiche Ergebnis tritt bei **verschmelzungsähnlichen Vorgängen** ein, bei denen eine Holding als Hilfsmittel zur Unternehmenskonzentration verwendet wird, weil die Fusion mehrerer Gesellschaf-

---

13 *Schwartzkopff*, S. 75, 83 f.

14 *Scheffler*, Konzernmanagement, S. 59 f.; *Selent* in Herzig (Hrsg.), S. 51 ff. Erfahrungsberichte aus Sicht der Unternehmensleitungen finden sich in *Schulte* (Hrsg.), S. 91 ff. Zur Holdingstruktur der IBM Deutschland GmbH vgl. *Hug* in Corsten/Reiß (Hrsg.), Handbuch Unternehmensführung, 1995, S. 57, 58 ff.

15 Zur Zulässigkeit einer solchen Organisationsform bei einer unabhängigen Aktiengesellschaft *J. Semler* in FS Döllerer, 1988, S. 571 ff.

16 Zu den gesellschafts- und mitbestimmungsrechtlichen Problemen der Spartenorganisation vgl. *Schwark*, ZHR 142 (1978), 203 ff.; *K. Schmidt*, ZGR 1981, 455 (479 ff.); *U. Huber*, ZHR 152 (1988), 123 (156 ff.); *Schiessl*, ZGR 1992, 64 ff.; *J. Semler* in FS Beusch, 1993, S. 805 ff. sowie den Bericht über die Verhandlungen der Unternehmensrechtskommission, Bundesministerium der Justiz (Hrsg.), 1980, Rz. 1733 ff. (S. 868 ff.).

17 *Schiessl*, ZGR 1992, 64 (65); *Keller*, DB 1991, 1633 (1634 f.); *Bühner*, DBW 51 (1991), 141 (142 f.).

18 S. dazu auch *Scheffler*, WPg 1992, 641 (642 ff.).

ten zu einer rechtlichen Einheit im konkreten Fall nicht gewollt oder nicht möglich ist[19]. In dieser Weise ist der internationale Zusammenschluss mehrerer Unternehmen in einer Holding SE gedacht.

4. Rechtliche Gründe für Holdingkonzepte

Neben all diesen ökonomischen Gründen spielen häufig auch rechtliche Gründe eine Rolle für die Umsetzung von Holdingkonzepten. So beruht die besonders auffällige Holdingwelle in der Versicherungswirtschaft[20] auf der branchenspezifischen Besonderheit, dass das damalige Bundesaufsichtsamt für das Versicherungswesen (heute: Bundesanstalt für Finanzdienstleistungsaufsicht – BaFin) die Unternehmen zu einer Trennung der Risiken und damit zur Wahl von Holding-Konstruktionen gedrängt hat[21]. Heute verlangt das Gesetz eine solche Trennung nur noch für Lebens- und Krankenversicherer, § 8 Abs. 4 Satz 2 VAG[22]. Für international tätige Konzerne gibt es zudem häufig steuerrechtliche (z.B. Schachtelprivilegien im internationalen Steuerrecht; dazu *Keuthen* Rz. 14.502 ff.) oder im ausländischen Recht liegende Gründe (dazu *Polatzky/M. Schmidt* Rz. 15.8 ff.)[23] für die Errichtung sog. „internationaler Basisgesellschaften"[24], die zwischen die Unternehmung an der Spitze der Gruppe und den in den verschiedenen Ländern selbst operativ tätigen Einheiten geschaltet werden und die Tätigkeit der Unternehmensgruppe in einzelnen Staaten oder Staatengruppen finanzieren, koordinieren und steuern. Und schließlich wurde die Zwischenschaltung einer Holding auch zur Abschirmung vor den durch das „Video"-Urteil des BGH[25] hervorgerufenen Haftungsgefahren der Gesellschafter (dazu *Bayer/Trölitzsch* Rz. 8.80 ff.) im inzwischen „abgeschafften" sog. qualifiziert faktischen GmbH-Konzern empfohlen[26]. Solcher Maßnahmen bedarf es heute nicht mehr. 1.7

II. Historische Wurzeln der „Holding"

In der Wirtschaftsgeschichte lassen sich die **Ursprünge**[27] von Holdingkonzepten bis an den **Anfang des 19. Jahrhunderts** zurückverfolgen. So wurde etwa die Vorläuferin der heutigen „Société Générale de Belgique" als „Société Générale des Pays-Bas pour favoriser l'industrie nationale" im Jahre 1822 gegründet. Ihr Hauptzweck bestand ab 1835 nicht mehr nur in der Verwaltung staatlicher Güter oder der Finanzierung des Staatshaushaltes, sondern zunehmend in der Finanzierung eigener Unternehmensgründungen und dem Erwerb von Beteiligungen an Unternehmen[28]. 1.8

19 *Selent* in Herzig (Hrsg.), S. 51, 60 ff.; vgl. auch *Beuthien*, AG 1996, 349 und *Habel/Strieder*, DZWir 1996, 485 zu Holdinggenossenschaften.

20 Vgl. *Keller*, DB 1991, 1633.

21 Gesetz über die Beaufsichtigung der Versicherungsunternehmen (VAG), in der Fassung der Bekanntmachung vom 17.12.1992 (BGBl. I 1993, 2), zuletzt geändert durch Art. 98 des Gesetzes vom 20.11. 2019 (BGBl. I 2019, 1626); *Pauli* in Hoffmann (Hrsg.), Konzernhandbuch, 1993, S. 415; für die Aufsicht über das Versicherungswesen ist heute die Bundesanstalt für Finanzdienstleistungsaufsicht (BaFin) zuständig.

22 Vgl. hierzu nur *Präve* in Prölss/Dreher, 13. Aufl. 2018, § 8 VAG Rz. 23 ff.

23 Viele Rechtsordnungen beschränken die Gewerbefreiheit für ausländische, d.h. nach fremdem Recht gegründete Gesellschaften. Vgl. den im Jahre 1984 aufgehobenen § 12 Abs. 1 GewO a.F. und zum Fremdenrecht allgemein *Großfeld* in Staudinger, Internationales Gesellschaftsrecht; *Assmann* in Großkomm/AktG, Neubearbeitung 1992, Einl. Rz. 526, 663 ff.

24 *Rose/Glorius-Rose*, Rz. 561.

25 BGH v. 23.9.1991 – II ZR 135/90, BGHZ 115, 187 = AG 1991, 429 = ZIP 1991, 1354.

26 Zusammenfassende Betrachtung bei Bayer in Lutter/Hommelhoff, § 13 Rz. 25 ff., 27 m.w.N.; w.N. in der 5. Aufl. Rz. 1.8. S. dazu im Einzelnen auch *Bayer/Trölitzsch* Rz. 8.80.

27 *Keller*, Unternehmungsführung mit Holdingkonzepten, 1. Aufl. 1990, S. 39 ff.; *Ott*, S. 236 ff. (insb. zu wissenschaftlichen Untersuchungen der „Holding"); ausführlich zur Entwicklung in den USA *Spindler*, Recht und Konzern, 1993, S. 215 ff.

28 *Keller*, Unternehmungsführung, S. 28.

1.9 In den **USA** entwickelten sich um 1870 als Vorform der **trusts**[29] Effektenhaltungsgesellschaften, die nicht selbst produzierten, sondern deren Tätigkeit sich auf die Verwaltung der Anteile sämtlicher von ihnen beherrschter Unternehmungen beschränkte. Da die Zusammenschlüsse oft innerhalb der gleichen Branche (insbesondere bei Eisenbahngesellschaften) und zu dem Zweck erfolgten, dem harten Preiswettbewerb Einhalt zu gebieten, ging es im Wesentlichen um die Führung und Beherrschung monopolartiger Unternehmenszusammenschlüsse. Folge dieser Entwicklung war die sog. „antitrust"-Gesetzgebung (beginnend mit dem Sherman Act 1890)[30], welche die zeitlich viel spätere Entwicklung des deutschen GWB und damit auch des europäischen Kartellrechts beeinflusst hat[31].

1.10 Demgegenüber ging es in **Europa** weniger um Konzentrationstendenzen, als vielmehr um die Überwindung von Finanzierungsengpässen[32]. So kam es in der Mitte des 19. Jahrhunderts in vielen Staaten Kontinentaleuropas zu der Gründung von Effektenübernahmegesellschaften[33], die – oft in Verbindung mit Banken – ihre Tochtergesellschaften im Zusammenhang mit der Übernahme von Beteiligungen finanzierten und sich selbst durch die Ausgabe von Obligationen oder Aktien refinanzierten[34]. Dies wurde häufig in der Form praktiziert, dass Aktionäre kleiner Gesellschaften der auch als Holding bezeichneten Effektenübernahmegesellschaft ihre Aktien im Austausch gegen Aktien der Effektenübernahmegesellschaft gaben (sog. Effektensubstitution)[35]. Die kleinen Aktiengesellschaften verloren damit ihre wirtschaftliche Selbständigkeit durch die Unterordnung unter die einheitliche Wirtschaftsführung (Konzernierung) durch die Holding[36].

III. Der Begriff der Holding

1. Problem

1.11 Für Juristen besteht bei der Beschäftigung mit der „Holding" das Problem, dass es sich **weder um einen gesetzlich definierten**[37] **noch um einen** in der juristischen Literatur eingeführten, **einheitlich gebrauchten Begriff** handelt[38]. Die Holding ist eine praktische Organisationsstruktur, keine recht-

---

29 Vgl. dazu *Merkt*, US-amerikanisches Gesellschaftsrecht, 3. Aufl. 2013, Rz. 16 und *Schwartzkopff*, S. 36 ff. (für den Bereich der Banken).

30 *Zweifel*, S. 33; *Spindler*, Recht und Konzern, 1993, S. 228 f.; *Dettling*, Die Entstehungsgeschichte des Konzernrechts im Aktiengesetz von 1965, 1997, S. 18 ff.; zur Entwicklung des US-amerikanischen Kartellrechts vgl. etwa *Möschel*, Recht der Wettbewerbsbeschränkungen, 1983, Rz. 46 ff.; *Ingo Schmidt/Justus Haucap*, Wettbewerbspolitik und Kartellrecht, 10. Aufl. 2013, S. 276 ff. und *Blechman/Patterson*, U.S. Antitrust Recht, in FrankfurterKomm/KartellR, Band VI.

31 *Möschel*, Recht der Wettbewerbsbeschränkungen, 1983, Rz. 29.

32 *Hoffmann* in Hoffmann, Konzernhandbuch, S. 13; zur Entwicklung in der Schweiz vgl. *Schwartzkopff*, S. 14 und *Zweifel*, S. 33 f.

33 *Keller*, Unternehmungsführung, S. 28. Die Ausdrücke „Effektenübernahmegesellschaft" bzw. „Effektensubstitution" gehen zurück auf *Robert Liefmann*, Beteiligungs- und Finanzierungsgesellschaften, 1909, S. 70.

34 *Keller*, Unternehmungsführung, S. 28; *Hoffmann*, S. 13.

35 Vgl. den Artikel „Holdinggesellschaft" in Gabler Wirtschaftslexikon, abrufbar unter: https://wirtschaftslexikon.gabler.de/definition/holdinggesellschaft-36486/version-259937.

36 Vgl. zu diesem Verständnis des Begriffs der „Holding" etwa *Fikentscher/Heinemann*, Schuldrecht, 11. Aufl. 2017, § 92 I 4 d ee, Rz. 1316 a.E.: „Wird die Konzernierung durch Einbringung von Anteilen in eine wirtschaftlich führende Gesellschaft bewirkt, so nennt man diese *Holding*."

37 Anders in Luxemburg (Art. 1 des Gesetzes vom 31.7.1929), vgl. *Delvaux*, Les sociétés „Holding" au Grand-Duché de Luxembourg, Paris 1953 und *Delvaux* in Jura Europae, Band III, Abschnitt 50.70 Tz. 5 f.; *Krier*, AG 1969, 255; *Storck*, Die Bank 1977, 4 sowie *Keller*, Unternehmungsführung, S. 31. Zur Holding in Frankreich vgl. *Bardet u.a.*, Les holdings, 4. Aufl. 2007: Auch dort gibt es – wie in Deutschland – keine spezialgesetzliche Regelung der Holding. Zu einzelnen Holdingstandorten in Europa vgl. *Kessler*, S. 101 ff. und *Reichel*, GmbHR 1996, 671 sowie *Polatzky/M. Schmidt* Rz. 16.4 ff.

38 Das oft als „Holding-Gesetz" bezeichnete Montan-Mitbestimmungs-Ergänzungsgesetz vom 7.8.1956 (BGBl. I 1956, 707, zuletzt geändert durch Art. 6 des Gesetzes vom 24.4.2015, BGBl. I 2015, 642) regelt

liche Sonderform. Daher muss man, ehe man Aussagen zu „der Holding" machen kann, diesen Begriff definieren. Als Begriffskern kann dabei festgehalten werden, dass „Holding" vom englischen „to hold", d.h. „halten, besitzen", abgeleitet ist; daher wird unter einer Holding zu Recht ein Unternehmen verstanden, dessen betrieblicher Hauptzweck im Halten einer auf Dauer angelegten Beteiligung an einem oder mehreren anderen rechtlich selbstständigen Unternehmen liegt[39].

Darüber hinaus haben die Wirtschaftswissenschaften eine ganze **Reihe weiterer Differenzierungen** entwickelt, denen unterschiedliche Ziele und Zwecke zugrunde liegen[40]. Geläufig sind etwa Unterscheidungen wie Stammhaus und Holdinggesellschaft[41] bzw. Stammhaus- oder Holdingkonzern[42], vermögensverwaltende und konzernleitende Holding[43], geschäftsleitende und vermögensverwaltende Holding[44] oder reine und gemischte Holding[45]. 1.12

2. Kriterien für eine Definition

Zur Festlegung einer einheitlichen Nomenklatur soll hier, insoweit im Anschluss an *Keller*[46], von **drei** unterschiedlichen **Betrachtungsweisen** für Holdingkonstruktionen ausgegangen werden: einer funktionalen, einer hierarchischen und einer regionalen. Anderen phänotypischen Einteilungen[47] kann und soll damit nicht ihre Berechtigung abgesprochen werden; es geht allein darum, für die Behandlung in diesem Handbuch von einer bestimmten Einteilung auszugehen und einen Grundtyp der „Holding" festzulegen, den – soweit nicht anders erwähnt – die Autoren dieses Buches ihren Ausführungen in den einzelnen Kapiteln zugrunde legen. 1.13

---

nicht die Organisationsform „Holding", sondern erstreckt die paritätische Mitbestimmung bei Unternehmen der Montanindustrie auf das Entscheidungszentrum eines Konzerns, wenn dieses die Montanunternehmen beherrscht oder einen entsprechenden Unternehmenszweck hat.

39 *Keller*, Unternehmungsführung, S. 32; dem folgend *Theisen*, S. 174 f.; *Scheffler*, WPg 1992, 641; ferner *Knobbe-Keuk*, Bilanz- und Unternehmenssteuerrecht, 9. Aufl. 1993, § 20 II 2c; *Lawall*, Die virtuelle Holding nach deutschem Aktienrecht, 2006, S. 35 f.; *v. Ditfurth* in MünchHdb/GesR I, § 29 Rz. 1; *Dettling*, Die Entstehungsgeschichte des Konzernrechts im Aktiengesetz von 1965, 1997, S. 18 Fn. 2; *Kessler*, S. 9 f.; *Scheffler*, Konzernmanagement, S. 60; *Schulte* in Schulte, S. 29 f.; vgl. auch *W. Everling*, DB 1981, 2549; *Hoffmann* in Hoffmann, Konzernhandbuch, S. 13; *Rasch*, Deutsches Konzernrecht, 5. Aufl. 1974, S. 70 f.; *Rose/Glorius-Rose*, Rz. 435; *Ott*, S. 31 ff.; *Zweifel*, S. 45; sowie EuGH v. 20.6.1991 – C-60/90, ECLI:EU:C:1991:268 – Polysar, Slg. 1991, I-3111 ff. = EuZW 1992, 702 (703).

40 Vgl. etwa *Bernhardt/Witt*, ZfB 1995, 1341 (1343 f.); *Schwarzinger/Trentini* in Littich/Schellmann/Schwarzinger/Trentini, S. 12 ff.; *Zweifel*, S. 35 ff. und die Auflistung von Begriffen bei *Keller*, Unternehmungsführung, S. 33.

41 Dazu *W. Everling*, DB 1981, 2549; *Selent* in Herzig (Hrsg.), S. 51 ff.

42 *Scheffler*, Konzernmanagement, S. 59 ff.

43 *Uwe H. Schneider*, BB 1989, 1985 (1987).

44 So die Unterscheidung im Steuerrecht für die Frage, wer als Organträger bei der Organschaft in Betracht kommt, vgl. etwa *Grottel/Kreher* in Beck'scher Bilanz-Kommentar, 12. Aufl. 2020, § 271 HGB Rz. 105; *Knobbe-Keuk*, Bilanz- und Unternehmenssteuerrecht, 9. Aufl. 1993, § 20 II 2 c und *Kolbe* in Herrmann/Heuer/Raupach, Einkommensteuer- und Körperschaftsteuergesetz, § 14 KStG Anm. 59.

45 *Arndt/Ringel*, BB 1988, 2147.

46 *Keller*, Unternehmungsführung, S. 35 ff.; ebenso *Theisen*, S. 52 ff.

47 *Hoffmann* in Hoffmann, Konzernhandbuch, S. 14 ff. (mit Schaubildern S. 18 f.) und *Theopold/Naumann/Werdich/Zeller*, ebd., S. 163 ff. unterscheiden etwa nach dem Grad der Führungsintensität insgesamt vier Formen der Holding (operative Holding, strategische Holding, Finanzholding, unternehmerische Holding). Vgl. ferner *Schulte* in Schulte, S. 30 ff.; *G. Heidinger*, Rechtsformgestaltung II, Wien 1994, S. 309 f.; ähnlich wie hier *Bühner*, DB 1993, 437 und *Schwarzinger/Trentini* in Littich/Schellmann/Schwarzinger/Trentini, S. 12: Gliederung nach der Funktion, der hierarchischen Einordnung, räumlichen Kriterien sowie ferner nach Rechtsform und Leistungsmerkmalen (Finanzierung, Stellung von Patenten und Lizenzen, Beteiligungsverwaltung; Geschäftsleitung; Dienstleistungen).

a) Funktionale Differenzierung

1.14 Bei funktionaler Betrachtungsweise von Unternehmensgruppen lassen sich **fünf Formen** nach dem Ausmaß der Führungsintensität der an der Spitze stehenden Unternehmung unterscheiden:

aa) Das Stammhaus bzw. der Stammhauskonzern

1.15 Der Stammhauskonzern ist die traditionelle Organisationsform deutscher Großunternehmen, kommt aber in seiner Reinform bei Großunternehmen heute[48] inzwischen weniger vor[49] (weitgehend noch Stammhaus z.B.: BMW AG, Commerzbank AG, Daimler AG, MorphoSys AG, MTU Aero Engines AG). Er **unterscheidet sich** einmal **vom Einheitsunternehmen** dadurch, dass durchaus Beteiligungen an anderen Unternehmungen und Tochtergesellschaften bestehen. Im Unterschied zu Holdingkonzernen nimmt im Stammhauskonzern aber die an der Spitze stehende, konzernleitende Einheit (das Stammhaus) alle für die Erstellung von Unternehmensleistungen wichtigen Funktionen einschließlich des operativen Geschäfts selbst *auch* wahr[50], d.h., sie tritt selbst in breitem Umfange unternehmerisch am Markt auf[51]. Das **Stammhaus** ist also gerade **keine Holding**, deren Hauptzweck in der Verwaltung oder der Steuerung von Beteiligungen liegt. Der Erwerb oder die Gründung von Tochtergesellschaften[52] hat im Stammhauskonzern eine ergänzende und unterstützende Funktion für die Entfaltung der unternehmerischen Tätigkeit der leitenden Einheit selbst[53], insbesondere für unternehmerische Tätigkeiten im Ausland. Die Töchter sind i.d.R. wesentlich kleiner als das „Stammhaus" und vor allem dadurch gekennzeichnet, dass sie nicht nur gesellschaftsrechtlich oder finanziell, sondern in ihrem ganzen Tagesgeschäft strukturell (Zentralbereiche, Stäbe), technokratisch (Planungen) und personell (Personalunion von Führungskräften, Weisungsanhängigkeit) vom Stammhaus abhängen. Die Tochterunternehmen im typischen Stammhauskonzern unterscheiden sich also nur durch ihre juristische Selbständigkeit von unselbständigen Betriebsabteilungen[54]. Und die Leitung dieser Gruppe von Unternehmungen ist – im Gegensatz zu Holdingkonzepten – gerade nicht verselbständigt.

bb) Die Führungs- oder Managementholding

1.16 Im Unterschied zum oben beschriebenen Stammhaus entfaltet die Führungsholding[55] in ihrer typischen Ausgestaltung keine eigenen produktionswirtschaftlichen Aktivitäten[56]; sie hat **kein eigenes**

48 Nach *Bühner*, DBW 51 (1991), 141 waren etwa noch im Jahr 1991 ca. 30 % der 50 größten deutschen Unternehmen in dieser Art organisiert.

49 Siehe auch *Bayer/Hoffmann*, AG 2020, R 88.

50 *Scheffler*, Konzernmanagement, S. 98. Vgl. auch *Stephan* Rz. 3.118.

51 *W. Everling*, DB 1981, 2549; *Kleindiek*, Konzernstrukturen und Corporate Governance: Leitung und Überwachung im dezentral organisierten Unternehmensverbund, in Hommelhoff/Hopt/v. Werder (Hrsg.), Handbuch Corporate Governance, S. 787, 792; *Lawall*, Die virtuelle Holding nach deutschem Aktienrecht, 2006, S. 34; *Schiessl*, ZGR 1992, 64 (65); vgl. auch *Raupach* in FS Döllerer, 1988, S. 495, 504 unter Hinweis auf *Kuhn*, ZfbF Sonderheft 13/1982, S. 36 f.

52 Vgl. dazu die Beiträge in *Lutter* (Hrsg.), Die Gründung einer Tochtergesellschaft im Ausland, 3. Aufl. 1995.

53 *Lawall*, Die virtuelle Holding nach deutschem Aktienrecht, 2006, S. 34.

54 So *W. Everling*, DB 1981, 2549 im Anschluss an *Schmalenbach*, Die Beteiligungsfinanzierung, 8. Aufl. 1954, S. 184.

55 Die Bezeichnung als Management-Holding oder geschäftsleitende Holding (so insb. *Bühner*, Management-Holding, S. 33 ff.; *Bernhardt/Witt*, ZfB 1995, 1341 (1343); *Busse v. Colbe/Ordelheide/Gebhardt/Pellens*, Konzernabschlüsse, 9. Aufl. 2010, S. 102; *Lawall*, Die virtuelle Holding nach deutschem Aktienrecht, 2006, S. 37 ff.) hat sich in der Literatur inzwischen durchgesetzt. Dabei werden die Begriffe Führungs- und Managementholding vielfach auch einfach nebeneinander bzw. synonym genannt, vgl. etwa *Scheffler*, Konzernmanagement, S. 62. *Kleindiek*, Konzernstrukturen und Corporate Governance: Leitung und Überwachung im dezentral organisierten Unternehmensverbund, in Hommelhoff/Hopt/v. Werder (Hrsg.), Handbuch Corporate Governance, S. 787, 792 spricht von „strategischer Holding".

operatives Geschäft[57]. Sie produziert also selbst weder materielle Güter noch bietet sie Dienstleistungen am Markt an und verfügt daher auch, mit Ausnahme zum Finanz- und Personalmarkt, über keine Beziehungen zu Absatz- und Beschaffungsmärkten. Die zentrale Einheit hält aber, sei es über Unternehmensverträge, sei es faktisch über ein zentrales Planungs- oder Finanzmanagement oder eine Personalunion auf den Führungsebenen, die unternehmerische Führung der Tochter- und Enkelgesellschaften in den eigenen Händen[58] (Beispiele: Fresenius SE & Co. KGaA, E.ON SE, RWE AG[59]). Prägendes Merkmal der Führungsholding ist also, dass sie als Spitze der Unternehmensgruppe **einerseits** das operative Geschäft (einschließlich der Produkt- und Marktstrategie) den Tochterunternehmen überlässt und sich auf die Aufgaben der strategischen Steuerung (Festlegung der Geschäftsfelder, Besetzung von Führungspositionen und Steuerung des Kapital- und Liquiditätsflusses innerhalb der Gruppe)[60] und der Konzernkoordination und Konzernkontrolle beschränkt[61].

In Abgrenzung zu einer reinen Finanz- bzw. besser Vermögensholding „hält" sie aber **andererseits** 1.17 nicht nur die Beteiligungen an den Tochterunternehmen, sondern **führt** diese auch. Darin liegt gerade ihre ureigene Zwecksetzung, d.h., typischerweise bleiben ihr zwar alle, aber eben auch „nur" die konzernleitenden „strategischen" Entscheidungen vorbehalten; denn in einer hohen wirtschaftlichen Selbständigkeit der Tochterunternehmen wird gerade der Schlüssel zum Erfolg dieser Unternehmensstruktur gesehen. Diese „strategischen Entscheidungen" umfassen typischerweise die Festlegung einer langfristigen Unternehmenspolitik für alle Unternehmen der Gruppe, die diese als „wirtschaftliche Einheit"[62] erscheinen lässt, eine dieser Einheit entsprechende Organisation und Zuständigkeitsregelung, eine einheitliche Leitungs- und Weisungsausübung, eine Tätigkeitsabstimmung und Zielkontrolle, ein einheitliches Berichtssystem auf dem Hintergrund einheitlicher Regeln zur Rechnungslegung als Basis eines konzernweiten Controlling, eine konzernweite Compliance und

---

Zur Verbreitung vgl. die empirische Untersuchung von *Bühner*, DB 1993, 285 ff.; in der Unternehmenspraxis häufig zu beobachten ist die Umwandlung eines ursprünglichen Stammhauskonzerns in eine Führungs- bzw. Managementholding, vgl. hierzu insb. *Stephan* Rz. 3.117 ff.; zu ihren Vor- und Nachteilen *Scheffler* Rz. 2.54 ff.

56 In der Praxis gibt es, insbesondere in der Phase des Umbaus von Stammhauskonzernen, allerdings durchaus Formen der Führungsholding, bei denen die Holding teilweise in das Tagesgeschäft der operativen Gesellschaften eingreift (dazu etwa *Dunsch*, „Schnellboote und träge Tanker – Zum Holding Modell", FAZ v. 13.6.1994 mit der begrifflichen Unterscheidung zwischen „strategischer" und „operativer Managementholding").

57 *Kleindiek*, Konzernstrukturen und Corporate Governance: Leitung und Überwachung im dezentral organisierten Unternehmensverbund, in Hommelhoff/Hopt/v. Werder (Hrsg.), Handbuch Corporate Governance, S. 787, 792.

58 Siehe auch *Bayer/Hoffmann*, AG 2020, R 88: Rund 60 % der Führungs- und Mischholdings aus dem HDax (Dax, MDax, TecDax) beherrschen ihre größeren inländischen Konzerngesellschaften durch (meist mit Gewinnabführungsverträgen kombinierte) Beherrschungsverträge. Personelle Verflechtungen zwischen dem Holdingvorstand und den Organen der großen Konzerngesellschaften bestehen bei 75 % dieser HDax-Unternehmen.

59 Weitere Beispiele: 1&1 Drillisch AG, Fuchs Petrolub SE, Knorr-Bremse AG, Lanxess AG, Pfeiffer Vacuum Technology AG, Sartorius AG, Uniper SE oder etwa auch die Franz Haniel & Cie. GmbH; vgl. wegen der teilweise rasanten Entwicklungen die Angaben auf den jeweiligen Homepages der Unternehmen im Internet.

60 Dabei lassen sich gedanklich weiter eine konzernbezogene und eine geschäftsfeldbezogene Strategieebene unterscheiden, vgl. dazu *Keller*, BFuP 1992, 14 (18 ff.).

61 Zu den Führungsaufgaben des Managements der Holding vgl. auch *Scheffler*, Konzernmanagement, S. 98 f. und *Bühner*, Management-Holding, S. 145 ff.

62 Zu dieser Beschreibung des Konzerns vgl. OLG Düsseldorf v. 4.7.2013 – I-26 W 13/08 (AktE), ZIP 2014, 517 = AG 2013, 720 sowie *Bayer* in MünchKomm/AktG, § 18 AktG Rz. 29; Hüffer/Koch, 13. Aufl. 2018, § 18 AktG Rz. 11; *Koppensteiner* in KölnKomm/AktG, § 18 AktG Rz. 19 ff.; Bericht über die Verhandlungen der Unternehmensrechtskommission, hrsg. vom Bundesministerium der Justiz, 1980, Rz. 1245 ff. (S. 647 ff.).

vor allem die zentrale Finanzhoheit zur Steuerung der Kapitalflüsse durch die Obergesellschaft (Holding)[63].

1.18 Obwohl bei der Führungsholding der Obergesellschaft nur die strategische Steuerung und Koordination der operativen Konzerngesellschaften verbleibt, erstreckt sich die **Leitungsverantwortung** des Holdingvorstandes nach § 76 Abs. 1 AktG **auch auf die Leitung dieser Gesellschaften**[64]. Inwieweit der Holdingvorstand diese Leitung selbst ausübt oder delegiert, entscheidet der Vorstand der Holding nach eigenem Ermessen[65]; er kann also die operativen Gesellschaften sehr weit in seine Leitung nehmen oder sie auch in relativer Selbständigkeit arbeiten lassen, ohne seine Pflichten aus § 76 Abs. 1 AktG zu verletzen – soweit er nur angemessen überwacht (dazu *v. Schenck* Rz. 5.1 ff. zur internen und *Krieger* Rz. 7.1 ff. zur externen Überwachung)[66].

1.19 Zur Einbindung der Unternehmenspolitik der operativen Gesellschaften in die Gesamtstrategie der Gruppe und zur Sicherung der soeben angesprochenen Überwachung der Tätigkeit „unten" haben in vielen als Führungsholding organisierten Obergesellschaften die Geschäftsleiter der operativen Einheiten im Vorstand der Holding Sitz und Stimme[67].

cc) Die virtuelle Holding

1.20 Typische Stammhausgesellschaften oder stammhausähnliche Konzernmütter sind intern gelegentlich in sog. Unternehmensbereiche gegliedert. Für sie hat sich der Begriff der virtuellen Holding[68] herausgebildet. Bei ihr sind die der virtuellen Holding untergeordneten Unternehmensbereiche

---

63 *Keller*, Unternehmungsführung, S. 36 f.; *Bühner*, Management-Holding, S. 95 ff.; vgl. auch *Kleindiek*, Konzernstrukturen und Corporate Governance: Leitung und Überwachung im dezentral organisierten Unternehmensverbund, in Hommelhoff/Hopt/v. Werder (Hrsg.), Handbuch Corporate Governance, S. 787, 792 f. und 796 sowie *Hoffmann* in Hoffmann, Konzernhandbuch, S. 15 jeweils zur „strategischen Holding".

64 *Mertens/Cahn* in KölnKomm/AktG, § 76 AktG Rz. 65 m.w.N.; Hüffer/Koch, § 76 AktG Rz. 10; *Hüffer* in Liber amicorum Happ, 2006, S. 93, 99 ff.; *Kleindiek*, Konzernstrukturen und Corporate Governance: Leitung und Überwachung im dezentral organisierten Unternehmensverbund, in Hommelhoff/Hopt/v. Werder (Hrsg.), Handbuch Corporate Governance, S. 796 f.; *Krieger* in MünchHdb/AG, § 19 Rz. 38; *Hommelhoff*, Die Konzernleitungspflicht 1982/1988, passim.

65 H.M.; vgl. *Fleischer* in Spindler/Stilz, § 76 AktG Rz. 86–88; Hüffer/Koch, § 76 AktG Rz. 47; *Mertens/Cahn* in KölnKomm/AktG, § 76 AktG Rz. 65; *Koppensteiner* in KölnKomm/AktG, Vorb. § 291 AktG Rz. 71; *Seibt* in K. Schmidt/Lutter, § 76 AktG Rz. 27; *Martens* in FS Heinsius, 1991, S. 523, 531; *Kropff*, ZGR 1984, 112 (116); *Schiessl*, ZGR 1992, 64 (83); *Wiedemann*, Die Unternehmensgruppe im Privatrecht, 1988, S. 76; weitergehend *Hommelhoff*, Die Konzernleitungspflicht, 1982, S. 43 ff., 165 ff., 184 ff., 424; vgl. auch *Semler*, Leitung und Überwachung der Aktiengesellschaft, 2. Aufl. 1996, Rz. 269 ff. und *Mülbert*, Aktiengesellschaft, Unternehmensgruppe und Kapitalmarkt, 1995, S. 27 ff.

66 Vgl. zu den (Konzern-)Überwachungsaufgaben des Holding-Vorstands auch *Kleindiek*, Konzernstrukturen und Corporate Governance: Leitung und Überwachung im dezentral organisierten Unternehmensverbund, in Hommelhoff/Hopt/v. Werder (Hrsg.), Handbuch Corporate Governance, S. 797 ff., 805 f.

67 Vgl. auch die Angaben bei *Fleischer* in Spindler/Stilz, § 76 AktG Rz. 105 m.w.N.; Hüffer/Koch, § 76 AktG Rz. 53; *Decher*, Personelle Verflechtungen im Aktienkonzern, 1990, S. 19 ff.; zu den einzelnen personellen Führungsinstrumenten *Bühner*, Management-Holding, S. 123 ff.; zu den rechtlichen Problemen einer solchen Organisation vgl. *Fleischer* in Spindler/Stilz, § 76 AktG Rz. 105 ff.; Hüffer/Koch, § 76 AktG Rz. 54; *Kort* in Großkomm/AktG, § 76 AktG Rz. 219 ff.; *Mertens/Cahn* in KölnKomm/AktG, § 76 AktG Rz. 70 ff.; *Seibt* in K. Schmidt/Lutter, § 76 AktG Rz. 30; *Spindler* in MünchKomm/AktG, 5. Aufl. 2019, § 76 AktG Rz. 52 ff.; *Anders*, Vorstandsdoppelmandate – Zulässigkeit und Pflichtenkollisionen, 2006; *Hoffmann-Becking*, ZHR 150 (1986), 570 ff.; *Martens* in FS Heinsius, 1991, S. 523 ff.; *Streyl*, Zur konzernrechtlichen Problematik von Vorstands-Doppelmandanten, 1992; *Wirth* in FS Bauer, 2010, S. 1125.

68 Ausführlich *Lawall*, Die virtuelle Holding nach deutschem Aktienrecht, 2006.

rechtlich nicht selbstständig[69], werden aber wie selbstständige Einheiten behandelt, mit eigenen „Vorständen“, eigener Bilanzierung etc.[70] Typisch dafür ist die Organisationsform der Siemens AG[71] und der Deutschen Bank AG. Die virtuelle Holding kommt auch als Übergang zur echten Holding vor.

dd) Die Mischholding

Unter Mischholding[72] soll hier eine Obergesellschaft verstanden werden, die in ihrer Funktion **weitgehend** der **Führungsholding** gleicht[73] und wie eine solche **organisiert ist, daneben** aber auch eigene unternehmerische Tätigkeiten entfaltet[74] (Beispiele: Bayer AG, Beiersdorf AG, Deutsche Telekom AG, Merck KGaA, Robert Bosch GmbH). Im Unterschied zum Stammhauskonzern sind diese marktorientierten Eigenproduktionen und -aktivitäten aber im Verhältnis zu den operativen Geschäften der gesamten Gruppe von untergeordneter Bedeutung[75]. 1.21

Von der Mischholding ist es oft nur noch ein kleiner Schritt zur „virtuellen Holding“.

ee) Die Vermögensholding (Finanzholding)

Unter dem Begriff der Finanz- oder besser Vermögensholding[76] soll hier[77] eine Gesellschaft verstanden werden, die **selbst keine Führungsfunktionen** in ihren Tochtergesellschaften ausübt, sondern 1.22

---

69 Zum Begriff *Lawall*, Die virtuelle Holding nach deutschem Aktienrecht, 2006, S. 39 ff. sowie anhand der Beispiele Deutsche Bank und Hypo Vereinsbank: *Schwark*, Virtuelle Holding und Bereichsvorstände, in FS Ulmer, 2003, S. 605 ff., 609 ff. und *Lawall*, Die virtuelle Holding nach deutschem Aktienrecht, S. 52 ff. und 61 ff.

70 Zu den rechtlichen Problemen einer solchen Organisation vgl. etwa *Fleischer* in Spindler/Stilz, § 77 AktG Rz. 40; *Spindler* in MünchKomm/AktG, 5. Aufl. 2019, § 77 AktG Rz. 68; *Weber* in Hölters, § 77 AktG Rz. 40 und ausführlich *Lawall*, Die virtuelle Holding nach deutschem Aktienrecht, 2006.

71 Zur Siemens AG als virtuelle Holding eingehend *Lawall*, Virtuelle Holding nach deutschem Aktienrecht, 2006, S. 68 ff.

72 Häufig auch „gemischte Holding“ genannt, etwa bei Öst. VwGH v. 29.1.2003 – ZI 97/13/0012-6, IStR 2003, 245; *Keller*, Unternehmungsführung, S. 56; *Hoffmann* in Hoffmann, Konzernhandbuch, S. 13; *Zweifel*, S. 51 und *Schwarzinger/Trentini* in Littich/Schellmann/Schwarzinger/Trentini, S. 13.

73 Nach *Kleindiek*, Konzernstrukturen und Corporate Governance: Leitung und Überwachung im dezentral organisierten Unternehmensverbund, in Hommelhoff/Hopt/v. Werder (Hrsg.), Handbuch Corporate Governance, S. 787, 793 lässt sich die Mischholding als spezifische Ausformung der strategischen Holding begreifen.

74 Dazu näher (mit Rechtstatsachen) *Bayer/Hoffmann*, AG 2020, R 88.

75 *Kleindiek*, Konzernstrukturen und Corporate Governance: Leitung und Überwachung im dezentral organisierten Unternehmensverbund, in Hommelhoff/Hopt/v. Werder (Hrsg.), Handbuch Corporate Governance, S. 787, 793; *Lawall*, Die virtuelle Holding nach deutschem Aktienrecht, 2006, S. 38.

76 Der Begriff der Finanzholding ist missverständlich, da er sich auch so verstehen lässt, dass die Holding die Finanzierungsfunktion für die gesamte Gruppe in den Händen hält. Das ist dann etwas ganz anderes als das bloße Halten und Verwalten von Anteilen; es ist betriebswirtschaftlich gesehen „Führung“ der Unternehmensgruppe und juristisch „einheitliche Leitung“ i.S.d. § 18 AktG (vgl. nur *Bayer* in MünchKomm/AktG, § 18 AktG Rz. 31; Hüffer/Koch, § 18 AktG Rz. 9 und 11; *Koppensteiner* in Köln-Komm/AktG, § 18 AktG Rz. 20). Vgl. etwa *Schwartzkopff*, S. 27 f., der die Finanzholding als Unterform der Führungsholding bezeichnet, die sich im Gegensatz zu einer Management-Holding dadurch auszeichne, dass die Führung rein finanziell ausgeübt wird. *Scheffler*, Konzernmanagement, S. 60 f. versteht den Begriff der Finanzholding grds. im hier verwendeten Sinne, geht aber davon aus, dass eine Finanzholding auch als Finanzierungsgesellschaft für ihre Beteiligungsunternehmen tätig werden kann. – Der an sich richtige Begriff Vermögensverwaltungsholding ist zu lang, daher hier Vermögensholding (so auch *Timm*, Die Aktiengesellschaft als Konzernspitze, 1980, S. 132).

77 Anders bei *Hoffmann* in Hoffmann, Konzernhandbuch, S. 16 und *Werdich*, ebd., S. 307, 308: Sie verstehen unter einer Finanzholding eine Unternehmensgruppe, in der die Entscheidungskompetenzen im Hinblick auf Finanzierungsfunktion und die Besetzung von Führungspositionen bei der Holding bleiben.

sich auf die **Verwaltung**[78] ihrer Beteiligungen und die damit verbundenen Finanzierungs- und Verwaltungsaufgaben **beschränkt**[79]; sie übt also insbesondere die ihr als Gesellschafterin zustehenden Rechte in Haupt- oder Gesellschafterversammlungen aus und überwacht, ggf. über von ihr gewählte Aufsichtsmitglieder, die Geschäftsführung der Tochterunternehmen[80] (Beispiel: Porsche Automobil Holding SE, Ravensburger Holding AG). Die Verwaltung von Beteiligungen schließt also eine Aufsicht über das Handeln der Unternehmungen ein und kann daher auch eine Beratung mit deren Vorständen erfordern; **Aufsicht und Beratung sind aber noch keine Führung**. Es steht dabei eben nicht das aktive, planende, strategische Element wie bei der Führungsholding im Vordergrund, sondern das reaktive, kontrollierende Moment. Damit ähnelt die Vermögensholding den Investment- bzw. Kapitalverwaltungsgesellschaften bzw. entspricht in ihrer Ausgestaltung einer reinen Vermögensverwaltung i.S.v. §§ 17 ff. KAGB („Verwaltung") und § 11 Abs. 5 Satz 2 PublG.

1.23 Auch die **Unternehmensbeteiligungsgesellschaften** nach dem UBGG[81] und die Private-Equity-Unternehmen fallen in diese Kategorie, da sie sich typischerweise auf die reine Vermögensverwaltung beschränken.

ff) Fazit

1.24 **Gegenstand** dieses Holding-Handbuchs sind in erster Linie[82] die unter Rz. 1.16 ff., Rz. 1.20 und Rz. 1.21 beschriebenen Formen der Führungs-, virtuellen und Mischholding; nur sie werden im Folgenden als „Holding" bezeichnet. Sie kennzeichnet, dass sie unternehmerische Leitung wahrnehmen, ohne selbst ein relevantes eigenes operatives Geschäft am Markt auszuüben.

Übrigens: Die Bezeichnung „Holding" ist nicht geschützt. Daher wird sie – ähnlich wie „Group" – häufig benutzt, ohne dass ihre Voraussetzungen vorliegen. Das ist problemlos bis zur Grenze der Täuschung nach § 18 Abs. 2 HGB, wenn etwa ein kleiner Einzelkaufmann sich „Holding" in seiner Firma nennt. Andererseits verzichten nicht wenige „echte" Holdings auf diese Bezeichnung.

b) Hierarchische Differenzierung

1.25 Als **„Holding"** soll die **Unternehmung an der Spitze** eines Unternehmensverbundes bezeichnet werden, die selbst die unternehmensleitenden Funktionen ausübt; da hierfür als Rechtsform neben einer Kapital- und Personengesellschaft auch eine natürliche Person, ein Verein oder eine Stiftung[83]

---

78 Häufig daher auch Verwaltungsholding (*Selling*, RIW 1991, 235 [239]), Finanzholding (*Keller*, Unternehmungsführung, S. 35; *Bernhardt/Witt*, ZfB 1995, 1341 [1343]; *Schulte* in Schulte, S. 32; *Bühner*, DB 1994, 437), Finanz- oder Beteiligungsholding (*Schwarzinger/Trentini* in Littich/Schellmann/Schwarzinger/Trentini, S. 13), Portfolioholding (*Schwartzkopff*, S. 26) oder „reine Holdinggesellschaft" (*Zweifel*, S. 45) genannt.

79 Siehe auch *Bayer/Hoffmann*, AG 2020, R 88; in diesem Sinne etwa auch *Kleindiek*, Konzernstrukturen und Corporate Governance: Leitung und Überwachung im dezentral organisierten Unternehmensverbund, in Hommelhoff/Hopt/v. Werder (Hrsg.), Handbuch Corporate Governance, S. 787, 792; *Scheffler*, Konzernmanagement, S. 60.

80 *Lawall*, Die virtuelle Holding nach deutschem Aktienrecht, 2006, S. 38 f.; *Mentz* in Hasselbach/Nawroth/Rödding (Hrsg.), Beck'sches Holding Handbuch, Teil A Rz. 21; *Scheffler*, Konzernmanagement, S. 60.

81 Gesetz über Unternehmensbeteiligungsgesellschaften vom 17.12.1986 (BGBl. I 1986, 2488) in der Fassung der Bekanntmachung vom 9.9.1998 (BGBl. I 1998, 2765); dazu etwa *Kerber/Hauptmann*, AG 1986, 244; *Marsch-Barner*, ZGR 1990, 294; *Menzel*, WM 1987, 705; sowie *Kürten*, DB 1991, 623 (Besteuerung) und ausführlich *Fock*, UBGG – Gesetz über Unternehmensbeteiligungsgesellschaften, 2005.

82 Dies heißt, dass mit dem Begriff der „Holding" in diesem Handbuch diese Formen gemeint sind, sofern die Autoren für einzelne Abschnitte ihrer Kapitel nicht ausdrücklich einen weiteren Begriff zugrunde legen.

83 Dazu *Schlinkert*, Unternehmensstiftung und Konzernleitung, 1995 und *Künnemann*, Die Stiftung im System des Unterordnungs-Konzerns, 1996; *Hüffer* in GS Tettinger, 2007, S. 449; *Ihrig/Wandt* in FS Hüffer, 2010, S. 387 ff.

in Betracht kommt, sollte nicht von *„Holdinggesellschaft“* gesprochen werden. Die Holding ist **üblicherweise eine Dachholding**, d.h. in der Führungshierarchie oberste Unternehmung eines Holdingkonzerns.

Davon zu unterscheiden ist die „Zwischenholding“[84], die selbst in der Hierarchie unter der Dachholding steht, d.h. funktional von einer anderen Holding, sei es eine Führungs- oder sei es eine Mischholding, „abhängig“ i.S.d. § 17 AktG ist. Auch die Zwischenholding kann wiederum in ihrem Bereich Führungsholding sein[85]. 1.26

Ist die in der Hierarchie oberste Einheit eine Vermögensholding, so handelt es sich bei ihr nicht um eine Dachholding; die von ihr gehaltenen Unternehmungen können daher keine Zwischenholding, wohl aber ihrerseits Führungs- und Dachholding eines von ihnen abhängigen Bereichs von Unternehmen sein. 1.27

Die in der Hierarchie unter der Holding stehenden Gliedunternehmen sollen zur Kennzeichnung ihrer Tätigkeit als **„operative Gesellschaften“** bezeichnet werden; der hierfür oft anzutreffende Begriff der Beteiligungsgesellschaften ist missverständlich, da mit diesem Ausdruck häufig gerade das Gegenteil, nämlich die Holding, bezeichnet wird[86]. 1.28

Als Begriff für die aus der Holding und ihren operativen Gesellschaften bestehende Unternehmensgruppe als Ganzes bietet es sich an, von der Holdinggruppe oder besser vom **Holdingkonzern**[87] zu sprechen. 1.29

c) Regionale Ausrichtung der Holding

Gegenstand dieses Handbuchs sind einmal **inländische Holdingkonzerne**, d.h., Unternehmensverbindungen, bei denen die Holding selbst eine nach deutschem Recht gegründete Gesellschaft, ein Verein oder eine Stiftung mit Sitz in Deutschland ist. Davon zu unterscheiden sind **ausländische Holdingkonzerne**, bei denen die Holding ihren Sitz im Ausland hat (dazu *Polatzky/M. Schmidt* Rz. 16.1 ff.)[88]. Ein ausländischer Holdingkonzern liegt daher auch dann vor, wenn die operativen Gesellschaften solche mit Sitz in Deutschland sind und diese daher, wie auch ihre rechtlichen Beziehungen zur Holding, deutschem Recht unterstehen. Nicht Gegenstand dieses Handbuchs ist hingegen der **rein ausländische Holdingkonzern**, bei dem sowohl die Holding als auch die operativen Gesellschaften ausländische Gesellschaften sind (Fall: Schweizer Muttergesellschaft ist unternehmerisch an amerikanischen Unternehmen beteiligt). 1.30

Sowohl bei inländischen als auch bei ausländischen Holdingkonzernen kann weiter zwischen nationalen und internationalen Holdingkonzernen differenziert werden. Ein **nationaler Holdingkonzern** liegt vor, wenn die operativen Gesellschaften im Wesentlichen gleicher Nationalität[89] wie die Hol- 1.31

84 Zum Teil auch als „Subholding“ bezeichnet, so bei *Schwartzkopff*, S. 20; (nicht mehr aktuelles) Beispiel: Die Hoechst AG als Zwischenholding unterhalb der Aventis S.A., hierzu näher: *Hoffmann*, Die Bildung der Aventis S.A. – Ein Lehrstück des europäischen Gesellschaftsrechts, NZG 1999, 1077 (1081).

85 Zu mitbestimmungsrechtlichen Implikationen näher *Bayer* in MünchKomm/AktG, § 18 AktG Rz. 24 m.w.N.

86 Vgl. etwa die synonyme Verwendung der Begriffe in Gabler Wirtschaftslexikon, abrufbar unter: https://wirtschaftslexikon.gabler.de/definition/holdinggesellschaft-36486/version-259937, Artikel: „Holdinggesellschaft“; ebenso bei *Schubert/Küting*, Unternehmenszusammenschlüsse, 1982, S. 244.

87 So auch *W. Everling*, DB 1982, 2549; *Rose/Glorius-Rose*, Rz. 435.

88 Dort insbesondere zu den Holdingstandorten Niederlande (Rz. 16.35 ff.), Luxemburg (Rz. 16.4 ff.), Österreich (Rz. 16.63 ff.), Schweiz (Rz. 16.91 ff.), dem Vereinigten Königreich (Rz. 16.115 ff.), Belgien (Rz. 16.141 ff.), Liechtenstein (Rz. 16.162 ff.), USA (Rz. 16.181 ff.), Hongkong (Rz. 16.204 ff.) und Singapur (Rz. 16.218 ff.).

89 Damit ist das Gründungs- bzw. Sitzrecht gemeint, vgl. nur *Emmerich/Habersack*, Aktien- und GmbH-Konzernrecht, § 291 AktG Rz. 33; *Wiedemann*, Gesellschaftsrecht, Band I, 1980, S. 862; die Nationalität

ding sind, d.h., der Holdingkonzern etwa nur aus deutschen Unternehmungen besteht. Ein **internationaler Holdingkonzern** ist demgegenüber gegeben, wenn die operativen Gesellschaften mindestens zum Teil anderer Nationalität sind, wie die an der Spitze des Verbundes stehende Unternehmung, also etwa wesentliche Teile der operativen Gesellschaften einer Holding mit Sitz in Deutschland ausländische Gesellschaften sind.

1.32 Eine zwischen ausländischen und inländischen Holdingkonzernen liegende Sonderform internationaler Holdingkonzerne nehmen Unternehmensverbindungen ein, die als **Zwischenholdingkonzerne** bezeichnet werden können[90]. Sie zeichnen sich dadurch aus, dass bei (zumindest teilweise) unterschiedlicher Nationalität von Holding und operativen Gesellschaften letztere jeweils in staaten- oder länderbereichsbezogene Zwischenholdings zusammengefasst werden (Beispiel: An der Spitze des Holdingkonzerns steht etwa eine US-amerikanische Holding, die über eine Zwischenholding mit Sitz in Deutschland [Basisgesellschaft] sämtliche ihrer Beteiligungen an deutschen Unternehmen [den operativen Gesellschaften] hält und sie auch über diese inländische Zwischenholding leitet[91])[92].

IV. Holding und Konzernbegriff

1. Problemstellung und Bedeutung des Konzernbegriffs

1.33 Während für die Betriebswirtschaft die Beschäftigung mit der Holding vor allem wegen der Art ihrer Führungsstruktur von Interesse ist[93], stellt sich für den Juristen zunächst die Frage nach dem Verhältnis der Holding zum (rechtlichen) Konzernbegriff[94].

Dieser **juristische Konzernbegriff** ist nicht nur für die Anwendung des Konzernrechts von Bedeutung, sondern z.B. auch im Arbeitsrecht für die Mitbestimmung der Arbeitnehmer (§ 96 Abs. 1 AktG i.V.m. § 5 Abs. 1, 3 MitbestG; dazu *Wackerbarth* Rz. 12.87 ff.) oder die Errichtung eines Konzernbetriebsrates (§§ 54 ff. BetrVG; dazu *Wackerbarth* Rz. 12.163 ff.). Ähnliche Überlegungen gelten für die in den §§ 290 ff. HGB (und §§ 11 ff. PublG) speziell geregelte Rechnungslegung (dazu im Einzelnen *Scheffler* Rz. 9.1 ff.) und im Steuerrecht (dazu *Keuthen* Rz. 14.1 ff.)[95].

---

der Anteils- oder Aktieninhaber (Kontrolltheorie) ist nach nahezu einhelliger Ansicht nicht entscheidend, vgl. *Kindler* in MünchKomm/BGB, 7. Aufl. 2019, Band 12, Teil 10: IntGesR, Rz. 352 ff. und *Großfeld* in Staudinger, Internationales Gesellschaftsrecht, Neubearbeitung 1998, Rz. 19.

90 Zur Standortwahl für eine Europa-Zwischenholding ausführlich *Kessler*, Die Euro-Holding, 1996.

91 Vgl. als Beispiel für einen früheren umgekehrten Fall die Errichtung einer Zwischen-Führungsholding für Nordamerika mit Sitz in New York durch die einstige Dresdner Bank zur Zusammenfassung ihrer bisher getrennt laufenden Operationen in Kanada, USA und Mexico (Handelsblatt v. 5.5.1994, S. 14).

92 Meist aus betriebswirtschaftlichen Gründen organisieren international tätige und als Holding strukturierte Konzerne ihre länderspezifischen Konzerngesellschaften verstärkt durch so genannte „Trennungs-Matrixstrukturen". Ausführlich zu den damit verbundenen rechtlichen Problemen *Seibt/Wollenschläger*, AG 2013, 229 ff.

93 Dazu etwa *Berndt Th. Schmidt*, Integrierte Konzernführung, 1993; *Chr. Binder*, Beteiligungsführung in der Konzernunternehmung, Köln 1994; *Mülbert*, Unternehmensgruppe und Kapitalmarkt, 1995, S. 37 ff.

94 Ein anderer, betriebswirtschaftlich geprägter Begriff des Konzerns findet sich bei *Theisen*, S. 23; ebenso *Binder*, Beteiligungsführung in der Konzernunternehmung, 1994, S. 11: „Als Konzernunternehmung soll ... jede Mehrheit juristisch selbständiger Unternehmen und Betriebe bezeichnet werden, die als wirtschaftliche Einheit in personeller, institutioneller, funktioneller oder struktureller Hinsicht zeitlich befristet oder auf Dauer ein gemeinsames wirtschaftliches Ziel verfolgen, welches im Rahmen entsprechender Planungen Berücksichtigung findet." Dieser Begriff stellt keine alternative rechtliche Interpretation des Konzerns dar, sondern stellt dem rechtlichen Begriff bewusst eine betriebswirtschaftliche Sicht der Organisationsform einer Konzernunternehmung gegenüber.

95 Überblick auch bei *Grottel/Kreher* in Beck'scher Bilanz-Kommentar, 12. Aufl. 2020, § 271 HGB Rz. 100 ff.

2. Konzern i.S.d. Konzernrechts (§ 18 Abs. 1 Satz 1 AktG)

Nach § 18 Abs. 1 Satz 1 AktG bilden ein herrschendes und ein oder mehrere abhängige **Unternehmen** 1.34
einen Konzern, wenn sie unter der **einheitlichen Leitung** des herrschenden Unternehmens zusammengefasst worden sind; auf die Rechtsform der beteiligten Unternehmen kommt es dabei nicht an, da die §§ 15–19 AktG nach allgemeiner Meinung rechtsformneutrale Definitionsnormen sind[96]. Für die Frage, ob die Holding den Konzernbegriff erfüllt, gelten daher auch keine Besonderheiten, d.h., die Beantwortung der Frage richtet sich nach den allgemeinen Grundsätzen[97]. Ein Konzern im rechtlichen Sinn liegt daher vor, wenn die Holding Unternehmenseigenschaft besitzt, die operativen Gesellschaften von dieser Holding „abhängig" sind und eine „einheitliche Leitung" von der Holding ausgeübt wird.

a) Holding als „herrschendes Unternehmen"

Die Holding kann nur „herrschendes Unternehmen" eines (Unterordnungs-)Konzerns sein, wenn 1.35
sie selbst den Begriff des Unternehmens (§ 15 AktG) erfüllt. Dieser Begriff ist nicht formal (also im Sinne einer unternehmerischen Organisation der Gesellschaft), sondern funktional zu verstehen[98]; es kommt darauf an, ob die Interessen der abhängigen Gesellschaft(en) durch andere (weitere, sonstige) unternehmerische Interessen der herrschenden Gesellschaft **potentiell gefährdet** sind[99]. Nach diesem funktionalen Verständnis[100] ist daher weder ein „Privataktionär", der unternehmerische Interessen nur einer Gesellschaft verfolgt, noch ein Aktionärskonsortium, das nur das Ziel einheitlicher Stimmrechtsausübung bezweckt, im Übrigen sich aber nicht unternehmerisch betätigt[101], ein „herrschendes Unternehmen"; andererseits kann aber auch eine natürliche Person herrschendes Unternehmen sein, wenn sie sich anderweitig unternehmerisch betätigt[102]. Dafür genügt die Möglichkeit

---

96 Statt vieler: *Windbichler* in Großkomm/AktG, Vor § 15 AktG Rz. 53; *Bayer* in MünchKomm/AktG, § 15 AktG Rz. 13 m.w.N.; *Hommelhoff* in Lutter/Hommelhoff, Anh. § 13 GmbHG Rz. 6; Hüffer/Koch, § 15 AktG Rz. 8 und 14; *Koppensteiner* in KölnKomm/AktG, Vorb. § 15 AktG Rz. 11 f. und Vorb. § 291 AktG Rz. 169 ff.; aus der Rechtsprechung BGH v. 13.10.1977 – II ZR 123/76, BGHZ 69, 334 (338 ff.) und BGH v. 17.3.1997 – II ZB 3/96, AG 1997, 374 = ZIP 1997, 887 für die öffentliche Hand; BGH v. 16.9.1985 – II ZR 275/84, BGHZ 95, 330 (337 f.) = ZIP 1985, 1263 = AG 1986, 15 für die GmbH; vgl. auch BGH v. 5.2.1979 – II ZR 210/76, AG 1980, 47 = WM 1979, 937 für Personengesellschaften.

97 Hüffer/Koch, § 15 AktG Rz. 14; *Koppensteiner* in KölnKomm/AktG, § 15 AktG Rz. 62; ausf. *Bayer* in MünchKomm/AktG, § 15 AktG Rz. 25 ff. m.w.N.

98 Daher kann auch eine natürliche Person Unternehmen sein, ohne Kaufmann i.S.v. §§ 1 ff. HGB sein zu müssen, vgl. BGH v. 13.12.1993 – II ZR 89/93, ZIP 1994, 207 = AG 1994, 179 = NJW 1994, 446 mit Anm. *K. Schmidt* „EDV"; dazu *Raiser*, ZGR 1995, 157 ff.; BGH v. 19.9.1994 – II ZR 237/93, AG 1995, 35 = ZIP 1994, 1690 mit Aufsatz *K. Schmidt*, ZIP 1994, 1741 ff.; ausf. *Bayer* in MünchKomm/AktG, § 15 AktG Rz. 17 ff. m.w.N. Zur Entwicklung des Unternehmensbegriffs im Bereich der Konzernhaftung *K. Schmidt*, AG 1994, 189 ff., vgl. allgemein auch *Bayer* in FS K. Schmidt 2019, S. 65, 70 ff. m.w.N.

99 BGH v. 13.10.1977 – II ZR 123/76, BGHZ 69, 334 (337); BGH v. 16.9.1985 – II ZR 275/84, BGHZ 95, 330 (337) = AG 1986, 15 = ZIP 1985, 1263; OLG Dresden v. 6.9.2006 – 2 U 813/06, WM 2007, 1029 (1030); Hüffer/Koch, § 15 AktG Rz. 10 und 16; *Windbichler* in Großkomm/AktG, § 15 AktG Rz. 11; *Bayer* in MünchKomm/AktG, § 15 AktG Rz. 13; *Hommelhoff* in Lutter/Hommelhoff, Anh. § 13 GmbHG Rz. 8; *Koppensteiner* in KölnKomm/AktG, § 15 AktG Rz. 20.

100 Nachweise zu anderen Ansichten, insb. dem institutionellen und dem zunehmend verbreiteten teleologischen (vgl. etwa *Schall* in Spindler/Stilz, § 15 AktG Rz. 12 und *J. Vetter* in K. Schmidt/Lutter, § 15 AktG Rz. 32, 34 ff.) Unternehmensbegriff, bei *Bayer* in MünchKomm/AktG, § 15 AktG Rz. 10.

101 OLG Hamm v. 2.11.2000 – 27 U 1/00, ZIP 2000, 2303 ff. = AG 2001, 146; aus dem Schrifttum etwa *Bayer* in MünchKomm/AktG, § 15 AktG Rz. 28f; Hüffer/Koch, § 15 AktG Rz. 13 und *J. Vetter* in K. Schmidt/Lutter, § 15 AktG Rz. 41.

102 BGH v. 13.12.1993 – II ZR 89/93, ZIP 1994, 207 = AG 1994, 179 = NJW 1994, 446 mit Anm. *K. Schmidt*; vgl. auch BGH v. 29.3.1993 – II ZR 265/91 – TBB, BGHZ 122, 123 = ZIP 1993, 589 = AG 1993, 371; BGH v. 12.2.1996 – II ZR 279/94, ZIP 1996, 637 = WM 1996, 587 = AG 1996, 221; BGH v. 25.11.1996 – II ZR 352/95, NJW 1997, 943 = AG 1997, 180; aus dem Schrifttum etwa *Bayer* in MünchKomm/AktG, § 15 AktG Rz. 15; *Koppensteiner* in KölnKomm/AktG, § 15 AktG Rz. 62 und *J. Vetter* in K. Schmidt/Lutter, § 15 AktG Rz. 41.

der Einflussnahme auf andere Unternehmen, an denen sie maßgeblich beteiligt ist[103]. Dies ist aber nicht bereits dann der Fall, wenn der Mehrheitsaktionär einer Holding, deren Vorstandsvorsitzender er gleichzeitig ist, nur mittelbar über diese Tätigkeit auf die Tochterunternehmen der Holding Einfluss nehmen kann, weil seine Beteiligungen an den Töchtern nur gering sind[104]; hier besteht jedenfalls für die Holding nicht die Gefahr, dass der Mehrheitsgesellschafter seinen Einfluss auf die Töchter zu Lasten der Holding ausübt[105].

Eine Holding ist daher unstreitig „Unternehmen" i.S.d. Konzernrechts, wenn sie an mindestens zwei Unternehmen beteiligt ist[106].

1.36 Fraglich ist die Rechtslage nur für die **„eindimensionale" Holding**[107], also für den Fall, dass die Holding nur an einer einzigen operativen Gesellschaft beteiligt ist. Hier ist richtigerweise die Unternehmenseigenschaft der Holding zu verneinen[108], weil es an dem typischen Mehrheits-Minderheits-Interessenkonflikt fehlt. In Betracht kommt allein eine Unternehmensqualifikation des Holding-Gesellschafters selbst[109]. Anders hingegen, wenn die Holding direkt oder über eine Zwischenholding mehrere Enkelgesellschaften leitet, weil dann – trotz formaler Beteiligung der Holding an nur einer Gesellschaft – genau die vom Gesetz gedachte Konfliktlage entsteht[110]. Allein die *Möglichkeit*, sich jederzeit selbst unternehmerisch zu betätigen oder sich an anderen Gesellschaften zu beteiligen, reicht für die Annahme der Unternehmenseigenschaft indes nicht aus, da diese Möglichkeit auch für jede Privatperson besteht. Daher muss man an dem Erfordernis der aktuellen **mehrfachen unmittelbaren oder mittelbaren Beteiligung** festhalten[111]. Die ganz und gar „eindimensionale" Holding ist nicht Unternehmen i.S.d. §§ 15 ff. AktG und insbesondere des § 17 AktG[112].

---

103 BGH v. 18.6.2001 – II ZR 212/99, BGHZ 148, 123 (125) = ZIP 2001, 1323 = AG 2001, 588; *Bayer* in MünchKomm/AktG, § 15 AktG Rz. 18; Hüffer/Koch, § 15 AktG Rz. 15; *Koppensteiner* in KölnKomm/AktG, § 15 AktG Rz. 36 f.; *J. Vetter* in K. Schmidt/Lutter, § 15 AktG Rz. 44; *Windbichler* in Großkomm/AktG, § 15 AktG Rz. 11.

104 BGH v. 18.6.2001 – II ZR 212/99 – MLP, BGHZ 148, 123 ff. = ZIP 2001, 1323 = AG 2001, 588; hierzu ausführlich: *Bayer*, ZGR 2002, 933 ff.; *Cahn*, AG 2002, 30 ff.

105 So zutreffend: *Bayer*, ZGR 2002, 933 (949 f.); im Ergebnis auch *Cahn*, AG 2002, 34; a.A. *Mülbert*, Anm. WuB II A § 312.

106 *Bayer* in MünchKomm/AktG, § 15 AktG Rz. 27; *Koppensteiner* in KölnKomm/AktG, § 15 AktG Rz. 62; *Wiedemann/Martens*, AG 1976, 197 (201); *Decher*, Personelle Verflechtungen im Aktienkonzern, 1990, S. 130 Fn. 16; *Emmerich/Habersack*, Aktien- und GmbH-Konzernrecht, § 15 AktG Rz. 16.

107 Beispiel: Der einzige Vermögensgegenstand der Friedrich Flick KG, die selbst zu fast 100 % ihrem persönlich haftenden Gesellschafter *Dr. F. K. Flick* gehörte, war die Feldmühle Nobel AG; dazu *Lutter* in FS Steindorff, 1990, S. 125 ff.

108 OLG Saarbrücken v. 12.7.1979 – 8 U 14/78, AG 1980, 26 (28), bestätigt durch BGH v. 13.10.1980 – ZR 201/79, AG 1980, 342; vgl. auch BGH v. 22.4.1991 – II ZR 231/90, BGHZ 114, 203 (210 f.) = AG 1991, 270 = ZIP 1991, 719; OLG Hamm v. 2.11.2000 – 27 U 1/00, ZIP 2000, 2302 = AG 2001, 146 (148); *Bayer* in MünchKomm/AktG, § 15 AktG Rz. 26; Hüffer/Koch, § 15 AktG Rz. 12; *Priester* in Hommelhoff/Stimpel/Ulmer (Hrsg.), Heidelberger Konzernrechtstage, 1992, S. 223, 230 ff.; *Selling*, RIW 1991, 235 (239).

109 Näher *Bayer* in MünchKomm/AktG, § 15 AktG Rz. 26, 31 m.w.N.

110 So *Emmerich/Habersack*, Aktien- und GmbH-Konzernrecht, § 15 AktG Rz. 16; *Bayer* in MünchKomm/AktG, § 15 AktG Rz. 27; *Koppensteiner* in KölnKomm/AktG, § 15 AktG Rz. 62 und 68; *Emmerich/Habersack*, Aktien- und GmbH-Konzernrecht, § 15 AktG Rz. 16; Hüffer/Koch, § 15 AktG Rz. 12; *Hommelhoff* in Lutter/Hommelhoff, Anh. § 13 GmbHG Rz. 8; *Altmeppen* in Roth/Altmeppen, Anh. § 13 GmbHG Rz. 9.

111 Anders noch *Lutter*, ZHR 151 (1987), 444 (452) und *Lutter* in FS Steindorff, 1990, S. 125, 129 ff. Das Problem der Anwendung des Verbots wechselseitiger Beteiligungen (§ 71d Satz 2 AktG) bei einer „eindimensionalen" Holding ist nicht über den Unternehmensbegriff, sondern durch eine sachgerechte Auslegung dieser Norm zu lösen.

112 Weitergehend und für eine grds. Unternehmensqualität der (Zwischen-)Holding, *J. Vetter* in K. Schmidt/Lutter, § 15 AktG Rz. 62; ähnlich *Emmerich/Habersack*, Aktien- und GmbH-Konzernrecht, § 15 AktG Rz. 16 („Holdinggesellschaften besitzen daher im Ergebnis immer Unternehmensqualität").

b) Das Merkmal der „einheitlichen Leitung"

Das konzernspezifische Merkmal des Unternehmensverbundes in Form eines Unterordnungskonzerns ist das gesetzlich (bewusst) nicht definierte und in seinen Einzelheiten umstrittene Merkmal der Zusammenfassung der den Konzern bildenden rechtlich selbständigen Unternehmen unter der einheitlichen Leitung des an der Spitze stehenden herrschenden Unternehmens, also hier der Holding. Die Frage, welche Bereiche von der Leitungsmacht des herrschenden Unternehmens mindestens umfasst sein müssen, damit einheitliche Leitung positiv festgestellt werden kann, ist von der Rechtsprechung noch nicht entschieden worden und deshalb auch noch nicht abschließend geklärt[113]. In der Praxis kommt es auf die tatsächliche Feststellung „einheitlicher Leitung" (dazu Rz. 1.44) nur dann an, wenn nicht die gesetzlichen Vermutungstatbestände eingreifen oder diese Vermutungen widerlegt werden (sollen). 1.37

Der Begriff der einheitlichen Leitung ist umfassend zu verstehen; er lässt keine Aufspaltung[114] zu. Daher muss die Frage nach einer mehrfachen Konzernzugehörigkeit, also einem **„Konzern im Konzern"**, für das Konzerngesellschaftsrecht verneint werden[115]. Die Frage hat vor allem für den Bereich der Mitbestimmung (§ 5 MitbestG) wegen der dort bestehenden Umgehungsproblematik Bedeutung und wird *dort* überwiegend bejaht[116] (dazu auch *Wackerbarth* Rz. 12.97 ff.); sie ist seit der speziellen Regelung für den Konzernabschluss in § 290 Abs. 2, § 291 HGB aber für das Kapitalgesellschaftsrecht nur noch für die (analoge) Anwendung des § 100 Abs. 2 Satz 2 AktG von Bedeutung[117]. 1.38

aa) Die gesetzlichen Vermutungen der § 17 Abs. 2, § 18 Abs. 1 AktG

Die **Feststellung** einheitlicher Leitung wird durch **zwei Vermutungen** in § 18 Abs. 1 Satz 2 und 3 AktG erleichtert. 1.39

(1) Besteht zwischen den Unternehmen ein **Beherrschungsvertrag** (§ 291 AktG) oder ist ein Unternehmen in das andere **eingegliedert** (§ 319 AktG), so wird vom Gesetz **unwiderleglich**[118] vermutet, dass die Unternehmen unter einheitlicher Leitung zusammengefasst sind. 1.40

(2) Kann die Holding auf ihre Tochter/Töchter beherrschenden Einfluss ausüben, insbesondere durch Mehrheitsbeteiligung, so ist/sind die Tochter/Töchter abhängig nach § 17 Abs. 1 AktG; in diesem Falle wird **widerleglich vermutet**, dass die abhängige Gesellschaft mit dem herrschenden Unternehmen (Holding) einen Konzern bildet. Der Abhängigkeitstatbestand des § 17 Abs. 1 AktG ist erfüllt, wenn sich das rechtlich selbstständige Unternehmen (eine operative Gesellschaft) aus seiner Perspektive in der Lage befindet, dass ein anderes Unternehmen (die Holding) beherrschenden Ein- 1.41

---

113 Zu dieser Diskussion um den „engen" oder „weiten" Konzernbegriff vgl. *Bayer* in MünchKomm/AktG, § 18 AktG Rz. 28 ff.; Hüffer/Koch, § 18 AktG Rz. 9 ff.; *Koppensteiner* in KölnKomm/AktG, § 18 AktG Rz. 17 ff.: Konzern sei als wirtschaftliche Einheit zu verstehen, d.h. die Leitung muss alle zentralen Bereiche, zumindest aber den Finanzbereich erfassen; vgl. auch *Krieger* in MünchHdb/AG, § 69 Rz. 70; *Schall* in Spindler/Stilz, § 18 AktG Rz. 9 ff. und *J. Vetter* in K. Schmidt/Lutter, § 18 AktG Rz. 7 ff.

114 An der Einheitlichkeit der Leitung ändert sich auch nichts, wenn – wie es in der Schweiz in der Vergangenheit zahlreiche Konzerne getan haben – sog. Managementgesellschaften gegründet werden, die neben der zentralen Holding Konzernleitungsaufgaben wahrnehmen sollen, da es diesen an selbständigen Einflussmöglichkeiten auf die operativen Gesellschaften fehlt, vgl. *Ruepp*, S. 71 ff., 151 ff. für das schweizerische Recht.

115 Dazu etwa *Bayer* in MünchKomm/AktG, § 18 AktG Rz. 42; Hüffer/Koch, § 18 AktG Rz. 14; *Koppensteiner* in KölnKomm/AktG, § 18 AktG Rz. 31 f. m.w.N. in Fn. 98.

116 Vgl. nur *Bayer* in MünchKomm/AktG, § 18 AktG Rz. 41 m.w.N.

117 Vgl. dazu (die analoge Anwendung des § 100 Abs. 2 Satz 2 AktG auf die sog. Teilkonzernspitze ablehnend) Hüffer/Koch, § 100 AktG Rz. 11; dafür *Koppensteiner* in KölnKomm/AktG, § 18 AktG Rz. 33.

118 Ganz h.M., *Koppensteiner* in KölnKomm/AktG, § 18 AktG Rz. 39; *Bayer* in MünchKomm/AktG, § 18 AktG Rz. 44; *Grigoleit* in Grigoleit, § 18 AktG Rz. 14; Hüffer/Koch, § 18 AktG Rz. 17; *Schall* in Spindler/Stilz, § 18 AktG Rz. 25; *J. Vetter* in K. Schmidt/Lutter, § 18 AktG Rz. 16.

fluss auf es ausüben *kann*[119]. Der Begriff der Abhängigkeit ist dabei für das Recht der faktischen Konzerne, insbesondere für die Anwendbarkeit der §§ 311 ff. AktG, das zentrale Tatbestandsmerkmal.

1.42 **Abhängigkeit** von dem an ihm mehrheitlich beteiligten Unternehmen (gleich welcher Rechtsform) wird nach § 17 Abs. 2 AktG bei einem im Mehrheitsbesitz stehenden Unternehmen seinerseits **widerleglich vermutet**, wobei eine Mehrheitsbeteiligung sowohl bei einer Mehrheit der Kapitalanteile als auch bei einer bloßen Stimmenmehrheit gegeben ist (§ 16 AktG)[120]. Abhängigkeit wird darüber hinaus in Fällen angenommen, in denen zwar tatsächlich keine Mehrheitsbeteiligung vorliegt, aber ein seiner Art nach dem Einflusspotenzial einer Mehrheitsbeteiligung entsprechender beherrschender Einfluss vorliegt – etwa bei einer regelmäßig vorliegenden faktischen Hauptversammlungsmehrheit[121].

1.43 Der **abhängigkeitsbegründende beherrschende Einfluss** des herrschenden Unternehmens (der Holding) muss dabei stets unmittelbar oder mittelbar **gesellschaftsrechtlich** vermittelt sein[122]. Bloße **wirtschaftliche Abhängigkeit** durch Austauschverträge (z.B. Lieferanten- oder Kreditverträge) **genügt** hierzu **nicht**[123]; Gleiches gilt für die Einbindung in ein Vertriebssystem wie etwa beim Franchising[124]. Dies folgt einmal aus der Systematik des Gesetzes, da die Vorschriften über verbundene Unternehmen (§§ 15 ff. AktG), ebenso wie die dadurch begründeten Mitteilungspflichten (§§ 20, 22 AktG), auf Tatbestände abstellen, die typischerweise aktien- oder jedenfalls gesellschaftsrechtlich geprägt sind, sodass es schon deshalb naheliegt, die Abhängigkeit i.S.d. § 17 Abs. 1 AktG auf gesellschaftsrechtlich bedingte oder zumindest vermittelte Einwirkungsmöglichkeiten zu beschränken[125].

---

119 So BGH v. 15.12.2011 – I ZR 129/10, ZIP 2012, 1177 = AG 2012, 594 Rz. 15; *Bayer* in MünchKomm/AktG, § 17 AktG Rz. 11; *Grigoleit* in Grigoleit, § 76 AktG Rz. 5; Hüffer/Koch, § 17 AktG Rz. 4 und 6; *Peres/Walden* in Heidel, § 17 AktG Rz. 3; *Schall* in Spindler/Stilz, § 17 AktG Rz. 8; *J. Vetter* in K. Schmidt/Lutter, § 17 AktG Rz. 5.

120 *Bayer* in MünchKomm/AktG, § 16 AktG Rz. 4; Hüffer/Koch, § 16 AktG Rz. 2; *Koppensteiner* in Köln-Komm/AktG, § 16 AktG Rz. 3 ff.; *J. Vetter* in K. Schmidt/Lutter, § 16 AktG Rz. 11 ff. Letzteres kann sich bei Mehrstimmrechtsaktien (§ 12 Abs. 2 Satz 2 AktG a.F.; die dort unter bestimmten Voraussetzungen vorgesehene Möglichkeit zur Begründung von Mehrstimmrechtsaktien ist 1998 durch das KonTraG abgeschafft worden), Mehrstimmrechtsgeschäftsanteilen oder Höchststimmrechten (§ 134 Abs. 1 Satz 2 AktG) ergeben.

121 Vgl. nur *Bayer* in MünchKomm/AktG, § 17 AktG Rz. 35 ff. mit zahlr. Nachw. auch aus der Rspr. und *Schall* in Spindler/Stilz, § 17 AktG Rz. 25 ff. Abhängigkeit i.S.v. § 17 Abs. 1 AktG soll nach der Rspr nicht vorliegen bei bloß schuldrechtlicher Stellung als Käufer einer Mehrheitsbeteiligung, solange die Übertragung der Anteile noch aussteht, vgl. OLG Düsseldorf v. 22.7.1993 – 6 U 84/92 – Feldmühle Nobel, ZIP 1993, 1791 = AG 1994, 36 (37 f.); zustimmend *J. Vetter* in K. Schmidt/Lutter, § 17 AktG Rz. 35 m.w.N.; a.A. *Bayer* in MünchKomm/AktG, § 17 AktG Rz. 53; Henssler/Strohn/*Maier-Reimer* § 17 AktG Rz. 8; diff. *Windbichler* in Großkomm/AktG, § 17 AktG Rz. 26, jew. m.w.N.

122 Vgl. nur *Bayer* in MünchKomm/AktG, § 17 AktG Rz. 21 ff.; *Grigoleit* in Grigoleit, § 17 AktG Rz. 6; *J. Vetter* in K. Schmidt/Lutter, § 17 AktG Rz. 15 m.w.N. Fn. 26.

123 BGH v. 15.12.2011 – I ZR 129/10, ZIP 2012, 1177 = AG 2012, 594 Rz. 16; BGH v. 26.3.1984 – II ZR 171/83, BuM, BGHZ 90, 381 (394 ff.), AG 1984, 181 = ZIP 1984, 572; *Bayer* in MünchKomm/AktG, § 17 AktG Rz. 29; Hüffer/Koch, § 17 AktG Rz. 8; *Koppensteiner* in KölnKomm/AktG, § 17 AktG Rz. 58 ff.; *Krieger* in MünchHdb/AG, § 69 Rz. 41; *Hommelhoff* in Lutter/Hommelhoff, Anh. § 13 GmbHG Rz. 11; *Hommelhoff*, Zur Haftung bei unternehmerischer Beteiligung an Kapitalgesellschaften, 1984, S. 41 ff.; a.A. insb. *Dierdorf*, Herrschaft und Abhängigkeit einer Aktiengesellschaft auf schuldvertraglicher und tatsächlicher Grundlage, 1978, S. 152 ff.

124 Dazu etwa *Martinek*, Franchising, 1987, S. 633 ff., insb. S. 640 ff.; *Martinek*, Moderne Vertragstypen, Band II, 1992, S. 75 ff.; vgl. auch *Bayer* in MünchKomm/AktG, § 17 AktG Rz. 30 m.w.N.

125 Austauschbeziehungen können aber geeignet sein, einen bereits bestehenden gesellschaftsrechtlichen Einfluss zu einem beherrschenden Einfluss zu verstärken, so BGH v. 26.3.1984 – II ZR 171/83, BGHZ 90, 381 (397) = AG 1984, 181 = ZIP 1984, 572; OLG Düsseldorf v. 25.3.2009 – 26 W 5/08, AG 2009, 873 (874); OLG Düsseldorf v. 22.7.1993 – 6 U 84/92, AG 1994, 36 (37) = ZIP 1993, 1791; *Bayer* in MünchKomm/AktG, § 17 AktG Rz. 31 f.; *Krieger* in MünchHdb/AG, § 69 Rz. 41; *J. Vetter* in K. Schmidt/Lutter, § 17 AktG Rz. 16; *Peres/Walden* in Heidel, § 17 AktG Rz. 4; a.A. *Koppensteiner* in

Das entspricht auch dem Zweck des Konzernrechts, der vor allem darin besteht, die Gläubiger und Minderheitsaktionäre in abhängigen Gesellschaften zu schützen. Vor den sich aus wirtschaftlichen Abhängigkeiten ergebenden Gefährdungen werden operative Gesellschaften daher nur durch das allgemeine Zivil- und Wirtschaftsrecht sowie das Recht der allgemeinen Geschäftsbedingungen geschützt[126].

bb) Feststellung einheitlicher Leitung

Im Übrigen und jenseits aller Vermutungen liegt nach h.M.[127] einheitliche Leitung – unabhängig von einer Mehrheitsbeteiligung – bereits dann vor, wenn die operativen Gesellschaften einem **zentralen Finanzmanagement** unterworfen werden, d.h. die von ihnen erwirtschafteten Gewinne zusammengeführt und von der Holding nach einem für den Gesamtkonzern aufgestellten Finanz- und Investitionsplan verteilt und zugewiesen werden. Häufig damit verbunden sind die Entscheidungen über langfristige Kreditaufnahmen, die Auswahl der Kreditgeber, Führung der Kreditverhandlungen und die Einrichtung eines zentralen Cash Managements (zur Konzernfinanzwirtschaft vgl. *Paul/Stein* Rz. 10.1 ff.)[128]. Da eine unabhängige Unternehmensführung bei einer solchen verbundweiten Koordination des Finanzbereichs nicht denkbar ist, ist das Vorliegen eines zentralen Finanzmanagements als **ausreichende, zugleich aber auch notwendige Bedingung** für das Vorliegen eines Konzerns jenseits der Vermutungen, also etwa bei fehlender Mehrheitsbeteiligung der Holding, anzusehen[129]. 1.44

cc) Widerlegung der Konzernvermutung

Nun gibt es durchaus Unternehmen, die zwar die Mehrheiten an verschiedenen anderen **Unternehmen** halten und damit von der Konzernvermutung erfasst werden, die jedoch **keine einheitliche Leitung** i.S.d. § 18 Abs. 1 AktG **ausüben wollen**[130]. Hintergrund dieser Bestrebungen ist es einmal, bewusst den ökonomischen Nutzen aus einer solchen **„Leitungsdiversifikation"** zu ziehen. Durch den Verzicht auf einheitliche Leitung soll gerade die gänzlich unabhängige Arbeit der im Mehrheitsbesitz befindlichen Unternehmen ermöglicht und damit deren Produktivitäts- und Ertragskraft gesteigert werden. Außerdem spielen häufig auch juristische Überlegungen eine Rolle (man will z.B. keine Arbeitnehmervertreter im Aufsichtsrat der Obergesellschaft haben, was aber nach § 5 Abs. 1, 3 MitbestG beim Vorliegen eines Konzerns nötig wäre). Derartige Unternehmen an der Spitze eines Unternehmensverbundes sehen sich daher vor die Frage gestellt, wie sie die Konzernvermutung des § 18 Abs. 1 Satz 3 AktG widerlegen können[131]. Die Frage hängt eng damit zusammen, unter welchen Voraussetzungen man überhaupt einen Konzern annimmt (Stichwort: enger und weiter Konzernbegriff, dazu Rz. 1.37), da die Widerlegung der Konzernvermutung nur durch die Darlegung von 1.45

KölnKomm/AktG, § 17 AktG Rz. 68: Wirtschaftliche Abhängigkeiten seien unbeachtlich; aus Gründen der Rechtssicherheit einschränkend auch Hüffer/Koch, § 17 AktG Rz. 8.

126 So BGH v. 26.3.1984 – II ZR 171/83, BGHZ 90, 381 (396) = AG 1984, 181 = ZIP 1984, 572.

127 BGH v. 20.2.1989 – II ZR 167/88 – Tiefbau, BGHZ 107, 7 (20) = ZIP 1989, 440 = AG 1989, 243; dazu *Lutter*, AG 1990, 179 (182); *Scheffler*, AG 1990, 173 (178); sowie *Bayer* in MünchKomm/AktG, § 18 AktG Rz. 31; *Koppensteiner* in KölnKomm/AktG, § 18 AktG Rz. 24 ff.; Hüffer/Koch, § 18 AktG Rz. 9, 11; *Emmerich/Habersack*, Aktien- und GmbH-Konzernrecht, § 18 AktG Rz. 14 ff.

128 Zur Bedeutung der Koordinierung des Finanzbereichs bei der Konzernleitung vgl. auch *Scheffler* in FS Goerdeler, 1987, S. 469, 473 ff.; *Krieger* in Hommelhoff/Stimpel/Ulmer (Hrsg.), Heidelberger Konzernrechtstage, 1992, S. 41, 54 f. und *Lehnen* in Albach (Hrsg.), ZfB-Ergänzungsheft 1/94, S. 85 ff.

129 *Bayer* in MünchKomm/AktG, § 18 AktG Rz. 31; *Koppensteiner* in KölnKomm/AktG, § 18 AktG Rz. 25; Hüffer/Koch, § 18 AktG Rz. 9.

130 Vgl. etwa die frühere Unternehmensphilosophie der „Berliner Elektro Holding AG" (heute die als Industrieholding geführte AdCapital AG), dazu *Bernau* in Hoffmann (Hrsg.), Konzernhandbuch, S. 638 ff.; ferner *Bernau* in Schulte (Hrsg.), S. 159 ff.

131 *Koppensteiner* in KölnKomm/AktG, § 18 AktG Rz. 45; Hüffer/Koch, § 18 AktG Rz. 19; *Krieger* in MünchHdb/AG, § 69 Rz. 74.

Umständen erfolgen kann, aus denen sich ergibt, dass ein Unternehmen nicht einheitlich geleitet wird[132].

1.46 Auf welche Weise dies geschehen kann, ist dabei von der Rechtsprechung **noch nicht entschieden** worden; fest steht nur, dass jedenfalls allein die **Branchenfremdheit** des abhängigen Unternehmens nicht ausreichen kann, weil einheitliche Leitung auch zwischen branchenfremden Unternehmen möglich ist, gerade durch einheitliche Leitung im finanziellen Bereich[133].

1.47 Der einfachste und sicherste Weg wäre dabei die **Widerlegung der Abhängigkeitsvermutung** des § 17 Abs. 2 AktG[134], da die Konzernvermutung ja i.d.R. auf der Abhängigkeitsvermutung des § 17 Abs. 2 AktG aufbaut. Dazu wird aber verlangt[135], dass behauptet und bewiesen werden kann, dass ein beherrschender Einfluss nicht nur nicht ausgeübt wird, sondern **aus Rechtsgründen** überhaupt **nicht ausgeübt werden kann**[136]. Diese Möglichkeit ist aber bei Stimmrechtsmehrheiten immer gegeben, sodass gerade bei den typischen Fällen einer Holding mit Mehrheitsbeteiligungen an ihren operativen Gesellschaften eine Widerlegung der Abhängigkeitsvermutung nicht möglich ist. Daher liegt in diesen Fällen rechtlich nur dann kein (Unterordnungs-)Konzern vor, wenn es gelingt, die **Konzernvermutung** des § 18 Abs. 1 Satz 3 AktG selbst zu **widerlegen.**

1.48 Anders als bei der Abhängigkeitsvermutung des § 17 Abs. 2 AktG kommt es für die Konzernvermutung des § 18 Abs. 1 Satz 3 AktG darauf an, ob **tatsächlich einheitliche Leitung ausgeübt** wird[137]. Es muss also der Nachweis erbracht werden, dass trotz des beherrschenden Einflusses der Holding keine Zusammenfassung der operativen Gesellschaften unter einheitlicher Leitung der Holding besteht.

1.49 Die Anforderungen dafür hängen wiederum von den Anforderungen ab, die man an die Voraussetzungen für das Vorliegen einheitlicher Leitung stellt[138]. Stellt man mit der Mehrheit der vertretenen Meinungen (s. Rz. 1.44) für die Frage des Vorliegens einheitlicher Leitung entscheidend auf das Vorhandensein und die Durchsetzung einer einheitlichen Finanzplanung ab[139], so lässt sich die Konzernvermutung durch den Nachweis entkräften, dass die **abhängigen Unternehmen in ihrer Fi-**

---

132 *Bayer* in MünchKomm/AktG, § 18 AktG Rz. 48; *Koppensteiner* in KölnKomm/AktG, § 18 AktG Rz. 45; Hüffer/Koch, § 18 AktG Rz. 19; *Krieger* in MünchHdb/AG, § 69 Rz. 74; *Schall* in Spindler/Stilz, § 17 AktG Rz. 8 und *J. Vetter* in K. Schmidt/Lutter, § 18 AktG Rz. 18.

133 So BGH v. 23.9.1991 – II ZR 135/90 – Video, BGHZ 115, 187 (191 f.) = ZIP 1991, 1354 = AG 1991, 429.

134 Dazu *Bayer* in MünchKomm/AktG, § 17 AktG Rz. 91 ff.; Hüffer/Koch, § 17 AktG Rz. 19 ff.; *Koppensteiner* in KölnKomm/AktG, § 17 AktG Rz. 100 ff.; *Krieger* in MünchHdb/AG, § 69 Rz. 59 ff.; *Schall* in Spindler/Stilz, § 17 AktG Rz. 50 und *J. Vetter* in K. Schmidt/Lutter, § 17 AktG Rz. 52 ff.

135 *Bayer* in MünchKomm/AktG, § 17 AktG Rz. 94f; Hüffer/Koch, § 17 AktG Rz. 19; *Koppensteiner* in KölnKomm/AktG, § 17 AktG Rz. 100 ff., insb. Rz. 101; *J. Vetter* in K. Schmidt/Lutter, § 17 AktG Rz. 52; *Emmerich/Habersack*, Aktien- und GmbH-Konzernrecht, § 17 AktG Rz. 36 f.

136 In Betracht kommen etwa in der Satzung enthaltene Stimmrechtsbeschränkungen oder ein Entherrschungsvertrag; für die Zulässigkeit eines Entherrschungsvertrages die ganz h.M., etwa OLG Köln v. 24.11.1992 – 22 U 72/92, AG 1993, 86 (87) = ZIP 1993, 110; LG Köln v. 3.2.1992 – 91 O 203/91, DB 1992, 627 = AG 1992, 238; LG Mainz v. 16.10.1990 – 10 HO 57/89, AG 1991, 30 (32) = ZIP 1991, 583; *Krieger* in MünchHdb/AG, § 69 Rz. 62; *Bayer* in MünchKomm/AktG, § 17 AktG Rz. 97 ff., 99; Hüffer/Koch, § 17 AktG Rz. 22; ausf. auch *Emmerich/Habersack*, Aktien- und GmbH-Konzernrecht, § 17 AktG Rz. 42 ff.; *Koppensteiner* in KölnKomm/AktG, § 17 AktG Rz. 109 ff.; *Schall* in Spindler/Stilz, § 17 AktG Rz. 52; *J. Vetter* in K. Schmidt/Lutter, § 17 AktG Rz. 60 ff. A.A. *Hüttemann*, ZHR 156 (1992), 314 (324 ff.).

137 *Bayer* in MünchKomm/AktG, § 18 AktG Rz. 48; *Koppensteiner* in KölnKomm/AktG, § 18 AktG Rz. 45; *Krieger* in MünchHdb/AG, § 69 Rz. 74; *J. Vetter* in K. Schmidt/Lutter, § 18 AktG Rz. 18.

138 Hüffer/Koch, § 18 AktG Rz. 19; *Bayer* in MünchKomm/AktG, § 18 AktG Rz. 48; *Krieger* in MünchHdb/AG, § 69 Rz. 74.

139 *Koppensteiner* in KölnKomm/AktG, § 18 AktG Rz. 24 ff. m.N.

nanzpolitik frei sind[140]. Unabhängigkeit bedeutet in diesem Zusammenhang, dass die Gesellschaften alle unternehmerisch selbständig geführt werden. Dass die Anforderungen insoweit **nicht überspannt** werden dürfen[141], ergibt sich schon aus der unterschiedlichen Ausgestaltung der Vermutungen in § 18 Abs. 1 Satz 2 und 3 AktG als unwiderlegliche bzw. widerlegliche Vermutung. Auch deshalb ist im Übrigen der weite Konzernbegriff abzulehnen, der einheitliche Leitung schon dann bejaht, wenn irgendein wesentlicher Bereich der Unternehmenspolitik einheitlich geleitet wird; dann müsste ja auch für *alle* wesentlichen unternehmenspolitischen Bereiche der Nachweis der Unabhängigkeit der operativen Gesellschaften geführt werden, was mindestens mit erheblichen Schwierigkeiten verbunden und praktisch kaum zu leisten ist[142].

Zusammenfassend lässt sich daher sagen: Die Widerlegung der Konzernvermutung wird einer **Vermögensholding** (dazu Rz. 1.22) gelingen, die sich auf das reine Halten und Verwalten ihrer Beteiligungen beschränkt[143]. 1.50

Auch bei einer **atypischen „Holding“**, bei der die operativen Gesellschaften vollkommen unabhängig geführt werden, sie also insbesondere über entsprechend fachlich qualifizierte eigene Geschäftsleitungen verfügen und die Geschäftsleitung der „Holding“ lediglich die kooperative Zusammenarbeit zwischen den operativen Gesellschaften fördert, um latente Synergien zu aktivieren, kann der Beweis gelingen, dass keine verbundweite Koordinierung im finanziellen Bereich vorliegt[144]. 1.51

Anders verhält es sich dagegen bei den hier allein als Holding bezeichneten Formen der typischen **Führungs- und Mischholding:** Sie zeichnen sich gerade dadurch aus, dass sie auch die Geschäftspolitik ihrer operativen Gesellschaften planen und die Umsetzung dieser Planungen durch „einheitliche Leitung“ bestimmen. Für den hier relevanten Begriff der Holding ist die zentrale Planung und Finanzierung entscheidend, d.h., bloße Kontrolle erfüllt weder die einheitliche Leitung noch den hier maßgeblichen Begriff der Holding[145]. 1.52

dd) Ergebnis

Bei den hier allein als „Holding“ bezeichneten Typen der Führungs- oder Mischholding **liegt stets ein Konzern i.S.d. § 18 AktG vor.** Diese Organisationsmodelle zeichnen sich gerade dadurch aus, dass sie die Planung und Lenkung der Unternehmenspolitik auch in den Tochtergesellschaften be- 1.53

---

140 So *Bayer* in MünchKomm/AktG, § 18 AktG Rz. 48; *Koppensteiner* in KölnKomm/AktG, § 18 AktG Rz. 45; im Wesentlichen ebenso Hüffer/Koch, § 18 AktG Rz. 19: „Herrschendes Unternehmen ist aber seiner Beweislast nachgekommen, wenn feststeht, dass finanzielle Koordination in wesentlichen Bereichen nicht erfolgt“.

141 Für das Genügen eines prima-facie-Beweises zur Widerlegung der Vermutung *Koppensteiner* in KölnKomm/AktG, § 18 AktG Rz. 45; dagegen *Bayer* in MünchKomm/AktG, § 18 AktG Rz. 48; Hüffer/Koch, § 18 AktG Rz. 19.

142 *Krieger* in MünchHdb/AG, § 69 Rz. 74; *Emmerich/Habersack*, Aktien- und GmbH-Konzernrecht, § 18 AktG Rz. 24 und *J. Vetter* in K. Schmidt/Lutter, § 18 AktG Rz. 18 halten daher auch aufgrund des von ihnen vertretenen weiten Konzernbegriffs die Widerlegung der Konzernvermutung für praktisch kaum möglich.

143 So geschehen im Fall BayObLG v. 6.3.2002 – 3Z BR 343/00, NZG 2002, 579 ff. = AG 2002, 511 = ZIP 2002, 1034; vgl. auch OLG Düsseldorf AG 2013, 721 f.; zustimmend *Bayer* in MünchKomm/AktG, § 18 AktG Rz. 48; Hüffer/Koch, § 18 AktG Rz. 19; *Koppensteiner* in KölnKomm/AktG, § 18 AktG Rz. 34.

144 Wenn es bei der Holding nachweislich von Anfang an am Willen zu einer dauerhaften Beteiligung an einer operativen Gesellschaft fehlt (Verkaufsabsicht), ist keine „Zusammenfassung unter einheitlicher Leitung“ gegeben, da nur eine auf längere Zeit angelegte Verbindung als „Funktionseinheit“ bzw. als „wirtschaftliche Einheit“ und damit als Konzern i.S.d. § 18 AktG angesehen wird.

145 *Koppensteiner* in KölnKomm/AktG, § 18 AktG Rz. 23; *Decher*, Personelle Verflechtungen im Aktienkonzern, 1990, S. 45; *Dierdorf*, Herrschaft und Abhängigkeit einer Aktiengesellschaft auf schuldvertraglicher und tatsächlicher Grundlage, 1978, S. 77 ff., insb. S. 82.

stimmen; dabei kommt es – wie gesagt – auf die Mittel nicht an. Führungs- und Mischholding sind also, ebenso wie das Stammhaus im Stammhauskonzern, „herrschende Unternehmen". Daher ist die Bezeichnung „Holdingkonzern" für den von der Holding geführten Verbund auch zutreffend.

3. Der Konzernbegriff des Bilanzrechts (§§ 290 ff. HGB)

1.54 Die **Konzernbegriffe** von Konzernrecht (§§ 15 ff. AktG) und Konzernbilanzrecht unterscheiden sich seit jeher[146]. Vor Inkrafttreten des Bilanzrechtsmodernisierungsgesetzes (BilMoG)[147] am 29.5.2009 galt im Konzernbilanzrecht (ausführlich hierzu *Scheffler* Rz. 9.299 ff.) einerseits nach § 290 Abs. 1 HGB a.F. das **Konzept der „einheitlichen Leitungen"** (wie bei § 18 AktG), wobei zusätzlich eine „Beteiligung" des herrschenden Unternehmens (hier Mutterunternehmen genannt) am Tochterunternehmen i.S.v. § 271 Abs. 1 HGB verlangt wurde. Eine Beteiligung liegt nach dieser Vorschrift vor, wenn die Anteile am anderen Unternehmen dazu bestimmt sind, dem eigenen Geschäftsbetrieb durch Herstellung einer dauernden Verbindung zu jenem Unternehmen zu dienen; eine solche Beteiligung wird nach § 271 Abs. 1 Satz 3 HGB vermutet, wenn die Anteilsgröße 20 % überschreitet. Bei der typischen Holding waren diese Voraussetzungen gegeben.

Andererseits bestand eine Verpflichtung zur Aufstellung eines Konzernabschlusses und eines Konzernlageberichtes unabhängig davon nach § 290 Abs. 2 HGB a.F. auch dann, wenn eine Holding die Bedingungen des auf der 7. gesellschaftsrechtlichen EG-Richtlinie[148] beruhenden sog. **„Control"-Konzeptes** erfüllte, d.h., sie eine der in § 290 Abs. 2 HGB aufgeführten Rechtspositionen gegenüber ihren Tochterunternehmen tatsächlich innehatte[149]. Als solche „Kontrollrechtsstellungen"[150] nannte das Gesetz drei Fälle: Einem Mutterunternehmen steht bei einem Tochterunternehmen eine Mehrheit der Stimmrechte zu (Nr. 1), sie hat als Gesellschafter ein Recht zur Besetzung der Mehrheit der Leitungsorgane (Nr. 2) oder ihr kommt ein beherrschender Einfluss aufgrund eines Beherrschungsvertrages bzw. einer Satzungsbestimmung zu (Nr. 3).

1.55 Im Rahmen der Modernisierung des Bilanzrechts durch das BilMoG wurde im Jahre 2009[151] § 290 HGB deutlichen Änderungen unterzogen. So wurde einerseits das **Beteiligungskriterium** in § 290 Abs. 1 HGB gänzlich **abgeschafft** und andererseits zwecks Annäherung an die Internationalen Rechnungslegungsstandards (IFRS)[152] ein Wechsel vom Konzept der einheitlichen Leitung zum früher nur in § 290 Abs. 2 HGB vorgesehenen **„Control-Konzept"** vollzogen[153]. § 290 Abs. 1 Satz 1 HGB stellt nunmehr entscheidend darauf ab, ob auf ein Tochterunternehmen ein unmittelbar oder mittel-

---

146 Vgl. aus der Zeit vor Inkrafttreten des BilMoG etwa *Hopt* in Baumbach/Hopt, 33. Aufl. 2008, § 290 HGB Rz. 5; *Ulmer* in Hachenburg, Anh. § 77 GmbHG Rz. 229; *Adler/Düring/Schmaltz*, Rechnungslegung und Prüfung von Unternehmen, 6. Aufl. 1997, § 290 HGB Rz. 4.

147 Gesetz zur Modernisierung des Bilanzrechts (Bilanzrechtsmodernisierungsgesetz – BilMoG), BGBl. I 2009, 1102.

148 Richtlinie 83/349/EWG über den konsolidierten Abschluss vom 13.6.1983, ABl. EG Nr. L 193 v. 18.7. 1983, S. 1 ff. (dort Art. 1 und 2); abgedruckt auch bei *Lutter/Bayer/J. Schmidt*, Europäisches Unternehmens- und Kapitalmarktrecht, 6. Aufl. 2018, § 25 (S. 829 ff.); ursprünglich umgesetzt durch das Bilanzrichtliniengesetz vom 19.12.1985, BGBl. I 1985, 2355 ff. Inzwischen wurde diese Richtlinie durch die Richtlinie 2013/34/EU über den Jahresabschluss, den konsolidierten Abschluss und damit verbundene Berichte von Unternehmen bestimmter Rechtsformen vom 26.6.2013, ABl. EU Nr. L 182 v. 29.6. 2013, S. 19 ff., ersetzt und aufgehoben (dazu ausf. Erläuterung und Abdruck bei *Lutter/Bayer/J. Schmidt*, Europäisches Unternehmens- und Kapitalmarktrecht, 6. Aufl. 2018, § 23 [S. 807 ff.]).

149 *Hopt* in Baumbach/Hopt, 33. Aufl. 2008, § 290 HGB Rz. 8; *Henssler* in Heymann, 2. Aufl. 1999, § 290 HGB Rz. 25 ff.: Konzept der „juristischen Herrschaftsmacht".

150 *Hopt* in Baumbach/Hopt, 33. Aufl. 2008, § 290 HGB Rz. 8.

151 Näher *Lutter/Bayer/J. Schmidt*, Europäisches Unternehmens- und Kapitalmarktrecht, 6. Aufl. 2018, Rz. 23.15 m.w.N.

152 *Merkt* in Baumbach/Hopt, 38. Aufl. 2018, § 290 HGB Rz. 5.

153 *Merkt* in Baumbach/Hopt, 38. Aufl. 2018, § 290 HGB Rz. 5.

bar beherrschender Einfluss durch das Mutterunternehmen ausgeübt werden *kann*[154]. Ein beherrschender Einfluss des Mutterunternehmens liegt gem. § 290 Abs. 2 HGB stets vor, wenn (mindestens) eines der in § 290 Abs. 2 Nr. 1 bis Nr. 4 HGB aufgeführten Kontrollelemente erfüllt ist. Die Nr. 1 bis Nr. 3 entsprechen dabei im Wesentlichen den bereits vor dem BilMoG in § 290 Abs. 2 Nr. 1 bis 3 HGB a.F. vorgesehenen Kontrollrechten (vgl. dazu Rz. 1.54); neu ist hingegen die Aufnahme von Zweckgesellschaften in § 290 Abs. 2 Nr. 4 HGB[155]. Im Zuge der Umsetzung der EU-Bilanz-RL durch das BilRUG[156] ergaben sich insoweit keine Änderungen[157].

Da einer typischen Holding im Holdingkonzern mindestens eine dieser formalen Rechtspositionen gegenüber ihren operativen Gesellschaften zusteht, **erfüllt die Holding** damit **zugleich den Kontrollbegriff** des Rechts der Konzernrechnungslegung. 1.56

Dies gilt wegen der unterschiedlichen Voraussetzungen der Konzernbegriffe von Konzern- und Konzernbilanzrecht allerdings nicht **in umgekehrter Richtung:** Aus der Pflicht zur Aufstellung eines Konzernabschlusses lässt sich noch nicht der Schluss auf das Vorliegen „einheitlicher Leitung" und damit das Vorliegen eines Konzerns i.S.d. Konzernrechts ziehen[158], da die „Kontrollrechtsstellungen" der § 290 Abs. 2 Nr. 1 HGB und § 290 Abs. 2 Nr. 2 HGB lediglich an das Vorliegen einer Stimmrechtsmehrheit bzw. das Recht zur Bestellung und Abberufung von Mitgliedern des Leitungs- oder Aufsichtsorgans, nicht aber auf die tatsächliche Zusammenfassung der Unternehmen unter einheitlicher Leitung des herrschenden Unternehmens anknüpfen. 1.57

V. Fazit

1. Unter **Holding** werden in diesem Handbuch – soweit nicht ausdrücklich etwas anderes gesagt wird – die als **Führungsholding** oder **Mischholding** organisierten Obergesellschaften verstanden, die eine Gruppe von rechtlich selbstständigen Unternehmen führen. Diese Führung ist gleichbedeutend mit „einheitlicher Leitung", die Unternehmensgruppe daher stets Konzern i.S.d. § 18 AktG und § 290 Abs. 1 HGB (Holdingkonzern). Dieser Konzern ist typischerweise Unterordnungskonzern mit der Holding als herrschendem Unternehmen an der Spitze. 1.58

2. Eine klare Präferenz zwischen den Organisationsformen Stammhaus, Holding und Mischholding lässt sich heute nicht feststellen. Neben den „reinen" Formen des Stammhauses (Beispiel: Daimler) und der Holding (Beispiel: RWE) gibt es viele Zwischenformen. So finden sich in Stammhaus-Konzernen häufig auf der zweiten oder dritten Stufe Holding-Konstruktionen. Beliebt ist es etwa, die Tochtergesellschaften im Ausland landesweit oder regionweit unter einer Zwischenholding zusammenzufassen. Es gibt aber auch Stammhaus-Konzerne, die sich wie die BASF als „one company" verstehen, sich aber dennoch für einen bestimmten Bereich auf die Funktion einer Holding zurückziehen. 1.59

Holding-Konstruktionen gibt es also nicht nur auf der obersten Ebene eines Konzerns, sondern auch innerhalb eines Konzerns, mag dieser im Übrigen nun als Holding (Holding unterhalb der Holding) oder als Stammhaus-Konzern, als virtuelle Holding oder Mischholding organisiert sein.

---

154 *Grottel/Kreher* in Beck'scher Bilanz-Kommentar, 12. Aufl. 2020, § 290 HGB Rz. 20 f.

155 Vgl. dazu *Merkt* in Baumbach/Hopt, 38. Aufl. 2018, § 290 HGB Rz. 13; *Busse v. Colbe/Ordelheide/Gebhardt/Pellens*, Konzernabschlüsse, 9. Aufl. 2010, S. 120 ff.; *Grottel/Kreher* in Beck'scher Bilanz-Kommentar, 12. Aufl. 2020, § 290 HGB Rz. 65 ff. und *Senger/Hoehne* in MünchKomm/BilR, 2013, § 290 HGB Rz. 100 ff.

156 Näher *Lutter/Bayer/J. Schmidt*, Europäisches Unternehmens- und Kapitalmarktrecht, 6. Aufl. 2018, Rz. 23.17 m.w.N.

157 Siehe auch BeckOKHGB/*v. Kanitz/Hofmann*, § 290 HGB Rz. 4 (nur klarstellende Änderungen).

158 Das gilt erst recht seit dem in Rz. 1.55 beschriebenen Wechsel vom Konzept der „einheitlichen Leistung" zum Control-Konzept in § 290 Abs. 1 Satz 1 HGB.

§ 2 Vor- und Nachteile der Holding

I. Einleitung 2.1
1. Erscheinungsformen der Holding . . 2.1
a) Vermögens- oder Finanzholding . . . 2.4
b) Führungs- oder Managementholding 2.7
c) Konzernleitende Holding 2.13
d) Sonstige Holdingtypen 2.15
2. Gründe und Motive für die Errichtung einer Holding 2.22

II. Allgemeine Vor- und Nachteile einer Holding 2.34
1. Vorteile 2.34
2. Nachteile 2.43

III. Vor- und Nachteile der Finanzholding 2.45

IV. Vor- und Nachteile der Managementholding 2.54
1. Managementholding, konzernleitende Holding 2.54
2. Vorteile des Holdingkonzerns 2.58
3. Nachteile des Holdingkonzerns 2.76

V. Fazit 2.79

Literaturübersicht: *Beck*, Konzernrecht und Konzernwirklichkeit, AG 2017, 726; *Dörner/Horvath/Kagermann* (Hrsg.), Praxis des Risikomanagements, 2000; *Frost/Morner*, Konzernmanagement, 2010; *Hasselbach/Nawroth/Rödding*, Beck'sches Holding Handbuch, 3. Aufl. 2020; Institut der Wirtschaftsprüfer (Hrsg.), WP-Handbuch 2014 Band II, 2014; *Institut der Wirtschaftsprüfer* (Hrsg.), WP-Handbuch 2019, 16. Aufl. 2019 (WPH 2019); *Institut der Wirtschaftsprüfer* (Hrsg.), Holding und Organschaft: Bestandsaufnahme, Gestaltung und Perspektiven, WPg Sonderheft v. 15.3.2003; *Keller*, Unternehmungsführung mit Holdingkonzepten, 2. Aufl. 1993; *Kessler/Kröner/Köhler*, Konzernsteuerrecht, 2004; *Kraehe*, Die Mittelstandsholding, 1994; *Lutter/Scheffler/U. H. Schneider* (Hrsg.), Handbuch der Konzernfinanzierung, 1998; *Pümpin*, Strategische Erfolgspositionen, 1992; *Scheffler*, Konzernmanagement, 2. Aufl. 2005; *Stöber*, Die Gründung einer Holding-SE, AG 2013, 110; *Theisen*, Der Konzern, 2. Aufl. 2000.

I. Einleitung

1. Erscheinungsformen der Holding

2.1 Als „Holding" bezeichnet man ein Unternehmen, dessen Hauptzweck darin besteht, Beteiligungen an einem oder mehreren anderen rechtlich selbständigen Unternehmen zu halten und die damit verbundenen Gesellschafterrechte und -pflichten wahrzunehmen[1]. In Abhängigkeit von ihrer weiteren Zwecksetzung sowie von Art und Umfang ihrer Beteiligungen an anderen Unternehmen kann oder soll die Holding zusätzlichen Einfluss auf die Beteiligungsunternehmen nehmen.

2.2 Nach dem **Zweck der Holding** lassen sich hauptsächlich die Vermögens- oder Finanzholding (Rz. 2.4 ff.) und die Führungs- oder Managementholding (Rz. 2.7 ff.) unterscheiden. Der Zweck manifestiert sich im Unternehmensgegenstand der Holding und wird von den Interessen ihrer Gesellschafter, den Intensionen ihrer Geschäftsführer sowie von der Art und Intensität ihrer rechtlichen und wirtschaftlichen Beziehungen zu den Beteiligungsunternehmen geprägt. Wie die nachfolgenden Ausführungen zeigen, sind die Grenzen zwischen beiden Holdingarten fließend.

2.3 Holdings werden häufig im Zusammenhang mit der Aus- und Umgliederung oder Trennung und Zusammenfassung von Geschäftsbereichen oder betrieblichen Funktionen als Organisationsinstrument genutzt. Diese sog. **Organisationsholding** kann sowohl als Finanzholding als auch als Managementholding gestaltet und entwickelt werden.

a) Vermögens- oder Finanzholding

2.4 Der vorrangige Zweck einer **Vermögensholding** ist, Kapitalanlagen in Form von Anteilen an anderen Unternehmen zu halten und zu verwalten, um nachhaltige Einkünfte aus den Gewinnen und

1 *Lutter/Bayer* Rz. 1.11; *IDW*, WPH 2019 C 156.

Wertsteigerungen der Anteile zu erzielen. Die Vermögensholding beschränkt sich auf die Wahrnehmung der Mitgliedschaftsrechte aus den ihr gehörenden Unternehmensanteilen. Sie übt insbesondere die ihr als Anteilseignerin oder Gesellschafterin zustehenden Rechte in der Haupt- oder Gesellschafterversammlung des Beteiligungsunternehmens aus, die u.a. die Mitwirkung beim Beschluss über die Gewinnverwendung oder bei der Wahl des Aufsichtsrats und des Abschlussprüfers oder bei der Bestellung von Geschäftsführern einschließen können.

Die Vermögensholding nimmt keinen direkten Einfluss auf die Geschäfts- und Finanzpolitik der Beteiligungsunternehmen. Ist sie im Aufsichtsrat eines Beteiligungsunternehmens vertreten oder wirkt sie an der Bestellung von Geschäftsführern eines Beteiligungsunternehmens mit, nimmt sie mehr oder weniger Einfluss auf die Geschäftsführung des Beteiligungsunternehmens. 2.5

Die Vermögensholding kann auch als Finanzierungsvehikel für die von ihr gehaltenen Unternehmensanteile dienen. Wenn finanzielle und steuerliche Überlegungen zur Optimierung des Beteiligungsportfolios im Vordergrund stehen, spricht man von einer **Finanzholding**. Übernimmt die Holding finanzbezogene Serviceleistungen für die Beteiligungsunternehmen, die von der Abwicklung eines Cashpoolings oder Clearings[2] bis zur Kreditbeschaffung und Kapitaldienst reichen können, nimmt sie direkt oder indirekt Einfluss auf die Finanzpolitik des Beteiligungsunternehmens und wird sie mit damit zusammenhängenden Managementaufgaben befasst. 2.6

b) Führungs- oder Managementholding

Die Führungs- oder Managementholding ist durch unternehmerische Beteiligungen an anderen Unternehmen geprägt. Sie ist bestrebt, eigene Interessen und Ziele oder die ihrer Gesellschafter zu verwirklichen. Der mögliche oder gewünschte Einfluss auf die Geschäfts- und Finanzpolitik ihrer Beteiligungsunternehmen hängt von der jeweiligen Art, Rechtsform und Gesellschafterstruktur des Beteiligungsunternehmens und von der Beteiligungsquote der Holding ab. 2.7

Merkmale einer unternehmerischen Beteiligung an anderen Unternehmen sind in Anlehnung an § 271 Abs. 1 HGB 2.8

- die dauerhafte Kapitalüberlassung an ein anderes Unternehmen in Form von Eigenkapital oder haftendem Risikokapital,
- die der geschäftlichen Tätigkeit des eigenen Unternehmens dient oder dienen kann und
- eine Beteiligung am wirtschaftlichen Ergebnis und/oder am Liquidationserlös des Beteiligungsunternehmens beinhaltet.

Darüber hinaus wird vorausgesetzt, dass der Nutzen der Beteiligung für den Geschäftsbetrieb des beteiligten Unternehmens dauerhaft angemessen abgesichert ist.

Über die Wahrnehmung der rechtsformbedingten Eigentümer- und Gesellschafterrechte hinaus, auf die sich die Vermögensholding beschränkt, lassen sich die Einflussmöglichkeiten der Managementholding auf die Beteiligungsunternehmen nach der Intensität wie folgt abstufen 2.9

(1) maßgeblicher Einfluss auf die Geschäfts- und Finanzpolitik,

(2) gemeinsame Führung,

(3) beherrschender Einfluss (= Beherrschung) und

(4) Ausübung der einheitlichen Leitung (s. Rz. 2.13 f.).

(1) Übt die Holding ohne Vorliegen einer Beherrschung einen **maßgeblichen Einfluss** auf die Geschäfts- und Finanzpolitik des Beteiligungsunternehmens aus, ist dieses ein sog. **assoziiertes Unter-** 2.10

2 *Mentz/Günther* in Beck'sches Holding Handbuch, 3. Aufl., Teil A Rz. 22.

nehmen i.S.v. § 311 HGB (s. dazu *Scheffler* Rz. 9.357). Ein maßgeblicher Einfluss wird vom Gesetz vermutet, wenn die Holding mindestens 20 % der Stimmrechte an dem Beteiligungsunternehmen hält (§ 311 Abs. 1 Satz 2 HGB).

2.11 (2) Führt die Holding ein anderes Unternehmen gemeinsam mit einem oder mehreren anderen Unternehmen, liegt ein **Gemeinschaftsunternehmen** vor (vgl. § 310 HGB). Hier besteht seitens der Holding keine Beherrschung, denn die gemeinschaftliche Führung setzt einstimmige Beschlüsse der an der gemeinschaftlichen Führung beteiligten Unternehmen für alle wesentlichen Fragen der Geschäfts- und Finanzpolitik voraus. Die Holding übt aber i.d.R. einen maßgeblichen Einfluss i.S.v. Rz. 2.10 auf das Gemeinschaftsunternehmen aus.

2.12 (3) Ein **beherrschender Einfluss** bedeutet, dass die Holding die Geschäfts- und Finanzpolitik des Beteiligungsunternehmens bestimmen kann. Eine solche Beherrschung ist dann gegeben (§ 290 Abs. 2 HGB), wenn die Holding

- bei dem Beteiligungsunternehmen über die Mehrheit der Stimmrechte der Gesellschafter verfügt oder
- das Recht hat, die Mehrheit der Mitglieder des Leitungs- oder Aufsichtsorgans zu bestellen und abzuberufen, oder
- das Recht hat, die Geschäfts- und Finanzpolitik des Beteiligungsunternehmens zu bestimmen oder
- bei wirtschaftlicher Betrachtung die Mehrheit der Chancen und Risiken eines Unternehmens trägt, das zur Erreichung eines eng begrenzten und genau definierten Ziels des Mutterunternehmens dient (= sog. Zweckgesellschaft).

Bei Beherrschung Ist das Beteiligungsunternehmen ein abhängiges Unternehmen i.S.v. § 17 AktG und ein **Tochterunternehmen** der Holding i.S.v. § 290 Abs. 1 HGB.

c) Konzernleitende Holding

2.13 Aus der wirtschaftlichen Bedeutung der Beteiligungsunternehmen für die Lage und Entwicklung der Holding, die wesentlich von Höhe und Quote der Kapitalbeteiligung der Holding einerseits und von Art, Umfang und Entwicklung der Geschäfte des Beteiligungsunternehmens bestimmt wird, kann sich die Zweckmäßigkeit oder Notwendigkeit einer einheitlichen Leitung von Holding und deren Tochterunternehmen ergeben[3]. Sie erfordert eine adäquate personelle Ausstattung der Holding.

2.14 Werden Holding und ihre Tochterunternehmen unter der einheitlichen Leitung durch die Holding zusammenfasst, handelt es sich um eine konzernleitende Holding (s. Rz. 2.54 ff. und *Keller* Rz. 4.25). Holding und Tochterunternehmen gelten als Konzernunternehmen i.S.v. § 18 AktG. Aufgabe der Holding ist es, die Konzernunternehmen einheitlich zu führen und für das Fortbestehen und den nachhaltigen Erfolg der Holding und ihres Konzerns zu sorgen. Dazu muss sie die geschäftliche Entwicklung der Konzernunternehmen unter Berücksichtigung von Chancen und Risiken zielorientiert lenken und ausreichend überwachen. Das erfordert ein effizientes Berichtswesen und ein konzernübergreifendes Controlling durch systematische Planung sowie regelmäßige und zeitnahe Steuerung und Kontrolle der Konzernunternehmen.

d) Sonstige Holdingtypen

2.15 Bei Managementholdings wird in der Literatur zum Teil zwischen strategischer und operativer Holding unterschieden[4]. Diese Unterscheidung darf nicht zu der falschen Annahme führen, dass strate-

3 *Scheffler*, Konzernmanagement, 2. Aufl., S. 14.
4 *Mentz/Günther* in Beck'sches Holding Handbuch, 3. Aufl., Teil A Rz. 20 f.; *Frost/Morner*, S. 59 f.

gische und operative Unternehmensführung voneinander trennbare Führungsfunktionen sind. Sie kennzeichnet nur eine gewisse Schwerpunktbildung. Strategische Führung ohne operative Umsetzung ist „marktunwirksam" und erschöpft sich als „Sandkastenspiel". Operative Führung ohne strategische Ausrichtung gefährdet die nachhaltige Existenzsicherung und Wertsteigerung des Unternehmens. Insofern muss zwischen strategischer und operativer Holding genauer differenziert werden.

Die **strategische Holding** konzentriert sich - unter gebührender Einbindung der Geschäftsführung der Beteiligungsunternehmen - auf die Entwicklung und Festlegung strategischer Ziele und Umsetzungsstrategien für den Unternehmensverbund und für bedeutsame Beteiligungsunternehmen. Sie überwacht in einem dem Holdingtyp angemessenen Umfang deren Realisierung durch die Beteiligungsunternehmen. Eine **operative Holding**, die allein operative Funktionen oder Aufgaben wahrnimmt, ist nur als Organisations- oder Zwischenholding denkbar, denn die strategische Unternehmensführung gehört zu den originären, d.h. nicht delegierbaren Aufgaben jeder Unternehmensleitung[5], also auch zur Leitung einer Holding. 2.16

Holdingunternehmen können nach ihrer Gesellschafterstruktur, ihrer organisatorischen Eingliederung oder nach Zuständigkeiten typisiert werden. Unter Bezugnahme auf die **Anteilseigner** der Holdinggesellschaft spricht man von Familienholding, Gewerkschaftsholding, Staatsholding usw., wobei Art und Ausrichtung der Holding von den besonderen Interessen der Anteilseigner geprägt werden. 2.17

Beschränkt sich die Holding auf die Finanzierung und die Zusammenfassung der Anteile an anderen Unternehmen wird sie als **Investorenholding** bezeichnet (*Stephan* Rz. 3.105 ff.). Soll sie über die kapitalmäßige Beteiligung an anderen Unternehmen hinaus die Zusammenarbeit ihrer Beteiligungsunternehmen organisieren und absichern, spricht man von einer **Kooperationsholding** (*Stephan* Rz. 3.144 f.). Die Kooperation kann unterschiedlich intensiv, umfassend oder spezialisiert nach Funktionen, Produkten oder Märkten gestaltet sein. Oft wird die Kooperationsholding als Gemeinschaftsunternehmen (Rz. 2.8) der beteiligten Gesellschafter geführt. 2.18

Nach der Hierarchie im Unternehmensverbund unterscheidet man die an der Spitze einer Unternehmensgruppe stehende **Dachholding** und die auf unteren Ebenen angesiedelte **Zwischenholding** die Obergesellschaft eines Teils der Unternehmensgruppe oder Teilkonzerns ist. 2.19

Schließlich werden Holdinggesellschaften nach ihrem Standort oder räumlichen Zuständigkeit als Auslands- oder **Landesholding** oder nach ihrer sachlichen oder marktbezogenen Zwecksetzung als **Spartenholding** bezeichnet. 2.20

Für die Holding stehen grundsätzlich alle **Rechtsformen** für Unternehmen zur Verfügung. Sie können Einzelunternehmen, Personengesellschaften, Kapitalgesellschaften, Genossenschaften oder Stiftungen sein. Unter Berücksichtigung der rechtsformspezifischen Besonderheiten und der typischen Holdingfunktionen wird für die Holding aus Haftungsgründen i.d.R. die Rechtsform der Kapitalgesellschaft bevorzugt (s. im Einzelnen *Stephan* Rz. 3.1 ff.). Als Sonderform sei die Europäische Aktiengesellschaft (Societas Europaea, SE) erwähnt, wenn mindestens zwei Kapitalgesellschaften aus unterschiedlichen Mitgliedsstaaten an der Gründung beteiligt sind (Art. 2 Abs. 2 SE-VO). Der Vorteil der Holding-SE liegt in der uneingeschränkten Anerkennung ihrer Rechtspersönlichkeit in allen Mitgliedsstaaten der EU und in der Möglichkeit, mit der Wahl ihres Sitzes bevorzugte nationale Unternehmensverfassungen und andere Standortvorteile zu realisieren (*Bayer/J. Schmidt* Rz. 18.2 ff.)[6]. 2.21

5 S. dazu *Scheffler*, Konzernmanagement, 2. Aufl., S. 76 f.

6 S. dazu auch *IDW*, Europäische Gesellschaftsformen und Niederlassungsrecht in der EU, WP-Handbuch II 2014, Kapitel V.

2. Gründe und Motive für die Errichtung einer Holding

2.22 Für die Errichtung oder Einschaltung einer Holding gibt es vielfältige Anlässe und Gründe[7]. Die Holding kann zur Umsetzung geschäfts- oder familienpolitischer Zielsetzungen der Gründer oder Gesellschafter vorgesehen sein, z.B. in Verfolgung einer Expansions- oder Diversifikationsstrategie oder zur Vorbereitung auf die nächste Generation der Gesellschafter. Sie kann aus organisatorischen Gründen errichtet werden, z.B. zur Verbesserung der Führungs-, Unternehmens- oder Konzernstruktur oder als Folge von Veränderungen bei den Eignern oder im Umfeld eines Beteiligungsunternehmens.

2.23 Das Geschäftsmodell einer Holding wird von folgenden **Interessen ihrer Gesellschafter** geprägt, die sich in der Praxis oft überlagern:

(1) unternehmerische und ökonomische Zielsetzungen,

(2) organisatorische Notwendigkeiten und Zweckmäßigkeit,

(3) personenbezogene Absichten und familiäre Interessen,

(4) Haftungsbeschränkung,

(5) steuerliche Überlegungen,

(6) finanzielle Gründe.

2.24 (1) Die **Zielsetzungen und Interessen** der Gesellschafter der Holding bestimmen in erster Linie deren Zweck und Charakter als Finanz- oder Managementholding. Diese Ziele und Zwecke können sich im Zeitablauf verändern. Beispielsweise kann die Errichtung einer Holding zunächst dadurch veranlasst sein, dass mehrere Personen gemeinsam Anteile an anderen Unternehmen erwerben oder getrennt erworbene Anteile verwaltungsmäßig zusammenfassen wollen. Mit größerem Kapitaleinsatz und höherer Beteiligungsquote der Holding sowie mit wachsendem Geschäftsumfang der Beteiligungsunternehmen rücken unternehmerische Interessen der Holding und ihrer Gesellschafter in den Vordergrund und verlangen eine Managementholding.

2.25 Eine Managementholding zielt darauf, durch Bündelung der Ressourcen der Beteiligungsunternehmen und Nutzung gegebener Synergiepotentiale und Verbundvorteile strategische Erfolgspositionen zu entwickeln und auszubauen und damit den Zugang zu neuen Märkten, Produkten oder Know-how voranzutreiben, um den wirtschaftlichen Erfolg ihrer Beteiligungen abzusichern.

2.26 **Strategische Erfolgspositionen** beruhen auf wettbewerbsüberlegenen markt- oder produktrelevanten Fähigkeiten des Unternehmens, mit denen das Unternehmen attraktives Nutzenpotential erschließen und halten kann[8]. Voraussetzung für ihre Realisierung ist, dass die erforderlichen Ressourcen einschließlich der Verfügbarkeit von geeignetem Führungs- und Fachpersonal zeitgerecht und ausreichend zur Verfügung stehen.

2.27 (2) Als **organisatorische Motive** werden für die Holding ins Feld geführt:

- Steigerung von Flexibilität und Anpassungsfähigkeit, z.B. durch weitgehend autonome Einheiten,
- Erhöhung der Transparenz, z.B. durch klare Zuordnung von Kompetenzen,
- Reduktion und Beherrschung von Komplexität, z.B. durch Abgrenzung von Geschäftsfeldern oder Funktionen,
- Allianzfähigkeit, z.B. durch rechtlich selbständige Teileinheiten,
- Bündelung von Ressourcen und Optimierung ihres Einsatzes,

7 Speziell für kleine und mittelständische Unternehmen s. *Kraehe*, Die Mittelstandsholding, S. 131.
8 Grundlegend und ausführlich dazu: *Pümpin*, Strategische Erfolgspositionen, 1992.

- koordinierte Spezialisierung sowie
- Vereinfachung und Effizienzsteigerung durch gebündeltes Beteiligungsmanagement.

(3) Die **personenbezogenen Motive** zur Errichtung einer Holding konkretisieren sich in dem Wunsch nach 2.28

- Kontinuität als Familienunternehmen,
- Erhalt der mittelständischen Unternehmenskultur,
- Sicherung der Unternehmernachfolge, Qualifizierung des Topmanagements,
- Haftungsbeschränkung für die Unternehmenseigentümer,
- Steuerliche Optimierung für Gesellschafter der Holding,
- Machtzuwachs durch die Verbundstärke oder
- Absicherung der Einflussmacht oder der hierarchischen Position als Manager oder Gesellschafter.

Die personenbezogenen Ziele sind häufig mit unternehmerischen Zielsetzungen verknüpft. So kann beispielsweise die Erhaltung einer mittelständischen Unternehmenskultur nicht nur aus Familientradition, sondern auch aus Wettbewerbsgründen angestrebt sein, um eine im Vergleich zu Großunternehmen größere Flexibilität und geringere Bürokratisierung des Managements zu bewahren. Oft wird mit der Einschaltung einer Holding eine Haftungsbeschränkung für die Familiengesellschafter angestrebt. 2.29

Mit der Zusammenfassung der Anteile an operativen Unternehmen in einer Holding kann, z.B. für den Fall der Erbfolge oder bei Kapitalengpässen der Familiengesellschafter, sichergestellt werden, dass der Unternehmensverbund erhalten und insgesamt mehrheitlich als Familienunternehmen fortgeführt wird. Die neutrale Stellung und die integrierende Wirkung der Holding kann die Einstellung professioneller Manager, die nicht aus dem Familienkreis stammen, erleichtern. Einschlägige Maßnahmen sind z.B. Aufteilung der Anteile auf mehrere Erben oder Familienmitglieder, Aufnahme familienfremder (Minderheits-)Gesellschafter zur Verbesserung der Eigenkapitalausstattung oder zur Motivation familienfremder Topmanager, Ausgliederung von Unternehmensbereichen oder Veräußerung von Beteiligungsunternehmen. 2.30

(4) Zur **Haftungsbeschränkung** für die Unternehmenseigentümer kann sich die Zwischenschaltung einer Kapitalgesellschaft oder die Aufspaltung von Unternehmen unter dem Dach einer Holding anbieten. Für die Errichtung einer Holding können auch kartellrechtliche Gründe maßgeblich sein. Die Holding kann auch dazu dienen, größere Beteiligungsquoten an einem Unternehmen oder die mit höherem Anteilsbesitz verbundenen besonderen gesetzlichen Pflichten zu vermeiden. 2.31

(5) Zu den **steuerlichen Gestaltungszielen**, die sowohl von den Gesellschaftern der Holding als auch von der Tätigkeit der Holding und ihrer Beteiligungsunternehmen bestimmt sein können, wird auf *Keuthen*, Rz. 14.1 ff. verwiesen[9]. Ausschlaggebend sind dabei oft der Sitz der Holding oder eines Beteiligungsunternehmens und die Doppelbesteuerungsabkommen zwischen den Sitzstaaten. 2.32

(6) Die **finanziellen Gründe** für die Errichtung einer Holding beruhen i.d.R. auf dem Wunsch von Investoren, ihre Finanzmittel durch Bündelung sicherer und rentabler anzulegen oder ihre Finanzinvestitionen optimaler zu finanzieren. Die Zusammenfassung von Anteilen an Beteiligungsunternehmen kann Voraussetzung oder Erleichterung für den Zugang zum Kapitalmarkt sein. Darüber hinaus kann die Errichtung einer Holding sinnvoll sein, um neue Gesellschafter aufzunehmen, eine bessere (Eigen-)Kapitalausstattung zu erreichen oder einen Börsengang vorzubereiten. 2.33

---

9 S. auch *IDW*, Holding und Organschaft, Sonderheft WPg 2003.

II. Allgemeine Vor- und Nachteile einer Holding

1. Vorteile

2.34 Die Vorteile einer Holding ergeben sich selten von selbst, sondern bestehen vor allem in Chancen, die entdeckt und genutzt werden müssen. Sie müssen, zum Teil unter Inkaufnahme (vorübergehender) negativer Synergieeffekte, erarbeitet und immer wieder überprüft, verteidigt oder aktualisiert werden.

2.35 In Abhängigkeit von den rechtlich und faktisch gegebenen Gestaltungsmöglichkeiten, dem Gestaltungswillen der handelnden Personen und der tatsächlichen Gestaltung bietet die Einschaltung einer Holding folgende allgemeine Vorteile:

(1) **Nutzung von Verbundvorteilen** durch die Bündelung von Interessen, Aktivitäten und Ressourcen,

(2) höhere **Transparenz** durch bessere Strukturierung der unternehmerischen Aktivitäten und Funktionen sowie der Gesellschaftsverhältnisse,

(3) erhöhte **Flexibilität** bei der Gestaltung und Veränderung des Unternehmensverbundes oder der Beteiligungsverhältnisse,

(4) **Beherrschung und Bewältigung von Risiken** durch Abgrenzung von Risikofeldern und Möglichkeiten der Haftungsbeschränkung.

2.36 (1) **Verbundvorteile** leiten sich insbesondere aus der Zusammenfassung von Ressourcen und Interessen der verbundenen Unternehmen ab und entstehen hauptsächlich durch Ausnutzung von Größeneffekten, Rationalisierungs- und Spezialisierungsmöglichkeiten sowie Kompetenzzuwächsen. Die Bündelung kann zu einer stärkeren Markt- oder Verhandlungsposition führen oder eine größere Spezialisierung und Professionalität der Unternehmenstätigkeiten und ihrer Träger ermöglichen. Unter dem Dach einer Holding können spezialisierte Beteiligungs- oder Tochterunternehmen zur Absicherung der Beschaffung von Materialien oder Knowhow oder für den Vertrieb nützlich sein.

2.37 (2) Die Vorteile der größeren **Transparenz und Flexibilität** sind im Wesentlichen auf die Dezentralisierungstendenz von Holdingstrukturen zurückzuführen. Sie ermöglichen eine horizontale und vertikale Segregation der unternehmerischen Aktivitäten nach Branchen, Regionen oder Funktionen. Größe, Art und Standort der Unternehmenseinheiten lassen sich rechtlich oder markt- oder betriebsorientiert klar abgrenzen. Dies kann durch Auf- und Abspaltung oder Ausgliederung von Unternehmensteilen in rechtlich selbständige Unternehmen oder durch Fusion und Erwerb von Unternehmen oder Unternehmensteilen erreicht werden (s. *Stephan* Rz. 3.123 ff.).

2.38 Eine detaillierte Strukturierung der Aktivitäten und Ressourcen des Unternehmensverbunds vergrößert das **normative Gestaltungspotential**, das von der Wahl der Rechtsform bis zur Verteilung der Leitungs- und Entscheidungskompetenzen reicht. Jede Gruppenunternehmenseinheit kann und soll – unter Beachtung der Interessen des Unternehmensverbundes und der Holding – spezifische Führungs- und Organisationsstrukturen implementieren, die ihren situativen Rahmenbedingungen (politisches, wirtschaftliches und personelles Umfeld sowie verfügbare Ressourcen) und dem individuellen Unternehmenszweck entsprechen. Die Markt- und finanziellen Erfolge der Beteiligungsunternehmen sowie Umfang und Ergebnis des Leistungsaustauschs zwischen ihnen lassen sich aufgrund der gesonderten, aber sachgerecht verknüpften Rechnungswerke genau ermitteln und verfolgen.

2.39 (3) Die **Trennungsfunktion der Holding** ermöglicht durch die rechtliche Selbständigkeit der Beteiligungsunternehmen eine Begrenzung von Pflichten und Haftungen gegenüber Dritten, aber auch eine größere Fungibilität durch funktional oder betrieblich abgegrenzte Unternehmen. Veränderungen des Gesellschafterkreises der Holding wirken sich nicht unmittelbar auf die Beteiligungsunternehmen aus. Die Veräußerung eines Beteiligungsunternehmens lässt die weiter bestehenden Unternehmensbeteiligungen meist unberührt.

Gleichzeitig wird die **Allianzfähigkeit** der Unternehmensgruppe verbessert, indem die rechtlich selbständigen Beteiligungsunternehmen jeweils eigene Partnerschaften und Allianzen mit anderen Partnern eingehen können. Über Beteiligungen an rechtlich selbständige Unternehmenseinheiten kann einfacher disponiert werden. Dies kann für die Optimierung von Geschäftsfeldern und Beteiligungsportfolios hilfreich sein. Nicht betriebsnotwendiges Vermögen lässt sich leichter ausgliedern und kann ohne Störung der operativen Tätigkeit in den Beteiligungsunternehmen separat verwertet werden. 2.40

(4) Mit der Möglichkeit, unterhalb der Holding rechtlich selbständige Unternehmenseinheiten neu zu schaffen, zu erwerben, umzugliedern oder zu veräußern, lassen sich spezifische Risikofelder abgrenzen und die Risiken gezielter analysieren, steuern, überwachen und beherrschen (**Risikomanagement**). Von besonderer Bedeutung ist in diesem Zusammenhang die Einrichtung eines unternehmens- bzw. konzernübergreifendes Risikomanagements und eines entsprechenden effektiven Überwachungs- und Compliance-Systems (vgl. § 91 Abs. 2 AktG). 2.41

Durch die Zwischenschaltung einer Holding in der Rechtsform der Kapitalgesellschaft oder der Kapitalgesellschaft & Co. (§ 264a HGB) kann die **Haftung** der Unternehmenseigner begrenzt werden. Voraussetzung ist, dass keine Haftungsbrücken wie Bürgschaften, Beherrschungs- oder Gewinnabführungsvertrag oder Eingliederung existieren. Die rechtlich selbständigen Unternehmen sind jeweils Träger der Rechte und Pflichten gegenüber Dritten. Eine Einstands- und Ausgleichspflicht eines Verbundunternehmens für ein anderes kommt nur in Ausnahmefällen in Betracht (s. dazu *Bayer/Trölitzsch* Rz. 8.90 ff.). 2.42

2. Nachteile

Auf der anderen Seite ergeben sich durch die Aufgliederung der unternehmerischen Aktivitäten in rechtlich selbständige Einheiten zusätzliche rechtlich oder wirtschaftlich begründete **Kontrollnotwendigkeiten** (s. *v. Schenck* Rz. 5.55 ff.). Beispiele sind eine besondere Berichterstattung an die Holding, vermehrte Controllingaktivitäten, zusätzliche Aufsichtsgremien, die umständliche Abstimmprozesse erfordern können, und ein größerer, kostspieligerer Umfang der Rechnungslegung. 2.43

Jedes rechtlich selbständige Unternehmen hat seine eigenen Verwaltungsorgane. Die Einschaltung einer Holding verursacht in Abhängigkeit vom Holdingtyp eigenen Verwaltungs- und Managementaufwand für die Betreuung, Steuerung und Überwachung ihrer Beteiligungsunternehmen. Die Holding und jedes Beteiligungsunternehmen unterliegen jeweils eigenen gesetzlichen Buchführungs-, Rechnungslegungs- und Rechenschaftspflichten. 2.44

III. Vor- und Nachteile der Finanzholding

Die Einbringung von Unternehmensanteilen in eine Holdinggesellschaft ermöglicht eine **kapital- und stimmrechtsmäßige Konzentration**, mit der höhere Beteiligungsquoten zur Wirkung gebracht werden können. Das gilt insbesondere, wenn durch die Zusammenfassung qualifizierte Kapital- oder Stimmrechtsanteile erreicht oder übersprungen und damit die Einflussmöglichkeiten auf die Beteiligungsunternehmen vergrößert werden. Die Konzentration kann aber auch mit zusätzlichen Pflichten und Risiken der Anteilseigner bzw. der Holding verbunden sein. 2.45

Die Holding vermag als Zwischeninstanz zwischen Kapitaleignern und operativen Gesellschaften zur **Führungs- und Gesellschafterkontinuität** beizutragen. Veränderungen der Gesellschafterverhältnisse bei der Holding, z.B. durch Veräußerung von Anteilen oder durch Erbfolge, schlagen nicht unmittelbar auf die Beteiligungsunternehmen durch. Diese bleiben als Unternehmensverbund erhalten und die Beteiligungen können weiter einheitlich verwaltet werden. Durch Abgabe von Minderheitsanteilen an der Holding oder durch Ausgabe neuer (Minderheits-)Anteile kann Eigenkapital von Dritten beschafft werden, ohne den Charakter der Holding und ihres Beteiligungsbesitzes, z.B. als Familienvermögen, zu ändern. 2.46

2.47 Aus der zusammengefassten Verwaltung der Unternehmensbeteiligungen können Einspar- und Synergieeffekte geschöpft werden. Neben einer größenbedingten höheren Qualifikation und Spezialisierung des Führungs- und Verwaltungspersonals ergeben sich finanzielle Vorteile vor allem aus der größeren und koordinierten Nachfrage nach Eigen- oder Fremdkapital und bei deren Verwaltung.

2.48 Mit der Wahl der geeigneten Rechtsform für die Holding und durch die Zusammenfassung der Beteiligungsunternehmen zu einer größeren Unternehmensgruppe können der Zugang zu (neuen) **Kapitalmärkten** und neuen Kapitalquellen erschlossen oder erleichtert werden. Die Gründung einer Finanzholding kann z.B. der Vorbereitung eines Börsengangs dienen, um damit zusätzliches Eigenkapital aufzunehmen. Die Holding kann dank einer besseren Eigenkapitalausstattung tendenziell eine größere Unabhängigkeit gegenüber Banken und anderen Kreditgebern und günstigere Kreditkonditionen erreichen.

2.49 Darüber hinaus kann die Holding als **Finanzierungsgesellschaft**[10] für ihre Beteiligungsunternehmen tätig werden, indem sie die den Kapitalbedarf der Beteiligungsunternehmen durch aus Eigenkapitalbeschaffung, Gewinnen oder Kreditaufnahme stammenden eigenen Finanzmittel deckt oder indem sie im Namen und für Rechnung der Beteiligungsunternehmen benötigte Kredite von Dritten aufnimmt und abwickelt. Die gebündelte Kapitalnachfrage der Beteiligungsunternehmen kann zu günstigeren Konditionen für die Aufnahme von Eigen- oder Fremdkapital genutzt werden. Auf der anderen Seite entstehen entsprechende Aufwendungen für das Management und die Kontrolle der Finanzbeziehungen.

2.50 Die Finanzholding übernimmt häufig weitere **Finanzfunktionen für den Unternehmensverbund**, indem sie den Finanzbedarf ihrer Beteiligungsunternehmen koordiniert und das Kapitalstruktur- und Finanzmanagement für den Unternehmensverbund übernimmt. Noch weitergehend ist die Übernahme des Cashmanagements für die Unternehmensgruppe oder ein zentrale Zins- und Devisenmanagement. Die Finanzholding wird damit mehr und mehr in operative Finanzaktivitäten eingebunden.

2.51 Beim **Cashmanagement** werden die Liquidität der einbezogenen Unternehmen zentral disponiert und gesteuert und Divergenzen hinsichtlich des Betrages, der Laufzeit, der Währung oder der Finanzmittelkategorie zwischen den innerhalb der Unternehmensgruppe verfügbaren und benötigten Mitteln austariert. Damit können für die beteiligten Unternehmen die Zins-, Absicherungs- und Transferkosten gesenkt werden (s. auch *Paul/Stein* Rz. 10.124 ff.). Auf der anderen Seite werden die einbezogenen Unternehmen von der Liquiditätssituation und -entwicklung sowie dem Liquiditätsbedarf der anderen beteiligten Unternehmen berührt und sind entsprechenden Liquiditätsrisiken ausgesetzt. Daher muss die Holding die Zahlungsfähigkeit der einzelnen, rechtlich selbständigen Beteiligungsunternehmen zur fristgerechten Begleichung ihrer Verbindlichkeiten berücksichtigen (s. auch *J. Vetter/Lauterbach* Rz. 11.9 ff.). Zweckgebundene Mittel dürfen nicht oder nur begrenzt in das allgemeine Cashpooling einbezogen werden, damit sie für den vorgesehenen Zweck zur Verfügung stehen.

2.52 Zusätzliche finanzwirtschaftliche Servicefunktionen für die Beteiligungsunternehmen kann die Holding durch ein **zentrales Zins- und Währungsmanagement** leisten, mit dem sie die Zins- und Währungsrisiken ihres Unternehmensverbunds steuert, überwacht und absichert. Vorteile ergeben sich aus dem größeren Volumen der Transaktionen sowie aus dem gebündelten Knowhow und größerer Professionalität bei der Abwicklung. Das Risikomanagement kann dadurch verbilligt und effizienter gestaltet werden, dass bei der Risikoabsicherung auf die Risiko-Nettopositionen der Unternehmensgruppe abgestellt wird. Das erfordert den Einsatz professioneller Systeme und qualifizierter Mitarbeiter. Bei Übernahme so weitgehender Finanzaufgaben[11] (s. auch *Paul/Stein* Rz. 10.135 ff.) besteht die zentrale Aufgabe der Holding darin, das finanzielle Gleichgewicht des von ihr beherrschten Un-

---

10 *Theisen*, Der Konzern, S. 443.

11 *Scheffler*, Konzernmanagement, 2. Aufl., S. 124 ff.; *Theisen*, Der Konzern, 2. Aufl., S. 452.

ternehmensverbundes sicherzustellen, insbesondere durch Vorgabe und Überwachung eines (dynamischen) Verschuldungsgrades.

Je umfangreicher ihre finanziellen Aktivitäten sind, umso mehr muss die Holding im Eigen- und Gruppeninteresse die (finanzielle) Entwicklung der Beteiligungsunternehmen realistisch planen und zeitnah kontrollieren, damit sie möglichen finanziellen Fehlentwicklungen durch entsprechenden Einfluss auf die betroffenen Unternehmen rechtzeitig entgegenwirken kann. Die Holding rückt damit immer stärker in die Nähe der Managementholding. 2.53

IV. Vor- und Nachteile der Managementholding

1. Managementholding, konzernleitende Holding

Mit höheren Investitionen in Anteilen an anderen Unternehmen, wachsendem Geschäftsumfang der Beteiligungsunternehmen sowie zunehmenden Verflechtungen und Abhängigkeiten der Gruppenunternehmen unter einander vergrößern sich Zweckmäßigkeit und Notwendigkeit einer Managementholding. Damit soll der wirtschaftliche Erfolg und Bestand der Holding und ihrer verbundenen Unternehmen durch geeignete unternehmerische Einflussnahme nachhaltig gesichert werden. Die extremste Form der Managementholding ist die **konzernleitende Holding** (Rz. 2.14), die Holding und Beteiligungsunternehmen unter einheitlicher Leitung zusammenfasst. 2.54

Die **einheitliche Leitung** bedeutet, dass die Holding ihren beherrschenden Einfluss auf die Geschäfts- und Finanzpolitik eines oder mehrerer anderer Unternehmen tatsächlich ausübt (§ 18 AktG). Sie kann auf einem Beherrschungsvertrag (§ 308 AktG) beruhen oder faktisch durch die Mehrheit der Anteile oder der Stimmrechte oder in der Gesellschafterversammlung des oder der Beteiligungsunternehmen gegeben sein (§§ 16 und 17 AktG). Umfang und Intensität können unterschiedlich sein. Unverzichtbar ist in jedem Fall, dass die konzernleitende Holding 2.55

- die strategische Ausrichtung und den finanziellen Rahmen der Konzernunternehmen bestimmt und regelmäßig aktualisiert sowie ihre Umsetzung bzw. Einhaltung zeitnah überwacht,
- ein zeitgemäßes, alle Konzernebenen umfassendes Controllingsystem installiert und fortentwickelt und
- die geschäftliche Entwicklung und Tätigkeiten der Tochterunternehmen und deren Ergebnisse zielorientiert steuert und zeitnah überwacht.

Die einheitliche Leitung des Konzerns findet ihre Rechtfertigung 2.56

- im Unternehmensgegenstand der Holding und den daraus erwachsenden Geschäftsführungspflichten,
- in wirtschaftlichen Zielen und Zwecken der Konzernbildung,
- in den finanziellen und wirtschaftlichen Verflechtungen und Abhängigkeiten der Konzernunternehmen und
- in den rechtlichen und wirtschaftlichen Pflichten gegenüber den Stakeholdern der Holding und ihres Konzerns.

Aufgabe der konzernleitenden Holding ist es, den Gesamtkonzern im Rahmen der rechtlichen und wirtschaftlichen Gegebenheiten und Vorgaben ordnungsgemäß und betriebswirtschaftlich effizient zu führen, um den wirtschaftlichen Erfolg und die Existenz der konzernleitenden Holding und ihres Konzerns nachhaltig und langfristig zu gewährleisten.

Die **Grenzen der Leitungsmacht** hängen von der Rechtsform der abhängigen Unternehmen sowie davon ab, ob zwischen Holding und Beteiligungsunternehmen ein vertragliches oder ein faktisches Konzernverhältnis vorliegt (s. *Stephan* Rz. 3.186 ff. und 3.212 ff. sowie *Bayer/Trölitzsch* Rz. 8.71 ff.). 2.57

Im faktischen Konzern sind die Einwirkungsmöglichkeiten der konzernleitenden Holding begrenzt. Eine abhängige AG darf nicht zu Maßnahmen veranlasst werden, die für sie nachteilig sind, wenn nicht ein Nachteilsausgleich stattfindet oder rechtlich verbindlich zugesagt ist (§ 311 AktG). Bei einer abhängigen GmbH darf die Einwirkung der herrschenden Holding nicht die Existenz der GmbH gefährden.

2. Vorteile des Holdingkonzerns

2.58 Viele Konzerne sind durch Ausgliederung von Teilbereichen bestehender Unternehmen in rechtlich selbständige Unternehmen, durch Unternehmensgründung oder durch qualifizierte Beteiligungen an anderen Unternehmen entstanden. Soweit das ursprüngliche Unternehmen als Obergesellschaft weiterhin seine (angestammten) Produkte und Dienstleistungen herstellt und/oder vermarktet und damit in wesentlichem Umfang operativ tätig ist, nennt man den von ihr geführten Konzern **Stammhauskonzern**[12]. Steht an der Spitze des Konzerns eine Holding, die keine eigenen Produkte und Dienstleistungen für konzernfremde Dritte herstellt und vermarktet, sondern sich auf die Aufgaben der Konzernleitung (Rz. 2.64) konzentriert, spricht man vom **Holdingkonzern**.

2.59 Die konzernleitende Holding zeichnet sich im Vergleich zu einem konzernleitenden Stammhaus durch eine größere **Neutralität** und Flexibilität gegenüber den Tochterunternehmen aus. Sie verfolgt keine eigenen produkt- und marktbezogenen Interessen, die mit denen der Tochterunternehmen konkurrieren oder kollidieren können. Die Geschäftsführung der Holding kann sich auf die Konzernleitung, das Konzerninteresse und die daraus abgeleiteten Schwerpunktaufgaben konzentrieren. Branchenmäßige oder produktorientierte Vorgaben und Beschränkungen, denen die Geschäftstätigkeit eines Stammhauses unterworfen sein kann, gelten für die Holding im Regelfall nicht.

2.60 Die aus Markt- und Umweltgründen geforderte **Flexibilität** der Unternehmen spricht dafür, im Konzern der Holdingorganisation gegenüber dem Stammhauskonzept den Vorzug geben. Das gilt insbesondere, wenn zwei oder mehr wirtschaftlich gleichgewichtige Tochterunternehmen vorhanden sind oder wenn es sich um einen diversifizierten Konzern handelt. Als Konzernspitze vermag eine Holding unbefangener und freier die Zuständigkeiten, Arbeitsteilung und Kompetenzen der Beteiligungsunternehmen zu bestimmen und abzugrenzen.

2.61 Die meist disruptiven Veränderungen der unternehmensrelevanten Umwelt und die zunehmende Komplexität der konzerninternen und konzernexternen Beziehungen und Abhängigkeiten stoßen, insbesondere in größeren und wachsenden internationalen Konzernen, oft mit der begrenzten Wahrnehmungs- und Verarbeitungsfähigkeit der einzelnen Manager und Entscheidungsträger zusammen. Bei der Komplexitätsbewältigung kann die Struktur des Holdingkonzerns mit einer weitgehenden, aber koordinierten Dezentralisierung von Willensbildung und -durchsetzung und mit der rechtlich autonomen Außenkompetenz der operativen Unternehmen helfen. Der Holdingkonzern erleichtert eine klare Aufgabenteilung und Spezialisierung[13].

2.62 Das Holdingkonzept begünstigt Effizienz und **Motivation des Managements** innerhalb des Konzerns. Dank der rechtlichen Selbständigkeit der Beteiligungsunternehmen können geeigneten Führungskräften mehr rechtliche und wirtschaftliche Verantwortung und Kompetenz in einem gesamtunternehmerischen Umfeld übertragen werden. Es ist einfacher, qualifizierte Manager an dem von ihnen geführten Beteiligungsunternehmen kapitalmäßig zu beteiligen.

2.63 Bei einheitlicher Leitung können bestimmte Aufgaben und Funktionen bei der Holding oder einem anderen spezialisierten Konzernunternehmen konzentriert und erledigt werden. Das fördert eine höhere **Professionalisierung** des Managements auf den verschiedenen Entscheidungsebenen. Wachstum, aber auch wirtschaftliche Umorientierungen lassen sich in einem Holdingkonzern mit rechtlich

12 *Scheffler*, Konzernmanagement, 2. Aufl., S. 59.

13 Dazu ausführlich *Keller*, Unternehmungsführung mit Holdingkonzepten, S. 202 ff.

und wirtschaftlich abgegrenzten Unternehmenseinheiten leichter und objektiver bewältigen als mit einer Stammhausorganisation. Diversifizierte Unternehmensgruppen und ihre unterschiedlichen Geschäftstätigkeiten können mit Hilfe einer Holding besser gesteuert und koordiniert werden.

Die Aufgabenbereiche der konzernleitenden Holding werden von *Keller* in Rz. 4.43 ff. beschrieben[14]. Ihre Geschäftsführung muss sich in erster Linie der strategischen und der finanziellen Konzernführung widmen. Im Mittelpunkt der **strategischen Konzernführung** stehen die Konzernpolitik, die strategische Ausrichtung des Konzerns und die Festlegung der strategischen Geschäftsfelder des Konzerns. Die Holding bestimmt damit den Konzernaufbau sowie die Organisations-, Management- und Finanzstruktur des Konzerns und seiner Unternehmen. Die Tochterunternehmen haben in dem von der Konzernleitung vorgegebenen Rahmen eigene strategische Zielsetzungen für ihren Verantwortungsbereich und ihr Tätigkeitsfeld zu entwickeln und deren Umsetzung zu realisieren. 2.64

Im Rahmen der **finanziellen Konzernführung** muss die Holding den Konzernunternehmen finanzielle Ziele und Rahmenbedingungen vorgeben, um die Zahlungsfähigkeit, die Kreditwürdigkeit und die Einhaltung einer gewollten oder vorgeschriebenen Finanzstruktur oder eines Verschuldungsgrads[15] für die Holding, die übrigen Konzernunternehmen und/oder für den Gesamtkonzern sicherzustellen[16]. Die strategischen und operativen Ziele und Maßnahmen der Konzernunternehmen müssen sich in diesem von den finanziellen Vorgaben abgesteckten Rahmen bewegen. 2.65

Zu den Vor- und Nachteilen eines bei der konzernleitenden Holding angesiedelten zentralen Cashmanagements siehe Rz. 2.51 ff. Durch den konzerninternen Liquiditätsausgleich kann eine geringere Zinsbelastung für den Gesamtkonzern und eine höhere Effizienz des Zahlungsverkehrs erreicht werden. Vorteile ergeben sich bei sachgerechter Handhabung auch aus einem zentralen Zins- und Währungsmanagement, insbesondere in Bezug auf die Absicherung von gegenläufigen Zins- und Währungsrisiken der Beteiligungsunternehmen (Rz. 2.52). 2.66

Eine weitere wichtige Aufgabe der konzernleitenden Holding ist die professionelle Handhabung, Pflege und Schwerpunktsetzung eines konzernübergreifenden **Risikomanagements**. Seine Vorteile ergeben sich bei der Risikoabsicherung hauptsächlich aus der gebündelten Nachfrage nach Sicherungsinstrumenten und aus möglicher konzerninterner Kompensation gegenläufiger Risiken bei einzelnen Konzernunternehmen (Absicherung von Nettopositionen). 2.67

Die im Holdingkonzern mögliche Differenzierung und Dezentralisierung einerseits und eine etwaige Akkumulation von betrieblichen Funktionen und Risiken andererseits erfordern eine effiziente und angemessene **Steuerung, Überwachung und Kontrolle** der Konzernunternehmen und ihrer Aktivitäten durch zweckgerechte und wirksame Informationssysteme sowie durch eine offene Kommunikationsbereitschaft und Risikobewusstsein auf allen Ebenen des Konzerns. Die Konzernleitung muss rechtzeitig erkennen können, an welcher Stelle im Konzern die geplante Entwicklung gefährdet wird. 2.68

Damit die jeweils zuständigen, hierarchisch abgestuften dezentralen Entscheidungsträger über die für sie relevanten Informationen verfügen, bedarf es der Etablierung und Fortentwicklung eines konzerndurchgängiges und systematischen Controllings. Der damit verbundene, nicht zu unterschätzende Aufwand wird bei vernünftiger Handhabung der dezentralen Führungsstruktur, die leichter gefordert als realisiert und gelebt wird, durch die Verbundvorteile mehr als ausgeglichen. 2.69

Die mit einer sachgerecht gegliederten Konzernstruktur entstehende **Transparenz** erlaubt 2.70

- eine genauere Ressourcenallokation,

---

14 S. auch *Scheffler*, Konzernmanagement, 2. Aufl., S. 85 ff.

15 Besonders geeignet ist der sog. Dynamische Verschuldungsgrad, der die Nettoverschuldung in Beziehung zum operativen Cashflow setzt.

16 Ausführlich zur Konzernfinanzierung: *Lutter/Scheffler/U. H. Schneider* (Hrsg.), Handbuch der Konzernfinanzierung, 1998.

- bessere Übersicht über die Erfolgsbeiträge einzelner Bereiche durch rechtlich selbständige Berichtseinheiten und
- eine erleichterte Identifizierung von Aktivitäten, die keine Kernkompetenzen darstellen oder nicht in das strategische Konzept des Konzerns passen.

2.71 Bei der **Abwägung der Interessen** der einzelnen Konzernunternehmen und insbesondere bei der Disposition von Ressourcen wird sich die Konzernführung unter Beachtung der rechtlichen Selbständigkeit der Konzernunternehmen und den rechtlichen Grundlagen des Konzernverhältnisses von der aktuellen und künftigen Bedeutung des Konzernunternehmens für die Lage, Entwicklung und Zielsetzung des gesamten Konzerns leiten lassen. Mit Ressourcen sind nicht nur Finanzmittel, sondern auch im Konzern vorhandene betriebliche Kapazitäten, Know-how und Managementkapazitäten gemeint.

2.72 Das **Gewicht des einzelnen Konzernunternehmens** wird durch seine Größe (Geschäftsvolumen, Kapitaleinsatz, Mitarbeiterzahl oder ähnliche Faktoren) sowie durch seinen Stellenwert für die Konzernstrategie, seine Marktstellung und seine nachhaltige Finanz- und Ertragskraft bestimmt. Nicht zuletzt wird es durch die Qualität seines Managements und seiner Mitarbeiter geprägt.

2.73 Die prinzipiell gegebene **Neutralität der Holding** gegenüber den operativen Beteiligungsunternehmen erleichtert die Durchsetzung und Optimierung von differenzierten Produkt- und/oder Marktstrategien sowie von Wachstumsstrategien (z.B. Internationalisierung). Zur Förderung der notwendigen Kunden- und Marktnähe und zur Konzentration auf operative Kernfähigkeiten können unter dem Dach der Holding zweckentsprechende, rechtlich selbständige Beteiligungsunternehmen geschaffen, akquiriert oder zusammengefasst, aber auch veräußert werden.

2.74 Die erhöhte **Beteiligungs- und Akquisitionsfähigkeit** erleichtert die strategische (Neu-)Ausrichtung des Unternehmensverbundes. Die rechtlich selbständigen Teileinheiten können leichter Kooperationen, strategische Allianzen oder Joint Ventures mit anderen Unternehmen eingehen. Eine Holdingstruktur weist im Allgemeinen eine größere Anpassungsfähigkeit und Schnelligkeit bei der Bewältigung struktureller Probleme auf.

2.75 Die **Verbundstärke** des Konzern ermöglicht durch Bündelung von Ressourcen einschließlich Kernfähigkeiten und Spezialwissen eine größere Unabhängigkeit von einzelnen Kunden oder Lieferanten, bessere Ein- und Verkaufskonditionen, besonderes Technologie-Know-how sowie Kostenvorteile aufgrund der Größendegression. Bei der Akkumulation, Spezialisierung und Arbeitsteilung im Unternehmensverbund übernimmt die Holding vor allem eine Vermittler-, Berater- und Katalysatorrolle.

3. Nachteile des Holdingkonzerns

2.76 Nachteile des Holdingskonzerns liegen in der Gefahr, dass sich der **Verwaltungsapparat** der Holding zu sehr verselbständigt und unnötig aufbläht und dass unangemessene zentralistische Tendenzen geduldet oder sogar gefördert werden. Zu bedenken ist, dass markt- und betriebsferne Entscheidungen zu Fehlentwicklungen und zur Demotivation der zuständigen Führungs- und Fachkräfte und das Management in den Tochterunternehmen führen können. Diese Gefahren lassen sich am besten vermeiden, wenn sich die Holding auf ihre originären Führungsaufgaben beschränkt, also auf die Entscheidungen und Maßnahmen, die für die Vermögens-, Finanz- und Ertragslage und die künftige erfolgreiche Entwicklung des Konzerns von wesentlicher Bedeutung sind[17].

2.77 Auf der anderen Seite kann eine stark dezentralisierte Führung zu nicht koordinierten Entscheidungen und Aktivitäten führen oder im Krisenfall zu umständlich und zu schwerfällig sein, sodass seitens der Holding rasch eingegriffen oder nachgebessert werden muss.

17 S. im Einzelnen *Scheffler*, Konzernmanagement, S. 83 f.

Ein weiterer Nachteil kann darin gesehen werden, dass die konzernleitende Holding in Abhängigkeit von ihrer Rechtsform und Größe einen eigenen Aufsichtsrat bzw. einen Aufsichtsrat bestimmter Größe und Zusammensetzung haben muss. Für die Zusammensetzung sind insbesondere die Größenmerkmale des Konzerns maßgebend (§ 5 MitbestG). Gegenüber der Stammhausorganisation wird damit ein zusätzlicher Aufsichtsrat installiert. Namentlich bei diversifizierten Konzernen und bei qualifizierter Mitbestimmung können hierdurch aufwendige Abstimmungsprozesse notwendig werden. 2.78

V. Fazit

Zusammenfassend kann festgestellt werden, dass die Vorteile einer Holding die Nachteile, die mit ihrer Errichtung oder Zwischenschaltung verbunden sein können, bei sachgerechter Handhabung weit mehr als ausgleichen. Das dürfte auch der Hauptgrund dafür sein, dass sich Holdingkonzepte in der Praxis weiterhin zunehmender Anwendung erfreuen. 2.79

§ 3 Entstehung der Holding

I. Einleitung 3.1

II. Der Rechtsrahmen der Holdingunternehmen

1. Rechtsformen der Holding 3.3

a) Grundfragen der Rechtsformwahl . . 3.5

b) Einzelne Rechtsformen 3.8

aa) Einzelkaufmann 3.9

bb) Personengesellschaften 3.10

cc) Gesellschaft mit beschränkter Haftung 3.16

dd) Aktiengesellschaft und SE 3.20

ee) KGaA 3.29

ff) Stiftung 3.30

gg) Verein 3.31

hh) Genossenschaft 3.32

c) Rechtsformbestimmende Holdingmerkmale

aa) Kriterien der Rechtsformwahl . . 3.33

bb) Rechtsfähigkeit 3.35

cc) Dauerhaftigkeit 3.35a

dd) Flexibilität und Geschäftsführungsautonomie 3.36

ee) Dezentralisierung und Konzernleitung 3.43

ff) Rechtsform der Zwischenholding 3.44

gg) Rechtsform der operativen Unternehmen 3.45

d) Zusammenfassung 3.46

2. Rechtsformen der Unternehmen im Holdingkonzern

a) Allgemeines 3.47

b) Bedeutung der Rechtsform 3.48

c) Unternehmensverträge und Eingliederung

aa) Unternehmensverträge 3.57

bb) Eingliederung 3.60

d) Schuldrechtliche Vereinbarungen und steuerliche Organschaft 3.63

3. Die Ausstattung der Holding und ihrer Tochtergesellschaften 3.68a

4. Die Unternehmensqualität der Holding 3.69

III. Gründung der Holding in der jeweiligen Rechtsform

1. Ein- oder zweistufige Holdingerrichtung 3.74

2. Bargründung

a) Personengesellschaften 3.76

b) Kapitalgesellschaften 3.79

3. Sachgründung

a) Personengesellschaften 3.85

b) Kapitalgesellschaften 3.87

4. Gemischte Sachgründung und Mischeinlage 3.94

5. Verwendung von Vorrats- oder Mantelgesellschaften 3.95

6. Formwechsel 3.98

7. Verschmelzung 3.101

8. Nachgründung nach § 52 AktG . . . 3.103

9. Mitbestimmung 3.104

10. Sonderfall: SE-Gründung 3.104a

IV. Typologische Besonderheiten bei der Errichtung einer Holding

1. Erwerber-/Investorenholding

a) Grundfunktionen 3.105

b) Errichtung der Holdinggesellschaft . . 3.111

c) Erwerb von Anteilen und Beteiligungen an anderen Unternehmen 3.115

d) Veränderungen in der Struktur der Holding 3.116

2. Vom Stammhaus zur Managementholding

a) Grundstrukturen 3.117

b) Die Umsetzung: Spaltungs- und Ausgliederungsmodelle 3.123

aa) Entstehung des Holdingkonzerns durch Ausgliederung oder Einzelübertragung

(1) Entstehung der Tochterunternehmen 3.124

(2) Entstehung der Holding 3.131

(3) Sonderfragen 3.133

bb) Abspaltung und Aufspaltung, Realteilung 3.135

cc) Kombination von Spaltung und Einbringung 3.142

3. Holding als Kooperations- und Zusammenschlussinstrument

a) Grundfragen und Techniken 3.144

b) Transaktionssicherheit 3.147

c) Resultierende Struktur 3.152

d) Business Combination Agreement, Zustimmung der Hauptversammlung 3.154

e) Erwerb aufgrund eines Übernahmeangebots 3.157

f) Squeeze out von Minderheitsaktionären 3.161

g) Delisting der abhängigen Aktiengesellschaft 3.166

4. Holding als Anteilsbindungsinstrument

a) Grundfunktionen 3.170

b) Besonderheiten bei Gründung der Holding 3.175

c) Veränderungen in der Struktur der Holding . . . 3.178
5. Vertragliche Holdingstrukturen . . . 3.180
a) Funktionsseparierung durch Unternehmensverträge . . . 3.181
b) Funktionsseparierung durch Managementvereinbarungen . . . 3.183
V. Konzernbildung und Konzernleitung
1. Aktiengesellschaft als Holding
a) Satzungsmäßige Ermächtigung . . . 3.186
b) Mitwirkungsrechte der Aktionäre bei der Bildung der Holding . . . 3.191
c) Konzernleitung . . . 3.197
d) Die Mitwirkung von Aktionären an der Konzernleitung . . . 3.198
e) Die Mitwirkung von Aktionären bei Geschäftsführungsmaßnahmen nachgeordneter Unternehmen . . . 3.201
f) Einflussmöglichkeiten der Organe der Holding bei Tochterunternehmen . . . 3.202
aa) Personelle Verflechtung . . . 3.202a
bb) Zustimmungsvorbehalte und Weisungen . . . 3.203
cc) Rücklagenbildung bei Tochtergesellschaften . . . 3.206
g) Folgen der Nichtbeachtung von Mitwirkungsrechten . . . 3.207
2. Personengesellschaft oder GmbH als Holding
a) Konzernbildung bei herrschender Personengesellschaft . . . 3.208
b) Konzernbildung bei herrschender GmbH . . . 3.210
c) Mitwirkung der Gesellschafter . . . 3.212

Literaturübersicht: *Abmaier*, Die europäische wirtschaftliche Interessenvereinigung und nationales Recht, NJW 1986, 2987; *Adolff/Tieves*, Über den rechten Umgang mit einem entschlusslosen Gesetzgeber: Die aktienrechtliche Lösung des BGH für den Rückzug von der Börse, BB 2003, 797; *Aha*, Einzel- oder Gesamtrechtsnachfolge bei der Ausgliederung, AG 1997, 345; *Altmeppen*, Zur Mantelverwendung in der GmbH, NZG 2003, 145; *Authenrieth*, Die inländische Europäische Wirtschaftliche Interessenvereinigung (EWIV) als Gestaltungsmittel, BB 1989, 305; *Bauschatz*, Die Einpersonen-GmbH & Co. KGaA als Holdinggesellschaft, DStZ 2007, 39; *Benthien*, Die eingetragene Genossenschaft als Holdinggesellschaft, AG 1996, 349; *Beusch*, Die Aktiengesellschaft – eine Kommanditgesellschaft in der Gestalt einer inländischen Person?, in FS W. Werner, 1984, S. 1; *Beusch*, Rücklagenbildung im Konzern, in FS R. Goerdeler, 1987, S. 25; *Bühner*, Managementholding in der Praxis, DB 1993, 285; *Bungert*, Delisting und Hauptversammlung, BB 2000, 53; *Dierdorf*, Herrschaft und Abhängigkeit einer AG auf schuldvertraglicher und tatsächlicher Grundlage, 1978; *Dorfmueller*, Die Errichtung von internationalen Holdingstrukturen durch deutsche Konzerne, IStR 2009, 826; *Drinkuth*, Formalisierte Informationsrechte bei Holzmüllerbeschlüssen?, AG 2001, 256; *Ebenroth*, Konzernbildungs- und Konzernleitungskontrolle, 1987; *Ebert*, Der Ort der Geschäftsleitung in internationalen Holding-Konzernstrukturen, IStR 2005, 534; *Fleck*, Drittanstellung des GmbH-Geschäftsführers, ZHR 149 (1985), 387; *Fleck*, Schuldrechtliche Verpflichtung einer GmbH im Entscheidungsbereich der Gesellschafter, ZGR 1988, 104; *Ganske*, Die Europäische wirtschaftliche Interessenvereinigung (EWiV), DB 1985, Beilage 20; *Geßler*, Einberufung und ungeschriebene Hauptversammlungszuständigkeit, in FS W. Stimpel, 1985, S. 771; *Gleichmann*, Europäische Wirtschaftliche Interessenvereinigung, ZHR 149 (1985), 633; *Goerdeler*, Rücklagenbildung nach § 58 Abs. 2 AktG 1965 im Konzern, WPg 1986, 229; *Götz*, Die Sicherung der Rechte der Aktionäre der Konzernobergesellschaft bei Konzernbildung und Konzernleitung, AG 1984, 85; *Groß*, Zuständigkeit der Hauptversammlung bei Erwerb und Veräußerung von Unternehmensbeteiligungen, AG 1994, 266; *Groß*, Rechtsschutzprobleme des Delisting, ZHR 165 (2001), 141; *Grünwald*, Umfang der Unternehmereigenschaft einer Holding – Die nichtunternehmerische Sphäre: Phantom oder Realität, DStR 2005, 1377; *Haarmann*, Gesellschafts- und Zivilrecht bei Holdingstrukturen, WPg-Sonderheft 2003, S. 75; *Habel/Strieder*, Möglichkeiten und Grenzen der Zulässigkeit von Holdinggenossenschaften, DZWir 1996, 485; *Heidenhain*, Anwendung der Gründungsvorschriften des GmbH-Gesetzes auf die wirtschaftliche Neugründung einer Gesellschaft, NZG 2003, 1051; *Heinsius*, Organzuständigkeit für Bildung, Erwerb und Umorganisation des Konzerns, ZGR 1984, 383; *Herzig* (Hrsg.), Steuerorientierte Umstrukturierung von Unternehmen, 1997; *Hintzen*, Die Zwischenholding als Strukturelement internationaler Konzerne, DStR 1998, 1319; *Hirte*, Bezugsrechtsausschluss und Konzernbildung, 1986; *Hommelhoff*, Konzernleitungspflicht, 1982; *Huber*, Betriebsführungsverträge zwischen konzernverbundenen Unternehmen, ZHR 152 (1988), 123; *Hübner*, Die Ausgliederung von Unternehmensteilen in aktien- und aufsichtsrechtlicher Sicht, in FS W. Stimpel, 1985, S. 791; *Hüffer*, Zur Holzmüller-Problematik: Reduktion des Vorstandsermessens oder Grundlagenkompetenz der Hauptversammlung?, in FS Ulmer, 2003, S. 279; *Jäger*, Die Nachgründungsproblematik aus

Sicht der Holding-AG, NZG 1998, 370; *Kallmeyer*, Ist die Wiederbelebung einer Mantel-GmbH wirklich strenger zu behandeln als der Formwechsel einer AG in eine GmbH?, DB 2003, 2583; *Kind*, Erfordernis der Nachgründung, insbesondere bei Holding-Aktiengesellschaften?, in FS W. Nordemann, 1999, S. 109; *Kindler*, Die Aktiengesellschaft für den Mittelstand, NJW 1994, 3041; *Koch*, Die Zuständigkeit der Hauptversammlung bei Zusammenschlussvorhaben nach dem Linde/Praxair-Modell, ZGR 2019, 588; *Kohl*, Brauchen wir ein Stiftungskonzernrecht?, NJW 1992, 1922; *Kort*, Bekanntmachungs-, Berichts- und Informationspflichten bei Holzmüller-Beschlüssen der Mutter im Falle von Tochter-Kapitalerhöhungen zu Sanierungszwecken, ZIP 2002, 685; *Kort*, Entlastung der Organmitglieder einer Holding und „Dieselthematik", NZG 2018, 641; *Krafka*, Die wirtschaftliche Neugründung von Kapitalgesellschaften, ZGR 2003, 577; *Kraft*, Gründung und Beendigung nationaler Holdingstrukturen als betriebswirtschaftliches und steuerplanerisches Gestaltungsproblem, DStR 1999, 1499; *Kropff*, Zur Konzernleitungspflicht, ZGR 1984, 112; *Lettl*, Betriebswirtschaftliche Vor- und Nachteile bzw. Gefahren der Unternehmensorganisation in Form der Holding-Struktur, DStR 1997, 1016; *Lettl*, Das Holdingkonzept als Instrument zur erfolgreichen Neuausrichtung von Unternehmen, DStR 1996, 2020; *Leuschner*, Die Registersache FC Bayern München e. V., NZG 2017, 16; *Lüders/Wulff*, Recht der Aktionäre der Muttergesellschaft beim Börsengang des Tochterunternehmens, BB 2001, 1209; *Lutter*, Organzuständigkeit im Konzern, in FS W. Stimpel, 1985, S. 825; *Lutter*, Zur Vorbereitung und Durchführung von Grundlagenbeschlüssen in Aktiengesellschaften, in FS H.-J. Fleck, ZGR Sonderheft 7, 1988, S. 169; *Lutter*, Rücklagenbildung im Konzern, in FS R. Goerdeler, 1987, S. 327; *Lutter/Kremer*, Die Beratung der Gesellschaft durch Aufsichtsratsmitglieder – Bemerkungen zur Entscheidung, BGHZ 114, 127 ff., ZGR 1992, 87; *Lutter/Leinekugel*, Kompetenzen von Hauptversammlung und Gesellschafterversammlung beim Verkauf von Unternehmensteilen, ZIP 1998, 225; *Martens*, Die Entscheidungsautonomie des Vorstands und die „Basisdemokratie" in der Aktiengesellschaft, ZHR 147 (1983), 377; *Maser*, Betriebspacht- und Betriebsüberlassungsverhältnisse in Konzernen, 1985; *Mestmäcker/Behrens*, Das Gesellschaftsrecht der Konzerne im internationalen Vergleich, 1991; *Orth*, Holding und Organschaftsfragen, JbFAStR 1995/96, 343; *Reuter*, Rechtsprobleme unternehmensbezogener Stiftung, DWiR 1991, 192; *Reuter, A.*, Die Konzerndimension des KonTraG und ihre Umsetzung in Konzernobergesellschaften, DB 1999, 2250; *Reuter*, Probleme der Unternehmensnachfolge, ZGR 1991, 467; *Rüthers*, Mitbestimmungsprobleme bei Betriebsführungsaktiengesellschaften, BB 1977, 605; *Schmidt, K.*, Zum gesellschaftsrechtlichen Status der Besitzgesellschaft bei der Betriebsaufspaltung, DB 1988, 897; *Schmidt, K.*, Macrotron oder: weitere Ausdifferenzierung des Aktionärsschutzes durch den BGH, NZG 2003, 601; *Schneider, Uwe H.*, Vertragsrechtliche, gesellschaftsrechtliche und arbeitsrechtliche Probleme in Betriebspachtverträgen, Betriebsüberlassungsverträgen und Betriebsführungsverträgen, JbFAStR 1982/83, 387; *Schneider, Uwe H.*, Konzerngründung im faktischen GmbH-Konzern, GmbHR 2014, 113; *Schön*, Organisationsfreiheit und Gruppeninteresse im Europäischen Konzernrecht, ZGR 2019, 343; *Schulze-Osterloh*, Probleme der Spaltung von Personengesellschaften, ZHR 149 (1985), 614; *Schwintowski*, Die Stiftung als Konzernspitze, NJW 1991, 2736; *Stephan*, Zum Stand des Vertragskonzernrechts, Der Konzern 2014, 1; *Stöber*, Die Gründung einer Holding-SE, AG 2013, 110; *Storck*, Entstehungsgründe für Holdinggesellschaften, in Bericht über die Steuerfachtagung 1993 des IDW, 1994, S. 17; *Strohn*, Die Zuständigkeit der Hauptversammlung bei Zusammenschlussvorhaben unter Gleichen, ZHR 182 (2018), 114; *Theis*, Neue Konzernstrategien und einheitliche Leitung im faktischen Konzern, 1992; *Thaeter/Meyer*, Vorratsgesellschaften – Folgerungen für die Praxis aus der Entscheidung des BGH v. 9.12.2002, DB 2003, 330; *Thomas*, Rücklagenbildung im Konzern, ZGR 1985, 365; *Tieves*, Der Unternehmensgegenstand der Kapitalgesellschaft, 1998; *Timm*, Die Aktiengesellschaft als Konzernspitze, 1980; *Timm*, Hauptversammlungskompetenzen und Aktienrechte in der Konzernspitze, AG 1980, 172; *Trebeck*, Mehrstufige Konzerne und betriebliche Mitbestimmung NZA 2018, 836; *Tröger*, Informationsrechte der Aktionäre bei Beteiligungsveräußerungen, ZHR 165 (2001), 593; *Veelken*, Der Betriebsführungsvertrag im deutschen und amerikanischen Aktien- und Konzernrecht, 1975; *E. Vetter*, Die Geltung von § 293 Abs. 2 AktG beim Unternehmensvertrag zwischen herrschender AG und abhängiger GmbH, AG 1993, 168; *J. Vetter*, Überlegungen zum konzernrechtlichen Unternehmensbegriff, in FS R. Marsch-Barner 2018, S. 575; *Werner*, Zuständigkeitsverlagerungen in der Aktiengesellschaft durch Richterrecht?, ZHR 147 (1983), 429; *Werner*, Gewinnverwendung im Konzern, in FS W. Stimpel, 1985, S. 935; *Westermann*, Organzuständigkeit bei Bildung, Erweiterung und Umorganisation des Konzerns, ZGR 1984, 352; *Wiedemann*, Die Unternehmensgruppe im Privatrecht, 1988; *Wilsing*, Die Zuständigkeit der Hauptversammlung für Unternehmenszusammenschlüsse am Beispiel Linde/Praxair, in FS Marsch-Barner, 2018, S. 595; *Windbichler*, Konzernrecht: Gibt es das? NZG 2018, 1241; *Wollburg/Gehling*, Umgestaltung des Konzerns – Wer entscheidet über die Veräußerung von Beteiligungen einer Aktiengesellschaft?, in FS O. Lieberknecht, 1997, S. 133.

I. Einleitung

Unternehmen, die als Holding die Aufgabe haben, eine Gruppe von Unternehmen zu führen, werden durch ihre Funktion charakterisiert. **Ein Rechtsbegriff** verbindet sich mit Holdingunternehmen nur in Ausnahmefällen. Im Zusammenhang mit der Compliance-Diskussion und der Diskussion um die Konzerndimensionalität der Compliance-Pflicht[1] ändert sich das möglicherweise. Bei Kreditinstituten, Finanzdienstleistern und Versicherungsunternehmen gibt es mittlerweile detaillierte regulatorische Anforderungen für Holdingunternehmen (vgl. z.B. § 25 Abs. 3, § 25l KWG, § 293 Abs. 1 VAG). Holdingunternehmen als betriebswirtschaftlich-organisatorische Erscheinungen bezeichnen keine eigene Rechtsform, auch ist nicht erkennbar, dass Holdingunternehmen typischerweise in bestimmten Rechtsformen organisiert sind[2]. Die nachfolgenden Abschnitte über die Entstehung von Holdingunternehmen beschreiben, welche Vorgänge mit der Gründung in der jeweiligen Rechtsform verbunden sind und welche Wechselwirkungen zwischen der Rechtsform und der Funktion als Holdingunternehmen bestehen. Für die Eignung der gewählten Rechtsform zum jeweils angestrebten Zweck spielen Rechtsfragen der Organisation der Tochterunternehmen und der Mechanismen, mittels derer das Holdingunternehmen Einfluss auf die Tochterunternehmen ausüben oder diese einheitlich leiten kann, ebenso eine Rolle wie die in § 14 separat behandelten steuerlichen Aspekte. 3.1

Da Holdingunternehmen kaum eigenen Rechtsvorschriften unterliegen, folgt ihre Gründung nicht bestimmten, holdingtypischen Entstehungsabläufen. Die Rechtsformen und Entstehungsabläufe einer Holding folgen den allgemeinen Rechtsvorschriften. Für branchenspezifische Anforderungen, insbesondere im Finanzbereich, wird auf die jeweilige Spezialliteratur verwiesen. 3.2

II. Der Rechtsrahmen der Holdingunternehmen

1. Rechtsformen der Holding

Die Rechtsform der Holding bestimmt den rechtlichen Rahmen für die Organisation des Holdingunternehmens, seine „Corporate Governance". Aus der Rechtsform und den ergänzenden Regelungen der Gesellschafter – für die es je nach der Rechtsform unterschiedlich großen Spielraum gibt – ergeben sich die Binnenstruktur und die wesentlichen Rechte und Pflichten der Organe, die den jeweiligen rechtlichen Rahmen der Tätigkeit der Holding bilden. 3.3

Die Ausübung von Herrschaft ist grundsätzlich nicht rechtsformgebunden. Holdingfunktionen sind deshalb rechtsformneutral erfüllbar. Für die Entscheidung über die Zweckmäßigkeit der Rechtsform für eine Holding kommt es neben den allgemein gültigen Kriterien der Rechtsformwahl zusätzlich auf die **Eignung** der spezifischen Rechtsform für die Übernahme von typischen Holdingfunktionen an. Dabei geht es sowohl um die Eignung zur Regelung der Beziehungen zwischen den Anteilseignern und der Holding als auch um die Ausgestaltung der inneren Struktur der Holding. Daneben spielt die Rechtsform der von der Holding beherrschten Unternehmen eine erhebliche Rolle für den Umfang der Einflussmöglichkeiten der Holding. Soweit die Holding als **Zwischenholding** sowohl Subjekt als auch Objekt der Beherrschung ist, kommen deshalb spezifische, in größerem Umfang rechtlich und rechtsformspezifisch geprägte Gesichtspunkte ins Spiel. 3.4

1 Vgl. z.B. LG Stuttgart v. 19.12.2017 – 31 O 33/16 KfH – „Porsche", AG 2017, 240 (253), Rz. 255 und dazu *Kort*, NZG 2018, 641 (646 f.); *Stephan/Tieves* in MünchKomm/GmbHG, 3. Aufl. 2019, § 37 GmbHG Rz. 24.

2 Vgl. die Offenheit der Gesellschaftszwecke z.B. bei OHG (§ 105 HGB), KG (§ 161 HGB), GmbH (§ 1 GmbHG) oder AG (§§ 3, 23 AktG); spezifisch für die GmbH *Bayer* in Lutter/Hommelhoff, 20. Aufl. 2020, § 1 GmbHG Rz. 6 ff., 7; vgl. ferner *Hommelhoff*, Gesellschaftsformen als Organisationselement im Konzernaufbau, in Mestmäcker/Behrens, Das Gesellschaftsrecht der Konzerne im internationalen Vergleich, 1991, S. 91 ff. (122 ff.).

a) Grundfragen der Rechtsformwahl

3.5 Für eine Holding stehen im Grundsatz alle für unternehmerische Tätigkeiten verfügbaren Rechtsformen zur Verfügung:

- Einzelunternehmen,
- Personengesellschaften (GbR, OHG, KG, GmbH & Co. KG),
- Kapitalgesellschaften (GmbH, AG, Societas Europaea (SE)[3], KGaA, Genossenschaften),
- der nicht eingetragene (§ 54 BGB), der eingetragene (§§ 21, 55 ff. BGB) und der wirtschaftliche Verein (§ 22 BGB),
- Sonderformen (z.B. Stiftung).

Nicht in Betracht kommen dagegen die Partnerschaftsgesellschaft und die EWIV (dazu Rz. 3.10). Soweit der Rechtsträger der Holding Kaufmann i. S. v. §§ 1 ff. HGB ist (was bei den Kapitalgesellschaften sowie bei OHG und KG immer der Fall ist[4]), führt er eine Firma nach §§ 17 ff. HGB. Die Bezeichnung „Holding" in der Firma ist nicht besonders geschützt, darf aber nicht irreführend sein (§ 18 Abs. 2 HGB). Die Bezeichnung als „Holding" bei Gründung ist auch dann zulässig, wenn die Etablierung der Holdingstruktur durch Erwerb von Beteiligungen erst zeitnah nach der Gründung erfolgen soll[5].

3.6 Die **Wahl der Rechtsform** des Holdingunternehmens wird durch die für die Holding im einzelnen Fall relevanten rechtlichen und wirtschaftlichen Gegebenheiten beeinflusst. Dazu gehören die gesellschaftsrechtlichen Rahmenbedingungen, wie z.B. Fragen der Kapitalausstattung, Kapitalbindung und Finanzierung, der Haftung, der Selbst- oder Fremdorganschaft, die arbeitsrechtlichen Rahmenbedingungen wie z.B. die betriebliche und unternehmerische Mitbestimmung[6], Fragen der Rechnungslegung, Prüfung und Publizität[7] und die steuerlichen Rahmenbedingungen auf der Ebene der Gesellschaft und ihrer Anteilseigner[8]. Neben diese bei jeder Unternehmensgründung zu beachtenden Fragestellungen treten bei Holdingunternehmen die besonderen Anforderungen für die Übernahme von Holdingfunktionen.

3.7 Welche der Rechtsformen im Einzelfall in Betracht kommen sind, ist demnach zunächst nach **Kriterien** zu entscheiden, wie sie **für Rechtsformentscheidungen** allgemein zu prüfen sind. Elemente dieser Prüfung sind z.B.

- rechtliche Selbständigkeit der Organisation,
- Trennung der Haftungssphären von Gesellschaft und Gesellschaftern,
- Verfügbarkeit des in der Gesellschaft gebundenen Vermögens,
- Selbst- oder Fremdorganschaft,
- Autonomie der Geschäftsführung durch die Geschäftsführungs-Organe der Gesellschaft,
- Einflussmöglichkeit der Gesellschafter,
- Einflussnahme von Nichtgesellschaftern, z.B. im Aufsichtsrat,
- Unabhängigkeit der Gesellschaft vom Bestand der Gesellschafter,
- Fähigkeit zur Beteiligung Dritter, Übertragbarkeit der Anteile, Offenheit des Gesellschaftskreises.

---

3 Zur SE vgl. *Marsch-Barner/J. Schmidt* § 17.
4 *Hopt* in Baumbach/Hopt, 39. Aufl. 2020, § 1 HGB Rz. 8.
5 OLG Frankfurt a.M. v. 16.4.2019 – 20 W 53/18, NZG 2019, 1232 ff. = ZIP 2019, 2156.
6 Dazu *Wackerbarth* § 12.
7 Dazu *Scheffler* § 9.
8 Dazu *Keuthen* § 14.

b) Einzelne Rechtsformen

Für die einzelnen Rechtsformen ergibt sich: 3.8

aa) Einzelkaufmann

Das Einzelunternehmen, das heißt das von einer natürlichen Person ohne unternehmerisches Zusammenwirken mit weiteren Personen und ohne rechtliche Verselbständigung betriebene Unternehmen, ist als Rechtsbegriff nicht definiert. Einem solchen Unternehmen fehlt die rechtliche Verselbständigung. Das Einzelunternehmen ist streng genommen keine „Rechtsform". Das als Einzelunternehmen betriebene Holdingunternehmen kann Kaufmannseigenschaft aufweisen, wenn sich die Tätigkeit als Gewerbe darstellt und über die Vermögensverwaltung einer Privatperson hinausreicht[9]. Erfordert die Tätigkeit nach Art und Umfang einen in kaufmännischer Weise eingerichteten Gewerbebetrieb, handelt es sich zwingend um einen Kaufmann nach § 1 Abs. 1, 2 HGB. Bei Fehlen dieser Voraussetzungen wird auch der Kleinkaufmann durch Eintragung im Handelsregister zum Kaufmann, § 2 HGB. Der Inhaber des Unternehmens ist allein zu dessen Geschäftsführung und Vertretung befugt. Bei der Erfüllung seiner Aufgaben kann er sich kaufmännischer Hilfspersonen bedienen. Die organschaftliche Tätigkeit Dritter ist ausgeschlossen. Vertragsbeziehungen zwischen dem Inhaber und dem Unternehmen sind nicht möglich. Das Vermögen des Inhabers ist von dem Vermögen des Unternehmens rechtlich nicht getrennt. Der Inhaber haftet uneingeschränkt für sämtliche Verbindlichkeiten des Unternehmens. Das Unternehmen ist vom Bestand des Inhabers abhängig. Beim Tod des Inhabers kann ein Erbe an seine Stelle als neuer Inhaber treten. Die Beteiligung Dritter führt zur Beendigung der Tätigkeit des Einzelunternehmers, ggf. unter Weiterführung des Unternehmens durch einen gesellschaftsrechtlich verfassten Unternehmensträger. 3.9

bb) Personengesellschaften

Zu den Rechtsformen der Personengesellschaft gehören die Gesellschaft bürgerlichen Rechts (GbR), die offene Handelsgesellschaft (OHG), Kommanditgesellschaft (KG), die Partnerschaftsgesellschaft (PartG) und die Europäische wirtschaftliche Interessenvereinigung (EWIV). Aus diesen Rechtsformen werden die **PartG** und die **EWIV** nachfolgend nicht näher behandelt, da sie als Holdingunternehmen nicht in Betracht kommen. Die Partnerschaftsgesellschaft dient als besondere Form des Zusammenschlusses Angehöriger der freien Berufe „zur Ausübung ihrer Berufe" (§ 1 Abs. 1 PartGG), was die Ausübung der Berufstätigkeit jedenfalls in ihrem Kern in der PartG selbst voraussetzt[10]. Auch die EWIV[11] kommt als Holding nicht in Betracht. Sie darf weder unmittelbar noch mittelbar die Leitungs- oder Kontrollmacht über die Tätigkeit eines anderen Unternehmens ausüben, noch darf sie Anteile oder Aktien an anderen Unternehmen halten, es sei denn, dass dies zur Erreichung der Ziele der EWIV und für Rechnung ihrer Mitglieder geschieht (Art. 3 Abs. 2a, b EWG-VO). Die EWIV kann folglich nicht als Einrichtung ihrer Mitglieder konzernleitende Funktionen übernehmen, wie dies i.S.v. *Lutter/Bayer* Rz. 1.16 f. und 1.35 holdingtypisch wäre. Die ihr verbleibenden Hilfs- und Koordinationsfunktionen genügen nicht, um eine EWIV als konzernleitungsrelevantes Entscheidungs- oder Gestaltungszentrum auszugestalten[12]. 3.10

Ein Holdingunternehmen kann in den Rechtsformen der **GbR, OHG oder KG** (insbesondere auch der GmbH & Co. KG) organisiert werden. GbR einerseits und OHG/KG andererseits unterscheiden sich im Wesentlichen dadurch, dass Zweck der OHG und der KG der Betrieb eines Handelsgewerbes sein muss (§ 105 Abs. 1, § 161 Abs. 1 HGB). Die Gesellschafter der GbR und der OHG haften grundsätzlich unbeschränkt und mit ihrem gesamten Vermögen für die Verbindlichkeiten der Gesell- 3.11

9 *Hopt* in Baumbach/Hopt, 39. Aufl. 2020, § 1 HGB Rz. 18.

10 Vgl. *Schäfer* in MünchKomm/BGB, 7. Aufl. 2017, § 1 PartGG Rz. 10.

11 Verordnung (EWG) Nr. 2137/95 des Rates vom 25.7.1985 über die Schaffung einer Europäischen wirtschaftlichen Interessenvereinigung (EWIV), ABl. EG Nr. L 199 v. 31.7.1985, S. 1.

12 *Salger* in MünchHdB/GesR Bd. 1, 5. Aufl. 2019, § 94 Rz. 33 („Holdingverbot").

schaft. Die KG hat dagegen neben mindestens einem unbeschränkt haftenden Gesellschafter („Komplementär“) einen oder mehrere beschränkt haftende Gesellschafter („Kommanditisten“). OHG und KG werden als (Personen-)Handelsgesellschaften bezeichnet.

3.11a Wird ein Gewerbe betrieben, das nach Art und Umfang einen in kaufmännischer Weise eingerichteten Geschäftsbetrieb erfordert, liegt ein Handelsgewerbe i.S.v. § 1 Abs. 2 HGB vor. Es ist höchst streitig, ob und unter welchen Voraussetzungen die Wahrnehmung der Holdingfunktion ein „Gewerbe“ sein kann[13]. Soweit in der Rechtsprechung angenommen wird, dass der Umfang der Tätigkeit die Gewerblichkeit begründen kann[14], setzt dies wohl jedenfalls eine Tätigkeit am Markt voraus (zum Beispiel die Vermietung eigenen Grundbesitzes)[15], an der es bei der reinen Holding in der Regel fehlt. Der Streit hat seit dem Handelsrechtsreformgesetzes[16] an Bedeutung verloren, weil inzwischen auch eine Gesellschaft, die nur eigenes Vermögen verwaltet, im Handelsregister eingetragen werden kann (und ohne Rücksicht darauf, ob sie ein Handelsgewerbe betreibt, bei Vorliegen der sonstigen Voraussetzungen einzutragen ist) und damit zur Handelsgesellschaft wird, § 105 Abs. 2 Satz 1 HGB[17]. Inzwischen ist demnach wie folgt zu unterscheiden:

- Wenn die Holdinggesellschaft als OHG oder KG im Handelsregister eingetragen ist, kommt es nicht darauf an, welcher Art ihr Geschäftsbetrieb ist; für Zwecke des Gesetzes betreibt sie ein Handelsgewerbe (§ 1 Abs. 2 oder § 2 Satz 1 HGB) und ist Personenhandelsgesellschaft, also OHG oder KG (§ 105 Abs. 1 oder Abs. 2 HGB, ggf. i.V.m. § 161 Abs. 2 HGB).
- Wenn die Holdinggesellschaft eine Personengesellschaft ist, deren Geschäft unter gemeinsamer Firma betrieben wird und die nicht im Handelsregister eingetragen ist, handelt es sich unabhängig von der Eintragung nach § 105 Abs. 1 HGB um eine OHG, wenn sie ein Handelsgewerbe i.S.v. § 1 Abs. 2 HGB betreibt[18]. Ob sie das tut, ist vom Einzelfall abhängig, bei einer reinen Holdinggesellschaft, die nur eigene Beteiligungen verwaltet, aber in der Regel zu verneinen.
- Wird die nur Anteile haltende und verwaltende Personengesellschaft nicht im Handelsregister eingetragen und betreibt sie kein Handelsgewerbe i.S.v. § 1 Abs. 2 HGB, handelt es sich um eine Gesellschaft in der Rechtsform der GbR.

3.12 **Personengesellschaften** sind auf Vertrag beruhende Vereinigungen von Personen zur Förderung eines von den Gesellschaftern gemeinsam verfolgten Zwecks, der bei OHG und KG auf den Betrieb eines Handelsgewerbes unter gemeinsamer Firma gerichtet ist. Bei der KG ist, im Gegensatz zur OHG, die Haftung der Kommanditisten gegenüber den Gesellschaftern auf deren im Handelsregister verlautbare (Haft-)Einlage (oft auch als „Haftsumme“ bezeichnet) beschränkt, § 161 Abs. 1, § 171 Abs. 1, § 172 Abs. 1 HGB. Gesellschaften in diesen Rechtsformen sind keine juristischen Personen, sie sind aber, vergleichbar wie diese, eigenständige Rechtssubjekte und besitzen eine nach außen bestehende, beschränkte Rechtsfähigkeit. Die Gesellschaften verfügen über Vermögen, das vom Privatvermögen der Gesellschafter getrennt ist und den Gläubigern der Gesellschaft als Haftungsmasse zur Verfügung steht. Die Gesellschafter haften persönlich als Gesamtschuldner für die Verbindlichkeiten aus der gesamthänderischen Beteiligung mit ihrem gesamten Vermögen (akzessorische Gesellschaf-

---

13 Vgl. *Hopt* in Baumbach/Hopt, 39. Aufl. 2020, § 1 HGB Rz. 18; *Schäfer* in Großkomm/HGB, 5. Aufl. 2009, § 105 HGB Rz. 29; *K. Schmidt* in MünchKomm/HGB, 4. Aufl. 2016, § 1 HGB Rz. 28.

14 BGH v. 23.10.2001 – XI ZR 63/01, NJW 2002, 368, 369 zu § 1 VerbrKrG = ZIP 2001, 2224.

15 *K. Schmidt* in MünchKomm/HGB, 4. Aufl. 2016, § 1 HGB Rz. 28; zur Behandlung der Besitzgesellschaft nach Betriebsaufspaltung vgl. BGH v. 19.2.1990 – II ZR 42/89, NJW-RR 1990, 798 (799) = ZIP 1990, 505; OLG München v. 14.9.1987 – 19 W 2932/86, NJW 1988, 1036 (1037).

16 Gesetz zur Neuregelung des Kaufmanns- und Firmenrechts und zur Änderung anderer handels- und gesellschaftsrechtlicher Vorschriften (Handelsrechtsreformgesetz – HRefG) vom 22.6.1998, BGBl. 1998 Teil I, S. 1474.

17 *Hopt* in Baumbach/Hopt, 39. Aufl. 2020, § 1 HGB Rz. 18.

18 *Schäfer* in Großkomm/HGB, 5. Aufl. 2009, § 105 HGB Rz. 24; *Baumbach/Hopt*, 39. Aufl. 2020, § 105 HGB Rz. 7.

terhaftung), die Kommanditisten allerdings beschränkt auf den Betrag der Haftsumme (§ 128, § 161 Abs. 2, § 171 Abs. 1, § 172 Abs. 1, 4 HGB). Das in der Gesellschaft gebundene Vermögen unterliegt der Disposition der Gesellschafter. In aller Regel wird der Gewinn aus der Tätigkeit im Geschäftsjahr an die Gesellschafter nach Maßgabe gesellschaftsvertraglicher Regelungen verteilt. Sieht der Gesellschaftsvertrag keine entgegenstehenden Regelungen vor, ist die Entnahme weiterer Teile des Eigenkapitals der Gesellschaft zulässig. Die Rückzahlung der Einlage eines Kommanditisten führt zum Wiederaufleben der persönlichen Gesellschafterhaftung, soweit der verbleibende Betrag hinter dem Betrag der im Handelsregister verlautbarten Haftsumme zurückbleibt, § 172 Abs. 4 HGB. Personengesellschaften sind **nicht börsenfähig**.

Die **GbR** kann Innengesellschaft ohne eigene Teilnahme am Rechtsverkehr nach außen und ohne eigenes Vermögen oder aber Außengesellschaft unter Bildung eigenen Vermögens sein[19]. Die Holding-GbR bildet qua Definition Vermögen und ist Außengesellschaft. Die als Außengesellschaft betriebene GbR ist nach der neueren Rechtsprechung des Bundesgerichtshofs[20] der OHG weitgehend angenähert und nach außen rechtsfähig. Auf die Ausführungen der vorstehenden Randnummer zur OHG kann verwiesen werden. 3.13

Die **Geschäftsführungs- und Vertretungsbefugnis bei GbR und OHG** steht grundsätzlich allen Gesellschaftern zu. Bei der GbR gilt der Grundsatz der Gesamtberechtigung, bei der OHG der Grundsatz der Einzelberechtigung eines jeden Gesellschafters. **Bei der KG** sind die persönlich haftenden Gesellschafter, und zwar nach dem gesetzlichen Regelfall (ebenso wie bei der OHG) jeder einzeln, zur Geschäftsführung und Vertretung befugt. Es gilt der Grundsatz der **Selbstorganschaft**, das heißt die Geschäftsführung und Vertretung muss Gesellschaftern zustehen. Bei der typischen GmbH & Co. KG ist als einzige persönlich haftende Gesellschafterin die GmbH für Geschäftsführung und Vertretung zuständig. Die GmbH kann durch Geschäftsführer vertreten werden, die nicht Gesellschafter der KG sind, so dass insofern **mittelbare Fremdorganschaft** möglich ist. Persönlich haftende Gesellschafter der OHG oder KG können von der organschaftlichen Vertretungsbefugnis (§§ 125 bis 127, 161 Abs. 2 HGB) ausgeschlossen werden (§ 125 Abs. 1 HGB). Umgekehrt ist es nach tradierter Auffassung nicht möglich, anderen als persönlich haftenden Gesellschaftern organschaftliche Vertretungsbefugnis zuzuweisen[21]. Aus der Struktur der Gesellschaft ergibt sich im gesetzlichen Normalstatut eine intensive Mitwirkung der persönlich haftenden Gesellschafter bei Maßnahmen der Gesellschaft. Die Kommanditisten sind von der Geschäftsführung ausgeschossen und können nur solchen Handlungen der persönlich haftenden Gesellschafter widersprechen, die über den gewöhnlichen Betrieb des Handelsgewerbes der Gesellschaft hinausgehen (§ 164 HGB). Das Normalstatut kann im Gesellschaftsvertrag in beide Richtungen geändert werden: Persönlich haftende Gesellschafter können von der Geschäftsführung ausgeschlossen werden, und nicht persönlich haftende Gesellschafter können mit Geschäftsführungsbefugnis ausgestattet werden. 3.14

Alle stimmberechtigten Gesellschafter sind zur Mitwirkung bei Angelegenheiten berufen, die der Beschlussfassung der Gesellschafterversammlung bedürfen. Bei der GbR ist die Gesellschafterversammlung gesetzlich überhaupt nicht und bei der OHG und KG (§§ 119, 161 Abs. 2 HGB) nur rudimentär geregelt und bedarf der vertraglichen Ausgestaltung. Mangels näherer Regelung bedürfen Gesellschafterbeschlüsse der **Einstimmigkeit**[22]. Das ist für viele Anwendungsfälle des Wirtschaftslebens impraktikabel. In aller Regel wird bei Personengesellschaften von einiger Größe und wirtschaftlicher Bedeutung ein Festkapital gebildet, aufgrund dessen die Gesellschafter mit einem Kapitalanteil an der Gesellschaft beteiligt sind und regelmäßig auch in der Gesellschafterversammlung ein zum Kapitalanteil proportionales Stimmgewicht haben. Die gesetzlich ebenfalls nicht vorgesehene Übertra- 3.14a

19 Näher zur Unterscheidung und den Begriffsmerkmalen *Schäfer* in MünchKomm/BGB, 7. Aufl. 2017, § 705 BGB Rz. 253 ff., 275 ff.

20 Grundlegend BGH v. 29.1.2001 – II ZR 331/00 – ARGE Weißes Ross, BGHZ 146, 341 (344 ff.) = AG 2001, 307 ff.; *Schäfer* in MünchKomm/BGB, 7. Aufl. 2017, § 705 BGB Rz. 301.

21 Vgl. *Weipert* in Ebenroth/Boujong/Joost/Strohn 4. Aufl. 2020, § 170 HGB Rz. 1 ff.

22 Für OHG und KG: § 119 Abs. 1, § 161 Abs. 2 HGB; für die GbR gilt dasselbe.

gung von Anteilen ist ebenfalls regelmäßig – ggf. mit Einschränkungen – gesellschaftsvertraglich gestattet. Änderungen des Gesellschaftsvertrags bedürfen, wie auch sonst die Änderung von Schuldverträgen, der Einigung aller Vertragspartner. Auch hier sieht der Gesellschaftsvertrag oft die Möglichkeit der Änderung durch **Mehrheitsbeschluss** vor. Nach der aktuellen BGH-Rechtsprechung und der Aufgabe der mit den Stichworten „Bestimmtheitsgrundsatz“ und „Kernbereichslehre“ markierten Limitierungen[23] genügt für eine wirksame gesellschaftsvertragliche Begründung der Mehrheitsherrschaft eine generalklauselartige Zuweisung[24]. Die Ausübung der Mehrheitsmacht wird aber der Kontrolle nach Maßgabe der Treuepflicht der Gesellschafter untereinander unterzogen, und insoweit kommen Aspekte zum Tragen, die nach der früheren Auffassung insbesondere Inhalt der Kernbereichslehre waren.

3.15 Die **Einflussnahme Dritter**, z.B. von Arbeitnehmervertretern, auf Entscheidungen ist möglich im Rahmen der betrieblichen Mitwirkungsrechte. Eine unternehmerische Mitbestimmung durch Beteiligung von Arbeitnehmervertretern im Aufsichtsrat nach dem MitbestG[25] kommt lediglich bezüglich des Aufsichtsrats der Komplementärgesellschaft bei der Kapitalgesellschaft & Co. KG in Betracht[26].

cc) Gesellschaft mit beschränkter Haftung

3.16 Eine Gesellschaft mit beschränkter Haftung (**GmbH**) ist eine Handelsgesellschaft, die zwar personalistisch geprägt, aber mit körperschaftlicher Organisation ausgestaltet ist. Sie kann zu jedem gesetzlich zulässigen Zweck durch eine oder mehrere Personen errichtet werden, § 1 GmbHG. Die Tätigkeit als Holdinggesellschaft gehört ohne Weiteres zu den gesetzlich zulässigen Zwecken. Die GmbH ist damit zur Übernahme von Holdingfunktionen geeignet[27]. Für eine Holding ist das Halten und die Verwaltung von Beteiligungen auch ohne weitere Individualisierung zulässiger alleiniger Unternehmensgegenstand[28]. Im Gegensatz zu den Personengesellschaften hat die GmbH als juristische Person eigene Rechtspersönlichkeit, § 13 Abs. 1 GmbHG. Sie ist in ihrem Bestand von ihren Gesellschaftern unabhängig; Gesellschaft und Gesellschafter stehen sich als selbständige Rechtssubjekte gegenüber. Die GmbH hat eigenes Vermögen, mit welchem sie für ihre Verbindlichkeiten haftet. Den Grundstock des Vermögens bildet das **Stammkapital**, das der Gesellschaft von ihren Gesellschaftern durch Stammeinlagen zur Verfügung gestellt wird. Der Mindestbetrag des Stammkapitals beträgt

---

23 BGH v. 15.1.2007 – II ZR 245/05 – „Otto“, ZIP 2007, 475 = AG 2007, 493; BGH v. 24.11.2008 – II ZR 116/08 – „Schutzgemeinschaftsvertrag II“, ZIP 2009, 216 = AG 2009, 163 = NZG 2009, 183; BGH v. 21.10.2014 – II ZR 84/13, ZIP 2014, 2231 = NZG 2014, 1296; die Auswirkungen der neueren BGH-Rechtsprechung auf die Kernbereichslehre sind allerdings umstritten; vgl. *Schäfer* in MünchKomm/BGB, 7. Aufl. 2017, § 709 BGB Rz. 92a.

24 Zum Beispiel: „Sämtliche Beschlüsse werden mit einfacher Mehrheit der Stimmen gefasst, soweit nicht durch zwingende gesetzliche Regelung oder in diesem Gesellschaftsvertrag etwas anderes vorgesehen ist.“

25 Eine unternehmerische Mitbestimmung nach dem DrittelbG scheitert bei der Kapitalgesellschaft & Co. KG praktisch ausnahmslos daran, dass die Komplementärin selbst in der Regel mehr als 500 Arbeitnehmer beschäftigen müsste. Eine Zurechnung von Arbeitnehmern zur Komplementärin nach § 2 Abs. 2 DrittelbG kommt nicht in Betracht (vgl. dagegen die deutlich weiteren Zurechnungsnormen in §§ 4 f. MitbestG).

26 Vgl. § 4 MitbestG; die Mitbestimmung in einer Kapitalgesellschaft & Co. KG nach dem DrittelbG kommt wegen der gegenüber §§ 4, 5 MitbestG engeren Zurechnungsvorschrift in § 2 Abs. 2 DrittelbG praktisch kaum in Betracht.

27 *Bayer* in Lutter/Hommelhoff, 20. Aufl. 2020, § 1 GmbHG Rz. 7; *Fleischer* in MünchKomm/GmbHG, 3. Aufl. 2018, § 1 GmbHG Rz. 19.

28 Zutreffend *J. Schmidt* in Michalski/Heidinger/Leible/Schmidt, 3. Aufl. 2017, § 3 GmbHG Rz. 21; im Ergebnis wohl auch *Wicke* in MünchKomm/GmbHG, 3. Aufl. 2018, § 3 GmbHG Rz. 16, 19; vgl. den gesetzlich vorgeschriebenen Unternehmensgegenstand für Unternehmensbeteiligungsgesellschaften nach § 2 Abs. 2 UBGG: „… der Erwerb, das Halten, die Verwaltung und die Veräußerung von Unternehmensbeteiligungen …“.

25.000 Euro. Der Nennbetrag der Geschäftsanteile muss auf volle Euro lauten und darf nicht weniger als ein Euro betragen, ist aber mittlerweile im Übrigen frei wählbar. Ein Gesellschafter kann eine beliebige Zahl von Geschäftsanteilen halten. Der historische Gesetzgeber wollte die Übertragbarkeit der Geschäftsanteile erschweren und hat sie deshalb an das Erfordernis notarieller Beurkundung geknüpft, § 15 Abs. 3, 4 GmbHG. Weitere Anforderungen kann der Gesellschaftsvertrag enthalten, § 15 Abs. 5 GmbHG. Die GmbH ist Kaufmann kraft Rechtsform (Formkaufmann), § 13 Abs. 3 GmbHG, § 6 HGB. Die Firma der Gesellschaft muss die Bezeichnung als „Gesellschaft mit beschränkter Haftung" oder, als allgemein verständliche Abkürzung davon, „Gesellschaft mbH" oder „GmbH"[29] beinhalten, § 4 GmbHG. Die GmbH ist **nicht börsenfähig**.

Als **juristische Person** hat die GmbH selbständig ihre Rechte und Pflichten, § 13 Abs. 1 GmbHG. 3.17
Die Gesellschaft verfügt über eigenes Vermögen und kann im eigenen Namen Verbindlichkeiten übernehmen. Für die Verbindlichkeiten der Gesellschaft haftet den Gläubigern nur das Gesellschaftsvermögen. Die Vermögens- und Haftungssphären von Gesellschaft und Gesellschaftern sind getrennt. Die **Haftung der Gesellschafter** ist im Grundsatz auf die Erbringung der Einlage begrenzt[30]. Im Hinblick auf die Haftungsbegrenzung unterliegt die Sicherung der Kapitalaufbringung und in begrenztem Umfange die Kapitalerhaltung besonderen Schutzvorschriften. Dazu gehört das Verbot, das zum Erhalt des Stammkapitals erforderliche Vermögen an die Gesellschafter auszubezahlen, §§ 30, 31 GmbHG. Den Gesellschaftern steht das durch die Geschäftstätigkeit der Gesellschaft erwirtschaftete Jahresergebnis zu. Die Gesellschafter haben, wenn im Gesellschaftsvertrag nicht anderes geregelt ist, Anspruch auf den um etwaige Gewinn- oder Verlustvorträge korrigierten Jahresüberschuss, § 29 Abs. 1 GmbHG. Zum Ausgleich von Verlusten oder sonstigen Nachschüssen sind die Gesellschafter nur verpflichtet, wenn es im Gesellschaftsvertrag angeordnet ist (§§ 26 f. GmbHG). Die Gesellschafter trifft allerdings nach § 24 GmbHG eine **Residualhaftung** für die Erbringung rückständiger Einlagen anderer Gesellschafter.

Die GmbH wird durch ihre Organe verwaltet. Organe der Gesellschaft sind die Geschäftsführer und 3.18
die Gesellschafterversammlung. Als Organe können durch Satzungsregelung ein Beirat oder ein Aufsichtsrat gebildet werden. Bei Erfüllung bestimmter Größenmerkmale ist auf Grundlage der mitbestimmungsrechtlichen Regelungen zwingend ein Aufsichtsrat einzurichten (Rz. 3.19). Zur **Geschäftsführung und Vertretung** der Gesellschaft sind die Geschäftsführer berufen. Zu Geschäftsführern können Gesellschafter oder andere Personen bestellt werden (Grundsatz der **Fremdorganschaft**), § 6 Abs. 3 GmbHG. Die Befugnisse eines Geschäftsführers können durch die Gesellschafter im Innenverhältnis bis hin zur Übernahme der Geschäftsführung durch Gesellschafter oder von den Gesellschaftern bestimmte Personen beschränkt werden[31]. Die Vertretungsmacht der Geschäftsführer nach außen ist Dritten gegenüber nicht beschränkbar. Die Vertretungsmacht kann als Einzel- oder Gesamtvertretungsmacht eingeräumt werden. Die Gesamtheit der Gesellschafter bildet die Gesellschafterversammlung. Die Gesellschafterversammlung ist das oberste Organ der GmbH. Die Geschäftsführer werden in der Regel von der Gesellschafterversammlung bestellt und abberufen (§ 46 Nr. 5 GmbHG). Die Gesellschafterversammlung kann den Geschäftsführern Weisungen erteilen oder Geschäfte für zustimmungsbedürftig erklären (§ 37 Abs. 1 GmbHG). **Maßnahmen von besonderer Bedeutung** bedürfen auch ohne besondere Anordnung im Gesellschaftsvertrag der Zustimmung der Gesellschafter[32]. Das gilt auch für Maßnahmen bei Tochtergesellschaften der Holding, so-

29 Zu weiteren Möglichkeiten *Bayer* in Lutter/Hommelhoff, 20. Aufl. 2020, § 4 GmbHG Rz. 24 f.

30 Durchbrechungen der Haftungstrennung ergeben sich insbesondere bei Vermögensvermischung, und (nach der neueren Rechtsprechung auf Grundlage von § 826 BGB) bei existenzgefährdenden Eingriffen; dazu *Bayer* in Lutter/Hommelhoff, 20. Aufl. 2020, § 13 GmbHG Rz. 18 ff., 25 ff.

31 *Stephan/Tieves* in MünchKomm/GmbHG, 3. Aufl. 2019, § 37 GmbHG Rz. 69 ff.

32 BGH v. 8.1.2019 – II ZR 364/18, juris Rz. 37 = ZIP 2019, 701 = AG 2019, 422; *Stephan/Tieves* in MünchKomm/GmbHG, 3. Aufl. 2019, § 37 GmbHG Rz. 129 ff.; *Kleindiek* in Lutter/Hommelhoff, 20. Aufl. 2020, § 37 GmbHG Rz. 10 f.; *Altmeppen* in Roth/Altmeppen, 9. Aufl. 2019, § 37 GmbHG Rz. 22 f.; *Baukelmann* in Rowedder/Schmidt-Leithoff, 6. Aufl. 2017, § 37 GmbHG Rz. 10; *Fleischer*, NZG 2011, 521 (524 f.); a.A. *Beurskens* in Baumbach/Hueck, 22. Aufl. 2019, § 37 GmbHG Rz. 47.

weit sie für die Holding oder die Gruppe insgesamt eine herausgehobene Bedeutung haben[33]. Eingriffe der Gesellschafter in die den Geschäftsführern im Interesse der Gläubiger oder der Allgemeinheit zur eigenen Erledigung zugewiesenen Bereiche – dazu gehört z.B. die ordnungsmäßige Buchführung (§ 41 GmbHG), aber auch die Sicherstellung der Gesetzmäßigkeit des Geschäftsbetriebs („Compliance") – sind allerdings nicht gestattet[34]. Die Gesellschafterversammlung entscheidet im Übrigen in den ihr durch Gesetz zugewiesenen Aufgaben wie der Feststellung des Jahresabschlusses oder der Gewinnverwendung, § 46 Nr. 1 GmbHG und bei Grundlagenangelegenheiten (z.B. Satzungsänderungen).

3.19 **Dritte** können bei der GmbH im Rahmen der gesellschaftsvertraglichen Festlegungen Mitwirkungsrechte erhalten, z.B. in der Funktion als Beirat oder Aufsichtsrat, § 52 GmbHG. Die Mitwirkung der Arbeitnehmer an der Unternehmenssteuerung verwirklicht sich bei Vorliegen der entsprechenden Voraussetzungen über die **betriebliche Mitbestimmung** insbesondere durch den Betriebsrat und den Wirtschaftsausschuss (vgl. §§ 87, 106 BetrVG) und die **unternehmerische Mitbestimmung** insbesondere durch Vertretung im Aufsichtsrat. Eine GmbH mit in der Regel mehr als 500 eigenen oder zuzurechnenden inländischen Arbeitnehmern muss einen Aufsichtsrat nach dem DrittelbG (ein Drittel der Mitglieder als Arbeitnehmervertreter) und eine GmbH mit in der Regel mehr als 2000 eigenen oder zuzurechnenden inländischen Arbeitnehmern muss einen Aufsichtsrat nach dem MitbestG (die Hälfte der Mitglieder als Arbeitnehmervertreter) bilden (§ 1 Abs. 1 Nr. 3, § 2 Abs. 2, § 3 Abs. 1 DrittelbG, § 1 Abs. 1 Nr. 1, 3 ff. MitbestG. Die Rechte eines Aufsichtsrats nach dem MitbestG gehen spürbar über die Rechte des Aufsichtsrats nach dem DrittelbG hinaus. Insbesondere ist nur der Aufsichtsrat nach dem MitbestG von Gesetzes wegen für die Bestellung und Abberufung sowie für das Anstellungsverhältnis der Geschäftsführer zuständig[35]. Die erstmalige Bildung eines mitbestimmten Aufsichtsrats, der Wechsel vom DrittelbG zum MitbestG oder umgekehrt und die Abschaffung eines vorhandenen mitbestimmten Aufsichtsrats kann ausschließlich im Wege des Statusverfahrens nach § 27 EGAktG, §§ 97 ff. AktG erfolgen[36].

dd) Aktiengesellschaft und SE

3.20 Die Aktiengesellschaft (**AG**) ist wie die GmbH eine Handelsgesellschaft mit körperschaftlicher Organisation. Die Gesellschaft verfügt über eigene Rechtspersönlichkeit (§ 1 Abs. 1 AktG) und über eigenes Vermögen, das den Gläubigern der Gesellschaft für deren Verbindlichkeiten haftet. Die AG gilt als Handelsgesellschaft, auch wenn der Gegenstand des Unternehmens nicht im Betrieb eines Handelsgeschäfts besteht, § 3 Abs. 1 AktG, § 6 HGB (Formkaufmann). Der **Gegenstand des Unternehmens**, kann von den Aktionären frei bestimmt werden. Die AG eignet sich dadurch zur Übernahme von Holdingfunktionen. In der Literatur besteht die Tendenz, eine weitergehende Individualisierung – zum Beispiel in Richtung auf die Wahrnehmung der Gruppenleitung oder bestimmte Geschäftsbereiche der Gruppengesellschaften – zu fordern[37]. Dem kann nur gefolgt werden, soweit eine derartige Eingrenzung von den Aktionären überhaupt intendiert ist. Es ist zulässig, dass eine Holdinggesellschaft sowohl kontrollierende als auch nicht kontrollierende Beteiligungen hält, bei den kontrollierenden Beteiligungen einheitliche Leitung ausübt oder auch nicht[38] und hinsichtlich des Geschäftsbereichs der Beteiligungsunternehmen nicht festgelegt ist[39]. Für Unternehmensbeteiligungs-

33 *Stephan/Tieves* in MünchKomm/GmbHG, 3. Aufl. 2019, § 37 GmbHG Rz. 22, auch zu den Umsetzungsproblemen in der mehrstufigen Unternehmensgruppe.

34 BGH v. 8.1.2019 – II ZR 364/18, juris Rz. 37 = ZIP 2019, 701 = AG 2019, 422; *Stephan/Tieves* in MünchKomm/GmbHG, 3. Aufl. 2019, § 37 GmbHG Rz. 25 f.

35 *Stephan/Tieves* in MünchKomm/GmbHG, 3. Aufl., § 37 GmbHG Rz. 38, § 38 GmbHG Rz. 34 f.

36 *Spindler* in MünchKomm/GmbHG, 3. Aufl. 2019, § 52 GmbHG Rz. 67 ff.

37 Vgl. Hüffer/Koch, 14. Aufl. 2020, § 23 AktG Rz. 24a; *Seibt* in K. Schmidt/Lutter, 4. Aufl. 2020, § 23 AktG Rz. 36.

38 Insoweit wird empfohlen, im Unternehmensgegenstand klarzustellen, dass nicht durchweg eine Verpflichtung zur Konzernleitung besteht; *Sailer-Coceani* in MünchHdb/AG, 4. Aufl. 2015, § 9 Rz. 17.

39 Hüffer/Koch, 14. Aufl. 2020, § 23 AktG Rz. 24a.

gesellschaften ist der Unternehmensgegenstand als „der Erwerb, das Halten, die Verwaltung und die Veräußerung von Unternehmensbeteiligungen" gesetzlich festgelegt (§ 2 Abs. 2 UBGG). Das Organisationsstatut der **SE** mit Sitz in Deutschland entspricht weitestgehend dem Organisationsstatut der AG (Art. 9 (1) c) ii) SE-Statut[40]). Die einzige wesentliche Ausnahme ist die Möglichkeit der Einführung des monistischen Verwaltungsrats-Modells anstelle des dualistischen Vorstands/Aufsichtsrats-Modells, was aber für die hier diskutierten Fragestellungen nicht von zentraler Bedeutung ist.

Die AG verfügt über ein in Aktien zerlegtes **Grundkapital**. Das Grundkapital muss auf einen Nennbetrag in Euro lauten; der Mindestnennbetrag ist 50.000 Euro, § 7 AktG. Die Aktien können als Nennbetragsaktien oder als Stückaktien begeben werden, § 8 Abs. 1 AktG. Nennbetragsaktien müssen auf mindestens einen Euro lauten, Aktien mit einem niedrigeren Nennbetrag sind nichtig, § 8 Abs. 2 AktG. Stückaktien lauten auf keinen Nennbetrag. Sie sind am Grundkapital der Gesellschaft in gleichem Umfang beteiligt. Der auf die einzelne Aktie entfallende anteilige Betrag des Grundkapitals darf einen Euro nicht unterschreiten. Die Aktien können auf den Namen oder auf den Inhaber lauten (§ 10 Abs. 1 AktG). Die Anteile können, müssen aber nicht verbrieft sein. 3.21

Die Aktiengesellschaft ist in ihrem **Bestand** von der Zusammensetzung des Aktionärskreises unabhängig. Aktien sind grundsätzlich frei übertragbar. Nur bei Namensaktien kann die Übertragung an die Zustimmung der Gesellschaft gebunden werden (§ 68 Abs. 2 AktG; „Vinkulierung"). Dafür genügt die satzungsmäßige Ausgestaltung als „Namensaktien" auch ohne Verbriefung[41]. 3.22

Die Zerlegung des Grundkapitals in Aktien und die einfache Übertragbarkeit sind Voraussetzung des **Zugangs zur Börse** und zur Aufnahme von Eigenkapital bei einer nicht begrenzten Anzahl von Aktionären[42]. Börsennotiert ist eine AG, deren Aktien zu einem Markt zugelassen sind, der von staatlich anerkannten Stellen geregelt und überwacht wird, regelmäßig stattfindet und für das Publikum mittelbar oder unmittelbar zugänglich ist, § 3 Abs. 2 AktG. Die Regelungen des Aktienrechts weisen eine hohe **Formstrenge** auf, und die Möglichkeit zur individuellen Satzungsgestaltung ist beschränkt (§ 23 Abs. 5 AktG). Um die Rechtsform der AG auch personalistisch strukturierten oder mittelständischen Unternehmen zu öffnen, wurden Erleichterungen in das AktG aufgenommen, wie z.B. die Zulässigkeit der Einpersonen-AG, vereinfachte Vorschriften bei der Einberufung und Durchführung einer Hauptversammlung oder die Freistellung von der Mitbestimmung nach dem DrittelbG bei nach dem 10.8.1994 in das Handelsregister eingetragenen Gesellschaften mit weniger als 500 Arbeitnehmern (§ 1 Abs. 1 Nr. 1 DrittelbG)[43]. Umgekehrt finden eine Reihe von Vorschriften des AktG nur Anwendung auf börsennotierte Gesellschaften (z.B. § 87 Abs. 1 Satz 2, § 93 Abs. 6, § 100 Abs. 2 Nr. 4, § 110 Abs. 3 Satz 2, § 120 Abs. 4, § 121 Abs. 4a AktG). Zusammen mit den spezifisch kapitalmarktrechtlichen Vorschriften (z.B. § 48 WpHG, Art. 17 MMVO) hat sich daraus ein **Sonderrecht der börsennotierten AG** entwickelt[44]. 3.23

Als juristische Person hat die AG **eigene Rechte und Pflichten**, § 1 Abs. 1 AktG[45]. Die Gesellschaft verfügt über eigenes Vermögen und kann im eigenen Namen Verbindlichkeiten übernehmen. Für die Verbindlichkeiten der Gesellschaft haftet den Gläubigern nur das Gesellschaftsvermögen. Die Vermögens- und Haftungssphären von Gesellschaft und Gesellschaftern sind getrennt. Die Innen-Haftung der Gesellschafter ist im Grundsatz auf die Erbringung der Einlage begrenzt (§ 54 f. AktG). Ausnahmen dazu bestehen z.B. bei der eingegliederten AG (§ 322 AktG). Im Hinblick auf die Haftungsbegrenzung unterliegen die Sicherung der Kapitalaufbringung und die Kapitalerhaltung beson- 3.24

40 Verordnung (EG) Nr. 2157/2001 des Rates vom 8.10.2001 über das Statut der Europäischen Gesellschaft (SE).
41 *Bezzenberger* in K. Schmidt/Lutter, 4. Aufl. 2020, § 68 AktG Rz. 17.
42 Vgl. umfassend *Gätsch* in Marsch-Barner/Schäfer, Handbuch börsennotierte AG, 4. Aufl. 2018, § 5.
43 Vgl. dazu Hüffer/Koch, 14. Aufl. 2020, § 96 AktG Rz. 10.
44 Zur Entwicklung *Marsch-Barner* in Marsch-Barner/Schäfer, Handbuch börsennotierte AG, 4. Aufl. 2018, § 1 Rz. 1 ff., 7 ff.
45 Hüffer/Koch, 14. Aufl. 2020, § 1 AktG Rz. 4.

deren Schutzvorschriften. Dazu gehören das Verbot der Unterpariemission, das Erfordernis der Wertdeckung bei Sacheinlagen, die Gründungsprüfung, die registerrechtliche Kontrolle der der Einlageaufbringung und das Verbot jeglicher Kapitalrückzahlungen, §§ 9, 34, 38 und 57 AktG. Den Aktionären steht nur der durch die Geschäftstätigkeit der Gesellschaft erwirtschaftete Bilanzgewinn zu, § 57 Abs. 3, § 58 Abs. 4 AktG[46]. Zum Ausgleich von Verlusten sind die Aktionäre nicht verpflichtet. Zusätzliche Leistungspflichten der Aktionäre kann die Satzung nur bei vinkulierten Namensaktien anordnen; Nachschusspflichten in Geld sind überhaupt unzulässig (§ 55 Abs. 1 AktG).

3.25 Die AG wird durch ihre **Organe** verwaltet. Das Aktienrecht sieht zwingend und abschließend[47] die Organe **Vorstand, Aufsichtsrat und Hauptversammlung** vor. Zur Geschäftsführung und Vertretung der Gesellschaft ist ausschließlich der Vorstand berufen. Er leitet die Gesellschaft eigenverantwortlich, § 76 Abs. 1 AktG, ohne Weisungen unterworfen zu sein. Besteht der Vorstand aus mehreren Personen, sind sämtliche Mitglieder des Vorstands gemeinschaftlich zur Geschäftsführung befugt; die Satzung der Gesellschaft kann Abweichendes bestimmen, § 77 Abs. 1 AktG. Der Vorstand vertritt die Gesellschaft gerichtlich und außergerichtlich. Wenn die Satzung nichts anderes bestimmt, erfolgt die Vertretung bei mehreren Mitgliedern des Vorstands durch alle gemeinschaftlich, § 78 Abs. 1, 2 AktG. Das ist bei mehr als zwei Vorstandsmitgliedern unpraktisch, so dass in der Regel Gesamtvertretung durch zwei Personen – zwei Mitglieder des Vorstands oder ein Vorstandsmitglied mit einem Prokuristen – oder Einzelvertretung angeordnet wird. Die Besetzung des Vorstands ist von der Aktionärseigenschaft unabhängig; es gilt der Grundsatz der Fremdorganschaft. Weder der Aufsichtsrat (§ 111 Abs. 4 Satz 1 AktG) noch die Hauptversammlung sind zur Geschäftsführung befugt, der Vorstand kann allerdings von sich aus der Hauptversammlung Geschäftsführungsfragen zur Entscheidung vorlegen (§ 119 Abs. 2 AktG). Ungeschriebene Vorlagepflichten sind in der Rechtsprechung des BGH, in den „Holzmüller"- und „Gelatine"-Entscheidungen (Rz. 3.191 ff.), bisher nur in Extremfällen der wesentlichen Auslagerung (Größenordnung 80 %, wobei die dafür maßgeblichen Messgrößen ungeklärt sind) von Vermögen der AG auf nachgeordnete Unternehmen anerkannt. Für den praktisch wichtigen Fall des Zuerwerbs anderer Unternehmen ist ungeklärt, ob ab einer bestimmten (jedenfalls aber hoch anzusiedelnden) Größenordnung die Pflicht zur Vorlage an die Hauptversammlung besteht[48]. Insgesamt ist die Stellung des Vorstand deutlich stärker und die Stellung der Hauptversammlung deutlich schwächer als die Stellung der Geschäftsführung bzw. der Gesellschafterversammlung der GmbH.

3.26 Der **Aufsichtsrat** wird durch die Hauptversammlung gewählt, soweit dafür nicht bei mitbestimmten Unternehmen die Arbeitnehmer oder ihre Vertretungen oder Organisationen zuständig sind. Seine Aufgabe ist es, die Geschäftsführung zu **überwachen** (§ 111 Abs. 1 AktG) und zu **beraten**[49]. Dem dienen die Berichtspflichten des Vorstands gegenüber dem Aufsichtsrat, die sich auf die Gesellschaft und auf Tochterunternehmen beziehen, § 90 AktG. Darüber hinaus stehen dem Aufsichtsrat selbständige Einsichtnahme- und Prüfungsrechte zu, § 111 Abs. 2, § 171 AktG. Er ist zuständig für die Bestellung und Abberufung der Mitglieder des Vorstands sowie deren Anstellungsverhältnisse, und er wirkt mit bei der Feststellung des Jahresabschlusses. Maßnahmen der Geschäftsführung können dem Aufsichtsrat nicht übertragen werden. Er wirkt an der Geschäftsführung jedoch mit, soweit bestimmte Geschäfte nur mit seiner Zustimmung wahrgenommen werden dürfen (§ 111 Abs. 4 Satz 2 AktG). Eine Liste zustimmungsbedürftiger Geschäfte muss in der Satzung oder vom Aufsichtsrat festgelegt werden. Das AktG macht keine Vorgaben für den Inhalt der Liste. Mit Inkrafttreten des

46 Hüffer/Koch, 14. Aufl. 2020, § 57 AktG Rz. 31, § 58 AktG Rz. 26 ff.

47 Zusätzliche Gremien sind nicht von vornherein ausgeschlossen, *Arnold* in KölnKomm/AktG, 3. Aufl. 2010, § 23 AktG Rz. 151. Da ihre Befugnisse nicht in die Kompetenzen der gesetzlich vorgesehenen Organe eingreifen dürfen, haben sie kaum Organqualität. In der Praxis kommen beratende Gremien vor, die vom Vorstand eingerichtet werden, wie die Regionalbeiräte von Banken.

48 BGH v. 7.2.2012 – II ZR 253/10 – „Commerzbank/Dresdner Bank", ZIP 2012, 515 = AG 2012, 248: „umstritten und nicht geklärt".

49 BGH v. 25.3.1991 – II ZR 188/89, AG 1991, 312 = ZIP 1991, 653.

ARUG II[50] müssen allerdings bestimmte Geschäfte der börsennotierten AG mit nahestehenden Personen (*'related party transactions'*) zwingend vom Aufsichtsrat gebilligt werden (§ 111b AktG i.d.F. ARUG II). Der Aufsichtsrat hat ferner aktionärsorientierte Aufgaben, da er der Hauptversammlung (ebenso wie der Vorstand) Beschlussvorschläge unterbreitet (§ 124 Abs. 3 AktG) und der Vorsitzende des Aufsichtsrats i.d.R. der Leiter der Hauptversammlung ist. Gegenüber (aktiven und ehemaligen) Mitgliedern des Vorstands ist (nur) der Aufsichtsrat vertretungs- und in diesem Rahmen auch geschäftsführungsbefugt[51] (§ 112 AktG).

Die **Hauptversammlung** ist das Organ, in dem die Aktionäre ihre Rechte ausüben, § 118 Abs. 1 AktG. Die Aufgaben der Hauptversammlung ergeben sich aus den in § 119 Abs. 1 AktG normierten Sachverhalten und den weiteren Angelegenheiten, in denen das Gesetz bestimmte Maßnahmen an die Zustimmung der Hauptversammlung knüpft. In Angelegenheiten der Geschäftsführung kann die Hauptversammlung, wie bereits erwähnt, nur entscheiden, wenn dies der Vorstand verlangt, § 119 Abs. 2 AktG[52]. Deutlich mehr Einfluss hat die Hauptversammlung in Angelegenheiten, die ihrer **Zustimmung** bedürfen, und zwar nicht nur reaktiv durch Verweigerung der Zustimmung, sondern auch aktiv durch das Verlangen, entsprechende Maßnahmen vorzubereiten, § 83 Abs. 1 AktG. Entscheidungen der Hauptversammlung sind für den Vorstand bindend und zu befolgen, § 83 Abs. 2 AktG. In der Praxis werden Beschlüsse der Hauptversammlung nach § 83 Abs. 1 AktG praktisch nie gefasst. Die Vorschrift hat aber eine erhebliche Vorfeldfunktion, weil der Vorstand dadurch legitimiert wird, zustimmungsbedürftige Maßnahmen zu betreiben, bei denen mit der Zustimmung der Hauptversammlung zu rechnen ist, selbst wenn sie für die Gesellschaft ambivalent sind (wie zum Beispiel der Abschluss von Unternehmensverträgen nach § 291 AktG). Die Aktionäre beschließen in der Hauptversammlung mit einfacher oder mit der im Gesetz bestimmten qualifizierten Mehrheit. In der Hauptversammlung ist das **Auskunftsrecht** der Aktionäre auszuüben, das sich auch auf die rechtlichen und geschäftlichen Beziehungen zu mit der Gesellschaft verbundenen Unternehmen bezieht, § 131 AktG. Einen Auskunftsanspruch außerhalb der Hauptversammlung haben die Aktionäre nicht. 3.27

Auf dieser Grundlage ist die **Einwirkung** der Aktionäre auf die Geschäftsführung insgesamt stark beschränkt. Das Aktienrecht geht von der unabhängigen und eigenverantwortlichen Geschäftsführung durch den Vorstand aus. Im Falle einer beherrschenden Einflussnahme eines Aktionärs auf die AG greifen die Schutzmechanismen der §§ 311 ff. AktG. Eine institutionalisierte Form der Mitwirkung Dritter an Entscheidungen der AG erfolgt durch die Mitwirkung von Arbeitnehmern und ihren Organisationen im Rahmen der Mitbestimmung nach dem DrittelbG bei mehr als 500[53] und nach dem MitbestG bei mehr als 2000 eigenen oder nach den jeweils anwendbaren Regeln (§ 2 Abs. 2 DrittelbG, § 5 MitbestG) zuzurechnenden Arbeitnehmern. Wie in anderen Unternehmen bestehen daneben die Mitwirkungsrechte auf betrieblicher Ebene nach dem BetrVG (Rz. 3.19). Eine erhebliche Umgestaltung des Organisationsstatuts der AG bewirkt der Abschluss eines Unternehmensvertrags i.S.v. § 291 AktG (näher Rz. 3.57 ff.). 3.28

ee) KGaA

Die **Kommanditgesellschaft auf Aktien** (**KGaA**; §§ 278 ff. AktG) ist eine Mischform aus Aktiengesellschaft und Kommanditgesellschaft. Die KGaA hat einerseits wie die Aktiengesellschaft ein den Gläubigern als Haftungsmasse zur Verfügung stehendes und gegenüber dem Zugriff der Aktionäre geschütztes Grundkapital, andererseits persönlich haftende Gesellschafter, die wie in der KG zur Ge- 3.29

50 Gesetz zur Umsetzung der zweiten Aktionärsrechterichtlinie (ARUG II), BGBl. 2019 I, S. 2637.

51 BGH v. 15.1.2019 – II ZR 392/17, AG 2019, 298 (300), Rz. 28 = ZIP 2019, 564; *Mertens/Cahn* in KölnKomm/AktG, 3. Aufl. 2010, § 112 AktG Rz. 3.

52 Zu Besonderheiten der Mitwirkung der Hauptversammlung vgl. Rz. 3.191 ff.

53 Ausnahmen bei älteren AG, die keine Familiengesellschaften sind, vgl. im Einzelnen § 1 Abs. 1 Nr. 1 Satz 2 und 3 DrittelbG.

schäftsführung und Vertretung berufen sind. Seit der Grundsatzentscheidung des BGH aus dem Jahr 1997[54] steht fest, dass auch Kapitalgesellschaften als persönlich haftende Gesellschafter zugelassen sind. Die KGaA in Form der Kapitalgesellschaft & Co. KGaA ermöglicht eine im Verhältnis zur AG stärkere Entkoppelung von Anteilsbesitz und Herrschaft, wenn der Anteilsbesitz an der KGaA und an der Komplementär-Kapitalgesellschaft ungleich verteilt ist. Für die persönlich haftenden Gesellschafter und ihre Befugnisse gilt KG-Recht, im Übrigen gilt Aktienrecht, vgl. § 278 Abs. 2 und 3 AktG. Die KGaA hat zwingend einen **Aufsichtsrat**, der allerdings – da insoweit KG-Recht gilt – **keine Personalkompetenz** über die persönlich haftenden Gesellschafter und damit die Geschäftsführung hat. Aufgrund der schwächeren Stellung des Aufsichtsrats wirkt sich die unternehmerische Mitbestimmung bei der KGaA im Vergleich zur AG schwächer aus.

ff) Stiftung

3.30 Die rechtlich selbständige **Stiftung** ist in §§ 80 bis 88 BGB in Verbindung mit den landesrechtlichen Stiftungsgesetzen geregelt. Bei der rechtlich selbständigen Stiftung handelt es sich um eine juristische Person, die zur Verwirklichung bestimmter besonderer Zwecke errichtet wurde und die nicht in einem Personenverband besteht. Hinter der Stiftung steht keine weitere Person als Eigentümer oder Mitglied[55]. Ihre Zwecksetzung ergibt sich aus dem Stiftungsgeschäft. Diese Zwecksetzung kann gemeinnütziger Art sein[56] oder zum Beispiel in der Förderung bestimmter Personen („Destinatäre"), zum Beispiel Mitgliedern der Familie (privatnützige Familienstiftung), liegen. Die Stiftung bedarf der Anerkennung durch die zuständige Landesbehörde (§ 80 Abs. 1 BGB). Für die Gemeinnützigkeit gelten zusätzlich die Anforderungen der §§ 51 ff. AO. Die Stiftung kann (jedenfalls seit der Modernisierung des Stiftungsrechts im Jahr 2002) auch als gemeinnützige Stiftung[57] ohne Weiteres als Holding tätig werden. Aus steuerlicher Sicht sind der mittelbaren wirtschaftlichen Betätigung der Stiftung keine Grenzen gesetzt, solange sie wirtschaftlich sinnvoll ist und damit die gemeinnützigen Zwecke der Stiftung mittelbar fördert[58]. Aus zivilrechtlicher Sicht gibt es ebenfalls keine Begrenzungen, solange die Beteiligungsverwaltung dem Stiftungszweck dient – wie zum Beispiel durch Erzielung von Einnahmen zwecks finanzieller Förderung der Destinatäre – das heißt, solange die Vermögensverwaltung nicht zum Selbstzweck wird[59]. Mit der Wahrnehmung von Holdingfunktionen wird die Stiftung zur **Beteiligungsträgerstiftung**[60].

3.30a Eine Stiftung ist nicht Kaufmann nach § 6 Abs. 1 HGB (weil keine Handelsgesellschaft) und auch nicht Formkaufmann nach § 6 Abs. 2 HGB (weil es an der erforderlichen gesetzlichen Anordnung fehlt)[61]. Nach allgemeinen Grundsätzen kommt die Kaufmannseigenschaft durch den Betrieb eines Handelsgewerbes (§ 1 Abs. 2 HGB) oder durch Eintragung im Handelsregister (§ 2 Abs. 1 HGB) in

---

54 BGH v. 24.2.1997 – II ZB 11/96, ZIP 1997, 1027 = AG 1997, 370.

55 Gesetz zur Modernisierung des Stiftungsrechts, Begr. RegE, BT-Drucks. 14/8765, S. 10; zu Möglichkeiten der Stärkung der Stellung des Stifters und der Destinatäre *Burgard*, Gestaltungsfreiheit im Stiftungsrecht, 2006, S. 446 ff.

56 Else Kröner-Fresenius-Stiftung (größter Anteilseigner an der Fresenius SE & Co. KGaA), Software AG-Stiftung (größter Anteilseigner an der Software AG); die Robert-Bosch-Stiftung ist dagegen nur funktional Stiftung, der Rechtsform nach aber eine (gemeinnützige) GmbH.

57 Zur Vereinbarkeit wirtschaftlicher Betätigung mit dem Gemeinnützigkeitsstatus *Hüttemann*, Gemeinnützigkeits- und Spendenrecht, 4. Aufl. 2018, Rz. 6.6 ff.

58 *Hüttemann*, Gemeinnützigkeits- und Spendenrecht, 4. Aufl. 2018, Rz. 6.9, 6.40.

59 *Reuter* NZG 2005, 649 (650); *Richter/Sturm* NZG 2005, 655 (656); *Weitemeyer* in MünchKomm/BGB, 8. Aufl. 2018, § 80 BGB Rz. 118.

60 Zum Begriff und zur Abgrenzung zur Unternehmensträgerstiftung *Reimann*, DNotZ 2012, 250 (266 f.); auch die (hier nicht weiter interessierende) Unternehmens(träger)stiftung ist nach der Modernisierung des Stiftungsrechts zulässig; *K. Schmidt* in MünchKomm/HGB, 4. Aufl. 2016, § 1 HGB Rz. 41; *Backert* in BeckOK BGB, 53. Edition Stand: 1.2.2020, § 80 Rz. 20; *die bei Burgard*, Gestaltungsfreiheit im Stiftungsrecht, 2006, S. 117 ff. beschriebene Diskussion ist weitgehend beendet.

61 *Hopt* in Baumbach/Hopt, 39. Aufl. 2020, § 6 HGB Rz. 6.

Betracht[62]. Wenn sich die Stiftung als Beteiligungsträgerstiftung auf die Vermögensverwaltung beschränkt, betreibt sie allerdings nur ausnahmsweise ein (Handels-)Gewerbe[63] und ist deshalb zur Eintragung im Handelsregister jedenfalls nicht verpflichtet. Eine dem § 105 Abs. 2 Satz 1 HGB (Rz. 3.11) entsprechende Bestimmung – wonach die Eintragung auch für rein vermögensverwaltende Gesellschaften möglich ist – fehlt bei der Stiftung, so dass die Möglichkeit der Eintragung im Handelsregister in diesen Fällen fraglich ist, allerdings oft wohl auch nicht angestrebt wird[64]. Für das Eintragungsverfahren gilt ggf. § 33 HGB[65]. Wenn die Stiftung nach den genannten Grundsätzen Kaufmann ist, führt sie eine Firma nach §§ 17 f. HGB[66] und ist mit dieser in das Register einzutragen, § 33 Abs. 2 Satz 2 HGB. Ob ein Rechtsformzusatz erforderlich ist und wie er ggf. auszusehen hätte, ist streitig[67]. In Fragen der Zuordnung von Vermögen und Verbindlichkeiten sowie der Haftung weist die Stiftung Parallelen zu den Kapitalgesellschaften auf. Gleiches gilt für die Geschäftsführung und Vertretung und die Aufsicht durch ein durch die Satzung (§ 81 Abs. 1 Satz 3 BGB) einzurichtendes Kontrollorgan, jedoch stets mit der Besonderheit, dass eine der Gesellschafterversammlung vergleichbare Institution rechtsformbedingt fehlt. Nach §§ 86, 26 BGB verfügt die Stiftung über einen Vorstand, dem die Aufgabe der Geschäftsführung und Vertretung obliegt. Wer den Vorstand bestellt, ergibt sich aus der Satzung; im Übrigen gilt für die Geschäftsführungs- und Vertretungsmacht hilfsweise Vereinsrecht. Fakultativ verfügt die Stiftung über einen Beirat (Kuratorium, Verwaltungsausschuss etc.), dem durch die Satzung das Recht zugewiesen werden kann, den Vorstand zu bestellen, abzuberufen, zu kontrollieren, zu entlasten und die Geschäftsführung zu überwachen. Rechte und Pflichten der Organe können im Einzelnen in der Satzung ausgestaltet werden.

gg) Verein

Der eingetragene Verein nach §§ 21 ff. BGB steht als Rechtsform nur eingeschränkt, nämlich unter der Voraussetzung staatlicher Konzessionierung zur Verfügung, wenn sein „Zweck auf einen wirtschaftlichen Geschäftsbetrieb gerichtet ist", § 22 BGB. Wirtschaftliche Vereine i.S.v. § 22 BGB spielten in der Praxis bisher eine geringe Rolle[68]. Die praktische Bedeutung des eingetragenen Vereins ist damit im Wesentlichen auf so genannte **Idealvereine** beschränkt. Die Verwaltung eigenen Vermögens, auch in Form von Beteiligungen, fällt nicht unter § 22 BGB, wenn der Verein dadurch „zur Erreichung seiner ideellen Ziele unternehmerische Tätigkeiten entfaltet, sofern diese dem nichtwirtschaftlichen Hauptzweck zu- und untergeordnet und Hilfsmittel zu dessen Erreichung sind (so genanntes **Nebenzweckprivileg**)"[69]. Die Zuerkennung der steuerlichen Gemeinnützigkeit hat eine (erhebliche) Indizwirkung für einen nichtwirtschaftlichen Hauptzweck[70]. 3.31

Zwar ist es demnach nicht ausgeschlossen, ein Holdingunternehmen in der Rechtsform des Idealvereins nach § 21 BGB zu betreiben[71]. Solche Strukturen erfreuen sich neben dem bekannten ADAC- 3.31a

---

62 *K. Schmidt* in MünchKomm/HGB, 4. Aufl. 2016, § 1 HGB Rz. 41; *Backert* in BeckOK BGB, 53. Edition Stand: 1.2.2020, § 80 Rz. 21.

63 *Kindler* in Ebenroth/Boujong/Joost/Strohn, 4. Aufl. 2020, § 1 HGB Rz. 32 ff.

64 Im Rahmen der Anmeldung wäre in diesem Fall u.a. die Stiftungssatzung vorzulegen, § 33 Abs. 2 HGB.

65 *Krafka* in MünchKomm/HGB, 4. Aufl. 2016, § 33 HGB Rz. 2.

66 *Krafka* in MünchKomm/HGB, 4. Aufl. 2016, § 33 HGB Rz. 12.

67 Dafür *Heidinger* in MünchKomm/HGB, 4. Aufl. 2016, § 19 HGB Rz. 44; dagegen *Krafka* in MünchKomm/HGB, 4. Aufl. 2016, § 33 HGB Rz. 12.

68 Vgl. *Winheller/Vielwerth*, DStR 2018, 574 (576) zur unterschiedlichen Konzessionierungspraxis der Bundesländer.

69 BGH v. 11.9.2018 – II ZB 11/17, NZG 2018, 1392 (1393), Tz. 15 = ZIP 2018, 2165.

70 BGH v. 16.5.2017 – II ZB 7/16, NZG 2018, 2017, 705 (706), Tz. 22 ff. = ZIP 2017, 1021.

71 BGH v. 29.9.1982 – I ZR 88/80 – ADAC, NJW 1983, 569 (570 ff.); vgl. allerdings AG München v. 17.1. 2017 – VR 304, juris Rz. 9 ff., wonach zur Erfüllung der Anforderungen an einen Idealverein die Beherrschung der Beteiligungsgesellschaften durch den ADAC mittlerweile ausgeschlossen ist. Zum ADAC-Fall aus jüngerer Zeit *Beuthien*, NZG 2015, 449 (456 ff.); *Wagner*, NZG 2017, 768 (770).

Beispiel u. a. auch im Sport[72] erheblicher Beliebtheit. Es bleiben jedoch Unsicherheiten, wann noch von der Unterordnung unter einen nichtwirtschaftlichen Hauptzweck gesprochen werden kann. Der BGH hat es bisher offengelassen, ob ein rein vermögensverwaltender Verein ohne Entnahmerecht der Mitglieder zulässig ist[73]. Ein rein vermögensverwaltender Verein mit Gewinnbezugsrecht kann jedenfalls kein Idealverein sein[74]. Vereinstypische Leistungen wie die Bereitstellung von Einrichtungen zugunsten der Mitglieder sind für den Idealverein aber wohl möglich[75]. Der (Ideal-)Verein ist als Holding insgesamt allenfalls dann geeignet, wenn es auf eine vermögensmäßige Zuordnung des Werts der Beteiligung zu den Mitgliedern nicht ankommt oder eine solche Zuordnung sogar unerwünscht ist. Auch mit diesen Einschränkungen bleibt ungewiss, ob die Rechtsprechung in Zukunft bei Bestehen einer Abhängigkeitslage die wirtschaftliche Tätigkeit von Tochtergesellschaften dem Verein zurechnen und bei entsprechendem Umfang die Anwendbarkeit des Nebenzweckprivilegs verneinen wird[76].

3.31b Der eingetragene Verein hat als juristische Person selbständige Rechte und Pflichten. Die Gesellschaft verfügt über eigenes Vermögen und kann im eigenen Namen Verbindlichkeiten übernehmen. Für die **Verbindlichkeiten** des Vereins haftet den Gläubigern nur das Vereinsvermögen[77]. Anders als bei den Kapitalgesellschaften als Erscheinungsformen des Vereins mit wirtschaftlicher Betätigung ist beim Idealverein eine Zuordnung des Vereinsvermögens zu den Vereinsmitgliedern – gekennzeichnet durch Kapitalbeteiligung und Gewinnberechtigung – nicht vorgesehen. Die Verfassung des Vereins wird durch die gesetzlichen Vorschriften und die Vereinssatzung bestimmt, § 25 BGB. Organe des Vereins sind der Vorstand (§ 26 BGB) und die Mitgliederversammlung (§ 32 BGB). Weitere Organe können durch die Satzung eingerichtet werden.

hh) Genossenschaft

3.32 Die **eingetragene Genossenschaft** kann Beteiligungen an anderen Unternehmen halten und damit Holding sein[78]. Sie muss sich dabei im Rahmen ihres Förderzwecks halten[79]. Ob diese Voraussetzung auch bei reinen Finanzanlagen erfüllt sein kann, ist umstritten[80]. Wegen der Bindung an einen Förderzweck und des komplizierten Gründungsvorgangs sind Genossenschaftsgründungen selten[81]. Von einer näheren Behandlung wird abgesehen.

c) Rechtsformbestimmende Holdingmerkmale

aa) Kriterien der Rechtsformwahl

3.33 Aus rechtlicher Sicht lassen sich bestimmte Anforderungen an die Rechtsform der Holding identifizieren, wie (vgl. *Keller* Rz. 4.4 ff.):

- die Fähigkeit, Träger von Rechten und Pflichten zu sein (Rechtsfähigkeit),
- die Dauerhaftigkeit und Stabilität, insbesondere im Vergleich zu kooperativen Strukturen der Zusammenarbeit,

---

72 Vgl. *Leuschner*, NZG 2017, 16 ff. zum FC Bayern München e.V.

73 Offen gelassen von BGH v. 11.9.2018 – II ZB 11/17, NZG 2018, 1392 (1393), Tz. 18 = ZIP 2018, 2165; tendenziell ablehnend die Vorinstanz: OLG Celle v. 14.3.2017 – 20 W 2/17, BeckRS 2017, 152485, Rz. 14 ff.

74 BGH v. 11.9.2018 – II ZB 11/17, NZG 2018, 1392 (1393), Tz. 18 = ZIP 2018, 2165.

75 A. A. offenbar *Winheller/Vielwerth*, DStR 2018, 574 (577).

76 Vgl. dazu *Leuschner*, NZG 2017, 16 ff.

77 BGH v. 10.12.2007 – II ZR 239/05 – Kolpingbildungswerk Sachsen, AG 2008, 256 (257) = ZIP 2008, 364.

78 *Fandrich* in Pöhlmann/Fandrich/Bloehs, Genossenschaftsgesetz, 4. Aufl. 2012, § 1 Rz. 52.

79 *Fandrich* in Pöhlmann/Fandrich/Bloehs, Genossenschaftsgesetz, 4. Aufl. 2012, § 1 Rz. 53.

80 Bejahend *Fandrich* in Pöhlmann/Fandrich/Bloehs, Genossenschaftsgesetz, 4. Aufl. 2012, § 1 Rz. 54.

81 Vgl. *Bartke*, ZRP 2015, 110 ff.

- die Flexibilität und Elastizität zur Anpassung an wechselnde Anforderungen,
- die Bündelung der Interessen der Gesellschafter der Holding einerseits sowie einzelnen unter der Holding zusammengefassten operativen Unternehmen andererseits auf ein gemeinsames Interesse (Zentralität).

Diese abstrakten Kriterien haben beschränkten Einfluss auf die Rechtsformwahl. Die Auswahl der richtigen Rechtsform ist von den konkreten Umständen abhängig. Eine erhebliche Rolle spielen oft steuerliche Gesichtspunkte[82]. Jenseits der steuerlichen Gesichtspunkte gibt es eine Reihe von **Auswahlkriterien**, die in ähnlicher Weise für Holdinggesellschaften und operative Gesellschaften gelten: 3.34

- Die Entscheidung zwischen der GmbH und der GmbHG & Co. KG richtet sich in der Regel nach steuerlichen Kriterien und fällt deshalb im Lauf der Zeiten mit der sich wandelnden Steuergesetzgebung unterschiedlich aus.
- Es gibt Unternehmen, die das Prinzip der unbeschränkten persönlichen Haftung natürlicher Personen als Inhaber und/oder Geschäftsleiter hoch halten. Für diese Unternehmen kommt nur die OHG, die (klassische) KG oder die (klassische) KGaA in Betracht[83].
- Im Vergleich zwischen GmbH und AG ist, zugespitzt, die GmbH einfach, die AG kompliziert, die GmbH in der internen Struktur flexibel, die AG unflexibel. In der AG hat der Vorstand das Sagen, in der GmbH die Gesellschafter. Die AG wird gerade aus diesen Gründen nach außen gelegentlich als stabiler und „reifer“ wahrgenommen, und es mag die eine oder andere Führungsperson geben, die bereit ist, ein Vorstandsamt zu übernehmen, aber nicht eine Geschäftsführerposition.
- Im Vergleich zwischen AG und KGaA bietet die KGaA flexiblere Möglichkeiten der Beteiligung Dritter – auch über die Börse – bei Aufrechterhaltung des Einflusses der Kerngesellschafter (z.B. einer Familie), um den Preis einer komplexeren Organisationsstruktur. Der Einfluss der Mitbestimmung ist bei der KGaA geringer, weil der Aufsichtsrat der KGaA nicht über die Geschäftsleitung entscheidet.
- Im Vergleich zwischen SE und AG ist die SE vielleicht in der Außenwirkung moderner, ermöglicht bei großen mitbestimmten Gesellschaften kleinere Aufsichtsräte und ermöglicht (von Ausnahmen abgesehen) das Beibehalten einer einmal ausverhandelten Mitbestimmungsregelung unabhängig von Änderungen der Arbeitnehmerzahl.
- Im Vergleich zwischen Verein und Stiftung einerseits und den Kapital- und Personengesellschaften andererseits kommen Verein und Stiftung in Frage, wenn die personelle Zuordnung des Vermögens oder zumindest des Vermögensstamms keine oder eine untergeordnete Rolle spielt oder geradezu unerwünscht ist.

bb) Rechtsfähigkeit

Über eine eigene Rechtspersönlichkeit mit eigener Rechtsfähigkeit verfügen (nur) die Kapitalgesellschaften und die anderen Körperschaften wie Stiftung, eingetragener Verein und Genossenschaft. Indessen sind die rechtsdogmatischen Unterschiede zwischen der Rechtsträgerschaft bei Kapitalgesellschaften und Gesamthandsgemeinschaften wie OHG und KG (§ 124 Abs. 1, § 161 Abs. 2 HGB) in der Praxis ohne Bedeutung. Der BGH hat auch die GbR inzwischen in den wesentlichen Bereichen als eigenes Vermögenszuordnungssubjekt anerkannt[84]. Es bleiben einige praktische Nachteile der GbR im Rechtsverkehr, zum Beispiel beim Nachweis der Vertretungsbefugnis, für den kein Register zur Verfügung steht, und in Form der Notwendigkeit der Aufnahme aller Gesellschafter der GbR in Gesellschafterlisten nach § 40 Abs. 1 Satz 2 GmbHG[85]. 3.35

82 Dazu § 14.
83 „Klassisch“ heißt hier mit natürlichen Personen als Komplementären.
84 BGH v. 4.12.2008 – V ZB 74/08, ZIP 2009, 66 = NZG 2009, 137 (Eintragung der GbR im Grundbuch).
85 BGH v. 26.6.2018 – II ZB 12/16, ZIP 2018, 1591 = NZG 2018, 1023.

cc) Dauerhaftigkeit

3.35a Eine Holding ist zur Wahrnehmung ihrer Führungs- und Gestaltungsfunktionen auf eine gewisse **Dauerhaftigkeit** ihres Bestands angewiesen. Hierbei ist von Bedeutung, wie die Holding auf einen Wechsel im Bestand ihrer Gesellschafter oder Veränderungen der bei diesen vorhandenen Interessen reagiert. Die Kapitalgesellschaften (**AG, GmbH, KGaA**), sind von vornherein auf Dauer angelegt und kraft ihrer Rechtspersönlichkeit und der diese stützenden Rechtsnormen (z.B. gesetzlich festgelegte Organe; Schutz des aufgebrachten Kapitals) gefestigt. Veränderungen im Gesellschafterbestand lassen die Holding in diesen Rechtsformen unberührt. Aus anderen Gründen (keine Mitglieder oder Gesellschafter, gesetzliche Aufsicht) weist auch die **Stiftung** eine hohe Stabilität auf. Die Abhängigkeit vom Bestand der Gesellschafter ist stärker bei **Personenhandelsgesellschaften** (GmbH & Co. KG, KG und OHG) und bei der GbR, und der Gesetzgeber geht davon aus, dass die Gesellschafter ein zwar begrenzbares, aber nicht völlig entziehbares Kündigungsrecht haben (§ 723 BGB). Durch Gestaltung des Gesellschaftsvertrags kann der Holding aber auch in diesen Rechtsformen ein stabiles rechtliches und strukturorganisatorisches Format gegeben werden. Im Gesellschaftsvertrag sollte z.B. vereinbart werden, dass die Übertragung von Anteilen – ggf. innerhalb eines bestimmten Personenkreises -zulässig ist und ein Ausscheiden eines Gesellschafters nicht zur Auflösung der Gesellschaft führt[86]. Eine Personengesellschaft kann allerdings nicht in gleichem Maße wie eine Kapitalgesellschaft gegen das Ausscheiden von Gesellschaftern und damit verbundene Abfindungsforderungen geschützt werden.

dd) Flexibilität und Geschäftsführungsautonomie

3.36 Eine Holding muss in der Lage sein, sich in hinreichendem Maße an externe und interne Veränderungen anzupassen[87]. Diese können z.B. die Funktion der Holding als Führungsinstrument einer Unternehmensgruppe betreffen, wie die Entscheidung, die nachgeordneten Unternehmen in einem Konzern einheitlich zu leiten; sie können aber auch dazu führen, die Holding als selbständige Führungsinstanz überflüssig zu machen[88]. Wesentliche Kennzeichen hierfür sind die Fähigkeit der Organe zur vorbeugenden Aktion oder zur Reaktion auf wesentliche Veränderungen, was wiederum die Anpassungsfähigkeit der rechtlichen oder organisatorischen Struktur der Holding voraussetzt (**Flexibilität**).

3.37 Eine pauschale Antwort auf die Frage nach der insoweit besten Gesellschaftsform ist nicht möglich, sondern muss auf Grundlage der jeweils individuellen Verhältnisse gefunden werden und ist auch dann mit dem Risiko verbunden, dass sich die richtigen Antworten der Vergangenheit in der Zukunft als inadäquat erweisen können. Im Vergleich der Rechtsformen bestehen Vorteile der **AG (und SE)**, wenn es darum geht, die Tätigkeit der Gesellschaft unabhängig von ihren Gesellschaftern wechselnden Gegebenheiten anzupassen. Die Geschäftsführung und Vertretung der AG und SE obliegt allein dem Vorstand, der die Gesellschaft unter eigener Verantwortung zu leiten hat (§ 76 Abs. 1 AktG). Der Vorstand ist berechtigt und verpflichtet, die Geschäfte der Gesellschaft unter Anwendung der Sorgfalt eines ordentlichen und gewissenhaften Geschäftsleiters allein im Interesse der Gesellschaft zu leiten, ohne den Weisungen Dritter unterworfen zu sein. Allein für die AG und die SE ist die Aufgabe und Kompetenz zur eigenverantwortlichen Leitung der Gesellschaft durch den Vorstand vorgegeben und diesem in Angelegenheiten der Gesellschaft eine weitgehende Autonomie eingeräumt. Diese findet ihre Grenze an den Befugnissen anderer (obligatorischer) Organe sowie dem der Tätigkeit des Vorstands vorgegebenen statutarischen Rahmen. Nur wenige grundlegende Entscheidungen erfordern somit die Mitwirkung der Aktionäre, und auch Zustimmungsvorbehalte

---

86 Vgl. *Schäfer* in MünchKomm/BGB, 7. Aufl. 2017, § 719 BGB Rz. 17 ff.

87 Externe Veränderungen resultieren z.B. aus veränderten wirtschaftlichen, politischen, rechtlichen Rahmenbedingungen, interne Veränderungen betreffen die Struktur der Organisation (sachlich oder personell) der Holding selbst.

88 Vgl. die Verschmelzung der Mercedes Benz AG auf die Daimler Benz AG mit Wirkung zum 1.1.1997, die hierdurch ihre ausschließliche Holdingfunktion verlor.

des Aufsichtsrat beschränken sich in der Regel auf wenige, signifikante Geschäftsvorfälle (vgl. Rz. 3.192 ff., 3.198 ff., 3.203 ff.). Die AG hat deshalb wesentliche Vorteile, wenn im Gesellschafterkreis unterschiedliche unternehmerische Vorstellungen herrschen. Der die Funktionsfähigkeit sichernde kleinste gemeinsame Nenner kann dann die Einigung auf die Zusammensetzung des Aufsichtsrats sein. Andererseits ist das Organisationsgefüge der AG eher starr und bietet nur eingeschränkt die Möglichkeit, die AG an die Wünsche und Vorstellungen der Gesellschafter anzupassen.

Gesellschaften in den Rechtsformen von **OHG, KG, GmbH & Co. KG** sowie **GmbH** haben Flexibilitätsvorteile, wenn es um die Umsetzung der Wünsche der Gesellschafter und die Anpassung des Gesellschaftsvertrags an die individuellen Verhältnisse geht, es sei denn, dass Gesellschaftergruppen mit gegenläufigen Interessen sich blockieren. Soweit Verwaltungsentscheidungen zu treffen sind, sind bei diesen Rechtsformen die statutarischen Möglichkeiten (oder Notwendigkeiten) zur vorherigen Beschlussfassung des Gesellschaftergremiums zu beachten. Die weitgehende statutarische Freiheit zur autonomen Gestaltung der Organisation gestattet es jedoch auch hier, Bereiche für autonome Geschäftsführungsentscheidungen zu schaffen. 3.38

Bei der **Kapitalgesellschaft & Co. KGaA** kommt es für den Grad der Unabhängigkeit der Geschäftsführung und die Intensität des Gesellschafterzugriffs auf die Rechtsform der Komplementärgesellschaft an; für die AG & Co. KGaA gelten insoweit die Ausführungen zur AG, für die GmbH & Co. KGaA die Ausführungen zur GmbH. 3.39

Die **GbR** ist nach dem gesetzlichen Normalstatut die schwerfälligste und gerade wegen der geringen Regelungsdichte die unübersichtlichste Organisationsform. In gewissem Maße hat hier die grundlegende Entscheidung des BGH zur Rechtsfähigkeit der GbR-Außengesellschaft[89] Abhilfe geschaffen. Die Notwendigkeit der Selbstorganschaft und des Zusammenwirkens aller Gesellschafter macht diese Rechtsform inflexibel, wird nicht von den gesetzlichen Regelungen gesellschaftsvertraglich abgewichen. Die GbR steht als Rechtsform nur zur Verfügung, wenn die Gesellschaft kein Handelsgewerbe im Sinne von § 1 Abs. 2 HGB betreibt (Rz. 3.11). 3.40

Stiftungen müssen einen Vorstand haben, der die Stiftung vertritt und die Geschäfte führt, §§ 86, 26, 27 BGB. Teilweise enthalten die Stiftungsgesetze der Länder nähere Regelungen, z.B. zu Zustimmungsvorbehalten der Stiftungsaufsicht[90]. Im Übrigen kann die innere Organisation in der Satzung weitgehend frei festgelegt werden. Die Besonderheiten der Stiftung – Abhängigkeit von dem im Statut der Stiftung einmal festgelegten Stifterwillen und Unabhängigkeit von den Vermögensinteressen von Gesellschaftern – bedeuten Chance und Risiko zugleich. Die Stiftung erweist sich in Angelegenheiten, die ihre rechtliche oder organisatorische Struktur anbetreffen, als nahezu unantastbar. Der in den Statuten festgelegte Stifterwille ist häufig nicht abänderbar[91]; Änderungen der Statuten erfordern zeitaufwendige Genehmigungsverfahren. Die Stiftung ist damit keine Rechtsform, deren eigene rechtliche oder organisatorische Struktur sowie ihre vorgegebenen Funktionen flexibel an Veränderungen angepasst werden können. 3.41

Eine Holding wird durch ihre Bestimmung zur führenden und gestaltenden Einwirkung auf die operativen Unternehmen beschrieben. Der Grad der Autonomie der Willensbildung der Geschäftsführung gegenüber den Gesellschaftern kann ganz unterschiedlich sein. Von der Rechtsform der Holding ist zu verlangen, dass sie zur Herstellung des **gewünschten Grades an Autonomie** geeignet ist. Der Grad der Autonomie der Stiftungs-Holding gegenüber dem Stifterwillen tendiert gegen Null. In den durch den Stifterwillen gezogenen Grenzen kann wiederum ein hoher Grad an Autonomie der Stiftungsorgane bestehen. Das macht die Stiftung nicht zur Übernahme von Holding-Funktionen ungeeignet, sondern begründet gerade die Eignung, bezogen auf bestimmte Konstellationen. Wenn 3.42

89 BGH v. 29.1.2001 – II ZR 331/00, BGHZ 146, 341 = AG 2001, 307 = ZIP 2002, 614 = NJW 2001, 1056.
90 Z.B. § 13 StiftG für Baden-Württemberg.
91 Z.B. bei Entscheidungen über wesentliche Investitionen oder Desinvestitionen, Veränderungen der Rechtsform o.Ä., vgl. BGH v. 22.1.1987 – III ZR 26/85, BGHZ 99, 348.

bezogen auf die Kapitalgesellschaften ein hoher Grad an Autonomie der Geschäftsführung gewünscht wird, kommt in besonderer Weise die AG in Betracht, im gegenteiligen Fall die GmbH.

ee) Dezentralisierung und Konzernleitung

3.43 Die Gründung einer Holding und die Organisation des Gesamtunternehmens in Holdingstrukturen ist zunächst ein Vorgang der **Dezentralisierung der Unternehmensleitung** (und der Haftung) (Rz. 3.48). Die bei der Holding verbleibende zentrale Steuerungsfunktion kann von ganz unterschiedlicher Intensität sein, von der passiven Beteiligungsverwaltung eines reinen Finanzinvestors bis zur aktiven einheitlichen Konzernleitung. Unter **Zentralität** der Holding wird diejenige rechtliche und strukturelle Eigenschaft verstanden, aufgrund der die Holding die in den Anteilen verschiedener Gesellschafter liegenden Interessen zu bündeln und gegenüber dem oder den Beteiligungsunternehmen einheitlich wahrzunehmen versteht. Das Merkmal der Zentralität ist für die Holding wesensbestimmend. In diesem Aspekt sind diejenigen Rechtsformen mit Vorteilen ausgestattet, bei denen Geschäftsführung und Vertretung klare Strukturen aufweisen und die Geschäftsführung gegenüber den Gesellschaftern ein höheres Maß an Autonomie genießt. Das ist insbesondere die AG. Allerdings sind bei jeder Rechtsform der Holding Erscheinungsformen der eher straffen oder eher zurückhaltenden Konzernleitung denkbar und hängen oft von nicht-rechtlichen Umständen mehr ab als von der Wahl der Rechtsform. Bei der Umsetzung des auf Holding-Ebene definierten gemeinsamen Interesses im Verhältnis zu den Beteiligungsunternehmen spielt deren Rechtsform eine Rolle (Rz. 3.45).

ff) Rechtsform der Zwischenholding

3.44 Rechtsformspezifische Sonderprobleme stellen sich für die **Zwischenholding**. Die Zwischenholding muss zusätzlich zur Fähigkeit zur Ausübung von Herrschaftsrechten die **Eignung, beherrscht zu werden**, aufweisen. Daraus ergibt sich, dass sämtliche Rechtsformen mit natürlichen Personen als persönlich haftende Gesellschafter sowie AG, SE und AG/SE & Co. KGaA als Zwischenholding kaum zu gebrauchen sind, soweit nicht im Einzelfall der Abschluss eines Beherrschungsvertrags die Tauglichkeit herbeiführt. Umgekehrt formuliert sind GmbH und GmbH & Co. KG die typischen Rechtsformen der Zwischenholding.

gg) Rechtsform der operativen Unternehmen

3.45 Ähnliches wie für die Zwischenholding gilt für **das operative Unternehmen**. Aus Sicht der Holding sollte das operative Unternehmen seiner Rechtsform nach ebenfalls die **Möglichkeit zu hinreichender Einflussnahme** durch die Holding bieten. Die Fragestellung ist auf dieser Ebene allerdings in der Regel komplexer als bei der Zwischenholding, die nur in Ausnahmefällen eine Ebene autonomer Entscheidungsbildung ist (näher zu den für die Rechtsform des operativen Unternehmens maßgeblichen Gesichtspunkten Rz. 3.47 ff.). Für das operative Unternehmen soll dagegen je nach den Umständen des Einzelfalls größere (dann eher AG) oder geringere (dann eher GmbH oder GmbH & Co. KG) Selbständigkeit genießen. Wenn das operative Unternehmen börsennotiert sein soll, kommen als Rechtsform nur AG, SE und KGaA in Betracht.

d) Zusammenfassung

3.46 Die Anforderungen an eine Holding sind je nach den verfolgten Zwecken unterschiedlich. Kaum eine Rechtsform lässt sich von vornherein ausschließen. Das wird dadurch bestätigt, dass Holdingunternehmen in den **verschiedensten Rechtsformen** über Jahrzehnte Bestand hatten und haben. Als gemeinsamer Nenner lässt sich feststellen, dass das Holdingsunternehmen, soll es eine eigene Funktion haben und nicht nur ein Stimmenpool der Gesellschafter sein, eine gewisse Neutralisierung des Gesellschaftereinflusses und Autonomie der Entscheidungsfindung gewährleisten sollte. Am stärksten (in manchen Konstellationen zu stark) in diese Richtung gehen die AG und – vorbehaltlich der Beachtung des Stifterwillens – die Stiftung.

2. Rechtsformen der Unternehmen im Holdingkonzern

a) Allgemeines

Eine Holding nimmt auf die ihr nachgeordneten Unternehmen **Einfluss** durch Koordination, Gestaltung, Führung oder Leitung, und zwar in Bezug auf die wesentlichen geschäftspolitischen Entscheidungen oder darüber hinaus bis hin zur Beeinflussung konkreter Maßnahmen der Geschäftsführung (vgl. *Keller* Rz. 4.16 ff.). Eine gesicherte Grundlage für eine derartige Beeinflussung ergibt sich aus den gesellschaftsrechtlichen oder unternehmensvertraglichen Beziehungen zwischen der Holding und den operativen Unternehmen; daneben stehen gesellschaftsrechtlich nicht untermauerte Einflussmöglichkeiten auf wirtschaftlicher Grundlage, die allerdings für eine Beherrschung im gesellschaftsrechtlichen Sinn allenfalls ergänzend herangezogen werden können[92]. Die Rechtsordnung reagiert auf die unterschiedlichen Einflussmöglichkeiten in differenzierter Weise (vgl. insbesondere §§ 117, 291 ff., 311 ff. AktG). Die Mittel zur Einflussnahme auf die Beteiligungsunternehmen ergeben sich i.d.R. aus einem (aktienrechtlichen) Beherrschungs-/Abhängigkeitsverhältnis i.S.v. § 17 AktG. Das praktisch bedeutendste Beherrschungsmittel ist die Beteiligung der Holding an den nachgeordneten Unternehmen mit der Möglichkeit der Beeinflussung der Besetzung der Organe und bestimmter Entscheidungen und[93], ferner der Abschluss von Unternehmensverträgen (Rz. 3.57 ff.) oder die Eingliederung des operativen Unternehmens (Rz. 3.60 ff.). Der rechtliche Rahmen der Beteiligungsunternehmen hat für die Frage Bedeutung, ob und inwieweit das Beteiligungsverhältnis der Holding die Beherrschungsmöglichkeiten vermittelt, um die abhängigen Unternehmen z.B. durch Steuerung von deren Finanz- oder Personalpolitik[94] einheitlich zu leiten. 3.47

b) Bedeutung der Rechtsform

Ein wichtiges Motiv für die Schaffung eines Unternehmensverbandes unter der Führung einer Holding ist die Dezentralisierung operativer Entscheidungen und die damit verbundene Autonomie von Konzerngliedern. Die Leitung des Unternehmensverbundes macht gleichwohl Mechanismen zur Einflussnahme erforderlich. Die Beeinflussung und Beherrschung der Beteiligungsunternehmen beruht in erster Linie auf der **gesellschaftsrechtlichen Beteiligung.** Diese vermittelt der Holding in der Gesellschafterversammlung die Rechtsposition, durch Stimmrechtsausübung gegebenenfalls sogar beherrschenden Einfluss auszuüben. Die Einflussnahme bezieht sich z.B. auf die den Gesellschaftern vorbehaltenen Grundlagenentscheidungen, wie 3.48

- Eigenkapitalausstattung[95],
- Ergebnisverwendung,
- Personalentscheidungen (Besetzung von Geschäftsführungs- und Aufsichtsorganen sowie Entlastung),
- Strukturentscheidungen (Abschluss von Unternehmensverträgen, Umwandlung, Verschmelzung),

sowie auf die Mitwirkung in Geschäftsführungsangelegenheiten insbesondere durch Zustimmungsvorbehalte und Weisungsrechte.

---

92 Vgl. dazu *Witt* in K. Schmidt/Lutter, 4. Aufl. 2020, § 117 AktG Rz. 6; *Koppensteiner* in KölnKomm/AktG, 3. Aufl. 2011, § 17 AktG Rz. 57 ff.; Hüffer/Koch, 14. Aufl. 2020, § 17 AktG Rz. 8.

93 BGH v. 26.3.1984 – II ZR 171/83, DB 1984, 1188 (1190) = AG 1984, 181 = ZIP 1984, 572; *Bayer* in MünchKomm/AktG, 5. Aufl. 2019, § 17 AktG Rz. 34; *Koppensteiner* in KölnKomm/AktG, 3. Aufl. 2011, § 17 AktG Rz. 50.

94 Vgl. *Koppensteiner* in KölnKomm/AktG, 3. Aufl. 2011, § 18 AktG Rz. 20; Hüffer/Koch, 14. Aufl. 2020, § 18 AktG Rz. 11; *Emmerich* in Emmerich/Habersack, Aktien- und GmbH-Konzernrecht, 9. Aufl. 2019, § 18 AktG Rz. 10 ff.

95 Vgl. bei GmbH § 5 Abs. 1 GmbHG sowie zur Kapitalaufbringung § 7 Abs. 2 GmbHG; bei AG §§ 7, 36 ff. AktG.

3.49 Die Entscheidung über Höhe und Art (gezeichnetes Kapital i.S.v. § 272 Abs. 1 HGB und Kapitalrücklage nach § 272 Abs. 2 HGB) des **Eigenkapitals** und dessen Verhältnis zum Fremdkapital wird im Rahmen der Gründung oder Kapitalerhöhung unter Berücksichtigung von Art und Umfang des von dem Tochterunternehmen zukünftig betriebenen Unternehmens bestimmt. Die Entscheidung wird auch dadurch beeinflusst, wie die Holding ihre Finanzierungsfunktion definiert und mit welcher Selbständigkeit das Tochterunternehmen hinsichtlich seiner Finanzierung ausgestattet sein soll. Ein durch Beherrschungs- und Gewinnabführungsvertrag mit dem Mutterunternehmen verbundenes Unternehmen erfordert bei entsprechender Leistungsfähigkeit des Mutterunternehmens eine geringere Eigenkapitalausstattung als ein Unternehmen, welches für seine Finanzierung im Wesentlichen selbst aufkommen muss oder für das beabsichtigt ist, weitere Anteilseigner aufzunehmen oder Aktien an einer Börse zu platzieren[96].

3.50 Die Regeln zur **Kapitalaufbringung und -erhaltung** hängen wesentlich von der gewählten Rechtsform ab. Die Personengesellschaften kennen keine Verpflichtung zur Aufbringung und Aufrechterhaltung eines Mindestkapitals. Nach der ursprünglichen gesetzlichen Konzeption tritt an deren Stelle die persönliche Haftung der Gesellschafter, die grundsätzlich – mit Ausnahme der Kommanditisten bei der KG – unbegrenzt ist. Bei der heute die Regel bildenden Personengesellschaft in der Form der Kapitalgesellschaft & Co. KG haftet die Kapitalgesellschaft als Komplementärin zwar unbegrenzt, aber eben nur mit ihrem eigenen Vermögen. Insoweit gelten für die KG mittelbar die auf die Komplementärin anwendbaren Kapitalisierungsregeln. Die Kapitalgesellschaften unterscheiden sich nicht nur in der Höhe des erforderlichen Mindestkapitals, sondern auch in der Strenge der Kapitalerhaltungsvorschriften. Bei der **AG** (und der **SE**) erstreckt sich die Verpflichtung zur Kapitalerhaltung (§ 57 AktG) auf wesentliche Teile des Eigenkapitals jenseits des gezeichneten Kapitals, nämlich die Rücklagen nach § 272 Abs. 2 Nr. 1 bis 3 HGB. Diese Rücklagen stehen zur Entnahme nicht zur Verfügung, § 150 Abs. 3 und 4 AktG. Entsprechendes gilt für das von den Kommanditaktionären aufgebrachte Grundkapital der **KGaA** (§ 278 Abs. 3 AktG). Für den Kapitalanteil der Komplementäre gelten dagegen Sonderregeln (§ 288 AktG). Bei der **GmbH** ist das gezeichnete Kapital gegen Entnahmen geschützt (§ 30 GmbHG), aber alle Rücklagen stehen den Gesellschaftern zur einvernehmlichen Entnahme zur Verfügung[97].

3.51 Eingriffe in den Bestand des Vermögens der Beteiligungsunternehmen sind bei **Personengesellschaften** zulässig. Anders als bei AG, KGaA und GmbH besteht für sie gegen Entnahmen geschütztes Grund- oder Stammkapital[98]. Bei der GmbH & Co. KG besteht allerdings, wie erwähnt, das Verbot des Eingriffs in das Stammkapital der Komplementär-GmbH, das über die persönliche Haftung des Komplementärs mit der Vermögenssituation der KG rückgekoppelt ist.

3.52 Die Rechtsformen unterscheiden sich weiterhin danach, ob und inwieweit

- Zustimmungsvorbehalte der Gesellschafter,
- Mitwirkungsrechte der Gesellschafter,
- Mitwirkungsrechte gesellschafter-unabhängiger Organe,
- Entscheidungsautonomie der Geschäftsführung in Angelegenheiten der Gesellschaft, der Ergebnisgestaltung oder -verwendung

bestehen oder geschaffen werden können. Die **Personenhandelsgesellschaften** weisen im gesetzlichen Normalstatut – das allerdings in der Regel insbesondere bei der GmbH & Co. KG zugunsten ei-

96 Zur Konzernfinanzierung aus rechtlicher Sicht *Spindler*, ZHR 171 (2007), 245 ff.

97 BGH v. 29.9.2008 – II ZR 234/07, GmbHR 2008, 1319, Rz. 8 = ZIP 2008, 2217; BGH v. 23.6.1997 – II ZR 220/95, GmbHR 1997, 790 (791) = ZIP 1997, 1450; *Kersting* in Baumbach/Hueck, 22. Aufl. 2019, § 29 GmbHG Rz. 64.

98 Zur OHG vgl. §§ 122 ff. HGB, zur KG §§ 171, 172 HGB; *Roth* in Baumbach/Hopt, 39. Aufl. 2020, § 122 HGB Rz. 3.

ner den Kapitalgesellschaften angenäherten Organisationsstruktur modifiziert ist – eine starke Verflechtung der Holding als Gesellschafterin mit der Geschäftsführung der Beteiligungsunternehmen auf. Wenn die Holding (was eher selten vorkommt) persönlich haftender Gesellschafter ist, nimmt sie unmittelbar an der Geschäftsführung teil, § 114 Abs. 1, § 116, § 161 Abs. 2 HGB. Als Kommanditist hat die Holding die Rechte nach § 164 HGB bei Geschäften, die über den gewöhnlichen Betrieb hinausgehen, sowie das Recht zur Mitwirkung an der Entscheidung über so genannte Grundlagengeschäfte (näher Rz. 3.208 f.)[99]. Die Vorschriften sind weitgehend disponibel[100] und werden im Gesellschaftsvertrag oft modifiziert. Wird das operative Unternehmen als GmbH & Co. KG geführt, wird die Verwaltung der Gesellschaft durch die i.d.R. mit der Holding nicht identische Komplementär-GmbH wahrgenommen. Die Umsetzung der holdingtypischen Funktionen beruht dann auf der Beherrschung der Komplementärgesellschaft und den der Holding eingeräumten Informations- und Kontrollrechten in der KG. In der „Einheitsgesellschaft" ist die KG Inhaberin aller Anteile an der GmbH. Die Herrschaft über die GmbH & Co. KG vermittelt sich dann über die Rechte der Kommanditisten einschließlich der im Gesellschaftsvertrag zu regelnden Kompetenzen zur Ausübung der Gesellschafterrechte in der Komplementär-GmbH[101].

Bei der **GmbH** ist die Geschäftsführung des Beteiligungsunternehmens das für die Führung dieser 3.53
Gesellschaft zuständige Organ (§§ 35 ff. GmbHG), der durch das GmbHG jedoch kein Raum autonomer Entscheidungen eingeräumt ist[102]. Die Gesellschafter können durch die Satzung oder durch Beschlüsse Angelegenheiten der Geschäftsführung an sich ziehen, Weisungen erteilen, Entscheidungen ihrer Zustimmung unterstellen oder Entscheidungen auf andere Gremien verlagern[103]. Die Holding kann als Gesellschafterin die Zusammensetzung der Geschäftsführung bestimmen (§ 46 Nr. 5, § 38 GmbHG) sowie kraft Weisung die Grundlagen der Geschäftspolitik bestimmen und Einzelheiten der operativen Geschäftsführung aufgreifen und festlegen (§ 37 Abs. 1 GmbHG), wenn sie über die Mehrheit der Stimmen oder die sonst gesellschaftsvertraglich bestimmte Mehrheit verfügt[104]. Das Weisungsrecht spart nur diejenigen Bereiche der Geschäftsführung aus, die den Geschäftsführern zur eigenverantwortlichen Erledigung zugewiesen sind. Das betrifft insbesondere die Sicherstellung des gesetzmäßigen Verhaltens der GmbH (**Legalitätsprinzip**; inzwischen mit dem – weiter reichenden – Begriff **Compliance** belegt)[105]. Die Rechtsform der GmbH bei Beteiligungsunternehmen erlaubt einerseits die Zentralisation von Entscheidungs- und Führungsfunktionen bei der Holding und gestattet andererseits eine flexible Handhabung, wie z.B. die Einräumung eines Raums für autonome Geschäftsführungsentscheidungen[106]. Entnahmen von Gesellschaftern – auch in Form von Geschäften, die dem Drittvergleich nicht statthalten – sind außerhalb der Gewinnverwendung grundsätzlich möglich, solange das Stammkapital unangetastet bleibt (§ 30 GmbHG)[107]. Allerdings ist der Gleichbehandlungsgrundsatz zu beachten, was in der Regel zum Erfordernis der Zustimmung aller Gesellschafter führt[108].

---

99 Nach einer Periode der eher distanzierten Bezugnahme auf das Konzept (z. B. BGH v. 21.10.2014 – II ZR 84/13, NZG 2014, 1296 (1298 f.), Rz. 12, 13, 18) verwendet der BGH den Begriff jetzt wieder offensiver: BGH v. 19.4.2016 – II ZR 123/15, NZG 2016, 826 (827), Rz. 27 = ZIP 2016, 1332.

100 *Roth* in Baumbach/Hopt, 39. Aufl. 2020, § 114 HGB Rz. 20 ff., § 116 HGB Rz. 11.

101 *von Bonin*, RNotZ 2017, 1; *Liebscher* in MünchKomm/GmbHG, 3. Aufl. 2019, § 48 GmbHG Rz. 211 f.

102 Ganz h.M., vgl. *Stephan/Tieves* in MünchKomm/GmbHG, 3. Aufl. 2019, § 37 GmbHG Rz. 68.

103 *Stephan/Tieves* in MünchKomm/GmbHG, 3. Aufl. 2019, § 37 GmbHG Rz. 69 ff., 107 ff.; *Kleindiek* in Lutter/Hommelhoff, 20. Aufl. 2020, § 37 GmbHG Rz. 12 ff.

104 *Kleindiek* in Lutter/Hommelhoff, 20. Aufl. 2020, § 37 GmbHG Rz. 17 ff.

105 *Stephan/Tieves* in MünchKomm/GmbHG, 3. Aufl. 2019, § 37 GmbHG Rz. 25 ff.

106 *Stephan/Tieves* in MünchKomm/GmbHG, 3. Aufl. 2019, § 37 GmbHG Rz. 108; *Kleindiek* in Lutter/Hommelhoff, 20. Aufl. 2020, § 37 GmbHG Rz. 25 f.

107 BGH v. 29.9.2008 – II ZR 234/07, GmbHR 2008, 1319, Rz. 8 = ZIP 2008, 2217; BGH v. 23.6.1997 – II ZR 220/95, GmbHR 1997, 790 (791) = ZIP 1997, 1450; *Kersting* in Baumbach/Hueck, 22. Aufl. 2019, § 29 GmbHG Rz. 64.

108 *Pentz* in Rowedder/Schmidt-Leithoff, 6. Aufl. 2017, § 29 GmbHG Rz. 164 f.; zurückhaltender *Hommelhoff* in Lutter/Hommelhoff, 20. Aufl. 2020, § 29 GmbHG Rz. 48.

3.54 In der **AG** führt der **Vorstand** die Gesellschaft eigenverantwortlich. Der Aufsichtsrat ist zur Überwachung und Beratung[109], nicht aber zur Mitwirkung an der Geschäftsführung aufgerufen. Die aktiven Einwirkungsbefugnisse der Hauptversammlung beschränken sich auf die Gegenstände, die von Gesetzes wegen der Entscheidung oder Zustimmung der Hauptversammlung bedürfen (vgl. insbesondere §§ 83 und 119 Abs. 1 AktG) und auf den schmalen Bereich der durch die Rechtsprechung anerkannten Fälle der zwingenden Mitwirkung der Hauptversammlung (näher dazu Rz. 3.192 ff.). Weder dem Aufsichtsrat noch (außerhalb von § 83 AktG) der Hauptversammlung steht das Recht zu, dem Vorstand Weisungen zu erteilen. Der Vorstand ist (vorbehaltlich der Einhaltung der Sorgfaltspflichten, § 93 AktG) in seiner Geschäftsführung im Allgemeinen nur durch den Unternehmensgegenstand und durch Zustimmungsvorbehalte des Aufsichtsrats (§ 111 Abs. 4 AktG) beschränkt[110].

3.54a Die Weisungsfreiheit gilt innerhalb der Zuständigkeitsordnung und der durch die handelsrechtlichen Vorschriften gezogenen Grenzen auch im Bereich der Ergebnisgestaltung. Die Aufstellung des Jahresabschlusses obliegt allein dem Vorstand. Der **Aufsichtsrat** hat das Recht (und die Pflicht) zur Prüfung (§ 171 Abs. 1 AktG). Mit seiner Billigung ist der Jahresabschluss festgestellt[111]. Der Aufsichtsrat ist nicht auf eine reine Rechtmäßigkeitskontrolle beschränkt, sondern kann bei seiner Entscheidung über die Billigung im Rahmen der gesetzlichen Vorschriften in gleicher Weise Zweckmäßigkeitsüberlegungen des Interesses der Gesellschaft anstellen wie der Vorstand[112]. Die **Hauptversammlung** ist an der Feststellung des Jahresabschlusses nur im Ausnahmefall nach Maßgabe von § 173 Abs. 1 AktG beteiligt[113]. Über die Gewinnverwendung beschließt die Hauptversammlung (§ 174 Abs. 1 AktG); sie ist hierbei an den festgestellten Jahresabschluss gebunden. Ohne Mitwirkung der Hauptversammlung kann (vorbehaltlich anderweitiger Regelung in der Satzung) höchstens die Hälfte des Jahresüberschusses in andere Gewinnrücklagen[114] eingestellt werden (§ 58 Abs. 2 AktG)[115]. Das Vermögen der AG ist gegen Eingriffe der Aktionäre streng geschützt: Einlagen dürfen nicht zurückgewährt werden (§ 57 Abs. 1 Satz 1 AktG), Ausschüttungen außerhalb der Dividendenausschüttung sind, abgesehen von unter engen Voraussetzungen zulässigen Abschlagszahlungen (§ 59 AktG), verboten (§ 57 Abs. 3 AktG), schädliche Einflussnahmen führen zu Schadensersatzverpflichtungen (§ 117 AktG), und Nachteilszufügungen des herrschenden Gesellschafters sind auszugleichen (§ 311 AktG).

3.54b Bei der **SE** gelten dieselben Regeln, wenn für die SE nach Maßgabe der Art. 39 ff. SE-VO[116], §§ 15 ff. SEAG das dualistische Modell (Vorstand und Aufsichtsrat) vorgesehen ist. An dessen Stelle kann auch das monistische Modell mit einem einheitlichen Leitungs- und Überwachungsorgan (Verwaltungsrat, entsprechend dem angelsächsischen Board-System) gewählt werden (Art. 44 ff. SE-VO, §§ 20 ff. SEAG). Dort obliegt die Geschäftsführung den geschäftsführenden Direktoren, die gegenüber dem Verwaltungsrat weisungsunterworfen sind (§ 44 Abs. 2 SEAG). Die SEAG in der monistischen Variante ist eine **Gestaltungsalternative**, wenn das höhere Prestige der AG (und SE) gegenüber der GmbH mit einem größeren Einfluss der (im Verwaltungsrat vertretenen) Gesellschafter ge-

109 BGH v. 25.3.1991 – II ZR 188/89, AG 1991, 312 f. = ZIP 1991, 653.

110 Zum Umfang der Überwachungsaufgabe mit präventivem Charakter vgl. auch BGH v. 25.3.1991 – II ZR 188/89, BGHZ 114, 127 (130) = ZIP 1991, 653 = AG 1991, 312; *Hoffmann-Becking* in MünchHdb/AG, 4. Aufl. 2015, § 29 Rz. 31 ff.; *Lutter/Kremer*, ZGR 1992, 87 (88 ff.).

111 Die Hauptversammlung ist für die Feststellung zuständig, wenn der Aufsichtsrat den aufgestellten Jahresabschluss nicht billigt (§ 173 Abs. 1 Satz 1 Fall 2 AktG) oder Aufsichtsrat und Vorstand trotz Billigung durch den Aufsichtsrat beschließen, die Feststellung der Hauptversammlung zu überlassen (§ 172 Satz 1 Fall 2, § 173 Abs. 1 Satz 1 Fall 1 AktG).

112 *Hennrichs/Pöschke in* MünchKomm/AktG, 4. Aufl. 2018, § 171 AktG Rz. 36 ff.; *Hennrichs*, ZHR 174 (2010), 683 (690 f.).

113 Hüffer/Koch, 14. Aufl. 2020, § 173 AktG Rz. 2.

114 Andere Gewinnrücklagen i.S.v. § 58 AktG sind die Gewinnrücklagen nach § 272 Abs. 3 Satz 2 Fall 3 AktG, also alle Gewinnrücklagen mit Ausnahme gesetzlich oder satzungsgemäß zu bildender Rücklagen.

115 Hüffer/Koch, 14. Aufl. 2020, § 58 AktG Rz. 9 f.; zur Gewinnthesaurierung im Konzern Rz. 206.

116 VO (EG) Nr. 2157/2001 des Rates über das Statut der Europäischen Gesellschaft (SE).

genüber der Geschäftsführung verbunden werden soll. Als Hindernis hat sich bisher die Mitbestimmung erwiesen (siehe sogleich).

3.55 Gewisse Modifikationen der Einflussnahme und Beherrschung der Anteilseigner ergeben sich bei Unternehmen, die der **Mitbestimmung** der **Arbeitnehmer** nach dem MitbestG unterliegen. Der Rechtsform nach sind das unter den hier interessierenden Gesellschaftsformen die AG, die KGaA und die GmbH. Voraussetzung ist des Weiteren, dass die Gesellschaft in der Regel mehr als 2000 Arbeitnehmer im Inland[117] beschäftigt oder ihr Arbeitnehmer in entsprechender Zahl zuzurechnen sind (§ 1 Abs. 1, § 3 Abs. 1, § 4 f. MitbestG). Wenn die Anwendungsvoraussetzungen des MitbestG vorliegen, ist zwingend ein mit Anteilseigner-Vertretern und Arbeitnehmer-Vertretern paritätisch besetzter Aufsichtsrat zu bilden. Die Anteilseiger verfügen jedoch aufgrund des Zweitstimmrechts des Aufsichtsratsvorsitzenden – der faktisch fast ausnahmslos von der Anteilseigner-Seite gestellt wird[118] – über das Übergewicht (§§ 27, 29 MitbestG). Die sich aus dem MitbestG ergebende Einschränkung der freien Besetzung der Aufsichtsratssitze durch die Anteilseigner wird nicht als durchgreifendes Hindernis für die Annahme der aktienrechtlichen Beherrschung bewertet[119]. Erst recht gilt das für die Mitbestimmung nach dem DrittelbG (mehr als 500 inländische Arbeitnehmer[120]; ein Drittel der Aufsichtsratssitze werden durch Arbeitnehmer-Vertreter besetzt).

3.55a Das **Mitbestimmungsstatut der SE** wird nach Maßgabe des SEBG im Weg des Verhandlungsverfahrens (§§ 11 ff. SEBG) und, wenn keine Einigung erzielt wird, durch Rückgriff auf die Auffanglösung (§§ 34 ff. SEBG) bestimmt. Die Ergebnisse könne je nach den Umständen der Entstehung der SE unterschiedlich ausfallen. Beim Formwechsel einer AG in eine SE (Art. 2 Abs. 4 SE-VO) orientiert sich das im Verhandlungsweg definierte Mitbestimmungsstatut praktisch durchweg am vorher bestehenden Zustand, weil das auch Inhalt der Auffanglösung wäre (vgl. § 35 Abs. 1 SEBG). Unter den Gerichten ist bisher umstritten, ob für die Auffanglösung der beim umzuwandelnden Unternehmen bestehende Ist-Zustand[121] (unabhängig von seiner Rechtmäßigkeit) oder der Soll-Zustand[122] maßgeblich ist. Jedenfalls wenn bei Eintragung der SE in das Handelsregister bereits ein Statusverfahren eingeleitet war, kommt es darauf an, wie der Aufsichtsrat richtigerweise zusammenzusetzen war[123]. Ggf. ist bei der SE ein (wohl in jedem Fall neu einzuleitendes) Statusverfahren durchzuführen, um die richtige Zusammensetzung des Aufsichtsrats prüfen zu lassen[124]. Wenn die Auffanglösung auf Schaffung einer paritätischen Vertretung hindeutet, wird die **monistische Variante** der SE (Rz. 3.54b) weithin als problematisch empfunden, weil mit der größeren Verantwortlichkeit des Verwaltungsrats im Vergleich zum Aufsichtsrat eine Verstärkung der Mitbestimmung einhergeht[125]. Eine dem Mitbestimmungsregime des SEBG weitgehend entsprechende Regelung gilt im Rahmen **grenzüberschreitender Verschmelzungen** auf eine deutsche Gesellschaft nach Maßgabe des Gesetzes über die Mitbestimmung der Arbeitnehmer bei einer grenzüberschreitenden Verschmelzung (MgVG).

3.56 Der Überblick zeigt, dass die **AG** als Rechtsform des Beteiligungsunternehmens wegen der dem Vorstand eingeräumten Eigenverantwortlichkeit der Holding **beschränktere Gestaltungs- und Einwir-**

117 Darin liegt kein Verstoß gegen Europarecht: EuGH v.18.7.2017 – C-566/15, ECLI:EU:C:2017:562 – „TUI“, AG 2017, 577 ff.

118 Der Ausnahmefall des OLG Köln (v. 9.5.2019 – 18 Wx 4/19, AG 2019, 658 = ZIP 2019, 1910 = NZG 2019, 866) hat deshalb für erhebliches Aufsehen gesorgt.

119 *Bayer* in MünchKomm/AktG, 5. Aufl. 2019, § 17 AktG Rz. 93; *Koppensteiner* in KölnKomm/AktG, 3. Aufl. 2004, § 17 AktG Rz. 67, 120.

120 Das Erfordernis von 500 inländischen Arbeitnehmern findet keine Anwendung auf AGs, die vor dem 10.8. eingetragen wurden und keine Familiengesellschaften sind; § 1 Abs. 1 Nr. 3 DrittelbG.

121 Dafür LG München I v. 26.6.2018 – 38 O 15760/17, ZIP 2018, 1546 = Der Konzern 2018, 356.

122 Dafür OLG Frankfurt v. 27.8.2018 – 21 W 29/18, ZIP 2018, 1874 = AG 2019, 252; vgl. zu der Frage insgesamt *Habersack* AG 2018, 823.

123 BGH v. 23.7.2019 – II ZB 20/18, AG 2019, 761, Rz. 34 ff. = ZIP 2019, 1762.

124 BGH v. 23.7.2019 – II ZB 20/18, AG 2019, 761, Rz. 32 = ZIP 2019, 1762.

125 Vgl. *Reichert/Brandes* in MünchKomm/AktG, 4. Aufl. 2017, Art. 50 SE-VO Rz. 47 ff.

kungsmöglichkeiten eröffnet. Die Einflussmöglichkeiten der Anteilseigner (einschließlich der Holding) beschränken sich auf die gesetzlich vorgesehenen Fälle der Beschlusszuständigkeit der Hauptversammlung. Das hauptsächliche Mittel der Beherrschung ist die Möglichkeit zur Bestimmung der Zusammensetzung des Aufsichtsrats, soweit seine Mitglieder von den Anteilseignern zu wählen sind. Die Situation ändert sich grundlegend bei Bestehen eines Beherrschungsvertrags (dazu sogleich).

c) Unternehmensverträge und Eingliederung

aa) Unternehmensverträge

3.57 Die aktienrechtlichen Unternehmensverträge der §§ 291 f. AktG zerfallen in zwei kategorial unterschiedliche Gruppen:

- Der **Beherrschungsvertrag** und der **Gewinnabführungsvertrag** (jeweils § 291 Abs. 1 Satz 1 AktG) sowie der diesem gleichgestellte **Geschäftsführungsvertrag** (§ 291 Abs. 1 Satz 2 AktG) sind organisationsrechtliche Verträge, die das Organisationsstatut der Aktiengesellschaft insbesondere dadurch umgestalten, dass die Kapitalerhaltungsvorschriften weitgehend außer Kraft gesetzt sind (§ 291 Abs. 3 AktG) und durch ein alternatives System des Aktionärs- und Gläubigerschutzes ersetzt werden (§§ 302 bis 305 AktG)[126]. Bei Beherrschungsvertrag kommt die grundlegende Umgestaltung der inneren Organisationsstruktur („Corporate Governance") durch die Begründung der Weisungsunterworfenheit des Vorstands (§ 308 AktG) hinzu. Die „Corporate Governance" der AG als Untergesellschaft eines Beherrschungsvertrags nähert sich der der GmbH an. Der Abschluss der Unternehmensverträge des § 291 AktG bedarf der Zustimmung der Hauptversammlung in einem besonderen Verfahren (§§ 293 ff. AktG).
- Die Unternehmensverträge des § 292 AktG, nämlich der **Gewinngemeinschaftsvertrag** (§ 292 Abs. 1 Nr. 1 AktG), der **Teilgewinnabführungsvertrag** (§ 292 Abs. 1 Nr. 2 AktG) sowie der **Betriebspacht-** und **-überlassungsvertrag** (§ 292 Abs. 1 Nr. 3 AktG), sind dagegen grundsätzlich „normale" schuldrechtliche Austauschverträge. Das Erfordernis der Zustimmung nach den §§ 293 ff. AktG gilt auch hier, nicht aber gelten die besonderen Schutzbestimmungen der §§ 302 bis 305 AktG[127].

Bei Bestehen eines Beherrschungsvertrags ist das Holdingunternehmen in der Lage, durch Weisungen die Geschäftsführung der abhängigen Gesellschaft zu beeinflussen. Der Gewinnabführungsvertrag gibt der Holding das Recht, den gesamten Gewinn an sich abführen zu lassen[128]. Zur Verlustübernahme (§ 302 AktG) sowie zur Gewährung von Ausgleichs- (§ 304 AktG) und Abfindungsansprüchen (§ 305 AktG) an außenstehende Aktionäre verpflichten beide Vertragstypen. In der Praxis werden, nicht zuletzt aus steuerlichen Gründen[129], die beiden Vertragstypen oft in Verbindung miteinander abgeschlossen.

3.58 Der Gesetzgeber hat es bisher versäumt, die Unternehmensverträge auch bei der GmbH (und sei es durch Verweis auf das Aktienrecht) umfassend zu regeln, und beschränkt sich auf punktuelle Regelungen (insbesondere § 30 Abs. 1 Satz 2 GmbHG). Die Zulässigkeit von Unternehmensverträgen mit der GmbH als abhängiger Gesellschaft ist unbestritten. Trotz der auch bei der GmbH erheb-

126 *Stephan*, Der Konzern 2014, 1 ff.

127 Eine Ausnahme ist die (überflüssige) Vorschrift des § 302 Abs. 2 AktG betreffend die Betriebspacht und -überlassung; zur rechtspolitischen Kritik *Stephan* in K. Schmidt/Lutter, 4. Aufl. 2020, § 302 AktG Rz. 60.

128 Zum Höchstbetrag der Gewinnabführung vgl. § 301 AktG.

129 Vgl. § 14 KStG; der Gewinnabführungsvertrag ist Voraussetzung der steuerlichen Organschaft für Körperschaftsteuerzwecke; der Beherrschungsvertrag sichert die (ertragsteuerlich nicht mehr bedeutsame) organisatorische Eingliederung für Zwecke der umsatzsteuerlichen Organschaft, UStAE vom 1.10.2010 mit späteren Änderungen, Abschnitt 2.8 Abs. 10 Satz 4.

lichen praktischen Bedeutung und der Klärung einiger Streitfragen durch die Gerichte[130] bestehen bei der GmbH nach wie vor erhebliche Unsicherheiten[131].

Der **Beherrschungsvertrag** gibt der Holding das Recht, dem Vorstand der anderen Gesellschaft hinsichtlich der Leitung der Gesellschaft **Weisungen** zu erteilen, die für das angewiesene Unternehmen nachteilig sein dürfen, soweit nur Belange der Holding oder verbundener Unternehmen berührt werden (§ 308 Abs. 1 AktG)[132]. Der Vorstand des abhängigen Unternehmens ist verpflichtet, den Weisungen der Holding zu folgen; er hat die Belange der von ihm geführten Gesellschaft hinter die Weisung zurückzustellen (§ 308 Abs. 2 AktG)[133]. Wenn Weisungen erteilt werden, ist der Vorstand des abhängigen Unternehmens von der Pflicht zur eigenverantwortlichen Leitung dispensiert; diese bleibt aber bestehen, wenn und soweit Weisungen nicht erteilt werden[134]. Die gesetzlichen Vertreter der Holding haben gegenüber der abhängigen Gesellschaft bei Erteilung von Weisungen die Sorgfalt eines ordentlichen und gewissenhaften Geschäftsleiters anzuwenden und sind bei Verstößen zum Schadensersatz verpflichtet (§ 309 Abs. 1 und 2 AktG). Die Weisungsbefugnis beim Beherrschungsvertrag und die Eingriffsbefugnis beim Gewinnabführungsvertrag ist durch die sonst zum Schutz der Gesellschaft geltenden Vorschriften über die Vermögensbindung und Kapitalerhaltung (§§ 57, 58 und 60 AktG; vgl. § 291 Abs. 3 AktG)[135] nicht beschränkt; die Holding kann folglich im Ergebnis weitgehend frei über das Vermögen der abhängigen Unternehmen verfügen. Das setzt allerdings voraus, dass die Holding ihrerseits vertragstreu und (insbesondere finanziell) in der Lage ist, die zum Schutz der Gesellschaft und ihrer Gläubiger (§§ 301–303 AktG) und der außenstehenden Gesellschafter (Ausgleichs-, Abfindungsangebot, §§ 304, 305 AktG) geltenden Vorschriften zu erfüllen[136]. 3.59

bb) Eingliederung

Die intensivste Form der Verbindung von zwei rechtlich selbständigen Gesellschaften, ohne deren rechtliche Selbständigkeit aufzuheben (wie bei einer Verschmelzung), ist die Eingliederung. Sie ist zulässig zwischen zwei inländischen Aktiengesellschaften, wenn sich Aktien im Gesamtnennbetrag von zumindest 95 % des Grundkapitals der einen Gesellschaft im Besitz der anderen befinden (§§ 319, 320 AktG)[137]. Eingliederungen kommen praktisch kaum noch vor, seitdem bei 95 % Anteilsbesitz die Möglichkeit des Squeeze-out nach §§ 327a ff. AktG besteht. 3.60

Mit der Eingliederung steht der Hauptgesellschaft (Gesellschaft, in die eingegliedert wurde, § 319 Abs. 1 AktG) das Recht zu, dem Vorstand der anderen Gesellschaft **Weisungen** hinsichtlich der Lei- 3.61

130 Vgl. BGH v. 24.10.1988 – II ZB 7/88 – Supermarkt, BGHZ 105, 325 (332) = AG 1989, 91 = ZIP 1989, 29; BGH v. 11.11.1991 – II ZR 287/90 – Stromlieferung, BGHZ 116, 37 = AG 1992, 83 = ZIP 1992, 29; BGH v. 31.5.2011 – II ZR 109/10, ZIP 2011, 1465 = GmbHR 2011, 922; BGH v. 16.6.2015 – II ZR 384/13, ZIP 2015, 1483 = AG 2015, 630 und dazu *Stephan*, Der Konzern 2015, 349; umfassend zu den Unternehmensverträgen bei der GmbH *Liebscher* in MünchKomm/GmbHG, 3. Aufl. 2018, Anh. § 13 GmbHG Rz. 627 ff.

131 *Stephan*, Der Konzern 2015, 349 (352 ff.); Übersicht bei *Beurskens* in Baumbach/Hueck, 22. Aufl. 2019, Anh. Rz. 94; *Lutter/Hommelhoff* in Lutter/Hommelhoff, 20. Aufl. 2020, Anh. § 13 GmbHG Rz. 43 ff.

132 *Koppensteiner* in KölnKomm/AktG, 3. Aufl. 2004, § 308 AktG Rz. 37 ff.; Hüffer/Koch, 14. Aufl. 2020, § 308 AktG Rz. 15.

133 *Koppensteiner* in KölnKomm/AktG, 3. Aufl. 2004, § 308 AktG Rz. 61 ff.; Hüffer/Koch, 14. Aufl. 2020, § 308 AktG Rz. 21; *Krieger* in MünchHdb/AG, 4. Aufl. 2015, § 71 Rz. 153, 161.

134 Hüffer/Koch, 14. Aufl. 2020, § 291 AktG Rz. 37.

135 Vgl. § 291 Abs. 3 AktG; Hüffer/Koch, 14. Aufl. 2020, § 291 AktG Rz. 36; *Krieger* in MünchHdb/AG, 4. Aufl. 2015, § 70 Rz. 6.

136 Zu den Auswirkungen einer finanzielle Schieflage der Holding auf die vertraglichen Rechte und Pflichten *Stephan*, Der Konzern 2014, 1 (20 ff.).

137 Zu den Voraussetzungen einer Eingliederung vgl. Hüffer/Koch, 14. Aufl. 2020, § 319 AktG Rz. 3 ff.; *Krieger* in MünchHdb/AG, 4. Aufl. 2007, § 74 Rz. 7, 23 ff.

tung der Gesellschaft zu erteilen; der Vorstand dieser Gesellschaft ist zur Befolgung in jedem Fall verpflichtet. Diese dürfen für die abhängige Gesellschaft nachteilig sein. Den Vorstand der Hauptgesellschaft trifft eine Verantwortlichkeit wie bei Vorliegen eines Beherrschungsvertrages (§ 323 Abs. 1 AktG). Die Vorschriften zum **Schutz des Vermögens** der abhängigen Gesellschaft sind noch weiter beschränkt. Der Verlustausgleichsanspruch setzt erst ein, wenn der Verlust das Grundkapital angreift, (§ 324 Abs. 3 AktG). Zum Ausgleich haftet die Hauptgesellschaft für alle Verbindlichkeiten der anderen Gesellschaft, die vor Begründung oder während des Bestehens der Eingliederung begründet wurden (§ 322 Abs. 1 AktG).

3.62 Trotz der weitreichenden Einwirkungs- und Gestaltungsbefugnisse, die sich infolge einer Eingliederung zugunsten der Hauptgesellschaft ergeben, ist die Eingliederung eine für Holdingunternehmen eher untypische Erscheinung. Durch die Eingliederung kann führungs- und strukturorganisatorisch das operative Unternehmen zu einer Betriebsabteilung der Holding umfunktioniert werden[138], was nicht den Gestaltungs- und Führungsprinzipien einer Holding (dazu *Lutter/Bayer* Rz. 1.24) entspricht.

d) Schuldrechtliche Vereinbarungen und steuerliche Organschaft

3.63 Zwischen Holding und den operativ tätigen Unternehmen werden häufig Vereinbarungen abgeschlossen, die Teilaspekte des Führungs- und Gestaltungsspektrums der Holding abdecken. Verträge dieser Art haben in aller Regel den **Austausch von Leistungen** zwischen den beteiligten Unternehmen zum Gegenstand. Hierbei handelt es sich z.B. um

- Dienstleistungsvereinbarungen,
- Betriebsführungsvereinbarungen,
- Managementvereinbarungen.

3.64 Die genannten Vereinbarungstypen beschreiben keine feststehenden Begriffsinhalte und Regelungsgegenstände. Ein gesetzlicher Normtypus wie bei den Unternehmensverträgen (Rz. 3.57 ff.) fehlt.

3.65 Durch **Dienstleistungsvereinbarungen** werden Dienstleistungen, für deren Erbringung an einer Stelle der Unternehmensgruppe die erforderlichen sachlichen und personellen Mittel vorhanden sind, anderen gruppenangehörigen Gesellschaftern zur Verfügung gestellt. Hierbei handelt es sich einerseits um Leistungen von Stabsabteilungen, wie Recht, Steuern, Revision, Versicherung, Volkswirtschaft oder Controlling, andererseits können sie die Bündelung bestimmter administrativer Funktionen beinhalten, wie ein zentralisiertes cash-, Liegenschafts- und Betriebsmanagement. Leistungen dieser Art können, müssen aber nicht durch das Holdingunternehmen erbracht werden. Dienstleistungen werden auch konzernintern in der Regel gegen Geld erbracht und oft pauschaliert – ggf. mit sonstigen Lasten z.B. steuerlicher Art, die die Obergesellschaft übernommen hat – in Form einer **Umlage** abgegolten. Nach der Rechtsprechung des BGH darf die Obergesellschaft steuerliche Vorteile, die der Untergesellschaft zuzuordnen sind aber wegen einer **steuerlichen Organschaft** bei der Obergesellschaft anfallen, nicht behalten, sondern muss sie der Untergesellschaft auskehren, soweit sich aus einem bestehenden Gewinnabführungsvertrag nichts anderes ergibt[139].

3.66 Gegenstand der **Managementvereinbarungen** ist die Beratung in Fragen des Managements betrieblicher Funktionen. Durch sie können einzelne oder mehrere betriebliche Teilfunktionen bestimmten Konzernunternehmen zugeordnet werden, wie z.B. Entwicklung, Einkauf, Vertrieb, Marketing oder

138 *Kropff*, AktG, S. 429; Hüffer/Koch, 14. Aufl. 2020, § 319 AktG Rz. 1.

139 BGH v. 29.1.2013 – II ZR 91/11, AG 2013, 222 (Umsatzsteuer); BGH v. 1.12.2003 – II ZR 202/01, AG 2004, 205; BGH v. 1.3.1999 – II ZR 312/97, ZIP 1999, 708 = GmbHR 1999, 660 (Gewerbesteuer); *Habersack* in Emmerich/Habersack, Aktien- und GmbH-Konzernrecht, 9. Aufl. 2019, § 311 Rz. 49; *Menkel*, NZG 2014, 52; *Kast/Peter*, DStZ 2003, 271; *Simon*, ZGR 2007, 71; *Kleindiek*, DStR 2000, 559.

Finanzierung. Die Managementleistung kann von der Holding einer Konzerngesellschaft mit der Aufgabe, Managementdienstleistungen zu erbringen, oder auch operativen Konzerngesellschaften zugewiesen werden.

Durch einen **Betriebsführungsvertrag** beauftragt ein Unternehmen ein anderes mit der Führung seines Unternehmens für seine Rechnung, ohne den Betrieb zu verpachten oder sonst zu überlassen[140]. Das beauftragende Unternehmen ist als Auftraggeber regelmäßig weisungsbefugt[141]. Oft, aber nicht zwingend, spielt sich der Betriebsführungsvertrag innerhalb eines Konzernverhältnisses ab. Denkbar ist sowohl, dass das herrschende Unternehmen den Betrieb der Tochter führt, als auch der umgekehrte Fall[142]. Der **Geschäftsführungsvertrag** nach § 291 Abs. 1 Satz 2 AktG ist dagegen dadurch gekennzeichnet, dass eine AG oder KGaA ihr Unternehmen für Rechnung eines anderen Unternehmens führt. Im Unterschied zum Betriebsführungsvertrag, der im Kern Dienstleistungscharakter hat, führt der Geschäftsführungsvertrag gleich einem Gewinnabführungsvertrag zur Verlagerung der wirtschaftlichen Chancen und Risiken auf das andere Unternehmen und ist deshalb dem Gewinnabführungsvertrag gleichgestellt. 3.67

Vereinbarungen der vorgenannten Art ermöglichen in gewissem Umfange die Koordination und Vereinheitlichung der Leistungserbringung, insbesondere wenn die Holding selbst zum Vertragspartner wird. Sie **zielen zwar nicht durchweg auf die Leitung oder Führung** des anderen Vertragspartners ab und sollen auch keine Leitungsmacht vermitteln, doch können Verträge dieser Art im Einzelfall als Unternehmensvertrag i.S.v. §§ 291 f. AktG betrachtet werden und deswegen den für Unternehmensverträge geltenden Form- und Schutzvorschriften unterfallen (vgl. zum Betriebsführungsvertrag Rz. 3.184). Für den Geschäftsführungsvertrag ist das gesetzlich angeordnet (§ 291 Abs. 1 Satz 2 AktG). Die Führung des Betriebs der Tochter durch die Mutter führt zur Verlagerung der operativen Tätigkeit nach oben und ist damit einer Holdingbildung gegenläufig. Dabei kann es sich um einen (nichtigen) verdeckten Beherrschungsvertrag handeln[143]. Der umgekehrte Fall, die Führung des Betriebs der Mutter durch die Tochter, kann alternativ zur Ausgliederung der operativen Tätigkeit auf die Tochter als Mittel der Holdingbildung eingesetzt werden. Die Holding bleibt zwar Inhaberin der Betriebsmittel, überlässt aber die Führung des operativen Geschäfts der Tochter, die im Namen und für Rechnung der Mutter (echter Betriebsführungsvertrag) oder im eigenen Namen für Rechnung der Mutter (unechter Betriebsführungsvertrag) agiert. 3.68

3. Die Ausstattung der Holding und ihrer Tochtergesellschaften

Art und Umfang der **Kapitalausstattung** der Holding und der Tochterunternehmen richten sich ebenso wie die operative Ausstattung der Tochtergesellschaften nach deren jeweiligen Aufgaben. Die Ausstattung erfolgt bei Einrichtung der Holdingstruktur unter Berücksichtigung der Rechtsform der Holding und der Tochtergesellschaften. Wenn die Holding durch Umorganisation eines bereits bestehenden Unternehmens – z.B. im Wege der Ausgliederung nach §§ 123 ff. UmwG – entsteht, werden die auf das Tochterunternehmen zu übertragenden Vermögensgegenstände und Verbindlichkeiten im Ausgliederungsvertrag oder Ausgliederungsplan bestimmt. Sinnvollerweise werden dem Tochterunternehmen diejenigen **Vermögensgegenstände** übertragen oder zur Nutzung überlassen, die für den Betrieb des operativen Geschäfts erforderlich sind. Hinsichtlich des Umfangs, in welchem bei einer Ausgliederung nach § 123 Abs. 3, § 126 Abs. 1 Nr. 9, § 131 Abs. 1 Nr. 1 UmwG Verbindlichkeiten des übertragenden Rechtsträgers der aufnehmenden Gesellschaft zugewiesen werden, besteht grundsätzlich Gestaltungsspielraum. Ein zwingender Übergang erfolgt dagegen hinsichtlich der Rechten und Pflichten aus **Arbeitsverhältnissen** derjenigen Arbeitnehmer, die dem ausgeglie- 3.68a

140 Hüffer/Koch, 14. Aufl. 2020, § 292 AktG Rz. 20; *Krieger* in MünchHdb/AG, 4. Aufl. 2015, § 72 Rz. 48 ff.; *Huber*, ZHR 152 (1988), 1 ff. sowie 123 ff.
141 *Krieger* in MünchHdb/AG, 4. Aufl. 2015, § 72 Rz. 54.
142 *Krieger* in MünchHdb/AG, 4. Aufl. 2015, § 72 Rz. 50.
143 *Krieger* in MünchHdb/AG, 4. Aufl. 2015, § 72 Rz. 57.

derten Betrieb oder Teilbetrieb zugeordnet sind, nach § 613a BGB. Insgesamt kann das Mutterunternehmen das Eigenkapital als Saldogröße des übertragenen Vermögens und der übertragenen Verpflichtungen und seine Aufteilung auf gezeichnetes Kapital und Rücklagen nach den jeweiligen Verhältnisse selbst bestimmen, soweit die für die jeweilige Rechtsform geltenden Mindestanforderungen eingehalten werden (dazu Rz. 3.76 ff.).

3.68b Die **Wertansätze** der übergehenden Aktiva und Passiva (insbesondere zu Buchwerten oder Verkehrswerten) richten sich nach der Art des Übertragungsvorgangs und den für die Zielgesellschaft geltenden Rechnungslegungsregeln; teilweise stehen sie zur Disposition der Parteien[144]. Für Zwecke der Kapitalaufbringungsvorschriften der Kapitalgesellschaften kommt es auf den Verkehrswert des übertragenen Vermögens an[145], der nach Abzug übertragener Schulden ausreichen muss, den Nennbetrag der vereinbarten Einlage zu decken, § 9 GmbHG. Der Wert eines zu übertragenden Unternehmens bemisst sich nicht allein nach dem Saldo der Vermögens- und Schuldposten, sondern regelmäßig nach dem Barwert der zukünftig im Unternehmen zu erwartenden Einnahmeüberschüsse[146].

4. Die Unternehmensqualität der Holding

3.69 Soweit bisher von der Holding als „Unternehmen" die Rede war, geschah das im Sinne des gewöhnlichen Sprachgebrauchs, der jeden wirtschaftlich tätigen Personenverband als Unternehmen versteht. Der **Rechtsbegriff des Unternehmens** ist je nach Zusammenhang unterschiedlich abzugrenzen. Im vorliegenden Zusammenhang interessieren die Anforderungen, die an den konzernrechtlichen Unternehmensbegriff zu stellen sind. Bereits die maßgeblichen Definitionen der §§ 15 ff. AktG stellen durchweg auf „Unternehmen" ab. Im Vertragskonzernrecht der §§ 291 ff. AktG werden die Vertragsparteien als „Unternehmen" angesprochen, und die Regelungen zum faktischen Konzern (§§ 311 ff. AktG) adressieren das „herrschende Unternehmen". Demgegenüber ist zu konstatieren, dass eine nicht unerhebliche Zahl von **Holdinggesellschaften den Unternehmensbegriff** der herrschenden Meinung (sogleich Rz. 3.70) **nicht erfüllt**. Die Folgen sind potentiell erheblich: Möglicherweise wären Unternehmensverträge mit solchen Holdinggesellschaften unwirksam. Andererseits wäre möglicherweise der eine oder andere Abhängigkeitsbericht (§ 312 AktG) entbehrlich.

3.70 Nach traditioneller und bis heute herrschender Auffassung setzt der den §§ 15 ff. AktG zugrunde liegende Unternehmensbegriff **eine weitere wirtschaftliche Interessenbindung** der Obergesellschaft außerhalb der Beteiligung an der beherrschten Gesellschaft voraus, aufgrund derer es zu der für das Recht der verbundenen Unternehmen typischen Gefährdungslage kommt[147]. Für die öffentliche Hand hat der BGH dies dahingehend erweitert, dass bereits die maßgebende Beteiligung an der Untergesellschaft (ohne anderweitige wirtschaftliche Interessenbindung) genüge, weil dort die Gefahr der Förderung öffentlicher Aufgaben und politischer Ziele zu Lasten der Minderheit bestehe[148].

3.71 Es besteht weitgehend Einigkeit, dass auch innerhalb des Rechts der verbundenen Unternehmen nicht notwendigerweise einheitliche Anforderungen an den Unternehmensbegriff zu stellen sind, sondern die Anforderungen je nach Regelungszusammenhang unterschiedlich ausfallen können[149].

---

144 Vgl. z.B. für die Ausgliederung §§ 125, 24 UmwG.

145 *Schwandtner* in MünchKomm/GmbHG, 3. Aufl. 2018, § 5 GmbHG Rz. 145 ff.

146 Vgl. die Grundsätze zur Unternehmensbewertung des Instituts der Wirtschaftsprüfer in Deutschland e.V., IDW S 1, zuletzt mit Stand von 2008; ferner *Bayer* in Lutter/Hommelhoff, 20. Aufl. 2020, § 5 GmbHG Rz. 25.

147 BGH v. 13.10.1977 – II ZR 123/76 – VEBA/Gelsenberg, BGHZ 69, 334 (337); BGH v. 18.6.2001 – II ZR 212/99 – MLP, BGHZ 148, 123 (125 ff.) = ZIP 2001, 1323 = AG 2001, 588; *Krieger* in MünchHdb/AG, 4. Aufl. 2015, § 69 Rz. 6 m.w.N.

148 BGH v. 17.3.1997 – II ZB 3/96 – VW/Land Niedersachsen, BGHZ 135, 107 = ZIP 1997, 887 = AG 1997, 374. Ob dieser Gedanke über die öffentliche Hand hinaus verallgemeinerungsfähig ist, wird die weitere Rechtsentwicklung zeigen.

149 *Bayer* in MünchKomm/AktG, 5. Aufl. 2019, § 15 AktG Rz. 9 ff. m.w.N.

Vor diesem Hintergrund ist zunächst zu konstatieren, dass bei der **Untergesellschaft eines Unternehmensvertrags** i.S.v. § 291 AktG die Merkmale des Unternehmensbegriffs der herrschenden Meinung nicht vorliegen müssen[150]. Die für ein „Unternehmen" aufgestellten Anforderungen, insbesondere das Erfordernis einer anderweitigen wirtschaftlichen Interessenbindung, betreffen das herrschende Unternehmen und die aus diesem „Konzernkonflikt" für das abhängige Unternehmen erwachsenden Gefahren. Die Anwendung dieser Kriterien auf das abhängige Unternehmen wäre zweckwidrig[151]. Bei der Holding fassen wir zwar in erster Linie die Obergesellschaft einer Unternehmensverbindung ins Auge. Die Holding ist in Gestalt der **Zwischenholding** aber u.U. gleichzeitig Ober- und Untergesellschaft eines Vertragskonzerns, so dass auch die an die Untergesellschaft anzulegenden Kriterien Relevanz erlangen können.

3.72 Noch wichtiger ist allerdings die Frage nach der **Unternehmenseigenschaft der Holding als Obergesellschaft** eines Unternehmensvertrags. Das vorhandene Fallmaterial bezieht sich, soweit ersichtlich, durchweg auf faktische Unternehmensverbindungen. Eine Gerichtsentscheidung, die einem Unternehmensvertrag mangels Unternehmenseigenschaft die Wirksamkeit versagt hätte, ist nicht auffindbar. Die herkömmliche Auffassung[152] befürwortet das Erfordernis der Unternehmenseigenschaft im Sinne einer anderweitigen Interessenbindung auch im Anwendungsbereich der §§ 291 ff. AktG. Dafür werden Gründe der Entstehungsgeschichte, des Wortlauts, der systematischen Bezüge und des Telos[153] sowie des Europarechts[154] ins Feld geführt.

3.72a Ein erheblicher Teil der Literatur hält es dagegen nicht für erforderlich, dass bei der Obergesellschaft eine **anderweitige wirtschaftliche Betätigung** vorhanden ist[155]. Die von der herrschenden Meinung angeführten Gründe sprechen jedenfalls nicht zwingend für ein solches Erfordernis. Der BGH hat die maßgebliche Gefährdungslage bei Unternehmen in Staatshand in der politischen Zielsetzung gesehen[156]. Es fragt sich, ob in diesen Ansatz nicht bereits die Erweiterung angelegt ist, dass für die Gefährdungslage bei privaten Unternehmen als Obergesellschaft deren legitimes, aber mit den Interessen der Untergesellschaft möglicherweise kollidierendes Interesse an der eigenen Nutzenmaximierung für den „Konzernkonflikt" genügt. Insgesamt vorzugswürdig ist die Auffassung, wonach an die

---

150 Mehr oder weniger deutlich im Sinne der Anwendung materieller Unternehmenskriterien nur auf die herrschende Gesellschaft *Koppensteiner* in KölnKomm/AktG, 3. Aufl. 2004, § 291 AktG Rz. 7 f.; *Emmerich* in Emmerich/Habersack, Aktien- und GmbH-Konzernrecht, 9. Aufl. 2019, § 291 AktG Rz. 9; *Veil* in Spindler/Stilz, 4. Aufl. 2019, § 291 AktG Rz. 4 f. einerseits, 6f. andererseits; a.A. anscheinend *Altmeppen* in MünchKomm/AktG, 4. Aufl. 2020, § 291 AktG Rz. 3 ff., 12, 13.

151 *Krieger* in MünchHdb/AG, 4. Aufl. 2015, § 69 Rz. 12, 71 Rz. 8 f.; *Stephan*, Der Konzern 2014, 1 (9 f.); plastisch *Veil* in Spindler/Stilz, 4. Aufl. 2019, § 291 AktG Rz. 7: „Auf der Grundlage einer schutzzweckorientierten Interpretation des Unternehmensbegriffs kommen nur „gefährliche" Aktionäre als Vertragspartner in Betracht." – Das betrifft aber eben nur die Obergesellschaft.

152 *Altmeppen* in MünchKomm/AktG, 4. Aufl. 2010, § 291 AktG Rz. 6 ff.; *Veil* in Spindler/Stilz, 4. Aufl. 2019, § 291 AktG Rz. 7; *Mülbert* in Großkomm/AktG, 4. Aufl. 2012, § 291 AktG Rz. 46 ff.; *Langenbucher* in K. Schmidt/Lutter, 4. Aufl. 2020, § 291 AktG Rz. 11 f., 22.

153 Vgl. nur *Mülbert* in Großkomm/AktG, 4. Aufl. 2012, § 291 AktG Rz. 50.

154 Insbesondere *Veil*, Unternehmensverträge, 2003, S. 173 f.; *Veil* in Spindler/Stilz, 4. Aufl. 2019, § 291 AktG Rz. 7.

155 Grundlegend *K. Schmidt* in FS Lutter, 2000, S. 1167 (1181 f.); *K. Schmidt* in FS Koppensteiner, 2001, S. 191 (206 f.); *Rubner*, Der Konzern 2003, 735 (739 f.); *Krieger* in MünchHdb/AG, 4. Aufl. 2015, § 71 Rz. 9; *Kiefner/Schürnbrand*, AG 2013, 789 (791 f.); *Stephan*, Der Konzern 2014, 1 (9 f.); *J. Vetter* in FS Marsch-Barner, 2018, 575 (583 ff.); *Koppensteiner* in KölnKomm/AktG, 3. Aufl. 2004, § 291 AktG Rz. 8 ff. geht zwar vom traditionellen Unternehmensbegriff aus, bezieht aber (Rz. 9) den im vorliegenden Zusammenhang zentralen Fall, nämlich die unternehmensverwaltende Holding, mit ein. *Emmerich* in Emmerich/Habersack, Aktien- und GmbH-Konzernrecht, 9. Aufl. 2019, § 291 AktG Rz. 9a geht davon aus, dass Nicht-Unternehmen spätestens mit Abschluss des Unternehmensvertrags Unternehmensqualität erlangen und deshalb als Vertragspartner in Betracht kommen.

156 BGH v. 17.3.1997 – II ZB 3/96 – VW/Land Niedersachsen, BGHZ 135, 107 = ZIP 1997, 887 = AG 1997, 374.

Unternehmensqualität der Obergesellschaft keine besonderen Anforderungen zu stellen sind oder, wie teilweise formuliert wird, die Obergesellschaft spätestens mit dem Abschluss des Unternehmensvertrags zum „Unternehmen" wird[157].

3.73 Schwieriger ist die Frage **beim faktischen Konzern** zu beantworten, der nicht umsonst im Zentrum der entschiedenen Fälle steht. Im Unterschied zum Vertragskonzern ist die Ausgangslage nicht die freiwillige Unterwerfung der beteiligten Unternehmen unter ein ausdifferenziertes Regelungssystem. Auch hier vermag allerdings die Beschränkung der Gefährdungslage auf eine anderweitige wirtschaftliche Betätigung nicht wirklich zu überzeugen. Wie der BGH für den Bereich privatwirtschaftlicher Betätigung der öffentlichen Hand bereits anerkannt hat, kann sich die Gefährdung auch aus anderen Interessenbindungen ergeben[158]. Demgegenüber erkannte der BGH bisher bei „privaten" Aktionären bei der Ausübung ihres Einflusses auf die beherrschte AG nach Maßgabe ihrer „typischen Aktionärsinteressen" keine parallele Gefährdungslage. Dagegen gehen die strengen Regeln der Kapitalerhaltung vom Bestehen einer solchen Gefährdungslage aus, und zwar völlig unabhängig von einer anderweitigen wirtschaftlichen Betätigung. Gegenwärtig ist allerdings davon auszugehen, dass für ein Unternehmen in Sinne der §§ 311 ff. AktG eine anderweitige wirtschaftliche Betätigung vorliegen muss[159]. Die von einer Holding beherrschte AG, deren einzige Tochtergesellschaft sie ist, ist demnach nicht zur Aufstellung eines Abhängigkeitsberichts nach § 312 AktG verpflichtet. Die Holding unterliegt nicht den Regeln zum Nachteilsausgleich, sondern den – im Ergebnis strengeren[160] – Regeln von § 57 (und § 117) AktG.

III. Gründung der Holding in der jeweiligen Rechtsform

1. Ein- oder zweistufige Holdingerrichtung

3.74 Die Errichtung einer Gesellschaft, die die Funktion eines Holdingunternehmens übernehmen soll, folgt den allgemeinen Vorschriften des Gesellschaftsrechts nach Maßgabe der jeweils anzuwendenden Rechtsform. Bei der Neugründung einer Holding wird typischerweise die ein- oder zweistufige Errichtungsform unterschieden. Diese Differenzierung ist bei der Errichtung von Kapitalgesellschaften von Bedeutung. Bei der **einstufigen Errichtung** wird die Gesellschaft bereits bei Gründung mit den für die Übernahme der Holdingfunktion vorgesehenen Vermögensgegenständen, Eigenkapital und der entsprechenden Organbesetzung ausgestattet. Nach der Errichtung der Gesellschaft kann diese sofort die Holdingfunktion ausüben. Die Errichtung erfolgt hier i.d.R. als Sachgründung (dazu Rz. 3.85 ff.) oder Ausgliederung zur Neugründung nach § 123 Abs. 3 Nr. 2 UmwG. Bei der **zweistufigen Holdingerrichtung** wird die Gesellschaft zunächst durch Bareinlagen errichtet (dazu Rz. 3.76 ff.) und als Rechtssubjekt durch Eintragung im Handelsregister zur Existenz gebracht. Die zur Holding führende Ausstattung mit Vermögensgegenständen, die Kapitalausstattung und u.U. auch die endgültige Organbesetzung erfolgt in einem zweiten Schritt, i.d.R. verbunden mit einer Kapitalerhöhung durch Sacheinlagen.

3.75 Die zweistufige Errichtung bietet in aller Regel den **Vorzug der schnelleren Eintragung** der Gesellschaft im Handelsregister und damit der schnelleren Herstellung der Rechtsfähigkeit bei den Rechtsformen der Kapitalgesellschaft. Die weiteren Maßnahmen wie eine Kapitalerhöhung bedürfen zwar

---

157 *Emmerich* in Emmerich/Habersack, Aktien- und GmbH-Konzernrecht, 9. Aufl. 2019, § 291 AktG Rz. 9a; *Stephan*, Der Konzern 2014, 1 (9 f.); das würde dann konsequenterweise auch für natürliche Personen gelten, *K. Schmidt* in FS Koppensteiner, 2001, S. 191 (206 ff.); a.A. *Koppensteiner* in Köln-Komm/AktG, 3. Aufl. 2004, § 291 AktG Rz. 13; *Altmeppen* in MünchKomm/AktG, 3. Aufl. 2010, § 291 AktG Rz. 12.

158 BGH v. 17.3.1997 – II ZB 3/96 – VW/Land Niedersachsen, BGHZ 135, 107 = ZIP 1997, 887 = AG 1997, 374.

159 *Altmeppen* in MünchKomm/AktG, 5. Aufl. 2020, § 311 AktG Rz. 49 ff.; a.A. *J. Vetter* in FS Marsch-Barner, 2018, 575 (586 f.) jedenfalls für die AG als faktisch herrschender Rechtsträger.

160 Hüffer/Koch, 14. Aufl. 2020, § 311 AktG Rz. 49.

ebenfalls der Eintragung im Handelsregister, doch ist die Gesellschaft bereits rechtlich existent und sind die Haftungssphären von Gesellschaft, Geschäftsführer (z.B. § 11 Abs. 2 GmbHG) und Gesellschafter getrennt. Der zweistufige Weg erlaubt ferner, durch den Abschluss eines Betriebspachtvertrags die Führung eines Unternehmensbereichs durch die Gesellschaft zu ermöglichen, der ihr rechtlich gegebenenfalls erst nach der Eintragung einer Maßnahme nach dem UmwG zugeordnet wird.

2. Bargründung

a) Personengesellschaften

Eine Personengesellschaft entsteht durch den **Abschluss des Gesellschaftsvertrags**. Der Gesellschaftsvertrag bedarf keiner Form und kann auch durch schlüssiges Verhalten geschlossen werden. Es existieren zahllose GbR, deren Gesellschafter sich des Bestehens einer Gesellschaft nicht bewusst sind. So wird zum Beispiel die Tippgemeinschaft von der Rechtsprechung bereits seit mehr als 100 Jahren regelmäßig als GbR eingeordnet[161]. 3.76

Die Gesellschafter können den Zeitpunkt der Entstehung im Gesellschaftsvertrag frei bestimmen und zum Beispiel durch Vereinbarung einer aufschiebenden Bedingung hinausschieben[162], allerdings nicht im Widerspruch zu ihrem Verhalten. Wenn sie vor dem vertraglich bestimmten Zeitpunkt eine gemeinsame Tätigkeit entfalten, die die Merkmale einer Personengesellschaft, insbesondere der Verfolgung eines gemeinsamen Zwecks, erfüllt, besteht in gleicher Weise bereits eine Gesellschaft, wie sie bestünde, wenn kein fixierter Vertragstext vorläge. Dies gilt uneingeschränkt bei der GbR; bei Personenhandelsgesellschaften ist der Vorgang etwas komplexer. Hier ist zwischen dem Innen- und dem Außenverhältnis zu unterscheiden. Die OHG entsteht im Innenverhältnis ebenfalls nach Maßgabe der vertraglichen Abreden. Im Außenverhältnis tritt die Wirksamkeit einer OHG als solche jedenfalls mit dem Zeitpunkt der Eintragung im Handelsregister ein, bei vorherigem Beginn der Geschäfte bereits mit diesem Zeitpunkt, wenn die Gesellschaft ein Handelsgewerbe betreibt (dazu Rz. 3.11), § 123 Abs. 1 und 2 HGB[163]. Ansonsten findet vor Eintragung das Recht der GbR Anwendung. Im Grundsatz gilt das Gleiche auch bei einer KG. Die Haftungsbegrenzung des Kommanditisten auf die geleistete Einlage wirkt jedoch erst mit Eintragung des Einlagebetrags im Handelsregister, § 172 Abs. 1 HGB, was wiederum die Eintragung der KG als solche im Handelsregister voraussetzt. Für die vorher begründeten Verbindlichkeiten haftet der Kommanditist im Rahmen von § 176 Abs. 1 Satz 1 HGB – also insbesondere unter der Voraussetzung, dass er der Aufnahme der Geschäfte zugestimmt hat – unbegrenzt. Soweit die Gesellschaft kein Handelsgewerbe betreibt, gilt gemäß § 176 Abs. 1 Satz 2 HGB für die Haftung vor Eintragung nicht § 176 Abs. 1 Satz 1 HGB, sondern ggf. das Recht der BGB-Gesellschaft (das inzwischen dem OHG-Recht angenähert ist)[164]. 3.77

Im Recht der Personengesellschaften besteht eine Verpflichtung zur **Leistung von Einlagen** nur nach Maßgabe der vertraglichen Abreden der Gesellschafter untereinander. Das gilt auch für den Kommanditisten: Es besteht keine gesetzliche Pflicht zur Leistung der Einlage, sondern lediglich eine Haftungsfolge (§ 171 Abs. 1 HGB), soweit die Einlage nicht geleistet ist, und die Hafteinlage (oder besser Haftsumme) im Sinne von § 171 Abs. 1 HGB kann von der im Innenverhältnis aufzubringenden Pflichteinlage abweichen und ist der Höhe nach frei bestimmbar[165]. Vorschriften zur Kapitalerhaltung gibt es ebenso wenig wie Vorschriften zur Kapitalaufbringung oder zur Bewertung von Einlagen. § 172 Abs. 4 HGB verbietet nicht die Rückzahlung der Einlage, sondern knüpft Haf- 3.78

161 *Fleischer/Hahn*, NZG 2017, 1.
162 *Möhrle* in MünchHdB/BGB-Gesellschaft, 5. Aufl. 2019, § 5 Rz. 7.
163 *Roth* in Baumbach/Hopt, 39. Aufl. 2020, § 123 HGB Rz. 2 f.
164 *Roth* in Baumbach/Hopt, 39. Aufl. 2020, § 176 HGB Rz. 5 f.
165 *K. Schmidt* in MünchKomm/HGB, 4. Aufl. 2019, § 171 HGB, 172 HGB Rz. 22 (mit einer Einschränkung für „pro-forma Haftsumme"); *Thiessen* in Großkomm/HGB, 5. Aufl. 2015, § 172 HGB Rz. 19 ff.

tungsfolgen daran. Die unbeschränkte Haftung der Komplementäre und die beschränkte Haftung der Kommanditisten treten an die Stelle der bei Kapitalgesellschaften bestehenden Verpflichtung zur Beibringung und Belassung eines Mindestkapitals.

b) Kapitalgesellschaften

3.79 Eine Gesellschaft in der Rechtsform der **GmbH** wird durch den notariellen Abschluss des Gesellschaftsvertrags errichtet[166]. Mit der Errichtung entsteht eine so genannte Vor-GmbH. Der Gesellschaftsvertrag muss die Firma und den Sitz der Gesellschaft, den Gegenstand des Unternehmens, den Betrag des Stammkapitals und den Betrag der von jedem Gesellschafter auf das Stammkapital zu leistenden Einlage (Stammeinlage) bezeichnen, § 3 Abs. 1 GmbHG. Das Stammkapital beträgt mindestens 25.000 Euro, der Nennbetrag eines Anteils mindestens 1 Euro. Anteile können zu einem höheren, aber nicht zu einem niedrigeren Betrag als ihrem Nennbetrag ausgegeben werden (**Verbot der Unterpariemission**)[167]. Ein Gesellschafter kann beliebig viele Geschäftsanteile halten. Die Nennbeträge können unterschiedlich sein. Der Gesamtbetrag der von den Gesellschaftern übernommenen Einlagen muss mit dem Stammkapital übereinstimmen. Die Einlagen sind grundsätzlich in bar zu leisten; Abweichungen müssen im Gesellschaftsvertrag festgesetzt werden, § 5 Abs. 4 GmbHG (dazu Rz. 3.87). Vor der Eintragung der Gesellschaft in das Handelsregister muss auf das Stammkapital zumindest die Hälfte des Mindeststammkapitals eingezahlt sein; auf jede Stammeinlage muss mindestens ein Viertel eingezahlt sein, § 7 Abs. 2 GmbHG. Hat der Gesellschafter die Einlage nicht vollständig geleistet, schuldet er der Gesellschaft den ausstehenden Betrag. Die GmbH entsteht mit Eintragung. Die Vor-GmbH kann bereits vor der Eintragung ihre Tätigkeit aufnehmen. Zum Zeitpunkt der Anmeldung der Gesellschaft zum Handelsregister und zum Zeitpunkt der Eintragung muss allerdings das Stammkapital der Gesellschaft ungeschmälert zur Verfügung stehen. Es gibt kein Vorbelastungsverbot, aber eine anteilige interne Vorbelastungshaftung der Gesellschafter[168]. Zusätzlich haften die Geschäftsführer für Geschäfte vor Eintragung persönlich nach § 11 Abs. 2 GmbHG. Gründungsbedingte Gebühren, Steuern und sonstige Aufwendungen führen nicht zur Vorbelastungshaftung, soweit sie im Rahmen des im Gesellschaftsvertrag zu Lasten der Gesellschaft festgelegten Gründungsaufwands liegen[169].

3.79a Die **Unternehmergesellschaft** (§ 5a GmbHG) ist keine eigene Rechtsform, sondern eine GmbH, die bestimmten Sondervorschriften unterliegt. Insbesondere darf das Stammkapital den Betrag von 25.000 Euro bis zur Grenze von 1 Euro pro Gesellschafter unterschreiten. Ein Viertel des Gewinns muss einer gesetzlichen Rücklage zugeführt werden, für die eine bestimmte Obergrenze nicht vorgesehen ist (näher § 5a Abs. 3 GmbHG). Das führt dazu, dass dann, wenn die Rücklage zusammen mit dem Stammkapital 25.000 Euro erreicht, in der Regel eine Umwandlung der Rücklage in Stammkapital stattfindet (§ 5a Abs. 3 Nr. 1, § 57c GmbHG) und die Unternehmergesellschaft damit zur „normalen" GmbH wird (§ 5a Abs. 5 GmbHG).

3.80 Die Anforderungen an die **Anmeldung zum Handelsregister** ergeben sich aus § 8 GmbHG. Zum Zeitpunkt der Anmeldung müssen der/die Geschäftsführer bestellt sein. Die Bestellung erfolgt im Gesellschaftsvertrag oder im Beschluss zur Gründung der Gesellschaft, § 6 Abs. 3 GmbHG. Mit der Eintragung im Handelsregister entsteht die GmbH als juristische Person. Zu diesem Zeitpunkt erlischt die Handelndenhaftung nach § 11 Abs. 2 GmbHG[170], und zwar auch für Geschäfte in der Gründungsphase. Die Übertragung von Geschäftsanteilen bedarf ebenso wie die Verpflichtung dazu

166 Bis zum Abschluss des Gesellschaftsvertrags besteht seit dem Entschluss zur Errichtung einer GmbH ggf. eine Vorgründungsgesellschaft.

167 *Altmeppen* in Roth/Altmeppen, 9. Aufl. 2019, § 9 GmbHG Rz. 7.

168 *Fastrich* in Baumbach/Hueck, 22. Aufl. 2019, § 11 GmbHG Rz. 61 f.

169 *Fastrich* in Baumbach/Hueck, 22. Aufl. 2019, § 8 GmbHG Rz. 14 sowie zur Vorbelastungs- oder Unterbilanzhaftung § 11 GmbHG Rz. 61 ff.

170 *Bayer* in Lutter/Hommelhoff, 20. Aufl. 2020, § 11 GmbHG Rz. 36.

der notariellen Beurkundung (§ 15 Abs. 3, 4 GmbHG). Zusätzliche Erschwerungen können in der Satzung angeordnet werden (§ 15 Abs. 5 GmbHG).

Eine **AG** kann ebenfalls von einer oder mehreren Personen gegründet werden, die Aktien gegen Einlagen übernehmen. Bei der einfachen Gründung, bei der weder Sondervorteile eingeräumt, ein besonderer Gründungsaufwand zu tragen oder die Einlagen durch Sacheinlagen oder Sachübernahmen aufzubringen sind, wird die Gesellschaft nach Feststellung der Satzung durch notarielle Beurkundung, § 23 AktG, und durch die Übernahme aller Aktien durch den/die Gründungsaktionäre errichtet, § 29 AktG. Der Mindestinhalt der Satzung ergibt sich aus § 23 Abs. 3 AktG; dazu gehören die Höhe des Grundkapitals und die Angaben über die Zerlegung des Grundkapitals in Stück- oder Nennbetragsaktien. Die Mindesthöhe des Grundkapitals beträgt 50.000 Euro; der geringste Nennbetrag einer Aktie oder der geringste, auf eine Stückaktie entfallende Betrag muss ein Euro betragen. Auch bei der AG gilt das **Verbot der Unterpariemission**, § 9 AktG. Die **Überpariemission** durch Festlegung eines Aufgelds (Agios) ist dagegen zulässig (§ 9 Abs. 2, § 36a Abs. 1 AktG). Ein Aufgeld kann als Teil der korporativen Gründungsvereinbarung, nach herrschender, aber stark bestrittener Auffassung, aber auch nur schuldrechtlich zwischen den Gesellschaftern vereinbart werden[171]. Daran schließt sich die ebenfalls umstrittene, wegen der unterschiedlichen Kapitalbindung (§ 150 Abs. 3, 4 AktG) wichtige Frage an, ob das im Zusammenhang mit der Ausgabe von Anteilen vereinbarte schuldrechtliche Agio in die Kapitalrücklage nach § 272 Abs. 2 Nr. 1 oder Nr. 4 HGB zu buchen ist[172]. Zur Errichtung der AG gehört die Bestellung des ersten Aufsichtsrats (§ 30 Abs. 1, 2 AktG) sowie des Abschlussprüfers für das erste Voll- oder Rumpfgeschäftsjahr. Der Aufsichtsrat hat mindestens drei Mitglieder (§ 95 AktG); er hat den ersten Vorstand zu bestellen (§ 30 Abs. 4 AktG). 3.81

Die Gründer haben nach § 32 AktG einen **Gründungsbericht** zu erstellen; die Mitglieder des Vorstands und des Aufsichtsrats haben nach § 33 Abs. 1 AktG die Gründung zu prüfen und darüber einen Bericht zu erstellen, § 34 AktG. Eine (weitere) Prüfung durch einen Gründungsprüfer findet in den Fällen des § 33 Abs. 2 AktG statt; Ausnahmen davon enthalten die § 33 Abs. 3 und § 33a AktG. 3.82

Vor der **Anmeldung der AG zum Handelsregister** muss der eingeforderte Betrag der Einlagen ordnungsgemäß einbezahlt sein. Bei Bareinlagen umfasst der eingeforderte Betrag nach § 36 Abs. 2 AktG mindestens ein Viertel des geringsten Ausgabebetrags und bei Ausgabe zu einem höheren Ausgabebetrag (Agio) auch den Mehrbetrag, § 36a Abs. 1 AktG. Der eingeforderte Betrag kann nur in gesetzlichen Zahlungsmitteln oder durch Gutschrift bei einem Kreditinstitut geleistet werden, § 54 Abs. 3 AktG. Der Einlagebetrag muss sich zur freien Verfügung des Vorstands befinden. 3.83

Die AG entsteht als juristische Person mit der **Eintragung im Handelsregister**, § 41 Abs. 1 AktG. Die Grundsätze zur Vor-AG entsprechen denen zur Vor-GmbH: Geschäfte vor Eintragung sind zulässig, aber der AG muss das Grundkapital bei Anmeldung und Eintragung ungeschmälert zur Verfügung stehen, und die Handelnden haften persönlich (§ 41 Abs. 1 Satz 2 AktG). Mit der Eintragung endet die Handelndenhaftung. Vor der Eintragung dürfen Aktienurkunden oder Zwischenscheine (§ 10 Abs. 3 AktG) nicht ausgegeben und Anteilsrechte nicht übertragen werden. Aktien müssen auf den Namen lauten, wenn sie vor der vollen Leistung des Ausgabebetrags ausgegeben werden, § 10 Abs. 2 AktG. Nach der Eintragung ist die Ausgabe von Urkunden („Verbriefung") möglich, aber nicht vorgeschrieben. Ohne Verbriefung scheidet allerdings bei Übertragungen ein gutgläubiger Erwerb aus. Auch ohne Verbriefung kann es auf den Inhaber oder auf Namen lautenden Aktien (§ 10 Abs. 1 AktG) geben, und wenn die (verbrieften oder nicht verbrieften) Aktien auf den Namen lauten, kann die Übertragung an die Zustimmung der Gesellschaft geknüpft werden (§ 68 Abs. 2 AktG)[173]. 3.84

171 Hüffer/Koch, 14. Aufl. 2020, § 9 AktG Rz. 11 ff.
172 Ausführlich dazu *Cahn* in FS Baums, 2017, S. 169 ff.
173 *Cahn* in Spindler/Stilz, 4. Aufl. 2019, § 68 AktG Rz. 28.

3. Sachgründung

a) Personengesellschaften

3.85 Der Gesellschaftsvertrag der Personengesellschaft kann vorsehen, dass der Gesellschafterbeitrag als **Einlage in Form von Sachen**, Rechten oder anderen Vermögenswerten zu leisten ist[174]. **Gesetzliche Regelungen** über die Einlageleistung in anderer Form als durch Geldeinlage und die Sicherung der Kapitalaufbringung **bestehen nicht**. Der Einleger muss der Gesellschaft nach Maßgabe der Einlagevereinbarung tatsächlich dauernde Verfügungsmacht über den Einlagegegenstand verschaffen.[175]. Einlagefähig sind z. B auch Nutzungsrechte[176]. Die Bewertung der Einlage ist im Innenverhältnis frei[177]. Da eine Eintragung der Einlage in öffentlichen Registern nicht vorgesehen ist, findet eine Wertprüfung weder durch einen externen Prüfer noch durch das Handelsregister statt. Bei Schlecht- oder Minderleistung gelten die Regeln für den nächstliegenden Vertragstyp des BGB entsprechend, soweit die Zugehörigkeit der Beitragspflicht zum Gesellschaftsrechtsverhältnis das gestattet[178].

3.86 Die Haftsumme eines Kommanditisten ist im Handelsregister einzutragen. Die Haftung des Kommanditisten entfällt durch die Leistung der Einlage in Höhe des Geleisteten; maßgeblich ist hier die **tatsächliche Wertzuführung**. Die Gesellschafter sind frei, eine Wertzuführung in Geld oder anderen Vermögenswerten festzusetzen. Besondere gesetzliche Anforderungen an die Art der Festsetzung bestehen nicht. Es gelten aber die allgemeinen Grundsätze der Kapitalaufbringung[179]. Der Grundsatz der freien Bewertung der Sacheinlage im Innenverhältnis hat keine Bedeutung für den Haftungswegfall. Im Streitfall obliegt dem Kommanditisten die Beweislast für die Erbringung einer die Haftung ausschließenden Einlage[180]. Die Art der Kapitalaufbringung wird im Handelsregister nicht eingetragen; eine Wertprüfung ist weder durch einen externen Prüfer noch durch das Handelsregister vorgesehen.

b) Kapitalgesellschaften

3.87 Soll bei einer **GmbH** die Stammeinlage nicht in Geld, sondern als Sacheinlage (oder Sachübernahme) geleistet werden, müssen der Gegenstand der Sacheinlage und der Betrag der Stammeinlage, auf die die Sacheinlage zu leisten ist, im Gesellschaftsvertrag festgesetzt werden, § 5 Abs. 4 GmbHG. Fehlen diese Festsetzungen, befreit die Sacheinlageleistung den Gesellschafter nicht von seiner Bareinlageverpflichtung, vgl. § 19 Abs. 4 Satz 1 GmbHG. Das Institut der **verdeckten Sacheinlage**, also die Erbringung einer Einlageleistung, die im wirtschaftlichen Ergebnis als Sacheinlage zu werten ist, ohne dass eine Sacheinlage ordnungsgemäß festgesetzt wurde, hat zu einer Unzahl von Gerichtsentscheidungen mit teilweise kaum noch nachvollziehbaren, drakonischen Konsequenzen geführt. Der Gesetzgeber hat mit dem MoMiG die verdeckte Sacheinlage im Gesetz definiert (§ 19 Abs. 4 GmbHG). Nach wie vor ist die verdeckte Sacheinlage verboten, und mit Abgabe der Versicherung über die Leistung der Einlagen (§ 8 Abs. 2 GmbHG) kann damit je nach Lage der Dinge eine Straftat nach § 82 Abs. 1 GmbHG verwirklicht sein. Seit dem MoMiG sind allerdings die Folgen verdeckter Sacheinlagen durch die Regelung in § 19 Abs. 4 Satz 2 bis 5 GmbHG abgemildert[181]. Wird die Sach-

174 *Roth* in Baumbach/Hopt, 39. Aufl. 2020, § 109 HGB Rz. 7.
175 *Roth* in Baumbach/Hopt, 39. Aufl. 2020, § 109 HGB Rz. 9.
176 *Roth* in Baumbach/Hopt, 39. Aufl. 2020, § 109 HGB Rz. 8.
177 *Roth* in Baumbach/Hopt, 39. Aufl. 2020, § 120 HGB Rz. 17.
178 *Roth* in Baumbach/Hopt, 39. Aufl. 2020, § 109 HGB Rz. 10; nach a.A. gelten die §§ 275 ff. BGB, vgl. *Schäfer* in Großkomm/HGB, 5. Aufl. 2009, § 105 HGB Rz. 148 ff.
179 BGH v. 8.7.1985 – II ZR 269/84, BGHZ 95, 188 (197) = ZIP 1985, 1198; BGH v. 11.12.1989 – II ZR 78/89, BGHZ 109, 334 = NJW 1990, 1109 (1110); *Roth* in Baumbach/Hopt, 39. Aufl. 2020, § 171 HGB Rz. 6.
180 *Roth* in Baumbach/Hopt, 39. Aufl. 2020, § 171 HGB Rz. 10.
181 Vgl. dazu *Bayer* in Lutter/Hommelhoff, 20. Aufl. 2020, § 19 GmbHG Rz. 54 ff.; *Fastrich* in Baumbach/Hueck, 22. Aufl. 2019, § 5 GmbHG Rz. 18 f. sowie § 19 GmbHG Rz. 45 ff. m.w.N.

einlage nicht oder nicht wertentsprechend geleistet, ist der Differenzbetrag in Geld zu leisten[182]. Dem Grundsatz der Sicherung der effektiven Kapitalaufbringung Rechnung tragend, zieht die Leistung einer Sacheinlage weitere Besonderheiten nach sich. Nach § 5 Abs. 4 Satz 2 GmbHG haben die Gesellschafter in einem Sachgründungsbericht die für die Angemessenheit der Leistungen für Sacheinlagen wesentlichen Umstände darzulegen und beim Übergang eines Unternehmens auf die Gesellschaft die Jahresergebnisse der letzten beiden Geschäftsjahre anzugeben.

Bei der Festlegung von Sacheinlagen darf die **Anmeldung** der Gesellschaft zum Handelsregister erst erfolgen, wenn auf jede Stammeinlage, auf die Sacheinlagen zu leisten sind, der Gesamtbetrag geleistet wurde, § 7 Abs. 2 GmbHG. Die Sacheinlagen sind vor der Anmeldung so zu bewirken, dass sie zur freien Verfügung der Geschäftsführer stehen. Der Anmeldung sind die Festsetzungen über die Sacheinlagen, der Sachgründungsbericht und Unterlagen darüber, dass der Wert der Sacheinlagen den Betrag der dafür übernommenen Stammeinlagen erreicht, beizufügen, § 8 Abs. 1 Nr. 4 und 5 GmbHG. Die Prüfung durch einen externen Sachverständigen ist nicht vorgeschrieben[183]. Bei Einbringung eines Betriebs oder Teilbetriebs wird aber oft eine von einem Wirtschaftsprüfer ausgestellte Werthaltigkeitsbescheinigung vorgelegt. Das Registergericht hat zu prüfen, ob die Eintragung abzulehnen ist, weil die Sacheinlagen überbewertet wurden, § 9c Abs. 1 Satz 2 GmbHG. Ein Gesellschafter, der eine Sacheinlage zu leisten hat, haftet der Gesellschaft auf Leistung einer Einlage in Höhe des Differenzbetrags in Geld, wenn der Wert der Sacheinlage im Zeitpunkt der Anmeldung zur Eintragung im Handelsregister den Nennbetrag des dafür übernommenen Geschäftsanteils nicht erreicht, § 9 Abs. 1 GmbHG. Wertminderungen zwischen Anmeldung und Eintragung führen zur Vorbelastungshaftung[184]. 3.88

Sollen bei der Gründung einer **AG** die Aktionäre Einlagen machen, die nicht durch die Einzahlung des Ausgabebetrags, sondern durch Sacheinlagen zu leisten sind, oder soll die Gesellschaft vorhandene oder noch herzustellende Anlagen oder andere Vermögensgegenstände übernehmen (**Sachübernahme**), müssen der Gegenstand der Sacheinlage oder Sachübernahme, die Person, von der die Gesellschaft den Gegenstand erwirbt, der Nennbetrag oder bei Stückaktien die Zahl der bei der Sacheinlage zu gewährenden Aktien oder die bei Sachübernahme zu gewährende Vergütung in der Satzung festgestellt werden, § 27 Abs. 1 AktG. Hierfür geeignet sind nur Vermögensgegenstände, deren wirtschaftlicher Wert feststellbar ist[185]. Verpflichtungen zu Dienstleistungen können nicht Sacheinlagen oder Sachübernahmen sein, § 27 Abs. 2 AktG. Bei verdeckten Sacheinlagen gelten dieselben Grundsätze wie bei der GmbH (Rz. 3.87), vgl. § 27 Abs. 3 AktG. 3.89

Die **Überbewertung** einer Sacheinlage ist unzulässig. Wird die Überbewertung vor Eintragung der Gesellschaft in das Handelsregister erkannt, kann das Gericht die Eintragung ablehnen, § 38 Abs. 2 Satz 2 AktG, es sei denn, dass die Wertansätze berichtigt und die Einlage durch Geldleistung aufgefüllt wird[186]. Nach der Eintragung im Handelsregister greift die Differenzhaftung aus der Kapitaldeckungszusage, die sich auch auf ein in der Gründungssatzung festgesetztes Aufgeld erstreckt[187]. Nach einer verbreiteten Meinung soll auch die **Unterbewertung** der Sacheinlage unzulässig sein[188]. Eine „Unterbewertung" liegt jedenfalls nicht bei der gängigen, aber in ihrer Zulässigkeit umstrittenen Gestaltung vor, bei der Sacheinlage von einer Festsetzung des Ausgabebetrags abzusehen oder 3.90

182 *Bayer* in Lutter/Hommelhoff, 20. Aufl. 2020, § 19 GmbHG Rz. 76 ff.; *Fastrich* in Baumbach/Hueck, 22. Aufl. 2019, § 19 GmbHG Rz. 57 ff.

183 *Bayer* in Lutter/Hommelhoff, 20. Aufl. 2020, § 8 GmbHG Rz. 6.

184 Rz. 3.79 und *Fastrich* in Baumbach/Hueck, 22. Aufl. 2019, § 11 GmbHG Rz. 61 f.

185 BGH v. 14.6.2004 – II ZR 121/02, NZG 2004, 910 ff. = ZIP 2004, 1642 = AG 2004, 548 (obligatorisches Nutzungsrecht); zur Einlagefähigkeit im Einzelnen Hüffer/Koch, 14. Aufl. 2020, § 27 AktG Rz. 13 ff.

186 Hüffer/Koch, 14. Aufl. 2020, § 27 AktG Rz. 21.

187 BGH v. 6.12.2011 – II ZR 149/10 – „Babcock", AG 2012, 87 ff., Tz. 16 f. = ZIP 2012, 73 (auch zur dogmatischen Begründung); Hüffer/Koch, 14. Aufl. 2020, § 27 AktG Rz. 21; ferner kann Haftung nach §§ 46 ff. AktG eingreifen.

188 Hüffer/Koch, 14. Aufl. 2020, § 27 AktG Rz. 19.

als Ausgabebetrag den Nennwert festzusetzen und den Wertüberschuss – ohne Festlegung eines Agios – in die Rücklage einzustellen[189]. Das Problem willkürlicher Bildung stiller Reserven[190] besteht hier gerade nicht.

3.91 Die Festsetzung von Sacheinlagen oder Sachübernahmen führt zu weiteren Maßnahmen bei der Gründung der AG. Nach § 33 Abs. 2 Nr. 4 AktG muss eine **Prüfung durch einen Gründungsprüfer** erfolgen; zu den Anforderungen an den Gründungsprüfer und dessen Auswahl vgl. § 33 Abs. 4, 5 AktG. Der Gründungsprüfer wird auf Antrag vom Gericht bestellt; § 33 Abs. 3 Satz 2 AktG. Der Notar kommt als Gründungsprüfer nicht in Betracht, wenn Sacheinlagen festgesetzt wurden; § 33 Abs. 3 Satz 1 AktG. Unter bestimmten Voraussetzungen ist der Gründungsprüfer entbehrlich, § 33a AktG. Die durch den Vorstand und den Aufsichtsrat sowie die durch den Gründungsprüfer durchzuführende Prüfung hat sich darauf zu erstrecken, ob die Angaben der Gründer über die Übernahme der Aktien, die Einlagen und die Festsetzungen über Sacheinlagen richtig und vollständig sind und ob der Wert der Sacheinlagen oder Sachübernahmen den geringsten Ausgabebetrag der dafür zu gewährenden Aktien oder den Wert der zu gewährenden Leistungen erreicht. Der Prüfungsbericht ist beim Vorstand und dem Gericht einzureichen.

3.92 Zum Zeitpunkt der Anmeldung der Gesellschaft zur Eintragung in das Handelsregister müssen **Sacheinlagen grundsätzlich vollständig geleistet** sein, § 36a Satz 1 AktG[191]. Wie sich dazu die in § 36a Satz 2 AktG gewährte Frist von 5 Jahren für die Umsetzung der Verpflichtung zur Übertragung eines Vermögensgegenstands verhält, ist einigermaßen rätselhaft und in der Praxis ungeklärt. Bei wörtlichem Verständnis, das wohl der herrschenden Meinung entspricht, könnte in der Regel von der Frist von 5 Jahren Gebrauch gemacht werden[192].

3.93 Die Sacheinlage muss zur freien Verfügung des Vorstands stehen. Das Registergericht hat die Werthaltigkeit der Sacheinlage zu prüfen und kann die Eintragung ablehnen, wenn nach Erklärung der Gründungsprüfer oder eigener Erkenntnis des Gerichts der Wert der Sacheinlagen nicht unwesentlich hinter dem geringsten Ausgabebetrag der dafür zu gewährenden Aktien zurückbleibt, § 38 Abs. 2 Satz 2 AktG[193].

4. Gemischte Sachgründung und Mischeinlage

3.94 Eine gemischte Sacheinlage liegt vor, wenn der Wert der vorgesehenen Sachleistung den Anrechnungsbetrag der Stammeinlage oder den (höheren) Ausgabebetrag der Aktien übersteigt und der Gesellschafter/Aktionär für die Differenz von der Gesellschaft eine **Vergütung in Geld** oder eine Gutschrift als Darlehen erhält[194]. Als **Mischeinlage** bezeichnet man es, wenn der Gesellschafter zu einer Geld- und Sacheinlage verpflichtet ist. Die Vorschriften über die Sacheinlagen sind auch zu beachten, wenn der Gesellschafter zu einer gemischten Sacheinlage oder zu einer Mischeinlage verpflichtet ist. Diese Gestaltungen bilden für Zwecke der Sacheinlagevorschriften der Kapitalgesellschaften rechtlich jeweils eine Einheit und unterliegen insgesamt den Vorschriften über eine Sacheinlage[195]. Der Wert der festgesetzten Sacheinlage erreicht bei der gemischten Sacheinlage nur dann

189 *Scholz* in MünchHdb/AG, 4. Aufl. 2015, § 57 Rz. 46; für die Zulässigkeit auch Hüffer/Koch, 14. Aufl. 2020, § 9 AktG Rz. 9, obwohl er begrifflich von einer Unterbewertung ausgeht.

190 Hüffer/Koch, 14. Aufl. 2020, § 27 AktG Rz. 19.

191 Dazu Hüffer/Koch, 14. Aufl. 2020, § 36a AktG Rz. 5; die Anordnung der vollständigen, auch die dingliche Vollrechtsübertragung einschließenden Einlageleistung erweist sich in der Praxis (z.B. bei der Notwendigkeit der Eintragung des Rechtsübergangs in einem Register) als Vollzugsproblem.

192 Hüffer/Koch, 14. Aufl. 2020, § 36a AktG Rz. 4.

193 Hüffer/Koch, 14. Aufl. 2020, § 38 AktG Rz. 9; *Kleindiek* in K. Schmidt/Lutter, 4. Aufl. 2020, § 38 AktG Rz. 13 f.

194 Hüffer/Koch, 14. Aufl. 2020, § 27 AktG Rz. 8 f.; *Fastrich* in Baumbach/Hueck, 22. Aufl. 2019, § 5 GmbHG Rz. 20.

195 *Fastrich* in Baumbach/Hueck, 22. Aufl. 2019, § 5 GmbHG Rz. 20.

den entsprechenden Anrechnungsbetrag der Stammeinlage oder den Ausgabebetrag der Aktien, wenn nach Abzug der anderen Vergütung an den Gesellschafter der festgesetzte Wert erreicht wird. Zulässig ist die Vereinbarung, dass ein erst später objektiv feststellbarer Wert als andere Vergütung geleistet wird[196].

5. Verwendung von Vorrats- oder Mantelgesellschaften

Zur Beschleunigung von mehrstufigen Reorganisationsvorhaben hat es sich in der Praxis als vorteilhaft erwiesen, Gesellschaften nicht neu zu errichten, sondern auf **Vorrats- oder Mantelgesellschaften** zurückzugreifen. Bei Vorratsgesellschaften handelt es sich um neue, für unternehmerische Zwecke noch ungebrauchte Gesellschaften, deren Kapital mangels einer Geschäftstätigkeit noch ungeschmälert vorhanden sein sollte. Vorratsgründungen hat der BGH im Grundsatz für zulässig erklärt[197]. Mantelgesellschaften sind (gebrauchte) Gesellschaften, die in einer aktiven Zeit bereits eine Geschäftstätigkeit ausgeübt haben, die später jedoch eingestellt wurde, ohne dass die Gesellschaften danach aufgelöst und abgewickelt wurden[198]. Da aus der früheren Aktivität der Mantelgesellschaft unerkannte Risiken bestehen können, sollte eine Mantelgesellschaft nur eingesetzt werden, wenn dafür besondere Gründe bestehen. In der Vergangenheit lagen diese Gründe oft in der Nutzung steuerlicher Verlustvorträge. Die Möglichkeiten zur Nutzung von Verlustvorträgen bestehen allerdings nur noch eingeschränkt (§§ 8c, 8d KStG). 3.95

Die Verwendung der auf Vorrat gegründeten GmbH ist als **„wirtschaftliche Neugründung“** dem Registergericht offenzulegen[199]. Die Gründungsvorschriften gelten entsprechend. Daher haben die Geschäftsführer die in § 8 Abs. 2 GmbHG vorgesehenen Versicherungen abzugeben, und die Gesellschafter haften – entsprechend der Unterbilanzhaftung bei der Gründung – für eine im Zeitpunkt der Offenlegung/Verwendung bestehende Unterbilanz[200]. Wenn die Gesellschaft ihre Geschäfte vor Offenlegung der Mantelverwendung und ohne Zustimmung aller Gesellschafter aufnimmt, kommt die persönliche Haftung der Geschäftsführer entsprechend § 11 Abs. 2 GmbHG in Betracht[201]. 3.96

Für inaktive Mantelgesellschaften gelten dieselben Grundsätze[202]. Die **Reaktivierung des Mantels** ist dem Registergericht gegenüber offen zu legen. Ferner ist die Versicherung nach § 8 Abs. 2 GmbHG abzugeben. Dem Gericht wird dadurch die Möglichkeit zur Prüfung der Kapitalaufbringung gegeben. Die der Gewährleistung der Kapitalausstattung dienenden Gründungsvorschriften sind entsprechend anzuwenden[203]. Über das Vorliegen einer Mantelverwendung können Zweifel bestehen, wenn die bestehende Tätigkeit aufgegeben und durch eine neue Tätigkeit ersetzt wird; es ist wohl davon 3.97

196 H.M.; *Fastrich* in Baumbach/Hueck, 22. Aufl. 2019, § 5 GmbHG Rz. 20.

197 BGH v. 16.3.1992 – II ZB 17/91, GmbHR 1992, 451 ff. = AG 1992, 227 = ZIP 1992, 689; *Bayer* in Lutter/Hommelhoff, 20. Aufl. 2020, § 3 GmbHG Rz. 79.

198 BGH v. 6.3.2012 – II ZR 56/10, GmbHR 2012, 630 Rz. 11. Oft wird die Vorratsgesellschaft als Unterfall der Mantelgesellschaft betrachtet; vgl. *Schmidt-Leithoff* in Rowedder/Schmidt-Leithoff, 6. Aufl. 2017, § 3 GmbHG Rz. 14.

199 BGH v. 12.7.2011 – II ZR 71/11, AG 2011, 751 = ZIP 2011, 1761 = GmbHR 2011, 1032; BGH v. 9.12.2002 – II ZB 12/02, BGHZ 153, 158 = ZIP 2003, 251 = NJW 2003, 892.

200 BGH v. 6.3.2012 – II ZR 56/10, GmbHR 2012, 630 ff. = ZIP 2012, 817; BGH v. 7.7.2003 – II ZB 4/02, GmbHR 2003, 1125 ff. = AG 2003, 684.

201 So die h.M., BGH v. 7.7.2003 – II ZB 4/02, GmbHR 2003, 1125 (1128) = AG 2003, 684 = ZIP 2003, 1698: „in Betracht zu ziehen“; BGH v. 12.7.2011 – II ZR 71/11, GmbHR 2011, 1032 (1033 ff.), Rz. 11 ff. = AG 2011, 751 = ZIP 2011, 1761; Thüringer OLG v. 1.9.2004 – 4 U 37/04, GmbHR 2004, 1468; *Fastrich* in Baumbach/Hueck, 22. Aufl. 2019, § 3 GmbHG Rz. 13d; *Schmidt-Leithoff* in Rowedder/Schmidt-Leithoff, 6. Aufl. 2017, § 11 GmbHG Rz. 110; ablehnend *Merkt* in MünchKomm/GmbHG, 3. Aufl. 2018, § 11 GmbHG Rz. 195 m.w.N.

202 BGH v. 6.3.2012 – II ZR 56/10, GmbHR 2012, 630 Rz. 9.

203 BGH v. 6.3.2012 – II ZR 56/10, GmbHR 2012, 630 Rz. 9.

auszugehen, dass eine wirtschaftliche Neugründung nur dann vorliegt, wenn der Aufnahme der neuen Tätigkeit ein Zeitraum der Inaktivität vorausging.

6. Formwechsel

3.98 Durch Formwechsel wird unter **Aufrechterhaltung der rechtlichen Identität** des Rechtsträgers dessen rechtliche Organisationsform ausgetauscht. Es erfolgen weder Vermögensübertragungen noch Kapitalveränderungen.

3.99 Rechtstechnisch wird allerdings der Formwechsel in Anlehnung an die für die jeweilige Rechtsform geltenden **Gründungsvorschriften** durchgeführt (§ 197 Satz 1 UmwG). Hierdurch soll verhindert werden, dass die für die neue Rechtsform geltenden ggf. strengeren Gründungsvorschriften über den Weg des Formwechsels umgangen werden. Nur solche Vorschriften, die für die Gründung eine Mindestzahl der Gründer vorschreiben, sowie die Vorschriften über die Bildung und Zusammensetzung des ersten Aufsichtsrats sind nicht anzuwenden (§ 197 Satz 2 UmwG). Ihre Rechtsform ändern können nach § 191 Abs. 1 UmwG Personenhandelsgesellschaften, Kapitalgesellschaften, eingetragene Genossenschaften, rechtsfähige Vereine, Versicherungsvereine auf Gegenseitigkeit und Körperschaften und Anstalten des öffentlichen Rechts. Als neue Rechtsform kommen gem. § 191 Abs. 2 UmwG Gesellschaften des bürgerlichen Rechts, Personenhandelsgesellschaften, Kapitalgesellschaften und eingetragene Genossenschaften in Betracht. Die Aufzählung in § 191 Abs. 1 und Abs. 2 UmwG ist nach § 1 Abs. 2 UmwG abschließend. Nicht für jeden der in § 191 Abs. 1 UmwG genannten Rechtsträger steht jede in § 191 Abs. 2 UmwG genannte Rechtsform zur Verfügung. Einschränkungen ergeben sich insoweit aus den §§ 214, 226, 258, 272, 301 UmwG. So kann beispielsweise eine Personenhandelsgesellschaft nur in die Rechtsform der Kapitalgesellschaft oder einer eingetragenen Genossenschaft wechseln (§ 214 UmwG). Umgekehrt besteht für die Kapitalgesellschaft nur die Möglichkeit, in die Rechtsform der Gesellschaft bürgerlichen Rechts, der Personenhandelsgesellschaft, einer Partnerschaftsgesellschaft, einer anderen Kapitalgesellschaft oder einer eingetragenen Genossenschaft zu wechseln (§ 226 UmwG).

3.100 Der Formwechsel dient im engeren Sinne nicht der Errichtung einer Holdinggesellschaft. Er ergänzt indes die zur Holdingerrichtung durchzuführenden Strukturveränderungen, um die Rechtsform der Holding oder von Tochterunternehmen ihrer veränderten Funktion anzupassen, z.B. wenn der Formwechsel von einer GmbH in eine Aktiengesellschaft zur Vorbereitung eines Börsengangs durchgeführt werden soll. Ebenfalls kann der Formwechsel einer bestehenden Holding die Anpassung an veränderte Gegebenheiten, z. B steuerlicher Art, durch Wechsel der Rechtsform erleichtern.

7. Verschmelzung

3.101 Die **Verschmelzung** bewirkt den Übergang des Vermögens im Ganzen von einem oder mehreren übertragenden Rechtsträgern auf einen anderen, vorhandenen oder neu zu errichtenden Rechtsträger (§ 2 UmwG). Eine Verschmelzung kommt im Rahmen der Entstehung einer Holding z.B. in Betracht bei der

- Zusammenfassung von mehreren Spartenholdings zu einer Holdinggesellschaft,
- Zusammenfassung der Führungsgesellschaften mehrerer bislang unverbundener Unternehmensgruppen, z.B. im Kooperationsmodell (vgl. Rz. 3.144 ff.).

3.102 Bei der Verschmelzung erhalten die Anteilseigner des übertragenden Rechtsträgers – soweit mit der Verschmelzung eine Kapitalerhöhung verbunden ist, vgl. §§ 54 f., 68 f. UmwG – **Anteile an dem übernehmenden** Rechtsträger gegen Sacheinlage in Form der Einbringung des Vermögens des übertragenden Rechtsträgers. Hierbei gelten die gegenüber den ansonsten auf Sacheinlagen anzuwendenden Regeln (vgl. Rz. 3.87 ff.) spezifische Erleichterungen (vgl. §§ 55, 69 UmwG). Die Verschmelzung deutscher Unternehmen ist mittlerweile auch transnational mit EU- und EWR-Unternehmen möglich, § 122a UmwG.

8. Nachgründung nach § 52 AktG

Wurde die Holding in der Rechtsform einer **AG (KGaA, SE)** gegründet, ist zu beachten, dass Verträge mit Gründern oder mit mehr als 10 % am Grundkapital beteiligten Aktionären über den Erwerb von Vermögensgegenständen für eine Vergütung, die den zehnten Teil des Grundkapitals übersteigt, innerhalb der ersten zwei Jahre seit Eintragung der Gesellschaft im Handelsregister den Vorschriften über die Nachgründung unterliegt (§ 52 AktG)[204]. Dies gilt auch, wenn der Beteiligungserwerb im Zusammenhang mit einer Kapitalerhöhung gegen Sacheinlagen[205] oder eine Verschmelzung (vgl. § 67 UmwG) erfolgte. Der Erwerb der Vermögensgegenstände wird danach erst mit Zustimmung der Hauptversammlung zum Erwerbsvertrag nach vorheriger Prüfung des Vertrags durch den Aufsichtsrat und einen externen Prüfer sowie nach Eintragung des Vertrags im Handelsregister wirksam (§ 52 Abs. 1, 3, 4 und 6 AktG). Ohne Beachtung dieser Vorschriften abgeschlossene Verträge sind ebenso wie die Rechtshandlungen zu ihrer Ausführung unwirksam (§ 52 Abs. 1 Satz 2 AktG)[206]. 3.103

9. Mitbestimmung

Die Holding wird mit Einbringung der Unternehmensbeteiligung und Übernahme der Leitungsfunktionen i.d.R. zum konzernleitenden Unternehmen. In der Holdinggesellschaft ist je nach Rechtsform und bei entsprechender Anzahl von Arbeitnehmern in den einheitlich geleiteten Unternehmen ggf. ein **mitbestimmter Aufsichtsrat** zu bilden[207]. Soweit sich die für die Zusammensetzung des Aufsichtsrats maßgeblichen Regeln im Zuge der Errichtung der Holdingstruktur ändern, ist das Statusverfahren durchzuführen, §§ 97 ff. AktG. Das gilt auch für die Errichtung durch Neugründung (§ 30 Abs. 3 Satz 3 AktG). 3.104

10. Sonderfall: SE-Gründung

Im Unterschied zu den bisher behandelten Rechtsformen schreibt das Recht der Societas Europaea (SE) **zwingend bestimmte Gründungsformen** vor[208]. In Betracht kommen die Gründung durch Verschmelzung, die Gründung einer **Holding-SE**, die Gründung einer Tochter-SE und die Umwandlung[209]. Erforderlich ist in jedem Fall ein für die einzelnen Gründungsvarianten in der SE-Verordnung vorgegebener transnationaler Bezug, also zum Beispiel bei der Gründung einer Holding-SE die Beteiligung mindestens zweier dem Recht verschiedener Mitgliedstaaten des EWR unterliegender Rechtsträger. Grundsätzlich kann jede der Gründungsvarianten im Zusammenhang mit der Errichtung einer Holding eine Rolle spielen. Allerdings sind bisher die Gründung durch Verschmelzung und die Gründung einer Holding-SE, durch die sich jeweils (mindestens) zwei in verschiedenen Mitgliedsländern des EWR ansässige Unternehmen mit definierter Rechtsform zusammentun, eine **seltene Ausnahme** geblieben. Bei der im vorliegenden Zusammenhang besonders interessanten Grün- 3.104a

---

204 Für die Entstehung der AG im Wege des Formwechsels gelten Ausnahmen und Erleichterungen, vgl. § 245 Abs. 1 Satz 3, Abs. 3 Satz 3 AktG.

205 KG v. 12.10.2015 – 22 W 77/15, AG 2016, 180 (182) = ZIP 2016, 161; OLG Oldenburg v. 20.6.2002 – 5 W 95/02, AG 2002, 620; *Pentz* in MünchKomm/AktG, 5. Aufl. 2019, § 52 AktG Rz. 69 ff.; *Arnold* in KölnKomm/AktG, 3. Aufl. 2010, § 52 AktG Rz. 9; krit. *Jäger*, NZG 1998, 370 (371); a.A. *Bork/Stangier*, AG 1984, 320 (322 f.).

206 Zu Einzelheiten vgl. Hüffer/Koch, 14. Aufl. 2020, § 52 AktG Rz. 7 f.; *Hoffmann-Becking* in MünchHdb/AG, 4. Aufl. 2015, § 4 Rz. 41 ff. Die durch das NaStraG modifizierten Ausnahmen in Abs. 9 von § 52 AktG kommen für den Erwerb von Beteiligungen an Unternehmen durch eine Führungsholding kaum in Betracht; vgl. zu Abs. 9 von § 52 Hüffer/Koch, 14. Aufl. 2020, § 52 AktG Rz. 18 ff.

207 Vgl. §§ 1 ff. DrittelbG, §§ 1 ff. MitbestG und Rz. 3.15, 3.19, 3.23, 3.28, 3.34, 3.55.

208 Ausführlich zur SE als Holding *Marsch-Barner/J. Schmidt* § 17.

209 Art. 2 Abs. 1 bis 4 der Verordnung (EG) Nr. 2157/2001 des Rates vom 8.10.2001 über das Statut der Europäischen Gesellschaft (SE) („SE-Verodnung“).

dung einer Holding-SE übertragen die Gesellschafter der gründenden Gesellschaften (AG oder GmbH aus mindesten zwei Mitgliedstaaten) jeweils Beteiligungen, die mindestens die Mehrheit der Stimmrechte gewähren, an die Holding-SE[210]. Häufiger sind die **Gründung durch Umwandlung** (der Sache nach ein Formwechsel, vgl. dazu Rz. 3.98 ff.) und insbesondere im Zusammenhang mit der Gründung von **Vorrats-SEs** die Gründung von Tochter-SEs. Spezifische Rechtsfragen der SE stellen sich insbesondere im Zusammenhang mit dem Mitbestimmungsrecht (siehe Rz. 3.54b, 3.55a).

IV. Typologische Besonderheiten bei der Errichtung einer Holding

1. Erwerber-/Investorenholding

a) Grundfunktionen

3.105 Die Erwerber-/Investorenholding kennzeichnet den Zusammenschluss einer Mehrzahl von Personen mit dem Ziel, Beteiligungen an Unternehmen zu erwerben, zu finanzieren und diese als Unternehmensgruppe zu führen. Die Holding setzt nicht voraus, dass eine oder mehrere der beteiligten Personen über unternehmerische Interessen oder Beteiligungen verfügen. Der **Gesellschafterkreis** einer solchen Holding ist grundsätzlich offen. Er ist insbesondere nicht durch bereits vorhandene Engagements bei anderen Unternehmen geprägt. So genannte **Family Offices** können eine Vielzahl von Zwecken erfüllen, deren kleinster gemeinsamer Nenner in der Erbringung von Dienstleistungen für private Großvermögen besteht. Ein Family Office kann die Keimzelle einer Investorenholding sein, wenn die Zwecksetzung (auch) im Erwerb und der Steuerung von Unternehmensbeteiligungen besteht.

3.106 **Private Equity-Strukturen** können als Spezialfall der Investorenholding verstanden werden. „Private Equity" dient als Sammelbegriff für das Einsammeln von Kapital von Investoren im Rahmen einer Fondsstruktur zwecks Investition in Unternehmensbeteiligungen. Die Investoren beschränken sich auf das Bereitstellen von Kapital. Die aktive Rolle übernehmen die Fondsmanager, die mit dem für einen Fonds eingesammelten Kapital u.U. eine Vielzahl von Beteiligungen eingehen. Die Investition erfolgt typischerweise kurz- bis mittelfristig. Die angestrebte Lebenszeit des Fonds kann z.B. 10 Jahre betragen, wobei die ersten fünf Jahre dem Eingehen von Beteiligungen und die zweiten fünf Jahre der Desinvestition gewidmet sind. Da zwischen den Fonds und die Zielgesellschaft zumindest eine, oft mehrere Gesellschaften geschoben sind, handelt es sich immer um Holding-Strukturen. Die verschiedenen Beteiligungsgesellschaften stellen innerhalb eines Fonds oft parallele Investments dar, die nichts miteinander zu tun haben. Im Rahmen einer **„buy and build"-Strategie** kann der Fonds aber auch anstreben, mehrere Zielgesellschaften gleichzeitig oder nacheinander unter einer Holding zusammenzufassen.

3.107 Die **Errichtung** der Investorenholding erfolgt durch Gründung einer Gesellschaft und bare Kapitaleinlagen der Gesellschafter. Die Gesellschaft hat die Aufgabe, für die zur Finanzierung der Unternehmenserwerbe erforderliche Kapitalaufnahme, gegebenenfalls im Wege der strukturierten Finanzierung, Sorge zu tragen. Gesellschafter und Verwaltung bestimmen den jeweiligen Anteil an Eigen- und Fremdkapital.

3.108 **Zweck der Gründung** der Holding ist es, mit dieser eine Plattform für die Akquisition von Beteiligungen an anderen Unternehmen zu schaffen. Diese folgt dem Investitions- und Anlageinteresse der Initiatoren, einzelne oder dem Portfolio-Prinzip folgend mehrere Unternehmensbeteiligungen zu erwerben. Die Zielrichtung der Geschäftstätigkeit der Holding ist an den geschäftspolitischen Zielsetzungen der Gründer ausgerichtet.

3.109 Das **Management** einer solchen Gesellschaft besteht oft aus Personen, die dem Kreis der Initiatoren des Investitionsvorhabens nahestehen[211] oder dem bisherigen Management der Gesellschaft angehö-

210 Ausführlich *Marsch-Barner/J. Schmidt* Rz. 17.10 ff.; *Stöber*, AG 2013, 110 ff.

211 So z.B. bei Management buy in-Gestaltungen.

ren[212]. Je nachdem, ob die Gesellschafter eher Management- oder Kapitalanlageziele verfolgen, werden Mitglieder des Gesellschafterkreises der Geschäftsführung angehören.

Zur Holding wird die Gesellschaft durch **Erwerb von Unternehmen** oder Unternehmensanteilen. 3.110
Ob der Investitionsansatz im Streben nach Fortentwicklung des Beteiligungsbesitzes zu einer wirtschaftlichen Einheit besteht, deren Gesamtwert den Wert der einzelnen Beteiligungen übersteigen soll, besteht, ist vom Einzelfall abhängig. In einem solchen Fall kann sich die Investorenholding von der Finanzierungs- zur Führungsholding entwickeln[213]. Bei Private Equity-Anlagen ist das schon aufgrund des kurz- bis mittelfristigen Anlagehorizonts nur ausnahmsweise der Fall.

b) Errichtung der Holdinggesellschaft

Die Errichtung einer Holdinggesellschaft erfolgt i.d.R. als reine **Bargründung**. Bei einer Bargrün- 3.111
dung wird das Gesellschaftskapital durch Einlage von Barmitteln erbracht, so dass die Holdinggesellschaft zunächst ohne Beteiligungsgesellschaften existiert (zur Bargründung vgl. Rz. 3.76 ff.). Die dergestalt errichtete Holdinggesellschaft wird dann in einem zweiten Schritt Beteiligungsgesellschaften erwerben.

Bei Errichtung einer Holding in der Rechtsform der Kapitalgesellschaft, wie z.B. GmbH oder Aktien- 3.112
gesellschaft, sind – je nachdem, ob eine Bar- oder Sachgründung vorliegt – unterschiedliche **Gründungsvorschriften** zu beachten. Auf die obigen Ausführungen (Rz. 3.79 ff., 3.87 ff.) wird verwiesen.

Die Gesellschaft, die Holdingfunktionen übernehmen soll, wird in der Rechtsform gegründet, die 3.113
nach den Interessen und Vorstellungen der Gründer die geeigneten Merkmale aufweist (vgl. Rz. 3.5 ff.). Die Gesellschaft wird mit einem **Unternehmensgegenstand** errichtet, der die Übernahme der Aufgaben einer Holding abdeckt (vgl. dazu insbes. Rz. 3.187 ff.).

Bei Gründung der Gesellschaft wird deren **Verwaltung** (Vorstand/Geschäftsführung, ggf. auch Auf- 3.114
sichtsrat) bestimmt. Soweit sich nicht aus der Rechtsform der Gesellschaft andere Erfordernisse ergeben, können die Gesellschafter zwischen Selbst- oder Fremdgeschäftsführung entscheiden. Die Auswahl der Geschäftsführung erfolgt grundsätzlich unabhängig von der Besetzung der Führungsorgane in den (zu erwerbenden) Beteiligungsunternehmen; personelle Verflechtungen mit den Vertretungsorganen der Beteiligungsunternehmen sind nicht ausgeschlossen.

c) Erwerb von Anteilen und Beteiligungen an anderen Unternehmen

Der Erwerb der Beteiligungsrechte an den Unternehmen, die unter der Holding zusammengeführt 3.115
werden sollen, erfolgt nach allgemeinen Grundsätzen. Der Erwerb hat regelmäßig Gesellschaftsanteile an oder Betriebe/Teilbetriebe von bestehenden Unternehmen zum Gegenstand. In geeigneten Fällen, wie z.B. bei buy out-Gestaltungen oder dem Erwerb zu Sanierungszwecken, kann sich die Errichtung einer **Erwerbsgesellschaft** im alleinigen Anteilsbesitz der Holding als zweckmäßig erweisen, die das Zielobjekt im Rahmen des Erwerbs einzelner Vermögensgegenstände und gegebenenfalls der Übernahme von Verbindlichkeiten (Unternehmenskauf als „asset-deal") erwirbt. Gesetzlich vorgeschriebene Formerfordernisse (z.B. bei Erwerb von GmbH-Anteilen, § 15 Abs. 3, 4 GmbHG) sind zu beachten. Zur Finanzierung des Erwerbs wird durch die Holding oder werden durch weitere Zwischenholdings (bei strukturierter Finanzierung) Fremdkapital aufgenommen. Die Anteile an dem Beteiligungsunternehmen stellen die wesentliche Kreditsicherheit dar. Besicherungen über Vermögensgegenstände der zu erwerbenden Gesellschaft unterliegen rechtlichen Beschränkungen (insbesondere nach § 30 GmbHG und §§ 57, 71a ff. AktG)[214].

---

212 Vgl. Management buy out-Gestaltungen, oft bei Private Equity Investments.
213 Zu den unterschiedlichen Führungsansätzen und deren Umgestaltung *Keller* Rz. 4.25 ff., 4.34 ff.
214 Vgl. z.B. *Kiefner/Bochum*, NZG 2017, 1292 ff.; *Theusinger/Kapteina*, NZG 2011, 881 ff.

d) Veränderungen in der Struktur der Holding

3.116 Veränderungen in der Zusammensetzung der von der Holding gehaltenen Beteiligungen erfolgen nach den allgemeinen Vorschriften über Erwerb oder Veräußerung von Anteilen an Unternehmen. Ob solche Veränderungen zulässig sind, ergibt sich aus der Festsetzung des Unternehmensgegenstands in der Satzung entsprechend den grundlegenden geschäftspolitischen Vorgaben der Gesellschafter. Eine wesentliche Veränderung der strukturellen oder rechtlichen Organisation der Holding tritt durch einzelne Erwerbe oder Veräußerungen im Regelfall nicht ein. Bei derartigen Maßnahmen sind die gesetzlichen oder gesellschaftsvertraglichen Mitwirkungsrechte anderer Gesellschaftsorgane (Aufsichtsrat, Gesellschafterversammlung) zu beachten (dazu Rz. 3.191 ff., 3.210 f.).

2. Vom Stammhaus zur Managementholding

a) Grundstrukturen

3.117 Die **Entstehung einer Managementholding** aus einem Stammhaus(-konzern) ist eine in der Unternehmenspraxis häufig anzutreffende Entwicklung[215]. Die Holding entsteht aus einer gewachsenen Unternehmensgruppe unter Beibehaltung der Führungsgesellschaft und der vorhandenen Rechtsbeziehungen zu den Anteilseignern. Sie führt funktional zu einer Separierung der gestaltungs- und leitungsbezogenen Funktionen der Holding von den operativen Tätigkeiten und der Zuordnung zu den rechtlich selbständigen (operativen) Einheiten. Bei der Entstehung der Managementholding aus dem Stammhaus werden in organisatorischer Hinsicht Unternehmensfunktionen getrennt und in rechtlicher Hinsicht vermögens- und haftungsmäßig getrennte Einheiten gebildet.

3.118 Der Begriff des **„Stammhauses“** oder des **„Stammhaus-Konzerns“** bezeichnet Unternehmen und Unternehmensgruppen, in denen das Mutterunternehmen Mehrfachfunktionen ausübt. Das Unternehmen betreibt das Stammgeschäft der Unternehmensgruppe und erbringt die wesentlichen operativen Produktions- und/oder Dienstleistungen. Daneben hält das Mutterunternehmen Beteiligungen an anderen Unternehmen; hierbei kann es sich um Allein- oder Mehrheitsbeteiligungen an ebenfalls operativen Unternehmen handeln, die Produktions- oder Dienstleistungen erbringen, die denen des Mutterunternehmens verwandt sind oder nahe stehen, diese in vor- oder nachgelagerten Fertigungsstufen ergänzen oder aber auch selbständig daneben stehen (Diversifikation). Zu den Beteiligungen können aber auch Holdingunternehmen (Zwischenholding) oder Minderheitsbeteiligungen gehören, die wiederum den Verbundinteressen des Konzerns entsprechen oder aber auch Finanzanlagen umfassen. Das Stammhausunternehmen vereinigt in solchen Fällen die Funktionen der operativen Einheit mit denen der Konzernführung sowie der Finanzholding. Der Stammhauskonzern und die Holding weisen in Teilfunktionen Gemeinsamkeiten auf; sie unterscheiden sich jedoch grundlegend durch die operative Betätigung des Stammhauses.

3.119 Die Entstehung der Holding aus dem Stammhaus bedingt eine wesentliche **organisatorische** und **rechtliche Neuordnung** in der Unternehmensgruppe. Diese setzt zunächst an bei der Funktionsseparierung der der Holding zuzuordnenden oder vorzubehaltenden Aufgaben von den operativen Aufgaben, die den operativen Bereichen zugeordneten sind. Dieser Neuordnungsprozess ergreift regelmäßig auch Teile des von der Holding gehaltenen Anteilsbesitzes, der entsprechend der Grundstruktur nach Branchen, Unternehmensbereichen oder Unternehmensfunktionen gegliedert wird[216].

215 Z.B. Daimler (2019), Bayer AG (2003), Hochtief AG (2001).
216 Zu den rechtlichen Rahmenbedingungen dieser Neuordnung vgl. Rz. 3.123 ff.

Abb. 1: Vom Stammhaus zum Holdingkonzern

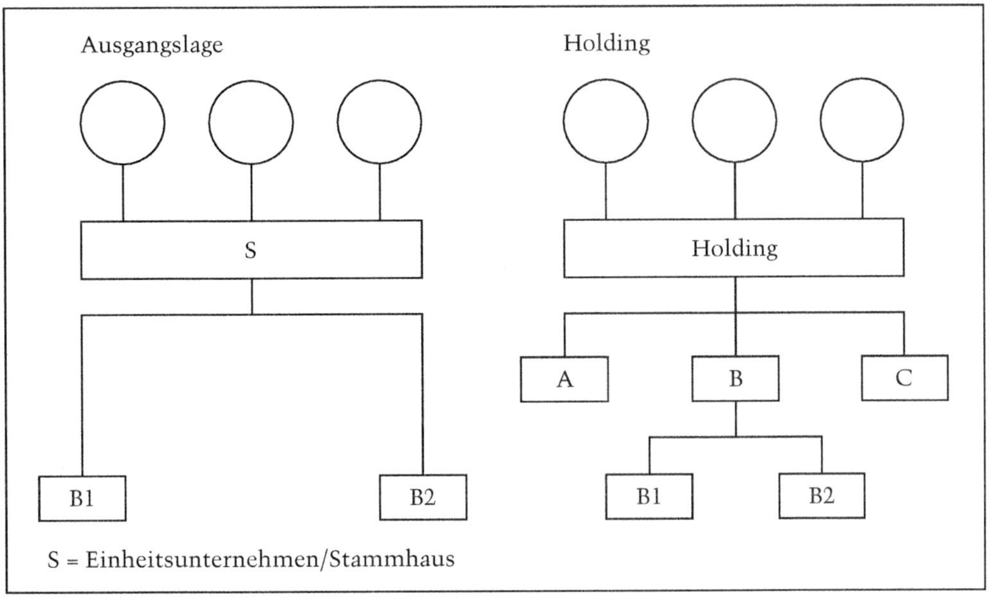

3.120 Rechtstechnisch entsteht die Holding in diesen Fällen durch die **Übertragung** der nicht holdingspezifischen Funktionen in neu gegründete oder vorhandene, rechtlich selbständige Tochterunternehmen, deren Anteile die Holding erhält[217]. Das bisherige Stammhausunternehmen wird zur Holding, so dass in Fällen dieser Entstehungsform einer Holding der Gesellschafterkreis unverändert bestehen bleibt. Auch für Verschiebungen der Anteilsverhältnisse besteht jedenfalls aus dem reinen Vorgang der Schaffung der Holdingstruktur heraus kein Anlass.

3.121 Mit der Entstehung der Holding und der Neuordnung der Aufgaben von Holding und Tochterunternehmen sind die **Führungsebenen** und deren **Besetzung** zu bestimmen. Die Neuordnung kann alle vorhandenen Führungsebenen betreffen. Während die oberste Führungsebene der Holding sich regelmäßig aus der obersten Führungsebene des bisherigen Stammhauses rekrutiert, geht mit der Bildung der Holdingstruktur praktisch unausweichlich auf der Ebene der Holding eine Reduzierung des Führungspersonals – ggf. bis zur obersten Führungsebene – einher, das dann Aufgaben in den neu gebildeten, nachgeordneten operativen Unternehmen übernehmen kann. Bei der Besetzung der Führungspositionen der nachgeordneten Unternehmen ist ein Ausgleich zu finden zwischen den Prinzipien dezentraler Führung (dann überwiegend getrennte Besetzung der Organe) und dem Bestreben der Holding nach konzerneinheitlicher Leitung und Gestaltung (vermittelt z.B. durch Mehrfachmandate in den Organen der Holding und der Beteiligungsunternehmen). Die Organe der Holding haben ihre Aufgabe und ihr Selbstverständnis entsprechend der neuen Rolle als Holding zu definieren; die Geschäftsführung wird zukünftig davon Abstand nehmen müssen, in gleicher Intensität wie in der Stammhaus-Struktur die Maßnahmen der operativen Bereiche mitgestalten zu wollen.

3.122 Von der Neuordnung unberührt bleibt regelmäßig die Rolle des Stammhauses, zukünftig der Holding, die **Finanzierung** der Unternehmensgruppe zu gewährleisten. Allein durch die Entstehung der Holding aus dem Stammhaus heraus verändert sich die Kapitalbasis des Unternehmens nicht; Gleiches gilt für die Strukturierung des Kapitals und seine Zusammensetzung aus Eigen- und Fremd-

217 Vgl. zu den Einzelheiten von Ausgliederung und Ausgründung Rz. 3.123 ff.

kapital. Oft findet eine gruppenweite Liquiditätssteuerung durch ein konzernweites Cash Pooling statt[218].

b) Die Umsetzung: Spaltungs- und Ausgliederungsmodelle

3.123 Aus einem Unternehmen, das bisher diverse Funktionen umfasste (z.B. Einheitsunternehmen oder Stammhaus/Stammhaus-Konzern), kann eine Holding entstehen, indem diejenigen Funktionen, die die Unternehmens- oder Konzernleitung betreffen, von den operativen Funktionen getrennt und diese auf vorhandene oder neu entstehende Einheiten aufgeteilt und übertragen werden. Die Übertragungen (**Ausgliederung** und **Einbringung**) betreffen die den betrieblich-operativen Teilfunktionen dienenden Vermögensgegenstände, Rechte und Verbindlichkeiten, die auf vorhandene oder neu entstehende Unternehmen übergehen. Als Holding verbleibt das bis dahin multifunktional tätige Unternehmen mit den holdingbezogenen, die Gestaltungs- und Leitungsmacht betreffenden Funktionen. Der Umfang der zur Holdinggründung erforderlichen Übertragungen bestimmt sich – negativ abgegrenzt – nach dem Umfang der Funktionen, die bei dem ausgliedernden zukünftigen Holdingunternehmen verbleiben sollen. Rechtstechnisch kann die Übertragung im Wege der (partiellen) **Gesamtrechtsnachfolge** oder im Weg der **Einzelrechtsnachfolge** durchgeführt werden. In den Fällen der Gesamtrechtsnachfolge handelt es sich um Spaltungsvorgänge nach dem Umwandlungsgesetz, und zwar regelmäßig in Form der Ausgliederung. Bei der Einzelrechtsübertragung kann es sich um Einbringungen mit oder ohne Gewährung neuer Anteile oder – im Rahmen der Schaffung einer Holdingstruktur weniger naheliegend – um Verkaufsvorgänge (Rz. 3.178 f.) handeln. Die Einbringung gegen Gewährung von Anteilen vollzieht sich bei einem neu zu gründenden Unternehmen im Wege der Sachgründung, bei einem bereits existierenden Unternehmen im Weg der Sachkapitalerhöhung.

aa) Entstehung des Holdingkonzerns durch Ausgliederung oder Einzelübertragung

(1) Entstehung der Tochterunternehmen

3.124 Die den operativen betrieblichen Teilfunktionen dienenden Vermögensgegenstände, Rechte und Verbindlichkeiten werden vom Einheitsunternehmen oder Stammhaus auf neu gegründete oder vorhandene Tochterunternehmen übertragen[219].

3.125 Die Ausgliederung ist ein Unterfall der umwandlungsrechtlichen Spaltung (vgl. § 123 UmwG). Bei der **Ausgliederung** nach § 123 Abs. 3 UmwG werden aus einer Gesellschaft (übertragender Rechtsträger) ein Teil oder mehrere Teile ihres Vermögens im Wege der **partiellen Gesamtrechtsnachfolge** auf einen oder mehrere bestehende oder neu gegründete Rechtsträger (übernehmende(r) Rechtsträger) gegen Gewährung von Anteilen der übernehmenden Rechtsträger an den übertragenden Rechtsträger übertragen. Bei der Ausgliederung zur Neugründung sind die Gründungsvorschriften entsprechend der Rechtsform des übernehmenden Rechtsträgers zu beachten, § 135 Abs. 2 UmwG. Es ist zulässig, das gesamte Vermögen im Wege der Ausgliederung zu übertragen (**Totalausgliederung**)[220]. Bei der Ausgliederung auf einen vorhandenen Rechtsträger ist für diesen nach den allgemeinen Vorschriften eine Kapitalerhöhung gegen Sacheinlagen durchzuführen (vgl. auch Rz. 3.85 ff.). Die Festlegung des zu übertragenden Vermögens erfolgt durch den Spaltungs- und Übernahmevertrag (bei Neugründung: Spaltungs- und Übernahmeplan, § 136 UmwG), § 126 UmwG. Der Spaltungsvertrag (Spaltungsplan) oder sein Entwurf ist spätestens einen Monat vor dem Tag der Versammlung der Anteilseigner jedes der beteiligten Rechtsträger, die über die Zustimmung zum Spaltungs- und Übernahmevertrag beschließen soll, dem zuständigen Betriebsrat dieses Rechtsträgers zuzuleiten, § 126 Abs. 3 UmwG.

218 Dazu *J. Vetter/Lauterbach* § 11.

219 Vgl. als Beispiel das Schaubild in Rz. 3.119.

220 BAG v. 16.5.2013 – 6 AZR 556/11, NZA 2013, 1079, Tz. 20 = ZIP 2013, 1433; *Schwanna* in Semler/Stengel, 4. Aufl. 2017, § 123 UmwG Rz. 17; *Sickinger* in Kallmeyer, 7. Aufl. 2020, § 123 UmwG Rz. 12; *H. Schmidt*, AG 2005, 26.

Über die Ausgliederung beschließt die **Versammlung der Anteilseigner** des ausgliedernden Rechtsträgers (zukünftige Holding) mit einer Mehrheit von drei Vierteln, § 125 i.V.m. § 13 Abs. 1 UmwG. Zu der Versammlung ist nach Maßgabe der gesetzlichen und gesellschaftsvertraglichen Vorschriften einzuladen. Der Beschluss muss bei der Ausgliederung zur Neugründung auch die Satzung/den Gesellschaftsvertrag des übernehmenden Rechtsträgers enthalten (§§ 135, 125, 37 UmwG). Zur Vorbereitung der Ausgliederungsentscheidung durch die Anteilseignerversammlung müssen die Vertretungsorgane eines jeden an der Spaltung beteiligten Rechtsträgers einen ausführlichen schriftlichen Bericht erstatten, §§ 127, 135 UmwG. 3.126

Das Verfahren beinhaltet die Gefahr einer Verzögerung infolge einer **Anfechtung** des Ausgliederungsbeschlusses durch Gesellschafter, die zu einer Registersperre (§ 16 Abs. 2 UmwG) führt, der durch Einleitung eines Vorabentscheidungsverfahrens nach § 16 Abs. 3 UmwG begegnet werden kann. Die Ausgliederung wird mit Eintragung in das Handelsregister des übertragenden Rechtsträgers wirksam, § 131 UmwG. Aktivvermögen und Verbindlichkeiten gehen entsprechend der im Spaltungs- und Übernahmevertrag vorgesehenen Aufteilung auf den oder die übernehmenden Rechtsträger im Wege der (partiellen) Gesamtrechtsnachfolge über (§ 131 Abs. 1 Nr. 1 UmwG). 3.127

Wenn eine Übertragung durch Ausgliederung nicht in Betracht kommt[221], muss auf eine Übertragung im Wege der **Einzelrechtsnachfolge** zurückgegriffen werden. Dabei müssen sämtliche Vermögensgegenstände einzeln übertragen und Verträge übergeleitet werden. Soweit die oft erforderliche Einwilligung Dritter (Vertragsgegenseite, Gläubiger der zu übernehmende Verbindlichkeit) nicht erteilt wird, können sich die beteiligten Unternehmen im Innenverhältnis so stellen, als sei die Genehmigung erteilt worden. Das stellt gegenüber der Ausgliederung, bei der grundsätzlich keine Zustimmungen Dritter erforderlich sind[222], eine erhebliche Erschwerung dar. Bei der Übertragung des Vermögens auf eine vorhandene oder neu gegründete Gesellschaft im Wege der **Einbringung** durch Sacheinlage gegen Gewährung von Anteilen gelten die Vorschriften der Sachgründung bzw. Sachkapitalerhöhung. Bei einer Neugründung erhält das Unternehmen die Kapitalausstattung entweder im Wege eines einheitlichen Vorgangs durch Sacheinlage oder nach erfolgter Bargründung durch eine anschließend vorgenommene Kapitalerhöhung, bei der Sacheinlagen geleistet werden (Rz. 3.74 f.)[223]. Die Anteile an den neu entstehenden Tochterunternehmen stehen dem einbringenden Mutterunternehmen, der zukünftigen Holding, zu. Rechtstechnisch ist die Ausgabe von Anteilen im Zusammenhang mit der Übertragung nicht unbedingt erforderlich. Die zu übertragenden Vermögensgegenstände können auch insgesamt als Sachleistung in die Kapitalrücklage (§ 272 Abs. 2 Nr. 4 HGB) übertragen werden. Die Ausgabe von Anteilen erfolgt aber insbesondere bei Übertragung von Betrieben oder Teilbetrieben oft aus steuerlichen Gründen (vgl. § 20 Abs. 1 UmwStG). Neben der Übertragung im Wege der Einlage ohne Gegenleistung kommen grundsätzlich auch Mischformen (gemischte Sacheinlage; vgl. Rz. 3.94) oder Kaufgeschäfte in Betracht. 3.128

Ob die Übertragung im Weg der Einzelrechtsnachfolge der **Zustimmung der Anteilseigner** des übertragenden Unternehmens bedarf, hängt von dessen Rechtsform ab (näher Rz. 3.191 ff.). Bei Personengesellschaften und bei GmbH gehört eine Maßnahme wie die Übertragung wesentlicher Teile des Vermögens der Gesellschaft auf eine oder mehrere Tochtergesellschaften regelmäßig der Zustimmung der Gesellschafterversammlung. Bei der AG können im Einzelfall die Voraussetzungen von § 179a AktG (Übertragung des Vermögens im Ganzen) erfüllt sein. § 179a AktG wird von der Recht- 3.129

221 Ein Hinderungsgrund ist gelegentlich die in den Spaltungsfällen angeordnete gesamtschuldnerische Haftung nach § 133 UmwG.

222 Anders früher § 132 UmwG in der bis April 2007 geltenden Fassung.

223 Zu den auf die Sachgründung anzuwendenden Verfahren und Vorschriften vgl. Rz. 3.85 ff.; für die Sachkapitalerhöhung gelten ähnliche Regeln. Die zweistufige Vorgehensweise empfiehlt sich insbesondere, um die aufnehmende Gesellschaft vor Aufnahme ihrer neuen unternehmerischen Tätigkeit wirksam entstehen zu lassen. Damit können u.a. Haftungsrisiken aus der Zeit vor Eintragung vermieden werden, vgl. dazu *Bayer* in Lutter/Hommelhoff, 20. Aufl. 2020, § 11 GmbHG Rz. 28 ff., 41 ff.; wegen Besonderheiten bei Mantel- oder Vorratsgesellschaften vgl. Rz. 3.95 ff.

sprechung auf Personengesellschaften analog angewandt[224]. Daneben kommt die Zustimmungspflicht der Hauptversammlung bei AG nach den Rechtsprechungsgrundsätzen („Holzmüller/Gelatine", vgl. Rz. 3.192) in Betracht.

3.130 Die **Rechtsform** der Tochterunternehmen wird vom Mutterunternehmen bestimmt. Für die Entscheidung sind organisatorische, rechtliche und steuerliche Kriterien von Bedeutung. Die Organisation des Tochterunternehmens wird danach ausgerichtet, ob und wie das Holdingunternehmen seine Gestaltungs- und Führungsmaßnahmen gegenüber dem Tochterunternehmen einsetzt, wie dies z.B. bei Unternehmen in der Rechtsform der GmbH infolge der gesellschaftsrechtlichen Weisungsrechte möglich ist (vgl. Rz. 3.48 ff.).

(2) Entstehung der Holding

3.131 Beim Übergang vom Einheitsunternehmen oder Stammhaus/Stammhaus-Konzern entsteht die Holding durch Ausgliederung oder Einzelübertragung des gesamten Betriebs oder wesentlicher Teilbetriebe des Unternehmens (Stammhaus oder Einheitsunternehmen) auf die nachgeordneten operativen Einheiten. Die Holding ist übertragendes Unternehmen; sie entsteht als **Restmenge** der nicht auf andere Gesellschaften ausgegliederten Funktionen. Eine Gründung oder Neubildung der Holding im Rechtssinne ist nicht erforderlich. Rechtsform, gesellschaftsrechtliche Statuten, Organe und Eigenkapital des sich zur Holding entwickelnden Einheitsunternehmens oder Stammhauses sind im Zuge der Neuordnung daraufhin zu überprüfen, welche Anpassungen erforderlich oder zweckmäßig sind.

3.132 Rechtlicher Anpassungsbedarf kann beispielsweise beim Unternehmensgegenstand bestehen (vgl. Rz. 3.187, 3.210). Die Tätigkeiten der Holding beschränken sich nunmehr auf die Führung der Unternehmensgruppe und gegebenenfalls die Erbringung von Dienstleistungen für die gruppenangehörigen Unternehmen. Struktur und Organisation der Holding sind an die ihr vorbehaltenen Funktionen und die Aufgabenverteilung, die hinsichtlich der grundlegenden Unternehmensentscheidungen zwischen Holding und operativen Einheiten gelten soll (sog. Schnittstellenproblematik), anzupassen. Die Zusammensetzung des Geschäftsführungs- und Vertretungsorgans der Holding ist gegebenenfalls anzupassen. Aufgabenbereiche für operative Funktionen sind der Holding grundsätzlich wesensfremd.

(3) Sonderfragen

3.133 **Nachfolgende Veränderungen in der Gruppe.** Nach Errichtung des Holdingkonzerns durch Ausgliederung von Unternehmenseinheiten erfolgen Veränderungen der Unternehmensgruppe entsprechend den Vorschriften, die für die Geschäftsführung des Unternehmens in der jeweiligen Rechtsform und für die Konzernleitung gelten. Vgl. hierzu Rz. 3.197 ff., 3.212 ff.

3.134 **Nachgründung.** War die Holding als AG neu errichtet oder in eine AG formgewechselt worden, bleibt zu beachten, dass der nachfolgende Erwerb wesentlicher Vermögenswerte den Vorschriften über die Nachgründung unterliegt (§ 52 AktG, § 220 Abs. 3 Satz 2, § 245 Abs. 1 Satz 3 UmwG). Vgl. dazu Rz. 3.103.

bb) Abspaltung und Aufspaltung, Realteilung

3.135 Unter einer Abspaltung oder Aufspaltung wird ein Vorgang verstanden, im Rahmen dessen das Vermögen eines Rechtsträgers auf eine oder mehrere bestehende oder neu entstehende Rechtsträger

224 BGH v. 9.1.1995 – II ZR 24/94, ZIP 1995, 278 = NJW 1995, 596; OLG Düsseldorf v. 23.11.2017 – I-6 U 225/16, NZG 2018, 297 (300), Tz. 34 f. Die analoge Anwendung auf die GmbH hat der BGH abgelehnt, weil ohnehin nach allgemeinen Grundsätzen Geschäftsvorfälle von herausgehobener Bedeutung zustimmungspflichtig sind; BGH v. 8.1.2019 – II ZR 364/18, AG 2019, 422, (423 ff.), Tz. 9 ff. = ZIP 2019, 701.

übertragen wird, wobei die übertragende Gesellschaft fortbesteht (**Abspaltung**) oder untergeht (**Aufspaltung**). Die Abspaltung und Aufspaltung (i.S.v. § 123 Abs. 1 und 2 UmwG) von Unternehmen kommt im Zusammenhang mit der Entstehung einer Holding in Betracht, wenn beispielsweise gleichzeitig mit der Errichtung eines Holdingkonzerns Konzernteilbereiche in einer parallelen Konzernorganisation verselbständigt[225] oder zusätzliche konzerninterne Veränderungen durchgeführt werden sollen. Die im Zuge der Abspaltung oder Aufspaltung geschaffenen neuen **Anteile** der aufnehmenden Gesellschaft(en) stehen den bisherigen Anteilseignern des übertragenden Rechtsträgers zu.

Im Zusammenhang mit der Entstehung eines Holdingunternehmens ist beispielsweise folgende **Fallgestaltung** denkbar: In einer zumindest zweistufigen Hierarchie von Gesellschaften, bei der das Mutterunternehmen nur über eine Beteiligung und keine wesentlichen anderen Aufgaben verfügt, wird das abhängige Tochterunternehmen nach Branchen-, Sparten- oder Funktionskriterien gespalten; dem Mutterunternehmen stehen nach der Spaltung die Anteile an den nachgeordneten Gesellschaften zu. 3.136

Die **Realteilung** ist ein für das Recht der Personengesellschaften anerkannter Vorgang, Vermögen der Gesellschaft gegen Minderung (Auflösung) des Kapitalkontos eines oder mehrerer Gesellschafter im Wege der Einzelrechtsübertragung an diese oder an andere Personengesellschaften zu übertragen. Dem/den betreffenden Gesellschafter(n) wird das real geteilte Vermögen zugeordnet, oder der/die Gesellschafter erhalten Gesellschaftsanteile an der aufnehmenden Personengesellschaft[226]. 3.137

Das neue Unternehmen entsteht nach § 123 Abs. 2 Nr. 2 UmwG bei der **Spaltung** zur Neugründung durch Gründung einer Gesellschaft durch die übertragende Gesellschaft, die entsprechend dem Spaltungsplan Vermögensgegenstände und Schulden auf die aufnehmende Gesellschaft überträgt; in anderen Fällen wird bei einem bereits vorhandenen Unternehmen das Kapital zur Aufnahme des übertragenen Vermögens erhöht. Die rechtsformspezifischen Vorschriften über die Gründung oder Kapitalerhöhung der aufnehmenden Gesellschaft sind grundsätzlich zu beachten. Dies gilt insbesondere für das gezeichnete Kapital, seinen Mindestbetrag und die Beachtung der Werthaltigkeit bei Sacheinlagen. 3.138

Die Anteile an der neu entstandenen Gesellschaft stehen den Gesellschaftern der übertragenden Gesellschaft zu. Die Minderung des Gesellschaftsvermögens infolge der Spaltung führt zur Reduzierung des Eigenkapitals und ist, soweit vorhanden, mit Rücklagen (Kapitalrücklagen, Gewinnrücklagen) oder einem Gewinnvortrag des übertragenden Unternehmens zu verrechnen. Bei nicht ausreichendem, das gezeichnete Kapital übersteigendem Eigenkapital muss das Kapital herabgesetzt werden. Hierfür gelten erleichternde Vorschriften (z.B. § 139 UmwG für GmbH, § 145 UmwG für AG oder KGaA). 3.139

Beim vorgenannten **Beispiel** führt die Spaltung des operativ tätigen Tochterunternehmens dazu, dass die vorhandene Holdinggesellschaft an den aus dem Spaltungsvorgang entstehenden Unternehmen beteiligt ist und ihre Holdingfunktion weiterhin durch die Leitung der nunmehr stärker ausdifferenzierten Unternehmensgruppe wahrnimmt. Die rechtliche Struktur der Holdinggesellschaft und die Rechtsbeziehungen zu ihren Gesellschaftern werden durch die Maßnahme nicht verändert. 3.140

Eine **Anpassung** der Satzung sowie der Organfunktionen der Holding kann im Einzelfall zweckmäßig sein, drängt sich aber nicht von vornherein auf (zur Satzung vgl. Rz. 3.187 ff.). Das Eigenkapital der Holding kann unverändert bleiben, soweit nicht zur Durchführung der Abspaltung eine Kapitalherabsetzung erforderlich wird (Rz. 3.139). 3.141

225 Beispiel hierfür: Abspaltung der Celanese AG aus der Hoechst AG vor dem Zusammenschluss zur Aventis S.A. im Jahr 1999.

226 BFH v. 16.3.2017 – IV R 31/14, ZIP 2017, 1714 = DStR 2017, 1381; *Steiner/Ullmann*, DStR 2017, 912; *Fischer/Märker* in MünchHdB/GesR Bd. 2, 5. Aufl. 2019, § 48 Rz. 37 ff.

cc) Kombination von Spaltung und Einbringung

3.142 Die Struktur einer Holdingunternehmensgruppe kann in **Kombination der Spaltung und Einbringung** auch in der Weise geschaffen werden, dass ein Einheitsunternehmen oder Stammhaus zunächst entsprechend einer Branchen-, Sparten- oder Funktionsstruktur gespalten (hier Abspaltung oder Aufspaltung) und die Anteile an der übertragenden und den aufnehmenden Gesellschaften gegen Gewährung von Anteilen in eine neu gegründete Holdinggesellschaft[227] eingebracht werden. Die Einbringung vollzieht sich nach den zum Einbringungsmodell dargestellten Grundsätzen (Rz. 3.128).

3.143 Der Holdingkonzern und die angestrebte Konzernstruktur werden hier in ähnlicher Weise wie beim Ausgliederungsmodell gestaltet. Der Unterschied der beiden Varianten liegt darin, dass beim Ausgliederungsmodell die Holding als „Restmenge" aus dem Einheitsunternehmen oder Stammhaus hervorgeht. Im Falle der Abspaltung und Einbringung entsteht die Holding als neues Unternehmen, das bisherige Einheitsunternehmen/Stammhaus verbleibt als eines der zukünftig abhängigen leistungswirtschaftlichen Unternehmen jedoch beschränkt auf eine Branche, Sparte oder Funktion.

3. Holding als Kooperations- und Zusammenschlussinstrument

a) Grundfragen und Techniken

3.144 Der Zusammenschluss von Unternehmen oder Unternehmensgruppen, die bis dahin keine oder nur untergeordnete Kapitalverflechtungen aufweisen, ist ein typischer Anlass für die Entstehung einer Holding. Ziel derartiger Zusammenschlüsse ist es, verschiedene Unternehmen möglichst unter einheitlicher Führung gesellschaftsrechtlich zusammenzuschließen.

Abb. 2: Ausgangslage

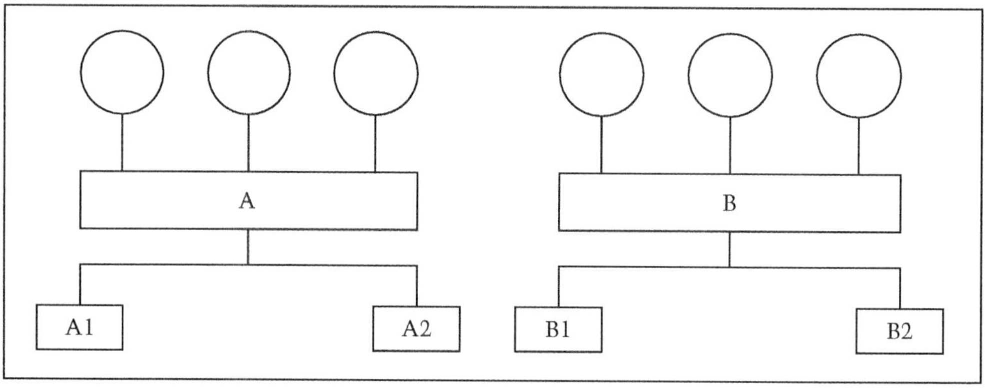

3.145 **Verschiedene Wege** sind denkbar:

- A kann auf B oder umgekehrt B auf A verschmolzen werden;
- A und B können auf eine neue Gesellschaft (NewCo) verschmolzen werden;
- A kann in B, B in A oder beide können in eine neue Gesellschaft eingebracht werden;
- eine neue Gesellschaft kann jeweils ein öffentliches Übernahmeangebot an die Aktionäre von A und von B richten.

227 Insbesondere denkbar bei Errichtung von konzerninternen Zwischenholdings.

Die verschiedenen Techniken können kombiniert werden. In deutsch-amerikanischen Kombinationsfällen findet oft in den USA eine Verschmelzung auf NewCo (*reverse triangular merger*) und in Deutschland ein Übernahmenagebot statt[228].

In den Verschmelzungsfällen bleibt die Organisationsstruktur unverändert, wenn nicht – wie oft – weitere Maßnahmen zur Bereinigung unternommen werden. Wenn entweder A oder B als Stammhaus organisiert waren, wird die neue Gesellschaft ohne weitere Maßnahmen wieder Stammhaus sein. Wenn A und B eine reine Holding waren, wird die neue Obergesellschaft nach der Verschmelzung wieder eine reine Holding sein. Zur unmittelbaren Herstellung einer reinen Holdingstruktur eignet sich, wenn A oder B auch unternehmerisch aktiv waren, das Einbringungsmodell.

Die **Gründe** für den einen oder anderen Weg können vielgestaltig sein: 3.146

- Die Verschmelzung ist wegen der Zugehörigkeit der Unternehmen zu unterschiedlichen nationalen Rechtskreisen unter Umständen nicht möglich[229] oder mit erheblichen Nachteilen (z.B. steuerlicher Art) verbunden.
- Die Verschmelzung und damit der Untergang bestehender rechtlicher Einheiten entspricht nicht der angestrebten Gruppenstruktur oder führt zu nicht gewollten betriebswirtschaftlichen oder organisatorischen Nachteilen (z.B. Untergang von Firmen- oder Namensrechten oder von eingeführten Prozessen und Abläufen).
- Umgekehrt kann die Einbringung zu einer ungewollten mehrstöckigen Unternehmensstruktur führen.
- Wenn die beteiligten Unternehmen über Grundbesitz verfügen, können insbesondere NewCo-Modelle mit beidseitiger Verschmelzung/Einbringung zu erhöhten GrESt-Belastung führen.
- Insbesondere wenn börsennotierte Unternehmen beteiligt und Zustimmungsbeschlüsse der Hauptversammlung erforderlich sind, spielt die Transaktionssicherheit eine erhebliche Rolle (dazu sogleich).
- Wenn nur eines der beiden Unternehmen börsennotiert war und die Notierung fortbestehen soll, erspart die Verschmelzung auf das börsennotierte Unternehmen eine erneute Börsenzulassung.
- Wenn A oder B mit stark fragmentiertem Anteilsbesitz börsennotiert sind, bietet sich zum Erwerb der Mehrheit der Aktien ein öffentliches Übernahmeangebot an (näher bei e); Rz. 3.157).

b) Transaktionssicherheit

Schließen sich die Unternehmen durch **Verschmelzung** zusammen, besteht das Risiko, dass die Verschmelzung durch einzelne Gesellschafter der übertragenden oder aufnehmenden Gesellschaft angefochten und ihre Eintragung im Handelsregister dadurch erschwert wird. Die Anfechtung auf Seiten der aufnehmenden Gesellschaft ist in der Regel problematischer, weil bei der aufnehmenden Gesellschaft (anders als bei der übertragenden Gesellschaft, § 14 Abs. 2 UmwG) die regelmäßig nur mit erheblichem Aufwand zu überprüfende Behauptung einer falschen Verschmelzungsrelation dem Anfechtungsverfahren entzogen ist und im Spruchverfahren (§ 15 UmwG i.V.m. dem SpruchG) behandelt wird. 3.147

Deshalb sind in der Vergangenheit Unternehmenszusammenführungen durch parallele Verschmelzung auf eine neue Holding durchgeführt worden (sog. **NewCo-Verschmelzung**). Entsprechende Resultate lassen sich erreichen, wenn bei der Verschmelzung einer nicht börsennotierten Gesellschaft (in deren Aktionärskreis Einigkeit über die Transaktionsparameter besteht) und einer börsen- 3.148

228 Z.B. Daimler/Chrysler, Linde/Praxair.

229 Vgl. Rz. 3.102; die transnationale Verschmelzung unter Beteiligung deutscher Unternehmen ist nur mit EU- oder EWR-Unternehmen möglich, vgl. näher § 122b Abs. 1 Satz 1 UmwG.

notierten Gesellschaft die Verschmelzungsrichtung so gewählt wird, dass die börsennotierte Gesellschaft die übertragende Gesellschaft ist. Das ist allerdings in der Regel mit dem Erfordernis einer Börsennotierung der aufnehmenden Gesellschaft[230] und damit mit nicht unerheblichem Aufwand verbunden.

3.149 Das **Einbringungsmodell** kommt auf Seiten der Einbringenden von vornherein nur in Betracht, wenn unter ihnen **Einigkeit über die Transaktion** und deren Parameter besteht. Wenn in Abb. 2 die Anteile an B in A eingelegt werden sollen, müssen die Gesellschafter von B damit einverstanden sein, denn zu der Übertragung ihrer Anteile gegen Zeichnung von Anteile an A kann sie niemand zwingen (zum Erwerb durch Umtauschangebot Rz. 3.155). Im Einbringungsmodell, d.h., wenn die eine der vom Zusammenschluss betroffenen Gesellschaften der anderen oder beide einer dritten Gesellschaft den Erwerb der Geschäftsanteile gegen Gewährung von Anteilen an der übernehmenden Gesellschaft anbieten, besteht bei der aufnehmenden Gesellschaft grundsätzlich das gleiche Anfechtungsrisiko wie bei der Verschmelzung.

3.150 Die zu gewährenden Anteile an der übernehmenden Gesellschaft müssen i.d.R. durch eine **Kapitalerhöhung gegen Sacheinlage** beschafft werden, die von den Gesellschaftern der übernehmenden Gesellschaft zu beschließen ist[231]. Das Bezugsrecht der Gesellschafter dieser Gesellschaft ist auszuschließen, § 186 Abs. 3 und 4 AktG[232]. Auch hier besteht die Gefahr der Anfechtung der Beschlüsse über die Kapitalerhöhung und den Ausschluss des Bezugsrechts und dadurch das Risiko des Aufschubs oder der Verhinderung der Eintragung der Maßnahme im Handelsregister. Da bei der Kapitalerhöhung die gerichtliche Prüfung im Spruchverfahren nicht vorgesehen ist, kommt eine Erhöhung der Transaktionssicherheit analog der NewCo-Verschmelzung nicht in Betracht. Die Einbringungsvariante wurde deshalb bisher bei börsennotierten Gesellschaften kaum praktiziert. Hoffnungen, durch das für die Kapitalerhöhung verfügbare Freigabeverfahren nach § 246a AktG werde die Einbringungsvariante praktikabler, haben sich bisher nicht erfüllt[233].

3.151 Recht hoch ist die Transaktionssicherheit bei öffentlichen Übernahmeangeboten. Da ein solches Angebot nie zu 100 % angenommen wird, bleiben allerdings – im Unterschied zur Verschmelzung oder zur 100 %-Einbringung – die bisherigen Aktionäre in unterschiedlichem, teils signifikantem Umfang an A oder B beteiligt. Wenn auch die neue Holding börsennotiert sein soll, entsteht eine mehrstufige börsennotierte Struktur, die nicht immer erwünscht ist.

c) Resultierende Struktur

3.152 Als wesentliches strukturelles Element folgt aus einer derartigen Entstehungsform der Holding, dass der **Gesellschafterkreis** der von der Zusammenführung betroffenen Unternehmen prinzipiell insgesamt unverändert bleibt. Die bisherigen Anteilseigner der beiden Unternehmen sind am zusammengeführten Unternehmen im Verhältnis des Werts der beiden Unternehmen zueinander beteiligt. Das Hinzutreten der Anteilseigner des anderen Unternehmens führt zu einer entsprechenden Verringerung der jeweiligen Beteiligungsquote. Wenn nicht alle bisherigen Anteilseigner von A und B an der Transaktion teilnehmen – also insbesondere bei öffentlichen Übernahmeangeboten – gilt das bei Berücksichtigung der in den Händen der bisherigen Anteilseigner zurückbleibenden Anteile entsprechend.

---

230 Ansonsten ist jedenfalls ein Barangebot nach § 29 UmwG erforderlich.

231 Anderes gilt, wenn die Kapitalerhöhung aufgrund einer entsprechenden Ermächtigung aus einem genehmigten Kapital durchgeführt werden kann. Die Ausgabe neuer Aktien gegen Sacheinlage muss im Ermächtigungsbeschluss vorgesehen sein, § 205 Abs. 1 AktG; vgl. Hüffer/Koch, 14. Aufl. 2020, § 205 AktG Rz. 3.

232 Zu den Voraussetzungen vgl. Hüffer/Koch, 14. Aufl. 2020, § 186 AktG Rz. 20 ff.

233 Vgl. OLG München v. 18.12.2013 – 7 AktG 2/13 – „Curanum“, Der Konzern 2014, 108 ff.

Abb. 3: Holdingstruktur

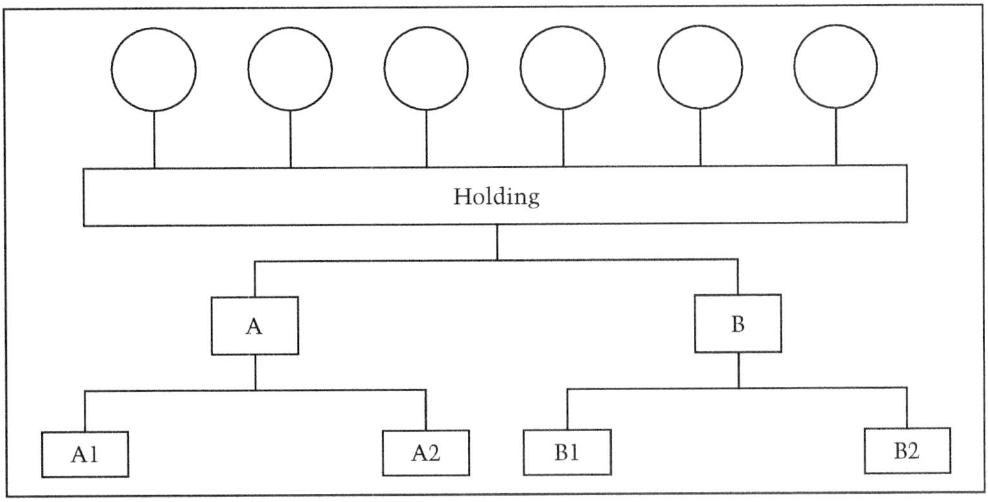

Abb. 3 entspricht dem Endresultat nach beidseitiger Einbringung und kommt nur in Betracht, wenn alle Gesellschafter von A und B über den Vorgang einig waren (s. Rz. 3.149). Die Rolle der Holding in der Gesamt-Unternehmensgruppe hängt von den Umständen des Einzelfalls ab. Je nach den Umständen kommt der Holding eine unterschiedlich intensive eigene Führungs- und Gestaltungsfunktion im Rahmen der zusammengeführten Unternehmensgruppe zu. Handelt es sich bei den Beteiligungen an A und B um Mehrheitsbeteiligungen, wird die einheitliche Leitung durch die Holding vermutet (§ 18 Abs. 1 Satz 3 AktG). Die beiden Teilkonzerne A und B haben – allenfalls – in den verbliebenen Freiräumen zur selbständigen strategischen Leitung und Gestaltung Gelegenheit. Wird die Holding ihrerseits von einem oder mehreren ihrer Gesellschafter beherrscht, verschiebt sich die Konzernleitung ggf. nach oben[234]. 3.153

d) Business Combination Agreement, Zustimmung der Hauptversammlung

Unabhängig von der Technik der Durchführung bringt es die teilweise erhebliche Komplexität des Vorgangs mit sich, dass sich die beteiligten Unternehmens und/oder ihre Gesellschafter im Rahmen einer Transaktionsvereinbarung („**Investorenvereinbarung**", „**Business Combination Agreement**") über die Transaktion und deren wesentliche Parameter einigen. Der Vertrag kann beispielsweise Regelungen zu Maßnahmen auf dem Weg zum Zusammenschluss und ihrer Abfolge, zur Abgrenzung von gegebenenfalls vom Zusammenschluss ausgeschlossenen Unternehmensbereichen und den Maßnahmen zu ihrer Separierung, zu den Grundzügen der Corporate Governance und der Besetzung der Führungsposten in der Holding, zur künftigen Strategie, zu Wertverhältnissen, zum Zeitplan und zu den Bedingungen des Zusammenschlusses enthalten. Gelegentlich werden Regelungen vorgesehen, die es den Gesellschaftern der Unternehmen untersagen, die Anteile an der Holding vor Ablauf einer bestimmten Zeitspanne zu veräußern. 3.154

Die in derartigen Vereinbarungen enthaltenen Regelungen unterliegen einer Reihe **rechtlicher Grenzen**. Insbesondere 3.155

234 Zur gemeinsamen Beherrschung/Führung einer solchen Holding vgl. *Koppensteiner* in KölnKomm/AktG, 3. Aufl. 2011, § 17 AktG Rz. 83 ff.; *Bayer* in MünchKomm/AktG, 5. Aufl. 2019, § 17 AktG Rz. 77 ff.

- darf eine AG keinen Einfluss auf die Stimmrechtsausübung auf ihrer eigenen Hauptversammlung nehmen (§ 136 Abs. 2 AktG) und deshalb z.B. mit aktuellen oder künftigen Aktionären keine Vereinbarungen über Satzungsänderungen treffen,
- ist fraglich, inwieweit der Vorstand sich hinsichtlich der Ausübung seiner innergesellschaftlichen Befugnisse, z.B. hinsichtlich der Festlegung der Strategie der Gesellschaft, binden kann[235].

Unzulässig sind jedenfalls Vereinbarungen zu Lasten der Kompetenzen anderer Organe der Gesellschaft[236].

3.156 In der Literatur wird teilweise die Auffassung vertreten, die Zusammenführung von Unternehmen mittels eines Business Combination Agreements bedürfe der Zustimmung der Hauptversammlungen der beteiligten Aktiengesellschaften[237]. Teilweise ergibt sich diese Notwendigkeit aus der Transaktionsstruktur: Verschmelzungen bedürfen der Zustimmung der Anteilsinhaber der beteiligten Rechtsträger (§ 13 UmwG), und wenn in Einbringungsfällen eine Kapitalerhöhung erforderlich ist, die nicht durch genehmigtes Kapital gedeckt werden kann, bedarf es eines Gesellschafterbeschlusses der die Kapitalerhöhung durchführenden Gesellschaft. Jenseits dessen lässt sich aus dem bisherigen Stand der Rechtsprechung des BGH kein allgemeines Zustimmungserfordernis ableiten[238].

e) Erwerb aufgrund eines Übernahmeangebots

3.157 Bewirkt die Transaktionsstruktur das Entstehen einer Stimmrechtsposition von mindestens 30 % an einer **börsennotierten deutschen AG**, handelt es sich um einen Kontrollerwerb i.S.v. § 29 WpÜG, aufgrund dessen den Aktionären dieser Gesellschaft ein Pflichtangebot (§ 35 Abs. 2 WpÜG) oder ein befreiendes **Übernahmeangebot** (§ 35 Abs. 3 i.V.m. §§ 29 ff. WpÜG) zu unterbreiten ist. Ferner kann sich die Transaktion, wenn börsennotierte Unternehmern betroffen sind, im Wege eines Übernahmeangebots in Form eines Umtauschangebots vollziehen. Das entspricht dem Einbringungsmodell, das heißt die zum Tausch angebotenen Aktien sind bei der Bietergesellschaft (= der (künftigen) Holding) durch Kapitalerhöhung oder ggf. aus dem Bestand eigener Aktien bereitzustellen. Die Entstehung einer Holding auf diesem Weg ist eher selten, dann aber oft aufsehenerregend. Ein Beispiel ist der (allerdings gescheiterte) Zusammenschluss der Deutsche Börse AG und der New York Stock Exchange im Jahr 2011 durch Gründung einer Holding in den Niederlanden und Tauschangebot an die Aktionäre der Deutsche Börse AG. Auf ähnliche Weise entstand die heutige Daimler AG anlässlich des damaligen Zusammenschlusses mit Chrysler. Aus jüngerer Zeit ist der Zusammenschluss Linde/Praxair zu nennen[239].

3.158 Die besonderen Regelungen über die Gegenleistung bei einem Übernahmeangebot erfordern, dass die Holding hier in einer börsenfähigen Rechtsform (bei einer Holding nach deutschem Recht AG, KGaA oder SE) gegründet wird, da nur dann Aktien ausgegeben werden können, die ebenfalls zum Handel an einem organisierten Markt zugelassen sind (vgl. § 31 Abs. 2 Satz 1 WpÜG). Das Verfahren nach dem WpÜG dient dem Ziel, in einem raschen Verfahren unter **Gleichbehandlung** der Inhaber gleichartiger Wertpapiere der Zielgesellschaft ein Angebot zur Übernahme der Zielgesellschaft herauszugeben, dabei aber den Inhabern der Wertpapiere genügend Zeit und ausreichende Informa-

---

235 Vgl. *Mertens/Cahn* in KölnKomm/AktG, 3. Aufl. 2010, § 76 AktG Rz. 52.

236 Vgl. zum Ganzen LG München I v. 5.4.2012 – 5 HK O 20488/11, NZG 2012, 1152; OLG München v. 14.12.2011 – 7 AktG 3/11, AG 2012, 360; OLG München v. 14.11.2012 – 7 AktG 2/12, AG 2013, 173 (alle in Sachen „W.E.T.“); *Schiessl*, AG 2009, 391; *Kiem*, AG 2009, 308; *Seibt/Wunsch*, Der Konzern 2009, 199; *Bungert/Wansleben*, ZIP 2013, 1843; *Kiefner*, ZHR 178 (2014), 547.

237 Insbesondere *Strohn*, ZHR 182 (2018), 114; die herrschende Gegenauffassung vertritt z.B. *Koch*, ZGR 2019, 588.

238 LG München I v. 20.12.2018 – 5 HK O 15236/17 – „Linde/Praxair“, AG 2019, 225 ff.; *Koch*, ZGR 2019, 588 (603 ff.); a.A. *Strohn*, ZHR 182 (2018), 114 (148 ff.).

239 Tauschangebot der Linde Public Limited Company an die Aktionäre der Linde Aktiengesellschaft, Angebotsunterlage vom 14.8.2017.

tionen zu geben, damit diese in Kenntnis der Sachlage über das Angebot entscheiden können[240]. Das Übernahmeangebot wird von der Holdinggesellschaft den Inhabern der Aktien der Zielgesellschaft unterbreitet, um diese zu veranlassen, diese Aktien an die Holding gegen Lieferung von Aktien der Holding zu übertragen. Das Angebot ist ein Übernahmeangebot i.S.d. § 30 Abs. 1 WpÜG, da es darauf gerichtet ist, die Kontrolle über die Zielgesellschaft zu erwerben. In einem solchen Fall hat die Holding als Bieter ihre Entscheidung zur Abgabe eines Angebots auf Erwerb der Aktien unverzüglich nach § 10 Abs. 1, 3 WpÜG zu veröffentlichen. Die Zielgesellschaft ist unverzüglich nach der Veröffentlichung schriftlich darüber zu informieren. Innerhalb von vier Wochen nach der Veröffentlichung hat der Bieter die Angebotsunterlage der BaFin einzureichen, § 14 Abs. 1 WpÜG. Die **Angebotsunterlage** muss alle Angaben enthalten, die erforderlich sind, um in Kenntnis der Sachlage über das Angebot entscheiden zu können, § 11 WpÜG. Zu den notwendigen Informationen gehören Angaben über die Gesellschaft des Bieters, die Zielgesellschaft, die Wertpapiere, die Gegenstand des Angebots sind, die Art und Höhe der gebotenen Gegenleistung, die Bedingungen, von denen die Wirksamkeit des Angebots abhängt und der Beginn und das Ende der Annahmefrist, § 11 Abs. 2 Satz 2 WpÜG. Der Bieter muss vor Veröffentlichung der Angebotsunterlage die notwendigen Maßnahmen treffen, um sicherzustellen, dass ihm die zur vollständigen Erfüllung des Angebots notwendigen Mittel (also hier eigene Aktien) zur Verfügung stehen, § 13 Abs. 1 WpÜG.

Die regelmäßige **Frist** für die Annahme des Angebots beträgt nicht weniger als vier und höchstens 3.159
zehn Wochen, § 16 Abs. 1 WpÜG. In bestimmten in § 21 Abs. 5 und § 22 Abs. 2 WpÜG geregelten Fällen kann die Annahmefrist länger dauern. Das Angebot darf grundsätzlich nicht von Bedingungen abhängig gemacht werden, die der Bieter selbst herbeiführen kann, § 18 Abs. 1 WpÜG. Die Festsetzung einer Mindestquote der Annahme ist zulässig.

Der Bieter hat den Aktionären der Zielgesellschaft eine **angemessene Gegenleistung** anzubieten 3.160
(§ 31 Abs. 1 Satz 1 WpÜG). Als angemessene Gegenleistung gilt grundsätzlich der durchschnittliche Börsenkurs der Aktien der Zielgesellschaft in den drei Montane vor Ankündigung der Transaktion nach § 10 WpÜG, § 31 Abs. 1 WpÜG i.V.m. § 5 Abs. 1 WpÜG-AngVO. Die von der Holding als Gegenleistung angebotenen eigenen Aktien müssen zum Handel an einem organisierten Markt zugelassen sein. Für die Holding ist daher zugleich mit dem Umtauschangebot die Zulassung zum Handel an einem organisierten Markt zu betreiben. Die Bewertung der Akten der Holding ist naturgemäß problematisch, wenn die Holding überhaupt erst im Rahmen der Transaktion gegründet wird. In der Regel wird eine Bewertung aller in die Transaktion einbezogenen Unternehmen oder die Bewertung der fiktiv als zusammengeschlossen unterstellten Unternehmensgruppe zur Bemessung eines Umtauschverhältnisses erforderlich werden (vgl. §§ 7, 5 Abs. 4 WpÜG-AngVO). Aufgrund der umständlichen und wenig rechtssicheren Regelungen zur Aktienausgabe gibt es sehr wenig Umtauschangebote deutscher Aktiengesellschaften.

f) Squeeze out von Minderheitsaktionären

Bei einem Erwerbsangebot an eine größere Zahl von Gesellschaftern, also insbesondere bei Angebo- 3.161
ten an die Aktionäre börsennotierter Gesellschaften, leisten in der Regel nicht alle Gesellschafter dem Angebot Folge und nehmen das Umtauschangebot an. In diesem Fall bleiben sie Gesellschafter der Zielgesellschaft.

Handelt es sich bei der Zielgesellschaft um eine AG oder KGaA oder SE (was bei deutschen börsen- 3.162
notierten Gesellschaften immer der Fall ist) und gehören der Holding als Hauptgesellschafterin (alleine oder im Verbund mit Unternehmen i.S.v. § 16 Abs. 2 und 4 AktG) Aktien der Gesellschaft in Höhe von **95 % des Grundkapitals**, kann die Hauptversammlung der Gesellschaft auf Verlangen des Hauptaktionärs die Übernahme der Aktien der übrigen Aktionäre durch den Hauptaktionär ge-

240 Allgemeine Grundsätze des § 3 WpÜG; *Stephan* in Assmann/Pötzsch/Uwe H. Schneider, 3. Aufl. 2019, § 3 WpÜG Rz. 6 ff., 20 ff.

gen eine angemessene Barabfindung beschließen, § 327a Abs. 1 AktG. Für die Anwendbarkeit der §§ 327a ff. AktG kommt es nicht darauf an, ob die Gesellschaft börsengelistet ist. Spezielle Regelungen zum Squeeze-out nach einem Übernahmeangebot oder Pflichtangebot, die ebenfalls eine Anteilsbesitzquote von 95 % voraussetzen, enthält das WpÜG (§§ 39a ff. WpÜG); dort wird dem Squeeze-out der Preis des Angebots zugrunde gelegt, wenn eine Annahmequote von mindestens 90 % erzielt wurde[241]. Schließlich ist bereits ab einer Anteilsbesitzquote von 90 % der Squeeze-out im Zusammenhang mit einer Verschmelzung auf eine AG möglich (§ 62 Abs. 5 UmwG). Diese Ausschlussverfahren stellen keinen Verstoß gegen Art. 14 Abs. 1 GG dar[242].

3.163 Das in der Praxis mit Abstand häufigste Ausschlussverfahren nach § 327a AktG wird durch **Verlangen des Hauptaktionärs** in Gang gesetzt. Der Hauptaktionär legt die Höhe der zu gewährenden Barabfindung fest; sie muss die Verhältnisse der Gesellschaft im Zeitpunkt der Beschlussfassung ihrer Hauptversammlung berücksichtigen, § 327b Abs. 1 AktG. Maßgeblich für die Abfindung ist der volle Wert des Unternehmens. Besteht ein Börsenkurs, stellt dieser i.d.R. die Untergrenze für den Abfindungsbetrag dar[243]. Der Hauptaktionär hat der Hauptversammlung, die über den Ausschluss beschließt, einen schriftlichen Bericht zu erstatten, in dem die Voraussetzungen für die Übertragung dargelegt und die Angemessenheit der Barabfindung erläutert und begründet werden, § 327c Abs. 2 AktG. Die Angemessenheit der Barabfindung ist durch einen oder mehrere sachverständige Prüfer zu prüfen.

3.164 In der **Hauptversammlung** ist der Ausschlussantrag vom Vorstand zu erläutern. Der Vorstand kann dem Hauptaktionär Gelegenheit geben, den Beschlussentwurf und die Höhe der Abfindung zu erläutern[244], was in der Praxis selten vorkommt. Der Übertragungsbeschluss ist vom Vorstand zur Eintragung in das Handelsregister anzumelden. Mit der Eintragung gehen alle Aktien der Minderheitsaktionäre auf den Hauptaktionär über, § 327e Abs. 1 und 3 AktG. Beim Verschmelzungs-Squeeze out bedarf es dazu zusätzlich der Eintragung der Verschmelzung, § 62 Abs. 5 Satz 7 UmwG.

3.165 Der **Übertragungsbeschluss** der Hauptversammlung kann von Aktionären angefochten werden. Die Angemessenheit der Höhe der Abfindung kann nur in einem Spruchverfahren überprüft werden[245]. § 243 Abs. 4, § 327f Abs. 1 AktG schließen bestimmte Anfechtungsgründe aus. Die Anfechtung wegen Einberufungs- oder Ankündigungsmängeln bleibt zulässig. In welchem Umfang wegen Informationsmängeln in den der Hauptversammlung unterbreiteten Unterlagen angefochten werden kann, ist umstritten[246]. Die Erhebung einer Anfechtungsklage führt grundsätzlich zur Registersperre[247]. Die Registersperre kann durch ein summarisches Verfahren (sog. Freigabeverfahren) überwunden werden[248].

g) Delisting der abhängigen Aktiengesellschaft

3.166 Bei einer börsengelisteten Gesellschaft, deren Aktien sich zu großen Teilen in der Hand einer Holding als Hauptaktionär befinden, kommt der **Rückzug** der Gesellschaft vom regulierten Markt in Be-

241 Zur Berechnung OLG Frankfurt v. 28.1.2014 – WpÜG 3/13, ZIP 2014, 617 = AG 2014, 410.

242 BVerfG v. 30.5.2007 – 1 BvR 390/04, AG 2007, 544 f. = ZIP 2007, 1261; BVerfG v. 19.9.2007 – 1 BvR 2984/06, AG 2008, 27 f. (jeweils zu § 327a AktG; BVerfG v. 16.5.2012 – 1 BvR 96/09, AG 2012, 625 (zu § 39a WpÜG); OLG Hamburg v. 14.6.2012 – 11 AktG 1/12, ZIP 2012, 1347 = AG 2012, 639 (zu § 62 Abs. 5 UmwG).

243 BVerfG v. 27.4.1999 – 1 BvR 1613/94 – DAT/Altana, BVerfGE 100, 289 (309) = ZIP 1999, 1436 = NJW 1999, 3769 = AG 1999, 566; Hüffer/Koch, 14. Aufl. 2020, § 327b AktG Rz. 6.

244 § 327d Satz 2 AktG; Hüffer/Koch, 14. Aufl. 2020, § 327d AktG Rz. 3 f.

245 Dazu Spruchverfahrensgesetz vom 12.6.2003, BGBl. I 2003, 838 ff.

246 Für Informationspflichtverletzungen auf der Hauptversammlung gilt § 243 Abs. 4 Satz 2 AktG; auf Informationsmängel außerhalb der Hauptversammlung wendet die Rechtsprechung – gegen die wohl h.M. in der Literatur – zu Recht ebenfalls den Anfechtungsausschluss an, vgl. BGH v. 16.3.2009 – II ZR 302/06, Rz. 36, AG 2009, 441 (446) = ZIP 2009, 908; *Drescher* in Spindler/Stilz, 4. Aufl. 2019, § 243 AktG Rz. 146 f.; *Stephan*, Der Konzern 2014, 1 (18 f.), jeweils m.w.N.

247 § 327e Abs. 2 i.V.m. § 319 Abs. 5 AktG.

248 § 327e Abs. 2 i.V.m. § 319 Abs. 6 AktG.

tracht. Das Delisting erfolgt auf Antrag der AG durch den Widerruf der Zulassung zum Handel, den die Zulassungsstelle durch Verwaltungsakt ausspricht, § 39 Abs. 2 BörsG. Der Widerruf darf nicht dem Schutz der Anleger widersprechen.

Nach langen Auseinandersetzungen um etwaige zusätzliche **gesellschaftsrechtliche Anforderungen** an den vollständigen Rückzug von allen regulierten Märkten (sog. **echtes Delisting**)[249] ist mittlerweile der Gesetzgeber tätig geworden. Der BGH hatte zunächst in der „Macrotron"-Entscheidung[250] mit einem stark verfassungsrechtlich geprägten Begründungsansatz das Erfordernis eines zustimmenden Hauptversammlungsbeschlusses und eines Barangebots an die Minderheitsaktionäre postuliert. Das BVerfG verwarf die Begründung und stellte klar, dass die Börsenzulassung nicht vom Schutzbereich von Art. 14 GG umfasst ist[251]. Allerdings billigte das BVerfG das vom BGH gefundene Ergebnis als verfassungsrechtlich unbedenklich. In der mit Spannung erwarteten „Frosta"-Entscheidung folgte der BGH diesem Angebot zur Auswechslung der Begründung (angeboten hätte sich eine Analogie zu § 29 Abs. 1 Satz 1 UmwG) bei Aufrechterhaltung des Ergebnisses nicht und stellte fest, dass mangels expliziter gesetzlicher Regelung weder ein Hauptversammlungsbeschluss noch ein Barangebot an die Minderheitsaktionäre erforderlich ist[252]. Der Gesetzgeber hat das zum Anlass genommen, die Anforderungen in § 39 BörsG neu zu regeln. 3.167

Die Anforderungen an ein Delisting ergeben sich damit einerseits aus den allgemeinen Regeln zum sorgfältigen Verwaltungshandeln im Interesse der Gesellschaft (§ 93 AktG), andererseits aus den börsenrechtlichen Regeln zum Widerruf der Börsenzulassung nach § 39 BörsG. Letztere setzen nunmehr für das echte Delisting, d.h. wenn die Voraussetzungen von § 39 Abs. 2 Nr. 2 BörsG nicht vorliegen, die Vorlage eines öffentlichen Erwerbsangebots nach den Bestimmungen des WpÜG voraus (§ 39 Abs. 2 Nr. 1 BörsG). Da im Fall des Antrags auf Widerruf der Börsenzulassung der Hauptaktionär praktisch durchweg den weit überwiegenden Teil der Aktien in Händen hält, handelt es sich nicht um ein Übernahmeangebot oder Pflichtangebot nach §§ 29, 35 WpÜG. Damit würden auch die Preisregelungen nach § 31 WpÜG für das Angebot nicht gelten. § 39 Abs. 3 Satz 2 BörsG ordnet deshalb zum Schutz der Anleger die entsprechende Anwendung dieser Vorschriften an. Ferner gibt es – insoweit ohne Parallele im WpÜG selbst – Schutzvorschriften bei Verstößen gegen die kapitalmarktrechtlichen Transparenzregeln und das Verbot der Marktmanipulation (§ 39 Abs. 3 Satz 3 BörsG). 3.168

Ob die **Delisting-Entscheidung** der jeweiligen Börse von Aktionären der Gesellschaft angegriffen werden kann, ist nicht endgültig geklärt. Der BGH ging in der „Frosta"-Entscheidung offenbar davon aus und wähnte sich dabei im Einklang mit dem BVerwG[253]. Demgegenüber verneinte das VG Frankfurt den drittschützenden Charakter von § 39 Abs. 2 BörsG zugunsten der Anleger, die damit keinen verwaltungsgerichtlichen Rechtsschutz gegen die Zulassung des Widerrufs geltend machen könnten[254]. Verfassungsrechtlich wäre das wohl unproblematisch: Die Börsenzulassung nimmt nicht teil am Schutz der Eigentumsgarantie aus Art. 14 GG (Rz. 3.165). Ob sich die Entscheidung des VG Frankfurt verwaltungsrechtlich durchsetzt, bleibt abzuwarten[255]. Verstöße gegen die Regelungen zum Erwerbsangebot (Rz. 3.166) beeinträchtigen die Wirksamkeit des Widerrufs der Börsenzulassung jedenfalls nicht, § 39 Abs. 6 BörsG. 3.169

249 Zur gesellschaftsrechtlichen Ausgangslage *Bungert*, BB 2000, 53; *Groß*, ZHR 165 (2001), 141; *Mülbert*, ZHR 165 (2001), 104.

250 BGH v. 25.11.2002 – II ZR 133/01, AG 2003, 273 (274) = ZIP 2003, 387; dazu *Adolff/Tieves*, BB 2003, 797; *Pfüller/Anders*, NZG 2003, 459; *K. Schmidt*, NZG 2003, 601; *Holzborn*, WM 2003, 1105; *Wilsing/Kruse*, WM 2003, 1110; *Land/Behnke*, DB 2003, 2531.

251 BVerfG v. 11.7.2012 – 1 BvR 3142/07, AG 2012, 557 ff.

252 BGH v. 8.10.2013 – II ZB 26/12, AG 2013, 877 = ZIP 2013, 2254.

253 BGH v. 8.10.2013 – II ZB 26/12, AG 2013, 877 (879), Rz. 16 = ZIP 2013, 2254.

254 VG Frankfurt a.M. v. 25.3.2013 – 2 L 1073/13.F, ZIP 2013, 1886 = AG 2013, 847 ff.

255 Für die Möglichkeit verwaltungsgerichtlicher Kontrolle Hüffer/Koch, 14. Aufl. 2020, § 119 AktG Rz. 31, 39; *Kumpan* in Baumbach/Hopt, 39. Aufl. 2020, § 39 BörsG Rz. 15; *Groß*, AG 2015, 812 (819).

4. Holding als Anteilsbindungsinstrument

a) Grundfunktionen

3.170 Holdingunternehmen werden ferner mit dem Zweck der **Bindung** und **Zusammenfassung** von Anteilen an anderen Unternehmen errichtet. Sie dienen der dann der Verfestigung einer gegebenen Anteilseigner- und Unternehmensstruktur und der Sicherstellung der gemeinsamen Kontrolle. Werden die Anteile an Unternehmen von einer Mehrzahl von Anteilseignern gehalten, können, auch wenn es sich nicht um Publikumsgesellschaften handelt, durch stark divergierende Anteilseignerinteressen Probleme entstehen. Die Bündelung von Anteilen an einer Holding kann die aus dem Gesellschafterkreis resultierenden Probleme von dem Unternehmen fernhalten. Zugleich kann das Stimmgewicht der über mehrere Gesellschafter verstreuten Beteiligungen gebündelt werden. Verbreitet ist diese Holdingfunktion in Familiengesellschaften. Die Überführung der Anteile in eine Familienholding lässt sich allerdings in der Regel nur durchführen, wenn die Zahl der Gesellschafter noch klein ist. Später sind die Zentrifugalkräfte zu groß. Es bleibt dann immer noch die Teil-Zusammenfassung der Familienanteile in einer Holding unter Beteiligung der teilnahmewilligen Familienmitglieder.

Abb. 4: Holding als Anteilsbindungsinstrument

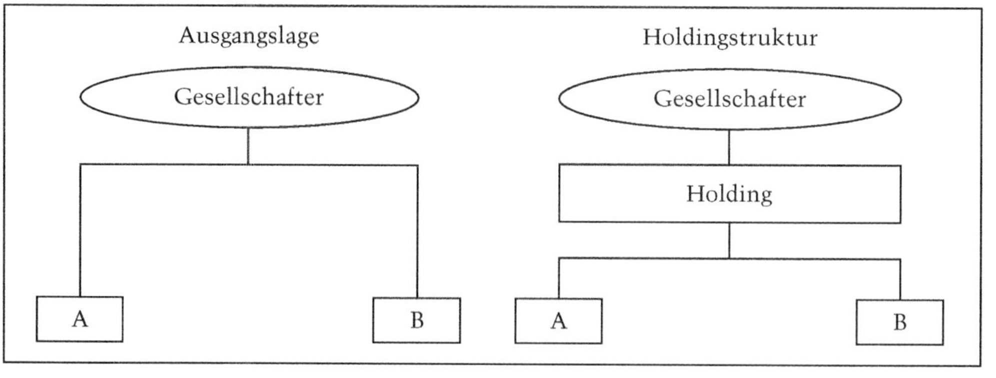

3.171 Die Holding entsteht durch **Übertragung von Gesellschaftsanteilen** von einzelnen Gesellschaftern in eine rechtlich selbständige Gesellschaft unter Gewährung von Anteilen an dieser neuen Gesellschaft. Die bisher zersplittert gehaltenen Anteile werden in der neuen Gesellschaft zusammengefasst, wodurch in dieser alle oder zumindest die Kapital-/Stimmenmehrheit der Anteile vereinigt wird.

3.172 Die Bindung von Anteilen in einer Gesellschaft wirkt divergierenden Interessen der Gesellschafter insoweit entgegen, als sich deren Interesse an der Loslösung von der Gesellschaft nicht in Abfindungsansprüchen gegenüber der Gesellschaft selbst oder dem schleichenden Kontrollverlust bei Verkauf an Dritte niederschlagen können. Die Veräußerung der Anteile an der Holding ist in solchen Strukturen regelmäßig Beschränkungen unterworfen. Die **Unabhängigkeit** des Unternehmens von Vorgängen auf der Gesellschafterebene wird durch Errichtung der Holding verstärkt. Darüber hinaus kann die Holding die Plattform für koordinierte Entscheidungen bilden, wodurch sich die Führungsfähigkeit der Unternehmen verbessern lässt. Die Gesellschafter akzeptieren die mit der Holdingstruktur für die einhergehenden Beschränkungen im Interesse der Stabilität der Struktur.

3.173 Einzelne Aspekte der Zusammenführung von Anteilen in einer Holding zum Zweck der Anteilsbindung ließen sich auch durch **Pool- oder Konsortialvereinbarungen** der Gesellschafter untereinander erzielen. Mit Hilfe solcher Vereinbarungen entstehen indes nur Bindungen im Innenverhältnis schuldrechtlicher oder gesellschaftsvertraglicher Art (GbR), die zu Innengesellschaften führen, denen keine holdingtypischen Gestaltungs- und Führungsfunktionen zukommen.

Die Zusammenführung der Anteile in einer Holding mit Anteilsbindungsfunktion führt grundsätzlich nicht zu einer Veränderung des mittelbaren **Gesellschafterkreises.** Die Gründung der Holding und Übertragung (Einbringung) der Geschäftsanteile an der operativen Gesellschaft an diese führt aber zu einer Mediatisierung der Anteilsrechte. Die Holding hat die Verringerung der unmittelbaren Einwirkungsmöglichkeiten der Gesellschafter auf ihre Gesellschaft zur Folge, die dem Ausgleich der unterschiedlichen Interessen im Gesellschafterkreis dienen kann. Die den Gesellschaftern bis dahin in ihrer Gesamtheit zukommenden Einwirkungsmöglichkeiten werden nun in der Holding gebündelt, durch die Zusammenfassung dort jedoch zugleich verstärkt. 3.174

b) Besonderheiten bei Gründung der Holding

Die **rechtliche Einheit**, die zukünftig die Holdingfunktion übernimmt, wird von den Gesellschaftern gegründet. In Betracht kommt die **Sachgründung**, bei der die von den Gesellschaftern gehaltenen Anteile zur Gewährung von Anteilen an der zu gründenden Gesellschaft in diese eingebracht werden, oder das zweistufige Verfahren, in dem (1) nach Gesellschaftsgründung mit Bareinlagen (vgl. Rz. 3.76 ff.) (2) eine anschließende **Kapitalerhöhung gegen Sacheinlagen**, deren Gegenstand die von den bisherigen Gesellschaftern gehaltenen Gesellschaftsanteile sind, erfolgt (vgl. Rz. 3.85 ff.). Haben sich die bisherigen Gesellschafter für die Gründung einer Kapitalgesellschaft (GmbH, AG, KGaA) entschieden, sind die besonderen gesetzlichen Vorschriften zum Schutz der Kapitalaufbringung bei Kapitalgesellschaften zu beachten (vgl. Rz. 3.79 ff.). Im Austausch gegen die eingebrachten Anteile erhalten die Gesellschafter Anteile an der neu gegründeten Holding. 3.175

Zur Holding wird die Gesellschaft einerseits mit Einbringung der **Gesellschaftsanteile**, andererseits durch die Zuordnung der **Gestaltungs-** und **Führungsfunktion.** Diese macht den wesentlichen Gegenstand dieses Unternehmens aus und ist im Gesellschaftsvertrag zu verankern[256]. Die Umsetzung der Leitungsmacht erfolgt primär durch Ausübung der der Holding zustehenden Gesellschafterrechte; die Holdinggeschäftsführung wird zusammen mit den Holding-Gesellschaftern zu entscheiden haben, ob sie zur Durchsetzung der Konzerngeschäftspolitik des Abschlusses von Beherrschungs- und Gewinnabführungsverträgen mit den Tochterunternehmen bedarf[257]. 3.176

Der gewählten Rechtsform entsprechend wird das **Geschäftsführungs-** und **Vertretungsorgan** zusammengesetzt und bestellt. Die hierzu zu benennenden Personen können Gesellschafter sein. Die Verwaltung kann indes auch mit gesellschafterfremden Personen oder Mitgliedern der Geschäftsführungs- und Vertretungsorgane der operativen Gesellschaften besetzt werden. Bei Personengesellschaften, die nicht (wie die GmbH&Co. KG) ihrerseits durch Kapitalgesellschaften geführt werden, setzt das Prinzip der Selbstorganschaft (d.h. der maßgeblichen Leitung der Gesellschaft durch Gesellschafter) dafür gewisse Grenzen[258]. Die sachkundige Auswahl dieser Personen ist eine der wichtigen Voraussetzungen für die erfolgreiche Integration der Unternehmen in dem von der Holding geleiteten Konzern. 3.177

c) Veränderungen in der Struktur der Holding

Veränderungen im Bestand der von der Holding gehaltenen Beteiligungen erfolgen durch Erwerb, sei es durch Kauf, durch weitere Einbringung, Maßnahmen nach dem UmwG oder durch die Veräußerung von Beteiligungen. In welchem Umfange solche Maßnahmen in Betracht kommen, wird durch die **Konzerngeschäftspolitik** bestimmt. Entscheidungen über den Erwerb von Beteiligungen sind für die Holding dann von Bedeutung, wenn sich durch die hinzukommenden Beteiligungen 3.178

256 Zu Einzelheiten der Satzungsgestaltung vgl. Rz. 3.187 ff.

257 Zu den Anwendungsfällen dieses Entstehungsmodells für die Holding gehört z.B. der Typus der Holding als Kooperationsmodell, vgl. Rz. 3.144 ff.

258 *Schäfer* in Großkomm/HGB, 5. Aufl. 2009, § 125 HGB Rz. 5 ff.

nach deren Art oder Umfang im Verhältnis zum bisherigen Anteilsbesitz wesentliche Veränderungen ergeben. Das ist stets der Fall, wenn durch die Einbeziehung einer oder mehrerer weiterer Beteiligungen sich der Gesellschafterkreis infolge einer Kapitalerhöhung (mit entsprechender Veränderung der Beteiligungsquote) verändert. Entscheidungen mit derartigem Gewicht (insbes. Kapitalveränderungen) bedürfen der Zustimmung der Gesellschafter. Im Übrigen richtet sich das Mitwirkungserfordernis der Gesellschafter nach der jeweiligen Rechtsform. Bei der Holding in der Form der AG kommt eine Zustimmungserfordernis der Aktionäre nur in Ausnahmefällen in Betracht (Rz. 3.191 ff.). Bei der GmbH (Rz. 3.18) und in ähnlicher Weise bei der KG (§ 164 HGB) unterliegen dagegen mangels näherer Regelung im Gesellschaftsvertrag alle außergewöhnlichen Maßnahmen einem Zustimmungserfordernis.

3.179 **Anteilsveräußerungen (Desinvestment)** der Holding können je nach Art und Umfang strukturverändernde Bedeutung haben. Zwar gehört die Veräußerung von Anteilen an Beteiligungsunternehmen zu den ordentlichen Geschäften einer Holding, doch hat eine solche Maßnahme dann besonderes Gewicht, wenn die Veräußerungsentscheidung eine oder mehrere wesentliche Beteiligungen betrifft, die den Gegenstand des Unternehmens und die Konzerngeschäftspolitik mitbestimmen. Außer der Beachtung der jeweils durch die Rechtsform und die gesellschaftsvertraglichen Regelungen bestimmten Zustimmungserfordernisse (Rz. 3.176) kann sich in Vollzug eines wesentlichen Desinvestments die Notwendigkeit zur Anpassung der Satzung an den – nunmehr – beschränkten Unternehmensgegenstand ergeben (Rz. 3.187)[259].

5. Vertragliche Holdingstrukturen

3.180 Die vorstehend beschriebenen Modelle der Entstehung der Holding haben Gestaltungen zum Gegenstand, die zu einer **organisatorischen** und **rechtlichen** (vermögens- und haftungsmäßigen) **Separierung** der Sphären der Holding und der operativ tätigen Unternehmenseinheiten führen. Nachfolgend werden Gestaltungen aufgegriffen, die die vermögensmäßige Zuordnung von Anteilen unberührt lassen und eine Funktionsseparierung im Wege unternehmensvertraglicher oder schuldvertraglicher **Vereinbarungen** herbeiführen. Hierbei geht es um die Verlagerung von entweder operativen oder führungsbezogenen Funktionen. Ausgangspunkt der Gestaltung ist in beiden Varianten ein Einheitsunternehmen oder Stammhaus. Die beschriebenen Gestaltungen können auch als eine Vorstufe zu einer Holding angesehen werden; in der Praxis finden sie z.B. Verwendung, um im zeitlichen Vorfeld einer (erst mit Eintragung im Handelsregister wirksam werdenden) Reorganisation bereits die Führungs- oder Leitungsbeziehungen herzustellen.

a) Funktionsseparierung durch Unternehmensverträge

3.181 Ein Einheitsunternehmen/Stammhaus kann zur Holding werden, indem das Unternehmen mit Tochterunternehmen (vorhandenen oder neu gegründeten) Vereinbarungen über die Führung oder Überlassung des Betriebs ihres Unternehmens trifft. Bei einem **Betriebspachtvertrag** führt das Tochterunternehmen als Pächter den Betrieb des Einheitsunternehmens/Stammhauses im eigenen Namen und auf eigene Rechnung weiter, beim **Betriebsüberlassungsvertrag** handelt der Pächter zwar für eigene Rechnung, aber im Namen des Verpächters. In beiden Fällen handelt es sich um Unternehmensverträge i.S.v. § 292 Abs. 1 Nr. 3 AktG[260], wenn der gesamte oder alle Betriebe der Gesellschaft verpachtet oder überlassen werden. Beide Vertragstypen kommen dem führungs- oder strukturorganisatorischen Bild der Holdingkonzeption nahe, da durch derartige Vereinbarungen die Eigentümergesellschaft sich der Führung ihres Betriebs/ihrer Betriebe dadurch entledigen kann, dass

259 Zu der Frage, ob die Veräußerung in solchen Fällen bereits vor Änderung der Satzung möglich ist, *Stephan/Tieves* in MünchKomm/GmbHG, 3. Aufl. 2019, § 37 GmbHG Rz. 57.

260 Vgl. dazu Hüffer/Koch, 14. Aufl. 2020, § 292 AktG Rz. 17; *Krieger* in MünchHdb/AG, 4. Aufl. 2015, § 73 Rz. 28 ff.

sie diese Aufgabe auf Tochterunternehmen überträgt. Bei der Eigentümergesellschaft verbleiben die konzernführungsbezogenen Funktionen[261]. Die Verantwortlichkeit für die Führung der verpachteten Betriebe geht auf die Pachtgesellschaft über. Sowohl beim Betriebspacht- als auch beim Betriebsüberlassungsvertrag gehen die Arbeitsverhältnisse auf das Pachtunternehmen über, § 613a BGB findet Anwendung[262]. Auf Abschluss, Änderung und Beendigung finden §§ 293 ff. AktG Anwendung. Die (ohnehin verfehlte[263]) Vorschrift des § 302 Abs. 2 AktG findet dagegen keine Anwendung, wenn (wie hier vorausgesetzt) das herrschende Unternehmen seinen Betrieb der Tochtergesellschaft überlässt, sondern nur im umgekehrten Fall. Auch unabhängig davon, ob es sich um einen Unternehmensvertrag handelt, wird die Verpachtung/Überlassung wesentlicher Unternehmensteile an einen oder mehrere Pächter jedenfalls bei einer auslagernden GmbH oder KG ebenfalls einen zustimmenden Beschluss der Gesellschafterversammlung der Eigentümergesellschaft erfordern. Bei der AG kommt es im Einzelfall darauf an, ob die Voraussetzungen der „Holzmüller/Gelatine“-Rechtsprechung des BGH erfüllt sind; vgl. Rz. 3.191 ff.

Infolge des Betriebspacht- oder Überlassungsvertrages verbleiben bei der Eigentümergesellschaft lediglich die **führungsbezogenen Funktionen.** Für die Funktionsabgrenzung und zur Führungsorganisation zwischen Eigentümergesellschaft (Holding) und Pachtgesellschaften (operativ tätiges Tochterunternehmen) im Einzelnen sind Überlegungen anzustellen, die denen des Ausgliederungsmodells vergleichbar sind. S. Rz. 3.125 ff., 3.131. 3.182

b) Funktionsseparierung durch Managementvereinbarungen

Die **vertragliche Zuordnung** von Gestaltungs- und Leitungskompetenzen zu einer Gesellschaft mit Managementfunktionen führt zur partiellen Holdingfunktion einer Gesellschaft, die nicht gesellschaftsrechtlich an den operativ tätigen Gesellschaften beteiligt ist. Von einer Holding im eigentlichen Sinn sollte hier ebenso wenig gesprochen werden wie zum Beispiel bei der klassischen GmbH & Co. KG, in der die GmbH als Komplementärin ohne Kapitalbeteiligung die KG führt, aber nicht deren Holding ist. 3.183

Rechtliche Grundlage ist ein **Management- oder Betriebsführungsvertrag**, durch den eine Gesellschaft einer anderen die Aufgabe zur Erbringung führungsbezogener Leistungen überträgt. Im Rahmen des – gesetzlich nicht gesondert geregelten – Betriebsführungsvertrags übernimmt es der Betriebsführer, den Betrieb der Eigentümergesellschaft für deren Rechnung im eigenen oder fremden Namen zu führen[264]. Dem Eigentümerunternehmen verbleiben i.d.R. Weisungs- und Kontrollrechte. Der Betriebsführungsvertrag wird von der herrschenden Meinung analog § 292 Abs. 1 Nr. 3 AktG als Unternehmensvertrag behandelt[265]. 3.184

Einem derartigen Vertrag kommt im Hinblick auf die Entstehung einer Holdingstruktur allenfalls ein **vorläufiger oder vorbereitender Charakter** zu. Die auf die Managementgesellschaft übertragenen Funktionen haben lediglich abgeleiteten Charakter; dem Vertragspartner verbleibt ein Letztentscheidungsrecht, soweit die Leitungsbefugnis der Gesellschaft nicht delegierbar ist[266]. 3.185

261 Zur leitungsorganisatorischen Bedeutung dieser Verträge vgl. *Koppensteiner* in KölnKomm/AktG, 3. Aufl. 2004, § 292 AktG Rz. 75 ff., § 291 AktG Rz. 36; *Huber*, ZHR 152 (1988), 1 ff.

262 BAG v. 15.12.2016 – 8 AZR 612/15, NZA 2017, 783 Rz. 50 = ZIP 2017, 1129; BAG v. 15.11.1978 – 5 AZR 199/77, DB 1979, 702; *Langenbucher* in K. Schmidt/Lutter, 4. Aufl. 2020, § 292 AktG Rz. 31.

263 *Stephan* in K. Schmidt/Lutter, 4. Aufl. 2020, § 302 AktG Rz. 60.

264 *Krieger* in MünchHdb/AG, 4. Aufl. 2015, § 73 Rz. 48 ff.

265 *Langenbucher* in K. Schmidt/Lutter, 4. Aufl. 2020, § 292 AktG Rz. 35.

266 Vgl. *Krieger* in MünchHdb/AG, 4. Aufl. 2015, § 73 Rz. 53; *Koppensteiner* in KölnKomm/AktG, 3. Aufl. 2004, § 291 AktG Rz. 38 ff.

V. Konzernbildung und Konzernleitung

1. Aktiengesellschaft als Holding

a) Satzungsmäßige Ermächtigung

3.186 Die **Entstehung einer Holdingstruktur** bedarf je nach Gestaltung in unterschiedlichem Umfang der Mitwirkung der Anteilseigner der (künftigen) Holding. Bei einzelnen Entstehungsformen der Holding sind die Anteilseigner unmittelbar einbezogen und wirken an der Gestaltung z.B. durch Gründung einer Gesellschaft, durch Anteilstausch und Einbringung der von ihnen gehaltenen Gesellschaftsanteile oder durch Beschlussfassung über eine Spaltung einschließlich der Ausgliederung (vgl. z.B. § 125 i.V.m. § 13 UmwG) oder Realteilung mit. In anderen Fällen, z.B. bei Ausgründungsmaßnahmen, sind die Gesellschafter nicht zwingend unmittelbar beteiligt; die Gründung einer Tochtergesellschaft oder der Erwerb einer Unternehmensbeteiligung und die Übertragung von Vermögensgegenständen, Rechten und Verbindlichkeiten betrieblicher Teilfunktionen des Einheitsunternehmens oder Stammhauses auf nachgeordnete Unternehmen sind Rechtsgeschäfte und Maßnahmen, die bei der Aktiengesellschaft als (künftiger) Holding regelmäßig in den Entscheidungsbereich des Vorstands und unter Umständen des Aufsichtsrats der Holdinggesellschaft fallen.

3.187 Das Handeln des Vorstands muss seine Grundlage in der **Satzung** der AG finden; das gilt insbesondere für den in der Satzung festgelegten **Unternehmensgegenstand**. Nach der in der Literatur herrschenden Auffassung bedarf die nur mittelbare Ausfüllung des Unternehmensgegenstands über Tochtergesellschaften der ausdrücklichen Ermächtigung (**Beteiligungs- oder Konzernklausel**) im Rahmen des Unternehmensgegenstands[267]. Aus der Satzung kann sich im Wege der Auslegung – bei der auch das historische Gesamtbild der Tätigkeit des Unternehmens zu berücksichtigen ist[268] – oder explizit ergeben, dass die Beteiligungsunternehmen nur in bestimmten Bereichen operativ tätig sein dürfen. Insbesondere kann je nach den Umständen die Satzungsklausel so zu verstehen sein, dass der Tätigkeitsbereich von Beteiligungsgesellschaften der Verfolgung des (Haupt-)Unternehmensgegenstands der Muttergesellschaft dienlich sein muss[269]. Eine Erweiterung dieser Grenzen bedarf dann einer Änderung des Unternehmensgegenstands. Es mag sich von Fall zu Fall anbieten[270], ist aber nicht zwingend erforderlich, in der Satzung den Gegenstand der operativen Tätigkeit aller Beteiligungsunternehmen zusammenfassend oder im Wege der Auflistung anzugeben[271]. Das liefe auf ein Verbot der sachbereichsneutralen Beteiligungsgesellschaft hinaus, deren Unternehmensgegenstand sich eben im Erwerb und der Verwaltung von Beteiligungen, gleich aus welchem Wirtschaftsbereich, erschöpft[272].

267 *Habersack* in Emmerich/Habersack, Aktien- und GmbH-Konzernrecht, 9. Aufl. 2019, Vorb. § 311 AktG Rz. 31; *Krieger* in MünchHdb/AG, 4. Aufl. 2015, § 70 Rz. 5; *Tieves*, Der Unternehmensgegenstand der Kapitalgesellschaft, S. 447 ff.; zurückhaltend *Mertens/Cahn* in KölnKomm/AktG, 3. Aufl. 2010, § 76 AktG Rz. 61 m.w.N.

268 BGH v. 26.4.2004 – II ZR 155/02 – Gelatine, AG 2004, 384 (386) = ZIP 2004, 993.

269 *Tieves*, Der Unternehmensgegenstand, 1998, S. 434 ff.; *Krieger* in MünchHdb/AG, 4. Aufl. 2015, § 70 Rz. 7.

270 Hüffer/Koch, 14. Aufl. 2020, § 23 AktG Rz. 24a; *Sailer-Coceani* in MünchHdb/AG, 4. Aufl. 2015, § 9 Rz. 17.

271 Hüffer/Koch, 14. Aufl. 2020, § 23 AktG Rz. 24a; *Wicke* in MünchKomm/GmbHG, 3. Aufl. 2018, § 3 GmbHG Rz. 19. Vgl. BGH v. 25.2.1982 – II ZR 174/80 – Holzmüller, BGHZ 83, 122 ff. = AG 1982, 158 = ZIP 1982, 568 mit Billigung einer pauschalen Beteiligungsklausel, die den später ausgegliederten Seehafenbetrieb nicht erwähnt. Siehe auch z.B. den Unternehmensgegenstand der Deutsche Beteiligungs AG: „... der Erwerb, das Halten, die Verwaltung und die Veräußerung von Wagniskapitalbeteiligungen." Die Beschränkung der Zulässigkeit eines solchen Unternehmensgegenstands auf Kapitalanlagegesellschaften bei *Tieves*, Der Unternehmensgegenstand, 1998, S. 435 ff. ist zu eng.

272 Vgl. *Tieves*, Der Unternehmensgegenstand, 1998, S. 434 f.

Im Einzelnen ist umstritten, in welchem Umfang die Satzung die Zulässigkeit des Beteiligungserwerbs regeln und welchen Grad an Bestimmtheit eine Konzernklausel haben muss[273]. Dabei ist die Frage, ob ein bestimmter Zustand vom Unternehmensgegenstand gedeckt ist, von der Frage der Zulässigkeit des Übergangs von einem Zustand (operatives Unternehmen) in einen anderen (reine Holding) zu trennen. Die Verlagerung als solche kann klarstellend in der Satzung angesprochen werden[274], bedarf aber nicht zwingend der Erwähnung im Unternehmensgegenstand[275]. Entscheidend ist, ob der daraus entstehende Zustand vom Unternehmensgegenstand gedeckt ist[276]. Wenn die Satzung eine „**Holdingklausel**" enthält, wonach die Gesellschaft sich auf die Verwaltung von Beteiligungen beschränken darf, ist damit ohne Satzungsänderung der Übergang zu einer reinen Holding zulässig[277]. Das gilt auch, wenn der als Unternehmensgegenstand definierte Tätigkeitsbereich nach der Satzung ganz oder teilweise über Beteiligungsgesellschaften ausgefüllt werden kann[278]. Die in nahezu allen Gesellschaftsverträgen enthaltene **allgemeine Konzernklausel**, dass „das Unternehmen sich an anderen Unternehmen beteiligen" darf, stellt den Unternehmensgegenstand konzerndimensional und genügt jedenfalls für die teilweise[279] Überführung des operativen Geschäftsbetriebs auf eine oder mehrere Beteiligungsgesellschaften. Wenn man mit der „Gelatine"-Rechtsprechung des BGH die Verlagerung als Sondertatbestand mit eigenen Zulässigkeitsanforderungen begreift, sind die an die Satzung insoweit zu stellenden Anforderungen zu reduzieren. Eine allgemeine Konzernklausel genügt danach regelmäßig für den Übergang zur reinen Holding, solange der im Unternehmensgegenstand beschriebene operative Tätigkeitsbereich über Tochtergesellschaften ausgefüllt wird[280]. 3.188

Enthält die Satzung eines Einheitsunternehmens oder Stammhauses keine hinreichende Konzern- und Holdingklausel, ist für die Ausgliederung der operativen Tätigkeitsbereiche auf Tochterunternehmen und die Beschränkung auf die Gestaltung und Führung der Unternehmensgruppe die **Anpassung** des Unternehmensgegenstands durch Änderung der **Satzung** erforderlich. 3.189

Eine entgegen der Satzung erfolgte Umstrukturierung zur Holding und der Beteiligungserwerb sind gleichwohl wirksam, die Außenvertretung durch die Organe wird durch die Festsetzung nicht berührt. Gleichwohl können die Gesellschafter gegebenenfalls die Rückgängigmachung oder Unterlassung der Maßnahme verlangen; ferner kommen Schadensersatzansprüche gegen die Organe in Betracht[281]. 3.190

273 Vgl. *Groß*, AG 1994, 266 (269 f.).

274 Der BGH hat in der „Holzmüller"-Entscheidung die Satzungsformulierung „Sie [d.h. die Gesellschaft] kann ihren Betrieb ganz oder teilweise solchen Gesellschaften überlassen." (BGH v. 25.2.1982 – II ZR 174/80, BGHZ 83, 122 [123]) als Verlagerungsermächtigung ausgelegt.

275 Die Anforderungen an die Verlagerung richten sich nach „Holzmüller"/„Gelatine"-Grundsätzen, Rz. 3.192; die Unabhängigkeit beider Gesichtspunkte zeigt sich daran, dass eine Konzernklausel ein nach „Holzmüller"/„Gelatine"-Grundsätzen bestehendes Zustimmungserfordernis der Hauptversammlung nicht beseitigen kann; BGH v. 26.4.2004 – II ZR 155/02 – Gelatine, AG 2004, 384 (388) = ZIP 2004, 993; differenzierend *Kubis* in MünchKomm/AktG, 4. Aufl. 2018, § 119 AktG Rz. 95 f.

276 BGH v. 26.4.2004 – II ZR 155/02 – Gelatine, AG 2004, 384 (385 f.) = ZIP 2004, 993; a.A. *Habersack* in Emmerich/Habersack, Aktien- und GmbH-Konzernrecht, 9. Aufl. 2019, Vorb. § 311 AktG Rz. 31.

277 *Krieger* in MünchHdb/AG, 4. Aufl. 2015, § 70 Rz. 6.

278 *Habersack* in Emmerich/Habersack, Aktien- und GmbH-Konzernrecht, 9. Aufl. 2019, Vorb. § 311 AktG Rz. 31 (Fn. 159).

279 *Krieger* in MünchHdb/AG, 4. Aufl. 2015, § 70 Rz. 6 f.; *Fleischer* in Spindler/Stilz, 4. Aufl. 2019, § 82 AktG Rz. 32.

280 Eine ausdrückliche Regelung verlangen dagegen *Habersack* in Emmerich/Habersack, Aktien- und GmbH-Konzernrecht, 9. Aufl. 2019, Vorb. § 311 AktG Rz. 3; *Krieger* in MünchHdb/AG, 4. Aufl. 2015, § 70 Rz. 6; *Groß*, AG 1994, 266 (269 f.); für die GmbH wie hier *Wicke* in MünchKomm/GmbHG, 3. Aufl. 2018, § 3 GmbHG Rz. 19; *Liebscher* in MünchKomm/GmbHG, 3. Aufl. 2018, § 13 GmbHG Anh. Rz. 1076.

281 Zur Haftung bei Überschreitung des Unternehmensgegenstands BGH v. 15.1.2013 – II ZR 90/11, AG 2013, 259 Rz. 14 ff. = ZIP 2013, 455; *Fleischer* in Spindler/Stilz, 4. Aufl. 2019, § 93 AktG Rz. 21 f.; zur unbeschränkten Vertretungsmacht auch bei Über- oder Unterschreitung des Unternehmensgegenstands Hüffer/Koch, 14. Aufl. 2020, § 78 AktG Rz. 5.

b) Mitwirkungsrechte der Aktionäre bei der Bildung der Holding

3.191 Die Gründung eines oder mehrerer Tochterunternehmen und die Übertragung von Vermögensgegenständen, Rechten und Verbindlichkeiten in Verbindung mit der Verlagerung von betrieblichen Funktionen oder Teilfunktionen auf die Tochterunternehmen sind im Grundsatz Angelegenheiten, die sich als Maßnahme der Geschäftsführung darstellen. Etwas anderes gilt für Spaltungsvorgänge im Sinne des UmwG (Aufspaltung, Abspaltung und Ausgliederung) nach § 125 i.V.m. § 13 UmwG. Bei diesen Vorgängen ist stets die **Zustimmung der Hauptversammlung** der übertragenden AG einzuholen. Das gleiche Mitwirkungserfordernis folgt für einen Vertrag, durch den sich die Gesellschaft zur Übertragung des gesamten Gesellschaftsvermögens verpflichtet, aus § 179a AktG. Die Regelung kommt auch dann zur Anwendung, wenn die Gesellschaft einen nur unwesentlichen Teil ihres Vermögens zurückbehält. Entscheidend ist, ob die Gesellschaft mit dem zurückbehaltenen Vermögen „noch ausreichend in der Lage ist, ihre in der Satzung festgelegten Unternehmensziele weiterhin, wenn auch eingeschränkt, selbst zu verfolgen"[282].

3.192 Auch wenn diese Grenze nicht erreicht ist und ein Fall von § 179a AktG damit nicht vorliegt, kann es bei Ausgründungsmaßnahmen dennoch erforderlich sein, die Zustimmung der Gesellschafterversammlung einzuholen. In der **Holzmüller-Entscheidung** hatte der BGH für besonders gravierende Fälle der Verlagerung von Vermögen der AG auf nachgelagerte Konzernstufen das Erfordernis der Zustimmung der Hauptversammlung postuliert und mit einer Reduzierung des Vorlageermessens des Vorstands nach § 119 Abs. 2 AktG begründet[283]. Im konkreten Fall war es um ca. 80 % des Vermögens der betroffenen KGaA gegangen. Nachdem in den Folgejahren ein Teil der Literatur die strengen Anforderungen des BGH immer weiter reduziert hatte und damit auf dem Weg zu einer Neujustierung wesentlicher Strukturmerkmale der AG war, ergriff der BGH in den beiden **„Gelatine"-Entscheidungen**[284] die Gelegenheit zur Klarstellung, dass ein Zustimmungserfordernis der Hauptversammlung unter dem Gesichtspunkt der **Mediatisierung** des Einflusses der Aktionäre nur bei Vorgängen in der Größenordnung der „Holzmüller"-Entscheidung (also konzerninterne Verlagerung von ca. 80 % des Vermögens der AG) in Betracht komme[285]. Mit den „Gelatine"-Entscheidungen sind die für konzerninterne Ausgründungen maßgeblichen Grundsätze auf absehbare Zeit in einer für die Praxis handhabbaren Weise geklärt.

3.193 Nach den genannten Grundsätzen sind Verlagerungen auf nachgeordnete Konzernstufen zustimmungspflichtig, wenn sie etwa 80 % des Gesamtunternehmens ausmachen. Die Kriterien für die Bestimmung der 80 % Grenze hat der BGH nicht definiert und wird wohl auch in etwaigen künftigen Fällen eine Gesamtschau relevanter Messgrößen vornehmen. Als relevante Kriterien sind insbesondere Umsatz, Ergebnis, Bilanzsumme und Eigenkapital heranzuziehen[286]. Die Grundsätze gelten für die Ausgliederung von Unternehmensbereichen von der Mutter- auf eine Tochtergesellschaft ebenso wie für die Verschiebung von Beteiligungen durch die Muttergesellschaft auf **tiefere Hierarchie-Ebenen** im Konzern, nicht aber für die Verschiebung zwischen zwei Holding-Töchtern auf gleicher

---

282 Zum früheren § 361 AktG BGH v. 25.2.1982 – II ZR 174/80 – Holzmüller, BGHZ 83, 122 = AG 1982, 158 = ZIP 1982, 568 = NJW 1982, 1703; Hüffer/Koch, 14. Aufl. 2020, § 179a AktG Rz. 4 f.; OLG München v. 10.11.1994 – 24 U 1036/93, AG 1995, 232; teilw. a.A. OLG Düsseldorf v. 9.12.1993 – 6 U 2/93, AG 1994, 228 (230 ff.).

283 Vgl. BGH v. 25.2.1982 – II ZR 174/80, BGHZ 83, 122 (131) = AG 1982, 158 = ZIP 1982, 568; BGH v. 25.11.2002 – II ZR 133/01, AG 2003, 273 f. = ZIP 2003, 387; dazu *Henze*, BB 2000, 209 (211 f.); *Henze* in FS Ulmer, S. 211 ff.

284 BGH v. 26.4.2004 – II ZR 155/02, ZIP 2004, 993 = AG 2004, 384 und BGH v. 26.4.2004 – II ZR 154/02, ZIP 2004, 1001 = NZG 2004, 575.

285 In der (weniger bekannten) zweiten „Gelatine"-Entscheidung (II ZR 154/02, NZG 2004, 575 (580)) hat der BGH angedeutet, dass über rein quantitative Erwägungen hinaus u.U. auch Vermögensgegenstände mit einer „Schlüsselstellung" für die Gesellschaft für die Frage des Erreichens der maßgeblichen Schwelle Relevanz erlangen können.

286 Vgl. die in BGH v. 26.4.2004 – II ZR 155/02, AG 2004, 384 (385, 389) = ZIP 2004, 993 wiedergegeben und aufgegriffenen Kriterien.

Hierarchieebene[287]. Der leitende Gesichtspunkt ist immer die Frage nach einer spürbaren Mediatisierung im Sinne einer Abschwächung des Einflusses der Aktionäre[288]. Unter der 80 %-Schwelle kann sich die Notwendigkeit eines Zustimmungsbeschlusses der Hauptversammlung ggf. (nur) aus dem Erfordernis einer Satzungsänderung (Rz. 3.186 ff.), aber nicht aus „Holzmüller"/„Gelatine"-Grundsätzen ergeben.

Inwieweit die „Holzmüller"/„Gelatine"-Grundsätze auch bei **Erwerb und Veräußerung** von Beteiligungen gelten, ist nicht abschließend geklärt. Der BGH ging in einem Nichtannahmebeschluss[289] offenbar davon aus, dass bei der Veräußerung von Beteiligungen der Mediatisierungseffekt als Grundlage einer Zustimmungspflicht nicht auftreten kann und deshalb auch eine Zustimmungspflicht der Hauptversammlung – unterhalb von § 179a AktG – nicht in Betracht kommt[290]. In einem Erwerbsfall hat sich der BGH aufgrund der prozessualen Einkleidung – es ging um die Anfechtung eines Entlastungsbeschlusses – mit der Aussage begnügen können, die Frage sei „umstritten und nicht geklärt"[291]. Für eine Zusammenführung von Unternehmen im Wege der Unterstellung unter eine neu gegründete, gemeinsame Holdinggesellschaft hat das LG München die Anwendbarkeit der Holzmüller/Gelatine-Grundsätze verneint und sich insbesondere darauf gestützt, dass die Aktionäre der beteiligten deutschen Aktiengesellschaft im Rahmen des von der Holding abgegebenen öffentlichen Übernahmeangebots die Möglichkeit hatten, über die Annahme oder Ablehnung zu entscheiden[292]. 3.194

Das Zustimmungserfordernis betrifft nur das **Innenverhältnis** der AG und macht das Handeln ohne Zustimmung objektiv pflichtwidrig, aber nicht unwirksam[293]. In Ausnahmefällen – wenn sich den Beteiligten die Notwendigkeit einer Zustimmung der Hauptversammlung geradezu aufdrängen musste – kann die Unwirksamkeit nach den Grundsätzen über den Missbrauch der Vertretungsmacht in Betracht kommen[294]. 3.195

Für die Hauptversammlung und die Beschlussfassung gelten die allgemeinen Grundsätze. Der Hauptversammlung sind alle **Informationen** zu geben, die zu einer sachgerechten Entscheidung erforderlich sind[295]. Wenn es sich um die Zustimmung zu einem Vertrag handelt, ist § 124 Abs. 2 Satz 2 AktG zu beachten. Ob über die Wiedergabe des wesentlichen Inhalts hinaus die Vorlage des Vertrags erforderlich ist, ist nach dem BGH im Einzelfall zu entscheiden[296]; in der Praxis bedeutet das, dass der Vertrag vorzulegen ist, wenn um die Zustimmung zum Vertragsschluss ersucht wird. Ausreichend ist aber auch ein sogenannter **Konzeptbeschluss**[297]. In jedem Fall ist analog § 124 Abs. 2 Satz 2 AktG eine Beschreibung der wesentlichen Elemente der geplanten Maßnahme erforderlich[298]. Streitig ist, ob ein Vorstandsbericht vorzulegen ist, wie er z.B in § 186 Abs. 4 Satz 1 AktG 3.196

---

287 BGH v. 26.4.2004 – II ZR 155/02 – Gelatine, AG 2004, 384 (389) = ZIP 2004, 993; die Verschiebung auf andere Hierarchieebenen stößt jedoch an Spürbarkeitsschwellen und kann dann keine Zustimmungspflicht mehr begründen: *Krieger* in MünchHdb/AG, 3. Aufl. 2007, § 69 Rz. 10.

288 Bei der konzerninternen Verschiebung von Beteiligungen, die nicht unmittelbar von der Muttergesellschaft gehalten werden, fehlt es an der Spürbarkeit: *Krieger* in MünchHdb/AG, 4. Aufl. 2015, § 70 Rz. 10 m.w.N. auch zur Gegenauffassung.

289 BGH v. 20.11.2006 – II ZR 226/05, ZIP 2007, 24 = AG 2007, 203.

290 Str., ebenso z.B. *Kubis* in MünchKomm/AktG, 4. Aufl. 2018, § 119 AktG Rz. 67 m.w.N.

291 BGH v. 7.2.2012 – II ZR 253/10, ZIP 2012, 515 = AG 2012, 248; zum Meinungsstand *Kubis* in MünchKomm/AktG, 3. Aufl. 2013, § 119 AktG Rz. 71.

292 LG München I v. 20.12.2018 – 5HK O 15236/17 – Linde/Praxair, AG 2019, 225. Siehe Rz. 3.156.

293 BGH v. 26.4.2004 – II ZR 155/02 – Gelatine, AG 2004, 384 (386 f.) = ZIP 2004, 993; *Krieger* in MünchHdb/AG, 4. Aufl. 2015, § 70 Rz. 15; *Habersack* in Emmerich/Habersack, Aktien- und GmbH-Konzernrecht, 9. Aufl. 2019, Vorb. § 311 AktG Rz. 49.

294 *Krieger* in MünchHdb/AG, 4. Aufl. 2015, § 70 Rz. 15.

295 BGH v. 15.1.2001 – II ZR 124/99 – Milupa, AG 2001, 261 (262) = ZIP 2001, 416.

296 BGH v. 15.1.2001 – II ZR 124/99 – Milupa, AG 2001, 261 (262 f.) = ZIP 2001, 416.

297 *Krieger* in MünchHdb/AG, 4. Aufl. 2015, § 70 Rz. 12; *Habersack* in Emmerich/Habersack, Aktien- und GmbH-Konzernrecht, 9. Aufl. 2019, Vorb. § 311 AktG Rz. 51.

298 *Krieger* in MünchHdb/AG, 4. Aufl. 2015, § 70 Rz. 14.

vorgesehen ist[299]. Angesichts der bestehenden Unsicherheit ist die Vorlage eines Berichts jedenfalls empfehlenswert. Einer besonderen **sachlichen Rechtfertigung** des Beschlusses bedarf es nicht[300]. Die Hauptversammlung beschließt in den Fällen, in denen ihre Mitwirkung geboten ist, mit einer Dreiviertel-Mehrheit. Eine geringere Mehrheit kann durch die Satzung nicht angeordnet werden[301].

c) Konzernleitung

3.197 Die Holding hat auf der Grundlage der ihr gehörenden Anteile an den konzernangehörigen Unternehmen das Recht und in Einzelfällen auch die Pflicht, an Entscheidungen, die die Tochterunternehmen betreffen, mitzuwirken. Diese Verpflichtung ergibt sich aus dem allgemeinen Grundsatz, dass der Vorstand der Holding-AG den Aktionären gegenüber zur **Wahrung des Vermögens der Holding** verpflichtet ist, und ist demgemäß eine Verpflichtung des Holding-Vorstands gegenüber der Holding-AG[302]. Auch bei Bestehen eines Beherrschungsvertrags begründet § 308 AktG im Verhältnis zur Tochtergesellschaft zwar ein Recht, aber keine generelle Pflicht zu Weisungen[303]. Die Verpflichtung im Einzelfall kann sich – im Verhältnis zur Holding-AG – zu einer umfassenden Leitungspflicht des Vorstands verdichten, soweit nach der Satzung und der Ausprägung der Holding-AG dem Vorstand die **aktive Konzernleitung** aufgegeben ist. Eine im Verhältnis zu den nachgeordneten Gesellschaften bestehende Konzernleitungspflicht des Holding-Vorstands wird dagegen von der herrschenden Meinung abgelehnt[304]. Verpflichtungen zur konzernweiten Compliance- und Risiko-Überwachung ergeben sich im Banken- und Versicherungsbereich aus Spezialgesetzen (§§ 25a KWG, 64a VAG) und können sich ferner insbesondere dann aus allgemeinen gesellschaftsrechtlichen Sorgfaltspflichten ergeben, wenn Risiken der Tochter bei der Muttergesellschaft bestandsgefährdende Ausmaße annehmen können[305]. Spezifische Aufsichtspflichten werden durch § 130 OWiG in Bereichen begründet, durch das Strafrecht oder Ordnungswidrigkeitenrecht sanktioniert sind. Ob darüber hinaus aus § 130 OWiG eine konzernweite Überwachungspflicht folgt, ist umstritten, aber eher abzulehnen oder jedenfalls auf Sonderfälle eines „Durchregierens“ zu beschränken[306].

3.197a Insbesondere im Kartellrecht ergeben sich Überwachungserfordernisse mittelbar aus Haftungsrisiken, die die Holdinggesellschaft bei Rechtsverstößen von Tochterunternehmen treffen können. Im Bereich des europäischen Kartellrechts bejaht der EuGH in ständiger Rechtsprechung regelmäßig die Haftung der Mutter für Verstöße der Töchter auf Grundlage einer vermuteten Einflussnahme[307].

---

299 So z.B. *Krieger* in MünchHdb/AG, 4. Aufl. 2015, § 70 Rz. 14; a.A. z.B. Hüffer/Koch, 14. Aufl. 2020, § 119 AktG Rz. 27.

300 *Habersack* in Emmerich/Habersack, Aktien- und GmbH-Konzernrecht, 9. Aufl. 2019, Vorb. § 311 AktG Rz. 51; *Kubis* in MünchKomm/AktG, 4. Aufl. 2018, § 119 AktG Rz. 60; *Krieger* in MünchHdb/AG, 4. Aufl. 2015, § 70 Rz. 13.

301 BGH v. 26.4.2004 – II ZR 155/02 – Gelatine, AG 2004, 384 (388) = ZIP 2004, 993; *Krieger* in MünchHdb/AG, 4. Aufl. 2015, § 70 Rz. 14.

302 *Krieger* in MünchHdb/AG, 4. Aufl. 2015, § 70 Rz. 27 m.w.N.

303 *Krieger* in MünchHdb/AG, 4. Aufl. 2015, § 71 Rz. 160 m.w.N.

304 *Krieger* in MünchHdb/AG, 4. Aufl. 2015, § 70 Rz. 27; *Verse*, ZHR 175 (2011), 401 (409 ff.); Hüffer/Koch, 14. Aufl. 2020, § 76 AktG Rz. 20 ff.; *Altmeppen* in MünchKomm/AktG, 5. Aufl. 2020, § 309 AktG Rz. 54; *Koppensteiner* in KölnKomm/AktG, 3. Aufl. 2004, § 311 AktG Rz. 52; *Spindler*, WM 2009, 905 (915); *Habersack* in FS Möschel, 2011, S. 1175 (1178 f.); a.A. *Hommelhoff*, Die Konzernleitungspflicht, 1982, S. 236 f.

305 Vgl. *Kort*, NZG 2018, 641 (646 f.) zu Verpflichtungen der Muttergesellschaft Porsche im Zusammenhang mit der „Dieselthematik“ bei VW.

306 OLG München v. 23.9.2014 – 3 Ws 599/14 u. 600/14, Der Konzern 2015, 518 ff.; wie hier ablehnend oder zurückhaltend Hüffer/Koch, 14. Aufl. 2020, § 76 AktG Rz. 21; *Koch*, AG 2009, 564 ff.; *Bosch*, ZHR 177(2013), 454 (462 ff.); *Krieger* in MünchHdb/AG, 4. Aufl. 2015, § 70 Rz. 27; befürwortend *Löbbe*, ZHR 177 (2013), 518 (543 ff.).

307 EuGH v. 16.6.2016 – C-155/14 P – Evonik Degussa und AlzChem, juris Rz. 27 ff.; EuGH v. 18.1.2017 – C-623/15 P – Toshiba, BeckRS 2017, 100239, Rz. 45 ff. (auch bei einer Minderheitsbeteiligung an einem Joint Venture, wenn bestimmte Kontrollrechte vorliegen); *Klusmann*, ZGR 2016, 252 (255 f.).

Einen ähnlichen Weg beschreitet das deutsche Kartellrecht mit dem durch die 9. GWB-Novelle geschaffenen § 81 Abs. 3a GWB[308]. Deliktische Pflichten können sich im Einzelfall aus tatsächlicher Veranlassung und Steuerung des Verhaltens der Tochtergesellschaft ergeben[309]. Zunehmend diskutiert wird die Haftung der Muttergesellschaft für Menschenrechtsverletzungen bei Auslandstöchtern oder auch bei rechtlich unabhängigen Zulieferern[310].

Die Konzernleitung wird durch den Vorstand der Holding auf Grundlage der mit der unmittelbaren oder mittelbaren Beteiligung an den Tochterunternehmen verbundenen Rechte ausgeübt. Die Mitwirkung des Aufsichtsrats ist erforderlich, wenn das ganz ausnahmsweise gesetzlich angeordnet ist (§ 32 MitbestG) oder dafür ein Zustimmungsvorbehalt nach § 111 Abs. 4 AktG vorgesehen ist. 3.197b

d) Die Mitwirkung von Aktionären an der Konzernleitung

Gesellschaftsrechtliche Vorschriften, die eine Mitwirkung der Aktionäre des Mutterunternehmens vorsehen, betreffen regelmäßig eher die Konzernbildung als die Konzernleitung. Das gilt z.B. für Verschmelzung, Formwechsel, die verschiedenen Spaltungsarten nach § 123 UmwG sowie für den Abschluss von Unternehmensverträgen, vgl. § 293 Abs. 2 AktG. 3.198

Die „Holzmüller"/„Gelatine"-Grundsätze (Rz. 3.192 ff.) können im Einzelfall auch Konzernleitungs-Entscheidungen betreffen. Dies kann für die Verschiebung von Vermögensgegenständen auf tiefere Hierarchie-Ebenen gelten, wenn es zu einer spürbaren Mediatisierung des Einflusses der Aktionäre kommt (Rz. 3.193). Die Veräußerung von Beteiligungen an Dritte liegt unterhalb der Schwelle von § 179a AktG wohl generell außerhalb einer Zustimmungspflicht der Hauptversammlung[311]. **Kapitalerhöhungen** in Tochtergesellschaften waren seit der „Holzmüller"-Entscheidung – die stark in Richtung einer Zustimmungspflicht der Hauptversammlung der Muttergesellschaft tendierte[312] – ein Schwerpunkt der literarischen Diskussion. Man wird nach den „Gelatine"-Entscheidungen des BGH allenfalls dann noch von einer Zustimmungspflicht ausgehen können, wenn die Durchführung der Kapitalerhöhung, insbesondere in Verbindungmit einem Bezugsrechtsausschluss oder einer Nicht-Wahrnehmung der Bezugsrechte – zu einer wesentlichen Abschwächung der Rechtsposition der Muttergesellschaft hinsichtlich eines erheblichen Teils des Gesamtvermögens der AG führt[313]. Soweit im Einzelfall die Mitwirkung der Hauptversammlung erforderlich ist, gelten für die Vorbereitung der Hauptversammlung und die Information der Aktionäre die in Rz. 3.196 skizzierten Grundsätze. 3.199

Für den Abschluss von **Unternehmensverträgen** i.S.v. § 291 AktG ist bei der AG als Obergesellschaft die Zustimmung der Aktionäre nach § 293 Abs. 2 AktG erforderlich; für die schuldrechtlichen – und nicht organisationrechtlichen – Unternehmensverträge des § 292 AktG gilt das nach ausdrücklicher Anordnung in § 293 Abs. 2 AktG nicht. Wenn die Tochtergesellschaft der Holding-AG einen Beherrschungs- oder Gewinnabführungsvertrag mit einer Enkelgesellschaft schließt, ist eine Zustimmung der Aktionäre der Holding-AG nicht erforderlich[314]. 3.200

308 Bereits davor hatte das BKartA Bußgeldbescheide gegen Konzernmütter gestützt auf § 130 OWiG erlassen; siehe *Koch*, AG 2009, 564 ff.; *Bosch*, ZHR 177(2013), 454 (462 ff.).

309 *Habersack/Zickgraf*, ZHR 2018, 252 (286 ff.).

310 *Schall*, ZGR 2018, 479 ff.

311 BGH v. 20.11.2006 – II ZR 226/05, AG 2007, 203 = ZIP 2007, 24 und Rz. 3.194.

312 BGH v. 25.2.1982 – II ZR 174/80, BGHZ 83, 122 (141 ff.) = AG 1982, 158 = ZIP 1982, 568.

313 Sehr str., vgl. *Krieger* in MünchHdb/AG, 4. Aufl. 2015, § 70 Rz. 43; *Kubis* in MünchKomm/AktG, 4. Aufl. 2018, § 119 AktG Rz. 81 f.

314 In der Literatur streitig; wie hier *Krieger* in MünchHdb/AG, 4. Aufl. 2015, § 71 Rz. 23; die praktisch vorkommenden Fälle sind zahlreich, in der Praxis wird die Hauptversammlung der Mutter-AG praktisch nie damit befasst.

e) Die Mitwirkung von Aktionären bei Geschäftsführungsmaßnahmen nachgeordneter Unternehmen

3.201 Rechte und Pflichten der **Aktionäre der Holding-AG** zur Mitwirkung an Entscheidungen, die die Geschäftsführung von Tochter- oder Enkelgesellschaften betreffen, sind gesetzlich nicht vorgesehen und kommen nur ausnahmsweise nach den bereits dargestellten „Holzmann"/„Gelatine"-Grundsätzen in Betracht (Rz. 3.192 ff., 3.199). Eine Mitwirkungspflicht kann daher nur dann in Betracht kommen, wenn in Bezug auf wesentliche Beteiligungsunternehmen außergewöhnliche Strukturentscheidungen zu treffen sind und die bisher gegebenen Beteiligungsrechte der Aktionäre der Holding AG dadurch wesentlich verringert werden. Auch dann kann sich ein Mitwirkungserfordernis immer nur auf Rechte beziehen, die dem Vorstand der Holding AG tatsächlich im Hinblick auf Tochter- und Enkelgesellschaften zustehen.

f) Einflussmöglichkeiten der Organe der Holding bei Tochterunternehmen

3.202 Die Verlagerung unternehmerischer Funktionen auf Tochterunternehmen zieht für das Holding-Mutterunternehmen eine wesentliche **Veränderung** der **Entscheidungsbefugnisse** nach sich, da eine Kompetenz- oder Entscheidungsverlagerung auf das Geschäftsführungs- und Vertretungsorgan der Tochterunternehmen erfolgt. Transmissionsriemen des Einflusses der Holding auf die nachgeordneten Unternehmen sind einerseits personelle Verflechtungen und andererseits Zustimmungsvorbehalte und Weisungen bei Einzelmaßnahmen.

aa) Personelle Verflechtung

3.202a **Doppelmandate** sind ein gängiges Mittel der dauerhaften Einflussnahme. Zulässig sind doppelte Mutter-Tochter Geschäftsleitungsmandate[315] und doppelte Aufsichtsratsmandate ebenso wie Geschäftsleitungs-/Aufsichtsratsmandate. Unzulässig ist dagegen die umgekehrte Richtung, also Aufsichtsrat oben und Geschäftsleitung unten (§ 100 Abs. 2 Nr. 2 AktG). Je nach den Umständen können sich insbesondere beim Vorstandsdoppelmandat erhebliche **Interessenkonflikte** ergeben[316]. Bei der konkreten Ausübung der Mandate ist der Mandatsträger immer den Interessen derjenigen Gesellschaft verpflichtet, für die er handelt[317].

bb) Zustimmungsvorbehalte und Weisungen

3.203 Die Gremien der Holding können auch ohne personelle Verflechtung infolge der gesellschaftsvertraglichen Einwirkungsmöglichkeiten in wesentliche Entscheidungen auf der Ebene von Tochter- und Enkelgesellschaften eingebunden bleiben. Ausgangssituation ist eine Holding in der Rechtsform der AG. Die Möglichkeiten zur Durchleitung von Entscheidungen auf die Ebene der Holding-AG hängen dann entscheidend von der **Rechtsform der Tochter- und Enkelgesellschaften** ab. Die AG als Tochter- und Enkelgesellschaft ist weitgehend durchleitungsresistent, soweit nicht ihre Aktionäre zwingend mit bestimmten Angelegenheiten zu befassen sind oder ein Beherrschungsvertrag besteht (Rz. 3.59). Geschäftsführungsmaßnahmen können grundsätzlich ausschließlich nach Ermessen des Vorstands der Tochter-AG deren Aktionären (also der Holding-AG und ggf. den weiteren Aktionären) vorgelegt werden, § 119 Abs. 2 AktG[318]. Die Satzung oder der Aufsichtsrat der Holding AG können zwar konzerndimensionale Zustimmungsvorbehalte zugunsten des Aufsichtsrats nach § 111

---

315 BGH v. 9.3.2009 – II ZR 170/07, AG 2009, 500 ff. = ZIP 2009, 1162.

316 Zur Behandlung *Spindler* in MünchKomm/AktG, 5. Aufl. 2019, § 76 AktG Rz. 53 ff.

317 BGH v. 9.3.2009 – II ZR 170/07, AG 2009, 500 ff. = ZIP 2009, 1162.

318 Selbst wenn man der Auffassung folgen wollte, dass die Vorlage nach § 119 Abs. 2 AktG an die Zustimmung des Aufsichtsrats gebunden werden kann (*Habersack* in MünchKomm/AktG, 5. Aufl. 2019, § 111 AktG Rz. 129; a.A. *Mertens/Cahn* in KölnKomm/AktG, 3. Aufl. 2013, § 111 AktG Rz. 89), würde das nicht weiterhelfen, da das nur ein Veto- und kein Initiativrecht wäre (*Habersack* in MünchKomm/AktG, 5. Aufl. 2019, § 111 AktG Rz. 114).

Abs. 4 Satz 2 AktG vorsehen[319]. Über Ausübung von Zustimmungsvorbehalten auf Ebene der Tochter- oder Enkel-AG kann aber, da es sich nicht um ein Geschäft der Holding-AG handelt, nicht im Vorstand oder Aufsichtsrat der Mutter-AG entschieden werden[320]. Wenn die Tochter AG mit der Holding-AG durch einen Beherrschungsvertrag verbunden ist, ist die Erteilung von Weisungen ein Geschäft der Holding-AG, das unter Zustimmungsvorbehalt – aber nicht unter ein Entscheidungs- oder Weisungsrecht – des Aufsichtsrats der Holding-AG gestellt werden kann[321].

3.204 Deutlich **durchleitungsaffiner** ist die Tochter- oder Enkel-GmbH. Dort kann uneingeschränkt und durch mehrere Hierarchieebenen hindurch über Zustimmungsvorbehalte und Weisungen die Entscheidung bis hin zur Holding-AG verlagert werden. Dort ist der Vorstand zuständig und bedarf ggf. der Zustimmung des Aufsichtsrats nach Maßgabe von § 111 Abs. 4 AktG.

3.205 Zur Vorlage an ein Organ des Mutterunternehmens kommen jenseits der Maßnahmen, mit denen ohnehin **die Holding** in ihrer **Gesellschaftereigenschaft** zu befassen ist, vor allem wesentliche Einzelmaßnahmen und geschäftspolitische Entscheidungen in Betracht.

cc) Rücklagenbildung bei Tochtergesellschaften

3.206 Besteht zwischen der Holding und ihren Tochtergesellschaften (sowie den Tochtergesellschaften und deren nachgeordneten Gesellschaften) kein Gewinnabführungsvertrag, so ist auf der Stufe einer jeden Gesellschaft über die Ausschüttung oder den Zurückbehalt (Thesaurierung) von Gewinnen zu entscheiden. Im Konzern kann dies dazu führen, dass der in der Unternehmensgruppe insgesamt erzielte Gewinn zur Ausschüttung an die Aktionäre des Mutterunternehmens nicht zur Verfügung steht, da Gewinnanteile bei Tochterunternehmen nicht ausgeschüttet wurden[322]. In der Literatur wurden unterschiedliche Möglichkeiten der Abhilfe diskutiert, bis hin zur Gesamtbetrachtung der Thesaurierung im Konzern auf Ebene der Holding und Anwendung von § 58 Abs. 2 AktG auf dieser Grundlage[323]. Diese Auffassung hat sich – mit Recht – nicht durchgesetzt[324]. Die **Ausschüttungsentscheidung** ist auf der Ebene einer jeden Gesellschaft zu treffen. Die Geschäftsführung der Holding ist ihren Gesellschaftern für eine angemessene Gewinnausschüttung verantwortlich und handelt pflichtwidrig, wenn sie ihren Gesellschaftern in missbräuchlicher Weise Gewinnanteile vorenthält[325]. Dabei hat sie einen weiten Ermessensspielraum[326]. Auf jeder einzelnen Konzernebene können spezifische Gründe, insbesondere kaufmännischer oder steuerlicher Art, für oder gegen eine Ausschüttung sprechen.

g) Folgen der Nichtbeachtung von Mitwirkungsrechten

3.207 Die Folgen einer Verletzung der jeweils gegebenen Mitwirkungsrechte richten sich nach der jeweiligen Maßnahme und der Art des Mitwirkungsrechts. Gesetzlich vorgesehene Mitwirkungsrechte der Aktionäre sind oft Wirksamkeitserfordernis der Maßnahme[327]. Ein Zustimmungserfordernis der

---

319 *Habersack* in MünchKomm/AktG, 5. Aufl. 2019, § 111 AktG Rz. 132 ff.

320 *Habersack* in MünchKomm/AktG, 5. Aufl. 2019, § 111 AktG Rz. 132.

321 *Stephan*, Der Konzern 2014, 1 (23).

322 Das im Konzern erwirtschaftete Ergebnis wird indes aus dem Konzernabschluss erkennbar; vgl. im Einzelnen *Scheffler* Rz. 9.299 ff.

323 Vgl. *Götz*, AG 1984, 84 (93 f.); *Lutter* in FS Goerdeler, S. 327 ff.; zum Meinungsstand *Bayer* in MünchKomm/AktG, 5. Aufl. 2019, § 58 AktG Rz. 59 ff.

324 Vgl. BGH v. 15.1.2007 – II ZR 245/05 – Otto, BGHZ 172, 283 Rz. 26 = AG 2007, 493 = ZIP 2007, 475; Hüffer/Koch, 14. Aufl. 2020, § 58 AktG Rz. 17.

325 Hüffer/Koch, 14. Aufl. 2020, § 58 AktG Rz. 17; *Bayer* in MünchKomm/AktG, 5. Aufl. 2019, § 58 AktG Rz. 70.

326 Hüffer/Koch, 14. Aufl. 2020, § 58 AktG Rz. 10.

327 So z.B. bei allen Maßnahmen nach dem UmwG, bei Unternehmensverträgen und bei der Übertragung des ganzen Gesellschaftsvermögens nach § 179a AktG.

Hauptversammlung nach Maßgabe der „Holzmüller"/„Gelatine"-Rechtsprechung wirkt dagegen nur im Innenverhältnis und macht die ohne Zustimmung vorgenommene Maßnahmen pflichtwidrig, aber nicht unwirksam[328]. Für die Verletzung von Zustimmungserfordernissen des Aufsichtsrats gilt dasselbe[329].

2. Personengesellschaft oder GmbH als Holding

a) Konzernbildung bei herrschender Personengesellschaft

3.208 Für das Recht der **Personengesellschaften** ist streitig, ob und unter welchen Voraussetzungen Maßnahmen der **Holdingbildung als außergewöhnliche Maßnahmen** (§ 116 Abs. 2, § 164 HGB) oder als jenseits der Geschäftsführung liegendes „Grundlagengeschäft" der Zustimmung aller Gesellschafter bedürfen[330]. Soweit sich die Holdingbildung nach dem UmwG, insbesondere durch Ausgliederung (§ 123 Abs. 3 UmwG), vollzieht, gelten die dort geregelten Voraussetzungen. Auch im Übrigen ist die Abgrenzung zwischen außergewöhnlichen Maßnahmen und Grundlagengeschäften regelmäßig wenig relevant[331] und führt oft zu mehr Verwirrung als Klarheit[332]. Da in beiden Fällen der Gesellschaftsvertrag abweichende Regelungen enthalten kann[333], kommt es zunächst auf dessen Inhalt an. Soweit ein gesetzliches Zustimmungserfordernis besteht, muss eine davon abweichende gesellschaftsvertragliche Regelung hinreichend bestimmt getroffen werden, was nicht heißt, dass die Anwendungsfälle enumerativ aufgelistet werden müssen[334].

3.209 Die Rechtsgeschäfte zwischen der (künftigen) Holding und weiteren Parteien (insbesondere der Tochtergesellschaft), die zusammen den Vorgang der Holdingbildung bilden, sind Maßnahmen der Geschäftsführung. Die unternehmerische Betätigung in Holding- und Konzernstrukturen ist nicht ein Ausnahmefall, sondern ein Normallfall unternehmerischen Betätigung, so dass kein Anlass besteht, den Vorgang der Holdingbildung generell in die Kategorie der „Grundlagengeschäfte" einzuordnen[335]. Ein zustimmender Gesellschafterbeschluss ist dann erforderlich, wenn es sich um ein nach Maßgabe von § 116 Abs. 2, § 164 HGB **außergewöhnliches Geschäft** handelt und der Gesellschaftsvertrag keine abweichende Regelung enthält. Die Frage, ob ein außergewöhnliches Geschäft vorliegt, lässt sich nur im Einzelfall unter Berücksichtigung der Verhältnisse der jeweiligen Gesell-

---

328 Rz. 3.195; anders ist es nur, wenn die Grundsätze über den Missbrauch der Vertretungsmacht eingreifen, die aber auf ganz eindeutige Fälle beschränkt sein sollten; s. z.B. Hüffer/Koch, 14. Aufl. 2020, § 82 AktG Rz. 7; „wegen massiver Verdachtsmomente für jedermann klar und sofort … erkennbar".

329 *Habersack* in MünchKomm/AktG, 5. Aufl. 2019, § 111 AktG Rz. 147.

330 Vgl. *Roth* in Baumbach/Hopt, 39. Aufl. 2020, § 105 HGB Rz. 106; § 114 HGB Rz. 3; § 116 HGB Rz. 2; § 126 HGB Rz. 3.

331 *Jickeli* in MünchKomm/HGB, 4. Aufl. 2016, § 116 HGB Rz. 6.

332 Ein „Grundlagengeschäft" im Sinne eines (ohne besondere gesellschaftsvertragliche Regelung) jenseits des Bereichs der Geschäftsführung liegendes Geschäft muss keinesfalls die Grundlagen der Gesellschaft berühren; BGH v. 15.1.2007 – II ZR 245/05 – Otto, NZG 2007, 259 (260), Rz. 13 = AG 2007, 493; der BGH wollte sich deshalb wohl von dem Begriff verabschieden, vgl. BGH v. 16.10.2012 – II ZR 239/11, NZG 2013, 63, Rz. 14 = ZIP 2013, 65 und BGH v. 16.10.2012 – II ZR 251/10, NZG 2013, 57 (60), Rz. 25: „… ein früher so genanntes Grundlagengeschäft …"; neuerdings verwendet er den Begriff aber wieder ohne Vorbehalte: BGH v. 19.4.2016 – II ZR 123/15, NZG 2016, 826, Rz. 28 f. = ZIP 2016, 1332.

333 BGH v. 21.10.2014 – II ZR 84/13, NZG 2014, 1296 Rz. 13 = ZIP 2014, 2231; BGH v. 29.3.1996 – II ZR 263/94, ZIP 1996, 750 = NJW 1996, 1678; *Rawert* in MünchKomm/HGB, 4. Aufl. 2016, § 114 HGB Rz. 14; *Roth* in Baumbach/Hopt, 39. Aufl. 2020, § 116 HGB Rz. 11; § 126 HGB Rz. 4.

334 Vgl. BGH v. 11.9.2018 – II ZR 307/16, NZG 2018, 1226 Rz. 17 = ZIP 2018, 2024; BGH v. 15.1.2007 – II ZR 245/05 – Otto, NZG 2007, 259 ff. = AG 2007, 493.

335 Str.; jedenfalls in der Tendenz wie hier *Mülbert* in MünchKomm/HGB, 4. Aufl. 2019, Konzernrecht der Personengesellschaften, Rz. 78 ff.; *K. Schmidt* in MünchKomm/HGB, 4. Aufl. 2016, § 126 HGB Rz. 13; *Roth* in Baumbach/Hopt, 39. Aufl. 2020, § 105 HGB Rz. 106; § 114 HGB Rz. 3; § 126 HGB Rz. 3; *Liebscher* in MünchKomm/GmbHG, 3. Aufl. 2018, § 13 GmbHG Anh. Rz. 1456.

schaft beantworten[336]. Der Übergang von der operativen Gesellschaft zur reinen Holding durch Veräußerung an oder Einlage in eine Tochtergesellschaft wird in der Regel ein außergewöhnliches Geschäft sein und der Zustimmung der Gesellschafter bedürfen, soweit diese nicht vorweg im Gesellschaftsvertrag mit hinreichender Deutlichkeit erteilt ist. Dagegen ist die Begründung einer Holding durch Erwerb einer Tochtergesellschaft in einem untergeordneten, vom Unternehmensgegenstand gedeckten Bereich oder die Übertragung einzelner Hilfsfunktionen auf Tochtergesellschaften regelmäßig nicht zustimmungspflichtig, wenn sich dem Gesellschaftsvertrag nur überhaupt die Berechtigung zur Betätigung über Beteiligungsgesellschaften entnehmen lässt[337]. Insgesamt ist die Schwelle einer Zustimmungspflicht deutlich niedriger anzusetzen als bei der AG auf Grundlage der „Holzmüller"/„Gelatine"-Rechtsprechung (Rz. 3.192)[338]. Abzulehnen wäre auch die Übertragung der spezifisch aktienrechtlich geprägten „Holzmüller"/„Gelatine"-Rechtsprechung in dem Sinne, dass ab einer bestimmten Größenordnung zwingend ein „gesellschaftsvertragsfestes" ad hoc Zustimmungserfordernis besteht[339]. Ebenfalls im Unterschied zur AG findet bei den Personalgesellschaften eine Inhaltskontrolle eines ggf. erforderlichen Gesellschafterbeschlusses auf Grundlage der (allerdings engen) Kriterien statt, ob „ein unzulässiger Eingriff in schlechthin unverzichtbare oder in „relativ unentziehbare", d.h. in nur mit (gegebenenfalls antizipierter) Zustimmung des einzelnen Gesellschafters oder aus wichtigem Grund entziehbare Mitgliedschaftsrechte"[340] oder eine „treupflichtwidrige Ausübung der Mehrheitsmacht gegenüber der Minderheit"[341] vorliegt.

b) Konzernbildung bei herrschender GmbH

Bei der **GmbH** sind die Umsetzungsakte der Holdingbildung – Ausgliederung, Veräußerung, Übertragung zugunsten der Rücklage – Akte der Geschäftsführung[342]. Damit ist zunächst nichts darüber gesagt, ob diese Akte der Zustimmung der Gesellschafter oder der Satzungsänderung bedürfen. Die Notwendigkeit der Satzungsänderung entscheidet sich daran, ob die künftige Struktur vom **Unternehmensgegenstand** gedeckt ist[343]. Dafür gelten die Ausführungen zur AG (Rz. 3.187) entsprechend. Erforderlich ist eine **Konzernklausel**, die den Erwerb von Beteiligungen deckt[344]. Welcher Grad an Konkretisierung in der Satzung erforderlich ist, um die Funktion der GmbH als Holding abzudecken, ist ungeklärt[345]. Ob eine schlichte Beteiligungsklausel für eine reine Holding genügt („kann Beteiligungen erwerben, halten und verwalten") entscheidet sich vorwiegend danach, ob nach dem Gesamtbild der Regelung davon auszugehen ist, dass die GmbH ausschließlich über Tochtergesellschaften tätig werden kann. Im Zweifel ist davon auszugehen, dass die Beschreibung des Unternehmensgegenstands konzerndimensional ist und die umschriebene Tätigkeit auch (allein) durch 3.210

336 A.A. *Liebscher* in MünchKomm/GmbHG, 3. Aufl. 2018, § 13 GmbHG Anh. Rz. 1456: Begründung eines faktischen Konzerns immer außergewöhnliche Maßnahme (vgl. allerdings Rz. 1458: Übernahme der Holzmüller/Gelatine-Aufgreifschwellen).

337 *Mülbert* in MünchKomm/HGB, 4. Aufl. 2019, Konzernrecht der Personengesellschaften, Rz. 78 ff., 82.

338 Vgl. auch *Uwe H. Schneider*, GmbHR 2014, 113 (115) für die GmbH: Übertragung von „10 % der Produktion" – das mag allerdings etwas niedrig gegriffen sein; a.A. (Übernahme der Holzmüller/Gelatine-Aufgreifschwellen) anscheinend *Liebscher* in MünchKomm/GmbHG, 3. Aufl. 2018, § 13 GmbHG Anh. Rz. 1456.

339 So anscheinend *Liebscher* in MünchKomm/GmbHG, 3. Aufl. 2018, § 13 GmbHG Anh. Rz. 1457; ablehnend zur Übertragung der Holzmüller/Gelatine-Grundsätze *Roth* in Baumbach/Hopt, 39. Aufl. 2020, § 105 HGB Rz. 106.

340 BGH v. 15.1.2007 – II ZR 245/05 – Otto, NZG 2007, 259 (260) = AG 2007, 493 Rz. 10.

341 BGH v. 20.11.2012 – II ZR 98/10, juris Rz. 29 (ebenso die weiteren Entscheidungen II ZR 99/10 und II ZR 148/10 vom gleichen Tag).

342 *Stephan/Tieves* in MünchKomm/GmbHG, 3. Aufl. 2019, § 37 GmbHG Rz. 15 ff.

343 *Liebscher* in MünchKomm/GmbHG, 3. Aufl. 2018, § 13 GmbHG Anh. Rz. 1067 ff.

344 Zur AG BGH v 26.4.2004 – II ZR 155/02 – Gelatine, AG 2004, 384 (385 f.) = ZIP 2004, 993; *Liebscher* in MünchKomm/GmbHG, 3. Aufl. 2018, § 13 GmbHG Anh. Rz. 1074; differenzierend *Uwe H. Schneider*, GmbHR 2014, 113 ff.

345 *Liebscher* in MünchKomm/GmbHG, 3. Aufl. 2018, § 13 GmbHG Anh. Rz. 1075.

Tochtergesellschaften verwirklicht werden kann[346]. Wenn der Unternehmensgegenstand – zulässigerweise – allein die Beteiligungsverwaltung als Unternehmensgegenstand nennt, deckt das die Holdingfunktion unabhängig vom Gegenstand der operativen Tochtergesellschaften ab. Das „Verwalten" von Beteiligungen erfasst ohne Weiteres die Übernahme der Konzernleitung im Sinne von § 18 AktG[347].

3.211 Das Erfordernis einer Zustimmung der Gesellschafter kann sich ansonsten aus gesetzlicher Anordnung ergeben, so insbesondere bei allen Vorgängen nach dem UmwG (§§ 125, 13 UmwG). Wenn die Satzung Zustimmungsvorbehalte nach § 37 Abs. 1 GmbHG enthält, kann sich daraus eine Zustimmungspflicht (grundsätzlich mit einfacher Mehrheit) ergeben. Ansonsten gilt bei der GmbH der allgemeine Grundsatz, dass **außergewöhnliche Maßnahmen** der Zustimmung der Gesellschafter bedürfen (Rz. 3.16). Ob diese Voraussetzungen erfüllt sind, beantwortet sich (wie bei den Personengesellschaften) nach den Umständen des Einzelfalls. Die schlichte Gründung einer Tochtergesellschaft ist regelmäßig kein außergewöhnlicher Vorgang, wenn vom Unternehmensgegenstand gedeckt[348]. Das gleiche gilt für sie Auslagerung untergeordneter Unternehmensbereiche auf eine Tochtergesellschaft. Ähnlich wie bei den Personengesellschaften liegt die Aufgreifschwelle bei der GmbH allerdings niedriger als – auf Grundlage der „Holzmüller"/„Gelatine"-Rechtsprechung (Rz. 3.192) – bei der AG[349]. Vollzieht sich die Bildung der Holding im Wege der Übertragung des gesamten Vermögens der AG auf eine Tochtergesellschaft, ist § 179a AktG nicht analog anwendbar[350]. Es handelt sich aber um eine nach allgemeinen Grundsätzen zustimmungspflichtige, außergewöhnliche Maßnahme[351]. Entsprechendes gilt bei Aufgabe der eigenen, insgesamt ins Gewicht fallenden operativen Tätigkeit. Wenn die „Holzmüller"/„Gelatine"-Größenordnung erreicht ist, ist die analoge Anwendung des 75 %-Mehrheitserfordernisses in Erwägung zu ziehen[352].

c) Mitwirkung der Gesellschafter

3.212 Aus Sicht der Gesellschafter der Holding geht es um die Frage, wie den Auswirkungen der Konzernbildung für die Gesellschafter der Holding (dem herrschenden Unternehmen) in Folge der Verlagerung von Entscheidungen auf die Verwaltung entgegengewirkt werden kann. Dabei geht es um die Wahrnehmung von Gesellschafterrechten im herrschenden Unternehmen (der Holding) in Bezug auf die operativen Tochtergesellschaften. Im Hinblick auf **Informations- und Auskunftsrechte** ist für Personengesellschaften[353] (§§ 118, 166 HGB, § 716 BGB) und GmbH[354] (§ 51a GmbHG) anerkannt, dass die Gesellschafter der Holding von ihrer Gesellschaft auch Auskunft über Angelegen-

346 *Wicke* in MünchKomm/GmbHG, 3. Aufl. 2018, § 3 GmbHG Rz. 19; *Liebscher* in MünchKomm/GmbHG, 3. Aufl. 2018, § 13 GmbHG Anh. Rz. 1076.

347 *Groß*, AG 1994, 266 (269 f.).

348 *Stephan/Tieves* in MünchKomm/GmbHG, 3. Aufl. 2019, § 37 GmbHG Rz. 144.

349 Vgl. *Stephan/Tieves* in MünchKomm/GmbHG, 3. Aufl. 2019, § 37 GmbHG Rz. 143: bei Veräußerung 25 % des Werts der Gruppe; *Uwe H. Schneider*, GmbHR 2014, 113 (115): 10 % der Produktion.

350 BGH v. 8.1.2019 – II ZR 364/18, AG 2019, 422, Rz. 9 ff. = ZIP 2019, 701.

351 BGH v. 8.1.2019 – II ZR 364/18, AG 2019, 422, Rz. 36 ff. = ZIP 2019, 701.

352 Dafür *Uwe H. Schneider*, GmbHR 2014, 113 (116 f.); teilweise wird (zu Unrecht) Zustimmung aller (analog § 53 Abs. 3 GmbHG) in Erwägung gezogen, *Uwe H. Schneider*, GmbHR 2014, 113 (117); *Roth* in Roth/Altmeppen, 9. Aufl. 2019, § 53 GmbHG Rz. 7; der BGH v. 8.1.2019 – II ZR 364/18, AG 2019, 422, Rz. 38 = ZIP 2019, 701 hat zur erforderlichen Mehrheit des Zustimmungsbeschlusses nicht Stellung genommen.

353 *Schäfer* in Großkomm/HGB, 5. Aufl. 2009, Anh. § 105 HGB Rz. 85; *Wertenbruch* in Westermann/Wertenbruch, Handbuch Personengesellschaften, Stand 76. Lieferung 02.2020, Rz. 442a; aus der Rspr. etwa BGH v. 20.6.1983 – II ZR 85/82, BB 1984, 1271 (1272) = ZIP 1983, 935.

354 *Hillmann* in MünchKomm/GmbHG, 3. Aufl. 2019, § 51a GmbHG Rz. 28 ff.; *Hüffer/Schürnbrand* in Großkomm/GmbHG, 2. Aufl. 2014, § 51a GmbHG Rz. 23 ff.; *Bayer* in Lutter/Hommelhoff, 20. Aufl. 2020, § 51a GmbHG Rz. 19 m.w.N.: das Auskunftsrecht bestehe in gleichem Umfang wie bei Angelegenheiten der eigenen GmbH.

heiten der operativen Konzerntöchter verlangen können, jedenfalls soweit diese Informationen bei der Holding vorhanden sind und einen Bezug zu deren Angelegenheiten haben[355].

Konzernleitende Maßnahmen der Holding-Personengesellschaft bedürfen der Zustimmung durch Gesellschafterbeschluss, wenn die Voraussetzungen der § 116 Abs. 2, § 164 HGB erfüllt sind[356]. Maßstab der **Außergewöhnlichkeit** der Maßnahme sind auf Ebene der Holdinggesellschaft die Auswirkungen auf die Gruppe insgesamt oder spezifisch auf die Holdinggesellschaft[357]. Allgemeine Aussagen lassen sich zur Grenzziehung ansonsten kaum machen. Bei der **GmbH** als Holding ergeben sich die Mitspracherechte ebenfalls aus dem allgemeinen GmbH-Recht: Die Geschäftsführer der Holding sind bei der Ausübung der Beteiligungsrechte an den operativen Gesellschaften an die gesellschaftsvertraglichen Regelungen und Weisungen der Gesellschafter gebunden (§ 37 Abs. 1 GmbHG). Maßnahmen auf Ebene der Tochtergesellschaften der Holding (Umstrukturierungen, Veräußerungen von Beteiligungen usw.), die sich auf Ebene der Holding wegen ihrer Bedeutung für die Holding oder die Gruppe insgesamt als außergewöhnlich darstellen, müssen – sofern nicht die Satzung der Holding eine entsprechende Ermächtigung enthält – den Gesellschaftern zur Entscheidung vorgelegt werden (Rz. 3.18)[358]. Sowohl bei der Personengesellschaft als auch bei der GmbH als herrschender Gesellschaft liegt die Schwelle für ein Mitwirkungserfordernis der Gesellschafter – vorbehaltlich konkretisierender gesellschaftsvertraglicher Regelungen – niedriger als nach der „Holzmüller"/„Gelatine"-Rechtsprechung (dazu Rz. 3.192; vgl. schon Rz. 3.209). Da es keinen direkten Durchgriff der Gesellschafter der Holding auf deren Tochtergesellschaften gibt, muss die Geschäftsführung der Holding ggf. durch Weisungen und Etablierung von Zustimmungspflichten auf Ebene ihrer Tochtergesellschaften dafür sorgen, dass den Mitwirkungsrechten ihrer Gesellschafter Wirkung verschafft werden kann[359]. 3.213

355 *Hillmann* in MünchKomm/GmbHG, 3. Aufl. 2019, § 51a GmbHG Rz. 33.

356 *Mülbert* in MünchKomm/HGB, 4. Aufl. 2019, Konzernrecht der Personengesellschaften, Rz. 91 ff.; *Schäfer* in Großkomm/HGB, 5. Aufl. 2009, Anh. § 105 HGB Rz. 84.

357 Näher *Mülbert* in MünchKomm/HGB, 4. Aufl. 2019, Konzernrecht der Personengesellschaften, Rz. 92 ff.

358 *Stephan/Tieves* in MünchKomm/GmbHG, 3. Aufl. 2019, § 37 GmbHG Rz. 22.

359 Vgl. *Mülbert* in MünchKomm/HGB, 4. Aufl. 2019, Konzernrecht der Personengesellschaften, Rz. 98; *Stephan/Tieves* in MünchKomm/GmbHG, 3. Aufl. 2019, § 37 GmbHG Rz. 22.

Teil II
Organisation und Führung der Holding

§ 4 Die Führung und Organisation der Holding aus betriebswirtschaftlicher Sicht

I. **Einleitung** 4.1

II. **Instrumentaleigenschaften von Holdinggesellschaften und Holdingstrukturen** 4.4
1. **Rechtsfähigkeit und Rechtsgegenständlichkeit** 4.5
2. **Zentralität** 4.6
3. **Neutralität** 4.8
4. **Stabilität** 4.10
5. **Flexibilität und Elastizität** 4.12
6. **Dezentralität der Holdingstruktur** . 4.15

III. **Führungsfunktionen einer Holding** 4.16
1. **Grundfunktionen der Holding als Gesellschafterin** 4.19
2. **Konzernführungsfunktionen der Holding als Obergesellschaft** 4.25

IV. **Führungsprinzipien im Holdingverbund** 4.34

V. **Führungssysteme im Holdingverbund** 4.42
1. **Normative Führung** 4.45
2. **Finanzielle Führung** 4.60
a) Sicherung der finanziellen Handlungsfähigkeit 4.62
b) Allokation finanzieller Ressourcen . 4.70
3. **Strategische Führung** 4.77
a) Strategische Planung und Strategieumsetzung 4.78
aa) Portfolio- und Beteiligungsstrategie 4.87
bb) Restrukturierungs- und Geschäftsaktivierungsstrategie . . . 4.88
cc) Branchenstrategie 4.89
dd) Spezialisierungsstrategien 4.90
ee) Transaktionsstrategien 4.91
b) Strategisches Controlling 4.94
4. **Personelle Führung** 4.100
a) Managemententwicklung und Personaltransfers 4.101
b) Konzernführung durch personelle Verknüpfungen auf Organebene . . . 4.107
c) Motivation 4.113
5. **Corporate Identity** 4.121

VI. **Führungsrolle, Führungskosten und die innere Führungsstruktur der Holding** 4.128
1. **Grundstrukturen des Leitungsorgans** 4.129
2. **Verbundführung mit Unterstützung von Koordinations- und Dienstleistungsfunktionen** 4.133
3. **Führung mithilfe organexterner Führungsgremien** 4.137
4. **Konzernintegration mithilfe temporärer Strukturen** 4.140

VII. **Führungsphilosophie und Rollenverständnis der Holding** 4.142

Literaturübersicht: *Aiolfi*, Das Migros-Gebäude hat einen Konstruktionsfehler, Neue Zürcher Zeitung, Online Ausgabe, 15.11.2019, S. 1–5; *Aiolfi/Gratwohl*; Die Mühen der Migros mit einem Regionalfürsten, Neue Zürcher Zeitung, Online Ausgabe, 21.9.2019, S. 1–3; Allianz Asset Management, Homepage, 2014; *Copeland/Koller/Murrin*, Unternehmenswert – Methoden und Strategien für eine wertorientierte Unternehmensführung, 1993, 554; Bertelsmann-Stiftung (Hrsg.), Unternehmenserfolg und Führungsverhalten als Erfolgsfaktoren, 2003; *Diederichs/Kißler*, Aufsichtsratreporting. Corporate Governance, Compliance und Controlling, München 2008; *Freudenberg*, Unternehmensstruktur, Homepage 2019 (https://www.freudenberg.com/de/unternehmen/unternehmensstruktur/freudenberg-co/) Abruf 20.5.2020; Freudenberg (Hrsg.), Unternehmensüberblick 2019 – Freudenberg Gruppe, Weinheim 2019; *Galarotti*, Die Credit Suisse gibt sich eine neue Rechtsstruktur, Neue Zürcher Zeitung, Online Ausgabe, 21.11.2013, S. 1–3; *Grieger/Gutzmann* (Hrsg.), Vom Käfer zum Weltkonzern. Die Volkswagen Chronik, Historische Notate, Schriftenreihe der Historischen Kommunikation der Volkswagen Aktiengesellschaft, Wolfsburg 2019; *Höfle*, Holding – Ein vordergründig einfaches Führungskonzept, Denkschrift Nr. 25, Weinheim 2017; *Hommelhoff*, Konzernorganisation und Haftungsbeschränkung – zur Legitimität des faktischen Konzerns, Zeitschrift für Unternehmens- und Gesellschaftsrecht, Band 48, Heft 3, 2019, 379-411; *Hor-*

nung, Controlling in einer Management-Holding am Beispiel der MAN AG, in Tagungsband 24. Deutscher Controlling Congress 24. April 2009, S. 15–32; *Keller*, Unternehmungsführung mit Holdingkonzepten, 2. Aufl. 1993; *Keller*, Holding-Controlling, in Schulte (Hrsg.), Lexikon des Controlling, 1996, S. 318–322; *Keller*, Holdingkonzepte als organisatorische Lösungen bei hohem Internationalisierungsgrad, in Macharzina/Oesterle (Hrsg.), Handbuch Internationales Management, 2. Aufl. 2002, S. 705–729; *Keller* (Hrsg.), Die Holding im Mittelstand, Köln 1999; Migros Genossenschafts-Bund (MGB) (Hrsg.), Organisationsreglement Verwaltung MGB, Fassung vom 29.3.2014; *Migros Genossenschafts-Bund* (MGB) (Hrsg.), Statuten vom 3.11.2018; *o.V.*, Googles Netzimperium – Google wird zu Alphabet, faz.net, 11.8. 2015; *o.V.*, Wo die Credit Suisse der UBS eine Länge voraus ist, Online Portal News, S. 4; *Porsche SE*, Homepage 2014; *Reichmann*, Controlling mit Kennzahlen und Management-Tools, 7. Aufl. 2006; *Reichmann/Kißler*, Systemgestützte Controlling-Konzeption für international tätige Unternehmen, in Freidank/Müller/Wulf (Hrsg.), Controlling und Rechnungswesen, 2008, S. 187–206; *Reichmann* (Hrsg.), 24. Deutscher Controlling Congress 24.4.2009, Tagungsband, 2009; *Schäfer*, Mitunter sehen zwei nach dem Gleichen, Handelsblatt Nr. 174, 10.9.2003, S. R 3; *Semler*, Doppelmandats-Verbund im Konzern, in Lutter u.a. (Hrsg.), FS Stiefel, 1987, S. 719; *Semler*, Wenn aus Mitarbeitern Geschäftspartner werden, Harvard Business Manager 1994, Heft 3, 109; *Volkswagen AG* (Hrsg.), Homepage 2014; *Siemens* (Hrsg.), Homepage, Vision 2020+/Unternehmensstruktur, München 2019; *von Petersdorff*, Siemens-Chef macht Witze über Energiewende, faz.net, 24.4.2015.

I. Einleitung

4.1 Holdings respektive Holdingstrukturen stellen in der heutigen Unternehmenspraxis vielfach erprobte Hilfsmittel zur Lösung rechtlicher, finanzieller, steuerlicher und vor allem führungsorganisatorischer Problemstellungen dar.

Als Gründe für den „Weg in eine Holding“ werden unter anderem die Steigerung der Effizienz und der Effektivität durch gesamtunternehmerische Delegation von Aufgaben, Kompetenzen und Verantwortung genannt. Auch sollen die Marktorientierung von Geschäftsbereichen und die Weiterentwicklung besonderer Kernkompetenzen gefördert werden. Tatsächlich zeigen langjährige Praxiserfahrungen mit Holdingkonzepten, dass die als Holding geführten Unternehmensgruppen über mehrere Jahre Wachstumsschübe bei Umsatz und Ergebnis vorweisen konnten.

Und im Mittelstand wird die Holding schon länger als strukturelle Lösung bei Nachfolgeregelungen genutzt, so etwa durch Neuordnung der im Zuge von Erbfällen wachsenden Familien-Gesellschaftersphäre mittels einer zwischengeschalteten „Familien-Holding“. Holdinggesellschaften respektive Holdingstrukturen gehören somit zum Standard-Repertoire der Unternehmensstrukturierung und -führung.

4.2 Maßgebenden Einfluss auf die Erreichung dieser Ziele und den dauerhaften Erfolg eines Holdingkonzeptes haben die Gestaltung der Führung und das Zusammenspiel der verschiedenen Führungssysteme und -instrumente einer Holding. Hinsichtlich der „Führung einer Holding“ sind für die nun folgenden Erörterungen zunächst zu unterscheiden:

- die „Führung der **Eigenfunktionen** einer Holding“ (dazu z.B. *Stephan* Rz. 3.174 ff. und 3.176 ff.),
- die „Führung einer (Zwischen-)Holding“ aus **Sicht einer Obergesellschaft** (vgl. z.B. *Lutter/Bayer* Rz. 1.26 f. und 1.36, *Stephan* Rz. 3.4 sowie *Krieger* Rz. 7.49 ff.),
- die „Führung einer Holding“ i.S.d. **Führung eines Holdingverbundes** (dazu Rz. 4.19–4.24).

Gegenstand dieses Kapitels ist die Holdingverbundführung, d.h. die Führung von Beteiligungsgesellschaften. Diese können operative Tochtergesellschaften, aber auch selbst Zwischenholdings einer weiteren Teil-Unternehmensgruppe sein.

4.3 Die Holding soll hier eine Holding ohne operatives Eigengeschäft sein. Sie entwickelt oder produziert nichts. Ebenso wenig nimmt sie vertriebliche Funktionen wahr. Sie ist also eine „reine Holding“ (vgl. *Lutter/Bayer* Rz. 1.16), deren Hauptfunktion in der strategischen Führung des Holding-Konzerns und seiner Beteiligungen besteht. Hierbei soll durchaus aber zugelassen werden, dass die Holding in Sondersituationen wie Sanierungen etc. einen zeitlich und im Umfang beschränkten operativen Führungseinfluss auf ihre Töchter ausüben kann (vgl. dazu Rz. 4.88, 4.140). Tatsächlich findet man in der Unternehmenspraxis diese Reinform einer Holding relativ selten. Vermehrt nehmen Holdinggesellschaften – gerade wenn es sich um Zwischenholdings für eigenständige Sparten/Divisionen oder Regionen handelt – regelmäßig verschiedenste operative Funktionen wie beispielsweise die Betreuung von Key-Accounts zur Koordination ihres (Teil-) Konzerns wahr.

II. Instrumentaleigenschaften von Holdinggesellschaften und Holdingstrukturen

Das Besondere an Holdings ist, dass sie ganz spezifische struktur- und führungsorganisatorische Instrumental-eigenschaften besitzen, die für die Führung der Holding von Bedeutung sind und in Einheitsunternehmungen oder Stammhäusern (dazu *Lutter/Bayer* Rz. 1.15, *Stephan* Rz. 3.35 ff. und *Scheffler* Rz. 2.9, 2.58 f.) nicht bzw. nicht in diesem Umfang vorkommen. 4.4

Zu den holdingtypischen Eigenschaften zählen:

1. die Rechtsfähigkeit und Rechtsgegenständlichkeit (Rz. 4.5),
2. die Zentralität (Rz. 4.6),
3. die Neutralität (Rz. 4.8),
4. die Stabilität (Rz. 4.10),
5. die Flexibilität und Elastizität der Holding (Rz. 4.12) sowie
6. die Dezentralität der Holdingstruktur (Rz. 4.15).

1. Rechtsfähigkeit und Rechtsgegenständlichkeit

Die Holding ist als beteiligungshaltende Unternehmung Trägerin von (Beteiligungs-) Rechten und (Beteiligungs-) Pflichten – z.B. die Pflicht zur Überwachung der Geschäftsführung der Beteiligungsgesellschaften, die definitionsgemäß die zentralen Assets einer Holding darstellen (vgl. ausführlicher hierzu *v. Schenck* Rz. 5.6 ff.). Die Holding kann Verträge – z.B. Beherrschungsverträge mit Tochtergesellschaften – abschließen, klagen und verklagt werden. Im Gegensatz dazu hat der Holding*konzern* trotz seiner Eigenschaft als Wirtschafts- und Handlungseinheit keine eigene Rechtsfähigkeit, dies auch unabhängig von der Art der Konzernierung und Konzernführung (vgl. *Bayer/Trölitzsch* Rz. 8.3). 4.5

Gleichzeitig stellt die Holdinggesellschaft gegenüber ihren eigenen Anteilseignern wiederum selbst ein Beteiligungsrecht dar (Holding-Gesellschafter > Holding). Ein praktischer Anwendungsbereich aus dieser Eigenschaft ist die Gründung von Holdings und Zwischenholdings im Ausland zur Nutzung spezifischer Rechtsräume (Holding-Gesellschafter > Konzern-Holding D > Zwischen-Holding NL > Tochtergesellschaft JAP ...), weshalb Auslands-Holdings nicht selten mit geschäftslosen „Briefkastengesellschaften" gleichgesetzt werden (vgl. *Polatzky/M. Schmidt* Rz. 15.21, 15.26 und 15.104).

2. Zentralität

Primäre Grundfunktion im Rahmen der Beteiligung an einer anderen Unternehmung ist die Übernahme zumindest eines Teils der externen Eigenfinanzierung in Form von Grund- bzw. Stammkapital und die Zusammenfassung der hiermit verbundenen Gesellschafterrechte, insbesondere der Stimmrechte. Die Holding ist somit eine **kombinierte Entscheidungs- und Vermögenseinheit** in einem eigenständigen Rechtskleid. 4.6

Die Zentralität einer Holding wirkt nicht nur gegenüber ihren Beteiligungen, sie wirkt auch gegenüber den *eigenen* Anteilseignern. Die Holding bündelt Anteile und die hieraus erwachsenden Gesellschafterrechte dergestalt, dass bei der dauerhaften Zusammenfassung der isolierten Gesellschafter- 4.7

rechte (jeweils nach „oben“ zu den eigenen Gesellschaftern, als auch nach „unten“, zu ihren eigenen Beteiligungen) eine einheitliche Konzernführung begründet werden kann (**„Multiplikatoreffekt“**).

3. Neutralität

4.8 Reine Holdinggesellschaften verfolgen keine operativen Aktivitäten. In ihren Entscheidungs- und Führungsprozessen geht es nicht um Forschung und Entwicklung oder Vertriebsfragen. Sie sind aus produktionswirtschaftlicher Sicht sachzielneutral. Die Konzernführung, also die Bildung, Durchsetzung und Kontrolle von Unternehmungszielen und -ergebnissen, ist deshalb im Unterschied zum Stammhaus grundsätzlich frei von eigenen operativen Geschäftsinteressen. Dies ist eine wichtige holdingtypische Eigenschaft, da **Zielantinomien** aus der Sphäre der Holding-Gesellschafter bzw. aus dem Verhältnis zweier operativer Einheiten zueinander sich nicht mehr unmittelbar auf den Verbund auswirken.

4.9 Die Holding wirkt in ihrer Rolle als Obergesellschaft harmonisierend bzw. im Falle gleich gerichteter Zielvorstellungen verstärkend auf die Töchter und den Verbund. Gleichzeitig wirken gegensätzliche Zielvorstellungen der Holding-Gesellschafter – also „oberhalb“ der eigentlichen Geschäftsaktivitäten – selbst sich nicht mehr unmittelbar auf das eigentliche Geschäft aus. Die Holding zieht hier eine wohldefinierte Trennlinie und kann sich führungsorganisatorisch „schützend“ vor ihre Töchter stellen.

4. Stabilität

4.10 Die **kapitalmäßige Zusammenfassung von Anteilen** auf einer Holdingebene führt bei entsprechender Rechtsformwahl der Holding zu einer höheren Stabilität, verglichen mit derjenigen zweckgemeinschaftlicher Unternehmungszusammenschlüsse. Ein solcher Nachteil in der Durchsetzung einer einheitlichen Führung besteht namentlich bei **Konsortial- und Poolverträgen.** Denn diese besitzen bekanntlich nur rein **schuldrechtliche Bindungswirkungen.**

4.11 Die eigentliche Stabilität erreicht die Holding durch die dingliche und **dauerhafte finanzielle Bindung** ihrer Beteiligungen. In der Konsequenz wirken z.B. Wechsel im Kreis der obersten Gesellschafter nur noch auf der Ebene der Holding. Die Führungsbeziehungen der operativen Töchter bleiben im Holdingverbund hiervon unberührt und somit stabil.

Ein weiterer Aspekt höherer Stabilität eines Verbundes ist die **abschirmende Wirkung** der rechtlich selbständigen Teileinheiten gegen die Übertragung finanzieller bzw. haftungsrechtlicher Risiken[1].

Grundsätzlich treffen im Verbund (branchenspezifisch) die Risiken (zunächst) nur die jeweiligen Tochter-Einheiten. Im internationalen Bankensektor greift man deshalb aus aktuellem Anlass wieder auf „Bank-Holdings“ als Struktur- und Führungskonzept zurück, wie beispielsweise bei der schweizerischen UBS:

„Der UBS steht eine gewaltige Übung bevor. Die Großbank arbeitet an einem Holding-Dach samt neuer Tochter-Unternehmen, und bereitet … einen 1:1-Aktientausch für die Titel der „alten“ UBS vor. Der Fundamental-Umbau wird demnach nicht nur die Bank, sondern auch ihre Aktionäre fordern. Dies sind jedoch nur die Vorarbeiten zum Aufbau geeigneter Strukturen, um die Bank im Krisenfall einfacher auflösen zu können. Das wird von den Aufsichtsbehörden weltweit für systemrelevante Banken … gefordert.“

und weiter:

„Größere Veränderungen stehen auch in den USA an. Dort wird die Holdinggesellschaft Credit Suisse USA, in der das operative US-Geschäft zusammengefasst wird, strengeren regulatorischen Vorgaben der Notenbank … unterstehen. Diese verlangt, dass ausländisch beherrschte Banken ihre Aktivitäten in den USA in einer Zwischenholding konzentrieren und kapitalmäßig verselbständigen. … CS und UBS sind in-

1 Vgl. *Hommelhoff*, Konzernorganisation und Haftungsbeschränkung, S. 395 u. 400.

sofern im Vorteil, als sie, anders als beispielsweise die Deutsche Bank, ihr US-Geschäft bereits in einer Holding gruppiert haben."

5. Flexibilität und Elastizität

Holdings begründen ein enorm hohes Maß an **strategischer, struktureller und prozessualer Flexibilität**. 4.12

Die **Fokussierung** der operativen Einheiten auf ihre individuellen **Märkte** eröffnet die Möglichkeit, dass die einzelnen Holdingtöchter oder Untergruppen punktueller auf Veränderungen ihrer jeweils relevanten Umwelten reagieren können. Die Delegation gesamtunternehmerischer Verantwortung verkürzt **Informationswege** und beschleunigt auf diese Weise die Führungsprozesse. Die dezentralen Einzelunternehmen und somit auch der Verbund in seiner Gesamtheit kann somit schneller auf Marktveränderungen, technologische Veränderungen und rechtliche Veränderungen reagieren bzw. angepasst werden.

Die 2015 beim Internetkonzern *Google* eingeleitete Umstrukturierung hatte nach Unternehmensangaben folgende Flexibilisierungsziele hinsichtlich der diversen Unternehmensaktivitäten zum Gegenstand:

„Unser Unternehmen läuft heute gut, aber wir denken, dass wir es sauberer und verantwortlicher machen können ... Unter dem Dach von Alphabet könnten Geschäftsbereiche von Google, „die nicht wirklich zusammenhängen", besser unabhängig voneinander geführt werden."

Bei der übergeordneten Alphabet geht es also um Geschäfte, die durch starke Eigenständigkeit und Unab-hängigkeit florieren, zumal die individuellen Branchenverhältnisse der Alphabet-Töchter von „Drohnen für Liefer-dienste" bis zu „intelligenten Kontaktlinsen für Diabetiker" reichen[2].

Die **rechtliche Selbständigkeit** eröffnet den operativen Einheiten die Möglichkeit, 4.13

- im eigenen Namen Verträge abzuschließen (z.B. Tarifverträge, vgl. *Wackerbarth* Rz. 12.78 ff. und *Bayer/Trölitzsch* Rz. 8.1 f. und 8.9 ff.),
- Verbundexterne können sich selektiv an einzelnen Töchtern beteiligen und nicht zuletzt
- können durch eine entsprechende **Rechtsformwahl** ebenso die Führungsbeziehungen zwischen den Holdinganteilseignern und der Holding einerseits sowie zwischen der Holding und ihren operativen Tochterunternehmen andererseits individuell gestaltet werden (Holding-AG/GmbH > Holdingtochter-AG/GmbH etc.).

Auf Grund der Trennung der Konzernführung von der Führung der operativen Geschäftsaktivitäten kann die Konzernführungsgesellschaft an einem für die Wahrnehmung ihrer Funktionen optimalen Standort domizilieren. 4.14

Die *Siemens* AG übertrug 2015 im Zuge einer Verkleinerung der Münchener Holding die Führung des Gasturbinen- Geschäftes in die unmittelbare Nähe ihrer größten Märkte:

„Der Trend zu mehr Lokalisierung gewinnt in unseren Märkten immer mehr an Bedeutung. Wir werden unser globales Profil weiter auf die Anforderungen unserer Märkte ausrichten und planen, mindestens 50% der Zentralen unserer Geschäfte außerhalb Deutschlands anzusiedeln. ... Kern der Unternehmensstrategie „Vision 2020+" ist, den einzelnen Geschäften deutlich mehr unternehmerische Freiheit unter der starken Marke Siemens zu geben und damit den Fokus auf die jeweiligen Märkte zu schärfen. Unterhalb der Konzern-Ebene wird es künftig drei Operating Companies und drei Strategic Companies geben. Mit der Neuausrichtung fokussiert sich Siemens stärker auf seine Kunden und orientiert sich an den Erfordernissen seiner Branchen."[3].

2 Vgl. o.V., Googles Netzimperium, 2015.
3 Vgl. *Siemens*, Homepage, Vision 2020+/Unternehmensstruktur, 2019.

und weiter:

„Siemens ist dabei, sich unentbehrlich zu machen für die Öl- und Gaswirtschaft durch die Übernahmen von Rolls-Royce-Turbinen und Dresser-Rand, einem großen Lieferanten der Energiewirtschaft. Die Hinwendung zum Öl- und Gasgeschäft macht Siemens deutlich, indem das Unternehmen erstmals in seiner Geschichte ein Vorstands-ressort im Ausland angesiedelt hat. Vorstandsmitglied Lisa Davies, ..., sitzt just in Houston.“[4].

Diese als **„Standortelastizität** der Holding“ bezeichnete Eigenschaft ermöglicht es darüber hinaus, besondere Finanzierungsinstrumente mitsamt der nationalen (lokalen) Steuervorteile zu nutzen (vgl. *Polatzky/M. Schmidt* Rz. 15.32 ff.). Auch lässt sich für Teilkonzerne die Führungszentrale als Zwischen-Holding dort aufbauen, wo die relevanten (Teil-)Konzernmärkte besonders ausgeprägt sind, wie es bei *Siemens* der Fall ist.

6. Dezentralität der Holdingstruktur

4.15 In Einheitsunternehmungen und sogenannten „Stammhäusern“ mit einem unternehmerischen Zentrum, einer oder mehreren starken Marken und einem produktionswirtschaftlichen Verbund (Beispiel: deutsches Produktions-Stammhaus, ausländische Vertriebstochter) wirken schon aufgrund der engen Verflechtungen stärkere zentrale Aspekte der Führung. In Holdingkonzepten wirken dagegen ganz eigene **Dezentralisationstendenzen** allein durch die gesetzlich begründete (Mindest-)Autonomie der Holdingtöchter (vgl. Rz. 4.21–4.24). Sie ermöglichen dem Management einer größere unternehmerische Unabhängigkeit, aber auch gesamtheitliche Verantwortung ihrer Tochtergesellschaft.

Hinsichtlich der Führung eines Holding-Konzerns bedeutet dies, dass die holding-typischen rechtlich-strukturellen Dezentralisationskräfte (**„Fliehkräfte des Holdingverbundes“**) durch Integrations- und Koordinationsinstrumente aufzufangen sind im Sinne einer gesamtheitlichen Ausrichtung des Konzern bzw. Unternehmensverbundes, denn erst im Zusammenwirken der Geschäftsleitungsorgane der Holding einerseits und den Holding-Töchtern und – Enkelgesellschaften andererseits kann der Konzern am wirksamsten operieren.

Wie wichtig eine klare Zuordnung von Führungsverantwortung und Führungsdurchsetzung einerseits und ausbalancierter Kontroll- und Überwachungsstruktur andererseits ist, zeigt sich am Beispiel der Ordnungsstruktur der schweizerischen *Migros*-Gruppe[5]. Die der Gruppe angeschlossenen Genossenschaften, die ihnen gehörenden Unternehmungen sowie die Migros-Stiftungen bilden zusammen die *Migros* („Migros-Gemeinschaft)“. Die 1950 geschaffene Duttweiler-Stiftung hat die Aufgabe, „ihren moralischen Einfluss für die Erhaltung des Ideengutes der Gründer in der Migros-Gemeinschaft geltend zu machen“[6]. Die Stiftung arbeitet autonom und ist satzungsgemäß an keinerlei Beschlüsse oder Weisungen der Organe der *Migros* gebunden. Andererseits ist die *„Migros Genossenschafts Bund“* (MGB) als konzernleitende Obergesellschaft für die Gesamtleitung unter einer einheitlichen Leitung der *Migros*-Tochtergesellschaften und Beteiligungen verantwortlich. Die dezentrale Gruppen-Struktur der Genossenschaft mit ihrem hohen Grad an regionaler Autonomie ist dergestalt „auf den Kopf gestellt“, dass die konzernleitende Holding MGB ihren zehn regionalen Genossenschaften untergeordnet ist, obgleich sie deren Geschäfte strategisch koordinieren soll. Sie ist hierdurch auch zur Durchsetzung der internen Konzernüberwachung in letzter Konsequenz nicht befugt[7]. In Einzelfällen bedarf es dazu sogar der Urabstimmung der regionalen Genossenschafter als ultimativem Gesellschafter der *Migros*-Gruppe[8].

4 Vgl. *von Petersdorff*, faz.net v. 24.4.2015.
5 Vgl. *Migros Genossenschafts-Bund*, Organisationsreglement, 9 ff.
6 *Migros Genossenschafts-Bund*, Statuten, 3.
7 Vgl. *Aiolfi*, Neue Zürcher Zeitung, Online Ausgabe v. 15.11.2019, S. 2.
8 Vgl. beispielhaft *Aiolfi/Gratwohl*, Neue Zürcher Zeitung, Online Ausgabe v. 21.9.2019, S. 2.

III. Führungsfunktionen einer Holding

Führung als nachhaltige und zielgerichtete **Verhaltensbeeinflussung** umfasst als „Holding-Unternehmungs-führung“ die Ausrichtung von Mitarbeitern und ihren individuellen Zielvorstellungen auf die Oberziele einer arbeitsteiligen (Konzern-)Organisation. Sie umfasst neben dem eigentlichen Führungsprozess – also der Führung im engeren Sinne – vor allem die **Schaffung von Führungssystemen** in der Holding selbst und im Holdingverbund. 4.16

Zu diesen Systemen zählen Zielbildungs-, Zieldurchsetzungs- (Instruktion und Motivation), Organisations- und Planungssysteme sowie Kontroll- und Informationssysteme. Es muss hervorgehoben werden, dass eine besondere Herausforderung der Führung eines Holdingverbundes darin liegt, dass die zu führenden Organi-sationsmitglieder eben **unterschiedlichen Unternehmenseinheiten** angehören, deren Über- und Unterord-nungsverhältnisse mit ihren Macht- und Kommunikationsbeziehungen wiederum durch eine rechtlich-statuta-rische Struktur überlagert werden. 4.17

Ein zur Geschäftsführung berufener Holdingtochter-GmbH-Geschäftsführer und noch mehr ein bestellter Holdingtochter-AG-Vorstand haben eigenständige Kompetenz- und Verantwortungsbereiche, die über eine einfache betrieblich-organisatorische Delegation weit hinausgehen. Ein „Durchregieren“ der Holding an diesen Rechtsstrukturen vorbei kann dabei nicht nur zur Demotivation der Mitarbeiter und den eigentlich verantwortlichen Leitungsebenen führen, sondern auch zu erheblichen haftungsrechtlichen Problemen, die z.B. aus nachteiligen Weisungen einer Holdinggeschäftsführung gegenüber ihrer Holdingtochter resultieren (vgl. *Lutter/Bayer* Rz. 1.42 ff. und *Bayer/Trölitzsch* Rz. 8.6, 8.19 f., 8.23–25).

Bei der Führung einer Holding im Sinne der Führung eines Holdingverbundes sind deshalb die **rechtsformabhängige Führung einer Holdingtochter** sowie die weitere **rechtsformübergreifende Konzernführung** zu unterscheiden. Der wesentliche Unterschied zwischen Holdingstrukturen und Einheitsunternehmung einerseits bzw. den rechtlich unselbständigen Aktivitäten eines Stammhauses andererseits liegt darin, dass die rechtliche Selbständigkeit der Geschäftsführung von Holdingtöchtern diesen Geschäftsführungen (abhängig von der jeweiligen Rechtsform der Tochter) bestimmte **Mindestzuständigkeiten** garantiert. Ohne weitere gestaltende Maßnahmen begrenzen diese Mindestzuständigkeiten die Führung einer Holding zunächst auf die **Grundfunktionen einer Gesellschafterin.** 4.18

1. Grundfunktionen der Holding als Gesellschafterin

Grundlage der Führungsbeziehung zwischen Holding und Holdingtochter sind die Gesellschafterrechte und Gesellschafterpflichten. D.h. Willensbildung, Willensdurchsetzung und Willenssicherung im Holdingverbund können (zunächst) durch die Holding als Obergesellschaft nur im Rahmen der Gesellschafterfunktion abgeleitet werden. 4.19

Art und Umfang der Willensbildung und Willensdurchsetzung aber auch der Information und Kontrolle durch eine Holding sind deshalb stark rechtsformabhängig. Beispiel Kommanditgesellschaft: Bei einer Holdingtochter-KG obliegt die Führung bis hin zu Einzelentscheidungen im Tagesgeschäft ausschließlich der Komplementär-Holding; anders dagegen bei der Holding als Kommanditistin; sie kann allein aufgrund ihrer Gesellschafterstellung keinerlei Weisungen erteilen oder umfassende Informationsrechte ausüben. 4.20

Firmieren Konzerntöchter dagegen in der Rechtsform der Kapitalgesellschaft, begrenzt das Prinzip der Fremdorganschaft grundsätzlich den Führungseinfluss der Holding auf ihre Töchter noch stärker (vgl. *Stephan* Rz. 3.53 f.). 4.21

Gegenüber einer Holdingtochter-Aktiengesellschaft hat die Holding lediglich **Grundlagenkompetenz** und Satzungshoheit, so z.B. in Form der Festlegung von Tätigkeitsgrenzen, also dem strategischen Geschäftsfeld, der Branchenausrichtung oder Funktion (Produktions-AG, Vertriebs-AG, Finanzierungs-AG etc.). Ansonsten führt nach § 76 Abs. 1 AktG der Holdingtochter-Vorstand das Unternehmen unter eigener Verantwortung – und eben nicht die Holding. Der Tochter-Vorstand ist der alleinige Verwaltungs- und Entscheidungsträger und kann über Fragen zur Geschäftsführung in der Tochter autonom bestimmen. Zwar können konkrete Führungsentscheidungen an die **Zustimmung des Aufsichtsrates** gebunden werden. Dessen Funktion und somit der Einfluss der Holding bleibt gleichwohl auf die Überwachung der Geschäftsführung beschränkt (vgl. *v. Schenck* Rz. 5.9 ff., *Krieger* Rz. 7.6 f., 7.42, 7.44 ff.). Wirklich unmittelbar kann die Holding nur über die Hauptversammlung oder auf Verlangen in die strategische und operative Geschäftsführung eingreifen.

4.22 Anders bei der GmbH. Hier ist die Holding als GmbH-Gesellschafterin das oberste Willensbildungsorgan. Sie verfügt über ein umfassendes **Direktions- und Weisungsrecht.** Die Geschäftsführung der Tochter-GmbH ist zwar formal gesehen oberstes **ausführendes** Organ, unterliegt aber hinsichtlich der Geschäftsführung grundsätzlich den Weisungen der Holding. Das hat weitreichende Folgen: die Holding kann in ihrer Tochter-GmbH die Grundzüge der Unternehmenspolitik festlegen (vgl. *Stephan* Rz. 3.18, 3.34, 3.38, 3.53) und damit bestimmen, in welchen Märkten, mit welchen Kunden und Produkten das Unternehmen wann und wie tätig ist. Sie kann darüber hinaus sogar Einfluss auf die laufende tägliche Geschäftsführung nehmen und somit ihre Holdingtochter mit allen Aktivitäten, Projekten, der Umsetzung von Personal-, Finanzierungs- und Investitionsentscheidungen in ihre eigenen Aktivitäten und strategischen Ausrichtungen einbinden.

4.23 Über die oben genannten Rechtsformkombinationen hinaus sind weitere Kombinationen in der Unternehmenspraxis üblich:

(1) Holding-AG/SE + Tochter-AG/SE

(2) Holding-AG/SE + Tochter-GmbH

(3) Holding-GmbH + Tochter-AG

(4) Holding-GmbH + Tochter-GmbH

Erweitern lassen sich die Kombinationsmöglichkeiten selbstverständlich auch durch eine Holding in der Rechtsform einer Kommanditgesellschaft respektive einer Kommanditgesellschaft auf Aktien (KGaA). Die schwächste Form der Einflussmöglichkeit haben dabei wiederum Holdinggesellschaften, die als (inaktive) Kommanditisten an ihrer Tochter-KG beteiligt sind.

Etwas differenziert zeigen sich die Führungsstruktur und Rechtsformkombinationen in der Freudenberg – Gruppe. Diese versteht sich als „Unternehmen von Unternehmern", wobei das operative Geschäft „in der Hand von selbstständigen Gesellschaften, deren Geschäftsleiter eigenverantwortlich handeln" liegt[9]. Die einzelnen Unternehmen wiederum sind zu Geschäftsgruppen zusammengefasst, die von gleich zwei Führungsgesellschaften geleitet werden:

- die Freudenberg & Co. KG als strategischer Führungsholding und
- die Freudenberg SE als operativer Führungsgesellschaft.

Die Organe der Holding-KG sind die Unternehmensleitung, der Gesellschafterausschuss und die Gesellschafter-versammlung. Die Organe der Führungsgesellschaft „Freudenberg SE" sind der Vorstand, der Aufsichtsrat und die Hauptversammlung. Eine Besonderheit liegt darin, dass die Unternehmensleitung der KG und der Vorstand der SE sowie der KG-Gesellschafterausschuss und der SE-Aufsichtsrat personell identisch sind. Der Grund hierfür ist darin zu sehen, dass einerseits die Sphäre der über 300 Familien-Gesellschafter vom operativen Geschäft der Gruppe getrennt bleibt, andererseits ihr unmittelbarer strategischer Einfluss der Familie institutionell gewährleistet wird[10].

9 *Freudenberg*, Unternehmensüberblick 2019, S. 4.
10 Vgl. *Freudenberg*, Unternehmensstruktur, 2019.

4.24 Für das Führungssystem der Holding bedeutet dies, dass die Art und Weise der Willensbildung, die Durchsetzung von Zielen und die Zielkontrolle in einer Holdingtochter und somit wiederum im Verbund schon über die gesellschafterlichen Grundfunktionen in erheblichem Maße vorbestimmt werden. Im Umkehrschluss folgt aus diesen gesellschaftsrechtlichen Rahmenbedingungen, dass der **rechtsformspezifische Führungseinfluss** der Holding einerseits und die betrieblichen Führungssysteme bzw. Führungsinstrumente andererseits deckungsgleich gestaltet werden müssen. Oder mit anderen Worten: stellt sich bei der Analyse und der strategischen Ausrichtung heraus, dass der Unternehmensverbund in einer eher engen Zusammenarbeit geführt werden muss (z.B. zentrale Produktionsgesellschaften mit dezentralen Vertriebsgesellschaften), dann bieten sich hierzu für die Holding-Töchter spiegelbildlich die Rechtsformen der GmbH ggfs. sogar der KG an. Die deckungsgleiche Gestaltung der Führungssysteme mit den rechtsformspezifischen Autonomiebereichen ist im Übrigen eine kontinuierliche Führungsaufgabe der Holding.

Entscheidend bei der Festlegung des Autonomiegrades und der (strategischen/operativen) Unabhängigkeit einer Tochter ist dabei weniger, welche Autonomie die Holding ihren Töchtern zugestehen will, sondern vielmehr, welche Autonomie der Markt und das dynamische Wettbewerbsumfeld verlangen. Dynamische Märkte und Wettbewerbssituationen erfordern eben größere unternehmerische Flexibilität und somit marktadäquate rechtliche Spielräume. Die Frage der unternehmerischen und gesellschaftsrechtlichen Freiheiten ist quasi „von unten“ zu beantworten.

Grundsätzlich sollte im ersten Schritt zur Findung des richtigen **Autonomiegrades** die Führungsstruktur vom Markt her gesehen werden. Entsprechend sind Holdingtöchter, die aufgrund ihrer Größe und Ertragskraft einen hohen wirtschaftlichen Autonomiegrad erreicht haben bzw. benötigen, durch eine kongruente Rechtsform, die eine ebenso umfassende Entscheidungs- und Informationsautonomie gewährleistet (z.B. eine AG), auszustatten. Spiegelbildlich definiert sich damit auch die Entscheidungs- und Informationsautonomie der Holding als Obergesellschaft.

2. Konzernführungsfunktionen der Holding als Obergesellschaft

4.25 Über die isolierte und auf die gesellschafterlichen Grundfunktionen beschränkte Führungsbeziehung zwischen Holding und einer einzelnen Holdingtochter hinaus nimmt die Holding noch übergeordnete **verbundweite Konzern-Führungsfunktionen** wahr. Die Konzernführung ist in diesem Zusammenhang weniger „Führungskür“, denn der Unternehmenszweck einer Konzernholding ist gerade die Pflicht zur Konzernführung (vgl. auch *v. Schenck* beispielhaft Rz. 5.55, 5.72, 5.76, 5.80 ff. sowie *Krieger* Rz. 7.5, 7.11 zur Überwachungspflicht und Konzernleitungspflicht der Holding als Obergesellschaft).

4.26 Die Verbundführung einer Holding ist eine **reine Konzernführung**, der bei inhaltlicher Gestaltung und Durchführung **konzernrechtliche Grenzen** entgegenstehen. Rein rechtlich stehen zur Überwindung dieser Grenzen das Instrument des **Beherrschungsvertrages** und das der aktienrechtlichen **Eingliederung** zur Verfügung. Da diese in ihrer Wirkungsweise einen eher statischen und einseitig dominanten Charakter aufweisen, muss **unternehmerische** Konzernführung vielmehr auf aktiv nutzbaren und flexibel gestaltbaren Instrumenten aufgebaut werden. Hierzu zählen insbesondere

- Information und Kommunikation,
- Motivation,
- Kontrolle/Sanktion,
- Arbeitsteilung etc.

4.27 **Hauptaufgabenbereiche der Konzernführung** durch die Holding sind die Formulierung, Festlegung und Umsetzung der übergeordneten Konzernpolitik, die Konzernplanung und -organisation sowie die Konzernkontrolle. Im Einzelnen umfassen die grundlegenden Führungsaufgaben der Holding als Konzernobergesellschaft

- die Formulierung der Konzernziele und Konzernstrategien innerhalb der Holding selbst,
- die Festlegung von Zielen und Strategien in den operativen Tochtergesellschaften zusammen mit der Tochtergeschäftsführung,
- die Zielerreichungskontrolle,
- die Motivation der Führungsebenen der Holdingtöchter,
- die Verteilung investiver Mittel im Konzern,
- die Mitentscheidung bei wesentlichen Maßnahmen der Töchter, die von konzernweiter Bedeutung sind, oder sich weit außerhalb der üblichen Größenordnungen und Risiken bewegen, und
- die Koordination und Integration des Holdingverbundes durch Planungs- und Berichtssysteme.

4.28 Ergänzt werden die Führungsgrundfunktionen durch **Initiativ- und Unterstützungsfunktionen** durch die Holding. Nicht zuletzt aufgrund ihrer operativen Neutralität (vgl. Rz. 4.8) kann die Holding als „begleitende" Führungs-instanz ihre Töchter fördern. Sie regt Maßnahmen an, weist auf Probleme hin oder spricht Empfehlungen aus. Die Holding sollte die Entscheidungsautonomie der Tochter in ihrem Tagesgeschäft jedoch nicht generell einschränken – schon gar nicht, solange die vereinbarten Ziele erreicht werden bzw. sich die Entwicklung der Töchter in dem geplanten strategischen Korridor mit seinen langfristig abgestimmten Umsatz- und Ertragsabweichungen bewegt. Dies würde dem Grundprinzip der Holdingstruktur als Führungskonzept widersprechen und nicht zuletzt auch rechtliche Konflikte wie Haftungsdurchgriffe bei nachteiligen Weisungen der Holding an die Holdingtochter-Geschäftsführung provozieren.

4.29 Einer weitgehenden und permanenten Einflussnahme bis hin zu Einzelentscheidungen der Töchter im Rahmen der Konzernführung stehen wiederum die oben genannten **rechtlich-statutarischen Führungsprinzipien** und unerwünschten (haftungs-)rechtlichen Konsequenzen entgegen. Ein unmittelbarer Führungseinfluss der Holding auf das operative Geschäft einer Tochter wird aus diesem Grund nur in ausgewählten Situationen, zeitlich begrenzt und unter Einbeziehung des operativen Managements, sinnvoll und rechtlich einwandfrei sein.

4.30 Ein „koordinierter Führungsdurchgriff" der Holding in eine Holdingtochter sollte deshalb nur stattfinden bei:

- gravierenden negativen Zielabweichungen mit nachhaltiger wirtschaftlicher Auswirkung auf den Gesamtverbund; hier sind insbesondere hervorzuheben bedeutende Ergebnisverschlechterungen, Krisensituationen mit Existenzgefährdung der Tochter etc.,
- der Führung von Tochtergesellschaften, die hinsichtlich der Leistungserstellung teilweise oder ganz miteinander gekoppelt sind (an den Wertschöpfungsprozessen sind mehrere Tochtergesellschaften aktiv und Ergebnis verantwortlich beteiligt),
- der Zusammenfassung und Verlagerung von (Führungs-)Funktionen einer Holding-Tochter auf die Holding im Rahmen des Konzern-Synergiemanagements, oder
- bei Entstehung neuer bzw. Eintritt in „Konzernmärkte", d.h. Märkte, die zwei oder mehr Tochtergesellschaften bzw. Geschäftsbereiche umfassen und aus diesem Grund eine direkte Führung durch eine übergeordnete Instanz erforderlich machen.

4.31 Aus der Bandbreite der gesellschafterlichen Grundfunktionen und den erweiterten unternehmerischen Konzernführungsfunktionen ergibt sich, dass die „Führung einer Holding" von der „Strategischen Führungsholding" ohne jegliche operative Führung (wie im Falle die Freudenberg & Co. KG als strategischer Führungsholding der Freudenberg-Gruppe; vgl. Rz. 4.23) bis hin zu einer „Operativen Führungsholding" mit umfassenden operativen Einflussnahme reichen kann (nachfolgende Abb. 1 und 2).

Abb. 1: Führungseinfluss und Holdingtypen

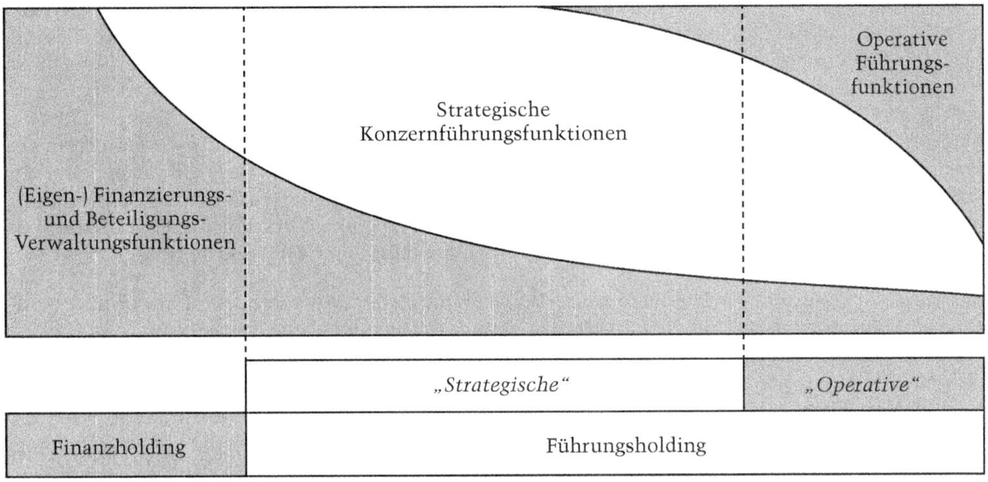

Der Führungseinfluss einer Holding kann von dem einer „reinen Vermögensverwaltung“ über die „strategische Führung“ bis hin zur Wahrnehmung eines unmittelbaren operativen Einflusses in den Tochtergesellschaften reichen.

Abb. 2: Ausgewählte Kriterien zur Gestaltung der Führung einer Holding

Finanzholding	Strategische Führungsholding	Operative Führungsholding
gering ←	Ähnlichkeit der Geschäftsfelder bzw. Markt-/Produkt-Kombinationen (Produkte, Kunden, Wettbewerber, räumliche Verteilung)	→ groß
sehr hoch ←	Veränderungsrate technischer Verfahren	→ niedrig
wenige/keine ←	Interne Leistungs- bzw. Funktionsverflechtung der operativen Einheiten untereinander	→ zahlreiche enge Verknüpfungen (Sonderform: Betriebsaufspaltung)
wenige/keine ←	Gemeinsame Kernfunktionen/Kernkompetenzen	→ zahlreiche
schlecht übertragbar ←	Übertragbarkeit von Kernkompetenzen	→ leicht übertragbar
hoch/stark ausgeprägt ←	Management Know-how, Verbunderfahrung, Führungssysteme der operativen Einheiten	→ niedrig/schwache Ausprägung
geringe, nur finanzielle ←	Synergiepontiale • zwischen den operativen Einheiten • mit der Holding	→ zahlreiche/hohe, strategische und operative
klein, gering ←	Größe und wirtschaftliches Risiko der operativen Einheit für den Konzernverbund bzw. die Holding	→ sehr hoch, sehr große Bedeutung (insb. Sanierungsfälle)
hoch ←	Transparenz des Geschäftsfeldes aus Sicht der Holding	→ gering
hohe Verfügbarkeit ←	Verfügbarkeit erfolgsrelevanter Ressourcen	→ Ressourcenknappheit
dezentrale Strukturen ←	Ausgangssituation vor der Einführung eines Holdingkonzeptes	→ zentralisiertes Einheits-unternehmen

Die spezifische Situation einer jeden Unternehmung erfordert eine individuelle Auswahl und Gestaltung ihres Führungskonzeptes.

4.32 Über die bloße Existenzsicherung des Konzerns hinaus ist das gemeinsame Ziel aus Beteiligungs- und Konzernführung, Konzernentwicklung (Veränderung des Beteiligungsportefeuilles) sowie Konzernfinanzierung die langfristige **Erhöhung des Marktwertes des Holding-Konzerns** als Gesamtheit. Die Existenzsicherung einzelner Tochtergesellschaften oder ihre Zugehörigkeit zum Portefeuillebestand ist diesem übergeordneten Konzernziel unterzuordnen. Hieraus folgt, dass die Holding – gerade im Gegensatz zur Führungsphilosophie eines Stammhauses, dessen Tochtergesellschaften das Stammgeschäft unterstützen bzw. ergänzen – eine aktive Beteiligungspolitik mit einem professionellen M & A (Mergers & Acquisitions) betreiben muss (vgl. Rz. 4.70, 4.87, 4.91). Kauf und Verkauf von Unternehmen bzw. von Unternehmensteilen und deren Integration in den bzw. Desintegration aus dem Konzernverbund gehören zusammen mit der Planung und Kontrolle dieser Führungsmaßnahme zum – im Übrigen nicht delegierbaren – **Tagesgeschäft einer Führungsholding**[11].

4.33 Der durch die Führung der Holding realisierte **zusätzliche Konzernnutzen** rechtfertigt erst die Holding als Führungskonzept und die Existenz des Verbunds. Der zusätzliche Konzernnutzen ist zugleich Maßstab der **Leistungsfähig und Kosteneffizienz einer Holding.** Im Grundsatz bedeutet dies, dass sich eine (Konzern-)Zentrale von ihrer (umlagefinanzierten) Gemeinkostenfunktion nicht nur wirtschaftlich, sondern auch mental lösen und zu einem eigenen **Leistungszentrum** entwickeln muss.

Empfänger der Leistungen sind zum einen die Holding-Anteilseigner, denen die Holding einen nachrechenbaren Führungsnutzen erbringt, und zum anderen die operativen Töchter, denen die Holding ggfs. zentrale Dienstleistungen wie den Abschluss von Rahmenverträgen durch einen Zentraleinkauf, die Personalentwicklung etc. zu grundsätzlich marktkonformen Bedingungen und Qualitäten zur Verfügung stellt. Bei der Entscheidung für die Einführung eines Holdingkonzeptes ist deshalb vorab die Frage nach dem (erwarteten) **Wertschöpfungsbeitrag der Holding** (vgl. Rz. 4.32, 4.70, 4.72, 4.75, 4.86) zwingend positiv zu beantworten.

IV. Führungsprinzipien im Holdingverbund

4.34 Die konkrete Ausprägung der Konzernorganisation des Holdingverbundes ist neben den Markt- und Wettbewerbsstrukturen, gesellschaftlichen und politischen Strukturen sowie technischen Entwicklungen auch von **internen Faktoren** wie Unternehmensgröße, historische Entwicklung, Unternehmensphilosophie, Gesellschafterstruktur abhängig. Ein junger Verbund von stark wachsenden IT- und Internetunternehmen mit zum Teil kreativ-chaotischen Arbeitsabläufen stellt andere Herausforderungen an die rechtliche und finanzielle Struktur und die unternehmerische Führung des Gesamtverbundes als ein über Jahrzehnte gewachsenes Familienunternehmen, das Anteile aus Erbfolgen in Holdings der verschiedenen Familienstämme bündelt.

4.35 Die (Um-)**Gestaltung von Unternehmungsstrukturen** und somit auch die Gestaltung des gesamten Führungssystems einer Holding ist aus diesem Grund immer von der individuellen Ausgangslage und den internen wie externen Umweltfaktoren einer jeden Holdingtochter zu betrachten. Jede Holding und jedes Führungssystem im Holdingverbund muss ein Maßanzug sein, der die Ziele und Strategien fördert.

Das trifft selbst auf ein und denselben Konzern zu. So waren bei der Gründung der ehemaligen Finanzholding „Mercedes Automobil Holding AG“ beispielsweise ganz andere Ziele, Strategien und Rahmenbedingungen von Relevanz als bei der Einrichtung der „Daimler Benz AG“ als Führungsholding des ehemaligen Daimler Benz Technologiekonzerns und der aktuellen Struktur im Daimler-Konzern.

Ähnlich ist die Ausgangssituation zu beurteilen, die zur Bildung der Porsche SE führte:

„Die Porsche Automobil Holding SE … ist eine beteiligungsverwaltende Holding. Die Holding wurde 2007 zur Verwaltung ihrer damaligen Beteiligungen am operativen Porsche Geschäft … und an der Volks-

11 Kritisch hierzu *Höfle*, Holding, S. 9.

wagen Aktiengesellschaft gegründet. Im Zuge der Schaffung des integrierten Automobilkonzerns von Volkswagen und Porsche wurde das operative Porsche Geschäft … an die Volkswagen Aktiengesellschaft übertragen. Heute hält die Porsche SE die Mehrheit der Stammaktien an der Volkswagen Aktiengesellschaft und ist damit einer der Ankerinvestoren des Wolfsburger Automobilkonzerns. Die Porsche SE plant, weitere strategische Beteiligungen mit Schwerpunkt entlang der automobilen Wertschöpfungskette zu erwerben."

Art und Umfang der **Integration und Koordination** sowie die Rolle und die Funktionen der Führungsholding sind somit aus den internen und externen Umweltfaktoren sowie den Zielen und Strategien abzuleiten (nachfolgend Abb. 3). 4.36

Die betriebliche Praxis zeigt allerdings, dass oft genug entsprechende Formulierungen, aus denen konkrete Eckpfeiler für das Führungssystem abgeleitet werden können, fehlen, so dass die präzise Ausarbeitung des strategischen Programms eine Grundvoraussetzung für die Entwicklung des passenden Holdingkonzeptes ist.

Abb. 3: Einflussfaktoren der Organisation eines Holdingverbundes

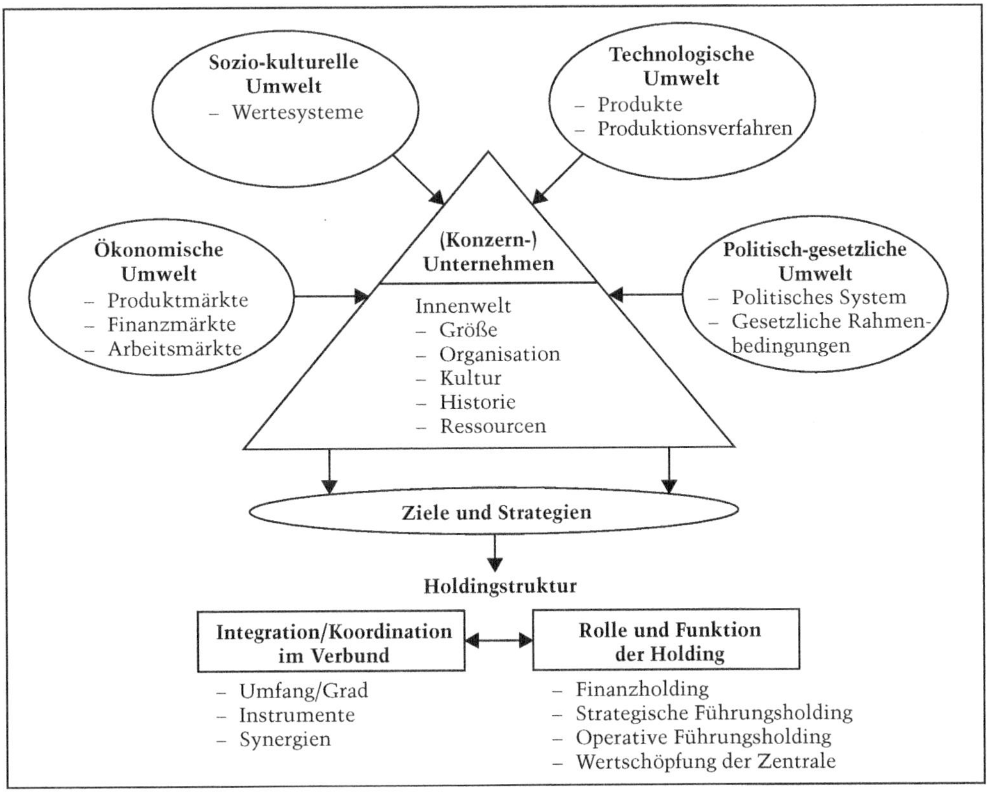

Die Gestaltung der Führungsstrukturen und Führungsprozesse eines Holdingverbunds sind von der Innenwelt sowie von den Zielen und Strategien abhängig.

Konkret folgt aus den grundlegenden Führungsprinzipien eines Holdingkonzeptes (rechtliche Selbständigkeit, Delegation, Dezentralität und Konzernintegration, Koalitionsfähigkeit) Folgendes: Als strategisch ausgerichtete *Wertschöpfungseinheiten* konzentrieren sich die operativen Tochtergesellschaften in einer **konzerndimensionalen Arbeitsteilung** auf ihre spezifischen Markt-Produkt-Beziehungen – und zwar gesamtunternehmerisch. Dabei hat sie darauf zu achten, dass die Holdingtöchter 4.37

auch selbst operativ führungsfähig sind. Alle betriebsnotwendigen Funktionen und Vermögensgegenstände, Marken- bzw. Nutzungsrechte sowie sonstigen wettbewerbsrelevanten Faktoren sind deshalb bei einer Umstrukturierung auf die jeweiligen operativen Holdingtöchter zu übertragen.

4.38 Eine tatsächliche Vermögensübertragung ist nicht unbedingt erforderlich. Die Holding kann als besitzhaltende Obergesellschaft Maschinen, maschinelle Anlagen, Patente und Lizenzen und Immobilien ihren Töchtern zu marktüblichen Konditionen vermieten. Eine Sonderkonstruktion stellt das **Holding-Betriebsführungsmodell** dar, bei welchem die betrieblich notwendigen Vermögensgegenstände den Holdingtöchtern lediglich zur Nutzung überlassen werden. Die **betriebsführenden Holdingtöchter** treten als operative Einheiten mit eigener Firmierung und Symbolik (s. Rz. 4.39), jedoch im Namen und für Rechnung der Holding auf.

4.39 Die Töchter sollten darüber hinaus strategisch unabhängige Führungseinheiten – idealerweise mit einer eigenständigen „Brand“ und Markenkern – darstellen. Strategische Unabhängigkeit bedeutet in diesem Zusammenhang, dass für jede Tochter bzw. für eine Gruppe von Töchtern – also ein Segment bzw. eine Division – voneinander unabhängige Markt- und Wettbewerbs- bzw. Markenstrategien formuliert werden können. Die eigenen Markenstrategien schaffen dabei die gegenüber Kunden, Lieferanten, Mitarbeitern und anderen „Stakeholdern“ erforderliche Identität und Markt-Autonomie. Die Holdingstruktur stellt somit eine ideale Plattform für den Aufbau und die Führung von „Multi-Marken“-Gruppen dar, wie beispielsweise die schweizerische *Nestlé*.

4.40 Auf Grund des holdingtypischen Konzernaufbaus entstehen so voneinander grundsätzlich isolierte Beziehungen zu **verbundexternen Märkten.** Dies sind zum einen die Marktbeziehungen der operativen Holdingtöchter zu den externen Bezugs-, Produktions- und Absatzmärkten. Zum anderen sind es die Marktbeziehungen der Holding zum externen Kapitalmarkt, insbesondere zum Markt für Unternehmungen („Corporate Control“). Beide Marktbeziehungen sind – im Extremfall vollständig – voneinander isoliert:

Hält die Holding alle Anteile ihrer Töchter, haben diese keinen Zugang zum externen Kapitalmarkt. Alle unternehmerischen Finanzierungen werden ausschließlich von der Holding durchgeführt.

4.41 Die unternehmerische Leistung der Holding, also quasi das **„Produkt“ der Holding**, ist ihr Beteiligungsportefeuille, das sie durch Kauf und Verkauf von Beteiligungen gestaltet (vgl. Rz. 4.70, 4.73, 4.86, 4.93), bzw. ist der Holdingverbund, den sie führt. Während die operativen Töchter ihren externen Kunden einen **Produktnutzen** bieten, bietet die Holding ihren „Kunden“, d.h. den Holding-Anteilseignern, einen risikoadäquaten **finanziellen Nutzen** in Form nachhaltig ausschüttungsfähiger Cashflows und Wertsteigerungen (s. auch Abb. 8, Rz. 4.88).

V. Führungssysteme im Holdingverbund

4.42 Die idealtypischen Kennzeichen des Holdingverbundes **sind ihre internalisierten Kapital- und Produktmärkte**. Eine Holding-Verbundführung bewegt sich im Gegensatz zur Führungsphilosophie in Stammhaus-Konzernen als **marktgeprägtes Führungskonzept** zwischen den Extrempunkten des „dezentralen Marktes“ (kein Verbund, keine konzerngesamtheitliche Führung, die Holding ist lediglich Finanzholding) und der „zentralen Verbundhierarchie“ (Töchter sind lediglich ausführende Organisationseinheiten, die operative Holding ist das zentrale Führungsorgan). Bedeutung und Wirksamkeit der holdinginternen Märkte hängen davon ab, wie heterogen das Beteiligungsportefeuille strukturiert ist und inwieweit interne Leistungen von externen Märkten bezogen werden können oder müssen.

4.43 Je heterogener das Portefeuille und je umfangreicher der Anteil an Leistungsbeziehungen, die (nur) verbundextern bezogen werden können, desto stärker wirken die dezentralen internen wie externen Marktkräfte gegen die integrierende Verbundführung. In der Unternehmenspraxis stehen reine Finanzholdings, deren Unternehmenszweck eher im Bereich des strategischen Asset Managements anzusiedeln ist, vor der Herausforderung, hier eine ökonomisch sinnvolle „Konzern-Rolle“ zu spielen.

Spielregeln und Verhaltensweisen der externen Kapital-(Holding) und Produktmärkte (operative Holdingtöchter) bestimmen die hinsichtlich Umfang und Ausprägung durch das Holdingkonzept internalisierten Märkte. Führungsphilosophie, Führungsstruktur, Führungsprozesse und Führungsinstrumente sind mithin nicht nur problemlösungsorientiert konzipiert werden, sondern haben in besonderem Maße diesem **Marktprinzip** Rechnung tragen. Dies hat unter Umständen weit reichende Konsequenzen für die Nutzung von Transferpreisen und Quersubventionierungen als Steuerungsinstrumente im Konzern (s. Rz. 4.52). 4.44

Im Folgenden wird zwischen den (Konzern-)Führungssystemen „Normative" (Rz. 4.45 ff.), „Finanzielle" (Rz. 4.60 ff.), „Strategische" (Rz. 4.77 ff.) und „Personelle" (Rz. 4.100 ff.) Führung unterschieden.

1. Normative Führung

Gegenstand der Normativen Führung im Holdingkonzern ist die Bestimmung allgemein gültiger Regelungen. Hierzu zählen erstrangig die Unternehmungsverfassung, die Unternehmungspolitik und die Unternehmungskultur (vgl. dazu auch Rz. 4.121 ff.). Die Normative Führung durch die Holding umfasst im Einzelnen die Gestaltung von Rahmenbedingungen, die Formulierung allgemein gültiger (Konzern-)Ziele sowie die Festlegung konzernweiter Entscheidungs- und Handlungsprinzipien. Die Formulierung eines für alle Konzernteile allgemeinverbindlichen Unternehmungszwecks dient in diesem Zusammenhang der Einbettung des Verbundes als Gesamtheit in die externen wirtschaftlichen, gesetzlichen und sozialen Umwelten. 4.45

In der Unternehmenspraxis werden der Unternehmens- bzw. der Verbundzweck schon aufgrund der Vielfalt ihrer operativen Aktivitäten, strategischen Beteiligungen zum Teil wenig greifbar formuliert, um möglichst alle Tätigkeiten allumfassend berücksichtigen zu können: „... XY ist ein Technologiekonzern mit Kernaktivitäten auf den Gebieten A, B und C und in nahezu allen Ländern der Welt aktiv. XY ist ein führender Anbieter von Produktions-, Verteilungs- und Infrastrukturlösungen sowie von Lösungen für die Industrie ...".

Im Technologiekonzern „Freudenberg-Gruppe" wurde hingegen der Konzern-Unternehmenszweck deutlich präziser gefasst:

„Freudenberg ist ein globales Technologieunternehmen, das seine Kunden und die Gesellschaft durch wegweisende Innovationen nachhaltig stärkt. Gemeinsam mit Partnern, Kunden und der Wissenschaft entwickeln die zehn Geschäftsgruppen der Freudenberg Gruppe technisch führende Produkte, exzellente Lösungen und Services für rund 40 Marktsegmente und für Tausende von Anwendungen: Dichtungen, schwingungstechnische Komponenten, technische Textilien, Filter, Spezialchemie, medizintechnische Produkte und modernste Reinigungsprodukte."[12].

Die Normative Führung sichert aufgrund ihrer **generellen Natur** der Holding einen kontinuierlich wirkenden, mittelbaren **Führungseinfluss**, gleichzeitig aber auch die Entscheidungs- und Informationsautonomie einer Holdingtochter im Tagesgeschäft. Lediglich über die Festlegung der Breite der dezentralen Entscheidungsspielräume nimmt die Holding einen unmittelbaren Einfluss wahr. Die Wirkungen sind also klar begrenzt. 4.46

Konkret zählt zur Normativen Führung 4.47

- die rechtlich bindende **Vorgabe** unternehmerischer Aktivitäten
- die **Einschränkungen** bestimmter unternehmerischer Aktivitäten sowie
- die Definition von Entscheidungsprozeduren und
- die Vorgabe von Informationsabläufen und Informationsinhalten über die gesetzlich vorgegebenen Pflichten (Quartalsberichte, Jahresabschluss, Ad-hoc-Mitteilungen etc.) hinaus.

12 *Freudenberg*, Unternehmensüberblick 2019, S. 3.

Die konkrete Umsetzung erfolgt im Übrigen wie bei jeder Unternehmensgründung im ersten Schritt über die jeweiligen Satzungen, Geschäftsordnungen bzw. Gesellschaftsverträge der abhängigen Holdingtöchter und hier schwerpunktmäßig über die Festlegung der zustimmungspflichtigen Geschäftsvorfälle.

4.48 Die Normative Führung der Holding beginnt mit der Beantwortung der Frage „Wer darf was im Konzern?“. Primär bezieht sich diese Fragestellung zunächst auf die eindeutige und detaillierte **Festlegung des Aktivitätenspektrums** einer jeden Tochter durch die Holding. Die Festlegung ist nicht nur aus Sicht einer transparenten Strukturierung ihres Beteiligungsportefeuilles dringend erforderlich. Bereits bei der Gründung einer Tochter bzw. nach dem Erwerb einer neuen Beteiligung sind mithilfe des satzungsmäßigen Geschäftszwecks die operativen Aktivitäten und Interessensphären der Töchter gegeneinander abzugrenzen, um Überschneidungen der Verantwortung für die Marktbearbeitung und Kundenbetreuung dauerhaft zu vermeiden. Ferner müssen die Holdingtöchter wissen, welche zukünftigen Expansionsfelder für sie im Konzern offen und welche belegt sind oder gar nicht aufgebaut werden dürfen.

4.49 Sollten dennoch Überlagerungen entstehen, z.B., weil sich zwei Tochtergesellschaften aufgrund von Marktverschiebungen in ihrem Tagesgeschäft und möglicherweise sogar in ihrer strategischen Ausrichtung annähern und drohen, zu Wettbewerbern zu werden, muss die Holding zügig handeln. Ihr stehen zwei Wege offen:

1. Abgleich durch Neuformulierung der Geschäftszwecke oder
2. Zusammenfassung der Töchter zu einem gemeinschaftlichen Geschäftsbereich unter Angleichung der Satzungen.

Mit der Zusammenfassung in einen gemeinschaftlichen Geschäftsbereich stellt sich zwangsläufig die Frage nach einer weitergehenden Delegation von Verbundführungsfunktionen aus der Holding heraus in eine neu zu schaffende „Geschäftsbereichsführung“. Bei entsprechender Größe des Geschäftsbereiches und Anzahl zu führender Tochtergesellschaften könnte dies eine operative Führungsholding unterhalb einer „Strategischen Holding“ oder sogar Finanzholding sein.

Gleichzeitig muss die Holding die Fokussierung des Konzerns im Auge behalten. Insbesondere ist ein Zerfasern der Konzernaktivitäten durch Firmenakquisitionen der Holdingtöchter bereits im Vorfeld zu vermeiden. Die Erfahrung aus der Holding-Praxis zeigt, dass Tochtergesellschaften gerne ihr angestammtes Spielfeld verlassen und mittels Firmenakquisition neue Aktivitäten und vor allem Ergebnispotenzial einkaufen.

4.50 Trotz aller unternehmerischen Freiräume der Töchter sollte eine Holding ihre operativen Einheiten in puncto Aktivitätenspektrum und Neuakquisitionen restriktiv führen, um insbesondere dem Hang zu Gelegenheitskäufen oder opportunistischen „Strategieerweiterungen“ einen Riegel vorzuschieben; zu empfehlen ist, die Satzung der Holdingtöchter mit einem entsprechenden Verbot hinsichtlich der Gründung von (Enkel-)Gesellschaften und dem Erwerb von Beteiligungen durch die Holdingtochter zu versehen. Dies bedeutet nicht, dass einer Holdingtochter akquisitionsstrategisch die Hände gebunden sind. In begründeten Ausnahmefällen kann die Tochter nach wie vor Entscheidungsvorlagen an ihre Gesellschafterversammlung leiten. Über dieses Gesellschaftsorgan kann die Holding – vertreten durch ein Mitglied ihrer eigenen Geschäftsleitung (s. Rz. 4.110) – dann abschließend über eine Gründung oder Akquisition auf der Basis einer sorgfältigen Planung und des Nachweises ihrer strategischen Relevanz entscheiden.

4.51 Mit der Formulierung konzernweiter **Unternehmungsgrundsätze und Konzernrichtlinien** (Investitions-, Finanzierungs-, Planungs- und Controlling-Richtlinien etc.) gibt die Holding ex ante Orientierungsmöglichkeiten, Entscheidungs- und Handlungsanweisungen vor. Die inhaltlichen Vorgaben bei Investitionsvorhaben, Genehmigungsprozeduren, Planungs- und Berichtsabläufen dienen zum einen der Schaffung eines integrierenden Grundkonsenses und der Feststellung allgemein gültiger Grundentscheidungen und Entscheidungsspielregeln im Verbund. Zum anderen berühren Konzernrichtlinien unmittelbar die Führungseffizienz. Gerade in breit diversifizierten Konzernen und tiefer gehenden Verschachtelungen in Tochter- und Enkelkonzerne müssen rechtzeitig umfassende Zwischenkonsolidierungen vorgelegt werden, damit wiederum auf Ebene der Holdingtochter und dann auf der Ebene der Holding selbst aussagefähige Übersichten über die jeweiligen Vermögens-, Finanz- und Ertragslagen erstellt werden können.

Zu berücksichtigen ist, dass die **Inhalte der Normativen Führung** nicht zu „feinstreifig" gestaltet werden. Ein zu detailliert ausgelegtes Richtlinieninstrumentarium würde die neu gewonnenen Entscheidungs- und Handlungsfreiheiten im operativen Geschäft und letztlich auch die Flexibilität der Holdingstruktur aufheben. 4.52

Gleichzeitig besteht die Gefahr, dass die Holding zusätzliche (kostenintensive) Kontrollsysteme als Gegengewicht zur operativen Autonomie ihrer Holdingtöchter einführt. Die Formulierung eines umfangreichen Kataloges zustimmungspflichtiger Geschäfte im Tagesgeschäft sollte deshalb zugunsten einer erweiterten Entscheidungs- und Informationsautonomie der Holdingtöchter geregelt werden. Die Erfahrungen zeigen, dass die Problempunkte an dieser Stelle in dem grundsätzlich notwendigen Umdenkprozess liegen, der zu Beginn der Einführung eines Holdingkonzeptes notwendig wird.

Ferner sind die für eine einheitliche Konzernführung notwendigen **Verfahrensrichtlinien** wegen des grundlegenden Marktprinzips von Holdingkonzepten marktkonform zu formulieren. Konkret bedeutet dies, dass beispielsweise **Verrechnungspreise** für einen (marktfähigen) Leistungsaustausch im Verbund aus führungsorganisatorischer Sicht grundsätzlich marktorientiert (vgl. jedoch *Paul/Stein* Rz. 10.47 und 10.116), die Kapitalausstattung der Töchter wie auch die **Bilanzierungsregeln** im Rahmen der Konsolidierung branchenüblich sind. 4.53

Häufig wird bei der konsequenten Umsetzung dieser Empfehlung erst deutlich, welche Unternehmensbereiche unterkapitalisiert sind und welche „Hoffnungsträger" in Wahrheit verdeckte Subventionsempfänger im ehemaligen Stammhaus vor Umwandlung in eine reine Holding waren. Klassischerweise zählten hierzu alle grundsätzlich marktfähigen Zentralabteilungen wie Transportlogistik und die IT, deren Dienstleistungen zukünftig nach Wettbewerbsvergleichen honoriert werden sollten. Konsequent wäre sogar eine vollständige Ausgliederung als selbständige Unternehmenseinheiten, wobei die Praxiserfahrung zeigt, wie schwer sich ehemalige Zentralabteilungen einem externen Wettbewerb erfolgreich stellen können.

Schwierig gestaltet sich gerade in Holdingkonzepten aufgrund des Dezentralitätsprinzips die Umsetzung einer **konzernweiten Kultur.** Während die rechtlich-statutarischen Verfassungen der Holdingtöchter einmalig und grundlegend geregelt werden können, muss die Konzernkultur als Ausprägung gemeinsamer Wertvorstellungen im Unterschied zum Stammhaus, das schon aufgrund seiner operativen Dominanz eine im Wesentlichen produkt- bzw. produktionsbezogene Kultur konzernweit ausstrahlt, durch einen permanenten Kommunikationsprozess zwischen Holding und ihren Töchtern getragen und weiterentwickelt werden. Die Holding wird zum neutralen Initiator und integrativen Vermittler (vgl. dazu Rz. 4.121 ff.). Hierbei sollte sich die Holdingführung stets bewusst sein, dass Kultur als Führungsinstrument nur dann zur Entfaltung gelangt, wenn sie vorgelebt wird. „Kulturverkündungen" wirken hingegen wie ein Strick, den man versucht zu drücken. 4.54

Die **Führungseffektivität einer Konzernkultur** ist von der Vereinheitlichungsfähigkeit der i.d.R. stark operativ geprägten Kulturen der Holdingtöchter abhängig. Wie verträgt sich die Kultur einer Massenmarke mit den hochemotionalen High-End-Produkten einer Schwestergesellschaft unter dem Dach einer Holding? 4.55

Die Volkswagen AG als „Marken-Holding" beschreibt diese kulturellen Verschiedenartigkeiten zwischen Marken wie Skoda und Seat sowie dem eines sehr „bodenständigen" Nutzfahrzeugbereiches auf der einen Seite von den High-End-Sport- und Luxuswagen *Porsche*, *Lamborghini*, *Bentley* und *Bugatti* auf der anderen Seite wie folgt:

„Im Mittelpunkt unserer Aktivitäten steht das Automobil, doch ist der Volkswagen Konzern weit mehr als ein reiner Fahrzeughersteller. ... Eine Vielzahl von Marken und Gesellschaften mit individuellen Eigenschaften und Schwerpunkten unter einem Dach zu vereinen ist eine anspruchsvolle Aufgabe. Anspruchsvoll auch deshalb, weil sie im Volkswagen Konzern gleichzeitig ihre Identität bewahren sollen. Denn nur so können alle Marken und Gesellschaften mit ihrem Beitrag zur gemeinsamen Wertschöpfung wichtige Stützpfeiler für den gesamten Konzern darstellen."

4.56 Die kulturelle Entsprechung ist deshalb bei einem homogenen Portefeuille größer als bei einem diversifizierten, strategisch heterogenen Portefeuille. Ob eine **vereinheitlichte Kultur** als Normatives Führungsinstrument überhaupt sinnvoll ist, muss an der Vorteilhaftigkeit der operativen und somit im Wesentlichen auch kulturellen Neutralität einer Holding gespiegelt werden. Denn gerade diese Neutralität erlaubt es, unterschiedliche Kulturen unter einem Holdingdach zu vereinen oder kulturelle Divergenzen auf Holding-Ebene flexibel auszugleichen. Dies gilt im Übrigen in besonderem Maße für internationale Konzerne schon aufgrund der regionalen Diversifizierung auch bei homogenem Leistungsprogramm.

4.57 Die **Ausprägung normativer Konzernvorgaben** in den Holdingtöchtern ist neben dem angestrebten wirtschaftlichen und führungsorganisatorischen Autonomiegrad ebenso von der Dauer der Zugehörigkeit einer Tochter zum Holdingverbund abhängig. Entsteht eine Holding durch Ausgliederung operativer Aktivitäten einer Einheitsunternehmung, werden unter Umständen Handlungs- und Verfahrensrichtlinien, gelebte Grundsätze und nicht fixierte Wertvorstellungen automatisch von den neuen Holdingtöchtern mit übernommen. Die alten Wertvorstellungen bilden in der Anfangsphase der rechtlichen Selbständigkeit zusammen mit den in aller Regel noch vorhandenen informellen Kommunikationsbeziehungen, z.B. zwischen den Mitarbeitern der Holding und den neuen Tochter-Leitungsebenen, einen tradierten Zusammenhalt im Gesamtverbund. Es hat sich gezeigt, dass im Falle einer Ausgliederung von Aktivitäten eines Stammhauses und der rechtlichen Verselbständigung unter einer neuen Holding-Führung die stammhausgeprägten Willens- und Machtzentren über eben diese Richtlinien, Grundsätze und möglicherweise überholten Wertvorstellungen die soeben neu gebildeten Unternehmenseinheiten einzuengen versuchen.

4.58 Gerade auch der Erhalt der alten Kommunikationsbeziehungen kann dazu führen, dass sich der unternehmerische Holdingverbund und seine Führungsprinzipien nicht ausreichend entfalten können. Im Einzelfall ist deshalb ein Bruch mit den alten „Spielregeln" des (Mutter-)Stammhauses schon in der Anfangsphase bewusst herbeizuführen. Dies geschieht am wirkungsvollsten über die Entwicklung einer neuen Vision, über neue Zielvorgaben der einzelnen Töchter und über neue, holdingspezifische Handlungs- und Verfahrensrichtlinien an zunächst wenigen, aber signifikanten Eckpunkten wie z.B. Personaleinstellungen, Ressourcenzuordnung bzw. Ressourcenhoheit und die vollständige Neuordnung der Gremienarbeit. Einen nicht unerheblichen Einfluss hat erfahrungsgemäß die Bindung der Gehälter der neuen Tochtergeschäftsführung an die Ergebnisentwicklung ihres unternehmerischen Profit-Centers und die Erreichung bestimmter operativer Ziele.

4.59 Anders bei Übernahmen: Bei der **Integration neu erworbener Tochterunternehmen** müssen hingegen möglicherweise die Kulturen und Unternehmenspolitiken von Tochterunternehmen mit sehr unterschiedlichen Aktivitäten durch die Holding insbesondere durch Personaltransfers und Kommunikationsprozesse übertragen werden. Bereits im Vorfeld einer Akquisition sollte die Holding also die kulturelle Übereinstimmung zwischen Konzern, Konzerntöchtern und dem Zielunternehmen prüfen, da der Akquisitionserfolg erheblich von der späteren kulturellen Integration abhängt.

Stimmen die Kulturen nicht überein oder lassen sie sich aufgrund der Heterogenität nur schwer aufeinander anpassen, bleibt der Holding nur die Alternative, diesen operativen Bereich zumindest hinsichtlich der Normativen Führung durch eine gemeinsame Unternehmungspolitik und Firmenkultur relativ schwach zu integrieren oder homogenere Untergruppen – möglicherweise mit Zwischenholdings – zu schaffen.

Im Falle des italienischen Sportwagenherstellers *Lamborghini* wurde die Übernahme und Integration in den VW-Konzern über die *Audi AG* dargestellt. Für die engere Verbindung mit der Marke *Audi* sprachen neben der Motorentechnik vor allem die größere Nähe der beiden unabhängigen Markenprofile. *Audi* konnte hierdurch – im Übrigen unabhängig von der dominierenden Sportwagenmarke *Porsche* – die eigene Positionierung im Premium Segment untermauern, ohne in Konflikt zu den Kundensegmenten von *Porsche* zu geraten, und *Lamborghini* erhielt Zugang zu den strategisch wichtigen Technik-Ressourcen wie Motorenentwicklung, Abgastechnologien, Windkanal etc. des *VW-Konzerns*[13].

Eine **Verlagerung des Einflusses auf die Strategische und die Personelle Führung** bleibt wegen des engen Zusammenhangs zwischen Unternehmenskultur und Unternehmensstrategie aber eingeschränkt. Stattdessen sind die Instrumente der Finanziellen Führung als Ausgleich weiter auszubauen (vgl. dazu Rz. 4.70–4.76). Zu beachten ist, dass die Holding damit über ihre portfolioorientierte Diversifikationsstrategie stärker in die Rolle und die Funktionen einer Finanzholding wächst.

2. Finanzielle Führung

Ziel der finanziellen Führung ist sowohl die Sicherung der **finanziellen Handlungsfähigkeit und Rentabilität** der einzelnen Holdingtöchter als auch die des Gesamtverbundes. Finanzielle Führung umfasst die Steuerung der Koordination der Mittelbeschaffung („Mittelherkunft") und die Allokation von Finanzmitteln („Mittelverwendung") durch ein konzerninternes Finanzsystem. 4.60

Im Gegensatz zur Normativen Führung, deren Instrumente sich zum Teil unmittelbar und ausschließlich an der jeweiligen Tochtergesellschaft festmachen (Satzungsgestaltung, Gesellschaftsverträge etc., vgl. Rz. 4.45), ist eine isolierte **finanzielle Führung einzelner Holdingtöchter** nicht möglich. Für Kredit- und Kapitalgeber, Lieferanten und möglicherweise auch für Kunden ist in erster Linie die konsolidierte Sicht maßgebend. Dies ergibt sich nicht zuletzt aus den Vorschriften des Kreditwesengesetzes in § 19 Abs. 2 KWG, die den „Konzern" entweder aufgrund der faktischen Einflussnahme (Beherrschung) oder aufgrund der wechselseitigen finanziellen Verflechtungen als relevanten Kreditnehmer definieren, und dies, obwohl der Konzern rechtlich nicht Partei eines Kreditvertrages sein kann. Bei Kapitalstrukturentscheidungen im Konzern hat deshalb die **Holdingbilanz** allein eine herausragende Bedeutung. Auf Grund der finanziellen Substitutionsfunktion, bei der Eigen- und Fremdkapital der Holding über die Kapitalbeteiligung zu Eigenkapital der Holding-Tochter werden, ist dabei die **Eigenkapitalausstattung der Holding** die zentrale Bestimmungsgröße der Gesamtkapitalausstattung des Holdingkonzerns. 4.61

a) Sicherung der finanziellen Handlungsfähigkeit

Auf der Mittelherkunftsseite ist die **gesellschafterseitige Kapitalausstattung** der Holdingtöchter das Hauptinstrument der finanziellen Führung. Die Holding leistet einen unmittelbaren langfristigen Finanzierungsbeitrag über die Bereitstellung bzw. die Beteiligung am Eigenkapital ihrer Töchter. Ergänzend kann die Holding Gesellschafterdarlehen zur (kurzfristigen) Liquiditätssicherung der Tochtergesellschaft herauslegen. Die Holding als Gesellschafterin hat laufend zu prüfen, inwieweit es sich nach Art und Höhe noch um klassische Darlehen, oder schon um kapitalersetzende Mittel handelt. Ein Fremdvergleich mit marktadäquaten Bilanzquoten (Fremd- zu Eigenkapital) und Konditionen sind aus diesem Grund zu empfehlen (vgl. auch Rz. 4.72). 4.62

Im Sinne der **Prinzipal-Agent-Theorie** kann also eine Holding als ein durch die (Holding-)Anteilseigner beauftragter unternehmerisch agierender Finanzinvestor angesehen (und beauftragt) werden. Finanzielles Ziel der Holding ist zum einen eine effiziente (Eigen-)Kapitalbeschaffung unter Berücksichtigung der Gesamtkapitalkosten und der Wertsteigerungen für den Gesamtverbund. Neben ein- 4.63

13 Vgl. *Grieger/Gutzmann*, Vom Käfer zum Weltkonzern, S. 282.

maligen und laufenden Finanzierungskosten sind Effekte aus der Kapitalbeschaffung – namentlich der Entscheidung über die Eigenkapitalbeschaffung – Eigenkapitalerhöhung allein durch die Holding mit anschließender Weiterleitung als Kapitalerhöhung an die Töchter oder Eigenkapitalbeschaffung der einzelnen Holdingtöchter selbst – zu optimieren. Zum anderen besteht das Ziel einer dann **gesamtrisikoadäquaten Bedienung** des dem Verbund zur Verfügung gestellten Kapitals.

4.64 Die **Angleichung der Ausschüttungskraft der Holding** auf das Niveau der konsolidierten Ertragskraft steht somit im Vordergrund der Gewinnverwendung innerhalb der Holding. Die Volkswagen AG beispielsweise definiert dies in ihrer „Strategie 2018" wie folgt: „Die Umsatzrendite vor Steuern soll nachhaltig mindestens 8 % betragen, damit die finanzielle Solidität und Handlungsfähigkeit des Konzerns auch in schwierigen Marktphasen sichergestellt ist."

Hinsichtlich der Formulierung und verbindlichen Vorgabe von **Gewinnverwendungsregeln** ist zu berücksichtigen, dass die Holding als **Allokationszentrale** zwischen den (mittelbaren) (Holding-) Anteilseignern als wirtschaftliche Eigenkapitalgeber und den kapitalnehmenden operativen (Tochter-)Gesellschaften, die für die Erwirtschaftung des (Konzern-)Ergebnisses verantwortlich sind, fungiert. D.h. die Ausschüttung muss sich an den übergeordneten Rendite- und Wertzielen der Holding orientieren.

Für die Holding bestehen bei Töchtern mit geringeren Renditen oder Renditen, die die Gesamtkapitalkosten auf Dauer nicht erreichen, folgende Handlungsoptionen:

- die Töchter werden angewiesen, grundsätzlich Vollausschüttungen vorzunehmen,
- die Kapitalbindung im Anlage- und Umlaufvermögen wird reduziert (insbesondere durch Freisetzung nicht mehr betriebsnotwendigen Vermögens),
- die Holding initiiert Restrukturierungsprojekte in der betroffenen Tochter.

4.65 Mit dem Zugang der Töchter zu eigenen konzernexternen Kreditmärkten im Rahmen einer **dezentralen Konzernfinanzwirtschaft** (vgl. *Paul/Stein* Rz. 10.1–10.7 und 10.75) erwächst die Notwendigkeit zur Regelung des Finanzierungsverhaltens auf Tochterebene durch **Strukturregeln.** Die Holding entwickelt hierzu ein Kennzahlensystem bezüglich der horizontalen und vertikalen Bilanzstrukturen, dem Verhältnis der Investitionen zum Brutto-Cash-Flow etc. Ausgangspunkt sind die Refinanzierungsstruktur der Holding und ihre Risikoneigung. Beide Kriterien sind wiederum vor dem Hintergrund der Finanzierungsbereitschaft und -fähigkeit ihrer eigenen Holding-Anteilseigner und des Konsolidierungserfordernisses zu betrachten.

4.66 Aus Synergieüberlegungen und dem Ziel der Reduzierung der Gesamtkapitalkosten bzw. Steigerung der Kapitalerträge bietet sich gerade im Holdingverbund die **Zentralisierung der Finanzierungsfunktion** an (vgl. *Paul/Stein* Rz. 10.124 ff., 10.129). Bei der Einrichtung eines zentralen Liquiditäts-, Zins- und Währungsmanagements innerhalb der Holding oder einer Finanzierungstochter ist allerdings neben den Kosten-/ Nutzenüberlegungen einer Zentralisierung vor allem die Bedeutung der **Finanzierungsfunktion im Wertschöpfungsprozess** der Tochter zu berücksichtigen. So kann eine dezentrale Fremdfinanzierung dann notwendig sein, wenn sie als Teil eines „Produktpaketes" geschäftsrelevant ist (Absatzfinanzierung) oder Finanzierungsentscheidungen zeitkritisch sind.

Über diese Argumente hinaus hat es sich durchaus als förderlich im Sinne unternehmerischer Marktverantwortung erwiesen, die Kreditfinanzierung in den operativen Bereichen zu belassen. Die Praxiserfahrungen zeigen, dass – isoliert betrachtet – der unmittelbare Bankenkontakt vor Ort ausreichend sein kann für ein effizientes, selbstgesteuertes Liquiditäts- und Zinsmanagement der Töchter im Tagesgeschäft. Eine Grundvoraussetzung für ein dezentrales, selbstgesteuertes Liquiditäts-, Zins- und ggfs. Währungsmanagement ist jedoch, dass sich im Verbund keine Vorteile aus der Konsolidierung von Soll- und Haben-Salden einzelner Töchter erzielen lassen.

4.67 **Größeneffekte** oder eine Reduzierung des Risikozuschlags bei **dezentraler Fremdfinanzierung** lassen sich bereits durch Abschluss von Rahmenvereinbarungen bezüglich der Konditionsstellung und bei

Leistung von Kreditsicherheiten zwischen der Holding und den Konzern-Hausbanken erzielen, ohne mit einer Zentralisierung der Finanzfunktion in die Handlungsfähigkeit der dezentralen Töchter eingreifen zu müssen. Insgesamt sprechen zumindest die letztgenannten Aspekte für eine zentrale **Bankenpolitik** und die zentrale **Koordinierung der langfristigen Kapitalausstattung** durch die Holding.

Eine Übersicht möglicher Funktionen des zentralen Finanzmanagements zeigt die folgende Aufgabengliederung des zentralen Finanzmanagements in der Holding eines Familienkonzerns.

Abb. 4: Beispiel zur Aufgabengliederung in einem zentralen Finanzmanagement

Liquiditäts- und Kreditmanagement
- Euro- und Währungsclearing
- Finanzierung der Unternehmensbereiche auf Basis von Clearingvereinbarungen
- Verhandeln von Kreditverträgen, Analyse und Strukturierung von Finanzierungen
- Betreuung der Unternehmensbereiche bei in- und ausländischen Finanzierungsverträgen

Zins- und Währungsmanagement
- Abschluss und Monitoring von Zins- und Fremdwährungssicherungsgeschäften
- Betreuung der Unternehmensbereiche im Zins- und Währungsmanagement

Exposure Management
- Genehmigung und Monitoring der im Konzern abgegebenen Haftungserklärungen
- regelmäßige Berichterstattung über Eventualverbindlichkeiten
- Erfassung, Monitoring und Berichterstattung von Risikopositionen des Konzerns im Zins- und Währungsbereich
- Festlegen von Kreditgrenzen für die Unternehmensbereiche; Monitoring der Verschuldung der Unternehmensbereiche und Geschäftseinheiten
- Optimierung und Überwachung der Zinskosten der Unternehmensbereiche sowie der Holding

Finanzcontrolling
- Liquiditätsstatus für den gesamten Konzern (täglich)
- Finanzstatus für den gesamten Konzern (wöchentlich)
- Bericht über die Marktwerte aller Derivatepositionen im Konzern (monatlich)

Finanzplanung
- Ermittlung des Finanzbedarfs und der Kreditlinienerfordernisse (laufend)
- Fixierung und Fortschreibung der Finanzcovenants sowohl auf Holding- und auf Konzernebene
- Erstellung und Überwachung des kurz- und langfristigen Zinsbudgets

Wenngleich die zentrale Finanzwirtschaft gängige Holding-Praxis ist, sind besonders die Rechte von Gläubigern und Minderheitsgesellschaftern abhängiger Tochtergesellschaften zu berücksichtigen. Ausgelöst durch ältere und gerne zitierte Insolvenzfälle wie die des „Bremer Vulkan" unterliegt die finanzielle Führung im Rahmen eines konzernweiten Cash-Managements strengen Restriktionen. 4.68

Eine ordnungsgemäße Konzerngeschäftsführung durch die Holding ist im Prinzip dann erfüllt, wenn die finanzielle Führung dem oben bereits dargestellten Marktprinzip folgt: 4.69

(1) Einerseits darf die Holding ihre Töchter nicht in Liquiditätsengpässe drängen,

(2) Andererseits muss sich die Geschäftsführung einer Tochter, die überschüssige Liquidität bei der Holding oder einer zentralen Finanzierungsgesellschaft anlegt, kontinuierlich über die Zahlungsfähigkeit dieser Gesellschaft – im Fall der Holding also auch der eigenen Muttergesellschaft – informieren.

Droht ein Liquiditätsengpass, ist die Geschäftsführung der Holdingtochter verpflichtet, die angelegten Gelder zurückzuziehen. Dies kann unter Umständen zu erheblichen Spannungen zwischen der konzernführenden Holding und der Tochter-Geschäftsleitung führen. Gleichwohl ist die Tochter-Geschäftsführung verpflichtet, die Rechte ihrer Gläubiger zu schützen.

Ferner muss gewährleistet sein, dass die Holdingtöchter in angemessener Form am finanzwirtschaftlichen Ergebnis beteiligt werden. Dies spricht wiederum für die Weiterleitung marktadäquater Zinszahlungen der Holding an ihre Töchter.

b) Allokation finanzieller Ressourcen

4.70 Die Allokation finanzieller Ressourcen stellt ein weiteres zentrales Koordinations- und Steuerungsinstrument dar. Sie ist das Ergebnis einer **integrierten Finanz- und Investitionsstrategie** (Abb. 7, Rz. 4.81) der Holding selbst, bei der die Holdingtöchter Investitionsalternativen im **holdingverbundinternen Kapitalmarkt** darstellen, die idealtypischerweise untereinander um knappe (Kapital-) Ressourcen konkurrieren.

4.71 Für die Allokation freier Finanzmittel benötigt die Holding ein **finanzielles Bemessungssystem**, das an dem Oberziel der Holding anknüpft und die operativen Leistungen der Holdingtöchter und ihre unterschiedlichen Strategien untereinander vergleichbar macht. Aus finanzstrategischer Sicht einer Holding sind die besonders wichtigen Kennziffern

- der um buchhalterische Einflüsse und um notwendige Investitionen in Anlage- und Umlaufvermögen bereinigte freie Mittelrückfluss („Free Cash Flow") aus den Holdingtöchtern,
- das in einer Holdingtochter langfristig gebundene Vermögen,
- die Kapitalstruktur der Töchter und
- die risikoadäquaten Gesamtkapitalkosten.

4.72 Bei der **Leistungsbewertung auf operativer Ebene** ist deshalb zu berücksichtigen, in welchem Umfang die Holdingtöchter ihr Ergebnis, ihr Vermögen und ihre Kapitalstruktur tatsächlich autonom gestalten können und verantworten. Grundsätzlich sollten bereits bei der Konzipierung eines Holdingverbundes die Holdingtöchter finanziell so ausgestattet werden, dass sie eigenständige, ganzheitliche Ergebnis- und Investitions-/Vermögenscenter mit **Kapitalstrukturverantwortung** und einer unternehmensspezifischen Risikostruktur darstellen. Sie erfüllen dann die grundlegenden Voraussetzungen eines wirtschaftlich existenzfähigen **Wertcenters („Value Center")**, welches nach gesamtunternehmerischen Kriterien bewertet werden kann.

4.73 Bei der Zuweisung knapper Finanzmittel überschneiden sich die Rolle und die Funktion der Holding als finanzorientiertem Investor und strategisch denkendem Unternehmer (vgl. auch *Paul/Stein* Rz. 10.1 ff., 10.9 und 10.72 f.). Dies spricht für eine an den Strategien der Töchter ausgerichtete **renditeorientierte** bzw. **wertorientierte Allokation** von Finanzmitteln. Die **Ermittlung zukünftiger Renditen und Wertsteigerungen** erfordert eine professionelle Strategische Planung in den Holdingtöchtern und Erfahrungen mit den Instrumenten und Prozessen der Strategischen Führung innerhalb der Holding. Strategische und Finanzielle Führung durch die Holding sind also eng miteinander verknüpft. Die strategische Autonomie und die **Investitionsautonomie** einer Holdingtochter, d.h. die quantitative und qualitative Entscheidungsautonomie bei konkreten Investitionsmaßnahmen, erfordert deshalb zumindest eine graduelle Übereinstimmung der beiden Führungssysteme „Finanzielle Führung" und „Strategische Führung".

Der Vorteil einer **zukunftsorientierten Allokation nach Renditegesichtspunkten** liegt darin, dass die 4.74
(geplanten) Renditen von Einzelprojekten in einer „Renditematrix" (nachfolgend Abb. 5) der Gesamtunternehmensrendite pro Holdingtochter – quasi als Summe aller Einzelprojekte – direkt vergleichend gegenübergestellt werden können. Die Gegenüberstellung ermöglicht eine Plausibilitätsprüfung von Unternehmens- und Funktionalstrategien einer jeden Holdingtochter und einen objektiven Vergleich alternativer Einzel- und Gesamt-Investitionsprojekte (z.B. Beschaffung einer neuen Fertigungsanlage durch eine Holdingtochter versus Erwerb einer neuen Tochter durch die Holding selbst).

Kritisch zu überprüfen sind insbesondere solche Investitionsmaßnahmen und der ihr zugrunde liegenden Strategien, die signifikante Abweichungen von der (geplanten) Gesamtunternehmensrendite erkennen lassen. Häufig genug zählen hierzu leider auch so genannte „Strategische Firmenakquisitionen", deren zu niedrige Kapitalrentabilität bzw. Wertsteigerungsbeitrag mit einer „besonderen strategischen Bedeutung" für den Konzern verteidigt werden. Es ist durchaus zu akzeptieren, dass in Einzelfällen der Akquisitionsnutzen tatsächlich an einer anderen Stelle des Konzerns zum Tragen kommt. Dies befreit aber nicht die akquirierende Einheit vom ex post und ex ante Nachweis der Wertsteigerung einer Übernahme.

Abb. 5: Matrix zur Einzelprojekt- und Gesamtunternehmensrendite

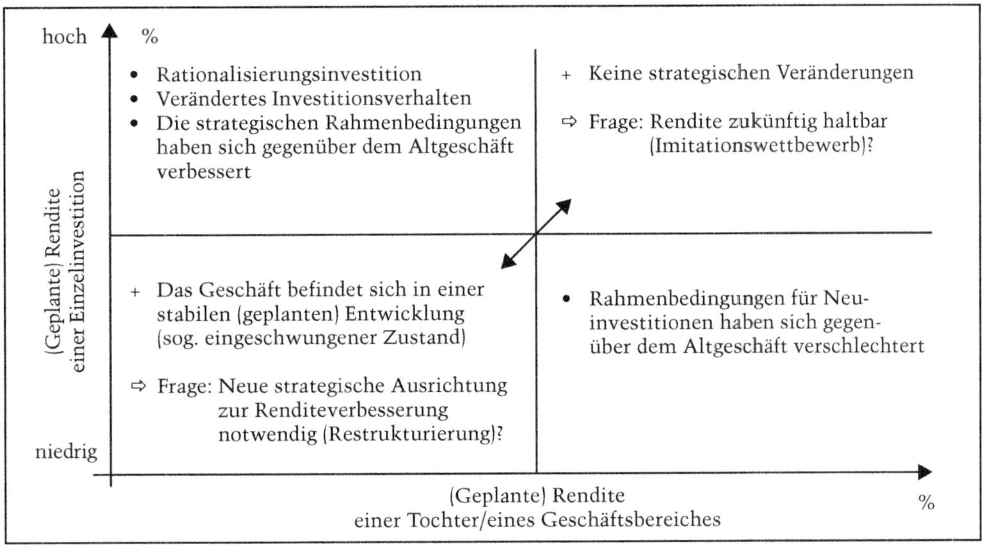

Bei der Finanziellen Führung bilden Einzelprojekt- und Gesamtrenditen ein zukunftsorientiertes Prüfverfahren.

Dem Marktprinzip entsprechend sollte die Zuteilung knapper Ressourcen über die **internalisierten** 4.75
Regeln des externen Kapitalmarktes erfolgen. Maßeinheiten der Leistungsbemessung sind die unternehmensindividuelle, risikoadäquate (Über-)Rendite und die Steigerung des (zukünftigen) Unternehmenswertes der einzelnen operativen Töchter. Dies kann im Einzelfall bedeuten, dass Investitionen in eine Holdingtochter mit nicht ausreichender Gesamtkapitalrentabilität doch sinnvoll i.S.d. Konzernwertsteigerung sein können, wenn hierdurch relativ große Wertpotenziale realisiert werden (vgl. dazu Rz. 4.87 ff.).

Im zeitlichen Ablauf sind zunächst von den Tochtergesellschaften die Mehrjahresplanungen mit detail- 4.76
lierten Umsatz-, Ergebnis- und Bilanzplanungen der Holding vorzulegen. Anhang des Investitions- und Finanzplanes lassen sich mit relativ einfachen Berechnungen die zukünftigen frei verfügbaren Cashflows sowie die Kosten für das Eigen- und Fremdkapital auf der Ebene der Einzelgesellschaften sowie im Gesamtkonzern ermitteln. In der Regel übersteigen die kumulierten Investitionswünsche der Toch-

tergesellschaften die Finanzierungskraft der Holding. In einer zweiten Planungsphase müssen aus diesem Grund Anpassungen der Investitionssummen auf Basis der geplanten Wertsteigerungen erfolgen.

3. Strategische Führung

4.77 **Ziel der Strategischen (Konzern-)Führung** ist es, die einzelnen Tochtergesellschaften und den Holdingverbund dergestalt auf den (Konzern-)Wettbewerb und die (Konzern-)Umweltveränderungen einzustellen, dass sie im (Konzern-)Markt nicht nur ex post reagieren, sondern proaktiv-systematisch und zukunftsorientiert agieren. Ausgangspunkt der Strategischen Führung ist die ganzheitliche Betrachtung des Holdingkonzerns und seiner Unternehmen unter Einbeziehung der relevanten In- und Umwelten und der Konzernziele.

Durch die Strategische Führung der Holding wird die Ressourcenverteilung und -bindung festgelegt. Die Holding muss dabei insbesondere auch **konzernübergreifende Erfolgs- und Nutzenpotenziale** und strategische Gemeinsamkeiten der verschiedenen Tochtergesellschaften lokalisieren und Engpässe frühzeitig erkennen. Sie hat das Management ihrer Töchter auf Potenziale hinzuweisen und muss in diesem Zusammenhang gegebenenfalls Zieländerungen vorgeben.

Elemente der strategischen (Konzern-)Führung **in einer Holding sind:**

- die Strategische Planung (Rz. 4.78 ff.),
- die Strategieumsetzung (Rz. 4.87 ff.) und
- das Strategische Controlling (Rz. 4.94 ff.).

a) Strategische Planung und Strategieumsetzung

4.78 Grundlegende **Aufgabe der Unternehmensplanung** ist die Formulierung von Zielen und Strategien (Strategische Planung) und deren Umsetzung in quantifizierte Maßnahmen (Operative Planung). Ziel der Planung ist neben der antizipativen Anpassung der Unternehmung an Umweltbedingungen die aktive Einflussnahme auf relevante Umwelten durch marktverändernde Strategien zur Sicherung der Zielerreichung des Konzerns.

4.79 Auf Grund der typischen Struktur von Holdingkonzepten sind für die Unternehmungsplanung zwei Ebenen zu unterscheiden. Zum einen handelt es sich um die Planungsebene der Holding mit der **Strategischen Konzernplanung.** Sie dient der Vorbereitung konzerndimensionaler Entscheidungen und ist nicht delegierbar.

Im Rahmen ihrer eigenen Strategischen Planung formuliert die Holding die Konzernziele, legt fest,

- welche Geschäftsaktivitäten (gleiche, diversifizierte),
- wie (Neugründung, Aufspaltung, Kauf) und
- mit wem (allein, Kooperationen, Jointventure etc.) aufgebaut oder abgestoßen werden,
- welcher finanzielle Rahmen zur Verfügung steht und
- wie er den einzelnen Töchtern zugewiesen wird **(strategische Potenzialplanung).**

Entscheidend ist, dass die **Konzernstrategie** sich in Form einer konsistenten Zielhierarchie auf allen Konzernführungsebenen wiederfindet. Sie erfordert zudem eine Balance zwischen Ertragsrisiko und den erwarteten, für alternative Investitionen im Konzern dann wieder grundsätzlich frei verfügbaren Mittelrückflüssen aus den Holdingtöchtern.

4.80 Zum anderen handelt es sich um die **dezentrale Planung der einzelnen Geschäftsbereiche.** Im Rahmen einer Strategischen Führung besteht die Aufgabe darin, in den spezifischen **Markt-Produkt-Kombinationen** individuelle, langfristige Erfolgspositionen aufzubauen und zu sichern. Stellhebel sind dabei die Weiterentwicklung von Produktionsprogrammen, die Beeinflussung der Märkte und des Wettbewerbsverhaltens etc. (Abb. 6).

Abb. 6: Strategieebenen im Holdingkonzept

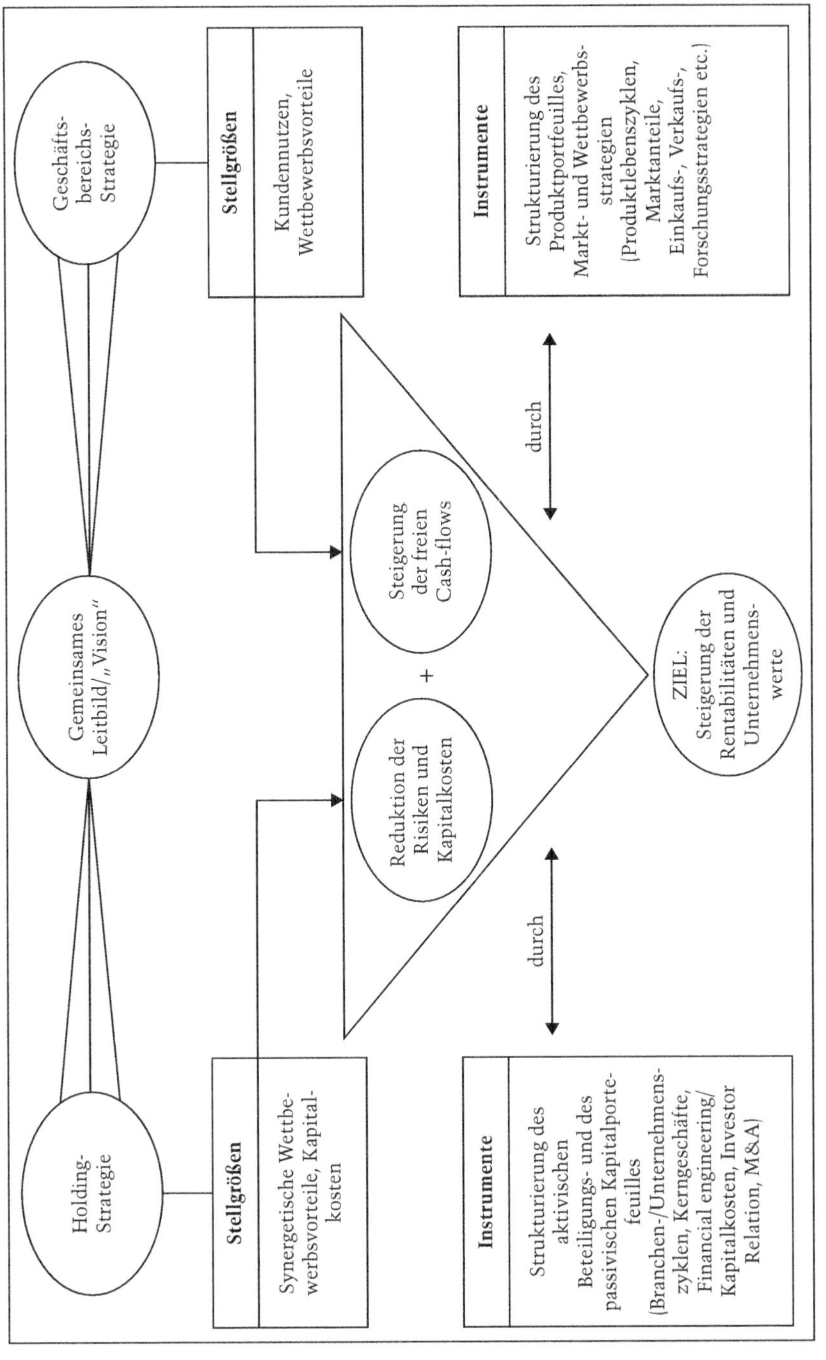

Im Holdingkonzept bestehen zwei Strategieebenen, die durch ein gemeinsames Wertesystem (Leitbild) und strategische Kernkompetenzen verbunden sind.

4.81 Trotz dieser funktionalen Trennung stehen beide Planungsbausteine in enger Wechselwirkung (nachfolgend Abb. 7). Die Teilstrategien der Töchter, in denen wiederum die einzelnen Funktionalstrategien (Einkaufs-, Produktions-, Vertriebsstrategie etc.) zusammengefasst sind, werden durch **Strategieverdichtung** zu einer geschlossenen und konsistenten **Konzernstrategie für einen konzerndimensionalen Markt** zusammengefasst. Die Strategische Konzern- und Geschäftsbereichsplanung ist somit ein bedeutendes Führungsinstrument im Holdingkonzern. Von ihr geht eine stark integrierende und koordinierende Wirkung aus.

Abb. 7: Wechselwirkung der Planungsbausteine

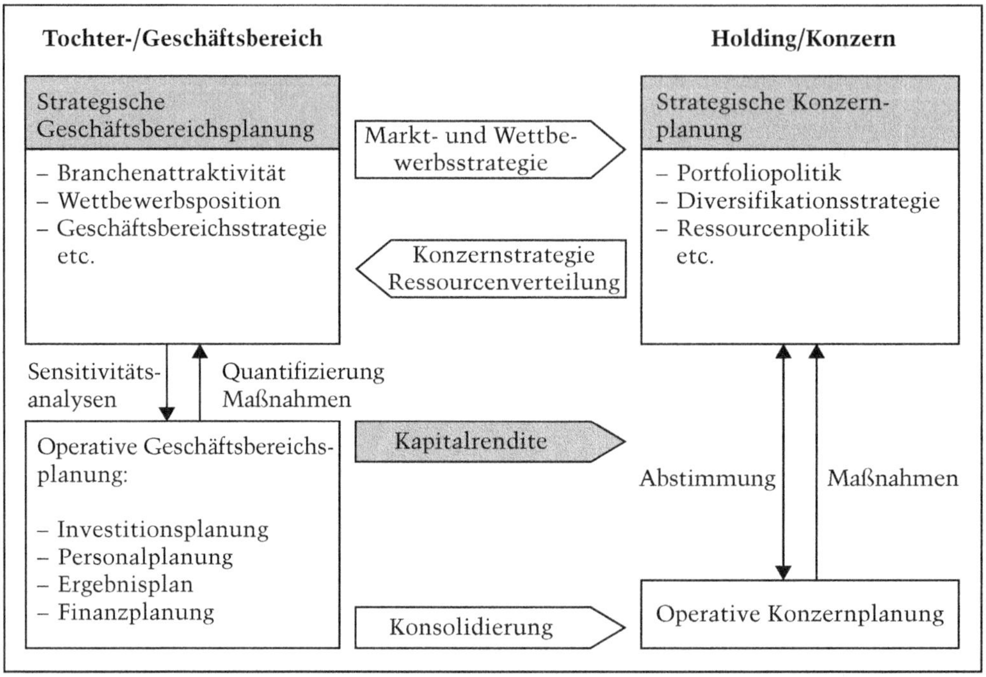

Die Planungsbausteine sind auch im Falle eines sehr dezentralen Holdingkonzeptes eng verflochten.

4.82 Die Planung selbst stellt einen **integrierenden Führungsprozess** mit vielfältigen Kommunikationsbeziehungen sowie fachlichen (Planungsmethodik und -instrumente) und inhaltlichen (Plausibilität und Widerspruchslosigkeit) Abstimmungsprozessen dar. Damit bietet sich für die Holding an, im Rahmen der übergeordneten Konzernstrategie nicht nur Einfluss auf die Tochtergesellschaften zu nehmen, sondern gerade auch bei der Strategiefindung und der Ableitung operativer Maßnahmen unterstützend zu wirken. Wenig geeignet für die Strategieentwicklung und auch den Strategieumsetzungsprozess sind die turnusmäßig abzuhaltenden Gesellschafterversammlungen bzw. Aufsichtsratssitzungen. Denn die **Entstehung strategischer Ideen** ist nicht planbar und ein eher kontinuierlicher Prozess, der sich durchaus auch im Tagesgeschäft entwickeln kann. Zudem werden Konzern- und Geschäftsfeldstrategien nicht periodisch neu formuliert.

4.83 Aus diesen Gründen bieten sich gerade Strategien bzw. Strategieentwicklungsprozesse der Holdingtöchter zur Generierung von Schwerpunktthemen für (fallweise) Strategiegespräche an. In diesen Gesprächen kann die Geschäftsleitung der Holding die Werthaltigkeit bestehender Strategien ihrer Töchter hinterfragen, eigeninitiativ Strategiealternativen einbringen und strategische Synergien mit anderen Holdingtöchtern initiieren. Die Rolle der Holding als neutraler „Sparringpartner“, der gerade keine operativen Eigeninteressen verfolgt, wird in Planungsprozessen regelmäßig von den

Tochtergesellschaften akzeptiert und genutzt. Ausreichend ist, die Strategiegespräche einmal jährlich abzuhalten. Idealerweise finden sie vor Beginn der Planungsphase statt.

In Holdingkonzepten kann eine **hierarchisch gespaltene Unternehmungsplanung** mit einem Top-down-Ansatz wegen der Dezentralität grundsätzlich kein konzeptkonformes Führungssystem sein. Denn die Nachteile des Top-down-Ansatzes liegen zum einen darin, dass zentrale Vorgaben nicht dem Geiste einer dezentralen Mitunternehmerschaft entsprechen, und zum anderen liegen sie in der Führungsdistanz einer Holding zu Kunden und zum Tagesgeschäft. Die operativen Töchter sind nun einmal näher am Markt und verfügen in aller Regel über umfassendere Markt- und Produktkenntnisse und über größere strategische Problemlösungsfähigkeiten in ihrem jeweiligen Geschäftsfeld. Zudem sind sie selbst gegenüber ihren eigenen Mitarbeitern gesamtunternehmerisch, also für Zielbildung, -durchsetzung und -kontrolle verantwortlich. 4.84

Dies bedeutet, dass die Formulierung strategischer Ziele zwischen der Konzernholding und Holdingtochter zumindest kooperativ in einem **Bottom-up/Top-down-prozess** mit der Holding, im Grundsatz jedoch autonom erfolgen sollte. Bewährt hat sich in der Praxis das so genannte **„Gegenstromverfahren"**. Beim diesem Verfahren gibt die Holding zu Beginn des Planungsprozesses (i.d.R. zu Beginn des vierten Quartales eines Geschäftsjahres) lediglich Kennzahlen für eine Mehrjahresentwicklung (Umsätze, Renditeanforderungen etc.) sowie weitere strategische Meilensteine aus den gemeinsamen Strategiegesprächen vor. Auf Basis dieser strategischen Rahmenvorgaben entwickeln die Töchter dann ihre eigenen Budgets für das Folgejahr und Mehrjahresplanungen (in der Regel ca. 3, maximal 5 Jahre).

Maßgebend für die Holding sind die konsolidierten Planungen. Die Geschäftsleitung der Holding hat sich deshalb in einem ersten Schritt zunächst eine Gesamtübersicht zu verschaffen. Üblicherweise zeigt die erste Konsolidierung in einem größeren Umfang inhaltliche Abstimmungsmängel. Diese Mängel entstehen zum einen aus dem individuellen Planungsverhalten der Töchter sowie zum anderen aus der Diskrepanz zwischen ihrem „strategischen Wollen" und dem „operativen Können". Üblicherweise drücken sich die Mängel unter anderem im so genannten „Hockey-Stick"-Effekt aus, bei dem die Ergebnisplanung regelmäßig überproportionale Steigerungen gerade zum Ende einer Planungsperiode – also außerhalb des für die Tantiemeberechnung der Tochtergeschäftsleitungen relevanten Zeitraumes – darstellt. 4.85

Gleichzeitig übersteigen häufig die geplanten Investitionsvolumina zu Beginn der Mehrjahresplanung die tatsächlich frei verfügbaren operativen Cashflows, während zum Ende des Planungshorizontes aufgrund fehlender Investitionsfantasie bei gleichzeitig überproportionalen Ergebnissteigerungen insgesamt unplausible Überschüsse entstehen. Die Aufgabe der Holdingführung besteht nun darin, diese „ökonomische Unwucht" betragsmäßig und inhaltlich zu analysieren. Anschließend werden die Einzelplanungen mit den Töchtern abgestimmt und ggfs. aus der konsolidierten Sicht neue Rahmendaten (Verzicht auf weniger rentable Investitionen, zeitliche Streckung von Investitionen etc.) für einen zweiten Planungslauf der Töchter durch die Holding vorgegeben.

Ziel des Strategieprozesses auf operativer Ebene und auf Konzernebene ist gleichermaßen die **Wertsteigerung des Holdingverbundes** als Gesamtheit (vgl. hierzu auch *Paul/Stein* Rz. 10.1 f. und 10.46 ff.). Sie wird erreicht durch eine Synthese aus Geschäftsbereichs-, Konzern- und Finanzplanung (nachfolgend Abb. 8) im Rahmen eines ganzheitlichen „Corporate Value Management"-Ansatzes, der neben dem Eigentümerwert (Shareholder Value) ebenso den konsolidierten Wert des Fremdkapitals berücksichtigt. 4.86

Abb. 8: Inhalte und Zusammenhänge der Geschäftsbereichs-, Konzern- und Finanzplanung im „Corporate Value Management"-Konzept einer Führungsholding

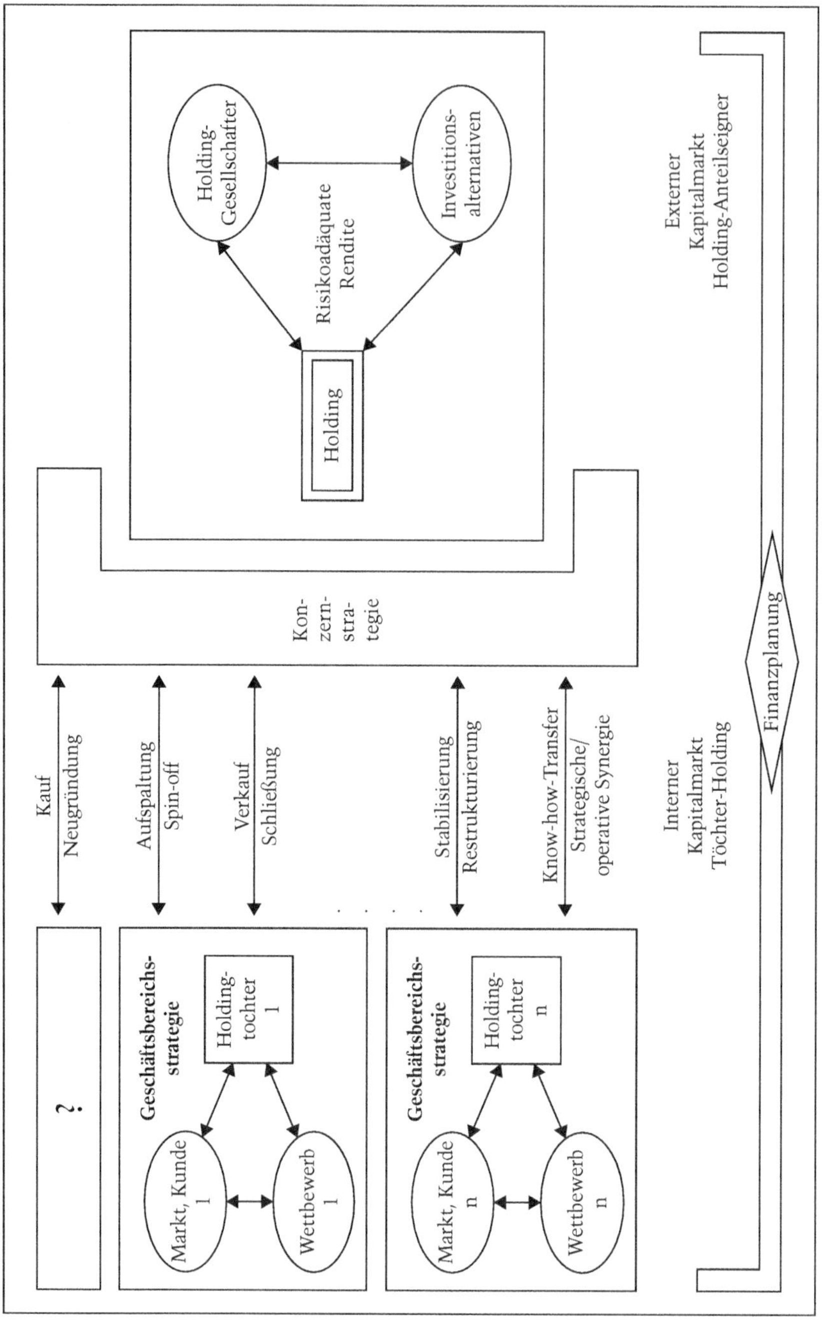

Strategische Geschäftsbereichs- und Konzernplanungen sowie die Finanzplanung bilden ein integriertes System auf Holdingebene.

Der Anteil der Wertsteigerung **auf der Ebene der Holding** erfolgt über fünf – gegebenenfalls kombinierbare – **Grundstrategien:**

aa) Portfolio- und Beteiligungsstrategie

Ziel der Portfolio- bzw. Beteiligungsstrategie ist die Steigerung des Portefeuillewertes durch Senkung der Risikostruktur bzw. Kapitalkosten und/oder durch Steigerung des insgesamt frei verfügbaren Mittelflusses aus dem Portefeuille. Idealtypischerweise werden bei einer Portfoliostrategie Mittelüberschüsse in Wachstumsbereiche mit zusätzlichem Mittelbedarf umgeschichtet. Die Führungsholding stellt ihren Töchtern neben finanziellen Ressourcen gegebenenfalls General Management-Know-how und Führungspersonal zur Verfügung. Die Holdingtöchter agieren weitestgehend autonom. 4.87

bb) Restrukturierungs- und Geschäftsaktivierungsstrategie

Bei einer Restrukturierungs- und Geschäftsaktivierungsstrategie greift die Holding direkt und sehr tief in die Geschäftsleitung der Tochter mit dem Ziel einer signifikanten Wertsteigerung durch **Sanierungsmaßnahmen** und Neustrukturierung des Geschäfts ein. Grundvoraussetzung einer Restrukturierungs- und Geschäftsaktivierungsstrategie sind ein spezielles operatives Erfahrungspotenzial der Holding in dem jeweiligen Geschäft (z.B. Spielregeln im Markt, Haupterfolgsfaktoren etc.), dem speziellen Know-how aus Sanierungsprojekten (z.B. Krisenmanagement) und/oder die Möglichkeit, kurzfristig Personal und Finanzmittel für eine Restrukturierung zur Verfügung stellen zu können. 4.88

cc) Branchenstrategie

Ziel einer Branchenstrategie ist es, durch Kauf und Verkauf von Unternehmen bzw. Unternehmensteilen und deren Umgliederung im Portefeuille Industriestrukturen i.S.d. übergeordneten Konzernziele zu verändern sowie durch Übertragung von Kernkompetenzen und Know-how gezielt Wettbewerbsvorteile in einer Branche oder in Branchen mit den gleichen wettbewerbsrelevanten Wertschöpfungsaktivitäten zu schaffen. 4.89

Die Holding fungiert als **gestaltende Leitstelle**, die mit Experten bzw. durch Personaltransfers und durch Informationstransfer zwischen den operativen Einheiten aktiv integrierend und vermittelnd tätig wird.

dd) Spezialisierungsstrategien

Während es bei einer Branchenstrategie darauf ankommt, Wettbewerbsstrukturen (Wer konkurriert mit wem, wo und wie?) einer Industrie zu verändern, verfolgt die Holding mit Spezialisierungsstrategien die Konzentration von Funktionen und Spezial-Know-how in der Holding selbst oder in einer eigenständigen Tochtergesellschaft. 4.90

Mit der Spezialisierung werden **konzerninterne Dienstleistungszentren** geschaffen, die den Holdingtöchtern Kosten- und/oder Qualitätsvorteile im Wettbewerb verschaffen. Beispielhaft wären zu nennen eine zentrale F & E, Produktion, Finanzierungsgesellschaft oder IT/Datenverarbeitung.

ee) Transaktionsstrategien

Zusätzliche Wertsteigerungen können im Rahmen einer Kauf- oder Verkauf-Transaktion erzielt werden. Dies kann geschehen durch Erwerb unterbewerteter Unternehmen mit anschließender Freisetzung eines (aufgrund der Einbindung in den Holdingverbund) betrieblich nicht mehr notwendigen Teilvermögens, eine Umfinanzierung der neuen Holdingtochter und durch steuerliche Maßnahmen sowie beim Verkauf durch Aushandeln einer „Unternehmensprämie". Die Holding nutzt in diesem Fall ihr spezifisches Know-how aus der Bewertung und Finanzierung von Unternehmen sowie der Abwicklung von M & A-Transaktionen. 4.91

4.92 Die **Umsetzung der markt- und wettbewerbsbezogenen Strategien**, d.h. der Weg und das Wie bei der Nutzung bzw. Erschließung von Potenzialen, liegt allein im Verantwortungsbereich der operativen Töchter. Deshalb bleiben dabei grundsätzlich die Einflussmöglichkeiten der Holding auf die Motivation der Geschäftsleitungsorgane und die Zurverfügungstellung unterstützender Dienstleistungen (Recht, Steuern, Finanzen etc.), die Koordination mit anderen operativen Einheiten sowie den Know-how-Transfer zur Erzielung von Wettbewerbsvorteilen beschränkt (Rz. 4.114, 4.133). Nur in Ausnahmefällen, z.B. bei der Überwindung interner Barrieren im Rahmen einer strategischen Um- bzw. Neuausrichtung und bei gravierenden Zielabweichungen einer Tochter, sollte die Holding als übergeordneter Machtpromotor direkt auf die Führungskräfte der Tochter Einfluss nehmen.

4.93 Der Eingriff der Holding in die Führung einer Tochter sollte jedoch inhaltlich und – soweit möglich – auch zeitlich klar definiert sein, um so als Basis einer fokussierten **„Taskforce"-Projektarbeit der Holding** (vgl. Rz. 4.88 und 4.140 f.) dienen zu können. Permanent beeinflussen kann die Holding die Strategieumsetzung letztlich nur durch die Finanzmittelallokation oder durch Anpassen und Vermitteln einer (Konzern-)Unternehmungskultur im Rahmen der Normativen Führung.

b) Strategisches Controlling

4.94 Grundlegende Voraussetzung einer effektiven Führung mit Holdingkonzepten ist der Aufbau eines an den individuellen Rahmenbedingungen des Verbundes angepassten Controllings. Das Controlling sichert vor dem Hintergrund der arbeitsteiligen Führung (Konzernführung durch Holding; Töchter das operative Geschäft im Konzern) nicht nur den Konzernführungsdurchgriff der Holding, sondern zugleich auch die unternehmerische Unabhängigkeit der Holdingtöchter. Auf der anderen Seite sind die Töchter verpflichtet, Zielformulierungen und mögliche Abweichungen rechtzeitig und umfassend mit der Holding abzustimmen **(Prinzip der gestaffelten Zielkongruenz)** und die Zielerreichung (Umsatz, Ergebnisse, Kennzahlen etc.) offen zu legen **(Transparenzprinzip).**

Der Vorteil dieser Arbeits- und Führungsprinzipien liegt für die Töchter darin, dass sie das Anspruchsniveau ihres Shareholders – sprich Holding – sehr genau kennt und weiß, ab wann mit unternehmerischen Eingriffen der Holding in die Autonomiesphäre der Tochter zu rechnen ist. Vom Grundsatz gilt das marktnahe „operative Controlling" ausschließlich in den Holdingtöchtern zu belassen, denn dieses wird zur täglichen Steuerung des eigenen Geschäftes und der eigenen Kosten benötigt.

4.95 Zum „operativen Controlling" zählen konkret alle geschäftsbezogenen (Umsätze, Deckungsbeiträge pro Produkt bzw. pro Kunde etc.) und funktionenbezogenen Controllingaufgaben (Vertriebscontrolling, Produktionscontrolling, Forschungscontrolling, Einkaufscontrolling etc.). Dies bedeutet, dass das Controlling zumindest zweistufig aufgebaut werden muss. Ziel sollte es sein, eine umfassende Selbststeuerung und Selbstkontrolle der Töchter zu erreichen. In der Holding-Praxis hat es sich als vorteilhaft herausgestellt, dem Controlling der Holding eine „Coach"-Funktion gegenüber den Töchtern zuzuordnen (**„Navigatorfunktion" der Holding**), d.h. das Controlling der Holding berät und unterstützt aktiv die Tochter.

4.96 Das System der Strategischen Führung wird durch das **„Strategische Controlling"** geschlossen. Aufgabe des Strategischen Controllings ist die notwendige Kontrolle der umgesetzten Strategien und Teilziele bzw. strategischer Zwischenschritte. Zumindest einmal jährlich, besser jedoch auf Halbjahresbasis sowie bei besonderen Ereignissen berichten die Tochtergesellschaften bzw. Geschäftsbereiche der Holding über strategisch bedeutsame Entwicklungen und Fortschritte.

Das Strategische Controlling hat darüber hinaus die Aufgabe, als vorausschauendes **Frühwarnsystem** Veränderungen der Umwelt oder des Ressourcenbedarfs wie auch zu erwartende Abweichungen bei strategisch wichtigen (Zwischen-)Zielen aufzuzeigen. Es erzeugt auf diese Weise eine zukunfts- und erfolgskomponentenbezogene Rückkoppelung zur Strategischen Planung und erfüllt damit die Anforderungen eines zukunftsorientierten Konzerncontrollings. Entscheidend ist, dass das Strategische Controlling nicht nur eine Signalfunktion wahrnimmt. Die Funktion ist in einem weiteren Sinne so zu verstehen, dass bei nachhaltigen Abweichungen vom strategischen Plan umgehend und unaufgefordert Lösungen und Handlungsempfehlungen für die Geschäftsleitung der Holding entwickelt werden.

Das **Strategische Konzern-Controlling** der Holding hat ausnahmslos **Unterstützungsfunktion** für die Konzernführung. Es soll dabei neben den oben erläuterten Funktionen schwerpunktmäßig den Planungsprozess (Prämissensetzung, Plangenerierung und -erfüllung) und die Strategieumsetzung überwachen sowie einen Handlungsbedarf auf Konzernebene rechtzeitig aufzeigen. Das Strategische Konzern-Controlling ist gleichgewichtig zum eher finanzorientierten **Beteiligungscontrolling** zu sehen, dessen Schwerpunkte in der Abstimmung und Abweichungsanalyse ausgewählter operativer Finanzkennzahlen (Umsatz, Ergebnis, Investitionen, sonstige geschäftstypische Kennzahlen etc.) liegen (vgl. beispielhaft dazu *Paul/Stein* Rz. 10.58, *Scheffler* Rz. 9.359 und *v. Schenck* Rz. 5.38 ff.). 4.97

Das dritte Controllinginstrument neben dem Strategischen Konzerncontrolling und dem Beteiligungscontrolling ist das **Investitionscontrolling** (nachfolgend Abb. 9). Durch das Investitionscontrolling der Holding wird der Zusammenhang konkreter Investitionen einer Holdingtochter zu ihrer Strategie, die Plausibilität der ursprünglichen Planungsprämissen sowie die Wirtschaftlichkeit geprüft. Das Investitionscontrolling bildet zugleich eine Schnittstelle zwischen der (strategischen) Konzernkoordination und der rechtlich-statutarischen Struktur. Denn Investitionsmaßnahmen mit Bedeutung für den Holdingkonzern oder Investitionen, die aufgrund ihres Volumens unter Genehmigungsvorbehalt stehen, sind vor einer Genehmigung durch das zuständige Tochter-Aufsichtsorgan (also der Tochter-AG Aufsichtsrat bzw. die Tochter-Gesellschafterversammlung) durch ein Investitionscontrolling **ex ante** zu analysieren und zu bewerten. 4.98

Mithilfe des Investitionscontrollings sind außerdem wichtige Schwerpunktinvestitionen **ex post** hinsichtlich ihrer tatsächlichen Rentabilität und strategischen Relevanz zu überprüfen. Die ermittelten Ist-Renditen einzelner Investitionsprojekte ergänzen die im Rahmen des Beteiligungscontrollings ermittelten Gesamtunternehmensrenditen der einzelnen Holdingtöchter (Abb. 5, Rz. 4.74), denn die Summe aller in der Vergangenheit getätigten Einzel-Investitionen muss in einem plausiblen Größenverhältnis zur Rentabilität einer Holdingtochter stehen.

Ablauftechnisch berichten die Holdingtöchter 4.99

- **täglich/wöchentlich:** ihren Finanzstatus und ihre Finanzdisposition an die zentrale Finanzwirtschaft (sofern vorhanden),
- **monatlich:** Umsätze, Kosten und Ergebnisse einschließlich den Planabweichungen und Erläuterungen,
- **quartalsweise:** die Monatszahlen auf kumulierter Basis einschließlich der Planabweichungen und Erläuterungen, Stand wesentlicher Investitionsvorhaben,
- **halbjährlich:** kumulierte Halbjahreszahlen mit Abweichungsanalysen und einer Hochrechnung für das Gesamtjahr,
- **jährlich:** Finanzzahlen des Jahresabschlusses, Umsetzungsschritte der strategischen Maßnahmen/definierte Meilensteine, Wertkennziffern bzw. Gesamtrenditen etc.

Die Auflistung ist exemplarisch und kann ggfs. noch um individuelle Berichtspflichten der Tochter ergänzt werden.

Anders zu behandeln sind

- Sanierungsfälle im Konzern,
- die Durchführung strategisch wichtiger Investitionen oder
- die Integration neuer Beteiligungen (sofern diese nicht von der Holding selbst durchgeführt werden).

In diesen Fällen definiert die Holding weitergehende Kenndaten. Sie wird sich zudem in zum Teil sehr kurzen Zyklen über die Entwicklungen und Abweichungen berichten lassen.

Abb. 9: Controlling im Führungssystem einer Holding

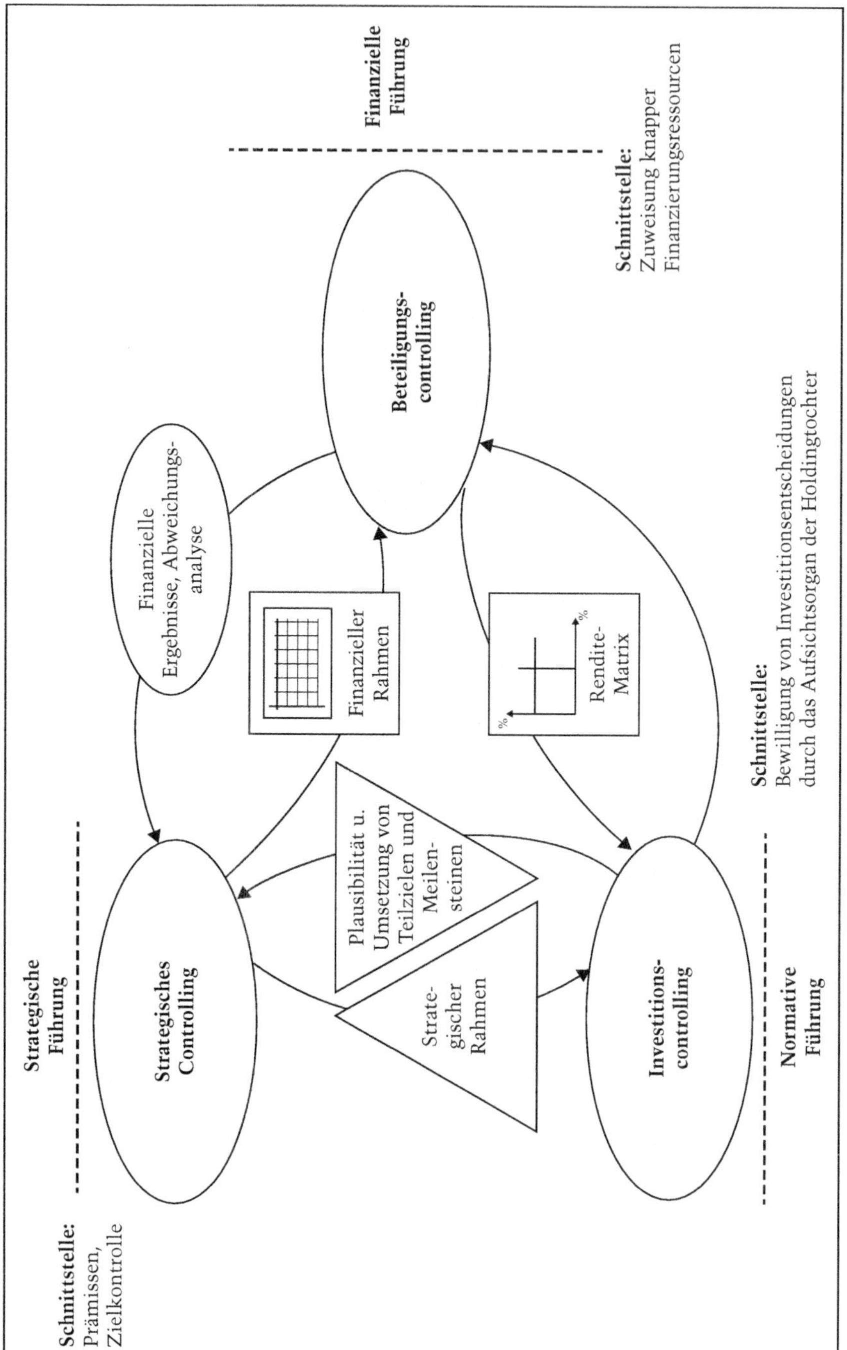

Das Controlling der Holding verbindet die verschiedenen Konzernführungssysteme.

4. Personelle Führung

Die Personelle Führung der Holding konzentriert sich auf die 4.100

- den Einsatz von Führungspersonal im Rahmen ihrer Gesellschafterfunktion (Berufung, Entlastung, Abberufung),
- die Entwicklung und Durchsetzung einer konzernweiten Führungspolitik,
- die Motivation von Führungskräften, die langfristige Führungskräfteentwicklung im Konzern.

Die Personalführung aus Sicht der Holding ist im Vergleich zu der einer Einheitsunternehmung und eines Stammhauses von einer anderen Qualität. Durch die Delegation der geschäftsbezogenen Personalführung in dezentrale operative Geschäftsbereiche und deren rechtliche Verselbständigung wird nunmehr die **unmittelbare personelle Führung** von einem unternehmerisch geprägten Holding-Geschäftsleitungsorgan gegenüber einem ebenfalls unternehmerisch geprägten Tochtergeschäftsleitungsorgan auf der Basis gesellschaftsrechtlicher Regelungen ausgeübt. Sie erfordert damit ein anderes Rollenverständnis der Holding und neue, an den statutarischen Rahmenbedingungen anknüpfende Führungsinstrumente.

a) Managemententwicklung und Personaltransfers

Die Auswahl und **Entwicklung zukünftiger Führungskräfte** ist ein zentraler Aufgabenbereich der Personellen Führung durch die Holding. Sie wird ergänzt durch einen begleitenden oder sogar aktiv durch die Holding initiierten **Personaltransfer im Konzern.** 4.101

Im Rahmen der Personellen Führung werden zwei Ziele angestrebt. Neben der Ausstattung des Konzerns mit einer ausreichenden Zahl qualifizierter Führungskräfte einschließlich der Schaffung eines Führungskräftenachwuchspotenzials soll die unmittelbar **integrierende und koordinierende Funktion des Faktors Mensch** genutzt werden.

Während sich die **Führungskräfteentwicklung auf Konzernebene** zunächst auf die konzernübergreifende „General Management"-Entwicklung konzentriert, sollte die geschäftsbereichsspezifische Führungskräfteentwicklung die Entwicklung von Führungspersonal mit Blick auf die unternehmenstypischen markt- und produktbezogenen Rahmenbedingungen jeder Holdingtochter umfassen. 4.102

Ein **Vorteil der holdingweiten Führungskräfteentwicklung** durch die Holding kann neben geringeren Kosten und umfassenderen Qualifizierungsmöglichkeiten darin liegen, dass die Gefahr einer Weiterentwicklung von Personal außerhalb des Konzerns durch Aufzeigen konzerninterner Alternativen vermieden wird. Die Etablierung von Arbeitskreisen/Gesprächsrunden „Führungskräfteentwicklung" auf Holdingebene hat in diesem Zusammenhang ferner den Vorteil, dass aus Sicht des Personals die operativ neutrale Holding übergreifende Interessen verfolgt. 4.103

Mit dem gezielten Austausch und der **Versetzung von Führungskräften** kann die Holding nicht nur eine Reduzierung des holdingseitigen Koordinierungsbedarfs erreichen und die einheitliche Konzernleitung auf einer erweiterten Entscheidungsträgerebene untermauern, sondern auch den Know-how-Transfer, die Übertragung von Werten und Kulturen und die Vernetzung informeller Kommunikationskanäle zwischen Holding und Holdingtochter fördern (zu den rechtlichen Voraussetzungen s. *Wackerbarth* Rz. 12.4, 12.8 und insbesondere 12.26 ff., sowie *v. Schenck* Rz. 5.64, 5.66 f.). 4.104

Bei der Besetzung von Organfunktionen hat die Holding nicht nur auf die individuelle Kompetenz eines (designierten) Tochter-Organmitgliedes, sondern gerade auch auf die innere Kompatibilität und Einheit des Führungsgremiums zu achten. Die Besetzung von Führungspositionen ist somit eine Holdingfunktion, die höchste Personalkompetenz erfordert. 4.105

Personaltransfers aus der Holding in eine Tochter wirken im Unterschied zur personellen Integration auf Organebene (Rz. 4.107 ff.) nicht Hierarchie reduzierend. In der Praxis hat sich zudem gezeigt, dass das häufig mit einer Versetzung aus der Holding in eine Tochter verbundene Ziel, unmit- 4.106

telbare Konzerninteressen dort zu vertreten, nicht immer realisiert wird. Die Ursachen dieses faktischen Verhaltens sind leicht nachvollziehbar. Das dezentrale Entscheidungs- und Verantwortungsprinzip in Holdingkonzepten verpflichtet die versetzten Holdingmitarbeiter – im Gegensatz z.B. zum Stammhauskonzept – zur Wahrnehmung von Eigeninteressen der operativen Töchter.

Der **qualifizierte Führungskräftenachwuchs** stellt häufig die eigentliche knappe Ressource dar. Ein **Führungskräftetransfer** auf operativer Ebene kann aus diesem Grund nur in Abstimmung mit den Holdingtöchtern erfolgen. Es ist aus diesem Grund unerlässlich, dass die zentrale Führungskräfteentwicklung durch die Holding von den Töchtern im übergeordneten Konzerninteresse unterstützt wird.

b) Konzernführung durch personelle Verknüpfungen auf Organebene

4.107 Unter personal-organisatorischer Integration ist die personelle Verflechtung von Unternehmensorganen (Vorstand/Geschäftsführer, Aufsichtsrat) der Holding und ihrer Töchter durch personenidentische Besetzung zu verstehen. Sie ist im Gegensatz zur personal-organisatorischen Integration im Stammhauskonzern insofern von einer völlig anderen Führungsqualität, als die Holding reine Konzernleitungsfunktionen wahrnimmt.

In Abhängigkeit von Kombination und Umfang der personenidentischen Besetzung von Holding-/Tochterorganen lassen sich verschiedene **Grade der personal-organisatorischen Integration** im Holdingverbund realisieren.

4.108 Grundsätzlich zu unterscheiden sind:

- **kontrollorientierte Verbindungen** (Holding-Vorstand/Geschäftsführer ist Mitglied des Tochter-Aufsichtsrates) und
- **entscheidungs- bzw. handlungsorientierte Verbindungen** (Holding-Vorstand/Geschäftsführer ist zugleich Vorstand/Geschäftsführer der Holdingtochter).

Gängige Praxis ist, dass bei einer **kontrollorientierten Verbindung** der für die Tochter verantwortliche Holdingvorstand bzw. Holdinggeschäftsführer zugleich Aufsichtsratsvorsitz in den Tochtergesellschaften übernimmt. Bei einer entscheidungs- bzw. **handlungsorientierten Verbindung** ist der Holdingvorstand/-geschäftsführer gleichzeitig Vorsitzender des Vorstands/der Geschäftsführung der Tochter-AG/GmbH.

4.109 Die **Wirkungen einer personal-organisatorischen Integration** liegen bei den **entscheidungs- und handlungsorientierten Verbindungen**

- in einer Verbesserung und Beschleunigung der Kommunikation sowohl zwischen Holding und Tochter als auch zwischen den im Leitungsorgan der Holding vertretenen Schwestergesellschaften durch Umgehen rechtsformaler Hierarchien,
- einer stärkeren Einbeziehung dezentraler Sachkompetenz in die Konzernführungsebene
- sowie einer intensiveren einheitlichen Leitung und verbesserten Koordination auf Konzernebene durch partizipative Zielbildung, Zielabstimmung und Zielkontrolle zwischen den im Leitungsorgan der Holding vertretenen Töchtern.

4.110 Die **hierarchiereduzierende Wirkung der entscheidungs- und handlungsorientierten Verbindungen** unterstützt eine unmittelbare wirksame Anordnungs- und Initiativfunktion der Holding bei den Töchtern. Sie ermöglicht außerdem einen persönlicheren Führungsstil aufgrund der kürzeren Informationswege zwischen operativem Management und „Eigentümer"-Vertreter. Die **Vertretung operativer Interessen** der Holdingtöchter kann jedoch die potenziellen **Interessengegensätze im Leitungsorgan** der Holding verschärfen.

Die Besetzung der Holding mit interessewahrenden Tochtervorständen und gleichzeitig operativ neutralen, konzernorientierten Holdingvorständen (i.d.R. der Vorsitzende und das für Finanzen und Controlling zuständige Organmitglied) ist anzustreben. Sie sichert eine ausgewogene Zusammensetzung im Sinne einer dezentralen und zugleich gesamtunternehmerischen Konzern-(Mit-)Verantwortung (vgl. in diesem Zusammenhang *Krieger* Rz. 7.12 ff., *v. Schenck* Rz. 5.64, 5.66 f.).

Einen nicht unwesentlichen Einfluss auf die **Wirksamkeit der personal-organisatorischen Integration** haben Form und Umfang der Einbeziehung von Leitungsorganen der Töchter in das Leitungsorgan der Holding. So wirkt die **Entsendung** eines Holding-Leitungsorgans und dessen Bestellung zum Vorsitzenden der Holdingtochter tendenziell subordinativ und interessenwahrend im Sinne der Mutter. Hingegen wirkt die **Berufung** eines Mitglieds des Tochter-Leitungsorganes durch die Holding-Anteilseigner konzern-integrativ. 4.111

Der Umfang der Integration auf Organebene kann auf Konzernebene soweit ausgedehnt werden, dass – wie beispielsweise in der Struktur von *Eurotunnel* – unter bestimmten Umständen eine **Führungskoalition zwischen Holding und Tochtergesellschaften** aufgebaut wird (führungsorganisatorischer „Koalitionskonzern"), dessen Führungsstruktur mit einer konzernweiten föderativen Gleichberechtigung umschrieben werden kann. 4.112

c) Motivation

Die Führung eines Holdingverbundes erfordert eine **kontinuierliche personelle Verhaltensbeeinflussung** zur Zielerreichung in den operativen Tochtergesellschaften und gleichzeitig zur Zielerreichung des Konzernverbundes. Zielgruppe einer kontinuierlichen Verhaltungsbeeinflussung sind aufgrund der holdingtypischen Führungsbeziehung (vgl. Rz. 4.100) erstrangig die obersten Führungsebenen der Holdingtöchter. 4.113

Personelle Führung durch Motivation umfasst die Gestaltung kontinuierlich wirkender Anreizsysteme zur Ausrichtung des individuellen Verhaltens an den übergeordneten Konzernzielen und die Förderung eines dem Holdingtypus („Strategische Führungsholding"/„Operative Führungsholding") entsprechenden **Führungsstils.** Das notwendige neue Rollenverständnis der „Zentrale" (vgl. Rz. 4.124 ff.) kommt hierbei der Motivationssteigerung direkt zugute: die Holding begleitet und unterstützt ihre Tochter als **„Mentor"**; sie leitet gegebenenfalls bei Projekten als **„Coach"**. 4.114

Die Unterstützung durch die Holding als „Mentor" oder „Coach" kann auch in Form von Ausgründungen („Spin-Off") geschehen, bei denen die Holding durch **Bereitstellung von Risikokapital** Mitarbeiter fördert und gleichzeitig durch Zellteilung neue Entwicklungswege einschlägt. Angesichts des **Dezentralitätsprinzips** gilt es ferner, ein objektiviertes Konzernverständnis auf allen Ebenen zu fördern und Nachteile bei konzernweiten Maßnahmen durch materielle wie immaterielle Ausgleichssysteme zu glätten. Gerade die letztgenannte Aufgabe erlangt dann besondere Bedeutung, wenn die Holding entsprechende Reorganisationsstrategien aktiv verfolgt.

Allein aufgrund der rechtlichen Selbständigkeit der operativen Geschäftsleitungen sollte die Holding gezielt die gesamtunternehmerische Entscheidungsfreiheit und Verantwortung aber auch die Berufung in ein Leitungsorgan (Geschäftsführung, Vorstand) und das damit verbundene **Status- und Aufstiegsempfinden** auf der zweiten Konzernführungsebene nutzen. Die motivationale Wirkung derartiger Karrierechancen ist angesichts der Wertigkeit von **Selbstverwirklichung**, persönlicher Freiheit und öffentlicher Anerkennung von besonderer Bedeutung. In der Holding eröffnet sich im Gegensatz zur Einheitsunternehmung somit ein qualitativ erweitertes Motivationsinstrument, welches durch die Holding aufrechtzuerhalten und aktiv weiterzuentwickeln ist. 4.115

Die motivationale Bedeutung und die Wirksamkeit eines **Organstatus** sind jedoch wiederum an die Ausgestaltung der Normativen Führung gekoppelt. Durch Entscheidungs- und Handlungsanweisungen oder Genehmigungsvorbehalte kann die Organfunktion und in Folge die Motivation erheblich eingeschränkt werden. Die Personelle Führung erfordert daher an dieser Stelle eine unmittelbare Abstimmung mit den Instrumenten der Normativen Führung. 4.116

Eingeschränkt ist dagegen das Motivationsinstrumentarium „Beförderung" – namentlich die Erteilung von Handlungsvollmachten und Prokuren – auf operativer Ebene. Der Beförderungsanreiz bleibt hier der Tochter vorbehalten. Die Holding wird gleichwohl hinsichtlich der Erteilung von Prokuren aufgrund der weit reichenden Wirkungen Genehmigungsvorbehalte aussprechen.

4.117 Eine Motivation von Führungskräften über die Organfunktion hinaus kann die Holding durch Versetzung in eine Schwestergesellschaft mit erweitertem Verantwortungsbereich oder die Berufung in ein **Konzernführungsgremium** (vgl. Rz. 4.137) erreichen. Die Berufung in ein Führungsorgan der Holding selbst bleibt wiederum den Holdinganteilseignern vorbehalten (vgl. *Krieger* Rz. 7.46).

Als besonders motivationsfördernd hat sich in der Praxis die Möglichkeit zur **kapitalmäßigen Beteiligung von Führungskräften** und Mitarbeitern an „ihrem" Unternehmen erwiesen. Sie stellt gewissermaßen die höchste Form **mitunternehmerischer Selbständigkeit** und Verantwortung im Holdingkonzept dar.

4.118 Die Struktur des Verbundes erfordert ein **holdingspezifisches Leistungsbemessungs- und Vergütungssystem**. Dieses System knüpft einerseits an der Erfolgs- und Vermögensverantwortung der Töchter an und andererseits an der Zielsetzung des Holdingverbundes. Auf Tochterebene gilt es, neben absoluten Gewinngrößen verstärkt relative Erfolgsgrößen in Form von Verhältniszahlen als Beurteilungs- und Vergleichsmaßstäbe zu implementieren.

Aus den finanziellen Konzernzielen lassen sich neben kurzfristigen (risikospezifischen) rentabilitäts- und liquiditätsorientierten Kriterien insbesondere langfristig angelegte Wertentwicklungskriterien ableiten. Insbesondere gilt es, hierdurch die mögliche Interessendivergenz zwischen angestellten Geschäftsleitern und der Holding als Kapitaleigner zu schließen (**Prinzipal-Agent-Konflikt**).

4.119 Mit der Einführung einer **konzerneinheitlichen Personal- und Führungskräftepolitik** kann die Holding ein koordiniertes und konzernzielkonformes Verhalten der Mitarbeiter von Holdingtöchtern durch Aufzeigen beruflicher Entwicklungsmöglichkeiten über die einzelne Tochter hinaus fördern.

4.120 Durch gezielte Einbeziehung von Führungskräften in den konzernweiten Informationsfluss fördert die Holding schließlich nicht nur den formellen wie informellen Know-how-Transfer, sondern sie entspricht auch dem motivationsrelevanten Bedürfnis nach Informiertheit. Der **Informationspolitik** kommt mithin eine essenzielle Bedeutung bei der Holdingkonzernführung zu.

5. Corporate Identity

4.121 Der Erfolg einer Unternehmung im Markt ist neben der Wettbewerbsfähigkeit ihrer Produkte unter anderem davon abhängig, wie sie sich im Markt darstellt und positiv vom Wettbewerb abheben kann. Aufgabe der Unternehmungsleitung ist es deshalb, die Vielgestaltigkeit ihrer Strukturen, Verbindungen und Aktivitäten in eine einheitliche Darstellung mit dem Ziel eines positiven Fremdbilds („Image") zu gießen.

Die Bildung von „Brands" mit einem unverwechselbaren Markenkern rückt als Konsequenz in den Mittelpunkt der Konzern(Marken-)strategie und ihrer strukturellen Umsetzung. Es stehen somit nicht mehr die rechtsformalen und führungsorganisatorischen Strukturen im Vordergrund, sondern die Schaffung und Führung ganzheitlicher „Marken-Einheiten" mit ihren individuellen Wertschöpfungsprozessen (vgl. hierzu nochmals die Bedeutung der Markenführung im Volkswagenkonzern Rz. 4.35).

4.122 Die Unternehmensidentität („Corporate Identity"/CI) ist der vom Markt wahrnehmbare Teil der Unternehmenskultur und das Ergebnis strategischer und operativer Führung. Die Corporate Identity ist also in erster Linie **kundenbezogen**, hat aber zugleich motivationale Wirkung aufgrund der Wertschätzung durch Unternehmungsexterne.

In Bezug auf die unterschiedlichen Marktausrichtungen in Holdingkonzepten sind folgende **Ziele einer Corporate Identity** zu differenzieren:

- Auf der **Ebene der Holding** dient die Corporate Identity im Wesentlichen zur Beeinflussung interner und externer Interessenträger im Sinne der Holdingstrategie. CI ist hier im Wesentlichen als Integrationsinstrument zu nutzen.

- Auf der **operativen Ebene** dient sie der Verbesserung der Wettbewerbsposition durch Markenstärke, der Erschließung neuer Kundengruppen sowie der Ausrichtung von Mitarbeitern auf die Strategie des Geschäftsbereiches.

Die Besonderheit gegenüber einer Einheitsunternehmung und einem Stammhauskonzern wird durch das Dezentralisationsprinzip von Holdingkonzepten deutlich. Zumindest langfristig fördert dieses Prinzip die kulturelle und **identitätsmäßige Verselbständigung** der Töchter. Die Töchter entwickeln trotz integrierender Normativer, Strategischer und Personeller Führung eigene Identitäten, die sich erstrangig an den Veränderungen ihrer spezifischen relevanten Umwelten, also ihrem Wettbewerbsumfeld, ihren Kunden und der Marktdynamik, orientieren. 4.123

Die **Sicherung der Unternehmungsidentität im Konzern** ist deshalb eine zentrale Führungsaufgabe der Holding. Eine Konzern-CI kann dabei nur dann als Führungsinstrument wirksam eingesetzt werden, wenn sie nicht nur im Einklang mit den derzeitigen, sondern ebenso den zukünftigen operativen Aktivitäten ihrer Töchter und somit in Einklang mit der strategischen Ausrichtung steht.

Die enge Verknüpfung der Corporate Identity mit den Produktmärkten macht deutlich, dass die **Holding-Identität** ihrerseits unmittelbar von der Portefeuillestruktur der Töchter bestimmt wird (vgl. auch Rz. 4.39). Wichtig für eine einheitliche Corporate Identity und die damit verbundenen „Identitätskosten" (Werbung, Markenpflege, PR etc.) auf Konzernebene ist deshalb die Beantwortung der Frage, welches Fremdbild der Verbund darstellen soll und wie die Konzernpolitik und Konzernstrategie mit diesem Fremdbild sowie den individuellen Identitäten in den Produktmärkten kohärent verbunden werden kann. 4.124

Problematisch wird die Schaffung einer integrierenden Unternehmungsidentität dann, wenn mit fortschreitender Vielgestaltigkeit nicht mehr eine gemeinsame (strategische) Kern-Marke, Kernkompetenz bzw. Kernaktivität kommuniziert werden kann, sondern sich die verbleibenden Gemeinsamkeiten auf einen abstrakten, gewissermaßen den „kleinsten gemeinsamen operativen Nenner" beschränken. Da wird dann schnell aus einem hochgradig diversifizieren Beteiligungsportefeuille z.B. ein „global agierender Handels-, Dienstleistungs- und Logistik-Konzern", dessen Einzelmarken nur noch wenige oder gar keine Gemeinsamkeiten im Kerngeschäft aufweisen. 4.125

Das **Fehlen einer Verbundidentität** oder Schwierigkeiten bei ihrer Umsetzung können letzten Endes ein Symptom dafür sein, dass Marktveränderungen zu einem strategischen und kulturellen Auseinanderdriften der Geschäftsbereiche geführt haben. Die Holding muss dann entweder ihr Portefeuille durch Abgabe der Randbereiche umstrukturieren oder ihre eigene Verbundfunktion neu formulieren, so wie dies die Douglas-Holding (Kernmarke Parfümerie) mit dem Verkauf ihrer Schmuck-Tochtergesellschaft Christ und dem Süßwarenhandel Hussel 2014 begonnen hatte. 4.126

Die **Gestaltung einer Unternehmens- und Konzernidentität** ist neben den oben beschriebenen Marktbedingungen und der Portefeuillestruktur ebenso von dem gewählten Weg in ein Holdingkonzept abhängig. Während bei der Akquisition von Unternehmungen eine primäre Führungsaufgabe in der kulturellen und identitätsmäßigen Anpassung im anschließenden **Postmerger-Prozess** liegen, kann die Auflösung gewachsener Unternehmungsstrukturen durch rechtliche Verselbständigung der Unternehmungsleitung und der operativen Teilbereiche in der Anfangsphase zur Orientierungslosigkeit der Mitarbeiter der neu entstandenen Bereiche führen. Zur inneren Stabilisierung muss die Holding neue Orientierungsmöglichkeiten aufbauen. Ansatzpunkt sind die Unternehmenskultur und – dies gilt vornehmlich für weniger heterogene Konzernaktivitäten – die Unternehmensidentität der ursprünglichen Stammgesellschaft. 4.127

VI. Führungsrolle, Führungskosten und die innere Führungsstruktur der Holding

Entscheidend bei der Konzipierung der inneren Organisationsstruktur ist die Frage nach der Rolle der Holding und danach, welchen (Mehr-)Wert sie erbringen soll und kann. Verfolgt die Holding beispielsweise lediglich eine vermögensverwaltende Diversifikationspolitik, dann hat sie diese Funktion und die 4.128

mit ihr verbundenen Kosten nicht nur mit alternativen Vermögens*anlagen*, sondern auch mit der Vorteilhaftigkeit alternativer Vermögens*verwaltungsstrukturen* wie z.B. einem Fonds-Konzept oder einer direkt durch die Anteilseigner verwalteten Kapitalanlage zu vergleichen (**Fremd-Vergleichs-Prinzip**).

Liegen die **Kosten der Holding** über einem mit Marktkonditionen vergleichbaren Niveau, müssen diese über die reinen **Verwaltungskosten** hinausgehenden Aufwendungen entweder durch entsprechende Synergieerträge oder durch Verkauf interner Dienstleistungen der Holding gedeckt werden. Erfahrungsgemäß sollte dieser Deckungsgrad durch die Holding-Anteilseigner im Zuge ihrer Überwachungsfunktionen regelmäßig geprüft werden, um ein unkoordiniertes Wachstum der Zentralfunktionen (Abb. 11, Rz. 4.134, Rz. 4.66, 4.90, 4.103 und 4.133) innerhalb der Holding zu verhindern.

1. Grundstrukturen des Leitungsorgans

4.129 In der Holdingpraxis wird häufig für die Strategische Führungsholding die **Spartenführung** bzw. die Führung von Marken bevorzugt (nachfolgend Abb. 10a-c). Den Mitgliedern des Holding-Geschäftsleitungsorganes werden damit einzelne Tochtergesellschaften bzw. strategisch oder funktional zusammenhängende Unternehmensbereiche einzelverantwortlich zugeordnet **(ressortorientierte Holdingführung).** Dies entbindet jedoch den einzelnen Vorstand einer Holding-AG nicht von seiner organschaftlichen Gesamtverantwortung (vgl. §§ 77 f. AktG und *v. Schenck* Rz. 5.4 und 5.10 f.).

Abb. 10: Organisation des Leitungsorganes einer Holding

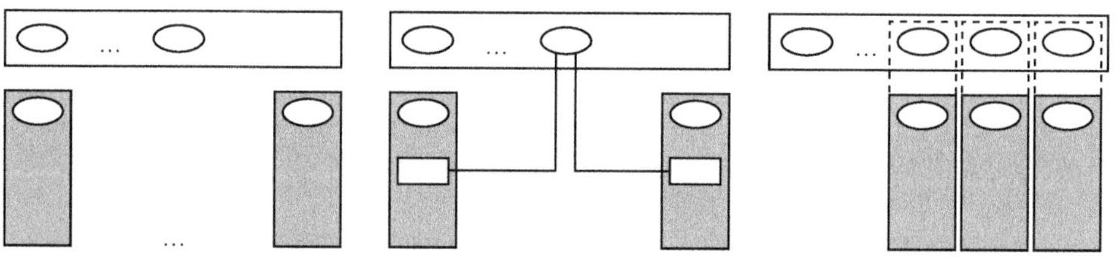

a) Keine unmittelbare Funktions- oder Spartenverantwortung
⇨ Distanziert-begleitende Führungsstruktur

b) Isoliert-begrenzte Funktionsverantwortung
⇨ Funktional-koordinierende Führungsstruktur

c) Unternehmerische Spartenverantwortung
⇨ Engagiert-fördernde, interessewahrende Führungsstruktur

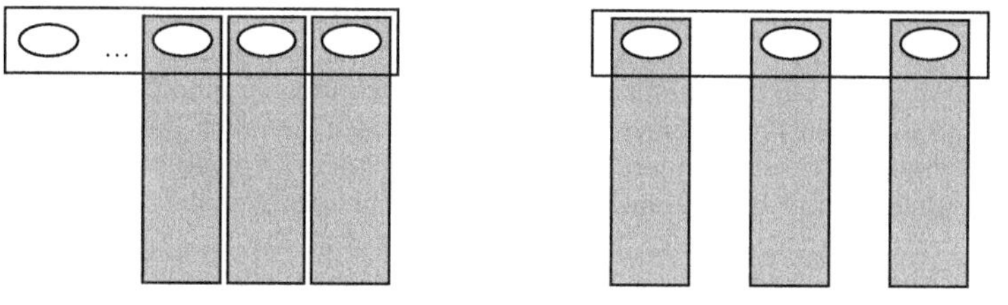

d) Spartenverantwortung und Personalunion
⇨ Engagiert-interesse-vertretende Führungsstruktur

e) Vollständige Spartenverantwortung und Personalunion
⇨ Koalierte Führungsstruktur („Koalitionskonzern")

Die Führungsstruktur des Leitungsorganes einer Holding kann von „distanziert-begleitend" bis „Interesse vertretend" gestaltet werden.

Der **Vorteil einer spartengeprägten Holdingführung** liegt in der gesamtheitlichen Verantwortung und Problemerkennungs- und Problemlösungsfähigkeit, der Beschleunigung von Informationsvorgängen, einer größeren strategischen Nähe der Holding zu den Produktmärkten der Töchter sowie einer unmittelbaren Führungsbeziehung zwischen erster und zweiter Konzernführungsebene. Nachteile entstehen aus der bewussten Führungsspezialisierung der Holdingleitung und der Gefahr von Ressortegoismen bzw. operativen Interessenkonflikten im obersten Führungsorgan – also der Holding. 4.130

Für konzernleitende Holdinggesellschaften eher untypisch ist eine **funktionale Holdingführung.** Sofern hierdurch nicht die Führung funktional separierter Holdingtöchter (Einkaufs-, Produktions-, Vertriebs-, Finanzierungstochter etc.) durch eine stark operativ ausgerichtete, zentral koordinierende und steuernde Führungsholding widergespiegelt werden soll. Angesichts der wachsenden Bedeutung von Marken und Markenführungen durch integrierte Einheiten stellt die funktionale Führung deshalb eher eine seltene Ausnahme dar. 4.131

Mit der Zuordnung konzernweiter Sparten und zugleich funktionaler Verantwortungsbereiche in **gemischten Führungsformen** wird das Ziel einer zentralen Koordination besonders erfolgsrelevanter Funktionen (Forschung & Entwicklung, Finanzen etc.) oder Funktionen, die überproportional viele Ressourcen binden, verfolgt. 4.132

2. Verbundführung mit Unterstützung von Koordinations- und Dienstleistungsfunktionen

Mit der Zentralisierung, d.h. der Bündelung von Funktionen, sollen zwei, zum Teil voneinander unabhängige Ziele erreicht werden. Die **Zentralisierung von Koordinationsfunktionen** hat zum **Ziel**, bestimmte Kernfunktionen, die für alle oder zumindest die Mehrzahl aller Töchter von strategischer Relevanz sind, konzernweit aufeinander abzustimmen. Neben der Vermeidung von Doppelarbeit und Zusatzkosten wird eine Unterstützung und Förderung der einzelnen Töchter durch Übertragung von Fähigkeiten und Kenntnissen im Sinne der Strategischen Führung des Holdingverbundes angestrebt. In ihr kann unter der Voraussetzung hoher Kongruenz in den Kernfunktionen ein wesentlicher Hebel für die Schaffung eines Mehrwertes durch die Holding liegen. Bei den zu koordinierenden Kernfunktionen, wie z.B. Forschung und Entwicklung in Technologiekonzernen, kann es sich neben isolierten Funktionen (Einkauf, Produktion etc.) gegebenenfalls auch um ein eigenständiges Geschäft einer operativen Tochter handeln. 4.133

Bei der Solvay Deutschland GmbH schlug man den entgegengesetzten Weg ein. Im Zuge der Einführung eines Holdingkonzeptes wurde die gesamte *produktnahe Forschung* in die Holdingtöchter integriert. Dies war erforderlich, um am Markt für die notwendige Reaktionsschnelligkeit Gewähr leisten zu können. Im Holding-Zentralbereich „Forschung“ wurde hingegen das Ressort „Grundsatzfragen“ der Forschung eingerichtet. Der Zentralbereich koordiniert gleichzeitig die Töchter in Forschungsprojekten und unterstützt sie durch eine entsprechende Logistik.

Eine darüber hinausgehende Funktionszentralisierung hat neben der Nutzung von **Größenvorteilen** insbesondere eine **Professionalisierung der Funktion** zum Ziel, also eben nicht nur die bloße additive Zusammenfassung. Gängige Holdingpraxis ist die Zentralisierung von Finanzfunktionen, die Zentralisierung von Rechts-/Steuerabteilungen sowie die Einrichtung einer zentralen Öffentlichkeitsarbeit für die Holdingtöchter (nachfolgend Abb. 11). Die Entscheidung für eine Zentralisierung ist in erster Linie davon abhängig, 4.134

- ob die jeweilige Funktion für die Holdingtochter erfolgsrelevant ist,
- inwieweit durch eine Zentralisierung das Holdingprinzip der gesamtunternehmerischen dezentralen Verantwortung durchbrochen wird und
- welche qualitativen Vorteile durch eine höhere Professionalisierung erzielt werden können.

Abb. 11: Abgrenzung von zentralen Führungsaufgaben zwischen Holding und Tochtergesellschaft

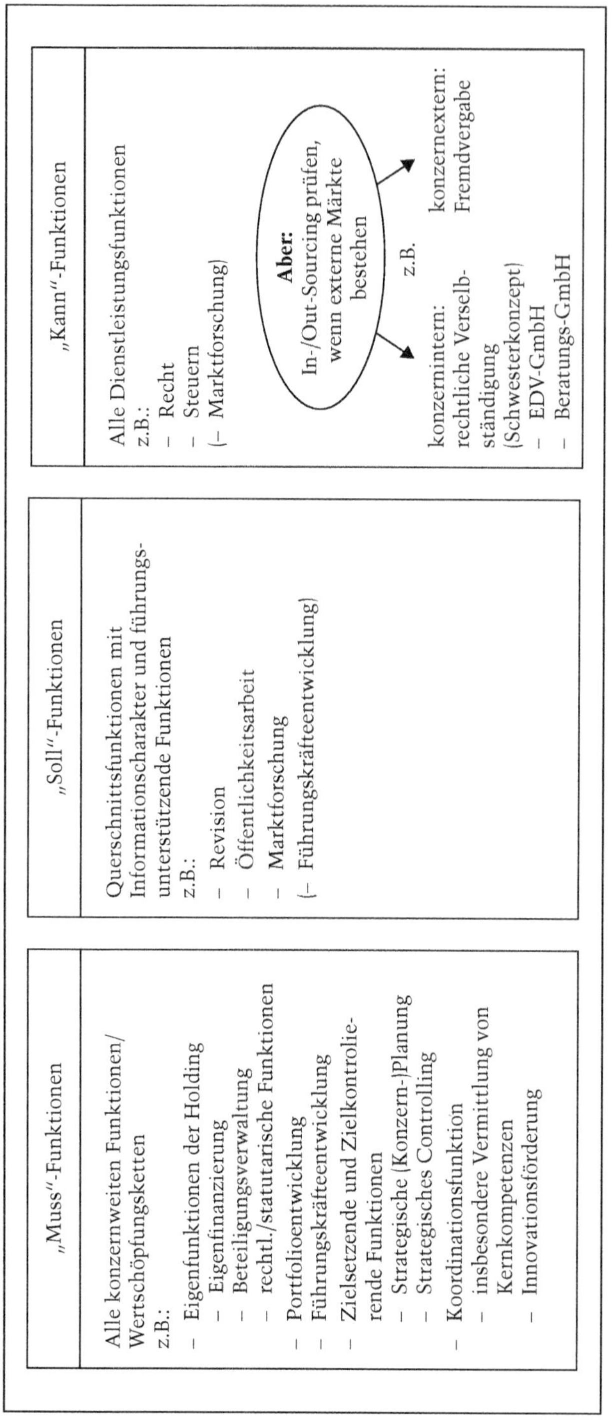

Mischstrukturen werden in den verschiedensten Formen in der Unternehmenspraxis angewendet. Im Allianz-Konzern übernimmt beispielsweise die Allianz Asset Management eine Doppelfunktion: einerseits das Research und Asset Management für den Allianz-Konzern, andererseits Asset Management Dienstleistungen für private und internationale institutionelle Kunden.

Abstand ist insbesondere dann von einer Zentralisierung zu nehmen, wenn die erwarteten Synergien nicht rechenbar sind oder durch die Zentralisierung neue Reglementierungsprozeduren entstehen, die die unternehmerische Entscheidungs- und Handlungsfähigkeit der operativen Einheiten nachhaltig einschränken.

Grundsätze:

- Alle **geschäftsrelevanten** Funktionen gehören in die Töchter.
- Alle Funktionen mit **Konzernbezug** müssen von der Holding wahrgenommen werden.
- Nur Funktionen mit **rechenbaren** Synergien dürfen zentralisiert werden.
- Nicht additives Zusammenfassen von Funktionen, sondern **Professionalisierung** (Spezial-Know-How).

Die Funktionen der Holding und die Zentralisierung von Dienstleistungsfunktionen müssen holdingspezifischen Grundsätzen folgen.

Zur Sicherung der **Kosteneffizienz und Effektivität von Zentralfunktionen**, die nicht ausschließlich führungsunterstützenden Charakter haben, sollten diese als wirtschaftlich und rechtlich eigenständige **Dienstleistungszentren** mit den operativen Holdingtöchtern als (konzerninterne) Kunden ausgestaltet werden, die die Leistungen anfordern und einzeln abrechnen. Durch dieses Beauftragungs-Prinzip werden Zentralfunktionen einerseits einem konzerninternen Markttest (vgl. Rz. 4.30 und 4.33 f.) mit einer kontinuierlichen Bedarfsprüfung unterzogen, andererseits wird durch Überprüfung der Leistungsanforderungen vermieden, dass sich die Zentralfunktionen im Wesentlichen am Bedarf der jeweils anspruchsvollsten Holdingtochter allein orientieren und so Überkapazitäten aufbauen können. 4.135

Sofern konzernexterne Anbieter gleiche oder ähnliche Leistungen erbringen (Rechts- und Steuerberater, DV-Service etc.), kann zudem ein direkter Kosten- und Leistungsvergleich mit Wettbewerbern durchgeführt werden. Durch Internalisierung von Wettbewerbsprinzipien und die Möglichkeit, konzernexterne Anbieter zu wählen, wird die kontinuierliche Kosten- und Leistungsverbesserung damit auch auf der Serviceebene zu einer konzepttypischen Notwendigkeit zum Vorteil des Gesamtverbundes (zur internen Überwachung von Dienstleistungsfunktionen vgl. *v. Schenck* Rz. 5.13 f.). 4.136

3. Führung mithilfe organexterner Führungsgremien

Bei größeren Unternehmensgruppen mit mehreren Sparten/Marken sind der rechtsformalen Einbindung der zweiten Konzernführungsebene in die Gesamtkonzernführung durch personal-organisatorische Integration schon quantitative Grenzen gesetzt. Die Personalunion auf Leitungsebene der Holding bleibt deshalb i.d.R. den wirtschaftlich bedeutendsten Töchtern vorbehalten. 4.137

Mit der Einrichtung organexterner, permanenter Führungskreise (Direktorien, Präsidium, Strategieboards etc.) schafft die Holding zusätzliche **konzernweite Gremien**, denen neben den Holding- und Tochter-Leitungsorganen ebenso ausgewählte Führungskräfte von Zentralabteilungen und Dienstleistungsgesellschaften angehören können.

Die **Funktionen** konzernübergreifender Gremien (Group Strategy Comittee), liegen aus Sicht der Holding in der Kommunikation der Konzernziele und Strategien, in der Abstimmung übergreifender Maßnahmen, in der Initialisierung gemeinsamer Geschäftsaktivitäten, im Know-how-Transfer sowie der Förderung der einheitlichen Unternehmensidentität. Nicht zu vergessen sind außerdem motivationale Effekte aus der Berufung von Leitungsorganen der Töchter in ein solches Konzerngremium. 4.138

4.139 **Aufgabenbereiche, Kompetenzen** und **Verantwortung** konzernweiter Gremien sind mit Blick auf die arbeitsteilige Führung im Holdingkonzept sowohl gegenüber der reinen Konzernführung als auch gegenüber der Führung der operativen Geschäftsbereiche abzugrenzen. Aus diesem Grund werden organexterne Führungskreise eher als Informations-, Abstimmungs- und Beratungsgremien ohne Weisungsbefugnisse auftreten können.

4. Konzernintegration mithilfe temporärer Strukturen

4.140 Bei den temporären Strukturen handelt es sich um inhaltlich und zeitlich begrenzte Projektgruppen, die sich außerhalb der Holdingführung bewegen. Sie überlagern als variables Netz insbesondere die formalen Führungsbeziehungen zwischen Holding und Holdingtöchtern.

Durch die Initiierung von **Projektgruppen auf Konzernführungsebene** beeinflusst und steuert die Holding **kurzfristig** notwendige operative Konzernmaßnahmen, die von übergeordneter Tragweite sind oder zur Problemlösung eine Zusammenführung unterschiedlicher Qualifikationen und Funktionen erfordern. Voraussetzung für die Effizienz und Effektivität temporärer Strukturen ist die Vorgabe von klaren Projektzielen und ein straffes Projektmanagement durch die Holding.

4.141 Temporäre Strukturen eignen sich insbesondere zur Bearbeitung strategischer Themenstellungen wie die Übernahme und anschließende Integration neuer Tochterunternehmen, den Aufbau ganz neuer Geschäftsfelder etc. Insbesondere dann, wenn das alte Stammgeschäft stark inlandslastig ist, sollte die Holding mithilfe von projektartigen Strukturen dabei helfen, Auslandskompetenzen in Form von Kontakten, **Netzwerken** etc. aufzubauen, und die Tochtergesellschaften aktiv unterstützen. Auf Grund ihrer internen Arbeitsorganisation und personellen Besetzung können sie zudem positiv zur Verbreitung gemeinsamer Wertvorstellungen und Verhaltensweisen sowie informeller Kommunikationsbeziehungen im Konzern beitragen. Die erfolgreiche Teilnahme an konzernübergreifenden Projekten eignet sich nicht zuletzt als Qualifizierungsmerkmal für die Managemententwicklung.

VII. Führungsphilosophie und Rollenverständnis der Holding

4.142 Die Führung einer Holding unterscheidet sich erheblich von der Führung einer Einheitsunternehmung oder der eines Stammhauskonzerns. Getragen von einer **föderativen Grundstruktur** bedeutet Führung mit einem Holdingkonzept grundsätzlich den Verzicht auf eine dominierende Rolle der Zentrale zugunsten weitgehend rechtlich und wirtschaftlich autonomer Einheiten.

4.143 Die unternehmerische und rechtliche Autonomie der Holdingtöchter erfordert eine Abkehr von kostenrechnerischen Koordinationsinstrumenten, wie sie für die verrichtungsorientierten funktionalen Organisationsformen typisch sind, hin zu **zielorientierten Instrumenten.** Für die Holding bedeutet dies, Wettbewerbsvorteile durch die Ableitung, Formulierung und Verankerung anspruchsvoller Zielsetzungen zu erzielen.

Zugleich muss die Holding materielle wie immaterielle Infrastrukturen und Netzwerke schaffen, die die Töchter bei der Erreichung ihrer Ziele unterstützen. Über ihre Rolle als Ressourcencenter hinaus erfolgt die Führung einer Holding deshalb zunehmend über neuartige Dienstleistungen der Holding in Form der Befähigung, Förderung und Beratung ihrer Töchter. Unternehmerische Dienstleistungen werden damit zu einer weiteren Kernkompetenz der Holding.

4.144 Die Holding steuert und koordiniert nicht nur Veränderungen ihrer Beteiligungen, sondern muss darüber hinaus auch ihre eigenen Strukturen an die Veränderungen ihrer Töchter anpassen. Konkret bedeutet dies die Abkehr von einem statischen Konzernverbund „unter einheitlicher Leitung" hin zu einer stärker finanzstrategischen **Begleitung von Unternehmenslebenszyklen** der Töchter, die selbst immer mehr zu Trägern von Marken werden, wobei sich alle Rollen und Funktionen der drei Holdinggrundtypen „Finanzholding", „Strategische Führungsholding" und „Operative Führungsholding" wiederfinden können.

Mit der **Ablösung technokratischer Führungsinstrumente** durch eine ausgeprägte Kommunikation und neue auf Anreizen basierende Führungssysteme treten „weiche Führungsinstrumente“, wie Visionen, Leitbilder und Kulturen, in den Vordergrund. Damit ist die Holding eine Führungsform, die sich auch umfassend am menschlichen Verhalten, aber auch an den vorhandenen personellen Ressourcen orientiert („Structure follows human ressources“). 4.145

Die Umsetzung von Holdingkonzepten wird in Einzelfällen einen Quantensprung hinsichtlich des Denkens in Strategien, strategischen Erfolgsfaktoren, strategischer Markenführung und vor allem hinsichtlich der Kommunikationsfähigkeit bedeuten.

§ 5 Überwachung durch den Vorstand der Holding

I. Gegenstand dieses Kapitels 5.1

II. Allgemeine interne Überwachungsaufgaben des Vorstands der Holding im eigenen Unternehmen . 5.8

1. Erfordernis interner Überwachung . . 5.9
a) Horizontale Aufgabendelegation . . . 5.10
b) Vertikale Aufgabendelegation 5.12
c) Externe Aufgabendelegation 5.13
d) Spezialgesetzliche Delegationsverbote 5.14
e) Laufende Selbstkontrolle des Vorstands, Vier-Augen-Prinzip 5.15
2. Gegenstand der internen Überwachung 5.17
a) Wirtschaftlichkeit der Geschäftsführung 5.18
b) Rechtmäßigkeit der Geschäftsführung 5.19
c) Zukunftssicherung des Unternehmens 5.23
d) Rolle in der Gesellschaft und Außendarstellung des Unternehmens 5.24
e) Beherrschung allgemeiner und bestandsgefährdender Risiken 5.25
3. Instrumente interner Überwachung
a) Vorbemerkung 5.28
b) Einrichtung eines Internen Kontrollsystems 5.38
c) Einrichtung einer Risikocontrolling-Funktion in Form eines Risikofrüherkennungs- oder Risikomanagementsystems 5.41
d) Einrichtung eines Compliance-Systems 5.45
e) Einrichtung einer Internen Revision . 5.49
f) Berichte an den Aufsichtsrat 5.52
g) Berichte an die Aufsichtsbehörde . . . 5.53
h) Quartals-, Geschäfts-, Lage- und Abhängigkeitsberichte sowie Erklärung zur Unternehmensführung 5.54

III. Besondere interne Überwachungspflichten des Vorstands der Holding im Konzern

1. Vorbemerkung 5.55
2. Grundlagen der Beteiligungsüberwachung
a) Vertragskonzern 5.58
b) Faktischer Konzern 5.59
c) Sonstige unternehmerische Beteiligungen 5.61
d) Bloße Kapitalanlagen 5.62
3. Instrumente der Beteiligungsüberwachung 5.63
a) Führungsstellenbesetzung und Doppelorganschaften 5.64
b) Berichtspflichten, Rechnungslegung und Prüfungsberichte 5.69
c) Zustimmungsvorbehalte 5.74
d) Konzernweites Internes Kontrollsystem 5.76
e) Konzernweites Risikocontrolling . . . 5.78
f) Konzernweite Compliance 5.80
g) Konzernweite Interne Revision 5.83
4. Grenzüberschreitende Unternehmensgruppen 5.84a

IV. Abgrenzung der internen Überwachungsfunktion des Vorstands von der Überwachungsfunktion des Aufsichtsrats der Holding im Konzern 5.85

V. Abgrenzung der Überwachungsaufgabe des Vorstands der Holding von den Überwachungsfunktionen der Organe der abhängigen Gesellschaften 5.90

VI. Sanktionen bei Verletzung interner Überwachungspflichten 5.96

1. Gesellschaftsrecht 5.97
2. Kartellrecht 5.102
3. Insolvenzrecht 5.103
4. Aufsichtsrecht 5.105
5. Ordnungswidrigkeitenrecht 5.106
6. Strafrecht 5.108

Literaturübersicht: *Barzen/Kampf*, Berichtspflicht des AG-Vorstands zu Tochtergesellschaften, BB 2011, 3011; *Baums*, Risiko und Risikosteuerung im Aktienrecht, ZGR 2011, 218; *Braun*, Insolvenzordnung, 7. Aufl. 2017; *Bürgers/Schilha*, Die Unabhängigkeit des Vertreters des Mutterunternehmens im Aufsichtsrat der Tochtergesellschaft, AG 2010, 221; *Bürkle*, Corporate Compliance als Standard guter Unternehmensführung des Deutschen Corporate Governance Kodex, BB 2007, 1797; *Bulgrin/Wolf*, „Nützliche" Vertragsbrüche von Geschäftsleitern in Zeiten der COVID-19-Pandemie, AG 2020, 367; *Busse von Colbe/Crasselt/Pellens*, Lexikon des Rechnungswesens, 5. Aufl. 2011; *Decher*, Personelle Verflechtungen im Aktienkonzern, 1990; *Dreher*, Die Vorstandsverantwortung im Geflecht von Risikomanagement, Compliance und interner Revision, in FS Hüffer, 2010, S. 161; *Dreher*, Ausstrahlungen des Aufsichtsrechts auf das Aktienrecht, ZGR 2010, 496; *Ek/Kock*, Haftungsrisiken für Vorstand und Aufsichtsrat, 3. Aufl. 2019; *Ellenbürger/Ott/Frey/Boetius*, Mindestanforderungen an das Risikomanagement (MaRisk) für Versicherungen, 2009; *Emmerich/Habersack*, Aktien- und GmbH-Konzernrecht, Kommentar, 9. Aufl. 2019; *Emmerich/Habersack*, Konzernrecht, 9. Aufl. 2008; *Fett/Gebauer*, Compliance-Strukturen im faktischen Bankkonzern, in FS Schwark, 2009, S. 375; *Fleischer*, Corporate Compliance im aktienrechtlichen Unternehmensverbund, CCZ 2008, 1; *Fleischer*, Vorstandsverantwortlichkeit und Fehlverhalten von Unternehmensangehörigen – Von der Einzelüberwachung zur Errichtung einer Compliance-Organisation, AG 2003, 291; *Fleischer*, Aktienrechtliche Legalitätspflicht und „nützliche" Pflichtverletzungen von Vorstandsmitgliedern, ZIP 2005, 141; *Goette*, Organisationspflichten in Kapitalgesellschaften zwischen Rechtspflicht und Opportunität, ZHR 175 (2011), 388; *Götz*, Rechte und Pflichten des Aufsichtsrats nach dem Transparenz- und Publizitätsgesetz, NZG 2002, 599; *Götz*, Leitungssorgfalt und Leitungskontrolle der Aktiengesellschaft hinsichtlich abhängiger Unternehmen, ZGR 1998, 524; *Grundmeier*, Rechtspflicht zur Compliance im Konzern, 2011; *Habersack/Verse*, Zum Auskunftsrecht des Aktionärs im faktischen Konzern, AG 2003, 300; *Harbarth*, Zustimmungsvorbehalte im faktischen Aktienkonzern, in FS Hoffmann-Becking, 2013, S. 457; *Hauschka/Mossmayer/Lösler*, Corporate Compliance, 3. Aufl. 2016; *Hauschka*, Compliance, Compliance-Manager, Compliance-Programme: Eine geeignete Reaktion auf gestiegene Haftungsrisiken für Unternehmen und Management?, NJW 2004, 257; *Hauschka/Greeve*, Compliance in der Korruptionsprävention – was müssen, was sollen, was können die Unternehmen tun?, BB 2007, 165; *Hofmann*, Unternehmensüberwachung – Ein Aufgaben- und Arbeitskatalog für die Revisionspraxis, 2. Aufl. 1993; *Hommelhoff*, Vernetzte Aufsichtsratsüberwachung im Konzern? – eine Problemskizze, in Theisen, Der Konzern im Umbruch, 1998; *Hommelhoff*, Zur Anteils- und Beteiligungsüberwachung im Aufsichtsrat, in FS Stimpel, 1985, S. 603; *Hommelhoff*, Die Konzernleitungspflicht, 1982/1986 (unveränderter Nachdruck); *Hüffer*, Informationen zwischen Tochtergesellschaft und herrschendem Unternehmen im vertragslosen Konzern, in FS Schwark, 2009, S. 185; *Hüffer*, Die Leitungsverantwortung des Vorstands in der Managementholding, in Liber amicorum Happ, 2006, S. 93; *Ihrig/Schäfer*, Rechte und Pflichten des Vorstands, 2014; *Kaulbach/Bähr/Pohlmann*, Versicherungsaufsichtsgesetz, Kommentar, 6. Aufl. 2019; *Keller*, Unternehmungsführung mit Holdingkonzepten, 2. Aufl. 1993; *Koch*, Compliance-Pflichten im Unternehmensverbund?, WM 2009, 1013; *Korch/Yannick*, Datenschutz als Vorstandsverantwortung, AG 2019, 551; *Kutschelis*, Korruptionsprävention und Geschäftsleiterpflichten im nationalen und internationalen Unternehmensverbund, 2014; *Lanfermann/Röhricht*, Pflichten des Prüfungsausschusses nach dem BilMoG, BB 2009, 887; *Löbbe*, Unternehmenskontrolle im Konzern, 2002; *Löbbe*, Verhältnis von § 130 OWiG und Organisationspflichten des Vorstands und der Geschäftsführung nach §§ 93 AktG, 43 GmbHG, in FS Seibert, 2019, S. 561; *Lutter*, Konzernphilosophie vs. konzernweite Compliance und konzernweites Risikomanagement, in FS Goette, 2011, S. 289; *Lutter*, Aufsichtsrat und Sicherung der Legalität im Unternehmen, in FS Hüffer, 2010, S. 617; *Lutter*, Zur Wirkung von Zustimmungsvorbehalten nach § 111 Abs. 4 Satz 2 AktG auf nahestehende Gesellschaften, in FS Fischer, 1979, S. 419; *Lutter/Krieger/Verse*, Rechte und Pflichten des Aufsichtsrats, 6. Aufl. 2014; *Martens*, Der Aufsichtsrat im Konzern, ZHR 159 (1995), 567; *Martens*, Der Grundsatz gemeinsamer Vorstandsverantwortung, in FS Fleck, 1988, S. 191; *Pampel*, Die Bedeutung von Compliance-Programmen im Kartellordnungswidrigkeitenrecht, BB 2007, 1636; *Potthoff*, Dreigliedrige Überwachung der Konzernführung – Erfahrungen und Empfehlungen aus betriebswirtschaftlicher Sicht, in Theisen, Der Konzern im Umbruch, 1998; *Preußner*, Risikomanagement im Schnittpunkt von Bankaufsichtsrecht und Gesellschaftsrecht, NZG 2004, 57; *Preußner*, Risikomanagement und Compliance in der aktienrechtlichen Verantwortung des Aufsichtsrats unter Berücksichtigung des Gesetzes zur Modernisierung des Bilanzrechts (BilMoG), NZG 2008, 574; *Preußner/Becker*, Ausgestaltung von Risikomanagementsystemen durch die Geschäftsleitung, NZG 2002, 846; *Preußner/Fett*, Hypothekenbanken als abhängige Konzernunternehmen, AG 2001, 337; *Rittner/Dreher*, Europäisches und deutsches Wirtschaftsrecht, 3. Aufl. 2007; *K. Schmidt*, Insolvenzordnung, 19. Aufl. 2016; *Schmidt-Leithoff*, Die Verantwortung der Unternehmensleitung, 1989; *Sven H. Schneider*, Informationspflichten und Informationseinrichtungspflichten im Aktienkonzern, 2006; *Uwe H. Schneider*, Compliance als Aufgabe der Unternehmensleitung, ZIP 2003, 645; *Uwe H. Schneider*, Die Wahrnehmung öffentlich-rechtlicher Pflichten durch den Geschäftsführer, in FS 100 Jahre GmbH-Gesetz, 1992, S. 473; *Uwe H. Schneider/Sven H. Schneider*, Konzern-Compliance als Aufgabe der Konzernleitung, ZIP 2007, 2061; *Seibert*, Die Entstehung des § 91 Abs. 2 AktG im KonTraG – „Risikomanagement" oder „Frühwarnsystem"?, in FS Bezzenberger, 2000, S. 427; *Semler*, Die Rechte und Pflichten des Vorstands einer Holdinggesellschaft im Lichte der Corporate Governance-Diskussion, ZGR 2004, 631; *Semler*, Leitung und Überwachung der Aktiengesellschaft, 2. Aufl. 1996; *Semler/v. Schenck*, Arbeitshandbuch für Aufsichtsratsmitglieder, 4. Aufl. 2013; *Semler/v. Schenck*, Der Aufsichtsrat, 2015; *Seyfarth*, Vorstandsrecht, 2016; *Spindler*, Compliance in der multinationalen Bankengruppe, WM 2008, 905; *Spindler*, Unternehmensorganisationspflichten, 2001; *Stephan*, Zum Stand des Vertragskonzernrechts, Der Konzern 2014, 1; *Timm*, Grundfragen des „qualifizierten" faktischen Konzerns im Aktienrecht, NJW 1987, 977; *Veil*, Compliance-Organisationen in Wertpapierdienstleistungsunternehmen im Zeitalter der MiFiD, WM 2008, 1093; *Verse*, Compliance im Konzern – Zur Legalitätskontrollpflicht der Geschäftsleiter einer Konzernobergesellschaft, ZHR 175 (2011), 401; *E. Vetter*, Interessenkonflikte im Konzern – vergleichende Betrachtungen zum faktischen Konzern und zum Vertragskonzern, ZHR 171 (2007), 342; *Weber-Rey*, Ausstrahlungen des Aufsichtsrechts (insbesondere für Banken und Versicherungen) auf das Aktienrecht – oder die Infiltration von Regelungssätzen?, ZGR 2010, 543; *v. Werder*, Führungsorganisation, 3. Aufl. 2015; *Wiesner* in Münchener Handbuch des Gesellschaftsrechts, Bd. 4, Aktiengesellschaft, 4. Aufl. 2015; *Wilsing/Ogorek*, Kündigung des Geschäftsführer-Anstellungsvertrags wegen unterlassener Konzernkontrolle, NZG 2010, 216; *Witte*, Der Prüfungsbericht als Informationsträger im Konzern – ein Beitrag zum System konzerninterner Informationsrechte, 1996; *Wohlmannstetter*, Risikomanagement nach dem BilMoG, ZGR 2010, 472.

I. Gegenstand dieses Kapitels

5.1 Wird im Zusammenhang mit Unternehmen von Überwachung gesprochen, denkt man in der Regel zunächst an den Aufsichtsrat oder ein vergleichbares Gremium. Das ist zutreffend, doch findet die **Überwachung** von Unternehmen darüber hinaus auch auf anderen Ebenen und **durch unterschiedliche Organe und Institutionen** statt. Das vom Aufsichtsrat überwachte geschäftsführende Organ nimmt seinerseits zahlreiche Überwachungsfunktionen im eigenen Unternehmen sowie in Konzernunternehmen wahr[1]; es selbst wird außer durch den Aufsichtsrat in gewissem Maße auch durch die Anteilsinhaber (im Rahmen der Hauptversammlung bei AG und KGaA, im Rahmen der Gesellschafterversammlung bei der GmbH und der GmbH & Co. KG) überwacht, sofern es solche, anders als bei der Stiftung, gibt; hinzu kommen der Abschlussprüfer sowie Aufsichtsbehörden wie die Finanzaufsicht bei Unternehmen des Banken- oder des Versicherungssektors oder die Stiftungsaufsicht bei Stiftungen[2].

5.2 Dieses Kapitel befasst sich mit der Überwachungsaufgabe des Vorstands der Holding; es versucht darzustellen, was Gegenstand und Inhalt dieser Überwachung ist, die im Folgenden auch kurz als „**interne Überwachung**" bezeichnet wird. Sie ist abzugrenzen von der Überwachung zum einen durch den Aufsichtsrat und/oder einen etwaigen Beirat oder ein vergleichbares Gremium der Holding[3], zum anderen durch den Abschlussprüfer sowie durch etwa zuständige Aufsichtsbehörden wie die Finanz- oder Stiftungsaufsicht[4].

---

1 Zur Abgrenzung der Überwachung durch den Vorstand einerseits und den Aufsichtsrat andererseits *Löbbe*, Unternehmenskontrolle im Konzern, S. 31 ff.; *Potthoff*, Dreigliedrige Überwachung der Konzernführung – Erfahrungen und Empfehlungen aus betriebswirtschaftlicher Sicht, in Theisen, Der Konzern im Umbruch, S. 362, 363.

2 Aus betriebswirtschaftlicher Sicht versteht *Theisen* (Der Konzern, S. 262 ff.) die externe Überwachung wesentlich breiter als hier angenommen und bezieht darin mit ein „die steuerliche Konzernaußenprüfung, Kartellbehörden und Monopolkommission, die Europäische Wettbewerbs- und Kartellbehörde, den Europäische(n) Gerichtshof, sowie als Alternative zu den institutionalisierten Überwachungsträgern (den) nationale(n) und internationale(n) Kapitalmarkt" (S. 262). Diese Institutionen nehmen jedoch entweder keine laufenden Überwachungsfunktionen wahr (steuerliche Außenprüfungen finden nur in unregelmäßigen Abständen statt) oder werden nur fallbezogen aktiv (Wettbewerbs- und Kartellbehörden sowie Gerichte); der Kapitalmarkt ist weder Organ noch Institution und hat keinerlei Befugnisse, er wirkt vielmehr durch das Handeln seiner Akteure in ihren unterschiedlichen Rollen (Zentralbanken, Emittenten, private und institutionelle Anleger, Analysten, Wirtschaftspresse etc.).

3 Bei der Stiftung ist das Kontrollorgan in der Satzung zu regeln; in der Praxis verbreitet ist insoweit ein Kuratorium oder ein Beirat, vgl. *Stephan* Rz. 3.30 f.

4 Vgl. *Krieger* Rz. 7.1.

Eine **Holding**[5] ist keine eigene Rechtsform, sondern eine ganz **normale Gesellschaft** bzw., im Falle der Stiftung, eine Körperschaft, mit allen daraus für ihre Organe folgenden Rechten und Pflichten; sie kann jede denkbare Rechtsform haben, doch wird regelmäßig eine solche gewählt, bei der keine natürlichen Personen unbeschränkt und unbeschränkbar haften[6]. Die am häufigsten gewählten Rechtsformen sind die AG und die GmbH, doch kommen auch Holdings in der Rechtsform der KGaA mit einer juristischen Person als persönlich haftender Gesellschafterin, der GmbH & Co. KG sowie der Stiftung vor. Auf Personengesellschaften, auf Genossenschaften und auf Vereine, insbesondere Versicherungsvereine auf Gegenseitigkeit, sowie auf Stiftungen soll hier nicht eingegangen werden[7]. Wenn im Folgenden vom Vorstand gesprochen wird, gilt das Gesagte entsprechend für die Geschäftsführer der GmbH. 5.3

Zu den **Pflichten der Geschäftsleitung**, also des Vorstands oder der Geschäftsführung der Holding, gehört **die interne Überwachung** der Holding; diese Pflicht folgt für den Vorstand der AG im allgemeinen aus § 93 Abs. 1 Satz 1 AktG, der dem Vorstand auferlegt, bei der Geschäftsführung „die Sorgfalt eines ordentlichen und gewissenhaften Geschäftsleiters anzuwenden", und im besonderen aus § 91 Abs. 2 AktG, der den Vorstand verpflichtet, „insbesondere ein Überwachungssystem einzurichten, damit den Fortbestand der Gesellschaft gefährdende Entwicklungen früh erkannt werden". Dieses Kapitel befasst sich mit dem Inhalt der internen Überwachung, also mit der Frage, worauf sich diese richtet und wie sie ausgeübt wird. Interessanter Weise ist die interne Überwachung als solche sowohl im Einheitsunternehmen als auch im Konzern in sehr viel geringerem Maße als z.B. die Überwachung durch den Aufsichtsrat Gegenstand der wissenschaftlichen Diskussion; stattdessen befassen sich Judikatur und Literatur eher mit den einzelnen Elementen der internen Überwachung, auf die im Folgenden auch einzugehen sein wird. 5.4

Hierbei ist zu unterscheiden zwischen **verschiedenen Formen** der internen Überwachung: Es gibt zunächst die vorausschauende Überwachung (z.B. durch Anordnung von allgemeinen oder nur im Einzelfall (ad hoc) geltenden Genehmigungsvorbehalten, durch die Budget- und Konzernplanung sowie durch die Personalkompetenz), es gibt sodann die begleitende Überwachung z.B. durch Anordnung laufender Berichtspflichten, sowie schließlich die rückblickende Überwachung durch Prüfung laufender Berichte (periodische Liquiditätsübersichten, Monats-, Quartals- und Halbjahresberichte, Geschäftsberichte etc.) und ebenfalls durch die Personalkompetenz[8]. 5.5

Daneben ergeben sich durch die **Holdingfunktion** bedingte **spezifische Überwachungsaufgaben**. Bei diesen ist wiederum zwischen den Überwachungsaufgaben des Vorstands der Holding einerseits und des Aufsichtsrats der Holding andererseits zu unterscheiden[9]. Schließlich ist die Überwachungsaufgabe des Vorstands der Holding von den Überwachungsaufgaben der Organe der abhängigen Gesellschaften abzugrenzen. Zusätzlich zu berücksichtigen sind zunehmend geschaffene spezialgesetzliche Anforderungen (z.B. aus KWG, VAG und KAGB, aber auch aus einer Vielzahl weiterer gesetzlicher Vorschriften); auf diese kann hier zum Teil nur hingewiesen oder am Rande eingegangen werden. 5.6

Behandelt werden ausschließlich die **rechtlichen**, nicht auch die (potentiell breiteren) betriebswirtschaftlichen **Grundlagen** und Inhalte der internen Überwachung. 5.7

Die interne Überwachung durch den Vorstand ist Grundlage von dessen **Berichtspflicht gegenüber dem Aufsichtsrat und der Hauptversammlung**. Eine mangelnde interne Überwachung wird zwangsläufig zu einer unzureichenden Berichterstattung führen und damit zugleich die Qualität der 5.7a

5 Vgl. zur Definition *Lutter/Bayer* Rz. 1.11 ff.

6 Es finden sich daher kaum Holdings in der Rechtsform der offenen Handelsgesellschaft oder in der Rechtsform der KG mit einer oder mehreren natürlichen Personen als persönlich haftenden Gesellschaftern.

7 Vgl. zu Genossenschaften, Vereinen sowie Stiftungen *Emmerich/Habersack*, Konzernrecht, §§ 36–38.

8 *Theisen*, Der Konzern, S. 259; ähnlich *Fleischer* in Spindler/Stilz, § 76 AktG Rz. 93 f.

9 Zur Überwachung durch den Aufsichtsrat *Krieger* § 7.

Überwachung der Holding durch Aufsichtsrat und Gesellschafter, aber auch durch den Abschlussprüfer und etwaige Aufsichtsbehörden, beeinträchtigen[10]. Zugleich kann kein Unternehmen und kann kein Konzern auf Dauer erfolgreich geführt werden, wenn es an einer wirksamen internen und externen Kontrolle mangelt. Dies erhöht die Bedeutung einer funktionierenden internen Überwachung jedes Unternehmens und insbesondere auch der Holding.

II. Allgemeine interne Überwachungsaufgaben des Vorstands der Holding im eigenen Unternehmen

5.8 Um bestimmen zu können, welches die Aufgaben der internen Überwachung durch den Vorstand im Konzern sind, muss zunächst ein Blick darauf geworfen werden, welches die Überwachungsaufgaben des Vorstands im eigenen Unternehmen, also der Holding selbst, sind und welche **Instrumente** ihm zur Verfügung stehen, um diese Aufgaben umfassend zu erfüllen; davon handelt dieser Abschnitt. Im nachfolgenden Abschnitt sind sodann die sich aus der Holdingfunktion ergebenden, sich also auf den Konzern erstreckenden internen Überwachungsaufgaben des Vorstands zu erörtern.

1. Erfordernis interner Überwachung

5.9 Der Erklärung bedarf zunächst, weshalb es neben der institutionalisierten Überwachung **durch Aufsichtsrat, Abschlussprüfer und gegebenenfalls Aufsichtsbehörde** einer internen Überwachung durch das Geschäftsführungsorgan bedarf.

a) Horizontale Aufgabendelegation

5.10 Praktisch jede Geschäftsleitung, die über mehr als ein Mitglied verfügt, schafft Zuständigkeits- und Verantwortungsbereiche der einzelnen Mitglieder[11], da das Fehlen einer solchen Aufgabenteilung ineffizient wäre und unvermeidlich zu laufenden Konflikten zwischen den einzelnen Geschäftsleitungsmitgliedern führen würde. Dieses **Ressortprinzip** ist allgemein und auch bei beaufsichtigten Unternehmen wie Banken und Versicherungen anerkannt[12], es findet jedoch seine Grenze am Grundsatz der **Gesamtverantwortung aller Geschäftsleitungsmitglieder**[13]. Dieser wird § 76 AktG entnommen und besagt, dass im Grundsatz jedem Vorstandsmitglied die Pflicht zur Geschäftsführung im Ganzen obliegt und dass dieser Allzuständigkeit jedes Vorstandsmitglieds eine entsprechend umfassende Verantwortung für die Belange des Unternehmens gegenübersteht, der sich die Vorstandsmitglieder weder durch Zuständigkeitsverteilungen noch durch Delegation an Personen außerhalb der Geschäftsleitung entziehen können[14]. Zwar kann sich ein kraft Geschäftsverteilung nicht zuständiges Vorstandsmitglied auf Grund des **Vertrauensprinzips** darauf verlassen und darf und muss, vorbehaltlich gegenteiliger Anhaltspunkte, annehmen, dass seine Geschäftsleitungskollegen ihre Aufgaben in den ihnen zugewiesenen Bereichen jederzeit pflichtgemäß und kompetent erledigen; es verbleiben jedoch bei dem nicht zuständigen Geschäftsleiter „kraft seiner Allzuständigkeit gewisse **Überwachungspflichten**, die ihn zum Eingreifen veranlassen müssen, wenn Anhaltspunkte dafür bestehen, dass die Erfüllung der der Gesellschaft obliegenden Aufgaben durch den zuständigen

---

10 S. zur Berichterstattung des Vorstands gegenüber dem Aufsichtsrat auch *Krieger* Rz. 7.11 ff.

11 *Ihrig/Schäfer*, Rechte und Pflichten des Vorstands, Rz. 410; *Seyfarth*, Vorstandsrecht, § 9 Rz. 1 ff.

12 *Leyens/Schmidt*, AG 2013, 533 (537 ff.).

13 Grundlegend für die Aktiengesellschaft *Martens* in FS Fleck, 1988, S. 191 ff. sowie *Fleischer*, NZG 2003, 449 ff.; für die GmbH *Uwe H. Schneider* in FS 100 Jahre GmbHG, 1992, S. 473 ff. Ferner *Greeve* in Hauschka, Corporate Compliance, § 25 Rz. 177.

14 BGH v. 15.10.1996 – VI ZR 319/95, BGHZ 133, 370 (376 f.) = ZIP 1996, 2017 = AG 1997, 37 für den Fall einer GmbH, doch gelten diese Grundsätze gleichermaßen für die AG, vgl. *Fleischer*, NZG 2003, 449; *Martens* in FS Fleck, 1988, S. 191 (194); *Goette*, ZHR 175 (2011), 388 (394 ff.).

Geschäftsführer nicht mehr gewährleistet ist“[15]. Zudem muss jeder Geschäftsleiter seinen Kollegen laufend über sein Ressort berichten, damit diese in der Lage sind, ihrer aus der Gesamtverantwortung folgenden Aufsichts- und Überwachungspflicht nachzukommen[16].

Darüber hinaus gibt es **Pflichtaufgaben** des Geschäftsleitungsorgans, die **nicht delegierbar** sind, weder innerhalb der Geschäftsleitung selbst, noch an nachgeordnete oder externe Personen[17]; hierzu gehören z.B. Entscheidungen über die **Geschäftsverteilung** zwischen den Geschäftsleitungsmitgliedern[18] und die Pflicht zur **Beantragung der Insolvenz** bei Vorliegen eines Insolvenzgrunds gem. § 15a InsO[19]. Es gibt jedoch keinen abschließenden Katalog solcher stets jedes Geschäftsleitungsmitglied treffender Kernpflichten, weshalb ein Bereich verbleibt, innerhalb dessen es eine Frage des Einzelfalls ist, ob eine allen obliegende, oder ob eine übertragbare Pflicht gegeben ist[20]. Hier bleibt Raum zur Rechtsfortbildung; so ist es heute als anerkannt anzusehen, dass die Einrichtung eines funktionierenden **Compliance**-Systems in der Gesamtverantwortung des Vorstands liegt und die Zuordnung der Zuständigkeit für Compliance an ein Vorstandsmitglied die übrigen Vorstandsmitglieder nicht von dieser Verantwortung befreit[21]. Aus einer solchen gemeinsamen Leitungsverpflichtung folgt auch bei Zuweisung der Verantwortung an ein Vorstandsmitglied eine allen Vorstandsmitgliedern obliegende, unvermeidliche Pflicht zur Überwachung der Erfüllung dieser Gesamtaufgabe durch das verantwortliche Vorstandsmitglied[22]. Vergleichbares dürfte infolge der Datenschutz-Grundverordnung gelten für Fragen des **Datenschutzes**[23], und es ist damit zu rechnen, dass Rechtsprechung und Literatur weitere Bereiche nicht delegierbarer Pflichtaufgaben definieren werden. 5.11

b) Vertikale Aufgabendelegation

Schon im kleinsten Unternehmen kann die Geschäftsleitung nicht alles selbst machen, vielmehr bedient sie sich dazu anderer hiermit betrauter, ihr hierarchisch nachgeordneter Personen; man spricht insoweit von vertikaler Delegation[24]. Dabei gilt es sicherzustellen, dass diese Personen die ihnen übertragenen Aufgaben umfassend pflichtgemäß erfüllen. Dazu bedarf es zum einen einer sorgfältigen **Auswahl** für die jeweilige Aufgabe geeigneter, vertrauenswürdiger Personen[25] und deren **Einweisung** in ihr Aufgabenfeld, zum anderen aber einer **laufenden Überwachung**, um sicherzustellen, dass die so delegierten Aufgaben tatsächlich den Anforderungen gemäß erledigt werden[26]. Die **Verantwortung** für die Erledigung der so delegierten Aufgaben **verbleibt** gleichwohl **bei der Geschäftsleitung**[27], die sich allenfalls exkulpieren kann, wenn sie nachweisen kann, den fehlsamen Mitarbeiter sorgfältig ausgewählt, eingewiesen und überwacht zu haben[28]. 5.12

---

15 BGH v. 15.10.1996 – VI ZR 319/95, BGHZ 133, 370 (377 f.) = ZIP 1996, 2017 = AG 1997, 37 m.w.N. aus der Rechtsprechung.

16 VG Frankfurt/M. v. 8.7.2004 – 1 E 7363/03 (I), WM 2004, 2157 ff. = AG 2005, 264 für ein Versicherungsunternehmen.

17 Vgl. *Hüffer* in Liber amicorum Happ, 2006, S. 93 (105 f.).

18 Soweit diese Entscheidung nicht ohnehin vom Aufsichtsrat getroffen wird, vgl. *v. Schenck* in Semler/v. Schenck, AR Hdb, § 7 Rz. 286.

19 Hüffer/Koch, § 92 AktG Rz. 22.

20 *Martens* in FS Fleck, 1988, S. 191, 195 spricht treffend von „eine(r) diffuse(n) Grauzone, die nur abstrakt umschrieben, für die Praxis aber nicht weiter erhellt werden“ könne.

21 Sehr deutlich insoweit LG München v. 10.12.2013 – 5 HKO 1387/10 – Siemens/Neubürger, NZG 2014, 345 (348) = ZIP 2014, 570 (574) = AG 2014, 332; dazu *Fleischer*, NZG 2014, 321 ff.

22 *Martens* in FS Fleck, 1988, S. 191 (195).

23 *Korch/Yannick*, AG 2019, 551 (554, 559).

24 *Ihrig/Schäfer*, Rechte und Pflichten des Vorstands, Rz. 410.

25 *Goette*, ZHR 175 (2011), 388 (395).

26 *Fleischer*, AG 2003, 291 (292 f.).

27 *Baums*, ZGR 2011, 218 (267 f.).

28 *Fleischer*, AG 2003, 291 (292 f.).

c) Externe Aufgabendelegation

5.13 Gleiches gilt im Fall der externen Aufgabendelegation, gleich ob auf ein zum Unternehmensverbund gehörendes oder auf ein drittes Unternehmen; auch hier verbleibt die Pflicht zur Überwachung beim Vorstand und kann er sich dieser Verantwortung nicht entziehen. Bei Banken und Finanzdienstleistern, die besonders häufig Tätigkeiten an andere Konzernunternehmen oder an externe **Dienstleister** auslagern, gelten zudem besondere Anforderungen und zum Teil auch Genehmigungspflichten seitens der Finanzaufsicht[29]; so muss gewährleistet sein, dass die Aufgaben der BaFin als Aufsichtsbehörde und die Aufgaben der Prüfer durch die Auslagerung nicht beeinträchtigt werden, § 25b Abs. 3 Satz 1 und 2 KWG, zudem stellt § 25b Abs. 2 KWG klar, dass die Auslagerung **nicht zu einer Übertragung der Verantwortung** auf das Auslagerungsunternehmen führen dürfe, das auslagernde Institut vielmehr für die Einhaltung der gesetzlichen Bestimmungen verantwortlich bleibe. Gleiches bestimmt § 32 Abs. 1 VAG für Versicherungsunternehmen. Dies macht deutlich, dass auch und gerade bei der externen Delegation von Aufgaben eine gesteigerte Überwachungspflicht bei dem auslagernden Unternehmen und dessen Geschäftsleitung verbleibt.

d) Spezialgesetzliche Delegationsverbote

5.14 Die unentäußerbare Verantwortung der Geschäftsleiter für gewisse Aufgaben wird zudem in einer Reihe spezialgesetzlicher Vorschriften und aufsichtsbehördlicher Verwaltungsverlautbarungen festgestellt; so erklärt **§ 25a Abs. 1 Satz 2 KWG** die Geschäftsleiter von Kredit- und Finanzdienstleistungsinstituten als für die ordnungsgemäße Geschäftsorganisation verantwortlich; die von der Bundesanstalt für Finanzdienstleistungsaufsicht („BaFin“) veröffentlichten – allerdings nicht mit Gesetzeskraft ausgestatteten, sondern nur eine Wiedergabe der Verwaltungsmeinung darstellenden – **Mindestanforderungen für das Risikomanagement von Banken** („MaRisk BA“) präzisieren, dass ohne Rücksicht auf interne Zuständigkeitsregelungen alle Geschäftsleiter für die ordnungsgemäße Geschäftsorganisation und deren Weiterentwicklung zuständig sind[30]. Ähnlich bestimmen die MaRisk BA auch, dass die Geschäftsleitung für die Festlegung und Anpassung der Risikostrategien zuständig ist und dass diese Verantwortung nicht delegiert werden kann[31]. Entsprechende Regelungen gelten für Versicherungsunternehmen[32].

e) Laufende Selbstkontrolle des Vorstands, Vier-Augen-Prinzip

5.15 Jedes einzelne Vorstandsmitglied hat zudem **laufend sicherzustellen**, dass es und alle Vorstandskollegen (und der Vorstand als solcher) sämtliche ihnen obliegenden **Aufgaben pflichtgemäß erfüllen**, auch soweit sie diese nicht delegiert haben oder nicht delegieren dürfen; dies ist ein Element des Pflichtenkanons sowie ein Ausfluss der bereits angesprochenen Gesamtverantwortung des Vorstands[33].

5.16 Die Geschäftsleiter von **Banken und Finanzdienstleistern** verpflichtet § 25c Abs. 3 Nrn. 1 und 2 KWG ausdrücklich zur Überprüfung der Wirksamkeit und regelmäßigen Bewertung von ihnen festzulegender und umzusetzender Grundsätze einer ordnungsgemäßen Geschäftsführung.

5.16a Das Vier-Augen-Prinzip fordert § 33 Abs. 1 Satz 1 Nr. 3 KWG für die meisten Kredit- und Finanzdienstleistungsinstitute; § 33 Abs. 1 i.V.m. § 188 Abs. 1 Satz 1 VAG verlangt Gleiches von Versicherungsunternehmen, wobei die Leitlinie 3 Rz. 1.29 der EIOPA-Leitlinien zum Governance-System

29 S. z.B. § 25h Abs. 5 KWG, der das Outsourcing von Sicherungsmaßnahmen zur Verhinderung von Geldwäsche, Terrorismusfinanzierung und sonstiger strafbarer Handlungen von der vorherigen Zustimmung der BaFin abhängig macht.

30 AT 3 Rz. 1 MaRisk BA (BaFin-Rundschreiben 09/2017 (BA) vom 27.10.2017).

31 AT 4.2 Rz. 1 MaRisk BA.

32 § 23 Abs. 3 VAG, dazu *Pohlmann* in Kaulbach/Bähr/Pohlmann, VAG, § 23 Rz. 90.

33 *Ihrig/Schäfer*, Rechte und Pflichten des Vorstands, Rz. 445.

präzisierend vorgibt, dass an jeder wesentlichen Entscheidung mindestens zwei Personen, die das Versicherungsunternehmen tatsächlich leiten, beteiligt sein sollen, bevor die Entscheidung umgesetzt wird.

2. Gegenstand der internen Überwachung

Was der internen Überwachung unterliegt, sind nicht weniger als sämtliche Aufgaben der Geschäfts- 5.17
tätigkeit des Unternehmens. Man kann diese wie folgt aufgliedern, ohne dass diese Ordnung zwingend wäre:

a) Wirtschaftlichkeit der Geschäftsführung

Ein Wirtschaftsunternehmen verfolgt eine werbende, auf Gewinnerzielung gerichtete Tätigkeit. Es 5.18
ist Aufgabe der Geschäftsleitung, dies bei allen ihren Tätigkeiten zu berücksichtigen. Mit dem laufenden Geschäft muss auf Dauer ein **Ertrag erwirtschaftet werden** können; Geschäfte, die nachhaltig keinen Ertrag zu erbringen versprechen, dürfen nicht unbegrenzt fortgeführt werden. Investitionen müssen unter Berücksichtigung der prognostizierten und der möglichen künftigen Entwicklung einen positiven Beitrag zur Unternehmensentwicklung versprechen. Das Finanzwesen und die Rechnungslegung des Unternehmens müssen geordnet, die **Liquidität gesichert**, finanzielle **Risiken** im Rahmen dessen, was möglich und wirtschaftlich vertretbar ist, **abgesichert** sein.

b) Rechtmäßigkeit der Geschäftsführung

Ein Unternehmen muss in der Weise geführt werden, dass stets und in allen seinen vielfältigen Betäti- 5.19
gungen den geltenden rechtlichen Vorschriften entsprochen wird. Dieser **Legalitätspflicht**[34] ständig zu genügen ist kein Leichtes angesichts der wachsenden Flut gesetzlicher Vorschriften, die zur Vermeidung rechtlicher Nachteile, möglicher Bußgelder oder sogar strafrechtlicher Sanktionen zu Lasten von Unternehmensangehörigen (und künftig voraussichtlich auch des Unternehmens selbst, s. dazu Rz. 5.108a) eingehalten werden müssen. Insbesondere besteht heute weitgehend Einigkeit darüber, dass die Legalitätspflicht schlechthin gilt und es sogenannte **„nützliche" Pflichtverletzungen** von Organmitgliedern und überhaupt von Unternehmensangehörigen nicht gibt[35]; *Reichert* vertritt allerdings die Auffassung, dass dem Unternehmensinteresse grundsätzlich der Vorrang einzuräumen sei, wenn eine Rechtsnorm nicht straf- oder bußgeldbewehrt sei[36]. Jedenfalls sollte man Ausnahmen machen im Bereich geringfügiger administrativer Verstöße wie z.B. der Missachtung einfacher Verkehrsregeln[37].

Bei Unternehmen wie Banken und Versicherungen jedoch, die einer Aufsicht unterliegen, hat die 5.20
Einhaltung aller einschlägigen **aufsichtsrechtlichen Vorgaben** besondere Bedeutung, da bereits folgenlose technische Verstöße, die zu keinem Schaden geführt haben, gravierende Sanktionen der Aufsicht zur Folge haben können[38].

Gleichermaßen wichtig ist es, **Rechtsverstöße durch Unternehmensangehörige** nach Möglichkeit zu 5.21
unterbinden, und erfolgte Verstöße so schnell wie möglich zu erkennen, zu korrigieren und zu ahnden. Insbesondere für das Unternehmen potentiell besonders gefährliche Rechtsverletzungen wie Korruptionshandlungen[39] und Wettbewerbsverstöße muss die Geschäftsleitung zu unterbinden suchen.

---

34 Dazu *Fleischer*, ZIP 2005, 141 ff. sowie CCZ 2008, 1 f.; *Kutschelis*, S. 186 ff.
35 *Reichert* in FS Hoffmann-Becking, 2013, S. 943 (953); *Fleischer*, ZIP 2005, 141 ff.
36 *Reichert* in FS Hoffmann-Becking, 2013, S. 943 (954 f.).
37 So wäre es unverhältnismäßig, in der Missachtung eines Halteverbots durch ein Organmitglied oder auch durch den Fahrer eines Kurierdienstes eine zu sanktionierende Pflichtverletzung zu sehen.
38 Vgl. zu den aufsichtsrechtlichen Sanktionen unten Rz. 5.105.
39 *Hauschka/Greeve*, BB 2007, 165 ff.; *Kutschelis*, Korruptionsprävention und Geschäftsleiterpflichten im nationalen und internationalen Unternehmensverbund, S. 38 ff. („Korruptionsprävention als Kernaufgabe internationaler Unternehmensführung").

5.22 Die Legalitätspflicht erstreckt sich allerdings nicht auch auf die Einhaltung vertraglicher Pflichten; so kann es im Einzel- und Ausnahmefall im Unternehmensinteresse liegen und damit keine Verletzung interner Pflichten darstellen, eine Vertragspflicht zu verletzen und gegebenenfalls auch eine Pönale zu riskieren, wenn dies insgesamt für das Unternehmen vorteilhafter ist[40]; hierbei ist allerdings stets auch zu berücksichtigen, dass die **Verletzung vertraglicher Pflichten** sich negativ auf das Image des Unternehmens und auf dessen Sicht als verlässlicher Vertragspartner auswirken kann.

c) Zukunftssicherung des Unternehmens

5.23 Die Geschäftsleitung des Unternehmens hat sicherzustellen, dass der **Erfolg** des Unternehmens und damit dessen **Bestand nachhaltig gesichert** sind; hierfür müssen wiederum auf den verschiedensten Ebenen seiner Betätigung die Voraussetzungen geschaffen werden. Dies geht von der Verfügbarkeit geeigneten Personals und der Sicherung geeigneter Flächen und Räumlichkeiten über die laufende Modernisierung der Fertigungsmethoden und der Produkte, die Forschung und Entwicklung, das Antizipieren kommender Technologien und Umbrüche, die Fertigungsmethoden oder Produkte möglicher Weise überholt erscheinen lassen[41], bis hin zu der Prüfung, ob das Unternehmen mit den angestammten oder auch neuen Produkten in seiner Branche noch eine Zukunft hat. Hierbei ist auch die nationale und internationale Wettbewerbssituation des Unternehmens laufend zu beobachten und sind seine Effizienz, seine Innovationskraft und seine Anpassungsfähigkeit an sich wandelnde Rahmenbedingungen stets erneut in Frage zu stellen.

d) Rolle in der Gesellschaft und Außendarstellung des Unternehmens

5.24 Die Rolle des Unternehmens in der Gesellschaft und dessen Erscheinungsbild in der Öffentlichkeit spielen heute eine immer größere Rolle, auch wenn das Unternehmen nicht börsennotiert ist oder den Kapitalmarkt nicht in Anspruch nimmt und negative Umstände sich daher nicht auf den Kurs von ihm begebener Wertpapiere auswirken können. Die Unternehmensleitung muss darauf bedacht sein, dass das Unternehmen ein **positives Image** hat und dass dieses nicht durch Bekanntwerden negativer Fakten beschädigt wird. So muss es sich verantwortungsbewusst verhalten bei der Beschaffung von Rohstoffen (z.B. keine Verwendung nicht zertifizierten Tropenholzes), beim Einschalten von Lohnfertigern (z.B. Ausschließen von Kinderarbeit) sowie beim Einkauf fremder Produkte (z.B. keine Verwendung gesundheitsgefährdender Materialien). Negative Meldungen können innerhalb kürzester Zeit mittels der Presse oder sozialer Medien sehr weit verbreitet werden und von Umsatzeinbußen bis zu Konsumentenboykotts führen.

e) Beherrschung allgemeiner und bestandsgefährdender Risiken

5.25 Risiken lauern auf allen Ebenen und sind im Vorstehenden schon vielfältig erwähnt worden. Es ist hierbei zu unterscheiden zwischen einerseits den **potentiellen Folgen**, sollte das Risiko sich verwirklichen, und andererseits der **Wahrscheinlichkeit seines Eintritts**. Dabei können die Folgen sich verwirklichender Risiken in ihrer Bedeutung von vernachlässigbar bis den Bestand des Unternehmens gefährdend gehen.

5.26 Hier ist es entscheidend, dass potentiell den Bestand des Unternehmens gefährdende Risiken überhaupt erkannt werden, wozu es erforderlich ist, dass auch die Geschäftsleiter diese **Risiken richtig zu erkennen** und einzuschätzen vermögen[42]; sodann sind Maßnahmen zu treffen, die bewirken,

---

40 *Reichert* in FS Hoffmann-Becking, 2013, S. 943 (954 f.); *Bulgrin/Wolf*, AG 2020, 367 ff.

41 Man spricht insoweit von *disruptive technologies*.

42 Die englische Bank Barings scheiterte, weil ihre Geschäftsleiter sich durch die die von dem Händler Nick Leeson in der Niederlassung Singapur erzielten Gewinne blenden ließen, aber die von ihm betriebenen Geschäfte und die dadurch verursachten Risiken nicht verstanden. Für Versicherungsunternehmen heißt es hierzu in den MaRisk VE Nr. 6 Erläuterung zu Rz. 1: „Die Gesamtverantwortung der Ge-

dass unverhältnismäßige Risiken möglichst nicht eingegangen und unvermeidliche Risiken möglichst beherrscht werden können.

Zugleich muss auf eine große **Widerstandsfähigkeit**[43] des Unternehmens gegen alle erkennbaren Risiken Wert gelegt werden, was dann auch dessen Chance erhöhen könnte, völlig unerwartete Risiken[44] zu überstehen. 5.27

3. Instrumente interner Überwachung

a) Vorbemerkung

Befasst man sich mit den möglichen Instrumenten der internen Überwachung des Unternehmens, so stößt man auf eine babylonische **Begriffsverwirrung**, die ihren Ursprung vermutlich darin hat, dass unterschiedliche Anforderungen in gesonderten Gesetzen zu unterschiedlichen Zeitpunkten formuliert worden sind, dass zudem der DCGK und die BaFin wiederum zum Teil andere Begriffe verwenden als der Gesetzgeber, und dass schließlich auch Rechtswissenschaft einerseits und Betriebswirtschaft andererseits mit voneinander abweichenden Begrifflichkeiten arbeiten. 5.28

So fordert der mit dem **KonTraG**[45] eingeführte § 91 Abs. 2 AktG vom Vorstand, „ein **Überwachungssystem** einzurichten, damit den Fortbestand des Unternehmens gefährdende Entwicklungen früh erkannt werden". Hieraus ist vielfach gefolgert worden, das Gesetz verlange die Einrichtung eines Risikomanagementsystems[46], doch ist *Seibert* als für dieses Gesetz im Justizministerium seinerzeit zuständiger Referent dem entgegengetreten mit dem Hinweis darauf, die Norm spreche nur von einem Frühwarnsystem, und der in der amtlichen Begründung verwendete Begriff „Risikomanagement" rühre aus einem früheren, überholten Begründungstext her[47]. Trotz unterschiedlicher Meinungen in der Literatur zur Auslegung des § 91 Abs. 2 AktG scheint jedenfalls seit Inkrafttreten des BilMoG[48] weitgehend Einigkeit darüber zu bestehen, dass es Pflicht des Vorstands ist, **geeignete organisatorische Maßnahmen zum frühzeitigen Erkennen und Überwachen von Risiken** zu treffen[49]; ab einer gewissen Unternehmensgröße dürfte der Forderung dieser Vorschrift nach Einrich- 5.29

schäftsleitung besagt, dass alle Geschäftsleiter über die Risiken, denen das Unternehmen ausgesetzt ist, informiert sind, ihre wesentlichen Auswirkungen auf das Unternehmen beurteilen können und die erforderlichen Maßnahmen zu deren Begrenzung treffen müssen, …". Ähnlich hatte das VG Frankfurt/M. (v. 8.7.2004 – 1 E 7363/03 (I), WM 2004, 2157 [2160] = AG 2005, 264) bereits 2004 im LS1 festgestellt: „Aus der in § 34 Satz 2 VAG [a.F.] erfolgten Inbezugnahme des § 91 Abs. 2 des AktG ergibt sich, dass der Vorstand in seiner Gesamtverantwortung geeignete Maßnahmen zu treffen hat, insbesondere ein Überwachungssystem einzurichten hat, damit den Fortbestand der Gesellschaft gefährdende Entwicklungen früh erkannt werden." § 33 Abs. 1 Satz 1 Nrn. 2 bis 4b) KWG legt das Qualifikationsniveau von Geschäftsleitern von Kredit- und Finanzdienstleistungsinstituten, § 24 Abs. 1 VAG jenes von Geschäftsleitern von Versicherungsunternehmen fest. Zudem gibt es Merkblätter der BaFin, welche wesentlich detaillierter die Qualifikationsanforderungen an Mitglieder sowohl der Verwaltungs- als auch der Aufsichtsorgane gemäß KWG und VAG darlegen.

43 Am treffendsten ist der englische Begriff *resilience*.

44 Man spricht insoweit von „schwarzen Schwänen" unter Bezugnahme auf das Buch „The Black Swan" von Nicholas Taleb, 2007.

45 Gesetz zur Kontrolle und Transparenz im Unternehmensbereich vom 27.4.1998 (BGBl. I 1998, 786).

46 Vgl. die umfangreichen Nachweise bei *Seibert* in FS Bezzenberger, 2000, S. 427 Fn. 2 sowie *Spindler* in MünchKomm/AktG, § 91 AktG Rz. 20.

47 *Seibert* in FS Bezzenberger, 2000, S. 427 (435).

48 Gesetz zur Modernisierung des Bilanzrechts vom 25.5.2009 (BGBl. I 2009, 1102).

49 *Krieger/Sailer-Coceani* in K. Schmidt/Lutter, § 91 AktG Rz. 13; *Spindler* in MünchKomm/AktG, § 91 AktG Rz. 15 ff.; *Bürgers/Israel* in Bürgers/Körber, § 91 AktG Rz. 12; VG Frankfurt/M. v. 8.7.2004 – 1 E 7363/03 (I), WM 2004, 2157 (2160 f.) = AG 2005, 264.

tung eines Frühwarnsystems mit der Schaffung eines zentralen Risikomanagementsystems oder eines anderen geeigneten Systems zu entsprechen sein[50].

5.30 § 107 Abs. 3 Satz 2 AktG, eingefügt durch das **BilMoG**, erwähnt als Aufgaben eines vom Aufsichtsrat etwa einzurichtenden **Prüfungsausschusses** die „Überwachung des Rechnungslegungsprozesses, der Wirksamkeit des internen Kontrollsystems, des Risikomanagementsystems und des internen Revisionssystems sowie der Abschussprüfung …“. Hiermit konsistent fordert § 289 Abs. 5 HGB, ebenfalls eingefügt durch das BilMoG, von kapitalmarktorientierten Kapitalgesellschaften[51], „im Lagebericht die wesentlichen **Merkmale des internen Kontroll- und Risikomanagementsystems** im Hinblick auf den Rechnungslegungsprozess zu beschreiben“. Das von den beiden genannten Vorschriften erwähnte interne Kontrollsystem (häufig kurz als „IKS“, hier als „Internes Kontrollsystem“ bezeichnet) ist im Gesetz nicht definiert; nach *Dreher* setzt es sich zusammen aus dem Risikofrüherkennungs- und Überwachungssystem sowie der Risiko-, Compliance- und Revisionsberichterstattung[52]. Umfassender fordert die **BaFin** in den MaRisk BA für Kredit- und Finanzdienstleistungsinstitute die Einrichtung eines Internen Kontrollsystems, als dessen Teile „a) Regelungen zur Aufbau- und Ablauforganisation zu treffen, b) Risikosteuerungs- und controllingprozesse einzurichten und c) eine Risikocontrolling-Funktion und eine Compliance-Funktion zu implementieren“ seien[53]. Die European Insurance and Occupational Pensions Authority („**EIOPA**“) verwendet in ihren Leitlinien zum Governance-System nicht den Begriff „Internes Kontrollsystem“, sondern spricht allgemein von dem Risikomanagement und stellt für dieses zehn Leitlinien auf, welche die Regelungen zum Risikomanagement in §§ 26, 27 VAG ergänzen[54].

---

50 So *Fleischer* in Spindler/Stilz, § 91 AktG Rz. 36; *Spindler* in MünchKomm/AktG, § 91 AktG Rz. 18 ff., 24; *Preußner/Becker*, NZG 2002, 846 ff.; a.A. *Krieger/Sailer-Coceani* in K. Schmidt/Lutter, § 91 AktG Rz. 14; *Grigoleit/Tomasic* in Grigoleit, § 91 AktG Rz. 8.

51 § 264d HGB bezeichnet eine Kapitalgesellschaft als „kapitalmarktorientiert“, wenn sie einen organisierten Markt durch von ihr ausgegebene Wertpapiere in Anspruch nimmt oder die Zulassung solcher Wertpapiere zum Handel an einem organisierten Markt beantragt hat.

52 *Dreher* in FS Hüffer, 2010, S. 161 (167 f.); dort in Fn. 28 weist *Dreher auch* auf die unterschiedliche Verwendung der einzelnen Begriffe hin. Vgl. auch *Lanfermann/Röhricht*, BB 2009, 887 (889).

53 AT 4.3 MaRisk BA. Die Aufgaben der Risikocontrolling-Funktion von Banken und Finanzdienstleistern werden in AT 4.4.1 Rz. 2 MaRisk BA wie folgt beschrieben:
„Die Risikocontrolling-Funktion hat insbesondere die folgenden Aufgaben:
- Unterstützung der Geschäftsleitung in allen risikopolitischen Fragen, insbesondere bei der Entwicklung und Umsetzung der Risikostrategie sowie bei der Ausgestaltung eines Systems zur Begrenzung der Risiken;
- Durchführung der Risikoinventur und Erstellung des Gesamtrisikoprofils;
- Unterstützung der Geschäftsleitung bei der Einrichtung und Weiterentwicklung der Risikosteuerungs- und -controllingprozesse;
- Einrichtung und Weiterentwicklung eines Systems von Risikokennzahlen und eines Risikofrüherkennungsverfahrens;
- Laufende Überwachung der Risikosituation des Instituts und der Risikotragfähigkeit sowie der Einhaltung der eingerichteten Risikolimite;
- Regelmäßige Erstellung der Risikoberichte für die Geschäftsleitung;
- Verantwortung für die Prozesse zur unverzüglichen Weitergabe von unter Risikogesichtspunkten wesentlichen Informationen an die Geschäftsleitung, die jeweiligen Verantwortlichen und ggf. die Interne Revision.“

Die in Abschnitt IV: Risikomanagement der von der EIOPA aufgestellten Richtlinien zum Governance-System lauten wie folgt (und sind dort jeweils noch im Einzelnen erklärt):

54 Leitlinie 17 – Rolle der Verwaltungs-, Management- oder Aufsichtsorgane im Risikomanagementsystem
Leitlinie 18 – Risikomanagementleitlinien
Leitlinie 19 – Aufgaben der Risikomanagementfunktion
Leitlinie 20 – Risikomanagementleitlinien für das Risiko im Zusammenhang mit Risikoübernahme und Rückstellungsbildung
Leitlinie 21 – Risikomanagementleitlinien für das operationelle Risiko

Der Kodex verwendet jetzt nicht mehr den Begriff „Risikocontrolling“[55], sondern formuliert stattdessen in seinem Grundsatz 4, dass es „(f)ür einen verantwortungsvollen Umgang mit den Risiken der Geschäftstätigkeit eines geeigneten und wirksamen internen Kontroll- und Risikomanagementsystems“ bedürfe. 5.31

§ 171 Abs. 1 Satz 2 letzter Halbsatz AktG, auch eingefügt durch das BilMoG, fordert vom Abschlussprüfer bei Pflichtprüfungen einer AG, im Aufsichtsrat oder im Prüfungsausschuss „insbesondere (über) wesentliche **Schwächen des Kontroll- und des Risikomanagementsystems** bezogen auf den Rechnungslegungsprozess, zu berichten“. Dies wird ergänzt durch die Empfehlungen D.9 und D.10 DCGK, die dem Aufsichtsrat nahelegen, mit dem Abschlussprüfer zu vereinbaren, dass dieser ihn unverzüglich über alle für die Arbeit des Aufsichtsrats wesentlichen Feststellungen und Vorkommnisse sowie über solche Tatsachen informiert, die eine Unrichtigkeit der vom Vorstand abgegebenen Entsprechenserklärung zum Kodex ergeben. 5.32

§ 317 Abs. 4 HGB, eingefügt durch das **TransPuG**[56], bezieht sich auf die von § 91 Abs. 2 AktG geforderten Maßnahmen und verlangt von dem Abschlussprüfer, zu beurteilen, „ob das danach vom Vorstand einzurichtende **Überwachungssystem seine Aufgaben erfüllen kann**“. § 321 Abs. 4 HGB, ebenfalls eingefügt durch das TransPuG[57], verlangt zudem von dem Abschlussprüfer, in seinem Bericht darauf einzugehen, „ob Maßnahmen erforderlich sind, um das interne Überwachungssystem zu verbessern“. 5.33

Der **DCGK** statuiert nunmehr als Grundsatz 4 die Geschäftsführungsaufgabe des Vorstands, für einen verantwortungsvollen Umgang mit Risiken der Geschäftstätigkeit ein geeignetes und wirksames internes Kontroll- und Managementsystem zu schaffen; damit verwendet der Kodex nicht mehr den Begriff „Risikocontrolling“, der sich weder im AktG noch im HBG findet[58]. 5.34

Der Begriff **Risikomanagementsystem** ist ebenfalls **gesetzlich nicht definiert**; insbesondere ist bei nicht beaufsichtigten Unternehmen nicht klar, ob das Risikocontrolling als Teil des Risikomanagements anzusehen und diesem organisatorisch zuzuordnen ist[59], oder ob es davon unabhängig zu sein hat[60]. 5.35

Ein Gebot zur Einrichtung einer **internen Revision** wird ebenfalls § 91 Abs. 2 AktG entnommen[61]. 5.36
Für Versicherungen fordert die EIOPA ausdrücklich, dass die „Funktion der internen Revision … vor ungebührlicher Einflussnahme durch andere Funktionen, einschließlich Schlüsselfunktionen, geschützt ist“[62]; bei Banken und Finanzdienstleistungsinstituten verlangt die BaFin, die Interne Revision direkt der Geschäftsleitung zu unterstellen[63]. *Dreher* betrachtet die interne Revision als Teil des

---

Leitlinie 22 – Risikomanagementleitlinie für Rückversicherung und andere Risikominderungstechniken
Leitlinie 23 – Strategie- und Reputationsrisiken
Leitlinie 24 – Leitlinie für das Aktiv-Passiv-Management
Leitlinie 25 – Risikomanagementleitlinie für das Anlagerisiko
Leitlinie 26 – Risikomanagementleitlinie für das Liquiditätsrisiko.

55 So bislang Ziff. 4.1.4 des DCGK 2017.

56 Gesetz zur weiteren Reform des Aktien- und Bilanzrechts, zu Transparenz und Publizität vom 26.7.2002 (BGBl. I 2002, 2681).

57 Siehe die unmittelbar vorangehende Fn.

58 So bislang Ziff. 4.1.4 DCGK 2017. Allerdings wird dieser Begriff von den MaRisk (AT 4.4.1) verwendet und hinsichtlich dessen, was darunter zu verstehen ist, präzise beschrieben, siehe *Rz. 5.30*.

59 So *Kajüter* in Busse von Colbe/Crasselt/Pellens, Lexikon der Rechnungslegung, S. 678.

60 Im letzteren Sinne *Dreher* in FS Hüffer, 2010, S. 161 (167).

61 *Dreher* in FS Hüffer, 2010, S. 161 (167); *Lanfermann/Röhricht*, BB 2009, 887 (889); *Wiesner* in MünchHdb/AG, § 25 Rz. 6 setzt das Vorhandensein einer internen Revision voraus.

62 Leitlinie 40, 1.84 EIOPA Leitlinien zum Governance-System.

63 AT 4.4.3 Rz. 2 MaRisk BA.

Risikofrüherkennungssystems[64] und sieht in ihr zu Recht das neben Risikocontrolling und Compliance zentrale Element des internen Überwachungssystems[65].

5.36a Auf internationaler Ebene hat sich für Risikomanagement und Controlling das **Three Lines of Defense**-Modell[66] durchgesetzt, das auch von großen deutschen Unternehmen verwendet und von der BaFin bei großen von ihr überwachten Instituten und Versicherungsunternehmen erwartet wird. Es sieht drei gestaffelte Verteidigungslinien vor: Erste Verteidigungslinie ist das operative Management, welches die Verantwortung für das Einhalten der internen Vorgaben für das Geschäft und den Umgang mit Risiken trägt. Zweite Verteidigungslinie sind das Risikomanagement, die Compliance-Funktion sowie das Controlling. Dritte Verteidigungslinie stellt die interne Revision dar. Durch diese drei Verteidigungslinien soll sichergestellt werden, daß Risiken im Idealfall möglichst frühzeitig, jedenfalls aber, sollten ein oder zwei Verteidigungslinien versagen, von der nächsten oder der letzten Verteidigungslinie erfasst werden, so dass noch korrigierend eingegriffen werden kann.

5.37 Man kann aus diesen verstreuten Anforderungen, Vorgaben, Modellen und Meinungen folgende Vorgaben für die interne Überwachung der Holdinggesellschaft selbst entnehmen:

b) Einrichtung eines Internen Kontrollsystems

5.38 Als **wesentliches Überwachungsinstrument** hat die Geschäftsleitung ein Internes Kontrollsystem zu schaffen, das alle Zahlen, Daten und Informationen zusammenführt, aufbereitet und den Führungsfunktionen des Unternehmens zur Verfügung stellt, damit diese jederzeit umfassend über den aktuellen Stand des Unternehmens in allen seinen Gliederungen, insbesondere über Risiken und eingetretene Schäden, informiert ist und darauf angemessen reagieren kann[67]. Das Interne Kontrollsystem ist keine einzelne Funktion oder Stelle des Unternehmens, vielmehr ist es **in die Unternehmensorganisation eingebettet**, wird durch die unterschiedlichsten Funktionen des Unternehmens gespeist und steht zugleich allen Führungsfunktionen zur Verfügung. Allerdings kann man Risikocontrolling, Compliance und Interne Revision als Elemente des Internen Kontrollsystems sehen[68], ungeachtet einer jeweils gegebenenfalls geforderten Unabhängigkeit der entsprechenden Funktion.

5.39 Zu den Aufgaben der Geschäftsleitung (und auch des Aufsichtsrats[69]) gehört es, eine regelmäßige **Überprüfung der Wirksamkeit** des Internen Kontrollsystems sicherzustellen[70].

5.40 Für **Banken und Finanzdienstleistungsinstitute** verlangt § 25a Abs. 1 Satz 3 Nr. 3 KWG „die Einrichtung interner Kontrollverfahren mit einem internen Kontrollsystem"; ähnlich fordert § 29 Abs. 1 VAG für **Versicherungen** ein „wirksames internes Kontrollsystem" und beschreibt sodann dessen einzelne Elemente[71].

---

64 *Dreher* in FS Hüffer, 2010, S. 161 (167).

65 *Dreher* in FS Hüffer, 2010, S. 161 (167).

66 The Institute of Internal Auditors, Position Paper „The Three Lines of Defense in Effective Management and Control" January 2013.

67 Vgl. § 91 Abs. 2 AktG sowie dazu *Spindler* in MünchKomm/AktG, § 91 AktG Rz. 34; *Schoberth/Servatius/Thees*, BB 2006, 2571 ff.; vgl. auch *Lanfermann/Röhricht*, BB 2009, 887 (889).

68 § 29 VAG fordert für Versicherungsunternehmen ausdrücklich ein „wirksames internes Kontrollsystem", siehe dazu *Pohlmann* in Kaulbach/Bähr/Pohlmann, VAG, 6. Aufl. 2019, § 29 Rz. 1 ff.

69 Gemäß Empfehlung D.3 DCGK soll sich ein vom Aufsichtsrat einzurichtender Prüfungsausschuss unter anderem mit der „Wirksamkeit des internen Kontrollsystems, des Risikomanagementsystems und des internen Revisionssystems" befassen.

70 *Schoberth/Servatius/Thees*, BB 2006, 2571 (2577); *Lanfermann/Röhricht*, BB 2009, 887 (889 f.).

71 Danach soll das interne Kontrollsystem von Versicherungen „mindestens Verwaltungs- und Rechnungslegungsverfahren, einen internen Kontrollrahmen und eine angemessene unternehmensinterne Berichterstattung auf allen Unternehmensebenen umfass(en)" (Satz 1) sowie „über eine Funktion zur Überwachung der Einhaltung der Anforderungen (Compliance-Funktion) verfügen" (Satz 2).

c) Einrichtung einer Risikocontrolling-Funktion in Form eines Risikofrüherkennungs- oder Risikomanagementsystems

Zum frühzeitigen Erkennen das Unternehmen bedrohender Risiken ist eine Risikocontrolling-Funktion zu schaffen, deren **organisatorische Ausgestaltung** und personelle Ausstattung von der **Unternehmensgröße** sowie von der **Branche**, der das Unternehmen angehört, abhängig ist. Sie nutzt die im Internen Kontrollsystem erfassten Informationen zum Erkennen und Bewerten möglicher Risiken sowie zum Prüfen der Einhaltung gesetzlicher, interner und etwaiger aufsichtsrechtlicher Vorschriften; zugleich prüft sie begleitend beabsichtigte oder in der Umsetzung befindliche Projekte, Produkte und Maßnahmen und steht dem Management insoweit beratend zur Seite[72]. 5.41

Um ihre Aufgabe sinnvoll erfüllen zu können, ist die Risikocontrollingfunktion von den operativ tätigen Geschäftsbereichen zu **separieren**[73]. 5.42

Bei Banken und Finanzdienstleistern schreibt § 25a Abs. 1 Satz 3 Nr. 3c) KWG die Einrichtung einer Risikocontrolling-Funktion (und einer Compliance-Funktion) sowie die BaFin **Funktionstrennungen** von anderen Bereichen des jeweiligen Instituts auf Leitungs- und auf Mitarbeiterebene vor[74]; für Versicherungen schreibt § 26 Abs. 8 Satz 1 VAG die Einrichtung einer unabhängigen Risikocontrollingfunktion vor, die so strukturiert sein solle, dass sie die Umsetzung des Risikomanagements maßgeblich befördere. 5.43

Unterlässt die Geschäftsleitung es, geeignete Maßnahmen zum Risikomanagement zu schaffen, so stellt dies eine **Pflichtverletzung** dar[75] und kann dies die fristlose Kündigung eines Geschäftsleiters aus wichtigem Grund rechtfertigen[76], bei beaufsichtigten Unternehmen des Finanzsektors kann ein solches Unterlassen **empfindliche Aufsichtsmaßnahmen** zur Folge haben (s. unten Rz. 5.105). 5.44

d) Einrichtung eines Compliance-Systems

Unter dem aus dem U.S.-Recht stammenden englischen Begriff *compliance*[77] war ursprünglich dem Wortsinn entsprechend nur das **Einhalten aller Gesetze, Vorschriften und Regeln** zu verstehen[78], doch bestehen seit im Jahre 2003 veröffentlichten Aufsätzen von *Uwe H. Schneider*[79] und *Fleischer*[80] und der folgenden, kaum noch zu überschauenden Flut von Veröffentlichungen, behördlichen Verlautbarungen und Gerichtsurteilen keine Zweifel mehr daran, dass er nun sehr viel **breiter zu verstehen** ist: Mit *Uwe H. Schneider* kann man Compliance bezeichnen als „die Gesamtheit aller Maßnahmen, um das rechtmäßige Verhalten aller Unternehmen, ihrer Organmitglieder, ihrer nahen Angehörigen und der Mitarbeiter im Blick auf alle gesetzlichen Gebote und Verbote zu gewährleisten." Die rechtliche Grundlage wird in der Literatur aus den in den §§ 76, 91, 93 AktG niedergelegten umfassenden Leitungs- und Sorgfaltspflichten des Vorstands hergeleitet[81]. 5.45

72 Vgl. *Kajüter* in Busse von Colbe/Crasselt/Pellens, Lexikon des Rechnungswesens, S. 677 ff.
73 *Dreher* in FS Hüffer, 2010, S. 161 (167).
74 BTO MaRisk BA; vgl. dazu *Preußner*, NZG 2004, 57 (58).
75 *Preußner*, NZG 2008, 574 (575).
76 OLG Jena v. 12.8.2009 – 7 U 244/07, NZG 2010, 226 ff. = AG 2010, 376 sowie dazu *Wilsing/Ogorek*, NZG 2010, 216 f.
77 Vgl. zu diesem Thema ausführlich den Beitrag von *Mackert* in § 6.
78 *Uwe H. Schneider*, ZIP 2003, 645 (646).
79 *Uwe H. Schneider*, ZIP 2003, 645 ff.
80 *Fleischer*, AG 2003, 291 ff.
81 *Fleischer* in Spindler/Stilz, § 91 AktG Rz. 47; *Spindler* in MünchKomm/AktG, § 91 AktG Rz. 52; *Krieger/Sailer-Coceani* in K. Schmidt/Lutter, § 93 AktG Rz. 6; Hüffer/Koch, § 76 AktG Rz. 13 f.; *Kutschelis*, Korruptionsprävention und Geschäftsleiterpflichten im nationalen und internationalen Unternehmensverbund, S. 130.

5.46 Auf diesem Verständnis gründend ist es heute allgemein anerkannt, dass die **Geschäftsleitung** jedes nicht ganz kleinen Unternehmens **verpflichtet** ist, eine **Compliance-Funktion einzurichten**, die laufend darüber wacht, dass die genannten Compliance-Pflichten eingehalten werden, wozu auch die entsprechende Schulung der Mitarbeiter sowie gegebenenfalls die Erstellung eines Compliance-Manuals gehören. Der Begriff „Compliance" hat erst in jüngerer Zeit Eingang in einige Gesetze gefunden: § 25a Abs. 1 Satz 3 Nr. 3 c) KWG erklärt die „Compliance-Funktion" zum Teil des Risikomanagements, und auch § 29 Abs. 1 Satz 2 VAG erwähnt die Compliance-Funktion und definiert sie als „Funktion zur Einhaltung der Anforderungen". Der DCGK bestätigt in seinem Grundsatz 4 die Pflicht des Vorstands, „für die Einhaltung der gesetzlichen Bestimmungen und der unternehmensinternen Richtlinien zu sorgen und … auf deren Beachtung durch die Konzernunternehmen hin(zu wirken) (Compliance)".

Zudem schreibt die BaFin Banken und Finanzdienstleistern die Schaffung einer Compliance-Funktion vor[82] und fordern nun § 29 VAG sowie die Solvabilität II-Richtlinie der Europäischen Union für alle Versicherungsunternehmen ebenfalls die Einrichtung einer Compliance-Funktion[83].

5.47 Der unterhalb der Geschäftsleitung einzuordnende **Compliance-Beauftragte** handelt im Rahmen der Erfüllung seiner Aufgaben **weisungsfrei**[84]; wechselt bei Banken und Finanzdienstleistungsinstituten die Position des Compliance-Beauftragten, so ist der Aufsichtsrat vorab und unter Angabe der Gründe für den Wechsel zu informieren[85].

5.48 Unterlässt es die Geschäftsleitung, eine Compliance-Funktion zu schaffen, so stellt dies eine **Pflichtverletzung** dar und haftet sie für etwa resultierende Schäden; hierbei sieht die jüngere Rechtsprechung nicht nur das für Compliance zuständige Vorstandsmitglied in der Pflicht, sondern auf Grund der Gesamtverantwortung auch alle anderen Vorstandsmitglieder[86]. Bei Unternehmen des Finanzsektors ist in einem solchen Falle mit empfindlichen Aufsichtsmaßnahmen zu rechnen.

e) Einrichtung einer Internen Revision

5.49 Gleich wichtig wie die Einrichtung einer Compliance-Funktion ist die Schaffung einer internen Revision, die von allen anderen Unternehmensfunktionen **unabhängig** zu sein und **direkt an die Geschäftsleitung zu berichten** hat[87]. Der Aufgabenbereich der Internen Revision umfasst im Idealfall mit dem *financial auditing* vergangenheitsorientierte Ordnungsmäßigkeitsprüfungen des Rechnungswesens, mit dem *operational auditing* gegenwarts- und zukunftsbezogene Prüfungen des organisatorischen Bereichs, mit dem *management auditing* Beurteilungen der Ordnungsmäßigkeit, der Leistung und der Entscheidungsprozesse von Führungspersonen und -gremien, sowie mit dem *internal consulting* unternehmensinterne Beratungsleistungen[88]. Im Rahmen ihrer genannten Aufgaben hat die Interne Revision auch die Wirksamkeit des gesamten Risikomanagements sowie der Compliance zu überprüfen[89].

5.50 Für Banken und Finanzdienstleister fordert die BaFin, für Versicherungen die *EIOPA* ausdrücklich die **Selbständigkeit, Unabhängigkeit und Weisungsfreiheit** der Internen Revision[90]; zudem ver-

82 4.4.2 Nr. 1 MaRisk BA.

83 Art. 46 Abs. 1 Satz 2 der Richtlinie 2009/138/EG des Europäischen Parlaments und des Rates vom 25.11.2009 betreffend die Aufnahme und Ausübung der Versicherungs- und Rückversicherungstätigkeit (Solvabilität II), ABl. Nr. L 335 v. 17.12.2009, S. 1 ff.; dazu *Pohlmann* in Kaulbach/Bähr/Pohlmann, VAG, § 29 Rz. 3 ff.

84 *Veil*, WM 2008, 1093 (1097).

85 AT 4.4.2 Nr. 8 MaRisk BA.

86 LG München v. 10.12.2013 – 5 HKO 1387/10 – Siemens/Neubürger, ZIP 2014, 570 (575) = AG 2014, 332; zustimmend *Fleischer*, NZG 2014, 321 ff.; *Simon/Merkelbach*, AG 2014, 318 ff.

87 *Köhler* in Busse von Colbe/Crasselt/Pellens, Lexikon des Rechnungswesens, S. 668.

88 *Köhler* in Busse von Colbe/Crasselt/Pellens, Lexikon des Rechnungswesens, S. 668 f.

89 *Dreher* in FS Hüffer, 2010, S. 161 (175 f.).

90 BT 2.2 Rz. 1 MaRisk BA; Leitlinie 40 der EIOPA Leitlinien zum Governance System.

langt die BaFin für Banken und Finanzdienstleister, dass die Interne Revision jeden Prüfungsbericht grundsätzlich den fachlich zuständigen Mitgliedern der Geschäftsleitung vorlegt[91].

Wechselt bei Banken und Finanzdienstleistungsinstituten die **Leitung** der Internen Revision, so ist der Aufsichtsrat zu informieren[92]. 5.51

f) Berichte an den Aufsichtsrat

Nicht als Bestandteil des Internen Kontrollsystems anzusehen sind, aber gleichwohl ein wichtiges Instrument der internen Überwachung bilden die von der Geschäftsleitung dem Aufsichtsrat zu erstattenden **periodischen und außerordentlichen Berichte**, stellt sich doch bei der Abfassung dieser Berichte unvermeidlich heraus, ob alle der Geschäftsleitung obliegenden Aufgaben ordnungsgemäß erfüllt und Planungen und Budgets eingehalten worden sind, bestehende Risiken sich verwirklicht haben oder entfallen sind, neue Risiken aufgetreten sind oder andere wesentliche Ereignisse zu berichten sind. 5.52

g) Berichte an die Aufsichtsbehörde

Gleiches gilt für die von Unternehmen des Finanzsektors der **BaFin**, der **Deutschen Bundesbank** und der **Europäischen Zentralbank** bzw. der **EIOPA** zu erstattenden äußerst vielfältigen Berichte, die sich allerdings mehr auf die aus der jeweiligen Branche ergebenden typischen Kennzahlen und Risiken konzentrieren. 5.53

h) Quartals-, Geschäfts-, Lage- und Abhängigkeitsberichte sowie Erklärung zur Unternehmensführung

Schließlich zwingen bei **börsennotierten Unternehmen** die Quartalsberichte, bei allen berichtspflichtigen Unternehmen der jährliche Geschäftsbericht mit seinen Elementen Lagebericht und Erklärung zur Unternehmensführung, sowie bei faktisch abhängigen Gesellschaften der Abhängigkeitsbericht[93] die Geschäftsleitung, nicht nur den Gesellschaftern, dem Aufsichtsrat, einer etwaigen Aufsichtsbehörde sowie der Wirtschaftspresse, sondern auch sich selbst gegenüber Rechenschaft zu legen über die jeweilige Berichtsperiode, was erneut eine kritische Betrachtung und Bewertung der Lage des Unternehmens sowie der eigenen Leistung bedingt. 5.54

III. Besondere interne Überwachungspflichten des Vorstands der Holding im Konzern

1. Vorbemerkung

Es bedarf an dieser Stelle keiner Erörterung der in der Wissenschaft umstrittenen Frage, ob es eine **Konzernleitungspflicht** der Holding gibt[94]. Festzustellen ist vielmehr, dass dem Holdingvorstand als Teil seiner Pflicht zur Leitung der Holdinggesellschaft eines Konzerns zweifellos eine **Pflicht zur Konzernkontrolle** obliegt[95]; hierbei handelt es sich zugleich um eine Pflicht, die der Gesamtverant- 5.55

91 BT 2.4 Rz. 1 S. 1 MaRisk BA.

92 AT 4.4.3 Rz. 6 MaRisk BA.

93 Zum Inhalt des Abhängigkeitsberichts *E. Vetter*, ZHR 171 (2007), 342 (362 ff.).

94 Grundlegend dazu *Hommelhoff*, Die Konzernleitungspflicht, 1982/1986 (unveränderter Nachdruck), ferner z.B. *Semler*, Leitung und Überwachung der Aktiengesellschaft, Rz. 275 ff. sowie ZGR 2004, 631 (656 f.); *Götz*, ZGR 1998, 524 (525 ff.); *Reuter*, DB 1999, 2250 ff.

95 *Martens*, ZHR 159 (1995), 567 (570); *Löbbe*, Unternehmenskontrolle im Konzern, S. 78 ff.; *Spindler*, WM 2008, 905 (915) leitet allerdings die Pflicht des Vorstands zur Überwachung der Tochtergesellschaften direkt aus dessen Konzernleitungspflicht ab.

wortung des Vorstands unterliegt und somit keiner Form der Delegation zugänglich ist[96]. Man mag dies als Preis der Verlagerung wesentlicher Entscheidungskompetenzen auf die einzelnen Konzernbereiche bezeichnen[97], jedenfalls ist Grundlage jedoch die Pflicht des Vorstands der Holding, die Interessen des von ihm geführten Unternehmens zu wahren und für den Erhalt der ihm anvertrauten Vermögenswerte zu sorgen, ungeachtet dessen, ob diese seinem direkten Einfluss in der Holding selbst unterliegen, oder ob es sich um Beteiligungen an anderen Unternehmen handelt[98]. So hat der Vorstand darüber zu wachen, dass die Geschäftsleitungen der abhängigen Gesellschaften die ihnen obliegenden gesetzlichen Aufgaben pflichtgemäß erfüllen[99]. Allerdings hat er auch die Interessen der Konzernunternehmen angemessen zu berücksichtigen und wird der Umfang der notwendigen und der möglichen Überwachung durch Größe, Bedeutung und Art der Beteiligung beeinflusst.

5.56 Diese Kontrolle wird dadurch erschwert, dass es sich bei dem Konzern nicht um ein einheitliches Unternehmen handelt und es daher **keinen „Konzernvorstand"** gibt, der bis in die letzte Konzerngliederung durchregieren könnte, und auch **keinen „Konzernaufsichtsrat"**, der alle zum Konzern gehörenden Gesellschaften überwachte[100]; die Leitungs- und Kontrollbefugnisse des Vorstands der Holding gegenüber deren Beteiligungen werden maßgeblich beeinflusst durch die Art der Verbindung zwischen Holding und Beteiligungsgesellschaft. Je enger diese ist, desto stärker sind die Möglichkeiten der Holding, Leitungs- und Kontrollbefugnisse auszuüben.

5.57 Das Bedürfnis nach Kontrolle endet nicht an Landesgrenzen; der Vorstand muss auch die **ausländischen Konzerngesellschaften in seine Überwachung einbeziehen**. Die Legalitätspflicht gilt weltweit[101], während der Einsatz der verschiedenen Kontrollinstrumente seine Grenzen an den örtlichen rechtlichen und tatsächlichen Gegebenheiten findet.

2. Grundlagen der Beteiligungsüberwachung

a) Vertragskonzern

5.58 Besteht mit der Beteiligungsgesellschaft ein Beherrschungsvertrag oder ist sie in die Holding eingegliedert, so spricht man von einem Vertragskonzern[102] und verfügt die Holding über das größte Maß an Leitungs- und Kontrollbefugnissen. Sie darf der Beteiligungsgesellschaft **Weisungen erteilen**, die auch nachteilig sein dürfen, was durch die die Holding treffende **Pflicht zum Ausgleich aller Verluste** der Beteiligungsgesellschaft kompensiert wird. Diesem umfassenden Weisungsrecht entspricht auch die Befugnis, die beherrschte oder eingegliederte Gesellschaft umfassend zu überwachen und von deren Geschäftsleitung jedwede Informationen zu verlangen.

b) Faktischer Konzern

5.59 Von einem faktischen Konzern spricht man, wenn die Holding auf die Beteiligungsgesellschaft einen beherrschenden Einfluss ausüben kann, letztere also von der Holding abhängig ist, aber kein Beherr-

96 *Götz*, ZGR 1998, 524 (535) m.w.N.

97 *Martens*, ZHR 159 (1995), 567 (570).

98 Vgl. *Götz*, ZGR 1998, 524 (528) („Die aus der Leitungsaufgabe des Vorstands einer Aktiengesellschaft resultierende Kontrollfunktion … gegenüber abhängigen Unternehmen …").

99 *Hommelhoff* in Theisen, Der Konzern im Umbruch, 1998, S. 338, 353; *Martens*, ZHR 159 (1995), 567 (577).

100 Es entspricht h.M., dass der Aufsichtsrat der Holding kein Konzernaufsichtsrat ist; *Mertens/Cahn* in KölnKomm/AktG, § 111 AktG Rz. 28; *Habersack* in MünchKomm/AktG, § 111 AktG Rz. 52; *Semler*, Leitung und Überwachung der Aktiengesellschaft, Rz. 384; a.A. aus betriebswirtschaftlicher Sicht *Theisen*, Der Konzern, S. 278 ff.; vorsichtig in Richtung der Annahme eines Konzernaufsichtsrats tendierend *Hommelhoff* in Theisen, Der Konzern im Umbruch, S. 338, 352 ff.

101 *Kutschelis*, Korruptionsprävention und Geschäftsleiterpflichten im nationalen und internationalen Unternehmensverbund, S. 370 ff.

102 Vgl. zu diesem Begriff *Stephan*, Der Konzern 2014, 1 ff.

schungsvertrag besteht; wird das abhängige Unternehmen durch die Holding zu ihm nachteiligen Handlungen veranlasst, hat die Holding die so **entstehenden Nachteile auszugleichen**[103]. Allerdings ist die Erteilung von Weisungen der Holding an die abhängige Gesellschaft im faktischen Konzern dann nicht zulässig, wenn die abhängige Gesellschaft eine AG ist, da deren Vorstand zwingend unabhängig ist und er nur im Vertragskonzern Weisungen befolgen darf; der Einfluss der Holding muss daher auf anderem Wege geltend gemacht werden. Dementsprechend können Informationsverlangen im Falle einer abhängigen AG grundsätzlich nicht zwangsweise durchgesetzt, sondern nur auf anderem Wege platziert und gegebenenfalls von der abhängigen Gesellschaft befriedigt werden. Ausnahmen gelten allerdings im Bereich der Rechnungslegung (siehe dazu Rz. 5.69, 5.72).

Im **faktischen GmbH-Konzern** finden die Haftungsregeln des Aktien-Konzernrechts keine Anwendung; neben die Kapitalerhaltungsvorschriften der §§ 30, 31 GmbHG tritt nach der neueren Rechtsprechung des BGH im Falle existenzbedrohender Eingriffe des Gesellschafters dessen Haftung gegenüber der Gesellschaft gem. § 826 BGB wegen vorsätzlicher sittenwidriger Schädigung[104]. 5.60

c) Sonstige unternehmerische Beteiligungen

Eine Holding kann auch **Minderheitsbeteiligungen** halten, die keine Abhängigkeit schaffen, an denen sie aber gleichwohl ein unternehmerisches Interesse hat. Dies ist z.B. häufig der Fall bei Beteiligungen an Neugründungen Dritter (so genannte *start-ups*); in solchen Fällen können Einfluss und Kontrolle allenfalls über einen Vertreter im Aufsichtsrat oder Beirat, in der Gesellschafterversammlung und auf faktischem Wege ausgeübt werden. 5.61

d) Bloße Kapitalanlagen

Bei bloßen Kapitalanlagen gibt es in der Regel weder **Einflussmöglichkeiten** noch ein Interesse daran, Einfluss außerhalb von Gesellschafterversammlungen auszuüben; entsprechend **begrenzt** sind auch die Wege, Kontrolle auszuüben oder die Herausgabe von Informationen zu erreichen. 5.62

3. Instrumente der Beteiligungsüberwachung

Dem Vorstand steht zur Beteiligungsüberwachung ein breites, je nach der Art der Beteiligung unterschiedliches Instrumentarium zur Verfügung, das er im Interesse der Holding und des Konzerns nutzen muss. 5.63

a) Führungsstellenbesetzung und Doppelorganschaften

Ein auf der Hand liegendes, effizientes Instrument der gleichzeitigen Ausübung von Einfluss und Kontrolle ist die **Besetzung von Führungspositionen** mit Personen, die aus dem herrschenden Unternehmen stammen oder diesem nahestehen[105]. Ist die Beteiligungsgesellschaft eingegliedert oder besteht ein Beherrschungsvertrag, kann dies für jedwede Nicht-Organposition ohne Umstände 5.64

103 Vgl. § 311 AktG.

104 BGH v. 16.7.2007 – II ZR 3/04 – Trihotel, BGHZ 173, 246 Rz. 23 ff. = ZIP 2007, 1552 = AG 2007, 657; seine frühere Rechtsprechung zum qualifiziert faktischen Konzern (BGH v. 16.9.1985 – II ZR 275/84 – Autokran, BGHZ 95, 330 ff. = ZIP 1985, 1263 = AG 1986, 15; BGH v. 20.2.1989 – II ZR 167/88 – Tiefbau, BGHZ 107, 7 ff. = ZIP 1989, 440 = AG 1989, 243; BGH v. 23.9.1991 – II ZR 135/90 – Video, BGHZ 115, 187 ff. = ZIP 1991, 1354 = AG 1991, 429; BGH v. 29.3.1993 – II ZR 265/91 – TBB, BGHZ 122, 123 ff. = ZIP 1993, 589 = AG 1993, 371) sowie nachfolgend zu einem eigenständigen Rechtsinstitut der Existenzvernichtungshaftung (BGH v. 17.9.2001 – II ZR 178/99 – Bremer Vulkan, BGHZ 149, 10 (16 f.) = ZIP 2001, 1874 = AG 2002, 43) hat der BGH in dieser Entscheidung zu Gunsten einer rein deliktischen Haftung des Gesellschafters wegen vorsätzlicher sittenwidriger Schädigung der von ihm faktisch beherrschten Gesellschaft aufgegeben.

105 S. dazu *Decher*, Personelle Verflechtungen im Aktienkonzern, S. 85 ff.

durch die Holding angeordnet werden; bei Organmitgliedern muss es allerdings, abhängig von der Rechtsform, dem Beteiligungsverhältnis, der Anwendbarkeit der Mitbestimmungsregeln und bestehenden Satzungsregelungen, auf dem danach vorgegebenen Weg geschehen.

5.65 Erfolgt eine solche Besetzung, ist die so platzierte Person **gegenüber der abhängigen Gesellschaft verpflichtet**, zuerst und zuvörderst deren Interessen zu vertreten. Dies gilt auch für **Aufsichtsratsmitglieder**, allerdings dürfen diese, ohne Hintanstellung der Interessen der so von ihnen kontrollierten Gesellschaft, auch die **Interessen der Holding berücksichtigen**[106]. Gleichwohl ermöglichen solche Personalmaßnahmen es der Holding, die jeweilige Beteiligungsgesellschaft weit besser zu überwachen, als dies bei bloßer Wahrnehmung ihrer Rechte als Gesellschafter möglich wäre.

5.66 Sehr verbreitet und sinnvoll sind auch sogenannte **Doppelmandate:**[107] Das in der Holding für eine Tochtergesellschaft zuständige Vorstandsmitglied wird zusätzlich zum Mitglied, häufig auch zum Vorsitzenden des Aufsichtsrats dieser Tochtergesellschaft bestellt und kann so dort sowohl den Einfluss der Holding wahren als auch diese Tochtergesellschaft überwachen. Oder es tritt ein Mitglied der Geschäftsleitung der Holding zusätzlich in die Geschäftsleitung einer Beteiligungsgesellschaft ein und übernimmt gegebenenfalls deren Vorsitz. Die Zulässigkeit solcher Doppelmandate war und ist nicht unumstritten[108], nach zutreffender herrschender Ansicht aber zulässig[109] und, soweit ersichtlich, von der Rechtsprechung auch nicht beanstandet.

5.67 Während es nach dem Gesetz zulässig erscheint, dass ein Mehrheitsgesellschafter im Aufsichtsrat der Tochtergesellschaft alle Positionen von Anteilseignervertretern mit Personen seines Vertrauens besetzt, ist dies von der Rechtsprechung in Zweifel gezogen worden: So hat das OLG Hamm es in der sog. **Banning-Entscheidung** für unzulässig gehalten, dass die Obergesellschaft den Aufsichtsrat der faktisch beherrschten Gesellschaft ausschließlich mit Anteilseignervertretern ihres Vertrauens besetzt hatte; das Gericht hat die Bestellung jedenfalls einer unabhängigen Person als Mitglied des Aufsichtsrats verlangt[110]. Diese Entscheidung ist ein Einzelfall geblieben und hat viel Widerspruch erfahren[111], allerdings empfiehlt der **DCGK** börsennotierten Unternehmen, dass dem Aufsichtsrat „auf Anteilseignerseite eine nach deren Einschätzung angemessene Anzahl unabhängiger Mitglieder" angehört[112]. Diese Formulierung der Neufassung des Kodex aus dem Jahr 2020 enthält gegenüber der Vorfassung[113] nur die zusätzliche Konkretisierung, dass das Postulat der **Unabhängigkeit** sich nur auf die **Anteilseignervertreter** (und somit nicht auf die Arbeitnehmervertreter) im Aufsichtsrat bezieht; auch behält der Kodex die Differenzierung zwischen Unabhängigkeit vom Unternehmen

106 *Martens*, ZHR 159 (1995), 567 (575).

107 Ausführlich *Decher*, Personelle Verflechtungen im Aktienkonzern, S. 67 ff., der eine Vielzahl denkbarer, durch die jeweilige Konzernorganisation bedingter Spielarten darstellt, während hier nur die üblichsten erwähnt werden können; zur Zulässigkeit auch *Martens*, ZHR 159 (1995), 567 (571 ff., 587 ff.); ferner *Decher*, Unternehmenskontrolle im Konzern, S. 63 ff.; *Mertens/Cahn* in KölnKomm/AktG, § 100 AktG Rz. 13.

108 Vgl. zu den als kritisch beurteilten Elementen *Martens*, ZHR 159 (1995), 567 (572 ff.); vgl. zudem die Darstellung bei *Decher*, Personelle Verflechtungen im Aktienkonzern, S. 67 ff.

109 *Seyfarth*, Vorstandsrecht, § 7 Rz. 3 f.; *Martens*, ZHR 159 (1995), 567 (571 ff., 587 ff.); *Hommelhoff* in Theisen, Der Konzern im Umbruch, S. 338, 356; *Dittmar*, AG 2013, 498 (501), der zur Bestätigung auf das in § 110 Abs. 2 Satz 2 AktG niedergelegte Konzernprivileg hinweist; differenzierend *Langenbucher*, Aktien- und Kapitalmarktrecht, 4. Aufl. § 5 Rz. 12–12c, die auf eventuell entgegenstehende Interessen der Minderheitsaktionäre sowie auf kollidierende EU-Bestrebungen zur Unabhängigkeit von Aufsichtsratsmitgliedern hinweist.

110 OLG Hamm v. 3.11.1986 – 8 U 59/86, NJW 1987, 1030 (1031) = AG 1987, 38 = ZIP 1986, 1554.

111 Vgl. *Mertens/Cahn* in KölnKomm/AktG, § 100 AktG Rz. 13; *Decher*, Personelle Verflechtungen im Aktienkonzern, S. 97 ff., 161 ff.; *Timm*, NJW 1987, 977 ff.; *Altmeppen* in MünchKomm/AktG, § 311 AktG Rz. 108 mit zahlreichen Nachweisen.

112 Empfehlung C.6 Abs. 1 DCGK.

113 Ziff. 5.4.2 DCGK 2017.

und dessen Vorstand einerseits und von einem kontrollierenden Aktionär andererseits bei[114]. Neu ist dagegen, dass der Kodex nunmehr in Form von Empfehlungen darlegt, wann ein Anteilseignervertreter als von der Gesellschaft und vom Vorstand unabhängig anzusehen ist, und wann Zweifel daran angebracht sein können und gegebenenfalls auszuräumen sind[115], sowie wann ein Aufsichtsratsmitglied als vom kontrollierenden Aktionär unabhängig anzusehen ist, und wieviele der Anteilseignervertreter diese Voraussetzung erfüllen sollen[116].

Der Beachtung bedarf jedoch in jedem Falle die Wahrung der Pflicht aller Organmitglieder, die **Vertraulichkeit** ihnen in ihrer Funktion bekannt gewordener sensibler Informationen zu wahren; sie ist für die Vorstandsmitglieder in § 93 Abs. 1 Satz 3 AktG niedergelegt[117] und für die Aufsichtsratsmitglieder trotz der generellen Bezugnahme des § 116 Satz 1 AktG auf die entsprechenden Pflichten des Vorstands in § 116 Satz 2 AktG besonders hervorgehoben[118]. Diese Pflicht gilt grundsätzlich auch in Fällen der Doppelorganschaft, läuft allerdings leer im **Vertragskonzern**, in dem die herrschende Gesellschaft jederzeit auf Informationen der beherrschten Gesellschaft zugreifen darf; in einem solchen Fall darf auch das für die herrschende Gesellschaft in der beherrschten Gesellschaft eine Organfunktion erfüllende Mitglied ihm bekannt gewordene sensible Informationen ohne Einschränkung an die herrschende Gesellschaft weitergeben[119]. Fraglich ist, ob dies auch **im faktischen Konzern** gilt; berücksichtigt man die Wertungen des Konzernrechts, welche die Bildung auch faktischer Konzerne zulassen und nur einen Ausgleich für etwa zugefügte Nachteile verlangen, erscheint es angemessen, auch in solchen Fällen die Weitergabe vertraulicher Informationen grundsätzlich zuzulassen[120]. Bei nicht beherrschten Beteiligungsgesellschaften ist dies indes nicht zulässig, besteht die Pflicht zur Wahrung der Vertraulichkeit uneingeschränkt und muss die herrschende Gesellschaft versuchen, benötigte Informationen auf anderem Wege zu erhalten[121]. 5.68

b) Berichtspflichten, Rechnungslegung und Prüfungsberichte

Im Vertragskonzern ist die Anordnung **konzernweiter Berichtspflichten** unproblematisch und allgemein üblich[122]. Im faktischen Konzern stellt sich indes die Frage, wie hier die zur Leitung, jedenfalls aber zur Kontrolle des Konzerns verpflichtete Holding (s. Rz. 5.55 ff.) die zur Erfüllung dieser Pflicht erforderlichen Berichte von den von ihr abhängigen Gesellschaften erlangen kann. Bemerkenswert und hilfreich ist hierbei, dass § 90 Abs. 1 Satz 2 AktG verlangt, dass der Vorstand eines Mutterunternehmens in seinem von § 90 Abs. 1 Satz 1 AktG geforderten Bericht auch auf Tochterunternehmen und Gemeinschaftsunternehmen eingeht, und dass § 90 Abs. 3 Satz 1 AktG den Aufsichtsrat berechtigt, vom Vorstand jederzeit einen Bericht über geschäftliche Vorgänge bei verbundenen Unternehmen zu verlangen, die auf die Lage des Unternehmens von wesentlichem Einfluss 5.69

114 Siehe Empfehlung C.6 DCGK sowie Abs. 2 der Begründung dazu.
115 Empfehlungen C.7 und 8 DCGK nebst Begründung.
116 Empfehlung C.9 DCGK.
117 Dazu *Fleischer* in Spindler/Stilz, § 93 AktG Rz. 160 ff.
118 Dazu *v. Schenck* in Semler/v. Schenck, Der Aufsichtsrat, § 116 AktG Rz. 411 ff., 496 ff.
119 *Dittmar*, AG 2013, 498 (502); *Hommelhoff* (in Theisen, Der Konzern im Umbruch, S. 338, 356) begründet dies damit, dass Doppelmandate im Konzern und in dessen gestufter Überwachung auf den verschiedenen Konzernebenen rechtlich angelegt seien.
120 *Dittmar*, AG 2013, 498 (501); a.A. *H. Götz*, ZGR 1998, 524 (536) unter Hinweis darauf, dass der Schutzmechanismus der §§ 311 ff. AktG nur greift, wenn auf Veranlassung des herrschenden Unternehmens dem faktisch beherrschten Unternehmen Nachteile verursacht werden. *Lutter* (in FS Fischer, 1979, S. 419, 427) sieht bei Vorstandsmitgliedern, die im Aufsichtsrat der beherrschten Gesellschaft tätig sind, eine Pflicht zur Information des Aufsichtsrats der Holding, wenn in der beherrschten Gesellschaft eine Maßnahme ansteht, für welche der Aufsichtsrat der Holding einen Zustimmungsvorbehalt angeordnet hat.
121 S. dazu sogleich im folgenden Abschnitt.
122 S. *H. Götz*, NZG 2002, 599 (600 ff.).

sein können[123]. Um dies zu tun, muss der **Vorstand der Holding berechtigt** sein, auch von nicht vertraglich seiner Herrschaft unterworfenen abhängigen Gesellschaften die **Lieferung entsprechender Berichte zu fordern**[124]. Die Geschäftsleitung der auch nur faktisch konzernierten Gesellschaft ist unstreitig berechtigt, vertrauliche Informationen an die Holding herauszugeben, da dies regelmäßig den Interessen auch ihrer Gesellschaft dienen wird[125].

5.70 Eine gesetzliche Rechtsgrundlage für eine Pflicht der Geschäftsleitung **faktisch abhängiger Gesellschaften** zur Berichterstattung an die Holding gibt es nicht[126], doch erscheint es angemessen, diese in erweiternder Auslegung der genannten gesetzlichen Regelungen anzunehmen, damit Vorstand und Aufsichtsrat der herrschenden Gesellschaft umfassend über die Lage aller abhängigen Gesellschaften informiert sind[127].

5.71 Bei sonstigen unternehmerischen oder rein kapitalistischen **Beteiligungen** ist die Obergesellschaft indes darauf angewiesen, dass die Geschäftsleitung der Beteiligungsgesellschaft angeforderte Informationen freiwillig herausgibt, wozu sie, wenn dies im Interesse ihres Unternehmens liegt, berechtigt, aber nicht verpflichtet ist[128].

5.72 Die **Konzernrechnungslegungsvorschriften** der §§ 290 ff. HGB erfordern bei Bestehen eines unmittelbaren oder mittelbaren beherrschenden Einflusses des Mutterunternehmens die Erstellung eines Konzernabschlusses, eines Konzernlageberichts sowie gegebenenfalls von Zwischenabschlüssen; die von der Muttergesellschaft hierfür benötigten Jahres- oder Einzelabschlüsse, Lageberichte, Konzernabschlüsse, Konzernlageberichte sowie etwaige Prüfungsberichte hat das beherrschte Unternehmen der Muttergesellschaft gem. **§ 294 Abs. 3 HGB** zur Verfügung zu stellen[129].

5.73 Die bei **Unternehmen des Finanzsektors** bestehenden umfangreichen Berichts- und Anzeigepflichten gegenüber der BaFin, der Deutschen Bundesbank und der Europäischen Zentralbank bzw. der EIOPA beziehen vielfältig auch abhängige Gesellschaften ein; hierauf sowie auf etwa anwendbare Vorschriften für Finanzkonglomerate[130] kann in diesem Kapitel nicht eingegangen werden.

c) Zustimmungsvorbehalte

5.74 Bei Unternehmen ist die Schaffung von Zustimmungsvorbehalten des Aufsichtsrats ein probates, für Aktiengesellschaften gem. § 111 Abs. 4 Satz 2 AktG vorgeschriebenes Mittel, um die Handlungen des Vorstands zu überwachen und zu beeinflussen[131]. Obgleich es im Konzern **keine Pflicht der Holding zur Anordnung konzernweiter Zustimmungsvorbehalte** gibt[132], sind auch dort Zustim-

---

123 *Dittmar*, AG 2013, 498 (501); *Barzen/Kampf*, BB 2011, 3011 (3012 ff.), die darauf hinweisen, dass dies gleichermaßen für Regel- und für Sonderberichte gilt, und die sich sodann mit der Frage befassen, wie sich die Erheblichkeit bestimmen lässt.

124 In diesem Sinne *Dittmar*, AG 2013, 498 (501).

125 *Wiesner* in MünchHdb/AG, § 25 Rz. 41; Hüffer/Koch, § 131 AktG Rz. 72; *Habersack/Verse*, AG 2003, 300 (306); *Dittmar*, AG 2013, 498 (501).

126 *Dittmar*, AG 2013, 498 (501).

127 *Hommelhoff* in FS Stimpel, 1985, S. 603 (618); *Fett/Gebauer* in FS Schwark, 2009, S. 375 (384) für Bankkonzerne.

128 *Hüffer* in FS Schwark, 2009, S. 185 (187 ff.).

129 *Witte*, Der Prüfungsbericht als Informationsträger im Konzern – ein Beitrag zum System konzerninterner Informationsrechte, 1996, S. 8 f.; *Hüffer* in FS Schwark, 2009, S. 185 (187 ff.); *Hommelhoff* in Theisen, Der Konzern im Umbruch, S. 338, 356 f., der auf das Recht des Aufsichtsrats der Holding verweist, von dem Holdingvorstand die Aushändigung des Prüfungsberichts der Tochtergesellschaft zu verlangen, wozu dieser berechtigt sein müsse, ihn seinerseits von der Geschäftsleitung der Tochtergesellschaft herauszuverlangen.

130 Vgl. §§ 51a ff. KWG sowie das Finanzkonglomerate-Aufsichtsgesetz.

131 Vgl. *Rodewig* in Semler/v. Schenck, AR Hdb, § 6 Rz. 6 ff.

132 *Harbarth* in FS Hoffmann-Becking, 2013, S. 457 (458 f.).

mungsvorbehalte ein wirksames Mittel, um Einfluss auf abhängige Gesellschaften auszuüben[133]. So unterwirft im Konzern häufig der Aufsichtsrat bestimmte Maßnahmen des Vorstands der Holding, die in abhängige Gesellschaften hineinwirken und Auswirkungen auch auf die Holding haben können, seiner Zustimmung[134]. Dies können sein Organbestellungen, Investitions- oder Desinvestitionsentscheidungen, Kapitalerhöhungen oder andere einschneidende Maßnahmen[135]. Zwar kann der Vorstand einer abhängigen AG nicht (wohl aber die Geschäftsführung einer GmbH)[136] an die Zustimmung des Aufsichtsrats der herrschenden Gesellschaft gebunden sein[137], doch kann im Vertragskonzern der Vorstand der herrschenden Gesellschaft der Geschäftsleitung der beherrschten Gesellschaft **Weisungen** erteilen, wofür der Aufsichtsrat der herrschenden Gesellschaft wiederum einen Zustimmungsvorbehalt anordnen kann[138]. Gleichermaßen kann der Aufsichtsrat der Holding **Zustimmungsvorbehalte für die Ausübung der Stimmrechte** in Haupt- oder Gesellschafterversammlungen abhängiger Gesellschaften festlegen.

Alternativ und zur Entlastung des Aufsichtsrats der Holding kann im Vertragskonzern der Vorstand der Holding auch die **Schaffung entsprechender Zustimmungsvorbehalte auf der Ebene der beherrschten Gesellschaft** durchsetzen; im faktischen Konzern[139] muss er bei einer beherrschten AG den Weg einer von der Hauptversammlung zu beschließenden Satzungsänderung gehen oder muss er versuchen, seinen Einfluss im Aufsichtsrat zwecks entsprechender Änderung der Geschäftsordnungen von Vorstand und Aufsichtsrat geltend zu machen[140]. Hierbei kann es sinnvoll sein, die Zustimmungsvorbehalte des Aufsichtsrats der Holding zu spiegeln, allerdings in an die Verhältnisse der abhängigen Gesellschaft angepasster Form[141]. 5.75

d) Konzernweites Internes Kontrollsystem

Der Vorstand der Holding muss stets zeitnah umfassend über die Lage der abhängigen Gesellschaften informiert sein. Hierfür genügt es nicht, dass er auf dem Wege von Doppelorganschaften Informationen durch im Aufsichtsrat einer abhängigen Gesellschaft tätige Angehörige der Holding erhält[142] oder ihm periodische Berichte der abhängigen Gesellschaft zugehen. Vielmehr muss der Holdingvorstand das **Interne Kontrollsystem auf die abhängigen Gesellschaften ausdehnen** und durch geeignete Maßnahmen sowie, soweit möglich, Anordnungen oder Vereinbarungen sicherstellen, dass die abhängigen Gesellschaften alle zu liefernden Informationen ebenso umgehend in das System einstellen und erforderliche Mitteilungen ebenso schnell erfolgen wie in der Holding selbst. Tut der Holdingvorstand dies nicht, verletzt er seine Pflichten, weil er ohne umfassende Informationen über den gesamten Konzern zu dessen erfolgreicher Führung nicht in der Lage ist. 5.76

---

133 Grundlegend hierzu *Lutter* in FS Fischer, 1979, S. 419; ferner *Reuter* DB 1999, 2250 (2252 f.).

134 *Fonk*, ZGR 2006, 841 (852 ff.); *H. Götz*, ZGR 1998, 524 (542 ff.); *Reuter*, DB 1999, 2250 (2252).

135 *Lutter/Krieger/Verse*, Rechte und Pflichten des Aufsichtsrats, Rz. 159.

136 *Lutter* in FS Fischer, 1979, S. 419 (431), der darauf hinweist, dass es hierfür nicht nur des Zustimmungsvorbehalts auf der Ebene der Holding, sondern auch einer Regelung in der Satzung oder eines Gesellschafterbeschlusses der GmbH des Inhalts bedürfe, dass ein Vorstandsmitglied der Holding, das zugleich Geschäftsführer der abhängigen GmbH sei, an die Zustimmung des Aufsichtsrats der Holding gebunden sei. Liegt kein solcher Fall der Doppelorganschaft vor, ist es auch denkbar, dass die Holding einen Gesellschafterbeschluss der abhängigen GmbH herbeiführt, der bestimmt, dass analog dem Zustimmungsvorbehalt auf der Ebene der Holding eine Zustimmung der Gesellschafterversammlung der GmbH erforderlich ist. Dieser Weg ist etwas komplizierter, führt aber zu dem gleichen Ergebnis.

137 *Lutter/Krieger/Verse*, Rechte und Pflichten des Aufsichtsrats, Rz. 160.

138 *Lutter* in FS Fischer, 1979, S. 419 (424 f.).

139 Eingehend hierzu *Harbarth* in FS Hoffmann-Becking, 2013, S. 457 ff.

140 Vgl. *Lutter/Krieger/Verse*, Rechte und Pflichten des Aufsichtsrats, Rz. 161; *Rodewig* in Semler/v. Schenck, AR Hdb, § 6 Rz. 102 ff.

141 *Semler*, ZGR 2004, 631 (652).

142 *H. Götz*, ZGR 1998, 524 (535).

5.77 Für Institutsgruppen, Finanzholding-Gruppen und gemischte Finanzholding-Gruppen erklärt **§ 25 Abs. 3 KWG** die Forderung des § 25a Abs. 1 Satz 3 Nr. 3 KWG nach der „Einrichtung interner Kontrollverfahren mit einem internen Kontrollsystem“ für entsprechend anwendbar. Für Versicherungsgruppen erklärt **§ 275 Abs. 1 VAG** die für Versicherungsunternehmen geltenden Organisationspflichten für entsprechend anwendbar und fordert diese Vorschrift zudem, **Risikomanagementsystem, internes Kontrollsystem und Berichtswesen** aller in die Gruppenaufsicht einbezogenen Unternehmen gruppenweit zu organisieren[143].

e) Konzernweites Risikocontrolling

5.78 Mit der beschriebenen Ausdehnung des Internen Kontrollsystems auf den Konzern ist die Grundlage gelegt für die Einführung eines konzernweiten Risikocontrollings, das damit zugleich auch die Funktion eines **Beteiligungs-Controllings** erfüllen kann[144]. Jedenfalls im Konzern wird hierfür die Schaffung eines alle Konzerngesellschaften umfassenden Risikomanagementsystems (und nicht nur eines Risikofrüherkennungssystems)[145] erforderlich sein[146]. Fehlt es daran, wird sich der Vorstand im Schadensfall vorwerfen lassen müssen, nicht das Gebotene getan zu haben, um den Beteiligungsbestand des Konzerns angemessen zu überwachen und Pflichtverletzungen in Beteiligungsgesellschaften vorzubeugen[147].

5.79 Für **Institutsgruppen, Finanzholding-Gruppen und gemischte Finanzholding- Gruppen** erklärt § 25a Abs. 3 KWG auch das für Institute gemäß § 25a Abs. 1 Satz 3 Nr. 3 c) KWG geltende Erfordernis eines Risikocontrollings für gruppenweit entsprechend anwendbar und fordert zusätzlich § 25h Abs. 1 Satz 1 und 2 KWG ein „angemessenes Risikomanagement“ sowie die Schaffung „angemessene(r) kundenbezogene(r) Sicherungssysteme“. Die gruppenweite Anwendung der für Versicherungsunternehmen geltenden Vorschriften für das Risikocontrolling und -management ist dem im vorangehenden Absatz erwähnten Erfordernis der gruppenweiten Anwendung der für Versicherungsunternehmen geltenden Regeln für Risikomanagementsystem, internes Kontrollsystem und Berichtswesen zu entnehmen.

f) Konzernweite Compliance

5.80 Aus dem Gebot, im Konzern ein umfassendes internes Kontrollsystem zu schaffen, das alle Konzernunternehmen umfasst, folgt fast zwingend das weitere **Erfordernis, auch ein umfassendes, konzernweites Compliance-System einzurichten** (ausführlich dazu *Mackert* Rz. 6.1 ff.)[148]. *Lutter* leitet eine solche Pflicht aus § 93 Abs. 1 AktG, § 43 Abs. 1 GmbHG her, verweist unter anderem auf § 130 Abs. 1 OWiG (Ordnungswidrigkeit des Unternehmers wegen Organisationsverschuldens) und fordert eine aktive Überwachung statt einer Beschränkung auf die Entgegennahme von Berichten[149]. Nicht nur in der Literatur, auch in der Judikatur ist es inzwischen fast durchweg anerkannt, dass ein

---

143 Vgl. dazu *Lemmer* in Kaulbach/Bähr/Pohlmann, § 275 VAG Rz. 2 ff.

144 Vgl. *H. Götz*, ZGR 1998, 524 (537).

145 Siehe für Institutsgruppen, Finanzholding-Gruppen, gemischte Finanzholding-Gruppen und Institute § 25c Abs. 4b KWG sowie für Versicherungsgruppen § 275 Abs. 1 Satz 2 VAG.

146 *Theisen*, Der Konzern, S. 294 f.

147 *Fleischer*, CCZ 2008, 1 (4).

148 *Uwe H. Schneider/Sven H. Schneider*, ZIP 2007, 2061 ff.; *Grundmeier*, Rechtspflicht zur Compliance im Konzern, S. 34 ff., die darauf hinweist, dass es sich dabei um eine interne Pflicht handelt; zurückhaltend noch *Koch*, WM 2009, 1013 (1019), der eine solche Pflicht nur sieht, wenn „die Obergesellschaft ihre Leitungsmacht so umfassend ausübt, dass sie selbst letztlich als der Verantwortliche erscheint“; ähnlich Hüffer/Koch, § 76 AktG Rz. 20 ff. (Pflicht zur Konzern-Compliance grundsätzlich nur im Innen-, nicht im Außenverhältnis).

149 *Lutter* in FS Goette, 2011, S. 289 (291, 295 ff.).

konzernweites Compliance-Management zwingend erforderlich ist[150]; durch eine Serie gravierender, erhebliche Schäden verursachender Compliance-Fälle in deutschen Großunternehmen wird dies deutlich unterstrichen[151]. In der Tat ist es nach dem Fall Siemens nicht mehr zu rechtfertigen ist, auf ein konzernweites Compliance-System zu verzichten; jeder Konzern-Vorstand, der jetzt noch zögert, wird im Schadensfalle nicht viel zu seiner Entlastung vortragen können[152].

Im **Vertragskonzern** lässt sich eine konzernweite Compliance-Organisation ungeachtet der recht- 5.81
lichen Selbständigkeit der abhängigen Gesellschaften kraft Anweisung der Holding ohne weiteres einführen. Im **faktischen Konzern** gibt es ein solches Weisungsrecht der Holding nicht, doch weist *Lutter* zu Recht darauf hin, dass damit zu rechnen ist, dass die Geschäftsleitungen abhängiger Gesellschaften freiwillig mitwirken dürften[153] – schon im bestverstandenen Eigeninteresse. Auch der **DCGK** bestätigt die Pflicht des Vorstands, im Wege der Compliance für die Einhaltung gesetzlicher und unternehmensinterner Vorschriften zu sorgen und auf deren konzernweite Beachtung hinzuwirken[154].

Bei **Banken und Finanzdienstleistern** gilt die für Einzelunternehmen bestehende Pflicht zur Schaf- 5.82
fung einer Compliance-Funktion (s. Rz. 5.46) gem. § 25a Abs. 3 KWG auch für Institutsgruppen, Finanzholding-Gruppen und gemischte Finanzholding-Gruppen[155]. Für Versicherungen gilt das zur Compliance in Versicherungsunternehmen Gesagte (s. Rz. 5.46) gemäß § 275 Abs. 1 Satz 1VAG für **Versicherungskonzerne** entsprechend.

g) Konzernweite Interne Revision

Das letzte Element eines konzernweiten Internen Kontrollsystems stellt die Interne Revision dar. Diese 5.83
ist im Konzern **ebenso wichtig wie das Risikocontrolling und die Compliance**, kann sich die Konzernholding doch nur so vergewissern, dass sämtliche Funktionen des Konzerns, auch das Risikomanagement und die Compliance, ihre Aufgaben erfüllen und es keine Missbräuche gibt. Hierfür kann die bei der Holding angesiedelte Konzernrevision auf die internen Revisionsfunktionen der abhängigen Gesellschaften zugreifen; sie muss aber bei Bedarf auch direkt zu den einzelnen Gesellschaften „durchstechen" und unangekündigt selbst Revisionshandlungen vornehmen können, um mögliche Interessenkonflikte der bei den abhängigen Gesellschaften angestellten und damit der Direktionsbefugnis der dortigen Geschäftsleitung unterliegenden Revisionsmitarbeiter zu vermeiden. Hinsichtlich der **Durchsetzung von Revisionsmaßnahmen der Holding** bei nur faktisch konzernierten abhängigen Gesellschaften gilt das oben zur konzernweiten Compliance Gesagte (s. Rz. 5.80 ff.) entsprechend[156].

Bei **Banken und Finanzdienstleistungsinstituten** folgt das Erfordernis einer gruppenweiten Inter- 5.84
nen Revision aus § 25a Abs. 1 Satz 3 Nr. 3, Abs. 3 KWG, bei **Versicherungskonzernen** gilt das zum konzernweiten Risikomanagement Gesagte (s. Rz. 5.79) entsprechend.

---

150 *Krieger/Sailer-Coceani* in K. Schmidt/Lutter, § 93 AktG Rz. 8; *Lutter* in FS Goette, 2011, S. 289 (292 ff.); *Uwe H. Schneider/Sven H. Schneider*, ZIP 2007, 2061 ff.; *Fleischer*, CCZ 2008, 1 (4); *Verse*, ZHR 175 (2011), 401 ff.

151 S. bereits die Hinweise bei *Lutter* in FS Goette, 2011, S. 289 (292).

152 Vgl. das insoweit äußerst deutliche Urteil des LG München v. 10.12.2013 – 5 HKO 1387/10 – Siemens/Neubürger, ZIP 2014, 570 ff. = AG 2014, 332.

153 *Lutter* in FS Goette, 2011, S. 289 (294).

154 Grundsatz 5 sowie Empfehlungen und Anregung A.2 DCGK.

155 Dazu *Grundmeier*, Rechtspflicht zur Compliance im Konzern, S. 33 ff. Allerdings weisen *Fett/Gebauer* (in FS Schwark, 2009, S. 375 (379)) darauf hin, dass etwa zwischen Holding und faktisch beherrschtem Kreditinstitut getroffene vertragliche Vereinbarungen zur konzernweiten Compliance als von der BaFin wegen der geforderten Unabhängigkeit der Geschäftsleiter nicht akzeptierter Beherrschungsvertrag angesehen werden könnten. Es erscheint indes schwer vorstellbar, dass die BaFin mit einer solchen Sichtweise die gesetzliche Vorgabe einer konzernweiten Compliance-Organisation konterkarieren würde.

156 Vgl. *H. Götz*, ZGR 1998, 524 (537 f.).

4. Grenzüberschreitende Unternehmensgruppen

5.84a Eine Betrachtung der internen Überwachung grenzüberschreitender Unternehmensgruppen würde den Rahmen dieses Kapitels sprengen, zumal es insoweit kein kodifiziertes Recht gibt. Hingewiesen sei stattdessen auf die von dem *Forum Europaeum on Company Groups* vorgelegten „**Eckpunkte** für einen Rechtsrahmen zur erleichterten Führung von grenzüberschreitenden Unternehmensgruppen in Europa“ (die „Eckpunkte“),[157] welche erste Gedanken zu einigen Aspekten der Führung solcher Gebilde enthalten und als Anstoß für weiterführende Überlegungen und nachfolgende gesetzgeberische Maßnahmen auf europäischer Ebene zu verstehen sind. Dass es zu solchen kommen wird, erscheint eher zweifelhaft, nachdem entsprechende Ansätze der Kommission in den siebziger und achtziger Jahren des vergangenen Jahrhunderts mangels Interesses der meisten Mitgliedstaaten nicht weiterverfolgt worden sind[158].

IV. Abgrenzung der internen Überwachungsfunktion des Vorstands von der Überwachungsfunktion des Aufsichtsrats der Holding im Konzern

5.85 Die Verpflichtung des Vorstands der Holding zur Überwachung nicht nur der eigenen Gesellschaft, sondern auch der abhängigen Gesellschaften, ist bereits dargelegt worden (s. Rz. 5.55 ff.). Wie verhält sich diese zur Überwachungsaufgabe des Aufsichtsrats der Holding[159]?

5.86 Es ist ebenfalls bereits erwähnt worden, dass der Aufsichtsrat der Holding kein Konzernaufsichtsrat ist, weil es einen solchen nicht gibt (s. Rz. 5.56). Aufgabe des Aufsichtsrats der Holding ist es vielmehr, die **Tätigkeit des Vorstands** der Holding **bei der Führung** einerseits der Holding selbst, andererseits aber auch **des Konzerns zu überwachen**[160]. Der Holding-Aufsichtsrat ist eben nicht zugleich Aufsichtsrat der einzelnen Holdinggesellschaften, da diese selbständige Gesellschaften sind und häufig ihrerseits über Aufsichtsräte verfügen.

5.87 Wie bereits dargestellt (Rz. 5.4 ff.), besteht eine wesentliche Funktion des Holdingvorstands nicht nur in der Leitung des Konzerns, sondern auch in dessen Überwachung. Beide diese Funktionen hat der Holdingaufsichtsrat seinerseits zu überwachen, womit es also zu einer „**Kontrolle der Kontrolleure**“[161] kommt, wobei *Martens* zutreffend auf deren große Bedeutung hinweist, da der Aufsichtsrat der Holding „das einzige vom Konzernvorstand unabhängige Kontrollorgan innerhalb des Gesamtkonzerns“ sei[162]. Hierbei liegt es in der Natur der Sache, dass die Reichweite der Überwachung durch den Aufsichtsrat durch Umfang und Grenzen der Leitungs- und Kontrollbefugnis des Vorstands im Konzern bestimmt wird und in keinem Falle weiter als diese geht[163].

5.88 Die damit gegebene Doppelung der Überwachung wirkt sich allerdings nicht auf die Konzerngesellschaften aus, denn diese nehmen nur die Überwachung durch den Holdingvorstand wahr; die **Überwachung** ist **nicht parallel, sondern hierarchisch**.

5.89 Aufgabe des Holdingvorstands ist es dabei auch, den Holdingaufsichtsrat in die Lage zu versetzen, auch tatsächlich die pflichtgemäße Ausübung der Leitungs- und Überwachungsfunktion des Vorstands im Konzern zu kontrollieren; die (in Textform oder in Sitzungen des Aufsichtsrats zu erstattenden) **Berichte** des Vorstands müssen sich **auch auf die Konzerngesellschaften erstrecken**, brau-

157 ZGR 2015, 507 ff. (in deutscher Sprache) = ECFR 2015, 299 ff. (in englischer Sprache).
158 Eckpunkte ZGR 2015, 507 (507 f.) = ECFR 2015, 299 (300).
159 Auf die Überwachungsaufgabe des Aufsichtsrats der Holding als Teil deren externer Überwachung geht *Krieger* in § 7 ausführlich ein.
160 Zur Überwachungsaufgabe des Aufsichtsrats im Konzern eingehend *Lutter* in FS Hüffer, 2010, S. 617 (618 ff.).
161 *Martens*, ZHR 159 (1995), 567 (576).
162 *Martens*, ZHR 159 (1995), 567 (577).
163 *Martens*, ZHR 159 (1995), 567 (577).

chen indes hinsichtlich derer nicht den gleichen Umfang und Detaillierungsgrad aufzuweisen wie bei der Holding selbst, da der Holdingaufsichtsrat nur an Vorgängen in den Untergesellschaften interessiert zu sein braucht, die geeignet sind, wesentliche Auswirkungen auf die Holding und damit zugleich auf den Konzern zu haben[164]. Zugleich muss der Konzernvorstand seinem Aufsichtsrat aber auch Einblick geben in die mit dem Konzern durch dessen Einzelgesellschaften verfolgte **Strategie**, damit der Aufsichtsrat diese prüfen und beurteilen kann, ob der Vorstand auch hinsichtlich des Konzerns seine Aufgaben erfüllt und eine erfolgversprechende Strategie verfolgt.

V. Abgrenzung der Überwachungsaufgabe des Vorstands der Holding von den Überwachungsfunktionen der Organe der abhängigen Gesellschaften

Jede Konzerngesellschaft ist ein eigenes Unternehmen mit eigenen Organen, die ihre eigenen Rechte und Pflichten haben. Ähnlich wie im Verhältnis von Holdingvorstand zu Holdingaufsichtsrat kommt es auch im Verhältnis von Holdingvorstand zu Geschäftsleitungen und Aufsichtsräten der Konzerngesellschaften zu einer **Überwachungskonkurrenz**. 5.90

Hierbei ist als Grundsatz festzustellen, dass die Rechte und Pflichten der Organe der Konzerngesellschaften sich durch die Konzernzugehörigkeit nicht wesentlich verändern oder verringern; jeder Vorstand einer AG, jede Geschäftsführung einer GmbH, und jeder Aufsichtsrat hat grundsätzlich die **gleichen Rechte und Pflichten wie in einer Einzelgesellschaft**[165]. So darf sich z.B. der Aufsichtsrat einer Tochtergesellschaft nicht zurücklehnen und sich darauf verlassen, dass der Vorstand und der Aufsichtsrat der Holding schon aufpassen werden[166]. Zugleich ist es auch eine Aufgabe des Holdingvorstands, darüber zu wachen, dass sowohl Vorstand als auch Aufsichtsrat einer Konzerngesellschaft ihren Pflichten nachkommen. Im mehrstufigen Konzern geht dies kaskadenförmig und wird die Kontrolle des Holdingvorstands zwangsläufig desto indirekter und schwächer, je größer die Zahl der Stufen in der Konzernhierarchie ist. 5.91

Selbst bei Eingliederung oder Bestehen eines Beherrschungsvertrags bleiben die Rechte und Pflichten der Organe der Konzerngesellschaft bestehen, allerdings sind sie dort eingeschränkt, wo qua Eingliederung oder Vertrag zulässige **Weisungen die Entscheidungsfreiheit des Vorstands einschränken** oder bindende Handlungsvorgaben bestehen. Selbst und gerade dann ist es aber z.B. Aufgabe des Vorstands sowie, wenn die Maßnahme der Zustimmung des Aufsichtsrats der entsprechenden Konzerngesellschaft bedarf, auch dessen, sich der Rechtmäßigkeit einer von der Obergesellschaft erteilten Weisung zu vergewissern[167]; bedroht eine Weisung die Existenz der beherrschten Gesellschaft, ist der Vorstand verpflichtet, sich der Weisung zu widersetzen[168]. 5.92

Im **faktischen Konzern** haben Vorstand und Aufsichtsrat einer abhängigen Gesellschaft besonders darüber zu wachen, dass die herrschende der beherrschten Gesellschaft keine Nachteile zufügt[169]. Stellt der Vorstand fest, dass eine von der Obergesellschaft veranlasste **Maßnahme** für sein Unternehmen **nachteilig** ist, hat er sicherzustellen, dass die Obergesellschaft zum **Ausgleich des Nachteils** bereit und in der Lage ist[170]; der Aufsichtsrat der abhängigen Gesellschaft hat darüber zu wachen, dass dies auch geschieht sowie dass der Ausgleich eines entstandenen Nachteils vom Vorstand auch 5.93

164 Hüffer/Koch, § 90 AktG Rz. 7a.

165 So *Semler*, ZGR 2004, 631 (663) zum Aufsichtsrat der konzernabhängigen Gesellschaft.

166 *Hommelhoff* in Theisen, Der Konzern im Umbruch, S. 338, 341 („bleibt die gesetzliche Überwachungsaufgabe des Tochteraufsichtsrats im Grundsatz unverändert aufrechtzuerhalten").

167 *Emmerich/Habersack*, Aktien- und GmbH-Konzernrecht, § 308 Rz. 66; Hüffer/Koch, § 310 AktG Rz. 3.

168 *Emmerich/Habersack*, Aktien- und GmbH-Konzernrecht, § 308 Rz. 66.

169 Zur Frage, wann ein Nachteil i.S.d. § 311 AktG gegeben ist, *E. Vetter*, ZHR 171 (2007), 342 (352 ff.).

170 *Habersack* in Emmerich/Habersack, Aktien- und GmbH-Konzernrecht, § 311 AktG Rz. 78.

durchgesetzt wird. Zudem hat er den vom Vorstand zu erstattenden **Abhängigkeitsbericht** auf Richtigkeit und Vollständigkeit zu prüfen.

5.94 Der Vorstand der Holding hat darüber zu wachen, dass bei Vorgängen wie den gerade geschilderten die Organe der Konzerngesellschaften pflichtgemäß handeln und hierbei einerseits die **Rechte ihrer Gesellschaften wahren**, andererseits aber bestehenden Verpflichtungen gemäß handeln und sich rechtmäßigen Weisungen und Maßnahmen der Holding nicht widersetzen.

5.95 So kann es gerade in faktischen Konzernen leicht zu **schweren Konflikten** kommen, wenn die Obergesellschaft die abhängige Gesellschaft zu einem ihr nachteiligen Geschäft veranlassen will und diese berechtigte Zweifel an der Fähigkeit der Obergesellschaft hat, den zu erwartenden Nachteil auszugleichen[171]. Dem entgegenzutreten ist dann Aufgabe von Vorstand und Aufsichtsrat der abhängigen Gesellschaft, aber auch des Aufsichtsrats der Obergesellschaft.

VI. Sanktionen bei Verletzung interner Überwachungspflichten

5.96 Abschließend sei ein kurzer Überblick über die wichtigsten möglichen Sanktionen in Fällen mangelhafter interner Überwachung gegeben.

1. Gesellschaftsrecht

5.97 Verletzt das Vorstandsmitglied einer AG die Pflichten eines ordentlichen und gewissenhaften Geschäftsleiters, so haftet es der Gesellschaft gem. § 93 Abs. 2 Satz 1 AktG auf Ersatz des entstandenen Schadens; bei der Frage, ob eine **Pflichtverletzung** vorliegt, trägt das Vorstandsmitglied die Beweislast, § 93 Abs. 2 Satz 2 AktG. Allerdings wird auf Grund der in § 93 Abs. 1 Satz 2 AktG niedergelegten ***business judgement rule*** ein pflichtgemäßes Verhalten vermutet, wenn das Vorstandsmitglied darlegen kann, es habe bei einer unternehmerischen Entscheidung vernünftiger Weise annehmen dürfen, auf der Grundlage angemessener Informationen zum Wohle der Gesellschaft zu handeln, und wenn ein Interessenkonflikt nicht vorlag. Diese Darlegungslast wiegt indes kaum leichter als die Darlegung eines pflichtgemäßen Verhaltens[172], womit die Entlastungswirkung der deutschen *business judgment rule* für ein haftbar gemachtes Vorstandsmitglied im Ergebnis geringer ist als zunächst angenommen[173].

5.98 Für die **Aufsichtsratsmitglieder** der AG gilt eine entsprechende Haftung gem. § 116 Satz 1, § 93 Abs. 2 Satz 1 AktG, allerdings schulden sie die **Sorgfaltspflicht eines ordentlichen und gewissenhaften Überwachers**[174].

5.99 Für die Geschäftsführer und Aufsichtsratsmitglieder einer **GmbH** gilt eine entsprechende Haftung gem. § 43 Abs. 2, § 52 Abs. 1 GmbHG i.V.m. § 116 Satz 1, § 93 Abs. 2 Satz 1 AktG, indes ohne die für Organmitglieder der AG geltende Beweislastumkehr und ohne die Vermutungswirkung der *business judgement rule.*

---

171 Vgl. zu diesem Konflikt *E. Vetter*, ZHR 171 (2007), 342 (347). Ein reales praktisches Beispiel bietet der Fall der Tochterbank einer in eine Schieflage geratenen deutschen Bank: Die Mutterbank wies die Tochterbank an, ihr einen hohen Kredit zu gewähren, dessen Rückzahlung angesichts der kritischen Lage der Mutterbank nicht gesichert erschien. Erschwerend kam hinzu, dass der Präsident der BaFin den Wunsch der Mutterbank unterstützte und entsprechenden Druck auf die Tochterbank ausübte. Der Treasurer der Tochterbank legte sein Amt mit sofortiger Wirkung nieder, und die Gewährung des Darlehens erfolgte trotz der damit verbundenen Risiken.

172 Siehe *v. Falkenhausen* NZG 2012, 644, 649 sowie *Cahn* WM 2013, 1293, 1295.

173 Dazu *v. Schenck* in Semler/v. Schenck, Der Aufsichtsrat, § 116 AktG Rz. 299 ff. m.w.N.

174 *P. Doralt/W. Doralt* in Semler/v. Schenck, AR Hdb, § 16 Rz. 61.

Ersatzansprüche der AG und der GmbH **verjähren in fünf Jahren, bei börsennotierten AGs sowie bei Kreditinstituten in zehn Jahren**, § 116 Satz 1, § 93 Abs. 6 AktG, § 43 Abs. 4 GmbHG, § 53a Abs. 1 KWG. 5.100

Ersatzansprüche von Aktionären oder Dritter lassen sich in Fällen der Verletzung interner Überwachungspflichten nur in Ausnahmefällen begründen[175]. 5.101

2. Kartellrecht

Verstöße gegen das Wettbewerbsrecht wie insbesondere Preisabsprachen können zu **Geldbußen** nach deutschem oder EU-Recht führen, deren Höhe nach deutschem Recht bei natürlichen Personen bis zu 1 Million Euro betragen kann, § 81 Abs. 4 Satz 1 GWB; Geldbußen gegen Unternehmen orientieren sich an dem weltweit erzielten Gesamtumsatz des Unternehmens oder Konzerns im Vorjahr und können in Höhe von bis zu 10 % davon festgesetzt werden, § 81 Abs. 4 Satz 2 GWB, womit sie die **Existenz eines Unternehmens bedrohen können**. Zusätzlich kann die deutsche Kartellbehörde gem. § 34 Abs. 1 GWB den von dem Unternehmen auf Grund des Wettbewerbsverstoßes erzielten **Gewinn abschöpfen**. Seit der GWB-Novelle des Jahres 2017[176] gilt gemäß § 81 Abs. 3a GWB nunmehr eine verschuldensunabhängige akzessorische Haftung anderer Unternehmen der Unternehmensgruppe und damit regelmäßig insbesondere der Holding, womit seitdem auch vom deutschen Recht die bislang hier geltenden, rechtsformbedingten **Durchgriffsschranken ignoriert** werden und eine konzernweite Sippenhaft gilt. 5.102

Das deutsche Recht folgt damit zu einem wesentlichen Teil der **Sanktionspraxis der EU-Kommission:** Schon seit geraumer Zeit wird im europäischen Kartellrecht nicht nur routinemäßig auf Konzernobergesellschaften durchgegriffen, sondern werden auch Gesellschafter von Unternehmen in die Haftung genommen, welche die Möglichkeit der Einflussnahme auf ein Unternehmen haben oder hatten, das einen Kartellverstoß begangen hat, selbst wenn sie ihren Einfluss tatsächlich nicht genutzt haben[177]. 5.102a

3. Insolvenzrecht

Versäumen es die Geschäftsleiter einer juristischen Person, bei **Vorliegen eines Insolvenzgrundes** spätestens innerhalb von drei Wochen die **Eröffnung des Insolvenzverfahrens zu beantragen**, so können sie wegen **Insolvenzverschleppung** mit Freiheits- oder Geldstrafe bestraft werden, § 15a Abs. 1, 4 und 5 InsO; bei Führungslosigkeit der Gesellschaft, also bei Fehlen von Geschäftsleitern, haften bei der AG die Mitglieder des Aufsichtsrats, bei der GmbH die Gesellschafter entsprechend, § 15a Abs. 3 InsO, wenn ihnen die Insolvenzreife der Gesellschaft bekannt war[178]. Sie haften zudem wegen Pflichtverletzung und möglicherweise auch aus Delikt[179], wenn ihnen das Vorliegen eines Insolvenzgrundes ersichtlich war und sie es zugelassen haben, dass die Geschäftsleiter keinen Insolvenzantrag stellten. 5.103

---

175 S. *v. Schenck* in Semler/v. Schenck, Der Aufsichtsrat, § 116 AktG Rz. 746 ff., 779 ff.; vgl. *Ek/Kock*, Haftungsrisiken für Vorstand und Aufsichtsrat, Rz. 453.

176 BGBl. I, 2017, 1416 ff.

177 Hierzu das folgende Beispiel: Goldman Sachs war über eine Private-Equity-Tochtergesellschaft an dem italienischen Unternehmen Prysmian wesentlich beteiligt, das mit anderen Unternehmen ein Kartell für See- und Erdkabel gebildet hatte. Die EU-Kommission hat Goldman Sachs auf Zahlung der gegen Prysmian verhängten Kartellbuße i.H.v. € 37,3 Mio. in Anspruch genommen, obgleich Goldman Sachs tatsächlich keinen Einfluss auf die Geschäftstätigkeit von Prysmian genommen hatte und weder an dem Kartellverstoß beteiligt war, noch überhaupt davon gewußt hatte. Die von Goldman Sachs dagegen gerichtete Klage hat das EuG mit Urteil vom 12.7.2018 abgewiesen (*Goldman Sachs v Commission*, T-419/14, ECLI:EU:T:2018:445).

178 *K. Schmidt/Herchen* in K. Schmidt, § 15a InsO Rz. 22, 65; *Bußhardt* in Braun, § 15a InsO Rz. 24 ff.

179 *K. Schmidt/Herchen* in K. Schmidt, § 15a InsO Rz. 18, 65.

5.104 Die **Insolvenzantragspflicht** trifft **jedes der genannten Organmitglieder persönlich**, eine Exkulpation unter Hinweis etwa auf Zuständigkeitsregeln ist nicht möglich[180].

4. Aufsichtsrecht

5.105 Für Organmitglieder von Banken, Finanzdienstleistern und Kapitalverwaltungsgesellschaften sowie von Versicherungen gibt es eine **Vielzahl spezialgesetzlicher Straf- und Bußgeldvorschriften**, auf die hier nicht eingegangen werden kann. Für die Betroffenen oder das Unternehmen mindestens ebenso empfindlich ist es, wenn die BaFin von ihrem Recht Gebrauch macht, Geschäftsleiter (oder bei Versicherungsunternehmen auch andere Schlüsselpersonen) zu **verwarnen**, die **Abberufung von Geschäftsleitern** (oder bei Versicherungsunternehmen auch anderer Schlüsselpersonen) **und Mitgliedern des Aufsichtsrats zu verlangen** und diesen Personen die **Ausübung ihrer Tätigkeit zu untersagen**, §§ 36, 36a KWG, § 40 Abs. 1 KAGB, § 303 VAG. Schärfstes Mittel der Aufsicht ist der **Widerruf der Erlaubnis** zum Betreiben des Geschäfts als Bank, Finanzdienstleister, Kapitalverwaltungsgesellschaft oder Versicherung, § 35 Abs. 2 bis 4 KWG, § 39 Abs. 3 KAGB, § 304 VAG.

5. Ordnungswidrigkeitenrecht

5.106 Die Pflichtverletzung des Geschäftsleiters eines Unternehmens kann auch eine Ordnungswidrigkeit in Form der vorsätzlichen oder fahrlässigen Unterlassung einer Aufsichtsmaßnahme darstellen, die dann zur **Verhängung eines Bußgelds** gegen den entsprechenden Geschäftsleiter führen kann, wenn es als Folge der Aufsichtspflichtverletzung zu einer mit Strafe oder Geldbuße bedrohten Handlung durch Unternehmensangehörige gekommen ist, § 130 Abs. 1 i.V.m. § 9 OWiG; die Geldbuße kann eine Höhe bis zu 1 Million Euro haben, § 130 Abs. 3 OWiG. Geldbußen gegen Unternehmen wegen von Organen oder Leitungspersonen begangener Ordnungswidrigkeiten können grundsätzlich bei vorsätzlichem Handeln bis zu einer Höhe von 10 Millionen Euro, bei fahrlässigem Handeln bis zu einer Höhe von 5 Millionen Euro verhängt werden, § 30 Abs. 1 und Abs. 2 Satz 1 OWiG. Die Praxis der Staatsanwaltschaften und der Gerichte greift zunehmend auf die Holdinggesellschaften zu und wirft deren Organen die Verletzung von Aufsichts- oder Organisationspflichten vor[181], selbst wenn die Verstöße auf der Ebene von Konzerngesellschaften erfolgt sind[182].

5.107 Ähnlich drastisch wie die Möglichkeit am Umsatz orientierter Geldbußen im Kartellrecht ist die nach Ordnungswidrigkeitenrecht mögliche **Anordnung des Verfalls der** durch die rechtswidrige Handlung **erlangten Vorteile**, deren Höhe gegebenenfalls geschätzt werden kann, § 29a OWiG[183].

5.107a Nach einem Urteil des OLG München[184] gibt es allerdings **keine generelle konzernweite Aufsichtspflicht** i.S.d. § 130 OWiG; maßgeblich sind vielmehr die tatsächlichen Verhältnisse, die Aufsichtspflicht geht nur soweit, wie tatsächlich ein operativer Durchgriff erfolgt.

6. Strafrecht

5.108 Pflichtverletzungen durch Organmitglieder können auch strafrechtliche Folgen haben: Die Zahlung von **Bestechungsgeldern** an Angestellte ist strafbar gem. §§ 299, 300 StGB, die Bestechung von Amtsträgern ist strafbar gem. §§ 331 ff. StGB; jegliche Bestechungszahlungen aber auch z.B. die Ge-

180 *K. Schmidt/Herchen* in K. Schmidt, § 15a InsO Rz. 15 ff.

181 Vgl. *Löbbe* in FS Seibert, 2019, S. 561 ff. einschließlich einer Abgrenzung zur gesellschaftsrechtlichen Organhaftung.

182 Vgl. dazu ausführlich *Grundmeier*, Rechtspflicht zur Compliance im Konzern, S. 59 ff.

183 So hat z.B. das Landgericht Braunschweig der Volkswagen AG im Zusammenhang mit dem Einbau von die Abgasreinigung reduzierenden Abschalteinrichtungen in Personenwagen ein Bußgeld i.H.v. 5 Million Euro auferlegt und zusätzlich eine Gewinnabschöpfung i.H.v. 995 Millionen Euro angeordnet.

184 OLG München v. 23.9.2014 – 3 Ws 599, 600/14, BB 2015, 2004.

währung überhöhter Vergütungen durch den Aufsichtsrat an Mitglieder des Vorstands können als **Untreue** gem. § 266 StGB verfolgt werden[185].

Völlig neue und wesentlich gravierendere Sanktionsrisiken drohen, sobald das bislang als Referentenentwurf[186] vorliegende Gesetz zur Bekämpfung der Unternehmenskriminalität (auch genannt „**Verbandsstrafengesetz**", hiernach bezeichnet als „VerSanG-E") in Kraft getreten ist, das erstmalig in Deutschland Unternehmen zu Strafrechtssubjekten machen wird. Dieser Gesetzesentwurf sieht für vorsätzliche sogenannte Verbandsstraftaten Geldbußen bis zur Höhe von 10 % des durchschnittlichen Jahresumsatzes des betroffenen Unternehmens vor, § 9 Abs. 2 VerSanG-E; als Verbandsstraftaten gelten von einem Organmitglied oder einer Leitungsperson eines Verbands, also einer juristischen Person, eines nicht rechtsfähigen Vereins oder einer rechtsfähigen Personengesellschaft, begangene Straftaten, die Pflichten, die den Verband treffen, verletzt haben oder durch die der Verband bereichert worden ist oder werden sollte, § 1 Abs. 1 VerSanG-E. Allerdings ist die in einer inoffiziellen Vorfassung des Referentenentwurfs vorgesehene drastischste Rechtsfolge der Anordnung einer neben einer Verbandsgeldsanktion zu verhängenden „Verbandsauflösung", also einer Liquidation des Unternehmens[187], in dem jetzt vorliegenden Entwurf entfallen. Hierbei ist allerdings zu berücksichtigen, dass seit jeher der recht unbekannte § 396 AktG die Auflösung einer AG oder einer KGaA für den Fall vorsieht, dass die Gesellschaft „durch gesetzwidriges Verhalten ihrer Verwaltungsträger das Gemeinwohl (gefährdet)", tatsächliche Anwendungsfälle dieser Vorschrift indes nicht bekannt worden sind[188]. 5.108a

185 BGH v. 21.12.2005 – 3 StR 470/04 – Mannesmann, BGHSt 50, 331 ff. = ZIP 2006, 72 = AG 2006, 110.
186 Bearbeitungsstand v. 20.4.2020
187 § 14 VerSanG-E idF v. 15.8.2019.
188 *Schürnbrand* in MünchKomm/AktG, § 396 AktG Rz. 2.

§ 6 Compliance und Datenschutz in der Holding

I. Compliance-Funktion in einer Holding
1. Compliance
a) Begriffsdefinition 6.1
b) Rechtliche Ableitung 6.2
c) Funktionen der Compliance 6.8
d) Besonderheiten im Bankenbereich . . 6.9
e) Bezug zur Unternehmensethik 6.12
2. Haftung der Beteiligten 6.16
a) Haftung des Betriebsinhabers 6.17
b) Haftung der Geschäftsleitung 6.19
c) Haftung anderer Personen 6.23
d) Haftung des Unternehmens 6.31
e) Haftungsmilderung durch Compliance-Systeme (inklusive Zertifizierung) 6.33
3. Zentrale Compliance-Aufgaben
a) Risiko-Analyse 6.54
b) Prävention 6.60
aa) Interne Richtlinien 6.61
bb) Schulungen 6.88
cc) Einzelfallberatung 6.92
dd) Compliance Due Diligence/ Eigenerklärungen 6.95
c) Repression
aa) Rechtlicher Hintergrund 6.107
bb) Unterschied zu staatlichen Ermittlungen 6.110
cc) Grenzen interner Untersuchungen 6.112
dd) Zusammenarbeit mit staatlichen Ermittlungsbehörden 6.122
ee) Hinweisgeber-Systeme 6.125

II. Verantwortlichkeiten innerhalb der Compliance-Organisation eines Konzerns
1. Zentrale/dezentrale Verantwortlichkeiten 6.130
a) (Konzern) Compliance Committee . . 6.137
b) (Konzern) Ethic Committee 6.141
2. Datenschutzrechtliche Aspekte . . . 6.142
a) Einwilligung 6.143
b) Rechtfertigungsmöglichkeiten ohne Einwilligung 6.144
c) Verarbeitung und Nutzung personenbezogener Daten im Konzern . 6.148
3. Der (Chief) Compliance Officer in der Holding 6.155
4. Intra Group Compliance Agreement (IGCA) 6.161

Literaturübersicht: *Achenbach/Ransiek* (Hrsg.), Handbuch Wirtschaftsstrafrecht, 5. Aufl. 2019; *Behrens/Brauner/Knauer/Strauch (Hrsg.)*, Der Betrieb – Due Diligence bei Unternehmensakquisitionen, 8. Aufl. 2019; *Bohnert*, OWiG, 3. Aufl. 2010; *Ehmann/Selmayr*, DS-GVO, 2. Aufl. 2018; *Göhler*, Ordnungswidrigkeitengesetz, 17. Aufl. 2017; *Görling/Inderst/Bannenberg* (Hrsg.), Compliance, 3. Aufl. 2017; *Hauschka*, Corporate Compliance, 3. Aufl. 2016; *Henssler/Willemsen/Kalb* (Hrsg.), Arbeitsrecht Kommentar, 9. Aufl. 2020; *Küttner*, Personalbuch, 27. Aufl. 2020; *Moll* (Hrsg.), Münchener Anwaltshandbuch Arbeitsrecht, 4. Aufl. 2017; *Moosmayer*, Compliance, 3. Aufl. 2015; Münchener Handbuch zum Arbeitsrecht, 4. Aufl., 2018/2019; *Müller-Glöge/Preis/Schmidt* (Hrsg.), Erfurter Kommentar zum Arbeitsrecht, 20. Aufl. 2020; Paal/Pauly, DS-GVO/BDSG, 2. Aufl. 2018; *Plath* (Hrsg.), Bundesdatenschutzgesetz, 3. Aufl. 2018; *Richardi*, Betriebsverfassungsgesetz, 16. Aufl. 2018; *Schröpfer*, Compliance-Organisation im Aktienkonzern – die Compliance-Verantwortung von Vorstand und Aufsichtsrat im Unterordnungskonzern, 2014; *Senge* (Hrsg.), Karlsruher Kommentar zum Ordnungswidrigkeitengesetz, 5. Aufl. 2018; *Simitis* (Hrsg.), Bundesdatenschutzgesetz, 8. Aufl. 2014; *Taeger/Gabel* (Hrsg.), DSGVO BDSG, 3. Aufl. 2019; *v. d. Busche/Voigt*, Konzerndatenschutz, 2. Aufl. 2019; *Wecker/van Laak*, Compliance in der Unternehmenspraxis, 3. Aufl. 2013; *Wolff/Brink*, Datenschutzrecht in Bund und Ländern, 2013.

I. Compliance-Funktion in einer Holding

1. Compliance

a) Begriffsdefinition

6.1 Bis zur vierten Auflage (2004) dieses Buches ließ sich ein Buch über die Holding ganz selbstverständlich herausgeben, ohne auf den Begriff „Compliance“ näher einzugehen. Dass die Herausgeber dieses Buches ab der 5. Auflage dieses Buches entschieden haben, der Compliance ein eigenständiges Kapitel zu widmen, ist Ausdruck der „bemerkenswerte[n] juristische[n] Karriere“[1] dieses Begriffes, welche dieser in den vergangenen Jahren gemacht hat (s. hierzu auch *v. Schenck* Rz. 5.45 ff.).

Betrachtet man einzelne Aspekte, die heutzutage mit dem Begriff „Compliance“ umschrieben werden, wird man dort häufig Altbekanntes in neuem Gewande wiederentdecken. Aber genauso wie ein Orchester mehr sein kann als die Summe der Einzelinstrumente, hat sich mittlerweile das Verständnis einer eigenständigen, über das Bisherige hinausgehende Bedeutung der **Compliance-Funktion** durchgesetzt[2].

Da der Begriff jedoch gesetzlich **nicht definiert** ist – in der Medizin beschreibt der Begriff die Therapietreue des Patienten[3] –, ist teilweise eine geradezu babylonische Verwirrung um die Begrifflichkeit entstanden. Der Begriff wird bis heute in sehr verschiedenen Kontexten verwendet und er erzeugt sehr unterschiedliche Vorstellungen und Erwartungshaltungen.

Um den Nebel um die Begrifflichkeit zu lichten, ist zunächst zwischen der (allgemeinen) Funktionalität „Compliance“ und der konkreten Aufgabenzuweisung der Organisationseinheit eines Unternehmens zu trennen, die den Namen „Compliance“ trägt. Welche Zuständigkeiten eine Compliance-Abteilung hat und wie diese in die Unternehmensorganisation integriert ist (z.B. als Teil der Rechtabteilung oder als eigenständige Einheit), wird in jedem Unternehmen etwas anders geregelt sein. Im Folgenden soll daher, soweit dies nicht anders vermerkt wird, nur von der **Compliance-Funktion** gesprochen werden, d.h. unabhängig von konkreten Ressortzuschnitten.

Die gängigen Definitionen des Compliance-Begriffes stellen der Sache nach auf die Sicherstellung einer tatsächlichen Normtreue des Unternehmens, seiner Leitungspersonen und seiner Mitarbeiter ab[4]. Normbefolgung ist zunächst Pflicht eines jeden Normadressaten, im Unternehmen also sowohl des **Vorstandes** (Legalitätspflicht der Geschäftsleitung) als auch der Mitarbeiter. Das unternehmerische Ermessen des Vorstandes, aber auch jedes entscheidungsbefugten Mitarbeiters, ist überhaupt nur im Rahmen des geltenden Rechts eröffnet[5].

Die Funktionalität „Compliance“ beschreibt aber nicht nur diese Selbstverständlichkeit, sondern meint immer organisatorische Maßnahmen zur tatsächlichen Durchsetzung der Normtreue mit[6]. So beschreibt der Deutsche Corporate Governance Kodex (DCGK) in Grundsatz 5– mit Blick auf börsennotierte, d.h. typischerweise (auch) mit Holdingfunktionen versehenen Gesellschaften – die „Compliance“ als **Aufgabe des Vorstandes** damit, „für die Einhaltung der gesetzlichen Bestimmungen und der unternehmensinternen Richtlinien zu sorgen“ und „auf deren Beachtung durch die Konzernunternehmen [hinzuwirken].“

Als begriffsimmanente Kehrseite dieses Aufgabenverständnisses impliziert die Vermeidung von dem Unternehmen zurechenbaren Normverstößen zugleich eine **Minimierung von Haftungs- und Reputationsrisiken**[7].

b) Rechtliche Ableitung

Der **Grundgedanke**, dass der Geschäftsherr, der auf der einen Seite vom arbeitsteiligen Einsatz seiner Mitarbeiter profitiert, auf der anderen Seite auch dafür Sorge tragen muss (und dafür haftet), 6.2

1 *Fleischer*, CCZ 2008, 1 (1).
2 Vgl. z.B. *Hauschka* in Hauschka, Corporate Compliance, § 1 Rz. 1; *Rotsch* in Handbuch Wirtschaftsstrafrecht, 1. Teil, 4. Kapitel Rz. 4 ff.; *Fleischer*, CCZ 2008, 1 (1); *Mengel/Hagemeister*, BB 2006, 2466 ff.
3 Vgl. *Rotsch* in Handbuch Wirtschaftsstrafrecht, 1. Teil, 4. Kapitel Rz. 1.
4 Vgl. hierzu ausführlich *Hauschka* in Hauschka, Corporate Compliance, § 1.
5 *Lutter*, ZIP 2007, 841 (843); Hüffer/Koch, § 93 AktG Rz. 6 f.
6 Vgl. *Eidam*, „Unternehmen und Strafe“, Rz. 1936; *Rotsch* in Handbuch Wirtschaftsstrafrecht, 1. Teil, 4. Kapitel Rz. 4; *Poppe* in Görling/Inderst/Bannenberg, § 1 Rz. 56 f.; *Mengel/Hagemeister*, BB 2006, 2466 (2466); BGH v. 17.7.2009 – 5 StR 394/08 – Rz. 27, ZIP 2009, 1867 = AG 2009, 740.
7 *Hauschka* in Hauschka, Corporate Compliance, Rz. 24.

dass aus seinem Organisationskreis keine Gefahren für Dritte ausgehen, ist im Ordnungsrecht schon lange verwurzelt. So heißt es bereits in § 188 Abs. 1 der preußischen Gewerbeordnung von 1845: „Sind polizeiliche Vorschriften von dem Stellvertreter eines Gewerbetreibenden bei Ausübung des Gewerbes übertreten worden, so ist die Strafe zunächst gegen den Stellvertreter festzusetzen; ist die Übertretung mit Vorwissen des Vertretenen begangen worden, so verfallen beide der gesetzlichen Strafe. Kann gegen den Stellvertreter die Geldstrafe nicht vollstreckt werden, so bleibt der Polizeibehörde überlassen, nach ihrem Ermessen die Geldstrafe von dem Vertretenen, welcher dafür subsidiarisch verhaftet ist, einzuziehen, oder stattdessen und mit Verzichtung hierauf die im Unvermögensfalle an die Stelle der Geldbuße tretende Freiheitsstrafe sogleich an dem Stellvertreter vollstrecken lassen."

6.3 Ordnungsrechtlich lässt sich die Compliance-Verantwortung heute u.a. auf die Regelungen des **Ordnungswidrigkeitengesetzes** zurückführen: Nach § 130 Abs. 1 OWiG haftet der Inhaber eines Betriebes oder Unternehmens im Falle von mit Strafe oder Geldbuße bedrohten Zuwiderhandlungen für unterlassene Aufsichtsmaßnahmen.

§ 130 OWiG ist auch Anknüpfungstat für die Verwirklichung des Tatbestandes für eine Unternehmensgeldbuße nach § 30 OWiG[8].

Rechtspolitisch wird zudem über die Einführung einer strafrechtsähnlichen Unternehmenshaftung diskutiert. Im Zentrum der Überlegungen stehen in der aktuellen Diskussion unter anderem die Ersetzung des Opportunitätsprinzips durch das Legalitätsprinzip sowie die Erhöhung der Bußgeldobergrenze in vielen Bereichen.[9]

6.4 Soweit keine spezialgesetzlichen Vorgaben – wie etwa im Bankenbereich – existieren, unterliegt es dem grundsätzlichen Ermessen des Vorstands, ob und für welche Bereiche ein professionelles **Compliance Management System** (CMS) eingerichtet wird. Mit Blick auf die nicht unerheblichen (personellen und finanziellen) Ressourcen, die ein solches System beansprucht, hat sich in der Unternehmenspraxis herauskristallisiert, Compliance-Programme auf bestimmte, für das Unternehmen besonders bedeutsame Risiken zu konzentrieren.

6.5 Häufig sind dies die Prävention von **Kartellrechtsverletzungen** und Vermeidung von **Korruptionsstraftaten**. Typischerweise drohen in diesen beiden Feldern erhebliche Risiken, die sogar existenzgefährdenden Umfang annehmen können: Im Falle eines Korruptionssachverhaltes ist gem. § 30 Abs. 3 i.V.m. § 17 Abs. 4 OWiG über das gesetzliche Höchstmaß der Geldbuße hinaus auch eine Gewinnabschöpfung möglich. In Kartellsachen ist nach § 81 Abs. 4 GWB als Bußgeldobergrenze der Wert von 10 % des erzielten Gesamtumsatzes des Unternehmens oder der Unternehmensvereinigung festgelegt; wobei zur Ermittlung des Gesamtumsatzes der weltweite Umsatz aller natürlichen und juristischen Personen zugrunde zu legen ist, die als wirtschaftliche Einheit operieren. Nach Art. 83 Abs. 5 und 6 DSGVO können bei bestimmten Datenschutzverstößen Bußgelder in Höhe von bis zu 4 % des gesamten weltweit erzielten Jahresumsatzes eines Unternehmens verhängt werden.

6.6 Wesentlicher Teilaspekt der Compliance-Funktion ist der **Datenschutz**. Sowohl konkrete Compliance-Maßnahmen als auch Fragen der Compliance-Organisation sind regelmäßig am auch im Zivilrecht und Arbeitsverhältnis geltenden allgemeinen Persönlichkeitsrecht zu messen und zu rechtfertigen. Dies gilt in besonderer Weise für das arbeitsteilige Zusammenwirken in einer Holding. Denn klassische Compliance-Maßnahmen zur Prävention und Aufklärung von Korruptionssachverhalten, Kartellrechtsverstößen etc. können leicht in einen Zielkonflikt zur datenschutzrechtlichen Idee eines

8 *Gürtler* in Göhler, § 30 OWiG Rz. 15, 17.

9 Vgl. Koalitionsvertrag zwischen CDU, CSU und SPD für die 19. Legislaturperiode, Ziffern 5895 ff. sowie der Referentenentwurf des Bundesministeriums der Justiz und für Verbraucherschutz zum Entwurf eines Gesetzes zur Stärkung der Integrität in der Wirtschaft (Stand 20.4.2020).

im Grundsatz durch ein Verbot mit Erlaubnisvorbehalt geschützten allgemeinen Persönlichkeitsrechts der Mitarbeiter geraten[10].

Um diese Felder der traditionellen Compliance-Themen herum finden sich – abhängig vom Unternehmensgegenstand, sowie spezifischer Besonderheiten aufgrund der konkreten Geschäftstätigkeit (so beispielsweise Branche, Marktumfeld, globale Aktivitäten) – auch andere Themen, auf die sich das jeweilige CMS eines Unternehmens beziehen kann. 6.7

c) Funktionen der Compliance

Die Funktionalität Compliance an sich, ist bereits 2005 differenziert betrachtet und in mehrere Funktionen unterteilt worden[11]. Es handelt sich nämlich nicht ausschließlich um die Schutzfunktion (sie bildet den Nukleus, um dem Hauptziel von Compliance, Haftungsrisiken sowie sonstige Rechtsnachteile für das Unternehmen, seine Organe und seine Mitarbeiter zu vermeiden, nachzukommen), sondern hinzugekommen sind die Beratungs- und Informationsfunktion, die Überwachungs- und Qualitätssicherungsfunktion[12] sowie die Innovations-[13] und Marketingfunktion[14]. 6.8

Compliance ist damit mehr als nur die Vermeidung von Haftungs- und Reputationsschäden, sie dient auch als Grundlage einer **guten und nachhaltigen Unternehmensführung**.

d) Besonderheiten im Bankenbereich

Compliance in der Banken- und Wertpapierdienstleistungsbranche[15] ist insofern etwas Besonderes, als hier ausdrückliche gesetzliche Normierungen bestehen, die teilweise auch den Begriff „Compliance" enthalten. § 25a Abs. 1 Satz 1 KWG verlangt eine ordnungsgemäße Geschäftsorganisation, welche die Einhaltung der vom Institut zu beachtenden gesetzlichen Bestimmungen und der betriebswirtschaftlichen Notwendigkeiten gewährleistet. Zu den hier relevanten gesetzlichen Bestimmungen zählen u.a. Gesetze mit Bankenbezug wie das Kreditwesengesetz selbst, das Wertpapierhandelsgesetz, das Geldwäschegesetz etc.[16]. 6.9

Weitergehende Vorgaben macht das **Kreditwesengesetz** (KWG) für die Risikofelder Geldwäsche, Terrorismusfinanzierung oder sonstiger strafbarer Handlungen, die zu einer Gefährdung des Vermögens des Instituts führen können (§ 25h Abs. 1 Satz 1 KWG). Nach § 7 Abs. 1 Geldwäschegesetz (GwG) haben bestimmte Verpflichtete zudem einen der Geschäftsführung unmittelbar nachgeordneten Geldwäschebeauftragten zu bestellen, der für die Einhaltung der geldwäscherechtlichen Vorschriften zuständig ist. 6.10

§ 80 Abs. 1 Satz 2 WpHG verpflichtet **Wertpapierdienstleistungsunternehmen** über die Vorgaben des § 25a KWG hinaus, u.a. angemessene Vorkehrungen zu treffen, um die Kontinuität und Regelmäßigkeit der Wertpapierdienstleistungen und – nebendienstleistungen zu gewährleisten (Nr. 1) und Interessenkonflikte zu erkennen und zu vermeiden oder zu regeln (Nr. 2). Geschäftsleitern eines Wertpapierhandelsunternehmens obliegen gemäß § 81 Abs. 1 WpHG zudem bestimmte im Gesetz ausdrücklich genannte Organisations- oder Compliance-Pflichten. 6.11

10 Vgl. *Stamer/Kuhnke* in Plath, § 32 BDSG Rz. 76.
11 *Lösler*, NZG 2005, 104 (105 ff.).
12 Einerseits intern das CMS fokussierend, andererseits zur Aufdeckung „non-complianten" Verhaltens (s. auch Rz. 6.107 ff.) zu Repression und Hinweisgeber Systemen.
13 Risikobewertung und Anbieten individueller Compliance Lösungen bei bestehenden als auch neu zu entwickelnden operativen Geschäftsmodellen und -prozessen sowie Risikoanalyse und Validierung von Kunden, Beratern und sog. „Dritte Parteien".
14 Bei Tendern, Nachhaltigkeitsinvestoren, Wettbewerbsvorteil aufgrund positiver Marktpositionierung (s. auch Rz. 6.33 ff.).
15 Vgl. hierzu ausführlich: *Gebauer/Niemann* in Hauschka, Corporate Compliance, § 36.
16 BT-Drucks. 15/3641, 47.

e) Bezug zur Unternehmensethik

6.12 Nicht unmittelbar haftungsrelevant ist die Frage, inwieweit sich ein CMS auch auf Reputationsrisiken und eine Unternehmensethik beziehen kann oder soll. Die Definition in Grundsatz 5 des Deutschen Corporate Governance Kodex umfasst diese Aspekte – beredt schweigend – nicht. Wenn Compliance und Ethik bzw. Integrität in einem Atemzug genannt werden, wird damit in der Regel zunächst die Haltung des Unternehmens zum Recht beschrieben: Wird eine rechtliche Vorgabe als eine von außen auferlegte Einschränkung einer als im Grundsatz schrankenlos möglichen unternehmerischen Tätigkeit verstanden oder werden Normen aus innerer Überzeugung eingehalten und kommen deshalb bestimmte Geschäftsmodelle bereits gar nicht in Betracht?

6.13 Darüber hinaus können häufig auch im Compliance-Kontext genannte Begrifflichkeiten wie „Ethik" und „Integrity" Ausdruck einer über das Rechtliche hinausgehenden Haltung des Unternehmens sein. **Unternehmensethische Grundsätze** haben in der Regel zwei Zielrichtungen: Einmal soll ein bestimmter Wertekanon in Hinsicht auf eine bestimmte Unternehmenskultur und damit auch Compliance-Kultur nach innen vermittelt werden; auf der anderen Seite soll gegenüber Geschäftspartnern und der Öffentlichkeit die Stellung als Good Corporate Citizen betont werden (in diesem Fall ist die Unternehmensethik dann eng mit der sog. „Corporate Responsibility" verknüpft).

6.14 Soweit alleinig Bereiche wie Ethik und Integrity betroffen sind, ist es mitunter schwierig, ob im Falle eines diesbezüglichen **Fehlverhaltens** im Rahmen des Konsequenzen-Managements mit den zur Verfügung stehenden arbeitsrechtlichen Instrumenten sanktioniert werden kann. Dies wird im Ergebnis davon abhängen, ob die Anforderung zu den gesetzlichen Pflichten oder zu den Pflichten aus dem Arbeitsverhältnis gehört.

6.15 Insgesamt ist die Diskussion um Ethik und Integrity im Zusammenhang mit CMS aber sehr vielschichtig, s. auch die aktuelle Diskussion um die Inhalte der Begrifflichkeit „**sozialer Compliance**"[17] und noch keineswegs abgeschlossen. Denn für Beteiligte am Wirtschaftsleben als „good corporate citizen" ist die Feststellung, dass nicht alles was legal auch legitim ist, eine beständige Herausforderung, die sich immer wieder in neuer Gestalt zeigt. Denn der Vorstand kann und darf sich nicht – wie der BGH in anderem Kontext treffend ausgeführt – „der Einsicht verschließen, dass die Aktiengesellschaft für ein dauerhaft erfolgreiches Wirtschaften auf den Rückhalt aller Bezugsgruppen angewiesen ist"[18].

6.15a Im Kontext der fortschreitenden Digitalisierung von Prozessen und Geschäftsmodellen stellen sich für Unternehmen zunehmend auch Fragen der Verantwortung für durch IT-Systeme errechnete oder erzeugte Entscheidungen und der **digitalen Ethik**. Die AG darf nicht durch ein IT-System geleitet werden, denn nach § 76 Abs. 3 Satz 1 AktG kann Mitglied des Vorstands nur eine natürliche Person sein, für den GmbH-Geschäftsführer regelt § 6 Abs. 2 GmbHG Entsprechendes. Soweit Geschäftsführungsaufgaben delegierbar sind, kann dies auch unter Zuhilfenahme von automatisierten

---

17 S. den Vortrag von *Sünner* zu Social Compliance Management in der Supply Chain; gehalten im November 2012 im Forum Compliance und Integrity unter dem Aspekt der Business Partner Compliance. *Sünner* definiert wie folgt: Social Compliance ist die gesellschaftsbezogene Compliance, d.h. die Sorge um die Erfüllung der gesellschaftlichen Erwartungen an ein verantwortungsvolles, auf nachhaltige Entwicklung ausgerichtetes Unternehmensverhalten. Social Compliance Management (SCM) wird verstanden als die Organisation und Handhabung der Maßnahmen zur Sicherung social compliance-gerechter Unternehmenstätigkeit sowie Social Compliance Management in der Supply Chain, dies ist der Teil der SCM-Maßnahmen, der die Supply Chain – vom Vorlieferanten bis hin zum Endkunden – betrifft. S. zudem *Wieland*, Interview im Newsletter des Deutschen Institutes für Compliance (DICO) v. 11.3. 2014 „Als Social Compliance bezeichnet man die Anforderung an Unternehmen, die Integrität ihrer lokalen und globalen Wertschöpfung in Hinblick auf Sozialstandards – also etwa Arbeitsbedingungen, Interessenvertretung, Kinderarbeit, Mindestlöhne – und Menschenrechte sicherzustellen".

18 BGH v. 6.12.2001 – 1 StR 215/01, AG 2002, 347.

Systemen geschehen[19]. Den Vorstand treffen dabei wie bei der Delegation von Aufgaben auf natürliche Personen Auswahl- und Überwachungspflichten[20]. Die Letztentscheidungskompetenz muss auch bei vollautomatisiert generierten Entscheidungen immer beim Leitungsorgan verbleiben[21]. Über diese Haftungsfragen hinaus stellen sich mannigfaltige Fragen nach der digitalen Ethik einer sogenannten künstlichen Intelligenz[22]. Die Deutsche Telekom AG hat sich vor diesem Hintergrund selbst-bindende Leitlinien zum verantwortlichen Umgang mit künstlicher Intelligenz gegeben[23].

2. Haftung der Beteiligten

Wer eine Straftat oder Ordnungswidrigkeit begeht, haftet hierfür persönlich nach Maßgabe der entsprechenden Sanktionsnorm. Aus Sicht eines CMS interessant ist aber vor allem, inwieweit auch andere Akteure, insbesondere Unternehmen und Geschäftsführung, eine Haftung treffen kann. 6.16

a) Haftung des Betriebsinhabers

Regelmäßiger Ausgangspunkt der Überlegungen ist die Haftung des Betriebsinhabers nach **§ 130 OWiG** für vorsätzlich oder fahrlässig unterlassene Aufsichtsmaßnahmen. Tatbestandlich erfasst sind Aufsichtsmaßnahmen, die erforderlich sind, um in dem Betrieb oder Unternehmen Zuwiderhandlungen gegen Pflichten zu verhindern, die den Inhaber treffen und deren Verletzung mit Strafe oder Geldbuße bedroht ist. Erforderlich ist zudem eine hypothetische Kausalität in dem Sinne, dass die begangene Zuwiderhandlung durch „gehörige Aufsicht" verhindert oder wesentlich erschwert worden wäre. Nach § 130 Abs. 1 Satz 2 OWiG gehören zu den erforderlichen Aufsichtsmaßnahmen auch die Bestellung, sorgfältige Auswahl und Überwachung von Aufsichtspersonen. 6.17

Unter **Betriebsinhaber** versteht § 130 OWiG nicht die Eigentümer (Aktionäre/Gesellschafter), sondern denjenigen, dem die Erfüllung der den Betrieb oder das Unternehmen betreffen Pflichten obliegt; im Falle einer AG oder GmbH ist dies die juristische Person selbst[24]. In der Diskussion ist indessen, inwieweit formale gesellschaftsrechtliche Verantwortungsgrenzen zwingend auch für die Aufsichtspflichten nach § 130 OWiG relevant sind. Eindeutig ist, dass die Stellung der Konzernobergesellschaft (Konzernmutter) als Gesellschafterin alleine nicht ausreichend ist, um Aufsichtspflichten i.S.v. § 130 OWiG zu begründen[25]. Beschränkt sich die Konzernmutter aber nicht auf ihre Gesellschafterstellung, sondern verfügt über faktische Durchgriffsmöglichkeiten auf Geschäftsführung und Geschäftstätigkeit der Tochtergesellschaft, können dem auch Aufsichtspflichten i.S.v. §§ 130, 9 OWiG korrespondieren[26]. 6.18

b) Haftung der Geschäftsleitung

Die Haftung des Betriebsinhabers nach § 130 OWiG wird durch § 9 Abs. 1 Nr. 3 OWiG u.a. auf die **gesetzlichen Vertreter** einer Gesellschaft (z.B. Vorstand, § 78 Abs. 1 AktG, GmbH-Geschäftsführung, § 35 Abs. 1 GmbHG) erweitert. Wenngleich die Aufteilung der Geschäftsführung unter mehreren Vorständen (§ 77 Abs. 1 Satz 2 AktG) ohne Einfluss auf die Verantwortung des einzelnen Organmitgliedes für die Geschäftsführung insgesamt ist[27], ist ordnungsrechtlich für die Pflichten nach 6.19

19 *Weber/Kiefner/Jobst*, NZG 2018, 1132.
20 *Weber/Kiefner/Jobst*, NZG 2018, 1132 f.
21 *Weber/Kiefner/Jobst*, NZG 2018, 1134.
22 Zum Verhältnis zwischen klassischer Compliance und digitaler Ethik vgl. *Mackert*, comply-online 1/2019, S. 16 ff.
23 https://www.telekom.com/de/konzern/digitale-verantwortung/details/ki-leitlinien-der-telekom-523904.
24 *Rogall* in KarlsruherKomm/OWiG, § 130 OWiG Rz. 23.
25 *Gürtler* in Göhler, § 130 OWiG Rz. 5a.
26 *Gürtler* in Göhler, § 130 OWiG Rz. 5a; *Rogall* in KarlsruherKomm/OWiG, § 130 OWiG Rz. 23; *Bohnert*, § 130 OWiG Rz. 7.
27 Vgl. Hüffer/Koch, § 77 AktG Rz. 15.

§ 130 OWiG aber in erster Linie derjenige verantwortlich, in dessen Geschäfts- und Verantwortungsbereich die unterlassene Aufsichtsmaßnahme liegt[28]. Ist in Krisen- oder Ausnahmesituationen das Unternehmen allerdings als Ganzes betroffen, können sich andere Vorstandsmitglieder nicht auf die Verantwortungsgrenzen der Geschäftsverteilung berufen[29].

6.20 Nach § 130 Abs. 3 OWiG kann das Unterlassen einer erforderlichen Aufsichtsmaßnahme mit einer **Geldbuße** bis zu einer Million Euro geahndet werden, wenn die durch die mangelnde Aufsicht ermöglichte Pflichtverletzung mit Strafe bedroht ist. Andernfalls richtet sich das Höchstmaß der Geldbuße nach dem für die eigentliche Pflichtverletzung angedrohten Höchstmaß.

6.21 Daneben tritt die **zivilrechtliche Haftung** der Beteiligten. Vorstandsmitglieder haften zivilrechtlich nach Maßgabe von § 93 AktG für Pflichtverletzungen bei der Geschäftsführung. Sie tragen insoweit auch Verantwortung für die Geschäftsführungsaufgabe der Compliance. Dieser Aspekt ist insbesondere durch das LG München I akzentuiert worden[30]. Vor dem Hintergrund geleisteter Schmiergeldzahlungen im Ausland hat das Gericht in einem zivilrechtlichen Schadensersatzprozess eines Unternehmens gegen einen ehemaligen Geschäftsleiter diesen wegen Verletzung von Organisationspflichten bzw. Compliance-Pflichten zum Schadenersatz verurteilt. Ausgehend von der Verpflichtung zur Gesetzestreue stellt das Urteil mit Blick auf die Aufsichts- und Organisationspflichten des Vorstands u.a. ausdrücklich fest, dass ein Vorstandsmitglied dafür Sorge tragen muss, dass das Unternehmen so organisiert und beaufsichtigt wird, dass keine Gesetzesverletzungen stattfinden. Bei einer entsprechenden Gefährdungslage genügt der Vorstand seiner Organisationspflicht nur dann, wenn er eine auf Schadensprävention und Risikokontrolle angelegte Compliance-Organisation einrichtet. Gerade wenn dem Vorstand immer wieder verdächtige Fälle von Bestechungszahlungen geschildert werden, muss die Effizienz des bestehenden Compliance-Systems überprüft werden[31].

6.22 Die Überwachungspflichten des **Aufsichtsrats** beziehen sich auf die Compliance[32], insofern kann Aufsichtsratsmitglieder eine Haftung nach §§ 116, 93 AktG treffen. Zur Erfüllung seiner Aufgabe, die vom Vorstand verantwortete Compliance zu überwachen, kann sich der Aufsichtsrat nach allgemeinen Grundsätzen sowohl auf periodische Berichterstattungen als auch auf Sonderberichterstattungen durch den Vorstand sowie auf Anforderungsberichte auf Verlangen des Aufsichtsrats stützen. Gemäß § 111 Abs. 2 Satz 2 AktG kann der Aufsichtsrat aber auch Sachverständige beauftragen. Das gilt insbesondere dann, wenn für die Wahrnehmung der Überwachungspflicht des Aufsichtsrats der Rückgriff auf vorstandsunabhängige Informationen erforderlich ist,[33] etwa wenn Compliance-Verstöße durch den Vorstand oder ein Vorstandsmitglied in Rede stehen. Der Aufsichtsrat verfügt in diesem Kontext auch über die notwendige Vertretungsbefugnis[34].

c) Haftung anderer Personen

6.23 Auch bestimmte Personen in den **Hierarchieebenen unterhalb von Vorstand und Geschäftsführung** können nach § 9 Abs. 2 OWiG i.V.m. § 130 OWiG für unterlassene Aufsichtsmaßnahmen in Haftung genommen werden, wenn diese damit beauftragt sind, den Betrieb ganz oder teilweise zu leiten (§ 9 Abs. 2 Nr. 1 OWiG). Eine solche Haftung kommt in Betracht, wenn der betreffenden Per-

---

28 Vgl. BGH v. 6.7.1990 – 2 StR 549/89, BGHSt 37, 106 (123) = ZIP 1990, 1413; *Gürtler* in Göhler, § 9 OWiG Rz. 15.

29 BGH v. 6.7.1990 – 2 StR 549/89, BGHSt 37, 106 (124) = ZIP 1990, 1413; *Gürtler* in Göhler, § 9 OWiG Rz. 15.

30 LG München I v. 10.12.2013 – 5HK O 1387/10, ZIP 2014, 570 = AG 2014, 332.

31 Vgl. hierzu *Hauschka*, FAZ v. 12.3.2014, S. 18 und die Zusammenfassung des Deutschen Instituts für Corporate Governance (DICO), abrufbar unter: http://www.dico-ev.de/fileadmin/PDF/PDF_Intranet_2013/Rechtspolitik/Urteil_LG_Muenchen_-_Leitsaetze__sortiert___912648532_1_.pdf.

32 Vgl. hierzu ausführlich *Lutter* in FS Hüffer, S. 617 ff. und *Schröpfer*, S. 2, 231 ff.

33 BGH v. 20.3.2018 – II ZR 359/16, AG 2018, 436 Rz. 21.

34 BGH v. 20.3.2018 – II ZR 359/16, AG 2018, 436 Rz. 22.

son die sachliche Verantwortlichkeit zukommt, für den Betriebsinhaber in leitender Funktion tätig zu sein[35]. Dies können nicht nur leitende Angestellte i.S.v. § 5 Abs. 3 Satz 2, Abs. 4 BetrVG sein, auf der anderen Seite reicht die bloße Vorgesetztenfunktion allein nicht aus[36].

Der weitere Tatbestand nach § 9 Abs. 2 Nr. 2 OWiG betrifft Personen, die in eigener Verantwortung Aufgaben wahrnehmen, die dem Inhaber des Betriebes obliegen. Sie unterliegen aber nur dann einer Haftung, wenn sie hierzu ausdrücklich **beauftragt** sind. Eine besondere Form (z.B. die Schriftform) ist jedoch nicht erforderlich (wenngleich dies im Interesse einer klaren Organisation grundsätzlich zweckmäßig ist)[37]. 6.24

Aus § 130 Abs. 1, § 9 Abs. 2 Nr. 2 OWiG kann sich insofern auch eine Haftung des (Chief) Compliance Officers (CCO) ergeben, wenn die unterlassene Aufsichtsmaßnahme Bestandteil eines ausdrücklichen Auftrages gewesen ist. Unabhängig von Regelungen des Ordnungswidrigkeitenrechts ist die Problematik zu betrachten, unter welchen Voraussetzungen den Leiter Innenrevision, den Leiter Recht oder aber auch den CCO eine strafrechtliche Garantenstellung nach § 13 Abs. 1 StGB zur Unterbindung (künftiger) strafrechtlich-relevanter Handlungen treffen kann. Nach dem Leitsatz der Entscheidung des BGH vom 17.7.2009 kann den Leiter der Innenrevision einer Anstalt des öffentlichen Rechts eine Garantenpflicht treffen, betrügerische Abrechnungen (zu Lasten Dritter) zu unterbinden[38]. Nach diesem Urteil soll einen Compliance-Officer, soweit er gegenüber der Unternehmensleitung die Pflicht übernommen hat, Rechtsverstöße und insbesondere Straftaten zu unterbinden, regelmäßig **strafrechtlich eine Garantenpflicht** i.S.d. § 13 Abs. 1 StGB treffen, im Zusammenhang mit der Tätigkeit des Unternehmens stehende Straftaten von Unternehmensangehörigen zu verhindern[39]. 6.25

Aufgrund der möglichen, oben beschriebenen Vieldeutigkeit des Compliance-Begriffes ist es mit Blick auf die Haftungsfragen von entscheidender Bedeutung, die **Aufgaben** eines Compliance Officer (CO) exakt zu definieren und insbesondere festzulegen, ob bzw. in welchem Rahmen er die Verantwortung übernimmt, ggf. auch Straftaten zu Lasten Dritter zu unterbinden. 6.26

Zivilrechtlich hat im Kontext der Arbeitnehmerhaftung der CO für die von ihm in Ausführung betrieblicher Verrichtungen begangener Pflichtverstöße gegenüber seinem Arbeitgeber für Schäden im Rahmen des innerbetrieblichen Schadensausgleiches[40] einzustehen. Der Haftungsumfang bestimmt sich hierbei nach dem Verschuldensgrad (vgl. § 276 BGB). 6.27

Es stellt sich die Frage, wie der CO sich gegen aus seiner Arbeitnehmer- und Garantenstellung resultierende Haftungsrisiken absichern kann. 6.28

Die Struktur der Compliance-Organisation im Konzern sollte sich an dem gesetzlichen Modell der einzelnen Konzernunternehmen für Compliance orientieren. Die **Haftung des CCO** der Konzernmutter für die Compliance in den Konzerngesellschaften reicht ausschließlich so weit, wie die Haftung des Konzernvorstands im Rahmen seiner Leitungsverantwortung[41]. Der CCO der Konzernmutter kann – je nach konkreter Aufgabenzuweisung – dafür verantwortlich sein, ob im Konzernunternehmen ein jeweils für dieses Unternehmen angemessenes CMS eingerichtet wurde und dieses wirksam ist. Soweit der CCO bestimmte (Kontroll-)Aufgaben in einer Konzerntochter übernimmt, haftet er hierfür selbstverständlich nach allgemeinen Grundsätzen. 6.29

35 *Gürtler* in Göhler, § 9 OWiG Rz. 21.
36 *Gürtler* in Göhler, § 9 OWiG Rz. 21.
37 *Gürtler* in Göhler, § 9 OWiG Rz. 29.
38 BGH v. 17.7.2009 – 5 StR 394/08, AG 2009, 740 (Leitsatz) = ZIP 2009, 1867.
39 BGH v. 17.7.2009 – 5 StR 394/08, AG 2009, 740 Rz. 27 = ZIP 2009, 1867 – vgl. hierzu insbesondere *Dierlamm* in Görling/Inderst/Bannenberg, § 6 Rz. 127.
40 Dazu BAG v. 27.9.1994 – GS 1/89 (A), NZA 1994, 1083 f.
41 Vgl. §§ 76, 93 Abs. 1 AktG; sog. „Hinwirken“ auf die Compliance in den Konzernunternehmen.

6.30 Wie oben (Rz. 6.26) angedeutet, zeigt sich die Erforderlichkeit einer eindeutigen **Funktionsbeschreibung** des CCO mit klarer Aufgaben-, Kompetenz- und Verantwortungsbeschreibung. Zielführend ist, für die Compliance Abteilung einen klar umrissenen und von anderen Abteilungen, wie der Revision, Recht, Sicherheit, etc. abgrenzenden Geschäftsauftrag zu formulieren und diesen durch den Vorstand des Konzerns beschließen zu lassen. Zu beachten ist, dass es auf den konkret übernommenen Pflichtenkreis ankommt. Ein weiteres wesentlich zu berücksichtigendes Element ist die Stärkung der Unabhängigkeit des CCO bzw. CO. Eine gleichzeitige Einbindung in das operative Geschäft eines Unternehmens ist bedenklich, da es zu Interessenskonflikten kommen kann[42]. Da Gestaltungswünsche operativ Verantwortlicher mit der Zielsetzung von Compliance in einem Zielkonflikt stehen können, muss strukturell in geeigneter Weise sichergestellt sein, dass der CCO bzw. CO nicht aufgrund von faktischen Abhängigkeitsverhältnissen in der Ausübung seiner Aufgaben eingeschränkt ist. Organisatorisch benötigt die Compliance-Funktion daher eine gewisse hierarchische Mindestautorität.

d) Haftung des Unternehmens

6.31 Über § 30 Abs. 1 OWiG kann eine Geldbuße auch gegen eine juristische Person, z.B. die Holding-Gesellschaft verhängt werden. Voraussetzung ist, dass eine Leitungsperson (z.B. der Vorstand einer AG oder die Geschäftsführung einer GmbH, § 30 Abs. 1 Nr. 1 OWiG) eine Straftat oder Ordnungswidrigkeit begangen hat und hierdurch eine den Verband treffende Pflicht verletzt oder für den Verband eine Bereicherung eingetreten oder erstrebt worden ist[43]. Insbesondere die Verletzung der Aufsichtspflicht i.S.v. § 130 OWiG stellt eine relevante Pflichtverletzung dar[44].

6.32 Der Sanktionsrahmen ist empfindlich: Gem. § 30 Abs. 2 OWiG kann die Geldbuße bis zu zehn Millionen Euro betragen. Darüber hinaus ist – und zwar in unbegrenzter Höhe – gem. § 30 Abs. 3, § 17 Abs. 4 OWiG eine **Gewinnabschöpfung** möglich. Für kartellrechtliche Geldbußen kann für die Bemessung sogar auf bis zu 10 % des Jahresumsatzes des Unternehmens oder der Unternehmensvereinigung, sprich des Konzerns zurückgegriffen werden (§ 81 Abs. 4, Abs. 5 GWB).

e) Haftungsmilderung durch Compliance-Systeme (inklusive Zertifizierung)

6.33 Eine komplexe Frage ist, ob und wann ein CMS haftungsmindernde oder gar haftungsausschließende Wirkung entfalten kann. Einfach zu beantworten ist der Fall, wenn ein CMS Normbrüche tatsächlich verhindert. Mangels Rechtsverletzung stellt sich dann die Frage der (haftungsbegründenden) Verantwortlichkeit des Unternehmens bzw. der Geschäftsführung nicht.

6.34 Eine differenzierte Betrachtung ist vonnöten, wenn es trotz Existenz eines CMS zu einem „**Compliance-Vorfall**" kommt. Dies lässt sich in einer so komplexen Struktur wie in einem als Holding organisierten Konzern, der häufig über die Mitarbeiterzahl einer Klein- oder gar Großstadt verfügt, nach menschlichem Ermessen in der Regel nicht ausschließen[45].

6.35 In diesem Falle steht zunächst die ganze Bandbreite von zivilrechtlichen, ordnungsrechtlichen und ggf. auch strafrechtlichen Haftungsgrundlagen zur Diskussion. Es ist in der Systematik eines jeden Sanktionstatbestandes zu prüfen, inwieweit das Unternehmen bzw. die Geschäftsleitung grundsätzlich in Haftung genommen werden kann und inwieweit ein **funktionierendes CMS** der hinreichenden organisatorischen Distanzierung von der Normübertretung dient. Die Kernproblematik besteht insofern in der Beantwortung der Frage, ob überhaupt und wenn ja, unter welchen Voraussetzungen ein CMS als „wirksam" betrachtet werden kann, auch wenn ein konkreter Rechtsverstoß nicht verhindert werden konnte. Es müssen Kriterien gefunden werden, Compliance-Management-Systeme,

42 Vgl. Ziffer BT 1.1.1/2 MaComp.
43 *Gürtler* in Göhler, § 30 OWiG Rz. 8.
44 *Gürtler* in Göhler, § 30 OWiG Rz. 17; *Rogall* in KarlsruherKomm/OWiG, § 130 OWiG Rz. 20.
45 *Moosmayer*, Compliance, S. 3.

die ernsthaft und glaubwürdig betrieben werden, von solchen Systemen zu unterscheiden, welche einen ernsthaften Betrieb lediglich simulieren. In diesem Zusammenhang kommt es auch darauf an, die notwendig beschränkten Compliance-Risiken auf die wesentlichen Risiken zu fokussieren[46].

Der Wortlaut des § 130 OWiG begnügt sich mit der Feststellung, dass die zur Verhinderung von Rechtsverstößen erforderlichen Aufsichtsmaßnahmen zu ergreifen sind. In § 130 Abs. 1 Satz 2 OWiG wird dies dahingehend konkretisiert, dass hierzu auch die Bestellung, sorgfältige Auswahl und Überwachung von Aufsichtspersonen gehört. Haftungslimitierend wirkt der Grundsatz, wonach die Aufsichtsmaßnahmen im Kontext der konkreten Zuwiderhandlungsgefahren auch **zumutbar** sein müssen[47]. Aus einer Zuwiderhandlung durch einen Mitarbeiter wird daher zwar häufig, aber keineswegs zwingend auf das Tatbestandsmerkmal des Unterlassens einer erforderlichen Aufsichtsmaßnahme geschlossen werden können[48]. 6.36

In seinen grundlegenden Fragestellungen inhaltlich im Wesentlichen auf die Auslegung des § 130 OWiG übertragbar sind die in dem Guidance Document des U.S. Department of Justice, Criminal Division, enthaltenen Grundsätze und Fragen zur Beurteilung der Effektivität von Compliance-Programmen: „Is the corporation's compliance program well designed?", „Is the program being applied earnestly and in good faith? In other words, is the program being implemented effectively?" „Does the corporation's compliance program work in practice?"[49] 6.36a

Auf der Rechtsfolgenseite spielen für die **Bußgeldhöhe** nach § 130 OWiG neben der Bedeutung und Schwere der im Betrieb begangenen Zuwiderhandlung auch der individuelle Vorwurf und das Gewicht der Aufsichtspflichtverletzung eine Rolle[50]. 6.37

Wenn Compliance-Strukturen das Gewicht der Aufsichtspflichtverletzung reduzieren können sollen[51], stellt sich die wesentliche Frage, was die (Mindest-)Anforderungen an das CMS für das konkrete Unternehmen sind und weiterhin was sich hinter der Begrifflichkeit der Wirksamkeit verbirgt. In Deutschland existieren hierzu keine gesetzlichen Vorgaben, man kann sich aber an Compliance Standards, Publikationen, Rechtsvorschriften und Benchmarks orientieren[52]. Die individuelle Ausgestaltung des CMS hängt von vielen unternehmensspezifischen Faktoren ab, z.B. Geschäftszweck, Unternehmensstruktur, Geschäftsbeziehungen mit anderen Ländern und Wettbewerbssituation. 6.38

In Deutschland sind einige **Leitfäden** für die Ausgestaltung eines CMS vorhanden, insbesondere herausgegeben von den einzelnen Branchenverbänden (BITKOM, GDV, VCI, etc.). Des Weiteren gibt es einen Leitfaden des Zentrums für Wirtschaftsethik, den ComplianceProgramMonitor[53], der neben einer Beschreibung der sinnvollen/erforderlichen Elemente eines CMS auch Ausführungen zu den Möglichkeiten und Anforderungen an eine Überprüfung der implementierten CMS-Elemente enthält. 6.39

46 Vgl. hierzu auch U.S. Department of Justice, Criminal Division, Evaluation of Corporate Compliance Programs, Guidance Document, Updated April 2019.

47 *Gürtler* in Göhler, § 30 OWiG Rz. 12; *Dierlamm* in Görling/Inderst/Bannenberg, § 6 Rz. 118.

48 Vgl. *Dierlamm* in Görling/Inderst/Bannenberg, § 6 Rz. 117.

49 U.S. Department of Justice, Criminal Division, Evaluation of Corporate Compliance Programs, Guidance Document, Updated April 2019, S. 2.

50 *Gürtler* in Göhler, § 130 OWiG Rz. 28a; *Dierlamm* in Görling/Inderst/Bannenberg, § 6 Rz. 118; *Rogall* in KarlsruherKomm/OWiG, § 130 OWiG Rz. 106.

51 Vgl. *Gürtler* in Göhler, § 30 OWiG Rz. 36a; *Kiethe*, GmbHR 2007, 393 (398/399); *Moosmayer*, wistra 2007, 91 (94); *Schaefer/Baumann*, NJW 2011, 3601 (3604); a.A. *Pampel*, BB 2007, 1636 (1638 f.).

52 Beispielhaft seien hier erwähnt: US Sentencing Guideline Manual, Section 8b: Effective Compliance and Ethics Program; Australian Standard – Compliance Programs AS3806-2006; Transparency International – Principles for Countering Bribery; UK Bribery Act – Guidance about procedures which relevant commercial organizations can put into place to prevent persons associated with them from bribing.

53 Abrufbar unter: http://www.dnwe.de/complianceprogrammonitor.html.

6.40 In der öffentlichen Diskussion um Prüfstandards werden vor allem der von Wirtschaftsprüfer (WP)-Gesellschaften anzuwendende Prüfstandard **IDW PS 980** und das **Produkt des TÜV Rheinlandes zur Zertifizierung von Compliance Management Systemen** genannt.

6.41 Der vom IDW veröffentlichte Prüfungsstandard IDW PS 980 ist darauf ausgerichtet, die Ausgestaltung eines CMS zu prüfen. Der Prüfstandard enthält drei mögliche Prüfstufen: Konzeptions-, Angemessenheits- und Wirksamkeitsprüfung. Diese können zeitlich auseinander liegen. Gegenstand der Konzeptionsprüfung ist, inwieweit die Konzeption des CMS in wesentlichen Belangen zutreffend dargestellt ist und die Beschreibung sämtliche Grundelemente eines CMS[54] umfasst. Zusätzlich wird in der Angemessenheitsprüfung bewertet, inwieweit die Grundsätze und Maßnahmen des CMS angemessen und zu einem bestimmten Zeitpunkt implementiert sind. Die umfangreichste Prüfung ist die Wirksamkeitsprüfung[55], in der neben der Angemessenheitsprüfung über Stichproben analysiert wird, ob die Grundsätze und Maßnahmen in einem bestimmten Zeitraum wirksam sind.

6.42 Die CMS-Zertifizierung des TÜV Rheinlands ist im Wesentlichen in zwei Stufen aufgebaut: Die Dokumentationsprüfung und das Zertifizierungsaudit. In der Dokumentationsprüfung wird geprüft, inwieweit die Dokumentation des zu prüfenden Compliance Management Systems den Anforderungen des TÜV-eigenen Prüfstandards[56] entspricht. Im Zertifizierungsaudit prüfen die Auditoren des TÜV Rheinlands die Wirksamkeit des CMS, indem die Geprüften die praktische Anwendung ihres Compliance Management Systems demonstrieren[57].

6.43 Im Rahmen der anzuwendenden Sorgfalt eines ordentlichen und gewissenhaften Geschäftsleiters (s. § 93 Abs. 1 Satz 1 AktG; § 43 Abs. 1 GmbHG) bei seiner Geschäftsführung obliegt diesem – neben der Verpflichtung sich im Rahmen ihrer Tätigkeiten an Recht und Gesetz zu halten – zudem die Verpflichtung, das Unternehmen so auszurichten, dass die Mitarbeiter sich, soweit beeinflussbar, an die internen Regelungen und Gesetze halten. Es ist nicht ausreichend, geeignete Strukturen zu etablieren, sondern insbesondere deren **Wirksamkeit** ist sicherzustellen. Um dieser Pflicht nachzukommen, muss die Geschäftsführung bzw. Vorstand[58] u.a. ein geeignetes CMS implementieren und dieses regelmäßig auf seine Wirksamkeit prüfen bzw. prüfen lassen. Der Vorstand darf die Implemen-

54 Die Grundelemente eines CMS sind laut IDW PS 980: „Compliance-Kultur", „Compliance-Ziele", „Compliance-Risiken", „Compliance-Programm", „Compliance-Organisation", „Compliance-Kommunikation", „Compliance-Überwachung und Verbesserung".

55 Definition im IDW PS 980 (s. S. 5 Tz. 21): „Die Wirksamkeit des CMS ist nach IDW PS 980 dann gegeben, wenn die Grundsätze und Maßnahmen in den laufenden Geschäftsprozessen von den hiervon Betroffenen nach Maßgabe ihrer Verantwortung zur Kenntnis genommen und beachtet werden (vgl. Tz. A12 f.)." Siehe aber auch Vorschlag (aus Thesenpapier) der Arbeitsgruppe Review und Monitoring des Forums Compliance & Integrity, welche von der Autorin geleitet wurde und im Artikel aus dem Compliance Programm Monitor zitiert (S. 5 und 6): „Im Rahmen der Wirksamkeitsprüfung wird überprüft, ob die für die Organisation angemessen ausgestalteten und implementierten Elemente des CMS im Geschäftsalltag angewendet werden (Effectiveness Check). Dazu muss die geprüfte Compliance-Maßnahme bereits mindestens einmal ausgeführt worden sein. Bei der Prüfung der wirksamen Umsetzung kommt es also darauf an, ob die Compliance-Maßnahme tatsächlich im Unternehmensalltag „gelebt" wird. Dabei ist zu beachten, dass die Wirksamkeitsprüfung nicht für alle Compliance-Maßnahmen möglich ist. Z.B. ist ein Code of Conduct nur hinsichtlich der Angemessenheit und Implementierung überprüfbar, da im Rahmen eines Compliance Monitorings nicht überprüft werden kann, ob sich Mitarbeiter an die inhaltlichen Vorgaben des Kodex halten."

56 Der TÜV Rheinland-Standard TR CMS 101:2011 für Compliance Management Systeme ist abrufbar unter http://www.tuv.com/de/deutschland/gk/managementsysteme/nachhaltigkeit_csr/compliance_management/compliance_management.html.

57 Die Formulierung entstammt der Homepage des TÜV-Rheinlands. Details zum Ablauf solcher Prüfungen sind der Autorin nicht bekannt.

58 Im Weiteren wird nur noch auf den Vorstand einer Aktiengesellschaft referenziert. Die Schlussfolgerungen finden aber analog auch für z.B. GmbH-Gesellschaften Anwendung.

tierung eines wirksamen CMS nach unten, z.B. an den CO, delegieren, nicht jedoch die Pflicht sich regelmäßig über deren Wirksamkeit zu informieren.

Der **Aufsichtsrat** hat zudem die Pflicht den Vorstand zu überwachen (§ 111 Abs. 1 AktG). Hierzu gehört nach allgemeinem Verständnis u.a. auch die Überwachung des vom Vorstand eingerichteten CMS[59]. Siehe hierzu auch Rz. 6.22. 6.44

Inwieweit eine CMS-Zertifizierung letztendlich eine **enthaftende Wirkung** hat, kann aufgrund fehlender Rechtsvorschriften und Urteilen mit abschließender Sicherheit nicht gesagt werden. Wird aber z.B. eine Wirksamkeitsprüfung gem. IDW PS 980 von einer anerkannten Wirtschaftsprüfungsgesellschaft durchgeführt, die in diesem Zusammenhang die fachliche Kompetenz aufweist, so ist dies ein starkes Argument, dass der Vorstand und der Aufsichtsrat ihren Pflichten in Bezug auf Compliance nachgekommen sind. 6.45

Dies gilt selbstverständlich nur für die Themengebiete und Einheiten bzw. Gesellschaften, die durch die **Prüfung** abgedeckt wurden. Nicht zu vernachlässigen ist der Aspekt, dass das zu prüfende CMS gleichzeitig einem Benchmark unterworfen wird, da die Prüfer bei den Prüfungen ihre Erfahrungen aus anderen Unternehmen einfließen lassen. Wichtig ist, dass diese Prüfung in akzeptablen Zeitabständen erfolgt sowie Vorstand und Aufsichtsrat sich regelmäßig außerhalb der CMS-Prüfung durch den Compliance Officer über relevante Compliance-Sachverhalte sowie die Weiterentwicklung des CMS informieren lassen. 6.46

Unternehmen oder andere Organisationen verlangen zunehmend von ihren **potentiellen Vertragspartnern** vor Abschluss des Vertrags Auskunft darüber, inwieweit ausreichende Compliance-Strukturen im Unternehmen wirksam implementiert sind. Das Erbringen dieser Nachweise kann je nach Anforderungen und je nach Anzahl der potentiellen Vertragspartner zu einem nicht unerheblichen Aufwand führen. Dieser Nachweisprozess kann durch die Vorlage eines – nicht veralteten – Prüfberichts, der die Wirksamkeit des CMS bescheinigt, stark vereinfacht werden. 6.47

Insbesondere im Rahmen von **Akquisitionen und Unternehmensfusionen** spielt der Nachweis eines wirksamen CMS eine wesentliche Rolle und kann sich positiv auf die Kaufbereitschaft sowie den Kaufpreis auswirken. 6.48

Ein weiterer Nutzen kann sich gegenüber **Nachhaltigkeitsratings** ergeben. Immer mehr Rating-Agenturen legen bei der Beurteilung der Attraktivität eines Investments Wert auf die Existenz von wirksamen Compliance-Strukturen. Dies kann ebenfalls über solch einen Prüfbericht gut und einfach nachgewiesen werden. Manche Rating-Agenturen erfragen bereits explizit, inwieweit solche Prüfungen durchgeführt wurden und regelmäßig gemonitort werden. 6.49

Die bezeichnete externe Zertifizierung kann das verantwortliche Management und den Compliance Officer dabei unterstützen, die ergriffenen Aufsichtsmaßnahmen auf deren Angemessenheit zu überprüfen und an einem verobjektivierten Maßstab zu spiegeln. In der Praxis führt eine (externe) Zertifizierung regelmäßig zu einer **Optimierung und Professionalisierung** eines bestehenden CMS. 6.50

Für kartellrechtliche Ordnungswidrigkeiten bestehen nach § 81 GWB eigenständige Grundsätze[60]. Nach § 81 Abs. 4 Satz 1 Halbsatz 2 GWB kann die Geldbuße sogar die Höhe von 10 % des Konzernumsatzes (Unternehmensvereinigung) betragen. § 81 Abs. 7 GWB ermächtigt das BKartA dazu, allgemeine Verwaltungsgrundsätze über die Ausübung seines Ermessens bei der Bemessung der Geldbuße, insbesondere für die Feststellung der Bußgeldhöhe als auch für die Zusammenarbeit mit ausländischen Wettbewerbsbehörden, festzulegen. In der Bekanntmachung Nr. 9/2006 über den Erlass 6.51

59 Auch der Deutsche Corporate Governance Kodex (DCGK) empfiehlt die Übertragung der Compliance-Überwachung an den Prüfungsausschuss (D.3 DCGK).

60 *Gürtler* in Göhler, § 30 OWiG Rz. 36b.

und die Reduktion von Geldbußen vom 7.3.2006[61] hat das BKartA **Bonus-Regelungen** veröffentlicht, die zwar nicht die Existenz von Kartellpräventionsprogrammen, wohl aber die (frühzeitige) Kooperation bei der Aufdeckung von Kartellen durch Bußgelderlass (Buchstabe B der Bekanntmachung) oder Bußgeldreduktion (Buchstabe C der Bekanntmachung) honorieren[62].

6.52 Schon mit Blick auf den allgemeinen Gleichheitsgrundsatz (Art. 3 Abs. 1 GG) kann aber auch im Kartellrecht einem ernsthaft betriebenen CMS grundsätzlich **keine haftungsverschärfende Wirkung** zukommen. Die insoweit abweichende Entscheidung der Kommission im Fall British Sugar[63] ist vor dem Hintergrund der besonderen Ausnahmesituation zu sehen, dass bei einer vorangegangenen Bußgeldfestsetzung die Existenz eines Compliance-Programms als mildernder Umstand betrachtet wurde, das Unternehmen aber in der Folgezeit dennoch als Anstifter eines Kartells in Erscheinung getreten ist[64].

6.53 Die Rechtsprechung erkennt (wirksame) Compliance-Maßnahmen ausdrücklich als Kriterium für die Bußgeldbemessung an[65]. Eine ausdrückliche gesetzliche Verankerung einer haftungsreduzierenden Wirkung ernsthaft betriebener Compliance-Bemühungen wäre **rechtspolitisch** zudem wünschenswert.

3. Zentrale Compliance-Aufgaben

a) Risiko-Analyse

6.54 Die Compliance-Aufgaben leiten sich aus der übergeordneten Zielsetzung einer Compliance-Funktion ab, nämlich der tatsächlichen Durchsetzung der **Legalitätsverpflichtung** des unternehmerischen Handelns und – dazu korrespondierend – einer Haftungsvermeidung.

6.55 Mit Blick auf **Compliance-Risiken** hat sich die Geschäftsleitung regelmäßig mit der Frage zu befassen, welche (Haftungs-)Risiken – sachlich und örtlich – für die Gesellschaft mit Blick auf den konkreten Geschäftsgegenstand bzw. die konkrete betriebliche Ausrichtung so wesentlich sind, dass ein allgemeiner Appell an die Rechtstreue der Mitarbeiter unter Haftungsaspekten nicht ausreichend erscheint. Je gravierender die Rechtsfolgen eines Verstoßes für das Unternehmen oder die Holding sein können und je komplexer sich eine Unternehmens- oder Holdingstruktur darstellt, desto eher sind die mit einem CMS verbundenen Kosten zur Haftungsvermeidung gerechtfertigt. Klassische Compliance-Felder sind vor diesem Hintergrund das Kartellrecht, die Korruptionsprävention, die Geldwäscheprävention oder auch kapitalmarktrechtliche Publikationserfordernisse.

6.56 Compliance-Risiken können zu den **bestandsgefährdenden Risiken** i.S.d. § 91 Abs. 2 AktG gehören, wobei nicht jedes bestandsgefährdende Risiko auch ein Compliance-Risiko darstellen muss.

6.57 In einer Holding-Struktur müssen diese **Risikobewertungen** nicht für alle Konzerngesellschaften gleichlautend ausfallen. So wie die Compliance-Verantwortlichkeit primär bei der jeweiligen Geschäftsführung liegt, muss auch die Risikoanalyse mit Blick auf die konkrete Situation in der jeweiligen Gesellschaft durchgeführt werden. Bei einer Konzerngesellschaft, die ausschließlich mit dem internen IT-Support betraut ist, besteht ein geringeres Korruptionsrisiko als bei einer Tochtergesellschaft, die zentral für den gesamten Konzern den Einkauf durchführt. Eine Tochtergesellschaft in einem korruptionsgeneigten Land hat per se ein höheres Korruptionsrisiko als eine Tochtergesellschaft, die in einem Land mit geringerer Korruptionsneigung tätig ist.

---

61 Abrufbar unter: http://www.bundeskartellamt.de/SharedDocs/Publikation/DE/Bekanntmachungen/Bekanntmachung%20-%20Bonusregelung.pdf?__blob=publicationFile&v=7.

62 Kritisch hierzu *Achenbach*, NJW 2001, 2232 (2233) und *Gürtler* in Göhler, § 30 OWiG Rz. 34a.

63 Kommission v. 14.10.1998 – 33.708 – British Sugar, ABl. Nr. L 76 v. 22.3.1999, S. 1 Rz. 208.

64 *Bosch/Colbus/Harbusch*, WuW 2009, 740 (744).

65 BGH v. 9.5.2017 – 1 StR 265/16, Rz. 118, ZIP 2017, 2205 = AG 2018, 39.

Da Compliance-Vorfälle nicht nur rechtlich, sondern auch **kommunikativ Auswirkungen** auf den gesamten Konzern haben können, darf die Holding einer Risikoeinschätzung durch eine Tochtergesellschaft nicht blind vertrauen. Dies gilt zumindest bei den Rechtsrisiken, bei denen die Holding für Verstöße auf Ebene der Tochtergesellschaft in Mithaftung genommen werden kann. So kann auch ein Kartellverstoß, der von einer kleinen Enkelgesellschaft begangen wird, den Konzern als solchen wegen des Bezuges von § 81 Abs. 4 GWB auf den Gesamtumsatz der Unternehmensvereinigung in finanzielle Bedrängnis bringen. Aus Holdingsicht ist daher insbesondere zu achten, dass in den Kern-Compliance-Risiken die gesellschaftsspezifischen Risiken im Ergebnis plausibel und risikoangemessen eingestuft werden. 6.58

Für die Risikoeinschätzung im internationalen Kontext ist zudem die Frage relevant, ob – und wenn ja – in welchem Umfang sich die Legalitätsverpflichtung auch auf **ausländisches Recht** bezieht[66]. Wenngleich die (ausländischen) Tochtergesellschaften primäre Adressaten für die Pflicht sind, lokales Recht zu beachten, können sich hieraus resultierende Compliance-Verpflichtungen auch auf die (deutsche) Konzernmutter auswirken[67]. Jedenfalls insoweit müssen sich Risikobewertungen auch auf ausländische Tochtergesellschaften beziehen[68]. 6.59

b) Prävention

Ziel einer jeden Compliance-Maßnahme ist die Prävention, d.h. die Verhinderung von Compliance-Verstößen im Rahmen der im Unternehmen auf der Grundlage der oben beschriebenen Risiko-Analyse festgelegten Compliance-Felder. Hilfsmittel hierzu sind insbesondere interne Richtlinien, Schulungen, Einzelfallberatung und Compliance Due Diligence-Verfahren. Zur Prävention gehören aber auch repressive Maßnahmen, weil hiervon die Ernsthaftigkeit und Glaubwürdigkeit von Vorsorgemaßnahmen abhängen können. 6.60

aa) Interne Richtlinien

Im Rahmen eines CMS spielen interne Richtlinien eine große Rolle[69]. Sie stellen für den Konzernvorstand ein wichtiges **Konzernsteuerungsinstrument** dar. Interne Richtlinien sind wesentlicher Garant auf Basis eines verbindlichen Wertekanons, ein gemeinsames Grundverständnis aller Beschäftigten zu schaffen, und zahlen mithin auf eine konzernweit einheitliche Compliance- und Unternehmens-Kultur ein. 6.61

Zum einen kann eine interne Richtlinie die bestehende Rechtslage (deklaratorisch) ausführen, womit eine solche keinen eigenständigen Regelungsgehalt hat. Zum anderen kann die Aufstellungen von konstitutiv konkreten Verhaltensgeboten und Handlungsvorschriften Gegenstand einer internen Richtlinie sein (sog. **Verhaltensrichtlinien**). Hierunter zu fassen sind beispielsweise solche, die die Annahme von Geschenken von Geschäftspartner (grundsätzlich) nur bis zu einem bestimmten Wert zulassen, auch wenn eine solche Wertgrenze gesetzlich nicht ableitbar ist. Die (rechts-)verbindliche Implementierung von diesen sog. Verhaltensrichtlinien hat den Mehrwert, ein konzernweites, an die zwingenden lokalen Gegebenheiten ausgerichtetes, normatives Gerüst zu setzen. 6.62

Die wirksame **Implementierung** einer Richtlinie in der Konzernmuttergesellschaft führt nicht automatisch dazu, dass diese unmittelbar auch für die übrigen Konzerngesellschaften gilt. In jeder Gesellschaft müssen vielmehr eigenständige Implementierungsmaßnahmen vorgenommen werden. Hierbei ist auch die rechtliche Struktur des Konzerns von Bedeutung. 6.63

---

66 Vgl. hierzu ausführlich *Cichy/Cziupka*, BB 2014, 1482 ff.
67 *Cichy/Cziupka*, BB 2014, 1482 (1483).
68 *Cichy/Cziupka*, BB 2014, 1482 (1484).
69 Vgl. *Mössner/Reus*, CCZ 2013, 54 ff.

6.64 **Im Vertragskonzern** kann die Muttergesellschaft die Implementierung einer bestimmten Richtlinie ohne Weiteres per Weisung erzwingen[70]. Für Compliance-Weisungen besteht grundsätzlich eine Folgepflicht gem. § 308 Abs. 2 AktG[71]. Die Folgepflicht besteht selbst dann, wenn mit der Einführung der Richtline Umsetzungs- oder Folgekosten verbunden sind, da eine Compliance-Richtlinie offensichtlich den Interessen des herrschenden Unternehmens bzw. des Konzerns dient (§ 308 Abs. 2 Satz 2 Halbsatz 2 AktG)[72].

6.65 Im Falle einer **faktischen Konzernierung** ist die zwangsweise Einführung einer Konzern-Compliance-Richtlinie indes grundsätzlich nicht möglich[73]. Dennoch wird auch im faktischen Konzern das Angebot der Holding, die Compliance-Maßnahmen einer Tochtergesellschaft durch die Zurverfügungstellung eines Richtlinienmusters zu unterstützen, typischerweise nicht ausgeschlagen, da andernfalls die Geschäftsführung der Tochtergesellschaft in anderer Weise ihren Compliance-Verpflichtungen nachkommen müsste. In der Praxis vermeidet man eine solche Konfliktlage zudem regelmäßig dadurch, dass die Belange (insbesondere auch internationaler) Tochtergesellschaften vor Implementierung einer Richtlinie in angemessener Weise berücksichtigt werden[74].

6.66 In den Auslandsbeteiligungen muss die Verhaltensrichtlinie auf ihre Konformität mit dem jeweiligen **Landesrecht** geprüft, gegebenenfalls an die zwingenden lokalen Gegebenheiten angepasst sowie in die Landessprache übersetzt werden. Die Durchsetzbarkeit hängt dabei auf der einen Seite von den gesellschaftsrechtlichen Einflussmöglichkeiten und auf der anderen Seite vom konkreten Anteilsbesitz ab. Vom lokalen Gesellschaftsrecht ist auch abhängig, ob ggf. besondere vertragliche Vereinbarungen in Bezug auf bestimmte Compliance-Sachverhalte geschlossen werden können. Aber unabhängig davon gilt hier – ebenso wie im faktischen Konzern nach deutschem Aktienrecht, dass die Implementierung einer Konzernrichtlinie zwar typischerweise nicht erzwingbar sein wird, bei angemessener Einbindung der Tochtergesellschaften im Ausland hier jedoch in der Praxis keine Probleme entstehen werden. Schon aus Haftungsgründen wird sich ein lokales Management nicht ohne triftigen Grund gegen die Einführung einer Compliance-Richtlinie sperren.

6.67 Bei der Implementierung von konzernweiten Verhaltensrichtlinien sind eventuell bestehende Beteiligungsrechte von zuständigen bzw. legitimierten **Arbeitnehmervertretungsgremien** zu beachten.

6.68 Lokal ist seitens des zuständigen Personalbereiches zusammen mit der Fachseite zu prüfen, welche Beteiligungsrechte greifen. Auch in diesem Kontext hat es sich in der Praxis bewährt, die legitimierten Arbeitnehmervertreter durch einen Informationsaustausch **frühzeitig einzubinden**. Diese Offenheit und damit einhergehende Transparenz von Verhaltensrichtlinien, die im Konzern verbindlich gemacht werden und mithin eine konzernweite Verhaltensgleichförmigkeit sicherstellen sollen, werden meist positiv bewertet. Selbstredend ist das zwingende lokale Recht zu beachten.

6.69 Im Inland und für das Inland ist in der Regel der **Konzernbetriebsrat** originär zuständig (vgl. § 58 Abs. 1 Satz 1 Halbsatz 1 BetrVG, außer es ist nur das Klientel der leitenden Angestellten betroffen. Voraussetzung für die Zuständigkeit des Konzernbetriebsrates ist ein objektiv zwingendes Erfordernis (z.B. technischer oder rechtlicher Natur) für eine konzerneinheitliche oder unternehmensübergreifende Regelung, reine Zweckmäßigkeitsgesichtspunkte genügen nicht[75]. Soll eine konzerneinheitliche „Unternehmensphilosophie“ umgesetzt und für eine konzernweite Identität gesorgt werden, liegt ein objektiv zwingendes Erfordernis vor[76].

70 Vgl. hierzu ausführlich *Schröpfer*, S. 195.
71 *Schröpfer*, S. 198.
72 *Schröpfer*, S. 199.
73 Vgl. *Schröpfer*, S. 201 ff.
74 Vgl. hierzu auch *Schröpfer*, S. 180 ff.
75 Vgl. BAG v. 22.7.2008 – 1 ABR 40/07, NZA 2008, 1248 (1255) = ZIP 2008, 2433.
76 S. BAG v. 22.7.2008 – 1 ABR 40/07, NZA 2008, 1248 (1255) = ZIP 2008, 2433.

Die Beteiligungsrechte des Konzernbetriebsrates nach dem BetrVG reichen von Informationsrechten bis hin zu **Mitbestimmungsrechten.** Entscheidender Mitbestimmungstatbestand bei der Einführung von Verhaltensrichtlinien ist § 87 Abs. 1 Nr. 1 BetrVG (Fragen der Ordnung des Betriebs und des Verhaltens der Arbeitnehmer im Betrieb). Das BAG unterscheidet dabei in ständiger Rechtsprechung zwischen dem mitbestimmungspflichten Ordnungsverhalten und dem mitbestimmungsfreien Arbeitsverhalten[77]. 6.70

Auch wenn sich im Laufe der Zeit Fallgruppen herausgebildet haben[78], ist die Abgrenzung im Einzelfall mitunter schwierig. Enthält die Verhaltensrichtlinie sowohl mitbestimmungspflichtige als auch mitbestimmungsfreie Regelungen, führt dies nicht zu einem Mitbestimmungsrecht am **Gesamtwerk**[79]. 6.71

Liegt eine Mitbestimmungspflicht bezüglich einer Regelung vor und wird diese unterlassen, ist diese Regelung nach der herrschenden **Theorie der Wirksamkeitsvoraussetzung** unwirksam[80]. Die Folge ist, dass der Arbeitnehmer einerseits die mitbestimmungswidrige Regelung nicht beachten muss und der Arbeitgeber andererseits für den Fall der Nichtbeachtung den Arbeitnehmer nicht sanktionieren, wie z.B. abmahnen oder kündigen, darf. 6.72

Besteht ein Mitbestimmungsrecht, ist für die Implementierung der Verhaltensrichtlinie nach § 87 BetrVG eine **Einigung** mit dem Konzernbetriebsrat erforderlich[81]. Diese kann im Wege einer formlosen Betriebsabsprache, aber auch durch eine förmliche Betriebsvereinbarung erfolgen[82]. Im letzteren Fall wird aus der Verhaltensrichtlinie dann eine kollektivrechtliche Regelung in Form einer Konzernbetriebsvereinbarung. 6.73

Ist, obwohl die Voraussetzungen dafür vorliegen, **kein Konzernbetriebsrat** errichtet (die Errichtung eines Konzernbetriebsrates ist fakultativ, s. § 54 BetrVG), ist mit der überwiegenden Ansicht davon auszugehen, dass in Konzernen ohne Konzernbetriebsrat die Beteiligungsrechte, für die ein Konzernbetriebsrat nach § 58 Abs. 1 BetrVG originär zuständig wäre, entfallen[83]. 6.74

Handelt es sich um eine Angelegenheit mit grenzüberschreitender Wirkung kann eine Beteiligung des **Europäischen Betriebsrates** gem. § 29, § 30 EBRG oder für Tendenzunternehmen eingeschränkt nach § 31 EBRG in Betracht kommen. Der Europäische Betriebsrat hat nur Unterrichtungs- und Anhörungsrechte, keine Mitbestimmungsrechte. 6.75

Die (rechts-)verbindliche Einbeziehung von Verhaltensrichtlinien in die Arbeitsverhältnisse der betroffenen **Beschäftigten richtet sich nach den jeweiligen lokalen (individual-)arbeitsrechtlichen** Regelungen. 6.76

Im Inland kommt eine verbindliche Einbeziehung auf individualrechtlicher Ebene durch das **Direktionsrecht** nach § 106 GewO als einseitiges Gestaltungsrecht des Arbeitgebers oder durch Einbeziehung in die Arbeitsverträge der betroffenen Beschäftigten in Betracht. 6.77

Nach § 106 Satz 1 GewO kann der Arbeitgeber Inhalt, Ort und Zeit der Arbeitsleistung nach billigem Ermessen näher bestimmen, soweit diese Arbeitsbedingungen nicht durch den Arbeitsvertrag, Bestimmungen einer Betriebsvereinbarung, eines anwendbaren Tarifvertrages oder gesetzliche Vor- 6.78

77 BAG v. 10.3.2009 – 1 ABR 87/07, NZA 2010, 180 (182) = ZIP 2009, 2076.
78 Dazu *Richardi* in Richardi, § 87 BetrVG Rz. 184 ff.; *Kania* in ErfurterKomm/Arbeitsrecht, § 87 BetrVG Rz. 18 ff.; LAG Düsseldorf v. 14.11.2005 – 10 TA BV 46/05.
79 BAG v. 22.7.2008 – 1 ABR 40/07, NZA 2008, 1248 (1253) = ZIP 2008, 2433.
80 Vgl. BAG v. 22.6.2010 – 1 AZR 853/08, NZA 2010, 1243 (1247) = ZIP 2011, 788; *Richardi* in Richardi, § 87 BetrVG Rz. 101 f. m.w.N.
81 *Süßbrich* in Compliance in der Unternehmenspraxis, Ziff. 2.3, S. 201.
82 *Richardi* in Richardi, § 87 BetrVG Rz. 76.
83 S. *Annuß* in Richardi, § 58 BetrVG Rz. 21 m.w.N.

schriften festgelegt sind. Das **Direktionsrecht** erstreckt sich gem. § 106 Satz 2 GewO auch auf Ordnung und Verhalten des Arbeitnehmers im Betrieb. Soweit der Arbeitgeber die Grenzen des Weisungsrechts beachtet, so die Mitbestimmungstatbestände gemäß BetrVG, hat der Arbeitnehmer den Weisungen Folge zu leisten.

6.79 Die **Verhaltensrichtlinie** muss bestehende gesetzliche Verpflichtungen oder Nebenpflichten aus dem Arbeitsvertrag inhaltlich ausfüllen bzw. die geschuldete Arbeitsleistung konkretisieren und einen hinreichenden Arbeitsbezug haben. Außerdienstliches Verhalten kann ausschließlich dann geregelt werden, wenn es sich auf den betrieblichen Bereich auswirkt und dort zu Störungen führt[84]. Nach einer Entscheidung des BAG[85] sollen Regelungen, die die allgemeine Handlungsfreiheit (Art. 2 Abs. 1 GG) und Berufsfreiheit (Art. 12 Abs. 1 GG) der betroffenen Arbeitnehmer beschränken, dem Direktionsrecht entzogen sein und nur vertraglich vereinbart werden können.

6.80 Vorgaben, die die **Rücksichtsnahme- und Loyalitätspflicht** des Arbeitnehmers konkretisieren, wie z.B. Regelungen zum Schutz des Arbeitgebereigentums, zur Verschwiegenheitspflicht oder zur Annahme von Geschenken von Geschäftspartnern können grundsätzlich wirksam mittels Direktionsrecht eingeführt werden.

6.81 Ferner muss die Regelung **billigem Ermessen** entsprechen, also im Rahmen einer Interessenabwägung dem jeweiligen Arbeitnehmer zugemutet werden können. Dabei sind die Interessen des Arbeitgebers an der Verhaltensrichtlinie und etwaige entgegenstehende Interessen der Arbeitnehmer auch unter Einbeziehung der grundgesetzlich geschützten Rechtspositionen angemessen abzuwägen[86].

6.82 Für Konzernsachverhalte – insbesondere in einer **Matrixstruktur** – ist zudem zu beachten, dass die arbeitsrechtliche Weisung, durch den formalen Arbeitgeber in den jeweiligen Konzerngesellschaften zu erfolgen hat. Denn der Konzernobergesellschaft steht selbst kein arbeitsrechtliches Direktionsrecht gegenüber den Arbeitnehmern konzernabhängiger Gesellschaften zu, auch nicht im Vertrags- oder Eingliederungskonzern[87].

6.83 Das Direktionsrecht nach § 106 GewO ist ein einseitiges Leistungsbestimmungsrecht i.S.v. § 315 BGB. Die Leistungsbestimmung durch Erteilung einer Weisung als Verhaltensrichtlinie stellt eine einseitige **empfangsbedürftige Willenserklärung** dar[88], die den betroffenen Arbeitnehmern bekannt gemacht werden muss[89]. Da bei der Auseinandersetzung hinsichtlich des Vorliegens einer etwaigen Pflichtverletzung durch Verstoß gegen die Verhaltensrichtlinie und deren Sanktionierung der Arbeitgeber beweisen muss, dass diese dem konkreten Arbeitnehmer in ihrer aktuellen Fassung bekannt war, sollte die Bekanntmachung nachweisbar erfolgen[90].

6.84 Scheidet die Einführung mittels Direktionsrecht aus, weil z.B. **neue Pflichten** begründet werden sollen, kommt die verbindliche Einführung der Verhaltensrichtlinie durch arbeitsvertragliche Vereinbarung in Betracht.

6.85 Standardisierte vertragliche Verhaltensrichtlinien unterliegen den Einschränkungen aus der **Inhaltskontrolle** nach §§ 305 ff. BGB. Bei Verhaltensrichtlinien wird hinsichtlich der Inhalte insbesondere das Verbot der unangemessenen Benachteiligung (§ 307 Abs. 1 Satz 1 BGB) und das Transparenz-

---

84 Allgemein dazu *Preis* in ErfurterKomm/Arbeitsrecht, § 611 BGB Rz. 730 f.

85 BAG v. 28.5.2002 – 1 ABR 32/01, NZA 2003, 166 ff. – zur Offenlegung von privaten Vermögensverhältnissen von Redakteuren und dem Verlangen des Arbeitgebers im betrieblichen Interesse Einfluss auf deren Vermögensdispositionen zu nehmen.

86 S. auch *Derndorfer* in Moll, MünchAnwHdb/ArbR, § 35 Rz. 37; *Griese* in Küttner, Personalbuch, Weisungsrecht Rz. 18.

87 *Richardi* in MünchArbR, § 34 Rz. 24.

88 *Lembke* in Henssler/Willemsen/Kalb, § 106 GewO Rz. 6; *Reichold* in MünchArbR, § 36 Rz. 21.

89 BAG v. 23.9.1986 – 1 AZR 83/85, NZA 1987, 250 f.

90 *Mengel/Hagemeister*, BB 2007, 1386 (1387).

gebot (§ 307 Abs. 1 Satz 2 BGB) zu beachten sein. Die Regelungen müssen klar und bestimmt sein. Die Feststellung einer unangemessenen Benachteiligung setzt eine wechselseitige Berücksichtigung und Bewertung rechtlicher anzuerkennender Interessen der Vertragspartner voraus. Dabei sind auch grundrechtlich geschützte Rechtspositionen zu beachten[91]. So kann ein generelles Verbot jeglicher Nebentätigkeit arbeitsvertraglich nicht wirksam vereinbart werden. Die Berufsfreiheit gewährleistet auch das Recht, mehreren Tätigkeiten nachzugehen. Im Rahmen eines Arbeitsvertrages verpflichtet sich der Arbeitnehmer allein zur „Leistung der versprochenen Dienste" (§ 611 Abs. 1 BGB), nicht aber dazu, seine gesamte Arbeitskraft zur Verfügung zu stellen[92]. Auch dürfen keine Vereinbarungen getroffen werden, die Dritte, wie z.B. Familienangehörige des Arbeitnehmers zu einem bestimmten Verhalten verpflichten. Derartige Regelungen sind erst recht nicht vom Direktionsrecht erfasst, weil dem Arbeitgeber gegenüber diesem Personenkreis schon kein Direktionsrecht zusteht.

In Hinsicht auf die konkrete Einbeziehung der Verhaltensrichtlinie in den **Arbeitsvertrag** bestehen 6.86
zwei Möglichkeiten. Der Richtlinientext wird in den Arbeitsvertrag vollständig aufgenommen. Nachteil ist, dass der Arbeitsvertrag sehr umfangreich, damit unübersichtlich wird und der Regelungsinhalt nicht verändert werden kann. Die weitere Option ist, dass der Arbeitsvertrag auf die Verhaltensrichtlinie verweist. Der Verweis kann statisch, also bezogen auf eine konkrete Fassung der Verhaltensrichtlinie, ausgestaltet sein oder aber auch dynamisch, in der Form, dass auf die jeweilige Fassung verwiesen wird. Letzteres schafft die nötige Flexibilität zur Anpassung. Im Kontext der Inhaltskontrolle ist dies jedoch sehr kritisch zu betrachten. Ein Verweis auf die jeweilige Fassung dürfte intransparent und damit nach § 307 Abs. 1 Satz 2 BGB unwirksam sein[93]. Der Arbeitnehmer kann nicht absehen, auf welche Verpflichtungen er sich zukünftig einlässt. Dementsprechend sollte die dynamische **Verweisklausel** selbst vorsehen, dass die Arbeitnehmer von dem Inhalt der jeweils geltenden Fassung und den Änderungen informiert werden. Ferner sollten die Gründe für die Änderung der Verhaltensrichtlinie entweder in der Verweisklausel oder in der Verhaltensrichtlinie angegeben werden[94].

Interne Richtlinien müssen aktuell gehalten und zeitnah an neue Entwicklungen in Gesetzgebung 6.87
und Rechtsprechung angepasst werden. Es ist daher unabdingbar, dass die Inhalte der Richtlinie durch den Herausgeber **regelmäßig überprüft** werden.

bb) Schulungen

Ein klassisches Feld der Compliance Arbeit ist die Entwicklung und Durchführung von Schulungen. 6.88
Es handelt sich um ein wichtiges Mittel, um im Top-Management und bei den Mitarbeitern ein tatsächliches Verständnis für den Inhalt von Compliance Vorgaben zu erzeugen. Bei der Adressierung von Schulungsmaßnahmen ist zwischen dem Top-Management (einschließlich Vorstand und Geschäftsführung), bestimmten Fachabteilungen mit einer besonderen Risikoexposition (wie z.B. dem Einkauf) und den übrigen Mitarbeitern mit Tätigkeiten, die kein spezifisches Compliance Risiko Profil aufweisen zu unterscheiden.

In der Praxis verbreitet sind sowohl Präsenz-Schulungen, web-basierte Trainings als auch E-Lear- 6.89
nings. Präsenz-Schulungen ermöglichen einen **unmittelbaren Kontakt** zu den Adressaten und ermöglichen das Eingehen auf konkrete Fragestellungen. Ein E-Learning hat den klaren Vorteil, dass – ist es einmal erstellt und abgestimmt – der Durchführungsaufwand vergleichsweise gering ist. Einen gewissen Mittelweg stellen web-basierte Schulungen dar, bei denen die Schulung zwar live, aber über das firmeninterne Intranet abgehalten werden.

---

91 Dazu *Preis* in ErfurterKomm/Arbeitsrecht, § 310 BGB Rz. 45 ff.

92 Dazu auch *Röller* in Küttner, Personalbuch, Nebentätigkeit Rz. 3 f.

93 S. BAG v. 11.2.2009 – 10 AZR 222/08, NZA 2009, 428 (430); *Schreiber*, NZA-RR 2010, 617 (619), der sich auch mit § 305c BGB auseinandersetzt.

94 So auch *Schreiber*, NZA-RR 2010, 617 (620).

6.90 Schulungen des **Top-Managements** haben zwei Funktionen: einerseits unterstützen sie die Unternehmensführung darin, die Inhalte der Compliance Anforderungen zu kennen und zu verstehen, um im Geschäftsalltag entsprechende Vorgaben machen und andererseits ihre Kontrollfunktionen (§ 130 OWiG) durchführen zu können.

6.91 Nicht zu unterschätzen ist des Weiteren auch die **Signal- und Breitenwirkung** an die Mitarbeiter, dass die Teilnahme an Compliance Schulungsmaßnahmen nicht nur vom Top-Management gewünscht ist, sondern dass dieses auch selbst entsprechende Prioritäten setzt und sich die erforderliche Zeit hierfür nimmt. Zur Verstärkung dieses Effekts kann es sinnvoll sein, über erfolgte Schulungsmaßnahmen in internen Medien entsprechend zu berichten.

cc) Einzelfallberatung

6.92 Da sich mit allgemeinen Schulungsmaßnahmen nicht alle Fragen abschließend beantworten lassen, sondern – im Falle einer adressatengerechten sowie zielgerichteten Schulung – bei den Mitarbeitern eine Fülle von konkreten Fragen erzeugen, ist es wichtig, auch die Möglichkeit einer Einzelfallberatung zu eröffnen. Wie diese konkret organisiert wird, hängt von den Besonderheiten der jeweiligen Holdingstruktur ab und wie die Aufgaben zwischen Rechts- und Compliance-Abteilung verteilt sind. Die Organisation der **Compliance-Beratung** sollte sich insbesondere mit Blick auf Fachkompetenz und Integrität an den Arbeitsprinzipien einer professionellen Inhouse-Beratung orientieren[95]. Soweit sich die Compliance-Beratung auf rechtliche Fragestellungen bezieht, ist daran zu denken, dass das Konzern-Privileg nach § 2 Abs. 3 Nr. 6 Rechtsdienstleistungsgesetz nur innerhalb verbundener Unternehmen i.S.v. § 15 AktG gilt.

6.93 Um die Hemmschwelle, eine Compliance-Beratung in Anspruch zu nehmen, zu senken und den Mitarbeitern auf breiter Front eine konkrete Hilfestellung bei Alltagsfragen mit Compliance-Relevanz anzubieten, kann die Einrichtung eines **Compliance Consultation Desks** sinnvoll sein. Die Akzeptanz eines solchen Tools hängt entscheidend von der Qualität der Antworten, dem vertrauensvollen Umgang und den Reaktionszeiten ab.

6.94 Es hat viele Vorteile, ein solches Compliance Consultation Desk über eine separate Datenbank bzw. **IT-Tool** zu betreiben. Für eine solche Datenbank können datenschutzrechtlich erforderliche Sicherungsvorkehrungen und Berechtigungskonzepte strukturiert erstellt werden und die Dokumentation von Anfragen wird erleichtert. Vorteil eines solchen Compliance Consultation Desks ist zudem, dass (anonymisierte) statistische Auswertungen zu den Anfragen vorgenommen werden können. Aus der Häufung bestimmter Anfragen können dann weitere Präventionsmaßnahmen wie z.B. die Durchführung zusätzliche Schulungen oder das Nachjustieren von Richtlinien abgeleitet werden.

dd) Compliance Due Diligence/Eigenerklärungen

6.95 Nach § 93 Abs. 1 Satz 1 AktG hat der Vorstand einer Aktiengesellschaft bei seiner Geschäftsführung die Sorgfalt eines ordentlichen und gewissenhaften Geschäftsleiters anzuwenden. Entsprechendes gilt für die Geschäftsführer einer GmbH (vgl. § 43 Abs. 1 GmbHG).

6.96 Nach § 93 Abs. 1 AktG liegt eine Pflichtverletzung nicht vor, wenn das Vorstandsmitglied bei einer unternehmerischen Entscheidung vernünftigerweise annehmen durfte, auf der Grundlage angemessener Informationen zum Wohle der Gesellschaft zu handeln. Im Umkehrschluss ergibt sich für die Geschäftsführung die Notwendigkeit, sich – soweit möglich – die angemessenen Informationen für eine Unternehmensentscheidung zu verschaffen. Beim Unternehmenserwerb geschieht dies regelmäßig durch eine selbst durchgeführte Unternehmensanalyse (**Due Diligence**).

---

95 *Inderst* in Görling/Inderst/Bannenberg, § 4 Rz. 44.

Der **Umfang der Due Diligence** ergibt sich aus dem Einzelfall und hängt zusätzlich von der Verhandlungsposition des Käufers ab. Während die Durchführung einer Financial Due Diligence (FDD) und Legal Due Diligence (LDD) mittlerweile Standard sein sollte, kommt einer separaten Compliance Due Diligence (CDD) erst in den letzten Jahren eine steigende Bedeutung zu. Die Notwendigkeit einer CDD sollte sowohl aus rechtlicher wie betriebswirtschaftlicher Sicht betrachtet werden. 6.97

Aus der amerikanischen Rechtsprechung, insb. im Zusammenhang mit dem **Foreign Corrupt Practices Act**[96], lässt sich die Notwendigkeit der Durchführung einer CDD ableiten. Auch im Hinblick auf das britische Anti Korruptionsgesetz dem UK Bribery Act wird von vielen Juristen die Notwendigkeit gesehen, dass eine CDD durchgeführt werden muss, um im Falle von Bestechungsdelikten eine Reduzierung der Unternehmenshaftung zu erreichen[97]. 6.98

Im **deutschen Recht** gibt es keine direkte Verpflichtung zur Durchführung einer CDD. Im Rahmen der Bestimmung des Umfangs einer DD lässt sich aber indirekt ableiten, dass im Rahmen eines Unternehmenskaufs bei Anzeichen möglicher Compliance-Risiken eine CDD durchgeführt werden sollte. 6.99

Compliance-Verstöße können neben strafrechtlichen und zivilrechtlichen Sanktionen, damit einhergehenden Zahlungen und Kosten, immense Reputationsschäden mit sich bringen. Bei der Akquise eines Unternehmens besteht das Risiko, dass **in der Vergangenheit begangene Compliance-Verstöße** und damit deren Gefährdungs- sowie Schadenspotential „eingekauft" werden. Denn die Aufsichtspflichten nach § 130 Abs. 1 OWiG können sich auch auf Personen beziehen, die nicht Betriebsangehörige sind, und somit können Compliance-Verstöße Dritter einem Unternehmen unter bestimmten Voraussetzungen zugerechnet werden. Zudem regelt § 30 Abs. 2a GWB, dass im Falle einer Gesamtrechtsnachfolge eine die Geldbuße auch gegen den Rechtsnachfolger (Erwerber) festgesetzt werden kann. 6.100

Wie oben aufgeführt (Rz. 6.96), hat die Geschäftsführung die Pflicht sich die **angemessenen Informationen für eine Unternehmensentscheidung** zu verschaffen. Bei Anzeichen von Compliance-Risiken liegt es in der Verantwortung der Geschäftsführung, sich ausreichend über diese Risiken zu informieren und diese bei der Kaufentscheidung zu berücksichtigen. Eine Indikation für Compliance-Risiken kann z.B. sein, wenn das Kaufobjekt den Firmensitz oder wesentliche Geschäftsbeziehungen mit Ländern hat, die unter Compliance-Gesichtspunkten kritisch gesehen werden[98]. 6.101

Aus den **generellen Informationspflichten**[99] des Verkäufers gegenüber dem Käufer im Vorfeld von Unternehmenskäufen kann abgeleitet werden, dass der Verkäufer bei Kenntnis eines Compliance-Verstoßes eine Informationspflicht gegenüber dem Verkäufer hat. Die Kenntnis darüber und damit möglicherweise verbundene Entschädigungsansprüche, wird in der Praxis im Zweifel aber schwer nachzuweisen sein. 6.102

Demgegenüber stehen Tendenzen der deutschen Rechtsprechung, die den Käufer verpflichten, seine Informationsinteressen umso konkreter, ausdrücklicher und unmissverständlicher dem Verkäufer 6.103

---

96 Der FCPA ist ein US-Bundesgesetz von 1977, welches dem Anwendungskreis des Gesetzes Zahlungen an Amtsträgern außerhalb der USA mit dem Ziel verbietet, einen Zuschlag für ein Geschäft zu erhalten oder eine Geschäftsbeziehung fortzuführen. *DoJ* und *SEC*, Resource Guide to the U.S. Foreign Corrupt Practices Act., 2012, S. 28 ff.

97 Formell fordert das britische Justizministerium in seinen Ausführungen zu den adequate procedures nur die Durchführung von due diligences „, in respect of persons who perform or will perform services for or on behalf of the organization." Ministry of Justice, THE BRIBERY ACT2010 – Guidance about procedures which relevant commercial organisations can put into place to prevent persons associated with them from bribing, 2011, S. 27.

98 Als ein praktischer Indikator kann der Corruption Perception Index von Transparency International angesehen werden (http://www.transparency.de/Corruption-Perceptions-Index.2164.0.html).

99 *Picot* in Der Betrieb – Due Diligence bei Unternehmensakquisitionen, S. 327 ff.

gegenüber deutlich zu machen, desto mehr Erfahrung und Kenntnisstand der Käufer bei dem Erwerb von Unternehmen hat[100]. Demzufolge besteht für den Käufer auch eine gewisse „**Holschuld**", sich über Compliance beim Kaufobjekt zu informieren. Dies kann über einen CDD in Form von Compliance-Fragelisten, Interviews mit dem Target, der Analyse Compliance relevanter Informationen im Datenraum und Recherchen auf Basis öffentlich verfügbarer Informationen erfolgen.

6.104 Abgesehen von der rechtlichen Betrachtung, ist es aus rein **betriebswirtschaftlicher Sicht** geboten, bei Unternehmenskäufen eine CDD durchzuführen. Wie oben bereits dargelegt (Rz. 6.100), können Compliance-Verstöße neben strafrechtlichen und zivilrechtlichen Sanktionen sowie damit einhergehenden Zahlungen und Kosten immense Reputationsschäden mit sich bringen. Der Wert des gekauften Unternehmens wird damit nachträglich gemindert und wirkt sich entsprechend negativ auf die Konzernbilanz aus.

6.105 Es ist daher sowohl aus rechtlicher als auch aus betriebswirtschaftlicher Perspektive angeraten, eine angemessene CDD vor Erwerb eines Unternehmens vom Käufer durchführen zu lassen. Vor Abschluss der M&A-Transaktion aufgedeckte Compliance-Risiken oder -Verstöße im betrachteten Unternehmen ziehen nicht unbedingt den Stopp der Transaktion nach sich. Wird die Akquise weiterhin befürwortet, müssen die gesamthaften Auswirkungen reflektiert werden. Die gewonnenen Erkenntnisse sollten in den Vertragsverhandlungen angemessene Berücksichtigung finden, z.B. die Forderung von **Garantien**.

6.106 Ergeben sich deutliche Indizien für Compliance-Verstöße, ist bei der Festsetzung des Kaufpreises zu berücksichtigen, dass **weitere Kosten zur Untersuchung** der Compliance-Fälle entstehen können.

c) Repression

aa) Rechtlicher Hintergrund

6.107 Genauso wie man von einer sanktionslosen Norm von einer „lex imperfecta" spricht, könnte man von einem CMS ohne Sanktionsmöglichkeiten von einer „Compliance imperfecta" sprechen. So gehört zu den Aufsichtspflichten i.S.v. § 130 OWiG auch die Pflicht, bei festgestellten Unregelmäßigkeiten einzuschreiten und ggf. **Sanktionen** anzudrohen und zu vollziehen[101].

6.108 Im Falle eines compliance-relevanten Verstoßes durch einen Mitarbeiter ist dem Unternehmen bzw. dem Arbeitgeber – abhängig von den konkreten Umständen des Einzelfalls, insbesondere von Art und Schwere des Vorfalls – ein Ermessen eröffnet, ob und inwieweit er von **arbeitsrechtlichen Sanktionsmöglichkeiten** Gebrauch macht. Entscheidend ist, dass im Falle eines Verstoßes für die Zukunft Wiederholungen wirksam verhindert werden. Wenn nicht besondere Fälle des Einzelfalls eine andere Betrachtung möglich machen, wird hierzu typischerweise eine sorgfältige interne Sachverhalts-Aufklärung, die Vornahme erforderlicher Prozessänderungen und auch die arbeitsrechtliche Sanktionierung gehören. In Abhängigkeit von Art, Schwere und der individuellen Nachweisbarkeit eines in Rede stehenden Compliance-Verstoßes ist hier die ganze Bandbreite von einer ermahnenden Ansprache durch den Vorgesetzten bis hin zur außerordentlichen Kündigung eröffnet.

6.109 Eine konsequente und für die Mitarbeiter **nachvollziehbare** (d.h. insbesondere nicht willkürliche) **Sanktionierung** ist in seinen Auswirkungen nicht nur auf den betroffenen Mitarbeiter beschränkt, sondern kann mit Blick auf die übrigen Mitarbeiter eine abschreckende (negativ generalpräventive) Wirkung entfalten. Zudem können rechtstreue Mitarbeiter im Sinne einer positiv generalpräventiven Wirkung in ihrer compliance-konformen Haltung bestärkt werden.

---

100 *Picot* in Der Betrieb – Due Diligence bei Unternehmensakquisitionen, S. 330.

101 *Gürtler* in Göhler, § 130 OWiG Rz. 11; *Rogall* in KarlsruherKomm/OWiG, § 130 OWiG Rz. 40.

bb) Unterschied zu staatlichen Ermittlungen

6.110 Unternehmensinterne Untersuchungen unterscheiden sich grundlegend von der Aufklärung von Sachverhalten durch staatliche Ermittlungsbehörden. Der Staat ermittelt Sachverhalte im Allgemeininteresse, und ihm stehen im Interesse der Wahrheitsfindung hoheitliche Eingriffsrechte zur Verfügung wie z.B. Hausdurchsuchungen oder Telekommunikationsüberwachung. Diese hoheitlichen Rechte werden limitiert durch auch verfassungsrechtlich garantierte rechtsstaatliche Positionen der Betroffenen (z.B. keine Verpflichtung zur Selbstbelastung [vgl. § 136 Abs. 1 Satz 2 StPO], Verbot unzulässiger Vernehmungsmethoden [§ 136a StPO]).

6.111 Das Unternehmen klärt Sachverhalte dagegen im (eigenen) Interesse einer ordnungsgemäßen Unternehmensführung auf. Das Verhältnis zwischen Arbeitgeber und Arbeitnehmer ist durch das **zivilrechtliche Arbeitsverhältnis** bestimmt. Zur Aufklärung kann der Arbeitgeber daher auch nur die Erkenntnismöglichkeiten nutzen, die ihm zivil- und arbeitsrechtlich zustehen, insbesondere den als arbeitsvertragliche Nebenpflicht bestehenden Auskunftsanspruch gegenüber dem Arbeitnehmer. Hoheitliche Eingriffsrechte stehen dem Arbeitgeber nicht zu.

cc) Grenzen interner Untersuchungen

6.112 Untersucht das Unternehmen im Rahmen einer internen Untersuchung einen Verdachtsmoment, ist die Art und Weise, wie ermittelt wird, mindestens so wichtig, wie die der Aufklärung des Vorwurfs als solche. Werden im Zuge der Aufklärung durch das Unternehmen seinerseits Rechtsverstöße begangen, können hieraus ganz erhebliche rechtliche und kommunikative Risiken für das Unternehmen entstehen.

6.113 In der Praxis wichtigste Grenze ist die Verpflichtung, das **allgemeine Persönlichkeitsrecht** der Beschäftigten auch im Rahmen von internen Untersuchungen zu achten. Das allgemeine Persönlichkeitsrecht – soweit sich dieses auf Informationen bezieht, verwendet das BVerfG seit dem Volkszählungsurteil hierfür den Terminus „Recht auf informationelle Selbstbestimmung" – ist aber nicht nur als Grundrecht im Staat-Bürger-Verhältnis relevant. Nach der Rechtsprechung des BAG ist das allgemeine Persönlichkeitsrecht auch im Rahmen eines Arbeitsverhältnisses zu beachten[102]. Es bezieht sich zunächst auf allgemein personenbezogene Beschäftigtendaten und umfasst dabei insbesondere das Recht am gesprochenen Wort, das Recht am eigenen Bild und den Schutz vor einer lückenlosen technischen Überwachung am Arbeitsplatz durch heimliche Videoaufnahmen[103].

6.114 Die aus dem Staat-Bürger-Verhältnis bekannte Betrachtung von Grundrechten als Abwehrrecht, bei denen ein Eingriff in den Schutzbereich ein gesetzliches und regelmäßig vom Verhältnismäßigkeitsgrundsatz geprägtes Rechtfertigungserfordernis auslöst, findet man im **Datenschutzrecht** strukturell auch im Verhältnis zwischen den Privatrechtssubjekten Arbeitgeber und Arbeitnehmer wieder.

6.115 Zentraler Ausgangspunkt aller datenschutzrechtlichen Überlegungen ist daher das **Verbot mit Erlaubnisvorbehalt** gem. Art. 6 Abs. 1 DSGVO, wonach die Verarbeitung personenbezogener Daten nur rechtmäßig ist, wenn die betroffene Person eingewilligt hat oder eine andere Rechtfertigung nach der DSGVO vorliegt[104].

6.116 Nach § 26 Abs. 1 Satz 2 BDSG (iVm. Art. 88 BDSGVO) dürfen zur Aufdeckung von Straftaten personenbezogene Daten eines Beschäftigten nur dann verarbeitet werden, wenn – zu dokumentierende – tatsächliche Anhaltspunkte den Verdacht begründen, dass die betroffene Person im Beschäftigungsverhältnis eine Straftat begangen hat und der **Verhältnismäßigkeitsgrundsatz** gewahrt bleibt. Da § 26 Abs. 1 Satz 2 BDSG ausdrücklich nur für Straftaten gilt, richtet sich die Datenverarbeitung

102 BAG v. 6.6.1984 – 5 AZR 286/81, ZIP 1985, 47 = NZA 321, 322.
103 BAG v. 27.3.2003 – 2 AZR 51/02, NJW 2003, 3436 (3437).
104 Der Begriff „Verarbeitung" ist in Art. 4 Ziffer 2 DSGVO definiert.

im Kontext von internen Untersuchungen beim Verdacht von nicht strafrechtlichen schweren Pflichtverletzungen (z. B. die Begehung einer kartellrechtlichen Ordnungswidrigkeit) nach allgemeinen Grundsätzen (vgl. Insbesondere Art. 1 Abs. 1 lit. f) DSGVO).

6.117 Welche Ermittlungsmaßnahmen in einem konkreten Fall zulässig sind oder nicht, ist immer eine Frage des konkreten Einzelfalls und in diesem Kontext unter Berücksichtigung der in Rede stehenden Eingriffe in das allgemeine Persönlichkeitsrecht sehr sorgfältig vorzunehmender **Abwägungsentscheidungen**[105]. Hingewiesen werden soll an dieser Stelle daher nur auf den Umstand, dass die Überwachung und Auswertung von elektronischer Kommunikation (Telefon, E-Mail) mit Blick auf das Fernmeldegeheimnis nach § 88 TKG nicht ohne weiteres möglich ist. Nach § 88 Abs. 2 Satz 1 TKG ist jeder „Diensteanbieter" zur Wahrung des Fernmeldegeheimnisses verpflichtet. Nach verbreiteter Ansicht ist der Arbeitgeber im Verhältnis zum Arbeitnehmer Diensteanbieter (§ 3 Nr. 6 TKG), soweit er die private Nutzung der dienstlich zur Verfügung gestellten Telekommunikationsanlagen gestattet[106].

6.118 Durch Betriebsvereinbarungen und interne Prozessvorgaben kann sich das Unternehmen über das gesetzlich geforderte Mindestmaß hinaus selbst beschränken. Hat es dies getan, sind diese **Selbstbeschränkungen** genauso einzuhalten wie interne Zuständigkeitsverteilungen, die ein Mehr-Augen-Prinzip gewährleisten sollen.

6.119 Auch wenn der **Nemo-tenetur-Grundsatz** im Verhältnis Arbeitgeber/Arbeitnehmer keine unmittelbare Anwendung findet, ist noch nicht abschließend geklärt, inwieweit den Arbeitnehmer ausnahmslos eine Verpflichtung zur selbstbelastenden Aussage trifft. Fragen, die den Arbeitsbereich des Mitarbeiters unmittelbar betreffen, müssen nach §§ 675, 666 BGB grundsätzlich ohne Einschränkung beantwortet werden, wenn der Arbeitgeber dies verlangt[107]. Nach aktueller Gesetzeslage und der bisherigen Rechtsprechung ist dabei insbesondere ohne Bedeutung, ob der Auskunftspflichtige durch die Auskunft der Gefahr ausgesetzt wird, sich selbst einer strafbaren Handlung bezichtigen zu müssen[108].

6.120 Die Frage hat erhebliche praktische Bedeutung, da die im Rahmen einer unternehmensinternen Untersuchung angefertigte **Gesprächsprotokolle**, die selbstbelastende Aussagen von Mitarbeitern enthalten, auch im Rahmen staatsanwaltschaftlicher Ermittlungen von Interesse sein können. Unter welchen Voraussetzungen die Staatsanwaltschaft solche Unterlagen beschlagnahmen und als Beweis verwerten kann, ist Gegenstand komplexer, ineinandergreifender Rechtsfragen[109]. Nach dem aktuellen Stand der Diskussion kann das Unternehmen keine Zusage darüber geben, dass die Verwertbarkeit solcher Unterlagen in einem Strafverfahren sicher ausgeschlossen werden können. Dies gilt mangels Sicherstellungs-/bzw. Beschlagnahmefreiheit auch dann, wenn die interne Untersuchung durch eine externe Rechtsanwaltskanzlei durchgeführt wurde[110].

6.121 Soweit der Arbeitgeber einen Mitarbeiter im Rahmen einer förmlichen internen Untersuchung zu einer selbstbelastenden Aussage verpflichtet, obliegt es dem Arbeitgeber vor dem Hintergrund seiner **Fürsorgeverpflichtung** und dem **Fairnessgedanken** jedoch mindestens, über die potentielle Verwertbarkeit der Aussagen durch staatliche Ermittlungsbehörden vor Beginn der Befragung ausdrücklich hinzuweisen[111]. Dies gilt auch für unternehmensinterne Amnestiezusagen, die sich naturgemäß nicht auf behördliche Sanktionen aus Straf- und Bußgeldtatbeständen beziehen können.

---

105 Vgl. hierzu ausführlich z.B. *Salvenmoser/Schreier* in Handbuch Wirtschaftsstrafrecht, S. 1691 ff. und *Thüsing*, NZA 2009, 865 (868).

106 Vgl. hierzu eingehend und zu Recht kritisch: *Stamer/Kuhnke* in Plath, § 32 BDSG Rz. 97 ff.

107 *Haefke*, CCZ 2014, 39 (39/40); *Göpfert/Merten/Siegrist*, NJW 2008, 1703 (1705); *Rudkowski*, NZA 2011, 612 (613).

108 BGH v. 30.4.1964 – VII ZR 156/62, BGHZ 41, 318 (322); *Diller*, DB 2004, 313 (314).

109 Vgl. hierzu ausführlich *Haefke*, CCZ 2014, 39 ff.

110 BVerfG v. 27.6.2018 – 2 BvR 1405/17.

111 *Haefke*, CCZ 2014, 39 (40) m.w.N.

dd) Zusammenarbeit mit staatlichen Ermittlungsbehörden

Ergibt eine unternehmensinterne Untersuchung hinreichende Anhaltspunkte für einen Compliance-Verstoß, muss das Unternehmen entscheiden, ob es diese Erkenntnisse auch an staatliche Behörden weiterleitet. Eine **Verpflichtung** hierzu besteht nur im Falle einer ausdrücklichen gesetzlichen Normierung (z.B. § 138 StGB[112], Art. 33 DSGVO, § 43 GwG, § 23 Abs. 1 WpHG); ansonsten handelt es sich um eine unternehmerische Ermessensfrage. Bei kartellrechtlichen Verstößen müssen zudem ggf. bestehende Bonusregelungen im Falle einer frühzeitigen Einschaltung der Kartellbehörden mit in die Abwägung einbezogen werden. 6.122

Wird das Unternehmen unmittelbar oder mittelbar Gegenstand behördlicher Ermittlungen, treffen das Unternehmen bzw. dessen Mitarbeiter die allgemeinen gesetzlichen **Mitwirkungspflichten**, wie z.B. die Verpflichtung, Durchsuchungen zu dulden, Dokumente vorzulegen und als Zeuge auszusagen. Auch der Schutz des Unternehmens vor ungerechtfertigten Inanspruchnahmen richtet sich nach den allgemeinen Regeln. 6.123

Selbstverständlich kann das Unternehmen auch in diesen Fällen entscheiden, über das gesetzlich Erforderliche hinaus mit den Behörden zu kooperieren. Entscheidet sich das Unternehmen für eine **Kooperation** mit den Ermittlungsbehörden, ist dennoch strikt darauf zu achten, dass die unterschiedlichen Rollen der Beteiligten nicht verschwimmen. Das gilt insbesondere auch für etwaige parallele interne Untersuchungen, welche den Zweck haben können, über einen vergleichbaren Informationsstand wie die Ermittlungsbehörden zu verfügen oder die staatlichen Ermittlungen zu ergänzen. Um eine Unterminierung der behördlichen Ermittlungen und das Risiko einer Strafbarkeit nach § 258 StGB (Strafvereitelung) zu vermeiden, empfiehlt es sich, als Unternehmen nur nach Abstimmung mit den Ermittlungsbehörden tätig zu werden. Solange behördliche Ermittlungen noch nicht abgeschlossen sind, kann dies auch für die Kommunikation des Unternehmens nach innen und außen gelten. 6.124

ee) Hinweisgeber-Systeme

Unter einem Hinweisgeber („**Whistleblower**")-System versteht man, die Eröffnung der Möglichkeit, Hinweise über (als solches empfundenes) Fehlverhalten und Vorfälle unabhängig von den regulären Berichtswegen und ggf. auch in anonymer Form tätigen zu können[113]. In einem hierarchisch organisierten System ist ein solcher Meldeweg an den offiziellen Berichtslinien vorbei im Grundsatz eine Anomalie, wirft aber nicht nur deshalb vielfältige Fragestellungen auf. 6.125

Eine gesetzliche Grundlage für ein solches System findet sich für den **Bankenbereich** in § 25a Abs. 1 Satz 6 Nr. 3 Kreditwesengesetz (KWG). Danach umfasst eine ordnungsgemäße Geschäftsorganisation u.a. einen Prozess, der es den Mitarbeitern unter Wahrung der Vertraulichkeit ihrer Identität ermöglicht, Verstöße gegen bestimmte kreditwesenbezogene Gesetze und Verordnungen sowie etwaige strafbare Handlungen innerhalb des Unternehmens an geeignete Stellen zu berichten. Deutsche Konzerne mit US-Börsennotierung haben zuvor schon über den Sarbanes-Oxley Act erste Berührung mit der Verpflichtung zur Einrichtung von Whistleblower-Systemen erhalten. Die 2019 beschlossene, innerhalb von zwei Jahren in nationales Recht umzusetzende EU-Whistleblower-Richtlinie sieht bezogen auf Verstöße gegen das Unionsrecht für Unternehmen ab 50 Mitarbeitern eine Verpflichtung zur Einrichtung von Kanälen und Verfahren für interne Meldungen vor[114]. 6.126

Im Übrigen bewegen sich Hinweisgebersysteme vor folgendem rechtlichen Hintergrund: Es ist dem Arbeitnehmer rechtlich nicht untersagt, beim Arbeitgeber aus eigener Initiative **Missstände anzuzei-** 6.127

112 Vgl. hierzu auch *Dierlamm* in Görling/Inderst/Bannenberg, § 6 Rz. 140.
113 Zum Begriff vgl. *Bürkle*, DB 2004, 2158 (2158); *Manhold*, NZA 2008, 737 (737).
114 Art. 8 Abs. 3 RL (EU) 2019/1937, ABl. EU L 305/17 v. 26.11.2019 (Richtlinie des Europäischen Parlaments und des Rats zum Schutz von Personen, die Verstöße gegen das Unionsrecht melden).

gen oder sich zu beschweren (vgl. insbesondere §§ 84, 86 BetrVG und § 13 AGG)[115]. Anzeigen oder Hinweise gegenüber Externen (z.B. Strafverfolgungsbehörden) sind wegen der Pflicht zur Loyalität und Vertraulichkeit des Arbeitnehmers aber nur dann zulässig, wenn es eindeutig unmöglich ist, diese Informationen zunächst an den Vorgesetzten oder eine andere innerbetriebliche Stelle zu übermitteln bzw. der Arbeitnehmer vernünftigerweise nicht erwarten kann, dass eine innerbetriebliche Beschwerde zu einer Untersuchung und zu Abhilfe führen[116].

6.128 Eine **Verpflichtung**, dem Arbeitgeber schädigendes Fehlverhalten eines anderen Dienstverpflichteten anzuzeigen, nimmt die Rechtsprechung aber nur dann an, wenn dem Arbeitnehmer entweder allgemein die Überwachung des anderen Dienstverpflichteten übertragen war oder sich die schädigende Handlung in dem Aufgabenbereich abspielte, mit dem der Arbeitnehmer betraut war, und eine Wiederholungsgefahr besteht[117].

6.129 Vor diesem Hintergrund ist es demnach unproblematisch, wenn der Arbeitgeber ein Hinweisgebersystem einrichtet, das die Möglichkeit, auf wahrgenommenes Fehlverhalten auf **freiwilliger Basis** hinzuweisen, eröffnet[118]. Es steht dem Arbeitgeber dabei auch frei, etwaigen anonymen Hinweisen unter Berücksichtigung der im Hinweis vorgetragenen Schwere der Unregelmäßigkeit nachzugehen, wobei er in einem solchen Fall in besonderer Weise dem Schutz der Persönlichkeitsrechte der ggf. von dem Hinweis betroffenen Mitarbeiter verpflichtet ist und alles in seiner Macht Stehende unternehmen muss, um die Vertiefung einer durch eine ungerechtfertigte Denunziation verursachten Rechtsverletzung unbedingt zu verhindern.

II. Verantwortlichkeiten innerhalb der Compliance-Organisation eines Konzerns

1. Zentrale/dezentrale Verantwortlichkeiten

6.130 Bei der Organisation einer Holding und ihrer Compliance-Funktion sind die gesellschaftsrechtlichen Rahmenparameter zu beachten. Dazu gehört, dass die Verantwortung für die Rechtmäßigkeit des unternehmerischen Handelns in der allgemeinen und nicht delegierbaren Verantwortung des jeweiligen Vorstands bzw. der jeweiligen Geschäftsführung eines Konzernunternehmens steht. Eine in der Holding angesiedelte Compliance-Funktion kann die Geschäftsführung einer Konzerntochter folglich nur bei der (eigenverantwortlichen) Wahrnehmung ihrer eigenen Aufgabe unterstützen.

6.131 Mit diesem Verständnis sind sowohl eine **zentrale** als auch eine **dezentrale Organisation** der Compliance-Funktion in der Holding denkbar, wobei in der Praxis in der Regel Mischformen anzutreffen sind.

6.132 Für eine **zentrale Organisation** der Compliance-Funktion spricht die Möglichkeit zur Konzentration von Fachexpertise und Spezialisierung. Eine zentral in der Holding angesiedelte Compliance-Funktion kann zudem eine neutralere Haltung zu einzelnen Geschäftsvorfällen in den verschiedenen Tochtergesellschaften einnehmen und einzelne Geschäftschancen besser gegen aus Konzernsicht übergeordnete Interessen zur Vermeidung von Haftungsrisiken abwägen. Außerdem erleichtern konzernintern einheitliche Compliance-Standards die konzerninterne Zusammenarbeit.

6.133 Auf der anderen Seite spricht für eine **dezentrale Organisation** der Compliance-Funktion in der Holding die Betonung der (auch nicht auf eine zentrale Compliance-Abteilung delegierbare) Eigenverantwortlichkeit der jeweiligen Geschäftsführung für die Rechtmäßigkeit des unternehmerischen Handelns und die größere Nähe am operativen Geschäft kann eine praxisgerechtere Beratung ermöglichen. Im internationalen Kontext kann eine dezentrale Compliance-Organisation ggf. besser auf unterschiedliche Rechtsrahmen und kulturelle Aspekte eingehen.

---

115 *Manhold*, NZA 2007, 737 (738).
116 EGMR v. 21.7.2011 – 28274/08, NJW 2011, 3501, 1. und 4. Leitsatz.
117 BGH v. 23.2.1989 – IX ZR 236/86, NJW-RR 1989, 614 (615) = ZIP 1989, 528.
118 *Dierlamm* in Görling/Inderst/Bannenberg, § 6 Rz. 137; *Manhold*, NZA 2007, 737 (738).

Welche Organisationsform im konkreten Fall gewählt wird, hängt in der Praxis entscheidend von den sonstigen konzerninternen **Governance-Strukturen** ab. So können hohe Autonomiegrade ihre Entsprechung in einer möglichst dezentralen Compliance-Struktur finden und umgekehrt. In diesem Sinne kann Compliance auch zum aktiven Element der Beteiligungsverwaltung werden. 6.134

Gleich welche Organisationsform vorherrscht: Für das Funktionieren sind transparente und eindeutige Zuständigkeits- und Verantwortungsabgrenzungen erforderlich, wobei die Geschäftsführungen der Tochtergesellschaften aus ihrer Letztverantwortung für die Rechtmäßigkeit des unternehmerischen Handelns nicht entlassen werden dürfen und können. 6.135

In der Praxis bewährt hat sich die Einrichtung von **zentralen Compliance-Gremien**. In diesen Gremien sind oberste Repräsentanten derjenigen Bereiche vertreten, die über für die Compliance-Arbeit wesentliche Schnittstellen verfügen. Typischerweise sind diese, neben dem Compliance-Bereich selbst, die Bereiche Recht, Personal, Revision und Sicherheit sowie Unternehmenskommunikation. 6.136

a) (Konzern) Compliance Committee

Vorliegend wird auf das Compliance Committee auf Konzernebene näher eingegangen. Wie bereits ausgeführt, unterstützt das CMS den Konzernvorstand bei der Erfüllung seiner Sorgfaltspflichten. Während der Vorstand über die Einrichtung und Art der Ausgestaltung des CMS entscheidet, obliegt dem CCO die Verantwortung der Ausgestaltung und Weiterentwicklung des CMS. Das Compliance Committee sollte als internes Entscheidungs- und Beratergremium eingerichtet werden, um ein auf die Risiken des Konzerns bezogenes Compliance Programm festzulegen, durchzuführen und zu überwachen. 6.137

Erfolgsentscheidend für ein funktionierendes **Compliance Committee** ist – in komplexen Konzernstrukturen – die gegenseitige Information, Beratung sowie Abstimmung der verschiedenen Bemühungen der teilnehmenden (Experten-)Bereiche über ihre „eigenen" Compliance relevanten Aktivitäten. Aufzuführen ist hier die Erstellung eines Jahresprüfungsplans zur Koordinierung sämtlicher interner und externer Prüfungstätigkeiten. Bezogen auf die Compliance Risiken und Prüffelder ist gemeinsam zu definieren, was gesamthaft in die Jahresprüfung bzw. Jahresprüfungen einzufließen und welcher der Bereiche den „Lead" hat. Die aus Prüfungsberichten gewonnenen Erkenntnisse und die definierten Maßnahmen müssen umfassend aus der (zentralen) Compliance Organisation heraus gemonitort werden, um einen umfassenden Überblick zu gewährleisten. Nur so ist auch eine ganzheitliche Steuerung der Minimierung der Risiken sicherzustellen. 6.138

Beim Vorliegen von Hinweisen für einen **konzernrelevanten Compliance-Verstoß**[119] können unternehmensinterne und -externe Untersuchungen durch das Compliance Committee zur Aufklärung – unter Beachtung der gesetzlichen Regelungen – eingeleitet und durchgeführt werden. Die Beratungen finden in einem Rhythmus statt, der die zeitnahe Bearbeitung von Meldungen zulässt. Notwendig ist eine koordinierte Vorgehensweise in der konkreten Fallbearbeitung, d.h. der konkret durchzuführende Untersuchungen, der Benennung der untersuchenden Einheit bzw. Einheiten, der Festlegung des Case Managers, der die „Case-übergreifende Steuerung" verantwortet. Dies umfasst auch die aus den Erkenntnissen der Untersuchungen umzusetzenden Maßnahmen (sog. Remediation) und Sanktionen (sog. Konsequenzen-Management) bei festgestelltem Fehlverhalten. Diesbezüglich sollte das Compliance Committee per Konzernvorstandsbeschluss mit einer entsprechenden grundsätzlichen Empfehlungskompetenz ausgestattet sein. Die letztendliche Entscheidung muss im Rah- 6.139

119 Es besteht die Notwendigkeit der Definition von Kriterien, wann das Konzern Compliance Committee in Abgrenzung zu den Committees der nachgeordneten Konzerngesellschaften zuständig ist; hier bieten sich beispielsweise die Definition von sog. Konzern-Wesentlichkeitskriterien an, die die Berichtsebene, die finanzielle Schadenhöhe oder immaterielle Reputationsschäden determinieren. Liegen diese vor, ist der Vorgang ins Konzern Compliance Committee einzubringen und somit im Aufsichtsrat der Konzernobergesellschaft zu berichten.

men der bezeichneten „Haftungsallokierung" bei der zuständigen Konzerngesellschaft verbleiben, damit nicht die Haftung auf die Konzernobergesellschaft (Konzernmutter) verlagert wird.

6.140 Gemäß Vorstandsbeschluss muss abgesichert sein, dass der CCO den Vorsitz des Compliance Committee innehat. Der CCO berichtet regelmäßig an den **Vorstand** und (bei entsprechender Ermächtigung durch den Vorstand) auch an den Aufsichtsrat (das zuständige Gremium ist bei entsprechender Einrichtung der Prüfungsausschuss)[120].

b) (Konzern) Ethic Committee

6.141 Je nach inhaltlicher Ausrichtung des Compliance Verständnisses (z.B. nur Legal Compliance) und der für das individuelle Unternehmen definierten Risiken (Risiko Landkarte) kann es sinnhaft sein, ein sog. Ethic Committee einzurichten. Dessen Zuständigkeit könnte sich darauf richten, unterhalb der Schwelle von Rechtsverstößen, z.B. bei Mobbing oder sexual harassment, die Sachverhalte zu bearbeiten.

2. Datenschutzrechtliche Aspekte

6.142 Wird in der Holding ein Compliance-Management zentral für den Konzern betrieben, aktualisieren sich die datenschutzrechtlichen Fragestellungen in vielfältiger Weise, weil neben der Datenerhebung auch der konzerninterne Datentransfer eine Rolle spielt. Nach dem Inkrafttreten der unmittelbar geltenden Datenschutzgrundverordnung (DSGVO) gilt dies in besonderer Weise[121]. Zentrale Norm der DSGVO ist Art. 6[122]. Denn nach Art 6 Abs. 1 DSGVO ist für die Verarbeitung von personenbezogenen Daten eine eigene **Rechtfertigung** erforderlich.

6.142a In Art. 4 Nr. 2 DSGVO bezeichnet der Begriff „**Verarbeitung**" jeden mit oder ohne Hilfe automatisierter Verfahren ausgeführten Vorgang oder jede solche Vorgangsreihe im Zusammenhang mit personenbezogenen Daten wie das Erheben, das Erfassen, die Organisation, das Ordnen, die Speicherung, die Anpassung oder Veränderung, das Auslesen, das Abfragen, die Verwendung, die Offenlegung durch Übermittlung, Verbreitung oder eine andere Form der Breitstellung, den Abgleich oder die Verknüpfung, die Einschränkung, das Löschen oder die Vernichtung.

a) Einwilligung

6.143 Eine Einwilligung[123] – dies sagt Art. 6 Abs. 1 BDSG ausdrücklich – kann die Verarbeitung personenbezogener Daten des Einwilligenden rechtfertigen[124]. Nach Art. 7 Abs. 4 DSGVO ist bei der Beurteilung, ob die Einwilligung freiwillig erteilt wurde, dem Umstand in größtmöglichen Umfang Rechnung getragen werde, ob unter anderem die Erfüllung eines Vertrages, einschließlich der Erbringung einer Dienstleistung, von der Einwilligung zu einer Verarbeitung von personenbezogenen Daten abhängig ist, die für die Erfüllung des Vertrages nicht erforderlich sind. Nach dem 32. Erwägungsgrund bedeuten Stillschweigen, bereits angekreuzte Kästchen oder Untätigkeit der betroffenen Person keine Einwilligung.

6.143a Für die **Einwilligung im Arbeitsverhältnis**[125] sind nach § 26 Abs. 2 Satz 1 BDSG für die Beurteilung der Freiwilligkeit der Einwilligung insbesondere die im Beschäftigungsverhältnis bestehende Abhängigkeit der beschäftigten Person sowie die Umstände, unter denen die Einwilligung erteilt worden ist, zu berücksichtigen. Nach § 26 Abs. 2 Satz 2 BDSG kann Freiwilligkeit insbesondere dann vorlie-

120 Vgl. auch die Empfehlung aus D.3 DCGK.
121 Vgl. hierzu insbesondere auch *Wybitul*, CCZ 2016, 194 ff.
122 *Lettl*, WM 2018, 1149 (1150).
123 Vgl. hierzu *Lettl*, WM 2018, 1149 (1151).
124 Vgl. hierzu ausführlich *Schantz*, NJW 2016, 1841 (1844 f.).
125 Vgl. hierzu ausführlich: *Gräber/Nolden* in Paal/Pauly, DS-GVO/BDSG, § 26 BDSG Rz. 26 ff.

gen, wenn für die beschäftigte Person ein rechtlicher oder wirtschaftlicher Vorteil erreicht wird oder Arbeitgeber und beschäftigte Person gleichgelagerte Interessen verfolgen. Die Einwilligung hat schriftlich oder elektronisch zu erfolgen, soweit nicht wegen besonderer Umstände eine andere Form angemessen ist.

b) Rechtfertigungsmöglichkeiten ohne Einwilligung

Unabhängig von der Existenz einer möglichen Einwilligung bietet die DSGVO verschiedene Wege an, die Verarbeitung personenbezogener Daten zu legitimieren. 6.144

Nach Art. 6 Abs. 1 DSGVO kann die Verarbeitung **personenbezogener Daten** unter folgenden Voraussetzungen gerechtfertigt sein, wenn sie für einen der folgenden Zwecke erforderlich ist: 6.145

- Durchführung eines Vertrages oder vorvertraglicher Maßnahmen (lit. b),
- Erfüllung rechtlicher Verpflichtungen (lit. c),
- Schutz lebenswichtiger Interessen einer Person (lit. d),
- Wahrnehmung einer Aufgabe im öffentlichen Interesse (lit. e) oder
- Wahrung der berechtigten Interessen des Verantwortlichen oder eines Dritten, sofern die Interessen des Betroffenen nicht überwiegen (lit. f).

Sollen die erhobenen Daten zu einem anderen Zweck verarbeitet werden, als sie ursprünglich erhoben wurden, ist hierfür zunächst eine (weitere) **Einwilligung** erforderlich (Art. 6 Abs. 4 DSGVO). Liegt diese nicht vor, hängt die Zulässigkeit der Datenverarbeitung von weiteren in Art. 6 Abs. 4 DSGVO genannten Kriterien ab (u.a. möglichen Folgen der beabsichtigten Weiterverarbeitung für die betroffene Person). 6.146

Nach Art. 88 DSGVO gelten für das **Arbeitsverhältnis** die speziellen Rechtfertigungstatbestände des § 26 BDSG. Danach können entsprechende Daten verarbeitet werden, wenn dies für die Entscheidung über die Begründung, für dessen Durchführung oder Beendigung erforderlich ist. Das gleiche gilt, wenn die Verarbeitung der Daten zur Erfüllung der sich aus einem Gesetz oder einem Tarifvertrag, einer Betriebs- oder Dienstvereinbarung (Kollektivvereinbarung) ergebenden Rechte und Pflichten der Interessenvertretung der Beschäftigten erforderlich ist. 6.147

c) Verarbeitung und Nutzung personenbezogener Daten im Konzern

Für das Rechtsleben in der Holding ist der **Transfer von Daten** zwischen den Konzernunternehmen von besonderer Relevanz. Besteht in der Holding eine zentrale Compliance-Abteilung für den Konzern, werden hiervon regelmäßig auch sensible Mitarbeiterdaten betroffen sein. 6.148

Zentraler Rechtfertigungstatbestand für den konzerninternen Datentransfer ist Art. 6 Abs. 1 lit. f) DSGVO. Danach kann eine Datenverarbeitung grundsätzlich rechtmäßig sein, wenn die Verarbeitung zur Wahrung der berechtigten Interessen des Verantwortlichen erforderlich ist. Auch nach Inkrafttreten der DSGVO wurde kein Konzernprivileg im eigentlichen Sinne eingeführt[126]. In Erwägungsgrund 48 der DSGVO wird jedoch ausdrücklich festgehalten, dass Verantwortliche, die Teil einer Unternehmensgruppe sind, ein berechtigtes Interesse daran haben können, personenbezogene Daten innerhalb der Unternehmensgruppe für interne Verwaltungszwecke zu übermitteln (sog, „**kleines Konzernprivileg**“[127]). In dem Erwägungsgrund ist explizit genannt, dass hierzu auch die Verarbeitung von Beschäftigtendaten gehören kann. Dies ist jedoch keine Blanko-Ermächtigung, da Art. 6 Abs. 1 lit f DSGVO immer unter dem Vorbehalt steht, dass nicht die Interessen, Grundrechte 6.149

126 *v. d. Bussche* in v. d. Bussche/Voigt, Konzerndatenschutz, Kapitel 1 Rz. 2.
127 *Wurzberger*, ZD 2017, 258 (260).

oder Grundfreiheiten der betroffenen Personen überwiegen. Dennoch kann dieses „kleine Konzernprivileg" dazu führen, dass die Interessengewichtung im Rahmen der Abwägung zugunsten der Konzern-/Unternehmensinteressen verschoben wird[128].

6.150 Der Begriff der „**Unternehmensgruppe**" ist in Art. 4 Nr. 19 DSGVO als eine Gruppe definiert, die aus einem herrschenden und den von diesem abhängigen Unternehmen besteht. In Erwägungsgrund 37 der DSGVO wird diese Definition wie folgt weiter konkretisiert: „Eine Unternehmensgruppe sollte aus einem herrschenden Unternehmen und den von diesem abhängigen Unternehmen bestehen, wobei das herrschende Unternehmen dasjenige sein sollte, das zum Beispiel aufgrund der Eigentumsverhältnisse, der finanziellen Beteiligung oder für das Unternehmen geltenden Vorschriften oder der Befugnis, Datenschutzvorschriften umsetzen zu lassen, einen beherrschenden Einfluss auf die übrigen Unternehmen ausüben kann. Ein Unternehmen, das die Verarbeitung personenbezogener Daten in ihm angeschlossenen Unternehmen kontrolliert, sollte zusammen mit diesen als eine „Unternehmensgruppe" betrachtet werden."

6.151 Das „kleine Konzernprivileg" im Rahmen des Abwägungstatbestandes nach Art. 6 Abs. 1 lit. f) DSGVO ändert jedoch nichts an der Eigenschaft des „Verantwortlichen" im Sinne von Art. 4 Nr. 7 DSGVO. Formal werden bei einem konzerninternen Datentransfer (z.B. die Übertragung der Lohnbuchhaltung auf eine hierauf spezialisierte Tochtergesellschaft des Konzerns) Daten eines Dritten verarbeitet (**Auftragsdatenverarbeitung** gemäß Art. 24 ff. DSGVO) Das gilt auch bei den in der Praxis häufig anzutreffenden Matrix-Strukturen. Dabei ist auch irrelevant, ob es sich um einen Vertragskonzern oder einen faktischen Konzern handelt[129].

6.152 Weniger eindeutig ist die Suche nach dem Rechtfertigungstatbestand, wenn es um personenbezogene Mitarbeiterdaten geht. Mit Blick auf die Datenverarbeitung im Beschäftigungskontext können auf nationaler Ebene sowohl durch Rechtsvorschriften (vgl. hierzu bereits Rz. 6.116) als auch durch Kollektivvereinbarungen spezifischere Regelungen getroffen werden (Art. 88 Abs. 1 DSGVO).

6.153 Im Erwägungsgrund 155 DSGVO wird auch der Begriff der **Betriebsvereinbarung** als eine auf nationaler Ebene mögliche Rechtfertigung für die Datenverarbeitung genannt: „Im Recht der Mitgliedsstaaten oder in Kollektivvereinbarungen (einschließlich ‚Betriebsvereinbarungen') können spezifische Vorschriften für die Verarbeitung personenbezogener Beschäftigtendaten im Beschäftigungskontext vorgesehen werden [...]".[130] Art. 88 Abs. 2 DSGVO ist zu entnehmen, dass auch eine Betriebsvereinbarung eine Datenverarbeitung innerhalb einer Unternehmensgruppe rechtfertigen kann, da Art. 88 Abs. 2 DSGVO ausdrücklich Bezug auf „die Übermittlung personenbezogener Daten innerhalb einer Unternehmensgruppe oder einer Gruppe von Unternehmen, die eine gemeinsame Wirtschaftstätigkeit ausüben", nimmt[131].

6.154 Ein besonderes Thema ist die Verantwortlichkeit für die Datenverarbeitung durch den **Betriebsrat**[132]. Maßgebliche Frage ist dabei, ob der Betriebsrat „allein oder gemeinsam mit anderen über die Zwecke und Mittel der Verarbeitung von personenbezogenen Daten entscheidet" (Art. 4 Nr. 7 DSGVO). Sieht man den Betriebsrat als datenschutzrechtlich unselbständigen Teil des verantwortlichen Unternehmens[133], unterliegt er zumindest insoweit der Kontrolle des betrieblichen Datenschutzbeauftragten[134]. Wird der Betriebsrat dagegen selbst als Verantwortlicher gesehen, treffen ihn

---

128 *v. d. Bussche* in v. d. Busche/Voigt, Konzerndatenschutz, Kapitel 1 Rz. 7; Schantz, NJW 2016, 1841 (1843).

129 *v. d. Bussche* in v. d. Bussche/Voigt, Konzerndatenschutz, Kapitel 1 Rz. 3; *Selk* in Ehmann/Selmayr, DS-GVO, Art. 88 Rz. 173.

130 Erwägungsgrund 155 DSGVO.

131 *Wurzberger*, ZD 2018, 258 (258, 259).

132 Vgl. hierzu ausführlich: *Hamann/Wegmann*, BB 2019, 1347 (1348 f.).

133 *Brahms/Möhle*, ZD 2018, 570 (570 f.).

134 *Hamann/Wegmann*, BB 2019, 1347 (1349).

die Organisations- und Dokumentationspflichten der DSGVO in vollem Umfang[135]. In der Literatur wird daher empfohlen, die Rechte und Pflichten des Betriebsrats bei der Verarbeitung von Beschäftigtendaten in einer Betriebsvereinbarung zu regeln[136].

3. Der (Chief) Compliance Officer in der Holding

Genauso wie der Begriff „Compliance" ist „(Chief) Compliance Officer" (CCO bzw. CO) ein **ausfüllungsbedürftiger Begriff**, d.h. alleine die Bezeichnung gibt noch keine Auskunft über die tatsächlichen Aufgaben des CCO. Der BGH beschreibt die Aufgabenstellung des CCO mit „Verhinderung von Rechtsverstößen, insbesondere auch von Straftaten, die aus dem Unternehmen heraus begangen werden und diesem erhebliche Nachteile durch Haftungsrisiken oder Ansehensverlust bringen können"[137]. Diese typisierende Beschreibung darf jedoch nicht darüber hinwegtäuschen, dass dies im konkreten Fall ganz oder teilweise die Aufgaben eines CO sein können, es aber keineswegs sein müssen. 6.155

Entscheidend für die konkrete Funktion eines CO sind dessen **Geschäftsauftrag** bzw. die diesem konkret übertragenen Aufgaben. Die Aufgaben des CCO in der Holding hängen zudem von der Aufgabenverteilung zwischen Zentrale und Tochterunternehmen ab. Im Rahmen der ihm übertragenen Verantwortlichkeiten kommen dem CCO in der Holding typischerweise die Aufgaben zu, in Abstimmung mit dem Vorstand den strategischen Rahmen für die Compliance des Konzerns zu setzen, die Compliance-Funktion konzernintern (d.h. gegenüber Management und Mitarbeitern) und nach außen zu repräsentieren und vertraulicher Ansprechpartner für das Top-Management zu sein. Häufig ist zudem (mit dem Plazet des Vorstands) vorgesehen, dass der CCO dem Aufsichtsrat (bzw. dem Prüfungsausschuss) zu Compliance-Fragen berichtet. Für Wertpapierdienstleistungsunternehmen ist dies ausdrücklich in BT 1.1 Nr. 2 Satz 2 MaComp angeordnet[138]. 6.156

Persönlich muss der CCO über die fachliche und **moralische Autorität** verfügen, um bei Top-Management und Mitarbeitern gleichermaßen als „Gewissen des Unternehmens" wahrgenommen und respektiert zu werden[139]. Der CCO muss zudem regelmäßig typisch juristische Aufgaben wahrnehmen und mit Blick auf dessen Querschnittsfunktion idealerweise auch über fachliche Kompetenz in den Bereichen Arbeitsrecht, Gesellschaftsrecht, Strafrecht, Kartellrecht, Datenschutzrecht und Wertpapierhandelsrecht verfügen. Vor diesem Hintergrund ist die Fähigkeit zur Ausübung des Richteramtes für den Compliance Officer eine sinnvolle Qualifikation[140]. Ferner ist ein vertieftes Business-Verständnis hinsichtlich der Geschäftsmodelle des Konzerns, der entsprechenden Prozesse sowie betriebswirtschaftliche und branchenspezifische Kenntnisse erforderlich, um den Markt und das Umfeld beurteilen zu können. Der CCO muss sich in die Lage versetzen können, verschiedene Perspektiven im Rahmen der Risikoanalyse und -bewertung einzunehmen als auch antizipierend die richtigen Fragestellungen bei Innovationsprojekten oder der Weiterentwicklung von Geschäftsmodellen aufwerfen zu können. Nur so kann er mit seiner Abteilung für den Konzern wertschöpfend sein und bei der positiven Marktplatzierung unterstützen. 6.157

Ein **Wertpapierdienstleistungsunternehmen** darf nach § 87 Abs. 5 WpHG einen Mitarbeiter nur dann als Compliance-Beauftragten benennen, wenn dieser sachkundig ist und über die für die Tätigkeit erforderliche Zuverlässigkeit verfügt. 6.158

---

135 *Hamann/Wegmann*, BB 2019, 1347 (1349).

136 *Brams/Möhle*, ZD 2018, 570 (573).

137 BGH v. 17.7.2009 – 5 StR 394/08 = AG 2009, 740 Rz. 27 = ZIP 2009, 1867.

138 Rundschreiben der Bundesanstalt für Finanzdienstleistungsaufsicht 05/2018 (WA) – Mindestanforderungen an die Compliance-Funktion und weitere Verhaltens-, Organisations- und Transparenzpflichten – MaComp v. 19.4.2018, geändert am 9.5.2018.

139 Vgl. BGH v. 17.7.2009 – 5 StR 394/08, AG 2009, 740 Rz. 30 = ZIP 2009, 1867.

140 *Hüffer/Schneider*, ZIP 2010, 55 (55); *Bürkle* in Hauschka, Corporate Compliance, § 8 Rz. 36.

6.159 Ist der Compliance-Officer zugleich zum **Beauftragten für den Datenschutz** im Sinne von Art. 37 DSGVO bestellt, gelten für ihn die weiteren Pflichten nach Art. 38, 39 DSGVO. Nach § 38 Abs. 1 BDSG ist ein Datenschutzbeauftragter insbesondere dann zu benennen, wenn in der Regel mindestens zwanzig Personen ständig mit der automatisierten Verarbeitung von personenbezogenen Daten beschäftigt sind. Gemäß Art. 37 Abs. 2 DSGVO darf eine Unternehmensgruppe einen gemeinsamen Datenschutzbeauftragten nur dann ernennen, wenn er von jeder Niederlassung leicht erreicht werden kann.

6.160 Der Datenschutzbeauftragte wird auf der Grundlage seiner beruflichen Qualifikation und insbesondere seines **Fachwissens** benannt (Art. 37 Abs. 5 DSGVO). Der Datenschutzbeauftragte unterliegt bei der Erfüllung seiner Aufgaben keinen Weisungen, er darf wegen der Erfüllung seiner Aufgaben weder abberufen noch benachteiligt werden und er berichtet unmittelbar an die höchste Managementebene (Art. 37 Abs. 3 DSGVO). § 38 Abs. 2, § 6 Abs. 6 BDSG statuieren unter bestimmten Voraussetzungen ein Zeugnisverweigerungsrecht für den Datenschutzbeauftragten.

4. Intra Group Compliance Agreement (IGCA)

6.161 Der Konzernvorstand und die Organe der Beteiligungsgesellschaften müssen eine „angemessene Compliance Organisation" sicherstellen. Diese Compliance-Organisation unterstützt die Organe der Gesellschaften bei Sicherstellung der Compliance und bildet dies u.a. durch gelebte und **formalisierte Governance** ab. In einem komplex beteiligungsrechtlich strukturierten internationalen Konzern differenziert sich der Grad der gesellschaftsrechtlich zulässigen Einwirkung auf die Beteiligungsunternehmen nach Umfang der Beteiligung und der tatsächlichen Einwirkungsmöglichkeiten. Eine schlichte zentrale Weisung an alle Beteiligungsunternehmen, das CMS der Konzernmutter implementieren zu müssen, bewirkt nichts und ist rechtlich unzulänglich.

6.162 Häufig sind komplexe Holdingsstrukturen bei global agierenden Konzernen anzutreffen. Gesellschaftsrechtlich zeigen sich in der Praxis Herausforderungen, die es zu lösen gilt. So sind bei **Auslandsgesellschaften** das geltende nationale Recht und die Gesellschaftsverträge bzw. Satzungen zu beachten. Bei Beteiligungen konzernfremder Dritter sind deren Minderheitsrechte zu schützen, die bereits in sog. Shareholder Agreements ausgeführt sind.

6.163 Eine Compliance Governance kann im Konzern durch den Abschluss eines Intra-Group-Compliance-Agreements (IGCA) seitens der Konzernmutter mit der jeweiligen relevanten Beteiligungsgesellschaft (z.B. Teilkonzern) umgesetzt und entsprechend gelebt werden[141]. Das IGCA als Vertrag kann beispielsweise folgende Sachverhalte regeln:

6.164 Reporting durch Beteiligungsgesellschaften an den CCO, Monitoring des CMS in den Beteiligungen durch den CCO sowie Eingriffsrechte des CCO bei der Fallbearbeitung vor Ort. Dazu können ferner Mitwirkungsmöglichkeiten des CCO bei der Leistungs- und Potential-Bewertung der Compliance Officers sowie Besetzung und Entlassung des Compliance Officers der Beteiligung gehören. Weiterer Bestandteil eines IGCA können Vorgaben für koordinierte Schulungskampagnen auf Basis einer konkreten Aufgabenteilung und einem klar umrissenen Dienstleistungsumfang zwischen der Konzernmutter und der Tochtergesellschaft sein. Abschließend ist auch an ein zentrales Eingangsportal für Whistleblower bzw. Hinweisgeber zu denken.

6.165 Die Sicherstellung der Rechtmäßigkeit des Unternehmenshandelns sollte in allen Strukturen und Maßnahmen der Compliance Organisation Ziel sein. Erfolgreich ist das aufgezeigte Modell, wenn die Rollen eindeutig beschrieben sind, ohne **Verantwortungsverlust** der einzelnen Beteiligungsgesellschaft bzw. Teilkonzerns und damit einer potentiellen Haftungsübernahmegefahr durch den konsolidieren Bereich liegen und von der zuständigen Geschäftsführung beschlossen ist. Entschei-

141 Vgl. hierzu für den faktischen Konzern auch *Schröpfer*, S. 211.

dend zur Vermeidung einer Haftungsverlagerung ist mithin, dass für Compliance immer die gesetzlichen Vertreter der jeweiligen Beteiligungsgesellschaften verantwortlich zeichnen.

Je nach Regelungsinhalt und -tiefe der einzelnen Vereinbarung können die IGCA zudem ein wirksames Instrument zur Sicherstellung von **Effizienz und Kostenwirksamkeit** sein, indem redundante Führungs- und Durchführungsstrukturen vermieden werden. Dabei gibt es keinen „einer passt für alle"-Ansatz. Der Mehrwert ist insbesondere, dass durch intensiven Dialog während der Verhandlungen die beteiligungsspezifischen Besonderheiten berücksichtigt werden und in die Vereinbarung einfließen. Hierdurch wird eine „belastbare" Verpflichtung der Beteiligungsgesellschaft erzielt. Denn sie nimmt sich als einen aktiven Partner auf Augenhöhe wahr. Die inhaltliche Auseinandersetzung hinsichtlich der individuellen Anforderungen – innerhalb des Rahmens – ist Teil eines wertvollen kulturellen Transformationsprozesses zum einen innerhalb der internationalen Compliance Organisation sowie zum anderen in den Geschäftsleitungen der entsprechenden Beteiligungsgesellschaften. Dies ergänzt um die Zusammenarbeit in Routinearbeiten sowie Projekten und Kampagnen führt zur Entwicklung eines gemeinsamen Compliance-Verständnisses. Dieses ist zudem in Verbindung mit der Unternehmenskultur Plattform einer sich permanent weiterentwickelnden und somit „positiv dynamischen" Compliance-Kultur. 6.166

Das dargestellte Modell, erfolgreich umgesetzt und gelebt, kann einen außerordentlichen Beitrag dazu leisten, das CMS „wirksam" zu machen und durch konsequente Weiterentwicklung zu halten. 6.167

§ 7 Überwachung durch den Aufsichtsrat und die Gesellschafter der Holding

I. Überwachung durch den Aufsichtsrat der Holding
1. Überblick 7.2
2. Gegenstand der Konzernüberwachung 7.5
3. Information des Aufsichtsrats
a) Überblick 7.10
b) Berichte an den Aufsichtsrat
aa) Allgemeines 7.11
bb) Berichtspflichten 7.13
cc) Gestaltung der Berichte 7.22
dd) Probleme der Informationsbeschaffung und -weitergabe . . 7.23
c) Einsichts- und Prüfungsrecht nach § 111 Abs. 2 AktG 7.26
4. Aspekte und Verfahren der Überwachung
a) Überwachungsaspekte 7.31
b) Umfang der Überwachung 7.35
5. Eingriffsmittel 7.41
6. Personalentscheidungen im Konzern 7.46
7. Entscheidung über die Ausübung von Beteiligungsrechten gem. § 32 MitbestG, § 15 MitbestErgG . . 7.48

II. Überwachung durch die Gesellschafter der Holding
1. Holding-AG
a) Zuständigkeit der Hauptversammlung 7.49
b) Informationsrechte der Aktionäre . . 7.60
2. Holding-GmbH 7.62

Literaturübersicht: *Barzen/Kampf*, Berichtspflicht des AG-Vorstands zu Tochtergesellschaften, BB 2011, 3011; *Börgers/Schilha*, Die Unabhängigkeit des Vertreters des Mutterunternehmens im Aufsichtsrat der Tochtergesellschaft, AG 2010, 221; *Götz*, Leitungssorgfalt und Leitungskontrolle der Aktiengesellschaft hinsichtlich abhängiger Unternehmen, ZGR 1998, 524; *Grundmeier*, Dogmatische Grundzüge einer konzernweiten Compliance-Pflicht, Der Konzern 2012, 487; *Gubitz/Nikoleyczik*, Erwerb der Dresdner-Bank durch die Commerzbank: Ein „Holzmüller"-Fall?, NZG 2010, 539; *Habersack*, Gedanken zur konzernweiten Compliance-Verantwortung des Geschäftsleiters eines herrschenden Unternehmens, in FS Möschel, 2011, S. 1175; *Harbarth*, Zustimmungsvorbehalt im faktischen Aktienkonzern, in FS Hoffmann-Becking, 2013, S. 457; *Hoffmann-Becking*, Der Aufsichtsrat im Konzern, ZHR 159 (1995), 325; *Hoffmann-Becking* (Hrsg.), Münchener Handbuch des Gesellschaftsrechts, Band 4: Aktiengesellschaft, 5. Aufl. 2020; *Hofmeister*, Veräußerung und Erwerb von Beteiligungen bei der Aktiengesellschaft: Denkbare Anwendungsfälle der Gelatine-Rechtsprechung?, NZG 2008, 47; *Hommelhoff*, Zur Anteils- und Beteiligungsüberwachung im Aufsichtsrat, in FS Stimpel, 1985, S. 601; *Hommelhoff*, Grundsätze ordnungsgemäßer Kontrolle der Beteiligungsverwaltung des Konzernvorstands durch den Konzernaufsichtsrat, AG 1995, 225; *Hommelhoff*, Vernetzte Aufsichtsratsüberwachung im Konzern, ZGR 1996, 144; *Hüffer*, Informationen zwischen Tochtergesellschaft und herrschendem Unternehmen, in Festgabe Riegger, 2008, S. 29; *Hüffer*, Informationen zwischen Tochtergesellschaft und herrschendem Unternehmen im vertragslosen Konzern, in FS Schwark, 2009, S. 185; *Kalss*, Der Aufsichtsrat im Konzern nach österreichischem Recht, Der Konzern 2012, 89; *Kiefner*, Konzernumbildung und Börsengang der Tochter, 2005; *Kiefner*, Beteiligungserwerb und ungeschriebene Hauptversammlungszuständigkeit, ZIP 2011, 545; *Kiesewetter/Spengler*, Hauptversammlungszuständigkeit bei Veräußerung und Erwerb von Gesellschaftsvermögen im Rahmen von M&A-Transaktionen, Der Konzern 2009, 451; *Kohlenbach*, Das Verhältnis der Aufsichtsräte im Aktiengesellschaftskonzern, 2003; *Lenz*, Zustimmungsvorbehalte im Konzern, AG 1997, 448; *Löbbe*, Unternehmenskontrolle im Konzern, 2003; *Lutter*, Zur Wirkung von Zustimmungsvorbehalten nach § 111 Abs. 4 Satz 2 AktG auf nahestehende Gesellschaften, in FS Fischer, 1979, S. 419; *Lutter*, Organzuständigkeit im Konzern, in FS Stimpel, 1985, S. 825; *Lutter*, Unternehmensplanung und Aufsichtsrat, in FS Albach, 1991, S. 345 = AG 1991, 249; *Lutter*, Defizite für eine effiziente Aufsichtsratstätigkeit und gesetzliche Möglichkeiten der Verbesserung, ZHR 159 (1995), 287; *Lutter*, Information und Vertraulichkeit im Aufsichtsrat, 3. Aufl. 2006; *Lutter*, Der Aufsichtsrat im Konzern, AG 2006, 517; *Lutter*, Der Erwerb der Dresdner Bank durch die Commerzbank – ohne ein Votum ihrer Hauptversammlung?, ZIP 2012, 351; *Lutter/Krieger/Verse*, Rechte und Pflichten des Aufsichtsrats, 7. Aufl. 2020; *Martens*, Der Aufsichtsrat im Konzern, ZHR 159 (1995), 567; *Nikoleyczik/Gubitz*, Erwerb der Dresdner-Bank durch die Commerzbank – Beteiligungserwerb kein „Holzmüller"-Fall, NZG 2011, 91; *Potthoff/Trescher/Theisen*, Das Aufsichtsratsmitglied, 6. Aufl. 2003; *Priester*, Aktionärsentscheid zum Unternehmenserwerb, AG 2011, 654;

Ramm, Die Position des Aufsichtsrats des herrschenden Unternehmens im mehrstufigen Konzern, 2002; *Scheffler*, Die Überwachungsaufgabe des Aufsichtsrats im Konzern, DB 1994, 793; *M. Schmidt*, Konzernsteuerung über Aufsichtsräte, in FS Imhoff, 1998, S. 67; *Uwe H. Schneider*, Das Informationsrecht des Aufsichtsratsmitglieds einer Holding AG, in FS Kropff, 1997, S. 271; *Uwe H. Schneider*, Der Aufsichtsrat des herrschenden Unternehmens im Konzern, in FS Hadding, 2004, S. 621; *Uwe H. Schneider*, Investigative Maßnahmen und Informationsweitergabe im konzernfreien Unternehmen und im Konzern, NZG 2010, 1201; *Uwe H. Schneider*, Konzerngründung im faktischen GmbH-Konzern, GmbHR 2014, 113; *Semler*, Leitung und Überwachung der Aktiengesellschaft, 2. Aufl. 1996; *Semler/v. Schenck* (Hrsg.), Arbeitshandbuch für Aufsichtsratsmitglieder, 4. Aufl. 2013; *Staake*, Ungeschriebene Hauptversammlungskompetenzen in börsennotierten und nicht börsennotierten Aktiengesellschaften, 2009; *Timm*, Die Aktiengesellschaft als Konzernspitze, 1980; *Wagner*, Ungeschriebene Kompetenzen der Hauptversammlung, 2007; *Wahlers*, Konzernbildungskontrolle durch die Hauptversammlung der Obergesellschaft, 1995.

Neben der internen Überwachung der Geschäftstätigkeit der Holding durch deren eigenes Geschäftsführungsorgan (vgl. dazu *v. Schenck* Rz. 5.1 ff.) steht die externe Überwachung durch andere Organe und Dritte. Bei Holding-Rechtsformen mit einem Pflicht-Aufsichtsrat tritt dessen Tätigkeit als externer Überwachungsträger in den Vordergrund. Daneben stehen in Abhängigkeit von der Rechtsform mehr oder minder stark ausgeprägte Überwachungskompetenzen der Gesellschafter sowie die Tätigkeit des Abschlussprüfers. Im Einzelfall können darüber hinaus freiwillig gebildete Aufsichtsgremien der Holding (fakultativer Aufsichtsrat, Beirat u.Ä.) und staatliche Aufsichtsgremien (Finanzdienstleistungsaufsicht, Stiftungsaufsicht usw.) eine Rolle spielen. Die folgenden Ausführungen konzentrieren sich auf die Überwachung durch den Aufsichtsrat und durch die Gesellschafter einer Holding in der Rechtsform der AG oder GmbH. 7.1

I. Überwachung durch den Aufsichtsrat der Holding

1. Überblick

Der Aufsichtsrat ist **Pflichtorgan** jeder Aktiengesellschaft (§ 95 AktG) und dualistisch verfassten SE (Art. 38 SE-VO) sowie aller Gesellschaften mbH, die der Mitbestimmung unterliegen (§ 1 Abs. 1 Satz 1 Nr. 3 DrittelbG, § 1 MitbestG, §§ 1, 3 Abs. 1 Montan-MitbestG, § 3 Abs. 1 MitbestErgG), oder externe Kapitalverwaltungsgesellschaften (§ 18 Abs. 2 Satz 1 KAGB) sind. Er besteht aus mindestens drei Mitgliedern. Seine Größe und Zusammensetzung bestimmt sich vor allem danach, welche Form der Arbeitnehmermitbestimmung im Einzelfall anwendbar ist (vgl. dazu näher *Wackerbarth* Rz. 12.75 ff.). Soweit ein GmbH-Aufsichtsrat nicht vorgeschrieben ist, kann er durch entsprechende Regelung der Satzung freiwillig gebildet werden; seine Ausgestaltung richtet sich dann nach der Satzung und, soweit diese keine Regelung enthält, weitgehend nach den Vorschriften des Aktienrechts (§ 52 Abs. 1 GmbHG). 7.2

Der **Aufsichtsrat der AG** ist zuständig für die Bestellung und Abberufung der Vorstandsmitglieder und die Regelung der Anstellungsverhältnisse (§ 84 AktG). Er hat die Geschäftsführung des Vorstands zu überwachen (§ 111 AktG); daneben stehen ihm im Einzelfall Mitentscheidungsbefugnisse zu, namentlich bei Geschäftsführungsmaßnahmen des Vorstands, bei denen ein Zustimmungsvorbehalt zugunsten des Aufsichtsrats eingerichtet ist (§ 111 Abs. 4 Satz 2 AktG), bei der Feststellung des Jahresabschlusses und der Billigung des Konzernabschlusses (§§ 171, 172 AktG) sowie bei der Ausübung von Beteiligungsrechten in mitbestimmten Gesellschaften (§ 32 MitbestG, § 15 MitbestErgG). Die Geschäftsführung obliegt demgegenüber allein dem Vorstand, der die Gesellschaft unter eigener Verantwortung leitet (§ 76 Abs. 1 AktG). Dem Aufsichtsrat können Maßnahmen der Geschäftsführung nicht übertragen werden (§ 111 Abs. 1 Satz 4 AktG), und er besitzt dementsprechend hinsichtlich der Vornahme von Geschäften weder ein Initiativ- noch ein Weisungsrecht gegenüber dem Vorstand[1]. Im wesentlichen gleiche Grundsätze gelten für den Aufsichtsrat der dualistisch ver- 7.3

1 *Lutter/Krieger/Verse*, Rechte und Pflichten des Aufsichtsrats, Rz. 62; *Hoffmann-Becking* in MünchHdb/AG, § 29 Rz. 11 und 53.

fassten SE (vgl. Art. 9 Abs. 1, Art. 39 Abs. 2, Art. 40 Abs. 1, Art. 41 SEVO, §§ 18, 19 SEAG), auf den im folgenden nicht gesondert eingegangen wird.

7.4 Für den **Pflicht-Aufsichtsrat der GmbH** gelten ebenfalls im Wesentlichen gleiche Grundsätze. Auch er hat vor allem die Aufgabe, die Geschäftsführung zu überwachen, wobei weitgehend die aktienrechtlichen Regelungen Anwendung finden (§ 1 Abs. 1 Satz 1 Nr. 3 DrittelbG, § 25 Abs. 1 Satz 1 Nr. 2 MitbestG, § 3 Abs. 2 Montan-MitbestG, § 3 Abs. 1 Satz 2 MitbestErgG, § 18 Abs. 2 Satz 3 KAGB). Ebenso wie bei der AG können Zustimmungsvorbehalte zugunsten des Aufsichtsrats eingerichtet werden. Der GmbH-Aufsichtsrat ist jedoch nicht zuständig für die Feststellung des Jahresabschlusses, die allein der Gesellschafterversammlung obliegt. Außerdem hat ein GmbH-Aufsichtsrat nach dem DrittelbG und dem KAGB nicht die Kompetenz zur Bestellung und Abberufung der Geschäftsführer und zur Regelung der Anstellungsverträge; diese Personalzuständigkeit haben nur die GmbH-Aufsichtsräte nach dem MitbestG und der Montan-Mitbestimmung. Die folgenden Ausführungen gehen von der Aktiengesellschaft aus, gelten aber, soweit nichts anderes vermerkt ist, auch für den Pflicht-Aufsichtsrat einer Holding-GmbH; für den freiwillig gebildeten Aufsichtsrat einer GmbH gelten sie nur insoweit, wie in der Satzung nichts abweichendes geregelt ist (§ 52 Abs. 1 GmbHG).

2. Gegenstand der Konzernüberwachung

7.5 Gegenstand des Überwachungsauftrags des Aufsichtsrats ist die „**Geschäftsführung**" (§ 111 Abs. 1 AktG) durch den Vorstand. Zu dieser Geschäftsführung gehört die Verantwortung für die Leitung und Überwachung der operativen Konzerngesellschaften (vgl. *Keller* Rz. 4.16 ff. und *v. Schenck* Rz. 5.1 ff.), und gerade in einer Holding liegt darin die eigentliche Aufgabe des Vorstands. Dementsprechend richtet sich der Überwachungsauftrag des Aufsichtsrats darauf, ob der Vorstand dieser Leitungs- und Überwachungsverantwortung für den Konzern gerecht wird[2]. Von einer derart **konzernweiten Überwachungsaufgabe** des Aufsichtsrats geht auch das Gesetz aus, wenn es die Berichtspflicht des Vorstands auch auf Tochter- und Gemeinschaftsunternehmen erstreckt (§ 90 Abs. 1 Satz 2 und 3, Abs. 3 Satz 1 AktG) und wenn es den Aufsichtsrat der Obergesellschaft verpflichtet, den Konzernabschluss und den Konzernlagebericht zu prüfen und über die Billigung des Konzernabschlusses zu entscheiden (§ 171 Abs. 1 und 2 AktG).

7.6 Der Überwachungsauftrag des Aufsichtsrats, wie § 111 Abs. 1 AktG ihn versteht, erstreckt sich nur auf die Unternehmensleitung durch den Vorstand. Dementsprechend bleibt auch die Überwachungstätigkeit des Aufsichtsrats der Holding auf den **Holding-Vorstand beschränkt.** Der Aufsichtsrat hat nicht die Organe der nachgeordneten Konzernunternehmen und deren Geschäftsführung zu überwachen[3]. Deren Leitung und Überwachung ist Sache des Holding-Vorstands; der Holding-Aufsichtsrat hat sicherzustellen, dass der Vorstand seiner Leitungs- und Aufsichtsfunktion gegenüber den Tochtergesellschaften und deren Organen ordnungsgemäß nachkommt. Im Rahmen dieses Überwachungsauftrags kann es zwar nötig werden, dass sich der Aufsichtsrat im Einzelfall auch mit Geschäftsführungshandlungen der Leitungsorgane von Tochtergesellschaften zu befassen hat (vgl. Rz. 7.9). Aber das muss (und darf) er nur, soweit es nötig ist, um die ordnungsgemäße Wahrnehmung der konzernleitenden Führungsaufgaben sicherzustellen, nicht hingegen zum Zwecke einer eigenständigen Überwachung der Tochter-Geschäftsführung.

2 Hüffer/Koch, § 111 AktG Rz. 18; *Habersack* in MünchKomm/AktG, § 111 AktG Rz. 15; *Lutter/Krieger/Verse*, Rechte und Pflichten des Aufsichtsrats, Rz. 142; *Hoffmann-Becking* in MünchHdb/AG, § 29 Rz. 32; *Semler*, Leitung und Überwachung der Aktiengesellschaft, Rz. 381 f.; *Löbbe*, Unternehmenskontrolle im Konzern, S. 238 ff.; *Hommelhoff*, ZGR 1996, 144 (149).

3 *Koppensteiner* in KölnKomm/AktG, Vorb. § 291 AktG Rz. 73; *Hoffmann-Becking* in MünchHdb/AG, § 29 Rz. 32; *Lutter/Krieger/Verse*, Rechte und Pflichten des Aufsichtsrats, Rz. 142, 144; *Semler*, Leitung und Überwachung der Aktiengesellschaft, Rz. 401; *Hommelhoff*, ZGR 1996, 144 (150); eingehend *Ramm*, Die Position des Aufsichtsrats des herrschenden Unternehmens im mehrstufigen Konzern, S. 116 ff.

Der Aufsichtsrat hat die geschäftsführende Tätigkeit des Vorstands nicht in allen Einzelheiten zu überwachen. Ein so weitgehender Überwachungsauftrag wäre vom Aufsichtsrat nicht zu erfüllen und würde im Aktienrecht auch mit der Leitungsautonomie des Vorstands (§ 76 Abs. 1 AktG) kollidieren. Die Überwachung ist deshalb auf die Schwerpunkte der Leitungstätigkeit beschränkt, d.h. auf die Ausübung der eigentlichen Führungsfunktionen und auf wesentliche Einzelmaßnahmen[4]; auch der Holding-Aufsichtsrat hat sich bei seiner Überwachung auf die in der Holding zu erledigenden **Führungsaufgaben** zu beschränken. Welchen Umfang diese haben, ist von Fall zu Fall unterschiedlich und davon abhängig, inwieweit aufgrund der Besonderheiten des Einzelfalls zentral oder dezentral geführt wird[5]. Es gibt aber ein Mindestmaß echter Führungsentscheidungen, die vom Holding-Vorstand wahrgenommen und dementsprechend vom Holding-Aufsichtsrat überwacht werden müssen. Dazu zählt die Betriebswirtschaftslehre solche Entscheidungen, die für den Bestand des Konzerns und seine Vermögens-, Ertrags- und Finanzlage von wesentlicher Bedeutung sind oder die Kenntnis des Gesamtzusammenhangs des Konzerns voraussetzen[6]. Als Einzelbereiche genannt werden dabei die Festlegung der Unternehmenspolitik, der Konzernziele und -strategien, der Konzernstruktur und -organisation, die Zuteilung von Ressourcen, die Koordination der Konzernunternehmen, die Überwachung der Geschäfts- und Ergebnisentwicklung hinsichtlich der vorgegebenen Ziele, die Besetzung wichtiger Führungsfunktionen und die Mitentscheidung über Maßnahmen von wesentlicher Bedeutung[7]. 7.7

Konkretisiert wird der Gegenstand der Überwachung vor allem durch die in § 90 Abs. 1 AktG geregelten **Berichtspflichten** des Vorstands gegenüber dem Aufsichtsrat sowie durch die Pflicht zur Vorlage von Jahresabschluss und Konzernabschluss. Was dem Aufsichtsrat zu berichten ist, ist zugleich Gegenstand seiner Überwachungstätigkeit. Diese hat sich also insbesondere auf die beabsichtigte Geschäftspolitik und andere grundsätzliche Fragen der künftigen Geschäftsführung des Unternehmensverbundes, auf seine Rentabilität, den Gang der Geschäfte und die Lage des Verbundes zu erstrecken. Einzelne Geschäfte bedürfen einer Prüfung durch den Aufsichtsrat nur, wenn sie von erheblicher Bedeutung für die Rentabilität oder Liquidität der Holding oder des Verbundes sein können oder wenn es sich um geschäftliche Vorgänge handelt, die aus anderen Gründen für die Holding oder den Verbund von wesentlicher Bedeutung sind[8]. Das gilt auch für den Aufsichtsrat einer **GmbH**, auch wenn dort die Berichtsregeln des § 90 AktG nur eingeschränkt gelten (vgl. Rz. 7.21). 7.8

Ein deutlich engeres Überwachungskonzept wird demgegenüber von *Hommelhoff* befürwortet[9]. Nach seiner Ansicht findet im Konzern eine arbeitsteilige oder **vernetzte Aufsichtsratsüberwachung** statt. Der Aufsichtsrat der Konzernspitze könne sich für den Regelfall darauf verlassen, dass das Geschehen in den Tochtergesellschaften von den dort gebildeten Aufsichtsräten hinreichend überwacht werde. Der Aufsichtsrat der Obergesellschaft müsse nur dafür sorgen, dass ihm der Konzernvorstand über die Tätigkeit der Tochteraufsichtsräte berichte, und der Konzernvorstand müsse sich über eigene Mandate in Tochteraufsichtsräten über deren Tätigkeit informieren. Nach dieser Auffassung braucht der Aufsichtsrat der Mutter die Tätigkeit der Tochtergesellschaft selbst dann nicht weiterzuverfolgen, wenn es sich dabei um für die Konzernspitze wesentliche Vorgänge han- 7.9

4 Hüffer/Koch, § 111 AktG Rz. 2 f.; *Habersack* in MünchKomm/AktG, § 111 Rz. 18 ff.; *Lutter/Krieger/Verse*, Rechte und Pflichten des Aufsichtsrats, Rz. 65; *Hoffmann-Becking* in MünchHdb/AG, § 29 Rz. 29.

5 Näher zu den Umständen, von denen Intensität und Umfang der Konzernführung abhängig sein können, *Scheffler*, DB 1994, 793 (796).

6 Näher *Scheffler*, Konzernmanagement, 1992, S. 37 ff.; *Scheffler*, DB 1994, 793 (796).

7 *Scheffler*, Konzernmanagement 1992, S. 38 f.; *Potthoff/Trescher/Theisen*, Das Aufsichtsratsmitglied, Rz. 515; *Semler*, Leitung und Überwachung der Aktiengesellschaft, Rz. 11 ff.; s. auch *Keller* Rz. 4.27.

8 Vgl. zum Ganzen *Lutter/Krieger/Verse*, Rechte und Pflichten des Aufsichtsrats, Rz. 66, 147 ff.; *Habersack* in MünchKomm/AktG, § 111 AktG Rz. 22; *Semler*, Leitung und Überwachung der Aktiengesellschaft, Rz. 103 ff.; *Hüffer*, ZGR 1980, 320 (335).

9 *Hommelhoff*, ZGR 1996, 144 (149 ff.); zustimmend *Potthoff/Trescher/Theisen*, Das Aufsichtsratsmitglied, Rz. 547 f.; mit Einschränkungen auch *Kohlenbach*, Das Verhältnis der Aufsichtsräte im Aktiengesellschaftskonzern, S. 173 ff.

delt[10]. Den gesetzlichen Regelungen insbesondere des § 90 Abs. 1 Satz 2 und 3, Abs. 3 Satz 1 AktG sowie des § 171 AktG liegt jedoch die Vorstellung einer **eigenen Überwachungspflicht des Konzernaufsichtsrats** zugrunde. Das Konzept der vernetzten Überwachung griffe auch zu kurz, weil der Aufsichtsrat der Obergesellschaft einen anderen Überwachungsmaßstab (Unternehmensinteresse der Holding statt Unternehmensinteresse der Tochter) und einen anderen Überwachungsgegenstand (Konzernleitung des Holding-Vorstands statt Unternehmensleitung des Tochter-Vorstands) hat[11]. Die „Vernetzung" oder „Arbeitsteilung" kann deshalb nicht darin bestehen, dass der Holding-Aufsichtsrat sich bei seiner eigenen Überwachungsaufgabe auf die Töchter-Aufsichtsräte verlässt. Vielmehr besteht die vom Gesetz vorgegebene Arbeitsteilung darin, dass Holding- und Töchter-Aufsichtsräte von vornherein unterschiedliche Überwachungsaufgaben haben. Mit dem Geschehen in den Töchtern muss sich der Holding-Aufsichtsrat ohnehin – im Rahmen der Kontrolle des Holding-Vorstands – nur insoweit befassen, als dieses erhebliche Auswirkungen auf den Konzern hat; insoweit aber kann er sich nicht einfach auf den Tochter-Aufsichtsrat verlassen[12]. Allerdings wird man annehmen können, dass die Aufsichtsratskontrolle auf Holding-Ebene für Konzernbereiche mit eigenem Aufsichtsrat weniger Intensität verlangt als für andere Bereiche[13].

3. Information des Aufsichtsrats

a) Überblick

7.10 Damit der Aufsichtsrat überwachen kann, muss er informiert sein. Seine Informationen erhält er in der **Aktiengesellschaft** vor allen Dingen durch **Berichte**, die der Vorstand ihm in regelmäßigen Abständen (§ 90 Abs. 1 Satz 1 und 2 AktG), aus wichtigen Anlässen (§ 90 Abs. 1 Satz 3 AktG) sowie auf Verlangen des Aufsichtsrats oder einzelner Aufsichtsratsmitglieder (§ 90 Abs. 3 AktG) zu erstatten hat. Hinzu kommen Vorlageberichte aufgrund von Zustimmungsvorbehalten gem. § 111 Abs. 4 Satz 2 AktG (vgl. Rz. 7.42 ff.) sowie der Jahres- und Konzernabschluss mit dem Lagebericht und Konzernlagebericht jeweils nebst dem zugehörigen Prüfungsbericht des Abschlussprüfers. Überdies hat der Aufsichtsrat die Möglichkeit, sämtliche **Unterlagen** der Gesellschaft einzusehen und zu prüfen (§ 111 Abs. 2 AktG). Im Recht der **GmbH** gilt das aktienrechtliche Berichtssystem nur teilweise. Hier muss der Aufsichtsrat stärker durch eigene Initiative für den Erhalt der nötigen Informationen sorgen; vgl. Rz. 7.21.

b) Berichte an den Aufsichtsrat

aa) Allgemeines

7.11 § 90 Abs. 1 Satz 1, Abs. 2 AktG regeln in ihren Nr. 1 bis 4 die vom Vorstand in regelmäßigen Abständen zu erstattenden Berichte. Die Vorschrift geht zunächst von einer Berichterstattung über die Angelegenheiten der Gesellschaft aus. Zugleich hebt § 90 Abs. 1 Satz 2 AktG jedoch hervor, dass der Bericht in einem Konzern auch auf Tochterunternehmen und auf Gemeinschaftsunternehmen einzugehen hat. Zusätzlich stellt das Gesetz klar, dass wichtiger Anlass für einen Sonderbericht auch ein geschäftlicher Vorgang bei einem verbundenen Unternehmen sein kann (§ 90 Abs. 1 Satz 3 AktG) und sich das Recht, zusätzliche Berichte vom Vorstand zu verlangen, auch auf geschäftliche Vorgänge bei verbundenen Unternehmen bezieht (§ 90 Abs. 3 Satz 1 AktG), sofern diese auf die Lage

10 So ausdrücklich *Hommelhoff*, ZGR 1996, 144 (156).

11 Ausführlich *Löbbe*, Unternehmenskontrolle im Konzern, S. 244 ff.; hinsichtlich des unterschiedlichen Überwachungsmaßstabs zustimmend auch *Kohlenbach*, Das Verhältnis der Aufsichtsräte im Aktiengesellschaftskonzern, S. 178 ff.

12 Insoweit zustimmend auch *Kohlenbach*, Das Verhältnis der Aufsichtsräte im Aktiengesellschaftskonzern, S. 192 f.

13 Ähnlich *Martens*, ZHR 159 (1995), 567 (568), der eine geringere Überwachungsintensität für Konzernbereiche mit einem vom Konzernvorstand weitgehend unabhängigen Kontrollsystem befürwortet; a.A. wohl *Löbbe*, Unternehmenskontrolle im Konzern, S. 243 ff. mit Fn. 32.

der Gesellschaft von erheblichem Einfluss sein können. Damit trägt das Gesetz den Besonderheiten des Konzerns Rechnung. Wenn der Vorstand der Gesellschaft einen Konzern führt und sich damit die Überwachungstätigkeit des Aufsichtsrats auf die Konzernführung durch den Vorstand zu erstrecken hat, muss der Vorstand seinen Aufsichtsrat über den Konzern nach den gleichen Regeln und in der gleichen Weise informieren wie über die Gesellschaft. Wo die Geschäftsführung des Vorstands Konzerngeschäftsführung ist, muss auch die Berichterstattung **Konzernberichterstattung** sein[14]. Dabei macht es keinen wesentlichen Unterschied, ob die Tochtergesellschaften mit der Holding durch Beherrschungs- und Gewinnabführungsverträge (oder gar durch Eingliederung) verbunden sind oder nur im Rahmen eines faktischen Konzerns geführt werden[15].

Die Berichtsansprüche des Holding-Aufsichtsrats richten sich ausschließlich gegen den Holding-Vorstand. So wenig der Aufsichtsrat der Holding die Geschäftsführungsorgane von Tochtergesellschaften zu überwachen hat, so wenig hat er unmittelbare Informationsrechte gegen diese. Der Aufsichtsrat der Obergesellschaft ist im Regelfall auch nicht berechtigt, sich mit **Informationswünschen unmittelbar an Tochtergesellschaften** zu wenden. Insoweit müssen für die Direktbefreiung von Organmitgliedern der Töchter die gleichen Schranken gelten wie für die Einholung direkter Informationen bei Mitarbeitern der Gesellschaft selbst: Der Aufsichtsrat hat die Leitungsautonomie des Vorstands (§ 76 AktG) zu wahren. Geht es um die Klärung von Vorwürfen, einschließlich des Vorwurfs unvollständiger oder unzutreffender Berichterstattung, kann der Aufsichtsrat ausnahmsweise die Geschäftsführungsorgane von Tochtergesellschaften um Direktinformationen bitten, geht es hingegen um Fragen der Geschäftsführung, ist der Aufsichtsrat nicht berechtigt, am Vorstand vorbei zu handeln, sondern darauf verwiesen, diesen um die Beschaffung der Information oder um sein Einverständnis mit einer unmittelbaren Kontaktaufnahme zu bitten[16]. Mit Einverständnis des Vorstands der Holding ist es hingegen zulässig, dass der Aufsichtsrat Informationen unmittelbar bei Geschäftsführungsorganen der Tochtergesellschaften einholt[17]; insbesondere ist es verbreitet und zweckmäßig, dass der Aufsichtsrat in Abstimmung mit dem Vorstand der Holding in gewissen zeitlichen Abständen die Geschäftsführungsorgane der Töchter bittet, an einer Aufsichtsratssitzung der Holding teilzunehmen und dort selbst über ihren Bereich zu informieren. Eine Verpflichtung des Vorstands der Holding, seinem Aufsichtsrat die unmittelbare Informationserhebung bei Tochtergesellschaften zu gestatten, besteht nicht[18]. Zur Möglichkeit des Aufsichtsrats, über die Festlegung von Prüfungsschwerpunkten bei der Konzernabschlussprüfung Informationen unmittelbar bei Tochtergesellschaften zu erheben, vgl. Rz. 7.28. 7.12

14 *Grigoleit/Tomasic* in Grigoleit, § 90 AktG Rz. 12; *Krieger/Sailer-Coceani* in K. Schmidt/Lutter, § 90 AktG Rz. 32; *Lutter/Krieger/Verse*, Rechte und Pflichten des Aufsichtsrats, Rz. 228 ff.; *Kohlenbach*, Das Verhältnis der Aufsichtsräte im Konzern, S. 102 ff.; *Löbbe*, Unternehmenskontrolle im Konzern, S. 267 ff.; *Semler*, Leitung und Überwachung der Aktiengesellschaft, Rz. 403 ff.; *Lutter*, Information und Vertraulichkeit im Aufsichtsrat, Rz. 148 ff.; enger *Mertens/Cahn* in KölnKomm/AktG, § 90 AktG Rz. 41 f.; *Spindler* in MünchKomm/AktG, § 90 AktG Rz. 22; Hüffer/Koch, § 90 AktG Rz. 7a; *Barzen/Kampf*, BB 2011, 3011 ff., die die Berichtspflicht auf solche Konzerndaten beschränken, die auf die Angelegenheiten der herrschenden Gesellschaft erheblichen Einfluss haben können.

15 *Hoffmann-Becking*, ZHR 159 (1995), 325 (334); *Lutter/Krieger/Verse*, Rechte und Pflichten des Aufsichtsrats, Rz. 231; *Kohlenbach*, Das Verhältnis der Aufsichtsräte im Konzern, S. 143; *Löbbe*, Unternehmenskontrolle im Konzern, S. 271, der nur Finanzbeteiligungen ausklammern will.

16 Vgl. *Kohlenbach*, Das Verhältnis der Aufsichtsräte im Aktiengesellschaftskonzern, S. 124 f.; *Brandi*, ZIP 2000, 173 (175 f.); *Möllers*, ZIP 1995, 1728. Zur Direktbefragung von Mitarbeitern der Gesellschaft vgl. *Mertens/Cahn* in KölnKomm/AktG, § 90 AktG Rz. 52; *Spindler* in MünchKomm/AktG, § 90 AktG Rz. 39; *Lutter/Krieger/Verse*, Rechte und Pflichten des Aufsichtsrats, Rz. 246 ff.

17 *Kohlenbach*, Das Verhältnis der Aufsichtsräte im Aktiengesellschaftskonzern, S. 125; *Scheffler*, DB 1994, 797.

18 A.A. *Kohlenbach*, Das Verhältnis der Aufsichtsräte im Aktiengesellschaftskonzern, S. 125, der eine solche Verpflichtung aus der Pflicht zur vertrauensvollen Zusammenarbeit herleiten will.

bb) Berichtspflichten

7.13 Der Vorstand einer Aktiengesellschaft hat den Aufsichtsrat durch die sog. **Quartalsberichte** mindestens vierteljährlich über den Gang der Geschäfte, insbesondere den Umsatz und die Lage der Gesellschaft, zu informieren (§ 90 Abs. 1 Satz 1 Nr. 3, Abs. 2 Nr. 3 AktG). Bei der Darstellung des **Gangs der Geschäfte** steht der Umsatz im Vordergrund. Dieser ist sowohl für den Gesamtkonzern als auch seine wesentlichen Bereiche anzugeben und sowohl den Zahlen der Vergleichsperioden des Vorjahres als auch den Zahlen der Planung gegenüberzustellen. Positive und negative Abweichungen gegenüber Vergleichsperioden und Plänen sind zu erläutern. Die Berichterstattung über die **Lage** verlangt eine Darstellung der aktuellen Ergebnissituation, aber auch Angaben zur Liquiditätslage und zum Personalstand. Auch diese Zahlen sind wieder in einen Perioden- und Planungsvergleich zu stellen und durch verbale Ausführungen zu den wesentlichen Entwicklungen im Berichtszeitraum und den Ursachen für Abweichungen zum Vorjahr und zur Planung zu ergänzen[19]. All diese Angaben sind für die gesamte Gruppe zu machen und in einer Form aufzubereiten, dass die Entwicklung des Konzerns durchsichtig wird. Wie die Berichte im Einzelnen auszugestalten sind, lässt sich nicht allgemein sagen, sondern hängt von den individuellen Besonderheiten des Konzerns ab. Im Kern gilt für die Berichte des Vorstands an den Aufsichtsrat nichts anderes als für die Berichte des Controllings an den Vorstand: Nötig ist ein konsolidierter Bericht[20], der den gesamten Konzern umfasst, die wesentlichen Unternehmensbereiche gesondert darstellt und in standardisierter Form vorgelegt wird, damit die Berichte untereinander vergleichbar sind. Von ihrem Grundraster können die Berichte ebenso angelegt sein wie die Controllingberichte, nur dass es im Allgemeinen nicht des gleichen Detailreichtums bedarf, wie man ihn in Controlling-Berichten üblicherweise findet.

7.14 Der Vorstand hat dem Aufsichtsrat weiterhin über die **beabsichtigte Geschäftspolitik** und andere grundsätzliche Fragen der Unternehmensplanung zu berichten (§ 90 Abs. 1 Satz 1 Nr. 1 AktG); dieser Bericht ist mindestens einmal jährlich zu erstatten, sofern nicht Änderungen der Lage oder neue Fragen eine unverzügliche Berichterstattung gebieten (§ 90 Abs. 2 Nr. 1 AktG). Bei dieser Berichterstattung geht es darum, den Aufsichtsrat zu Beginn des Geschäftsjahres mit der **Unternehmens- und Konzernplanung** bekannt zu machen. Damit sind nach dem Wortlaut des Gesetzes insbesondere die Finanz-, Investitions- und Personalplanung, daneben aber auch andere im Konzern erstellte Planungen, insbesondere die Ergebnisplanung, angesprochen, die für den Konzern in seiner Gesamtheit wie auch für seine wesentlichen Bereiche darzulegen sind[21]. Es geht also nicht nur darum, den Aufsichtsrat in die eigenen Planungsentscheidungen der Holding einzubeziehen, sondern der Aufsichtsrat ist mit der Planung auch insoweit zu befassen, als diese nicht konzernweit durch die Holding erarbeitet, sondern den abhängigen Konzernunternehmen überlassen wird.

7.15 Der Vorstand hat dem Aufsichtsrat überdies den **Jahresabschluss und den Konzernabschluss**, den Lagebericht sowie den Konzernlagebericht mit den Prüfungsberichten des Abschluss- bzw. Konzernabschlussprüfers unverzüglich vorzulegen (§ 170 Abs. 1 AktG)[22]; gleiches gilt, wenn die Gesellschaft einen gesonderten nichtfinanziellen Bericht oder Konzernbericht außerhalb des Lageberichts (§ 289b Abs. 3, § 315b Abs. 3 HGB) erstattet hat, für diese gesonderten Berichte (§ 170 Abs. 1 AktG). Ergänzend dazu hat der Vorstand jährlich zur Bilanzsitzung über die **Rentabilität** der Gesellschaft, insbesondere die Rentabilität des Eigenkapitals, zu berichten (§ 90 Abs. 1 Satz 1 Nr. 2, Abs. 2 Nr. 2 AktG). Auch dieser Bericht hat – jeweils in Gegenüberstellung zum Vorjahr und zur Planung – die Ertragskraft des Konzerns insgesamt und seiner wesentlichen Geschäftsbereiche darzustellen und

---

19 Näher Hüffer/Koch, § 90 AktG Rz. 6; *Spindler* in MünchKomm/AktG, § 90 AktG Rz. 28; *Mertens/Cahn* in KölnKomm/AktG, § 90 AktG Rz. 31 ff.; *Lutter/Krieger/Verse*, Rechte und Pflichten des Aufsichtsrats, Rz. 193 ff., 231; *Löbbe*, Unternehmenskontrolle im Konzern, S. 281 f.

20 Dazu eingehend *Löbbe*, Unternehmenskontrolle im Konzern, S. 272 ff.

21 Näher *Lutter/Krieger/Verse*, Rechte und Pflichten des Aufsichtsrats, Rz. 198 ff., 237; *Löbbe*, Unternehmenskontrolle im Konzern, S. 280 f.; zur Planung im Konzern vgl. näher *Scheffler*, Konzernmanagement, 1992, S. 101 ff.; *Lutter* in FS Albach, S. 345 (357 f.).

22 Zur Prüfung durch den Aufsichtsrat vgl. näher Rz. 7.36.

dem Aufsichtsrat die entsprechenden Rentabilitätskennziffern – neben der vom Gesetz erwähnten Eigenkapitalrendite insbesondere also auch die Umsatzrendite, den Cash-flow und den return on investment – darzustellen[23].

Des Weiteren hat der Vorstand dem Aufsichtsrat über **Geschäfte** zu berichten, die für die Rentabilität oder Liquidität **von erheblicher Bedeutung** sein können; die Berichterstattung hat möglichst so rechtzeitig zu erfolgen, dass der Aufsichtsrat vor dem Geschäft Gelegenheit zur Stellungnahme hat (§ 90 Abs. 1 Satz 1 Nr. 4, Abs. 2 Nr. 4 AktG). Das können Geschäfte der Holding (z.B. eine bedeutende Beteiligungsakquisition oder -veräußerung), aber auch Geschäfte von Konzernunternehmen sein, sofern diese nicht nur aus der Sicht des einzelnen Konzernunternehmens, sondern aus der Sicht des Gesamtkonzerns entsprechende Bedeutung haben. Das beurteilt sich nach den Auswirkungen auf die Tätigkeit des Gesamtkonzerns und den Risiken für dessen Liquiditäts- und Ertragslage[24]. 7.16

Darüber hinaus hat der Vorstand aus sonstigen **wichtigen Anlässen** unverzüglich an den Aufsichtsratsvorsitzenden zu berichten (§ 90 Abs. 1 Satz 3 AktG), der seinerseits spätestens in der nächsten Aufsichtsratssitzung die übrigen Mitglieder zu informieren hat (§ 90 Abs. 5 Satz 3 AktG). Hierzu stellt das Gesetz selbst klar, dass als wichtiger Anlass auch geschäftliche Vorgänge bei verbundenen Unternehmen anzusehen sind, sofern sie auf die Lage der Holding von erheblichem Einfluss sein können. In Abgrenzung zu den wichtigen Geschäften sind hiermit insbesondere die negativen Ereignisse gemeint, wie behördliche Eingriffe, drohende Arbeitskämpfe, Betriebsstörungen, wesentliche Rechtsstreitigkeiten, Angriffe in der Öffentlichkeit usw. Dabei ist es ohne Bedeutung, ob diese Ereignisse unmittelbar bei der Holding oder bei einer ihrer Töchter auftreten. Entscheidend ist allein, dass sie aus der Sicht der Konzernspitze in Relation zu der Situation des Gesamtkonzerns von entsprechender Bedeutung sind[25]. 7.17

Einen sog. **Vorlagebericht** hat der Vorstand zu erstatten, wenn er einen bestimmten Beschluss des Aufsichtsrats erstrebt[26]. Neben der Vorlage des Jahres- und Konzernabschlusses nebst den weiteren Berichten des § 170 Abs. 1 AktG sowie des Abhängigkeitsberichts (§ 312 AktG) gehören hierher die Vorgänge, bei denen Maßnahmen des Vorstands der Zustimmung des Aufsichtsrats bedürfen. Neben einer Reihe von Entscheidungen, die kraft Gesetzes an die Mitwirkung des Aufsichtsrats gebunden sind (z.B. § 59 Abs. 3, § 89, § 111b, § 114, § 115, § 202 Abs. 3 Satz 2, § 308 Abs. 3 Satz 2 AktG, § 32 MitbestG, § 15 MitbestErgG), spielen hier vor allem durch Satzung oder Aufsichtsratsbeschluss angeordnete Zustimmungsvorbehalte des Aufsichtsrats gem. § 111 Abs. 4 Satz 2 AktG eine Rolle. Solche Zustimmungsvorbehalte können auch die Durchführung von Maßnahmen bei Tochtergesellschaften betreffen (näher Rz. 7.44 f.). Damit der Aufsichtsrat seiner Mitwirkungsverantwortung nachkommen kann, bedarf es in diesen Fällen eines Vorlageberichts, der die in Rede stehende Maßnahme mit ihren Chancen und Risiken für die Unternehmensgruppe und ihren Auswirkungen auf deren Vermögens-, Finanz- und Ertragslage[27] im Einzelnen schildert. 7.18

Schließlich können der Aufsichtsrat und einzelne seiner Mitglieder jederzeit vom Vorstand einen **Bericht** über Angelegenheiten der Gesellschaft an den Gesamtaufsichtsrat **verlangen** (§ 90 Abs. 3 AktG). Auch hierzu stellt das Gesetz ausdrücklich klar, dass sich dieser Berichtsanspruch sowohl auf die rechtlichen und geschäftlichen Beziehungen der Holding zu ihren verbundenen Unternehmen als auch auf geschäftliche Vorgänge bei den verbundenen Unternehmen erstreckt, sofern diese auf 7.19

23 *Lutter/Krieger/Verse*, Rechte und Pflichten des Aufsichtsrats, Rz. 204 und 237; *Löbbe*, Unternehmenskontrolle im Konzern, S. 281.

24 *Lutter/Krieger/Verse*, Rechte und Pflichten des Aufsichtsrats, Rz. 208 und 238; *Löbbe*, Unternehmenskontrolle im Konzern, S. 282 ff.

25 *Lutter/Krieger/Verse*, Rechte und Pflichten des Aufsichtsrats, Rz. 209 und 238; *Löbbe*, Unternehmenskontrolle im Konzern, S. 284 ff.

26 Vgl. hierzu etwa *Lutter/Krieger/Verse*, Rechte und Pflichten des Aufsichtsrats, Rz. 216 ff., 239.

27 *Lutter/Krieger/Verse*, Rechte und Pflichten des Aufsichtsrats, Rz. 220 f. und 239; *Löbbe*, Unternehmenskontrolle im Konzern, S. 286 f.

die Lage der Holding von erheblichem Einfluss sein können. Der Aufsichtsrat kann auf diese Weise jeden geschäftlichen Vorgang im Konzern aufgreifen, auch hier allerdings vorausgesetzt, dass es sich um einen Vorgang von entsprechender Bedeutung handelt. Mit Angelegenheiten, die aus der Sicht des Gesamtkonzerns von untergeordneter Bedeutung sind, hat sich der Aufsichtsrat nicht zu befassen.

7.20 Ziff. 3.4 Abs. 1 Satz 2 des Deutschen Corporate Governance Kodex i.d.F. 2017 empfahl für börsennotierte Aktiengesellschaften, dass der Aufsichtsrat die Informations- und Berichtspflichten des Vorstands in einer **Informationsordnung** näher festlegt. Das kann auch weiterhin sachgerecht sein, auch wenn die frühere Kodexempfehlung im Kodex i.d.F. 2020 entfallen ist. Eine solche Informationsordnung kann auf die gesetzlichen Berichtsregeln aufbauen, nähere Konkretisierungen über Inhalt und Gestaltung der Berichte treffen, darüber hinaus die gesetzlichen Berichtspflichten aber auch erweitern[28].

7.21 Im **Recht der GmbH** gelten die Berichtsregeln des § 90 AktG nur eingeschränkt. Während die Montan-Mitbestimmungsgesetze § 90 AktG insgesamt für anwendbar erklären (§ 3 Abs. 2 Montan-MitbestG, §§ 1 und 3 MitbestErgG), findet in Gesellschaften, die der Drittelmitbestimmung nach dem DrittelbG oder der paritätischen Mitbestimmung nach dem MitbestG unterliegen, lediglich § 90 Abs. 3 AktG entsprechende Anwendung, der dem Aufsichtsrat und den einzelnen Mitgliedern das Recht gibt, vom Vorstand jederzeit einen Bericht zu verlangen; die Vorschriften über die Regelberichterstattung und die Berichterstattung aus wichtigen Anlässen in § 90 Abs. 1 und 2 AktG sind hingegen nicht entsprechend anwendbar (§ 1 Abs. 1 Satz 1 Nr. 3 DrittelbG, § 25 Abs. 1 Nr. 2 MitbestG). Gleiches gilt für externe Kapitalverwaltungsgesellschaften (§ 18 Abs. 2 Satz 3 KAGB) und für den fakultativen Aufsichtsrat nach § 52 GmbHG. Das bedeutet jedoch nicht, dass in diesen Gesellschaften eine regelmäßige Berichterstattung nicht erforderlich wäre. Sachgerechte Überwachung setzt regelmäßige und umfassende Informationen voraus. Daraus folgt zugleich die Verpflichtung des Aufsichtsrats, sich von der Geschäftsführung regelmäßig Bericht erstatten zu lassen[29]. Es ist deshalb jedem GmbH-Aufsichtsrat dringend zu empfehlen, gestützt auf § 90 Abs. 3 AktG ein generelles Berichtsverlangen zu formulieren und darauf basierend eine allgemeine Informationsordnung zu erlassen, die sich an dem System des § 90 Abs. 1 Satz 2 AktG orientiert[30].

cc) Gestaltung der Berichte

7.22 Die Berichte müssen den Grundsätzen einer **gewissenhaften und getreuen Rechenschaft** entsprechen (§ 90 Abs. 4 Satz 1 AktG). Dazu gehört, dass sie inhaltlich vollständig und richtig und in leicht verständlicher und informativer Form gestaltet sind[31]. Die Berichte sind – mit Ausnahme des dem Aufsichtsratsvorsitzenden aus wichtigem Anlass zu erstattenden Berichts nach § 90 Abs. 1 Satz 3 AktG – i.d.R. in **Textform**, d.h. schriftlich oder in elektronischer Form, zu erstatten (§ 90 Abs. 4 Satz 2 AktG). Eine rein mündliche Berichterstattung kommt daher nur ausnahmsweise in Fällen besonderer Eilbedürftigkeit und wohl auch bei besonderer Geheimhaltungsbedürftigkeit in Frage, der

28 Näher dazu *Lutter*, Information und Vertraulichkeit, Rz. 100 f.; *Börsig/Löbbe* in FS Hoffmann-Becking, 2013, S. 125 (137); *Götz*, ZGR 1998, 524 (540 f.), der den Aufsichtsrat für verpflichtet ansieht, ein Informationsstatut zu erstellen.

29 *Lutter/Krieger/Verse*, Rechte und Pflichten des Aufsichtsrats, Rz. 1126; *Zöllner/Noack* in Baumbach/Hueck, § 52 GmbHG Rz. 132 ff.; *Hommelhoff* in Lutter/Hommelhoff, § 52 GmbHG Rz. 22 ff., 52; *Löbbe*, Unternehmenskontrolle im Konzern, S. 294 ff.; weitergehend etwa *Heermann* in Großkomm/GmbHG, § 52 GmbHG Rz. 115, der aus der Sorgfaltspflicht des Geschäftsführers gem. § 43 Abs. 1 GmbHG eine Pflicht zur Berichterstattung aus eigener Initiative der Geschäftsführung ableiten will.

30 *Lutter/Krieger/Verse*, Rechte und Pflichten des Aufsichtsrats, Rz. 1126; *v. Schenck* in Semler/v. Schenck, Arbeitshandbuch für Aufsichtsratsmitglieder, § 1 Rz. 111; *Potthoff/Trescher/Theisen*, Das Aufsichtsratsmitglied, Rz. 712; *Löbbe*, Unternehmenskontrolle im Konzern, S. 296.

31 Vgl. etwa *Lutter/Krieger/Verse*, Rechte und Pflichten des Aufsichtsrats, Rz. 224 und 236; *Löbbe*, Unternehmenskontrolle im Konzern, S. 272 ff.

im Kern schriftliche Bericht kann jedoch mündlich ergänzt und vertieft werden[32]. Die Berichte sind **möglichst rechtzeitig** zu erstatten (§ 90 Abs. 4 Satz 2 AktG), so dass die Mitglieder des Aufsichtsrats angemessene Zeit zur Verfügung haben, um sich anhand des Berichts auf die Sitzung vorzubereiten. Die Regelungen des § 90 Abs. 4 AktG gelten auch für den Pflichtaufsichtsrat einer GmbH (§ 1 Abs. 1 Satz 1 Nr. 3 DrittelbG, § 25 Abs. 1 Satz 1 Nr. 2 MitbestG, § 3 Abs. 2 Montan-MitbestG, § 18 Abs. 2 Satz 3 KAGB) sowie – solange die Satzung nichts andere regelt – für den freiwilligen GmbH-Aufsichtsrat.

dd) Probleme der Informationsbeschaffung und -weitergabe

Die **benötigten Informationen** muss sich der Vorstand von seinen Konzerngesellschaften **beschaffen.** Das macht im Allgemeinen in der Praxis keine Probleme und ist auch rechtlich unschwer durchsetzbar. Die Geschäftsführung einer abhängigen GmbH ist ohnehin uneingeschränkt auskunftspflichtig (§ 51a GmbHG). Der Vorstand einer abhängigen Aktiengesellschaft ist gegenüber dem herrschenden Unternehmen zu umfassender Informationserteilung verpflichtet, wenn ein Beherrschungsvertrag oder eine Eingliederung besteht[33]; im faktischen Konzern ist er zur Informationsweitergabe an das herrschende Unternehmen jedenfalls berechtigt, selbst wenn es sich um Informationen handelt, deren Weitergabe an Dritte durch die Verschwiegenheitspflicht des § 93 Abs. 1 Satz 2 AktG verboten ist[34]. Eine Informationserteilung an das herrschende Unternehmen zieht auch nicht die Verpflichtung nach sich, gem. § 131 Abs. 4 AktG auf Verlangen auch die anderen Aktionäre entsprechend zu informieren; denn Grundlage der Information ist nicht die Aktionärseigenschaft des herrschenden Unternehmens, sondern die Konzernleitung[35]. 7.23

An **Grenzen** stoßen kann die Informationsbeschaffung bei abhängigen Unternehmen allerdings, sofern die Informationserteilung für die abhängige Gesellschaft von Nachteil ist und kein Beherrschungsvertrag oder eine Eingliederung bestehen, die Nachteilszufügungen erlauben (§ 308 Abs. 1 Satz 2, § 323 Abs. 1 Satz 2 AktG). Bei einer abhängigen GmbH muss in diesem Fall die Information nach Maßgabe von § 51a Abs. 2 GmbHG verweigert werden, bei einer abhängigen AG ist ein Nachteilsausgleich gem. § 311 Abs. 2 AktG (vgl. *Bayer/Trölitzsch* Rz. 8.71 f.) erforderlich[36]. Da allerdings i.d.R. nicht die Informationserteilung als solche, sondern allenfalls die Verwendung der Informationen zugunsten der Mutter und zu Lasten der Tochter einen konkreten Nachteil begründen wird, wird man es genügen lassen können, wenn sich die Mutter gegenüber der Tochter verpflichtet, zu Kontrollzwecken erteilte Informationen nicht ohne Einverständnis der Tochter zu anderen Zwecken zu verwenden[37]. Probleme ergeben sich weiterhin, wenn der Vorstand der abhängigen Gesellschaft die Information verweigert, obwohl er sie erteilen dürfte; denn ohne einen Beherrschungsvertrag be- 7.24

---

32 Näher *Lutter/Krieger/Verse*, Rechte und Pflichten des Aufsichtsrats, Rz. 225 f.

33 *Krieger* in MünchHdb/AG, § 71 Rz. 156; *Semler*, Leitung und Überwachung der Aktiengesellschaft, Rz. 300 ff.; *Kohlenbach*, Das Verhältnis der Aufsichtsräte im Aktiengesellschaftskonzern, S. 123; *Löbbe*, Unternehmenskontrolle im Konzern, S. 111 f.; *Götz*, ZGR 1998, 524 (527).

34 *Krieger* in MünchHdb/AG, § 70 Rz. 27; *Lutter*, Information und Vertraulichkeit im Aufsichtsrat, Rz. 177; *Semler*, Leitung und Überwachung der Aktiengesellschaft, Rz. 300 ff.; *Löbbe*, Unternehmenskontrolle im Konzern, S. 112 ff.; *Kohlenbach*, Das Verhältnis der Aufsichtsräte im Aktiengesellschaftskonzern, S. 147 f.

35 LG München I v. 26.4.2007 – 5 HKO 12848/06, Der Konzern 2007, 448 (455 f.); LG Saarbrücken v. 14.9.2005 – 7 I O 7/04, AG 2006, 89 (90); Hüffer/Koch, § 131 AktG Rz. 72; *Altmeppen* in MünchKomm/AktG, § 311 AktG Rz. 431 f.; *Krieger* in MünchHdb/AG, § 70 Rz. 28; *Semler*, Leitung und Überwachung der Aktiengesellschaft, Rz. 307 ff.; *Kohlenbach*, Das Verhältnis der Aufsichtsräte im Aktiengesellschaftskonzern, S. 147; a.A. LG Frankfurt v. 21.2.2006 – 3-5 O 71/05, AG 2007, 48 (50); *Kort*, ZGR 1987, 46 (60).

36 *Krieger* in MünchHdb/AG, § 70 Rz. 28; *Hoffmann-Becking*, ZHR 159 (1995), 325 (337); *Semler*, Leitung und Überwachung der Aktiengesellschaft, Rz. 305.

37 Eingehend *Löbbe*, Unternehmenskontrolle im Konzern, S. 112 ff.; *Seibt/Kulenkamp*, AG 2018, 549 (554).

steht zwar ein Recht, aber keine Pflicht, das herrschende Unternehmen zu informieren[38]. Schließlich ist es denkbar, dass bei ausländischen Töchtern Rechtsvorschriften aus deren Rechtsordnung dem Informationsfluss an die Holding Grenzen ziehen. In derartigen Fällen hat der Vorstand der Holding alles zu tun, um die erforderlichen **Informationen sicherzustellen.** Zur Konzernleitungsaufgabe des Holding-Vorstands gehört es auch, den Verbund so zu organisieren, dass er die für die Leitung und Überwachung des Konzerns erforderlichen Informationen erhält. Das kann es erforderlich machen, einen Beherrschungsvertrag abzuschließen, wenn das Recht des faktischen Konzerns den Informationsfluss zu sehr behindert, oder Vorstände der Holding in die Organe der Töchter zu entsenden, wenn dies den Informationsfluss erleichtert. Unter Umständen muss man sich von Vorstandsmitgliedern in abhängigen Unternehmen auch trennen, wenn diese ohne rechtliche Notwendigkeit Informationen verweigern.

7.25 Soweit der Holding-Vorstand über Informationen verfügt, stehen einer **Weitergabe** an den Aufsichtsrat keine Hindernisse entgegen. Zwischen Vorstand und Aufsichtsrat gibt es keine Geheimhaltung[39], wohl aber unterliegen die Mitglieder des Aufsichtsrats einer strengen Verschwiegenheitsverpflichtung, die sich auch auf die Interna abhängiger Gesellschaften bezieht, von denen sie im Rahmen ihres Amtes Kenntnis erlangt haben[40].

c) Einsichts- und Prüfungsrecht nach § 111 Abs. 2 AktG

7.26 Gemäß § 111 Abs. 2 AktG kann der Aufsichtsrat die **Bücher und Schriften** der Gesellschaft und deren Vermögensgegenstände einsehen und prüfen. Er kann damit auch einzelne Mitglieder oder für bestimmte Aufgaben besondere Sachverständige beauftragen. Der Aufsichtsrat soll also bei seiner Informationsbeschaffung nicht nur auf die Berichterstattung des Vorstands angewiesen, sondern auch in der Lage sein, sich „vor Ort“ selbst zu informieren. Dieses Einsichtsrecht besteht auch für den Pflicht-Aufsichtsrat einer GmbH (§ 1 Abs. 1 Nr. 3 DrittelbG, § 25 Abs. 1 Satz 1 Nr. 2 MitbestG, § 3 Abs. 2 Montan-MitbestG, § 18 Abs. 2 Satz 3 KAGB) und – sofern die Satzung nichts anderes regelt – den freiwilligen GmbH-Aufsichtsrat.

7.27 Allerdings beschränkt sich dieses unmittelbare Einsichts- und Prüfungsrecht auf die Gesellschaft selbst, es erstreckt sich nicht auf verbundene Unternehmen. Der Aufsichtsrat kann also nicht selbst bei einer Tochtergesellschaft in deren Unterlagen Einsicht nehmen oder durch einen Sachverständigen Prüfungen vornehmen lassen[41]. Das ist als eine deutliche Schwäche im Überwachungssystem kritisiert worden[42] und muss de lege ferenda überdacht werden[43]. Auch nach geltendem Recht hat der Aufsichtsrat allerdings die Möglichkeit, auf die bei der Holding vorhandenen **Unterlagen über Tochtergesellschaften** zuzugreifen. Das kann er unbegrenzt. Denn Unterlagen über Konzernunternehmen, die bei der Holding vorhanden sind, sind Unterlagen der Holding und stehen dort dem

---

38 *Mertens/Cahn* in KölnKomm/AktG, § 116 AktG Rz. 43; *Krieger* in MünchHdb/AG, § 70 Rz. 27; *Lutter*, Information und Vertraulichkeit im Aufsichtsrat, Rz. 179; *Kort*, ZGR 1987, 46 (58 ff.); *Kohlenbach*, Das Verhältnis der Aufsichtsräte im Aktiengesellschaftskonzern, S. 146; a.A. *Löbbe*, Unternehmenskontrolle im Konzern, S. 154 ff.; *Semler*, Leitung und Überwachung der Aktiengesellschaft, Rz. 300 ff.; *v. Schenck* Rz. 5.69 f.

39 *Lutter*, Information und Vertraulichkeit im Aufsichtsrat, Rz. 138 ff.

40 *Lutter/Krieger/Verse*, Rechte und Pflichten des Aufsichtsrats, Rz. 281; *Mertens/Cahn* in KölnKomm/AktG, § 116 AktG Rz. 52.

41 Hüffer/Koch, § 111 AktG Rz. 19; *Mertens/Cahn* in KölnKomm/AktG, § 111 AktG Rz. 54; *Lutter/Krieger/Verse*, Rechte und Pflichten des Aufsichtsrats, Rz. 245; *Semler*, Leitung und Überwachung der Aktiengesellschaft, Rz. 421; *Löbbe*, Unternehmenskontrolle im Konzern, S. 297 ff.

42 Vgl. nur *Lutter/Krieger/Verse*, Rechte und Pflichten des Aufsichtsrats, Rz. 245; *Martens*, ZHR 159 (1995), 567 (585 f.) sowie den Diskussionsbericht in ZHR 159 (1995), 346.

43 Vgl. etwa *Baums*, Bericht der Regierungskommission Corporate Governance, 2001, Rz. 22, die ein Recht zur Einsichtnahme durch vom Aufsichtsrat der Mutter beauftragte Sachverständige vorschlägt; dagegen *Kohlenbach*, Das Verhältnis der Aufsichtsräte im Aktiengesellschaftskonzern, S. 121.

Aufsichtsrat zur Verfügung[44]. Darüber hinaus wird man den Vorstand der Holding als verpflichtet anzusehen haben, seinem Aufsichtsrat die gewünschte Einsicht und Prüfung in Bezug auf Tochtergesellschaften zu ermöglichen: Auf Grund der Verpflichtung des Vorstands zur vertrauensvollen Zusammenarbeit mit dem Aufsichtsrat ist der Vorstand gehalten, alles ihm Mögliche zu tun, um dem Aufsichtsrat die Erfüllung seines Überwachungsauftrags zu erleichtern[45]. Deswegen ist der Aufsichtsrat de jure nicht darauf angewiesen, dass der Vorstand freiwillig „mitspielt"[46], sondern der Vorstand verletzt seine eigenen Pflichten, wenn er den Aufsichtsrat nicht unterstützt, und setzt sich damit der Gefahr einer eigenen Schadensersatzhaftung (§ 93 Abs. 2 AktG) und seiner Abberufung aus wichtigem Grund (§ 84 Abs. 3 AktG) aus.

7.28 Während dem Aufsichtsrat kein unmittelbares Einsichts- und Prüfungsrecht gegenüber Tochtergesellschaften zusteht, sind der **Abschlussprüfer** und der Konzernabschlussprüfer berechtigt, nicht nur von den gesetzlichen Vertretern der Muttergesellschaft, sondern auch von den gesetzlichen Vertretern der Töchter alle Aufklärungen und Nachweise zu verlangen und in die Bücher und Schriften der Töchter Einsicht zu nehmen, soweit dies für eine sorgfältige Prüfung des Jahresabschlusses der Mutter oder des Konzernabschlusses erforderlich ist (§ 320 Abs. 2 Satz 3, Abs. 3 Satz 2 HGB). Den Prüfungsauftrag an Abschlussprüfer und Konzernabschlussprüfer erteilt der Aufsichtsrat (§ 111 Abs. 2 Satz 3 AktG). Dabei kann der Aufsichtsrat Prüfungsschwerpunkte festlegen[47], und er soll mit dem Abschlussprüfer vereinbaren, dass dieser über alle für die Aufgaben des Aufsichtsrats wesentlichen Feststellungen und Vorkommnisse unverzüglich berichtet, die sich bei der Durchführung der Abschlussprüfung ergeben (Empfehlung D.9 DCGK). Das Fehlen eines direkten Informationsrechts gegenüber Tochtergesellschaften wird dadurch jedenfalls zum Teil wett gemacht[48]; vgl. zur Prüfung des Konzernabschlusses im Übrigen Rz. 7.36.

7.29 Das Einsichts- und Prüfungsrecht des § 111 Abs. 2 AktG wird in der Literatur häufig als Ultima Ratio angesehen[49] und in der Praxis selten genutzt[50]. Dahinter steht das Verständnis, dass es bei § 111 Abs. 2 AktG um die Durchführung einer „**Sonderprüfung**" gehe, die Misstrauen des Aufsichtsrats gegenüber dem Vorstand signalisiere und daher eine hohe Belastung darstelle[51]. Das ist ein zu beschränktes Verständnis der Regelung. § 111 Abs. 2 AktG erlaubt aus besonderem Anlass eingeleitete Sonderprüfungen, kann aber auch als ganz unspektakuläres Routineinstrument für eine **Verbesserung der laufenden Information** des Aufsichtsrats eingesetzt werden, indem der Aufsichtsrat den Vorstand schlicht bittet, ihm bestimmte Unterlagen regelmäßig zuzuleiten[52]; zur Frage, inwieweit der Aufsichtsrat dazu verpflichtet ist, vgl. Rz. 7.37 ff.

44 Ebenso *Habersack* in MünchKomm/AktG, § 111 AktG Rz. 75; *Mertens/Cahn* in KölnKomm/AktG, § 111 AktG Rz. 54; *Semler*, Leitung und Überwachung der Aktiengesellschaft, Rz. 419 ff.; *Löbbe*, Unternehmenskontrolle im Konzern, S. 300; *Kohlenbach*, Das Verhältnis der Aufsichtsräte im Aktiengesellschaftskonzern, S. 117 ff.

45 *Habersack* in MünchKomm/AktG, § 111 AktG Rz. 75; *Semler*, Leitung und Überwachung der Aktiengesellschaft, Rz. 422 ff.; zustimmend *Kohlenbach*, Das Verhältnis der Aufsichtsräte im Aktiengesellschaftskonzern, S. 117 ff.; *Löbbe*, Unternehmenskontrolle im Konzern, S. 300.

46 So aber *Hoffmann-Becking*, ZHR 159 (1995), 325 (339).

47 Begr. RegE KontraG, BT-Drucks. 13/9712, 16; *Habersack* in MünchKomm/AktG, § 111 AktG Rz. 96; *Rodewig* in Semler/v. Schenck, Arbeitshandbuch für Aufsichtsratsmitglieder, § 8 Rz. 210.

48 Noch weitergehend *Lutter*, Information und Vertraulichkeit im Aufsichtsrat, Rz. 292, auf diesem Wege könne „für den Konzern praktisch das gleiche erreicht werden, wie bei einer besonderen Prüfung durch Sachverständige nach § 112 Abs. 2 Satz 1 und 2 AktG".

49 *Lutter/Krieger/Verse*, Rechte und Pflichten des Aufsichtsrats, Rz. 244; *Kohlenbach*, Das Verhältnis der Aufsichtsräte im Aktiengesellschaftskonzern, S. 121.

50 *Hoffmann-Becking*, ZHR 159 (1995), 325 (338).

51 So ausdrücklich *Hoffmann-Becking*, ZHR 159 (1995), 325 (338); *Lutter/Krieger/Verse*, Rechte und Pflichten des Aufsichtsrats, Rz. 244; ähnlich *Mertens/Cahn* in KölnKomm/AktG, § 111 AktG Rz. 52; *Habersack* in MünchKomm/AktG, § 111 Rz. 78, allerdings mit dem Hinweis, das dürfe den Aufsichtsrat nicht von der Wahrnehmung seiner Befugnisse abhalten, sondern müsse ihm nur bei der Abwägung bewusst sein.

52 So auch *Lutter*, Information und Vertraulichkeit im Aufsichtsrat, Rz. 307 f.

7.30 Das Einsichts- und Prüfungsrecht steht dem **Aufsichtsrat als Organ** zu. Der Aufsichtsrat hat also durch Mehrheitsbeschluss über seine Ausübung zu entscheiden. Ein Einsichts- und Prüfungsrecht einzelner Aufsichtsratsmitglieder besteht anders als beim Berichtsanspruch (§ 90 Abs. 3 Satz 2 AktG) nicht[53]. Der Aufsichtsrat kann mit der Ausübung des Rechts einen Ausschuss oder ein einzelnes Mitglied – vorzugsweise den Vorsitzenden – beauftragen, für bestimmte Aufgaben kann er auch besondere Sachverständige hinzuziehen. Eine solche Hinzuziehung Externer ist jedoch nur für konkrete Fragen zulässig, eine „flächendeckende" allgemeine Prüfung durch Dritte kann der Aufsichtsrat nicht veranlassen[54].

4. Aspekte und Verfahren der Überwachung

a) Überwachungsaspekte

7.31 Die Überwachung des Aufsichtsrats hat sich auf Rechtmäßigkeit, Ordnungsmäßigkeit, Zweckmäßigkeit und Wirtschaftlichkeit der Geschäftsführung zu beziehen. Das gilt im Einzelunternehmen ebenso wie im Konzern[55]. Leitlinie für den Aufsichtsrat soll dabei nach verbreiteter Auffassung nicht das Unternehmensinteresse des herrschenden Unternehmens, sondern das **Konzerninteresse** sein, welches die Leitungsorgane des herrschenden Unternehmens verpflichte, auch die Interessen der Konzerngesellschaften angemessen zu berücksichtigen[56]. Solchen Überlegungen wird man keine praktische Bedeutung beimessen können. Es ist – zumal in Holding-Konzernen – schon im Grundsatz fraglich, ob es Interessenkonflikte zwischen der Konzernobergesellschaft und dem Konzern in seiner Gesamtheit überhaupt geben kann oder ob nicht das, was im wohlverstandenen Interesse des Gesamtkonzerns liegt, zugleich auch im Interesse der Obergesellschaft liegen muss[57]. Sollte es sie aber geben, können die Organe der Mutter nur den Interessen ihrer Gesellschaft verpflichtet sein, die sie nicht wegen abweichender Interessen anderer vernachlässigen dürfen.

7.32 Die Kontrolle der **Rechtmäßigkeit** der Konzerngeschäftsführung durch den Vorstand umfasst die Einhaltung der von dem Unternehmen zu beachtenden Rechtsnormen in ihrer ganzen Breite. Soweit der Aufsichtsrat sich mit der Leitungstätigkeit des Vorstands zu befassen hat, hat er auch auf ihre Rechtmäßigkeit zu achten. Damit sind ganz allgemein Fragen des Wettbewerbsrechts, Steuerrechts, Umweltrechts usw., aber auch die Einhaltung der Vorschriften des Aktiengesetzes, der Satzung und der Vorstandsgeschäftsordnung angesprochen. Nach dem heute erreichten Stand der Diskussion hat der Vorstand der Muttergesellschaft sicherzustellen, dass ein konzernweites **Compliance-System** (eingehend *v. Schenck* Rz. 5.80 ff.; *Mackert* Rz. 6.1 ff.) existiert, um die Einhaltung von Gesetz und

---

53 OLG Stuttgart v. 30.5.2007 – 20 U 14/06, AG 2007, 873 (877) = ZIP 2007, 1217; Hüffer/Koch, § 111 AktG Rz. 20; *Habersack* in MünchKomm/AktG, § 111 AktG Rz. 73; *Lutter/Krieger/Verse*, Rechte und Pflichten des Aufsichtsrats, Rz. 241.

54 BGH v. 15.11.1982 – II ZR 27/82 – Hertie, BGHZ 85, 293 ff. = ZIP 1983, 55 = AG 1983, 133; Hüffer/Koch, § 111 AktG Rz. 23; *Lutter/Krieger/Verse*, Rechte und Pflichten des Aufsichtsrats, Rz. 242.

55 *Mertens/Cahn* in KölnKomm/AktG, § 111 AktG Rz. 28; *Habersack* in MünchKomm/AktG, § 111 AktG Rz. 66; *Krieger* in MünchHdb/AG, § 70 Rz. 35; *Lutter/Krieger/Verse*, Rechte und Pflichten des Aufsichtsrats, Rz. 148 ff.; *Semler*, Leitung und Überwachung der Aktiengesellschaft, Rz. 426.

56 Ausführlich *Semler*, Leitung und Überwachung der Aktiengesellschaft, Rz. 355 ff.; *Ramm*, Die Position des Aufsichtsrats des herrschenden Unternehmens im mehrstufigen Konzern, S. 33 ff., 87; *v. Schenck* in Semler/v. Schenck, Arbeitshandbuch für Aufsichtsratsmitglieder, § 7 Rz. 201 ff.; *Scheffler*, DB 1994, 793 (797); ablehnend *Habersack* in MünchKomm/AktG, § 111 AktG Rz. 65; *Hoffmann-Becking* in FS Hommelhoff, 2012, S. 433 (438 ff.); *Hoffmann-Becking*, ZHR 159 (1995), 325 (329 ff.); *Löbbe*, Unternehmenskontrolle im Konzern, S. 50 ff.

57 *Löbbe*, Unternehmenskontrolle im Konzern, S. 64 ff.; tendenziell auch *Lutter/Krieger/Verse*, Rechte und Pflichten des Aufsichtsrats, Rz. 147 Fn. 18; für die Möglichkeit von Interessenkonflikten hingegen *Hoffmann-Becking* in FS Hommelhoff, 2012, S. 433 (437 f.); *Scheffler*, DB 1994, 793 (797).

Recht in den Konzerngesellschaften zu gewährleisten[58]; der Aufsichtsrat hat zu überwachen, dass der Vorstand der Mutter diesem Organisationsauftrag gerecht wird. Der Aufsichtsrat einer Holding hat im Zuge der Rechtmäßigkeitskontrolle insbesondere auch zu kontrollieren, dass im Verhältnis zu abhängigen Aktiengesellschaften die Vorschriften der §§ 311 ff. AktG über den Nachteilsausgleich bei nachteiligen Einflussnahmen im faktischen Konzern beachtet[59] und gegenüber abhängigen Gesellschaften mbH die aus der Treuepflicht gegenüber Minderheitsgesellschaftern, den Kapitalerhaltungsvorschriften und den Grundsätzen über die Existenzvernichtungshaftung sich ergebenden Grenzen für nachteilige Einwirkungen eingehalten werden[60]. Im internationalen Konzern gehört zum Überwachungsauftrag auch die Einhaltung der Rechtsnormen des ausländischen Rechts[61], außerdem auch die Berücksichtigung der OECD-Grundsätze und anderer internationaler Verhaltensregeln für multinationale Unternehmen[62], auch wenn es sich dabei nicht um formelles Recht handelt[63].

Die **Ordnungsmäßigkeit** der Konzerngeschäftsführung betrifft die Frage, ob der Vorstand seiner 7.33
Verpflichtung zur Leitung (vgl. *Keller* Rz. 4.16 ff.)[64] und laufenden Überwachung des Geschehens im Unternehmen und in der Unternehmensgruppe (vgl. *v. Schenck* Rz. 5.1 ff.) gerecht wird. Dazu gehört vor allem eine sachgerechte Konzernorganisation[65] und die Einrichtung eines verbundweiten, den betriebswirtschaftlichen Erkenntnissen und Erfahrungen genügenden Controlling-Systems mit einer entsprechenden Unternehmensplanung (dazu näher *v. Schenck* Rz. 5.76 f., 5.78 f.)[66], einem zweckmäßigen System der Berichterstattung an den Holding-Vorstand (vgl. *v. Schenck* Rz. 5.69 ff.) und einer entsprechenden Kontrolle, die die notwendige Analyse von Abweichungen und die Einleitung von Gegenmaßnahmen sicherstellt. Die Regelung des § 91 Abs. 2 AktG stellt dies für einen Teilaspekt (frühzeitige Erkennung existenzbedrohender Entwicklungen) klar. Zur Schaffung eines konzernweiten Compliance-Systems vgl. schon Rz. 7.32. Der Aufsichtsrat hat sicherzustellen, dass der Vorstand die nötigen Instrumentarien schafft.

Bei der Überwachung der **Wirtschaftlichkeit** der Konzerngeschäftsführung muss der Aufsichtsrat 7.34
nicht nur Aufwand und Ertrag unternehmerischer Maßnahmen ins Auge fassen, sondern auch die Sicherung der Liquidität und die angemessene Finanzierung der Unternehmensgruppe überwachen[67]. Schließlich hat sich der Aufsichtsrat ein Urteil über die **Zweckmäßigkeit** der seiner Überwachung unterliegenden Tätigkeit des Vorstands zu bilden. Unter diesem Aspekt sind z.B. die Kon-

---

58 Vgl. etwa LG München I v. 10.12.2013 – 5HK O 1387/10 – Siemens, AG 2014, 332 = ZIP 2014, 570/572 ff.; *Spindler* in MünchKomm/AktG, § 91 Rz. 82 ff.; *Lutter/Krieger/Verse*, Rechte und Pflichten des Aufsichtsrats, Rz. 150; *Habersack* in FS Möschel, 2011, S. 1175; *Lutter* in FS Goette, 2011, S. 289; *Verse*, ZHR 175 (2011), 401; *Grundmeier*, Rechtspflicht zur Compliance im Konzern, 2011.

59 *Krieger* in MünchHdb/AG, § 70 Rz. 35; *Löbbe*, Unternehmenskontrolle im Konzern, S. 250; vgl. auch *Bayer/Trölitzsch* Rz. 8.71 f.

60 Zu den Grenzen schädigender Einflussnahme im faktischen GmbH-Konzern vgl. BGH v. 5.6.1975 – II ZR 23/74 – ITT, BGHZ 65, 15 ff.; BGH v. 16.7.2007 – II ZR 3/04 – Trihotel, BGHZ 173, 246 = AG 2007, 657 = GmbHR 2007, 927; BGH v. 28.4.2008 – II ZR 246/06 – Gamma, BGHZ 176, 204 = AG 2008, 542 = ZIP 2008, 1232; *Bayer* in Lutter/Hommelhoff, § 13 GmbHG Rz. 25 ff.; *Hommelhoff* in Lutter/Hommelhoff, Anh. § 13 GmbHG Rz. 27 ff.; *Altmeppen* in Roth/Altmeppen, Anh. § 13 GmbHG Rz. 138 ff., 157 ff.; *Bayer/Trölitzsch* Rz. 8.73 ff.

61 *Lutter/Krieger/Verse*, Rechte und Pflichten des Aufsichtsrats, Rz. 149; *Scheffler*, DB 1994, 793 (797).

62 Vgl. dazu näher *Steeg*, ZGR 1985, 1 ff.

63 *Lutter/Krieger/Verse*, Rechte und Pflichten des Aufsichtsrats, Rz. 149; *Scheffler*, DB 1994, 793 (797).

64 *Scheffler*, Konzernmanagement, 1992, S. 36 ff.

65 *Lutter/Krieger/Verse*, Rechte und Pflichten des Aufsichtsrats, Rz. 79 ff., 151 f.; *Mertens/Cahn* in KölnKomm/AktG, § 111 AktG Rz. 28; *Scheffler*, DB 1994, 793 (796); *Löbbe*, Unternehmenskontrolle im Konzern, S. 250 f.

66 *Semler*, ZGR 1983, 1 ff.; *Keller*, Unternehmungsführung mit Holding-Konzepten, 2. Aufl. 1993, S. 176 ff.; *Lutter/Krieger/Verse*, Rechte und Pflichten des Aufsichtsrats, Rz. 152.

67 Näher *Lutter/Krieger/Verse*, Rechte und Pflichten des Aufsichtsrats, Rz. 89 und 153; *Löbbe*, Unternehmenskontrolle im Konzern, S. 252.

zernstruktur und Leitungsdichte[68], aber auch die wesentlichen Maßnahmen der laufenden Konzernführung zu überwachen. Das heißt allerdings nicht, dass der Aufsichtsrat seine Auffassung durchsetzen müsste, wenn er eine andere Entscheidung als die des Vorstands für zweckmäßiger ansieht. Die eigenverantwortliche Leitung des Konzerns obliegt dem Vorstand. Wo es um Fragen der Zweckmäßigkeit geht, hat der Aufsichtsrat sich eine eigene Meinung zu bilden und diese mit dem Vorstand zu erörtern. Die abschließende Entscheidung, was getan werden soll, trifft jedoch der Vorstand[69].

b) Umfang der Überwachung

7.35 Bei der Bestimmung des Ausmaßes der Überwachungspflicht ist zu beachten, dass die Aufsichtsratsmitglieder ihre Tätigkeit **nebenamtlich** ausüben und nach dem Leitbild des Gesetzes zusätzlich zu ihrem Hauptberuf bis zu 10 Aufsichtsratsmandate (und bis zu 5 zusätzliche Konzernmandate) betreuen können (§ 100 Abs. 2 AktG). § 110 Abs. 3 Satz 1 AktG bestimmt zudem, dass der Aufsichtsrat bei börsennotierten Gesellschaften zweimal im Kalenderhalbjahr tagen muss; in nicht börsennotierten Gesellschaften kann sich der Aufsichtsrat sogar mit nur einer Sitzung im Kalenderhalbjahr begnügen (§ 100 Abs. 3 Satz 2 AktG). Dahinter steht die Vorstellung, dass der Aufsichtsrat unter normalen Umständen seine Aufgaben erledigen kann, indem er etwa **vierteljährlich zu einer Sitzung** zusammentritt, in der die geschäftlichen Vorgänge des letzten Vierteljahres (und zusätzlich die einmal jährlich anfallenden Angelegenheiten) behandelt werden[70]; das korrespondiert mit der Verpflichtung, über den Gang der Geschäfte und die Lage der Gesellschaft mindestens vierteljährlich Bericht zu erstatten (§ 90 Abs. 1 Satz 1 Nr. 3, Abs. 2 Nr. 3 AktG).

7.36 Unter normalen Umständen ist daher die Annahme zutreffend, dass der Aufsichtsrat seiner Überwachungsaufgabe während des Geschäftsjahres genügt, indem er die regelmäßige Erstattung der Vorstandsberichte sicherstellt, diese sorgfältig prüft und im Gesamtgremium erörtert. Gleiches gilt für die Prüfung des Jahresabschlusses und des Konzernabschlusses. Auch hier genügt der Aufsichtsrat seiner Überwachungsverpflichtung in aller Regel durch die Prüfung und Erörterung dieser Vorlagen nebst den zugehörigen Prüfungsberichten des Abschlussprüfers. Jedes Aufsichtsratsmitglied hat das Recht (und die Pflicht), diese Vorlagen durchzuarbeiten, und erhält zu diesem Zweck die schriftlichen Unterlagen ausgehändigt, soweit der Aufsichtsrat nicht die Aushändigung ausgeschlossen (§ 90 Abs. 5 Satz 2 AktG) oder auf die Mitglieder eines Ausschusses beschränkt (§ 170 Abs. 3 Satz 2 AktG) hat. Besondere Bedeutung kommt in diesem Zusammenhang dem **Konzernabschluss** und dem Prüfungsbericht des Konzernabschlussprüfers zu. Der Prüfungsbericht des Konzernabschlussprüfers ist die wichtigste neutrale Informationsquelle des Aufsichtsrats und muss von jedem Aufsichtsratsmitglied sorgfältig analysiert werden[71]. Das Gesetz sieht zwar keine Feststellung des Konzernabschlusses vor, der Aufsichtsrat hat ihn gleichwohl zu prüfen und einen Beschluss über seine Billigung herbeizuführen (§§ 171 Abs. 1 Satz 1, Abs. 2 Satz 4 und 5 AktG). Zu den Verhandlungen über den Konzernabschluss hat der Aufsichtsrat den Prüfer hinzuzuziehen (§ 171 Abs. 1 Satz 2 AktG).

7.37 Ergeben sich bei diesen Prüfungen Zweifel, ist diesen weiter nachzugehen, indem weitere Informationen verlangt (§ 90 Abs. 3 Satz 2 AktG) oder unmittelbar die Unterlagen der Gesellschaft eingesehen (§ 111 Abs. 2 AktG) werden. Ohne besonderen Anlass braucht der Gesamt-Aufsichtsrat jedoch keine **weitergehenden Prüfungsmaßnahmen** zu ergreifen[72]. Das Verhältnis zwischen Vorstand und

---

68 *Koppensteiner* in KölnKomm/AktG, Vorb. § 291 AktG Rz. 73; *Semler*, Leitung und Überwachung der Aktiengesellschaft, Rz. 399; *Hoffmann-Becking*, ZHR 159 (1995), 325 (332 f.); *Löbbe*, Unternehmenskontrolle im Konzern, S. 251.

69 *Lutter/Krieger/Verse*, Rechte und Pflichten des Aufsichtsrats, Rz. 154; *Semler*, Leitung und Überwachung der Aktiengesellschaft, Rz. 202; *Löbbe*, Unternehmenskontrolle im Konzern, S. 251.

70 *Semler*, Leitung und Überwachung der Aktiengesellschaft, Rz. 140.

71 *Lutter/Krieger/Verse*, Rechte und Pflichten des Aufsichtsrats, Rz. 180.

72 BGH v. 7.11.1977 – II ZR 43/76, NJW 1978, 425; *Drygala* in K. Schmidt/Lutter, § 171 AktG Rz. 7; *Hennrichs/Pöschke* in MünchKomm/AktG, § 171 AktG Rz. 104; *Hoffmann-Becking* in MünchHdb/AG,

Aufsichtsrat beruht auf gegenseitigem Vertrauen[73]. Deshalb darf sich der Aufsichtsrat, solange ihm keine anderen Anhaltspunkte vorliegen, grundsätzlich auf die Vollständigkeit und Richtigkeit der ihm vom Vorstand erstatteten Berichte verlassen[74], und er hat im Allgemeinen seine Pflichten mit einer gewissenhaften Prüfung und Erörterung der ihm überlassenen Informationen und Unterlagen erfüllt[75]. Das gilt jedoch nur mit einigen wesentlichen **Vorbehalten:**

Zunächst können besondere Umstände eine **erhöhte Wachsamkeit** verlangen. Das kommt z.B. in Betracht, wenn aus früheren Erfahrungen Zweifel an der Zuverlässigkeit der Berichterstattung des Vorstands bestehen, wenn es sich um außergewöhnliche Vorgänge mit besonderem Risiko handelt[76] oder wenn die Gesellschaft erst seit verhältnismäßig kurzer Zeit angelaufen ist[77]. Ebenso kann eine schlechte wirtschaftliche Situation des Unternehmens eine höhere Kontrolldichte verlangen[78]. In solchen Situationen kann sich der Aufsichtsrat nicht auf 2–4 Sitzungen im Jahr und die routinemäßige Berichterstattung des Vorstands verlassen, sondern er kann je nach den Umständen verpflichtet sein, die Zahl seiner Sitzungen zu erhöhen, die Berichtsintensität nach Frequenz und Umfang zu steigern und selbst Prüfungen vorzunehmen[79]. 7.38

Auch ohne solche Sondersituationen besteht eine ungeschriebene Verpflichtung des **Aufsichtsratsvorsitzenden**, einen bei weitem intensiveren Informationskontakt zum Vorstand zu halten. Allein mit den gesetzlichen Regularberichten und der vorgeschriebenen Zahl von Sitzungen ist eine effektive Überwachungs- und Beratungstätigkeit nicht möglich, sondern diese erfordert auch bei normaler Lage des Unternehmens ständiges Augenmerk und ständige Beratungs- und Gesprächsbereitschaft. Auch das Recht des Aufsichtsrats, vom Vorstand jederzeit einen Bericht gem. § 90 Abs. 3 AktG zu verlangen, kann nur genutzt werden, wenn der Aufsichtsrat aufgrund einer ständigen Beobachtung des Vorstands in der Lage ist, Anlässe für die Anforderung eines Vorstandsberichts zu erkennen. Ein ständiger Kontakt zwischen Aufsichtsrat und Vorstand ist deshalb unverzichtbar, und diesen Kontakt zu halten, ist die Pflicht des Aufsichtsratsvorsitzenden[80]. Das betont auch Empfehlung D.6 des Deutschen Corporate Governance Kodex, der in diesem Zusammenhang insbesondere die Beratung der Strategie, der Geschäftsentwicklung, der Risikolage, des Risikomanagements und der Compliance hervorhebt. Für den Aufsichtsrat einer Konzernholding gilt dies in besonderem Maße. Je größer der Kreis der Konzerntöchter, je verschachtelter der Konzernaufbau und je unterschiedlicher die Geschäftszweige, umso schwieriger ist die Führung und dementsprechend auch die 7.39

---

§ 45 Rz. 15; *Lutter/Krieger/Verse*, Rechte und Pflichten des Aufsichtsrats, Rz. 505; zweifelnd aber *Ekkenga* in KölnKomm/AktG, § 171 AktG Rz. 23.

73 BGH v. 26.3.1956, BGHZ 20, 239 (246); *Semler*, Leitung und Überwachung der Aktiengesellschaft, Rz. 158.

74 *Semler*, Leitung und Überwachung der Aktiengesellschaft, Rz. 158.

75 Vgl. etwa BGH v. 7.11.1977 – II ZR 43/76, NJW 1978, 425; OLG Köln v. 5.5.1977 – 14 U 46/76, AG 1978, 17/21; *Mertens/Cahn* in KölnKomm/AktG, § 111 AktG Rz. 52; *Lutter/Krieger/Verse*, Rechte und Pflichten des Aufsichtsrats, Rz. 72; *Hüffer*, ZGR 1980, 320 (338); *Semler*, AG 1983, 141 (142).

76 *Semler*, Leitung und Überwachung der Aktiengesellschaft, Rz. 158.

77 BGH v. 22.10.1979 – II ZR 151/77, AG 1980, 109 = WM 1979, 1425/1427; OLG Düsseldorf v. 8.3.1984 – 6 U 75/83, ZIP 1984, 825 = AG 1984, 273 = WM 1984, 1080/1084.

78 BGH v. 15.10.1996 – VI ZR 319/95, BGHZ 133, 370 (379) = GmbHR 1997, 25 = AG 1997, 37; OLG Stuttgart v. 19.6.2012 – 20 W 1/12, AG 2012, 762 = ZIP 2012, 1965; OLG Düsseldorf v. 31.5.2012 – I-16 U 176/10, ZIP 2012, 2299 = AG 2013, 171; Hüffer/Koch, § 111 AktG Rz. 15; *Lutter/Krieger/Verse*, Rechte und Pflichten des Aufsichtsrats, Rz. 92 ff.; *Semler*, Leitung und Überwachung der Aktiengesellschaft, Rz. 231 ff.; *Löbbe*, Unternehmenskontrolle im Konzern, S. 253 f.

79 Vgl. z.B. OLG Düsseldorf v. 8.3.1984 – 6 U 75/83, ZIP 1984, 825 = AG 1984, 273 = WM 1984, 1080 (1084): Verpflichtung des Aufsichtsrats zur persönlichen Inaugenscheinnahme von Investitionsobjekten im Ausland.

80 Vgl. hierzu eingehend *Hopt/Roth* in Großkomm/AktG, § 107 AktG Rz. 68 f.; *Spindler* in Spindler/Stilz, § 107 AktG Rz. 39; *Lutter/Krieger/Verse*, Rechte und Pflichten des Aufsichtsrats, Rz. 680; *v. Schenck*, AG 2010, 649 (650, 652 f.); *Krieger*, ZGR 1985, 338 (340 ff.).

Überwachung des Konzerns. In solchen Situationen ist es unverzichtbar, dass sich der Aufsichtsratsvorsitzende regelmäßig zu **intensiven Gesprächen mit dem Vorstand** trifft, von Zeit zu Zeit die wichtigen Tochtergesellschaften besucht, mit deren Geschäftsführungsorganen zusammentrifft[81] und sich in kürzeren Abständen und mit größerem Detailreichtum über den Gang der Geschäfte im Konzern unterrichten lässt als das Plenum. Bedeutung kann hierbei auch das Recht gewinnen, sich laufend Unterlagen des Vorstands vorlegen zu lassen. Je größer und unübersichtlicher der Konzern ist, umso wichtiger kann es werden, dass der Aufsichtsrat sich nicht nur vom Vorstand berichten lässt, sondern sich aus erster Hand informiert, indem er selbst Einblick in die wesentlichen Informationsquellen des Vorstands nimmt. Dabei ist insbesondere an die regelmäßigen Berichte zu denken, die dem Vorstand vom Controlling erstattet werden[82]. Rechtlich steht nichts entgegen, dass sich der Aufsichtsratsvorsitzende monatlich den **Controlling-Bericht** vorlegen lässt, notfalls auf der Grundlage eines Aufsichtsratsbeschlusses gem. § 111 Abs. 2 AktG.

7.40 Zu den Pflichten des Aufsichtsrats gehört überdies eine sachgerechte **Selbstorganisation**, so dass er zur ordnungsgemäßen Erfüllung seiner Aufgabe in der Lage ist; nach Empfehlung D.13 des Deutschen Corporate Governance Kodex soll der Aufsichtsrat zudem regelmäßig eine **Selbstbeurteilung** seiner Aufgabenerfüllung durchführen[83]. Zur sachgerechten Selbstorganisation gehört – soweit dies sachlich erforderlich ist – die Verteilung der Aufgaben auf **Ausschüsse** und einzelne Aufsichtsratsmitglieder, die Koordination dieser Tätigkeiten und ihre Überwachung[84]. Der Aufsichtsrat muss sich fragen, ob er im Hinblick auf die konkreten Umstände des Unternehmens – etwa dessen Größe, die Vielfalt seiner Geschäftsfelder, die wirtschaftliche Situation usw. – in der Lage ist, seiner Überwachungsaufgabe im Plenum mit der erforderlichen Intensität nachzukommen oder ob es nötig ist, Ausschüsse zu bilden. Auch der Deutsche Corporate Governance Kodex empfiehlt – abhängig von den spezifischen Gegebenheiten des Unternehmens und der Anzahl der Aufsichtsratsmitglieder – die Bildung von Ausschüssen (Empfehlung D.2 DCGK), insbesondere eines **Prüfungsausschusses** (Empfehlung D.3 und 4 DCGK)[85], der durch das AktG zwar nicht vorgeschrieben ist, dessen Aufgaben seit dem BilMoG (2009) jedoch in § 107 Abs. 3 AktG besonders hervorgehoben werden. Im Aufsichtsrat einer Holding kann es im Einzelfall auch zweckmäßig sein, für die intensivere Überwachung bestimmter Konzernbereiche Ausschüsse zu bilden[86]. Solche **überwachenden Ausschüsse** ändern allerdings nichts daran, dass auch das Plenum sich weiterhin um die Überwachung dieser Konzernbereiche kümmern muss. Ein Ausschuss kann insoweit aber wichtige Unterstützungsfunktionen wahrnehmen, indem er sich intensiver mit dem ihm zugewiesenen Konzernbereich befasst, als es das Plenum könnte. Über seine Arbeit muss auch ein überwachender Ausschuss regelmäßig dem Plenum berichten, damit der Gesamtaufsichtsrat in die Lage versetzt wird, sich eine eigene Meinung zu bilden (§ 107 Abs. 3 Satz 8 AktG). Schließlich werfen die neuen Vorschriften über die Notwendigkeit der Zustimmung des Aufsichtsrats zu bestimmten Geschäften mit nahestehenden Personen (§ 111b AktG; näher Rz. 7.45a) die Frage auf, ob es sinnvoll ist, hierfür einen Ausschuss zu bestellen, für dessen Bildung § 107 Abs. 3 Satz 4-6 AktG besondere Regeln enthält (sog. **RPT-Ausschuss**). Angesichts damit verbundener Rechtsunsicherheiten[87] und der voraussichtlich geringen

81 Erforderlich ist allerdings das Einverständnis des Holding-Vorstands, vgl. Rz. 7.12.

82 Zurückhaltend *Scheffler*, DB 1994, 793 (798).

83 Dazu näher *H. Schäfer* in Johannsen-Roth/Illert/Ghassemi-Tabar, Empf. D.13 DCGK Rz. 6 ff.; *Lutter/Krieger/Verse*, Rechte und Pflichten des Aufsichtsrats, Rz. 655; Hüffer/Koch, § 107 AktG Rz. 3.

84 Dazu ausführlich *Hommelhoff*, ZHR 143 (1979), 288 (298 ff.); *v. Schenck* in Semler/v. Schenck, Arbeitshandbuch für Aufsichtsratsmitglieder, § 1 Rz. 41 ff.; *Lutter/Krieger/Verse*, Rechte und Pflichten des Aufsichtsrats, Rz. 654, 745.

85 Dazu näher etwa *Lutter/Krieger/Verse*, Rechte und Pflichten des Aufsichtsrats, Rz. 755 ff.; *Hoffmann-Becking* in MünchHdb/AG, § 32 Rz. 19 ff.

86 *Scheffler*, DB 1994, 793 (797).

87 Dazu *Lutter/Krieger/Verse*, Rechte und Pflichten des Aufsichtsrats, Rz. 763; Hüffer/Koch, § 107 AktG Rz. 26b ff.

praktischen Bedeutung von § 111b AktG dürfte es sich eher empfehlen, auf die Einsetzung eines RPT-Ausschusses im Konzern zu verzichten[88].

5. Eingriffsmittel

Dem Aufsichtsrat im Konzern stehen die gleichen Eingriffsmittel zur Verfügung wie in der konzern- 7.41
freien Gesellschaft. Er kann auf den Vorstand durch Meinungsäußerungen einwirken, eine Geschäftsordnung erlassen, Geschäftsführungsmaßnahmen an seine Zustimmung binden, Vorstandsmitglieder abberufen und notfalls eine Hauptversammlung einberufen[89]. Das gilt für den Aufsichtsrat einer GmbH allerdings nur mit Einschränkungen. Ein GmbH-Aufsichtsrat nach dem DrittelbG, dem KAGB und dem GmbHG hat nicht die Kompetenz zur Bestellung und Abberufung von Geschäftsführern (§ 1 Abs. 1 Nr. 3 DrittelbG, § 18 Abs. 2 Satz 3 KAGB, § 52 Abs. 1 GmbHG); diese Personalkompetenz hat nur der Aufsichtsrat einer nach dem MitbestG paritätisch mitbestimmten GmbH. Überdies fehlt auch dem paritätisch mitbestimmten GmbH-Aufsichtsrat nach h.M. das Recht zum Erlass einer Geschäftsordnung für die Geschäftsführung[90].

Geschäftsführungsmaßnahmen des Vorstands können von der vorherigen Zustimmung des Auf- 7.42
sichtsrats abhängig gemacht werden (§ 111 Abs. 4 Satz 2 AktG). Solche **Zustimmungsvorbehalte** können sowohl durch die Satzung als auch durch den Aufsichtsrat selbst eingerichtet werden; in der Satzung angeordnete Zustimmungsvorbehalte kann der Aufsichtsrat durch weitere ergänzen. Das Gesetz schreibt heute vor, dass Satzung oder Aufsichtsrat Zustimmungsvorbehalte schaffen müssen, ohne jedoch inhaltliche Vorgaben zu machen. Damit können Satzung und Aufsichtsrat den speziellen Bedürfnissen ihrer Gesellschaft Rechnung tragen; der Aufsichtsrat hat dabei nach pflichtgemäßem Ermessen zu entscheiden. Der Aufsichtsrat kann Zustimmungsvorbehalte durch einfachen Beschluss einrichten, üblicherweise werden sie jedoch in die Geschäftsordnung des Vorstands oder Aufsichtsrats aufgenommen. Ein Zustimmungsvorbehalt kann vom Aufsichtsrat auch ad hoc für ein aktuelles Vorhaben des Vorstands beschlossen werden[91]. Notfalls muss der Aufsichtsrat das tun, um Absichten des Vorstands, die der Aufsichtsrat für unvertretbar hält, noch verhindern zu können[92].

Zustimmungsvorbehalte können für bestimmte **Arten von Geschäften**, aber auch für Einzel- 7.43
geschäfte von herausragender Bedeutung eingeführt werden[93]. Sie können auch rein unternehmensinterne Maßnahmen betreffen, insbesondere also auch die Unternehmensplanung[94]. Als sinnvoller

---

88 *Lutter/Krieger/Verse*, Rechte und Pflichten des Aufsichtsrats, Rz. 763; zweifelnd auch *Tarde*, NZG 2019, 488 (492).

89 Zu den Mitteln der Überwachung näher etwa *Hoffmann-Becking* in MünchHdb/AG, § 29 Rz. 46 ff.; *Lutter/Krieger/Verse*, Rechte und Pflichten des Aufsichtsrats, Rz. 109 ff.

90 *Uwe H. Schneider/Sven H. Schneider* in Scholz, § 37 GmbHG Rz. 73 f.; *Habersack* in Habersack/Henssler, Mitbestimmungsrecht, § 30 MitbestG Rz. 21; a.A. *Lutter/Krieger/Verse*, Rechte und Pflichten des Aufsichtsrats, Rz. 1142 ff.

91 BGH v. 15.11.1993 – II ZR 235/92, AG 1994, 124 = ZIP 1993, 1862 (1867); Hüffer/Koch, § 111 AktG Rz. 39; *Lutter/Krieger/Verse*, Rechte und Pflichten des Aufsichtsrats, Rz. 117.

92 BGH v. 15.11.1993 – II ZR 235/92, AG 1994, 124 = ZIP 1993, 1862 (1867).

93 OLG Stuttgart v. 27.2.1979 – 12 U 171/77, WM 1979, 1296 (1300); Hüffer/Koch, § 111 AktG Rz. 39; *Hoffmann-Becking* in MünchHdb/AG, § 29 Rz. 62; *Lutter/Krieger/Verse*, Rechte und Pflichten des Aufsichtsrats, Rz. 119; ablehnend *Steinbeck*, Überwachungsverpflichtung und Einwirkungsmöglichkeit des Aufsichtsrats der Aktiengesellschaft, 1992, S. 151 f.

94 *Habersack* in MünchKomm/AktG, § 111 AktG Rz. 127; *Habersack* in FS Hüffer, 2010, S. 259 (268 ff.); *Lutter/Krieger/Verse*, Rechte und Pflichten des Aufsichtsrats, Rz. 120 und 122; *Hoffmann-Becking* in MünchHdb/AG, § 29 Rz. 55; *Rodewig* in Semler/v. Schenck, Arbeitshandbuch für Aufsichtsratsmitglieder, § 8 Rz. 28 ff.; *E. Vetter* in Marsch-Barner/Schäfer, Handbuch börsennotierte AG, Rz. 26.30; einschränkend *Mertens/Cahn* in KölnKomm/AktG, § 111 AktG Rz. 86; Hüffer/Koch, § 111 AktG Rz. 41; *Fonk*, ZGR 2006, 841 (850), die einen Zustimmungsvorbehalt für die Mehrjahresplanung für unzulässig ansehen.

Gegenstand von Zustimmungsmaßnahmen kommen des weiteren Strukturentscheidungen wie der Erwerb und die Veräußerung von Beteiligungen, der Abschluss von Unternehmensverträgen, bedeutende Investitionsvorhaben und sonstige außergewöhnliche Einzelgeschäfte in Frage, daneben konzernpolitische Entscheidungen von besonderer Bedeutung[95].

7.44 Der Aufsichtsrat kann seine Zustimmungsvorbehalte auch auf **Maßnahmen** erstrecken, die nicht in der Holding, sondern **in einer Tochter** vorgenommen werden. Ein solcher Zustimmungsvorbehalt bindet allerdings nicht unmittelbar das Geschäftsleitungsorgan der Tochter, sondern den Vorstand der Holding. Dieser hat in einem solchen Fall sicherzustellen, dass die betreffenden Geschäfte und Maßnahmen in den verbundenen Unternehmen nicht ohne seine vorherige Mitwirkung durchgeführt werden[96], für die er dann seinerseits die Zustimmung seines Aufsichtsrats benötigt. In welcher Form der Holding-Vorstand an den Maßnahmen der Tochter mitwirkt, ob durch Stimmabgabe in der Haupt- bzw. Gesellschafterversammlung der Tochter, durch eine konzernrechtliche Weisung oder auch nur durch ein formloses Einverständnis, ist gleichgültig[97]. Ein solcher Zustimmungsvorbehalt ist von den Vorstandsmitgliedern der Holding selbst dann zu beachten, wenn es um Maßnahmen geht, an denen sie durch Stimmabgabe im Aufsichtsrat der Tochter mitwirken. Sie dürfen der Maßnahme im Aufsichtsrat der Tochter daher grundsätzlich erst zustimmen, wenn zuvor der Aufsichtsrat der Holding seine Zustimmung erteilt hat[98]. Etwas anderes gilt allerdings dann, wenn die Zustimmungsverweigerung für die abhängige Aktiengesellschaft nachteilig ist, kein Beherrschungsvertrag und keine Eingliederung bestehen und ein Nachteilsausgleich gem. § 311 AktG durch die Holding nicht möglich ist oder verweigert wird[99]. Ist die abhängige Gesellschaft eine GmbH mit außenstehenden Gesellschaftern, darf eine nachteilige Zustimmungsverweigerung nur bei Bestehen eines Beherrschungsvertrages erklärt werden[100].

7.45 Sofern sich aus der Formulierung eines Zustimmungsvorbehalts nicht klar ergibt, ob dieser auch für Geschäftsführungsmaßnahmen in Tochtergesellschaften gelten soll, ist diese Frage durch Auslegung zu klären. Im Zweifel ist davon auszugehen, dass Zustimmungsvorbehalte konzernweite Geltung haben sollen[101], unabhängig davon, ob der Zustimmungsvorbehalt in der Satzung oder durch den Aufsichtsrat selbst festgelegt ist[102]. Ob das einzelne Geschäft zustimmungspflichtig ist oder nicht, hängt

95 Vgl. näher *Lutter/Krieger/Verse*, Rechte und Pflichten des Aufsichtsrats, Rz. 118; *Rodewig* in Semler/v. Schenck, Arbeitshandbuch für Aufsichtsratsmitglieder, § 8 Rz. 47; *Scheffler*, DB 1994, 793 (798).

96 Hüffer/Koch, § 111 AktG Rz. 54; *Mertens/Cahn* in KölnKomm/AktG, § 111 AktG Rz. 96; *Altmeppen* in MünchKomm/AktG, § 311 AktG Rz. 423; *Hoffmann-Becking* in MünchHdb/AG, § 29 Rz. 64; *Lutter/Krieger/Verse*, Rechte und Pflichten des Aufsichtsrats, Rz. 160 f.; *Löbbe*, Unternehmenskontrolle im Konzern, S. 305 ff., 312.

97 *Hoffmann-Becking*, ZHR 159 (1995), 325 (341).

98 Hüffer/Koch, § 111 AktG Rz. 54; *Hoffmann-Becking*, ZHR 159 (1995), 325 (341); *Löbbe*, Unternehmenskontrolle im Konzern, S. 311 f.; *Götz*, ZGR 1998, 524 (542 f.); *Lenz*, AG 1997, 448 (454).

99 *Altmeppen* in MünchKomm/AktG, § 311 AktG Rz. 424; Hüffer/Koch, § 111 AktG Rz. 54; *Lutter/Krieger/Verse*, Rechte und Pflichten des Aufsichtsrats, Rz. 161; *Semler*, Leitung und Überwachung der Aktiengesellschaft, Rz. 437; *Götz*, ZGR 1998, 524 (542 f.); *Löbbe*, Unternehmenskontrolle im Konzern, S. 312 f.

100 *Götz*, ZGR 1998, 524 (543); s. auch Hüffer/Koch, § 111 AktG Rz. 54.

101 Hüffer/Koch, § 111 AktG Rz. 53; *Lutter/Krieger/Verse*, Rechte und Pflichten des Aufsichtsrats, Rz. 160; *Rodewig* in Semler/v. Schenck, Arbeitshandbuch für Aufsichtsratsmitglieder, § 8 Rz. 94; *Hoffmann-Becking* in MünchHdb/AG, § 29 Rz. 64; *Hoffmann-Becking*, ZHR 159 (1995), 325 (340); *Löbbe*, Unternehmenskontrolle im Konzern, S. 320 ff.; *Harbarth* in FS Hoffmann-Becking, 2013, S. 457 (461 ff.); a.A. *Altmeppen* in MünchKomm/AktG, § 311 AktG Rz. 420 ff.; *Brouwer*, Zustimmungsvorbehalte des Aufsichtsrats, S. 297 f.

102 Hüffer/Koch, § 111 AktG Rz. 53; *Hopt/Roth* in Großkomm/AktG, § 111 AktG Rz. 739; *Drygala* in K. Schmidt/Lutter, § 111 AktG Rz. 66; *Harbarth* in FS Hoffmann-Becking, S. 457 (465 f.); *Löbbe*, Unternehmenskontrolle im Konzern, S. 323 f.; insoweit a.A. *Spindler* in Spindler/Stilz, § 111 AktG Rz. 86; *Mertens/Cahn* in KölnKomm/AktG, § 111 AktG Rz. 97, die in Zweifelsfällen nur für satzungsmäßige Zustimmungsvorbehalte von einer konzernweiten Geltung ausgehen.

in diesen Fällen davon ab, ob eine Zustimmungspflicht bestünde, falls das Konzernunternehmen ein rechtlich unselbständiger Teil der Obergesellschaft wäre[103]. Ein Zustimmungsvorbehalt zur Bestellung von Generalbevollmächtigten und Prokuristen soll allerdings, wenn nicht etwas anderes geregelt ist, auf die Obergesellschaft beschränkt bleiben und weder die Bestellung von Generalbevollmächtigten und Prokuristen noch die Bestellung von Geschäftsführern in Tochtergesellschaften[104] erfassen. Dem wird man für Konzerngesellschaften von geringer Bedeutung zustimmen können, hingegen sind Zweifel angebracht, wenn der Prokurist, Generalbevollmächtigte oder Geschäftsführer der Tochter eine Funktion innehat, die nach ihrem Gesamtbild mit derjenigen eines Generalbevollmächtigten oder Prokuristen der Obergesellschaft vergleichbar ist.

Ein gesetzlicher Zustimmungsvorbehalt des Aufsichtsrats besteht für Geschäfte einer börsennotierten Gesellschaft mit nahestehenden Personen (sog. **related party transactions**), sofern der wirtschaftliche Wert allein oder zusammen mit anderen mit derselben Person getätigten Geschäften innerhalb des Geschäftsjahres 1,5 % der Summe aus Anlage- und Umlaufvermögen der Gesellschaft (§ 111b Abs. 1 AktG) oder des Konzerns (§ 111b Abs. 3 AktG) übersteigt. Der Begriff der nahestehenden Person ist unter Verweis auf die durch EU-Verordnung übernommenen internationalen Rechnungslegungsstandards, namentlich IAS 24, definiert (§ 111b Abs. 1 AktG). Danach können namentlich Geschäfte zwischen der börsennotierten Holding und ihren Beteiligungsgesellschaften von dem Zustimmungsvorbehalt erfasst werden, wobei für die Qualifikation als „nahestehend" bereits ein Stimmrechtsanteil von 20 % genügt (IAS 28.5)[105]; erfasst sein können auch Geschäfte zwischen nachgeordneten Konzerngesellschaften, wenn eine von ihnen börsennotiert ist, da sich alle Unternehmen derselben Unternehmensgruppe auch untereinander nahestehen (IAS 24.9 Abs. 2 lit. b i). Ausgenommen von dem Zustimmungsvorbehalt sind Geschäfte, die im ordentlichen Geschäftsgang und zu marktüblichen Bedingungen getätigt werden (§ 111a Abs. 2 AktG)[106]. Ebenfalls ausgenommen sind die in § 111a Abs. 3 AktG aufgeführten Geschäfte, insbesondere solche mit einer 100 %-Tochtergesellschaft[107]. Bei der Beschlussfassung des Aufsichtsrats können Mitglieder, bei denen aufgrund ihrer Beziehungen zu der nahestehenden Person die Besorgnis eines Interessenkonflikts besteht, nicht mitstimmen (§ 111b Abs. 2 AktG). 7.45a

6. Personalentscheidungen im Konzern

Die Bestellung von Vorstandsmitgliedern und deren Abberufung obliegt in der Aktiengesellschaft ausschließlich dem Aufsichtsrat; dieser ist daneben auch zwingend für den Abschluss, die Änderung und die Beendigung des Anstellungsvertrags zuständig (§ 84 Abs. 1 AktG)[108]. Gleiches gilt für den GmbH-Aufsichtsrat nach dem MitbestG und der Montan-Mitbestimmung (§ 25 Abs. 1 Satz 1 Nr. 2 MitbestG, § 3 Abs. 2 Montan-MitbestG), während der GmbH-Aufsichtsrat nach dem DrittelbG, dem KAGB und dem GmbHG diese Personalzuständigkeit nicht besitzt (§ 1 Abs. 1 Nr. 3 Satz 2 DrittelbG, § 18 Abs. 2 Satz 3 KAGB, § 52 Abs. 1 GmbHG). Im Konzern gelten insoweit zunächst keine Besonderheiten. Die Personalkompetenz des Holding-Aufsichtsrats erstreckt sich nur auf die eigene Gesellschaft, für die Personalentscheidungen in den Töchtern bleiben deren Organe zuständig. Der Aufsichtsrat der Holding muss sich aber im Rahmen seiner Überwachungsaufgabe mit der Besetzung von **Führungspositionen in abhängigen Gesellschaften** befassen. Die Besetzung von Führungspositionen im Konzern gehört zu den Leitungsaufgaben des Holding-Vorstands und damit 7.46

103 *Lutter/Krieger/Verse*, Rechte und Pflichten des Aufsichtsrats, Rz. 160; *Hoffmann-Becking* in MünchHdb/AG, § 29 Rz. 64; *Hoffmann-Becking*, ZHR 159 (1995), 325 (340).

104 *Lutter/Krieger/Verse*, Rechte und Pflichten des Aufsichtsrats, Rz. 160; *Rodewig* in Semler/v. Schenck, Arbeitshandbuch für Aufsichtsratsmitglieder, § 8 Rz. 95; *Mertens/Cahn* in KölnKomm/AktG, § 111 AktG Rz. 87; *Hoffmann-Becking*, ZHR 159 (1995), 325 (340).

105 Näher Hüffer/Koch, § 111a AktG Rz. 5 ff.; *Hoffmann-Becking* in MünchHdb/AG, § 29 Rz. 70.

106 Näher Hüffer/Koch, § 111a AktG Rz. 10 ff.; *Hoffmann-Becking* in MünchHdb/AG, § 29 Rz. 71.

107 Näher Hüffer/Koch, § 111a AktG Rz. 15 ff.; *Hoffmann-Becking* in MünchHdb/AG, § 29 Rz. 72.

108 Vgl. zu Einzelheiten der Personalkompetenz des Aufsichtsrats *Lutter/Krieger/Verse*, Rechte und Pflichten des Aufsichtsrats, Rz. 331 ff.; *Wentrup* in MünchHdb/AG, §§ 20 und 21.

zum Überwachungskreis des Holding-Aufsichtsrats[109]. Der Aufsichtsrat hat also darauf zu achten, dass der Vorstand eine planmäßige Personalpolitik betreibt, die dazu geeignet ist, Führungskräfte im Konzern heranzubilden. Er hat sich über wichtige Personalentscheidungen in Tochtergesellschaften berichten zu lassen und diese mit dem Vorstand zu erörtern, und er kann die Mitwirkung seines Vorstands bei Personalentscheidungen in Töchtern gem. § 111 Abs. 4 Satz 2 AktG von seiner Zustimmung abhängig machen (vgl. dazu schon Rz. 7.44 f.)[110]. In Gesellschaften, die dem MitbestG oder dem MitbestErgG unterliegen, besteht ein Zustimmungsvorbehalt zugunsten der Anteilseignervertreter im Aufsichtsrat der Mutter kraft Gesetzes; vgl. Rz. 7.48.

7.47 In der Praxis ist es nicht selten, dass Vorstandsmitglieder oder leitende Angestellte des herrschenden Unternehmens in den Vorstand der abhängigen Gesellschaft oder umgekehrt Mitglieder des Geschäftsführungsorgans einer Tochter zugleich in den Vorstand der Holding berufen werden[111]. Die Zulässigkeit solcher **Doppelmandate** im Konzern ist trotz damit potentiell verbundener Interessenkonflikte unstreitig[112]. Soweit Aktiengesellschaften beteiligt sind, bedarf die Übernahme eines zusätzlichen Vorstandsmandats in einer anderen Gesellschaft allerdings gem. § 88 Abs. 1 AktG der Einwilligung des Aufsichtsrats.

7. Entscheidung über die Ausübung von Beteiligungsrechten gem. § 32 MitbestG, § 15 MitbestErgG

7.48 Eine Besonderheit gilt für bestimmte Geschäftsführungsmaßnahmen des Holding-Vorstands nach § 32 MitbestG und § 15 MitbestErgG. Unterliegt die Holding dem MitbestG oder der Montanmitbestimmung, so kann ihr Vorstand in bestimmten Fällen die Beteiligungsrechte bei Tochtergesellschaften nur nach Weisung der Anteilseignervertreter im Holding-Aufsichtsrat ausüben. Voraussetzung ist, dass die Beteiligung an der Tochtergesellschaft sich auf mindestens 25 % beläuft. § 32 MitbestG verlangt weiter, dass auch die Tochtergesellschaft dem MitbestG unterliegt; nach § 15 MitbestErgG ist es demgegenüber unerheblich, ob und nach welchen Regeln die Tochtergesellschaft mitbestimmt ist. Der Weisungsvorbehalt beschränkt sich auf die im Gesetz im Einzelnen genannten Entscheidungen. Er betrifft insbesondere die Bestellung, den Widerruf der Bestellung und die Entlastung von Verwaltungsträgern – d.h. der Vorstandsmitglieder/Geschäftsführer und der Aufsichtsratsmitglieder – der Untergesellschaft sowie bestimmte Strukturmaßnahmen wie den Abschluss von Unternehmensverträgen und Umwandlungsvorgänge. Über die Ausübung der Beteiligungsrechte ist ein Aufsichtsratsbeschluss zu fassen, der jedoch nur der Mehrheit der Stimmen der Anteilseignervertreter im Aufsichtsrat bedarf (§ 32 Abs. 1 Satz 2 MitbestG, § 15 Abs. 1 Satz 2 MitbestErgG). Die Arbeitnehmervertreter können an den Beratungen teilnehmen, haben jedoch keine Antrags- und Entscheidungsbefugnisse[113]. Die Entscheidungen nach § 32 MitbestG werden vielfach einem **Ausschuss** des Aufsichtsrats übertragen. Da Beschlüsse nach § 32 MitbestG der Mehrheit der Stimmen der Aufsichtsratsmitglieder der Anteilseigner bedürfen (§ 32 Abs. 1 Satz 2 MitbestG), muss einem solchen

---

109 *Semler*, Leitung und Überwachung der Aktiengesellschaft, Rz. 273 und 430; *Krieger* in MünchHdb/AG, § 70 Rz. 38; *Lutter/Krieger/Verse*, Rechte und Pflichten des Aufsichtsrats, Rz. 491.

110 Weitergehend *Martens*, ZHR 159 (1995), 567 (577 ff.), der für wichtige Vorstandspositionen bei Töchtern eine Pflicht zur Schaffung eines Zustimmungsvorbehalts annehmen will.

111 Zu den unternehmerischen Aspekten, die für eine derartige Personalunion sprechen, vgl. etwa *Semler* in FS Stiefel, 1987, S. 719 (722 ff.); *Hoffmann-Becking*, ZHR 150 (1986), 570; *Decher*, Personelle Verflechtungen im Aktienkonzern, 1990, S. 71 ff., 80 ff., 86 ff.

112 BGH v. 9.3.2009 – II ZR 170/07, BGHZ 180, 105 = GmbHR 2009, 881 Rz. 14 ff. = ZIP 2009, 1162; Hüffer/Koch, § 76 AktG Rz. 54; *Mertens/Cahn* in KölnKomm/AktG, § 76 AktG Rz. 70; *Reuter*, AG 2011, 274 (276); *Fonk*, NZG 2010, 368 f.; *Löbbe*, Unternehmenskontrolle im Konzern, S. 63 ff.; s. auch § 100 Abs. 2 Satz 2 AktG.

113 *Hoffmann-Becking* in MünchHdb/AG, § 29 Rz. 86; *Mertens/Cahn* in KölnKomm/AktG, § 32 MitbestG Rz. 17.

Ausschuss die Mehrheit der Aufsichtsratsmitglieder der Anteilseigner angehören[114]. Da Arbeitnehmervertreter bei der Abstimmung nach § 32 MitbestG nicht stimmberechtigt sind, kann der Ausschuss auch ausschließlich mit Anteilseignervertretern besetzt werden[115].

II. Überwachung durch die Gesellschafter der Holding

1. Holding-AG

a) Zuständigkeit der Hauptversammlung

aa) Die Hauptversammlung einer Aktiengesellschaft ist an der Leitung der Gesellschaft und deren Überwachung nach der **Konzeption des Gesetzes** nur in engen Grenzen beteiligt. Die Geschäftsführung obliegt dem Vorstand in eigener Verantwortung (§ 76 Abs. 1 AktG), die Überwachung dem Aufsichtsrat (§ 111 Abs. 1 AktG), und die Hauptversammlung kann über Fragen der Geschäftsführung grundsätzlich nur entscheiden, wenn der Vorstand es verlangt (§ 119 Abs. 2 AktG). Ihre Mitwirkung beschränkt sich im Allgemeinen darauf, die Anteilseignervertreter im Aufsichtsrat zu bestellen (§ 101 AktG) und notfalls abzuberufen (§ 103 Abs. 1 AktG) sowie alljährlich über die Entlastung der Mitglieder des Vorstands und des Aufsichtsrats zu beschließen (§ 120 Abs. 1 Satz 1 AktG). Darüber hinaus bedürfen wesentliche Strukturentscheidungen der Zustimmung der Hauptversammlung, namentlich der Abschluss eines Beherrschungs- oder Gewinnabführungsvertrags der Holding mit einer Tochtergesellschaft (§ 293 Abs. 2 AktG), die Eingliederung einer Tochter (§ 319 Abs. 2, § 320 Abs. 1 Satz 3 AktG) sowie Umwandlungsvorgänge, an denen die Holding beteiligt ist, wie eine Verschmelzung oder Spaltung (§ 13 Abs. 1, § 125 Satz 1 UmwG). 7.49

bb) Der Vorstand einer AG unterliegt beim Erwerb und der Veräußerung von Beteiligungen **Bindungen durch die Satzung:** 7.50

Er darf Beteiligungen nur erwerben, wenn ihn die Satzung durch eine sog. „Konzernklausel" dazu besonders ermächtigt[116]. Diese Satzungsermächtigung ist für jeden **Beteiligungserwerb** erforderlich, auf die Art (Kauf, Gründung), die Höhe (mit Ausnahme von Bagatellfällen) und den Zweck des Beteiligungserwerbs kommt es nicht an[117]. Beim Beteiligungserwerb ist der Vorstand überdies an den in der Satzung festgelegten Unternehmensgegenstand gebunden, d.h. er darf sich nicht an Unternehmen beteiligen, deren Tätigkeit außerhalb des Bereichs liegt, der vom Unternehmensgegenstand der

---

114 *Habersack* in Habersack/Henssler, Mitbestimmungsrecht, § 32 MitbestG Rz. 17; *Hoffmann-Becking* in MünchHdb/AG, § 29 Rz. 88; *Oetker* in GroßKomm/AktG, § 32 MitbestG Rz. 20; a.A. *Mertens/Cahn* in KölnKomm/AktG, § 32 MitbestG Rz. 21 f., die eine Besetzung mit 3 Anteilseignervertretern genügen lassen.

115 *Lutter/Krieger/Verse*, Rechte und Pflichten des Aufsichtsrats, Rz. 521; weitergehend etwa *Hoffmann-Becking* in MünchHdb/AG, § 29 Rz. 88; *Mertens/Cahn* in KölnKomm/AktG, § 32 MitbestG Rz. 22, die eine Ausschussmitgliedschaft von Arbeitnehmervertretern für unzulässig halten und diesen nur ein Teilnahmerecht nach § 109 Abs. 2 AktG zubilligen; a.A. z.B. *Habersack* in Habersack/Henssler, Mitbestimmungsrecht, § 32 MitbestG Rz. 28, den Arbeitnehmern müsse auf Verlangen mindestens ein Sitz im Ausschuss eingeräumt werden.

116 Heute h.M., etwa BGH v. 26.4.2004 – II ZR 155/02, BGHZ 159, 30 (46) = ZIP 2004, 993 = AG 2004, 384; OLG Frankfurt v. 21.6.2007 – 5 U 34/07, AG 2008, 862 (863); *Stein* in MünchKomm/AktG, § 179 AktG Rz. 113; *Habersack* in Emmerich/Habersack, Aktien- und GmbH-Konzernrecht, vor § 311 AktG Rz. 31; Hüffer/Koch, § 179 AktG Rz. 34; *Timm*, Die Aktiengesellschaft als Konzernspitze, S. 88 ff., 117 ff., 128 ff.; *Lutter* in FS Stimpel, 1985, S. 825 (847 f.); a.A. noch OLG Hamburg v. 5.9.1980 – 11 U 1/80, ZIP 1980, 1000 (1006 ff.); *Götz*, AG 1984, 85 (89); *Westermann*, ZGR 1984, 352 (362).

117 Ebenso *Koppensteiner* in KölnKomm/AktG, Vorb. § 291 AktG Rz. 61 m.w.N.; *Stein* in MünchKomm/AktG, § 179 AktG Rz. 113; *Krieger* in MünchHdb/AG, § 70 Rz. 5; *Timm*, Die Aktiengesellschaft als Konzernspitze, S. 95 ff.; a.A. etwa *Wahlers*, Konzernbildungskontrolle durch die Hauptversammlung der Obergesellschaft, S. 139 ff., der eine statutarische Ermächtigung nur für den Erwerb von Beteiligungen verlangt, auf die der Vorstand der Obergesellschaft unternehmerischen Einfluss ausüben will.

eigenen Gesellschaft gedeckt ist[118]; das gilt allerdings nur für den Erwerb einer unternehmerischen Beteiligung, nicht schon bei bloßen Finanzbeteiligungen, die keinen unternehmerischen Einfluss eröffnen[119].

Spiegelbildliches kann für die **Veräußerung von Beteiligungen** gelten. Der Vorstand einer AG ist verpflichtet, den Unternehmensgegenstand auszufüllen. Schreibt die Satzung bestimmte Tätigkeitsbereiche vor, und will der Vorstand diese dauerhaft aufgeben, ist daher zunächst eine Satzungsänderung nötig[120]. Das gilt allerdings nur, wenn die Auslegung der Satzung ergibt, dass die dort genannten Geschäftsfelder als verbindliches Handlungsprogramm gemeint und nicht nur als unverbindliche Beispiele genannt sind; je weiter der Unternehmensgegenstand formuliert ist, umso mehr spricht dafür, seine Angaben als bloße Beispiele zu verstehen[121].

7.51 **cc)** Liegen die satzungsmäßigen Voraussetzungen für einen Beteiligungserwerb vor, kann gleichwohl noch eine gesonderte Zustimmung der Hauptversammlung erforderlich sein. Nach der sog. **Holzmüller-Rechtsprechung** des BGH kann für Maßnahmen der Geschäftsführung ausnahmsweise und in engen Grenzen die Zustimmung durch die Hauptversammlung nötig sein. Voraussetzung dafür ist, dass eine vom Vorstand in Aussicht genommene Umstrukturierung der Gesellschaft Veränderungen nach sich zieht, die einen wesentlichen Eingriff in die Mitgliedschaftsrechte und Vermögensinteressen der Aktionäre darstellen und denjenigen zumindest nahe kommen, die ausschließlich durch eine Satzungsänderung herbeigeführt werden können[122]. Die Instanzgerichte sind dieser Rechtsprechung – vielfach unter Überdehnung ihres Anwendungsbereichs – von Anfang an gefolgt, in der Literatur war sie zunächst sehr umstritten, fand aber zunehmend Akzeptanz. Heute steht sie kaum mehr in Zweifel[123], die praktische Bedeutung ist jedoch gering, seit die Gelatine-Entscheidungen[124] den Anwendungsbereich stark eingeschränkt haben.

7.52 Problematisch ist zunächst, auf welche **Art von Maßnahmen** die Rechtsprechung anwendbar ist. Die Holzmüller-Entscheidung des BGH betraf den Fall der Ausgliederung eines Unternehmensbereichs auf eine Tochtergesellschaft, die Gelatine-Entscheidungen die Übertragung einer bislang unmittelbar gehaltenen Beteiligung auf eine Tochtergesellschaft, d.h. die Umstrukturierung einer Tochter- in eine Enkelgesellschaft. Ob sich die Holzmüller-Grundsätze auch auf andere Erwerbsarten, insbesondere den **Kauf einer wesentlichen** Beteiligung oder die Bargründung einer Tochtergesellschaft, erstrecken

118 *Habersack* in Emmerich/Habersack, Aktien- und GmbH-Konzernrecht, vor § 311 AktG Rz. 31; *Koppensteiner* in KölnKomm/AktG, Vorb. § 291 AktG Rz. 60; *Krieger* in MünchHdb/AG, § 70 Rz. 7; *Wahlers*, Konzernbildungskontrolle durch die Hauptversammlung der Obergesellschaft, 1994, S. 138 f.; OLG Hamburg v. 5.9.1980 – 11 U 1/80, AG 1981, 344 = ZIP 1980, 1000 (1006) für Erwerb einer beherrschenden Beteiligung; *Timm*, Die Aktiengesellschaft als Konzernspitze, 1980, S. 100 f. für Beteiligungen von mehr als 25 %.

119 Vgl. etwa *Koppensteiner* in KölnKomm/AktG, Vorb. § 291 AktG Rz. 60; *Stein* in MünchKomm/AktG, § 179 AktG Rz. 112; *Timm*, Die Aktiengesellschaft als Konzernspitze, S. 100 f., der eine unternehmerische Beteiligung ab einer Quote von 25 % annimmt.

120 Vgl. z.B. OLG Köln v. 15.1.2009 – 18 U 205/07, AG 2009, 416 (417 f.) = ZIP 2009, 1469; OLG Stuttgart v. 13.7.2005 – 20 U 1/05, AG 2005, 693 (695 f.); Hüffer/Koch, § 179 AktG Rz. 9a; *Stein* in MünchKomm/AktG, § 179 AktG Rz. 109 ff.; *Habersack* in Emmerich/Habersack, Aktien- und GmbH-Konzernrecht, vor § 311 AktG Rz. 31; eingehend *Wollburg/Gehling* in FS Lieberknecht, 1997, S. 133 (136 ff.); *Lutter/Leinekugel*, ZIP 1998, 225 (226 ff.).

121 Vgl. näher *Lutter/Leinekugel*, ZIP 1998, 225 (227); Hüffer/Koch, § 179 AktG Rz. 9a.

122 Grundlegend BGH v. 25.2.1982 – II ZR 174/80 – Holzmüller, BGHZ 83, 122 = AG 1982, 158 (131 f.) = ZIP 1982, 568; präzisiert und eingegrenzt durch BGH v. 26.4.2004 – II ZR 155/02 – Gelatine I, AG 2004, 384 = ZIP 2004, 993 und BGH v. 26.4.2004 – II ZR 154/02 – Gelatine II, ZIP 2004, 1001.

123 Vgl. etwa Hüffer/Koch, § 119 AktG Rz. 16 ff.; *Krieger* in MünchHdb/AG, § 70 Rz. 9; *Habersack* in Emmerich/Habersack, Aktien- und GmbH-Konzernrecht, vor § 311 AktG Rz. 33 ff., alle mit vielen Nachw.; nach wie vor ablehnend *Koppensteiner* in KölnKomm/AktG, Vorb. § 291 AktG Rz. 42 ff.

124 BGH v. 26.4.2004 – II ZR 155/02 – Gelatine I, ZIP 2004, 993 und BGH v. 26.4.2004 – II ZR 154/02 – Gelatine II, ZIP 2004, 1001.

lassen, ist zweifelhaft. In Rechtsprechung und Literatur wird dies vielfach angenommen[125], mehr spricht jedoch für die Annahme, dass der Kauf einer Beteiligung oder die Bargründung einer Tochter keiner besonderen Zustimmung mehr bedürfen, wenn hierfür die nötige satzungsmäßige Ermächtigung vorhanden ist[126]. Überwiegend anerkannt ist demgegenüber, dass die Grundsätze der Holzmüller-Rechtsprechung auf Fälle der **Veräußerung einer wesentlichen Beteiligung** nicht anwendbar sind, weil es in diesem Fall an einer Mediatisierung von Aktionärsrechten fehlt[127]; das gilt auch im Falle eines **Börsengangs der Tochter**[128]. Schließlich erfordert auch die Mitwirkung an der Vorbereitung eines Zusammenschlussvorhabens mit Hilfe eines öffentlichen Übernahmeangebots an die Aktionäre der Gesellschaft wie im Fall **Linde/Praxair** keine vorherige Zustimmung der Hauptversammlung[129].

Des Weiteren war zunächst ungeklärt, ab welcher **Größenordnung** eine Maßnahme als „wesentlich" anzusehen ist, so dass sie einer möglichen Zustimmungspflicht unterliegt. Im Holzmüller-Fall ging es um den wertvollsten Unternehmensbereich, der ca. 80 % der Aktiva ausmachte. In Literatur und Instanzrechtsprechung wurden die Grenzen zunächst deutlich niedriger angesetzt. Der BGH hat in den Gelatine-Entscheidungen jedoch klargestellt, dass der Bereich, der von der Maßnahme erfasst wird, in seiner Bedeutung die Ausmaße aus dem Holzmüller-Fall erreichen muss[130]. Ob das der Fall ist, ist nicht allein eine quantitative, sondern auch eine qualitative Frage, und es lässt sich nicht pauschal beurteilen, sondern nur in einer Analyse des Einzelfalls[131]. Neben dem Anteil des betroffenen Vermögensgegenstandes an der Bilanzsumme sollte man dabei auch den Anteil am Umsatz, und an der Ertragskraft[132], 7.53

125 So z.B. LG Frankfurt v. 15.12.2009 – 3-5 O 208/09, ZIP 2010, 429 (431); *Habersack* in Emmerich/Habersack, Aktien- und GmbH-Konzernrecht, vor § 311 AktG Rz. 42; Hüffer/Koch, § 119 AktG Rz. 21; *Spindler* in K. Schmidt/Lutter, § 119 AktG Rz. 34; *Reichert*, AG 2005, 150 (155); *Wollburg/Gehling* in FS Lieberknecht, 1997, S. 133 (152); *Groß*, AG 1994, 266 (271); *Timm*, ZIP 1993, 114 (117); *Lutter* in FS Stimpel, 1985, S. 825 (850 f.); *Wahlers*, Konzernbildungskontrolle durch die Hauptversammlung der Obergesellschaft, S. 94 ff.; *Mecke*, Konzernstruktur und Aktionärsentscheid, 1992, S. 90 f.; *Hirte*, Bezugsrechtsausschluss und Konzernbildung, 1986, S. 162 ff., 179 ff.; offengelassen von BGH v. 7.2. 2012 – II ZR 253/10 – Commerzbank, AG 2012, 248 = ZIP 2012, 515.

126 Ebenso OLG Frankfurt v. 7.12.2010 – 5 U 29/10 – Commerzbank, AG 2011, 173 = ZIP 2011, 75/77; *Kubis* in MünchKomm/AktG, § 119 AktG Rz. 71; *Reger* in Bürgers/Körber, § 119 AktG Rz. 17; *Krieger* in MünchHdb/AG, § 70 Rz. 10.

127 BGH v. 20.11.2006 – II ZR 226/05 – Stuttgarter Hofbräu, AG 2007, 203 = ZIP 2007, 24; OLG Köln v. 15.1.2009 – 18 U 205/07 – Strabag, AG 2009, 416 (418); Hüffer/Koch, § 119 AktG Rz. 22; *Habersack* in Emmerich/Habersack, Aktien- und GmbH-Konzernrecht, vor § 311 AktG Rz. 43; *Mertens/Cahn* in KölnKomm/AktG, § 76 AktG Rz. 63; *Spindler* in K. Schmidt/Lutter, § 119 AktG Rz. 34; a.A. *Kubis* in MünchKomm/AktG, § 119 AktG Rz. 68; *Hoffmann* in Spindler/Stilz, § 119 AktG Rz. 30.

128 *Spindler* in K. Schmidt/Lutter, § 119 AktG Rz. 37; *Krieger* in MünchHdb/AG, § 70 Rz. 10; *Kiefner*, Konzernumbildung und Börsengang der Tochter, 2005, S. 447 ff.; a.A. *Kubis* in MünchKomm/AkG, § 119 AktG Rz. 85; *Fleischer*, ZHR 165 (2001), 513 (524 ff.); *Lutter*, AG 2001, 349 (350); unklar für den Fall einer wesentlichen Beteiligung LG München I v. 8.6.2006 – 5 HKO 5025/06, ZIP 2006, 2036 (2040), wo es um eine Beteiligung unterhalb der Wesentlichkeitsschwelle ging.

129 LG München I v. 20.12.2018 – 5 HKO 15236/17 – Linde/Praxair, ZIP 2019, 266 (269 ff.); *Krieger* in MünchHdb/AG, § 70 Rz. 10; *Hippeli*, NZG 2019, 535 f.; *Wilsing* in FS Marsch-Barner, 2018, S. 595 (600 ff.); a.A. *Strohn*, ZHR 182 (2018), 114,(144 ff.).

130 BGH v. 26.4.2004 – II ZR 155/02 – Gelatine I, AG 2004, 384 = ZIP 2004, 993 (998); vgl. auch BGH v. 25.2.1982 – II ZR 174/80 – Holzmüller, BGHZ 83, 122 (131 f.) = AG 1982, 158: der Vorgang müsse sich im Kernbereich der Unternehmenstätigkeit abspielen und die Unternehmensstruktur von Grund auf ändern.

131 OLG Stuttgart v. 13.7.2005 – 20 U 1/05, AG 2005, 693 = ZIP 2005, 1415 (1418); Hüffer/Koch, § 119 AktG Rz. 25; *Habersack* in Emmerich/Habersack, Aktien- und GmbH-Konzernrecht, vor § 311 Rz. 47; *Reger* in Bürgers/Körber, § 119 AktG Rz. 22.

132 Im Einzelnen nach wie vor umstr., vgl. etwa OLG Stuttgart v. 13.7.2005 – 20 U 1/05, ZIP 2005, 1415 (1418) = AG 2005, 693; *Habersack* in Emmerich/Habersack, Aktien- und GmbH-Konzernrecht, vor § 311 AktG Rz. 47; Hüffer/Koch, § 119 AktG Rz. 25; *Spindler* in K. Schmidt/Lutter, § 119 AktG Rz. 31; *Herrler* in Grigoleit, § 119 AktG Rz. 24.

jeweils des Konzerns[133], berücksichtigen. Mehrere Einzelmaßnahmen sind zusammenzurechnen, wenn zwischen ihnen ein zeitlicher und sachlicher Zusammenhang besteht[134]. Entscheidend ist bei alledem, dass eine Hauptversammlungszuständigkeit nach diesen Grundsätzen nur in eng begrenzten Ausnahmefällen in Frage kommt[135].

7.54 Unklar ist weiterhin, ob **Gegenstand der Zustimmung** konkrete Vereinbarungen über die Ausführung der beabsichtigten Maßnahmen sein müssen, oder ob es genügt, den Vorstand in allgemeiner Form zur Durchführung der beabsichtigten Maßnahme zu ermächtigen. Richtigerweise ist ein abstrakter Zustimmungsbeschluss der Hauptversammlung als ausreichend anzusehen, der allerdings die beabsichtigte Maßnahme in groben Umrissen konkretisieren muss[136].

7.55 Soweit ein ungeschriebener Zustimmungsvorbehalt für die Hauptversammlung besteht, bedarf der Beschluss einer Mehrheit von mindestens 75 % des vertretenen Grundkapitals; die Satzung kann dieses Quorum nicht absenken[137]. Mit der **Bekanntmachung** der Tagesordnung ist entsprechend § 124 Abs. 2 Satz 2 AktG auch der wesentliche Inhalt der zustimmungspflichtigen Maßnahme bekanntzumachen ist[138]. Außerdem wird man den Vorstand entsprechend § 186 Abs. 4 Satz 1, § 293a AktG, § 8 UmwG als verpflichtet ansehen müssen, in einem ausführlichen **schriftlichen Bericht** die Gründe der beabsichtigten Maßnahme darzulegen und diesen Bericht in gleicher Weise zu publizieren und in der Hauptversammlung zu erläutern wie die Berichte über den Bezugsrechtsausschluss, einen Unternehmensvertrag oder einen Umwandlungsvorgang[139]. Zu den **auszulegenden Unterlagen** gehört auch der Vertrag (und zwar in seinem gesamten Inhalt mit allen Nebenvereinbarungen[140]), falls die Zustimmung zu einem konkreten Vertrag eingeholt wird[141]. Schließlich wird verein-

---

133 LG München I v. 8.6.2006 – 5 HK O 5025/06, ZIP 2006, 2036 (2040); *Habersack* in Emmerich/Habersack, Aktien- und GmbH-Konzernrecht, vor § 311 AktG Rz. 46; *Kubis* in MünchKomm/AktG, § 119 AktG Rz. 50; *Reger* in Bürgers/Körber, § 119 AktG Rz. 22; *Krieger* in MünchHdb/AG, § 70 Rz. 11; *Feldhaus*, BB 2009, 451 (455); *Kiesewetter/Spengler*, Der Konzern 2009, 451 (456); *Reichert*, AG 2005, 150 (154); a.A. *Spindler* in K. Schmidt/Lutter, § 119 AktG Rz. 29.

134 *Habersack* in Emmerich/Habersack, Aktien- und GmbH-Konzernrecht, vor § 311 AktG Rz. 47; *Kubis* in MünchKomm/AktG, § 119 AktG Rz. 52; *Reger* in Bürgers/Körber, § 119 AktG Rz. 22; wohl auch OLG Hamm v. 19.11.2007 – 8 U 216/07, AG 2008, 421 (423) = ZIP 2008, 832.

135 BGH v. 26.4.2004 – II ZR 155/02 – Gelatine I, AG 2004, 384 = ZIP 2004, 993 (998).

136 LG Frankfurt v. 12.12.2000 – 3/5 O 149/99, AG 2001, 431 (432 f.); eingehend *Lutter/Leinekugel*, ZIP 1998, 805 ff., 811 ff.; *Krieger* in MünchHdb/AG, § 70 Rz. 12; *Habersack* in Emmerich/Habersack, Aktien- und GmbH-Konzernrecht, vor § 311 AktG Rz. 51; *Grunewald*, AG 1990, 133 (136 f.); *Bungert*, NZG 1998, 367 (470); a.A. LG Stuttgart v. 8.11.1991 – 2 KfH O 135/91, AG 1992, 236 (237 f.); LG Karlsruhe v. 6.11.1997 – O 43/97 KfH I, AG 1998, 99 = ZIP 1998, 385 (387); *Veil*, ZIP 1998, 361 (368).

137 BGH v. 26.4.2004 – II ZR 155/02 – Gelatine I, AG 2004, 384 = ZIP 2004, 993 (998).

138 BGH v. 15.1.2001 – II ZR 124/99 – Altana/Milupa, BGHZ 146, 288 (294) = AG 2001, 261 = ZIP 2001, 416; OLG Schleswig v. 8.12.2005 – 5 U 57/04, AG 2006, 120 = ZIP 2006, 421 (424); Hüffer/Koch, § 119 AktG Rz. 27; *Habersack* in Emmerich/Habersack, Aktien- und GmbH-Konzernrecht, vor § 311 AktG Rz. 52.

139 OLG Frankfurt v. 23.3.1999 – 5 U 193/97, AG 1999, 378 (379 f.) = ZIP 1999, 842; LG Karlsruhe v. 6.11.1997 – O 43/97 KfH I, AG 1998, 99 = ZIP 1998, 385 (387 ff.); *Habersack* in Emmerich/Habersack, Aktien- und GmbH-Konzernrecht, vor § 311 AktG Rz. 52; *Krieger* in MünchHdb/AG, § 70 Rz. 14; vgl. in diese Richtung auch BGH v. 16.11.1981 – II ZR 150/80 – Hoesch/Hoogovens, BGHZ 82, 188 = ZIP 1982, 172 = AG 1982, 129; a.A. LG Hamburg v. 21.1.1997 – 402 O 122/96, AG 1997, 238; Hüffer/Koch, § 119 AktG Rz. 27; *Groß*, AG 1996, 111 (117 f.); *Priester*, ZHR 163 (1999), 187 (200 f.); wohl auch OLG München v. 26.4.1996 – 23 U 4586/95, WM 1996, 1462 (1464); diff. *Kubis* in MünchKomm/AktG, § 119 AktG Rz. 55; *Spindler* in K. Schmidt/Lutter, § 119 AktG Rz. 43, die einen Bericht bei einem Konzeptbeschluss verlangen, jedoch nicht bei Vorlage konkreter Verträge.

140 BGH v. 16.11.1981 – II ZR 150/80 – Hoesch/Hoogovens, BGHZ 82, 188 = ZIP 1982, 172 = AG 1982, 129.

141 OLG Frankfurt v. 23.3.1999 – 5 U 193/97, AG 1999, 378 = BB 1999, 1128 (1129); OLG München v. 26.4.1996 – 23 U 4586/95, WM 1996, 1462 (1464); im Ansatz differenzierend, im Ergebnis für „echte“

zelt außerdem die Auslegung der Jahresabschlüsse und Lageberichte der drei letzten Geschäftsjahre und die Auslegung einer Zwischenbilanz entsprechend § 63 Abs. 1 Nr. 2 und 3 UmwG verlangt[142].

Ein **ohne die erforderliche Zustimmung** der Hauptversammlung durchgeführter Beteiligungserwerb ist unzulässig, jedoch wirksam[143]. Den Aktionären steht jedoch ein Anspruch darauf zu, dass die Gesellschaft den Beteiligungserwerb unterlässt bzw. rückgängig macht. Diesen Anspruch kann innerhalb angemessener Frist jeder Aktionär durch Klage gegen die Gesellschaft geltend machen[144]. 7.56

dd) Darüber hinaus kann nach der Holzmüller-Rechtsprechung eine Zuständigkeit der Aktionäre der Obergesellschaft auch bei grundlegenden **Entscheidungen in der Tochtergesellschaft** gegeben sein, die sich wesentlich auf die rechtlichen und wirtschaftlichen Verhältnisse der Obergesellschaft auswirken[145]. Das hängt vom Gewicht der Tochtergesellschaft im Konzern und von der Art der Entscheidung ab. Für die Praxis haben diese Grundsätze im Lichte der Gelatine-Entscheidungen mit ihren hohen Anforderungen an den Umfang des betroffenen Unternehmensteils kaum Bedeutung erlangt. 7.57

Die Frage, ob die Tochtergesellschaft von hinreichendem Gewicht im Gesamtbereich des Konzerns ist, ist nach den gleichen Kriterien abzugrenzen, wie in der Obergesellschaft selbst[146]. Sind die Größenkriterien erreicht, erstreckt sich die Zustimmungspflicht auf Strukturentscheidungen in der Tochtergesellschaft, die sich auf die rechtlichen und wirtschaftlichen Verhältnisse der Holding und ihrer Aktionäre wesentlich auswirken. Nicht zustimmungspflichtig sind beispielsweise Sitzverlegungen, Firmenänderungen oder eine Kapitalerhöhung aus Gesellschaftsmitteln bei einer Tochtergesellschaft[147], und wohl auch nicht Unternehmensverträge zwischen Konzerngesellschaften[148] sowie Umwandlungsvorgänge, an denen ausschließlich 100 %-Töchter beteiligt sind[149]. Demgegenüber kann die Zustimmung der Hauptversammlung für **Unternehmensverträge** zwischen einer Tochtergesellschaft und Dritten nötig sein[150], nicht hingegen für die **Auflösung** einer Tochtergesellschaft, da die Auflösung einer ebenfalls nicht zustimmungspflichtigen (vgl. Rz. 7.52) Veräußerung der Tochter 7.58

Holzmüller-Fälle aber wohl ebenso BGH v. 15.1.2001 – II ZR 124/99 – Altana/Milupa, BGHZ 146, 288 (294) = AG 2001, 261 = ZIP 2001, 416; vgl. näher auch Hüffer/Koch, § 119 AktG Rz. 28.

142 LG Karlsruhe v. 6.11.1997 – O 43/97 KfH I, AG 1998, 99 = ZIP 1998, 385 (387 ff.); *Habersack* in Emmerich/Habersack, Aktien- und GmbH-Konzernrecht, vor § 311 AktG Rz. 52; einschränkend *Reichert* in Habersack/Koch/Winter (Hrsg.), Die Spaltung im neuen Umwandlungsrecht und ihre Rechtsfolgen, 1999, S. 25/61; a.A. *Kubis* in MünchKomm/AktG, § 119 AktG Rz. 55; unklar *Veil*, ZIP 1998, 361 (368).

143 BGH v. 25.2.1982 – II ZR 174/80 – Holzmüller, BGHZ 83, 122 (130, 132) = AG 1982, 158 = ZIP 1982, 568; BGH v. 26.4.2004 – II ZR 155/02 – Gelatine I, AG 2004, 384 = ZIP 2004, 993 (997).

144 Näher BGH v. 25.2.1982 – II ZR 174/80 – Holzmüller, BGHZ 83, 122 (134 ff.) = AG 1982, 158 = ZIP 1982, 568.

145 BGH v. 25.2.1982 – II ZR 174/80 – Holzmüller, BGHZ 83, 122 (140) = AG 1982, 158 = ZIP 1982, 568; LG Frankfurt v. 29.7.1997 – 3/5 O 162/95, ZIP 1997, 1698 (1700 f.); *Habersack* in Emmerich/Habersack Aktien- und GmbH-Konzernrecht, vor § 311 AktG Rz. 48; *Spindler* in K. Schmidt/Lutter, § 119 AktG Rz. 36; *Kubis* in MünchKomm/AktG, § 119 AktG Rz. 73 ff.; *Krieger* in MünchHdb/AG, § 70 Rz. 43 ff.

146 LG Frankfurt v. 29.7.1997 – 3/5 O 162/95, AG 1998, 45 = ZIP 1997, 1698 (1701); *Habersack* in Emmerich/Habersack, Aktien- und GmbH-Konzernrecht, vor § 311 AktG Rz. 48; *Kubis* in MünchKomm/AktG, § 119 AktG Rz. 78; *Spindler* in K. Schmidt/Lutter, § 119 AktG Rz. 36.

147 BGH v. 25.2.1982 – II ZR 174/80 – Holzmüller, BGHZ 83, 122 (140) = AG 1982, 158 = ZIP 1982, 568; *Habersack* in Emmerich/Habersack, Aktien- und GmbH-Konzernrecht, vor § 311 AktG Rz. 49.

148 *Koppensteiner* in KölnKomm/AktG, Vorb. § 291 AktG Rz. 105; *Krieger* in MünchHdb/AG, § 70 Rz. 45.

149 Vgl. *Koppensteiner* in KölnKomm/AktG, Vorb. § 291 AktG Rz. 103 f.; *Krieger* in MünchHdb/AG, § 70 Rz. 45; *Lutter* in FS Stimpel, S. 825/851; *Martens*, ZHR 157 (1983), 377 (424 f.).

150 *Habersack* in Emmerich/Habersack, Aktien- und GmbH-Konzernrecht, vor § 311 AktG Rz. 49; *Kubis* in MünchKomm/AktG, § 119 AktG Rz. 79.

wirtschaftlich gleichsteht[151] Nach Auffassung des BGH ist die Zustimmung der Holding-Hauptversammlung auch bei **Kapitalerhöhungen** (gegen Einlagen) in Tochtergesellschaften nötig. Das soll sogar dann gelten, wenn die Holding ihr Bezugsrecht in vollem Umfang ausüben will[152], geht für diesen Fall aber zu weit[153]. Wenn allerdings das Bezugsrecht der Holding nicht in vollem Umfang aufrechterhalten oder ausgeübt werden soll, wird vielfach die Zustimmung der Holding-Hauptversammlung verlangt, vorausgesetzt, dass die Tochtergesellschaft von wesentlicher Bedeutung für den Gesamtkonzern ist[154]; teilweise wird weiter vorausgesetzt, dass durch die Nichtausübung des Bezugsrechts eine wesentliche Strukturveränderung eintritt, weil z.B. erstmals Mitgesellschafter in eine bislang 100%ige Tochter aufgenommen werden oder die bisherigen Mehrheitsverhältnisse grundlegend verändert werden (z.B. Verlust der qualifizierten oder der einfachen Mehrheit)[155]. Für ein genehmigtes und bedingtes Kapital gelten entsprechende Grundsätze[156].

7.59 Soweit nach diesen Grundsätzen die Hauptversammlung der Holding zustimmen muss, ist hierfür die gleiche **Mehrheit** nötig, die für eine entsprechende Maßnahme in der Holding erforderlich wäre[157]. Darüber hinaus wird man an die Zustimmung auch sonst die gleichen Anforderungen stellen müssen, die bei einer entsprechenden Maßnahme der Obergesellschaft selbst gelten würden (Bekanntmachung, Berichterstattung durch den Vorstand u.A.). Gleiches gilt hinsichtlich der Rechtsfolgen eines Verstoßes gegen die Zustimmungspflicht. Näher Rz. 7.55 f.

b) Informationsrechte der Aktionäre

7.60 Jeder Aktionär der Holding kann in deren Hauptversammlung Auskunft über Angelegenheiten der Gesellschaft verlangen, soweit diese zur sachgemäßen Beurteilung des Gegenstands der Tagesordnung erforderlich sind. Diese Auskunftspflicht erstreckt sich auch auf die rechtlichen und geschäftlichen Beziehungen zu den verbundenen Unternehmen (§ 131 Abs. 1 Satz 1 und 2 AktG). Der Auskunftsanspruch erfasst nicht nur Konzernunternehmen, sondern alle verbundenen Unternehmen i.S.v. § 15 AktG. Er erfasst die gesamten Beziehungen der Gesellschaft *zu* ihren Beteiligungsunternehmen, darüber hinaus aber auch Vorgänge *in* den Beteiligungsgesellschaften, sofern diese für die Holding selbst wichtig sind und damit zu deren Angelegenheit werden[158]; das ist bei einer Holding

151 A.A. BGH v. 25.2.1982 – II ZR 174/80 – Holzmüller, BGHZ 83, 122 (140) = AG 1982, 158 = ZIP 1982, 568; LG Frankfurt v. 29.7.1997 – 3/5 O 162/95, ZIP 1997, 1698 (1701); *Götz*, AG 1984, 85 (88); wie hier *H.P. Westermann*, ZGR 1984, 352 (373).

152 BGH v. 25.2.1982 – II ZR 174/80 – Holzmüller, BGHZ 83, 122 (141 ff.) = AG 1982, 158 = ZIP 1982, 568; zustimmend *Hirte*, Bezugsrechtsausschluss und Konzernbildung, 1986, S. 175 ff.; *Rehbinder*, ZGR 1983, 92 (102).

153 Ablehnend auch *Habersack* in Emmerich/Habersack, Aktien- und GmbH-Konzernrecht, vor § 311 AktG Rz. 49; *Kubis* in MünchKomm/AktG, § 119 AktG Rz. 81; *Krieger* in MünchHdb/AG, § 70 Rz. 46; *Koppensteiner* in KölnKomm/AktG, Vorb. § 291 AktG Rz. 99 m.w.N.

154 Vgl. etwa *Habersack* in Emmerich/Habersack, Aktien- und GmbH-Konzernrecht, vor § 311 AktG Rz. 49; *Kubis* in MünchKomm/AktG, § 119 AktG Rz. 82; *Peifer* in MünchKomm/AktG, § 182 AktG Rz. 87 f.; *Lutter* in FS Stimpel, S. 825 (854); *Timm*, Die Aktiengesellschaft als Konzernspitze, 1980, S. 174 f.; *Hirte*, Bezugsrechtsausschluss und Konzernbildung, 1986, S. 182 ff.; *H.P. Westermann*, ZGR 1984, 352 (376); a.A. *Krieger* in MünchHdb/AG, § 70 Rz. 46; *Koppensteiner* in KölnerKomm/AktG, Vorb. § 291 AktG Rz. 102.

155 Vgl. etwa *Lutter* in FS Westermann, S. 347 (365 f.); *Timm*, Die Aktiengesellschaft als Konzernspitze, S. 174 f., 138 ff.; *Hirte*, Bezugsrechtsausschluss und Konzernbildung, 1986, S. 186.

156 *Habersack* in Emmerich/Habersack, Aktien- und GmbH-Konzernrecht, vor § 311 AktG Rz. 49; *Kubis* in MünchKomm/AktG, § 119 AktG Rz. 82.

157 BGH v. 25.2.1982 – II ZR 174/80 – Holzmüller (Leitsatz e), BGHZ 83, 122 = AG 1982, 158 = ZIP 1982, 568.

158 BGH v. 11.11.2002 – II ZR 125/02, BGHZ 152, 339 (345) = GmbHR 2003, 295; eingehend *Decher* in Großkomm/AktG, § 131 AktG Rz. 93 ff.; Hüffer/Koch, § 131 AktG Rz. 18; *Kort*, ZGR 1985, 46 (57); *Lutter*, AG 1985, 117 (199).

eher der Fall als bei einer Konzernspitze mit eigenem operativen Geschäft[159]. Hinzukommen muss, dass die Auskunft zur sachgemäßen Beurteilung eines Gegenstands der Tagesordnung erforderlich ist; praktisch kommt dem jedoch wenig Bedeutung zu, weil namentlich für die Tagesordnungspunkte „Vorlage des Jahresabschlusses“ und „Entlastung des Vorstands“ jeder Vorgang von einigem Gewicht Bedeutung haben kann. Außerdem erweitert § 131 Abs. 1 Satz 4 AktG die Auskunftspflicht: In der Hauptversammlung, in der der Konzernabschluss und der Konzernlagebericht vorgelegt werden, hat der Holding-Vorstand auf Verlangen auch Fragen zur Lage des Konzerns und der in den Konzernanschluss einbezogenen Unternehmen zu beantworten.

Aus diesen Grundsätzen folgt z.B.: 7.61

- Die Aktionäre der Holding können Auskunft darüber verlangen, welche bedeutenden Beteiligungen gehalten werden. Wo die Grenze läuft, hängt von den Umständen des Einzelfalls ab. Die Rechtsprechung hat die Grenze wiederholt bei einer Beteiligungsquote von 5 % oder 10 % oder einem Beteiligungswert von 100 Mio. DM gezogen[160]; das ist jedoch zu pauschal[161].

- Bezüge von Organmitgliedern der Holding in Tochterunternehmen brauchen nicht im Einzelnen genannt zu werden, sondern es genügt die Angabe der für die Wahrnehmung der Aufgaben im Mutterunternehmen und den Tochterunternehmen gewährten Gesamtbezüge im Konzernanhang (§ 314 Abs. 1 Nr. 6 HGB)[162]. Die Bezüge der Organmitglieder einzelner Töchter sind nur zu nennen, wenn sie für die Holding selbst von Bedeutung sind; ist das der Fall reicht die Angabe des Gesamtbetrags[163].

- Über Verluste in einer Beteiligungsgesellschaft ist nicht in jedem Fall Auskunft zu erteilen, denn § 131 Abs. 1 Satz 2 AktG erstreckt die Auskunftspflicht grundsätzlich nur auf die Beziehungen *zu* einem verbundenen Unternehmen[164]. Aber wenn die Verluste sich auf den Beteiligungswert auswirken, werden sie damit zu einer eigenen Angelegenheit der Holding, über die nach § 131 Abs. 1 Satz 1 AktG Auskunft zu geben ist[165]. Auch wenn das nicht der Fall ist, kann eine Auskunftspflicht aus § 131 Abs. 1 Satz 4 AktG folgen, sofern die Beteiligungsgesellschaft in den Konzernabschluss einbezogen ist; auch dann muss die Auskunft aber für die Beurteilung der Tagesordnung erforderlich sein, so dass nicht etwa die Einzelergebnisse aller konsolidierten Unternehmen abgefragt werden können[166].

- Im Hinblick auf Geschäftsbeziehungen zu verbundenen Unternehmen (§ 131 Abs. 1 Satz 2 AktG) können grundsätzlich Angaben über die zugrunde gelegten Verrechnungspreise einschließlich einer etwaigen Konzernumlage[167] und über Art und Umfang der Geschäftsbeziehungen beansprucht werden[168].

---

159 BayObLG v. 14.7.1999 – 3Z BR 11/99, AG 2000, 131 (132); *Decher* in Großkomm/AktG, § 131 AktG Rz. 99; Hüffer/Koch, § 131 AktG Rz. 18.

160 Vgl. etwa KG v. 26.8.1993 – 2 W 6111/92 – Siemens, AG 1994, 83 = ZIP 1993, 1618; KG v. 30.6.1994 – 2 W 4531/93 – Allianz, AG 1994, 469 = ZIP 1994, 1267; KG v. 15.2.2001 – 2 W 3288/00, AG 2001, 421 = ZIP 2001, 1200; BayObLG v. 23.8.1996 – 3Z BR 130/96, AG 1996, 516 (517 f.) = ZIP 1996, 1743.

161 Näher dazu mit Unterschieden *Decher* in Großkomm/AktG, § 131 AktG Rz. 167 f.; *Kersting* in Köln-Komm/AktG, § 131 AktG Rz. 172 ff.; *Spindler* in K. Schmidt/Lutter, § 131 AktG Rz. 57; *Saenger*, DB 1997, 145 (148 ff.); *Groß*, AG 1997, 97 (106 f.); *Spitze/Diekmann*, ZHR 158 (1994), 447 (461 ff.); *Krieger*, DStR 1994, 177 ff.

162 Hüffer/Koch, § 131 AktG Rz. 18; *Lutter*, AG 1985, 117 (123); unklar *Decher* in Großkomm/AktG, § 131 AktG Rz. 29 und 170.

163 Hüffer/Koch, § 131 AktG Rz. 18.

164 *Lutter*, AG 1985, 117 (120).

165 OLG Bremen v. 20.10.1980 – 2 W 35/80, ZIP 1981, 192 = AG 1981, 229.

166 *Decher* in Großkomm/AktG, § 131 Rz. 114; Hüffer/Koch, § 131 AktG Rz. 20.

167 OLG Stuttgart v. 11.8.2004 – 20 U 3/04, AG 2005, 94 (96); *Decher* in Großkomm/AktG, § 131 Rz. 108; Hüffer/Koch, § 131 AktG Rz. 17.

168 *Ebenroth*, Das Auskunftsrecht des Aktionärs und seine Durchsetzung im Prozess, 1970, S. 117 f.

- Auch Detailinformationen über einzelne Geschäfte können begehrt werden, wenn diese zur Meinungsbildung über den Gegenstand der Tagesordnung erforderlich sind[169]. Das wird jedoch vielfach nicht der Fall sein.

2. Holding-GmbH

7.62 In der GmbH sind die Kompetenzen der Gesellschafterversammlung in Bezug auf Geschäftsführungsfragen erheblich weiter gezogen als in der Aktiengesellschaft. Die Geschäftsführer einer GmbH unterstehen den **Weisungen**, die die Gesellschafter durch Gesellschaftsvertrag oder durch Gesellschafterbeschluss erteilen (§ 37 Abs. 1 GmbHG)[170]. Über die Grundsätze der Unternehmenspolitik und über außergewöhnliche Maßnahmen der Geschäftsführung entscheiden stets die Gesellschafter; die Geschäftsführer haben solche Maßnahmen auch ohne besondere Weisung von sich aus der Gesellschafterversammlung zur **Zustimmung** vorzulegen[171]. Darüber hinaus ist es zulässig und üblich, durch Satzungsregelung und/oder Gesellschafterbeschluss einen Kreis von Geschäften festzulegen, für die die Geschäftsführer die vorherige Zustimmung der Gesellschafterversammlung einholen müssen[172]. Damit sind in einer Holding-GmbH insbesondere **der Erwerb und die Veräußerung von Beteiligungen** in aller Regel der Gesellschafterversammlung zur Zustimmung vorzulegen. Das ist zumeist ausdrücklich geregelt, gilt aber – mit Ausnahme von unwesentlichen Erwerbs- und Veräußerungsvorgängen – auch ohne ausdrückliche Regelung. Ebenso muss auch in der GmbH für strukturverändernde **Vorgänge in Tochtergesellschaften** die Zustimmung der Gesellschafterversammlung der Mütter in weitergehendem Umfang eingeholt werden als bei einer Holding in der Rechtsform der AG.

7.63 Auch die Informationsrechte der GmbH-Gesellschafter gehen erheblich weiter als im Aktienrecht. Gemäß § 51a GmbHG haben die Geschäftsführer jedem Gesellschafter auf Verlangen unverzüglich Auskunft über die Angelegenheiten der Gesellschaft zu geben und die Einsicht der Bücher und Schriften zu gestatten. Dieses **Auskunftsrecht** erstreckt sich unstreitig auch auf die Beziehungen der GmbH *zu* verbundenen Unternehmen[173]. Darüber hinaus gilt das Gleiche auch für Auskünfte *über* verbundene Unternehmen[174]. Die Gesellschafter einer Holding-GmbH können über die Angelegenheiten von Töchtern daher in gleichem Umfang Auskunft verlangen wie über die Angelegenheiten der Holding selbst[175]. Allerdings besteht dieses Informationsrecht nur gegenüber der Holding, nicht unmittelbar gegenüber den Tochtergesellschaften[176]. Die Holding ist verpflichtet, sich die gewünschten Informationen im Rahmen des ihr rechtlich und faktisch Möglichen bei den Tochtergesellschaften zu verschaffen[177]. Im Gegensatz zum Auskunftsrecht soll ein Recht auf **Einsicht** in die Unterla-

---

169 OLG Stuttgart v. 11.8.2004 – 20 U 3/04, AG 2005, 94; *Kersting* in KölnKomm/AktG, § 131 AktG Rz. 250.

170 Unstreitig vgl. statt aller *Kleindiek* in Lutter/Hommelhoff, § 37 GmbHG Rz. 17.

171 Vgl. etwa BGH v. 29.3.1973 – II ZR 139/70, NJW 1973, 1039; *Kleindiek* in Lutter/Hommelhoff, § 37 GmbHG Rz. 10 f.; *Stephan/Tieves* in MünchKomm/GmbHG, § 37 GmbHG Rz. 17, 129; *Altmeppen* in Roth/Altmeppen, § 37 GmbHG Rz. 22 f.; a.A. *Zöllner/Noack* in Baumbach/Hueck, § 37 GmbHG Rz. 7.

172 *Kleindiek* in Lutter/Hommelhoff, § 37 GmbHG Rz. 16 m.w.N.

173 *Bayer* in Lutter/Hommelhoff, § 51a GmbHG Rz. 18; *Altmeppen* in Roth/Altmeppen, § 51a GmbHG Rz. 7.

174 *Bayer* in Lutter/Hommelhoff, § 51a GmbHG Rz. 18; *Altmeppen* in Roth/Altmeppen, § 51a GmbHG Rz. 7; *Grunewald*, ZHR 146 (1982), 211 (233 ff.).

175 OLG Köln v. 26.4.1985 – 24 W 54/84, AG 1986, 24 = GmbHR 1985, 358 = WM 1986, 36 (39); OLG Hamm v. 6.2.1986 – 8 W 52/85, ZIP 1986, 709 (GmbH & Co. KG); ausführlich *Reuter*, BB 1986, 1653; *Kort*, ZGR 1987, 46; *Bayer* in Lutter/Hommelhoff, § 51a GmbHG Rz. 19; *Altmeppen* in Roth/Altmeppen, § 51a GmbHG Rz. 7.

176 *Bayer* in Lutter/Hommelhoff, § 51a GmbHG Rz. 21; *Altmeppen* in Roth/Altmeppen, § 51a GmbHG Rz. 7.

177 *Bayer* in Lutter/Hommelhoff, § 51a GmbHG Rz. 19; *Altmeppen* in Roth/Altmeppen, § 51a GmbHG Rz. 22.

gen von Tochtergesellschaften, die bei der Holding vorhanden sind, nur im Hinblick auf 100%ige Töchter bestehen[178]. Das ist jedoch zweifelhaft. Wenn sich Unterlagen von und über Tochtergesellschaften bei der Mutter befinden, sind diese zugleich Unterlagen der Mutter, und es ist dann nicht gerechtfertigt, sie vom Einsichtsrecht auszunehmen. Anders als beim Auskunftsrecht wird man allerdings keinen Anspruch darauf begründen können, dass die Holding Unterlagen von Töchtern eigens zu dem Zweck beschafft, ihren Gesellschaftern die Einsicht möglich zu machen.

178 *Bayer* in Lutter/Hommelhoff, § 51a GmbHG Rz. 25; *Altmeppen* in Roth/Altmeppen, § 51a GmbHG Rz. 10.

§ 8 Haftung in der Holding

I. Einleitung
1. Überblick 8.1
2. Das Problem 8.4

II. Grundsatz der Vermögens- und Haftungstrennung zwischen Gesellschaft und Gesellschaftern und Ausnahmen
1. Grundsatz: Das Trennungsprinzip 8.9
2. Ausnahmen (der Haftung der Holding „oben für unten") und ihre Systematisierung 8.13

III. Allgemeine Tatbestände einer Einstandspflicht der Holding
1. Eigene Einstandspflichten aus Vertrag und Delikt 8.19
2. Sonderfall des § 117 AktG 8.27
3. Konzernvertrauenshaftung als Durchbrechung des Trennungsprinzips? 8.28
4. Konzernverantwortung im Kartellrecht
a) Überblick 8.29
b) Rechtslage nach deutschem Recht . 8.30
c) Rechtslage nach europäischem Recht 8.33

IV. Beteiligungsspezifische Tatbestände 8.35
1. Kapitalerhaltungsrecht 8.36
2. Gesellschafterdarlehen und -sicherheiten
a) Überblick 8.42
b) Einzelne Regelungen 8.45
aa) Insolvenzrechtliche Nachrangigkeit 8.46
bb) Anfechtbarkeit der Darlehensrückgewährung 8.49
cc) Anfechtbarkeit von konzerninternen Sicherheiten 8.54
dd) Darlegungs- und Beweislast . . 8.56
ee) Finanzplankredite 8.57
ff) Rechtsfolge der Anfechtung . . 8.60
c) Tatbestandliche Ausnahmen
aa) Kleinbeteiligtenprivileg 8.61
bb) Sanierungsprivileg 8.62

V. Leitungsspezifische Tatbestände
1. Pflicht zum Verlustausgleich bei Unternehmensverträgen
a) Operative Gesellschaft in Form der AG 8.64
b) Operative Gesellschaft in Form von GmbH oder Personengesellschaft . . 8.69
2. Leitung durch Beteiligung (faktische Herrschaft)
a) Einfacher faktischer Konzern
aa) Ausgleichspflicht nach §§ 311 ff. AktG 8.71
bb) Treupflicht bei GmbH und Personengesellschaften 8.73
b) Haftung im qualifizierten Verbund? 8.80
aa) Abhängige (operative) GmbH . 8.81
bb) Abhängige (operative) AG . . . 8.88

VI. Durchgriff: Die Aufgabe des Trennungsprinzips als Ultima Ratio
1. Überblick 8.90
2. Einzelheiten des Haftungsdurchgriffs und Fallgruppen
a) Vermögensvermischung 8.91
b) Unterkapitalisierung 8.92
c) Sphärenvermischung 8.96
d) Haftung aus Existenzvernichtung . . 8.97

VII. Durchsetzung der Ansprüche und Anspruchskonkurrenzen
1. Durchsetzung der Ansprüche . . . 8.98
2. Anspruchskonkurrenzen 8.110

VIII. Schluss 8.114

Literaturübersicht: Vgl. zunächst das allgemeine „Literaturverzeichnis" zu Beginn des Buches (S. XXVII). *Altmeppen*, Aufsteigende Sicherheiten im Konzern, ZIP 2017, 1977; *Altmeppen*, Abschied vom „Durchgriff" im Kapitalgesellschaftsrecht, NJW 2007, 2657; *Altmeppen*, Gestreckter Nachteilsausgleich bei Benachteiligung der faktische abhängigen AG durch Hauptversammlungsbeschluss nach § 119 Abs. 2 AktG, ZIP 2016, 441; *Altmeppen*, „Upstream-loans", Cash-Pooling und Kapitalerhaltung nach neuem Recht, ZIP 2009, 49; *Bayer*, Die Geltendmachung von Sozialansprüchen der GmbH durch den ausgeschiedenen Gesellschafter, GmbHR 2016, 505; *Bayer/Lieder*, Darlehen der GmbH an Gesellschafter und Sicherheiten aus dem GmbH-Vermögen für Gesellschafterverbindlichkeiten, ZGR 2005, 133; *Bayer/Lieder*, Kapitalaufbringung im Cash-Pool, GmbHR 2006, 449; *Bayer/Lieder*, Der Entwurf des „MoMiG" und die Auswirkungen auf das Cash-Pooling. Zur Rechtslage de lege lata und de lege ferenda, GmbHR 2006, 1121; *Bayer/Lieder*, Upstream-Darlehen und Aufsichtsratshaftung – Eine Nachlese zum MPS-Urteil des BGH, AG 2010, 885; *Bayer/Lieder*, Moderne Kapitalaufbringung nach ARUG, GWR 2010, 3; *L. Beck*,

Konzernhaftung in Deutschland und Europa, 2019; *Bitter*, Konzernrechtliche Durchgriffshaftung bei Personengesellschaften, 2001; *Bitter*, Anfechtung von Sicherheiten für Gesellschafterdarlehen nach § 135 Abs. 1 Nr. 1 InsO, ZIP 2013, 1497; *Bitter*, Sicherheiten für Gesellschafterdarlehen: ein spät entdeckter Zankapfel der Gesellschafts- und Insolvenzrechtler, ZIP 2013, 1998; *Brettel/Thomas*, Compliance und Unternehmensverantwortlichkeit im Kartellrecht, 2016; *Cahn*, Kapitalerhaltung im Konzern, 1998; *Cahn*, Abschied vom „Durchgriff" im Kapitalgesellschaftsrecht, NJW 2007, 2657; *Cahn*, Der aktuelle Stand des neuen GmbH-Rechts, Der Konzern 2007, 771; *Cahn*, Trihotel: Das Ende der Debatte? Überlegungen zur Haftung für schädigende Einflussnahme im Aktien- und GmbH-Recht, ZGR 2008, 533; *Cahn*, Nochmals: Konzernvertrauenshaftung, NZG 2007, 125; *Caracas*, Zur Anwendbarkeit von § 130 OWiG auf Konzernsachverhalte, CCZ 2016, 44; *Dittmer*, Finanzplankredite zugunsten der GmbH post MoMiG – Bestehen noch immer Grenzen der Aufhebbarkeit?, DZWiR 2014, 151; *Drescher*, Die Haftung des GmbH-Geschäftsführers, 8. Auflage 2019, *Drüke*, Die Haftung der Muttergesellschaft für Schulden der Tochtergesellschaft, 1990; *Drygala*, Die GmbH-Geschäftsführung im Konzern, in Oppenländer/Trölitzsch (Hrsg.), Praxishandbuch der GmbH-Geschäftsführung, 3. Aufl. 2020; *Emmerich/Habersack*, Aktien- und GmbH-Konzernrecht, 9. Aufl. 2019; *Emmerich/Habersack*, Konzernrecht, 11. Aufl. 2020; *Fleischer*, Konzernrechtliche Vertrauenshaftung, ZHR 163 (1999), 461; *J. Flume*, Kapitalerhaltung und Konzernfinanzierung, GmbHR 2011, 1258; *Gehrlein*, Die Existenzvernichtungshaftung im Wandel der Rechtsprechung, WM 2008, 761; *Geist*, Konzerninnenfinanzierung – gibt es insolvenzfeste Alternativen zum Darlehen des Gesellschafters?, ZIP 2014, 1662; *Grigoleit*, Gesellschafterhaftung für interne Einflussnahme im Recht der GmbH, 2006; *Habersack*, Aufsteigende Kredite im Licht des MoMiG und des „Dezember"-Urteils des BGH, ZGR 2009, 345; *Haus/Schmid*, Konzernhaftung auch für Kartellschäden – Die EuGH-Entscheidung „Skanska" vom 14.03.2019, Der Konzern 2020, 1; *Habersack/Zickgraf*, Deliktsrechtliche Verkehrs- und Organisationspflichten im Konzern, ZHR 182 (2018), 252 ff.; *Heeg*, Die Kündigung von Patronatserklärungen in der Krise der Gesellschaft, BB 2011, 1160; *Hommelhoff*, Konzernorganisation und Haftungsbeschränkung zur Legitimität des faktischen Konzerns, ZGR 2019, 379 ff.; *Krieger/Uwe H. Schneider*, Handbuch Managerhaftung, 3. Aufl. 2017; *Kölbl*, Die Haftung wegen existenzvernichtenden Eingriffs: gesicherte Erkenntnisse und Entwicklungen seit Trihotel, BB 2009, 1194; *Leuschner*, Der Dispens vom Schädigungsverbot bei der GmbH, in FS Ahrens, 2016, S. 637; *Lieder*, Zur Haftung wegen existenzvernichtenden Eingriffs, DZWiR 2005, 305; *Lieder/Bialluch*, Differenzhaftung und Existenzvernichtungshaftung bei Verschmelzung, ZGR 2019, 760; *Lieder/Hoffmann*, Die vertraglich beherrschte GmbH – eine empirische Rundschau, GmbHR 2019, 1261; *Lieder/Hoffmann*, Vertraglich konzernierte Aktiengesellschaften, AG 2017, R 268; *Lutter*, Die zivilrechtliche Haftung in der Unternehmensgruppe, ZGR 1982, 244; *Lutter/Scheffler/Uwe H. Schneider*, Handbuch der Konzernfinanzierung, 1998; *Mansdörfer/Timmerbeil*, Zurechnung und Haftungsdurchgriff im Konzern, WM 2004, 362; *Mock*, Gesellschafterdarlehen in Zeiten von Corona, NZG 2020, 505 ff.; *Mörsdorf*, Nachfolger- und Konzernhaftung wegen Verstößen gegen das Unternehmenskartellrecht, ZIP 2020, 489 ff.; *Mülbert/Leuschner*, Aufsteigende Darlehen im Kapitalerhaltungs- und Konzernrecht – Gesetzgeber und BGH haben gesprochen, NZG 2009, 281; *Muscat*, The Liability of the Holding Company for the Debts of its Insolvent Subsidiaries, 1996; *Mylich*, Kreditsicherheiten für Gesellschafterdarlehen, ZHR 176 (2012), 547; *Mylich*, Harmonisierung der Anfechtungsfristen und -voraussetzungen nach Rückzahlung von Gesellschafterdarlehen, ZIP 2013, 1650; *Mylich*, Kreditsicherheiten für Gesellschafterdarlehen – Stand der Dinge und offene Fragen, ZIP 2013, 2444; *Philipp/Weber*, Materielle Unterkapitalisierung als Durchgriffshaftung im Lichte der jüngeren BGH-Rechtsprechung zur Existenzvernichtung, DB 2006, 142; *Prütting*, Der Vermögensschutz von Gesellschaften gegenüber externer Einflussnahme – geprüft am Beispiel der GmbH, ZGR 2015, 849; *Prütting*, Existenzvernichtungshaftung, JuS 2018, 409; *Nordhues*, Die Haftung der Muttergesellschaft und ihres Vorstandes für Menschenrechtsverletzungen im Konzern, 2018; *Poelzig*, Angriffe auf das konzernrechtliche Trennungsprinzip und ihre Folgen für die Konzernleitung, in VGR (Hrsg.), Gesellschaftsrecht in der Diskussion, 2017, 2018, S. 83 ff.; *Raiser*, Durchgriffshaftung nach der Reform des GmbH-Rechts, in FS Priester, 2007, S. 273; *Raiser/Veil*, Recht der Kapitalgesellschaften, 6. Aufl. 2015; *Rieckers*, Werbung mit der Konzernzugehörigkeit als Haftungsrisiko?, BB 2006, 277; *Röck*, Die Rechtsfolgen der Existenzvernichtungshaftung, 2011; *Röhricht*, Die GmbH im Spannungsfeld zwischen wirtschaftlicher Dispositionsfreiheit ihrer Gesellschafter und Gläubigerschutz, in FS 50 Jahre Bundesgerichtshof, 2000, S. 83; *Schaefer/Fackler*, Durchgriffshaftung wegen allgemeiner Unterkapitalisierung, NZG 2007, 377; *Schall*, „Durchgriffshaftung" im Aktienrecht – haften Aktionäre für existenzvernichtende Eingriffe, qualifiziert faktische Konzernierung oder materielle Unterkapitalisierung?, in FS Stilz, 2014, S. 537; *Schall*, Die Mutter-Verantwortlichkeit für Menschenrechtsverletzungen ihrer Auslandstöchter, ZGR 2018, 475 ff.; *J. Schneider*, Die Haftung der Muttergesellschaft als Organ der Tochtergesellschaft nach deutschem und englischem Recht,

ZVglRWiss 102 (2003), 387; *Schreiber*, Beherrschungsvertrag und Verlustausgleich im GmbH-Konzern, GmbHR 2018, 1003; *Schwab*, Die Neuauflage der Existenzvernichtungshaftung: Kein Ende der Debatte!, ZIP 2008, 341; *Söhner*, Leveraged-Buy-outs und Kapitalschutz, ZIP 2011, 2085; *Spindler*, Unternehmensorganisationspflichten, 2. Aufl. 2011; *Stephan*, Zum Stand des Vertragskonzernrechts, Der Konzern 2014, 1; *Tetzlaff*, Aufhebung von harten Patronatserklärungen, WM 2011, 1016; *Theusinger/Wolf*, Mittelbare Geschäfte zwischen Vorstandsmitglied und Aktiengesellschaft, NZG 2012, 901; *Thomale/Hübner*, Zivilgerichtliche Durchsetzung völkerrechtlicher Unternehmensverantwortungen, JZ 2017, 385 ff.; *Thümmel/Burkhardt*, Neue Haftungsrisiken für Vorstände und Aufsichtsräte aus § 57 Abs. 1 AktG und § 92 Abs. 2 S. 3 AktG in der Neufassung des MoMiG, AG 2009, 885; *Ulrich*, Durchbrechung der Haftungsbeschränkung im GmbH-Unternehmensverbund und ihre Grenzen, GmbHR 2007, 1289; *E. Vetter*, Geschäfte der AG mit ihren Aktionären und mit dem Vorstand nahestehenden Unternehmen, Der Konzern 2012, 437; *J. Vetter*, Grundlinien der GmbH-Gesellschafterhaftung, ZGR 2005, 789; *Wachter*, Leitlinien der Kapitalaufbringung in der neueren Rechtsprechung des Bundesgerichtshofs, DStR 2010, 1240; *Wand/Tillmann/Heckenthaler*, Aufsteigende Darlehen und Sicherheiten bei Aktiengesellschaften nach dem MoMiG und der MPS-Entscheidung des BGH, AG 2009, 148; *Weiß*, Der Richter hinter dem Recht, 2014; *Ziemons*, Die Haftung der Gesellschafter für Einflussnahmen auf die Geschäftsführung der GmbH, 1996; *Ziemons*, Patronatserklärungen im Gesellschaftsrecht – Risiken und Nebenwirkungen, GWR 2009, 411; *Zöllner*, Gläubigerschutz durch Gesellschafterhaftung bei der GmbH, in FS Konzen, 2006, S. 999.

I. Einleitung

1. Überblick

8.1 Als Holding bezeichnet man die Spitze eines Konzerns, der als „polykooperativer Verband“[1] **eine wirtschaftliche Einheit in rechtlicher Vielheit** darstellt. Diese wirtschaftliche Einheit wird durch einheitliche Leitung des Verbandes aus der Holding heraus hergestellt (§ 18 Abs. 1 AktG), wobei die Holding ihre Möglichkeit zu einheitlicher Leitung entweder (nur) auf ihrer Beteiligung an den operativen Gesellschaften aufbaut (sog. faktischer Konzern; dazu ausf. Rz. 8.71 ff.) oder aber (und i.d.R. dann zusätzlich) über Unternehmensverträge – und hier insbesondere durch Beherrschungsverträge – absichert (ausf. Rz. 8.64 ff.). In jedem Fall aber bleibt es bei einem Verband aus rechtlich selbstständigen Gliedern.

8.2 Der rechtliche Laie wird diesen Verband in seinen oft verschachtelten und schwer überschaubaren Strukturen als Einheit verstehen. Und dieser Eindruck wird auch oft genug von den Holding-Unternehmen bewusst verstärkt, sei es durch Gebrauch eines einheitlichen oder verwandten Firmenkerns (z.B. „HORNBACH Holding AG & Co. KGaA oder HEAG Holding AG“), sei es durch Hinweise der operativen Einheiten auf ihre Zugehörigkeit zu einem bestimmten Holding-Konzern („ein Unternehmen der XY-Gruppe“).

Auch für die Betriebswirtschaftslehre ist „der Konzern“ eine **planerisch-wirtschaftliche Einheit** und wird als solche Einheit erörtert und untersucht[2].

8.3 Gleichwohl: „Der Konzern“ **selbst ist nicht Rechtssubjekt**, und damit „als solcher“ auch nicht Träger von Rechten und Pflichten. Dies gilt weltweit, sowohl für die Aktiva (aktive Vermögenswerte) als auch für die Passiva (Schulden): Die Vermögen der im Konzern verbundenen Unternehmen bleiben getrennt[3]. Zwar stehen sich die Mitglieder des Konzerns durch die einheitliche Leitung untereinan-

---

1 *Bälz* in FS Raiser, 1974, S. 287 (320); *Bälz*, AG 1992, 277 (301); *Lutter*, ZGR 1987, 324 (329).

2 Vgl. etwa bei *Theisen*, Der Konzern, S. 15 „wirtschaftliche Entscheidungs- und Handlungseinheit“ sowie *Emmerich/Habersack*, § 4 Rz. 6 ff.

3 Eine ökonomische Analyse zur Frage, ob die geltende Haftungsseparation oder ein genereller Haftungsverband effizienter ist, liefert *Debus*, Haftungsregelungen im Konzernrecht, Diss. Frankfurt, 1990. Im Ergebnis hält er die geltende Lösung für die geeignetere, aaO, S. 184; s. auch *Lehmann/Roth*, ZGR 1986, 345 (371); *Kallfass* in Mestmäcker/Behrends (Hrsg.), Das Gesellschaftsrecht der Konzerne im internationalen Vergleich, 1991, S. 19, 33 ff.; *Geiger*, Ökonomische Analyse des Konzernrechts, Diss. Hohenheim, 1993.

der näher als Dritte, d.h., viele Vorgänge wie die Verteilung von Lasten, Aufgaben und Risiken laufen – wie in einer Familie – leichter ab, als unter Fremden. Aber dennoch: Die Güter einer Einheit sind nicht die einer anderen Einheit und werden es nur durch gesonderten Übertragungsakt; deren Schulden sind auch nicht die der Ersteren. Die rechtliche Selbstständigkeit juristischer Personen[4] innerhalb des Holding-Konzerns bleibt also erhalten.

2. Das Problem

Ist der Holding-Konzern mithin keine juristische Einheit, sind die Zuordnungen der Vermögen und mithin der Aktiva und Passiva voneinander getrennt, so gibt es durchaus **Sondersituationen**, in denen diese Aussage mehr oder minder nicht gilt. Das leuchtet unmittelbar ein, wenn man an Bürgschaften oder Mitschuld-Übernahmen kreuz und quer im Konzern denkt. Aber unsere Frage hat einen anderen Kern; denn es geht nicht um rechtsgeschäftlich freiwillige Haftungsübernahmen im Konzern – sie sind rechtlich unproblematisch –, sondern um Situationen, in denen solche Haftungsübernahmen ipso jure, also von Rechts- und Gesetzeswegen, eingreifen. Und es geht darum, ob und wenn ja unter welchen Voraussetzungen sich eine Verantwortlichkeit von einzelnen Einheiten in Holding-Konzernen, insb. der Holding, für ein Handeln anderer, rechtlich selbstständiger Einheiten gegenüber Dritten ergibt. 8.4

In diesem Kapitel wird dargestellt, wann und unter welchen Voraussetzungen und in welchem Ausmaß ein Verbandsmitglied des Holding-Konzerns, vor allem außerhalb rechtsgeschäftlicher Vereinbarungen wie Mitschuld oder Bürgschaft, für Verbindlichkeiten eines anderen Konzernmitglieds **einzustehen** hat. Diese Frage stellt sich sowohl **innerhalb des Holding-Konzerns** als auch **nach außen gegenüber den Gläubigern** der einzelnen Einheiten bzw. Gesellschaften. 8.5

Als Formen einer solchen „Haftung"[5] innerhalb der Unternehmensgruppe sind folgende **drei Konstellationen** denkbar: Zum einen eine Haftung der Holding für Verbindlichkeiten der operativen Gesellschaften bzw. für Nachteile (Schäden) bei den operativen Gesellschaften („Haftung oben für unten"); zum anderen eine Haftung der operativen Gesellschaften für die Schulden der Holding („Haftung unten für oben") und schließlich eine Haftung der operativen Gesellschaften füreinander. 8.6

In der Praxis ist vor allem die **Haftung „oben für unten"** von Interesse; das gilt für das Management und die Minderheitsgesellschafter der abhängigen Gesellschaften, es gilt aber gerade auch für die Gläubiger der operativen Gesellschaften. Eine Haftung „unten für oben" kommt demgegenüber seltener vor, da die Einheit an der Spitze typischerweise nicht selbst am Markt auftritt und deshalb in viel selteneren Fällen Schuldner nach außen sein wird. Außerdem besteht dafür i.d.R. kein Bedürfnis[6]: Die an der Spitze stehende Einheit übt auch eigens die Leitung aus; sie muss keine nachteiligen Weisungen hinnehmen, sondern erteilt sie selbst und hat schließlich aufgrund ihrer Leitungsmacht auch Möglichkeiten, an das Vermögen der operativen Gesellschaften zu gelangen. Und für eine Haftung der operativen Einheiten „untereinander" fehlt – außerhalb eigenständiger vertraglicher oder deliktischer Verantwortlichkeit – in aller Regel ebenfalls ein Zurechnungsgrund. 8.7

Fazit: Die Frage nach der Haftung im Konzern, also auch im Holding-Konzern, ist in aller Regel, d.h. dort wo nicht wie im europäischen Kartellrecht ohnehin auf die „wirtschaftliche Einheit" als 8.8

4 Vgl. zum Trennungsprinzip bzw. seiner Durchbrechung (Durchgriff) außerhalb des Rechts der Kapitalgesellschaften *Kübler/Assmann*, Gesellschaftsrecht: Die privatrechtlichen Ordnungsstrukturen und Regelungsprobleme von Verbänden und Unternehmen, 6. Aufl. 2006, § 24 III (S. 373).

5 Als Haftung sollen hier sämtliche finanzielle Einstandspflichten bezeichnet werden; zum Begriff der Haftung vgl. *Gernhuber*, Das Schuldverhältnis, 1989, § 4 I 2 (S. 64 ff.).

6 Ablehnend zu einem solchen „umgekehrten" Haftungsdurchgriff BGH v. 12.2.1990 – II ZR 134/89, NJW-RR 1990, 738 (739); KG v. 13.1.2003 – 24 W 311/02, NZG 2003, 333; *Bayer* in Lutter/Hommelhoff, § 13 GmbHG Rz. 47; *Weller/Discher* in Bork/Schäfer, § 13 GmbHG Rz. 59; *Bitter* in Scholz, 12. Aufl. 2018, § 13 GmbHG Rz. 185 m.w.N.

Haftende abgestellt wird (dazu unter Rz. 8.33 ff.), die Frage nach der Haftung der Einheit an der Spitze für die Schulden der von ihr abhängigen Gesellschaften; es geht damit um das Problem des Verhältnisses von Einfluss (Leitungsmacht) und Verantwortlichkeit, das sich so nur in der Konstellation „oben für unten" stellt.

II. Grundsatz der Vermögens- und Haftungstrennung zwischen Gesellschaft und Gesellschaftern und Ausnahmen

1. Grundsatz: Das Trennungsprinzip

8.9 Die Holding ist – das wurde schon oben (Rz. 8.1) festgestellt – stets unmittelbar oder mittelbar an den operativen Gesellschaften beteiligt, also Gesellschafter. Aus dieser „Rolle"[7] folgt bei den **Personengesellschaften** die **persönliche Haftung der Gesellschafter** mit ihrem Privatvermögen (§ 128 HGB). Ist also die Holding an einer OHG oder als Komplementär an einer KG beteiligt, so beantworten die §§ 128, 161 HGB die Frage nach der Haftung der Holding i.S.d. dort angeordneten gesamtschuldnerischen Haftung.

8.10 In aller Regel – und davon soll im Folgenden auch ausgegangen werden – sind jedoch die operativen Gesellschaften nicht als Personengesellschaft, sondern als **Kapitalgesellschaft**[8] (vor allem als Aktiengesellschaft oder GmbH) organisiert. Bei all diesen Rechtsformen sind die Gesellschafter (also die Holding) nach § 13 Abs. 2 GmbHG bzw. § 1 Abs. 1 Satz 2 AktG ausdrücklich von jeglicher persönlicher Haftung freigestellt[9]. Es gilt das **Trennungsprinzip**[10], d.h., die einzelnen juristischen Personen sind selbst Träger von Rechten und Pflichten. Sie allein und nicht ihre Gesellschafter sind, soweit es um Rechtsbeziehungen zu Dritten geht, das Zuordnungssubjekt.

8.11 Diese rechtliche Trennung wird auch nicht dadurch aufgehoben, dass die einzelnen Einheiten im Holding-Konzern über **Beteiligungen** oder **Unternehmensverträge** miteinander verbunden sind[11]. Und schließlich ist die Schaffung selbstständiger unternehmerischer Einheiten, wie sie den Inhalt der Unternehmensführung mit Holdingkonzepten darstellt, weder rechtlich verboten noch von vornherein missbräuchlich. Dies ist in Rechtsprechung[12] und Literatur[13] allgemein anerkannt und volkswirtschaftlich durchaus zweckmäßig, denn eine solche Risikotrennung verhindert – jedenfalls

---

7 Vgl. zur Bedeutung der Rolle im Recht *Lutter* in FS Coing, 1982, Band I, S. 565 ff.

8 Bzw. zumindest als KG ohne natürliche Person als persönlich haftender Gesellschafter (GmbH & Co. KG).

9 Die Eigenschaft als juristische Person schließt aber als solche noch nicht notwendig die Möglichkeit einer persönlichen Haftung aus, wie das Beispiel des Komplementärs einer typischen KGaA (§§ 278 ff. AktG) zeigt.

10 BGH v. 16.10.2003 – IX ZR 55/02, NZG 2004, 38 (40) = ZIP 2003, 2247; vgl. auch BVerfG v. 14.12.1966 – 1 BvR 496/65, BVerfGE 21, 6 (9); BGH v. 19.11.2013 – II ZR 150/12, ZIP 2014, 565 (568); *Bayer* in Lutter/Hommelhoff, § 13 GmbHG Rz. 1, 5; *Fastrich* in Baumbach/Hueck, § 13 GmbHG Rz. 1; *Weller/Discher* in Bork/Schäfer, § 13 GmbHG Rz. 1, 24 ff.; *Heider* in MünchKomm/AktG, 5. Aufl. 2019, § 1 AktG Rz. 45 ff.; zum europäischen Recht: *Lutter/Bayer/J. Schmidt*, Europ. UnternehmensR, § 9 Rz. 9.28 f. und auch unten § 18.

11 Ausnahme bei Eingliederung: Nach § 322 AktG haftet die Hauptgesellschaft den Gläubigern der eingegliederten Gesellschaft unmittelbar und unbegrenzt; Einzelheiten dazu in den Kommentierungen zu § 322 AktG.

12 Insb. zur Durchgriffsproblematik, vgl. RG v. 22.6.1920 – III 68/20, RGZ 99, 233, 234; BGH v. 4.5.1977 – VIII ZR 298/75, BGHZ 68, 312 (314, 320).

13 *Kübler/Assmann*, Gesellschaftsrecht: Die privatrechtlichen Ordnungsstrukturen und Regelungsprobleme von Verbänden und Unternehmen, 6. Aufl. 2006, § 24 (S. 366 ff.) m.w.N.; *Bachmann* in Großkomm/AktG, 5. Aufl. 2017, § 1 AktG Rz. 72; insbesondere zur Legitimität des faktischen Konzerns *Hommelhoff*, ZGR 2019, 379.

theoretisch –, dass das lokale Feuer der Krise bei einer Einheit als Flächenbrand auf andere Einheiten übergreift.

Es ist daher festzuhalten, dass das Trennungsprinzip in Deutschland – nicht anders als in allen anderen EU-Ländern[14] – dazu führt, dass es die Regel einer Einstands- oder Ausgleichspflicht einer Einheit innerhalb des Holding-Konzerns für eine andere Einheit (von Sonderbereichen wie dem Kartell-, Finanzaufsichts- und Datenschutzrecht einmal abgesehen)[15] gerade nicht gibt, sondern nur beim Vorliegen besonderer Voraussetzungen von **Ausnahmetatbeständen** in Betracht kommt. 8.12

2. Ausnahmen (der Haftung der Holding „oben für unten") und ihre Systematisierung

Bei den Einstandspflichten der Holding gegenüber den operativen Gesellschaften und ihren Schulden lassen sich nach dem Grund der Haftung **drei Gruppen** unterscheiden, nämlich (1) allgemeine, (2) beteiligungs- und (3) leitungsspezifische Tatbestände. 8.13

(1) Als **„allgemein" werden diejenigen Tatbestände** bezeichnet, welche die Holding wie jedes andere Rechtssubjekt treffen können (dazu Rz. 8.19 ff.). 8.14

(2) Unter dem Begriff **beteiligungsspezifische Tatbestände** werden hier diejenigen Verpflichtungen der Holding zusammengefasst, die sich aus ihrer Position als Gesellschafter der operativen Einheiten und damit insbesondere aus ihrer gesellschafterlichen „Finanzierungsverantwortung" ergeben (dazu Rz. 8.35 ff.). 8.15

(3) Das Hauptaugenmerk der abhängigen Gesellschaften und deren Gläubiger wird sich allerdings auf die dritte Gruppe von Einstandspflichten richten, die hier als **leitungsspezifische Tatbestände** bezeichnet werden (Rz. 8.47 ff.): Hier hat das Aktiengesetz selbst in den §§ 291 ff. die Unterscheidung zwischen Vertragskonzern und faktischem Konzern getroffen und das Spannungsverhältnis zwischen Leitungsmacht und Verantwortlichkeit unterschiedlich geregelt – pauschale Pflicht zum Verlustausgleich im Vertragskonzern einerseits und konkreter Ausgleich von Nachteilen bei faktischer Konzernierung andererseits. Beim faktischen Konzern ergibt sich aber weiter das Problem, dass das gesetzlich vorgesehene System der §§ 311 ff. AktG häufig nicht anwendbar ist – so bei der GmbH oder den Personengesellschaften. 8.16

Von den bei der Leitung möglichen **fünf Stufen**[16] von der einfachen Beteiligung über das Verhältnis des herrschenden zum abhängigen Unternehmen, zum einfachen bzw. „qualifizierten" Konzern hin bis zur Eingliederung ist bei den hier behandelten Formen der Führungs- bzw. Mischholding mindestens einfache Konzernierung, jedoch in aller Regel keine Eingliederung gegeben; zu unterscheiden ist weiter zwischen einfacher und qualifizierter Konzernierung. 8.17

Schließlich haben Rechtsprechung und Lehre verschiedene Fallgruppen entwickelt, in denen dem im Gesetz festgelegten Trennungsprinzip aufgrund besonderer Umstände die rechtliche Anerkennung versagt wird (sog. **Durchgriff**, dazu Rz. 8.90 ff.). 8.18

---

14 Vgl. im Einzelnen die Beiträge in Lutter (Hrsg.), Konzernrecht im Ausland (ZGR-Sonderheft 11), 1994 und in Mestmäcker/Behrends (Hrsg.), Das Gesellschaftsrecht der Konzerne im internationalen Vergleich, 1991; vgl. zum Konzernrecht in Europa das Gutachten H von *Druey* zum 59. DJT in Hannover 1992, S. H 5 ff. sowie Forum Europaeum Konzernrecht, ZGR 1998, 672; *Jörg Schneider*, ZVglRWiss 102 (2003), 387; vgl. weiter *Lutter/Bayer/J. Schmidt*, Europ. UnternehmensR, § 9 Rz. 9.28 f. sowie unten § 18.

15 Allg. zu den „Angriffen" auf das konzernrechtliche Trennungsprinzip *Poelzig* in VGR (Hrsg.), Gesellschaftsrecht in der Diskussion 2017, 2018, S. 83 ff. m.w.N.

16 Vgl. *Lutter*, ZGR 1982, 244 (257).

III. Allgemeine Tatbestände einer Einstandspflicht der Holding

1. Eigene Einstandspflichten aus Vertrag und Delikt

8.19 Nach außen kann es zu Einstandspflichten der Holding für ihre operativen Gesellschaften zunächst einmal – und ganz abseits von allen gesellschafts- oder konzernrechtlichen Besonderheiten – durch eigenes Handeln der Holding nach **allgemeinen Tatbeständen** kommen[17]: Zu denken ist dabei insbesondere an vertragliche Verpflichtungen aus Schuldübernahme, Schuldbeitritt[18], Garantie oder Bürgschaft[19].

8.20 Zu denken ist weiter an die rechtlichen Folgen von schuldrechtlichen oder in der Satzung als Nebenleistungspflichten der Gesellschafter (vgl. § 3 Abs. 2 GmbHG, § 55 AktG)[20] geregelte **Liquiditätszusagen**[21] oder aus – in der Praxis häufigen – **Patronatserklärungen**[22]. Liquiditätszusagen sind Erklärungen der Holding gegenüber den operativen Gesellschaften, in denen sich die Holding verpflichtet, stets in solchem Umfang liquide Mittel zur Verfügung zu stellen, dass die vollständige Befriedigung aller Gläubiger der operativen Gesellschaften gesichert ist. Patronatserklärungen werden hingegen direkt gegenüber den Gläubigern der operativen Einheiten abgegeben. Gemeint ist damit etwa die Erklärung einer Holding, dafür zu sorgen, dass die operative Einheit während der Laufzeit des Kredits des Gläubigers in der Weise geleitet und mit finanziellen Mitteln ausgestattet werde, dass diese ihren finanziellen Verbindlichkeiten stets fristgerecht nachkommen könne. Hier muss die Auslegung der Erklärung der Holding im Einzelfall ergeben, ob nur eine rechtlich unverbindliche „weiche" oder eine zu einer bürgschaftsähnlichen Kapitalausstattungspflicht (mit Ersetzungsbefugnis) des Patrons führende „harte" Patronatserklärung vorliegt[23]. Ist Letzteres der Fall, so hat der Gläubiger gegen den Patron bei Insolvenz der operativen Einheit ausnahmsweise einen direkten Zahlungsanspruch[24].

8.21 Eine Haftung aus **culpa in contrahendo** (§ 311 Abs. 2 BGB) kommt in Betracht, wenn die Holding besonderes persönliches Vertrauen eines Vertragspartners der operativen Einheit in deren Solvenz

---

17 Vgl. Überblick bei *Wiedemann*, Gesellschaftsrecht, Band I, § 4 IV 1 (S. 237); *Bayer* in Lutter/Hommelhoff, § 13 GmbHG Rz. 7.

18 BGH v. 19.9.1985 – VII ZR 338/84, ZIP 1985, 1485 = NJW 1986, 580; LAG Köln v. 19.1.2001 – 12 Sa 1178/00, NZA-RR 2002, 17.

19 BGH v. 6.6.1977 – VIII ZR 323/75, GmbHR 1978, 171; OLG Köln v. 26.8.1994 – 19 U 194/93, WM 1995, 249.

20 Vgl. dazu BGH v. 22.10.2007 – II ZR 101/06, ZIP 2008, 266 = NZG 2008, 148; OLG Brandenburg v. 28.3.2006 – 6 U 107/05, ZIP 2006, 1675 = NZG 2006, 765 und OLG Schleswig v. 29.4.2015 – 9 U 132/13, NZG 2015, 1076 mit abl. Anm. *Bormann*, GmbHR 2015, 993 ff. und *Hölzle*, NZI 2015, 805 ff.; vgl. auch *Lotz*, GmbHR 2020, 245, 248 sowie Fastrich in Baumbach/Hueck, § 3 GmbHG Rz. 39 m.w.N.; zu Finanzplankrediten vgl. Rz. 8.57 ff. und zuletzt OLG Frankfurt v. 23.10.2019 – 13 U 99/18, BeckRS 2019, 30295.

21 *Wiedemann/Hermanns*, ZIP 1994, 997; *Beurskens* in Baumbach/Hueck, GmbHG, Anh. KonzernR Rz. 76; zu sog. Organschaftserklärungen als Kreditsicherheiten vgl. *Gerth*, AG 1984, 94.

22 BGH v. 30.1.1992 – IX ZR 112/91, BGHZ 117, 127 = AG 1992, 447 = ZIP 1992, 338; BGH v. 20.9.2010 – II ZR 296/08 – „STAR 21", BGHZ 187, 69 ff. = AG 2010, 870 (zur Kündigung von in der Krise abgegebenen Patronatserklärungen); OLG Karlsruhe v. 7.8.1992 – 15 U 123/91 – Schotterkleber, ZIP 1992, 1394; OLG Düsseldorf v. 26.1.1989 – 6 U 23/88, NJW-RR 1989, 1116 (1117); OLG Stuttgart v. 21.2.1985 – 7 U 202/84, WM 1985, 455; OLG München v. 22.6.1983 – 7 U 5309/82, AG 1985, 221; *Mosch*, Patronatserklärungen deutscher Konzernmuttergesellschaften, 1978; *Obermüller*, ZGR 1975, 1; *Obermüller*, ZIP 1982, 915; *J. Schröder*, ZGR 1982, 555; *Michalski*, WM 1994, 1229; *Habersack*, ZIP 1996, 257; *Limmer*, DStR 1993, 1750; *Vollmer*, ZBB 1993, 89; *Fleischer*, ZHR 163 (1999), 461 (467); *Fleischer*, WM 1999, 666; *v. Rosenberg/Kruse*, BB 2003, 641; *Wittig*, WM 2003, 1981; *H. Schmidt*, NZG 2006, 883; *Maier-Reimer/Etzbach*, NJW 2011, 1110.

23 Vgl. dazu schon *Lutter*, ZGR 1982, 244 (254 f.).

24 BFH v. 25.10.2006 – I R 6/05, im Anschluss an BGH v. 30.1.1992 – IX ZR 112/91, BGHZ 117, 127 (132 f.) m.w.N.: Anwendung des § 43 InsO, AG 1992, 447 = ZIP 1992, 338 = BB 2007, 598.

begründet hat[25] oder die Holding ein besonderes wirtschaftliches Eigeninteresse am Vertragsschluss der operativen Einheit hatte; dafür reicht aber nach zutreffender Rechtsprechung des BGH allein die maßgebliche Beteiligung an der operativen Gesellschaft[26] ebenso wenig aus wie die Hingabe von Sicherheiten[27]: Die Holding muss vielmehr Vertrauen *in sich* erzeugt haben.

Eine **deliktische Haftung** der Holding gegenüber den Gläubigern der operativen Gesellschaft kann sich in extremen Fällen bei einer **Unterkapitalisierung** der operativen Gesellschaft ergeben. Die Rechtsprechung wendet hier § 826 BGB an[28], die Literatur[29] streicht das Haftungsprivileg aus § 1 Abs. 1 Satz 2 AktG, § 13 Abs. 2 GmbHG: Auf jeden Fall haftet die Holding den betroffenen Gläubigern persönlich. 8.22

Bei der Erfüllung von Straftatbeständen, etwa der Untreue (§ 266 StGB) oder aus § 399 AktG bzw. § 82 GmbHG, können die für die Holding handelnden Organmitglieder nach § 823 Abs. 2 BGB den Gläubigern der operativen Gesellschaft haften[30], wobei den Organmitgliedern über § 14 Abs. 1 und 3 StGB auch die Gesellschafterstellung zugerechnet werden kann. Für das deliktische Handeln ihrer Organe, also insbesondere der Vorstände/Geschäftsführer, haftet dann die Holding Dritten aus § 31 BGB auf Schadensersatz, ohne sich hierbei nach § 831 BGB exkulpieren zu können. Etwas anderes gilt nur dann, wenn ein Organmitglied durch Überschreiten der ihm zustehenden Vertretungsmacht sein schadensstiftendes Verhalten so weit außerhalb seines Aufgabenbereichs gestellt hat, dass ein innerer Zusammenhang zwischen dem Handeln und dem Rahmen der ihm übertragenen Geschäfte nicht mehr erkennbar und daher der Schluss geboten ist, das Organmitglied habe nur bei Gelegenheit, nicht aber in Ausübung der ihm zustehenden Verrichtungen gehandelt[31].

---

25 OLG Düsseldorf v. 14.11.2002 – 12 U 47/02, GmbHR 2003, 178; BGH v. 2.6.2008 – II ZR 210/06, ZIP 2008, 1526; *Larenz/Canaris*, Lehrbuch des Schuldrechts, Band II/2, 13. Aufl. 1994, § 64 V, S. 83 f. nennt etwa den Fall, dass die Obergesellschaft, in Kenntnis der schlechten wirtschaftlichen Lage einer Tochtergesellschaft, deren Gläubiger ausdrücklich zusichert, die Tochtergesellschaft habe ihr „vollstes Vertrauen". Hier wird man aber sehr vorsichtig sein müssen, denn andernfalls besteht die Gefahr, dass die Obergesellschaft die Tochter erst recht „in die Krise" reden muss. Vgl. auch unten Rz. 8.28 sowie das Urteil des schweizerischen Bundesgerichts v. 15.11.1994, BGE 120 II 331 = AG 1996, 44 zur Haftung aus „Konzernvertrauen".

26 BGH v. 6.6.1994 – II ZR 292/91, BGHZ 126, 181 und BGH v. 7.11.1994 – II ZR 138/92, ZIP 1995, 31= WM 1995, 108; OLG Hamm v. 4.12.2003 – 27 U 5/03, NZG 2004, 289.

27 BGH v. 6.6.1994 – II ZR 292/91, BGHZ 126, 181 ff.; dazu *Lutter*, DB 1994, 129 (133 f.) m.w.N.; BGH v. 7.11.1994 – II ZR 138/92, ZIP 1995, 31 = WM 1995, 108; *Kleindiek* in Lutter/Hommelhoff, § 43 GmbHG Rz. 76; vgl. aber auch den Fall OLG München v. 21.4.1994 – 29 U 3177/93, NJW 1994, 2900 (2901) = ZIP 1994, 1776 im Anschluss an BGH v. 23.2.1983 – VIII ZR 325/81, BGHZ 87, 27 (34) = ZIP 1983, 428: Die Gesellschafter-Geschäftsführer einer GmbH haften Vertragspartnern persönlich aus culpa in contrahendo, wenn sie bei Vertragsschluss verschweigen, dass die GmbH die Forderungen aus dem Vertrag voraussichtlich nicht erfüllen kann und wenn die Vorleistungen der Vertragspartner wirtschaftlich ihnen zugutekommen sollen.

28 BGH v. 30.11.1978 – II ZR 204/76, NJW 1979, 2104 (Unterkapitalisierung und § 826 BGB) und BGH v. 25.4.1988 – II ZR 175/87, DB 1988, 1848; zum Termingeschäft BGH v. 23.11.1993 – XI ZR 66/93, ZIP 1994, 116 und BGH v. 17.5.1994 – XI ZR 144/93, ZIP 1994, 1102; ferner zu § 826 BGB BGH v. 12.2.1996 – II ZR 279/94, ZIP 1996, 637 = NJW 1996, 1283; OLG Düsseldorf v. 11.2.1994 – 17 U 194/93, ZIP 1994, 866 (Haftung des Alleingesellschafters gegenüber dem Kunden der GmbH) und OLG Düsseldorf v. 19.1. 1996 – 7 U 46/95, WM 1996, 1059 sowie OLG Celle v. 19.11.1993 – 4 U 46/91, NJW-RR 1994, 615.

29 *Bayer* in Lutter/Hommelhoff, § 13 GmbHG Rz. 20 ff. mit allen Nachw. und Rz. 8.92 ff.

30 Zur Schutzgesetzeigenschaft des § 82 GmbHG vgl. OLG München v. 7.10.1987 – 3 U 3138/87, NJW-RR 1988, 290; OLG Naumburg v. 21.1.2010 – 1 U 35/09, DStR 2010, 564; *Kleindiek* in Lutter/Hommelhoff, § 82 GmbHG Rz. 31; *Tiedemann/Rönnau* in Scholz, 11. Aufl. 2015, § 82 GmbHG Rz. 14 m.w.N.: Schutzgesetz zugunsten aller gegenwärtiger und künftiger Gläubiger der Gesellschaft; zu § 399 AktG vgl. etwa BGH v. 11.7.1988 – II ZR 243/87, AG 1988, 331 = ZIP 1988, 1112 = DB 1988, 1890; BGH v. 26.9.2005 – II ZR 380/03, DB 2005, 2458.

31 BGH v. 8.7.1986 – VI ZR 47/85, BGHZ 98, 148 ff. = AG 1987, 16 = ZIP 1986, 1179; BGH v. 13.1.1987 – VI ZR 303/85, BGHZ 99, 298 ff.

8.23 Die Vorschriften, die die generellen **Organpflichten** in Kapitalgesellschaften regeln (§§ 93, 116 AktG; § 43 GmbHG), werden dagegen **nicht** als **Schutzgesetze** i.S.v. § 823 Abs. 2 BGB angesehen[32]; zudem betreffen diese typischerweise nicht die Holding, da sie gerade nicht die Geschäfte der operativen Gesellschaften führt und es bei der AG auch nicht darf (§ 76 Abs. 1 AktG)[33]. Führt die Holding faktisch die Geschäfte einer abhängigen GmbH, so haftet sie im Fall schuldhafter Insolvenzverschleppung den Gläubigern der Gesellschaft nach § 823 Abs. 2 BGB i.V.m. § 15a InsO[34] (= § 64 Abs. 1 GmbHG a.F.[35]) und den Sozialversicherungsträgern nach § 823 Abs. 2 BGB i.V.m. § 266a StGB[36].

8.24 Ferner in Betracht kommt eine deliktische Inanspruchnahme der Holding aus § 831 Abs. 1 Satz 1 BGB (**Haftung für den Verrichtungsgehilfen**). Zwar handelt es sich dabei um eine Haftung für *eigenes* (Organisations-)Verschulden[37] der Konzernmutter (Holding); jedoch kann dabei an ein deliktisches Verhalten des Verrichtungsgehilfen – hier also der Tochtergesellschaft – angeknüpft werden[38]. Ob eine Konzerntochter als Verrichtungsgehilfin angesehen werden kann, ist allerdings umstritten. Regelmäßig wird dies wegen der rechtlichen Selbständigkeit der einzelnen Gesellschaften unter Hinweis auf eine Entscheidung des BGH aus dem Jahr 2013[39] verneint[40]. Allerdings hat etwa der I. Zivilsenat des BGH im Wettbewerbsrecht schon einmal eine Haftung aus § 831 BGB angenommen, wenn eine Tochtergesellschaft nach den tatsächlichen Verhältnissen in den Organisationsbereich des Geschäftsherrn eingegliedert ist und der Handelnde dessen Weisungen unterliegt,[41] wobei dort aufgrund des gegenständlichen Beherrschungs- und Gewinnabführungsvertrags die Eigenschaft einer Tochter als Verrichtungsgehilfin bejaht wurde. In der Literatur wird teilweise allgemein eine Haftung aus § 831 BGB bei Vorliegen eines zentralistischen, hierarchischen Konzerns befürwortet[42]. Andere setzen voraus, dass die Tochter *in völliger Abhängigkeit nach Art einer unselbständigen Betriebsabteilung* geführt oder die Mutter operative Kontrolle ausübt und die Tochter gewissermaßen als *verlängerter Arm der Mutter*[43] tätig wird[44]. Bei einer reinen Beteiligungsholding wird eine Haftung schon an dieser Voraussetzung scheitern. Der bloße Beteiligungsbesitz führt jedenfalls nicht zu einer Einstandspflicht nach § 831 BGB[45].

---

32 BGH v. 9.7.1979 – II ZR 211/76, WM 1979, 853 (854); vgl. auch BGH v. 13.4.1994 – II ZR 16/93, ZIP 1994, 867 (869 f.) zu § 130 OWiG, *Drescher*, Die Haftung des GmbH-Geschäftsführers, 8. Aufl. 2019, Rz. 1175, 1182.

33 Es sind allerdings Fälle denkbar, in denen die Holding nach außen als „faktischer Geschäftsführer" bzw. „faktischer Vorstand" hervortritt und dann auch den entsprechenden Pflichten unterliegt, vgl. BGH v. 21.3.1988 – II ZR 194/87, BGHZ 104, 44 (48) = ZIP 1988, 771; BGH v. 25.2.2002 – II ZR 196/00, BGHZ 150, 61 (69) und ausführlich *Stein*, Das faktische Organ, 1984.

34 Eingehend *Hirte* in Uhlenbruck, § 15a InsO Rz. 39 ff. m.w.N.

35 BGH v. 6.6.1994 – II ZR 292/91, BGHZ 126, 181; BGH v. 18.12.1995 – II ZR 277/94, BGHZ 131, 325; BGH v. 30.3.1998 – II ZR 146/96, BGHZ 138, 211. Zur Schutzgesetzeigenschaft der Insolvenzantragspflicht vgl. schon BGH v. 9.7.1979 – II ZR 118/77 – Herstatt, BGHZ 75, 96 (107) und *Schulze-Osterloh* in FS Lutter, 2000, S. 707 ff.

36 Dazu etwa BGH v. 16.5.2000 – VI ZR 90/99, ZIP 2000, 1339 = DStR 2000, 1318; BGH v. 8.1.2001 – II ZR 88/99, BGHZ 146, 264 (275) = AG 2001, 303 = ZIP 2001, 235; OLG Naumburg v. 15.3.2000 – 5 U 183/99, GmbHR 2000, 558 sowie *Goette*, DStR 2004, 286.

37 *Sprau* in Palandt, § 831 BGB Rz. 1; *Wagner* in MünchKomm/BGB, 7. Aufl. 2017, § 831 BGB Rz. 29.

38 *Sprau* in Palandt, § 831 BGB Rz. 1, 8; *Wagner* in MünchKomm/BGB, 7. Aufl. 2017, § 831 BGB Rz. 29.

39 BGH v. 6.11.2012 – VI ZR 174/11, NZG 2013, 279 Rz. 16 = AG 2013, 296 = ZIP 2013, 77.

40 Hüffer/Koch, § 76 AktG Rz. 22; *Wagner* in MünchKomm/BGB, 7. Aufl. 2017, § 831 BGB Rz. 17; *Sprau* in Palandt, § 831 BGB Rz. 5; *Kort* in Großkomm/AktG, 5. Aufl. 2015, § 91 AktG Rz. 173; *Grunewald*, NZG 2018, 481 ff.; *Koch*, WM 2009, 1013 (1018 f.); a.A. etwa *Nordhues*, S. 140 ff.

41 BGH v. 25.4.2012 – I ZR 105/10, GRUR 2012, 1279 Rz. 44 f.

42 *Schall*, ZGR 2018, 479 ff.; *Beck*, AG 2017, 726 (736 f.).

43 *Rehbinder*, Konzernaußenrecht und allgemeines Privatrecht, S. 535; *Fleischer/Korch*, DB 2019, 1944 (1947).

44 *Fleischer/Korch*, DB 2019, 1944 ff.

45 *Fleischer/Korch*, DB 2019, 1944; *Koch*, WM 2009, 1013 (1018 f.).

Unabhängig von der Frage, ob die Tochter als Verrichtungsgehilfin anzusehen ist, scheidet eine Haftung jedenfalls aufgrund der Exkulpationsmöglichkeit nach § 831 Abs. 1 Satz 2 BGB aus, wenn die (Geschäftsleitung der) Holding nachweisen kann, ihren Auswahl- und Überwachungspflichten nachgekommen zu sein. Hierbei kommt ihr regelmäßig der dezentrale Entlastungsbeweis zugute[46].

Sehr fraglich ist, ob und unter welchen Voraussetzungen eine Haftung für deliktisches Handeln einer Tochter nach § 823 Abs. 1 BGB in Betracht kommt. Eine von § 823 Abs. 1 BGB vorausgesetzte Verkehrspflichtverletzung soll etwa darin liegen können, dass die Holding trotz Kenntnis nicht gegen das Fehlverhalten der Tochter eingeschritten ist. Jedoch müsste dafür zunächst einmal eine entsprechende Pflicht zum Einschreiten[47] – Unternehmensorganisationspflicht[48] – bestehen. Eine bloße Beteiligung reicht dafür sicher nicht aus[49]. Ob angesichts des gesetzlich anerkannten Trennungsprinzips allein eine konkrete Aufgabenübertragung[50] oder eine aktive Konzernleitung durch eine straffe, einer Eingliederung entsprechende Führung der Töchter[51] eine Schadensersatzpflicht im Einzelfall begründen kann, ist – solange kein Fall einer Haftung nach § 826 BGB oder ein Durchgriffsfall vorliegt – ebenfalls fraglich. 8.25

Hinzuweisen ist schließlich darauf, dass sich aus einer Reihe von spezialgesetzlichen Tatbeständen, etwa aus dem Bereich der zivilrechtlichen Produzentenhaftung (als sog. Quasi-Hersteller i.S.v. § 4 Abs. 1 Satz 2 ProdHaftG)[52], dem Bereich der **Umwelthaftung** (z.B. der Gefährdungshaftung für den Betrieb gefährlicher Anlagen, § 22 Abs. 2 WHG, § 1 UmweltHG, § 2 HaftPflG, §§ 35 ff. AtomG) oder auch im Finanzaufsichts[53]- und Datenschutzrecht[54] eine direkte Haftung der Holding ergeben kann. Voraussetzung dafür ist, dass die Holding selbst, neben der operativen Gesellschaft, die Tatbestandsvoraussetzungen der jeweiligen Haftungsnorm erfüllt. Sie muss also z.B. als „Betreiber" i.S. der o.g. Vorschriften der Produzenten- oder Umwelthaftung angesehen werden können. Das kann dann der Fall sein, wenn die Holding selbst hinsichtlich der Produktion und damit im Hinblick auf den Betrieb der Anlage konkret Leitungsmacht ausübt[55]. Eine eigenständige, von den allgemeinen handels- und gesellschaftsrechtlichen Haftungstatbeständen unabhängige zivilrechtliche Haftung wird dagegen durch § 4 Abs. 3 Satz 4 BBodSchG nicht begründet. Dort wird zwar die Einstands- und Sanierungspflicht für die Verursachung schädlicher Bodenveränderungen oder Altlasten auf solche Personen erstreckt, die „aus handelsrechtlichem oder gesellschaftsrechtlichem Rechtsgrund für eine juristische Person einzustehen" haben[56]. Dadurch wird aber das Trennungsprinzip nicht angetastet, da nur – in erster Linie zur Vermeidung von Umgehungsstrategien – auf die allgemeinen Tatbestände verwiesen wird. Zur **Bußgeld und Schadensersatzhaftung der Holding im Kartellrecht:** Rz. 8.29 ff. 8.26

46 *Schall*, ZGR 2018, 479 (498); *Koch*, WM 2009, 1013 (1016 ff.).

47 Eine solche generell verneinend *Wagner* in MünchKomm/BGB, 7. Aufl. 2017, § 823 BGB Rz. 100; *Grunewald*, NZG 2018, 481 (484).

48 Dazu *Habersack/Zickgraf*, ZHR 2018. 252 (276) und umfassend *Spindler*, Unternehmensorganisationspflichten, 2. Aufl. 2011; vgl. auch schon *Habersack* AG 2016, 691, 696 f.

49 So im Grundsatz *Fleischer/Korch*, DB 2019, 1944 (1951 f.).

50 *Habersack/Zickgraf*, ZHR 2018. 252 (286 ff.).

51 *Schall*, ZGR 2018, 479 (506); *Habersack/Zickgraf*, ZHR 2018. 252 (286 ff.); *Koch*, WM 2009, 1013 (1019 f.); *Fleischer/Korch*, DB 2019, 1944 (1951); speziell im Hinblick auf Menschenrechtsverletzungen durch Konzerntöchter vgl. auch *Nordhues*, S. 138 ff. und *Thomale/Hübner* JZ 2017, 385 (395).

52 Dazu *Fleischer*, ZHR 163 (1999), 461 (484 f.) m.w.N.

53 *Poelzig* in VGR (Hrsg.), Gesellschaftsrecht in der Diskussion 2017, 2018, S. 83, 85 m.w.N.

54 Vgl. dazu etwa *Ebner/Schmidt*, CCZ 2020, 84 (87 ff.) und *Kurzböck/Weinbeck* BB 2018, 1652 (1654).

55 Vgl. dazu *Kohler* in Staudinger, 2010, Einl. zum UmweltHG Rz. 50 und ausf. *Ossenbühl*, Umweltgefährdungshaftung im Konzern, 1999; *Westermann*, ZHR 155 (1991), 223; *Schmidt* in Umweltschutz und technische Sicherheit im Unternehmen (UTR Band 26), hrsg. v. Breuer/Kloepfer/Marburger/Schroeder, Heidelberg 1994, S. 69 ff.; zur Produkthaftung im Konzern *Hommelhoff*, ZIP 1990, 761.

56 Vgl. dazu *Schmitz-Rohde/Bank*, DB 1999, 417; *Fleischer/Empt*, ZIP 2000, 905 (908); *Antweiler*, BB 2002, 1278; *Wrede*, NuR 2003, 593 sowie *Spindler*, ZGR 2001, 385.

2. Sonderfall des § 117 AktG

8.27 Einen Sonderfall der deliktischen Haftung[57] stellt die sog. „aktienrechtliche Haftungsklausel“[58] des § 117 AktG dar. Die Vorschrift gibt der betroffenen Aktiengesellschaft einen Anspruch auf Ersatz des ihr entstandenen Schadens, wenn ein Aktionär oder ein Dritter vorsätzlich, unter Benutzung seines **Einflusses** auf die Gesellschaft, ein Mitglied der Verwaltung dazu bestimmt, zum Schaden der Gesellschaft oder ihrer Aktionäre zu handeln. Ausnahmsweise können einzelne Aktionäre Schäden, welche über die Wertminderung an ihren Aktien hinausgehen (§ 117 Abs. 1 Satz 2 AktG)[59], daneben geltend machen; die Gläubiger der AG können nach § 117 Abs. 5 AktG selbstständig die Ersatzansprüche der AG einfordern, wenn sie von der Gesellschaft keine Befriedigung erlangen können (vgl. § 93 Abs. 5 AktG). Der Anspruch ist allerdings gerade in den wichtigsten Fällen kraft Gesetzes ausgeschlossen: Wird nämlich der Einfluss durch Ausübung des Stimmrechts in der Hauptversammlung oder in Ausübung der Leitungsmacht bei einem Beherrschungsvertrag bzw. bei der Eingliederung realisiert, so scheidet ein Ersatzanspruch aus (§ 117 Abs. 7 AktG). Der Anwendungsbereich der Vorschrift ist daher eng, zumal ein Schaden nur entstehen kann, wenn sich die im Gesetz genannten Mitglieder der Unternehmensleitung dem auf sie ausgeübten Druck pflichtwidrig beugen.

3. Konzernvertrauenshaftung als Durchbrechung des Trennungsprinzips?

8.28 Betrachtet man diese „allgemeinen“ Tatbestände, so ist festzuhalten, dass durch sie das Trennungsprinzip gerade nicht aufgehoben oder in Frage gestellt, sondern im Gegenteil bestätigt wird: Die Holding haftet hier nicht wegen der Verbindung zu ihren operativen Gesellschaften, sondern i.d.R. vollkommen unabhängig davon wie jeder Dritte.

Vor einigen Jahren ist die Frage aktuell geworden, ob es neben diesen „allgemeinen“ Tatbeständen einer Haftung der Holding eine spezielle Haftung „aus erwecktem Konzernvertrauen“ gibt. Anlass war ein Urteil des Schweizerischen Bundesgerichts, das im Fall „Swissair“ für das schweizerische Recht eine entsprechende und in ihren Folgen kaum übersehbare Ausnahme vom Trennungsprinzip anerkannt hat[60]. Danach soll eine Obergesellschaft (Holding) den Gläubigern einer operativen Gesellschaft entsprechend den Grundsätzen einer Haftung aus culpa in contrahendo (§ 311 Abs. 2 BGB) schon dann und allein deshalb haften, weil die Holding ein Vertrauen in ihre „Konzernverantwortung“ bei den Gläubigern der operativen Gesellschaften erweckt hat[61]. Derartige Durchbrechungen des Trennungsprinzips sind auch im englischen und amerikanischen Recht bekannt[62]. In Deutschland hat die Insolvenz des zum damaligen Daimler-Benz-Konzern gehörenden niederländischen Flugzeugherstellers Fokker dazu geführt, dass Anleger, die im Vertrauen auf die Konzernzugehörigkeit von Fokker zum Daimler-Konzern Anleihen erworben hatten, Klagen auf Schadens-

57 Hüffer/Koch, § 117 AktG Rz. 2; *Witt* in K. Schmidt/Lutter, § 117 AktG Rz. 2 (allg. M.).

58 *Würdinger*, Aktienrecht und das Recht der verbundenen Unternehmen, 4. Aufl. 1981, S. 155 ff.; dazu BGH v. 4.3.1985 – II ZR 271/83, BGHZ 94, 55 = WM 1985, 717 = ZIP 1985, 607; BGH v. 22.6.1992 – II ZR 178/90, WM 1992, 1812 (1819) = AG 1993, 28 = ZIP 1992, 1464; BGH v. 20.3.1995 – II ZR 205/94, BGHZ 129, 136 = ZIP 1995, 819; *Brüggemeier*, AG 1988, 93.

59 Dazu BGH v. 22.6.1992 – II ZR 178/90, WM 1992, 1812 (1819) = AG 1993, 28 = ZIP 1992, 1464; Hüffer/Koch, § 117 AktG Rz. 9.

60 Schweiz. Bundesgericht v. 15.11.1994 – Wibru Holding/Swissair, BGE 120 (1994) II, 331, 335 = AG 1996, 44; einschränkend Schweiz. Bundesgericht v. 16.4.1998, BGE 124 (1998) III 297 = AG 2001, 106 (107); dazu *Emmerich/Habersack*, § 20 Rz. 26; *Druey* in FS Lutter, 2000, S. 1069 ff.; *Beurskens* in Baumbach/Hueck, GmbHG, Anh. KonzernR Rz. 91 und *Lutter* in GS Knobbe-Keuk, 1997, S. 229 ff.

61 Nachdrücklich ablehnend *Lutter* in GS Knobbe-Keuk, 1997, S. 229 (240); *Rieckers*, Konzernvertrauen, S. 148 ff.; gegen culpa in contrahendo als allgemeinen Auffangtatbestand auch *Gernhuber*, Das Schuldverhältnis, 1989, § 8 III 1 (S. 195); Für eine Haftung aus Konzernvertrauen in Deutschland dagegen schon *Rehbinder*, Konzernaußenrecht und allgemeines Privatrecht, 1969, S. 311 ff.; vgl. weiter *Broichmann/Burmeister*, NZG 2006, 687 (689 ff.); *Fleischer*, NZG 1999, 685 (690 ff.).

62 Vgl. die Fälle bei *Muscat*, S. 401 ff. und S. 406 ff.; zu Amerika auch *Rehbinder*, Konzernaußenrecht und allgemeines Privatrecht, 1969, S. 305 ff.

ersatz gegen Daimler einreichten[63], die sie u.a. mit ihrem Vertrauen in die Zugehörigkeit zum Daimler-Konzern begründeten.

Gegenüber diesen Ansätzen ist für das deutsche Recht festzuhalten, dass allein allgemeine Hinweise auf die Zugehörigkeit zu einem Holdingkonzern als solche keinen rechtlich relevanten Vertrauenstatbestand begründen. Die Konzernzugehörigkeit einer operativen Gesellschaft kann daher auch dann nicht **zu einer Vertrauenshaftung** der Holding für Verbindlichkeiten ihrer operativen Gesellschaften aus culpa in contrahendo (§ 311 Abs. 2 BGB) führen, wenn auf die Konzernzugehörigkeit ausdrücklich hingewiesen wird, zumal die Rechtsordnung selbst gerade die Offenlegung der Konzernverhältnisse (vgl. §§ 290 ff. HGB) verlangt.

Anders kann es sich nur dann verhalten, wenn eine Holding bewusst Vertrauen in sich auslobt und anbietet[64]. Ebenso wie es in den sog. Vertreterfällen[65] eine Haftung aus culpa in contrahendo (§ 311 Abs. 3 BGB) gibt, wenn im Einzelfall „besonderes persönliches Vertrauen“ in Anspruch genommen wird oder durch Rechtsgeschäft eine eigene Einstandspflicht der Holding begründet werden kann (z.B. Patronatserklärungen), liegt der Grund der Haftung hier aber nicht in einem allgemeinen „Konzernvertrauen“, sondern richtet sich nach den Voraussetzungen dieser Tatbestände[66].

4. Konzernverantwortung im Kartellrecht

a) Überblick

Ebenso wie bei der Trennung zwischen der zivilrechtlichen Haftung der einzelnen operativen Gesellschaften und einer Haftung der Holding stellt sich auch im Kartellrecht die Frage, ob und ggf. unter welchen Voraussetzungen die Konzernspitze (Holding) für kartellrechtliche Verstöße ihrer Tochtergesellschaften verantwortlich ist. Für eine Zurechnung von Kartellrechtsverstößen der Tochtergesellschaft spricht dabei auch in diesem Zusammenhang, dass die Tochtergesellschaft trotz ihrer rechtlichen Selbstständigkeit dem beherrschenden Einfluss der Holding unterliegt und dieser gegenüber u.U. weisungsgebunden ist; ein kartellrechtlicher „Haftungsdurchgriff“ kann daher grundsätzlich mit dem Rechtsgedanken der **Verhaltenszurechnung** begründet werden[67]. 8.29

b) Rechtslage nach deutschem Recht

Im deutschen Kartellrecht wurde lange das Prinzip der rechtlichen Selbstständigkeit der einzelnen Konzernunternehmen auch im Bereich des Kartellordnungswidrigkeitenrechts durchgehalten. Wegen seines deliktischen Charakters kam stets nur das **Handeln natürlicher Personen** als Anknüpfungspunkt für eine Verantwortlichkeit in Betracht[68]. Eine Haftung juristischer Personen für das Handeln ihrer Vertreter konnte und kann sich aber aus der **Zurechnungsnorm des § 30 Abs. 1 OWiG** ergeben. Ein Konzern im Sinne einer wirtschaftlichen Einheit mehrerer Unternehmen fiel 8.30

63 Dazu *Lutter* in Liber amicorum Volhard, 1996, S. 105 (106 ff.) und *Lutter* in GS Knobbe-Keuk, 1997, S. 229 (236 ff.); zur Schadensersatzpflicht der Bank wegen mangelhafter Risikoaufklärung über die Fokker-Anleihe vgl. OLG Nürnberg v. 28.1.1998 – 12 U 2130/97, AG 1998, 194.

64 Vgl. auch *Hopt* in Liber amicorum Volhard, 1996, S. 74 (79), der den „Swissair-Fall“ als Sonderfall bezeichnet, der mit den Grundsätzen der Patronatserklärung hätte erfasst und gelöst werden können; ferner *Stein* in FS Peltzer, 2001, S. 557 (567), die sich für eine Haftung bei der Verletzung von in Anspruch genommenen Marktvertrauen in Anlehnung an die allgemeine zivilrechtliche Prospekthaftung ausspricht.

65 BGH v. 3.4.1990 – XI ZR 206/88, ZIP 1990, 661 und BGH v. 6.6.1994 – II ZR 292/91, ZIP 1994, 1108 sowie *Kleindiek* in Lutter/Hommelhoff, § 43 GmbHG Rz. 73 ff.

66 Vgl. auch OLG Düsseldorf v. 15.7.2005 – 4 U 114/04, NJOZ 2005, 3430; anders noch OLG Düsseldorf v. 29.11.2000 – 5 U 104/99, NZG 2001, 368 (371) = AG 2001, 476.

67 *Niggemann* in Hasselbach/Nawroth/Rödding, Beck'sches Holding Handbuch, Teil G Rz. 215.

68 *Mansdörfer/Timmerbeil*, WM 2004, 362 (367); *Bürger*, WuW 2011, 130 (132).

hingegen nicht in den Anwendungsbereich der Norm – es kamen daher bisher nur die einzelnen operativen Gesellschaften des Konzerns als haftende juristische Personen in Betracht[69].

Der Gesetzgeber hat dies mit der 8. und 9. GWB-Novelle[70] geändert und im Anschluss an das europäische Kartellrecht den Rahmen für eine Konzernhaftung im nationalen Kartellordnungswidrigkeitenrecht erweitert. Durch die Einführung von § 81 Abs. 3a GWB im Jahr 2017 wurde die rechtliche Selbstständigkeit der Konzerngesellschaften dahingehend aufgegeben, dass auch gegen eine juristische Personen oder Personenvereinigungen, die das Unternehmen zum Zeitpunkt der Begehung der Ordnungswidrigkeit gebildet hat und die auf die juristische Person oder Personenvereinigung, deren Leitungsperson die Ordnungswidrigkeit begangen hat, unmittelbar oder mittelbar einen bestimmenden Einfluss ausgeübt hat, eine Geldbuße festgesetzt werden kann. Folglich droht nun auch der Konzernmutter eine Verantwortlichkeit für Kartellrechtsverstöße der Töchter. Ferner besteht nach § 30 Abs. 2a OWiG und § 81 Abs. 3b, 3c GWB jetzt auch die Möglichkeit, ein Bußgeld gegen den rechtlichen oder wirtschaftlichen Nachfolger der verantwortlichen Gesellschaft zu verhängen.

8.31 Eine (Bußgeld-)**Haftung der Konzernspitze** (Holding) für kartellrechtswidriges Verhalten ihrer Tochtergesellschaften kann sich ferner nach wie vor gem. § 9 OWiG aus einer **aktiven Beteiligung** der Konzernspitze am Kartellrechtsverstoß ergeben, bspw. durch das Erteilen einer Weisung zum kartellrechtswidrigen Handeln. In Betracht kommt auch im Kartellrecht ein Haftungsdurchgriff wegen einer **Aufsichtspflichtverletzung** der Konzernspitze gem. § 130 OWiG. Da eine rechtlich selbstständige Tochtergesellschaft aber schon selbst Inhaberin ihres Unternehmens ist, wird in der Literatur vertreten, dass nicht auch noch die Konzernspitze Inhaberin des Geschäfts i.S.d. § 130 OWiG und daher schon kein tauglicher Täter i.S.d. § 130 OWiG sein könne[71]. Nach anderer Ansicht ist danach zu differenzieren, ob die Tochtergesellschaft vollständig vom Konzern beherrscht wird[72] oder sie ihre Aufsichtshoheit an den Konzern, d.h. die Konzernspitze, delegiert hat[73]. Gegen die Annahme einer Aufsichtspflicht wird angeführt, dass Konzerne dann generell dazu verpflichtet wären, umfassende Aufsichtsmaßnahmen vorzunehmen, letztlich also ein umfassendes Compliance-System einzurichten, welches dem strengen Maßstab des § 130 OWiG entspricht[74]. Das Bestehen einer solchen Aufsichtspflicht wird in der Tat vom **Bundeskartellamt** vertreten[75]; danach soll lediglich bei der Höhe des Bußgeldes mindernd berücksichtigt werden, dass Aufsichtsmaßnahmen nur unterlassen und selbst keine Kartellabsprachen getroffen wurden. Der BGH hat bisher noch nicht zur Klärung dieser Frage beigetragen und eine Entscheidung offengelassen[76]. Seit einem Beschluss des OLG München[77] muss jedoch in der Praxis mit einer Anwendung von § 130 OWiG im Einzelfall gerechnet werden. Hiernach kommt es darauf an, ob die Konzernmutter aufgrund eines Beherrschungsvertrags Einfluss auf die Tochter nehmen kann oder aufgrund einer faktischen Konzernstruktur unabhängig von der Höhe der Beteiligung tatsächlich Einfluss genommen und dadurch die Gefahr der Verletzung betriebsbezogener Pflichten begründet hat[78]. Ungeklärt ist noch, ob die bloße Möglichkeit der Einflussnahme für eine Verantwortlichkeit der Konzernmutter nach § 130 OWiG ausreicht[79].

---

69 Zum Adressatenkreis *Bechtold/Bosch*, GWB, 9. Aufl. 2018, § 81 GWB Rz. 77 ff.

70 Achtes Gesetz zur Änderung des Gesetzes gegen Wettbewerbsbeschränkungen vom 26.6.2013 und Neuntes Gesetz zur Änderung des Gesetzes gegen Wettbewerbsbeschränkungen vom 1.6.2017. Zu verfassungsrechtlichen Bedenken gegenüber der Compliance-unabhängigen Übernahme des europäischen Rechts (Bestimmtheitsgrundsatz und Schuldprinzip) *Brettel/Thomas*, S. 50 ff., 101.

71 Im Grundsatz *Gürtler* in Göhler, § 130 OWiG Rz. 5a, *Koch*, WM 2009, 1015 (1017) m.w.N.; ähnlich auch BGH v. 1.12.1981 – KRB 3/79, MDR 1982, 461 = DB 1982, 1162.

72 *Tiedemann*, NJW 1979, 1849 (1852).

73 *Wirtz*, WuW 2001, 342 (348); anders wohl *Klusmann* in Wiedemann, Handbuch des Kartellrechts, § 55 Rz. 42.

74 *Kling*, WRP 2010, 506 (513); *Koch*, AG 2009, 564 (565).

75 Bundeskartellamt v. 9.2.2009, AZ B1-200/06 Rz. 5.

76 BGH v. 1.12.1981 – KRB 3/79, MDR 1982, 461 = DB 1982, 1162.

77 OLG München v. 23.9.2014 – 3 Ws 599/14, BB 2015, 2004 ff.

78 OLG München v. 23.9.2014 – 3 Ws 599/14; *Caracas*, CCZ 2016, 44 (46).

79 *Caracas*, CCZ 2016, 44 (48).

Eine **zivilrechtliche (Schadensersatz-)Haftung** für Kartellrechtsverstöße eines Tochterunternehmens kann sich aus einem deliktischen Schadensersatzanspruch nach § 33a GWB in Verbindung mit den allgemeinen Grundsätzen zur Zurechnung deliktischen Verhaltens bei juristischen Personen gem. § 31 BGB ergeben. Das gesellschaftsrechtliche Trennungsprinzip setzt aber nach bisher h.M. voraus, dass Organe der Muttergesellschaft selbst am Kartellrechtsverstoß **mitgewirkt** haben[80]. Eine Bindungswirkung hinsichtlich aller Voraussetzungen eines Schadensersatzanspruches gem. § 33b GWB besteht nicht, da sich die Norm nur auf den kartellbehördlich oder kartellgerichtlich festgestellten Kartellverstoß, nicht aber auf das Verschuldenserfordernis bezieht[81]. 8.32

c) Rechtslage nach europäischem Recht

Das europäische Kartellverbot in Art. 101 AEUV und das EU-Sanktionsrecht[82] (Art. 23 Abs. 2 VO 1/2003) knüpfen an den dortigen Begriff des „Unternehmens" an, worunter jede, eine wirtschaftliche Tätigkeit ausübende Einrichtung unabhängig von ihrer Rechtsform und der Art ihrer Finanzierung zu verstehen ist[83]. In diesem Zusammenhang liegt eine wirtschaftliche Einheit auch dann vor, wenn diese rechtlich aus mehreren natürlichen oder juristischen Personen besteht. Das (gesellschaftsrechtliche) **Trennungsprinzip im Konzern** gilt also gerade **nicht**[84]. Mehr noch: Auch Umstrukturierungen oder Aktien- bzw. Anteilsübertragungen einer wirtschaftlichen Einheit sollen nicht dazu führen können, dass dadurch ein neues, von der Haftung für wettbewerbswidrige Handlungen seines Vorgängers befreites Unternehmen entsteht, sofern diese Vorgängereinheit und die neue Einheit wirtschaftlich gesehen identisch sind[85], da im Hinblick auf das *effet utile*-Prinzip im europäischen Recht kein von der Bußgeldhaftung befreites Unternehmen entstehen darf und deshalb in solchen Fällen von wirtschaftlicher (Haftungs-)kontinuität beim Nachfolger/Erwerber auszugehen ist[86]. Dass diese in der Rechtsprechung des EuGH im Bereich der Bußgeldhaftung entwickelten Grundsätze auch für den Bereich der zivilrechtlichen Haftung auf Kartellschadensersatz gelten, ist jetzt durch das Urteil des EuGH in Sachen „Skanska"[87] geklärt. Noch nicht abschließend geklärt, aber naheliegend[88] ist, dass Gleiches auch für die Frage gilt, ob es insoweit auch eine **Haftung der Tochtergesellschaften für Verstöße der Mutter (Holding)** oder für **Schwestergesellschaften untereinander** gibt[89]. 8.33

Nach europäischem Kartellrecht ist jedenfalls das Bestehen einer **wirtschaftlichen Einheit** zwischen mehreren Unternehmen entscheidendes Kriterium für die Zurechnung eines kartellrechtswidrigen Verhaltens einer Tochtergesellschaft zur Holding[90]. Eine Haftung der Konzernspitze kommt nach 8.33a

80 *Bürger*, WuW 2011, 130 (137); LG Düsseldorf v. 8.9.2016 – 37 O 2711 [Kart], NZKart 2016, 490 (492); vgl. auch *Haus/Schmid*, Der Konzern 2020, 1, (4 f.).

81 OLG Düsseldorf v. 30.9.2009 – VI U 17/08, WuW/E DE-R 2763–2769; *Bürger*, WuW 2011, 130 (138).

82 Im deutschen Kartellrecht knüpft nur das Kartellverbot in § 1 GWB an den Begriff des Unternehmens an, nicht hingegen das Kartellordnungswidrigkeitenrecht.

83 EuGH v. 11.12.2007 – C-280/06, ECLI:EU:C:2007:775 – ETI, Rz. 38; EuGH v. 14.3.2019 – C-724/17, ECLI:EU:C:2019:204 – Skanska, Der Konzern 2020, 20 ff. Rz. 36 f. = ZIP 2019, 1087; *Mörsdorf*, ZIP 2020, 489 ff.

84 Krit. dazu auch aus ökonomischer Sicht *von Hülsen/Kasten*, NZKart 2015, 296, 302 ff.

85 EuGH v. 14.3.2019 – C-724/17, ECLI:EU:C:2019:204 – Skanska, Der Konzern 2020, 20 ff. Rz. 38 = ZIP 2019, 1087.

86 EuGH v. 14.3.2019 – C-724/17, ECLI:EU:C:2019:204 – Skanska, Der Konzern 2020, 20 ff. Rz. 51 = ZIP 2019, 1087.

87 EuGH v. 14.3.2019 – C-724/17, ECLI:EU:C:2019:204 – Skanska, Der Konzern 2020, 20 ff. = ZIP 2019, 1087.

88 Vgl. dazu etwa *Mörsdorf*, ZIP 2020, 489, (490) m.w.N. und *Haus/Schmid*, Der Konzern 2020, 1 (4).

89 Dafür *Kersting*, ZHR 182 (2018), 8 ff. und wohl auch *Haus/Schmid*, Der Konzern 2020, 1 (5 f.); ablehnend *Mörsdorf*, ZIP 2020, 489 (495 f.) unter Hinweis auf EuGH v. 2.3.2003 – C-196/99 P – Aristrain.

90 EuGH v. 10.9.2009 – C-97/08 P, ECLI:EU:C:2009:536 – Akzo Nobel, Slg. 2009, I-8237 Rz. 48 f. = WM 2009, 2048 = ZIP 2010, 392.

dem „**Grundsatz der persönlichen Verantwortung der wirtschaftlichen Einheit**“[91] unabhängig davon in Betracht, ob ihr im konkreten Fall eine Beteiligung am Kartellrechtsverstoß nachweisbar ist. Bei einer hundertprozentigen oder ganz überwiegenden Beteiligung der Mutter (Holding) wird dies vermutet[92]. Die Konzernspitze kann sich allerdings (eher theoretisch) mit dem Nachweis exkulpieren, dass die Tochtergesellschaft ihr gegenüber tatsächlich unabhängig und nicht weisungsgebunden ist[93]. Dabei sind sämtliche im Zusammenhang mit der wirtschaftlichen, organisatorischen und rechtlichen Verbindung zur Muttergesellschaft relevanten Gesichtspunkte zu berücksichtigen, letztlich ist also eine Einzelfallbetrachtung durchzuführen. Insbesondere fordert der EuGH den Nachweis, dass die Tochtergesellschaft nicht nur auf operativer, sondern auch auf finanzieller Ebene völlig eigenständig handeln konnte[94]. Auch die Tatsache, dass die Muttergesellschaft ein Compliance-Programm betreibt, genügt nicht zum Nachweis der Eigenständigkeit der Tochtergesellschaft, sondern soll eher eine tatsächliche Kontrolle der Tochter- durch die Muttergesellschaft nahelegen[95]. Diese weitgehende Haftung fördert zwar die effektive Umsetzung europäischen Wettbewerbsrechts, wird aber vor allem wegen der hohen Hürden eines Entlastungsbeweises als „Konzernzustandshaftung“ kritisiert[96].

8.34 Alle zur wirtschaftlichen Einheit gehörenden Gesellschaften haften nach europäischem Kartellrecht **gesamtschuldnerisch**, also unter Umständen nicht nur die Konzernspitze für die operativen Gesellschaften, sondern auch mehrere operative Gesellschaften untereinander. Die Höhe des Bußgeldes bemisst sich nach dem Umsatz aller zur wirtschaftlichen Einheit gehörenden Unternehmen[97]. Umstritten ist, wie sich das Innenverhältnis der Gesamtschuld zwischen Mutter- und Tochtergesellschaft darstellt. Gegen einen **Ausgleichsanspruch der Muttergesellschaft** wird angeführt, dass Rechtsgrund der gesamtschuldnerischen Haftung gerade keine verschuldensunabhängige Haftung ist, sondern auf dem „Grundsatz der persönlichen Verantwortlichkeit“[98] beruht. Nach der Rechtsprechung des Europäischen Gerichtshofes soll die im Unionsrecht vorgesehene gesamtschuldnerische Haftung nur die Einziehung der Geldbußen erleichtern. Es sei hingegen nicht der Zweck dieses Rechtsinstrumentes, die Haftungsanteile der einzelnen Gesamtschuldner im Innenverhältnis zu beurteilen[99]. Dies sei alleinige Aufgabe der nationalen Gerichte. Diese müssten im Rahmen eines nachgelagerten Streitfalls die Haftungsanteile in Anwendung des auf den Rechtsstreit anwendbaren nationalen Rechts und unter Beachtung des Unionsrechts bestimmen. Das Unionsrecht enthalte dabei keine allgemeinen Regelungen zur Lösung eines solchen Streitfalls[100]. Insbesondere enthalte es keine Auffangregel, wonach eine Haftung der Gesamtschuldner im Zweifel zu Kopfteilen erfolge. Allerdings stünde das Unionsrecht einer entsprechenden nationalen Regelung auch nicht entgegen[101].

---

91 EuGH v. 10.9.2009 – C-97/08 P, ECLI:EU:C:2009:536 – Akzo Nobel, Slg. 2009, I-8237 Rz. 77; EuGH v. 14.3.2019 – C-724/17, ECLI:EU:C:2019:204 – Skanska = Der Konzern 2020, 20 ff. Rz. 36 f. = ZIP 2019, 1087.

92 EuGH v. 11.7.2013 – C-440/11 P, NZKart 2013, 367; EuGH v. 16.11.2000 – C-286/98 P – Stora, Slg. 2000, I-9925 Rz. 29.

93 EuGH v. 10.9.2009 – C-97/08 P, ECLI:EU:C:2009:536 – Akzo Nobel, Slg. 2009, I-8237 Rz. 61 f. = ZIP 2010, 392; *Kling*, WPR 2010, 506 (508).

94 EuGH v. 8.5.2013 – C-508/11 P, ECLI:EU:C:2013:289 Rz. 68, NZKart 2013, 293.

95 EuGH v. 18.7.2013 – C-501/11 P, ECLI:EU:C:2013:522 Rz. 114, NZKart 2013, 334.

96 *Kling*, WRP 2010, 506 (510); *Mansdörfer/Timmerbeil*, WM 2004, 362 (370); *Niggemann* in Hasselbach/Nawroth/Rödding, Beck'sches Holding Handbuch, 2. Aufl. 2016, Teil G Rz. 220 f.

97 EuGH v. 12.12.2007 – T-112/05 – Akzo Nobel, Slg. 2007, II-5049 Rz. 90.

98 LG München v. 16.3.2011 – 37 O 11927/10, WuW/E DE-R S. 3247–3268 Rz. 102.

99 EuGH v. 10.4.2014 – C-231/11 P Rz. 58 f. unter Aufhebung von EuG v. 3.3.2011 – T-122/07 – Siemens Österreich, Slg. 2011, II-793 Rz. 156 f.

100 EuGH v. 10.4.2014 – C-231/11 P Rz. 61.

101 EuGH v. 10.4.2014 – C-231/11 P Rz. 69 f.

IV. Beteiligungsspezifische Tatbestände

Bei den Kapitalgesellschaften ist die **reale Aufbringung und Erhaltung des Grund- bzw. Stammkapitals** als Mindesthaftungsfonds für die Gläubiger der Preis für die Haftungsbefreiung. Ist dieser Haftungsstock aufgezehrt, so haben die Gesellschafter der Gesellschaft neue Finanzmittel zuzuführen oder die Gesellschaft aus dem Verkehr zu nehmen, sprich zu liquidieren. Ähnliches gilt bei Kommanditgesellschaften ohne Beteiligung einer natürlichen Person als persönlich haftender Gesellschafter. Im Holdingkonzern trifft diese **„Finanzierungsverantwortung“**[102] die Holding in ihrer Rolle als Gesellschafter und konfrontiert sie mit den strengen Regeln des Kapitalerhaltungsrechts. 8.35

1. Kapitalerhaltungsrecht

Bei der **Aktiengesellschaft** erfasst die Vermögensbindung in § 57 Abs. 1 Satz 1, Abs. 3 AktG das gesamte Gesellschaftsvermögen, also auch das die Ziffer des Grundkapitals und die gesetzlichen Reserven übersteigende Vermögen so lange, bis es in Bilanzgewinn verwandelt und seine Ausschüttung beschlossen wird[103]. Dieses strenge Gebot bei der Vermögensbindung darf auch nicht dadurch umgangen werden, dass einem Aktionär (der Holding) direkt oder indirekt über günstige Konditionen bei Rechtsgeschäften mit der operativen Gesellschaft Vorteile eingeräumt werden (z.B. zinslose oder verbilligte Darlehen, unentgeltliche Sicherheiten, Einkauf zu überhöhten oder Verkauf zu niedrigen Preisen)[104]. Es gilt nach § 57 Abs. 1 Satz 3 und 4 AktG nicht bei Leistungen, die bei Bestehen eines Beherrschungs- und Gewinnabführungsvertrages (§ 291 AktG) erfolgen oder durch einen vollwertigen Gegenleistungs- oder Rückgewähranspruch gegen den Aktionär gedeckt sind sowie für die Rückgewähr eines Aktionärsdarlehens und Leistungen auf Forderungen, die einen solchen Darlehen wirtschaftlich entsprechen. 8.36

Solche **verdeckten Vermögensverlagerungen** im Konzern (steuerlich „verdeckte Gewinnausschüttungen“ genannt) und **konzerninterne Leistungsbeziehungen**, die nicht dem Prinzip „at arm's length“ entsprechen, sind verboten[105]. Die zu Unrecht gewährten Leistungen müssen daher im Grundsatz nach § 62 Abs. 1 AktG zurückgewährt werden[106], wobei nach heute h.M. im Hinblick auf § 311 Abs. 2 AktG das Schutzsystem der §§ 311 ff. AktG Vorrang hat[107]. Das Verbot verdeckter Vermögensverlagerungen bedeutet, dass eine AG als operative Gesellschaft mit der Holding oder den anderen operativen Gesellschaften des Konzerns zwar Rechtsgeschäfte wie mit jeder anderen Person vornehmen darf[108], der Holding bei diesen konzerninternen Leistungsbeziehungen jedoch keine an- 8.37

---

102 Zu diesem Begriff vgl. BGH v. 26.3.1984 – II ZR 14/84, BGHZ 90, 381 (389); *Rümker*, ZGR 1988, 494; vgl. auch BGH v. 13.4.1992 – II ZR 225/91, BGHZ 118, 107 = AG 1992, 440 = ZIP 1992, 919.

103 *Drygala* in KölnKomm/AktG, 3. Aufl. 2011, § 57 AktG Rz. 16; *Lutter* in FS Stiefel, 1987, S. 505, 527; *Bayer* in MünchnKomm/AktG, 5. Aufl. 2019, § 57 AktG Rz. 8 ff.; Hüffer/Koch, § 57 AktG Rz. 2; *Rieckers* in MünchHdb/AG, § 16 Rz. 57; vgl. auch OLG Frankfurt v. 30.1.1992 – 16 U 120/90, AG 1992, 194 (196); BGH v. 26.3.1984 – II ZR 14/84, BGHZ 90, 381 (386).

104 Ausf. *Bayer* in MünchKomm/AktG, 5. Aufl. 2019, § 57 AktG Rz. 47 ff. m.w.N.; zu den sog. Konzernverrechnungspreisen: *Wiedemann/Fleischer* in Lutter/Scheffler/Uwe H. Schneider, Handbuch der Konzernfinanzierung, S. 951 ff. und *Habersack* in Emmerich/Habersack, Aktien- und GmbH- Konzernrecht, 9. Aufl. 2019, § 311 Rz. 46 ff.

105 *Bayer* in MünchKomm/AktG, 5. Aufl. 2019, § 57 AktG Rz. 223 m.w.N.

106 *Bayer* in MünchKomm/AktG, 5. Aufl. 2019, § 57 AktG Rz. 236 f.; § 62 AktG Rz. 8 ff.; *Drygala* in Köln-Komm/AktG, 3. Aufl. 2011, § 62 AktG Rz. 4; *Raiser/Veil*, § 19 Rz. 11 ff.; ausf. dazu *Bommert*, Verdeckte Vermögensverlagerungen im Aktienrecht, 1989; *Cahn*, Kapitalerhaltung im Konzern, 1998; *Fiedler*, Verdeckte Vermögensverlagerungen bei Kapitalgesellschaften, 1994.

107 So BGH v. 1.12.2008 – II ZR 102/07, BGHZ 179, 71 Rz. 11 = AG 2009, 81 und BGH v. 31.5.2011 – II ZR 141/09, BGHZ 190, 7 Rz. 48 = AG 2011, 548 = ZIP 2011, 1306; *Habersack* in Emmerich/Habersack, Aktien- und GmbH-Konzernrecht, 9. Aufl. 2019, § 311 Rz. 82 m.w.N; Hüffer/Koch, 14. Aufl. 2020, § 311 AktG Rz. 49.

108 *Bayer* in MünchKomm/AktG, 5. Aufl. 2019, § 57 AktG Rz. 48 f.; *Drygala* in KölnKomm/AktG, 3. Aufl. 2011, § 57 AktG Rz. 41; Hüffer/Koch, § 57 AktG Rz. 8.

deren Konditionen als Dritten eingeräumt werden dürfen (at arm's length)[109]. Diese Konditionen müssen denjenigen entsprechen, die bei der Sorgfalt eines ordentlichen Kaufmannes mit einem Dritten vereinbart worden wären[110], wobei man sich häufig an den steuerrechtlichen – gesellschaftsrechtlich allerdings verfehlten[111] – Begriff der verdeckten Gewinnausschüttung anlehnt[112]; in der Sache geht es um verdeckte Sondervorteile bzw. „verdeckte Vermögensverlagerungen".

8.38 Auch für die **GmbH** gilt nach § 30 Abs. 1 GmbHG das Verbot der Rückgewähr des zur Deckung des Stammkapitals erforderlichen Vermögens an die Gesellschafter; und auch hier wird das Auszahlungsverbot weit verstanden[113], d.h., es erfasst nicht nur Geldzahlungen, sondern sämtliche Leistungen der GmbH an ihre Gesellschafter oder einen ihnen nahestehenden Dritten[114], denen keine vollwertige Gegenleistung des Leistungsempfängers gegenübersteht[115]. Rechtsfolgen solcher Leistungen sind Erstattungsansprüche der Gesellschaft nach § 31 Abs. 1 GmbHG[116]. Das Verbot gilt nach § 30 Abs. 1 Satz 2 und 3 GmbHG ebenfalls nicht bei Leistungen, die bei Bestehen eines Beherrschungs- und Gewinnabführungsvertrages (§ 291 AktG) erfolgen oder durch einen vollwertigen Gegenleistungs- oder Rückgewähranspruch gegen den Gesellschafter gedeckt sind sowie für die Rückgewähr eines Gesellschafterdarlehens und Leistungen auf Forderungen, die einem solchen Darlehen wirtschaftlich entsprechen.

Im Vergleich zur AG sind die Regeln zur Kapitalerhaltung allerdings weit weniger streng ausgestaltet: So kann etwa ein Entnahmerecht durch Satzung[117] begründet werden; zudem sind, wenn entsprechende Jahresgewinne zu erwarten sind, Gewinnvorschüsse möglich[118], da es keine dem § 57 Abs. 3 AktG vergleichbare Vorschrift gibt. Das Auszahlungsverbot des § 30 Abs. 1 GmbHG greift aber vor allem erst ein, wenn durch die Leistung der Gesellschaft eine **Unterbilanz** herbeigeführt

---

109 *Bayer* in MünchKomm/AktG, 5. Aufl. 2019, § 57 AktG Rz. 51 ff.; *Drygala* in KölnKomm/AktG, 3. Aufl. 2011, § 57 AktG Rz. 43; *Wiedemann/Strohn*, AG 1979, 113 (115); OLG Frankfurt v. 30.1.1992 – 16 U 120/90, AG 1992, 194 (196).

110 *Bayer* in MünchKomm/AktG, 5. Aufl. 2019, § 57 AktG Rz. 51 ff.; *Drygala* in KölnKomm/AktG, 3. Aufl. 2011, § 57 AktG Rz. 43 m.w.N.

111 Vgl. BGH v. 13.11.1995 – II ZR 113/94, ZIP 1996, 68 und BGH v. 23.6.1997 – II ZR 220/95, BGHZ 136, 125 (127) = ZIP 1997, 1450.

112 Hüffer/Koch, § 57 AktG Rz. 9; vgl. etwa BFH v. 22.2.1989 – I R 44/85, BStBl. II 1989, 475 = DB 1989, 1214; BFH v. 9.8.1989 – I R 4/84, BStBl. II 1990, 237 = DB 1990, 766; BFH v. 29.10.1997 – I R 24/97, BStBl. II 1998, 573 = GmbHR 1998, 543; zum Ganzen vgl. auch *Levedag* in Schmidt, 38. Aufl. 2019, § 20 EStG Rz. 37 ff.

113 *Lutter* in FS Stiefel, 1987, S. 505 ff.

114 BGH v. 14.12.1959 – II ZR 187/57, BGHZ 31, 258 (263); BGH v. 28.9.1981 – II ZR 223/80, BGHZ 81, 365 (368) = AG 1982, 109 = ZIP 1981, 1332; BGH v. 18.11.1996 – II ZR 207/95, ZIP 1997, 115 und BGH v. 15.3.1999 – II ZR 337/97, DStR 1999, 510; BGH v. 21.3.2017 – II ZR 93/16, GmbHR 2017, 643 = DStR 2017, 1218; *Canaris* in FS Fischer, 1979, S. 31, 54 ff.

115 BGH v. 14.12.1959 – II ZR 187/57, BGHZ 31, 258 (276); BGH v. 1.12.1986 – II ZR 306/85, WM 1987, 348 (349) = AG 1987, 205 = ZIP 1987, 575; *Altmeppen* in Roth/Altmeppen, § 30 GmbHG Rz. 72 ff.; *Hommelhoff* in Lutter/Hommelhoff, § 30 GmbHG Rz. 8; *Verse* in Scholz, 12. Aufl. 2018, § 30 GmbHG Rz. 17 ff.; *Drescher*, Die Haftung des GmbH-Geschäftsführers, Rz. 858.

116 Zum Ganzen neben den Kommentaren zu §§ 30, 31 GmbHG auch *Kleffner*, Die Erhaltung des Stammkapitals und Haftung nach §§ 30, 31 GmbHG, 1994; *Sernetz/Haas*, Kapitalaufbringung und -erhaltung in der GmbH, 2003, S. 123 ff.; neben § 31 GmbHG ist für die Anwendung der §§ 134, 812 ff. BGB kein Raum, BGH v. 23.6.1997 – II ZR 220/95, BGHZ 136, 125 (129 f.) = ZIP 1997, 1450; ebenso BGH v. 21.6.1999 – II ZR 47/98, BGHZ 142, 92 = ZIP 1999, 1352. Gläubiger der GmbH können den Erstattungsanspruch der GmbH nicht aus eigenem Recht verfolgen, weil es sich um einen der GmbH zustehenden Anspruch handelt und § 62 Abs. 2 AktG nicht analog gilt, BGH v. 19.11.2019 – II ZR 233/18 = DStR 2020, 458 f.

117 *Hommelhoff* in Lutter/Hommelhoff, § 29 GmbHG Rz. 47; *Verse* in Scholz, 12. Aufl. 2018, § 29 GmbHG Rz. 112.

118 Dazu *Hommelhoff* in Lutter/Hommelhoff, § 29 GmbHG Rz. 45 f.; *Verse* in Scholz, 12. Aufl. 2018, § 29 GmbHG Rz. 106 f.

oder vertieft würde[119]. Der in diesem Fall entstehende Erstattungsanspruch der Gesellschaft nach § 31 Abs. 1 GmbHG entfällt aber nicht nachträglich von Gesetzes wegen, wenn das Gesellschaftskapital zwischenzeitlich bis zur Höhe des Stammkapitals wiederhergestellt ist[120]. Vielmehr muss der Anspruch durch Leistung in das Gesellschaftsvermögen, Verzicht der Gesellschaft oder Aufrechnung der Gesellschaft gegen Gewinnauszahlungsansprüche der Gesellschafter[121] beseitigt bzw. erfüllt werden. Im Übrigen sind die §§ 311 ff. AktG auf abhängige GmbH nicht, auch nicht entsprechend anwendbar; sie verdrängen daher auch Ansprüche nach § 31 Abs. 1 GmbHG nicht.

Das Verbot der Leistung seitens der GmbH an ihre Gesellschafter aus dem Kapital gilt auch für **Kredite.** Gewährt die Tochter-GmbH der Holding einen Kredit, so ist dies zunächst unproblematisch; hat die GmbH Minderheitsgesellschafter, so muss der Kredit zu Marktbedingungen (at arm's length) erfolgen (Zins, Sicherheit). Ist jedoch nach Ausweis der Bilanz kein bzw. nicht genügend Vermögen über das Kapital hinaus vorhanden, so würde der Kredit an die Holding ganz oder teilweise zu Lasten des Kapitals gehen. Das aber ist verboten und hat die Pflicht einer sofortigen Rückzahlung des Kredites nach § 31 GmbHG zur Folge[122]. 8.39

Das Gleiche gilt bei einem Kredit an eine andere Konzerngesellschaft (**Schwester-Gesellschaft**)[123]. 8.40

Unabhängig davon und jenseits dieser strengen Regeln zur Kapitalerhaltung sind auch bei der GmbH mit außenstehenden Minderheitsgesellschaftern und insbesondere ohne deren Zustimmung Geschäfte mit anderen (Mehrheits-)Gesellschaftern (Holding) verboten, bei denen sich Leistung und Gegenleistung nicht ausgeglichen gegenüberstehen; diese werden ebenfalls als **verdeckte Vermögensverlagerungen bzw. verdeckte Gewinnausschüttungen** bezeichnet[124]. Die Begründungen dafür sind in Rechtsprechung und Schrifttum unterschiedlich: Z.T. wird die Rechtswidrigkeit aus einem Verstoß gegen die gesellschaftsinterne Kompetenzordnung (§§ 29, 46 Nr. 1 GmbHG), z.T. aus der Treupflicht bzw. aus einem Verstoß gegen das Gebot der Gleichbehandlung von Gesellschaftern abgeleitet[125]. Diese Schranken[126] erfassen jedoch allesamt – im Gegensatz zur Schranke des § 30 8.41

119 *Verse* in Scholz, 12. Aufl. 2018, § 30 GmbHG Rz. 17; *Stimpel* in FS 100 Jahre GmbHG, 1992, S. 335 (349 ff.); *Hommelhoff* in Lutter/Hommelhoff, § 30 GmbHG Rz. 10; *Thiessen* in Bork/Schäfer, § 30 GmbHG Rz. 14; BGH v. 5.6.1975 – II ZR 156/73, BGHZ 64, 325 (331); BGH v. 24.3.1980 – II ZR 213/77, BGHZ 76, 326 (335) = ZIP 1980, 361; BGH v. 13.7.1981 – II ZR 256/79, BGHZ 81, 252 (259) = ZIP 1981, 974 sowie BGH v. 22.9.2003 – II ZR 229/02, GmbHR 2003, 1420 (1421) = ZIP 2003, 2068 sowie BGH v. 24.11.2003 – II ZR 171/01, ZIP 2004, 263 (264).

120 So BGH v. 29.5.2000 – II ZR 118/98 – Balsam/Procedo, BGHZ 144, 336 = ZIP 2000, 1251 und BGH v. 22.9.2003 – II ZR 229/02, GmbHR 2003, 1420 (1421) = ZIP 2003, 2068 gegen BGH v. 11.5.1987 – II ZR 226/86, NJW 1988, 139 = ZIP 1987, 1113.

121 Dem Gesellschafter ist durch § 19 Abs. 2 Satz 2 GmbHG eine Aufrechnung untersagt, vgl. BGH v. 27.11.2000 – II ZR 83/00, BGHZ 146, 105 = ZIP 2001, 157; dieses Verbot gilt auch noch nach dem MoMiG: *Bayer* in Lutter/Hommelhoff, § 19 GmbHG Rz. 24 f. m.w.N.

122 BGH v. 24.11.2003 – II ZR 171/01, ZIP 2004, 263.

123 BGH v. 24.1.1992 – V ZR 274/90 – Flender, BGHZ 117, 113; *Bayer* in Lutter/Hommelhoff, § 19 GmbHG Rz. 72 m.w.N.

124 Dazu *Hommelhoff* in Lutter/Hommelhoff, § 29 GmbHG Rz. 48; *Verse* in Scholz, 12. Aufl. 2018, § 29 GmbHG Rz. 115 ff.; *Altmeppen* in Roth/Altmeppen, § 30 GmbHG Rz. 72 ff.; *Kersting* in Baumbach/Hueck, § 29 GmbHG Rz. 68 ff.

125 *Hommelhoff* in Lutter/Hommelhoff, § 29 GmbHG Rz. 54; vgl. zur Begründung aus dem Gleichbehandlungsgebot BGH v. 14.5.1990 – II ZR 126/89, BGHZ 111, 224 (227 f.) = ZIP 1990, 784 und BGH v. 10.3.1997 – II ZR 338/95, ZIP 1997, 928 (zur Genossenschaft); ebenso *Verse* in Scholz, § 29 GmbHG Rz. 120f.

126 Ähnlich, wenn auch nicht vergleichbar, ist die Rechtslage bei der KG: Hier lebt die nach § 171 Abs. 1 HGB erloschene Haftung der Kommanditisten wieder auf, wenn die Einlage zurückgewährt wird (§ 172 Abs. 4 Satz 1 HGB), bzw. bei unzulässigen Gewinnentnahmen (§ 172 Abs. 4 Satz 2 HGB). Dies gilt auch für Leistungen, die mittelbar dem Kommanditisten zugutekommen, vgl. BGH v. 13.2.1967 – II ZR 158/65, BGHZ 47, 149 (156); *Roth* in Baumbach/Hopt, § 172 HGB Rz. 6.

Abs. 1 GmbHG – nicht die Geschäfte eines Alleingesellschafters mit „seiner" GmbH: Dort gilt nur das relativ enge Verbot der Kapitalrückzahlung nach § 30 Abs. 1 GmbHG (vgl. auch unten Rz. 8.78).

2. Gesellschafterdarlehen und -sicherheiten

a) Überblick

8.42 Als wesentliches, häufig sogar entscheidendes Merkmal der Führungsholding wird ein **zentrales Finanzmanagement** genannt[127], d.h. die Möglichkeit der Holding, über Art und Umfang der finanziellen Möglichkeiten ihrer operativen Gesellschaften zu bestimmen. Daraus können sich für die operative Gesellschaft selbst, ihre Minderheitsgesellschafter sowie die Gläubiger der Gesellschaft Gefahren ergeben: Häufig werden die operativen Gesellschaften z.B. von Anfang an nur mit dem gesetzlich vorgeschriebenen, in der Sache aber unzureichenden Mindestkapital ausgestattet, während ihr Finanzbedarf im Übrigen durch Darlehen der Holding oder anderer Gesellschaften im Holdingkonzern gedeckt wird. In einer kritischen Lage der operativen Gesellschaft entspricht es regelmäßig dem Interesse der Holding, diese Finanzierungsmittel rechtzeitig wieder „herauszuziehen", wodurch sich das Insolvenzrisiko der unterkapitalisierten Gesellschaft dann noch weiter erhöht[128].

8.43 Die Rechtsordnung legt für die Unternehmensfinanzierung lediglich **Mindeststandards** fest, sodass die Gesellschafter grundsätzlich nicht verpflichtet sind, ihre Gesellschaft mit einem ausreichenden Grund- oder Stammkapital auszustatten[129]. Da die Unterkapitalisierung aber erhebliche wirtschaftliche Risiken birgt[130], wurde dieser Grundsatz in der Vergangenheit zunächst durch die Rechtsprechung und schließlich auch durch den Gesetzgeber modifiziert, weshalb unter bestimmten Voraussetzungen die Entscheidung der Gesellschafter, der Gesellschaft Fremdkapital statt des benötigten Eigenkapitals zuzuführen, nicht akzeptiert wurde. Nach der **alten Rechtslage** waren bis zum Inkrafttreten des Gesetzes zur Modernisierung des GmbH-Rechts und zur Bekämpfung von Missbräuchen (MoMiG) am 1.11.2008 insoweit die Regelungen des Eigenkapitalersatzrechts, insbesondere die Regelung über Eigenkapital ersetzende Gesellschafterdarlehen, von zentraler Bedeutung. Es galt ein zweistufiges Schutzsystem, welches einerseits durch die sogenannten **BGH-Regeln**[131] andererseits durch die mit der GmbH-Reform 1980 eingeführten sogenannten Novellen-Regeln (§§ 32a/b GmbHG a.F., § 135 InsO, § 6 AnfG) geprägt wurde. Diese Regelungen galten durch gesetzliche Verweisung (§§ 129a, 172 HGB) auch für solche OHG/KG, an denen keine natürlichen Personen als Gesellschafter beteiligt waren und wurden – mit Modifikationen – durch die Rechtsprechung auch auf Aktiengesellschaften übertragen[132]. Diese alte Rechtslage gilt teilweise auch noch heute fort[133]: So

---

127 Vgl. oben *Lutter/Bayer* Rz. 1.44 m.w.N.; ausf. zum konzernweiten Cash Management *J. Vetter/Lauterbach* § 11; zu aufsteigenden Sicherheiten im Konzern siehe *Altmeppen*, ZIP 2017, 1977 ff.

128 *Raiser/Veil*, § 48 Rz. 1.

129 Eine Pflicht zu angemessener Kapitalausstattung wird von der Rechtsprechung verneint, BGH v. 26.3. 1984 – II ZR 171/83, BGHZ 90, 381 (390) = AG 1984, 181 = ZIP 1984, 572 und Rz. 8.92. Für das verlautbarte Kapital gilt aber das strenge Kapitalaufbringungsrecht. Wird etwa die Kapitalbasis einer operativen Gesellschaft durch die Holding in Form von Sacheinlagen (insb. durch Einbringung eines Unternehmens) erbracht, so können sich bei einer Überbewertung Differenzhaftungsansprüche ergeben, vgl. §§ 9, 56 Abs. 2 GmbHG und *Stephan* Rz. 3.50, 3.90 m.w.N.

130 Dies gilt vor allem für solche Gesellschaftsgläubiger, die sich regelmäßig nicht durch dingliche Sicherheiten absichern können wie z.B. Arbeitnehmer, Handwerker, Steuerfiskus; s. dazu *Raiser/Veil*, § 48 Rz. 1.

131 BGH v. 14.12.1959 – II ZR 187/57 – Luft-Taxi, BGHZ 31, 258; BGH v. 4.5.1977 – VIII ZR 298/75, BGHZ 68, 312; BGH v. 24.3.1980 – II ZR 213/77, BGHZ 76, 326 = ZIP 1980, 361; BGH v. 7.11.1988 – II ZR 46/88, BGHZ 106, 7 = ZIP 1989, 95; *Raiser/Veil*, § 48 Rz. 2 ff.

132 BGH v. 26.3.1984 – II ZR 171/83, BGHZ 90, 381 (385 f.) = AG 1984, 181 = ZIP 1984, 572.

133 Dazu, dass nach altem Recht entstandene Ansprüche weiterverfolgt werden können BGH v. 12.12. 2019 – IX ZR 328/18, NJW-RR 2020, 373 (376) = ZIP 2020, 280; vgl. auch *Bayer* in MünchKomm/AktG, 5. Aufl. 2019, § 57 AktG Rz. 246 m.w.N.

zum einen hinsichtlich solcher Sachverhalte, in denen das Insolvenzverfahren vor Inkrafttreten des MoMiG eröffnet wurde (Art. 103d EG-InsO)[134], zum anderen, soweit Ansprüche nach den BGH-Regeln zum Zeitpunkt des Inkrafttretens des MoMiG bereits entstanden waren[135].

Nach der **neuen Rechtslage**[136] wurde dieses Schutzsystem mit der Einführung spezieller und rechtsformübergreifender Regelungen in der **Insolvenzordnung** bzgl. der Behandlung von Gesellschafterdarlehen durch das **MoMiG** mit der dort geregelten „bilanziellen Betrachtungsweise" abgelöst. Indem der Gesetzgeber die Neuregelung auf Grundlage des MoMiG vollständig ins Insolvenzrecht verlagerte, wurde der Gedanke des Eigenkapitalersatzrechts als Haftungsgrundlage aufgegeben[137]. Somit ist für die Anwendbarkeit der Regelungen über Gesellschafterdarlehen und -sicherheiten nicht mehr auf die „Krise" der Gesellschaft abzustellen, sondern auf deren Insolvenz[138]. Dies führt wegen der rechtsformunabhängigen Geltung[139] der InsO zu einer begrüßenswerten Vereinfachung und entspricht außerdem der wirtschaftlichen Wirklichkeit, da der Rückgriff auf Gesellschaftsdarlehen gerade in der Insolvenz große Bedeutung erlangt[140]. 8.44

b) Einzelne Regelungen

Inhaltlich wurde durch das MoMiG im Wesentlichen eine (aa) **insolvenzrechtliche Rückstufung** der Forderungen auf Rückzahlung eines Gesellschafterdarlehens vorgenommen sowie eine insolvenzrechtliche **Anfechtungsmöglichkeit** von Rückzahlungen auf (bb) Gesellschafterdarlehen und (cc) Gesellschaftersicherheiten eingeführt[141]. Ergänzt wurden diese Regelungen durch die neuen Vorschriften **§ 92 Abs. 2 Satz 3 AktG, § 64 Satz 3 GmbHG**, die eine zeitliche Vorverlagerung der Pflichten von Vorstand bzw. Geschäftsführung bewirken, wenn durch die Rückzahlung des Darlehens die Zahlungsunfähigkeit der Gesellschaft herbeigeführt wurde[142]. 8.45

aa) Insolvenzrechtliche Nachrangigkeit

Die **Nachrangigkeit** sämtlicher Darlehen einer Holding an ihre Tochtergesellschaft in der Insolvenz ergibt sich aus **§ 39 Abs. 1 Nr. 5 InsO**. Die Anwendbarkeit dieser Regelung setzt nach § 39 Abs. 4 InsO voraus, dass nach der jeweiligen Rechtsform der Gesellschaft eine persönliche Haftung der beteiligten Gesellschafter ausgeschlossen ist. Gem. § 24 UBGG findet § 39 Abs. 1 Nr. 5 InsO keine Anwendung auf Darlehen, die der Gesellschaft von einer Unternehmensbeteiligungsgesellschaft gewährt wurden. Während nach der alten Rechtslage die Darlehensrückzahlungsforderungen in Folge der Vermögensbindung durch Anwendung der §§ 30, 31 GmbHG, § 57 AktG in der Insolvenz generell nicht zur Tabelle angemeldet werden konnten, ist dies nach der neuen Rechtslage möglich, wenn 8.46

---

134 Beispiel: BGH v. 21.2.2013 – IX ZR 52/10, GmbHR 2013, 529 (533) mit Anm. *Blöse* = ZIP 2013, 894.

135 BGH v. 26.1.2009 – II ZR 260/07 – Gut Buschow, BGHZ 179, 249 = GmbHR 2009, 427; BGH v. 26.1.2009 – II ZR 217/07, GmbHR 2009, 485 m. Anm. *Podewils* = ZIP 2009, 662; BGH v. 28.2.2012 – II ZR 115/11, GmbHR 2012, 641 = ZIP 2012, 865; OLG Jena v. 18.3.2009 – 6 U 761/07, GmbHR 2009, 431 (434) = ZIP 2009, 2098.

136 Ausf. (zur AG) *Bayer* in MünchKomm/AktG, 5. Aufl. 2019, § 57 AktG Rz. 292 ff.; (zur GmbH) *Kleindiek* in Lutter/Hommelhoff, Anh. § 64 GmbHG Rz. 115 ff.; *Haas* in Baumbach/Hueck, Anh. § 64 GmbHG Rz. 37 ff.; zu den Sonderregelungen für Gesellschafterdarlehen in der Zeit der Corona-Pandemie vgl. *Mock*, NZG 2020, 505 ff.

137 Vgl. zu der Entwicklung im Recht der Gesellschafterdarlehen etwa *Habersack* in FS Seibert 2019, S. 257 ff.

138 *Ehricke/Behme* in MünchKomm/InsO, 4. Aufl. 2019, § 39 InsO Rz. 39; *Gehrlein* in MünchKomm/InsO, 4. Aufl. 2019, § 135 InsO Rz. 4.

139 *Gehrlein* in MünchKomm/InsO, 4. Aufl. 2019, § 135 InsO Rz. 32.

140 *Raiser/Veil*, § 48 Rz. 13 ff.

141 *Noack*, DB 2007, 1395 (1397 f.).

142 Dazu näher BGH v. 9.10.2012 – II ZR 298/11, BB 2013, 17 mit Anm. *Kleindiek* = ZIP 2012, 2391; ausf. *Nolting-Hauff/Greulich*, GmbHR 2013, 169 ff.

der Insolvenzverwalter nach § 174 Abs. 3 InsO zur Anmeldung nachrangiger Forderungen auffordert. Selbst in diesem Fall hat die gesetzlich angeordnete Nachrangigkeit aber regelmäßig die vollständige wirtschaftliche Wertlosigkeit der Forderung zur Folge[143].

8.47 Nach dem Wortlaut des § 39 Abs. 1 Nr. 5 InsO sind auch **Forderungen** gegenüber der Gesellschaft aus solchen Rechtshandlungen nachrangig, **die einem Gesellschafterdarlehen wirtschaftlich entsprechen.** Da nach dem Willen des Gesetzgebers[144] die gesellschaftsrechtliche Regelung des § 32a Abs. 3 Satz 1 GmbHG a.F. in das Insolvenzrecht übernommen werden sollte, kann § 39 Abs. 1 Nr. 5 InsO auch nach den für die alte Regelung entwickelten Grundsätzen ausgelegt werden[145]. In sachlicher Hinsicht werden demnach auch Forderungen aus Austauschverträgen mit abweichenden Fälligkeitsvereinbarungen oder gestundete Forderungen der Holding gegenüber der Gesellschaft von der Nachrangigkeit erfasst, etwa aus Miete oder Pacht[146]. Die Finanzierungsfunktion des Zahlungsaufschubs tritt erst dann in den Vordergrund, wenn es sich um einen längeren als den verkehrsüblichen Zeitraum bei Austauschverträgen handelt. Insofern ist in rechtsgeschäftlichen und faktischen Stundungen durch bloßes Stehenlassen der Forderung regelmäßig erst dann eine darlehensgleiche Maßnahme zu sehen, wenn der Zeitraum von drei Monaten überschritten wird[147]. Ebenso erfasst wird die Nichtgeltendmachung von fälligen Forderungen eines Gesellschafters gegenüber der Gesellschaft („pactum de non petendo")[148]. Hingegen kann die bisherige Rechtsprechung zur **Nutzungsüberlassung** wegen der Sonderregelung in § 135 Abs. 3 InsO nicht mehr überzeugen[149].

8.48 Auch wenn die Gesellschafterstellung des Darlehensgebers grundsätzlich Anknüpfungspunkt für die Anwendbarkeit des § 39 Abs. 1 Nr. 5 InsO ist, können auch **Darlehensgewährungen durch Dritte** einem Gesellschafterdarlehen i.S.d. Norm entsprechen[150]. Da der Gesetzgeber bei der Schaffung des § 39 Abs. 1 Nr. 5 InsO die Regelung des § 32a Abs. 3 Satz 1 GmbHG a.F. auch in personeller Hinsicht übernehmen wollte, kann auf die Auslegungsgrundsätze vor der Gesetzesänderung zurückgegriffen werden[151]. Eine Einbeziehung von Nichtgesellschaftern kommt bei einer Holding dann in Betracht, wenn die Darlehensgewährung durch eine andere Tochtergesellschaft einer Darlehensgewährung durch die Konzernmutter selbst wirtschaftlich entspricht (dazu auch unten Rz. 8.52)[152]. Gewährt ein Dritter der Gesellschaft ein Darlehen, folgt allein aus der Tatsache, dass dieser einem Gesellschafter im Sinne des § 138 InsO nahesteht, noch nicht, dass § 39 Abs. 1 Nr. 5 InsO auf dessen Forderung gegen die Gesellschaft Anwendung findet[153]. Nach der Rechtsprechung des BGH ist § 138 InsO nicht dazu geeignet, zwischen vor- und nachrangigen Forderungen gem. §§ 38, 39 InsO zu unterscheiden. Dagegen spricht neben der systematischen Stellung des § 135 InsO im Abschnitt

143 *Raiser/Veil*, § 48 Rz. 19.

144 Begr. RegE MoMiG, BT-Drucks. 16/6140, 56.

145 *Bäuerle* in Braun, § 39 InsO Rz. 21; so noch *Ehricke* in MünchKomm/InsO, 3. Aufl. 2013, § 39 InsO Rz. 43.

146 *K. Schmidt/Herchen* in K. Schmidt, § 39 InsO Rz. 53; *Behme* in MünchKomm/InsO, 4. Aufl. 2019, § 39 InsO Rz. 73; *Bäuerle* in Braun, § 39 InsO Rz. 21.

147 BGH v. 27.6.2019 – IX ZR 167/18, GmbHR 2019, 1051.

148 *K. Schmidt/Herchen* in K. Schmidt, § 39 InsO Rz. 53.

149 Ausf. *Bayer* in MünchKomm/AktG, 5. Aufl. 2019, § 57 AktG Rz. 328 ff. m.w.N.; vgl. auch OLG Schleswig v. 13.1.2012 – 4 U 57/11, GmbHR 2012, 1130 mit Anm. *Blöse*.

150 BGH v. 17.2.2011 – IX ZR 131/10, BGHZ 188, 363 = ZIP 2011, 575; *K. Schmidt/Herchen* in K. Schmidt, § 39 InsO Rz. 47 ff.; *Bäuerle* in Braun, § 39 InsO Rz. 21; *Behme* in MünchKomm/InsO, 4. Aufl. 2019, § 39 InsO Rz. 77; *Thiessen* in Bork/Schäfer, Anh. § 30 GmbHG Rz. 36 ff.

151 BGH v. 21.2.2013 – IX ZR 32/12, BGHZ 196, 220 = ZIP 2013, 582; BGH v. 15.11.2018 – IX ZR 39/18, ZIP 2019, 182 = GmbHR 2019, 170.

152 BGH v. 15.11.2018 – IX ZR 39/18, WM 2019, 180 Rz. 12 ff., 14 = ZIP 2019, 182; *K. Schmidt/Herchen* in K. Schmidt, § 39 InsO Rz. 49; *Behme* in MünchKomm/InsO, 4. Aufl. 2019, § 39 InsO Rz. 84 f. m.w.N.; *Thiessen* in Bork/Schäfer, Anh. § 30 GmbHG Rz. 39.

153 BGH v. 17.2.2011 – IX ZR 131/10, BGHZ 188, 363 = ZIP 2011, 575; vgl. auch BGH v. 27.2.2020 – IX ZR 337/18, ZIP 2020, 723.

über die Insolvenzanfechtung vor allem, dass durch nahestehende Dritte gewährte Darlehen gerade nicht zwangsläufig aus dem Vermögen des Gesellschafters stammen[154]. Auch die Annahme, dass ein nahestehender Dritter gegenüber den anderen Gläubigern einen Informationsvorsprung besitzt, der dem eines tatsächlichen Gesellschafters entspricht, rechtfertigt nach Ansicht des BGH nicht die entsprechende Anwendung des § 138 InsO auf die insolvenzrechtliche Nachrangigkeit der Forderung gem. § 39 Abs. 1 Nr. 5 InsO[155]. Schließlich würde das „Insiderwissen" gerade verhindern, dass der Dritte der Gesellschaft überhaupt ein Darlehen gewährt, sodass dieser Rechtsgedanke im Rahmen des § 39 InsO keine Anwendung findet[156].

bb) Anfechtbarkeit der Darlehensrückgewährung

Anfechtbar ist die Darlehensrückzahlung gegenüber einem Gesellschafter, sofern sie innerhalb eines Jahres vor dem Antrag auf Eröffnung des Insolvenzverfahrens der Gesellschaft erfolgt (**§ 135 Abs. 1 Nr. 2 InsO**). Rechtsfolge der Anfechtung ist die Verpflichtung des Gesellschafters, die erhaltene Zahlung nach § 143 Abs. 1 InsO zurückzugewähren[157]. Dies gilt allerdings im Grundsatz nicht für die Zahlung von Zinsen auf das nachrangige Darlehen. Die Befriedigung von Zinsforderungen ist der Rückführung des Darlehens regelmäßig nicht gleichzustellen und daher nicht nach § 135 Abs. 1 Nr. 2 InsO anfechtbar[158]. Nach § 2 Abs. 1 Nr. 2 COVInsAG vom 27.3.2020 gilt allerdings die bis zum 30.9.2020 erfolgende Rückgewähr eines im sog. Aussetzungszeitraums, d.h. bis zum 30.9.2020 (bzw. bei Verlängerung nach § 8 COVInsVG bis maximal zum 31.12.2021), gewährten neuen Kredits sowie die in diesem Zeitraum erfolgte Bestellung von Sicherheiten zur Absicherung solcher Kredite nicht als gläubigerbenachteiligend[159]. 8.49

Gem. § 39 Abs. 1 Nr. 5, § 135 Abs. 1 InsO stehen der Befriedigung von Darlehensforderungen der Holding als Gesellschafter solche Rechtshandlungen gleich, die der Tilgung eines Darlehens durch die Gesellschaft wirtschaftlich entsprechen, also auch die Leistung an Erfüllung statt oder erfüllungshalber sowie die Hinterlegung, Aufrechnung oder Befriedigung durch Zwangsvollstreckung[160]. Auch die Verrechnung mit Rückzahlungsforderungen der Tochter aus „aufsteigenden" Darlehen im Rahmen des **Cash-Pooling** stellt eine Befriedigung im Sinne dieser Norm dar[161]. 8.50

Eine Anfechtung nach § 135 Abs. 1 Nr. 2 InsO kommt auch in Betracht, wenn die **Darlehensforderung** aus einem Gesellschafterdarlehen innerhalb der Jahresfrist **an einen Dritten abgetreten** wurde. Andernfalls würde die in § 39 Abs. 1 Nr. 5 InsO angeordnete Nachrangigkeit der Forderung unterlaufen, deren Risiko der Zessionar, mangels Möglichkeit eines gutgläubigen lastenfreien Erwerbs, gem. § 404 BGB tragen muss[162]. Nach Ansicht des BGH haften bei einer Abtretung sowohl der Gesellschafter als Zedent, als auch der Zessionar gesamtschuldnerisch für den sich in Folge einer Anfechtung nach § 135 Abs. 1 Nr. 2 InsO ergebenden Rückgewähranspruch der Gesellschaft aus § 143 Abs. 1 InsO. Die Holding trifft also auch dann eine Erstattungspflicht, wenn das Darlehen nach Abtretung der Darlehensforderung an den Zessionar zurückgezahlt wurde. Dies begründet der BGH 8.51

154 BGH v. 17.2.2011 – IX ZR 131/10, BGHZ 188, 363 = ZIP 2011, 575; BGH v. 27.2.2020 – IX ZR 337/18, ZIP 2020, 723.

155 BGH v. 17.2.2011 – IX ZR 131/10, BGHZ 188, 363 = ZIP 2011, 575.

156 *Bäuerle* in Braun, § 39 InsO Rz. 23.

157 Dazu auch *Geist*, ZIP 2014, 1662 ff.

158 BGH v. 27.6.2019 – IX ZR 167/18, ZIP 2019, 1577.

159 Dazu *Mock*, NZG 2020, 505 ff.; ferner *Schluck-Amend*, NZI 2020, 289 (292).

160 *Raiser/Veil*, § 48 Rz. 39; *Thiessen* in Bork/Schäfer, Anh. § 30 GmbHG Rz. 65.

161 Siehe auch *J. Vetter/Lauterbach* Rz. 11.104 ff.; *Hirte* in Uhlenbruck, 14. Aufl. 2015, § 135 InsO Rz. 11; *Hamann*, NZI 2008, 667; *Gehrlein* in MünchKomm/InsO, 4. Aufl. 2019, § 135 InsO Rz. 16; ausf. *Bayer* in MünchKomm/AktG, 5. Aufl. 2019, § 57 AktG Rz. 326 f. m.w.N.; a.A. *Klinck/Gärtner*, NZI 2008, 457 (im Fall des § 135 Abs. 1 Nr. 1 InsO).

162 BGH v. 21.2.2013 – IX ZR 32/12, BGHZ 196, 220 = ZIP 2013, 582; vgl. aber auch BGH v. 27.2.2020 – IX ZR 337/18, NZI 2020, 422.

damit, dass die Rückzahlung des Darlehens an den Dritten letztlich auf einen den wirtschaftlichen Interessen des Gesellschafters dienenden Willensentschluss zurückgehe[163]. Für die gesamtschuldnerische Haftung gegenüber der Gesellschaft im Außenverhältnis sei ebenfalls unbeachtlich, ob im Innenverhältnis zwischen Gesellschafter und Zessionar Rückgriffsansprüche ausgeschlossen wurden. Ansonsten könne die Anfechtung durch Abtretung der Darlehensforderung an einen vermögenslosen oder prozessual unerreichbaren Zessionar ausgehöhlt werden[164]. Diese Auffassung des BGH ist nicht unbedenklich und daher im Schrifttum auf Kritik gestoßen[165]. Allerdings hat der BGH seine Rechtsprechung jüngst ausdrücklich bekräftigt[166].

8.52 Einem durch die Holding gewährten Gesellschafterdarlehen können auch **Darlehensgewährungen durch Dritte** gleichzustellen sein, sofern diese einem Gesellschafterdarlehen wirtschaftlich entsprechen. Dies kommt z.B. bei einem nahen Angehörigen eines Gesellschafters in Betracht, sofern dieser die finanziellen Mittel zur Darlehensgewährung unmittelbar von einem Gesellschafter erhalten hat und nach dessen Weisung tätig wurde[167]. Für eine Holding ist besonders relevant, dass auch eine Darlehensgewährung durch ein **anderes Konzernunternehmen** einer Darlehensgewährung durch die Holding selbst wirtschaftlich gleichgestellt sein kann. Mittlerweile wurde durch den **BGH** bestätigt, dass die zu den Voraussetzungen des § 32a Abs. 3 Satz 1 GmbHG a.F. entwickelten Grundsätze auch in personeller Hinsicht auf die Neuregelungen des MoMiG übertragen werden[168]. Vor Inkrafttreten des MoMiG war anerkannt, dass die Eigenkapitalersatzregelung für Darlehensgewährungen durch Unternehmen, die mit der Holding im Sinne von §§ 15 ff. AktG verbunden sind, entsprechend gelten. Dieser Grundsatz wurde auch bei mittelbarer oder mehrstufiger Abhängigkeit angewendet[169]: Eine mittelbare Beteiligung der Holding zu 50 % an einer anderen Konzerngesellschaft genügte daher, um eine Darlehensgewährung dieser Konzerngesellschaft an eine unmittelbare Tochtergesellschaft der Holding einem Gesellschafterdarlehen gleichzustellen. Dies gilt auch bei einem von einer GmbH & Co. KG gewährten Darlehen, wenn der Gesellschafter zu 50 % als Kommanditist und zu weiteren 50 % an der Komplementär-GmbH beteiligt und deren alleinvertretungsberechtigter Geschäftsführer ist[170].

In einer aktuellen Entscheidung hat der BGH die Anforderungen an ein gesellschaftergleiches Darlehen konkretisiert[171]. Hiernach kommt es entscheidend darauf an, dass der (mittelbare) Gesellschafter maßgeblich an der darlehensgewährenden Gesellschaft beteiligt ist, wobei darauf abzustellen ist, ob in rechtlicher Sicht bestimmender Einfluss auf die Gewährung oder den Abzug der Finanzierungshilfe genommen werden kann. Ob eine bloß tatsächliche Einflussmöglichkeit bereits als ausreichend zu erachten ist, konnte im gegenständlichen Urteil offen bleiben[172]. An der darlehensnehmenden – insolventen – Gesellschaft bedarf es jedenfalls keiner (unmittelbaren) Mehrheitsbeteiligung für die Annahme einer horizontalen Verbindung. Jegliche Beteiligungen, die nicht unter das Kleinbeteiligtenprivileg aus § 39 Abs. 5 InsO fallen, sind erfasst. Maßgeblicher Zeitraum für die Be-

---

163 BGH v. 21.2.2013 – IX ZR 32/12, BGHZ 196, 220; *Gehrlein* in MünchKomm/InsO, 4. Aufl. 2019, § 135 InsO Rz. 22; dazu auch *Preuß*, ZIP 2013, 1145 ff.; *Haas*, NZG 2013, 1241 ff.

164 BGH v. 21.2.2013 – IX ZR 32/12, BGHZ 196, 220 = ZIP 2013, 582.

165 Krit. *Pentz*, GmbHR 2013, 393 (402 f.); *Bayer* in MünchKomm/AktG, 5. Aufl. 2019, § 57 AktG Rz. 315 f. mit teilw. abw. Ansatz.

166 BGH v. 14.2.2019 – IX ZR 149/16, BGHZ 221, 100 = ZIP 2019, 666.

167 *Gehrlein* in MünchKomm/InsO, 4. Aufl. 2019, § 135 InsO Rz. 20; *Raiser/Veil*, § 48 Rz. 26.

168 BGH v. 21.2.2013 – IX ZR 32/12, BGHZ 196, 220 = ZIP 2013, 582; BGH v. 15.11.2018 – IX ZR 39/18, ZIP 2019, 182 = GmbHR 2019, 170.

169 Vgl. BGH v. 28.2.2005 – II ZR 103/02, ZIP 2005, 660 = NZG 2005, 395; *Fastrich* in Baumbach/Hueck, § 30 GmbHG Rz. 26a und *Bayer* in MünchKomm/AktG, 5. Aufl. 2019, § 17 AktG Rz. 76.

170 BGH v. 18.7.2013 – IX ZR 219/11, BGHZ 198, 64 = ZIP 2013, 1579; kritisch dazu *Skauradszun*, DZWIR 2014, 99 (103); vgl. auch *Bayer* in MünchKomm/AktG, 5. Aufl. 2019, § 57 AktG Rz. 271.

171 BGH v. 15.11.2018 – IX ZR 39/18, ZIP 2019, 182 = GmbHR 2019, 170.

172 So das Berufungsgericht OLG Oldenburg v. 18.1.2018 – 1 U 16/17; ebenso BGH v. 15.11.2018 – IX ZR 39/18, ZIP 2019, 182 = GmbHR 2019, 170.

urteilung, ob es sich um einen gesellschaftergleichen Dritten handelt, ist der Zeitraum der Anfechtungsfrist.

Einer solchen Gleichstellung wurde in der **Literatur** entgegengehalten, dass § 135 InsO ein abweichendes Haftungskonzept zugrunde liege, weshalb allein die Vergleichbarkeit mit einem Gesellschafterdarlehen und nicht mehr die Einflussmöglichkeiten der Holding auf Finanzierungsentscheidungen der Tochtergesellschaft entscheidend sei[173]. Von der überwiegenden Meinung wird die Anfechtungsmöglichkeit aber auch bei einem Vertragskonzern befürwortet, da davon ausgegangen wird, dass die vor Inkrafttreten des MoMiG geltenden Grundsätze weiter gelten sollen[174]. Dafür spricht, dass die von der Rechtsprechung entwickelten Regeln sowie die Regelungen aus §§ 32a/b GmbHG a.F. eine differenzierte Beurteilung ermöglichten und diese nach dem Willen des Gesetzgebers gerade nicht außer Kraft gesetzt werden sollten[175]. 8.53

cc) Anfechtbarkeit von konzerninternen Sicherheiten

Falls für eine Rückzahlungsforderung aus einem Gesellschafterdarlehen eine **Sicherheit für den Gesellschafter durch die Tochtergesellschaft** gewährt wurde, ist diese Handlung gem. **§ 135 Abs. 1 Nr. 1 InsO** anfechtbar, sofern sie in den letzten zehn Jahren vor dem Antrag auf Eröffnung des Insolvenzverfahrens oder nach diesem vorgenommen wurde[176]. Bei der Bestellung einer Immobiliarsicherheit kommt es für den Lauf der zehnjährigen Frist auf den Zeitpunkt an, in dem die Sicherheit wirksam wird[177]. Es ist daher auf den letzten erforderlichen Teilakt des Sicherungsgeschäfts abzustellen. Um dem umfassenden Schutzzweck der Norm gerecht zu werden, ist der Begriff der Sicherheit i.S.d. § 135 Abs. 1 InsO weit zu verstehen und erfasst somit alle Rechtshandlungen, die dem Gesellschafter gegenüber einem normalen Insolvenzgläubiger ein Absonderungsrecht gem. §§ 49 ff. InsO verschaffen[178]; also insbesondere auch die Bestellung von Pfändungspfandrechten und Sicherungshypotheken. Nicht anwendbar ist in diesem Kontext § 142 InsO[179]. Eine anfängliche Besicherung ist demnach entgegen einer weit verbreiteten Auffassung ebenfalls anfechtbar[180]. Als **Rechtsfolge** der erfolgten Anfechtung ist die gewährte Sicherheit durch den Gesellschafter gem. § 143 Abs. 1 InsO zur Insolvenzmasse zurückzugewähren. Der BGH hat gegen die bis dahin h.M. entschieden, dass die Frist des § 135 Abs. 1 Nr. 2 InsO keine „Sperrwirkung" für § 135 Abs. 1 Nr. 1 InsO entfalte[181]; im Schrifttum ist die Problematik hoch umstritten[182]. 8.54

Von der Gewährung einer Sicherheit durch die Konzerngesellschaft gegenüber der Holding selbst ist der Fall zu unterscheiden, dass die Holding eine **Sicherheit gegenüber einem dritten Darlehensgeber** bestellt, um dessen Rückzahlungsforderung aus einem an die Konzerngesellschaft gewährten Darlehen abzusichern. Eine Rechtshandlung im letzten Jahr vor dem Antrag auf Eröffnung des Insolvenzverfahrens oder nach dem Antrag, durch welche die Tochtergesellschaft diesem dritten Darlehensgeber gegenüber Befriedigung gewährt und so die Holding als Sicherungsgeberin befreit, ist gem. **§ 135 Abs. 2 InsO** gegenüber dem Gesellschafter anfechtbar. Dahinter steht die Überlegung, 8.55

173 *Habersack*, ZIP 2008, 2385 (2389).
174 *Kleindiek* in Lutter/Hommelhoff, Anh. § 64 GmbHG Rz. 138; *von Bonin* in Hasselbach/Nawroth/Rödding, Beck'sches Holding Handbuch, 2. Aufl. 2016, Teil B Rz. 556 m.w.N.
175 Vgl. Begr. RegE MoMiG, BT-Drucks. 16/6140, 56; *Gehrlein* in MünchKomm/InsO, 4. Aufl. 2019, § 135 InsO Rz. 20.
176 Ausf. auch *Bayer* in MünchKomm/AktG, 5. Aufl. 2019, § 57 AktG Rz. 337 ff.
177 *K. Schmidt* in K. Schmidt, § 135 InsO Rz. 17.
178 *Jaeger/Henckel*, 2008, § 135 InsO Rz. 10; *Raiser/Veil*, § 48 Rz. 38 m.w.N.
179 BGH v. 14.2.2019 – IX ZR 149/16, BGHZ 221, 100 = ZIP 2019, 666.
180 BGH v. 14.2.2019 – IX ZR 149/16, BGHZ 221, 100 = ZIP 2019, 666.
181 BGH v. 18.7.2013 – IX ZR 219/11, ZIP 2013, 1579 Rz. 12 ff.; dazu *Bork*, EWiR 2013, 521; a.A. *Altmeppen*, ZIP 2013, 1745 ff.; *Mylich*, ZHR 176 (2012), 547 (568 ff.); *Mylich*, ZIP 2013, 2444 ff.
182 Ausf. *Bayer* in MünchKomm/AktG 5. Aufl. 2019, § 57 AktG Rz. 337 ff. m.w.N. und eigenem Lösungsvorschlag.

dass die Gewährung einer Sicherheit durch den Gesellschafter für den Kredit eines Dritten gegenüber der Gesellschaft letztlich einer Finanzierung durch den Gesellschafter selbst gleichkommt[183]. Die Befriedigung des externen Kreditgebers zu Lasten des Gesellschaftsvermögens kann nicht nur durch Erfüllung, sondern bspw. auch durch Erfüllungssurrogate oder Sicherungsverwertung erfolgt sein. **Rechtsfolge** ist die Verpflichtung des Gesellschafters gem. § 143 Abs. 3 InsO, die dem Dritten gewährte Leistung zur Insolvenzmasse zu erstatten, allerdings nur bis zur Höhe des Betrags, mit dem der Gesellschafter als Bürge haftete oder der dem Wert der von ihm bestellten Sicherheit im Zeitpunkt der Rückgewähr des Darlehens oder der Leistung auf die gleichgestellte Forderung entspricht. Anfechtungsgegner ist somit der Gesellschafter und nicht der Dritte, dessen Rückzahlungsforderung die Gesellschaft erfüllt hat. Die oben dargestellten Grundsätze zu Handlungen von Dritten (dazu Rz. 8.52), insbesondere Konzernunternehmen, die einem Handeln durch die Holding selbst gleichkommen, finden auch hier entsprechende Anwendung[184]. Gem. **§ 44a InsO** ist der darlehensgebende Dritte im Fall der Insolvenz der Gesellschaft als Darlehensschuldnerin zudem verpflichtet, primär Befriedigung bei der Holding als Sicherungsgeberin zu suchen, wodurch sich deren wirtschaftliches Risiko weiter erhöht[185].

dd) Darlegungs- und Beweislast

8.56 Die Darlegungs- und Beweislast hinsichtlich aller Voraussetzungen des jeweiligen Anfechtungstatbestandes trägt im Prozess nicht der Gesellschafter, sondern die Gesellschaft bzw. an ihrer Stelle der Insolvenzverwalter[186]. Beruft sich dagegen der Gesellschafter als Anfechtungsgegner auf das Kleinbeteiligten- oder Sanierungsprivileg (dazu Rz. 8.61 ff.), so trifft ihn hinsichtlich dieser für ihn günstigen Umstände auch die Beweislast[187].

ee) Finanzplankredite

8.57 Lange ungeklärt war vor dem MoMiG die Behandlung von Fallgestaltungen, die mit dem Stichwort „Finanzplankredite" gekennzeichnet wurden[188]. Darunter werden Kredite bzw. Kredithilfen verstanden, die einer Kapitalgesellschaft schon *vor* einer Krise von Gesellschaftern zugesagt wurden, um einen zum Erreichen des Unternehmenszwecks planmäßig bestehenden Kapitalbedarf zu decken[189].

8.58 Es wurde vertreten, dass darin objektiv eine **vorgezogene Finanzierungsentscheidung** zu sehen sei, die gerade die Vereinbarung einer Nichtrückforderbarkeit der Gesellschafterleistung in der Krise einschließt und deshalb automatisch eigenkapitalersetzend wirke, weil die sonst im Fall der Umqualifizierung notwendige Finanzierungsentscheidung schon vorab getroffen wurde[190]. In einer Grundsatzentscheidung stellte der BGH[191] schließlich fest, dass es sich bei „Finanzplankrediten" um keine eigenständige Kategorie des Eigenkapitalersatzrechts handele, da dessen Anwendbarkeit stets voraussetze, dass die Leistung gegenüber der Gesellschaft bereits erbracht wurde. Das Eigenkapital-

183 *K. Schmidt* in K. Schmidt, § 135 InsO Rz. 24.

184 *Gehrlein* in MünchKomm/InsO, 4. Aufl. 2019, § 135 InsO Rz. 36; *von Bonin* in Hasselbach/Nawroth/Rödding, Beck'sches Holding Handbuch, 2. Aufl. 2016, Teil B Rz. 558.

185 *Bitter* in MünchKomm/InsO, 4. Aufl. 2019, § 44a InsO Rz. 1; *Raiser/Veil*, § 48 Rz. 41 ff.; *von Bonin* in Hasselbach/Nawroth/Rödding, Beck'sches Holding Handbuch, 2. Aufl. 2016, Teil B Rz. 559.

186 BGH v. 14.11.1988 – VI ZR 130/88, BGHZ 106, 284 = NJW 1989, 1219 (1220).

187 S. nur *Gehrlein* in MünchKomm/InsO, 4. Aufl. 2019, § 135 InsO Rz. 42 m.w.N.

188 Vgl. dazu BGH v. 21.3.1988 – II ZR 238/87, BGHZ 104, 33 (42 ff.) = ZIP 1988, 638 (GmbH & Co. KG); BGH v. 14.12.1992 – II ZR 298/91, BGHZ 121, 31 (31 f.) = ZIP 1993, 189 sowie BGH v. 28.6.1999 – II ZR 272/98, BGHZ 142, 116 = ZIP 1999, 1263; *Hommelhoff/Kleindiek* in FS 100 Jahre GmbHG, 1992, S. 421 (438 ff.); *Fleischer*, Finanzplankredite und Eigenkapitalersatz im Gesellschaftsrecht, 1995; *Habersack*, ZHR 161 (1997), 457 ff.; *von Gerkan*, ZGR 1997, 173 (192).

189 *Dittmer*, DZWiR 2014, 151 (152).

190 BGH v. 9.3.1992 – II ZR 168/91, ZIP 1992, 616; vgl. auch *Raiser/Veil*, § 48 Rz. 45.

191 BGH v. 28.6.1999 – II ZR 272/98, BGHZ 142, 116 = ZIP 1999, 1263.

ersatzrecht beinhalte lediglich ein „Abzugsverbot“, nicht jedoch ein „Zuführungsgebot“, sodass es schon grundsätzlich nicht auf diese Fallgestaltungen anwendbar sei. Da aber das Finanzierungsversprechen einer Einlageverpflichtung gegenüber der Gesellschaft gleichkomme, seien die Gesellschafter (wohl in entsprechender Anwendung des § 30 Abs. 1 GmbHG[192]) nach Eintritt der Krise dennoch daran gehindert, ihre antizipierte Finanzierungsentscheidung einvernehmlich aufzuheben[193].

Seit dem Inkrafttreten des **MoMiG** hat der BGH diese Rechtsprechung noch nicht bestätigt, sondern deren Fortsetzung ausdrücklich offengelassen[194]. Da das Gericht in derselben Entscheidung besonders betont, dass der Ursprung einer Finanzierungsverpflichtung bei Finanzplankrediten gerade in der freiwilligen Bindung der Gesellschafter untereinander liege, könnte dies auch als Ankündigung einer Rechtsprechungsänderung zu deuten sein[195]: Schließlich wurde der bisherigen BGH-Rechtsprechung von der überwiegenden Literaturmeinung[196] vor allem vorgeworfen, den privatautonomen Ursprung der Finanzierungsverpflichtung infolge eines Finanzplankredites zu verkennen. Entgegen der BGH-Rechtsprechung könne ein Finanzplankredit daher auch im Zeitpunkt der Krise durch eine weitere privatautonome Vereinbarung der Gesellschafter wieder aufgehoben werden, ohne dass ein gesetzlicher Schutzmechanismus eingreife. Für die Bedingungen der Aufhebbarkeit der Abreden über Finanzplankredite kommt es nach dieser Ansicht entscheidend auf deren Ausgestaltung an. Wurde die Finanzierungsvereinbarung bspw. in der Satzung der Gesellschaft vereinbart, seien daher zu deren Aufhebung die Regelungen für die Änderung einer Satzung einzuhalten[197]. Nach **§ 135 Abs. 1 Nr. 2 InsO** ist indes auch die Rückzahlung eines gewährten Finanzplankredits anfechtbar, wenn diese Rückzahlung innerhalb der Jahresfrist vor Insolvenzantragstellung erfolgt[198]. Allein außerhalb der Jahresfrist entfällt nunmehr die frühere Umqualifizierung, sodass eine Aufhebung durch die Parteien in Betracht kommt, ohne dass diese Aufhebung ihrerseits angefochten werden könnte[199]. 8.59

ff) Rechtsfolge der Anfechtung

Gem. § 143 Abs. 1 Satz 1 InsO muss nach erfolgter Anfechtung das, was dem Vermögen des Schuldners durch die angefochtene Handlung entzogen wurde, zur Insolvenzmasse zurückgewährt werden. Nach § 143 Abs. 1 Satz 2 InsO erfolgt die Rückgewähr nach bereicherungsrechtlichen Grundsätzen, wobei auf den Erwerber die verschärfte Haftung des § 819 BGB entsprechend anzuwenden ist[200]. Somit ist insbesondere der **Entreicherungseinwand** nach § 818 Abs. 3 BGB **ausgeschlossen**. 8.60

c) Tatbestandliche Ausnahmen

aa) Kleinbeteiligtenprivileg

Vor Inkrafttreten des MoMiG waren **Kleinbeteiligungen** von bis zu 10 % des Haftkapitals der Gesellschaft nach § 32a Abs. 3 Satz 2 GmbHG a.F. vom Anwendungsbereich der Kapitalersatzregelun- 8.61

192 Im Urteil offengelassen, so aber z.B. *Kleindiek* in Lutter/Hommelhoff, Anh. § 64 GmbHG Rz. 166.

193 Ausf. und kritisch *Bayer* in MünchKomm/AktG, 5. Aufl. 2019, § 57 AktG Rz. 342 ff.

194 BGH v. 20.9.2010 – II ZR 296/08, BGHZ 187, 69 = AG 2010, 870 = ZIP 2010, 2092; vgl. aber zuletzt OLG Frankfurt v. 23.10.2019 – 13 U 99/18, ZIP 2020, 75 = BeckRS 2019, 30295.

195 *Kleindiek* in Lutter/Hommelhoff, Anh. § 64 GmbHG Rz. 166; a.A. *Haas* in Baumbach/Hueck, Anh. § 64 GmbHG Rz. 32: Folgt man der bisherigen Linie des BGH, so hat die Abschaffung des Eigenkapitalersatzrechts nichts an den vertraglichen Rechtsfolgen von Finanzplankrediten geändert.

196 S. z.B. *Altmeppen*, NJW 1999, 2812 (2813); *K. Schmidt*, ZIP 1999, 1241 (1249).

197 *Dittmer*, DZWiR 2014, 151 (156).

198 *Bayer* in MünchKomm/AktG, 5. Aufl. 2019, § 57 AktG Rz. 349; *Drygala* in KölnKomm/AktG, 3. Aufl. 2011, § 54 AktG Rz. 53; *Krolop*, GmbHR 2009, 397 (398).

199 Hierzu *Bayer* in MünchKomm/AktG, 5. Aufl. 2019, § 57 AktG Rz. 350 in Abgrenzung zur früheren Rechtslage bei Rz. 337.

200 *Büteröwe* in K. Schmidt, § 143 InsO Rz. 19 ff.

gen der §§ 32a/b GmbHG a.F. **ausgenommen**, wenn der Gesellschafter nicht Geschäftsführer der Gesellschaft war. Damit wurde dem Gedanken Rechnung getragen, dass ein unternehmerisches Eigeninteresse mit der entsprechenden Finanzierungsfolgenverantwortung nur bei Gesellschaftern angenommen werden kann, die über eine wesentliche Beteiligung an einer GmbH verfügen. Diese Sonderregelung hat trotz überwiegend kritischer Stimmen in der Literatur ihre Fortsetzung in den § 39 Abs. 5, § 135 Abs. 4 InsO gefunden[201]. Als Ausnahmetatbestand ist § 39 Abs. 5 InsO zwar grundsätzlich restriktiv auszulegen. Fehl gehen aufgrund der klar gefassten gesetzlichen Voraussetzungen aber Überlegungen in der Literatur, die für bestimmte Konstellationen Einschränkungen des Kleinbeteiligtenprivilegs auch unterhalb der Beteiligungsschwelle des § 39 Abs. 5 InsO fordern[202].

bb) Sanierungsprivileg

8.62 Ferner hat der Gesetzgeber ursprünglich für die GmbH in § 32a Abs. 3 Satz 3 GmbHG a.F. das sog. Sanierungsprivileg geschaffen[203]. Auch diese Ausnahmeregelung hat nach Inkrafttreten des MoMiG in leicht veränderter Gestalt in den § 39 Abs. 4 Satz 2, § 135 Abs. 4 InsO ihre Fortsetzung gefunden. Demnach unterfallen Gesellschafterdarlehen in der Insolvenz nicht dem Nachrang des § 39 Abs. 1 Nr. 5 InsO, wenn der Darlehensgeber Geschäftsanteile der Gesellschaft zum Zweck der Sanierung des Unternehmens erworben hat. Das Sanierungsprivileg verlangt nach dem Wortlaut des Gesetzes, dass der Darlehensgeber gerade bei drohender bzw. eingetretener Zahlungsunfähigkeit oder Überschuldung der Gesellschaft beitritt[204]. Es gilt nicht für Gesellschafter, die der Gesellschaft schon vorher angehörten[205], es sei denn, für die bisherige Beteiligung galt das Kleinbeteiligtenprivileg des § 39 Abs. 5 InsO[206]. Der Beteiligungserwerb des Gesellschafters musste gem. § 32a Abs. 3 Satz 3 GmbHG a.F. zum Zweck der Überwindung der Krise erfolgen. Da der Gesetzgeber das Merkmal des Sanierungszwecks in § 39 Abs. 4 Satz 2 InsO übernommen hat, kann auf die bisherige Auslegung zurückgegriffen werden[207]. Demnach muss die Gesellschaft **objektiv sanierungsfähig** und eine Finanzierung mit Fremdkapital für die Sanierung **objektiv geeignet** sein. Für eine entsprechende Beurteilung des Sanierungsvorhabens ist auf die ex-ante Perspektive vor der Gewährung des Sanierungskredites abzustellen[208]. Unter Rückgriff auf die Rechtsprechung zur Bankenhaftung nach § 826 BGB wegen Insolvenzverschleppung bzw. Gläubigergefährdung wird teilweise vertreten, dass zwingend eine Sanierungsprüfung vorzunehmen sei, um die Ernsthaftigkeit der Sanierungsbemühungen belegen zu können[209].

8.63 Der Neugesellschafter kann sich gem. § 39 Abs. 3 Satz 2 InsO nur bis zur „nachhaltigen Sanierung" der Gesellschaft auf das Sanierungsprivileg berufen. Fällt die Gesellschaft nach diesem Zeitpunkt in einer erneuten Krise in Insolvenz, unterfallen die von ihm gewährten Kredite nun dem Nachrang des § 39 Abs. 1 Nr. 5 InsO[210]. Umstritten ist, ab welchem Zeitpunkt von einer **nachhaltigen Sanierung** auszugehen ist. Teilweise wird auf den ursprünglich im Sanierungsplan vorgesehenen Sanierungszeitraum abgestellt. Will sich ein Gesellschafter nach dessen Ende auf das Sanierungsprivileg

---

201 *Ehricke* in MünchKomm/InsO, 4. Aufl. 2019, § 39 InsO Rz. 65; *Raiser/Veil*, § 48 Rz. 21 m.w.N.

202 Vgl. dazu *Gehrlein* in MünchKomm/InsO, 4. Aufl. 2019, § 135 InsO Rz. 30; *Pentz*, GmbHR 1999, 437 (446); *Heidinger* in Michalski, 2. Auflage 2010, §§ 32a, 32b GmbHG a.F. Rz. 211; *Raiser/Veil*, § 48 Rz. 22.

203 Die analoge Anwendung dieser Regelung im Aktienrecht war nach h.M. möglich, *Henze* in Großkomm/AktG, 4. Aufl. 2008, § 57 AktG Rz. 128 m.w.N.

204 *Behme* in MünchKomm/InsO, 4. Aufl. 2019, § 39 InsO Rz. 88.

205 *Preuß* in Kübler/Prütting/Bork, § 39 InsO Rz. 60; *Raiser/Veil*, § 48 Rz. 25; a.A. *Pentz*, GmbHR 1999, 437 (449); *Casper/Ullrich*, GmbHR 2000, 472 (478 f.).

206 *K. Schmidt/Herchen* in K. Schmidt, § 39 InsO Rz. 45; *Behme* in MünchKomm/InsO, 4. Aufl. 2019, § 39 InsO Rz. 90.

207 *Preuß* in Kübler/Prütting/Bork, § 39 InsO Rz. 62.

208 *Haas/Hossfeld* in Gottwald, Insolvenzrechts-Handbuch, § 92 Rz. 412.

209 *Haas/Hossfeld* in Gottwald, Insolvenzrechts-Handbuch, § 92 Rz. 413 m.w.N.

210 *Behme* in MünchKomm/InsO, 4. Aufl. 2019, § 39 InsO Rz. 91.

berufen, soll er dazu verpflichtet sein, den bislang nicht erreichten nachhaltigen Sanierungserfolg der Gesellschaft nachzuweisen[211]. Nach anderer Ansicht ist von einer nachhaltigen Sanierung der Gesellschaft auszugehen, wenn deren Kreditwürdigkeit über den Zeitraum von einem Jahr wiederhergestellt ist[212].

V. Leitungsspezifische Tatbestände

1. Pflicht zum Verlustausgleich bei Unternehmensverträgen

a) Operative Gesellschaft in Form der AG

Wird die einheitliche Leitung in einem Holdingkonzern durch einen Unternehmensvertrag[213], insbesondere einen Beherrschungsvertrag (§ 291 Abs. 1 Satz 1 1. Alt. AktG), sichergestellt, so darf die Holding nach § 308 Abs. 1 AktG dem Vorstand – nicht aber dem Aufsichtsrat oder der Hauptversammlung[214] – der operativen Aktiengesellschaft allgemeine oder spezielle **Weisungen** hinsichtlich der Führung der Gesellschaft geben, zu deren Befolgung dieser grundsätzlich verpflichtet ist (§ 308 Abs. 2 AktG); und zwar auch im Hinblick auf nachteilige Weisungen, sofern diese dem Konzerninteresse[215] dienen (§ 308 Abs. 1 Satz 2 AktG)[216]. Irgendeinen Ausgleich für mit den Weisungen verbundene Nachteile oder gar Schadensersatz kann das operative Unternehmen von der Muttergesellschaft (der Holding) nicht verlangen, solange diese bei ihren Weisungen nicht sorgfaltswidrig handelt[217], obwohl die Weisungen eine Verringerung des Gesellschaftsvermögens zur Folge haben können (z.B. die Weisung, Produkte an eine andere Gesellschaft im Holdingkonzern günstig zu Konzernverrechnungspreisen zu liefern). Die Kapitalerhaltungsvorschriften der §§ 57, 58, 60 AktG gelten in diesem Fall nicht (§ 291 Abs. 3 AktG)[218]. Bei pflichtwidrigen Weisungen kommt gem. § 309 Abs. 2 AktG eine **Haftung** der gesetzlichen Vertreter der Holding in Betracht[219]. 8.64

Gläubiger und Aktionäre der operativen Gesellschaft werden aber vom Gesetz auf andere Weise geschützt: Zum einen ist nach § 300 Nr. 3 AktG ein bestimmter Betrag in die gesetzliche Rücklage (§ 150 Abs. 2 AktG) einzustellen, vor allem aber hat die Holding jeden während der Vertragsdauer entstehenden **Jahresfehlbetrag auszugleichen**, es sei denn, dieser kann durch während der Vertragsdauer in die Gewinnrücklage eingestellte Beträge gedeckt werden (§ 302 Abs. 1 AktG). Die Gläubiger der operativen Gesellschaft können also zwar keine Haftungsdurchgriffe auf die herrschende Holding vornehmen; weist aber der Jahresabschluss der operativen Gesellschaft einen Verlust aus, so hat 8.65

---

211 *Haas/Hossfeld* in Gottwald, Insolvenzrechts-Handbuch, § 92 Rz. 415.

212 *Preuß* in Kübler/Prütting/Bork, § 39 InsO Rz. 63; *Gehrlein*, WM 2011, 577 (584).

213 Geregelt in §§ 291 ff. AktG; zu den Grenzen der Vertragsfreiheit beim aktienrechtlichen Unternehmensvertrag vgl. BGH v. 5.4.1993 – II ZR 238/91, BGHZ 122, 211 = ZIP 1993, 741; dazu *Hirte*, ZGR 1994, 644; vgl. weiter *Stephan*, Der Konzern 2014, 1 (4 f.); Rechtstatsachen zu vertraglich konzernierten Aktiengesellschaften bei *Lieder/Hoffmann*, AG 2017, R 268 ff.

214 OLG Karlsruhe v. 7.12.1990 – 15 U 256/89 – ABB, AG 1991, 144 (146); Hüffer/Koch, § 308 AktG Rz. 12; *Langenbucher* in K. Schmidt/Lutter, § 308 AktG Rz. 20; a.A. allerdings *v. Falkenhausen*, ZIP 2014, 1205 ff.

215 Zur Auslegung dieses Begriffes: *Hoffmann-Becking* in FS Hommelhoff, 2012, S. 433 ff.

216 Zu den – umstrittenen – Grenzen des Weisungsrechts vgl. OLG Düsseldorf v. 7.6.1990 – 19 W 13/86, AG 1990, 490 (492); *Koppensteiner* in KölnKomm/AktG, 3. Aufl. 2004, § 308 AktG Rz. 21, 37; *Altmeppen* in MünchKomm/AktG, 5. Aufl. 2020, § 308 AktG Rz. 95 ff.; *Krieger* in MünchHdb/AG, § 71 Rz. 151 ff.; *Emmerich* in Emmerich/Habersack, § 308 AktG Rz. 55 ff.; *Stephan*, Der Konzern 2014, 1 (23 ff.).

217 Vgl. §§ 309, 310 AktG.

218 Näher *Langenbucher* in K. Schmidt/Lutter, § 291 AktG Rz. 70 ff.; *Altmeppen* in MünchKomm/AktG, 5. Aufl. 2020, § 291 AktG Rz. 228 ff.

219 Näher *Sven H. Schneider* in Krieger/Uwe H. Schneider, Handbuch Managerhaftung, § 8 Rz. 45; *Spindler* in Fleischer, Handbuch Vorstandsrecht, S. 666, 679 ff.

die Holding diesen Verlust voll zu erstatten, ohne dass es auf die Verlustquelle und ihre Feststellung irgendwie ankäme (§ 302 Abs. 1 AktG)[220]. Ergänzt wird diese Pflicht durch eine Pflicht zur **Sicherheitsleistung** im Falle der Beendigung der vertraglichen Konzernierung (§ 303 AktG)[221].

8.66 Die operativen Einheiten verlieren also ihre unternehmerische Autonomie und daher auch jeden Anspruch auf Ersatz von Schäden seitens der Holding, können aber, Zahlungsfähigkeit der Holding vorausgesetzt, auch selbst nicht untergehen: Alle künftigen Bilanzverluste der operativen Einheiten müssen kraft Gesetzes von der Holding ausgeglichen werden. Es ist also festzuhalten: An die Stelle eines Ausgleichs für einzelne schädliche Eingriffe in Form einer Verpflichtung zu Schadensersatz tritt eine **globale Kompensationspflicht**; das wirtschaftliche Risiko der unternehmerischen Tätigkeit der operativen Einheiten geht auf die Holding als die beherrschende Gesellschaft über. Die Gläubiger der operativen Einheiten können zwar (außer im Fall der Beendigung des Unternehmensvertrages) nicht unmittelbar gegen die Holding vorgehen, also ihre gegen die Tochtergesellschaften gerichteten Ansprüche nicht etwa direkt bei der Holding liquidieren; sie sind aber mittelbar dadurch geschützt, dass bei den Töchtern solange keine Unterbilanzen (Bilanzverluste) entstehen können, wie die Holding selbst noch solvent ist. Auf diese veränderte Haftungssituation wird der Rechtsverkehr durch das Erfordernis der Handelsregistereintragung des Beherrschungs-, Gewinnabführungs- oder Betriebspachtvertrags hingewiesen (vgl. § 294 AktG).

8.67 In einem **mehrstufigen Holdingkonzern** pflanzt sich diese Verpflichtung zum Ausgleich des jährlichen Bilanzverlustes im „Tannenbaumsystem" nach oben fort. Hat also z.B. die Daimler AG Unternehmensverträge mit ihren Tochtergesellschaften abgeschlossen und diese wiederum jeweils weitere Unternehmensverträge mit ihren Tochtergesellschaften (Enkelgesellschaften), deren Gewinn- und Verlustrechnungen mit einem Jahresfehlbetrag abschließen, so entsteht kraft Gesetzes eine Forderung in gleicher Höhe gegen die Tochtergesellschaft, die diese zu passivieren hat. Deren etwaiger eigener Jahresfehlbetrag erhöht sich entsprechend und mithin auch deren eigene Forderung an die Holding, also die Daimler AG.

8.68 Die Sicherung **außenstehender Aktionäre** der Tochter- und Enkelgesellschaften erfolgt durch eine Dividendengarantie für Aktionäre, die ihre Aktien behalten wollen (§ 304 Abs. 2, Abs. 1 Satz 2 AktG, **Ausgleich**)[222], sowie dem Recht, gegen **Abfindung** aus der Gesellschaft auszuscheiden (§ 305 AktG)[223].

b) Operative Gesellschaft in Form von GmbH oder Personengesellschaft

8.69 Bei Unternehmensverträgen unter Beteiligung einer **abhängigen operativen GmbH**[224] kommen mangels gesetzlicher Regelung die durch die Rechtsprechung entwickelten Grundsätze zur Anwendung[225], die allerdings zum *Schutz der Minderheit* nach zutreffender Auffassung durch die analoge Anwendung der §§ 293a ff. AktG[226] sowie der §§ 304, 305 AktG ergänzt werden[227], soweit der Minderheitenschutz nicht bereits durch das Erfordernis der Einstimmigkeit bei der Beschlussfassung

220 Einzelheiten bei *Stephan* in K. Schmidt/Lutter, § 302 AktG Rz. 12 ff.; *Altmeppen* in MünchKomm/AktG, 5. Aufl. 2020, § 302 AktG Rz. 14 ff.

221 Einzelheiten bei *Stephan* in K. Schmidt/Lutter, § 303 AktG Rz. 4 ff.; *Stephan*, Der Konzern 2014, 1 (22 f.).

222 Einzelheiten bei *Stephan* in K. Schmidt/Lutter, § 304 AktG Rz. 15 ff.

223 Einzelheiten bei *Stephan* in K. Schmidt/Lutter, § 305 AktG Rz. 8 ff.

224 *Hommelhoff* in Lutter/Hommelhoff, Anh. § 13 GmbHG Rz. 42 ff.; Rechtstatsachen bei *Lieder/Hoffmann*, GmbHR 2019, 1261 ff.

225 BGH v. 14.12.1987 – II ZR 170/87 – Familienheim, BGHZ 103, 1 (5, 9 f.) = ZIP 1988, 229 = NJW 1988, 1326; BGH v. 24.10.1988 – II ZB 7/88 – Supermarkt, BGHZ 105, 324 = AG 1989, 91 = ZIP 1989, 29; BGH v. 11.11.1991 – II ZR 287/90 – Stromlieferung, BGHZ 116, 37 (39) = ZIP 1992, 29 = NJW 1992, 505; *Emmerich* in Scholz, 12. Aufl. 2018, Anh. § 13 GmbHG (Konzernrecht) Rz. 129 ff.

226 So zutreffend *Hommelhoff* in Lutter/Hommelhoff, Anh. § 13 GmbHG Rz. 57 ff.

227 So zutreffend *Hommelhoff* in Lutter/Hommelhoff, Anh. § 13 GmbHG Rz. 68 ff.

über die Zustimmung zum Vertragsschluss[228] gewährleistet ist. Die Gläubiger werden durch eine analoge Anwendung der §§ 302, 303 AktG gesichert[229]. Streitig ist hingegen, ob auf die Beendigung des Unternehmensvertrages § 296 AktG analog anzuwenden ist[230]. Für pflichtwidrige Weisungen kommt eine Haftung der gesetzlichen Vertreter der Holding analog § 309 AktG in Betracht[231].

Ist eine **Personengesellschaft** abhängiges operatives Unternehmen[232], so gelten grundsätzlich die Regelungen zur GmbH entsprechend; allerdings ist zur Begründung eines Vertragskonzerns zwingend die Zustimmung aller Personengesellschafter erforderlich[233]. 8.70

2. Leitung durch Beteiligung (faktische Herrschaft)

a) Einfacher faktischer Konzern

aa) Ausgleichspflicht nach §§ 311 ff. AktG

Für den Fall faktischer Beherrschung, d.h. einer **Leitung ohne Beherrschungsvertrag**[234], enthält das Gesetz für den Aktienkonzern in den §§ 311 ff. AktG eine ausführliche Regelung. Kern dieser Regelung ist der Gedanke, dass das herrschende Unternehmen (Holding) die abhängige Aktiengesellschaft zu für sie nachteiligen Maßnahmen und Rechtsgeschäften veranlassen darf **(Schädigungsprivileg)**[235]: Gibt das herrschende Unternehmen (Holding) der abhängigen AG nachteilige Weisungen (und folgt der Vorstand, was er darf, aber nicht muss), so hat es die hieraus entstehenden Nachteile bis zum Ende des laufenden Geschäftsjahres auszugleichen (§ 311 Abs. 1 AktG)[236]. Vermögensmin- 8.71

228 So etwa *Beurskens* in Baumbach/Hueck, GmbHG, Anh. KonzernR Rz. 106; *Emmerich* in Scholz, 12. Aufl. 2018, Anh. § 13 GmbHG Rz. 142 ff.

229 BGH v. 16.9.1985 – II ZR 275/84 – Autokran, BGHZ 95, 330 (345) = AG 1986, 15 = ZIP 1985, 1263; BGH v. 11.10.1999 – II ZR 120/98, AG 2000, 129 = ZIP 1999, 1965; BGH v. 10.7.2006 – II ZR 238/04, AG 2006, 629 = ZIP 2006, 1488; BGH v. 7.10.2014 – II ZR 361/13, GmbHR 2015, 24 Rz. 8 mit Anm. *v. Woedtke* = AG 2014, 855; *Emmerich* in Emmerich/Habersack, § 302 AktG Rz. 25; *Hommelhoff* in Lutter/Hommelhoff, Anh. § 13 GmbHG Rz. 44; a.A. *Schreiber*, GmbHR 2018, 1003 (1007 f.): Analogie zu § 670 BGB.

230 So OLG München v. 20.11.2013 – 7 U 5025/11, ZIP 2014, 1067 (1069) m.w.N. – MGRD GmbH (100% ige BMW-Tochter); dazu *Wachter*, EWiR 2014, 381; bestätigend BGH v. 16.6.2015 – II ZR 384/13, GmbHR 2015, 985 Rz. 13 ff. mit Anm. *Ulrich* = ZIP 2015, 1483; a.A. *Hommelhoff* in Lutter/Hommelhoff, Anh. 13 GmbHG Rz. 89; *Priester*, NZG 2012, 640 (643 f.); für einen Betriebspachtvertrag ablehnend OLG Zweibrücken v. 29.10.2013 – 3 W 82/13, GmbHR 2014, 251 (253) mit Anm. *Priester* = ZIP 2014, 1020.

231 *Sven H. Schneider* in Krieger/Uwe H. Schneider, Handbuch Managerhaftung, § 8 Rz. 66; *Casper* in Ulmer, 2. Aufl. 2016, Anh. § 77 GmbHG Rz. 239; *Altmeppen* in Roth/Altmeppen, Anh. § 13 GmbHG Rz. 78.

232 Näher *Kleindiek*, Strukturvielfalt im Personengesellschafts-Konzern, 1991, S. 77 ff.; *Mülbert* in MünchKomm/HGB, nach § 236 HGB KonzernR Rz. 66, 149, 170 ff.

233 *C. Schäfer* in Staub, Großkomm/HGB, 5. Aufl. 2009, Anh. § 105 HGB Rz. 67 ff.

234 In der Praxis kommt es allerdings nicht selten vor, dass die faktische Konzernierung durch – zulässige (BGH v. 9.3.2009 – II ZR 170/07, AG 2009, 500 [501]; *Austmann*, ZGR 2009, 277 [287 f.]; *Altmeppen*, ZIP 2007, 437 [442]) – Vorstandsdoppelmandate (Vorstandsmitglied der Holding ist Vorstand/Geschäftsführer der Tochter; dazu näher *Krieger* Rz. 7.47; vgl. weiter *Happ/Bednarz* in FS Hoffmann-Becking, 2013, S. 433 ff.; *Noack* in FS Hoffmann-Becking, 2013, S. 847 ff.; *J. Vetter* in K. Schmidt/Lutter, § 311 AktG Rz. 32 m.w.N.) oder einen Unternehmensvertrag, insbesondere einen sog. Betriebsführungsvertrag (dazu *Priester* in FS Hommelhoff, 2012, S. 875 ff.; *Krieger* in MünchHdb/AG, § 73 Rz. 44 ff.; Rechtstatsachen bei *Bayer/Hoffmann*, AG 2011, R 71 ff.), abgesichert wird.

235 Vgl. dazu BGH v. 1.12.2008 – II ZR 102/07 – MPS, BGHZ 179, 71 Rz. 12 = AG 2009, 81; *Altmeppen* in MünchKomm/AktG, 5. Aufl. 2020, § 311 AktG Rz. 20 ff., 38 ff.; *J. Vetter* in K. Schmidt/Lutter, § 311 AktG Rz. 6; *Mülbert*, ZHR 163 (1999), 1 (20 ff.).

236 Einzelheiten bei *J. Vetter* in K. Schmidt/Lutter, § 311 AktG Rz. 40 ff.; vgl. auch BGH v. 1.3.1999 – II ZR 312/97 – Steuerumlage, BGHZ 141, 79 (84) = AG 1999, 372 = ZIP 1999, 708; BGH v. 1.12.2008 –

derungen aufgrund des allgemeinen Unternehmensrisikos, die nicht auf der Abhängigkeit beruhen, sondern auch bei Anwendung der Sorgfalt eines ordentlichen und gewissenhaften Geschäftsleiters eingetreten wären – dabei ist die business judgement rule des § 93 Abs. 1 Satz 2 AktG maßgeblich[237] –, stellen indes keinen Nachteil i.S.v. § 311 Abs. 1 AktG dar[238]. Die Transparenz der Nachteilszufügung soll durch den vom Vorstand der abhängigen AG zu erstellenden und von Aufsichtsrat und Abschlussprüfer kontrollierten **Abhängigkeitsbericht** (§§ 312 ff. AktG) gesichert werden[239].

8.72 Wird der Ausgleich nicht während des Geschäftsjahres tatsächlich gewährt, so muss spätestens bis zum Ende des Geschäftsjahres konkret bestimmt werden, wann und durch welche Vorteile der Nachteil ausgeglichen werden soll (§ 311 Abs. 2 AktG)[240]; geschieht auch das nicht, so ist die Holding der abhängigen AG verschuldensunabhängig zum **Schadensersatz** verpflichtet (§ 317 AktG)[241]. Diese Haftung wird ergänzt durch eine Haftung der gesetzlichen Vertreter der Holding (vgl. § 317 Abs. 3 AktG)[242].

bb) Treupflicht bei GmbH und Personengesellschaften

8.73 Für den GmbH-Konzern (und den Personengesellschaftskonzern) fehlen gesetzliche Vorschriften, obwohl das aus einer Konzernierung hervorgehende Gefährdungspotenzial für die abhängigen (operativen) Gesellschaften in genau der gleichen Weise besteht.

8.74 (1) Das System der **§§ 311 ff. AktG** kann – darüber besteht Einigkeit[243] – **nicht entsprechend** auf abhängige **GmbH** (operative Gesellschaften) angewendet werden, da das GmbH- und das Personengesellschaftsrecht **keine Erlaubnis** zur Schädigung der abhängigen (operativen) Gesellschaft selbst gegen einen sofortigen anderweitigen Ausgleich gewährt.

8.75 Solange also kein Beherrschungsvertrag abgeschlossen wird, bleibt das herrschende Unternehmen als Gesellschafter dem Eigeninteresse der **abhängigen (operativen) GmbH** verpflichtet. Rechtsprechung und Lehre gehen daher übereinstimmend davon aus, dass dem herrschenden Unternehmen (Holding) im GmbH-Konzern aufgrund der mitgliedschaftlichen **Treupflicht**[244] eine Schädigung der (abhängigen) GmbH strikt untersagt ist **(Schädigungsverbot)**[245]. Rechtsfolge der Treupflichtverletzung ist ein sofort fälliger Anspruch jedes Minderheitsgesellschafters gegen die Holding auf *Un-*

II ZR 102/07 – MPS, BGHZ 179, 71 Rz. 8 ff. = AG 2009, 81; speziell zum „Umlenken" von Geschäftschancen: *Habersack* in FS Hoffmann-Becking, 2013, S. 421 ff.; abw. Ansatz bei *Altmeppen* in MünchKomm/AktG, 5. Aufl. 2020, § 311 AktG Rz. 163 ff.

237 Eingehend *Habersack* in FS Hoffmann-Becking, 2013, S. 421 (426) m.w.N.

238 BGH v. 1.3.1999 – II ZR 312/97, BGHZ 141, 79 (84) = AG 1999, 372 = ZIP 1999, 708; BGH v. 3.3.2008 – II ZR 124/06 – UMTS, BGHZ 175, 365 Rz. 11 = AG 2008, 375 = ZIP 2008, 785; Hüffer/Koch, § 311 AktG Rz. 25; *J. Vetter* in K. Schmidt/Lutter, § 311 AktG Rz. 40 m.z.w.N.

239 Einzelheiten bei *Böttcher* in FS Maier-Reimer, 2010, S. 29 ff.

240 Näher BGH v. 26.6.2012 – II ZR 30/11 – HVB, AG 2012, 680 = ZIP 2012, 1753 = WM 2012, 1689; dazu *H.-F. Müller* in Spindler/Stilz, § 317 AktG Rz. 4 ff.; Hüffer/Koch, § 317 AktG Rz. 2 ff.

241 Zu Einzelheiten BGH v. 3.3.2008 – II ZR 124/06 – UMTS, BGHZ 175, 365 Rz. 11 = AG 2008, 375 = ZIP 2008, 785; *J. Vetter* in K. Schmidt/Lutter, § 317 AktG Rz. 5 ff.; *Habersack* in Emmerich/Habersack, § 317 AktG Rz. 5 ff.; *Krieger* in MünchHdb/AG, § 70 Rz. 65 ff.; teilw. abw. Ansatz bei *Altmeppen* in MünchKomm/AktG, 5. Aufl. 2020, § 317 AktG Rz. 19 ff.

242 Eingehend *Sven H. Schneider* in Krieger/Uwe H. Schneider, Handbuch Managerhaftung, § 8 Rz. 44 ff.

243 Vgl. grundlegend BGH v. 5.6.1975 – II ZR 23/74 – ITT, BGHZ 65, 15 (18 f.); *Hommelhoff* in Lutter/Hommelhoff, Anh. § 13 GmbHG Rz. 39 ff. m.w.N.

244 Dazu grundlegend BGH v. 5.6.1975, II ZR 23/74 – BGHZ 65, 15 (18 ff.); BGH v. 16.9.1985 – II ZR 275/84 – Autokran, BGHZ 95, 330 (339 f.) = AG 1986, 15 = ZIP 1985, 1263; *Hommelhoff* in Lutter/Hommelhoff, Anh. § 13 GmbHG Rz. 39 ff.; *Emmerich* in Scholz, 12. Aufl. 2018, Anh. § 13 GmbHG Rz. 68, 71 ff. (beide m.w.N.).

245 S. auch *Kiefner* in MünchHdb/GmbH, § 68 Rz. 17; *Habersack* in Emmerich/Habersack, Anh. § 318 AktG Rz. 23; *Liebscher* in MünchKomm/GmbHG, 3. Aufl. 2018, Anh. § 13 GmbHG Rz. 401 ff.

terlassung[246], vor allem aber der abhängigen (operativen) Gesellschaft selbst auf *Schadensersatz* gegen die Holding[247]. Inwieweit auch hier die gesetzlichen Vertreter der Holding der abhängigen Tochter-GmbH persönlich haften, ist streitig und ungeklärt[248].

Gegen die Treupflicht verstößt der Mehrheitsgesellschafter (die Holding), wenn er – z.B. aufgrund anderweitiger Interessen des Holdingkonzerns – dem Geschäftsführer einer operativen GmbH **nachteilige Weisungen** (§ 37 Abs. 1 GmbHG) erteilt[249] und dieser die Weisungen befolgt (was er – obgleich grundsätzlich weisungsunterworfen – in diesem Fall nicht darf)[250]. Dies gilt auch in einem mehrstufigen Holdingkonzern; hier ist die Holding auch gegenüber Enkelgesellschaften zur Beachtung der Treupflichtschranken verpflichtet[251]. 8.76

Haftungsmaßstab für die Frage, wann die Holding als herrschendes Unternehmen treuwidrig gehandelt hat, ist die Sorgfalt eines ordentlichen Geschäftsleiters (vgl. § 43 GmbHG, § 93 Abs. 1 AktG)[252] einschließlich der dazu entwickelten **Beweislastumkehr**[253]: Das herrschende Unternehmen (die Holding) hat also darzulegen und zu beweisen, dass auch der ordentliche Geschäftsleiter einer unabhängigen Gesellschaft die objektiv für die GmbH nachteilige Maßnahme genauso getroffen hätte. Wie im Aktienkonzern (Rz. 8.71) gilt indes auch hier die business judgement rule[254]. 8.77

Diese strengen Regeln gelten allerdings **nicht in der Einpersonen-GmbH** und auch dann nicht, wenn alle Mitgesellschafter in der operativen Gesellschaft der für diese nachteiligen Maßnahme **zustimmen**[255], da die **Treupflicht zur Disposition** der Gesellschafter steht und ein gesellschafterunabhängiges Eigeninteresse der abhängigen Gesellschaft von der h.M. zu Recht abgelehnt wird[256]: Das 8.78

246 So die h.M. im Anschluss an BGH v. 25.2.1982 – II ZR 174/80, BGHZ 83, 122 (127) = ZIP 1982, 568 = NJW 1982, 1703; *Beurskens* in Baumbach/Hueck, GmbHG, Anh. KonzernR Rz. 51; *Emmerich* in Scholz, 12. Aufl. 2018, Anh. § 13 GmbHG Rz. 86 f.; *Habersack* in Emmerich/Habersack, Anh. § 318 AktG Rz. 30 f.; *Liebscher* in MünchKomm/GmbHG, 3. Aufl. 2018, Anh. § 13 GmbHG Rz. 502; a.A. *Hommelhoff* in Lutter/Hommelhoff, Anh. § 13 GmbHG Rz. 40.

247 *Hommelhoff* in Lutter/Hommelhoff, Anh. § 13 GmbHG Rz. 41; *Casper* in Ulmer, 2. Aufl. 2016, Anh. § 77 GmbHG Rz. 88; *Emmerich* in Scholz, 12. Aufl. 2018, Anh. § 13 GmbHG Rz. 85; *Liebscher* in MünchKomm/GmbHG, 3. Aufl. 2018, Anh. § 13 GmbHG Rz. 447; *Lutter*, ZGR 1982, 244 (261).

248 Zum Streitstand: *Sven H. Schneider* in Krieger/Uwe H. Schneider, Handbuch Managerhaftung, § 8 Rz. 67 ff. m.w.N.

249 BGH v. 5.6.1975 – II ZR 23/74, BGHZ 65, 15 ff.; *Martens*, GmbHR 1984, 265 (267); zu den historischen Grundlagen *Altmeppen* in Bayer/Habersack (Hrsg.), Aktienrecht im Wandel, Bd. II, 2007, Kap. 23 Rz. 31 ff.

250 Befolgt der Geschäftsführer der Tochter-GmbH rechtswidrige nachteilige Weisungen, so drohen Abberufung und Schadensersatz, ggf. auch Strafbarkeit wegen Untreue; vgl. *Uwe H. Schneider* in FS Hoffmann-Becking, 2013, S. 1071 (1079 ff.).

251 BGH v. 5.12.1983 – II ZR 242/82 – Heumann/Ogilvy, BGHZ 89, 162 (165 ff.) = ZIP 1984, 446 betreffend eine GmbH & Co KG; zu mehrstufigen Konzernsachverhalten *Uwe H. Schneider/Burgard* in FS Ulmer, 2003, S. 579 (585 ff.).

252 *Emmerich* in Scholz, 12. Aufl. 2018, Anh. § 13 GmbHG Rz. 74 (unstr.).

253 *Emmerich* in Scholz, 12. Aufl. 2018, Anh. § 13 GmbHG Rz. 87; zur Beweislast allgemein BGH v. 4.11. 2002 – II ZR 224/00, BGHZ 152, 280 = AG 2003, 381 = ZIP 2002, 2341; BGH v. 18.2.2008 – II ZR 62/07, GmbHR 2008, 488 (489) = ZIP 2008, 736; *Bayer/Illhardt*, GmbHR 2011, 751 (753); *Uwe H. Schneider* in Scholz, 11. Aufl. 2014, § 43 GmbHG Rz. 234 ff.

254 *Hommelhoff* in Lutter/Hommelhoff, Anh. § 13 GmbHG Rz. 39.

255 BGH v. 28.9.1992 – II ZR 299/91, BGHZ 119, 257 = AG 1993, 84 (85) = ZIP 1992, 1734; *Emmerich* in Scholz, 12. Aufl. 2018, Anh. § 13 GmbHG Rz. 72; *Casper* in Ulmer, 2. Aufl. 2016, Anh. § 77 GmbHG Rz. 75, 83; *Beurskens* in Baumbach/Hueck, GmbHG, Anh. KonzernR Rz. 44, 70.

256 BGH v. 28.9.1992 – II ZR 299/91, BGHZ 119, 257 (262) = AG 1993, 84 = ZIP 1992, 1734; BGH v. 10.5. 1993 – II ZR 74/92, BGHZ 122, 333 (336) = ZIP 1993, 917; BGH v. 21.6.1999 – II ZR 47/98, BGHZ 142, 92 (95 f.) = ZIP 1999, 1352; BGH v. 29.9.2008 – II ZR 234/07, GmbHR 2008, 1319 (1322) = ZIP 2008, 2217; *Bayer* in Lutter/Hommelhoff, § 14 GmbHG Rz. 42; *Altmeppen* in Roth/Altmeppen, § 13

Vermögen der GmbH steht zur Disposition der Gesellschafter, soweit nicht in den durch § 30 GmbHG (dazu Rz. 8.38 ff.) sowie vor existenzvernichtenden Eingriffen (dazu Rz. 8.82 ff.) geschützten, dem Einfluss der Gesellschafter entzogenen Vermögensbereich eingegriffen wird. Bis zu dieser Grenze können die oder der Gesellschafter, hier also die Holding, über das Gesellschaftsvermögen verfügen. Handelt es sich nicht um eine Einpersonen-GmbH, so ist es Sache der Minderheitsgesellschafter, die Bedingungen ihrer Zustimmung festzulegen (z.B. individueller Ausgleich oder Ausgleich in das Gesellschaftsvermögen; Veräußerung der Geschäftsanteile); Vorgaben der Rechtsordnung sind hierfür nicht erforderlich[257].

8.79 (2) Auch für **Personengesellschaften** als abhängige (operative) Gesellschaften gilt, dass jede nachteilige Einflussnahme auf ihre Geschäfte treuwidrig ist und zum Schadensersatz verpflichtet[258]. Ob gegenüber den Gläubigern der abhängigen Gesellschaft eine Verlustausgleichspflicht analog § 302 AktG begründet ist, ist umstritten[259].

b) Haftung im qualifizierten Verbund?

8.80 Da das Schutzsystem der §§ 311 ff. AktG ebenso wie Ansprüche aus Treuepflichtverletzung einzelne, erkennbare Schädigungen voraussetzen, stoßen diese Haftungstatbestände dort an ihre Grenzen, wo solche Schädigungen im Einzelnen nicht mehr unterscheidbar sind und nicht mehr einzeln bewertet werden können. Daher war eine derart „qualifizierte" Konzernierung ohne Abschluss eines Unternehmensvertrages früher nach allgemeiner Ansicht unzulässig.

aa) Abhängige (operative) GmbH

8.81 Für die GmbH hat die Rechtsprechung diese Schutzlücke zunächst durch das Haftungskonzept des **qualifiziert faktischen Konzerns** zu schließen versucht[260] und den Gläubigerschutz durch eine analoge Anwendung der §§ 302, 303 AktG (dazu Rz. 8.65, 8.69) gewährleistet[261]. Insbesondere wegen der rigiden Beweislastregelung in der Video-Entscheidung, aber auch wegen der unangemessenen Ausweitung der als Zustandshaftung konstruierten Verantwortlichkeit des Allein- oder Mehrheitsgesellschafters wurde diese Rechtsprechung teilweise scharf kritisiert[262] und schließlich vom BGH zunächst stark eingeschränkt[263] und dann gänzlich aufgegeben[264].

GmbHG Rz. 59; *Fastrich* in Baumbach/Hueck, § 13 GmbHG Rz. 55; *Beurskens* in Baumbach/Hueck, GmbHG, Anh. KonzernR Rz. 70; a.A. *Ziemons*, S. 94 ff.; *M. Winter*, ZGR 1994, 571 ff.; zur Problematik näher *Leuschner* in FS Ahrens, 2016, S. 637 ff.

257 Dazu näher *Hommelhoff*, ZGR 2012, 535 (553 ff.); ebenso *Hommelhoff* in Lutter/Hommelhoff, Anh. § 13 GmbHG Rz. 27 ff.

258 *Schäfer* in Staub, Großkomm/HGB, 5. Aufl. 2009, Anh. § 105 HGB Rz. 37 ff.; *Emmerich/Habersack*, § 34 I (S. 507); *Kleindiek*, Strukturvielfalt im Personengesellschaftskonzern, 1991, S. 32 ff.; *Roth* in Baumbach/Hopt, § 105 HGB Rz. 102 f.; *Haas* in Röhricht/Graf von Westphalen/Haas, § 105 HGB Rz. 114.

259 Ausf. Diskussion bei *Schäfer* in Staub, Großkomm/HGB, 5. Aufl. 2009, Anh. § 105 HGB Rz. 71 ff. m.w.N.

260 BGH v. 16.9.1985 – II ZR 275/84, BGHZ 95, 330 = AG 1986, 15 = ZIP 1985, 1263; BGH v. 20.2.1989 – II ZR 167/88, BGHZ 107, 7 = AG 1989, 243 = ZIP 1989, 440; BGH v. 23.9.1991 – II ZR 135/90, BGHZ 115, 187 = AG 1991, 429 = ZIP 1991, 1354; eingehend zur früheren Rspr *Liebscher* in MünchKomm/GmbHG, 1. Aufl. 2010, Anh. § 13 GmbHG Rz. 476 ff.

261 Zusammenfassend *Wiedemann* in FS 50 Jahre BGH, Festgabe aus der Wissenschaft, 2000, S. 337 (341 ff.).

262 *Knobbe-Keuk*, DB 1992, 1461 ff.; *Altmeppen*, DB 1991, 2225 ff.; krit. auch *K. Schmidt*, NJW 2001, 3577.

263 So BGH v. 29.3.1993 – II ZR 265/91 – TBB, BGHZ 122, 123 = AG 1993, 371 = ZIP 1993, 589.

264 Dazu näher *Röhricht* in FS 50 Jahre BGH, 2000, S. 83 ff.

Mit den Entscheidungen Bremer Vulkan[265] und KBV[266] hat der BGH die speziell konzernrechtliche Haftung durch die Rechtsfigur des existenzvernichtenden Eingriffs ersetzt[267]. Diese **Existenzvernichtungshaftung** soll die „Schutzlücke" schließen, die sich zum einen im Hinblick auf „bilanzneutrale" Eingriffe und zum anderen aus Kollateralschäden ergibt[268]. Nach diesem Konzept, das auf breite Zustimmung gestoßen ist[269], handelt der existenzvernichtend in das Vermögen der GmbH eingreifende Gesellschafter missbräuchlich[270]. Rechtskonstruktiv war der existenzvernichtende Eingriff als **Durchgriffshaftung** in Form einer Außenhaftung analog § 128 HGB ausgestaltet. 8.82

Diese unter dem Vorsitzenden des II. Zivilsenats des BGH *Röhricht* eingeleitete Wende mit der Folge einer persönlichen Haftung des oder der betreffenden Gesellschafter gegenüber den Gläubigern der Gesellschaft hat der Senat nur 6 Jahre später unter dem Vorsitzenden *Goette* in seiner Entscheidung „**Trihotel**"[271] zugunsten einer jetzt nicht mehr gesellschaftsrechtlich, sondern nunmehr **deliktsrechtlichen** Haftung des betreffenden Gesellschafters gegenüber der Gesellschaft, wieder aufgegeben[272]. Die Existenzvernichtungshaftung ist nach Ansicht des BGH lediglich eine **besondere Fallgruppe** der sittenwidrigen, vorsätzlichen Schädigung der Gesellschaft nach **§ 826 BGB** mit der Folge einer Haftung des betreffenden Gesellschafters *auf Schadensersatz gegenüber der Gesellschaft*[273] (Zerschlagungsschaden; Kollateralschaden). Dieser Anspruch steht der GmbH zu (daher Innenhaftung!) und ist der Höhe nach begrenzt auf dasjenige, was der Insolvenzverwalter zur Befriedigung aller Gläubiger und der Kosten des Insolvenzverfahrens benötigt[274]. Es geht somit nach wie vor um Gläubigerschutz, nicht um die Wiederherstellung der Gesellschaft als werbendes Unternehmen[275]. 8.83

Der BGH hat mit dieser neuen Rechtsprechung nicht nur seine erst 2001 entwickelte eigene gesellschaftsrechtliche Begründung aufgegeben, sondern darüber hinaus *ausdrücklich*[276] auch *andere Haf-* 8.84

---

265 BGH v. 17.9.2001 – II ZR 178/99, BGHZ 149, 10 = AG 2002, 43 = ZIP 2001, 1874; dazu *Koppensteiner* in FS Honsell, 2002, S. 607 ff.

266 BGH v. 24.6.2002 – II ZR 300/00, BGHZ 151, 181; vgl. dazu *Wiedemann*, ZGR 2003, 283; *Ulmer*, JZ 2002, 1047; *H. P. Westermann*, NZG 2002, 1129; *Kessler*, GmbHR 2002, 945 ff.; ferner *Lutter/Banerjea*, ZGR 2003, 402 ff.; *Drygala*, GmbHR 2003, 729.

267 Kritisch und zweifelnd allerdings *Emmerich* in Scholz, 12. Aufl. 2018, Anh. § 13 GmbHG Rz. 120 ff.; Nachzeichnung der Entwicklung jüngst auch bei *Prütting*, JuS 2018, 409, (411 ff.).

268 Vgl. BGH v. 16.7.2007 – II ZR 3/04 – Trihotel, BGHZ 173, 246 Rz. 21, 24 = AG 2007, 657 = ZIP 2007, 1552.

269 Vgl. etwa *Bayer/Lieder*, WM 2006, 999; *Henze*, NZG 2003, 649 (659); *Jacob*, GmbHR 2007, 796 (799); *Lutter/Banerjea*, ZGR 2003, 402 (412); *Röhricht*, ZIP 2005, 505 (513).

270 Zusammenfassend *Lieder*, DZWiR 2005, 309 ff.

271 BGH v. 16.7.2007 – II ZR 3/04 – Trihotel, BGHZ 173, 246 = GmbHR 2007, 927 mit Anm. *Schröder* = ZIP 2007, 1552.

272 Kritisch – weil die Vorgaben der Kontinuität der Rechtsprechung gemäß den Grundsätzen des BGH v. 24.11.1994 – GSZ 1/94, BGHZ 128, 85 (90 f.) verletzend – *Henze*, ZHR 172 (2008), 127 ff.; dagegen indes *Habersack*, ZGR 2008, 533 (543); zu dieser Entwicklung ausführlich *Weiß*, S. 208 ff., S. 423 ff.

273 Im Wesentlichen aufbauend auf der Arbeit von *Zöllner* in FS Konzen, 2006, S. 999 ff.; zustimmend *Förster*, AcP 209 (2009), 398 (444); *Gehrlein*, WM 2008, 761; *Strohn*, ZNotP 2008, 338; in der Tendenz ebenso *Dauner-Lieb*, ZGR 2008, 35 ff.; kritisch (gegen § 826 BGB, aber für Innenhaftung): *Altmeppen*, NJW 2007, 2657 ff.; *Habersack*, ZGR 2008, 533 ff.; *Osterloh-Konrad*, ZHR 172 (2008), 274 ff.; ablehnend: *Henze*, ZHR 172 (2008), 127 ff.; *Hönn*, WM 2008, 769 ff.; *Koppensteiner*, JBl 2008, 749 ff.; *Lieder*, DZWIR 2008, 145 ff.; vgl. auch *K. Schmidt*, GmbHR 2008, 449 (456 ff.) („rechtsdogmatisch und rechtspolitisch bedenklich").

274 BGH v. 16.7.2007 – II ZR 3/04 – Trihotel, BGHZ 173, 246 = GmbHR 2007, 927 Rz. 32 und 55 = ZIP 2007, 1552; vgl. auch *Strohn*, ZInsO 2008, 706 (710).

275 *Zöllner* in FS Konzen, 2006, S. 999 (1007); *Weller*, ZIP 2007, 1681 (1686); auf der Basis des Innenhaftungsmodells des BGH kritisch hierzu *Röck*, S. 41 ff., 129 ff.

276 BGH v. 16.7.2007 – II ZR 3/04 – Trihotel, BGHZ 173, 246 = GmbHR 2007, 927, Rz. 15 („ausschließlich") und Rz. 17 („allein in § 826 BGB").

tungsansätze (insbesondere aus Verletzung der gesellschaftsrechtlichen Treupflicht gegenüber der Gesellschaft durch den betreffenden Gesellschafter[277]) abgelehnt. Im Schrifttum wurde das neue Haftungskonzept überwiegend positiv aufgenommen, insbesondere weil damit das kapitalgesellschaftsrechtliche Trennungsprinzip des § 13 Abs. 2 GmbHG gefestigt werde[278].

8.85 In der **Sanitary**-Entscheidung[279] hat der BGH klargestellt, dass die Trihotel-Grundsätze erst recht in der *Liquidation* der Gesellschaft gelten; zudem hat er eine konkurrierende Haftung aus § 826 BGB etabliert, die bei erheblicher Missachtung der Liquidationsvorschriften unabhängig vom Merkmal der Insolvenzverursachung bzw. -vertiefung greift[280]. In **GAMMA**[281] stellte der BGH klar, dass die Existenzvernichtungshaftung einen „Eingriff" in das Gesellschaftsvermögen der GmbH voraussetzt, welchem ein Unterlassen hinreichender Kapitalausstattung im Sinne einer „Unterkapitalisierung" nicht gleichsteht[282]. Im jüngsten **Verschmelzungs-Fall**[283] wurde klargestellt, dass ein existenzvernichtender Eingriff auch darin liegen kann, dass der GmbH durch eine Vermehrung von Schulden Vermögen mittelbar entzogen wird[284].

8.86 **Voraussetzungen** der Existenzvernichtungshaftung nach dem aktuellen BGH-Konzept sind: (1) Ein **gezielter, betriebsfremder Eingriff** in das Vermögen oder die Interessen der Gesellschaft ohne Rücksicht auf ihre Fähigkeit zur Bedienung ihrer Verbindlichkeiten, wie es insbesondere bei einem Vermögensentzug der Fall ist. Das Gleiche gilt aber auch bei anderen Eingriffen, wie bei Eingriffen in Chancen der GmbH, die Wegnahme von Produktionslinien, der Weisung zur Eingehung übermäßiger Risiken[285] oder der Belastung von Gesellschaftsvermögen für fremde Schulden[286]. Um einen Eingriff handelt es sich bei der systematischen Verlagerung von Vermögen auf eine Schwestergesellschaft[287]. Unternehmerische Fehlentscheidungen sind hingegen kein Eingriff[288]. Auch eine Unterkapitalisierung der GmbH ist kein Eingriff[289].

---

277 So insbesondere *Zöllner* in FS Konzen, 2006, S. 999; *Grigoleit*, S. 283 ff., 321 ff. Ebenso schon früher *Ulmer*, ZIP 2001, 2021 (2026); *K. Schmidt*, NJW 2001, 3577 (3579); *Roth*, ZGR 1993, 170 (204 ff.).

278 S. etwa *Altmeppen*, NJW 2007, 2657; *Paefgen*, DB 2007, 934 (936); *Theiselmann*, GmbHR 2007, 904 (906); vgl. auch *Wagner* in FS Canaris II, 2007, S. 473 ff.

279 BGH v. 9.2.2009 – II ZR 292/07, BGHZ 179, 344 = GmbHR 2009, 601 mit Anm. *Podewils* = ZIP 2009, 802; vgl. aber auch (kritisch) *Rubner*, DStR 2009, 1538; *Kölbl*, BB 2009, 1194 (1196); dagegen *Röck*, S. 98, 134 ff.

280 Eingehend *Weller*, LMK 2009, 284304.

281 BGH v. 28.4.2008 – II ZR 264/06 – GAMMA, BGHZ 176, 204 = AG 2008, 542 = GmbHR 2008, 805; dazu etwa *Altmeppen*, ZIP 2008, 1201 ff.; *Waclawik*, DStR 2008, 1486 ff.; *Kleindiek*, NZG 2008, 686 ff.; *Veil*, NJW 2008, 3264 ff.; *Ulrich*, GmbHR 2008, 810 ff.

282 Bestätigung durch BGH v. 23.4.2012 – II ZR 252/10 – Wirtschaftsakademie, GmbHR 2012, 740 mit teilweise kritischer Anm. *Röck* = ZIP 2012, 1071.

283 BGH v. 6.11.2018 – II ZR 199/17, GmbHR 2019, 172 mit zustimmender Anm. *Kleindiek* = NJW 2019, 589 mit zustimmender Anm. *König* = ZIP 2019, 114; vgl. zu dieser Entscheidung auch (kritisch) *Lieder/Bialluch*, ZGR 2019, 760 ff.

284 BGH v. 6.11.2018 – II ZR 199/17, GmbHR 2019, 172 Rz. 29 ff. m.w.N. aus dem Schrifttum = AG 2019, 302 = ZIP 2019, 114; im Ergebnis zustimmend *Bayer* in Lutter/Hommelhoff, § 13 GmbHG Rz. 31, 35 m.w.N.

285 Vgl. dazu *Bayer* in Lutter/Hommelhoff, § 13 GmbHG Rz. 32; *Drygala* in Oppenländer/Trölitzsch, § 44 Rz. 69 ff.; Fallgruppenbildung bei *Heeg/Manthey*, GmbHR 2008, 798 ff.

286 Vgl. BGH v. 16.7.2007 – II ZR 3/04 – Trihotel, BGHZ 173, 246 Rz. 24 = AG 2007, 657 = ZIP 2007, 1552.

287 BGH v. 20.9.2004 – II ZR 302/02, GmbHR 2004, 1528 = ZIP 2004, 2138; dazu *Lieder*, DZWiR 2005, 309 (312).

288 BGH v. 13.12.2004 – II ZR 256/02 – Handelsvertreter, GmbHR 2005, 299; dazu *Bayer/Lieder*, WuB II C § 13 GmbHG 3.05.

289 BGH v. 28.4.2008 – II ZR 264/06 – GAMMA, BGHZ 176, 204 Rz. 15 ff. = AG 2008, 542 = ZIP 2008, 1232.

(2) Kausale Folge des Eingriffs muss die **Insolvenz** der Gesellschaft sein[290]. War die Gesellschaft bereits vor dem Eingriff insolvent (was häufig der Fall sein wird), so reicht auch eine *Insolvenzvertiefung* zur Begründung der Haftung aus[291]. Die Haftung tritt mithin nicht ein, wenn die Fähigkeit der Gesellschaft zur Erfüllung ihrer Verbindlichkeiten in welcher Weise auch immer (Kapitalerhöhung, Zuschüsse, Gesellschafterdarlehen, Rückgewähr verbotener Auszahlungen) wiederhergestellt wird.

(3) Erforderlich ist weiterhin ein **sittenwidriges Verhalten** des Gesellschafters[292] sowie (zumindest bedingter) **Vorsatz**[293].

(4) Der durch den existenzvernichtenden Eingriff kausal verursachte **Schaden** der GmbH liegt regelmäßig im Wert der entzogenen Vermögensgegenstände[294].

(5) Zur **Darlegungs- und Beweislast:** Der Insolvenzverwalter hat den Eingriff darzutun und ggf. zu beweisen, sowie Umstände und deren Erkennbarkeit darzulegen, weswegen die Insolvenz kausale Folge war[295].

(6) Der Anspruch aus Existenzvernichtung ist im Verhältnis zu dem Erstattungsanspruch des **§ 31 GmbHG** nicht subsidiär. Die frühere anderslautende Rechtsprechung[296] ist aufgegeben[297]. Beide Ansprüche bestehen nebeneinander[298].

Der **GmbH-(Fremd-)Geschäftsführer** ist geradezu notwendigerweise in diese Fälle der Existenzver- 8.87
nichtung verwickelt, muss er doch in der Regel den Eingriff verwirklichen. Er ist zwar nicht Adressat der Existenzvernichtungshaftung, doch kommt eine gesamtschuldnerische Haftung gem. § 43 Abs. 2 GmbHG sowie gem. § 64 Satz 3 GmbHG (näher dort) in Betracht[299]; aber auch eine Haftung als Gehilfe nach § 830 Abs. 2 BGB ist durchaus möglich[300], gleichfalls eine (allgemeine) Haftung gem. § 826 BGB[301]. Darüber hinaus kommt im **faktischen GmbH-Konzern** auch eine Haftung des *Geschäftsleiters der Obergesellschaft* neben dieser selbst in Betracht[302] (§ 317 Abs. 3 AktG analog); diese Haftung ist insbesondere bedeutsam, wenn das herrschende Unternehmen insolvent ist. Erwogen wird auch – mit guten Argumenten – eine Haftung analog § 117 Abs. 1 AktG im Falle der schädigenden Einflussnahme Dritter auf die GmbH-Geschäftsführung[303].

290 BGH v. 16.7.2007 – II ZR 3/04 – Trihotel, BGHZ 173, 246 Rz. 39 = AG 2007, 657 = ZIP 2007, 1552; BGH v. 7.1.2008 – II ZR 314/05, ZIP 2008, 308 (LS 2); *Röhricht*, in FS 50 Jahre BGH, 2000, S. 83 (113).

291 BGH v. 16.7.2007 – II ZR 3/04 – Trihotel, BGHZ 173, 246 Rz. 16 = AG 2007, 657 = ZIP 2007, 1552.

292 Einzelheiten BGH v. 16.7.2007 – II ZR 3/04 – Trihotel, BGHZ 173, 246 Rz. 30 = AG 2007, 657 = ZIP 2007, 1552; *Kurzwelly* in FS Goette, 2011, S. 277, 283; *Bayer* in Lutter/Hommelhoff, § 13 GmbHG Rz. 39.

293 Dazu BGH v. 16.7.2007 – II ZR 3/04, BGHZ 173, 246 Rz. 30 = AG 2007, 657 = ZIP 2007, 1552; *Bayer* in Lutter/Hommelhoff, § 13 GmbHG Rz. 40 m.w.N.

294 Zu weiteren Einzelheiten: *Bayer* in Lutter/Hommelhoff, § 13 GmbHG Rz. 41 m.w.N.

295 Nach BGH v. 16.7.2007 – II ZR 3/04 – Trihotel, BGHZ 173, 246 Rz. 41 = AG 2007, 657 = ZIP 2007, 1552; vgl. auch *Bayer/Illhardt*, GmbHR 2011, 856 (861 f.) m.w.N.

296 Zur Haftung des Geschäftsführers für existenzvernichtende Eingriffe und dem Verhältnis dieser Haftung zur Haftung der Gesellschafter *Lutter/Banerjea*, ZIP 2003, 2177.

297 BGH v. 16.7.2007 – II ZR 3/04 – Trihotel, BGHZ 173, 246 Rz. 38 = AG 2007, 657 = ZIP 2007, 1552; bestätigend BGH v. 23.4.2012 – II ZR 252/10 – Wirtschaftsakademie, GmbHR 2012, 740 Rz. 22 = ZIP 2012, 1071.

298 So auch *Bayer* in Lutter/Hommelhoff, § 13 GmbHG Rz. 43; *Liebscher* in MünchKomm/GmbHG, 3. Aufl. 2018, Anh. § 13 GmbHG Rz. 575 f.

299 *Altmeppen* in Roth/Altmeppen, § 13 GmbHG Rz. 105; *Liebscher* in MünchKomm/GmbHG, 3. Aufl. 2018, Anh. § 13 GmbHG Rz. 599.

300 *Bayer/Lieder*, WM 2006, 1 (8 f.); *J. Vetter*, BB 2007, 1965 (1969); *Altmeppen* in Roth/Altmeppen, § 13 GmbHG Rz. 104, 114; für eine direkte Haftung aus § 826 BGB der BGH v. 24.6.2002 – II ZR 300/00 – KBV, BGHZ 151, 181 (185) = GmbHR 2002, 902 ff. mit Anm. *Schröder* und *Paefgen*, DB 2007, 1911.

301 Näher *Bayer* in Lutter/Hommelhoff, § 13 GmbHG Rz. 44, 46 a.E. m.w.N.

302 *Altmeppen* in Roth/Altmeppen, Anh. § 13 GmbHG Rz. 105.

303 Ausführlich *Prütting*, ZGR 2015, 849 ff.

bb) Abhängige (operative) AG

8.88 Während bis zur Aufgabe des konzernrechtlichen Haftungsmodells die ganz h.M. im Aktienrecht auf dem Standpunkt stand, dass sich die für das GmbH-Recht entwickelten Grundsätze über eine Haftung im qualifiziert faktischen Konzern auf das Aktienrecht übertragen lassen[304], ist heute ungeklärt, ob durch das neue Modell der existenzvernichtenden Haftung auch das **Verbot der qualifiziert faktischen Konzernierung** im Aktienrecht aufgegeben ist. Nach wohl nach wie vor h.A. sollen die qualifizierten, nicht durch Einzelausgleich ausgleichbaren Nachteilszufügungen bei abhängigen Aktiengesellschaften weiterhin rechtswidrig sein und durch eine analoge Anwendung der §§ 302, 303 AktG, also eine uneingeschränkte Verlustausgleichspflicht der Mutter (Holding), sanktioniert werden[305]. Nach der Gegenmeinung soll hingegen auch in der Aktiengesellschaft nur noch das neue Haftungsmodell des existenzvernichtenden Eingriffs zur Anwendung kommen[306]. Der BGH hat die Streitfrage bislang ausdrücklich offen gelassen[307].

8.89 Die besseren Argumente sprechen **für die Beibehaltung der Rechtsfigur** der qualifizierten faktischen Konzernierung im Aktienrecht und deren Unzulässigkeit. Denn im Unterschied zum GmbH-Recht hat der Gesetzgeber für die AG ein Sonderrecht geschaffen und Benachteiligungen der abhängigen AG nur nach Maßgabe der §§ 311, 317 AktG zugelassen. Sind diese Vorschriften hingegen nicht mehr funktionsfähig, d.h. das Konzept des Einzelausgleichs nachteiliger Maßnahmen nicht mehr praktizierbar, dann sind nachteilige Eingriffe nach geltendem Aktienrecht unzulässig. Die abhängige AG ist somit schon im Vorfeld einer möglichen „Existenzvernichtung" geschützt: Zum einen durch den Anspruch analog § 302 AktG auf Verlustausgleich, zum anderen – im Falle von Minderheitsaktionären – durch einen Unterlassungsanspruch[308]. Allein diese Sichtweise dürfte auch der Rechtsprechung des BVerfG entsprechen[309].

VI. Durchgriff: Die Aufgabe des Trennungsprinzips als Ultima Ratio

1. Überblick

8.90 Das Trennungsprinzip und der Grundsatz der auf das Gesellschaftsvermögen beschränkten Haftung (Rz. 8.9) ist eine **Zweckentscheidung** der Rechtsordnung zur Förderung unternehmerischen Handelns mit Haftungsprivileg für die Gesellschafter und erhöhtem Risiko für die Gläubiger[310]. Ein Haftungsdurchgriff kommt insbesondere und speziell im GmbH-Recht dann und deshalb in Betracht, weil der (alternative) Ansatz einer Treupflichtverletzung des (herrschenden) Gesellschafters ausscheidet, wenn es sich um eine Einpersonen-GmbH handelt oder die Mitgesellschafter mit der Schädigung der GmbH einverstanden sind (dazu bereits Rz. 8.78).

---

304 Vgl. nur *Hüffer*, 5. Aufl. 2002 § 311 AktG Rz. 11; *Timm*, NJW 1987, 977 (978 ff.); *Wiedemann*, Unternehmensgruppe, S. 77 ff.; *Zöllner* in GS Knobbe-Keuk, 1997, S. 369 ff.

305 So OLG Köln v. 15.1.2009 – 18 U 205/07, AG 2009, 416 (418 f.) = ZIP 2009, 1469; LG Köln v. 23.11.2007 – 82 O 214/06, AG 2008, 327 (334); *Bayer* in MünchKomm/AktG, 5. Aufl. 2019, § 18 AktG Rz. 11; *J. Vetter* in K. Schmidt/Lutter, § 317 AktG Rz. 47 ff.; *Müller* in Spindler/Stilz, vor § 311 AktG Rz. 25 ff.; *Krieger* in MünchHdb/AG, § 69 Rz. 142 ff.

306 So etwa OLG Stuttgart v. 30.5.2007 – 20 U 12/06, ZIP 2007, 1210 (1213) = AG 2007, 633; *Hüffer* in FS Goette, S. 192 (200 ff.); *Liebscher* in Beck'schesHdb/AG, § 14 Rz. 90; vgl. auch *Lutter/Trölitzsch* in der 4. Aufl. Rz. 60 (allerdings zur früheren „Durchgriffshaftungskonstruktion"). Ähnlich, aber weitergehend Schadenspauschalierungen befürwortend, *Altmeppen* in MünchKomm/AktG, 5. Aufl. 2020, Anh. § 317 AktG Rz. 14 ff., 22 ff.

307 BGH v. 25.6.2008 – II ZR 133/07 – Züblin/Strabag, AG 2008, 779 f. = ZIP 2008, 1872; ebenso OLG Zweibrücken v. 25.4.2005 – 3 W 255/04, ZIP 2005, 948 (950).

308 So richtig *Schall* in FS Stilz, 2014, S. 537 (550 ff.).

309 Vgl. BVerfG v. 7.9.2011 – 1 BvR 1460/10, ZIP 2011, 2094 Rz. 19 ff. = AG 2011, 873.

310 Eingehend *Bitter* in Scholz, 12. Aufl. 2018, § 13 GmbHG Rz. 60 ff.

2. Einzelheiten des Haftungsdurchgriffs und Fallgruppen

a) Vermögensvermischung

In Rechtsprechung[311] und Literatur[312] weitgehend *anerkannt* ist die Vermögensvermischung als Anwendungsfall des Durchgriffs. Wird das Trennungsprinzip missachtet, d.h. Privatvermögen und Gesellschaftsvermögen vermischt, so kann sich der betroffene Gesellschafter den Gläubigern gegenüber nicht mehr auf das Prinzip der Vermögenstrennung berufen (h.M.). *Voraussetzung* für die Annahme einer solchen Vermögensvermischung ist, dass eine Zuordnung der Vermögensgegenstände in den verschiedenen Rechtsträgern generell unmöglich ist, die Vermögensabgrenzung zwischen Gesellschaft und Gesellschaftern etwa durch falsche oder unzureichende Buchführung („Waschkörbe") oder in sonstiger Weise allgemein verschleiert worden ist, sodass insbesondere die Beachtung der Vorschriften zur Kapitalerhaltung unkontrollierbar wird[313]; bloße Vermögensbewegungen, die ordnungsgemäß verbucht sind, genügen hierfür nicht[314]. *Rechtsfolge:* Persönliche **Haftung analog § 128 HGB**. Die persönliche Haftung trifft aber nur denjenigen, der die Vermischung veranlasst, gefördert oder von ihr Kenntnis hat (auch den Treugeber im Hintergrund!)[315], nicht den ahnungslosen Minderheitsgesellschafter[316]; es handelt sich vielmehr um eine *Verhaltenshaftung*[317]. Ob die Stellung als einflussreicher Gesellschafter als solche ausreicht[318], erscheint eher zweifelhaft. 8.91

b) Unterkapitalisierung

In der Literatur[319] wird weiter die materielle (nicht formelle!) Unterkapitalisierung kontrovers diskutiert: Statten die Gesellschafter die Gesellschaft mit *völlig unzureichenden Mitteln* aus, sodass diese jederzeit und beim kleinsten wirtschaftlichen Stoß insolvent werden kann, so widerspricht das dem 8.92

311 BGH v. 16.9.1985 – II ZR 275/84 – Autokran, BGHZ 95, 330 (332) = ZIP 1985, 1263 = GmbHR 1986, 78; BGH v. 13.4.1994 – II ZR 16/93, BGHZ 125, 366 (368) = ZIP 1994, 867 = GmbHR 1994, 390; BGH v. 14.11.2005 – II ZR 178/03, BGHZ 165, 85 = ZIP 2006, 467 = GmbHR 2006, 426; BGH v. 16.7.2007 – II ZR 3/04 – Trihotel, BGHZ 173, 246 Rz. 27 = ZIP 2007, 1552 = GmbHR 2007, 927; BAG v. 15.1. 1991 – 1 AZR 94/90, AG 1991, 434 = ZIP 1991, 884 = GmbHR 1991, 413; BSG v. 27.9.1994 – 10 RAr 1/92, AG 1995, 279 = ZIP 1994, 1944 = GmbHR 1995, 46.

312 *Raiser* in Habersack/Casper/Löbbe, 3. Aufl. 2019, § 13 GmbHG Rz. 124 ff.; *Bitter* in Scholz, 12. Aufl. 2018, § 13 GmbHG Rz. 131 ff.; *Fastrich* in Baumbach/Hueck, § 13 GmbHG Rz. 45; *Wiedemann*, ZGR 2003, 283 (288); *Strohn*, ZInsO 2008, 706 (711); insoweit auch *Altmeppen* in Roth/Altmeppen, § 13 GmbHG Rz. 136; a.A. *Ehricke*, AcP 199 (1999), 257 (289 ff.); zweifelnd auch *Wagner* in FS Canaris II, 2007, S. 473 (496).

313 BGH v. 16.9.1985 – II ZR 275/84 – Autokran, BGHZ 95, 330 (334) = GmbHR 1986, 78 (81 f.) = ZIP 1985, 1263 und BGH v. 14.11.2005 – II ZR 178/03, BGHZ 165, 85 (91) = GmbHR 2006, 426 (428) m. Anm. *Schröder*; OLG Celle v. 29.8.2001 – 9 U 120/01, GmbHR 2001, 1042; ThürOLG v. 28.11.2001 – 4 U 234/01 (114), GmbHR 2002, 112; *Stimpel* in FS Goerdeler, 1987, S. 615; *Raiser* in FS Lutter, 2000, S. 637 (644 ff.); *Bitter* in Scholz, 12. Aufl. 2018, § 13 GmbHG Rz. 132.

314 BGH v. 12.11.1984 – II ZR 250/83, GmbHR 1985, 80 (81) = ZIP 1985, 29.

315 BGH v. 13.4.1994 – II ZR 16/93, BGHZ 125, 366 (369) = GmbHR 1994, 390 (391) = ZIP 1994, 867; KG v. 4.12.2007 – 7 U 77/07, ZIP 2008, 1535 = GmbHR 2008, 703; *Bitter* in Scholz, 12. Aufl. 2018, § 13 GmbHG Rz. 133.

316 BGH v. 13.4.1994 – II ZR 16/93, BGHZ 125, 366 (368) = GmbHR 1994, 390 (391) = ZIP 1994, 867; BGH v. 14.11.2005 – II ZR 178/03, BGHZ 165, 85 LS 2 = GmbHR 2006, 426; *Fastrich* in Baumbach/Hueck, § 13 GmbHG Rz. 45; *Steffek*, JZ 2009, 77 (84).

317 BGH v. 14.11.2005 – II ZR 178/03, BGHZ 165, 85 = ZIP 2006, 467 = GmbHR 2006, 426; *Weller/Discher* in Bork/Schäfer, § 13 GmbHG Rz. 36; *Raiser* in FS Lutter, 2000, S. 637 (645); *Bitter* in Scholz, 12. Aufl. 2018, § 13 GmbHG Rz. 133 m.w.N.

318 Wie das der BGH v. 13.4.1994 – II ZR 16/93, GmbHR 1994, 390 (391) angedeutet hat; dazu *K. Schmidt*, ZIP 1994, 837 (840).

319 Vgl. nur *Ehricke*, AcP 199 (1999), 257 (275 ff.); *Wiesner*, S. 59 ff.; *Raiser* in Habersack/Casper/Löbbe, 3. Aufl. 2019, § 13 GmbHG Rz. 130 ff.; *Bitter* in Scholz, 12. Aufl. 2018, § 13 GmbHG Rz. 138 ff.

objektiven Zweck des § 13 Abs. 2 GmbHG bzw. die Gesellschafter missbrauchen objektiv die Rechtsform der GmbH[320]; denn normative Funktion des Kapitals ist die Bildung eines Finanzpolsters, mit dem Verluste aufgefangen und ein jederzeitiges Abrutschen der GmbH in die Insolvenz verhindert werden soll. Daher muss die Höhe des Kapitals wenigstens in äußersten Grenzen („völlig unvertretbar") dem wirtschaftlichen Risiko und Betrieb der betreffenden GmbH entsprechen[321]. Dieses Verbot völlig unzureichender Kapitalausstattung gilt nicht nur bei Gründung der GmbH; schließlich benötigt auch eine wachsende GmbH ein mitwachsendes Finanzpolster. Wird dem nicht Rechnung getragen, so besteht kein Unterschied zu einer von Anfang an unterkapitalisierten GmbH.

8.93 Weitere *Voraussetzung* ist die *Insolvenz* der Gesellschaft; denn solange diese ihren Verpflichtungen nachkommt, besteht auch kein Bedürfnis nach zusätzlicher Haftung der Gesellschafter. *Rechtsfolge* ist die persönliche Haftung der Gesellschafter den Gläubigern gegenüber entsprechend § 128 HGB[322] (Rz. 8.91).

8.94 Die **Rechtsprechung** war und ist hier **zurückhaltend** bis ablehnend. Der BGH hat diese Fallgruppe stets über § 826 BGB gelöst (vgl. Rz. 8.97) und nicht als Durchgriff behandelt[323]. Diese Sicht hat er in der GAMMA-Entscheidung vom 28.4.2008[324] ausdrücklich bestätigt. Man kann folglich sagen: die extreme Unterkapitalisierung wird von der Rechtsprechung allenfalls als Pflichtverletzung des oder der Gesellschafter gegenüber der Gesellschaft gesehen und führt nicht zur persönlichen Haftung der Gesellschafter, sondern zu ihrer Schadensersatzhaftung, also zur Leistung des Betrages, der zur vollen Befriedigung aller Gläubiger in der Insolvenz der Gesellschaft erforderlich ist (dazu auch Rz. 8.83)[325]. Unterkapitalisierung ist also aus der Sicht der Rechtsprechung *kein Anwendungsfall* des Durchgriffs[326], sondern allenfalls der unmittelbaren vorsätzlichen und sittenwidrigen Schädigung der Gläubiger[327].

8.95 In dieser Form mag die Rechtsfigur der Unterkapitalisierung an Bedeutung gewinnen, nachdem für die *UG* die Notwendigkeit eines Mindeststammkapitals faktisch aufgegeben ist[328]. Indes ließe sich aus dieser gesetzlichen Konzeption auch das Gegenteil schließen: Besteht schon nicht die Pflicht zu einer Ausstattung der GmbH mit einem betriebsnotwendigen Mindestkapital und somit gar keine normative Vorgabe zur Höhe der Eigenkapitalausstattung, kann a fortiori keine „angemessene" Kapitalausstattung gefordert werden[329].

c) Sphärenvermischung

8.96 Dieser praktisch unbedeutende Tatbestand des Durchgriffs liegt vor, wenn die Trennung von Gesellschaft und Gesellschaftern verschleiert wird (Führung ähnlicher Firmen, gleiche Geschäftsräume, gleiches Personal), wenn also im organisatorischen Bereich die Sphären von Gesellschaft und Gesell-

---

320 *Bayer* in Lutter/Hommelhoff, § 13 GmbHG Rz. 20; *Bitter* in Scholz, 12. Aufl. 2018, § 13 GmbHG Rz. 139 ff., 143 ff., 147; *Wiedemann*, ZGR 2003, 283 (295 f.); *Stimpel* in FS Goerdeler, 1987, S. 601 (609 ff.); sehr anschaulich mit umfangreichen Nachweisen BSG v. 7.12.1983 – 7 RAr 20/82, ZIP 1984, 1217 = NJW 1984, 2117; ablehnend indes etwa *Veil*, NJW 2008, 3264 (3265 f.); *Weber/Sieber*, ZInsO 2008, 952 (955 ff.).

321 *Lutter*, DB 1994, 129 m.w.N.; vgl. weiter *Bitter*, ZIP 2010, 1 ff.; *Hölzle*, ZIP 2010, 913 f.

322 A.A. *K. Schmidt*, GesR, § 9 IV 5, S. 243; *Eckhold*, S. 621 ff.: sog Innenhaftung der Gesellschaft gegenüber.

323 BGH v. 4.5.1977 – VIII ZR 298/75, BGHZ 68, 312 (315).

324 BGH v. 28.4.2008 – II ZR 264/06 – GAMMA, BGHZ 176, 204 Rz. 15 ff. und LS 2 = GmbHR 2008, 805 = AG 2008, 542; dazu auch *Altmeppen*, ZIP 2008, 1201 ff.; *Kleindiek*, NZG 2008, 686 ff.; *Veil*, NJW 2008, 3264 ff.; *Ulrich*, GmbHR 2008, 810 ff.

325 Kritisch zur Rspr. jüngst *Bitter* in Scholz, 12. Aufl. 2018, § 13 GmbHG Rz. 145, 147.

326 Ebenso *Heermann*, S. 11 ff. und *Wiesner*, S. 59 ff.; ähnlich *G. H. Roth*, ZGR 1993, 170 (198 ff.).

327 So *Altmeppen*, ZIP 2008, 1201 (1205 f.); *Heeg/Manthey*, GmbHR 2008, 798 (800 f.).

328 Ähnlich *Raiser* in FS Priester, 2007, S. 619 (627); vgl. auch *Habersack*, ZGR 2008, 533 (559).

329 In diesem Sinne *Gloger/Goette/Japing*, ZInsO 2008, 1051 (1055 f.); mit Hinweis auf das Gesetzgebungsverfahren zum MoMiG auch *Kleindiek*, NZG 2008, 686 (688); ausführlich *Röck*, S. 122 ff.

schaftern nicht unterschieden werden können[330]. In der *Literatur* wird indes zunehmend und zu Recht bezweifelt, ob überhaupt eine Lücke im Gesetz vorliege, da man die fraglichen Fälle nach den allgemeinen Regeln der Auslegung, der Vertretung und des Rechtsscheins lösen könne[331].

d) Haftung aus Existenzvernichtung

Von der Rechtsprechung ursprünglich als Durchgriffshaftungstatbestand konzipiert, wird die Existenzvernichtungshaftung vom II. Zivilsenat des BGH heute als Innenhaftungstatbestand gesehen und auf § 826 BGB gestützt. Die Meinungen im Schrifttum sind gespalten (ausf. Rz. 8.83). 8.97

VII. Durchsetzung der Ansprüche und Anspruchskonkurrenzen

1. Durchsetzung der Ansprüche

In diesem Überblick über mögliche Haftungsansprüche gegenüber der Holding ist bisher die in der Praxis überaus bedeutsame Frage ausgeklammert worden, **von wem** (der abhängigen operativen Gesellschaft, ihren Minderheitsgesellschaftern oder deren Gläubigern) und **unter welchen Voraussetzungen** (schon zu „Lebzeiten" der einzelnen operativen Gesellschaft oder erst nach deren Insolvenz?) die Ansprüche im Einzelnen geltend gemacht werden können. Auch hier liegt die Differenzierung zwischen allgemeinen, beteiligungsspezifischen und leitungsspezifischen Tatbeständen nahe: 8.98

Im Falle eigener **vertraglicher oder deliktischer Haftung** der Holding haftet zunächst einmal diese ihren Vertragspartnern bzw. den von ihr Geschädigten. Das werden in aller Regel die Gläubiger sein, nur in Fällen einer Haftung wegen Schädigung der operativen Gesellschaft (etwa nach § 823 Abs. 1 oder § 826 BGB) ist diese selbst anspruchsberechtigt. Auf diese Ansprüche können die Gläubiger außerhalb eines Insolvenzverfahrens dann nur im Wege der Pfändung und Überweisung (§§ 829, 835 ZPO) Zugriff nehmen, in der Insolvenz müssen sie ihre Forderungen zur Insolvenztabelle anmelden. 8.99

Bei einer Haftung nach **§ 117 AktG** regeln § 117 Abs. 1 Satz 1 und 2 und Abs. 5 AktG[332] für alle drei Gruppen möglicher Anspruchssteller Wege, einen Anspruch geltend zu machen; daneben bleibt für die Gläubiger ein Vorgehen gegen die AG durch Klage mit Vollstreckung durch Pfändung und Überweisung eines der AG zustehenden Ersatzanspruchs zulässig[333]. 8.100

Während also die allgemeinen Haftungstatbestände dadurch gekennzeichnet werden können, dass sie in erster Linie Gläubigeransprüche sind, entstehen die **beteiligungsspezifischen Haftungstatbestände** außerhalb einer Insolvenz nur in der Hand der betroffenen abhängigen (operativen) **Gesellschaft** selbst. Das wird für das Kapitalerhaltungsrecht in § 31 Abs. 1 GmbHG und § 62 Abs. 1 AktG ausdrücklich klargestellt. 8.101

Für eine Geltendmachung von Rückgewähransprüchen durch **Gläubiger** sieht das Aktiengesetz in § 62 Abs. 2 Satz 1 AktG[334] zwar die Möglichkeit der Prozessstandschaft, also der Geltendmachung 8.102

330 BGH v. 26.11.1957 – VIII ZR 301/56, WM 1958, 463; OLG Nürnberg v. 26.5.1983 – 3 U 276/54, WM 1955, 1566; *Fastrich* in Baumbach/Hueck, § 13 GmbHG Rz. 46; *Weller/Discher* in Bork/Schäfer, § 13 GmbHG Rz. 37; *Raiser* in Habersack/Casper/Löbbe, 3. Aufl. 2019, § 13 GmbHG Rz. 129; *Bitter* in Scholz, 12. Aufl. 2018, § 13 GmbHG Rz. 136.

331 *Ehricke*, AcP 199 (1999), 257 (299 f.); *Raiser* in Habersack/Casper/Löbbe, 3. Aufl. 2019, § 13 GmbHG Rz. 129; *Bitter* in Scholz, 12. Aufl. 2018, § 13 GmbHG Rz. 137; vgl. auch schon *Lutter*, ZGR 1982, 244 (251 f.).

332 § 117 Abs. 5 AktG gibt den Gläubigern keinen eigenen Anspruch, sondern eröffnet ihnen nur im Weg der gesetzlichen Prozessstandschaft eine erleichterte Möglichkeit, den Anspruch selbst einzuklagen.

333 So für die insoweit entsprechende Regelung in § 93 Abs. 5 AktG, Hüffer/Koch, § 93 AktG Rz. 83; vgl. auch *Witt* in K. Schmidt/Lutter, § 117 AktG Rz. 22.

334 Dazu *Drygala* in KölnKomm/AktG, 3. Aufl. 2010, § 62 AktG Rz. 99 ff.; Hüffer/Koch, § 62 AktG Rz. 15 f.

eines fremden Rechts im eigenen Namen vor; die Gläubiger können aber nur Leistung an die AG verlangen[335]. Das GmbH-Recht kennt eine solche Möglichkeit nicht. Auf Erstattungsansprüche nach § 31 Abs. 1 GmbHG können die Gläubiger aber im Wege der Pfändung und Überweisung zugreifen, wobei es (im Gegensatz zum Kapitalaufbringungsrecht) kein Erfordernis einer vollwertigen Gegenleistung geben soll[336].

8.103 Als Notbehelf zur Durchsetzung von Ansprüchen der **GmbH**[337] außerhalb einer Insolvenz auch gegen den Willen der Verwaltung und des Mehrheitsgesellschafters (Holding) hat die Rechtsprechung die Möglichkeit einer sog. **actio pro socio** anerkannt[338], also der Klage eines einzelnen Gesellschafters auf Leistung an die operative Gesellschaft. Dazu besteht ein Bedürfnis, wenn die Geschäftsführer bestehende Ansprüche auf normalem Wege (§ 46 Nr. 8 GmbHG) nicht durchsetzen können, weil etwa der Mehrheitsgesellschafter (Holding) seine Zustimmung verweigert. Erfasst werden nach h.M. nur mitgliedschaftliche Ansprüche der GmbH (sog. Sozialansprüche)[339], hingegen nicht Ansprüche aus Drittgeschäften[340]. Dogmatisch umstritten ist, ob es sich um einen eigenen Anspruch des Gesellschafters auf Leistung an die GmbH handelt[341], oder ob der Gesellschafter den Anspruch der GmbH nur im Wege der (quasi-)gesetzlichen Prozessstandschaft geltend macht[342]. Voraussetzung ist grundsätzlich[343], dass der klagende Gesellschafter zunächst versucht, einen Beschluss gem. § 46 Nr. 2, 8 GmbHG herbeizuführen[344]. Die actio pro socio gilt auch für die Geltendmachung der Rückforderungsansprüche nach § 31 GmbHG[345].

8.104 In der **Insolvenz** können die Ansprüche der operativen Gesellschaft nach § 31 Abs. 1 GmbHG oder § 62 Abs. 2 Satz 1 AktG nur vom Insolvenzverwalter geltend gemacht werden. Dies gilt auch im Hinblick auf Gesellschafterdarlehen, die in der kritischen Zeit zurückbezahlt wurden.

8.105 Die **leitungsspezifischen Ansprüche** aus § 302 AktG, §§ 311, 317, 318 AktG oder aus Treupflichtverletzungen stehen an sich nur der abhängigen operativen GmbH zu. Diese Ansprüche können sich die Gläubiger zu Nutze machen, indem sie sie wegen ihrer Forderung pfänden und überweisen lassen. Ansprüche aus den §§ 317, 318 AktG können von den Gläubigern und „jedem Aktionär" zudem unter bestimmten Voraussetzungen in Prozessstandschaft für die Gesellschaft geltend gemacht wer-

335 *Bayer* in MünchKomm/AktG, 5. Aufl. 2019, § 62 AktG Rz. 83 ff., 89 ff.

336 So BGH v. 29.9.1977 – II ZR 157/76, BGHZ 69, 274 (283); bestätigend BGH v. 29.5.2000 – II ZR 118/98, BGHZ 144, 336 (340) = ZIP 2000, 1251; ebenso *Hommelhoff* in Lutter/Hommelhoff, § 31 GmbHG Rz. 4 m.w.N.

337 Nicht für Ansprüche der AG; vgl. §§ 147, 148 AktG; näher *Casper* in Spindler/Stilz, Vorbem. zu §§ 241 ff. AktG Rz. 29.

338 Grdl. BGH v. 5.6.1975 – II ZR 23/74 – ITT, BGHZ 65, 15 (21); vgl. weiter ThürOLG v. 12.8.2015 – 2 U 219/15, GmbHR 2015, 1267 (1269); OLG Düsseldorf v. 10.3.2016 – I-6 U 89/15, GmbHR 2016, 542; dazu ausführlich *Bayer*, GmbHR 2016, 505 ff.; vgl. weiter *Bayer* in Lutter/Hommelhoff, § 13 GmbHG Rz. 51 ff.; *K. Schmidt* in Scholz, 11. Aufl. 2014, § 46 GmbHG Rz. 161; *Verse* in FS Uwe H. Schneider, 2011, S. 1325 ff.; vgl. auch schon *Lutter*, AcP 180 (1980), 80 (135 ff.) und ZGR 1982, 244 (268 ff.).

339 Vgl. zu weiteren Einzelheiten nur *Bayer* in Lutter/Hommelhoff, § 13 GmbHG Rz. 53 m.w.N.; ebenso *K. Schmidt* in Scholz, 11. Aufl. 2014, § 46 GmbHG Rz. 161.

340 *Bayer* in Lutter/Hommelhoff, § 13 GmbHG Rz. 53; *Fastrich* in Baumbach/Hueck, § 13 GmbHG Rz. 38.

341 So etwa *Lutter*, ZHR 162 (1988), 80 ff.; *Altmeppen* in Roth/Altmeppen, § 13 GmbHG Rz. 17 m.w.N.

342 So die h.M., speziell die Rechtsprechung: OLG Düsseldorf v. 28.10.1993 – 6 U 160/92, GmbHR 1994, 172 (175) = ZIP 1994, 619; OLG Koblenz v. 8.4.2010 – 6 U 207/09, GmbHR 2010, 1043 (1044); *K. Schmidt* in Scholz, 11. Aufl. 2014, § 46 GmbHG Rz. 161; ausf. *Verse* in FS Uwe H. Schneider, 2011, S. 1325 (1328 ff.); eingehend auch *Bayer*, GmbHR 2016, 505, 510 m.w.N.

343 Zu Ausnahmen: BGH v. 29.11.2004 – II ZR 14/03, GmbHR 2005, 301 (302) = ZIP 2005, 320; *Bayer* in Lutter/Hommelhoff, § 13 GmbHG Rz. 55 m.w.N.

344 BGH v. 28.6.1982 – II ZR 199/81, ZIP 1982, 1203 (1204); BGH v. 25.3.1991 – II ZR 169/90, ZIP 1991, 580 = GmbHR 1991, 363; *Bayer* in Lutter/Hommelhoff, § 13 GmbHG Rz. 55 m.w.N.

345 *Hommelhoff* in Lutter/Hommelhoff, § 31 GmbHG Rz. 5 m.w.N.

den (§ 317 Abs. 4, § 318 Abs. 4 i.V.m. § 309 Abs. 4 AktG). Im Vertragskonzern haben die Gläubiger nach § 303 AktG die Möglichkeit, einen eigenen Anspruch geltend zu machen.

Bei qualifizierter Nachteilszufügung haben die Gläubiger einer abhängigen Aktiengesellschaft die Möglichkeit, die Ansprüche der Gesellschaft auf Verlustausgleich **analog § 302 Abs. 1 AktG** zu pfänden. Sie können außerdem etwaige Einzelansprüche der Gesellschaft aus §§ 317, 318 AktG geltend machen; diese sind jedoch – da eine qualifizierte Nachteilszufügung erst dann vorliegt, wenn ein Einzelausgleich unmöglich ist – stets Ansprüche, die nicht auf qualifizierten, sondern auf „gewöhnlichen" Einflussmaßnahmen beruhen[346]. 8.106

Die im GmbH-Recht an die Stelle der früheren Haftung im qualifiziert faktischen Konzern getretene Haftung wegen **Existenzvernichtung** ist heute eine Innenhaftung gegenüber der GmbH (Rz. 8.81) und kann daher nur vom Insolvenzverwalter geltend gemacht werden (Rz. 8.86). 8.107

Ein **Haftungsdurchgriff** auf einen Gesellschafter, also hier die Holding, kann ebenfalls nur in der Insolvenz und dort nur vom Insolvenzverwalter geltend gemacht werden. 8.108

Ist die operative Gesellschaft zwischenzeitlich aufgelöst und von ihr keine Zahlung mehr zu erlangen, haben die Gesellschafter unmittelbar für deren Verbindlichkeiten einzustehen[347]. 8.109

2. Anspruchskonkurrenzen

Unter Anspruchskonkurrenz[348] wird ein Sachverhalt verstanden, bei dem einem Gläubiger eine **Mehrheit selbstständiger**, auf im Wesentlichen die gleiche Leistung gerichteter **Ansprüche** aus demselben Sachverhalt aufgrund verschiedener Anspruchsgrundlagen zusteht, also z.B. das Zusammentreffen von vertraglichen und deliktischen Ansprüchen[349]. Im Grundsatz gilt dabei, dass sie alle nach ihren eigenen Voraussetzungen und Folgen nebeneinander zur Anwendung kommen (Selbständigkeitsregel), solange dies nicht dem Sinn und Zweck einer der einschlägigen Vorschriften zuwiderläuft. Angesprochen ist damit die Frage der (ausnahmsweisen) Spezialität bzw. Subsidiarität einzelner, möglicherweise kumulativ vorliegender Haftungstatbestände. Dies ist so lange kein Problem, wie die Ansprüche verschiedenen Personen zustehen, also etwa im Verhältnis der der operativen Gesellschaft zustehenden beteiligungsspezifischen zu den ihren Gläubigern zustehenden allgemeinen Haftungstatbeständen. 8.110

Betrachtet man alle genannten Haftungstatbestände, so reduziert sich das Problem der Anspruchskonkurrenz im Wesentlichen auf zwei Fälle: Zum einen gilt die schon genannte **Subsidiarität der Durchgriffshaftung** gegenüber allen anderen Haftungstatbeständen. 8.111

Zum anderen ist insbesondere das Verhältnis des Systems der **§§ 311 ff. AktG** mit ihrem „Schädigungsprivileg" für das herrschende Unternehmen (Holding) zu den anderen Haftungstatbeständen zu beachten (dazu schon Rz. 8.19 ff., 8.72): Hier gilt, dass bei Vorliegen der Voraussetzungen des § 311 AktG die allgemeinen Vorschriften des Aktiengesetzes **verdrängt** werden; dies gilt gegenüber dem Verbot der Einlagenrückgewähr (§§ 57, 60 AktG)[350], der Haftungsvorschrift des § 117 8.112

---

346 So *Habersack* in Emmerich/Habersack, Anh. § 317 AktG Rz. 24.

347 BGH v. 23.9.1991 – II ZR 135/90, BGHZ 115, 187 (198 ff.) = AG 1991, 429 = ZIP 1991, 1354; OLG München v. 21.4.1994 – 29 U 3177/93, NJW 1994, 2900 (2901) = ZIP 1994, 1776.

348 Dazu schon *Lutter*, ZGR 1982, 244, 271 f.

349 *Mansel* in Jauernig, 17. Aufl. 2018, § 241 BGB Rz. 14 ff.; *Bachmann* in MünchKomm/BGB, 8. Aufl. 2019, § 241 BGB Rz. 35 ff.

350 LG Düsseldorf v. 22.12.1978 – 40 O 138/78, AG 1979, 290 (292); *Drygala* in KölnKomm/AktG, 3. Aufl. 2010, § 57 AktG Rz. 105; Hüffer/Koch, § 311 AktG Rz. 49; *Müller* in Spindler/Stilz, 4. Aufl. 2019, § 311 AktG Rz. 63; *Koppensteiner* in KölnKomm/AktG, 3. Aufl. 2004, § 311 AktG Rz. 161; teilw. abw. *Altmeppen* in MünchKomm/AktG, 5. Aufl. 2020, § 311 AktG Rz. 306; a.A. früher *Würdinger* in Großkomm/AktG, 3. Aufl. 1973, § 311 AktG Anm. 5.

AktG[351], aber auch für Ansprüche gegenüber der Verwaltung nach §§ 76, 93, 116 AktG[352]. Werden indes die Grenzen des § 311 AktG überschritten, so finden – neben der Haftung nach § 317 AktG – die anderen Haftungsvorschriften wieder Anwendung[353].

8.113 Bei der **GmbH** kommt dagegen eine Sperrung der Vorschriften über die Kapitalerhaltung durch das in den §§ 311 ff. AktG enthaltene „Schädigungsprivileg" schon mangels Anwendbarkeit dieser Vorschriften (Rz. 8.72) **nicht in Betracht**.

VIII. Schluss

8.114 Eine Haftung der Holding für die Schulden ihrer operativen Gesellschaften ist die **Ausnahme. Im Prinzip haftet die Holding nicht.** Etwas anderes gilt, wenn die Holding solche Pflichten insgesamt (sehr selten!)[354] oder bestimmten Gläubigern – etwa Banken – gegenüber (häufiger) rechtsgeschäftlich übernimmt.

Von Gesetzes wegen kommt eine Haftung in Betracht, wenn die Holding persönlich haftende Gesellschafterin einer operativen OHG oder KG ist (§ 128 HGB) oder wenn einer der **Durchgriffstatbestände** (Rz. 8.91 ff.) vorliegt.

8.115 Schließlich hat die Holding **mittelbar** – durch die Pflicht zum Verlustausgleich bei der operativen Gesellschaft – für deren Schulden einzustehen, wenn ein Beherrschungs- oder Gewinnabführungsvertrag besteht, und sie muss mit dem Verlust von Gesellschafterdarlehen (an die operative Gesellschaft) rechnen, sobald diese in wirtschaftliche Schwierigkeiten gerät (ausf. Rz. 8.42 ff.).

8.116 Alle diese Ausnahmetatbestände können von der Holding durch sorgfältige und korrekte Führung vermieden oder aber gezielt und überlegt (Schuldübernahme, Bürgschaft, Beherrschungs- oder Gewinnabführungsvertrag, Gesellschafterdarlehen) übernommen werden.

8.117 Die Haftung der Holding für die Schulden ihrer operativen Gesellschaften ist also kein „Gruselkabinett", sondern ein gut beherrschbarer Sachverhalt[355]. Dabei sollte die Rücksichtnahme auf die Interessen der operativen Gesellschaften, mit deren Fähigkeit zur Bedienung ihrer Schulden, das bestimmende Moment sein.

---

351 Zu den Konkurrenzen des § 117 AktG mit anderen Ansprüchen Hüffer/Koch, § 117 AktG Rz. 14; *Wiesner* in MünchHdb/AG, § 27 Rz. 16 ff.

352 *Koppensteiner* in KölnKomm/AktG, 3. Aufl. 2004, § 311 AktG Rz. 142, 160; *Müller* in Spindler/Stilz, 4. Aufl. 2019, § 311 AktG Rz. 62; *Ulmer* in FS Hüffer 2010, S. 999 (1002 f.).

353 *Krieger* in MünchHdb/AG, § 70 Rz. 137; Hüffer/Koch, § 317 AktG Rz. 17.

354 Die Deutsche Bank AG hat in den frühen 1980er Jahren mehrfach in ihren jährlichen Geschäftsberichten erklärt, sie stehe für die Verbindlichkeiten ihrer Beteiligungsgesellschaften anteilsmäßig ein.

355 Zu den speziellen Haftungsrisiken beim Cash Management: unten *J. Vetter/Lauterbach* Rz. 11.9 ff.; vgl. auch noch *Bayer* in FS Lutter, 2000, S. 1011 ff.

Teil III
Finanzwirtschaft und Rechnungslegung

§ 9 Die Rechnungslegung der Holding

I. Einführung
1. Begriff der Rechnungslegung 9.1
2. Grundzüge des Bilanzrechts 9.7
a) Zweck des Jahresabschlusses 9.13
b) Umfang der Rechnungslegung 9.17
3. Unternehmensverbindungen im Bilanzrecht 9.29
a) Beteiligungen 9.30
aa) Begriff und Merkmale 9.31
bb) Beteiligungsvermutung 9.43
b) Verbundene Unternehmen 9.49
c) Unternehmensanteile im Konzernabschluss 9.58

II. Jahresabschluss und Lagebericht der Holding 9.62
1. Die Bilanz der Holding
a) Bilanzierung und Gliederung
aa) Allgemein 9.67
bb) Finanzanlagevermögen 9.77
cc) Forderungen und Verbindlichkeiten 9.93
dd) Latente Steuern 9.96
b) Die Bewertung der Bilanzposten
aa) Allgemeine Grundsätze 9.100
bb) Bewertung des Finanzanlagevermögens 9.109
2. Die Gewinn- und Verlustrechnung der Holding 9.116
3. Anhang 9.124
a) Angaben zu Beteiligungen 9.126
b) Meldepflichten für Beteiligungen ... 9.132
c) Sonstige Angaben im Anhang 9.135
4. Der Lagebericht 9.137

III. Holdingtypische Abschlussposten . 9.141
1. Anteile an verbundenen Unternehmen und andere Beteiligungen
a) Zugänge und Abgänge 9.142
b) Bewertung
aa) Zugangsbewertung 9.162
bb) Folgebewertung 9.194
2. Ausleihungen
a) Begriff und Gliederung 9.214
b) Bewertung 9.220
3. Wertpapiere des Anlagevermögens . 9.227
4. Holdingtypische Rückstellungen
a) Rückstellungen aufgrund von Unternehmensverträgen 9.234
b) Rückstellungen zur Absicherung finanzieller Risiken 9.241
5. Bilanzierung von Bewertungseinheiten 9.242
6. Finanzerträge und Finanzaufwendungen 9.252
a) Erträge aus Beteiligungen 9.253
b) Erträge aus Gewinnabführung und Aufwendungen aus Verlustübernahme 9.268
c) Erträge aus anderen Wertpapieren und aus Ausleihungen 9.275
d) Abschreibungen auf Finanzanlagen und auf Wertpapiere des Umlaufvermögens 9.278
e) Sonstige Zinsen 9.283

IV. Der HGB-Konzernabschluss der Holding
1. Überblick 9.299
a) Rechtliche Grundlagen 9.302
b) Pflicht zur Konzernrechnungslegung 9.306
c) Inhalt und Zweck der Konzernrechnungslegung 9.314
d) Der Konsolidierungskreis 9.323
2. Bilanzierung und Bewertung im Konzernabschluss
a) Einheitliche Bilanzierung und Bewertung 9.325
b) Latente Steuern aus Konsolidierung . 9.334
3. Konsolidierungsmaßnahmen 9.337
a) Kapitalkonsolidierung 9.339
aa) Erstkonsolidierung 9.341
bb) Folgekonsolidierung 9.348
cc) Entkonsolidierung 9.351
dd) Quotenkonsolidierung 9.352
b) Sonstige Konsolidierungsschritte ... 9.354
c) Assoziierte Unternehmen 9.357
4. Weitere Bestandteile des Konzernabschlusses
a) Die Kapitalflussrechnung 9.364
aa) Cashflow aus laufender Geschäftstätigkeit 9.371
bb) Cashflow aus der Investitionstätigkeit 9.375
cc) Cashflow aus der Finanzierungstätigkeit 9.378
dd) Finanzmittelfond 9.380
b) Eigenkapitalveränderungsrechnung . 9.381

c) Segmentberichterstattung 9.385
d) Konzernanhang 9.390
5. Der Konzernlagebericht 9.396

V. Konzernrechnungslegung nach IFRS

1. Einführung
a) Anwendungspflicht und IFRS-Regelwerk 9.408
b) Vergleich IFRS – HGB 9.413
2. Der IFRS-Abschluss
a) Inhalt und Mindestgliederung 9.418
aa) Die Bilanz 9.420
bb) Gesamtergebnisrechnung 9.422
cc) Sonstige Bestandteile 9.425
b) Bilanzierungsgrundsätze 9.429
c) Bewertung 9.438
aa) Der beizulegende Zeitwert ... 9.439
bb) Bewertung der Vermögenswerte 9.442
cc) Bewertung der Verbindlichkeiten 9.447
3. Finanzinstrumente 9.449
a) Begriff und Kategorien von Finanzinstrumenten 9.451
b) Bilanzierung 9.456
c) Bewertung 9.459
d) Sicherungsgeschäfte 9.466
4. Zur Veräußerung bestimmte Anlagewerte und aufgegebene Geschäftsbereiche 9.474
5. Der IFRS-Konzernabschluss
a) Grundsätze und Bestandteile 9.478
b) Aufstellungspflicht, Konsolidierungskreis 9.480
c) Ansatz und Bewertung 9.484
d) Konsolidierungsmaßnahmen 9.488
6. Einzelne Abschlussposten 9.498
a) Immaterielle Vermögenswerte 9.499
b) Sachanlagen 9.504
c) Leasingverhältnisse 9.508
d) Anteile an anderen Unternehmen .. 9.513
e) Ausleihungen 9.525
f) Wertpapiere des Anlagevermögens . 9.529
g) Vorratsvermögen 9.530
h) Rückstellungen 9.531
i) Versorgungsverpflichtungen 9.537
j) Erträge 9.542
k) (Latente) Steuern 9.545
7. Sonstige Regelungen 9.548

VI. Sonstige Erklärungen und Berichte
1. Vergütungsbericht 9.556
2. (Konzern-)Erklärung zur Unternehmensführung 9.558
3. Nichtfinanzielle (Konzern-)Erklärung
a) Berichtspflicht 9.564
b) Inhalt 9.567
c) Prüfung 9.572
4. Zahlungsberichte 9.575
5. Abhängigkeitsbericht 9.578
6. Zwischenberichterstattung 9.580

VII. Prüfung des Jahres- und des Konzernabschlusses
1. Prüfung und Prozess der Rechnungslegung 9.587
2. Prüfung durch den Abschlussprüfer
a) Unabhängigkeit des Abschlussprüfers 9.595
b) Auswahl und Bestellung des Abschlussprüfers 9.599
c) Prüfungsauftrag an den Abschlussprüfer 9.610
d) Prüfungsablauf 9.618
e) Bericht des Abschlussprüfers 9.620
3. Abschlussprüfung durch den Aufsichtsrat
a) Prüfungspflicht 9.626
b) Gegenstand der Prüfung 9.634
c) Bilanzsitzung und Prüfungsergebnis 9.639
d) Prüfung des Konzernabschlusses ... 9.644
e) Besondere Prüfungsanforderungen . 9.649

Literaturübersicht: Kommentare, Monografien: *Adler/Düring/Schmaltz*, Rechnungslegung und Prüfung der Unternehmen, 6. Aufl. 1997 (*ADS*); *Ammedick/Strieder*, Zwischenberichterstattung börsennotierter Gesellschaften, 2. Aufl. 2002; *Baetge/Kirsch/Thiele Breuer*, Beteiligungen an Personengesellschaften in der Handelsbilanz, 1994; *Baumbach/Hueck*, GmbHG, 22. Aufl. 2019; *Bertram/Brinkmann/Kessler/Müller* (Hrsg.), Haufe HGB Bilanz Kommentar, 4. Aufl. 2013 (Haufe HGB Bil-Komm); *Bridts*, Zwischenberichtspublizität, 1990; *Böcking/Gross/Oser/Scheffler/Thormann* (Hrsg.), Beck'sches Handbuch der Rechnungslegung, Loseblatt Stand 2019 (Beck HdR); *Claussen*, Verbundene Unternehmen, 1992; *Freidank* (Hrsg.), Rechnungslegungspolitik, 1998; *Gerum* (Hrsg.), Handbuch Unternehmung und Europäisches Recht, 1993; *Gräfer/Demming* (Hrsg.), Internationale Rechnungslegung, 1994; *Grottel/Schmidt/Schubert/Störk* (Hrsg.), Beck'scher Bilanzkommentar, 12. Auflage 2020 (Beck Bil-Komm); *Hasselbach/Nawroth/Rödding*, Beck'sches Holding Handbuch, 3. Aufl. 2020; *Hennrichs/Kleindiek/Watrin* (Hrsg.), Münchener Kommentar zum Bilanzrecht Band 2 HGB, 2013; *Herzig* (Hrsg.), Bewertung von Auslandsbeteiligungen, 1992; Hüffer/Koch, Aktiengesetz, 13. Aufl. 2018; *Institut der Wirtschaftsprüfer* (Hrsg.), Wirtschaftsprüfer-

Handbuch 2012, Band I, 14. Aufl. 2012 (WP-Handbuch I); *Institut der Wirtschaftsprüfer* (Hrsg.), Wirtschaftsprüfer-Handbuch 2014, Band II, 14. Aufl. 2014 (WP-Handbuch II); *Institut der Wirtschaftsprüfer* (Hrsg.), WP Handbuch, 16. Aufl. 2019 (WPH 2019); *Kessler/Kröner/Köhler* (Hrsg.), Konzernsteuerrecht, Organisation, Recht, Steuern, 2004 (Konzernsteuerrecht); *Knobbe-Keuk*, Bilanz- und Unternehmenssteuerrecht, 9. Aufl. 1993; *Küting/Pfitzer/Weber* (Hrsg.), Handbuch der Rechnungslegung, Einzelabschluss, 5. Aufl. Loseblatt Stand 2014 (KPW); *Küting/Weber*, Der Konzernabschluss, 13. Aufl. 2012 (KW); *Lutter/Hommelhoff*, GmbH-Gesetz, 18. Aufl. 2013; *Petersen/Zwirner/Brösel* (Hrsg.), Systematischer Praxiskommentar Bilanzrecht, 4. Aufl. 2020 (SPK Bilanzrecht); *Scheffler*, Konzernmanagement, 2. Aufl. 2005; *Scheffler*, Bilanzen richtig lesen, 10. Aufl. 2016; *Schulze-Osterloh/Hennrichs/Wüstemann* (Hrsg.), Handbuch des Jahresabschlusses, Loseblatt Stand 2019 (*HdJ*); *Schulte* (Hrsg.), Holding-Strategien, 1992; *Weber*, Grundsätze ordnungsmäßiger Bilanzierung für Beteiligungen, 1980; *Wiedmann/Böcking/Gross*, Bilanzrecht, 4. Auflage 2019.

Aufsätze: *Böhmer/Muschallik/Steinius-Gaukel*, Deregulierung der Quartalsberichterstattung in Deutschland, WPg 2019, 1266; *Bühner*, Aussagefähigkeit des Konzernabschlusses in der Managementholding, DB 1994, 437; *Fatemi*, Beteiligungstransparenz und Verluste von Aktionärsrechten, DB 2013, 2195; *Forster*, Überlegung zur Bildung von Rückstellungen für drohende Verluste aus Gewinnabführungsverträgen, in FS Stimpel, 1985, 759; *Gehrs/Wörmann/Peters*, Anteilmäßige Konsolidierung nach DRS 27, WPg 2019, 262; *Haker*, Warum die Ausschüttungssperre nach § 272 Abs. 5 HGB des BilRUG-RegE bei phasengleicher Dividendenrealisation ins Leere läuft, DB 2015, 510; *Herrmann*, Zur Bilanzierung von Personengesellschaften, WPg 1994, 500; *Hofbauer*, Zur Abgrenzung des bilanzrechtlichen Beteiligungsbegriffes, BB 1976, 1343; *Institut der Wirtschaftsprüfer*, HFA Stellungnahme 1/1991, WPg 1991, 334; *Institut der Wirtschaftsprüfer*, HFA Stellungnahme 1/1995, WPg 1995, 210; *Institut der Wirtschaftsprüfer* (Hrsg.), Holding und Organschaft: Bestandsaufnahme, Gestaltung, Perspektiven, WPg 2003, Sonderheft, 1; *Jonas*, Die Bilanzierung verlustbringender Organbeteiligungen, DB 1994, 1529; *Kahle/Hiller*, Anschaffungsnebenkosten beim Erwerb von Anteilen an Kapitalgesellschaften, DB 2014, 500; *Knepper*, Bilanzierung im qualifiziert faktischen Konzern, DStR 1993, 1613; *Küting*, Konzernrechnungslegung nach IFRS und HGB, DB 2012, 2821; *Lüders/Meyer/Kessel*, Der Begriff der Beteiligungen nach § 271 HGB, DB 1991, 1586; *Meier*, Zwischenberichtspublizität aus nationaler und internationaler Sicht, in Freidank/Tansky (Hrsg.), Accounting, Controlling and Finance, 2003, Abschn. I.6; *Nordmeyer*, Die Einbeziehung von Joint Ventures in den Konzernabschluss, WPg 1994, 301; *Oser*, Bilanzrechtliche Implikation qualifiziert faktischer Konzernierung im Spiegel des „TBB"-Urteil des BGH, WPg 1994, 312; *Oser/Philippsen/Sultana*, Konzernumlagen an Tochterunternehmen in der GuV einer Holding-Gesellschaft nach BilRUG, DB 2017, 1097; *Rimmelspacher/Fey*, Beendigung von Bewertungseinheiten im handelsrechtlichen Jahresabschluss, WPg 2013, 994 *Rimmelspacher/Reitmeier*, DRS 21: Neue Grundsätze für die handelsrechtliche Kapitalflussrechnung, WPg 2014, 789; *Rosenbaum/Gorny*, Bewertung von Beteiligungen im handelsrechtlichen Jahresabschluss, DB 2003, 837; *Roß/v.Behr*, DRS 26 „Assoziierte Unternehmen" – Überblick und kritische Würdigung, WPg 2018, 1347; *Ruhnke*, Zur Problematik der Bestimmung der Konzernherstellungskosten, WPg 1991, 377; *Ruhnke*, Erstellung einer internen Konzernrichtlinie, DB 1994, 893; *Scheffler*, Rechnungslegungspolitische Strategien für den Konzern, in Freidank (Hrsg.), Rechnungslegungspolitik, 1997, 567; *Scheffler*, Die Kapitalflussrechnung – Stiefkind in der deutschen Rechnungslegung, BB 2002, 295; *Schulte*, Konzernbilanzpolitik bei erstmaliger Einbeziehung von Tochterunternehmen, DB 1994, 153; *Serve*, Die Notwendigkeit zur Modifikation der Grundsätze ordnungsmäßiger Buchführung im Rahmen der Konzernrechnungslegung, WPg 1993, 653; *Thurnes/Vavra/Geilenkothen*, Betriebliche Altersversorgung im Jahresabschluss nach nationalen und internationalen Bilanzierungsgrundsätzen, DB 2013, 2817; *Zülch/Hölken*, Die „neue" (Konzern-)Lageberichterstattung nach DRS 20 – ein Anwendungsleitfaden, DB 2013, 2457; *Zülch/Popp/Teuteberg*, Die Bilanzierung von Beteiligungen an assoziierten Unternehmen sowie gemeinschaftsunternehmen auf der Basis des überarbeiteten IAS 28, WPg 2014, 34; *Zwirner*, Berücksichtigung von Synergieeffekten bei Unternehmensbewertungen, DB 2013, 2874.

Internationale Rechnungslegung: *Baetge/Wollmert/Kirsch/Oser/Bischof* (Hrsg.), Rechnungslegung nach IFRS, Loseblatt Stand 2019; Beck'sches IFRS-Handbuch, 6. Aufl. 2020; *Bieg/Hossfeld/Kußmaul/Waschbusch*, Handbuch der Rechnungslegung nach IFRS, 2. Aufl. 2009; *Böcking/Gross/Oser/Scheffler/Thormann* (Hrsg.), Beck'sches Handbuch der Rechnungslegung, Loseblatt Stand 2019; *Hakelmacher*, Die IFRS als literarisches Kunstwerk, WPg 2014, 227; *Hayn*, Die International Accounting Standards, WPg 1994, 713–721 und 749–755; *Hennrichs/Kleindiek/Watrin* (Hrsg.), Münchener Kommentar zum Bilanzrecht, Band 1 IFRS, Loseblatt Stand 2012; *Heuser/Theile*, IFRS-Handbuch, 6. Aufl. 2019; *Küting*, Konzernrechnungslegung nach IFRS und HGB, DB 2012, 2821; *Kuhn/Scharpf*, Rechnungslegung von Financial Instruments nach IAS 39, 3. Aufl. 2006; *Lüdenbach/Hoffmann* (Hrsg.), Haufe IFRS-Kommentar, 12. Aufl. 2014; *Pellens/Fülbier/Gassen/Sellhorn*, Internationale Rechnungslegung, 9. Aufl. 2014; *Scheffler*, Eigenkapital im Jahres- und Konzernabschluss nach IFRS, 2006.

I. Einführung

1. Begriff der Rechnungslegung

9.1 Die **Rechnungslegung** der Unternehmen umfasst in erster Linie die Aufstellung, Prüfung und Veröffentlichung des Jahresabschlusses (Bilanz und Gewinn- und Verlustrechnung). Sie ist für alle Kaufleute im Wesentlichen im dritten Buch des HGB gesetzlich geregelt. Die darin enthaltenen besonderen Vorschriften für Kapitalgesellschaften und haftungsbeschränkte Personengesellschaften (sog. Kapitalgesellschaften & Co.) beruhen auf der europäischen Bilanzrechtsrichtlinie vom 26.6.2013[1], die durch das Bilanzrichtlinien-Umsetzungs-Gesetz vom 17.7.2015 (BilRUG)[2] in deutsches Recht umgesetzt wurde. Die nachfolgenden Ausführungen geben einen Überblick über die für Holdingunternehmen maßgeblichen Rechnungslegungsvorschriften und -grundsätze. Sie behandeln ausführlicher einzelne holdingtypische Sachverhalte.

9.2 Entsprechend der Eigenart der Holding wird ihr **Jahresabschluss** insbesondere von den Beteiligungen an anderen Unternehmen und den finanziellen Beziehungen zwischen Holding und Beteiligungsunternehmen geprägt. Im Übrigen bestimmen Rechtsform und Größenmerkmale der Holding sowie Art und Umfang ihres Beteiligungsportefeuilles das Ausmaß ihrer Rechnungslegung. S. im Einzelnen Abschnitt II (Rz. 9.62 ff.).

9.3 Holdingunternehmen, die durch mehrheitliche Stimmrechte, durch Beherrschungsvertrag oder durch eine nachhaltige Hauptversammlungsmehrheit auf ein oder mehrere andere Unternehmen einen beherrschenden Einfluss ausüben können, müssen als Mutterunternehmen neben dem Jahresabschluss einen **Konzernabschluss** aufstellen (§ 290 ff. HGB), wenn die gesetzlich vorgegebenen Größenmerkmale (Rz. 9.309) überschritten werden. Der Konzernabschluss einer Holding wird vor allem von der Geschäftstätigkeit und der wirtschaftlichen Lage und Entwicklung der Tochterunternehmen bestimmt. Die Konzernrechnungslegung wird in Abschnitt III (Rz. 9.299 ff.) behandelt.

9.4 **Kapitalmarktorientierte Mutterunternehmen** (Rz. 9.304) haben ihren Konzernabschluss unter Zugrundelegung der *International Financial Reporting Standards* (IFRS) aufzustellen (§ 315e HGB). Auf die Besonderheiten der IFRS-Rechnungslegung wird im Abschnitt IV (Rz. 9.408 ff.) eingegangen.

9.5 **Zusätzliche Berichte und Erklärungen**, zu denen bestimmte Kapitalgesellschaften verpflichtet sind, werden in Abschnitt VI (Rz. 9.556 ff.) behandelt. Dort wird auch auf die unterjährigen Finanzberichte eingegangen, die eine Holding als Inlandsemittent von Wertpapieren (Aktien oder Schuldtitel) zu veröffentlichen hat (§ 115 WpHG).

9.6 In Abschnitt VII (Rz. 9.587 ff.) wird auf die **Prüfung der Rechnungslegung** durch den externen Abschlussprüfer und durch den Aufsichtsrat eingegangen.

2. Grundzüge des Bilanzrechts

9.7 **Jeder Kaufmann** hat zu Beginn seines Handelsgewerbes eine Eröffnungsbilanz und für den Schluss eines jeden Geschäftsjahrs eine Bilanz und eine Gewinn- und Verlustrechnung (GuV) aufzustellen (§ 242 HGB)[3]. Der Jahresabschluss soll die Handelsgeschäfte und die Lage des Vermögens des Kauf-

1 Richtlinie 2013/34/EU, ABl. L 182 v. 29.6.2013, S. 19 ff.
2 BGBl. I 2015, 1245 ff.
3 Ausgenommen sind Einzelkaufleute, die nicht mehr als 500.000 Euro Umsatzerlöse und nicht mehr als 50.000 Euro Jahresüberschuss erzielen (§ 241a HGB).

manns unter Beachtung der Grundsätze ordnungsmäßiger Buchführung ersichtlich machen (§ 238 Abs. 1 Satz 1 und § 243 HGB).

Die Rechnungslegung der Personenhandelsgesellschaften, bei denen mindestens eine natürliche Person als Gesellschafter voll haftet, sowie der Einzelkaufleute richtet sich nach den Vorschriften der §§ 238–261 HGB. Kapitalgesellschaften sowie Personengesellschaften, bei denen keine natürliche Person vollhaftender Gesellschafter ist (= sog. Kapitalgesellschaften & Co.; § 264a HGB), müssen vorrangig die Vorschriften der §§ 264–289f HGB beachten. – Zur Rechnungslegung von **Genossenschaften** verweisen die §§ 336 ff. HGB weitgehend auf die Vorschriften für Kapitalgesellschaften. 9.8

Tabelle 1 nennt die wichtigsten handelsrechtlichen Rechnungslegungsvorschriften. 9.9

Tabelle 1: Die wichtigsten handelsrechtlichen Rechnungslegungsvorschriften

Thema	**HGB**	**Sonstige Vorschriften**
Buchführung, Inventar	§§ 238–241	§ 91 AktG, § 33 GenG, § 41 GmbHG
Eröffnungsbilanz, Jahresabschluss	§§ 242–256a	§§ 1–10 PublG
Aufbewahrung und Vorlage der Rechnungsunterlagen	§§ 257–263	
Ergänzende Vorschriften für Kapitalgesellschaften	§§ 264–289f	§§ 150–174 AktG, §§ 42–42 GmbHG
Konzernrechnungslegung	§§ 290–315e	§§ 11–15 PublG, EU-IAS-Verordnung vom 19.7.2002
Prüfung des Jahres- und Konzernabschlusses	§§ 316–324	
Offenlegung	§§ 325–330	
Strafvorschriften	§§ 331–335b	
Ergänzende Vorschriften		
für Genossenschaften	§§ 336–339	§§ 53–63 GenG
für Kreditinstitute	§§ 340–340o	RechKreditV; §§ 26–30 KWG
für Versicherungen	§§ 341–341p	RechVersV; §§ 55–64 VAG
Privates Rechnungslegungsgremium	§ 342	
Enforcement	§ 342b	§§ 106-113 WpHG
Zwischenberichte		§§ 114–118 WpHG
Zahlungsberichte	§§ 341q–341y	§ 116 WpHG

Die gesetzlichen Vorschriften werden ergänzt durch die **Grundsätze ordnungsmäßiger Buchführung** (GoB). Die GoB[4] sind zum Teil kodifizierte (z.B. § 243 Abs. 2 und § 252 Abs. 1 HGB), zum Teil ungeschriebene allgemein gültige Rechtsnormen, die zur Auslegung und Ergänzung der gesetzlichen Rechnungslegungsvorschriften dienen, um zu einer sachgerechten, d.h. dem Zweck des Jahresabschlusses bzw. Konzernabschlusses entsprechenden Bilanzierung und Bewertung zu kommen. 9.10

Die handelsrechtliche Rechnungslegung wird vom **Gläubigerschutz** und dem Prinzip der nominellen Kapitalerhaltung beherrscht. Im Interesse der Gläubiger soll verhindert werden, dass sich der Kaufmann „reicher rechnet als er tatsächlich ist". Zur **Kapitalerhaltung** soll vermieden werden, dass unrealisierte Gewinne im Abschluss ausgewiesen und womöglich ausgeschüttet werden. Diese Ziel- 9.11

4 Zu Einzelheiten s. *Ballwieser*, Grundsätze ordnungsmäßiger Buchführung, in Beck HdR, B 105.

setzungen finden ihren Ausdruck insbesondere in folgenden Grundsätzen ordnungsmäßiger Buchführung:

(1) In den Jahresabschluss sind grundsätzlich sämtliche Vermögensgegenstände, Schulden und Rechnungsabgrenzungsposten sowie Aufwendungen und Erträge des Unternehmens aufzunehmen (**Grundsatz der Vollständigkeit**; § 246 Abs. 1 HGB).

(2) Beim Wertansatz der Vermögensgegenstände darf nicht über die fortgeführten Anschaffungs- oder Herstellungskosten hinausgegangen werden (**Anschaffungswertprinzip**).

(3) Unrealisierte drohende Verluste sind im Jahresabschluss zu berücksichtigen, während nicht realisierte Gewinne nicht angesetzt werden dürfen (**Imparitätsprinzip**).

(4) Gewinne gelten erst dann als realisiert, wenn das Unternehmen seine Leistung in Form von gelieferten Erzeugnissen, Waren oder Dienstleistungen erbracht und die Gefahr eines Untergangs oder einer Wertminderung dieser Leistung auf den Abnehmer übergegangen ist (**Realisationsprinzip**).

(5) Die Bilanzposten sind vorsichtig zu bewerten; alle vorhersehbaren Risiken und Verluste sind zu berücksichtigen (§ 252 Abs. 1 Nr. 4 HGB; **Vorsichtsprinzip**).

(6) Vermögensgegenstände und Schulden sind einzeln zu bewerten (§ 252 Abs. 1 Nr. 3 HGB; **Einzelbewertung**).

(7) Sie dürfen ebenso wie Aufwendungen und Erträge nicht miteinander saldiert werden (§ 246 Abs. 2 HGB; **Verrechnungsverbot**).

(8) Bei der Bewertung der Vermögensgegenstände und Schulden wird von der **Fortführung** des Unternehmens ausgegangen (§ 252 Abs. 1 Nr. 2 HGB).

9.12 Eine Besonderheit des deutschen Bilanzrechts ist die Maßgeblichkeit der Handelsbilanz für die **Steuerbilanz** (§ 5 Abs. 1 EStG)[5]. Sie besagt, dass die Ansätze und Bewertung der Vermögensgegenstände und Schulden in der handelsrechtlichen Jahresbilanz für die steuerliche Gewinnermittlung übernommen werden, es sei denn, dass in den Steuergesetzen besondere Regelungen getroffen worden sind. Die steuerlichen Sondervorschriften sind allerdings, hauptsächlich aus fiskalischen Gründen, erheblich ausgeweitet worden, sodass das Maßgeblichkeitsprinzip stark eingeschränkt ist. Die gravierenden Abweichungen zwischen der Handelsbilanz und der Steuerbilanz betreffen den Ansatz und die Bewertung von Rückstellungen, die für die Steuerbilanz sehr eingeengt sind (vgl. § 5 Abs. 3 bis 4 und § 6a EStG).

a) Zweck des Jahresabschlusses

9.13 Der Jahresabschluss stellt das Vermögen und die Schulden des Unternehmens zum Bilanzstichtag und das Ergebnis des abgelaufenen Geschäftsjahrs dar. Er dient vor allem zur **Ermittlung des Periodenergebnisses** des Unternehmens (Jahresüberschuss/Jahresfehlbetrag des abgelaufenen Geschäftsjahrs) und des ausschüttungsfähigen Gewinns. Der **Jahresabschluss von Kapitalgesellschaften** (§§ 264 ff. HGB) hat „unter Beachtung der Grundsätze ordnungsmäßiger Buchführung ein den tatsächlichen Verhältnissen entsprechendes Bild der Vermögens-, Finanz- und Ertragslage der Kapitalgesellschaft zu vermitteln" (§ 264 Abs. 2 Satz 1 HGB). Der Jahresabschluss wird ergänzt durch den **Lagebericht** (Rz. 9.137).

9.14 Außerdem hat der Jahresabschluss eine **Informations- und Dokumentationsfunktion**. Er informiert die Unternehmensleitung und andere Organe des Unternehmens (Aufsichtsrat, Beirat, Haupt- oder Gesellschafterversammlung) sowie Kreditgeber und andere Bezugsgruppen des Unternehmens

5 Zu Einzelheiten s. *Dziadkowski*, Verhältnis von Handels- und Steuerbilanz, in Beck HdR, B 120; *Bertram* in Haufe HGB Bil-Komm, 4. Aufl., § 274 HGB Rz. 131 ff.

sowie die Öffentlichkeit über Geschäftserfolg und Geschäftsentwicklung im abgelaufenen Geschäftsjahr sowie über den Stand des Vermögens und der Finanzen des Unternehmens am Abschlussstichtag.

Schließlich bedeutet Rechnungslegung auch **Rechenschaftslegung** der Unternehmensleitung gegenüber Aufsichtsorganen, Gesellschaftern, sonstigen Investoren und anderen Bezugsgruppen des Unternehmens. 9.15

Die gesetzlichen Vertreter von kapitalmarktorientierten Kapitalgesellschaften (§ 264d HGB; Rz. 9.26) haben schriftlich zu versichern, dass Jahresabschluss und Lagebericht nach bestem Wissen ein den tatsächlichen Verhältnissen entsprechendes Bild der Vermögens-, Finanz- und Ertragslage des Unternehmens vermitteln (sog. **Bilanzeid** gem. § 264 Abs. 2 Satz 3 und § 289 Abs. 1 Satz 5 HGB). – Für den Konzernabschluss und Konzernlagebericht gelten die genannten Anforderungen analog (§ 290 ff., § 297 Abs. 2 Satz 4 und § 315 Abs. 1 Satz 5 HGB). 9.16

b) Umfang der Rechnungslegung

Der Umfang der Rechnungslegung der Unternehmen richtet sich nach 9.17

(1) der Rechtsform des Unternehmens,

(2) dem Haftungsumfang der Unternehmenseigentümer,

(3) der Größe des Unternehmens,

(4) der Inanspruchnahme des Kapitalmarktes durch das Unternehmen und

(5) nach der Branche (z.B. Kreditinstitute und Versicherungsunternehmen; §§ 340 ff. und 341 ff. HGB).

Zu (1) und (2): Unternehmen, bei denen mindestens eine natürliche Person unbeschränkt haftet, also **Einzelkaufleute und Personenhandelsgesellschaften** (oHG und KG) haben nach den für alle Kaufleute geltenden Vorschriften der §§ 238 bis 263 HGB Rechnung zu legen. Ihr Jahresabschluss umfasst die stichtagsbezogene Bilanz und die auf das Geschäftsjahr bezogene Gewinn- und Verlustrechnung (GuV). Überschreiten Personenunternehmen die in § 1 PublG genannten Größenkriterien (s. Tabelle 2), müssen sie wie Kapitalgesellschaften Rechnung legen (§§ 5 bzw. 11 PublG). 9.18

Kapitalgesellschaften müssen zusätzlich die speziellen Vorschriften der §§ 264 bis 315e HGB beachten. Sie haben ihren Jahresabschluss um einen Anhang zu erweitern (Rz. 9.124). Mittelgroße und große Kapitalgesellschaften müssen zusätzlich einen Lagebericht (Rz. 9.137) aufstellen (§ 264 Abs. 1 HGB). Kapitalgesellschaften, die direkt oder indirekt einen beherrschenden Einfluss auf ein oder mehrere andere Unternehmen (Tochterunternehmen) ausüben können, sind als Mutterunternehmen grundsätzlich zur Konzernrechnungslegung verpflichtet (Rz. 9.299 ff.). 9.19

Personenhandelsgesellschaften, bei denen keine natürliche Person, sondern nur juristische Personen (z. B. Kapitalgesellschaften, Genossenschaften oder Stiftungen) unbeschränkt haftende Gesellschafter sind (verkürzt als „**Kapitalgesellschaften & Co.**" bezeichnet), sind denselben Rechnungslegungsvorschriften wie die Kapitalgesellschaften unterworfen (§ 264a HGB). 9.20

Die Rechnungslegungsvorschriften für Kapitalgesellschaften basieren auf der **EU-Bilanzrichtlinie 2013**[6]. Sie bezweckt die Harmonisierung der Rechnungslegung in Europa, enthält aber zahlreiche Wahlrechte, die von den Mitgliedsstaaten unterschiedlich ausgeübt wurden und werden. Eine weitergehende Harmonisierung soll durch die Europäische **IAS-Verordnung** vom 19.6.2002[7] erreicht werden, nach der kapitalmarktorientierte Mutterunternehmen seit 2005 ihren Konzernabschluss auf 9.21

6 Richtlinie 2013/34/EU, ABl. L 182 v. 29.6.2013, S. 19 ff.

7 Verordnung (EG) Nr. 1606/2002 v. 19.7.2002, ABl. L 243 v. 11.9.2002.

der Grundlage der *International Financial Reporting Standards* (**IFRS**) aufzustellen haben (§ 315e HGB; s. Rz. 9.410 ff.).

9.22 Zu (3): Die für den Umfang der Rechnungslegung entscheidenden **Größenmerkmale** der Kapitalgesellschaften (§ 267 HGB) und anderer nach dem Publizitätsgesetz (PublG) publizitätspflichtiger Unternehmen sind in der Tabelle 2 dargestellt. Es müssen jeweils zwei der drei aufgeführten Größenmerkmale an zwei aufeinander folgenden Bilanzstichtagen vorliegen, um die entsprechenden Rechnungslegungspflichten auszulösen. Die Größenmerkmale für Kapitalgesellschaften gelten auch für die Kapitalgesellschaften & Co.

Tabelle 2: Umfang der Rechnungslegung in Abhängigkeit von Größenmerkmalen von Unternehmen

Größenklasse	**Bilanzsumme** (Mio. Euro)	**Umsatzerlöse** (Mio. Euro)	**Arbeitnehmer** Ø Zahl
Kleine Kapitalgesellschaften (§ 267 Abs. 1 HGB)	< 6	< 12	< 50
Mittelgroße Kapitalgesellschaften (§ 267 Abs. 2 HGB)	> 6 – < 20	> 12 – < 40	> 50 < 250
Große Kapitalgesellschaften (§ 267 Abs. 3 HGB)	> 20	> 20	> 250
Andere Großunternehmen (§§ 1 und 11 PublG)	> 65	> 130	> 5000

9.23 Mittelgroße und insbesondere kleine Kapitalgesellschaften können hinsichtlich der Mindestgliederung der Bilanz und der GuV (§§ 274a und 276 HGB), der Angaben im Anhang (§ 288 HGB) sowie bei der Abschlussprüfung und Offenlegung Erleichterungen in Anspruch nehmen. Kleine Kapitalgesellschaften brauchen keinen Lagebericht aufzustellen.

9.24 Als **Kleinstkapitalgesellschaften** gelten kleine Kapitalgesellschaften, die mindestens zwei der folgenden Größenmerkmale nicht überschreiten (§ 267a HGB): 350.000 Euro Bilanzsumme, 700.000 Euro Umsatzerlöse in den 12 Monaten vor dem Abschlussstichtag, und im Jahresdurchschnitt 10 Arbeitnehmer. Kleinstkapitalgesellschaften brauchen nur eine verkürzte Bilanz und eine verkürzte GuV aufzustellen und können auf die Erstellung eines Anhangs verzichten, wenn sie bestimmte Angaben unterhalb der Bilanz machen. Außerdem genügt als Offenlegung die elektronische Hinterlegung der Bilanz beim Betreiber des Bundesanzeigers (§ 326 Abs. 2 HGB). Im Übrigen gelten die Regelungen für kleine Kapitalgesellschaften entsprechend.

9.25 Die für Kleinstkapitalgesellschaften eingeräumten Erleichterungen finden keine Anwendung auf Investment- und Unternehmensbeteiligungsgesellschaften sowie auf andere Unternehmen, deren einziger Zweck der Erwerb, die Verwaltung und die Verwertung von Beteiligungen an anderen Unternehmen ist (§ 267a Abs. 3 HGB). Das betrifft z.B. eine Vermögensholding (*Scheffler*, Rz. 2.4).

9.26 Zu (4): Kapitalgesellschaften, die einen organisierten Markt i.S.v. § 2 Abs. 5 WpHG durch von ihnen ausgegebene Wertpapiere i.S.v. § 2 Abs. 1 Satz 1 WpHG in Anspruch nehmen oder die Zulassung zum Handel an einem organisierten Markt beantragt haben, gelten stets als große Kapitalgesellschaften (§ 267 Abs. 2 Satz 2 HGB). Sie werden kurz als **kapitalmarktorientierte Kapitalgesellschaften** bezeichnet (§ 264d HGB). Für sie bestehen zusätzliche Rechnungslegungspflichten, auf die an einschlägiger Stelle eingegangen wird. Inlandsemittenten von Wertpapieren (§ 2 Abs. 14 WpHG) haben gem. § 114 WpHG spätestens vier Monate nach Ablauf des Geschäftsjahrs einen Jahresfinanzbericht offenzulegen, der den geprüften Jahresabschluss und Lagebericht sowie die Erklärung der gesetzlichen Vertreter enthält, dass Jahresabschluss und Lagebericht nach bestem Wissen ein den tatsächlichen Verhältnissen entsprechendes Bild vermitteln (§ 264 Abs. 2 Satz 3 und § 289 Abs. 1 Satz 5 HGB). Sie sind außerdem zur Zwischenberichterstattung verpflichtet (Rz. 9.580).

Kapitalgesellschaften, die als **Tochterunternehmen** in den Konzernabschluss eines Mutterunternehmens mit Sitz in einem Mitgliedstaat der EU oder des EWR einbezogen werden, brauchen die strengeren Rechnungslegungsregeln für Kapitalgesellschaften in §§ 264 ff. HGB nicht anzuwenden, wenn sich (1) das Mutterunternehmen bereit erklärt, für alle Verpflichtungen des Tochterunternehmens einzustehen, (2) alle Gesellschafter der Befreiung zugestimmt haben und (3) der Konzernabschluss des Mutterunternehmens im Einklang mit der EU-Richtlinie 2013/34EU aufgestellt und geprüft worden ist (s. im Einzelnen § 264 Abs. 3 HGB). 9.27

Eine Kapitalgesellschaft & Co. (§ 264a HGB), ist von der Anwendung der speziellen Rechnungslegungsvorschriften für Kapitalgesellschaften befreit, wenn sie in den Konzernabschluss und Konzernlagebericht eines persönlich haftenden Gesellschafters oder eines Mutterunternehmens mit Sitz in der EU oder EWR einbezogen ist und die in Rz. 9.27 genannten Voraussetzungen erfüllt sind (§ 264b HGB). 9.28

3. Unternehmensverbindungen im Bilanzrecht

Das HGB regelt die Bilanzierung und Bewertung von Anteilen an anderen Unternehmen in Abhängigkeit vom Grad der Einflussmöglichkeiten des Anteilseigners. Für die Rechnungslegung der Holding sind daher die Vorschriften für „Beteiligungen" und „verbundene Unternehmen" von besonderer Bedeutung. 9.29

a) Beteiligungen

Die EU-Bilanzrichtlinie 2013 (Rz. 9.21) bezeichnet Unternehmen, deren „einziger Zweck darin besteht, Beteiligungen an anderen Unternehmen zu erwerben sowie die Verwaltung und Verwertung dieser Beteiligungen wahrzunehmen, ohne dass sie in die Verwaltung dieser Beteiligung eingreifen" als „Beteiligungsunternehmen" (Art. 2 Ziff. 15). Dieser Begriff, der in der Richtlinie nicht weiter verwendet wird, entspricht dem einer vermögensverwaltenden Holding oder Finanzholding (vgl. *Scheffler* Rz. 2.1 ff.). Im üblichen Sprachgebrauch wird der Begriff „**Beteiligungsunternehmen**" – abweichend von der genannten Richtliniendefinition – für ein Unternehmen verwendet, an dem das bilanzierende Unternehmen beteiligt ist. Diesem Sprachgebrauch wird hier gefolgt. Dementsprechend wird nachfolgend als „Beteiligungsunternehmen" ein Unternehmen bezeichnet, an dem die Holding i.S.v. § 271 Abs. 1 HGB beteiligt ist. 9.30

aa) Begriff und Merkmale

Beteiligungen sind im Bilanzrecht definiert als „Anteile an anderen Unternehmen, die bestimmt sind, dem eigenen Geschäftsbetrieb durch Herstellung einer dauernden Verbindung zu jenen Unternehmen zu dienen" (271 Abs. 1 HGB). Sie setzen also voraus: 9.31

(1) Anteile an einem anderen Unternehmen,

(2) eine dauerhafte Verbindung zu diesem Unternehmen und

(3) Nutzen für den eigenen Geschäftsbetrieb des beteiligten Unternehmens.

(1) **Anteile an anderen Unternehmen** verkörpern Mitgliedschafts- und Vermögensrechte, die i.d.R. durch Kapitaleinlagen (Geld- oder Sacheinlagen) oder durch Umwandlung von Rücklagen (z.B. Gratisaktien) oder durch Kauf oder Tausch erworben worden sind. Sie können verbrieft sein (z.B. Aktien) oder nicht (z.B. GmbH-Anteile). Es handelt sich um Anteile am Eigenkapital des anderen Unternehmens, die Mitsprache-, Kontroll- und Informationsrechten gewähren, deren Umfang von der Rechtsform des Beteiligungsunternehmens und seinen vertraglichen Grundlagen (Satzung, Gesellschaftsvertrag) abhängen. Anteile an Unternehmen sind Anteile als persönlich haftender Gesell- 9.32

schafter bei einer OHG, KG oder KGaA[8], Kommanditanteile, Anteile an einer GmbH, Aktien einer AG oder KGaA, Anteile an einer Societas Europaea (SE), Anteile an Unternehmen in Form der BGB-Gesellschaft oder der Europäischen Wirtschaftlichen Interessenvereinigung.

9.33 Das HGB definiert den Begriff „**Unternehmen**" nicht. Aus dem Zusammenhang ergibt sich aber, dass als Unternehmen alle Kaufleute gelten, die – unabhängig von ihrer Tätigkeit – zur Buchführung verpflichtet sind. Darüber hinaus sind auch solche Wirtschaftseinheiten als Unternehmen anzusehen, die kraft eigener unternehmerischer Planungs- und Entscheidungsgewalt sowie mittels einer nach außen in Erscheinung tretenden Organisation eigenständige erwerbswirtschaftliche Ziele verfolgen[9]. Demnach können Unternehmen neben den Einzelkaufleuten und Handelsgesellschaften auch Genossenschaften, Stiftungen, Körperschaften und Anstalten des öffentlichen Rechts, BGB-Gesellschaften sowie Unternehmen ausländischer Rechtsform sein.

9.34 Eine **Gesellschaft bürgerlichen Rechts** (GbR oder BGB-Gesellschaft) ist nur dann ein Unternehmen, wenn sie wirtschaftlichen Zwecken dient, nach außen auftritt und Gesamthandsvermögen hat[10]. Das trifft z.B. zu auf Konsortien oder Parten-Reedereien. Gelegenheitsgesellschaften in Form der BGB-Gesellschaft, z.B. Arbeitsgemeinschaften, gehören im Allgemeinen nicht zu den Beteiligungen, da sie keine Unternehmen und nicht auf Dauer angelegt sind[11]. Anteile an **stillen Gesellschaften** gelten nur dann als Beteiligung, wenn sie Mitsprache- und Kontrollrechte gewähren, wie sie etwa einem Kommanditisten einer Kommanditgesellschaft zustehen (s. § 166 HGB)[12].

9.35 Anteile an eingetragenen **Genossenschaften** gelten gem. § 271 Abs. 1 Satz 5 HGB nicht als Beteiligung (s. auch Rz. 9.48). **Genussrechte** bzw. bei Verbriefungen Genussscheine begründen im Regelfall lediglich Gläubigerrechte und stellen daher keine Anteile an anderen Unternehmen dar (s. Rz. 9.217).

9.36 (2) Ein weiteres Wesensmerkmal der Beteiligung ist, dass der Anteilsbesitz eine **dauerhafte Verbindung** zu dem anderen Unternehmen darstellt.Die dauerhafte Verbindung ist unabhängig von der Rechtsform des Beteiligungsunternehmens zu beurteilen, doch ergeben sich Indizien für eine solche Verbindung häufig bereits aus den rechtsformspezifischen Eigenarten der Beteiligungsunternehmen und der Fungibilität der Anteile. Die Dauerhaftigkeit kann auch durch Verträge unterlegt sein, z.B. durch einen Beherrschungs- oder Gewinnabführungsvertrag oder andere gesellschaftsrechtliche Vereinbarungen.

9.37 Beteiligungen an **Personengesellschaften** sind wegen der erschwerten Übertragungsbedingungen und Haftungsregeln sowie wegen des besonderen Treueverhältnisses der Gesellschafter untereinander nur schwer veräußerbar oder kündbar. Gleichzeitig erlauben sie den Gesellschaftern i.d.R. eine weitgehende Einflussnahme auf das Unternehmen. Insoweit gelten Anteile an Personengesellschaften stets als Beteiligung[13].

9.38 Beteiligungen an GmbHs sind i.d.R. durch eine enge Personenbezogenheit der Gesellschafter und durch schwere Veräußerbarkeit der unverbrieften **GmbH-Anteile** gekennzeichnet, was die Daueranlageabsicht unterstreicht. Das GmbH-Recht räumt den Gesellschaftern auch eine weitgehende Ein-

---

8 Anteile persönlich haftender Gesellschafter sind auch dann als Beteiligung zu qualifizieren, wenn keine Einlagen geleistet werden. Ebenso *Grottel/Kreher* in Beck Bil-Komm, 12. Aufl., § 271 HGB Rz. 14; *Hachmeister* in HdJ, Abt. II/3 Rz. 18.

9 Ebenso *Grottel/Kreher* in Beck Bil-Komm, 12. Aufl., § 271 HGB Rz. 11; *ADS*, § 271 HGB Rz. 12; *IDW*, WPH 2019 C 322 ff.

10 *ADS*, § 271 HGB Rz. 6.

11 *Weber*, Grundsätze ordnungsmäßiger Bilanzierung von Beteiligungen, 1980, S. 22.

12 *Grottel/Kreher* in Beck Bil-Komm, 12. Aufl., § 271 HGB Rz. 15.

13 BT-Drucks. 10/317, 8; ebenso *IDW*, WPH 2019, F 362; nicht „automatisch" *ADS*, § 271 HGB Rz. 23; Rz. 235.

flussnahme auf die Gesellschaft ein (§§ 45 ff. GmbHG), so dass i.d.R. unabhängig vom Anteil am Stammkapital ausreichende Beteiligungsmerkmale gegeben sind[14].

(3) Eine Beteiligung i.S.d. Bilanzrechts setzt neben der „Dauerhaftigkeit" der Verbindung voraus, dass diese **dem Geschäftsbetrieb** des beteiligten Unternehmens **dient**. Das bedeutet, dass die Verbindung zu dem anderen Unternehmen einen Beitrag zur Zweck- oder Zielerfüllung oder zur Förderung des Geschäftszwecks oder des Geschäftsbetriebes des beteiligten Unternehmens leistet oder leisten kann. Mit der Beteiligung muss i.d.R. mehr verbunden oder beabsichtigt sein als nur eine kapitalmarktmäßige Verzinsung des eingesetzten Kapitals[15]. Als Beiträge zur Förderung des Geschäftsbetriebs des Anteilseigners kommen längerfristige Liefer- und Leistungsbeziehungen, Finanzierungsverträge sowie die Kooperation von Unternehmensbereichen in Betracht[16]. 9.39

Eine signifikante Einflussmöglichkeit auf die Geschäfts- und Finanzpolitik des Beteiligungsunternehmens, die sich aus dem mit dem Anteilsbesitz verbundenen Stimmrecht ergibt, ist ein Indiz, dass ein Beteiligungsverhältnis vorliegt. Es muss nicht die Absicht bestehen, auf die Geschäftsführung des anderen Unternehmens Einfluss zu nehmen[17]. Allerdings ist die tatsächliche Einflussnahme auf das Beteiligungsunternehmen ein starkes Anzeichen für eine „dauerhafte Verbindung"[18]. Auf der anderen Seite erscheint eine Förderung des Geschäftsbetriebs des beteiligten Unternehmens fragwürdig, wenn dieses von der Willensbildung des Beteiligungsunternehmens tatsächlich so weit ausgeschlossen ist, dass ein anderer Gesellschafter seine Zielvorstellungen durchsetzt und diese dauerhaft den des beteiligten Unternehmens zuwiderlaufen[19]. Eine solche Investition beschränkt sich auf eine reine Kapitalüberlassung. 9.40

Das dem „eigenen Geschäftsbetrieb dienen" hängt besonders vom **Geschäftszweck der Holding** ab. Bei einer vermögensverwaltenden Holdinggesellschaft oder Finanzholding genügt entsprechend ihrem Geschäftszweck die Absicht, eine kapitalmarktgemäße oder risikoadäquate Rendite auf das überlassene Kapital zu erzielen und an der Wertsteigerung der Vermögenssubstanz zu partizipieren[20]. Ein weiterer Nutzen kann in der Risikostreuung durch diversifizierte Kapitalanlagen in verschiedenen Beteiligungsunternehmen liegen. Aus Gründen der Klarheit sollte die Holding den Charakter ihres Anteilbesitzes in der Bilanz oder im Anhang kenntlich machen. 9.41

Für eine **Management-Holding**, insbesondere für deren führungsstärkste Form als konzernleitende Holding, bezweckt die Beteiligung an anderen Unternehmen, durch Einflussnahme auf deren Geschäfts- und Finanzpolitik eigene Zielsetzungen zu verwirklichen und einen nachhaltigen Erfolg der Holding und ihres Unternehmensverbunds sicherzustellen (s. auch *Scheffler* Rz. 2.7 ff. und 2.54 ff.). 9.42

bb) Beteiligungsvermutung

Anteile an Kapitalgesellschaften gelten kraft gesetzlicher Vermutung als Beteiligung, wenn sie 20 % des Nennkapitals des Beteiligungsunternehmens überschreiten (§ 271 Abs. 1 Satz 3 HGB). Die Höhe der Beteiligung bestimmt sich nach dem Verhältnis des Gesamt-Nennbetrages der Anteile zum Gesamt-Nennkapital des anderen Unternehmens. Als Anteile des beteiligten Unternehmens gelten auch Anteile, die ein von ihm abhängiges Unternehmen (§ 17 AktG) direkt oder indirekt besitzt (vgl. § 16 AktG). Bei der Berechnung der Beteiligungshöhe sind eigene Anteile, die das Beteiligungsunter- 9.43

14 Ebenso *IDW*, WPH 2019 F 362.
15 Ebenso *ADS*, § 271 HGB Rz. 14; *Scheffler* in Beck HdR, B 213 Rz. 247; *Grottel/Kreher* in Beck Bil-Komm, 12. Aufl., § 271 HGB Rz. 18; *Weller* in Haufe HGB Bil-Komm, 4. Aufl., § 271 HGB Rz. 15 ff.; a.A.: offenbar *Bieg* in KPW, § 271 HGB Rz. 14.
16 *Grottel/Kreher* in Beck Bil-Komm, 12. Aufl., § 271 HGB Rz. 17 f.
17 Begründung zum Gesetzentwurf, BT-Drucks. 10/317, 81.
18 Ebenso *Grottel/Kreher* in Beck Bil-Komm, 12. Aufl., § 271 HGB Rz. 17.
19 Ähnlich *Lüders/Meyer-Kessel*, DB 1991, 1586; a.A. *Bieg* in KPW, § 271 HGB Rz. 23.
20 *Grottel/Kreher* in Beck Bil-Komm, 12. Aufl., § 271 HGB Rz. 16.

nehmen hält oder die von einem anderen Unternehmen für seine Rechnung gehalten werden, vom Nennkapital zu kürzen. Beträgt der Anteil an einer Kapitalgesellschaft 20 % oder weniger, kann gleichwohl eine Beteiligung gegeben sein, wenn sie sich in den in Rz. 9.31 ff. genannten Merkmalen hinreichend manifestiert.

9.44 Die vom Gesetz aufgestellte **Beteiligungsvermutung** ist **widerlegbar**. Der Leitgedanke der handelsrechtlichen Bilanzgliederung, die Unternehmensverflechtungen für die Bilanzleser ersichtlich zu machen, spricht für eine enge Widerlegungsmöglichkeit. Die (subjektiv) fehlende Beteiligungsabsicht reicht zur Widerlegung nicht aus. Vielmehr muss durch objektive Kriterien oder Indizien belegt sein, dass die oben genannten Merkmale einer Beteiligung (Daueranlage, Nutzenziehung über reine Kapitalverzinsung hinaus), die als Gesamtbild zu würdigen sind, nicht vorliegen. Das betrifft z. B. zur Veräußerung bestimmte Unternehmensanteile, die nur vorübergehend gehalten werden.

9.45 Die Beteiligungsvermutung kann widerlegt werden, wenn sich die wirtschaftliche Verbindung zu dem Beteiligungsunternehmen in einer befristeten oder kurzfristigen Kapitalüberlassung erschöpft und kein signifikanter Einfluss auf das andere Unternehmen möglich ist, z.B. bei geringem Anteil der Stimmrechte. Neben den gesellschaftsvertraglich eingeräumten Einflussrechten oder Einflussbeschränkungen sind auch faktische Gegebenheiten wie Gesellschafterstruktur, Standort, politisches Umfeld, fehlender oder unmöglicher Nutzen für die Holding oder die Einleitung der Veräußerung der Anteile zu berücksichtigen.

9.46 Bei alleinigem Besitz von stimmrechtslosen **Vorzugsaktien** überwiegt im Regelfall der Charakter einer reinen Finanzanlage, so dass keine Beteiligung anzunehmen ist. Das Stimmrecht dieser Aktien lebt nur in besonderen Fällen auf, nämlich dann, wenn der Vorzugsbetrag nicht oder nicht vollständig gezahlt und der Rückstand nicht im nächsten Jahr nachgeholt wird (§ 140 Abs. 2 AktG), sowie bei Hauptversammlungsbeschlüssen, die die Rechte der Vorzugsaktionäre berühren (§ 141 AktG). Besitzt die Holding sowohl Stamm- als auch Vorzugsaktien, sind für die Widerlegung der Beteiligungsvermutung beide Aktiengattungen bei der Berechnung der Beteiligungshöhe zu berücksichtigen[21]. Machen z.B. die dem bilanzierenden Unternehmen gehörenden Stammaktien 10 % und die Vorzugsaktien ebenfalls 10 % des Gesamtgrundkapitals des anderen Unternehmens aus, so ist die Voraussetzung für eine widerlegbare Beteiligungsvermutung gegeben. Wird der Tatbestand einer Beteiligung nicht widerlegt, sind im Interesse der Bilanzklarheit die Vorzugsaktien in den Beteiligungsausweis einzubeziehen. Bei den nach § 285 Nr. 11 HGB geforderten Angaben im Anhang über die Beteiligungen an anderen Unternehmen sollten im Interesse der Klarheit die Anteile an Stamm- und Vorzugsaktien jeweils gesondert genannt werden.

9.47 **GmbH-Anteile**, die generell unverbrieft sind, sowie **Anteile an Personengesellschaften** wird man wegen ihrer Personenbezogenheit und schweren Veräußerbarkeit unabhängig von der Beteiligungsquote als Beteiligung einstufen[22]. Eine Beteiligung liegt nicht vor, wenn Kommanditanteile an einer KG als reine Kapitalanlage gehalten werden, z.B. bei Investments- oder Immobilienfonds[23] (Rz. 9.192).

9.48 **Anteile an eingetragenen Genossenschaften** gelten gem. § 271 Abs. 1 Satz 5 HGB nicht als Beteiligung. Genossenschaften sind aber Kaufleute i.S.d. HGB (§ 17 Abs. 2 GenG). Ihre Rechtsnatur ist umstritten, da jeder Genosse das unabdingbare Recht hat, seinen Anteil aufzukündigen (§ 65 GenG). Auf der anderen Seite dient die Mitgliedschaft der Förderung des Erwerbs oder der Wirtschaft ihrer Mitglieder oder deren sozialen oder kulturellen Belangen (§ 1 Abs. 1 GenG) und ist in der Regel auf Dauer angelegt. Dauerhaft gehaltene Genossenschaftsanteile sind unter „Ausleihungen" zu erfassen, sollten jedoch bei wesentlichen Beträgen besser in der Bilanz gesondert ausgewiesen werden[24].

21 Ebenso *ADS*, § 271 HGB Rz. 28.
22 *ADS*, § 271 HGB Rz. 23, die Ausnahmen bei Kommanditanteilen einer Publikums-KG für möglich halten.
23 *Grottel/Kreher* in Beck Bil-Komm, 12. Aufl., § 272 HGB Rz. 12.
24 Ebenso *ADS*, § 266 HGB Rz. 81; a.A. *Schubert/Berberich* in Beck Bil-Komm, 12. Aufl., § 247 HGB Rz. 124.

b) Verbundene Unternehmen

Verbundene Unternehmen im Sinne des Bilanzrechts sind alle Unternehmen, die als Mutter- oder Tochterunternehmen gem. § 290 HGB in den Konzernabschluss eines Mutterunternehmens einzubeziehen sind (§ 271 Abs. 2 HGB; Rz. 9.323 f.). **Tochterunternehmen** sind alle vom Mutterunternehmen direkt oder indirekt beherrschten Unternehmen. Beherrschung bedeutet im Bilanzrecht die Möglichkeit einer beherrschenden Einflussnahme; auf eine tatsächliche Einflussnahme kommt es nicht an. Auch Tochterunternehmen, die gem. § 296 HGB nicht in den Konzernabschluss einbezogen werden (Rz. 9.324), rechnen zu den verbundenen Unternehmen. 9.49

Die EU-Bilanzrichtlinie von 2013[25] beschreibt als verbundene Unternehmen „zwei oder mehrere Unternehmen innerhalb einer Gruppe, die sich aus dem Mutterunternehmen und allen von ihm direkt oder indirekt kontrollierten Tochterunternehmen zusammensetzt" (Art. 2). Dabei ist es unerheblich, ob das Mutterunternehmen einen Konzernabschluss tatsächlich aufstellt oder ob das Tochterunternehmen in den Konzernabschluss einbezogen wird. Entscheidend ist allein, ob ein Mutter-Tochter-Verhältnis vorliegt, wie es in § 290 HGB definiert ist. 9.50

Ein **beherrschender Einfluss der Holding** besteht gem. § 290 Abs. 2 HGB stets, wenn 9.51

(1) ihr bei einem anderen Unternehmen direkt oder indirekt die Mehrheit der Stimmrechte oder

(2) das Recht zusteht, die Mehrheit der Mitglieder des Verwaltungs-, Leitungs- oder Aufsichtsorgans zu bestellen, das die Finanz- und Geschäftspolitik des anderen Unternehmens bestimmt und sie gleichzeitig Gesellschafterin ist, oder

(3) sie durch einen Beherrschungsvertrag oder eine Satzungsbestimmung einen beherrschenden Einfluss auf das Unternehmen ausüben kann (dabei sind die einem Tochterunternehmen oder einer Person, die für Rechnung der Holding oder eines Tochterunternehmens handelt, zustehenden Rechte dem Mutterunternehmen zuzurechnen) oder

(4) sie bei wirtschaftlicher Betrachtung die Mehrheit der Chancen und Risiken eines Unternehmens trägt, das zur Erreichung eines eng begrenzten und genau definierten Ziels des Mutterunternehmens dient (**Zweckgesellschaft**).

Die Einflussmöglichkeit der Holding kann durch Vertretung in der Geschäftsführung, im Aufsichtsrat oder in der Gesellschafterversammlung des Beteiligungsunternehmens sowie durch vertragliche Abmachungen konkretisiert sein. Ihre Intensität richtet sich nach der Rechtsform und Satzung des Beteiligungsunternehmens, nach etwaigen Unternehmensverträgen (z.B. Beherrschungsvertrag gem. § 308 AktG) und nach faktischen Gegebenheiten wie Beteiligungsquote, Zusammensetzung der Gesellschafter oder der Verwaltungsorgane des Beteiligungsunternehmens. Zusätzlich spielen die besonderen Interessen der übrigen Gesellschafter sowie die faktische Handhabung der Gesellschafterrechte eine Rolle. 9.52

Der **beherrschende Einfluss** richtet sich vor allem auf die Geschäfts- und Finanzpolitik des Tochterunternehmens und betrifft hauptsächlich die originären, d. h. nicht delegierbaren Aufgaben der Unternehmensführung. Dazu gehören 9.53

- die strategische Ausrichtung des Unternehmens,
- die Festlegung ihrer Struktur und Organisation,
- die finanziellen Ziele und die Bestimmung der Kapitalstruktur,
- die Festlegung der Prioritäten beim Ressourceneinsatz,
- die Besetzung wichtiger Führungspositionen.

25 2013/34/EU, ABl. L 182 v. 29.6.2013, S. 19.

Der beherrschende Einfluss verlangt im Interesse des Mutterunternehmens eine ausreichende Steuerung, Koordination und Überwachung der Geschäftsentwicklung des Tochterunternehmens und Zustimmungsvorbehalte für Maßnahmen von wesentlicher Bedeutung. Insofern setzt das Mutterunternehmen den Rahmen für die Geschäftsführung der Tochterunternehmen.

9.54 Bei der Abgrenzung des **Kreises der verbundenen Unternehmen** ist bei mehrstufigen Konzernen von dem obersten Mutterunternehmen auszugehen, das den am weitest gehenden Konzernabschluss aufzustellen hat oder aufstellen könnte, in den das bilanzierende Unternehmen einzubeziehen ist oder einbezogen werden kann. Zu den verbundenen Unternehmen einer Holding gehören demnach:

(1) die **eigenen Tochterunternehmen** der Holding, die sie in ihren Konzernabschluss gem. §§ 290 und 294 HGB einzubeziehen hat, auch wenn sie nach dem Wahlrecht gem. § 296 HGB nicht einbezogen werden;

(2) das **oberste Mutterunternehmen** der Holding, das den am weitestgehenden Konzernabschluss gem. § 290 HGB aufzustellen hat, in den die Holding einzubeziehen ist, auch wenn die Aufstellung unterbleibt oder ein befreiender Konzernabschluss gem. den §§ 291 und 292 HGB aufgestellt wird oder aufgestellt werden kann,

(3) **sämtliche Tochterunternehmen des obersten Mutterunternehmens**, die in dessen Konzernabschluss einzubeziehen sind oder einbezogen werden können. Dazu gehört im mehrstufigen Konzern u.a. das direkte Mutterunternehmen der Holding. Es ist unerheblich, ob ein Konzernabschluss tatsächlich aufgestellt wird oder nicht.

9.55 Der bilanzrechtliche Begriff „verbundene Unternehmen" weicht von der **aktienrechtlichen Definition** des § 15 AktG ab. Nach dem AktG sind verbundene Unternehmen rechtlich selbständige Unternehmen, die im Verhältnis zueinander

(1) in Mehrheitsbesitz stehende Unternehmen und mit Mehrheit beteiligte Unternehmen (§ 16 AktG),

(2) abhängige und herrschende Unternehmen (§ 17 AktG),

(3) Konzernunternehmen (§ 18 AktG),

(4) wechselseitig beteiligte Unternehmen (§ 19 AktG) oder

(5) Vertragsteile eines Unternehmensvertrags (§§ 291, 292 HGB) sind.

Während § 290 Abs. 2 Nr. 1 HGB auf die Stimmenmehrheit abstellt, genügt gem. § 16 AktG die Anteilsmehrheit. Die Definition der **abhängigen und herrschenden Unternehmen** in § 17 Abs. 1 AktG, die von der Möglichkeit eines beherrschenden Einflusses des herrschenden auf das abhängige Unternehmen ausgeht, entspricht der Definition von Mutter- und Tochterunternehmen in § 290 Abs. 1 HGB. Besteht ein Beherrschungsvertrag sind beide Vertragspartner verbundene Unternehmen.

9.56 Wechselseitig beteiligte Unternehmen (§ 19 AktG) oder Unternehmen, die Vertragsteile eines Unternehmensvertrages (mit Ausnahme des Beherrschungsvertrags) sind (§§ 291, 292 AktG), sowie die Unternehmen eines Gleichordnungskonzerns (§ 18 Abs. 2 AktG) gehören bilanzrechtlich nicht zu den verbundenen Unternehmen i.S.v. § 271 Abs. 2 HGB[26], wenn es an einer beherrschenden Einflussmöglichkeit mangelt. Gemeinschaftsunternehmen (Rz. 9.60) gehören ebenso wie die assoziierten Unternehmen (Rz. 9.61) nicht zu den verbundenen Unternehmen i.S.v. § 271 Abs. 2 HGB, weil eine beherrschende Einflussmöglichkeit des beteiligten Unternehmens fehlt.

9.57 Anteile an einer sog. **Zweckgesellschaft** (Rz. 9.51) sind als Anteile an verbundenen Unternehmen auszuweisen. Die Zweckgesellschaft ist in den Konzernabschluss als Tochterunternehmen einzube-

26 *IDW*, WPH 2019, C 27.

ziehen. Entscheidendes Merkmal der Zweckgesellschaft ist, dass die Holding bei wirtschaftlicher Betrachtung die Mehrheit der Chancen und Risiken dieser Gesellschaft trägt, die zur Realisierung eines eng begrenzten und genau definierten Zieles der Holding dient. Bei ungleicher Chancen-Risiko-Verteilung geben die Risiken den Ausschlag[27]. Der Anteilsbesitz ist unerheblich. Die Erfüllung des „begrenzten Zwecks" (z.B. Leasinggeschäfte) kann durch die Satzung der Zweckgesellschaft oder andere vertragliche Vereinbarungen vorherbestimmt sein (sog. Autopilot)[28], so dass es keiner kapitalmäßigen Beteiligung oder eines anders unterlegten beherrschenden Einflusses bedarf.

c) Unternehmensanteile im Konzernabschluss

Der Konzernabschluss beruht auf der Fiktion, dass Mutter- und Tochterunternehmen eine unternehmerische Einheit bilden. Dementsprechend sind die Vermögens-, Finanz- und Ertragslage des Konzerns im Konzernabschluss so darzustellen, als ob die einbezogenen Unternehmen insgesamt ein einziges Unternehmen wären (sog. **Einheitstheorie**; § 297 Abs. 3 Satz 1 HGB). Demgemäß werden die konzerneinheitlich bilanzierten und bewerteten Vermögens- und Schuldposten des Mutterunternehmens und der Tochterunternehmen in den Konzernabschluss übernommen. Die Buchwerte des Mutterunternehmens für die Anteile an **Tochterunternehmen** werden mit dem anteiligen Eigenkapital des jeweiligen Tochterunternehmens verrechnet (Vollkonsolidierung gem. §§ 300 ff. HGB; s. Rz. 9.315 ff.). 9.58

Außerdem werden die Auswirkungen konzerninterner Vorgänge durch Verrechnung oder Eliminierung der konzerninternen Forderungen und Verbindlichkeiten sowie Aufwendungen und Erträge rückgängig gemacht. 9.59

Führt ein Mutterunternehmen oder Tochterunternehmen ein anderes Unternehmen gemeinsam mit einem oder mehreren Unternehmen, die nicht in den Konzernabschluss einbezogen sind, handelt es sich um ein **Gemeinschaftsunternehmen**, das entsprechend der Beteiligungsquote anteilig in den Konzernabschluss einbezogen werden darf (Quotale Konsolidierung gem. § 310 HGB; Rz. 9.351). Wird von diesem Wahlrecht nicht Gebrauch gemacht, ist das Gemeinschaftsunternehmen wie ein assoziiertes Unternehmen (Rz. 9.61) zu behandeln. 9.60

Beteiligungsunternehmen, auf deren Geschäfts- und Finanzpolitik die Holding ohne Vorliegen einer Beherrschungsmöglichkeit einen maßgeblichen Einfluss ausübt, gelten als **assoziiertes Unternehmen** (§ 311 HGB). Die Anteile an diesen Unternehmen sind in der Konzernbilanz mit dem Buchwert zzgl. späterer Veränderungen des anteiligen Eigenkapitals des Assoziierten Unternehmens zu bewerten und gesondert auszuweisen (sog. Equitybewertung; s. Rz. 9.359). 9.61

II. Jahresabschluss und Lagebericht der Holding

Der Jahresabschluss umfasst die Bilanz und die Gewinn- und Verlustrechnung (§ 242 Abs. 3 HGB). Kapitalgesellschaften müssen den Jahresabschluss um einen Anhang erweitern und um einen Lagebericht ergänzen (§ 264 Abs. 1 HGB). 9.62

Für **Kapitalgesellschaften** einschließlich der Kapitalgesellschaften & Co. (§ 264a HGB) ist in §§ 266 bzw. 275 HGB eine bestimmte **Gliederung der Bilanz bzw. der GuV** vorgeschrieben. Die Bezeichnung und Reihenfolge der Posten sind grundsätzlich verbindlich, doch muss davon abgewichen werden, wenn dies wegen Besonderheiten der Kapitalgesellschaft zur Aufstellung eines klaren und übersichtlichen Jahresabschlusses erforderlich ist (vgl. § 265 Abs. 6 HGB)[29]. Solche Besonderheiten sind im Falle der Holding gegeben[30], die für den allgemeinen Markt weder Erzeugnisse herstellt, noch Dienstleistungen erbringt oder mit Waren handelt (s. Rz. 9.71 f.). 9.63

---

27 Begr. BilMoG, BT-Drucks. 16/12407, 89; DRS 19.61.
28 Ausführlich z.B. *Grottel/Kreher* in Beck Bil-Komm, 12. Aufl., § 290 HGB Rz. 65 ff.
29 Vgl. *ADS*, § 265 HGB Rz. 71; *Hütten/Lorson* in KPW, § 265 HGB Rz. 86.
30 Ebenso *IDW*, WPH 2019, F 756.

9.64 Eine weitere Untergliederung oder eine abweichende Bezeichnung der Posten sowie die Einfügung neuer Posten und Zwischensummen sind zulässig, wenn das Prinzip der vorgeschriebenen Gliederung beachtet und die Klarheit und Übersichtlichkeit des Jahresabschlusses gewahrt werden (§ 265 Abs. 5 HGB). So kann es bei einer Holding z.B. zweckmäßig sein, Forderungen und Verbindlichkeiten nach Tochterunternehmen, Gemeinschafts- und assoziierten Unternehmen und sonstigen Beteiligungen in der Bilanz getrennt auszuweisen.

9.65 Für **Einzelkaufleute und Personengesellschaften** ist – soweit sie nicht als Kapitalgesellschaft & Co oder wegen ihrer Größe nach dem PublG wie Kapitalgesellschaften rechnungslegungspflichtig sind (Rz. 9.22) – hinsichtlich der Gliederung der **Bilanz** lediglich vorgeschrieben, dass das Anlage- und das Umlaufvermögen, das Eigenkapital, die Schulden sowie die Rechnungsabgrenzungsposten gesondert auszuweisen und hinreichend aufzugliedern sind (§ 247 HGB). Als Mindestgliederung kann auf die verkürzte Bilanz der Kleinstkapitalgesellschaften (§ 267a HGB) verwiesen werden (§ 266 Abs. 1 Satz 4 HGB; Rz. 9.73).

9.66 Für die **GuV** der Personenunternehmen fehlt eine ausdrückliche Gliederungsvorschrift. Es entspricht aber den Grundsätzen ordnungsmäßiger Buchführung, dass diese Unternehmen die Gewinn- und Verlustrechnung in Anlehnung an die für Kapitalgesellschaften vorgeschriebene Gliederung gliedern und die hierin aufgeführten Postenbezeichnungen verwenden[31].

1. Die Bilanz der Holding

a) Bilanzierung und Gliederung

aa) Allgemein

9.67 In der Bilanz der Holding sind grundsätzlich anzusetzen

- sämtliche materiellen und immateriellen Vermögensgegenstände, die der Holding wirtschaftlich zuzurechnen sind und
- alle Schulden und Rechnungsabgrenzungsposten, die ihr rechtlich zuzuordnen sind (Grundsatz der Vollständigkeit; § 246 Abs. 1 HGB).
- Eine Ausnahme von der generellen Bilanzierungspflicht besteht nur bei ausdrücklich eingeräumten Bilanzierungswahlrechten oder einem Bilanzierungsverbot.

9.68 Die Ansatz- oder **Bilanzierungswahlrechte** betreffen

- die Aktivierung eines Disagios (§ 250 Abs. 3 HGB),
- die Aktivierung selbstgeschaffener immaterieller Vermögensgegenstände des Anlagevermögens (§ 248 Abs. 2 Satz 1 HGB),
- den Ansatz aktiver latenter Steuern (§ 274 Abs. 1 Satz 2 HGB) sowie
- die Passivierung von Pensionsverpflichtungen, die vor dem 1.1.1987 entstanden sind (§ 28 EGHGB).

Für die Ausübung der Ansatzwahlrechte gilt das Stetigkeitsgebot (§ 246 Abs. 3 HGB).

9.69 Bei Aktivierung selbst geschaffener immaterieller Vermögensgegenstände des Anlagevermögens und latenter Steuern (Rz. 9.98) dürfen Gewinne nur ausgeschüttet werden, wenn die nach Ausschüttung verbleibenden frei verfügbaren Rücklagen und Ergebnisvorträge mindestens den angesetzten Beträgen entsprechen. Dieselbe **Ausschüttungssperre** (§ 268 Abs. 8 HGB) gilt für den Unterschiedsbetrag zwischen den Anschaffungskosten und dem höheren beizulegenden Zeitwert, mit dem das Deckungsvermögen (Rz. 9.107) für Pensionsverpflichtungen anzusetzen ist (§ 253 Abs. 1 Satz 4 HGB).

31 S. dazu im Einzelnen *Castan*, Allgemeine Grundsätze der Gliederung, in Beck HdR, B 141.

Ein **Bilanzierungsverbot** besteht für den selbst geschaffenen originären Geschäftswert sowie für Aufwendungen für die Unternehmensgründung, für die Beschaffung von Eigenkapital und für den Abschluss von Versicherungsverträgen (§ 248 Abs. 1 HGB). Außerdem dürfen selbst geschaffene Marken, Drucktitel, Verlagsrechte, Kundenlisten oder vergleichbare immaterielle Vermögensgegenstände des Anlagevermögens nicht aktiviert werden (§ 248 Abs. 2 HGB). 9.70

Die in § 266 HGB vorgeschriebene **Bilanzgliederung** stellt auf Industrie- und Handelsunternehmen ab. Die darin aufgeführten Bilanzposten, die durch die Herstellung und den Vertrieb von Erzeugnissen und Waren bedingt sind, kommen für eine Holding in der Regel nicht in Betracht oder sind von untergeordneter Bedeutung. Das betrifft z.B. die Posten „technische Anlagen und Maschinen" oder „Vorräte" sowie Lieferforderungen und -verbindlichkeiten. Wesentliches Merkmal der Holding ist das Halten von Anteilen an verbundenen Unternehmen und von Beteiligungen an anderen Unternehmen. Dementsprechend verkürzt sich die typische **Bilanz einer Holding** auf die in Tabelle 3 aufgeführten Posten, die mit der Nummerierung des § 266 Abs. 2 und 3 HGB angegeben werden. Die Zuordnung zu den einzelnen Bilanzposten richtet sich nach der Zwecksetzung des Vermögensgegenstandes oder den rechtlichen und wirtschaftlichen Grundlagen der Verbindlichkeiten. 9.71

Tabelle 3: Bilanzgliederung einer Holding

Aktiva		
A. Anlagevermögen		
	II. Sachanlagen	
		1. Grundstücke, Gebäude
		2. Betriebs- und Geschäftsausstattung
	III. Finanzanlagen	
		1. Anteile an verbundenen Unternehmen
		2. Ausleihungen an verbundene Unternehmen
		3. Beteiligungen
		4. Ausleihungen an Beteiligungsunternehmen
		5. Wertpapiere des Anlagevermögens
		6. Sonstige Ausleihungen
B. Umlaufvermögen		
	II. Forderungen und sonstige Vermögensgegenstände	
		1. Forderungen aus Leistungen
		2. Forderungen gegen verbundene Unternehmen
		3. Forderungen gegen Beteiligungsunternehmen
		4. Sonstige Vermögensgegenstände
	III. Wertpapiere	
		1. Anteile an verbundenen Unternehmen
		2. Sonstige Wertpapiere
	IV. Flüssige Mittel	
C. Rechnungsabgrenzungsposten		
D. Aktive latente Steuern		

E. Aktiver Unterschiedsbetrag aus der Vermögensverrechnung

F. Nicht durch Eigenkapital gedeckter Fehlbetrag

Passiva

A. Eigenkapital
  - I. Gezeichnetes Kapital
  - II. Kapitalrücklagen
  - III. Gewinnrücklagen
    - 1. Gesetzliche Rücklage
    - 2. Rücklage für Anteile an einem herrschenden oder mit Mehrheit beteiligten Unternehmen
    - 3. Satzungsmäßige Rücklagen
    - 4. Andere Gewinnrücklagen
  - IV. Gewinnvortrag/Verlustvortrag
  - V. Jahresüberschuss/Jahresfehlbetrag

B. Rückstellungen
  - 1. Pensionsrückstellungen
  - 2. Steuerrückstellungen
  - 3. Sonstige Rückstellungen

C. Verbindlichkeiten
  - 1. Anleihen (davon konvertibel)
  - 2. Verbindlichkeiten gegenüber Kreditinstituten
  - 4. Verbindlichkeiten aus Leistungen
  - 5. Verbindlichkeiten aus Wechseln
  - 6. Verbindlichkeiten gegenüber verbundenen Unternehmen
  - 7. Verbindlichkeiten gegenüber Beteiligungsunternehmen
  - 8. Sonstige Verbindlichkeiten (davon aus Steuern; davon im Rahmen der sozialen Sicherheit)

D. Rechnungsabgrenzungsposten

E. Passive latente Steuern

9.72 Handelt es sich bei der Holding um eine **kleine Kapitalgesellschaft** (§ 267 Abs. 1 HGB), die nicht kapitalmarktorientiert ist (§ 264d HGB), müssen nur die in § 266 HGB bzw. Tabelle 3 mit Buchstaben und römischen Ziffern aufgeführten Bilanzposten ausgewiesen werden (§ 266 Abs. 1 Satz 3 HGB). Weitere Erleichterungen ergeben sich aus § 274a HGB (Verzicht auf bestimmte Angaben und Aufgliederungen; kein Ansatz latenter Steuern).

9.73 Ist die Holding eine **Kleinstkapitalgesellschaft** (§ 267a HGB), aber keine Investment- oder Unternehmensbeteiligungsgesellschaft (Vermögensholding) (Rz. 9.25), müssen in der Bilanz nur die in Tabelle 3 mit Buchstaben bezeichneten Posten aufgenommen werden.

9.74 Posten der Aktivseite der Bilanz dürfen nicht mit Passivposten und Aufwendungen nicht mit Erträgen verrechnet werden (Verrechnungsverbot; § 246 Abs. 2 HGB). Als Ausnahme von dem **generel-**

len Verrechnungsverbot (Rz. 9.11) ist das sog. Deckungsvermögen für Pensionsverpflichtungen mit den entsprechenden Pensionsrückstellungen zu verrechnen **(spezielles Verrechnungsgebot** gem. § 246 Abs. 2 Satz 2 HGB; s. Rz. 9.105 ff.). Das Verrechnungsverbot ist außerdem bei der Bildung von Bewertungseinheiten bei Sicherungsgeschäften aufgehoben (§ 254 HGB, s. Rz. 9.243 ff.).

Zu den einzelnen Bilanzposten sind folgende **Angaben** vorgeschrieben: 9.75

- Die Entwicklung der einzelnen Posten des Anlagevermögens ist im Anhang darzustellen (§ 284 Abs. 3 HGB; s. 9.191 ff.).
- In der Bilanz ist bei jedem Forderungsposten der Betrag mit einer Restlaufzeit von mehr als einem Jahr zu vermerken (§ 268 Abs. 4 HGB).
- Bei Verbindlichkeiten sind sowohl der Betrag mit einer Restlaufzeit bis zu einem Jahr als auch der Betrag mit einer Restlaufzeit von mehr als einem Jahr anzugeben (§ 268 Abs. 5 HGB).
- Die Angaben zu den Haftungsverhältnissen (§ 251 HGB) sind im Anhang vorzunehmen (§ 268 Abs. 7 HGB; s. Rz. 9.135).

Soweit andere als die in Tabelle 3 aufgeführten Bilanzposten bei der Holding vorhanden sind (z.B. 9.76 Warenvorräte), sind sie nach Maßgabe von § 266 HGB in die Holdingbilanz einzugliedern. Der Ausweis von immateriellen Vermögensgegenständen des Anlagevermögens (§ 266 Abs. 2 A I 1–4 HGB) kommt für eine Holding z.B. dann in Betracht, wenn sie Konzessionen, Lizenzen, gewerbliche Schutzrechte u.Ä. erwirbt oder Entwicklungsprojekte für ihre Beteiligungsunternehmen durchführt und die Entwicklungskosten gemäß des Wahlrechts für selbst geschaffene immaterielle Anlagegegenstände aktiviert (§ 248 Abs. 2 HGB). Ist ein Bilanzposten weder im Berichts- noch im Vorjahr vorhanden, braucht ein sog. Leerposten nicht ausgewiesen zu werden. Zum Ausweis der latenten Steuern s. Rz. 9.96 ff.

bb) Finanzanlagevermögen

In der Bilanz einer Holding spielen die Finanzanlagen eine dominierende Rolle. Es handelt sich um 9.77 Dritten langfristig überlassene Finanzmittel, die sich in Anteilen an anderen Unternehmen, Wertpapieren oder Ausleihungen manifestieren und – wie das Anlagevermögen generell – dauernd dem Geschäftsbetrieb der Holding zu dienen bestimmt sind (§ 247 Abs. 2 HGB). Im Gegensatz zu den Sachanlagen und immateriellen Anlagewerten stellen die Finanzanlagen einen **Kapitaleinsatz außerhalb des Unternehmens** dar. Die Differenzierung findet auch in der Gewinn- und Verlustrechnung ihren Niederschlag: Erträge aus Finanzanlagen sowie Aufwendungen aus und Abschreibungen auf Finanzanlagen sind gesondert auszuweisen (Rz. 9.119 f.).

(1) Arten: In Abgrenzung zu den betrieblich verursachten Forderungen und Schulden spricht man 9.78 bei Finanzanlagen und Wertpapieren sowie bei Finanzschulden oder finanziellen Verbindlichkeiten von **Finanzierungstiteln.** Sie bezeichnen das Bündel von monetären Rechten und Pflichten, von Gestaltungs-, Einwirkungs- und Informationsrechten sowie korrespondierenden Pflichten, die der Überlassung oder Aufnahme von Finanzmitteln zugrunde liegen[32]. Finanzierungstitel können auf gesellschaftsrechtlicher oder schuldrechtlicher Grundlage beruhen, so dass aus Sicht des Emittenten zwischen Eigenkapital- und Fremdkapitaltitel zu unterscheiden ist.

Bei **Eigenkapitaltiteln** werden dem Kapitalgeber Mitgliedschafts- und Vermögensrechte eingeräumt. 9.79 Diese Rechte schließen in Abhängigkeit von der Rechtsform des Unternehmens die Beteiligung an der Geschäftsführung oder eine direkte oder indirekte Einflussnahme auf die Geschäftspolitik des Unternehmens ein. Sie beinhalten außerdem einen Anspruch auf den anteiligen Unternehmensgewinn und bei Liquidation des Unternehmens auf den anteiligen Liquidationsüberschuss. Auf der anderen Seite gehen etwaige Verluste des Unternehmens zu Lasten der Inhaber von Eigenkapitaltiteln.

32 *Hachmeister* in HdJ, Abt. II/3 Rz. 1.

Eigenkapitaltitel sind in der Regel nicht mit Rückgewähr- oder Entgeltansprüchen verbunden. Die Ansprüche der Eigenkapitalgeber sind gegenüber Fremdkapitaltiteln nachrangig und werden erst dann befriedigt, wenn alle anderen gesetzlichen oder vertraglichen Ansprüche Dritter erfüllt sind. Insofern hat das Eigenkapital Haftungsfunktion. **Anteile an anderen Unternehmen** sind Eigenkapitaltitel.

9.80 Bei **Fremdkapitaltiteln** bestehen schuldrechtliche Ansprüche des Kapitalgebers auf Rückzahlung und Verzinsung der überlassenen Finanzmittel. Die Vergütung für die Kapitalüberlassung kann auch vom Ergebnis des Unternehmens abhängig gemacht werden. Fremdkapitaltitel gewähren grundsätzlich keinen Einfluss auf die Geschäftspolitik des Kapitalnehmers. Allerdings kann es indirekte Einflüsse durch Kreditkonditionen geben, z.B. durch einen einzuhaltenden Verschuldungsgrad oder durch eine Zweckbindung der Kapitalüberlassung. Wertpapiere können sowohl Eigenkapitaltitel (z.B. Aktien) als auch Fremdkapitaltitel (z.B. Anleihen) sein. Ausleihungen sind Gläubiger- oder Fremdkapitaltitel.

9.81 Die **„auf Dauer" beabsichtigte Mittelbindung** ist das entscheidende Abgrenzungsmerkmal der Finanzanlagen zu den finanziellen Vermögensgegenständen des Umlaufvermögens. Die Zweckbestimmung als Daueranlage hängt in erster Linie vom Willen des bilanzierenden Unternehmens ab. Daneben sind die rechtlichen und wirtschaftlichen Umstände und Gegebenheiten zu berücksichtigen. So sind z.B. unverbriefte Anteile an Personengesellschaften oder GmbHs i.d.R. dem Finanzanlagevermögen zuzuordnen, weil ihre kurzfristige Veräußerung wegen enger gesellschaftsrechtlicher Bindungen und Zustimmungserfordernisse und einem fehlenden Markt kaum zu realisieren ist.

9.82 Die Dauerhaftigkeit ist vom Gesetzgeber zeitlich nicht fixiert worden. Im Allgemeinen gilt eine Kapitalüberlassung bis zu einem Jahr als kurzfristig, während Finanzierungstitel mit einer Laufzeit von mehr als vier Jahren stets als langfristige Kapitalüberlassung angesehen werden. Für Laufzeiten zwischen einem und vier Jahren kommt es vor allem auf die Motive des Bilanzierenden an[33]. Entscheidend ist die Zweckbestimmung zum jeweiligen Bilanzstichtag[34].

9.83 Eine während des Geschäftsjahres erworbene Beteiligung, die als dauerhafte Anlage angelegt war, ist auch dann als solche auszuweisen, wenn sie, z.B. aus kartellrechtlichen Gründen, kurzfristig veräußert werden muss. In gleicher Weise sind als Daueranlage erworbene Anleihen, die aufgrund einer Auslosung kurzfristig zurückgezahlt werden, oder Ausleihungen und Wertpapiere, die wegen Fälligkeit oder Kündigung kurzfristig in flüssige Mittel umgewandelt werden, zu behandeln. In diesen Fällen ändert sich nicht die Zweckbestimmung; sie wird vielmehr durch unternehmensexterne Einflüsse beendet. Bei wesentlichen Beträgen sind entsprechende Angaben im Anhang notwendig.

9.84 Wird für eine Finanzanlage die Absicht einer Daueranlage aufgegeben, ist sie in das Umlaufvermögen umzugliedern. Das ist z.B. der Fall, wenn Eigenkapitaltitel aufgrund einer neuen Entscheidung der Holding kurzfristig veräußert werden sollen und dadurch die ursprüngliche Widmung beendet wird[35]. Ein Ausweis von Finanzierungstiteln im Finanzanlagevermögen ist auch dann nicht mehr zulässig, wenn die wirtschaftliche Situation des Unternehmens oder sonstige Umstände ein längerfristiges Halten nicht erlauben[36]. Die ins Umlaufvermögen umzugliedernden Finanzierungstitel unterliegen dem strengen Niederstwertprinzip (§ 253 Abs. 4 HGB). Die Umstellung und ihre Gründe sowie der Umfang des Einflusses auf die Vermögens-, Finanz- und Ertragslage des Unternehmens sind im Anhang anzugeben (§ 284 Abs. 2 Nr. 2 HGB).

9.85 **(2) Gliederung:** Mittelgroße und große **Kapitalgesellschaften**[37] sowie Banken und Versicherungen[38] jeder Rechtsform und Größe haben die Finanzanlagen wie in Tabelle 3 aufgeführt zu untergliedern,

33 *Schubert/F. Huber* in Beck Bil-Komm, 12. Aufl., § 247 HGB Rz. 356.
34 *Scheffler* in Beck HdR, B 213 Rz. 12.
35 Ebenso *ADS*, § 247 HGB Rz. 122; *Grottel/Kreher* in Beck Bil-Komm, 12. Aufl., § 271 HGB Rz. 20.
36 *Hachmeister* in HdJ, II/3, Rz. 12.
37 Einschließlich der mittelgroßen und großen Kapitalgesellschaften & Co.
38 Im Übrigen haben Kreditinstitute und Versicherungsunternehmen besondere durch Verordnung vorgeschriebene Formblätter zu beachten (Anlagen zur RechKredV bzw. RechVersV).

um die finanziellen Beziehungen zu verbundenen Unternehmen und zu Unternehmen, mit denen ein Beteiligungsverhältnis besteht, kenntlich zu machen. **Einzelkaufleute und Personengesellschaften**, die nicht nach dem PublG publizitätspflichtig sind, sowie kleine Kapitalgesellschaften können die Finanzanlagen in einem Posten zusammenfassen, doch wird bei großem Gewicht der Finanzanlagen – wie i.d.R. bei Holdinggesellschaften – eine angemessene Aufgliederung nach dem allgemeinen Grundsatz der Klarheit und Übersichtlichkeit (§ 243 Abs. 2 und § 247 Abs. 1 HGB) notwendig sein. Dem Charakter der Holding entsprechend sollte zumindest zwischen Beteiligungen an anderen Unternehmen und sonstigen Finanzanlagen differenziert werden.

Entscheidend für den Ausweis der **Anteile an verbundenen Unternehmen** ist, ob die in Rz. 9.49 f. 9.86
genannten Kriterien am Bilanzstichtag gegeben sind. Auf die Höhe der Beteiligung oder den Beteiligungszweck kommt es nicht an. Auch Zwerganteile an verbundenen Unternehmen sind bei Daueranlage hier auszuweisen. Der gesonderte Ausweis als Anteile an verbundenen Unternehmen geht einem Ausweis unter „Beteiligungen“ oder unter „Wertpapieren“ vor. Das folgt aus dem Wortlaut des Gesetzes und aus der Absicht des Gesetzgebers, die Beziehungen zu verbundenen Unternehmen sichtbar zu machen[39]. Werden Anteile an verbundenen Unternehmen ausnahmsweise nur kurzfristig gehalten, sind sie im Umlaufvermögen als solche auszuweisen.

Zu den Anteilen an verbundenen Unternehmen gehören auch **Anteile an einem herrschenden oder mit Mehrheit beteiligten Unternehmen**. 9.87
Zum Schutz der Gläubiger und der Gesellschafter der Anteilseignerin ist in Höhe des für diese Anteile aktivierten Betrags eine Rücklage zu bilden (§ 272 Abs. 4 HGB), da der Erwerb solcher Anteile wie eine mittelbare Rückzahlung von Grund- oder Stammkapital wirkt oder die indirekte Ausschüttung von zweckgebundenen Rücklagen beinhalten kann. Die Rücklage kann aus frei verfügbaren Gewinnrücklagen dotiert werden. Sie ist aufzulösen, wenn die Anteile an dem herrschenden oder mit Mehrheit beteiligten Unternehmen veräußert oder eingezogen werden oder auf der Aktivseite für sie ein niedrigerer Betrag angesetzt wird. Die Anteile an dem herrschenden oder mit Mehrheit beteiligten Unternehmen müssen in der Bilanz der Holding nicht gesondert ausgewiesen werden, doch empfiehlt sich ein gesonderter Ausweis als Gegenposten zu der dafür zu bildenden Rücklage.

Auf Dauer gehaltene **Anteile an nicht verbundenen Unternehmen** sind entweder als Beteiligungen 9.88
(§ 271 Abs. 1 HGB; Rz. 9.31 ff.) oder, wenn keine Beteiligung vorliegt und die Anteile verbrieft sind, als Wertpapiere des Anlagevermögens auszuweisen. Hält die Holding in wesentlichem Umfang und auf Dauer unverbriefte Unternehmensanteile, die nicht als verbundene Unternehmen oder Beteiligungen einzustufen sind, so ist aus Gründen der Klarheit ihr gesonderter Ausweis als „Sonstige Unternehmensanteile des Anlagevermögens“ angezeigt. Dieser Ausweis ist dem als „sonstige Vermögensgegenstände“ (§ 266 Abs. 2 B II 4 HGB) vorzuziehen.

Ausleihungen sind Fremdkapitaltitel. Es handelt sich um langfristige Kapitalüberlassungen an Dritte 9.89
in Form von Darlehen oder Krediten, die in der Regel zu verzinsen und nach Ablauf einer vereinbarten Frist oder zu festgelegten Zeitpunkten innerhalb eines bestimmten Zeitraums vom Schuldner zurückgezahlt werden. Ausleihungen an verbundene Unternehmen und an Beteiligungsunternehmen sind gesondert auszuweisen und bei wesentlichen Beträgen zu erläutern.

Andere Wertpapiere des Finanzanlagevermögens sind verbriefte Eigenkapital- oder Fremdkapital- 9.90
titel, die dauernd dem Geschäftsbetrieb zu dienen bestimmt sind und keine Anteile an verbundenen Unternehmen oder Beteiligungen verkörpern. Es kann sich um verbriefte Eigenkapitaltitel wie Aktien oder um Gläubigerpapiere, wie Schuldverschreibungen, handeln.

(3) Entwicklung des Finanzanlagevermögens: Kapitalgesellschaften müssen gem. § 284 Abs. 3 9.91
HGB die Entwicklung der einzelnen Posten des Finanzanlagevermögens im Anhang darstellen (sog. Anlagengitter). Dabei sind ausgehend von den gesamten Anschaffungskosten die Zu- und Abgänge

39 *ADS*, § 266 HGB Rz. 70.

sowie etwaige Umbuchungen, ferner die Abschreibungen und Zuschreibungen des Geschäftsjahres sowie die seit Anschaffung aufgelaufenen Abschreibungen gesondert aufzuführen. Als **Zugang oder Abgang** gilt jede mengenmäßige Vermehrung oder Verminderung von Anteilen, Wertpapieren oder Ausleihungen. Zur Bilanzierung der Zu- und Abgänge von Finanzanlagen s. Rz. 9.142 ff. **Zuschreibungen und Abschreibungen** betreffen dagegen rein wertmäßige Veränderungen. Umbuchungen sind Umgliederungen von einem Posten des Finanzanlagevermögens in einen anderen Bilanzposten. **Umbuchungen** können sich z.B. ergeben, wenn Beteiligungsunternehmen durch Hinzuerwerb von Anteilen zu verbundenen Unternehmen werden.

9.92 **Nachträgliche Anschaffungskosten** (Rz. 9.163) sind prinzipiell als Zugang auszuweisen. Im Gegensatz zu Zuschreibungen sind sie zahlungswirksam und werden erfolgsneutral gebucht. Eine Zuschreibung betrifft Beträge, die in früheren Geschäftsjahren erfolgswirksam als Aufwand verrechnet worden sind. Nachträgliche **Minderungen der Anschaffungskosten**, die im Gegensatz zu Abschreibungen zahlungswirksam sind und erfolgsneutral behandelt werden, sind als Abgang zu zeigen. Eine rückwirkende Veränderung der Anschaffungskosten kann sich z.B. dadurch ergeben, dass der Kaufpreis im Prozessweg neu festgesetzt wird.

cc) Forderungen und Verbindlichkeiten

9.93 Forderungen und Verbindlichkeiten **gegenüber verbundenen Unternehmen** sind von mittelgroßen und großen Kapitalgesellschaften sowie von allen Kreditinstituten und Versicherungsunternehmen gesondert auszuweisen. Dasselbe gilt für Forderungen und Verbindlichkeiten gegenüber Unternehmen, mit denen ein **Beteiligungsverhältnis** (Rz. 9.31) besteht. Fallen die Forderungen und Verbindlichkeiten ihrem Charakter nach zugleich unter einen anderen Bilanzposten, z.B. Forderungen aus Warenlieferungen und Leistungen, so ist bei wesentlichen Beträgen ihre Mitzugehörigkeit zu diesem Posten zu vermerken oder im Anhang anzugeben (§ 265 Abs. 3 HGB). Der Ausweis als Forderung und Verbindlichkeit gegenüber verbundenen Unternehmen oder Beteiligungsunternehmen ist im Regelfall vorrangig, weil die Kennzeichnung der Unternehmensverbindungen ein Grundanliegen des Gesetzgebers war[40].

9.94 Holdinggesellschaften in der Rechtsform der **GmbH** müssen Ausleihungen, Forderungen und Verbindlichkeiten **gegenüber Gesellschaftern** gesondert ausweisen (§ 42 Abs. 3 GmbHG). Im Interesse der Abschlussadressaten ist es wünschenswert, dass auch Unternehmen anderer Rechtsformen die Forderungen und Verbindlichkeiten gegenüber Gesellschaftern bei wesentlichen Beträgen gesondert ausweisen.

9.95 Von GmbH-Gesellschaftern **eingeforderte Nachschüsse** sind unter den Forderungen gesondert auszuweisen, soweit mit der Zahlung gerechnet werden kann. In diesem Fall ist ein dem Aktivposten entsprechender Betrag auf der Passivseite unter den „Kapitalrücklagen" gesondert auszuweisen (§ 42 Abs. 2 GmbHG).

dd) Latente Steuern

9.96 Latente Steuern entstehen, wenn das handelsrechtliche Ergebnis vom steuerrechtlichen Ergebnis abweicht und sich der Ergebnisunterschied in künftigen Abrechnungsperioden voraussichtlich ausgleicht. **Hauptursache** sind Unterschiede bei der Bilanzierung und Bewertung der Vermögensgegenstände und Schulden in der Handelsbilanz und in der Steuerbilanz. Die Berücksichtigung latenter Steuern dient der periodengerechten Erfolgsabgrenzung. Latente Steuern entfallen, wenn der Ergebnisunterschied dauerhaft ist und sich die latenten Mehr- oder Mindersteueraufwendungen nicht in späteren Geschäftsjahren ausgleichen, wie z.B. in Bezug auf Bewertungsunterschiede bei betrieblich genutzten Grundstücken.

40 *ADS* spricht von „qualitativer Vorrangigkeit"; § 265 HGB Rz. 44. Ähnlich *Hayn/Jutz/Zündorf*, Forderungen, in Beck HdR, B 215 Rz. 8 und 9.

Ist der dem Geschäftsjahr und früheren Geschäftsjahren zuzurechnende Steueraufwand im Vergleich zum handelsrechtlichen Ergebnis zu niedrig, weil der zu versteuernde Gewinn niedriger ist als das handelsrechtliche Ergebnis und wird der niedrige Steueraufwand in späteren Geschäftsjahren durch entsprechende höhere Steueraufwendungen voraussichtlich ausgeglichen, so sind in Höhe der voraussichtlichen Steuerbelastung der nachfolgenden Geschäftsjahre **passive latente Steuern** zu berücksichtigen. Der passivierungspflichtige Posten, der den Charakter einer Rückstellung hat, ist in der Bilanz gesondert zu zeigen. Er ist aufzulösen, sobald die höhere Steuerbelastung eintritt (§ 274 Abs. 2 Satz 2 HGB). 9.97

Im umgekehrten Fall, in dem der Steueraufwand wegen eines höheren steuerpflichtigen Gewinns höher ist als es dem niedrigen Handelsbilanzergebnis entspricht, besteht ein Wahlrecht, latente Steueransprüche zu aktivieren (§ 274 Abs. 1 Satz 2 HGB). Steuerliche Verlustvorträge dürfen bei der Berechnung der **aktiven latenten Steuern** nur in Höhe der innerhalb von fünf Jahren zu erwartenden Verlustverrechnung berücksichtigt werden (§ 274 Abs. 1 Satz 4 HGB). Die Aktivierung latenter Steuern darf nicht zur Gewinnausschüttung führen und ist daher mit einer Ausschüttungssperre belegt (§ 268 Abs. 8 HGB). 9.98

Im **Anhang** ist anzugeben, 9.99

(1) auf welchen Differenzen oder steuerlichen Verlustvorträgen die latenten Steuern beruhen,

(2) welche Steuersätze angewendet wurden,

(3) die Steuersalden am Abschlussstichtag und

(4) die im Laufe des Geschäftsjahrs erfolgten Veränderungen dieser Salden (§ 285 Nr. 29 und 30 HGB).

b) Die Bewertung der Bilanzposten

aa) Allgemeine Grundsätze

Die Bewertung der Bilanzposten ist für alle Kaufleute einschließlich der Kapitalgesellschaften in den §§ 252 bis 256a HGB gesetzlich geregelt[41]. Für die Bewertung gelten die in Rz. 9.11 genannten GoB. 9.100

Vermögensgegenstände dürfen höchstens zu den Anschaffungs- oder Herstellungskosten[42] angesetzt werden (§ 253 Abs. 1 HGB). Bei abnutzbaren Gegenständen des Sach- und immateriellen Anlagevermögens sind die Anschaffungs- oder Herstellungskosten durch **planmäßige Abschreibungen** über die voraussichtliche betriebliche Nutzungsdauer der Anlagengegenstände zu verteilen. Finanzanlagen gehören zu den nicht abnutzbaren Gegenständen des Anlagevermögens und unterliegen daher keiner planmäßigen Abschreibung. 9.101

Ist der Wert der Vermögensgegenstände am Bilanzstichtag unter die ggf. um planmäßige Abschreibungen gekürzten Anschaffungs- oder Herstellungskosten (= fortgeführte Anschaffungs- oder Herstellungskosten) oder dem geringeren Buchwert gesunken, dürfen Gegenstände des Umlaufvermögens höchstens zu dem am Bilanzstichtag beizulegenden Wert (Zeitwert) angesetzt werden (strenges **Niederstwertprinzip**). 9.102

Für immaterielle Anlagegegenstände und für das Sachanlagevermögen ist eine **außerplanmäßige Abschreibung** auf den niedrigeren Stichtagswert nur dann zugelassen, aber auch zwingend, wenn die Wertminderung voraussichtlich dauerhaft ist. Finanzanlagen dürfen in Ausübung eines Wahl- 9.103

41 Spezielle Vorschriften gelten für Kreditinstitute (§§ 340e-h HGB) und für Versicherungsunternehmen (§§ 341b-h HGB).

42 S. dazu ausführlich *Wohlgemuth/Radde*, Anschaffungskosten, in Beck HdR, B 162 bzw. *Oestreicher*, Herstellungskosten, in Beck HdR B 163.

rechts auch bei einer voraussichtlich vorübergehenden Wertminderung außerplanmäßig abgeschrieben werden (s. Rz. 9.113). Bei dauerhafter Wertminderung sind Finanzanlagen zwingend außerplanmäßig abzuschreiben. Sind die Gründe für eine außerplanmäßige Abschreibung an einem späteren Bilanzstichtag weggefallen, muss insoweit eine Zuschreibung bis zur Höhe der fortgeführten Anschaffungs- oder Herstellungskosten erfolgen (**Wertaufholung**; § 253 Abs. 5 HGB).

9.104 **Schulden** sind mit ihrem Erfüllungsbetrag zu bewerten. Rückstellungen sind in Höhe des nach vernünftiger kaufmännischer Beurteilung notwendigen Erfüllungsbetrags anzusetzen. Rückstellungen mit einer Laufzeit von mehr als einem Jahr sind abzuzinsen. Die **laufzeitgerechten Abzinsungssätze** werden von der Deutschen Bundesbank ermittelt und monatlich bekannt gegeben (§ 253 Abs. 2 HGB).

9.105 Die **Pensionsrückstellungen** oder Verpflichtungen zur Altersversorgung, die bei vielen Unternehmen einen gewichtigen Schuldposten darstellen, umfassen sowohl die laufenden Pensionsverpflichtungen als auch Pensionsanwartschaften. Sie sind mit dem Barwert der künftigen Pensionszahlungen anzusetzen, die nach versicherungsmathematischen Grundsätzen ermittelt werden. Bei den Anwartschaften wird davon ausgegangen, dass sie während der voraussichtlichen Dienstzeit des Pensionsberechtigten „verdient" werden. Dementsprechend wird die Pensionsrückstellung zeitanteilig angesammelt. Bei der Bewertung sind auch die am Bilanzstichtag zu erwartenden künftigen Erhöhungen der Pensionsanwartschaften (z.B. aufgrund von Tariferhöhungen) oder der Pensionen (z.B. Anpassung an gestiegene Lebenshaltungskosten) zu berücksichtigen.

9.106 Abweichend von der allgemeinen Abzinsungsregel für langfristige Rückstellungen (§ 253 Abs. 2 Satz 1 HGB; Rz. 9.104) dürfen Rückstellungen für Altersversorgungsverpflichtungen mit dem durchschnittlichen Marktzinssatz abgezinst werden, der sich bei einer angenommenen Restlaufzeit von 15 Jahren ergibt (§ 253 Abs. 2 Satz 2 HGB). – Steuerlich richtet sich die Bewertung der Pensionsverpflichtungen nach § 6a EStG, der einen Abzinsungssatz von 6 % p.a. vorschreibt und der die Rentendynamik in Form künftig zu erwartenden Erhöhungen der Bemessungsgrundlagen nicht zulässt.

9.107 Steht den Pensionsverpflichtungen ein **Deckungsvermögen** (auch Planvermögen genannt) gegenüber, das ausschließlich zur Erfüllung der Pensionsverpflichtungen bestimmt und dem Zugriff der Gläubiger des Unternehmens entzogen ist, so ist dieses mit den Pensionsrückstellungen nach Maßgabe von § 246 Abs. 2 HGB zu verrechnen (Verrechnungsgebot). Das Deckungsvermögen ist mit dem beizulegenden Zeitwert zu bewerten. Ein Aktivüberhang aus der Verrechnung von Pensionsrückstellung und Deckungsvermögen ist als „Unterschiedsbetrag aus der Vermögensverrechnung" auszuweisen. Soweit der Zeitwert des Planvermögens abzgl. der hierfür gebildeten passiven latenten Steuern die Anschaffungskosten übersteigt, unterliegt der Differenzbetrag einer Ausschüttungssperre (§ 268 Abs. 8 HGB).

9.108 Das **Eigenkapital** eines Unternehmens ist die Differenz zwischen seinem Vermögen und seinen Schulden. In der Bilanz ist das Eigenkapital gesondert auszuweisen und nach Entstehung und Verwendbarkeit in Gezeichnetes Kapital, Kapital- und Gewinnrücklagen und Ergebnis wie aus Tabelle 3 (Rz. 9.71) ersichtlich zu gliedern.

bb) Bewertung des Finanzanlagevermögens

9.109 Finanzanlagen sind bei der erstmaligen Bilanzierung mit den **Anschaffungskosten** zu bewerten (**Zugangsbewertung**; § 253 Abs. 1 HGB). Die Anschaffungskosten umfassen neben dem Anschaffungspreis auch die Anschaffungsnebenkosten wie Notargebühren und Provisionen. Finanzierungskosten zählen dagegen nicht zu den Anschaffungskosten. In Fremdwährung lautende Anschaffungskosten sind mit dem Devisenkassamittelkurs am Bilanzstichtag in Euro umzurechnen (§ 256a HGB). Auch überhöhte Anschaffungskosten, z.B. zur Abfindung eines lästigen Gesellschafters oder zur Abfindung von Minderheitsaktionären, gelten als Anschaffungskosten. Sie können allerdings bei dauernder Wertminderung außerplanmäßige Abschreibungen erforderlich machen, um die Finanzanlagen mit dem niedrigeren beizulegenden Wert anzusetzen.

Für den Zugang von Unternehmensanteilen durch Gründung oder Kapitalerhöhung werden an Stelle von Anschaffungskosten als Bewertungsmaßstab die **Herstellungskosten** diskutiert, da hier kein Anschaffungsvorgang gegeben ist, sondern durch die Gründer bzw. die Eigner neue Anteile an anderen Unternehmen geschaffen werden. Dieser Vorgang lässt sich eher als Herstellung denn als Anschaffung charakterisieren[43]. Ein Herstellungsvorgang sollte aber nur angenommen werden, wenn das bilanzierende Unternehmen die Kapitalmehrheit besitzt und maßgeblich an der Gründung oder Kapitalerhöhung mitwirkt[44]. 9.110

Eine Bewertung zu Herstellungskosten bedeutet, dass neben den direkt zurechenbaren Einzelkosten auch „produktionsbedingte" Gemeinkosten angesetzt werden und darüber hinaus angemessene Gemeinkosten für allgemeine Verwaltung und soziale Einrichtungen aktiviert werden dürfen (§ 255 Abs. 2 HGB). Bei der Aktivierung von Gemeinkosten ist die Werthaltigkeit des so ermittelten Bilanzwerts zu hinterfragen. Praktische Auswirkungen des Ansatzes zu Herstellungskosten ergeben sich hauptsächlich bei nachträglichen Aufwendungen. Hier ist zwischen Herstellungs- und Erhaltungsaufwand zu unterscheiden[45]. Für die Aktivierung kommt es darauf an, ob der Vermögensgegenstand durch die nachträglichen Aufwendungen in seinem Wert erhöht oder in seiner Eigenart verändert wurde. 9.111

Bei der **Folgebewertung** sind die Anschaffungs- oder Herstellungskosten der Finanzanlagen um etwaige Wertminderungen zu kürzen (Rz. 9.103). Bei Wegfall der Gründe für die Wertminderung sind die Buchwerte durch entsprechende Zuschreibungen bis zur Höhe der ursprünglichen Anschaffungs- oder Herstellungskosten zu erhöhen. Finanzanlagen sind – im Gegensatz z.B. zu Sachanlagen wie Maschinen – nicht „abnutzbar"; ihre Nutzung ist – abgesehen von ihrer Veräußerung oder Fälligkeit – zeitlich nicht begrenzt. Planmäßige Abschreibungen (§ 253 Abs. 2 Satz 1 HGB) kommen daher für sie nicht in Betracht. Planmäßige Tilgungen von Ausleihungen sind als Abgang zu behandeln. 9.112

Dagegen können oder müssen **außerplanmäßige Abschreibungen** erfolgen, um die Finanzanlagen mit dem niedrigeren Wert anzusetzen, der ihnen am Bilanzstichtag beizulegen ist. Wenn die Wertminderung nach vorsichtiger kaufmännischer Beurteilung voraussichtlich nicht dauernd ist, besteht ein Abwertungswahlrecht. Unterbleibt die Abschreibung bei vorübergehender Wertminderung von Finanzinstrumenten sind der Buchwert, der beizulegende Zeitwert und die Gründe für das Unterlassen der Abschreibung und Anhaltspunkte für die Annahme einer vorübergehenden Wertminderung im Anhang anzugeben (§ 285 Nr. 18 HGB). Bei einer voraussichtlich dauerhaften Wertminderung ist eine Abschreibung auf den niedrigeren Stichtagswert zwingend. Außerplanmäßige Abschreibungen sind in der Gewinn- und Verlustrechnung gesondert auszuweisen oder im Anhang anzugeben (§ 277 Abs. 3 HGB). 9.113

Anteile an verbundenen Unternehmen und Beteiligungen, die von Kreditinstituten gehalten werden, aber nicht dauernd dem Geschäftsbetrieb dienen, sind wie **Umlaufvermögen** nach dem strengen Niederstwertprinzip zu bewerten (§ 340e Abs. 1 HGB). Diese Regelung sollte auch eine Holding anwenden, wenn sie namhafte Unternehmensanteile zum Zweck der Veräußerung oder Aufgabe hält. Maßgeblich ist der Buchwert oder ein niedrigerer Veräußerungswert oder anteiliger Liquidationswert. 9.114

Die Bewertung von Anteilen an verbundenen Unternehmen und von Beteiligungen an anderen Unternehmen wird näher in Rz. 9.162 behandelt. 9.115

---

43 Ebenso *Hoffmann*, Die Bilanzierung von Beteiligungen an Personengesellschaften, BB 1988, Beilage 2; vorzugswürdig bei Gründung oder Kapitalerhöhung *Schubert/Hutzler* in Beck Bil-Komm, 12. Aufl., § 255 HGB Rz. 405 und 162 ff.; offen *ADS*, § 255 HGB Rz. 127.

44 Anderer Ansicht *Breuer*, Beteiligungen an Personengesellschaften in der Handelsbilanz, 1994, S. 22.

45 Vgl. *Oestreicher*, Herstellungskosten, in Beck HdR, B 163 Rz. 238 ff.; *Schubert/Gadek* in Beck Bil-Komm, 12. Aufl., § 255 HGB Rz. 162 f.

2. Die Gewinn- und Verlustrechnung der Holding

9.116 Die Gewinn- und Verlustrechnung (GuV) soll das Perioden- bzw. Jahresergebnis und seine Komponenten darstellen und einen hinreichenden Einblick in die Ertragslage und Ertragsentwicklung des Unternehmens geben. Für **Kapitalgesellschaften** schreibt § 275 HGB ein Gliederungsschema für die GuV vor. Für Personenunternehmen fehlt eine ausdrückliche Vorschrift.

9.117 Das GuV-Gliederungsschema in § 275 HGB stellt auf Industrie- und Handelsunternehmen ab und beginnt dementsprechend mit den Umsatzerlösen aus dem Verkauf oder einer anderweitigen Verwertung von Erzeugnissen, Waren und Dienstleistungen (§ 277 Abs. 1 HGB). Als **Umsatzerlöse** sind alle Erlöse aus einem Leistungsaustauschverhältnis auszuweisen. Sie stellen die Gegenleistung für erfolgte Produktlieferungen oder Erbringung von Dienstleistungen dar, und zwar unabhängig davon, ob sie im Rahmen der gewöhnlichen Geschäftstätigkeit des Unternehmens anfallen oder nicht.

9.118 Dementsprechend müssen Holdingunternehmen Umsatzerlöse insbesondere für Dienstleistungen für ihre Beteiligungsunternehmen, z.B. für Marktforschung, für Vermittlung, Beratung oder für die Bereitstellung von Mieträumen, aber auch annähernd markt- und leistungsgerechte Konzernumlagen für erbrachte Serviceleistungen[46] ausweisen[47]. Werden derartige Erträge aus einem Leistungsaustausch mit nicht zum Unternehmensverbund der Holding gehörenden Dritten erzielt, sind sie ebenfalls in die Umsatzerlöse einzubeziehen. Bei wesentlichen Beträgen kann eine Aufgliederung in der GuV oder im Anhang geboten sein.

9.119 Im Übrigen sind bei Holdingunternehmen die Erträge und Aufwendungen aus Beteiligungen an anderen Unternehmen, aus sonstigen Finanzvermögen und aus Finanzschulden die wichtigsten GuV-Posten.

9.120 In Anlehnung an § 275 Abs. 2 und 3 HGB sowie § 277 Abs. 3 Satz 2 HGB sollte die GuV der Holding wie aus Tabelle 4 ersichtlich gegliedert werden[48], wobei nicht anfallende Posten wegzulassen sind, z.B. wenn die Holding mit keinem Tochterunternehmen einen Ergebnisabführungsvertrag geschlossen hat.

Tabelle 4: Gliederungsvorschlag für die G + V einer Holding

	Euro
1. Umsatzerlöse	______
2. Erträge aus Gewinnabführungsverträgen	
3. Erträge aus Anteilen an verbundenen Unternehmen	
4. Erträge aus sonstigen Beteiligungen	
5. Aufwendungen aus Verlustübernahmen	
6. Abschreibungen auf Beteiligungen	______
7. *Beteiligungsergebnis* (2–6)	
8. Erträge aus anderen Finanzanlagen (davon von verbundenen Unternehmen)	
9. Abschreibungen auf andere Finanzanlagen	
10. Sonstige Zinsen und ähnliche Erträge (davon von verbundenen Unternehmen)	
11. Zinsen und ähnliche Aufwendungen (davon an verbundene Unternehmen)	
12. Abschreibungen auf Wertpapiere des Umlaufvermögens	______
13. *Finanzergebnis* (8–12)	
14. Verwaltungsaufwendungen	______

46 S. dazu u.a. *Oser/Philippsen/Sultana*, Konzernumlagen von Tochterunternehmen in der GuV einer Holding nach BilRuG, DB 2017, 1097 ff.

47 *Schmidt/Kliem* in Beck Bil-Komm, 12. Aufl., § 275 HGB Rz. 55.

48 Die verkürzte GuV-Gliederung für Kleinstkapitalgesellschaften (§ 275 Abs. 5 HGB) ist für die GuV einer Holding nicht geeignet, weil sie die Finanzerträge und -aufwendungen, die bei der Holding eine wesentliche Rolle spielen, nicht gesondert ausweist.

Euro

15. Steuern vom Einkommen und vom Ertrag
16. Ergebnis nach Steuern
17. Sonstige Steuern
18. *Jahresüberschuss/Jahresfehlbetrag*

Bei den Erträgen aus Beteiligungen und anderen Finanzanlagen sowie bei den Zinserträgen und Zinsaufwendungen sind die **Erträge oder Aufwendungen von verbundenen Unternehmen** (Rz. 9.49 ff.) mit einem Davon-Vermerk kenntlich zu machen. Im Übrigen richtet sich die Untergliederung der einzelnen Ertrags- oder Aufwandsarten nach ihrer Bedeutung für die Beurteilung der Ertragslage und -entwicklung der Holding. Bei „beherrschenden" Holdinggesellschaften (Managementholdings) sollten an Stelle eines Davon-Vermerks die Ergebnisse aus Anteilen an Tochterunternehmen gesondert gezeigt werden. Zum Ausweis der Ergebnisse aus vertraglichen Unternehmensverbindungen (z.B. Beherrschungs- und Gewinnabführungsverträge) s. Rz. 9.268 ff. 9.121

Abschreibungen auf Beteiligungen und andere Finanzanlagen sowie auf Wertpapiere des Umlaufvermögens (s. Rz. 9.278 ff.) dürfen in einem Posten zusammengefasst werden, doch kann die besondere Bedeutung der Anteile an verbundenen und anderen Unternehmen für die Lage und Entwicklung der Holding Anlass sein, die Abschreibungen auf diese Beteiligungen in der GuV oder im Anhang getrennt auszuweisen. 9.122

Die **Verwaltungsaufwendungen** der Holding betreffen hauptsächlich Personalaufwendungen für die Beteiligungsverwaltung und/oder für die Konzernleitung sowie Sachaufwendungen für Datenverarbeitung u.a., einschließlich Abschreibungen auf immaterielle Vermögensgegenstände und Sachanlagen. Der Personalaufwand der Holding sollte im Anhang wie folgt aufgegliedert werden: Löhne und Gehälter, Soziale Abgaben sowie Aufwendungen für Altersversorgung[49]. Soweit einzelne sonstige betriebliche Erträge oder Aufwendungen, z.B. aus Konzernumlagen, wesentlich oder außergewöhnlich sind, empfiehlt sich ein gesonderter Ausweis[50]. Steuern vom Einkommen und vom Ertrag sind getrennt von den sonstigen Steuern auszuweisen. 9.123

3. Anhang

Kapitalgesellschaften einschließlich der Kapitalgesellschaften & Co. (§ 264a HGB), Genossenschaften (§ 336 HGB) und andere publizitätspflichtige Unternehmen (§ 5 Abs. 2 PublG) haben als Bestandteil des Jahresabschlusses einen Anhang aufzustellen, in dem u.a. die angewandten **Bilanzierungs- und Bewertungsmethoden** sowie diesbezügliche Abweichungen gegenüber dem Vorjahr anzugeben und die Posten der Bilanz und GuV zu erläutern sind (§ 284 f. HGB). Außerdem ist im Anhang die Entwicklung der einzelnen Posten des Anlagevermögens darzustellen (§ 284 Abs. 3 HGB; Rz. 9.91). Weitere Angabepflichten sind in § 285 Nr. 1–34 HGB aufgeführt (s. auch Rz. 9.135). 9.124

Für mittelgroße und kleine Kapitalgesellschaften gibt es bezüglich der Angabepflichten im Anhang einige Erleichterungen (§ 288 HGB). Kleinstkapitalgesellschaften brauchen keinen Anhang zu erstellen, wenn die Haftungsverhältnisse, Organkredite und bei einer AG der Bestand an eigenen Aktien unter der Bilanz angegeben werden (§ 264 Abs. 1 Satz 5 HGB). 9.125

a) Angaben zu Beteiligungen

Für Holdingunternehmen sind die Angaben zu den **Beteiligungen an verbundenen und an anderen Unternehmen** i.S.v. § 271 Abs. 1 HGB (Rz. 9.29 ff.) von besonderer Bedeutung. Gem. § 285 Nr. 11 HGB sind im Anhang anzugeben: 9.126

49 In Anlehnung an § 285 Nr. 8b HGB nach § 275 Abs. 2 Nr. 6 HGB.
50 Die Untergliederung kann anstelle in der GuV auch im Anhang erfolgen (§ 265 Abs. 7 Nr. 2 HGB).

- Name und Sitz des Beteiligungsunternehmens,
- die Höhe des Anteils an dessen Kapital sowie
- das Eigenkapital und das Ergebnis des letzten Geschäftsjahres des Beteiligungsunternehmens, für das ein Jahresabschluss vorliegt.

Börsennotierte Kapitalgesellschaften haben zusätzlich alle Beteiligungen an großen Kapitalgesellschaften (Rz. 9.22) zu nennen, die 5 % der Stimmrechte überschreiten (§ 285 Nr. 11b HGB).

9.127 Die Angabepflichten bestehen unabhängig davon, ob es sich um Anteile an verbundenen Unternehmen oder um Anteile an Unternehmen, mit denen ein „schlichtes" Beteiligungsverhältnis besteht, oder um sonstige verbriefte oder unverbriefte Unternehmensanteile des Anlage- oder Umlaufvermögens handelt. Eine Angabepflicht entfällt, wenn keine Kapitaleinlagen geleistet worden sind, wenn z.B. die Holding Komplementärin einer Kapitalgesellschaft & Co. ist. Ist die Holding voll haftende Gesellschafterin eines anderen Unternehmens (z.B. Komplementärin einer KG), hat sie gem. § 285 Nr. 11a HGB dessen Name, Sitz und Rechtsform des Beteiligungsunternehmens anzugeben.

9.128 Für **Anteile an Kapitalgesellschaften** bestimmt sich die Beteiligungsquote nach dem Nennkapital der Kapitalgesellschaft bzw. bei Stückaktien nach der Zahl der Aktien (§ 16 Abs. 2 und 4 AktG). Anteile, die einem abhängigen Unternehmen (§ 17 AktG) gehören, sind der Anteilsquote der Holding zuzurechnen. Bei **Personengesellschaften** ist die Höhe der Kapitaleinlage des Gesellschafters im Verhältnis zu den Kapitaleinlagen aller Gesellschafter entscheidend. Maßgeblicher Zeitpunkt für die Beteiligungsverhältnisse ist der Bilanzstichtag des berichtenden Unternehmens.

9.129 Gesellschaften in der Rechtsform der **AG oder KGaA** haben im Anhang zusätzlich zu berichten über das Bestehen einer wechselseitigen Beteiligung und über das Bestehen einer Beteiligung von Dritten an ihnen, die ihnen nach § 20 Abs. 1 oder 4 AktG mitgeteilt worden ist.

9.130 Die Angaben zu den Beteiligungen an anderen Unternehmen können unterbleiben, wenn sie für die Darstellung der Vermögens-, Finanz- und Ertragslage der Holding von untergeordneter Bedeutung sind oder soweit sie nach vernünftiger kaufmännischer Beurteilung geeignet sind, der Holding oder einem anderen Unternehmen einen erheblichen Nachteil zuzufügen (§ 286 Abs. 3 HGB).

9.131 Anzugeben sind ferner Name und Sitz des **Mutterunternehmens** der Holding, auch wenn dieses seinen Sitz im Ausland und außerhalb der EU hat, und der Ort der Offenlegung seines Konzernabschlusses. Bei mehrstufigen Konzernen sind zwei Mutterunternehmen zu nennen, nämlich das Mutterunternehmen, das den Konzernabschluss für den größten Kreis von Unternehmen unter Einbeziehung der Holdinggesellschaft aufstellt (Konzernspitze = oberstes Mutterunternehmen) und das der Holding am nächsten stehende Mutterunternehmen, das den Konzernabschluss für den kleinsten Kreis von Unternehmen unter Einbeziehung der Holdinggesellschaft aufstellt (§ 285 Nr. 14 und 14a HGB).

b) Meldepflichten für Beteiligungen

9.132 Nach dem **Aktienrecht** hat ein Unternehmen, das Anteile an einer inländischen AG hält, dieser seine Beteiligung mitzuteilen, wenn ihm unmittelbar oder mittelbar (vgl. § 16 AktG und § 20 Abs. 2 und 3 AktG) (1) mehr als 25 % der Aktien[51] (§ 20 Abs. 1 AktG) und (2) wenn ihm mehr als 50 % der Aktien (§ 20 Abs. 4 AktG) gehören. Ebenso ist eine Beendigung der mitteilungspflichtigen Beteiligung unverzüglich mitzuteilen (§ 20 Abs. 5 AktG). Die betroffene AG hat die mitgeteilte Beteiligung unverzüglich in den Gesellschaftsblättern bekannt zu machen (§ 20 Abs. 6 AktG). Ohne Mitteilung können die Rechte aus den Aktien nicht ausgeübt werden.

51 Beteiligungen an anderen Unternehmen i.S.v. § 271 Abs. 1 HGB werden bei Überschreiten von 20 % der Anteile vermutet (Rz. 9.43).

Wer durch Erwerb, Veräußerung oder auf sonstige Weise 5 %, 10 %, 25 %, 50 % oder 75 % der Stimmrechte an einer börsennotierten Gesellschaft erreicht, überschreitet oder unterschreitet, hat dies gem. § 21 **Wertpapierhandelsgesetz** (WpHG)[52] der Gesellschaft sowie dem Bundesamt für Finanzdienstleistungsaufsicht unverzüglich, spätestens innerhalb von sieben Kalendertagen mitzuteilen. Die börsennotierte Gesellschaft hat Mitteilungen dieser Art spätestens neun Kalendertage nach Zugang in einem überregionalen Börsenpflichtblatt zu veröffentlichen. Stimmrechte aus Aktien, für die die erforderliche Mitteilung nicht erfolgt ist, ruhen. Auf Antrag kann die Mitteilungspflicht für die Meldeschwelle von 5 % entfallen, wenn die betreffenden Anteile nur kurzfristig gehalten werden sollen und mit dem Erwerb nicht beabsichtigt ist, auf die Geschäftsführung der Gesellschaft Einfluss zu nehmen (§ 23 WpHG). 9.133

Tabelle 5 zeigt eine Zusammenstellung der besprochenen Anteilsangaben. 9.134

Tabelle 5: Angabepflichten von Anteilsbesitz, -erwerb und -veräußerung

Mitteilung des Anteilsbesitzes im Jahres- bzw. Konzernabschluss	
Kapitalgesellschaften	Beteiligungen an anderen Unternehmen i.S.v. § 271 Abs. 1 HGB (§ 285 Nr. 11 HGB)
Börsennotierte Kapitalgesellschaften	Anteile an großen Kapitalgesellschaften bei 5 % und mehr der Stimmrechte (§ 285 Nr. 11b HGB)
Mutterunternehmen (§ 290 Abs. 1 HGB)	Name und Sitz von sowie Kapitalanteil an Tochter-, Gemeinschafts- und assoziierten Unternehmen im Konzernanhang (§ 313 Abs. 2 Nr. 1–3 HGB)
Mutterunternehmen	Beteiligungen an anderen Unternehmen (§ 271 Abs. 1 HGB) der in den Konzernabschluss einbezogenen Unternehmen im Konzernanhang (§ 313 Abs. 2 Nr. 4 HGB)

Meldepflicht und Bekanntgabe bei Erwerb und Veräußerung		
Anteile an Aktiengesellschaften	> 25 %	§ 20 AktG
Aktiengesellschaften:		
Anteile an anderen Kapitalgesellschaften	> 25 %	§ 21 AktG
Anteile an anderen Unternehmen	> 50 %	
Anteile an kapitalmarktorientierten Gesellschaften, wenn durch Erwerb, Veräußerung oder auf sonstige Weise folgende Stimmrechtsanteile erreicht, über- oder unterschritten werden	3, 5, 10, 15, 20, 25, 30, 50, oder 75 Prozent	§ 33 WpHG

c) Sonstige Angaben im Anhang

Für Holdingunternehmen können neben den Mitteilungen über Anteile an verbundenen Unternehmen (Rz. 9.126 ff.) folgende **Pflichtangaben** von Bedeutung sein (§ 285 HGB): 9.135

- Art und Zweck sowie Risiken, Vorteile und finanzielle Auswirkungen von Geschäften, die nicht in der Bilanz enthalten sind, soweit die Risiken und Vorteile wesentlich und die Offenlegung für die Beurteilung der Finanzlage des Unternehmens erforderlich sind (Nr. 3);
- der Gesamtbetrag der **sonstigen finanziellen Verpflichtungen**, die nicht in der Bilanz enthalten sind, sofern die Angaben für die Beurteilung der Finanzlage von Bedeutung sind. Verpflichtungen für die Altersversorgung der Unternehmensangehörigen sowie Verpflichtungen gegenüber verbundenen und assoziierten Unternehmen sind gesondert anzugeben (Nr. 3a);
- Angaben zu Bewertungseinheiten gem. § 254 HGB (Nr. 23);

52 Gesetz über den Wertpapierhandel und zur Änderung börsenrechtlicher und wertpapierrechtlicher Vorschriften (2. Finanzmarktförderungsgesetz, BGBl. I 1994, 1749 ff.).

- Annahmen zur Berechnung der Pensionsrückstellungen (Nr. 24); Altersversorgungsverpflichtungen und Verpflichtungen gegenüber verbundenen oder assoziierten Unternehmen sind gesondert zu vermerken (268 Abs. 7 Nr. 3 HGB);
- **Haftungsverhältnisse** (§ 251 HGB) sind jeweils gesondert unter Angabe der gewährten Pfandrechte und sonstigen Sicherheiten anzugeben, einschließlich des Risikos der Inanspruchnahme (Nr. 27);
- Name und Beruf aller Mitglieder des Geschäftsführungsorgans und des Aufsichtsrats, ferner die den Organmitgliedern gewährten Gesamtbezüge, Vorschüsse und Kredite sowie Leistungen an frühere Organmitglieder (Nr. 9 und 10);
- Name, Sitz und Rechtsform der Unternehmen, bei denen die Holding unbeschränkt haftende Gesellschafterin ist (Nr. 11a);
- Erläuterung des Zeitraums, über den ein entgeltlich erworbener Geschäfts- oder Firmenwert abgeschrieben wird (Nr. 13);
- Kapitalgesellschaften & Co. müssen Name und Sitz der Gesellschaften angeben, die persönlich haftende Gesellschafter sind, sowie deren gezeichnetes Kapital (Nr. 15);
- Genussrechte, Optionen oder vergleichbare Wertpapiere oder Rechte unter Angabe der Anzahl und der Rechte, die sie verbriefen (Nr. 15a);
- Angaben zu Honoraren des Abschlussprüfers (Nr. 17);
- Angaben zu Finanzinstrumenten (Nr. 18, 19 und 20); – Der Begriff „**Finanzinstrumente**" ist weder im HGB noch in der EU-Richtlinie definiert. Gemäß der Definition in IAS 32.11 (Rz. 9.453 ff.) handelt es sich um finanzielle Vermögenswerte, finanzielle Verbindlichkeiten oder Eigenkapitalinstrumente, die auf vertraglicher Grundlage zu Geldzahlungen oder zum Zu-oder Abgang von anderen Finanzinstrumenten führen[53]. Zu den finanziellen Vermögenswerten gehören die Finanzanlagen, Wertpapiere des Umlaufvermögens und flüssige Mittel. Als finanzielle Verbindlichkeiten gelten Anleihen, Verbindlichkeiten gegenüber Kreditinstituten und sonstige Verbindlichkeiten die vertraglich zu Geldzahlungen oder zum Zu- oder Abgang von anderen Finanzinstrumenten führen;
- Große Kapitalgesellschaften und Aktiengesellschaften müssen zumindest die wesentlichen, nicht zu marktüblichen Bedingungen zustande gekommenen **Geschäfte mit nahestehenden Unternehmen und Personen** einschließlich der Art der Beziehungen, der Wert der Geschäfte angeben (Nr. 21); – Derartige Geschäfte unterliegen bei börsennotierten Gesellschaften gem. § 111b AktG[54] dem Zustimmungsvorbehalt des Aufsichtsrats und sind unverzüglich zu veröffentlichen. Sie sind ebenfalls im Anhang anzugeben;
- Gesamtbetrag und Aufgliederung der Ausschüttungssperren gem. § 268 Abs. 8 HGB, die bei Aktivierung selbst geschaffener immaterieller Anlagegüter oder aktiver latenter Steuern oder eines die Pensionsrückstellungen übersteigenden Deckungsvermögens (§ 246 Abs. 2 Satz 2 HGB) gelten (Nr. 28);
- Vorgänge von besonderer Bedeutung, die nach dem Schluss des Geschäftsjahrs eingetreten und weder in der Bilanz, noch in der GuV berücksichtigt worden sind, unter Angabe der Auswirkungen auf die Finanzlage (Nr. 33), z. B. der Erwerb oder die Veräußerung einer Beteiligung.

9.136 Die Berichterstattung hat insoweit zu unterbleiben, als es für das Wohl der Bundesrepublik Deutschland oder eines ihrer Länder erforderlich ist (§ 286 Abs. 1 HGB). Auf die Angaben zum Anteilsbesitz kann verzichtet werden, soweit sie für die Darstellung der Vermögens-, Finanz- und Ertragslage der

53 *IDW* RH HFA 1005 Tz. 3; *Grottel* in Beck Bil-Komm, 12. Aufl., § 285 Rz. 535 ff.
54 Aktionärsrechte-Richtlinien-Umsetzungsgesetz v. 12.12.2019 (ARUG II), BGBl. I 2019, 2637.

Holding von untergeordneter Bedeutung sind oder nach vernünftiger kaufmännischer Beurteilung der Holding oder dem anderen Unternehmen ein erheblicher Nachteil zugefügt wird (§ 286 Abs. 3 HGB).

4. Der Lagebericht

Mittelgroße und große Kapitalgesellschaften (Rz. 9.22) haben ihren Jahresabschluss um einen Lagebericht zu ergänzen (§ 289 HGB). In ihm sind der **Geschäftsverlauf, das Geschäftsergebnis und die Lage der Gesellschaft** so darzustellen, dass ein den tatsächlichen Verhältnissen entsprechendes Bild der Vermögens-, Finanz- und Ertragslage vermittelt wird. Da die Abbildung im Jahresabschluss (§ 264 Abs. 2 HGB) durch die Grundsätze ordnungsmäßiger Buchführung beeinflusst wird, sind wesentliche Auswirkungen dieser Grundsätze (z.B. des Anschaffungswert- oder Imparitätsprinzips; Rz. 9.11), welche die Darstellung der wirtschaftlichen Lage und Entwicklung verzerren, im Lagebericht zu erläutern. 9.137

Der Lagebericht hat darüber hinaus eine ausgewogene und umfassende **Analyse des Geschäftsverlaufs** und der Lage der Gesellschaft zu enthalten, die dem Umfang und der Komplexität ihrer Geschäftstätigkeit entspricht. In die Analyse sind die für die Geschäftstätigkeit wichtigsten finanziellen Leistungsindikatoren einzubeziehen und unter Bezugnahme auf den Jahresabschluss zu erläutern. Große Kapitalgesellschaften müssen dabei auch nichtfinanzielle Leistungsindikatoren einbeziehen, soweit sie für das Verständnis der Geschäftsentwicklung und der Lage des Unternehmens bedeutsam sind (§ 289 Abs. 3 HGB). 9.138

Im Lagebericht ist ferner die voraussichtliche Entwicklung des Unternehmens mit ihren wesentlichen **Chancen und Risiken** einzuschätzen und unter Angabe der zugrundeliegenden Annahmen zu erläutern. Außerdem ist einzugehen auf die Risikomanagementziele und -methoden der Gesellschaft einschließlich der Methoden zur Absicherung wichtiger Transaktionen sowie auf die Ausfall- und Liquiditätsrisiken und die Risiken aus Cashflow- oder Zahlungsstromschwankungen, denen die Gesellschaft ausgesetzt ist. Kapitalmarktorientierte Kapitalgesellschaften haben im Lagebericht die wesentlichen Merkmale ihres internen Kontroll- und Risikomanagementsystems im Hinblick auf den Rechnungslegungsprozess zu beschreiben (§ 289 Abs. 4 HGB). 9.139

In den Lagebericht sind außerdem aufzunehmen: 9.140

- die **Erklärung zur Unternehmensführung**, zu der börsennotierte Unternehmen verpflichtet sind (§ 289f HGB; Rz. 9.558 ff.) sowie
- die **nichtfinanzielle Erklärung**, die große kapitalmarktorientierte Kapitalgesellschaften mit mehr als 500 Arbeitnehmern abzugeben haben (§§ 289b-289e HGB; Rz. 9.564).

Diese Erweiterungen des Lageberichts entfallen, wenn die Erklärung zur Unternehmensführung auf der Internetseite öffentlich zugänglich gemacht wird bzw. wenn ein gesonderter nichtfinanzieller Bericht erstellt wird.

III. Holdingtypische Abschlussposten

Hauptposten einer Holdingbilanz sind auf der Aktivseite die von ihr gehaltenen Anteile an anderen Unternehmen sowie Ausleihungen und sonstige Forderungen an Beteiligungsunternehmen. Die Passivseite der Holdingbilanz wird geprägt durch Rückstellungen und/oder Verbindlichkeiten aus Verlustübernahmen oder Bürgschaften für Beteiligungsunternehmen und etwaigen Kreditaufnahmen zur Gruppenfinanzierung. In der GuV der Holding sind die Erträge aus Unternehmensbeteiligungen und Unternehmensverträgen sowie auf der Aufwandsseite etwaige Verluste oder Abschreibungen auf Beteiligungen und die Verwaltungskosten von Bedeutung. 9.141

1. Anteile an verbundenen Unternehmen und andere Beteiligungen

a) Zugänge und Abgänge

9.142 Anteile an verbundenen Unternehmen (§ 271 Abs. 2 HGB; Rz. 9.49 ff.) und Beteiligungen (§ 271 Abs. 1 HGB; Rz. 9.30 ff.) sind in der Bilanz der Holding gesondert auszuweisen und mit den Anschaffungskosten oder dem niedrigeren beizulegenden Wert zu bewerten.

9.143 **Zugänge** an Unternehmensanteilen (Rz. 9.91) ergeben sich aus

- der (Mit-)Gründung solcher Unternehmen,
- dem Erwerb von (weiteren) Anteilen,
- dem Eintritt in ein bestehendes Unternehmen,
- der Einforderung von ausstehenden Kapitaleinlagen (Rz. 9.175 f.) sowie aus
- Kapitaleinlagen im Wege der Kapitalerhöhung.

Der Ausweis als Unternehmensanteile in der Holdingbilanz setzt voraus, dass die Holding die in den Anteilen begründeten Mitgliedschaftsrechte ausüben kann. Treuhänderisch gehaltene Anteile an anderen Unternehmen sind beim Treugeber auszuweisen.

9.144 Bei der **Gründung** ist für die Bilanzierung der Beteiligung der Abschluss des Gesellschaftsvertrages entscheidend, denn erst durch ihn wird ein Gesellschaftsverhältnis begründet. Die Rechtsform des Unternehmens ist für die Bilanzierung unbeachtlich. Ebenso kommt es nicht auf die Leistung der vereinbarten Einlagen oder die Eintragung in das Handelsregister an[55]. Vor Begründung eines Gesellschaftsverhältnisses erbrachte Leistungen sind unter den sonstigen Vermögensgegenständen, bei wesentlichen Beträgen evtl. auch gesondert, auszuweisen. Sie sind später mit den Einzahlungsverpflichtungen zu verrechnen.

9.145 Vor der rechtlichen Entstehung von Anteilen an anderen Unternehmen ist zu prüfen, ob mit dem Vorstadium für das beteiligte Unternehmen besondere Verpflichtungen oder Risiken verbunden sind, die als Rückstellungen zu passivieren oder als sonstige finanzielle Verpflichtungen im Anhang anzugeben sind.

9.146 Beim Eintritt in eine bestehende **Personengesellschaft** ist der maßgebliche Zugangszeitpunkt der für den Eintritt vertraglich fixierte Termin. Beim Erwerb von **GmbH**-Anteilen wird die wirtschaftliche Verfügungsmacht meistens mit der in notarieller oder gerichtlicher Form zwingend vorgeschriebenen Übertragung der Anteile zusammenfallen.

9.147 Für **Aktien**, die außerhalb der Börse erworben werden, ist der vereinbarte Zeitpunkt des Übergangs der Rechte und Pflichten für die Bilanzierung entscheidend. Beim Aktienerwerb über die Börse gilt der Zeitpunkt der Auftragsausführungs- und Belastungsanzeige durch das Kreditinstitut als Bilanzierungszeitpunkt[56].Erworbene Aktien sind auch dann als Beteiligungszugang zu aktivieren, wenn wegen unterlassener Mitteilung nach § 20 AktG (Rz. 9.132) die Rechte aus den Aktien noch nicht geltend gemacht werden können (§ 20 Abs. 7 AktG). Das beteiligte Unternehmen hat es in der Hand, durch die Mitteilung die Rechte wirksam werden zu lassen. Besteht am Bilanzstichtag mangels erfolgter Mitteilung die Rechtsbeschränkung, ist darauf im Anhang hinzuweisen.

9.148 Vinkulierte Namensaktien sind als wirtschaftliches Eigentum bereits vor der Zustimmung der Gesellschaft als Beteiligung zu bilanzieren, wenn bis zur Aufstellung des Jahresabschlusses der

55 *Weber*, Grundsätze, S. 66 ff.
56 *ADS*, § 246 HGB Rz. 211.

Holding keine Verweigerung ausgesprochen wurde und auch nicht mit einer solchen zu rechnen ist[57].

Setzt der Anteilserwerb die **Zustimmung eines Gremiums** voraus, z.B. des Aufsichtsrates des erwerbenden Unternehmens oder des Veräußerers, und ist diese Zustimmung nicht bis zum Bilanzstichtag gegeben, ist ein Vermögensübergang noch nicht vollzogen[58]. Ist eine Gremienzustimmung bis zur Bilanzaufstellung erfolgt oder ist sie mit hoher Wahrscheinlichkeit kurzfristig danach zu erwarten, wird eine Aktivierung mit entsprechenden Erläuterungen im Anhang nicht zu beanstanden sein. 9.149

Ähnliches gilt, wenn die Wirksamkeit von Unternehmenserwerben von der **Genehmigung einer Behörde** abhängt. Bspw. können anmeldepflichtige Unternehmenszusammenschlüsse bis zum Ablauf bestimmter Fristen oder bis zur Erteilung einer Unbedenklichkeitsmitteilung des Kartellamtes oder einer ministeriellen Genehmigung nicht vollzogen werden. Zulässig ist die Zugangsaktivierung, wenn bis zur Bilanzaufstellung (= Beendigung des Aufhellungszeitraums) die Frist abgelaufen oder die Genehmigungen erteilt worden sind[59]. Unter dem Gesichtspunkt der wirtschaftlichen Zugehörigkeit wird eine Aktivierung als Beteiligungszugang auch dann für zulässig gehalten, wenn mit einer Untersagung nicht ernsthaft zu rechnen ist und/oder an der Erfüllung etwaiger Auflagen, die mit der Genehmigung erwartet werden, keine Zweifel bestehen. Für zu erwartende Auflagen sind deren bilanzmäßigen Auswirkungen besonders zu prüfen. 9.150

Bei **schwebenden Erwerbsvorgängen**, die sich gravierend auf die Vermögens-, Finanz- und Ertragslage der Holding auswirken oder auswirken können, sind Erläuterungen im Anhang und u.U. im Lagebericht geboten. 9.151

Ausstehende Kapitaleinlagen sind mit der Aufforderung zur Leistung der Einlage als Verbindlichkeit zu passivieren. Auf den Zeitpunkt der Fälligkeit kommt es nicht an. Der Wertansatz der bestehenden Beteiligung erhöht sich um die eingeforderte Einlage, während auf der Passivseite eine Verbindlichkeit für eingeforderte, aber noch nicht geleisteten Einlagen auszuweisen ist. – Für (noch) nicht eingeforderte ausstehende Einlagen ist die finanzielle Verpflichtung im Anhang anzugeben (§ 285 Nr. 3a HGB). 9.152

Kapitalerhöhungen bei einer AG oder einer GmbH werden erst mit der Eintragung in das Handelsregister wirksam. Vorher geleistete Einzahlungen dürfen gleichwohl als Zugang zu den Beteiligungen gezeigt werden, wenn man nicht einen gesonderten Ausweis vorzieht[60]. Die Anschaffungskosten hinzu erworbener Bezugsrechte sind ebenfalls als Zugang bei Beteiligungen auszuweisen[61]. Gratisanteile, die aufgrund von Kapitalerhöhungen aus Gesellschaftsmitteln (§§ 207 ff. AktG, §§ 57c ff. GmbHG) ausgegeben werden, führen zu keinem Zugangsbetrag, weil keine Anschaffungskosten angefallen sind. 9.153

Nachschüsse oder Zuschüsse, die freiwillig oder aufgrund vertraglicher Bindungen, z.B. § 26 GmbHG, zu leisten sind, sind prinzipiell als nachträgliche Anschaffungskosten zu behandeln. Sie sind aktivierungspflichtig, wenn sie zu einer dauernden Wertsteigerung der Beteiligung führen[62]. Soweit die Zu- oder Nachschüsse eingetretene Wertminderungen der Beteiligung ausgleichen, sind sie ebenfalls als Zugang auszuweisen, um eine unzulässige Saldierung von Zugängen und Abschreibungen zu vermeiden. Unabhängig von der Aktivierung ist zu prüfen, ob der dadurch erhöhte Wert- 9.154

57 *Hachmeister* in HdJ, Abt. II/3 Rz. 53.
58 *ADS*, § 246 HGB Rz. 246.
59 *ADS*, § 246 HGB Rz. 247 f.; *Hachmeister* in HdJ, Abt. II/3 Rz. 54.
60 So *Weber*, Grundsätze, S. 82.
61 ADS, § 268 HGB Rz. 81.
62 *IDW*, WPH 2019 F 368.

ansatz der Beteiligung wegen eines geringeren Stichtagswertes durch Abschreibungen korrigiert werden muss[63].

9.155 Folgende Vorgänge sind bilanzmäßig als **Abgang** zu behandeln:

- Beendigung eines Beteiligungsunternehmens,
- Verkauf oder Einziehung von Anteilen an einem Beteiligungsunternehmen,
- Austritt aus einem Beteiligungsunternehmen,
- Kapitalrückzahlungen und
- Verkauf von Bezugsrechten.

9.156 Die **Beendigung eines Unternehmens** geschieht entweder durch Einstellung des Geschäftsbetriebes, durch Liquidation oder durch Abschluss des Insolvenzverfahrens. Unabhängig von etwaigen Abwertungserfordernissen wegen eingetretener Wertminderung ist als Abgangszeitpunkt die Beendigung des Liquidations- oder Insolvenzverfahrens anzusehen. Etwaige Liquidationsraten mindern die Anschaffungskosten für die Unternehmensanteile und sind als Abgang zu zeigen.

9.157 Der Abgangszeitpunkt für den **Verkauf** von Anteilen **oder** den **Austritt** aus einer Beteiligungsgesellschaft ergibt sich durch den Verlust der Verfügungsmacht über die Anteile. Zu beachten sind ggf. Genehmigungsvorbehalte, Fristen und Auflagen. Die Kaufpreisforderung oder das Abfindungsguthaben sind im Umlaufvermögen auszuweisen, es sei denn, dass längerfristige Zahlungen oder Zahlungsraten vereinbart worden sind.

9.158 Ist eine **Kapitalherabsetzung** mit einer Kapitalrückzahlung an die Anteilseigner verbunden, so ergibt sich ein entsprechender Beteiligungsabgang. Dient dagegen die Kapitalherabsetzung der Erhöhung von Rücklagen oder dem Ausgleich von Verlustverträgen, so bleibt der Beteiligungsansatz zunächst unberührt. Generell ist aus diesem Anlass der Wertansatz der Beteiligung zu überprüfen. Insbesondere beim Verlustausgleich stellt sich die Frage nach weiteren Verlusten und dem beizulegenden Wert der Beteiligung. Bei anhaltender Verlustsituation kann eine außerplanmäßige Abschreibung des Beteiligungsbuchwertes notwendig sein.

9.159 **Kapitalrückzahlungen** aus dem gezeichneten Kapital oder den Kapitalrücklagen (§ 272 Abs. 2 HGB) sind als Abgang zu bilanzieren. Die Ausschüttungen von Gewinnrücklagen (§ 272 Abs. 3 HGB) stellen dagegen Beteiligungserträge dar.

9.160 Bei der **Einziehung von Anteilen**, die mit und ohne Zahlung an die Anteilseigner vorkommt, ist entsprechend zu verfahren. Vermindert sich durch die genannten Maßnahmen der prozentuale Anteil der Beteiligung, so liegt insoweit ein Abgang vor, der mit der dafür gewährten Zahlung oder in Höhe der gegebenenfalls eingetretenen Wertminderung zu bewerten ist.

9.161 Als Abgang ist auch der **Verkauf von Bezugsrechten** anzusehen. Das durch den Kapitalerhöhungsbeschluss entstehende Bezugsrecht (vgl. § 186 AktG) spaltet den Vermögensgegenstand Beteiligung in zwei selbständig übertragbare Rechte, nämlich in die Beteiligung und in das Bezugsrecht. Zur Bewertung s. Rz. 9.182.

63 Ebenso *Knobbe-Keuk*, Bilanz- und Unternehmenssteuerrecht, 9. Aufl., S. 214. Zur Behandlung von Zuschüssen s.u.a. *Knop/Küting* in KPW, § 255 HGB Rz. 63 ff.

b) Bewertung

aa) Zugangsbewertung

(1) Allgemein: Beim **Erwerb von Anteilen** an anderen Unternehmen ist für die Bewertung grundsätzlich von den Anschaffungskosten auszugehen. Wenn der Anschaffungspreis überhöht ist, z.B. zur Ablösung eines lästigen Gesellschafters, ist zu prüfen, ob eine anschließende Abschreibung wegen dauernder Wertminderung auf den niedrigeren beizulegenden Wert erforderlich ist. Bei einem Kauf auf Rentenbasis (Zeit- oder Leibrente) entspricht der Anschaffungspreis dem Barwert der Rentenverpflichtungen im Erwerbszeitpunkt[64]. 9.162

Zusätzlich zum Anschaffungspreis sind die **Anschaffungsnebenkosten** sowie nachträgliche Anschaffungskosten in die Anschaffungskosten einzubeziehen. Etwaige Anschaffungspreisminderungen sind abzusetzen (§ 255 Abs. 1 HGB). Zu den Anschaffungsnebenkosten gehören z.B. Beurkundungsgebühren, Provisionen oder Gerichtskosten. Werden sämtliche Anteile eines anderen Unternehmens erworben und besitzt das andere Unternehmen Grundvermögen, so ist die fällige Grunderwerbsteuer (§ 1 Abs. 3 Nr. 4 GrEStG) als Teil der Anschaffungskosten zu behandeln. **Nachträgliche Anschaffungskosten**, z.B. Kaufpreiserhöhungen für erworbene Anteile aufgrund einer Besserungsklausel oder aufgrund gerichtlicher Entscheidungen, sind ebenfalls als Zugang auszuweisen. Dasselbe gilt für Kaufpreiserhöhungen aufgrund von Bewertungsklauseln oder gerichtlicher Entscheidung. 9.163

Zu den Anschaffungskosten rechnen nur die Aufwendungen, die nach der Entscheidung über den Beteiligungserwerb entstanden sind. Sie setzt Klarheit über den Kaufgegenstand und den Kaufpreis voraus. Aufwendungen zur Entscheidungsfindung wie Beratungs- und Gutachtenkosten oder Aufwendungen für Betriebsbesichtigungen und Due-Diligence-Prüfungen stellen keine Anschaffungskosten für die erworbenen Anteile dar[65]. 9.164

Werden Unternehmensanteile durch **Tausch** gegen Vermögensgegenstände des Erwerbers erworben, wird für den Wertansatz der Anteile handelsrechtlich von einem Wahlrecht ausgegangen. Die eingetauschten Unternehmensanteile sind entweder mit den fortgeführten Anschaffungs- oder Herstellungskosten oder mit dem beizulegenden Zeitwert der hingegebenen Vermögensgegenstände anzusetzen, wobei der beizulegende Wert der Anteile zum Erwerbszeitpunkt die Obergrenze bildet. Da Anschaffungsvorgänge grundsätzlich erfolgsneutral behandelt werden, wird handelsrechtlich ein Zwang zur Gewinnrealisierung verneint[66]. 9.165

Bei einem Beteiligungserwerb gegen Zuzahlung des Veräußerers (**negativer Kaufpreis**) ist zu prüfen, ob mit dem Erwerb besondere Verpflichtungen oder zu erwartende Verluste verbunden sind, welche die Passivierung einer Rückstellung (§ 249 Abs. 1 Satz 1 HGB) verlangen. Werden mit der Zuzahlung besondere Leistungen des Erwerbers abgegolten, steht ihrer Vereinnahmung nichts entgegen, wenn die Leistung seitens des Erwerbers erbracht worden ist. In allen anderen Fällen ist ein gesonderter Passivposten nach dem Eigenkapital auszuweisen, der im Rahmen der Folgebewertung mit Verlusten aus der Beteiligung verrechnet wird. Im Übrigen ist der Passivposten spätestens bei der Veräußerung der Beteiligung aufzulösen[67]. Auf die gewählte Bilanzierungsmethode ist gem. § 284 Abs. 2 Nr. 1 HGB im Anhang zu berichten. 9.166

Probleme kann die **Behandlung von erworbenen Gewinnansprüchen** bereiten. Grundsätzlich gebührt ein entstandener Gewinnanspruch für die Zeit bis zum Veräußerungszeitpunkt dem Veräußerer (§ 101 Nr. 2 BGB). Wird zu seiner Abgeltung ein Preis gezahlt, ist dieser vom Erwerber separat 9.167

64 *ADS*, § 255 HGB Rz. 65.
65 *Schubert/Gadek* in Beck Bil-Komm, 12. Aufl., § 255 HGB Rz. 325; *Kahle/Hiller*, DB 2014, 500 ff.
66 Ebenso *Schubert/Gadek* in Beck Bil-Komm, 12. Aufl., § 255 HGB Rz. 39 ff.; *Hachmeister* in HdJ, Abt. II/3 Rz. 117.
67 *IDW*, WPH 2019 F 367.

unter den „sonstigen Vermögensgegenständen" zu aktivieren. Die später zufließende Gewinnausschüttung ist erfolgsneutral mit dem aktivierten Betrag zu verrechnen[68].

9.168 Dagegen ist ein noch nicht rechtlich entstandener Gewinnanspruch, z.B. auf anteiligen Gewinn des laufenden Geschäftsjahrs oder auf Gewinn des vergangenen Geschäftsjahrs bei ausstehendem Gewinnverwendungsbeschluss der Hauptversammlung einer AG, kein aktivierungsfähiger Vermögensgegenstand. Eine Aufteilung des Gesamtkaufpreises ist in diesem Fall, selbst bei gegenteiliger Vereinbarung, nicht zulässig[69]. Die Anschaffungskosten sind in voller Höhe den erworbenen Anteilen zuzurechnen, unbeschadet der Frage nach einer außerplanmäßigen Abschreibung.

9.169 Wird beim Erwerb von GmbH-Anteilen oder Aktien der Anspruch des Veräußerers auf den anteiligen Gewinn (§ 101 Nr. 2 BGB) ausgeschlossen und wird dafür ein erkennbarer und abgrenzbarer Teil des Kaufpreises bezahlt, so ist der Gesamtkaufpreis nur dann aufzuteilen, wenn ein Gewinnanspruch im Erwerbszeitpunkt tatsächlich entstanden ist, der einen entsprechenden Gewinnverwendungsbeschluss der Gesellschafter voraussetzt. Wird der Gewinnanspruch durch einen Dividendenschein verkörpert, so ist dieser als eigener Vermögensgegenstand unter sonstigen Wertpapieren (§ 266 Abs. 2 B III 3 HGB) auszuweisen. Im Übrigen ist ein bestehender Gewinnanspruch als Forderung gegenüber verbundenen oder Beteiligungsunternehmen auszuweisen[70].

9.170 **(2) Anteile an Kapitalgesellschaften:** Bei der **Gründung** von Gesellschaften oder beim Eintritt in eine bestehende Gesellschaft umfassen die Anschaffungskosten den Betrag der eingeforderten Kapitaleinlage oder den Eintrittspreis sowie die anfallenden Nebenkosten wie Beurkundungs- und Gerichtskosten sowie Steuern. Die Gründungskosten einschließlich der Aufwendungen für die Gründungsprüfung gehen i.d.R. zu Lasten der AG (§ 26 Abs. 2 und § 35 Abs. 3 AktG)[71]. Sie dürfen nicht aktiviert werden (§ 248 Abs. 1 Nr. 1 HGB). Übernehmen die Gründer derartige Kosten, rechnen die Aufwendungen zu den Anschaffungskosten ihrer Anteile.

9.171 **Bareinlagen** sind mit dem Geldbetrag zzgl. vom Gesellschafter getragener Nebenkosten zu bewerten. Die Gewährung oder ein späterer Verzicht auf Rückzahlung von Gesellschafterdarlehen i.S.v. § 39 Abs. 1 Nr. 5 InsO sind weder Kapitaleinlagen noch nachträgliche Anschaffungskosten für die Beteiligung (Rz. 9.227).

9.172 Der **Anteilserwerb gegen Sacheinlagen** kann wirtschaftlich als tauschähnlicher Vorgang ohne Gewinnrealisierungsabsicht interpretiert werden, so dass die Sacheinlage mit dem Buchwert der eingebrachten Vermögensgegenstände (z.B. Sachanlagen oder Anteile an anderen Unternehmen) zu bewerten ist. Handelsrechtlich kann aber auch der vorsichtig geschätzte Verkehrswert der eingebrachten Vermögensgegenstände zum Zeitpunkt der Einbringung als Anschaffungskosten der Beteiligung in Betracht kommen[72]. Darüber hinaus erscheint es zulässig, den vertraglich fixierten Einbringungswert anzusetzen, wenn er nicht höher als der Zeitwert und nicht niedriger als der Buchwert der hingegebenen Gegenstände ist[73]. Auf die Beteiligungsquote kommt es bei der Bewertung der Sacheinlagen prinzipiell nicht an, doch kann bei hoher Beteiligungsquote und signifikanten Einflussmöglichkeiten des Erwerbers die Frage auftauchen, ob der Einbringungswert einseitig und unangemessen bestimmt wurde. Obergrenze ist der im Einbringungszeitpunkt beizulegende Zeitwert der Sacheinlage[74].

---

68 Ebenso *Hachmeister* in HdJ, Abt. II/3 Rz. 90.

69 *Schubert/Gadek* in Beck Bil-Komm, 12. Aufl., § 255 HGB Rz. 325.

70 Steuerlich ist eine Abspaltung erworbener Gewinnansprüche nicht zugelassen; sie rechnen zu den Anschaffungskosten für die Beteiligung (BFH v. 21.5.1986 – I R 190/81, BStBl. II 1986, 815 = GmbHR 1986, 326).

71 Hüffer/Koch, 13. Aufl., § 35 AktG Rz. 7.

72 *ADS*, § 255 HGB Rz. 97.

73 *IDW*, WPH 2019 F 368.

74 Ähnlich *ADS*, § 253 HGB Rz. 44. Steuerlich sind bei Sacheinlagen in Kapitalgesellschaften die Anteile grundsätzlich mit dem gemeinen Wert der hingegebenen Vermögensgegenstände anzusetzen (§ 6 Abs. 6 EStG).

Werden Aktien durch den Umtausch von **Wandelschuldverschreibungen** erworben, liegt kein Anschaffungsvorgang vor. Die erhaltenen Aktien sind vielmehr mit dem Buchwert der getauschten Schuldverschreibung zu bewerten. Etwaige Zuzahlungen beim Umtausch sind jedoch als nachträgliche Anschaffungskosten zu erfassen. 9.173

Noch **nicht voll eingezahlte Anteile** sind mit den geleisteten Einlagen, gegebenenfalls zzgl. der eingeforderten Beträge zu aktivieren[75]. Die eingeforderten, aber noch nicht eingezahlten Einlagen sind als Verpflichtung zu passivieren. Die Verpflichtung ist ggf. als Verbindlichkeit gegenüber verbundenen Unternehmen oder gegenüber Unternehmen, mit denen ein Beteiligungsverhältnis besteht, auszuweisen. 9.174

Noch **nicht eingeforderte Einlagen** sind beim Anteilseigner erst bei Aufforderung zur Einzahlung durch die Gesellschaft zu bilanzieren. Die Einzahlung führt zu nachträglichen Anschaffungskosten. Die finanziellen Verpflichtungen aus noch nicht eingeforderten Einlagen hat der Aktionär oder Gesellschafter im Anhang als „sonstige finanzielle Verpflichtungen" anzugeben (§ 285 Nr. 3a HGB)[76]. 9.175

Es ist auch zulässig, die Anteile mit dem Nennbetrag oder dem höheren Ausgabebetrag anzusetzen und die Differenz zu den geleisteten Einlagen als Einzahlungsverpflichtung zu passivieren[77]. Von einigen Autoren wird dieser **Bruttoausweis** wegen des Saldierungsverbots für zwingend gehalten[78]. Unseres Erachtens greift das Saldierungsverbot hier nicht, weil es sich bei den noch nicht eingeforderten Einlagen um aufschiebend bedingte Verbindlichkeiten handelt. 9.176

Verpflichtungen zur Leistung nicht eingeforderter ausstehender Einlagen (§§ 54 und 56 AktG; §§ 21 und 22 GmbHG) auf eigene Anteile sowie die weitergehende Haftung gem. § 24 GmbHG und etwaige noch nicht geltend gemachte **Nachschusspflichten** gem. §§ 26 ff. GmbHG sind gem. § 285 Nr. 3a HGB im Anhang anzugeben, wenn sie für die Beurteilung der Finanzlage des bilanzierenden Unternehmens von Bedeutung sind. 9.177

Geht dem Anteilskauf der entgeltliche Erwerb eines **Optionsrechtes** voraus, stellen die für die Option gezahlten Entgelte Anschaffungskosten der Beteiligung dar, wenn die Option zur Absicherung des späteren Beteiligungserwerbs notwendig oder die Ausübung der Option Voraussetzung für den Beteiligungserwerb ist. Dasselbe gilt für die Aufwendungen für ein erworbenes Vorkaufsrecht. Nach dem Anteilserwerb ist zu prüfen, ob die Anschaffungskosten dem beizulegenden Zeitwert der Beteiligung entsprechen. Fallen Options- und Beteiligungserwerb in verschiedenen Rechnungsperioden an, so ist das Optionsrecht in Höhe der dafür gezahlten Entgelte als sonstiger Vermögensgegenstand zu aktivieren. Mit Ausübung der Option sind die aktivierten Beträge als Anschaffungsnebenkosten für die erworbenen Anteile umzubuchen. 9.178

Wird die Option nicht ausgeübt oder steht am Bilanzstichtag fest, dass sie nicht ausgeübt werden wird, ist das Optionsrecht auszubuchen. Ist die Option aus dem Geld und können die Anteile ohne Ausübung der Option erworben werden, zählen die Optionskosten nicht zu den Anschaffungskosten der Anteile. Dasselbe gilt, wenn die Beteiligung im Erwerbszeitpunkt zu den gleichen Bedingungen auch ohne Option erworben werden kann[79]. 9.179

Gesellschaftsrechtlich veranlasste Leistungen des Gesellschafters an die Gesellschaft in Form offener oder verdeckter Einlagen, für die die Gesellschaft keine Gegenleistung erbringt, erhöhen grundsätzlich die Anschaffungskosten der Beteiligung. **Offene Einlagen** gegen Gewährung von Gesellschaftsrechten führen zum Erwerb oder zur Aufstockung der Beteiligung und stellen Anschaffungskosten 9.180

75 H.M., vgl. *Schubert/Gadek* in Beck Bil-Komm, 12. Aufl., § 255 HGB Rz. 144.
76 *IDW*, WPH 2019 F 451.
77 *Hachmeister* in HdJ, Abt. II/3 Rz. 97; *IDW*, WPH 2019 F 446.
78 So *Hachmeister* in HdJ, Abt. II/3 Rz. 97.
79 *Weber*, 1980, S. 201 und 204; *ADS*, § 255 HGB Rz. 74.

für die erworbenen Anteile dar. Einlagen zugunsten einer Einstellung in Kapitalrücklagen sind als nachträgliche Anschaffungskosten der vorhandenen Anteile zu behandeln.

9.181 **Verdeckte Einlagen** sind Leistungen der Gesellschafter, für die weder Anteile ausgegeben noch die Kapitalrücklagen der Gesellschaft aufgestockt werden. Es handelt sich entweder um unentgeltliche Zuwendungen des Gesellschafters an das Beteiligungsunternehmen oder um Lieferungen und Leistungen des Gesellschafters an die Gesellschaft zu unangemessen niedrigen Preisen oder um den Bezug von Lieferungen und Leistungen von der Gesellschaft durch den Gesellschafter zu überhöhten Preisen. Unabhängig von der schwierigen Wertermittlung für verdeckte Einlagen kommt deren Aktivierung als nachträgliche Anschaffungskosten handelsrechtlich nur insoweit in Betracht, als sich der Wert der Beteiligung durch die Zuwendung substanziell nachhaltig erhöht[80] und über dem Buchwert der Anteile liegt.

9.182 Bei einer **ordentlichen Kapitalerhöhung** (§§ 182 bis 191 AktG, §§ 55 ff. GmbHG) sind die neuen Anteile mit dem Betrag der Bareinlage oder dem Zeitwert der Sacheinlage zzgl. Nebenkosten zu bewerten. Vor Eintragung der Kapitalerhöhung im Handelsregister kann bei wesentlichen Posten ein besonderer Bilanzausweis oder ein erläuternder Vermerk im Anhang geboten sein. Im Falle der **Kapitalerhöhung gegen Einlagen** (Bar- oder Sacheinlagen) führt das mit den vorhandenen Anteilen verbundene **Bezugsrecht** (§ 186 AktG) nach herrschender Meinung zu folgender Anschaffungskostenminderung für die alten Anteile.

$$\frac{\text{Kurswert des Bezugsrechts} \times \text{Buchwert der Altaktien}}{\text{Kurswert der Altaktien}}$$

Allein diese sog. Gesamtwertmethode ist handels- wie steuerrechtlich anerkannt[81]. Bei der **Kapitalerhöhung aus Gesellschaftsmitteln**, das heißt Umwandlung von offenen Rücklagen in Grund- oder Stammkapital, fallen für die neuen (Gratis-)Anteile keine Anschaffungskosten an. Die Anschaffungskosten der alten Anteile sind nach dem Verhältnis der Nennbeträge auf die alten und neuen Anteile zu verteilen (§ 220 AktG, § 57o GmbHG).

9.183 **(3) Anteile an Personengesellschaften:** Anteile an Personengesellschaften (oHG, KG und EWIV) sind grundsätzlich in gleicher Weise zu bewerten wie Anteile an Kapitalgesellschaften. **Anschaffungskosten** bilden die im Gesellschaftsvertrag vereinbarte Einlage bzw. bei Eintritt in eine bestehende Personengesellschaft der im Kaufvertrag vereinbarte Betrag zzgl. der Nebenkosten. Sind nicht alle Einlagen geleistet, sind eingeforderte Einlagen den Anschaffungskosten hinzuzurechnen und die entsprechende Einlagenverpflichtung zu passivieren. Noch nicht eingeforderte Einlageverpflichtungen sowie die Differenz zu einer im Handelsregister eingetragenen höheren Hafteinlage sind gem. § 285 Nr. 3a HGB im Anhang anzugeben[82].

9.184 Ist die Beteiligung oder der Eintritt in eine Personengesellschaft nicht mit einer Verpflichtung zur Leistung einer Kapitaleinlage verbunden, z.B. beim Eintritt als Komplementär in eine KG, fallen keine Anschaffungskosten an. Dennoch liegt ein Beteiligungsverhältnis vor (Rz. 9.31 ff.), das aus Gründen der Vollständigkeit der Bilanz als Beteiligungszugang mit einem Merkposten von 1 Euro anzusetzen ist.

9.185 Scheidet ein Gesellschafter aus einer Personengesellschaft aus, so wächst sein Anteil den übrigen Gesellschaftern zu (§ 105 Abs. 3 und § 161 Abs. 2 HGB i.V.m. § 738 BGB). Wird die an den **ausscheidenden Gesellschafter** zu zahlende Abfindung nicht von der Gesellschaft, sondern von den verbleibenden Gesellschaftern gezahlt, bedeutet dies einen Erwerbsvorgang für die verbleibenden Gesellschafter. Sie haben die gezahlte oder zu zahlende Abfindung (anteilig) als nachträgliche Anschaffungskosten ihrer Anteile zu aktivieren.

---

80 BGH v. 31.10.1978 – KZR 5/77, WPg 1978, 158. S. auch § 27 Abs. 3 AktG.
81 *ADS*, § 253 AktG Rz. 50 f.; BFH v. 6.12.1968 – IV R 174/67, BStBl. II 1969, 105; *IDW*, WPH 2019 F 377.
82 *IDW*, RS HFA 18, Rz. 8.

Der **Gewinnanspruch des Gesellschafters** einer Personengesellschaft ist, wenn keine abweichenden vertraglichen Regelungen getroffen sind, mit Ablauf des Geschäftsjahres der Personengesellschaft entstanden und beim Gesellschafter bilanzmäßig zu erfassen. Die Vereinnahmung setzt voraus, dass das Geschäftsjahr des Beteiligungsunternehmens spätestens zum Geschäftsjahresende der Holding beendet und die Abschlussarbeiten bei der Personengesellschaft bis zur Feststellung der Holdingbilanz soweit abgeschlossen sind, dass alle wesentlichen Bilanzierungs- und Bewertungsentscheidungen getroffen worden sind und somit das Periodenergebnis der Personengesellschaft verlässlich quantifizierbar ist. Außerdem muss die rechtliche Entstehung des Gewinnanspruchs durch Feststellung der Bilanz der Personengesellschaft mit hoher Wahrscheinlichkeit gesichert erscheinen[83]. 9.186

Solange ein Gewinnanspruch durch Gesetz, Gesellschaftsvertrag oder Gesellschafterbeschluss blockiert ist, ist er nicht realisiert und damit auch nicht als Gewinnanspruch beim Gesellschafter bilanzierungsfähig. Sieht der Gesellschaftsvertrag oder ein Gesellschafterbeschluss vor, dass Teile des Jahresüberschusses in eine gesamthänderisch gebundene Rücklage einzustellen sind, kann der Gesellschafter insoweit keinen Gewinnanspruch aktivieren. Die Bewertung seines Anteils wird dadurch grundsätzlich nicht berührt. Zu prüfen ist jedoch, ob durch die Gewinnthesaurierung die Gründe für frühere außerplanmäßige Abschreibungen der Beteiligung weggefallen sind, so dass ggf. eine Zuschreibung (Wertaufholung) erfolgen muss (§ 253 Abs. 5 HGB). 9.187

Kann ein Gesellschafter nur aufgrund eines entsprechenden Gesellschafterbeschlusses, den er nicht selbst mehrheitlich bestimmen kann, über seinen Gewinnanteil verfügen, entsteht eine bilanzierungsfähige Forderung erst im Zeitpunkt einer solchen Beschlussfassung. 9.188

Werden Gewinnanteile – gewissermaßen im Verrechnungswege – zur Erfüllung von Einlageverpflichtungen oder zur Aufstockung der Kapitaleinlagen verwendet, bewirken sie beim Gesellschafter einen Beteiligungsertrag und gleichzeitig einen Beteiligungszugang. Gewinne, die beim Beteiligungsunternehmen zur Wiederauffüllung von durch Verluste geminderten Einlagen oder zur Rücklagenbildung dienen, stellen dagegen keinen Beteiligungsertrag dar. Sie können zu einer Zuschreibung führen, soweit durch die Thesaurierung der Gewinne eine Wertsteigerung gegenüber dem Buchwert der Beteiligung eingetreten ist und die Anschaffungskosten nicht überschritten werden. Das bedeutet m.a.W., dass die Gründe für eine frühere außerplanmäßige Abschreibung ganz oder teilweise weggefallen sind. 9.189

Anteilige Verluste führen zu Abschreibungen des Beteiligungsbuchwertes nur dann, wenn der Beteiligung ein niedrigerer Wert beizulegen ist (§ 253 Abs. 2 HGB; vgl. Rz. 9.194 ff.). Die Abschreibungen sind auf den Beteiligungsbuchwert beschränkt. Weitere Risiken, z.B. aus der Haftung, sind gegebenenfalls als Rückstellung zu passivieren. Sind die Gründe für die Abschreibung weggefallen, ist eine **Wertaufholung** gem. § 253 Abs. 5 HGB geboten. 9.190

Werden über die handelsrechtlichen Gewinne hinaus Ausschüttungen an die Gesellschafter vorgenommen, so handelt es sich um **Kapitalrückzahlungen**, die als Abgang auszuweisen sind. Dadurch auflebende Einlageverpflichtungen sind zu passivieren[84]. Die Beteiligung muss mindestens mit einem Merkposten bilanziert bleiben. Etwaige Haftungsverpflichtungen sind beim beteiligten Unternehmen im Anhang zu vermerken und bei wahrscheinlicher Inanspruchnahme zu passivieren. 9.191

Anteile an **Immobiliengesellschaften** oder Immobilienfonds, die als Kapitalanlagegesellschaften oft die Rechtsform der Kapitalgesellschaften & Co KG (§ 264a HGB) haben, stellen bei verhältnismäßig geringen Anteilsbesitz keine Beteiligung, sondern eine reine Kapitalanlage dar (s. Rz. 9.197). 9.192

In der **Steuerbilanz** stellen Anteile an Personengesellschaften kein eigenständiges Wirtschaftsgut dar. Vielmehr wird anstelle der Beteiligung, das dem Gesellschafter zuzuordnende steuerliche Kapi- 9.193

83 *Schmidt/Kliem* in Beck Bil-Komm, 12. Aufl., § 275 HGB Rz. 177; *IDW, RS* HFA 18, Rz. 13 ff.
84 *IDW*, RS HFA 18, Rz. 27.

talkonto ausgewiesen (Spiegelbildmethode). Der steuerliche Wertansatz der Beteiligung entspricht dem anteiligen Eigenkapital laut Steuerbilanz (einschließlich einer etwaigen Ergänzungsbilanz und einer etwaigen Sonderbilanz) zum Bilanzstichtag. Zur Ermittlung des steuerpflichtigen Ergebnisses kommt es auf die einheitliche und gesonderte Feststellung des Gewinns der Personengesellschaft an.

bb) Folgebewertung

9.194 **(1)** Anteile an anderen Unternehmen sind bei der Folgebewertung mit den fortgeführten Anschaffungs- oder Herstellungskosten anzusetzen. Bei einer voraussichtlich **dauernden Wertminderung** sind sie auf den niedrigeren Wert, der ihnen am Bilanzstichtag beizulegen ist, außerplanmäßig abzuschreiben. Nach dem Grundsatz der Vorsicht (Rz. 9.11) ist im Zweifel von einer dauerhaften Wertminderung auszugehen. Bei voraussichtlich **nicht dauernder Wertminderung** besteht für Finanzanlagen ein Wahlrecht für eine solche Abschreibung (§ 253 Abs. 3 Satz 6 HGB). Wird von diesem Wahlrecht kein Gebrauch gemacht, haben Kapitalgesellschaften im Anhang den Buchwert und den beizulegenden Zeitwert der Beteiligung sowie die Gründe für die Unterlassung der außerplanmäßigen Abschreibung und die Anhaltspunkte für eine voraussichtlich vorübergehende Wertminderung anzugeben (§ 285 Nr. 18 HGB). Alle Finanzanlagen i.S.v. § 266 A III HGB gelten als Finanzinstrumente[85].

9.195 Ein niedrigerer beizulegender Wert von Anteilen an verbundenen Unternehmen und an Beteiligungsunternehmen kann auf folgenden Gründen beruhen[86]:

(a) Der **Beteiligungserwerb** stellt sich als **Fehlmaßnahme** dar, weil

- die erworbene Substanz entgegen der Annahme beim Erwerb (zum Teil) nicht vorhanden oder wertlos ist oder
- unerkannte Lasten im Erwerbspreis nicht berücksichtigt wurden (z.B. Patentverletzungen oder Umweltschäden) oder
- die erwartete Ertragskraft nicht oder nur zum geringen Teil gegeben ist oder
- die erwarteten Vorteile aus der Beteiligung aus rechtlichen oder faktischen Gründen nicht realisiert werden können.

(b) Die Beteiligung ist aufgrund der **Entwicklung nach dem Beteiligungserwerb**

- nicht oder nicht mehr (ausreichend) rentabel oder
- aufgrund von Vermögensverlusten (z.B. staatliche Eingriffe, Forderungsausfälle, Katastrophenfall) oder
- wegen erheblicher Veränderungen der Beschaffungs- oder Absatzmärkte nicht mehr (voll) werthaltig.

(c) **Maßnahmen der Kapitaleigner** haben zu einer substanzbedingten Wertminderung geführt, z.B.

- durch Ausschüttung von Gewinnen, die der Gesellschafter beim Anteilserwerb erworben und nicht als Gewinnanspruch, sondern als Anschaffungskosten aktiviert hat,
- durch Ausschüttung von Rücklagen oder
- durch Kapitalherabsetzung.

9.196 Die Frage nach dem niedrigeren beizulegenden Wert einer Beteiligung am Bilanzstichtag stellt sich insbesondere bei **anhaltend schlechter Ertragslage** des Beteiligungsunternehmens (Verlustsituation, unzureichende Gewinne) und weiterhin negativen Ertragsaussichten. Ursache können die Branchen-

85 *Grottel*, Beck Bil-Komm, 12. Aufl., § 285 HGB Rz. 537.
86 *Scheffler* in Beck HdR, B 213 Rz. 398.

entwicklung (Struktur, langfristige Aussichten, Abhängigkeiten) oder besondere betriebliche Umstände sein. Eine unter der branchenüblichen Rendite oder unter dem Kapitalmarktzins liegende Verzinsung des beim Beteiligungsunternehmen eingesetzten Eigenkapitals sind Hinweise auf mögliche Abwertungserfordernisse. Ähnlich ist eine nachhaltige Beschränkung des Gewinntransfers zu beurteilen, wenn kein anderweitiger Nutzen aus der Beteiligung gezogen wird oder gezogen werden kann oder mittelfristig zu erwarten ist. Das kann insbesondere bei ausländischen Beteiligungsunternehmen vorkommen.

Bei den in Rz. 9.192 genannten **Immobilien-KGs** werden in der Regel die sog. Barüberschüsse als „Beteiligungsertrag" an die Gesellschafter ausgezahlt. Die Barüberschüsse ergeben sich – vereinfacht ausgedrückt – aus den Mieteinnahmen abzgl. der Ausgaben für Verwaltung, Instandhaltung, Zinsen und Schuldentilgung. Sie enthalten neben dem Periodengewinn oder -verlust die nicht zahlungswirksamen Abschreibungen. Übersteigen die Ausschüttungen das anteilige bilanzielle Ergebnis lebt insoweit die Einlagenpflicht der Kommanditisten auf. Die einen Gewinn übersteigenden Barausschüttungen sind als Kapitalrückzahlung und Beteiligungsabgang zu behandeln. Die den Beteiligungsbuchwert übersteigenden Rückzahlungen sind als Verbindlichkeit (Einzahlungsverpflichtung) zu passivieren[87]. Ist eine Rückforderung der ausgeschütteten Barüberschüsse zur Wiederauffüllung des Haftungskapitals nach vorsichtiger Einschätzung wahrscheinlich, muss das beteiligte Unternehmen eine entsprechende Rückstellung bilden. 9.197

(2) Der **beizulegende Zeitwert** am Bilanzstichtag entspricht grundsätzlich dem Marktpreis, der auf einem aktiven Markt verlässlich ermittelt werden kann (§ 255 Abs. 4 Satz 1 HGB). Daher liegt es nahe, für Anteile an börsennotierten Unternehmen als beizulegenden Wert den Börsenpreis zugrunde zu legen[88]. Ein gesunkener Börsenkurs kann ein Indiz für eine Wertminderung und Anlass für eine Überprüfung des Wertansatzes der Beteiligung sein. 9.198

Die Verwendbarkeit des **Börsenkurses** ist jedoch begrenzt[89]. Er berücksichtigt weder die langfristige Halteabsicht noch den besonderen Nutzen für den Geschäftsbetrieb des beteiligten Unternehmens oder die latente Beherrschungsmöglichkeit oder etwaige Abhängigkeiten. Für Paketzuschläge zum Börsenkurs, die für qualifizierte Beteiligungsquoten bezahlt werden, gibt es weder einen allgemein gültigen Marktpreis noch eindeutige betriebswirtschaftliche Kriterien. Die rechtliche Bedeutung bestimmter Beteiligungsquoten, z.B. einer Sperrminorität von 25 %, kann durch faktische Verhältnisse stark relativiert sein. Darüber hinaus ist der Börsenkurs als Wertmaßstab ungeeignet, wenn er durch Konjunktureinflüsse oder sonstige vom Unternehmen unabhängige Kursbewegungen, durch spekulative Maßnahmen oder durch Käufe oder Verkäufe in einen stark eingeschränkten Markt beeinflusst wird. 9.199

Bei fehlenden oder fragwürdigen Börsen- oder Marktpreisen ist der beizulegende Wert von Vermögensgegenständen mit Hilfe allgemein anerkannter Bewertungsmethoden zu bestimmen (§ 255 Abs. 4 Satz 2 HGB). Der beizulegende Zeitwert wird allgemein als der Wert definiert, den ein vernünftig handelnder Kaufmann bei Fortführung des bilanzierenden Unternehmens unter den gegebenen Umständen für den einzelnen Vermögensgegenstand entsprechend seiner Eigenart und betrieblichen Nutzens zum Stichtag zahlen würde. Dabei gilt der Grundsatz der Unternehmensfortführung sowohl für die Holding als auch in Bezug auf das Beteiligungsunternehmen. 9.200

Ist mit einer Fortführung des Beteiligungsunternehmens nicht zu rechnen, so ist der Wertansatz der Beteiligung unter dem Gesichtspunkt der Stilllegung oder Liquidation des Beteiligungsunternehmens zu würdigen. Für den Fall, dass die Liquidation des Beteiligungsunternehmens unausweichlich oder nach den Umständen des Einzelfalls unvermeidlich ist, z.B. bei Insolvenz, darf höchstens der voraussichtliche (anteilige) **Liquidationswert** als Beteiligungsbuchwert angesetzt werden. 9.201

87 *Scheffler*, Beck HdR, B 213 Rz. 365 f.; *IDW*, WPH 2019, F 376.
88 *IDW*, S 1 Rz. 15.
89 *IDW*, WPH 2019 F 382.

9.202 Soll die Beteiligung veräußert werden, so ist eine vom beteiligten Unternehmen losgelöste Bewertung vorzunehmen, um den **voraussichtlichen Veräußerungserlös** zu ermitteln[90], mit dem die Beteiligung zu bewerten ist, wenn er unter den fortgeführten Anschaffungskosten liegt. Ein spezieller Nutzen für den Geschäftsbetrieb und/oder positive Synergien für das bisher beteiligte Unternehmen sind für einen Erwerber oft nicht gegeben. Liegt ein verbindliches Kaufpreisangebot für den Erwerb der Beteiligung vor, ist von diesem auszugehen. Bis zum tatsächlichen Verkauf bilden die fortgeführten Anschaffungskosten die Wertobergrenze.

9.203 **(3)** Solange die Halteabsicht besteht und auch durchgehalten werden kann, entspricht der beizulegende Wert einer Beteiligung nach h.M. dem anteiligen **Ertragswert**[91], der sich für das Beteiligungsunternehmen als Ganzes unter Berücksichtigung von realisierten oder realisierbaren Synergieeffekten ergibt. Dabei sind auch negative Synergien zu berücksichtigen. Der Ertragswert wird durch die Kapitalisierung der für den Unternehmenseigentümer in Zukunft verfügbaren, aus der gewöhnlichen Geschäftstätigkeit des Beteiligungsunternehmens erzielten **Einzahlungsüberschüsse** ermittelt; er entspricht dem diskontierten Netto-Cashflow des Unternehmens.

9.204 Die Problematik der Ertragswertermittlung liegt in der unsicheren Prognose der künftigen Einzahlungsüberschüsse sowie in der Bestimmung des Kapitalisierungszinsfußes (Rz. 9.206). Generell wird von einer „ewigen" Lebensdauer des Beteiligungsunternehmens ausgegangen, es sei denn, es ist nur eine begrenzte Lebensdauer gesetzlich oder vertraglich vorgesehen oder die Umstände lassen nur eine begrenzte Lebensdauer erwarten, z.B. wegen Ablauf und fraglicher Verlängerung einer betriebsnotwendigen Konzession.

9.205 Die Ermittlung des Ertragswertes eines Unternehmens erfolgt auf der Basis des betriebsnotwendigen (Netto-)Vermögens. Daher werden die voraussichtlichen Erlöse aus der Veräußerung nicht betriebsnotwendiger Vermögensposten dem Ertragswert hinzugerechnet. Im Rahmen der Bilanzbewertung der Beteiligung ist das aber nur gerechtfertigt, wenn das beteiligte Unternehmen dank seines Einflusses auf das Beteiligungsunternehmen eine Veräußerung des nicht betriebsnotwendigen Vermögens veranlassen kann.

9.206 Für die Höhe des Ertragswertes einer Beteiligung spielt der **Kapitalisierungszinssatz** eine maßgebliche Rolle. Nach den Grundsätzen des IDW-Standards S 1 ist von der Rendite einer risikoäquivalenten Alternativanlage auszugehen[92], die allerdings in der Praxis oft schwer zu finden ist. Daher wird oft von dem fristadäquaten Zinsfuß für risikofreie Kapitalmarktanlagen (= landesüblicher Zins) ausgegangen[93] und dieser um Zuschläge für das allgemeine und das spezielle unternehmerische Risiko erhöht. Die Zuschläge für das allgemeine **unternehmerische Risiko** bewegen sich in der Praxis zwischen 25 % und 100 %, stellen aber weitgehend eine subjektive Einschätzung dar[94]. Die unternehmensspezifischen Risiken sollten nach Möglichkeit beim Ansatz der künftigen Ein- und Auszahlungen bzw. der zahlungswirksamen Erträge und Aufwendungen berücksichtigt werden.

9.207 Alternativ wird in Ansehung der unternehmerischen Risiken auf den **Zinssatz** verwiesen, den Unternehmen gleicher Bonität **für langfristiges Fremdkapital** zu zahlen haben. Hier bestehen jedoch erhebliche Unterschiede zwischen der sog. *Prime Rate* für erste Finanzadressen und den Zinssätzen für kleinere Unternehmen. Die Zinssätze, die Konzernunternehmen für langfristiges Fremdkapital zu zahlen haben, sind wesentlich durch ihre finanzielle Konzernverflechtung und die Bonität des Mutterunternehmens geprägt.

---

90 *IDW*, RS HFA 10 (2012), Rz. 11 ff.

91 So u.a. *ADS*, § 253 HGB Rz. 465; *IDW*, RS HFA 10 (2012), Rz. 3; *IDW*, WPH 2019 F 382; *Bertram/Kessler* in Haufe, HGB Bil-Komm, 4. Aufl., § 253 HGB Rz. 251; *Schubert/Andrejewski* in Beck Bil-Komm, 12. Aufl., § 253 HGB Rz. 310.

92 *IDW*, S. 1 (2008), Rz. 114; *IDW*, HFA 10, Rz. 9.

93 *IDW*, WPH 2019 F 382.

94 Vgl. dazu *Helbing*, 1993, S. 378 f. und S. 393.

Überlegenswert ist, ob von den laufzeitadäquaten Abzinsungssätzen für langfristige Rückstellungen oder vom Abzinsungssatz für Pensionsrückstellungen, für die eine Laufzeit von 15 Jahren angenommen werden darf, ausgegangen werden sollte, die monatlich von der Deutschen Bundesbank bekannt gegeben werden (§ 253 Abs. 2 HGB; Rz. 9.104). Es handelt sich dabei um durchschnittliche Marktzinssätze, die auf einer Null-Kupon-Zinsswapkurve beruhen[95]. Diese Zinssätze berücksichtigen jedoch nicht das individuelle Bonitätsrisiko des Unternehmens. 9.208

(4) Das Ertragswert- oder Discounted-Cashflow-Verfahren[96] erweist sich für die Rechnungslegungspraxis wegen des engen Zeitrahmens für Abschlusserstellung und -prüfung als zu zeit- und kostenaufwendig, so dass für den Normalfall eine vereinfachte Handhabung genügen muss. Als **Ansatzpunkte für Abwertungserfordernisse** bieten sich in Ansehung des Eigenkapitals und der Ergebnisse des Beteiligungsunternehmens folgende Überlegungen an: 9.209

(a) Liegt der **Beteiligungsbuchwert über dem anteiligen buchmäßigen Eigenkapital** (= Nennkapital zzgl. offene Rücklagen und Ergebnisvorträge) des Beteiligungsunternehmens, so steht der Mehrwert für stille Reserven in Vermögens- oder Schuldposten sowie für einen etwaigen Geschäftswert. Bei wiederholten Verlusten und erheblichem Verlustausweis des Beteiligungsunternehmens dürfte ein solcher Mehrwert nicht mehr vorhanden sein, wenn nach realistischer Einschätzung keine Trendwende mit nennenswerten Gewinnen zu erwarten ist, weil weiterhin hohe Aufwendungen für den Aufbau einer nachhaltigen Erfolgsposition, eine marktgerechte Expansion oder wichtige Produktentwicklungen anfallen werden. Wenn nicht zu erwarten ist, dass die aufgelaufenen Verluste innerhalb der nächsten drei bis fünf Jahre zunehmend und voll abgebaut werden, erfordert das Prinzip der Vorsicht eine Abwertung des Beteiligungsansatzes zumindest auf das fortgeschriebene buchmäßige Eigenkapital der Beteiligungsgesellschaft. 9.210

(b) Ist das **buchmäßige Eigenkapital** des Beteiligungsunternehmens seit dem Beteiligungserwerb weitgehend **durch Verluste aufgezehrt** worden und können die Verluste in einem planerisch überschaubaren Zeitraum von etwa drei Jahren nicht durch realistisch und vorsichtig veranschlagte Gewinne ausgeglichen werden, erscheint eine Wertberichtigung des Beteiligungsbuchwertes auf das am Ende der Vorschauperiode erwartete buchmäßige Eigenkapital, gegebenenfalls auf einen Merkposten, unvermeidbar. 9.211

(c) Ein wesentliches Leitmotiv des unternehmerischen Handelns ist die Erzielung einer risikoadäquaten Rendite. Ein Abwertungserfordernis kann sich daher daraus ergeben, dass der Buchwert der Beteiligung aus den nachhaltig zu erwartenden Beteiligungserträgen in wesentlichem Umfang nicht oder unzureichend verzinst wird **(wesentliche Unter- oder Unrentabilität).** Auch hier sollte auf eine hinreichend verlässliche Abschätzung für einen überschaubaren Zeitraum von etwa drei bis fünf Jahren abgestellt werden. 9.212

Eine Abschreibung wegen dauerhafter Unrentabilität ist dann verzichtbar, wenn sie durch konkreten anderweitigen Nutzen für das beteiligte Unternehmen wettgemacht wird. Ein solcher Ausgleich ist i.d.R. gegeben bei Sozialeinrichtungen wie Unterstützungskassen oder Wohnungs(bau)unternehmen oder bei Gesellschaften, in die gewisse Teilfunktionen des beteiligten Unternehmens ausgelagert sind, z.B. Forschungs- und Entwicklungsgesellschaften oder Einkaufs- und Vertriebsgesellschaften. 9.213

2. Ausleihungen

a) Begriff und Gliederung

Als Ausleihung wird die **langfristige Kapitalüberlassung an Dritte** bezeichnet, bei der die Kapitalempfänger nach Ablauf der vereinbarten Laufzeit oder zu vertraglich festgelegten Zeitpunkten zur 9.214

95 Begründung zum BilMoG, S. 201.
96 Zur Bewertung von Unternehmen als Ganzes s. *IDW*, WP-Handbuch II 2014, Kapitel A.

Kapitalrückzahlung verpflichtet sind. Es handelt sich im Gegensatz zu Forderungen aus Lieferungen und Leistungen, die aus dem laufenden Geschäft entstehen und als Geschäftsforderungen bezeichnet werden können, um **Finanzforderungen**, die aus der Absicht entstanden sind, dem Empfänger in Form der Darlehenshingabe Kapital zur Verfügung zu stellen. Ausleihungen, die „dauernd dem Geschäftsbetrieb zu dienen" bestimmt sind, bezwecken entweder einen nachhaltigen Zinsertrag durch Anlage von Finanzmitteln oder eine längerfristige Verbindung zum Empfänger, z.B. Mieterdarlehen zur Absicherung von Lieferungsrechten oder Darlehen zur Bindung von Arbeitnehmern an das Unternehmen.

9.215 Ausleihungen mit einer vereinbarten Laufzeit von mehr als 4 Jahren rechnen grundsätzlich zum Anlagevermögen, während solche mit Laufzeiten bis zu einem Jahr i.d.R. dem Umlaufvermögen zuzuordnen sind[97]. Im Übrigen kommt es auf die Daueranlageabsicht des Bilanzierenden an[98]. Als langfristige Ausleihungen einer Holding kommen vor allem langfristige Finanzkredite an verbundene Unternehmen und Beteiligungsunternehmen in Betracht.

9.216 Ausleihungen können unverbrieft oder, wie z.B. Obligationen, in Wertpapieren verbrieft sein. **Ausleihungen und Wertpapiere des Anlagevermögens** werden im Allgemeinen dahingehend abgegrenzt, dass verbriefte Gläubigeransprüche mit Dauerbesitzabsicht, die keine Ausleihungen an verbundenen oder Beteiligungsunternehmen darstellen, als „Wertpapiere des Anlagevermögens" (Rz. 9.227) und langfristige nicht verbriefte Gläubigeransprüche aus Finanzgeschäften als „Ausleihungen" auszuweisen sind. In der Regel sind verbriefte Gläubigerrechte wesentlich fungibler als unverbriefte Forderungen.

9.217 Auch **Schuldscheindarlehen** sind als Ausleihungen auszuweisen, denn Schuldscheine sind keine Wertpapiere, sondern Beweisurkunden. Partiarische Darlehen und stille Beteiligungen, die nicht an Verlusten teilnehmen, gelten ebenfalls als Ausleihungen[99]. Nicht verbriefte oder als Namenspapiere verbriefte **Genussrechte**, die als Gegenleistung für die Überlassung von Kapital gewährt werden, werden ebenfalls unter den Ausleihungen erfasst, wenn sie nicht ausnahmsweise als Eigenkapitaltitel zu klassifizieren sind[100]. Letzteres ist der Fall, wenn (1) ihr Rückzahlungsanspruch im Insolvenz- oder Liquidationsfall nachrangig erst nach Befriedigung aller anderen Gläubiger geltend gemacht werden kann, (2) die Vergütung für die Kapitalüberlassung erfolgsabhängig ist und (3) das Genussrechtskapital bis zu seiner vollen Höhe am Verlust beteiligt ist[101].

9.218 Mittelgroße und große Kapitalgesellschaften bzw. Kapitalgesellschaften & Co. müssen Ausleihungen an verbundene Unternehmen und an Unternehmen, mit denen ein Beteiligungsverhältnis besteht, stets als solche gesondert ausweisen. Es ist unerheblich, ob die Ausleihungen verbrieft sind oder nicht[102]. Soweit verbriefte und unverbriefte Ausleihungen an denselben Schuldner erfolgt sind, sollten bei wesentlichen Ausleihungsbeträgen der Gesamtbetrag der Ausleihungen und ein Hinweis auf die vorhandene oder fehlende Verbriefung im Anhang genannt werden.

9.219 „Unternehmen, mit denen ein **Beteiligungsverhältnis** besteht", sind sowohl Unternehmen, an denen das bilanzierende Unternehmen beteiligt ist (Beteiligungsunternehmen), als auch Unternehmen, die an dem bilanzierenden Unternehmen beteiligt sind (beteiligte Unternehmen). Bei wesentlichen Beträgen sollten die beiden Arten in der Bilanz oder im Anhang gesondert angegeben werden. GmbHs haben **Ausleihungen an Gesellschafter** gesondert auszuweisen oder im Anhang anzugeben. Werden sie unter einem anderen Posten ausgewiesen, so muss ihre Eigenart vermerkt werden (§ 42

97 *IDW*, WP-Handbuch I 2012, F Rz. 256.
98 *Schmidt/F. Huber* in Beck Bil-Komm, 12. Aufl., § 247 HGB Rz. 357.
99 *Schubert/Kreher* in Beck Bil-Komm, 12. Aufl., § 266 HGB Rz. 80 f.
100 *IDW*, HFA 1/1994; *Hachmeister* in HdJ, Abt. II/3 Rz. 33; *Schubert/F.Huber* in Beck Bil-Komm, 12. Aufl., § 247 HGB Rz. 228.
101 *IDW*, HFA 1/1994.
102 *Scheffler* in Beck HdR, B 213 Rz. 502.

Abs. 3 GmbHG). Ausleihungen, die eine Holding als Gesellschafter eines verbundenen oder im Beteiligungsverhältnis stehenden Unternehmens gewährt (**Gesellschafterdarlehen**), sind als Ausleihungen an verbundene Unternehmen oder an Beteiligungsunternehmen auszuweisen.

b) Bewertung

Ausleihungen sind mit den **Anschaffungskosten** zu bewerten, d.h. in der Regel mit den an den Darlehensnehmer ausgezahlten Beträgen. Ausleihungen in fremder Währung sind zum Devisenkassamittelkurs am Abschlussstichtag umzurechnen (§ 256a HGB). Auch bei **unverzinslichen** oder **niedrig verzinslichen Ausleihungen** ist der Auszahlungsbetrag als Anschaffungskosten anzusehen[103]. Die Zinslosigkeit oder unzureichende Verzinsung einer Ausleihung beeinflussen nicht die Anschaffungskosten, sondern ihren beizulegenden Wert, der bei der Folgebewertung zu berücksichtigen ist. 9.220

Der Unterschied zwischen dem Auszahlungsbetrag und dem Barwert der Ausleihung stellt entweder einen verdeckten Zuschuss an den Darlehensnehmer dar, der als Aufwand zu behandeln ist, oder er deckt eine mit der Darlehenshingabe verbundene Gegenleistung des Darlehensnehmers, die als bilanzierungsfähiger Vermögensgegenstand gesondert zu aktivieren und über die Laufzeit des Darlehens abzuschreiben ist. Ein solche Aktivierung ist aber nur zulässig, wenn sich die Gegenleistung der Zinslosigkeit oder der niedrigeren Verzinsung des Darlehens in einem konkret greifbaren und abgrenzbaren und damit bilanzierungsfähigen Vermögensgegenstand niederschlägt, der Gegenstand des Rechtsverkehrs sein kann. 9.221

Erfolgt die Darlehenshingabe unter Einbehaltung eines **Damnums**, so ist dieses wie ein zusätzlicher Zinsbetrag anzusehen, der während der Laufzeit zu vereinnahmen ist[104]. Das Darlehen ist dementsprechend mit dem Nennwert (= Rückzahlungsbetrag) zu aktivieren und das Damnum als vorschüssige Zinszahlung als Rechnungsabgrenzungsposten zu passivieren, der während der Laufzeit des Darlehens Gewinn erhöhend aufzulösen ist. 9.222

Der **beizulegende Zeitwert** einer marktgerecht verzinsten Ausleihung ist der voraussichtliche Rückzahlungsbetrag, wenn keine Zweifel an der Zahlungsfähigkeit des Schuldners bestehen. Zunehmende Zins- und Tilgungsrückstände sowie wiederholte Beitreibungsmaßnahmen deuten auf eine Wertminderung. Bei unverzinslichen oder niedrig verzinslichen Ausleihungen entspricht der beizulegende Wert dem **Barwert** des voraussichtlich erzielbaren Rückzahlungsbetrages. Eine Unterverzinslichkeit liegt vor, wenn der tatsächliche Zinssatz nicht nur geringfügig unter dem durchschnittlichen Zinssatz für vergleichbare Ausleihungen liegt. Die Höhe des Barwertes hängt davon ab, ob es sich um Fälligkeitsdarlehen, die während ihrer Laufzeit betragsmäßig unverändert bleiben, oder um Tilgungsdarlehen handelt, die während der Laufzeit getilgt werden. Bei Tilgungsdarlehen entspricht der zu bewertende Rückzahlungsbetrag der Differenz zwischen Auszahlungsbetrag und den bis zum Bilanzstichtag geleisteten Tilgungsraten. 9.223

Der zweckentsprechende **Abzinsungssatz** ist der marktübliche Zinssatz für vergleichbare Kapitalanlagen[105]. Sind solche Zinssätze nicht verfügbar, sollten die schuldnerspezifischen Risiken berücksichtigt und im Übrigen die für die Abzinsung langfristiger Rückstellungen gleicher Laufzeit veröffentlichten Zinssätze herangezogen werden (Rz. 9.104). In den Folgejahren führt die Barwertermittlung zum Bilanzstichtag zu Aufzinsungserträgen, die als Zuschreibungen auszuweisen sind. 9.224

Zu jedem Bilanzstichtag ist die Werthaltigkeit der Ausleihung zu prüfen, die insbesondere von der Bonität des Schuldners abhängt. Anlass zu einer **außerplanmäßigen Abschreibung** können z.B. 9.225

103 Ebenso *Hachmeister* in HdJ, Abt. II/3 Rz. 192; *Schubert/Gadek* in Beck Bil-Komm, 12. Aufl., § 255 HGB Rz. 180.

104 *Hachmeister* in HdJ, Abt. II/3 Rz. 193.

105 Ähnlich *Schubert/Berberich* in Beck Bil-Komm, 12. Aufl., § 253 HGB Rz. 592.

eine erhebliche Verschlechterung der wirtschaftlichen Lage oder eingetretene oder zu erwartende Zahlungsschwierigkeiten des Schuldners oder besondere Markt- oder Länderrisiken sein. Dabei sind bestehende und verwertbare **Sicherheiten**, wie z.B. Pfandrechte, Hypotheken, Grundschulden, sicherungsübereignete Gegenstände, Bürgschaften und Garantien Dritter sowie deren Verwertungsmöglichkeiten zu berücksichtigen. Der beizulegende Wert der Ausleihung liegt i.d.R. nicht unter dem realisierbaren Wert der Sicherheiten[106].

9.226 Für die Bewertung von Ausleihungen in Form von **Gesellschafterdarlehen** kann eine Rolle spielen, dass sie im Insolvenzfall des Darlehensnehmers nachrangig sind (§ 39 Abs. 1 Nr. 5 InsO). In einer Krisensituation der darlehensnehmenden Gesellschaft kann deshalb eine Wertberichtigung dieser Darlehen in Betracht kommen.

3. Wertpapiere des Anlagevermögens

9.227 Als Wertpapiere des Anlagevermögens sind diejenigen Wertpapiere auszuweisen, die dauernd dem Geschäftsbetrieb zu dienen bestimmt sind und die keine Anteile oder Ausleihungen an verbundene Unternehmen oder an Beteiligungsunternehmen verkörpern. Wertpapiere des Anlagevermögens sind i.d.R. die sog. Kapitalmarktpapiere i.S.v. § 2 Abs. 1 WpHG. Als Wertpapiere des Anlagevermögens sind auch Wertpapiere zu behandeln, die aufgrund gesetzlicher oder vertraglicher Bindungen nicht kurzfristig veräußert werden können. Kurzfristig gehaltene Wertpapiere, die dem Geldverkehr oder der kurzfristigen Finanzierung oder der Abwicklung des Warenverkehrs dienen, sind im Umlaufvermögen auszuweisen (§ 266 Abs. 2 Aktivseite B III HGB).

9.228 Wertpapiere können Mitgliedschafts- oder Gläubigerrechte darstellen. Zu der erstgenannten Kategorie zählen vor allem Aktien, ferner Zwischenscheine, Investmentanteile einschließlich Anteilen an Spezialfonds und ähnliche Wertpapiere mit Gewinnbeteiligungsansprüchen. Als Wertpapiere mit Gläubigerrechten sind in erster Linie festverzinsliche Wertpapiere wie Pfandbriefe und Anleihen zu nennen.

9.229 Zu den Wertpapieren gehören auch **Genussscheine**, die i.d.R. Gläubigerrechte verkörpern (Rz. 9.217). Sie sind, wenn sie keine Inhaberpapiere sind, als „Ausleihungen" auszuweisen, während Inhaber-Genussscheine als Wertpapiere des Anlagevermögens zu zeigen sind. Auch **zum Börsenhandel zugelassene Schuldbuchforderungen** und Wertrechte (z.B. Bundesschatzbriefe) können als Wertpapiere ausgewiesen werden[107]. Zins- und Gewinnanteilsscheine rechnen ebenfalls zu den Wertpapieren. Demgegenüber stellen sog. qualifizierte Legitimationspapiere (§ 808 BGB) wie z.B. Sparbücher und Beweisurkunden, die nicht zum Übergang der in ihnen bezeichneten Rechte genügen, keine Wertpapiere dar. Ihr Ausweis richtet sich nach der Art der in der Urkunde versprochenen Leistungen[108].

9.230 Wertpapiere sind mit den **Anschaffungskosten** anzusetzen. Wertpapiere der gleichen Art können zu durchschnittlichen Anschaffungskosten, bei gegebenen Identitätsnachweisen aber auch mit ihren individuellen Anschaffungskosten bilanziert werden. Courtage und sonstige Spesen rechnen zu den Anschaffungsnebenkosten. Stückzinsen, die beim Erwerb von festverzinslichen Wertpapieren gesondert berechnet werden, gehören nicht dazu. Sie sind entweder als „sonstige Vermögensgegenstände" oder als abgetrennte Zins- oder Dividendenscheine auch unter den „Wertpapieren des Umlaufvermögens" auszuweisen[109].

9.231 **Zero-Bonds** oder Nullkupon-Anleihen, die unter ihrem Nennwert verkauft und bei Fälligkeit zum Nennwert zurückgekauft werden, sind ebenfalls mit den Anschaffungskosten, also mit dem Erwerbs-

106 *Schubert/Berberich* in Beck Bil-Komm, 12. Aufl., § 253 HGB Rz. 570.
107 *ADS*, § 266 HGB Rz. 85.
108 *Schubert/Kreher* in Beck Bil-Komm, 12. Aufl., § 266 HGB Rz. 81.
109 *ADS*, § 266 HGB Rz. 146.

preis anzusetzen. Anstelle von periodischen Zinszahlungen leistet der Emittent bei Fälligkeit mit dem Rücknahmebetrag die Zinsvergütung für die gesamte Laufzeit. Dementsprechend sind die jeweils bis zum Bilanzstichtag rechnerisch anfallenden Zinsen als Entgelt für die Kapitalüberlassung als nachträgliche Anschaffungskosten zu aktivieren[110]. Dabei ist unerheblich, dass rechtlich der Zahlungsanspruch erst am Ende der Laufzeit entsteht. Bei notierten Zero-Bonds ist gegebenenfalls auf einen niedrigeren Stichtagskurs abzuschreiben. Wirtschaftlich handelt es sich um eine Bewertung zum Barwert.

Beizulegender Zeitwert ist bei börsennotierten Papieren in der Regel der Börsenwert. Ist der Börsenkurs unter den Anschaffungskurs gesunken, muss bei voraussichtlich dauernd niedrigerem Börsenkurs eine Abschreibung auf den niedrigeren Börsenwert vorgenommen werden. Die bei einer etwaigen Veräußerung anfallenden Nebenkosten, wie Bankspesen, bleiben dabei in der Praxis unberücksichtigt. Bei börsennotierten **Aktien**, die keine Beteiligungen i.S.v. § 271 Abs. 1 HGB präsentieren, ist von einer voraussichtlich dauernden Wertminderung auszugehen, wenn der Börsenwert zum Bilanzstichtag unter die Anschaffungskosten gesunken ist und zum Zeitpunkt der Bilanzerstellung keine konkreten Anhaltspunkte für eine alsbaldige Wertaufholung vorliegen[111]. 9.232

Liegt ein Börsenkurs nicht vor, so sind zur Ermittlung der **niedrigeren beizulegenden Werte** für Anteile an Unternehmen die für Beteiligungen (Rz. 9.194 ff.) und für Gläubigerrechte die für Ausleihungen (Rz. 9.220 ff.) maßgeblichen Grundsätze anzuwenden. 9.233

4. Holdingtypische Rückstellungen

a) Rückstellungen aufgrund von Unternehmensverträgen

Bei Beherrschungs-, Gewinnabführungs-, oder Teilgewinnabführungsverträgen mit einer Aktiengesellschaft ist das herrschende oder zur Gewinnübernahme berechtigte Unternehmen gem. § 302 Abs. 1 AktG verpflichtet, jeden während der Vertragsdauer entstehenden Jahresfehlbetrag auszugleichen. Außerdem kann eine Verpflichtung zur Ausgleichszahlung an außenstehende Aktionäre der abhängigen Gesellschaft bestehen (§ 304 Abs. 2 AktG). Gewinnabführungsverträge mit anderen Kapitalgesellschaften, z.B. mit einer GmbH, werden steuerlich nur wirksam, wenn auch ein **Verlustausgleich** vereinbart worden ist (§ 17 Satz 2 Nr. 3 KStG). Eine Verlustausgleichsverpflichtung kann sich auch aus Betriebspacht- oder Betriebsüberlassungsverträgen ergeben (§ 302 Abs. 2 AktG). 9.234

Drohen aus derartigen Verträgen ernsthaft Verluste, so hat die Holding hierfür eine Verbindlichkeit oder bei ungewissen Beträgen eine Rückstellung zu passivieren[112]. Die voraussichtlichen Verluste sind nach vernünftiger kaufmännischer Beurteilung vorsichtig zu schätzen. Konkrete Vorteile, die mit der Verlustübernahme verbunden sind, z.B. latente Steuererstattungsansprüche, sind bei der Bemessung der Rückstellungen in Ansatz zu bringen. Bei Verlustsituationen des Tochterunternehmens ist unabhängig von der Verlustübernahmeverpflichtung des Mutterunternehmens zu prüfen, ob der Buchwert der Beteiligung an dem Tochterunternehmen auf den niedrigeren beizulegenden Zeitwert abzuschreiben ist. 9.235

Die **Passivierungspflicht** für Verlustübernahmeverpflichtungen betrifft nicht nur Verluste, die vor dem Bilanzstichtag der Holding oder im abgelaufenen Geschäftsjahr des Beteiligungsunternehmens entstanden sind. Auch für nach dem Bilanzstichtag mit ausreichender Wahrscheinlichkeit erwartete Verluste ist handelsrechtlich eine – steuerlich nicht zugelassene – Rückstellung für drohende Ver- 9.236

110 *Bordewin*, WPg 1986, 266 f.; *IDW*, HFA 1/1986, WPg 1986, 248 f.; *Schubert*, Beck Bil-Komm, 12. Aufl., § 253 HGB Rz. 65.
111 BFH v. 26.9.2007 – I R 58/06, ZIP 2008, 458 = GmbHR 2008, 269 = DB 2008, 214.
112 Herrschende Meinung, vgl. *ADS*, § 249 HGB Rz. 133, m.w.N.; *Jonas*, DB 1994, 1529; steuerlich dürfen im Widerspruch zum Handelsrecht keine Rückstellungen für drohende Verluste gebildet werden (§ 5 Abs. 4a EStG).

luste zu bilden[113]. Sind wegen nachhaltiger Ertragslosigkeit oder längerfristig angelegter Konsolidierungs- oder Sanierungsmaßnahmen erhebliche Verluste für einen über den Bilanzstichtag hinausgehenden **Zeitraum** zu erwarten, so sind diese Verluste vorsichtig zu schätzen und mit dem nach vernünftiger kaufmännischer Beurteilung notwendigen Erfüllungsbetrag (§ 253 Abs. 1 Satz 2 HGB) zurückzustellen. Dabei ist der Zeitraum zugrunde zu legen, für den der Vertrag rechtlich oder faktisch unkündbar ist. Die Rückstellung ist bei einer Restlaufzeit von mehr als einem Jahr gem. § 253 Abs. 2 Satz 1 HGB abzuzinsen. Außerdem ist zu prüfen, ob der Buchwert der Beteiligung wegen Wertminderung abzuschreiben ist.

9.237 Für spätere Jahre erwartete Gewinnübernahmen dürfen nicht mit zeitlich davor liegenden Verlustrisiken saldiert werden[114]. Bestehen mehrere Ergebnisübernahmeverträge, so ist das Risiko aus jedem einzelnen Vertrag gesondert zu bewerten. Ist ein Mutterunternehmen aufgrund **faktischer Gegebenheiten** gezwungen, Verluste von Tochterunternehmen auszugleichen (z.B. zur Abwendung der Überschuldung der Tochtergesellschaft), ist wie vorstehend geschildert eine Verbindlichkeit oder eine Rückstellung für ungewisse Verbindlichkeiten zu passivieren.

9.238 Im Übrigen sind Verlustübernahmeverpflichtungen, die für die Beurteilung der Vermögens-, Finanz- und Ertragslage der Holding von Bedeutung und nicht in der Bilanz enthalten sind, als sonstige finanzielle Verpflichtung gem. § 285 Nr. 3a HGB im Anhang anzugeben[115].

9.239 Im **faktischen Konzern** mit einer **abhängigen AG** kann der gesetzlich vorgeschriebene **Nachteilsausgleich** gem. § 311 Abs. 2 AktG beim herrschenden Unternehmen zum Ausweis einer Verbindlichkeit oder einer Rückstellung für ungewisse Verbindlichkeiten führen. Eine Rückstellung für den Nachteilsausgleich ist notwendig, wenn (1) zum Bilanzstichtag gegenüber der Holding als herrschendes Unternehmen ein begründeter Anspruch geltend gemacht wurde oder die Geltendmachung wahrscheinlich ist und (2) kein gerichtsfester Nachweis eines gleichwertigen Vorteils für die abhängige AG unter Hinweis auf eine ordnungsmäßige Konzernführung geführt werden kann. Allerdings könnte eine solche Bilanzierung als Eingeständnis missbräuchlicher Einflussnahme (miss-)verstanden werden, so dass hier bedachtsam vorzugehen ist[116].

9.240 Für faktische Konzernverhältnisse mit abhängigen GmbHs oder Personengesellschaften fehlen gesetzliche Vorschriften. Inzwischen herrscht Einigkeit, dass §§ 311 ff. AktG nicht entsprechend auf die **abhängige GmbH oder Personengesellschaft** angewendet werden können. Solange mit diesen Unternehmen kein Beherrschungsvertrag abgeschlossen wird, ist aufgrund der mitgliedschaftlichen Treuepflicht eine Schädigung der abhängigen GmbH oder Personengesellschaft untersagt. Verletzt die Holding ihre Treuepflicht, so entsteht ein sofort fälliger Anspruch jedes Minderheitsgesellschafters gegen die Holding auf Unterlassung und ein Anspruch der abhängigen Gesellschaft auf Schadensersatz gegenüber der Holding. Hierfür ist ggf. eine Rückstellung zu bilden. Zu weiteren Einzelheiten der Durchgriffshaftung bei Verletzung der Eigenbelange des abhängigen Unternehmens s. *Bayer/Trölitzsch*, Rz. 8.90 ff.

b) Rückstellungen zur Absicherung finanzieller Risiken

9.241 Die Vermögensgegenstände und Schulden sowie die schwebenden Geschäfte und geplanten Transaktionen eines Unternehmens können erheblichen Preis-, Währungs- und Zinsrisiken ausgesetzt

---

113 Ebenso *ADS*, § 249 HGB Rz. 133; *Bertram* in Haufe, HGB Bil-Komm, 4. Aufl., § 249 HGB Rz. 326; für ein Wahlrecht *IDW*, WPH 2019 F 780; *Mayer-Wegelin* in Küting/Weber, 5. Aufl., § 249 HGB Rz. 229; a.A. *Schubert* in Beck Bil-Komm, 12. Aufl., § 249 HGB Rz. 100.

114 *Forster*, 1985, S. 770.

115 Ebenso *Schubert/Gadeck* in Beck Bil-Komm, 12. Aufl., § 249 HGB Rz. 100.

116 *Knapper*, DStR 1993, 1613; *Oser*, WPg 1994, 313 ff. m.w.N. Vgl. auch BGH v. 12.7.1993 – II ZR 179/92, DStR 1993, 1753 (Patronatserklärungen); BAG v. 8.3.1994 – 9 AZR 197/92, AG 1994, 510 = GmbHR 1994, 625 = DB 1994, 1780 (Sozialplanansprüche).

sein. Das gilt insbesondere für Rohstoff- und Wertpapierbestände, Ausleihungen, aufgenommene Kredite sowie für Export- und Importgeschäfte oder Rohstoffkontrakte. Die Holding wird vor allem Risiken aus Beteiligungen, Ausleihungen und aus Kreditaufnahmen ausgesetzt sein. Nicht selten übernimmt die Holding die Absicherung der Preis-, Zins- und Währungsrisiken ihrer Tochterunternehmen. Aus Kostengründen wird sie dabei auf die Nettopositionen der beteiligten Unternehmen abstellen. Eine solche zentrale Risikoabsicherung muss professionell gehandhabt werden, um berechtigte Eigeninteressen der beteiligten Unternehmen zu wahren und um kritische Risikoakkumulationen zu vermeiden.

5. Bilanzierung von Bewertungseinheiten

Die in Rz. 9.241 genannten Risiken lassen sich durch ein Gegengeschäft absichern oder verringern, 9.242
das denselben Risiken mit entgegengesetzten Auswirkungen ausgesetzt ist. Man spricht von **Hedging**. Aus der finanziellen Führungsaufgabe einer konzernleitenden Holding[117] kann im Zusammenhang mit dem Zins- und Währungsmanagement die Absicherung finanzieller Risiken zweckmäßig oder notwendig sein[118]. Dabei kann durch die Bildung von Bewertungseinheiten (§ 254 HGB) eine kompensatorische Bewertung von Grund- und Sicherungsgeschäft erfolgen[119]. Die Bildung von Bewertungseinheiten ist ein Wahlrecht[120].

Die **Bewertungseinheit** bedeutet, dass Grundgeschäfte und Sicherungsgeschäfte, die denselben Risi- 9.243
ken mit gegenläufigen Wertentwicklungen ausgesetzt sind, als Einheit bilanziert werden, sodass sich die Wertveränderungen ganz oder teilweise ausgleichen. Dabei werden die Bestimmungen von § 249 Abs. 1 (Bildung von Rückstellungen), § 252 Abs. 1 Nr. 3 und 4 (Grundsatz der Einzelbewertung, Realisations- und Imparitätsprinzip), § 253 Abs. 1 Satz 1 (Anschaffungswertprinzip) und § 256a (Währungsumrechnung) HGB außer Kraft gesetzt (§ 254 Satz 1 HGB). Für die Bildung von Bewertungseinheiten müssen folgende **Voraussetzungen** kumulativ gegeben sein und dokumentiert werden:

(1) ein oder mehrere absicherungsfähige Grundgeschäfte,

(2) Finanzinstrumente als Sicherungsinstrument,

(3) Sicherungsabsicht,

(4) Wirksamkeit der Sicherungsbeziehungen,

(5) Betrags- und Fristenidentität sowie

(6) eindeutige Designation und Zuordnung von Grund- und Sicherungsgeschäft.

Steuerlich sind gem. § 5 Abs. 1a EStG „die Ergebnisse der in der handelsrechtlichen Rechnungs- 9.244
legung zur Absicherung finanzwirtschaftlicher Risiken gebildeten Bewertungseinheiten auch für die steuerliche Gewinnermittlung maßgeblich“.

(1) Als **absicherungsfähige Grundgeschäfte** kommen Vermögensgegenstände, Schulden, schwe- 9.245
bende Geschäfte oder mit hoher Wahrscheinlichkeit vorgesehene Transaktionen in Betracht. Typische abzusichernde **Vermögensgegenstände** sind Fremdwährungsforderungen, variabel verzinsliche Wertpapiere und Ausleihungen sowie Auslandsinvestments, insbesondere Beteiligungen an ausländischen Unternehmen. Abzusichernde **Schulden** können sowohl Finanzinstrumente wie Fremdwährungs- und verzinsliche Verbindlichkeiten als auch Sachleistungsverpflichtungen sein. **Schwebende Geschäfte** sind zweiseitig verpflichtende Rechtsgeschäfte, die auf einen Leistungsaustausch gerichtet

117 *Scheffler*, Konzernmanagement, 1992, S. 45 ff.

118 Ausführlich: *Scheffler*, Rückstellungen, in Beck HdR, B 233 Rz. 365 ff.; *Schmidt/Usinger* in Beck Bil-Komm, 12. Aufl., § 254 HGB Rz. 3 ff.

119 Vgl. Begr. RegE zum BilMoG, S. 57.

120 *Schmidt/Usinger*, Beck Bil-Komm, 12. Aufl., § 254 HGB Rz. 3.

sind und bei der das Unternehmen die geschuldete Sach- oder Dienstleistung noch nicht oder nur teilweise erbracht hat.

9.246 Bei den **erwarteten Transaktionen** handelt es sich im Gegensatz zu den schwebenden Geschäften um noch nicht abgeschlossene, aber erwartete Rechtsgeschäfte, deren Abschluss „hoch wahrscheinlich" ist. Eine Eintrittswahrscheinlichkeit von knapp über 50 % reicht dafür nicht aus[121]. Indikatoren für eine hohe Wahrscheinlichkeit sind die Durchführung vergleichbarer Transaktionen in der Vergangenheit, die finanziellen und operativen Voraussetzungen zur Durchführung derartiger Transaktionen, keine oder nur in Ausnahmefällen erfolgte vorzeitige Glattstellung von Sicherungsbeziehungen oder vorzeitiger Verkauf von Sicherungsinstrumenten.

9.247 (2) Der Kreis der **Sicherungsinstrumente** ist auf Finanzinstrumente beschränkt. In Betracht kommen sowohl originäre wie derivative Finanzinstrumente, die zur Absicherung von Risiken geeignet sind. Der im HGB nicht definierte Begriff „Finanzinstrumente" (s. dazu Rz. 9.135) ist weit zu fassen[122]. In Anlehnung an IAS 32.11 sind darunter Verträge zu verstehen, die bei einer Vertragspartei zu einem finanziellen Vermögensgegenstand (Vermögenswert) und bei der anderen Partei zu einer finanziellen Schuld oder einem Eigenkapitalinstrument führen[123]. Als Finanzinstrumente gelten auch Termingeschäfte über den Erwerb oder die Veräußerung von Waren (§ 254 Satz 2 HGB).

9.248 (3) Die **Sicherungsabsicht** des Unternehmens muss klar definiert und dokumentiert werden, indem das abzusichernde Risiko sowie Ziel und Zeitraum der Risikoabsicherung festgelegt werden. Außerdem ist mit der Sicherungsabsicht die Durchhalteabsicht verbunden, d.h. die Sicherungsbeziehungen werden bis zur Verwirklichung des Sicherungszwecks aufrechterhalten[124]. Die **Wirksamkeit der Sicherungsbeziehung** ist dann gegeben, wenn Grund- und Sicherungsgeschäft gleichen oder vergleichbaren Risiken der Wert- oder Zahlungsstromveränderungen unterliegen und diese Veränderungen beim Grundgeschäft gegenläufig zu den Veränderungen beim Sicherungsgeschäft verlaufen. Grundsätzlich muss es sich bei den Geschäften um dieselbe Risikoart handeln, damit die gegenläufigen Wert- und Zahlungsstromveränderungen verlässlich gemessen und die sich ausgleichende Teile, also der Umfang der effektiven Sicherung von den nicht sicherungswirksamen Teilen getrennt werden können. „Vergleichbare Risiken" schließen aber auch Risikoarten bzw. Wert- und Zahlungsstromveränderungen ein, die sich durch eine nachweisbare hohe Korrelation auszeichnen.

9.249 (4) und (5) Die Effizienz der Absicherung ist gegeben, wenn sich Grund- und Sicherungsgeschäft hinsichtlich Basiswert, Fälligkeit und Betrag decken (**Betrags- und Fristenidentität**), so dass Gewinnerwartung und Verlustrisiko aus beiden Geschäften dieselbe Ursache haben und sich die künftigen Wertveränderungen von Grund- und Sicherungsgeschäften mit hoher Wahrscheinlichkeit kompensieren. Dabei wird unterstellt, dass die Bonität des Partners in beiden Geschäften außer Zweifel steht, so dass die Eintrittswahrscheinlichkeit von Gewinnerwartung und Verlustrisiko dieselbe ist. Soweit keine effektive Absicherung vorliegt, sind die entsprechenden Teile des Grundgeschäfts und des Sicherungsinstruments nach allgemeinen Grundsätzen zu bilanzieren und unter Beachtung des Imparitätsprinzips (Rz. 9.11) einzeln zu bewerten. Die Wirksamkeit der Absicherung und ihr Umfang sind zu jedem Bilanzstichtag zu überprüfen.

9.250 (6) Die Zuordnung von Grund- und Sicherungsgeschäften ist als Nachweis für die Bilanzierung zu dokumentieren. Die **Dokumentation der Sicherungsbeziehungen** muss in engem zeitlichem Zusammenhang mit der erstmaligen Bilanzierung der Bewertungseinheit erfolgen; sie muss spätestens bei der Aufstellung des Jahresabschlusses vorliegen, in dem die Bewertungseinheit erstmals einbezogen wird. Inhaltlich umfasst die Dokumentation die Risikomanagementziele in Bezug auf das abgesicherte Risiko und den Absicherungszeitraum, die Identifizierung und Beschreibung des Grund-

121 Ebenso *Gelhausen/Fey/Kämpfer*, BilMoG 2009, Abschn. H Rz. 18.
122 Ebenso *Gelhausen/Fey/Kämpfer*, BilMoG 2009, Abschn. H Rz. 23.
123 Ebenso *Schmidt/Usinger* in Beck Bil-Komm, 12. Aufl., § 254 HGB Rz. 21.
124 Begr. RegE, S. 59.

geschäfts und des Sicherungsinstruments, die Art des abgesicherten Risikos und der Sicherungsbeziehungen sowie Angaben zur Effektivität der Absicherung.

Im **Anhang** ist über die am Bilanzstichtag bestehenden Bewertungseinheiten zu berichten. Dabei ist anzugeben, welche Bewertungseinheiten zur Absicherung welcher Risiken gebildet wurden. Für die einzelnen abgesicherten Risiken ist darzustellen, warum, in welchem Umfang und für welchen Zeitraum sich die gegenläufigen Wertveränderungen oder Zahlungsströme ausgleichen (§ 285 Nr. 23 HGB). Aufzuführen sind ferner die Methoden der Ermittlung der gegenläufigen Wertänderungen und Zahlungsströme und ihres Ausgleichs. Die in Bewertungseinheiten einbezogenen erwarteten Transaktionen sind zu erläutern. 9.251

6. Finanzerträge und Finanzaufwendungen

Die Finanzerträge und Finanzaufwendungen sollten in der Gewinn- und Verlustrechnung einer **Holding** gemäß Tabelle 4 (Rz. 9.120) aufgegliedert bzw. vermerkt werden. Dabei sind die Erträge und Aufwendungen, die mit Anteilen an verbundenen Unternehmen zusammenhängen, in der GuV gesondert zu vermerken (§ 275 HGB). Als weitere Sonderposten kommen bei erheblichen Beträgen in Betracht: Erträge oder Aufwendungen aus dem Abgang von Beteiligungen oder anderen Finanzanlagen, ferner Zuschreibungen auf Beteiligungen oder andere Finanzanlagen. 9.252

a) Erträge aus Beteiligungen

(1) Inhalt: Der GuV-Posten „Erträge aus Beteiligungen" (§ 275 Abs. 2 Nr. 9 bzw. Abs. 3 Nr. 8 HGB) umfasst die Erträge aus Anteilen an Beteiligungsunternehmen (§ 271 Abs. 1 HGB) und aus „Anteilen an verbundenen Unternehmen" (§ 271 Abs. 2 HGB), soweit es sich nicht um gesondert zu zeigende Erträge aus Ergebnisabführungsverträgen handelt (§ 277 Abs. 3 HGB). Für die Zuordnung ist entscheidend, dass im Zeitpunkt der Vereinnahmung des Ertrages ein Beteiligungsverhältnis vorliegt. – Da die Mitgliedschaft in einer eingetragenen **Genossenschaft** nicht als Beteiligung i.S.v. § 271 Abs. 1 HGB gilt, sind Gewinnausschüttungen von Genossenschaften unter „sonstige Zinsen und ähnliche Erträge" oder bei wesentlicher Bedeutung als Sonderposten zu zeigen. 9.253

Als Beteiligungserträge sind jeweils die **Bruttoerträge** auszuweisen. Anrechenbare Kapitalertragsteuern dürfen nicht abgesetzt werden; sie sind als Steueraufwand zu zeigen. Ebenso ist eine Saldierung mit Verlusten aus Beteiligungen nicht zulässig. Auch Abschreibungen auf Beteiligungen dürfen nicht mit Erträgen verrechnet werden. 9.254

Mit dem Ausweis der **Beteiligungserträge aus verbundenen Unternehmen** werden jene Beteiligungserträge herausgestellt, die wegen der bestehenden Unternehmensverbindung von der Holding beeinflusst werden können und möglicherweise nicht zu normalen Bedingungen zustande gekommen sind[125], z.B. durch Festlegung von Verrechnungspreisen für konzerninterne Lieferungen und Leistungen oder durch Steuer- und sonstige Umlagen. Erträge aus nur vorübergehend gehaltenen und dementsprechend dem Umlaufvermögen zugeordneten Anteilen an verbundenen Unternehmen können einbezogen werden, wenn sie vergleichsweise geringfügig sind. Sonst sind sie mit einem Davon-Vermerk unter „Sonstige Zinsen und ähnlich Erträge" zu zeigen. 9.255

Die **Erträge aus Beteiligungen** betreffen in erster Linie Gewinnausschüttungen der Beteiligungsunternehmen, also Dividenden von Kapitalgesellschaften und Gewinnanteile aus Personenhandelsgesellschaften oder aus BGB-Gesellschaften und stillen Gesellschaften, die Unternehmen darstellen. Erträge aus Beteiligungen an Unternehmen, mit denen ein Beherrschungsvertrag (§ 291 Abs. 1 Halbs. 1 AktG), aber kein Gewinnabführungsvertrag besteht, sind ebenfalls als Erträge aus Beteiligungen zu erfassen und als Erträge von verbundenen Unternehmen zu vermerken. Beteiligungs- 9.256

125 Vgl. BT-Drucks. 10/4268, 106.

erträge sind auch Gewinnansprüche, die zur Erfüllung von Einlageverpflichtungen direkt verrechnet werden. Zu den Gewinnausschüttungen gehören auch etwaige **Zwischendividenden** (bei der GmbH im Rahmen des § 30 GmbHG zulässig; bei der AG nicht) und Abschlagszahlungen auf den Bilanzgewinn (bei der AG nach Maßgabe von § 59 AktG möglich; bei der GmbH im Rahmen des § 30 GmbHG).

9.257 Die Verteilung von Gesellschaftsvermögen an die Gesellschafter außerhalb der Gewinnverwendung, die ohne angemessene Gegenleistung erfolgt, bedeutet die **Rückgewähr von Einlagen** und berührt nicht die GuV. Die Rückgewähr von Einlagen ist aktienrechtlich verboten (§ 57 Abs. 1 Satz 1 AktG). Entsprechende Beschlüsse der Hauptversammlung sind nichtig (§ 241 Nr. 3 AktG)[126]. Bei der GmbH ist eine Auskehrung von Gesellschaftsvermögen außerhalb der Gewinnverwendung im Einvernehmen aller Gesellschafter zulässig, soweit nicht das nominelle Stammkapital angegriffen wird (§§ 30 f. GmbHG)[127]. Im Übrigen dürfen eingezahlte Nachschüsse der Gesellschafter von der Gesellschaft zurückgezahlt werden, soweit sie nicht zur Deckung eines Verlustes am Stammkapital benötigt werden (§ 30 GmbHG).

9.258 Das Steuerrecht spricht bei einer durch das Gesellschafterverhältnis veranlassten Vermögensminderung oder verhinderten Vermögensmehrung von **verdeckter Gewinnausschüttung**. Sie darf das steuerrechtliche Einkommen der Kapitalgesellschaft nicht mindern (§ 8 Abs. 3 Satz 2 KStG). Verdeckte Gewinnausschüttungen begründen beim Empfänger steuerpflichtige Einkünfte. Solche gesellschaftsrechtlich unzulässigen Zuwendungen führen zu einem Anspruch der Kapitalgesellschaft auf Rückgewähr und beim Empfänger zu einer entsprechenden Rückgewährverpflichtungen. Verdeckte Gewinnausschüttungen sind daher keine Beteiligungserträge, auch dann nicht, wenn sie sicher abgegrenzt und hinreichend konkretisiert werden können[128].

9.259 **Zuschreibungen** auf Beteiligungen sowie **Erträge aus dem Abgang** von Beteiligungen (z.B. Veräußerungsgewinn) rechnen nicht zu den „Erträgen aus Beteiligungen". Sie sind vielmehr unter den „sonstigen betrieblichen Erträgen" zu erfassen, wenn nicht bei wesentlichen Beträgen ein gesonderter Ausweis vorgezogen wird. Außergewöhnliche Erträge sind im Anhang aufzuführen (§ 285 Nr. 31 HGB).

9.260 **(2) Zeitpunkt der Vereinnahmung:** Erträge aus Beteiligungen sind grundsätzlich in dem Zeitpunkt zu vereinnahmen, in dem der Anspruch auf den (anteiligen) Gewinn rechtlich entstanden ist. Bei einer **Personengesellschaft** entsteht der Gewinnanspruch der Gesellschafter mit Ablauf des Geschäftsjahres, es sei denn, der Gesellschaftsvertrag oder ein Gesellschafterbeschluss enthält eine abweichende Regelung oder der Gewinn muss ganz oder teilweise zur Abdeckung eines Verlustes verwendet werden und steht insoweit für eine Ausschüttung nicht zur Verfügung. Bei abweichender Regelung im Gesellschaftsvertrag oder Gesellschafterbeschluss bedarf es für die Entstehung des Gewinnanspruchs eines entsprechenden Gewinnverwendungsbeschlusses der Gesellschafter.

9.261 Gewinnthesaurierungen führen bei Personengesellschaften zu Beteiligungserträgen; eines Gewinnverwendungsbeschlusses bedarf es nach dem gesetzlichen Normalstatut nicht[129]. Der Gesellschafter hat die ihm zustehenden Gewinnanteile zu bilanzieren, die sich auf der Grundlage der Handelsbilanz des Beteiligungsunternehmens ergeben, deren Stichtag am oder vor dem Abschlussstichtag des beteiligten Unternehmens liegt.

9.262 Haben das bilanzierende Unternehmen und die Beteiligungspersonengesellschaft das gleiche Geschäftsjahr, so sind die dem Gesellschafter zustehenden Anteile des ausschüttungsfähigen Gewinns, wie er sich aus der Handelsbilanz der Personengesellschaft ergibt, in demselben Geschäftsjahr von

126 Hüffer/Koch, 13. Aufl., § 241 AktG Rz. 18.
127 *Fastrich* in Baumbach/Hueck, 22. Aufl., § 30 Rz. 6.
128 *ADS*, § 275 HGB Rz. 147 m.w.N.; *Schmidt/Kliem* in Beck Bil-Komm, 12. Aufl., § 275 HGB Rz. 179.
129 Ebenso *Hachmeister* in HdJ, Abt. II/3 Rz. 233; *IDW*, RS HFA 18, Rz. 21.

dem bilanzierenden Unternehmen zu vereinnahmen[130]. Die **phasengleiche Vereinnahmung** setzt voraus, dass der Gewinnanspruch durch Festlegung aller wesentlichen Bilanzierungs- und Bewertungsentscheidungen beim Beteiligungsunternehmen bis zur Feststellung des Jahresabschlusses des beteiligten Unternehmens konkretisiert ist[131].

Bei **Kapitalgesellschaften** entsteht der Gewinnanspruch erst mit dem Gewinnverwendungs- und Ausschüttungsbeschluss der Haupt- bzw. Gesellschafterversammlung (§ 174 AktG; §§ 29 und 46 Nr. 1 GmbHG). Gewinnthesaurierungen bei Kapitalgesellschaften, z.B. durch Dotierung der Gewinnrücklagen, führen nicht zu Beteiligungserträgen. Der Anspruch auf **Sachdividenden** (§ 58 Abs. 5 AktG) entsteht ebenfalls erst mit dem Gewinnverwendungsbeschluss der Haupt- oder Gesellschafterversammlung und führt beim Empfänger zu einem Beteiligungsertrag in Höhe des beizulegenden Zeitwerts der Sachleistung zum Entstehungszeitpunkt des Anspruchs. Die Sachausschüttung ist eine umsatzähnliche Transaktion, so dass die ausgekehrten Vermögengegenstände beim Empfänger mit dem beizulegenden Zeitwert zu bewerten sind[132]. 9.263

Mit der Frage, ob bei Mehrheitsbeteiligungen eine Gewinnvereinnahmung auch ohne Ausschüttungsbeschluss zulässig ist, haben sich sowohl der EuGH[133] als auch der BGH[134] befasst. Danach ist generell eine **Pflicht zur phasengleichen Gewinnvereinnahmung** gegeben, wenn (1) der Anteilsbesitz des Mutterunternehmens 100 % ausmacht, (2) die Geschäftsjahre von Mutter- und Tochterunternehmen deckungsgleich sind, (3) der Jahresabschluss des Tochterunternehmens ein den tatsächlichen Verhältnissen entsprechendes Bild der Vermögens-, Finanz- und Ertragslage des Unternehmens vermittelt und (4) die Gewinnausschüttung des Tochterunternehmens vor Beendigung der Abschlussprüfung des Mutterunternehmens beschlossen worden ist. 9.264

Liegt zur Beendigung der Abschlussprüfung der Holding noch kein Gewinnverwendungsbeschluss des Tochterunternehmens, sondern nur ein entsprechender Gewinnverwendungsvorschlag vor, dem die Haupt- oder Gesellschafterversammlung höchstwahrscheinlich folgt, besteht ein **Wahlrecht** zu phasengleichen Gewinnvereinnahmung. Verfügt das Mutterunternehmen am Abschlussstichtag und im Zeitpunkt des Gewinnverwendungsbeschlusses über die erforderliche Stimmenmehrheit, wird sogar eine Pflicht zur phasengleichen Gewinnvereinnahmung angenommen[135]. 9.265

Im Interesse einer zeitnahen und zutreffenden Darstellung der Ertragslage der Holding ist es bei noch ausstehendem Gewinnverwendungsbeschluss in Ausübung eines kontinuierlich anzuwendenden **Wahlrechts** zulässig, auch ohne hundertprozentigen Anteilsbesitz und ohne einen vorliegenden Gewinnverwendungsbeschluss den anteiligen Gewinn eines Tochterunternehmens phasengleich zu vereinnahmen, wenn (1) die Holding aufgrund ihrer Beherrschung den Gewinnausschüttungsbeschluss des Tochterunternehmens bestimmen kann, (2) das Geschäftsjahr des Tochterunternehmens nicht nach dem Geschäftsjahr der Holding endet und (3) der ordnungsgemäß aufgestellte Jahresabschluss des Tochterunternehmens einen entsprechenden ausschüttungsfähigen Gewinn ausweist[136]. – Für die **Steuerbilanz** hat der Große Senat des BFH eine phasengleiche Vereinnahmung von Dividenden abgelehnt[137]. 9.266

---

130 *ADS*, § 275 HGB Rz. 151; *IDW*, WPH 2019 F 840.

131 *IDW*, WPH 2019 F 840.

132 *Störk/Büssow* in Beck Bil-Komm, 12. Aufl., § 272 HGB Rz. 637.

133 EuGH v. 27.6.1996 – C-234/94, ECLI:EU:C:1996:252, AG 1996, 417 m. Anm. *Forster* = GmbHR 1996, 521 = WPg 1996, 524 f.; EuGH, Klarstellung v. 10.7.1997 – C-234/94, GmbHR 1997, 798 = DB 1997, 1513.

134 BGH v. 3.11.1975 – II ZR 67/73, DB 1976, 38 ff.; BGH v. 12.1.1998 – II ZR 82/93, GmbHR 1998, 324 = AG 1998, 280 = DB 1998, 567.

135 *IDW*, WPH 2019 F 841.

136 Ebenso *Küspert*, BB 1997, 882.

137 BFH v. 7.8.2000 – GS 2/99, BStBl. II 2000, 632 ff. = AG 2001, 134.

9.267 Übersteigt der anteilige Jahresüberschuss des Tochterunternehmens die Dividende oder den erhaltenen Gewinnanteil der Holding, ist der Unterschiedsbetrag in eine Rücklage einzustellen (**Ausschüttungssperre** gem. § 272 Abs. 5 HGB).

b) Erträge aus Gewinnabführung und Aufwendungen aus Verlustübernahme

9.268 In der Gewinn- und Verlustrechnung sind die Ergebnisse aus Gewinngemeinschafts-, Gewinnabführungs- und Verlustübernahmeverträgen wie folgt zu gliedern (§ 277 Abs. 3 Satz 2 HGB):

(1) Erträge aus einer Gewinngemeinschaft,

(2) Erträge aus einem Gewinnabführungsvertrag,

(3) Erträge aus einem Teilgewinnabführungsvertrag,

(4) Aufwendungen aus Verlustübernahmen.

Der Gewinnanspruch oder die Ausgleichsverpflichtung aus den genannten Verträgen entsteht kraft Gesetz oder Vertrag; die Höhe wird durch das handelsrechtliche Jahresergebnis der Beteiligungsunternehmen bestimmt. Jedes Vertragsverhältnis ist für sich zu bilanzieren; die Erträge und Aufwendungen sind brutto auszuweisen. Eine Verrechnung zwischen Erträgen und Aufwendungen der Ergebnisabführung oder -übernahme ist nicht zulässig.

9.269 Bei einem **Gewinngemeinschaftsvertrag** (§ 292 Abs. 1 Nr. 1 AktG) verpflichtet sich eine Kapitalgesellschaft, ihren Gewinn oder den Gewinn einzelner Betriebe ganz oder zum Teil mit dem Gewinn anderer Unternehmen oder einzelner Betriebe anderer Unternehmen zur Aufteilung eines gemeinschaftlichen Gewinns zusammenzulegen. Mit einem **Gewinnabführungsvertrag** (§ 291 Abs. 1 AktG) verpflichtet sich eine Kapitalgesellschaft, ihren gesamten Gewinn an ein anderes Unternehmen abzuführen oder ihr Unternehmen für Rechnung eines anderen Unternehmens zu führen. Gegebenenfalls sind die Beschränkungen des § 301 AktG (Verlustvortrag, Dotierung der gesetzlichen Rücklage) zu berücksichtigen. **Teilgewinnabführungsverträge** (§ 292 Abs. 1 Nr. 2 AktG) sehen vor, dass nicht der Gesamtgewinn, sondern nur Teilergebnisse abgeführt werden sollen. Als Teilgewinnabführungsverträge gelten auch Verträge über stille Beteiligungen i.S.v. §§ 230 f. HGB[138].

9.270 Mit einem **Beherrschungsvertrag** unterstellt eine AG oder KGaA die Leitung ihrer Gesellschaft einem anderen Unternehmen (§ 291 Abs. 1 Satz 1 AktG). Wird der Beherrschungsvertrag ohne gleichzeitigen Ergebnisabführungsvertrag abgeschlossen, sind die erhaltenen Gewinnausschüttungen des Tochterunternehmens als „Erträge aus Beteiligungen an verbundenen Unternehmen" auszuweisen (Tabelle 4 Nr. 3; Rz. 9.120).

9.271 Ein Gewinnabführungsvertrag muss den außenstehenden Aktionären einen angemessenen Ausgleich durch eine auf die Anteile am Grundkapital bezogene wiederkehrende Geldleistung (**Dividendengarantie**) einräumen (§ 304 Abs. 1 AktG). Das gilt auch für einen Beherrschungsvertrag ohne Gewinnabführungsverpflichtung. Der zu leistende Ausgleich an die außenstehenden Aktionäre der Tochtergesellschaft ist vom Ertrag des Mutterunternehmens bzw. der Holding aus den genannten Verträgen abzusetzen. Übersteigt dieser Ausgleich den Ertrag, so ist der übersteigende Betrag vom herrschenden Unternehmen unter den „Aufwendungen aus Verlustübernahme" auszuweisen (§ 158 Abs. 2 AktG). Dieser Ausweis ist unabhängig davon, ob die Obergesellschaft selbst zur Zahlung der Dividende an die außenstehenden Aktionäre der Tochtergesellschaft verpflichtet ist (Rentengarantie) oder ob sie das Tochterunternehmen so zu stellen hat, dass dieses aufgrund seines Ergebnisses die zugesagte Dividende zahlen kann (Rentabilitätsgarantie)[139]. Das Tochterunternehmen hat den an das Mutterunternehmen abzuführenden Gewinn gesondert zu zeigen (§ 277 Abs. 3 Satz 2 HGB).

---

138 *ADS*, § 277 HGB Rz. 58.
139 Vgl. *IDW*, WPH 2019 F 785.

Verlustübernahmen sind bei allen Beherrschungs- und Gewinnabführungsverträgen zwingend (§ 302 Abs. 1 AktG). Bei Betriebspachtverträgen und Betriebsüberlassungsverträgen hat das herrschende Unternehmen den sonst entstehenden Jahresfehlbetrag auszugleichen, soweit die vereinbarte Gegenleistung das angemessene Entgelt nicht erreicht (§ 302 Abs. 2 AktG). Hat eine Kapitalgesellschaft Verlustübernahmeverträge mit Nicht-Aktiengesellschaften abgeschlossen, die diesem Unternehmen die gleichen Pflichten wie bei einem mit einer Aktiengesellschaft abgeschlossenen Unternehmensvertrag auferlegen, so fallen auch diese Aufwendungen unter die hier behandelten Posten. Dementsprechend sollten auch ausdrücklich vereinbarte Ausgleichsverpflichtungen für Verlustübernahmen aus Beteiligungen an Personengesellschaften hier einbezogen werden. 9.272

Als Aufwendungen aus Verlustübernahmen gelten auch nach § 158 Abs. 2 AktG zu leistende **Ausgleichszahlungen für außenstehende Gesellschafter**, soweit sie nicht durch den Ertrag aus dem Gewinnabführungsvertrag gedeckt sind. Auch **Leistungen aufgrund freiwilliger Vereinbarung**, die sich als Verlustübernahme darstellen, sind hier zu erfassen. Denkbar sind vertraglich vereinbarte Kostenerstattungsansprüche von Beteiligungsgesellschaften oder durch die Muttergesellschaft freiwillig übernommene Verluste, z.B. in Form von Forderungsverzicht und zur Vermeidung einer Überschuldung. 9.273

Als „**Aufwendungen aus Verlustübernahme**" sind stets die tatsächlich angefallenen und übernommenen Verluste auszuweisen. Soweit zu übernehmende Verluste drohen, ist hierfür eine Rückstellung für drohende Verlustübernahmen zu bilden (Rz. 9.236); die Aufwendungen sind unter den „sonstigen betrieblichen Aufwendungen" zu erfassen. Bei tatsächlichem Verlustausgleich ist der übernommene Verlust als „Aufwand aus Verlustübernahme" zu zeigen und die entsprechende Rückstellung ist zugunsten der sonstigen betrieblichen Erträge aufzulösen. – Den bei der Muttergesellschaft auszuweisenden „Aufwendungen aus Verlustübernahme" stehen bei der Tochtergesellschaft entsprechende „Erträge aus Verlustübernahme" gegenüber, die nach dem Jahresfehlbetrag in die GuV einzustellen sind. Besondere Erläuterungen hierzu erübrigen sich. 9.274

c) Erträge aus anderen Wertpapieren und aus Ausleihungen

Als Erträge aus anderen Wertpapieren und aus Ausleihungen des Finanzanlagevermögens (§ 275 Abs. 2 Nr. 10 bzw. Abs. 3 Nr. 9 HGB) sind die daraus erzielten Zins- und Dividendenerträge sowie ähnliche Erträge (z.B. vereinnahmte Disagio-Beträge aus Ausleihungen) auszuweisen; die Erträge von verbundenen Unternehmen sind gesondert zu vermerken. Darzustellen sind die Bruttoerträge, d.h. einschließlich der einbehaltenen Kapitalertragsteuer bzw. der Zinsabschlagsteuer. Erträge aus der periodischen Aufzinsung abgezinster langfristiger unverzinslicher oder niedrigverzinslicher Ausleihungen sind ebenfalls hier auszuweisen[140]. 9.275

Erträge aus **nicht verbrieften Anteilen an anderen Unternehmen**, die weder Anteile an verbundenen Unternehmen noch Beteiligungen, wohl aber Finanzanlagen darstellen, fallen nach dem Wortlaut nicht unter diese GuV-Position. Dennoch wird für die Erträge aus GmbH-Anteilen, die nicht als Beteiligungen, sondern als Finanzanlagen ausgewiesen werden, der Ausweis unter diesem Posten bejaht[141]. Bei wesentlichen Beträgen sollte die Postenbezeichnung angepasst werden oder ein entsprechender Hinweis im Anhang erfolgen. Die Erträge aus Genossenschaftsanteilen sind als „sonstige Zinsen und ähnliche Erträge" auszuweisen. Auch hier kann bei erheblichen Beträgen ein Sonderausweis oder eine Angabe im Anhang angebracht sein. 9.276

Buchgewinne aus Wertaufholungen oder aus der Veräußerung von Wertpapieren des Anlagevermögens sind unter den „sonstigen betrieblichen Erträgen" zu zeigen[142]. Erträge aus dem **Verkauf** 9.277

140 *ADS*, § 275 HGB Rz. 155; *IDW*, WPH 2019 F 845.
141 *ADS*, § 275 HGB Rz. 154; *Schmidt/Kliem* in Beck Bil-Komm, 12. Aufl., § 275 HGB Rz. 187.
142 Ebenso *ADS*, § 275 HGB Rz. 155.

von Bezugsrechten sind Erträge aus dem Abgang von Gegenständen des Anlagevermögens und unter „sonstige betriebliche Erträge“ auszuweisen[143].

d) Abschreibungen auf Finanzanlagen und auf Wertpapiere des Umlaufvermögens

9.278 In diesem Posten sind sämtliche Abschreibungen auf Finanzanlagen (Anteile an verbundenen und Beteiligungsunternehmen, Ausleihungen, Wertpapiere) und auf Wertpapiere des Umlaufvermögens zu erfassen, einschließlich pauschaler Abschreibungen, die das allgemeine Kreditrisiko der im Anlagevermögen ausgewiesenen Ausleihungen abdecken sollen. Eine Saldierung mit Zuschreibungen ist nicht zulässig. Da Anteile an anderen Unternehmen den wesentlichen Teil des Vermögens einer Holding ausmachen und die daraus erzielten Ergebnisse die Hauptertragsquelle der Holding darstellen, sollten Abschreibungen auf Anteile an verbundenen Unternehmen und an Beteiligungsunternehmen in der GuV oder im Anhang gesondert ausgewiesen werden.

9.279 Für **Finanzanlagen** besteht bei vorübergehender Wertminderung ein Wahlrecht, sie zu fortgeführten Anschaffungskosten oder zum niedrigeren beizulegenden Wert anzusetzen (§ 253 Abs. 3 Satz 4 HGB). Bei einer dauernden Wertminderung, die aus Vorsichtsgründen im Zweifel anzunehmen ist, ist dagegen die Abschreibung zwingend vorzunehmen (§ 253 Abs. 3 Satz 3 HGB). Die Unterlassung einer Abschreibung wegen nur vorübergehender Wertminderung muss im Anhang erwähnt und begründet werden. **Abzinsungsbeträge** auf langfristige Ausleihungen, die bereits im Zugangsjahr verursacht sind, sind als „sonstige betriebliche Aufwendungen“ auszuweisen. Werden Abzinsungen erst in der Folgezeit vorgenommen, so sind sie als Abschreibungen hier auszuweisen[144].

9.280 **Wertpapiere des Umlaufvermögens** sind gem. § 253 Abs. 4 Satz 1 HGB zwingend auf den niedrigeren Wert abzuschreiben, der sich aus dem Börsen- oder Marktpreis am Abschlussstichtag ergibt. Ist ein Börsen- oder Marktpreis nicht festzustellen und übersteigen die Anschaffungskosten den Wert, der den Wertpapieren am Abschlussstichtag beizulegen ist, so ist auf diesen niedrigeren Wert abzuschreiben.

9.281 Ein niedrigerer Wertansatz darf nicht beibehalten werden, wenn die Gründe für die Abschreibung nicht mehr bestehen. Es hat dann eine Zuschreibung auf den beizulegenden Zeitwert bis zur Höhe der Anschaffungskosten zu erfolgen (**Wertaufholung**; § 253 Abs. 5 Satz 1 HGB).

9.282 **Buchverluste** aus dem Abgang von Finanzanlagen und Wertpapieren des Umlaufvermögens sind nicht hier, sondern unter den „sonstigen betrieblichen Aufwendungen“ zu erfassen[145].

e) Sonstige Zinsen

9.283 Unter **Sonstige Zinsen und ähnliche Erträge** fallen alle Zinserträge, die nicht die vorstehend genannten Finanzanlagen betreffen. Im Einzelnen kommen in Betracht: Zinsen für Einlagen bei Kreditinstituten und für sonstige Forderungen an Dritte; Zinsen und Dividenden auf Wertpapiere des Umlaufvermögens; Aufzinsungsbeträge für unverzinsliche oder niedrigverzinsliche Forderungen des Umlaufvermögens einschließlich Leistungsforderungen); Erträge aus der Abzinsung langfristiger Rückstellungen (§ 253 Abs. 2 HGB) sind gem. § 277 Abs. 5 Satz 1 HGB gesondert auszuweisen.

9.284 Bei den **zinsähnlichen Erträgen** handelt es sich im Wesentlichen um solche Erträge, die mit gewährten Krediten im Zusammenhang stehen, aber nicht als Zinserträge bezeichnet werden. Hierzu gehören Erträge aus einem Agio, Disagio oder Damnum, Kreditprovisionen, Erträge aus Kreditgarantien, und Ähnliches. Lieferantenskonti sind grundsätzlich als Anschaffungskostenminderung zu behan-

143 *Schmidt/Kliem* in Beck Bil-Komm, 12. Aufl., § 275 HGB Rz. 187; *IDW*, WPH 2019 F 848.
144 *Schmidt/Peun* in Beck Bil-Komm, 12. Aufl., § 275 HGB Rz. 200; *IDW*, WPH 2019 F 859.
145 *ADS*, § 275 HGB Rz. 170; *IDW*, WPH 2019 F 831.

deln (§ 255 Abs. 1 Satz 3 HGB). Zinsen und ähnliche Erträge, die von **verbundenen Unternehmen** stammen, sind gesondert in der Gewinn- und Verlustrechnung zu vermerken.

Die Zinserträge sind unabhängig vom Zahlungszeitpunkt **periodengerecht** zu vereinnahmen, was ggf. durch einen Rechnungsabgrenzungsposten erfolgt. Erträge aus Investmentanteilen werden an dem festgesetzten Ausschüttungstag oder dann vereinnahmt, wenn die Kapitalanlagegesellschaft den Ausschüttungsbeschluss gefasst hat[146]. Auszuweisen sind die **Bruttobeträge**. Die einbehaltene Zinsabschlagsteuer ist, soweit sie anrechenbar ist, als Forderung zu bilanzieren und sonst als Steueraufwand (§ 275 Abs. 2 Nr. 18 bzw. Abs. 3 Nr. 17 HGB) auszuweisen. 9.285

Als **Zinsaufwendungen** kommen u.a. in Betracht: Zinsen für geschuldete Kredite, gleich welcher Art; Diskontaufwendungen für Wechsel und Schecks; Verzugszinsen; Kredit-, Überziehungs- und Bereitstellungsprovisionen, Bürgschaftsprovisionen; Abschreibungen auf aktiviertes Agio, Disagio oder Damnum. Aufwendungen aus der Aufzinsung langfristiger Rückstellungen (§ 253 Abs. 2 HGB) sind gesondert auszuweisen (§ 277 Abs. 5 Satz 1 HGB). Zinsen und ähnliche Aufwendungen an **verbundene Unternehmen** sind gesondert zu vermerken. 9.286

Die Zinserträge dürfen nicht mit Zinsaufwendungen saldiert werden. Das **Saldierungsverbot** gilt auch für Zinsaufwendungen und Zinserträge, die dasselbe Bankkonto oder denselben Zeitraum, aber verschiedene Bankkonten betreffen. Es erstreckt sich ferner auf Diskonterträge und -aufwendungen. Das Saldierungsverbot betrifft auch durchlaufende Kredite, die eine Muttergesellschaft für eine Tochtergesellschaft aufgenommen und an diese weitergeleitet hat. Anders ist es, wenn sich die Tochtergesellschaft gegenüber dem Kreditgeber zur Zahlung der Zinsen verpflichtet hat und sich Zinserträge und -aufwendungen bei der Muttergesellschaft ausgleichen[147]. 9.287

Eine **Ausnahme** vom Saldierungsverbot gilt für die Erträge und Aufwendungen aus der Abzinsung und Aufzinsung von Altersversorgungsverpflichtungen, die mit den zugehörigen Erträgen und Aufwendungen aus dem Deckungsvermögen zu verrechnen sind (§ 246 Abs. 2 Satz 2 HGB). Im Anhang sind die verrechneten Beträge jedoch brutto auszugeben (§ 285 Nr. 25 HGB). In die Saldierung dürfen auch die Auswirkungen einer Änderung des Abzinsungszinssatzes sowie aus Zeitwertänderungen des Deckungsvermögens einbezogen werden[148]. Darüber hinaus dürfen Diskonterträge und -aufwendungen ausnahmsweise verrechnet werden, wenn sie den Charakter eines durchlaufenden Postens haben. Dies ist der Fall, wenn Kundenwechsel einer Bank zum Diskont eingereicht werden. Die von der Bank berechneten Diskontaufwendungen sind mit den vereinnahmten Diskonterträge zu verrechnen[149]. 9.288

Kapital- und Zinssubventionen, die zugunsten des Ergebnisses des Geschäftsjahres vereinnahmt werden, betreffen das Finanzergebnis. Es ist umstritten, ob die Subventionen bei periodengerechter Ergebnisvereinnahmung mit den Zinsaufwendungen saldiert werden dürfen oder ob sie unter den sonstigen betrieblichen Erträgen auszuweisen sind[150]. Für eine Saldierung spricht, dass das Unternehmen nach dem Zweck des Zuschusses nur mit dem Nettozinsaufwand belastet sein soll[151]. 9.289

Einstweilen frei. 9.290–9.298

---

146 *Hachmeister* in HdJ, Abt. II/3 Rz. 261 ff.
147 *ADS*, § 275 HGB Rz. 160.
148 *IDW*, RS HFA 30, Rz. 87.
149 *IDW*, WP-Handbuch I 2012, F Rz. 573; *Schmidt/Kliem* in Beck Bil-Komm, 12. Aufl., § 275 HGB Rz. 193.
150 Nur für öffentlichen Zuschüsse St/HFA 1/1984, nicht für private Zuschüsse St/HFA 2/1996.
151 *Schmidt/Kliem* in Beck Bil-Komm, 12. Aufl., § 275 HGB Rz. 205.

IV. Der HGB-Konzernabschluss der Holding

1. Überblick

9.299 Jahres- und Konzernabschlüsse stellen die Vermögens-, Finanz- und Ertragslage des Unternehmens bzw. des Konzerns dar. Inhalt und Aussagekraft der Abschlüsse werden bei der Holding wesentlich von deren Geschäftsmodell (*Scheffler*, Rz. 2.4 ff.) und von Art, Umfang und wirtschaftlicher Entwicklung ihrer Beteiligungsunternehmen geprägt. Bei der **Finanzholding**, die sich weitgehend auf die Verwaltung ihrer Beteiligung an anderen Unternehmen beschränkt, interessieren insbesondere die Art, Struktur sowie die Ertragskraft und Zahlungsfähigkeit der Beteiligungsunternehmen. Hier ist primär auf die Einzelabschlüsse der Unternehmen zurückzugreifen.

9.300 Im Gegensatz zur Finanzholding nimmt eine **Managementholding** einen mehr oder weniger starken Einfluss auf die Geschäfts- und Finanzpolitik ihrer Beteiligungsunternehmen und damit auf deren Vermögens-, Finanz- und Ertragslage. Ihr Erfolg wird am besten durch den Konzernabschluss dargestellt. Auch wegen der finanziellen und wirtschaftlichen Verflechtungen der verbundenen Unternehmen vermittelt erst der „Jahresabschluss der Gruppe", d.h. der Konzernabschluss, aussagefähige Daten zur Beurteilung der wirtschaftlichen Lage und Entwicklung des Unternehmensverbundes[152].

9.301 Im **Konzernabschluss** werden die Vermögensgegenstände, Schulden und Rechnungsabgrenzungsposten sowie die Erträge und Aufwendungen des Mutterunternehmens (hier: der Holding) und ihrer Tochterunternehmen so dargestellt, als wären sie ein wirtschaftlich einheitliches Unternehmen (§ 297 Abs. 3 HGB; Rz. 9.315).

a) Rechtliche Grundlagen

9.302 Für eine Holding in der Rechtsform der Kapitalgesellschaft oder der Kapitalgesellschaft & Co. oder als sonstige publizitätspflichtiges Unternehmen (§ 1 PublG) besteht die **Verpflichtung zur Konzernrechnungslegung** dann, wenn sie (1) bei einem oder mehreren anderen Unternehmen einen beherrschenden Einfluss ausüben kann (Beherrschung im bilanzrechtlichen Sinn; § 290 HGB) und (2) die in Rz. 9.309 genannten Schwellenwerte überschritten werden. Auf die Ausübung des beherrschenden Einflusses kommt es nicht an. Insofern kann auch bei einer Finanzholding ein Beherrschungsverhältnis gegenüber einem Beteiligungsunternehmen vorliegen und damit die Pflicht zur Konzernrechnungslegung gegeben sein[153].

9.303 Die Konzernrechnungslegung ist in den **§§ 290 bis 315e HGB** gesetzlich geregelt. Sie umfasst die Aufstellung, Prüfung und Offenlegung des konsolidierten Jahresabschlusses des Konzerns (= Konzernabschluss) und des Konzernlageberichts. In Ergänzung zum HGB sind für die Konzernrechnungslegung die **Deutschen Rechnungslegungs Standards (DRS)** von Bedeutung, die vom Deutschen Rechnungslegungs Standards Committee (DRSC) entwickelt und verabschiedet werden[154]. Mit der Veröffentlichung durch das Bundesministerium der Justiz und für Verbraucherschutz (BMJV), die im Bundesanzeiger erfolgt, erhält der einzelne DRS das „Prädikat", dass bei seiner Anwendung vermutet wird, dass die Grundsätze ordnungsmäßiger Konzernrechnungslegung beachtet werden (§ 342 Abs. 2 HGB). Eine von den DRS abweichende Handhabung ist daher nur zulässig, wenn die empfohlene Verfahrensweise nicht geeignet ist, die gesetzlichen Ziele zu verwirklichen und dass deshalb ein abweichendes Vorgehen gewählt wurde, um den Grundsätzen ordnungsmäßiger Konzernrechnungslegung zu entsprechen.

---

152 Vgl. dazu *Bühner*, DB 1994, 437.

153 Zu den Begriffen Finanz- und Managementholding s. *Scheffler*, Die konzernleitende Holding im faktischen Konzern, in Schulte (Hrsg.), Holdingstrategien, 1992, S. 245 ff.

154 Der DRSC ist das vom BMJV anerkannte Rechnungslegungsgremium gem. § 342 HGB. Zu Einzelheiten und zum aktuellen Stand der Arbeiten des DSR s. info@drsc.de.

Wenn von der Holding oder einem ihrer Tochterunternehmen ausgegebene Wertpapiere auf dem geregelten Markt eines EU-Mitgliedstaates gehandelt werden oder der Handel dieser Wertpapiere auf einem organisierten Markt beantragt worden ist, hat die Holding als **kapitalmarktorientiertes Mutterunternehmen** ihren Konzernabschluss nach den von der EU übernommenen International Financial Reporting Standards (**IFRS**) aufzustellen (§ 315e HGB; s. dazu Abschnitt IV, Rz. 9.408 ff.)[155]. – Der Begriff „kapitalmarktorientiertes Mutterunternehmen" ist gegenüber der Definition „kapitalmarktorientierte Kapitalgesellschaft" in § 264d HGB weiter gefasst: ein kapitalmarktorientiertes Mutterunternehmen liegt auch vor, wenn es nicht selbst, aber ein Tochterunternehmen Wertpapiere ausgegeben hat, die auf einem geregelten Markt gehandelt werden. 9.304

Konzernabschluss und Konzernlagebericht von publizitätspflichtigen Unternehmen sind durch einen unternehmensexternen Abschlussprüfer zu prüfen (§ 316 Abs. 2 HGB; § 14 PublG; s. Rz. 9.595 ff.). Sie unterliegen außerdem der **Prüfung** durch den Aufsichtsrat des Mutterunternehmens (§ 171 AktG; s. Rz. 9.626 ff.) und sind nach Maßgabe von § 325 Abs. 3 HGB offen zu legen. 9.305

b) Pflicht zur Konzernrechnungslegung

Holdingunternehmen, die direkt oder indirekt auf ein oder mehrere andere Unternehmen einen beherrschenden Einfluss ausüben können (= **Beherrschung**; s. Rz. 9.51 ff.), haben als Mutterunternehmen in den ersten fünf Monaten des Konzerngeschäftsjahrs einen Konzernabschluss und einen Konzernlagebericht aufzustellen, wenn sie die in Rz. 9.309 f. aufgeführten Größenkriterien überschreiten (§ 290 Abs. 1 HGB; § 11 PublG). In den Konzernabschluss sind alle direkt oder indirekt beherrschten Unternehmen (= Tochter- Enkel- und Urenkel- und weitere Tochterunternehmen) einzubeziehen, soweit nicht nach dem Wahlrecht gem. § 296 HGB auf die Einbeziehung verzichtet wird (Rz. 9.324). 9.306

Eine Beherrschung besteht u.a., wenn der Holding bei dem anderen Unternehmen die **Mehrheit der Stimmrechte** zusteht. Dabei sind ihr die indirekt über andere Tochterunternehmen sowie die von Dritten für Rechnung der Holding oder ihrer Tochterunternehmen gehaltenen Stimmrechte der Holding zuzurechnen (§ 290 Abs. 3 HGB). Abzuziehen sind Rechte, die mit Anteilen verbunden sind, die von der Holding oder einem Tochterunternehmen für Rechnung einer anderen Person gehalten werden oder die als Sicherheit gehalten werden, und deren Rechte nach Weisung des Treugebers oder Sicherungsgebers ausgeübt werden. 9.307

Beherrschung kann auch auf **anderen Kontrollrechten** beruhen. Ein beherrschender Einfluss besteht auch, wenn die Holding 9.308

- das Recht hat, die Mehrheit der Mitglieder der Verwaltungsorgane (Vorstand oder Aufsichtsrat) des anderen Unternehmens zu bestellen oder abzuberufen,
- die Finanz- und Geschäftspolitik eines anderen Unternehmens aufgrund eines Beherrschungsvertrag oder einer Satzungsvorschrift bestimmen kann oder
- bei wirtschaftlicher Betrachtung die Mehrheit der Risiken und Chancen eines Unternehmens trägt, das zur Erreichung eines eng begrenzten und genau definierten Ziels des Mutterunternehmens dient (Zweckgesellschaft).

Der **beherrschende Einfluss** bedeutet die „unmittelbare oder mittelbare Möglichkeit zur Bestimmung der Finanz- und Geschäftspolitik eines anderen Unternehmens. Dies setzt die Fähigkeit zur Durchsetzung der wesentlichen Entscheidungen in bedeutenden Unternehmensbereichen (z. B. Produktion, Vertrieb, Investition, F&E, Personal, Finanzierung) bei diesen Unternehmen voraus" (DRS 23.7).

155 Grundlage bildet die EU-Verordnung v. 19.7.2002: Verordnung (EG) Nr. 1606/2002, ABl. L 243 v. 11.9.2002, S. 1.

9.309 Eine **Holding-Kapitalgesellschaft**, die über die genannten Kontrollrechte verfügt, hat gem. § 290 HGB einen Konzernabschluss aufzustellen, wenn am Abschlussstichtag seines Jahresabschlusses und am vorhergehenden Abschlussstichtag mindestens zwei der folgenden **Schwellenwerte** für die Anzahl der Beschäftigten, der Bilanzsumme und der Umsatzerlöse überschritten werden:

	Bilanzsumme	**Umsatzerlöse**	**Arbeitnehmer**
(1) Addition der Einzelabschlüsse	24 Mio. Euro	48 Mio. Euro	250
(2) Konsolidiert	20 Mio. Euro	40 Mio. Euro	250

Kapitalmarktorientierte Mutterunternehmen (Rz. 9.304) haben unabhängig von ihrer Größe einen Konzernabschluss aufzustellen (§ 293 Abs. 5 HGB). Eine Kapitalgesellschaft & Co. (§ 264a HGB) ist wie eine Kapitalgesellschaft zur Konzernrechnungslegung verpflichtet.

9.310 **Personenunternehmen** mit mindestens einer natürlichen Person als vollhaftender Gesellschafter sowie Stiftungsunternehmen **und andere Großunternehmen**, die einen beherrschenden Einfluss auf andere Unternehmen ausüben können, haben einen Konzernabschluss aufzustellen, wenn mindestens zwei der folgenden Schwellenwerte überschritten werden (§ 11 PublG):

(1) konsolidierte Bilanzsumme über 65 Mio. Euro;

(2) konsolidierte Umsatzerlöse über 130 Mio. Euro und

(3) mehr als 5000 Arbeitnehmer.

9.311 Eine Holding ist von der Aufstellung eines Konzernabschlusses befreit, wenn sie als Tochterunternehmen eines Mutterunternehmens mit Sitz in einem Mitgliedstaat der EU oder des EWR in deren Konzernabschluss einbezogen wird und dieser nach dem auf das Mutterunternehmen anwendbaren Recht im Einklang mit der EU-Bilanzrechtlinie 2013/34/EU aufgestellt, geprüft und in deutscher oder englischer Sprache veröffentlicht wird. Für die Befreiung bei Einbeziehung in den Konzernabschluss eines Mutterunternehmens mit Sitz außerhalb der EU und des EWR gilt prinzipiell dasselbe (§ 292 HGB).

9.312 Eine Holding muss trotz Vorliegen der Befreiungsvoraussetzungen einen Konzernabschluss aufstellen, wenn sie kapitalmarktorientiert ist und ihre Minderheitsgesellschafter, die bei einer Holding-AG oder -KGaA mindestens 10 % der Anteile oder bei einer Holding-GmbH 20 % der Anteile besitzen, dies spätestens 6 Monate vor Ablauf des Konzerngeschäftsjahrs beantragen (§ 291 Abs. 3 HGB).

9.313 Die **Tochterunternehmen** sind verpflichtet, dem Mutterunternehmen unverzüglich ihre Jahres- und Konzernabschlüsse nebst Lagebericht sowie ggf. den Prüfungsbericht des Abschlussprüfers einzureichen. Das Mutterunternehmen kann von dem Tochterunternehmen alle Aufklärungen und Nachweise verlangen, die für die Aufstellung des Konzernabschlusses und des Konzernlageberichts erforderlich sind (§ 294 Abs. 3 HGB).

c) Inhalt und Zweck der Konzernrechnungslegung

9.314 Der **Konzernabschluss** umfasst folgende Bestandteile:

(1) Konzernbilanz,

(2) Konzern-Gewinn- und Verlustrechnung (Konzern-GuV),

(3) Konzernanhang,

(4) Kapitalflussrechnung (Rz. 9.364 ff.) und

(5) Eigenkapitalspiegel (Rz. 9.381).

Auf den Konzernabschluss sind gem. §§ 297 und 298 HGB folgende Vorschriften für den Jahresabschluss anzuwenden: §§ 244 – 256a (Bilanzierung und Bewertung), §§ 264c, 265, 266, 270 (Bilanzgliederung), § 271 und § 272 (Beteiligungen, Eigenkapital), § 274 (latente Steuern) und § 277 (GuV-Gliederung). Der Konzernabschluss kann um eine Segmentberichterstattung (Rz. 9.385) erweitert werden (§ 297 Abs. 1 HGB). Er ist um einen **Konzernlagebericht** zu ergänzen (§ 315 HGB; Rz. 9.396).

Der Konzernabschluss soll die Vermögens-, Finanz- und Ertragslage des Konzerns so abbilden, als wären die einbezogenen Unternehmen insgesamt ein einziges **wirtschaftlich einheitliches Unternehmen** (§ 297 Abs. 3 HGB). Die einzelnen Konzernunternehmen werden wie unselbständige Teilbetriebe eines einheitlichen Unternehmens behandelt. Ihre Jahres- bzw. Einzelabschlüsse werden unter Anwendung konzerneinheitlicher Bilanzierungs- und Bewertungsgrundsätze, die auf den für das Mutterunternehmen geltenden Bilanzvorschriften beruhen (Rz. 9.326), im Konzernabschluss zusammengefasst[156]. Die Auswirkungen der konzerninternen Geschäftsvorgänge werden rückgängig gemacht und somit die Vermögens- und Schuldposten sowie die Umsatzerlöse und die übrigen Erträge und die Aufwendungen auf die Außenbeziehungen des Konzerns zurückgeführt. Das (anteilige) Eigenkapital der Tochterunternehmen wird mit dem Buchwert der Anteile beim Mutterunternehmen verrechnet. Die Aufrechnung oder Eliminierung konzerninterner Vorgänge nennt man **Konsolidierung** (Rz. 9.338 ff.) 9.315

Die **Gliederungen der Konzernbilanz und** der **Konzern-GuV** entsprechen denen der Bilanz und der GuV des Jahresabschlusses (§§ 266 und 275 HGB). Bei der GuV kann zwischen dem Gesamtkosten- oder dem Umsatzkostenverfahren gewählt werden (§ 275 Abs. 2 bzw. Abs. 3). Die in den Tabellen 3 und 4 (Rz. 9.71 bzw. 9.120) abgewandelten Gliederungen für den Jahresabschluss einer Holding eignen sich nicht für ihren Konzernabschluss, da dieser wesentlich von den geschäftlichen Aktivitäten der Tochterunternehmen geprägt wird. Das betrifft in der Konzernbilanz insbesondere die Posten immaterielle Anlagegegenstände und Sachanlagevermögen, Vorratsvermögen, Forderungen und Verbindlichkeiten aus Warenlieferungen und Leistungen sowie die Pensionsverpflichtungen. Wichtige Posten der Konzern-GuV sind die Umsatzerlöse für Erzeugnisse, Waren und Dienstleistungen und die Aufwendungen für Herstellung und Vertrieb. 9.316

Der Konzernabschluss ist – im Gegensatz zum Jahres- oder Einzelabschluss – keine Grundlage für die Ermittlung eines ausschüttungsfähigen Gewinns oder für die Besteuerung. Die Stellung der Gesellschafter und der Gläubiger der einzelnen Konzernunternehmen wird durch den Konzernabschluss nicht berührt, denn es gibt keine unmittelbaren Rechtsbeziehungen Dritter zum Konzern, sondern nur zu den einzelnen rechtlich selbständigen Konzernunternehmen. 9.317

Der Konzernabschluss erfüllt in erster Linie eine wichtige **Informationsfunktion**. Er ist insbesondere wegen der Aufrechnung konzerninterner finanzieller Verflechtungen und der Eliminierung konzerninterner Geschäftsvorgänge für die Beurteilung der geschäftlichen Entwicklung und der Kreditwürdigkeit des Konzerns insgesamt und seiner Unternehmen unverzichtbar. Er dient sowohl als Führungs-und Kontrollinstrument für das Konzernmanagement als auch zur Rechenschaftslegung der Konzernführung gegenüber Aufsichtsorganen und Kapitalgebern des Mutterunternehmens. 9.318

Der Konzernabschluss soll unter Beachtung der Grundsätze ordnungsmäßiger Buchführung ein den tatsächlichen Verhältnissen entsprechendes Bild der **Vermögens-, Finanz- und Ertragslage des Konzerns** vermitteln. Führen besondere Umstände dazu, dass der Konzernabschluss ein solches Bild nicht vermittelt, so sind im Konzernanhang zusätzliche Angaben zu machen (§ 297 Abs. 2 Satz 3 HGB). 9.319

Der Konzernabschluss verbessert oder ermöglicht den Einblick in die **Vermögenslage des Konzerns** dadurch, dass Doppelzählungen von Vermögens- und Schuldposten vermieden und stattdessen das 9.320

156 In Vorbereitung des Konzernabschlusses sind geeignete Aufzeichnungen und Kommunikationswege zu regeln, die Inhalt, Struktur und Termine für zu übermittelnde Daten bestimmen sowie die einheitliche Bilanzierung und Bewertung sicherstellen. Vgl. dazu *Ruhnke*, DB 1994, 893.

einheitlich bilanzierte und bewertete Gesamtvermögen aller einbezogenen Konzernunternehmen und der Gesamtbetrag ihrer Verbindlichkeiten gegenüber Dritten (Konzernfremden) ausgewiesen werden. Dem Einblick in die **Finanzlage** kommt zugute, dass konzerninterne Finanztransaktionen neutralisiert und die tatsächliche Eigenkapitalausstattung des Konzerns und dessen (Außen-)Verschuldung gezeigt werden.

9.321 Schließlich werden zur besseren Einsicht in die **Ertragslage** die konzerninternen Aufwendungen und Erträge verrechnet und die Gewinne oder Verluste, die auf innerkonzernlichen Lieferungen und Leistungen beruhen, eliminiert. Damit wird das Konzernergebnis auf die mit Konzernfremden erzielten Umsätze (Außenumsätze) und sonstigen Erträge und Aufwendungen zurückgeführt.

9.322 Zusätzlich zum Konzernabschluss ist von allen Mutterunternehmen ein **Konzernlagebericht** zu erstellen, in dem insbesondere der Geschäftsverlauf und die Lage des Konzerns darzustellen sind und auf Vorgänge von besonderer Bedeutung, die nach dem Abschlussstichtag eingetreten sind, sowie auf die voraussichtliche Entwicklung des Konzerns und deren Risiken einzugehen ist (§ 315 HGB). Soweit die Darstellung der wirtschaftlichen Lage des Konzerns im Konzernabschluss durch die Grundsätze ordnungsmäßiger Buchführung eingeschränkt wird (z.B. durch das Anschaffungswert- oder Imparitätsprinzip; Rz. 9.11), sind entsprechende Erläuterungen im **Konzernlagebericht** notwendig (s. Rz. 9.396 ff.).

d) Der Konsolidierungskreis

9.323 Die in den Konzernabschluss einbezogenen Unternehmen bilden den Konsolidierungskreis. Er umfasst das Mutterunternehmen und grundsätzlich sämtliche Tochterunternehmen (vgl. Rz. 9.49 ff.), und zwar unabhängig von ihrer Rechtsform und von ihrem Sitz. Hat sich die Zusammensetzung des Konzerns im Laufe des Geschäftsjahrs wesentlich geändert (z.B. durch Hinzuerwerb oder Veräußerung von Anteilen an Tochterunternehmen), sind im Konzernanhang Angaben zu machen, die eine sinnvolle Vergleichbarkeit der aufeinanderfolgenden Konzernabschlüsse ermöglichen (§ 294 Abs. 2 HGB).

9.324 Ein Tochterunternehmen braucht nicht einbezogen zu werden (**Konsolidierungswahlrecht**; § 296 HGB), wenn

(1) erhebliche und andauernde Beschränkungen die Ausübung der Rechte des Mutterunternehmens in Bezug auf das Vermögen oder die Geschäftsführung des Tochterunternehmens nachhaltig beeinträchtigen oder

(2) die für den Konzernabschluss erforderlichen Angaben nur mit unverhältnismäßig hohen Kosten und Verzögerungen zu erhalten sind (eng auszulegen) oder

(3) die Anteile an dem Tochterunternehmen zum Zwecke der Weiterveräußerung gehalten werden (z.B. bei Kreditinstituten) oder

(4) das Tochterunternehmen für die Darstellung der wirtschaftlichen Lage des Konzerns i.S.v. § 297 Abs. 2 Satz 2 HGB von untergeordneter Bedeutung ist.

Die Nichteinbeziehung von Tochterunternehmen ist im Konzernanhang anzugeben und zu begründen. Im Regelfall sind die nicht einbezogenen Tochterunternehmen im Konzernabschluss als assoziierte Unternehmen zu behandeln (s. Rz. 9.357 ff.).

2. Bilanzierung und Bewertung im Konzernabschluss

a) Einheitliche Bilanzierung und Bewertung

9.325 Der Einheitstheorie folgend sind die Vermögens- und Schuldposten der in den Konzernabschluss einbezogenen Unternehmen in der Konzernbilanz vollständig zu bilanzieren und einheitlich zu bewerten. Maßgeblich sind die Bilanzierungs- und Bewertungsregeln, die für den Jahresabschluss des Mutterunternehmens gelten. Bei der Ausübung von Bilanzierungs- und Bewertungswahlrechten kann im Konzernabschluss von der Handhabung im Jahresabschluss des Mutterunternehmens abgewichen werden.

Damit kann im Konzernabschluss eine andere **Rechnungslegungspolitik**[157] verfolgt werden als im Einzelabschluss des Mutterunternehmens. Dies kann z.B. zweckmäßig sein, um die betriebswirtschaftliche Aussagekraft oder den Vergleich mit ausländischen Konzernunternehmen zu verbessern. Abweichungen von den im Jahresabschluss des Mutterunternehmens angewandten Bewertungsmethoden sind im Konzernanhang anzugeben und zu begründen (§ 308 Abs. 1 Satz 3 HGB), so dass ggf. die unterschiedlichen Bilanzpolitiken offensichtlich werden. 9.326

Auf eine einheitliche Bewertung kann verzichtet werden, wenn ihre Auswirkungen auf die Darstellung der wirtschaftlichen Lage des Konzerns von untergeordneter Bedeutung sind (§ 308 Abs. 1 Satz 3 HGB). Abweichende Wertansätze, die auf den besonderen Rechnungslegungsvorschriften für **Kreditinstitute oder Versicherungsunternehmen** (§§ 340–340i HGB bzw. §§ 341–341i HGB) beruhen, dürfen im Konzernabschluss beibehalten werden (§ 308 Abs. 2 Satz 3 HGB). Eine Neubewertung für den Konzernabschluss, die in diesen Fällen sehr aufwendig wäre, braucht insoweit nicht vorgenommen zu werden. Auf die Anwendung dieser Ausnahmeregelung ist im Konzernanhang hinzuweisen. 9.327

Wenn der Holdingkonzern neben Industrie- und Handelsunternehmen auch Banken- oder Versicherungsunternehmen oder Unternehmen spezifischer Branchen wie Wohnungsunternehmen umfasst, deren Bilanz und GuV wesentlich anders strukturiert sind, und diese nicht von untergeordneter Bedeutung sind, kann es im Interesse der Klarheit und Verständlichkeit geboten sein, im Konzernanhang für die Sparten Banken, Versicherungen und Industrie/Handel gesonderte, zusammengefasste (verkürzte) Teilkonzernabschlüsse darzustellen. S. dazu auch Rz. 9.385 (Segmentberichterstattung). 9.328

Der **Grundsatz der Stetigkeit** gilt ebenfalls für den Konzernabschluss (§ 298 Abs. 1 HGB) Er betrifft 9.329

(1) die Darstellung (Gliederung der Bilanz und der GuV, Inhalt der Abschlussposten; § 265 Abs. 1 HGB),

(2) die Ansatzmethoden (§ 246 Abs. 3 HGB),

(3) die Bewertungsmethoden (§ 252 Abs. 1 Nr. 6 HGB) und

(4) die Konsolidierungsmethoden (§ 297 Abs. 3 Satz 2 HGB).

Die Stetigkeit ist für die Vergleichbarkeit der Konzernabschlüsse von wesentlicher Bedeutung und soll eine willkürliche Gestaltung des Konzernabschlusses verhindern[158].

Nach dem **Grundsatz der Vollständigkeit** sind im Konzernabschluss sämtliche nach dem Recht des Mutterunternehmens aktivierungsfähigen Vermögensgegenstände, Schulden, Rechnungsabgrenzungsposten und Sonderposten der einbezogenen Unternehmen unabhängig von ihrer Berücksichtigung in den Einzel- oder Jahresabschlüssen dieser Unternehmen aufzunehmen, soweit nicht ein Bilanzierungsverbot besteht oder von einem Bilanzierungswahlrecht Gebrauch gemacht wird (§ 300 Abs. 2 HGB). 9.330

Die **Zuordnung der Bilanz- oder GuV-Posten** der Konzernunternehmen zu den Posten der Konzernbilanz oder Konzern-GuV und auch die angabepflichtigen Entwicklungen dieser Posten (z.B. im sog. Anlagegitter; § 313 Abs. 4 i.V.m. § 284 Abs. 3 HGB) werden davon bestimmt, dass der Konzern als einheitliches Unternehmen betrachtet wird. Diese Systematik kann z.B. zu einer anderen Unter- 9.331

157 Vgl. dazu ausführlich *Scheffler*, Rechnungslegungspolitische Strategien für den Konzern, in Freidank (Hrsg.), Rechnungslegungspolitik, 1998, S. 567 ff.

158 *Dusewold*, WPg 1994, 721.

teilung des Vorratsvermögens führen, wenn Anlagengegenstände oder Erzeugnisse (Maschinen, Halbfabrikate und anderes) von einem Konzernunternehmen an ein anderes verkauft werden. Weitere Abweichungen gegenüber der Gliederung der Einzelbilanz ergeben sich durch Sonderposten aus der Kapitalkonsolidierung (Unterschiedsbetrag, Nicht beherrschende Anteile) und durch den gesonderten Ausweis der Anteile an assoziierten Unternehmen (§ 311 f. HGB). In der Konzern-GuV sind nach dem Konzernjahresergebnis die Ergebnisanteile konzernfremder Gesellschafter auszuweisen (§ 307 HGB).

9.332 Die Anschaffungs- oder Herstellungskosten der Vermögengegenstände und Schulden der Konzernunternehmen sind für die Konzernbilanz so zu ermitteln, als wäre der Konzern ein einheitliches Unternehmen (§ 304 HGB). Vermögensgegenstände, die aus Lieferungen und Leistungen anderer in den Konzernabschluss einbezogener Unternehmen stammen, sind daher mit den sog. **Konzern-Anschaffungskosten oder Konzern-Herstellungskosten** anzusetzen. Konzerninterne Transaktionskosten, die auf Leistungen eines in den Konzernabschluss einbezogenen Unternehmens beruhen, sowie aus Konzernsicht nicht aktivierungsfähige Kosten und konzerninterne Gewinne oder Verluste sind zu eliminieren (Rz. 9.355 f.).

9.333 Die Einbeziehung der ausländischen Konzernunternehmen in den Konzernabschluss macht es erforderlich, dass die **auf fremde Währung lautenden Abschlüsse** in Euro umgerechnet werden. Aktiv- und Passivposten sind mit Ausnahme des Eigenkapitals zum Devisenkassamittelkurs am Abschlussstichtag und die Posten der GuV zum Durchschnittskurs in Euro umzurechnen. Das Eigenkapital ist zum Kurs des Zeitpunkts umzurechnen, an dem das Unternehmen Tochterunternehmen geworden ist. Umrechnungsdifferenzen sind innerhalb des Eigenkapitals zu verrechnen (§ 308a HGB).

b) Latente Steuern aus Konsolidierung

9.334 Führen Konsolidierungsmaßnahmen (Rz. 9.337 ff.) zu Differenzen zwischen den Wertansätzen der Vermögensgegenstände, Schulden oder Rechnungsabgrenzungsposten in der sog. Handelsbilanz II bzw. III (Rz. 9.318) und deren steuerlichen Wertansätzen, die sich in späteren Geschäftsjahren voraussichtlich abbauen, sind entsprechende **latente Steuern aus der Konsolidierung** in der Konzernbilanz anzusetzen (§ 306 HGB). Für künftige Steuerbelastungen ist eine entsprechende Rückstellung für latente Steuern zu bilden; künftige Steuerentlastungen aus der Konsolidierung sind – in Abweichung zu dem Wahlrecht im Einzelabschluss (Rz. 9.98) – als latente Steuern zu aktivieren.

9.335 Latente Steuern sind mit dem Steuersatz zu bewerten, der im Zeitpunkt der Auflösung der zeitlichen Differenzen voraussichtlich gilt, und zwar bei dem Konzernunternehmen, bei dem sich die Differenzen voraussichtlich abbauen. Bezüglich der latenten Steuern aus Konsolidierungsvorgängen sind die unternehmensindividuellen Steuersätze zu berücksichtigen. Latente Steuern dürfen nicht abgezinst werden. Die aktivierten latenten Steuern sind an jedem Abschlussstichtag auf ihre Werthaltigkeit zu prüfen und ggf. außerplanmäßig abzuschreiben.

9.336 Die latenten Steuern, die sich nach § 274 und § 306 HGB ergeben (Rz. 9.96 ff. und 9.334 f.), können in einem Posten zusammengefasst werden. Weitere Einzelheiten und zusätzliche Angabepflichten regelt DRS 18 „Latente Steuern".

3. Konsolidierungsmaßnahmen

9.337 Als Konsolidierung bezeichnet man die Aufrechnung und Eliminierung der konzerninternen Vorgänge und Ergebnisse, um die Abschlussposten im Konzernabschluss so darzustellen, als wäre der Konzern ein einheitliches Unternehmen. Die Konsolidierungsmaßnahmen betreffen

- die Verrechnung der Beteiligungsbuchwerte beim Mutterunternehmen mit dem anteiligem Eigenkapital der Tochterunternehmen (**Kapitalkonsolidierung**; § 301 HGB; Rz. 9.339),

- die Saldierung von konzerninternen Forderungen und Verbindlichkeiten (**Schuldenkonsolidierung**; § 303 HGB),
- die Eliminierung der konzernintern entstandenen Gewinne und Verluste (**Eliminierung der Zwischenergebnisse**; § 304 HGB),
- die Eliminierung oder Umstellung der Erträge und Aufwendungen aus konzerninternen Lieferungen, Leistungen und Finanztransaktionen (**Aufwands- und Ertragskonsolidierung**; § 305 HGB).

Die Zusammenfassung der Einzelabschlüsse der Konzernunternehmen und die Konsolidierung zum Konzernabschluss wird in folgenden Schritten vollzogen: 9.338

(1) Aus dem Jahres- oder Einzelabschluss jedes einbezogenen Konzernunternehmens (= sog. Handelsbilanz I) wird durch Anwendung der konzerneinheitlichen Bilanzierungs- und Bewertungsgrundsätze (Rz. 9.326) die sog. **Handelsbilanz II** (HB II) abgeleitet (§ 300 Abs. 2 und § 308 HGB).

(2a) Bei der **erstmaligen Konsolidierung eines Tochterunternehmens** werden dessen Vermögensgegenstände, Schulden (ausgenommen Rückstellungen), Rechnungsabgrenzungsposten und Sonderposten jeweils zum beizulegenden Zeitwert und die Rückstellungen mit dem voraussichtlichen Erfüllungsbetrag gem. § 253 Abs. 1 Satz 2 und 3 sowie Abs. 4 HGB bewertet (= **Neubewertungsbilanz** oder HB III). Die aufgelösten stillen Reserven und Lasten sind unter Berücksichtigung latenter Steuern (Rz. 9.334) in einer Neubewertungsrücklage zu erfassen.

(2b) Bei der (nachfolgenden) **Folgekonsolidierung** enthält die Handelsbilanz II des Tochterunternehmens die unter Berücksichtigung von Abgängen sowie Ab- und Zuschreibungen fortgeschriebenen Posten der HB III sowie die nach der Erstkonsolidierung erfolgten Zu- und Abgänge der Vermögensgegenstände und Schulden.

(3) Der Buchwert der Beteiligung beim Mutterunternehmen wird mit dem anteiligen Eigenkapital des Tochterunternehmens verrechnet (**Kapitalkonsolidierung**; Rz. 9.339 ff.).

(4) Aus der Summenbilanz der Handelsbilanzen II bzw. III aller einbezogenen Unternehmen wird dann unter Berücksichtigung der weiteren Konsolidierungsmaßnahmen (s. Rz. 9.354) der **Konzernabschluss** erstellt[159].

a) Kapitalkonsolidierung

Die konzerneinheitlich bilanzierten und bewerteten Vermögensgegenstände, Schulden Rechnungsabgrenzungsposten von Mutter- und Tochterunternehmen laut Handelsbilanz II bzw. III werden in den Konzernabschluss übernommen. Um eine Doppelerfassung zu vermeiden, ist der Buchwert der Anteile an Tochterunternehmen beim Mutterunternehmen mit dem (anteiligen) Eigenkapital der Tochterunternehmen zu verrechnen (= Kapitalkonsolidierung). Für die Kapitalkonsolidierung ist DRS 23 „Kapitalkonsolidierung (Einbeziehung von Tochterunternehmen in den Konzernabschluss)" zu beachten. 9.339

Das Eigenkapital eines Tochterunternehmens ergibt sich bei der Erstkonsolidierung (Rz. 9.341 ff.) als Differenz der Vermögens- und Schuldposten laut Neubewertungsbilanz (HB III) und bei der Folgekonsolidierung (Rz. 9.348) laut Handelsbilanz II der Tochterunternehmen. Es setzt sich aus dem gezeichneten Kapital bzw. den Kapitaleinlagen der Gesellschafter, den Kapital- und Gewinnrücklagen sowie dem Bilanzgewinn oder -verlust zusammen. 9.340

159 Vgl. *Frings*, Die Handelsbilanz II, Rechtsvergleichende Darstellung für die konsolidierte Weltbilanz, 1994; *Ruhnke*, DB 1994, 893 ff.; *Scheffler*, SPK Bilanzrecht, 4. Aufl., § 301 HGB Rz. 326 ff.

aa) Erstkonsolidierung

9.341 Die erstmalige Konsolidierung eines Tochterunternehmens (= Erstkonsolidierung) erfolgt unter Erwerbsgesichtspunkten, d.h. es wird unterstellt, dass das Mutterunternehmen die Vermögensgegenstände und Schulden des Tochterunternehmens (anteilig) erworben hat (sog. **Erwerbsmethode**). Dementsprechend werden alle bilanzierungsfähigen Vermögensgegenstände, Schulden, Rechnungsabgrenzungs- und Sonderposten des Tochterunternehmens mit ihrem zum Verrechnungsstichtag beizulegenden Zeitwert (§ 301 Abs. 1 Nr. 2 HGB) bewertet. Bei der damit verbundenen Aufdeckung der stillen Reserven und stillen Lasten sind die steuerlichen Auswirkungen als aktive oder passive latente Steuern zu berücksichtigen (§ 306 HGB; s. Rz. 9.335 f.).

9.342 Als **Verrechnungsstichtag** gilt der Stichtag, zu dem das einbezogene Unternehmen Tochterunternehmen geworden ist. Können die beizulegenden Zeitwerte für Vermögensgegenstände, Schulden oder Rechnungsabgrenzungsposten zu diesem Zeitpunkt nicht endgültig ermittelt werden, sind sie innerhalb von zwölf Monaten anzupassen (§ 301 Abs. 2 Satz 1 und 2 HGB). Werden zusätzliche Anteile am Tochterunternehmen erworben, so ist deren Erwerbszeitpunkt oder erstmalige Einbeziehung in den Konzernabschluss der für sie maßgebliche Verrechnungsstichtag[160].

9.343 Mit dem Ansatz der beizulegenden Zeitwerte werden die stillen Reserven und stillen Lasten (einschließlich darauf entfallender latenter Steuern), die in den Vermögens- und Schuldposten des Tochterunternehmens enthalten sind, in voller Höhe aufgedeckt (Neubewertungsbilanz). Beträgt die (direkte und indirekte) Beteiligung des Mutterunternehmens an dem Tochterunternehmen unter 100 %, wird nur das anteilige Reinvermögen oder Eigenkapital des Tochterunternehmens (= konsolidierungspflichtiges Eigenkapital) mit dem Buchwert der Beteiligung beim Mutterunternehmen verrechnet. Die verbleibende Differenz betrifft die Anteile der konzernfremden Gesellschafter (**Anteile anderer Gesellschafter**), die in der Konzernbilanz innerhalb des Eigenkapitals als „nicht beherrschende Anteile" auszuweisen sind (§ 307 HGB)[161]. Diese Anteile stellen neben dem Eigenkapital des Mutterunternehmens ebenfalls Eigenkapital des Konzerns dar.

9.344 Ist der Beteiligungsbuchwert des Mutterunternehmens höher als das anteilige Eigenkapital des Tochterunternehmens, ergibt sich ein **aktivischer Unterschiedsbetrag**. Da eine Überbewertung der Beteiligung im Einzelabschluss des Mutterunternehmens wegen des Wertberichtigungsgebots (Rz. 9.103) ausgeschlossen ist, ist der Unterschiedsbetrag darauf zurückzuführen, dass über das neu bewertete Reinvermögen des Tochterunternehmens (HB III) hinaus ein nicht aktivierter (beim Tochterunternehmen auch nicht aktivierbarer) originärer, d.h. selbst geschaffener Geschäfts- oder Firmenwert vorhanden ist. Entsprechend der Erwerbsmethode (Rz. 9.341) ist der aktivische Unterschiedsbetrag in der Konzernbilanz als entgeltlich erworbener **Geschäfts- oder Firmenwert** (= Goodwill) zu aktivieren und im Anlagevermögen auszuweisen. Ein anteiliger Ansatz des Geschäftswertes für die Anteile der anderen Gesellschafter des Tochterunternehmens ist nicht zulässig, da insoweit der Geschäftswert nicht entgeltlich erworben wurde.

9.345 Ist der Beteiligungsbuchwert niedriger als das anteilige Eigenkapital des Tochterunternehmens, so ergibt sich aus der Kapitalkonsolidierung ein **passivischer Unterschiedsbetrag**. Er kann den Gegenwert für „stille Lasten" darstellen und hat dann Fremdkapitalcharakter. Stille Lasten können sich nur auf das Ansatzwahlrecht für Pensionsverpflichtungen, die vor dem 1.1.1987 entstanden sind (§ 28 EGHGB), oder auf nicht bilanzierungsfähige künftige Aufwendungen und Verluste beziehen. Im ersten Fall wäre der Unterschiedsbetrag als Pensionsrückstellung im Konzernabschluss darzustellen. Stille Lasten, die andere künftige Aufwendungen oder Verluste betreffen, sind gesondert als Rückstellung auszuweisen. Der passive Unterschiedsbetrag stellt in diesen Fällen den gekauften „bad will" des Tochterunternehmens dar.

---

160 Zu Beispielen s. *Scheffler*, SPK Bilanzrecht, 4. Aufl., § 301 HGB Rz. 341.
161 Zu weiteren Einzelheiten s. *Scheffler*, SPK Bilanzrecht, 4. Aufl.,§ 307 HGB.

Der geringere Beteiligungsansatz kann aber auch Folge eines günstigen Beteiligungserwerbs sein („lucky buy"), so dass der Unterschiedsbetrag den Charakter einer Kapitalrücklage oder **Eigenkapitalcharakter** hat. 9.346

Der passive Unterschiedsbetrag ist nach dem Eigenkapital als „Unterschiedsbetrag aus der Kapitalkonsolidierung" auszuweisen. Der Posten und wesentliche Änderungen gegenüber dem Vorjahr sind im Konzernanhang zu erläutern (§ 301 Abs. 3 HGB). 9.347

bb) Folgekonsolidierung

Bei der Folgekonsolidierung sind die bei der Erstkonsolidierung angesetzten beizulegenden Zeitwerte der Vermögensgegenstände, Schulden und Abgrenzungsposten entsprechend ihrem Charakter sowie ihrer wertmäßigen und mengenmäßigen Entwicklung fortzuschreiben. Bspw. löst die Neubewertung von abnutzbaren Gegenständen des Anlagevermögens mit einem höheren Zeitwert in den Folgejahren im Konzernabschluss entsprechend höhere planmäßige Abschreibungen aus. 9.348

Der **erworbene Geschäftswert** (= aktivischer Unterschiedsbetrag; Rz. 9.344) ist als Anlagegegenstand mit begrenzter Nutzungsdauer planmäßig über die voraussichtliche Nutzungsdauer abzuschreiben (§ 246 Abs. 1 Satz 4 HGB). Kann in Ausnahmefällen die Nutzungsdauer des Geschäftswerts nicht verlässlich geschätzt werden, sind planmäßige Abschreibungen über einen Zeitraum von zehn Jahren vorzunehmen (§ 253 Abs. 3 Satz 3 und 4 HGB). Im Konzernanhang ist der Abschreibungszeitraum zu erläutern (§ 314 Abs. 1 Nr. 20 HGB). Zu jedem Bilanzstichtag ist der beizulegende Wert des Geschäftswerts zu prüfen, ggf. ist eine außerplanmäßige Abschreibung geboten. 9.349

Der **passive Unterschiedsbetrag** aus der Kapitalkonsolidierung kann ergebnismäßig aufgelöst werden, wenn das den Grundsätzen der §§ 297 und 298 (Rz. 9.314) entspricht (§ 309 Abs. 2 HGB)[162]. Gem. DRS 23.145 ist ein passiver Unterschiedsbetrag mit Eigenkapitalcharakter planmäßig über die gewichtete Nutzungsdauer der erworbenen abnutzbaren Vermögensgegenstände zu verteilen. Bei nicht abnutzbaren Vermögensgegenständen erfolgt die Auflösung in dem Umfang, in dem diese Vermögensgegenstände außerplanmäßig abgeschrieben werden. Unterschiedsbeträge mit Fremdkapitalcharakter sind aufzulösen, wenn die erwarteten Aufwendungen angefallen oder Verluste eingetreten sind oder wenn am Abschlussstichtag feststeht, dass der Unterschiedsbetrag einem realisierten Gewinn entspricht (§ 309 Abs. 2 HGB). 9.350

cc) Entkonsolidierung

Werden alle Anteile an einem Tochterunternehmen veräußert, scheidet das Tochterunternehmen aus dem Konsolidierungskreis aus; es findet eine Entkonsolidierung statt. Dasselbe gilt, wenn das Mutterunternehmen durch eine Teilveräußerung der Anteile oder aus anderen Gründen den beherrschenden Einfluss verliert. In diesem Fall ist die Beteiligung je nach verbleibendem Einflussgrad als Gemeinschaftsunternehmen, assoziiertes Unternehmen oder als sonstige Beteiligung zu bilanzieren. Bei der Entkonsolidierung wird nicht die Veräußerung der Anteile, sondern spiegelbildlich zu der bei der Erstkonsolidierung angewandten Erwerbsmethode unterstellt, dass die Vermögensgegenstände und Schulden des ehemaligen Tochterunternehmens veräußert werden. Der Unterschied zwischen dem Veräußerungserlös und den im Veräußerungszeitpunkt im Konzernabschluss ausgewiesenen Vermögenswerten und Schulden einschließlich des Geschäfts- oder Firmenwerts des ehemaligen Tochterunternehmens ist als Veräußerungsgewinn oder -verlust zu erfassen (DRS 4.45). Ein noch ausgewiesener passivischer Unterschiedsbetrag ist erfolgswirksam aufzulösen[163]. 9.351

---

162 S. dazu im Einzelnen *Hüttche*, SPK Bilanzrecht, 4. Aufl., § 309 HGB Rz. 26 ff.; *Störk/K. Hoffmann*, Beck Bil-Komm, 12. Aufl., § 309 Rz. 21 ff.

163 Zu weiteren Einzelheiten s. *Scheffler*, SPK Bilanzrecht, 4. Aufl., § 301 HGB Rz. 298 ff.

dd) Quotenkonsolidierung

9.352 Führt ein Konzernunternehmen ein anderes Unternehmen gemeinsam mit einem oder mehreren anderen nicht in den Konzernabschluss einbezogenen Unternehmen darf dieses sog. **Gemeinschaftsunternehmen** entsprechend den Anteilen, die dem Mutterunternehmen gehören, anteilig (quotal) in den Konzernabschluss einbezogen werden. Für diese sog. **Quotenkonsolidierung** gelten die Grundsätze der Kapitalkonsolidierung und der in Rz. 9.354 ff. geschilderten Konsolidierungen analog (§ 310 HGB). Zu weiteren Einzelheiten wird auf DRS 27 „Anteilsmäßige Konsolidierung" verwiesen.

9.353 Macht das Mutterunternehmen von der Quotenkonsolidierung keinen Gebrauch, ist das Gemeinschaftsunternehmen wie ein assoziiertes Unternehmen nach der sog. Equitymethode in den Konzernabschluss einzubeziehen (s. Rz. 9.359 ff.).

b) Sonstige Konsolidierungsschritte

9.354 Ausleihungen, Anzahlungen und andere Forderungen sowie Verbindlichkeiten zwischen den in den Konzernabschluss einbezogenen Unternehmen sind in der Konzernbilanz aufzurechnen oder wegzulassen. Die sog. **Schuldenkonsolidierung** (§ 303 HGB) umfasst auch Eventualverbindlichkeiten und Haftungsverhältnisse. Konzerninterne **Rückstellungen** sind auch dann zu eliminieren, wenn ihnen keine Forderungen eines Konzernunternehmens gegenüberstehen. Zu prüfen ist, ob solche Rückstellungen aus Konzernsicht einen anderen Charakter haben, z.B. den einer nicht passivierungsfähigen Aufwandsrückstellung oder einer Wertberichtigung wie im Fall einer Rückstellung für Gewährleistungen. Sie sind ggf. entsprechend zu bilanzieren. Rückstellungen für Verpflichtungen, die nur formal gegenüber Konzernunternehmen, materiell aber gegenüber Dritten bestehen, sind im Konzernabschluss beizubehalten.

9.355 Mit der **Zwischenergebniseliminierung** (§ 304 HGB) werden konzerninterne Gewinne oder Verluste eliminiert. Vermögensgegenstände, die ganz oder teilweise aus konzerninternen Lieferungen und Leistungen stammen, sind in der Konzernbilanz mit den Konzern-Anschaffungskosten oder Konzern-Herstellungskosten (Rz. 9.332) anzusetzen. Diese sind so zu bestimmen, als wäre der Konzern ein einheitliches Unternehmen. Konzern-Herstellungskosten sind nur die Aufwendungen, die dem Konzern als einheitliches Unternehmen durch die Inanspruchnahme von Leistungen konzernfremder Personen und Unternehmen beim Verbrauch von Gütern und Einsatz von Dienstleistungen für die Herstellung eines Vermögensgegenstandes entstehen. Eine Eliminierung der Zwischenergebnisse darf unterbleiben, wenn sie für die Darstellung der Lage des Konzerns von untergeordneter Bedeutung sind (§ 304 Abs. 3 HGB).

9.356 Aus der Einheitstheorie folgt auch, dass Erträge und Aufwendungen aus konzerninternen Lieferungen, Leistungen und Transaktionen im Konzernabschluss zu verrechnen oder rückgängig zu machen sind. Umsätze des Konzerns sind nur solche, die mit Konzernfremden getätigt werden (Außenumsätze). Die **Aufwands- und Ertragskonsolidierung** (§ 305 HGB) bedeutet vor allem, dass Umsatzerlöse, die gegenüber einem anderen Konzernunternehmen erzielt worden sind, mit den auf sie entfallenen Aufwendungen zu verrechnen sind. Damit werden konzerninterne Umsatzgeschäfte rückgängig gemacht. Auch andere Erträge aus konzerninternen Vorgängen, z.B. innerkonzernliche Zinserträge und -aufwendungen oder Konzernumlagen der Holding sind in der Konzern-GuV zu eliminieren.

c) Assoziierte Unternehmen

9.357 Assoziierte Unternehmen sind Unternehmen, an denen ein in den Konzernabschluss einbezogenes Unternehmen i.S.v. § 271 Abs. 1 HGB direkt oder indirekt beteiligt ist und ohne Vorliegen einer Beherrschungsmöglichkeit i.S.v. § 290 Abs. 2 HGB einen **maßgeblichen Einfluss** auf dessen Geschäfts- und Finanzpolitik ausübt (§ 311 HGB). Maßgeblicher Einfluss bedeutet die tatsächliche Mitwirkung an den für die Geschäfts- und Finanzpolitik des assoziierten Unternehmens relevanten Entscheidungen, ohne diese aufgrund eines beherrschenden Einflusses oder einer gemeinsamen Führung bestimmen zu können (DRS 18.7).

Als **Indizien** für einen maßgeblichen Einfluss nennt DRS 26.18: Die Zugehörigkeit eines Vertreters des beteiligten Unternehmens zum Verwaltungsorgan oder einem gleichartigen Leitungsgremium des Beteiligungsunternehmens, die Mitwirkung an der Geschäftspolitik des Beteiligungsunternehmens, Austausch von Führungspersonal, wesentliche Geschäftsbeziehungen oder Bereitstellung von Knowhow durch das beteiligte Unternehmen. Ein maßgeblicher Einfluss wird widerlegbar **vermutet**, wenn ein Unternehmen bei einem anderen Unternehmen über mindestens 20 % der Stimmrechte der Gesellschafter verfügt (§ 311 Abs. 1 Satz 2 HGB). Hält ein Unternehmen weniger als 20 % der Stimmrechte wird widerlegbar vermutet, dass kein maßgeblicher Einfluss besteht. 9.358

Im Konzernabschluss sind die Anteile an assoziierten Unternehmen nach der sog. **Equity-Methode** zu bewerten. Bei der **erstmaligen Bilanzierung** sind die Anteile mit dem Beteiligungsbuchwert des beteiligten Unternehmens anzusetzen (§ 312 Abs. 1 Satz 1 HGB). Der Unterschiedsbetrag zwischen dem Buchwert der Beteiligung und dem anteiligen Eigenkapital des assoziierten Unternehmens (Rz. 9.361) ist den in der Bilanz des assoziierten Unternehmens ausgewiesenen Vermögensgegenständen, Schulden und Rechnungsabgrenzungsposten insoweit zuzurechnen als ihr beizulegender Zeitwert höher oder niedriger ist als ihr Buchwert. Der nach Zuordnung der stillen Reserven und Lasten zu den Bilanzposten verbleibende Unterschiedsbetrag ist im Konzernanhang anzugeben (§ 312 Abs. 1 HGB). Ein positiver **Unterschiedsbetrag** stellt den (anteiligen) Geschäfts- oder Firmenwert des assoziierten Unternehmens dar. Liegt der Beteiligungsbuchwert unter dem Wert des anteiligen Eigenkapitals, ergibt sich ein passivischer Unterschiedsbetrag, der im Konzernanhang anzugeben ist. 9.359

Der maßgebliche **Zeitpunkt für die Bewertung** des anteiligen Eigenkapitals ist der Zeitpunkt, zu dem das Unternehmen ein assoziiertes Unternehmen geworden ist (§ 312 Abs. 3 HGB). Können die Wertansätze zu diesem Zeitpunkt nicht ermittelt werden, sind sie in den darauffolgenden zwölf Monaten anzupassen. Der Bewertung ist der letzte vorliegende **Jahresabschluss des assoziierten Unternehmens** zugrunde zu legen. Stellt das assoziierte Unternehmen einen Konzernabschluss auf, so ist von diesem auszugehen (§ 312 Abs. 6 HGB). 9.360

Wendet das assoziierte Unternehmen in seinem Jahresabschluss vom Konzernabschluss abweichende Bewertungsmethoden an, können die abweichend bewerteten Vermögensgegenstände und Schulden nach den auf den Konzernabschluss angewandten **Bewertungsmethoden** bewertet werden. Wird die Bewertung nicht angepasst, ist das im Konzernanhang anzugeben (§ 312 Abs. 5 HGB). **Zwischenergebnisse** aus Lieferungen und Leistungen des assoziierten Unternehmens an ein in den Konzernabschluss einbezogenes (Mutter- oder Tochterunternehmen) sind ebenfalls zu eliminieren, soweit die für die Ermittlung maßgeblichen Sachverhalte bekannt oder zugänglich sind (§ 312 Abs. 5 i.V.m. § 304 HGB). Im Übrigen darf auf die Zwischenergebniseliminierung verzichtet werden, wenn die Zwischenergebnisse von untergeordneter Bedeutung sind. 9.361

Folgebewertung: Die bei der Erstbewertung ermittelten Wertansätze für die Bilanzposten des assoziierten Unternehmens und der aktive oder passive Unterschiedsbetrag des Unternehmens sind für die nachfolgenden Konzernabschlüsse statistisch fortzuführen, abzuschreiben oder aufzulösen (§ 312 Abs. 2 HGB). Der aktive Unterschiedsbetrag ist über seine voraussichtliche Nutzungsdauer planmäßig abzuschreiben. Der passive Unterschiedsbetrag ist gem. § 309 Abs. 2 HGB zu behandeln (Rz. 9.350). 9.362

Entsprechend den sich ergebenden Veränderungen des anteiligen Eigenkapitals des assoziierten Unternehmens ist bei der Folgebewertung der Buchwert der Beteiligung zu erhöhen oder zu vermindern (§ 312 Abs. 4 HGB). Die auf die Beteiligung entfallenden Gewinnausschüttungen sind abzusetzen. – Zu weiteren Einzelheiten wird auf **DRS 26 „Assoziierte Unternehmen“** verwiesen. 9.363

4. Weitere Bestandteile des Konzernabschlusses

a) Die Kapitalflussrechnung

9.364 Die Kapitalflussrechnung ist Pflichtbestandteil des Konzernabschlusses (§ 297 Abs. 1 HGB). Kapitalmarktorientierte Gesellschaften, die nicht zur Konzernrechnungslegung verpflichtet sind, müssen ihren Jahresabschluss um eine Kapitalflussrechnung ergänzen (§ 264 Abs. 1 Satz 2 HGB).

9.365 Die Kapitalflussrechnung zeigt die **Zahlungsströme der Berichtsperiode** (= Cashflow) und die dadurch bewirkte Veränderung des Finanzmittelbestands oder der Liquiditätsposition des Unternehmens bzw. Konzerns[164]. Diese wichtigen Informationen zur finanzwirtschaftlichen Beurteilung eines Unternehmens oder Konzerns sind der Bilanz und der GuV nicht zu entnehmen. Ihre Bedeutung wird durch die Tatsache unterstrichen, dass Fortbestand und Fortführung des Unternehmens nur dann gesichert sind, wenn das Unternehmen nachhaltig Einzahlungsüberschüsse erzielt und stets über ausreichende Zahlungsmittel verfügt, um alle fälligen Zahlungsverpflichtungen erfüllen zu können. Die Kapitalflussrechnung ist für die konzernleitende Holding ein wichtiges Führungsinstrument, um die Liquidität, die Finanzstruktur und den Verschuldungsgrad des Konzerns und seiner Unternehmen zu steuern und zu überwachen[165].

9.366 Die Einzahlungen und Auszahlungen einer Periode bezeichnet man als **Cashflow**. In der Kapitalflussrechnung werden die Zahlungsströme entsprechend der wirtschaftlichen Tätigkeit des Unternehmens nach folgenden **drei Hauptquellen** gegliedert:

(1) Cashflow aus der laufenden Geschäftstätigkeit (Umsatzbereich),

(2) Cashflow aus der Investitionstätigkeit (Anlagenbereich) und

(3) Cashflow aus der Finanzierungstätigkeit (Finanzbereich).

Die Addition der Cashflows aus den drei Tätigkeitsbereichen ergibt die Veränderung des sog. Finanzmittelfonds. In der Kapitalflussrechnung ist die Zusammensetzung des Finanzmittelfonds anzugeben, wenn er nicht mit der Bilanzposition „Kassenbestand, Bundesbankguthaben, Guthaben bei Kreditinstituten und Schecks" (§ 265 Abs. 2 B IV HGB) identisch ist (DRS 21.52).

9.367 Der **Finanzmittelfond** darf nur liquide Mittel ersten Grades enthalten, also Zahlungsmittel und Zahlungsmitteläquivalente. Zahlungsmittel sind Barmittel und täglich fällige Sichteinlagen. Zahlungsmitteläquivalente sind kurzfristige, nicht länger als drei Monate nach dem Erwerbszeitpunkt gehaltene Finanzinvestitionen, die jederzeit in Zahlungsmittel umgewandelt werden können und nur unwesentlichen Wertschwankungen unterliegen. In den Finanzmittelfonds können auch kurzfristige Kontokorrentkredite von Banken einbezogen werden, die der Liquiditätsdisposition dienen.

9.368 Einzelheiten zum Inhalt und zur Ausgestaltung der Kapitalflussrechnung hat der Gesetzgeber offen gelassen. Diese Lücke hat entsprechend seiner Aufgabe das DRSC mit dem **DRS 21 „Kapitalflussrechnung"** gefüllt, der Inhalt und Aufbau der Kapitalflussrechnung näher bestimmt. Die nachfolgenden Gliederungen der Cashflows entsprechen den in DRS 21 vorgegebenen Mindestgliederungen. Vorgänge von besonderer Bedeutung sind stets gesondert auszuweisen.

9.369 In die **Konzern-Kapitalflussrechnung** sind alle in den Konzernabschluss einbezogenen Unternehmen entsprechend ihrer Konsolidierungsmethode und ihres Konsolidierungs- oder Entkonsolidierungszeitpunktes aufzunehmen. So sind bspw. die Cashflows eines anteilig konsolidierten Gemeinschaftsunternehmens (Rz. 9.352) anteilig in der Kapitalflussrechnung zu berücksichtigen. Als Cashflows der nach der Equitymethode konsolidierten Gemeinschafts- und assoziierten Unternehmen (Rz. 9.357) werden in der Konzern-Kapitalflussrechnung nur die Zahlungen zwischen ihnen und

---

164 S. im Einzelnen *Scheffler*, BB 2002, 295; *Scheffler* in Beck HdR, C 620.
165 S. dazu *Scheffler*, Konzernmanagement, 2. Aufl., S. 230 ff.

den in den Konzernabschluss einbezogenen Konzernunternehmen sowie die Zahlungen im Zusammenhang mit dem Erwerb oder dem Verkauf solcher Beteiligungen erfasst (DRS 21.14).

Wechselkurs- und andere bewertungsbedingte Änderungen des Finanzmittelfonds gehören nicht zu den Cashflows. Dasselbe gilt für den Zu- und Abgang von Finanzmitteln, die aus Änderungen des Konsolidierungskreises resultieren und die nicht unmittelbar mit dem Erwerb oder der Veräußerung von Unternehmensanteilen zusammenhängen (DRS 21.36). 9.370

aa) Cashflow aus laufender Geschäftstätigkeit

Zur laufenden Geschäftstätigkeit gehören alle Aktivitäten, die auf Erlöserzielung gerichtet sind oder sonstige Aktivitäten betreffen, die nicht der Investitions- oder der Finanzierungstätigkeit zuzuordnen sind (DRS 21.9). Der Cashflow aus laufender Geschäftstätigkeit ergibt sich hauptsächlich aus den Einzahlungen, die aus dem Absatz der Produkte und Dienstleistungen des Unternehmens oder Konzerns stammen, und aus den Auszahlungen für die Anschaffung und Herstellung der Erzeugnisse Waren und Dienstleistungen, also Auszahlungen an Lieferanten von betriebsbezogenen Materialien und Leistungen (einschließlich Energie) sowie an Beschäftigte für deren Arbeitseinsatz. Der Saldo dieser Ein- und Auszahlungen stellt den Cashflow aus laufender Geschäftstätigkeit oder den **operativen Cashflow** dar. Er drückt den durch den Verkauf oder eine sonstige Verwertung der Unternehmensleistung (Verkauf, Vermietung, Lizenzierung und Ähnliches) erwirtschafteten Zahlungsüberschuss aus. Eine Zunahme des operativen Cashflows kann z.B. auf höherem Absatz, verbesserter Absatzstruktur, höheren Stückerlösen oder auf zahlungswirksamen Einsparungen, z.B. beim Materialeinkauf, beruhen. 9.371

Der Cashflow aus laufender Geschäftstätigkeit enthält auch Zahlungen, die Erträge oder Aufwendungen anderer Perioden darstellen, wie beispielsweise Einzahlungen auf Forderungen für Lieferungen der vergangenen Periode oder Mietvorauszahlungen. Daher gehört bei der indirekten Ermittlung des Cashflow (Rz. 9.374) die Freisetzung oder Bindung finanzieller Mittel im sog. **Working Capital** (= Vorräte sowie kurzfristige Forderungen und Verbindlichkeiten) ebenfalls zum Cashflow aus laufender Geschäftstätigkeit. Cashflows aus außergewöhnlichen Vorgängen sollen separat ausgewiesen werden, da sie nicht die gewöhnliche Geschäftstätigkeit betreffen. Ertragsteuerbedingte Zahlungen sind der laufenden Geschäftstätigkeit zuzuordnen, es sei denn, dass sie einem Geschäftsvorfall der Investitions- oder Finanzierungstätigkeit eindeutig zugerechnet werden können. 9.372

Der Cashflow aus laufender Geschäftstätigkeit kann **direkt** oder indirekt **ermittelt** werden. Direkt ergibt er sich aus folgenden Ein- und Auszahlungen (DRS 21.39): 9.373

	Einzahlungen von Kunden für den Verkauf von Erzeugnissen, Waren und Dienstleistungen,
–	Auszahlungen an Lieferanten und Beschäftigte
–/+	sonstige Einzahlungen, die nicht der Investitions- oder Finanzierungstätigkeit zuzuordnen sind
–	sonstige Auszahlungen, die nicht der Investitions- oder Finanzierungstätigkeit zugeordnet sind
–/+	Einzahlungen im Zusammenhang mit Erträgen von außergewöhnlicher Größenordnung oder außergewöhnlicher Bedeutung
–	Auszahlungen im Zusammenhang mit Aufwendungen von außergewöhnlicher Größenordnung oder außergewöhnlicher Bedeutung
–/+	Ertragsteuerzahlungen
=	**Cashflow aus laufender Geschäftstätigkeit**

In der Praxis herrscht die **indirekte Ermittlung** vor, weil die meisten Unternehmen nicht alle Zahlungsvorgänge als solche in ihrem Rechnungswesen erfassen. Bei der indirekten Ermittlung wird vom **Periodenergebnis** laut GuV ausgegangen, das zunächst als voll zahlungswirksam betrachtet wird. Anschließend werden seine Komponenten auf Zahlungswirksamkeit untersucht. Die nicht zahlungswirksamen Aufwendungen (z.B. Abschreibungen oder die Dotierung von Rückstellungen), 9.374

die das Periodenergebnis gemindert haben, werden dem Periodenergebnis hinzugerechnet und die nicht zahlungswirksamen Erträge abgezogen. Die entsprechende Überleitungsrechnung für den operativen Cashflow ist in der Kapitalflussrechnung wie folgt zu gliedern (DRS 21.40):

	Periodenergebnis (Konzernjahresüberschuss/-fehlbetrag (einschließlich Ergebnisanteile anderer Gesellschafter)
+/–	Abschreibungen/Zuschreibungen auf Gegenstände des Anlagevermögens
+/–	Zunahme/Abnahme der Rückstellungen
+/–	sonstige zahlungsunwirksame Aufwendungen/Erträge (z.B. Abschreibung auf ein aktiviertes Disagio)
–/+	Zunahme/Abnahme der Vorräte, der Forderungen aus Lieferungen und Leistungen sowie anderer Aktiva, die nicht der Investitions- oder Finanzierungstätigkeit zuzuordnen sind
+/–	Zunahme/Abnahme der Verbindlichkeiten aus Lieferungen und Leistungen sowie anderer Passiva, die nicht der Investitions- oder Finanzierungstätigkeit zuzuordnen sind
–/+	Gewinn/Verlust aus dem Abgang von Gegenständen des Anlagevermögens
+/–	Zinsaufwendungen/Zinserträge
–	Sonstige Beteiligungserträge
+/–	Aufwendungen/Erträge von außergewöhnlicher Größenordnung oder außergewöhnlicher Bedeutung
+	Einzahlungen im Zusammenhang mit Erträgen von außergewöhnlicher Größenordnung oder außergewöhnlicher Bedeutung
–	Auszahlungen im Zusammenhang mit Aufwendungen von außergewöhnlicher Größenordnung oder außergewöhnlicher Bedeutung
–/+	Ertragsteuerzahlungen
=	**Cashflow der laufenden Geschäftstätigkeit**

bb) Cashflow aus der Investitionstätigkeit

9.375 Die Zahlungsströme aus der Investitionstätigkeit betreffen die Investitionen oder Desinvestitionen bei Sachanlagen, immateriellen Gegenständen des Anlagevermögens und Finanzanlagen. Sie bestehen hauptsächlich aus Auszahlungen für den Erwerb und die Herstellung von Gegenständen des Anlagevermögens (Anlageinvestitionen) und aus Einzahlungen aus dem Verkauf oder sonstigen Verwertung von Anlagegegenständen.

9.376 Der Cashflow aus der Investitionstätigkeit ist direkt zu ermitteln und wie folgt zu gliedern (DRS 21.46):

	Einzahlungen aus Abgängen von Gegenständen des immateriellen Anlagevermögens
–	Auszahlungen für Investitionen in der immaterielle Anlagevermögen
+	Einzahlungen aus Abgängen des Sachanlagevermögens
–	Auszahlungen für Investitionen in das Sachanlagevermögen
+	Einzahlungen aus Abgängen von Gegenständen des Finanzanlagevermögens
–	Auszahlungen für Investitionen in das Finanzanlagevermögen
+	Einzahlungen aus Abgängen aus dem Konsolidierungskreis
–	Auszahlungen für Zugänge zum Konsolidierungskreis
+	Einzahlungen aufgrund von Finanzmittelanlagen im Rahmen der kurzfristigen Finanzdisposition
–	Auszahlungen aufgrund von Finanzmittelanlagen im Rahmen der kurzfristigen Finanzdisposition
+	Einzahlungen im Zusammenhang mit Erträgen außergewöhnlicher Natur
–	Auszahlungen im Zusammenhang mit Aufwendungen außergewöhnlicher Natur
+	erhaltene Zinsen
+	erhaltene Dividenden
=	**Cashflow aus der Investitionstätigkeit**

Bei einer Holding stehen die Cashflows aus dem Erwerb oder der Veräußerung von Anteilen an anderen Unternehmen und aus der Gewährung von Darlehen (Ausleihungen) im Vordergrund. Einzahlungen aus erhaltenen Zinsen und Dividenden sind der Investitionstätigkeit zuzuordnen (DRS 21.44). Bei den Tochterunternehmen spielen die Investitionen in Sachanlagen und immateriellen Vermögensgegenstände eine dominierende Rolle. Die Auszahlungen für den Erwerb des Deckungsvermögens für Altersversorgungsverpflichtungen (§ 246 Abs. 2 Satz 2 HGB; Rz. 9.107) sind der Investitionstätigkeit zuzurechnen, da das Deckungsvermögen Teil der Finanzanlagen darstellt (DRS 21.45). 9.377

cc) Cashflow aus der Finanzierungstätigkeit

Der **Cashflow aus der Finanzierungstätigkeit** umfasst die Ein- und Auszahlungen, die das Eigenkapital und die Finanzschulden des Unternehmens bzw. Konzerns betreffen. Finanzschulden sind Verbindlichkeiten, die aus reinen Finanzierungsvorgängen stammen. Zu ihnen gehören Verbindlichkeiten gegenüber Banken und anderen Geldgebern sowie Anleihen, nicht jedoch Lieferanten- und sonstige Verbindlichkeiten aus der laufenden Geschäftstätigkeit. Finanzschulden sind im Allgemeinen dadurch gekennzeichnet, dass sie ausdrücklich verzinslich und innerhalb oder nach Ablauf eines festgelegten Zeitraumes zu tilgen sind. Gezahlte Zinsen und Dividenden sind dem Cashflow aus der Finanzierungstätigkeit zuzuordnen. 9.378

Der Cashflow aus der Finanzierungstätigkeit ist direkt zu ermitteln und wie folgt zu gliedern (DRS 21.50): 9.379

	Einzahlungen aus Eigenkapitalzuführungen von Gesellschaftern des Mutterunternehmens
+	Einzahlungen aus Eigenkapitalzuführungen anderer Gesellschafter
–	Auszahlungen aus Eigenkapitalherabsetzungen an Gesellschafter des Mutterunternehmens
–	Auszahlungen aus Eigenkapitalherabsetzungen an andere Gesellschafter
+	Einzahlungen aus der Begebung von Anleihen und der Aufnahme von (Finanz-)Krediten
–	Auszahlungen für die Tilgung von Anleihen und von (Finanz-)Krediten
+	Einzahlungen aus erhaltenen Zuschüssen und Zuwendungen
+	Einzahlungen im Zusammenhang mit Erträgen außergewöhnlicher Natur
–	Auszahlungen im Zusammenhang mit Aufwendungen außergewöhnlicher Natur
–	Gezahlte Zinsen
–	Gezahlte Dividenden an Gesellschafter des Mutterunternehmens
–	Gezahlte Dividenden an andere Gesellschafter
=	**Cashflow aus der Finanzierungstätigkeit**

dd) Finanzmittelfond

Die Entwicklung des Finanzmittelfonds ist wie folgt darzustellen: 9.380

	Zahlungsmittelfonds am Anfang der Periode
+/–	Zahlungswirksame Veränderungen (= Summe der Cashflows aus laufender Geschäftstätigkeit, Investitions- und Finanzierungstätigkeit
+/–	Wechselkurs- und bewertungsbedingte Änderungen des Finanzmittelfonds
+/–	Konsolidierungskreisbedingte Änderungen
=	**Finanzmittelfonds am Ende der Periode**

b) Eigenkapitalveränderungsrechnung

Die Eigenkapitalveränderungsrechnung (auch Eigenkapitalspiegel genannt) soll die komplexe Struktur des Konzerneigenkapitals und dessen Veränderungen sowie das Konzerngesamtergebnis darstellen. Veränderungen des Eigenkapitals ergeben sich sowohl durch das erwirtschaftete Jahresergebnis 9.381

lt. Konzern-GuV als auch durch erfolgsneutrale, d.h. direkt im Eigenkapital verrechnete Ergebnisse sowie durch erfolgsneutrale Transaktionen wie Kapitalerhöhung oder Dividendenzahlungen.

9.382 Inhalt und Darstellung des Eigenkapitalspiegels werden durch den **DRS 22 „Konzerneigenkapital"** näher bestimmt. DRS 22 enthält u.a. ein Gliederungsschema für den Eigenkaptalspiegel von Mutterunternehmen in der Rechtsform einer Kapitalgesellschaft (Anlage 1) und ein Gliederungsschema für Mutterunternehmen in der Rechtsform einer Personengesellschaft (Anlage 2).

9.383 Die **Posten des Konzerneigenkapitals** einer Kapitalgesellschaft sind in der Eigenkapital-Veränderungsrechnung nach DRS 22 Anlage 1 wie folgt zu gliedern:

Gezeichnetes Kapital (ggf. unterteilt nach Stamm- und Vorzugsaktien)
Eigene Anteile (ggf. unterteilt nach Stamm- und Vorzugsaktien)
nicht eingeforderte ausstehende Einlagen (ggf. unterteilt nach Stamm und Vorzugsaktien)
Kapitalrücklage nach § 272 Abs. 2 Nr. 1–3 HGB
Kapitalrücklage nach § 272 Abs. 2 Nr. 4 HGB
Gewinnrücklagen: Gesetzliche Rücklage
Gewinnrücklagen nach § 272 Abs. 4 HGB
Satzungsmäßige Rücklage
Andere Rücklagen
Eigenkapitaldifferenz aus Währungsumrechnung
Gewinn-/Verlustvortrag
Konzernjahresüberschuss/-fehlbetrag, der dem Mutterunternehmen zuzurechnen ist

1. Eigenkapital des Mutterunternehmens

Nicht beherrschende Anteile vor Eigenkapitaldifferenz aus Währungsumrechnung und Jahresergebnis
Auf nicht beherrschende Anteile entfallende Eigenkapitaldifferenz aus Währungsumrechnung
Auf nicht beherrschende Anteile entfallende Gewinne

2. Eigenkapital der nicht beherrschenden Gesellschafter

1 + 2 Konzerneigenkapital

9.384 Die in dem Eigenkapitalspiegel anzugebenden **Veränderungen der** genannten **Eigenkapitalposten** ergeben sich aus folgenden Vorgängen:

- **Kapitalerhöhung/Kapitalherabsetzung**
  - Ausgabe von Anteilen
  - Erwerb/Veräußerung eigener Anteile
  - Einziehung von Anteilen
  - Kapitalerhöhung aus Gesellschaftsmitteln
- **Einforderung/Einzahlung bisher nicht eingeforderter Einlagen**
- **Einstellung in/Entnahme aus Rücklagen**
- **Ausschüttung**
- **Währungsumrechnung**
- **Sonstige Veränderungen**
- **Änderung des Konsolidierungskreises**
- **Konzernjahresüberschuss/-fehlbetrag**

c) Segmentberichterstattung

9.385 Der Konzernabschluss kann um eine Segmentberichterstattung erweitert werden (§ 297 Abs. 1 Satz 2 HGB). Sie soll über die wesentlichen Geschäftsfelder des Konzerns informieren, um den Einblick in die Vermögens-, Finanz- und Ertragslage und die Chancen und Risiken der einzelnen Geschäftsfelder zu verbessern. Sie zeigt anhand der wichtigsten Daten auf, in welchen Geschäftsfeldern und in welchem Umfang die Konzernunternehmen der Holding tätig sind. Einzelheiten regelt DRS 3 „Segmentberichterstattung“[166].

Grundlage sind die operativen Segmente des Konzerns, wie sie sich aus der internen Organisations- und Berichtsstruktur des Konzerns ergeben, und von denen angenommen wird, dass sie die Chancen- und Risikostruktur des Unternehmens widerspiegeln. Die Segmente werden von den Teileinheiten bestimmt, die externe und/oder intersegmentäre Umsatzerlöse erzielen und von der Unternehmensleitung regelmäßig gesteuert und überwacht werden und die für die Zuteilung von Ressourcen entscheiden wird (= sog. Management-Approach; DSR 3.9). 9.386

Ein operatives Segment ist immer dann anzugeben, wenn seine Umsatzerlöse, das Segmentergebnis oder das Segmentvermögen mindestens 10 % des entsprechenden Konzern-Gesamtbetrages ausmachen. Die Segmentierung kann **produktorientiert oder geografisch** erfolgen. Produktorientierte Segmente sind durch gleichartige Produkte oder Dienstleistungen oder durch gleichartige Kundengruppen oder Vertriebswege gekennzeichnet. Die Gliederung der geografischen Segmente betrifft z.B. Regionen, Länder, Kontinente oder Inland und Ausland. Die Merkmale für die Abgrenzung der Segmente und etwaige Zusammenfassungen sind zu beschreiben. 9.387

Für die primär verwendete Segmentierung (produktorientiert oder geografisch) sind je Segment folgende Daten anzugeben (DRS 3.31): 9.388

(1) Umsatzerlöse unterteilt nach Umsatzerlösen mit Dritten und mit anderen Segmenten des Konzerns

(2) Segmentergebnis sowie die darin enthaltenen Abschreibungen, andere nicht zahlungswirksame Posten, Ergebnisse aus Beteiligungen an assoziierten Unternehmen und aus sonstigen Beteiligungen; außerdem sind Zinsertrag und Zinsaufwand sowie ggf. die Ertragsteuern zu nennen

(3) Vermögen einschließlich der Beteiligungen an anderen Unternehmen

(4) Investitionen in das langfristige Vermögen

(5) Schulden.

Soweit ein primär anzugebendes Segment nicht produktorientiert abgegrenzt ist, sind die Umsatzerlöse nach dem Standort der (Haupt-)Kunden sowie das Vermögen und die Investitionen in das langfristige Vermögen nach dem Standort des Vermögens anzugeben. Übersteigen die Umsatzerlöse mit einem externen Kunden 10 % der gesamten externen und intersegmentären Außenumsatzerlöse, so sind der Gesamtbetrag und die betroffenen Segmente anzugeben. 9.389

d) Konzernanhang

Der Konzernanhang enthält – analog zum Anhang des Jahresabschlusses – **Erläuterungen und** zusätzliche **Aufgliederungen** zu den Posten des Konzernabschlusses sowie weitere Pflichtangaben nach Maßgabe von §§ 313 und 314 HGB. Abgesehen von konzernspezifischen Sachverhalten entsprechen die Angabepflichten weitgehend denen für den Anhang zum Einzelabschluss (Rz. 9.124 ff.). Nachfolgend werden die wichtigsten konzernbezogenen Angaben genannt[167]. 9.390

Im Konzernanhang sind die angewandten Bilanzierungs-, Bewertungs- und Konsolidierungsmethoden sowie etwaige Abweichungen gegenüber dem Vorjahr anzugeben. Die Abweichungen sind zu 9.391

166 Ab 1.1.2021 ist der DRS 28 „Segmentberichterstattung“ maßgeblich, der DRS 3 ablöst.
167 Ein vollständiger umfangreicher Katalog findet sich bei *Grottel* in Beck Bil-Komm, 12. Aufl., § 313 Rz. 65.

begründen und ihr Einfluss auf die Vermögens-, Finanz- und Ertragslage des Konzerns ist darzustellen (§ 313 Abs. 1 HGB). Ferner sind im Konzernanhang Angaben zu machen

- zu einzelnen Bilanz- und GuV-Posten, insbesondere zu Finanzinstrumenten und zu Forschungs- und Entwicklungskosten,
- zu Geschäften mit nahestehenden Unternehmen und Personen (Rz. 9.135)[168] sowie
- zu Art und Zweck sowie Risiken und Vorteilen von nicht in der Konzernbilanz enthaltenen Geschäften des Mutterunternehmens und der in den Konzernabschluss einbezogenen Tochterunternehmen, soweit dies für die Beurteilung der Finanzlage des Konzerns notwendig ist.

9.392 In Bezug auf die **verbundenen Unternehmen und Beteiligungsunternehmen** sind im Konzernanhang anzugeben (§ 313 Abs. 2 HGB):

- Name und Sitz der in den Konzernabschluss einbezogenen Unternehmen (**Konsolidierungskreis**) sowie der Kapitalanteil, der dem Mutterunternehmen oder einem in den Konzernabschluss einbezogenen Tochterunternehmen gehört oder einer für Rechnung dieser Unternehmen handelnden Person gehört,
- die Nichteinbeziehung von Tochterunternehmen mit Begründung,
- Name und Sitz von **assoziierten Unternehmen** und **Gemeinschaftsunternehmen** sowie der Kapitalanteil der in den Konzernabschluss einbezogen Unternehmen,
- für **andere Beteiligungsunternehmen** i.S.v. § 271 Abs. 1 HGB Name, Sitz, Beteiligungsquote, die Höhe des Eigenkapitals und das Ergebnis des letzten Geschäftsjahrs,
- alle Beteiligungen an großen Kapitalgesellschaften, wenn sie von einem börsennotierten Mutter- oder Tochterunternehmen gehalten werden und 5 % der Stimmrechte überschreiten (§ 313 Abs. 2 Nr. 5 HGB). Diese Angaben können entfallen, wenn sie für den Konzern von untergeordneter Bedeutung sind.
- Name, Sitz und Rechtsform der Unternehmen, deren unbeschränkt haftender Gesellschafter das Mutterunternehmen oder ein in den Konzernabschluss einbezogenes Unternehmen ist,
- Name und Sitz des Unternehmens, das den Konzernabschluss für den größten Konsolidierungskreis aufstellt, dem das **Mutterunternehmen** als Tochterunternehmen angehört, sowie des Unternehmens, das den Konzernabschluss für den kleinsten Konsolidierungskreis aufstellt.

9.393 Die Angaben über die Beteiligungen an anderen Unternehmen brauchen nicht gemacht zu werden, wenn nach vernünftiger kaufmännischer Beurteilung damit gerechnet werden muss, dass durch die Angaben dem Mutterunternehmen oder einem mit ihm verbundenen Unternehmen erhebliche Nachteile entstehen können. Die Inanspruchnahme dieser **Ausnahmeregelung** ist im Konzernanhang zu erwähnen. Die Ausnahme gilt jedoch nicht für kapitalmarktorientierte Mutterunternehmen (§ 313 Abs. 3 HGB).

9.394 Weitere Pflichtangaben werden in § 314 Abs. 1 Nr. 1–26 HGB aufgeführt. U.a. sind die **Umsatzerlöse des Konzerns** nach Tätigkeitsbereichen und geografisch bestimmten Märkten aufzugliedern, soweit sich diese unter Berücksichtigung der Organisation des Verkaufs, der Vermietung oder Verpachtung von Produkten und der Erbringung von Dienstleistungen untereinander erheblich unterscheiden (Nr. 3).

9.395 Außerdem sind zumindest die nicht zu marktüblichen Bedingungen zustande gekommenen **Geschäfte** des Mutterunternehmens und der Tochterunternehmen **mit nahestehenden Unternehmen**

---

168 Zu Einzelheiten s. DRS 11 sowie *Scheffler*, Beziehungen zu nahestehenden Personen und Abhängigkeitsbericht, in Beck HdR, C 860.

und Personen aufzuführen (analog zu Rz. 9.135). Anzugeben sind dabei die Art der Beziehung, der Wert der Geschäfte und etwaige weitere Angaben, die für die Beurteilung der Finanzlage des Konzern notwendig sind (§ 314 Abs. 1 Nr. 13 HGB). Ausgenommen sind Geschäfte zwischen in den Konzernabschluss einbezogenen Unternehmen, wenn diese im Rahmen der Konsolidierung eliminiert werden.

5. Der Konzernlagebericht

Das Mutterunternehmen hat zusätzlich zum Konzernabschluss einen Konzernlagebericht zu erstellen (§ 315 HGB). In ihm sind der **Geschäftsverlauf** einschließlich des Geschäftsergebnisses und die Lage des Konzerns so darzustellen, dass ein den tatsächlichen Verhältnissen entsprechendes Bild vermittelt wird. Der Lagebericht hat eine ausgewogene und umfassende, dem Umfang und der Komplexität der Geschäftstätigkeit entsprechende Analyse des Geschäftsverlaufs und der Lage des Konzerns zu enthalten. Dabei sind auch die wichtigsten finanziellen und nicht-finanziellen Leistungsindikatoren einzubeziehen. Außerdem ist die **voraussichtliche Entwicklung** des Konzerns mit ihren wesentlichen Chancen und Risiken unter Angabe der zugrunde liegenden Annahmen zu begründen und zu erläutern. 9.396

Eine ausführliche Darstellung über den Inhalt des Konzernlageberichts findet sich in **DRS 20** „Lageberichterstattung"[169]. Der Konzern-Lagebericht gliedert sich dementsprechend wie folgt: 9.397

- **Grundlagen des Konzerns** (Geschäftsmodell, Ziele, Organisation, Steuerungssysteme sowie Forschung und Entwicklung);
- **Wirtschaftsbericht** (Rahmenbedingungen, Geschäftsverlauf, Geschäftsergebnis, Darstellung der wesentlichen Erfolgsquellen, Analyse und Beurteilung der Vermögens-, Finanz- und Ertragslage);
- **Prognose-, Chancen- und Risikobericht** (Prognosen zu den wichtigsten finanziellen und nichtfinanziellen Leistungsindikatoren, wobei der Prognosezeitraum mindestens ein Jahr betragen soll; ausgewogene Berichterstattung über Chancen und Risiken; zur künftigen Entwicklung sind Richtung und Intensität der erwarteten Veränderungen zu beschreiben);
- Kapitalmarktorientierte Mutterunternehmen sowie Mutterunternehmen mit kapitalmarktorientierten Tochterunternehmen müssen die Grundsätze und Ziele des Finanzmanagements sowie die Merkmale des konzerninternen **Risikomanagementsystems** darstellen.

Die gesetzlichen Vertreter von Mutterunternehmen, die Inlandsemittenten von Wertpapieren i.S.v. § 2 Abs. 14 WpHG sind, müssen schriftlich versichern, dass der Konzernabschluss nach bestem Wissen ein den tatsächlichen Verhältnissen entsprechendes Bild der Vermögens-, Finanz- und Ertragslage des Konzerns vermittelt (sog. **Bilanzeid**) und der Konzernlagebericht die tatsächlichen Verhältnisse zutreffend abbildet und die wesentlichen Chancen und Risiken beschreibt (§ 297 Abs. 2 und § 315 Abs. 1 HGB). 9.398

Zur Konzernerklärung zur Unternehmensführung (§ 315d HGB) und zur nichtfinanziellen Konzernerklärung (§§ 315b ff. HGB) s. Rz. 9.558 ff. bzw. Rz. 9.564 ff. 9.399

Einstweilen frei. 9.400–9.407

169 S. dazu auch *Zülch/Höltken*, DB 2013, 2457.

V. Konzernrechnungslegung nach IFRS

1. Einführung

a) Anwendungspflicht und IFRS-Regelwerk

9.408 Kapitalmarktorientierte Mutterunternehmen (Rz. 9.26) haben gem. § 315e HGB ihren Konzernabschluss nach Maßgabe der von der EU übernommenen ***International Financial Reporting Standards*** (IFRS) aufzustellen. Grundlage bilden die EU-Verordnung vom 19.7.2002[170] (**IAS-Verordnung**) und ihre nachfolgenden Änderungen und Ergänzungen im Rahmen des Endorsement-Prozesses. Andere Mutterunternehmen haben ein Wahlrecht, anstelle eines HGB-Konzernabschlusses einen Konzernabschluss nach den von der EU übernommenen IFRS-Rechnungslegungsstandards aufzustellen, wenn sie diese vollumfänglich anwenden (§ 315a Abs. 3 HGB).

9.409 Die IFRS-Rechnungslegungsstandards werden von dem privatrechtlich organisierten *International Accounting Standard Board* (IASB), London, entwickelt und unter Einhaltung eines festgelegten Verfahrens (*Due Process*) verabschiedet, das die Öffentlichkeit und insbesondere die Rechnungsleger durch die Veröffentlichung von Standardentwürfen und die Möglichkeit zur Stellungnahme innerhalb einer bestimmten Frist einbezieht. Mutterunternehmen mit Sitz in einem Mitgliedstaat der EU haben die vom IASB verabschiedeten Standards und offiziellen Standardinterpretationen anzuwenden, die von der Europäischen Kommission nach dem in der IAS-Verordnung bestimmten Verfahren angenommen wurden (*Endorsement Process*). Die angenommenen IFRS-Regelungen werden in allen Amtssprachen der Gemeinschaft im Amtsblatt der Europäischen Gemeinschaft veröffentlicht und werden damit Bestandteil des europäischen Bilanzrechts.

9.410 Mit „**IFRS**" wird vereinfachend das gesamte Regelwerk des IASB bezeichnet. Es ist rangmäßig dreistufig aufgebaut:

(1) IFRS-Rechnungslegungsstandards einschließlich der vor 2001 entstandenen, aber nicht aufgehobenen und z.T. geänderten *International Accounting Standards (IAS)*,

(2) die vom IASB akzeptierten Interpretationen des *International Financial Reporting Interpretation Committee (IFRIC)* bzw. des früheren *Standard Interpretation Committee (SIC)* und

(3) das IFRS-Rahmenkonzept.

Die Regeln der **IFRS- und IAS-Standards** gelten – soweit nicht in den einzelnen Standards ausdrücklich etwas anderes gesagt wird – für alle Unternehmen, und zwar sowohl für den Einzel- als auch für den Konzernabschluss. Im Mittelpunkt der IFRS-Standardsetzung stehen allerdings börsennotierte Unternehmen und deren Konzernabschlüsse. Die IFRS sehen für die Rechnungslegung keine größenabhängigen Erleichterungen vor[171].

9.411 Neben den IFRS- und IAS-Standards sind die vom IASB gebilligten **IFRIC- bzw. SIC-Interpretationen**, die zu speziellen Anwendungsfragen einzelner Standards Stellung nehmen, für die Anwender verbindlich. Für EU-Unternehmen gilt das für die im Endorsementverfahren angenommenen Interpretationen. Das **IFRS-Rahmenkonzept** legt die Konzeptionen dar, die der Aufstellung und Darstellung von Abschlüssen zugrunde liegen, definiert aber keine bindenden Grundsätze. Es hat daher nicht den Rang eines Rechnungslegungsstandards. Die Einzelregelungen der IFRS- bzw. IAS-Standards und die zugehörigen Interpretationen haben Vorrang.

---

170 ABl. L 243 v. 11.9.2002, S. 1 ff.

171 Das IASB hat allerdings in 2009 IFRS-Standards für kleine und mittelständische Unternehmen (KMUs) veröffentlicht und zwischenzeitlich fortgeschrieben, die jedoch im Vergleich zum HGB keine praktikable und sinnvolle Lösung darstellen.

Die nachfolgende **Übersicht** nennt die derzeit gültigen IFRS-Standards[172], geordnet nach Sachthemen der Rechnungslegung und den Abschlussposten. 9.412

I. Grundlagen der Rechnungslegung	
Zweck, Adressaten, Bestandteile	IAS 1
Grundprinzipien der Rechnungslegung: Unternehmensfortführung, Periodenabgrenzung; Stetigkeit, Wesentlichkeit, Vergleichbarkeit	IAS 1
Einzelabschluss	IAS 27
Bewertung zum beizulegenden Zeitwert	IFRS 13
Änderung von Bilanzierungs- und Bewertungsmethoden, Fehlerkorrektur	IAS 8
Ereignisse nach dem Bilanzstichtag	IAS 10
Erstanwendung von IFRS	IFRS 1
II. Bilanz	
Mindestinhalt, Gliederung	IAS 1
Immaterielle Vermögenswerte	IAS 38
Sachanlagen	IAS 16
Leasingverhältnisse	IFRS 16
Immobilien als Finanzinvestition	IAS 40
Anteile an anderen Unternehmen (Tochter-, Gemeinschafts-, assoziierte und sonstige Unternehmen)	IAS 28; IFRS 10, 11 und 12
Vorräte	IAS 2
Fertigungsaufträge	IFRS 15
Finanzinstrumente	IAS 32 und 39; IFRS 7 und 9
Rückstellungen Eventualschulden und Eventualforderungen	IAS 37
Pensionsrückstellungen, Altersversorgung	IAS 19 und 26
III. GuV	
Gliederung, Mindestinhalt	IAS 1
Erlöse aus Verträgen mit Kunden	IFRS 15
Leistungen an Arbeitnehmer	IAS 19
Aktienbasierte Vergütungen	IFRS 2
Wertminderungen von Vermögenswerten	IAS 36
Fremdkapitalkosten	IAS 23
Ertragsteuern	IAS 12
Wechselkursänderungen	IAS 21
Zuwendungen der öffentlichen Hand	IAS 20
IV. Sonstige Bestandteile des Abschlusses	
Kapitalflussrechnung	IAS 7
Eigenkapitalveränderungsrechnung	IAS 1
Segmentberichterstattung	IFRS 8
Ergebnis je Aktie	IAS 33
Beziehungen zu nahestehenden Personen	IAS 24

172 S. IDW-Textausgabe, 13. Aufl. (Stand 1.1.2020), in der auch die anzuwendenden Interpretationen enthalten sind.

V. Konzern- und Einzelabschluss	
Unternehmenszusammenschlüsse	IFRS 3
Konzernabschluss	IFRS 10
Einzelabschluss	IAS 27
VI. Sonstiges	
Aufgegebene Geschäftsbereiche	IFRS 5
Rechnungslegung in Hochinflationsländern	IAS 29
Landwirtschaft	IAS 41
Exploration und Ausbeutung von Bodenschätzen	IFRS 6
Versicherungsverträge	IFRS 4

b) Vergleich IFRS – HGB

9.413 Die **IFRS** sehen die **Informationsfunktion** als vorrangigen Zweck der Rechnungslegung an, die vor allem den Investoren entscheidungsrelevante Informationen über das Unternehmen oder den Konzern vermitteln soll. Im Fokus stehen die Darstellung des zutreffenden **Periodenerfolgs** und der **Finanzkraft** des Unternehmens (Cashflow). Der IFRS-Abschluss soll eine Grundlage für die Einschätzung der künftigen Zahlungsüberschüsse bilden. Er dient nicht dazu, den ausschüttungsfähigen Gewinn zu ermitteln. Im Gegensatz zur **HGB**-Rechnungslegung knüpfen die IFRS nicht an die Rechtsform des Unternehmens und die Haftungsbegrenzung der Eigentümer an und haben nicht den Schutz der Gläubiger im Fokus.

9.414 Durch Anwendung aller einschlägigen IFRS-Standards, von denen nur in Ausnahmefällen abgewichen werden darf, soll eine *Fair Presentation* der Lage und Entwicklung des Unternehmens sichergestellt werden.

9.415 Im Interesse vermeintlich besserer Aussagekraft bevorzugen die IFRS für viele Vermögenswerte als Wertansatz den am Bilanzstichtag beizulegenden Zeitwert (= ***Fair Value*** = *Marktwert)*, wobei auch über die (fortgeführten) Anschaffungs- oder Herstellungskosten hinausgehende Zeitwerte und damit i.S.d. HGB unrealisierte Gewinne anzusetzen sind oder angesetzt werden können. Die Fair-Value-Bewertung ist problematisch, wenn für die zu bewertenden Vermögenswerte und Schulden keine Marktpreise vorliegen, aus denen der beizulegende Zeitwert direkt oder mittelbar abgeleitet werden kann, sodass seine Ermittlung oft auf mehr oder weniger subjektiven Einschätzungen beruht (s. Rz. 9.441 ff.).

9.416 Ein weiterer gravierender Unterschied zum HGB besteht darin, dass die IFRS einzelfallorientiert formuliert sind und ihnen keine durchgängige Systematik zugrunde liegt[173]. Die verabschiedeten IFRS-Standards folgen in ihrer Nummerierung keinem sachlogischen Aufbau, sondern werden entsprechend ihrer zeitlichen Entstehung nummeriert. Kritisch ist, dass die IFRS-Standards relativ häufig geändert, ergänzt oder ersetzt werden. Die Neuregelungen, die ab einem bestimmten Zeitpunkt zwingend anzuwenden sind, können freiwillig meist vorzeitig angewendet werden, sodass der Vergleich von Abschlüssen verschiedener Unternehmen gestört sein kann.

9.417 Eine ins Einzelne gehende Kommentierung der detaillierten IFRS würde den Rahmen des vorliegenden Beitrags sprengen, zumal die IFRS sehr detailliert und rezeptartig formuliert sind. Daher werden die für die Konzernrechnungslegung kapitalmarktorientierter Holdingunternehmen maßgeblichen IFRS-Regeln nur in wesentlichen Zügen wiedergegeben.

173 Zum Verhältnis von HGB und IFRS s. u.a. *Heuser/Theile*, IFRS-Handbuch, 6. Aufl., Rz. 5.1 ff.

2. Der IFRS-Abschluss

a) Inhalt und Mindestgliederung

Ein vollständiger IFRS-Abschluss (Einzel- oder Konzernabschluss) besteht aus 9.418

(1) der Bilanz (IAS 1.54 ff.),

(2) der Gesamtergebnisrechnung (GuV und das „Sonstige (erfolgsneutrale) Ergebnis"; IAS 1.81A ff.; Rz. 9.422 ff.),

(3) der Eigenkapitalveränderungsrechnung (IAS 1.106 ff.),

(4) der Kapitalflussrechnung (IAS 1.111; IAS 7) und aus

(5) umfangreichen ergänzenden Anhangangaben („*notes*"; IAS 1.112 ff.).

Kapitalmarktorientierte Unternehmen haben ihren Abschluss um eine Segmentberichterstattung zu erweitern (IFRS 8.2).

Im Gegensatz zum HGB enthalten die IFRS keine detaillierten Gliederungsvorschriften für die Bilanz und GuV; es werden nur bestimmte Mindestposten gefordert (Rz. 9.421 und 9.423). Wenn es für die Darstellung der Vermögens-, Finanz- und Ertragslage relevant ist, sind Posten hinzuzufügen oder Postenbezeichnungen zu ändern (IAS 1.57 ff.). In der Rechnungslegungspraxis deutscher Unternehmen und Konzerne werden der IFRS-Bilanz und - GuV weitgehend die Gliederungsschemata der §§ 266 und 275 HGB zugrunde gelegt. 9.419

aa) Die Bilanz

In der Bilanz sind die Vermögenswerte und Schulden entweder als kurzfristige und langfristige Posten zusammenzufassen (IAS 1.51) oder ausnahmsweise nach ihrer Liquiditätsnähe anzuordnen (IAS 1.60 ff.). Bei der Fristigkeit wird auf den typischen Geschäftszyklus des Unternehmens abgestellt. Als solcher gilt der Zeitraum vom Erwerb der Materialien, Halberzeugnisse und/oder Waren über den Leistungserstellungsprozess bis zur Zahlung oder der Entstehung von leicht in Zahlungsmittel umwandelbarer Forderungen für die erbrachte Leistung (IAS 1.57). Kurzfristige Vermögenswerte sind in IAS 1.66 ff. und kurzfristige Schulden in IAS 1.69 ff. näher definiert. Darüber hinaus sehen einzelne IFRS zusätzliche Aufgliederungen vor. In IAS 1.77 ff. sind Informationen zusammengestellt, die entweder in der Bilanz oder im Anhang anzugeben sind. 9.420

Als **Mindestinhalt der Bilanz** sind anzugeben (IAS 1.54): 9.421

a) Sachanlagen

b) Als Finanzanlage gehaltene Immobilien

c) Immaterielle Vermögenswerte

d) Finanzielle Vermögenswerte (ohne e), h) und i))

e) Nach der Equity-Methode bilanzierte Finanzanlagen

f) Biologische Vermögenswerte im Rahmen von IAS 41

g) Vorräte

h) Forderungen aus Lieferungen und Leistungen und sonstige Forderungen

i) Zahlungsmittel und Zahlungsmitteläquivalente

j) Zur Veräußerung bestimmte Vermögenswerte (IFRS 5)

k) Verbindlichkeiten aus Warenlieferungen und Leistungen und sonstige Verbindlichkeiten

l) Rückstellungen

m) Finanzielle Schulden (ohne k) und l))

n) Steuerschulden und Steuererstattungsansprüche gem. IAS 12

o) Latente Steueransprüche und -schulden nach IAS 12

p) Verbindlichkeiten, die im Zusammenhang mit Veräußerungsabsichten stehen gem. IFRS 5

q) Nicht beherrschende Anteile, die im Eigenkapital dargestellt werden

r) Gezeichnetes Kapital und Rücklagen (im Konzernabschluss: soweit sie den Anteilseignern des Mutterunternehmens zuzuordnen sind).

bb) Gesamtergebnisrechnung

9.422 Die IFRS-Erfolgsrechnung ist als Gesamtergebnisrechnung aufzustellen, die neben der GuV, die das Periodenergebnis ausweist, zusätzlich das „sonstige Ergebnis", d.h. erfolgsneutrale Eigenkapitalveränderungen, darstellt. Im Konzernabschluss sind das Gesamtergebnis und das Periodenergebnis des Konzerns auf die Eigentümer des Mutterunternehmens und auf die nicht beherrschenden Anteile (= Anteile anderer Gesellschafter an Tochterunternehmen) aufzuteilen.

9.423 In der **Gewinn- und Verlustrechnung** (GuV) sind zumindest folgende Posten aufzuführen (IAS 1.82):

a) Umsatzerlöse

b) Gewinne und Verluste aus der Ausbuchung finanzieller Vermögenswerte, die zu fortgeführten Anschaffungskosten bewertet werden

c) Finanzierungsaufwendungen

d) Wertminderungsaufwendungen einschließlich Wertaufholungen gem. IFRS 9 B.5.5

e) Gewinn- und Verlustanteile von Unternehmen, die nach der Equitymethode bilanziert werden (assoziierte und Gemeinschaftsunternehmen)

f) Auswirkungen der Reklassifizierung von finanziellen Vermögenswerten

g) Steueraufwendungen

h) Ergebnis aufgegebener Geschäftsbereiche (Rz. 9.474 ff.).

9.424 Das **sonstige Ergebnis** der Gesamtergebnisrechnung betrifft Eigenkapitalveränderungen, die nach IAS 1.7 direkt mit dem Eigenkapital zu verrechnen sind und nicht die GuV berühren. Sie betreffen vor allem Veränderungen der Neubewertungsrücklagen für Sachanlagen und immaterielle Vermögenswerte (IAS 16 und 38; Rz. 9.443) sowie Gewinne und Verluste aus Finanzinvestitionen in Eigenkapitalinstrumenten (IFRS 9.5.7.5).

9.424a Das IASB hat im Dezember 2019 den Entwurf „*ED/2019/7 General Presentation and Disclosures*" veröffentlicht, der den IAS 1 ablösen soll. Zielsetzung der grundlegenden Neuregelungen ist die Verbesserung der Unternehmenskommunikation, insbesondere durch eine bessere Vergleichbarkeit der IFRS-Abschlüsse und durch mehr Einblick in die Ertragslage des Unternehmens. Im Fokus stehen Neuregelungen zur GuV. Bei der Wahl zwischen dem Gesamtkosten- und dem Umsatzkostenverfahren (vgl. Rz. 9.316) ist das Verfahren zu wählen, dass zu der entscheidungsnützlichsten Darstellung für die Abschlussadressaten führt (*most useful information*). Die Erträge und Aufwendungen sollen – in Anlehnung an die Aufteilung der Cashflows in der Kapitalflussrechnung (IAS 7; vgl. Rz. 9.373) – den Kategorien „operativ", „investiv" und „finanziell" zugeordnet und dementsprechend ausgewiesen werden.

9.424b Zur **operativen** Kategorie rechnen alle Erträge und Aufwendungen aus den „hauptgeschäftlichen Aktivitäten" des Unternehmens. Das betrifft hauptsächlich die Erträge und Aufwendungen der betrieblichen Tätigkeit und aus Vermögenswerten, die bei der Herstellung von Gütern und der Erbringung von Dienstleistungen anfallen. Als **investiv** sind alle Erträge und Aufwendungen aus der Investitionstätigkeit, d.h. aus finanziellen Vermögenswerten und sonstige Investments, einzuordnen. Zur **finanziellen** Kategorie gehören die Erträge und Aufwendungen aus der Finanzierungstätigkeit, d.h. aus Finanzschulden.

Als operativ gelten auch die anteiligen Ergebnisse der „integralen" **assoziierten Unternehmen und Gemeinschaftsunternehmen**, bei denen eine wesentliche Abhängigkeit zum berichtenden Unternehmen besteht und die keinen eigenständigen, von den Ressourcen des berichtenden Unternehmens unabhängigen Ertrag erwirtschaften. Signifikante Abhängigkeiten sind z.B. wesentliche Lieferanten- oder Kundenbeziehungen, das Führen gemeinsamer Marken oder integrierte Geschäftseinheiten. Nicht-integrale assoziierte Unternehmen und Gemeinschaftsunternehmen erwirtschaften ihre Rendite eigenständig und weitgehend unabhängig von Vermögenswerten des und geschäftlichen Beziehungen zum berichtenden Unternehmen. Ihre anteiligen Ergebnisse gehören zur investiven Kategorie. 9.424c

cc) Sonstige Bestandteile

Die Gliederung der **Eigenkapitalveränderungsrechnung** (IAS 1.106) gleicht der in Rz. 9.383 wiedergegebenen Gliederung. Inhalt und Gliederung der **Kapitalflussrechnung** ergeben sich aus IAS 7; sie entsprechen weitgehend der nach DRS 21 vorgegebenen Gliederung (Rz. 9.373 ff.). Die Ergebnisse und Cashflows des oder der aufgegebenen Geschäftsbereiche (IFRS 5; Rz. 9.474 ff.) sind gesondert zu zeigen. 9.425

Die **Segmentberichterstattung** soll Informationen enthalten, anhand derer die Art und die finanziellen Auswirkungen seiner Geschäftstätigkeiten und das wirtschaftliche Umfeld beurteilt werden können. Dazu definiert der IFRS 8 berichtspflichtige Geschäftssegmente (IFRS 8.11) und die hierzu geforderten Angaben (IFRS 8.20 ff.). 9.426

Die einzelnen IFRS verlangen umfangreiche Angaben zu den einzelnen Abschlussposten, die in den Notes oder dem **Anhang** (IAS 1.112 ff.) ihren Niederschlag finden. 9.427

Ein **Lagebericht oder Konzernlagebericht**, wie ihn die EU-Bilanzrichtlinie (Rz. 9.19 f.) und § 289 bzw. § 315 HGB als Ergänzung zum Einzel- bzw. Konzernabschluss vorschreiben, ist nicht Pflichtbestandteil der IFRS-Rechnungslegung. Deutsche Mutterunternehmen haben jedoch bei einer Konzern-Rechnungslegung nach IFRS zusätzlich einen Lagebericht bzw. Konzernlagebericht aufzustellen und zu veröffentlichen (vgl. § 315e Abs. 1 HGB; Rz. 9.396 ff.). 9.428

b) Bilanzierungsgrundsätze

Die Rechnungslegung nach IFRS zielt auf eine den tatsächlichen Verhältnissen entsprechende Darstellung der Vermögens-, Finanz- und Ertragslage sowie der Cashflows des Unternehmens bzw. Konzerns. Das soll vor allem durch eine **periodengerechte Erfolgsermittlung** und den Grundsatz der **Unternehmensfortführung** erreicht werden. Im Übrigen gilt die Vermutung, dass ein Abschluss bei korrekter Anwendung aller im Einzelfall anzuwendenden IFRS die Vermögens-, Finanz- und Ertragslage zutreffend darstellt (= *Fair Presentation*; IAS 1.15). Nur in äußerst seltenen Fällen wird ein Abweichen von den Regeln gestattet, wenn sie kein den tatsächlichen Verhältnissen entsprechendes Bild der Lage des Unternehmens vermitteln (IAS 1.19). 9.429

Der Zeitpunkt der **Ertragsrealisation** ist in den IFRS nicht als Grundsatz geregelt, sondern ergibt sich aus einzelnen IFRS. Maßgeblich ist in erster Linie IFRS 15 **„Erlöse aus Verträgen mit Kunden"**. Danach ist für die Bilanzierung von dem einzelnen Kundenvertrag und den damit verbundenen Leistungsverpflichtungen auszugehen. Die Umsatzerlöse aus Liefer-, Dienstleistungs- und Fertigungsverträgen sind zu realisieren, wenn das Unternehmen seine Liefer- und Leistungsverpflichtun- 9.430

gen aus dem Kundenvertrag erfüllt hat und der Kunde über die geschuldeten Vermögenswerte durch Übertragung der Kaufsache oder Erbringung der Dienstleistung die Verfügung erlangt hat (IFRS 15.31). Bei sog. Mehrkomponentenverträgen, mit denen mehrere Leistungen kombiniert werden, z.B. Lieferung eines Mobiltelefons und Abschluss eines Mobilfunkdienstleistungsvertrags, ist der Ertrag mit der Erbringung jeder erbrachten Teilleistung zu realisieren.

9.431 Zur **periodengerechten Erfolgsermittlung** sind Aufwendungen der Periode zuzurechnen, in welcher die Aufwand verursachenden Leistungen realisiert bzw. die damit verbundenen Erträge erfolgswirksam erfasst werden (Periodenprinzip). Wichtig ist in diesem Zusammenhang, dass in der Bilanz nur Posten angesetzt werden dürfen, die den Ansatzkriterien für Vermögenswerte oder Schulden genügen (Rz. 9.435 f.). Ausgaben dürfen also nur aktiviert werden, soweit die Ansatzkriterien eines Vermögenswertes erfüllt sind, d.h. wenn ein durch sie bewirkter künftiger Nutzenzufluss als hinreichend wahrscheinlich angesehen werden kann. Sind Aufwendungen nicht oder nicht eindeutig erzielten oder künftigen Erträgen zuordenbar, sind sie in der Periode ihrer Entstehung erfolgswirksam zu verrechnen.

9.432 Die Abschlussinformationen müssen für einen fachkundigen Adressaten verständlich dargelegt werden. Das IFRS-Rahmenkonzept nennt **Relevanz und glaubwürdige Darstellung** als grundlegende qualitative Anforderungen an den Jahres- oder Konzernabschluss (Rahmenkonzept §§ 24 ff.). Eine Information ist entscheidungsrelevant, wenn ihre Angabe oder ihr Weglassen die wirtschaftlichen Entscheidungen des Abschlussadressaten beeinflussen kann. Dabei ist der Grundsatz der **Wesentlichkeit** zu beachten (vgl. IAS 8.5). Die Wesentlichkeit hängt ab vom Umfang und von der Art der Auslassung oder fehlerhaften Darstellung. Nach dem **Grundsatz der Verlässlichkeit** (Rahmenkonzept §§ 31 ff.) sind Ansatz und Wert der Abschlussposten nachvollziehbar und willkürfrei zu ermitteln.

9.433 Für die Bilanzierung und Darstellung sind nicht formalrechtliche Kriterien, sondern der **wirtschaftliche Inhalt** des zu bilanzierenden Sachverhalts maßgeblich (*substance over form*). Der **Grundsatz der Vergleichbarkeit** soll die Abschlüsse eines Unternehmens über die Zeit vergleichbar machen, um Tendenzen der Geschäftsentwicklung abschätzen zu können. Der Grundsatz schließt auch das **Stetigkeitsgebot** ein. Änderungen einer gewählten Bilanzierungs- oder Bewertungsmethode sind nur in Ausnahmefällen zulässig, z.B. wegen neuer oder geänderter IFRS-Standards oder zur besseren Darstellung der Vermögens-, Finanz- und Ertragslage (IAS 8.42). Die Anpassungen an geänderte oder neue IFRS sind in der Regel retrospektiv vorzunehmen, d.h. so, als wäre die geänderte Regel von Anfang an angewendet worden. Vermögenswerte und Schulden, Aufwendungen und Erträge dürfen nicht miteinander verrechnet werden (**Verrechnungsverbot**), es sei denn, von einem IFRS wird eine Saldierung ausdrücklich gefordert oder erlaubt.

9.434 Die IFRS unterscheiden die abstrakte **Bilanzierungsfähigkeit**, für die die definitorischen Voraussetzungen eines Bilanzpostens vorliegen müssen, und die konkrete Bilanzierungsfähigkeit, nach der die speziellen Ansatzkriterien des Rahmenkonzepts bzw. der einzelnen Standards für Vermögenswerte und Schulden geprüft werden. Sind die Ansatzkriterien gegeben, so besteht eine **Bilanzierungspflicht**.

9.435 In Abweichung zum HGB wird anstelle des Begriffs „Vermögensgegenstand", der auf die wirtschaftliche Verwertbarkeit im Rechtsverkehr abstellt[174], von dem weiter gefassten Begriff „**Vermögenswert** (*Asset*)" ausgegangen (Rahmenkonzept § 53 ff.). Er ist in der abstrakten Definition eine in der Verfügungsmacht des Unternehmens stehende Ressource, die ein Ergebnis von Ereignissen in der Vergangenheit darstellt und von der erwartet wird, dass dem Unternehmen aus ihr ein künftiger wirtschaftlicher Nutzen zufließt. Die konkrete Bilanzierungsfähigkeit ist für einen Vermögenswert gegeben, wenn es wahrscheinlich ist, dass (1) der mit ihm verknüpfte künftige wirtschaftliche Nutzen dem Unternehmen zufließen wird und (2) die Anschaffungs- oder Herstellungskosten bzw. der Wert des Postens verlässlich ermittelt werden können.

174 *Scheffler*, Bilanzen richtig lesen, 10. Aufl., S. 34; *Schubert/Waubke*, Beck Bil-Komm, 12. Aufl., § 247 HGB Rz. 10.

Eine **Schuld** (Rahmenkonzept § 60 ff.) ist abstrakt definiert als gegenwärtige Verpflichtung des Unternehmens gegenüber Dritten aus vergangenen Ereignissen, bei deren Erfüllung erwartet wird, dass aus dem Unternehmen Ressourcen abfließen, die einen wirtschaftlichen Nutzen präsentieren. Konkret muss es wahrscheinlich sein, dass der künftige Nutzenabfluss stattfinden wird, und der Wert des Postens muss verlässlich ermittelt werden können. Der Schuldenbegriff (*Liabilities*) umfasst auch ungewisse Verbindlichkeiten, also Rückstellungen. Er bezieht sich ausschließlich auf Außenverpflichtungen des Unternehmens bzw. des Konzerns gegenüber Dritten. 9.436

Das **Eigenkapital** ist eine Residualgröße, die sich als Saldo aus der Summe der Bilanzwerte der Vermögenswerte einerseits und der Schulden andererseits ergibt (Rahmenkonzept § 65). 9.437

c) Bewertung

Als Bewertungsmaßstäbe kommen für die Bewertung der Vermögenswerte die Anschaffungs- oder Herstellungskosten oder – in größerem Umfang als im HGB-Abschluss – der am Bilanzstichtag beizulegende Zeitwert (Fair Value) in Betracht. Verbindlichkeiten einschließlich der Rückstellungen sind mit dem Erfüllungsbetrag oder dessen Barwert oder mit dem beizulegenden Zeitwert zu bewerten. 9.438

aa) Der beizulegende Zeitwert

Die Ermittlung des beizulegenden Zeitwerts ist in IFRS 13 ausführlich geregelt. Auf IFRS 13 ist zuzugreifen, wenn ein anderer IFRS-Standard eine Bewertung zum beizulegenden Zeitwert vorschreibt oder gestattet oder Angaben zur Bemessung des Zeitwerts verlangt. Der beizulegende Zeitwert wird als **Marktpreis** definiert, „der in einem geordneten Geschäftsvorfall zwischen Marktteilnehmern am Bemessungsstichtag für den Verkauf eines Vermögenswerts eingenommen bzw. für die Übertragung einer Schuld gezahlt würde" (IFRS 13.9). Es handelt sich um einen Abgangs- oder Veräußerungspreis. Für die Preisermittlung wird auf den Hauptmarkt oder den vorteilhaftesten Markt für den zu bewertenden Vermögenswert oder die Schuld abgestellt. Der beizulegende Zeitwert betrifft stets einen bestimmten Vermögenswert oder eine bestimmte Schuld, so dass deren individuellen Merkmale zu berücksichtigen sind wie bspw. Zustand und Standort des Vermögenswertes oder etwaige Nutzungs- und Verfügungsbeschränkungen (IFRS 13.11 ff.). Bei nicht-finanziellen Vermögenswerten ist die „höchste und beste Verwertungsmöglichkeit" zu berücksichtigen (IFRS 13.27). Beim beizulegenden Zeitwert einer Verbindlichkeit spielt das eigene Kreditrisiko, d.h. das Risiko der Nichterfüllung (Bonitätsrisiko) eine Rolle (IFRS 13.42). 9.439

Für viele Vermögenswerte und Schulden lässt sich kein direkter Marktpreis beobachten, so dass der beizulegende Zeitwert anhand anderer Inputfaktoren oder unter Verwendung bestimmter Bewertungstechniken (z.B. Barwert- oder Discounted-Cashflow-Methode) zu ermitteln ist. Der **Ermittlung des beizulegenden Zeitwerts** widmet IFRS 13 breiten Raum. Die dabei berücksichtigten Inputfaktoren müssen unter den jeweiligen Umständen sachgerecht sein und ausreichende Daten für die Bemessung des Zeitwerts liefern. 9.440

Bei der Ermittlung der beizulegenden Zeitwerte ist nach folgender **Wertehierarchie** vorzugehen (IFRS 13.72 ff.). 9.441

(1) Als erstrangige Inputfaktoren gelten an aktiven Märkten notierte Preise für identische Vermögenswerte oder Schulden (IFRS 13.76 ff.). Von einem solchen Marktwert darf nur in Ausnahmefällen abgewichen werden (IFRS 13.79).

(2) Inputfaktoren der Stufe 2 sind unmittelbar oder mittelbar zu beobachtende Marktpreisnotierungen für ähnliche und gleichartige Vermögenswerte und Schulden (IFRS 13.81 ff.).

(3) Als drittrangig gelten Inputfaktoren, die weder direkt noch indirekt für das Bewertungsobjekt beobachtbar sind (IFRS 13.86 ff.). Sie betreffen sachgerechte Annahmen und Umstände, auf die sich die Marktteilnehmer bei der Preisbildung stützen würden.

bb) Bewertung der Vermögenswerte

9.442 Bei der Bewertung der Vermögenswerte und Schulden ist – wie im HGB-Bilanzrecht – zwischen der Bewertung bei ihrer erstmaligen Bilanzierung (**Erstbewertung**) und der nachfolgenden Bewertung in den nach der Erstbilanzierung erstellten Abschlüssen (Folgebewertung) zu unterscheiden. Nichtfinanzielle Vermögenswerte sind bei erstmaliger Bilanzierung grundsätzlich zu Anschaffungs- oder Herstellungskosten zu bewerten. Bei finanziellen Vermögenswerten ist – mit Ausnahme der Forderungen aus Lieferungen und Leistungen – der beizulegende Zeitwert (= *Fair Value*) des für die Anschaffung hingegebenen Vermögenswertes als Anschaffungskosten anzusetzen (IFRS 9.5.1.1).

9.443 Die Einheitlichkeit der Bewertung endet bei der **Folgebewertung**. In Abhängigkeit vom bilanzierten Sachverhalt sehen die IFRS dabei drei verschiedene Wertmaßstäbe vor, nämlich

(1) die fortgeführten Anschaffungs- und Herstellungskosten,

(2) die erfolgsneutrale Bewertung zum Fair Value und

(3) die erfolgswirksame Bewertung zum Fair Value (IFRS 9.5.2).

Die fortgeführten **Anschaffungs- oder Herstellungskosten** sind die ursprünglichen Anschaffungs- oder Herstellungskosten, ggf. vermindert um planmäßige und außerplanmäßige Abschreibungen. Sie sind z.B. anzusetzen bei immateriellen Vermögenswerten, bei Sachanlagen und Vorräten.

9.444 Bei der **erfolgsneutralen Fair-Value-Bewertung** wird die Wertänderung gegenüber dem Bilanzwert zum vorhergehenden Abschlussstichtag unmittelbar im Eigenkapital in einer Neubewertungsrücklage erfasst, führt also nicht zu einem Ertrag oder Aufwand in der GuV. Sinkt allerdings der Zeitwert unter die fortgeführten Anschaffungs- oder Herstellungskosten, so ist für diese Wertminderung eine erfolgswirksame außerplanmäßige Abschreibung zu Lasten des Ergebnisses vorzunehmen. Die erfolgsneutrale Fair-Value-Bewertung ist als Option für Sachanlagen und immaterielle Vermögenswerte (IAS 16.31 und IAS 38.75) sowie zwingend für Finanzinstrumente vorgesehen, die sowohl zur Vereinnahmung der vertraglichen Zahlungsströme als auch zum Verkauf gehalten werden (IFRS 9.4.1.2A).

9.445 Bei der **erfolgswirksamen Fair-Value-Bewertung** sind sämtliche Zeitwertveränderungen in der GuV auszuweisen. Eine erfolgswirksame Fair-Value-Bewertung kommt in Betracht für als Finanzanlagen gehaltene Immobilien sowie für als Handelsbestände gehaltene oder für kurzfristig veräußerbare Finanzinstrumente (IAS 40.33 und IFRS 9.4.1.4 ff.).

9.446 Die Behandlung von **Wertminderungen von Vermögenswerten** ist generell in IAS 36 geregelt, jedoch enthalten zahlreiche IFRS Sondervorschriften, so z.B. in IAS 2 für Vorräte oder in IFRS 9.5.5.1 für finanzielle Vermögenswerte. Als Wertminderung gilt der Betrag, um den der Buchwert eines Vermögenswertes seinen erzielbaren Betrag (beizulegender Zeitwert abzgl. der Verkaufskosten oder Nutzungswert) übersteigt (IAS 36.6).

cc) Bewertung der Verbindlichkeiten

9.447 Bei der Bewertung von Verbindlichkeiten ist zwischen finanziellen Verbindlichkeiten und sonstigen Verbindlichkeiten zu unterscheiden. **Finanzielle Verbindlichkeiten** umfassen jede vertragliche Verpflichtung, flüssige Mittel oder einen anderen finanziellen Vermögenswert einem anderen Unternehmen zu liefern oder finanzielle Vermögenswerte oder finanzielle Verbindlichkeiten zu potentiell nachteiligen Bedingungen auszutauschen (IAS 32.11). Finanzielle Verbindlichkeiten sind mit dem beizulegenden Zeitwert zu bewerten, der üblicherweise dem Transaktionspreis entspricht (IFRS 9 5.1.1 ff.). Die Folgebewertung erfolgt grundsätzlich zu fortgeführten Anschaffungskosten; zu Ausnahmen s. IFRS 9.4.2.1–4.2.2.

9.448 **Sonstige Verbindlichkeiten:** Verbindlichkeiten aus Warenlieferungen und Leistungen sind bei kurzfristigen Zahlungszielen mit dem Rechnungsbetrag (= Anschaffungskosten) zu bewerten. Bei langfristigen Zahlungszielen ohne Zinsvereinbarung ist der Barwert der zu erwartenden Zahlung anzusetzen[175]. Zu den sonstigen Verbindlichkeiten gehören außerdem erhaltene Anzahlungen auf Bestellungen sowie Verpflichtungen ohne vertragliche Grundlage (z.B. Steuerschulden). Die Bewertung der sonstigen Verbindlichkeiten ist nicht ausdrücklich geregelt. Kurzfristige Verbindlichkeiten sind mit dem Rückzahlungsbetrag, langfristige Schulden mit dem Barwert des Erfüllungsbetrags anzusetzen.

3. Finanzinstrumente

Die Bilanzierung und Bewertung von Finanzinstrumenten richtet sich nach folgenden IFRS Standards: 9.449

- IAS 32 „Finanzinstrumente: Darstellung" (Definitionen, Bilanzierung)
- IFRS 9 „Finanzinstrumente" (Ansatz, Klassifizierung und Bewertung)
- IFRS 7 „Finanzinstrumente: Angaben"
- IAS 39 „Finanzinstrumente: Ansatz und Bewertung" für Sicherungsgeschäfte (Rz. 9.466 ff.).

Von der Anwendung der genannten Standards für Finanzinstrumente sind ausgenommen (IAS 32.4): 9.450

(1) Anteile an Tochter-, Gemeinschafts- oder assoziierten Unternehmen (IAS 28, IFRS 10, 11 und 12; Rz. 9.481 ff. und 9.513 f.; zum Wertansatz im Einzelabschluss s. IAS 27.4),

(2) Rechte und Verpflichtungen aus Leasingverhältnissen (IFRS 16; Rz. 9.508),

(3) Vermögenswerte oder Schulden aus Altersversorgungsplänen (IAS 19; Rz. 9.537 ff.),

(4) Rechte und Pflichten aus Versicherungsverträgen (IFRS 4) sowie aus Bürgschaften, Garantien usw., die nur dann zur Zahlung führen, wenn der Schuldner seinen Zahlungsverpflichtungen nicht nachkommt,

(5) Verträge über Unternehmenszusammenschlüsse sowie

(6) Verträge, die eine Zahlung von bestimmten physikalischen Variablen abhängig machen.

a) Begriff und Kategorien von Finanzinstrumenten

Als Finanzinstrumente werden **Vertragsverhältnisse** angesehen, die bei der einen Partei zu einem finanziellen Vermögenswert und bei der anderen Partei zu einer finanziellen Schuld oder zu einem Eigenkapitalinstrument führen (IAS 32.11). Dabei sind auch derivative Finanzinstrumente eingeschlossen. Auf hoheitlichem Akt basierende Forderungen oder Verbindlichkeiten, z.B. Steuerforderungen und -schulden, sind keine Finanzinstrumente (IAS 32 AG 12). Erhaltene oder geleistete Anzahlungen sind ebenfalls keine Finanzinstrumente, da die zu erbringende Gegenleistung in der Übertragung von Gütern und/oder Dienstleistungen besteht. 9.451

Die IFRS unterscheiden Finanzielle Vermögenswerte, Finanzielle Schulden und Eigenkapitalinstrumente. **Finanzielle Vermögenswerte** sind 9.452

(1) flüssige Mittel,

(2) Rechte, flüssige Mittel oder andere finanzielle Vermögenswerte zu erhalten oder unter potentiell vorteilhaften Bedingungen austauschen zu können,

(3) Eigenkapitalinstrumente eines anderen Unternehmens, oder

(4) ein Vertrag, der in eigenen Eigenkapitalinstrumenten erfüllt werden kann nach näherer Maßgabe von IAS 32.11.

175 *Hendler* in Heuser/Theile, IFRS-Handbuch, 6. Aufl, Rz. 2460 f.

9.453 Als **finanzielle Schuld** gilt jede vertragliche Verpflichtung, finanzielle Vermögenswerte abzugeben, oder Finanzinstrumente unter potentiell nachteiligen Bedingungen austauschen zu müssen. Ein **Eigenkapitalinstrument** ist ein Vertrag, der einen Residualanspruch am Vermögen eines Unternehmens begründet und für das Unternehmen keine unentziehbare Verpflichtung der vorgenannten Art beinhaltet. Zu weiteren Einzelheiten s. Rz. 9.519.

9.454 **Originäre Finanzinstrumente** können eigenkapitalbezogen sein, wie Aktien und andere Anteile an Unternehmen (GmbH-Anteile, Einlagen u.a.) oder fremdkapitalbezogene Finanzinstrumente darstellen, wie z.B. Anleihen, Schuldverschreibungen u.a.

9.455 **Derivative Finanzinstrumente** sind bedingte oder unbedingte Termingeschäfte wie z.B. Futures, Forwards, Swaps, Optionsgeschäfte und erfüllen kumulativ folgende Merkmale (IFRS 9A):

(1) ihr Wert ist an einen sog. Basiswert (Zinssatz, Wertpapierkurs, Rohstoffpreis oder Index) gebunden,

(2) sie erfordern keine oder nur eine geringe anfängliche Nettoinvestition und

(3) werden zu einem späteren Zeitpunkt erfüllt.

b) Bilanzierung

9.456 Finanzielle Vermögenswerte und finanzielle Schulden sind dann in der Bilanz anzusetzen, wenn das Unternehmen Vertragspartei hinsichtlich der Rechte oder Verpflichtungen aus dem finanziellen Vermögenswert oder der finanziellen Verbindlichkeit geworden ist (IFRS 9.3.1.1). Es kommt hierbei – im Gegensatz zu den Ansatzkriterien für andere Vermögenswerte und Schulden – nicht auf den wahrscheinlichen Nutzenzufluss und die verlässliche Anschaffungskostenermittlung an, so dass finanzielle Vermögenswerte und Schulden auch als **schwebende Geschäfte** zu bilanzieren sind. Praktische Bedeutung hat dies bei Termingeschäften, die nach dem HGB als schwebende Geschäfte nur im Rahmen von Bewertungseinheiten (§ 254 HGB; Rz. 9.242 f.) oder bei drohenden Verlusten bilanziert werden. Nach IFRS 9 sind Derivate grundsätzlich zu bilanzieren. Geplante künftige Geschäfte sind dagegen keine Vermögenswerte oder Schulden des Unternehmens.

9.457 Nach IFRS 9 4.3.1 ff. sind in Finanzinstrumenten **eingebettete Derivate** vom Basisvertrag getrennt zu bewerten, wenn sie (1) die Definition eines Derivats erfüllen, (2) ihre wirtschaftlichen Merkmale und Risiken nicht eng mit denen des Basisvertrages verbunden sind und (3) das zusammengesetzte Produkt nicht erfolgswirksam zum Fair Value bewertet wird.

9.458 Ein finanzieller Vermögenswert ist **auszubuchen**, wenn das Unternehmen die Verfügungsmacht über die vertraglichen Rechte des Finanzinstruments verliert. Dabei ist entscheidend, ob das Unternehmen sämtliche Rechte in Bezug auf die Cashflows des finanziellen Vermögenswertes aufgegeben oder verloren hat (s. im Einzelnen IFRS 9.3.2.2 ff.). Eine finanzielle Verbindlichkeit ist nur dann aus der Bilanz zu entfernen, wenn die vertraglichen Verpflichtungen beglichen oder aufgehoben oder ausgelaufen sind (IFRS 9.3.3.1).

c) Bewertung

9.459 **(1)** Sämtliche **finanziellen Vermögenswerte** sind – mit Ausnahme der Forderungen aus Lieferungen und Leistungen – bei der erstmaligen Erfassung zum beizulegenden Zeitwert zu bewerten (**Erstbewertung**). Er entspricht dem sog. Transaktionspreis, der sich aus dem Zeitwert der hingegebenen Güter oder Dienstleistungen zzgl. der direkt zurechenbaren Transaktionskosten (Gebühren, Provisionen, Courtage) ergibt (IFRS 9.5.1.1). Bei unverzinslichen Forderungen entspricht der beizulegende Zeitwert dem Barwert.

9.460 Bei der **Folgebewertung** werden in Abhängigkeit von dem Geschäftsmodell zur Steuerung der finanziellen Vermögenswerte zwei Arten von finanziellen Vermögenswerten unterschieden. Wird der finanzielle Vermögenswert zur Vereinnahmung der vertraglichen Cashflows gehalten, ist er zu fortgeführten Anschaffungskosten anzusetzen, vorausgesetzt, dass die Cashflows zu festgelegten Zeitpunkten erfolgen und ausschließlich Zins- und Tilgungszahlungen betreffen (IFRS 9.4.1.1.f.). Finanzielle Vermögenswerte, die auch zum Verkauf gehalten werden, sind erfolgsneutral mit dem beizulegenden Zeitwert anzusetzen (IFRS 9.4.1.2.A).

Das Unternehmen hat aber die Möglichkeit, einen finanziellen Vermögenswerte beim erstmaligen Ansatz unwiderruflich als ergebniswirksam zum beizulegenden Zeitwert bewertet zu designieren, wenn dadurch die Informationen verbessert werden, z.B. durch Reduktion der Komplexität oder höherer Zuverlässigkeit der Bewertung (**Fair-Value-Option**; IFRS 9.4.1.5). 9.461

Zu jedem Bilanzstichtag ist zu prüfen, ob bei den finanziellen Vermögenswerten eine **Wertminderung** eingetreten ist; ggf. ist eine Wertberichtigung vorzunehmen. Eine Wertminderung liegt immer dann vor, wenn der Buchwert des Vermögenswertes höher ist als der zu erwartende zukünftige Einzahlungsüberschuss. Das ist in der Regel der Fall, wenn die ursprünglich erwarteten Zahlungen voraussichtlich ganz oder teilweise ausfallen werden. Ein Wertminderungstest ist notwendig für 9.462

- die vom Unternehmen begründeten Kredite und Forderungen,
- die bis zur Endfälligkeit zu haltenden finanziellen Vermögenswerte, ferner für
- die zur Veräußerung verfügbaren finanziellen Vermögenswerte, die erfolgsneutral zum Zeitwert angesetzt werden, und für
- solche finanziellen Vermögenswerte, deren Zeitwert nicht verlässlich ermittelt werden konnte.

Bei Finanzinstrumenten, die zu fortgeführten Anschaffungskosten bewertet werden, ist der Abschreibungsbetrag ergebniswirksam zu erfassen. Bei Finanzinstrumenten, die zur Veräußerung verfügbar sind und ergebnisneutral zum Zeitwert bewertet wurden, sind bei objektiven Anzeichen einer dauerhaften und deutlichen Wertminderung die kumulierten Wertberichtigungen vom Eigenkapital ergebniswirksam in die GuV zu überführen. 9.463

Wertgeminderte Vermögenswerte sind an jedem folgenden Abschlussstichtag einem (neuen) Wertminderungstest zu unterziehen. Ist der Grund für die außerplanmäßige Abschreibung weggefallen, besteht in Höhe der nicht mehr notwendigen außerplanmäßigen Abschreibung eine Zuschreibungspflicht bis zur Höhe des beizulegenden Zeitwerts (**Wertaufholung**). 9.464

(2) Finanzielle Verbindlichkeiten sind bei der erstmaligen Erfassung zum beizulegenden Zeitwert der erhaltenen Gegenleistungen unter Einbeziehung der Transaktionskosten anzusetzen. Zu den folgenden Abschlussstichtagen sind sie zu fortgeführten Anschaffungskosten abzgl. Tilgungen zu bewerten, soweit es sich nicht um Verbindlichkeiten aus derivativen Finanzgeschäften oder um solche handelt, die zu Handelszwecken gehalten werden. Die letztgenannten Verbindlichkeiten sind jeweils mit dem beizulegenden Zeitwert erfolgswirksam zu bewerten. 9.465

d) Sicherungsgeschäfte

Werden Vermögenswerte und Schulden sowie erwartete Ein- und Auszahlungen (= Cashflow) gegen Wert-, Zins- und Währungsrisiken durch geeignete Gegen- oder Sicherungsgeschäfte abgesichert, spricht man von **Hedging**. Die Absicherung besteht darin, eine gegenüber der abzusichernden Position (Grundgeschäft) in ihrer Wirkung entgegengesetzte Position (= Sicherungsgeschäft) einzugehen, so dass ein kompensatorischer Effekt erzielt wird. Die Bilanzierung von Sicherungsgeschäften ist in IAS 39.71 ff. im Einzelnen geregelt. Die Anwendung des sog. Hedge Accounting ist freiwillig. Es setzt insbesondere einen hohen Wirksamkeitsgrad der Absicherung und eine sorgfältige **Dokumentation** der Sicherungsbeziehungen voraus. Jede einzelne Sicherungsbeziehung und die dabei verfolgte Zielsetzung des Risikomanagements sind zu dokumentieren. 9.466

9.467 Für jede Sicherungsbeziehung sind das Grundgeschäft und das Sicherungsinstrument zu benennen, die Art des abzusichernden Risikos und das zur Bestimmung der Wirksamkeit des Sicherungsinstruments eingesetzte Verfahren sowie die Messbarkeit der Effektivität des Sicherungszusammenhanges zu beschreiben, und zwar sowohl zu Beginn des Sicherungsgeschäfts als auch während der Dauer des Sicherungszusammenhangs. Werden nur bestimmte Risiken des Grundgeschäfts abgesichert, so sind die Zeitwertänderungen des gesicherten Grundgeschäfts, die nicht dem abgesicherten Risiko zuzurechnen sind, nach den allgemeinen Regeln erfolgsneutral im Eigenkapital oder ergebniswirksam in der GuV zu erfassen.

9.468 Als **abzusichernde Grundgeschäfte** kommen Vermögenswerte, Schulden, bilanzunwirksame feste Verpflichtungen sowie erwartete und mit hoher Wahrscheinlichkeit eintretende künftige Transaktionen in Betracht (IAS 39.78). Als **Sicherungsinstrumente** werden für das Hedge Accounting grundsätzlich nur Derivate anerkannt, deren Zeitwert verlässlich bestimmbar ist, da andernfalls die notwendige Einschätzung der Effektivität der Absicherung nicht möglich ist. Nicht-derivative Finanzinstrumente können nur zur Absicherung eines Währungsrisikos als Sicherungsinstrumente eingesetzt werden (IAS 39.72). Vertragspartner des absichernden Finanzinstruments muss eine unternehmens- bzw. konzernfremde Person sein.

9.469 IAS 39.86 unterscheidet drei **Arten von Sicherungsbeziehungen**, nämlich

(1) Absicherung von Änderungen des Fair Value (Fair Value Hedge),

(2) Absicherung des Cashflows (Cashflow Hedge) und

(3) Absicherung einer Nettoinvestition in eine wirtschaftlich selbständige ausländische Teileinheit (IAS 21.8) gegen Währungsrisiken.

Außerdem ist es unter bestimmten Voraussetzungen möglich, Zinsabsicherungen auf Portfoliobasis abzubilden (IAS 39.77).

9.470 Beim **Fair Value Hedge** (IAS 32.89 ff.) werden die bilanzierten Vermögenswerte oder Schulden gegen Änderungen ihres beizulegenden Zeitwerts (= *Fair Value*), z.B. aufgrund einer Zinsänderung, vollständig oder teilweise abgesichert. Die eingetretenen Wertänderungen des beizulegenden Zeitwerts des Sicherungsinstruments sind ergebniswirksam zu erfassen. Wertänderungen der abgesicherten Position werden ebenfalls ergebniswirksam bilanziert (IAS 39.89). Die Bilanzierung eines Fair Value Hedges ist zu beenden, wenn das entsprechende Sicherungsinstrument ausgelaufen ist, veräußert, fällig oder ausgeübt wird oder wenn die Voraussetzungen für ein Hedge Accounting nicht mehr vorliegen.

9.471 Mit dem **Cashflow Hedge** (IAS 32.95 ff.) werden Risiken von Schwankungen der Cashflows abgesichert, die im Zusammenhang mit bereits bilanzierten Vermögenswerten und Verbindlichkeiten bestehen oder die sich auf geplante Transaktionen beziehen. Sind die Voraussetzungen für einen Cashflow Hedge gegeben, so ist wie folgt zu bilanzieren (IAS 39.95): (1) Der Teil des Gewinns oder Verlusts aus einem Absicherungsinstrument, der als effektive Absicherung ermittelt wird, ist im sonstigen Ergebnis (Rz. 9.424) zu erfassen; er berührt also nicht die GuV. Wird die Sicherungsbeziehung durch Inanspruchnahme aufgelöst, ist eine Umgliederung der im Eigenkapital erfassten Wertänderungen in die GuV vorzunehmen. (2) Der unwirksame Teil des Ergebnisses aus dem Sicherungsinstrument ist in der GuV auszuweisen und damit ergebniswirksam zu erfassen, wenn es sich bei dem Sicherungsinstrument um ein derivatives Finanzinstrument handelt. Andernfalls hängt die ergebniswirksame Berücksichtigung von der Kategorie ab, zu der das Finanzinstrument zuzuordnen ist.

9.472 Die Bilanzierung eines Cashflow Hedge wird beendet, wenn das Sicherungsinstrument ausläuft, veräußert, beendet oder ausgeübt wird oder die Voraussetzung für die Anwendung des Hedge Accounting nicht mehr vorliegen oder der Eintritt der abgesicherten Transaktionen nicht mehr erwartet wird.

Die Bilanzierung von Sicherungsbeziehungen in Bezug auf **Investments in ausländischen Unternehmen** wird ähnlich behandelt wie ein Cashflow Hedge. Der effektive Teil des Sicherungsinstruments wird erfolgsneutral im Eigenkapital erfasst, während der ineffektive Teil des Derivats ergebniswirksam zu verrechnen ist (IAS 39.102). 9.473

4. Zur Veräußerung bestimmte Anlagewerte und aufgegebene Geschäftsbereiche

IFRS 5 regelt die separate Bilanzierung und Bewertung von zur Veräußerung gehaltenen langfristigen Vermögenswerten und von aufgegebenen Geschäftsbereichen. Das Unternehmen hat dazu Angaben zu machen, die es den Abschlussadressaten ermöglichen, die finanziellen Auswirkungen dieser Vermögenswerte und Geschäftsbereiche zu beurteilen (IFRS 5.30). Durch entsprechende Angaben soll die Entwicklung der fortgeführten Geschäftstätigkeit des Unternehmens oder Konzerns besser abgeschätzt werden können. 9.474

Langfristige Vermögenswerte oder eine Veräußerungsgruppe, die einen wesentlichen langfristigen Vermögenswert enthält, gelten als zur Veräußerung und nicht zur fortgesetzten Nutzung bestimmt, wenn (1) eine konkrete Veräußerungsabsicht besteht, (2) Maßnahmen zur Identifizierung eines Käufers eingeleitet sind und (3) der Vermögenswert unmittelbar in seinem aktuellen Zustand veräußerbar ist. Die zur Veräußerung bestimmten Vermögenswerte sind mit dem niedrigeren Wert aus Buchwert und beizulegenden Zeitwert abzgl. Veräußerungskosten anzusetzen (IFRS 5.15). 9.475

Ein **aufgegebener Geschäftsbereich** umfasst einen gesonderten wesentlichen Geschäftszweig oder operative Tätigkeiten in einem geografisch abgegrenzten Raum, die Teile eines einzelnen abgestimmten Plans zur Veräußerung sind (IFRS 5.31 f.). Es kann sich auch um ein Tochterunternehmen handeln, das ausschließlich zum Zweck der Weiterveräußerung erworben wurde (IFRS 5.32c). Eine Klassifizierung als aufgegebener Geschäftsbereich erfolgt, wenn der Geschäftsbereich bereits abgegangen ist oder wenn die oben genannten Kriterien für zur Veräußerung gehaltene langfristige Vermögenswerte (IFRS 5.7 ff.) gegeben sind. 9.476

Zu den aufgegebenen Geschäftsbereichen werden in IFRS 5.31 ff. umfangreiche Angaben gefordert. In der GuV ist das Ergebnis nach Steuern des oder der aufgegebenen Geschäftsbereiche gesondert auszuweisen. Zusätzlich sind Erlöse, Aufwendungen und Periodenergebnis vor Steuern sowie das Ergebnis aus der Neubewertung zum Zeitwert abzgl. Veräußerungskosten und ferner die Netto-Cashflows der aufgegebenen Geschäftsbereiche anzugeben (IFRS 5.33). 9.477

5. Der IFRS-Konzernabschluss

a) Grundsätze und Bestandteile

Maßgeblich für die IFRS-Konzernrechnungslegung sind in erster Linie IFRS 3 „Unternehmenszusammenschlüsse“ (Identifizierung sowie Folgebilanzierung und -bewertung) und IFRS 10 „Konzernabschlüsse“ (Beherrschung, Bilanzierung). Als Unternehmenszusammenschluss werden alle Vorgänge bezeichnet, durch die ein Unternehmen den beherrschenden Einfluss über ein anderes Unternehmen erlangt (IFRS 3 B5 f.). Die Grundsätze der IFRS für die Kapital-, Schulden- sowie Aufwands- und Ertragskonsolidierung sind weitgehend identisch mit denen des HGB; insofern kann ergänzend auf die Ausführungen zum HGB-Konzernabschluss verwiesen werden (Rz. 9.337 ff.). 9.478

Der **IFRS-Konzernabschluss** umfasst wie der HGB-Konzernabschluss die Konzernbilanz, die Konzern-GuV, einen Konzernanhang (*notes*), die Kapitalflussrechnung, den Eigenkapitalspiegel (IAS 1.10) und einen Segmentbericht (IFRS 8). Der Konzernabschluss ist zum Ende des Geschäftsjahres des Mutterunternehmens zu erstellen (IFRS 10.B92). Nach IFRS 12 „Angaben zu Anteilen an anderen Unternehmen“ sind **umfangreiche Angaben** im Konzernanhang erforderlich, insbesondere zur Art der Beziehungen zwischen Mutter- und Tochterunternehmen, Einzelheiten zu jedem Unternehmenszusammenschluss sowie Angaben zur Wesensart der Anteile und der damit einhergehen- 9.479

den Risiken und die Auswirkungen der Anteile auf die wirtschaftliche Lage und den Cashflow des Mutterunternehmens bzw. des Konzerns.

b) Aufstellungspflicht, Konsolidierungskreis

9.480 Die Pflicht zur Aufstellung eines IFRS-Konzernabschlusses richtet sich für **deutsche Mutterunternehmen** nicht nach IFRS 10, sondern nach den §§ **290–293 HGB** (s. Rz. 9.306 ff.). Insofern gelten die dort erwähnten größenabhängigen Befreiungen.

9.481 Nach IFRS 10.4 sind in den Konzernabschluss **sämtliche Tochterunternehmen** einzubeziehen. Ausgenommen sind lediglich Tochterunternehmen, deren Anteile ausschließlich zum Zwecke der baldigen Weiterveräußerung erworben werden; sie sind nach Maßgabe von IFRS 5 „Aufgegebene Geschäftsbereiche" zu bilanzieren (s. Rz. 9.476). Im Übrigen enthalten die IFRS kein explizites Wahlrecht zur Einbeziehung von Tochterunternehmen in die Vollkonsolidierung, doch kann auf die Einbeziehung von Tochterunternehmen von untergeordneter Bedeutung verzichtet werden[176]. Die Anteile sind dann wie sonstige Beteiligungen als finanzielle Vermögenswerte zu bewerten (Rz. 9.459).

9.482 Das Mutter-/Tochterverhältnis wird ausschließlich durch das **Beherrschungskonzept** bestimmt. „Ein Investor beherrscht ein Beteiligungsunternehmen, wenn er aufgrund seines Engagements bei dem Unternehmen variablen wirtschaftlichen Erfolgen ausgesetzt ist oder Rechte daran hat und die Möglichkeit besitzt, diese wirtschaftlichen Erfolge durch seine Bestimmungsmacht über das Beteiligungsunternehmen zu beeinflussen" (IFRS 10.6)[177]. Die Hauptkriterien der Beherrschung werden in IFRS 10.10 ff. näher beschrieben.

9.483 Unternehmen, die nicht oder nicht mehr die Voraussetzung eines Tochterunternehmens erfüllen, sind nicht in den Konzernabschluss einzubeziehen. Ihre Anteile werden, wenn sie keine assoziierten Unternehmen oder Gemeinschaftsunternehmen (IAS 28, IFRS 11) sind, als Eigenkapitalinstrumente nach IFRS 9 bilanziert und bewertet (Rz. 9.458 ff.).

c) Ansatz und Bewertung

9.484 Im IFRS-Konzernabschluss gilt wie im HGB-Konzernabschluss die **Einheitstheorie** (s. Rz. 9.315). Entsprechend diesem Grundsatz sind die Auswirkungen aller konzerninterne Beziehungen und Transaktionen wegzulassen. Vergleichbare Sachverhalte sind konzernweit einheitlich abzubilden. Bei der erstmaligen Konsolidierung eines Tochterunternehmens ist wie nach dem HGB (Rz. 9.342) die sog. **Erwerbsmethode** (*purchase method*) zugrunde zu legen (IFRS 3.4 ff.). Für jeden Unternehmenszusammenschluss ist der Erwerber zu bestimmen. Erwerber ist jenes Unternehmen, das die Beherrschung über das andere Unternehmen erlangt (IFRS 3 B13 ff.).

9.485 Entsprechend der Erwerbsmethode sind bei der Erstkonsolidierung alle identifizierbaren Vermögenswerte, Schulden und Eventualschulden zu bilanzieren, welche die Ansatzkriterien von IFRS 3.10 ff. erfüllen, und mit dem zum Erwerbszeitpunkt (= Erlangung der Beherrschung; IFRS 3.4) beizulegenden Zeitwert zu bewerten (IFRS 3.18). Die Ansatzkriterien sind erfüllt, wenn es bei einem materiellen Vermögenswert wahrscheinlich ist, dass der damit verbundene künftige wirtschaftliche Nutzen dem Erwerber zufließen wird und sein beizulegender Zeitwert verlässlich bewertet werden kann. Für den Ansatz einer Schuld, mit Ausnahme einer Eventualschuld, muss zur Erfüllung der Verpflichtung mit einem Abfluss von Ressourcen mit wirtschaftlichem Nutzen zu rechnen sein, dessen beizulegender Zeitwert verlässlich bewertet werden kann. Immaterielle Vermögenswerte und Eventualschulden sind anzusetzen, wenn ihr beizulegender Zeitwert verlässlich ermittelt werden kann.

---

176 Ebenso *Ebeling/Ernst* in Beck HdR, C 210, Rz. 87 f.; *Heuser/Theile*, IFRS-Handbuch, 6. Aufl., Rz. 311.113 ff.

177 Zum Unterschied gegenüber der HGB-Definition s. *Küting*, DB 2012, 2821.

Beim Unternehmenserwerb kann es auch zum Ansatz von Aktiva kommen, die aus Sicht des Tochterunternehmens nicht aktivierungsfähig waren, aber aus Sicht des Konzerns aktivierungsfähig sind, wie z.B. aktive latente Steuern oder „erworbene" Entwicklungskosten. Bei der erstmaligen Konsolidierung sind alle identifizierbaren immateriellen Vermögenswerte des Tochterunternehmens zu aktivieren und bei begrenzter Nutzungsdauer in den Folgeperioden planmäßig abzuschreiben. Der aktive Unterschiedsbetrag (= Goodwill oder Geschäfts- oder Firmenwert; s. Rz. 9.490) soll eng abgegrenzt werden. 9.486

Die Umrechnung von **Fremdwährungsbeträgen** ist abweichend vom HGB geregelt. Nach IAS 21 hat jedes einbezogene Unternehmen seine funktionale Währung zugrunde legen. Als funktionale Währung gilt die Währung des Wirtschaftsraums, in dem ein Unternehmen überwiegend tätig ist und seine wesentlichen Einnahmen erzielt und Ausgaben tätigt[178]. Ist die funktionale Währung nicht die Berichtswährung für den Konzernabschluss, ist die funktionale Währung in die Berichtswährung umzurechnen. 9.487

d) Konsolidierungsmaßnahmen

Die Konsolidierungsmaßnahmen (Kapital-, Schulden sowie Aufwands- und Ertragskonsolidierung sowie die Zwischenergebniseliminierung) sind bei der IFRS-Konzernrechnungslegung grundsätzlich dieselben wie beim HGB-Konzernabschluss. Die Quotenkonsolidierung von Gemeinschaftsunternehmen ist nach IFRS nicht zugelassen (vgl. Rz. 9.515). 9.488

Bei der **Kapitalkonsolidierung** sind die Bilanzposten des erworbenen Unternehmens mit ihrem beizulegenden Zeitwert zum Erwerbszeitpunkt zu bewerten (IFRS 3.18 und B 41 ff.). Die Bewertung zum Zeitwert hat auch dann in vollem Umfang zu erfolgen, wenn der Erwerber nicht alle Anteile des Tochterunternehmens erworben hat (= vollständige Neubewertung). Insoweit erhöht sich der Wertansatz für die Anteile anderer Gesellschafter (nicht beherrschende Anteile). 9.489

(1) Die Differenz zwischen dem höheren Erwerbspreis oder dem Buchwert der Anteile am Tochterunternehmen beim Mutterunternehmen und dem anteiligen neubewerteten Nettovermögen oder Eigenkapital des Tochterunternehmens stellt den erworbenen und zu aktivierenden Geschäftswert oder **Goodwill** dar (IFRS 3.32 ff.). Im Gegensatz zum HGB (Rz. 9.344) gestattet IFRS 3.19 auch den anteiligen Goodwill der nicht beherrschenden Gesellschafter anzusetzen (*full-goodwill*-Methode)[179]. 9.490

Ein gravierender Unterschied zum HGB ist die Tatsache, dass nach IFRS der Goodwill keinen abnutzbaren Vermögenswert und demgemäß nicht planmäßig abgeschrieben wird (IFRS 3.B63a). Stattdessen ist regelmäßig, zumindest jährlich zu prüfen, ob der Wert des Goodwills gemindert und damit eine außerplanmäßige Abschreibung gerechtfertigt ist (**Wertminderungstest** nach IAS 36). 9.491

Der Verzicht auf eine planmäßige Abschreibung des Goodwill, der mit Unbestimmbarkeit der Nutzungsdauer begründet wird, ist zu Recht sehr umstritten, da der erworbene und der seit Anteilserwerb neu entstandene Goodwill meist nicht getrennt werden können. Vor dem endgültigen Ansatz des Goodwills ist nochmals zu prüfen, ob alle identifizierbaren erworbenen Vermögenswerte und Schulden vollständig erfasst und zutreffend bewertet worden sind. 9.492

Übersteigt das erworbene, zu Zeitwerten bewertete Reinvermögen die Anschaffungskosten der Anteile des erwerbenden Unternehmens und der nicht beherrschenden Gesellschafter, entsteht ein **negativer Unterschiedsbetrag**, der nach IFRS 3.34 ff. sofort ergebniswirksam zu vereinnahmen ist[180]. Zuvor hat der Erwerber nochmals zu prüfen, ob alle identifizierbaren Vermögenswerte und Schul- 9.493

178 Ausführlich u.a. Beck'sches IFRS-Handbuch, 6. Aufl., § 33 Rz. 4; *Heuser/Theile*, IFRS-Handbuch, 6. Aufl., Rz. 35.21.

179 S. Senger/Brune, Beck'sches IFRS-Handbuch, 6. Aufl., § 34 Rz. 248.

180 U.a. *Petersen/Bansbach/Dornbach*, IFRS-Praxishandbuch, 13. Aufl., S. 532 f.

den, die nicht beherrschenden Anteile, vor dem Erwerb als Tochterunternehmen gehaltene Eigenkapitalanteile und die übertragene Gegenleistung zutreffend angesetzt und bewertet wurden (IFRS 3.36).

9.494–9.497 Einstweilen frei.

6. Einzelne Abschlussposten

9.498 Nachfolgend werden signifikante Abschlussposten behandelt, die in den IFRS eine spezielle Regelung gefunden haben und für den IFRS-Konzernabschluss einer Holding relevant sein können, weil sie wesentliche Vermögenswerte oder Schulden der Tochterunternehmen repräsentieren können.

a) Immaterielle Vermögenswerte

9.499 Immaterielle Vermögenswerte sind identifizierbare, nicht monetäre Vermögenswerte ohne physische Substanz (IAS 38.8 ff.). Identifizierbar ist ein immaterieller Vermögenswert dann, wenn er separierbar ist, d.h. vom Unternehmen getrennt verkauft, übertragen, lizenziert, vermietet oder getauscht oder anderweitig verwertet werden kann oder wenn er auf vertraglichen oder gesetzlichen Rechten beruht (IAS 38.12).

9.500 Ein immaterieller Vermögenswert ist zu **aktivieren**, wenn

(1) die in Rz. 9.435 genannten Merkmale eines Vermögenswertes (Identifizierbarkeit, eigenständiges Nutzenpotential) gegeben sind,

(2) er und sein Nutzenpotential sich in der Verfügungsmacht des bilanzierenden Unternehmens befinden (IAS 38.13 ff.),

(3) es wahrscheinlich ist, dass ein ihm zurechenbar künftiger wirtschaftlicher Nutzen dem Unternehmen zufließen wird (IAS 38.21) und

(4) die Anschaffungs- oder Herstellungskosten zuverlässig ermittelt werden können.

9.501 **Nicht aktiviert** werden dürfen – analog zu § 248 Abs. 2 HGB (Rz. 9.70) – ein selbst geschaffener Geschäftswert, Forschungsausgaben sowie selbst geschaffene Markenrechte, Drucktitel, Kundenlisten und ähnliche Sachverhalte (IAS 38.48, 54 und 63). In diesem Zusammenhang ist die Abgrenzung zu aktivierenden Entwicklungsausgaben von Bedeutung. Während „Forschung" der eigenständigen und planmäßigen Suche nach neuen wissenschaftlichen oder technischen Erkenntnissen dient, ist „Entwicklung" die Anwendung von Forschungsergebnissen, um neue oder verbesserte Produkte, Verfahren oder Dienstleistungen zu erreichen (IAS 39.8).

9.502 **Entwicklungsausgaben** sind zu aktivieren, wenn folgende Voraussetzungen kumulativ gegeben sind (IAS 38.57):

(1) Nachweis der technischen Machbarkeit der Fertigstellung eines immateriellen Vermögenswertes, damit er verwendbar oder veräußerbar wird,

(2) Absicht, den Vermögenswert fertig zu stellen und ihn zu nutzen oder zu veräußern,

(3) Fähigkeit, die Absicht zu realisieren,

(4) Wahrscheinlichkeit, dass der immaterielle Vermögenswert einen künftigen wirtschaftlichen Nutzen stiften wird;

(5) Verfügung über die notwendigen technischen, finanziellen und sonstigen Ressourcen, um die Entwicklung zum Abschluss und zur Einsatzbereitschaft oder Marktreife zu bringen und schließlich

(6) die zuverlässige Bestimmung der Herstellungskosten während der Entwicklungszeit.

Bei der **Erstbewertung** sind die immateriellen Vermögenswerte mit den Anschaffungs- oder Herstellungskosten zu bewerten (IAS 38.24). Für selbst geschaffene immaterielle Vermögenswerte sind das jene Kosten, die ab dem Zeitpunkt anfallen, in dem die vorstehend genannten Aktivierungsvoraussetzungen erfüllt sind (IAS 38.65). Bei der **Folgebewertung** sind die immateriellen Vermögenswerte entweder zu fortgeführten Anschaffungskosten (= Anschaffungskosten abzgl. planmäßiger Abschreibungen; IAS 38.74) oder, wenn für den immateriellen Vermögenswert ein aktiver Markt existiert, erfolgsneutral zum beizulegenden Zeitwert zu bewerten (IAS 38.75 ff.). In beiden Fällen ist jährlich zu überprüfen, ob eine außerplanmäßige Abschreibung wegen eines gesunkenen Zeitwertes notwendig ist (IAS 36). 9.503

b) Sachanlagen

Sachlagen sind materielle Vermögenswerte, die ein Unternehmen für Zwecke der Herstellung oder Lieferung von Gütern oder Dienstleistungen, zur Vermietung an Dritte oder für Verwaltungszwecke besitzt und die erwartungsgemäß länger als eine Periode genutzt werden (IAS 16.6). Die Bilanzierung und Bewertung von Sachanlagen ist in IAS 16 geregelt. Sondervorschriften gelten für geleaste Anlagengegenstände (IFRS 16; Rz. 9.510 ff.) und für als Finanzanlagen gehaltene Immobilien (IAS 40). Bei der **erstmaligen Bilanzierung** sind Sachanlagen mit den Anschaffungs- oder Herstellungskosten anzusetzen (IAS 16.15). Anzusetzen sind alle direkt zurechenbaren Kosten, um den Vermögenswert einsatzbereit zu machen (IAS 16.16 ff.). Werden Vermögenswerte des Anlagevermögens getauscht, so ist der erworbene Vermögenswert mit dem beizulegenden Zeitwert des hingegebenen Vermögenswertes anzusetzen. 9.504

Die **Folgebewertung** des Sachanlagevermögens kann entweder zu fortgeführten Anschaffungs- oder Herstellungskosten (IAS 16.30) oder erfolgsneutral zum beizulegenden Zeitwert (IAS 16.31 ff.) erfolgen (**Wahlrecht**). Im ersten Fall sind die **Anschaffungs- oder Herstellungskosten** bei Vermögenswerten mit begrenzter Nutzungsdauer systematisch (= planmäßig) über die voraussichtliche Nutzungsdauer abzuschreiben (IAS 16.43 ff.). Beim **Neubewertungsmodell** ist die Differenz zwischen dem höheren Zeitwert und dem Buchwert erfolgsneutral in eine Neubewertungsrücklage einzustellen (IAS 16.39). Spätere Wertminderungen sind zunächst gegen die Neubewertungsrücklage zu verrechnen; der überschießende Betrag ist aufwandswirksam zu behandeln. Wenn ein Anlagewert zum beizulegenden Zeitwert (= Fair Value) bewertet werden soll, muss für die gesamte Gruppe derartiger Anlagewerte (z.B. Gebäude, Maschinen, Fahrzeuge und Ähnliches) so verfahren werden (IAS 16.36). Führt die Neubewertung zu einem unter dem Buchwert liegenden Zeitwert, ist die Abwertung erfolgswirksam zu erfassen. 9.505

Zu jedem Bilanzstichtag ist zu prüfen, ob Anhaltspunkte dafür vorliegen, dass einzelne Sachanlagen oder Sachanlagegruppen gegenüber ihrem Buchwert wertgemindert sein könnten (IAS 36.12 ff.). Zur Feststellung der **Wertminderung** sind die fortgeführten Anschaffungs- oder Herstellungskosten bzw. der Buchwert mit dem beizulegenden Zeitwert am Bilanzstichtag zu vergleichen. Ist der beizulegende Zeitwert niedriger als der Buchwert, hat eine (außerplanmäßige) Abschreibung zu erfolgen (IAS 36.109 ff.). Sind die Gründe der Wertminderung weggefallen, ist zwingend eine Zuschreibung bis zu den fortgeführten Anschaffungs- oder Herstellungskosten geboten. 9.506

Als Finanzanlage gehaltenes, also nicht betrieblich genutztes **Immobilienvermögen** (*Investment Property*), das zur Erzielung von Mieteinnahmen und/oder von Erlösen aus der Wertsteigerung gehalten wird, ist beim erstmaligen Ansatz zu Anschaffungs- oder Herstellungskosten zu bewerten (IAS 40.17 ff.). Für die Folgebewertung eröffnet IAS 40 ein Wahlrecht zur erfolgswirksamen Bewertung zum Fair Value (IAS 40.27 ff.) oder zu fortgeführten Anschaffungs- oder Herstellungskosten. 9.507

c) Leasingverhältnisse

Die Bilanzierung von Leasingverhältnissen ist durch IFRS 16 „Leasingverhältnisse" geregelt. **(1)** Der **Leasingnehmer** hat alle Leasingverhältnisse einheitlich wie folgt abzubilden: das durch das Leasing- 9.508

verhältnis eingeräumte Nutzungsrecht an dem Leasinggegenstand wird in der Bilanz aktiviert und auf der Passivseite eine entsprechende Leasingverbindlichkeit ausgewiesen. Das Nutzungsrecht wird bilanziell nicht als immaterieller Vermögenswert, sondern nach Art des Leasinggutes behandelt, d.h. i.d.R. wie Sachanlagen. Für kurzfristige Leasingverhältnisse bis zu 12 Monaten oder für Leasingverhältnisse über geringwertige Vermögenswerte (z.B. IT-Geräte) hat der Leasingnehmer das Wahlrecht, auf die genannte Bilanzierung zu verzichten und die laufenden Leasingraten als Aufwand auszuweisen.

9.509 Bei der **Erstbewertung** wird die Leasingverbindlichkeit mit dem Gegenwartswert der vereinbarten Leasingraten angesetzt, während das Nutzungsrecht mit dem Gegenwartswert der Leasingverbindlichkeit zuzüglich etwaiger vorvertraglicher Zahlungen oder direkt zurechenbarer nicht in den Leasingraten enthaltener Aufwendungen angesetzt wird. Als Diskontierungssatz ist der in den Leasingraten kalkulierte Zinssatz zu wählen.

9.510 Bei der **Folgebewertung** wird die Leasingverbindlichkeit um den auf das Geschäftsjahr entfallenden Aufzinsungsbetrag erhöht und um die gezahlten Leasingraten gekürzt. Das Nutzungsrecht wird planmäßig über die vereinbarte Leasingdauer linear abgeschrieben; bei besonderen Wertminderungen können auch außerplanmäßige Abschreibungen in Betracht kommen. Die Leasingrate wird in einen Zins- und Tilgungsanteil aufgespalten.

9.511 (2) Der **Leasinggeber** muss jedes Leasingverhältnis entweder als Operating-Leasingverhältnis oder als **Finanzierungsleasing** einstufen. Letzteres ist gegeben, wenn alle mit dem Eigentum verbundenen Risiken und Chancen auf den Leasingnehmer übertragen werden (IFRS 16.62). In diesem Fall ist die Leasingforderung, d.h. der Betrag der Nettoinvestition (= die zum internen Zinsfuß abgezinste Bruttoinvestition) in das Leasingverhältnis, in der Bilanz auszuweisen. Die Leasingrate ist auch hier in einen Zins- und Tilgungsanteil aufzuspalten. Als Zinserträge wird die konstante Verzinsung der Nettoinvestition und als Zinsaufwand die Aufzinsung der Nettoinvestition erfasst. Der Tilgungsanteil reduziert die Leasingforderung. Das in der Bilanz des Leasinggebers ausgewiesene Leasingobjekt wird seiner Art und Wertentwicklung entsprechend planmäßig oder außerplanmäßig abgeschrieben. Die Leasingraten werden grundsätzlich linear über die Leasinglaufzeit als Ertrag erfasst.

9.512 Beim **Operating Leasingverhältnis** wird der Leasinggegenstand ebenfalls wie geschildert beim Leasinggeber bilanziert. Die Leasingzahlungen sind entweder linear oder auf einer anderen systematischen Basis als Ertrag zu erfassen (IFRS 16.81). – IFRS 16 sieht umfangreiche Angaben zu den Leasingverhältnissen beim Leasingnehmer (IFRS 16.52-60) und beim Leasinggeber vor (IFRS 16.90-97).

d) Anteile an anderen Unternehmen

9.513 Für die Bilanzierung und Bewertung von Anteilen an anderen Unternehmen sind folgende artspezifischen Rechnungslegungsstandards maßgeblich:

- Anteile an Tochterunternehmen (IFRS 10 und IFRS 3),
- Gemeinschaftlich geführte Unternehmen (IFRS 11 und IAS 28),
- assoziierte Unternehmen (IAS 28).

Im IFRS-Einzelabschluss sind die genannten Anteile entweder (a) zu Anschaffungskosten, (b) in Übereinstimmung mit IFRS 9 oder (c) nach der Equitymethode (IAS 28.10) zu bewerten. Für die sonstigen Anteile an anderen Unternehmen, die als finanzielle Vermögenswerte gelten, ist IFRS 9 maßgeblich.

9.514 **Tochterunternehmen** ist ein Unternehmen, das von einem anderen Unternehmen (Mutterunternehmen) beherrscht wird. **Beherrschung** liegt vor, wenn ein Investor dem variablen Erfolg aus seiner Beteiligung an einem anderen Unternehmen ausgesetzt ist und diese Erfolge durch seine Bestimmungsmacht über das Beteiligungsunternehmen beeinflussen kann (IFRS 10.A). Tochterunternehmen sind im Konzernabschluss grundsätzlich voll zu konsolidieren. Die Konsolidierungsregeln des IFRS 3 entsprechen weitgehend der handelsrechtlichen Regelung in §§ 300 ff. HGB.

Gemeinschaftsunternehmen sind durch die vertragliche Vereinbarung gekennzeichnet, dass sie von zwei oder mehr Partnern gemeinschaftlich geführt werden, die Rechte am Nettovermögen des Unternehmens haben (IFRS 11.16). Die gemeinschaftliche Führung setzt eine vertragliche Vereinbarung über die Teilung der Beherrschung des Gemeinschaftsunternehmens voraus und ist nur dann gegeben, wenn die Entscheidungen über die maßgeblichen Tätigkeiten die einstimmige Zustimmung der an der gemeinschaftlichen Führung beteiligten Partner erfordern (IFRS 11.7). Anteile an Gemeinschaftsunternehmen dürfen im IFRS-Konzernabschluss nur nach der Equity-Methode (Rz. 9.517) angesetzt werden (IFRS 11.24); eine quotale Konsolidierung wie im HGB ist nach IFRS nicht zugelassen. 9.515

Ein **assoziiertes Unternehmen** ist ein Unternehmen, auf das der Investor einen maßgeblichen Einfluss hat, ohne dass ein beherrschender Einfluss oder eine gemeinschaftliche Führung gegeben ist (IAS 28.3) Liegt der Stimmenanteil des beteiligten Unternehmens bei 20 % und mehr wird eine maßgebliche Einflussmöglichkeit des beteiligten Unternehmens vermutet (IAS 28.5). Indizien für einen **maßgeblichen Einfluss** sind „die Zugehörigkeit zum Geschäftsführungs- und/oder Aufsichtsorgan oder einem gleichartigen Leitungsgremium des Beteiligungsunternehmens; Teilnahme an Entscheidungsprozessen einschließlich der Teilnahme an Entscheidungen über Dividenden und sonstige Ausschüttungen; wesentliche Geschäftsvorfälle zwischen dem beteiligten Unternehmen und dem Beteiligungsunternehmen; Austausch von Führungspersonal; Bereitstellung bedeutender technischer Informationen“ (IAS 28.6). Anteile an assoziierten Unternehmen sind im Konzernabschluss nach der Equitymethode *(at equity)* zu bewerten (IAS 28.2 i.V.m. IAS 28.10). 9.516

Bei der **Equity-Methode** werden die Anteile beim erstmaligen Ansatz mit den Anschaffungskosten angesetzt, die sich aus dem Anschaffungspreis und dem beizulegenden Zeitwert anderer Gegenleistungen zzgl. der dem Erwerb direkt zurechenbaren Kosten zusammensetzen. In den Folgeperioden wird der Buchwert der Beteiligung entsprechend dem Anteil des beteiligten Unternehmens am Gewinn oder Verlust und an den sonstigen Änderungen des Eigenkapitals des Beteiligungsunternehmens erhöht oder vermindert (IAS 28.10). Der Anteil am Erfolg des assoziierten oder Gemeinschaftsunternehmen wird als Periodenergebnis des Anteilseigners ausgewiesen (IAS 28.10). Vom Beteiligungsunternehmen empfangene Ausschüttungen vermindern den Buchwert der Anteile (IAS 28.2 und IAS 28.11). 9.517

Die **sonstigen Beteiligungen**, also Anteile an anderen Unternehmen, die weder Tochter-, noch Gemeinschafts- noch assoziierte Unternehmen sind, gehören zu den finanziellen Vermögenswerten, deren Bilanzierung und Bewertung in IAS 32 und IFRS 9 geregelt sind. Bei der erstmaligen Bilanzierung einer solchen Beteiligung ist zu prüfen, ob es sich um ein Eigenkapitalinstrument oder um ein Gläubigerrecht handelt. Die Abgrenzung zwischen Eigen- und Fremdkapital ist unabhängig von der rechtlichen Gestaltung nach dem wirtschaftlichen Inhalt vorzunehmen (IAS 32.15 ff.). 9.518

Ein **Eigenkapitalinstrument** setzt voraus, das es keine vertragliche Verpflichtung enthält, einem anderen Unternehmen Zahlungsmittel oder einen anderen finanziellen Vermögenswert zu liefern oder mit einem anderen Unternehmen finanzielle Vermögenswerte oder finanzielle Verbindlichkeiten zu potentiell nachteiligen Bedingungen für den Emittenten auszutauschen (IAS 32.16). Ein Eigenkapitalinstrument ist ein Vertrag, der für den Emittenten bis zu seiner Liquidation keine Rückzahlungsverpflichtung enthält und für den Inhaber lediglich einen Residualanspruch an den Vermögenswerten des Unternehmens nach Abzug aller Verbindlichkeiten begründet. Hat der Inhaber des Finanzinstruments das Recht, das Finanzinstrument an den Emittenten gegen flüssige Mittel oder andere finanzielle Vermögenswerte zurückzugeben, z.B. durch Kündigung, liegt ein Gläubigerrecht und kein Eigenkapitalinstrument vor. 9.519

Beispiele für originäre Eigenkapitalinstrumente sind vor allem unkündbare **Stammaktien** bei der AG sowie die **Stammeinlagen** bei der GmbH. Bei Vorzugsaktien ist zu prüfen, ob für die Emittenten 9.520

eine unbedingte oder bedingte Rückzahlungsverpflichtung besteht, der er sich nicht entziehen kann. Vorzugsaktien, die den Emittenten verpflichten, zu einem bestimmten Zeitpunkt die Vorzugsaktie zurückzukaufen, sind als Gläubigerrecht einzustufen. Dasselbe gilt, wenn der Inhaber der Vorzugsaktien berechtigt ist, diese gegen flüssige Mittel oder andere finanzielle Vermögenswerte an den Emittenten zurückzugeben. Bei nicht rückzahlbaren **Vorzugsaktien** sind die übrigen Merkmale, z.B. Mindestdividende oder Nachschussdividende, daraufhin zu untersuchen, ob mit ihnen für den Emittenten eine finanzielle Verpflichtung verbunden ist, der er sich nicht entziehen kann.

9.521 Bei der Abgrenzung von Eigen- und Fremdkapital in IAS 32.16 bleiben wesentliche rechtliche und betriebswirtschaftliche Funktionen des Eigenkapitals (z.B. Risiko- und Haftkapital) außer Betracht[181]. Nach dieser Abgrenzung wären wegen der unentziehbaren Kündigungsrechte der Gesellschafter bzw. der Genossen die Anteile an Personengesellschaften und die Geschäftseinlagen bei Genossenschaften keine Eigenkapitalinstrumente i.S.v. IAS 32.11. Daher wurden die Vorschriften in IAS 32.16A - 16D ergänzt.

9.522 Danach sind Anteile an anderen Unternehmen, die den Inhaber berechtigen, die Anteile gegen Zahlungsmittel oder andere finanzielle Vermögenswerte an den Emittenten zurückzugeben (**kündbare Finanzinstrumente**; *puttable instruments)* dann Eigenkapitalinstrumente, wenn die Rückzahlungsverpflichtung

(1) einen Anspruch auf den anteiligen Liquidationserlös vorsehen,

(2) gegenüber allen anderen Kapitalformen nachrangig sind,

(3) alle Finanzinstrumente der nachrangigsten Klasse identisch gestaltet sind und

(4) einen Zahlungsanspruch enthalten, der die Unternehmensentwicklung nachbildet[182].

Damit gehören Kapitaleinlagen in **Personengesellschaften** und Geschäftsguthaben bei **Genossenschaften**, die die genannten Voraussetzungen kumulativ erfüllen, zu den Eigenkapitalinstrumenten (IAS 32 18b)[183].

9.523 Die **Zugangsbewertung** von Eigenkapitalinstrumenten anderer Unternehmen, die keine Tochter-, Gemeinschafts- oder assoziierte Unternehmen sind, erfolgt zum beizulegenden Zeitwert (= Fair Value; IFRS 9.5.1.1). Er entspricht im Zugangszeitpunkt i.d.R. den Anschaffungskosten einschließlich der direkt mit dem Erwerb der Beteiligung verbundenen Transaktionskosten. Transaktionskosten sind nach IFRS 9A zusätzlich anfallende Kosten, die dem Erwerb des finanziellen Vermögenswertes direkt hinzurechenbar sind. Dazu gehören Vermittlungs-, Händler- und ähnliche Gebühren, Prospekt- und Beratungskosten und Provisionen. Beim erstmaligen Ansatz von Eigenkapitalinstrumenten, die nicht zu Handelszwecken gehalten werden, kann das Unternehmen unwiderruflich wählen, dass bei der Folgebewertung die Änderung des Zeitwerts erfolgsneutral im sonstigen Ergebnis erfasst wird (IFRS 9.5.7.5).

9.524 Für die **Folgebewertung** der Eigenkapitalinstrumente ist der beizulegende Zeitwert zum Bilanzstichtag der maßgebliche Maßstab (IFRS 9.4.1.4). An jedem Bilanzstichtag ist zu prüfen, ob objektive Hinweise für eine **Wertminderung** der Beteiligung vorliegen (IAS 39.58). Ansatzpunkte sind erhebliche finanzielle Schwierigkeiten des Beteiligungsunternehmens, Ausfall oder Verzug von Zins- und Tilgungszahlungen oder andere beobachtbare Daten, die auf eine Verringerung des erwartenden Cashflows hinweisen. Außerdem können signifikant negative Veränderungen im technologischen, ökonomischen, rechtlichen Bereich oder Marktumfeld, in dem das Beteiligungsunternehmen tätig ist, darauf hindeuten, dass der Zeitwert seiner Anteile gesunken ist.

181 Dazu ausführlich *Scheffler*, 2006, S. 25 ff.

182 *Barkow*, WPg 2008, Heft 6, S. I.

183 S. auch *IDW*, RS HFA 45, Rz. 48 f.

e) Ausleihungen

Ausleihungen werden beim **Zugang** mit dem beizulegenden Zeitwert angesetzt (IAS 39.43), der i.d.R. dem Transaktionspreis entspricht (IFRS 9.5.1.1 ff. und B5.1.1: IFRS 15.47 ff.). Transaktionskosten sind die Kosten, die dem Erwerb, der Emission oder der Veräußerung des finanziellen Vermögenswertes unmittelbar zuzurechnen sind (IFRS 9A). Unverzinsliche oder niedrig verzinsliche Ausleihungen sind mit dem Barwert aller künftigen Einzahlungen zu bewerten. Dabei ist für die Abzinsung der Marktzins für ein ähnliches Finanzinstrument mit vergleichbarer Bonität zu wählen. Die Differenz zum Nennwert ist nach der Effektivzinsmethode (Rz. 9.526) auf die Laufzeit der Ausleihung zu verteilen. Wird das Darlehen mit einem Disagio ausgereicht, ist es ebenfalls mit den Anschaffungskosten anzusetzen. Das Disagio wird nach der Effektivzinsmethode über die Laufzeit dem Wertansatz des Darlehens zugeschrieben. 9.525

Bei der **Folgebewertung** sind die Ausleihungen zu **fortgeführten Anschaffungskosten** unter Anwendung der Effektivzinsmethode bewerten (IFRS 9.5.4.1). Damit werden etwaige Disagien, Agien oder Barwertabschläge zeitanteilig über die Laufzeit realisiert. Der **Effektivzinssatz** ist der Kalkulationszinssatz, mit dem die geschätzten künftigen Ein- und Auszahlungen über die erwartete Laufzeit der Ausleihung auf den Nettobuchwert der Ausleihung abgezinst werden und der Aufzinsungsertrag konstant auf jede Periode verteilt wird[184]. Dabei sind alle vertraglichen Bedingungen (Damnum, Zinssatz u.Ä.) zu berücksichtigen, nicht jedoch etwaige Ausfälle. Die jährliche Zuschreibung des Buchwertes ist als Zinsertrag zu erfassen. Die fortgeführten Anschaffungskosten werden grundsätzlich unter Verwendung eines konstanten Effektivzinssatzes ermittelt. Bei variabel verzinslichen Ausleihungen wird eine periodische Anpassung des Zinssatzes vorgenommen). Unter Anwendung des Wesentlichkeitsgrundsatzes kann auch eine lineare Verteilung der Disagien oder Agien als zulässig angesehen werden. 9.526

Zu jedem Bilanzstichtag zu prüfen, ob eine Wertminderung der Ausleihung eingetreten ist, z.B. durch eine Verschlechterung der Bonität des Schuldners (IFRS 9.5.5.5). Die Höhe der **Wertminderung** ergibt sich als Differenz zwischen dem Buchwert des Vermögenswertes und dem Barwert der erwarteten künftigen Cashflows, abgezinst mit dem beim erstmaligen Ansatz ermittelten effektiven Zinssatz. Die Wertminderung wird durch den beizulegenden Zeitwert von verwertbaren Sicherheiten (Pfandrechte, Bürgschaften u.a.) unter Berücksichtigung der Verwertungskosten reduziert[185]. Der Verlustbetrag ist ergebniswirksam zu erfassen. 9.527

Verringert sich die Wertminderung an einem der folgenden Abschlussstichtage, z.B. durch Verbesserung der Bonität des Schuldners, ist die frühere Wertberichtigung rückgängig zu machen. Die **Wertaufholung** darf aber nicht zu einem Buchwert führen, der die fortgeführten Anschaffungskosten übersteigt. 9.528

f) Wertpapiere des Anlagevermögens

Wertpapiere des Anlagevermögens sind nach IFRS entweder verbriefte Eigenkapitalinstrumente oder verbriefte Fremdkapitalinstrumente. **Eigenkapitaltitel** sind mit dem beizulegenden Zeitwert (Fair Value) zu bewerten. Bei erfolgsneutraler Fairvalue-Bewertung, die im Zugangszeitpunkt als Option gewählt werden kann, sind die Wertminderungen bei der Folgebewertung erfolgsneutral in einer Neubewertungsrücklage zu erfassen[186]. Liegt für Wertpapiere des Anlagevermögens keine auf einem aktiven Markt festgestellte Notierung vor und kann der beizulegende Zeitwert auch anderweitig nicht verlässlich bestimmt werden, sind Finanzinvestitionen in Eigenkapitalinstrumenten mit den fortgeführten Anschaffungskosten zu bewerten. 9.529

---

184 *Petersen/Bansbach/Dornbach*, IFRS-Praxishandbuch, 13. Aufl. 2019, S. 219 und 328.
185 *v. Oertzen* in Beck'sches IFRS-Handbuch, 3. Aufl., § 7 Rz. 34.
186 *Petersen/Bansbach/Dornbach*, IFRS-Praxishandbuch, 13. Aufl., S. 209.

g) Vorratsvermögen

9.530 Die bilanzielle Behandlung des Vorratsvermögens richtet sich mit Ausnahme von Vorräten der Landwirtschaft (IAS 41) nach IAS 2 „Vorratsvermögen". Vorräte sind zu Anschaffungs- oder Herstellungskosten unter Beachtung des Niederstwertprinzips zu bewerten (IAS 2.9). Das **Niederstwertprinzip** nach IAS ist rein absatzorientiert. Es richtet sich nach dem Wert, der für die Vermögenswerte voraussichtlich erzielt werden kann (IAS 2.28). Der Nettoveräußerungswert ist der geschätzte, im normalen Geschäftsgang erzielbare Verkaufserlös, ggf. abzgl. der geschätzten Kosten bis zur Fertigstellung und der geschätzten notwendigen Vertriebskosten (IAS 2.6). Sind die Umstände, die zu einer Abwertung der Vorräte geführt haben, nicht mehr gegeben, besteht eine Zuschreibungspflicht auf den niedrigen Wert von aktuellem Nettoveräußerungswert oder ursprünglichen Anschaffungs- oder Herstellungskosten (IAS 2.33).

h) Rückstellungen

9.531 Als Rückstellungen gelten Schulden, die bezüglich ihrer Fälligkeit oder Höhe ungewiss sind (IAS 37.10). Für ihren Ansatz und Bewertung ist IAS 37 „Rückstellungen, Eventualverbindlichkeiten und Eventualforderungen" einschlägig, es sei denn, dass sich in anderen Standards Regelungen finden, wie z.B. für tatsächliche und latente Steuerschulden (IAS 12), Verpflichtungen aus Leasingverhältnissen (IFRS 16) und Leistungen an Arbeitnehmer (IAS 19). Rückstellungen sind zu passivieren, wenn die allgemeinen Passivierungsbedingungen für Verbindlichkeiten kumulativ gegeben sind (s. Rz. 9.436). Rückstellungen unterscheiden sich von Schulden dadurch, dass Unsicherheit über Höhe und/oder Zeitpunkt der Erfüllung besteht. Abgegrenzte Schulden (*accruals*), wie z.B. Verbindlichkeiten aus erhaltenen Lieferungen, für welche noch keine Rechnungen vorliegen, oder an Mitarbeiter geschuldete Beträge, z.B. Abgrenzung von Urlaubsgeldern, werden in der Regel als Verbindlichkeiten ausgewiesen, weil die Unsicherheit hinsichtlich der Fälligkeit und Höhe gering sind (IAS 37.11).

9.532 Rückstellungen sind **passivierungspflichtig** (IAS 37.14), wenn

(1) für das Unternehmen eine gegenwärtige (rechtliche oder faktische) Verpflichtung als Ergebnis eines vergangenen Ereignisses entstanden ist,

(2) deren Erfüllung sich das Unternehmen nach realistischer Einschätzung nicht entziehen kann,

(3) der Abfluss von Ressourcen mit wirtschaftlichem Nutzen zur Erfüllung dieser Verpflichtung wahrscheinlich ist und

(4) die Höhe der Verpflichtung verlässlich geschätzt werden kann.

9.533 Rückstellungen sind mit dem voraussichtlichen **Erfüllungsbetrag** zu bewerten (IAS 37.36). Der Erfüllungsbetrag entspricht der bestmöglichen Schätzung der Ausgaben, die zur Erfüllung der Verpflichtung notwendig sind. Dabei sind die mit der Verpflichtung verbundenen Risiken und Ungewissheiten zu berücksichtigen. Der Erfüllungsbetrag ist auf den Bilanzstichtag abzuzinsen, sofern der Effekt der Abzinsung wesentlich ist. Wenn substantielle Hinweise vorliegen, dass der mögliche Eintritt künftiger Ereignisse den Erfüllungsbetrag beeinflusst, sind diese zu berücksichtigen. Erträge aus dem erwarteten Abgang von Vermögenswerten dürfen jedoch nicht berücksichtigt werden (IAS 37.51). Rückgriffsansprüche an Dritte sind gegebenenfalls als selbständige Vermögenswerte zu bilanzieren und nicht mit der zugrunde liegenden Rückstellung zu saldieren (IAS 37.53). Die Bewertung eines solchen Vermögenswertes darf die Höhe der Rückstellung nicht überschreiten.

9.534 Die Rückstellungen sind an jedem Bilanzstichtag daraufhin zu überprüfen, ob die Gründe für den Ansatz weiterhin bestehen. Ist es nicht mehr wahrscheinlich, dass die Rückstellung zu einem zukünftigen Nutzenabfluss führt, so ist sie aufzulösen (IAS 37.59). Rückstellungen dürfen nur für Ausgaben verbraucht werden, für die sie ursprünglich gebildet worden sind (IAS 37.61).

Für zukünftige betriebliche Verluste dürfen keine Rückstellungen gebildet werden (IAS 37.63). Sie führen möglicherweise zu Wertminderungen von Vermögenswerten nach IAS 36. Existiert jedoch ein sog. **„belastender Vertrag“**, demzufolge die eigene Leistungsverpflichtung höher ist als der wirtschaftliche Nutzen der erwarteten Gegenleistung (IAS 37.68), ist für die gegenwärtige Verpflichtung eine Rückstellung anzusetzen (IAS 37.66). 9.535

Rückstellungen für **Restrukturierungsmaßnahmen**, die u.a. nach dem Erwerb von Unternehmen in Frage kommen können, sind dann zulässig, wenn ein Unternehmen einen detaillierten formalen Restrukturierungsplan entwickelt hat, der die betroffenen Geschäftszweige und Standorte, die ungefähre Anzahl der betroffenen Mitarbeiter, die zu erwartenden Kosten und den Zeitpunkt der Planrealisierung enthält. Als Restrukturierungsmaßnahmen gelten Programme, die zu wesentlichen Veränderungen der Geschäftsfelder des Unternehmens oder der Art und Weise, wie das Unternehmen sein Geschäft betreibt, führen. Die Restrukturierungsrückstellung darf nur die unmittelbar im Zusammenhang mit der Restrukturierung anstehenden Aufwendungen enthalten (IAS 37.70 ff.). 9.536

i) Versorgungsverpflichtungen

Die Bilanzierung und Bewertung von Versorgungsverpflichtungen regelt IAS 19 „Leistungen an Arbeitnehmer“. Zu den Versorgungsverpflichtungen gehören sämtliche Leistungen an die Arbeitnehmer, die ihrem wirtschaftlichen Charakter nach Versorgungsleistungen darstellen. Dazu zählen sowohl Renten als auch andere Leistungen wie Lebensversicherungen und medizinische Versorgung. Bezüglich der Altersversorgung unterscheidet IAS 19 zwischen beitragsorientierten und leistungsorientierten Versorgungsplänen (s. dazu auch IAS 26). 9.537

Im Falle **beitragsorientierter Versorgungspläne** (IAS 19.50 ff.) befreit sich der Arbeitgeber mit der Zahlung von Beiträgen an einen externen Träger von weiteren Verpflichtungen. Als Durchführungswege für diese Form der betrieblichen Altersversorgung kommen die Pensionskasse, die Direktversicherung und die Einschaltung eines Pensionsfonds in Betracht. Für beitragsorientierte Pensionspläne ergibt sich für das Unternehmen kein besonderes Bewertungsproblem und auch kein Haftungsrisiko bezüglich der Pensionsansprüche seiner Arbeitnehmer. Die Zahlungen, z.B. an die Versicherungsgesellschaft, werden als laufender Betriebsaufwand erfasst. Anders ist es, wenn die Beitragszusage mit der Verpflichtung des Unternehmens verbunden ist, eine Mindestleistung, z.B. in Höhe der unverzinslich gezahlten Beiträge, zu gewähren. In diesem Fall, der in Deutschland für beitragsorientierte Pläne vorgeschrieben ist, sind entsprechende Rückstellungen für das damit verbundene Risiko zu bilden. 9.538

Leistungsorientierte Pläne (IAS 19.55 ff.) sind dadurch gekennzeichnet, dass das Unternehmens selbst verpflichtet ist, die zugesagten Leistungen zu erbringen, und zwar unabhängig vom Durchführungsweg, der als Direktzusage oder durch Einschaltung einer Unterstützungskasse gestaltet werden kann. Die häufigste Form der Versorgungszusage in Deutschland ist die unmittelbare Pensionsverpflichtung. Bei einem leistungsorientierten Pensionsplan sind die Ansprüche der Arbeitnehmer zu **passivieren**, und zwar unabhängig davon, ob die zu ihrer Befriedigung benötigten Finanzmittel extern ausgelagert sind oder unternehmensintern angesammelt werden. Die Pensionsverpflichtungen sind nach dem **Anwartschaftsbarwertverfahren** (*projected unit credit method*) zu bewerten. 9.539

Nach dem Anwartschaftsbarwertverfahren ist der unter Berücksichtigung der versicherungsmathematischen Annahmen (IAS 19 75 ff. und 87 ff.) ermittelte Barwert der Verpflichtung bei Leistungsbeginn auf die Perioden der Arbeitsleistung zu verteilen (= **Dienstzeitaufwand** der Periode). Zu den versicherungsmathematischen Annahmen gehören die künftigen Gehalts- und Rentensteigerungen, die Fluktuations- und Sterbewahrscheinlichkeiten, Karriereentwicklung und Ähnliches. Da der Barwert der Verpflichtung zu Beginn der Periode zusammen mit dem Dienstzeitaufwand der laufenden Periode um eine Periode aufzuzinsen ist (IAS 19.83) ergibt sich ein **Zinsaufwand**. 9.540

Außerdem ergeben sich von Periode zu Periode **versicherungsmathematische Gewinne oder Verluste** aus den Veränderungen der versicherungsmathematischen Annahmen. Erhalten Arbeitneh- 9.541

mer, die bereits über mehrere Jahre Arbeitsleistungen erbracht haben, später eine Pensionszusage, auf deren Höhe sich auch die vergangene Arbeitsleistung auswirkt, so entsteht ein sog. **nachzuverrechnender Dienstzeitaufwand** (IAS 19.102 f.). Dieser ist linear über den Zeitraum bis zum Eintritt der Unverfallbarkeit der Anwartschaft auf die Abrechnungsperioden zu verteilen.

j) Erträge

9.542 Analog zur Definition von Vermögenswerten und Schulden stellen **Erträge** eine Zunahme **und Aufwendungen** eine Abnahme wirtschaftlichen Nutzens in der Berichtsperiode dar (Rahmenkonzept § 69). Die Veränderungen des wirtschaftlichen Nutzens können sowohl in Form von (mengenmäßigen) Zu- oder Abgängen von Vermögenswerten und Schulden als auch durch Wertschwankungen an vorhandenen Vermögenswerten und Schulden auftreten.

9.543 Erträge umfassen **Erlöse** (*revenue*) und andere Erträge (*gains*). Erlöse ergeben sich in erster Linie aus der gewöhnlichen Geschäftstätigkeit des Unternehmens, z.B. in Form von Umsatzerlösen, Dienstleistungs- oder Mieterträgen. Maßgeblich für ihre Realisierung ist IFRS 15, der auf den einzelnen Kundenvertrag sowie darauf abstellt, dass der Kunde die Kontrolle oder Verfügungsmacht über den Vermögenswert erlangt hat (Rz. 9.431). Dieser Grundsatz gilt sowohl für den Verkauf von Waren und Erzeugnissen als auch für die Erbringung von Dienstleistungen und für Fertigungsaufträge.

9.544 **Andere Erträge**, z.B. aus der Veräußerung langfristiger Vermögenswerte oder aus der Neubewertung von Vermögenswerten mit ihrem gestiegenen Zeitwert sind auszuweisen, wenn der Zufluss eines messbaren wirtschaftlichen Nutzens wahrscheinlich ist. Sie werden grundsätzlich mit dem Zeitwert der empfangenen oder zu empfangenden Gegenleistung bewertet (IFRS 15.47 ff.).

k) (Latente) Steuern

9.545 IAS 12 regelt den Ansatz und den Ausweis der Ertragsteuern einschließlich latenter Steuern. Der Ansatz von Abgrenzungsposten für künftige Steuerbelastungen oder -entlastungen (latente Steuern) hat den Zweck, den Steueraufwand in ein zutreffendes Verhältnis zum ausgewiesenen Jahresergebnis zu bringen. Latente Steuern sind dann anzusetzen, wenn sich die Buchwerte von Vermögenswerten und Schulden in IFRS- und Steuerbilanz unterscheiden und sich diese Unterschiede in späteren Perioden erfolgswirksam ausgleichen werden.

9.546 Auch auf steuerliche Verlustvorträge ist unter Beachtung der allgemeinen Aktivierungsvoraussetzungen sowie einer vorsichtigen Einschätzung des späteren Ausgleichs ein Abgrenzungsposten für latente Steuererträge zu bilden. Steueransprüche und Steuerschulden sind in der Bilanz gesondert darzustellen. Sie sind mit dem Betrag zu bewerten, der als Steuerzahlung oder Steuererstattung zu erwarten ist (IAS 12.46).

9.547 Latente Steueransprüche und latente Steuerschulden sind gesondert von den tatsächlichen Steueransprüchen und -schulden auszuweisen.

7. Sonstige Regelungen

9.548 IAS 8 regelt Auswahl und Handhabung der Bilanzierungs- und Bewertungsmethoden sowie deren Änderungen und die Behandlung von Fehlerkorrekturen. Im Interesse der Vergleichbarkeit dürfen **Bilanzierungs- und Bewertungsmethoden** nur geändert werden, wenn dies durch einen Standard oder eine Interpretation gefordert wird oder wenn die Änderung zu einer aussagefähigeren Darstellung im Abschluss führt (IAS 8.14). Änderungen der Methoden, die auf der erstmaligen Anwendung eines IFRS beruhen, sind gemäß den in den betreffenden Standard enthaltenen Übergangsvorschriften zu behandeln. Liegen solche Regeln nicht vor oder wurden die Bilanzierungs- und Bewertungsmethoden aus anderen Gründen geändert, so sind die Änderungen retrospektiv zu berücksichtigen.

Soweit bei der Bewertung von Bilanzposten Schätzungen erfolgt sind, ist bei Veränderungen der Schätzungsgrundlagen eine neue Einschätzung vorzunehmen. **Änderungen von Schätzungen** sind in der Periode ergebniswirksam zu berücksichtigen, in der sich die Änderung ergibt (IAS 8.36). Soweit die Änderung Folgeperioden betrifft, sind die Auswirkungen in diesen Perioden zu erfassen. Zu Angaben im Anhang s. IAS 8.39. 9.549

Bilanzierungsfehler können auf Rechenfehlern oder fehlerhafter Anwendung der Standards beruhen oder durch Unterschlagung oder aus Versehen entstehen. Sie sind in der Berichtsperiode zu korrigieren, in der sie entdeckt werden. Fehler aus Vorperioden sind retrospektiv zu berücksichtigen, und zwar so, als wäre der Fehler niemals aufgetreten. Dazu sind die Vergleichszahlen früherer Perioden entsprechend anzupassen. Ergebniswirksame Auswirkungen der Vorperioden werden direkt im Eigenkapital verrechnet. Außerdem sind entsprechende Angaben im Anhang zu machen (IAS 8.49). 9.550

Mutterunternehmen, deren Stammaktien öffentlich gehandelt werden, müssen auf der Basis des Konzernergebnisses das unverwässerte und ggf. das verwässerte **Ergebnis je Aktie** in der GUV für die Berichtsperiode und für das Vergleichsvorjahr angeben (IAS 34). 9.551

Im IFRS-Jahres- und -Konzernabschluss sind die **Beziehungen zu nahestehenden Unternehmen** und Personen anzugeben (IAS 24.9), unabhängig davon, ob Geschäftsvorfälle mit ihnen stattgefunden haben (IAS 24.13). Angabepflichtig sind in jeweils vorgegebener Detaillierung alle Vergütungen des Managements in Schlüsselpositionen (IAS 34.17 f.) und alle Geschäftsvorfälle mit nahestehenden Personen und Unternehmen (IAS 24 18 ff.). 9.552

Einstweilen frei. 9.553–9.555

VI. Sonstige Erklärungen und Berichte

1. Vergütungsbericht

Vorstand und Aufsichtsrat einer börsennotierten Gesellschaft (Rz. 9.558) müssen jährlich nach Maßgabe von § 162 AktG einen klaren und verständlichen Bericht erstellen, in dem die im letzten Geschäftsjahr jedem einzelnen gegenwärtigen und früheren Mitglied des Vorstands und des Aufsichtsrats von der Gesellschaft oder von Unternehmen desselben Konzerns gewährten und geschuldeten Vergütungen unter Namensnennung detailliert aufgeführt sind. Die Einzelangaben des Vergütungsberichts ergeben sich aus § 162 Abs. 1 Satz 2 und Abs. 2 AktG. Anzugeben sind u.a. die festen und variablen Vergütungsanteile und eine Erläuterung, wie diese dem maßgeblichen Vergütungssystem für Vorstandsmitglieder gem. § 87a AktG entsprechen. 9.556

Der Vergütungsbericht ist vom Abschlussprüfer daraufhin zu überprüfen, ob die geforderten Angaben gemacht wurden. Er hat einen Vermerk über die Prüfung zu erstellen, der dem Vergütungsbericht beizufügen ist (§ 162 Abs. 3 AktG). Der Vergütungsbericht und der Vermerk des Abschlussprüfers sind zehn Jahre lang auf der Internetseite der Gesellschaft kostenfrei öffentlich zugänglich zu machen (§ 162 Abs. 4 AktG). 9.557

2. (Konzern-)Erklärung zur Unternehmensführung

Börsennotierte Aktiengesellschaften und Kommanditgesellschaften auf Aktien sowie Aktiengesellschaften, die ausschließlich andere Wertpapiere zum Handel an einem organisierten Markt ausgegeben haben und deren Aktien auf eigene Veranlassung im Freiverkehr gehandelt werden, müssen eine Erklärung zur Unternehmensführung in einem besonderen Abschnitt im Lagebericht aufnehmen oder auf der Internetseite öffentlich zugänglich machen (§ 289f Abs. 1 HGB). Im letzten Fall ist im Lagebericht eine Bezugnahme aufzunehmen, welche die Angabe der Internetseite enthält. Ein börsennotiertes **Mutterunternehmen** hat eine Konzernerklärung zur Unternehmensführung zu erstellen und in gleicher Weise öffentlich zugänglich zu machen. (§ 315d HGB). 9.558

9.559 Die Erklärung zur Unternehmensführung ist von Vorstand und Aufsichtsrat abzugeben, da der Aufsichtsrat für einige Inhalte und Aussagen direkt und allein verantwortlich ist[187]. Die Erklärung zur Unternehmensführung hat folgenden **Inhalt** (§ 289f Abs. 2 HGB):

(1) die sog. Entsprechenserklärung zum Deutschen Corporate Governance Kodex (DCGK) gem. § 161 AktG,

(2) eine Bezugnahme auf die Internetseite der Gesellschaft, auf der der Vergütungsbericht für das letzte Geschäftsjahr und der Vermerk des Abschlussprüfers (Rz. 9.556 f.) öffentlich zugänglich gemacht werden,

(3) relevante Angaben zu Unternehmensführungspraktiken, die über die gesetzlichen Anforderungen hinausgehend angewandt werden,

(4) eine Beschreibung der Arbeitsweise von Vorstand und Aufsichtsrat und der Zusammensetzung und Arbeitsweise der von Vorstand und Aufsichtsrat eingesetzten Ausschüsse,

(5) Angaben zum Frauenanteil und zur Diversität in den Verwaltungsgremien (s. Rz. 9.561).

9.560 In der **Entsprechenserklärung** haben Vorstand und Aufsichtsrat jährlich zu erklären, dass den Empfehlungen des DCGK entsprochen wurde und wird und/oder welche Empfehlungen nicht angewendet wurden oder werden. Etwaige Abweichungen von den Kodex-Empfehlungen sind zu begründen. Nach den Empfehlungen des DCGK 2020[188], der auf den bisher empfohlenen Corporate-Governance-Bericht verzichtet, sind in der Erklärung zur Unternehmensführung folgende Angaben zu machen über

- die Vorgehensweise bei der Nachfolgeplanung für den Vorstand,
- die Altersgrenzen für Vorstands- und Aufsichtsratsmitglieder,
- das Kompetenzprofil und die Diversitätsziele für den Aufsichtsrat,
- zur Unabhängigkeit der Aufsichtsratsmitglieder,
- Namen der Mitglieder und der Vorsitzenden der Aufsichtsratsausschüsse.

9.561 Zur Teilhabe von Frauen bei der Zusammensetzung der Unternehmensführung und der Verwaltungsorgane sind in der Erklärung anzugeben:

(1) bei börsennotierten Aktiengesellschaften die für den Vorstand und die beiden folgenden Führungsebenen gem. § 76 Abs. 4 AktG und für den Aufsichtsrat gem. § 111 Abs. 5 AktG festgelegten Zielgrößen für den Frauenanteil und ob die Zielgrößen während des Berichtszeitraums erreicht worden sind und wenn nicht, aus welchen Gründen.

(2) Angabe, ob bei der Besetzung des Aufsichtsrates die Mindestanteile von Frauen und Männern (jeweils 30 %) im Bezugszeitraum eingehalten wurden und wenn nicht, bei börsennotierten AG, SE und KGaA die Angabe von Gründen.

(3) Börsennotierte Gesellschaften, die große Kapitalgesellschaften (§ 267 Abs. 3 HGB) sind, müssen zusätzlich ihr Diversitätskonzept im Hinblick auf die Zusammensetzung von Vorstand und Aufsichtsrat (z.B. in Bezug auf Alter, Geschlecht, Bildungs- und Berufshintergrund) einschließlich der Ziele des Konzepts, der Art und Weise seiner Umsetzung und die im Geschäftsjahr erreichten Ergebnisse beschreiben. Hat die Gesellschaft kein Diversitätskonzept, muss sie dies in der Erklärung zur Unternehmensführung erläutern (§ 289f Abs. 5 HGB).

9.562 Andere Unternehmen, die nicht börsennotiert sind, aber der Mitbestimmung unterliegen und deren Vertretungsorgan und Aufsichtsrat gesetzlich verpflichtet sind, Zielgrößen für den Frauenanteil und

187 Arbeitskreis „Corporate Governance Reporting" der Schmalenbach-Gesellschaft, DB 2019, 318.
188 Verabschiedet am 16.12.2019, veröffentlicht im Bundesanzeiger vom 20.3.2020.

Fristen für deren Einhaltung festzulegen (§ 76 Abs. 4 und § 111 Abs. 5 AktG), haben darüber entsprechend der Nr. 1 in Rz. 9.561 zu berichten (§ 289f Abs. 4 HGB).

Der **Abschlussprüfer** hat lediglich zu prüfen, ob die Erklärung zur Unternehmensführung erfolgt ist (§ 317 Abs. 2 Satz 4 HGB bzw. § 317 Abs. 2 Satz 6 HGB). 9.563

3. Nichtfinanzielle (Konzern-)Erklärung

a) Berichtspflicht

Große kapitalmarktorientierte Kapitalgesellschaften einschließlich der Kapitalgesellschaft & Co. (§ 264d HGB), die mehr als 500 Arbeitnehmern beschäftigen, müssen ihren Lagebericht um eine nichtfinanzielle Erklärung erweitern (§§ 289b – 289e HGB), es sei denn, dass sie einen gesonderten nichtfinanziellen Bericht zusammen mit dem Lagebericht offenlegen oder ihn auf ihrer Internetseite spätestens vier Monate nach dem Abschlussstichtag für mindestens 10 Jahre öffentlich zugänglich machen und im Lagebericht auf diese Veröffentlichung hinweisen (§ 289b Abs. 3 HGB). Die Erklärung soll der sozialen Verantwortung von großen Unternehmen (*Corporate Social Responsibility*) Rechnung tragen. 9.564

Die genannten Gesellschaften sind von der Berichtspflicht befreit, wenn sie in den Lagebericht eines Mutterunternehmens einbezogen sind, der nach Maßgabe des nationalen Rechts eines Mitgliedstaates der EU oder der EWR aufgestellt ist und eine nichtfinanzielle Konzernerklärung enthält (§ 289b Abs. 2 HGB). Das befreite Unternehmen hat in seinem Lagebericht anzugeben, welches Mutterunternehmen den Konzernlagebericht mit der nichtfinanziellen Erklärung oder den gesonderten nichtfinanziellen Konzernbericht offenlegt und wo dieser in deutscher oder englischer Sprache offengelegt oder veröffentlicht ist. 9.565

Mutterunternehmen, die kapitalmarktorientierte Kapitalgesellschaften sind und deren Konzern die in § 293 HGB genannten Größenordnungen für Umsatzerlöse und Bilanzsumme überschreitet und im Jahresdurchschnitt insgesamt mehr als 500 Arbeitnehmer beschäftigt, haben eine **nichtfinanzielle Konzernerklärung** abzugeben und zu veröffentlichen (§ 315b Abs. 1 HGB)[189]. Ausgenommen von der Berichtspflicht sind Mutterunternehmen, wenn sie 9.566

(1) gem. §§ 291 oder 292 HGB von der Pflicht zur Aufstellung eines Konzernlageberichts befreit sind oder

(2) als Tochterunternehmen in die nichtfinanzielle Konzernerklärung, eines anderen Mutterunternehmens einbezogen werden (§ 315b Abs. 2 HGB) oder

(3) einen gesonderten nichtfinanziellen Bericht erstellen (§ 315b Abs. 3 HGB).

Im Fall (2) ist anzugeben, welches Mutterunternehmen den Konzernlagebericht oder den gesonderten Bericht offenlegt und wo der Bericht in deutscher oder englischer Sprache offengelegt oder veröffentlicht ist.

b) Inhalt

In der nichtfinanziellen (Konzern-)Erklärung ist einleitend das **Geschäftsmodell** des Unternehmens kurz zu beschreiben (§ 289c Abs. 1 HGB). Der Begriff wird im Gesetz und in der Begründung nicht näher definiert. Das Geschäftsmodell drückt aus, auf welche Art und Weise das Unternehmen Werte für seine Kunden erzeugt und vertreibt und dadurch Erträge oder Gewinne für das Unternehmen generiert. Im Übrigen ist in der nichtfinanziellen Erklärung zumindest auf folgende **Aspekte** einzugehen (§ 289c Abs. 2 HGB): 9.567

189 Zu weiteren Einzelheiten s. DRS 20.K 224 ff.; *Störk/Schäfer/Schönberger*, Beck Bil-Komm, 12. Aufl., § 289b ff.

(1) Umweltbelange (z.B. Treibhausgasemissionen, Wasserverbrauch, Luftverschmutzung, Nutzung erneuerbarer Energien, Schutz der biologischen Vielfalt);

(2) Arbeitnehmerbelange (z.B. Arbeitsbedingungen, Gesundheitsschutz, Geschlechtergleichstellung, Achtung der Arbeitnehmerrechte, Sicherheit am Arbeitsplatz u.Ä.);

(3) Sozialbelange (z.B. Dialog auf kommunaler und regionaler Ebene, Maßnahmen zugunsten lokaler Gemeinschaften u.a.);

(4) Achtung der Menschenrechte (z.B. Maßnahmen zur Verhinderung von Menschenrechtsverletzungen);

(5) Bekämpfung von Korruption und Bestechung (z.B. Darstellung der dazu eingesetzten Instrumente).

9.568 Zu den genannten Aspekten sind jeweils die Angaben zu machen, die für das Verständnis des Geschäftsverlaufs, des Geschäftsergebnisses und der Lage des Unternehmens sowie der Auswirkungen der Unternehmenstätigkeit auf die genannten Aspekte erforderlich sind (§ 289c Abs. 3 HGB), einschließlich

(1) einer Beschreibung der vom Unternehmen verfolgten **Konzepte (Ziele, Maßnahmen)** samt der angewandten Due-diligence-Prozesse sowie der Ergebnisse der Konzepte,

(2) der **wesentlichen Risiken**, die mit der Geschäftstätigkeit des Unternehmens verbunden sind und die „sehr wahrscheinlich schwerwiegende negative Auswirkungen" auf die genannten Aspekte haben oder haben werden sowie ihre Handhabung durch das Unternehmen;

(3) wesentlicher Risiken, die mit den Geschäftsbeziehungen des Unternehmens, seinen Produkten und Dienstleistungen verknüpft sind und die „sehr wahrscheinlich schwerwiegende negative Auswirkungen" auf die genannten Aspekte haben oder haben werden, soweit die Angaben gewichtig und die Berichterstattung über diese Risiken verhältnismäßig ist, sowie der Handhabung dieser Risiken durch das Unternehmen;

(4) der wesentlichen nichtfinanziellen Leistungsindikatoren, die für die Geschäftstätigkeit des Unternehmens von Bedeutung sind, und

(5) soweit es für das Verständnis notwendig ist, Hinweise auf im Jahresabschluss ausgewiesene Beträge und zusätzliche Erläuterungen dazu.

Wenn die Gesellschaft im Hinblick auf einen oder mehrere Aspekte kein Konzept verfolgt, ist dies in der nichtfinanziellen Erklärung klar anzugeben und zu begründen (§ 289c Abs. 4 HGB).

9.569 Für die Erstellung der nichtfinanziellen Erklärung können nationale oder internationale Rahmenwerke genutzt werden, z.B. Leitsätze der OECD für multinationale Unternehmen oder der Global Reporting Initiative (GRI) oder der Deutsche Nachhaltigkeits-Kodex. Das genutzte Rahmenwerk ist anzugeben (§ 289d HGB). Der in § 289c HGB beschriebene Mindestinhalt der nichtfinanziellen Erklärung muss gewahrt sein.

9.570 Eine Kapitalgesellschaft muss ausnahmsweise keine Angaben zu künftigen Entwicklungen oder Belangen machen, über die Verhandlungen geführt werden, wenn die Angaben nach vernünftiger kaufmännischer Beurteilung der Geschäftsführung geeignet sind, dem Unternehmen einen erheblichen Nachteil zuzufügen und das Weglassen der Angaben die Abbildung der tatsächlichen Verhältnisse der Geschäftsentwicklung und Lage des Unternehmens nicht verhindert (§ 289e HGB). Sind die Gründe für die Nichtaufnahme der Angaben entfallen, sind die Angaben in der folgenden nichtfinanziellen Erklärung aufzunehmen (§ 289e Abs. 2 HGB).

9.571 Der Inhalt der **nichtfinanziellen Konzernerklärung** (§ 315c HGB) entspricht der nichtfinanziellen Erklärung gem. § 289c HGB in Bezug auf den Konzern. Für die Wesentlichkeit der Informationen ist auf die Lage und Entwicklung des Konzerns abzustellen. Die in Rz. 9.568 genannten Angaben sind zu machen, soweit sie für das Verständnis des Geschäftsverlaufs, des Geschäftsergebnissen und der Lage des Konzerns sowie der Auswirkungen der Tätigkeit des Konzerns auf die genannten Aspekte erforderlich sind (§ 315c Abs. 2 HGB)[190].

c) Prüfung

Die nichtfinanzielle Erklärung und ggf. die nichtfinanzielle Konzernerklärung sind dem Abschlussprüfer (§ 320 Abs. 1 und 3 HGB) und dem Aufsichtsrat (§ 170 Abs. 1 AktG) vorzulegen. Die Prüfung des **Abschlussprüfers** beschränkt sich darauf, ob die nichtfinanzielle Erklärung im Lagebericht bzw. Konzernlagebericht enthalten ist oder ob sie als gesonderter Bericht erstellt wurde und ob jeweils die Angaben nach § 289c HGB gemacht wurden (§ 317 Abs. Satz 4 bis 6 HGB). Eine inhaltliche Prüfung durch den Abschlussprüfer ist nicht vorgesehen. 9.572

Die nichtfinanzielle (Konzern-)Erklärung bzw. der nichtfinanzielle (Konzern-)Bericht unterliegt jedoch in vollem Umfang, also auch inhaltlich, der Prüfung durch den **Aufsichtsrat** des (Mutter-)Unternehmens. Er hat den Lagebericht und bei Mutterunternehmen des Konzernlagebericht einschließlich der dort verorteten nichtfinanziellen Erklärung oder ggf. den gesonderten nichtfinanziellen Bericht bzw. den gesonderten nichtfinanziellen Konzernbericht vollinhaltlich zu prüfen (§ 171 Abs. 1 Satz 4 AktG). Gem. § 111 Abs. 2 AktG kann der Aufsichtsrat eine externe inhaltliche Prüfung der nichtfinanziellen Berichterstattung beauftragen. 9.573

Für die GmbH gilt das entsprechend, wenn sie einen Aufsichtsrat hat (§ 52 Abs. 1 GmbHG). Wenn eine Genossenschaft einen gesonderten nichtfinanziellen Bericht erstellt, ist er ebenfalls vom Aufsichtsrat zu prüfen (§ 38 Abs. 1b GenG). 9.574

4. Zahlungsberichte

Große Kapitalgesellschaften und ihnen gleich gestellte Kapitalgesellschaften & Co., die in der mineralgewinnenden Industrie tätig sind oder Holzeinschlag in Primärwäldern betreiben, haben jährlich einen Zahlungsbericht zu erstellen und spätestens 6 Monate nach Ablauf des Berichtszeitraums zu veröffentlichen (§ 341s Abs. 1 HGB). Die Pflicht entfällt, wenn sie in den von ihnen oder einem anderen Mutterunternehmen erstellten Konzernzahlungsbericht einbezogen werden. Mutterunternehmen müssen einen Konzernzahlungsbericht erstellen, es sei denn, sie sind Tochterunternehmen eines anderen Mutterunternehmens mit Sitz in der EU oder im EWR (§ 341v Abs. 2 HGB). In den Konzernzahlungsbericht sind das Mutterunternehmen und alle Tochterunternehmen unabhängig von ihrem Sitz einzubeziehen. 9.575

Im Zahlungsbericht sind sämtliche Zahlungen (§ 341r Nr. 3 HGB) anzugeben, die im Berichtszeitraum im Zusammenhang mit der oben bezeichneten Geschäftstätigkeit an staatliche Stellen (§ 341r Nr. 4 HGB) geleistet wurden, soweit sie 100.000 Euro und mehr betragen. Der Zahlungsbericht ist nach Staaten zu gliedern und hat die Zahlungen empfangenen staatlichen Stellen und die Projekte (§ 341r Nr. 5 HGB), für die Zahlungen geleistet wurden, eindeutig zu benennen (§§ 341t und 341u HGB). 9.576

Der Zahlungs- bzw. Konzernzahlungsbericht ist spätestens sechs Monate nach Ablauf des Berichtszeitraums der Öffentlichkeit zur Verfügung zu stellen (§ 116 Abs. 1 WpHG; § 341w Abs. 1 Satz 2 HGB). Für nicht kapitalmarktorientierte große Kapitalgesellschaften beträgt die Offenlegungsfrist ein Jahr (§ 341w Abs. 1 und 2 HGB). Außerdem muss ein nach § 116 Abs. 1 WpHG berichtspflichtiges Unternehmen spätestens sechs Monate nach Ablauf des Berichtszeitraums und vor dem Zeitpunkt der Veröffentlichung des Zahlungsberichts bekanntgeben, ab welchem Zeitpunkt und unter welcher Internetadresse der Zahlungsbericht öffentlich zugänglich ist (§ 116 Abs. 2 WpHG). 9.577

190 S. im Einzelnen DSR 20.K 227 ff.

5. Abhängigkeitsbericht

9.578 Der Vollständigkeit halber sei an dieser Stelle der sog. **Abhängigkeitsbericht** erwähnt, den der Vorstand **einer abhängigen AG** im Zusammenhang mit der jährlichen Rechnungslegung aufzustellen hat, wenn kein vertragliches Konzernverhältnis vorliegt (§§ 312 ff. AktG). In dem Bericht sind alle Rechtsgeschäfte mit Leistung und Gegenleistung aufzuführen, welche die Gesellschaft im vergangenen Geschäftsjahr mit dem herrschenden Unternehmen oder mit ihm verbundenen Unternehmen oder ein oder auf Veranlassung oder im Interesse dieser Unternehmen getätigt hat. Ebenso sind alle sonstigen Maßnahmen im Interesse oder auf Veranlassung der genannten Unternehmen anzugeben.

9.579 Der Vorstand hat für alle derartigen Rechtsgeschäfte und Maßnahmen festzustellen, ob Leistung und Gegenleistung oder Vorteile und Nachteile sich ausgeglichen haben und ob ein etwaiger Nachteil ausgeglichen worden ist oder ein Anspruch auf Nachteilsausgleich gewährt wurde (§§ 312 ff. AktG). Der Abhängigkeitsbericht ist vom Abschlussprüfer und vom Aufsichtsrat zu prüfen. Die abschließenden Feststellungen von Vorstand und Abschlussprüfer sind in den Anhang, die Feststellungen des Aufsichtsrats in dessen Bericht an die Hauptversammlung aufzunehmen.

6. Zwischenberichterstattung

9.580 Eine jährliche Unterrichtung der Investoren über die Lage und Entwicklung der Unternehmen und Konzerne ist angesichts der raschen Veränderungen der unternehmensrelevanten Umwelt und deren Auswirkungen auf die Geschäftsentwicklung des Unternehmens wenig zufriedenstellend. Daher sind kapitalmarktorientierte Unternehmen zur Zwischenberichterstattung verpflichtet, welche die geschäftliche Entwicklung seit dem letzten Jahres- oder Zwischenabschluss darstellt und eine Prognose für das Jahresergebnis des laufenden Geschäftsjahres ermöglicht. Die Zwischenberichterstattung steht in einem sachlichen Zusammenhang mit dem Jahres- oder Konzernabschluss, sodass für den **Zwischenabschluss** dieselben Bilanzierungs-, Bewertungs- und Konsolidierungsgrundsätze zu beachten sind wie im Jahresabschluss oder Konzernabschluss.

9.581 Inlandsemittenten von Aktien oder Schuldtiteln haben für die ersten sechs Monate eines jeden Geschäftsjahres einen **Halbjahresfinanzbericht** zu erstellen und diesen unverzüglich, spätestens zwei Monate nach Ablauf des Berichtszeitraums der Öffentlichkeit zur Verfügung zu stellen (§ 115 Abs. 1 WpHG). Der Halbjahresbericht hat mindestens einen verkürzten Abschluss, einen Zwischenlagebericht und eine entsprechende Erklärung der gesetzlichen Vertreter wie zum Jahresfinanzbericht zu enthalten. Der **verkürzte Abschluss** umfasst zumindest eine verkürzte Bilanz, eine verkürzte G+V und einen verkürzten Anhang.

9.582 Ist ein **Mutterunternehmen** verpflichtet, einen Konzernabschluss aufzustellen, hat es seinen Halbjahresfinanzbericht auf der Grundlage eines Halbjahres-Konzernabschlusses (Konzernbilanz, Konzern-GuV, Konzernanhang, Kapitalflussrechnung und Eigenkapitalspiegel) und einen Konzern-Zwischenlagebericht zu erstellen und zu veröffentlichen (§ 117 WpHG). Für die Konzern-Zwischenberichterstattung ist DRS 16 „Zwischenberichterstattung" zu beachten.

9.583 Der Zwischenabschluss muss **alle wesentlichen Posten** und Zwischensummen enthalten, die im letzten Jahres- bzw. Konzernabschluss ausgewiesen wurden. Zusätzliche Posten und Erläuterungen sind notwendig, wenn ihr Weglassen den Zwischenbericht irreführend erscheinen lassen würde. Im Zwischenabschluss sind dieselben **Bilanzierungs- und Bewertungsmethoden** sowie Konsolidierungsgrundsätze zu beachten wie im letzten Konzernabschluss. Änderungen dieser Methoden und Grundsätze, die nach dem Stichtag des letzten Konzernabschlusses vorgenommen wurden, sind zu erläutern.

9.584 Im **Zwischenlagebericht** sind die wichtigen Ereignisse während der ersten sechs Monate des Geschäftsjahres und ihre Auswirkungen auf den verkürzten Abschluss anzugeben und die wesentlichen Chancen und Risiken für die der Berichtsperiode folgenden sechs Monate des Geschäftsjahres zu beschreiben. Unternehmen, die als Inlandsemittent Aktien vergeben, haben außerdem die wesentlichen im Berichtszeitraum getätigten Geschäfte mit nahestehenden Personen anzugeben. Der verkürzte Abschluss und der Zwischenlagebericht unterliegen keiner externen Pflichtprüfung. Sie können einer freiwilligen Abschlussprüfung oder einer prüferischen Durchsicht durch einen externen Abschlussprüfer unterzogen werden.

Ist das Mutterunternehmen verpflichtet, seinen Konzernabschluss auf der Grundlage der **IFRS** aufzustellen, hat es IAS 34 „Zwischenberichterstattung" zu beachten. Danach sind Zwischenberichte komplette oder verkürzte Abschlüsse für Zeiträume, die kürzer sind als ein Geschäftsjahr. Sie müssen mindestens eine verkürzte Bilanz und G+V, eine verkürzte Darstellung der Veränderungen des Eigenkapitals und eine verkürzte Kapitalflussrechnung sowie ausgewählte Anhangangaben enthalten (IAS 34.8). Es sind dabei die gleichen Rechnungslegungsgrundsätze wie für den Jahres- oder Konzernabschluss anzuwenden (IAS 34.28). 9.585

Im Zwischenbericht sind alle Ereignisse und Geschäftsvorfälle anzugeben, die für das Verständnis der Berichtsperiode wesentlich sind. U.a. sind anzugeben (IAS 34.16): 9.586

(1) eine Erklärung, dass dieselben Bilanzierungs- und Bewertungsmethoden wie im vorhergehenden Jahresabschluss angewendet werden oder bei Änderung Art und Auswirkung derselben,

(2) Erläuterungen zu Saison- und Konjunktureinflüssen,

(3) ungewöhnliche Sachverhalte,

(4) Emissionen, Rückzahlungen und Rückkäufe von Schuldverschreibungen oder Eigenkapitaltiteln, gezahlte Dividenden,

(5) Segmenterlöse und Segmentergebnisse,

(6) Wesentliche Ereignisse nach Ende der Berichtsperiode.

VII. Prüfung des Jahres- und des Konzernabschlusses

1. Prüfung und Prozess der Rechnungslegung

Die wichtigste Funktion der Rechnungslegung ist die Information über die **wirtschaftliche und finanzielle Lage und Entwicklung des Unternehmens** oder Konzerns. Sowohl die Verwaltungsorgane des Unternehmens (Vorstand/Geschäftsführung, Aufsichtsrat und Haupt- oder Gesellschafterversammlung) und ihre Mitglieder sowie der Kapital- und Kreditgeber als auch andere Stakeholder des Unternehmens (Arbeitnehmer, Kunden und Lieferanten) benötigen für ihre Entscheidungen und Dispositionen regelmäßige, verlässliche und zutreffende Informationen über die Vermögens-, Finanz- und Ertragslage des Unternehmens bzw. Konzerns in Form von Jahres- und Konzernabschlüssen sowie der zugehörigen Lageberichte (s. Rz. 9.7 ff.). Daher unterliegen die von den gesetzlichen Vertretern aufgestellten Abschlüsse und Lageberichte gesetzlich vorgeschriebenen Prüfungen. 9.587

Bei mittelgroßen und großen Kapitalgesellschaften, Genossenschaften und sonstigen publizitätspflichtigen Unternehmen (Rz. 9.22, Tabelle 2) unterliegen Abschluss und Lagebericht der Prüfung durch einen **externen Abschlussprüfer** (§ 316 HGB). Als Abschlussprüfer sind nur Wirtschaftsprüfer oder Wirtschaftsprüfungsgesellschaften zugelassen; für mittelgroße Kapitalgesellschaften können auch vereidigte Buchprüfer oder Buchprüfungsgesellschaften zum Abschlussprüfer bestellt werden. Die Abschlussprüfung ist im Wesentlichen in §§ 316 bis 324a HGB gesetzlich geregelt. 9.588

Außerdem sind die Abschlüsse und Lageberichte vom Aufsichtsorgan des Unternehmens zu prüfen (§ 171 AktG). Der Gesetzgeber hat die Bedeutung der Rechnungslegung und ihrer Prüfung dadurch unterstrichen, dass dem **Aufsichtsrat** von kapitalmarktorientierten Unternehmen (Rz. 9.24) ein sog. **Finanzexperte** als unabhängiges Mitglied angehören muss, der über Sachverstand auf den Gebieten 9.589

der Rechnungslegung oder Abschlussprüfung verfügt (§ 100 Abs. 5 AktG)[191]. Aufsichtsräten von kapitalmarktorientierten Unternehmen wird empfohlen, einen Prüfungsausschuss zu bilden[192]. Aufgaben des Prüfungsausschusses sind die Beobachtung des Rechnungslegungsprozesses und der Abschlussprüfung, die Unterrichtung des Verwaltungs- oder Aufsichtsorgans des Unternehmens über das Ergebnis der Abschlussprüfung sowie die Überwachung der Wirksamkeit des internen Kontrollsystems, des Risikomanagements und der internen Revision.

Kapitalmarktorientierte Unternehmen, die keinen Aufsichtsrat haben, müssen einen **Prüfungsausschuss** einrichten, dessen Mitglieder von den Gesellschaftern zu wählen sind; mindestens ein Mitglied muss ein Finanzexperte sein (§ 324 HGB).

9.590 Die festgestellten oder gebilligten Abschlüsse und Berichte von Unternehmen, für die als Emittenten von zugelassenen Wertpapieren die Bundesrepublik Deutschland Herkunftsstaat ist, werden aus gegebenem Anlass oder stichprobenweise durch die Deutsche Prüfstelle für Rechnungslegung (DPR; § 342b HGB) oder die Bundesanstalt für Finanzdienstleistungen (BaFin) geprüft. Dieses sog. **Enforcement** ist in §§ 106 ff. WpHG und § 342b HGB geregelt.

9.591 Eine sorgfältige Aufstellung des Jahresabschlusses unter Einhaltung der vorgegeben Fristen (Rz. 9.592) setzt eine funktionierende Organisation des **Rechnungslegungsprozesses** voraus. Besondere Vorkehrungen erfordert die Aufstellung des Konzernabschlusses, der auf den geprüften Einzelabschlüssen des Mutterunternehmens und der in den Konzernabschluss einzubeziehenden in- und ausländischen Tochterunternehmen beruht. Hauptverantwortlich für die Organisation und Durchführung des Rechnungslegungsprozesses ist der Vorstand bzw. die Geschäftsführung des Unternehmens bzw. Mutterunternehmens.

9.592 Der Rechnungslegungsprozess beginnt mit der Eröffnungsbilanz des neu errichteten Unternehmens bzw. mit der Eröffnungsbilanz des neuen Geschäftsjahrs. Daran schließt sich die systematische und zeitnahe Erfassung aller Geschäftsvorfälle an (Buchführung). Organisation und Handhabung von **Buchführung** und Verfahren der Rechnungslegung sind Aufgaben der Geschäftsführung (§ 91 Abs. 1 AktG), die der Aufsichtsrat zu überwachen hat. Sie bilden u.a. die Grundlage für die regelmäßige Berichterstattung des Vorstands an den Aufsichtsrat sowie zusammen mit der zuverlässigen Bestandserfassung der Vermögensgegenstände und Schulden des Unternehmens zum Abschlussstichtag (Inventur) für den Jahresabschluss.

9.593 Die gesetzlichen Vertreter des Unternehmens, bei Kapitalgesellschaften also der Vorstand oder die Geschäftsführung, haben den **Jahresabschluss** und den Lagebericht unter Beachtung der einschlägigen Vorschriften innerhalb der einem ordnungsmäßigen Geschäftsgang entsprechenden Zeit aufzustellen. Große und mittelgroße Kapitalgesellschaften sowie andere publizitätspflichtige Unternehmen müssen den Jahresabschluss und den Lagebericht in den ersten drei Monaten nach dem Bilanzstichtag aufstellen; kleine Kapitalgesellschaften innerhalb von sechs Monaten; sie brauchen keinen Lagebericht aufzustellen. Mutterunternehmen, die zur Konzernrechnungslegung verpflichtet sind, haben den Konzernabschluss und den Konzernlagebericht in den ersten fünf Monaten nach dem Ende des Geschäftsjahres aufzustellen.

9.594 Die aufgestellten Abschlüsse und Lageberichte sind unverzüglich dem Abschlussprüfer und dem Aufsichtsrat vorzulegen. Anschließend erfolgt die **Prüfung** der genannten Vorlagen durch den Abschlussprüfer und durch den Aufsichtsrat. Mit der **Billigung** des Jahresabschlusses durch den Aufsichtsrat ist dieser festgestellt, wenn der Aufsichtsrat nicht die **Feststellung** durch die Hauptversammlung beschließt. Der festgestellte Jahresabschluss und die zugehörigen Unterlagen sind unverzüglich beim Betreiber des elektronischen Bundesanzeigers elektronisch einzureichen und im Bundesanzeiger bekannt machen zu lassen (§§ 325 ff. HGB).

191 Der Finanzexperte trägt eine besondere haftungsrechtliche Verantwortung, weil er eine besondere Funktion im Interesse der Kapitalmarktteilnehmer erfüllt (Hüffer/Koch, 13. Aufl., § 116 AktG Rz. 4).

192 DCGK 2020, D 3.

2. Prüfung durch den Abschlussprüfer

a) Unabhängigkeit des Abschlussprüfers

Der Abschlussprüfer erfüllt eine **doppelte Funktion**. Er ist primär öffentlicher Garant für eine normengerechte Rechnungslegung und damit ein Element der externen Unternehmenskontrolle. Gleichzeitig ist er unterstützender Sachverständiger für den Aufsichtsrat und damit aktiver Funktionsträger der internen Unternehmenskontrolle[193]. 9.595

Für eine wirksame externe Kontrolle der Rechnungslegung sind die Unabhängigkeit und eine kritische Grundhaltung des Abschlussprüfers gegenüber dem geprüften Unternehmen von besonderer Bedeutung. Dementsprechend darf der Abschlussprüfer nicht in Entscheidungsprozesse des geprüften Unternehmens eingebunden sein. Wenn eine Gefahr der Selbstprüfung (Prüfung eigener Entscheidungen, Ratschläge oder Gestaltungen), des Eigeninteresses oder Einflüsse aufgrund persönlicher, finanzieller oder geschäftlicher Beziehungen zu dem geprüften Unternehmen und seinen Organmitgliedern besteht, darf der betroffene Abschlussprüfer die Abschlussprüfung nicht durchführen (Art. 22 APRL). 9.596

Im Interesse der Unabhängigkeit und Unbefangenheit des Abschlussprüfers nennt das Gesetz mehrere Gründe, die einen Wirtschaftsprüfer oder eine Prüfungsgesellschaft von der Wahl zum Abschlussprüfer ausschließen. Als **Ausschlussgründe** gelten z.B. finanzielle Beziehungen zum zu prüfenden Unternehmen oder anderweitige Dienstleistungen für das Unternehmen oder wirtschaftliche Abhängigkeit vom Unternehmen, welche die Unabhängigkeit des Abschlussprüfers in Frage stellen oder gegen das Verbot der Selbstprüfung verstoßen[194]. 9.597

Neben den handelsrechtlichen Vorschriften in §§ 316 ff. HGB, die auf der Europäischen Abschlussprüfungsrichtlinie 2014/56/EU (APRL), ist die unmittelbar geltende EU-Verordnung zur Abschlussprüfung bei **Unternehmen von öffentlichem Interesse** (VO (EU) Nr. 537/2014; APVO) von Bedeutung[195]. Unternehmen von öffentlichem Interesse sind kapitalmarktorientierte Unternehmen i.S.v. § 264d HGB) sowie sog. CRR-Kreditinstitute und Versicherungsunternehmen (§ 319a Abs. 1 HGB). Für die genannten Unternehmen enthält die APVO besondere Anforderungen an die Prüfung von Jahresabschlüssen und konsolidierten Abschlüssen und Vorschriften für die Bestellung und die Organisation der Abschlussprüfer dieser Unternehmen. 9.598

b) Auswahl und Bestellung des Abschlussprüfers

Zuständig für die Bestellung des Abschlussprüfers sind die Anteilseigner des Unternehmens (§ 119 Abs. 1 Nr. 4 AktG)[196]. Der Abschlussprüfer für den Konzernabschluss wird von den Gesellschaftern des Mutterunternehmens gewählt (§ 318 Abs. 1 HGB). 9.599

Der **Aufsichtsrat** der Gesellschaft hat der Hauptversammlung einen Abschlussprüfer zur Wahl vorzuschlagen (§ 124 Abs. 3 AktG), der die gesetzlich geforderten Qualifikationen (Berufsqualifikation, Unabhängigkeit, keine Ausschlussgründe) erfüllt (§§ 319 f. HGB). Bei kapitalmarktorientierten Kapitalgesellschaften ist der Wahlvorschlag des Aufsichtsrats auf die Empfehlung des Prüfungsausschusses zu stützen (§ 124 Abs. 3 Satz 2 AktG). Für den **Wahlvorschlag** an die Hauptversammlung

193 *Mattheus* in Hommelhoff/Hopt/v. Werder, Handbuch Corporate Governance, 2. Aufl., S. 570 und 573; *Scheffler* in Beck HdR, B 615 Rz. 90 ff.; *Lutter/Krieger/Verse*, Rechte und Pflichten des Aufsichtsrats, 6. Aufl., Rz. 172 f.

194 § 319 Abs. 3–5 und § 319a HGB.

195 Richtlinie 2014/56/EU (ABl. L 158 v. 17.5.2014, S. 196 ff.) und VO (EU) Nr. 537/2014 (ABl. L 158 v. 17.5.2014, S. 77 ff.). Unternehmen von öffentlichem Interesse sind kapitalmarktorientierte Unternehmen sowie Kreditinstitute und Versicherungsunternehmen.

196 Bei Genossenschaften entfällt die Wahl; hier ist Abschlussprüfer der Prüfungsverband, dem die Genossenschaft angehört (§§ 53 ff. GenG).

ist der Aufsichtsrat als Gesamtorgan zuständig. Die Hauptversammlung ist an den Wahlvorschlag nicht gebunden.

9.600 Für **Unternehmen von öffentlichem Interesse** sind Bestellung und Qualifikation des Abschlussprüfers durch die APVO strenger geregelt worden. Der **Prüfungsausschuss**[197] hat dem Aufsichtsrat des geprüften Unternehmens eine Empfehlung für die Bestellung von Abschlussprüfern oder Prüfungsgesellschaften zu unterbreiten; er trifft insoweit eine Vorauswahl. Bereits bei dieser Vorauswahl ist auf die vorgegebene Höchstlaufzeit des Prüfungsmandats und auf etwaige Ausschlussgründe (§§ 319 ff. HGB; Rz. 9.603 ff.) zu achten.

9.601 Abgesehen von einer Erneuerung des Prüfungsmandats (= Wiederbestellung des Abschlussprüfers) muss der Prüfungsausschuss seine Empfehlung begründen und mindestens zwei Vorschläge für das Prüfungsmandat machen. Der Prüfungsausschuss teilt dem Aufsichtsrat unter Angabe der Gründe seine Präferenz für einen der beiden Vorschläge mit. Die Empfehlung des Prüfungsausschusses erfolgt im Anschluss an ein **Auswahlverfahren,** das das geprüfte Unternehmen unter Berücksichtigung folgender Kriterien durchführt.

(1) Dem geprüften Unternehmen steht es frei, beliebige Abschlussprüfer oder Prüfungsgesellschaften zur Bewerbung um das Prüfungsmandat aufzufordern. Prüfungsunternehmen, die im vorangegangenen Kalenderjahr in dem betreffenden Mitgliedstaat weniger als 15 % der von Unternehmen von öffentlichen Interesse gezahlten Gesamthonorare erhalten haben, dürfen in keiner Weise von der Teilnahme an dem Ausschreibungsverfahren ausgeschlossen werden (Art. 16 Abs. 3a APVO).

(2) Die Ausschreibungsunterlagen müssen die Geschäftstätigkeit des zu prüfenden Unternehmens und die Art der durchzuführenden Abschlussprüfung angeben. Verlangen Behörden bestimmte Qualitätsstandards für die Aufstellung und Prüfung des Abschlusses, sind diese in die Ausschreibungsunterlagen aufzunehmen. Im Übrigen kann das Bieterverfahren frei gestaltet werden. Mit interessierten Bietern kann im Laufe des Verfahrens direkt verhandelt werden.

(3) Das Unternehmen beurteilt die Bewerbungen anhand der in den Ausschreibungsunterlagen festgelegten Auswahlkriterien und erstellt einen Bericht über die im Auswahlverfahren gezogenen Schlussfolgerungen, der vom Prüfungsausschuss zu validieren ist. Das Unternehmen muss der zuständigen Behörde auf Verlangen darlegen können, dass das Auswahlverfahren auf faire Weise durchgeführt wurde.

9.602 Der vom **Aufsichtsrat** an die Hauptversammlung gerichtete Vorschlag für die Bestellung des Abschlussprüfers muss die Empfehlung und Präferenz des Prüfungsausschusses enthalten. Falls der Vorschlag des Aufsichtsrats von der Präferenz des Prüfungsausschusses abweicht, sind dafür die Gründe zu nennen[198].

9.603 Bei Unternehmen von öffentlichem Interesse ist der Abschlussprüfer nach einer Mandatslaufzeit von 10 Jahren auszuwechseln (sog. **externe Rotation**; Art. 17 APVO)[199]. Die Mindestlaufzeit für ein erstes Mandat beträgt ein Jahr. Das Mandat kann verlängert werden, doch dürfen weder das erste noch

197 Die APVO geht davon aus, dass Unternehmen von öffentlichem Interesse grundsätzlich einen Prüfungsausschuss haben. Wenn kein Prüfungsausschuss eingerichtet wurde, ist der Gesamt-Aufsichtsrat in der Pflicht.

198 Das gilt natürlich nicht, wenn der Aufsichtsrat die Funktion des Prüfungsausschusses selbst wahrnimmt. Bei mehr als 6 Aufsichtsratsmitglieder wird die vom DCGK 2020, D.3) empfohlene Einrichtung eines Prüfungsausschusse zur Selbstorganisationspflicht. S. u.a. *Scheffler* in Beck HdR, B 615, Rz. 67.

199 Empirisch konnte nicht nachgewiesen werden, dass durch den externen Prüferwechsel die Unabhängigkeit des Abschlussprüfers gestärkt wird. *Joint Audits* können in bestimmten Fällen Sinn machen, z.B. bei einer Verschmelzung. Die Mehrkosten einer Gemeinschaftsprüfung werden mit 20 % veranschlagt.

die erneuerten Mandate desselben Abschlussprüfers die Höchstlaufzeit von 10 Jahren überschreiten. Der ausgewechselte Abschlussprüfer darf frühestens nach vier Jahren wieder zum Abschlussprüfer bestellt werden (Art. 17 Abs. 3 APVO). Die Höchstlaufzeit kann auf 20 Jahre verlängert werden, wenn nach der Regellaufzeit von 10 Jahren eine Ausschreibung des Prüfungsmandats stattfindet. Werden nach 10 Jahren Mandatslaufzeit zwei oder mehr Abschlussprüfer bestellt, die die Abschlussprüfung gemeinsam durchführen (*joint audit*), kann die Höchstlaufzeit auf 24 Jahre ausgedehnt werden. Diese Verlängerungen des Mandats erfolgen aber nur, wenn der Aufsichtsrat auf Empfehlung des Prüfungsausschusses eine solche Verlängerung vorschlägt und der Vorschlag von der Hauptversammlung angenommen wird[200].

Bei Unternehmen von öffentlichem Interesse[201] muss der verantwortliche Wirtschaftsprüfer oder Prüfungspartner spätestens sieben Jahre nach seiner Bestellung ausgewechselt werden (sog. **interne Rotation**; Art. 17 APRL). Er darf frühestens nach drei Jahren wieder an der Abschlussprüfung des betroffenen Unternehmens mitwirken. Für das übrige an der Abschlussprüfung beteiligte Führungspersonal muss der Abschlussprüfer ein „angemessenes graduelles Rotationssystem“ vorsehen. 9.604

Durch den vorgeschriebenen Prüferwechsel gehen unternehmensspezifische Kenntnisse des bisherigen Abschlussprüfers verloren, die für die Qualität und Effizienz der Abschlussprüfung nützlich sind. Sie betreffen latente Stärken und Schwächen des Unternehmens und seines Managements, aber auch branchen- oder geschäftstypische Entwicklungen und Gepflogenheiten. Daher sind beim Wechsel des Abschlussprüfers der Prüfungsausschuss und der Aufsichtsrat zur besonderen Unterstützung des Abschlussprüfers aufgefordert (s. auch Rz. 9.618). 9.605

Im Interesse der Unabhängigkeit des Abschlussprüfers darf dieser nur im eingeschränkten Umfang Nichtprüfungsleistungen für das geprüfte Unternehmen erbringen. Der Katalog **verbotener Nichtprüfungsleistungen** in Art. 5 APVO umfasst 9.606

a) Steuerberatungsleistungen,

b) Leistungen, mit denen eine Teilnahme an der Führung oder an Entscheidungen des geprüften Unternehmens verbunden ist,

c) Leistungen im Bereich des Rechnungswesens und der internen Revision,

d) Bewertungsleistungen einschließlich Leistungen im Bereich der Versicherungsmathematik,

e) juristische Beratung und Unterstützung,

f) Leistungen im Zusammenhang mit Finanzierung, Kapitalausstattung sowie der Anlagenstrategie (ausgenommen Bestätigungen im Zusammenhang mit Abschlüssen) und

g) Personaldienstleistungen in Bezug auf Mitglieder der Unternehmensleitung, den Aufbau der Organisationsstruktur und der Kostenkontrolle.

Die Mitgliedstaaten der EU können bestimmte Steuerberatungs- und Bewertungsleistungen zulassen, wenn sie (1) allein oder kumuliert keinen wesentlichen Einfluss auf die geprüften Abschlüsse haben, (2) die Honorare für die innerhalb eines Zeitraums von drei Geschäftsjahren erbrachten Nichtprüfungsleistungen nicht mehr als 70 % der für die Abschlussprüfung gezahlten Honorare betragen und (3) dies im Bericht an den Prüfungsausschuss (s. Rz. 9.622) dokumentiert und erläutert wird. 9.607

Generell gelten eine Teilnahme an Entscheidungsprozessen, die Erbringung von Leistungen auf dem Gebiet des Rechnungswesens und die Gestaltung und Umsetzung interner Kontroll- und Risiko- 9.608

200 Für den Übergang auf die Neuregelung sieht die APVO vor, dass Abschlussprüfer in Abhängigkeit von der Mandatsdauer am 16.6.2016 ihr Mandat für bestimmte Zeit weiter ausüben dürfen (Art. 17 APVO).

201 Kapitalmarktorientierte Unternehmen sowie Kreditinstitute und Versicherungsunternehmen.

managementverfahren in jedem Fall als Gefährdung der Unabhängigkeit des Abschlussprüfers, die nicht durch Schutzmaßnahmen verhindert werden kann.

9.609 Zur Wahrung der Unabhängigkeit des Abschlussprüfers dürfen **Prüfungshonorare** nicht ergebnisabhängig sein. Haben die von dem geprüften Unternehmen insgesamt gezahlten Honorare in jedem der letzten drei Geschäftsjahre mehr als 15 % der von dem Abschlussprüfer vereinnahmten Gesamthonorare betragen, muss der Abschlussprüfer den Prüfungsausschuss informieren und mit ihm die Gefahren für seine Unabhängigkeit beraten. Wenn die Honorare weiterhin über 15 % liegen, entscheidet der Prüfungsausschuss, ob der Abschlussprüfer für einen weiteren Zeitraum, der nicht mehr als zwei Jahre beträgt, weiterhin als Abschlussprüfer tätig sein darf.

c) Prüfungsauftrag an den Abschlussprüfer

9.610 Der Aufsichtsrat erteilt dem gewählten Abschlussprüfer den Prüfungsauftrag. Nach dem **gesetzlichen Prüfungsauftrag** umfasst die Abschlussprüfung die Buchführung, den Jahresabschluss und den Lagebericht sowie bei börsennotierten Aktiengesellschaften das vom Vorstand einzurichtende Überwachungssystem (§ 91 Abs. 2 AktG). Bei Mutterunternehmen kommen der Konzernabschluss und der Konzernlagebericht sowie die zusammengefassten Jahresabschlüsse der Tochterunternehmen und deren konsolidierungsbedingten Anpassungen hinzu.

9.611 Abschluss und Lagebericht sind vom Abschlussprüfer daraufhin zu prüfen, ob

(1) bei der zugrunde liegenden Buchführung und das Inventar sowie bei der Aufstellung von Abschluss und Lagebericht die gesetzlichen Vorschriften und die sie ergänzenden Grundsätze ordnungsmäßiger Buchführung (GoB) sowie die Satzungsbestimmungen oder sonstige maßgebliche Rechnungslegungsgrundsätze (z.B. Rechnungslegungsstandards) beachtet worden sind und

(2) ob Abschluss und Lagebericht insgesamt eine zutreffende Darstellung der Vermögens-, Finanz- und Ertragslage und der Entwicklung des Unternehmens oder Konzerns vermitteln und mit dem Prüfungsergebnis des Abschlussprüfers im Einklang stehen.

(3) Dabei ist auch zu prüfen, ob die Chancen und Risiken der künftigen Entwicklung zutreffend dargestellt sind.

Die gesetzliche Abschlussprüfung (§ 317 HGB) ist eine **Gesetz- und Ordnungsmäßigkeitsprüfung**[202].

9.612 Der Abschlussprüfer hat in Bezug auf die Unterlagen und Geschäfte des zu prüfenden Unternehmens ein unbeschränktes **Einsichts- und Prüfungsrecht**. Er kann vom Vorstand alle Aufklärungen und Nachweise verlangen, die für eine sorgfältige Prüfungsdurchführung notwendig sind (§ 320 HGB). Der Abschlussprüfer hat seine Prüfung so anzulegen, dass **Unrichtigkeiten und Verstöße** gegen Rechnungslegungsvorschriften bei gewissenhafter Berufsausübung erkannt werden. Insofern hat er die zu prüfenden Unterlagen und die Auskünfte des Vorstands planmäßig einer kritischen Kontrolle zu unterziehen. Die Abschlussprüfung zielt jedoch nicht auf die Aufdeckung von Unterschlagungen und anderen Vermögensschädigungen. Der Abschlussprüfer hat allerdings das Risiko solcher Verstöße bei seiner Prüfungsplanung zu bedenken und muss Anhaltspunkten nachgehen.

9.613 Da die Abschlussprüfung aus zeitlichen und sachlichen Gründen keine vollständige, sondern nur eine **stichprobenartige Prüfung** sein kann, ist die Prüfung des internen Kontrollsystems für die Ordnungsmäßigkeit der Buchführung und der Rechnungslegung von besonderem Gewicht. Weitere Schwerpunkte der Abschlussprüfung bilden das Risikomanagement des Unternehmens sowie die Prüfung des vom Vorstand einzurichtenden Überwachungssystems (§ 91 Abs. 2 AktG und § 317 Abs. 4 HGB).

202 Dazu ausführlich *IDW*, WPH 2019 L 6 ff.

Eine ordnungsmäßige und sorgfältige Geschäftsführung muss geeignete Maßnahmen treffen, um Entwicklungen, die den Fortbestand des Unternehmens gefährden, früh erkennen zu können. Bei einer börsennotierten AG hat der Abschlussprüfer im Rahmen seiner Prüfung zu beurteilen, ob der Vorstand ein geeignetes **Überwachungssystem** i.S.v. § 91 Abs. 2 AktG eingerichtet hat und ob dieses seine Aufgaben erfüllen kann (§ 317 Abs. 4 HGB). Der Abschlussprüfer hat nicht zu beurteilen, ob der Vorstand den Risiken angemessen und sachgerecht entgegengetreten ist. Er hat aber zu prüfen, ob den erkennbaren Risiken im Jahresabschluss angemessen Rechnung getragen wurde. Darüber hinaus muss er über offensichtliche und bedrohliche Fehlbeurteilungen oder Unterlassungen des Vorstands, die er bei der Prüfung des Risikomanagementsystems feststellt, den Aufsichtsrat oder Prüfungsausschuss unverzüglich informieren. – Nicht börsennotierten Unternehmen ist wegen der Bedeutsamkeit des Überwachungssystems eine diesbezügliche Erweiterung des Prüfungsauftrags zu empfehlen. 9.614

Der Aufsichtsrat kann den Prüfungsauftrag in angemessenem Umfang erweitern. Die Erweiterungen dürfen nicht die Funktion und Durchführung der Abschlussprüfung beeinträchtigen. Letztlich muss der Abschlussprüfer nach pflichtgemäßem Ermessen entscheiden, ob oder wie weit er die Erweiterung des gesetzlichen Prüfungsauftrags akzeptieren kann. Die Auftragserweiterung darf keine Tätigkeiten umfassen, die mit der Unabhängigkeit und Neutralität des Abschlussprüfers nicht vereinbar sind. Vor vertraglichen **Erweiterungen des Prüfungsauftrags** haben etwaige gesetzlich vorgeschriebene Erweiterungen der Abschlussprüfung Vorrang. Sie ergeben sich insbesondere durch die Rechtsform oder den Wirtschaftszweig des Unternehmens, wie z.B. die Prüfung der Ordnungsmäßigkeit der Geschäftsführung bei Unternehmen der öffentlichen Hand oder bei Genossenschaften oder branchenspezifische Vorgaben bei Kreditinstituten und Versicherungsunternehmen. 9.615

Als **freiwillige Erweiterungen** des Prüfungsauftrags kommen vor allem Sachverhalte und Tatbestände in Betracht, die den Aufsichtsrat in seiner Überwachungsfunktion unterstützen sollen[203]. Dazu gehören z.B. eine unverzügliche Berichterstattung des Abschlussprüfers über wesentlichen überwachungsrelevante Feststellungen und Vorkommnisse, die sich bei der Durchführung der Abschlussprüfung ergeben, oder über Tatsachen, die eine Unrichtigkeit der vom Vorstand und Aufsichtsrat abgegebenen Entsprechenserklärung (§ 161 AktG) beinhalten. In Bezug auf die nichtfinanzielle (Konzern-)Erklärung (s. Rz. 9.564) hat der Abschlussprüfer lediglich zu prüfen, ob diese Erklärung vorliegt; eine inhaltliche Prüfung findet nicht statt (§ 317 Abs. 2 Satz 4 ff. HGB). Der Aufsichtsrat kann aber eine externe inhaltliche Prüfung, z.B. durch den Abschlussprüfer, beauftragen (§ 111 Abs. 2 Satz 4 AktG). 9.616

Da sich der Abschlussprüfer im Rahmen des gesetzlichen Prüfungsauftrags mit der Fortführung des Unternehmens und mit den Chancen und Risiken der künftigen Entwicklung des Unternehmens auseinanderzusetzen hat, bietet sich an, die Plausibilität und Verlässlichkeit der Unternehmensplanung fallweise oder in regelmäßigen Abständen vom Abschlussprüfer würdigen zu lassen. Schließlich kann und sollte dem Abschlussprüfer aufgegeben werden, in seinem Bericht auf wesentliche verlustbringende Geschäfte und auf die Ursachen von Verlusten einzugehen. Erwünscht sind auch Hinweise auf ungewöhnliche, risikoreiche oder nicht ordnungsgemäß abgewickelte Geschäftsvorfälle sowie auf schwerwiegende Fehldispositionen. 9.617

d) Prüfungsablauf

Zur kritischen **Begleitung der Abschlussprüfung** und zur Vorbereitung auf die eigene Abschlussprüfung sollte der Aufsichtsrat durch seinen Vorsitzenden, den Finanzexperten oder durch seinen Prüfungsausschuss regelmäßigen Kontakt zum Abschlussprüfer halten, um sich über den Prüfungsverlauf, etwaige Schwierigkeiten oder wesentliche Verzögerungen bei der Prüfungsabwicklung oder über etwaige Meinungsverschiedenheiten von Vorstand und Abschlussprüfer frühzeitig zu informieren. Der Aufsichtsrat oder der Prüfungsausschuss muss seinerseits den Abschlussprüfer über beson- 9.618

203 DCGK 2020, D.9 und D.10.

dere Kenntnisse oder Besorgnisse unterrichten, die für die Abschlussprüfung relevant sein können und von denen anzunehmen ist, dass sie dem Abschlussprüfer nicht bekannt sind.

9.619 Vor Zuleitung des Berichts des Abschlussprüfers an den Aufsichtsrat ist dem Vorstand Gelegenheit zur Stellungnahme zu geben (§ 321 Abs. 5 HGB). Üblicherweise findet dazu eine sog. **Schlussbesprechung** zwischen Vorstand und Abschlussprüfer statt, dessen Grundlage ein Entwurf oder Vorwegexemplar des Prüfungsberichts des Abschlussprüfers bildet. Der Gedankenaustausch dient u.a. dazu, Erkenntnisse des Abschlussprüfers zu vervollständigen, fehlerhafte Angaben oder unzutreffende Interpretationen von Sachverhalten zu korrigieren oder unverständliche oder irreführende Darstellungen im Prüfungsbericht zu vermeiden. Der Vorsitzende des Prüfungsausschusses oder der Vorsitzende des Aufsichtsrats sollte an der Schlussbesprechung teilnehmen, weil hier wesentliche Prüfungsfeststellungen oder Auffassungsunterschiede von Vorstand und Abschlussprüfer zur Sprache kommen können, die für die Überwachungstätigkeit des Aufsichtsrats relevant sind.

e) Bericht des Abschlussprüfers

9.620 Der Abschlussprüfer hat über Art und Umfang seiner Prüfung sowie über das Prüfungsergebnis schriftlich mit der gebotenen Klarheit zu berichten (§ 321 HGB). Er hat in seinem Prüfungsbericht einleitend zur **Beurteilung der Lage des Unternehmens** durch die Geschäftsführung, insbesondere hinsichtlich des Fortbestands und der künftigen Entwicklung des Unternehmens Stellung zu nehmen. Ferner ist darzulegen, ob **Unrichtigkeiten oder Verstöße** gegen gesetzliche Vorschriften sowie Tatsachen festgestellt wurden, die den Bestand des geprüften Unternehmens gefährden oder in seiner Entwicklung wesentlich beeinträchtigen können.

9.621 Im Hauptteil des Berichts ist darzustellen, ob die Buchführung und der Jahres- oder Konzernabschluss den anzuwendenden Vorschriften entsprechen und ob der Abschluss insgesamt unter Beachtung der GoB ein den tatsächlichen Verhältnissen entsprechendes **Bild der Vermögens-, Finanz- und Ertragslage** vermittelt und ob der Lagebericht damit im Einklang steht. Dazu ist auf die wesentlichen Bewertungsgrundlagen und Ermessensausübungen sowie darauf einzugehen, wie Änderungen in den Bewertungsgrundlagen (einschließlich der Ausübung von Bilanzierungs- und Bewertungswahlrechten), die Ausnutzung von Ermessensspielräumen sowie sachverhaltsgestaltende Maßnahmen die Darstellung der wirtschaftlichen Lage des Unternehmens beeinflusst haben.

9.622 Art. 11 APVO verpflichtet den Abschlussprüfer von Unternehmen von öffentlichem Interesse zu einem **„zusätzlichen Bericht an den Prüfungsausschuss"**. Sein Inhalt entspricht weitgehend dem in Deutschland üblichen Prüfungsbericht des Abschlussprüfers (§ 321 HGB), der an den Aufsichtsrat und damit auch an dessen Prüfungsausschuss gerichtet ist. Es erscheint zweckmäßig, dass der „zusätzliche Bericht an den Prüfungsausschuss" in den in Deutschland üblichen Prüfungsbericht integriert wird, zumal sein Inhalt für die allen Aufsichtsratsmitgliedern obliegende Abschlussprüfung (Rz. 9.626 ff.) relevant ist.

9.623 Gem. Art. 11 APVO sind darin u.a. anzugeben:

(1) welche Kategorien der Bilanz direkt überprüft und bei welchen System- und Zuverlässigkeitsprüfungen vorgenommen wurden,

(2) die quantitativen Wesentlichkeitsgrenzen und etwaige qualitative Wesentlichkeitsfaktoren die bei der Abschlussprüfung als Ganzes und/oder bei bestimmten Arten von Geschäftsvorfällen zugrunde gelegt wurden,

(3) bedeutsame Mängel des internen Finanzkontrollsystems,

(4) Erläuterung von festgestellten Ereignissen und Gegebenheiten, welche die Unternehmensfortführung gefährden können sowie

(5) die tatsächliche oder vermutete Nichteinhaltung von Rechtsvorschriften oder Satzung.

Hinzu kommen Angaben zu den eingesetzten Prüfern und Sachverständigen, zu Umfang und Zeitplan der Abschlussprüfung und zur Aufgabenverteilung bei Gemeinschaftsprüfungen.

Das Ergebnis seiner Prüfung fasst der Abschlussprüfer in einem **Bestätigungsvermerk** zusammen, der sich an die Öffentlichkeit wendet (§ 322 HGB). Er hat neben einer Beschreibung von Gegenstand, Art und Umfang der Prüfung auch eine Beurteilung des Prüfungsergebnisses zu enthalten. Zu erwähnen ist auch, ob der Lagebericht insgesamt eine zutreffende Darstellung von der Lage des Unternehmens vermittelt und ob die Risiken der künftigen Entwicklung zutreffend dargestellt sind. Der Abschlussprüfer hat den Bestätigungsvermerk einzuschränken (§ 322 Abs. 3 und 4 HGB), wenn der Abschluss einzelne, abgrenzbare Verstöße enthält, aber insgesamt die Lage des Unternehmens zutreffend darstellt. Bei schwerwiegenden Verstößen ist der Bestätigungsvermerk zu versagen (§ 322 Abs. 5 HGB). 9.624

Art. 10 APVO erweitert den Inhalt des **Bestätigungsvermerks** des Abschlussprüfers (§ 322 HGB) durch die Angabe, in welchem Maß die Abschlussprüfung geeignet war, Unregelmäßigkeiten einschließlich Betrug aufzudecken. Vor dem Hintergrund falscher Erwartungen der Abschlussadressaten an die Funktion der Abschlussprüfung konstatiert Art. 25a APRL, dass eine Abschlussprüfung keine Zusicherung über den künftigen Fortbestand des geprüften Unternehmens oder über die Effizienz der bisherigen oder zukünftigen Geschäfts- und Unternehmensführung umfasst. Im Übrigen machen die neuen Hinweise im Bestätigungsvermerk auf die Unabhängigkeit und Mandatslaufzeit des Abschlussprüfers sowie auf die im Rahmen der Prüfung identifizierten Risiken aufmerksam. 9.625

3. Abschlussprüfung durch den Aufsichtsrat

a) Prüfungspflicht

Der Aufsichtsrat einer Kapitalgesellschaft (§ 171 AktG; § 52 GmbHG) oder einer Genossenschaft (§ 38 Abs. 1 GenG) muss den Jahresabschluss und Lagebericht ebenfalls prüfen und über das Ergebnis an die Haupt-, Gesellschafter- oder Generalversammlung berichten. Dasselbe gilt für den Aufsichtsrat eines Mutterunternehmens in Bezug auf den Konzernabschluss und den Konzernlagebericht (§ 171 AktG). Die Abschlussprüfung durch den Aufsichtsrat ist **Teil seiner gesetzlichen Überwachungspflicht**. 9.626

Die Abschlussprüfung durch den Aufsichtsrat ist eigenständig und unabhängig von einer (meist vorhergehenden) Prüfung durch den Abschlussprüfer durchzuführen. Die Prüfungspflichten von Abschlussprüfer und Aufsichtsrat stehen als unterschiedlich gestaltete Aufgaben nebeneinander, die jeweils in eigener Verantwortung wahrzunehmen sind. Während sich der Abschlussprüfer auf die Aspekte der Recht- und Ordnungsmäßigkeit beschränkt, hat der Aufsichtsrat zusätzlich die Zweckmäßigkeit und Wirtschaftlichkeit der Rechnungslegung zu beurteilen. 9.627

Die Pflicht zur Abschlussprüfung obliegt sowohl dem Aufsichtsrat als Gesamtorgan als auch den einzelnen Aufsichtsratsmitgliedern. Sie kann nicht an einzelne Mitglieder oder an einen Ausschuss delegiert werden. Zulässig und zweckmäßig ist es jedoch, die Abschlussprüfung des Aufsichtsrats von einem Prüfungsausschuss oder einem sachverständigen Aufsichtsratsmitglied (Finanzexperte) vorbereiten zu lassen (s. Rz. 9.588). Eine wesentliche Grundlage der Abschlussprüfung des Aufsichtsrats sind die sorgfältige und kritische Lektüre des Prüfungsberichts des Abschlussprüfers[204] und die Erörterungen mit dem Abschlussprüfer, dem Prüfungsausschuss und dem Vorstand in der Bilanzsitzung. 9.628

Jedes Aufsichtsratsmitglied hat den Abschluss und den Lagebericht eigenverantwortlich zu prüfen und zu beurteilen[205]. Es darf das Prüfungsergebnis des Abschlussprüfers nicht ohne eigene Prüfung 9.629

204 S. ausführlich *Scheffler* in Beck HdR, B 165, Rz. 225 ff.
205 S. u.a. Hüffer/Koch, 13. Aufl., § 171 AktG Rz. 9; *Scheffler* in Beck HdR, B 615, Rz. 149 ff.

übernehmen. Die Aufsichtsratsmitglieder müssen daher über die erforderlichen **Mindestkenntnisse** verfügen oder sich rechtzeitig aneignen, um die Darstellungen und Aussagen des Abschlusses und Lageberichts unter Einschluss der zusätzlichen Erläuterungen durch den Vorstand, den Abschlussprüfer oder den Finanzexperten verstehen und sachgerecht beurteilen zu können. Demzufolge muss jedes Aufsichtsratsmitglied zumindest mit den Grundprinzipien der anzuwendenden Rechnungslegungsnormen (z.B. HGB oder IFRS) und den Besonderheiten der für das Unternehmen typischen Abschlussposten insofern vertraut sein, dass es die Angaben und Ausführungen im Abschluss und Lagebericht sowie die Erläuterungen der Bilanzexperten verständig würdigen kann.

9.630 Jedes Aufsichtsratsmitglied hat das Recht und die Pflicht, von den Abschlussvorlagen und dem **Prüfungsbericht des Abschlussprüfers** Kenntnis zu nehmen. Es muss besonders jene Sachverhalte und Abschlussposten näher ansehen, die der Abschlussprüfer als kritisch bezeichnet, auch wenn er ihre Bilanzierung oder sonstige Darstellung als „noch vertretbar" oder einen Verstoß gegen einschlägige Vorschriften als „geringfügig" eingeschätzt hat. Bleiben Bedenken, muss das Aufsichtsratsmitglied den Vorsitzenden des Prüfungsausschusses oder des Aufsichtsrats ansprechen, damit die Einwände im Prüfungsausschuss oder Aufsichtsrat erörtert und geeignete Schlussfolgerungen gezogen werden können. Der Aufsichtsrat wird unter Umständen eine weitergehende Prüfung beschließen, z.B. durch eigene Einsichtnahme, durch Beauftragung einzelner Mitglieder oder durch externe Sachverständige.

9.631 Der Abschlussprüfer ist aufgrund des Prüfungsauftrags gegenüber dem Vorsitzenden des Aufsichtsrats oder des Prüfungsausschusses, die als Vertreter des Aufsichtsrats bzw. des Ausschusses handeln, jederzeit zu **Auskünften** verpflichtet. Dem einzelnen Aufsichtsratsmitglied muss der Abschlussprüfer außerhalb der Bilanzsitzung (Rz. 9.639 ff.) keine Auskunft erteilen.

9.632 Die einzelnen Aufsichtsratsmitglieder haben keinen generellen Anspruch darauf, einen eigenen Sachverständigen zur Beurteilung der Abschlussunterlagen heranzuziehen. Jedoch kann der Aufsichtsrat als Gesamtgremium für bestimmte Aufgaben besondere Sachverständige beauftragen. Ein einzelnes Aufsichtsratsmitglied darf **externe Sachverständige** nur hinzuziehen, wenn wesentliche Sachverhalte im Aufsichtsrat nicht ausreichend geklärt oder notwendige Aufklärungen pflichtwidrig verweigert werden. Eine direkte Ansprache anderer Unternehmensangehöriger ohne Einverständnis des Vorstands ist nur in Ausnahmefällen statthaft[206].

9.633 Die noch nicht veröffentlichten Daten und Informationen der Rechnungslegungsunterlagen und der Prüfungsbericht des Abschlussprüfers unterliegen der **Geheimhaltungspflicht**. Die Verschwiegenheitspflicht besteht auch gegenüber Experten, die zur Verschwiegenheit verpflichtet sind, sowie gegenüber den Organen der Betriebsverfassung (Gesamtbetriebsrat, Konzernbetriebsrat) und gegenüber den Gewerkschaften sowie gegenüber (Groß-)Aktionären und Kreditgebern[207].

b) Gegenstand der Prüfung

9.634 Der Aufsichtsrat hat wie der Abschlussprüfer die Recht- und Ordnungsmäßigkeit, aber darüber hinaus auch die Wirtschaftlichkeit und Zweckmäßigkeit der Rechnungslegung zu prüfen. Soweit die **Recht- und Ordnungsmäßigkeit** der Rechnungslegung betroffen ist, deckt sich die Prüfungspflicht des Aufsichtsrats mit der des Abschlussprüfers. Der Prüfungsbericht des Abschlussprüfers stellt eine vom Management unabhängige und sachverständige Erläuterung und Beurteilung der Recht- und Ordnungsmäßigkeit der vorgelegten Rechnungslegungsunterlagen dar. Insofern kann der Aufsichtsrat bei seiner Prüfung weitgehend auf den Prüfungsbericht des Abschlussprüfers zurückgreifen. Jedes Aufsichtsratsmitglied hat sich durch die Lektüre des Prüfungsberichts, durch ergänzende Fragen an den Vorstand und durch die Erörterungen im Aufsichtsrat so weit zu informieren, dass es zu einem eigenen Urteil über die Recht- und Ordnungsmäßigkeit der Abschlussunterlagen gelangen kann.

---

206 *Lutter/Krieger/Verse*, Rechte und Pflichten des Aufsichtsrats, 6. Aufl., Rz. 246 ff.

207 *Lutter/Krieger/Verse*, Rechte und Pflichten des Aufsichtsrats, 6. Aufl., Rz. 254 ff.

Für die Prüfung der **Wirtschaftlichkeit und Zweckmäßigkeit** der Rechnungslegung muss der Aufsichtsrat das Geschäftsmodell und die strategische Ausrichtung des Unternehmens sowie die Unternehmenspolitik (einschließlich der Geschäfts- und Risikopolitik) im Blick haben. Er wird dabei insbesondere auf seine Kenntnisse und Erfahrungen aus der laufenden Überwachung der Geschäftsführung und aus der Berichtserstattung des Vorstands zurückgreifen. Der Aspekt der Wirtschaftlichkeit rückt die nachhaltige Existenzsicherung und erfolgreiche Fortentwicklung des Unternehmens in den Vordergrund. Dabei geht es um eine ausreichende Ertragskraft sowie um Erhaltung und Ausbau der Marktstellung und der Wettbewerbsfähigkeit, Stärkung der Innovationskraft und anderer Erfolgspotenziale und nicht zuletzt um die Sicherung der Zahlungsfähigkeit. 9.635

Die **Rechnungslegungspolitik** schlägt sich vor allem in der Ausübung von Bilanzierungs-, Bewertungs-, Ausweis- und Konsolidierungswahlrechten sowie in der Ausnutzung von Ermessenspielräumen nieder. Sie muss mit den Interessen des Unternehmens im Einklang stehen. Der Aufsichtsrat muss sich vergewissern, mit welcher Tendenz der Vorstand bilanzpolitische Spielräume genutzt hat und wie sie sich in den Folgeperioden auswirken. Kritisch zu beleuchten sind die unvermeidbaren **Ermessensentscheidungen**. Sie betreffen hauptsächlich 9.636

(1) Annahmen zur künftigen Entwicklung der Werthaltigkeit der Vermögensgegenstände (z.B. Abschätzung der Nutzungsdauer für das abnutzbare Anlagevermögen) und des Erfüllungsbetrags von Verbindlichkeiten,

(2) die Eintrittswahrscheinlichkeit von Forderungsausfällen oder von voraussichtlichen Verlusten oder Wertminderungen sowie

(3) die Ermittlung von beizulegenden Zeitwerten (*Fair Value*), die nicht auf Marktpreise zurückgeführt werden können.

Zu prüfen ist, ob die zugrunde gelegten Annahmen und Schlussfolgerungen realistisch und plausibel sind und ob der Vorstand sein Ermessen sachgerecht und im Interesse des Unternehmens ausgeübt hat.

Bei der **Prüfung des Lageberichts** sind vom Aufsichtsrat insbesondere die Ausführungen zur künftigen Entwicklung der Gesellschaft kritisch zu würdigen. Der Lagebericht darf vorhandene Risiken nicht verschweigen, muss aber nach Möglichkeit vermeiden, dass durch die Offenlegung der Risiken die Gefahr ihres Eintritts erhöht wird. Der Aufsichtsrat muss prüfen, ob 9.637

(1) der Lagebericht mit der laufenden Berichterstattung des Vorstands an ihn, mit den aus der laufenden Überwachung der Geschäftsführung gewonnenen Erkenntnissen und mit dem Jahresabschluss im Einklang steht,

(2) er rechtzeitig und ausreichend über kritische Vorkommnisse und Entwicklungen informiert worden ist und ob

(3) die voraussichtliche Entwicklung des Unternehmens im Lagebericht zutreffend dargestellt worden ist.

Zur Rechnungslegung gehören neben dem Jahresabschluss und Lagebericht und Konzernabschluss und Konzernlagebericht auch die in Abschnitt VI 2-6 (Rz. 9.558 ff.) behandelten Erklärungen und Berichte, die der Aufsichtsrat vollinhaltlich zu prüfen hat (§ 171 Abs. 1 AktG). Im Einzelfall sollte der Aufsichtsrat überlegen, ob eine externe inhaltliche Prüfung, z.B. durch den Abschlussprüfer, angebracht ist (§ 111 Abs. 2 Satz 4 AktG). 9.638

c) Bilanzsitzung und Prüfungsergebnis

Mit Bilanzsitzung wird sowohl die Sitzung des Aufsichtsrats als auch die Sitzung des Prüfungsausschusses angesprochen, in der über die Abschlussunterlagen diskutiert und in der Regel ein abschließendes Prüfungsurteil getroffen wird. Im Mittelpunkt der Erörterungen stehen die Erläuterungen 9.639

des Abschlussprüfers und des Vorstands zum Jahresabschluss und Lagebericht bzw. zum Konzernabschluss und Konzernlagebericht.

9.640 Der **Abschlussprüfer** hat an der Bilanzsitzung des Aufsichtsrats oder seines Prüfungsausschusses teilzunehmen (§ 171 Abs. 1 Satz 2 und 3 AktG). Wegen der Bedeutung der Rechnungslegung sollte der Abschlussprüfer zu beiden Bilanzsitzungen eingeladen werden. Der Aufsichtsrat kann aber entscheiden, dass der Abschlussprüfer nur an einer der beiden Bilanzsitzungen teilnimmt. Der Abschlussprüfer ist verpflichtet, an den Bilanzsitzungen teilzunehmen, hat aber kein eigenständiges Recht auf Teilnahme. Andererseits handelt der Aufsichtsrat pflichtwidrig, wenn er den Abschlussprüfer ohne stichhaltige Begründung von der Teilnahme an der Bilanzsitzung ausschließt. Kommt der Abschlussprüfer seiner **Teilnahmepflicht** nicht nach, kann die Gesellschaft auf Teilnahme klagen; die Pflicht ist Ausfluss des Prüfungsvertrags. Bei Verweigerung der Teilnahme kann die Gesellschaft aus Verletzung des Prüfungsvertrages Schadensersatz verlangen.

9.641 In der **Bilanzsitzung des Prüfungsausschusses**, an der neben allen Ausschussmitgliedern regelmäßig auch der Abschlussprüfer und der Finanzvorstand teilnehmen, stellt nach einleitenden Stellungnahmen des Abschlussprüfers zu den Abschlussunterlagen der Prüfungsausschuss das abschließende Ergebnis seiner eigenen Überprüfung der Abschlussunterlagen und der Abschlussprüfungen fest und verabschiedet seinen Bericht und seine Empfehlungen an den Aufsichtsrat.

In der **Bilanzsitzung des Aufsichtsrats**, bei der alle Mitglieder des Aufsichtsrats, der Abschlussprüfer und der Gesamtvorstand zugegen sind, werden der Jahresabschluss und Lagebericht sowie ggf. der Konzernabschluss und Konzernlagebericht auf der Grundlage des Prüfungsberichts des Abschlussprüfers erörtert. Dabei kommentieren der Vorstand, der Abschlussprüfer und der Vorsitzende des Prüfungsausschusses den Abschluss und Lagebericht aus ihrer Sicht und fassen ihre Prüfungsergebnisse zusammen.

9.642 Die Bilanzsitzung des Aufsichtsrats dient

(1) zur weiteren Aufklärung der Aufsichtsratsmitglieder über Inhalt und Aussagen des Abschlusses und über Ablauf und Ergebnis der Abschlussprüfung,

(2) zur abschließenden Erörterung kritischer Abschlussposten und der Darstellung der wirtschaftlichen Lage und Entwicklung des Unternehmens im Abschluss und im Lagebericht sowie

(3) zur Beschlussfassung des Aufsichtsrats über seine Stellungnahme zu dem Prüfungsergebnis des Abschlussprüfers und über sein eigenes Prüfungsurteil.

Der Aufsichtsratsbeschluss sowie ggf. abweichende Auffassungen einzelner Aufsichtsratsmitglieder sind zu protokollieren.

9.643 In der Regel schließt sich der Aufsichtsrat dem Prüfungsergebnis des Abschlussprüfers an und billigt den vom Vorstand vorgelegten Abschluss und Lagebericht. Der Jahresabschluss ist damit festgestellt, wenn der Aufsichtsrat nicht ausnahmsweise beschließt, dass die Hauptversammlung den Jahresabschluss feststellen soll (§§ 172 f. AktG; s. auch Rz. 9.650). Der Beschluss des Aufsichtsrats ist Teil des Berichts an die Hauptversammlung, mit dem der Aufsichtsrat gegenüber der Hauptversammlung Rechenschaft über seine Tätigkeit ablegt (§ 171 Abs. 2 AktG).

d) Prüfung des Konzernabschlusses

9.644 Der Aufsichtsrat eines Mutterunternehmens hat zu prüfen ob das Mutterunternehmen zur Konzernrechnungslegung verpflichtet ist (§§ 290 ff. HGB; s. Rz. 9.306 ff.) oder ob etwaige Befreiungstatbestände vorliegen. Er sollte schon vor der Aufstellung des Konzernabschlusses der Frage nachgehen, ob der **Kreis der konsolidierten Unternehmen** richtig abgegrenzt worden ist (s. Rz. 9.323 f.) und sich insbesondere nach nicht einbezogenen Tochterunternehmen und den Gründen ihrer Nichteinbeziehung erkundigen. Weitere Diskussionspunkte im Rahmen der laufenden Überwachungstätigkeit sind der Erwerb oder die Veräußerung von Anteilen an anderen Unternehmen, wesentliche konzerninterne Transaktionen sowie wechselseitige technisch-wirtschaftliche und finanzielle Abhängigkeiten der Konzernunternehmen und die Ausschüttungs- und Rücklagenpolitik bei den Tochterunternehmen.

Die Prüfung des Konzernabschlusses und des Konzernlageberichts ist Teil der allgemeinen Überwachungspflicht des Aufsichtsrats eines Mutterunternehmens. Wichtigste Unterlage für die Prüfung ist der Prüfungsbericht des Konzernabschlussprüfers (§ 318 Abs. 2 HGB). Bei der Prüfung der Konzernrechnungslegung sind neben der vom Konzernabschlussprüfer geprüften Recht- und Ordnungsmäßigkeit vom Aufsichtsrat zusätzlich Wirtschaftlichkeit und Zweckmäßigkeit der Konzernrechnungslegung zu prüfen. 9.645

Wird der Konzernabschluss nach den in das europäische Bilanzrecht übernommenen **IFRS-Rechnungslegungsstandards** aufgestellt, ist zu seiner Prüfung erforderlich, dass zumindest der Finanzexperte des Aufsichtsrats den aktuellen Inhalt der anzuwendenden IFRS-Standards im Detail kennt, welche die für das Unternehmen bedeutsamen Abschlussposten berühren oder berühren können. Das setzt voraus, dass er die Änderungen der einschlägigen Standards regelmäßig und zeitnah verfolgt. Auch die Mitglieder des Prüfungsausschusses müssen über genügend Detailkenntnisse verfügen, um den Konzernabschluss und dessen Aussagen und Darstellungen sachverständig beurteilen zu können. 9.646

Von einem „normalen" Aufsichtsratsmitglied wird man detaillierte IFRS-Kenntnisse nicht erwarten können. Jedes Aufsichtsratsmitglied muss sich aber mit den für das Unternehmen relevanten und wichtigen Rechnungslegungsgrundsätzen insoweit vertraut machen, dass es die wesentlichen Abschlussposten, ggf. mit näheren Erläuterungen von Abschlussprüfer und Experten des Aufsichtsrats oder des Vorstands, nach Inhalt und Aussage versteht und das durch den Konzernabschluss vermittelte Bild der Lage und Entwicklung des Konzerns zutreffend einschätzen kann. 9.647

Der Aufsichtsrat oder der Prüfungsausschuss sollte darauf dringen, dass der Abschlussprüfer in seinem Prüfungsbericht die bedeutsamen Posten des Konzernabschlusses einschließlich der Konsolidierungsvorgänge verständlich erläutert und ihre besondere Problematik sowie die wesentlichen Risiken und Veränderungen angemessen hervorhebt. 9.648

e) Besondere Prüfungsanforderungen

Intensivere Prüfungen des Aufsichtsrats sind notwendig, wenn der Abschlussprüfer seinen **Bestätigungsvermerk eingeschränkt oder versagt** hat. In diesem Fall muss sich der Aufsichtsrat mit den zugrundeliegenden Sachverhalten und Auffassungen auseinandersetzen und mit Vorstand und Abschlussprüfer erörtern. Letztlich muss er entscheiden, ob er die Einwendungen des Abschlussprüfers teilt oder nicht und ob er weitere Prüfungshandlungen oder andere Maßnahmen für angebracht hält. 9.649

Lassen sich offene Streitpunkte zwischen Abschlussprüfer und Unternehmensleitung nicht klären, wird der Aufsichtsrat selbst ermitteln oder einzelne Mitglieder oder sachverständige Dritte mit entsprechenden **Nachprüfungen** beauftragen. Hält der Aufsichtsrat die Bedenken des Abschlussprüfers für gerechtfertigt und sind die Mängel behebbar, wird er den Vorstand zu überzeugen versuchen, den Abschluss zu ändern, sodass der Abschlussprüfer ein uneingeschränktes Testat erteilen kann. Beseitigt der Vorstand vom Aufsichtsrat geteilte und behebbare Mängel nicht, muss der Aufsichtsrat seine Zustimmung zum Abschluss verweigern, es sei denn, er hält die Beanstandungen für nicht schwerwiegend. Sind vom Aufsichtsrat für notwendig erachtete Korrekturen aufgrund der Gegebenheiten nicht möglich, darf der Aufsichtsrat dem Abschluss nicht zustimmen und hat dies in seinem Bericht an die Hauptversammlung zu begründen. In diesem Fall ist die Hauptversammlung für die Feststellung des Jahresabschlusses zuständig. 9.650

Im Übrigen werden Aufsichtsrat und Prüfungsausschuss bei gegebenem Anlass zeitnah mit Vorstand und Abschlussprüfer diskutieren, ob und wie beanstandete Darstellungen oder ungünstige 9.651

Einflüsse auf das Unternehmen, die sich aufgrund der Feststellungen des Abschlussprüfers ergeben oder ergeben können, verhindert oder abgemildert werden können.

9.652 Wenn **keine Abschlussprüfung** durch einen externen Abschlussprüfer stattfindet, z.B. bei kleinen Aktiengesellschaften, muss der Aufsichtsrat selbst alle geeigneten Prüfungshandlungen vornehmen oder durch einzelne Mitglieder oder durch sachverständige, zur Verschwiegenheit verpflichtete Dritte vornehmen lassen, um die Ordnungs- und Rechtmäßigkeit des Jahresabschlusses feststellen zu können. Er muss sich davon überzeugen, dass die einschlägigen Rechnungslegungsnormen für Buchführung und Jahresabschluss des Unternehmens beachtet wurden und dass die Rechnungslegungspolitik des Vorstands dem Unternehmensinteresse entspricht.

Umfang und Intensität der Prüfung richten sich nach den Verhältnissen des Einzelfalls. Bei normaler, unkritischer Lage und Geschäftsentwicklung des Unternehmens genügen eine kritische Durchsicht der Unterlagen und eine Plausibilitätsprüfung. Einzelprüfungen, insbesondere Belegprüfungen, werden ohne besonderen Anlass nicht notwendig sein.

§ 10 Strategische Ausrichtung der Finanzwirtschaft in der Holding

I. Wertschaffung als Ziel der Holding-Finanzwirtschaft 10.1

II. Wertanalysen als Grundlage der finanziellen Steuerung

1. Renditeforderungen der Kapitalgeber als Beurteilungsmaßstab für die Wertschaffung 10.9
2. Die Kapitalwertmethode zur Ex-ante-Bestimmung der Vorteilhaftigkeit von Investitionen und Finanzinstrumenten 10.26
3. Wertbeitragskennzahlen zur Ex-post-Kontrolle der Wertschaffung 10.46

III. Generelle Beiträge des Finanzleiters zur Wertschaffung

1. Kapitalstrukturpolitik 10.62
2. Liquiditätsmanagement 10.81
3. Finanzielles Risikomanagement 10.97

IV. Spezielle Aufgaben des Finanzleiters bei der Hebung von Wertpotentialen in der Holding

1. Cash-Management: Erzielung von Größen- und Diversifikationseffekten durch Pooling und Netting 10.124
2. Unternehmenssteuerung mit differenzierten Kapitalkosten 10.135
3. Konzernstrukturierungs- und -finanzierungsmaßnahmen am Beispiel von Börsengängen, Abspaltungen und Zukäufen 10.148

V. Kommunikation der Wertschaffung 10.161

VI. Ausblick: Der „digitale" Chief Financial Officer: Unternehmer in der Unternehmung 10.165

Literaturübersicht: *Acerbi/Tasche*, On the coherence of expected shortfall, in Journal of Banking and Finance, Vol. 26, No. 7, 2002, S. 1487–1503; *Achleitner/Bassen/Fieseler*, Finanzkommunikation: Die Grundlagen der Investor Relations, in Schmid/Lyczek (Hrsg.), Unternehmenskommunikation: Kommunikationsmanagement aus Sicht der Unternehmensführung, 2008, S. 261–288; *Agrawal*, IPO Underpricing: A Literature Review, University of Mysore, 2009; *Albach/Hunsdiek/Kokalj*, Finanzierung mit Risikokapital, 1986; *Arbeitskreis „Finanzierung" der Schmalenbach-Gesellschaft für Betriebswirtschaft e.V.*, Wertorientierte Unternehmenssteuerung mit differenzierten Kapitalkosten, in Zeitschrift für betriebswirtschaftliche Forschung, 48. Jg., 1996, S. 543–578; *Arbeitskreis „Finanzierung" der Schmalenbach-Gesellschaft für Betriebswirtschaft e.V.*, Börsengänge von Konzerneinheiten – Handlungsempfehlungen des Arbeitskreises „Finanzierung" auf Basis einer empirischen Untersuchung deutscher Equity Carve-Outs und Spin-Offs (1997–2000), in Zeitschrift für betriebswirtschaftliche Forschung, 55. Jg., 2003, S. 515–542; *Arbeitskreis „Finanzierung" der Schmalenbach-Gesellschaft für Betriebswirtschaft e.V.*, Eine empirische Untersuchung zur Veräußerung von Konzernteilen an Private-Equity-Investoren, in Zeitschrift für betriebswirtschaftliche Forschung, 58. Jg., 2006, S. 235–264; *Arbeitskreis „Finanzierung" der Schmalenbach-Gesellschaft für Betriebswirtschaft e.V.*, Kapitalstrukturpolitik und Kapitalgeberinteressen – Ergebnisse einer explorativen Befragung von Vertretern börsennotierter Unternehmen in Deutschland, in Zeitschrift für betriebswirtschaftliche Forschung, 61. Jg., 2009, S. 323–354; *Börsen-Zeitung*, 2019, Ausgabe 142, Das CFO-Interview – Im Interview: Stefan Asenkerschbaumer, S. 8–10; *Brealey/Myers/Allen*, Principles of Corporate Finance, 13. Aufl. 2019; *Busse von Colbe/Coenenberg/Kajüter/Linnhoff/Pellens* (Hrsg.), Betriebswirtschaft für Führungskräfte – Eine Einführung für Ingenieure, Naturwissenschaftler, Juristen und Geisteswissenschaftler, 4. Aufl. 2011; *Busse von Colbe/Witte*, Investitionstheorie und Investitionsrechnung, 5. Aufl. 2018; *Coenenberg/Haller/Schultze*, Jahresabschluss und Jahresabschlussanalyse, 22. Aufl. 2012; *Copeland/Koller/Murrin*, Valuation: measuring and managing the value of companies, 3. Aufl. 2000; *Damodaran*, Applied Corporate Finance, 3. Aufl. 2011; *Deutsche Bundesbank*, Ergebnisse der gesamtwirtschaftlichen Finanzierungsrechnung für Deutschland – 2012 bis 2017, in Monatsbericht Juli 2018; *Deutsche Bundesbank*, Verhältniszahlen aus Jahresabschlüssen deutscher Unternehmen von 2016 bis 2017, Mai 2019 (Downloaddatei statso6_2016_2017_EXCEL_vorlaeufig-1.xlsb); *Deutsche Vereinigung für Finanzanalyse und Assetmanagement*, DVFA-Grundsätze für effektive Finanzkommunikation: Version 3.0, in DVFA-Finanzschriften, Nr. 02/06, 2008; *Ewert/Wagenhofer*, Rechnungslegung und Kennzahlen für das wertorientierte Management, in Wagenhofer/Hrbicek (Hrsg.), Wertorientiertes Management. Konzepte und Umsetzungen zur Unternehmenswertsteigerung, 2000, S. 3–63; *EZB*, Warum haben börsennotierte nichtfinanzielle Kapitalgesellschaften im Euro-Währungsgebiet in den letzten drei Jahren ihre Kassenbestände erhöht?, in Monatsbericht September 2006, S. 44–47; *Freiling*, Resource-based View und ökonomische Theorie:

Grundlagen und Positionierung des Ressourcenansatzes, 2001; *Hamel/Prahalad*, Competing for the future, 1994; *Harford/Klasa/Maxwell*, Refinancing Risk and Cash Holdings, in The Journal of Finance, Vol. 69, No. 3, 2014, S. 975–1012; *Hartmann-Wendels/Pfingsten/Weber*, Bankbetriebslehre, 7. Aufl. 2019; *Horsch/Kaltofen*, Wertorientierte Banksteuerung I: Renditemanagement, 3. Aufl. 2020; *Horsch/Paul/Rudolph*, Finanzmanagement, in Busse von Colbe/Coenenberg/Kajüter/Linnhoff/Pellens (Hrsg.), Betriebswirtschaft für Führungskräfte – Eine Einführung für Ingenieure, Naturwissenschaftler, Juristen und Geisteswissenschaftler, 4. Aufl. 2011, S. 385–434; *Horsch/Schulte*, Wertorientierte Banksteuerung II: Risikomanagement, 5. Aufl. 2016; *Initiative Finanzstandort Deutschland (IFD)*, Private Equity, 2007; *Jensen*, Agency Costs Of Free Cash Flow, Corporate Finance, and Takeovers, in American Economic Review, Vol. 76, No. 2, 1986, S. 323–329; *Kajüter*, Wertorientierte Performancemessung, in Busse von Colbe/Coenenberg/Kajüter/Linnhoff/Pellens (Hrsg.), Betriebswirtschaft für Führungskräfte – Eine Einführung für Ingenieure, Naturwissenschaftler, Juristen und Geisteswissenschaftler, 4. Aufl. 2011, S. 452–470; *Kaltofen*, Liquiditätsrisikomanagement: empirische Ergebnisse zu Stresstesting und Refinanzierung, in Kreditwesen 3, 2010, S. 135–139; *Koller/Goedhart/Wessels*, Valuation: measuring and managing the value of companies, 5. Aufl. 2010; *Langguth*, Kapitalmarktorientiertes Wertmanagement – Unternehmensbewertung, -steuerung und Berichterstattung, 2008; *Lerbinger*, Zins-Swaps, in WiSt, 15. Jg., 1986, S. 461 f.; *Lichtblau/Schäfer/Stolte*, Umsatzrenditen, empirische Bestandsaufnahme und ökonometrische Ursachenanalyse für sechs Industrieländer, iw-Trends, Nr. 2, 2002, S. 37–45; *Linnhoff/Pellens*, Investitionsrechnung unter Unsicherheit, in Busse von Colbe/Coenenberg/Kajüter/Linnhoff/Pellens (Hrsg.), Betriebswirtschaft für Führungskräfte – Eine Einführung für Ingenieure, Naturwissenschaftler, Juristen und Geisteswissenschaftler, 4. Aufl. 2011, S. 307–343; *Lutter*, Noch einmal: Zum Vorerwerbsrecht der Aktionäre beim Verkauf von Tochtergesellschaften über die Börse, in Die Aktiengesellschaft, 46. Jg., 2001, S. 349–353; *Paul/Horsch/Kaltofen/Uhde/Weiß*, Unternehmerische Finanzierungspolitik: Eine wertorientierte Einführung, 2017; *Paul/Horsch/Stein*, Wertorientierte Banksteuerung I: Renditemanagement, 1. Aufl. 2005; *Paul/Prystav/Stein*, Eine Analyse zentraler Aspekte der Finanzkommunikation nicht börsennotierter Unternehmen mit Hilfe der Critical Incident Technique, in Zeitschrift für betriebswirtschaftliche Forschung, 63. Jg., Nr. 11, 2011, S. 745–771; *Paul/Stein*, Aufbruch aus dem Jammertal, wissen und handeln 04, 2005; *Pellens*, Börseneinführung von Tochterunternehmen – Aktienmarktreaktionen auf die Performance des Mutterunternehmens, in Zeitschrift für betriebswirtschaftliche Forschung, 45. Jg., 1993, S. 852–872; *Pellens/Schmidt*, Verhalten und Präferenzen deutscher Aktionäre, Eine Befragung von privaten und institutionellen Anlegern zum Informationsverhalten, zur Dividendenpräferenz und zur Wahrnehmung von Stimmrechten, 2014; *Perridon/Steiner/Rathgeber*, Finanzwirtschaft der Unternehmung, 17. Aufl. 2017; *Rappaport*, Creating shareholder value: the new standard for business performance, 1986; dt.: Shareholder Value, 2. Aufl. 1999; *Rempel-Oberem/Zeranski*, Management von Liquiditätsrisiken: Liquidity at Risk zur Liquiditätssteuerung in Finanz-Instituten, in Risiko Manager, 2/2008, S. 1 u. 8–11; *Schierenbeck/Lister*, Value Controlling: Grundlagen Wertorientierter Unternehmensführung, 2. Aufl. 2002; *Schmidt*, Kapitalaufbringung und Kapitalerhaltung im Cash-Pool nach Inkrafttreten des MoMiG und des ARUG, 2011; *Schneider*, Betriebswirtschaftslehre, Bd. 4, Geschichte und Methoden der Wirtschaftswissenschaft, 2000; *Sieder*, Cash Pooling im GmbH-Konzern: rechtliche Grenzen des Cash Pooling im GmbH-Konzern vor und nach dem Inkrafttreten des MoMiG unter dem Gesichtspunkt von Gläubiger- und Minderheitenschutz, 2011; *Stein/Kaltofen*, Messung von Aktienkursrisiken mit dem Value-at-Risk, in Jaspers/Fischer (Hrsg.), Entscheidungsstrategien in der BWL: Case Studies für Studium und Praxis, 2011, S. 231–256; *Stewart/Stern*, The quest for value: the EVA management guide, 1991; *Stützel*, Bankpolitik heute und morgen, Ein Gutachten, 1964; *Süchting*, Finanzmanagement, Theorie und Praxis der Unternehmensfinanzierung, 6. Aufl. 1995; *Süchting/Paul*, Bankmanagement, 4. Aufl. 1998; *Teece*, Business models, business strategy and innovation. Long Range Planning, 43 (2–3), S. 172–194; *Theisen*, Finanzwirtschaft der Holding, in Lutter (Hrsg.), Holding-Handbuch, 4. Aufl. 2004, S. 469–522; *Tucker/Foldesy/Roos/Rodt*, How digital CFO's are transforming finance, The Boston Consulting Group, 2017, S. 1-6; *Uhlir/Aussenegg*, Value-at-Risk (VaR) – Einführung und Methodenüberblick, in Österreichisches BankArchiv, No. 11, 1996, S. 831–836; *Weiß*, Kohärente Risikomaße, in WiSt, 37. Jg., 5, 2008, S. 270–272; *Weiß*, Über die Verwendung von Copula-Funktionen im quantitativen Risikomanagement und in der Untersuchung von Bankenkrisen, Bochum 2010; *Weiß*, Über die Vorteilhaftigkeit von Copula-GARCH-Modellen im finanzwirtschaftlichen Risikomanagement, in Kredit und Kapital, 44. Jg., 4, 2011, S. 543–577; *Wiedemann/Wiechers*, Risikotriade – Teil II, Integrierte Rendite-/Risikosteuerung im ökonomischen Kapitalkonzept, 1. Aufl. 2013; *Zahrte*, Finanzierung durch Cash Pooling im internationalen mehrstufigen Konzern nach dem MoMiG, 2010.

I. Wertschaffung als Ziel der Holding-Finanzwirtschaft

Die zentrale Aufgabe des Finanzmanagers einer Holding wie auch eines Unternehmens im Allgemeinen ist die **Wertsteigerung des Anteilseignervermögens**[1], bei einer Holding-Aktiengesellschaft also des Shareholder Value. Durch entsprechende Planung, Steuerung und Kontrolle der Bestände und Ströme von liquiden Mitteln muss er dafür sorgen, dass die sich in den Cashflows niederschlagenden Renditen über den Finanzierungskosten liegen. Anzustreben ist ein durch Diskontierung mit den Renditeforderungen der Kapitalgeber ermittelter positiver Barwert künftiger Cashflows, der dann an die Anteilseigner ausgeschüttet werden kann. 10.1

Die Anteilseigner besitzen einen Residual- oder Restanspruch, d.h. im Gegensatz zu Mitarbeitern oder Kreditgebern erhalten sie keine vertraglich fixierten Vergütungen, sondern von der Unternehmensentwicklung abhängige Zahlungen, die gegenüber denen der anderen Anspruchsinhaber nachrangig sind. Somit tragen sie im Wesentlichen das Unternehmensrisiko. Zur Verfolgung des Ziels der Steigerung des Anteilseignervermögens darf hingegen nicht dauerhaft gegen die Interessen anderer von der Unternehmensentwicklung betroffener Gruppen wie Mitarbeiter, Kunden, Kreditgeber, Lieferanten usw. (**Stakeholder**) verstoßen werden. Der **Shareholder Value** kann sich nur in einem alle Stakeholder berücksichtigenden „günstigen Klima" entfalten. Entgegen der in ideologisch fehlgeleiteten Debatten vertretenen Auffassung liegt somit keine einseitige Fixierung auf „die Kapitalseite" vor. 10.2

Finanzwirtschaftliche Entscheidungen der Holding **beeinflussen** in mehrfacher Hinsicht den **Wert** des Anteilseignervermögens bzw. des Unternehmens[2]. 10.3

Die Sicherstellung der erforderlichen **Liquidität** ist dabei zunächst eine zwingend einzuhaltende Nebenbedingung[3]. Der Finanzleiter der Holding muss für die erforderliche Zahlungsfähigkeit sorgen, damit die Ober-Gesellschaft (und alle Teilgesellschaften) zu jedem Zeitpunkt in der Lage ist (sind), ihren Zahlungsverpflichtungen nachzukommen. Das Halten von Liquidität in Form von „Vorratskasse" ist dabei jedoch kein Selbstzweck, da sie ertraglos ist. Liquidität liefert keinen Wertbeitrag für das Unternehmen im engeren Sinne wertorientierter Steuerungskonzepte. Sie ist gleichwohl im weiteren Sinne wertvoll, weil hiervon die Existenz des Unternehmens abhängt. (Drohende) Illiquidität stellt einen Eröffnungsgrund für das Insolvenzverfahren dar (§§ 17 ff. InsO). Liquiditätssicherung ist insofern Überlebenssicherung. Das zeigte die Finanz- und nachfolgende Wirtschaftskrise 2008–2009: Unternehmen mussten hier Einbrüche der Umsatzzahlungen von 50 % und mehr hinnehmen, wodurch wiederum die Finanzmittelbeschaffung über Banken oder den Kapitalmarkt sehr erschwert wurde.

Die Realisierung von **Investitionsprojekten**, die mindestens eine risikoadäquate Rendite erwarten lassen, trägt dagegen unmittelbar zur Wertsteigerung bei. Die Gestaltung der **Kapitalstruktur** sowohl des gesamten Holdingkonzerns als auch der einzelnen operativen Gesellschaften wirkt sich auf das Kapitalstrukturrisiko aus und führt damit zu unterschiedlichen **Kapitalkosten**. Höhere (niedrigere) Kapitalkosten wiederum führen zu einem niedrigeren (höheren) Unternehmenswert. Mit Eigenkapital wird ein Risikopuffer aufgebaut, gegen den laufende Verluste gebucht werden können. Je größer dieser Puffer, desto eher lässt sich der zweite Tatbestand vermeiden, der eine Insolvenz auslöst: die Überschuldung. 10.4

Die Wirkungen der Ausschüttung von **Dividenden** auf den Unternehmenswert werden kontrovers diskutiert[4]. Die Thesen „Unternehmen, die Dividenden ausschütten, mindern ihren Wert" und um- 10.5

---

1 Vgl. *Damodaran*, 2011, S. 9 ff.; *Langguth*, 2008.

2 Die beiden Zielsetzungen Maximierung des Eigentümervermögens und Maximierung des gesamten Unternehmenswertes können ineinander überführt werden. Vgl. hierzu *Süchting*, 1995, S. 466 f.

3 Vgl. *Horsch/Paul/Rudolph*, 2011, S. 385–434.

4 Vgl. *Brealey/Myers/Allen*, 2019, S. 410–430; *Damodaran*, 2011, S. 505–543.

gekehrt „steigern ihren Wert" stehen im Widerstreit. Aus der Perspektive der Wertorientierung sollten Gewinne im Unternehmen investiert werden, wenn sie sich dort höher verzinsen als im Möglichkeitsbereich der Aktionäre. Die optimale Dividendenausschüttung (umgekehrt Selbstfinanzierung) ergibt sich insofern als Nachfrage nach Kapital in Abhängigkeit vom Umfang rentabler (im o.g. Sinne risikoadäquater) Investitionsobjekte. Unterstellt, es seien genügend rentable Investitionsprojekte vorhanden, würde suboptimal wenig investiert werden können, wenn das Unternehmen in einer solchen Situation seine Gewinne (voll) ausschüttet. Selbst wenn die ausgeschütteten Mittel durch die Zuführung von frischem Aktienkapital ersetzt werden könnten, sorgten die direkten und indirekten Emissionskosten einer solchen Kapitalerhöhung für höhere Kapitalkosten im Vergleich zur Gewinnthesaurierung. Thesaurierende Unternehmen könnten allerdings aus einem anderen Grund umgekehrt mit höheren Kapitalkosten zu rechnen haben als dividendenfreudige: Künftige Kursgewinne aufgrund von Thesaurierungen sind unsicherer als (angekündigte) Bardividenden. Bestimmte Investoren(gruppen) haben zudem eine „natürliche" Präferenz für Dividenden und zahlen dafür ein Premium. Hierzu gehören z.B. Versicherungen, Pensionsfonds oder ältere Menschen mit entsprechenden Liquiditäts- oder auch Konsumpräferenzen, aber auch dem Management gegenüber misstrauische Kleinanleger, die „den Spatz in der Hand" (Bardividende) der „Taube auf dem Dach" (künftige Kurssteigerung) vorziehen[5]. Schließlich sorgt die Ausschüttung für den Fall, dass rentable Projekte gar nicht in ausreichendem Maße vorhanden sind, für eine Disziplinierung des Managements, überschüssige Liquidität nicht in unrentierlichen Projekten zu verschwenden.

10.6 Wie dem Liquiditätsmanagement kommt auch dem **Risikomanagement** die Funktion der Überlebenssicherung zu. Das Risikomanagement muss klären, ob das Unternehmen sich ein bestimmtes Risiko, das mit einem Investitionsprojekt verbunden ist, überhaupt leisten kann und will. Hierbei muss der Finanzleiter die gesamte Risikoposition des Unternehmens im Auge behalten. Das gemessene Risikopotential muss durch entsprechende Risikoträger abgedeckt sein. Zwischen dem Shareholder Value und den zu seiner Erreichung eingegangenen Risiken bestehen zudem Wechselwirkungen, die sich gegenseitig verstärken: So sind grundsätzlich bestimmte, von den Aktionären (und anderen Kapitalgebern) geforderte Renditen vom Unternehmen nur bei Eingehen eines bestimmten Risikos zu erzielen. Schlagend werdende Risiken wiederum beeinflussen sowohl den Cashflow des Unternehmens als auch seine Kapitalkosten durch die als Kompensation verlangte Risikoprämie. In dieser Sichtweise fällt dem Risikomanagement die Aufgabe zu, den Shareholder-Value-Plan vor Beeinträchtigungen zu schützen.

10.7 Neben diesen Teilaufgaben, die sich generell auf die Stellhebel des Finanzleiters im Hinblick auf die Steigerung des Anteilseignervermögens beziehen, können bei einer **Holding-Finanzwirtschaft weitere spezifische Wertpotentiale** realisiert werden. Diese resultieren aus unterschiedlichen Zentralisierungsvorteilen. Bei einer zentralen Holding-Finanzwirtschaft werden die im gesamten Holdingkonzern erforderlichen Finanzmittel durch die Holdingführung beschafft und nach der jeweiligen Investitions- und Finanzplanung auf die operativ tätigen Gesellschaften verteilt. Aus der Zentralisierung finanzierungsbezogener Tätigkeiten resultieren Größen-, Spezialisierungs- und Diversifikationsvorteile, die die Finanzierungskosten senken und so einen zusätzlichen Unternehmenswert schaffen.

10.8 Diese im engeren Sinne finanzwirtschaftlichen Entscheidungen sind nach modernem Verständnis der Kern des Aufgabenbereichs des Finanzleiters der Holding im Rahmen der Wertschaffung der Unternehmung, wie Abb. 1 zeigt.

5 Vgl. hierzu auch die empirischen Studien von *Pellens/Schmidt*, 2014.

Abb. 1: Aufgaben des Finanzleiters der Holding im Rahmen der Wertschaffung

Quelle: *Paul et al.* 2017, S. 28.

Der Finanzleiter ist

- an den **strategischen Weichenstellungen** beteiligt, mit deren Hilfe das Geschäftsmodell der Unternehmung fortlaufend so den sich verändernden Rahmenbedingungen angepasst wird, dass die Fähigkeit zur Erzielung der angestrebten Wertschaffungsziele im Wettbewerb gewährleistet werden soll.
- für die Vor**kalkulation** der Wertschaffung im Rahmen der Investitionsrechnung ebenso verantwortlich, wie für die Nachkalkulation des Wertbeitrags von Geschäftsbereichen sowie der Unternehmung insgesamt. Ihm obliegt darüber hinaus die Gestaltung des in- und externen Reportings.
- derjenige, der die Wertschaffung operativ **finanziert** und damit **ermöglicht**. Die durch die Beschaffung von Finanzmitteln entstehenden Kapitalkosten sind die Rendite- = Werthürden für Investitionen.
- in die **Organisation** der Wertschaffung eingebunden, indem er über die Gestaltung seines Kernbereichs hinaus verschiedenartige Prozesse der Unternehmung steuert, Abläufe koordiniert.
- oberster Risikomanager der Unternehmung, der deren Wertschaffung ökonomisch und juristisch **absichert.**
- primärer Ansprechpartner für die Kapitalgeber. In der **Kommunikation** mit den Investoren vermittelt er Wertorientierung und -schaffung der Unternehmung und nimmt damit einen Einfluss auf deren Renditeforderungen, die er wiederum in den Strategieprozess und dessen operative Umsetzung einspeist. Die nachfolgenden Abschnitte greifen einige wesentliche Elemente dieses Aufgabenbereichs auf.

II. Wertanalysen als Grundlage der finanziellen Steuerung

1. Renditeforderungen der Kapitalgeber als Beurteilungsmaßstab für die Wertschaffung

10.9 Die **Wertschaffung** eines Unternehmens als Entscheidungskriterium möglicher Kapitalgeber basiert auf den Arbeiten von *Rappaport*, *Stewart/Stern* sowie *Copeland/Koller/Murrin*[6]. Der dabei branchenunabhängig verfolgte **Grundgedanke** ist der: Jeder Zahlungsstrom (Cashflow, CF) ist durch eine Chance/Risiko-Position gekennzeichnet, d.h. er kann durch die mit ihm verbundene Rendite einerseits, das mit ihm einhergehende Risiko andererseits charakterisiert werden. Die Rendite stellt im Sinne einer Entschädigungszahlung die Prämie für das eingegangene Risiko dar. Dieser Grundzusammenhang gilt für eine einzelne Investition und den sich aus ihr ergebenden Zahlungsstrom (z.B. eines einzelnen Wertpapiers) ebenso wie für Investitionsbündel in Form von Wertpapierportfolios oder sogar ganze Unternehmen. Stets wird ein möglicher Investor vor seiner Anlageentscheidung fragen, ob er für das von ihm eingegangene Risiko die adäquate Rendite erhält[7].

10.10 In diesem Sinne haben die Eigen- und Fremdkapitalgeber eines Unternehmens Anspruch auf eine ausreichende Verzinsung des von ihnen eingesetzten Kapitals. Diese (Angemessenheit) bemisst sich nach den alternativen Anlage- bzw. Refinanzierungsmöglichkeiten der Aktionäre und Gläubiger am Kapitalmarkt (Opportunitätsgedanke). Die Renditeforderung beider Kapitalgebergruppen resultiert folglich aus dem risikolosen Zins (z.B. für deutsche Staatsanleihen) sowie einem Aufschlag für das mit der jeweiligen Investition eingegangene, individuelle Risiko in Form der dafür am Finanzmarkt bezahlten/geforderten Prämie. Diese Renditeforderungen der Kapitalgeber stellen spiegelbildlich die Kapitalkosten des Unternehmens dar. **Wert kann ein Unternehmen daher nur** dann **schaffen, wenn es Gewinn erzielt, der sich in** einer **Rendite niederschlägt, die über** diesen **Kapitalkosten liegt.** Diese Renditeforderungen müssen langfristig mindestens erfüllt werden, da ein Unternehmen nur so dauerhaft ein attraktives Investment für seine Kapitalgeber darstellt. Gelingt dies dagegen auf Dauer nicht, werden sich die Kapitalgeber zurückziehen und ihre Finanzmittel in andere Alternativen investieren.

10.11 Insofern verschiebt sich mit dem Prinzip der Wertorientierung die Messlatte für den Unternehmenserfolg – und zwar nach oben (Abb. 2):

6 Vgl. hierzu im Folgenden *Paul/Horsch/Stein*, 2005, S. 13–24, weitergeführt in *Horsch/Kaltofen*, 2020.
7 Vgl. *Koller/Goedhart/Wessels*, 2010.

Abb. 2: Traditionelle versus „wertorientierte“ Erfolgsmessung

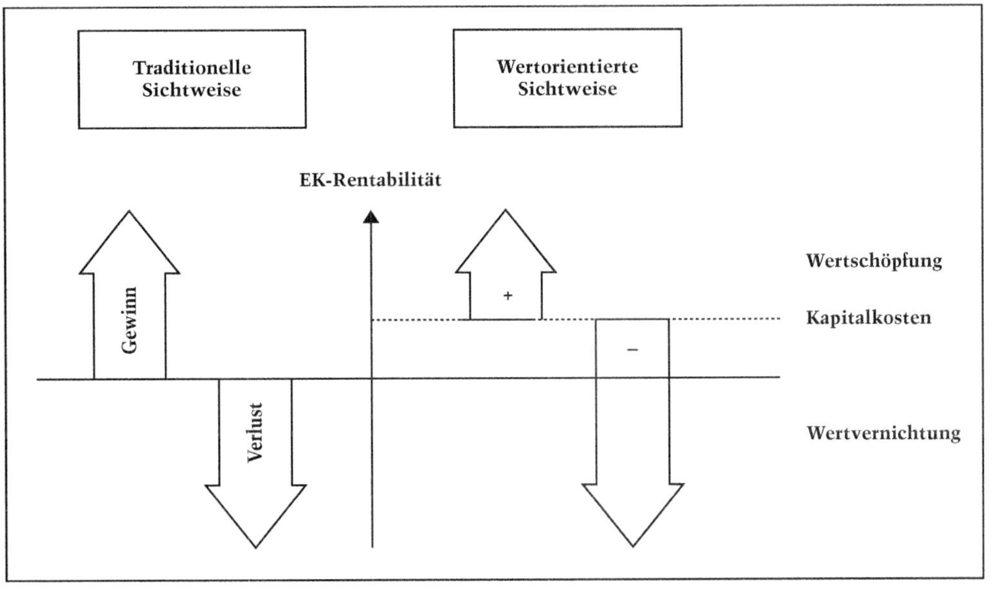

Quelle: *Horsch/Kaltofen*, 2020, S. 5.

10.12 Blickt man zunächst auf den Eigentümer einer Unternehmung, so kann dieser sich nicht mit „irgendeinem“ absoluten Gewinn (traditionelle Sichtweise) zufriedengeben. Stattdessen erwartet er mindestens das Erreichen seiner Renditeforderung, hier formuliert als Eigenkapitalrendite, die eine Erfolgsgröße wie den Jahresüberschuss (JÜ) zum Eigenkapital (EK) in Beziehung setzt:

$$r_{EK} = \frac{JÜ}{EK}$$

10.13 Vor dem Hintergrund der Entstehung des Konzepts der Wertorientierung im anglo-amerikanischen Sprachraum wird die Eigentümerposition meist durch die des Aktionärs konkretisiert und daher als Zielgröße die Steigerung des **Shareholder Value** formuliert. In dieser Perspektive ergibt sich die Renditeforderung der Aktionäre aus den Komponenten (1) Kurswertveränderung sowie (2) Dividende in einperiodiger Abgrenzung als

$$r_{EK} = \frac{(\text{Aktienkurs}_{t=1} - \text{Aktienkurs}_{t=0}) + \text{Dividende}_{t=1}}{\text{Aktienkurs}_{t=0}}$$

10.14 Da Eigenkapitalgeber in ihrer Position ein spezifisches (unternehmerisches) Risiko eingehen, erwarten sie, dass die vorstehend berechnete Eigenkapitalrendite um einen angemessenen Risikozuschlag RZ über dem risikofreien Kapitalmarktzins r_f liegt:

$$r_{EK} \geq r_f + RZ$$

10.15 Die Höhe von RZ kann z.B. mithilfe des **Capital Asset Pricing Model (CAPM)**[8] bestimmt werden. Dort ergibt sich RZ aus dem Produkt der Risikoprämie des Marktportfolios (Differenz der Renditen eines „marktrepräsentativen“ Index und sehr sicheren Staatsanleihen) und einem unternehmensspezifischen Beta (β) als Maß für das systematische Risiko eines Wertpapiers. Es drückt im Sinne einer

8 Vgl. z.B. *Paul* et al., 2017, S. 224–241.

Sensitivität aus, inwiefern der Kurs eines einzelnen Papiers mit einem repräsentativen Marktindex korreliert. Für börsennotierte Unternehmen kann Beta aus verfügbaren Marktdaten der betreffenden Unternehmensaktie direkt ermittelt werden. Für nicht-börsennotierte Unternehmen können Analogie- oder Analyseansätze herangezogen werden. Die Eigenkapitalrendite lässt sich dann schreiben als:

$$r_{EK} = r_f + (r_M - r_f) \cdot \beta$$

10.16 Diese Renditeforderung findet Eingang in ein Barwertkalkül. Dazu wird in einem ersten Schritt der **Unternehmenswert als Barwert** ermittelt (Abb. 3).

Abb. 3: Shareholder Value als Barwert künftiger Periodenerfolge

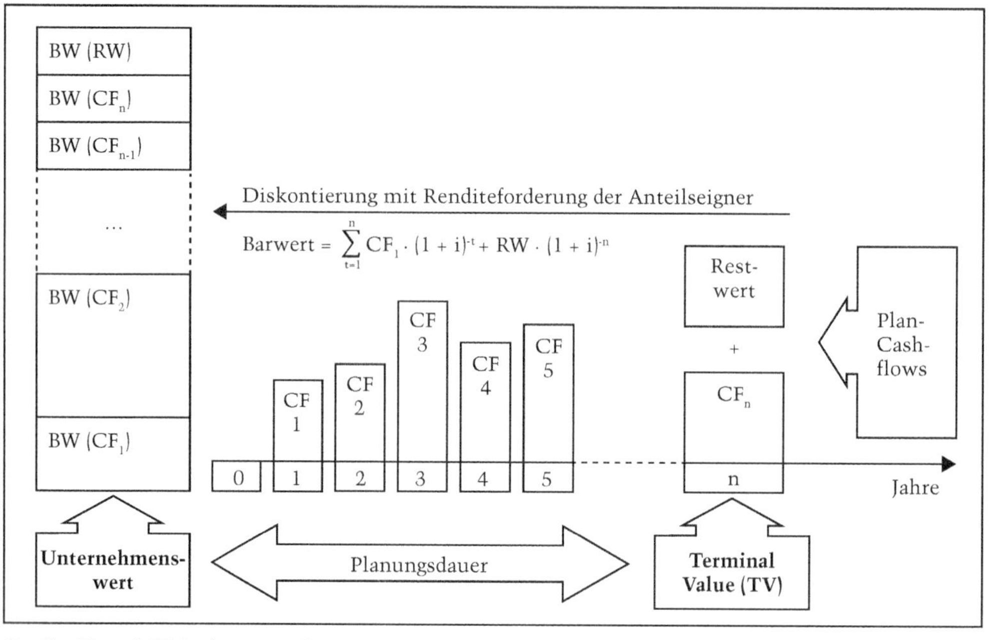

Quelle: *Horsch/Kaltofen*, 2011, S. 19.

10.17 Dafür benötigt man zwei Eingangsgrößen: Cashflows und Diskontierungszins. Für die hier gewählte Perspektive sind die den Eigenkapitalgebern in den kommenden Perioden zustehenden Zahlungsströme (Flow to Equity) abzuzinsen mit den Renditeforderungen der Anteilseigner (r_{EK}). Dabei ist nach einer Reihe detaillierter zu planender Jahre ein „Restwert" einzubeziehen, der bei einem theoretischen Verkauf des Unternehmens erzielt würde (hilfsweise kann der Flow to Equity der letzten Detailplanungsperiode verrentet werden).

10.18 Der sich ergebende Barwert des Unternehmens im Beurteilungszeitpunkt ist nun auf die Zahl der Eigentümeranteile umzulegen. Deren Inhaber können dann den Kapitalwert ihrer Investition errechnen, indem sie ihre Anschaffungsauszahlung für die erworbenen Anteile dem entsprechenden Barwert gegenüberstellen. Ein hiernach positiver Kapitalwert signalisiert eine lohnende Investition, d.h. es wurde Mehrwert über die Mindestverzinsungsansprüche der Eigentümer hinaus geschaffen. Der interne Zinsfuß dieser Investition in das Unternehmen muss dementsprechend über der geforderten Eigenkapitalrendite liegen.

10.19 Bei einer fairen, d.h. einer nicht durch Informationsungleichgewichte verzerrten Bewertung des Unternehmens am Kapitalmarkt entspricht der so errechnete Bar- ihrem Marktwert. Auf den Shareholder Value ausgerichtetes Handeln des Managements zielt demnach – so lässt sich auch formulieren – darauf ab, den Marktwert des Eigenkapitals im Zeitablauf zu steigern, der sich als Differenz zwischen dem Barwert der Cashflows aus den von der Gesellschaft unternommenen Investitionen und dem Marktwert der Ansprüche aus Fremdkapitaltiteln ergibt (Abb. 4).

Abb. 4: Darstellung des Unternehmenswertes mit Hilfe einer Marktwertbilanz

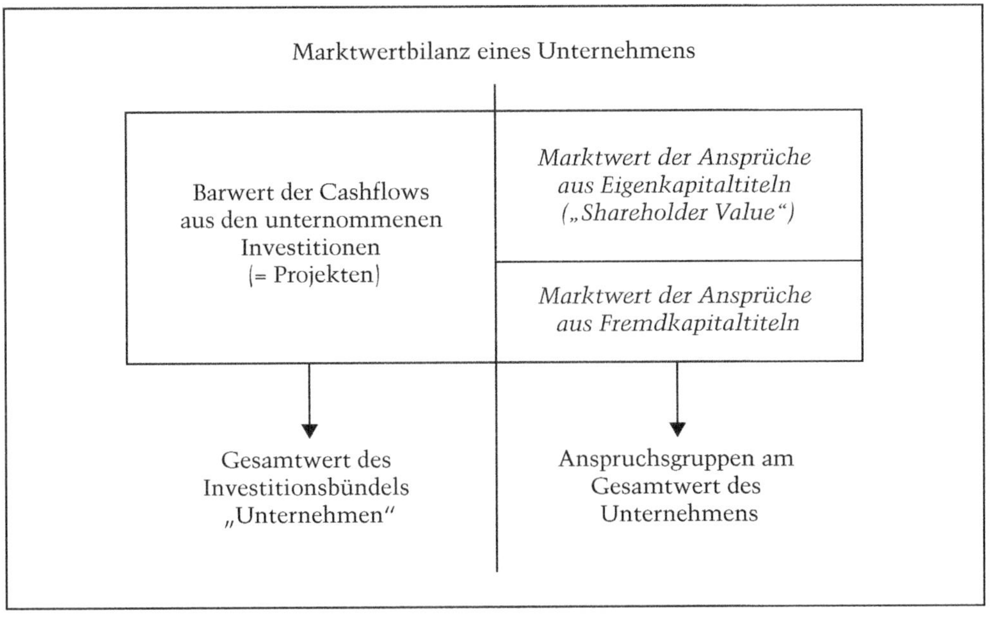

Die Varianten der wertorientierten Kontrollrechnungen (die wir im Kapitel II. 3. (Rz. 10.46 ff.) ausführlicher betrachten) sind daher stets als Residualgewinnkalküle ausgestaltet, die – als absolute oder relative Größen formuliert, an buchhalterischen Größen, Cashflows oder Marktwerten ansetzend – prüfen, inwiefern über die Ansprüche der zunächst Fremd- und dann letztlich auch Eigenkapitalgeber hinaus Überschüsse erzielt werden. 10.20

Diese grundlegenden Bemerkungen weisen auf den engen **Zusammenhang von Rendite und Risiko** hin. Aufgabe der Holding-Leitung ist es zum einen, die „gesamte Risikoposition“ des Konzerns im Auge zu behalten. Das sich nach Diversifikation, Übertragung, Versicherung etc. von Verlustgefahren ergebende Risikopotential muss durch entsprechende Risikoträger abgedeckt sein (ausführlich hierzu Kapitel III. 3. [Rz. 10.97 ff.]). 10.21

Zum anderen muss das Ergebnis dieser Gegenüberstellung **an den Kapitalmarkt kommuniziert** werden (s. Kapitel V. [Rz. 10.161 ff.]). Dort hängen die Bewertungen des Unternehmens – und damit seiner weiteren Kapitalmarktopportunitäten – erneut von Risiko und Rendite ab. Die Einschätzung der Marktteilnehmer hinsichtlich der Verlustgefahren beeinflusst ihre Renditeforderungen und damit die Kapitalkosten des Unternehmens. Aufgabe der Holding-Leitung in diesem Zusammenhang ist es, durch die offene Kommunikation möglicher „Schäden“ zu einer realistischen Formulierung dieser Renditeforderungen beizutragen und diese wiederum mit der tatsächlich erzielten Rendite möglichst zu übertreffen. 10.22

Die folgende Abb. 5 verdeutlicht diesen Zusammenhang noch einmal aus Sicht eines Unternehmens und seiner Eigentümer durch die Darstellung einer Waage. Risiken und Risikoträger müssen intern ausbalanciert werden. In externer Perspektive bestimmt die Risikowahrnehmung der Investoren die Kapitalkosten, die Benchmark des Erfolges sind – aus dem wiederum Risikoschutz aufgebaut werden kann. 10.23

Abb. 5: Finanzwirtschaftliches Rendite- und Risikomanagement in interner und externer Perspektive

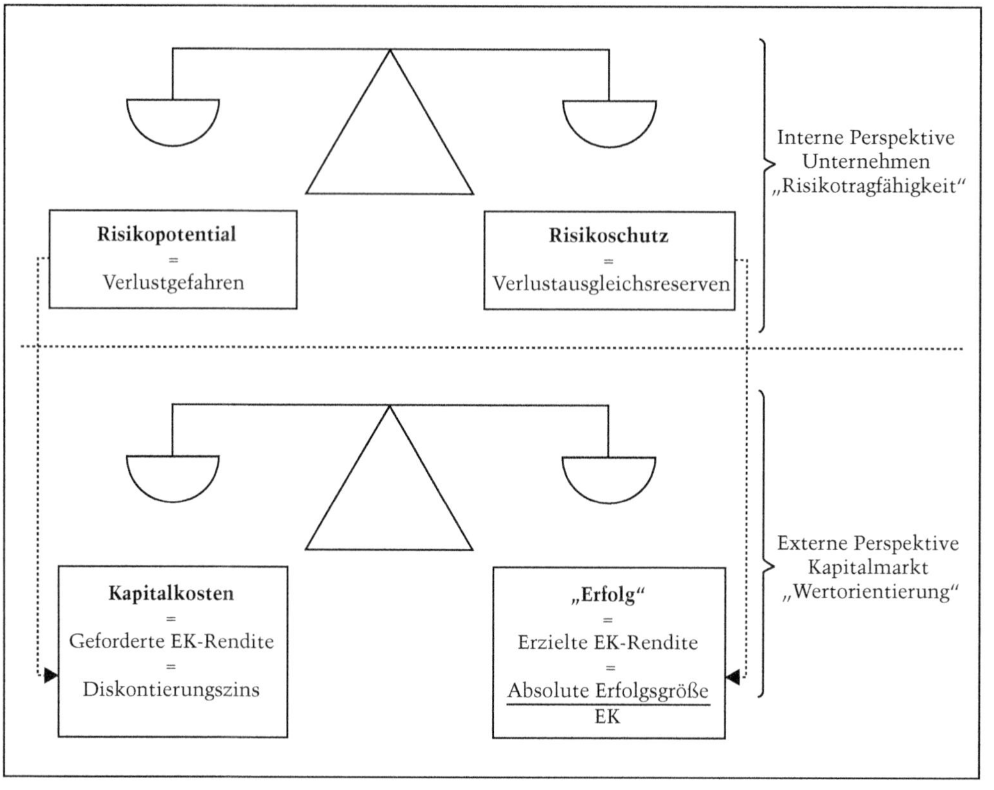

10.24 Damit wird deutlich: **Im Rahmen der wertorientierten Steuerung der Holding müssen Rendite und Risiko integrativ, also miteinander verzahnt behandelt werden**[9], denn: Eine Beurteilung der Rendite (eines Gewinns) ohne Kenntnis der Risikosituation ist nicht sinnvoll. Bestimmte (geforderte) Renditen sind nur bei Eingehen eines bestimmten Risikos zu erzielen. Eine vermehrte Risikoübernahme führt wiederum zu einem erhöhten Renditeanspruch der Kapitalgeber. Schlagend werdende Risiken beeinflussen sowohl den Cashflow des Unternehmens (Renditeseite) als auch seine Kapitalkosten (durch die als Kompensation verlangte Risikoprämie) – und damit den Diskontierungszins einer Shareholder-Value-Rechnung.

10.25 **Zielkonflikte** zwischen beiden Größen sind zu lösen, z.B. im Hinblick auf die Ressource Eigenkapital, die die Konzernleitung aus Gründen der Risikoabdeckung unter Umständen höher dimensionieren würde als vor dem Hintergrund der mindestens geforderten Eigenkapitalrendite.

2. Die Kapitalwertmethode zur Ex-ante-Bestimmung der Vorteilhaftigkeit von Investitionen und Finanzinstrumenten

10.26 Die bisherigen Ausführungen haben verdeutlicht: Die **Cashflows**, die Ein- und Auszahlungen aus der Unternehmenstätigkeit **sind die Basis der Wertschaffung** und tragen zur Aufrechterhaltung des

9 Zur integrierten Rendite-/Risikomessung vgl. z.B. *Wiedemann/Wiechers*, 2013; grundlegend *Schierenbeck/Lister*, 2002.

finanziellen Gleichgewichts bei. Der Unternehmenswert wird durch die vorhandenen oder in der Zukunft erwarteten Zahlungsmittel (Cashflows) verkörpert.

Die hier eingenommene rein finanzwirtschaftliche Perspektive darf nicht den Blick dafür verstellen, dass die **ursächliche Entstehung von Wert auf die Ausstattung der Holding mit bestimmten Ressourcen und Kompetenzen** insgesamt **zurückzuführen** ist[10]. Es ist die Aufgabe der Holding-Leitung, durch Findigkeit und Können diese Ressourcen mit unternehmenseigenen Merkmalen zu versehen bzw. sie durch die eigenen Mitarbeiter oder externe Spezialisten versehen zu lassen, um damit Erwerb oder Nachahmung durch Konkurrenten zu erschweren. Das erforderliche Wissen verbunden mit der Fähigkeit des Managements, diese Aufgabe zu erfüllen, wird als Kompetenz bezeichnet. Die kompetenzbasierte erfolgreiche Kombination von Ressourcen führt zur Überlegenheit eines Unternehmens ggü. der Konkurrenz in erster Linie in Form von Wissensvorsprüngen, die dann die Bestimmung von zu Innovationen führenden Handlungsmöglichkeiten erlauben[11]. Aus der **Wertschaffungsidee**, also der Antwort auf die Frage, worin überhaupt die Nutzenstiftung des Unternehmens liegt, und der **Wertschaffungsarchitektur** leitet sich letztlich das **Wertschaffungsergebnis** des Unternehmens ab. 10.27

Was finanzwirtschaftlich gemessen werden kann, sind dann in einer Ex-post-Perspektive (vgl. hierzu ausführlich das folgende Kapitel II. 3. [Rz. 10.46 ff.]) die aus damit verbundenen Investitions- und Finanzierungsentscheidungen hervorgegangenen bzw. in einer Ex-ante-Sicht die in der Zukunft erwarteten Cashflows, die die finanzielle Wertschaffung begründen. 10.28

Die **Ex-ante-Beurteilung der finanziellen Werthaltigkeit** von Investitions- und Finanzierungsprojekten erfolgt primär mithilfe der **Kapitalwertmethode**. Die Holding-Leitung kann das Wertziel am besten erreichen, wenn sie das Kapitalwertkriterium als Entscheidungskriterium heranzieht[12]. So steht erstens der mit einem Investitions- oder Finanzierungsprojekt verbundene Zahlungsstrom (Cashflow) im Mittelpunkt des Kapitalwertverfahrens. **Cashflows** sind für die Wertermittlung anderen Rechengrößen überlegen, weil sie (wie oben bereits ausgeführt) sui generis die Basis der Wertschaffung sind. Sie bilden zudem etwa gegenüber dem Gewinn aus der Periodenerfolgsrechnung die finanzwirtschaftliche Lage (weitgehend) unverzerrt, vollständig und auch frei von subjektiven Bewertungseinflüssen ab. Cashflows spiegeln „meinungsfrei", was wirklich verdient oder ausgegeben wurde („profit is an opinion, cash is a fact"). 10.29

Zweitens berücksichtigt die Kapitalwertmethode (im Gegensatz zu statischen Verfahren) den **zeitlichen Anfall** der aus Investitions- und Finanzierungsprojekten erwarteten Cashflows. Zeitverschiedene Cashflows werden durch den Ansatz von Zinsen und Zinseszinsen zusammengefasst und so überhaupt erst vergleichbar, weil ein Geldbetrag der „heute" zur Verfügung steht, anders zu beurteilen ist als ein Geldbetrag, der erst in der Zukunft erwartet wird. In den Zinsen kommt diese Zeitpräferenz zum Ausdruck. Sie sind der Preis für eine entgangene anderweitige Nutzung des Geldes. 10.30

Bei der Berechnung des Kapitalwerts einer Investition oder Finanzierung (**Net Present Value, NPV**) werden sämtliche damit verbundenen Ein- und Auszahlungen c_t auf den Entscheidungszeitpunkt t = 0 bezogen. Der Kapitalwert ist somit eine Form der hohen Verdichtung der Zahlungsreihe der Investition/Finanzierung zu einem einzigen Betrag, der die Differenz zwischen dem Barwert der erwarteten Nettozahlungen über die Nutzungszeit n („Wert des Zahlungsstroms") und der Anschaffungsauszahlung c_0 zum Ausdruck bringt. 10.31

$$\mathrm{NPV}_0 = c_0 + \sum_{t=1}^{n} c_t \cdot (1+r)^{-t}$$

10 Vgl. *Freiling*, 2001; *Hamel/Prahalad*, 1994; *Teece*, 2010.

11 Vgl. *Schneider*, 2000.

12 Vgl. *Brealey/Myers/Allen*, 2019, S. 105–151.

mit: c_0: (Anschaffungs-)Zahlung im Zeitpunkt t = 0 (zugleich: Bezugszeitpunkt); c_t: Nettozahlung in der Periode *t* (jeweils kumuliert am Ende der Periode t); *r:* Kalkulationszinssatz; *n:* Nutzungsdauer mit t = 1, 2, …, n.

10.32 Der **Kapitalwert ist also letztlich nichts anderes als ein Preisvergleichswerkzeug**. Der Preis einer Real- oder Finanzinvestition (c_0) wird verglichen mit dem Preis, der für den Zahlungsstrom, den die Investition generiert, ($\sum_{t=1}^{n} c_t$) am Kapitalmarkt zu zahlen wäre ($\sum_{t=1}^{n} c_t \cdot (1+r)^{-t}$).

10.33 Ein Investitions- bzw. Finanzierungsprojekt ist akzeptabel, wenn es einen positiven Kapitalwert aufweist, ein Zahlungsstrom also günstiger als am Kapitalmarkt eingekauft bzw. umgekehrt finanziert werden kann. Ein positiver Kapitalwert gibt genau jenen Betrag an, den das betreffende Projekt zur Unternehmenswertsteigerung beiträgt. Im Falle $NPV_0 = 0$ besteht Indifferenz zwischen dem zu betrachtenden Projekt und der Alternativanlage/-finanzierung am Kapitalmarkt. Bei mehreren akzeptablen Projektalternativen j ist diejenige mit dem höchsten Kapitalwert vorzuziehen.

10.34 Der exakte **Zusammenhang zwischen Kapitalwertmethode und dem Ziel der Maximierung des Anteilseignervermögens** wird durch die Benutzung der Renditeforderung (in der hier gewählten Perspektive) der Aktionäre als Kapitalisierungszinsfuß für das eingesetzte Eigenkapital gewährleistet. Dies bedeutet, dass nur jene Projekte berücksichtigt werden, deren Rendite mindestens der von den Aktionären geforderten entspricht, diese also besser (und keinesfalls schlechter) stellen als bisher. Höhere (niedrigere) **Risiken** schlagen sich in einem höheren (niedrigeren) Kapitalisierungszinsfuß nieder. Höhere (niedrigere) Zinsfüße wiederum ergeben bei der Kapitalwertmethode niedrigere (höhere) Kapitalwerte.

10.35 Das hier vorgestellte einfache **Grundmodell der Kapitalwertmethode** kann für Erfordernisse der Praxis relativ einfach **erweitert** werden: So sind Unternehmen in der Regel nicht nur eigen-, sondern auch fremdfinanziert. Es wird dann der gewichtete **Gesamtkapitalkostensatz** eines Unternehmens **als Kapitalisierungszinsfuß** herangezogen[13]. Dieser ist die Summe der mit dem jeweiligen Anteil am Gesamtkapital gewichteten Eigen- und Fremdkapitalkostensätze (**Weighted Average Cost of Capital, WACC**). Die Höhe des Fremdkapitalkostensatzes hängt dabei vor allem von der Bonität des Unternehmens ab.

$$WACC = i_{EK} \cdot \frac{EK}{GK} + i_{FK} \cdot \frac{FK}{GK}$$

mit: i_{EK}: Renditeforderungen der Eigenkapitalgeber; i_{FK}: Renditeforderungen der Fremdkapitalgeber; EK: Eigenkapital; FK: Fremdkapital; GK: Gesamtkapital.

10.36 In einer Welt mit Steuern kann nur eine **Nach-Steuer-Rechnung** die relevante Entscheidungsbasis im Rahmen der Investitions- und Finanzierungsanalyse bieten. Dabei ist grundsätzlich zu beachten, dass gewinnunabhängige Steuern (Substanz-, Verbrauchs- und Verkehrssteuern wie z.B. GrundSt, MineralölSt, GrunderwerbSt), als weitere Auszahlungskomponenten bzw. Einzahlungskürzungen integriert werden können. Hinsichtlich gewinnabhängiger Steuern, die ggf. noch zwischen Eigen- und Fremdfinanzierung diskriminieren, sind insbesondere Abschreibungen und Fremdkapitalzinsen wesentliche Einflussgrößen auf die Bemessungsgrundlage von Ertragsteuern. Es zeigt sich, dass die Verminderung der Einzahlungsüberschüsse durch die Ertragssteuerzahllast c. p. zu einem sinkenden Kapitalwert führt. Andererseits führt die Verminderung des Kalkulationszinssatzes durch die Ertragssteuern c. p. zu einer Erhöhung des Kapitalwerts. Der Nettoeffekt ist grundsätzlich unbestimmt und hängt von der konkreten Ausgestaltung des Steuersystems ab. Im Allgemeinen wirken Ertragssteuersysteme nicht entscheidungsneutral, d.h. die Akzeptanz- und Vorteilhaftigkeitsposition einer Investitions- bzw. Finanzierungsmaßnahme verschiebt sich (teilweise signifikant!) im Nach-Steuer-Fall: Die Rangordnung der unternehmerischen Entscheidung wird dadurch verändert. Im Extremfall

13 Vgl. *Linnhoff/Pellens*, 2011, S. 327.

ist sogar das sog. Steuerparadoxon zu beobachten: Steigende Kapitalwerte bei steigenden Ertragssteuersätzen trotz gleicher Bemessungsgrundlagen sind möglich[14].

In der Praxis wird der Kapitalwert häufig als nicht so leicht interpretierbar empfunden. Die absolute Größe Kapitalwert wird deshalb gerne in ein relatives Maß, eine Renditegröße „übersetzt". Dies gilt insbesondere mit Blick auf Finanzierungsentscheidungen[15]. Berechnet wird der **interne Zinsfuß** (Internal Rate of Return, IRR). Er gibt die effektive Verzinsung einer Investition und damit ihre Rendite an. Formal ist der interne Zinsfuß derjenige Zins, bei dessen Anwendung als Kalkulationszinssatz der Kapitalwert einer Investition gleich Null ist[16]. 10.37

$$NPV_0 = 0 = c_0 + \sum_{t=1}^{n} c_t \cdot (1 + IRR)^{-t}$$

Eine Investitionsmaßnahme ist akzeptabel, wenn der interne Zinsfuß größer (oder gleich) ist als der Mindestverzinsungsanspruch. 10.38

$$IRR_j \geq r$$

Bei mehreren akzeptablen alternativen Investitionsobjekten j wird die Investition mit dem größten internen Zinsfuß ausgewählt.

$$\max_j \{IRR_j | IRR_j \geq i\}$$

Zu beachten ist, dass anders als beim Kapitalwert bei bestimmten Zahlungsreihen der Investition (u.a. Wechsel zwischen Zahlungsüberschüssen und -defiziten) eine eindeutige Bestimmung des internen Zinsfußes nicht möglich ist. In solchen Fällen sollte auf die Kapitalwertmethode zurückgegriffen werden[17]. 10.39

Stellt die Liquidität einen Engpassfaktor des Konzerns dar, kann auch der Zeitraum, der bis zur Wiedergewinnung der durch die Investitionen gebundenen Mittel vergeht (**Amortisationsdauer**) entscheidungsrelevant sein. 10.40

Unterstellt, ein Konzern unterliege keinerlei **Budgetrestriktionen**, führte die Anwendung der Kapitalwert- und der internen Zinsfußmethode dazu, alle wertschaffenden Investitionen auszuwählen, also diejenigen, die einen positiven Kapitalwert beziehungsweise einen internen Zinsfuß oberhalb der geforderten Mindestrendite erwarten lassen. Als „klassische" Ansätze zur Bestimmung des optimalen Investitionsprogramms bei begrenzten finanziellen Ressourcen gelten die **Kapitalwertrate** (Profitability Index)[18] sowie das sog. **Dean Modell**[19]. Die Kapitalwertrate misst die Wertschaffung bezogen auf das eingesetzte Kapital (Relation Kapitalwert zu Kapitaleinsatz) und erlaubt so die Auswahl einer optimalen Projektkombination innerhalb der Grenzen eines vorgegebenen Investitionsbudgets. Das Verfahren von Dean greift auf die interne Zinsfußmethode zurück. Die aus den Teilgesellschaften vorgeschlagenen Investitionsprojekte werden nach fallenden internen Zinssätzen, die verfügbaren Finanzierungsmöglichkeiten des Konzerns in der Reihenfolge steigender Kapitalkosten geordnet. Der optimale Umfang des Investitionsprogramms ist dann durch den Schnittpunkt der Kapitalangebots- und -nachfragekurve bestimmt. Der das Investitionsvolumen in diesem Punkt limitierende Kostensatz ist die **Cutoff-Rate**. 10.41

Um schließlich das **Ausmaß der Unsicherheit** bei der Investitions- und Finanzierungsplanung für die Entscheider **transparenter** zu **machen**, eignen sich die in der Praxis weit verbreitete Sensitivitäts- 10.42

14 Vgl. *Busse von Colbe/Witte*, 2018, S. 91 ff.
15 Vgl. *Brealey/Myers/Allen*, 2019, S. 111–119.
16 Vgl. *Paul et al.*, 2017, S. 138–149.
17 Vgl. *Brealey/Myers/Allen*, 2019, S. 111–119.
18 Vgl. *Brealey/Myers/Allen*, 2019, S. 119–123.
19 Vgl. *Süchting*, 1995, S. 589–593.

analyse und das Instrument der Risikosimulation. So beantwortet die **Sensitivitätsanalyse**[20] z.B. die Frage, welche Inputgrößen für die Ermittlung der Zielgröße (Kapitalwert, interner Zinsfuß) besonders großen Einfluss haben. Es können kritische Werte für einzelne Parameter (z.B. Verkaufspreis, -menge, variable und fixe Kosten usw.) bestimmt werden, bis zu denen die Entscheidung über die Durchführung eines Vorhabens unverändert bleibt.

10.43 Bei der **Risikosimulation**[21] geht es darum, eine Wahrscheinlichkeitsverteilung für den Kapitalwert (bzw. den internen Zinsfuß) zu gewinnen, aus deren Verlauf sich dann etwa Schlüsse folgender Art ziehen lassen:

- Mit welcher Wahrscheinlichkeit wird ein bestimmter, als kritisch gesehener Kapitalwert (interner Zinsfuß) nicht unterschritten?
- Wie groß ist die Wahrscheinlichkeit, dass die Zielgröße innerhalb eines bestimmten Werteintervalls liegt?
- Wie groß ist die Wahrscheinlichkeit, nach Projektdurchführung einen positiven Wertbeitrag zu erzielen?

10.44 Die Verteilung des Kapitalwerts (internen Zinsfußes) ergibt sich direkt aus historischen Realisierungen von Zielgröße bzw. Inputfaktoren, oder es können z.B. mithilfe der Monte-Carlo-Simulation Verteilungen beliebiger Art vorgegeben werden, für die dann sehr viele Ausprägungen per Zufallsgenerator erzeugt werden.

10.45 Bei der Risikosimulation wird zwar die Formulierung von Wahrscheinlichkeitsverteilungen verlangt, doch sind häufig Vorstellungen über solche Verteilungen implizit ohnehin vorhanden. Für den Entscheider dürfte es jedenfalls einfacher sein, sich nicht auf einen Punktwert der Zielgröße festlegen zu müssen, sondern eine Bandbreite möglicher akzeptabler Ausprägungen angeben zu können.

3. Wertbeitragskennzahlen zur Ex-post-Kontrolle der Wertschaffung

10.46 Während es im vorangegangen Kapitel um die zukunftsgerichtete Planung von Investitions- und Finanzierungsmaßnahmen der Holding (Ex-ante-Bestimmung ihrer Vorteilhaftigkeit) ging, prüfen Wertbeitragskennzahlen im Nachhinein (ex-post), ob das Unternehmen mit den durchgeführten Maßnahmen tatsächlich über die Ansprüche der Fremd- und Eigenkapitalgeber hinaus Überschüsse erwirtschaften und somit das Ziel der Wertschaffung erreichen konnte. Bei einer börsennotierten Aktiengesellschaft ließe sich dies unmittelbar an der Veränderung des Aktienkurses ablesen. Für nicht-börsennotierte Unternehmen könnte die Wertänderung analytisch z.B. mithilfe der Discounted-Cashflow-Methode bestimmt werden. Allerdings haben aktienkursbasierte Kennzahlen den Nachteil, dass sie auch von externen Entwicklungen beeinflusst sind. Dem rechnerischen Unternehmenswert liegen subjektive Annahmen über die zukünftige Unternehmensentwicklung zugrunde. Beides ist mit Blick auf die Ableitung von Impulsen für die Unternehmenssteuerung und die Vergütung des Managements jedoch problematisch.

10.47 Um einen Erfolg im Sinne des Shareholder-Value-Ansatzes zu identifizieren, **sollten die** wertorientierten **Kennzahlen** möglichst **objektive, von externen Entwicklungen unbeeinflusste Überschussgrößen darstellen**, die neben den Ansprüchen der übrigen Stakeholder (Lieferanten, Mitarbeiter, Kreditgeber usw.) auch die Renditeansprüche der Eigenkapitalgeber und damit die **Eigenkapitalkosten einschließen**. Kennzahlen, die auf bilanziellen Daten fußen (wie z.B. der Jahresüberschuss, EBIT [Ergebnis vor Zinsen und Steuern], EBITDA [Ergebnis vor Zinsen, Steuern und Abschreibungen auf Sachanlagen sowie immateriellen Vermögensgegenständen] oder relative Maße wie die Umsatz- oder Gesamtkapitalrendite), leisten dies nicht, weil die Eigenkapitalkosten nicht enthalten sind[22].

20 Vgl. *Brealey/Myers/Allen*, 2019, S. 252–258.
21 Vgl. *Linnhoff/Pellens*, 2011, S. 346–349.
22 Vgl. *Kajüter*, 2011, S. 452 f. u. 456 ff.

Im Rahmen der wertorientierten Unternehmenssteuerung werden deshalb spezielle **Wertbeitragskennzahlen und Kapitalrenditen** berechnet[23]. Wertbeitragskennzahlen messen den absoluten Geldbetrag, um den der Wert des Unternehmens *in einer Periode* gestiegen ist: Von einem in bestimmter Weise abgegrenzten Periodengewinn werden die Kosten des eingesetzten Kapitals abgezogen. Durch diese periodische Sicht wird eine andere Perspektive als in Abb. 4 (Rz. 10.19) eingenommen! Die Kapitalkostensätze dienen unmittelbar zur Wertberechnung. Bei den Kapitalrenditen fungieren sie als „hurdle rates", die zumindest erreicht werden müssen, damit eine Wertschaffung festgestellt werden kann. Wertbeiträge und Kapitalrenditen lassen sich zudem nach Gewinn- oder Cashflow-basierten Input-Größen differenzieren. Abb. 6 zeigt eine Übersicht in der Praxis gebräuchlicher wertorientierter Kennzahlen: 10.48

Abb. 6: Wertorientierte Kennzahlen

Inhalt / *Datenbasis*	**Kapitalrendite**	**Wertbeitrag**
Gewinn	ROCE (Return on Capital Employed)	EVA (Economic Value Added)
Cashflow	CFROI (Cashflow Return on Investment)	CVA (Cash Value Added)

Quelle: In Anlehung an *Ewert/Wagenhofer*, 2000, S. 7.

Der **Return on Capital Employed (ROCE)**[24] misst den im operativen Geschäft erwirtschafteten Erfolg in Bezug auf das investierte Kapital. Er stellt eine Gesamtkapitalrendite vor Steuern dar, bei der die Kapitalbasis (Capital Employed) um das unverzinsliche Fremdkapital (wie z.B. kurzfristige Rückstellungen, Verbindlichkeiten aus Lieferungen und Leistungen, passive Rechnungsabgrenzungsposten) reduziert wird: 10.49

$$\text{ROCE} = \frac{\text{EBIT}}{\text{Capital Employed}}$$

Der ROCE kann direkt mit den Verzinsungsansprüchen der Kapitalgeber verglichen werden. Liegt er über den Kapitalkosten (ROCE > WACC), wurde in der betreffenden Periode Wert geschaffen, andernfalls (ROCE < WACC) vernichtet. 10.50

Der **Economic Value Added (EVA)**[25] wurde von der Beratungsgesellschaft *Stern Stewart & Co.* entwickelt. Er misst den absoluten Wertbeitrag aus den operativen Aktivitäten des Unternehmens und stellt den die Kapitalkosten des operativen Geschäftes übersteigenden Residualgewinn dar: 10.51

$$\text{EVA} = \text{NOPAT} - \text{WACC} \cdot \text{NOA}$$

Ein positiver (negativer) EVA zeigt an, dass in der Periode Wert geschaffen (vernichtet) wurde. Der EVA fußt ebenfalls auf Jahresabschlussdaten, die jedoch umfangreich angepasst werden. Mit über 200 Anpassungen werden 10.52

- Ergebnis- und Kapitalgrößen allein auf das operative Geschäft fokussiert,
- „verdeckte Finanzierungsformen" wie z.B. Leasingverträge sichtbar gemacht,

---

23 Vgl. *Ewert/Wagenhofer*, 2000, S. 7 ff.

24 Vgl. *Kajüter*, 2011, S. 458–461.

25 Vgl. *Kajüter*, 2011, S. 461–463; die Division von NOPAT (Net Operating Profit After Taxes) durch NOA (Net Operating Assets) überführt EVA in die relative Kennzahl Stewart's r, die oftmals auch als ROCE bezeichnet wird: $r = \frac{\text{NOPAT}}{\text{NOA}}$.

- „Rechnungswesenfehler“ korrigiert (Aktivierung etwa von selbst erstellten immateriellen Vermögensgegenständen (wie z.B. durch Forschung aufgebautes Know-how), die zur Generierung zukünftiger Cashflows beitragen, und anschließende Abschreibung) sowie
- die steuerlichen Auswirkungen der Anpassungen abgebildet.

10.53 Auch beim **Cash Value Added (CVA)** wird eine Überrendite mit einer Vermögensgröße multipliziert, um den Wertbeitrag zu erhalten. Der CVA orientiert sich jedoch an zahlungsnahen Werten. Aus dem CVA kann durch Umformung der **Cash Flow Return on Investment (CFROI)** als statische Rentabilitätskennzahl nach Steuern aus Brutto-Cashflow (bc), der ökonomischen Abschreibung (öA) und der sog. Bruttoinvestitionsbasis (BI) gebildet werden[26]:

$$\text{CVA} = (\text{CFROI} - \text{WACC}) \cdot \text{BI}$$

$$\text{CFROI} = \frac{\text{bc} - \text{öA}}{\text{BI}}$$

10.54 Der Brutto-Cashflow wird aus dem um außerordentliche und aperiodische Positionen bereinigten Jahresüberschuss des betreffenden Jahres abgeleitet, indem Abschreibungen und der Zinsaufwand hinzugerechnet werden.

10.55 Die ökonomische Abschreibung entspricht dem (konstanten) Betrag, der in jeder Periode verzinslich angelegt werden müsste, um am Ende der Nutzung des abnutzbaren Anlagevermögens unter Berücksichtigung von Zinseffekten wieder die ursprüngliche Investitionssumme (= Bruttowert des abnutzbaren Anlagevermögens) für eine Ersatzinvestition zu erhalten.

10.56 Die Brutto-Investitionsbasis ist das gesamte, zu einem bestimmten Stichtag im Unternehmen bzw. in einem Geschäftsbereich investierte Kapital, für das eine Verzinsung erwirtschaftet werden muss. Um sie zu erhalten, werden zum Bruttowert des abnutzbaren Anlagevermögens das nicht-abnutzbare Anlage- sowie das Nettoumlaufvermögen addiert. Die Einbeziehung von geleasten Vermögensgegenständen wird empfohlen, wobei in diesem Fall dann auch der Brutto-Cashflow um den Leasingaufwand zu erhöhen ist, um die Konsistenz der benutzten Größen untereinander zu wahren.

10.57 Mittels eines dynamischen Rechenansatzes kann der **CFROI als interner Zinssatz** aus einem Zahlungsstrom mit dem nicht-abnutzbaren Anlagevermögen (NAV) als „Restwerterlös“ wie folgt ermittelt werden:

$$0 = \text{BI} + \sum_{t=1}^{n} \frac{\text{bc}_t}{(1 + \text{CFROI})^t} + \frac{\text{NAV}_n}{(1 + \text{CFROI})^n}$$

10.58 Neben der auf eine Kennzahl kondensierten Überprüfung, ob im Unternehmen Wert geschaffen wurde, ermöglichen **Werttreiberbäume**, den Weg hierhin aufzuzeigen[27]. Dazu wird eine Spitzenkennzahl in ihre einzelnen Einflussgrößen (Werttreiber) zerlegt. Die auf diese Weise entstehenden Bäume stellen ein hierarchisches System von miteinander verknüpften Einflussgrößen der jeweiligen Spitzenkennzahl dar. So werden die Auswirkungen bei Veränderung eines Werttreibers auf die Spitzenkennzahl transparent. Im Idealfall kann bei jeder (bedeutsamen) Entscheidung in einem der Funktionalbereiche des Konzerns geprüft werden, inwiefern diese zur Wertschaffung beiträgt. Abb. 7 zeigt anhand der Spitzenkennzahl EVA die Aufspaltung in einen Werttreiberbaum sowie die beeinflussenden Handlungsfelder des Managements.

---

26 Vgl. *Coenenberg/Haller/Schultze*, 2012, S. 1162–1165.

27 Vgl. *Kajüter*, 2011, S. 468 ff.

Abb. 7: Werttreiberbaum und Handlungsfelder des Managements

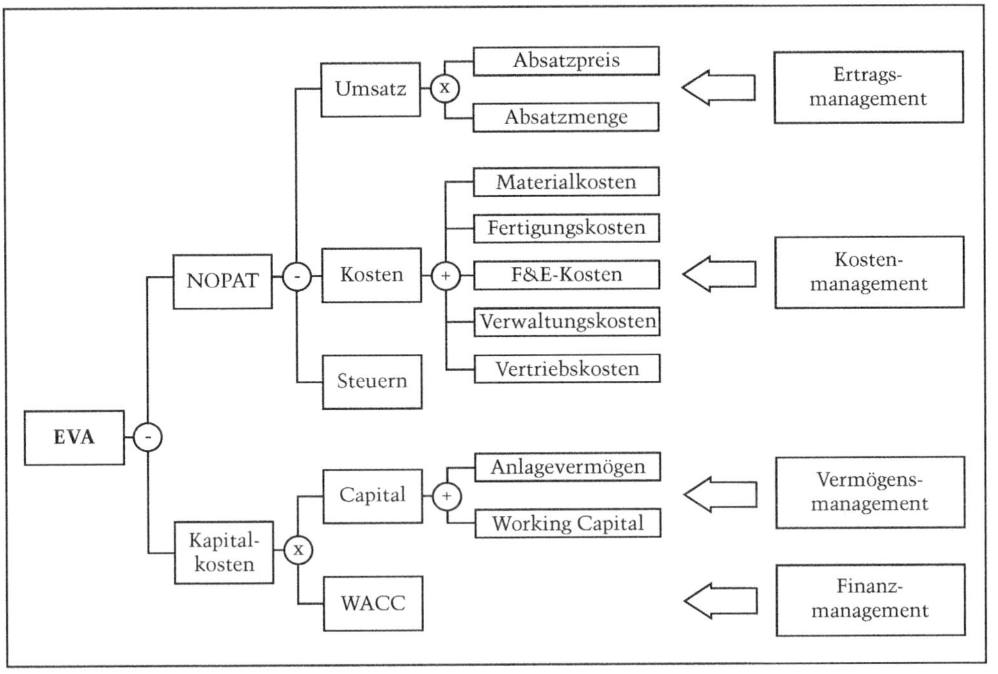

Quelle: *Kajüter*, 2011, S. 454.

10.59 **Kritisch anzumerken** ist zu den vorgestellten Kennzahlen, dass der ROCE von Buchwerten ausgeht, die mit einem marktwertbasierten Kapitalkostensatz verglichen werden. Das ist ein Vergleich von „Äpfeln mit Birnen" und widerspricht dem Shareholder-Value-Konzept. Gleichzeitig kann die Heranziehung von Buchwerten dazu führen, dass ein zunehmendes Anlagenalter aufgrund der Abschreibungen – sofern diese nicht durch (Re-)Investitionen ausgeglichen werden – zu einer im Zeitablauf sinkenden Kapitalbasis führt und der ROCE dadurch trotz eines konstanten operativen Ergebnisses fälschlicherweise eine positive Entwicklung aufzeigt. Ein weiterer Kritikpunkt liegt in der Beschränkung auf eine einzelne Periode, wodurch Handlungen, die das Ergebnis kurzfristig erhöhen, den Unternehmenswert langfristig jedoch negativ beeinflussen, positiv dargestellt werden. Umgekehrt wird eine auf lange Sicht vorteilhafte Investition u.U. abgelehnt, da sie den ROCE kurzfristig negativ beeinflusst. Zwar verbessert sich beim EVA durch die empfohlenen Anpassungen die Aussagequalität. Nichtsdestotrotz werden auch hier die Cashflows zukünftiger Perioden nicht berücksichtigt, sondern die buchhalterischen Daten einer Periode zugrunde gelegt. Gemessen wird die Verzinsung von Buchwerten, woraus Fehlsteuerungen resultieren können[28].

10.60 Die beiden Kennzahlen CVA und CFROI haben im Vergleich zu ROCE und EVA den Vorteil, dass sie aufgrund der Heranziehung von Cashflow-basierten Daten durch bilanzpolitische Maßnahmen weniger stark beeinflusst sind und die im Konzept der Wertorientierung geforderte Verzinsung von Marktwerten (zumindest näherungsweise) berücksichtigen. Während beim EVA-Konzept nur das Nettovermögen nach Buchwerten zu verzinsen ist, wird beim CVA/CFROI-Konzept zur Annäherung an Marktwerte ein Bruttobetriebsvermögen definiert, wodurch höhere Kapitalkosten zum Ab-

28 Vgl. *Kajüter*, 2011.

zug gebracht werden als beim EVA. Die bei EVA und ROCE möglichen Verzerrungen durch zunehmendes Anlagenalter werden vermieden[29].

10.61 Die zur Bewertung der Kennzahlengüte oftmals hinzugezogene empirische Korrelation zum Aktienkurs hat bislang zu keinem eindeutigen Ergebnis geführt. Es lässt sich allenfalls tendenziell sagen, dass der EVA hier schlechter abschneidet als der CVA/CFROI.

III. Generelle Beiträge des Finanzleiters zur Wertschaffung

1. Kapitalstrukturpolitik

10.62 Unter den restriktiven Annahmen eines vollkommenen Finanzmarktes sind Maßnahmen der Kapitalstrukturpolitik, gefasst als Verhältnis von Fremd- zu Eigenkapital, wertneutral (Irrelevanztheorem von *Modigliani/Miller*)[30]: Unterschiedliche Kapitalstrukturen gehen einher mit immer denselben durchschnittlichen Kapitalkosten, solange ein Unternehmen in einer Risikoklasse mit Blick auf das operative Geschäft bleibt. Der Unternehmenswert wird in diesem Fall ausschließlich durch die Aktiva, die hinter der operativen Geschäftstätigkeit stehen, bestimmt, nicht aber durch den Finanzierungsmix.

Abb. 8: Eigenkapitalkosten beim Modigliani/Miller-Theorem

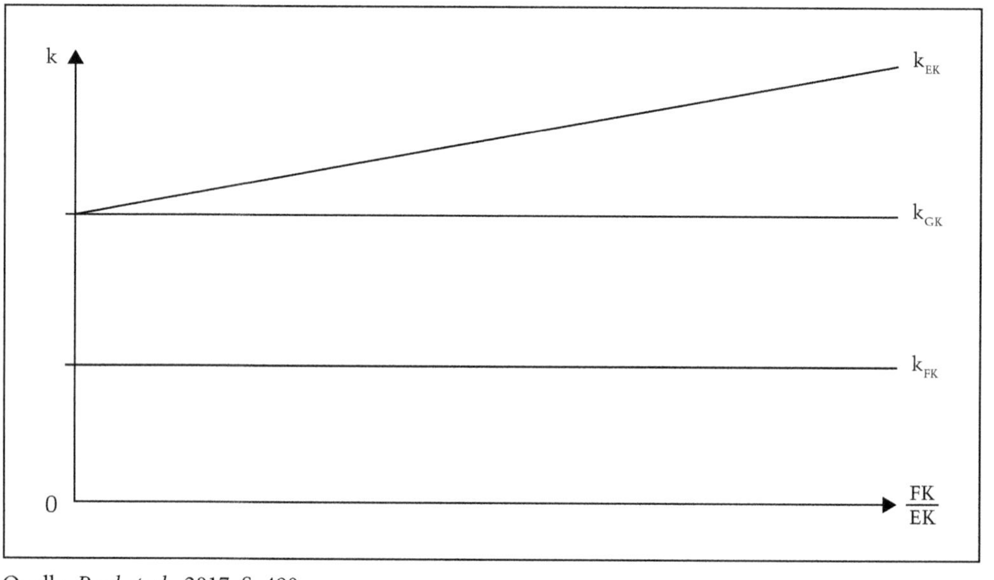

Quelle: *Paul et al.*, 2017, S. 490.

10.63 Wie Abb. 8 zeigt, gleichen im Kapitalmarktgleichgewicht die durchschnittlichen Kapitalkosten (k_{GK}) den Eigenkapitalkosten (k_{EK}) eines unverschuldeten Unternehmens. Unter der Prämisse des risikolosen Fremdkapitals, das sich zum Kapitalmarktzins (k_{FK}) verzinst, bleiben die Fremdkapitalkosten konstant. Die Eigenkapitalkosten steigen dagegen bei zunehmendem Verschuldungsgrad (FK/EK) an. Investitions- (Unternehmensebene) und Konsumpläne (Aktionärsebene) sind voneinander entkoppelbar. Jeder präferenzabhängige Zahlungsstrom kann von einem Wirtschaftssubjekt ohne Wert-

29 Vgl. *Ewert/Wagenhofer*, 2000, S. 24 f.

30 Vgl. *Paul et al.* 2017, S. 484 ff.; *Perridon/Steiner/Rathgeber*, 2017, S. 558 ff.

verlust selbst hergestellt werden. Das optimale Investitionsbündel des Unternehmens (in seiner durch die Produktionsbedingungen bestimmten Risikoklasse) wird über die Vorteilhaftigkeitsprüfung mit der Kapitalwertmethode ermittelt (Anwendung von k_{EK} (unverschuldet) bzw. k_{GK} als hurdle rate). Für dieses Investitionsbündel wird in Abstimmung mit den Konsumpräferenzen der Wirtschaftssubjekte als Kapitalgeber wertneutral eine Finanzierung bereitgestellt.

In der Realität sind **Investitions- und Finanzierungsentscheidungen** hingegen regelmäßig **nicht unabhängig voneinander**. Kredite sind nicht risikolos, Insolvenzen treten auf und verursachen Kosten. Steuern beeinflussen die Vorteilhaftigkeit der verschiedenen Finanzinstrumente, Informationen zu beschaffen kostet und Informationen sind ungleich verteilt. Nicht alle Wirtschaftssubjekte sind „Gutmenschen" und folgen auch nicht zwingend dem Ideal des rational handelnden homo oeconomicus. Opportunistische Verhaltensweisen, List, Tücke, Lug und Trug sind beobachtbar. 10.64

In der Praxis besitzt die Gestaltung der Kapitalstruktur infolgedessen hohe Wertrelevanz. Die Wahl des **Finanzierungsmix beeinflusst** die **Chance/Risiko-Position** des Unternehmens (s. Abb. 9). Empirische Studien kommen zu dem Ergebnis, dass Unternehmen „mit der Häufigkeit der Erhöhung der Eigenkapitalausstattung die vorhandene Investitionsneigung besser befriedigen (können) als bei stärkerer Abhängigkeit von den risikoscheuen und weniger investitionsfreudigen Fremdkapitalgebern. Die höhere Investitionstätigkeit geht einher mit höheren Umsatz- und Eigenkapitalrentabilitäten, die die Selbstfinanzierungskraft für die Investitionen durch die Bildung höherer Eigenmittel positiv beeinflussen"[31]. 10.65

Abb. 9: Einfluss des Finanzierungsmix auf die Chance/Risiko-Position

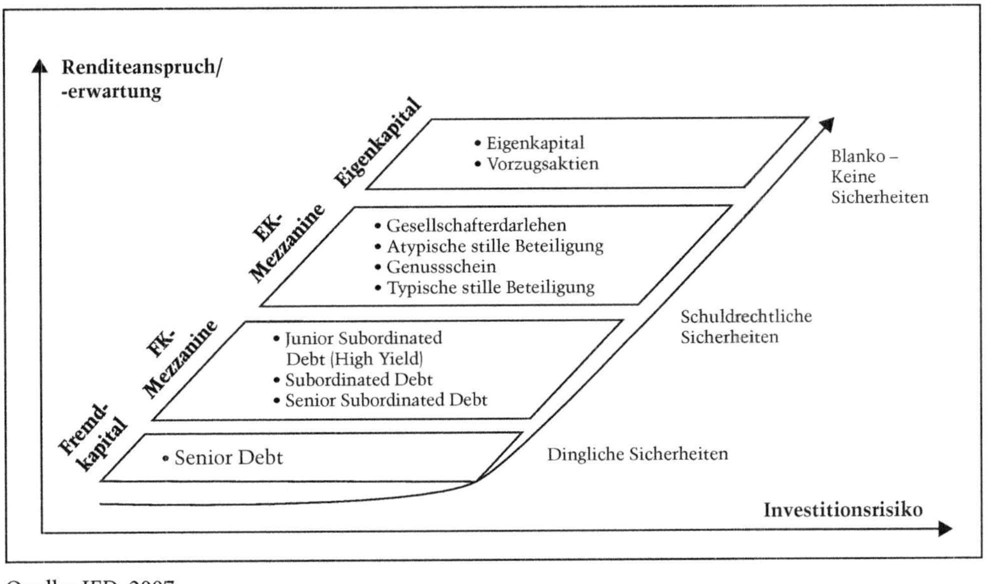

Quelle: *IFD*, 2007.

Abb. 10 zeigt typische Kapitalstrukturen großer Unternehmen (Umsatz > 50 Mio. Euro), die zwischen verschiedenen Branchen zu beobachten sind. 10.66

31 *Albach/Hunsdiek/Kokalj*, 1986; ähnlich auch *Lichtblau/Schäfer/Stolte*, 2002.

Abb. 10: Kapitalstrukturen nach Branchen

Kapital	Bergbau, Gewinnung von Steinen und Erde	Verarbeitendes Gewerbe	Energieversorgung	Wasserversorgung	Baugewerbe	Handel, Instandhaltung und Reparatur von Kfz	Verkehr und Lagerei	Information und Kommunikation	Grundstücks- und Wohnungswesen	Unternehmensdienstleistungen	Erbringung von überwiegend privaten Dienstleistungen
Eigenmittel	17.7	31.9	30.3	34.1	17.0	33.0	36.9	36.8	36.7	34.7	51.0
Verbindlichkeiten	33.4	48.0	42.9	51.7	71.0	55.7	48.5	50.9	60.2	45.4	27.9
kurzfristige	25.2	33.6	28.6	16.6	67.3	48.6	24.4	22.7	19.2	36.4	15.8
gegenüber Kreditinstituten	*0.0*	*1.6*	*1.5*	*5.4*	*2.7*	*5.5*	*1.7*	*0.9*	*5.0*	*3.6*	*2.2*
aus Lieferungen und Leistungen	*1.4*	*5.6*	*6.0*	*2.6*	*6.2*	*13.9*	*4.4*	*2.5*	*0.9*	*5.4*	*3.5*
gegenüber verbundenen Unternehmen	*23.2*	*20.1*	*17.3*	*6.4*	*9.0*	*24.4*	*14.7*	*16.3*	*8.8*	*13.1*	*3.6*
langfristige	8.2	14.4	14.2	35.0	3.7	7.1	24.1	28.1	41.0	9.0	12.0
gegenüber Kreditinstituten	*3.8*	*2.9*	*6.4*	*29.1*	*2.7*	*4.2*	*8.2*	*1.7*	*35.1*	*4.1*	*8.5*
gegenüber verbundenen Unternehmen	*3.6*	*7.0*	*6.0*	*3.5*	*0.4*	*1.7*	*7.9*	*23.5*	*2.6*	*3.2*	*1.7*
Rückstellungen	48.9	19.4	24.9	11.8	11.9	10.7	13.6	11.2	2.6	19.2	16.4
Pensionsrückstellungen	14.3	7.9	5.1	4.2	3.0	2.5	3.8	5.9	0.8	7.6	3.8
Summe	147.7	155.2	146	153.4	173.9	157.6	151.3	155.6	160.5	152.3	126.9

Quelle: *Deutsche Bundesbank*, 2019.

Solche typischen Kapitalstrukturen lassen darauf schließen, dass bestimmte Kapitalstrukturbereiche als vorteilhaft erachtet werden. Dies kommt noch prominenter in Finanzierungskennziffern zum Ausdruck, mit denen Analysten einer Bank oder Ratingagentur die Qualität von Finanzierungsentscheidungen messen. Formuliert werden Soll-Vorstellungen etwa im Hinblick auf die Kapitalausstattung und den Kapitaldienst, denen dann ein bestimmtes, nach Branchen unterschiedlich ausfallendes Qualitätsurteil zugeordnet wird (vgl. Abb. 11). 10.67

Abb. 11: Ratingkennzahlen (hier Debt/EBITDA) und Bonitätsstufen nach Branchen

	Paper and Forest Products	Apparel	Surface Transportation and Logistic	Aerospace and Defense	Gaming	Chemical	Alcoholic Beverage	Automotive Supplier	Protein and Agriculture	Soft Beverage
Aaa	< 0,5x	< 0,5x	< 0,5x	< 0,5x	< 0,5x	< 0,5x	< 0,5x	< 0,5x	< 0,25	< 0,5x
Aa	0,5–1x	0,5–1x	0,5–1,5x	0,5–1x	0,5–1x	0,5–1x	0,5–1,5x	0,5–1x	0,25–1x	0,5–1,3x
A	1–1,75x	1–2x	1,5–2,5x	1–2x	1–2x	1–2x	1,5–2,5x	1–1,5x	1–2x	1,3–2,3x
Baa	1,75–3x	2–3x	2,5–3,5x	2–3x	2–3x	2–3x	2,5–3,5x	1,5–2,5x	2–3x	2,3–3,3x
Ba	3–4,5x	3–4,5x	3,5–4,5x	3–4x	3–4,5x	3–4x	3,5–4,5x	2,5–3,5x	3–4x	3,3–4,3x
B	4,5–6x	4,5–6x	4,5–6x	4–6x	4,5–6x	4–6x	4,5–6,5x	3,5–5,5x	4–6x	4,3–6,3x
Caa	6–9x	6–7,5x	6–9x	6–9x	6–8x	6–8x	6,5–10x	5,5–7,5x	6–8x	6,3–10x
Ca	≥ 9x	≥ 7,5x	≥ 9x	≥ 9x	≥ 8x	≥ 8x	≥ 10x	≥ 7,5x	≥ 8x	≥ 10x

Quelle: *Moody's Investor Service*, Rating Methodology diverse Branchen, 2016 bis 2019.

Zwar gibt es insofern den „universellen", für alle Unternehmen in einem Kennzahlenwert messbaren optimalen Verschuldungsgrad nicht. Gleichwohl lässt sich ein eingrenzbarer Verschuldungsbereich denken, dem sich das Unternehmen in seiner Kapitalstrukturpolitik annähern sollte. Zahlreiche, nicht dem theoretischen „**Eichstrich**" entsprechende **Einflussfaktoren** (vgl. Abb. 12), die in der Praxis zu einer Relevanz der Finanzierungsseite führen, deuten dabei jedoch **in unterschiedliche Richtungen – mehr Verschuldung oder weniger Verschuldung**[32]. Das macht das Thema in der praktischen Umsetzung so schwierig. Den einen Königsweg gibt es nicht. Die Holding-Leitung muss individuell für ihr Unternehmen das „Optimum" finden. 10.68

Ein zentraler Einflussfaktor in dieser Hinsicht ist, dass mit der Kapitalstruktur eines Unternehmens stets die Frage der Kapitalgeberstruktur verbunden ist. So sind mit den Kapitalien nicht nur sich durch ökonomische Rechte unterscheidende Ansprüche verschiedener Gruppen von Kapitalgebern verknüpft. Die Kapitalstruktur kann darüber hinaus auch die Ursache für mögliche **Interessenkonflikte zwischen den unterschiedlichen Finanziers** des Unternehmens sein[33]. 10.69

Die **Fremdkapitalgeber**, die im Gegensatz zu den Anteilseignern weder am Unternehmensgewinn noch an der Wertentwicklung des Eigenkapitals teilhaben, dürften grundsätzlich eine auf **Risikominimierung und Liquiditätsverbesserung** ausgerichtete Unternehmenspolitik präferieren. Dies müsste sich in der Erwartung einer „soliden" Unternehmensfinanzierung bzw. Kapitalstruktur widerspiegeln. Da das Ausfallrisiko von Zins- und Tilgungszahlungen mit zunehmender Verschuldung wächst, haben die Gläubiger ein begründetes Interesse an einer **Begrenzung der Gesamtverschuldung** des Unternehmens. Je besser die Eigenkapitalausstattung ist, desto größer können Verluste sein, bevor mit Ansprüchen der Fremdkapitalgeber behaftete Vermögensmassen des Unternehmens aufgezehrt werden. Dementsprechend zeigt die Betrachtung von **Unternehmenskrisen**, dass man- 10.70

32 Vgl. *Deutsche Bundesbank*, 2012, S. 13–28.
33 Vgl. hierzu und im Folgenden *Arbeitskreis „Finanzierung" der Schmalenbach-Gesellschaft für Betriebswirtschaft e.V.*, 2009.

gelndes Eigenkapital in der Regel krisenverschärfend wirkt. Für Branchen, deren Unternehmen über eine vergleichsweise niedrige Eigenkapitalausstattung verfügen, kann auch eine erhöhte Insolvenzquote gemessen werden. Vielfach sind plötzlich auftretende Probleme auf der Kunden- bzw. Lieferantenseite oder sich beschleunigende Strukturveränderungen Auslöser von Krisen. Ohne ausreichende Eigenmittel bewegen sich die Firmen dann auf eine Insolvenz zu.

Abb. 12: Werteffekte der Kapitalstrukturentscheidung

Vorteile der Fremdkapitalaufnahme	Nachteile der Fremdkapitalaufnahme
1. **Steuervorteil:** Höherer Steuersatz → höherer Steuervorteil → höherer Verschuldungsgrad 2. **Zusätzliche Disziplin:** Ausgeprägte Distanz zwischen Managern und Eigentümern → größere Disziplinierung der Manager durch Kreditgeber → höherer Verschuldungsgrad	1. **Insolvenzkosten:** Höheres Geschäftsrisiko → höhere Insolvenzkosten → niedrigerer Verschuldungsgrad 2. **Agency-Kosten:** Investitionen, bei denen die Überwachung schwieriger ist → opportunistische Risikoverschiebung wahrscheinlicher → niedrigerer Verschuldungsgrad 3. **Finanzierungsflexibilität:** Stärkere Unsicherheit bzgl. zukünftiger Finanzierungsbedarfe → niedrigerer Verschuldungsgrad

Quelle: entwickelt aus *Damodaran*, 2011, S. 359 ff.

10.71 Bei einer differenzierten Betrachtung muss überdies berücksichtigt werden, dass für Unternehmen, die besser als andere diversifiziert sind, deren am Markt verdiente **Cashflows** also eine geringere **Streuung** aufweisen, eine höhere Verschuldung gerechtfertigt erscheint. Darüber hinaus beeinflusst auch die Schwankung der Ergebnisse vor allem über den Konjunkturzyklus die Kapitalstruktur. Stärker schwankende Ergebnisse erschweren den Zugang zur Fremdfinanzierung, wenn der Fremdkapitalgeber einen Zinsaufschlag als Entschädigung für ein erhöhtes Verlustrisiko einfordert. Es könnte auch sein, dass die **Produktionsbedingungen** eine Begründung für einen höheren Fremdkapitalanteil liefern; etwa dann, wenn ein Unternehmen in der Lage wäre, sein Anlagevermögen im Ernstfall schnell und ohne größere Verluste am Markt zu liquidieren. Außerdem wird argumentiert, der Druck, das **Fremdkapital** bedienen zu müssen, **disziplinierе die Unternehmensleitung**, freie Mittel nicht in „windigen Projekten zu verplempern“[34].

10.72 Idealtypisch für die **Eigentümer** ist dagegen ein starkes **Interesse an Übergewinnen** zur Wertsteigerung ihrer Eigenkapitalposition, was systematisch zu einer im Vergleich mit den Gläubigern **höheren Risikobereitschaft bei Investitionen und Kapitalstruktur** führen sollte – mit entsprechenden Konsequenzen für die Höhe der geforderten Risikoprämien und damit Kapitalkosten. Mit Blick auf den zeitlichen Ho-

34 *Damodaran*, 2011, S. 362 f.; *Jensen*, 1986; s. hierzu auch *Paul/Stein*, 2005, und die dort angegebene Literatur.

rizont des Wertsteigerungsziels, aber auch auf die Bedeutung bzw. Gewichtung finanzwirtschaftlicher Entscheidungskriterien wie Sicherheit, Unabhängigkeit und finanzielle oder auch strategische Flexibilität im Rahmen einer wertorientierten Unternehmenspolitik ist jedoch von **heterogenen Präferenzen** innerhalb dieser Kapitalgebergruppe auszugehen. So ist anzunehmen, dass sich Industrieunternehmen, Banken und öffentliche Haushalte, die Unternehmensbeteiligungen als strategisches Investment oder längerfristiges Finanzinvestment halten sowie auch Gründerfamilien/Familienanteilseigner, die ihren (dominierenden) Einfluss langfristig sichern wollen, von Investoren mit einem eher kurzfristiger ausgerichteten Anlagehorizont unterscheiden, bei denen renditeorientierte Anlagemotive dominieren.

Die zentrale Bedeutung einer bestimmten **Kapitalstruktur für die Eigenkapitalinvestoren** eines Unternehmens liegt in ihrer Funktion als **direkter „Werthebel"**. Demgemäß sollte das Unternehmen bestrebt sein, den relativen Anteil des „teureren" Eigenkapitals am Gesamtkapital zu begrenzen und Wachstum stattdessen mit „billigerem" – da nicht haftendem und im Vergleich zum Eigenkapital **Steuervorteile** (Tax Shield) gewährendem – Fremdkapital zu finanzieren, um über die Optimierung der Kapitalkosten des Unternehmens Marktwertsteigerungen zu generieren. Eine Ausweitung des Verschuldungsgrades empfiehlt sich demnach, solange das aufgenommene Fremdkapital in den Investitionsprojekten des Konzerns mehr erwirtschaftet, als es kostet. Dieser Mehrwert fällt den Eigenkapitalgebern zu, die die Fremdkapitalgeber ja erfolgsunabhängig vergüten. Eine so begründete Präferenz der Anteilseigner für einen höheren Verschuldungsgrad (**Financial Leverage**) – darüber hinaus eventuell auch direkt mit dem Wunsch nach Sonderausschüttungen bzw. Aktienrückkäufen verknüpft – wird häufig eher Eigenkapitalinvestoren zugesprochen, die mit ihrer Beteiligung auf kurzfristige Wertsteigerungen abzielen. Ein sehr ausgefahrener Leverage rächt sich jedoch dann, wenn die Investitionsrenditen fallen und/oder Fremdkapitalkosten steigen. Die Eigenkapitalrendite wird dann – ohne Veränderungen im operativen Geschäft – heruntergehebelt. 10.73

Wie in Abb. 13 dargestellt, ist die Finanzierungsstruktur der nichtfinanziellen Kapitalgesellschaften in Deutschland insbesondere durch eine starke Rücklagenbildung geprägt. Der über die Jahre hinweg stets hohe Anteil der Innenfinanzierung lässt sich u.a. auf den bedeutsamen Einfluss der **Besteuerung** zurückführen. Die Absenkung des Körperschaftsteuersatzes der Unternehmen über zwei Stufen (2000 und 2008) sowie die Einführung einer Thesaurierungsbegünstigung bei Personengesellschaften und Einzelkaufleuten haben in der Vergangenheit einen Anreiz für eine stärkere Bildung von Gewinnrücklagen geschaffen. 10.74

Abb. 13: Finanzierung nichtfinanzieller Kapitalgesellschaften in Deutschland

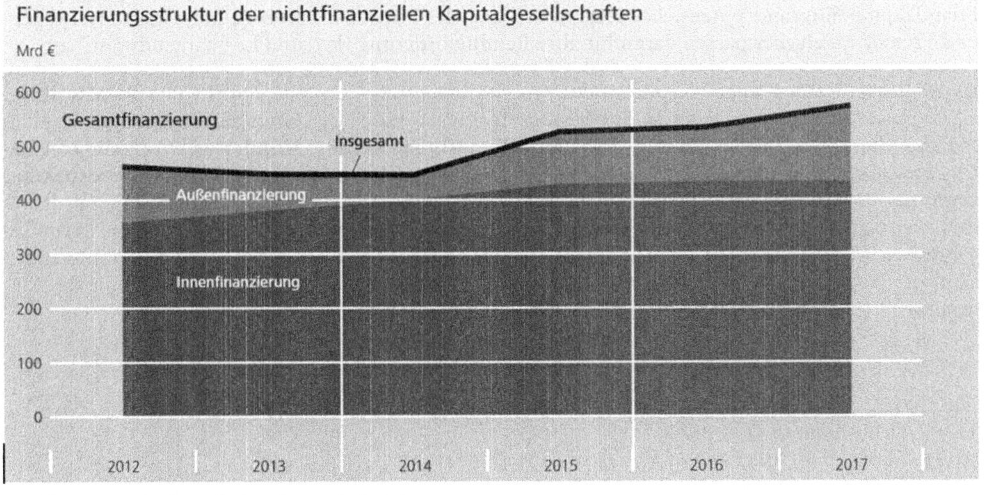

Quelle: *Deutsche Bundesbank*, 2018, S. 16.

10.75 Ein hoher Verschuldungsgrad schränkt die finanzielle und damit auch die strategische **Flexibilität**[35] des Unternehmens ein, also dessen (nachhaltige) Handlungsfähigkeit mit Blick auf sich ergebende Marktchancen im Rahmen der Unternehmensstrategie, wie z.B. größere Investitionen oder Akquisitionen. Ein vergleichsweise geringerer Verschuldungsgrad könnte daher verstärkt von denjenigen Eigenkapitalinvestoren präferiert werden, die die Unternehmensbeteiligungen als strategisches Investment oder längerfristiges Finanzinvestment halten.

10.76 Auch **Informations- und Überwachungsprobleme zwischen Kapitalgebern und Management**[36] beeinflussen die Finanzierungsstruktur. Aus der **Prinzipal-Agenten-Beziehung** zwischen Holding-Leitung (Agent) und den Fremdkapitalgebern (Prinzipal) sowie der Tatsache, dass Erstere einen Informationsvorteil gegenüber Letzteren besitzen, folgt eine Präferenz bezüglich der Finanzierungsinstrumente. So werden die Fremdkapitalgeber ein höheres Engagement der Eigentümer fordern, wenn die Investitionen von außen schwer oder nur mit hohem Aufwand kontrollierbar sind, und die Gefahr besteht, dass eine opportunistische Risikoverschiebung zu Lasten der Fremdkapitalgeber besteht.

10.77 Mit Blick auf **institutionelle Gestaltungsmerkmale** ist von Bedeutung, dass speziell für deutsche Unternehmen der Bankensektor eine wichtige Quelle für den Zugang zu Fremdkapital darstellt, weil Banken in der Regel gegenüber alternativen Kapitalgebern einen Kostenvorteil bei der Überwachung ihrer Kreditnehmer haben. Dagegen unterliegt der Zugang zu börsenmäßigen Finanzierungsformen – wie etwa Unternehmensanleihen oder Aktien – besonderen Anforderungen bei der freiwilligen und gesetzlich vorgeschriebenen Veröffentlichung von Unternehmensinformationen, die viele Unternehmen aus geschäftspolitischen Gründen nicht erfüllen wollen oder aufgrund anderer Restriktionen nicht erfüllen können[37].

10.78 In der Gesamtschau muss die Kapitalstruktur – wie auch die Finanzierungspolitik insgesamt – zum Geschäftsmodell der Unternehmung mit allen Nebenbedingungen passen („**Finance has to fit the business**"). Es gibt offenbar für jedes Unternehmen so etwas wie einen „optimalen Verschuldungsgrad", wenn nicht in einem Punkt, so doch in einem eingrenzbaren Verschuldungsbereich, dem sich das Unternehmen in seiner Kapitalstrukturpolitik annähern sollte:

10.79 Dieses Optimum fällt in Abb. 14 mit dem Minimum der durchschnittlichen gesamten Kapitalkosten (k_{GK}) zusammen. Das ist der direkte Werthebel: In einem **nur unternehmensindividuell zu bestimmenden Bereich** kann „teures" Eigenkapital durch „billigeres" Fremdkapital ersetzt werden, um die Chancen des Financial Leverage zu nutzen. Mit steigendem Verschuldungsgrad wird Eigen- wie Fremdkapital aufgrund potentieller Negativwirkung des Financial Leverage indes riskanter. Eigen- und Fremdkapitalgeber passen daraufhin ihre Renditeforderung (k_{EK} und k_{FK}) „irgendwann" an.

10.80 In der **Praxis** werden solche Kapitalstrukturüberlegungen regelmäßig in Form von Kapitalstrukturzielen operationalisiert[38]. Dabei ist eine bestimmte, für das jeweilige Unternehmen optimale Kapitalstruktur eher selten Primärziel und -fokus der **Operationalisierung**. Stattdessen sollen ein **Ziel-Rating bzw. Covenant-Auflagen (Sicherungszusagen in Kreditverträgen bzw. Emissionsprospekten)** gewährleistet werden, aus denen dann indirekt Ober- und/oder Untergrenzen in Bezug auf die jeweils verfolgten Kennziffern (z.B. Eigenkapitalquote) abgeleitet und auf die Konzernteile heruntergebrochen werden. Insoweit üben Ratingagenturen und/oder Banken einen stark disziplinierenden Einfluss auf die unternehmerische Kapitalstrukturpolitik aus, der die Handlungsspielräume des Managements (hier der Holding-Leitung) einengt.

35 Vgl. *Damodaran*, 2011, S. 368 f.
36 Vgl. *Damodaran*, 2011, S. 367 f.
37 Vgl. *Deutsche Bundesbank*, 2012, S. 13–28.
38 Vgl. *Arbeitskreis „Finanzierung" der Schmalenbach-Gesellschaft für Betriebswirtschaft e.V.*, 2009.

Abb. 14: Optimale Kapitalstruktur

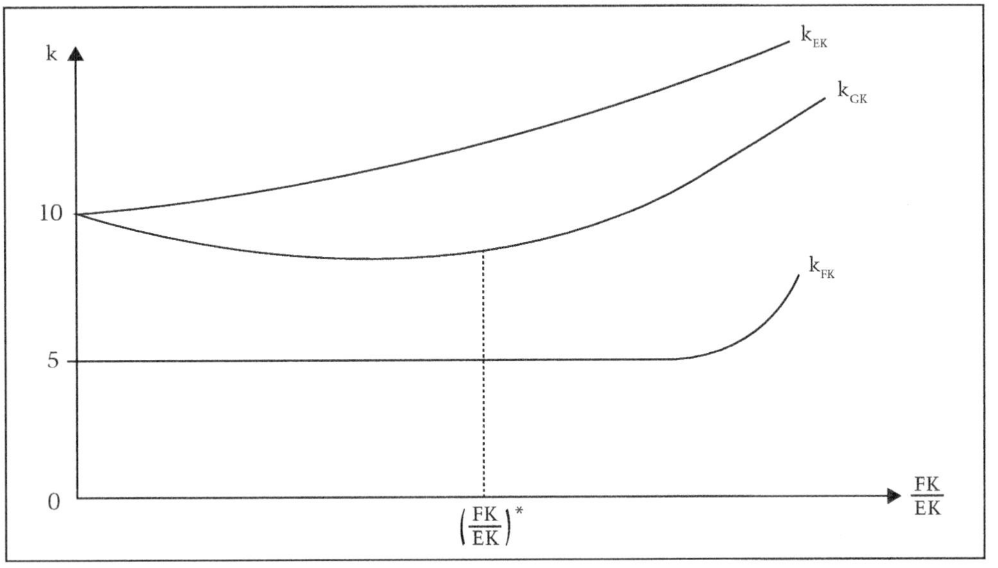

Quelle: *Paul et al.*, 2017, S. 480.

2. Liquiditätsmanagement

Zwar wurde bereits eingangs kurz erwähnt, dass für jeden „going concern" – somit auch für jede Holding-Finanzwirtschaft – die **Sicherstellung der jederzeitigen Zahlungsfähigkeit** eine notwendige Bedingung des wirtschaftlichen Handelns darstellt. Gleichwohl wurde bis hierher bei der Behandlung von Vorteilhaftigkeitsentscheidungen im Rahmen der Investitions- und Finanzplanung unterstellt, dass die Zahlungsfähigkeit durch die Auswahl bestimmter Handlungsprogramme nicht gefährdet sei. Diese Annahme wurde auch bei der Darstellung der Kapitalstrukturpolitik durchgehalten. Implizit wurde davon ausgegangen, dass bei geringem Kapitalstrukturrisiko bzw. einer ausreichend hohen Eigenkapitalquote der Geldanschluss auf der Zahlungsmittelebene auch durch Kreditfinanzierung gefunden werden kann. Aus dieser Annahme heraus wurde auch von Stützel der Lehrsatz „Liquidität folgt der Bonität" entwickelt[39]. Demnach geht das Liquiditätsrisiko in ein Preisänderungsrisiko über: Grundsätzlich erhält das Unternehmen danach stets Geld am Markt, muss entsprechend seiner Zahlungsfähigkeit aber mit steigenden Zinsen rechnen. Die Finanzkrise 2008/09 hat jedoch gezeigt, dass es – wenn auch nur in kurzen Zeitfenstern – extreme Marktentwicklungen geben kann, durch die sich Banken untereinander kein Geld leihen und auch erste Adressen der Industrie keine Finanzmittel aufnehmen können. Dies hat die Bedeutung einer sorgfältigen Liquiditätsplanung und dabei speziell die Berücksichtigung ausreichender Liquiditätspuffer in das Bewusstsein der Unternehmen gebracht. 10.81

Insofern darf der Holding-Finanzleiter keineswegs nur darauf hoffen, den beschriebenen Geldanschluss zu erhalten, sondern eine seiner Kernaufgaben ist es, eine selbständige (und mit dem Erfolgsplan integrierte) **Liquiditätsplanung** zu betreiben. Wie die folgende Abb. 15 zeigt, muss die Finanzplanung – wie zuvor die Kapitalstrukturplanung – aus der Geschäftsstrategie heraus entwickelt werden, denn die Liquiditätsvorsorge hängt ganz wesentlich mit der Schwankungsanfälligkeit der Cashflows der Unternehmung zusammen. Bei deren Messung und Prognose ist nicht nur ein ein- 10.82

39 Vgl. *Stützel*, 1964.

wertiges Szenario zugrunde zu legen. Vielmehr sind im Rahmen von **Stresstests** gerade solche Situationen zu simulieren, in denen an den Märkten besonders hohe Liquiditätsanspannungen und damit möglicherweise Einschränkungen der in „normalen" Zeiten verfügbaren Liquiditätspotentiale des Konzerns vorliegen. Unter Berücksichtigung der Risikotoleranz der Eigentümer sind für diese Situationen das Ausmaß der Liquiditätsvorsorge und ein möglicher Notfallplan mit Blick auf Extremszenarien (wie jüngst die Corona-Pandemie) zu definieren. Im Rahmen des regelmäßigen Reporting über die Liquiditätsentwicklung muss die Konzernfinanzleitung darlegen, inwiefern die von ihr gewählten Wege der Liquiditätsbeschaffung hinreichend diversifiziert sind, um den Liquiditätspuffer möglichst wenig in Anspruch zu nehmen.

Abb. 15: Kernelemente einer modernen Liquiditätsplanung

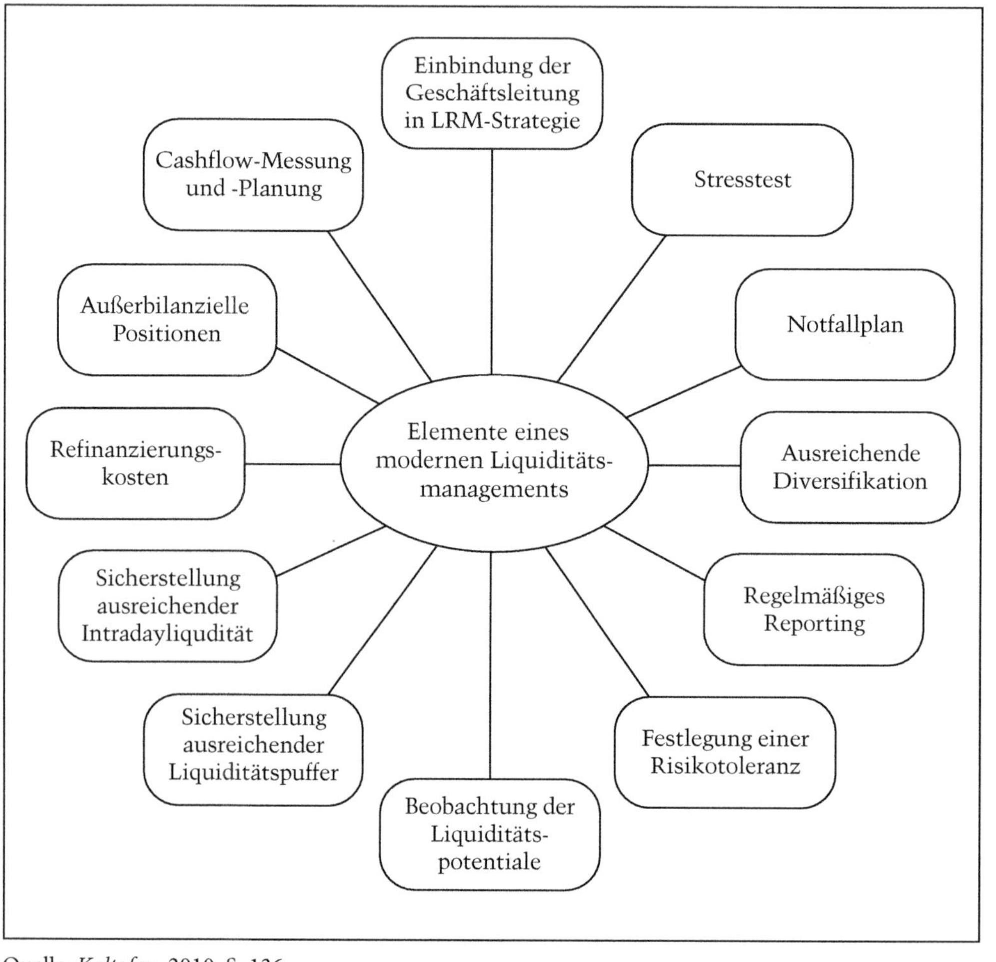

Quelle: *Kaltofen*, 2010, S. 136.

10.83 Im Rahmen der Liquiditätsplanung muss demnach das **finanzwirtschaftliche Grundproblem** gelöst werden, eine für das Unternehmen akzeptable Position zwischen **Gewinnerzielung (Rentabilität)** und **Liquiditätsvorsorge** zu finden. Einerseits bedeutet eine hohe Liquiditätsvorsorge eine verbesserte Bonität für das Unternehmen, die es weniger anfällig für die Auswirkungen negativer Schocks (externe Ereignisse, interne Fehler) auf seine Finanzlage macht. Andererseits läuft eine übertriebene

Haltung „ertragloser" Kassenbestände dem Ziel der Wertschaffung zuwider. Der optimale Kassenbestand (L_0) im Sinne der Maximierung des Vermögens der Anteilseigner ergibt sich theoretisch dort, wo sich Grenzkosten und Grenzerlöse entsprechen (Abb. 16 rechte Hälfte)[40]. Die Opportunitätskosten der Kassenhaltung ergeben sich dabei aus den (erwarteten) Renditen alternativer Vermögensanlagen (z.B. liquiditätsnahen Wertpapieren). Je höher (niedriger) die Kasse dotiert wird, umso höher (niedriger) auch die entgangenen Erlöse (*E*). Andererseits ergeben sich Vorteile einer höheren Dotierung von Kasse: Bei schwächer als erwartet ausfallenden Gewinnen bzw. Cashflows nimmt die Wahrscheinlichkeit ab, einen Liquiditätsengpass zu erleiden. Bei Unterschreiten eines kritischen Minimumbestandes an Kasse entstehen dagegen Short Costs (*S*): Teure Kreditlinien müssen in Anspruch genommen werden, Skontiererträge gehen verloren, oder es treten implizite Kapitalkosten als Folge verschlechterter Kreditwürdigkeit bei schleppender Zahlungsweise auf. Je höher (niedriger) der Bestand an Kasse zu Beginn einer Planungsperiode gewählt wurde, umso niedriger (höher) die Wahrscheinlichkeit, Short Costs zu verursachen.

Generell dürfte ein volatileres Geschäftsumfeld (z.B. in Branchen mit besonders kurzen Produktlebenszyklen) die Kassenhaltung vorteilhafter machen. Verstärkt Kasse halten dürften aber auch innovative Unternehmen, die vielfach mit überwiegend immateriellen Vermögenswerten (Geschäftsidee, Gründer-Know-how) den Start-up wagen. Für sie sind die Möglichkeiten der Außenfinanzierung mangels zur Besicherung zur Verfügung stehenden materiellen Vermögens und im Wert überdurchschnittlich stark schwankender Assets eingeschränkt. Eine erhöhte Kassenhaltung empfiehlt sich auch für Unternehmen in Branchen, in denen technologische Umbrüche („Industrie 4.0") und damit entsprechende Investitionen absehbar sind bzw. Branchenkonsolidierungen in Form von Fusionen und Übernahmen stattfinden. 10.84

Abb. 16: Liquiditätsplanung

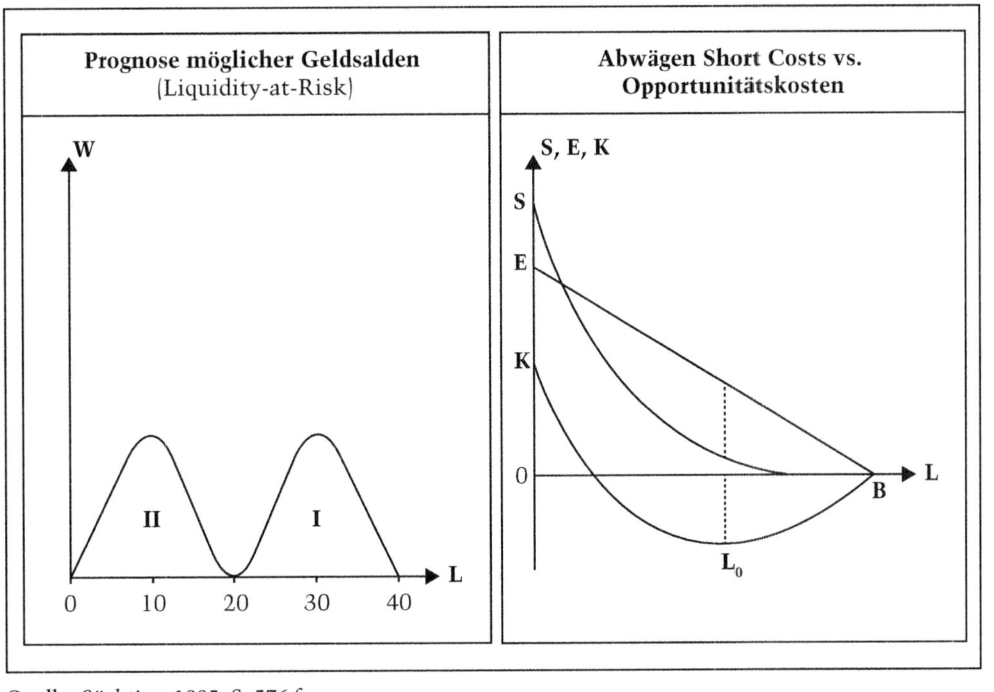

Quelle: *Süchting*, 1995, S. 576 f.

40 Vgl. *Süchting*, 1995, S. 575–578; *EZB*, 2006; *Harford/Klasa/Maxwell*, 2014.

10.85 Bei der Darstellung des Leverage-Risikos in Kapitel III. 1. (Rz. 10.62) wurde noch nicht herausgestellt, dass das Bonitätsrisiko zwei Dimensionen hat: das Solvabilitätsrisiko auf der Gesamtvermögensebene und das Risiko der Illiquidität auf der Zahlungsmittelebene. Bei einer differenzierten Betrachtung muss berücksichtigt werden, dass die Kapitalstruktur eines Unternehmens nicht aus homogenen Eigen- und Fremdkapitalblöcken, sondern aus unterschiedlichen Finanzierungsformen innerhalb dieser beiden Blöcke besteht. Die Existenz unterschiedlicher Finanzierungsformen hat bei einer auf die Zahlungsmittelebene bezogenen Betrachtung Auswirkungen auf den dargestellten Financial Leverage[41]. Je mehr kurzfristiges Fremdkapital das Unternehmen aufgenommen hat, desto höher ihr Leverage-Risiko aus der Kapitalstruktur. Wegen des Zwangs zur Rückzahlung stellt nämlich z.B. eine Kreditaufnahme von 1 Mio. Euro mit einer Laufzeit von einem Jahr eine stärkere Belastung dar als dasselbe Kreditvolumen bezogen auf einen 5-Jahres-Horizont, bei dem die Tilgung entsprechend gestreckt werden könnte. Bei gegebener Volatilität von Umsatz und Gesamtkapitalrendite muss diese Betrachtung zu einem höheren Refinanzierungsrisiko führen. Die Refinanzierung gelingt möglicherweise nur zu deutlich schlechteren Marktkonditionen oder unter Umständen gar nicht. Unterinvestitionsprobleme sind die Folge[42].

10.86 Sieht man nun den Financial Leverage im Zusammenhang mit der Kapitalintensität des Anlagevermögens, nimmt das gesamte Leverage-Risiko in dem Maße zu, wie fixe Belastungen aus den Produktionsverfahren und dem für ihre Finanzierung herangezogenen Kreditkapital wachsen. **Kapital- und Vermögensstruktur** sind also sachgerecht **integrativ** und nicht unabhängig voneinander zu beurteilen.

10.87 **Horizontale Finanzierungsregeln** knüpfen deshalb Beziehungen zwischen bestimmten Vermögensteilen und ihrer Finanzierung unter dem Prinzip der **Fristenkongruenz**. Diesem Prinzip liegt die Vorstellung zugrunde, dass Vermögensteile (bis zur Wiedergeldwerdung) und Kapitalteile (bis zum Abzug durch die Kapitalgeber) sich in ihrer zeitlichen Bindung im Unternehmen entsprechen sollen. Auf diese Weise könne den Ansprüchen der Kapitalgeber mit den aus der „natürlichen Liquidation" der Vermögensteile gewonnenen Zahlungsmitteln genügt und die Liquidität gewahrt werden[43].

10.88 Die den Kennziffern zugrunde liegenden Finanzierungsregeln können von daher auch als **Bilanzstrukturnormen** bezeichnet werden, die Liquidität und Solvabilität sichern wollen, und somit direkt auf die Einschränkung des Leverage-Risikos hin konzipiert sind. Die Erfüllung der Normvorstellungen wird dann durch Bilanzstrukturkennziffern gemessen.

10.89 Aus der Vielzahl von horizontalen Finanzierungsregeln und daraus abgeleiteten Kennziffern sollen hier nur zwei besonders prominente hervorgehoben werden[44]:

Die **goldene Bilanzregel** fordert, dass langfristig gebundenes Vermögen langfristig finanziert wird. Impliziert ist, dass kurzfristig gebundenes Vermögen kurzfristig finanziert werden *darf.* Die Einhaltung der goldenen Bilanzregel wird mit Hilfe unterschiedlich definierter Deckungsgrade gemessen:

Deckungsgrad A = Eigenkapital/Anlagevermögen

Deckungsgrad B = Eigenkapital + langfristiges Fremdkapital/Anlagevermögen

Die **Bankers' Rule**, nach der das Umlaufvermögen mindestens das Doppelte des kurzfristig zur Verfügung gestellten Fremdkapitals betragen soll, wird über folgende Kennziffer gemessen:

Working Capital = Umlaufvermögen/kurzfristiges Fremdkapital

41 Vgl. *Süchting*, 1995, S. 505 f.
42 Vgl. *Harford/Klasa/Maxwell*, 2014.
43 Vgl. *Süchting*, 1995, S. 489.
44 Vgl. *Coenenberg/Haller/Schultze*, 2012, S. 1075 ff.

In diesem Zusammenhang sind im Übrigen auch die häufig benutzten Liquiditätskennzahlen, die sog. **Liquidität 1. und 2. Grades** zu nennen, die – anders als die zuvor aufgeführten Kennzahlen – die Beurteilung des Risikos der Zahlungsunfähigkeit in einer noch kurzfristigeren Orientierung suchen: Die Liquidität 1. Grades setzt die flüssigen Mittel ins Verhältnis zum kurzfristigen Fremdkapital. Die Liquidität 2. Grades berücksichtigt im Zähler zusätzlich die Forderungen aus Lieferungen und Leistungen. 10.90

Liquidität 1. Grades = Flüssige Mittel/kurzfristiges Fremdkapital

Liquidität 2. Grades = (Flüssige Mittel + Forderungen aus L+L)/kurzfristiges Fremdkapital

Solche Liquiditätskennzahlen müssen vorsichtig interpretiert werden, da sie nur eine geringe Aussage über die tatsächliche Liquiditätssituation und Entwicklung des Unternehmens erlauben. Grund dafür ist, dass sich die Kennzahlen auf die Situation am Bilanzstichtag als historische Momentaufnahme beziehen und diese möglicherweise zum Zeitpunkt der Analyse bereits grundlegend verändert ist. 10.91

Zur Vermeidung von Liquiditätsrisiken ist Fristenkongruenz allerdings weder notwendig noch hinreichend[45]. Zahlungen gehen nicht immer fristgerecht ein. Gewährte Kredite können auch „einfrieren" (→ Terminrisiko). Schlagend werdende Ausfall-, Preis- und andere Risiken bewirken zusätzliche Liquiditätsrisiken. Zudem sind die Liquiditätsströme durch ein reines Abstellen auf eine formale Fristenkongruenz nicht vollständig erfasst. Zu berücksichtigen sind hier Kunden oder Konzerneinheiten zugesagte Kreditlinien, eigene Refinanzierungsspielräume bei Dritten oder die Beschaffung von Zahlungsmitteln durch Verkauf oder Beleihung von Vermögensgegenständen. Mit Blick auf die Verflüssigung von Vermögenspositionen stellen sich dann folgende Fragen: 10.92

- Gibt es Märkte oder sogar Börsen für die Vermögenspositionen?
- Sind diese Märkte liquide, um nennenswerte Volumina weitgehend „verlustlos" aufzunehmen?

In krisenhaften Märkten ist überdies entscheidend, wie verlustfrei Anlagen in Zahlungsmittel umgewandelt werden können. Hier verknüpfen sich in besonderer Weise Liquiditäts- und Erfolgsgesichtspunkte. Liquidationsverluste aus z.B. Notverkäufen sind (potentielle) Liquiditätseinbußen, die gegen das Eigenkapital gestellt werden müssen.

- Wie hoch sind die Transaktionskosten?
- Wie spezifisch sind die zu veräußernden Vermögensgegenstände?
- Welche Qualität haben die zu veräußernden Vermögensgegenstände?

Insofern können auf der Basis des Jahresabschlusses berechnete Liquiditätskennzahlen höchstens eine erste Durchschaulösung für Externe sein, denen sich keine anderen Wege der Liquiditätsanalyse eröffnen. Aber auch in diesem Fall sollten eher Kennzahlen eingesetzt werden, die die Verschuldung nicht in eine Relation zu nur einer Bilanzgröße, sondern zum **Cashflow** des Unternehmens setzen, der nach der **„Praktiker-" bzw. „Faustformel"** berechnet werden kann als[46]: 10.93

	Jahresüberschuss
+/–	Ab-/Zuschreibungen auf das Anlagevermögen
+/–	Zuführung zu/Auflösung von langfristigen Rückstellungen
=	Cashflow

Der als zahlungswirksam angenommene Jahresüberschuss wird dabei um die bei den meisten Konzernen quantitativ bedeutendsten nicht zahlungswirksamen Aufwands- bzw. Ertragskomponenten 10.94

45 Vgl. *Hartmann-Wendels/Pfingsten/Weber*, 2019, S. 404 f.
46 Vgl. *Coenenberg/Haller/Schultze*, 2012, S. 1075 ff.; *Süchting/Paul*, 1998, S. 466–468.

ergänzt. Betrachtet man diesen Cashflow im Branchen- und Zeitvergleich, erleichtert dies den Einstieg in eine fundierte Liquiditätsanalyse – unabhängig davon, dass eine umfangreichere **Kapitalflussrechnung** aussagekräftiger wäre[47]. Hier besteht jedoch für viele mittelständisch geprägte Konzerne keine Publizitätspflicht.

10.95 Noch relativ neu sind zwei Steuerungsgrößen im Liquiditätsmanagement, die die hier eingenommene dispositive (Halten einer ausreichend großen Liquiditätsreserve) und strukturelle (Zusammenhang von Investitions- und Finanzierungsprogramm) Liquiditätsperspektive aufgreifen: Die **Liquidity at Risk** misst die „Liquiditätsbelastung, die mit einer gegebenen Wahrscheinlichkeit innerhalb einer bestimmten Zeitdauer nicht überschritten wird (Abb. 16, linke Hälfte). Der **Liquidity Value at Risk** misst [dagegen] den Vermögensverlust aufgrund unerwartet hoher Refinanzierungskosten, der mit einer gegebenen Wahrscheinlichkeit innerhalb einer bestimmten Zeitdauer nicht überschritten wird“[48].

10.96 Zusammengefasst wird der Finanzleiter der Holding seine Liquidität in folgenden Schritten planen (vgl. erneut Abb. 16, Rz. 10.84):

- Prognose möglicher Kassenbestände für das Ende der Planperiode von z.B. einem Tag/Monat.
- Beifügung von Wahrscheinlichkeiten für die möglichen Kassenbestände (Ermittlung der Liquidity at Risk).
- Korrektur der Kasse nach dem Ergebnis der Prognose, z.B. Erhöhung dann, wenn die Wahrscheinlichkeit, short of cash zu sein, entsprechend der Risikopräferenz des Entscheidungsträgers noch zu hoch erscheint.
- Vergleich mit den Opportunitätskosten, die infolge der Erhöhung des Anfangsbestandes an Kasse (Liquidity Value at Risk) auftreten und Verbindung der Fristigkeit und Haftungsqualität der Refinanzierung mit dem geplanten Investitionsprogramm.

3. Finanzielles Risikomanagement

10.97 Wie eingangs erwähnt, bestehen zwischen dem Shareholder Value und den zu seiner Erreichung eingegangenen Risiken Wechselwirkungen. Bestimmte, von den Kapitalgebern geforderte Renditen sind vom Unternehmen nur bei Eingehen eines bestimmten Risikos zu erzielen. Schlagend werdende Risiken wiederum beeinflussen sowohl den Cashflow des Unternehmens als auch seine Kapitalkosten durch die als Kompensation verlangte Risikoprämie und damit den Diskontierungszins der Wertrechnung.

10.98 Abb. 17 zeigt ein **Kreislaufmodell**, das die zentralen Bausteine eines adäquaten Risikomanagementprozesses enthält („ABC des Risikomanagements“). Ausgangspunkt sind die aus dem gewählten Geschäftsmodell heraus resultierenden spezifischen Risiken. Diese bedürfen zunächst einer tiefgreifenden Analyse. Erst dann kann die Risikosteuerung und anschließende Kontrolle im Rahmen von Soll/Ist-Abgleichen erfolgen.

---

47 Vgl. *Paul et al.*, 2017, S. 62 f.
48 *Rempel-Oberem/Zeranski*, 2008.

Abb. 17: ABC des Risikomanagements

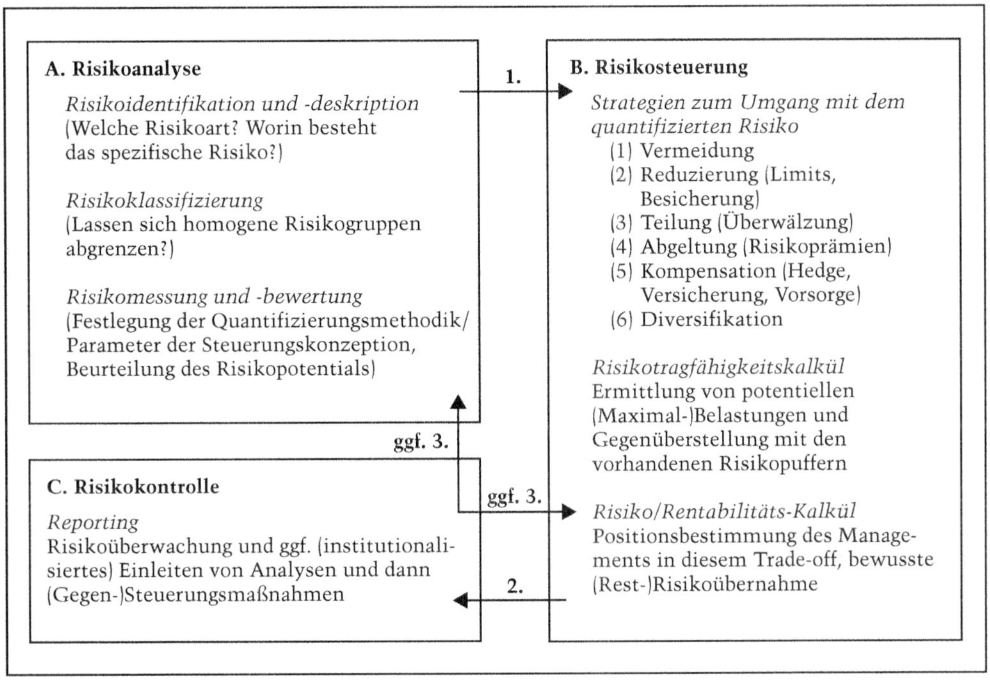

Quelle: *Stein/Kaltofen*, 2011.

In dieser Sichtweise fällt dem Risikomanagement die Aufgabe zu, den Shareholder-Value-Plan vor 10.99
Beeinträchtigungen zu schützen. Das nach Diversifikation, Übertragung, Versicherung etc. von Verlustgefahren gemessene Risikopotential muss durch entsprechende Risikoträger abgedeckt sein. Dabei hat das im Mittelpunkt stehende **Risikotragfähigkeitskalkül** stets **mehrere Sichten gleichzeitig** zu verfolgen (Abb. 18):

- **Erfolgsrechnerisch** schlagen sich Risiken in Änderungen der Aufwendungen und Erträge, die in der GuV erfasst werden, nieder (Erfolgsrisiko). Als Verlustausgleichsreserven kommen insofern bereits verdiente Gewinne sowie der Bestand an offen gezeigtem, bilanziellem und an darüber hinaus vorhandenem Eigenkapital in Betracht.
- Treten Risiken ein, können sie (abgeleitet aus Erfolgsrisiken oder originär) **liquiditätswirksam** die geplanten Ein- und Auszahlungsströme verändern. Risikoträger sind dann neben den vorhandenen liquiden Mitteln veräußerbare Vermögensgegenstände oder zugesagte, noch nicht ausgeschöpfte Kreditlinien.
- In der hier eingenommenen **wertorientierten** Perspektive fungieren sämtliche vorhandenen Vermögenswerte als Puffer für übernommene Risiken. Dazu gehört die aktuelle, zu Marktpreisen bewertete Substanz des Unternehmens sowie der für den betrachteten Planungshorizont geplante Substanzzuwachs durch Neugeschäft. Potentielle Risiken mindern den so gemessenen Vermögenswert und werden barwertig in Abzug gebracht. Sind keine Marktwerte verfügbar, müssen diese modelltheoretisch abgeleitet werden. Hierfür kommen wiederum die bereits dargestellten Diskontierungskalküle in Betracht.
- In einigen Branchen kommt eine **regulatorische** Perspektive hinzu. So wird z.B. Banken und Versicherungsunternehmen gesetzlich vorgeschrieben, wie bestimmte Risiken zu berechnen und mit

Risikokapital zu unterlegen sind. Ähnliche Vorschriften finden sich in anderen Branchen, z.B. im Profi-Fußball im Hinblick auf das Lizenzierungsverfahren.

Abb. 18: Sichtweisen des Risikotragfähigkeitskalküls

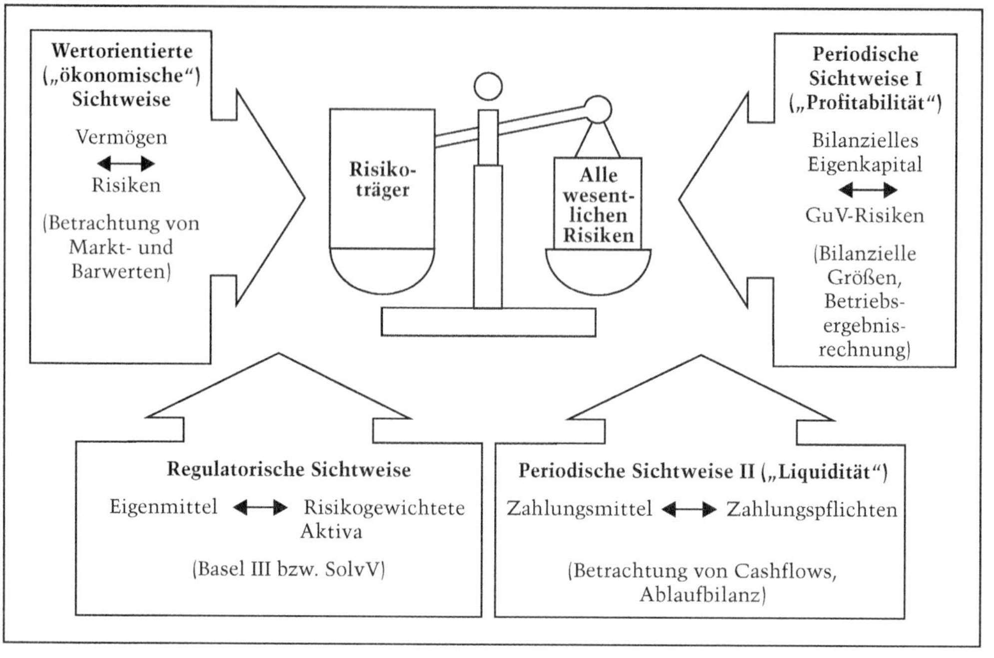

10.100 In der wertorientierten Sichtweise bezieht sich das Risiko in erster Linie auf die Zahlungsströme sowie die resultierenden (Bar-)Werte eines Untersuchungsobjekts, sei es nun z.B. ein einzelnes Wertpapier, ein Wertpapierportfolio oder ein Unternehmen als Ganzes. In Theorie und Praxis hat sich dazu im Hinblick auf finanzielle Risiken der **Value at Risk** (VaR)[49] als das zentrale Messkonzept zur Quantifizierung von Risiken etabliert. Unterschiedliche Risikokategorien, wie z.B. Marktpreis-, Geschäfts-, Liquiditäts- oder Ausfallrisiken sollen auf Basis einer unterstellten Verlustverteilung mit ein und derselben Messvorschrift erfasst und unter Berücksichtigung von Risikoverbund-effekten zum Risikopotential des Gesamtunternehmens aggregiert werden. Mit dem gemessenen Gesamtrisiko wird gleichzeitig die Mindesthöhe des zur Verlustdeckung vorzuhaltenden Risikokapitals bestimmt.

10.101 Der **VaR ist der prognostizierte Maximalverlust einer risikobehafteten Position auf einem vorgegebenen Wahrscheinlichkeitsniveau**. Er zählt zu den Downside-Risikomaßen, d.h. betrachtet wird ausschließlich die Verlustseite einer Verteilung. Abb. 19 veranschaulicht die Idee des VaR-Konzeptes grafisch. Dort sind den Gewinnen und Verlusten eines Aktienportfolios Eintrittswahrscheinlichkeiten auf Basis der Häufigkeit ihres Auftretens in der Vergangenheit zugeordnet worden (s. „1." in Abb. 18), hier dargestellt in Form einer Wahrscheinlichkeitsdichtefunktion (2.). Kleinere Wertänderungen sind erfahrungsgemäß wesentlich wahrscheinlicher als hohe, aber deutlich seltenere Verluste. Auf Basis dieser Dichtefunktion ist es im nächsten Schritt möglich, auf künftige Verluste mit verschiedenen Vertrauenswahrscheinlichkeiten ($1-\alpha$, mit $1 \geq \alpha \geq 0$) zu schließen (Repräsentationsschluss, 3.). Der VaR auf dem ($1-\alpha$)-Niveau korrespondiert aus mathematischer Sicht mit dem α-Quantil der Dichtefunktion (4.). Besteht etwa Interesse am VaR mit einer Vertrauenswahrscheinlichkeit von $1-\alpha = 99$ %, so würde man an der Stelle des 1 %-Quantils ablesen, unter welcher Verlust-

49 Vgl. *Uhlir/Aussenegg*, 1996.

schwelle 99 % und über welcher 1 % aller Fälle wahrscheinlich liegen. Diese wahrscheinliche maximale negative Marktpreisänderung wird auf den aktuellen Marktpreis des Vermögenswertes („heute“) angewandt und die Vermögensposition neu bewertet („morgen“). Die Differenz von aktuellem Marktwert und prognostiziertem wahrscheinlichen Worst Case ist der für den Vorhersagezeitraum erwartete Maximalverlust (= VaR).

Abb. 19: Idee des Value-at-Risk-Ansatzes

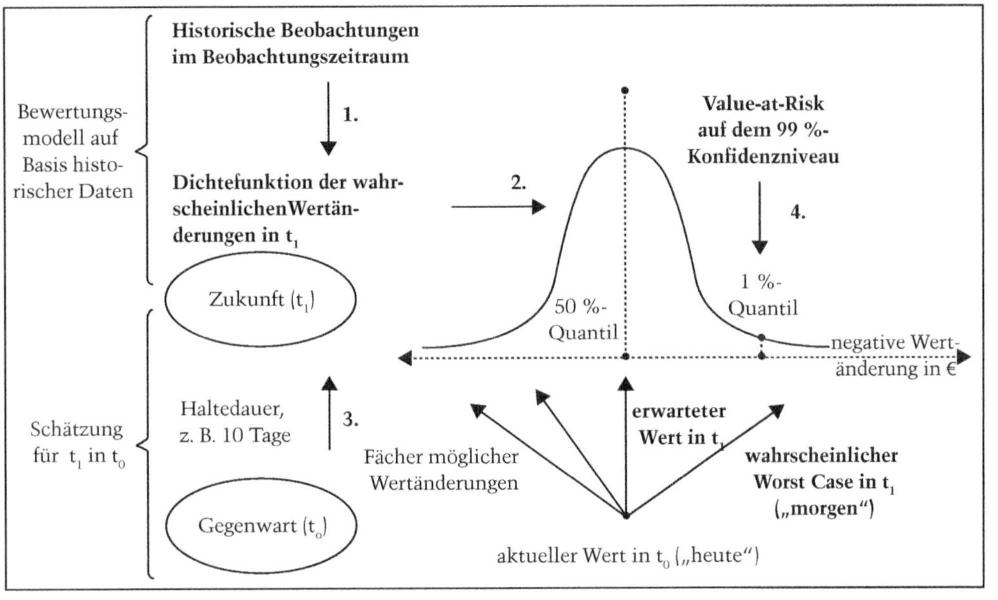

Quelle: *Stein/Kaltofen*, 2011.

10.102 Wichtig zu sehen ist, dass der **VaR nicht der Maximalverlust im Worst Case** ist, sondern der höchste erwartbare Verlust auf dem gewählten Konfidenzniveau. Im Beispiel der Abb. 19 mit einer Vertrauenswahrscheinlichkeit von 99 % werden Teile der möglichen Verluste – hier „nur“ 1 % aller Fälle – aus der Betrachtung ausgeblendet. Dabei handelt es sich allerdings um jene Extremszenarien, die zwar mit einer sehr geringen Wahrscheinlichkeit belegt sind, die dafür aber eben mit extrem hohen Verlusten einhergehen.

10.103 Die Wahl der Vertrauenswahrscheinlichkeit ist daher Spiegelbild des „Risikoappetits“ des Managements: Je vorsichtiger die Unternehmensleitung, desto höher das Konfidenzniveau, desto höher dann jedoch auch der VaR, weil immer mehr mögliche Wertänderungen erfasst werden. Der VaR macht insofern aber keine Angabe über den tatsächlichen Maximalverlust und ist überhaupt nur vor dem Hintergrund des jeweiligen Konfidenzniveaus interpretierbar.

10.104 Schon hier wird deutlich: Es gibt nicht das dem Betrage nach „richtig“ gemessene Risiko. Gemessene Risikobeträge variieren je nach VaR-Verfahren, getroffenen Entscheidungen für die Auswahl der Input-Daten sowie der Parametrisierung der Rechenmodelle. In jedem Falle werden benötigt:

- eine Verlustverteilung für den (die) untersuchten Risikofaktor(en) sowie
- funktionale Aussagen (a) über die Verknüpfung der Risikofaktoren untereinander mit Blick auf die Wertänderung einer einzelnen Vermögensposition bzw. (b) hinsichtlich der Wertänderung eines ganzen Portfolios (inklusive z.B. der Analyse von Einzel-/Marginalbeiträgen zur Veränderung der Gesamtrisikoposition).

10.105 Hinsichtlich möglicher **Ermittlungsverfahren** für die Gewinn- und Verlustverteilungsfunktion eines Risikofaktors werden analytische Ansätze von Simulationen unterschieden[50]. Grundlage analytischer Modelle sind theoretische Verteilungsannahmen des Risikofaktors wie etwa die Normalverteilung. Historische Daten werden dazu verwendet, die Parameter der analytischen Verteilung (im Falle z.B. der Normalverteilung also μ und σ) zu schätzen. Im Gegensatz dazu ergibt sich bei Simulationsmodellen die Verteilung des Risikofaktors direkt aus historischen Realisierungen (Historische Simulation) oder es können wie bei der ebenfalls als Industriestandard geltenden Monte-Carlo-Simulation Verteilungen beliebiger Art vorgegeben werden, für die dann sehr viele Ausprägungen per Zufallsgenerator erzeugt werden[51].

10.106 Die **Aussagefähigkeit** analytischer VaR-Modelle steht und fällt mit der **Güte der Verteilungsannahmen** für den Risikofaktor. Insbesondere dort, wo in der Praxis aus Gründen der Einfachheit die Normalverteilungsannahme getroffen wird, die Risikofaktoren aber tatsächlich nicht normalverteilt sind, kann eine solche Vorgehensweise zu gefährlichen Fehlprognosen für das Risiko führen. Die **Historische Simulation ersetzt** dagegen eine **Theoriefundierung durch reine Vergangenheitsorientierung**. Einerseits werden zwar historische Extremszenarien und bei Portfoliobetrachtungen Risikoverbundeffekte quasi automatisch integriert. Andererseits kann die Methode ausschließlich die rückblickend festgestellte Entwicklung der Risikofaktoren berücksichtigen. Der größte Vorteil der **Monte-Carlo-Simulation** ist die **Flexibilität** der Methode. Sie eignet sich in Situationen, in denen komplexe Risikostrukturen auf Portfolioebene zusammengefasst werden sollen. Der Anwender ist bei der Wahl der Verteilung einzelner Risikofaktoren frei und gewinnt durch die selbst modellierte Verknüpfung einzelner Renditeverteilungen eine zuvor in ihrer mathematischen Form unbekannte Gesamtverteilung. Indes sind die Annahmen des Zufallsexperiments nicht weniger problematisch nachzuweisen als die der Historie. Vor allem bringt die Methode einen hohen Kommunikationsaufwand wegen des Black-Box-Charakters der zufallsgenerierten Szenarien mit sich.

10.107 Die von den Ermittlungsverfahren ausgewertete Periode historischer (Kurs-)Daten wird als **Beobachtungszeitraum** bezeichnet. Kürzere Zeitfenster weisen einen stärkeren Zeitbezug zu den aktuellen Marktentwicklungen auf, implizieren jedoch gleichzeitig ein höheres Risiko von Fehleinschätzungen durch die geringere Datenbasis. Längere Beobachtungszeiträume (z.B. > 200 Messpunkte, Handelstage) sind aus diesem Grund kürzeren gegenüber zu bevorzugen. Ferner hebt die zeitliche Lage des Beobachtungszeitraums in einer Phase volatiler Ausprägungen des Risikofaktors wie z.B. zuletzt im Verlauf der Corona-Pandemie den VaR mitunter erheblich an. Der Anwender muss darüber hinaus unter Berücksichtigung des Sachproblems sowie der Datenverfügbarkeit über die Länge der Messintervalle (z.B. täglich, monatlich, jährlich) entscheiden.

10.108 Synonym für Risikohorizont bezeichnet die **Haltedauer** jene Zeitspanne, für die der VaR Prognosekraft besitzt. Prinzipiell ist die Haltedauer mit dem Messintervall während des Beobachtungszeitraums identisch. Spezielle Ansätze ermöglichen die Skalierung des VaR einer kürzeren Haltedauer auf längere Zeiträume und umgekehrt.

10.109 Das vom Anwender zu spezifizierende **Konfidenzniveau** $1-\alpha$ des VaR bestimmt das Grenzquantil der geschätzten Ausprägungen des Risikofaktors. Die darüber am Verteilungsrand hinausgehenden $(\alpha \cdot 100)\%$ der Realisierungen mit den höchsten Verlusten bleiben unberücksichtigt. Wie bereits erwähnt, ist die Wahl des Konfidenzniveaus **Spiegelbild des Risikoappetits des Managements**. Höhere Konfidenzniveaus implizieren höhere Risikobeträge und damit auch eine höhere Dotierung an Risikodeckungsmasse.

10.110 Konzeptionell bedarf der VaR eigentlich nicht der Berücksichtigung zusätzlicher **Stresselemente**. Grundsätzlich kann ein Stressszenario nämlich über die Anhebung des Konfidenzniveaus berücksichtigt werden. Die Finanzmarktkrise hat jedoch gezeigt, dass der VaR die realisierten Verluste un-

50 Vgl. *Horsch/Schulte*, 2016, S. 16 ff.
51 Vgl. *Paul et al.*, 2017, S. 528–534.

terschätzen kann, wenn die zur Zukunftsprognose herangezogenen historischen Daten einer normalen Marktphase entstammen. Außerdem können die risikomindernden Verbundeffekte im Portfoliozusammenhang geringer ausfallen, weil in Krisenphasen die Renditen der verschiedenen Vermögensgegenstände stärker gleichgerichtet verlaufen. Insofern kommen sowohl eine Verschiebung des Beobachtungszeitraums in eine historische Stressphase als auch die Erhöhung der Assetkorrelationen als weitere Stresselemente infrage. Beides erhöht den VaR und trägt zu einer vorsichtig-konservativen Risikorechnung bei.

Für die Abschätzung des Gesamtrisikopotentials des Unternehmens aus seinen unterschiedlichen Geschäftsbereichen muss der Portfolio-VaR berechnet werden. Dafür wird (über die verschiedenen Risikokomplexe hinweg) die gemeinsame Verlustverteilung der Risikofaktoren benötigt. Bei Vorliegen normalverteilter Parameter können hierfür einfache Lösungen gefunden werden. Komplexe Copula-Funktionen erlangen Bedeutung, wenn sowohl lineare als auch nicht-lineare Abhängigkeiten zwischen den Risikopositionen abgebildet und Diversifikationseffekte stärker berücksichtigt werden sollen. Darüber hinaus werden sie eingesetzt, Muster in den Abhängigkeitsstrukturen verschiedener Risikoarten (z.B. Marktpreis- oder Adressrisiken) zu identifizieren[52]. 10.111

Zwar ist der VaR ein in der Praxis etabliertes Risikomaß. Kritiker des Verfahrens bemängeln indes zum einen, dass der VaR keine Aussagen über die Verlusthöhe in einem Extremfall macht. Zum anderen erfülle der VaR nicht alle „wünschenswerten" Anforderungen, die an ein Risikomaß zu stellen sind[53]. Diesbezüglich kann gezeigt werden, dass der VaR in bestimmten Konstellationen nicht subadditiv ist, d.h. Diversifikationseffekte bei zusammengefassten Positionen werden unter bestimmten Bedingungen nicht erkannt. In diesem Fall kann es bei einem Vergleich alternativer Portfolios anhand des VaR zu falschen Risikoeinschätzungen bzw. zu irreführenden Präferenzen bei der Portfoliozusammenstellung kommen. 10.112

Vor diesem Hintergrund findet zunehmend der **Expected Shortfall (ES, auch: Conditional VaR)** als alternatives Risikomaß Beachtung[54]. Der ES ist der **Erwartungswert jener Verluste, die den VaR übersteigen**. Im Gegensatz zum VaR ist der ES ein subadditives Risikomaß, stellt also die theoretisch stimmigere Variante in Bezug auf die Messung von Diversifikationseffekten dar. Allerdings misst der ES höhere Risikobeträge als der VaR und fordert damit im Risikotragfähigkeitskalkül eine höhere Unterlegung mit Risikodeckungsmasse an[55]. 10.113

Im Rahmen des Risikotragfähigkeitskalküls ist aber in jedem Fall zu fragen, ob sich ein Unternehmen das gemessene Risiko noch leisten kann oder bei Schlagendwerden der Risiken in seiner Existenz gefährdet wäre. Diese Frage muss das Management beantworten. Kommt es zu der Einschätzung, dass die Risikotragfähigkeit nicht gegeben ist, bieten sich als Risikosteuerungsmaßnahmen z.B. eine Desinvestition von Risikopositionen, der Zukauf von Positionen mit risikosenkenden Korrelationen, Absicherungsgeschäfte oder die Erhöhung der Risikodeckungsmasse (Zuführung von z.B. frischem Eigenkapital) an. Zwar könnte das Management bei nicht gegebener Risikotragfähigkeit geneigt sein, diese durch ein „Drehen" an den Stellschrauben des Risikomessmodells (z.B. Akzeptanz eines niedrigeren Konfidenzniveaus im Stressfall, geringere Erhöhung der Stresskorrelationen) wieder herzustellen. Allerdings liefe man bei Realisierung des Stressfalles Gefahr, diesen nicht zu überleben. 10.114

Nach der Quantifizierung des Risikos – z.B. mit Hilfe des VaR – erfolgt die **Risikosteuerung**. Im Folgenden werden die zur Begrenzung von **Marktrisiken** entwickelten Finanz- bzw. **Sicherungsinstrumente** anhand von drei Beispielen dargestellt, die der Konzern-Finanzleiter dann einsetzen kann, wenn die Holding das analysierte Risiko nach seiner Einschätzung nicht tragen kann oder soll. 10.115

---

52 Vgl. *Weiß*, 2011; *Weiß*, 2010.
53 Vgl. *Weiß*, 2008.
54 Vgl. *Acerbi/Tasche*, 2002.
55 Vgl. *Acerbi/Tasche*, 2002, S. 1491 f.; *Weiß*, 2008, S. 272.

Diese Instrumente gehören mittlerweile standardmäßig zum „Handwerkszeug“ des Finanzleiters – auch deshalb, weil es sich bei den hier im Mittelpunkt stehenden Zins- und Währungsrisiken stets um Preisänderungsrisiken handelt und die behandelten Futures, Options und Swaps daher auch zum Schutz vor Schwankungen einer Vielzahl weiterer Preise (von Rohöl über Kakaobohnen bis hin zu Schweinebäuchen) eingesetzt werden können. Bei den drei genannten Instrumenten handelt es sich um die Grundformen der Finanzderivate. Die Instrumente beziehen sich auf eine zugrunde liegende Basisposition („Underlying“) und leiten von hierher auch ihre Wertentwicklung ab.

10.116 Das folgende Beispiel[56] bezieht sich (mit frei gewählten Zahlen) auf mögliche Wertschwankungen im Anleiheportefeuille eines Unternehmens, zu denen es infolge von künftigen Veränderungen des Zinsniveaus kommen könnte. Steigende (sinkende) **Marktzinsen** machen Alternativanlagen zu den vom Finanzmanager im Bestand gehaltenen festverzinslichen Wertpapieren relativ interessanter (unattraktiver) und führen bei letzteren zu Kursverlusten (-gewinnen). Zur Ausschaltung dieser Volatilität, um also größere Planungssicherheit zu gewinnen, schließt der Finanzmanager hier ein Sicherungsgeschäft (**Hedge**) ab, indem er **Bund-Futures per Termin verkauft** (Short). Der Verkaufskontrakt hat dabei als Bezugsobjekt (Underlying) eine fiktive langfristige Bundesanleihe (Restlaufzeit zwischen 8,5 und 10 Jahren), die fortlaufend in Prozent notiert. Nur selten sind bei derartigen Geschäften tatsächlich Anleihen zu liefern. Zumeist erfolgt zwischen den Kontrahenten ein Barausgleich auf Basis des zum vereinbarten Lieferzeitpunktes notierten Underlying-Preises.

10.117 Am 18.8. hält der Finanzmanager eines großen Unternehmens nominal 30 Mio. Euro einer zehnjährigen Bundesanleihe, ausgestattet mit einem Nominalzins von 8,5 %, im Bestand. Da er für das kommende halbe Jahr Zinssteigerungen befürchtet, will er einen Short Hedge auf Basis der Nominalvolumina durchführen. Dazu verkauft er 300 Bund Futures zu je 100 TEuro nominal mit der Fälligkeit im März des Folgejahres.

18.8.	Kurs der Bundesanleihe: 99,70
März	Kurs des Bund-Futures: 84,90

Der Marktwert des Portfolios beträgt 30 Mio. · Euro 0,997 = 29,91 Mio. Euro.

18.2. des Folgejahres, Fall I: Die Marktrendite ist mittlerweile gestiegen, die Anleihe notiert zu 93, der Future zu 79.

Der Marktwert des Portefeuilles beträgt nun 27,9 Mio. Euro (30 Mio. · Euro 0,93), der Verlust aus dieser Kassaposition damit 2,01 Mio. Euro (29,91 Mio. Euro – 27,9 Mio. Euro). Dagegen steht als Gewinn aus der Futureposition 300 · 100 TEuro · (0,849 – 0,79) = 1,77 Mio. Euro. Für die Gesamtposition ergibt sich:

Verlust aus der Kassaposition	– 2.010.000 Euro
Gewinn aus der Futureposition	+ 1.770.000 Euro
Zinserträge aus der Kassaposition	+ 1.275.000 Euro = (0,085 · 30.000.000 · 180/360)
Gesamtgewinn	+ 1.035.000 Euro

Damit hat sich das gehedgte Portefeuille, bestehend aus Kassa- und Termininstrumenten, mit einem Zinssatz von $\left(\frac{1.035.000}{29.910.000} \cdot \frac{360}{180}\right)$ p.a. verzinst.

18.2. des Folgejahres, Fall II: Die Zinsbefürchtungen treffen nicht zu, der Marktzins sinkt, die Anleihe notiert zu 106, der Future zu 90.

56 In Anlehnung an *Perridon/Steiner/Rathgeber*, 2017, S. 353.

Für die Gesamtposition ergibt sich analog der Berechnungen im Fall I:

Gewinn aus der Kassaposition	+ 1.890.000 Euro
Verlust aus der Futureposition	– 1.530.000 Euro
Zinserträge aus der Kassaposition	+ 1.275.000 Euro
Gesamtgewinn	+ 1.635.000 Euro

Die Verzinsung des gehedgten Portefeuilles beträgt $\left(\frac{1.635.000}{29.910.000} \cdot \frac{360}{180}\right)$ p.a. Die Renditedifferenz zum Fall I ergibt sich aus der vereinfachten Bestimmung der Hedge-Ratio. Sie entsteht durch die stärkere Zinsreagibilität des Bund Future-Preises gegenüber dem der Bundesanleihe.

Auch das nächste Beispiel[57] zeigt eine Absicherungsmöglichkeit gegenüber dem **Zinsänderungsrisiko** – nun in Form des **Swaps**, bei dem beide Kontrahenten ihre Verpflichtungen austauschen. Ausgangspunkt ist ein Unternehmen Y, das sich vor schwankenden Zinsen schützen will. Es sucht daher eine möglichst kostengünstige Festsatzfinanzierung, die es durch einen Zins-Swap mit einer Bank erhält. Dafür nimmt das Unternehmen eine Floating Rate-, die Bank eine Festsatzanleihe auf, dann tauschen beide ihre Zinsverpflichtungen. Die Zinsen der Unternehmensanleihe hängen hier ab vom Euribor (Euro Interbank Offered Rate), also dem Zinssatz, zu dem internationale Banken untereinander Euro-Geldmarktgeschäfte abschließen. 10.118

	Bank X	**Unternehmen Y**
Zinsfixe Mittelbeschaffung (Festsatzanleihe)	5,5 %	7 %
Zinsvariable Mittelbeschaffung (Floating Rate Note)	Euribor + 0,5 %	Euribor + 1,5 %
Betragsvolumen:	100 Mio. $	100 Mio. $
Zinszahlung:	halbjährlich	halbjährlich
Laufzeit:	8 Jahre	8 Jahre

Abb. 20: Swap-Struktur zur Beispielrechnung

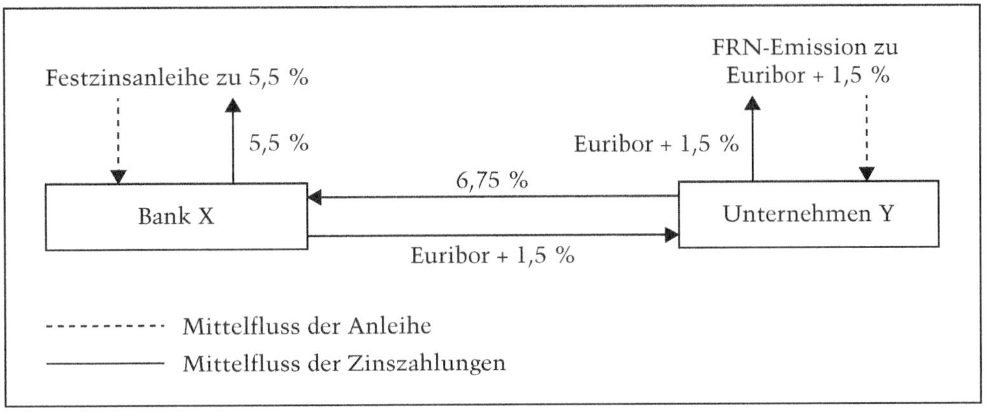

57 In Anlehnung an *Lerbinger*, 1986, S. 461 f.

Unternehmen Y Ziel: möglichst kostengünstige Festsatzfinanzierung			
Zins-Swap:		**Alternativlösung:**	
FRN-Emission:	– (Euribor + 1,5 %) (variabel)	Festsatzanleihe-Emission:	7 %
Swap Inflow:	+ (Euribor + 1,5 %) (variabel)		
Swap Outflow:	– 6,75 % (fix)		
Nettokosten:	= 6,75 % (fix)	Zinsersparnis durch Swap für das Unternehmen:	0,25 %

Bank X Bereitschaft für zinsvariable Finanzierung			
Zins-Swap:		**Alternativlösung:**	
Festsatzanleihe-Emission:	– 5,5 % (fix)	FRN-Emission:	(Euribor + 0,5 %)
Swap Inflow:	+ 6,75 % (fix)		
Swap Outflow:	– (Euribor + 1,5 %) (variabel)		
Nettokosten:	= Euribor + 0,25 % (variabel)	Zinsersparnis durch Swap für die Bank:	0,25 %

10.119 Im Ergebnis profitieren beide von diesem Geschäft, obwohl das Unternehmen zunächst mit der Floating Rate Note ein Finanzinstrument eingesetzt hat, das gegen seine eigentliche Intention verstieß. Es zeigt sich, dass die Beteiligten im Vergleich zu den Alternativlösungen der jeweiligen Direktfinanzierungen ihre Ziele mit Kostenvorteilen erreichen. Eine Bank besitzt, so die Annahme hier, einen Bonitätsvorsprung und kann sich dann auf den Finanzmärkten kostengünstiger finanzieren. Sie kann diesen Vorteil – hier für eine zinsvariable Refinanzierung – aber noch um ¼ % vergrößern, weil ihr der Swap-Partner über die Begleichung ihrer Festzinsverpflichtung hinaus 1¼ % zur Verfügung stellt, wovon sie nur 1 % mehr für die Bedienung der von ihr eingetauschten zinsvariablen Verpflichtungen abgeben muss, als wenn sie die Floating Rate Note selbst emittiert hätte. Auch für das Unternehmen ergibt sich eine um ¼ % niedrigere zinsfixe Belastung. Trotz der absolut günstigeren Stellung der Bank auf beiden Teilmärkten ist es also für die Beteiligten von Nutzen, wenn sich das Unternehmen dort verschuldet, wo es noch relativ besser steht (komparativer Kostenvorteil). Erfahrungsgemäß ist dies eher im zinsvariablen Bereich der Fall, wo die Anleger Bonitätsrisiken des Emittenten aufgrund ihrer eher kurzfristigen Orientierung weniger Beachtung schenken. Im Kern ergibt sich also der Vorteil aus der geschickten Ausnutzung von Unvollkommenheiten des Kapitalmarktes.

10.120 In dem in der folgenden Abb. 21 dargestellten Beispiel für die Absicherung gegenüber dem **Wechselkursrisiko** weiß der Finanzmanager eines Unternehmens, dass für die Bezahlung einer Produktionsanlage, die in 18 Monaten erfolgen muss, 100 Mio. $ benötigt werden. Würde er kein Sicherungsgeschäft abschließen (Alternative a) in Abb. 21), so könnte er im günstigen Fall den Einkaufspreis für das Unternehmen senken. Steigt z.B. der Wert des Euro, muss also relativ weniger für einen Dollar bezahlt werden (z.B. 1 Euro/$ im Gegensatz zum Kassakurs von 1,15 Euro/$ im Entscheidungszeitpunkt), so verringern sich die Auszahlungen von 115 auf 100 Mio. Euro.

10.121 Dem steht jedoch das erhebliche Risiko eines schwächer werdenden Euro gegenüber, der z.B. im Wert von 1,15 Euro/$ auf 1,20 Euro/$ sinken mag, so dass sich Aufwendungen von nun 120 Mio. Euro ergäben. Zur Absicherung stehen dem Finanzmanager zwei Grundformen von (hier: Währungs-)Derivaten zur Verfügung: Auf der einen Seite könnte er ein **Devisentermingeschäft** über 100 Mio. $ abschließen zum Terminkurs 18 Monate von 1,09 Euro/$ (Alternative b) in Abb. 21). Dabei kann es sich – wie im vorletzten Beispiel – um einen börsennotierten und daher standardisierten Future- oder einen individuell (over the counter) zugeschnittenen und z. B. von einer Bank verkauften Forward-Kontrakt handeln. In beiden Fällen ist der Kaufpreis von umgerechnet 109 Mio. Euro zementiert, da es sich um ein beidseitig festverbindliches Termingeschäft handelt. Dies mag den Finanzleiter einerseits ruhig schlafen lassen, andererseits aber Kritik an seiner Handlung in dem Fall hervorrufen, in dem der Wert des Euro zunimmt.

Abb. 21: Future und Option als Hedge gegen das Wechselkursrisiko

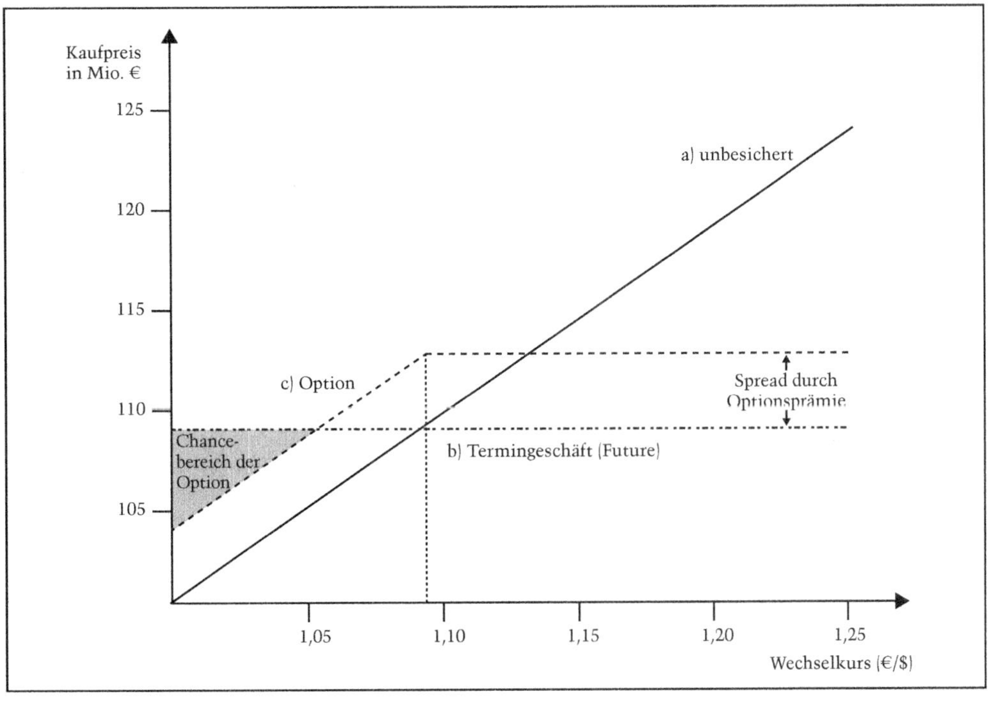

10.122 Auf der anderen Seite bietet der Kauf einer **Devisenoption** die Möglichkeit, eine Absicherung gegen das Währungsrisiko wie im Falle des Devisentermingeschäfts zu schaffen, sich aber gleichzeitig einen Teil des Chance-Bereichs wie im ungesicherten Fall zu erhalten. Optionen verbriefen das Recht, eine bestimmte Anzahl von Bezugsobjekten/Underlyings (hier: Devisen; dies könnten aber z.B. auch Aktien oder Rentenpapiere sein) jederzeit innerhalb einer bestimmten Optionsfrist („amerikanische Option") oder nur am Ende der Optionsfrist („europäische Option") zu einem im vorhinein vereinbarten Basispreis („strike price") zu kaufen (Kaufoption, Call) oder zu verkaufen (Verkaufsoption, Put). Von besonderer Bedeutung ist dabei, dass die Option die Möglichkeit bietet, die verbrieften Rechte zu nutzen oder aber sie verfallen zu lassen. Der Preis, den der Finanzmanager für diesen Zugewinn an Handlungsspielraum und Chancenpotential ex ante und unabhängig von seiner Ausübung zu entrichten hat, ist die Optionsprämie.

10.123 Im Beispiel (Alternative c) in Abb. 21) erwirbt er eine Kaufoption auf den Dollar, Laufzeit 18 Monate, Optionsprämie 0,04 Euro/$ mit Basispreis 1,09 Euro/$. Oberhalb eines Wechselkurses von 1,13 Euro/$, also z.B. bei 1,20 Euro/$, lohnt sich die Ausübung der Option, da der Finanzleiter aus ihr heraus den Dollar zum festgelegten Basispreis – also günstiger als über den Markt – beziehen kann. Sollte der Dollar an Wert gewinnen, stellt sich z.B. ein Wechselkurs von 1,03 Euro/$ ein, lässt der Finanzleiter die Option verfallen und kauft den Dollar über den Markt. Diese Flexibilität, die Möglichkeit zur Begrenzung des Risikos bei gleichzeitiger Wahrung der Chance, hat ihren Preis: Gegenüber der Alternative (a) „ungesichert" bzw. (b) „abschließend fest gesichert" (Devisentermingeschäft) verschlechtert sich der Finanzleiter in Höhe der Optionsprämie.

IV. Spezielle Aufgaben des Finanzleiters bei der Hebung von Wertpotentialen in der Holding

1. Cash-Management: Erzielung von Größen- und Diversifikationseffekten durch Pooling und Netting

10.124 In der Praxis unterstützen **Cash-Management-Systeme** die Unternehmen bei einer wertorientierten Steuerung der täglichen Finanzströme. Das Liquiditätsmanagement wird hierbei durch die Nutzung von Electronic Banking basierten, EDV-gestützten Kommunikationsformen zwischen Banken und Unternehmen abgewickelt[58].

10.125 Solche Systeme dienen einer verbesserten Informationsversorgung über die betreffenden Zahlungsströme sowie die Entwicklungen auf den Finanzmärkten. So verhilft z.B. die Kenntnis bereits getätigter, aber noch nicht verbuchter Einzahlungen zu einer exakteren kurzfristigen Liquiditätsplanung. Je präziser die Planung der Ein- und Auszahlungen, desto eher können z.B. mit dem Cash-Management die bereits angesprochenen Short Costs vermieden werden, andererseits Liquiditätsüberschüsse ertragssteigernd angelegt werden.

10.126 Neben dieser planerischen Vorausschau steht das **zentrale Cash-Pooling** im Mittelpunkt des Cash-Managements eines Holdingkonzerns[59]. Im Rahmen dieses konzerninternen Liquiditätsausgleichs werden die Kontensalden der einbezogenen Konzernteilgesellschaften auf einem zentralen Zielkonto bei der Konzernobergesellschaft physisch oder auch fiktiv (sog. Notional Pooling) zusammengefasst[60]. Teilgesellschaften mit Liquiditätsüberhängen werden überschüssige Mittel entzogen, Liquiditätsunterdeckungen werden umgekehrt durch konzerninterne Kredite ausgeglichen. Das Zielkonto („Master Account") weist den Netto-Liquiditätssaldo des Holdingkonzerns aus (typisierend s. Abb. 22).

Abb. 22: Cash-Pooling

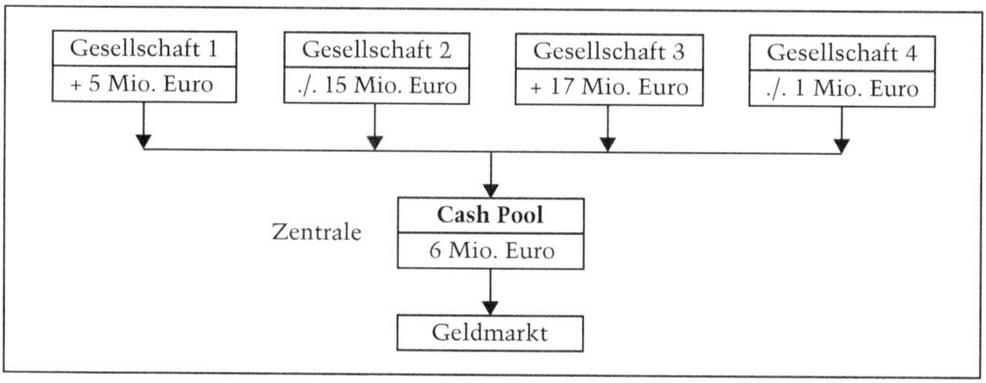

Quelle: *Theisen*, 2004.

10.127 Diese Zusammenführung der Kassenhaltung in der Konzernobergesellschaft ermöglicht es, die Vorhaltung niedrigverzinslicher Liquiditätsreserven im Vergleich zu einer dezentralen Kassenhaltung zu reduzieren. Erst wenn konzernintern nicht ausreichend Liquidität vorhanden ist, um die Zahlungsfähigkeit sicherzustellen, erfolgt die Inanspruchnahme des externen Geld- und Kapitalmarktes. Nettorefinanzierungsbeträge (bzw. vorhandene Liquiditätsüberschüsse) können unter Ausnutzung von

58 Vgl. hierzu und im Folgenden *Perridon/Steiner/Rathgeber*, 2017, S. 166 ff.
59 Vgl. *Sieder*, 2011.
60 Vgl. *Schmidt*, 2011.

Volumeneffekten zins- und transaktionskostenoptimiert werden[61]. Mit der Bündelung der Kapitalnachfrage lassen sich insbesondere diejenigen Finanzierungskosten senken, die mengenabhängig sind, also z.B. bei zunehmendem Finanzierungsvolumen nur degressiv steigen, wie beispielsweise Prospektkosten, Registerkosten oder Börsenzulassungsgebühren; zudem können Unternehmen erst ab einem gewissen Mindestemissionsvolumen Anleihen am Eurokapitalmarkt begeben, so dass sich neben Kostenvorteilen weitere originäre Refinanzierungsmöglichkeiten eröffnen[62].

Darüber hinaus lassen sich im Holdingkonzern durch die Zusammenfassung der dezentralen Kassen Diversifikationseffekte liquiditätssparend nutzbar machen, sofern die Kassen der Teilgesellschaften in ihrer Bestandsentwicklung gegenläufige Bewegungen der Zahlungsströme aufweisen. 10.128

Ein Holdingkonzern, der seine Kassenhaltung an dem Nichtbodensatz der Nettoeinzahlungsüberschüsse ausrichtet, müsste im Fall I der Abb. 23 bei dezentraler Kassenhaltung zwei Einheiten Kasse unterhalten. Bei zentralisierter Kassenhaltung kommt der Konzern dagegen mit einer Null-Kasse aus, weil die durchschnittliche Höhe der Nettoeinzahlungen der Teilgesellschaften A und B sowie das Ausmaß ihrer Schwankungen gleich, die Richtungen ihrer Schwankungen im Zeitverlauf aber einander genau entgegengesetzt sind. In der Realität wird man allerdings auch in diesem Fall II einen Sicherheitsbestand an Kasse halten, weil eine exakte Vorhersage der Entwicklung des Gesamtbestands an Zahlungsüberschüssen nicht möglich ist. Es wird erkennbar, dass sich die zu unterhaltende Liquiditätsreserve in dem Umfang senken lässt, in dem die beiden Kassen in ihrer Bestandsentwicklung negativ, im Grenzfall mit –1, korreliert sind. Die Kompensationseffekte hinterlassen insoweit einen stabilen Sockel (Bodensatz) an liquiden Mitteln, der ertragbringend genutzt werden kann. 10.129

Abb. 23: Dezentrale und zentralisierte Kassenhaltung

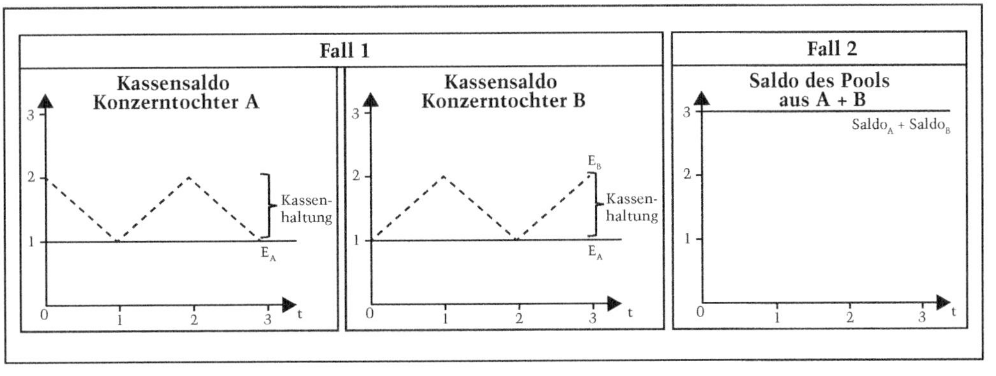

Quelle: *Süchting/Paul*, 1998, S. 465.

Zudem lassen sich durch die Zentralisierung auch **Spezialisierungsvorteile** im Hinblick auf umfassende Markt-, Produkt-, Rechts- und Steuerrechtskenntnisse erzielen; diese können sich z.B. positiv auf die Auswahl von geeigneten Marktsegmenten und Zielgruppen sowie in einer effizienten Gestaltung der Finanzprodukte auswirken. Mit zunehmender Größe und Spezialisierung besteht darüber hinaus die Möglichkeit, bisher auf Finanzintermediäre übertragene Transaktionen kostengünstiger ganz oder teilweise konzernintern abzuwickeln[63]. 10.130

Die periodische Verrechnung von konzerninternen Forderungen und Verbindlichkeiten (**Netting**) stellt einen zweiten Teilbereich des Cash-Managements dar. Voraussetzung hierfür ist, dass die Konzernteilgesellschaften miteinander Geschäfte abschließen und hierbei gegenläufige, aufrechenbare 10.131

61 Vgl. *Sieder*, 2011.
62 Vgl. *Theisen*, 2004.
63 Vgl. *Theisen*, 2004.

Leistungspflichten in identischen Währungen entstehen. Mit dieser Verrechnung sollen Anzahl und Volumen der internen Zahlungsströme reduziert und folglich Transaktionskosten gegenüber Banken eingespart, Floats minimiert sowie die Planbarkeit von Zahlungen verbessert werden[64].

Abb. 24: Multilaterales Netting

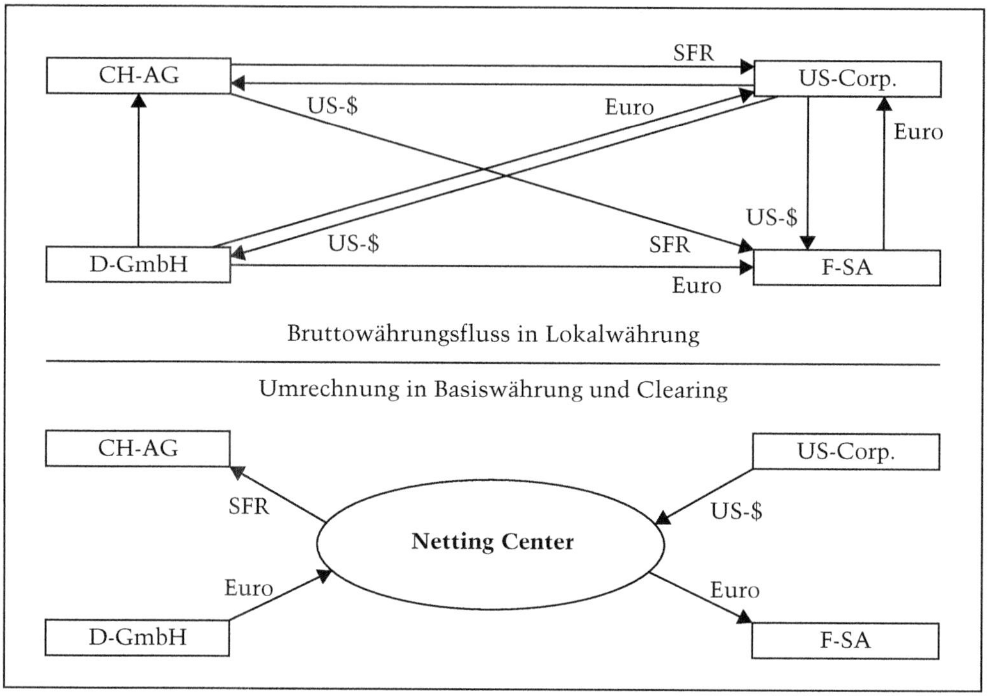

Quelle: *Theisen*, 2004.

10.132 Die beschriebenen Pooling- und Netting-Effekte treten auch im Hinblick auf **Währungs- und Zinsänderungsrisiken** des Holdingkonzerns auf und können risikoreduzierend nutzbar gemacht werden wie Abb. 24 zeigt[65].

10.133 Umfang, Ausmaß und Konditionen eines konzernweiten internen Finanzausgleichs, der zwischen den einzelnen Tochtergesellschaften einerseits und zwischen diesen und der Mutter andererseits alle banküblichen Geldgeschäfte und deren Konditionen umfassen kann, hängen vom Ausmaß der finanziellen Führungsrolle der Holding ab. Im Rahmen eines gesonderten Zins- und Währungsmanagements sind die Differenzen in den holdingweit angebotenen Konditionen sowie die Nutzung des im gesamten Holdingkonzern gegebenenfalls bestehenden Zins- und Währungsgefälles zu berücksichtigen[66].

10.134 **Rechtliche Probleme** können beim Cash-Pooling auftreten, wenn die Konzernober- und/oder eine Teilgesellschaft in eine finanzielle Krise gerät und gegenseitige Rückzahlungsansprüche geltend gemacht werden[67]. Diese betreffen insbesondere Kapitalerhaltungsregeln (bei der GmbH) sowie Möglichkeiten der Insolvenzanfechtung der Gläubiger einer Gesellschaft, die an einem Cash-Pooling-Verfahren teilnimmt. Solche Hindernisse wurden durch das Gesetz zur Modernisierung des GmbH-

64 Vgl. *Theisen*, 2004.
65 Vgl. *Theisen*, 2004.
66 Vgl. *Theisen*, 2004.
67 Vgl. *Zahrte*, 2010; sowie *J. Vetter/Lauterbach*, Rz. 11.10 ff.

Rechts und zur Bekämpfung von Missbräuchen entschärft[68]. Gleichwohl sind die rechtlichen Rahmenbedingungen für internationale Cash-Management-Lösungen nicht einmal innerhalb der Europäischen Union ausreichend harmonisiert.

2. Unternehmenssteuerung mit differenzierten Kapitalkosten

Größen- und Diversifikationseffekte spielen auch bei der **Finanzmittelbeschaffung** im Konzern eine wesentliche Rolle. In der Regel wird diese nicht auf Basis der Teilgesellschaften, sondern vom Finanzleiter der Holding zentral durchgeführt. Die Obergesellschaft sollte bei der Nutzung von Risikoausgleichswirkungen im operativen Geschäft die relativ beste Bonität aufweisen und durch eine entsprechende Bündelung der Kapitalbedarfe die größte Nachfragemacht besitzen. Die Minimierung der Kapitalkosten vor dem Hintergrund des Wertsteigerungsziels gelingt demnach am ehesten durch eine **Zentralisierung**. Aber auch die Verschuldungskapazität und die Palette möglicher Finanzierungsinstrumente dürften auf der Ebene der Holding am größten sein. 10.135

Im Rahmen der wertorientierten Unternehmenssteuerung muss dann jedoch im zweiten Schritt eine **rendite-/risikoadäquate Verteilung der Finanzierungsmittel im Konzern** vorgenommen werden, um die besonders erfolgversprechenden Investitionen der Teilgesellschaften zu realisieren. 10.136

Die folgende Abb. 25 zeigt zunächst die Berechnung der Kapitalkosten für die E.ON SE auf Holdingebene, die dazu ausführt: „Wir ermitteln die Kapitalkosten als gewichteten Durchschnitt der Eigen- und Fremdkapitalkosten. Die Renditeansprüche der Eigen- und Fremdkapitalgeber fließen gewichtet mit den jeweiligen Marktwerten in die Mittelwertbildung ein. Die Eigenkapitalkosten entsprechen der Rendite, die Anleger bei einer Investition in die E.ON-Aktie erwarten. Als Kosten des Fremdkapitals setzen wir die langfristigen Finanzierungskonditionen des E.ON-Konzerns an“[69]. 10.137

Abb. 25: Kapitalkosten der E.ON SE

	2018	2017
Risikoloser Zinssatz	1,25 %	1,25 %
Marktrisikoprämie[1)]	6,25 %	6,25 %
Unverschuldeter Beta-Faktor	0,48	0,50
Verschuldeter Beta-Faktor[2)]	0,95	1,01
Eigenkapitalkosten nach Steuern	**7,20 %**	**7,50 %**
Durchschnittlicher Steuersatz	27 %	27 %
Eigenkapitalkosten vor Steuern	9,9 %	10,3 %
Fremdkapitalkosten vor Steuern	2,9 %	2,4 %
Grenzsteuersatz	27 %	27 %
Fremdkapitalkosten nach Steuern	**2,10 %**	**1,80 %**
Anteil Eigenkapital	50,0 %	50,0 %
Anteil Fremdkapital	50,0 %	50,0 %
Kapitalkosten nach Steuern	**4,70 %**	**4,70 %**
Kapitalkosten vor Steuern	**6,40 %**	**6,40 %**

1) Die Marktprämie entspricht der langfristigen Überrendite des Aktienmarkts im Vergleich zu Bundesanleihen.
2) Der Beta-Faktor dient als Maß für das relative Risiko einer einzelnen Aktie im Vergleich zum gesamten Aktienmarkt: Ein Beta größer 1 signalisiert ein höheres Risiko, ein Beta kleiner 1 dagegen signalisiert ein niedrigeres Risiko als der Gesamtmarkt.

Quelle: *E.ON SE*, Geschäftsbericht 2018, S. 41.

68 Vgl. ausführlich *Zahrte*, 2010; *Sieder*, 2011; *Schmidt*, 2011.
69 *E.ON SE*, Geschäftsbericht 2018, S. 41.

10.138 Bei der Berechnung der **Eigenkapitalkosten** wird auf das in Kapitel II. 1. (Rz. 10.9) dargestellte CAPM zurückgegriffen. In die Ermittlung der **Fremdkapitalkosten** gehen zum einen die in unterschiedlichen Währungen und Laufzeiten begebenen verbrieften Finanzverbindlichkeiten ein: klassische, zumeist börsennotierte Anleihen, ihr kürzerfristiges Pendant in Form von Commercial Paper sowie nicht-börsennotierte, zumeist bei institutionellen Anlegern wie Versicherungsgesellschaften platzierten Schuldscheindarlehen. Zum anderen hat der Konzern Verbindlichkeiten bei Kreditinstituten: „Mit Wirkung zum 13. November 2017 hat E.ON eine syndizierte Kreditlinie mit einem Volumen von 2,75 Mrd € und einer Laufzeit von fünf Jahren – zuzüglich zweier Optionen zur Verlängerung um jeweils ein weiteres Jahr – abgeschlossen. Die erste Option zur Verlängerung der Kreditlinie um ein weiteres Jahr wurde im November 2018 ausgeübt. Die Kreditlinie wird von 18 Banken zur Verfügung gestellt, die E.ONs Kernbankengruppe bilden. Die Kreditlinie ist nicht gezogen worden, sondern dient vielmehr als verlässliche und nachhaltige Liquiditätsreserve des Konzerns, unter anderem auch als Backup-Linie für die Commercial-Paper-Programme“[70]. Einzubeziehen sind weiterhin die Pensionsrückstellungen, denn eine Pensionszusage lässt sich mit einem langfristigen Kredit vergleichen, der in der Anwartschaftsphase in Teilbeträgen ausgezahlt wird und in der Rentenphase nebst Zinsen zu tilgen ist.

10.139 Für den Fremdkapital-Bereich spielt das kurz- bzw. langfristige Rating der kapitalaufnehmenden Holding eine entscheidende Rolle, wie es in Abb. 26 für die E.ON SE dargestellt ist.

Abb. 26: Ratings der E.ON SE

	Langfristiges Rating	Kurzfristiges Rating	Ausblick
Moody's	A3	P-2	Negativ
Standard & Poor's	A-	A-2	stabil

Quelle: *E.ON SE*, Geschäftsbericht 2018, S. 187.

10.140 Im Sinne einer effizienten Mittelverwendung ist es unerlässlich, die **individuellen Kapitalkosten einzelner Unternehmensbereiche** zu ermitteln[71]. Diese sollten dabei so behandelt werden, als ob sie selbständig, ohne die Unterstützung der Mutter und ihres Standings, Kapital auf den Finanzmärkten aufnehmen müssten (stand alone). Maßstab für die **divisionalen Eigenkapitalkosten** ist idealerweise die für Aktivitäten vergleichbaren Risikos am Markt zu erzielende Rendite. Fehlen Marktdaten zur Ermittlung differenzierter Betafaktoren, so sind grundsätzlich zwei verschiedene Vorgehensweisen zum Ausgleich dieses Informationsdefizits denkbar:

10.141 Zum einen kann auf Marktdaten vergleichbarer börsennotierter Gesellschaften zurückgegriffen werden (**Analogieansätze**). Die Auswahl wird dabei in der Regel sowohl eine Reihe von objektiven Kriterien (Geschäftsfelder, Unternehmensgröße usw.) als auch subjektiven Einschätzungen des Managements (Wettbewerbspositionierung etc.) umfassen. Häufig wird nicht nur auf ein einzelnes Referenzunternehmen (pure play beta) abgestellt, sondern ein Branchenvergleich gewählt (industry beta). Dabei wird implizit angenommen, dass das operative und das finanzwirtschaftliche Risiko innerhalb einer Branche oder einer hieraus ausgewählten Peergroup für die dort versammelten Unternehmen in etwa gleich groß sind.

10.142 Zum anderen können Geschäftsbereichs-Betas auch durch **Analyseansätze** ermittelt werden. Dabei werden Kennziffern berechnet, deren Beziehungen zu den Rendite- und Risikodaten des Marktes mittels statistischer Verfahren quantitativ zu überprüfen sind. Insbesondere kommen hierfür Gewinngrößen (earnings beta), weitere aus dem Rechnungswesen abgeleitete Kennziffern (accounting beta) sowie darüber hinausreichende Branchen- und z.B. Länderinformationen (fundamental beta)

70 *E.ON SE*, Geschäftsbericht 2018, S. 187.

71 Vgl. zum Folgenden *Arbeitskreis „Finanzierung“ der Schmalenbach-Gesellschaft für Betriebswirtschaft e.V.*, 1996, mit weiteren Verweisen.

infrage. Beide Ansätze stehen jedoch vor Problemen, wenn die Beta-Werte für sehr innovative Geschäftsbereiche oder solche ermittelt werden sollen, für die es keine börsennotierten Benchmarks mit entsprechender Publizität gibt.

Da im Rahmen von Investitionsentscheidungen die zukünftigen Kapitalkosten berechnet werden sollen, muss für die Bewertung die **zukünftige Kapitalstruktur** zugrunde gelegt werden. Diese ist langfristig zu planen und durch kontinuierliche Anpassungsmaßnahmen zu steuern. Für die Holding sollte die als realisierbar angesehene optimale Zielkapitalstruktur angesetzt werden (im gezeigten Beispiel der E.ON SE z.B. das Verhältnis Eigen- zu Fremdkapital von 50:50). 10.143

Auch bei den Geschäftsbereichen ist nicht die aktuelle Kapitalstruktur ausschlaggebend. Diese spielt oft eine untergeordnete Rolle, da die Gesellschaften – wie gesagt – nicht selbständig am Finanzmarkt auftreten dürfen, sondern die Finanzmittel unmittelbar von der Muttergesellschaft erhalten oder die Muttergesellschaften den Kreditgebern ihrer Tochtergesellschaften Sicherheiten zur Verfügung stellt. Die angemessenen Zielkapitalstrukturen müssen daher für die Geschäftsbereiche – wie bei den Eigenkapitalkosten – durch Analogieschlüsse oder analytische Verfahren ermittelt werden. Bei nicht zu heterogen strukturierten Konzernen ist die Vereinfachung vertretbar, für die Geschäftsbereiche die gleiche Kapitalstruktur wie für den Konzern anzusetzen. 10.144

Ebenso wie für die Bemessung der Kapitalkosten nicht historische Renditeerwartungen und Emissionspreise, die sich als Buchwerte auf der Passivseite der Bilanz niederschlagen, maßgeblich sind, sondern diejenigen Werte, die für künftige Kapitalbeschaffungsmaßnahmen Geltung haben, ist für die Kapitalstruktur nicht der Buchwert, sondern der **Marktwert des Fremdkapitals bzw. Eigenkapitals** entscheidend. 10.145

Bei der Ermittlung der **Kapitalkosten internationaler Holdings** spielen gegenüber der rein nationalen Gesellschaft weitere Faktoren eine Rolle, die in die Renditeforderung der Aktionäre und damit in die Eigenkapitalkosten des Unternehmens eingehen: 10.146

- Zu berücksichtigen sind die unterschiedlichen **Steuersysteme**, denen die Teilgesellschaften des Konzerns unterliegen. Über die jeweiligen nationalen Ertrags- und Substanzsteuern hinaus können die Zahlungen der Tochtergesellschaft an die Muttergesellschaft einer Quellensteuer des Auslands und zusätzlich der Besteuerung im Inland unterliegen; die jeweiligen Regelungen von Abkommen zur Vermeidung einer Doppelbesteuerung sind zu beachten.
- Das **Wechselkursrisiko** zwischen Inland und Ausland ist ebenfalls zu berücksichtigen. Wechselkursänderungen wirken in dreifacher Hinsicht auf internationale Unternehmen ein: Sie verändern zum einen die Vermögens- und Kapitalpositionen der ausländischen Gesellschaften im Konzernabschluss (Translationsrisiko). Wechselkursveränderungen beeinflussen zum zweiten den Euro-Wert der jeweils ausstehenden Zahlungen in Fremdwährung, z.B. eine von der Tochtergesellschaft abzuführende Dividende (Transaktionsrisiko). Drittens wirken sich Wechselkursänderungen auch auf die Wettbewerbsfähigkeit aller Teile eines Konzerns aus (ökonomisches Risiko).
- Weiterhin können **politische Faktoren** wie Enteignung, Nichteinhaltung staatlicher Zusagen des Gastlandes, Konvertierungs- und Transferverbote eine besondere Rolle spielen. Durch diese Risiken werden die Verfügungsrechte der Muttergesellschaft über die Tochtergesellschaft oder die Zahlungen der Tochtergesellschaft an die Muttergesellschaft beeinträchtigt.
- Bei der Ausstattung ausländischer Tochtergesellschaften mit Eigenkapital und damit bei der Festlegung der Kapitalstruktur der Gesellschaft geben oft **Risikoerwägungen gegenüber branchen- oder landesüblichen Gepflogenheiten** den Ausschlag.

Sind die hier genannten Einflussfaktoren letztlich zu einem **gewogenen Gesamtkapitalkostensatz (WACC)** des Geschäftsbereichs verdichtet worden, so ist bei Entscheidungen auf Basis eines auf diese Weise ermittelten positiven Kapitalwerts sichergestellt, dass das Investitionsprojekt der dezentralen Einheit die Kapitalkosten deckt, die entsprechend dem individuellen bewertungsrelevanten Ri- 10.147

siko des Geschäftsbereichs von den Kapitalgebern gefordert werden. Analoges gilt für das Vorteilhaftigkeitskriterium interner Zinsfuß, wenn dieser über dem gewogenen Gesamtkapitalkostensatz als **Hurdle Rate** liegt. Zudem können die so gewonnenen differenzierten Kapitalkosten dann auch für die **Messung des Wertbeitrags** der Geschäftsbereiche eines Konzerns eingesetzt werden.

3. Konzernstrukturierungs- und -finanzierungsmaßnahmen am Beispiel von Börsengängen, Abspaltungen und Zukäufen

10.148 Drei Beispiele sollen deutlich machen, dass strategische Entscheidungen über die Holding-Struktur zumeist mit bedeutenden Fragen der Finanzwirtschaft verknüpft sind – und umgekehrt.

10.149 So mag ein Konzern (wie z.B. Evonik 2013) überlegen, seine Eigenkapitalbasis durch einen **Börsengang der Holding (IPO, Initial Public Offering)** zu verbreitern und dabei durch die eigenständige Kapitalmarktadresse auch positive Standingeffekte in allen relevanten Beschaffungs- und Absatzmärkten zu erzielen. Zudem wird eine zusätzliche Akquisitionswährung geschaffen, da bei Übernahmen neben Barzahlungen des Kaufpreises auch Aktien zur Verfügung gestellt werden können. Andererseits sind mit einem Börsengang nicht nur erhebliche direkte Kosten (z.B. für Rechtsberatung, Platzierung der Aktien, Börseneinführung etc.) verbunden, es verändern sich insbesondere die Anforderungen an die Publizität der Holding erheblich, die nur bei einer zumeist deutlichen Ausweitung der Bereiche Rechnungswesen, Controlling, Kapitalmarktkommunikation zu erfüllen sind.

10.150 Ähnliche Überlegungen gelten für den **Börsengang einer Tochtergesellschaft**[72]. Motive können hier die Realisierung von Wertzuwächsen durch die Muttergesellschaft (bzw. deren Anteilseigner) oder die Konzentration der Holding auf Kernaktivitäten, aber auch Restrukturierungszwänge sein. Technisch kann die Vorbereitung hierzu zum einen im Rahmen eines **Equity Carve-outs** (Herausschneiden von Eigenkapital) erfolgen[73]. Dies wurde beispielsweise im Jahre 2000 durch die Telekom bei T-Online und 2016 von RWE für innogy praktiziert. Das Mutterunternehmen verkauft hierbei seine Aktien der Tochter (oder Teile hiervon) über die Börse. Alternativ dazu kann zunächst eine Realteilung des Unternehmens durchgeführt werden. Das (die) im Rahmen dieser Abspaltung (**Spin-Off**) entstandene(n) Teilunternehmen kann/können dann an die Börse gebracht werden[74]. So entstand etwa 2004 die Lanxess AG durch Ausgliederung der Chemie- und Teile der Polymersparte der Bayer AG; im Januar 2005 fand dann ein Börsengang statt. Im Sommer 2013 brachte Siemens auf gleiche Weise seine Lichttochter Osram und 2018 seine Medizintechniktochter Healthineers an die Börse. Bei einem Spin-Off werden die Aktien des durch die Spaltung geschaffenen Unternehmens im Allgemeinen auf einer Pro-rata-Basis an die Altaktionäre abgegeben. Damit bleibt es ihnen weiterhin uneingeschränkt möglich, am Ertrag des Investitionsbündels wie vor der Spaltung teilzuhaben. Sie können aufgrund ihrer Rechtsstellung grundsätzlich bei eventuellen Kapitalerhöhungen Bezugsrechte einfordern und diese gemäß ihren wirtschaftlichen Präferenzen verwerten. Da der Altaktionär im Gegensatz dazu beim Equity Carve-out de jure nur an der Konzernmutter beteiligt ist, erhält er bei dieser Variante keinen grundsätzlichen Bezugsrechtsanspruch und kann damit seine Vermögensposition nicht uneingeschränkt vorab wahren. Insofern ist es für ihn besonders bedeutsam, dass die zu platzierenden Aktien nicht „unter Wert" am Kapitalmarkt veräußert werden.

10.151 Als Wertmaßstab für den als Emissionspreis zu verwendenden „Marktpreis" wird dabei die erste Aktienkursbildung nach Emission herangezogen. Abweichend vom Ideal der strengen Informationseffizienz und Marktvollkommenheit ist in der Realität davon auszugehen, dass regelmäßig – insbesondere in Boomphasen – der Emissionspreis und dann auch die erste Aktienkursbildung im Sekundärmarkt vom „inneren Wert" nach oben abweicht. Anfängliche Marktüberhitzungen und ein „zeitliches Herantasten" des Marktpreises an die fundamentale Bewertung sind in der Regel festzustellen.

72 Vgl. *Arbeitskreis „Finanzierung" der Schmalenbach-Gesellschaft für Betriebswirtschaft e.V.*, 2003.
73 Vgl. *Paul et al.*, 2017, S. 670–672.
74 Vgl. *Paul* et al., 2017, S. 669–670.

In diesen Marktlagen besteht folglich die Möglichkeit eines Zeichnungsgewinns in Form einer positiven Emissionsrendite. Dieser Zeichnungsgewinn ist aber nur für diejenigen potentiell realisierbar, die bei der Zuteilung der emittierten Aktien berücksichtigt wurden.

Trotz des in den letzten Jahren immer häufiger eingesetzten Bookbuilding-Verfahrens, bei dem die Markteinschätzungen mit Blick auf den Unternehmenswert und damit die Preise der jungen Aktien im Vorfeld systematisch abgeklopft werden, sind positive Emissionsrenditen unverändert keine Einzelfälle. Vielmehr ist – gemessen am ersten Aktienkurs – von einem regelmäßigen Unterpreisen im Emissionskurs von 10–15 % auszugehen (**Underpricing**-Phänomen)[75]. Als Begründung lässt sich vor allem der bewusste Kaufanreiz für Investoren nennen (implizierte positive Sekundärmarktentwicklung). Solche positiven Kurspfade liegen zudem regelmäßig im Interesse der beteiligten Emissionsbanken, die auf die Sicherung ihrer Reputation bedacht sind. Da konkurrierende, marktnähere Platzierungsverfahren (beispielweise Auktionen) zur Zeit noch nicht ausreichend erprobt sind, wird teilweise auch die bevorzugte Zuteilung (Vorerwerbsrecht als Form des Bezugsrechts) von zu emittierenden Aktien an die Altaktionäre gefordert: Dann erhielten diese „die Chance des Vorteils (und damit Risiko) und nicht ein beliebiger Dritter"[76]. Eine Vermögenseinbuße könnte damit für die Altaktionäre systematisch verhindert werden. Mit einer solchen bevorrechtigten Zuteilung wären die Altaktionäre zudem grundsätzlich gegen die Verwässerungsgefahr (Dilutierung) aus Kapitalerhöhungen (Reduktion von Stimmrechtsanteilen) abgesichert[77]. 10.152

Die Ermittlung eines aus Anteilseignersicht „fairen Werts" spielt in vergleichbarer Weise eine Rolle, wenn statt des Börsengangs ein **Verkauf der Tochter an einen Investor** erwogen wird (bzw. in Abschwungphasen der Börse unter Umständen erwogen werden muss). Hierfür kommen zum einen sog. „**Finanzinvestoren**" in Betracht, unter denen sich in den letzten Jahren **Private-Equity-Gesellschaften** fest etabliert haben[78]. Sie investieren opportunistisch mit Blick auf das spätere Desinvestment, das nach durchschnittlich sieben Jahren Haltedauer im Mittel ca. 25 % Rendite p.a. erbringen soll. Zur Erwirtschaftung dieser hohen Zielmarke sind sie auf vergleichsweise tiefgreifende Veränderungen der realwirtschaftlichen Seite des Targets angewiesen, zu denen vor allem Personalfreisetzungen zählen. Dies kann nicht nur im Hinblick auf die zuvor von den Eigentümern gepflegte Unternehmens- und Führungskultur problematisch sein. Finanzinvestoren können dagegen auch sehr große Transaktionen finanzieren, da sie mit einem großen Fremdkapital-Hebel arbeiten. Insofern sind sie aber auch in besonderem Maße auf die Verfassung der Kapitalmärkte angewiesen: sowohl beim Einstieg (Verfügbarkeit großvolumiger Bankfinanzierungen) als auch beim Ausstieg (Ergiebigkeit des Aktienmarktes oder „Anlagehunger" anderer Fonds). 10.153

Demgegenüber sind sog. „**Strategische Investoren**" durch eine realwirtschaftliche Logik zu einem Kauf motiviert. Sie wollen das Übernahmeobjekt in ihre Wertschöpfungskette integrieren und dabei Synergieeffekte erzielen – und sind bereit, dafür entsprechend zu bezahlen. Zudem können sie aufgrund ihrer Branchenerfahrungen die Due Dilligence (Sorgfältigkeitsprüfung) im Vorfeld der Transaktion begrenzen und geschäftstypische Risiken leichter bewerten. Möglicherweise stehen sie jedoch in einem Wettbewerbsverhältnis mit dem Target, was die Bereitstellung von Informationen zu einem sensiblen Punkt macht und darüber hinaus kartellrechtliche Fragen aufwerfen kann. 10.154

Technisch kann die Übernahme entweder in Form eines **Asset Deal** durchgeführt werden, bei dem die einzelnen Aktiva bzw. Passiva des Targets vom Akquisiteur erworben werden, wobei es zu einer (auch steuerlich relevanten) Aufdeckung stiller Reserven kommt. Die höheren Buchwerte können danach die Basis für ein ebenfalls erhöhtes Abschreibungsvolumen der Holding bilden. Die Zielgesellschaft „lebt" weiter oder kann liquidiert werden. Die Alternative stellt ein **Share Deal** dar, bei dem der Akquisiteur Eigenkapitalanteile des Targets übernimmt und die Zielgesellschaft mit sämtli- 10.155

---

75 Vgl. den Literaturüberblick von *Agrawal*, 2009.
76 *Lutter*, 2001, S. 351.
77 Vgl. auch unter Einbeziehung des sog. „Holzmüller-Urteils" des BGH 1983 grundsätzlich *Pellens*, 1993.
78 Vgl. *Arbeitskreis „Finanzierung" der Schmalenbach-Gesellschaft für Betriebswirtschaft e.V.*, 2006.

chen Aktiva und Passiva weiter bestehen bleibt. Die erworbenen Anteile stellen nicht abnutzbare Wirtschaftsgüter dar, deren Wert allenfalls im Rahmen von Impairments korrigiert werden kann.

10.156 Will die Holding keine Abtrennung eines Geschäftsbereichs vornehmen, sondern im Gegenteil zukaufen, kann sich die Finanzierung – je nach Größe der **Akquisition** – schnell zu *dem* kritischen Faktor entwickeln. Abb. 27 zeigt die Komplexität der Finanzierungsstruktur zweier großvolumiger Übernahmen im Jahre 2006: derjenigen von Schering durch Bayer (ca. 17 Mrd. Euro) und des britischen Gasherstellers BOC durch Linde (rd. 15 Mrd. Euro).

Abb. 27: Komplexe Finanzierungsstruktur von Übernahmen

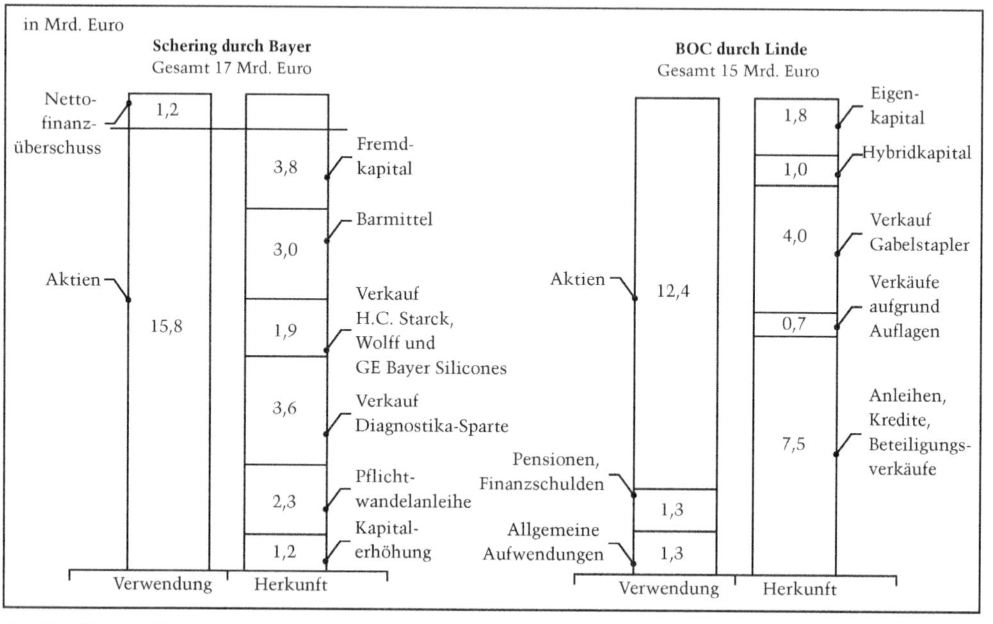

Quelle: Börsen-Zeitung, 2009.

10.157 Es wird deutlich, dass der Finanzbedarf mittels einer **Kombination aller wesentlichen Finanzierungsarten** gedeckt wurde, so auf der Seite von Bayer durch:

- *Barmittel*
- *Interne Finanzierung* durch den *Verkauf von Vermögenswerten*, hier solchen Geschäftsbereichen, die ansonsten unter kartellrechtlichen Gesichtspunkten zu Problemen geführt hätten
- *Externe Finanzierung* durch *Eigenkapital:* Kapitalerhöhung
- *Externe Finanzierung* durch *Fremdkapital* in Form von Anleihen
- *Externe Finanzierung* durch eine Zwischenform von Eigen- und Fremdkapital (sog. *hybrides* oder *mezzanines Kapital*) in Form einer Pflichtwandelanleihe. Hierbei konnte Bayer nach einer gewissen Frist die Anleihe in Aktien des – unterdessen vergrößerten – Konzerns tauschen.

Mit einem ähnlichen strukturierten Finanzierungsmix wurde ab 2016 die Übernahme von Monsanto für 63 Mrd. US-Dollar dargestellt.

10.158 Die Finanzwirtschaft der Holding spielt über das Ermöglichen einer Übernahme hinaus auch bei ihrer **konkreten Anbahnung** eine wichtige Rolle – ebenso wie in Abwehrschlachten bei (aus der Sicht des Managements) „feindlichen" Übernahmen (**Hostile Takeover**). So findet etwa vor einem offiziellen Übernahmeangebot vielfach ein von der Öffentlichkeit unbemerkter Erwerb von Aktienpaketen statt. Ein solches „Anschleichen" zur Vermeidung von Kurssprüngen ist jedoch mittlerweile gesetzlich durch entsprechende Meldeschwellen erschwert. Spektakuläre Fälle in den letzten Jahren waren z.B. Porsche/VW sowie Schaeffler/Continental.

Als – kurzfristige – **Abwehrmaßnahmen** kommen erstens der Rückkauf eigener Aktien in Betracht, der zu einer Kurssteigerung führen und damit die Übernahme des Unternehmens erschweren soll. Hier besteht die Aufgabe des Holding-Finanzleiters in einer entsprechenden Liquiditätsbeschaffung. Zweitens können gezielt Unternehmen oder sonstige Aktiva gekauft werden, um bewusst kartellrechtliche Probleme zu provozieren, bzw. Belastungspotentiale für den Interessenten zu schaffen. Umgekehrt könnten drittens für den Akquisiteur besonders interessante Vermögensteile verkauft werden (Sale of Crown Jewels). Aber auch Gegenangebote des Targets für die Raider-Gesellschaft sind – viertens – ebenso denkbar wie fünftens hohe Abfindungen für das Management des Targets (Golden Parachute) oder sechstens die Suche nach einem neuen, dem Management eher genehmen Bieter (White Knight). 10.159

Langfristig allerdings besteht der **beste Übernahmeschutz** in einer **aktiven Shareholder-Value-Politik**, die zur Kurswertsteigerung führt. Dazu muss der Finanzleiter der Holding nicht nur beitragen, indem er die Wertpotentiale des Unternehmens – wie in den Vorkapiteln gezeigt – ausschöpft, er muss den Kapitalmarkt auch **über diese Wertschaffung im Rahmen der Finanzkommunikation informieren**. 10.160

V. Kommunikation der Wertschaffung

Wie bereits in Kapitel II. 1. (Rz. 10.9) erwähnt, müssen sowohl die wertorientierte Grundhaltung des Holding-Managements als auch die Resultate des Strebens nach Wertschaffung nicht nur intern, sondern auch extern an die Kapitalmarktteilnehmer kommuniziert werden. Bei börsennotierten Unternehmen wird in diesem Zusammenhang der Begriff **Investor Relations** verwendet (synonym auch **Finanzkommunikation**). Investor Relations wird definiert als „die strategisch geplante und zielgerichtete Gestaltung der Kommunikationsbeziehung zwischen einem (börsennotierten) Unternehmen und der Financial Community"[79]. Letztere setzt sich zusammen aus privaten Anlegern, institutionellen Anlegern und Multiplikatoren wie Fondsmanagern, Finanzanalysten und Wirtschaftsjournalisten. Kernziel ist es, den Investoren eine „faire" Bewertung des Unternehmens zu ermöglichen. Investor-Relations-Engagement schlägt sich vor allem in drei Bereichen nieder: (1) Bessere Marktliquidität und höhere Kapitalverfügbarkeit, (2) niedrigere Kapitalkosten und (3) erweiterte Coverage durch Finanzanalysten. Dies sind wiederum die direkten Stellhebel für den Unternehmenswert[80]. 10.161

Die Empfehlungen der *DVFA*[81] haben sich in Deutschland als Industriestandard für Finanzkommunikation börsennotierter Unternehmen etabliert. Sie zielen auf eine Maximierung der Glaubwürdigkeit der Unternehmen ab. Hierfür müssen in der Kommunikation die **Zielgruppenorientierung, Transparenz** und **Kontinuität** berücksichtigt werden. Informationen sollen aktuell sein, nachvollziehbar und relevant für die jeweiligen Adressaten. Dabei gilt ein Gleichbehandlungsgrundsatz in der Kommunikation, einzelne Kapitalmarktteilnehmer sollen nicht bevorzugt oder exklusiv informiert werden. 10.162

---

79 Vgl. *Achleitner/Bassen/Fieseler*, 2008, S. 263.
80 Vgl. *Paul/Prystav/Stein*, 2011.
81 Vgl. *Deutsche Vereinigung für Finanzanalyse und Assetmanagement*, 2008.

10.163 Bei nicht börsennotierten mittelständischen Holdingkonzernen[82] liegt ein erster Unterschied in einer speziellen Eigentümerkonstellation. Unternehmensanteile sind nicht in Form von Aktien auf eine größere Anzahl von Investoren verteilt, sondern in der Regel im Besitz einer geringen Anzahl an Gesellschaftern. Häufig sind die Unternehmen inhabergeführt. Die faire Bewertung (eines Eigenkapitalmarktwertes) durch Investoren spielt keine übergeordnete Rolle. Forschungsarbeiten zur Mittelstandsfinanzierung stellen zudem heraus, dass die Unternehmen einem Finanzierungszyklus unterliegen, entlang dessen sich die Finanzbedarfe und mögliche Finanzierungsalternativen etwa mit der Firmengröße, dem Firmenalter sowie dem Grad der Informationstransparenz ändern. Diesbezüglich sind diese Unternehmen typischerweise auf die Einschaltung eines Intermediärs – in den meisten Fällen ist das die Hausbank – angewiesen. Bei nicht börsennotierten Unternehmen sind daher Banken als Fremdkapitalgeber als primäre Zielgruppe von Finanzkommunikation anzusehen; auf der Eigenkapitalseite im Kern die Eigentümer(familie) sowie gegebenenfalls Beteiligungsgesellschaften.

10.164 Nicht börsennotierte Unternehmen besitzen zudem keine allgemeine Informationsverpflichtung gegenüber Teilnehmern des Kapitalmarkts. Der **Hausbank** dürften im Detail sensiblere Daten offengelegt werden als etwa Kunden und Lieferanten. Die Grundorientierung im Rahmen einer transparenten und offenen Kommunikationsstrategie sollte aber dennoch ebenfalls die Gleichbehandlung der Kommunikationspartner sein, um die Glaubwürdigkeit des Unternehmens zu schützen und auszubauen. Die Ausrichtung an den Dimensionen Zielgruppenorientierung, Transparenz und Kontinuität ist auch für nicht börsennotierte Unternehmen anzustreben. Best-Practice-Unternehmen im Bereich Finanzkommunikation berichten zum einen von ökonomischen Mehrwerten wie günstigeren Finanzierungskonditionen und zusätzlichen Finanzierungsoptionen. Darüber hinaus ergeben sich Mehrwerte, die aus positiv wahrgenommenen Geschäftsbeziehungen selbst resultieren, etwa die Betreuung bei der Hausbank auf Vorstandsebene sowie die entgegengebrachte Wertschätzung. Proaktive, freiwillige Finanzkommunikation trägt im Zeitverlauf maßgeblich zum Aufbau von Vertrauen zwischen Unternehmen und den jeweiligen Zielgruppen der Finanzkommunikation bei. Empirisch zeigt sich, dass **Vertrauen** der **Schlüsselfaktor** ist, **der Finanzbeziehungen auch bei Umbrüchen in den Geschäftsmodellen sowie in Krisenzeiten belastbar macht**[83].

VI. Ausblick: Der „digitale" Chief Financial Officer: Unternehmer in der Unternehmung

10.165 Die **Digitalisierung** durchdringt das gesamte finanzwirtschaftliche Ökosystem; im Unternehmensbereich sämtliche Branchen, vom multinationalen Automobilhersteller bis zum Handwerksbetrieb und ebenso alle Funktionsbereiche der Unternehmen, vom Einkauf über die Produktion bis zum Absatz sowie die Servicebereiche im Finanz- und Rechnungswesen.

82 Vgl. hierzu und im Folgenden *Paul et al.*, 2017, S. 625-646.
83 Vgl. *Paul/Prystav/Stein*, 2011.

Abb. 28: Anforderungen an verschiedene Stakeholder in der Finanzwirtschaft durch die Digitalisierung

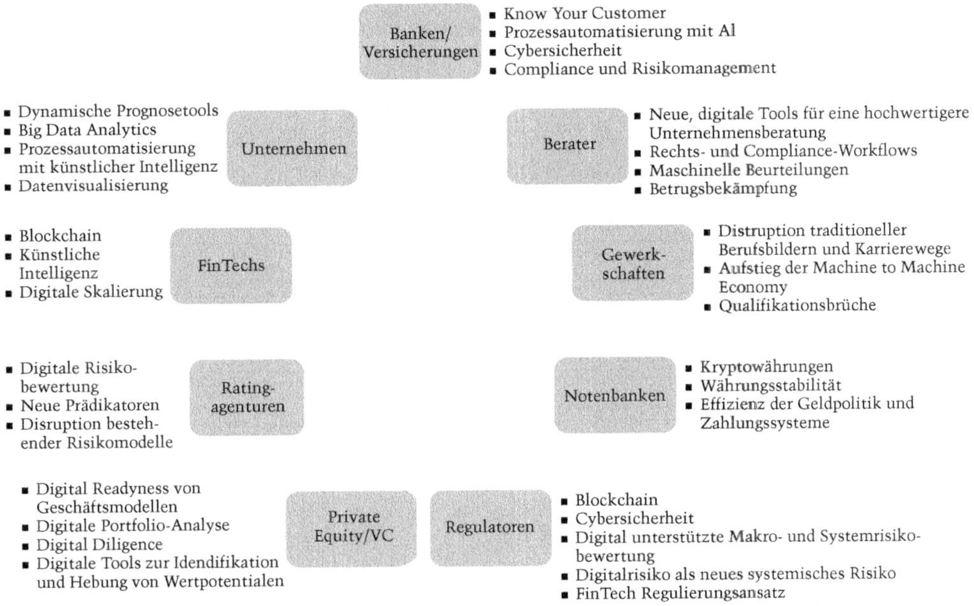

Quelle: eigene Darstellung.

Mit Hilfe der Digitalisierung konnte z.B. Bosch seine Prozesse im Finanzbereich deutlich verschlanken und die dort entstehenden Kosten in den letzten fünf Jahren um 30 % senken[84].

Dieser **Effizienzgewinn** ist in Zeiten des Umbruchs vieler Geschäftsmodelle – gerade in der Automobilindustrie und bei ihren Zulieferern – ein höchst willkommener (letztlich aber nur Neben-)Effekt des Wandels der Finanzfunktion von Unternehmen. Dieser nimmt durch die derzeit exponentiell wachsende Datenverfügbarkeit gerade erst richtig Fahrt auf. „**Big Data**" insbesondere in Verbindung mit künstlicher Intelligenz und maschinellem Lernen bringt den Finanzleiter von Unternehmen mit Blick auf Aktualität, Präzision und Volumen der verfügbaren Daten auf ein neues Informationslevel. In Echtzeit und mit zuvor ungeahnter Genauigkeit stehen Informationen zu sämtlichen Teilbereichen der Unternehmung und den von ihnen bewältigten Prozessen bereit. Eine entsprechende Standardisierung und Automatisierung vorausgesetzt, lässt sich die „Datenkette" auch beliebig „nach hinten" zu den Zulieferern und anderen Partnern sowie „nach vorne" zu den Abnehmern verlängern. Auf diese Weise können selbst kleinste Bauteile von Produkten bzw. Bestandteile von Dienstleistungen über ihren gesamten Lebenszyklus hinweg beobachtet werden. Dies wiederum ermöglicht zur gleichen Zeit sowohl den viel tieferen „Blick in das Mikroskop" zur **Diagnostic Analysis** jedes Unternehmensteils als auch den „Blick durch das Fernglas" zur Ableitung von Konsequenzen aus Zukunfts-Szenarien (**Predictive Analysis**). 10.166

Damit erhält der Finanzleiter der Holding – häufig als Chief Financial Officer (CFO) bezeichnet – einen gewaltigen Kompetenzverstärker. Schon im ureigensten Aufgabenbereich des Finanzressorts lassen sich z.B. die Liquiditäts- und Eigenkapitalplanung durch eine in sehr viel stärkerem Maß modellgestützte und empirisch fundierte Entscheidungsunterstützung optimieren. Je schneller Umwelt- 10.167

84 Vgl. Börsen-Zeitung, 2019, Ausgabe 142, S. 10.

und -feldänderungen erkannt werden können, desto **weniger** braucht man **Unsicherheitspuffer**. So werden z.B. Lagerbestände und damit -finanzierungen künftig zwar nicht obsolet, können zum Zwecke der Wertsteigerung aber deutlich heruntergefahren werden, wenn man Veränderungen des Kundenverhaltens frühzeitiger und genauer voraussehen kann.

10.168 Über seinen traditionellen Aufgabenbereich hinaus wird der Finanzleiter aber auch immer mehr zum **Mitgestalter des Geschäftsmodells** und agiert mit dem Chief Executive Officer auf Augenhöhe.

Abb. 29: Die Rolle des CFO gestern und heute

Finance Topic	Historical Paradigm	Digital Paradigm
Capital allocation	No advanced optimization No analytics No automatic assessment	Advanced optimization algorithms Analytics for project prioritization Machine learning for historical projects
The role of the CFO and the finance organization	Finance performance manager Controller and accountant Working in silos (accounting and controls functioning separately, for example) Transactional activities	Chief (or de facto chief) digital and data officer unit Advanced analytics provider Integrated finance Analytics hubs Fully automated transactions
IT architecture and tools	Complex, redundant IT infrastructure Data spread among repositories Semi-automated accounting and control activity Fixed, experience-based analysis No user-friendly analytics tools	Integrated IT platforms Advanced data management technologies Data lake (unique repository) Advanced analytics Pattern recognition and prediction User-friendly analytics tools
KPI systems, strategic and operative planning, and forecasting	Measurement of value creation Based on historical data Bottom-up process No analytics Limited to financial data	Ability to uncover patterns with regressions Identification of root causes Insights into value driven Top-down guidance (with analytics) Adoption or machine learning Prediction of revenues, balances, and losses Set of external and internal data
Partnering, management and performance reporting, dashboards, and analytics	Paper-based, batch data Fixed depth Business intelligence data and fixed dimensions	Digital, real-time access Ad hoc drill-down capability Integration of data from all internal sources (for example, operations) and even external sources
Accounting, process, risk, and capital management	Fully or partly manual workflow Many reconciliations Fragmented and duplicated spending	Digital workflow Automated matching and analytics Consolidated view of spending

Quelle: *Tuker/Foldesy/Roos/Rodt* 2017, S. 5.

Der datengestützte Rundum-Blick ermöglicht dem CFO eine die Geschäftsbereiche übergreifende **Unterstützer-, Berater- und Veränderer-Rolle**, die seine strategische Bedeutung weiter erhöht. Der Finanzbereich rückt stärker an das Handeln am Markt heran, der CFO wird zum **Businesspartner** und **Transformationsmanager**. Haben sich Finanzvorstände gerade in großen Konzernen früher eher als „Oberaufseher" verstanden, werden sie künftig mehr zum strategischen Ratgeber und Entscheider. Auch der CFO ist mitverantwortlich für die Entwicklung von Zukunftsperspektiven, für deren Realisierung er Risikokapital bereitstellt. Insofern muss er wie ein Venture Capitalist agieren. War der CFO traditionell auf die (finanzielle) Stabilität der Unternehmung fokussiert, hat er diese künftig stärker in eine Balance mit dem Ermöglichen von Kreativität, Innovation und dem Sich-Ausprobieren-Können zu bringen.

10.169 Dies zeigt, dass sich auch im Finanzbereich die benötigten **Kompetenzen der Mitarbeiter** verändern müssen, deren Zahl (wie in anderen Funktionalbereichen) zurückgehen mag, deren Qualifikationsniveau aber deutlich ansteigen wird. Ein Denken in IT-Strukturen wird zwingend notwendig, und die Anforderungen an die analytischen Fähigkeiten nehmen angesichts der vermehrten plausibilisierenden Tätigkeiten auf dem Gebiet der **System- und Prozesskontrolle** sowie des notwendigen **Denkens in Geschäftsmodellen** zu. Darüber hinaus verlangt die stärkere innerbetriebliche Vernetzung auch eine höhere Ausprägung von Querschnitts- und Sozialkompetenzen, vor allem im Sinne von **Team- und Kommunikationsfähigkeiten**. Die Mitarbeiter des Finanzbereichs sind nicht nur gefragt, eine auf den ersten Blick unüberschaubare Datenmenge für die Zentralbereiche in zielführendes, handhabbares Wissen zu verwandeln. Gerade das Begleiten und Antreiben der operativen Einheiten verlangt es, die „Sprache" der jeweiligen Business Units zu sprechen.

„Ein CFO, der sich nur als Experte für finanzielle Kennzahlen versteht, wird aus meiner Sicht in Zukunft an Akzeptanz im Unternehmen verlieren“[85]. Damit macht die Digitalisierung den CFO aber nicht überflüssig – im Gegenteil: Der „digitale“ CFO muss noch stärker als in der Vergangenheit „**Unternehmer in der Unternehmung**“ sein und deren Metamorphosen vorantreiben. Der dafür notwendige kulturelle Wandel hat in vielen Unternehmen bereits begonnen, muss aber angesichts der Dynamik der Veränderungen in den Geschäftsmodellen noch deutlich beschleunigt werden. 10.170

85 Vgl. Börsen-Zeitung, 2019, Ausgabe 142, S. 10.

§ 11 Konzernweites Cash Management – Rechtliche Schranken und Risiken

I. Einleitung 11.1

II. Gefahren des Cash Pooling für einbezogene Konzerngesellschaften und den Konzern insgesamt 11.9

III. Rechtliche Rahmenbedingungen . . 11.22

1. Die kapitalbezogene Ausschüttungssperre des § 30 Abs. 1 GmbHG
   a) Ausgangspunkt § 30 Abs. 1 Satz 1 GmbHG 11.24
   b) Aufsteigende Darlehen als verbotene Auszahlung 11.31
   c) Maßstab für die Beurteilung der Vollwertigkeit des Gegenleistungsanspruchs 11.43
   d) Maßgeblicher Stichtag für die Beurteilung der Vollwertigkeit des Gegenleistungsanspruchs 11.54
   e) Verzinsung 11.57
   f) Besonderheiten bei Bestehen eines Beherrschungs- oder Gewinnabführungsvertrags 11.63
   g) Sicherheiten zugunsten der Holding als Auszahlung nach § 30 Abs. 1 GmbHG 11.67
2. Die liquiditätsbezogene Ausschüttungssperre des § 64 Satz 3 GmbHG, Verbot des existenzvernichtenden Eingriffs
   a) Überblick 11.83
   b) Bedeutung für die Rückzahlung von Gesellschafterdarlehen 11.85
   c) Bedeutung für aufsteigende Darlehen 11.91
   d) Bedeutung für aufsteigende Sicherheiten 11.95
   e) Sonstige existenzvernichtende Eingriffe 11.103
3. Risiken im Hinblick auf die Rückzahlung von Gesellschafterdarlehen . 11.104
4. Sonderproblem Kapitalerhöhung im Cash Pool 11.123
5. Treuepflicht bei mehrgliedriger GmbH 11.136
6. Positive Liquiditätsverantwortung des herrschenden Unternehmens? . . 11.139
7. Strafrechtliche Verantwortung
   a) Geschäftsleiter der Tochter 11.141
   b) Geschäftsleiter der Holding 11.145
8. Besonderheiten bei der AG 11.147
9. Aufsichtsrechtliche Hinweise 11.153

IV. Hinweise zur Ausgestaltung 11.156

1. Vertragliche Fixierung 11.157
2. Transparenz und vollständige Dokumentation 11.162
3. Installierung eines Frühwarnsystems 11.163
4. Mindestsolidität, Zusicherungen . . . 11.169
5. Vertragliche Bestimmungen zum Schutz des Kapitals und der Liquidität 11.171
6. Tilgungs- und Verwendungsabreden 11.176
7. Besicherung von Darlehen 11.178
8. Separate Behandlung von Sockelbeträgen 11.179
9. Begrenzung eines Haftungsverbunds 11.181
10. Wahrung eines Mindestmaßes an finanzieller Eigenständigkeit 11.183
11. Abstimmung mit konzernexterner Fremdfinanzierung 11.186
12. Konsequente Durchführung und Bereitschaft zu harten Entscheidungen . 11.187
13. Schlussbemerkung 11.191

Literaturübersicht: *Altmeppen*, Die Grenzen der Zulässigkeit des Cash Pooling, ZIP 2006, 1025; *Altmeppen*, „Upstream loans", Cash Pooling und Kapitalerhaltung nach neuem Recht, ZIP 2009, 49; *Altmeppen*, Cash-Pool, Kapitalaufbringungshaftung und Strafbarkeit der Geschäftsleiter wegen falscher Versicherung, ZIP 2009, 1545; *Altmeppen*, Cash Pooling und Kapitalerhaltung bei bestehendem Beherrschungs- oder Gewinnabführungsvertrag, NZG 2010, 361; *Altmeppen*, Cash Pooling und Kapitalerhaltung im faktischen Konzern, NZG 2010, 401; *Altmeppen*, Cash Pooling und Kapitalaufbringung, NZG 2010, 441; *Altmeppen*, Aufsteigende Sicherheiten im Konzern, ZIP 2017, 1977; *Altmeppen*, Ratio legis des Rechts der Gesellschafterdarlehen am Beispiel der Sicherheiten, ZIP 2019, 1985; *Baare*, Cash-Pooling und die Haftung der Geschäftsführer im faktischen GmbH-Konzern, 2013; *Bayer*, Zentrale Konzernfinanzierung, Cash Management und Kapitalsicherung, in FS Lutter, 2000, S. 1011; *Bayer/Lieder*, Upstream-Darlehen und Aufsichtsratshaftung, AG 2010, 885; *Becker*, Cash-Management in der Unternehmenskrise, DStR 1998, 1528; *Becker*, Totgesagte leben länger – Limitation Languages bei Upstream-Besicherungen nach dem Urteil des II. Zivilsenats des BGH vom 21.3.2017, ZIP 2017, 1599; *Bitter*, Anfechtbarkeit ursprünglicher Sicherheiten für Gesellschafterdarlehen: Es lebe die Betriebsaufspaltung, ZIP 2019, 737; *Bitter*, Anfechtung von

Sicherheiten für Gesellschafterdarlehen nach § 135 Abs. 1 Nr. 1 InsO, ZIP 2013, 1497; *Bittmann*, Kapitalersatz, der 5. Strafsenat des BGH und das MoMiG, wistra 2009, 102; *Böffel*, Russisch Roulette im Aktienrecht – die Erschwernisse von Kapitalmaßnahmen im physischen Cash Pool, ZIP 2018, 1011; *Bormann*, Verdeckte Sacheinlage: Einzahlung von Einlagebeträgen auf in Cash-Pool einbezogenes Konto, GmbHR 2009, 930; *Bormann/Urlichs*, Kapitalerhöhung im Cash-Pooling – welche Erleichterungen bringt das MoMiG tatsächlich?, DStR 2009, 641; *Brand*, Insolvenzverursachunghaftung bei aufsteigenden Kreditsicherheiten, NZG 2012, 1374; *Brocker/Rockstroh*, Upstream-Darlehen und Cash-Pooling in der GmbH nach der Rückkehr zur bilanziellen Betrachtungsweise, BB 2009, 730; *Brinkmann*, Zwei Brennpunkte im Recht der Gesellschafterdarlehen. Die Behandlung des Cash Pools und die Besicherung von Gesellschafterdarlehen, ZGR 2017, 708; *Burgard*, Cash Management nach Bremer Vulkan, in VGR (Hrsg.), Gesellschaftsrecht in der Diskussion 2002, 2003, S. 45; *Cahn*, Kapitalaufbringung im Cash Pool, ZHR 166 (2002), 278; *Cahn*, Das richterrechtliche Verbot der Kreditvergabe an Gesellschafter und seine Folgen, Der Konzern 2004, 235; *Cahn*, Kredite an Gesellschafter – zugleich Anmerkung zur MPS-Entscheidung des BGH, Der Konzern 2009, 67; *Commandeur/Hübler*, Aktuelle Entwicklungen im Insolvenzrecht. Der schmale Grat zwischen Finanzierungshilfe und Anfechtungsrisiko – Darlehensgleiche Leistung iSv §§ 135 I, 39 I Nr. 5 InsO, NZG 2019, 1289; *Decker*, Der Cashpool als Gesellschaft bürgerlichen Rechts, ZGR 2013, 392; *Drygala/Kremer*, Alles neu macht der Mai – Zur Neuregelung der Kapitalerhaltungsvorschriften im Regierungsentwurf zum MoMiG, ZIP 2007, 1289; *Eichholz*, Das Recht konzerninterner Darlehen, 1993; *Eusani*, Darlehensverzinsung und Kapitalerhaltung beim Cash Pooling nach dem MoMiG, GmbHR 2009, 795; *Gärtner*, Die rechtlichen Grenzen der Zulässigkeit des Cash Pooling, 2011; *Fleischer*, Konzernuntreue zwischen Straf- und Gesellschaftsrecht: Das Bremer-Vulkan-Urteil, NJW 2004, 2867; *Gehrlein*, 10 Jahre Gesellschafterdarlehensrecht. Meilensteine der Rechtsprechung, ZInsO 2019, 2133; *Göcke/Rittscher*, Cash-Pooling in Krise und Insolvenz, DZWIR 2012, 355; *Grothaus/Halberkamp*, Probleme des Cash-Poolings nach der neuen Rechtsprechung des BGH zur Stammkapitalrückgewähr, GmbHR 2005, 1317; *Habersack*, Gesellschafterdarlehen nach MoMiG: Anwendungsbereich, Tatbestand und Rechtsfolgen der Neuregelung, ZIP 2007, 2145; *Habersack*, Aufsteigende Kredite im Licht des MoMiG und des „Dezember"-Urteils des BGH – Zugleich Besprechung der Entscheidung BGH ZIP 2009, 70 (MPS), ZGR 2009, 347; *Habersack*, Aufsteigende Kredite nach MoMiG, in FS Schaumburg, 2009, S. 1291; *Habersack/Schürnbrand*, Cash Management und Sicherheitenbestellung bei AG und GmbH im Lichte des richterrechtlichen Verbots der Kreditvergabe an Gesellschafter, NZG 2004, 689; *Hacker*, Unternehmensfinanzierung in der Krise: Risiken eines Gesellschafterdarlehens aus der Sicht der Insolvenzpraxis, WPg 2019, 479; *Hamann*, Aufsteigende Darlehen im Cash Pool im System des § 135 InsO – Replik auf Klinck/Gärtner, NZI 2008, 457; *Hangebrauck*, Kapitalaufbringung, Kapitalerhaltung und Existenzschutz bei konzernweiten Cash-Pooling-Systemen, 2008; *Hellwig*, Kapitalerhöhungen im Cash-Pool, in FS Peltzer, 2001, S. 163; *Henkel*, Das Bargeschäftprivileg gilt nicht im Rahmen von § 135 Abs. 1 InsO, ZInsO 2009, 1577; *Hentzen*, Konzerninnenfinanzierung nach BGHZ 157, 72, ZGR 2005, 480; *Henze*, Konzernfinanzierung und Besicherung, WM 2005, 717; *Heerma/Bergmann*, Sicherheitenbestellung an Dritte für Verbindlichkeiten des Gesellschafters als verbotene Auszahlung i.S.d. § 30 Abs. 1 GmbHG (§ 30 Abs. 1 GmbHG), ZIP 2017, 1261; *Hommelhoff/Kleindiek*, Das Recht der konzerninternen Fremdfinanzierung, in Lutter/Scheffler/U. H. Schneider, Handbuch der Konzernfinanzierung, 1998, § 21; *Hormuth*, Recht und Praxis des konzernweiten Cash Managements, 1998; *Hüffer*, Probleme des Cash Managements im faktischen Aktienkonzern, AG 2004, 416; *Illhardt*, Die Einlagenrückzahlung nach § 27 Abs. 4 AktG, 2013; *Jäger*, Kapitalaufbringung und Haftungsrisiken in Cash-Management-Systemen von GmbH-Konzernen, DStR 2000, 1653; *Jäger*, Kapitalerhaltung und Haftungsrisiken in Cash Management-Systemen von GmbH-Konzernen, DStR 2000, 1736; *Jansen*, Cash Pool und Fremdfinanzierung im Konzern, in FS Hommelhoff, 2012, S. 495; *Johnen*, Cash Pooling in faktischen Unternehmenszusammenschlüssen, 2014; *Jula/Breitbarth*, Liquiditätsausgleich im Konzern durch konzerninterne Darlehen, AG 1997, 256; *Kerber*, Die Beurteilung von Cash-Pool-Verträgen im Lichte höchstrichterlicher Rechtsprechung, ZGR 2005, 437; *Kiefner/Theusinger*, Aufsteigende Darlehen und Sicherheitenbegebung im Aktienrecht nach dem MoMiG, NZG 2008, 801; *Kiefner/Bochum*, Aufsteigende Sicherheiten bei GmbHG und AG im Lichte der neuen Rechtsprechung des BGH zur Kapitalerhaltung, NZG 2017, 1292; *Klein*, Pflichten und Haftungsrisiken der Geschäftsleitung beim Cash Pooling. Aktuelle Entwicklungen hinsichtlich des Kapitalschutzes und der Insolvenzverursachungshaftung, ZIP 2017, 258; *Kleindiek*, Das reformierte Recht der Gesellschafterdarlehen – eine Zwischenbilanz, ZGR 2017, 731; *Klinck/Gärtner*, Versetzt das MoMiG dem Cash-Pooling den Todesstoß?, NZI 2008, 457; *Knof*, Die neue Insolvenzverursachungshaftung nach § 64 Satz 3 RegE-GmbHG (Teil I), DStR 2007, 1536; *Kollmorgen/Santelmann/Weiss*, Upstream-Besicherung und Limitation Language nach Inkrafttreten des MoMiG, BB 2009, 1818; *Komo*, Vermeidung von Haftungsrisiken für Geschäftsführer bei Gewährung von Upstream Securities, GmbHR 2010, 230; *Komo*, Kapitalaufbringung im Cash Pool – aktuelle Entwicklungen in Rechtsprechung und Literatur, BB 2011, 2307; *Köth*, Die Verwertbarkeit von Sicherheiten für Gesellschafterdarlehen in der Insolvenz, ZGR 2016, 541; *Kubiciel*, Gesellschaftsrechtliche Pflichtwidrigkeit und Untreuestrafbarkeit, NStZ 2005, 353; *Kühbacher*, Darlehen an Konzernunternehmen – Besicherung und Vertragsanpassung, 1993; *Kuntz*, Sicherheiten für Gesellschafterverbindlichkeiten und die Kapitalerhaltung in GmbH und AG, ZGR 2017, 917; *Kupjetz/Peter*, Die Kapitalaufbringung der GmbH in Gründung in einem physischen Cash-Pooling-System, GmbHR 2012, 498; *Lieder*, Kapitalaufbringung im Cash Pool nach neuem Recht – Zugleich Besprechung der Entscheidung des BGH v. 20.7.2009 – II ZR 273/07 – „Cash Pool II“, GmbHR 2009, 1177; *Mahler*, Verstoß gegen § 64 S. 3 GmbHG bei „Upstream-Securities“ – gleichlaufende Strafbarkeit des Geschäftsführers nach § 266 StGB? –, GmbHR 2012, 504; *Maier-Reimer*, Rechtsfragen des Cash Management, in VGR (Hrsg.), Gesellschaftsrecht in der Diskussion 2005, 2006, S. 127; *Makowski*, Cash-Management in Unternehmensgruppen – Zulässigkeitsvoraussetzungen und Grenzen der zentralen Konzernfinanzierung, 2000; *Möller*, Änderungen des Aktienrechts durch das MoMiG, Der Konzern 2008, 1; *Morsch*, Probleme der Kapitalaufbringung und der Kapitalerhaltung im Cash-Pool, NZG 2003, 97; *Mülbert/Leuschner*, Aufsteigende Darlehen im Kapitalerhaltungs- und Konzernrecht – Gesetzgeber und BGH haben gesprochen, NZG 2009, 281; *Mülbert/Sajnovits*, Konzerninterne (Upstream-)Darlehn als unternehmerische Risikoentscheidung, WM 2015, 2345; *Müller-Bullinger*, Rechtsfragen des Cash Management, 1999; *Müller*, BB Kommentar zu BGH: Berücksichtigung der sog. Passiva II bei Feststellung der Zahlungsunfähigkeit nach § 17 Absatz 2 Satz 1 InsO, BB 2018, BB 2018, 467; *Niesert/Holer*, Die Haftung des Geschäftsführers für die Rückzahlung von Gesellschafterdarlehen und ähnlichen Leistungen, Zugleich ein Beitrag zur Auslegung des § 64 S. 3 GmbHG, NZI 2009, 345; *Nolting-Hauff/Greulich*, Was von der Insolvenzverursachungshaftung des Geschäftsführers nach § 64 S. 3 GmbHG bleibt – Zugleich Besprechung von BGH v. 9.10.2012 – II ZR 298/11, GmbHR 2013, 169; *Pentz*, Abgetretene Forderungen aus Gesellschafterdarlehen und Zurechnung in der Insolvenz – Zugleich Anmerkung zum BGH-Urteil v. 21.2.2013 – IX ZR 32/12, GmbHR 2013, 393; *Pentz*, Einzelfragen zu Cash Mangement und Kapitalerhaltung, ZIP 2006, 781; *Porzelt*, Die Haftung gem. § 64 Satz 1 und 3 GmbHG, insbesondere die eingetretene beziehungsweise herbeigeführte Zahlungsunfähigkeit als Voraussetzung der Haftung, GmbHR 2019, 1037; *Priester*, Kapitalaufbringung im Cash-Pool, DNotZ 2009, 946; *Ränsch*, Rechtliche und steuerliche Fragen der Implementierung eines konzerninternen Cash-Pooling-Systems, in Freundesgabe Döser, 1999, S. 557; *Reidenbach*, Cash Pooling und Kapitalerhaltung nach neuerer höchstrichterlicher Rechtsprechung, WM 2004, 1421; *Rittscher*, Cash-Management-Systeme in der Insolvenz, 2007; *Rönnau/Krezer*, Darlehensverrechnungen im Cash-Pool – nach Inkrafttreten des MoMiG auch ein Untreue-Risiko (§ 266 StGB)?, ZIP 2010, 2269; *G. H. Roth*, Neue Fallstricke beim Hin- und Herzahlen – Cash Pool, NJW 2009, 3397; *Rümker*, Gestaltungsfragen des Cash Pooling und die Rechtsprechung des BGH, in FS Huber, 2006, S. 919; *Schäfer/Fischbach*, Vorstandspflichten bei der Vergabe von Krediten an die Muttergesellschaft im faktischen Aktienkonzern nach „MPS“, in FS Hellwig, 2011, S. 293; *Schockenhoff/Wexler-Uhlich*, Rechtsprechung gegen den Gesetzgeber? – Zur Wirksamkeit der Einlageleistung beim Hin- und Herzahlen nach dem „Cash-Pool II“-Urteil des BGH, NZG 2009, 1327; *Schluck-Amend/Penke*, Kapitalaufbringung nach dem MoMiG und der „Qivive“-Entscheidung des BGH, DStR 2009, 1433; *Uwe H. Schneider*, Das Recht des konzernweiten Cash-Managements, in Lutter/Scheffler/U. H. Schneider (Hrsg.), Handbuch der Konzernfinanzierung, 1998, § 25; *Séché/Theusinger*, Upstream-Sicherheiten und Kapitalerhaltung – Neues vom BGH, BB 2017, 1550; *Sieder*, Cash Pooling im GmbH-Konzern, 2011; *Sieger/Hasselbach*, Konzernfinanzierung durch Cash Pools und Kapitalerhöhung, BB 1999, 645; *Spindler*, Konzernfinanzierung, ZHR 171 (2007), 245; *Spliedt*, MoMiG in der Insolvenz – ein Sanierungsversuch, ZIP 2009, 149; *Sutter/Kuznetsova*, Berücksichtigung von § 64 Satz 3 GmbHG für die Limitation Language im Rahmen einer Unternehmensfinanzierung, WM 2017, 745; *Sutter/Masseli*, Keine Änderungen der Vertragspraxis bei aufsteigenden Sicherheiten in Folge des MoMiG, WM 2010, 1064; *Theusinger*, Barkapitalerhöhung im Cash-Pool nach MoMiG, NZG 2009, 1017; *Theusinger/Kapteina*, Upstream-Sicherheiten und Limitation Language, NZG 2011, 881; *Thole*, Konzernfinanzierung zwischen Gesellschafts- und Insolvenzrecht, ZInsO 2011, 1425; *Tielmann*, Zur Zulässigkeit von aufsteigenden Gesellschafterdarlehen einer Aktiengesellschaft, in Liber amicorum Happ, 2006, S. 311; *J. Verse*, Aufsteigende Sicherheiten und Kapitalerhaltung, GmbHR 2018, 113; *J. Vetter*, Rechtliche Grenzen und praktische Ausgestaltung von Cash Management-Systemen, in VGR (Hrsg.), Gesellschaftsrecht in der Diskussion 2002, 2003, S. 69; *J. Vetter*, Darlehen der GmbH an ihren Gesellschafter und bilanzielle Betrachtungsweise, BB 2004, 1509; *J. Vetter*, Kapitalerhaltung nach MoMiG, in Goette/Habersack (Hrsg.), Das MoMiG in Wissenschaft und Praxis, 2009, S. 107; *J. Vetter/Kahnert*, Konzerninnenfinanzierung: Der Blickwinkel des Gesellschaftsrechts, in

Veil (Hrsg.), Unternehmensrecht in der Reformdiskussion, 2013, S. 57; *J. Vetter/Schwandtner*, Kapitalerhöhung im Cash Pool – Überlegungen zu den Urteilen des BGH vom 16.1.2006 – II ZR 75/04 und II ZR 76/04, Der Konzern 2006, 407; *J. Vetter/Schwandtner*, Cash Pooling under the revised German Private Limited Companies Act (GmbHG), German Law Journal 2008, September Edition (http://www.germanlawjournal.com); *J. Vetter/Stadler*, Haftungsrisiken beim konzernweiten Cash Pooling, 2003; *Wand/Tillmann/Heckenthaler*, Aufsteigende Darlehen und Sicherheiten bei Aktiengesellschaften nach dem MoMiG und der MPS-Entscheidung des BGH, AG 2009, 148; *Weiß*, Strafbarkeit der Geschäftsführer wegen Untreue bei Zahlungen „entgegen" § 64 GmbHG?, GmbHR 2011, 350; *Weitzel/Socher*, Cash-Pooling-Risiken für die GmbH-Geschäftsführung und ihre Vermeidung, ZIP 2010, 1069; *Wessels*, Cash Pooling und Upstream-Sicherheiten – Gestaltungspraxis im Lichte aktueller BGH-Rechtsprechung und anstehender GmbH-Novelle, ZIP 2006, 1701; *Wilhelmi*, Upstream-Darlehen nach dem MoMiG – zugleich Besprechung des Urteils des BGH vom 1.12.2008, WM 2009, 78 – MPS, WM 2009, 1917; *Wilken*, Cash-Management und qualifiziert faktische Konzernierung, DB 2001, 2383; *Willemsen/Rechel*, Cash-Pooling und die insolvenzrechtliche Anfechtbarkeit absteigender Darlehen – Unterschätzte Risiken für Gesellschafter, BB 2009, 2215; *Winter*, Upstream-Finanzierung nach dem MoMiG-Regierungsentwurf. Rückkehr zum bilanziellen Denken, DStR 2007, 1484; *Wirsch*, Die Vollwertigkeit des Rückgewähranspruchs – Kapitalaufbringung und Kapitalerhaltung im Cash Pool, Der Konzern 2009, 443; *Zahrte*, Finanzierung durch Cash Pooling im internationalen mehrstufigen Konzern nach dem MoMiG, 2010; *Zahrte*, Die insolvenzrechtliche Anfechtung im Cash Pool, Untersuchung zur Behandlung revolvierender Kredite, NZI 2010, 596; *Zeidler*, Zentrales Cashmanagement in faktischen Aktienkonzernen, 1999; *Zimmerling*, Kapitalerhaltung und Konzernfinanzierung, 1998.

I. Einleitung

Cash Management-Systeme sind heute sowohl bei nationalen als auch bei internationalen Konzernen ein üblicher Bestandteil der (zentralen) Konzern(innen)finanzierung. Die wichtigsten konzerninternen Elemente des Cash Managements sind zum einen das **„Pooling"**, also der zentrale Liquiditätsausgleich über ein **Zielkonto** der **Betreibergesellschaft**, auf das Liquiditätsüberschüsse auf den Bankkonten einzelner Konzerngesellschaften (sog. „***Quell- oder Ursprungskonten***") darlehensweise (*upstream loan*) übertragen und über das Negativsalden auf den Quell- oder Ursprungskonten darlehensweise (*downstream loan*) ausgeglichen werden; und zum anderen die periodische Verrechnung von konzerninternen Forderungen und Verbindlichkeiten (**„Netting"** oder **„Clearing"**)[1]. Die sogenannte **Betreibergesellschaft** führt für jede Konzerngesellschaft ein **Verrechnungskonto**, auf dem die Gegenbuchung zu allen Übertragungen von Liquidität erfolgt. Regelmäßig wird über den Cash Pool auch die kurzfristige Finanzierung der teilnehmenden Konzerngesellschaften abgewickelt, indem ihnen ein Dispositionslimit gewährt wird, das sie bei der Betreibergesellschaft in Anspruch nehmen können. 11.1

Der wirtschaftliche Vorteil des vorstehend dargestellten sog. **physischen Pooling**[2] besteht insbesondere darin, dass die konzernweit (kurzfristig) verfügbare Liquidität konzernintern gepoolt und nur der verbleibende Liquiditätsbedarf extern durch Bankdarlehen gedeckt wird. Es wird vermieden, dass eine Konzerngesellschaft überschüssige Liquidität zu geringen (oder sogar negativen) Habenzinsen bei einer Bank anlegt und eine andere Gesellschaft, die Liquidität benötigt, diese zu höheren Sollzinsen extern in Anspruch nimmt. Die Holding kann so den konzernweiten Zinsaufwand mindern[3]. 11.2

Beim **virtuellen oder notional Pooling**[4] erfolgt kein physischer konzerninterner Kontenausgleich mit entsprechender Poolung der Liquidität auf Ebene der Holding oder für diese bei einer Finanzierungsgesellschaft. Die einzelnen Konzerngesellschaften legen ihre überschüssige Liquidität vielmehr 11.3

1 Zu den betriebswirtschaftlichen Grundlagen des Cash Managements *Paul/Stein* Rz. 10.124 ff.
2 Zum physischen Cash Pool in der Aktiengesellschaft eingehend *Böffel*, ZIP 2018, 1011 ff.
3 Zu den Vorteilen des Cash Pooling etwa *J. Vetter/Stadler*, Rz. 5 ff.; *Klein*, ZIP 2017, 258.
4 Zum Notional Pooling s. ausführlicher *Sieder*, S. 42 f.; *Zahrte*, S. 48 f.

unmittelbar bei der Bank an und nehmen benötigte Liquidität unmittelbar bei der Bank in Anspruch. Die Bank ermittelt für die Holding rein rechnerisch den Saldo aus bei ihr getätigten Anlagen und Inanspruchnahmen von Liquidität und berechnet darauf den vereinbarten Soll- bzw. Habenzins. Das notional Pooling wirkt nur auf den ersten Blick für die Konzerngesellschaften weniger riskant. Die Bank wird der Holding nur dann günstigere Zinsen als die allgemeinen Soll- und Habenzinsen anbieten können, wenn das notional Pooling für die Bank zu einer Minderung des Risikos führt. Dies wäre dann nicht der Fall, wenn allein die jeweilige Gesellschaft, die bei ihr ein Darlehen in Anspruch nimmt, für dessen Rückzahlung haftet. Ein notional Pooling erlaubt günstigere Konditionen für den Konzern regelmäßig nur dann, wenn das Ausfallrisiko durch Garantien oder sonstige Sicherheiten der Holding und der übrigen Konzerngesellschaften gemindert wird. Insbesondere Sicherheiten von Konzerngesellschaften für Verbindlichkeiten der Holding oder anderer Konzerngesellschaften sind jedoch rechtlich problematisch (ausführlicher insb. Rz. 11.67 ff. und Rz. 11.95 ff.). Die nachfolgenden Ausführungen konzentrieren sich auf das physische Pooling.

11.4 Weitere Elemente, die das Cash Management in Richtung **Inhouse Banking System** weiterentwickeln, sind die Abwicklung des konzerninternen Zahlungsverkehrs und teilweise auch des ausgehenden konzernexternen Zahlungsverkehrs.[5] Die konzerninterne Schuldnerin erteilt der Betreiberbank eine Zahlungsanweisung; die Betreiberbank wickelt die Zahlung dadurch ab, dass sie der am Cash Management teilnehmenden Gläubigerin eine Gutschrift erteilt bzw. an den konzernexternen Gläubiger eine physische Zahlung veranlasst und im Gegenzug das Verrechnungskonto der anweisenden Konzerngesellschaft belastet. Bei der Abwicklung des eingehenden konzernexternen Zahlungsverkehrs über das Cash Management ist die Praxis – soweit ersichtlich – etwas zurückhaltender; die Verwendung einheitlicher Bezeichnungen und elektronisch einfach zu verarbeitender Dokumente ist bei Konzernexternen schwieriger und die Debitorenverwaltung bleibt häufig ohnehin bei den Tochtergesellschaften.

11.5 Eine weitere denkbare Ergänzung ist die Umrechnung von Fremdwährungsbeträgen in Euro und die Übernahme von **Foreign-Exchange-Geschäften** für die Konzerngesellschaft. Die Konzerngesellschaft gibt an die Betreibergesellschaft die Details des Fremdwährungsgeschäfts, insbesondere die Währungen, den gewünschten Zeitpunkt oder Zeitraum und den Preis oder die Preisspanne für die benötigte Absicherung an. Die Betreibergesellschaft behält sich typischerweise das Recht vor, den Auftrag durchzuführen, indem sie entweder selbst als Gegenpartei des Foreign-Exchange-Geschäfts auftritt, ein Foreign-Exchange-Geschäft mit einer anderen Konzerngesellschaft als Gegenpartei im eigenen Namen, aber für Rechnung des Auftraggebers abschließt oder ein Foreign-Exchange-Geschäft mit einer Bank oder einem sonstigen Dritten als Gegenpartei im eigenen Namen, aber für Rechnung der beauftragenden Konzerngesellschaft abschließt.

11.6 Bei international tätigen Gruppen ist es häufig im Hinblick auf Kapital- und Devisenverkehrsbeschränkungen und Transaktionskosten sinnvoll, ein **lokales Cash Management mit einem Vor-Pooling** auf Landesebene einzurichten und für Konzerngesellschaften bei Bedarf Verrechnungskonten in unterschiedlichen Währungen zu führen.

11.7 Den unbestreitbaren wirtschaftlichen Vorteilen von Cash Management-Systemen und insb. des Pooling (hierzu ausführlicher *Paul/Stein* Rz. 10.124 ff.) stehen allerdings nicht unerhebliche **Haftungsrisiken** gegenüber. Während es bei den Vorteilen primär um finanzwirtschaftliche Zielsetzungen und Rentabilitätssteigerungen des gesamten Holdingkonzerns geht, rücken bei den Haftungsrisiken die besonders geschützten Interessen der teilnehmenden Konzernunternehmen und ihrer Minderheitsgesellschafter und Gläubiger in den Vordergrund, die im Einzelfall dem betriebswirtschaftlichen Nutzen auf Konzernebene Grenzen setzen können (ihn aber selten insgesamt zunichtemachen). Ein funktionierendes Cash Management-System muss daher einen angemessenen Ausgleich zwischen den Interessen der Holding und des Holdingkonzerns einerseits und denen der angeschlossenen

5 Zu dem Erfordernis einer schriftlichen Erlaubnis der Bundesanstalt für Finanzdienstleistungsaufsicht s. unter Rz. 11.154.

Konzerngesellschaften andererseits herbeiführen. Die dabei zu beachtenden rechtlichen Schranken und Risiken, und zwar auch für die beteiligten Geschäftsleiter der Holding und der Konzerngesellschaften persönlich[6], sowie die praktischen Möglichkeiten, diese Risiken abzufedern, sollen nachfolgend dargestellt werden. Im Vordergrund stehen dabei die vielfältigen rechtlichen Fragen des Cash Pooling.

Das Cash Management wird konzernintern häufig von der Holding selbst, teilweise aber auch von speziell zu diesem Zweck eingerichteten **Finanzierungsgesellschaften** betrieben. Nachfolgend wird aus Vereinfachungsgründen davon ausgegangen, dass die Holding selbst das Cash Management betreibt; auf Besonderheiten beim Einsatz von speziellen Betreibergesellschaften wird nur am Rande hingewiesen. 11.8

II. Gefahren des Cash Pooling für einbezogene Konzerngesellschaften und den Konzern insgesamt

Wie gefährlich intensive finanzielle Verflechtungen innerhalb eines Konzerns sein können, zeigen sowohl die Insolvenzen renommierter Konzerne als auch eine Vielzahl teils grundlegender Gerichtsentscheidungen, in denen die rechtlichen Schranken und die Verantwortlichkeiten der Handelnden herausgearbeitet wurden. Als Beispiele, in denen entweder Cash Management-Systeme oder jedenfalls konzerninterne Darlehen die Krise zumindest mitverursacht oder auf andere Gesellschaften ausgeweitet haben, können die Konkurse der AEG und ihrer an sich gesunden Töchter Küppersbusch, Neff und Zanker[7] sowie die Insolvenzen und Krisen bei Korf[8], Harpener[9], IBH[10], Klöckner, Bremer Vulkan[11] und Babcock genannt werden. Die besonderen Risiken solch konzerninterner finanzieller Verflechtungen lassen sich in Kürze wie folgt zusammenfassen[12]: 11.9

- Übernahme des **Bonitätsrisikos:** Die Liquidität an die Holding abführende Konzerngesellschaft (nachfolgend als „***Gebergesellschaft***" bezeichnet) übernimmt das Risiko, dass diese Mittel nicht zurückgezahlt werden können. Dabei geht es nicht nur um das Bonitäts- und Insolvenzrisiko der Holding bzw. der speziell eingerichteten Betreibergesellschaft, die häufig kein mit eigenen Risiken behaftetes operatives Geschäft betreibt, sondern um das Bonitätsrisiko des gesamten Konzerns. 11.10
- **Entzug benötigter Liquidität:** Beim Cash Management besteht stets die Gefahr, dass nicht nur brachliegende Liquidität freiwillig abgeführt wird, sondern darüber hinaus von der betroffenen Gesellschaft sinnvoll verwendbare oder sogar dringend benötigte Mittel entzogen werden. Darüber hinaus besteht die Gefahr, dass eine Gesellschaft für eine zweckgebundene Verwendung Mit- 11.11

6 Zu den persönlichen Risiken plastisch BGH v. 17.9.2001 – II ZR 178/99 – Bremer Vulkan, BGHZ 149, 10.

7 Ausführliche Beschreibung des Sachverhalts und der Insolvenzverfahren bei *Kübler*, ZGR 1984, 560 (562 ff.); speziell zum Konkurs der Neff-Werke GmbH vgl. auch den ausführlichen Bericht des Konkursverwalters *Wellensiek*, ZIP 1982, 1370 ff. sowie *Wellensiek*, ZIP 1984, 541 (543): Die Tochtergesellschaften der AEG waren, als die AEG insolvent wurde, an das Konzern-Clearing der AEG angeschlossen und hatten dort erhebliche Guthaben, was die umgehende eigene Illiquidität der Töchter zur Folge hatte.

8 Hierzu eingehender *Kübler*, ZGR 1984, 560 (575 ff.); *Wellensiek*, ZIP 1984, 541 (543).

9 OLG Hamm v. 10.5.1995 – 8 U 59/94, AG 1995, 512 (unbesichertes Darlehen in beträchtlicher Höhe an eine kriselnde Mutter zur Deckung von Finanzlöchern bei einer anderen Tochter).

10 BGH v. 15.1.1990 – II ZR 164/88, NJW 1990, 982 (Kombination von Barkapitalerhöhung mit Darlehensrückzahlung an einen mit dem Zeichnenden verbundenen Darlehensgeber).

11 Cash Pooling, bei dem zweckgebundene Mittel der Tochter (Beihilfen) in dreistelligem Millionenbetrag abgezogen und an anderen Stellen im Konzern verbraucht wurden; zum Sachverhalt vgl. LG Bremen v. 19.11.1997 – 4 O 1073/96, ZIP 1998, 561; BGH v. 17.9.2001 – II ZR 178/99, BGHZ 149, 10 ff.; *Hormuth*, S. 132.

12 Ausführlicher zu den Risiken und Gefahren eines Cash Pooling *J. Vetter/Stadler*, Rz. 18 ff., 102 ff.; *Hangebrauck*, S. 44 ff.; *Johnen*, S. 36 ff.; *Zahrte*, S. 60 ff.

tel erhalten hat (z.B. Beihilfen oder Anzahlungen für Anlagenbauprojekte), die sich die Holding für die Zwischenzeit gerne kostengünstig und ohne Sicherheitenbestellung zur Verwendung an anderen Stellen im Konzern borgt. Können diese Mittel dann, wenn sie von der Konzerngesellschaft benötigt werden, nicht zurückgezahlt werden, kommt zumindest die betroffene Konzerngesellschaft in ganz erhebliche Schwierigkeiten.

11.12 – Gefährdung einer **eigenständigen Liquiditätsversorgung:** Die Konzerngesellschaften geben die zentrale Unternehmensfunktion Finanzierung jedenfalls teilweise auf und verlassen sich ganz auf die Holding. Bedeutung hat dies insbesondere für cash-negative Konzerngesellschaften, die auf eine externe Finanzierung durch die Holding oder Banken angewiesen sind (Gesellschaften, die Liquidität aus dem Cash Pool in Anspruch nehmen, nachfolgend „**Nehmergesellschaften**"). Eigenständige Bankkontakte werden ausgetrocknet; in einer Krise des Konzerns kann mangels externer Linien die Liquiditätsversorgung gefährdet sein.

11.13 – **Haftungsverbund:** Ein zusätzliches ganz erhebliches Risiko besteht dann, wenn die beteiligten Tochtergesellschaften die externe Kreditaufnahme durch die Holding bei einer Bank gesamtschuldnerisch absichern.

11.14 – **Nicht marktgerechte Konditionen:** Schließlich – vom Gefährdungspotenzial deutlich geringer einzustufen – können die Habenzinsen für Gebergesellschaften zu niedrig oder die Sollzinsen für Nehmergesellschaften zu hoch angesetzt sein.

11.15 Die vorstehend angesprochenen Risiken können als solche auch außerhalb von Cash Management-Systemen auftreten. Gerade bei einem konzernweiten Cash Pooling treten sie jedoch typischerweise kumuliert auf und können einen Umfang annehmen, der die Existenz nicht nur einer einzelnen Gesellschaft, sondern des gesamten Konzerns gefährdet. Dies erklärt sich vor allem aus den folgenden Besonderheiten[13]:

11.16 – In quantitativer Hinsicht ist zu berücksichtigen, dass sich das Cash Management auf die gesamte oder jedenfalls einen ganz erheblichen Teil der Liquiditätsversorgung bzw. -anlage bezieht. Die Verwirklichung von Risiken hat entsprechend schon **vom Umfang her gravierende Auswirkungen.**

11.17 – Sowohl auf der Anlageseite als auch auf der Beschaffungsseite gehen die beteiligten Gesellschaften ein **„Klumpenrisiko"** ein, d.h. Risiken, die unabhängig von der Bonität eines konkreten Schuldners ausschließlich auf die Kumulierung großer Kreditvolumina gegenüber einem Schuldner zurückzuführen sind, wobei keinerlei Diversifizierung des Ausfallrisikos stattfindet[14]. Auf das bewährte Mittel der Risikominderung durch Risikostreuung wird bewusst verzichtet.

11.18 – Die wirtschaftlichen Schwierigkeiten einer einzelnen Gesellschaft strahlen auf die übrigen beteiligten Konzerngesellschaften aus. Das Cash Pooling kann als Transmissionsriemen für Krisen wirken; es kommt zu einem **Dominoeffekt**. So hat die wirtschaftliche Krise einer durch den Cash Pool finanzierten Nehmergesellschaft unmittelbare Auswirkungen auch auf die Gebergesellschaften, welche die nun nicht mehr rückzahlbaren Mittel dem Pool zur Verfügung gestellt haben. Umgekehrt hat die Krise einer Gebergesellschaft zur Folge, dass diese ihre an den Pool abgeführten Mittel zurückfordern muss und dadurch möglicherweise auf Finanzierungshilfen angewiesene Nehmergesellschaften in die Illiquidität gestürzt werden. Eine Krise der Holding hat fast immer auch die Insolvenz der Töchter zur Folge, selbst wenn diese bis dahin selbst erfolgreich waren[15].

11.19 – Verstärkt wird der Dominoeffekt dadurch, dass die verschiedenen Konzerngesellschaften nicht nur im Hinblick auf die Liquiditätsversorgung eng miteinander verbunden sind, sondern darüber

13 Ausführlicher *J. Vetter/Stadler*, Rz. 25 ff.
14 Vgl. zum Begriff *Mülbert/Sajnovits*, WM 2015, 2345 (2349).
15 Plastisch der Konkurs der AEG und ihrer bis dahin gesunden Tochtergesellschaften, vgl. hierzu *Kübler*, ZGR 1984, 560 (562 ff.).

hinaus **kapitalmäßige Verflechtungen** bestehen, die in Krisensituationen in doppelter Weise die Bilanz belasten: Gerät eine Nehmergesellschaft in die Krise, kann dies bei der Holding eine Anpassung des Beteiligungsbuchwerts erfordern. Daneben hat die Holding als Betreiberin des Cash Managements zu prüfen, ob eine Einzelwertberichtigung der Darlehensforderung oder gar ihre Abschreibung insgesamt geboten ist. Diejenigen Gesellschaften, die Liquidität an die Betreibergesellschaft abgeführt haben, müssen überlegen, ob ihr Darlehensrückzahlungsanspruch im Wert zu berichtigen oder abzuschreiben ist. Diese Auswirkungen auf die Bilanz mit ihren potenziellen Folgen für die Kapitalerhaltung und die Insolvenzantragspflicht wegen Überschuldung können ihrerseits wieder dazu führen, dass konzerninterne Darlehen aus rechtlichen Gründen nicht zurückgezahlt und neue Darlehen nicht gewährt werden dürfen, auch wenn die Liquiditätslage der betreffenden Gesellschaft dies an sich zuließe.

- Hinzu kommt, dass sich die **Geschäftsleiter der Konzerngesellschaften**, denen beim Schutz der Gesellschaft vor Kapitalentzug und Existenzgefährdung eine entscheidende Rolle zukommt, in einer sachlich wie persönlich schwierigen Situation befinden, die dazu führt, dass sie möglicherweise nicht die Gegenwehr gegenüber der Holding leisten, die unter den konkreten Umständen geboten sein kann. Von ihnen wird verlangt, dass sie sich der Holding und damit demjenigen, der letztlich unmittelbar oder mittelbar über ihre Anstellung entscheidet, widersetzen, und dies bei einer Entscheidung von möglicherweise ganz erheblicher wirtschaftlicher Tragweite nicht nur für die von ihnen geführte Gesellschaft, sondern den Konzern insgesamt. Haftungsrisiken drohen den Geschäftsleitern dabei nicht nur dann, wenn sie die rechtlichen Grenzen des Cash Pooling nicht beachten und pflichtwidrig zu lange am Cash Pooling teilnehmen, sondern auch dann, wenn sie sich pflichtwidrig zu vorsichtig verhalten und ohne ausreichenden Grund aus dem Cash Pooling aussteigen. 11.20

Nachfolgend soll zunächst unter III. (Rz. 11.22 ff.) dargestellt werden, wie das Gesellschaftsrecht versucht, die beschriebenen Risiken in den Griff zu bekommen, bevor unter IV. (Rz. 11.156 ff.) Hinweise zur vertraglichen Ausgestaltung und tatsächlichen Durchführung des Cash Managements gegeben werden, durch die sich die denkbaren Haftungsrisiken mindern lassen. 11.21

III. Rechtliche Rahmenbedingungen

Die Gewährung und Inanspruchnahme von Liquidität unter einem Cash Pool wird rechtlich als aufsteigendes Darlehen (**upstream loan**) bzw. absteigendes Darlehen (**downstream loan**) oder jedenfalls als Darlehen vergleichbare Rechtsbeziehung verstanden[16]. Bei den rechtlichen Schranken und Haftungsrisiken ist entsprechend zwischen aufsteigenden und absteigenden Darlehen zu unterscheiden. Daneben sollen besondere Konstellationen wie die Bestellung von Sicherheiten durch Konzerngesellschaften zugunsten des Cash Pool (upstream security) oder die Einstellung von im Rahmen einer Barkapitalerhöhung erhaltene Beträge in den Cash Pool angesprochen werden. Der Schwerpunkt der nachfolgenden Betrachtungen zu den rechtlichen Schranken liegt auf der ohne Beherrschungsvertrag geführten Einpersonen-GmbH; auf Verschärfungen bei GmbHs mit außenstehenden Minderheitsgesellschaftern, Besonderheiten im Vertragskonzern und die Rechtslage bei Aktiengesellschaften wird anschließend kurz hingewiesen. 11.22

Die nachfolgenden Ausführungen beschränken sich auf den gesellschaftsrechtlichen Rahmen nach deutschem Recht. Besonderheiten bei Cross-Border-Cash-Management-Systemen können nicht angesprochen werden[17]. Steuerrechtliche Aspekte des Cash Pooling werden ebenfalls nicht behandelt. 11.23

16 S. etwa *Bormann/Urlichs*, DStR 2009, 641; *Habersack* in Ulmer/Habersack/Löbbe, 2. Aufl. 2014, § 30 GmbHG Rz. 94; *Schwandtner* in MünchKomm/GmbHG, 3. Aufl. 2018, § 19 GmbHG Rz. 209 ff.; *Theusinger*, NZG 2009, 1017; *J. Vetter/Stadler*, Rz. 38; *Wirsch*, Der Konzern 2009, 443 (444), jeweils m.w.N.

17 Ausführlicher zu Rechtsfragen des Cash Pooling im internationalen Konzern *Zahrte*, S. 301 ff.

1. Die kapitalbezogene Ausschüttungssperre des § 30 Abs. 1 GmbHG

a) Ausgangspunkt § 30 Abs. 1 Satz 1 GmbHG

11.24 In den vergangenen Jahren ist kontrovers diskutiert worden, ob und unter welchen Voraussetzungen die Gewährung eines Darlehens einer Tochtergesellschaft an die eigene Mutter eine unzulässige Auszahlung im Sinne des § 30 Abs. 1 Satz 1 GmbHG darstellt. Nur, wenn man sich diese Diskussion im Vorfeld vor Augen führt, die den Gesetzgeber zum Tätigwerden veranlasste, ist die **durch das MoMiG 2008 eingeführte Regelung zu § 30 Abs. 1 Satz 2 GmbHG** und auch der häufig schlagwortartig verwendete und vielfach missverstandene[18] Hinweis auf eine „**bilanzielle Betrachtungsweise**“[19] verständlich. Bevor auf die umstrittenen Fragen der Anwendung des § 30 Abs. 1 Satz 1 und 2 GmbHG auf aufsteigende Darlehen eingegangen wird, wird daher zunächst das Grundkonzept des § 30 Abs. 1 Satz 1 GmbHG skizziert, welches den Ausgangpunkt aller rechtlichen Fragen im Zusammenhang mit § 30 Abs. 1 GmbHG bildet.

11.25 § 30 Abs. 1 GmbHG verbietet Auszahlungen von Gesellschaftsvermögen aus dem zur Erhaltung des Stammkapitals erforderlichen Vermögen. Der besondere Vermögensschutz des § 30 Abs. 1 GmbHG greift nur ein, wenn die Gesellschaft eine **Unterbilanz** oder gar **Überschuldung** aufweist. Bildlich gesprochen kann zwischen einem **„grünen Bereich“** (keine Unterbilanz) und einem **„roten Bereich“** (Unterbilanz) unterschieden werden.

11.26 Entsprechend sind im Rahmen § 30 Abs. 1 Satz 1 GmbHG zwei aufeinander aufbauende Fragen zu unterscheiden:

(1) **Gerät die Gesellschaft in den „roten Bereich“ oder befindet sie sich bereits im „roten Bereich“, sodass der besondere Schutz des § 30 Abs. 1 Satz 1 GmbHG greift?**

Ausschließlich zur Bestimmung des durch § 30 Abs. 1 AktG geschützten Vermögens, d.h. zur Beantwortung der Frage, ob „der rote Bereich“ erreicht wird, ist eine **rein bilanzielle Betrachtungsweise** anzuwenden. Nach ganz herrschender und zutreffender Meinung liegt eine Unterbilanz oder gar Überschuldung vor, wenn die Differenz zwischen Aktiva und echten Passiva (ohne Eigenkapitalpositionen) einen Betrag ergibt, der unter dem der Stammkapitalziffer liegt[20]. Maßgeblich sind hierbei handelsbilanzielle Grundsätze und damit die **Buchwerte**, nicht die Verkehrswerte der Vermögensgegenstände[21].

11.27 (2) Befindet sich die Gesellschaft bereits im „roten Bereich“, ist weiter zu fragen: **Stellt eine Vermögensübertragung eine Vermögensminderung und damit eine unzulässige Auszahlung an den Gesellschafter im Sinne des § 30 Abs. 1 GmbHG dar?**

Ganz überwiegend ist anerkannt, dass insoweit **keine bilanzielle Betrachtungsweise** maßgeblich ist. Im Stadium der Unterbilanz ist vielmehr **jede reale Vermögensminderung verboten**, auch wenn sie im Einzelfall bilanzneutral sein sollte[22]. Entscheidend sind die **Verkehrswerte** und gerade nicht die Buchwerte der Vermögensgegenstände.

---

18 Hierauf hinweisend auch *Verse*, GmbHR 2018, 113 (117).

19 S. nur Begr. RegE MoMiG, BT-Drucks. 16/6140, S. 41.

20 Vgl. nur BGH v. 5.2.1990 – II ZR 114/89, ZIP 1990, 451 (453); BGH v. 1.12.1986 – II ZR 306/85, NJW 1987, 1194, (1195); zur Berechnung der Unterbilanz etwa *Habersack* in Ulmer/Habersack/Löbbe, 2. Aufl. 2014, § 30 GmbHG Rz. 25 ff.; *Verse* in Scholz, 12. Aufl. 2018, § 30 GmbHG Rz. 58 ff.; *Schmolke*, Kapitalerhaltung in der GmbH nach dem MoMiG, 2009, § 30 Rz. 49; *Schulze-Osterloh* in FS Eisenhardt, 2007, S. 505 (506 ff.); zur Maßgeblichkeit der für die Jahresbilanz geltenden Grundsätze zur Ermittlung des geschützten Vermögens etwa BGH v. 29.9.2008 – II ZR 234/07, WM 2008, 2215 Rz. 11.

21 Unerheblich ist daher, ob stille Reserven vorhanden sind, die ausgelöst werden könnten. Diese stehen einer hinreichenden Ausstattung mit ungebundenem Vermögen nicht gleich; vgl. BGH v. 26.6.2018 – II ZR 65/16, WM 2018, 1506 (1507). Zu dem modifizierten Ansatz des BGH bei der Bestellung einer Sicherheit s. unter Rz. 11.71 ff.

22 Deutlich *Stimpel* in FS 100 Jahre GmbHG, 1992, S. 335 (338 ff.); *Habersack* in Ulmer/Habersack/Löbbe, 2. Aufl. 2014, § 30 GmbHG Rz. 49 ff.; außerdem etwa *Altmeppen* in Roth/Altmeppen, 9. Aufl. 2019,

Eine bilanzielle Betrachtungsweise im Sinne einer **reinen Buchwertbetrachtung** gilt damit nur für die Frage, **ob** die Gesellschaft bereits im „**roten Bereich**" ist oder durch eine Vermögensminderung den „**grünen Bereich**" **verlässt**. 11.28

- Ist dies nicht der Fall, greift der Schutz des **§ 30 Abs. 1 GmbHG nicht** ein und die in Betracht genommene **Auszahlung** ist gemessen an § 30 Abs. 1 GmbHG **zulässig**.
- Gerät die Gesellschaft durch eine **Auszahlung in den „roten Bereich"**, wird also durch die Auszahlung das bilanzielle Eigenkapital derart gemindert, dass dadurch eine Unterbilanz eintritt, ist diese **unzulässig**.
- Befindet sich die Gesellschaft hingegen **bereits im roten Bereich der Unterbilanz** (oder Überschuldung), ist **jede reale Vermögensminderung** gemessen an **Verkehrswerten** und unabhängig von ihren bilanziellen Auswirkungen unzulässig.

Beispiel: Solange die Gesellschaft keine Unterbilanz aufweist, darf der Alleingesellschafter der GmbH aus gesellschaftsrechtlicher Sicht einen gebrauchten Pkw, der bereits auf einen Erinnerungsbuchwert von 1 Euro abgeschrieben ist, aber immer noch einen Verkehrswert von 10.000 Euro hat, für 1 Euro abkaufen. Bilanziell gesehen handelt es sich hierbei um einen reinen Aktivtausch; das bilanzielle Vermögen der Gesellschaft wird nicht gemindert. Anders ist die Maßnahme allerdings zu beurteilen, wenn sich die Gesellschaft bereits im Stadium der der Unterbilanz befindet. In diesem Stadium ist ein Entzug von Vermögen durch ein nicht marktgerechtes Geschäft grundsätzlich unabhängig vom Vorliegen einer Minderung des bilanziellen Eigenkapitals verboten. 11.29

Rechtsfolge eines Verstoßes gegen § 30 Abs. 1 GmbHG ist neben der Rückzahlungsverpflichtung des unmittelbaren Gesellschafters und daneben der empfangenden Holding oder Betreibergesellschaft[23] auch eine indisponible **Schadensersatzpflicht** des Geschäftsführers der kreditgewährenden Gebergesellschaft nach § 43 Abs. 3 GmbHG[24]. 11.30

b) Aufsteigende Darlehen als verbotene Auszahlung

Für die Gewährung aufsteigender Darlehen der GmbH an ihren Gesellschafter (oder ein mit diesem verbundenes Unternehmen) scheint primär § 30 Abs. 1 Satz 2 GmbHG maßgeblich zu sein. Allerdings lässt sich dessen Inhalt und die hinter ihm stehenden Absichten des Gesetzgebers nur verstehen, wenn man sich die zuvor geltende Rechtslage, wie sie durch § 30 Abs. 1 Satz 1 GmbHG und die Rechtsprechung bestimmt wurde, vor Augen führt. Besondere Bedeutung hat in diesem Zusammenhang das sog. „**November-Urteil**" des BGH vom 24.11.2003[25]. Daher soll nachfolgend zunächst diese Entwicklung skizziert werden. 11.31

Bis zum November 2013 sah die ganz überwiegende Auffassung in der Literatur in einem marktgerecht verzinsten Darlehen der GmbH an einen solventen Gesellschafter zu einem Zeitpunkt, zu dem sich die GmbH nicht im **Stadium der Unterbilanz**, also im „grünen Bereich" befand, keine un- 11.32

§ 30 GmbHG Rz. 12; *Bayer* in FS Lutter, 2000, S. 1011 (1020 f.); *Drygala/Kremer*, ZIP 2007, 1289 (1294); *Fastrich* in Baumbach/Hueck, 22. Aufl. 2019, § 30 GmbHG Rz. 20; *Hommelhoff* in Lutter/Hommelhoff, 20. Aufl. 2020, § 30 GmbHG Rz. 12; *Schulze-Osterloh* in FS Eisenhardt, 2007, S. 505 (510 f.); *J. Vetter*, BB 2004, 1509 (1512); *Verse* in Scholz, 12. Aufl. 2018, § 30 GmbHG Rz. 18 ff.; *Verse*, GmbHR 2018, 113 (117), Fn. 17.

23 Zur gesamtschuldnerischen Haftung des Gesellschafters und eines mit ihm verbundenen Unternehmens, an das die Auszahlung erfolgt, *Fastrich* in Baumbach/Hueck, 22. Aufl. 2019, § 31 GmbHG Rz. 12; *Hommelhoff* in Lutter/Hommelhoff, 20. Aufl. 2020, § 31 GmbHG Rz. 6; gegen eine Haftung der Schwestergesellschaft *Heidinger* in Michalski, 3. Aufl. 2017, § 30 GmbHG Rz. 182; *Altmeppen* in Roth/Altmeppen, 9. Aufl. 2019, § 30 GmbHG Rz. 38.

24 Vgl. hierzu eingehend *Klein*, ZIP 2017, 258 (261 ff.).

25 BGH v. 24.11.2003 – II ZR 171/01, BGHZ 157, 72.

zulässige Auszahlung i.S.d. § 30 Abs. 1 Satz 1 GmbHG[26]. Denn **bilanziell** führt die Gewährung eines Darlehens zu einem **reinen Aktivtausch**, solange der **Darlehensrückzahlungsanspruch bilanziell vollwertig** ist, also weder wegen eines relevanten Ausfallrisikos noch wegen fehlender marktgerechter Verzinsung[27] nach allgemeinen Bilanzierungsgrundsätzen im Wert zu berichtigen ist[28]. Entsprechend kann ein solches Darlehen im „grünen Bereich" bilanziell zu keiner Minderung des Eigenkapitals und damit zu keiner Unterbilanz führen.

11.33 **Kontrovers** diskutiert wurde hingegen, ob diese Grundsätze auch für eine Darlehensgewährung **im Stadium der Unterbilanz**, also im **„roten Bereich"** gelten. Kern der Diskussion war die Frage, ob die Gewährung eines Darlehens trotz angemessener Verzinsung und bester Bonität des Darlehensnehmers **eine Vermögensminderung** darstellt.

11.34 – Eine **Mindermeinung** nahm in diesem Fall eine Vermögensminderung an, weil der Gesellschaft bei einer Darlehensgewährung **der Nutzungswert des Kapitals** entgehe, die Gesellschaft mit Geld, nicht aber einem rein schuldrechtlichen Rückzahlungsanspruch wirtschaften könne und der Tausch eines **liquiden Vermögensbestandteils** in eine erst zu einem späteren Zeitpunkt fällig werdende Forderung die Befriedigungsmöglichkeiten der Gesellschaftsgläubiger verschlechterten[29].

11.35 – Eine **noch weitergehende Mindermeinung** vertrat, dass bei Darlehen der GmbH an ihre Gesellschafter eine **Befreiung des § 30 GmbHG vom handelsbilanziellen Denken** nicht nur den Begriff der **Auszahlung** präge, sondern auch die **Bestimmung des geschützten Vermögens**. Nach dieser Auffassung sollte der Darlehensrückzahlungsanspruch bei der Kapitalerhaltungskontrollrechnung generell mit null angesetzt werden. Darlehen an den Gesellschafter waren danach **unabhängig von der Liquiditätslage nur in Höhe der bilanziellen Rücklagen zulässig**[30].

11.36 – Demgegenüber lehnte die **wohl herrschende Meinung** eine Vermögensminderung durch die Vergabe eines vollwertigen, marktgerecht verzinsten Darlehens ab und sah daher in der Vergabe eines solchen Darlehens auch im Stadium der Unterbilanz **keinen Verstoß gegen § 30 Abs. 1 Satz 1 GmbHG**[31].

---

26 S. etwa *Cahn*, Kapitalerhaltung im Konzern, 1998, S. 247 ff.; *Hueck/Fastrich* in Baumbach/Hueck, 17. Aufl. 2000, § 30 GmbHG Rz. 14, 16; *Koppensteiner*, ZHR 155 (1991), 97 (104); *Lutter/Wahlers*, AG 1989, 1 (14); *Pentz* in Rowedder/Schmidt-Leithoff, 4. Aufl. 2002, § 30 GmbHG Rz. 34; *Uwe H. Schneider* in Scholz, 9. Aufl. 2000, § 43a GmbHG Rz. 61; *Westermann* in Scholz, 9. Aufl. 2000, § 30 GmbHG Rz. 25; *Sotiropoulos*, GmbHR 1996, 653 (654); *J. Vetter/Stadler*, Rz. 67 ff.

27 Zur Frage, ob die Verzinsung unabhängig von der Vollwertigkeit zu prüfen ist, s. unter Rz. 11.57.

28 Zum Erfordernis, einen unverzinslich oder zu niedrig verzinsten Darlehensrückzahlungsanspruch um den Barwert des Zinsverlusts abzuschreiben, unter Rz. 11.51.

29 *Stimpel* in FS 100 Jahre GmbHG, 1992, S. 335 (347 ff.); *Kleffner*, Erhaltung des Stammkapitals und Haftung nach §§ 30, 31 GmbHG, 1993, S. 65 ff.; *Wilhelmi*, Der Grundsatz der Kapitalerhaltung im System des GmbH-Rechts, 2001, S. 170, 205 f.

30 *Bayer* in FS Lutter, 2000, S. 1011 (1022); ebenso wohl auch *Schön*, ZHR 159 (1995), 351 (363); *Wilhelmi*, Der Grundsatz der Kapitalerhaltung im System des GmbH-Rechts, 2001, S. 206. Zum gleichen Ergebnis kam eine Auffassung, die die Beschränkung von Darlehen der GmbH an ihre Geschäftsführer durch § 43a GmbHG analog auf Darlehen an den Gesellschafter anwenden wollte, s. *Uwe H. Schneider* in Scholz, 9. Aufl. 2000, § 43a GmbHG Rz. 63; *Uwe H. Schneider* in FS Döllerer, 1988, S. 537 (547 ff.); *U. H. Schneider* in Lutter/Scheffler/U. H. Schneider (Hrsg.), Hdb. der Konzernfinanzierung, 1998, Rz. 25, 60 f.; *Hormuth*, S. 203 ff.; *Sotiropoulos*, GmbHR 1996, 653 (655); a.A. allerdings die ganz h.M., s. etwa *Cahn*, Kapitalerhaltung im Konzern, 1998, S. 250 ff.; *H. P. Westermann* in Scholz, 9. Aufl. 2000, § 30 GmbHG Rz. 1; *K. J. Müller*, BB 1998, 1804 (1805 f.); *J. Vetter/Stadler*, Rz. 72.

31 So ausdrücklich *Altmeppen* in Roth/Altmeppen, 4. Aufl. 2003, § 30 GmbHG Rz. 93; *Grunewald*, WM 2006, 2333 f.; *Hueck/Fastrich* in Baumbach/Hueck, 17. Aufl. 2000, § 30 GmbHG Rz. 16; *J. Vetter/Stadler*, Rz. 71; ausführlicher *J. Vetter*, BB 2004, 1509 (1512 ff.).

Zu erheblicher Rechtsunsicherheit und entsprechend umfangreicher literarischer Diskussion führte das sog. **November-Urteil des BGH vom 24.11.2003**[32], das die Gewährung von Darlehen der GmbH an ihre Gesellschafter in einem Fall betraf, bei dem das Vorliegen einer Unterbilanz nach dem Sachverhalt unzweifelhaft erschien. Der BGH hielt **aufsteigende Darlehen** jedenfalls im Stadium der **Unterbilanz** für **unzulässig**; verbreitet wurde das Urteil auch als Bestätigung der oben dargestellten (s. Rz. 11.35) Mindermeinung verstanden, die vollwertige aufsteigende Darlehen auch außerhalb des Stadiums der Unterbilanz auf den Betrag der freien Rücklagen begrenzt und den Darlehensrückzahlungsanspruch generell mit Null ansetzt, sodass im Ergebnis die Zusammensetzung und Liquidität in den Schutzbereich des § 30 GmbHG einbezogen wird[33]. Angesichts dieses das Cash Pooling – abhängig von der Interpretation – ganz erheblich einschränkenden Urteils wurden schnell Rufe nach einer Korrektur der Rechtsprechung durch den Gesetzgeber laut[34]. 11.37

Der Gesetzgeber hat reagiert, indem durch das **MoMiG 2008 in** § 30 Abs. 1 GmbHG dessen Satz 2 neu eingefügt wurde. Danach gilt § 30 Abs. Satz 1 nicht bei Leistungen, die durch einen vollwertigen Gegenleistungs- oder Rückgewähranspruch gegen den Gesellschafter gedeckt sind. Diese Regelung hatte primär Darlehen der Gesellschaft an ihren Gesellschafter, insbesondere die Abführung von Liquidität der Tochter im Rahmen eines konzernweiten Cash Pooling, im Blick[35]. Die Schaffung einer klaren rechtlichen Grundlage für das konzernweite Cash Pooling durch eine Korrektur des BGH-Urteils vom 24.11.2003 war eines der erklärten Ziele der MoMiG-Reform[36]. 11.38

Durch diese Neuregelung wurde der **Kapitalerhaltungsgrundsatz des § 30 Abs. 1 GmbHG präzisiert**. Abhängig vom bisherigen Verständnis mag man dies als Einschränkung des Satzes 1 oder – wie die Verfasser – als bloße Korrektur der Rechtsprechung durch **Wiederherstellung des Rechtszustands vor dem November 2003** verstehen. Im Hinblick auf die im Rahmen des § 30 Abs. 1 Satz 1 GmbHG grundlegenden Fragen (s. Rz. 11.26 f.) lässt sich als Folge der Einfügung des § 30 Abs. 1 Satz 2 Alternative 2 GmbHG festhalten: 11.39

- Zur Frage, ob die Gesellschaft in den „roten Bereich" der Unterbilanz gerät, so dass der Schutz des § 30 Abs. 1 Satz 1 GmbHG greift (s. Rz. 11.26), gilt Folgendes: 11.40
  - Die Kapitalerhaltungsvorschrift des § 30 Abs. 1 Satz 1 GmbHG knüpft den Gläubigerschutz an die Erhaltung von Nettovermögen im Wert der Stammkapitalziffer.
  - Versuchen, über § 30 Abs. 1 Satz 1 GmbHG die Zusammensetzung und Liquidität des Vermögens in den Schutzbereich der Vorschrift mit einzubeziehen, hat der Gesetzgeber eine Absage erteilt.
  - Die Gesetzesbegründung stellt ausdrücklich klar, dass das durch § 30 Abs. 1 GmbHG geschützte Stammkapital eine „bilanzielle Ausschüttungssperre" ist und der Schutz des § 30 GmbHG nicht von einem Vermögensschutz zu einem „gegenständlichen Schutz" erweitert werden dürfe. Der Entwurf kehre „eindeutig zum bilanziellen Denken zurück"[37]. Für die Frage,

---

32 BGH v. 24.11.2003 – II ZR 171/01, BGHZ 157, 72, dazu etwa *Bayer/Lieder*, ZGR 2005, 133; *Grothaus/Halberkamp*, GmbHR 2005, 1317; *Habersack/Schürnbrand*, NZG 2004, 689; *Hentzen*, ZGR 2005, 480; *Kerber*, ZGR 2005, 437; *J. Vetter*, BB 2004, 1509. Der BGH hat in seinem „MPS"-Urteil ausdrücklich klargestellt, dass er an über die Vollwertigkeit des Gegenanspruchs hinausgehenden Anforderungen des November-Urteils v. 24.11.2003 nicht festhält, s. BGH v. 1.12.2008 – II ZR 102/07, BGHZ 179, 71 (76) Rz. 10 = AG 2009, 81.

33 OLG München v. 24.11.2005 – 23 U 3480/05, GmbHR 2006, 144 mit zust. Anm. *Blöse*; *Bayer/Lieder*, ZGR 2005, 133; *Engert*, BB 2005, 1951 (1955); *Joost*, in VGR, Die GmbH-Reform in der Diskussion, 2006, S. 31 (34 ff.); *Kerber*, ZGR 2005, 437.

34 S. nur BDI/Hengeler Mueller, Die GmbH im Wettbewerb der Rechtsformen, 2006, S. 25; *Drygala/Kremer*, ZIP 2007, 1289 (1290).

35 So jüngst auch BGH v. 21.3.2017 – II ZR 93/16, NZG 2017, 658 Rz. 16.

36 Begr. RegE MoMiG, BT-Drucks. 16/6140, 41.

37 Begr. RegE MoMiG, BT-Drucks. 16/6140, 41.

ob eine Unterbilanz vorliegt, ist auch bei der Vergabe von aufsteigenden Darlehen allein eine bilanzielle Betrachtungsweise maßgeblich[38].

11.41 – Zur Frage, unter welchen Voraussetzungen eine Vermögensübertragung im „roten Bereich" der Unterbilanz als Vermögensminderung und damit verbotene Auszahlung anzusehen ist (s. Rz. 11.27), lässt sich Folgendes festhalten:

- Es sollte sich nichts am bisher anerkannten Grundsatz ändern, dass im Stadium der Unterbilanz jedes Geschäft mit dem Gesellschafter, das im Ergebnis zu einer Minderung des Gesellschaftsvermögens führt, verboten ist, unabhängig davon, ob diese Vermögensminderung in der Bilanz abzubilden ist. Bei reinen Darlehensgeschäften im Stadium der Unterbilanz stellt sich ein Bewertungsthema lediglich im Hinblick auf den Darlehensrückzahlungsanspruch (und ggfs. die Verzinsung).
- Die Bewertung des von der Gesellschaft selbst weggegebenen Vermögens, der Darlehensvaluta, bereitet dagegen keine Probleme. Anders kann es sein, wenn die Gesellschaft beispielsweise einen Vermögensgegenstand auf Ziel verkauft. Hier ist bei der Prüfung, ob eine unzulässige Auszahlung vorliegt, nicht nur der gestundete Kaufpreisanspruch zu bewerten, sondern auch der Kaufgegenstand.
- Die Gesetzesbegründung stellt für diesen Fall klar, dass eine unzulässige Auszahlung i.S.d. Satzes 1 nur dann nicht vorliegt, wenn der Wert des Zahlungsanspruchs den Verkehrswert, und nicht nur den Buchwert, des von der Gesellschaft geleisteten Gegenstands deckt[39]. Im Gesetzeswortlaut ist dieser Gedanke etwas versteckt in der Formulierung angedeutet, dass die Leistung der Gesellschaft durch den vollwertigen Gegenleistungs- oder Rückgewähranspruch „gedeckt" sein muss.
- Ferner stellt der Tausch von Barmitteln gegen einen vollwertigen schuldrechtlichen Rückzahlungsanspruch gegen den Gesellschafter auch im Stadium der Unterbilanz keine per se unzulässige Auszahlung von Vermögen dar, auch wenn der Anspruch gegen den Gesellschafter weniger liquide als das von der Gesellschaft weggegebene Vermögen und naturgemäß mit dem theoretisch nie ganz auszuschließenden Bonitätsrisiko im Hinblick auf den Gesellschafter belastet ist. Der Gesetzgeber ist damit der Auffassung, dass die Darlehensvergabe bei vollwertigem Rückzahlungsanspruch (und marktgerechter Verzinsung, vgl. Rz. 11.51 ff.) nicht nur bilanziell, sondern auch tatsächlich keine reale Vermögensminderung bedeutet. Zumindest insoweit hat der Gesetzgeber den BGH korrigiert.

11.42 Im Ergebnis wird damit aufgrund ausdrücklicher gesetzlicher Klarstellung die Rechtslage wieder hergestellt, die der wohl herrschenden Meinung zur Auslegung des § 30 Abs. 1 Satz 1 GmbHG bis zum November 2003 entsprach (s. dazu Rz. 11.36). Im Ergebnis verstößt ein aufsteigendes Gesellschafterdarlehen (von einer unzureichenden Verzinsung abgesehen, hierzu Rz. 11.57 ff.) also nur dann gegen § 30 Abs. 1 Satz 1 GmbHG, wenn der Darlehensrückgewähranspruch nicht vollwertig ist und bei der kreditgebenden Konzerngesellschaft bereits vorher eine Unterbilanz besteht oder durch die Darlehensgewährung aufgrund des nicht zum vollen Nennwert aktivierten Rückzahlungsanspruchs herbeigeführt wird.

c) Maßstab für die Beurteilung der Vollwertigkeit des Gegenleistungsanspruchs

11.43 Befindet sich die Gesellschaft im Stadium der Unterbilanz, kommt es entgegen missverständlicher Literaturstimmen auch bei der Bewertung des Darlehensrückzahlungsanspruchs konzeptionell auf

---

38 Zu den vom BGH vorgenommenen Modifikationen im Rahmen der Bestellung von Sicherheiten s. unter Rz. 11.77.

39 Begr. RegE MoMiG, BT-Drucks. 16/6140, 41.

dessen Verkehrswert und nicht dessen Buchwert an[40]. Denn wie oben dargestellt (s. Rz. 11.26) ist die **Buchwertbetrachtung** allein für die Frage entscheidend, ob die Gesellschaft durch Gewährung des Darlehens vom „grünen Bereich" in den „roten Bereich" der Unterbilanz gerät oder sich bereits dort befindet. Ob bei Zweifeln an der Fähigkeit des Darlehensnehmers zur Rückzahlung des Darlehens bei Fälligkeit eine Wertberichtigung oder Abschreibung des Rückzahlungsanspruchs in der Bilanz vorgenommen wird, ist konzeptionell irrelevant.

Allerdings hat sich die Bewertung des Gegenleistungs- oder Rückgewähranspruchs i.S.d. § 30 Abs. 1 Satz 2 GmbHG nach Verkehrswerten an den „**allgemeinen Bilanzierungsgrundsätzen**"[41] (§ 253 Abs. 1 und 3 HGB) zu orientieren. Diesen zufolge darf die Einbringlichkeit der Forderung unter Berücksichtigung des individuellen Kreditrisikos des Schuldners nicht mit **konkreten begründeten Zweifeln** behaftet sein[42]. Eine an Sicherheit grenzende Wahrscheinlichkeit der Anspruchserfüllung ist hingegen nicht erforderlich[43]. Entscheidend ist, ob man nach „**vernünftiger kaufmännischer Beurteilung**"[44] im Zeitpunkt der Darlehensgewährung mit hinreichender Wahrscheinlichkeit davon ausgehen darf, dass der Schuldner bei Fälligkeit in der Lage sein wird, die Forderung zu begleichen[45]. Dabei ist auch die Frage nach der tatsächlichen Durchsetzbarkeit zu berücksichtigen[46]. Bei der Beurteilung sind die Vorgaben des HGB und die Grundsätze ordnungsgemäßer Buchführung zu beachten. Insbesondere ist gemäß § 252 Abs. 1 Nr. 4 HGB vorsichtig zu bewerten; alle vorhersehbaren Risiken und Verluste sind zu berücksichtigen. Maßgeblich sind alle Umstände des Einzelfalls, neben der Vermögens- und Ertragslage des Schuldners insbesondere die Höhe der Forderung, ihre Fälligkeit, eingeräumte Sicherheiten sowie die Möglichkeit des Gläubigers, auf eine Vermögensverschlechterung des Schuldners zu reagieren. 11.44

Wie bei allen Bewertungen zukünftiger Ereignisse wohnt der Bewertung des Gegenleistungs- oder Rückgewähranspruchs ein **Prognoseelement** inne. Ex ante ist zu beurteilen, ob der Gesellschafter zur Darlehensrückzahlung in der Lage sein wird[47]. Damit wird die Bewertung allerdings nicht zu einer unternehmerischen Entscheidung, für die sich der Geschäftsleiter auf die Business Judgment Rule (§ 93 Abs. 1 Satz 2 AktG) berufen kann[48]. Ein unternehmerischer **Ermessensspielraum** besteht nicht. Wohl aber ist ihm ein **Beurteilungsspielraum** zuzugestehen[49]. Dies folgt daraus, dass „Vollwertigkeit" ein unbestimmter und ausfüllungsbedürftiger Rechtsbegriff ist und es für die Ausfüllung 11.45

40 Für die Maßgeblichkeit der Verkehrswerte auch *Hommelhoff* in Lutter/Hommelhoff, 20. Aufl. 2020, § 30 GmbHG Rz. 31; *Winter*, DStR 2007, 1486 f.

41 Begr. RegE MoMiG, BT-Drucks. 16/6140, 41.

42 *Altmeppen* in Roth/Altmeppen, 9. Aufl. 2019, § 30 GmbHG Rz. 112 m.w.N.; *Habersack* in Ulmer/Habersack/Löbbe, 2. Aufl. 2014, § 30 GmbHG Rz. 104; *Hommelhoff* in Lutter/Hommelhoff, 20. Aufl. 2020, § 30 GmbHG Rz. 28.

43 BGH v. 1.12.2008 – II ZR 102/07, AG 2009, 81 (82) Rz. 13; vgl. auch *Habersack* in Ulmer/Habersack/Löbbe, 2. Aufl. 2014, § 30 GmbHG Rz. 104.

44 BGH v. 1.12.2008 – II ZR 102/07, AG 2009, 81 (82) Rz. 13; ausführlicher zur Konkretisierung dieses Maßstabs *J. Vetter* in Goette/Habersack, Rz. 4.36 ff.; kritisch *Cahn*, Der Konzern 2009, 67 (73).

45 *Schubert/Berberich* in Beck'scher Bilanz-Kommentar, 11. Aufl. 2018, § 253 HGB Rz. 570; *Ballwieser* in MünchKomm/HGB, 3. Aufl. 2013, § 253 HGB Rz. 60; *Blöse*, GmbHR 2002, 675 (677); im Ergebnis *Habersack* in Ulmer/Habersack/Löbbe, 2. Aufl. 2014, § 30 GmbHG Rz. 104; nach *Kuntz*, ZGR 2017, 917 (941) sind die Schwellen der Wahrscheinlichkeitsprüfung eher hoch, d.h. bei deutlich über 90 % anzusetzen.

46 *Habersack* in Ulmer/Habersack/Löbbe, 2. Aufl. 2014, § 30 GmbHG Rz. 104; *Kuntz*, ZGR 2017, 917 (930).

47 BGH v. 21.3.2017 – II ZR 93/16, NZG 2017, 658 Rz. 18; BGH v. 10.1.2017 – II ZR 94/15, AG 2017, 233; zur Prognosegrundlage auch *Becker*, ZIP 2017, 1599 (1602).

48 So auch *Drygala/Kremer*, ZIP 2007, 1289 (1293); zur grundsätzlichen Unanwendbarkeit der Business Judgment Rule bei der Rechnungslegung etwa *W. Müller* in Semler/Peltzer/Kubis, Arbeitshandbuch für Vorstandsmitglieder, 2. Aufl. 2015, § 10 Rz. 6.

49 So ausdrücklich auch *Drygala/Kremer*, ZIP 2007, 1289 (1293).

abstrakt keine betriebswirtschaftlich exakten Methoden und konkret im Zweifel keine absolut gesicherte Tatsachenbasis gibt. Entsprechend den Grundsätzen zur Business Judgment Rule wird man für eine pflichtgemäße Ausnutzung des Beurteilungsspielraums verlangen müssen, dass der Geschäftsleiter frei von persönlichen Interessen und auf der Grundlage angemessener Informationen zu seinem Ergebnis kommt[50]. Zu nachlaufenden Überprüfungspflichten, insbesondere dem Erfordernis der Einrichtung eines Informations- oder Frühwarnsystems zwischen Konzerngesellschaften s. Rz. 11.51 und Rz. 11.56.

11.46 Nachfolgend einige Aspekte, die gerade bei der Bewertung der prognostizierten Durchsetzbarkeit von Rückzahlungsansprüchen, d.h. bei der Bewertung des konkreten Ausfallrisikos bei im Rahmen eines Cash Pooling gewährten Darlehen von Bedeutung sein können:

11.47 – **Rating:** Ein Rating, wenn es denn einmal im Hinblick auf die Betreibergesellschaft vorliegt, kann ein nützliches Hilfsmittel bei der Beurteilung der Vollwertigkeit von Forderungen sein. Eine zwingende pauschale Deduktion des Vollwertigkeitsurteils aus einem bestimmten Rating lässt sich nach bilanzrechtlichen Grundsätzen jedoch nicht begründen. Erst recht können auch Forderungen gegen Gesellschaften, die nicht von einer der anerkannten Ratingagenturen überprüft worden sind, vollwertig sein. Neben dem Rating sind insbesondere Laufzeit und Höhe des Darlehens, daneben auch Informations- und Kündigungsrechte des Gläubigers zu beachten. Als Daumenregel wird man festhalten können, dass unterhalb eines Investment-Grade-Ratings besonders kritisch zu prüfen ist, ob die konkrete Ausgestaltung des Darlehens und die sonstigen Umstände es rechtfertigen, von der pünktlichen und vollständigen Rückzahlung des Darlehens auszugehen[51].

11.48 – **Besicherung:** Für die Beurteilung der Vollwertigkeit ist die Bestellung einer Sicherheit für den Rückgewähranspruch naturgemäß von großer Bedeutung. Allerdings kommt eine Besicherung konzerninterner Forderungen unter dem Cash Pooling in der Praxis nicht vor. Die Stellung einer Sicherheit ist aber auch entgegen einer vor und nach dem BGH-Urteil vom 24.11.2003 teilweise vertretenen Ansicht[52] keine zwingende Voraussetzung für die Annahme der Vollwertigkeit des Anspruchs[53]. Maßgeblich ist stets eine Gesamtbetrachtung aller Umstände; die Vollwertigkeit kann auch aufgrund anderer Umstände ausreichend sicher erscheinen[54].

11.49 – **Finanzierungsstruktur des Konzerns:** Für die Beurteilung der Vollwertigkeit ist naturgemäß von Bedeutung, ob Vermögen des Schuldners mit Sicherheiten zugunsten Dritter belastet ist, wie dies bei erheblicher Fremdfinanzierung der Gruppe, beispielsweise nach einem **Leveraged Buy-out**,

---

50 Ausführlicher zu diesen Voraussetzungen bei der Business Judgment Rule etwa *Krieger/Sailer-Coceani* in K. Schmidt/Lutter, 3. Aufl. 2015, § 93 AktG Rz. 10, 13, 15 m.w.N.

51 *Cahn*, Der Konzern 2009, 67 (72 ff.); s. auch *Mülbert/Sajnovits*, WM 2015, 2345 (2349) mit zahlreichen weiteren Nachweisen.

52 *Bayer* in FS Lutter, 2000, S. 1011 (1017 f., 1030 f.); *Bayer/Lieder*, ZGR 2005, 133 (148 f.); *Jula/Breitbarth*, AG 1997, 256 (264); *Kleffner*, Erhaltung des Stammkapitals und Haftung nach §§ 30, 31 GmbHG, 1993, S. 65 ff.; *Schön*, ZHR 159 (1995), 351 (372); so auch noch zur neuen Rechtslage nach dem MoMiG *Hölzle*, GmbHR 2007, 729 (734); s. auch die Harpener/Omni Entscheidung des OLG Hamm v. 10.5. 1995 – 8 U 59/94, AG 1995, 512 (515), die allerdings ein Darlehen einer AG in Höhe von DM 15 Mio. betraf.

53 *Mülbert/Sajnovits*, WM 2015, 2345 (2349).

54 So ausdrücklich auch *Altmeppen*, NZG 2010, 401 (403); *Drygala/Kremer*, ZIP 2007, 1289 (1293); *Habersack/Schürnbrand*, NZG 2004, 689 (693 f.); *Hentzen*, ZGR 2005, 480 (508 ff.); *Henze*, WM 2005, 717 (723); *Reidenbach*, WM 2004, 1421 (1428); *J. Vetter/Stadler*, Rz. 75 f., 222; *Winter*, DStR 2007, 1484 (1487); zur Gewährung von upstream loans bei der AG BGH v. 1.12.2008 – II ZR 102/07, BGHZ 179, 71 (76) Rz. 10 = AG 2009, 81; *Habersack* in Emmerich/Habersack, Aktien- und GmbH-Konzernrecht, 9. Aufl. 2019, § 311 AktG Rz. 47 ff.; *Krieger* in MünchHdb/AG, 4. Aufl. 2015, § 70 Rz. 55; *Altmeppen* in MünchKomm/AktG, 5. Aufl. 2020, § 311 AktG Rz. 244 f.; *J. Vetter* in K. Schmidt/Lutter, 4. Aufl. 2020, § 311 AktG Rz. 57 f. m.w.N.

häufig der Fall ist[55]. Die Möglichkeit des Schuldners, unbelastetes Vermögen als Kreditunterlage für die Beschaffung von Liquidität bei Banken einsetzen zu können, erhöht die Aussichten auf eine Realisierbarkeit der Forderung.

- **Verwendung der Mittel durch den Schuldner:** Am ungefährlichsten ist es, wenn der Schuldner die überlassenen Mittel behält oder bei einer Bank anlegt, was bei einem konzernweiten Cash Management aber allenfalls ausnahmsweise der Fall sein wird. Etwas gefährlicher ist es, wenn die Mittel – wie beim Cash Management üblich – an andere Konzerngesellschaften weitergereicht werden; dann beeinflusst auch die Bonität dieser Nehmergesellschaften die Vollwertigkeit der Forderung. Am höchsten ist das Risiko, wenn die liquiden Mittel der Verfügung der Holding vollständig entzogen werden, wie dies bei der Verwendung für eine Ausschüttung an deren Gesellschafter der Fall ist. 11.50
- Mit zu berücksichtigen sind auch die besonderen Gefahren aufgrund des Cash Pooling (s. bereits Rz. 11.9 ff.), insbesondere das **Klumpenrisiko** und der **Dominoeffekt**[56]. Auch bei diesen Cash Pooling spezifischen Risiken lassen sich keine allgemein verbindlichen Grundsätze wie beispielsweise eine generelle Pauschalwertberichtigung zum Ausgleich des Klumpenrisikos vorgeben[57]. 11.51
- **Laufzeit und Installation eines effektiven Frühwarnsystems:** Die Frage, ob die GmbH als Gläubiger die Möglichkeit hat, auf etwaige Vermögensverschlechterungen des Schuldners rechtzeitig zu reagieren und ihren Rückzahlungsanspruch geltend zu machen, stellt sich nicht nur im Rahmen der nachlaufenden Geschäftsführerpflichten (s. Rz. 11.56); die rechtliche und faktisch auch durchsetzbare Möglichkeit, die Fälligkeit des Rückzahlungsanspruchs einseitig zeitlich nach vorne zu ziehen, hat Bedeutung auch für die im Zeitpunkt der Darlehensgewährung erforderliche Beurteilung, ob der Darlehensschuldner das Darlehen bei Fälligkeit wird zurückzahlen können[58]. Bei einem an sich längerfristigen Darlehen besteht ein zumindest tendenziell höheres Ausfallrisiko, wenn der Darlehensgeber keine effiziente Möglichkeit hat, das Darlehen vorzeitig außerordentlich zu kündigen. In der Praxis sind Frühwarnsysteme entwickelt worden, die aus Informationsrechten der Gesellschaft und der Möglichkeit bestehen, bei einer Vermögensverschlechterung des Schuldners den Gegenleistungs- oder Rückzahlungsanspruch vorzeitig fällig zu stellen (hierzu ausführlicher Rz. 11.56 ff.)[59]. 11.52
- **Verzinsung:** Zur Frage, ob die Verzinsung einen Aspekt der Vollwertigkeit bildet s. ausführlich unter Rz. 11.57. 11.53

d) Maßgeblicher Stichtag für die Beurteilung der Vollwertigkeit des Gegenleistungsanspruchs

Die Vollwertigkeit ist im **Zeitpunkt der Darlehensgewährung** zu bestimmen[60]. Die Gesetzesbegründung stellt ausdrücklich klar, dass spätere nicht vorhersehbare negative Entwicklungen der Forderungen gegen den Gesellschafter und bilanzielle Abwertungen nicht nachträglich zu einer verbotenen Auszahlung führen[61]. Zudem begründet das Stehenlassen einer Forderung, d.h. das bloße 11.54

55 Die Begr. RegE MoMiG, BT-Drucks. 16/6140, 41, weist insoweit ausdrücklich darauf hin, dass die Vollwertigkeit regelmäßig zu verneinen sein dürfte, wenn der darlehensnehmende Gesellschafter eine mit geringen Mitteln ausgestattete Erwerbsgesellschaft ist.

56 A.A. *Mülbert/Sajnovits*, WM 2015, 2345 (2349).

57 Zum Vorschlag einer Pauschalwertberichtigung zum Ausgleich des Klumpenrisikos *Hentzen*, ZGR 2005, 480 (504 f.).

58 A.A. *Mülbert/Sajnovits*, WM 2015, 2345 (2349).

59 Ausführlicher zu derartigen Frühwarnsystemen und insbesondere Art und Umfang der zu gewährenden Informationen *Bayer/Lieder*, AG 2010, 885 (890 ff.); *Decker*, ZGR 2013, 392 (401 ff.); *Göcke/Rittscher*, DZWIR 2012, 355 (359); *Hentzen*, ZGR 2005, 480 (500 f.); *Schäfer/Fischbach* in FS Hellwig, 2011, S. 293 (301 ff.); *J. Vetter/Stadler*, Rz. 194 ff.; *Willemsen/Rechel*, BB 2009, 2215 (2220).

60 Unstreitig s. nur *Ekkenga* in MünchKomm/GmbHG, 3. Aufl. 2018, § 30 GmbHG Rz. 241; *Verse* in Scholz, 12. Aufl. 2018, § 30 GmbHG Rz. 88; ausführlicher *J. Vetter* in Goette/Habersack, Rz. 4.52 ff.

61 Begr. RegE MoMiG, BT-Drucks. 16/6140, 41.

Unterlassen, einen bestehenden Anspruch geltend zu machen, keine Auszahlung i.S.d. § 30 Abs. 1 GmbHG und ist daher für den Zeitpunkt der Bestimmung der Vollwertigkeit nicht relevant[62].

11.55 Beim Cash Pooling kommt es allerdings nicht auf den **Zeitpunkt des Abschlusses des Cash Management Vertrags** an[63]. Vielmehr stellt jede einzelne Abführung von Mitteln an den Gesellschafter ein Darlehen oder zumindest ein darlehensähnliches Geschäft (s. Rz. 11.22) dar[64].

11.56 Dass eine später eintretende Verschlechterung der Bonität des Gesellschafters nicht zu einem Verstoß gegen § 30 Abs. 1 GmbHG führt[65], ändert allerdings – wie vom Gesetzgeber zutreffend betont[66] – nichts an der **Verantwortung der Geschäftsführer, ein an den Gesellschafter gewährtes Darlehen rechtzeitig beizutreiben**[67]. Gerade bei Finanzierungs- und Besicherungsgeschäften zu Gunsten des Gesellschafters müssen die Geschäftsführer ihre Sorgfaltspflichten und die Solvenz und Liquidität ihres Schuldners genau im Blick behalten. Die Geschäftsführer sind nicht nur verpflichtet, bei Zweifeln an der Vollwertigkeit des Rückzahlungsanspruchs und eines dadurch begründeten Unterbilanzrisikos keine neue Liquidität an den Cash Pool abzuführen, sondern auch, bestehende Rückforderungsrechte geltend zu machen. Darüber hinaus muss der Geschäftsführer schon bei Abschluss des Cash Management Vertrags darauf achten, dass er handlungsfähig bleibt und ihm bei Bedarf die vertraglichen Rechte zustehen, die er zum Schutz der Gesellschaft im Krisenfall benötigt[68]. Insbesondere ist sicherzustellen, dass die GmbH als Gläubiger die Möglichkeit hat, auf etwaige Vermögensverschlechterungen des Schuldners rechtzeitig zu reagieren und ihren Rückzahlungsanspruch geltend zu machen oder bei Verschlechterung der Bonität des Schuldners Sicherheiten zu verlangen[69]. Nach Ansicht des BGH kann insbesondere bei einem Cash Management die Einrichtung von **Frühwarnsystemen** erforderlich sein (hierzu schon Rz. 11.52)[70].

e) Verzinsung

11.57 Das Erfordernis einer angemessenen Verzinsung der an den Gesellschafter überlassenen Liquidität ist in § 30 Abs. 1 Satz 2 GmbHG nicht ausdrücklich angesprochen. Demgegenüber hatte der BGH in seiner Entscheidung vom 24.11.2003 im Rahmen eines *obiter dictum* zur ausnahmsweise denkbaren Zulässigkeit von Upstream-Darlehen noch ausdrücklich darauf hingewiesen, dass neben der zweifelsfreien Vollwertigkeit die Darlehensvergabe auch im Interesse der Gesellschaft liegen und die Darlehensbedingungen dem Drittvergleich standhalten müssten[71]. Damit wurde insbesondere eine marktgerechte Verzinsung verlangt.

---

62 BGH v. 21.3.2017 – II ZR 93/16, NZG 2017, 658 Rz. 23; *Fastrich* in Baumbach/Hueck, 22. Aufl. 2019, § 30 GmbHG Rz. 43; a.A. *Ekkenga* in MünchKomm/GmbHG, 3. Aufl. 2018, § 30 GmbHG Rz. 224 und *Habersack* in Ulmer/Habersack/Löbbe, 2. Aufl. 2014, § 30 GmbHG Rz. 109; kritisch *Kuntz*, ZGR 2017, 917 (951 f.).

63 So aber *Hommelhoff* in Lutter/Hommelhoff, 20. Aufl. 2020, § 30 GmbHG Rz. 38.

64 Daher muss auch die Vollwertigkeit bei jeder einzelnen Abführung gegeben sein, so ausdrücklich etwa *Verse* in Scholz, 12. Aufl. 2018, § 30 GmbHG Rz. 88.

65 Ausdrücklich BGH v. 21.2.2017 – ZR 93/16, NZG 2017, 656 (660) Rz. 20.

66 Begr. RegE MoMiG, BT-Drucks. 16/6140, 41.

67 Zu entsprechenden Pflichten des Aufsichtsrats einer AG BGH v. 1.12.2008 – II ZR 102/07 – MPS, BGHZ 179, 71 (79) Rz. 14 = AG 2009, 81 (82); s. nun auch BGHZ 214, 258 Rz. 22 = NZG 2017, 658.

68 Ausführlicher *J. Vetter* in Goette/Habersack, Rz. 4.58 ff.; *J. Vetter/Kahnert*, S. 66 ff.

69 Eingehend *Altmeppen*, ZIP 2017, 1977 (1980 f.).

70 BGH v. 1.12.2008 – II ZR 102/07 – MPS, BGHZ 179, 71 (79) Rz. 14 = AG 2009, 81 (82); vgl. zu den Anforderungen an die nachlaufende Beobachtungspflicht auch *Kuntz*, ZIP 2017, 917 (949 f.).

71 BGH v. 24.11.2003 – II ZR 171/01, BGHZ 157, 72 (77).

Nach wie vor ist umstritten, ob die Verzinsung unter dem Aspekt der Vollwertigkeit und des Deckungsgebots[72] zu prüfen ist oder ob die Verzinsung unabhängig von dem ansonsten vollwertigen Gegenleistungsanspruch einem Drittvergleich[73] zu unterziehen ist. 11.58

Richtigerweise hängt die Frage, ob der Verzicht auf eine marktgerechte Verzinsung zu einer verbotenen Auszahlung i.S.d. § 30 Abs. 1 Satz 1 GmbHG führt, davon ab, ob sich die Gesellschaft zum Zeitpunkt der Darlehensgewährung im **„grünen"** oder im **„roten Bereich"** befindet (s. Rz. 11.25). 11.59

Befindet sich die Gesellschaft im Zeitpunkt der Darlehensgewährung im **grünen Bereich**, ist die Frage, ob durch die Darlehensgewährung eine Unterbilanz geschaffen und damit das Stammkapital angegriffen wird, nach **streng bilanziellen Grundsätzen** zu beurteilen (s. Rz. 11.26). 11.60

- Die fehlende bzw. nicht marktübliche Verzinsung eines **nicht nur kurzfristigen Darlehens** ist demnach **im Rahmen der Bewertung des Darlehensrückzahlungsanspruchs zur Bestimmung des Buchwerts zu berücksichtigen**. Unverzinsliche oder nicht marktgerecht verzinste Forderungen sind – soweit es sich um Forderungen mit einer Restlaufzeit von mehr als einem Jahr handelt – mit dem niedrigeren, um den marktgerechten Zins abgezinsten Barwert anzusetzen[74]. Folge ist, dass der Rückzahlungsanspruch nicht mit seinem Nennbetrag zu aktivieren ist; die Darlehensvergabe führt nicht zu einem Aktivtausch in gleicher Höhe, sondern zu einer Minderung des bilanziellen Eigenkapitals in Höhe des Abzinsungsbetrags.
- Handelt es sich hingegen um ein Darlehen mit einer Laufzeit von unter einem Jahr, führt eine fehlende oder nicht marktgerechte Verzinsung nicht zu einem Abschreibungsbedarf, sodass hierdurch keine Unterbilanz entsteht[75].

Befand sich die GmbH dagegen bereits vor der Darlehensgewährung **im roten Bereich, dem Stadium der Unterbilanz**, gilt Folgendes: 11.61

- Eine fehlende oder nicht marktgerechte Verzinsung führt unabhängig davon, ob dies nach bilanziellen Grundsätzen eine Wertberichtigung des Darlehensrückzahlungsanspruchs zur Folge hat, dazu, dass Vermögen der Gesellschaft kompensationslos auf den Gesellschafter übertragen wird und das Gesellschaftsvermögen effektiv gemindert wird. Dies ist nach den allgemein zu § 30 Abs. 1 GmbHG anerkannten Grundsätzen (s. Rz. 11.27), die vom Gesetzgeber durch das Deckungsgebot in Satz 2 noch einmal bestätigt worden sind, unzulässig.
- Überzeugend erscheint es dabei, den Aspekt der fehlenden Verzinsung nicht ausschließlich unter dem Aspekt der Vollwertigkeit, bzw. dem Deckungsgebot zu betrachten. In dem Verzicht auf eine marktgerechte Verzinsung bzw. der Differenz zwischen vereinbartem und marktüblichem Zinssatz ist vielmehr eine eigenständige kompensationslose Auszahlung zu sehen; dem Gesellschafter wird die Nutzungsmöglichkeit für einen Vermögensgegenstand unentgeltlich überlassen, die so am Markt für ihn nicht erhältlich wäre. Korrespondierend verzichtet die Gesellschaft im Interesse

---

72 *Kuntz*, ZGR 2017, 917 (938 f.); im Ergebnis *Brocker/Rockstroh*, BB 2009, 730 (731 f.); *Cahn*, Der Konzern 2009, 67 (71); *Eusani*, GmbHR 2009, 795 (800); *Hommelhoff* in Lutter/Hommelhoff, 20. Aufl. 2020, § 30 GmbHG Rz. 30; *Winter*, DStR 2007, 1484 (1487, 1489); *Wirsch*, Der Konzern 2009, 443 (448 f.); das Deckungsgebot als eigenständiges Kriterium ablehnend *Mülbert/Sajnovits*, WM 2015, 2345 (2350); zwischen Vollwertigkeit und Deckung unterscheidend *Kuntz*, ZGR 2017, 917 (945 f.).

73 *Habersack* in Ulmer/Habersack/Löbbe, 2. Aufl. 2014, § 30 GmbHG Rz. 106; *Altmeppen* in Roth/Altmeppen, 9. Aufl. 2019, § 30 GmbHG Rz. 119; *Verse* in Scholz, 12. Aufl. 2018, § 30 GmbHG Rz. 94; vgl. zum Meinungsstand *Mülbert/Sajnovits*, WM 2015, 2345 (2350).

74 Zu Grundsatz und Details etwa *Merkt* in Baumbach/Hopt, 39. Aufl. 2020, § 253 HGB Rz. 26; *Schubert* in Beck'scher Bilanzkommentar, 12. Aufl. 2020, § 253 HGB Rz. 60 ff.; *Böcking/Gros/Wirth* in Ebenroth/Boujong/Joost/Strohn, 4. Aufl. 2020, § 253 HGB Rz. 113.

75 Vgl. Nachweise bei *Altmeppen* in Roth/Altmeppen, 9. Aufl. 2019, § 30 GmbHG Rz. 119; *Habersack* in Ulmer/Habersack/Löbbe, 2. Aufl. 2014, § 30 GmbHG Rz. 106; *Verse* in Scholz, 12. Aufl. 2018, § 30 GmbHG Rz. 93.

des Gesellschafters auf die Nutzungsmöglichkeit und die Erwirtschaftung einer marktgerechten Verzinsung. Eine verbotene Auszahlung liegt dabei in jedem Fall nur in Höhe des der Gesellschaft entgangenen Zinses, nicht in Höhe der Darlehensvaluta vor[76]. Hierfür spricht, dass nach Ansicht des BGH zwischen der Uneinbringlichkeit eines Darlehens und zu niedrig bemessenen Zinsen kein Rechtswidrigkeitszusammenhang besteht und beide Elemente unabhängig voneinander zu betrachten sind[77].

- Sofern man alleine auf die Vollwertigkeit, nicht aber auf die Angemessenheit der Konditionen abstellte, ließe sich zwar vertreten, dass die Gesellschaft auch in der Unterbilanz kurzfristige unverzinsliche Darlehen gewähren darf, solange der Rückzahlungsanspruch nicht zu diskontieren ist[78]. Zwar wäre eine solche Auslegung mit dem Wortlaut des § 30 Abs. 1 Satz 2 GmbHG vereinbar. Die Vorschrift würde damit aber über eine klarstellende Rückkehr zum vor dem November 2003 herrschenden Verständnis eine echte Privilegierung von Darlehen und sonstigen Kreditierungsgeschäften mit dem Gesellschafter einführen[79]. Eine widerspruchslose Einordnung der Neuregelung in die Dogmatik des § 30 GmbHG wäre damit jedoch nicht mehr möglich. Dies und das vom Gesetzgeber betonte Deckungsgebot sprechen für die hier vertretene Ansicht. Es ist auch kein rechtspolitisches Bedürfnis dafür erkennbar, dass eine Gesellschaft, die sich im Stadium der Unterbilanz und damit in einer wirtschaftlichen Krise befindet, ihrem Gesellschafter Liquidität unverzinst überlassen darf. Im Übrigen zeigt die Erfahrung, dass einzelne Cash positive Gesellschaften dem Cash Pool letztlich doch dauerhaft Mittel zur Verfügung stellen, auch wenn dem kein langfristiger Darlehensvertrag zugrunde liegt.

11.62 Damit müssen auch beim Cash Pooling die Gebergesellschaften zu gewährenden Habenzinsen (und entsprechend auch die von Nehmergesellschaften zu zahlenden Sollzinsen) **marktgerecht sein, sofern sich die Konzerngesellschaft im Stadium der Unterbilanz befindet**. Bei der Bestimmung des angemessenen Zinses dürfen die unterschiedlichen Funktionselemente des Poolings aber nicht isoliert voneinander betrachtet werden. Zulässig ist eine pauschalierende Gesamtbetrachtung der Konditionen: Wenn sich eine Gesellschaft unter dem Cash Pool zu besonders günstigen Sollzinsen mit Liquidität versorgen kann, kann sie auch Abstriche bei den Habenzinsen akzeptieren, solange das Gesamtpaket aus ihrer Sicht für sie günstig oder jedenfalls noch marktgerecht erscheint[80]. Relevanz hat das aber nur für diejenigen Gesellschaften, bei denen realistischer Weise sowohl eine Inanspruchnahme als auch eine Überlassung von Liquidität in Betracht kommt[81]. Eine dauerhaft Cash-positive Gebergesellschaft kann ungünstige Habenzinsen nicht mit dem Verweis auf allein in der Theorie in Betracht kommende günstige Sollzinsen rechtfertigen.

f) Besonderheiten bei Bestehen eines Beherrschungs- oder Gewinnabführungsvertrags

11.63 In seiner ersten Alternative stellt § 30 Abs. 1 Satz 2 GmbHG klar, dass das Auszahlungsverbot des Satzes 1 nicht bei Leistungen gilt, „die bei Bestehen eines Beherrschungs- oder Gewinnabführungsvertrags (§ 291 des Aktiengesetzes) erfolgen". Eine entsprechende **Klarstellung** wurde **durch das MoMiG** in § 57 Abs. 1 AktG aufgenommen. Zugleich wurde § 291 Abs. 3 AktG, der bisher eine Ausnahme von den aktienrechtlichen Kapitalerhaltungsvorschriften für Leistungen „aufgrund" eines Be-

76 So auch *Mülbert/Sajnovits*, WM 2015, 2345 (2350 f.).

77 BGH v. 1.12.2008 – II ZR 102/07 – MPS, BGHZ 179, 71 (79) Rz. 14 = AG 2009, 81 (83) zur umgekehrten Konstellation der Geltendmachung einbringlicher Darlehensvaluta.

78 So etwa *Drygala/Kremer*, ZIP 2007, 1289 (1293); *Kiefner/Theusinger*, NZG 2008, 801 (804), die bei Darlehen von bis zu einem Jahr auf eine Verzinsung verzichten wollen; ebenso wohl auch *Fleischer* in K. Schmidt/Lutter, § 57 AktG Rz. 54; *Gehrlein*, Der Konzern 2007, 771 (785); *Gehrlein/Witt*, GmbH-Recht in der Praxis, 2. Aufl. 2008, 7. Kap. Rz. 11.

79 So auch *Mülbert/Sajnovits*, WM 2015, 2345 (2350).

80 Vgl. hierzu auch *Klein*, ZIP 2017, 258 (259).

81 Tendenziell großzügiger wohl *Altmeppen*, ZIP 2009, 49 (52); *Altmeppen* in Roth/Altmeppen, 9. Aufl. 2019, § 30 GmbHG Rz. 119.

herrschungs- oder Gewinnabführungsvertrags vorsah, dadurch erweitert, dass nunmehr Leistungen schon „bei Bestehen eines Beherrschungs- oder Gewinnabführungsvertrags" nicht als Verstoß gegen die §§ 57, 58 und 60 AktG gelten. Durch diese Regelungen werden gegenüber der alten Rechtslage die folgenden Klarstellungen und Erweiterungen vorgenommen:

- Durch die ausdrückliche Regelung in § 30 Abs. 1 GmbHG ist die früher umstrittene Frage, ob die **Verdrängung der Kapitalerhaltungsvorschriften analog § 291 Abs. 3 AktG auch bei der GmbH** gilt, geklärt[82]. 11.64
- Es kommt anders als nach § 291 Abs. 3 AktG a.F. nicht mehr darauf an, dass die Leistung im Falle eines Beherrschungsvertrags gerade **aufgrund einer Weisung** erfolgt[83]. Ohne eine Weisung macht sich der Geschäftsleiter bei nachteiligen, das Kapital gefährdenden Maßnahmen aber möglicherweise gegenüber der Gesellschaft schadensersatzpflichtig.
- Da nicht nur Leistungen aufgrund, sondern alle Leistungen bei Bestehen eines Beherrschungs- oder Gewinnabführungsvertrags nicht an den Kapitalerhaltungsvorschriften gemessen werden, gilt dies nunmehr auch für **Leistungen an Dritte** auf Veranlassung oder im Interesse des herrschenden Unternehmens, beispielsweise an andere Konzernunternehmen oder Unternehmen, die mit dem herrschenden Unternehmen in Geschäftsverbindung stehen[84]. Bedeutung hat dies insbesondere in mehrstufigen Unternehmensverbindungen, in denen ein Beherrschungs- oder Gewinnabführungsvertrag beispielsweise nur im Verhältnis Holding – Enkel oder Tochter – Enkel besteht, die Leistung aber an den nicht durch Vertrag verbundenen unmittelbaren oder mittelbaren Gesellschafter erfolgt.
- § 30 Abs. 1 Satz 1 GmbHG wird auch bei Bestehen eines **isolierten Gewinnabführungsvertrags** ausgeschlossen[85].

Grundlage für diese recht weitgehende Regelung ist die Erkenntnis, dass das Gläubigerschutzinstrument der Kapitalerhaltung durch den **Verlustausgleich nach § 302 AktG** (analog) mehr als kompensiert wird. Der Gesetzgeber belässt es bei dieser praktikablen, allein auf den Gläubigerschutz abzustellenden Betrachtung und der entsprechenden Regelung im Verhältnis zu den Gläubigern[86]. 11.65

Auch der Unternehmensvertrag eröffnet für das Cash Pooling allerdings keine unbegrenzten Möglichkeiten. Allgemein anerkannt ist, dass nachteilige Weisungen unter einem Beherrschungsvertrag nur zulässig sind, wenn sie (i) im Konzerninteresse erfolgen (§ 308 Abs. 1 Satz 2 AktG), (ii) die Existenz der Gesellschaft nicht gefährden[87] und (iii) der **Verlustausgleichsanspruch nach § 302 AktG** 11.66

82 Zum Meinungsstand vor Inkrafttreten des MoMiG *J. Vetter* in Goette/Habersack, Rz. 4.102 f.

83 Zum Erfordernis einer rechtmäßigen Weisung nach alter Rechtslage etwa *Altmeppen* in MünchKomm/AktG, 2. Aufl. 2000, § 291 AktG Rz. 228 f.; *Hentzen*, ZGR 2005, 480 (515); *Pentz*, ZIP 2006, 781 (786); *Spindler*, ZHR 171 (2007), 245 (259 f.); s. ferner auch Hüffer/Koch, 14. Aufl. 2020, § 291 AktG Rz. 36; *Schmolke*, Kapitalerhaltung in der GmbH nach dem MoMiG, 2009, § 30 Rz. 166 ff.

84 So ausdrücklich der Bericht des Rechtsausschusses zur Begründung der Änderung des § 30 Abs. 1 GmbHG, BT-Drucks. 16/9737, 56.

85 Zu § 291 Abs. 3 AktG a.F. entsprach es h.M., dass die §§ 57, 58 und 60 AktG bei Leistungen unter einem reinen Gewinnabführungsvertrag nicht ausgeschlossen sind, s. nur *Altmeppen* in MünchKomm/AktG, 2. Aufl. 2000, § 291 AktG Rz. 227; *Bayer* in MünchKomm/AktG, 5. Aufl. 2019, § 57 AktG Rz. 134; *Ekkenga* in MünchKomm/GmbHG, 3. Aufl. 2018, § 30 GmbHG Rz. 269; *Fleischer* in K. Schmidt/Lutter, 3. Aufl. 2015, § 57 AktG Rz. 35.

86 Vgl. hierzu auch *Klein*, ZIP 2017, 258 (260).

87 So die ganz h.M., s. nur *Emmerich* in Emmerich/Habersack, Aktien- und GmbH-Konzernrecht, 9. Aufl. 2019, § 308 AktG Rz. 60 ff.; Hüffer/Koch, 14. Aufl. 2020, § 308 AktG Rz. 19; *Hentzen*, ZGR 2005, 480 (515); *Riegger*, ZGR 2008, 233 (244); gegen ein Verbot existenzgefährdender Weisungen *Koppensteiner* in KölnKomm/AktG, 3. Aufl. 2004, § 308 AktG Rz. 50 ff.; *Altmeppen* in MünchKomm/AktG, 5. Aufl. 2020, § 308 AktG Rz. 122 ff.

vollwertig erscheint[88]. Insbesondere die letzte Voraussetzung wird häufig unterschätzt. Das Vollwertigkeitserfordernis bezieht sich zwar nicht auf die individuelle (Darlehensrückzahlungs-)Forderung, wohl aber den Anspruch auf Erstattung eines negativen Saldos zwischen den Erträgen und Aufwendungen des Geschäftsjahres. Ist bei einem Upstream-Darlehen der Darlehensrückzahlungsanspruch nicht vollwertig, kann die Darlehensvergabe zwar trotzdem zulässig sein. Allerdings ist zu beachten, dass der Ausfall des Darlehens zu einem entsprechenden Aufwand führt. Es ist dann weiter zu prüfen, ob dieser Aufwand und sonstige Aufwendungen durch Erträge mindestens ausgeglichen werden. Kann davon nicht mit ausreichender Sicherheit ausgegangen werden, wird auch der Verlustausgleichsanspruch kaum als vollwertig erscheinen, wenn gleichzeitig ein Darlehensanspruch gegen das herrschende Unternehmen nicht vollwertig ist.

g) Sicherheiten zugunsten der Holding als Auszahlung nach § 30 Abs. 1 GmbHG

11.67 Das Auszahlungsverbot betrifft nicht nur Geldleistungen an Gesellschafter, sondern Leistungen aller Art, die von der Gesellschaft veranlasst sind und zu einer Vermögensminderung auf Seiten der Gesellschaft führen (s. Rz. 11.25). Dass dem Gesellschafter auch durch eine Upstream-Sicherheit Vermögen der Gesellschaft zur Verfügung gestellt wird, ist bei dinglichen Sicherheiten besonders offensichtlich, wobei der **gewährte Vermögensvorteil in der Besicherung** liegt[89]. Es handelt sich um eine **mittelbare Form der Finanzierung** des Gesellschafters durch die Gesellschaft.

11.68 Die Bestellung von Sicherheiten durch Konzerngesellschaften zugunsten der die Holding oder die Betreibergesellschaft extern finanzierenden Bank begründet nicht nur hohe wirtschaftliche Risiken, sondern ist auch in der rechtlichen Beurteilung schwierig und umstritten[90]. Denn der Gesetzgeber hat die Bestellung von Sicherheiten nicht eigens geregelt.

11.69 Unproblematisch sind Sicherheiten der Konzerngesellschaft zugunsten eines Kreditgebers der Betreibergesellschaft insoweit, als ein Teil des extern aufgenommenen Kredits an die Konzerngesellschaft weitergereicht wird und sich die **Sicherheit der Höhe nach auf den weitergereichten Teil beschränkt**[91].

11.70 Als höchstrichterlich geklärt ist mittlerweile auch die für lange Zeit umstrittene Frage anzusehen, zu welchem **Zeitpunkt** eine **Auszahlung** i.S.d. § 30 Abs. 1 Satz 1 GmbHG vorliegt. Dabei wurden drei Ansatzpunkte diskutiert: Die Verpflichtung zur Bestellung einer Sicherheit[92], die Bestellung der Sicherheit[93]

88 Ausdrücklich *Altmeppen* in MünchKomm/AktG, 5. Aufl. 2020, § 302 AktG Rz. 41; *Altmeppen*, ZIP 2006, 1025 (1032 f.); *Altmeppen*, NZG 2010, 361 (363 f.); *Altmeppen*, ZIP 2017, 1977 (1981 f.); *Bormann/Urlichs*, GmbHR Sonderheft Okt. 2008, S. 37, 47; *Brandes* in FS Kellermann, 1990, S. 25 (29, 31); *Hentzen*, ZGR 2005, 480 (515); *Henze* in Großkomm/AktG, 4. Aufl. 2001, § 57 AktG Rz. 190; *Henze*, WM 2005, 717 (723); *J. Vetter/Stadler*, Rz. 175; zurückhaltender *Rieger*, ZGR 2008, 233 (245).

89 BGH v. 10.1.2017 – II ZR 94/15, AG 2017, 233 Rz. 15.

90 Ausführlich hierzu *J. Vetter* in Goette/Habersack, Rz. 4.68 ff.; *J. Vetter/Kahnert*, S. 57, 69 ff.; *Altmeppen*, ZIP 2017, 1977.

91 S. etwa *Bastuck*, WM 2000, 1991 (1094); *Bayer* in FS Lutter, 2000, S. 1011 (1025); *Bayer* in MünchKomm/AktG, 5. Aufl. 2019, § 57 AktG Rz. 186; *Maier-Reimer* in Lutter/Scheffler/U. H. Schneider (Hrsg.), Hdb. der Konzernfinanzierung, 1998, Rz. 16.20; *Schön*, ZHR 159 (1995), 351 (368); *J. Vetter* in Goette/Habersack, Rz. 4.93; *J. Vetter/Stadler*, Rz. 83.

92 S. etwa *Hommelhoff*, in Lutter/Hommelhoff, 20. Aufl. 2020, § 30 GmbHG Rz. 8; *Altmeppen*, ZIP 2017, 1977 (1979) m.w.N. Gegen diesen Ansatz spricht, dass es sich bei der Verpflichtung lediglich um eine Vermögensgefährdung handelt; so auch *Kuntz*, ZGR 2017, 917 (922).

93 S. etwa *Ekkenga* in MünchKomm/GmbHG, 32. Aufl. 2018, § 30 GmbHG Rz. 140, *Kiefner/Theusinger*, NZG 2008, 801 (805); differenzierend zwischen Bestellung zugunsten eines Dritten und zugunsten eines Gesellschafters *Habersack* in Ulmer/Habersack/Löbbe, 2. Aufl. 2014, § 30 GmbHG Rz. 110; *Verse* in Scholz, 12. Aufl. 2018, § 30 GmbHG Rz. 102 ff.; vgl. zum Meinungsstand *Altmeppen*, ZIP 2017, 1977 f.

und die (drohende) Verwertung der Sicherheit[94]. Hatte der BGH in einem vor der MoMiG-Reform ergangenen Urteil noch festgestellt, dass **jedenfalls** die Verwertung der Sicherheit als Auszahlung zu verstehen sei[95], hat er jüngst entschieden, dass die **Verwertung** einer dinglichen[96] Sicherheit **nicht für die Auszahlung i.S.d. § 30 Abs. 1 GmbHG maßgeblich** ist[97]. Vielmehr komme es **ausschließlich auf den Zeitpunkt der Bestellung** an, da die übrigen Gläubiger mit der Bestellung Zugriff auf das Vermögen der Gesellschaft verlieren, die die Verwertung nicht mehr verhindern kann[98]. Auch wenn Bedenken gegen die Maßgeblichkeit des Bestellungszeitpunkts bestehen bleiben[99], muss diese Streitfrage als für die Praxis entschieden angesehen werden.

Vor dem Hintergrund dieser Rechtsprechung lassen sich in Hinblick auf die Vereinbarkeit mit Kapitalerhaltungsgrundsätzen die folgenden Leitlinien festhalten, wobei zunächst danach zu unterscheiden ist, ob sich die Gesellschaft vor Bestellung der Sicherheit im **„grünen“** oder im **„roten Bereich“** der Unterbilanz befindet (s. Rz. 11.25). 11.71

Befindet sich die Gesellschaft vor Bestellung der Sicherheit noch im **„grünen Bereich“**, ist zu prüfen, ob die Gesellschaft **durch die Bestellung der Sicherheit in die Unterbilanz** gerät. 11.72

- Dies ist nach den grundsätzlich für diese Frage anwendbaren bilanziellen Grundsätzen der Fall, wenn die Inanspruchnahme aus der Sicherheit derart droht, dass eine Verbindlichkeit oder Rückstellung nach § 249 HGB zu passivieren ist, die nicht durch einen **entsprechend zu aktivierenden Rückgriffsanspruch gegen den Gesellschafter** neutralisiert wird, und durch diese **Eigenkapitalminderung** eine **Unterbilanz entsteht oder verschärft wird**. Da eine Rückstellung zu bilden ist, wenn die Inanspruchnahme überwiegend wahrscheinlich ist oder jedenfalls ernstlich droht[100], dürfte bei dem Erfordernis einer Rückstellungsbildung kein vollwertiger Rückgriffsanspruch bestehen[101].
- Der BGH kommt zu einem dem wirtschaftlich wohl regelmäßig entsprechenden Ergebnis, dass er aber weniger strikt entlang bilanzieller Kategorien begründet. Nach seiner Ansicht kommt es nicht erst dann zu einer am Maßstab des § 30 Abs. 1 Satz 1 GmbHG zu messenden Auszahlung, wenn die Inanspruchnahme aus der Sicherheit droht, wenn also handelsbilanziell eine Rückstellung zu bilden ist. Vielmehr kann nach dem BGH auch ein Vorgang, der **nicht bilanzwirksam** ist, am Maßstab des § 30 Abs. 1 Satz 1 GmbHG zu messen sein. Geboten sei **eine wirtschaftliche Betrachtungsweise**, da eine strikte Orientierung an Bilanzierungsgrundsätzen der Fallgestaltung der Bestellung von Sicherheiten nicht gerecht werde[102]. Der Schutz des § 30 Abs. 1 GmbHG soll eingreifen, wenn zum Zeitpunkt der Bestellung der Sicherheit der Wert des Vermögensabflusses durch die Sicherheitsbestellung, der einer unterstellten Verwertung zum Zeitpunkt der Bestellung der Sicherheit entspricht, nicht durch einen Freistellungsanspruch ausgeglichen wird und diese rechnerische Unterdeckung – unabhängig davon, ob sie sich in der Handelsbilanz abbilden würde – zu einer Unterbilanz führt oder eine solche vertieft[103]. Für die Frage, ob der fingierte Vermögen- 11.73

---

94 S. etwa *Sutter/Masseli*, WM 2010, 1064 (1068); jedenfalls auch auf die Verwertung abstellend *J. Vetter* in Goette/Habersack, Rz. 79 ff.
95 BGH v. 18.6.2007 – II ZR 86/06, BGHZ 173, 1 (11) Rz. 25.
96 Zur Frage der Übertragbarkeit der für die dingliche Sicherheit entwickelten Grundsätze auf schuldrechtliche Sicherheiten *Verse*, GmbHR 2018, 113 (116 ff.); *Becker*, ZIP 2017, 1599 (1606 ff.).
97 BGH v. 21.3.2017 – II ZR 93/16, NZG 2017, 658 Rz. 24; BGH v. 10.1.2017 – II ZR 94/15, AG 2017, 233 Rz. 15 für die AG.
98 BGH v. 21.3.2017 – II ZR 93/16, NZG 2017, 658 Rz. 14.
99 S. hierzu eingehend die 5. Aufl. Rz. 11.63 f. und *J. Vetter* in Goette/Habersack, Rz. 4.74 ff.
100 Nachweise zur Rechtsprechung des BFH und dem bilanzrechtlichen Schrifttum bei *Verse*, GmbHR 2018, 113 (118); *Kiefner/Bochum*, NZG 2017, 1292 (1296).
101 Ähnlich *Séché/Theusinger*, BB 2017, 1550 (1552).
102 BGH v. 21.3.2017 – II ZR 93/16, NZG 2017, 658 Rz. 16.
103 BGH v. 21.3.2017 – II ZR 93/16, NZG 2017, 658 Rz. 20.

abfluss durch einen Ausgleichsanspruch ausgeglichen wird, prüft der BGH, ob im Zeitpunkt der Sicherheitenbestellung ein Ausfall des Freistellungsanspruchs unwahrscheinlich[104] ist.

11.74 – Dass nach dem Begründungsansatz des BGH auch ein Vermögensabfluss, der sich nicht in der Bilanz niederschlägt, zu einer Unterbilanz führen kann, darf allerdings **nicht** dahingehend interpretiert werden, dass der BGH das Stammkapital nicht mehr anhand einer Bilanz nach handelsbilanziellen Grundsätzen ermitteln will[105]. Insbesondere für die Klärung, ob sich die Gesellschaft bereits vor der Auszahlung in der Unterbilanz befand, kommt es uneingeschränkt auf eine rein bilanzielle Betrachtungsweise, d.h. auf Buchwerte an. Auch für die Frage, ob eine Unterbilanz entsteht, ermittelt der BGH das geschützte Stammkapital anhand einer auf den Stichtag der Sicherheitsbestellung erstellten Zwischenbilanz nach HGB Bilanzierungsgrundsätzen. Allerdings legt er bei der Ermittlung der bilanziellen Auswirkungen der Sicherheitenbestellung als Auszahlung eine fiktive, „quasi-bilanzielle" Basis zu Grunde[106].

11.75 – Der praktische Unterschied zu einer rein bilanziellen Argumentation dürfte darin bestehen, dass der BGH unabhängig von einer drohenden Inanspruchnahme der Sicherheit schon dann zu einer (fingierten) Eigenkapitalminderung kommt, wenn im Zeitpunkt der Sicherheitenbestellung **begründete Zweifel** an der Fähigkeit des Gesellschafters zur Erfüllung des Ausgleichsanspruch zum Fälligkeitszeitpunkt bestehen, so dass ein fiktiver Aktivtausch mangels werthaltigen Freistellungsanspruchs nicht in Betracht kommt. Im Interesse eines effektiven Vermögensschutzes trägt der BGH dabei wohl dem Umstand Rechnung, dass die Passivierung der Bestellung einer Sicherheit nach überwiegender Literaturansicht eine Ausfallwahrscheinlichkeit von mindestens 25 % verlangt, während die volle Werthaltigkeit des Freistellungsanspruchs bereits bei begründeten Zweifeln nicht mehr gegeben ist[107]. Um das Eigenkapital effektiv zu schützen, hätte der BGH alternativ an der streng bilanziellen Betrachtung festhalten und eine Rückstellungsbildung – parallel zur Werthaltigkeitsprüfung des Freistellungsanspruchs – bereits bei konkreten Zweifeln an der Zahlungsfähigkeit des Gesellschafters annehmen können[108].

11.76 – Die dargestellten Grundsätze des BGH zur Ermittlung einer Unterbilanz bei dinglichen Sicherheiten wird man auch auf **persönliche Sicherheiten** erstrecken können[109], aber nicht darüber hinaus. Die vom BGH vorgenommene punktuelle Relativierung der streng bilanziellen Betrachtungsweise bezüglich der Ermittlung einer Unterbilanz findet **ausschließlich** im Falle der Bestellung einer Sicherheit Anwendung. Rückschlüsse auf ein generell modifiziertes Verständnis des § 30 Abs. 1 Satz 1 GmbHG lassen sich daraus nicht ziehen.

11.77 Befindet sich die Gesellschaft bereits vor der Bestellung der Sicherheit im „roten" **Stadium der Unterbilanz**, gilt nach dem BGH Folgendes:

- Es ist zu prüfen, ob der Bestellung der Sicherheit ein **vollwertiger Rückgriffsanspruch** gegenübersteht[110]. Im Zeitpunkt der Bestellung der Sicherheit ist zu beurteilen, ob davon auszugehen

104 Die fehlende Konkretisierung des Wahrscheinlichkeitsmaßstabs durch den BGH kritisierend *Verse*, GmbHG 2018, 113 (118).

105 Die Frage aufwerfend, einen derart weitreichenden Richtungswechsel aber verneinend *Séché/Theusinger*, BB 2017, 1550 (1553).

106 *Becker*, ZIP 2017, 1599 (1601).

107 Auf die unterschiedlichen Wahrscheinlichkeitsanforderungen hinweisend auch *Becker*, ZIP 2017, 1599 (1603); er erblickt in der Erfassung bilanzneutraler Vorgänge von § 30 Abs. 1 GmbHG eine erweiternde Auslegung der Norm, vgl. *Becker*, ZIP 2017, 1599 (1601).

108 So *Verse*, GmbHR 2018, 113 (120); *Kiefner/Bochum* hingegen befürworten zwar eine Orientierung an den Maßstäben der Handelsbilanz, wollen den Rückgriffsanspruch aber für vollwertig halten, wenn die Wahrscheinlichkeit der Inanspruchnahme bei 25 % oder weniger liegt; vgl. NZG 2017, 1292 (1300); dies dürfte allerdings aus Sicht des BGH das Eigenkapital nicht effektiv genug schützen.

109 S. auch *Verse*, GmbHR 2018, 113 (116); *Verse* in Scholz, 12. Aufl. 2018, § 30 GmbHG Rz. 97; *Kiefner/Bochum*, NZG 2017, 1292 (1296 f.), a.A. wohl *Becker*, ZIP 2017, 1599 (1606 f.).

110 BGH v. 21.3.2017 – II ZR 93/16, NZG 2017, 658 Rz. 12.

ist, dass der Gesellschafter in der Lage ist, die Gesellschaft bei Fälligkeit des von ihr besicherten Darlehens von der Inanspruchnahme der Sicherheit freizustellen.

- Der BGH sieht also in dem mit einer Sicherheitenbestellung stets verbundenen Ausfallrisiko nicht per se eine reale Vermögensminderung, so wie er auch bei einem Darlehen in dem damit stets verbundenen Ausfallrisiko nicht per se eine Vermögensminderung sieht (s. Rz. 11.40 f.)[111]. Die dagegen bestehenden Bedenken[112],
  - dass sich die reale Vermögensposition der Gesellschaft durch die möglicherweise sogar dingliche Weggabe von Vermögen zum Zweck der Besicherung einer fremden Darlehensverbindlichkeit verschlechtert;
  - dass der Gesellschafter eine entsprechende Besicherung am Markt möglicherweise gar nicht oder nicht zu diesen Konditionen erhalten hätte;
  - dass die Gesellschaft einem Dritten zu einem Zeitpunkt, in dem sie sich selbst in einer durch die Unterbilanz manifestierten Krise befindet, keine Sicherheit bestellen würde und
  - dass die Sicherheit von dem Gläubiger des Gesellschafters gerade für den Fall verlangt und von der Gesellschaft gerade für den Fall gewährt wird, dass der Gesellschafter selbst zur Erfüllung des besicherten Anspruchs bei dessen Fälligkeit nicht in der Lage sein wird und in diesem Fall auch die Gesellschaft nicht wird freizustellen können,
- haben den BGH offenbar nicht davon abgehalten, keine reale Vermögensminderung trotz im Zeitpunkt der Sicherheitenbestellung als vollwertig eingeschätzten Rückgriffsanspruchs anzunehmen.
- Für das Vorliegen einer Auszahlung kommt es nach dem BGH zunächst darauf an, ob der Ausfall des von der Gesellschaft besicherten Darlehensgebers **unwahrscheinlich** ist. Ob der Sicherungsnehmer auf die Sicherheit zugreifen wird, ist danach zu beurteilen, ob der Gesellschafter aus ex-ante Perspektive in der Lage sein wird, das besicherte Darlehen zurückzuzahlen[113]. Für die Frage der Ausfallwahrscheinlichkeit ist damit die **ex-ante Prognose der Vermögenslage des begünstigten Gesellschafters zum Zeitpunkt der Bestellung der Sicherheit** ausschlaggebend. Dabei kommt es nicht nur darauf an, ob der Gesellschafter in der Lage ist, die besicherte Verbindlichkeit zu tilgen; einer Auszahlung steht auch entgegen, wenn eine werthaltige, der von der Gesellschaft bestellten Sicherheit vorgehende Sicherheit bestellt wurde, deren Verwertung die besicherte Verbindlichkeit abdeckt[114]. Die Frage der Ausfallwahrscheinlichkeit kann dabei nach dem BGH wie bei der Gewährung eines Darlehens an den Gesellschafter anhand einer typisierenden Betrachtung entschieden werden[115]. 11.78
- Parallel zur Darlehensgewährung spielt es hingegen keine Rolle, ob sich die Vermögenslage des Gesellschafters nachträglich verschlechtert. Die ex ante bestehende Vollwertigkeit des Freistellungsanspruchs entfällt nicht rückwirkend durch negative Entwicklungen. Ebenso ist in der bloßen Unterlassung, Ansprüche gegen den Gesellschafter geltend zu machen, keine Auszahlung zu sehen[116]. 11.79
- Unabhängig von der Vollwertigkeit des Rückgriffsanspruchs stellt die unentgeltliche Bestellung einer Sicherheit im Stadium der Unterbilanz dennoch eine verbotene Auszahlung dar[117]. Zwar 11.80

---

111 BGH v. 21.3.2017 – II ZR 93/16, NZG 2017, 658 Rz. 16.

112 Dazu näher 5. Aufl. Rz. 11.62 ff. m.w.N.

113 BGH v. 10.1.2017 – II ZR 94/15, AG 2017, 233 Rz. 18.

114 BGH v. 21.3.2017 – II ZR 93/16, NZG 2017, 658 Rz. 20.

115 BGH v. 21.3.2017 – II ZR 93/16, NZG 2017, 658 Rz. 20.

116 BGH v. 21.3.2017 – II ZR 93/16, NZG 2017, 658 Rz. 21, 23; zur Behandlung nachträglicher Veränderungen eingehend *Kiefner/Bochum*, NZG 2017, 1292 (1297 ff.); zu den nachlaufenden Beobachtungspflichten ausführlich *Kuntz*, ZGR 2017, 917 (949 f.); zur abweichenden Auffassung vgl. die 5. Aufl. Rz. 1163 f. m.w.N.

117 So bereits angedeutet Rz. 11.62 der 5. Aufl.

hat der BGH in seinen jüngeren, zur Bestellung dinglicher Sicherheiten ergangenen Urteilen[118] nicht zum Erfordernis einer marktüblichen Avalprovision Stellung bezogen. Dies ist aber nur dahingehend zu werten, dass die Avalprovision nicht unter dem Aspekt der Vollwertigkeit des Freistellungsanspruchs zu prüfen ist[119]. Parallel zu dem oben behandelten Verzicht auf eine marktübliche Verzinsung aufsteigender Darlehen (s. Rz. 11.61) wird man in dem Verzicht auf eine marktübliche Avalprovision eine eigenständige Zuwendung an den Gesellschafter und somit eine Auszahlung sehen müssen, die für sich genommen am Maßstab des § 30 Abs. 1 Satz 1 GmbHG zu messen und im Stadium der Unterbilanz mangels Kompensation verboten ist (s. Rz. 11.27 ff.)[120]. Parallel zur unzureichenden Verzinsung eines Darlehens entspricht die Höhe der Auszahlung der entgangenen Avalprovision und nicht pauschal dem Wert der Sicherheit.

11.81 Fraglich ist, ob in Upstream-Besicherungsverträgen weiterhin **vertragliche Verwertungsbeschränkungen** (sog. ***limitation language***) vorzusehen sind[121], die die Verwertung der Sicherheit insoweit einschränken, als die besicherten Darlehensmittel nicht an die besichernde Konzerngesellschaft weitergeleitet wurden und die Verwertung zu einer Unterbilanz bei der GmbH führen oder eine bestehende Unterbilanz verstärken würde[122]. Auf Basis der Rechtsprechung des BGH wäre eine *limitation language* nicht mehr zur Vermeidung eines Verstoßes gegen § 30 Abs. 1 GmbHG erforderlich, wenn zum Zeitpunkt der Sicherheitenbestellung die Bonität des Gesellschafters außer Zweifel steht oder die (fiktive) Sicherheitsverwertung nicht zu einer Unterbilanz führen bzw. eine solche vertiefen würde[123]. Man könnte daran denken, die *limitation language* auf den Bestellungszeitpunkt zu beziehen, so dass eine Verwertung der Sicherheit ausgeschlossen wird, wenn ansonsten im Zeitpunkt der Bestellung ein Verstoß gegen § 30 Abs. 1 GmbHG zu sehen wäre[124]. Angesichts der praktischen Schwierigkeiten einer Beurteilung der zukünftigen Bonität des Schuldners und der Vollwertigkeit des Rückgriffsanspruchs verschafft eine auf den Verwertungszeitpunkt bezogene *limitation language* insbesondere dem Geschäftsführer der GmbH aber eine zusätzliche Verteidigungslinie für den Fall der späteren Inanspruchnahme der Sicherheit[125]. Im Übrigen ist zu beachten, dass vertragliche Verwertungsbeschränkungen unabhängig von ihrer Relevanz für die Einhaltung des § 30 Abs. 1 GmbHG im Hinblick auf nachlaufende Beobachtungs- und Reaktionspflichten des Geschäftsführers (s. Rz. 11.56) relevant sind[126].

11.82 In der Praxis wird im **Beherrschungsvertrag** teilweise ein Allheilmittel gegen rechtliche Risiken im Zusammenhang mit der Gewährung von Upstream-Sicherheiten gesehen. Diese Sichtweise ist zumindest zweifelhaft. Für die Beurteilung der Zulässigkeit von Upstream-Sicherheiten kommt es beim Beherrschungs- oder Gewinnabführungsvertrag zwar nicht auf das Vorliegen einer Unterbilanz und die Beurteilung der Vollwertigkeit des Rückgriffsanspruchs an, wohl aber auf die Vollwertigkeit des Verlustausgleichsanspruchs (s. hierzu bereits Rz. 11.65 f.) an.

---

118 BGH v. 21.3.2017 – II ZR 93/16, NZG 2017, 658 Rz. 24; BGH v. 10.1.2017 – II ZR 94/15, AG 2017, 233 Rz. 15 für die AG.

119 Eingehend hierzu *Verse*, GmbHR 2018, 113 (119).

120 So auch *Verse*, GmbHR 2018, 113 (119).

121 Ablehnend *Habersack* in Ulmer/Habersack/Löbbe, 2. Aufl. 2014, § 30 GmbHG Rz. 98.

122 Zu deren Inhalt und Ausgestaltung etwa *Bastuck*, WM 2000, 1091 (1097 f.); *Diem*, Akquisitionsfinanzierungen, 2. Aufl. 2009, § 43 Rz. 106 ff.; *Kollmorgen/Santelmann/Weiss*, BB 2009, 1818 (1821).

123 *Becker*, ZIP 2017, 1599 (1608).

124 *Verse*, GmbHR 2018, 113 (121 f.).

125 Zur Sinnhaftigkeit vertraglicher Verwertungsbeschränkungen auch *Séché/Theusinger*, BB 2017, 1550 (1554).

126 Zu Einzelheiten vgl. *Kiefner/Bochum*, NZG 2017, 1292 (1303); *Séché/Theusinger*, BB 2017, 1550 (1554); zu weiteren Fragen der limitation language vgl. auch *Heerma/Bergmann*, ZIP 2017, 1261 (1263).

2. Die liquiditätsbezogene Ausschüttungssperre des § 64 Satz 3 GmbHG, Verbot des existenzvernichtenden Eingriffs

a) Überblick

Mit Einführung des § 64 Satz 3 GmbHG (für die AG § 92 Abs. 2 Satz 3 AktG) wurde der gesellschaftsrechtliche Vermögensschutz um einen **kodifizierten Liquiditätsschutz** für die GmbH (und die AG)[127] ergänzt[128], da sich gezeigt hatte, dass ein rein bilanzielles Schutzkonzept, das die Liquidität des Vermögens unberücksichtigt lässt, den effektiven Schutz der Gesellschaft und mittelbar ihrer Gläubiger nur unzureichend gewährleisten kann. Das Zahlungsverbot des § 64 Satz 3 GmbHG ist nicht auf Zahlungen aus dem zur Erhaltung des Stammkapitals erforderlichen Vermögens beschränkt, sondern erfasst alle Zahlungen an Gesellschafter, die die Zahlungsunfähigkeit der Gesellschaft herbeiführen mussten und auch tatsächlich herbeigeführt haben. Dabei ist der Begriff der Zahlung weit auszulegen[129]. Für die Gesellschafterstellung genügt es, wenn der Zahlungsempfänger einem Gesellschafter wirtschaftlich entspricht. Davon ist jedenfalls dann auszugehen, wenn – wie beim Cash Pooling – die Zahlung an verbundene Gesellschaften im Interesse oder auf Veranlassung des Gesellschafters erfolgt[130]. 11.83

§ 64 Satz 3 GmbHG erfasst einen Teilbereich der Fälle existenzvernichtender Eingriffe und soll die Gesellschaft gegen Ausplünderungen schützen[131]. Dabei ist der Anspruch aus § 64 Satz 3 GmbHG ein Insolvenzanspruch eigener Art[132].·Er zielt darauf, im Insolvenzverfahren eine ranggerechte und gleichmäßige Befriedigung aller Insolvenzgläubiger zu erreichen[133]. § 64 GmbHG gilt auch im Vertragskonzern[134]. Das Pendant der Geschäftsführerhaftung aus § 64 Satz 3 GmbHG ist die Haftung des Gesellschafters wegen existenzvernichtenden Eingriffs, die nach einer dogmatischen Odyssee nunmehr auf § 826 BGB gestützt wird[135]. Im Zweifel wird man davon ausgehen können, dass bei Vorliegen der Voraussetzungen des § 64 Satz 3 GmbHG auch die Voraussetzungen für eine Haftung des Gesellschafters nach § 826 BGB gegeben sind. 11.84

b) Bedeutung für die Rückzahlung von Gesellschafterdarlehen

Fraglich ist, ob in der Krise die Rückzahlung eines Gesellschafterdarlehens, insbesondere eines noch nicht fälligen, den Tatbestand des § 64 Satz 3 GmbHG verwirklicht[136]. Der Wegfall der Verpflichtung zur Rückzahlung ist insoweit aufgrund der fehlenden Liquiditätsrelevanz nicht zur Kompensation geeignet[137]. 11.85

---

127 Zur Anwendbarkeit auf Auslandsgesellschaften eingehend *K. Schmidt* in Scholz, 11. Aufl. 2015, § 64 GmbHG Rz. 80; vgl. auch BGH v. 2.12.2014 – ZR 119/14, GmbHR 2015, 79 Rz. 8 und 14; EuGH v. 10.12.2015 – C-594/14 – Kornhaas, ZIP 2015, 2468.

128 Vgl. *K. Schmidt* in Scholz, 11. Aufl. 2015, § 64 GmbHG Rz. 79.

129 Eingehend *Sutter/Kuznetsova*, WM 2017, 745 (747); vgl. zur Übertragung von Rechten BGH v. 23.6. 2015 – II ZR 366/13, ZIP 2015, 1480 Rz. 20.

130 *Haas* in Baumbach/Hueck, 22. Aufl. 2019, § 64 GmbHG Rz. 130; *H. F. Müller* in MünchKomm/GmbHG, 3. Aufl. 2018, § 64 GmbHG Rz. 186; *Kleindiek* in Lutter/Hommelhoff, 20. Aufl. 2020, § 64 GmbHG Rz. 53; *K. Schmidt* in Scholz, 11. Aufl. 2015, § 64 GmbHG Rz. 91.

131 Vgl. nur *K. Schmidt* in Scholz, 11. Aufl. 2015, § 64 GmbHG Rz. 79.

132 *Kleindiek* in Lutter/Hommelhoff, GmbHG, 20. Aufl. 2020, § 64 Rz. 47.

133 *Klein*, ZIP 2017, 258 (268).

134 Ausdrücklich *Komo*, GmbHR, 2010, 230 (236).

135 BGH v. 16.7.2007 – II ZR 3/04 – Trihotel, BGHZ 173, 246 ff.; BGH v. 28.4.2008 – II ZR 264/06 – Gamma, BGHZ 176, 204 ff.

136 So etwa *Hüffer/Koch*, 14. Aufl. 2020, § 92 AktG Rz. 35 (zur Parallelvorschrift des § 92 Abs. 2 Satz 3 AktG); *H. F. Müller* in MünchKomm/GmbHG, 3. Aufl. 2018, § 64 GmbHG Rz. 184; *Demisch/Reichardt*, InsVz 2010, 236 (236); *Möller*, Der Konzern 2008, 1 (9).

137 *Kleindiek* in Lutter/Hommelhoff, 20. Aufl. 2020, § 64 GmbHG Rz. 51.

11.86 Der **Begriff der Zahlungsunfähigkeit** in § 64 Satz 3 GmbHG hat dieselbe Bedeutung wie in § 17 InsO[138]. Nach § 17 Abs. 2 Satz 1 InsO ist der Schuldner zahlungsunfähig, wenn er nicht in der Lage ist, seine fälligen Zahlungsverpflichtungen zu erfüllen. Davon ist regelmäßig auszugehen, wenn eine innerhalb von drei Wochen nicht zu beseitigende Liquiditätslücke von mindestens 10 % besteht und nicht ausnahmsweise mit an Sicherheit grenzender Wahrscheinlichkeit zu erwarten ist, dass die Liquiditätslücke demnächst vollständig oder fast vollständig geschlossen wird und den Gläubigern ein Zuwarten nach den besonderen Umständen des Einzelfalls zuzumuten ist[139]. Zur Ermittlung der Zahlungsunfähigkeit werden im Rahmen einer Liquiditätsbilanz der aktuell bzw. kurzfristig (innerhalb von drei Wochen) verfügbare Mittelbestand und die fälligen und eingeforderten, und die innerhalb von drei Wochen fällig werdenden und eingeforderten Verbindlichkeiten der Gesellschaft ins Verhältnis zueinander gesetzt[140].

11.87 Die Zahlungsunfähigkeit wird nicht kausal durch eine Zahlung an den Gesellschafter i.S.d. § 64 Satz 3 GmbHG verursacht, wenn die Gesellschaft bereits zahlungsunfähig ist[141]. Daher liegt ein Verstoß gegen § 64 Satz 3 GmbHG grundsätzlich nicht vor, wenn auf einen fälligen und durchsetzbaren Anspruch geleistet wird. Denn eine solche Forderung ist auf der Passivseite der Liquiditätsbilanz aufzuführen, so dass die Zahlung auf einen solchen **fälligen (Rückzahlungs-)Anspruch** nicht zur Zahlungsunfähigkeit führen kann[142].

11.88 Forderungen und Verbindlichkeiten aus dem Cash Pooling sind regelmäßig sofort oder jedenfalls kurzfristig fällig. Wenn man fällige Forderungen der Gesellschafter in der Liquiditätsbilanz berücksichtigt, würde eine Zahlung auf eine Verbindlichkeit im Cash Pooling danach praktisch fast nie von § 64 Satz 3 GmbHG erfasst. Teile der Literatur versuchen dieses Ergebnis zu korrigieren, indem die Forderung des Gesellschafters bei der Prüfung, ob die Gesellschaft durch die Zahlung zahlungsunfähig wird, ausgeblendet wird. Abzustellen ist ihrer Ansicht nach im Rahmen der Liquiditätsbilanz allein auf die fälligen Verbindlichkeiten gegenüber Nichtgesellschafter-Gläubigern[143]. Zur Begründung wird darauf verwiesen, dass andernfalls der Anwendungsbereich des § 64 Satz 3 GmbHG regelmäßig leer liefe, obwohl der Zweck der Vorschrift im Schutz der Gesellschaft vor einer Liquiditätsbelastung durch die Begleichung schon bestehender Verbindlichkeiten liege[144].

---

138 BGH v. 9.10.2012 – II ZR 198/11, GmbHR 2013, 31 Rz. 7 ff.; LG Berlin v. 16.12.2009 – 100 O 75/09, GmbHR 2010, 201 (203); *K. Schmidt* in Scholz, 11. Aufl. 2014, § 64 GmbHG Rz. 96 f.; *Böcker/Poertzgen*, WM 2007, 1203 (1206 f.); *Brand*, NZG 2012, 1374 (1375); *Desch*, BB 2010, 2586 (2588); *Knof*, DStR 2007, 1536 (1538 f.); *Komo*, GmbHR 2010, 230 (235); *Niesert/Hohler*, NZI 2009, 345 (349 f.); *Winstel/Skauradszun*, GmbHR 2011, 185 (186 f.).

139 S. etwa BGH v. 19.7.2007 – IX ZB 36/07, BGHZ 173, 286 Rz. 31; BGH v. 27.3.2012 – II ZR 171/10, GmbHR 2012, 746; BGH v. 9.10.2012 – II ZR 198/11, GmbHR 2013, 31 Rz. 8 m.w.N.

140 BGH v. 19.12.2017 – ZR 88/16, GmbHR 2018, 299 Rz. 32 ff.; zum Erfordernis einer sorgfältigen und umfassenden Dokumentation zur Minimierung von Haftungsrisiken des Geschäftsführers in der Krise vgl. *Müller*, BB 2018, 467.

141 Eingehend zum Erfordernis eines Ursachenzusammenhangs zwischen Zahlung und Zahlungsunfähigkeit *K. Schmidt* in Scholz, 11. Aufl. 2014, § 64 GmbHG Rz. 98 ff.

142 Vgl. *Desch*, BB 2010, 2586 (2586); *Nolting-Hauff/Greulich*, GmbHR 2013, 169 (170); *Spliedt*, ZIP 2009, 149 (159); *Strohn*, NZG 2011, 1161 (1168); *Winstel/Skauradszun*, GmbHR 2011, 185 (186); BGH v. 9.10.2012 – II ZR 198/11, GmbHR 2013, 31 Rz. 9.

143 *H. F. Müller* in MünchKomm/GmbHG, 1. Aufl. 2011, § 64 GmbHG Rz. 167; *Dahl/Schmitz*, NZG 2009, 567 (569); *Demisch/Reichardt*, InsVz 2010, 236 (237); *Spliedt*, ZIP 2009, 149 (159). Kritisiert wird diese Ansicht im Hinblick auf eine verzögerte Insolvenzantragsstellung von *Desch*, BB 2010, 2586 (2587 f.). *Haas* in Baumbach/Hueck, 19. Aufl. 2010, § 64 GmbHG Rz. 99; *Haas*, GmbHR 2010, 1 (6) spricht sich zwar auch für eine erweiternde Auslegung aus, will dies jedoch durch ein Abstellen auf die Begründung der Verbindlichkeit erreichen.

144 *Dahl/Schmitz*, NZG 2009, 567 (569 f.); *Demisch/Reichardt*, InsVz 2010, 236 (237); *Henkel*, EWiR 2010, 745 (746); *Spliedt*, ZIP 2009, 149 (159); im Ergebnis zustimmend *Seulen/Osterloh*, ZInsO 2010, 881 (884).

Der BGH hat diese Frage klar abweichend entschieden: Auch **Gesellschafterforderungen sind in die Liquiditätsbilanz einzustellen**[145]. Damit wird der Anwendungsbereich des § 64 Satz 3 GmbHG zwar deutlich eingeschränkt. Schutzlücken sind damit jedoch nicht verbunden. Ist die Gesellschaft unter Berücksichtigung der fälligen Forderung des Gesellschafters bereits zahlungsunfähig, haften die Geschäftsführer bereits nach § 64 Satz 1 GmbHG[146]. Dies gilt insbesondere in Fällen des Cash Pooling. 11.89

Soweit die Voraussetzungen des § 64 Satz 3 GmbHG (ausnahmsweise) vorliegen, war lange umstritten, ob der Gesellschaft und dem Geschäftsführer ein Leistungsverweigerungsrecht zusteht, um die eine persönliche Haftung des Geschäftsführers auslösende Zahlung zu vermeiden[147]. Auch diese Frage hat der BGH entschieden: Der Geschäftsführer kann sich auf ein solches **Zahlungsverweigerungsrecht** berufen und muss auch keine gegenläufigen Weisungen des Gesellschafters befolgen[148]. Soweit die Voraussetzungen des § 64 Satz 1 GmbHG erfüllt sind, die Insolvenzreife also bereits vorliegt und nicht lediglich droht, stellt sich die Frage eines Leistungsverweigerungsrechts nicht. Der Geschäftsführer hat nicht über die Befriedigung des Schuldners nachzudenken, sondern unverzüglich gem. § 15a InsO Insolvenzantrag zu stellen[149]. 11.90

c) Bedeutung für aufsteigende Darlehen

Gewährt eine Tochtergesellschaft ihrer Konzernmutter ein Darlehen, kann dies den Tatbestand des § 64 Satz 3 GmbHG erfüllen[150]. Anknüpfungspunkt für die haftungsrelevante Zahlung ist dabei nach h.M. die Auskehrung der Darlehensvaluta, nicht der Abschluss der Darlehensvereinbarung. Zwar wird dem Begriff der Zahlung im Rahmen von § 64 Satz 3 GmbHG ein weites Verständnis zugrunde gelegt, wonach nicht nur Geldleistungen, sondern alle Leistungen zu Lasten des Gesellschaftsvermögens, die Auswirkungen auf die Liquidität der Gesellschaft haben, erfasst werden[151]. Die nur **schuldrechtliche Begründung einer Darlehensverbindlichkeit** genügt jedoch nach ganz h.M. nicht, um eine liquiditätsrelevante Leistung und mithin eine Zahlung i.S.d. § 64 Satz 3 GmbHG anzunehmen[152]. So hat der 11.91

145 BGH v. 9.10.2012 – II ZR 198/11, GmbHR 2013, 31 Rz. 9 ff. mit zust. Anm. *Wenzler*.

146 BGH v. 9.10.2012 – II ZR 198/11, GmbHR 2013, 31 Rz. 12 f.; kritisch hierzu *Porzelt*, GmbHR 2019, 1037 (1041f).

147 Für ein solches Leistungsverweigerungsrecht etwa LG Berlin v. 16.12.2009 – 100 O 75/09, GmbHR 2010, 201 (202); *Casper* in Ulmer/Habersack/Winter, Ergänzungsband MoMiG, 2010, § 64 GmbHG Rz. 114; *Dahl/Schmitz*, NZG 2009, 567 (569 f.); *Desch*, BB 2010, 2586 (2589); *Demisch/Reichardt*, InsVz 2010, 236 (239); *Gehrlein*, BB 2008, 846 (849); *Greulich/Rau*, NZG 2008, 284 (287); *Knof*, DStR 2007, 1538 (1538); *Kleindiek*, GWR 2010, 75; *Mertens/Cahn* in KölnKomm/AktG, 3. Aufl. 2010, § 92 AktG Rz. 51; *H. F. Müller* in MünchKomm/GmbHG, 3. Aufl. 2018, § 64 GmbHG Rz. 197; *K. Schmidt*, GmbHR 2008, 449 (454); *Seulen/Osterloh*, ZInsO 2010, 881 (887 f.); *Spliedt*, ZIP 2009, 149 (160); *J. Vetter/Kahnert*, S. 84 m.w.N; *Winstel/Skauradszun*, GmbHR 2011, 185 (187); a.A. OLG München v. 6.5.2010 – 23 U 1564/10, ZIP 2010, 1236 (1237); *Haas* in Baumbach/Hueck, 22. Aufl. 2019, § 64 GmbHG Rz. 143.

148 BGH v. 9.10.2012 – II ZR 298/11, GmbHR 2013, 31 Rz. 18 mit zust. Anm. *Wenzler*; ebenso *Brand*, NZG 2012, 1374 (1375); *Nolting-Hauff/Greulich*, GmbHR 2013, 169 (173).

149 BGH v. 9.10.2012 – II ZR 298/11, GmbHR 2013, 31 Rz. 12.

150 Ausdrücklich etwa Hüffer/Koch, 14. Aufl. 2020, § 92 AktG Rz. 38 zum entsprechenden § 92 Abs. 2 Satz 3 AktG.

151 Vgl. nur *Kleindiek* in Lutter/Hommelhoff, 20. Aufl. 2020, § 64 GmbHG Rz. 51; *K. Schmidt* in Scholz, 11. Aufl. 2014, § 64 GmbHG Rz. 88.

152 So auch die h.M. *Böcker/Poertzgen*, WM 2007, 1203 (1204); *Cahn*, Der Konzern 2009, 7 (8); *Casper* in Ulmer/Habersack/Winter, Ergänzungsband MoMiG, 2010, § 64 GmbHG Rz. 114; *Desch*, BB 2010, 2586 (2588 f.); *Fleischer* in Spindler/Stilz, 4. Aufl. 2019, § 92 AktG Rz. 42; *Gehrlein*, Der Konzern 2007, 771 (795); Hüffer/Koch, 14. Aufl. 2020, § 92 AktG Rz. 38 (trotz Bedenken); *Kleindiek* in Lutter/Hommelhoff, 20. Aufl. 2020, § 64 GmbHG Rz. 51; *Kleindiek*, GWR 2010, 75; *Knof*, DStR 2007, 1536 (1538); *H. F. Müller* in MünchKomm/GmbHG, 3. Aufl. 2018, § 64 GmbHG Rz. 182; *Seulen/Osterloh*, ZInsO 2010, 881 (882); *Strohn*, NZG 2011, 1161 (1168); a.A. *Haas*, GmbHR 2010, 1 (6); *Seulen/Osterloh*, ZInsO 2010, 881 (884).

BGH für § 64 Satz 1 GmbHG klargestellt, dass die Belastung des Gesellschaftsvermögens mit Neuverbindlichkeiten keine Zahlung im Sinne dieser Vorschrift darstellt[153]. Die h.M. nimmt mangels Liquiditätsrelevanz und angesichts der identischen Begriffsverwendung Entsprechendes auch im Rahmen des § 64 Satz 3 GmbHG an.

11.92 Hingegen kann in der **Valutierung eines Gesellschafterdarlehens** ein Verstoß gegen die Auszahlungssperre des § 64 Satz 3 GmbHG liegen, sofern der Gesellschaft dadurch während der Laufzeit notwendige Liquidität entzogen wird[154]. Das gilt aufgrund des liquiditätsbezogenen Ansatzes selbst dann, wenn die Darlehensgewährung unter dem Gesichtspunkt des § 30 Abs. 1 Satz 2 GmbHG unbedenklich ist.

11.93 **Gegenleistungen** können zwar im Rahmen der Kausalität Berücksichtigung finden[155]; jedoch sind allein liquiditätswirksame Gegenleistungen zur Kompensation geeignet[156]. Die Begründung eines erst später fällig werdenden Rückzahlungsanspruchs führt der Gesellschaft keine liquiden Mittel zu und kann der Auszahlung daher nicht entgegengesetzt werden. Fraglich könnte sein, ob die Auszahlung der Darlehensvaluta bei Begründung eines vollwertigen und jederzeit durchsetzbaren Rückzahlungsanspruchs, wie dies insbesondere beim Cash Pooling denkbar ist, eine Haftung nach § 64 Satz 3 GmbHG auslöst. Hier bestehen Zweifel am Vorliegen einer Auszahlung[157]; jedenfalls ist kaum denkbar, dass eine solche Auszahlung zur Zahlungsunfähigkeit führen musste.

11.94 In der Praxis führt § 64 Satz 3 GmbHG für die Gewährung von Upstream-Darlehen zu keinen großen Problemen: Zum einen stellt die Prüfung seiner Voraussetzungen für den Geschäftsführer keine allzu großen Schwierigkeiten auf. Zum anderen dürfte es faktisch selten sein, dass eine Gesellschaft im unmittelbaren Vorfeld der Zahlungsunfähigkeit irgendwelche liquiden Mittel zur Verfügung hat, die sie dem Gesellschafter darlehensweise zur Verfügung stellen könnte[158].

---

153 BGH v. 26.3.2007 – II ZR 310/05, BB 2007, 1241; BGH v. 30.3.1998 – II ZR 146/96, BGHZ 138, 211 (216 f.).

154 S. nur *H. F. Müller* in MünchKomm/GmbHG, 3. Aufl. 2018, § 64 GmbHG Rz. 184.

155 Dabei ist die Rechtsprechung des BGH zu § 64 Satz 1 GmbHG aufgrund des abweichenden Schutzzwecks des § 64 Satz 3 GmbHG (Massesicherung im Fall des § 64 Satz 1 und Sicherstellung der vorrangigen Befriedigung der Gläubiger aus dem Gesellschaftsvermögen im Fall des Satz 3; vgl. hierzu *Haas* in Baumbach/Hueck, 22. Aufl. 2019, GmbHG § 64 Rz. 129) wohl nicht übertragbar. Nach jüngerer Rechtsprechung des BGH lässt ein Aktivtausch im Rahmen des § 64 Satz 1 GmbHG nach dessen Sinn und Zweck zwar nicht die Auszahlung, wohl aber den Anspruch gegen den Geschäftsführer entfallen, soweit und sobald eine Masseschmälerung mit oder ohne Zutun des Geschäftsführers ausgeglichen wird. Denn der Zweck von § 64 Satz 1 GmbHG, im Interesse der Gläubiger die Masse zu erhalten, wird erreicht. Allerdings muss ein unmittelbarer wirtschaftlicher Zusammenhang zur Zahlung bestehen. Die Bewertung der Gegenleistung erfolgt dabei nach Liquidationswerten zum Zeitpunkt der Vornahme des Austauschgeschäfts. Ob die Gegenleistung bei Eröffnung des Insolvenzverfahrens noch vorhanden ist, ist gleichgültig; vgl. BGH v. 4.7.2017 – II ZR 319/15, GmbHR 2017, 969 Rz. 10 f.; BGH v. 18.11.2014 – II ZR 231/13, GmbHR 2015, 137.

156 *Haas* in Baumbach/Hueck, 22. Aufl. 2019, § 64 GmbHG Rz. 129; *Fleischer* in Spindler/Stilz, 4. Aufl. 2019, § 92 AktG Rz. 42; *Kleindiek* in Lutter/Hommelhoff, 20. Aufl. 2020, § 64 GmbHG Rz. 51; *Kleindiek*, GWR 2010, 75; *H. F. Müller* in MünchKomm/GmbHG, 3. Aufl. 2018, § 64 GmbHG Rz. 183; *K. Schmidt* in Scholz, 11. Aufl. 2014, § 64 GmbHG Rz. 100; *Seulen/Osterloh*, ZInsO 2010, 881 (883); ähnlich *Greulich/Rau*, NZG 2008, 284 (287), die jedoch keine Liquiditätsqualität der Gegenleistung fordern, sondern es genügen lassen, dass die Gegenleistung nach dem mit der Sorgfalt eines ordentlichen Kaufmanns zu erwartenden Geschäftsgang für einen Liquiditätszufluss sorgen wird.

157 S. etwa *Haas* in Baumbach/Hueck, 22. Aufl. 2019, § 64 GmbHG Rz. 128.

158 Vgl. die Gesetzesbegründung BT-Drucks. 16/6140, S. 46; einen eigenständigen Anwendungsbereich des § 64 Satz 3 GmbHG gänzlich verneinend *Altmeppen* in Roth/Altmeppen, 9. Aufl. 2019, § 64 GmbHG Rz. 82 ff.

d) Bedeutung für aufsteigende Sicherheiten

Auch im Hinblick auf § 64 Satz 3 GmbHG dürfte die Behandlung von Upstream Sicherheiten das schwierigste Problem im Zusammenhang mit dem Cash Management und der Konzerninnenfinanzierung sein. Dabei wird in der Diskussion stärker als zu § 30 Abs. 1 GmbHG **zwischen dinglichen und persönlichen Sicherheiten unterschieden**. Fraglich ist für beide Arten von Sicherheiten, welcher Zeitpunkt für die Beurteilung, ob die Leistung zur Zahlungsunfähigkeit der Gesellschaft führen musste, maßgeblich ist. Die Diskussion hierzu erscheint noch nicht abgeschlossen; Rechtsklarheit schaffende Gerichtsurteile liegen noch nicht vor. Folgende Leitlinien lassen sich auf Basis des *status quo* zusammenfassen: 11.95

- Im Grundsatz ist anerkannt, dass auch die Upstream-Besicherung wie eine Zahlung an den Gesellschafter behandelt werden kann, da die unmittelbare Leistung zwar gegenüber einem Dritten erfolgt, jedoch mittelbar dem Gesellschafter zugutekommt[159]. Im Konzern ist dabei nicht nur die Besicherung von Verbindlichkeiten der Muttergesellschaft haftungsrelevant; auf Veranlassung der Konzernmutter erfolgende Cross-stream-Besicherungen, also die Stellung von Sicherheiten für Verbindlichkeiten von Schwestergesellschaften oder anderen verbundenen Unternehmen, können ebenfalls eine Haftung nach § 64 Satz 3 GmbHG auslösen[160]. 11.96
- Bei **Realsicherheiten** stellt sich die Frage, ob diese überhaupt als Zahlung i.S.d. § 64 Satz 3 GmbHG qualifiziert werden können, soweit die Sicherheit illiquides Vermögen, also beispielsweise Grundvermögen betrifft. Dies wird vereinzelt verneint[161]. Darauf wird man sich in der Praxis jedoch nicht verlassen können. In der Literatur wird überwiegend betont, dass die Bestellung einer dinglichen Sicherheit zu einer Zahlung i.S.d. § 64 Satz 3 GmbHG führe, wenn und soweit sich die Gesellschaft dadurch der Möglichkeit begebe, durch Veräußerung oder Verwertung des Gegenstandes oder auf andere Weise kurzfristig Liquidität zu beschaffen[162]. Wird z.B. zugunsten einer Bank ein Grundpfandrecht bestellt, scheidet eine kurzfristige Liquidierung des Grundstücks zugunsten der Gesellschaft aus. Zudem kann das Grundstück nicht mehr als Kreditsicherheit für die darlehensweise Beschaffung von Liquidität verwendet werden. 11.97
- Soweit man in der Bestellung einer Realsicherheit eine Zahlung i.S.d. § 64 Satz 3 GmbHG sieht, erscheint es auf den ersten Blick konsequent, für die Beurteilung der Frage, ob die Bestellung der Sicherheit zur Zahlungsunfähigkeit führen musste, ebenfalls auf den **Zeitpunkt der Bestellung** und nicht den der Verwertung abzustellen. Lediglich nach einer Mindermeinung soll es stets auf den Zeitpunkt der Verwertung der Sicherheit ankommen[163]. Nach der h.M. ist dagegen maßgeblich, ob im Zeitpunkt der Bestellung der Sicherheit die Inanspruchnahme wahrscheinlich ist und kein liquider Rückgriffsanspruch besteht[164]. Für das Verständnis der h.M. spricht, dass die Verwertung ohne weitere Mitwirkung des Geschäftsführers erfolgt, die Haftung nach § 64 Satz 3 11.98

159 S. nur *Casper* in Ulmer/Habersack/Winter, Ergänzungsband MoMiG, 2010, § 64 GmbHG Rz. 116; ausführlich zu Konzernsachverhalten *Demisch/Reichardt*, InsVz 2010, 236 (238).

160 *Kleindiek*, GWR 2010, 75; *Winkler/Becker*, ZIP 2009, 2361 (2366).

161 *Haas* in Baumbach/Hueck, 22. Aufl. 2019, § 64 GmbHG Rz. 127.

162 Mit Unterschieden in der Formulierung *Casper* in Ulmer/Habersack/Winter, Ergänzungsband MoMiG, 2010, § 64 GmbHG Rz. 113 f.; *Mahler*, GmbHR 2012, 504 (505); *H. F. Müller* in MünchKomm/GmbHG, 3. Aufl. 2018, § 64 GmbHG Rz. 182; *Bitter*, ZInsO 2010, 1505 (1518); *Cahn*, Der Konzern 2009, 7 (10).

163 *Mahler*, GmbHR 2012, 504 f.; *Winkler/Becker*, ZIP 2009, 2361 (2367).

164 *Brand*, NZG 2012, 1374 (1376); *Casper* in Ulmer/Habersack/Winter, Ergänzungsband MoMiG, 2010, § 64 GmbHG Rz. 114; *Diem*, Akquisitionsfinanzierung, 4. Aufl. 2019, § 43 Rz. 88 f.; *Fleischer* in Spindler/Stilz, 4. Aufl. 2019, § 92 AktG Rz. 42; *Haas* in Baumbach/Hueck, 22. Aufl. 2019, § 64 GmbHG Rz. 128; *Kleindiek* in Lutter/Hommelhoff, 20. Aufl. 2020, § 64 GmbHG Rz. 51; *Krieger/Sailer-Coceani* in K. Schmidt/Lutter, 3. Aufl. 2015, § 92 AktG Rz. 19; *Komo*, GmbHR 2010, 230 (235); *Knof*, DStR 2007, 1536 (1538); *Niesert/Hohler*, NZI 2009, 345 (349); *Nolting-Hauff/Greulich*, GmbHR 2013, 169 (174); *Theusinger/Kapteina*, NZG 2011, 881 (885).

GmbHG jedoch an eine Handlung des Geschäftsführers anknüpft[165]. Zumindest in der Tendenz dürfte hierfür auch die jüngere Rechtsprechung des BGH zum Vorliegen einer Auszahlung im Sinne des § 30 Abs. 1 Satz 1 GmbHG sprechen (Rz. 11.70).

11.99 – Schwieriger zu beurteilen ist die **Bestellung von Personalsicherheiten**, etwa in Form einer Bürgschafts- oder Garantieerklärung. Auch hierzu wird verbreitet darauf hingewiesen, dass es zur Beurteilung, ob die Sicherheit zur Zahlungsunfähigkeit führen musste, allein auf den Zeitpunkt der Bestellung ankommt[166]. Dies setzt aber voraus, dass die relevante Auszahlung bereits in der Bestellung, also in der Eingehung der Verbindlichkeit gegenüber dem Gläubiger liegt und nicht erst in der Erfüllung dieser Verbindlichkeit. Da die bloße Begründung einer Verbindlichkeit nach h.M. noch nicht zur Annahme einer Auszahlung ausreicht (Rz. 11.91), wird von einer starken Meinung in der Literatur vertreten, dass bei Upstream-Personalsicherheiten die Auszahlung erst im Zeitpunkt der Leistung auf die Garantie- oder Bürgschaftsverpflichtung liegt[167]. Nach diesem Verständnis kann auch für die Beurteilung, ob die Zahlung zur Zahlungsunfähigkeit führen musste, allein auf diesen Zeitpunkt abgestellt werden.

11.100 – Folgt man dieser Ansicht, stellt sich die Frage, ob sich der Geschäftsführer auch gegenüber der Geltendmachung des Garantie- oder Bürgschaftsanspruchs durch den Gläubiger des Gesellschafters auf ein **Leistungsverweigerungsrecht** berufen kann (s. Rz. 11.90). Behandelt man die Leistung an den Gläubiger aufgrund der Upstream-Personalsicherheit als haftungsauslösende Zahlung an den Gesellschafter i.S.d. § 64 Satz 3 GmbHG, wird man dem Geschäftsführer ein Leistungsverweigerungsrecht kaum verwehren können[168]. Ein Gläubiger, dem die Konzernstruktur bekannt ist, wird sich insoweit nur in seltenen Ausnahmefällen auf Verkehrs- und Vertrauensschutz berufen können. Ausgeschlossen wäre ein Leistungsverweigerungsrecht allerdings insoweit, als die von der Konzernspitze aufgenommenen Darlehensmittel intern an die Tochter weitergereicht worden sind.

11.101 Fraglich ist, ob dem Geschäftsführer auch hinsichtlich der Risiken aus § 64 Satz 3 GmbHG die Vereinbarung von vertraglichen Verwertungsbeschränkungen (***limitation language***) zu empfehlen ist, wie sie zur Vermeidung von Verstößen gegen Kapitalerhaltungsgrundsätze in Upstream-Sicherheitsverträgen üblich sind (hierzu Rz. 11.81). Denkbar wäre eine Regelung im Besicherungsvertrag, wonach die Sicherheit nicht verwertet werden darf, soweit die Verwertung zur Zahlungsunfähigkeit der Gesellschaft führen würde oder soweit der Gesellschaft liquide Mittel entzogen würden, die sie zur Bedienung ihrer eigenen Gläubiger benötigt[169]. In der Literatur wird verschiedentlich darauf hingewiesen, dass eine Haftung des Geschäftsführers nur durch eine entsprechende *limitation language* vermieden werden könne[170]. Kreditgeber versuchen verständlicherweise, solche Klauseln, die die Verwertbarkeit ihrer Sicherheiten gerade in dem Fall beschränken, in dem sie auf die Sicherheit angewiesen sind, zu vermeiden. Die Diskussion hierzu ist noch nicht abgeschlossen.

---

165 Darauf weisen ausdrücklich hin *Diem*, Akquisitionsfinanzierung, 2. Aufl. 2009, § 43 Rz. 98; *Greulich/Bunnemann*, NZG 2006, 681 (684); *Theusinger/Kapteina*, NZG 2011, 881 (885).

166 Speziell zur Bestellung von Personalsicherheiten *Mertens/Cahn* in KölnKomm/AktG, 3. Aufl. 2010, § 92 AktG Rz. 40 f.; *Cahn*, Der Konzern 2009, 7 (9); allgemein zu Upstream-Sicherheiten *Diem*, Akquisitionsfinanzierung, 4. Aufl. 2019, § 43 Rz. 88 f.; *Haas* in Baumbach/Hueck, 22. Aufl. 2019, § 64 GmbHG Rz. 128; *Seulen/Osterloh*, ZInsO 2010, 881 (884).

167 *H. F. Müller* in MünchKomm/GmbHG, 3. Aufl. 2018, § 64 GmbHG Rz. 182; wohl auch *Casper* in Ulmer/Habersack/Winter, Ergänzungsband MoMiG, 2010, § 64 GmbHG Rz. 113 f.; *Nolting-Hauff/Greulich*, GmbHR 2013, 169 (175).

168 Für ein solches Leistungsverweigerungsrecht *Brand*, NZG 2012, 1374 (1376); *Nolting-Hauff/Greulich*, GmbHR 2013, 169 (175).

169 Ausführlicher zur Ausgestaltung der limitation language *Kollmorgen/Santelmann/Weiss*, BB 2009, 1818 (1821); *Komo*, GmbHR 2010, 230 (234 ff.).

170 *Komo*, GmbHR 2010, 230 (236); *Nolting-Hauff/Greulich*, GmbHR 2013, 169 (175); *Winkler/Becker*, ZIP 2009, 2361 (2367); in diesem Sinne auch *Seulen/Osterloh*, ZInsO 2010, 881 (882); dagegen etwa *Diem*, Akquisitionsfinanzierung, 4. Aufl. 2019, § 43 Rz. 95 ff.

Unterstellt man, dass kein Geschäftsführer Upstream-Sicherheiten bestellen wird, wenn er bereits bei der Bestellung davon ausgehen muss, dass diese die Zahlungsunfähigkeit der Gesellschaft zur Folge haben wird, geht es allein um die Fälle, in denen es für die Beurteilung der Voraussetzungen des § 64 Satz 3 GmbHG auf den **Zeitpunkt der Verwertung** ankommt. Bei Realsicherheiten wäre eine *limitation language* auf Basis der wohl h.M., die eine Zahlung i.S.d. § 64 Satz 3 GmbHG allein im Zeitpunkt der Bestellung für denkbar hält, nicht erforderlich[171]. Bei Personalsicherheiten dürfte es nach dem aktuellen Meinungsstand darauf ankommen, ob der Geschäftsführer auch gegenüber dem Kreditgeber des Gesellschafters ein Leistungsverweigerungsrecht hat, wenn die Leistung auf die Upstream-Personalsicherheit zur Zahlungsunfähigkeit der Gesellschaft führen würde. Würde man ihm diesen Schutz versagen, liefe er ein erhebliches Risiko, durch die Gläubiger seines Gesellschafters in eine Haftung nach § 64 Satz 3 GmbHG hineingezwungen zu werden; er wäre entsprechend gut beraten, sich um einen vertraglichen Schutz zu bemühen. 11.102

e) Sonstige existenzvernichtende Eingriffe

Zumindest in der Theorie kann die Fähigkeit der Tochter zur Bedienung ihrer Gläubiger auch durch Maßnahmen beeinträchtigt werden, die nicht als Zahlung i.S.d. § 64 GmbHG zu verstehen sind. Daran wäre beispielsweise zu denken, wenn über das Cash Management **jegliche eigenen Bankkontakte der Konzerngesellschaft ausgetrocknet** würden und die Tochter in einer Krise der Mutter oder Betreibergesellschaft deshalb insolvent wird, weil sie mangels eigener Bankkontakte die benötigte und grundsätzlich beschaffbare Liquidität nicht kurzfristig extern beschaffen kann. Wird deshalb auch die Tochter insolvent, wäre eine Haftung des Gesellschafters aus § 826 BGB begründet; auch die Geschäftsführer der Tochter hätten ihre gesellschaftsinternen Pflichten aus § 43 GmbHG verletzt und wären im Zweifel als Gehilfen nach § 830 BGB haftbar. Angesichts eines funktionierenden Bankensystems dürfte ein solches Szenario allerdings wohl nur theoretischer Art sein. 11.103

3. Risiken im Hinblick auf die Rückzahlung von Gesellschafterdarlehen

Während die Rechtslage bei aufsteigenden Darlehen an den Gesellschafter durch das MoMiG nach zutreffender Ansicht lediglich klargestellt wurde, hat das MoMiG die Behandlung von Darlehen der Gesellschafter an die Gesellschaft **grundlegend neu geregelt**. Die alte Rechtslage war durch die §§ 32a und b GmbHG und die – in der Praxis wichtigeren – zu § 30 GmbHG entwickelten Rechtsprechungsgrundsätze zu **kapitalersetzenden Gesellschafterdarlehen** und der **Krisenfinanzierung** geprägt. Anknüpfungspunkt war der kapitalersetzende Charakter des Darlehens. Ein kapitalersetzendes Darlehen durfte vom Gesellschafter nicht zurückgefordert und vom Geschäftsführer nicht zurückgezahlt werden[172]. 11.104

Das MoMiG ersetzte dieses Konzept durch eine **rein insolvenz- und anfechtungsrechtliche Lösung**[173]: Sowohl auf die Voraussetzung des eigenkapitalersetzenden, der Krisenfinanzierung dienenden Charakters als auch ein gesellschaftsrechtliches Rückzahlungsverbot wurde vollständig verzichtet[174]. Der Nachrang und die Insolvenzanfechtung hängen nicht mehr an einer Finanzierungsfolgenverantwortung des Gesellschafters, die auf seine Entscheidung zurückzuführen ist, in der Krise 11.105

171 *Diem*, Akquisitionsfinanzierung, 4. Aufl. 2019, § 43 Rz. 95 ff.; *Theusinger/Kapteina*, NZG 2011, 881 (885); vgl. auch *Kollmorgen/Santelmann/Weiss*, BB 2009, 1818 (1821).

172 S. etwa 4. Aufl. § 8 Rz. 13 ff.

173 Vgl. BGH v. 14.2.2019 – IX 149/16, ZIP 2019, 666 Rz. 51; zum Streit über die Zwecksetzung der Neuregelung *Altmeppen*, ZIP 2019, 1985 ff.; zum Konzeptwechsel eingehend auch *Kleindiek*, ZGR 2017, 731 ff.

174 Vgl. BGH v. 30.3.2015 – IX ZR 196/13, ZIP 2015, 1130; BGH v. 13.10.2016 – IX ZR 184/14, ZIP 2016, 2483 (2486).

Fremd- statt Eigenkapital zu gewähren[175], sondern sind allein an seine Doppelrolle als Gesellschafter und Darlehensgeber geknüpft.

11.106 Die Regelung beschränkt sich auf die Anordnung des Nachrangs von Gesellschafterdarlehen (und wirtschaftlich entsprechenden Forderungen mit darlehensähnlichem Charakter) bei der Befriedigung durch den Insolvenzverwalter (§ 39, insb. Abs. 1 Nr. 5 InsO) und die Anfechtbarkeit von Rechtshandlungen, die dem Gesellschafter innerhalb eines Jahres vor dem Eröffnungsantrag oder danach Befriedigung gewährt haben; bei der Gewährung von Sicherheiten für Gesellschafterforderungen beträgt die Frist sogar zehn Jahre (§ 135 Abs. 1 InsO)[176]. § 39 Abs. 4 Satz 2 InsO sieht ein Sanierungsprivileg und § 39 Abs. 5 InsO ein Kleinbeteiligungsprivileg vor, die für Fälle des konzernweiten Cash Pooling aber keine praktische Bedeutung haben.

11.107 Für die Frage, ob eine **Forderung wirtschaftlich einem Gesellschafterdarlehen entspricht**, kommt es darauf an, ob ihr Finanzierungsfunktion zukommt[177]. Dabei ist jede Forderung eines Gesellschafters auf Rückzahlung eines vom Gesellschafter aus seinem Vermögen der Gesellschaft zur Verfügung gestellten Geldbetrags darlehensgleich, sofern ein solcher Rückzahlungsanspruch durchgängig seit der Überlassung des Geldes bestand und sich Gesellschafter und Gesellschaft von vornherein einig waren, dass die Gesellschaft das Geld zurückzuzahlen habe[178]. Auch Finanzierungshilfen, die auf unwirksamen Darlehensverträgen beruhen, sind darlehensgleich[179].

11.108 Bezüglich des **Stehenlassens von Forderungen** hat der BGH entschieden, dass nicht jede Stundung über den für einen Baraustausch unschädlichen Zeitraum von 30 Tagen[180] hinaus zu einer darlehensgleichen Forderung führt. Entscheidend ist, ob eine rechtliche oder faktische Stundung den zeitlichen Bereich im Geschäftsleben gebräuchlicher Stundungsvereinbarungen deutlich überschreitet. Dies ist bei Forderungen aus zu üblichen Bedingungen durchgeführten Austauschgeschäften in der Regel anzunehmen, wenn die Forderung über einen Zeitraum von mehr als drei Monaten stehengelassen wird[181].

11.109 Vertragliche Ansprüche eines Gesellschafters auf **marktübliche Zinsen** für das von ihm gewährte Gesellschafterdarlehen stellen hingegen **keine einem Gesellschafterdarlehen gleichgestellte Forderung** dar, sofern sie nicht erst zu außerhalb jeder verkehrsüblichen Handhabung liegenden Zinsterminen gezahlt werden[182]. Zahlungen, die marktübliche Zinsen übersteigen, kann hingegen darlehensähnlicher Charakter zukommen[183]. Zudem kann sich ein darlehensähnlicher Charakter aus der Stundung oder

175 Vgl. hierzu auch *Bitter*, ZIP 2019, 737 (739); allerdings weist der BGH darauf hin, dass die Finanzierungsfolgenverantwortung bei der Auslegung des § 135 Abs. 1 InsO weiterhin zu beachten ist; vgl. BGH v. 14.2.2019 – IX 149/16, ZIP 2019, 666 (672) Rz. 50; zur Harmonierung der neuen Gesetzeslage mit der Finanzierungsfolgenverantwortung auch *Gehrlein*, ZInsO 2019, 2133 (2135).

176 Die Frist von zehn Jahren für ein Versehen des Gesetzgebers haltend *Altmeppen*, ZIP 2019, 1985 (1991); a.A. *Bitter*, ZIP 2013, 1497 (1503); zum Streitstand *Bitter* in Scholz, 12. Aufl. 2020 (Stand: Oktober 2019), Anh. § 64 GmbHG Rz. 44.

177 *Gehrlein*, ZInsO 2019, 2133 (2135); zur wirtschaftlichen Gleichstellung von Forderungen aus Schuldverschreibungen, s. BGH v. 14.2.2019 – IX 149/16, ZIP 2019, 666 (673) Rz. 59 f.

178 Vgl. hierzu *Commandeur/Hübler*, NZG 2019, 1289 ff.

179 BGH v. 27.6.2019 – IX ZR 167/18, ZIP 2019, 1577.

180 Vgl. hierzu eingehend *Gehrlein*, ZInsO 2019, 2133 (2136).

181 BGH v. 11.7.2019 – IX ZR 210/18, WM 2019, 1646; hierzu eingehend *Gehrlein*, ZInsO 2019, 2133 (2137).

182 BGH v. 27.6.2019 – IX ZR 167/18, NJW 2019, 2923 ff.; zu Qualifikation einer typischen stillen Beteiligung s. BGH v. 23.11.2017 – IX ZR 218/16, WM 2017, 2399; keine darlehensähnliche Forderung soll im Wegfall des Sicherungszwecks einer von einem Gesellschafter besicherten Anzahlungsbürgschaft durch Vertragserfüllung durch die Gesellschaft (vgl. BGH v. 26.1.2017 – IX ZR 125/15, WM 2017, 445 ff.) oder in der Zahlung von Nutzungsentgelten, sofern sie nicht gestundet oder stehengelassen wurden (BGH v. 29.1.2015 – IX ZR 279/13, NZI 2015, 331 ff.) liegen.

183 BGH v. 27.6.2019 – IX ZR 167/18, NJW 2019, 2923 Rz. 46.

dem Stehenlassen der Zinsen ergeben[184]. Der Verzicht auf übliche Sicherheiten hat zwar Finanzierungseffekt, führt aber nicht dazu, dass die Forderung als darlehensähnlich zu qualifizieren wäre.

Darlehen eines Dritten werden einem Gesellschafterdarlehen gleichgestellt, wenn der Dritte bei wirtschaftlicher Betrachtung aufgrund von Einflussrechten des Dritten oder des Gesellschafters einem Gesellschafter gleichsteht[185]; dies ist insbesondere bei Darlehen von mit dem Gesellschafter **horizontal** oder **vertikal verbundenen Unternehmen** anzunehmen[186]. Für die insolvenzrechtlichen Risiken macht es daher keinen Unterschied, ob das Cash Pooling von der Holding selbst oder einer Finanzierungstochter betrieben wird. Das Bestehen eines Beherrschungs- oder Gewinnabführungsvertrags ändert an der Anwendbarkeit der insolvenzrechtlichen Normen nichts[187]. 11.110

Fällt der **Darlehensgeber in Insolvenz**, besteht auf Ebene der darlehensnehmenden Gesellschaft das Risiko der Anfechtung der Auszahlung der Darlehensvaluta, mit der Folge, dass diese in die Insolvenzmasse zurückfallen[188]. 11.111

Bei **Insolvenz des Darlehensnehmers** sind die auf Befriedigung des Gesellschafterdarlehens gerichteten Leistungen nach § 135 Abs. 1 Nr. 2 InsO anfechtbar, wenn sie im letzten Jahr vor dem Eröffnungsantrag oder nach diesem Antrag vorgenommen wurden[189]. Befriedigung eines Gesellschafterdarlehens ist auch die Erfüllung der Forderung auf Rückzahlung des Gesellschafterdarlehens durch Verrechnung innerhalb eines Cash Pools[190]. 11.112

In der **Doppelinsolvenz** von Gesellschaft und Gesellschafter begründet die Anfechtbarkeit der Darlehensgewährung eine Einrede i.S.v. § 146 Abs. 1 InsO gegen den auf § 135 Abs. 1 Nr. 2 InsO gestützten Anfechtungsanspruch[191]. 11.113

Besonders umstritten ist vor dem Hintergrund der Aufgabe des Konzepts des eigenkapitalersetzenden Gesellschafterdarlehens (s. Rz. 11.104 f.) die **Anfechtbarkeit von Sicherheiten**[192]. Einige Fragen wurden jüngst höchstrichterlich geklärt. 11.114

---

184 *Bitter* in Scholz, 12. Aufl. 2020 (Stand: Oktober 2019), Anh. § 64 GmbHG Rz. 164.

185 Eine einem Gesellschafterdarlehen gleichstehende Forderung liegt nicht schon deshalb vor, weil der Darlehensgeber eine nahestehende Person ist. Vgl. hierzu *Gehrlein*, ZInsO 2019, 2133 (2137 f.).

186 BGH v. 21.2.2013 – IX ZR 32/12, GmbHR 2013, 410 Rz. 15 ff.; bestätigt durch BGH v. 2.5.2019 – IX ZR 67/18, NZI 2019, 591 ff.; die Darlehensforderung eines Unternehmens kann einem Gesellschafterdarlehen selbst dann gleichzustellen sein, wenn ein an der darlehensnehmenden Gesellschaft lediglich mittelbar beteiligter Gesellschafter an der darlehensgewährenden Gesellschaft nur maßgeblich beteiligt ist; vgl. BGH v. 15.11.2018 – IX ZR 39/18; BGH v. 11.7.2019 – IX ZR 210/18, WM 2019, 1646 (1647) Rz. 8; zu einem Überblick über den Meinungsstand *Habersack* in Ulmer/Habersack/Löbbe, 2. Aufl. 2014, Anh. § 30 GmbHG Rz. 36 ff., 84 ff.; jüngst *Gehrlein*, ZInsO 2019, 2133 (2138 f.).

187 Ausdrücklich etwa *Habersack* in Ulmer/Habersack/Löbbe, 2. Aufl. 2014, Anh. § 30 GmbHG Rz. 36.

188 Dazu, dass die Auszahlung eines Gesellschafterdarlehens an die Gesellschaft in der Insolvenz des Gesellschafters nicht als unentgeltliche Leistung angefochten werden kann, BGH v. 13.10.2016 – IX ZR 184/14, WM 2017, 47.

189 Tritt der Gesellschafter seine Forderungen aus dem Gesellschafterdarlehen ab und tilgt die Gesellschaft gegenüber dem Zessionar, kann die Befriedigung auch gegenüber dem Gesellschafter angefochten werden; Gesellschafter und Zessionar haften als Gesamtschuldner; vgl. BGH v. 14.2.2019 – IX ZR 149/16, NJW 2019, 1289 ff. Rz. 85.

190 Eine zu Recht vereinzelt gebliebene Auffassung wollte darin die Bestellung einer Sicherheit sehen mit der Folge, dass statt der einjährigen Frist des § 135 Abs. 1 Nr. 2 InsO die zehnjährige Frist des § 135 Abs. 1 Nr. 1 InsO gilt; s. *Klinck/Gärtner*, NZI 2008, 457 (459 f.); zu Recht ablehnend etwa *Göcke/Rittscher*, DZWIR 2012, 355 (357); *Habersack* in Ulmer/Habersack/Löbbe, 2. Aufl. 2014, Anh. § 30 GmbHG Rz. 120; *Hamann*, NZI 2008, 667; *Hirte* in Uhlenbruck/Hirte, 15. Aufl. 2019, § 135 InsO Rz. 11; *Willemsen/Rechel*, BB 2009, 2215 (2219).

191 BGH v. 27.6.2019 – IX ZR 167/18, NJW 2019, 2923 ff. Rz. 50 ff.

192 Vgl. zu den verschiedenen Problemkreisen *Bitter* in Scholz, 12. Aufl. 2020 (Stand: Oktober 2019), Anh. § 64 GmbHG Rz. 168 ff., *Brinkmann*, ZGR 2017, 708 (718 ff.); *Gehrlein*, ZInsO 2019, 2133 (2141 ff.); *Brinkmann*, ZGR 2017, 708 (710 ff.).

11.115 – So hat der BGH entgegen einer weit verbreiteten Literaturansicht[193] entschieden, dass § 135 Abs. 1 Nr. 1 InsO **keine Sperrwirkung** gegenüber Nr. 1 dieser Vorschrift hat. Die Gewährung einer Sicherheit und die Gewährung einer Befriedigung können selbstständig in den für sie jeweils geltenden Fristen angefochten werden[194]. D.h. eine Anfechtung nach § 135 Abs. 1 Nr. 1 InsO ist nicht etwa ausgeschlossen, weil der Gesellschafter außerhalb der Frist des § 135 Abs. 1 Nr. 2 InsO die Sicherheit verwertet hat, um seine Forderung zu befriedigen[195].

11.116 – Geklärt wurde zudem die höchst umstrittene Frage[196], ob auch eine **anfängliche Besicherung der Anfechtbarkeit** nach § 135 Abs. 1 Nr. 2 GmbHG unterliegt. Gegen eine Anfechtbarkeit wurde in der Literatur insbesondere vorgebracht, dass ein Gesellschafter, der von Anfang an nur gegen Stellung einer Sicherheit bereit war, der Gesellschaft ein Darlehen zu gewähren, lediglich eine begrenzte Finanzierungsentscheidung getroffen habe. Daher dürfe ihm durch die Anfechtbarkeit der anfänglich bestellten Sicherheit nicht das gesamte Risiko der ungesicherten Kreditvergabe aufgebürdet werden. Zudem betreffe die anfängliche Stellung einer Sicherheit jedenfalls potentiell den Fall, der materiellen Unterkapitalisierung. Das Gesellschafterdarlehensrecht verfolge aber auch nach der Gesetzesreform nur den Zweck die nominelle Unterkapitalisierung zu sanktionieren. Während bei der nominellen Unterkapitalisierung das erforderliche Kapital zwar vorhanden ist, die Gesellschafter dieses aber nicht durch ausreichend Eigenkapital sondern Fremdkapital aufbringen, stünden der Gesellschaft bei materieller Unterkapitalisierung die erforderlichen Mittel gar nicht zur Verfügung[197]. Der BGH hat allerdings entschieden, dass **auch anfängliche Sicherheiten anfechtbar sind**[198].

11.117 – Im selben Urteil hat der BGH die bis dahin höchst strittige Frage[199] entschieden, ob das **Bargeschäftsprivileg nach § 142 InsO**, dem zufolge eine Leistung des Schuldners, für die unmittelbar eine gleichwertige Gegenleistung in sein Vermögen gelangt ist, nur unter den Voraussetzungen des § 133 Abs. 1InsO (vorsätzliche Benachteiligung) anfechtbar ist, auf die **Bestellung von Sicherheiten** Anwendung findet. Dies ist nach Ansicht des BGH abzulehnen, da die Vorschrift nach **Sinn und Zweck nicht auf die Beziehung zwischen der Gesellschaft und ihrem Gesellschafter** zugeschnitten sei[200]. Dabei betont der BGH, dass Gesellschafterdarlehen, die durch das Gesellschaftsvermögen gesichert sind, per se nicht mit einer ordnungsgemäßen Unternehmensfinanzierung vereinbar seien[201].

11.118 Offen ist hingegen, ob und in wie weit sich die Holding beim **Cash Pooling** im Rahmen von § 135 Abs. 1 Nr. 2 InsO auf das **Bargeschäftsprivileg des § 142 InsO** berufen kann. Dies wird von einer starken Meinung vertreten[202]. Von der Gegenauffassung wird vorgebracht, dass nicht die Rückzahlung des Darlehens, sondern die Verzinsung die Gegenleistung für die Darlehensgewährung darstelle

---

193 Zu den Argumenten der Gegenansicht ausführlich *Bitter* in Scholz, 12. Aufl. 2020 (Stand: Oktober 2019), Anh. § 64 GmbHG Rz. 170 ff.

194 BGH v. 18.7.2013 – IX ZR 219/11, ZInsO 2013, 1573 Rz. 13.

195 Hierzu eingehend *Gehrlein*, ZInsO 2019, 2133 (2142 f.).

196 Nachweise bei *Bitter* in Scholz, 12. Aufl. 2020 (Stand: Oktober 2019), Anh. § 64 GmbHG Rz. 182 ff.

197 *Bitter*, ZIP 2019, 737 ff.

198 BGH v. 14.2.2019 – IX 149/16, ZIP 2019, 666 (673) Rz. 50.

199 Nachweise zum Streitstand *Bitter* in Scholz, 12. Aufl. 2020 (Stand: Oktober 2019), Anh. § 64 GmbHG Rz. 128; *Gehrlein*, ZInsO 2019, 2133 (2143 f.).

200 BGH v. 14.2.2019 – IX 149/16, ZIP 2019, 666 (673) Rz. 53.

201 BGH v. 14.2.2019 – IX 149/16, ZIP 2019, 666 (673) Rz. 50; kritisch hierzu *Bitter* in Scholz, 12. Aufl. 2020 (Stand: Oktober 2019), Anh. zu § 64 GmbHG, Rz. 169.

202 So *Habersack* in Ulmer/Habersack/Löbbe, 2. Aufl. 2014, Anh. § 30 GmbHG Rz. 116; *Habersack*, ZIP 2007, 2145 (2150); *Rühle*, ZIP 2009, 1358 (1360); wenn und soweit Gegenseitigkeit der Möglichkeit der Darlehensaufnahme zwischen Mutter- und Tochtergesellschaft besteht *Hirte* in Uhlenbruck/Hirte, 15. Aufl. 2019, § 135 InsO Rz. 12a; *Thole*, ZInsO 2011, 1425 (1430); *Willemsen/Rechel*, BB 2009, 2215 (2217); *Bitter* in Scholz, 12. Aufl. 2020 (Stand: Oktober 2019), Anh. § 64 GmbHG Rz. 49.

und unabhängig davon § 135 InsO lex specialis zu § 142 InsO sei[203]. Der BGH hat die Anwendbarkeit des Bargeschäftsprivilegs lediglich für die Anfechtung der Besicherung eines Gesellschafterdarlehens nach § 135 Abs. 1 Nr. 1 InsO ausgeschlossen (s. Rz. 11.117)[204]. Die Übertragbarkeit auf Tilgungsleistungen im Rahmen eines Kontokorrentverhältnisses im Rahmen des § 135 Abs. 1 Nr. 2 InsO ist indes nicht geklärt[205].

Wird das Cash Pooling noch im letzten Jahr vor Stellung des Antrags auf Eröffnung und tatsächlicher Eröffnung des Insolvenzverfahrens der Konzerngesellschaft fortgeführt, stellt sich angesichts des für das Pooling typischen **Kontokorrentverhältnisses** die Frage, in welcher Höhe der Rückzahlungsanspruch besteht, wenn der eingeräumte Kreditrahmen durch die Konzerngesellschaft wie üblich vielfach ausgeschöpft und die Mittel anschließend wieder zurückgeführt worden sind. Eine Aufspaltung des zentralen Liquiditätsausgleichs in eine Vielzahl von eigenständigen Darlehensgewährungen und anfechtbaren Rückzahlungen mit der Folge eines entsprechenden Aufsummierens der Rückgewähransprüche gem. § 143 InsO würde dem tatsächlich Gewollten widersprechen. Tatsächlich sollte der Konzerngesellschaft lediglich ein bestimmter Kreditrahmen mit dem Recht eingeräumt werden, zurückgezahlte Mittel bis zur Grenze des Kreditrahmens erneut in Anspruch zu nehmen. Richtig ist es daher, die Höhe des Rückzahlungsanspruchs nach dem Höchstsaldo der während der Anfechtungsfrist gewährten und dann zurückgezahlten Darlehensforderung der Betreibergesellschaft, also den maximalen aus Sollsaldo des Verrechnungskontos der Konzerngesellschaft zu bestimmen und nicht etwa die im Rahmen des Pooling erbrachten Tilgungsleistungen zu addieren[206]. Diese Auffassung ist vom BGH bestätigt worden[207]. 11.119

Angesichts des nicht vermeidbaren Anfechtungsrisikos für ein Jahr muss der Umgang mit dem Cash Pooling **bei einem geplanten Verkauf einer an das Cash Pooling angeschlossenen Gesellschaft durch die Holding rechtzeitig geplant werden**. Abhängig von der Person des Erwerbers kann das Insolvenzrisiko der verkauften Tochter durch den Verkauf deutlich erhöht werden. Risikosteigernde Elemente können neben den entfallenen Verbundvorteilen im Verhältnis zur Gruppe des Verkäufers und einer riskanteren oder weniger erfahrenen Geschäftsführung unter der Ägide des neuen Inhabers insbesondere der Entzug von Mitteln durch den Käufer oder eine Belastung der verkauften Gesellschaft mit den Akquisitionsverbindlichkeiten des Käufers sein. Im Hinblick auf die Vermeidung von Anfechtungsrisiken optimal, aber regelmäßig nicht praktikabel und im Hinblick auf das Liquiditätsmanagement nicht ideal wäre es, die Tochter bereits ein Jahr vor dem geplanten Vollzug des Verkaufs vom Cash Pooling abzuklemmen und sie und ggfs. ihre eigenen Tochtergesellschaften im Hinblick auf Finanzierung und Liquiditätsmanagement auf eine „stand-alone-Basis" zu stellen. Soweit dies nicht praktikabel ist, könnte zur Minimierung des vorstehend geschilderten, aufgrund der höchstrichterlichen Klarstellung aber weniger virulenten Risikos einer Aufsummierung von Rück- 11.120

203 *Dahl* in Michalski, 2. Aufl. 2010, Anh. II §§ 32a, 32b GmbHG a.F. Rz. 21; *Exner/Gempel* in Beck/Depré, Praxis der Insolvenz, 3. Aufl. 2017, § 16 Rz. 288a; *Göcke/Rittscher*, DZWIR 2012, 355 (356); *Henkel*, ZInsO 2009, 1577 f.; *Spliedt*, ZIP 2009, 149 (151).

204 BGH v. 14.2.2019 – IX ZR 149/16, NJW 2019, 1289 ff.; *Bitter*, ZIP 2019, 737; zur Darlehensvergabe außerhalb eines Kontokorrentverhältnisses OLG Celle v. 8.10.2012 – 13 U 95/12, ZIP 2012, 2114 Rz. 15 ff.

205 Vgl. zum Diskussionsstand *Bitter* in Scholz, 12. Aufl. 2020 (Stand: Oktober 2019), Anh. § 64 GmbHG Rz. 46. ff.; *Bitter*, ZIP 2019, 737 ff.

206 So auch *Göcke/Rittscher*, DZWIR 2012, 355 (357); *Habersack* in Ulmer/Habersack/Löbbe, 2. Aufl. 2014, Anh. § 30 GmbHG Rz. 116 m.w.N; *J. Vetter/Stadler*, Rz. 56 ff.; ausführlich mit verschiedenen Lösungsansätzen *Zahrte*, NZI 2010, 596 (597); zum insoweit vergleichbaren Problem der Gewährung von Sicherheiten für den Saldo eines Kontokorrentkontos und Ansprüchen aus § 32b GmbHG *Hermanns*, BB 1994, 2363 (2365 f.).

207 BGH v. 7.3.2013 – IX ZR 7/12, GmbHR 2013, 464 Rz. 16 ff. mit zust. Anm. *Bormann* zu einer einem Kontokorrentverhältnis ähnlichen Gestaltung; BGH v. 20.2.2014 – IX ZR 164/13, GmbHR 2014, 417 Rz. 23 f.; bestätigt durch BGH v. 27.6.2019 – IX ZR 167/18; kritisch *Brinkmann*, ZGR 2017, 708 (710 ff.).

zahlungsansprüchen (Rz. 11.119) zumindest das Pooling beendet werden; die von der Tochter voraussichtlich benötigte Liquidität könnte der Tochter rechtzeitig im Rahmen eines längerfristigen Darlehens zur Verfügung gestellt werden.

11.121 Fraglich ist, ob es risikomindernd wirkt, wenn die Holding die **Darlehensforderungen gegenüber der Tochter mitverkauft, statt sich das Darlehen vor dem Verkauf von der Tochter zurückzahlen** zu lassen. Nach der Rechtsprechung sind die Gestaltungsmöglichkeiten allerdings begrenzt[208]: Der Verkauf der Forderung durch einen Gesellschafter an einen Dritten führt nicht dazu, dass die Forderung ihre Qualifikation als Gesellschafterdarlehen verliert; der Erwerber erwirbt die Forderung vielmehr mit dem immanenten Nachrangrisiko behaftet[209]. Der Gesellschafter kann dem Nachrang- und Anfechtungsrisiko auch nicht durch die Wahl einer rechtlichen Konstruktion, insbesondere nicht dadurch entgehen, dass er die Gesellschafterstellung durch Verkauf aufgibt[210]. Erst recht müssen diese Konsequenzen gelten, wenn Gesellschafterstellung und Forderung an denselben Erwerber verkauft und übertragen werden. Durch die Abtretung der Forderung oder der Gesellschafterstellung entgeht der Zedent auch nicht der Inanspruchnahme aus § 143 InsO im Fall der Insolvenzanfechtung; Zedent und Zessionar haften vielmehr als Gesamtschuldner[211]. Allerdings ist sowohl im Hinblick auf den Verkauf der Forderung als auch die Übertragung der Gesellschafterstellung § 135 Abs. 1 Nr. 2 InsO analog anzuwenden mit der Folge, dass die Holding als Zedent nicht mehr haftet, wenn innerhalb eines Jahres nach der Übertragung von Beteiligung und Forderung kein Insolvenzantrag gestellt wird[212]. Die verkaufende Holding muss sich daher vertraglich dagegen schützen, dass das Gesellschafterdarlehen innerhalb der Jahresfrist an den Erwerber zurückgezahlt und die Holding anschließend vom Insolvenzverwalter in Anspruch genommen wird. Zu denken ist an ein vertragliches Verbot der Darlehensrückzahlung für ein Jahr und insbesondere einen vertraglichen Freistellungsanspruch gegen den Käufer.

11.122 Eine eingetretene Gläubigerbenachteiligung kann nachträglich beseitigt werden, wenn der Anfechtungsgegner den anfechtbar erhaltenen Gegenstand oder dessen vollen Wert in das Vermögen der Gesellschaft zurückführt. Dies setzt allerdings voraus, dass die Rückführung des Vermögens eindeutig dem Zweck dient, dem Schuldner den entzogenen Gegenstand zurückzugeben und dadurch die Verkürzung der Vermögensmasse ungeschehen zu machen. Dabei muss dem Anfechtungsgegner die Anfechtbarkeit nicht bewusst sein. Es ist ausreichend, wenn der Schuldner die Vermögenswerte wiedererlangt, die bestimmungsgemäß die angefochtene Leistung vollständig kompensieren und auf die die Gläubiger zugreifen können[213]. Die objektive Gläubigerbenachteiligung entfällt, wenn das anfechtbar zugewendete Vermögen noch vor Verfahrenseröffnung an die Gesellschaft zurückgeführt wird[214]. Hingegen entfällt die Gläubigerbenachteiligung nicht, wenn an die Mutter der Schuldnerin geleistet wird[215].

208 Zu einem Überblick über den Stand von Rechtsprechung und Literatur s. etwa *Habersack* in Ulmer/Habersack/Löbbe, 2. Aufl. 2014, Anh. § 30 GmbHG Rz. 76 ff.

209 BGH v. 21.2.2013 – IX ZR 32/12, GmbHR 2013, 410 Rz. 23 ff.; BGH v. 20.2.2014 – IX ZR 164/13, GmbHR 2014, 417 Rz. 15; OLG Stuttgart v. 8.2.2012 – 14 U 27/11, ZIP 2012, 879 (880 f.).

210 BGH v. 15.11.2011 – II ZR 6/11, GmbHR 2012, 206 Rz. 13 ff.; BGH v. 21.2.2013 – IX ZR 32/12, GmbHR 2013, 410 Rz. 31; *Habersack* in Ulmer/Habersack/Löbbe, 2. Aufl. 2014, Anh. § 30 GmbHG Rz. 78 m.w.N.

211 BGH v. 21.2.2013 – IX ZR 32/12, GmbHR 2013, 410 Rz. 28 ff.; a.A. noch die Vorinstanz OLG Stuttgart v. 8.2.2012 – 14 U 27/11, ZIP 2012, 879 (881 ff.); BGH v. 14.2.2019 – IX ZR 149/16, NJW 2019, 1289 ff. Rz. 85.

212 BGH v. 21.2.2013 – IX ZR 32/12, GmbHR 2013, 410 Rz. 25 ff.; zur Übertragung der Gesellschafterstellung bereits BGH v. 15.11.2011 – II ZR 6/11, GmbHR 2012, 206 Rz. 13 ff.; s. auch *Habersack*, in Ulmer/Habersack/Löbbe, 2. Aufl. 2014, Anh. § 30 GmbHG Rz. 77 und 78.

213 BGH v. 2.5.2019 – IX ZR 67/18, WM 2019, 1087 Rz. 14.

214 BGH v. 2.5.2019 – IX ZR 67/18, WM 2019, 1087 Rz. 15; eingehend hierzu *Gehrlein*, ZInsO 2019, 2133 (2140).

215 Vgl. hierzu BGH v. 2.5.2019 – IX ZR 67/18, WM 2019, 1087 Rz. 17 ff.; ausführlich zur Thematik auch *Gehrlein*, ZInsO 2019, 2133 (2140 f.).

4. Sonderproblem Kapitalerhöhung im Cash Pool

Schwierige Fragen und Haftungsrisiken stellen sich dann, wenn bei einer an den Cash Pool angeschlossenen Konzerngesellschaft eine Barkapitalerhöhung durchgeführt werden soll. Nachfolgend soll ein kurzer Überblick über die Problematik gegeben werden[216]. Im Ergebnis ist größte Vorsicht zu empfehlen: Eine schlichte Barkapitalerhöhung unter Einzahlung der Barmittel auf ein an das Cash Pooling angeschlossenes Quellkonto ohne Beachtung der besonderen Vorschriften über Sachkapitalerhöhungen wird den gesetzlichen Anforderungen nicht genügen und hätte erhebliche Haftungsrisiken zur Folge; die durch das MoMiG neugefassten §§ 19 Abs. 4 und 5 GmbHG haben die Problematik allenfalls rudimentär entschärft. 11.123

Der BGH hat mit dem „Cash Pool I"-Urteil[217] klargestellt, dass **für die Kapitalaufbringung im Cash Pool kein „Sonderrecht"** existiert. Anerkannt und im Folgenden auch nicht problematisiert ist die Gleichbehandlung von Rückzahlungen der Einlage an eine dem Inferenten nahestehende Person, insbesondere ein verbundenes Unternehmen. Damit ist für die hier diskutierten Fälle unerheblich, ob das Cash Pooling von dem Gesellschafter oder – wie in dem diesem Urteil zugrunde liegenden Sachverhalt – von einem verbundenen Unternehmen betrieben wird[218]. Nach der „Cash-Pool II" Entscheidung[219] hängt die Anwendung der jeweiligen Kapitalaufbringungsregeln davon ab, ob das Verrechnungskonto der Konzerngesellschaft im Zeitpunkt der Weiterleitung des Einlagebetrags auf das Zentralkonto der Betreibergesellschaft einen negativen Saldo oder einen ausgeglichenen oder positiven Saldo aufweist. 11.124

- Bei einem **negativen Saldo des Verrechnungskontos** führt die Barkapitalerhöhung zur Verrechnung des Einlagebetrags mit der Darlehensforderung des Inferenten. Die Barkapitalerhöhung stellt sich in diesem Fall als **verdeckte Sachkapitalerhöhung** i.S.d. § 19 Abs. 4 GmbHG bzw. § 27 Abs. 3 AktG dar, da der Gesellschaft im wirtschaftlichen Ergebnis nicht der im Kapitalerhöhungsbeschluss festgesetzte Barbetrag, sondern die Befreiung von der Verbindlichkeit aus der Cash Pool-Verbindung zufließt. Die für eine verdeckte Sacheinlage geforderte Vereinbarung zwischen Inferent und Gesellschaft wird beim Cash Pooling immer vorliegen[220]. Eine verdeckte Sacheinlage befreit den Inferenten nicht von seiner Einlageverpflichtung. Spätere Leistungen aus dem Cash Pool führen nach der Rechtsprechung nicht zur Heilung einer verdeckten Sacheinlage[221]. Die Verträge über die Einlage und die Rechtshandlungen zu ihrer Ausführung sind zwar nach der ausdrücklichen Regelung des § 19 Abs. 4 Satz 2 GmbHG (§ 27 Abs. 3 Satz 2 AktG) anders als nach alter Rechtslage nicht mehr unwirksam. Der Wert der verdeckt eingebrachten Darlehensforderung wird nach § 19 Abs. 4 Satz 3 GmbHG bzw. § 27 Abs. 3 Satz 3 AktG auf die fortbestehende Einlageverpflichtung angerechnet. Für die Werthaltigkeit der Forderung trägt nach der gesetzlichen Regelung der Inferent die Beweislast. Die Wirksamkeit der zugrundeliegenden Verträge und die Wertanrechnung ändern jedoch nichts daran, dass die verdeckte Sacheinlage verboten ist und der Geschäftsführer eine falsche, nach § 82 Abs. 1 GmbHG strafbewehrte Versicherung nach 11.125

216 Vgl. ausführlicher zu den rechtlichen Anforderungen und Restriktionen *Altmeppen*, ZIP 2009, 1545 ff.; *Altmeppen*, NZG 2010, 441 ff.; *Bormann/Urlichs*, DStR 2009, 641 ff.; *Illhardt*, S. 46 ff.; *Lieder*, GmbHR 2009, 1177 ff.; *Priester*, DNotZ 2009, 946 ff.; *G. H. Roth*, NJW 2009, 3397 ff.; *Schluck-Amend/Penke*, DStR 2009, 1433 ff.; *Theusinger*, NZG 2009, 1017 ff.; *J. Vetter/Schwandtner*, Der Konzern 2006, 407 (409 ff.); *J. Vetter/Stadler*, Rz. 88 ff.; *Klein*, ZIP 2017, 258 (262 f.).

217 BGH v. 16.1.2006 – II ZR 76/04 – Cash Pool I, BGHZ 166, 8 = GmbHR 2006, 477 mit Anm. *Langner*.

218 So ausdrücklich BGH v. 16.1.2006 – II ZR 76/04 – Cash Pool I, BGHZ 166, 8 = GmbHR 2006, 477 Rz. 17 ff.; OLG Hamm v. 23.10.1996 – 8 U 63/96, GmbHR 1997, 213 (214); zu Fällen außerhalb des Cash Pooling etwa BGH v. 2.12.2002 – II ZR 101/02, BGHZ 153, 107 (111); BGH v. 21.2.1994 – II ZR 60/93, BGHZ 125, 141 (144).

219 Grundlegend das „Cash Pool II"-Urteil des BGH v. 20.7.2009 – II ZR 273/07, BGHZ 182, 103 = GmbHR 2009, 926 mit Anm. *Bormann*; näher und zu Recht kritisch zum relevanten Zeitpunkt *Schwandtner*, in MünchKomm/GmbHG, 3. Aufl. 2018, § 19 GmbHG Rz. 213.

220 S. BGH v. 20.7.2009 – II ZR 273/07, BGHZ 182, 103 Rz. 10.

221 BGH v. 20.7.2009 – II ZR 273/07, BGHZ 182, 103 Rz. 21.

§ 57 Abs. 2, § 8 Abs. 2 GmbHG abgibt[222]; bei der AG ergibt sich die Strafbarkeit aus § 399 Abs. 1 Nr. 1 AktG[223].

11.126 – Weist das Verrechnungskonto der Konzerngesellschaft dagegen einen ausgeglichenen oder **positiven Saldo** auf, erhöht der Bareinlagebetrag diesen Saldo. Es liegt zwar keine verdeckte Sacheinlage vor, da Forderungen gegen den Inferenten nach h.M. nicht einlagefähig sind, wohl aber ein Hin- und Herzahlen i.S.d. § 19 Abs. 5 GmbHG bzw. § 27 Abs. 4 AktG. Die Gesellschaft gewährt dem Inferenten ein Darlehen. Ein solches **Hin- und Herzahlen** befreit den Inferenten von seiner Einlageverpflichtung nur dann, wenn die besonderen Voraussetzungen des § 19 Abs. 5 GmbHG bzw. des § 27 Abs. 4 AktG erfüllt sind. Insbesondere muss der Rückzahlungsanspruch der Konzerngesellschaft gegen die Betreibergesellschaft (i) vollwertig und (ii) fällig oder jederzeit fristlos und ohne Angabe von Gründen kündbar und durchsetzbar sein. Insoweit genügt es nach der Rechtsprechung nicht, dass die Gesellschaft jederzeit über den Cash Pool über den abgeflossenen Betrag verfügen kann[224]. Bei der Anmeldung der Kapitalerhöhung nach § 8 GmbHG muss die Rückzahlung oder die Vereinbarung der Rückzahlung an den Cash Pool nach § 19 Abs. 5 Satz 2 GmbHG bzw. nach § 27 Abs. 4 Satz 2 AktG offengelegt werden, was nach umstrittener Auffassung des BGH eine weitere tatbestandliche Voraussetzung für den Eintritt der Erfüllungswirkung darstellt[225].

11.127 – Übersteigt schließlich die Bareinlage einen im Zeitpunkt der Abführung dieser Mittel an den Cash Pool bestehenden negativen Saldo des Verrechnungskontos, so ist der Vorgang nach der Rechtsprechung **teilweise als verdeckte Sacheinlage** (in Höhe des negativen Saldos) und **teilweise als Hin- und Herzahlen** (in Höhe des überschießenden Teils) zu beurteilen, sog. verdeckte Mischeinlage[226]. Für die Praxis kommt erschwerend hinzu, dass im Zeitpunkt der Beschlussfassung über die Kapitalerhöhung oftmals nicht bekannt sein wird, ob der Cash Pool-Saldo zum (späteren) Zeitpunkt der Weiterleitung des Einlagebetrags positiv oder negativ sein wird.

11.128 Die folgenden Lösungen kommen für eine rechtssichere Durchführung einer Kapitalzufuhr in Betracht oder werden jedenfalls diskutiert[227]:

11.129 – Das einfachste und rechtssicherste Vorgehen wäre, den von der Gesellschaft benötigten Barbetrag nicht im Wege einer formalen Barkapitalerhöhung zuzuführen, sondern schlicht in die **Kapitalrücklage nach § 272 Abs. 2 Nr. 4 HGB** einzuzahlen. Derartige Einzahlungen unterliegen nicht den strengen Kapitalaufbringungsvorschriften. Allerdings kann so naturgemäß kein neuer Geschäftsanteil geschaffen und kein neuer Gesellschafter im Wege einer Kapitalerhöhung aufgenommen werden.

11.130 – Weist das Verrechnungskonto vorhersehbar einen positiven Saldo auf, könnte von der durch das MoMiG geschaffenen Möglichkeit einer **Barkapitalerhöhung unter Beachtung der** – allerdings

222 Ausführlich und mit guten Gründen kritisch zur Strafbarkeitsfolge *Altmeppen*, ZIP 2009, 1545 (1548 ff.).

223 Zu den Rechtsfolgen einer falschen Versicherung im Aktienrecht *Bayer* in K. Schmidt/Lutter, 3. Aufl. 2015, § 27 AktG Rz. 82.

224 BGH v. 20.7.2009 – II ZR 273/07 – Cash Pool II, BGHZ 182, 103 Rz. 26.

225 BGH v. 16.2.2009 – II ZR 120/07 – Qivive, BGHZ 180, 38 Rz. 16 = DNotZ 2009, 766 mit Anm. *Häublein*; BGH v. 20.7.2009 – II ZR 273/07 – Cash Pool II, BGHZ 182, 103 Rz. 24 f.; a.A. etwa *Bayer* in K. Schmidt/Lutter, 3. Aufl. 2015, § 27 AktG Rz. 114; *Illhardt*, S. 144 ff.; *Lieder*, GmbHR 2009, 1177 (1179 f.); *Roth* in Roth/Altmeppen, 9. Aufl. 2019, § 19 GmbHG Rz. 143 ff.; *Schockenhoff/Wexler-Uhlich*, NZG 2009, 1327 (1328 ff.), jeweils m.w.N., nach deren Ansicht die fehlende Offenlegung der Tilgungswirkung nicht entgegensteht.

226 BGH v. 20.7.2009 – II ZR 273/07 – Cash Pool II, BGHZ 182, 103 Rz. 15 ff.; *Bormann/Urlichs*, DStR 2009, 641 (645); *Schluck-Amend/Penke*, DStR 2009, 1433 (1435 f.); zu den sich daraus ergebenden Schwierigkeiten auch *Schwandtner* in MünchKomm/GmbHG, 3. Aufl. 2018, § 19 GmbHG Rz. 214 f.; *Illhardt*, S. 52, 54 ff.

227 Ausführlicher etwa *Illhardt*, S. 56 ff.; *Schwandtner* in MünchKomm/GmbHG, 3. Aufl. 2018, § 19 GmbHG Rz. 216 ff.; *J. Vetter/Schwandtner*, Der Konzern 2006, 407 (412 ff.); *J. Vetter/Stadler*, Rz. 91 ff.; Hangebrauck, S. 107 ff.

sehr strengen – **Voraussetzungen der § 19 Abs. 5 GmbHG, § 27 Abs. 4 AktG** Gebrauch gemacht werden. Für die jederzeitige Fälligkeit genügt es nicht, wenn die Gesellschaft unter dem Cash Pooling über einen der Bareinlage entsprechenden Betrag verfügen kann; die Konzerngesellschaft muss vielmehr die Möglichkeit haben, die Cash Management Vereinbarung mit sofortiger Wirkung zu kündigen und den Rückzahlungsbetrag so fällig zu stellen (s. hierzu auch Rz. 11.126 und Rz. 11.175)[228].

- Die Vermeidung einer verdeckten Sacheinlage ist grundsätzlich dadurch möglich, dass die **Kapitalerhöhung als Sachkapitalerhöhung** durchgeführt wird[229]. Als Einlagegegenstand kommt der Darlehensanspruch der Betreibergesellschaft gegen die Konzerngesellschaft in Betracht, was einen negativen Saldo der Konzerngesellschaft gegenüber dem Pool voraussetzt. Ist der zeichnende Gesellschafter nicht zugleich die Betreibergesellschaft, muss eine begleitende Vereinbarung zwischen Betreibergesellschaft und Gesellschafter getroffen werden. Schwierig ist dieser Weg, wenn im Zeitpunkt der Kapitalerhöhung nicht bekannt ist, ob bei Leistung der Einlage ein negativer Saldo auf dem Verrechnungskonto bestehen wird. 11.131

- Ein vergleichbarer Weg scheidet bei einem positiven Saldo auf dem Verrechnungskonto nach h.M. aus, da jedenfalls nicht dinglich besicherte[230] Forderungen gegen den Inferenten kein tauglicher Gegenstand einer Sacheinlage sind[231]. In dem Fall, dass das Cash Management nicht vom Gesellschafter selbst betrieben wird, könnte man daran denken, **als Sacheinlage einen Anspruch gegen einen Dritten**, nämlich die Betreibergesellschaft einzulegen. Die Frage, ob die von der herrschenden Meinung angenommene Untauglichkeit von Ansprüchen gegen den Inferenten selbst auch Ansprüche gegen mit dem Inferenten verbundene Unternehmen erfasst, wird in der Literatur kaum diskutiert. Angesichts der unabhängigen Bewertung dieses Einbringungsgegenstands bestehen hiergegen keine durchgreifenden Bedenken[232]. Weder die Gründe, die gegen die Zulassung der Sacheinlage eines Anspruchs gegen den Einlegenden selbst, noch diejenigen, die gegen die Einlagefähigkeit von Ansprüchen gegen Mitgesellschafter angeführt werden[233], greifen 11.132

---

228 BGH v. 20.7.2009 – II ZR 273/07 – Cash Pool II, BGHZ 182, 103 Rz. 26, 28; hierzu etwa *Bayer* in K. Schmidt/Lutter, 3. Aufl. 2015, § 27 AktG Rz. 109 ff., 120; *Benz*, Verdeckte Sacheinlage und Einlagenrückzahlung im reformierten GmbH-Recht (MoMiG), 2010, S. 51 f.; *Illhardt*, S. 56 f.; *Lieder*, GmbHR 2009, 1177 (1182); *Schwandtner* in MünchKomm/GmbHG, 3. Aufl. 2018, § 19 GmbHG Rz. 216; *Theiselmann*, Der Konzern 2009, 460 (462); ausführlicher zur praktischen Vorgehensweise *Kupjetz/Peter*, GmbHR 2012, 498 (500 ff.).

229 BGH v. 16.2.2009 – II ZR 120/07, BGHZ 180, 38 Rz. 8; ausführlicher *Cahn*, ZHR 166 (2002), 278 (284 f.); *Hellwig* in FS Peltzer, 2001, S. 163 (168 f.); *Morsch*, NZG 2003, 97 (106 f.).

230 Zur Einlagefähigkeit dinglich besicherter Forderungen etwa *Pentz* in MünchKomm/AktG, 5. Aufl. 2019, § 27 AktG Rz. 26; *Schall* in Großkomm/AktG, 5. Aufl. 2016, § 27 AktG Rz. 169; *Schwandtner* in MünchKomm/GmbHG, 3. Aufl. 2018, § 5 GmbHG Rz. 111; *Casper* in Ulmer/Habersack/Löbbe, 2. Aufl. 2013, § 5 GmbHG Rz. 87.

231 BGH v. 21.11.2005 – II ZR 140/04, Der Konzern 2006, 70 (71); BGH v. 9.1.2006 – II ZR 72/05, ZIP 2006, 331 (332); *Bayer*, GmbHR 2004, 445 (451); *Bayer* in K. Schmidt/Lutter, 3. Aufl. 2015, § 27 AktG Rz. 15; *Fastrich* in Baumbach/Hueck, 22. Aufl. 2019, § 5 GmbHG Rz. 24; *Bayer* in Lutter/Hommelhoff, 20. Aufl. 2020, § 5 GmbHG Rz. 15; *Altmeppen* in Roth/Altmeppen, 9. Aufl. 2019, § 5 GmbHG Rz. 29; *Schwandtner* in MünchKomm/GmbHG, 3. Aufl. 2018, § 5 GmbHG Rz. 109 f.; *Casper* in Ulmer/Habersack/Löbbe, 2. Aufl. 2013, § 5 GmbHG Rz. 87; zur AG: Hüffer/Koch, 14. Aufl. 2020, § 27 AktG Rz. 16, § 188 AktG Rz. 6a; *Schall* in Großkomm/AktG, 5. Aufl. 2016, § 27 AktG Rz. 168 ff.; *Pentz* in MünchKomm/AktG, 5. Aufl. 2019, § 27 AktG Rz. 26; a.A. mit ausführlicher Begründung gerade für die Fälle des Cash Pooling *Cahn*, ZHR 166 (2002), 278 (289 ff.); zust. *Hentzen*, DStR 2006, 948 (951 f.).

232 S. ausführlicher *Schwandtner* in MünchKomm/GmbHG, 3. Aufl. 2018, § 5 GmbHG Rz. 115 f., § 19 GmbHG Rz. 212 m.w.N.; ebenso bereits *J. Vetter/Stadler*, Rz. 94; *J. Vetter/Schwandtner*, Der Konzern 2006, 407 (413).

233 Hierzu etwa *Fastrich* in Baumbach/Hueck, 22. Aufl. 2019, § 5 GmbHG Rz. 24; *Schwandtner* in MünchKomm/GmbHG, 3. Aufl. 2018, § 5 GmbHG Rz. 113; a.A. *Schall* in Großkomm/AktG, 5. Aufl. 2016, § 27 AktG Rz. 174.

in diesem Fall durch. Insbesondere kommt es zu einem realen Vermögenszufluss bei der Gesellschaft, und die eingebrachte Forderung ersetzt nicht lediglich die ohnehin bestehende Einlageverpflichtung des Gesellschafters oder die subsidiäre Haftung der Mitgesellschafter (§ 24 GmbHG). Mit der Abtretung der Forderung gegen ein verbundenes Unternehmen an die Gesellschaft wird diese Forderung überdies wirksam aus dem Vermögen des Sacheinlegers ausgesondert.

11.133 – Schließlich könnte man insbesondere in Fällen, in denen im Voraus kaum abzuschätzen ist, ob am Tag der Beurkundung der Kapitalerhöhung ein positiver oder negativer Saldo vorliegen wird, daran denken, dass der Inferent der Gesellschaft **vorab ein Darlehen außerhalb des Cash Pools gewährt, den Darlehensrückzahlungsanspruch im Wege der Sachkapitalerhöhung einbringt** und die Gesellschaft anschließend die Valuta auf das Zielkonto überträgt[234]. Bei strengem Verständnis können hier Bedenken im Hinblick auf die auch bei Sacheinlagen erforderliche freie Verfügbarkeit bestehen, da von vornherein verabredet war, dass die Einlage wertmäßig an den Gesellschafter zurückfließt. Dagegen spricht allerdings, dass gerade nicht der Gegenstand der Sacheinlage, der Anspruch auf Darlehensrückzahlung, sondern Barmittel an den Gesellschafter zurück gewährt werden.

11.134 – Eine Lösungsmöglichkeit scheint auf den ersten Blick die **Zahlung der Bareinlage auf ein separates, nicht an das Cash Pooling angeschlossenes Konto** der Konzerngesellschaft zu sein[235], wobei ausgeschlossen oder jedenfalls nicht im Vorhinein vereinbart wird, dass die Mittel auf ein an den Cash Pool angeschlossenes Konto übertragen werden[236]. Es bietet sich an, die Verwendung der Mittel ausdrücklich in die Entscheidung der Konzerngesellschaft zu stellen und zusätzlich eine Übertragung auf ein an den Cash Pool angeschlossenes Konto für sechs Monate auszuschließen. Bedenken rühren allerdings daher, dass auf Grund der Bareinlage typischerweise anderweitige Mittel der Gesellschaft verstärkt, vermutlich gerade in Höhe des Bareinlagebetrags, vom Geschäftskonto an den Cash Pool abgeführt werden. Für das Vorliegen einer verdeckten Sacheinlage und das Vorliegen eines Hin- und Herzahlens ist an sich anerkannt, dass es auf die Nämlichkeit der an den Gesellschafter zurückgeführten Mittel nicht ankommt[237]. Eine verdeckte Sacheinlage wird also nicht allein dadurch ausgeschlossen, dass die Gesellschaft den Sacheinlagegegenstand vom Inferenten nicht mit dem Bareinlagebetrag, sondern mit sonstigen verfügbaren Barmitteln erwirbt. Entsprechend wird zu Recht darauf hingewiesen, dass sich dieses Problem auch bei einer Barkapitalerhöhung im Cash Pool stellt[238]. Es sprechen trotzdem gute Gründe für die Zulässigkeit und gegen eine solche Einheitsbetrachtung. Ob wirklich anderweitig ausreichende Liquidität erwirtschaftet wird, die an den Cash Pool abgeführt werden kann, steht nicht fest. Dogmatisch geht

234 So *Bayer/Lieder*, GmbHR 2006, 449 (453); *Cahn*, ZHR 166 (2002), 278 (306); *Morsch*, NZG 2003, 97 (103 f.); *Hangebrauck*, S. 137 ff.; *Sieger/Wirtz*, ZIP 2005, 2277 (2279); *Schwandtner* in MünchKomm/GmbHG, 3. Aufl. 2018, § 19 GmbHG Rz. 218; *J. Vetter/Schwandtner*, Der Konzern 2006, 407 (413); *J. Vetter/Stadler*, Rz. 94.

235 *Goette*, DStR 2006, 764 (767 f.) bezeichnet dieses Vorgehen in seiner Anmerkung zum „Cash Pool I"-Urteil als rechtssicher, soweit der Rückfluss der Mittel an den Inferenten ausgeschlossen wird; hierzu ausführlicher *Bormann/Urlichs*, DStR 2009, 641 (643 f.); *Casper* in Ulmer/Habersack/Löbbe, 2. Aufl. 2013, § 19 GmbHG Rz. 207; *Illhardt*, S. 57 ff.; *Komo*, BB 2011, 2307 (2313); *Kollrus*, MDR 2011, 208 (212); *Lieder*, GmbHR 2009, 1177 (1180); *Mayer* in FS Priester, 2007, S. 445 (464); *Priester*, DNotZ 2009, 946 (948); *Theusinger*, NZG 2009, 1017 (1018 f.); *J. Vetter/Schwandtner*, Der Konzern 2006, 407 (415 ff.); *Klein*, ZIP 2017, 258 (163 f.).

236 Eine Belassung der Mittel auf dem Sonderkonto nur bis zum Zeitpunkt der Eintragung der Kapitalerhöhung ist in keinem Fall ausreichend, dazu ausdrücklich BGH v. 16.1.2006 – II ZR 67/04, BGHZ 166, 8 Rz. 12 ff. = GmbHR 2006, 477.

237 S. BGH v. 18.2.2008 – II ZR 132/06 – Rheinmöve, BGHZ 175, 265 Rz. 13 = AG 2008, 383 (384); *Schwandtner* in MünchKomm/GmbHG, 3. Aufl. 2018, § 19 GmbHG Rz. 188, 326; *Illhardt*, S. 86 ff., 90 ff. jeweils m.z.w.N.

238 *Bormann/Urlichs*, DStR 2009, 641 (644); *Bayer/Lieder*, GmbHR 2006, 449 (451); *Hangebrauck*, S. 124 ff., 129 ff.; *Langner*, GmbHR 2006, 480 (482); *Morsch*, NZG 2003, 97 (103); *Sieger/Wirtz*, ZIP 2005, 2277 (2280); *J. Vetter/Stadler*, Rz. 92.

es um die sachgemäße Abgrenzung der Reichweite der Regeln über die Kapitalaufbringung und diejenigen der Kapitalerhaltung. Im Hinblick auf einen angemessenen Kapitalschutz erscheint es völlig ausreichend, die Zahlungen an den Cash Pool anhand des § 30 GmbHG zu messen[239]. Ob dies ein Gericht ebenso sehen wird, ist allerdings unsicher[240].

– Einen dogmatisch überzeugenden und gleichzeitig praktikablen und in der Praxis erprobten Weg für eine Barkapitalerhöhung bei einer an den Cash Pool angeschlossenen Konzerngesellschaft hat *Hellwig* aufgezeigt: Entsprechend den Grundsätzen, die anerkannt sind für das Schütt-aus-Hol-zurück-Verfahren und konzerninterne Kapitalerhöhungen, bei denen das Geld aus der Kapitalerhöhung zu einem Kaufgeschäft mit einer Schwestergesellschaft verwendet werden soll, soll die **Barkapitalerhöhung** als solche durchgeführt werden, allerdings **unter Beachtung der Anforderungen einer Sachkapitalerhöhung**. Erforderlich ist zum einen, dass die beabsichtigte Mittelverwendung, also die Einstellung der Bareinlage in den Cash Pool, bereits im Kapitalerhöhungsbeschluss und damit der Handelsregisteranmeldung offengelegt wird. Zum anderen ist eine Werthaltigkeitsprüfung unabdingbar. Da der Gegenstand der Werthaltigkeitsprüfung häufig erst im Zeitpunkt der Einstellung des Bareinlagebetrags in den Cash Pool feststeht – Begründung einer Forderung oder Tilgung einer Verbindlichkeit gegenüber der Betreibergesellschaft –, sollte der Gesellschafterbeschluss offen formuliert werden und die verschiedenen denkbaren Varianten ansprechen[241]. 11.135

5. Treuepflicht bei mehrgliedriger GmbH

11.136 Hat die abhängige GmbH außenstehende Minderheitsgesellschafter, sind die Schranken für die Holding als Mehrheitsgesellschafterin aufgrund der ihr gegenüber der Gesellschaft und insbesondere den Mitgesellschaften obliegenden **Treuepflicht** deutlich enger gezogen. Ihr ist nicht mehr jede Schädigung der Gesellschaft bis zur Grenze der Kapitalerhaltung und des Bestandsschutzes erlaubt[242]. Ohne Zustimmung der Minderheitsgesellschafter ist vielmehr jede für die Gesellschaft nachteilige Maßnahme und jede einseitige Bevorzugung eines Gesellschafters unter Verstoß gegen den Gleichbehandlungsgrundsatz unzulässig[243]. Entsprechend ist ein Cash Management-System schwieriger umzusetzen, das betriebswirtschaftlich häufig dann besonders viel Sinn macht, wenn eine Tochtergesellschaft als „cash cow" zugunsten einer anderen oder des Konzerns insgesamt benachteiligt wird.

11.137 Die **Nachteiligkeit** bestimmt sich aus einer Gesamtschau der mit der Beteiligung am Cash Pooling verbundenen Vorteile, Nachteile, Chancen und Risiken. Es gelten die gleichen Grundsätze wie zu § 311 AktG[244]. Dabei ist anerkannt, dass die Beteiligung an einem ordentlich dokumentierten Cash

239 Ausführlich *J. Vetter/Schwandtner*, Der Konzern 2006, 407 (415 ff.); gegen die Gleichstellung von möglichen Liquiditätsvorteilen der Tochtergesellschaft mit einem absprachegemäßen Rückfluss der Einlagemittel an die Holdinggesellschaft auch *Illhardt*, S. 58 ff.; ferner *Diers*, Konzerninnenfinanzierung durch Darlehen zwischen Rechtsprechung des Bundesgerichtshofs und Reform des GmbHG, 2007, S. 166; *Komo*, BB 2011, 2307 (2313); *Theusinger*, NZG 2009, 1017 (1018).

240 So auch *Schwandtner* in MünchKomm/GmbHG, 3. Aufl. 2018, § 19 GmbHG Rz. 217.

241 Ausführlich *Hellwig* in FS Peltzer 2001, S. 163 (171 ff.) mit weiteren praktischen Hinweisen und Formulierungsvorschlägen; zustimmend *J. Vetter/Stadler*, Rz. 98 ff.; *J. Vetter/Schwandtner*, Der Konzern 2006, 407 (414 f.); *Schwandtner* in MünchKomm/GmbHG, 3. Aufl. 2018, § 19 GmbHG Rz. 218; *Flitsch/Schellenberger*, BB 2006, 850 (851); kritisch *Cahn*, ZHR 166 (2002), 278 (288 f.); *Morsch*, NZG 2003, 97 (102); *Hangebrauck*, S. 148 ff.

242 Zur Bindung durch die gesellschaftsrechtliche Treuepflicht vgl. *Bitter* in Scholz, 12. Aufl. 2020 (Stand: Oktober 2019), Anh. § 64 GmbHG Rz. 134.

243 Hierzu eingehender *Bayer/Trölitzsch* Rz. 8.73 ff.

244 Allerdings finden die §§ 311 ff. AktG auf die GmbH keine (analoge) Anwendung; *J. Vetter* in K. Schmidt/Lutter, 4. Aufl. 2020, § 311 AktG Rz. 11; a.A. *Altmeppen*, ZIP 2017, 1977 (1980); zur Nachteiligkeit der Beteiligung einer AG an einem Cash Pooling s. *Schäfer/Fischbach* in FS Hellwig, 2011, S. 293 (295 ff.); *J. Vetter* in K. Schmidt/Lutter, 4. Aufl. 2020, § 311 AktG Rz. 65.

Pooling nicht per se nachteilig ist. Der Gesetzgeber selbst hat anerkannt, dass die Praxis des Cash Pooling im Grundsatz ökonomisch sinnvoll ist und regelmäßig auch dem Interesse der Konzerntöchter dient[245]. Aufgrund der recht komplexen rechtlichen und wirtschaftlichen Verflechtung kann die Ermittlung der mit einer Teilnahme am Cash Pooling verbundenen Vor- und Nachteile allerdings aufwendiger sein. Neben den Zinsen sind auch sonstige Vor- und Nachteile der Beteiligung am Cash Pooling zu berücksichtigen wie etwa die Möglichkeit günstiger Liquiditätsinanspruchnahme, die Einräumung eines Rechtsanspruchs auf Liquiditätsversorgung, ersparte Kosten für ein eigenes Finanzmanagement, der Grad der Aufgabe der für eine eigenständige Liquiditätsversorgung erforderlichen Ressourcen und die Frage, ob nur brach liegende oder auch sinnvoll operativ einsetzbare Liquidität entzogen wird und über das Cash Management über eine reine Zinsoptimierung hinaus auch unternehmerische Entscheidungen über den konzernweiten Einsatz von Liquidität getroffen werden. Praktische Schwierigkeiten können sich ergeben, da die Nachteiligkeit für jede einzelne Gesellschaft separat zu beurteilen ist. So kann ein bestimmter Habenzinssatz für die eine Gesellschaft günstig sein, da sie alternativ auf Stand-alone-Basis einen geringeren Zins erzielt hätte, während die andere Gesellschaft durch denselben Zins benachteiligt wird, da sie die Mittel zu Investitionen hätte einsetzen können, die eine erheblich höhere Rendite erwirtschaftet hätten. Schwierig kann auch die Entscheidung der Frage sein, ob identifizierte Nachteile nicht durch mit der Beteiligung am Cash Management verbundene Vorteile ausgeglichen werden. Erhält eine Gesellschaft unter Marktkonditionen liegende Habenzinsen für an die Betreibergesellschaft abgeführte Mittel, kann dies durch entsprechend günstigere Sollzinsen bei der Inanspruchnahme von Liquidität ausgeglichen werden, allerdings nur dann, wenn eine solche Inanspruchnahme von Liquidität auch tatsächlich realistischer Weise denkbar ist.

11.138 Unterlassung von Nachteilen ist nicht gleichzusetzen mit **Weitergabe aller Verbundeffekte** an die einzelnen Gesellschaften[246]. Maßstab für die Beurteilung sollte die Stand-alone-Finanzierung der einzelnen Gesellschaft ohne die aus dem Cash Pooling sich ergebenden besonderen Vorteile und Risiken sein. Etwas vereinfachend lässt sich sagen, dass die Konzernspitze Vorteile, die sich allein aufgrund von Skaleneffekten ergeben, ohne dass sie durch ein höheres Risiko erkauft werden, behalten darf, während diejenigen Vorteile, die nur durch die Inkaufnahme besonderer Risiken durch die Konzerngesellschaften realisiert werden können und bei denen die Konzerngesellschaft bei einem Geschäft mit einem konzernfremden Dritten auf Teilhabe bestanden hätte, an diese angemessen weitergegeben werden müssen.

6. Positive Liquiditätsverantwortung des herrschenden Unternehmens?

11.139 Teilweise wurde in der Literatur für ein zentrales Cash Management-System eine besondere Verantwortung des herrschenden Unternehmens für eine ausreichende Liquiditätsausstattung der Konzerngesellschaften propagiert. Begründet wurde dies mit **Grundsätzen ordnungsgemäßer Konzerngeschäftsführung**[247]. Es wurde gefordert, das herrschende Unternehmen dürfe die Finanzierung nur in dem Umfang zentralisieren, dass das beherrschte Konzernunternehmen bei Schwierigkeiten im

245 Begr. RegE MoMiG, BT-Drucks. 16/6140, 41.

246 Zur vergleichbaren Frage der Nachteiligkeit i.S.d. § 311 AktG von nicht weitergereichten Synergieeffekten *J. Vetter* in K. Schmidt/Lutter, 4. Aufl. 2020, § 311 AktG Rz. 70 m.w.N. auch zur Gegenansicht.

247 *Uwe H. Schneider*, ZGR 1984, 497 (534 f.); *Jula/Breitbarth*, AG 1997, 256 (262). Intensiver wird die Liquiditätsverantwortung des herrschenden Unternehmens bei Bestehen eines Beherrschungsvertrages diskutiert, vgl. *Geßler*, ZHR 140 (1976), 433 (439); *Eichholz*, S. 95 ff.; *Kleindiek*, Strukturvielfalt im Personengesellschafts-Konzern, 1991, S. 173 ff.; *Hommelhoff*, WM 1984, 1105 (1113); *Becker*, DStR 1998, 1528 (1530); ablehnend etwa BGH v. 19.9.1988 – II ZR 255/87, BGHZ 105, 168 (182 ff.); *Priester*, ZIP 1989, 1301 (1304 f.); *Rümker*, ZGR 1988, 494 (499 f.); *Stützle* in Uwe H. Schneider (Hrsg.), Beherrschungs- und Gewinnabführungsverträge in der Praxis der GmbH, 1989, S. 81, 99 f.

Konzern nicht zahlungsunfähig werde; bei zentraler Konzernfinanzierung habe das herrschende Unternehmen in der Folge auch die Liquidität des einzelnen Konzernunternehmens sicherzustellen[248].

Soweit aus diesen Grundsätzen Verhaltenspflichten des herrschenden Unternehmens abgeleitet werden, die über die bereits dargestellten Anforderungen der Erhaltung des Stammkapitals und des Existenzschutzes sowie der Treuepflicht gegenüber Mitgesellschaftern hinausgehen, ist dem nicht zu folgen. Weiter gehende Pflichten lassen sich dem Gesetz nicht entnehmen und wären auch kaum praktikabel. Die Betriebswirtschaftslehre hat ebenfalls noch keine allgemein gültigen Finanzierungsgrundsätze formuliert, an denen sich entsprechende Rechtspflichten orientieren könnten. In den praktischen Folgen würde eine positive Pflicht zu ausreichender Liquiditätsausstattung einer teilweisen Aufhebung der Haftungsbegrenzung im Konzern gleichkommen[249]. 11.140

7. Strafrechtliche Verantwortung

a) Geschäftsleiter der Tochter

Allgemein anerkannt ist, dass **§ 266 StGB** die GmbH gegen Untreuehandlungen ihres Geschäftsführers schützt. Relevant werden kann § 266 Abs. 1 StGB im vorliegenden Zusammenhang vor allem in seiner 2. Alternative, dem sog. Treubruchtatbestand. Die Zustimmung der Gesellschafter wirkt zwar im Grundsatz tatbestandsausschließend. Etwas anderes gilt jedoch zum einen bei einem Verstoß gegen § 30 GmbHG, zum anderen bei einer konkreten Existenzgefährdung für die Gesellschaft[250]. In diesen Fällen ist die von § 266 StGB vorausgesetzte **Vermögensbetreuungspflicht** des Geschäftsführers gegenüber der GmbH von der Zustimmung der Gesellschafter unabhängig. Als Beispiel wird in der Literatur ausdrücklich die erhebliche Beeinträchtigung der betriebsnotwendigen Liquidität, wie sie gerade bei einem rigiden zentralen Cash Management denkbar ist, genannt[251]. Der Geschäftsführer einer GmbH soll jedenfalls wegen Missbrauchs der Vermögensbetreuungspflicht[252] aufgrund existenzvernichtenden Eingriffs nach § 266 Abs. 1 2. Alt. StGB i.V.m. § 64 Satz 1 und 3 GmbHG strafbar sein, wenn er Gesellschafterdarlehen oder gleichstehende Leistungen zurückzahlt, obwohl für ihn erkennbar war, dass dies zur Zahlungsunfähigkeit der Gesellschaft führt oder diese vertieft[253]. 11.141

Auch an eine strafrechtliche Verantwortung wegen **Bankrotts nach § 283 Abs. 1 Nr. 1 StGB** ist zu denken. Allgemeine Voraussetzung ist die Vornahme einer der in Abs. 1 aufgeführten Tathandlungen im Zustand der Überschuldung, drohender oder eingetretener Zahlungsunfähigkeit oder nach Abs. 2 die Herbeiführung eines solchen Zustands durch eine der genannten Tathandlungen. Objek- 11.142

248 *Uwe H. Schneider*, ZGR 1984, 497 (534 f.); ähnlich *Jula/Breitbarth*, AG 1997, 256 (262).

249 Ablehnend auch *Scheffler* in FS Goerdeler, 1987, S. 469 (476); *Rümker*, ZGR 1988, 494 (499 f.); *Eichholz*, S. 116 f.; *Ensthaler/Kreher*, BB 1996, 385 (388); *Hormuth*, S. 187; *Koppensteiner* in KölnKomm/AktG, 3. Aufl. 2004, § 311 AktG Rz. 103; *Krieger* in MünchHdb/AG, 4. Aufl. 2015, § 70 Rz. 56; *J. Vetter/Stadler*, Rz. 153 ff.; *Baare*, S. 57 f.; *Sieder*, S. 335.

250 BGH v. 20.7.1999 – 1 StR 668/98, NJW 2000, 154 (155) = NZG 2000, 307 f. mit Anm. *Zeidler*; BGH v. 10.2.2009 – 3 StR 372/08, NJW 2009, 2225 (2227) mit Anm. *Link*; BGH v. 30.8.2011 – 3 StR 228/11, NZG 2011, 1238; aus der Literatur etwa *Tiedemann/Rönnau* in Scholz, 11. Aufl. 2015, Vor §§ 82 ff. GmbHG Rz. 8, 16 m.w.N.; a.A. *Dierlamm* in MünchKomm/StGB, 3. Aufl. 2019, § 266 StGB Rz. 155 ff.; *Gärtner*, S. 419; *Kubiciel*, NStZ 2005, 353 (359); *Perron* in Schönke/Schröder, 30. Aufl. 2019, § 266 StGB Rz. 21b.

251 *Zeidler*, NZG 2000, 309; *Weiß*, GmbHR 2011, 350 (354); *Mihm*, Strafrechtliche Konsequenzen verdeckter Gewinnausschüttungen, 1998, S. 105 m.w.N.

252 Eingehend zur Vermögensbetreuungspflicht *Brand/Strauß*, GmbHR 2019, 214 (216 f.).

253 OLG Stuttgart v. 14.4.2009 – 1 Ws 32/09, ZIP 2009, 1864; ähnlich *Bittmann*, wistra 2009, 102 (103); differenzierend *Mahler*, GmbHR 2012, 504 ff. und *Weiß*, GmbHR 2011, 350 ff., die die Strafbarkeit nicht automatisch bei Vorliegen des § 64 Satz 3 GmbHG bejahen, sondern die Vermögensbetreuungspflicht aus dem allgemeinen Schädigungsverbot und dem Verbot der Existenzgefährdung herleiten; eine Strafbarkeit nach § 266 StGB mangels Vermögensschaden ablehnend *Brand/Strauß*, GmbHR 2019, 214 ff.

tive Strafbarkeitsvoraussetzung ist zudem nach Abs. 6, dass der Täter auch tatsächlich seine Zahlungen eingestellt hat oder das Insolvenzverfahren eröffnet oder die Eröffnung mangels Masse abgewiesen worden ist. Die Anwendbarkeit der Vorschrift auf die Geschäftsführer einer Gesellschaft ergibt sich aus § 14 Abs. 1 StGB, soweit der Geschäftsführer auch in seiner Eigenschaft als Organ und nicht nur bei Gelegenheit gehandelt hat. Für sämtliche Alternativen ist vorsätzliches Handeln erforderlich, nach Abs. 4 reicht jedoch auch fahrlässiges Nicht-Erkennen der Krisen-Situation oder leichtfertiges Herbeiführen einer solchen. Die in Frage kommende Variante des § 283 Abs. 1 Nr. 1 StGB könnte durch eine Zahlung entgegen einer Ausschüttungssperre nach § 30 Abs. 1 GmbHG oder entgegen einer Einrede nach § 64 Satz 3 GmbHG in Form des Beiseiteschaffens verwirklicht werden. Beiseiteschaffen bedeutet, dass der Täter Vermögenswerte dem Gläubigerzugriff durch einen dinglichen oder tatsächlichen Akt entzieht oder dieser wesentlich erschwert wird, z.B. durch das Umleiten von Geldern auf ein seiner Verfügung nicht unterliegendes Konto eines Dritten[254] oder die Weggabe von Geld durch Tilgung fälliger Verbindlichkeiten[255].

11.143 Die Entnahme von Vermögenswerten durch den Geschäftsführer kann sowohl als Bankrott als auch als Untreue zu bewerten sein, da beide Straftatbestände unterschiedliche Rechtsgüter schützen[256]. Allerdings wird die Strafbarkeit nach § 283 StGB durch das Delikt der **Gläubigerbegünstigung nach § 283c StGB** verdrängt. Danach steht das in Kenntnis der Zahlungsunfähigkeit erfolgende Gewähren einer Sicherheit oder die Befriedigung eines Gläubigers, auf die der Gläubiger in dieser Art oder zu dieser Zeit keinen Anspruch hat, unter Strafe. Das vor dem MoMiG nach § 283 StGB strafbare Rückzahlen von eigenkapitalersetzenden Darlehen unterfällt nun § 283c StGB[257].

11.144 Zivilrechtlich hat die Verwirklichung eines Straftatbestands zur Folge, dass neben die Schadensersatzhaftung aus § 43 GmbHG die deliktische Haftung gemäß **§ 823 Abs. 2 BGB** i.V.m. dem betreffenden Straftatbestand tritt.

b) Geschäftsleiter der Holding

11.145 Bei einem strafbaren Verhalten des Geschäftsführers der Tochter liegt bei dessen Veranlassung durch die Holding naturgemäß eine Strafbarkeit der für die Holding Handelnden wegen Anstiftung nahe. Darüber hinaus kann sich eine Erstreckung der strafrechtlichen Verantwortung und – über § 823 Abs. 2 BGB – der zivilrechtlichen Haftung auf die Organe der Holding unmittelbar aus § 266 StGB i.V.m. § 14 Abs. 1 Nr. 1 StGB ergeben[258]. Der 2. Zivilsenat des BGH hat in seiner „Bremer Vulkan"-Entscheidung die für die Untreue erforderliche **Vermögensbetreuungspflicht i.S.d. § 266 Abs. 1 StGB** der Holding jedenfalls gegenüber einer 100%igen Tochter-GmbH aus ihrer Stellung als beherrschendes Unternehmen abgeleitet, das faktisch unbeschränkt auf die Tochter Einfluss nehmen kann. Veranlasse ein solches herrschendes Unternehmen die Tochter, einem Liquiditätsverbund beizutreten, bei dem das herrschende Unternehmen über die Verwendung der Liquidität entscheidet, habe es bei seinen Dispositionen angemessene Rücksicht auf das Eigeninteresse der Tochter an der Aufrechterhaltung der Fähigkeit, ihren Verbindlichkeiten nachzukommen, zu nehmen. Entsprechend bejahte der BGH im Grundsatz eine strafrechtliche Verantwortung der ehemaligen Vorstandsmitglieder der Bremer Vulkan Verbund AG, die einen Abzug von, noch dazu zweckgebunde-

---

254 *Beukelmann* in Beck'scher OK StGB, Stand: 1.5.2019 Edition: 43, § 283 StGB Rz. 38; *Beukelmann* in von Heintschel-Heinegg, 3. Aufl. 2018, § 283 StGB Rz. 38; die Rückgewähr kapitalersetzender Leistungen ist nach neuem Recht nicht mehr unrechtmäßig, so dass eine Verurteilung aus § 266 StGB abzulehnen ist, *Bittmann*, wistra 2009, 102 (103); dies dürfte gleichfalls für die Strafbarkeit nach § 283 StGB gelten.

255 *Reinhart* in Graf/Jäger/Wittig, Wirtschafts- und Steuerstrafrecht, 2. Aufl. 2017, § 283 StGB Rz. 17.

256 BGH v. 15.5.2012 – 3 StR 118/11, NJW 2012, 2366: die Untreue schützt das Vermögen des Treugebers, der Bankrott die Insolvenzmasse im Interesse der Gläubiger.

257 OLG Celle v. 23.1.2014 – 2 Ws 437/13, BeckRS 2014, 14248.

258 Ausführlich zum Untreuerisiko aufgrund von Darlehensverrechnungen im Cash Pool *Rönnau/Krezer*, ZIP 2010, 2269 ff.

nen, Mitteln (Beihilfen) der Tochter im Rahmen eines Cash Pooling veranlasst hatten, woraufhin die Tochter insolvent wurde[259]. Der 5. Strafsenat des BGH hat sich im strafrechtlichen Verfahren „Bremer Vulkan" der Ansicht des 2. Zivilsenats im Wesentlichen angeschlossen[260]. Ein Cash Management-System löse Sicherungspflichten aus, wenn Vermögenswerte das Unternehmen verlassen und innerhalb des Konzerns transferiert werden. Führe dies dazu, dass die Erfüllung eigener Verbindlichkeiten des Konzernmitglieds im Falle des Verlustes der Gelder gefährdet wäre, treffe die Muttergesellschaft eine Vermögensbetreuungspflicht dahingehend, dass sie die Rückzahlung der Gelder gewährleisten müsse, etwa durch ausreichende Besicherung; anderenfalls drohe die Strafbarkeit nach § 266 StGB.

In der zivilrechtlichen Entscheidung nahm der BGH außerdem einen Schadensersatzanspruch aus § 823 Abs. 2 BGB i.V.m. **§ 263 Abs. 1 StGB (Betrug)** wegen Täuschung durch Unterlassen an. Das herrschende Unternehmen sei von dem Zeitpunkt an, in dem die Rückführung der von der Tochter in den Konzernverbund eingebrachten Mittel aufgrund der drohenden Illiquidität des Konzerns nicht mehr gewährleistet war, verpflichtet gewesen, die Tochter auf den drohenden Verlust dieser Mittel, der zum Verlust ihres Stammkapitals und darüber hinaus zur Gefährdung ihrer Existenz führen musste, hinzuweisen. Eine solche Aufklärungspflicht ergebe sich aus dem besonderen Vertrauensverhältnis, das aufgrund des Cash Management Vertrages begründet worden sei[261]. 11.146

8. Besonderheiten bei der AG

Das MoMiG hat nicht nur die in § 30 Abs. 1 GmbHG, sondern in gleicher Weise auch in § 57 Abs. 1 AktG klargestellt, dass vollwertige Darlehen an den Gesellschafter keinen Verstoß gegen Kapitalerhaltungsgrundsätze darstellen[262]. Für aufsteigende Darlehen einer AG an ihren Gesellschafter innerhalb des Cash Managements gelten im faktischen Konzern allerdings nach h.M. nicht die strikten Kapitalbindungsvorschriften der §§ 57, 60 und 62 AktG, da mit der h.M. trotz Fehlens einer § 291 Abs. 3 AktG entsprechenden Bestimmung von einer zeitweisen Verdrängung der §§ 57, 62 AktG durch **§ 311 AktG** bis zum ordnungsgemäßen Nachteilsausgleich auszugehen ist[263]. Danach ist eine nachteilige Einflussnahme auf die Tochter zulässig, wenn der Nachteil innerhalb des Geschäftsjahres ausgeglichen oder jedenfalls bestimmt wird, wann und wie der Ausgleich erfolgen wird (hierzu näher *Bayer/Trölitzsch* Rz. 8.71 f.). Nachteilig ist grundsätzlich jedes zu einer Minderung des Gesellschaftsvermögens führende Rechtsgeschäft und jede solche Maßnahme, die ein ordentlicher und gewissenhafter Geschäftsleiter so nicht vorgenommen hätte[264]. Dabei sind bei der Bestimmung des Nachteilsbegriffs die Wertungen des § 57 Abs. 1 Satz 3 Alt. 2 AktG zu beachten. Liegt keine ver- 11.147

259 BGH v. 17.9.2001 – II ZR 178/99, BGHZ 149, 10 (17 f.), zum Sachverhalt Rz. 7; eingehender und kritisch zu den strafrechtlichen Ausführungen des BGH in dieser Entscheidung Schünemann, LM Nr. 1 zu § 309 AktG; *Kramer*, WM 2004, 305 (306 ff.); zu einem weiteren Fall der Strafbarkeit von Organmitgliedern des beherrschenden Unternehmens BGH v. 10.7.1996 – 3 StR 50/96, GmbHR 1996, 925.

260 BGH v. 13.5.2004 – 5 StR 73/03, BGHSt 49, 147; ausführlich zu dem zivilrechtlichen und dem strafrechtlichen Urteil *Fleischer*, NJW 2004, 2867.

261 BGH v. 17.9.2001 – II ZR 178/99, BGHZ 149, 10 (18 f.).

262 Zur aktienrechtlichen Vermögensbindung, derzufolge jede Zuwendung an die Aktionäre mit Ausnahme der Verteilung von Bilanzgewinn unzulässig ist und die damit erheblich weitergeht als das Ausschüttungsverbot nach § 30 GmbHG, vgl. etwa *Cahn/v. Spannenberg* in Spindler/Stilz, 4. Aufl. 2019, § 57 AktG Rz. 1.

263 BGH v. 1.12.2008 – II ZR 102/07 – MPS, BGHZ 179, 71 Rz. 11 = AG 2009, 81 (82); BGH v. 31.5.2011 – II ZR 141/09 – Dritter Börsengang, BGHZ 190, 7 Rz. 48 = AG 2011, 548 (553); *Altmeppen* in MünchKomm/AktG, 5. Aufl. 2020, § 311 AktG Rz. 459 ff.; *Habersack* in Emmerich/Habersack, Aktien- und GmbH-Konzernrecht, 9. Aufl. 2019, § 311 AktG Rz. 82; Hüffer/Koch, 14. Aufl. 2020, § 311 AktG Rz. 49; *J. Vetter* in K. Schmidt/Lutter, 4. Aufl. 2020, § 311 AktG Rz. 40 ff. m.w.N.; abweichend *Bayer* in FS Lutter, S. 1011 (1330 f.), der § 57 AktG beschränkt auf die Höhe des Grundkapitals und der gesetzlichen Rücklage anwenden will.

264 S. etwa *J. Vetter* in K. Schmidt/Lutter, 4. Aufl. 2020, § 311 AktG Rz. 40 ff. m.w.N.

botene Zahlung nach § 57 AktG vor, ist auch ein Nachteil i.S.d. § 311 AktG zu verneinen, da im Rahmen des als Privilegierung zu § 57 AktG konzipierten § 311 AktG keine strengeren Maßstäbe gelten dürfen[265]. Im Ergebnis sind damit keine dauerhaften Benachteiligungen der abhängigen AG zulässig, und zwar auch nicht der **Einpersonen-AG**. Wird der geforderte Nachteilsausgleich nicht vorgenommen, greifen die allgemeinen Rechtsfolgen eines Verstoßes gegen § 57 AktG[266]; daneben haftet insbesondere das herrschende Unternehmen und seine gesetzlichen Vertreter nach § 317 AktG. Abgesehen von der Möglichkeit des zeitlich gestreckten Nachteilsausgleichs, dessen praktische Bedeutung man für Cash Management-Systeme nicht überbewerten sollte, entsprechen die Anforderungen an ein Cash-Management-System bei der AG damit dem bei einer GmbH mit außenstehenden Minderheitsgesellschaftern (s. Rz. 11.136 ff.). Anders als bei der typischen GmbH steht bei der AG neben der Geschäftsleitung auch der **Aufsichtsrat** in der Verantwortung, die Einhaltung der allgemeinen aktienrechtlichen und speziellen konzernrechtlichen Grenzen des Cash Pooling zu überwachen[267]. In prozeduraler Hinsicht ist zu beachten, dass der Cash Management Vertrag ein Rechtsgeschäft ist, das im Abhängigkeitsbericht nach § 312 AktG aufzuführen ist[268].

11.148 Auch die Privilegierung von Leistungen unter einem **Beherrschungs- oder Gewinnabführungsvertrag** wurde identisch in § 57 Abs. 1 Satz 3 AktG aufgenommen.

11.149 Durch das MoMiG wurde in Parallele zu § 63 Satz 3 GmbHG auch **§ 92 Abs. 2 AktG** durch einen entsprechenden Satz 3 ergänzt. Beide Normen sind entsprechend auszulegen. Auch die vom BGH rechtlich entwickelten Grundsätze zu existenzvernichtenden Eingriffen und der Schadensersatzhaftung nach § 826 BGB gelten nach zutreffender Auffassung auch für die AG, auch wenn sie dort wegen § 117 AktG und den §§ 311 ff. AktG praktisch keine Bedeutung haben[269]. Im Aktienrecht wird darüber hinaus diskutiert, ob Eingriffe des herrschenden Unternehmens im faktischen Konzern, die einem Einzelausgleich nach § 311 AktG nicht zugänglich sind, zu weitergehenden Rechtsfolgen, insbesondere einer Verlustausgleichsverpflichtung des herrschenden Unternehmens entsprechend § 302 AktG führen sollen[270]. Ein Cash Management-System kann eine solche qualifizierte Nachteilszufügung aber wohl nur dann zur Folge haben, wenn die gegenseitigen Verbindlichkeiten und Forderungen der Beteiligten aus dem Cash Pooling nicht sauber dokumentiert werden und damit eine Waschkorblage eintritt, die eine Feststellung der jeweiligen Vermögenswerte und eine Beurteilung der Nachteiligkeit nicht zulässt.

11.150 Auch im Hinblick auf die **Rückzahlung von Gesellschafterdarlehen** wurde durch das MoMiG die Rechtslage vereinheitlicht. Auch für die AG gelten die dargestellten Grundsätze über den Nachrang von Gesellschafterdarlehen gem. § 39 Abs. 1 Nr. 5 InsO und die Anfechtbarkeit von Erfüllungshandlungen nach § 135 Abs. 1 InsO (s. Rz. 11.104 ff.).

11.151 Auch im Hinblick auf die **Kapitalaufbringung** ist die Rechtslage zwischen GmbH und AG vereinheitlicht worden[271]. Die Abs. 3 und 4 des § 27 AktG enthalten den § 19 Abs. 4 und 5 GmbHG entsprechende Regelungen (s. Rz. 11.122 ff.).

---

265 Vgl. hierzu *Mülbert/Sajnovits*, WM 2015, 2345 (2351 f.); *Bayer* in MünchKomm/AktG, 5. Aufl. 2019, § 57 AktG Rz. 179; *J. Vetter* in Schmidt/Lutter, 4. Aufl. 2020, § 311 AktG Rz. 56.

266 BGH v. 31.5.2011 – II ZR 141/09, BGHZ 190, 7 Rz. 13, 48, 50 = AG 2011, 548 (553); außerdem OLG Frankfurt/M v. 30.11.1995 – 6 U 192/91, AG 1996, 324 (327); OLG Hamm v. 10.5.1995 – 8 U 59/94, AG 1995, 512 (516); *J. Vetter* in K. Schmidt/Lutter, 4. Aufl. 2020, § 311 AktG Rz. 117 m.w.N.

267 Ausführlich *Bayer/Lieder*, AG 2010, 885 ff.

268 Zur Darstellung eines Cash Management im Abhängigkeitsbericht s. *J. Vetter* in K. Schmidt/Lutter, 4. Aufl. 2020, § 312 AktG Rz. 32.

269 S. etwa *Habersack*, ZGR 2008, 553 (550 f.); Hüffer/Koch, 14. Aufl. 2020, § 1 AktG Rz. 22 ff.; *J. Vetter* in K. Schmidt/Lutter, 4. Aufl. 2020, § 317 AktG Rz. 51.

270 Ausführlicher zum Meinungsstand, den Voraussetzungen und Rechtsfolgen *J. Vetter* in K. Schmidt/Lutter, 4. Aufl. 2020, § 317 AktG Rz. 47 ff.

271 Zum physischen Cash Pool in der Aktiengesellschaft eingehend *Böffel*, ZIP 2018, 1011 ff.

Bei börsennotierten Gesellschaften ist zu beachten, dass konzerninterne Cash-Management-Vereinbarungen grundsätzlich die Definition des **Geschäfts mit einer nahestehenden Person im Sinne des § 111a Abs. 1 AktG** erfüllen. Bei einer an einem Cash Pooling teilnehmenden börsennotierten Konzerngesellschaft kommt daher, sofern der Schwellenwert des § 111b Abs. 1 AktG eigenständig oder im Wege der Aggregation mit anderen mit der Betreibergesellschaft im laufenden Geschäftsjahr abgeschlossenen Geschäften überschritten wird[272], das Erfordernis einer Aufsichtsratszustimmung nach § 111b Abs. 1 AktG und einer unverzüglichen Veröffentlichung nach § 111c Abs. 1 AktG in Betracht. Ist die Holding börsennotiert, kann dies entsprechend auf ihrer Ebene gelten, wenn sie selbst das Cash Pooling betreibt; beim Einsatz einer Finanzierungsgesellschaft als Betreibergesellschaft käme theoretisch eine Veröffentlichungspflicht der Geschäfte von Tochtergesellschaften nach § 111c Abs. 4 AktG in Betracht. Allerdings ist zu beachten, dass gerade bei einem konzerninternen Cash Pooling die Voraussetzungen der Ausnahmevorschrift des § 111a Abs. 2 AktG vorliegen können. Danach sind Geschäfte im ordentlichen Geschäftsgang und zu marktüblichen Bedingungen vom Anwendungsbereich der §§ 111a bis c AktG ausgenommen[273]. Auf Ebene der börsennotierten Holding können unabhängig davon die Voraussetzungen der Ausnahmevorschrift des § 111a Abs. 3 Nr. 1 AktG vorliegen. 11.152

9. Aufsichtsrechtliche Hinweise

Nach **§ 32 KWG** bedarf einer Erlaubnis, wer in einem Umfang, der einen kaufmännisch eingerichteten Geschäftsbetrieb erfordert, Bankgeschäfte betreibt und damit ein Kreditinstitut ist. Als Bankgeschäft gelten gem. § 1 Abs. 1 Nr. 1 und 2 KWG insbesondere die Annahme fremder Gelder als Einlagen und die Gewährung von Gelddarlehen. Allerdings entfällt eine Qualifikation als Kreditinstitut und mit ihr eine Erlaubnispflicht nach § 2 Abs. 1 Nr. 7 KWG, soweit die Bankgeschäfte in Gestalt des Cash Managements ausschließlich mit Konzernunternehmen, also direkten und indirekten Mutter-, Tochter- oder Schwesterunternehmen, betrieben werden. Für die Qualifikation als Mutter oder Tochter sind gem. § 1 Abs. 6 und 7 KWG die Grundsätze des § 290 HGB maßgeblich. 11.153

Zu beachten sind zudem die Vorgaben des Zahlungsdiensteaufsichtsgesetzes („**ZAG**"). Begleicht die Betreibergesellschaft von ihrem eigenen Konto Forderungen eines Dritten gegen eine Cash-Pool teilnehmende Gesellschaft, ist in der Regel der Tatbestand des Finanztransfergeschäfts i.S.d. § 1 Abs. 1 Satz 2 Nr. 6 ZAG gegeben. Finanztransfergeschäfte sind Dienste, bei denen ohne Einrichtung eines Zahlungskontos auf den Namen des Zahlers oder des Zahlungsempfängers ein Geldbetrag des Zahlers nur zur Übermittlung eines entsprechenden Betrags an einen Zahlungsempfänger oder an einen anderen, im Namen des Zahlungsempfängers handelnden Zahlungsdienstleister entgegengenommen wird oder bei dem der Geldbetrag im Namen des Zahlungsempfängers entgegengenommen und diesem verfügbar gemacht wird. Sofern die Betreibergesellschaft derartige Zahlungen gewerbsmäßig oder in einem Umfang vornimmt, der einen in kaufmännischer Weise eingerichteten Geschäftsbetrieb erfordert, bedarf sie hierfür nach § 10 ZAG einer schriftlichen Erlaubnis der Bundesanstalt für Finanzdienstleistungsaufsicht. Auf das Konzernprivileg nach § 2 Abs. 1 Nr. 13 ZAG kann sie sich nicht berufen, wenn die Zahlung an einen konzernfremden Dritten erfolgt. Nach Ansicht der Bundesanstalt für Finanzdienstleistungsaufsicht ist die Bereichsausnahme des Konzernprivilegs ihrem Wortlaut „entsprechend eng dahingehend auszulegen, dass von ihr ausschließlich Zahlungsvorgänge erfasst werden, bei denen sowohl der Zahler als auch der Zahlungsempfänger derselben Konzerngruppe angehören. Zahlungsvorgänge **‚in den Konzern hinein'** oder **‚aus dem Konzern heraus'** fin- 11.154

272 Zur Bestimmung des Werts von Geschäften allgemein ausführlich *J. Vetter*, AG 2019, 853 (856 ff.); *J. Vetter* in K. Schmidt/Lutter, 4. Aufl. 2020, § 111b AktG Rz. 33 ff.; speziell zum Cash Pooling *J. Vetter*, AG 2019, 853 (859 f.); *J. Vetter* in K. Schmidt/Lutter, 4. Aufl. 2020, § 111b AktG Rz. 56 f.

273 Die Begründung des Regierungsentwurfs zum ARUG II nennt ausdrücklich Cash-Pooling-Systeme als Beispiel für ein Geschäft nach § 111a Abs. 2 AktG, s. BT-Drucks. 19/9739, S. 81; ausführlich zu den Voraussetzungen des § 111a Abs. 2 AktG bei Cash-Management-Vereinbarungen *J. Vetter* in K. Schmidt/Lutter, 4. Aufl. 2020, § 111a AktG Rz. 161 ff.

den im Wortlaut der Vorschrift keine Stütze und sind von der Bereichsausnahme daher nicht erfasst“[274].

11.155 Die bankaufsichtsrechtlichen Regelungen anderer Staaten kennen eine solche Ausnahme teilweise nicht. Bei einem **grenzüberschreitenden Cash Management** sollten daher die Einhaltung der jeweiligen bankaufsichtsrechtlichen Voraussetzungen genau geprüft werden. Bei der Beteiligung ausländischer Gesellschaften sind neben bankaufsichtsrechtlichen Genehmigungserfordernissen insbesondere Berichtspflichten gegenüber der Zentralbank und nach einschlägigem Devisen- und Außenwirtschaftsrecht zu beachten. Häufig ist die Ausfuhr der jeweiligen nationalen Währung beschränkt.

IV. Hinweise zur Ausgestaltung

11.156 Nachfolgend sollen einige praktische Hinweise zu einer effektiven Vermeidung oder jedenfalls Minimierung von Haftungsrisiken aufgrund eines konzernweiten Cash Managements gegeben werden[275].

1. Vertragliche Fixierung

11.157 Erste dringende praktische Empfehlung zur Ausgestaltung eines konzernweiten Cash Management-Systems ist die **schriftliche vertragliche Fixierung** seiner Grundlagen[276]. Den Geschäftsleitern der Konzerngesellschaften muss es möglich sein, die Risiken und die Rechtmäßigkeit eines Beitritts ihrer Gesellschaft zu überprüfen. Ist die Teilnahme am Cash Pooling nur dann zulässig, wenn dies für die Gesellschaft nicht nachteilig ist bzw. Nachteile ausgeglichen werden (mehrgliedrige GmbH, AG), muss der Geschäftsleiter die seiner Gesellschaft auferlegten Pflichten (Überweisung verfügbarer Liquidität auf das Zielkonto; Liquiditätsbezug über das Zielkonto), die sich ergebenden Vorteile (Zurverfügungstellung von Liquidität, Kostenersparnis), die Konditionen sowie die Risiken (z.B. Besicherung, Möglichkeit des Ausstiegs) abwägen, um im Rahmen einer Gesamtbeurteilung zu entscheiden, ob die Teilnahme für seine Gesellschaft vorteilhaft oder jedenfalls nicht nachteilig ist. Dies setzt voraus, dass die Bedingungen des Cash Pooling klar umrissen sind und nicht in wesentlichem Umfang einseitig geändert werden können.

11.158 Der Beitritt zum Cash Pooling erfolgt typischerweise in einer Schönwetterphase, in der sich weder der Konzern noch die teilnehmende Tochtergesellschaft in wirtschaftlichen Schwierigkeiten befindet. Die teilnehmenden Konzerngesellschaften haben jedoch ein Interesse daran, die nachfolgend angesprochenen Schutzmechanismen für den Fall der eigenen Krise oder der Krise der Holding von vornherein vertraglich abzusichern.

11.159 Die Betreibergesellschaft sollte bei der vertraglichen Fixierung allerdings darauf achten, dass die vertraglichen Grundlagen **ausreichend flexibel** sind, das Cash Management technisch zu vereinfachen und insbesondere die jeweils neuesten verfügbaren EDV-Systeme einzusetzen. Auch ein Recht der Betreibergesellschaft, die Zinsen einseitig anzupassen, ist dann unproblematisch, wenn die Konzerngesellschaften ein kurzfristiges Kündigungsrecht haben.

11.160 Rechtstechnisch ist denkbar, dass die konzerninterne Cash Management Vereinbarung zwischen der Betreibergesellschaft und allen beteiligten Konzerngesellschaften als **mehrseitiger Vertrag** ausgestaltet wird. In diesem Fall ist es wichtig, dass ausreichende Flexibilität durch Vollmachtslösungen für

---

274 Merkblatt der BaFin; Hinweise zum Zahlungsdiensteaufsichtsgesetz (ZAG), Stand 19.11.2017 zu § 2 Abs. 1 Nr. 13 ZAG.

275 Ausführlichere Hinweise bei *J. Vetter/Stadler*, Rz. 187 ff.; außerdem etwa *Hangebrauck*, S. 514 ff.; zu einzelnen Formulierungsvorschlägen *Weitzel/Socher*, ZIP 2010, 1069 (1070 f.).

276 So ausdrücklich auch *Kropff* in MünchKomm/AktG, 2. Aufl. 2000, § 311 AktG Rz. 189; *U. H. Schneider* in Lutter/Scheffler/U. H. Schneider (Hrsg.), Hdb. der Konzernfinanzierung, 1998, Rz. 25.11; *J. Vetter* in K. Schmidt/Lutter, 4. Aufl. 2020, § 311 AktG Rz. 65; *Schäfer/Fischbach* in FS Hellwig, 2011, S. 293 (304); zwingend einen schriftlichen Vertrag fordernd *Hüffer*, AG 2004, 416 (421).

die Aufnahme neuer Gesellschaften, das Ausscheiden einzelner Gesellschaften und materielle und technische Änderungen, beispielsweise die Einführung veränderter Kommunikationswege und die Einführung veränderter EDV-basierter Strukturen sichergestellt wird. Im Zweifel werden die Konzerngesellschaften die Betreibergesellschaft in einem in der Vereinbarung bestimmten Umfang zu ihrer Vertretung bei derartigen Änderungen bevollmächtigen. Möglich und häufig praktisch einfacher ist es, dass die Betreibergesellschaft **jeweils bilaterale Verträge** mit allen beteiligten Konzerngesellschaften schließt und in der Vereinbarung vorgesehen wird, dass auch andere Konzerngesellschaften am Cash Management beteiligt werden können.

Neben der konzerninternen Vereinbarung muss eine **Vereinbarung mit der das Cash Pooling extern betreuenden Bank** geschlossen werden. Darin muss insbesondere jede beteiligte Konzerngesellschaft die Bank beauftragen und ermächtigen, täglich den positiven Saldo von ihren Quellkonten abzuziehen. Auch insoweit bieten sich Vollmachten der teilnehmenden Konzerngesellschaften an, die es der Betreibergesellschaft ermöglichen, innerhalb eines definierten Rahmens und beispielsweise unter Ausschluss der Verpflichtung von Konzerngesellschaften zu einer gesamtschuldnerischen Haftung den Vertrag mit der Betreiberbank abzuschließen, bei Bedarf zu ändern oder die Betreiberbank auszuwechseln. 11.161

2. Transparenz und vollständige Dokumentation

Essentielle Bedeutung für die Begrenzung rechtlicher Risiken eines Cash-Pooling-Systems hat die genaue **Aufzeichnung und Verbuchung aller Zahlungsvorgänge** einschließlich der vereinbarten Konditionen. Dies gilt insbesondere für die Vermeidung von Verstößen gegen Kapitalschutzvorschriften, aber auch beispielsweise die Exkulpation wegen existenzvernichtenden Eingriffs bei nachfolgender Insolvenz der Konzerngesellschaft. Da sich die Holding bei einem Cash-Pooling-System häufig nicht auf den bloßen konzernweiten Ausgleich überschüssiger Liquidität beschränkt, sondern durch die Entscheidung über die Zuteilung oder den Abzug von Liquidität gleichzeitig Einfluss auf Investitionen und die Wahrnehmung von Geschäftschancen nimmt, ist den beteiligten Unternehmen dringend zu empfehlen, auch die **Entscheidungsfindung betreffend Investitionen und die Wahrnehmung von Geschäftschancen** präzise zu dokumentieren. Nur so kann einerseits dem Vorwurf pflichtwidriger Nachteilszufügung durch das herrschende Unternehmen und die Geschäftsführung der Konzerngesellschaften begegnet werden. Zum anderen ist die Frage, wofür abgeführte Liquidität bei der Konzerngesellschaft hätte verwendet werden können, für die Beurteilung der Angemessenheit des Zinssatzes von Bedeutung. Entsprechend wurde in der Literatur – regelmäßig im Zusammenhang mit der vor Bremer Vulkan auch im Zusammenhang mit Cash Management-Systemen intensiv diskutierten Problematik des qualifiziert faktischen Konzerns – auf die Bedeutung der Aufbewahrung der maßgeblichen Protokolle über die Geschäftsleitersitzungen bei der Konzerngesellschaft hingewiesen[277]. 11.162

3. Installierung eines Frühwarnsystems

Die Grundidee eines solchen Frühwarnsystems[278] ist, die darlehensgewährende Holding und insbesondere die darlehensgewährende Konzerngesellschaft in die Lage zu versetzen, das Anlagerisiko bei der Überlassung von Liquidität besser abzuschätzen und die rechtzeitige Rückforderung von Mitteln und den rechtzeitigen Ausstieg bzw. Ausschluss einzelner Konzerngesellschaften zu ermöglichen. Für die Holding haben kurzfristige **Kündigungsmöglichkeiten** Bedeutung vor allem im Hinblick auf das Risiko, dass die Krise einer teilnehmenden Tochter den gesamten Konzern infiziert. Mindestens genauso wichtig sind kurzfristige Kündigungsmöglichkeiten für die beteiligte Konzerngesellschaft. Sie muss die Möglichkeit haben, sich in der Krise der Holding sehr kurzfristig von ihren 11.163

277 *Hommelhoff* in Hommelhoff/Stimpel/Ulmer (Hrsg.), Heidelberger Konzernrechtstage: Der qualifiziert faktische GmbH-Konzern, 1992, S. 245, 252; *Oser*, WPg 1994, 312 (315).

278 Hierzu bereits Rz. 11.52 m.w.N.

Verpflichtungen aus dem Cash-Pooling-System zu befreien. Dies gilt zum einen für die Kündigung ausgereichter Darlehen, was bei kurzfristigen Darlehen, die häufig tagtäglich kündbar sind, unproblematisch ist, zum anderen für die grundlegende Verpflichtung zur dauerhaften Überweisung von überschüssiger Liquidität. Rechtstechnisches Mittel wäre zum Schutz sowohl der Holding als auch der Konzerngesellschaft jeweils ein fristloses Kündigungsrecht aus wichtigem Grund sowohl im Hinblick auf ausgereichte Darlehen als auch die Cash Management Vereinbarung selbst. Es empfiehlt sich, wichtige Kündigungsgründe in Anlehnung an die vereinbarten Informationsrechte und Zusicherungen (dazu nachfolgend Rz. 11.166 ff. und 11.170 f.) möglichst präzise in der Cash Management Vereinbarung zu bestimmen. Sinnvoll ist darüber hinaus eine Generalklausel, nach der konkrete Anhaltspunkte, die Zweifel an der Fähigkeit des Darlehensnehmers aufkommen lassen, die zur Verfügung gestellte Liquidität zurückzuerstatten, zur außerordentlichen Kündigung berechtigen.

11.164 Als milderes Mittel zur Kündigung der Beteiligung am Cash Pooling kann in der Cash Management Vereinbarung vorgesehen werden, dass bei Zweifeln an der Vollwertigkeit des Rückzahlungsanspruchs oder einer möglicherweise vorübergehenden wirtschaftlichen Schieflage der Tochter jeder Vertragspartner eine **Suspension der Teilnahme am Cash Pooling** und seiner Verpflichtung zur Abführung bzw. Überlassung von Liquidität für eine gewisse Zeit verlangen kann.

11.165 Kündigungsrechte schützen den Kündigungsberechtigten nur dann effektiv, wenn er vom Vorliegen eines Kündigungsgrunds rechtzeitig Kenntnis erlangen kann. Zweite unabdingbare Säule des vorgeschlagenen Frühwarnsystems ist daher die Gewährung **effektiver Informationsrechte** nicht nur zugunsten der Holding, sondern auch der Konzerngesellschaften[279]. Die Bedeutung einer aktiven Informationsverschaffung zugunsten der an das Cash Pooling angeschlossenen Konzerngesellschaften hat der 2. Zivilsenat des BGH in der Bremer Vulkan-Entscheidung durch den Hinweis auf eine Strafbarkeit nach § 263 StGB wegen Betrugs durch Unterlassen ausdrücklich hervorgehoben[280]. Informationsrechte und -pflichten müssen zum einen **regelmäßige Mitteilungen** über die Lage der Töchter umfassen, zum anderen **Ad-hoc-Mitteilungen** bei Auftreten außergewöhnlicher Risikosituationen wie Ausfall einer größeren Forderung, Drohen eines wichtigen Passivprozesses, Unterschreiten von Ertrags- oder Cashflow-Kennzahlen oder zu erwartende gravierende Planverfehlungen.

11.166 Grundsätzlich haben die einzelnen Konzerngesellschaften Interesse an aktuellen Informationen nicht nur im Hinblick auf die wirtschaftliche Situation der Holding, sondern auch im Hinblick auf andere an das Cash Pooling angeschlossene und Darlehen empfangende Konzerngesellschaften, soweit deren wirtschaftliche Situation Einfluss auf die Solidität des Cash Pools haben kann. Allerdings ist bei der Ausgestaltung des Cash Managements neben dem Erfordernis ausreichender Information auch das nicht von vornherein unberechtigte Interesse der Holding zu berücksichtigen, abhängigen Konzerngesellschaften keine detaillierten Informationen über die wirtschaftliche und finanzielle Situation anderer Konzerngesellschaften weiterzugeben. Solange die Holding umfassend über die wirtschaftliche Situation der beteiligten Konzerngesellschaften informiert wird und bei einer erkennbaren Gefahrenlage die gebotenen Konsequenzen zieht – die Verpflichtung hierzu sollte in der Cash Management Vereinbarung vorgesehen werden –, wird jede einzelne Konzerngesellschaft mittelbar durch die umfassende Information der Holding geschützt. Für ein effektives Frühwarnsystem empfiehlt sich entsprechend die Verpflichtung der Holding oder der von ihr eingesetzten Betreibergesellschaft, in regelmäßigen kurzen Abständen die Einhaltung der finanziellen Zusicherungen (hierzu nachfolgend Rz. 11.170 f.) und das Vorliegen sonstiger mitteilungspflichtiger Ereignisse zu überprüfen. Die Betreibergesellschaft wird man darüber hinaus aber zumindest zu Ad-hoc-Mitteilungen gegenüber den Konzerngesellschaften über aufgetretene Schwierigkeiten innerhalb des Konzerns verpflichten müssen, beispielsweise die Überschreitung des einer Konzerngesellschaft eingeräumten Dispositionsrahmens, den Zahlungsverzug einzelner Konzerngesellschaften ab einer bestimmten

279 Zur Frage der Zulässigkeit der Weitergabe von Informationen im Rahmen eines Cash Management-Systems *J. Vetter/Stadler*, Rz. 202 ff.

280 BGH v. 17.9.2001 – II ZR 178/99, BGHZ 149, 10 (18 ff.); vgl. hierzu bereits vorstehend Rz. 11.146.

Größenordnung, erkennbar werdenden Wertberichtigungsbedarf im Hinblick auf Darlehensforderungen und sonstige wirtschaftliche und finanzielle Risikosituationen bei beteiligten Konzerngesellschaften, sofern die Holding nicht willens oder in der Lage ist, die daraus resultierenden Gefahren für den Cash Pool effektiv einzudämmen (z.B. weil die der in der Krise befindlichen Gesellschaft gewährten Mittel aus faktischen und/oder rechtlichen Gründen nicht zurückgefordert werden können).

Neben der Information über die wirtschaftliche Lage und potenzielle Anzeichen von Krisen ist für die Holding zur Installierung eines möglichst robusten Cash Management-Systems auch **Kenntnis über den zukünftigen Liquiditätsbedarf** der Konzerngesellschaften erforderlich. Die Holding muss jedenfalls den mittelfristigen Liquiditätsbedarf sowie, um dessen Deckung planen zu können, die im entsprechenden Zeitraum verfügbaren Liquiditätsreserven kennen. Nur so kann sie beurteilen, ob Liquiditätsengpässe denkbar sind, ob ausreichende Reserven vorhanden sind und ob und in welchem Umfang eine konzernexterne Finanzierung erforderlich ist[281]. Viele Cash Management Vereinbarungen sehen daher klare Vorgaben für die – heute häufig elektronische – Übermittlung des kurz- und mittelfristigen Liquiditätsbedarfs vor. 11.167

Insgesamt besteht bei der Ausgestaltung der Informationsrechte ein **weites unternehmerisches Ermessen**. Grundsätzlich denkbar wäre, in der Cash Management Vereinbarung eine detaillierte Liste bilanzieller Kennzahlen aufzunehmen, über die die Betreibergesellschaft regelmäßig oder jedenfalls bei unerwarteten Abweichungen berichten muss. Denkbar ist aber auch, der Konzerngesellschaft einen recht weitgehenden Informationsanspruch zu gewähren auf alle Informationen, die vernünftigerweise zur Beurteilung der Werthaltigkeit von Ansprüchen unter dem Cash Management erforderlich sind. 11.168

4. Mindestsolidität, Zusicherungen

Eine weitere Risikominderung für die teilnehmenden Konzerngesellschaften und den Konzern insgesamt lässt sich dadurch erreichen, dass die Vergabe von Darlehen durch die Betreibergesellschaft an einzelne Konzerngesellschaften von vornherein an bestimmte Vorgaben und Auflagen geknüpft ist: Neben der Festlegung von Maximalbeträgen für einzelne Gesellschaften könnte beispielsweise ausgeschlossen werden, dass die Betreibergesellschaft Darlehen an Gesellschaften gewährt, die eine gewisse **Mindestsolidität** nicht (mehr) gewährleisten, deren Stammkapital nicht mehr gedeckt ist oder bei denen Insolvenzgründe bestehen oder zu befürchten sind. 11.169

Auch den teilnehmenden Töchtern können bestimmte Verpflichtungen auferlegt werden. Orientierungs- und Formulierungshilfe können insoweit Kreditverträge mit externen Kreditgebern geben, die regelmäßig spezielle Zusicherungen oder **financial covenants**, etwa im Hinblick auf die Einhaltung einer bestimmten Eigenkapitalquote oder die Erzielung eines Mindestbetrags für EBIT oder Umsatzrendite, enthalten. Rechtsfolge einer Nichteinhaltung wären zumindest unverzügliche Informationspflichten, möglicherweise aber auch ein automatisches Ausscheiden aus dem Cash Pool. In der Praxis sind allerdings nur Informationspflichten, nicht dagegen weitergehende Konsequenzen eines Verstoßes gegen Zusicherungen der Konzerngesellschaften üblich. Typischerweise will sich die Holding Flexibilität wahren, wie mit einer Krise umzugehen ist. 11.170

5. Vertragliche Bestimmungen zum Schutz des Kapitals und der Liquidität

Es empfiehlt sich, die Pflichten des Geschäftsführers der Tochter aus § 43 Abs. 3 GmbHG auch vertraglich gegenüber der Betreibergesellschaft abzusichern. Die Cash Management Vereinbarung sollte daher vorsehen, dass Mittel, die zur Erhaltung des Stammkapitals nach § 30 GmbHG erforderlich sind, nicht abzuführen sind. Gleiches gilt für Mittel, deren Abzug die Insolvenz verursachen und 11.171

281 Zur Bedeutung der finanzbezogenen Berichterstattung gerade auch für das Cash Management s. auch *Paul/Stein* Rz. 10.124 f.

Existenz der Gesellschaft gefährden würde. Derartige vertragliche **Bestimmungen zum Schutz des Stammkapitals** sind bereits seit langem zur Begrenzung der Durchsetzung von Sicherheiten gegenüber Konzerngesellschaften in Finanzierungsverträgen mit der Holding, etwa im Rahmen von Leveraged Buy-outs, üblich. Konzernintern sollten allerdings im Zusammenhang mit derartigen externen Kapitalschutzbestimmungen häufig anzutreffende Verpflichtungen der Konzerngesellschaft, zur Ermöglichung eines möglichst weitgehenden Zugriffs des externen Gläubigers stille Reserven durch Verkauf von Vermögensgegenständen mit einem den Buchwert übersteigenden Marktwert zu realisieren, nicht übernommen werden.

11.172 Sofern das Cash Pooling nicht durch die Holding selbst, sondern eine Finanzierungstochter betrieben wird, ist zu beachten, dass die Überlassung von Liquidität durch diese Finanzierungsgesellschaft an eine der Konzerngesellschaften zum einen den Regeln über Gesellschafterdarlehen im Verhältnis zwischen Holding und Tochter unterliegt, zugleich aber im Verhältnis zwischen Finanzierungsgesellschaft und Holding den Regeln über aufsteigende Darlehen. Entsprechend sollte der Cash Management Vertrag **Kapitalschutzbestimmungen auch zugunsten der Finanzierungsgesellschaft** vorsehen.

11.173 Bei der praktischen Ausgestaltung ist zu beachten, dass **Kapitalschutzthemen auf mehreren Ebenen** denkbar sein können. Beispiel: Die Enkelgesellschaft führt Mittel an die das Cash Pooling betreibende Mutter ab, wobei die abgeführten Beträge den Betrag ihrer freien Rücklagen nicht übersteigen. Aus Sicht der Enkelin ist eine solche Darlehensgewährung unabhängig von der Vollwertigkeit des Rückzahlungsanspruchs unter Kapitalschutzgesichtspunkten unproblematisch. Befindet sich die zwischen beiden in der Konzernstruktur angesiedelte Tochter dagegen in der Unterbilanz, könnte eine solche Darlehensgewährung durch die Enkelin an die Mutter bei Zweifeln an der Vollwertigkeit des Rückzahlungsanspruchs als Auszahlung auch der Tochter an die Mutter gewertet werden. Um die Komplexität der Cash Management Vereinbarung in einem solchen Fall zu begrenzen, bietet es sich an, die Verpflichtung zur Abführung von Liquidität im Rahmen des Cash Pooling in dem Fall, dass die Betreibergesellschaft nicht unmittelbar alle Anteile an der teilnehmenden Konzerngesellschaft hält, vereinfachend an die Voraussetzung zu knüpfen, dass der Darlehensrückzahlungsanspruch vollwertig ist.

11.174 In diesem Zusammenhang bietet es sich an, in der Cash Management Vereinbarung zugleich die Verpflichtung vorzusehen, dass Konzerngesellschaften, die **bestimmte Mittel zweckgebunden erhalten** haben und diese nicht frei an andere Konzerngesellschaften weiterleiten dürfen, diese Mittel auf einem separaten, nicht an das Cash Pooling angeschlossenen Konto belassen und gerade nicht verpflichtet sind, diese an den Cash Pool abzuführen. Bedeutung kann dies insbesondere für Subventionen, möglicherweise aber auch für Anzahlungen von Kunden haben.

11.175 Eine **rechtssichere Durchführung einer Barkapitalerhöhung** lässt sich durch die bloße Gestaltung der Cash Management Vereinbarung nicht absichern. Es bietet sich an, in der Vereinbarung als „Warnschuss" ausdrücklich klarzustellen, dass Bareinlagen aus der Bargründung und insbesondere Barkapitalerhöhungen nur aufgrund ausdrücklicher separater Vereinbarung auf ein an das Cash Pooling angeschlossenes Quellkonto eingezahlt werden dürfen. Die Durchführung einer solchen Bargründung oder Barkapitalerhöhung bedarf einer juristischen Intensivbetreuung, die die mit der gewöhnlichen Abwicklung des Cash Pooling betrauten Mitarbeiter typischerweise überfordern würde. Im Hinblick auf die Anforderungen der § 19 Abs. 5 GmbHG, § 27 Abs. 4 AktG (hierzu Rz. 11.126 und 11.130) könnte man in der Cash Management Vereinbarung vorsehen, dass die Cash Management Vereinbarung seitens der Konzerngesellschaft jederzeit mit sofortiger Wirkung kündbar ist, nachdem eine Bareinlage auf ein Quellkonto eingezahlt worden ist.

6. Tilgungs- und Verwendungsabreden

11.176 Cash Management Vereinbarungen enthalten regelmäßig die Klarstellung, dass die Übertragung von Liquidität an einen Vertragspartner jeweils auch der **Tilgung etwaiger gesetzlicher Ausgleichs-**

oder Ersatzansprüche dient, sofern dieser Vertragspartner zuvor seinerseits Liquidität unter Verstoß gegen gesetzliche Vorschriften abgeführt hatte. Zugleich wird im Hinblick auf die insolvenzrechtlichen Anfechtungstatbestände regelmäßig darauf hingewiesen, dass die Übertragung von Liquidität von einem Vertragspartner an den anderen jeweils vorrangig dazu dient, etwaige anfechtbare Rechtshandlungen rückgängig zu machen, bevor durch eine solche Liquiditätsübertragung Ansprüche gegen den anderen Vertragspartner begründet werden. Gerichtlich erprobt sind solche Verrechnungsabreden allerdings nicht.

In der Cash Management Vereinbarung vorgesehen werden könnte darüber hinaus, dass im Falle ei- 11.177
ner finanziellen Krise des Cash Pools die Mittel des Pools im Rahmen der (insolvenz-)rechtlichen Möglichkeiten vorrangig zur Rückzahlung der aus zur Kapitalerhaltung erforderlichem Vermögen gewährten Darlehen zu verwenden sind[282]. Auch insoweit darf die praktische Bedeutung einer derartigen Klausel aber nicht überschätzt werden: Gelingt es der Holding nicht, die Krise einer einzelnen Gesellschaft durch deren frühzeitige Abkopplung vom Cash Pooling auf diese zu beschränken, werden in der Krise des Konzerns häufig alle beteiligten Gesellschaften aufgrund des dargestellten Dominoeffekts (Rz. 11.18) in die Krise gezogen, so dass der Entscheidungsspielraum, dessen Ausnutzung durch eine solche Klausel näher geregelt wird, aus faktischen Gründen nicht besteht.

7. Besicherung von Darlehen

Die mit einem Cash-Pooling-System verbundenen Gefahren und damit die Haftungsrisiken für die 11.178
Geschäftsleiter können durch eine Besicherung aufsteigender Darlehen der Konzerngesellschaft an die Betreibergesellschaft naturgemäß deutlich gemindert werden. Angesichts der damit verbundenen praktischen Schwierigkeiten und Kosten einerseits und der alternativ verfügbaren Schutzmechanismen andererseits erscheint eine solche Besicherung zur Vermeidung einer Sorgfaltspflichtverletzung des Geschäftsleiters der Konzerngesellschaft jedoch nicht zwingend erforderlich (vgl. bereits Rz. 11.48). Eine fehlende Besicherung erhöht jedoch die Sorgfaltspflichten des Geschäftsleiters im Hinblick auf andere Schutzmechanismen. So sind ausreichende Informationsrechte und eine regelmäßige Bewertung des Darlehensrückzahlungsanspruchs umso wichtiger. Zudem ist das erhöhte Risiko aufgrund einer Überlassung der gesamten Liquidität an nur einen Schuldner ohne Besicherung in dem von der Betreibergesellschaft zu zahlenden Zins angemessen zu berücksichtigen.

8. Separate Behandlung von Sockelbeträgen

Es empfiehlt sich dringend, von Konzerngesellschaften dauerhaft benötigte Beträge nicht im Rah- 11.179
men des allgemeinen Cash Pooling zur Verfügung zu stellen, sondern auf der Grundlage von **separaten Darlehensverträgen** mit eigenen Konditionen. So wird zum einen vermieden, dass kurzfristig verfügbare Liquidität zum Ausfüllen von dauerhaft bestehenden Finanzierungslöchern verwendet wird, was zu erheblichen Gefahren für den gesamten Konzern führen kann. Zum anderen zwingt es die Beteiligten, bei derartigen Darlehen das Risiko besonders gründlich zu analysieren und ggf. auf Sicherheiten zu bestehen. Schließlich wird für die langfristige Überlassung von Mitteln typischerweise eine andere Verzinsung angemessen sein.

Entsprechendes gilt für Liquidität, die einzelnen Nehmergesellschaften langfristig zur Verfügung 11.180
steht, jedenfalls dann, wenn sie zweckgebunden von dritter Seite bereitgestellt worden ist[283]. Bei der Überlassung derartiger zweckgebundener, häufig recht beträchtlicher Beträge ist besondere Vorsicht

282 So auch *Sieger/Hasselbach*, BB 1999, 645 (648).

283 Die besonderen Gefahren des Abzugs solcher Mittel über einen Cash Pool sind plastisch in der jüngeren Wirtschaftsgeschichte belegt: Im Bremer Vulkan-Verbund war einer Tochtergesellschaft eine Beihilfe in dreistelliger Millionenhöhe gewährt worden, die an den Cash Pool abgeführt worden war (zum Sachverhalt bereits Rz. 11.9); ähnliche Gefahren bestehen bei dem Abzug von Liquidität aus branchenüblichen Anzahlungen, etwa im Anlagenbau.

geboten (s. auch schon Rz. 11.174); ggf. müssen die Geschäftsleiter der Konzerngesellschaft, sofern eine Weiterreichung der Mittel mit deren Zweckbindung überhaupt vereinbar ist, auf einer Besicherung bestehen.

9. Begrenzung eines Haftungsverbunds

11.181 Die Übernahme der gesamtschuldnerischen Haftung für den Debetsaldo auf dem von der Holding oder der Betreibergesellschaft unterhaltenen Zielkonto bei einer Bank und die Bestellung von Sicherheiten führt naturgemäß zu ganz besonderen Risiken. Zu empfehlen ist hier, die Haftung und die Bestellung von Sicherheiten zumindest **auf den Betrag zu beschränken, der dem von der jeweiligen Tochter bei der Betreibergesellschaft in Anspruch genommenen Darlehensbetrag entspricht**, da insoweit kein Konflikt mit Kapitalerhaltungsvorschriften denkbar ist (s. bereits Rz. 11.69).

11.182 Gerade die Geschäftsführer der Töchter müssen im Blick haben, dass sie die übernommene Haftung gegenüber der Bank nicht einfach durch Kündigung für die Zukunft beseitigen können. Aus Vorsichtsgründen empfiehlt sich daher von vornherein, in den Besicherungsverträgen vorzusehen, dass eine Inanspruchnahme der Garantie oder Sicherheit für einen Betrag, der den an die Tochter weitergeleiteten Darlehensbetrag übersteigt, ausgeschlossen ist, soweit die Durchsetzung der Garantie oder Sicherheit entweder eine Unterbilanz oder Überschuldung herbeiführen oder vertiefen oder die Existenz der Gesellschaft vernichten würde. Bei der Formulierung derartiger Klauseln kann wiederum auf die ***limitation language*** in Kreditverträgen zur Finanzierung von Leveraged Buy-outs zurückgegriffen werden (s. Rz. 11.81 und 11.171).

10. Wahrung eines Mindestmaßes an finanzieller Eigenständigkeit

11.183 Führt die Konzerngesellschaft ihre gesamte überschüssige Liquidität an den Pool ab und/oder bezieht sie ihre gesamte benötigte Liquidität vom Pool, ist ihre Liquiditätsversorgung ausschließlich von der Solvenz der Holding und damit des Konzerns abhängig. Insoweit ist fraglich, ob der Konzerngesellschaft – wie in der Literatur vorgeschlagen[284] – ein Mindestmaß eigener Mittel oder **direkter Bankkontakte und Kreditlinien** verbleiben muss. Aus Sicht der Holding spricht gegen eine solche Aufweichung des Cash Pooling, dass die erstrebten Synergieeffekte naturgemäß umso größer sind, je konsequenter das Pooling umgesetzt wird. Für die Konzerngesellschaft kann eine konsequente konzerninterne Finanzierung den Vorteil haben, keine eigenen Ressourcen für ein eigenes Finanzmanagement einschließlich der Verwaltung externer Bankbeziehungen vorhalten zu müssen.

11.184 Die **Aufrechterhaltung eigener Bankkontakte** ist sicherlich ein effektives Mittel, Haftungsrisiken zu begrenzen. Sein Einsatz erscheint jedoch nicht in jedem Fall zwingend erforderlich zu sein. So sind die Risiken deutlich geringer, wenn sich der Cash Pool auf den Ausgleich konzerninterner Liquidität beschränkt und keine von Banken bezogene Liquidität weiterverteilt. Gleiches gilt, wenn der Betreibergesellschaft gewährte Darlehen besichert sind und die Sicherheiten kurzfristig realisiert werden könnten. Schließlich ist die Aufrechterhaltung eigener Bankkontakte dann nicht erforderlich, wenn davon ausgegangen werden kann, dass diese innerhalb kurzer Zeit wieder aufgebaut werden könnten und die Konzerngesellschaft bei Bedarf kurzfristig Kredite zur Verfügung gestellt bekäme. Dies wird jedenfalls dann der Fall sein, wenn die Konzerngesellschaft über geeignetes, unbelastetes Vermögen verfügt, das Banken kurzfristig als Sicherheit zur Verfügung gestellt werden könnte.

---

284 Vgl. *Habersack* in Emmerich/Habersack, Aktien- und GmbH-Konzernrecht, 9. Aufl. 2019, § 311 AktG Rz. 48; *Hommelhoff/Kleindiek* in Lutter/Scheffler/U. H. Schneider (Hrsg.), Hdb. der Konzernfinanzierung, 1998, Rz. 21.20; *Krieger* in MünchHdb/AG, 4. Aufl. 2015, § 70 Rz. 56; *Krieger* in Hommelhoff/Stimpel/Ulmer (Hrsg.), Heidelberger Konzernrechtstage: Der qualifizierte faktische GmbH-Konzern, 1992, S. 41, 55; ähnlich *Hommelhoff* in Hommelhoff/Stimpel/Ulmer (Hrsg.), Heidelberger Konzernrechtstage: Der qualifizierte faktische GmbH-Konzern, 1992, S. 245, 253; *Kropff* in MünchKomm/AktG, 2. Aufl. 2000, § 311 AktG Rz. 185; *Scheffler*, Konzernmanagement, S. 128.

Zu berücksichtigen ist allerdings, dass ein eigenständiges, nicht an das Cash Pooling angeschlossenes Bankkonto für jede Konzerngesellschaft häufig schon aus rechtlichen Gründen erforderlich sein wird. Man denke nur an Barkapitalerhöhungen oder die Vereinnahmung zweckgebundener Mittel. Cash Management Vereinbarungen sehen daher häufig die **Verpflichtung** jeder teilnehmenden Gesellschaft vor, zumindest **ein nicht an das Cash Pooling angeschlossenes Bankkonto zu unterhalten**. 11.185

11. Abstimmung mit konzernexterner Fremdfinanzierung

Finanziert die Holding den Konzern unmittelbar oder mittelbar in erheblichem Umfang über externe Kreditgeber, sind die berechtigten Interessen und insbesondere die rechtlichen Anforderungen an das Cash Pooling aus Sicht der teilnehmenden Konzerngesellschaften auch bei der Verhandlung der Verträge mit den externen Kreditgebern zu beachten[285]. Die Holding muss sicherstellen, dass die konzerninterne Vergabe von Darlehen unter dem Cash Pool nicht durch Kreditverträge mit externen Kreditgebern ausgeschlossen ist. Besonders schwierig ist die Ausformung der jeweiligen Rechte der konzerninternen und konzernexternen Gläubiger im Krisenfall: Die externen Kreditgeber sehen die gesamte Gruppe als ihren Gläubiger an und verlangen typischerweise Vorrang bei der Befriedigung vor konzerninternen Gläubigern. Dies kann mit den aus Sicht der teilnehmenden Konzerngesellschaft erforderlichen Kündigungsrechten (s. Rz. 11.163 ff.) kollidieren. Lösungen müssen im Einzelfall auch unter Berücksichtigung der Rechtsform und der Interessen der Konzerngesellschaft an der externen Darlehensvergabe gefunden werden[286]. Zu dem besonders schwierigen Problem bei der Absicherung konzernexterner Darlehen durch die Konzerngesellschaften wird auf Rz. 11.67 ff. und 11.95 ff. verwiesen. 11.186

12. Konsequente Durchführung und Bereitschaft zu harten Entscheidungen

Ein ausgeklügeltes Frühwarnsystem und sonstige vertragliche Schutzmechanismen nutzen nur dann etwas, wenn auf Grundlage der übermittelten Informationen auch wirklich die **notwendigen Entscheidungen** getroffen werden. Diese können im Einzelfall weitreichende, ja sogar ruinöse Folgen haben. Die Holding muss bei Bekanntwerden der Krise einer Konzerngesellschaft entscheiden, ob sie im Konzerninteresse und zur Vermeidung eines Dominoeffekts bestehende Ansprüche geltend macht oder von der Tochter dringend benötigte Liquidität gewährt. Werden Mittel zu Beginn einer Krise verweigert oder entzogen, kann dies den Todesstoß für die Tochter bedeuten. 11.187

Eine schwierige Entscheidung kann auch sein, wann welche besorgniserregenden Informationen über eine Tochter an die anderen Töchter weitergegeben werden, zumal eine solche Mitteilung einen Dominoeffekt auslösen kann: Die Bekanntgabe der Krise verstärkt die Krise bei der betroffenen Tochter; Gebergesellschaften fordern ihre Darlehen ein und verweigern die Abführung weiterer Mittel. Dies kann die Krise weiterer Nehmergesellschaften zur Folge haben usw. 11.188

Die Geschäftsführer der Gebergesellschaften müssen in der eigenen Krise und der Krise einer anderen Konzerngesellschaft entscheiden, ob sie an die Betreibergesellschaft gewährte Darlehen zurückfordern und den Cash Management Vertrag kündigen und damit den Abzug weiterer Mittel verweigern. Diese Entscheidung kann weitreichende Folgen für den gesamten Konzern haben und wird daher häufig gegen den Willen der Holding, die über die Anstellung und Karriere entscheidet, getroffen. Entsprechend schwierig kann die persönliche Entscheidungssituation des Managers sein (hierzu bereits unter Rz. 11.20). 11.189

Ungemütlich sind diese Entscheidungssituationen nicht nur wegen der gravierenden Konsequenzen. Die **Sachverhalte** sind **selten** so **eindeutig** wie die Fälle, die nach zwei Tatsacheninstanzen an den BGH gelangen; anders als die Rechtsprechung müssen die Manager die Entscheidungen schnell und 11.190

285 Ausführlicher *Jansen* in FS Hommelhoff, 2012, S. 495 ff.
286 *Jansen* in FS Hommelhoff, 2012, S. 495 (499 ff.).

aus der ex ante-Sicht heraus treffen. Sind sie zu vorsichtig, haben sie zumindest mit persönlichen Konsequenzen seitens der Holding zu rechnen, sind sie zugunsten der Holding zu nachsichtig, gehen sie das Risiko persönlicher zivilrechtlicher Haftung und strafrechtlicher Verantwortung ein. Auch zur Vermeidung dieser Schwierigkeiten empfiehlt es sich, das Cash Pooling nicht zu aggressiv und insbesondere stets nur im Rahmen des kurzfristigen Finanzmanagements einzusetzen, um derartige Konfliktsituationen nach Möglichkeit erst gar nicht eintreten zu lassen.

13. Schlussbemerkung

11.191 Bei der Durchführung eines Cash Managements und insbesondere eines konzernweiten Cash Pooling sind eine Vielzahl rechtlicher Schranken zu beachten. Verstöße haben gravierende Konsequenzen nicht nur für die Holding, sondern auch die verantwortlichen Personen bei der Holding und den beteiligten Konzerngesellschaften zur Folge. Die Holding darf die von Konzerngesellschaften zur Verfügung gestellten Mittel nie als eigene ansehen. Sie muss anerkennen, dass die beteiligten Konzerngesellschaften, abhängig von ihrer Rechtsform, der Beteiligung von Minderheitsgesellschaftern sowie ihrer Vermögens- und Liquiditätslage, in unterschiedlichem Umfang auf die Wahrung ihrer eigenen Interessen bestehen müssen. Durch eine sorgfältige Vertragsgestaltung und die Bereitschaft zu konsequenten, mitunter harten Entscheidungen lassen sich die rechtlichen Risiken aber in den Griff bekommen. Insgesamt lässt sich feststellen, dass sich auch nach deutschem Gesellschaftsrecht, trotz all seiner Beschränkungen, ein konzernweites Cash Pooling und darüber hinaus ein umfassendes Cash-Management-System einrichten und betreiben lässt, das dem Konzern die Nutzung der mit solchen Systemen verbundenen wirtschaftlichen Vorteile in weitem Umfang erlaubt. Allerdings sollte das Cash Management stets als ein **Instrument des kurzfristigen Finanzmanagements** angesehen werden. Erhebliche Risiken drohen dann, wenn es als Teil des langfristigen Finanzmanagements oder gar des Krisenmanagements missverstanden und eingesetzt wird.

Teil IV
Arbeitsrecht in der Holding

§ 12 Arbeitsrecht und Mitbestimmung in der Holding

I. Die Holding als Arbeitgeber

1. Anstellung und Überlassung von Arbeitnehmern

a) Arbeitgeberstellung im Holdingkonzern . . . 12.1
b) Zentrale Personalführungsgesellschaft . . . 12.5
c) Entsendung von Arbeitnehmern in andere Holdingunternehmen
aa) Zulässigkeit und Arbeitsvertrag . 12.6
bb) Das Konzernprivileg des § 1 Abs. 3 Nr. 2 AÜG . . . 12.8
cc) Keine Erlaubniserteilung nach § 1 Abs. 1 Satz 1 AÜG für Konzern-Personalgesellschaften 12.10
dd) Weisungsrecht und gespaltene Arbeitgeberstellung . . . 12.13
ee) Rückrufrecht . . . 12.16
ff) Arbeitsrechtliche Neben- und Schutzpflichten . . . 12.18
gg) Betriebsübergang . . . 12.20
d) Ausübung des Direktionsrechts durch die Holding (Matrixstrukturen) . . . 12.20a
e) Arbeitgeberwechsel
aa) Zulässigkeit . . . 12.21
bb) Vertragliche Gestaltung des Wechsels . . . 12.23
cc) Rechtsfolgen . . . 12.24

2. Der holdingweite Arbeitsvertrag . . 12.26

a) Arbeitsvertrag mit einer zentralen Personalführungsgesellschaft . . . 12.27
b) Arbeitsverhältnisse mit mehreren Holdingunternehmen . . . 12.28
c) Versetzungsklauseln . . . 12.30
aa) Abordnungsklauseln . . . 12.31
bb) Wechselklauseln . . . 12.32
cc) Ergänzender Arbeitsvertrag mit Tochtergesellschaften . . . 12.35

3. Haftungs- und Berechnungsdurchgriff, insbesondere § 16 BetrAVG

a) Haftungsdurchgriff . . . 12.40
b) Umgekehrter Durchgriff (Haftung für Zusagen der Holding) . . . 12.44
c) Die Zurechnung der wirtschaftlichen Lage der Holding in der betrieblichen Altersversorgung
aa) Die Anpassungsentscheidung nach § 16 BetrAVG . . . 12.46
bb) Die Zurechnung der wirtschaftlichen Lage an andere Unternehmen des Holdingkonzerns
(1) Grundsatz und Ausnahmen aufgrund von Zusagen oder Vertrauenshaftung . . . 12.49
(2) Berechnungsdurchgriff im Vertragskonzern . . . 12.50
(3) Grundsätzlich kein Durchgriff im faktischen Konzern . . . 12.54
cc) Dotierungspflicht bei Gründung einer Rentnergesellschaft und bei Ende eines Unternehmensvertrags . . . 12.57
dd) Kein Berechnungsdurchgriff zu Lasten der Tochter (umgekehrter Berechnungsdurchgriff) . . . 12.60
d) „Berechnungsdurchgriff" auf die gute wirtschaftliche Lage von Tochtergesellschaften? . . . 12.61

4. Beendigung von Arbeitsverhältnissen im Holdingbereich

a) Kündigung
aa) Allgemeines . . . 12.62
bb) Verhaltensbedingte/Personenbedingte Kündigung . . . 12.64
cc) Betriebsbedingte Kündigung . . 12.65
b) Besonderheiten bei drittbezogenen Arbeitsverhältnissen
aa) Erweiterung der Weiterbeschäftigungspflicht auf den Konzern . 12.68
bb) Kündigung eines abgeordneten Arbeitnehmers . . . 12.73
cc) Abberufung und Kündigung von Geschäftsführern in Tochtergesellschaften . . . 12.74a

II. Die Arbeitnehmervertretung in den Aufsichtsräten des Holdingkonzerns

1. Mitbestimmungsgesetz

a) Anwendbarkeit, insbesondere Tendenzschutz der Holding . . . 12.75
b) Voraussetzungen der Mitbestimmung in der Holding selbst
aa) Unternehmensbegriff und Rechtsform . . . 12.78

bb) Unternehmensgröße und Arbeitnehmerbegriff 12.80
cc) Zurechnung der Größe von Tochtergesellschaften 12.87
c) Mitbestimmung in Tochtergesellschaften
aa) Tochtergesellschaften mit mehr als 2000 Arbeitnehmern 12.95
bb) Konzern im Konzern 12.97
cc) Teilkonzern (§ 5 Abs. 3 MitbestG) 12.104
dd) Verhältnis von § 5 zu § 4 MitbestG 12.110
d) Konzerninterne Arbeitnehmerüberlassung 12.115
aa) Unternehmensgröße 12.116
bb) Konzerngröße 12.121
e) Wahlberechtigung 12.123
2. DrittelbG
a) Anwendbarkeit 12.124
b) Voraussetzungen der Mitbestimmung in der Holding selbst
aa) Rechtsformabhängigkeit 12.127
bb) Arbeitnehmerzahl 12.128
cc) Unternehmenszurechnung 12.130
c) Mitbestimmung auf unteren Ebenen des Holdingkonzerns 12.133

III. Die Arbeitnehmervertretung gegenüber der Holding
1. Holding und Gewerkschaften
a) Konzerntarifvertrag
aa) Interessenlage 12.135
bb) Tariffähigkeit und -zuständigkeit innerhalb des Holdingkonzerns 12.137
cc) Möglichkeiten zur Vereinheitlichung der tariflichen Lage im Holdingkonzern
(1) Haustarifvertrag mit der Holding 12.140
(2) Koordinierte Tarifverträge 12.145
(3) Weitere Möglichkeiten 12.148
b) Konzernarbeitskampf 12.151
2. Holding und Betriebsrat
a) Betriebsräte und Gesamtbetriebsräte im Holdingbereich
aa) Errichtung von Betriebsräten und Gesamtbetriebsräten 12.157
bb) Zurechnung von Arbeitnehmern zu einem Betrieb 12.159
cc) Informationspflicht der Holding bei von ihr veranlassten Entlassungen 12.162
b) Der Konzernbetriebsrat bei der Holding
aa) Bildung
(1) Allgemeines 12.163
(2) Voraussetzungen 12.164
(3) Unternehmens- und Konzernbegriff 12.167
bb) Zuständigkeit
(1) § 58 Abs. 1 BetrVG 12.175
(2) § 58 Abs. 2 BetrVG 12.179
(3) Konzernweite Geltung von Betriebsvereinbarungen 12.181
cc) Konzernwirtschaftsausschuss? . . 12.183
c) Betriebsänderung im Holdingbereich
aa) Betriebs- und Unternehmensgröße 12.184
bb) Voraussetzungen einer Betriebsänderung 12.186
cc) Zuständigkeit des Konzernbetriebsrats 12.189
dd) Haftungs- und Bemessungsdurchgriff 12.190
3. Holding und Europäischer Betriebsrat
a) Überblick 12.192
b) Anwendungsbereich des EBRG
aa) Gemeinschaftsweit operierende Unternehmen oder Unternehmensgruppen 12.193
bb) Zentrale Leitung im Inland . . . 12.197
cc) EU-weiter Auskunftsanspruch der Arbeitnehmer 12.199
c) Verfahren zur Errichtung des Europäischen Betriebsrats, Neuverhandlungen 12.201
d) Zuständigkeit und Rechte des Europäischen Betriebsrats kraft Gesetzes . 12.207
e) Unterlassungsansprüche? 12.211

IV. Gemeinsame Betriebe und Betriebsteile im Holdingbereich
1. Einleitung 12.212
2. Voraussetzungen eines gemeinsamen Betriebes mehrerer Unternehmen 12.213
3. Arbeitsvertragliche Konsequenzen des Gemeinschaftsbetriebes
a) Kündigungsschutz 12.218
b) Weitere arbeitsvertragliche Konsequenzen? 12.222
4. Beteiligung der Arbeitnehmer gemeinsamer Betriebe mehrerer Unternehmen an den Aufsichtsratswahlen 12.224
5. Kein Gesamtbetriebsrat für den gemeinschaftlichen Betrieb 12.225

V. Fazit: Arbeitsrechtliche Gesichtspunkte für die Wahl von Holding-Strukturen
1. Allgemeine Aspekte der Konzern-Organisation 12.226
2. Die Obergesellschaft als Holding
a) Mitbestimmung im Aufsichtsrat . . . 12.227
b) Betriebliche Mitbestimmung 12.229
c) Holdingweiter Einsatz von Arbeitnehmern 12.230
d) Betriebliche Altersversorgung und Sozialplan 12.231
3. Spezielle Aspekte der Bildung einer Zwischenholding
a) Unternehmensmitbestimmung 12.232
b) Betriebliche Mitbestimmung 12.233

Literaturübersicht: I. Allgemein. Kommentare: *Bamberger/Roth* (Hrsg.), BeckOK/BGB, Edition 31 (zit. *Bearb.* in BeckOK/BGB); *Becker/Wulfgramm*, Arbeitnehmerüberlassungsgesetz, 3. Aufl. 1985; *Blomeyer/Rolfs/Otto*, Gesetz zur Verbesserung der betrieblichen Altersversorgung, 5. Aufl. 2010; *Däubler/Hjort/Schubert/Wolmerath*, Arbeitsrecht, 4. Aufl. 2017 (zit. Bearb. in DHSW); *Dieterich/Hanau/Schaub* (Begr.), Erfurter Kommentar zum Arbeitsrecht, 20. Aufl. 2020 (zit. ErfK/*Bearb.*); *Ehmann/Selmayr*, Datenschutz-Grundverordnung, 2. Auflage 2018; *Fiebig/Gallner/Mestwerdt/Nägele* (Hrsg.), Kündigungsschutzrecht, 4. Aufl. 2012; *Fleischer/Goette* (Hrsg.), Münchener Kommentar zum GmbHG Bd. 1, 1. Aufl. 2010; *Goette/Habersack/Kalss* (Hrsg.), Münchener Kommentar zum AktG, Bd. 7, 3. Aufl. 2012; *Henssler/Willemsen/Kalb*, Arbeitsrecht, 8. Aufl. 2018; *Höfer*, Gesetz zur Verbesserung der betrieblichen Altersversorgung, Band I: Arbeitsrecht, Loseblatt; *Linck/Krause/Bayreuther*, Kündigungsschutzgesetz, 16. Aufl. 2019; *Rolfs/Giesen/Kreikebaum/Udsching* (Hrsg.), Beck'scher Online Kommentar Arbeitsrecht, Edition 53 (zit. *Bearb.* in BeckOK/ArbR); *Schüren/Hamann*, Arbeitnehmerüberlassungsgesetz, 5. Aufl. 2018; *Thüsing*, Arbeitnehmerüberlassungsgesetz, 4. Aufl. 2018 (zit. Bearb. in Thüsing).

Monographien, Lehrbücher, Handbücher: *Becker/Kreikebaum*, Schriftenreihe zur Arbeitsrechts-Blattei, Band 1: Zeitarbeit – gewerbsmäßige Arbeitnehmerüberlassung, 2. Aufl. 1982; *Braun/Wisskirchen* (Hrsg.), Konzernarbeitsrecht, 2015; *Bütefisch*, Die Sozialauswahl, 2000; *Emmerich/Habersack*, Konzernrecht, 10. Aufl. 2013; *Helle*, Konzernbedingte Kündigungsschranken bei Abhängigkeit und Beherrschung durch Kapitalgesellschaften, 1989; *Henssler*, Der Arbeitsvertrag im Konzern, 1983; *Hümmerich/Reufels* (Hrsg.), Gestaltung von Arbeitsverträgen, 2. Aufl. 2011; *Junker*, Internationales Arbeitsrecht im Konzern, 1992; *Kiel*, Die anderweitige Beschäftigungsmöglichkeit im Kündigungsschutz, 1990; *Küttner/Röller* (Hrsg.), Personalbuch, 26. Aufl. 2019; *Maschmann/Fritz*, Matrixorganisationen, 2019; *Moll* (Hrsg.), Münchener Anwaltshandbuch Arbeitsrecht, 3. Aufl. 2012; *Müller/Winkeljohann* (Hrsg.), Beck'sches Handbuch der GmbH, 4. Aufl. 2009; *Preis*, Der Arbeitsvertrag, 5. Aufl. 2015; *Preis*, Grundfragen der Vertragsgestaltung im Arbeitsrecht, 1993; *Preis*, Prinzipien des Kündigungsrechts bei Arbeitsverhältnissen, 1987; *Kiel/Lunk/Oetker*, Münchener Handbuch zum Arbeitsrecht, 4. Aufl. 2018 (zit. *Bearb.* in MünchArbR); *Schaub*, Arbeitsrechts-Handbuch, 18. Aufl. 2019 (zit. *Bearb.* in Schaub); *Silberberger*, Weiterbeschäftigungsmöglichkeit und Kündigungsschutz im Konzern, 1994; *Stahlhacke/Preis/Vossen*, Kündigung und Kündigungsschutz im Arbeitsverhältnis, 10. Aufl. 2010; *Theis*, Neue Konzernstrategien und einheitliche Leitung im faktischen Konzern, 1994; *Wanhöfer*, Gemeinschaftsbetrieb und Unternehmensmitbestimmung, 1994; *Weber*, Das aufgespaltene Arbeitsverhältnis, 1992; *Wiedemann*, Die Unternehmensgruppe im Privatrecht, 1988; *Windbichler*, Arbeitsrecht im Konzern, 1989.

Aufsätze: *Abbrent*, Personalabbau im Konzern, BB 1988, 756; *Annuß/Lembke*, Aktienoptionspläne der Konzernmutter und arbeitsrechtliche Bindungen, BB 2003, 2230; *Annuß*, Die rechtsmissbräuchliche Unternehmerentscheidung im Konzern, NZA 2003, 783; *Bauer*, Steuerrechtliche Tücken bei Aufhebungsverträgen, NZA 1996, 729; *Bauer/Herzberg*, Arbeitsrechtliche Probleme in Konzernen mit Matrix-Struktur, NZA 2011, 713, *Bayreuther*, Die Durchsetzbarkeit des konzernweiten Kündigungsschutzes, NZA 2006, 819; *Becker*, Abgrenzung der Arbeitnehmerüberlassung gegenüber Werk- und Dienstverträgen, DB 1988, 2651; *Bepler*, Der Betriebsbegriff des Kündigungsschutzes und die Kleinbetriebsklausel, AuR 1997, 54; *Birk*, Betriebsaufspaltung und Änderung der Konzernorganisation im Arbeitsrecht, ZGR 1984, 23; *Böhm*, Umsetzung der EU-Leiharbeitsrichtlinie – mit Fragezeichen?!, DB 2011, 473; *Bork*, Zurechnung im Konzern, ZGR 1994, 237; *Canaris*, Ansprüche wegen „positiver Vertragsverletzung" und „Schutzwirkung für Dritte" bei nichtigen Verträgen, JZ 1965, 475; *Chwalisz*, BAG: Anpassung der Betriebsrente – Konzerneinbindung kann zum Berechnungsdurchgriff führen, GWR 2013, 259; *Chwalisz*, Leiharbeitnehmer zählen für die Betriebsratsgröße des Entleiherbetriebs mit, GWR 2013, 389; *Diller/Beck*, § 16 BetrAVG: Ende für den „Berechnungsdurchgriff" auf Mutter- oder Tochtergesellschaft?, DB 2011, 1052; *Diller/Beck*, Konzernzusagen – ohne die Fesseln des BetrAVG?, NZA 2015, 274; *Druey*, „Konzernvertrauen", in FS Lutter, 2000, S. 1069; *Engelkamp*, Rentnergesellschaft 2.0 – Neue Gestaltungsmöglichkeiten im Konzern und bei

M&A-Transaktionen, ZIP 2016, 1664; *Fiebig*, Konzernbezogener Kündigungsschutz nach der Rechtsprechung des BAG, DB 1993, 582; *Fleischer*, Konzernrechtliche Vertrauenshaftung, ZHR 163 (1999), 461; *Forst/Granetzny*, Betriebliche Altersversorgung im Konzern vs. gesellschaftsrechtliche Haftung im Konzern, Der Konzern 2011, 1; *Fritz*, Die Führungskraft in der Matrixorganisation, NZA Beil. 2018, 98; *Gallner*, Kündigungsschutz im Konzern – Eine Rechtsprechungsanalyse, in FS Düwell, 2011, S. 208; *Gragert*, Kündigungsschutz in Kleinbetrieben, NZA 2000, 961; *Granetzny/Wallraven*, Ausgewählte Rechtsfragen der betrieblichen Altersversorgung im Konzern, NZA 2017, 1231; *Gravenhorst*, Kündigungsschutz bei Arbeitsverhältnissen mit Auslandsbezug, RdA 2007, 283; *Hamann*, Die Reform des AÜG im Jahr 2011, RdA 2011, 321; *Hanau*, Aktuelles zu Betrieb, Unternehmen und Konzern im Arbeitsrecht, ZfA 1990, 115; *Hanau*, Fragen der Mitbestimmung und Betriebsverfassung im Konzern, ZGR 1984, 468; *Höfer/Küpper*, Die angemessene Dotierung von Rentnergesellschaften, DB 2010, 118; *Hofmann*, Zur betriebsbedingten Kündigung, ZfA 1984, 329; *Junker*, Sozialplanansprüche im Konzern, ZIP 1993, 1599; *Kittner*, Neues Kündigungsschutzrecht außerhalb des Kündigungsschutzgesetzes, NZA 1998, 731; *Konzen*, Arbeitnehmerschutz im Konzern, RdA 1984, 69; *Konzen*, Arbeitsrechtliche Drittbeziehungen, ZfA 1982, 259; *Kuhlmann/Haus*, Zwei Jahre novelliertes Arbeitnehmerüberlassungsgesetz: Anfang oder Ende neuer Beschäftigungsformen?, BB 2019, 1781; *Lakies*, Änderungen des Kündigungsschutzgesetzes und allgemeiner Kündigungsschutz nach § 242 BGB – Verfassungsrechtliche Fragen, DB 1997, 1078; *Lambrich/Schwab*, Betriebsverfassungsrechtliche Fragen beim konzernweiten Personaleinsatz, NZA-RR 2013, 169; *Lange*, Mehrfacharbeitsverhältnisse – Nicht nur Fabelwesen, NZA 2012, 1121; *Langohr-Plato*, Die Anpassungsprüfung nach § 16 BetrAVG in der aktuellen Rechtsprechung des BAG, NZA 2013, 994;/, *Lingemann/von Steinau-Steinrück*, Konzernversetzung und Kündigungsschutz, DB 1999, 2161; *Lipinski/Melms*, Die Gewährung von Aktienoptionen durch Dritte, z.B. einer Konzernmutter – von Dritten geleistetes Arbeitsentgelt?, BB 2003, 150; *Lunk*, Schwellenwerte Leiharbeitnehmer, NZG 2014, 778; *Lutter/Timm*, Zur Verantwortung der Konzernspitze bei der Sanierung von Tochtergesellschaften, ZGR 1983, 273; *Luttermann*, Juristische Person, Konzern und Existenzvernichtungshaftung, JA 2008, 833; *Martens*, Die Arbeitnehmerüberlassung im Konzern, DB 1985, 2144; *Martens*, Grundlagen des Konzernarbeitsrechts, ZGR 1984, 417; *Martens*, Das Arbeitsverhältnis im Konzern, in FS 25 Jahre BAG, 1979, S. 367; *Maschmann*, Das Weisungsrecht im Matrix-Konzern, NZA 2017, 1557; *Mengel*, Konzerneigene Arbeitnehmerüberlassung, in Rieble/Junker/Giesen, Arbeitsrecht im Konzern, ZAAR Schriftenreihe Band 20, 2010, S. 45 ff.; *Meyer*, Von Mehrfachbeschäftigungsverhältnissen bis hin zu Matrix-Strukturen im Konzern – Herausforderungen auch für den Arbeitsrechtler, NZA 2013, 1326; *Müller-Bonanni/Mehrens*, Arbeitsrechtliche Rahmenbedingungen funktionaler Konzernsteuerungsmodelle, ZIP 2010, 2228; *Preu/Novara*, Gesellschaftsrechtliche Beurteilung eines Berechnungsdurchgriffs im Rahmen der Rentenanpassungsprüfung nach § 16 BetrAVG, NZA 2011, 126; *Raif*, Reform der Leiharbeit – Was ändert sich für Unternehmen?, GWR 2011, 303; *Rieble*, Rückkehrzusagen an „ausgegliederte“ Mitarbeiter und ihre Folgen, NZA 2002, 706; *Roth*, Arbeitsvertragliche Pflichten bei Schaffung einer Rentnergesellschaft, NZA 2009, 1400; *Rubner*, Die Haftung wegen sittenwidriger vorsätzlicher Existenzvernichtung, Der Konzern 2007, 635; *Rüthers/Bakker*, Arbeitnehmerentsendung und Betriebsinhaberwechsel im Konzern, ZfA 1990, 245; *Saal/Flockenhaus*, „Outsourcing“ von Pensionsverbindlichkeiten – Wirksame Maßnahmen im Niedrigzinsumfeld BB 2017, 2933; *Salamon*, BAG: AGB – Kontrolle eines räumlichen Direktionsvorbehalts, ArbRAktuell 2010, 500; *Schäfer*, Betriebsrentenrechtliche Haftung im Konzern vs. Konzernrecht, in Rieble/Junker/Giesen, Arbeitsrecht im Konzern, ZAAR Schriftenreihe Band 20, 2010; *Schäfer*, Betriebsrentenanpassung im Konzern aus gesellschaftsrechtlicher Sicht, ZIP 2010, 2025; *Schanze/Kern*, Sanierungsversuch und Konzernhaftung, AG 1991, 421; *Schmidt*, Die einkommensteuerliche Behandlung von Arbeitgeberausgleichsleistungen bei Unternehmensverbindungen, DB 1995, 796; *Schwerdtner*, Das „einheitliche“ Arbeitsverhältnis, ZIP 1982, 900; *Temming*, Anerkennung und Grenzen eines konzerndimensionalen Kündigungsschutzes, RdA 2018, 84; *Thüsing/Thieken*, Der Begriff der „wirtschaftlichen Tätigkeit“ im neuen AÜG, DB 2012, 347; *Vogt*, Betriebsrentenanpassung und Berechnungsdurchgriff im Konzern, NZA 2013, 1250; *Wazlawik*, Existenzvernichtung und kein Ende – Ein Nachruf auf die Konzernhaftung und andere offengebliebene Fragen, NZI 2009, 291; *Weinmann*, Der Konzern im Arbeitsrecht aus der Sicht der Praxis, ZGR 1984, 460; *Zöllner*, Der arbeitsrechtliche Vorvertrag, in FS Floretta, 1983, S. 455; *Zöllner*, Die Anpassung von Betriebsrenten im Konzern, AG 1994, 285.

II. Speziell zur Unternehmensmitbestimmung. Kommentare: *Habersack/Henssler*, Mitbestimmungsrecht, 4. Aufl. 2018; *Hanau/Ulmer*, Mitbestimmungsgesetz, 1981; *Hoffmann/Lehmann/Weinmann*, Mitbestimmungsgesetz, 1978; *Meilicke/Meilicke*, Mitbestimmungsgesetz, 1976; *Raiser/Veil/Jacobs*, Mitbestimmungsgesetz und Drittelbeteiligungsgesetz, 6. Aufl. 2015; *Wißmann/Kleinsorge/Schubert*, Mitbestimmungsrecht, 5. Aufl. 2017.

Monographien, Handbuch: *Köstler/Müller/Sick*, Aufsichtsratspraxis, 10. Aufl. 2013; *Lux*, Mitbestimmungsgesetz – Schriften zur Arbeitsrechtsblattei, Band 5, 1977; *Säcker*, Die Wahlordnungen zum Mitbestimmungsgesetz, 1978; *Weidmann*, Die Anwendung des Mitbestimmungsgesetzes 1976 in Fällen mit Auslandsbezug, 2007; *Wanhöfer*, Gemeinschaftsbetrieb und Unternehmensmitbestimmung, 1994.

Aufsätze: *Abend*, Mitbestimmungsrechtliche Bewertung von Arbeitnehmern in Gemeinschaftsbetrieben DB 2017, 607; *Bayer*, Die EuGH-Entscheidung Inspire Art und die deutsche GmbH im Wettbewerb der europäischen Rechtsordnungen, BB 2003, 2357; *Bayer/Hoffmann*, Mitbestimmungsvermeidung am Beispiel des Gesundheits- und Pflegesektors, AG 2017, R119; *Behme*, Die Berücksichtigung ausländischer Arbeitnehmer für die Berechnung der Schwellenwerte im Recht der Unternehmensmitbestimmung, AG 2018, 1; *Bezzenberger/Schuster*, Die öffentliche Anstalt als abhängiges Konzernunternehmen, ZGR 1996, 481; *Böttcher/Liekefett*, Mitbestimmung bei Gemeinschaftsunternehmen mit mehr als zwei Muttergesellschaften – Eine kautelarjuristische Betrachtung, NZG 2003, 701; *Boewer/Gaul/Otto*, Zweites Gesetz zur Vereinfachung der Wahl der Arbeitnehmervertreter in den Aufsichtsrat und seine Auswirkungen auf die GmbH, GmbHR 2004, 1065; *Brandes*, Mitbestimmungsvermeidung mittels grenzüberschreitender Verschmelzungen, ZIP 2008, 2193; *Brügel/Tillkorn*, Die konzernrechtliche Abhängigkeit der Kapitalgesellschaft & Co. KG im Mitbestimmungsrecht, GmbHR 2013, 459; *Deilmann*, Die Zurechnung von Arbeitnehmern nach dem neuen Drittelbeteiligungsgesetz, NZG 2005, 659; *Drinhausen/Keinath*, Verwendung der SE zur Vermeidung von Arbeitnehmermitbestimmung – Abgrenzung zulässiger Gestaltungen vom Missbrauch gem. § 43 SEBG, BB 2011, 2699; *Franzen*, Niederlassungsfreiheit, internationales Gesellschaftsrecht und Unternehmensmitbestimmung RdA 2004, 257; *Großfeld/Erlinghagen*, Internationales Unternehmensrecht und deutsche unternehmerische Mitbestimmung, JZ 1993, 217; *Grossmann*, Die GmbH und Co. KG im Spannungsfeld zwischen § 4 und § 5 Mitbestimmungsgesetz, BB 1976, 1391; *Götze/Winzer/Arnold*, Unternehmerische Mitbestimmung – Gestaltungsoptionen und Vermeidungsstrategien, ZIP 2009, 245; *Habersack*, Die Konzernmitbestimmung nach § 5 MitbestG und § 2 DrittelbG, Fragen de lege lata und Forderungen de lege ferenda, AG 2007, 641; *Hanau*, Fragen der Mitbestimmung und Betriebsverfassung im Konzern, ZGR 1984, 468; *Hanau/Wackerbarth*, Mitbestimmung im Teilkonzern mit abhängiger KG oder KGaA, in FS Lutter, 2000, S. 425; *Henssler*, Bewegung in der deutschen Unternehmensmitbestimmung – Reformdruck durch Internationalisierung der Wirtschaft, RdA 2005, 330; *Hohenstatt/Schramm*, Der Gemeinschaftsbetrieb im Recht der Unternehmensmitbestimmung, NZA 2010, 846; *Horn*, Deutsches und europäisches Gesellschaftsrecht und die EuGH-Rechtsprechung zur Niederlassungsfreiheit – Inspire Art, NJW 2004, 893; *Kolb/Rothenfußer*, Festschreibung des Mitbestimmungsniveaus durch grenzüberschreitende Verschmelzung von Kapitalgesellschaften aus Deutschland und dem Vereinigten Königreich, GmbHR 2014, 130; *Konzen*, Der „Konzern im Konzern" im Mitbestimmungsrecht, ZIP 1984, 270; *Kort*, Der Konzernbegriff i.S.v. § 5 MitbestG, NZG 2009, 81; *Krause*, Die Berücksichtigung von Leiharbeitnehmern bei den Schwellenwerten der Unternehmensmitbestimmung, ZIP 2014, 2209; *Lambrich/Reinhard*, Schwellenwerte bei der Unternehmensmitbestimmung – Wann beginnt die Mitbestimmung?, NJW 2014, 2229; *Loritz*, Mitbestimmung und Tendenzschutz im Konzern, ZfA 1985, 497; *Lutter*, Der Anwendungsbereich des Mitbestimmungsgesetzes, ZGR 1977, 195; *Lutter*, Mitbestimmungsprobleme im internationalen Konzern, in FS Zweigert, 1981, S. 251; *Lutter/Uwe H. Schneider*, Mitbestimmung im mehrstufigen Konzern, BB 1977, 553; *Mückl/Theusinger*, Sitz der Konzernmutter im Ausland und Anwendbarkeit des MitbestG – Welches Unternehmen „herrscht" im Inland?, BB 2018, 117; *Müffelmann*, Entfällt die Mitbestimmung für eine Kommanditgesellschaft bei Einschaltung einer ausländischen Kapitalgesellschaft?, BB 1977, 628; *Raiser*, Konzernverflechtungen unter Einschluss öffentlicher Unternehmen, ZGR 1996, 458; *Raiser*, Beherrschungsvertrag im Recht der Personengesellschaften, ZGR 1980, 561; *Raiser*, Geklärte und ungeklärte Fragen der Konzernmitbestimmung, in FS Kropff, 1997, S. 249; *Richardi*, Arbeitnehmerbeteiligung im Aufsichtsrat einer arbeitnehmerlosen Aktiengesellschaft, in FS Zeuner, 1994,S. 147; *Rieble*, Leiharbeitnehmer zählen doch?, NZA 2012, 485; *Rieble*, Tendenz-SE, AG 2014, 224; *Rieble*, Schnelle Mitbestimmungssicherung gegen die SE, BB 2014, 2997; *Seibt*, Unternehmensmitbestimmung in Teilkonzernspitzen- und Zwischenholding-Gesellschaften (§ 5 MitbestG), ZIP 2008, 1301; *Thüsing/Forst*, Der Gemeinschaftsbetrieb im Recht der Unternehmensmitbestimmung, in FS Kreutz, 2010, S. 867; *Trittin/Gilles*, Mitbestimmungsbeibehaltung nach Umstrukturierung, RdA 2011, 46; *Ulmer*, Zur Berechnung der für die Anwendung des MitbestG auf Kapitalgesellschaften maßgebenden Arbeitnehmerzahl, in FS Heinsius, 1991, S. 855; *Wackerbarth*, Ausländische Kapitalgesellschaft & Co. KG und Unternehmensmitbestimmung im Teilkonzern, in Herrmann/Berger/Wackerbarth, Deutsches und Internationales Bank- und Wirtschaftsrecht im Wandel, 1997; *Wisskirchen/Bissels/Dannhorn*, Vermeidung der unternehmerischen Mitbestimmung aus arbeitsrechtlicher Sicht, DB 2007, 2258.

III. Speziell zum Tarif- und Betriebsverfassungsrecht. Kommentare: *Däubler/Kittner/Klebe/Wedde*, Betriebsverfassungsgesetz, 15. Aufl. 2016 (zit. *Bearb.* in DKKW); *Däubler*, Tarifvertragsgesetz, 4. Aufl. 2016; *Fabricius/Kraft/Wiese/Kreutz/Oetker/Raab/Weber*, Betriebsverfassungsgesetz, Gemeinschaftskommentar, Bd. 1, 9. Aufl. 2010; Bd. 2, 9. Aufl. 2010 (zit. GK/*Bearb.*); *Fitting/Engels/Schmidt/Trebinger/Linsenmaier*, Betriebsverfassungsgesetz, 29. Aufl. 2018 (zit. *Fitting*); *Grobys/Panzer-Heermeier*, Stichwort Kommentar Arbeitsrecht, 10. Edition 2019 (zit. *Bearb.* in Grobys/Panzer-Heermeier, Stichwort Rz.); *Hess/Worzalla/Glock/Nicolai/Rose/Huke*, Betriebsverfassungsgesetz, 10. Aufl. 2018 (zit. *Bearb.* In HWGNRH); *Löwisch/Kaiser*, Betriebsverfassungsgesetz – Taschenkommentar, 6. Aufl. 2010; *Löwisch/Rieble*, Tarifvertragsgesetz, 4. Aufl. 2017; *Richardi*, Betriebsverfassungsgesetz, 16. Aufl. 2018 (zit. *Bearb.* in Richardi); *Rolfs/Giesen/Kreikebaum/Udsching* (Hrsg.); *Wiedemann/Oetker/Wank*, Tarifvertragsgesetz, 7. Aufl. 2007.

Monographien, Lehrbücher, Handbücher: *Däubler*, Grundrecht auf Mitbestimmung, 1973; *Löwisch* (Hrsg.), Arbeitskampf- und Schlichtungsrecht, 1997; *Nick*, Konzernbetriebsrat und Sozialplan im Konzern, 1992; *Rügenhagen*, Die betriebliche Mitbestimmung im Konzern, 2013.

Aufsätze: *Ahrendt*, Zum Bemessungsdurchgriff beim Sozialplan, RdA 2012, 340; *Bachmann*, Kein Konzernbetriebsrat bei ausländischer Konzernleitung, RdA 2008, 107; *Bachner*, Die Matrixorganisation in der Betriebsverfassung, NZA 2019, 134; *Bachner/Rupp*, Die originäre Zuständigkeit des Konzernbetriebsrats bei der Einführung technischer Einrichtungen, NZA 2016, 207; *Baeck/Winzer*, BAG: Vertretung bei Abschluss eines Firmentarifvertrags, NZG 2010, 580; *Bauer*, Neues Spiel bei der Betriebsänderung und der Beschäftigungssicherung?, NZA 2001, 375; *Bauer/Herzberg*, Arbeitsrechtliche Probleme in Konzernen mit Matrixstrukturen, NZA 2011, 713; *Behrens/Schaude*, Das Quorum für die Errichtung von Konzernbetriebsräten in § 54 I 2 BetrVG, DB 1991, 278; *Belling/Collas*, Der Schutz der Arbeitnehmer vor den haftungsrechtlichen Folgen einer Betriebsaufspaltung, NJW 1991, 1919; *Böhm*, 60 Jahre Betriebsverfassungsgesetz – Rückblick und Ausblick anhand der Zentralbegriffe Betrieb und Arbeitnehmer, RdA 2013, 193; *Buchner*, Konzernbetriebsratsbildung trotz Auslandssitz der Obergesellschaft, in FS Birk, 2008, S. 11; *Burkard-Pötter*, Berücksichtigung von Leiharbeitnehmern bei Schwellenwerten, NJW-Spezial 2013, 242; *Christoffer*, Die originäre Zuständigkeit des Konzernbetriebsrats, BB 2008, 951; *Cisch/Hock*, Konzernbetriebsvereinbarungen zur betrieblichen Altersversorgung im Lichte eines Share Deal, BB 2012, 2113; *Däubler*, Eine bessere Betriebsverfassung? Der Rentenentwurf zur Reform des BetrVG, AuR 2001, 1; *Dzida*, Die Mitbestimmung des Konzernbetriebsrats bei Ethik-Richtlinien, NZA 2008, 1265; *Forst*, Unterlassungsanspruch des Europäischen Betriebsrats und des SE-Betriebsrats, ZESAR 2013, 15; *Fuhlrott*, BAG ändert Rechtsprechung zur Berücksichtigung von Leiharbeitnehmern, GWR 2013, 332; *Fuhlrott*, Konzerndimensionaler Bemessungsdurchgriff bei Sozialplandotierungen?, ArbRAktuell 2011, 581; *Gaul*, Beteiligungsrechte des Betriebsrats aus §§ 111, 112 BetrVG bei der Spaltung eines gemeinsamen Betriebs mehrerer Unternehmen, NZA 2003, 695; *Gaul/Hartmann*, Abweichende Betriebsratsstrukturen nach § 3 BetrVG – Das BAG setzt Grenzen, ArbRB 2014, 48; *Gaul/Mückl*, Vereinbarte Betriebsverfassung – was ist möglich, was ist sinnvoll, NZA 2011, 657; *Gaul/Schmidt*, Wirtschaftliche Vertretbarkeit eines Sozialplans im Konzern, DB 2014, 300; *Hanau*, Fragen der Mitbestimmung und Betriebsverfassung im Konzern, ZGR 1984, 468; *Hanau*, Schlankere Betriebs- und Unternehmensverfassung, in FS Kissel, 1994, S. 347; *Hanau*, Denkschrift zu dem Regierungsentwurf eines Gesetzes zur Reform des Betriebsverfassungsgesetzes, RdA 2001, 65; *Hanau*, Aktuelle Fragen zu § 613a BGB, in FS Gaul, 1992, S. 287; *Hanau/Wackerbarth*, Der Konzernrat nach § 3 BetrVG n.F., in FS Ulmer, 2003, S. 1303; *Hayen*, Kein Unterlassungsanspruch des Euro – Betriebsrats bei Verletzung der Unterrichtungs- und Anhörungspflicht durch den Arbeitgeber, AiB 2012, 126; *Henssler*, Aufspaltung, Ausgliederung und Fremdvergabe, NZA 1994, 294; *Hey/Schröder*, Die Zusammensetzung der europäischen Mitbestimmungsgremien bei Transaktion und Restrukturierung, BB 2012, 3014; *Hohenstatt/Schramm*, Erneut Erweiterung des Kampfarsenals: Zulässigkeit von Unterstützungsstreiks, NZA 2007, 1034; *Hohenstatt/Kröpelin/Bertke*, Die Novellierung des Gesetzes über Europäische Betriebsräte (EBRG): Handlungsbedarf bei freiwilligen Vereinbarungen?, NZA 2011, 1313; *Höpfner*, Normativer und schuldrechtlicher Konzerntarifvertrag – Gestaltungsformen einer einheitlichen Tarifbindung, in Rieble/Junker/Giesen, Arbeitsrecht im Konzern, ZAAR Schriftenreihe Band 20, 2010; *von Hoyningen-Huene*, Der Konzern im Konzern, ZGR 1978, 531; *Junker*, Sozialplanansprüche im Konzern, ZIP 1993, 1599; *Joost*, Anmerkung zu BAG v. 13.10.2004 – 7 ABR 56/03, AP Nr. 9 § 54 BetrVG 1972; *Kilg/Muschal*, Haustarifverträge – Vertretung von Konzernunternehmen durch die Konzernobergesellschaft beim Abschluss, BB 2007, 1670; *Konzen*, Der Sympathiestreik bei inkongruenter Tarifzuständigkeit der Tarifparteien, DB 1990, Beilage 6; *Kort*, Bildung und Stellung des Konzernbetriebsrats bei nationalen und internationalen Unternehmensverbindungen, NZA 2009, 464; *Kort*, Matrix-Strukturen und Betriebsverfassungsrecht, NZA 2013, 1318; *Kreutz*, Die Errichtung eines Konzernbetriebsrats durch den einzigen Gesamtbetriebsrat (oder Betriebsrat) im Konzern, NZA 2008, 259; *Lambrich/Schwab*, Betriebsverfassungsrechtliche Fragen beim konzernweiten

Personaleinsatz, NZA-RR 2013, 169; *Lerch/Weinbrenner*, Auskunftsanspruch des Wirtschaftsausschusses bei Konzernbezug, NZA 2013, 355; *Lingemann*, Betriebsänderungen nach neuem BetrVG, NZA 2002, 934; *Löwisch*, Änderung der Betriebsverfassung durch das Betriebsverfassungs-Reformgesetz, BB 2001, 1790; *Löwisch*, Haftungsdurchgriff und Berechnungsdurchgriff bei Sozialplänen, ZIP 2015, 209; *Maiß/Pauken*, Mitwirkungsrechte des Europäischen Betriebsrats bei grenzüberschreitenden Betriebsänderungen, BB 2013, 1589; *Martens*, Tarifvertragliche Konzernregelungen, RdA 1970, 173; *Martens*, Vertretungsorgan und Arbeitnehmerstatus in konzernabhängigen Gesellschaften, in FS Hilger/Stumpf, 1983, S. 437; *Meissner/Jaeger*, Kein Unterlassungsanspruch für Europäische Betriebsräte, AiB 2012, 688; *Mélot de Beauregard/Buchmann*, Die neue Richtlinie über Europäische Betriebsräte, BB 2009, 1417; *Oetker*, Konzernbetriebsrat und Unternehmensbegriff, ZfA 1986, 177; *Rieble*, Die Betriebsverfassungsgesetz-Novelle 2001 in ordnungspolitischer Sicht, ZIP 2001, 133; *Rieble*, Delegation an den Gesamt- oder Konzernbetriebsrat, RdA 2005, 26; *Rieble*, Konzerntarifvertrag, Der Konzern 2005, 475–484 (Teil 1), 549–561 (Teil 2); *Rieble/Gistel*, Konzernpersonaldienstleister und Gemeinschaftsbetrieb, NZA 2005, 242; *Röger/Thulock*, Der erzwungene Sozialplan bei Betriebsspaltungen (§ 134 UmwG) und Konzernverbindungen, NZA 2012, 294; *Rüthers/Bakker*, Arbeitnehmerentsendung und Betriebsinhaberwechsel im Konzern, ZfA 1990, 245; *Salamon*, Strategien im Zusammenhang mit der Zuständigkeitsverteilung zwischen Betriebs-, Gesamtbetriebs- sowie Konzernbetriebsräten, NZA 2013, 708; *Schiefer*, Gesetz zur Anpassung arbeitsrechtlicher Bestimmungen an das EG-Recht, DB 1995, 1910; *Schwab*, Der Konzernbetriebsrat – seine Rechtsstellung und Zuständigkeit, NZA-RR 2007, 337; *Stein*, Der Abschluss von Firmentarifverträgen, RdA 2000, 129; *Thüsing/Forst*, Europäische Betriebsräte-Richtlinie: Neuerungen und Umsetzungserfordernisse, NZA 2009, 408; *Trittin/Gilles*, Errichtung des Konzernbetriebsrats durch einen Gesamtbetriebsrat bzw. Betriebsrat, AuR 2009, 253; *Weiss/Weyand*, Normenkollisionen insbesondere bei Konzernbetriebsvereinbarungen in doppelt konzernzugehörigen Gemeinschaftsunternehmen, AG 1993, 97; *Wellenhofer-Klein*, Just-in-time-Produktion und betriebliche Mitbestimmung, DB 1997, 978; *Wendeling-Schröder/Fiala*, Anmerkungen zu BAG v. 9.2.2011 – 7 ABR 11/10, AP Nr. 40 zu § 2 TVG; *Windbichler*, Unternehmerisches Zusammenwirken von Arbeitgebern als arbeitsrechtliches Problem, ZfA 1996, 1; *Wollwert*, Zulässigkeit der Errichtung eines Konzernbetriebsrats durch den konzernweit einzigen Gesamtbetriebsrat, NZA 2011, 437; *Zaumseil*, Mitbestimmungsrechte des Betriebsrats bei Maßnahmen der ausländischen Konzernmutter, NZA 2019, 1331.

I. Die Holding als Arbeitgeber

1. Anstellung und Überlassung von Arbeitnehmern

a) Arbeitgeberstellung im Holdingkonzern

12.1 Der Holdingkonzern als Ganzes besitzt keine eigene Rechtspersönlichkeit, sondern stellt eine Unternehmensverbindung dar. Er ist daher nicht in der Lage, selbst vertragliche Bindungen einzugehen. Das können nur die **einzelnen Unternehmen des Konzerns** und nur sie können deshalb Vertragspartner des Arbeitnehmers und damit **Arbeitgeber** sein[1].

12.2 Dieser Grundsatz gilt unabhängig von der Konzernierungsform. Auch bei besonders eng miteinander verwobenen Unternehmen wie etwa dem aktienrechtlichen Eingliederungskonzern bleibt das jeweils einstellende Unternehmen Arbeitgeber. Aus der Tatsache, dass es sich um ein Unternehmen im Konzernverbund handelt, folgen allein keine Besonderheiten, daher führt auch die wiederum speziellere Konzernierungsform „Holding" nicht zu Besonderheiten, solange solche nicht vertraglich ausbedungen werden.

12.3 In der Literatur wird erörtert, der Konzernobergesellschaft, d.h. also der **Holding** selbst, wegen ihrer Leitungsmacht zusätzlich oder anstelle des einstellenden Unternehmens die **Arbeitgeberstellung**

1 Einhellige Meinung: BAG v. 9.4.1987 – 2 AZR 280/86, ZIP 1988, 187 = AP Nr. 1 zu § 9 AÜG; vgl. BAG v. 20.9.1984 – 2 AZR 233/83, NZA 1985, 285; ErfK/*Preis*, § 611 BGB Rz. 197; *Liebscher* in MünchKomm/GmbHG, § 13 Anhang Rz. 1100; *Richter* in MünchArbR, § 25 Rz. 1; *Caspers* in Rieble et al., Arbeitsrecht im Konzern, 2010, S. 17; *Martens* in FS 25 Jahre BAG, 1979, S. 367 f.; *Windbichler*, S. 68; *Weber*, S. 157 jeweils m.w.N.

einzuräumen[2]. Doch ersetzt die Möglichkeit, auf die Handlungen eines anderen Rechtssubjekts Einfluss auszuüben, nicht die rechtsgeschäftlichen Erklärungen, die notwendig sind, um selbst Vertragspartner, d.h. Arbeitgeber zu werden[3]. Auch in tatsächlicher Hinsicht führt Leitungsmacht nicht zu einer arbeitgeberähnlichen Stellung. Dies zeigt sich an ihrer rechtstechnischen Ausgestaltung: Konzernrechtliche Weisungen richten sich an das Vertretungsorgan der Tochtergesellschaft und reichen nicht bis zu unteren Hierarchieebenen. Somit vermag das konzernrechtliche Weisungsrecht der Holding keine der Arbeitgeberposition auch nur ähnliche Stellung zu verschaffen.

12.4 Möglich ist es jedoch, dass verschiedene Konzernunternehmen Arbeitsverträge mit dem gleichen Arbeitnehmer abschließen, die ihrerseits miteinander verknüpft sein können (sog. mehrseitiges Arbeitsverhältnis)[4]. Dann bestehen allerdings **mehrere Arbeitsverhältnisse**, die rechtlich getrennt zu bewerten sind – den Holdingkonzern an sich kann keine noch so ausgefeilte Vertragsgestaltung zum Arbeitgeber machen. Entsendungsklauseln, durch die der Arbeitnehmer sich verpflichtet, auf Dauer oder vorübergehend in anderen Holdingkonzernunternehmen beschäftigt zu sein (Abordnung oder Versetzung), führen dazu, dass die Ausübung der Arbeitgeberfunktionen auf andere Personen übertragen und der Ort der Arbeitsleistung geändert werden können. Sie ändern aber nichts am Vertragspartner und damit an der Person des Arbeitgebers. S. zur Frage, welches Recht auf das Arbeitsverhältnis anwendbar ist, soweit Arbeitsverträge mit verschiedenen Gesellschaften innerhalb eines internationalen Holdingkonzerns geschlossen werden, *Thüsing* Rz. 13.3 ff.

b) Zentrale Personalführungsgesellschaft

12.5 Diese Rechtslage muss den Holdingkonzern allerdings nicht davon abhalten, sein **Personalwesen zu zentralisieren.** In der Praxis finden sich dafür recht unterschiedliche Gestaltungsmöglichkeiten. In Betracht kommt dabei eine sog. selbständige Personalführungsgesellschaft, die die Arbeitnehmer entweder im Namen des Konzernunternehmens, bei dem der Arbeitnehmer tätig werden soll, anstellt oder aber, was offenbar in der Praxis häufiger vorgekommen ist[5], die Arbeitnehmer in eigenem Namen anstellt und auf Dauer an die einzelnen Konzernunternehmen überlässt[6]. In der ersten Variante ist, den ganz normalen Regeln über das Rechtsgeschäft entsprechend, die Erteilung von Vertretungsmacht durch die Unternehmen an die Personalführungsgesellschaft erforderlich; arbeitsvertragliche Beziehungen entstehen in diesem Fall ausschließlich zwischen dem vertretenen Unternehmen und dem eingestellten Arbeitnehmer. In der zweiten Variante stellen sich Fragen der Zulässigkeit nach dem **Arbeitnehmerüberlassungsgesetz** (AÜG, dazu näher Rz. 12.8 ff.). Möglich ist es auch, dass die Holding selbst die Arbeitnehmer anstellt und in die einzelnen Tochtergesellschaften entsendet[7]. Freilich kann durch diese Form der Zentralisierung ein Gemeinschaftsbetrieb entstehen (dazu Rz. 12.212 ff.).

c) Entsendung von Arbeitnehmern in andere Holdingunternehmen

aa) Zulässigkeit und Arbeitsvertrag

12.6 Nach § 613 Satz 2 BGB ist der Anspruch auf die Arbeitsleistung im Zweifel nicht übertragbar. Kein Holdingunternehmen – auch nicht die Holding – kann ihre Arbeitnehmer anderen Konzernunter-

---

2 *Martens* in FS 25 Jahre BAG, 1979, S. 368 f.; vgl. *Windbichler*, S. 69.

3 Ablehnend auch *Küttner/Röller*, Personalbuch 2019, Konzernarbeitsverhältnis Rz. 2 a.E.; *Liebscher* in MünchKomm/GmbHG, § 13 Anhang Rz. 1100; näher *Windbichler*, S. 69.

4 *Meyer*, NZA 2013, 1326 (1328 f.) mit Beispielen; *Küttner/Röller*, Personalbuch 2019, Konzernarbeitsverhältnis Rz. 2; *Richter* in MünchArbR, § 25 Rz. 1 ff.; *Martens* in FS 25 Jahre BAG, 1979, S. 368 f.; *Windbichler*, ZfA 1995, 641; Beispiel bei LAG Frankfurt v. 28.3.1994 – 10 Sa 595/93, EWiR 1994, 967.

5 Vgl. etwa *Mengel* in Rieble et al., Arbeitsrecht im Konzern, 2010, S. 45, 47, 51 m.w.N.; *Meyer*, NZA 2013, 1326 (1327); anders früher *Weber*, S. 130; *Windbichler*, S. 196 f.

6 Dazu *Martens*, DB 1985, 2144 f.; *Birk*, ZGR 1984, 23 (58 ff.), vgl. auch *Meyer*, NZA 2013, 1326 (1327).

7 *Birk*, ZGR 1984, 66 ff.; als Beispiele wurden in der älteren Literatur die Ruhrkohle AG und die Höchst AG genannt, vgl. *Konzen*, RdA 1984, 65 (69); *Weinmann*, ZGR 1984, 460 (461).

nehmen überlassen, es sei denn, bereits der **Arbeitsvertrag** sieht die Abordnung vor oder der Arbeitnehmer stimmt ihr im Einzelfall zu.

Ohne entsprechende Klausel ist es lediglich möglich, Arbeitnehmer bei anderen Holdingunterneh- 12.7
men einzusetzen, wenn das **Weisungsrecht beim Vertragsarbeitgeber** bleibt. In diesen Fällen liegt schon keine echte Überlassung bzw. Versetzung vor, vielmehr bestimmt weiter der Vertragsarbeitgeber den Inhalt und die Ausübung der Arbeitspflicht des Arbeitnehmers[8]. Als Beispielsfall aus der Rechtsprechung kann der Einsatz von Arbeitnehmern der Deutschen Bundesbahn auf regionalen Buslinien genannt werden[9].

bb) Das Konzernprivileg des § 1 Abs. 3 Nr. 2 AÜG

Eine vorübergehende Entsendung aus dem einstellenden Unternehmen in ein anderes Unternehmen 12.8
des Holdingkonzerns (**„Konzernleihe“**) scheitert, selbst wenn sie für eine längere Zeit erfolgen soll, nicht an den Vorschriften des AÜG. Denn schon § 1 Abs. 3 Nr. 2 AÜG a.F. privilegierte den konzerninternen Arbeitnehmeraustausch, solange er noch als vorübergehend einzustufen war. Das war nach Auffassung des BAG nur der Fall, wenn der Arbeitnehmer lediglich anlassbezogen einer anderen Konzerngesellschaft zur Arbeitsleistung überlassen wird und normalerweise bei seinem Vertragsarbeitgeber beschäftigt war[10]. Im Jahre 2011 sind das AÜG und mit ihm das **Konzernprivileg** des § 1 Abs. 3 Nr. 2 AÜG im Zuge der Umsetzung der EU-Leiharbeitsrichtlinie[11] grundlegend reformiert worden. Das Merkmal „vorübergehend“ ist aus dem Wortlaut der Ausnahme gestrichen worden. Der Arbeitnehmer darf nunmehr lediglich „nicht zum Zwecke der Überlassung eingestellt und beschäftigt“ werden. Soweit das der Fall ist, benötigt das entsendende Holdingunternehmen keine Erlaubnis nach dem AÜG. Da es sich um eine Bereichsausnahme handelt, ist auch die **Überlassungshöchstdauer** von 18 Monaten bei konzerninterner Überlassung **nicht einschlägig**[12]. Gänzlich unanwendbar ist das Privileg nach seinem Wortlaut nunmehr bei den in Rz. 12.5 beschriebenen Personalgesellschaften, die die Arbeitnehmer anstellen und verleihen wollen[13]. Zur Geltung des Privilegs bei grenzüberschreitender Überlassung s. *Thüsing* Rz. 13.33 ff.

Die Auslegungsdebatte über den vorübergehenden Charakter der Entsendung entfällt nach dem Ge- 12.9
sagten. An ihre Stelle tritt die Diskussion über die **EU-Konformität** des neuen Wortlauts sowie über die praktischen Konsequenzen der Änderung. Die zugrunde liegende Richtlinie sieht keinerlei Ausnahmefälle von der Erlaubnispflicht vor[14]. Somit erfasst sie im Ausgangspunkt auch die konzerninterne Arbeitnehmerüberlassung, um die betroffenen Arbeitnehmer in ihren Rechten zu stärken und vor Missbrauch zu schützen. Insbesondere Art. 5 der Richtlinie steht dem Konzept eines Konzernprivilegs entgegen; die erwähnte Ausnahme für von vornherein zum Zweck der Überlassung eingestellte Arbeitnehmer kann die Richtlinienkonformität nicht gewährleisten[15]. Auch die bislang zur Rechtfertigung des Konzernprivilegs angestellte Überlegung, dass allein der konzerninterne Arbeitsmarkt betroffen sei, trägt nicht mehr, da auch in einer Konzernstruktur unterschiedliche Arbeits- und Schutzbedingungen herrschen und durch eine geschickte Überlassungspolitik ausgenutzt werden können[16].

---

8 Vgl. *Windbichler*, S. 82.
9 BAG v. 17.1.1979 – 5 AZR 248/78, AP Nr. 2 zu § 613 BGB m. Anm. *von Hoyningen-Huene* = DB 1979, 1514.
10 BAG v. 18.7.2012 – 7 AZR 451/11, NZA 2012, 1369, Orientierungssatz 2.
11 RL 2008/104/EG v. 19.11.2008, ABl. EU Nr. L 327 v. 5.12.2008, S. 9.
12 So auch *Waas* in Thüsing, § 1 AÜG Rz. 155.
13 *Thüsing* in Thüsing, Einf. AÜG Rz. 13a, s. näher Rz. 12.10.
14 ErfK/*Wank*, § 1 AÜG Rz. 86; *Raif*, GWR 2011, 303 (304); *Waas* in Thüsing, § 1 AÜG Rz. 230.
15 *Böhm*, DB 2011, 473 (474); *Hamann*, RdA 2011, 321 (332 f.).
16 *Lorenz in DHSW/*, § 1 AÜG Rz. 40; *Hamann*, RdA 2011, 321 (333); *Böhm*, DB 2012, 918 (919) m.w.N. in Fn. 23; differenzierend *Thüsing* in Thüsing, Einf. AÜG Rz. 13e.

cc) Keine Erlaubniserteilung nach § 1 Abs. 1 Satz 1 AÜG für Konzern-Personalgesellschaften

12.10 Die Ausnahme des § 1 Abs. 3 Nr. 2 AÜG gilt schon ihrem Wortlaut nach nicht für solche Konzern-Personalgesellschaften, deren Zweck es gerade ist, die eingestellten Arbeitnehmer anderen Unternehmen des Konzerns zur Verfügung zu stellen. Die deshalb in Betracht zu ziehende Erlaubnispflicht gem. § 1 AÜG hing nach **altem Recht** davon ab, ob das überlassende Holdingunternehmen gewerbsmäßig handelte oder nicht. Dabei kam es vor allem auf die Gewinnerzielungsabsicht an[17]. Eine Ausschaltung des AÜG durch den konzerninternen Verleih von Arbeitnehmern zu Selbstkosten ohne Gewinnabsicht war dadurch möglich und sogar höchstrichterlich anerkannt[18]. Die **Reform im Jahre 2011** hat die Voraussetzung der Gewerbsmäßigkeit der Überlassung als Kriterium aus dem Wortlaut des § 1 Abs. 1 Satz 1 AÜG gestrichen und durch dasjenige der **wirtschaftlichen Tätigkeit** ersetzt[19]. Der EuGH entschied im Jahr 2016, dass auch die ohne Gewinnerzielungsabsicht erfolgende Überlassung erlaubnispflichtig nach der Leiharbeitsrichtlinie ist[20].

12.11 Umstritten ist nun, ob Konzern-Personalgesellschaften eine solche Tätigkeit ausüben, namentlich eine Dienstleistung „am Markt“[21] anbieten, wenn sie doch nur innerhalb des Konzerns tätig werden. Nach einer Auffassung ist das nicht der Fall, wenn ein Konzernverleiher, wovon regelmäßig auszugehen sein wird, nur den konzerneigenen Arbeitskräftebedarf deckt und nicht im Wettbewerb mit anderen Verleihern steht[22]. Die Gegenauffassung stellt zutreffend darauf ab, dass jeder Konzernverleiher jedenfalls **potentiell mit sonstigen Anbietern in Konkurrenz** tritt und lässt dies genügen[23]. Allein im Vertragskonzern und innerhalb von Unterordnungskonzernen mit 100%igen Tochtergesellschaften kann man das anders sehen. Künftig bedürfen also Konzern-Personalgesellschaften in aller Regel einer Erlaubnis nach dem AÜG.

12.12 Diese Erlaubnis können sie jedoch nicht erhalten, wenn ihr Zweck von vornherein nur darauf gerichtet ist, die Arbeitnehmer auf Dauer (und nicht, wie in § 1 Abs. 1 Satz 4 AÜG vorgesehen, nur **vorübergehend**) bei einem bestimmten Entleiher-Unternehmen des Konzerns einzusetzen. Bis zur AÜG-Reform von 2017 war dies umstritten[24]. Mit der Einfügung von § 1 Abs. 1b) AÜG, der die **Höchstdauer des Verleihs auf 18 Monate** begrenzt, hat der Gesetzgeber klargestellt, dass nur eine Erlaubnis zur vorübergehenden Überlassung erteilt werden kann. Die in Rz. 12.5 beschriebene zweite Variante der zentralen Personalführungsgesellschaft, die sämtliche Arbeitnehmer des Holdingkonzerns anstellt und auf Dauer an andere Konzernunternehmen überlässt, ist daher nach zutreffender Auffassung unzulässig[25]. Vgl. im Übrigen noch *Thüsing* Rz. 13.37.

---

17 *Becker*, DB 1988, 2653; *Weber*, S. 144 m.w.N. in Fn. 636.

18 BAG v. 20.4.2005 – 7 ABR 20/04, NZA 2005, 1006 (1008 f.); allerdings hatte das BAG (v. 9.2.2011 – 7 AZR 32/10, NZA 2011, 791, Rz. 37) selbst diese Rspr. noch vor Inkrafttreten der Reform aufgegeben, vgl. auch BAG v. 21.10.2014 – 9 AZR 1021/12, AP AÜG § 1 Nr. 36.

19 Näher zum Begriff der wirtschaftlichen Tätigkeit: *Thüsing/Thieken*, DB 2012, 347 ff.; *Waas* in Thüsing § 1 AÜG Rz. 101 ff.

20 EuGH v. 17.11.2016 – C-216/15, ECLI:EU:C:2016:883, NZA 2017, 41 Rz. 44 ff.

21 Zu diesem Kriterium BAG v. 21.2.2017 – 1 ABR 62/12 = NZA 2017, 662 Rz. 51.

22 *Rieble/Vielmeier*, EuZA 2011, 475 (480); *Thüsing/Thieken*, DB 2012, 347 (349); *Schewiola*, ArbRB 2013, 182 (183).

23 *Böhm*, DB 2012, 918 (919); *Hamann*, RdA 2011, 321 (324); ferner schon *Lembke*, DB 2011, 414; *Thüsing/Thieken*, DB 2012, 347 (350); ErfK/*Wank*, § 1 AÜG Rz. 90.

24 Erlaubnismöglichkeit verneinend *Böhm*, DB 2012, 918 (919); bejahend *Ludwig*, BB 2013, 1276 (1279); vgl. Meyer, NZA 2013, 1326 (1328); nicht abschließend geklärt durch BAG v. 20.4.2005 – 7 ABR 20/04, NZA 2005, 1006 (1008).

25 Siehe etwa *Hamann* in Schüren/Hamann, § 1 AÜG Rz. 320, 661, 665; a.A. nicht überzeugend *Ludwig*, BB 2013, 1276 (1279 f.) mit der Behauptung, das Erfordernis eines wechselnden Verleihs lasse sich dem Gesetz nicht entnehmen: Das trifft nicht zu, weil das Gesetz eben klar den nicht nur vorübergehenden Verleih für nicht erlaubnisfähig hält.

dd) Weisungsrecht und gespaltene Arbeitgeberstellung

12.13 Für das aufnehmende Holdingunternehmen ist die Ausübung des Direktionsrechts essentiell, da es die reibungslose Eingliederung des ausgeliehenen Arbeitnehmers in die betrieblichen Abläufe gewährleistet. Die übrigen Arbeitgeberpflichten sollen bei der Konzernleihe wie in jedem anderen Leiharbeitsverhältnis beim entsendenden Holdingunternehmen bleiben, wenn nicht ein vollständiger Übergang des Arbeitsverhältnisses auf den Entleiher gewünscht ist[26].

12.14 In Betracht kommen eine **Abtretung des Direktionsrechts** durch den Vertragsarbeitgeber sowie eine **Ausübungsermächtigung**, vergleichbar mit der Einziehungsermächtigung im Forderungsrecht[27]. Welche Gestaltungsform vorliegt, ist eine Frage der Vertragsgestaltung zwischen dem entsendenden Unternehmen und dem Beschäftigungsunternehmen (Entleiher) und hängt davon ab, ob dem Entleiher ein eigener Anspruch auf die Arbeitsleistung zusteht oder nicht[28]. Im Zweifel soll nach überwiegender Ansicht lediglich eine Ausübungsermächtigung anzunehmen sein[29]. Diese soll in den Überlassungsfällen lediglich so weit gehen, wie es zur Einbindung des Arbeitnehmers in das Unternehmen des Entleihers unbedingt notwendig ist. Z.B. soll die Bestimmung von Urlaubszeiten, soweit sie durch Weisungsrechte konkretisiert werden, beim Verleiher bleiben[30] (partielle bzw. sektorale Aufteilung des Weisungsrechts zwischen Ent- und Verleiher).

12.15 Einstweilen frei.

ee) Rückrufrecht

12.16 Wird der Anspruch auf die Arbeitsleistung an den Entleiher abgetreten, ist zu beachten, dass die Abtretung eine endgültige Übertragung des Anspruchs beinhaltet. Das überlassende Unternehmen kann in dieser Variante den Arbeitnehmer nicht einfach zurückrufen, sondern muss mit dem entleihenden Unternehmen eine **Rückabtretung** vereinbaren[31]. Möglich ist es allerdings auch, den Anspruch – wie bei der Sicherungsabtretung – auflösend bedingt zu übertragen[32] oder eine schuldrechtliche Pflicht zur Rückübertragung zu vereinbaren.

12.17 Bei der bloßen Ausübungsermächtigung kann das verleihende Unternehmen den Arbeitnehmer jederzeit zurückrufen, da die Ermächtigung – wie auch die Einziehungsermächtigung – jederzeit einseitig widerruflich ist[33].

ff) Arbeitsrechtliche Neben- und Schutzpflichten

12.18 Der Arbeitnehmer, der in einem Holdingunternehmen eingesetzt wird, das nicht sein Arbeitgeber ist, will ersichtlich nicht auf seinen Anspruch auf arbeitgeberseitige Fürsorge verzichten, etwa auf Maßnahmen zum Schutz seiner Gesundheit oder seines Eigentums an eingebrachten Sachen. Ebenso will der Entleiher Treuepflichten des Arbeitnehmers gewahrt wissen, wie die Pflicht zur Verschwiegenheit oder der Anzeige drohender Schäden. Durch die Überlassung geht der Kreis **arbeitsrecht-**

---

26 So auch, *Schüren* in Schüren/Hamann, Einl. AÜG Rz. 168.
27 *Schüren* in Schüren/Hamann, Einl. AÜG Rz. 175 ff.; *Windbichler*, S. 84; *Windbichler*, ZfA 1995, 642; eingehend *Rüthers/Bakker*, ZfA 1990, 245 (274 f.).
28 *Konzen*, ZfA 1982, 259, 279 ff., 281 f.; *Weber*, Das aufgespaltene Arbeitsverhältnis, S. 320; *Rüthers/Bakker*, ZfA 1990, 245 (274 f.); *Becker/Wulfgramm*, § 1 AÜG Art. 1 § 11 Rz. 34.
29 *Rüthers/Bakker*, ZfA 1990, 245 (276); *Konzen*, ZfA 1982, 259 (279 ff., 281 f.); vgl. *Windbichler*, S. 84 f.; *Weber*, S. 320 m.w.N. vor allem zum älteren Schrifttum und zur älteren Rechtsprechung.
30 *Schüren* in Schüren/Hamann, § 1 AÜG Rz. 118 ff.; *Becker*, DB 1988, 2562; vgl. auch *Rüthers/Bakker*, ZfA 1990, 245 (276).
31 *Becker/Kreikebaum*, Zeitarbeit, S. 152 f.; *Schüren* in Schüren/Hamann, Einl. AÜG Rz. 174.
32 *Schüren* in Schüren/Hamann, Einl. AÜG Rz. 174.
33 *Becker/Kreikebaum*, Zeitarbeit, S. 153.

licher Nebenpflichten, soweit das für ihre Durchführung nötig ist, deshalb auf die Parteien des tatsächlichen Beschäftigungsverhältnisses über[34].

12.19 Über dieses Ergebnis besteht weitgehend Einigkeit. Seine Grundlage ist in einem **„einheitlichen Schutzpflichtverhältnis"** zu suchen, das durch die Inanspruchnahme von Vertrauen des Entleihers ausgelöst wird, weil er den Arbeitnehmer tatsächlich beschäftigt[35]. Wird der Arbeitnehmer beim Entleiher tatsächlich tätig und hat dessen Weisungen zu befolgen, so ist er auch verstärkt Einwirkungsmöglichkeiten des Dritten auf seine Rechtsgüter ausgesetzt. Damit korrespondiert eine Schutzpflicht des Entleihers, die über die bloße Deliktshaftung hinausgeht.

gg) Betriebsübergang

12.20 Bei einer Arbeitnehmerüberlassung im Konzern kann u.U. auf diese Leiharbeitsverhältnisse bei einem Betriebsübergang vom Entleiher auf einen Dritten die Vorschrift des **§ 613a BGB** anzuwenden sein. Es soll unerheblich sein, dass zwischen dem Betriebsveräußerer und dem Leiharbeitnehmer keine arbeitsvertragliche Bindung besteht[36].

d) Ausübung des Direktionsrechts durch die Holding (Matrixstrukturen)

12.20a Schließlich sind auch Gestaltungen denkbar (und werden praktiziert), in der die Holding unmittelbar in die Personalführung von Tochtergesellschaften eingreift bzw. an der Geschäftsleitung der Tochter vorbei Weisungen an deren Arbeitnehmer erteilt. Zwar hat im Ausgangspunkt nur **der Vertragsarbeitgeber einen Anspruch auf die Arbeitsleistung**. Mit diesem Anspruch ist das arbeitsrechtliche Direktionsrecht i.S.d. § 106 GewO verbunden, d.h. das Recht, zur Ausfüllung und Konkretisierung der Arbeitspflicht dem Arbeitnehmer einzelne Arbeitsanweisungen zu geben und damit z.B. Ort, Zeit, Tempo und Inhalt der Arbeitspflicht zu bestimmen (vgl. schon *Mackert* Rz. 6.82 f.). Lässt sich die Holding von ihrer Tochtergesellschaft Vollmacht zur Ausübung des Direktionsrechts einräumen, so kann sie etwa bestimmte Stabsfunktionen im Holdingkonzern vereinheitlichen bzw. zentralisieren. Die Führung des Konzerns verläuft nicht mehr entlang der Beteiligungsstruktur, sondern an ihr vorbei (Matrixstruktur)[37]. Der betroffene Arbeitnehmer untersteht dann nicht den fachlichen Weisungen des eigenen Arbeitgebers, sondern denen eines „Matrixmanagers", der einem anderen Unternehmen – z.B. der Holding – angehört.

12.20b Dabei stellen sich neben gesellschaftsrechtlichen auch eine Reihe arbeitsrechtlicher Probleme. Die **Zulässigkeit** solcher Gestaltungen ist im Grundsatz zu bejahen, zur Ausübung des fachlichen Weisungsrechts kann der Arbeitgeber fremde Dritte bevollmächtigen oder i.S.d. § 185 BGB ermächtigen. Darin liegt nicht ohne weiteres eine Übertragung des Anspruchs auf die Arbeitsleistung i.S.d. § 613 Satz 2 BGB[38]. Erst mit einer vollständigen Abtretung des Direktionsrechts an die Holding wäre die Grenze des § 613 Satz 2 BGB überschritten und läge sogar eine Arbeitnehmerüberlassung im Sinne des AÜG vor[39].

---

34 *Konzen*, ZfA 1982, 259 (283 ff.); *Rüthers/Bakker*, ZfA 1990, 245 (276 a.E. ff.) jeweils m.w.N.; *Weber*, S. 322 ff.; *Windbichler*, S. 87 f.; *Thüsing* in Thüsing Einf. AÜG Rz. 39.

35 *Konzen*, ZfA 1982, 259 (285 ff.); vgl. eingehend *Windbichler*, S. 87 f. m.w.N.; vgl. *Weber*, 323 f. Die Lehre vom einheitlichen Schutzpflichtverhältnis geht zurück auf *Canaris*, JZ 1965, 475 ff.

36 EuGH v. 21.10.2010 – C-242/09, ECLI:EU:C:2010:625 – Albron, ZIP 2010, 2170 = NZA 2010, 1225; kritisch etwa *Gaul/Ludwig*, DB 2011, 298 oder *Willemsen*, NJW 2011, 1546 ff.; zustimmend *Raab*, EuZA 2011, 537.

37 Näher mit Beispielen *Müller-Bonanni/Mehrens*, ZIP 2010, 2228 ff.

38 BAG v. 10.3.1998 – 1 AZR 658/97, NZA 1998, 1242 = AP Nr. 5 zu § 84 ArbGG 1979; Bauer/Herzberg, NZA 2011, 713 (715); ausführlich Maschmann, NZA 2017, 1557 (1558), der für die Ermächtigung eine Zustimmung verlangt, für die Vollmacht nicht, zustimmend Joussen in BeckOK/ArbR, § 613 BGB Rz. 17; a.A. offenbar *Meyer*, NZA 2013, 1326 (1329); *Fedder/Braner* in Braun/Wisskirchen, I.3. Rz. 7, 62.

39 *Müller-Bonanni/Mehrens*, ZIP 2010, 2228 (2229 f.).

Die genannte Ausübungsermächtigung erfasst üblicherweise nur den **fachlichen Teil des Weisungsrechts**. Geht sie darüber hinaus, so soll jedenfalls die Zustimmung des Arbeitnehmers gem. § 613 Satz 2 BGB erforderlich sein[40]. Unter dem insoweit genannten „disziplinarischen Teil" des Weisungsrechts werden dabei Abmahnungen oder Kündigungen fallen, die ja letztlich keine „Weisungen", sondern vertragsbezogene Erklärungen darstellen[41]. Richtigerweise kommt es für § 613 Satz 2 BGB darauf an, ob die Weisungen letztlich Betriebszwecken des Vertragsarbeitgebers dienen oder aber eigenen Zwecken des Unternehmens, dem der Matrixmanager angehört[42]. Bei der ähnlich gelagerten Frage, ob bereits eine **Arbeitnehmerüberlassung** vorliegt, kommt es nach § 1 Abs. 1 Satz 2 AÜG darauf an, ob neben der Unterstellung unter fremde Weisungen schon eine Eingliederung in den fremden Betrieb vorliegt[43]. 12.20c

Man wird entscheiden lassen, wie sich die **tatsächliche Handhabung** für den Arbeitnehmer darstellt. Es ist in aller Regel zwar nicht zu erkennen, ob einzelne Weisungen betriebsfremde Zwecke fördern. Auch kann ein Dritter zur Erteilung einer Abmahnung oder Kündigung bevollmächtigt sein, ohne dass darin eine Übertragung des Anspruchs auf die Arbeitsleistung zu sehen ist oder eine Eingliederung vorliegt. Anders ist es aber, wenn Frequenz und Intensität der Weisungen ein gewisses Maß überschreiten oder weitere Anhaltspunkte dafür bestehen, dass der Arbeitnehmer eher für das Unternehmen des Matrixmanagers als für das seines Vertragsarbeitgebers tätig ist. Wenn er etwa seine Arbeitszeiten oder den Urlaub mit den Arbeitnehmern des fremden Unternehmens abstimmen muss, ist das ein Hinweis auf betriebsfremde Zwecke[44]. 12.20d

Aus der üblichen **Aufspaltung des Arbeitsverhältnisses** in einen fachlichen und einen disziplinarischen Teil resultieren weitere Probleme rechtlicher und tatsächlicher Art. So kann Abmahnungen oder Kündigungen nur der Vertragsarbeitgeber aussprechen; über fachliches Fehlverhalten muss er dazu vom fachlichen Vorgesetzten informiert werden. Diese Informationsweitergabe scheitert oft an mangelnder Organisation bzw. Abstimmung innerhalb des Konzerns. Auf diese Weise kann etwa die 2-Wochenfrist für eine außerordentliche Kündigung des § 626 Abs. 2 BGB ablaufen, wenn die Berichtslinien nicht klar sind oder nicht eingehalten werden. Daneben stellen sich schwierige Fragen im Hinblick auf die Folgepflicht des Arbeitnehmers bei nachteiligen oder gar rechtswidrigen Weisungen des Matrix-Managers[45]. Auch **datenschutzrechtliche Probleme** sind mangels eines Konzernprivilegs in der DSGVO bzw. im BDSG noch nicht endgültig gelöst[46]. 12.20e

Die Unterstellung des Arbeitnehmers unter das Direktionsrecht eines Dritten kann ferner eine zustimmungspflichtige **personelle Einzelmaßnahme** mit der Folge der Anwendung des § 99 BetrVG darstellen[47]. Zu weiteren Problemen im Betriebsverfassungsrecht siehe noch Rz. 12.171, 12.186. 12.20f

e) Arbeitgeberwechsel

aa) Zulässigkeit

Ist bereits die vorübergehende Versetzung in ein anderes Holdingunternehmen nicht vom Direktionsrecht gedeckt, so gilt dies erst recht für einen **dauernden Wechsel** innerhalb des Konzerns, wenn 12.21

---

40 *Kuhlmann/Haus*, BB 2019, 1781 (1783); *Kort*, NZA 2013, 1318 (1320).

41 *Maschmann* in Maschmann/Fritz, Kapitel 3 Rz. 6.

42 *Kort*, NZA 2013, 1318 (1320); *Maschmann* in Maschmann/Fritz, Kapitel 3 Rz. 34 ff.; vgl. auch Maschmann, NZA 2017, 1557 (1558) „eigene Zwecke und eigene Rechnung".

43 *Maschmann* in Maschmann/Fritz, Kapitel 3 Rz. 56; *Koch* in Schaub, § 187 Rz. 7; *Kort*, NZA 2013, 1318 (1320).

44 Einen auf die Eingliederung in den fremden Betrieb abstellenden Kriterienkatalog gibt *Maschmann* in Maschmann/Fritz, Kapitel 3 Rz. 56; vgl. ferner *Koch* in Schaub, § 187 Rz. 7.

45 Ausführlich dazu *Fritz*, NZA Beil. 2018, 98, 100 ff.; *Maschmann*, NZA 2017, 1557 (1559 ff.).

46 Siehe dazu ausführlich *Ehmann/Selmayr*, Art. 88 DSGVO Rz. 172 ff.

47 LAG Düsseldorf v. 20.12.2017 – 12 TaBV 66/17, NZA-RR 2018, 298 Rz. 77 ff., und nachfolgend BAG v. 12.6.2019 – 1 ABR 5/18, NZA 2019, 1288; näher *Bachner*, NZA 2019, 134 (135 ff.); vgl. auch *Müller-Bonanni/Mehrens*, ZIP 2010, 2228 (2231).

dieser mit einem Wechsel des Arbeitgebers verbunden ist[48]. Einseitig, d.h. ohne gegenwärtige Zustimmung des Arbeitnehmers, kann der Vertragsarbeitgeber den Wechsel nur durchsetzen, wenn eine entsprechende Regelung im Arbeitsvertrag das vorsieht (dazu noch Rz. 12.23, 12.32). Eine Änderungskündigung nach § 2 KSchG scheidet aus, weil der auf Dauer angelegte Wechsel des Arbeitgebers nicht eine Änderung des Arbeitsverhältnisses darstellt[49].

12.22 An dem Wechsel müssen jedenfalls **alle drei Parteien** beteiligt sein[50]; weder die ursprünglichen Vertragsparteien können den Wechsel wirksam vereinbaren noch können das die beiden Holdingunternehmen. Dies gilt auch dann, wenn Vertragsarbeitgeber die Holding selbst ist, denn die Konzernleitungsmacht gibt nicht das Recht, Willenserklärungen für ein beherrschtes Unternehmen abzugeben[51].

bb) Vertragliche Gestaltung des Wechsels

12.23 Eine Möglichkeit ist die Auswechslung des Vertragsarbeitgebers, der sog. **Parteiwechsel**, der aber nur in Ausnahmefällen infrage kommt[52]. Die andere Möglichkeit ist die **Beendigung des alten** – etwa durch einen Aufhebungsvertrag – sowie die **Begründung eines neuen Arbeitsverhältnisses.** Die Beendigung des alten und die Begründung des neuen Arbeitsverhältnisses können im gleichen Vertrag geregelt sein, was für den Arbeitnehmer die sicherste Variante darstellt, da seine Einbindung in ein Arbeitsverhältnis auf diese Weise bestehen bleibt und er nicht für einen gewissen Zeitraum ohne Arbeitsvertrag dasteht. Wird ein Aufhebungsvertrag lediglich mit dem Vertragsarbeitgeber geschlossen, bevor ein Arbeitsvertrag mit dem übernehmenden Holdingunternehmen zustande gekommen ist, so wird man i.d.R. annehmen müssen, dass der Aufhebungsvertrag durch den Abschluss des neuen Arbeitsvertrags aufschiebend bedingt ist. Im Übrigen ist bei der Gestaltung des Wechsels auf klare Vertragsgestaltung zu achten, denn allein in der Bestellung eines Arbeitnehmers zum Geschäftsführer einer abhängigen Gesellschaft liegt noch keine stillschweigende Aufhebung des Arbeitsverhältnisses mit der Obergesellschaft[53].

cc) Rechtsfolgen

12.24 Mit dem Wechsel des Arbeitgebers ist eine Vielzahl von Rechtsfolgen verbunden, die sich zum Teil nachteilig auf den Arbeitnehmer auswirken können. Der Arbeitnehmer erhält unter Umständen eine andere Vergütung für die von ihm ausgeübte Tätigkeit und er wird in das Sozialleistungssystem des übernehmenden Holdingunternehmens eingebunden, das nicht notwendig mit dem des entlassenden Unternehmens übereinstimmt. Daneben unterbricht der Wechsel die **Betriebszugehörigkeit** des Arbeitnehmers zu dem entlassenden Unternehmen und begründet eine neue bei der übernehmenden Holdinggesellschaft. Damit beginnt ohne gegenteilige Abrede die Wartefrist des § 1 Abs. 1 KSchG erneut zu laufen, so dass der Arbeitnehmer in den ersten 6 Monaten nach dem Wechsel keinen Kündigungsschutz genießt. Zahlreiche betriebliche Leistungen, insbesondere eine betriebliche Altersversorgung oder Jahressonderzahlungen knüpfen sowohl dem Grunde als auch der Höhe nach an die Betriebszugehörigkeit, i.e. Unternehmenszugehörigkeit an. Ist im Arbeitsvertrag mit den übernehmenden Unternehmen keine Anrechnung der Betriebszugehörigkeit vereinbart, so kann der Wechsel zu einem Verlust bereits erdienter Anwartschaften führen. Der Arbeitnehmer, der nach 9 Jahren in ein anderes Konzernunternehmen wechselt, verliert beispielsweise sämtliche bestehen-

---

48 *Windbichler*, S. 93 m.w.N.

49 *Abbrent*, BB 1988, 756 (758); vgl. *Windbichler*, S. 77 f.

50 Vgl. BAG v. 24.10.1972 – 3 AZR 102/72, AP Nr. 31 zu § 74 HGB = DB 1973, 924; BAG v. 6.8.1985 – 3 AZR 185/83, ZIP 1985, 1520 = AP Nr. 24 zu § 7 BetrAVG = DB 1986, 134.

51 *Windbichler*, S. 95 f.

52 *Windbichler*, S. 96 ff.; *Windbichler*, ZfA 1995, 643 ff.

53 BAG v. 20.10.1995 – 5 AZB 5/95, ZIP 1996, 514 = DB 1996, 483 = EWiR 1996, 247 m. Anm. *Miller*.

den Anwartschaften auf eine betriebliche Altersversorgung im entlassenden Unternehmen, soweit dessen Versorgungszusage die übliche und nach § 1 BetrAVG zulässige Verfallklausel enthält[54]. Wird der Wechsel während des Jahres vollzogen, so hat der Arbeitnehmer weder einen Anspruch auf Weihnachtsgeld im alten noch im neuen Unternehmen, wenn in der Leistungszusage ein Anspruch im Aus- und Eintrittsjahr ausgeschlossen ist.

Ein **holdingübergreifendes Sozialleistungssystem**, das die betrieblichen Sozialleistungen durch eine eigene Tochtergesellschaft vereinheitlicht und darüber hinaus bei einem holdinginternen Wechsel eine Anrechnung der Betriebszugehörigkeiten vorsieht, erleichtert daher einen Wechsel erheblich[55]. Die angesprochenen Nachteile sind aber auch durch eine entsprechende **Vertragsgestaltung**, die die Anrechnung der im entlassenden Holdingunternehmen verbrachten Zeit oder Ausgleichsleistungen des Arbeitgebers[56] vorsieht, vermeidbar[57]. Erfolgt der Arbeitgeberwechsel im Konzern auf Veranlassung der Arbeitgeberseite, wird man im Zweifel eine konkludente Übernahme des bisherigen sozialen Besitzstandes annehmen können, mindestens aber eine Hinweispflicht des bisherigen Arbeitgebers über die Rechtsfolgen des Wechsels[58]. Selbst der Insolvenzschutz für die betriebliche Altersversorgung, der nur für gesetzlich unverfallbare Anwartschaften gilt und sich einer vertraglichen Erweiterung sperrt[59], kann für die im alten Holdingunternehmen erworbenen Anwartschaften hergestellt werden. Denn das BAG erachtet eine Anwartschaft, die durch Anrechnung von Vordienstzeiten unverfallbar geworden ist, ausnahmsweise für insolvenzgeschützt, wenn auch während der Vordienstzeit eine Anwartschaft bestand[60]. 12.25

2. Der holdingweite Arbeitsvertrag

Ein Arbeitsverhältnis mit dem Holdingkonzern kann – wie unter Rz. 12.1 dargelegt – nicht begründet werden. Dagegen bietet das Vertragsrecht verschiedene Möglichkeiten, den Holdingbezug des Arbeitsverhältnisses festzuschreiben. 12.26

a) Arbeitsvertrag mit einer zentralen Personalführungsgesellschaft

Um das Personalwesen der Holding zu zentralisieren und damit der Holding Einfluss auf die Personalführung zu geben, ist es möglich, die Auswahl, Anstellung und Personalbuchhaltung der Arbeitnehmer in einem **eigenen Holdingunternehmen** zusammenzufassen. Dies kann entweder in der Holding selbst geschehen[61] oder in einem von ihr abhängigen Unternehmen, der Personalführungs- 12.27

---

54 Allerdings zog das BAG in der Entscheidung v. 6.8.1985 – 3 AZR 185/83, ZIP 1985, 1520 = AP Nr. 24 zu § 7 BetrAVG = DB 1986, 131, eine unternehmensübergreifende „Konzernzugehörigkeit" in Betracht, ließ in der konkreten Entscheidung die Frage jedoch offen; vgl. dazu *Höfer*, § 1 BetrAVG Rz. 1531 ff.

55 Vgl. BAG v. 6.8.1985 – 3 AZR 185/83, ZIP 1985, 1520 = AP Nr. 24 zu § 7 BetrAVG = DB 1986, 131.

56 Zur steuerlichen Behandlung solcher Ausgleichsleistungen vgl. *Udo Schmidt*, DB 1995, 796 ff.; *Bauer*, NZA 1996, 729 (731).

57 *Moll/Rengier*, § 38 Rz. 32.

58 Vgl. dazu BAG v. 21.2.2002 – 2 AZR 749/00, NZA 2002, 1416 unter II. 2. a) der Gründe: „Den Arbeitgeber treffen aber jedenfalls dann erhöhte Hinweis- und Aufklärungspflichten, wenn er im betrieblichen Interesse den Abschluss eines Aufhebungsvertrags vorschlägt und dadurch den Eindruck erweckt, er werde bei der vorzeitigen Beendigung des Arbeitsverhältnisses auch die Interessen des Arbeitnehmers wahren und ihn nicht ohne ausreichende Aufklärung erheblichen Risiken für den Bestand seines Arbeitsverhältnisses aussetzen".

59 *Höfer*, § 1 BetrAVG Rz. 1452 ff., 1455; vgl. auch Rz. 1337 ff.; § 7 BetrAVG Rz. 2729.

60 BAG v. 3.8.1978 – 3 AZR 19/77, AP Nr. 1 zu § 7 BetrAVG = DB 1978, 2127; BAG v. 11.1.1983 – 3 AZR 212/80, ZIP 1984, 362 = AP Nr. 17 zu § 7 BetrAVG = DB 1984, 195; *Höfer*, § 1 BetrAVG Rz. 1456 ff.; *Windbichler*, S. 122 f.

61 In der älteren Literatur werden als Beispiele die Ruhrkohle AG und die Höchst AG genannt; vgl. *Konzen*, RdA 1984, 65 (69); *Weinmann*, ZGR 1984, 460 (461).

gesellschaft oder Personal-Service-Gesellschaft (PSG)[62]. Von den mehreren Arten der PSG ist nur die problematisch, die im eigenen Namen Arbeitnehmer einstellt und an andere Konzernunternehmen auf Dauer verschickt (s. näher Rz. 12.5, 12.10 ff.).

b) Arbeitsverhältnisse mit mehreren Holdingunternehmen

12.28 Eine weitere Möglichkeit der vertraglichen Herstellung eines Holdingbezugs des Arbeitsverhältnisses ist der Abschluss mehrerer Arbeitsverträge mit verschiedenen Holdingunternehmen, von denen abwechselnd eines aktualisiert wird[63]. Die Folgen dieser Gestaltungsmöglichkeit für den Holdingkonzern liegen auf der Hand: Alle Arbeitnehmer sind bei jeder Holdinggesellschaft angestellt und tätig. Dementsprechend genießen sie bei jedem Unternehmen auch Kündigungsschutz[64] und nehmen an allen Sozialleistungen der einzelnen Unternehmen teil[65]. Eine solche Vervielfachung des Arbeitsverhältnisses ist ohne weiteres zulässig[66]. Ihr erkennbarer Zweck ist es, das Arbeitsverhältnis vom einzelnen Unternehmen zu lösen, etwa um die Arbeitnehmer holdingweit einsetzen zu können. Auch steuerliche Vorteile sind denkbar, wenn ein Arbeitnehmer mit Mehrfachverträgen für mehrere Unternehmen im Holdingverbund tätig wird.

12.29 In seiner Entscheidung vom 21.1.1999 hat das BAG die Möglichkeit von **Mehrfacharbeitsverhältnissen** bestätigt und näher konkretisiert. Hier hatte ein Arbeitnehmer einen Vertrag mit einer deutschen Obergesellschaft (wohl der BASF) abgeschlossen, nach dem er seine Dienste in der Weise leisten sollte, dass er einen Dienstvertrag mit einer brasilianischen Tochtergesellschaft abschloss, der die Vereinbarung mit der Obergesellschaft ergänzen sollte. Der Arbeitnehmer verpflichtete sich ferner, auf Wunsch der Obergesellschaft sein Dienstverhältnis mit der brasilianischen Tochtergesellschaft jederzeit zu beenden, um zu einer anderen Gesellschaft der Gruppe in Lateinamerika überzutreten. Ein Anspruch auf Beschäftigung in der Gruppe außerhalb Lateinamerikas wurde ausgeschlossen. Das BAG nahm an, mit der Arbeit bei der brasilianischen Tochtergesellschaft habe der Beschäftigte nicht nur seine Arbeitsverpflichtung dieser gegenüber, sondern zugleich seine Arbeitspflicht gegenüber der Konzernmutter erfüllt, obwohl er der brasilianischen Tochter seine volle Arbeitskraft zur Verfügung zu stellen gehabt habe. Die Arbeitsverpflichtung als Hauptleistungspflicht setze nicht zwingend voraus, dass der Arbeitsverpflichtete seine Dienstleistung gerade dem Berechtigten schulde, also die versprochenen Dienste im Rahmen der Betriebe des Berechtigten zu leisten habe. Ein Rechtssatz des Inhalts, dass der Arbeitnehmer seine Arbeitskraft stets zumindest auch bei dem in Anspruch genommenen Vertragspartner einsetzen müsse, existiere nicht. Es komme auf den im Einzelfall erkennbaren Parteiwillen an. Gerade auch bei Arbeitsverhältnissen in einem Konzerngefüge seien Gestaltungen denkbar, in denen einem der beiden dem Arbeitnehmer gegenüberstehenden Vertragspartner dessen Arbeitsleistung nicht unmittelbar zukommt[67].

c) Versetzungsklauseln

12.30 Die nach § 613 Satz 2 BGB erforderliche Zustimmung des Arbeitnehmers zu einer Abordnung oder – noch weiter gehend – zu einem Wechsel in ein anderes Holdingunternehmen wird häufig schon

---

62 Dazu *Preis*, Arbeitsvertrag, II D30 Rz. 214 f.; *Becker*, DB 1988, 2563; *Becker/Wulfgramm*, § 1 AÜG Rz. 117; *Hamann* in Schüren/Hamann, § 14 AÜG Rz. 658 ff.

63 Näher dazu vor allem *Henssler*, S. 39 ff.; *Windbichler*, S. 73 ff.; *Lange*, NZA 2012, 1121 ff.

64 *Windbichler*, S. 139 f.; vgl. dazu BAG v. 27.3.1981 – 7 AZR 523/78EzA, § 611 BGB Rz. 25 = ZIP 1982, 984; vgl. auch BAG v. 21.1.1999 – 2 AZR 648/97, NZA 1999, 539 (542); GK/*Etzel*, § 1 KSchG Rz. 543; *Schwerdtner*, ZIP 1982, 900.

65 Zur Zurechnung im Rahmen der Unternehmensmitbestimmung vgl. Rz. 12.111 ff., zur Betriebsverfassung vgl. Rz. 12.159 f.

66 *Henssler*, S. 39 f.; anders *Martens* in FS 25 Jahre BAG, 1979, S. 368 bei Fn. 5.

67 BAG v. 21.1.1999 – 2 AZR 648/97, NZA 1999, 539 (541) = ZIP 1999, 852, zu den kündigungsschutzrechtlichen Folgen dieser Gestaltung s. Rz. 12.73; zu Mehrfacharbeitsverhältnissen detailliert *Lange*, NZA 2012, 1121 ff.

beim Abschluss des Arbeitsvertrags vorweggenommen. Einige, vor allem leitende Angestellte, werden gerade zu dem Zweck eingestellt, in verschiedenen Unternehmen des Holdingkonzerns tätig zu werden.

aa) Abordnungsklauseln

In der Praxis sind bei Führungskräften häufiger Versetzungsklauseln anzutreffen, die das Einverständnis des Arbeitnehmers zu einer zeitweiligen Abordnung in ein anderes Konzernunternehmen vorwegnehmen. Bedenken gegen derartige Vertragsgestaltungen bestehen schon deshalb nicht, weil auch die weiter gehende vertragliche Regelung zulässig, wenn auch u.U. erlaubnisbedürftig ist, den Arbeitnehmer als Leiharbeitnehmer einzusetzen. Versetzungsklauseln[68] erweitern die vertraglichen Einsatzmöglichkeiten und sind für den Arbeitgeber u.U. mit der nachteiligen Folge verbunden, vor einer betriebsbedingten Kündigung für den Arbeitnehmer zunächst eine anderweitige Beschäftigungsmöglichkeit im Konzern suchen zu müssen[69]. Sind im Arbeitsvertrag die beim Arbeitgeberunternehmen für eine Gruppe von Beschäftigten jeweils gültigen Tarifverträge in Bezug genommen, so gelten, wenn der Arbeitnehmer aufgrund einer Konzernversetzungsklausel in ein anderes Konzernunternehmen abgeordnet wird, für die Zeit der Abordnung die im anderen Konzernunternehmen für die einschlägige Beschäftigtengruppe abgeschlossenen (ungünstigeren) Tarifverträge auch für diesen Arbeitnehmer[70]. 12.31

bb) Wechselklauseln

Klauseln im Arbeitsvertrag, in denen sich der Arbeitnehmer verpflichtet, auf Verlangen des Arbeitgebers zu einem anderen Konzernunternehmen zu wechseln, sind in der Praxis offenbar zunehmend gebräuchlich[71]. Problematisch ist es, ob überhaupt eine vertragliche Pflicht vereinbart werden kann, den Vertragspartner zu wechseln. Denn damit würde der Arbeitnehmer letztlich seiner eigenen Kündigung im Vorhinein zustimmen[72]. Bedenken aus § 1 KSchG lassen sich zwar mit dem Hinweis darauf zerstreuen, dass der Arbeitnehmer einen neuen Arbeitgeber erhält. Zumindest jedoch wird ein Wechsel zu einer nicht unbedeutenden Änderung der Arbeitsbedingungen führen, und zwar selbst dann, wenn durch die Konzernzugehörigkeit einschneidende Veränderungen vermieden werden. Eine solche Klausel ist daher mit einer Bedingung oder Befristung des Arbeitsvertrages vergleichbar und bedarf deshalb zumindest eines sachlichen Grundes. Beispiel dafür sind Arbeitnehmer „zur besonderen Verwendung", die gerade angestellt werden, um im Holdingkonzern Arbeitsbedingungen zu vereinheitlichen oder das Management zu effektivieren. 12.32

Sofern die Konzernversetzungsklauseln auf einen dauerhaften Wechsel des Arbeitgebers zielen, sind sie an den § 305c Abs. 1, § 307 BGB zu messen[73]. Das Klauselverbot des § 309 Nr. 10 BGB ist auf Grund der „arbeitsrechtlichen Besonderheiten" (§ 310 Abs. 4 Satz 2 BGB) nicht anzuwenden[74]. Das BAG hat eine Kontrolle dieser Abreden bislang stets vermieden, z.T. indem es sie als ohne weiteres von einer bloßen unternehmensinternen Versetzung (Direktionsvorbehalt) abtrennbare eigenständige 12.33

68 Zur Auslegung und Ausübungskontrolle *Maschmann* in Maschmann/Fritz, Kapitel 3 Rz. 65; Beispiel bei *Preis*, Arbeitsvertrag, II D30 Rz. 217.

69 *Preis*, Grundfragen, S. 322; s. näher Rz. 12.68 ff.

70 BAG v. 18.6.1997 - 4 AZR 699/95, DB 1997, 2620.

71 Beispiel bei BAG v. 23.3.2006 – 2 AZR 162/05, AG 2007, 89 = NZA 2007, 30; BAG v. 13.4.2010 – 9 AZR 36/09, DB 2010, 2805; LAG Hamburg v. 21.5.2008 – 5 Sa 82/07, juris; vgl. dagegen früher *Weinmann*, ZGR 1984, 462.

72 Vgl. *Hanau*, ZGR 1984, 485 f.; unbedenklich aber nach *Windbichler*, S. 96 f.; vgl. dazu *Hanau*, ZfA 1990, 115 (131).

73 Gegen die Zulässigkeit solcher Klauseln *Krause* in Staudinger (2019), Anh. zu §§ 305–310 Rz. K 198 a.E; ebenfalls kritisch *Maschmann* in BeckOGK, § 106 GewO Rz. 143 f.; ausführlich *Maschmann* in Maschmann/Fritz, Kapitel 3 Rz. 91 ff., 97.

74 ErfK/*Preis*, § 310 BGB Rz. 86 m.w.N.; *Becker* in DHSW, § 106 GewO Rz. 18; *Maschmann* in BeckOGK, § 106 GewO Rz. 144.

Regelung angesehen hat[75]. Bei bloßen Direktionsvorbehalten ist eine Angemessenheitskontrolle jedoch nicht auf der Ebene der Inhaltskontrolle durchzuführen. Vielmehr unterliegt die Angemessenheit der auf die Klausel gestützten konkreten Maßnahme über § 315 Abs. 1 BGB der Ausübungskontrolle[76].

12.34 *Preis*[77] rät allerdings von Konzernversetzungsklauseln ab, da stets eine Reihe von ergänzenden Regelungen zu treffen sei. Zu denken sei beispielsweise an Regelungen hinsichtlich der betrieblichen Altersversorgung und anderer **Sozialleistungen** mit Existenzsicherungs- und Vorsorgecharakter hinsichtlich eines Ausgleichs bei Verschlechterung oder Verbesserung der Arbeitsbedingungen oder der Gewährung von Jubiläumszuwendungen. Bei einer möglichen Beschäftigung im Ausland seien etwaige abweichende Urlaubsansprüche sowie steuer- und aufenthaltsrechtliche Aspekte zu berücksichtigen. Weiter bedürfe es einer Vereinbarung in Bezug auf die Übernahme der durch die Übersiedlung und das Erlernen der Sprache entstehenden Kosten. Schon bei Abschluss des Arbeitsvertrags die Fülle dieser zu regelnden Details zu bedenken und sachgerechte Regelungen zu treffen, sei in der Praxis außerordentlich schwierig. Daneben bestünden auch rechtliche Bedenken[78].

cc) Ergänzender Arbeitsvertrag mit Tochtergesellschaften

12.35 Ist die Ergänzung des Arbeitsvertrags mit der Holding durch einen Arbeitsvertrag mit einer Tochtergesellschaft beabsichtigt, stellt sich als Erstes die Frage, ob dieser zusätzliche Vertrag jeweils im Einzelfall geschlossen werden soll oder gar muss oder ob der Arbeitsvertrag mit der Holding dies von vorneherein vorsehen kann[79].

12.36 Für einen grundsätzlich als unternehmensübergreifend gedachten **Holdingarbeitsvertrag** dürfte es unerlässlich sein, dass die unternehmensübergreifende Ausrichtung von Anfang an vertraglich festgelegt wird. Fraglich ist, wie weit eine zukünftig mögliche Verdoppelung des Arbeitsverhältnisses durch ergänzende Arbeitsverträge mit anderen Konzernunternehmen bereits vertraglich vorweggenommen werden kann. Das Vertragsrecht stellt dazu die Figuren des Vorvertrages und des Rahmenvertrages zur Verfügung. Bei dem Holdingarbeitsverhältnis besteht allerdings das zusätzliche Problem, dass Vorvertrag und Rahmenvertrag nicht wie sonst auf einen späteren Vertragsschluss mit demselben Partner abzielen würden, sondern auf den Vertragsschluss mit einem anderen (Konzern)Unternehmen. Dies erfordert es, Vor- und Rahmenvertrag gleichzeitig mit allen in Betracht kommenden Konzernunternehmen abzuschließen oder nur als einseitige Erklärung des Arbeitnehmers auszugestalten, die dann bei Bedarf von einem anderen Unternehmen angenommen werden kann.

12.37 Während der **Vorvertrag** gesetzlich gar nicht geregelt ist, hat der **Rahmenvertrag** in § 305 Abs. 3 BGB Erwähnung gefunden. Nach dieser Bestimmung können die Vertragsparteien für eine bestimmte Art von Rechtsgeschäften die Geltung bestimmter allgemeiner Geschäftsbedingungen im Voraus vereinbaren. Der Unterschied zwischen Vor- und Rahmenvertrag besteht darin, dass der Vorvertrag bereits die Verpflichtung zu einem späteren Vertragsschluss enthält, während der Rahmenvertrag das Ob des späteren Vertragsschlusses offen lässt und nur für den Fall, dass es dazu kommt, die Bedingungen festlegt.[80] Gemeinsam ist beiden Vertragsformen, dass der Inhalt des Vertrages bestimmt oder bestimmbar sein muss, jedenfalls im Hinblick auf seine essentiellen Bestandteile[81]. In einem Ur-

---

75 BAG v. 13.4.2010 – 9 AZR 36/09, DB 2010, 2805, Rz. 23.

76 BAG v. 13.4.2010 – 9 AZR 36/09, DB 2010, 2805; *Salamon*, ArbRAktuell 2010, 500; *Becker* in DHSW, § 106 GewO Rz. 18.

77 *Preis*, Arbeitsvertrag, II D30 Rz. 225 ff.

78 *Preis*, Arbeitsvertrag, II D30 Rz. 231 ff. (Umgehung des Kündigungsschutzes).

79 Grundsätzlich bejahend *Windbichler*, S. 77.

80 Beispiel bei BAG v. 15.2.2012 – 10 AZR 111/11, NZA 2012, 733, vgl. ErfK/*Preis*, § 611a BGB Rz. 21.

81 ErfK/*Preis*, § 611a BGB Rz. 252; *Linck* in Schaub, § 32 Rz. 17f.; LAG Sachsen v. 24.8.1999 – 9 Sa 131/99, NZA-RR 2000, 410: Die Vereinbarung eines Fußballvereins mit einem Lizenzspieler, wonach der Spieler nach Beendigung seiner aktiven Laufbahn eine Tätigkeit im Bereich Management des Vereins aufnehmen wird, wobei über Art, Umfang und Gehalt zum Zeitpunkt des Vertragsschlusses noch verhandelt werden soll, genügt diesen Anforderungen nicht.

teil vom 21.3.1974 hat das BAG[82] ausgesprochen, dass in einem Bühnenengagementsvorvertrag die Einigung über die zu spielende Rolle und die voraussichtliche Höhe der Gage ausreiche, während die Termine der Aufführungen nicht festgelegt sein müssten.

Zöllner hat in einem allgemein als grundlegend zitierten Aufsatz[83] ausgeführt, das Wesen des **Vorvertrages** bestehe darin, dass nach dem Willen der Parteien der Versuch einer vertraglichen Einigung als vorrangig programmiert sei. Die Parteien verwiesen für die Zukunft auf ihre eigene Privatautonomie und stellten sie unter einen gewissen Einigungszwang. Absolutes Mindesterfordernis sei nur die Umschreibung der Tätigkeit des Arbeitnehmers oder der Regelung, auf welche Weise sie bestimmt werden solle, etwa einseitig durch den Arbeitgeber. Bereits der Lohn werde sich meist entweder aufgrund kollektivvertraglicher Regelung oder betrieblicher Üblichkeit bestimmen lassen. Die Festlegung der Leistungszeit sei nicht erforderlich, doch müsse der Zeitpunkt der Arbeitsaufnahme bestimmbar sein. Daran fehle es bei einer Vereinbarung, nach der ein Arbeitnehmer tageweise im Bedarfsfall beschäftigt werden soll. *Zöllner* verweist dazu auf eine Entscheidung des LAG Düsseldorf vom 21.11.1980[84], die aber nicht die fehlende Bestimmbarkeit, sondern die Umgehung des Kündigungsschutzes rügt. 12.38

Für eine solche **Rahmenregelung**, von ihr „allgemeine Mobilitätsklausel" genannt, schlägt *Windbichler*[85] folgende Formulierung vor: „Der Mitarbeiter ist verpflichtet, eine Tätigkeit im In- und Ausland im Sinne einer Entsendung oder Versetzung auszuführen. Der Mitarbeiter ist damit einverstanden, seine Tätigkeit zu unveränderten Vertragsbedingungen bei einer anderen zur Gruppe gehörenden Gesellschaft innerhalb Europas auszuüben, wenn die Entsendung einen Zeitraum von sechs Wochen nicht überschreitet. Der Mitarbeiter ist damit einverstanden, eine vergleichbare Tätigkeit zu denselben Vertragsbedingungen auch im Dienste einer anderen zur Gruppe gehörenden Gesellschaft auszuüben. Er wird in diesem Fall für die Dauer seiner Tätigkeit in ein unmittelbares Arbeitsverhältnis dieser Gruppe treten." Auch eine Klausel, die das Stammarbeitsverhältnis nicht ersetzen, sondern ggf. durch ein zweites Arbeitsverhältnis mit einem anderen Konzernunternehmen ergänzen will, sollte aber darüber hinaus schon die Einzelheiten möglichst konkret regeln, so dass sie bei Bedarf bestimmbar sind. 12.39

3. Haftungs- und Berechnungsdurchgriff, insbesondere § 16 BetrAVG

a) Haftungsdurchgriff

Eine für die Holding selbst und für die Arbeitnehmer des Holdingkonzerns besonders bedeutsame Frage ist, inwieweit die Holding für Ansprüche der Arbeitnehmer gegen Tochtergesellschaften haftet. Grundsätzlich bestehen – wie bereits dargelegt (Rz. 12.1) – Rechtsbeziehungen nur zwischen dem Arbeitnehmer und dem Anstellungsunternehmen. 12.40

Eine Mithaftung der Holding (als Gesamtschuldnerin) für Ansprüche gegen Tochtergesellschaften besteht daher nicht allein deshalb, weil diese mit der Holding im Unternehmensverbund stehen[86]. Für eine Inanspruchnahme anderer Holdingunternehmen, vor allem der Holding selbst, ist immer ein besonderer **Zurechnungsgrund** erforderlich[87]. Von den denkbaren Zurechnungsgründen[88] sind hier besonders zwei zu nennen: 12.41

82 BAG v. 21.3.1974 – 3 AZR 187/73, AP Nr. 14 § 611 BGB Bühnenengagementsvertrag.
83 *Zöllner* in FS Floretta, 1983, S. 455 ff.
84 LAG Düsseldorf v. 21.11.1980 – 16 Sa 431/80, DB 1981, 589.
85 *Windbichler*, Arbeitsrechtliche Vertragsgestaltung im Konzern, RWS-Skript 216, 1990, S. 54.
86 *Richter* in MünchArbR, § 254 Rz. 27; vgl. *Windbichler*, S. 172 ff.
87 *Lutter/Timm*, ZGR 1983, 273 (278); *Konzen*, ZfA 1982, 259 (307); *Konzen*, RdA 1984, 69 f.; *Hanau*, ZGR 1984, 468 (471 f.).
88 *Hanau*, ZGR 1984, 468 (472 ff.); *Schanze/Kern*, AG 1991, 421 ff.; allgemein zur Zurechnung im Konzern *Bork*, ZGR 1994, 237 ff.

12.42 Einerseits die zivilrechtliche **Vertrauenshaftung**, die das BAG bereits mehrfach herangezogen hat, um dem Arbeitnehmer einen zweiten Schuldner im Konzernverbund zu geben, wenn sein Vertragspartner eine gegebene Zusage nicht erfüllen kann[89]. Die Holding mag z.B. verantwortlich sein aus einer Patronatserklärung oder aus culpa in contrahendo (§ 311 Abs. 2, § 280 BGB). Diese eigene Haftung der Holding ist selbstverständlich, soweit es vertragliche Verpflichtungen betrifft. Wenn die Mutter sagt oder zu verstehen gibt: „Ich hafte selbst", dann wird sie daran festgehalten. Um einen echten „Durchgriff" auf die Muttergesellschaft geht es hier freilich nicht, was man schon daran sehen kann, dass die gegen die Mutter bestehenden Ansprüche der Arbeitnehmer bei einem Betriebsübergang nicht auf den Erwerber mit übergehen[90].

12.43 Daneben bleiben die allgemeinen Regeln der gesellschaftsrechtlichen **Durchgriffshaftung** bestehen. Diese sieht eine Ausnahme von dem im Gesellschaftsrecht verankerten Trennungsprinzip (vgl. § 13 Abs. 2 GmbHG) vor. Ihre Rechtfertigung findet sie in den Fällen, in denen die Berufung eines Gesellschafters auf das Trennungsprinzip und die damit einhergehende Haftungsbeschränkung treuwidrig erscheinen[91]. Von früheren Haftungskonzepten hat sich der Gesellschaftsrechtssenat des BGH gelöst und verfolgt seit längerem das Konzept der Haftung wegen sog. existenzvernichtenden Eingriffs[92]. In der Form, die diese Haftung in der TRIHOTEL-Entscheidung vom 16.7.2007 gefunden hat, statuiert sie eine Innenhaftung der (eingreifenden) Gesellschafter gegenüber der Gesellschaft vor und sieht ihren Rechtsgrund in § 826 BGB[93]. Insoweit ist auf den Abschnitt Haftungsfragen in der Holding (*Bayer/Trölitzsch* § 8) zu verweisen, arbeitsrechtliche Besonderheiten bestehen nicht.

b) Umgekehrter Durchgriff (Haftung für Zusagen der Holding)

12.44 Wie das BAG deutlich gemacht hat, folgt aus der Konzernbindung des Arbeitgebers ganz i.S.d. Trennungstheorie auch ein Verbot des „umgekehrten Durchgriffs", d.h. einer Zurechnung unmittelbarer Zusagen der Konzernmutter an die Tochterarbeitgeberin. Von der Holding zugesagte Sonderentgelte für Arbeitnehmer der Tochter begründen (jedenfalls ohne Mitwirkung bzw. entsprechende Zusage der Tochter) keine Ansprüche der Arbeitnehmer gegen die Tochter und gehen daher im Betriebsübergang auch nicht auf einen Erwerber über[94].

12.45 Damit ist freilich nicht entschieden, ob und inwiefern die Zusagen der Mutter im Hinblick auf die in der Tochter geleistete Arbeitsleistung erfolgen und deshalb **Arbeitsentgelt** darstellen. Die Frage ist

89 BAG v. 13.7.1973 – 3 AZR 385/72, AP Nr. 1 zu § 242 BGB Ruhegehalt-Konzern = DB 1991, 2176; BAG v. 23.2.1978 – 3 AZR 376/76, AP Nr. 2 zu § 13 GmbHG; vgl. auch BAG v. 19.5.1981 – 3 AZR 308/80, DB 1981, 2333 f. = ZIP 1981, 1246 und BAG v. 6.10.1992 – 3 AZR 242/91, AG 1993, 382 = GmbHR 1993, 218 = AP Nr. 5 zu § 1 BetrAVG Konzern, insoweit nicht abgedruckt in DB 1993, 791 f. sowie BAG v. 14.12.1993 – 3 AZR 519/93, GmbHR 1994, 315 = AG 1994, 279 = DB 1994, 1147 f.; BAG v. 29.11.1979 – 3 AZR 404/78, AP Nr. 10 zu § 242 BGB Ruhegehalt – VBL m. Anm. *Brox*, eingehend zu den Voraussetzungen einer solchen Haftung *Windbichler*, S. 174 ff. m.w.N., für den Bereich der betrieblichen Altersversorgung *Blomeyer/Otto*, § 16 BetrAVG Rz. 215; ausführlich auch *Fleischer*, ZHR 163 (1999), 461 ff.; *Druey* in FS Lutter, 2000, S. 1069 ff.; vgl. auch *Martens*, ZGR 1984, 417 ff. (446 ff.) und Rz. 12.69 ff. zum Kündigungsschutz im Konzern.

90 Vgl. zu Ansprüchen aus einem Aktienoptionsplan BAG v. 12.2.2003 – 10 AZR 299/02, AG 2003, 387 = BB 2003, 1068 = DB 2003, 1065.

91 *Luttermann*, JA 2008, 833 (837); *Wazlawik*, NZI 2009, 291; vgl. näher *Bayer* in Lutter/Hommelhoff, § 13 GmbHG Rz. 11 ff. m.w.N.

92 Vgl. bereits *Röhricht* in FS 50 Jahre BGH, 2000, S. 92 ff. und sodann BGH v. 17.9.2001 – II ZR 178/99 – Bremer Vulkan, ZIP 2001, 1874 = GmbHR 2001, 1036 = NJW 2001, 3622; BGH v. 25.2.2002 – II ZR 196/00, BGHZ 150, 61 = GmbHR 2002, 549 m. Anm. *Bender* = NJW 2002, 1803; BGH v. 24.6.2002 – II ZR 300/00 – KBV, GmbHR 2002, 902 m. Komm. *Schröder* = ZIP 2002, 1578.

93 Zum Ganzen instruktiv: *Spindler* in BeckOK/BGB, § 826 BGB Rz. 57 und *Rubner*, Der Konzern 2007, 635 ff.; s. auch *Wagner* in MünchKomm/BGB, § 826 BGB Rz. 134; *Müller/Winkeljohann/Vogt*, § 17 Rz. 328; *Luttermann*, JA 2008, 833 ff.

94 BAG v. 12.2.2003 – 10 AZR 299/02, AG 2003, 387 = BB 2003, 1068 = DB 2003, 1065.

entgegen der eben genannten Entscheidung grundsätzlich zu bejahen, da die Zuwendungen der Muttergesellschaft sonst unentgeltlich erfolgten, was wirklichkeitsfremd ist[95]. Solange die Arbeitsleistung mittelbar der Mutter zugutekommt, ist dies auch problemlos. Geht das Arbeitsverhältnis freilich auf einen Erwerber über (Betriebsübergang) oder werden die Anteile der Tochter an einen Dritten verkauft, scheint der Rechtsgrund für die Zahlung zu entfallen. Da die Muttergesellschaft aber für die Betriebsveräußerung mittelbar oder für die Anteilsveräußerung unmittelbar ein höheres Entgelt erzielen kann, wenn und weil der Erwerber nur für den von der Tochter gezahlten Teil des Arbeitsentgelts aufkommen muss, bilden diese Vorgänge für sich genommen keinen Grund zur Einstellung der Zahlung. Inwieweit die Zahlung vertraglich widerruflich gestaltet werden kann, richtet sich nach allgemeinen (arbeitsrechtlichen) Regeln, wobei aber die Zahlungen des Arbeitgebers und der Muttergesellschaft zusammenzurechnen sind[96].

In seiner Entscheidung vom 20.5.2014 hat der 3. Senat des BAG angenommen, die unmittelbar von einer Muttergesellschaft abgegebene Versorgungszusage unterliege nicht der **Insolvenzsicherung** durch den Pensionssicherungsverein (PSV aG)[97]. Da die Mutter nicht Vertragsarbeitgeber war, handele es sich nicht um die „Versorgungszusage des Arbeitgebers" i.S.d. § 7 Abs. 1 BetrAVG. Wäre diese Entscheidung zutreffend, so hätte das weitreichende Folgen: Künftig könnte die Holding konzernweit Versorgungszusagen erteilen, ohne die Regeln des BetrAVG beachten zu müssen. Die bloße Gründung einer „Betriebsrentenzusagegesellschaft" im Konzern genügte, um sich aller Fesseln des Gesetzes zu entledigen. Dies kann nicht richtig sein[98]. Da die Zusage einer Versorgung nicht unentgeltlich erfolgt, wird die zusagende Gesellschaft durch die Zusage Arbeitgeber i.S.d. BetrAVG. 12.45a

c) Die Zurechnung der wirtschaftlichen Lage der Holding in der betrieblichen Altersversorgung

aa) Die Anpassungsentscheidung nach § 16 BetrAVG

Spezifisch arbeitsrechtliche Fragen stellen sich weniger im Bereich des Haftungsdurchgriffs auf die Holding als vielmehr beim sog. **Berechnungsdurchgriff** im Bereich der Betriebsrentenanpassung nach § 16 BetrAVG, also bei der Frage, inwieweit die wirtschaftlichen Verhältnisse der Holding bei der nach diesen Vorschriften erforderlichen Beurteilung der wirtschaftlichen Lage des Arbeitgebers zu berücksichtigen sind[99]. Zur vergleichbaren Problematik beim Sozialplan Rz. 12.190 f. 12.46

§ 16 BetrAVG verpflichtet den ehemaligen Arbeitgeber dazu, alle drei Jahre eine Anpassung der laufenden Betriebsrenten zu prüfen und eine billige Anpassungsentscheidung zu treffen. Die Billigkeit seiner Entscheidung ist rechtlicher Überprüfung zugänglich. Im Laufe der Zeit ist aus der Überprüfungs- und Entscheidungspflicht durch die Rechtsprechung des BAG eine **regelmäßige Anpassungspflicht** geworden, die sich der Höhe nach an die Steigerung der Lebenshaltungskosten seit Rentenbeginn anlehnt[100]. Der Gesetzgeber hat in § 16 Abs. 2 Nr. 2 BetrAVG die Anpassungspflicht 12.47

95 A.A. neben BAG v. 12.2.2003 – 10 AZR 299/02, ZIP 2003, 682 = AG 2003, 387 = BB 2003, 1068 (1070) (Optionsvertrag bilde causa für die Zuwendung) auch *Annuß/Lembke*, BB 2003, 2230 ff. m.w.N.; wie hier – freilich unter der fehlgehenden Annahme, die Tochter werde durch den Vertrag zumindest mitverpflichtet und die Ansprüche gingen nach § 613a BGB bei Veräußerung der Tochter auf den Erwerber über – *Lipinski/Melms*, BB 2003, 150 ff.

96 Dagegen wiederum *Annuß/Lembke*, BB 2003, 2230 (2234) m.w.N.; zur Mitbestimmung des Betriebsrats bei der Einführung der Zahlung (§ 87 Nr. 10 BetrVG) s. LAG Nürnberg v. 22.1.2002 – 6 TaBV 19/01, NZA-RR 2002, 247 (248).

97 BAG v. 20.5.2014 – 3 AZR 1094/12, ZIP 2014, 1453 = NZA 2015, 228.

98 Zustimmend aber *Diller/Beck*, NZA 2015, 274 ff.; *Granetzny/Wallraven*, NZA 2017, 1231.

99 Vgl. BAG v. 16.3.1993 – 3 AZR 299/92, ZIP 1993, 1330 = AG 1994, 371 = DB 1993, 1927 ff. (1928); *Wiedemann*, Die Unternehmensgruppe im Privatrecht, 1988, S. 111 f.

100 Ausdrücklich BAG v. 26.5.2009 – 3 AZR 369/07, GmbHR 2009, 1335 = AG 2009, 829 = NZA 2010, 641, 642 (LS. 2); vgl. bereits BAG v. 25.9.1980 – 3 AZR 937/79, ZIP 1980, 1011 = AP Nr. 10 zu § 16

auf die Nettolohnentwicklung der aktiven Arbeitnehmer begrenzt und dem Arbeitgeber in Abs. 3 die Möglichkeit eingeräumt, unter bestimmten Bedingungen den regelmäßigen Anpassungsprüfungen zu entgehen, u.a. indem er eine jährliche Anpassung i.H.v. 1 % zusagt[101]. Ferner gestattet § 16 Abs. 4 BetrAVG, unter bestimmten Umständen von einer nachholenden Anpassung der Renten abzusehen, wenn bei einem Anpassungstermin eine Erhöhung zu Recht unterblieben ist. Das BAG legt diese Norm freilich eng aus[102].

12.48 Als wichtigstes Argument gegen eine Anpassung kann der ehemalige Arbeitgeber seine schlechte **wirtschaftliche Lage** anführen, die im Rahmen der Anpassungsentscheidung gem. § 16 Abs. 1 Halbsatz 2 BetrAVG zu berücksichtigen ist. Der Arbeitgeber muss in der Lage sein, den Teuerungsausgleich aus den Erträgen des Unternehmens und dessen Wertzuwachs in der Zeit bis zum nächsten Anpassungsstichtag aufzubringen[103]. Dabei ist dem Arbeitgeber eine angemessene Verzinsung seines Eigenkapitals zuzubilligen, er ist nicht verpflichtet, die Kosten für die Betriebsrentenanpassung aus seiner Vermögenssubstanz aufzubringen. Das BAG hält – pauschalierend – eine Eigenkapitalverzinsung für angemessen, die der Umlaufrendite öffentlicher Anleihen zzgl. eines Risikoaufschlags von 2 % entspricht[104]. Für die Feststellung der wirtschaftlichen Lage ist der Blick auch in die Zukunft zu richten, es kommt insoweit auf die voraussichtliche Entwicklung der Eigenkapitalverzinsung und der Eigenkapitalausstattung des Unternehmens an[105]. Die Einbindung eines Unternehmens in den Holdingkonzern führt deshalb zu der Frage, unter welchen Umständen die wirtschaftliche Lage der Holding für die Anpassungsentscheidung anderer Konzernunternehmen maßgeblich sein kann (sog. Berechnungsdurchgriff).

bb) Die Zurechnung der wirtschaftlichen Lage an andere Unternehmen des Holdingkonzerns

(1) Grundsatz und Ausnahmen aufgrund von Zusagen oder Vertrauenshaftung

12.49 Im Grundsatz ist auch bei Einbindung in einen Konzern der Einzelabschluss des Versorgungsschuldners für die Anpassungsentscheidung maßgeblich. Auch wenn der ehemalige Arbeitnehmer Betriebsrentner der Holding selbst ist, kommt es **nicht etwa auf den Konzernabschluss** an[106]. In bestimmten Fallgruppen stellt das BAG jedoch auf die wirtschaftliche Lage der Holding ab, obschon die Betriebsrente durch eine Tochter der Holding gezahlt wird.

Erstens zieht das BAG unabhängig von der Intensität der Konzernbindung wie beim Haftungsdurchgriff eine Zurechnung im Wege der **Vertrauenshaftung**[107] in Betracht. Gemeint sind etwa Fälle, in denen beim späteren Pensionär der Eindruck erweckt wird, hinter der Versorgungszusage stehe die Holding bzw. der gesamte Konzern. Hier müsse eine Betriebsrente auch bei einer ungünstigen wirtschaftlichen Lage des Versorgungsschuldners angepasst werden, wenn die Situation des herrschen-

---

BetrAVG. Der Gesetzgeber hat die Obergrenze der Anpassungspflicht in § 16 Abs. 2 BetrAVG konkretisiert, wonach alternativ auf die Entwicklung des Preisindex für die Lebenshaltung von 4-Personenhaushalten mit mittleren Einkommen oder auf die Nettolohnentwicklung vergleichbarer Arbeitnehmergruppen des Unternehmens abzustellen ist.

101 Nur für Zusagen seit 1999, s. BAG v. 28.6.2011 – 3 AZR 859/09, NZA 2011, 1285.

102 Zur nachholenden Betriebsrentenanpassung nach neuem Recht BAG v. 28.5.2013 – 3 AZR 125/11, NZA-RR 2013, 598 Rz. 25 f. und BAG v. 30.8.2005 – 3 AZR 395/04, NZA unter III 2a.

103 BAG v. 18.2.2003 – 3 AZR 172/02, DB 2003, 2606.

104 Ständige Rechtsprechung des BAG, vgl. zuletzt BAG v. 15.1.2013 – 3 AZR 638/10, AG 2013, 524 = GmbHR 2013, 747 m. Komm. *Ulrich* = DStR 2013, 1675 Rz. 23 m.w.N.

105 BAG v. 15.1.2013 – 3 AZR 638/10, AG 2013, 524 = GmbHR 2013, 747 m. Komm. *Ulrich* = DStR 2013, 1675 Rz. 22; s. auch LAG Hamm v. 2.7.2013 – 9 Sa 277/13, juris Rz. 45, n.rkr. Revision anhängig bei BAG unter Az. 3 AZR 739/13. Details der Berechnung können hier nicht dargestellt werden, s. dazu etwa BAG v. 28.5.2013 – 3 AZR 125/11, BB 2013, 2489 Rz. 38 ff.

106 BAG v. 7.6.2016 – 3 AZR 193/15, BetrAV 2016, 639 Rz. 25.

107 Dazu allgemein *Bork*, ZGR 1994, 237 (261 f.).

den Unternehmens eine Anpassung gestattet. In den bisherigen Entscheidungen bestanden für diese Zurechnungsform allerdings nicht genügend tatsächliche Anhaltspunkte[108]. In seiner Entscheidung vom 15.9.2015 hat das BAG zudem klargestellt, dass Grundlage der Vertrauenshaftung Erklärungen bzw. Verhaltensweisen des Versorgungsschuldners selbst sein müssen, da eine Rechtsscheinhaftung nur denjenigen treffen kann, der einen solchen Rechtsschein gesetzt hat.

In der gleichen Entscheidung hält das BAG noch eine Anpassungspflicht des Versorgungsschuldners wegen **vorsätzlicher sittenwidriger Schädigung** (§ 826 BGB) für möglich. Diese soll gegeben sein, wenn er wegen der Einbindung in den Konzern Entscheidungen trifft, die ein unabhängiges Unternehmen nicht getroffen hätte, und zwar unter Inkaufnahme der damit verbundenen Schädigung der Versorgungsempfänger[109].

Zum anderen kommt die wirtschaftliche Lage eines anderen Holdingunternehmens in Betracht, wenn dieses eine **konzerninterne, harte Patronatserklärung** abgegeben hat. Das gilt, soweit sie dem Versorgungsschuldner eine Refinanzierung bei dem erklärenden Unternehmen, in aller Regel der Holding, ermöglicht[110]. Die Patronatserklärung, die z.B. zur Beseitigung der Überschuldung der fraglichen Gesellschaft abgegeben wird, muss aber auch Betriebsrentenansprüche erfassen, um eine derartige Refinanzierungsmöglichkeit bejahen zu können. Wenn sie allerdings Betriebsrentenansprüche von ihrer Geltung ausnimmt, ist sie umgekehrt zur Beseitigung der Überschuldung ungeeignet[111].

(2) Berechnungsdurchgriff im Vertragskonzern

Ferner kommt ein Berechnungsdurchgriff unter bestimmten Umständen bei einer **wesentlich verdichteten Konzernverbindung** infrage. Mit Urteil vom 26.5.2009[112] hat das BAG seine Rechtsprechung insoweit auf eine neue Grundlage gestellt. Bereits das Vorliegen eines (isolierten) **Beherrschungsvertrags** rechtfertige einen Berechnungsdurchgriff. Durch den Abschluss des Unternehmensvertrags komme zwischen den beteiligten Unternehmen eine „Fusion auf Zeit“ zustande und damit verliere das abhängige Unternehmen seine wirtschaftliche Eigenständigkeit[113]. 12.50

In der **Literatur** wird dieses Urteil von denjenigen kritisiert, die lieber an der früheren Maßgabe festhalten wollen, dass zum Unternehmensvertrag noch ein qualifizierendes Element hinzukommen müsse[114]. Eine Begründung bleibt die abweichende Auffassung freilich schuldig. Pointiert weisen zwar *Preu/Novara* darauf hin, dass durch den Berechnungsdurchgriff mittelbar ein Haftungsdurchgriff auf die Obergesellschaft stattfinde[115]. Indessen steht dies – entgegen *Preu/Novara* – gerade im Einklang mit den Prinzipien der §§ 302 f. AktG, die das wirtschaftliche Risiko des Tochterunternehmens eben der beherrschenden Gesellschaft zuweisen. Und das Argument, die Tochter werde durch § 302 AktG keinesfalls verpflichtet, ausgleichsfähige Verluste erst noch zu schaffen[116], trägt ebenfalls nicht, weil durch den Unternehmensvertrag und die unbegrenzte Möglichkeit von Vermögensverlagerungen zwischen den Vertragspartnern (§ 291 Abs. 3 AktG) eine neue wirtschaftliche Einheit entstanden ist. 12.51

108 BAG v. 19.5.1981 – 3 AZR 308/80, ZIP 1981, 1246 = DB 1981, 2333; BAG v. 6.10.1992 – 3 AZR 242/91, AG 1993, 382 = GmbHR 1993, 218 = AP Nr. 5 zu § 1 BetrAVG Konzern = DB 1993, 791 f.; BAG v. 14.12.1993 – 3 AZR 519/93, GmbHR 1994, 315 = AG 1994, 279 = DB 1994, 1147 f.; BAG v. 4.10.1994 – 3 AZR 910/93, AG 1995, 276 = GmbHR 1995, 525 = DB 1995, 528 f.; BAG v. 25.6.2002 – 3 AZR 226/01, NZA 2003, 520 = AP BetrAVG § 16 Nr. 51; BAG v. 25.4.2006 – 3 AZR 50/05, NZA-RR 2007, 310, 314 Rz. 45; BAG v. 15.9.2015 – 3 AZR 839/13, ZIP 2016, 135 Rz. 58 ff.

109 BAG v. 15.9.2015 – 3 AZR 839/13, ZIP 2016, 135 Rz. 73, siehe näher dazu nach Rz. 12.58.

110 BAG v. 29.9.2010 – 3 AZR 427/08, ZIP 2011, 191 ff. Rz. 36 ff.; s. auch *Vogt*, NZA 2013, 1250 (1252).

111 *Maier-Reimer/Etzbach*, NJW 2011, 1110 (1116 f.) m.w.N.

112 BAG v. 26.5.2009 – 3 AZR 369/07, GmbHR 2009, 1335 = AG 2009, 829 = NZA 2010, 641 Rz. 30 f.

113 BAG v. 26.5.2009 – 3 AZR 369/07, GmbHR 2009, 1335 = AG 2009, 829 = NZA 2010, 641 Rz. 30; kritisch *Forst/Granetzny*, Der Konzern 2011, 1 (9); abl. *C. Schäfer*, ZIP 2010, 2025 (2027 f.).

114 *Cisch/Kruip*, NZA 2010, 540 (545); *C. Schäfer*, ZIP 2010, 2025 (2027 f.); *Preu/Novara*, NZA 2011, 1263 ff.

115 *Preu/Novara*, NZA 2011, 1263 (1264).

116 *C. Schäfer*, ZIP 2010, 2025 (2028).

12.51a Gleichwohl hat sich das BAG in der Folge von seiner klaren Entscheidung distanziert. Ohne argumentative Not verlangt es nun zusätzlich, dass sich die durch den Beherrschungsvertrag begründete **Gefahrenlage für den Versorgungsberechtigten verwirklicht** hat[117]. Fehlt es an Weisungen der herrschenden Gesellschaft, die das Eigeninteresse der beherrschten Gesellschaft außer Acht lassen, oder haben Weisungen nicht zu einer Verschlechterung der wirtschaftlichen Lage des Versorgungsschuldners geführt, bestehe kein Grund für einen Berechnungsdurchgriff[118]. Wer sich auf den Berechnungsdurchgriff beruft, muss freilich nur behaupten, dass sich die mit dem Beherrschungsvertrag einhergehende Gefahrenlage verwirklicht habe. Der Arbeitgeber hat dann im Einzelnen darzulegen und zu beweisen, dass sich die im Beherrschungsvertrag angelegte Gefahrenlage nicht verwirklicht hat. Ob dieser Beweis wirklich möglich ist und die Ausnahme überhaupt nötig war, muss bezweifelt werden. Im praktischen Ergebnis wird sich möglicherweise nicht viel ändern.

12.52 Freilich wäre ein genereller Durchgriff im Vertragskonzern insofern überschießend, als damit auch die Pensionäre chronisch defizitärer Gesellschaften in den Genuss einer Rentenanpassung kämen, sobald die Gesellschaft in einen Vertragskonzern eingebunden wird. Als Alternative zum Konzept des BAG wurde schon vor längerer Zeit vorgeschlagen, im Vertragskonzern auf die Wertungen des § 304 AktG zurückzugreifen[119]. Danach würde die wirtschaftliche Lage des Unternehmens beim **Abschluss des Beherrschungsvertrags** für spätere Anpassungsentscheidungen fixiert. Entfällt nach § 304 AktG – etwa im genannten Beispiel des Unternehmensvertrags mit chronisch defizitären Gesellschaften – die Ausgleichspflicht gegenüber den außenstehenden Aktionären, so bedeutet das, dass auch den Rentnern gegenüber eine Anpassung für die Dauer des Beherrschungsvertrages nicht zu leisten ist. Erlaubt dagegen die wirtschaftliche Lage zu Beginn des Vertrags die Anpassung, so müsste während des Bestehens des Vertrags regelmäßig angepasst werden, es sei denn die wirtschaftliche Lage des herrschenden Unternehmens lässt das nicht zu[120]. Dieser Vorschlag hat sich freilich bislang nicht durchsetzen können[121].

12.53 Klärungsbedarf besteht noch in den Konstellationen, in denen nur ein **isolierter Gewinnabführungsvertrag** vorliegt. Eine Entscheidung des BAG dazu steht derzeit noch aus. Berücksichtigt man allerdings, dass die entscheidenden Vorschriften, die letztlich die „Fusion auf Zeit" begründen (§§ 302 f., § 291 Abs. 3 AktG) bereits dann gelten, wenn lediglich ein Gewinnabführungsvertrag geschlossen wurde, bestehen keine Gründe, insoweit anders zu entscheiden als beim Abschluss eines isolierten Beherrschungsvertrags[122]. S. zur Lage bei der **Beendigung eines Unternehmensvertrags** noch Rz. 12.59.

(3) Grundsätzlich kein Durchgriff im faktischen Konzern

12.54 Die Rechtsprechungsänderung zur Durchgriffshaftung (näher dazu Rz. 12.43) hat auch die Rechtsprechung zum Berechnungsdurchgriff beeinflusst. Nach Aufgabe der Durchgriffshaftung im qualifiziert-faktischen Konzern durch die Trihotel-Entscheidung des BGH blieb lange Zeit offen, wie die Rechtsprechung des BAG darauf reagieren würde[123]. Mit Urteil vom 15.1.2013 hat das BAG seine

117 BAG v. 10.3.2015 – 3 AZR 739/13, ZIP 2015, 1137 = AG 2015, 539 = NZA 2015, 1187.

118 BAG v. 10.3.2015 – 3 AZR 739/13, ZIP 2015, 1137 = AG 2015, 539 = NZA 2015, 1187 Rz. 33.

119 *Weigl*, ZIP 1997, 354 (356 ff.) in Fortführung der Überlegungen von *Konzen*, ZHR 151 (1987), 567 (585 ff.) und *Stimpel* in FS Kellermann, S. 434 ff.; ausführlich dazu 4. Aufl.

120 Um den Bedenken *Zöllners*, AG 1994, 285 (295), gegen eine solche Fortschreibung der zu Beginn des Vertrags bestehenden Ertragslage der Tochter Rechnung zu tragen.

121 Vgl. aber die Andeutungen des BAG in seinem Urteil v. 26.5.2009 – 3 AZR 369/07, GmbHR 2009, 1335 = AG 2009, 829 = NZA 2010, 641 Rz. 38.

122 A.A. *Vogt*, NZA 2013, 1250 (1252 m.w.N. in Fn. 21), der meint, das BAG habe maßgeblich auf die Leitungsmacht des vertraglich herrschenden Unternehmens abgestellt; zweifelnd auch BAG v. 17.6.2014 – 3 AZR 298/13, ZIP 2014, 2459 = BB 2014, 2675 Rz. 81.

123 S. dazu näher *Küttner/Kreitner*, Personalbuch 2013, Betriebliche Altersversorgung Rz. 58; *C. Schäfer* in Rieble et al., Arbeitsrecht im Konzern, 2010, S. 77 ff.

Rechtsprechung zum Berechnungsdurchgriff auf eine neue Grundlage gestellt[124]. Ein Berechnungsdurchgriff soll nun nur noch in Betracht kommen, wenn eine dem **existenzvernichtenden Eingriff** gleichzustellende Beeinträchtigung des Versorgungsschuldners durch eine andere Konzerngesellschaft vorliegt[125]. In diesen Fällen kann der Versorgungsschuldner seine Verbindlichkeiten nicht mehr erfüllen, muss sich aber die günstigere wirtschaftliche Lage des eingreifenden Konzernunternehmens zurechnen lassen. Bei diesem kann sich der Versorgungsschuldner dann refinanzieren[126]. Die Darlegungs- und Beweislast der sittenwidrigen Schädigung liegt dabei vollumfänglich bei den Betriebsrentnern, die ggf. von Erleichterungen hinsichtlich der Darlegungslast profitieren können[127]. Diese Entscheidung wird in der Literatur als konsequent bewertet[128].

Seit 2002 wendet das BAG die Regeln der Anpassungsprüfung einschließlich der Grundsätze für faktisch abhängige Gesellschaften auch auf **Abwicklungs- und/oder Rentnergesellschaften** an. Diese sind ebenfalls nicht verpflichtet, die Kosten für die Betriebsrentenanpassung aus ihrer Vermögenssubstanz aufzubringen. Auch ihnen ist eine angemessene Eigenkapitalverzinsung zuzubilligen, die der Umlaufrendite öffentlicher Anleihen entspricht, allerdings ohne den in Rz. 12.48 erwähnten Risikozuschlag[129]. Ein Berechnungsdurchgriff kommt nur in Betracht, wenn die besonderen Voraussetzungen des Durchgriffs im faktischen Konzern erfüllt sind (s. aber zur Dotierung noch Rz. 12.57)[130]. 12.55

Ein gewisser Schutz der Tochter und damit auch ihrer Betriebsrentner wird durch den **Einzelausgleich des § 317 AktG** gewährleistet. Soweit eine ausreichende Dokumentation der konzerninternen Rechtsgeschäfte sowie der Veranlassungen i.S.d. § 311 AktG vorhanden ist, bemisst sich die wirtschaftliche Lage der Tochter unter Einbeziehung ihrer Ansprüche gegen die Muttergesellschaft[131]. Damit hat es sein Bewenden. Etwas anderes sollte jedoch – neben dem Fall des existenzvernichtenden Eingriffs – im Falle der **Vermögensvermischung** gelten: Findet der in § 317 AktG geforderte Nachteilsausgleich bei benachteiligenden Eingriffen tatsächlich nicht statt und ist mangels ausreichender Dokumentation eine Feststellung der einzelnen nachteiligen Maßnahmen und der Ausgleichsansprüche der Tochter nicht mehr möglich, so muss es auch auf einen konsolidierten Vermögensrahmen ankommen. Die Holding muss sich an einer fehlenden Trennung des eigenen von dem Vermögen der Tochter also nicht nur im Wege des Haftungsdurchgriffs wegen Vermögensvermischung, sondern auch im Wege des Berechnungsdurchgriffs festhalten lassen[132]. 12.56

cc) Dotierungspflicht bei Gründung einer Rentnergesellschaft und bei Ende eines Unternehmensvertrags

Die Abwicklung der Versorgungsverbindlichkeiten kann durch eine eigens dazu bestimmte sog. Rentnergesellschaft erfolgen[133]. Dabei handelt es sich um eine Gesellschaft, die nicht (mehr) aktiv am Marktgeschehen teilnimmt und nur dazu dient, die Ansprüche der Betriebsrentner zu erfüllen. 12.57

---

124 BAG v. 15.1.2013 – 3 AZR 638/10, ZIP 2013, 1041 = AG 2013, 524 = GmbHR 2013, 747 m. Anm. *Ulrich* = DStR 2013, 1675.
125 *Langohr-Plato*, NZA 2013, 994 (997).
126 BAG v. 15.1.2013 – 3 AZR 638/10, ZIP 2013, 1041 = AG 2013, 524 = GmbHR 2013, 747 m. Anm. *Ulrich* = DStR 2013, 1675.
127 *Langohr-Plato*, NZA 2013, 994 (997 f.).
128 So der Tenor bei *Chwalisz*, GWR 2013, 259.
129 BAG v. 25.6.2002 – 3 AZR 226/01, NZA 2003, 520 = AP BetrAVG § 16 Nr. 51; BAG v. 26.10.2010 – 3 AZR 502/08, ZIP 2011, 632 = BB 2010, 700; BAG v. 17.6.2014 – 3 AZR 298/13, ZIP 2014, 2459 = BB 2014, 2675 Rz. 42; LAG Köln v. 22.11.2017 – 11 Sa 545/14, juris Rz. 33.
130 BAG v. 26.10.2010 – 3 AZR 502/08, ZIP 2011, 632 = BB 2010, 700 Rz. 61 ff.
131 *Vogt*, NZA 2013, 1250 (1253).
132 Ähnlich *Blomeyer/Otto*, § 16 BetrAVG Rz. 208 ff., 211.
133 BAG v. 22.2.2005 – 3 AZR 499/03 (A), NZA 2005, 639; BAG v. 11.3.2008 – 3 AZR 358/06, ZIP 2008, 1935 = GmbHR 2008, 1326 = NZA 2009, 790; kritische Würdigung bei *Forst/Granetzny*, Der Konzern, 2011, 1 (2 ff.).

Sie kann etwa durch Abspaltung oder durch Ausgliederung von Versorgungsverbindlichkeiten nach dem UmwG entstehen[134]. Eine solche Rentnergesellschaft ist nach der Grundsatzentscheidung des BAG vom 11.3.2008 bei der Gründung so hinreichend mit Mitteln auszustatten, dass sie in der Lage ist, die Betriebsrenten auszuzahlen und sie ggf. anzupassen (**Dotierungspflicht**)[135]. Unterbleibt eine entsprechende Dotierung, so kann zwar die Gründung der Rentnergesellschaft (z.B. durch Ausgliederung nach dem UmwG) nicht verhindert werden, und zwar weder durch die Versorgungsempfänger noch durch den Pensionssicherungsverein[136]. Die Betriebsrentner (nicht die Rentnergesellschaft) haben in diesem Fall jedoch einen Schadensersatzanspruch gegen den übertragenden Rechtsträger (!) aus § 280 Abs. 1 Satz 1, § 241 Abs. 2, § 31, § 278 BGB. Die Dotierung wird als Ausfluss der Fürsorgepflicht als arbeitsvertragliche Nebenpflicht des Arbeitgebers gesehen[137]. Die für die Dotierung aufgestellten Regeln[138] führen tendenziell zu einer Überdotierung[139]. Ob sie umgangen werden können, indem die „Rentnergesellschaft" noch eine (wie umfangreiche?) eigene operative Tätigkeit entwickelt oder beibehält, ist offen[140].

12.58 Mit Urteil vom 17.6.2014 hat das BAG eine Übertragung dieser Grundätze auf solche Fälle abgelehnt, in denen Rentnergesellschaften „übrig" bleiben, wenn **aktive Unternehmensteile auf andere Rechtsträger übertragen** werden[141]. Hier wollte das LAG Köln den ehemaligen Arbeitgeber im Wege des Schadensersatzes nach §§ 280 Abs. 1 Satz 1, 241 Abs. 2 BGB auf Anpassung auch dann in Anspruch nehmen, wenn seine wirtschaftliche Lage das nicht erlaubt[142]. Dagegen meint das BAG, es bestünde hier keine Gefahr, dass Versorgungsverbindlichkeiten vom Arbeitgeber auf nicht ausreichend ausgestattete „neue" Versorgungsschuldner ausgelagert werden. Vielmehr bleibe ja der zusagende Arbeitgeber nach wie vor Versorgungsschuldner. Allenfalls könnten die dargestellten Grundsätze zum Berechnungsdurchgriff angewendet werden[143]. Der Gefahr, dass Unternehmensteile innerhalb eines Konzerns unter Marktwert veräußert werden und damit der Versorgungsschuldner zwar solvent, aber eben nicht anpassungsfähig gehalten wird, ist damit freilich nicht beizukommen, hier kann allenfalls der Einzelausgleich helfen (dazu soeben Rz. 12.56).

Trotz vielfacher Kritik wegen der von der Entscheidung eröffneten Umgehungsmöglichkeiten[144] hat das BAG diese im Anschluss bestätigt[145]. Zwar soll bei Missbrauch § 826 BGB heranzuziehen sein[146], und zwar vor allem dann, wenn der Versorgungsschuldner sein operatives Geschäft innerhalb des

---

134 Näher BAG v. 22.2.2005 – 3 AZR 499/03 (A), NZA 2005, 639.

135 BAG v. 11.3.2008 – 3 AZR 358/06, ZIP 2008, 1935 = GmbHR 2008, 1326 = NZA 2009, 790 Rz. 42 ff., speziell zur Anpassung Rz. 51 ff.; ausführlich dazu *Roth*, NZA 2009, 1400 ff.; *Forst/Granetzny*, Der Konzern 2011, 1 (4); *Hümmerich/Reufels/Borgmann*, § 1 Rz. 1181; *Cisch* in MünchArbR, § 211 Rz. 112.

136 Weder § 4 BetrAVG noch § 613a BGB i.V.m. § 324 UmwG sind einschlägig, s. ausführlich BAG v. 22.2.2005 – 3 AZR 499/03 (A), NZA 2005, 639 Rz. 21 f., 39 ff.; ferner BAG v. 11.3.2008 – 3 AZR 358/06, ZIP 2008, 1935 = GmbHR 2008, 1326 = NZA 2009, 790 Rz. 17 f.

137 BAG v. 11.3.2008 – 3 AZR 358/06, ZIP 2008, 1935 = GmbHR 2008, 1326 = NZA 2009, 790 Rz. 35 f.; kritisch *Forst/Granetzny*, Der Konzern 2011, 1 (3) (allenfalls nachvertragliche Nebenpflicht oder Nebenpflicht im Versorgungsverhältnis).

138 BAG v. 11.3.2008 – 3 AZR 358/06, ZIP 2008, 1935 = GmbHR 2008, 1326 = NZA 2009, 790 Rz. 42 ff.; ausführlich auch *Forst/Granetzny*, Der Konzern 2011, 1 (4) sowie *Höfer/Küpper*, DB 2010, 118 ff.

139 *Höfer/Küpper*, DB 2010, 118 ff. mit Verbesserungsvorschlägen.

140 *Saal/Flockenhaus*, BB 2017, 2933, 2937.

141 BAG v. 17.6.2014 – 3 AZR 298/13, ZIP 2014, 2459 = BB 2014, 2675.

142 LAG Köln v. 12.6.2013 – 3 Sa 815/12, juris; LAG Köln v. 10.10.2013 – 6 Sa 841/11, juris und öfter; kritisch *Langohr-Plato*, jurisPR-ArbR 46/2013 Anm. 5.

143 BAG v. 17.6.2014 – 3 AZR 298/13, ZIP 2014, 2459 = BB 2014, 2675, Rz. 56 ff.

144 *Rolfs/List*, RdA 2015, 422, 425; *Saal/Flockenhaus*, BB 2017, 2933, 2937; eher zu begrüßen scheint sie *Engelkamp*, ZIP 2016, 1664, 1669 f.

145 BAG v. 15.9.2015 – 3 AZR 839/13, ZIP 2016, 135; BAG v. 7.6.2016 – 3 AZR 193/15, DB 2016, 2062.

146 BAG v. 15.9.2015 – 3 AZR 839/13, ZIP 2016, 135 Rz. 34, ausführlich Rz. 64 ff.; BAG v. 7.6.2016 – 3 AZR 193/15, BetrAV 2016, 639 Rz. 69.

Konzerns übertragen hat und die Aktivitäten dort weitergeführt werden[147]. Ein solches Auseinanderfallen hat das BAG aber gerade in dem Fall verneint, in dem die Versorgungsschuldnerin nach der Übertragung ihrer Tätigkeit auf eine Tochtergesellschaft noch zwei Jahre als **Zwischenholding** fungierte; diese Holdingfunktion schließe es aus, sie als bloße Rentnergesellschaft anzusehen[148]. Anschließend hatte die Schuldnerin die Anteile an der Tochter zwar abgegeben, war aber dadurch zugleich aus dem gesamten Konzern ausgeschieden. Auch das spreche gegen den Missbrauch. Schließlich stützte das BAG seine Entscheidung darauf, dass bestimmte Aktivitäten von der Schuldnerin an konzernexterne Dritte weitergegeben waren, also nicht „innerhalb des Konzerns" weitergeführt wurden.

Auch nach dem **Ende eines Unternehmensvertrags** ist die Tochter wieder auf sich allein gestellt 12.59
und es kommt allein auf ihre aktuelle wirtschaftliche Lage an. Freilich kann die Tochter während des Vertrags (in zulässiger Weise) ihrer ertragbringenden Teile entkleidet worden sein. Das BAG wollte zunächst offenbar materiell prüfen, ob dies geschehen ist[149]. Doch wird man kaum sämtliche Vorgänge während der Dauer eines möglicherweise über Jahrzehnte bestehenden Beherrschungsvertrags nachträglich auf ihre Nachteiligkeit überprüfen können und das BAG prüft dies auch nur sehr oberflächlich. Deshalb ist früher verlangt worden, den Betriebsrentnern entsprechend § 303 Abs. 1 AktG Sicherung ihres zur Zeit des Vertragsschlusses evtl. entstandenen Anpassungsrechts zu ermöglichen[150]. Denn die Anpassung ist nicht gem. § 303 Abs. 2 AktG insolvenzgeschützt, da der Pensionssicherungsverein die Betriebsrenten nicht gem. § 16 BetrAVG anzupassen hat[151]. Mit Urteil vom 26.5.2009[152] lehnte das BAG eine solche Sicherung von Anpassungsansprüchen der Arbeitnehmer gem. § 303 AktG bei Ende des Beherrschungsvertrags ab, schaffte aber als Ausgleich eine Dotierungspflicht des herrschenden Unternehmens wie bei der Gründung einer Rentnergesellschaft. Beide Fälle seien vergleichbar.

dd) Kein Berechnungsdurchgriff zu Lasten der Tochter (umgekehrter Berechnungsdurchgriff)

Mit einem Urteil vom 10.2.2009[153] hat sich das BAG zum „**umgekehrten Berechnungsdurchgriff**" 12.60
(besser: der Zurechnung der schlechten Lage der Muttergesellschaft an die Tochter als Versorgungsschuldner) geäußert und entschieden, dass eine Konzerneinbindung grundsätzlich nichts an der Verpflichtung des Versorgungsschuldners ändere. Demnach kann die wirtschaftlich desolate Lage einer Konzernobergesellschaft dem Versorgungsschuldner grundsätzlich nicht als Argument dafür dienen, eine Betriebsrentenanpassung zu unterlassen. Die Lage des Versorgungsschuldners ist maßgebend. Ausnahmsweise kann sich ein anderes daraus ergeben, dass am jeweiligen Anpassungsstichtag hinreichend konkrete Anhaltspunkte dafür bestehen, dass auch der Versorgungsschuldner in absehbarer Zeit (3 Jahre) von der wirtschaftlich desolaten Lage der Konzernobergesellschaft betroffen sein wird. Denn zur wirtschaftlichen Lage des Versorgungsschuldners gehört auch eine Prognose der künftigen Entwicklung. Die genannte Betroffenheit muss hinreichend wahrscheinlich sein und so schwer wiegen, dass eine Anpassung der Betriebsrenten nicht mehr möglich ist. Die wirtschaftliche Lage einer Konzernobergesellschaft wird somit derzeit nur, aber immerhin als mittelbarer Faktor angesehen, dessen Einfluss auf den Versorgungsschuldner im Einzelfall zu bestimmen ist[154]. Wie

147 BAG v. 15.9.2015 – 3 AZR 839/13, ZIP 2016, 135 Rz. 73.
148 BAG v. 7.6.2016 – 3 AZR 193/15, BetrAV 2016, 639 Rz. 69.
149 BAG v. 25.6.2002 – 3 AZR 226/01, NZA 2003, 520 = AP BetrAVG § 16 Nr. 51.
150 So etwa 4. Aufl. und *Forst/Granetzny*, Der Konzern 2011, 1 (8).
151 BAG v. 5.10.1993 – 3 AZR 698/92, NZA 1994, 459; st. Rspr., s. BAG v. 26.5.2009 – 3 AZR 369/07, GmbHR 2009, 1335 = AG 2009, 829 = NZA 2010, 641 Rz. 18.
152 BAG v. 26.5.2009 – 3 AZR 369/07, GmbHR 2009, 1335 = AG 2009, 829 = NZA 2010, 641 Rz. 30 f.
153 BAG v. 10.2.2009 – 3 AZR 727/07, AP Nr. 68 zu § 16 BetrAVG.
154 BAG v. 10.2.2009 – 3 AZR 727/07, AP Nr. 68 zu § 16 BetrAVG; *Blomeyer/Rolfs/Otto*, § 16 Rz. 213a; *Forst/Granetzny*, Der Konzern 2011, 1 (10 f.); s. auch *Vogt*, NZA 2013, 1250 (1253).

sich Probleme des Gesellschafters konkret auf die Ertragslage der Gesellschaft auswirken können sollen, ist bislang nicht dargelegt. Zu denken ist insoweit freilich an Abhängigkeiten durch Lizenzverträge oder Darlehen, deren Kündigung im Falle der Insolvenz der Obergesellschaft droht.

d) „Berechnungsdurchgriff" auf die gute wirtschaftliche Lage von Tochtergesellschaften?

12.61 Kein Fall des Berechnungsdurchgriffs ist das „Problem" der möglichen Berücksichtigung der „guten" wirtschaftlichen Lage einer Tochtergesellschaft für die Frage der Rentenanpassung von Pensionären der Obergesellschaft, d.h. der Arbeitnehmer der Holding oder auch einer Zwischenholding[155]. Die Frage kann etwa aktuell werden, wenn die Gewinne der Töchter vollständig thesauriert werden. Nach einer Entscheidung des BAG vom 11.12.2012 ist für die Anpassungspflicht vom **Einzelabschluss** der Holding auszugehen, der konsolidierte Konzernabschluss darf nicht zugrunde gelegt werden[156]. Allerdings bieten handelsrechtliche Jahresabschlüsse auch nach Auffassung des BAG lediglich den geeigneten Einstieg für die Feststellung sowohl der erzielten Betriebsergebnisse als auch des jeweils vorhandenen Eigenkapitals und sind unter betriebswirtschaftlichen Aspekten zu korrigieren[157]. Das muss namentlich für die Beteiligungsbewertung nach HGB (Anschaffungskosten) gelten. Werden die Gewinne des Holding-Konzerns typischerweise in Tochtergesellschaften erwirtschaftet, kann eine Thesaurierung in der Tochter die Holding richtigerweise nicht vor einer Anpassungspflicht schützen. Zur wirtschaftlichen Lage gehören eben gerade bei einer Holding die Beteiligungen[158].

4. Beendigung von Arbeitsverhältnissen im Holdingbereich

a) Kündigung

aa) Allgemeines

12.62 Auch für das Kündigungsrecht gilt: Im Grundsatz hat die Einbindung des Unternehmens in den Holdingkonzern keinen Einfluss auf die Frage, ob ein Arbeitnehmer der Holding oder einer von ihr abhängigen Gesellschaft gekündigt werden kann. Das Kündigungsschutzgesetz ist **betriebs-** und, soweit es die Weiterbeschäftigungsmöglichkeit nach § 1 Abs. 2 Satz 2 Nr. 1b KSchG betrifft, **unternehmensbezogen**[159], nicht aber konzernbezogen[160]. Das betrifft vor allem die für die Anwendbarkeit des Kündigungsschutzgesetzes notwendige Feststellung der Betriebs- bzw. Unternehmensgröße gem. § 23 Abs. 1 KSchG[161]. Eine Zurechnung von Mitarbeitern bei Tochtergesellschaften zu den (mögli-

---

155 *Diller/Beck*, DB 2011, 1052 (1054 f.); vgl. auch *Vogt*, NZA 2013, 1250 (1253).

156 BAG v. 11.12.2012 – 3 AZR 615/10, NZA 2013, 864 (nur LS) zit. nach juris Rz. 53–56.

157 BAG v. 11.12.2012 – 3 AZR 615/10, NZA 2013, 864 (nur LS) zit. nach juris Rz. 51.

158 A.A. wohl *Diller/Beck*, DB 2011, 1052 (1055); übernommen von *Vogt*, NZA 2013, 1250 (1253).

159 BAG v. 27.11.1991 – 2 AZR 255/91, ZIP 1992, 573 = DB 1992, 1247; BAG v. 14.10.1982 – 2 AZR 568/80, ZIP 1983, 1492 = SAE 1984, 139 m. Anm. *Windbichler* = AP Nr. 1 zu § 1 KSchG 1969 Konzern = DB 1983, 2637; vgl. auch BAG v. 20.9.1984 – 2 AZR 633/82, NZA 1985, 286 f. = DB 1985, 655; *Fiebig*, DB 1993, 582; *von Hoyningen-Huene/Linck*, § 1 KSchG Rz. 218 ff.; *Stahlhacke/Preis/Vossen*, Rz. 908 f. jeweils m.w.N.

160 BAG v. 24.5.2012 – 2 AZR 62/11, ZIP 2013, 330 = NZA 2013, 277 Rz. 27 m.w.N.; BAG v. 23.3.2006 – 2 AZR 162/05, ZIP 2006, 2279 = AG 2007, 89 = NZA 2007, 30 (31). Zweifel daran, die sich etwa aus der Entscheidung des BVerfG v. 27.1.1998 – 1 BvL 15/87, ZIP 1998, 705 = NJW 1998, 1475 hätten ergeben können, sind durch die nachfolgende Rechtsprechung des BAG beseitigt worden. Das BAG erstreckt den Kündigungsschutz nur innerhalb eines Gemeinschaftsbetriebs auf andere Unternehmen, vgl. BAG v. 29.4.1999 – 2 AZR 352/98, AG 2000, 75 = NJW 1999, 3212 und stellt daran hohe Anforderungen; vgl. auch Fn. zuvor und *Richter* in MünchArbR, § 25 Rz. 30; *Bayreuther*, NZA 2006, 819 ff. m.w.N.

161 Nach der Entscheidung des BVerfG v. 27.1.1998 – 1 BvL 15/87, ZIP 1998, 705 = NJW 1998, 1475 geht die zahlenmäßig überwiegende Auffassung in der Literatur davon aus, dass auch Arbeitnehmer in Kleinbetrieben Kündigungsschutz genießen, soweit der Arbeitgeber insgesamt mehr als 10 Arbeitneh-

cherweise wenigen) Mitarbeitern bei der Holding findet statt, soweit ein **gemeinsamer Betrieb** vorliegt (näher zu dessen Voraussetzungen Rz. 12.213 ff.)[162]. Dabei erfolgt eine Zusammenrechnung nur, soweit der gemeinsame Betrieb im Inland liegt[163]. Der Arbeitnehmer einer Konzernholding genießt danach, soweit kein gemeinsamer Betrieb zwischen der Holding und den Tochtergesellschaften besteht, regelmäßig nur dann Kündigungsschutz, wenn die Holding ihrerseits dem Kündigungsschutzgesetz unterliegt, insbesondere die erforderliche Anzahl von Arbeitnehmern beschäftigt[164]. Diese Konstruktion soll der rechtlichen Selbständigkeit der Tochterunternehmen eines Konzerns Rechnung tragen[165]. Eine Ausnahme von diesem Grundsatz soll nur dann anzuerkennen sein, wenn die Aufspaltung der Konzernunternehmen gezielt zur Vermeidung jeglichen Kündigungsschutzes dient, demnach also rechtsmissbräuchlich gehandelt wird[166].

12.63 Grundsätzlich hat auch in Fällen, in denen der Arbeitnehmer zu einem anderen Holdingunternehmen abgeordnet ist, der **Vertragsarbeitgeber** die Kündigung auszusprechen[167] und das rechtliche Band zwischen ihm und dem Arbeitnehmer bildet den Bezugsrahmen für die Feststellung der sozialen Rechtfertigung der Kündigung. Gleichwohl können sich Besonderheiten ergeben, wenn das Arbeitsverhältnis über die bloße Tatsache der Konzernbindung des Arbeitgebers weitere Besonderheiten aufweist, die einen Holdingbezug des Kündigungsrechts begründen.

bb) Verhaltensbedingte/Personenbedingte Kündigung

12.64 Die Tatsache, dass der Arbeitgeber in den Holdingkonzern eingebunden ist, kann für den Arbeitnehmer im Einzelfall **gesteigerte Sorgfaltspflichten** mit sich bringen, deren Verletzung auch ohne besondere vertragliche Regelung zu einem verhaltensbedingten Kündigungsgrund führen kann. Das BAG entschied 1984 einen Fall, in dem ein Arbeitnehmer eines Warenhauses Gegenstände im Wert von ca. 70 DM gestohlen hatte und daraufhin gekündigt worden war. Warenhaus und Arbeitgeber waren durch eine Holding miteinander verbunden. Das BAG ordnete die Handlung als außerdienstliches Fehlverhalten ein und zog nicht etwa aus der Einbindung beider Unternehmen in einen Holdingkonzern den Schluss, das Verhalten des Arbeitnehmers holdingdimensional zu betrachten. Die-

---

mer beschäftigt, so etwa *Stahlhacke/Preis/Vossen*, Rz. 856 m.w.N. in Fn. 82; *Lakies*, DB 1997, 1078 (1080). Andere gehen grundsätzlich vom alten Betriebsbegriff aus und wollen zur Korrektur lediglich auf die Interessenlage im Einzelfall abstellen, so etwa *Greiner* in MünchArbR, § 112 Rz. 47 m.w.N.; ErfK/*Kiel*, § 23 KSchG Rz. 3; *von Hoyningen-Huene/Linck*, § 23 KSchG Rz. 23; *Gragert*, NZA 2000, 961 ff. je m.w.N. Hier herrscht mangels Klarstellung durch das BAG allerdings noch erhebliche Rechtsunsicherheit.

162 BAG v. 29.4.1999 – 2 AZR 352/98, AG 2000, 75 = NJW 1999, 3212; BAG v. 13.6.2002 – 2 AZR 327/01, ZIP 2002, 1823 = NJW 2002, 3349; ErfK/*Kiel*, § 23 KSchG Rz. 5; *Gallner* in FS Düwell, 2011, S. 210; weitergehend in der Literatur für einen Konzernbezug des § 23 KSchG: *Bepler*, AuR 1997, 54 (58); *Caspers* in Rieble et al., Arbeitsrecht im Konzern, 2010, S. 16 f. (nur unter Umgehungsgesichtspunkten sowie unter Hinweis auf § 323 UmwG); *Kittner*, NZA 1998, 731 ff.; *Röhrborn* in Braun/Wisskirchen, I.3. Rz. 127 ff.

163 BAG v. 17.1.2008 – 2 AZR 902/06, ZIP 2008, 1192 = NZA 2008, 872; bestätigt durch BAG v. 26.3.2009 – 2 AZR 883/07, BB 2009, 1924 Rz. 22: „Jedenfalls solche im Ausland beschäftigte Arbeitnehmer, deren Arbeitsverhältnis nicht dem deutschen Recht unterliegen, zählen auch dann bei der Berechnung des Schwellenwerts nicht mit, wenn die ausländische Arbeitsstätte mit einer deutschen einen Gemeinschaftsbetrieb bildet." Ferner BAG v. 7.7.2011 – 2 AZR 12/10, NZA 2012, 148 Rz. 28. Zustimmend die überwiegende Lit., s. etwa ErfK/*Kiel*, § 23 KSchG Rz. 5, 8 m.w.N.; kritisch *Gravenhorst*, RdA 2007, 283 (286 ff.).

164 BAG v. 13.6.2002 – 2 AZR 327/01, ZIP 2002, 1823 = NJW 2002, 3349; ErfK/*Kiel*, § 23 KSchG Rz. 5 a.E.; *Küttner/Röller*, Personalbuch 2014, Konzernarbeitsverhältnis Rz. 9.

165 *von Hoyningen-Huene/Linck*, § 1 KSchG Rz. 219; *Stahlhacke/Preis/Vossen*, Rz. 909; *Caspers* in Rieble et al., Arbeitsrecht im Konzern, 2010, S. 17.

166 *Caspers* in Rieble et al., Arbeitsrecht im Konzern, 2010, S. 17 m.w.N. in Fn. 4.

167 Zu den Möglichkeiten, den Kreis der zum Ausspruch der Kündigung berechtigten Personen vertraglich zu erweitern, vgl. ausführlich *Windbichler*, S. 136 ff.

sen Grundsatz praktiziert es bis heute[168]. Trotzdem hat das BAG den Diebstahl als ausreichend für eine verhaltensbedingte Kündigung angesehen, weil dem Arbeitnehmer in allen Warenhäusern des Holdingkonzerns Personalrabatt eingeräumt worden war. Dies begründe eine Verpflichtung, das Eigentum an den Waren in diesen Kaufhäusern so zu achten, als wenn sie die ihres Arbeitgebers wären. Der Personalrabatt veranlasse den Arbeitnehmer, gerade die Handelsbetriebe aufzusuchen, in denen er verbilligt einkaufen könne. Im Grunde genommen bedeutet das nichts anderes als eine Erweiterung der Treuepflichten des Arbeitnehmers auf andere Holdingunternehmen, wenn er von der Konzernierung Kenntnis hat[169]. In diesen Fällen ist das Verhalten des Arbeitnehmers ausnahmsweise nicht als außerdienstlich einzustufen. Im Jahr 2008 hat das BAG diese Grundsätze in einem ähnlichen Fall bestätigt[170]. Bei personenbedingten Kündigungen kommt es regelmäßig nur auf die Perspektive des Vertragsarbeitgebers an[171].

cc) Betriebsbedingte Kündigung

12.65 Die Konzernbindung verändert das **Arbeitsplatzrisiko** des einzelnen Arbeitnehmers. Das kann sich zu seinen Gunsten auswirken, wenn die Holding ein sanierungsbedürftiges Unternehmen aufkauft und durch Umstrukturierung oder die Bereitstellung von Know-how oder Finanzmitteln wieder wettbewerbsfähig macht. Ebenso kann aber die Auflösung einzelner Betriebe im Konzerninteresse zu Entlassungen führen[172].

12.66 Die Berücksichtigung der konzernbedingten Risikoveränderung bei der betriebsbedingten Kündigung könnte auf zwei Ebenen stattfinden. Bislang einhellig abgelehnt[173] wurde der Vorschlag, die soziale Rechtfertigung der Kündigung durch ein **dringendes betriebliches Erfordernis** i.S.d. § 1 Abs. 2 KSchG zu verneinen, wenn die Kündigung in Wahrheit „konzernbedingt" sei, d.h. ausschließlich auf Umstrukturierungsmaßnahmen im Konzern oder nachteilige Weisungen der Holding zurückzuführen sei[174]. Solche Konzerneinflüsse liegen auf der Ebene der unternehmerischen Entscheidung, deren Zweckmäßigkeit im Kündigungsschutzprozess grundsätzlich nicht geprüft wird[175].

12.67 Die zweite Möglichkeit ist es, die Prüfung der **Weiterbeschäftigungsmöglichkeit** des zu kündigenden Arbeitnehmers über den Wortlaut des § 1 Abs. 2 Satz 2 Nr. 1b KSchG hinaus auch auf andere Unternehmen des Holdingkonzerns zu erstrecken. Von einem Teil der Literatur wird diese Lösung vertreten, wenn die wirtschaftliche und organisatorische Verflechtung innerhalb des Konzerns einen bestimmten Integrationsgrad überschritten hat, so dass es gerechtfertigt sei, den Konzern wie ein einheitliches Unternehmen zu betrachten[176]. Enger ist der Gedanke, den Kündigungsschutz dann

---

168 *von Hoyningen-Huene/Linck*, § 1 KSchG Rz. 626; vgl. *Richter* in MünchArbR, § 25 Rz. 31, 33.

169 Zum Ganzen: *Fiebig/Fiebig/Zimmermann*, § 1 KSchG Rz. 415; *Hümmerich/Reufels/Schiefer*, § 1 Rz. 1770; *Richter* in MünchArbR, § 25 Rz. 31; ablehnend *Windbichler*, S. 252.

170 BAG v. 27.11.2008 – 2 AZR 193/07, ZIP 2009, 1880 = NZA 2009, 671 Rz. 24 f.

171 *Richter* in MünchArbR, § 25 Rz. 31.

172 Vgl. ausführlich *Caspers* in Rieble et al., Arbeitsrecht im Konzern, 2010, S. 25 ff. mit Lösungsansätzen ab S. 32 ff.

173 *Windbichler*, S. 257 f.; *Helle*, S. 37 ff. m.w.N.

174 So *Henssler*, S. 126 f.

175 BAG v. 22.9.2016 – 2 AZR 276/16, ZIP 2017, 193 = NZA 2017, 175 Rz. 64; BAG v. 23.3.2006 – 2 AZR 162/05, ZIP 2006, 2279 = AG 2007, 89 = NZA 2007, 30 Rz. 18; vgl. für einen Sonderfall, in dem wohl ein Missbrauch nahe lag BAG v. 26.9.2002 – 2 AZR 636/01, ZIP 2003, 733 = DB 2003, 946 = NJW 2003, 2116; dazu *Annuß*, NZA 2003, 783; *Caspers* in Rieble et al., Arbeitsrecht im Konzern, 2010, S. 26 ff.

176 *Henssler*, S. 134 f.; *Konzen*, RdA 1984, 69 (85 f.); *Martens* in FS 25 Jahre BAG, 1979, S. 381 bei Fn. 38; *Silberberger*, Weiterbeschäftigungsmöglichkeit und Kündigungsschutz im Konzern, 1994, S. 153 ff.; vgl. auch die Nachweise bei *Hofmann*, ZfA 1984, 329 in Fn. 175 und *Windbichler*, S. 259 in Fn. 329. *Wiedemann*, Die Unternehmensgruppe im Privatrecht, 1988, S. 101 bezeichnet diesen Ansatz als Risikoargument.

auf andere Unternehmen des Konzerns zu erweitern, wenn der Wegfall des Arbeitsplatzes durch einen nachweisbaren Konzerneinfluss bedingt ist[177]. Diese Ansätze werden jedoch ebenfalls vom BAG[178] und der überwiegenden Literatur[179] abgelehnt. Begründung ist neben dem Hinweis auf den Wortlaut des § 1 Abs. 2 Satz 2 Nr. 1b KSchG und dessen Unternehmensbezogenheit vor allem, dass das KSchG zwar in gewissen Grenzen den Bestand eines Arbeitsverhältnisses sichern, nicht aber einen Anspruch auf die Begründung eines Arbeitsverhältnisses mit einem Dritten verschaffen kann[180]. Hier zeigt sich neben dem begrenzten Schutz, den das KSchG de lege lata bietet, erneut die **rechtliche Selbständigkeit** der einzelnen Unternehmen des Holdingkonzerns[181]. Im Übrigen kann sich, wie eingangs dargelegt, der Konzerneinfluss auch positiv auf die Sicherheit der Arbeitsplätze auswirken.

b) Besonderheiten bei drittbezogenen Arbeitsverhältnissen

aa) Erweiterung der Weiterbeschäftigungspflicht auf den Konzern

Die gesetzliche Prüfungspflicht des § 1 Abs. 2 Satz 2 Nr. 1b KSchG erstreckt sich in der Regel, wie soeben dargestellt, nur auf freie Arbeitsplätze **im Unternehmen sowie im gemeinsamen Betrieb**[182]. Wird der Arbeitnehmer aufgrund von Mehrfacharbeitsverhältnissen konzernweit tätig, erstreckt sich ggf. die Prüfungspflicht auf freie Arbeitsplätze bei allen Vertragsarbeitgebern. In Ausnahmefällen kann eine Pflicht des Arbeitgebers aus vertraglichen Abreden oder Vertrauenstatbeständen entstehen, auch in anderen Holdingunternehmen nach einer Weiterbeschäftigungsmöglichkeit zu suchen. 12.68

Die Voraussetzungen einer solchen Verpflichtung, die man wohl am ehesten als vertragliche Erweiterung des gesetzlichen Kündigungsschutzes verstehen kann[183], werden unterschiedlich beurteilt. Das BAG verlangt in seiner als ständig zu bezeichnenden Rechtsprechung zunächst einen **Vertrauenstatbestand**, z.B. wenn der Arbeitnehmer von vornherein für den Konzern eingestellt worden ist oder Konzernversetzungsklauseln im Arbeitsvertrag enthalten sind[184]. Auch wenn ein anderes Konzernunternehmen sich zur Übernahme des Arbeitnehmers bereiterklärt hat, kann dies im Rahmen 12.69

177 *Kiel*, Die anderweitige Beschäftigungsmöglichkeit im Kündigungsschutz, S. 181; *Caspers* in Rieble et al., Arbeitsrecht im Konzern, 2010, S. 25; *Konzen*, RdA 1984, 65 (85); *Martens* in FS 25 Jahre BAG, 1979, S. 380 f.; weitere Nachweise bei *Wiedemann*, Die Unternehmensgruppe im Privatrecht, 1988, S. 102 f. in Fn. 49, der diesen Vorschlag als Veranlassungsargument bezeichnet.

178 BAG v. 27.11.1991 – 2 AZR 255/91, ZIP 1992, 573 = DB 1992, 1247; BAG v. 14.10.1982 – 2 AZR 568/80, SAE 1984, 139 m. Anm. *Windbichler* = AP Nr. 1 zu § 1 KSchG 1969 Konzern = ZIP 1983, 1492 = DB 1983, 2637; vgl. auch BAG v. 20.9.1984 – 2 AZR 233/82, NZA 1985, 285 = DB 1985, 1192; BAG v. 22.5.1986 – 2 AZR 612/85, ZIP 1986, 1410 = DB 1986, 2547.

179 *Liebscher* in MünchKomm/GmbHG, § 13 Anhang Rz. 1104; *von Hoyningen-Huene/Linck*, § 1 KSchG Rz. 218 ff.; *Kreft* in MünchArbR, § 115 Rz. 57; *Stahlhacke/Preis/Vossen*, Rz. 909; *Hofmann*, ZfA 1984, 329 (331 f.); *Wiedemann*, Die Unternehmensgruppe im Privatrecht, 1988, S. 101 ff.; *Windbichler*, S. 259 ff.

180 *von Hoyningen-Huene/Linck*, § 1 KSchG Rz. 219; *Windbichler*, S. 260.

181 BAG v. 14.10.1982 – 2 AZR 568/80, ZIP 1983, 1492 = DB 1983, 2637 = AP Nr. 1 zu § 1 KSchG 1969 Konzern = SAE 1984, 139 m. Anm. *Windbichler*; vgl. dazu auch *von Hoyningen-Huene/Linck*, § 1 KSchG Rz. 219; *Stahlhacke/Preis/Vossen*, Rz. 909, 998; *Caspers* in Rieble et al., Arbeitsrecht im Konzern, 2010, S. 19; *Hofmann*, ZfA 1984, 329 (331).

182 BAG v. 18.10.2012 – 6 AZR 41/11, NZI 2013, 151.

183 Vgl. BAG v. 22.5.1986 – 2 AZR 612/85, ZIP 1986, 1410 = AP Nr. 4 zu § 1 KSchG 1969 Konzern = DB 1986, 2547 unter B I 4a) der Gründe.

184 So etwa BAG v. 23.11.2004 – 2 AZR 24/04, ZIP 2005, 1044 = NZA 2005, 929; BAG v. 23.3.2006 – 2 AZR 162/05, ZIP 2006, 2279 = AG 2007, 89 = NZA 2007, 30 (zur unverändert betriebsbezogen bleibenden Sozialauswahl); *Caspers* in Rieble et al., Arbeitsrecht im Konzern, 2010, S. 19; gegen irgendwelche Folgerungen aus der Konzernversetzungsklausel aber *Maschmann* in Maschmann/Fritz, Kapitel 3 Rz. 310.

einer Interessenabwägung zu einer konzernbezogenen Betrachtung führen[185]. Hat der Vertragsarbeitgeber den Arbeitnehmer zum Wechsel in eine Tochter bewegt und dabei den Anschein erweckt, er werde „im Fall der Fälle" für eine Weiterbeschäftigung des Arbeitnehmers sorgen, so kann er im Fall der anschließenden Insolvenz der Tochter zur Wiedereinstellung verpflichtet sein[186]. Weiter muss der Arbeitgeber vor einer Kündigung versuchen, den Arbeitnehmer in einem anderen Konzernbetrieb unterzubringen, wenn er ihn von vornherein für den Konzernbereich eingestellt hat oder ihm die anderweitige Unterbringung – auch formlos – zugesagt oder in Aussicht gestellt hat[187].

12.70 Die zweite Voraussetzung des BAG für die konzernbezogene Betrachtung ist, dass der Vertragsarbeitgeber entweder aufgrund einer Abstimmung mit anderen Konzernunternehmen oder kraft seiner beherrschenden Stellung den anderweitigen Einsatz **rechtlich und tatsächlich durchsetzen** können muss. Dazu dürfe die Letztentscheidung nicht dem an sich übernahmebereiten Unternehmen vorbehalten sein[188]. Insbesondere scheitert eine solche Durchsetzbarkeit praktisch stets, wenn Vertragsarbeitgeber nicht die Holding, sondern ein abhängiges Unternehmen ist[189]. Gerade diese einschränkende Voraussetzung wird in der Literatur angegriffen. Eine Weigerung der Konzernunternehmen könne kündigungsrechtlich unbeachtlich sein, da mit der Ausweitung der Pflichten des Arbeitnehmers zur Arbeitsleistung im gesamten Konzernbereich auch eine erhöhte Verantwortlichkeit des Gesamtkonzerns einhergehe[190]. Die Wirksamkeit einer nach dem allgemeinen Schuldrecht zu beurteilenden Verpflichtung des Arbeitgebers, auf andere Konzernunternehmen einzuwirken, hänge nicht davon ab, ob er auch die Rechtsmacht zur Erfüllung habe[191]. Im Übrigen könnte das herrschende Unternehmen den Konzern so organisieren, dass diese Durchsetzungsmacht entfalle[192].

---

185 BAG v. 14.10.1982 – 2 AZR 568/80, ZIP 1983, 1492 = DB 1983, 2637 unter III. 1. der Gründe; s. auch bereits BAG v. 18.10.1976 – 3 AZR 576/75, AP Nr. 3 zu § 1 KSchG 1969 Betriebsbedingte Kündigung = DB 1977, 404; BAG v. 22.5.1986 – 2 AZR 612/85, ZIP 1986, 1410 = AP Nr. 4 zu § 1 KSchG 1969 Konzern = DB 1986, 2547; BAG v. 27.11.1991 – 2 AZR 255/91, ZIP 1992, 573 = DB 1992, 1247 = AP Nr. 6 zu § 1 KSchG 1969 Konzern m. Anm. *Windbichler*; s. ferner BAG v. 20.1.1994 – 2 AZR 489/93, ZIP 1994, 966 = DB 1994, 1627 (zur Darlegungslast des Arbeitnehmers); BAG v. 21.1.1999 – 2 AZR 648/97, ZIP 1999, 852 = NZA 1999, 539 (zur im Einzelfall gesteigerten Darlegungslast des Arbeitgebers); BAG v. 23.11.2004 – 2 AZR 24/04, ZIP 2005, 1044 = NZA 2005, 929; BAG v. 23.3.2006 – 2 AZR 162/05, ZIP 2006, 2279 = AG 2007, 89 = NZA 2007, 30; BAG v. 24.5.2012 – 2 AZR 62/11, ZIP 2013, 330 = NZA 2013, 277 (Darlegungslast beim Arbeitnehmer); BAG v. 18.10.2012 – 6 AZR 41/11, NZI 2013, 151; kritisch *Caspers* in Rieble et al., Arbeitsrecht im Konzern, 2010, S. 23 f.

186 BAG v. 21.2.2002 – 2 AZR 749/00, NZA 2002, 1416.

187 S. vorletzte Fn. sowie *Caspers* in Rieble et al., Arbeitsrecht im Konzern, 2010, S. 19; *Lingemann/von Steinau-Steinrück*, DB 1999, 2161 (2163 f.).

188 BAG v. 14.10.1982 – 2 AZR 568/80, ZIP 1983, 1492 = DB 1983, 2637; dazu *Windbichler*, SAE 1984, 147 f.; offen gelassen in BAG v. 27.11.1991 – 2 AZR 255/91, ZIP 1992, 573 = DB 1992, 1247; vgl. auch BAG v. 21.2.2002 – 2 AZR 749/00, NZA 2002, 1416; BAG v. 23.11.2004 – 2 AZR 24/04, ZIP 2005, 1044 = NZA 2005, 929; BAG v. 23.3.2006 – 2 AZR 162/05, ZIP 2006, 2279 = AG 2007, 89 = NZA 2007, 30; BAG v. 23.4.2008 – 2 AZR 1110/06, ZIP 2009, 47 = NZA 2008, 939 (Beispiel für unzureichende Durchsetzungsmacht); BAG v. 24.5.2012 – 2 AZR 62/11, ZIP 2013, 330 = NZA 2013, 277 Rz. 27 m.w.N.; BAG v. 18.10.2012 – 6 AZR 41/11, NZI 2013, 151; *Caspers* in Rieble et al., Arbeitsrecht im Konzern, 2010, S. 20; *Fiebig*, DB 1993, 583; *Helle*, S. 161 ff.; *Lingemann/von Steinau-Steinrück*, DB 1999, 2161 (2163).

189 Ein Beispiel bildet etwa BAG v. 23.3.2006 – 2 AZR 162/05, ZIP 2006, 2279 = AG 2007, 89 = NZA 2007, 30, wo die 100%ige und vertraglich beherrschte Tochter als Vertragsarbeitgeberin selbstverständlich keine Durchsetzungsmacht hatte, kritisch *Temming*, RdA 2018, 84, 87.

190 So *Stahlhacke/Preis/Vossen*, Rz. 999; *Preis*, Prinzipien des Kündigungsrechts bei Arbeitsverhältnissen, S. 321; vgl. bereits *Martens* in FS 25 Jahre BAG, 1979, S. 382; ablehnend *Lingemann/von Steinau-Steinrück*, DB 1999, 2161 (2163 f.).

191 *Wiedemann*, Anm. zu BAG v. 14.10.1982 – 2 AZR 568/80, ZIP 1983, 1492 = AP Nr. 1 zu § 1 KSchG 1969 Konzern; *Windbichler*, S. 157 f.; vgl. auch *Kiel*, S. 174 ff.

192 *Bayreuther*, NZA 2006, 819 (821); *Caspers* in Rieble et al., Arbeitsrecht im Konzern, 2010, S. 22.

Richtigerweise sollte aus diesen Gründen auf das Erfordernis der Durchsetzbarkeit verzichtet werden. Gleichzeitig ergibt sich aber daraus auch, dass an den für eine Verpflichtung des Arbeitgebers vorauszusetzenden Vertrauenstatbestand erhöhte Anforderungen zu stellen sind. So kann ein klauselartiger, vager Versetzungsvorbehalt im Arbeitsvertrag, von dem während der Durchführung des Arbeitsverhältnisses niemals Gebrauch gemacht worden war, nicht ausreichen, um den Arbeitgeber zu einer Einwirkung auf andere Unternehmen zu verpflichten. Soll sich ein Konzernbezug des Kündigungsschutzes aus tatsächlichen Einsätzen in anderen Unternehmen ergeben, so muss die Abordnung eine **gewisse Dauer** erreichen. Dazu reicht ein Zeitraum von lediglich 4½ Monaten noch nicht aus[193]. Die Reichweite des Vertrauenstatbestands kann auch **inhaltlich beschränkt** sein, wenn sich beispielsweise der vertragliche Einsatzbereich des Arbeitnehmers nur auf bestimmte Konzernunternehmen bezieht oder branchenbezogen ist[194]. 12.71

Einen Schritt weiter könnte man gehen, indem man den Arbeitnehmer in 100%igen oder vertraglich beherrschten Töchtern auch ohne Vertrauenstatbestand erlaubt, sich auf die Vorschrift des § 1 Abs. 2 Satz 2 Nr. 1b KSchG zu berufen. Der Begriff des Unternehmens i.S.d. Vorschrift würde damit lediglich moderat erweitert, was durch die Tatsache gerechtfertigt erscheint, dass die Risiken und Chancen der unternehmerischen Tätigkeit der Tochter vollständig die Gesellschafter der Mutter treffen und die so qualifizierte Tochter bei wirtschaftlicher Betrachtung nichts anderes als eine bloße Filiale der Mutter ist. Eine Verpflichtung zu Lasten Dritter (der Mutter) wäre damit nicht verbunden, da die Rechtsfolge der Norm allein in der Unwirksamkeit der Kündigung bestünde. Es ginge lediglich ein mittelbarer Druck auf das Mutterunternehmen aus, der gerechtfertigt wäre, weil dieses die Fäden vollständig in der Hand hat. Demgegenüber ist das jüngst vorgetragene Konzept von *Temming*, der in bestimmten Fällen aus § 1 Abs. 2 Satz 2 Nr. 1b KSchG einen echten Anspruch gegen die Mutter auf Weiterbeschäftigung herleiten will[195], als zu weitgehend abzulehnen. 12.71a

Das BAG meint, einen Vertrauenstatbestand umso eher annehmen zu können, je weiter oben der Vertragsarbeitgeber in der **Konzernhierarchie** angesiedelt ist[196]. Aus einer tatsächlichen Einflussmöglichkeit folgt allein freilich noch keine Rechtspflicht[197]. In der Praxis werden allerdings zumeist die Arbeitnehmer bei der Holding angestellt sein, die für einen konzernweiten Einsatz vorgesehen sind[198]. 12.72

bb) Kündigung eines abgeordneten Arbeitnehmers

Besonderheiten gelten für die Fälle, in denen eine Kündigung während der vorübergehenden[199] Tätigkeit des Arbeitnehmers in einem anderen Holdingunternehmen ausgesprochen werden soll. Im Bereich der **personen- und verhaltensbedingten Kündigungsgründe** bestimmt sich nach zutreffender Auffassung *Windbichlers* der Pflichtenrahmen des Arbeitnehmers nach dem Arbeitsvertrag mit dem entsendenden Unternehmen[200]. Hat der Arbeitnehmer bei dem Dritten andere, möglicherweise schwierigere Aufgaben zu erfüllen und zeigt sich, dass er dazu nicht in der Lage ist, kann das eine Kündigung normalerweise nicht rechtfertigen, sondern allenfalls einen Rückruf des Arbeitnehmers. Anders liegt es nur, wenn im Zusammenhang mit der Versetzung ausdrücklich die Leistungspflichten des Arbeitnehmers vertraglich erweitert wurden. Ein wichtiges Indiz dafür kann eine Erhöhung der Vergütung sein. Nach einer Entscheidung des BAG aus dem Jahr 2008 stellt sich beim Vorhandensein mehrerer Arbeitsverträge (dazu schon Rz. 12.29) mit verschiedenen Konzernunternehmen 12.73

193 BAG v. 27.11.1991 – 2 AZR 255/91, DB 1992, 1247 (1249).
194 Näher *Windbichler*, S. 158 f.
195 *Temming*, RdA 2018, 84, 89 ff.
196 BAG v. 27.11.1991 – 2 AZR 255/91, DB 1992, 1248 f. = ZIP 1992, 573; *Kiel*, S. 139 ff. befürwortet in diesen Fällen eine analoge Anwendung des § 1 Abs. 2 Satz 1 bzw. Satz 2 Nr. 1b KSchG.
197 *Windbichler*, S. 157 f.
198 *Kiel*, S. 139.
199 Zu anderen Fällen drittbezogenen Personaleinsatzes vgl. *Windbichler*, S. 142 ff.
200 *Windbichler*, S. 143.

eine Pflichtverletzung des Arbeitnehmers in dem anderen Rechtsverhältnis nicht schon aufgrund der Konzernbindung der Unternehmen als Vertragsverletzung des ersten Vertrags dar[201]. Etwas anderes könne jedoch gelten, wenn die Tätigkeiten bzw. Arbeitsverträge etwa durch Anrechnungsabreden, erweiterte Pflichtenbindung o.Ä. in einem Zusammenhang stünden. Dann hänge es in erster Linie von dem Inhalt der getroffenen Vereinbarungen ab, ob und inwieweit ein pflichtwidriges Verhalten des Arbeitnehmers bei seinem Beschäftigungsunternehmen sich als kündigungsrelevante Vertragsverletzung im (Stamm-)Arbeitsverhältnis darstellt[202].

12.74 Schwierigkeiten macht in diesem Zusammenhang auch die **betriebsbedingte Kündigung.** Der Wegfall eines Arbeitsplatzes bei dem Dritten kann, da dieser nicht Arbeitgeber ist, eine Kündigung nicht rechtfertigen, wohl aber dazu führen, dass der Arbeitnehmer zurückbeordert wird, um die Kündigung eines eigenen Arbeitnehmers zu vermeiden[203]. In ähnlicher Weise kommt es im Falle mehrfacher Arbeitsverhältnisse bei einem Wegfall des Arbeitsplatzes bei dem Beschäftigungsunternehmen zum Wiederaufleben des Arbeitsverhältnisses beim Entsendeunternehmen[204]. Fraglich ist, ob der Vertragsarbeitgeber den rückkehrenden Arbeitnehmer mit der Begründung entlassen kann, sein Stammarbeitsplatz sei zwischenzeitlich weggefallen. Das BAG sah in einer Entscheidung aus dem Jahr 1968 in einer Vereinbarung über eine zeitweilige Abordnung zu einer Tochtergesellschaft mit Rückkehrvereinbarung einen vertraglichen Ausschluss der Kündigung aus betriebsbedingten Gründen[205]. *Windbichler* weist demgegenüber darauf hin, dass eine zeitlich begrenzte Abordnung den Arbeitnehmer nicht gegen alle Veränderungen im Stammbetrieb schützen kann[206]. Das zeigt auch eine Entscheidung des BAG aus dem Jahr 2005, in dem ein Betriebsübergang während der Entsendung eines Arbeitnehmers ins Ausland (per befristeten Zweitvertrag) dessen ruhendes Arbeitsverhältnis auf den Erwerber übergehen ließ[207]. Maßgebend sind insoweit neben der Auslegung der vertraglichen Vereinbarungen unter Beachtung der Inhaltskontrolle vorformulierter Klauseln[208] und der Art und Dauer der Entsendung die Umstände des Einzelfalls, die sich einer schematischen Betrachtung weitgehend entziehen.

cc) Abberufung und Kündigung von Geschäftsführern in Tochtergesellschaften

12.74a Vertretungsorgane juristischer Personen genießen auch dann, wenn sie ausnahmsweise auf der Grundlage eines Arbeitsvertrags tätig werden, gem. § 14 Abs. 1 Satz 1 KSchG keinen allgemeinen Kündigungsschutz. Nicht selten nehmen Angestellte der Obergesellschaft Organfunktionen in Tochtergesellschaften wahr. Als Grundlage ihrer Bestellung – etwa zum Geschäftsführer einer Tochter-GmbH – dient der Arbeitsvertrag mit der Obergesellschaft. Ist der Arbeitnehmer auf diese Weise zum Tochter-Geschäftsführer bestellt worden, so bleibt er auch nach der Bestellung Arbeitnehmer der Muttergesellschaft, mag dieses Rechtsverhältnis auch ruhend gestellt sein[209], um das Organ nicht in Loyalitätskonflikte zu bringen. Er behält insoweit auch seinen Bestandsschutz gegenüber der Muttergesellschaft. Das ergibt sich aus dem begrenzten Zweck des § 14 Abs. 1 Satz 1 KSchG, der nur die freie Entscheidung der Gesellschaft über „ihre" Leitungsorgane sichern will: Bei dem Widerruf der Organstellung in der Tochter braucht deren Gesellschafterversammlung aber keine Rücksicht auf den Bestandsschutz gegenüber der Obergesellschaft zu nehmen, das Drittarbeitsverhältnis behindert also ihre Entscheidung nicht. Und falls zusätzlich zum Arbeitsvertrag mit der Mutter ein Dienst-

---

201 BAG v. 27.11.2008 – 2 AZR 193/07, ZIP 2009, 1880 = NZA 2009, 671 Rz. 25.
202 BAG v. 27.11.2008 – 2 AZR 193/07, ZIP 2009, 1880 = NZA 2009, 671 Rz. 25.
203 *Windbichler*, S. 145 f.; vgl. auch *Bütefisch*, S. 76 ff.
204 BAG v. 21.1.1999 – 2 AZR 648/97, NZA 1999, 539 (542) = ZIP 1999, 852; vgl. auch *Lange*, NZA 2012, 1121 (1123).
205 BAG v. 28.11.1968 – 2 AZR 76/68, AP Nr. 19 zu § 1 KSchG Betriebsbedingte Kündigung = DB 1969, 445; eingehend zu diesem Problemkreis *Windbichler*, S. 145 ff.
206 *Windbichler*, S. 146.
207 BAG v. 14.7.2005 – 8 AZR 392/04, NZA 2005, 1411.
208 Zur Auslegung einer Rückkehrvereinbarung bei Beschäftigung des ehemaligen Arbeitnehmers in einer anderen Gesellschaft BAG v. 13.3.2013 – 7 AZR 334/11, NZA 2013, 804.
209 BAG v. 20.10.1995 – 5 AZB 5/95, NZA 1996, 200.

oder Arbeitsverhältnis zur Tochter besteht, so genießt der Geschäftsführer in Bezug auf dieses Anstellungsverhältnis mit der Tochter wiederum gem. § 14 Abs. 1 Satz 1 KSchG gerade keinen Bestandsschutz.

Diese Auffassung lässt sich an Fällen bestätigen, in denen aufgrund einer Abordnungsklausel im Konzernanstellungsvertrag ein Arbeitnehmer per Weisung der Obergesellschaft zum Geschäftsführer in einer Tochter bestellt wird. Würde man dem Geschäftsführer bei Kündigung wegen § 14 Abs. 1 Satz 1 KSchG den Bestandsschutz auch gegenüber der Mutter versagen, so könnte die Mutter einseitig über den Bestandschutz verfügen, indem sie den Arbeitnehmer anweist, die Bestellung in der Tochter-GmbH anzunehmen. Ferner kann es auch so gelagert sein, dass der Geschäftsführer noch einen Teil seiner Tätigkeit bei der Mutter ableistet und daneben Geschäftsführer in einer Tochter ist. Ihm kann der Kündigungsschutz nicht einfach dadurch entzogen werden, dass er bloß zusätzlich Geschäftsführertätigkeiten verrichtet.

II. Die Arbeitnehmervertretung in den Aufsichtsräten des Holdingkonzerns

1. Mitbestimmungsgesetz

a) Anwendbarkeit, insbesondere Tendenzschutz der Holding

Die Unternehmensmitbestimmung im Holdingkonzern nach dem MitbestG wird maßgeblich von den Faktoren **Rechtsform** der Holding, **Konzerngröße** und **Konzernierungsform** bestimmt[210]. Danach kommen sowohl die Besetzung des Aufsichtsrats der Holding mit Arbeitnehmervertretern wie auch eine Mitbestimmung in den Tochterunternehmen der Holding in Betracht. 12.75

§ 1 Abs. 2 MitbestG nimmt eine Holding, die unter das Montanmitbestimmungsgesetz oder das MitbestErgG[211] fällt, von den Bestimmungen des MitbestG aus. Eine weitere Ausnahme regelt § 1 Abs. 4 MitbestG. Demgemäß findet das MitbestG keine Anwendung auf Unternehmen, die unmittelbar[212] und überwiegend den dort näher beschriebenen Zwecken dienen (sog. **Tendenzschutz**). Problematisch ist die Bedeutung dieser Bestimmung gerade für den Holdingkonzern, da der Tendenzschutz im MitbestG für Konzerntatbestände nicht ausdrücklich geregelt ist. Insbesondere stellt sich die Frage, ob eine **Tendenzzurechnung** zur Holding erfolgen kann, wenn die abhängigen Unternehmen tendenzverfolgende Tätigkeiten entfalten. Die Beantwortung der Frage ist streitig. 12.76

Nach herrschender Ansicht soll eine **Gesamtbeurteilung des Konzerns** entscheiden. Überwiegen in ihm unter **quantitativen** Gesichtspunkten[213] die Tendenzunternehmen, so liegt ein Tendenzkonzern vor und ist die Holding von der Mitbestimmung ausgenommen[214]. Demgegenüber wird eingewandt,

210 *Windbichler*, S. 496.

211 Zum Verhältnis zwischen der Montanmitbestimmung und dem MitbestG *Windbichler*, S. 536.

212 Zum Begriff der Unmittelbarkeit LG Düsseldorf v. 30.4.2013 – 33 O 126/12, juris, n.rkr. (zu § 1 Abs. 2 DrittelbG).

213 Es kommt darauf an, „in welcher Größenordnung das Unternehmen seine personellen und sonstigen Mittel zur Verwirklichung seiner tendenzgeschützten und seiner nicht tendenzgeschützten Ziele regelmäßig einsetzt“, BAG v. 15.3.2006 – 7 ABR 24/05, NZA 2006, 1422 Rz. 31 zu § 118 BetrVG; ähnlich *Rieble*, AG 2014, 224 (228); a.A. *Annuß* in MünchKomm/AktG, § 1 MitbestG Rz. 35, der nur auf das Personal abstellen will.

214 OLG Dresden v. 15.4.2010 – 2 W 1174/09, AG 2011, 88 = NZG 2011, 462 unter B.I.2.a); OLG Brandenburg v. 5.2.2013 – 6 Wx 5/12, ZIP 2013, 1623 = GmbHR 2013, 1145 = AG 2013, 686 (687 II. 2.c)aa); *Wißmann* in Wißmann/Kleinsorge/Schubert, § 1 MitbestG Rz. 67 ff.; *Habersack* in Habersack/Henssler, § 5 MitbestG Rz. 60 (für analoge Anwendung des § 1 Abs. 4 MitbestG); weitere Nachweise bei ErfK/*Oetker*, § 5 MitbestG Rz. 16; zur älteren Lit. *Loritz*, ZfA 1985, 502 in Fn. 19; im Ergebnis auch OLG Hamburg v. 22.1.1980 – 11 W 38/79, NJW 1980, 1803 f. = DB 1980, 635 ff., das allerdings auf die Tendenzbezogenheit der Leitungstätigkeit der Konzernspitze abstellt; vgl. auch BAG v. 30.6.1981 – 1 ABR 30/79, DB 1981, 2624 unter III. 5.

die Regelung des § 1 Abs. 4 MitbestG sei unternehmens-, nicht konzernbezogen, so dass es allein auf die Qualifikation der Obergesellschaft ankomme[215]. Durch eine solche Betrachtungsweise würden jedoch die Interessen der abhängigen Tendenzunternehmen völlig vernachlässigt[216]. Dies wird unmittelbar einsichtig, wenn man bedenkt, dass die Holding möglicherweise nur über die Zurechnung (§ 5 Abs. 1 MitbestG) der in den Tendenzbetrieben beschäftigten Arbeitnehmer die Grenze des § 1 Abs. 1 Nr. 2 MitbestG (2000 regelmäßig Beschäftigte) übersteigt. § 5 MitbestG hat den Zweck, die Mitbestimmung dorthin folgen zu lassen, wo die Leitung ausgeübt wird (Rz. 12.87). Besteht aber in abhängigen Tendenzunternehmen keine Mitbestimmungspflicht, so kann sie auch nicht einer Verlagerung der Leitungsmacht an die Konzernspitze „folgen". Im Übrigen muss diese **Gesamtbetrachtung auch zu Lasten der Holding** gelten: Entfaltet sie selbst – wie im Falle der Mischholding – einen eigenen Geschäftsbetrieb, so befreit dessen Tendenzschutz sie gleichwohl nicht von einem mitbestimmten Aufsichtsrat, wenn sie zugleich überwiegend tendenzfreie Tochtergesellschaften leitet[217].

12.77 Umgekehrt gilt: Auch wenn die Holding nach der vorzunehmenden Gesamtbeurteilung mitbestimmungsfrei ist, erfasst diese Freiheit nicht auch die einzelnen Töchter. Sind sie in mitbestimmungsfähiger Rechtsform organisiert und beschäftigen genügend Arbeitnehmer, so ist ihr Aufsichtsrat mitbestimmt, eine „Zurechnung" des Tendenzschutzes nach unten findet nicht statt[218].

b) Voraussetzungen der Mitbestimmung in der Holding selbst

aa) Unternehmensbegriff und Rechtsform

12.78 Unternehmensmitbestimmung in der Obergesellschaft kommt nur in Betracht, wenn die Holding in einer der in § 1 Abs. 1 MitbestG genannten Rechtsformen (vor allem AG, KGaA und GmbH) betrieben wird[219], ihr Verwaltungssitz kann dagegen seit einer Gesetzesänderung auch im Ausland liegen[220]. In Holdingkonzernen, die von einer Gesellschaft in ausländischer Rechtsform oder einer Per-

---

215 *Wiedemann*, BB 1978, 5 (9 f.); s. auch LG Hamburg v. 24.9.1979 – 71 T 31/78, DB 1979, 2279 f.; *Meilicke/Meilicke*, § 1 MitbestG Rz. 15, 17; *Annuß* in MünchKomm/AktG, § 1 MitbestG Rz. 37; weitere Nachweise bei *Habersack* in Habersack/Henssler, § 5 MitbestG Rz. 60; vgl. OLG Hamburg v. 22.1. 1980 – 11 W 38/79, NJW 1980, 1803 = DB 1980, 635; zu einem besonderen Fall (Ausübung der Leitungsmacht und Weiterleitung der Gewinne an tendenzgeschützte Stiftung) auch OLG Stuttgart v. 3.5.1989 – 8 W 38/89, AG 1990, 168 = DB 1989, 1128 f.

216 *Loritz*, ZfA 1985, 504.

217 Wie hier LG Hamburg v. 24.6.1999 – 321 T 86/98, AG 2001, 98 = NZA-RR 2000, 210 und LG München I v. 31.8.2018 – 5 HK O 11323/15, juris Rz. 15, 18, die sonst beide das Überwiegen der Tendenzverfolgung in der Unternehmensgruppe nicht hätten zu prüfen brauchen, da sie die Tendenzverfolgung durch die Konzernspitze bereits bejaht hatten; ferner; *Wißmann* in Wißmann/Kleinsorge/Schubert, § 1 MitbestG Rz. 70; *Mertens/Cahn* in KölnKomm/AktG, Anh § 117 B § 1 MitbestG Rz. 18; GK/*Schneider*, § 5 MitbestG Rz. 18; a.A. *Rieble*, AG 2014, 224 (228); *Habersack* in Habersack/Henssler, § 5 MitbestG Rz. 59, der zu Unrecht das LG Hamburg für seine Auffassung zitiert; mit einer nicht konkretisierten Schutzzwecküberlegung auch *Uffmann* in MünchArbR, § 373 Rz. 37; alle diese berücksichtigen nicht, dass so die Konzernzurechnung allzu leicht zu umgehen wäre; nicht schlüssig der weiter als Unterstützer dieser Auffassung angeführte *Raiser* in Raiser/Veil/Jacobs, § 5 MitbestG Rz. 18 f., weil dieser sich nicht zweifelsfrei zur Frage äußert, wie die Tendenzverfolgung durch die herrschende Gesellschaft zu bestimmen ist; vgl. ferner uneindeutig LG Berlin v. 1.4.2019 – 102 O 120/17, ZIP 2019, 2057 (2061 f.), (obiter), wonach es auf das quantitative Verhältnis zwischen tendenzverfolgender Tätigkeit und Konzernleitung in der Obergesellschaft ankommen soll.

218 Vgl. zu § 118 BetrVG BAG v. 22.5.2012 – 1 ABR 7/11, NZA-RR 2013, 78; ferner BVerfG v. 29.4.2003 – 1 BvR 62/99, NJW 2003, 3189; ganz h.M. in der Lit.: s. nur *Habersack* in Habersack/Henssler, § 5 MitbestG Rz. 59 a.E.; a.A. noch GK/*Schneider*, § 5 MitbestG Rz. 20.

219 Allg. Meinung, s. nur *Wißmann* in Wißmann/Kleinsorge/Schubert, § 1 MitbestG Rz. 18, 23; § 5 MitbestG Rz. 16 f.; *Habersack* in Habersack/Henssler, § 1 MitbestG Rz. 8a m.w.N.

220 *Wißmann* in Wißmann/Kleinsorge/Schubert, § 1 MitbestG Rz. 24; *Uffmann* in MünchArbR, § 373 Rz. 4 a.E.; *Habersack* in Habersack/Henssler, § 1 MitbestG Rz. 6 m.w.N. Im Hinblick auf das Territo-

sonengesellschaft beherrscht werden, findet dementsprechend eine Unternehmensmitbestimmung allenfalls in den Tochtergesellschaften statt, soweit die Voraussetzungen dafür vorliegen (dazu sogleich unter Rz. 12.95 f.). Das MitbestG setzt bestimmte Rechtsformen für die Arbeitnehmervertretung voraus, die Bildung einer Holding in Form der OHG oder KG ist daher nicht etwa als Umgehungstatbestand zu würdigen[221]. Es gilt vielmehr auch im Hinblick auf die Mitbestimmung der Grundsatz der **Organisationsautonomie**[222]. Eine Ausweitung der Unternehmensmitbestimmung durch Rechtsfortbildung auf Unternehmen, die nicht in einer der in § 1 MitbestG aufgeführten Rechtsformen organisiert sind, kommt schon deshalb nicht in Betracht[223], weil dort kein Aufsichtsrat besteht und daher die gesellschaftsrechtliche Anbindung fehlt[224]. Dies eröffnet im Zusammenspiel mit dem Grundsatz der Niederlassungsfreiheit (Art. 49 AEUV) vielfältige Möglichkeiten zur Mitbestimmungsvermeidung, s. näher Rz. 12.227[225]. Zur Mitbestimmung in der Societas Europaea s. *Marsch-Barner/J. Schmidt* Rz. 17.42 ff.

Die Rechtsform der Holding ist entscheidend, nicht etwa sind es die **Eigentums- oder Mitgliedschaftsverhältnisse**, so dass auch solche Obergesellschaften der Mitbestimmung unterliegen, deren Anteile ganz oder überwiegend der öffentlichen Hand oder ausländischen Anteilseignern zustehen[226]. Erfasst werden nach überwiegender Ansicht nur die nach deutschem Recht gegründeten Gesellschaften, nicht dagegen solche **ausländischen Rechts**, selbst dann nicht, wenn sie ihren tatsächlichen Verwaltungssitz in Deutschland haben[227]. Auch eine analoge Anwendung kommt nicht in Betracht[228]. Das Mitbestimmungsrecht berührt sich hier mit noch nicht endgültig geklärten Fragen des internationalen Gesellschaftsrechts[229]. Ordnet man die Unternehmensmitbestimmung als (zwingendes) Organisationsrecht der Gesellschaften ein, so dürfte ihre Anwendung auf EU-Gesellschaften nach der Rechtsprechung des EuGH in den Fällen Centros, Überseering und Inspire Art[230] an der Niederlassungsfreiheit scheitern, da EU-Gesellschaften „so wie sie sind" in Deutschland tätig werden dürfen[231]. Betrachtet man die Unternehmensmitbestimmung hingegen als arbeitsrechtliche Kautelen 12.79

rialitätsprinzip war dazu eine ausdrückliche Geltungsanordnung durch den Gesetzgeber vonnöten, die man aber in BT-Drucks. 16/9737, S. 54 f. erblicken muss.

221 *Windbichler*, S. 533 f.; *Habersack* in Habersack/Henssler, § 1 MitbestG Rz. 18 f., 26 ff., 30.

222 *Windbichler*, S. 533 ff. m.w.N. in Fn. 231; *Habersack* in Habersack/Henssler, § 1 MitbestG Rz. 28.

223 Allg. Meinung, s. nur *Habersack* in Habersack/Henssler, § 1 MitbestG Rz. 31 m.w.N.; GK/*Rumpff*, § 1 Abs. 13 MitbestG Rz. 13 f. m.w.N.

224 *Windbichler*, S. 534.

225 Übersicht mit Beispielen aus dem Gesundheitssektor bei *Bayer/Hoffmann*, AG 2017, R119-R124.

226 LG Köln v. 3.4.1984 – 3 AktE 1/82, AG 1985, 252; *Habersack* in Habersack/Henssler, § 1 MitbestG Rz. 4; *Raiser* in FS Kropff, 1997, S. 248.

227 ErfK/*Oetker*, § 1 MitbestG Rz. 5 a.E.; *Wißmann* in Wißmann/Kleinsorge/Schubert, § 1 MitbestG Rz. 23 je m.w.N.; ausführlich mit Alternativüberlegungen *Habersack* in Habersack/Henssler, § 1 MitbestG Rz. 8a; a.A. *Weidmann*, Die Anwendung des Mitbestimmungsgesetzes 1976 in Fällen mit Auslandsbezug, 2007, passim; *Franzen*, RdA 2004, 257 ff.; *Großfeld/Erlinghagen*, JZ 1993, 217 ff.; *Müffelmann*, BB 1977, 628.

228 Wie Fn. zuvor, ferner *Horn*, NJW 2004, 893 (900); *Altmeppen/Ego* in MünchKomm/AktG, 3. Aufl. 2012, Europäische Niederlassungsfreiheit Rz. 587 mit umfassenden Nachweisen.

229 Ausführliche Darstellung der Rechtsprechungsentwicklung bei *Wißmann* in Wißmann/Kleinsorge/Schubert, § 1 MitbestG Rz. 20 ff.; vgl. auch *Bayer/J. Schmidt* Rz. 18.24, 18.29 f., 18.34 zur Konzernhaftung.

230 EuGH v. 9.3.1999 – C-212/97, ECLI:EU:C:1999:126 – Centros, GmbHR 1999, 474 = AG 1999, 226 = ZIP 1999, 438 ff.; EuGH v. 5.11.2002 – C-208/00, ECLI:EU:C:2002:632 – Überseering, GmbHR 2002, 1137 = AG 2003, 37 = NJW 2002, 3614; EuGH v. 30.9.2003 – C-167/01, ECLI:EU:C:2003:512 – Inspire Art, AG 2003, 680 = GmbHR 2003, 1260 m. Komm. *Meilicke* = BB 2003, 2195; dazu *Bayer*, BB 2003, 2357 ff.

231 Klar EuGH v. 30.9.2003 – C-167/01, ECLI:EU:C:2003:512 – Inspire Art, AG 2003, 680 = GmbHR 2003, 1260 m. Komm. *Meilicke* = BB 2003, 2195. Dagegen meint *Bayer*, BB 2003, 2365, die Einschränkung der Niederlassungsfreiheit sei geeignet und erforderlich zum Schutz von Arbeitnehmerinteressen als vom EuGH anerkannten Allgemeininteressen, was man wohl angesichts der Regeln über die Mitbestimmung in der SE kaum wird sagen können.

für das unternehmerische Tätigwerden von Kapitalgesellschaften innerhalb Deutschlands, so wäre eine (auf Deutschland beschränkte) Sonderanknüpfung durch die neuere EuGH-Rechtsprechung nicht untersagt, da der EuGH nichts gegen eine Gleichbehandlung von EU-aus- und inländischen Gesellschaften hat[232]. In der derzeitigen Ausgestaltung durch das MitbestG ist die Unternehmensmitbestimmung zweifelsohne Gesellschaftsorganisationsrecht und damit auf Gesellschaften EU-ausländischen Rechts nicht anwendbar. Auch eine gesetzlich angeordnete Sonderanknüpfung würde mit hoher Wahrscheinlichkeit an den Grundsätzen scheitern, die der EuGH in der Entscheidung Inspire Art aufgestellt hat. Denn dort lehnt er eine Umqualifizierung von Gründungsrecht in administrative Grenzen der Tätigkeit jedenfalls in Bezug auf das Mindestkapital ausdrücklich ab[233]. Gleiches wird für die Mitbestimmung gelten[234].

bb) Unternehmensgröße und Arbeitnehmerbegriff

12.80 Nach § 1 Abs. 1 Nr. 2 MitbestG ist weitere Anwendungsvoraussetzung die **Beschäftigung von in der Regel mehr als 2000 Arbeitnehmern.** Zu zählen sind in erster Linie Personen, nicht Arbeitsplätze. Die Mitbestimmung ist nicht wegen der wirtschaftlichen Bedeutung eines Unternehmens, sondern wegen seiner sozialen Bedeutung für eine größere Anzahl von Arbeitnehmern einzurichten[235].

12.81 Für die typische Holding wird dieses Erfordernis nicht unmittelbar erfüllt sein; vielmehr wird die Mitbestimmung in der Obergesellschaft erst durch die Zurechnung der Arbeitnehmer der Tochtergesellschaften nach § 5 MitbestG ermöglicht (Rz. 12.87 ff.). Wenngleich die Zurechnungsfragen für den Holdingkonzern besonders bedeutsam sind, darf das Problem des mitbestimmungsrechtlichen Arbeitnehmerbegriffs nicht außer Acht gelassen werden, da auch die einzelnen Holdingunternehmen mitbestimmt sein können.

12.82 § 3 MitbestG geht vom **allgemeinen Arbeitnehmerbegriff**[236] aus, modifiziert dann aber den Kreis der dazugehörigen Personen, indem bestimmte Personen ausgenommen werden (§ 5 Abs. 2 BetrVG

---

232 EuGH v. 9.3.1999 – C-212/97, ECLI:EU:C:1999:126 – Centros, GmbHR 1999, 474 = AG 1999, 226 = ZIP 1999, 438, 441 Rz. 34.

233 Klar EuGH v. 30.9.2003 – C-167/01, ECLI:EU:C:2003:512 – Inspire Art, AG 2003, 680 = GmbHR 2003, 1260 m. Komm. *Meilicke* = BB 2003, 2195 (2198) Rz. 99 f.: „Dem Vorbringen, dass die WFBV keineswegs die Niederlassungsfreiheit beeinträchtige, da ausländische Gesellschaften in den Niederlanden uneingeschränkt anerkannt würden, ihre Eintragung in das niederländische Handelsregister nicht verweigert werde und die WFBV nur eine Reihe zusätzlicher, administrativer Verpflichtungen enthalte, kann nicht gefolgt werden. Die WFBV hat nämlich zur Folge, dass die Vorschriften des niederländischen Gesellschaftsrechts über das Mindestkapital und die Haftung der Geschäftsführer zwingend auf ausländische Gesellschaften wie die Inspire Art angewandt werden, wenn sie ihre Tätigkeiten ausschließlich oder nahezu ausschließlich in den Niederlanden ausüben."

234 Zur Zulässigkeit der gesetzlichen Erstreckung der Mitbestimmung auf Gesellschaften ausländischer Rechtsformen, die ihren tatsächlichen Sitz im Inland haben, s. *Habersack* in Habersack/Henssler, § 1 MitbestG Rz. 8a m.w.N.

235 Vgl. *Ulmer* in FS Heinsius, 1991, S. 858 f.; *Wanhöfer*, Gemeinschaftsbetrieb und Unternehmensmitbestimmung, S. 60 f. m.w.N. in Fn. 16; ferner *Wißmann* in Wißmann/Kleinsorge/Schubert, § 1 MitbestG Rz. 34; *Raiser* in Raiser/Veil/Jacobs, § 1 MitbestG Rz. 18f.; auch BVerfG v. 1.3.1979 – 1 BvR 532, 533/77, 419/78, 1 BvL 21/78, BVerfGE 50, 290 (380 f.) = AP Nr. 1 zu § 1 MitbestG (Bl. 912) = NJW 1979, 699 ff.: Erst mit dem Überschreiten einer bestimmten Unternehmensgröße träten die Probleme der Anonymisierung der Arbeitnehmer, der Bürokratisierung der Unternehmensleitung und damit die Entstehung von Dienstwegen auf, die eine Mitbestimmung der Arbeitnehmer nahe legten; ferner BGH v. 25.6.2019 – II ZB 21/18, AG 2019, 798 = ZIP 2019, 1661 = NZA 2019, 1232 Rz. 33; a.A. die mittlerweile überholte Entscheidung des BAG v. 1.12.1961, AP Nr. 1 zu § 77 BetrVG 1952 = DB 1962, 306.

236 Danach ist unabhängig von der Bezeichnung Arbeitnehmer, wer aufgrund eines privatrechtlichen Vertrags oder eines ihm gleichgestellten Rechtsverhältnisses i.d.R. persönlich zur Leistung von Diensten für einen anderen in dessen Betrieb und nach dessen Weisung verpflichtet ist. So bereits BAG v. 13.12.1962, AP Nr. 3 zu § 611 BGB Abhängigkeit = DB 1963, 345; BAG v. 8.6.1967, AP Nr. 3 zu § 611

1972, vor allem Organmitglieder und Gesellschafter) und die in § 6 Abs. 1 BetrVG 1972 genannten Heimarbeiter eingerechnet werden. Die Gründe für die Aufnahme eines Größenerfordernisses Mindestarbeitnehmerzahl verlangen eine Zählung unter zwei übergeordneten Aspekten:

Die soziale Bedeutung eines Unternehmens (Rz. 12.80) drückt sich vor allem durch seine rechtliche Verantwortlichkeit für eine Vielzahl von Arbeitnehmern aus. Die Betonung der **arbeitsvertraglichen Bindung** ergibt sich aus der möglichen Betroffenheit des Arbeitnehmers von Entscheidungen auf Unternehmensebene[237]. Zählte man allein anhand dieses Maßstabs, so wären alle Arbeitnehmer erfasst, die eine arbeitsvertragliche Bindung an das Unternehmen haben, unabhängig von der weiteren Frage, ob sie auch tatsächlich dort beschäftigt werden[238]. Der zweite Grund für die Aufnahme einer Mindestarbeitnehmerzahl liegt in der zunehmenden Bürokratisierung arbeitnehmerreicher Unternehmen und der damit verbundenen Anonymisierung der Belegschaft sowie der Entstehung von komplizierten Organisationsstrukturen[239]. Dieser Aspekt legt eine **strukturelle Betrachtungsweise** nahe. Anonymisierung der Belegschaft, Bürokratisierung und zunehmende Entfernung der Unternehmensleitung von den Arbeitnehmern können im Unternehmen auch auftreten, wenn es seine Zwecke mit der ständigen Beschäftigung von – möglicherweise wechselnden – Leiharbeitnehmern erfüllt. Andererseits steigt die Größe des Unternehmens – strukturell betrachtet – nicht, wenn es für zehn Erziehungsurlauber oder Wehrdienstleistende zehn Arbeitnehmer befristet zur Vertretung einstellt. Die Unternehmensgröße allein anhand der sozialen Verantwortlichkeit zu messen, würde hingegen dazu führen, beispielsweise sowohl den Erziehungsurlauber als auch seine Vertretung zu zählen, ohne zu berücksichtigen, dass die Vertretung den Beurlaubten nur ersetzt. Auch würden Leiharbeitnehmer niemals mitzählen, selbst wenn sie – gegebenenfalls wechselnd – Daueraufgaben im Unternehmen wahrnehmen[240]. Die strukturelle Betrachtungsweise orientiert sich aber nicht an den Arbeitsplätzen, sondern an dem regelmäßigen Arbeitskräftebedarf des Unternehmens und entspricht insoweit dem Wortlaut des § 1 Abs. 1 Nr. 2 MitbestG. Durch die strukturelle Betrachtungsweise wird das Kriterium der sozialen Bedeutung eines Unternehmens korrigiert. Einen gesetzlichen Anhaltspunkt für diese Korrektur legt das Wort „beschäftigen" nahe[241]. Entsprechenden Tendenzen in der Rechtsprechung des BAG[242] stand freilich eine abweichende Entscheidung des OLG Hamburg aus 2014 gegenüber[243]. Durch eine Gesetzesänderung in § 14 AÜG und eine Entscheidung des BGH[244] ist die Frage nunmehr geklärt (s. näher dazu Rz. 12.119). 12.83

BGB Abhängigkeit = DB 1967, 1374; *Henssler* in Habersack/Henssler, § 3 MitbestG Rz. 7f.; GK/*Matthes*, § 3 MitbestG Rz. 8; *Fitting*, § 5 BetrVGRz. 15.

237 Ausführlich *Wanhöfer*, Gemeinschaftsbetrieb und Unternehmensmitbestimmung, S. 63 ff.; *Martens* in FS Hilger/Stumpf, 1983, S. 454 f.; *Windbichler*, S. 497 für das Wahlrecht, S. 513 für die Arbeitnehmerzahl; GK/*Rumpff*, § 1 Abs. 1–3 MitbestG Rz. 15.

238 In Übereinstimmung mit dem allgemeinen Arbeitnehmerbegriff muss die vertragliche Bindung allerdings nicht unbedingt wirksam sein, auch wer aufgrund anfechtbaren oder nichtigen Arbeitsvertrags beschäftigt wird, ist als Arbeitnehmer anzusehen, BAG v. 15.1.1986 – 5 AZR 237/84, DB 1986, 1393; GK/*Raab*, § 5 BetrVG Rz. 30 m.w.N.; *Windbichler*, S. 268; *Fitting*, § 5 BetrVG Rz. 20; *Galperin/Löwisch*, § 5 BetrVG Rz. 8; *Richardi*, § 5 BetrVG Rz. 42 ff.

239 BVerfG v. 1.3.1979, BVerfGE 50, 290 (380 f.) = AP Nr. 1 zu § 1 MitbestG (Bl. 912) = NJW 1979, 699 ff.

240 *Wanhöfer*, Gemeinschaftsbetrieb und Unternehmensmitbestimmung, S. 62, 73 ff.; *Ulmer* in FS Heinsius, 1991, S. 860 (864 f.,872); *Windbichler*, S. 513; inkonsequent daher *Lambrich/Reinhard*, NJW 2014, 2229 (2231/2232), wenn sie einerseits einseitig auf die soziale Bedeutung abstellen und andererseits zusätzlich tatsächliche Beschäftigung verlangen.

241 So *Ulmer* in FS Heinsius, 1991, S. 857 a.E., 864 f.; vgl. auch *Lunk*, NZG 2014, 778 (779).

242 Zu § 9 BetrVG bereits BAG v. 13.3.2013 – 7 ABR 69/11, ZIP 2013, 1489 = NZA 2013, 789; dazu auch ausführlich Rz. 12.160 m.w.N.; zu § 9 MitbestG BAG v. 4.11.2015 – 7 ABR 42/13, AG 2016, 363 = ZIP 2016, 783 = NZA 2016, 559; ablehnend *Lambrich/Reinhard*, NJW 2014, 2229 (2230 f.).

243 OLG Hamburg v. 31.1.2014 – 11 W 89/13, AG 2014, 588 = ZIP 2014, 680; zustimmend *Lunk*, NZG 2014, 778 (779 f.).

244 BGH v. 25.6.2019 – II ZB 21/18, AG 2019, 798 = ZIP 2019, 1661, NZA 2019, 1232.

12.84 Schließlich kann wegen des Merkmals **„in der Regel beschäftigt"** nicht die Belegschaftsgröße an einem mehr oder weniger zufälligen Stichtag den Ausschlag geben. Als regelmäßig beschäftigt werden die Arbeitnehmer angesehen, die bei Betrachtung des Normalzustands im Unternehmen beschäftigt sind, wobei kurzfristige Sonderbewegungen, wie zu Weihnachten oder in der Reise- und Urlaubszeit, auszuschließen sind. Maßgebend ist die Personalstärke, die für das Unternehmen im Allgemeinen kennzeichnend ist[245]. Vorübergehende Schwankungen sollen bei der Ermittlung der Beschäftigtenzahl außer Betracht bleiben[246]. Dem wird dadurch Rechnung getragen, dass nach einem Rückblick auf die bisherige personelle Stärke eine Einschätzung der künftigen Entwicklung stattfindet[247]. Die Berücksichtigung der zukünftigen Entwicklung ist anhand von objektiven Kriterien durchzuführen. Zu berücksichtigen sind konkrete Entscheidungen des Arbeitgebers, die eine Veränderung der Beschäftigtenzahl erwarten lassen. Die bloße Befürchtung oder Erwartung, Stellen könnten abgebaut oder Arbeitnehmer entlassen werden, berechtigt nicht dazu, die Zahl der i.d.R. Beschäftigten schon deshalb geringer anzusetzen[248].

12.85 Fraglich ist, welcher **Prognosezeitraum** bei der Einschätzung der zukünftigen Entwicklung des Personalbestandes zugrunde zu legen ist. Der Gesetzgeber hat sich bewusst der Festlegung eines bestimmten Referenzzeitraums enthalten, um einerseits eine flexible Regelung zu schaffen und andererseits zu gewährleisten, dass die Referenzperiode nicht unangemessen lang wird. In Literatur und Rechtsprechung werden für die Dauer des Prognosezeitraums mehrere Vorschläge unterbreitet. Diese orientieren sich überwiegend an dem beim Übergang zur Mitbestimmung einzuhaltenden Verfahren, das eine Referenzperiode von 18–24 Monaten nahe legt[249].

12.86 Aus den soeben beschriebenen, aus Funktion und Zweck der Unternehmensmitbestimmung abgeleiteten Kriterien folgt, dass sich der **Stellenplan** eines Unternehmens nur äußerst bedingt zur Größenfeststellung eignet. Zwar bietet seine Heranziehung vor allem dann Vorteile, wenn es darum geht, vorübergehende Schwankungen der Beschäftigtenzahlen auszuschalten, also im Zusammenhang mit dem Kriterium der regelmäßigen Beschäftigung. Die Heranziehung des Stellenplans als ausschlaggebendes Kriterium widerspräche indes der notwendigen Orientierung an Personen und ist daher nach richtiger und herrschender Auffassung in Rechtsprechung und Literatur abzulehnen[250]. Bei

245 BAG v. 19.7.1983 – 1 AZR 26/82, BB 1983, 2118; BAG v. 31.7.1986 – 2 AZR 594/85, DB 1987, 1591; LAG Berlin v. 25.4.1988 – 9 TaBV 2/88, DB 1988, 1456; *Henssler* in Ulmer/Habersack/Henssler, § 3 MitbestG Rz. 63; *Wißmann* in Wißmann/Kleinsorge/Schubert, § 1 MitbestG Rz. 46; vgl. auch *Schwermer*, DB 1986, 1074.

246 Vgl. Bericht des 11. BT-Ausschusses, BT-Drucks. 7/4845, 4; OLG Düsseldorf v. 9.12.1994 – 19 W 2/94, AG 1995, 328 = DB 1995, 277 f.; *Habersack* in Habersack/Henssler, § 3 MitbestG Rz. 61 ff.; *Wißmann* in Wißmann/Kleinsorge/Schubert, § 1 MitbestG Rz. 46.

247 St. Rspr., s. etwa BAG v. 24.1.2013 – 2 AZR 140/12, ZIP 2013, 1442 = NZA 2013, 726 Rz. 24 zu § 23 KSchG; BAG v. 22.2.1983, AP Nr. 7 zu § 113 BetrVG 1972 Bl. 3; BAG v. 12.10.1976, AP Nr. 1 zu § 8 BetrVG 1972 = DB 1977, 356 (357); BAG v. 31.7.1986 – 2 AZR 594/85, DB 1987, 1591; BAG v. 10.12.1996 – 1 ABR 43/96, ZIP 1997, 855 = AP Nr. 37 zu § 111 BetrVG 1972; *Wißmann* in Wißmann/Kleinsorge/Schubert, § 1 MitbestG Rz. 46 f.; *Rittner*, AG 1983, 101.

248 Zum MitbestG: OLG Düsseldorf v. 9.12.1994 – 19 W 2/94, AG 1995, 328 = DB 1995, 277; zum BetrVG: LAG Hamm v. 6.10.1978, DB 1979, 1563; GK/*Franzen*, § 1 BetrVGRz. 103; GK/*Jacobs*, § 9 BetrVG Rz. 10, 18; LAG München v. 14.4.1987 – 2 TaBV 14/87, LAGE § 18 BetrVG Nr. 2; zum BPersVG: BAG v. 29.5.1991 – 7 ABR 27/90, AP Nr. 1 zu § 17 BPersVG.

249 OLG Düsseldorf v. 9.12.1994 – 19 W 2/94 AktE, DB 1995, 277 (278); *Rittner*, AG 1983, 102; LG Nürnberg-Fürth v. 10.11.1983 – 4 O 3900/83, ZIP 1984, 326; *Henssler* in Habersack/Henssler, § 3 MitbestG Rz. 62; *Wißmann* in Wißmann/Kleinsorge/Schubert, § 1 MitbestG Rz. 47 m.w.N. Eine an der Amtsperiode des Aufsichtsrats orientierte Dauer der Referenzperiode ist demgegenüber als zu lang abzulehnen, vgl. die zuvor genannten und *Ulmer* in FS Heinsius, 1991, S. 863; so aber *Hoffmann/Lehmann/Weinmann*, § 1 MitbestG Rz. 33. Kritisch zur Länge des Zeitraums *Lambrich/Reinhard*, NJW 2014, 2229 (2233).

250 BAG v. 29.5.1991 – 7 ABR 27/90, BB 1992, 773 = NJW 1992, 182; BVerwG v. 15.3.1968, AP Nr. 1 zu § 13 BPersVG = BVerwGE 29, 222; *Henssler* in Habersack/Henssler, § 3 MitbestG Rz. 62; *Raiser in Raiser/Veil/Jacobs/*, § 1 MitbestG Rz. 20; *Hoffmann/Lehmann/Weinmann*, § 1 MitbestG Rz. 19; a.A.

Abweichen vom Stellenplan ist von den tatsächlichen Gegebenheiten auszugehen und eine länger andauernde Praxis zu berücksichtigen.

cc) Zurechnung der Größe von Tochtergesellschaften

Die Mitbestimmung im Holdingkonzern wird, soweit es den Anwendungsbereich des MitbestG angeht, maßgeblich durch § 5 MitbestG beeinflusst. Unter der Voraussetzung, dass die Obergesellschaft in mitbestimmungsfähiger Rechtsform[251] betrieben wird und ein Unterordnungskonzern vorliegt, bestimmt § 5 Abs. 1 MitbestG, dass die Arbeitnehmer der abhängigen Unternehmen als Arbeitnehmer der Obergesellschaft gelten. Das hat eine Erweiterung der Mitbestimmung in zwei Richtungen zur Folge. Zum einen werden Unternehmen mitbestimmungspflichtig, die selbst unmittelbar weniger als 2000 Arbeitnehmer beschäftigen und erst durch die Zurechnung den Grenzwert überschreiten; zum anderen erhalten auch die Arbeitnehmer eine Vertretung an der zentralen Stelle des Konzerns, die in Tochtergesellschaften beschäftigt sind, die selbst nicht die erforderliche Größe erreichen[252]. Zweck dieser Bestimmung ist es, die Mitbestimmung der **Konzernleitungsmacht folgen** und also dort stattfinden zu lassen, wo sie tatsächlich ausgeübt wird[253]. Vereinzelt wird dieser Zweck bestritten bzw. versucht, ihn unter Berufung auf die Verfassung für auslegungsirrelevant zu erklären, da § 5 MitbestG auf einer politischen Grundsatzentscheidung beruhe[254]. Dem ist zu entgegnen, dass praktisch alle relevanten Gesetze Ergebnis politischer Grundsatzentscheidungen sind und diese Tatsache ihrerseits keine teleologische Auslegung verbieten kann. Wenn dem Gesetzgeber rechtspolitische Erwägungen des Rechtsanwenders missfallen, steht es ihm frei, diese zu korrigieren. Ein Auslegungsverbot verschöbe seinerseits in verfassungsrechtlich bedenklicher Weise die Machtbalance zwischen Legislative und Judikative. Im Übrigen hat der Gesetzgeber gerade im Mitbestimmungsrecht eine normzweckorientierte Auslegung durch die Rechtsprechung[255] ausdrücklich gebilligt[256]. 12.87

Grundsätzlich verweist § 5 Abs. 1 MitbestG für die Feststellung, ob der Konzerntatbestand gegeben ist, auf § 18 Abs. 1 AktG und verdeutlicht damit, dass nur die dort bezeichneten **Unterordnungskonzerne**[257] von der Zurechnung erfasst werden. Der Verweis erfasst über § 18 Abs. 1 Satz 3 AktG auch die Regeln des § 17 AktG und damit die Abhängigkeitsvermutung des § 17 Abs. 2 AktG[258]. Auf Personengesellschaften ist die Vermutung des § 17 Abs. 2 AktG indessen nicht ohne weiteres an- 12.88

GK/*Rumpff*, § 1 Abs. 1–3 MitbestG Rz. 17; ähnlich BAG v. 1.12.1961, AP Nr. 1 zu § 77 BetrVG = DB 1962, 306; vgl. kritisch *Ulmer* in FS Heinsius, 1991, S. 861.

251 Die Rechtsform des abhängigen Unternehmens ist dagegen für die Unternehmenszurechnung ohne Bedeutung, BAG v. 15.12.2011 – 7 ABR 56/10, ZIP 2012, 1610 = AG 2012, 632 = NZG 2012, 754 Rz. 49; aus der Lit. statt aller *Wißmann* in Wißmann/Kleinsorge/Schubert, § 5 MitbestG Rz. 19 m.w.N.

252 Vgl. *Habersack* in Habersack/Henssler, § 5 MitbestG Rz. 2; *Wißmann* in Wißmann/Kleinsorge/Schubert, § 5 MitbestG Rz. 1.

253 Grundlegend *Hanau*, ZGR 1984, 476 f.; *Windbichler*, S. 519; *Wißmann* in Wißmann/Kleinsorge/Schubert, § 5 MitbestG Rz. 3; *Habersack* in Habersack/Henssler, § 5 MitbestG Rz. 1 f.; *Bork*, ZGR 1994, 249; *Uffmann* in MünchArbR, § 373 Rz. 21.

254 *Annuß* in MünchKomm/AktG § 5 MitbestG Rz. 1.

255 BGH v. 25.6.2019 – II ZB 21/18, ZIP 2019, 1661 = NZA 2019, 1232 Rz. 25 a.E. = GmbHR 2019, 1182 und BAG v. 4.11.2015 – 7 ABR 42/13, ZIP 2016, 783 = NZA 2016, 559 Rz. 29 = AG 2016, 363.

256 BT-Drucks. 18/9232, S. 29.

257 Zum Konzernbegriff vgl. *Lutter/Bayer* Rz. 1.33 ff.; dieser ist auch im Rahmen des Mitbestimmungsrechts maßgeblich: BAG v. 15.12.2011 – 7 ABR 56/10, ZIP 2012, 1610 = AG 2012, 632 = NZG 2012, 754 Rz. 46 zu § 2 DrittelbG; *Bayer* in MünchKomm/AktG, § 18 AktG Rz. 26.

258 Vgl. zur vergleichbaren Verweisung auf § 18 AktG im DrittelbG BAG v. 15.12.2011 – 7 ABR 56/10, ZIP 2012, 1610 = AG 2012, 632 = NZG 2012, 754 Rz. 49; dort auch zur Möglichkeit der Widerlegung der Konzernvermutung sowie BayObLG v. 6.3.2002 – 3 Z BR 343/00, DB 2002, 1147 ff., gelungen ist die Widerlegung angeblich bei OLG Düsseldorf v. 4.7.2013 – I-26 W 13/08 (AktE), ZWH 2014, 81 = ZIP 2014, 517 = AG 2013, 720.

wendbar, da gesetzlicher Ausgangspunkt das Einstimmigkeitsprinzip ist[259]. Liegen die Voraussetzungen vor, so gelten für die Berechnung der Größe der Holding die Arbeitnehmer der abhängigen Gesellschaften als Arbeitnehmer der Holding. Damit entscheidet sich nicht nur, ob bei der Holding ein mitbestimmter Aufsichtsrat zu bilden ist, sondern auch, mit wie vielen Mitgliedern er zu besetzen ist (vgl. § 7 MitbestG). Daneben bleibt die Zugehörigkeit der Arbeitnehmer zu den jeweiligen Anstellungsgesellschaften erhalten, was für die Mitbestimmung auf unteren Ebenen des Holdingkonzerns von Bedeutung ist (Rz. 12.95 ff.). Trotz der Bezugnahme auf das Aktienrecht ergeben sich im Mitbestimmungsrecht entsprechend dem Zweck des § 5 MitbestG gewisse Besonderheiten, von denen folgende für die Holding von Bedeutung sind:

12.89 Was zunächst den **mitbestimmungsrechtlichen Unternehmensbegriff** angeht, so findet auch in der **eindimensionalen Holding** eine Verlagerung der Leitungsmacht auf eine andere Gesellschaft statt, die es rechtfertigt, der Holding die Arbeitnehmer der Tochtergesellschaft mitbestimmungsrechtlich zuzurechnen[260]. Gesellschaftsrechtlich fehlt es dagegen am Konzerntatbestand, da mangels anderweitiger Interessenbindung der Obergesellschaft der konzerntypische Interessenkonflikt nicht auftreten kann. Nach überwiegender Ansicht wird im MitbestG jedoch ein eigener und einheitlicher Unternehmensbegriff verwendet, der lediglich auf die Rechtsform der Obergesellschaft abstellt (§ 1 MitbestG)[261], ein Interessenkonflikt ist demzufolge nicht Voraussetzung des mitbestimmungsrechtlichen Konzerns. Daraus folgt weiter, dass es für die Anwendung des § 5 Abs. 1 MitbestG ohne Bedeutung ist, ob die Holding neben ihrer Beteiligung an den Tochtergesellschaften einen **eigenen Geschäftsbetrieb** unterhält[262]. Keine Voraussetzung der Unternehmenszurechnung ist auch, dass die Holding eigene Arbeitnehmer beschäftigt[263]. Zur Frage, ob eine Zurechnung von Arbeitnehmern einer KG gem. § 5 Abs. 1 MitbestG an ihre Komplementär-Kapitalgesellschaft unabhängig von den Voraussetzungen des § 4 MitbestG in Betracht kommt, vgl. Rz. 12.113.

12.90 Ob **Körperschaften und Anstalten des öffentlichen Rechts** abhängige Unternehmen sein können, war Gegenstand eines Verfahrens, in dem das LAG Berlin die Frage verneinte. Die öffentlich-rechtliche Zweckbindung der Anstalt stehe einer privatrechtlichen Fremdsteuerung entgegen[264]. An der Entscheidung ist Kritik geübt worden[265], in der Literatur wird überwiegend die Möglichkeit der Abhängigkeit bejaht[266]; eine höchstrichterliche Entscheidung zu dieser Frage steht noch aus.

---

259 BAG v. 15.12.2011 – 7 ABR 56/10, ZIP 2012, 1610 = AG 2012, 632 = NZG 2012, 754 Rz. 49 (zu § 2 DrittelbG); vgl. kritisch dazu *Brügel/Tillkorn*, GmbHR 2013, 459 (461 f.).

260 OLG Stuttgart v. 3.5.1989 – 8 W 38/89, AG 1990, 168 = BB 1989, 1005; BayObLG v. 24.3.1998 – 3Z BR 236/96, AG 1998, 523 = DB 1998, 973 (975); *Wißmann* in Wißmann/Kleinsorge/Schubert, § 5 MitbestG Rz. 16; *Habersack* in Habersack/Henssler, § 5 MitbestG Rz. 11, 16; *Windbichler*, S. 519; ErfK/*Oetker*, § 5 MitbestG Rz. 3; vgl. auch BayObLG v. 6.3.2002 – 3 Z BR 343/00, DB 2002, 1147 ff. (dies offen lassend); a.A. findet sich in der älteren Literatur, etwa *Meilicke/Meilicke*, § 1 MitbestG Rz. 8.

261 *Hoffmann/Lehmann/Weinmann*, § 5 MitbestG Rz. 11; *Habersack* in Habersack/Henssler, § 5 MitbestG Rz. 16, § 1 MitbestG Rz. 35; *Raiser* in Raiser/Veil/Jacobs, § 5 MitbestG Rz. 5; *Wißmann* in Wißmann/Kleinsorge/Schubert, § 5 MitbestG Rz. 16; vgl. auch OLG Stuttgart v. 3.5.1989 – 8 W 38/89, AG 1990, 168 = BB 1989, 1006.

262 OLG Stuttgart v. 3.5.1989 – 8 W 38/89, AG 1990, 168 = BB 1989, 1006; *Raiser* in Raiser/Veil/Jacobs, § 5 MitbestG Rz. 5; *Raiser* in FS Kropff, 1997, S. 247; *Hoffmann/Lehmann/Weinmann*, § 5 MitbestG Rz. 11; so aber *Grossmann*, BB 1976, 1391 (1394).

263 *Wißmann* in Wißmann/Kleinsorge/Schubert, § 5 MitbestG Rz. 16; *Habersack* in Habersack/Henssler, § 5 MitbestG Rz. 16.

264 LAG Berlin v. 27.10.1995 – 6 TaBV 1/95, AG 1996, 140 ff. (142).

265 *Raiser*, ZGR 1996, 458 (465 ff.); *Raiser* in FS Kropff, 1997, S. 249; vgl. auch *Bezzenberger/Schuster*, ZGR 1996, 481.

266 *Wißmann* in Wißmann/Kleinsorge/Schubert, § 5 MitbestG Rz. 21; *Habersack* in Habersack/Henssler, § 5 MitbestG Rz. 18; ErfK/*Oetker*, § 5 MitbestG Rz. 5 m.w.N.

Weitere Abweichungen vom gesellschaftsrechtlichen Konzernbegriff bestehen vor allem für die Unternehmenszurechnung zu unteren Ebenen der Holding (dazu insbesondere Rz. 12.95 ff.). Daneben reicht die **Leitung in einzelnen Unternehmenssparten** (oder Funktionsbereichen) aus, um von einer Zusammenfassung unter einheitlicher Leitung zu sprechen[267]. **Paritätische Gemeinschaftsunternehmen**[268] bilden nach Rechtsprechung und h.M.[269] mit beiden Trägerunternehmen einen Unterordnungskonzern[270]. Die Arbeitnehmer des Gemeinschaftsunternehmens werden dann beiden Trägern zugerechnet. Im Holdingkonzern wird dies allenfalls bei gemeinsamen Unternehmen von Tochtergesellschaften der Holding der Fall sein. Die Arbeitnehmer des gemeinsamen Enkelunternehmens werden dann zwar beiden Tochterunternehmen zugerechnet, wenn die Voraussetzungen des Konzerns im Konzern vorliegen (Rz. 12.97 ff.). Für den bei der Holding zu bildenden Aufsichtsrat werden sie jedoch nur einmal gezählt, da eine besondere konzerninterne Organisation die Größe des Konzerns nicht beeinflussen kann[271]. Zur Zurechnung der Arbeitnehmer in **Gemeinschaftsbetrieben** s. Rz. 12.224. 12.91

Im **internationalen Holdingkonzern**[272] gilt Folgendes: Die Arbeitnehmer ausländischer Tochtergesellschaften werden von der Fiktion des § 5 Abs. 1 MitbestG nicht erfasst, da das MitbestG nur innerhalb Deutschlands Anwendung findet[273]. Das Territorialitätsprinzip verbietet die Zählung der im Ausland beschäftigten Arbeitnehmer, da mit der Zurechnung auch die Wahlberechtigung untrennbar[274] verbunden wäre (sog. Einheit von Zählen und Wählen, vgl. § 10 MitbestG). Die Wahlberechtigung und erst recht die Durchführung der Wahlen im Ausland würde aber einen (mittelbaren) Ein- 12.92

267 Das BAG hält die Konzernvermutung nur für widerlegt, wenn für alle wesentlichen Bereiche der Unternehmenspolitik nachgewiesen wird, dass die Unternehmensentscheidungen ohne beherrschende Einflussnahme der Mehrheitsgesellschaft getroffen werden, BAG v. 15.12.2011 – 7 ABR 56/10, NZG 2012, 754 Rz. 52 = AG 2012, 632; vgl. *Habersack* in Habersack/Henssler, § 5 MitbestG Rz. 23 m.w.N. sowie LG Frankfurt v. 19.12.1985 – 2/6 AktE 1/85, ZIP 1986, 573 ff.; bestätigt von OLG Frankfurt v. 10.11.1986 – 20 W 27/86, ZIP 1987, 107 = AG 1987, 53 = OLGZ 1987, 44 (47); dagegen *Windbichler*, S. 519 ff.

268 Ein Gemeinschaftsunternehmen liegt vor, wenn zwei oder mehrere Muttergesellschaften gemeinsam an einem anderen Unternehmen beteiligt sind und nur aufgrund gemeinsamer Willensbildung Einfluss auf das Gemeinschaftsunternehmen nehmen können, vgl. *Windbichler*, S. 522; *Wanhöfer*, S. 102; *Böttcher/Liekefett*, NZG 2003, 701.

269 LAG Hamm v. 17.8.1977, DB 1977, 2052; BAG v. 18.5.1976, AP Nr. 20 zu § 76 BetrVG (zum BetrVG 1952) = DB 1976, 1595; vgl. BAG v. 16.8.1995 – 7 ABR 57/94, ZIP 1996, 292 = NZA 1996, 274 = AG 1996, 367; *Habersack* in Habersack/Henssler, § 5 MitbestG Rz. 47; *Wißmann* in Wißmann/Kleinsorge/Schubert, § 5 MitbestG Rz. 43 ff.; *Uffmann* in MünchArbR, § 373 Rz. 26; *Böttcher/Liekefett*, NZG 2003, 702 f. m.w.N.; a.A. vor allem *Windbichler*, S. 522 ff.; GK/*Kraft*, § 76 BetrVG 1952 Rz. 162 ff.; alle jeweils m.w.N. zum Streitstand.

270 Zur Feststellung der einheitlichen Leitung in dem Fall, dass die Konzernvermutung des § 18 Abs. 1 Satz 3 AktG nicht eingreift, vgl. BAG v. 16.8.1995 – 7 ABR 57/94, ZIP 1996, 292 = NZA 1996, 274 = AG 1996, 367. Die Personenidentität der Vorstände der beteiligten Unternehmen genügt dafür nicht, BAG v. 16.8.1995 – 7 ABR 57/94, ZIP 1996, 292 = NZA 1996, 274 = AG 1996, 367; dazu *Raiser* in FS Kropff, 1997, S. 256.

271 Allgemein *Windbichler*, S. 513; vgl. *Wanhöfer*, S. 101.

272 Dazu eingehend *Junker*, Internationales Arbeitsrecht im Konzern, 398 f.; *Ebenroth/Sura*, ZHR 144 (1980), 610 ff.; *Lutter* in FS Zweigert, S. 251 ff.

273 Ganz h.M., siehe OLG Frankfurt v. 25.5.2018 – 21 W 32/18, ZIP 2018, 1175 (1176) m.v.w.N.; *Habersack*, AG 2007, 641 (645) m.w.N. in Fn. 36; s. ferner LG Düsseldorf v. 5.6.1979 – 25 AktE 1/78, AG 1980, 83 = DB 1979, 1451; *Ebenroth/Sura*, ZHR 144 (1980), 616 ff. mit eingehender Begründung und w.N. in Fn. 32; *Wißmann* in Wißmann/Kleinsorge/Schubert, § 5 MitbestG Rz. 17; *Habersack* in Habersack/Henssler, § 5 MitbestG Rz. 55 m.w.N.; *Lutter*, ZGR 1977, 205 f. und in FS Zweigert, S. 262; *Hoffmann/Lehmann/Weinmann*, § 1 MitbestG Rz. 39 ff.

274 *Lutter*, ZGR 1977, 206; *Ebenroth/Sura*, ZHR 144 (1980), 612 m.w.N. auch zur Gegenmeinung. Lediglich in Randbereichen – etwa bei dem Kriterium der „in der Regel beschäftigten" Arbeitnehmer – können Abweichungen auftreten, vgl. *Windbichler*, S. 512 m.w.N.

griff in die Souveränität des ausländischen Staates bedeuten[275] und entspricht im Übrigen nicht den gesetzgeberischen Absichten[276]. Die für eine Zählung vorgebrachten Argumente[277] haben sich deshalb bislang nicht durchsetzen können[278]. Zuletzt hat im Jahr 2015 das LG Frankfurt versucht, unter Hinweis auf das gemeinschaftsrechtliche Diskriminierungsverbot des Art. 18 AEUV eine Mitzählung durchzusetzen[279]. Auf Vorlage des KG in einem ähnlichen Fall[280] entschied nachfolgend der EuGH jedoch, das weder Art. 18 AEUV noch Art. 45 (Freizügigkeit, arbeitsrechtliches Diskriminierungsverbot) einer Beschränkung der Mitbestimmung auf die in einem inländischen Betrieb beschäftigten Arbeitnehmer entgegensteht[281]. Freilich verschafft dies mittelständischen Unternehmen die Möglichkeit, über Wachstum im Ausland der Mitbestimmung zu entgehen, ist daher auch unter deutschem Verfassungsrecht (Art. 3 Abs. 1 GG) problematisch[282].

12.93 Aus den gleichen Gründen (Wille des Gesetzgebers, Territorialitätsprinzip) ist eine Zurechnung der Arbeitnehmer abzulehnen, die in einer ausländischen Zweigniederlassung einer inländischen Tochter der Holding beschäftigt sind[283]. Dagegen bestehen keine Bedenken, die Belegschaft einer inländischen Betriebsstätte des abhängigen ausländischen Konzernunternehmens[284] oder einer solchen Tochtergesellschaft ausländischer Rechtsform mitzuzählen, die aufgrund der Niederlassungsfreiheit im Inland ansässig ist[285]. Gleiches gilt für die Arbeitnehmer einer inländischen Enkelgesellschaft der Holding, wenn eine ausländische Tochtergesellschaft zwischengeschaltet ist[286] (vgl. zu anderen Problemen im internationalen Holdingkonzern Rz. 12.105, 12.110 ff. sowie *Thüsing* Rz. 13.1 ff.).

12.94 Einstweilen frei.

c) Mitbestimmung in Tochtergesellschaften

aa) Tochtergesellschaften mit mehr als 2000 Arbeitnehmern

12.95 Um auf unteren Ebenen des Holdingkonzerns einen mitbestimmten Aufsichtsrat installieren zu können, müssen zunächst die gleichen Voraussetzungen erfüllt sein, die auch für die Mitbestimmung in der Holding gelten. Nur wenn das Tochterunternehmen in einer der in § 1 MitbestG genannten Rechtsformen betrieben wird und keine der Ausnahmen der § 1 Abs. 2 und Abs. 4 MitbestG vorliegen, kommt die Mitbestimmung infrage.

---

275 *Lutter*, ZGR 1977, 206; LG Düsseldorf v. 5.6.1979, DB 1979, 1451.

276 *Ebenroth/Sura*, ZHR 144 (1980), 616 ff.

277 Vgl. etwa die Darstellung bei *Raiser* in Raiser/Veil/Jacobs, § 1 MitbestG Rz. 22 ff.; sowie LG Frankfurt v. 16.2.2015 – 3-16 O 1/14, ZIP 2015, 634 (635); ausführlich *Behme*, AG 2018, 1 ff.; bereits *Ebenroth/Sura*, ZHR 144 (1980), 612 ff. m.w.N.

278 LG Düsseldorf v. 5.6.1979, DB 1979, 1451; vgl. auch LG Stuttgart v. 11.5.1993 – 2 AktE 1/92, ZIP 1993, 1406 = AG 1993, 473 = DB 1993, 1711 mit einem Verweis auf die Entscheidung des LG Düsseldorf.

279 LG Frankfurt v. 16.2.2015 – 3-16 O 1/14, AG 2015, 371 = ZIP 2015, 634 (635).

280 KG Berlin v. 16.10.2015 – 14 W 89/15, AG 2015, 872 = ZIP 2015, 2172.

281 EuGH v. 18.7.2017 – C-566/15, ECLI:EU:C:2017:562 – Erzberger, AG 2017, 387= ZIP 2017, 1713 ff.

282 Ausführlich *Behme*, AG 2018, 1 (7-19); a.A. OLG Frankfurt v. 25.5.2018 – 21 W 32/18, AG 2018, 578 = ZIP 2018, 1175 (1177 f.).

283 So die überwiegende Ansicht, *Habersack*, AG 2007, 641 (645); *Ebenroth/Sura*, ZHR 144 (1980), 618 m.w.N. auch zur Gegenmeinung; a.A. etwa *Henssler*, RdA 2005, 330 (331) m.w.N. in Fn. 16; Reformkonzept bei *Henssler* in Habersack/Henssler, § 3 MitbestG Rz. 56 ff.

284 So wiederum die h.M., etwa *Wißmann* in Wißmann/Kleinsorge/Schubert, § 5 MitbestG Rz. 23; *Raiser* in Raiser/Veil/Jacobs, § 5 MitbestG Rz. 31; vgl. *Ebenroth/Sura*, ZHR 144 (1980), 618 m.w.N. auch zur Gegenmeinung; a.A. etwa *Habersack*, AG 2007, 641 (645); *Habersack* in Habersack/Henssler, § 5 MitbestG Rz. 55 m.w.N.

285 *Habersack* in Habersack/Henssler, § 5 MitbestG Rz. 55a; *Habersack*, AG 2007, 641 (645).

286 *Wißmann* in Wißmann/Kleinsorge/Schubert, § 5 MitbestG Rz. 23; *Habersack* in Habersack/Henssler, § 5 MitbestG Rz. 55a; *Habersack*, AG 2007, 641 (645).

Beschäftigt die danach mitbestimmungsfähige Tochtergesellschaft **selbst in der Regel mehr als 2000 Arbeitnehmer**, so ist bei ihr ein mitbestimmter Aufsichtsrat zu bilden[287]. Die Vorschriften über die Unternehmenszurechnung der § 5 Abs. 1 und 3 MitbestG sind nicht etwa so zu verstehen, dass die Arbeitnehmer *nur* als solche des herrschenden Unternehmens gelten. Vielmehr behalten sie ihre Zugehörigkeit auch zum Anstellungsunternehmen, also zur Tochtergesellschaft. Die Mitbestimmungspflicht folgt dann aus § 1 Abs. 1 MitbestG. 12.96

bb) Konzern im Konzern

Beschäftigt das Tochterunternehmen hingegen nicht genügend Arbeitnehmer, so fragt sich, ob ähnlich der Arbeitnehmerzurechnung zur Holding auch eine solche zu abhängigen Gesellschaften erfolgen kann, wenn diesen bestimmte Entscheidungsspielräume gegenüber nachgeordneten Konzernunternehmen eingeräumt sind (sog. **Konzern im Konzern**). Im Gesellschaftsrecht lehnt die überwiegende Ansicht einen „Konzern im Konzern" ab. Begründet wird das damit, dass es in einem Tochterunternehmen niemals eine umfassende einheitliche Leitung geben könne, die Voraussetzung für die Annahme eines Konzerns sei[288]. Die Konzernspitze könne jederzeit einzelne Entscheidungen an sich ziehen. Daher sei die Entscheidungsmacht, die der Tochter eingeräumt ist, nur eine abgeleitete[289]. Selbst wenn man aber davon ausginge, dass die einheitliche Leitung teilbar wäre und sich nur auf bestimmte Bereiche (Beschaffung, Produktion, Absatz, Finanzierung, Personal ...) beziehen könnte, so scheiterte die Rechtsfigur des „Konzerns im Konzern" jedenfalls daran, dass der durch die auf den Konzern bezogenen Vorschriften des Aktienrechts bezweckte Gläubiger- und Minderheitenschutz durch ihre Anerkennung nicht effektiver würde[290]. 12.97

Einstweilen frei. 12.98

Die ganz überwiegende Ansicht in der **mitbestimmungsrechtlichen** Literatur[291] und auch die Rechtsprechung[292] halten den „Konzern im Konzern" dagegen für denkbar. Ausschlaggebendes Argument dafür ist, dass ein Konzern durchaus dezentral organisiert sein kann[293] und nach dem Zweck des § 5 MitbestG die Mitbestimmung da angesiedelt werden soll, wo Leitungsmacht tatsächlich ausgeübt wird[294]. Andernfalls könnte es zu einer Verkürzung der Mitbestimmung kommen, da durch eine Entscheidungsverlagerung dem Aufsichtsrat der Konzernspitze Kompetenzen genommen werden[295]. Im Einzelnen ist jedoch noch nicht geklärt, welche Anforderungen an den Entscheidungsspielraum der Zwischenobergesellschaft zu stellen sind, damit von einer einheitlichen Leitung i.S.d. § 5 Abs. 1 MitbestG gesprochen werden kann. Weitgehende Einigkeit besteht nur, dass auf die Zwi- 12.99

287 H.M.: statt aller *Habersack* in Habersack/Henssler, § 5 MitbestG Rz. 7 m.w.N. auch zur Kritik an der Entscheidung des Gesetzgebers.

288 *Konzen*, ZIP 1984, 270.

289 Nachweise bei *Habersack* in Habersack/Henssler, § 5 MitbestG Rz. 37.

290 *Lutter/Uwe H. Schneider*, BB 1977, 555; *Klinkhammer*, DB 1977, 1603.

291 Mit eingehender Begründung *Habersack* in Habersack/Henssler, § 5 MitbestG Rz. 38 ff. und *Wißmann* in Wißmann/Kleinsorge/Schubert, § 5 MitbestG Rz. 37 ff.; *Kort*, NZG 2009, 81 (83); *Seibt*, ZIP 2008, 1301 (1303 f.); bereits *Konzen*, ZIP 1984, 269 ff.; *Klinkhammer*, DB 1977, 1605 f.; *Geßler*, BB 1977, 1317 f.; *Uffmann* in MünchArbR, § 373 Rz. 25 m.w.N. in Fn. 106; a.A. soweit erkennbar noch *Annuß* in MünchKomm/AktG, § 5 MitbestG Rz. 9 f.; *Windbichler*, S. 524 ff.; *Richardi* in FS Zeuner, 1994, S. 155 ff.

292 OLG München v. 19.11.2008 – 31 Wx 99/07, AG 2009, 339 = GmbHR 2009, 41 = NZG 2009, 112 (113); OLG Düsseldorf v. 30.1.1979 – 19 W 17/78, DB 1979, 699 f.; OLG Zweibrücken v. 9.11.1983 – 3 W 25/83, AG 1984, 80 = ZIP 1984, 316 = DB 1984, 107; OLG Frankfurt v. 10.11.1986 – 20 W 27/86, OLGZ 1987, 44 ff. = AG 1987, 53 = ZIP 1987, 107; weitere Nachweise bei *Uffmann* in MünchArbR, § 373 Rz. 25 m.w.N. in Fn. 106-108 und *Raiser* in FS Kropff, 1997, S. 251 in Fn. 18.

293 *Wißmann* in Wißmann/Kleinsorge/Schubert, § 5 MitbestG Rz. 39 f.

294 *Habersack* in Habersack/Henssler, § 5 MitbestG Rz. 39, s. dazu Rz. 12.

295 Eingehend *Konzen*, ZIP 1984, 271.

schenkonzernspitze nicht die Vermutungsregel des § 18 Abs. 1 Satz 3 AktG angewendet werden kann[296].

12.100 In der Literatur wird auf **quantitative wie qualitative Aspekte** abgestellt. So soll es auf die Frage ankommen, welche Entscheidungsspielräume bei der Tochtergesellschaft liegen[297] oder ob die Unterkonzernspitze so viel Leitungsmacht habe, dass die Obergesellschaft ihrerseits keine unmittelbare Kontrolle der Enkelgesellschaften mehr vornehmen könne[298]. Zum Teil wird geltend gemacht, dass die Annahme eines Konzerns im Konzern dann ausscheide, wenn die Konzernspitze die Finanzpolitik bestimme[299]. Weiter wird vorgeschlagen, die Anforderungen an die einheitliche Leitung davon abhängig zu machen, ob es sich um einen nach Sparten gegliederten Konzern handelt oder eine funktionale bzw. regionale Struktur gegeben sei[300].

12.101 Nach der Rechtsprechung kommt es auf **Inhalt und Umfang der eigenen Entscheidungsmacht** an: Erforderlich ist, dass in einem unternehmenspolitischen Grundsatzbereich Leitungsbefugnisse an die Zwischengesellschaft abgegeben sind und diese nicht lediglich die Funktion einer Zwischenholding hat[301]. Der Umstand, dass ein Konzernunternehmen für ein anderes handelt, reicht jedoch für die Annahme eigener Leitungsmacht nicht aus, ebenso gut könne es sich um die bloße Ausführung eines Tätigkeitsbereiches unter Leitung der Obergesellschaft handeln[302]. Auch die Einbindung der möglichen Unterkonzernspitze in das Berichtswesen und das Controlling der Obergesellschaft kann eine eigene Leitungsbefugnis ausschließen[303].

12.102 Ein **Beherrschungsvertrag** der Obergesellschaft mit der möglichen Unterkonzernspitze spricht regelmäßig für eine weitgehend bei der Obergesellschaft zentralisierte Leitung und damit gegen eine Übertragung einzelner Entscheidungsbereiche auf das Tochterunternehmen[304]. In den bisher entschiedenen Fällen wurde ein „Konzern im Konzern" zwar in aller Regel verneint[305], in der **Praxis** kommt es aber nicht immer zum Streit und ist die Mitbestimmung im Unterkonzern daher existent[306]. Jüngst hat das LG Frankfurt in einer bemerkenswerten Entscheidung[307] eine Finanzholding-Zwischengesellschaft schon deshalb als Unterkonzernspitze angesehen, weil sie von der BAFin als übergeordnetes Unternehmen im Sinne des § 10a Abs. 2 KWG bestimmt wurde.

12.103 Erreicht die Tochtergesellschaft nach diesen Grundsätzen nicht die erforderliche **Arbeitnehmerzahl**, so kommt noch eine Mitbestimmung nach dem DrittelbG in Betracht (Rz. 12.124 ff.).

---

296 *Habersack* in Habersack/Henssler, § 5 MitbestG Rz. 43; *Wißmann* in Wißmann/Kleinsorge/Schubert, § 5 MitbestG Rz. 40 m.w.N.; OLG München v. 19.11.2008 – 31 Wx 99/07, AG 2009, 339 = GmbHR 2009, 41 = NZG 2009, 112 (113 f.); *Kort*, NZG 2009, 81 (83); *Seibt*, ZIP 2008, 1301 (1302) je m.w.N.; a.A. *Köstler/Müller/Sick*, Aufsichtsratspraxis, Rz. 248 und (obiter) BAG v. 23.5.2018 – 7 ABR 60/16, ZIP 2018, 1993 = AG 2018, 847 = NZA 2018, 1562 Rz. 19 für die identische Frage bei der Bildung eines Konzernbetriebsrats (im konkreten Fall widerlegt).

297 *Uffmann* in MünchArbR, § 373 Rz. 25; vgl. auch *Raiser* in FS Kropff, 1997, S. 253.

298 *Wißmann* in Wißmann/Kleinsorge/Schubert, § 5 MitbestG Rz. 40 m.w.N.

299 *Geßler*, BB 1977, 1316 f.; *Habersack* in Habersack/Henssler, § 5 MitbestG Rz. 42 m.w.N.

300 Vgl. *Habersack* in Habersack/Henssler, § 5 MitbestG Rz. 41.

301 OLG München v. 19.11.2008 – 31 Wx 99/07, ZIP 2008, 2414 = GmbHR 2009, 41 = NZG 2009, 112 (113); OLG Düsseldorf v. 27.12.1996 – 19 W 4/96 AktE, AG 1997, 129 = ZIP 1997, 546 = EWiR 1997, S. 635 m. Anm. *Hanau/Schweisfurth*; vgl. auch OLG München v. 19.11.2008 – 31 Wx 99/07, AG 2009, 339 = GmbHR 2009, 41 = NZG 2009, 112 (114).

302 OLG Frankfurt v. 10.11.1986 – 20 W 27/86, OLGZ 1987, 47 = AG 1987, 53 = ZIP 1987, 107.

303 LG München v. 25.9.1995 – 20 O 21794/93, AG 1996, 186; OLG Düsseldorf v. 27.12.1996 – 19 W 4/96 AktE, AG 1997, 129 = ZIP 1997, 546.

304 OLG Frankfurt v. 10.11.1986 – 20 W 27/86, OLGZ 1987, 44 ff. = AG 1987, 53 = ZIP 1987, 107; OLG Zweibrücken v. 9.11.1983 – 3 W 25/83, ZIP 1984, 316 = DB 1984, 108.

305 *Wißmann* in Wißmann/Kleinsorge/Schubert, § 5 MitbestG Rz. 39 a.E.

306 Nachweise bei *Köstler/Müller/Sick*, Aufsichtsratspraxis, S. 716 ff.

307 LG Frankfurt v. 24.10.2019 – 3-05 O 43/19, AG 2020, 189 f. zur vergleichbaren Frage bei der Mitbestimmung nach dem DrittelBG.

cc) Teilkonzern (§ 5 Abs. 3 MitbestG)

Ist die **Holding selbst nicht mitbestimmungspflichtig**, so stellt § 5 Abs. 3 MitbestG eine „Ersatzlösung" zur Verfügung, indem er die Konzernspitze unter bestimmten Voraussetzungen auf einer unteren Ebene des Holdingkonzerns fingiert. Im Unterschied zum „Konzern im Konzern" geht es hier nicht um eine tatsächlich vorhandene eigene Entscheidungsmacht bei der fraglichen Untergesellschaft. Die Mitbestimmung soll nur hilfsweise in dem Unternehmen angesiedelt werden, das der Holding am nächsten steht, auch wenn dort weder originäre noch abgeleitete Leitungsmacht besteht, sondern lediglich Entscheidungen der Obergesellschaft an nachgeordnete Konzernunternehmen vermittelt werden[308]. 12.104

Voraussetzung der Fiktion ist, dass eine Zurechnung zur Holding nicht nach § 5 Abs. 1 oder Abs. 2 MitbestG stattfinden kann. Das kann daran liegen, dass die Holding nicht in einer der in § 1 Abs. 1 MitbestG aufgezählten Rechtsformen gegründet ist oder ihren Sitz im Ausland hat. Fällt die Holding unter die Vorschriften des Montanmitbestimmungsgesetzes, so besteht seit 1981 in § 1 Abs. 4 MontanmitbestG eine ähnliche Zurechnungsnorm, die allerdings systemwidrig[309] vom Bestehen eines Konzernbetriebsrats abhängig ist. Streitig ist, ob § 5 Abs. 3 MitbestG auch dann eingreift, wenn das herrschende Unternehmen (die Holding) unter den **Tendenzschutz des § 1 Abs. 4 MitbestG** fällt. Die der Literatur überwiegende Auffassung hält auch in diesem Fall § 5 Abs. 3 MitbestG für direkt[310] oder analog[311] anwendbar. Die besseren Argumente sprechen jedoch für die Gegenansicht. Zum einen ist davon auszugehen, dass § 1 Abs. 4 MitbestG die Anwendung des MitbestG insgesamt auf Tendenzunternehmen ausschließt und damit auch die Anwendung des § 5 Abs. 3 MitbestG untersagt[312]. Zum anderen ist es nicht sinnvoll, den Anwendungsbereich des § 5 Abs. 3 MitbestG noch zu erweitern, da er zu einer Ausdehnung der Mitbestimmung auf Unternehmen führt, die selbst keine Leitungsmacht besitzen und Arbeitnehmervertretung nur da stattfinden sollte, wo tatsächlich die Möglichkeit einer Mitgestaltung der Unternehmenspolitik besteht[313]. 12.105

Weiter ist für die Unternehmenszurechnung erforderlich, dass die mitbestimmungsfreie Obergesellschaft über das abhängige Unternehmen **andere Konzernunternehmen beherrscht**. Zwei Fragen sind diesbezüglich umstritten. Erstens ist zweifelhaft, ob das Merkmal „beherrschen über" schon dann erfüllt ist, wenn der Leitungsweg über das abhängige Unternehmen zu Konzernenkeln führt[314], oder ob zu verlangen ist, dass die Weiterleitung von Weisungen über eine „bloße Briefträgerfunktion"[315] hinausgeht, also ein Mindestmaß an Leitungsmöglichkeit bei der zu fingierenden Teilkonzernspitze vorhanden ist[316]. Zweitens ist strittig, ob der Leitungsweg allein nach der kapitalmäßigen Verflechtung zu bestimmen ist[317] oder daneben auch der – schwer festzustellenden – tatsächlichen Leitungsorganisation im Konzern Bedeutung zukommt[318]. 12.106

---

308 Zur Kritik an der Regelung vgl. *Windbichler*, S. 528 m.w.N.

309 *Windbichler*, S. 515, 527.

310 *Wißmann* in Wißmann/Kleinsorge/Schubert, § 5 MitbestG Rz. 65.

311 *Habersack* in Habersack/Henssler, § 5 MitbestG Rz. 73 m.w.N.; *Raiser* in Raiser/Veil/Jacobs, § 5 MitbestG, Rz. 39.

312 *Hoffmann/Lehmann/Weinmann*, § 5 MitbestG Rz. 70; *Loritz*, ZFA 1985, 528 jeweils m.w.N.; *Rieble*, AG 2014, 224 (229).

313 *Loritz*, ZFA 1985, 529.

314 *Wißmann* in Wißmann/Kleinsorge/Schubert, § 5 MitbestG Rz. 68, 70; *Hoffmann/Lehmann/Weinmann*, § 5 MitbestG Rz. 75.

315 Ausdruck bei *Habersack* in Habersack/Henssler, § 5 MitbestG Rz. 70; *Hölters*, RdA 1979, 339 verwendet den Begriff „Sprachrohr".

316 *Säcker*, Wahlordnungen, Rz. 164; *Habersack* in Habersack/Henssler, § 5 MitbestG Rz. 70; *Uffmann* in MünchArbR, § 373 Rz. 29.

317 *Lutter*, ZGR 1977, 213; *Raiser* in Raiser/Veil/Jacobs, § 5 MitbestG, Rz. 41 ff.; GK/*Schneider*, § 5 MitbestG Rz. 107 ff.

318 *Windbichler*, S. 528; *Wißmann* in Wißmann/Kleinsorge/Schubert, § 5 MitbestG Rz. 69; *Hölters*, RdA 1979, 339; *Habersack* in Habersack/Henssler, § 5 MitbestG Rz. 70.

Was den Leitungsweg angeht, so steht die Rechtsprechung seit einer Entscheidung des OLG Stuttgart aus dem Jahr 1995 einheitlich auf dem Standpunkt, die **Kapitalverflechtung** entscheide über den Leitungsweg[319]. Das hat freilich absurde Konsequenzen: Der mitbestimmte Aufsichtsrat wird, wenn man nicht die Leitungsstruktur, sondern die Beteiligung entscheiden lässt, ggf. bei einer Gesellschaft eingerichtet, in der der Aufsichtsrat nicht einmal Informationen über die Leitungsentscheidungen der nicht mitbestimmten Obergesellschaft bekommen, geschweige denn sie beeinflussen kann. Die im Leitungsstrang stehende Gesellschaft dagegen bleibt hingegen ggf. zu Unrecht von den Mitbestimmungsvorschriften unbehelligt. Deshalb hat sich im Schrifttum eher die gegenteilige Auffassung durchgesetzt: Es kommt auf die **tatsächliche Organisation** an[320].

12.107 Bestimmt man deshalb den Leitungsweg nach der tatsächlichen Organisation – wobei allerdings in erster Linie die Vermutungsregeln der § 18 Abs. 1 Satz 3, § 17 Abs. 2 AktG heranzuziehen sind[321] –, so ist es in Bezug auf die erste Frage überflüssig, zusätzlich eigene Kompetenzen des vermittelnden Unternehmens zu fordern. Bereits die Informationsrechte des Aufsichtsrates (§ 111 Abs. 2 AktG) lassen die Mitbestimmung sinnvoll erscheinen. Zudem würden bei anderer Betrachtungsweise die Grenzen zum „Konzern im Konzern" verschwimmen[322].

12.108 Nach § 5 Abs. 3 MitbestG kann deshalb auch keine Zurechnung zu einer Tochtergesellschaft erfolgen, die keine Leitung vermittelt, in der nach der Kapitalbeteiligung ermittelten Hierarchie der Konzernspitze aber – etwa als **Zwischenholding** – näher steht als der Konzernenkel, der zur Vermittlung der Leitung benutzt wird[323]. Denn § 5 Abs. 3 MitbestG verlangt für die Zurechnung zum am nächsten stehenden Unternehmen, dass die Beherrschung über dieses Unternehmen erfolgt[324].

12.109 Je nach Konzernstruktur können **mehrere Teilkonzerne** i.S.d. § 5 Abs. 3 MitbestG bestehen, wenn die Leitungswege über mehrere abhängige Unternehmen zu verschiedenen Enkelunternehmen führen[325]. Dadurch kann sich allerdings der Holdingkonzern der Mitbestimmung vollständig entziehen, indem die mitbestimmungsfreie Holding ihre Weisungen über verschiedene Tochtergesellschaften an Enkelunternehmen weiterleitet und im jeweiligen Leitungsstrang die i.d.R. beschäftigten Arbeitnehmer unter der Grenze des § 1 Abs. 1 Nr. 2 MitbestG bleiben.

dd) Verhältnis von § 5 zu § 4 MitbestG

12.110 Geht es um die Zurechnung der Arbeitnehmer einer KG zu ihrer Komplementär-Kapitalgesellschaft oder steht eine inländische KG unter beherrschendem Einfluss eines ausländischen Gesellschafters, so kann das Verhältnis zwischen § 4 und § 5 MitbestG fraglich werden, wenn es um die Mitbestimmung in der **Komplementär-Kapitalgesellschaft** geht. Zu denken ist hier an Fälle wie den in

---

319 OLG Stuttgart v. 30.3.1995 – 8 W 355/93, GmbHR 1995, 530 = AG 1995, 380 = ZIP 1995, 1004 ff.; später OLG Düsseldorf v. 30.10.2006 – I-26 W 14/06 AktE, ZIP 2006, 2375 = AG 2007, 170 = NZG 2007, 77; OLG Frankfurt v. 21.4.2008 – 20 W 342/07, GmbHR 2008, 1334 = AG 2008, 502 = ZIP 2008, 878 (880); OLG Hamburg v. 4.7.2017 – 11 W 19/17, AG 2018, 87 = ZIP 2017, 1621.

320 *Habersack* in Habersack/Henssler, § 5 MitbestG Rz. 70; *Kort*, NZG 2009, 81 (85); *Seibt*, ZIP 2008, 1301 (1305); Erfk/*Oetker*, § 5 MitbestG Rz. 21 m.w.N.; *Wißmann* in Wißmann/Kleinsorge/Schubert, § 5 MitbestG Rz. 69.; *Habersack*, AG 2007, 641 (648); *Mückl/Theusinger*, BB 2018, 117 (118); ausführlich *Wackerbarth* in Herrmann/Berger/Wackerbarth, Deutsches und Internationales Bank- und Wirtschaftsrecht im Wandel, S. 491 ff.; der Rechtsprechung folgend aber *Kronke*, IPrax 1995, 377 ff.; *Raiser* in FS Kropff, 1997, S. 257; OLG Stuttgart v. 30.3.1995 – 8 W 355/93, ZIP 1995, 1004 = GmbHR 1995, 530 = JZ 1995, 795.

321 LG Stuttgart v. 11.5.1993 – 2 AktE 1/92, AG 1993, 473 = ZIP 1993, 1408; *Wißmann* in Wißmann/Kleinsorge/Schubert, § 5 MitbestG Rz. 68 m.w.N.; *Hölters*, RdA 1979, 340.

322 *Wißmann* in Wißmann/Kleinsorge/Schubert, § 5 MitbestG Rz. 69; a.A. *Habersack* in Habersack/Henssler, § 5 MitbestG Rz. 70.

323 So aber *Hoffmann/Lehmann/Weinmann*, § 5 MitbestG Rz. 79.

324 Vgl. *Hölters*, RdA 1979, 340 gegen *Hoffmann/Lehmann/Weinmann*, § 5 MitbestG Rz. 79.

325 *Wißmann* in Wißmann/Kleinsorge/Schubert, § 5 MitbestG Rz. 71 mit Beispiel in Rz. 72 und Abb. 12.

Rz. 12.106 genannten, der 1995 vom OLG Stuttgart entschieden wurde. Hier sind zwei Möglichkeiten einer Zurechnung der Arbeitnehmer der (aus dem Ausland beherrschten) KG zur (inländischen) Komplementär-Kapitalgesellschaft denkbar:

Soweit die Voraussetzungen des § 4 Abs. 1 MitbestG erfüllt sind, kommt eine Zurechnung der Arbeitnehmer KG zur deutschen Komplementär-Kapitalgesellschaft nach dieser Vorschrift in Betracht, da ihre Anwendung durch die Abhängigkeit der KG nicht ausgeschlossen ist. § 4 Abs. 1 MitbestG setzt lediglich voraus, dass die Mehrheit der Kommanditisten (infrage kommt dafür hier ausschließlich die deutsche GmbH) die Mehrheit der Anteile oder Stimmen in der persönlich haftenden Gesellschafterin, hier der deutschen AG, innehat. Arbeitnehmer etwaiger Enkelgesellschaften werden der Komplementär-Kapitalgesellschaft nach § 5 Abs. 2 i.V.m. § 4 Abs. 1 MitbestG zugerechnet. 12.111

Sind die Voraussetzungen des § 4 Abs. 1 MitbestG dagegen nicht erfüllt, so stellt sich die Frage, ob die Arbeitnehmer der KG der Komplementär-Kapitalgesellschaft über § 5 Abs. 3 i.V.m. § 5 Abs. 1 MitbestG zugerechnet werden können. In dieser Variante wird die Komplementär-Kapitalgesellschaft unmittelbar als das Unternehmen betrachtet, über das die ausländische Muttergesellschaft die KG beherrscht. Gesellschaftsrechtlich wäre die Komplementär-Kapitalgesellschaft zwar nur unter besonderen Voraussetzungen als ein von der KG verschiedenes Unternehmen anzusehen[326]. Im Mitbestimmungsrecht wird jedoch der unter Rz. 12.78 f., 12.89 beschriebene Unternehmensbegriff zugrunde gelegt. Jede Gesellschaft in mitbestimmungsfähiger Rechtsform wird als Unternehmen angesehen, dem Arbeitnehmer von Tochtergesellschaften zugerechnet werden können[327]. 12.112

Schon bei unmittelbarer Anwendung des § 5 Abs. 1 MitbestG auf Kommanditgesellschaften (wenn die KG nicht abhängig ist) verlangt die überwiegende Ansicht[328] eine über das gesetzliche Leitbild des § 164 HGB hinausgehende besonders **weitgehende Geschäftsführungsbefugnis** der Komplementär-Gesellschaft[329] bzw. verlangt, dass die Komplementärin eine eigene Geschäftstätigkeit entfaltet oder noch an anderen Unternehmen beteiligt ist[330], Solche zusätzlichen Erfordernisse erklären sich im Bereich des § 5 Abs. 1 MitbestG daraus, dass diese Vorschrift in einem **Spannungsverhältnis zu § 4 Abs. 1 MitbestG** steht. Zwar muss man mit der h.M. davon ausgehen, dass § 4 Abs. 1 MitbestG keine abschließende Regelung enthält[331]. Aber im Rahmen des § 5 Abs. 1 MitbestG steht die Zurechnung zur Komplementärin als Obergesellschaft des „Miniaturkonzerns" KG zur Debatte. Die dem gesetzlichen Leitbild des § 164 HGB entsprechende KG kann nicht ohne weiteres gleichzeitig als eine von der Komplementärin abhängige Gesellschaft aufgefasst werden. Eine Zurechnung der Arbeitnehmer der KG zur Komplementärin nach § 5 Abs. 1 MitbestG würde sonst dem in § 4 Abs. 1 12.113

326 Allg. Meinung, s. nur *Mülbert* in MünchKomm/HGB, 4. Aufl. 2019, Bd. 3, Konzernrecht der Personengesellschaften Rz. 52 m.w.N. in Fn. 50.

327 OLG Stuttgart v. 3.5.1989 – 8 W 38/89, AG 1990, 168 = BB 1989, 1006; *Wißmann* in Wißmann/Kleinsorge/Schubert, § 5 MitbestG Rz. 10 f.; *Uwe H. Schneider*, ZGR 1977, 347; *Habersack* in Habersack/Henssler, § 5 MitbestG Rz. 11; *Raiser* in Raiser/Veil/Jacobs, § 5 MitbestG/, Rz. 5; *Windbichler*, S. 519; a.A. *Grossmann*, BB 1976, 1391 ff.; vgl. auch OLG Celle v. 30.8.1979 – 9 Wx 8/78, OLGZ 1980, 136 ff., 141 f. = BB 1979, 1578 = AG 1980, 161.

328 Keine besonderen Anforderungen stellen nur *Wißmann* in Wißmann/Kleinsorge/Schubert, § 5 MitbestG Rz. 69 und möglicherweise *Mertens/Cahn* in KölnKomm/AktG, Anh § 117 B § 5 MitbestG Rz. 37.

329 *Habersack* in Habersack/Henssler, § 5 MitbestG Rz. 9; *Raiser* in Raiser/Veil/Jacobs, § 5 MitbestG/, Rz. 21; wohl auch ErfK/*Oetker*, § 5 MitbestG Rz. 4.

330 OLG Celle v. 9.10.2014 – 9 W 116/14, GmbHR 2015, 317 = AG 2015, 205 = ZIP 2015, 123; OLG Celle v. 30.8.1979 – 9 Wx 8/78, OLGZ 1980, 136 ff., 141 f. = BB 1979, 1578 = AG 1980, 161; *Grossmann*, BB 1976, 1391 (1396); vgl. auch *Joost*, ZGR 1998, 334 (346).

331 *Zöllner*, ZGR 1977, 333; *Wißmann* in Wißmann/Kleinsorge/Schubert, § 5 MitbestG Rz. 49 f.; *Uwe H. Schneider*, ZGR 1977, 345 und GK/*Uwe H. Schneider*, § 5 MitbestG Rz. 62; *Habersack* in Habersack/Henssler, § 5 MitbestG Rz. 9; *Raiser in Raiser/Veil/Jacobs*, § 5 MitbestG, Rz. 20 f.; *Kunze*, ZGR 1978, 327 ff.; a.A.: *Beinert/Hennerkes/Binz*, DB 1979, 69; *Hölters*, RdA 1979, 338.

MitbestG zum Ausdruck gekommenen Willen des Gesetzgebers widersprechen, der diese Zurechnung zur Komplementär-Kapitalgesellschaft dort an besondere Voraussetzungen geknüpft hat[332].

12.114 Im Rahmen der Ersatzlösung des § 5 Abs. 3 i.V.m. § 5 Abs. 1 MitbestG steht bereits der im Gesetz ausreichend zum Ausdruck gekommene Wille des Gesetzgebers einer Zurechnung zur Komplementär-Kapitalgesellschaft entgegen. Denn er hat im Teilkonzern eine Zurechnung zur Komplementär-Kapitalgesellschaft an die einschränkenden Voraussetzungen des § 4 Abs. 1 MitbestG geknüpft, wie sich aus dem Verweis in § 5 Abs. 3 MitbestG auf § 5 Abs. 2 MitbestG ergibt. Erfolgt die Beherrschung anderer Konzernunternehmen über eine KG, so soll nur unter den zusätzlichen Voraussetzungen des § 4 Abs. 1 MitbestG eine Zurechnung zur Komplementär-Kapitalgesellschaft erfolgen. Daher kann auch die Zurechnung der eigenen Arbeitnehmer der abhängigen KG zur Komplementärin nur unter diesen Voraussetzungen erfolgen. Bei einer anderen Betrachtungsweise wäre der Verweis in § 5 Abs. 3 MitbestG auf § 5 Abs. 2 MitbestG („über ein in Abs. 1 oder *2 bezeichnetes* Unternehmen") überflüssig[333].

d) Konzerninterne Arbeitnehmerüberlassung

12.115 Von den unter bb) (Rz. 12.97 ff.) und cc) (Rz. 12.104 ff.) genannten Grundsätzen ausgehend ist das Problem der Zählung von Arbeitnehmern bei **konzerninterner Arbeitnehmerentsendung** zu lösen. Da es nicht um die individuelle Zugehörigkeit eines Arbeitnehmers, also um einen „mitbestimmungsrechtlichen Arbeitnehmerbegriff", geht, sondern um die soziale Bedeutung des Unternehmens bzw. des Konzerns, ist eine Betrachtung erforderlich, die sich von der einzelnen Entsendung löst und sich auf den regelmäßigen Personalbedarf der jeweiligen Holdingunternehmen konzentriert.

aa) Unternehmensgröße

12.116 Zu fragen ist, ob die Zählung bei dem Holdingunternehmen erfolgt, mit dem der Arbeitsvertrag abgeschlossen wurde oder ob es darauf ankommt, wo der Arbeitnehmer tatsächlich beschäftigt ist. Maßgebend entscheidet – trotz der Formulierung „in der Regel beschäftigt" – das rechtliche Band (der Arbeitsvertrag)[334].

12.117 Unstreitig dürfte zunächst sein, dass der Arbeitnehmer bei nur vorübergehender konzerninterner Arbeitnehmerüberlassung ausschließlich im entsendenden Unternehmen gezählt wird. Fraglich ist, ob das auch dann gilt, wenn die **Überlassung auf längere Zeit** angelegt ist. In der Literatur wurden lange Zeit mehrere Auffassungen vertreten: Zum einen wurde (und wird) eine Doppelzurechnung in Betracht gezogen[335]. Leiharbeitnehmer sollten im Beschäftigungsunternehmen mitzuzählen sein, wenn sie die „belegschaftsmäßige Dimension des Unternehmens prägen"[336]; zum Teil wurde neben einer auf diese Weise erfolgenden Zurechnung die Möglichkeit einer Doppelzugehörigkeit ausdrücklich abgelehnt[337].

---

332 S. auch *Hanau/Wackerbarth* in FS Lutter, 2000, S. 438 f.

333 Ähnlich *Hölters*, RdA 1979, 339.

334 *Annuß* in MünchKomm/AktG, § 1 MitbestG Rz. 9; *Windbichler*, S. 513; GK/*Rumpff*, § 1 Abs. 1–3 MitbestG Rz. 15; nach *Ulmer* in FS Heinsius, 1991, S. 866 f. (873) soll das Wort „beschäftigte" die aktiv tätigen von den beurlaubten Arbeitnehmern abgrenzen; vgl. auch *Henssler* in Habersack/Henssler, § 3 MitbestG Rz. 2.

335 *Krause*, ZIP 2014, 2209 ff.; *Wißmann* in Wißmann/Kleinsorge/Schubert, § 1 MitbestG Rz. 41 ff.; *Hanau/Ulmer*, § 3 MitbestG Rz. 22.

336 *Windbichler*, S. 513; dazu auch *Ulmer* in FS Heinsius, 1991, S. 855 ff.; *Becker/Wulfgramm*, § 14 AÜG Rz. 142.

337 *Hoffmann/Lehmann/Weinmann*, § 10 MitbestG Rz. 94 unter Berufung darauf, dass die Eingliederungstheorie überholt sei; dagegen *Hanau*, ZfA 1990, 115 ff. (130).

Eine weitere Auffassung lehnte die Berücksichtigung von Leiharbeitnehmern im Rahmen der Mitbestimmung gänzlich ab[338].

Einstweilen frei. 12.118

Seit einer gesetzlichen Klarstellung in § 14 Abs. 2 Satz 5 und 6 AÜG steht nun fest, dass Leiharbeitnehmer auch im Beschäftigungsunternehmen für die maßgebliche Arbeitnehmerzahl zu berücksichtigen sind, wenn sie dort die belegschaftsmäßige Dimension prägen, also einen regelmäßigen Arbeitskräftebedarf des Unternehmens decken. Das ist der Fall, „wenn die Einsatzdauer sechs Monate übersteigt". Den Streit darüber, ob damit die individuelle Beschäftigung des Leiharbeitnehmers[339] oder aber die Besetzung des Arbeitsplatzes über den genannten Zeitraum gemeint ist[340], hat der BGH nun im Sinn eines **arbeitsplatzbezogenen Verständnisses** entschieden[341] und so einer Umgehung der Zurechnung durch ständig wechselnde Leiharbeitnehmer einen Riegel vorgeschoben. 12.119

Werden für einen Arbeitnehmer mehrere Arbeitsverträge mit verschiedenen Konzernunternehmen abgeschlossen, von denen jeweils nur einer tatsächlich in Vollzug gesetzt wird, so hängt seine Zählung im jeweiligen Konzernunternehmen davon ab, ob er dort einen regelmäßigen Personalbedarf befriedigt. Das wird im Allgemeinen nur bei einer jährlichen Beschäftigungsdauer von über sechs Monaten zu bejahen sein[342]. Es ist also möglich, dass solche Arbeitnehmer in **keinem der Anstellungsunternehmen** mitzählen. 12.120

bb) Konzerngröße

Ist nicht die Unternehmensgröße, sondern über § 5 MitbestG die Konzerngröße zu beurteilen, so scheidet eine **doppelte Zählung** aus. Eine Zurechnung des überlassenen Arbeitnehmers zur Holding kann nur einmal erfolgen[343]. Der Arbeitnehmer kann der Holding nicht etwa einerseits über den Arbeitsvertrag und andererseits über § 5 Abs. 1 MitbestG mit der Begründung zugerechnet werden, dass er tatsächlich bei der Tochtergesellschaft beschäftigt ist. § 5 MitbestG hat lediglich den Zweck, solche Arbeitnehmer der Obergesellschaft zuzurechnen, die kein eigenes Arbeitsverhältnis, sondern nur der Konzerntatbestand mit der Holding verbindet. Besteht ein eigenes rechtliches Band, ist eine Zurechnung bereits über dieses gegeben. 12.121

Aus dem gleichen Grund können Arbeitnehmer, die von einer Tochtergesellschaft zur Überlassung an andere Tochterunternehmen angestellt oder in **Mehrfacharbeitsverhältnissen** beschäftigt sind, der Holding nur einmal zugerechnet werden. Denn bei entsprechender Organisation eines einheitlichen Rechtsträgers (Unternehmens), der seinen Arbeitnehmer bei verschiedenen Filialen einsetzt, würde dieser ebenfalls nur einmal gezählt werden. Die abweichende rechtliche Struktur „Konzern" kann seine soziale Bedeutung nicht erhöhen. Allerdings können diese besonderen Arbeitnehmer für die Größe mehrerer Einzelunternehmen des Konzerns von Bedeutung sein (s. soeben Rz. 12.119). Arbeitnehmer mit wechselnder Beschäftigung in verschiedenen Tochterunternehmen zählen möglicherweise in keinem der Anstellungsunternehmen mit (vgl. soeben Rz. 12.117). Bei der Ermittlung 12.122

338 OLG Hamburg v. 31.1.2014 – 11 W 89/13, AG 2014, 588 = GmbHR 2014, 758 = ZIP 2014, 680; zustimmend *Lunk*, NZG 2014, 778 (779 f.); vgl. auch *Lambrich/Reinhard*, NJW 2014, 2229 (2230 f.).

339 So etwa *Thüsing* in Thüsing, § 14 AÜG Rz. 76 m.w.N.

340 *Hamann* in Schüren/Hamann, § 14 AÜG Rz. 141 m.w.N.

341 BGH v. 25.6.2019 – II ZB 21/18, AG 2019, 798 = ZIP 2019, 1661 = NZA 2019, 1232 = GmbHR 2019, 1182.

342 Vgl. zur entsprechenden Behandlung von Aushilfsarbeitnehmern BAG v. 12.10.1976, AP Nr. 1 zu § 8 BetrVG 1972 = DB 1977, 356; vgl. BAG v. 19.7.1983 – 1 AZR 26/82, DB 1983, 2634; LAG Düsseldorf v. 26.9.1990 – 12 TaBV 74/90, DB 1991, 238 f.; LAG Berlin v. 25.4.1988 – 9 TaBV 2/88, DB 1988, 1456; LAG Hamm v. 11.5.1979, EzA Nr. 2 zu § 6 BetrVG 1972 = DB 1979, 2380; *Hanau/Ulmer*, § 3 MitbestG Rz. 29; *Ulmer* in FS Heinsius, 1991, S. 867.

343 *Windbichler*, S. 513.

der Konzerngröße sind sie demgegenüber aus dem gleichen Grund zu berücksichtigen, wie eine doppelte Zählung ausgeschlossen ist. Die vom Einheitsunternehmen abweichende rechtliche Struktur kann eine Berücksichtigung nicht verhindern.

e) Wahlberechtigung

12.123 Insbesondere bei konzerninterner Arbeitnehmerüberlassung stellt sich die Frage, in welchem Unternehmen der Arbeitnehmer wählen kann. Hier ist eine individuelle Betrachtungsweise angebracht, die grundsätzlich auf die **Betriebszugehörigkeit** des Arbeitnehmers abstellt. Bei vorübergehender Überlassung bleibt der Arbeitnehmer daher in entsprechender Anwendung des § 14 AÜG ausschließlich dem entsendenden Unternehmen zugeordnet und kann dort wählen, vgl. dazu noch Rz. 12.160 f. Handelt es sich dagegen um solche Arbeitnehmer, die aufgrund mehrfacher koordinierter Arbeitsverträge über die Unternehmensgrenzen hinweg eingesetzt werden, so kann es an der Betriebszugehörigkeit zu jedem Anstellungsunternehmen fehlen. Da insoweit eine Zuordnung nach § 11 Abs. 3 MitbestG zu einem der Betriebe der Anstellungsunternehmen scheitert, müssen diese Arbeitnehmer, da sie Arbeitnehmer im Konzern sind, in entsprechender Anwendung des § 11 Abs. 3 MitbestG zur Hauptverwaltung des Konzerns, hilfsweise zum zahlenmäßig größten Betrieb im Konzern zugeordnet werden[344].

2. DrittelbG

a) Anwendbarkeit

12.124 Auch für Unternehmen mit einer geringeren Beschäftigtenzahl als 2000 Arbeitnehmern gibt es seit 1952 eine Beteiligung der Arbeitnehmer im Aufsichtsrat im BetrVG 52. Dieses Gesetz ist im Jahr 2004 durch das sog. Drittelbeteiligungsgesetz (DrittelbG) abgelöst worden[345], das die Regeln inhalts- und weitgehend wortgleich übernommen hat.

12.125 Unternehmensmitbestimmung nach dem DrittelbG wird im Holdingkonzern vor allem in den **Tochtergesellschaften** vorkommen, wenn sie nicht genügend Arbeitnehmer beschäftigen, um die Grenze des § 1 Abs. 1 Nr. 2 MitbestG zu erreichen. In der Holding selbst kann das DrittelbG Anwendung finden, wenn im Holdingkonzern insgesamt nicht mehr als 2000 Arbeitnehmer beschäftigt werden. Da die Arbeitnehmerzurechnung im Konzern allerdings nur unter besonderen Bedingungen stattfindet (Rz. 12.130), unterliegt nicht jeder Holdingkonzern mit knapp unter 2000 Arbeitnehmern automatisch der Drittel-Beteiligung[346].

12.126 Ausgenommen von der Mitbestimmung sind die **Tendenzunternehmen.** Die Regelung des § 1 Abs. 2 Nr. 2 DrittelbG entspricht (anders als noch die entsprechende Vorschrift des BetrVG 52) dem Wortlaut des § 1 Abs. 4 MitbestG. Es kann deshalb auf die obige Darstellung verwiesen werden[347].

b) Voraussetzungen der Mitbestimmung in der Holding selbst

aa) Rechtsformabhängigkeit

12.127 Wie für die Mitbestimmung nach dem MitbestG enthält auch das DrittelbG eine Beschränkung auf **Unternehmen in Form der AG, KGaA** (§ 1 Abs. 1 Nr. 1 u. 2 DrittelbG) sowie der **GmbH** (§ 1 Abs. 1 Nr. 3 DrittelbG) und einiger weiterer in § 1 Abs. 1 Nr. 4 und 5 DrittelbG genannten Verbände (VVaG, Genossenschaft). Erfasst werden wiederum nur Gesellschaften mit Sitz im Inland. Vgl. im Übrigen Rz. 12.78 f.

---

344 Vgl. *Windbichler*, S. 510; *Hanau/Ulmer*, § 11 MitbestG Rz. 66 ff. m.w.N.

345 BT-Drucks. 15/2542.

346 Vgl. zu den damit verbundenen Gestaltungsmöglichkeiten (Aufteilung der Arbeitnehmer auf Gesellschaften mit jeweils weniger als 500 Arbeitnehmern) *Rieble*, BB 2014, 2997.

347 Gleichsinnig *Kleinsorge* in Wißmann/Kleinsorge/Schubert, § 1 DrittelbG Rz. 67 a.E.

bb) Arbeitnehmerzahl

12.128 Durch das Gesetz für kleine Aktiengesellschaften und zur Deregulierung des Aktienrechts vom 2.8. 1994[348] ist das Erfordernis einer **Mindestbeschäftigung von mehr als 500 Arbeitnehmern** auf alle AG und KGaA ausgedehnt worden, soweit sie nach dem 10.8.1994 in das Handelsregister eingetragen wurden. Damit hat sich auch die früher streitige Frage erledigt, ob man für diese Gesellschaften verlangen muss, dass sie überhaupt Arbeitnehmer beschäftigen[349]. Die Aufrechterhaltung der drittelparitätischen Mitbestimmung in Alt-Aktiengesellschaften mit weniger als 500 Arbeitnehmern ist verfassungsgemäß[350].

12.129 Für die Berechnung ist zu erwähnen, dass leitende Angestellte nach § 3 Abs. 1 Halbsatz 2 DrittelbG keine Arbeitnehmer im Sinne des DrittelbG sind, daher nicht wahlberechtigt sind und auch bei der Berechnung der maßgeblichen Arbeitnehmerzahl nicht mitzählen[351]. Es kommt es auf die **regelmäßige Beschäftigung** an[352]. Hinsichtlich der holdingübergreifenden Arbeitsverhältnisse kann auf Rz. 12.115 ff. verwiesen werden. Leiharbeitnehmer sind im entleihenden Unternehmen – wie bei der Mitbestimmung nach dem MitbestG – richtigerweise zu berücksichtigen[353].

cc) Unternehmenszurechnung

12.130 § 2 Abs. 2 DrittelbG regelt die Zurechnung der Arbeitnehmer abhängiger Gesellschaften zur Holding. Anders als § 5 MitbestG verweist er für den Konzernbegriff nicht auf die Konzernvermutungen im AktG, sondern verlangt entweder das Bestehen eines **Beherrschungsvertrags** zwischen der Holding und den abhängigen Unternehmen oder eine **Eingliederung** der Tochter. In faktischen Konzernen werden die Arbeitnehmer der abhängigen Gesellschaften angesichts des eindeutigen Wortlauts des § 2 Abs. 2 DrittelbG nicht der Holding zugerechnet. Dies gilt selbst dann, wenn eine nach dem DrittelbG mitbestimmte GmbH zusammen mit einem anderen Unternehmen eine oHG gründet, die von der GmbH beherrscht wird und einen Teil der GmbH-Arbeitnehmer übernimmt, so dass dort nunmehr weniger als 500 Arbeitnehmer beschäftigt sind und der Verdacht einer Gesetzesumgehung besteht[354]. Angesichts der eindeutigen gesetzlichen Entscheidung kommt eine erweiternde Auslegung bzw. Ausdehnung der Arbeitnehmerzurechnung auf faktische Konzerne de lege lata nicht in Betracht[355]. Andererseits haben nach § 2 Abs. 1 DrittelbG bei der Wahl zum Aufsichtsrat auch die Arbeitnehmer **aktives und passives**[356] **Wahlrecht**, die in bloß faktisch konzernierten[357] Unternehmen beschäftigt sind.

---

348 BGBl. I 1994, 1961 f.

349 Dazu BGH v. 7.2.2012 – II ZB 14/11, AG 2012, 288 = ZIP 2012, 669 = EWiR 2012, 311 (*Klasen*) mit umfassenden Nachweisen zum Meinungsstand. Das vom BGH aufgestellte Erfordernis der Beschäftigung von mind. 5 Arbeitnehmern ist im Falle der Varta AG, eine vor dem 10.8.1994 gegründete Gesellschaft, relevant geworden, siehe dazu LG Stuttgart v. 1.2.2018 – 31 O 53/17 KfH AktG, BeckRS 2018, 28201 Rz. 56.

350 BVerfG v. 9.1.2014 – 1 BvR 2344/11, AG 2014, 279 = ZIP 2014, 464.

351 *Kleinsorge* in Wißmann/Kleinsorge/Schubert, § 3 DrittelbG Rz. 3.

352 *Kleinsorge* in Wißmann/Kleinsorge/Schubert, § 1 DrittelbG Rz. 87 f.; *Windbichler*, S. 512 m.w.N.

353 S. zur Diskussion Rz. 12.80 ff. m.w.N. und zur Entwicklung im Bereich der Betriebsverfassung Rz. 12.160.

354 BayObLG v. 10.12.1992 – 3 Z BR 130/92, AG 1993, 177 = GmbHR 1993, 165 = ZIP 1993, 263 ff.

355 OLG Hamburg v. 29.10.2007 – 11 W 27/07, DB 2007, 2762 (2764) m.w.N.; *Kleinsorge* in Wißmann/Kleinsorge/Schubert, § 2 DrittelbG Rz. 29; a.A. *Boewer/Gaul/Otto*, GmbHR 2004, 1065 (1067) und *Trittin/Gilles*, RdA 2011, 46 (49 f.) (Redaktionsversehen).

356 ArbG Wuppertal v. 6.9.2011 – 7 BV 36/11 (rkr.), AG 2012, 522 = ZIP 2012, 1079 = EWiR 2012, 381 (*Mückl*).

357 Bloße Abhängigkeit oder Mehrheitsbeteiligung genügen nicht, allerdings verweist § 2 Abs. 1 DrittelbG auf die Konzernvermutung des § 18 Abs. 1 Satz 3 AktG. Die Entscheidung des BAG v. 16.8.1995 – 7 ABR 57/94, ZIP 1996, 292 = NZA 1996, 274 = AG 1996, 367, die auf die (damals) fehlende Anwendbarkeit der Konzernvermutung abstellte, ist damit überholt; vgl. LAG Düsseldorf v. 12.5.2010 – 7 TaBV 88/09, Der Konzern 2010, 632 ff.

12.131 **Beherrschungsvertrag** ist nicht im engeren Sinne der §§ 291 ff. AktG zu verstehen, so dass auch Beherrschungsverträge mit Unternehmen in der Rechtsform der GmbH oder einer Personengesellschaft in Betracht kommen[358]. Der Abschluss eines bloßen Ergebnisabführungsvertrags reicht jedoch nicht aus[359], ebenso wenig andere in § 292 AktG erwähnte Unternehmensverträge[360]. Die Regeln der §§ 291 ff. AktG dienen dabei als gesetzliches Vorbild[361], wobei zu berücksichtigen ist, dass sich für die GmbH als abhängiges Unternehmen heute bereits feste Kriterien herausgebildet haben[362], während bei der Personengesellschaft die Frage als ungeklärt gelten muss[363]. Eine dem in § 291 AktG beschriebenen statusändernden Organisationsvertrag entsprechende Regelung kann bei Personengesellschaften als beherrschten Unternehmen nur im Wege der Änderung des Gesellschaftsvertrags geschaffen werden[364]. In dem vom BGH im Jahr 1979 entschiedenen Fall „Gervais-Danone" spricht das Gericht von einem Beherrschungsvertrag, obwohl dort keine organisationsändernden, sondern lediglich schuldrechtliche Vereinbarungen getroffen waren[365]. Unternehmensverträge mit Personengesellschaften müssen daher im Einzelnen daraufhin untersucht werden, ob sie eine gesellschaftsrechtlich vermittelte einheitliche Leitung durch die Holding ermöglichen[366].

12.132 Eine **Eingliederung** im Verhältnis zur Holding kommt demgegenüber nur für eine AG als beherrschtes Unternehmen infrage, da die Unternehmensverbindung der §§ 319 ff. AktG auf Aktiengesellschaften beschränkt ist und eine weitgehende Verflechtung beinhaltet, die bei GmbH und Personengesellschaften nicht gegeben sein kann[367]. Zu **Gemeinschaftsunternehmen** vgl. bereits Rz. 12.91.

c) Mitbestimmung auf unteren Ebenen des Holdingkonzerns

12.133 Für die Mitbestimmung in den abhängigen Gesellschaften gelten die **gleichen Voraussetzungen** wie für die Holding selbst (soeben Rz. 12.127 ff.). Nach der Entscheidung des BayObLG vom 10.12. 1992[368] ändert die Tatsache, dass es sich um ein abhängiges Unternehmen handelt, nichts an der Möglichkeit, seinerseits Beherrschungsverträge mit Enkelunternehmen abzuschließen, so dass -ähnlich dem **„Konzern im Konzern"** im MitbestG – eine Unternehmenszurechnung von Enkelgesellschaften zu Tochtergesellschaften der Holding möglich ist[369].

12.134 Einstweilen frei.

358 H.M.: *Windbichler*, S. 13, 516; *Uffmann* in MünchArbR, § 380 Rz. 12 m.w.N. in Fn. 52; *Kleinsorge* in Wißmann/Kleinsorge/Schubert, § 2 DrittelbG Rz. 32 m.w.N.; a.A. *Strassburg*, BB 1979, 1070 ff.; BayObLG v. 10.12.1992 – 3Z BR 130/92, AG 1993, 177 = GmbHR 1993, 165 = ZIP 1993, 263 ff. für den Fall, dass natürliche Personen an der Personengesellschaft beteiligt sind.

359 OLG Düsseldorf v. 27.12.1996 – 19 W 4/96 AktE, AG 1997, 129 = ZIP 1997, 546; vgl. auch OLG Zweibrücken v. 18.10.2005 – 3 W 136/05, NZG 2006, 31 (32); ausführlich *Deilmann*, NZG 2005, 659 (661 f.).

360 *Habersack* in Habersack/Henssler, § 2 DrittelbG Rz. 13a m.w.N.

361 *Emmerich/Habersack*, § 32; *Windbichler*, S. 516 m.w.N.

362 *Emmerich/Habersack*, § 32 Rz. 7 ff.; *Windbichler*, S. 516; jeweils m.w.N.

363 Nachweise zum Streitstand bei Hüffer/Koch § 291 AktG Rz. 7; *Emmerich/Habersack*, § 34 Rz. 17 f.; ausführlich *Mülbert* in MünchKomm/HGB, 4. Aufl. 2019, Bd. 3, Konzernrecht der Personengesellschaften Rz. 149–176.

364 Vgl. dazu *K. Schmidt*, GesR, § 43 III., S. 1290 f.; *Emmerich/Habersack*, § 34 Rz. 19.

365 BGH v. 5.2.1979 – II ZR 210/76, NJW 1980, 231 = AG 1980, 47, vgl. dazu die in der Fn. zuvor genannten Autoren und *Raiser*, ZGR 1980, 561.

366 *Windbichler*, S. 517.

367 H.M.: BayObLG v. 10.12.1992 – 3 Z BR 130/92, AG 1993, 177 = GmbHR 1993, 165 = ZIP 1993, 263 ff.; OLG Düsseldorf v. 27.12.1996 – 19 W 4/96 AktE, AG 1997, 129 = ZIP 1997, 546 (548); *Windbichler*, S. 517; *Habersack* in Habersack/Henssler, § 2 DrittelbG Rz. 14.

368 BayObLG v. 10.12.1992 – 3 Z BR 130/92 AG 1993, 177 = GmbHR 1993, 165 = ZIP 1993, 263 ff.

369 *Habersack* in Habersack/Henssler, § 2 DrittelbG Rz. 9, 15 m.w.N.; *Trittin/Gilles*, RdA 2011, 46 (49); dagegen aber *Redeke*, DB 2008, 2408 (2410 f.); *Richardi* in FS Zeuner, 1994, S. 157 f.; vgl. insoweit Rz. 12.95 ff.

III. Die Arbeitnehmervertretung gegenüber der Holding

1. Holding und Gewerkschaften

a) Konzerntarifvertrag

aa) Interessenlage

Die Holding steht oft an der Spitze eines **divisionalisierten Unternehmensverbundes**, in dem unterschiedliche Branchen vertreten sein können (*Lutter/Bayer* Rz. 1.4 ff.)[370]. Aus Sicht der Arbeitgeber wie auch der Gewerkschaften stellt sich die Frage nach einem einheitlichen Tarifvertrag im Holdingkonzern daher nur in Ausnahmefällen. Die Vorteile einer **dezentralen Organisation** liegen gerade darin, dass sich die einzelnen konzernangehörigen Unternehmen selbständig auf die in ihrer jeweiligen Branche spezifischen Rahmenbedingungen einstellen können[371]. Aus Arbeitnehmersicht wird eine konzernweite Geltung zwar erstrebenswert erscheinen, wenn mit der Obergesellschaft ein Tarifvertrag vereinbart ist, der günstiger ist als die in den Tochtergesellschaften aufgrund unterschiedlicher Branchenzugehörigkeit geltenden Tarifverträge. Der Abschluss eines konzernweit geltenden Tarifvertrags – vergleichbar einem Haustarifvertrag –, der vor allem dort möglich erscheint, wo die Gewerkschaft stark vertreten ist, kann aber die Position der Gewerkschaften dort schwächen, wo sie branchenbezogene flächendeckende Abschlüsse erzielen will[372]. 12.135

Davon abgesehen gehört die Holding in der Praxis nur selten einem **Arbeitgeberverband** an. Es stellt sich angesichts ihrer möglichen Beteiligung an unterschiedlichsten Geschäftsbereichen bereits die Frage, welcher Verband sie angemessen repräsentieren kann. Daneben führt sie regelmäßig kein oder nur ein untergeordnetes operatives Geschäft und beschäftigt keine bzw. nur wenige Arbeitnehmer, so dass sie als Tarifpartner selten in Betracht kommen wird. 12.136

bb) Tariffähigkeit und -zuständigkeit innerhalb des Holdingkonzerns

Die **rechtliche Selbständigkeit** der einzelnen Holdingunternehmen ist auch im Tarifrecht zu respektieren. Der Konzern ist mangels eigener Rechtssubjektivität nicht Arbeitgeber i.S.d. § 2 Abs. 1 TVG und damit als solcher nicht tariffähig[373]. Die Tariffähigkeit kann nicht aus § 12a TVG oder § 55 Abs. 4 BetrVG abgeleitet werden. § 12a TVG stellt den Konzern lediglich einem bei mehreren Konzernunternehmen Beschäftigten gegenüber, um dessen Eigenschaft als arbeitnehmerähnliche Person begründen zu können, hat jedoch keine Auswirkungen auf die Tatsache, dass verschiedene Arbeitsverhältnisse bestehen[374]. § 55 Abs. 4 BetrVG setzt nur einen konzernweit geltenden Tarifvertrag voraus, nicht aber die Tariffähigkeit des Konzerns[375]. Der Gesetzgeber kann freilich auch für Spezialfragen abweichendes anordnen und hat es im Rahmen von § 3 BetrVG auch getan: 12.137

Die – seltene, vgl. Rz. 12.136 – Mitgliedschaft der Holding in einem Arbeitgeberverband erstreckt sich nicht automatisch auf die abhängigen Gesellschaften[376]. Die Holding ist als Arbeitgeber tarif- 12.138

370 *Konzen*, DB 1990, Beil. 6, S. 14.
371 Vgl. dazu *Windbichler*, S. 460.
372 Zur Interessenlage s. auch *Höpfner*, ZAAR 2010, 113 (116 f.).
373 Allg. Meinung, BAG v. 17.10.2007 – 4 AZR 1005/06, NZA 2008, 713 Rz. 26; BAG v.13.12.2016 – 1 AZR 148/15, juris und öfter; ErfK/*Franzen*, § 2 TVG Rz. 24; *Löwisch/Rieble*, § 2 TVG Rz. 481; *Rieble*, Der Konzern 2005, 475 (477); *Windbichler*, S. 461 ff.; *Stein*, RdA 2000, 129 (135); *Oetker* in Wiedemann/Oetker/Wank, § 2 TVG Rz. 141 ff.; *Konzen*, RdA 1984, 65, (78 f.); Peter in *Däubler*, § 2 TVG Rz. 109.
374 *Windbichler*, S. 462 m.w.N.; *Löwisch/Rieble*, § 2 TVG Rz. 483.
375 *Löwisch/Rieble*, § 2 TVG Rz. 483; GK//*Franzen*, § 55 BetrVG Rz. 28 f.
376 BAG v. 18.11.2009 – 4 AZR 491/08, ZIP 2010, 1002 = NJW 2010, 888 (890) Rz. 25 m.w.N.; s. schon BAG v. 11.9.1991 – 4 AZR 71/91, MDR 1992, 270 = DB 1992, 98 ff. = AuR 1992, 125 ff. m. Anm. *Zachert*.

fähig, **tarifzuständig** aber nur für die bei ihr beschäftigten Arbeitnehmer[377]. Eine Konzernobergesellschaft kann auch nicht als Spitzenorganisation i.S.d. § 2 Abs. 2 TVG angesehen werden[378]. Wird die Konzernobergesellschaft als Personalführungsgesellschaft tätig und schließt sie als solche Arbeitsverträge mit den Konzernarbeitnehmern, so ist sie Arbeitgeberin und als solche selbstverständlich tariffähig. Das BAG hat jedoch einen Sachverhalt entschieden, in dem es nicht um das Unterlaufen eines Tarifvertrags kraft Leitungsmacht, sondern genau umgekehrt durch **Verselbständigung einer Tochtergesellschaft** ging. Ein eingetragener Verein zur Förderung deutscher Kultur und Sprache hatte eine (ausländische) Zweigstelle als rechtlich selbständiges Unternehmen gegründet, faktisch aber wie eine eigene Betriebsabteilung geführt[379]. Der mit dem Verein abgeschlossene Tarifvertrag bezog sich ausdrücklich nur auf die bei ihm Beschäftigten, sollte seinem Zweck nach aber alle Arbeitnehmer erfassen, die für ihn vor Ort tätig waren. Das BAG nahm wegen der rechtlichen Selbständigkeit der ausländischen Tochter keine unmittelbare Geltung des Tarifvertrags für deren Arbeitnehmer an, hielt aber den Verein für verpflichtet[380], kraft seiner faktisch gegebenen Leitungsmacht die tariflichen Regelungen bei der ausländischen Gesellschaft durchzusetzen.

12.139 Es ist zweifelhaft, ob die Entscheidung verallgemeinerungsfähig ist, denn sie wird weniger auf die konzernrechtlichen Aspekte gestützt als vielmehr auf Umgehungsaspekte. Der Verein hatte die Zweigstelle allein deshalb rechtlich verselbständigt, weil zwingendes Ortsrecht der Führung einer Dependance im eigenen Namen entgegenstand. Die Arbeitsverhältnisse der bei der Zweigstelle beschäftigten deutschen Arbeitnehmer waren ursprünglich mit dem Verein selbst abgeschlossen worden, die Verlagerung auf die ausländische Tochtergesellschaft erfolgte ausschließlich, um den Tarifvertragswirkungen zu entgehen.

cc) Möglichkeiten zur Vereinheitlichung der tariflichen Lage im Holdingkonzern

(1) Haustarifvertrag mit der Holding

12.140 Eine Möglichkeit, die Arbeitsbedingungen im Holdingkonzern zu vereinheitlichen, besteht darin, in einem Tarifvertrag mit der Holding die Erstreckung der vereinbarten Regelungen auf die verbundenen Unternehmen zu vereinbaren, die Holding also zu verpflichten, kraft ihrer Leitungsmacht die Tochtergesellschaften anzuweisen, die tariflich vereinbarten Maßnahmen bei sich durchzusetzen[381]. Das Ziel kann wegen der regelmäßig fehlenden Verbandszugehörigkeit der Holding praktisch nur durch einen Haustarifvertrag verwirklicht werden. Die Vereinbarung von Tarifnormen erfasst dabei nur die wenigen bei der Holding beschäftigten Arbeitnehmer. Um die Erstreckung auf abhängige Gesellschaften zu erreichen, müsste daher ein **atypischer Haustarifvertrag** geschlossen werden, dessen wichtigster Teil schuldrechtliche Abreden wären[382].

12.141 Problematisch ist auf Arbeitnehmerseite, welche Gewerkschaft für den Abschluss eines solchen Haustarifvertrags **tarifzuständig** ist[383]. Innerhalb eines Holdingkonzerns können unterschiedliche Gewerkschaften für die einzelnen Unternehmen zuständig sein, da die Satzungen dem Industrieverbandsprinzip folgen und im diversifizierten Unternehmensverbund die unterschiedlichsten Bran-

377 BAG v. 17.10.2007 – 4 AZR 1005/06, NZA 2008, 713 Rz. 26 m. Anm. *Wendeling-Schröder/Fiala*; BAG v. 18.11.2009 – 4 AZR 491/08, ZIP 2010, 1002 = NJW 2010, 888 (890) Rz. 25 m.w.N.; *Peter* in Däubler, § 2 TVG Rz. 110; ErfK/*Franzen* § 2 TVG Rz. 24; *Windbichler*, S. 462; a.A. *Däubler*, Grundrecht auf Mitbestimmung, S. 442 ff.; vgl. auch *Oetker* in Wiedemann/Oetker/Wank, § 2 TVG Rz. 142 und *Junker*, Internationales Arbeitsrecht im Konzern, S. 458.

378 *Wendeling-Schröder/Fiala*, Anmerkungen zu AP Nr. 40 zu § 1 TVG.

379 BAG v. 11.9.1991 – 4 AZR 71/91, MDR 1992, 270 = DB 1992, 98 ff.

380 Gegen eine solche Erweiterung der Vertragstreuepflichten *Löwisch/Rieble*, § 1 TVG Rz. 1249 f.

381 Vgl. näher *Windbichler*, S. 469 f.; *Löwisch/Rieble*, § 2 TVG Rz. 491; BAG v. 11.9.1991 – 4 AZR 71/91, MDR 1992, 270 = DB 1992, 98 ff.

382 Zu den Bedenken gegen eine solche Konstruktion bereits *Martens*, RdA 1970, 173 (180 f.).

383 Eingehend zu Fragen der Tarifzuständigkeit auf Arbeitnehmerseite *Windbichler*, S. 472 ff.

chen vertreten sein können. So kann die Tarifzuständigkeit fehlen, wenn die Gewerkschaft ihrer Satzung nach für eine Branche zuständig ist, die den arbeitstechnischen Zweck der Holding, soweit ein solcher überhaupt feststellbar ist, nicht prägt. Beispiel ist eine Mischholding, die an der Spitze eines Industriekonzerns steht und selbst noch operative Tätigkeiten in einem anderen Bereich entfaltet als dem der Tochtergesellschaften. Dann kann nach den Satzungen eine Industriegewerkschaft für die Tochterunternehmen tarifzuständig sein, während es für die Holding die Gewerkschaft Verdi ist. Zuständigkeitsüberschneidungen können auftreten, wenn von den Satzungen der für die Branche der Tochtergesellschaften zuständigen Gewerkschaft auch die Dachgesellschaften erfasst werden sollen[384]. Die Arbeitnehmerkoalitionen haben auf die zunehmende Organisation wirtschaftlicher Einheiten als Konzern reagiert, indem sie ihre fachliche Zuständigkeit nicht mehr auf den Fachbereich einzelner Betriebe beschränken, sondern auf branchenfremde Betriebe ausdehnen, die innerhalb des Konzerns z.B. untergeordnete Dienstleistungen erbringen. Das geht hin bis zu einer **Konzerntarifzuständigkeit**[385]. Soweit Überschneidungen der Tarifzuständigkeiten innerhalb von DGB-Gewerkschaften vorkommen, wird darüber nach einer umstrittenen Rechtsprechung in einem Schiedsverfahren nach § 16 der DGB-Satzung mit Bindung für die Arbeitgeberseite entschieden[386].

Geht es der für die Tochtergesellschaft zuständigen Gewerkschaft nicht um eine Regelung der Arbeitsbedingungen in der Holding selbst, sondern nur um deren Einfluss auf die Tochtergesellschaft, so wird man diese Gewerkschaft jedenfalls insoweit für tarifzuständig halten müssen und zwar auch dann, wenn die Holding ihren Sitz außerhalb des räumlichen Bereichs der satzungsmäßigen Zuständigkeit hat. Davon abgesehen kann die Gewerkschaft ihre Tarifzuständigkeit frei bestimmen und jedenfalls durch Satzungsänderung eine Erweiterung auch auf die Holding vornehmen[387]. Soll also ein Haustarifvertrag mit der Holding lediglich geschlossen werden, um über schuldrechtliche Vereinbarungen auf Tochterunternehmen einzuwirken, so ist die Tarifzuständigkeit für das Tochterunternehmen maßgebend. 12.142

Fraglich ist auch, ob die **schuldrechtlichen Vereinbarungen** mit der Holding **praktisch umgesetzt** werden können. Die Erteilung von Weisungen kann nicht unmittelbar in die Arbeitsverhältnisse der bei den Tochtergesellschaften beschäftigten Arbeitnehmer eingreifen. Allenfalls kann der Vorstand der Tochtergesellschaft angewiesen werden, seinen Arbeitnehmern Angebote zum Abschluss neuer Arbeitsverträge zu machen. Ist der betroffene Arbeitnehmer Mitglied einer Gewerkschaft und gilt in der Tochtergesellschaft ein Tarifvertrag, scheidet eine Änderung seiner Arbeitsbedingungen aus, die Anweisung an die Tochter, aus einem Arbeitgeberverband auszutreten, würde ihre Koalitionsfreiheit verletzen und kann daher als rechtswidrige Weisung keine Wirkung entfalten. 12.143

Rechtliche Schwierigkeiten können sich auch bei der **Durchsetzung der Forderungen** ergeben. Ein Arbeitskampf der wenigen bei der Holding beschäftigten Arbeitnehmer ist u.U. wenig effektiv und zudem rechtlich bedenklich, weil der Tarifvertrag sie selbst nicht betrifft; bei einem konzernweiten Arbeitskampf stellt sich die Frage, ob ein Streik in den Tochterunternehmen zulässig ist, um die Holding zum Abschluss eines Firmentarifvertrages zu zwingen (vgl. Rz. 12.151 ff.). 12.144

---

384 Vgl. z.B. *Mussil/Seifert*, § 1 TV für das private Versicherungsgewerbe Rz. 1 f. zum Geltungsbereich des Tarifvertrages § 1 der Satzung der IG Chemie-Papier-Keramik v. 26.6.1991. Zum umgekehrten Fall, dass nach der Satzung möglicherweise rechtlich selbständige fachfremde Unternehmen als „Nebenbetriebe" dem Industriezweig des Hauptunternehmens zugerechnet werden können, vgl. *Windbichler*, S. 477 f.

385 *Löwisch/Rieble*, § 2 TVG Rz. 362.

386 BAG v. 14.12.1999 – 1 ABR 74/98, AP § 2 TVG Tarifzuständigkeit Nr. 14 m. Anm. *Rieble* = DB 2000, 1669; dazu ErfK/*Franzen*, § 2 TVG Rz. 35; *Rieble/Klumpp* in MünchArbR, § 164 Rz. 87 ff.

387 BAG v. 19.11.1985 – 1 ABR 37/83, AP Nr. 4 zu § 2 TVG Tarifzuständigkeit = DB 1986, 1235; *Löwisch/Rieble*, § 2 TVG Rz. 254; *Windbichler*, S. 475.

(2) Koordinierte Tarifverträge

12.145 Praxisnäher erscheint die in der Literatur mehrfach angesprochene **koordinierte Tarifbindung verbundener Unternehmen**[388]. Mehrere Holdingunternehmen können wie andere Arbeitgeber auch einheitliche Tarifverträge abschließen[389], die sich überdies nicht auf den gesamten Holdingkonzern beziehen müssen, sondern sich gegebenenfalls auf einen Konzerngeschäftsbereich, d.h. auf einen Teil des Holdingkonzerns beschränken können. Das einschlägige Instrument ist der sog. mehrgliedrige Tarifvertrag, der in mehreren Varianten auftritt[390]. Sowohl auf Arbeitgeberseite als auch auf Gewerkschaftsseite können mehrere Tarifvertragsparteien auftreten. Bei dem zwischen ihnen und der jeweiligen Gewerkschaft ausgehandelten Vertragswerk handelt es sich grundsätzlich um mehrere Tarifverträge[391], die aber vertraglich miteinander verknüpft sein können bis hin zu einer Gestaltung, in der die beteiligten Unternehmen bzw. Gewerkschaften ihre Rechte nur gemeinsam ausüben können[392].

12.146 An den Verhandlungen können entweder alle Unternehmen von Anfang an beteiligt sein, indem sie Vertreter in die Tarifkommission entsenden. Oder ein Konzernunternehmen ist Wegbereiter für einen Haustarif, an den sich die anderen später anschließen. Geht es um einen Abschluss, an dem die Obergesellschaft beteiligt sein soll, so kann sie bevollmächtigt werden, **im Namen der Tochterunternehmen** handeln[393]. Die oben (Rz. 12.137) angesprochene Begrenzung der Tarifmacht der Holding, die aus der rechtlichen Selbständigkeit der Tochterunternehmen folgt, wird so in zulässiger Weise durch rechtsgeschäftliche Mittel aufgehoben. Die Vertretungsmacht wird dabei nach den §§ 164 ff. BGB – ausdrücklich oder konkludent – erteilt[394]. In der Praxis ist darauf zu achten, dass die zu vertretenden Parteien dezidiert schriftlich aufgeführt werden[395]. Die bloße Angabe des Geltungsbereichs des Tarifvertrags genügt insoweit nicht, um das Offenkundigkeitsprinzip einzuhalten[396].

12.147 Die mehrgliedrigen Tarifverträge gelten nur für zum Zeitpunkt ihres Abschlusses bereits gegründete Unternehmen. Später etwa durch Beteiligungserwerb zum Holdingverbund hinzukommende Unternehmen werden nicht automatisch erfasst, sondern müssen über **Anschlussverträge** in dessen Geltungsbereich aufgenommen werden[397]. Scheidet umgekehrt ein Unternehmen aus dem Konzernverbund aus, so bleibt seine Tarifbindung zwar erhalten[398]. Da aber die Tarifverträge in aller Regel inhaltlich auf Konzernunternehmen beschränkt sein dürften, endet sein Geltungsbereich für das ausgeschiedene Unternehmen und der Tarifvertrag wirkt nur noch gem. § 4 Abs. 5 TVG nach[399].

---

388 *Löwisch/Rieble*, § 2 TVG Rz. 486 ff.; *Junker*, Internationales Arbeitsrecht im Konzern, S. 450 f.; *Windbichler*, S. 470 f.

389 *Löwisch/Rieble*, § 2 TVG Rz. 488 f.

390 Zu den unterschiedlichen Varianten des mehrgliedrigen Tarifvertrags s. auch *Höpfner*, ZAAR 2010, 113 (127 ff.).

391 *Windbichler*, S. 471; *Löwisch/Rieble*, § 1 TVG Rz. 1465 ff.; *Thüsing* in Wiedemann/Oetker/Wank, § 1 TVG Rz. 71, 209 ff.; *Junker*, Internationales Arbeitsrecht im Konzern, S. 451.

392 *Windbichler*, S. 471; *Löwisch/Rieble*, § 1 TVG Rz. 1465 ff.; *Junker*, Internationales Arbeitsrecht im Konzern, S. 451; *Höpfner*, ZAAR 2010, 113 (128 ff.).

393 ErfK/*Franzen*, § 2 TVG Rz. 24; *Oetker* in Wiedemann/Oetker/Wank, § 2 TVG Rz. 143 f.; ausführlich dazu *Höpfner*, ZAAR 2010, 113 (119 ff.); vgl. auch *Stein*, RdA 2000, 129 (135); *Wendeling-Schröder/Fiala*, Anmerkungen zu AP Nr. 40 zu § 1 TVG.

394 *Kilg/Muschal*, BB 2007, 1670 (1671 f.); ausführlich auch *Höpfner*, ZAAR 2010, 113 (119 ff.) sowie *Braun/Zintl* in Braun/Wisskirchen I.2. Rz. 442 ff.

395 BAG v. 7.7.2010 – 4 AZR 120/09, NZA-RR 2011, 137 Rz. 21 f. m.w.N.; BAG v. 18.11.2009 – 4 AZR 491/08, ZIP 2010, 1002 = NJW 2010, 888; dazu *Baeck/Winzer/Gleiss*, NZG 2010, 580; *Höpfner*, ZAAR 2010, 113 (120 ff.); *Walk*, GWR 2010, 124; *Kilg/Muschal*, BB 2007, 1670 (1671 f.).

396 BAG v. 7.7.2010 – 4 AZR 120/09, NZA-RR 2011, 137 Rz. 24 f. m.w.N.

397 *Peter* in Däubler, § 2 TVG Rz. 111; s. ausführlich *Höpfner*, ZAAR 2010, 113 (132 ff.); zu Anschlussverträgen auch *Rieble*, Der Konzern 2005, 475 (482 f.).

398 Zutreffend *Höpfner*, ZAAR 2010, 113 (135) gegen *Kilg/Muschal*, BB 2007, 1670 (1673), die zudem verkennen, dass ein eventuelles Erlöschen der Vollmacht lediglich ex nunc wirkt.

399 *Rieble*, Der Konzern 2005, 475 (556); dem folgend *Höpfner*, ZAAR 2010, 113 (136).

(3) Weitere Möglichkeiten

Bedenken bestehen nach wie vor gegen die vielfach propagierte – und auch praktizierte – Tariffähigkeit eines **Konzernarbeitgeberverbandes**, der Tarifabschlüsse nicht mehr im Namen der angeschlossenen Holdingunternehmen, sondern im eigenen Namen tätigt[400]. Darunter ist der Zusammenschluss von Arbeitgebern eines Konzerns zu einem Arbeitgeberverband zu verstehen, der explizit für die Unternehmen des jeweiligen Konzerns tarifzuständig ist. So könnten konzernspezifische Tarifregelungen erfolgen, die dann einem eventuellen Flächentarifvertrag als „lex specialis" i.S.d. § 4 TVG vorgehen. Diese Form der Organisation ist bei namhaften Konzernen, bspw. der Lufthansa, der Deutschen Bahn oder der Metro-Gruppe zu finden[401]. Die früheren Zweifel an der Freiwilligkeit des Zusammenschlusses dürften ausgeräumt sein[402]. 12.148

Indessen fehlt dem Konzernarbeitgeberverband eine **ausreichende Legitimation** zum Abschluss von Tarifverträgen. Zwar mag das BAG die tarifrechtlichen Anforderungen an eine demokratische Verbandsstruktur herabgesetzt haben[403]. Daraus folgt aber keinesfalls, dass schon die Freiwilligkeit des Beitritts genügt, um eine demokratische Struktur im Konzernarbeitgeberverband anzunehmen[404]. Wenn ein Verbandsmitglied (die Holding) das Verhalten aller übrigen Mitglieder entscheidend beeinflussen kann, fehlt es an der Grundvoraussetzung der Teilhabe aller Mitglieder an der Willensbildung. Der Konzernarbeitgeberverband ist auf eine Mitgliedschaft nur konzernangehöriger Unternehmen angelegt. Würde bereits deren Mitgliedschaft zur Tariffähigkeit führen, so beruhte diese letztlich nicht auf der Mitgliedschaft in einem Verband, sondern auf der bloßen Konzernzugehörigkeit. Anders gesagt: man kann nicht die gesellschaftsrechtliche (konzernrechtliche) Sonderbeziehung zwischen Mutter- und Tochtergesellschaften überspielen, indem man ihr eine zusätzliche verbandsrechtliche Beziehung überstülpt. Die mitgliedschaftliche Legitimation der Verbandsleitung und die Willensbildung durch Kollegialorgane könnte durch die faktische Leitungsmacht der Obergesellschaft umgangen werden, ohne dass der „Umweg" über konkrete Weisungen an das Vertretungsorgan der Tochtergesellschaft genommen werden müsste[405]. 12.149

Nicht unproblematisch sind auch sog. **unternehmensbezogene Verbandstarifverträge**[406]. Diese können auf Arbeitgeberseite von tariffähigen Verbänden (in der Praxis: nach Verhandlungen unmittelbar durch die Einzelunternehmen) abgeschlossen werden, gelten aber beschränkt nur in den Unternehmen des Holdingkonzerns. Dazu müssen zunächst sämtliche der Holding angehörenden Unternehmen tarifgebundene Mitglieder der vertragschließenden Verbände sein und diese müssen auch tarifzuständig sein, was insbesondere bei bundesweit tätigen Konzernen nicht die Regel ist[407]. Als letzte Möglichkeit konzerneinheitlicher Tarifpolitik sei die **Tarifgeltung qua arbeitsvertraglicher Bezugnahme** genannt[408]. 12.150

b) Konzernarbeitskampf

Auch im Arbeitskampfrecht ist die rechtliche Selbständigkeit der holdingzugehörigen Unternehmen Ausgangspunkt aller Überlegungen. Besonderheiten aus dem Konzerntatbestand können sich nur ergeben, wenn der Arbeitskampf selbst einen **besonderen Holdingbezug** aufweist. Die Rechtmäßigkeit eines Streiks in allen Unternehmen der Holding hängt daher im Wesentlichen von dem damit verfolgten Kampfziel ab. 12.151

---

400 Vgl. *Löwisch/Rieble*, § 2 TVG Rz. 487.
401 ErfK/*Franzen*, § 2 TVG Rz. 24; *Löwisch/Rieble*, § 2 TVG Rz. 487; *Höpfner*, ZAAR 2010, 113 (137).
402 *Löwisch/Rieble*, § 2 TVG Rz. 62; *Höpfner*, ZAAR 2010, 113 (139) m.w.N. gegen *Windbichler*, S. 480 f.
403 BAG v. 28.3.2006 – 1 ABR 58/04, NZA 2006, 1112 (1117 f.); *Höpfner*, ZAAR 2010, 113 (139).
404 So aber *Höpfner*, ZAAR 2010, 113 (139); zustimmend *Löwisch/Rieble*, § 2 TVG Rz. 487 i.V.m. 155.
405 Dazu *Windbichler*, S. 478 ff., insb. 481; vgl. *Junker*, Internationales Arbeitsrecht im Konzern, S. 455 f.
406 *Rieble*, Der Konzern 2005, 475 (478 f.).
407 Näher *Rieble*, Der Konzern 2005, 475 (552).
408 S. dazu *Höpfner*, ZAAR 2010, 113 (143 ff.).

12.152 Will die zum Streik aufrufende Gewerkschaft einen **Verbandstarifvertrag** abschließen, so hat dieses Ziel keinen Holdingbezug. Gehören alle Unternehmen zum gleichen Arbeitgeberverband, so bestehen gegen einen holdingweiten Arbeitskampf keine Bedenken. Probleme können sich dann ergeben, wenn, wie das im divisionalisierten Konzernverbund häufig der Fall sein wird, einzelne Konzernarbeitgeber nicht tarifzuständig sind, weil sie entweder keinem oder einem anderen Verband angehören. Die daraus resultierende fehlende gemeinsame Tarifzuständigkeit setzt dem Angriff der Gewerkschaften Grenzen. Die branchenfremden Arbeitgeber können die Forderungen nicht erfüllen, sie dürfen daher im Grundsatz nicht bestreikt werden[409].

12.153 Diese Rechtsprechung hat das BAG freilich in einer – vielfach kritisierten – Entscheidung aus dem Jahr 2007 stark eingeschränkt[410]. Hiernach ist namentlich innerhalb eines Konzerns ein **Unterstützungsstreik** in weitem Rahmen zulässig, da es nunmehr (1) lediglich auf die Verhältnismäßigkeit der Kampfmaßnahme ankommen soll und (2) gerade innerhalb eines Konzerns die „wirtschaftliche Verflochtenheit" eine Nähe zum Hauptarbeitskampf nahelegt und damit die Verhältnismäßigkeit indiziert[411]. Demgegenüber wird in der Literatur neben der wirtschaftlichen Verflechtung verlangt, dass der bestreikte Arbeitgeber auf die verbandsangehörigen Konzerngesellschaften Einfluss ausüben kann, andernfalls sei der Unterstützungsstreik unzulässig[412]. Jedenfalls wenn es um den Streik in einer Tochter geht, an der die Holding nur mehrheitlich beteiligt gehört, ist dem zuzustimmen. Unternehmensvertraglich beherrschte und 100%ige Töchter sind demgegenüber arbeitskampfrechtlich lediglich als Betriebsteile der Holding zu betrachten. Auch die Holding selbst kann wegen ihres Einflusses bestreikt werden, um einen Verbands- oder Haustarifvertrag mit einer Tochtergesellschaft durchzusetzen.

12.154 Ist das Kampfziel der **Abschluss eines mehrgliedrigen Firmentarifvertrags** mit allen Holdingunternehmen, besteht der soeben angesprochene Konzernbezug. Die durch die beschränkte Tarifzuständigkeit einzelner Holdingunternehmen gezogenen Grenzen werden durch Koordination der jeweils zuständigen Gewerkschaften aufgehoben. Es stellt sich die Frage nach der Verbandszugehörigkeit der einzelnen Holdingunternehmen dann jedoch in umgekehrter Form: Kann ein verbandsangehöriges Unternehmen bestreikt werden, solange ein Verbandstarifvertrag besteht, und wie ist die Frage nach Ablauf des Verbandstarifs zu beurteilen?

12.155 Die Antwort zur ersten Frage lautet nach ganz h.M. „Nein", es sei denn, es sollen lediglich Forderungen über nicht im Verbandstarifvertrag geregelte Gegenstände erzwungen werden[413]. Die aus dem Verbandstarifvertrag resultierende **relative Friedenspflicht** schützt den organisierten Arbeitgeber gegen einen Arbeitskampf über die tariflich geregelten und funktionsgleichen Angelegenheiten. Er soll sich darauf verlassen können, dass die wirtschaftlichen Daten, mit denen er während der Laufzeit des Verbandstarifvertrags zu rechnen hat, einheitlich gelten und er den Angriffen der Gewerkschaft nur entweder auf Verbandsebene oder Unternehmensebene, nicht aber beiden Ebenen gleichzeitig ausgesetzt ist[414]. Nach **Ablauf des Verbandstarifvertrages** hindert die bloße Verbandszugehörigkeit des Arbeitgebers weder seine Tariffähigkeit noch seine Fähigkeit, Kampfpartei in einem

---

409 BAG v. 5.3.1985 – 1 AZR 468/83, MDR 1985, 788 = DB 1985, 1695 ff.; BAG v. 12.1.1988 – 1 AZR 219/86, NZA 1988, 474 ff. = AP Nr. 90 zu Art. 9 GG Arbeitskampf = DB 1988, 1270; BAG v. 9.4.1991 – 1 AZR 332/90, AP Nr. 116 zu Art. 9 GG Arbeitskampf = DB 1991, 2295; LAG Hamm v. 6.11.1992 – 18 Sa 217/92, LAGE Art. 9 GG Nr. 50; *Konzen*, Anm. zu BVerfG v. 26.6.1991 – 1 BvR 779/85, MDR 1991, 875 = SAE 1991, 329 ff., 341 ff.

410 BAG v. 19.6.2007 – 1 AZR 396/06, NZA 2007, 1055; ablehnend etwa *Otto*, RdA 2010, 135 ff.; *Rieble*, BB 2008, 1506 ff.; *Rüthers*, NZA 2010, 6 ff.

411 BAG v. 19.6.2007 – 1 AZR 396/06, NZA 2007, 1055.

412 *Wank*, RdA 2009, 1 (4); vgl. auch *Rieble*, BB 2008, 1506 (1511).

413 *Oetker* in Wiedemann/Oetker/Wank, § 2 TVG Rz. 177 ff.; *Löwisch/Rieble*, § 1 TVG Rz. 11173; *Ahrendt* in Däubler, § 1 TVG Rz. 1176 f.

414 So richtig *Oetker* in Wiedemann/Oetker/Wank, § 2 TVG Rz. 178.

Arbeitskampf zu sein, der mit dem Ziel geführt wird, ihn zum Abschluss eines Haustarifs zu zwingen[415]. Die daran geübte Kritik hat sich nicht durchsetzen können[416].

Keine Bedenken bestehen dagegen, die **Konzerneinheitlichkeit** der Arbeitsbedingungen zum Kampfziel zu machen. Zwar äußert *Windbichler* Zweifel an der Rechtmäßigkeit eines solchen Tarifziels[417]. Ihrer Ansicht zufolge sollen einheitliche Forderungen gegenüber mehreren verbundenen Unternehmen erhoben werden können. Das setze aber voraus, dass die einzelnen Unternehmen Adressaten der Forderungen seien. Die gegen die Tochtergesellschaften zu richtenden Forderungen sollen also nicht gegenüber der Holding geltend gemacht werden können, weil die Grundentscheidung über das Ausmaß der einheitlichen Konzernleitung zum Bereich der Unternehmenspolitik gehöre. Doch wird auch dann, wenn es um besondere Regelungen mit der Holding geht, nicht in die Unternehmenspolitik eingegriffen, sondern lediglich für gleiche Arbeitsbedingungen gekämpft. Die Gewerkschaft kann im Verbandsarbeitskampf einheitliche Arbeitsbedingungen innerhalb einer ganzen Branche durchsetzen, wobei Nonkonformität der Verbandsarbeitgeber untereinander sicherlich ebenfalls zum Bereich der jeweiligen Unternehmenspolitik gehört. Für dieses Vorgehen im Konzern besteht ein mindestens ebenso legitimes Interesse wie innerhalb einer Branche. Der Holding bleibt trotz konzerneinheitlich geltender Arbeitsbedingungen genügend Spielraum für eine differenzierende Konzernpolitik. 12.156

2. Holding und Betriebsrat

a) Betriebsräte und Gesamtbetriebsräte im Holdingbereich

aa) Errichtung von Betriebsräten und Gesamtbetriebsräten

Für die Wahlen zum Betriebsrat/Gesamtbetriebsrat in den Unternehmen und Betrieben des Holdingkonzerns gelten **grundsätzlich keine konzernspezifischen Besonderheiten.** Bei der Holding kann ein Betriebsrat nur unter den Voraussetzungen des § 1 BetrVG errichtet werden, d.h. bei regelmäßiger Beschäftigung von mindestens fünf Arbeitnehmern. Der Konzerntatbestand wird im Betriebsverfassungsrecht anders als in der Unternehmensmitbestimmung nicht durch die Zurechnung von Arbeitnehmern der Tochtergesellschaften zum Betriebsrat der Holding berücksichtigt, sondern durch die Bildung eines besonderen, die Arbeitnehmer des Konzerns repräsentierenden Organs, des Konzernbetriebsrats. 12.157

Gem. § 3 Abs. 1 Nr. 1–3 BetrVG können in Betriebsvereinbarungen und Tarifverträgen von dem gesetzlichen Regelbild **abweichende Regelungen** über die Zuordnung von Betriebsteilen und Betrieben auch über Unternehmensgrenzen hinweg geschaffen werden. Diese seit 2001 bestehende Regelung wird vielfach genutzt, um innerhalb von Konzernstrukturen eine Vereinfachung der bestehenden Organisation der betriebsverfassungsrechtlichen Mitbestimmung oder eine Anpassung an die jeweilige Konzernstruktur zu schaffen[418]. Die Vorschrift ist verfassungskonform[419], das BAG kontrolliert die geschaffenen Regeln aber darauf, ob sie auch den in § 3 BetrVG angesprochenen Zielen 12.158

---

415 BAG v. 10.12.2002 – 1 AZR 96/02, MDR 2003, 753 = NZA 2003, 734; s. bereits BAG v. 4.5.1955 – 1 AZR 493/54, AP Nr. 2 zu Art. 9 GG Arbeitskampf = DB 1955, 789; LAG Hamm v. 8.8.1985 – 8 Sa 1498/85, NZA 1985, 743 f. = LAGE Art. 9 Arbeitskampf Nr. 18; LAG Düsseldorf v. 31.7.1985 – 13 Sa 1082/85, LAGE Art. 9 Arbeitskampf Nr. 21.

416 Dazu *Löwisch/Rieble*, § 2 TVG Rz. 467.

417 *Windbichler*, S. 472.

418 Zu den Möglichkeiten *Kania/Klemm*, RdA 2006, 22 ff.; *Gaul/Hartmann*, ArbRB 2014, 48 ff.; s. bereits *Hanau/Wackerbarth* in FS Ulmer, 2003, S. 1303 ff. Praktisches Beispiel bei BAG v. 13.12.2016 – 1 AZR 148/15, juris.

419 BAG v. 29.7.2009 – 7 ABR 27/08, NZA 2009, 1424; a.A. etwa *Richardi* in Richardi, § 3 BetrVG Rz. 8 ff. m.w.N.

einer Verbesserung der wirksamen und zweckmäßigen Interessenvertretung der Arbeitnehmer dienen[420].

bb) Zurechnung von Arbeitnehmern zu einem Betrieb

12.159 Die **Betriebszugehörigkeit** eines Arbeitnehmers ist grundsätzlich Voraussetzung seines aktiven und passiven Wahlrechts zum Betriebsrat (§§ 7, 8 BetrVG). Daneben entscheidet die Zahl der betriebszugehörigen Arbeitnehmer gem. §§ 1, 9 BetrVG über Bildung und Größe des Betriebsrats, gem. § 38 BetrVG über die Zahl der freizustellenden Mitglieder des Betriebsrats und gem. §§ 92a, 95, 99; §§ 106, 111 BetrVG über Anwendungsbereich bzw. Reichweite der Mitbestimmung in personellen und in wirtschaftlichen Angelegenheiten. Ferner ist sie im Rahmen der §§ 16, 28 f. BetrVG von Bedeutung.

12.160 Die Bestimmung der Betriebszugehörigkeit bereitet im Holdingkonzern vor allem Probleme bei holdinginterner Arbeitnehmerentsendung, weil insoweit die tatsächliche Beschäftigung und die arbeitsvertragliche Bindung auseinander fallen können. Soweit es um das **aktive und passive Wahlrecht** geht, sind die Fragen weitgehend gesetzlich geklärt: Hierzu bestimmt zunächst § 14 Abs. 1 AÜG, dass Leiharbeitnehmer Angehörige des entsendenden Betriebs des Verleihers bleiben und § 14 Abs. 2 Satz 1 AÜG untersagt ihr passives Wahlrecht im Entleiherbetrieb. Demgegenüber erkennt § 7 Satz 2 BetrVG den überlassenen Arbeitnehmern bei einer Beschäftigung von über 3 Monaten das aktive Wahlrecht im Entleiherbetrieb zu.

12.161 Schwieriger zu beurteilen war lange Zeit die Frage der Berücksichtigung von überlassenen Arbeitnehmern bei den maßgeblichen **Schwellenwerten des BetrVG**. Nach langjähriger Rechtsprechung des BAG und h.M. im Schrifttum waren grundsätzlich die tatsächliche Eingliederung und – *kumulativ* – ein Arbeitsverhältnis zum Betriebsinhaber Voraussetzung der Betriebszugehörigkeit (sog. Zwei-Komponenten-Lehre)[421]. Danach waren überlassene Arbeitnehmer im Entleiherbetrieb nicht mitzuzählen, soweit sie dort zwar eingegliedert, aber nicht mit einem Arbeitsvertrag mit dem Betriebsinhaber verbunden waren. Mit einer Reihe von Entscheidungen seit 2011 hat das BAG die Zwei-Komponentenlehre immer weiter eingeschränkt[422]. Durch Einfügung eines § 14 Abs. 2 Satz 4 AÜG hat der Gesetzgeber diese Entwicklung nunmehr für sämtliche Schwellenwerte (s. etwa § 9, § 99, § 111 BetrVG) pauschal festgeschrieben. Zudem zählt der 2. Senat im Rahmen des § 23 KSchG Leiharbeitnehmer mit, soweit ihr Einsatz auf einem in der Regel vorhandenen Personalbedarf des Entleihers beruht[423] (zum Mitbestimmungsrecht vgl. Rz. 12.83, 12.117, 12.129)[424]. Diese Entwicklung ist konsequent. Andernfalls wären Leiharbeitnehmer in einem betriebsverfassungsrechtlichen Vakuum, da sie mangels arbeitsvertraglicher Bindung nicht dem Entleiherbetrieb und mangels Eingliederung auch nicht dem Verleiherbetrieb zugerechnet werden könnten[425].

---

420 BAG v. 13.3.2013 – 7 ABR 70/11, NZA 2013, 738 Rz. 35 ff.; dazu *Sprenger*, NZA 2013, 990; BAG v. 24.4.2013 – 7 ABR 71/11, ZIP 2013, 1932 = DB 2013, 1913.

421 BAG v. 18.1.1989 – 7 ABR 21/88, DB 1989, 1420; BAG v. 29.1.1992 – 7 ABR 27/91, MDR 1992, 785 = DB 1992, 1429; BAG v. 25.11.1992 – 7 ABR 7/92, MDR 1993, 1213 = AP Nr. 8 zu § 1 GesamthafenbetriebsG; BAG v. 16.4.2003 – 7 ABR 53/02, MDR 2003, 1422 = DB 2003, 2128 m.w.N. in Fn. 6 weitere Nachweise auch zum Schrifttum und zur Gegenmeinung bei GK/*Raab*, § 7 BetrVG Rz. 18 ff. und *Schüren*/*Hamann*, § 14 AÜG Rz. 17 ff.

422 BAG v. 18.10.2011 – 1 AZR 335/10, ZIP 2012, 540 = NZA 2012, 221; BAG v. 5.12.2012 – 7 ABR 48/11, NZA 2013, 793; BAG v. 13.3.2013 – 7 ABR 69/11, ZIP 2013, 1489 = NZA 2013, 789; kritisch *Rieble*, NZA 2012, 485 ff. mit europarechtlichen Bedenken; zu dieser Entwicklung auch *Lunk*, NZG 2014, 778 f.

423 BAG v. 24.1.2013 – 2 AZR 140/1218, ZIP 2013, 1442 = NZA 2013, 726.

424 Kritisch *Lambrich*/*Schwab*, NZA-RR 2013, 169 (172 f.); *Fuhlrott*, GWR 2013, 332 (334).

425 Vgl. BAG v. 5.12.2012 – 7 ABR 48/11, NZA 2013, 793 Rz. 20; kritisch aber und eine einschränkende Auslegung befürwortend, soweit unter teleologischen Gesichtspunkten erforderlich, *Thüsing* in Thüsing, § 14 AÜG Rz. 66.

cc) Informationspflicht der Holding bei von ihr veranlassten Entlassungen

Nach § 17 Abs. 2 KSchG obliegen dem Arbeitgeber bei **Massenentlassungen** erweiterte Auskunfts- und Unterrichtungspflichten gegenüber dem Betriebsrat (sog. Konsultationsverfahren), die er nach Abs. 3a auch dann zu erfüllen hat, wenn die Entscheidung über die Entlassungen von einem den Arbeitgeber beherrschenden Unternehmen[426] getroffen wurde. Der Arbeitgeber kann sich nicht darauf berufen, dass das für die Entscheidung verantwortliche Unternehmen die notwendigen Auskünfte nicht übermittelt hat. De facto – nicht de jure – hat das eine Informationspflicht des herrschenden Unternehmens zur Folge. Denn wenn es den Arbeitgeber nicht in die Lage versetzt, die erforderlichen Angaben zu machen, werden die Fristen des § 18 Abs. 1 KSchG nicht in Gang gesetzt, was schwerwiegende Folgen für das Unternehmen der Tochtergesellschaft zur Folge haben kann[427]. Nach der Entscheidung des EuGH in der Rechtssache Keskusliitto[428] muss das Konsultationsverfahren frühzeitig eröffnet werden, nämlich sobald eine strategische und betriebswirtschaftliche Entscheidung getroffen wurde, die den AG zwingt, Massenentlassungen ins Auge zu fassen. Bei Entscheidungen der Holding muss die Tochtergesellschaft „benannt" sein, in der es zu Entlassungen kommen kann. Das wird man wohl in dem Sinne zu verstehen hat, dass feststeht, bei welcher Tochtergesellschaft sich die Entscheidung der Mutter auswirken wird[429]. 12.162

b) Der Konzernbetriebsrat bei der Holding

aa) Bildung

(1) Allgemeines

Zweck der §§ 54 ff. BetrVG ist es – ähnlich § 5 MitbestG im Bereich der Unternehmensmitbestimmung –, die Beteiligung der Arbeitnehmerschaft an den sozialen, personellen und wirtschaftlichen Entscheidungen einzelner Konzernunternehmen auf höhere Ebenen zu übertragen und dort anzusiedeln, wo in der Hierarchie des Unternehmensverbunds eine wesentliche Konzentration der Leitungsmacht stattfindet[430]. Erreicht wird dieses Ziel durch die **gesetzliche Möglichkeit** der Errichtung eines Konzernbetriebsrats als besonderes Organ der Betriebsverfassung. Der Konzernbetriebsrat bei der Holding repräsentiert im Gegensatz zum Betriebsrat der Holding auch die Arbeitnehmer anderer Holdingunternehmen. Das ist (nur) gerechtfertigt, wenn die Entscheidungen der einzelnen Unternehmen durch die der Holding heteronom beeinflusst werden, d.h. im Unterordnungskonzern. Deshalb verweist § 54 BetrVG nur auf § 18 Abs. 1 AktG. Im Gleichordnungskonzern treffen die verbundenen Unternehmen autonome, wenn auch koordinierte Entscheidungen, so dass eine Repräsentation der Belegschaften im jeweils anderen Unternehmen nicht notwendig erscheint[431]. Der Konzernbetriebsrat ist eine **Dauereinrichtung.** Sein Amt endet, wenn seine Voraussetzungen auf Dauer nicht mehr gegeben sind, etwa durch strukturelle Umwandlungen, durch die das herrschende Unternehmen seinen Einfluss verliert. Auch kann ein entsprechender Beschluss der Gesamtbetriebsräte zur Auflösung des Konzernbetriebsrats führen[432]. War der Konzernbetriebsrat nicht unter offensichtlicher Verkennung des Konzernbegriffs errichtet, so hat er auch dann Kostenerstattungsansprüche gem. § 59 Abs. 1, § 40 Abs. 1 BetrVG, wenn tatsächlich kein Konzern i.S.d. § 18 AktG bestand[433]. 12.163

---

426 Es muss sich um gesellschaftsrechtlich vermittelte Leitungsmacht im Sinne des § 17 AktG handeln, vgl. EuGH v. 7.8.2018 – C-61/17 u.a., ECLI:EU:C:2018:653, NZA 2018, 1051 (Bichat) und dazu *Markworth*, EuZA 2019, 245 (253).

427 Vgl. *Schiefer*, DB 1995, 1910 (1914).

428 EuGH v. 10.9.2009 – C-44/08, ECLI:EU:C:2009:533, ZIP 2009, 2259 = NZA 2009, 1083.

429 Vgl. ErfK/*Kiel*, § 17 KSchG Rz. 20.

430 BAG v. 30.10.1986 – 6 ABR 19/85, ZIP 1987, 1407 = AG 1988, 106 = AP Nr. 1 zu § 55 BetrVG 1972 = DB 1987, 1691; *Hanau*, ZGR 1984, 468 (476).

431 *Windbichler*, S. 309.

432 *Fitting*, § 54 BetrVG Rz. 52.

433 BAG v. 23.8.2006 – 7 ABR 51/05, AP Nr. 12 zu § 54 BetrVG 1972; *Fitting*, § 54 BetrVG Rz. 51, 54; zum Konzernbegriff vgl. *Bayer* in MünchKomm/AktG, § 18 AktG Rz. 26.

(2) Voraussetzungen

12.164 Regelvoraussetzung für die – fakultative – Errichtung des Konzernbetriebsrats ist nach noch h.M. zunächst das Bestehen von mindestens **zwei Gesamtbetriebsräten** im Konzern[434]. Dabei wird auch ein bei der Holding etwa gebildeter Gesamtbetriebsrat mitgezählt. Hat ein Konzernunternehmen nur einen Betrieb, so wird kein Gesamtbetriebsrat gebildet. Für diesen Fall ordnet § 54 Abs. 2 BetrVG an, dass der Betriebsrat die Aufgaben des Gesamtbetriebsrates bei der Errichtung des Konzernbetriebsrates wahrnimmt. Das Gleiche gilt, wenn das Konzernunternehmen zwar mehrere Betriebe hat, aber nur in einem ein Betriebsrat gewählt wurde, so dass dort ebenfalls kein Gesamtbetriebsrat besteht. Der Konzernbetriebsrat kann auf diese Weise auch dann errichtet werden, wenn im Konzern nur zwei Betriebsräte (und kein Gesamtbetriebsrat) existieren und die Voraussetzungen des § 54 Abs. 2 BetrVG vorliegen[435]. Noch weitergehend wird im Anschluss an *Kreutz* vertreten, dass bereits ein einziger Betriebsrat genüge[436]. Der in § 54 Abs. 1 Satz 1 BetrVG verwendete Plural diene nicht dazu, die Errichtung durch den einzigen (Gesamt-)Betriebsrat auszuschließen, sondern dazu, alle bestehenden (Gesamt-)Betriebsräte an der Errichtung zu beteiligen[437]. Dem ist zuzustimmen, der Gesetzgeber verlangt an keiner Stelle die Existenz mehrerer (Gesamt-)Betriebsräte als Voraussetzung für die Errichtung und konzernweit regelungsbedürftige Fragen stellen sich auch ohne diese mehrfachen Vertretungen.

12.165 Die Gesamtbetriebsräte beschließen die Errichtung seit dem BetrVG-ReformG mit einfacher Mehrheit. Maßgebend ist nicht die Mehrheit der Gesamtbetriebsräte, sondern die **Repräsentation von mindestens 50 %** der Arbeitnehmer des Konzerns. Nach der Rechtsprechung und einem Teil der Literatur sind mit „Arbeitnehmer des Konzerns" sämtliche Arbeitnehmer gemeint[438]. Die vor allem früher vertretene Gegenmeinung[439] ist durch das BetrVG-ReformG von 2001 überholt[440].

12.166 Da entscheidend die Repräsentation von 50 % der Arbeitnehmer ist, kann entgegen dem scheinbar eindeutigen Wortlaut des § 54 Abs. 1 BetrVG auch **ein einziger Gesamtbetriebsrat** die Errichtung des Konzernbetriebsrats beschließen, sofern er eine genügend große Belegschaft vertritt[441]. Im Normalfall ist jedoch die Zustimmung mehrerer Gesamtbetriebsräte erforderlich. Sie treffen ihre Entscheidung jeweils durch einen eigenen Beschluss, für den gem. § 51 Abs. 4 BetrVG die einfache Mehrheit ausreicht[442].

(3) Unternehmens- und Konzernbegriff

12.167 § 54 BetrVG verweist auf die Vorschriften des Aktienrechts über den **Unterordnungskonzern** (neben dem ausdrücklich genannten § 18 Abs. 1 AktG sind damit auch die §§ 15 ff. AktG implizit er-

---

434 *Glock* in HWGNRH, § 54 BetrVG Rz. 24 m.w.N.; *Löwisch/Kaiser*, § 54 BetrVG Rz. 11; *Annuß* in Richardi, § 54 BetrVG Rz. 32 m.w.N.

435 GK/*Franzen*, § 54 BetrVG Rz. 50.

436 *Trittin* in DKKW, § 54 BetrVG Rz. 112; *Fitting*, § 54 BetrVG Rz. 39; GK/*Franzen*, § 54 BetrVG Rz. 50; *Kreutz*, NZA 2008, 259 (261); *Rügenhagen*, S. 94; *Trittin/Gilles*, AuR 2009, 253 (254); *Ludwig* in Grobys/Panzer-Heermeier, Konzernbetriebsrat Rz. 14; dagegen aber ausdrücklich und mit beachtlichen Argumenten *Wollwert*, NZA 2011, 437 ff.

437 *Kreutz*, NZA 2008, 259 (261).

438 BAG v. 11.8.1993 – 7 ABR 34/92, DB 1994, 480; LAG Köln v. 26.8.1992 – 2 TaBV 9/92, LAGE § 54 BetrVG Nr. 1; *Annuß* in Richardi, § 54 BetrVG Rz. 40; *Trittin* in DKKW, § 54 BetrVG Rz. 108; *Fitting*, § 54 BetrVG Rz. 46 mit einer Einschränkung für die Unternehmen, in denen weder ein Betriebsrat noch ein Gesamtbetriebsrat gebildet wurde; weitere Nachweise bei *Behrens/Schaude*, DB 1991, 278 in Fn. 3.

439 *Behrens/Schaude*, DB 1991, 278 ff.

440 GK/*Franzen*, § 54 BetrVG Rz. 56; *Löwisch/Kaiser*, § 54 BetrVG Rz. 21; *Glock* in HWGNRH, § 54 BetrVG Rz. 25.

441 GK/*Franzen*, § 54 BetrVG Rz. 54; *Annuß* in Richardi, § 54 BetrVG Rz. 37; *Trittin* in DKKW, § 54 BetrVG Rz. 110.

442 ErfK/*Eisemann*, § 54 BetrVG Rz. 8 m.w.N.

fasst) und übernimmt daher grundsätzlich die dortige Definition[443]. Angesichts der unterschiedlichen gesellschafts- und betriebsverfassungsrechtlichen Zielsetzungen (Gläubiger- und Minderheitenschutz dort, Beteiligung der Arbeitnehmer an den Leitungsentscheidungen im sozialen, personellen und wirtschaftlichen Bereich hier) weicht – wie auch im Recht der Unternehmensmitbestimmung[444] – der betriebsverfassungsrechtliche Konzern- und Unternehmensbegriff in Einzelfragen vom gesellschaftsrechtlichen ab[445]. Für den Konzernbetriebsrat bei der Holding sind dabei vor allem die folgenden Punkte relevant:

Fraglich ist, ob auch in einer Holding, die nur an *einem* weiteren Unternehmen beteiligt ist, ein Konzernbetriebsrat eingerichtet werden kann. Die **eindimensionale Holding** ist kein Unternehmen i.S.d. Gesellschaftsrechts (*Lutter/Bayer* Rz. 1.36). Ebenso wie im Mitbestimmungsrecht muss der betriebsverfassungsrechtliche Unternehmensbegriff[446] jedoch weiter verstanden werden, da Leitungsmacht auch auf eine reine Führungsholding ohne eigenen Geschäftsbetrieb oder weitere Beteiligungen übertragen werden kann. Im Gegensatz zum MitbestG findet sich dieses Argument überraschenderweise nicht in der betriebsverfassungsrechtlichen Literatur, die im Allgemeinen auf den gesellschaftsrechtlichen Unternehmensbegriff verweist[447]. Immerhin handelt es sich um einen Ausnahmefall, der im Übrigen nur dann relevant wird, wenn im beherrschten Unternehmen *und* in der Holding ein (Gesamt-)Betriebsrat besteht (vgl. die unter Rz. 12.164 genannten Voraussetzungen). Im eindimensionalen Holdingkonzern ist daher erforderlich, dass bei der Holding ein Betriebsrat besteht, dort also mindestens fünf Arbeitnehmer regelmäßig tätig sind[448]. Außerhalb dieser besonderen Konstellation[449] ist es aber weder Voraussetzung, dass die Holding einen eigenen Geschäftsbetrieb führt, noch dass sie selbst Arbeitnehmer beschäftigt[450]. 12.168

Als herrschendes Unternehmen kommt – wie im Gesellschaftsrecht – auch eine **natürliche Person** in Betracht, wenn sie anderweitig unternehmerisch aktiv ist[451]. Abweichungen des mitbestimmungsrechtlichen Konzernbegriffs vom gesellschaftsrechtlichen werden in der Literatur vorgeschlagen[452]. Nach ihnen soll auch bei **enger wirtschaftlicher Abhängigkeit**, etwa bei sog. Just-in-time-Lieferverträgen mitbestimmungsrechtlich der Konzerntatbestand bejaht werden können. Das BAG hat die Frage vorerst ausdrücklich offengelassen, aber betont, dass ein Unterordnungskonzern allenfalls dann bejaht werden könne, wenn solche Abhängigkeiten auf ganzer unternehmerischer Breite beste- 12.169

443 BAG v. 14.2.2007 – 7 ABR 26/06, ZIP 2007, 1518 = AG 2007, 665 = NZA 2007, 999 Rz. 42; BAG v. 22.11.1995 – 7 ABR 9/95, DB 1996, 1043 = EWiR 1996, 675 (*Däubler*); *Windbichler*, S. 304, 309; GK/*Franzen*, § 54 BetrVG Rz. 13.

444 Dazu Rz. 12.87 ff.

445 Im Einzelnen *Windbichler*, S. 309 ff.; gegen eine Übernahme des gesellschaftsrechtlichen Konzernbegriffs BAG v. 21.10.1980 – 6 ABR 41/78, AG 1981, 227 = AP Nr. 1 zu § 54 BetrVG 1972 unter III 2. c) der Gründe = DB 1981, 895; a.A. *Braun/Schreiner* in Braun/Wisskirchen, I. 2. Rz. 32 – nicht nachvollziehbar, nachdem sie selbst einige Besonderheiten des betriebsverfassungsrechtlichen Konzernbegriffs dargelegt haben.

446 Umfassend zum Konzernbetriebsrat und Unternehmensbegriff *Oetker*, ZfA 1986, 177; vgl. auch *Wellenhofer-Klein*, DB 1997, 978 ff. (981).

447 *Joost* in MünchArbR, § 227 Rz. 7 ff.; GK/*Franzen*, § 54 BetrVG Rz. 23 ff.; vgl. auch *Trittin* in DKKW, vor § 54 BetrVG Rz. 4 ff.

448 *Oetker*, ZfA 1986, 177 (194).

449 Den Ausnahmecharakter betont auch *Nick*, S. 105 f.

450 GK/*Franzen*, § 54 BetrVG Rz. 26; *Trittin* in DKKW, vor § 54 BetrVG Rz. 16; *Windbichler*, S. 311 jeweils m.w.N.

451 BAG v. 22.11.1995 – 7 ABR 9/95, NZA 1996, 706 = ZIP 1996, 969; dazu *Däubler*, EWiR 1996, 675 f.; LAG Hessen v. 20.5.2019 – 16 TaBV 227/18, ZIP 2019, 2131.

452 *Däubler*, CR 1988, 834 (838 f.); zustimmend *Trittin* in DKKW, vor § 54 BetrVG Rz. 26, 99 ff.; vgl. auch *Fitting*, § 54 BetrVG Rz. 14.

hen und verstetigt sind[453]. Diese Überlegungen sind abzulehnen[454]. Auch der mitbestimmungsrechtliche Konzernbegriff reagiert ausschließlich auf gesellschaftsrechtlich vermittelte Verlagerung von Entscheidungsmacht. Wirtschaftliche Abhängigkeit betrifft das gesamte Unternehmen ebenso viel oder wenig wie deren Arbeitnehmer. Wenn das Konzerngesellschaftsrecht auf wirtschaftliche Abhängigkeit nicht reagiert und dem Kartellrecht, dem AGB-Recht und § 138 BGB die Regelung überlässt, besteht keinerlei Grund, das mitbestimmungsrechtlich anders zu sehen.

12.170 Bezüglich des Konzernbegriffs ist vor allem fraglich, ob und wie die Bildung eines Konzernbetriebsrats bei Sitz der **Obergesellschaft im Ausland** erfolgen kann. Das BAG lehnt mangels Anwendbarkeit des BetrVG auf ausländische Gesellschaften die Bildung eines Konzernbetriebsrats in diesen Fällen ab[455]. Daraus ergeben sich die Fragen nach der Möglichkeit eines Unterkonzerns („Konzern im Konzern") bzw. eines Teilkonzerns. Ersterer kommt in mehrstufigen Unternehmensverbindungen in Betracht, wenn einem Tochterunternehmen Entscheidungsspielräume gegenüber nachgeordneten Enkelunternehmen in personellen, sozialen und wirtschaftlichen Angelegenheiten eingeräumt sind. Das wird in einem mit Holdingkonzepten geführten Unternehmensverbund, dessen Vorteile gerade in der Dezentralisierung unternehmerischer Leitungsmacht liegen, häufig der Fall sein[456]. Der Begriff Teilkonzern bezeichnet einen Sachverhalt, in dem auf die Obergesellschaft das BetrVG nicht anwendbar ist, wohl aber auf die von ihr abhängigen Unternehmen. Die Bildung des Konzernbetriebsrats ist im Unterschied zur Unternehmensmitbestimmung nicht rechtsformabhängig[457], sondern kommt auch bei Personengesellschaften, sogar bei einer Einzelperson in Betracht[458]. Dadurch entsteht das Problem praktisch nur, wenn die Obergesellschaft ihren Sitz im Ausland hat[459] und inländische Tochter- oder Enkelunternehmen besitzt, die sie z.B. über eine deutsche Zwischenholding leitet. In beiden Fällen ist fraglich, ob ein sog. **Teilkonzern- oder Unterkonzernbetriebsrat** bei einer von der Holding abhängigen Gesellschaft gebildet werden kann.

12.171 Das BAG hat nur den **Unterkonzern (Konzern im Konzern)** als tragfähige Rechtsfigur anerkannt und die Bildung eines Unterkonzernbetriebsrats für zulässig, wenn auf unteren Hierarchieebenen Leitungsmacht ausgeübt wird[460]. Es verlangt insoweit einen betriebsverfassungsrechtlich relevanten Entscheidungsspielraum, die bloße Durchsetzung von Leitungsmaßnahmen der Obergesellschaft bei Enkelgesellschaften durch ein Tochterunternehmen reicht dafür nicht aus. Es kommt auf die tatsächliche Ausübung von Leitungsmacht an, die nicht durch einen Beherrschungsvertrag (§§ 308 ff. AktG) ausgeschlossen sein oder infolge einer Mehrheitsbeteiligung der Entscheidung der Obergesellschaft vorbehalten sein darf[461]. Demgegenüber verneint das BAG jedoch die Möglichkeit eines **Teil-**

---

453 BAG v. 9.2.2011 – 7 ABR 11/10, ZIP 2011, 1332 = AG 2011, 670 = NZA 2011, 866.

454 GK/*Franzen*, § 54 BetrVG Rz. 20 f. m.w.N.; *Braun/Schreiner* in Braun/Wisskirchen, I. 2. Rz. 17 ff.; *Kort*, NZA 2009, 465 (467); *Wellenhofer-Klein*, DB 1997, 978 (981 f.).

455 BAG v. 23.5.2018 – 7 ABR 60/16, ZIP 2018, 1993 = AG 2018, 847 = NZA 2018, 1562 Rz. 23 f., 24 m.w.N. und mit der (unzutreffenden) Erwägung, das Aktienkonzernrecht erstrecke sich nicht auf Konzerne mit Sitz der Obergesellschaft im Ausland; bereits BAG v. 14.2.2007 – 7 ABR 26/06, ZIP 2007, 1518 = AG 2007, 665 = NZA 2007, 999 Rz. 53.

456 Vgl. *Lutter/Bayer* Rz. 1.2; vgl. auch das Beispiel des Daimler-Benz-Konzerns bei *Theis*, Neue Konzernstrategien und einheitliche Leitung im faktischen Konzern, 1994, S. 58 f.

457 Statt aller GK/*Franzen*, § 54 BetrVG Rz. 23.

458 BAG v. 14.2.2007 – 7 ABR 26/06, ZIP 2007, 1518 = AG 2007, 665 = NZA 2007, 999 Rz. 46; *Oetker*, ZfA 1986, 177 (194 f.).

459 Selbst in diesem Fall die Bildung eines Konzernbetriebsrats bejahend, wenn die Leitungstätigkeit der ausländischen herrschenden Person über ein Büro im Inland erfolgt, LAG Hessen v. 20.5.2019 – 16 TaBV 227/18, ZIP 2019, 2131.

460 BAG v. 14.2.2007 – 7 ABR 26/06, ZIP 2007, 1518 = AG 2007, 665 = NZA 2007, 999 Rz. 49; BAG v. 21.10.1980 – 6 ABR 41/78, AG 1981, 227 = AP Nr. 1 zu § 54 BetrVG 1972 = DB 1981, 895; zustimmend zum Konzern im Konzern auch *Kort*, NZA 2009, 464 (468).

461 BAG v. 21.10.1980 – 6 ABR 41/78, AG 1981, 227 = AP Nr. 1 zu § 54 BetrVG 1972 = DB 1981, 895; zustimmend GK/*Franzen*, § 54 BetrVG Rz. 34, 37 m.w.N.

konzern-Betriebsrats nach dem Rechtsgedanken des § 5 Abs. 3 MitbestG. Der Gesetzgeber habe eine entsprechende Regelung im BetrVG gerade nicht geschaffen, im Übrigen führe die fehlende Bildung eines Teilkonzern-Betriebsrats nicht zum Wegfall, sondern nur zur Verlagerung der betrieblichen Mitbestimmung[462].

Auf dieser Linie liegt auch eine Entscheidung des ArbG Düsseldorf, das die Widerlegung der Konzernvermutung des § 18 AktG im Verhältnis zu einer inländischen Zwischenholding bejaht, wenn die inländischen Enkel in einer **Matrixstruktur** an der Zwischenholding vorbei gelenkt werden[463]. In gleicher Weise schließen Beherrschungsverträge unmittelbar zwischen Ober- und Enkelgesellschaft die Vermutung des § 18 AktG zugunsten der Zwischenholding aus[464]. Auch die Einrichtung von **Spartenkonzernbetriebsräten** lehnt das BAG ab. Eine horizontale Koexistenz von Konzernbetriebsräten sei dem BetrVG fremd, es könne stets nur ein Konzernbetriebsrat gebildet werden[465]. Freilich ist ein Konzernbetriebsrat auch dann zu bilden, wenn die Leitungsmacht von einem gem. § 130 BetrVG nicht dem BetrVG unterliegenden Unternehmen der **öffentlichen Hand** ausgeht[466]. In diesem Fall liege die Konzernspitze nämlich im Inland, und auch wenn auf das herrschende Unternehmen selbst nur Personalvertretungsrecht anwendbar sei, müsse doch die von ihr ausgehende Leitungsmacht durch einen Konzernbetriebsrat begrenzt werden.

In der **Literatur** zeichnen sich im Wesentlichen drei Grundtendenzen ab. Die eine entspricht weitgehend der Auffassung des BAG[467]. Der zweite Ansatz orientiert sich strenger am Gesetz, das nur die Bildung *eines* Konzernbetriebsrats vorsieht, der nach § 58 Abs. 1 Satz 1 BetrVG auch dann zuständig sein kann, wenn nur mehrere Konzernunternehmen (und nicht alle) betroffen sind. Die Vertreter dieser Ansicht halten die Bildung von Unterkonzernbetriebsräten für unzulässig, weil der Konzernbetriebsrat bei der „obersten" Gesellschaft des Konzerns nach § 58 Abs. 1 BetrVG auch für Fragen zuständig ist, die nicht den ganzen Konzern, sondern nur mehrere Konzernunternehmen betreffen[468]. Der Konzernbetriebsrat könne flexibel auf die tatsächlichen Entscheidungsstrukturen reagieren[469]. Auf der anderen Seite bejahen sie entgegen der Auffassung des BAG die Möglichkeit eines Teilkonzernbetriebsrats entsprechend § 5 Abs. 3 MitbestG[470]. Nach einer dritten – vorzugswürdigen – Auffassung kann ein Konzernbetriebsrat in jedem Fall, d.h. auch ohne Vorhandensein einer Teilkonzernspitze, errichtet werden, wenn auf das herrschende Unternehmen des Konzerns das BetrVG nicht anwendbar ist, aber im Inland ein oder mehrere abhängige Gesellschaften existieren. Denn der Konzernbetriebsrat werde gem. § 54 Abs. 1 BetrVG nicht „bei dem herrschenden Unternehmen" sondern „für den Konzern" gebildet, setzt die Anwendbarkeit des BetrVG auf die Obergesellschaft 12.172

462 BAG v. 23.5.2018 – 7 ABR 60/16, ZIP 2018, 1993 = AG 2018, 847 = NZA 2018, 1562 ff.; ausführlich auch BAG v. 14.2.2007 – 7 ABR 26/06, ZIP 2007, 1518 = AG 2007, 665 = NZA 2007, 999 Rz. 58 ff.

463 ArbG Düsseldorf v. 29.9.2010 – 8 BV 71/10, BB 2011, 1280, zustimmend *Kort*, NZA 2013, 1318 (1323). Freilich ändert auch die Einführung von Matrix-Strukturen nichts an der Zusammenfassung unter einheitlicher Leitung der Obergesellschaft, vgl. ArbG Düsseldorf v. 29.9.2010 – 8 BV 71/10, BB 2011, 1280 Rz. 58; a.A. *Kort*, NZA 2013, 1318 (1323).

464 BAG v. 23.5.2018 – 7 ABR 60/16, ZIP 2018, 1993 = AG 2018, 847 = NZA 2018, 1562 Rz. 19.

465 BAG v. 9.2.2011 – 7 ABR 11/10, ZIP 2011, 1332 = AG 2011, 670 = NZA 2011, 866; zustimmend *Oetker*, EWiR 2011, 549.

466 BAG v. 27.10.2010 – 7 ABR 85/09, ZIP 2011, 587 = AG 2011, 382 = NZA 2011, 524, s. dazu Rz. 12.174.

467 *Braun/Schreiner* in Braun/Wisskirchen, I. 2. Rz. 29; GK/*Franzen*, § 54 BetrVG Rz. 37; ähnlich *Glock* in HWGNRH, § 54 BetrVG Rz. 19 f.; *Junker*, Internationales Arbeitsrecht im Konzern, S. 399 ff.; anders aber *Trittin* in DKKW, § 54 BetrVG Rz. 18 ff., der im Zweifel zugunsten der Bildung eines Konzernbetriebsrats entscheidet.

468 *Bachmann*, RdA 2008, 107 (109); *Hohenstatt/Dzida* in Henssler/Willemsen/Kalb, § 54 BetrVG Rz. 8; *Annuß* in Richardi, § 54 BetrVG Rz. 12 ff.; vgl. schon *Hanau*, ZGR 1984, 468 (479); *Windbichler*, S. 318 ff.

469 Zu diesem Argument *Nick*, S. 130; *Windbichler*, S. 126.

470 So namentlich *Annuß* in Richardi, § 54 BetrVG Rz. 35; s. schon *Hanau*, ZGR 1984, 468 (479); *Windbichler*, S. 323 f.

mithin nicht voraus[471]. Schließlich kann ja auch der Betriebsrat einer deutschen Filiale mit einem ausländischen Arbeitgeber verhandeln[472]. Das Territorialitätsprinzip steht dem nicht entgegen, weil letztlich nur die Tätigkeit des herrschenden Unternehmens im Inland erfasst wird[473].

12.173 Schließlich ist umstritten, wie **Gemeinschaftsunternehmen** betriebsverfassungsrechtlich zu behandeln sind[474]. Die Fragen, ob eine mehrfache Abhängigkeit des gemeinsamen Unternehmens bestehen kann, ob weiter eine mehrfache Konzernzugehörigkeit zu bejahen ist und schließlich, ob der Gesamtbetriebsrat des Gemeinschaftsunternehmens in die Konzernbetriebsräte beider Trägerunternehmen entsenden darf, können nur einheitlich beantwortet werden. Das BAG hat sich bereits 1986 mit ähnlichen Argumenten wie den zur Unterkonzernproblematik vertretenen für die Möglichkeit einer doppelten Repräsentation der Arbeitnehmer des Gemeinschaftsunternehmens entschieden[475] und dies 2004 bestätigt[476]. Dem ist mit der überwiegenden Literatur[477] und der Erwägung zuzustimmen, dass eine Repräsentation der Arbeitnehmer des Gemeinschaftsunternehmens im Konzernverbund sonst nicht gewährleistet wäre[478]. Die Alternative eines Konzernbetriebsrats bei der die Willensbildung der beiden Trägerunternehmen koordinierenden Leitstelle (i.d.R. eine BGB-Gesellschaft)[479] scheidet bereits deshalb aus, weil dort kein Betriebsrat besteht[480].

12.174 In einem **öffentlich-privatrechtlichen Mischkonzern** kann ein Konzernbetriebsrat errichtet werden, auch wenn sein Gegenüber, das herrschende Unternehmen, öffentlich-rechtlich organisiert ist, etwa als Körperschaft des öffentlichen Rechts. Dem steht nicht etwa § 130 BetrVG entgegen[481]. Denn die Arbeitnehmer der Konzernspitze (und eventueller weiterer öffentlich-rechtlicher Unternehmen des Konzerns) werden an der Bildung des Konzernbetriebsrats nicht beteiligt. Die Betriebspartner verhandeln nur über Angelegenheiten der beherrschten Privatunternehmen[482].

bb) Zuständigkeit

(1) § 58 Abs. 1 BetrVG

12.175 Die gesetzliche Zuständigkeit des Konzernbetriebsrats ist durch zwei Merkmale gekennzeichnet: § 58 Abs. 1 BetrVG setzt in Anlehnung an § 50 BetrVG[483] zunächst einen **spezifischen Konzernbezug** der zu regelnden Materie voraus, der sich daraus ergibt, dass mehrere (mindestens zwei) Konzernunternehmen von der Angelegenheit betroffen sein müssen[484]. Weitere Voraussetzung ist, dass **die Angelegenheit nicht auf Unternehmensebene geregelt werden kann.** Reine Zweckmäßigkeits-

---

471 *Buchner* in FS Birk, 2008, S. 11 ff.; *Bachmann*, RdA 2008, 107 (110 f.); *Trittin* in DKKW, § 54 BetrVG Rz. 52 ff.; *Fitting*, § 54 BetrVG Rz. 34c–34e; dagegen dezidiert, aber nicht überzeugend, ErfK/*Koch*, § 54 BetrVG Rz. 7.

472 Überzeugend *Fitting*, § 54 Rz. 34d f.

473 *Buchner* in FS Birk, 2008, S. 11 ff.; a.A. *Kort*, NZA 2009, 464 (468 f.) m.w.N.

474 Vgl. zur Unternehmensmitbestimmung Rz. 12.91.

475 BAG v. 30.10.1986 - 6 ABR 19/85, ZIP 1987, 1407 = AG 1988, 106 = DB 1987, 1691.

476 BAG v. 13.10.2004 - 7 ABR 56/03, ZIP 2005, 914 = AG 2005, 533 = NZG 2005, 512.

477 *Joost*, AP Nr. 9 zu § 54 BetrVG 1972; so auch *Fitting*, § 54 BetrVG Rz. 31; GK/*Franzen*, § 54 BetrVG Rz. 42 f. je m.w.N.; a.A. aber *Windbichler*, S. 315 ff.; *Annuß* in Richardi, § 54 BetrVG Rz. 18 ff. m.w.N.

478 *Hanau* in FS Kissel, 1994, S. 351.

479 Vgl. dazu auch *Wanhöfer*, S. 102 ff.; unter bestimmten Voraussetzungen offenbar a.A. *Braun/Schreiner* in Braun/Wisskirchen, I. 2. Rz. 21 a.E.

480 Anders noch *Hanau*, ZGR 1984, 468 (479); vgl. aber *Habersack* in Habersack/Henssler, § 5 MitbestG Rz. 48 und *Nick*, S. 119.

481 BAG v. 27.10.2010 – 7 ABR 85/09, ZIP 2011, 587 = AG 2011, 382 = NZA 2011, 524.

482 BAG v. 27.10.2010 – 7 ABR 85/09, ZIP 2011, 587 = AG 2011, 382 = NZA 2011, 524 Rz. 29, 32, 38.

483 Nach BAG v. 22.7.2008 – 1 ABR 40/07, ZIP 2008, 2433 = NZA 2008, 1248 Rz. 66 bestimmt sich die Zuständigkeit des Konzernbetriebsrats nach den gleichen Kriterien wie die des Gesamtbetriebsrats.

484 BAG v. 20.12.1995 - 7 ABR 8/95, DB 1996, 1985 = SAE 1997, 139 m. Anm. *Windbichler*.

erwägungen reichen für die Annahme eines Bedürfnisses nach Konzerneinheitlichkeit nicht aus[485]. In Rechtsprechung und Literatur werden überwiegend die zur Abgrenzung der Zuständigkeiten von Betriebsrat und Gesamtbetriebsrat entwickelten Grundsätze entsprechend herangezogen[486]. Daraus ergibt sich insgesamt ein sehr enger Anwendungsbereich der originären Zuständigkeiten des Konzernbetriebsrats, weil auf Unternehmensebene – anders als auf der Betriebsebene – grundsätzlich alle betriebsverfassungsrechtlichen Angelegenheiten geregelt werden können[487].

Beispiel für eine Zuständigkeit ist etwa der Austausch von Mitarbeiterdaten zwischen Konzernunternehmen[488], vor allem zu Überwachungszwecken[489]. Allgemein wird sie bei der konzernweiten Einführung von technischen Systemen (Personalverwaltungssoftware, konzernweite Firewall, TK-Anlagen) für die Mitbestimmung nach § 87 Abs. 1 Nr. 6 BetrVG häufiger zu bejahen sein[490]. Auch ist der Konzernbetriebsrat bei der Festlegung von Ethik-Richtlinien zuständig, wenn diese dazu dienen, dem Konzern ein einheitliches Bild bzw. eine Unternehmensphilosophie zu vermitteln[491]. Dagegen soll es nicht schon genügen, wenn auf dem mit Kameras überwachten Betriebsgelände notwendig auch Arbeitnehmer anderer Konzernunternehmen tätig werden, jedenfalls solange es nicht zum Datenaustausch zwischen den Konzernunternehmen kommt; zuständig bleibe der (Gesamt-) Betriebsrat[492]. S. im Übrigen zu Betriebsänderungen noch Rz. 12.189. 12.175a

Nach mittlerweile ständiger Rechtsprechung des BAG kann eine auf die einzelnen Betriebe oder Unternehmen beschränkte Regelung auch dann (subjektiv) unmöglich sein, wenn der Arbeitgeber einen der Mitbestimmung unterfallenden Regelungsgegenstand mitbestimmungsfrei so vorgegeben hat, dass eine Regelung nur betriebs- oder unternehmensübergreifend erfolgen kann. Das betrifft vor allem **freiwillige Leistungen**, bei denen der Arbeitgeber mitbestimmungsfrei darüber entscheiden kann, ob er die Leistung überhaupt gewährt und erst deren Verteilung der Mitbestimmung des Betriebsrats unterfällt. Weil der Arbeitgeber dann frei auch darüber befinden kann, an welchen Empfängerkreis er die zusätzliche Leistung zu erbringen bereit ist, kann er auch die Ebene (Unternehmen/Konzern) vorgeben, auf der die Mitbestimmung bei der Verteilung der Leistung zu erfolgen hat[493]. Ist die Konzernleitung nur auf Konzernebene zu einer Regelung bereit, so kann ein Gesamtbetriebsrat die Angelegenheit nicht selbst regeln. Die Holding kann in diesem Bereich die Zuständigkeit des Konzernbetriebsrats also maßgeblich selbst beeinflussen. Für die mitbestimmungspflichtige Kürzung oder Abschaffung bestehender Leistungsansprüche gilt dies aber nicht[494]. 12.176

485 ErfK/*Koch*, § 58 BetrVG Rz. 2; *Fitting*, § 58 BetrVG Rz. 11; *Böhm*, RdA 2013, 193 (199); *Cisch/Hock*, BB 2012, 2113; ausführlich auch *Salamon*, NZA 2013, 708 ff.; *Schwab*, NZA-RR 2007, 337 (340).

486 BAG v. 25.9.2012 – 1 ABR 45/11, NZA 2013, 275 Rz. 24; schon BAG v. 20.12.1995 – 7 ABR 8/95, CR 1996, 542 = DB 1996, 1985; vgl. auch BAG v. 29.1.2008 – 3 AZR 42/06, NZA-RR 2008, 469 Rz. 30; GK//*Franzen*, § 58 BetrVG Rz. 17, 21, 25; *Fitting*, § 58 BetrVG Rz. 7; *Joost* in MünchArbR, § 227 Rz. 45; *Trittin* in DKKW, § 58 BetrVG Rz. 25.

487 Zur einschränkenden Auslegung des § 58 BetrVG statt aller GK/*Franzen*, § 58 BetrVG Rz. 26; *Fitting*, § 58 BetrVG Rz. 8 f., 12 ff. jeweils m.w.N.; weiter auslegend dagegen *Nick*, S. 141 ff., 150.

488 BAG v. 20.12.1995 – 7 ABR 8/95, DB 1996, 1985 = SAE 1997, 140 m. Anm. *Windbichler*; s. auch *Bauer/Herzberg*, NZA 2011, 713 (715) zu Fragen des BDSG.

489 BAG v. 25.9.2012 – 1 ABR 45/11, NZA 2013, 275 Rz. 26 f.

490 Eingehend mit vielen Beispielen *Bachner/Rupp*, NZA 2016, 207 ff.

491 BAG v. 22.7.2008 – 1 ABR 40/07, ZIP 2008, 2433 = NZA 2008, 1248; BAG v. 17.5.2011 – 1 ABR 121/09, AiB 2012, 538; *Dzida*, NZA 2008, 1266; *Salamon*, NZA 2013, 708 (711).

492 BAG v. 26.1.2016 – 1 ABR 68/13, NZA 2016, 498; a.A. mit guten Gründen *Bachner/Rupp*, NZA 2016, 207, 209.

493 So etwa BAG v. 13.12.2016 – 1 AZR 148/15, BeckRS 2016, 117544 Rz. 25; BAG v. 24.1.2006 – 3 AZR 483/04, NZA-RR 2007, 595; BAG v. 19.6.2007 – 1 AZR 454/06, NZA 2007, 1184 Rz. 23 m.w.N.; vgl. dazu *Christoffer*, BB 2008, 951 (952); *Bachner/Rupp*, NZA 2016, 207, 208 m.w.N.

494 BAG v. 19.6.2007 – 1 AZR 454/06, NZA 2007, 1184 Rz. 24.

12.177 Das **Verhältnis zwischen** der originären Zuständigkeit des **Konzern**- und der des **Gesamtbetriebsrats** ist (anders als das zwischen Gesamt- und Einzelbetriebsrat) nur teilweise exklusiv[495]: Soweit es um **Mitbestimmungsrechte** geht, kann der (Gesamt-)Betriebsrat das Beteiligungsrecht regelmäßig effektiv auf Unternehmensebene wahrnehmen[496]. Der Konzernbetriebsrat kann hier entsprechend den zur Abgrenzung der originären Zuständigkeit des Gesamtbetriebsrats entwickelten Grundsätzen nur zuständig sein, wenn sich eine einheitliche Regelung der Sache nach aufdrängt[497]. Ist das ausnahmsweise[498] zu bejahen, so ist auf Arbeitgeberseite die Holding zuständig[499]. Damit scheidet angesichts der Unmöglichkeit einer unternehmensbezogenen Lösung eine zusätzliche Zuständigkeit des Gesamtbetriebsrats aus[500]. Ist **kein Konzernbetriebsrat** gebildet, fällt die Zuständigkeit nicht etwa an die einzelnen Gesamtbetriebsräte(oder Betriebsräte) zurück: Vielmehr kommt es zu einer Mitbestimmungslücke[501]. Soweit kein Konzernbetriebsrat besteht, aber dennoch einheitliche Regeln gewollt sind, kann die Holding sich von Ihren Töchtern Vertretungsmacht einräumen lassen und dann mit allen Gesamtbetriebsräten verhandeln, soweit die Mitbestimmungspflichtigkeit nach dem Gesagten zu bejahen ist.

12.178 Im Bereich der **Mitwirkungsrechte** oder bei **freiwilligen Leistungen** ist eine Zuständigkeitstrennung hingegen nicht zwingend. Die originäre Zuständigkeit des Konzernbetriebsrates kann sich hier bereits daraus ergeben, dass die Initiative zu einer beteiligungspflichtigen Maßnahme von der Holding ausgeht[502]. Ist die Konzernleitung nur auf Konzernebene zu einer Regelung bereit, so kann ein Gesamtbetriebsrat die Angelegenheit nicht selbst regeln. Die Holding kann in diesem Bereich die Zuständigkeit des Konzernbetriebsrats damit maßgeblich selbst beeinflussen (vgl. Rz. 12.176). Andererseits kann damit kein echter Wechsel der Zuständigkeiten auf Arbeitnehmerseite verbunden sein, weil sich die Zuständigkeit des Konzernbetriebsrats ja nur daraus ergibt, dass den Gesamtbetriebs-

---

495 Vgl. BAG v. 19.3.1981 – 3 ABR 38/80, AP Nr. 14 zu § 80 BetrVG 1972 m. dahingehender Anm. *Kemper/Küpper*, DB 1981, 2181; LAG Düsseldorf v. 4.3.1992 – 5 TaBV 116/91, NZA 1992, 614 f. einerseits und BAG v. 17.9.1992 – 1 ABR 23/91, ZIP 1992, 260 = AP Nr. 59 zu § 112 BetrVG 1972 = DB 1992, 229 andererseits; vgl. *Windbichler*, S. 342 f.

496 Vgl. *Annuß* in Richardi, § 58 BetrVG Rz. 9; *Oetker*, ZfA 1986, 177 (190 f.).

497 Die h.M. und das BAG stellen auf ein „zwingendes Erfordernis einheitlicher Regelung“ ab, vgl. BAG v. 20.12.1995 – 7 ABR 8/95, CR 1996, 542 = DB 1996, 1985 und öfter, zuletzt BAG v. 25.9.2012 – 1 ABR 45/11, NZA 2013, 275 Rz. 24; *Annuß* in Richardi, § 58 BetrVG Rz. 9; GK/*Franzen*, § 58 BetrVG Rz. 25. Nach *Windbichler*, S. 341, lässt sich größere Genauigkeit kaum erreichen.

498 Zur restriktiven Auslegung des § 58 Abs. 1 BetrVG *Fitting*, § 58 BetrVG Rz. 9 ff.; GK/*Franzen*, § 58 BetrVG Rz. 25 f. m.w.N. und *Windbichler*, S. 342 m.w.N. Aus Arbeitnehmersicht kann nicht der Gleichbehandlungsgrundsatz herangezogen werden, um einen Konzernbezug zu begründen. Der Gleichbehandlungsgrundsatz ist betriebsbezogen, nicht konzernbezogen (BAG v. 20.8.1986 – 4 AZR 272/85, DB 1987, 693 = AP Nr. 6 zu § 1 TVG Tarifverträge Seniorität, vgl. *Windbichler*, S. 420 f., näher *Doetsch* in Braun/Wisskirchen, I. 4. Rz. 353 ff. m.w.N.), im Übrigen setzt seine Anwendung Zuständigkeiten voraus, kann sie aber nicht begründen (*Windbichler*, S. 341 f.).

499 BAG v. 22.7.2008 – 1 ABR 40/07, ZIP 2008, 2433 = NZA 2008, 1248 Rz. 24; GK/*Franzen*, § 58 BetrVG Rz. 11, 49 f.; *Hanau*, ZGR 1984, 468 (482 in Fn. 49); *Fitting*, § 58 BetrVG Rz. 6; *Glock* in HWGNRH, § 58 BetrVG Rz. 3; *Annuß* in Richardi, § 58 BetrVG Rz. 34; *Wiedemann*, Unternehmensgruppe im Privatrecht, S. 126.

500 Vgl. GK/*Kreutz*/*Franzen*, § 58 BetrVG Rz. 8; *Windbichler*, S. 345; *Nick*, S. 151, die dieses Ergebnis für alle Fälle der originären Zuständigkeit des Konzernbetriebsrats für richtig halten.

501 *Bauer*/*Herzberg*, NZA 2011, 713 (718); GK/*Kreutz*/*Franzen*, § 58 BetrVG Rz. 8; *Kort*, NZA 2009, 464 (465 f.); *Dzida*, NZA 2008, 1265 (1267); *Annuß* in Richardi, § 58 BetrVG Rz. 21; anders muss es freilich sein, wenn ein Konzernbetriebsrat nicht errichtet werden kann, vgl. BAG v. 14.2.2007 – 7 ABR 26/06, ZIP 2007, 1518 = AG 2007, 665 = NZA 2007, 999 Rz. 62, bestätigt durch BAG v. 23.5.2018 – 7 ABR 60/16, ZIP 2018, 1993 = AG 2018, 847 = NZA 2018, 1562 Rz. 26, dann kommt es nicht zum Fortfall der betrieblichen Mitbestimmung, sondern nur zu ihrer Verlagerung auf eine andere Ebene, nämlich zu den (Gesamt-)Betriebsräten der konzernangehörigen Unternehmen; a.A. (keine Verlagerung auch in solchen Fällen) *Kort*, NZA 2009, 464 (465 f.) und *Dzida*, NZA 2008, 1265 (1267).

502 Rz. 12.176; vgl. GK/*Franzen*, § 58 BetrVG Rz. 24, 26 a.E.; a.A. *Annuß* in Richardi, § 58 BetrVG Rz. 8.

räten keine Kompetenzen zu Lasten anderer Konzernunternehmen eingeräumt sind, der Konzernbetriebsrat also nur unter dem Gesichtspunkt einer konzernweiten Geltung der möglichen Vereinbarung zuständig ist[503]. Eine unternehmensbezogene Regelung bleibt weiter denkbar. Kann der Gesamtbetriebsrat bei seinem Unternehmen eine bessere Regelung durchsetzen, so wird oder bleibt diese nach dem Günstigkeitsprinzip[504] wirksam[505].

(2) § 58 Abs. 2 BetrVG

Die **Zuständigkeit kraft Auftrags** besteht vorwiegend im Interesse der Arbeitnehmer, um Beteiligungsdefizite auszuräumen, die sich daraus ergeben, dass der zuständige Partner auf Arbeitgeberseite durch Weisungen des herrschenden Unternehmens in seiner Entscheidungsautonomie eingeschränkt ist[506]. Der delegierende Gesamtbetriebsrat bestimmt in dem – schriftlich niederzulegenden – Beschluss die Reichweite des Auftrags, er kann etwa nur den Auftrag zu Verhandlungen geben und sich die Entscheidung vorbehalten. Dabei ist allerdings die Übertragung ganzer Sachbereiche nicht möglich, da sonst die gesetzliche Zuständigkeitsverteilung aufgehoben würde[507]. Es handelt sich um die Delegation einer Zuständigkeit, der Konzernbetriebsrat gewinnt diese in dem Umfang, wie die Beauftragenden sie verlieren[508]. 12.179

Auch im Rahmen der delegierten Zuständigkeit **verhandelt** der Konzernbetriebsrat nach zutreffender, wenngleich nicht herrschender Auffassung, mit der **Konzernspitze**[509], die insoweit als zuständig auf Arbeitgeberseite anzusehen ist[510]. Die h.M. sieht dagegen das Unternehmen, dessen Gesamtbetriebsrat den Auftrag erteilt hat, als Verhandlungspartner an[511]. Damit wird die Delegation indessen weitgehend zwecklos. Will die Holding sich nicht zu Verhandlungen zwingen lassen, so kann sie dem abhängigen Unternehmen Vertretungsmacht einräumen. Eine konzerneinheitliche Regelung kann dadurch nicht erzwungen werden, wenn die Angelegenheit nur ein Unternehmen betrifft. Das Argument, die Gesamtbetriebsräte dürften nicht einseitig über die Zuständigkeit auf Arbeitgeberseite disponieren[512], verliert dadurch an Bedeutung. Im Übrigen erkennt das BAG in einer jüngeren Entscheidung zur Konzernspitze im Ausland auch ausdrücklich an, dass der KBR einen Gegenspieler braucht[513]. 12.180

---

503 Anders freilich die h.M.: GK/*Franzen*, § 58 BetrVG Rz. 8; *Windbichler*, S. 345; *Nick*, S. 151 m.w.N.

504 Das Günstigkeitsprinzip kann als Konfliktlösungsregel hier Anwendung finden, weil die Vereinbarungen auf unterschiedlichen Regelungsebenen getroffen werden, vgl. dazu *Weiss/Weyand*, AG 1993, 97 (100, 103); anderes gilt im Verhältnis von Gesamt- zu Einzelbetriebsvereinbarungen, vgl. *Annuß* in Richardi, § 50 BetrVG Rz. 44 ff., der das in § 58 BetrVG Rz. 46 freilich auf das Verhältnis von Konzern- zu Gesamtbetriebsvereinbarung überträgt.

505 Vgl. BAG v. 19.3.1981 – 3 ABR 38/80, AP Nr. 14 zu § 80 BetrVG 1972 m. Anm. *Kemper/Küpper* = DB 1981, 2181; *Cisch/Hock*, BB 2012, 2113 (2114); a.A. GK/*Franzen*, § 58 BetrVG Rz. 56.

506 *Oetker*, ZfA 1986, 177 (191 f.); GK//*Franzen*, § 58 BetrVG Rz. 43.

507 Zu nicht übertragbaren Angelegenheiten vgl. *Rieble*, RdA 2005, 26 (28 f.); *Windbichler*, S. 344 m.w.N.

508 Zu den Folgerungen daraus, namentlich zu Fragen der Wirksamkeit, des Widerrufs, der Rück- und Weiterdelegation ausführlich *Rieble*, RdA 2005, 26; *Rügenhagen*, S. 154 f.

509 Bzw. mit der Unterkonzernspitze, wenn ihr in der Angelegenheit eine tatsächliche Entscheidungsmacht zukommt, vgl. Rz. 12.171 ff.

510 *Wiedemann*, Unternehmensgruppe im Privatrecht, S. 126; GK/*Franzen*, § 58 BetrVG Rz. 49 f.; *Hanau*, ZGR 1984, 468 (482 in Fn. 49); wohl auch *Oetker*, ZfA 1986, 177 (193); nach *Trittin* in DKKW, § 58 BetrVG Rz. 110 soll ein Wahlrecht bestehen.

511 BAG v. 17.3.2015 – 1 ABR 49/13, NZA 2015, 960 (LS) = AP Nr. 6 zu § 58 BetrVG; BAG v. 12.11.1997 – 7 ABR 78/96, NZA 1998, 497 = EzA § 58 BetrVG Nr. 2; *Annuß* in Richardi, § 58 BetrVG Rz. 30; *Fitting*, § 58 BetrVG Rz. 27 m.w.N.; *Glock* in HWGNRH, § 58 BetrVG Rz. 8; *Rügenhagen*, S. 161 f.; *Windbichler*, S. 344; *Nick*, S. 152 ff.

512 So die in Fn. zuvor als h.M. Zitierten.

513 BAG v. 23.5.2018 – 7 ABR 60/16, ZIP 2018, 1993 = AG 2018, 847 = NZA 2018, 1562, 1565.

(3) Konzernweite Geltung von Betriebsvereinbarungen

12.181 Im Rahmen seiner Zuständigkeit kann der Konzernbetriebsrat mit der Konzernspitze Betriebsvereinbarungen schließen. Dabei sind die Betriebspartner grundsätzlich an den **betriebsverfassungsrechtlichen Gleichbehandlungsgrundsatz** gebunden, der anders als seine individualarbeitsrechtliche Entsprechung **konzernweite** Geltung beansprucht[514]. Streitig ist insoweit, ob die normative Wirkung (vgl. § 77 Abs. 4 BetrVG) von solchen **Konzernbetriebsvereinbarungen** sich auch auf die abhängigen Unternehmen erstreckt. Dazu werden im Wesentlichen drei Auffassungen vertreten. Die erste lehnt die normative Wirkung der Konzernbetriebsvereinbarung ab, wenn nicht die abhängigen Unternehmen selbst am Abschluss der Vereinbarungen beteiligt waren oder der Konzernleitung Vollmacht erteilt haben[515]. Die zweite Auffassung bejaht unter Hinweis auf § 317 AktG eine normative Wirkung nur dann, wenn ein Beherrschungsvertrag abgeschlossen ist oder eine Eingliederung vorliegt[516]. Überwiegend wird jedoch davon ausgegangen, dass die abgeschlossene Konzernbetriebsvereinbarung die rechtliche Selbständigkeit der einzelnen Konzernunternehmen überlagert[517]. § 58 BetrVG ergänzt die konzernrechtlichen Zurechnungsmechanismen so durch eine eigene betriebsverfassungsrechtliche[518]. Hauptargument ist, dass eine wirksame Repräsentation aller Arbeitnehmer durch den Konzernbetriebsrat andernfalls nicht gewährleistet wäre. Der Konzernbetriebsrat ist gerade in den Fällen zuständig, in denen eine Regelung auf Unternehmensebene ausscheidet. Dann muss entsprechend dem Gesetzeszweck, Beteiligungsdefizite auszugleichen, die durch die Konzernierung bedingt sind, auch eine praktische Durchsetzung der getroffenen Abreden gewährleistet sein. Doch wird der Konzern als solcher auch durch die Wirkung einer Konzernbetriebsvereinbarung nicht zum betriebsverfassungsrechtlichen Arbeitgeber, allenfalls kann man von einer konzernweiten Regelungskompetenz der Obergesellschaft sprechen[519]. Die gesellschaftsrechtlichen Wertungen, vor allem die des § 317 AktG sind dadurch zu gewährleisten, dass im faktischen Konzern in Ausnahmefällen, d.h., wenn die Konzernbetriebsvereinbarung von dem abweicht, was die pflichtbewusste Leitung der abhängigen Gesellschaft unter Berücksichtigung ihrer Konzernverflechtung mit dem Gesamtbetriebsrat hätte vereinbaren dürfen, eine entsprechende Anwendung des § 317 AktG stattfindet[520].

12.182 Da das Quorum in § 54 Abs. 1 Satz 2 BetrVG sich auch auf die **betriebsratslosen Betriebe** erstreckt (vgl. Rz. 12.165 a.E.), ist auch die Zuständigkeit des Konzernbetriebsrats für derartige Betriebe zu bejahen. Beide Fragen können nicht unterschiedlich entschieden werden.

cc) Konzernwirtschaftsausschuss?

12.183 Das BetrVG sieht in den §§ 106 ff. die Bildung eines Wirtschaftsausschusses auf Unternehmensebene vor. Voraussetzung ist die Beschäftigung von i.d.R. mehr als 100 ständig beschäftigten Arbeitnehmern. Das BAG hat entschieden, ein Konzernwirtschaftsausschuss sei im Gesetz nicht vorgesehen

---

514 BAG v. 13.12.2016 – 1 AZR 148/15, juris Rz. 30; BAG v. 19.1.2010 – 3 ABR 19/08, NZA-RR 2010, 356 Rz. 31; s. dagegen zur individualarbeitsrechtlichen Gleichbehandlung BAG v. 22.8.2006 – 3 AZR 319/05, NZA 2007, 1187 Rz. 28.

515 *Joost* in MünchArbR, § 227 Rz. 58 ff.; *Windbichler*, S. 359 ff. und *Glock* in HWGNRH, § 58 BetrVG Rz. 30 ff. unterscheiden insoweit zwischen der normativen Wirkung der Konzernbetriebsvereinbarung und der Frage, wer aus der Konzernbetriebsvereinbarung auf Arbeitgeberseite verpflichtet ist; vgl. auch *Windbichler*, SAE 1997, 144; so auch *Annuß* in Richardi, § 58 BetrVG Rz. 43.

516 *Richardi* in MünchArbR, § 23 Rz. 40 ff. m.w.N.; *Konzen*, RdA 1984, 69 (76); *Löwisch/Kaiser*, § 58 BetrVG Rz. 8 f.

517 Vgl. dazu BAG v. 20.12.1995 – 7 ABR 8/95, CR 1996, 542 = DB 1996, 1985; *Fitting*, § 58 BetrVG Rz. 35 f. m.w.N.; *Hanau*, ZGR 1984, 468 (483); GK/*Franzen*, § 58 BetrVG Rz. 53 i.V.m. 11 f.; *Trittin* in DKKW, § 58 BetrVG Rz. 119; *Kort*, NZA 2009, 464 (470); *Nick*, S. 188 nach umfassender Diskussion der verschiedenen Lösungsansätze auf S. 159 ff.

518 *Hanau*, ZGR 1984, 468 (483).

519 A.A. GK/*Franzen*, § 58 BetrVG Rz. 11–16.

520 *Hanau*, ZGR 1984, 468 (484).

und eine analoge Anwendung des § 106 BetrVG scheide **mangels** planwidriger **Gesetzeslücke** aus[521]. Eine unternehmensübergreifende Betrachtung findet daher nur statt, wenn ein gemeinsamer Betrieb zwischen mehreren Holdingunternehmen besteht[522]. Streitig ist, ob ein Konzernwirtschaftsausschuss auf **freiwilliger Basis** über § 3 BetrVG durch Tarifvertrag eingerichtet werden kann[523] und ob die Informationsrechte eines hypothetischen Konzernwirtschaftsausschusses unmittelbar vom Konzernbetriebsrat oder vom Wirtschaftsausschuss auf der Ebene von Tochtergesellschaften wahrgenommen werden können[524]. Alle drei Fragen sind richtigerweise zu bejahen. § 3 Abs. 1 Nr. 3 BetrVG erlaubt ausdrücklich die Anpassung an die Konzernorganisation. Da damit auch die Zusammenfassung zu einem Konzernbetrieb erlaubt ist[525], muss die Bildung eines Konzernwirtschaftsausschusses a majore ad minus zulässig sein.

Ohne eine solche Regelung darf die Konzernorganisation indessen keinesfalls dazu führen, dass den Arbeitnehmervertretungen die gesetzlich **gebotenen Informationen** vorenthalten werden. Weitgehende Informationsansprüche des örtlichen Betriebsrats und sogar eine Informationsbeschaffungspflicht des Arbeitgebers im Falle der Gewährung von Aktienoptionen durch die Muttergesellschaft nimmt etwa das LAG Baden-Württemberg in seiner Entscheidung v. 9.4.2014 an[526]. Richtigerweise ist in solchen Fällen sogar ein betriebsverfassungsrechtlicher **Informationsdurchgriff** auf das herrschende Unternehmen geboten: Die Mitbestimmungsrechte des örtlichen Betriebsrats dürfen nicht dadurch ausgeschaltet oder behindert werden, dass mitbestimmungspflichtige Angelegenheiten durch unmittelbare Zusagen der Holding, ggf. gar einer im Ausland ansässigen Gesellschaft, gegeben werden. Wenn der inländische Arbeitgeber sich gegenüber seinem Betriebsrat auf die Unmöglichkeit der Informationsbeschaffung beruft, weil die ausländische Mutter diese verweigert, muss dem Betriebsrat zum Ausgleich ein betriebsverfassungsrechtlicher Anspruch unmittelbar gegenüber der Mutter zustehen. Dagegen gehen solche Pflichten nach einer Entscheidung des BAG jedenfalls nicht so weit, dass der Wirtschaftsausschuss regelmäßig über die wirtschaftliche und finanzielle Lage des herrschenden Unternehmens zu informieren wäre[527]. Zweck der Informationspflicht ist nämlich, den Wirtschaftsausschuss und den Betriebsrat in die Lage zu versetzen, auf die Planungen des Arbeitgebers Einfluss nehmen zu können. Auf die Situation des herrschenden Unternehmens hat der Wirtschaftsausschuss aber gerade keinen Einfluss. 12.183a

c) Betriebsänderung im Holdingbereich

aa) Betriebs- und Unternehmensgröße

Gem. § 111 BetrVG ist auf die Zahl der im Unternehmen beschäftigten Arbeitnehmer abzustellen[528]. 12.184
Dadurch stellen sich nun auch hier Zurechnungsfragen, die damit nicht ausdrücklich geregelt sind.

---

521 BAG v. 23.8.1989 – 7 ABR 39/88, DB 1990, 1519 f.; LAG Hessen v. 14.2.2006 – 4 TaBV 1/06, ArbuR 2006, 413 (LS) Rz. 25 zit. nach juris; so auch die überwiegende Literatur, s. *Annuß* in Richardi, § 106 BetrVG Rz. 9 und GK/*Oetker*, § 106 BetrVG Rz. 26 m.w.N.

522 BAG v. 1.8.1990 – 7 ABR 91/88, MDR 1991, 880 = NZA 1991, 643.

523 Bejahend *Däubler* in DKKW, § 106 BetrVG Rz. 19; GK/*Oetker*, § 106 BetrVG Rz. 30; vgl. *Fitting*, § 106 BetrVG Rz. 4; verneinend *Annuß* in Richardi, § 106 BetrVG Rz. 9; *Gaul/Mückl*, NZA 2011, 657 (663).

524 In weitem Umfang bejahend *Lerch/Weinbrenner*, NZA 2013, 355 ff.; dagegen aber *Willemsen/Lembke* in Henssler/Willemsen/Kalb, § 106 BetrVG Rz. 16; *Annuß* in Richardi, § 106 BetrVG Rz. 9.

525 *Hanau/Wackerbarth* in FS Ulmer, S. 1303 ff.; *Richardi* in Richardi, § 3 BetrVG Rz. 43, das BAG verlangt Sachdienlichkeit der vereinbarten Strukturen, BAG v. 13.3.2013 – 7 ABR 70/11, NZA 2013, 738 Rz. 38.

526 LAG Baden-Württemberg v. 19.4.2014 – 19 TaBV 7/13, aufgehoben ohne Sachentscheidung durch BAG v. 7.6.2016 – 1 ABR 26/14, AP ZPO § 308 Nr. 9.

527 BAG 17.12.2019 – 1 ABR 35/18, NZA 2020, 531.

528 Kritisch zur Berücksichtigung der Unternehmensgröße: *Bauer*, NZA 2001, 375 (376); *Rieble*, ZIP 2001, 133 (135); *Lingemann*, NZA 2002, 934 (935 f.); zustimmend hingegen *Däubler*, AuR 2001, 1 (6); *Hanau*, RdA 2001, 65 (68); *Däubler* in DKKW, § 111 BetrVG Rz. 32.

Erstens fragt sich, ob unter bestimmten Umständen über § 111 BetrVG hinaus die im Konzern beschäftigten Arbeitnehmer zu zählen sind, und zweitens stellt sich die Frage, ob bei einem gemeinsamen Betrieb auf dessen Größe oder auf die der beteiligten Unternehmen abzustellen ist.

12.185 Zunächst kommt mangels Erwähnung des **Konzerns** in § 111 BetrVG eine Ausweitung der Zurechnung auf diesen nicht in Betracht[529]. Zweitens wird man die Rechtsprechung des BAG, die die im **gemeinsamen Betrieb** beschäftigten Arbeitnehmer verschiedener Unternehmen im Rahmen des § 23 KSchG oder des § 106 BetrVG zusammenzählen will, auf § 111 BetrVG übertragen müssen, so dass bei Betriebsänderungen in einem Gemeinschaftsbetrieb mit mehr als 20 Arbeitnehmern der Schwellenwert als überschritten gilt, auch wenn die beteiligten Unternehmen je für sich die Schwelle nicht überschreiten[530]. Das Gegenargument, der gemeinsame Betrieb, an dem ein oder mehrere Kleinunternehmen mit weniger als 20 Mitarbeitern beteiligt seien, ändere nichts an ihrer Eigenschaft, Kleinunternehmen zu sein[531], kann jedenfalls innerhalb eines Konzerns nicht greifen. Der Gemeinschaftsbetrieb wird im Kündigungsrecht als notwendige, aber auch hinreichende Voraussetzung der Zusammenrechnung der Beschäftigten mehrerer Konzernunternehmen gesehen. Warum dies innerhalb der Betriebsverfassung anders sein sollte, ist nicht ersichtlich, es sei denn, man stellt vordergründig auf den Wortlaut ab (im KSchG „Betrieb", im BetrVG „Unternehmen"), wofür angesichts der Entscheidung des BVerfG vom 27.1.1998[532] nichts mehr spricht.

bb) Voraussetzungen einer Betriebsänderung

12.186 Der Begriff der Betriebsänderung ist **betriebsbezogen** und wird durch den Konzerntatbestand nicht beeinflusst. Eine Maßnahme, die ausschließlich auf der Unternehmensebene wirkt, wie z.B. die Änderung der Beteiligungsverhältnisse oder das Ausscheiden aus der Unternehmensverbindung, lässt die Beteiligungsrechte aus den §§ 111 ff. BetrVG nicht eingreifen[533]. Erst dann, wenn die Änderungen Auswirkungen auf betrieblich-tatsächlicher Ebene zeigen, ist an die §§ 111 ff. BetrVG zu denken[534]. Daher führen z.B. Unternehmensaufspaltungen[535] (in eine Besitz- und eine Betriebsgesellschaft) nicht zu einer Betriebsänderung[536], wohl aber die Ausgliederung eines Betriebsteils[537]. Auch die Einführung von Befehlsstrukturen im Holdingkonzern, die an der Geschäftsleitung der Tochtergesellschaft vorbeiführen (funktionale Steuerung/Matrixstruktur), kann eine Betriebsänderung darstellen[538].

12.187 § 111 BetrVG ist grundsätzlich unabhängig davon anwendbar, ob die Betriebsänderung mit einem **Betriebs(teil-)übergang** verbunden ist[539]. Kommt es etwa infolge einer mit einem Betriebsübergang

529 H.M., vgl. nur GK/*Oetker*, § 111 BetrVG Rz. 13; *Gaul*, NZA 2003, 695; *Löwisch*, BB 2001, 1790 (1797); *Annuß* in Richardi, § 111 BetrVG Rz. 23; a.A. *Däubler* in DKKW, § 111 BetrVG Rz. 34.

530 Für § 99 BetrVG im Wege der Analogie BAG v. 29.9.2004 – 1 ABR 39/03, NZA 2005, 420; wie hier *Gaul*, NZA 2003, 695; *Besgen* in BeckOK/ArbR, § 111 BetrVG Rz. 3; GK/*Oetker*, § 111 BetrVG Rz. 15 f.; *Däubler* in DKKW, § 111 BetrVG Rz. 33; *Hess* in HWGNRH, § 111 BetrVG Rz. 29, 32 ff.; *Löwisch/Kaiser* § 111 BetrVG Rz. 4; ablehnend *Annuß* in Richardi, § 111 BetrVG Rz. 26; differenzierend *Fitting*, § 111 BetrVG Rz. 20 ff., 23.

531 *Lingemann*, NZA 2002, 934 (935 f.); *Annuß* in Richardi, § 111 BetrVG Rz. 26.

532 BVerfG v. 27.1.1998 – 1 BvL 15/87, ZIP 1998, 705 = NJW 1998, 1475.

533 *Windbichler*, S. 402; *Junker*, ZIP 1993, 1599 (1601).

534 *Rüthers/Bakker*, ZfA 1990, 245, 327.

535 Zur Betriebsaufspaltung *Belling/Collas*, NJW 1991, 1919 ff.; *Henssler*, NZA 1994, 294 ff.

536 BAG v. 17.2.1981 – 1 ABR 101/78, ZIP 1981, 646 = AP Nr. 9 zu § 111 BetrVG 1972 = DB 1981, 1190; vgl. auch BAG v. 17.3.1987 – 1 ABR 47/85, ZIP 1987, 1005 = NZA 1987, 523; *Henssler*, NZA 1994, 294 (297) m.w.N.; *Nick*, S. 201.

537 BAG v. 10.12.1996 – 1 ABR 32/96, ZIP 1997, 1388 = GmbHR 1997, 850 = NZA 1997, 898 ff.

538 Vgl. *Müller-Bonanni/Mehrens*, ZIP 2010, 2228 (2230, 2232 f.); *Kort*, NZA 2013, 1318 (1326); *Bachner*, NZA 2019, 134.

539 BAG v. 10.12.1996 – 1 ABR 32/96, ZIP 1997, 1388 = GmbHR 1997, 850 = NZA 1997, 898 ff.; BAG v. 25.1.2000 – 1 ABR 1/99, ZIP 2000, 2039 = DB 2000, 2329; vgl. *Hanau* in FS Gaul, S. 287 ff. (295); ErfK/*Kania*, § 111 BetrVG Rz. 12 m.w.N.

verbundenen Verlegung des Betriebs zu Nachteilen durch Fahrt- und Umzugskosten, so ist § 111 BetrVG anwendbar[540], ebenso wenn lediglich ein wesentlicher Teil eines einheitlichen Betriebs auf einen anderen Inhaber übergeht[541]. Insofern stellen sich aber keine konzernspezifischen Probleme. Der Betriebsübergang ist nicht per se eine Betriebsänderung[542]. Abzugrenzen ist aber die Betriebsstilllegung i.S.d. § 111 Satz 3 Nr. 1 BetrVG vom Betriebsübergang (§ 613a BGB). Abgrenzungsmerkmal ist neben der Auswechselung des Arbeitgebers, dass die Betriebsidentität gewahrt bleibt[543]. Auch insoweit gilt wieder der Vorrang der rechtlichen Selbständigkeit der konzernangehörigen Unternehmen. Wird ein Betrieb eines Konzernunternehmens stillgelegt und durch ein anderes Konzernunternehmen neu aufgebaut, so bleibt zwar die Funktion des Betriebs für den Konzern erhalten. Die bloße Konzernkontinuität reicht aber nicht aus, um die Identität der Arbeitsplätze zu begründen[544]. Daher ist in diesen Fällen der Tatbestand der Betriebsänderung zu bejahen.

Vollzieht sich nach dem eben Gesagten innerhalb des Holdingbereichs eine Betriebsänderung da- 12.188
durch, dass Betriebe oder Betriebsteile eines Konzernunternehmens in ein **neu zu gründendes Konzernunternehmen** eingebracht werden, so ist die Erzwingbarkeit eines damit verbundenen Sozialplans nicht nach § 112a Abs. 2 BetrVG eingeschränkt, weil die typischerweise mit einer Neugründung verbundenen Risiken im Konzernverbund gerade nicht bestehen, § 112a Abs. 2 Satz 2 BetrVG. Die in § 112a Abs. 2 Satz 2 BetrVG aufgeführten Tatbestände sind nicht abschließend zu verstehen, so dass allgemein bei rechtlichen Umstrukturierungen im Konzern eine „Flucht aus der Sozialplanpflicht" über diese Norm verhindert werden kann[545]. Zu beachten ist, dass im Rahmen des § 112a Abs. 2 Satz 2 BetrVG nur Unterordnungskonzerne erfasst werden sollen[546].

cc) Zuständigkeit des Konzernbetriebsrats

Allein das Bestehen einer Weiterbeschäftigungsmöglichkeit im Konzern begründet nicht die Zustän- 12.189
digkeit des Konzernbetriebsrats für die Durchführung eines Interessenausgleichs oder den Abschluss eines Sozialplans[547]. Soll der Sozialplan konkret Ersatzarbeitsplätze in anderen Konzernunternehmen vorsehen, wird teilweise der spezifische Konzernbezug der zu regelnden Materie bejaht[548]. Die zu regelnde Angelegenheit betrifft in diesem Fall jedoch nur ein Konzernunternehmen. Die bloße Tatsache, dass dessen Gesamtbetriebsrat mit dem Arbeitgeber keinen Sozialplan zu Lasten eines anderen Konzernunternehmens aufstellen kann[549], ist nicht geeignet, den Konzernbezug herzustellen, so dass eine originäre Zuständigkeit des Konzernbetriebsrats nach § 58 Abs. 1 BetrVG ausscheidet. Diese ist nur dann zu bejahen, wenn die **Betriebsänderung mehrere Konzernunternehmen** betrifft[550]. Bei-

540 *Rüthers/Bakker*, ZfA 1990, 245 (327 f.).

541 BAG v. 10.12.1996 – 1 ABR 32/96, ZIP 1997, 1388 = GmbHR 1997, 850 = NZA 1997, 898 ff.; BAG v. 16.6.1987 – 1 ABR 41/85, ZIP 1987, 1068 = NZA 1987, 672.

542 ErfK/*Kania*, § 111 BetrVG Rz. 12; *Löwisch/Kaiser*, § 111 BetrVG Rz. 21; *Hess* in HWGNRH, § 111 BetrVG Rz. 169; *Annuß* in Richardi, § 111 BetrVG Rz. 124; kritisch zum Ausschluss des Betriebsübergangs aus dem Anwendungsbereich des § 111 BetrVG *Däubler* in DKKW, § 111 BetrVG Rz. 125 f. unter Hinweis auf EU-rechtliche Bedenken, dagegen GK/*Oetker*, § 111 BetrVG Rz. 182.

543 BAG v. 15.12.2011 – 8 AZR 692/10, ZIP 2012, 2080 = NZA-RR 2012, 570 Rz. 43; *Hess* in HWGNRH, § 111 BetrVG Rz. 170; vgl., *Löwisch/Kaiser*, § 111 BetrVG Rz. 21; *Annuß* in Richardi, § 111 BetrVG Rz. 67 (Aufrechterhaltung der betrieblichen Organisation).

544 BAG v. 14.10.1982 – 2 AZR 568/80, AP Nr. 1 zu § 1 KSchG 1969 Konzern = DB 1983, 235; vgl. *Junker*, ZIP 1993, 1599 (1602).

545 Dazu BAG v. 10.12.1996 – 1 ABR 32/96, ZIP 1997, 1388 = GmbHR 1997, 850 = NZA 1997, 898 ff. (900).

546 Kritisch *Annuß* in Richardi, § 112a BetrVG Rz. 19.

547 Vgl. BAG v. 17.9.1991 – 1 ABR 23/91, ZIP 1992, 260 = AP Nr. 59 zu § 112 BetrVG 1972.

548 *Junker*, ZIP 1993, 1599 (1604).

549 Vgl. dazu *Hanau*, ZGR 1984, 468 (488 f.).

550 GK/*Oetker*, § 111 BetrVG Rz. 264; *Trittin* in DKKW, § 58 BetrVG Rz. 68 mit Beispielen zur ausnahmsweisen Zuständigkeit des KBR in Rz. 74; *Annuß* in Richardi, § 111 BetrVG Rz. 160; *Glock* in HWGNRH, § 58 BetrVG Rz. 22 f.; *Hanau*, ZGR 1984, 468 (489); *Rügenhagen*, S. 149.

spiele bilden etwa konzernweite Restrukturierungen oder Organisationsänderungen[551]. Auch wenn die Planung einer Betriebsänderung vom herrschenden Unternehmen ausgeht, ist der Konzernbetriebsrat nur dann zuständig, wenn das Konzept, das Gegenstand von Unterrichtung und Beratung ist, zwingend unternehmens- oder konzerneinheitlich umgesetzt werden soll[552]. Eine in Betracht zu ziehende Beauftragung des Konzernbetriebsrats nach § 58 Abs. 2 BetrVG begründet zwar die Zuständigkeit des Konzernbetriebsrats. Das bedeutet jedoch noch nicht, dass der innerhalb dieser Zuständigkeit abgeschlossene Sozialplan auch über den Bereich des Konzernunternehmens hinausgehen kann, dessen Gesamtbetriebsrat den Auftrag erteilt hat[553]. Sobald über ein konzernangehöriges Unternehmen das Insolvenzerfahren eröffnet wird, scheidet dieses wegen § 276a InsO aus dem Konzernverbund aus, damit spätestens endet jede Zuständigkeit des Konzernbetriebsrats[554].

dd) Haftungs- und Bemessungsdurchgriff

12.190 Bei der Bemessung des Umfangs eines Sozialplans hat die Einigungsstelle gem. § 112 Abs. 5 Satz 1 BetrVG die **wirtschaftliche Vertretbarkeit** für das Unternehmen zu beachten. Ähnlich wie im Zusammenhang mit dem Berechnungsdurchgriff in der betrieblichen Altersversorgung (Rz. 12.46 ff.) stellt sich die Frage, unter welchen Voraussetzungen es auf die wirtschaftliche Lage der Holding ankommt[555]. In der Literatur wird zunehmend auf die zu § 16 BetrAVG entwickelten Grundsätze verwiesen[556]. Dem ist grundsätzlich zuzustimmen mit der Maßgabe, dass eine Ausnahme für den Fall zu machen ist, dass ein schlecht gehendes Unternehmen zum Zwecke der Sanierung in den Holdingverbund aufgenommen wird. Im Grundsatz folgt dem auch das BAG. In seiner Entscheidung von 15.3.2011 beschränkt es aber den Bemessungsdurchgriff für den Fall einer Unternehmensspaltung i.S.d. § 134 UmwG[557]. Trotz der in § 134 UmwG angeordneten Haftung der Anlagegesellschaft soll deren Leistungsfähigkeit bei der wirtschaftlichen Vertretbarkeit des Sozialplans der Betriebsgesellschaft nur insoweit mitberücksichtigt werden, als dieser bei der Spaltung Vermögenswerte entzogen wurden[558].

12.191 Für die Frage, unter welchen Voraussetzungen die Holding für Ansprüche aus einem mit einer Tochtergesellschaft abgeschlossenen Sozialplan einzustehen hat, kann auf die gesellschaftsrechtlichen Regeln über den **Haftungsdurchgriff** verwiesen werden, vgl. näher Rz. 12.40 ff.

3. Holding und Europäischer Betriebsrat

a) Überblick

12.192 Für die EU-weit tätige Holding ist neben dem nationalen Betriebsverfassungsrecht auch die Richtlinie 94/45/EG über die Einsetzung eines Europäischen Betriebsrats nebst Änderungsrichtlinie 2009/38/EG von Bedeutung, die mit Wirkung zum 14.6.2011 in das EBRG übernommen wurde[559]. Richt-

---

551 *Schimmelpfennig* in Grobys/Panzer-Heermeier, Betriebsänderung Rz. 78.

552 BAG v. 11.12.2001 – 1 AZR 193/01, ZIP 2002, 1498 = NZA 2002, 688; diese Möglichkeit grundsätzlich bezweifelnd BAG v. 18.7.2017 – 1 AZR 546/15, ZIP 2017, 2221 = NZA 2017, 1618 Rz. 30 ff.

553 *Hanau*, ZGR 1984, 468 (489).

554 LAG Baden-Württemberg v. 23.6.2015 – 10 Sa 59/14, juris.

555 Zum Bemessungsdurchgriff beim Sozialplan allgemein *Ahrendt*, RdA 2012, 340 ff.; *Gaul/Schmidt*, DB 2014, 300 ff.

556 Z.B. *Gaul/Schmidt*, DB 2014, 300 (302); *Nick*, S. 231; *Konzen*, RdA 1984, 65 (74); *Windbichler*, S. 412; *Däubler* in DKKW, §§ 112, 112a BetrVG Rz. 187; *Gaul*, NZA 2003, 695 (698 f.); zweifelnd GK/*Oetker*, § 112 BetrVG Rz. 453 und *Fitting*, §§ 112, 112a BetrVG Rz. 258c; a.A. *Junker*, ZIP 1993, 1599 (1605 f.).

557 BAG v. 15.3.2011 – 1 ABR 97/09, ZIP 2011, 1433 = AG 2011, 703 = NZA 2011, 1112 Rz. 32.

558 Zustimmend *Löwisch*, ZIP 2015, 209 (210); *Gaul/Schmidt*, DB 2014, 300 (304 f.); *Röger/Thulock*, NZA 2012, 294 ff.; *Fuhlrott*, ArbRAktuell 2011, 585; zu Recht kritisch aber *Oetker*, EzA § 112 BetrVG 2001 Nr. 41; s. ferner GK/*Oetker*, § 112 BetrVG Rz. 456 m.w.N.

559 Einen Überblick über die Neuerungen bietet *Fitting*, Übersicht EBRG Rz. 3.

linie und EBRG sehen die Errichtung eines Europäischen Betriebsrats vor oder eine andere Vereinbarung über Anhörung und Unterrichtung der Arbeitnehmer in **länderübergreifenden Angelegenheiten**. Vorrangig ist eine Verhandlungslösung. Nur wenn sich die Partner nicht einigen können, kommt es zur Errichtung eines Europäischen Betriebsrats kraft Gesetzes.

Da sich die Rechte des Europäischen Betriebsrats auf **Anhörung und Unterrichtung** beschränken, kollidieren sie nicht mit der nationalen betriebsverfassungsrechtlichen Struktur, die den Konzern-, Gesamt- und den einfachen Betriebsrat einschließt. Vielmehr bestehen die Kompetenzen der nationalen bzw. europäischen Vertretungen nebeneinander und greifen z.T. ineinander, zumal gem. § 1 Abs. 7 EBRG der späteste Zeitpunkt der Ausübung des Unterrichtungs- und Anhörungsrechts in dem der Beteiligung der nationalen Arbeitnehmervertretungen liegt[560].

b) Anwendungsbereich des EBRG

aa) Gemeinschaftsweit operierende Unternehmen oder Unternehmensgruppen

Die Bestimmungen des EBRG erfassen gem. § 2 Abs. 1 neben gemeinschaftsweit tätigen Unternehmen 12.193
auch Unternehmensgruppen. Auf die Rechtsform kommt es nicht an, lediglich für die SE (Europäische Aktiengesellschaft) und die SCE (Europäische Genossenschaft) gehen der SE-Betriebsrat bzw. der SCE-Betriebsrat vor und schließen die Anwendung des EBRG regelmäßig aus[561]. **Gemeinschaftsweit** operiert ein Unternehmen oder eine Unternehmensgruppe gem. § 3 EBRG, soweit mindestens 1000 Arbeitnehmer in den Mitgliedstaaten[562] beschäftigt werden und davon mindestens je 150 Arbeitnehmer in zwei verschiedenen Mitgliedstaaten. Beispiel: Werden in Deutschland 800 und in Frankreich 200 Arbeitnehmer beschäftigt (gleich, ob in zwei Betrieben eines Unternehmens oder in einer deutschen und einer französischen Tochtergesellschaft), so genügt das. Hat hingegen eine deutsche Holding eine deutsche Tochter mit 800 Mitarbeitern in Deutschland, und eine französische Tochter mit ebenfalls 200 Mitarbeitern, von denen jedoch wiederum 100 in einem Betrieb in Deutschland beschäftigt sind, so ist ein gemeinschaftsweites Operieren nicht gegeben[563]. Maßgebend für die Ermittlung der Beschäftigtenzahlen ist nach § 4 EBRG der **Durchschnitt der Beschäftigtenzahl** der letzten zwei Jahre, wobei auf den betriebsverfassungsrechtlichen Arbeitnehmerbegriff abgestellt wird.

Insoweit weicht die Regelung deutlich von den sonstigen deutschen Vorschriften zur Berechnung der Unternehmensgröße ab, die ja üblicherweise auf die in der Regel beschäftigten Arbeitnehmer abstellen und eine Prognose verlangen.

Als Unternehmensgruppe i.S.d. Richtlinie gelten nur **Unterordnungsverhältnisse**, wie sich aus § 6 12.194
Abs. 1 EBRG ergibt[564]. Gem. § 7 EBRG wird vorbehaltlich anderer Vereinbarung der Europäische Betriebsrat (nur einer)[565] bei dem herrschenden Unternehmen errichtet. Ob ein herrschendes Unternehmen und damit eine Unternehmensgruppe bestehen, wird zunächst in § 6 Abs. 1 EBRG von der Fähigkeit eines Unternehmens abhängig gemacht, auf ein anderes Unternehmen einen beherrschenden Einfluss auszuüben. Der allgemeinen Definition folgt eine Reihe von widerleglichen Vermutungen für einen beherrschenden Einfluss. Die Regelungstechnik des EBRG weicht hier vom deutschen Aktienrecht erheblich ab und folgt dem auch in § 290 HGB verwendeten, aus dem anglo-amerikanischen Rechtskreis stammenden **Control-Konzept**[566]. Während in §§ 15 ff. AktG die Vermutungskaskade über die Begriffe Mehrheitsbesitz, beherrschender Einfluss und schließlich Zusammenfas-

560 *Fitting*, Übersicht EBRG Rz. 15; *Koch* in Schaub/, § 256 Rz. 3 f.; *Maiß/Pauken*, BB 2013, 1589 (1590 f.).

561 *Fitting*, Übersicht EBRG Rz. 5 f. (es sei denn, das dortige BVG beschließt jeweils die Nichtaufnahme oder den Abbruch der Verhandlungen), s. § 47 Abs. 1 Nr. 2 SEBG; § 49 Abs. 1 Nr. 2 SCEBG.

562 Mitgliedstaaten i.S.d. EBRG sind neben den Mitgliedstaaten der EU auch die des EWS (also Island, Liechtenstein, Norwegen), s. *Fitting*, Übersicht EBRG Rz. 19.

563 *Fitting*, Übersicht EBRG Rz. 18.

564 BAG v. 30.3.2004 – 1 ABR 61/01, ZIP 2004, 1468 = NZA 2004, 863 (867).

565 *Fitting*, Übersicht EBRG Rz. 31.

566 *Windbichler*, ZfA 1996, 11 f.

sung unter einheitlicher Leitung läuft, hängt die Einordnung als Unternehmensgruppe ausschließlich von der Frage ab, ob ein Unternehmen beherrschenden Einfluss ausüben kann. Im praktischen Ergebnis wird es kaum Unterschiede geben.

12.195 Nach § 6 Abs. 2 Nr. 2 und 3 EBRG wird der Einfluss vermutet, wenn das Unternehmen entweder über die Kapitalmehrheit oder die Stimmenmehrheit bezüglich des anderen Unternehmens verfügt. Insoweit stimmt die Regelung noch mit § 16 Abs. 1, § 17 Abs. 2 AktG überein. Gem. § 6 Abs. 2 Nr. 1 EBRG wird die Fähigkeit, einen beherrschenden Einfluss auszuüben, darüber hinaus auch dann vermutet, wenn ein Unternehmen **mehr als die Hälfte der Mitglieder des Verwaltungs-, Leitungs- oder Aufsichtsorgans** des anderen Unternehmens bestellen kann. Erfüllen mehrere Unternehmen eine oder mehrere der Alternativen, so gilt das Unternehmen als herrschend, das von den in § 6 Abs. 2 Satz 1 EBRG genannten Alternativen die Nr. 1 erfüllt. Die Vermutungen sind widerlegbar, auch durch Unternehmen anderer Mitgliedsstaaten[567]. Die nach deutschem Recht – für den Konzern – weiter erforderliche Zusammenfassung der verbundenen Unternehmen unter einheitlicher Leitung ist nach dem EBRG **nicht Voraussetzung** für die Annahme einer Unternehmensgruppe.

12.196 Ausnahmen und Einschränkungen zu den Vermutungen finden sich in § 6 Abs. 4 EBRG. Die Zurechnungsvorschrift in § 6 Abs. 3 EBRG ähnelt § 16 Abs. 4 AktG. Danach gelten Stimm- und Erkennungsrechte eines abhängigen Unternehmens als solche des herrschenden Unternehmens, so dass auch mittelbare Beteiligungen an dritten Unternehmen erfasst werden können. Das gleiche gilt für solche Rechte von natürlichen oder juristischen Personen, die zwar im eigenen Namen, aber für Rechnung des herrschenden oder eines von diesem Unternehmen abhängigen handeln.

bb) Zentrale Leitung im Inland

12.197 Erforderlich ist gem. § 2 Abs. 1 EBRG weiter der inländische Sitz der zentralen Leitung. Unter der zentralen Leitung ist gem. § 1 Abs. 6 EBRG entweder das gemeinschaftsweit operierende Unternehmen oder aber das herrschende Unternehmen der Gruppe, mithin die Holding selbst zu verstehen. Liegt die **zentrale Leitung in einem anderen Mitgliedsstaat**, so richtet sich die nähere Ausgestaltung der Kompetenzen des Europäischen Betriebsrats nach dem Umsetzungsrecht des Staates, in dem die zentrale Leitung sitzt. Das EBRG findet dann nur für die in § 2 Abs. 4 EBRG aufgezählten Fragen Anwendung, da die Richtlinie dem inländischen Gesetzgeber insoweit einen entsprechenden Gestaltungsspielraum zuerkannt hat, so bspw. im Bereich des Auskunftsanspruchs nach § 5 EBRG, der Bestellung der inländischen Arbeitnehmervertreter und der Bestimmung des herrschenden Unternehmens[568].

12.198 Für eine **zentrale Leitung, die in einem Drittstaat** sitzt bzw. für **Arbeitnehmer in Drittstaaten** gilt die Richtlinie nicht. Wenn die zentrale Leitung sich in einem Drittstaat befindet, so kommt das ERBG gem. § 2 Abs. 2 EBRG gleichwohl zur Anwendung, wenn die zentrale Leitung in Deutschland einen Vertreter benennt oder – ähnlich dem Konzern im Konzern – eine sog. nachgeordnete Leitung im Inland vorhanden ist (z.B. eine deutsche Zwischenholding mit eigener Entscheidungsmacht). Andernfalls wird per Fiktion die zentrale Leitung nach Deutschland verortet, sofern dort die arbeitnehmerstärkste Einheit (Betrieb oder Unternehmen) angesiedelt ist, vgl. § 2 Abs. 2 Satz 4 EBRG[569]. Arbeitnehmer aus Drittstaaten können gem. § 1 Abs. 2, § 14 EBRG nur durch eine zusätzliche Vereinbarung einbezogen werden.

cc) EU-weiter Auskunftsanspruch der Arbeitnehmer

12.199 Im Jahr 2011 neu gefasst wurde der Auskunftsanspruch gem. § 5 EBRG, mit dessen Hilfe die Arbeitnehmer(vertretungen) die notwendigen Informationen über die Struktur und die Arbeitnehmerzahl

567 *Fitting*, Übersicht EBRG Rz. 28.

568 Näher *Fitting*, Übersicht EBRG Rz. 23; vgl. auch BAG v. 18.4.2007 – 7 ABR 30/06, AP Nr. 1 zu § 18 EBRG.

569 *Fitting*, Übersicht EBRG Rz. 24.

des Unternehmens bzw. der Unternehmensgruppe erlangen können. Zur Auskunft verpflichtet ist die **zentrale Leitung** (§ 5 Abs. 1 EBRG), d.h. die Holding. Ist sie in einem Drittstaat ansässig, so übernimmt eine gem. § 2 Abs. 2 Satz 4 EBRG fingierte zentrale Leitung, d.h. ggf. ein abhängiges Unternehmen, deren Pflichten. Verpflichtet ist aber auch der **örtliche Arbeitgeber** nach § 5 Abs. 2 EBRG.

Bereits vor der Neufassung des EBRG hat das BAG im Anschluss an die Bofrost-Entscheidung des EuGH[570] den Umfang dieses Anspruchs über den Wortlaut des § 5 EBRG a.F. hinaus auf Beherrschungsverhältnisse innerhalb von Unternehmensgruppen ausgedehnt, soweit die Informationen für die Aufnahme von Verhandlungen über die Errichtung eines europäischen Betriebsrats **unerlässlich** waren[571]. In seinem Urteil vom 29.6.2004[572] stellte das BAG im Anschluss an eine weitere Entscheidung des EuGH[573] fest, dass der Auskunftsanspruch des örtlichen Betriebsrats gem. § 5 Abs. 2 EBRG gegen den Arbeitgeber bzw. die fingierte zentrale Leitung auch dann geltend gemacht werden kann, wenn diese abhängige Unternehmen sind. Dem abhängigen Unternehmen steht selbst dann **kein Leistungsverweigerungsrecht** gem. § 275 Abs. 2 BGB zu, wenn das herrschende Unternehmen die Auskunft verweigert. Vielmehr muss der in Anspruch Genommene sich notfalls an andere Leitungen der Unternehmensgruppe wenden, um die Informationen zu erhalten. Der daraufhin in § 5 EBRG n.F. eingefügte Abs. 3 schreibt diese Rechtsprechung fest, indem er jede Unternehmensleitung innerhalb der Unternehmensgruppe zur Erteilung der notwendigen Informationen verpflichtet. Freilich gilt das nur, soweit sie im Geltungsbereich des EBRG ansässig ist[574]. 12.200

c) Verfahren zur Errichtung des Europäischen Betriebsrats, Neuverhandlungen

Inhaltlich sind die Vorschriften des EBRG durch das **Subsidiaritätsprinzip** gekennzeichnet. Die zwingenden Vorschriften über die Bildung und Rechte des Europäischen Betriebsrats gelangen nur dann zur Anwendung, wenn sich die Unternehmensgruppe mit ihren Arbeitnehmern nicht über ein Informations- und Anhörungssystem einigen kann. Es wird nach näherer Maßgabe der §§ 8, 9 EBRG und unter der Voraussetzung, dass mindestens 100 Arbeitnehmer aus mindestens zwei Betrieben in zwei Mitgliedstaaten einen entsprechenden Antrag gestellt haben, ein sog. **besonderes Verhandlungsgremium** (i.F. BVG) eingesetzt, dessen Aufgabe als Kreationsorgan es ist, mit der zentralen Leitung der Unternehmensgruppe nähere Vereinbarungen über die Tätigkeit, Zusammensetzung und Befugnisse des Europäischen Betriebsrats zu treffen[575]. Der Mindestinhalt der schriftlich niederzulegenden Vereinbarung ist in § 18 EBRG näher geregelt. Das BVG kann allerdings auch nach § 15 Abs. 1 EBRG mit ⅔-Mehrheit beschließen, keine Verhandlungen aufzunehmen oder diese zu beenden. In diesem Fall wird die Einrichtung eines Europäischen Betriebsrats gem. § 15 Abs. 2 EBRG für mindestens 2 Jahre endgültig ausgesetzt. 12.201

Gem. § 10 EBRG entsendet die Belegschaft jedes Mitgliedsstaates mindestens einen Arbeitnehmer in das BVG. Sofern in einem Mitgliedsstaat mehr als 10 % der Gesamtbelegschaft arbeiten, erhöht sich die Anzahl der zu entsendenden Mitglieder je angefangene 10 % um eine Person[576]. Die **Bestellung** der inländischen Mitglieder des BVG erfolgt gem. § 11 Abs. 2 EBRG grundsätzlich durch den Konzernbetriebsrat, sonst durch Gesamtbetriebsräte oder Betriebsräte. Die in der Richtlinie vorgesehene Option der Direktwahl von Vertretern durch die Belegschaft, hat keinen Eingang in das EBRG gefunden[577]. Nähere Bestimmungen zur Konstituierung des BVG erhalten die §§ 12 ff. EBRG. Um effektiv arbeiten zu können, hat die zentrale Leitung gem. § 8 Abs. 2 EBRG das BVG mit den notwen- 12.202

570 EuGH v. 29.3.2001 – C-62/99, ECLI:EU:C:2001:188 – Bofrost, NZA 2001, 506.
571 BAG v. 30.3.2004 – 1 ABR 61/01, ZIP 2004, 1468 = NZA 2004, 863; vgl. *Fitting*, Übersicht EBRG Rz. 36 m.w.N.
572 BAG v. 29.6.2004 – 1 ABR 32/99, NZA 2005, 118.
573 EuGH v. 31.1.2004 – C-400/00 – Kühne & Nagel, NZA 2004, 160.
574 *Fitting*, Übersicht EBRG Rz. 39; *Koch* in Schaub, § 256 Rz. 7.
575 *Fitting*, Übersicht EBRG Rz. 57.
576 *Hohenstatt/Kröpelin/Bertke*, NZA 2011, 1313 (1315); kritisch *Thüsing/Forst*, NZA 2009, 408 (411).
577 *Koch* in Schaub, § 256 Rz. 7.

digen Informationen zu versorgen[578]. Für sämtliche Kosten des BVG sowie für die notwendigen Sachmittel und ggf. Dolmetscher hat die zentrale Leitung einzustehen[579].

12.203 Kommt eine **Vereinbarung** über grenzübergreifende Unterrichtung und Anhörung zustande, so gelten deren Bestimmungen. § 17 EBRG räumt insoweit weitgehende Gestaltungsfreiheit ein, die Vereinbarung muss aber **schriftlich** erfolgen (§§ 18, 19 EBRG). Es kann ein **Europäischer Betriebsrat kraft Vereinbarung** errichtet werden oder nur ein Verfahren zu Unterrichtung und Anhörung. Im letztgenannten Fall muss die Vereinbarung für alle in den Mitgliedstaaten beschäftigten Arbeitnehmer gelten und mindestens eine Unterrichtung in solchen grenzübergreifenden Angelegenheiten vorsehen, die erhebliche Auswirkungen auf die Interessen der Arbeitnehmer haben (§ 19 EBRG).

12.204 Kommt eine Verhandlungslösung spätestens drei Jahre nach der Stellung des Antrags nicht zustande, oder lehnt die zentrale Leitung die Aufnahme von Verhandlungen auch 6 Monate nach der Stellung des Antrags noch ab, so wird gem. § 21 Abs. 1 EBRG der **Europäische Betriebsrat kraft Gesetzes** errichtet. Zusammensetzung und Bestellung des EBR sind nach in §§ 22–24 EBRG weitgehend analog zur Einrichtung des BVG geregelt. Die Mitglieder des Europäischen Betriebsrats werden gem. §§ 40 ff. EBRG geschützt. Er ist eine Dauereinrichtung, die nur dann wegfällt, wenn die Voraussetzungen von § 3 EBRG (gemeinschaftsweites Operieren) nicht mehr gegeben sind (dann fällt er ersatzlos weg), im Falle des § 33 EBRG oder bei wesentlichen Strukturveränderungen i.S.d. § 37 EBRG, in diesen Fällen schließt sich ggf. eine Vereinbarungslösung an[580]. Für Streitigkeiten ist nach einem Urteil des BAG v. 18.4.2007[581] gem. § 23 Abs. 3 Buchst. a EBRG, § 82 Abs. 1 Satz 2 ArbGG das inländische ArbG zuständig, das im Bezirk des Unternehmens mit den meisten wahlberechtigten Arbeitnehmern liegt. In diesem Urteil hat das BAG auch entschieden, dass die wirksame Bestellung von Mitgliedern des Europäischen Betriebsrates bei Fehlen eines Konzernbetriebsrates gem. § 23 Abs. 3 Buchst. a EBRG zu erfolgen hat.

12.205 Die Neufassung des § 37 EBRG im Jahr 2011 hat das Problem der **Neuverhandlungen bei wesentlichen Strukturänderungen** gesetzlich geregelt und verschiedene Fragen aufgeworfen. Der Begriff Strukturänderung ist nicht legaldefiniert, § 37 Abs. 1 Satz 2 EBRG enthält lediglich Regelbeispiele, die sich z.T. an umwandlungsrechtliche Vorgänge (Fusion, Spaltung), z.T. aber auch an Betriebsänderungen (Stilllegung oder Verlagerung von Unternehmen oder Betrieben) anlehnen. Umstritten ist daher, ob auch der **Erwerb von Beteiligungen** eine Strukturänderung i.S.d. § 37 Abs. 1 EBRG sein kann. Soweit es um einen Erwerb der Mehrheit an der Holding geht, besteht zwar noch weitgehend Einigkeit: Ändert sich die zentrale Leitung, sind in jedem Falle Neuverhandlungen erforderlich[582]. Anders ist der Meinungsstand bei dem Erwerb von (Mehrheits-)Beteiligungen durch die Holding[583]. Gegen die Einordnung als Strukturänderungen wird geltend gemacht, das ziehe eine „ständige Anpassungspflicht“ nach sich, da Akquisitionen zum Alltagsgeschäft gehörten[584]. Richtigerweise ist eine Strukturänderung jedenfalls dann zu bejahen, wenn im übernommenen Unternehmen bereits ein Europäischer Betriebsrat besteht. Kommt es durch den Erwerb hingegen zu einer bloßen Änderung der Sitzverhältnisse, so ist dafür schon in § 32 Abs. 2 EBRG ausreichend Vorsorge getroffen. Einer analogen Anwendung der dortigen Anpassungsregel auf den Fall des Beteiligungserwerbs steht nichts entgegen, wie bereits § 32 Abs. 2 Satz 4 EBRG beweist. Zu der befürchteten ständigen Neuverhandlung kommt es daher nicht.

578 *Fitting*, Übersicht EBRG Rz. 58.
579 *Fitting*, Übersicht EBRG Rz. 62.
580 *Fitting*, Übersicht EBRG Rz. 79 ff., 100 ff.
581 BAG v. 18.4.2007 - 7 ABR 30/06, NZA 2007, 1375.
582 *Hey/Schröder*, BB 2012, 3014 (3017); *Thüsing/Forst*, NZA 2009, 408 (411).
583 Strukturänderung bejahend: *Hey/Schröder*, BB 2012, 3014 (3016 f.); *Blanke/Kunz* in Düwell, BetrVG, 4. Aufl. 2014, § 37 EBRG Rz. 4, die indessen zu Unrecht *Thüsing/Forst* als bejahende Auffassung zitieren; verneinend *Thüsing/Forst*, NZA 2009, 408 (411); vgl. auch *Hohenstatt/Kröpelin/Bertke*, NZA 2011, 1313 (1316 f.).
584 *Hey/Schröder*, BB 2012, 3014 (3016 f.).

Auch die im Gesetz ausdrücklich als Strukturänderung fingierten („gelten als") Regelbeispiele werfen Fragen auf, da sie nicht in jedem Fall Auswirkungen auf den EBR haben, z.B. eine Fusion zweier Tochtergesellschaften der Holding im gleichen Mitgliedsstaat oder gesellschaftsrechtlich fragwürdige Tatbestände definieren („Spaltung der Unternehmensgruppe" in Nr. 2). Um den damit verbundenen Auslegungszweifeln entgegenzuwirken und **Transaktionssicherheit** zu gewinnen, ist der Holding dringend zu empfehlen, bereits in den ersten Verhandlungen durch Anpassungsklauseln Vorsorge zu treffen[585]. Insbesondere bei sich schnell ändernden Konzernstrukturen wird so eine gewisse Flexibilität ermöglicht, da es gem. § 37 Abs. 1 EBRG zu Neuverhandlungen nur kommt, wenn keine entsprechende Anpassungsklausel besteht (oder aber sich mehrere solcher aufeinandertreffender Klauseln widersprechen). 12.206

d) Zuständigkeit und Rechte des Europäischen Betriebsrats kraft Gesetzes

Der Europäische Betriebsrat kraft Gesetzes ist zuständig bei **grenzübergreifenden Fragen**, die mindestens 2 Betriebe oder Unternehmen in zwei verschiedenen Mitgliedstaaten betreffen[586]. Gem. § 1 Abs. 2 ERBG sind darunter Angelegenheiten zu verstehen, die entweder das gesamte gemeinschaftsweit operierende Unternehmen (bzw. die Unternehmensgruppe) oder mindestens zwei Betriebe/Unternehmen einer Gruppe aus mindestens zwei verschiedenen EU-Mitgliedsstaaten betreffen. Nach überwiegender Auffassung genügt es, wenn die Entscheidung in einem Unternehmen ein Unternehmen in einem anderen Mitgliedsstaat beeinflusst[587]. 12.207

Im Rahmen seiner Zuständigkeit hat der Europäische Betriebsrat jedoch lediglich Unterrichtungs- und Anhörungsrechte, die – sofern keine nähere Ausgestaltung in den Verhandlungen vorgenommen wurde – vor dem Hintergrund der Definitionen in § 1 Abs. 4 und 5 EBRG zu verstehen sind[588]. Die **Unterrichtung** wird gesetzlich definiert als die Übermittlung von Informationen durch die zentrale Leitung oder eine andere geeignete Leitungsebene an die Arbeitnehmervertreter, um ihnen Gelegenheit zur Kenntnisnahme und Prüfung der behandelten Frage zu geben (vgl. § 1 Abs. 4 Satz 1 EBRG). Die **Anhörung** wird als Einrichtung eines Dialogs definiert, der den Arbeitnehmervertretern eine Möglichkeit zu einer Stellungnahme zu geplanten Maßnahmen einräumen muss und ihnen ein Recht auf Antwort durch die Leitung verschafft. Sie geht deutlich weiter als der betriebsverfassungsrechtliche Begriff der Anhörung[589]. 12.208

Regelungskompetenzen stehen dem Europäischen Betriebsrat schon im Hinblick auf die sonst mögliche Verkürzung der betriebsverfassungsrechtlichen Teilhaberechte der nationalen Einzel- und Gesamtbetriebsräte in der Regel nicht zu – können aber bei Geltung des Günstigkeitsprinzips vereinbart werden[590]. Namentlich verbieten weder Richtlinie noch EBRG die Möglichkeit, Betriebsvereinbarungen abzuschließen, statten diese umgekehrt aber auch nicht mit normativer Wirkung aus[591].

Außer dem Recht, einmal im Jahr eine Sitzung zwecks jährlicher Unterrichtung durchzuführen (§§ 29 f. EBRG), hat der Europäische Betriebsrat bei **außergewöhnlichen Umständen, die erhebli-** 12.209

---

585 *Hey/Schröder*, BB 2012, 3014 (3017) mit Beispiel; *Hohenstatt/Kröpelin/Bertke*, NZA 2011, 1313 (1317), die empfehlen, vertraglich den Europäischen Betriebsrat als Verhandlungspartner auch für Neuverhandlungen festzulegen, das funktioniert freilich nicht, wenn es zum Aufeinandertreffen mehrerer Europäischer Betriebsräte kommt.

586 *Koch* in Schaub, § 256 Rz. 7.

587 *Fitting*, Übersicht EBRG Rz. 9; *Maiß/Pauken*, BB 2013, 1589; *Hohenstatt/Kröpelin/Bertke*, NZA 2011, 1313 (1314); *Mélot de Beauregard/Buchmann*, BB 2009, 1417 (1418 f.); vgl. auch *Schubert*, RdA 2012, 146 (151) (zum SE-Betriebsrat) m.w.N.

588 *Maiß/Pauken*, BB 2013, 1589.

589 Vgl. *Fitting*, Übersicht EBRG Rz. 13 m.w.N. sowie *Blanke/Hayen* in Düwell, BetrVG, 4. Aufl. 2014, § 1 EBRG Rz. 9.

590 *Blanke/Kunz* in Düwell, BetrVG, 4. Aufl. 2014, § 17 EBRG Rz. 8; a.A. *Joost* in MünchArbR, § 274 Rz. 103; vgl. für Betriebsvereinbarungen ausführlich *Rehberg*, NZA 2013, 73 ff.

591 Vgl. *Rehberg*, NZA 2013, 73 (75 f.).

che Auswirkungen auf die Interessen der Arbeitnehmer haben, Unterrichtungs- und Anhörungsrechte, § 30 Abs. 1 EBRG. Die dort genannten Regelbeispiele sind an die Beispiele für eine Betriebsänderung (§ 111 Abs. 2 BetrVG) angelehnt. In den dort genannten Fällen dürfte deshalb regelmäßig auch ein außergewöhnlicher Umstand i.S.d. § 37 Abs. 1 EBRG vorliegen, der die Möglichkeit zu Neuverhandlungen durch das BVG auslöst. Einschränkungen bei den Anhörungs- und Unterrichtungsrechten bestehen gem. § 35 EBRG bei Betriebs- und Geschäftsgeheimnissen. § 36 EBRG gebietet die Unterrichtung der örtlichen Arbeitnehmervertretungen.

12.210 Gem. § 1 Abs. 4 Satz 2 bzw. Abs. 5 Satz 1 EBRG müssen beide Seiten ihre Rechte und Pflichten in einem **zeitlich angemessenen Rahmen** ausüben, der eine effektive Mitbestimmung durch die Arbeitnehmervertreter ermöglicht. Erforderlich ist demnach, dass der Europäische Betriebsrat Gelegenheit hat, vor einer endgültigen Entscheidung der zentralen Leitung zu der Angelegenheit Stellung zu nehmen. Wann genau der Zeitpunkt für die Unterrichtung gekommen ist, ist unklar. Eindeutig zu spät ist es, wenn die Maßnahme bereits detailliert geplant ist oder gar mit ihrer Umsetzung schon begonnen worden ist, da dann Vorschläge seitens des Europäischen Betriebsrats nicht mehr oder nur unzureichend berücksichtigt werden können. Als geeigneter **Zeitpunkt** wird derjenige vorgeschlagen, an dem die Entscheidung zu einer eventuellen Betriebsänderung erfolgt ist und sich Maßnahmen abzuzeichnen beginnen, ohne bereits vollends und ohne denkbare Alternative entwickelt worden zu sein[592]. Für eine Stellungnahme im Rahmen der Anhörung muss ihm eine ausreichende Prüfungsfrist eingeräumt werden[593], das zur Anhörung gehörende Gespräch mit der zentralen Leitung muss vor der endgültigen Entscheidung stattfinden[594].

e) Unterlassungsansprüche?

12.211 Fraglich ist, ob und ggf. wie sich der Europäische Betriebsrat gegen **Verletzungen seiner Rechte** wehren kann. Im nationalen Recht können die Betriebsräte aller Ebenen grundsätzlich auch eine transnationale Maßnahme qua Unterlassungsverfügung blockieren, wenn sie nicht ordnungsgemäß beteiligt worden sind[595]. Dem Europäischen Betriebsrat sind solche Möglichkeiten im EBRG nicht eingeräumt. Verletzungen seiner Rechte sind lediglich öffentlich-rechtlich sanktioniert, namentlich durch ein Bußgeld nach § 45 EBRG[596] **Unterlassungsansprüche** werden in der instanzgerichtlichen Rechtsprechung bislang verneint[597]. Als Gründe wurden der erkennbar entgegenstehende Wille des Gesetzgebers und das Fehlen einer § 23 BetrVG ähnlichen Vorschrift in der Richtlinie und im EBRG genannt[598], in der Literatur ferner die Vergleichbarkeit des Europäischen Betriebsrats mit dem Wirtschaftsausschuss gem. § 106 BetrVG, dem ebenfalls keine Unterlassungsansprüche zukämen[599]. Die Kritik dieser Rechtsprechung richtet sich u.a. gegen die als nicht ausreichend angesehene Sanktionierung der Nichtbeachtung der Rechte des Europäischen Betriebsrats, die den *effet utile* der Richtlinie beeinträchtige. Geldbußen stellten für die Unternehmen keine hinreichende Belastung dar[600]. Ferner wird auf Folgen für die nationalen Arbeitnehmervertretungen verwiesen, deren Möglichkeiten beschränkt sind, wenn Entscheidungen an überregionaler Stelle die Veränderungen bereits ohne Mög-

592 *Maiß/Pauken*, BB 2013, 1589 (1590).

593 *Blanke/Hayen* in Düwell, BetrVG, 4. Aufl. 2014, § 1 EBRG Rz. 8 verweisen auf eine frz. Entscheidung, die bei Betriebsänderungen eine 15-tägige Frist eingeräumt hat.

594 *Fitting*, Übersicht EBRG Rz. 13; *Maiß/Pauken*, BB 2013, 1589 (1590); *Hohenstatt/Kröpelin/Bertke*, NZA 2011, 1313 (1315).

595 *Maiß/Pauken*, BB 2013, 1589 (1591) m.w.N.

596 *Maiß/Pauken*, BB 2013, 1589 (1591).

597 LAG Baden-Württemberg v. 12.10.2015 – 9 TaBV 2/15, NZA-RR 2016, 358 (n. rkr. anhängig beim BAG unter 1 ABR 9/16); LAG Köln v. 8.9.2011 – 13 Ta 267/11, ZIP 2011, 2121; ArbG Köln v. 25.5. 2012 – 5 BV 208/11, AiB 2012, 688.

598 LAG Köln v. 8.9.2011 – 13 Ta 267/11, ZIP 2011, 2121; LAG Baden-Württemberg v. 12.10.2015 – 9 TaBV 2/15, NZA-RR 2016, 358 Rz. 35, 38 ff.

599 *Maiß/Pauken*, BB 2013, 1589 (1591 f.) m.w.N.; GK/*Oetker* § 30 EBRG Rz. 13 f.

600 *Forst*, ZESAR 2013, 15 (19); *Meissner/Jaeger*, AiB 2012, 688 (689).

lichkeit der Einflussnahme endgültig getroffen werden könnten[601]. Als Lösung wird ein Anspruch gem. § 1004 BGB vorgeschlagen[602]. Einer entsprechenden **richtlinienkonformen Rechtsfortbildung** stehe nichts entgegen, zumal der EU-Gesetzgeber auch den in anderen EU-Ländern bestehenden Unterlassungsanspruch akzeptiert habe[603]. Der Anspruch stelle zudem nur eine Reaktion auf ein rechtswidriges Verhalten dar und begründe keine neuen Mitwirkungsrechte[604]. Alternativ wird vorgeschlagen, dem Europäischen Betriebsrat die Möglichkeit zuzugestehen, seine Unterrichtungsansprüche im Wege der einstweiligen Verfügung durchzusetzen und in diesem Rahmen ein vorläufiges Verbot der beabsichtigten Maßnahme beim Arbeitsgericht zu erwirken[605]. Dem ist zu folgen, weil die Anhörungs- und Unterrichtungsrechte des Europäischen Betriebsrats wirksamer Durchsetzung bedürfen.

IV. Gemeinsame Betriebe und Betriebsteile im Holdingbereich

1. Einleitung

Die Holding umfasst häufig viele Unternehmen und ist zusätzlich nach Geschäftsbereichen, zentralen und regionalen Einheiten gegliedert (Direktionen, Zweigstellen usw.) gegliedert. Dies beruht zum Teil auf der für größere Unternehmensverbindungen maßgebenden Spartentrennung, zum Teil aber auch auf den Gegebenheiten einer überregional tätigen Unternehmensgruppe mit breiter Produktpalette. Damit entsteht ein Spannungsverhältnis zwischen der wirtschaftlichen Einheit der Gruppe und ihrer juristischen und organisatorischen Vielfalt. Dies gilt in besonderem Maße für die Betriebsverfassung. Die Bildung von gemeinsamen Betrieben mehrerer Unternehmen der Gruppe stellt eine sinnvolle Verbindung von Einheit und Vielfalt dar. 12.212

2. Voraussetzungen eines gemeinsamen Betriebes mehrerer Unternehmen

Der gemeinsame Betrieb ist ursprünglich von der Rechtsprechung ins Leben gerufen worden und wird auch in § 1 Abs. 1 Satz 2, Abs. 2 BetrVG ausdrücklich genannt. Es fehlt freilich eine Legaldefinition[606], so dass die einschlägige Rechtsprechung des BAG nach wie vor Gültigkeit besitzt[607]. Dessen Entscheidungen haben klar gemacht, dass sich der gemeinsame Betrieb von dem Einzelbetrieb nur dadurch unterscheidet, dass die für den Betrieb konstituierende **einheitliche Leitung** für und durch mehrere Unternehmen ausgeübt wird. An den Zentralisierungsgrad des gemeinsamen Betriebes sind die gleichen Anforderungen zu stellen wie an den Einzelbetrieb[608]. Nicht nur zwei, sondern auch **mehrere Unternehmen** können einen gemeinsamen Betrieb bilden[609]. Sie können auch mehrere gemeinsame Betriebe führen, diese werden durch die gemeinsame Führung nicht notwendig zu einem einheitlichen Betrieb[610]. 12.213

---

601 *Hayen*, AiB 2012, 127 (129); *Meissner/Jaeger*, AiB 2012, 688 (689).

602 *Forst*, ZESAR 2013, 15 (18); *Hayen*, AiB 2012, 127 (128 f.).

603 *Forst*, ZESAR 2013, 15 (19).

604 *Forst*, ZESAR 2013, 15 (19).

605 *Fitting*, Übersicht EBRG Rz. 90a; vgl. GK/*Oetker* § 30 EBRG Rz. 13.

606 § 1 Abs. 2 BetrVG spricht nur von einer Vermutung, in § 1 Abs. 2 Nr. 1 BetrVG werden die Voraussetzungen indessen abstrakt zusammengefasst, ohne freilich trennscharf zu sein, vgl. dazu *Richardi* in Richardi, § 1 BetrVG Rz. 64.

607 Ausdrücklich BAG v. 13.8.2008 – 7 ABR 21/07, NZA-RR 2009, 255 Rz. 23 m.w.N.

608 BAG v. 18.1.2012 – 7 ABR 72/10, NZA-RR 2013, 133; ausführlich zur Entwicklung der Rechtsprechung die 4. Aufl., s. insb. BAG v. 13.6.1985 – 2 AZR 452/84, ZIP 1986, 730 = DB 1986, 1287 = NZA 1986, 600; BAG v. 7.8.1986 – 6 ABR 57/85, BAGE 52, 325 = ZIP 1987, 183 = DB 1986, 1784 = NZA 1987, 131.

609 BAG v. 11.2.2004 – 7 ABR 27/03, MDR 2004, 946 = NZA 2004, 618 ff.; BAG v. 7.8.1986 – 6 ABR 57/85, BAGE 52, 325 = ZIP 1987, 183 = DB 1986, 1784 = NZA 1987, 131.

610 BAG v. 18.1.2012 – 7 ABR 72/10, NZA-RR 2013, 133 Rz. 40 f.

12.214 Die beteiligten Unternehmen müssen sich zumindest stillschweigend zu **einer gemeinsamen Führung** rechtlich verbunden haben, die sich auf die wesentlichen Arbeitgeberfunktionen in personellen und sozialen Angelegenheiten erstreckt[611]. Diese gemeinsame Führung wird gem. § 1 Abs. 2 Nr. 1 BetrVG vermutet, wenn die Betriebsmittel und[612] die Arbeitnehmer „gemeinsam eingesetzt“ werden. Für diese Vermutung hat das BAG vor allem darauf abgestellt, ob der zentrale Einsatz der Arbeitnehmer durch einen Betriebsleiter ohne Rücksicht auf ihre arbeitsvertragliche Bindung, d.h. unternehmensübergreifend, erfolgte bzw. eine unternehmensübergreifende Aufgabenerfüllung durch die Mitarbeiter vorlag[613]. Abzugrenzen ist die gemeinsame Führung von der bloßen Personalgestellung durch einen der beteiligten Arbeitgeber[614].

12.215 Aber auch ohne diesen unternehmensübergreifenden Einsatz der Arbeitnehmer kann unter Umständen auf eine einheitliche Leitung und damit auf einen Gemeinschaftsbetrieb geschlossen werden[615]. Als **Indizien** dafür wurden die gemeinsame räumliche Unterbringung der Arbeitnehmer[616], ein einheitlicher Rahmen für den Arbeitseinsatz (gemeinsame Arbeitszeit, Urlaubsplanung, Krankheitsvertretung)[617], gemeinsame Führung der Personalakten[618] sowie eine personelle Verflechtung auf Gesellschafter- und Geschäftsführerebene angesehen[619]. Eine Indizwirkung misst das BAG dabei vor allem der Vergemeinschaftung von solchen Angelegenheiten bei, die sonst üblicherweise **vom Arbeitgeber selbst** wahrgenommen werden und regelmäßig nicht an externe Dienstleister vergeben werden[620].

12.216 Die Einbindung in einen **Konzern** oder der Abschluss von **Unternehmensverträgen** allein lässt keinen Rückschluss darauf zu, ob der Kern der Arbeitgeberfunktionen einer einheitlichen, institutionalisierten Leitung unterliegt[621]. Ein einheitlicher betriebsbezogener Leitungsapparat wird nicht schon dadurch hergestellt, dass das Geschäftsführungsorgan konzernrechtlichen Weisungen unterliegt. Die einheitliche Leitung muss vielmehr auf arbeitstechnische und betriebliche Aspekte bezogen sein. Es ist zwischen konzernrechtlicher Weisungsbefugnis und betrieblichem Leitungsapparat zu unterscheiden. Ein – etwa durch die Abhängigkeit von einem herrschenden Unternehmen – lediglich eingeschränkter Gestaltungs- oder Entscheidungsspielraum bei den Entscheidungen in personellen und sozialen Angelegenheiten genügt nicht[622]. Bei der Beauftragung des herrschenden Unternehmens oder eines zentralen Konzern-**Personalführungsgesellschaft** durch einen Dienstvertrag muss nach Auffassung des BAG freilich genau geprüft werden, ob lediglich Entscheidungsvollzug oder aber

611 BAG v. 13.2.2013 – 7 ABR 36/11, AP BetrVG 1972 § 1 Gemeinsamer Betrieb Nr. 34 Rz. 28; BAG v. 11.2.2004 – 7 ABR 27/03, MDR 2004, 946 = NZA 2004, 618 ff.

612 Gemeinsame Nutzung der Betriebsmittel ist stets Voraussetzung: BAG v. 13.8.2008 – 7 ABR 21/07, NZA-RR 2009, 255 Rz. 30; vgl. auch BAG v. 16.4.2008 – 7 ABR 4/07, NZA-RR 2008, 583 Rz. 21.

613 BAG v. 24.1.1996 – 7 ABR 10/95, NZA 1996, 1110 (1111 f.); vgl. BAG v. 13.2.2013 – 7 ABR 36/11, AP BetrVG 1972 § 1 Gemeinsamer Betrieb Nr. 34 Rz. 28.

614 Hierzu BAG v. 16.4.2008 – 7 ABR 4/07, NZA-RR 2008, 583 Rz. 21 ff.

615 BAG v. 11.2.2004 – 7 ABR 27/03, NZA 2004, 618 (619) = MDR 2004, 946; besonders instruktiv BAG v. 18.10.2006 – 2 AZR 434/05, NZA 2007, 552 Rz. 47–57.

616 BAG v. 24.1.1996 – 7 ABR 10/95, NZA 1996, 1110 (1111 a.E.).

617 Vgl. BAG v. 18.10.2006 – 2 AZR 434/05, NZA 2007, 552 Rz. 56; das Kriterium des einheitlichen Rahmens wird freilich vor allem in der Literatur erwähnt, etwa *Rieble/Gistel*, NZA 2005, 242 (243); *Richardi* in Richardi, § 1 BetrVG Rz. 69, 75, 78 m.w.N., während das BAG primär versucht, die Entscheidungsstrukturen zu ermitteln.

618 BAG v. 11.2.2004 – 7 ABR 27/03, NZA 2004, 618 (619) = MDR 2004, 946.

619 BAG v. 29.1.1987 – 6 ABR 23/85, ZIP 1987, 1281 = DB 1987, 1539 = NZA 1987, 707; BAG v. 11.2.2004 – 7 ABR 27/03, NZA 2004, 618 (619) = MDR 2004, 946.

620 BAG v. 11.2.2004 – 7 ABR 27/03, NZA 2004, 618 (619) = MDR 2004, 946.

621 Ausführlich BAG v. 22.3.2001 – 8 AZR 565/00, NZA 2002, 1350 (1356 f.): in aller Regel nicht zwischen Holding und Tochtergesellschaften; ferner BAG v. 1 8.9.2003 – 2 AZR 79/02, NZA 2004, 375 (377); BAG v. 29.4.1999 – 2 AZR 352/98, AG 2000, 75 = NJW 1999, 3312; BAG v. 18.10.2000 – 2 AZR 494/99, NZA 2001, 321 (324).

622 BAG v. 13.8.2008 – 7 ABR 21/07, NZA-RR 2009, 255 Rz. 21 ff. m.w.N.

auch die Entscheidungsfindung abgegeben werden[623]. Im letzteren Fall, dessen Vorliegen auch bei der Abgabe der Entscheidungsvorbereitung naheliegt[624], ist ein einheitlicher Leitungsapparat und damit ein Gemeinschaftsbetrieb zu bejahen.

In **prozessualer Hinsicht** wurde in einer Entscheidung des BAG vom 25.9.1986[625] klargestellt, dass der Arbeitgeber in entsprechender Anwendung des § 18 BetrVG im Beschlussverfahren feststellen lassen kann, ob durch die Zusammenlegung zweier bisher selbständiger Betriebe ein einheitlicher Betrieb des BetrVG entstanden ist. Hier wurde wiederholt, dass es vor allem auf die Leitungsmacht in personellen und sozialen Angelegenheiten ankomme. Eine solche Entscheidung entfaltet freilich **keine präjudizielle Wirkung** für nicht betriebsverfassungsrechtliche Fragen wie z.B. die nach dem Gemeinschaftsbetrieb i.S.d. KSchG[626]. 12.217

3. Arbeitsvertragliche Konsequenzen des Gemeinschaftsbetriebes

a) Kündigungsschutz

Für den Bereich des Kündigungsschutzes ist anerkannt, dass die Zusammenfassung der Arbeitnehmer mehrerer Unternehmen in einem gemeinsamen Betrieb kündigungsschutzrechtliche Konsequenzen hat. Abgesehen von der Zählung sämtlicher Arbeitnehmer für die Betriebsgröße i.S.d. § 23 KSchG (dazu bereits Rz. 12.62) sind nach der ständigen Rechtsprechung des BAG[627] in einem solchen Fall die Verhältnisse aller Gesellschaften zu berücksichtigen, soweit es für die soziale Rechtfertigung der Kündigung auf **Versetzungsmöglichkeiten** innerhalb des Betriebes oder auf die **soziale Auswahl** ankommt. Dies kann im Einzelfall dazu führen, dass infolge einer Rationalisierungsmaßnahme des einen Unternehmens ein Arbeitnehmer eines anderen Unternehmens gekündigt werden muss[628]. 12.218

Ob die Sozialauswahl auf **einzelne Betriebsteile** beschränkt ist, wenn diese nach § 4 BetrVG als selbständige Betriebe gelten, ist umstritten. Das BAG geht in seiner als ständig zu bezeichnenden Rechtsprechung davon aus, dass mangels Bezugnahme im KSchG auf die entsprechenden Vorschriften des BetrVG die dortige Begriffsbildung nicht übernommen werden könne[629]. Der kündigungsschutzrechtliche Begriff des (gemeinsamen) Betriebs kann also im Einzelfall weiter gefasst sein als der nach dem BetrVG. Eine Beschränkung der Sozialauswahl auf kleinere Einheiten kann aber erreicht werden, wenn arbeitsvertraglich die Arbeitnehmer nur zur Arbeit innerhalb dieses Betriebsteils verpflichtet sind. Denn nach der Rechtsprechung des BAG sind nur solche Arbeitnehmer in die Auswahl miteinzubeziehen, die der Arbeitgeber in Ausübung seines Direktionsrechts umsetzen 12.219

---

623 BAG v. 21.2.2001, NJOZ 2002, 154 (156).

624 A.A. *Rieble/Gistel*, NZA 2005, 242.

625 BAG v. 25.9.1986 – 6 ABR 68/84, BAGE 53, 319 = DB 1987, 1202.

626 BAG v. 18.10.2006 – 2 AZR 434/05, NZA 2007, 552 Rz. 44 m.w.N.

627 Seit BAG v. 13.6.1985 – 2 AZR 452/84, ZIP 1986, 730 = DB 1986, 1287 = NZA 1986, 600; s. etwa BAG v. 29.11.2007 – 2 AZR 763/06, ZIP 2008, 1598 = AP KSchG 1969 § 1 Soziale Auswahl Nr. 95 m.w.N.

628 *Linck*, S. 23.

629 BAG v. 21.6.1995 – 2 AZR 693/94, AP § 1 BetrVG 1972 Nr. 16; BAG v. 31.5.2007 – 2 AZR 276/06, ZIP 2007, 2433 = NZA 2008, 33 Rz. 19 ff.; *Stahlhacke/Preis/Vossen*, Rz. 1056; ErfK/*Oetker*, § 1 KSchG Rz. 319; ausführlich *Bütefisch*, S. 47 ff.; anders noch BAG v. 25.11.1993 – 2 AZR 517/93, MDR 1994, 808 = AP § 14 KSchG 1969 Nr. 3; a.A. auch *Kania/Gilberg*, NZA 2000, 678 ff. Gegen eigenständige Begriffsbildung innerhalb des KSchG spricht der kollektive Bezug der Sozialauswahl: Gekündigt wird zwar der individuelle Arbeitsvertrag, an der vorauszugehenden Auswahlentscheidung ist aber der Betriebsrat zu beteiligen (vgl. § 1 Abs. 2, Abs. 4 KSchG, § 102 BetrVG), was er nicht sinnvoll kann, wenn er nur für einen Teil der auszuwählenden Arbeitnehmer zuständig ist. Nach § 1 Abs. 5 KSchG soll ein Interessenausgleich nach § 111 BetrVG die kündigungsschutzrechtliche Lage präjudizieren können. All dies setzt die Kongruenz des betriebsverfassungs- und kündigungsschutzrechtlichen Betriebsbegriffs voraus, dagegen aber *Bütefisch*, S. 51.

kann[630]. Eine derartige Beschränkung läuft freilich dem Ziel eines holdingweiten Arbeitnehmereinsatzes zuwider und dürfte insoweit jedenfalls nicht für Führungskräfte in Betracht kommen.

12.220 Während eine Sozialauswahl, d.h. die Inanspruchnahme besetzter Arbeitsplätze im Interesse sozial schutzwürdigerer Arbeitnehmer, danach vertraglich auf kleinere Einheiten innerhalb des Gemeinschaftsbetriebes beschränkt sein *kann*, dürfte der Zugriff auf vergleichbare freie Arbeitsplätze regelmäßig im gesamten Gemeinschaftsbetrieb zu eröffnen sein[631]. Dies entspricht dem in § 1 Abs. 2 Satz 2 KSchG niedergelegten Rechtsgedanken, dass eine Kündigung ausgeschlossen ist, wenn die **Weiterbeschäftigung** im selben Betrieb oder Unternehmen möglich ist. Es kann dann freilich auch zu der Situation kommen, dass der Arbeitnehmer eines der beteiligten Unternehmen auf einem Arbeitsplatz zu beschäftigen ist, der bisher mit einem Arbeitnehmer des anderen Unternehmens besetzt war. Das bedeutet nicht, dass der Arbeitnehmer dann berechtigt und verpflichtet wäre, in den Dienst des Unternehmens zu treten, dessen Arbeitsplatz er nunmehr zur Vermeidung einer Kündigung einnimmt. Vielmehr wird sich die weitere Beschäftigung grundsätzlich im Rahmen des bisherigen Arbeitsvertrages zu vollziehen haben, wenn es nicht zu abweichenden Abreden kommt. Den beteiligten Unternehmen muss es überlassen bleiben, einen entsprechenden Ausgleich zwischen ihnen vorzusehen. Insgesamt ist die Bildung eines gemeinsamen Betriebes für die beteiligten Arbeitnehmer vorteilhaft, weil sie den Kreis der kündigungsschutzrechtlich relevanten freien Arbeitsplätze erweitert.

12.221 Die Notwendigkeit, anderweitige Beschäftigungsmöglichkeiten auf freien Arbeitsplätzen im gesamten Gemeinschaftsbetrieb zu prüfen, auch wenn sie einem anderen Unternehmen zugeordnet sind, ist im Schrifttum von *Kiel* herausgearbeitet worden[632]. *Kiel* betont gleichzeitig zu Recht, dass freie Arbeitsplätze bei den jeweils anderen Unternehmen nicht in die Prüfung einzubeziehen sind, wenn sie nicht zum gemeinsamen Betrieb, sondern zu einem anderen Betrieb des beteiligten Unternehmens gehören[633]. Schließlich scheidet eine betriebsübergreifende Sozialauswahl oder Weiterbeschäftigungsprüfung auch dann aus, wenn eines der beteiligten Unternehmen liquidiert wird und im Zuge der Liquidation sämtliche Arbeitnehmer entlassen werden, weil darin eine **Auflösung auch des Gemeinschaftsbetriebs** zu sehen ist[634].

b) Weitere arbeitsvertragliche Konsequenzen?

12.222 Die vorstehend dargestellten kündigungsschutzrechtlichen Konsequenzen der Bildung gemeinsamer Betriebe mehrerer Unternehmen sind eine Ausnahme von der Regel, dass der gemeinsame Betrieb zu einer Vergemeinschaftung der Betriebsverfassung, aber nicht der **Arbeitsverträge** führt. Die Ausnahme im Kündigungsschutzrecht ergibt sich daraus, dass dieses nicht nur auf den einzelnen Arbeitsvertrag, sondern auch auf Betrieb und Unternehmen bezogen und insofern der Betriebsverfassung verwandt ist. Es ist aber unstreitig, dass es im Übrigen bei getrennten Arbeitsverträgen bleibt, wenn nicht ausdrücklich Mehrfacharbeitsverträge abgeschlossen werden[635]. Werden Arbeitsverträge mit allen beteiligten Unternehmen abgeschlossen, hat dies zur Konsequenz, dass sie gesamtschuldne-

630 BAG v. 2.3.2006 – 2 AZR 23/05, NZA 2006, 1350 Rz. 14–16; BAG v. 17.2.2000 – 2 AZR 142/99, ZIP 2000, 1069 = NJW 2000, 2604; ErfK/*Oetker*, § 1 KSchG Rz. 323; kritisch mit Recht *Rieble*, NZA 2002, 706 (710 m.w.N. in Fn. 30); zu einer betriebsübergreifenden Sozialauswahl kommt es durch ein weites Versetzungsrecht aber nicht, BAG v. 15.12.2005 – 6 AZR 199/05, ZIP 2006, 2008 = NZA 2006, 590.

631 BAG v. 18.10.2012 – 6 AZR 41/11, NZA 2013, 1007 Rz. 53; BAG v. 13.6.1985, AP Nr. 10 zu § 1 KSchG 1969 = DB 1986, 1287; vgl. auch BAG v. 13.9.1995 – 2 AZR 954/94, DB 1996, 330 = NZA 1996, 307 sowie LAG Bremen v. 17.10.2002 – 3 Sa 147/02, NZA-RR 2003, 189; ErfK/*Oetker*, § 1 KSchG Rz. 246 a.E.; *Joost*, ZIP 1995, 976 (981).

632 *Kiel*, S. 84; vgl. auch *Däubler* in FS Zeuner, 1994, S. 36.

633 Kritisch *Däubler* in FS Zeuner, 1994, S. 36 f.

634 BAG v. 27.6.2019 – 2 AZR 38/19, ZIP 2019, 2424 = NZA 2019, 1427 Rz. 26; BAG v. 18.10.2012 – 6 AZR 41/11, NZA 2013, 1007 Rz. 53; LAG Bremen v. 17.10.2002 – 3 Sa 147/02, NZA-RR 2003, 189; LAG Schleswig-Holstein v. 8.5.2003 – 1 Sa 48/03, NZA-RR 2004, 79.

635 Vgl. *Richardi* in MünchArbR, § 22 Rz. 37, 49.

risch für die Entgeltansprüche haften und eine betriebsbedingte Kündigung ausgeschlossen ist, wenn die Weiterbeschäftigung auf einem freien Arbeitsplatz bei irgendeinem der beteiligten Unternehmen möglich ist, sogar unabhängig von der Bildung gemeinsamer Betriebe, wie auch umgekehrt der Abschluss von Mehrfacharbeitsverträgen für sich allein nicht zur Bildung eines gemeinsamen Betriebs führt.

Die Selbständigkeit der Arbeitsverträge zu den verschiedenen am gemeinsamen Betrieb beteiligten Unternehmen wird durch eine Entscheidung des BAG unterstrichen, nach der in einem von zwei Unternehmen gemeinsam geführten Betrieb die Arbeitnehmer des einen Unternehmens nicht Gleichbehandlung mit den Arbeitnehmern des anderen verlangen können[636]. 12.223

4. Beteiligung der Arbeitnehmer gemeinsamer Betriebe mehrerer Unternehmen an den Aufsichtsratswahlen

Besteht bei Unternehmen mit mehr als 500 Arbeitnehmern ein Aufsichtsrat, ist nach §§ 1, 4 DrittelbG der Aufsichtsrat zu einem Drittel mit Vertretern der Arbeitnehmer zu besetzen, bei mehr als 2000 Arbeitnehmern gem. § 1 MitbestG zur Hälfte. Damit stellt sich die Frage, ob die Arbeitnehmer gemeinsamer Betriebe allen beteiligten Unternehmen zuzurechnen und doppelt wahlberechtigt sind. Das BAG hat die Frage der Wahlberechtigung im Jahr 2013 unter Hinweis auf Wortlaut, Zweck und Entstehungsgeschichte des § 5 Abs. 2 DrittelbG bejaht[637]. Offen ist zwar noch immer, ob die Arbeitnehmer des Gemeinschaftsbetriebs in den Aufsichtsrat des Trägerunternehmens, mit dem sie keinen Arbeitsvertrag geschlossen haben, wählbar sind[638] und ob sie für die Schwellenwerte des § 1 Abs. 1 DrittelbG bzw. § 1 Abs. 1 MitbestG berücksichtigt werden können[639]. Die genannte Entscheidung des BAG und insbesondere ihre Begründung sprechen aber dafür[640]. Die Einfügung von § 14 Abs. 2 Satz 5 AÜG dürfte die Gegenauffassung weiter geschwächt haben[641]. 12.224

5. Kein Gesamtbetriebsrat für den gemeinschaftlichen Betrieb

Gesamtbetriebsräte sind nach § 47 BetrVG grundsätzlich nur bei einem Unternehmen zu bilden. Bislang war umstritten, ob der Betriebsrat von gemeinsamen Betrieben zusammen mit den Betriebsräten von Einzelbetrieben an bei den Trägerunternehmen bestehenden Gesamtbetriebsräten zu beteiligen ist[642]. Dagegen spricht, dass es zur Zuständigkeit von zwei Gesamtbetriebsräten für den gemeinschaftlichen Betrieb und damit zu unentwirrbaren Kompetenzkonflikten führen könnte[643]. 12.225

---

636 BAG v. 19.12.1992 – 10 AZR 290/91, DB 1993, 843; bestätigt durch BAG v. 12.12.2006 – 1 ABR 38/05, DB 2007, 1361; krit. *Däubler* in FS Zeuner, 1994, S. 35.

637 BAG v. 13.3.2013 – 7 ABR 47/11, ZIP 2013, 1880 = NZG 2013, 876 Rz. 24 ff. m.w.N.

638 Befürwortend etwa *Kleinsorge* in Wißmann/Kleinsorge/Schubert, § 4 DrittelbG Rz. 22 m.w.N.; *Thüsing/Forst* in FS Kreutz, 2010, S. 867 ff.

639 Vgl. dazu BAG v. 1.12.1961 – 1 ABR 15/60, AP BetrVG § 77 Nr. 1 (noch zu § 77 BetrVG 52 und nach dem Umfang der Arbeitsleistung differenzierend); ähnlich *Säcker*, Rz. 215; alle Arbeitnehmer allen Trägern zurechnend *Thüsing/Forst* in FS Kreutz, 2010, S. 867 ff.; *Henssler* in Habersack/Henssler, § 3 MitbestG Rz. 121; *Hanau*, ZfA 1990, 115 (127); vgl. unter Vermengung der Begriffe Gemeinschaftsbetrieb und -unternehmen auch LG Hamburg v. 21.10.2008 – 417 O 171/07, ZIP 2008, 2364 (zum MitbestG); a.A. (nur die Arbeitnehmer des Gemeinschaftsbetriebs, die zu dem Unternehmen in einem Arbeitsverhältnis stehen) LG Hannover v. 14.5.2012 – 25 O 65/11, n.v. Rz. 17 bei juris; *Lüers/Schomaker*, BB 2013, 565 (567 ff.); *Hohenstatt/Schramm*, NZA 2010, 846 (847); ErfK/*Oetker*, § 1 MitbestG Rz. 6; *Wanhöfer*, S. 80 f., 110 f.; ferner *Lambrich/Reinhard*, NJW 2014, 2229 (2232) und nun auch *Raiser/Jacobs* in Raiser/Veil/Jacobs, § 3 MitbestG Rz. 44.

640 So auch *Mückl*, BB 2013, 2301 in seiner Anmerkung zu BAG v. 13.3.2013.

641 Siehe dazu *Abend*, DB 2017, 607 (608 f.); a.A. *Uffmann* in MünchArbR, § 373 Rz. 17; *Annuß* in MünchKomm/AktG, § 1 MitbestG Rz. 10.

642 Dazu *Hanau* in FS Kissel, 1994, S. 348 ff. m.w.N.

643 *Konzen*, Unternehmensaufspaltungen, S. 119; *Windbichler*, S. 294.

Dennoch hat der Gesetzgeber in § 47 Abs. 9 BetrVG n.F. mittelbar bestätigt, dass auch der Betriebsrat des gemeinsamen Betriebs Mitglieder in die Gesamtbetriebsräte der beteiligten Unternehmen entsendet[644]. Daneben kommt ein einheitlicher Gesamtbetriebsrat für einen Gemeinschaftsbetrieb, wenn dieser mehrere Betriebsteile mit Betriebsräten umfasst, nicht mehr in Betracht[645].

V. Fazit: Arbeitsrechtliche Gesichtspunkte für die Wahl von Holding-Strukturen

1. Allgemeine Aspekte der Konzern-Organisation

12.226 Als arbeitsrechtliche Aspekte der Konzernorganisation sind auf der Pro-Seite größere Gestaltungsmöglichkeiten, mehr Flexibilität auch im Arbeitsrecht zu nennen. Besonders vorteilhaft ist hier der faktische Konzern, da er auf der einen Seite bereits genügt, um von den Konzern-Privilegien, etwa im AÜG, Gebrauch machen zu können. Auf der anderen Seite bestehen die arbeitsrechtlichen Nachteile bei Abschluss eines Beherrschungsvertrags nicht, da im faktischen Konzern kein Berechnungsdurchgriff bei der Altersversorgung oder bei einem Sozialplan erfolgt. Auf der Contra-Seite bleibt zunächst die Zurechnung der Größe von Tochtergesellschaften in der Unternehmensmitbestimmung bei über 2000 Arbeitnehmern. Daneben lässt sich wohl sagen, dass die größere Komplexität der Organisationsstruktur als Unternehmensgruppe Gefahren schafft und eine größere Rechtsunsicherheit hervorruft, da Richter neue Gestaltungen als Umgehung arbeitsrechtlicher Schutzvorschriften werten können.

2. Die Obergesellschaft als Holding

a) Mitbestimmung im Aufsichtsrat

12.227 Die **Unternehmensmitbestimmung** wird durch die Bildung einer Holding im Grundsatz nicht beeinflusst. Wegen der Zurechnung im Konzern über § 5 MitbestG kann die Mitbestimmung im Aufsichtsrat nicht vermieden werden, soweit Holding im Inland in mitbestimmungsfähiger Rechtsform errichtet ist (Rz. 12.78 f., 12.127). Bei einer Beschäftigung von unter 2000 Arbeitnehmern besteht jedoch im faktischen Konzern nach dem DrittelbG keine Zurechnung der Arbeitnehmer von Tochtergesellschaften (Rz. 12.130). Darüber hinaus kann ggf. bei Wahl der Kapitalgesellschaft & Co. KG als Rechtsform der Holding über § 4 MitbestG die Mitbestimmung vermieden werden[646].

Die Mitbestimmung im Aufsichtsrat kann ferner durch die Wahl der SE als Rechtsform eingefroren, teilweise ganz vermieden werden[647]. Ähnliches gilt bei Verschmelzung einer deutschen Gesellschaft mit einer ausländischen[648]. Der Sitz der Holding im Ausland vermeidet jedenfalls bei der Holding selbst einen mitbestimmten Aufsichtsrat (Rz. 12.79, vgl. aber Rz. 12.232).

12.228 Als Vorteil der Holding-Struktur kann gegenüber dem Stammhauskonzern wohl nur genannt werden, dass die Verlagerung bloßer Beteiligungen in das Ausland eventuell leichter möglich ist als die Verlegung eines Unternehmens mit operativem Geschäftsbetrieb im Inland. Die Widerlegung der Konzernvermutungskaskade (§§ 16, 17, 18 AktG) durch einen Entherrschungsvertrag bei einer bloßen Vermögensholding, um der Zurechnung nach § 5 MitbestG zu entgehen[649], erscheint dagegen als allenfalls theoretischer Weg. In der Praxis wird der Entherrschungsvertrag in aller Regel nicht ge-

---

644 Vgl. dazu GK/*Kreutz*, § 47 BetrVG Rz. 110 m.w.N.

645 BAG v. 13.2.2007 - 1 AZR 184/06, ZIP 2007, 1129 = NZA 2007, 825.

646 *Götze/Winzer/Arnold*, ZIP 2009, 245 (246); *Wisskirchen/Bissels/Dannhorn*, DB 2007, 2258 (2260).

647 *Götze/Winzer/Arnold*, ZIP 2009, 245 (250 ff.); *Drinhausen/Keinath*, BB 2011, 2699 ff.; *Rieble*, BB 2014, 2997 f.; vgl. dazu *Marsch-Barner/J. Schmidt* Rz. 17.42 ff.

648 Vgl. zur Möglichkeit der Festschreibung der Mitbestimmung durch Verschmelzung *Brandes*, ZIP 2008, 2193 sowie *Kolb/Rothenfußer*, GmbHR 2014, 130.

649 So *Wisskirchen/Bissels/Dannhorn*, DB 2007, 2258 (2259); *Ulmer/Habersack* in Ulmer/Habersack/Henssler, § 5 MitbestG Rz. 13.

nügen und wenn er einmal genügt, wird auch die Leitungsmacht der Holding so eingeschränkt sein, dass dieser Weg praktisch nicht erwünscht ist.

b) Betriebliche Mitbestimmung

Die Komplexität der betriebsverfassungsrechtlichen Strukturen steigt aufgrund der Konzernorgani- 12.229
sation, da ein Konzernbetriebsrat zusätzlich zum Betriebsrat und Gesamtbetriebsrat eingerichtet werden kann. Dem stehen die Vorteile besserer **Durchsetzbarkeit holdingweiter Entscheidungen** und eines einheitlichen Bildes des Holdingkonzerns in der Öffentlichkeit gegenüber, da ein einheitlicher Ansprechpartner existiert und Konzernbetriebsvereinbarungen geschlossen werden können. Besonderheiten gegenüber dem Stammhauskonzern bestehen bei einer Holding insoweit nicht.

c) Holdingweiter Einsatz von Arbeitnehmern

Das AÜG steht einer **vorübergehenden Entsendung von Mitarbeitern** innerhalb des Holding-Kon- 12.230
zerns nicht entgegen (Rz. 12.8 f.). Allerdings sind entsprechende Regeln im Arbeitsvertrag dafür erforderlich. Als Nachteil arbeitsvertraglicher Gestaltung ist die dadurch eventuell entstehende Erweiterung des Kündigungsschutzes bei betriebsbedingten Kündigungen (Sozialauswahl, Weiterbeschäftigung) zu nennen (Rz. 12.31). Nicht ganz unproblematisch, da nunmehr auch im Konzern erlaubnispflichtig ist jedoch die Zentralisierung über eine Personalführungsgesellschaft im Konzern (Rz. 12.9 ff.). Auch hier ergeben sich jedoch weder Vor- noch Nachteile gegenüber einer Stammhauskonzernkonstellation.

d) Betriebliche Altersversorgung und Sozialplan

Hier gilt: Ein **Unternehmensvertrag** ist möglichst zu vermeiden, wenn ein Durchgriff auf die (gute) 12.231
wirtschaftliche Lage der Holding ausgeschlossen werden soll, Rz. 12.50 ff., 12.53, 12.59. Ob die Obergesellschaft eine Holding ist, ist demgegenüber bedeutungslos.

3. Spezielle Aspekte der Bildung einer Zwischenholding

a) Unternehmensmitbestimmung

Bei einer **deutschen Zwischenholding einer ausländischen Muttergesellschaft** kann, sofern die 12.232
Zwischenholding in mitbestimmungsfähiger Rechtsform besteht, der mitbestimmte Aufsichtsrat gem. § 5 Abs. 3 MitbestG kaum vermieden werden, weil die überwiegende Rechtsprechung für die Mitbestimmung nicht verlangt, dass die Leitungswege über die Tochter laufen (Rz. 12.106). In der Literatur wird daher empfohlen, eine solche Zwischenholding ganz zu vermeiden[650]. Dem stehen aber möglicherweise andere als arbeitsrechtliche Aspekte der Konzernorganisation entgegen, z.B. die Notwendigkeit einer steuerlichen Organschaft im Inland.

b) Betriebliche Mitbestimmung

Laufen die Leitungs- und Berichtswege – etwa in einer Matrixstruktur – an der Zwischenholding 12.233
vorbei, so kann ggf. die **Bildung eines Konzernbetriebsrats verhindert** werden, weil der Unterordnungskonzern dann nicht vollständig innerhalb Deutschlands liegt (Rz. 12.171). Durch Leitungswege, die von den finanziellen Beteiligungen abweichen, besteht allerdings das Risiko der Entstehung eines Gemeinschaftsbetriebs, sofern verschiedene Gesellschaften unternehmensübergreifend zentral gesteuert werden. Dieses lässt sich aber in der Praxis wohl minimieren[651].

---

650 *Götze/Winzer/Arnold*, ZIP 2009, 245 (247).
651 *Bauer/Herzberg*, NZA 2011, 713 (717).

§ 13 Arbeitsrecht in der Holding – Internationale Aspekte

I. Arbeitsvertrag im internationalen Konzern: Anwendbares Recht
1. Arbeitgeber „Internationaler Konzern“ . . . 13.1
2. Arbeitsvertragsstatut bei grenzüberschreitenden Arbeitsverhältnissen . . 13.2
a) Grundtypen der arbeitsvertraglichen Gestaltung . . . 13.3
b) Bestimmung des Arbeitsvertragsstatuts . . . 13.5
aa) Das Grundmuster . . . 13.6
bb) Rechtswahl nach Art. 3 Rom I-VO
(1) Grundsatz der freien Rechtswahl . . . 13.7
(2) Rechtswahl durch Tarifvertrag . 13.10
cc) Art. 8 Abs. 2 Rom I-VO – Objektive Anknüpfung bei fehlender Rechtswahl
(1) Gewöhnlicher Arbeitsort . . . 13.11
(2) Vorübergehende Entsendung . . 13.13
(3) Einheitlicher Arbeitsvertrag . . . 13.14
dd) Art. 8 Abs. 1 Rom I-VO – Günstigkeitsvergleich . . . 13.16
ee) Wechsel des Arbeitsvertragsstatuts . . . 13.17
ff) Eingriffsnorm Art. 9 Rom I-VO – International zwingendes deutsches Recht
(1) Zwingender Charakter . . . 13.18
(2) Hinreichender Inlandsbezug . . . 13.21
(3) Ausländische Eingriffsnormen . 13.22
gg) Art. 12 Abs. 2 Rom I-VO – Berücksichtigung des Ortsrechts bei der Vertragserfüllung . . . 13.25
3. Gerichtsstand
a) Grundsätze . . . 13.27
b) Ein Blick auf die Rechtsprechung . . 13.29

II. Internationale, konzerndimensionale Arbeitnehmerüberlassung
1. Rechtliche Zulässigkeit der konzerndimensionalen Arbeitnehmerüberlassung . . . 13.30
a) Konzernprivileg auch bei gewerbsmäßiger Arbeitnehmerüberlassung . . 13.31
b) Konzernprivileg auch bei grenzüberschreitender Arbeitnehmerüberlassung . . . 13.33
c) Voraussetzung der „vorübergehenden“ Entsendung durch Höchstdauer konkretisiert . . . 13.36
d) Keine Privilegierung von Personalführungsgesellschaften . . . 13.37
2. Sozialversicherungspflicht bei internationaler Arbeitnehmerentsendung . . . 13.38
a) Das allgemeine Prüfungsraster . . . 13.39
b) Keine Doppelversicherung . . . 13.40
c) Schwerpunkt des Beschäftigungsverhältnisses . . . 13.41
aa) Eingliederung in den Betrieb . . 13.42
bb) Entgeltzahlung . . . 13.44
d) Zwingende Berücksichtigung der zeitlichen Dimension . . . 13.45
e) Europarechtliche Bestätigung . . . 13.46
3. Sozialversicherungsfreiheit aufgrund bindender Feststellungen des ausländischen Sozialversicherungsträgers . . . 13.48

III. Transnationale Vereinbarungen mit Gewerkschaften – International Framework Agreements (IFAs) . . . 13.49
1. Herkommen und Geschichte der IFAs . . . 13.50
2. Referenzobjekte der IFAs . . . 13.55
3. Typische Inhalte der IFAs . . . 13.56
4. Verbesserung der Rechtstellung von Arbeitnehmern und Gewerkschaft . 13.62
a) IFAs als Maßstab zur Konkretisierung von gesetzgeberischen Generalklauseln . . . 13.63
b) IFAs als Grundlage von nationalen Tarifverhandlungen . . . 13.64

IV. Internationaler Datentransfer im Konzern
1. Praktische Relevanz . . . 13.65
2. Grundlagen von Datenschutzgrundverordnung (DS-GVO) und Bundesdatenschutzgesetz (BDSG) . 13.66
3. Anzuwendendes Recht . . . 13.68
a) Kollisionsregel gegenüber EU/EWR-Staaten . . . 13.69
b) Kollisionsregel gegenüber Drittstaaten . . . 13.74
4. Internationaler Datentransfer
a) Grundlagen der internationalen Datenübermittlung nach dem BDSG 13.77
aa) „Verantwortlicher“ (Art. 4 Nr. 7 DS-GVO) . . . 13.81
bb) „Dritter“ (Art. 4 Nr. 10 DS-GVO) . . . 13.83
cc) „Auftragsverarbeiter“ (Art. 4 Nr. 8 DS-GVO) und sonstige Personen . . . 13.84
b) Auftragsdatenverarbeitung im Konzern . . . 13.85

c) Schriftlichkeit der Auftragserteilung
aa) Form der Auftragserteilung . . . 13.87
bb) Umfang der Dokumentationspflicht . . . 13.90
d) Auswahl des Auftragnehmers . . . 13.92
5. Datentransfer in Drittstaaten . . . 13.94
a) Anwendbarkeit der DS-GVO und des BDSG . . . 13.95
b) Voraussetzungen der Datenübermittlung in Drittstaaten . . . 13.96
c) Verbindliche Unternehmensregelungen als Rechtfertigungsgrundlage, Art. 46 Abs. 2 lit. b, 47 DS-GVO . . . 13.98
aa) Art. 44 DS-GVO in der Systematik der DS-GVO . . . 13.100
bb) Interne Unternehmensregelungen als Erlaubnistatbestand auch für die Übermittlung . . . 13.104
cc) Verhältnis zum Datenschutzrecht . . . 13.105

Literaturübersicht: *Backes/Eul/Guthmann/Martwich/Schmidt*, Entscheidungshilfe für die Übermittlung personenbezogener Daten in Drittländer, RDV 2004, 156; *Becker*, Abgrenzung der Arbeitnehmerüberlassung gegenüber Werk- und Dienstverträgen, DB 1988, 2561; *Bronfenbrenner*, Global Unions: Challenging Transnational Capital through Cross-Border-Campaigns, 2007; *Brühann*, Mindeststandards oder Vollharmonisierung des Datenschutzes in der EG, EuZW 2009, 639; *Büllesbach*, Transnationalität, 2008; *Cox/Bok/Gorman/Finkin*, Labor Law, 1996; *Däubler*, Tarifvertragsrecht, 3. Aufl. 1993; *Däubler*, Das neue Internationale Arbeitsrecht, RIW 1987, 249; *Deinert*, Internationales Arbeitsrecht, 2013; *Dorfmueller*, Die Errichtung von internationalen Holdingstrukturen durch deutsche Konzerne, IStR 2009, 826; *Draf*, Regelung der Übermittlung, 1999; *Droz/Gaudemet-Tallon*, La transformation de la convention de Bruxelles du 27 septembre 1968 en règlement du conseil concernant la compétence judiciaire, la reconnaissance et l'exécution des décisions en matière civile et commerciale, Rev. crit. d.i.p. 90 (2001), 601; *Escanciano*, Revista de derecho social 2009; *Eurofound*, European Foundation for the Improvement of Living and Working Conditions, „Codes of Conduct and International Framework Agreements: New Forms of Governance at Company Level, 2008; *Feuerborn*, Arbeitnehmerüberlassung im Konzern, WiVerw 2001, 190; *Franzen*, AR-Blattei, SD Nr. 920 Internationales Arbeitsrecht, 2006; *Freitag*, Die kollisionsrechtliche Behandlung ausländischer Eingriffsnormen nach Art. 9 Abs. 3 Rom I-VO, IPrax 2009, 109; *Friedrich*, Probleme der Tarifverträge mit Auslandsberührung, RdA 1980, 109; *Gackenholz*, Datenübermittlung ins Ausland, DuD 2000, 727; *Gamillscheg*, Neue Entwicklungen im englischen und europäischen internationalen Arbeitsrecht, RIW 1979, 225; *Gamillscheg*, Ein Gesetz über das internationale Arbeitsrecht, ZfA 1983, 307; *Gamillscheg*, Kollektives Arbeitsrecht, Band I, 1997; *GDD-Arbeitskreis* „Datenschutz-Praxis", Praxishilfe V: Mitarbeiterdaten im Unternehmensverbund, 2007; *Gefken*, Das philippinische Arbeitsrecht (I), NZA 1997, 304; *Gentz*, Leitlinien aktueller Rechtsprechung zur Betriebsverfassung, NZA 2003, 3; *Göpfert/Meyer*, Datenschutz bei Unternehmenskauf: Due Diligence und Betriebsübergang, NZA 2011, 486; *Grau/Granetzny*, EU-US-Privacy Shield – Wie sieht die Zukunft des transatlantischen Datenverkehrs aus?, NZA 2016, 405; *Grentzenberg/Schreibauer/Schuppert*, Die Datenschutznovelle (Teil II), K&R 2009, 535; *Hanloser*, Die BDSG-Novelle II: Neuregelungen zum Kunden- und Arbeitnehmerdatenschutz, MMR 2009, 594; *Henssler*, Arbeitsvertrag im Konzern, 1983; *Herfs-Röttgen*, Beschäftigung von Arbeitnehmern im Ausland, NZA 2017, 873; *Herrnstadt*, Are International Framework Agreements a Path to Corporate Social Responsibility, 10 U. Oa. J. Bus. & Emp. L. 187 (2007); *Jayme*, Inhaltskontrolle von Rechtswahlklauseln in Allgemeinen Geschäftsbedingungen, in FS W. Lorenz, 2001, S. 435; *Junker*, Internationales Arbeitsrecht in der Praxis im Blickpunkt: Zwanzig Entscheidungen der Jahre 1994–2000, RIW 2001, 94; *Junker*, Arbeitsrecht im grenzüberschreitenden Konzern – Die kollisionsrechtliche Problematik, ZIAS 1995, 564; *Junker*, Internationales Arbeitsrecht im Konzern, 1992; *Junker*, Internationales Arbeitsrecht in der geplanten Rom I-Verordnung, RIW 2006, 401; *Kauff-Gazin*, Europe 2009, Comm. No. 53; *Kocher*, Unternehmerische Selbstverpflichtungen zur sozialen Verantwortung, RdA 2004, 27; *Konzen*, Arbeitsrechtliche Drittbeziehungen, ZfA 1982, 259; *Krebber*, Globalisierungsbedingter Verlust der Bindungswirkung staatlicher Regulierung und die sich entwickelnden Alternativen, EuZA 2008, 141; *Lambrich/Cahlik*, Austausch von Arbeitnehmerdaten in multinationalen Konzernen – Datenschutz- und betriebsverfassungsrechtliche Rahmenbedingungen, RDV 2002, 287; *Leible/Lehmann*, Die Verordnung über das auf vertragliche Schuldverhältnisse anzuwendende Recht (Rom I), RIW 2008, 528; *Lejeune*, Datentransfer in das außereuropäische Ausland, ITRB 2005, 94; *Lembke*, Gesetzesvorhaben der Großen Koalition im Bereich der Arbeitnehmerüberlassung, BB 2014, 1333; *Lembke*, AÜG-Reform 2017 – Eine Reformatio in Peius, NZA 2017, 1; *Lorenz*, Probleme des Interessenausgleichs, RdA 1989, 217; *Lucioni*, Diritto pubblico comparato ed europeo 2009; *Mankowski*, Europäisches Internationales Arbeitsprozessrecht, IPrax 2003, 21; *Mankowski*, Das Grünbuch zur Rom I-Verordnung, ZEuP 2003, 483; *Mankowski*, Der gewöhnliche Arbeitsort im Internationalen Privat- und Prozessrecht, IPrax 1999, 332; *Mankowski*, Arbeitskräfte bei Staaten und staatsnahen Einrichtungen im Internationalen Privat- und Prozessrecht, IPrax 2001, 123; *Martens*, Das Arbeitsverhältnis im Konzern, in FS BAG, 1979, S. 367; *Martiny*, Europäisches Internationales Vertragsrecht – Erosion der Römischen Konvention?, ZEuP 1997, 107; *Meyer-Sparenberg*, Rechtswahlvereinbarungen in Allgemeinen Geschäftsbedingungen, RIW 1989, 347; *Millauer*, Sonderanknüpfung fremder zwingender Normen im Bereich von Schuldverträgen [Art. 19 IPRG und Art. 7 Abs. 1 EVÜ], 2001; *Moreau*, Droit Social, 2009; *Nink/Müller*, Beschäftigtendaten im Konzern – Wie die Mutter so die Tochter?, ZD 2012, 505; *Nowak/Reiter*, Grenzüberschreitende Arbeitnehmerüberlassung und Sozialversicherungspflicht im Europäischen Wirtschaftsraum, ZESAR 2005, 53; *Papadakis, Konstantinos* (Ed.), Cross-border Social Dialogue and Agreements: an emerging global industrial relations framework? International Institute for Labour Studies and International Labour Office, 2008; *Räther/Seitz*, Übermittlung personenbezogener Daten in Drittstaaten, MMR 2002, 425; *Rigaux*, Journal du Droit International 1986; *Rittweger/Weiße*, Unternehmensrichtlinien für den Datentransfer in Drittländer; *Roßnagel*, EuGH: Personenbezogene Daten im Internet, MMR 2004, 100; *Rüthers/Bakker*, Arbeitnehmerentsendung und Betriebsinhaberwechsel im Konzern, ZfA 1990, 245; *Schaub*, Flexibilisierung des Personaleinsatzes, BB 1998, 2106; *Scheja*, Kundendatenbank, 2006; *Schlachter*, Grenzüberschreitende Arbeitsverhältnisse, NZA 2000, 57; *Schlachter*, Grenzüberschreitende Dienstleistungen: Die Arbeitnehmerentsendung zwischen Dienstleistungsfreiheit und Verdrängungswettbewerb, NZA 2002, 1242; *Schrader/Straube*, Ist das AGG international zwingendes (Arbeits-)Recht?, NZA 2007, 184; *Schrey/Kielkowski*, Die datenschutzrechtliche Betriebsvereinbarung in DSGVO und BDSG 2018 – viel Lärm um nichts?; *Schröder*, Haftung für Verstöße, 2007; *Seifert*, Die Schaffung transnationaler Arbeitnehmervertretungen in weltweit tätigen Unternehmen, ZIAS 2006, 205; *Seifert*, International Journal of Comparative Labour Law and Industrial Relations, 2008; *Thüsing*, International Framework Agreements, RdA 2010, 78; *Thüsing*, Dauerhafte Arbeitnehmerüberlassung: Neues vom BAG, vom EuGH und auch vom Gesetzgeber, NZA 2014, 10; *Thüsing*, Vorübergehende und nicht-vorübergehende Arbeitnehmerüberlassung: Das Rätselraten geht weiter, NZA 2013, 1248; *Thüsing*, Beschäftigtendatenschutz und Compliance, 2. Aufl. 2014; *Urban-Crell/Schulz*, Arbeitnehmerüberlassung und Arbeitsvermittlung, 2003; *von Bar*, Internationales Privatrecht, Bd. 2, 1991; *Waltermann*, Rechtsetzung durch Betriebsvereinbarung zwischen Privatautonomie und Tarifautonomie, 1996; *Windbichler*, Arbeitsrecht im Konzern, 1989; *Zieglmeier*, Beitragshaftung bei Fremdpersonaleinsatz im Lichte des AÜG 2017, NTS 2017, 321.

I. Arbeitsvertrag im internationalen Konzern: Anwendbares Recht

1. Arbeitgeber „Internationaler Konzern"

13.1 Die Globalisierung der Arbeits- und Wirtschaftsmärkte führt dazu, dass immer häufiger Holdings international agieren. Grund hierfür ist regelmäßig eine strategische Unternehmensplanung, um der wachsenden Komplexität sowie den erhöhten Flexibilitäts- und Wettbewerbsanforderungen gerecht zu werden[1]; aber auch rechtliche oder steuerliche Aspekte[2] können eine Rolle spielen. Diese Internationalisierung bringt zugleich besondere arbeitsrechtliche Folgen mit sich. Zwar sind in Konzernen arbeitsrechtliche Fragestellungen schon immer von Relevanz und ergeben sich oft auch gerade auf Grund der konzernrechtlichen Strukturen, doch hat sich das Problemspektrum durch die zunehmende globale Tätigkeit und Vernetzung der Holdings noch erweitert[3]: Je nachdem, welches nationale Recht, welche Tarifverträge oder welche Betriebsvereinbarungen bei grenzüberschreitenden Sachverhalten Anwendung finden, ist der Einsatz von Arbeitnehmern kostengünstiger oder flexibler möglich. Doch auch Bestimmungen wie *International Framework Agreements (IFAs)* oder die Kernarbeitsnormen der *International Labour Organization (ILO)* beeinflussen die Arbeitsverhältnisse in internationalen Konzernen. Auch wenn der Konzern selbst nach ganz h.M. nicht Arbeitgeber ist[4], so

1 *Dorfmueller*, IStR 2009, 826.

2 Ausführlich *Kessler* in Grotherr, Handbuch der internationalen Steuerplanung, 3. Aufl. 2011, S. 188 ff.

3 S. hierzu schon *Windbichler*, Arbeitsrecht im Konzern, 1989, passim; *Gentz*, NZA 2003, 3 ff.

4 *Von Hoyningen-Huene* in MünchKomm/HGB, 4. Aufl. 2016, § 59 HGB Rz. 20; *Henssler*, Arbeitsvertrag im Konzern, 1983, S. 39; *Konzen*, ZfA 1982, 259 (305 f.); *Martens* in FS BAG, 1979, S. 367 (371); *Richardi* in MünchHdb/ArbR, 4. Aufl. 2018, § 23 Rz. 1; *Windbichler*, Arbeitsrecht im Konzern, 1989, S. 68 f.

muss sich die Holding als Konzernmutter im Rahmen ihrer konzernleitenden Tätigkeit mit den aufgeworfenen arbeitsrechtlichen Fragen beschäftigen.

2. Arbeitsvertragsstatut bei grenzüberschreitenden Arbeitsverhältnissen

Grenzüberschreitende Arbeitsverhältnisse im Konzern sind in zwei Perspektiven möglich: **Zum einen die Entsendung ins Ausland und zum anderen die Entsendung aus dem Ausland.** Beide richten sich nach den gleichen Regeln der Zuordnung. 13.2

a) Grundtypen der arbeitsvertraglichen Gestaltung

Soll ein Arbeitnehmer eine Zeit lang im Ausland arbeiten, sind verschiedene Gestaltungsmöglichkeiten denkbar. **Unproblematisch ist die kurzfristige Abordnung für wenige Tage oder Wochen, die ohne Modifikation auf Grundlage des bisherigen Inlandsvertrags durchgeführt wird.** Hier bleibt alles beim Alten. Ebenso klar sind die Sachverhalte, in denen das Arbeitsverhältnis mit dem bisherigen inländischen Arbeitgeber beendet wird und ein neues Arbeitsverhältnis beim ausländischen Arbeitgeber – etwa einem Tochterunternehmen im Konzern – begründet wird. In der Praxis überwiegen jedoch Zwischenformen, die den Arbeitnehmer nicht ganz aus der einen Rechtsordnung entlassen und nicht ganz in die andere Rechtsordnung überführen wollen. Zum einen ist dies die Entsendung aufgrund des bisherigen Vertrages, die durch ergänzende Entsendungsvereinbarungen flankiert wird. Der Arbeitnehmer bleibt bei seinem bisherigen Arbeitgeber, jedoch werden seine arbeitsvertraglichen Rechte und Pflichten den veränderten Umständen angepasst. Daneben findet sich insbesondere im Konzernverbund die Versetzung zu einem ausländischen Arbeitgeber. Das bisherige Arbeitsverhältnis wird ruhend gestellt und ein neues, zeitlich befristetes Arbeitsverhältnis mit dem ausländischen Arbeitgeber begründet. Der Arbeitnehmer wechselt also vorübergehend den Arbeitgeber und sein neues Arbeitsverhältnis kann einem anderen Recht unterliegen als das alte. 13.3

Daneben gibt es in der einschlägigen Literatur weniger beachtet, jedoch in der Rechtsprechung angedeutet, als dritte Möglichkeit den Fall, dass ein ausländischer Arbeitgeber in das bestehende Arbeitsverhältnis als zusätzlicher Vertragspartner eintritt, der Arbeitnehmer fortan also ein **einheitliches Arbeitsverhältnis mit zwei Arbeitgebern** hat. Die Möglichkeit eines einheitlichen Arbeitsverhältnisses ist anerkannt[5], dessen Voraussetzungen sind durch die Rechtsprechung konkretisiert worden[6]. Das BAG prüfte in einer Entscheidung von 1999[7], ob ein solches einheitliches Arbeitsverhältnis zustande gekommen sei. Anlass für diese Ausführungen war die Versetzung eines Mitarbeiters zu einer ausländischen Konzerntochter, mit der ein Arbeitsvertrag abgeschlossen wurde, gleichzeitig die Konzernmutter sich jedoch – in einem recht dilettantisch formulierten Vertrag – das Recht vorbehielt, selber Weisungen zu erteilen und jederzeit ein neues zum Konzern gehörendes Unternehmen für den weiteren Auslandseinsatz des Mitarbeiters zu bestimmen, und der Arbeitnehmer aufgrund des neuen Arbeitsvertrags auch ihr gegenüber umfangreiche Verpflichtungen einging. So ganz ruhend war das Arbeitsverhältnis während dieser Zeit also nicht, vielmehr waren zwei Vertragspartner (zumindest partiell) weisungsbefugt und damit mögliche Arbeitgeber. Die Frage des anzuwendenden Rechts ist hier besonders schwierig zu beantworten. 13.4

b) Bestimmung des Arbeitsvertragsstatuts

Welches Recht auf den Arbeitsvertrag in diesen verschiedenen Konstellationen anwendbar ist, beurteilt sich seit der Neuregelung des Internationalen Privatrechts im Jahre 2009 einheitlich nach euro- 13.5

5 S. etwa *Hergenröder* in MünchKomm/BGB, 8. Aufl. 2020, § 1 KSchG Rz. 15; *Preis* in ErfKomm, 20. Aufl. 2020, § 611a BGB Rz. 191.

6 S. etwa BAG v. 10.4.2010 – 2 AZR 647/13, NZA 2015, 162 (164); BAG v. 19.4.2012 – 2 AZR 186/11, NZA 2013, 27 (28); BAG v. 5.3.1987 – 2 AZR 623/85, ZIP 1987, 1588 = AP Nr. 30 zu § 15 KSchG 1969.

7 BAG v. 21.1.1999 – 2 AZR 648/97, ZIP 1999, 852 = AP Nr. 9 zu § 1 KSchG 1969 Konzern.

päischem Recht. Mit der Verordnung (EG) Nr. 593/2008 vom 17.6.2008 wurde auf europäischer Ebene das bis dato geltende EVÜ in die sogenannte **Rom I-VO** überführt, um die nationalstaatlichen Umsetzungen des Kollisionsrechts zu vereinheitlichen. Während es sich bei dem EVÜ um einen Staatsvertrag handelte, der der Umsetzung in das nationalstaatliche Recht der einzelnen Mitgliedstaaten bedurfte, gilt die Rom I-VO aufgrund ihrer Rechtsnatur unmittelbar. Gem. ihrem Art. 1 Abs. 1 ist die Verordnung auf vertragliche Schuldverhältnisse in Zivil- und Handelssachen anzuwenden, die eine Verbindung zum Recht verschiedener Staaten aufweisen, wobei der Begriff „vertraglich" der **Abgrenzung von der Rom II-VO dient, die auf außervertragliche Schuldverhältnisse** Anwendung findet. Mit ihrem Inkrafttreten am 17.12.2009 ersetzt die Rom I-VO also die bis dahin geltenden Vorschriften des EGBGB. Sie ist gem. Art. 28 Rom I-VO auf alle Verträge anzuwenden, die nach diesem Datum geschlossen werden[8]. Somit haben auch die Kollisionsnormen des deutschen Rechts nach dem EGBGB noch eine gewisse praktische Relevanz. Inhaltlich ergeben sich jedoch auch für das Arbeitsrecht keine tiefgreifenden Änderungen zur früheren Rechtslage[9]. Vielmehr sollte das EVÜ moderat fortgeschrieben werden: Man sprach von Evolution statt Revolution[10].

aa) Das Grundmuster

13.6 Bei der Suche nach dem anwendbaren Recht ist mehrschrittig vorzugehen. Am Anfang steht die Frage, ob sich die Vertragsparteien auf ein bestimmtes anwendbares Recht geeinigt haben. Danach ist in einem zweiten Schritt das anwendbare Recht nach objektiven Kriterien zu bestimmen. Dieses objektive Recht ist maßgeblich, wenn eine Rechtswahl nicht vorliegt, und auch wenn sie erfolgt, ist es anzuwenden, soweit die vertragliche Wahl des anwendbaren Rechts dem Arbeitnehmer den ihm ohne diese Wahl zustehenden zwingenden arbeitsrechtlichen Schutz nehmen würde, Art. 8 Abs. 1 Rom-I-VO. Es kann also zu Mischformen kommen. Das so bestimmte Arbeitsvertragsstatut wird dann ergänzt durch Regelungen, die international zwingend ohne Rücksicht auf das Arbeitsvertragsstatut sind und durch Regelungen über die Erfüllung des Arbeitsvertrags, bei denen stets das Recht des Erfüllungsorts maßgeblich ist. Dieses Grundmuster soll im Folgenden etwas ausführlicher entfaltet werden.

bb) Rechtswahl nach Art. 3 Rom I-VO

(1) Grundsatz der freien Rechtswahl

13.7 Im Grundsatz gilt wie bei jedem Vertrag die freie Rechtswahl nach Art. 3 Rom I-VO (ehemals Art. 27 EGBGB). Die Vertragspartner können sich also darauf einigen, welches Recht auf ihren Vertrag Anwendung findet. **Möglich ist damit die Wahl eines beliebigen Rechts, auch eines solchen, das mit dem Arbeitsverhältnis gar nichts zu tun hat** – das ist z.B. in der Schweiz anders, dort bestimmt Art. 121 Abs. 3 IPRG, dass nur das Recht des gewöhnlichen Arbeitsorts oder der Niederlassung des Arbeitgebers vereinbart werden kann. Diese Rechtswahl, die sich auch beim Arbeitsvertrag regelmäßig schon aus Gründen der Rechtssicherheit anbietet, kann **ausdrücklich oder konkludent** getroffen werden[11]. Mit der Annahme einer konkludenten Rechtswahl ist die Rechtsprechung bislang recht großzügig verfahren. Die arbeitsvertragliche Inbezugnahme eines deutschen Tarifvertrags wurde mehrfach als Wahl des deutschen Rechts gewertet[12] und auch eine Gerichtsstandsklausel ist

---

8 Vgl. BAG v. 19.3.2014 – 5 AZR 252/12, DB 2014, 1623.

9 Vgl. auch *Junker*, RIW 2006, 401.

10 *Mankowski*, ZEuP 2003, 483 (484); *Leible/Lehmann*, RIW 2008, 528.

11 Zur konkludenten Rechtswahl etwa BAG v. 15.12.2016 – 6 AZR 430/15, NZA 2017, 502 (505); BAG v. 10.4.2014 – 2 AZR 741/13, AP Nr. 8 zu § 20 GVG; BAG v. 19.3.2014 – 5 AZR 252/12, NZA 2014, 1076; BAG v. 15.2.2005 – 9 AZR 116/04, NZA 2005, 1117; s. auch *Deinert*, Internationales Arbeitsrecht, 2013, § 9 Rz. 26; *Linck* in Schaub, Arbeitsrechts-Handbuch, 18. Aufl. 2019, § 7 Rz. 7.

12 S. etwa BAG v. 28.5.2014 – 5 AZR 422/12, AP Nr. 37 zu § 10 AÜG; BAG v. 12.12.2001 – 5 AZR 255/00, NZA 2002, 743; BAG v. 26.7.1995 – 5 AZR 216/94, NZA 1996, 30 = AR-Blattei ES 340 Nr. 15 (*Mankowski*); LAG Köln v. 6.11.1998 – 11 Sa 345/98, NZA-RR 1999, 118; ebenso für französische Tarifverträge und französisches Recht die Cour de Cassation, Chambre sociale v. 16.11.1993 [90–16030], Bulletin 1993 V, S. 183 in einem Schiffsfall.

ein starkes Rechtswahlindiz, denn es ist anzunehmen, dass der Richter nach seinem eigenen Recht entscheiden soll[13]. Wenn die Parteien die Entgeltfortzahlung im Krankheitsfall, den Datenschutz und auch Wettbewerbsabreden ausdrücklich unter das deutsche Recht stellen, im Übrigen aber schweigen, so ist auch in diesem Fall eine stillschweigende Wahl des deutschen Rechts für den gesamten Vertrag anzunehmen[14]. Als deutliches Indiz wurde auch die im Vertrag vereinbarte Währung der Vergütung gewertet[15].

Die Rechtswahl ist möglich als Bezugnahme einer Rechtsordnung insgesamt oder als eine Teilrechts- 13.8
wahl[16]. Voraussetzung für eine Teilrechtswahl ist wie bei jedem Vertrag, dass sinnvoll abtrennbare Teile einer Rechtsordnung in Bezug genommen werden. Das BAG hat dies für die Wahl des Kündigungsschutzes anerkannt[17]. Damit ist es etwa möglich, ein Arbeitsverhältnis eines in die USA entsandten Mitarbeiters grundsätzlich den dortigen Arbeitsbedingungen zu unterwerfen, aber gleichzeitig dem Arbeitnehmer den deutschen Kündigungsschutz zu sichern. Ebenso wurde mehrfach die Möglichkeit einer Teilrechtswahl für das Versorgungsverhältnis als klar vom Arbeitsverhältnis abgrenzbare Rechtsbeziehung bestätigt[18].

Zulässig ist eine **Rechtswahl auch durch Formularvertrag**. Auch die Einbeziehung des Arbeitsver- 13.9
trags in die allgemeinen Regeln des AGB-Rechts hat darauf wohl kaum Auswirkungen. Die klare Entscheidung des Gesetzgebers gegen eine Einbeziehungskontrolle ist auch nach der Schuldrechtsreform zu respektieren[19]. Allein die Verwendung der deutschen Sprache im Formularvertrag kann – auch einem sprachunkundigen Arbeitnehmer gegenüber – nicht einen Überrumpelungseffekt nach § 305c BGB begründen[20]. Das Sprachrisiko trägt demnach grundsätzlich derjenige, der einen Vertrag in einer fremden Sprache schließt[21]. Nicht eindeutig ist bislang, welche Anforderungen an die Transparenz von Rechtswahlklauseln in AGB zu stellen sind[22] – eine erhoffte Entscheidung des EuGH hierzu blieb indes aus[23]. Für Verbraucherverträge gilt: Eine Rechtwahlklausel, die suggeriert, sie führe zur ausschließlichen Anwendbarkeit eines bestimmten Rechts, und nicht deutlich macht, das Eingriffsnormen und nach objektiver Anknüpfung geltendes Schutzrecht hiervon nicht berührt sind, ist intransparent und damit unwirksam[24]. Dies dürfte auf **Arbeitsverträge** übertragbar sein: Ausländische Arbeitgeber mit Niederlassungen im Bundesgebiet, die das Recht ihres Verwaltungssitzes auf

13 BAG v. 13.11.2007 – 9 AZR 134/07, NZA 2008, 761; LAG Niedersachsen v. 20.11.1998 – 3 Sa 909/98, LAGE Art. 30 EGBGB Nr. 3; zurückhaltender außerhalb des Arbeitsrechts LG Hamburg v. 31.5.1990 – 302 O 113/90, RIW 1990, 1020.

14 LAG Niedersachsen v. 20.11.1998 – 3 Sa 909/98, IPrax 1999, 45 = AR-Blattei ES 920 Nr. 6 (*Mankowski*); s. auch BAG v. 9.10.2002 – 5 AZR 207/01, n.v.: Rechtswahl u.a. durch Bezugnahme auf BUrlG und VermBG.

15 BAG v. 15.12.2016 – 6 AZR 430/15, NZA 2017, 502 (506); BAG v. 23.3.2016 – 5 AZR 767/14, NZA 2017, 78 (80).

16 S. zur Teilrechtswahl *Herfs-Röttgen*, NZA 2017, 873 (874); *Reiter*, NZA-Beilage 2014, 22 (24).

17 BAG v. 23.4.1998 – 2 AZR 489/97, NZA 1998, 995.

18 BAG v. 25.6.2013 – 3 AZR 138/11, NZA-RR 2014, 46 (50) = ZIP 2014, 939; BAG v. 20.4.2004 – 3 AZR 301/03, NZA 2005, 297 (298).

19 S. auch BAG v. 19.3.2014 – 5 AZR 252/12, Rz. 57, DB 2014, 1623; *Deinert*, Internationales Arbeitsrecht, 2013, § 9 Rz. 19; *Jayme* in FS W. Lorenz, 2001, S. 435 ff.; *Meyer-Sparenberg*, RIW 1989, 347; *Martiny*, ZEuP 1997, 107 (116); s. zur Diskussion vor der Schuldrechtsform *Thüsing* in von Westphalen, Vertragsrecht und AGB-Klauselwerke, 43. EL. 2019, Rechtswahlklauseln Rn. 44.

20 BAG v. 19.3.2014 – 5 AZR 252/12, Rz. 62, DB 2014, 1623.

21 BAG v. 19.3.2014 – 5 AZR 252/12, Rz. 67, DB 2014, 1623.

22 S. hierzu BGH v. 19.7.2012 – I ZR 40/11, GRUR 2013, 421; AG Bremen v. 5.12.2013 – 9 C 337/13, BeckRS 2013, 21519.

23 S. EuGH v. 28.7.2016 – C-191/15, ECLI:EU:C:2016:612, NJW 2016, 2727 = ZIP 2016, 2122; *Pfeiffer*, NJW 2017, 913 (918).

24 Vgl. EuGH v. 28.7.2016 – C-191/15, ECLI:EU:C:2016:612, NJW 2016, 2727(2730) = ZIP 2016, 2122; LG Frankfurt v. 14.12.2017 – 2-24 O 8/17, BeckRS 2017 142201; AG Nürnberg v. 31.10.2018 – 19 C 1084/18, NVZ 2019, 103.

das Arbeitsverhältnis qua Rechtswahlklausel für anwendbar erklären, ohne über die Grenzen nach Art. 8 Abs. 1 Satz 2 Rom I-VO sowie Art. 14 Abs. 1 Buchst. a und 2 Rom II-VO aufzuklären, riskieren demnach, dass die Klausel der Transparenzkontrolle zum Opfer fällt und das anzuwendende Sachrecht entgegen ihrer Intention objektiv nach Art. 8 Abs. 2 bis 4 Rom I-VO zu bestimmen ist[25]. Freilich macht es im Ergebnis nur einen geringen Unterschied, ob deutsche Vorschriften durch ausdrückliche Abbedingung oder aber durch Anwendung eines ungünstigeren ausländischen Rechts verdrängt werden. Dass unabdingbares deutsches Arbeitnehmerschutzrecht durch Rechtswahlfreiheit nach Art. 8 Abs. 1 Rom I-VO (ehemals Art. 30 Abs. 1 EGBGB) nicht umgangen werden kann, ändert daran nichts, denn § 307 BGB zielt gerade auf die Kontrolle der substituierenden Vereinbarung im Hinblick auf abdingbares Recht. Die Rechtswahl in Formulararbeitsverträgen scheint für die Praxis damit problematischer als eine Individualvereinbarung. Hinzuweisen ist daher auf die nicht sehr zahlreichen, doch prominenten Stimmen, die bereits nach altem Recht gerade im Arbeitsrecht eine solche Angemessenheitskontrolle befürworteten[26]. Der Streit ist also weiter offen; die Argumentationslasten haben sich durch das neue Recht aber nicht verschoben.

(2) Rechtswahl durch Tarifvertrag

13.10 Ein zweites spezifisch arbeitsrechtliches Problem ist es, ob die Rechtswahl nicht durch den Arbeitsvertrag, sondern auch durch einen Tarifvertrag getroffen werden kann. Das wohl herrschende Schrifttum bejaht dies[27]. So sicher scheint dies jedoch nicht. Das folgt zum einen aus ganz praktischen Erwägungen: Wäre die Rechtswahl nach § 3 TVG wirksam, so müsste gleichzeitig ein **Günstigkeitsvergleich** nach § 4 Abs. 3 TVG möglich sein, wenn eine eventuelle individualvertraglich getroffene Rechtswahl günstiger ist für den Arbeitnehmer als die Einigung der Tarifvertragsparteien. Über einen solchen Günstigkeitsvergleich sagt Art. 3 Rom I-VO (ehemals Art. 27 EGBGB) jedoch nichts. Schon dies spricht dagegen[28]. Die Zulässigkeit einer kollektivvertraglich erzwungenen Rechtswahl kann sich vielmehr nicht auf die Art. 3 ff. Rom I-VO stützen, da keine Eigen-, sondern eine Fremdbestimmung der Rechtswahl vorliegt[29]. Aufgrund dieser ganz unterschiedlichen Sachverhalte scheint mir auch eine entsprechende Anwendung nicht geboten. Voraussetzung für eine wirksame Rechtswahl ist überdies die Anwendbarkeit des TVG. Sie bestimmt sich unbestritten nach dem **Schwerpunkt des Tarifvertrags**, mag auch Uneinigkeit darüber bestehen, nach welchen Kriterien dieser Schwerpunkt zu ermitteln ist[30]. Ob darüber hinaus den Tarifvertragsparteien auch die Rechtswahl für das auf den Tarifvertrag anzuwendende Recht möglich ist, ist sehr umstritten[31]. Angesichts dieser Unklarheit hinsichtlich der Wahl des auf den Tarifvertrag anzuwendenden Rechts wäre es sinnwidrig, den weitergehenden Schritt zuzulassen, durch den Tarifvertrag das auf den Arbeitsvertrag anzuwendende Recht wählen zu können.

---

25 Zu Recht Staudinger, jurisPR-IWR 2/2017 Anm. 1.

26 S. *Gamillscheg*, ZfA 1983, 307 (323); s. auch *Däubler*, RIW 1987, 249 (251); dagegen *Junker*, Internationales Arbeitsrecht im Konzern, 1992, S. 206: „Die Inhaltskontrolle ist in Art. 30 Abs. 1 EGBGB abschließend geregelt".

27 *Deinert*, Internationales Arbeitsrecht, 2013, § 9 Rz. 23; *Gamillscheg*, Kollektives Arbeitsrecht, Band I, S. 493; *Löwisch/Rieble*, 4. Aufl. 2017, § 1 TVG Rz. 324; differenzierend *Thüsing* in Wiedemann, 8. Aufl. 2019, § 1 TVG Rz. 95.

28 Auf dieses Argument eingehend *Deinert*, Internationales Arbeitsrecht, 2013, § 9 Rz. 23.

29 Auf dieses Argument eingehend *Deinert*, Internationales Arbeitsrecht, 2013, § 9 Rz. 23.

30 *Thüsing* in Wiedemann, 8. Aufl. 2019, § 1 TVG Rz. 97; *Kocher* in Kempen/Zachert, 5. Aufl. 2014, § 4 TVG Rz. 48 f.

31 Hierfür *Däubler*, Tarifvertragsrecht, 3. Aufl. 1993, Rz. 1705; *Friedrich*, RdA 1980, 109 (112); *Junker*, Internationales Arbeitsrecht im Konzern, 1992, S. 418 ff.; ablehnend *Oetker* in MünchHdb/ArbR, 4. Aufl. 2018, § 11 Rz. 119 ff.; *Löwisch/Rieble*, 3. Aufl. 2012, TVG, Grundlagen Rz. 392 ff.

cc) Art. 8 Abs. 2 Rom I-VO – Objektive Anknüpfung bei fehlender Rechtswahl

(1) Gewöhnlicher Arbeitsort

Ist eine Rechtswahl nicht getroffen, entscheidet sich die Anwendbarkeit des deutschen Rechts in objektiver Anknüpfung. Nach Art. 8 Abs. 2 Rom I-VO (ehemals Art. 30 Abs. 2 Ziff. 1 EGBGB) ist hierfür der Ort maßgeblich, an dem der Arbeitnehmer in Erfüllung des Vertrages **gewöhnlich seine Arbeit verrichtet**[32], selbst wenn er vorübergehend in einen anderen Staat entsandt ist; nach Abs. 3 (Ziff. 2) ist alternativ entscheidend der Ort, an dem die Niederlassung sich befindet, die den Arbeitnehmer eingestellt hat, sofern der Arbeitnehmer seine Arbeit gewöhnlich nicht in ein und demselben Staat verrichtet. Beide Regelanknüpfungen stehen unter dem Vorbehalt, dass sich nicht aus der Gesamtheit der Umstände ergibt, dass der Arbeitsvertrag eine engere Bindung zu einem anderen Staat aufweist; in diesem Fall ist das Recht des anderen Staates anzuwenden[33]. 13.11

Für den Regelfall sind damit recht klare Anknüpfungspunkte benannt. Ein Arbeitnehmer, der zeitlich befristet eingestellt wird, um ausschließlich in einem bestimmten ausländischen Staat seine Tätigkeit zu verrichten, unterliegt grundsätzlich dem Recht dieses Staates. Dies kann freilich zu unangemessenen Ergebnissen führen, denn die Regelanknüpfung wurde gewählt, um dem Arbeitnehmer im Regelfall den Schutz des deutschen Rechts zu gewähren. Das Schweizer Bundesgericht ist im Hinblick auf die vergleichbare Regelung des § 121 IPRG beim Arbeitnehmer, der in der Schweiz zur zeitlich befristeten Tätigkeit in Guinea eingestellt wurde, ohne weitere Erörterung von der Anwendbarkeit Schweizer Rechts ausgegangen – wohl auch weil es soviel Arbeitsrecht in Guinea wahrscheinlich nicht geben wird[34]. Das BAG zeigt hier mehr Problembewusstsein. **Kriterien**, die abweichend von der Regelanknüpfung die Anwendbarkeit des Rechts eines anderen Staates begründen können, sind die Staatsangehörigkeit der Vertragspartner und der Sitz des Arbeitgebers, die Vertragssprache, die Währung, in der das Entgelt ausgezahlt wird, der Ort des Vertragsschlusses und der Vertragsanbahnung und auch der Wohnsitz des Arbeitnehmers sowie der Ort, an dem der Arbeitnehmer seine Sozialversicherung abgeschlossen hat, wenn auch für sich genommen keines dieser Kriterien ausschlaggebende Bedeutung hat[35]. Eine hierdurch vermittelte engere Anknüpfung als die Regelanknüpfung durch den Arbeitsort nahm das BAG für den Fall an, in dem eine britische Staatsangehörige mit Wohnsitz in Großbritannien auf einem unter deutscher Flagge eingesetzten Fährschiff als Kassiererin tätig war; das britische Recht war anwendbar[36]. Eine engere Verbindung als zum in Deutschland liegenden Erfüllungsort sah das BAG im Fall einer in Deutschland geborenen griechischen Staatsangehörigen, die langjährig an einer griechischen Grundschule in Nordrhein-Westfalen als Lehrerin beschäftigt war. Ausschlaggebend war für die Erfurter Richter die Tatsache, dass die Klägerin griechische Staatsangehörige ist und Gegenstand ihrer Tätigkeit eine Beschäftigung im öffentlichen Dienst der griechischen Republik ist, die naturgemäß ihren Sitz in Griechenland hat. Außerdem wurden im Arbeitsvertrag mehrfach griechische Rechtsvorschriften in Bezug genommen, die vom BAG als „Ausdruck eines übereinstimmenden ‚Rechtshorizonts'" gewertet wurden. Dass die Klägerin der deutschen Sozialversicherung unterliegt, verstärkte die Beziehung zum deutschen Recht 13.12

---

32 S. zur Auslegung des Begriffs des gewöhnlichen Arbeitsorts EuGH v. 14.9.2017 – C-168/16, ECLI:EU:C:2017:688, NZA 2017, 1477.

33 BAG v. 19.3.2014 – 5 AZR 252/12, DB 2014, 1623. Unzutreffend die auch in ihrer sonstigen Argumentation sehr zweifelhafte Entscheidung LAG Köln v. 6.11.1998 – 11 Sa 345/98, LAGE Art. 30 EGBGB Nr. 4 (*Mankowski*), die den Vorbehalt im EGBGB nur auf Ziffer 2 beziehen will.

34 BG v. 28.6.1982, BGE 108 II 115; ähnlich auch BG v. 18.12.1951, SJIR X 1953 [346]: Portier in Äthiopien.

35 S. BAG v. 22.10.2015 – 2 AZR 720/14, NZA 2016, 473 (474 ff.); BAG v. 13.11.2007 – 9 AZR 134/07, NZA 2008, 761 (765); BAG v. 24.8.1989 – 2 AZR 3/89, AP Nr. 30 zu IPR Arbeitsrecht; LAG Rheinland-Pfalz v. 31.5.2006 – 9 Sa 297/06, n.v.; zu vom EuGH herangezogenen Kriterien s. EuGH v. 12.9.2013 – C-64/12, ECLI:EU:C:2013:551, ZIP 2013, 2119 = NZA 2013, 1163.

36 BAG v. 24.8.1989 – 2 AZR 3/89, AP Nr. 30 zu IPR Arbeitsrecht – obwohl das britische Recht selber außerhalb der Grenzen des Vereinigten Königreichs gar keine Anwendbarkeit beanspruchte, s. hierzu *Junker*, Internationales Arbeitsrecht im Konzern, 1992, S. 176 f.

hingegen nicht entscheidend, sodass griechisches Recht anzuwenden war[37]. Dagegen überzeugt es nicht, eine Anknüpfung nicht nach der Regelanknüpfung, sondern entsprechend der Ausweichklausel generell für den Fall anzunehmen, dass Arbeitgeber und Arbeitnehmer eine gemeinsame deutsche Staatsangehörigkeit und Sitz/Wohnsitz in Deutschland haben[38]. Dies entspricht durchaus nicht der Rechtsprechung, die hier sehr viel vorsichtiger wertet[39]: Der Wohnsitz des Arbeitnehmers kann sich mit Aufnahme seiner Tätigkeit ins Ausland verlagern und spricht dann für die Regelanknüpfung. Der vom Einsatzland abweichenden Staatsangehörigkeit des Arbeitnehmers entscheidendes Gewicht zuzusprechen scheint nur da richtig, wo sie ausdrücklich vom Arbeitgeber gefordert wird[40] oder wo eine zusätzliche Bindung zum Heimatland, etwa ein fortbestehendes Beamtenverhältnis, besteht[41]. Für diese zurückhaltende Wertung finden sich aber durchaus Stimmen auch im Schrifttum[42].

(2) Vorübergehende Entsendung

13.13 Einige präzisierende Worte verdient auch die Einschränkung, dass eine **vorübergehende Entsendung** in einen anderen Staat die Regelanknüpfung des Art. 8 Abs. 2 Rom I-VO (ehemals Art. 30 Abs. 2 Nr. 1 EGBGB) nicht aufhebt. Zur Frage, wann eine Entsendung lediglich vorübergehend ist, geht die wohl herrschende Meinung davon aus, dass jede nicht endgültige Entsendung unbeachtlich ist und auch eine längere Tätigkeit im Ausland nicht den dortigen Arbeitsort zum Regelanknüpfungspunkt macht[43]. Teilweise wird darüber hinaus ein einschränkender Zeitraum von zwischen ein bis drei Jahren genannt[44]. Die deutschen Gerichte haben hierzu noch nicht entschieden; die Frage bleibt also offen. Die teilweise in Anlehnung an das deutsche und europäische Sozialversicherungsrecht (§ 4 Abs. 1 SGB IV, EWG-Verordnungen 1408/71 und Nr. 574/72) hergeleitete zwei Jahresfrist kann kaum überzeugen, denn Art. 8 Rom I-VO (ehemals Art. 30 EGBGB) verlangt eine eigenständige Interpretation. Grundlage ist das europäische Recht und danach muss es ausgelegt werden. Der Richter soll sich um eine einheitliche länderübergreifende Interpretation des Rechts in den verschiedenen Vertragsstaaten bemühen, s. Art. 24 Rom I-VO (ehemals Art. 36 EGBGB)[45]. Das deutsche Sozialrecht kann hierfür nicht entscheidend sein. Eine solche Einschränkung lässt sich dem Wortlaut nicht entnehmen: *Gamillscheg* meint, das Gegenteil von vorübergehend sei länger dauernd[46]. Auch das Langfristige geht aber irgendwann vorüber. So findet sich im deutschen und europäischen Recht

---

37 BAG v. 18.9.2010 – 5 AZR 81/19, AP Nr. 15 zu § 20 GVG.

38 So aber BAG v. 13.11.2007 – 9 AZR 134/07, NZA 2008, 761 (765); *Schlachter*, NZA 2002, 1242 (1244); ebenso *Mankowski*, IPrax 1999, 332 (336); *Mankowski*, IPrax 2001, 123 (126) mit dem Hinweis, das Recht des Staates solle Anwendung finden, das den Arbeitsmarkt erfasst, dem der Arbeitnehmer und ein möglicher Ersatzarbeitnehmer entstammen; dagegen wohl auch *Schlachter* in ErfKomm, 20. Aufl. 2020, Art. 8 Rom-I-VO Rz. 17.

39 Dezidiert der Regelanknüpfung folgend Cass., Ch. soc. v. 7.5.2002 [99–46083], Bulletin 2002 V, S. 147: Ein Franzose, der für eine französische Gesellschaft über neun Jahre aufgrund eines in Kalifornien unterzeichneten Vertrags tätig wird, unterliegt hinsichtlich der Beendigung seines Vertrags kalifornischem Recht. Anderes kann sich aber aus der [konkludenten] Rechtswahl der Parteien ergeben: Cass., Ch. soc. v. 28.10.1997 [94-42340], Bulletin 1997 V, S. 242: Einstellung eines Mechanikers zur Tätigkeit in Karachi.

40 So im PanAm-Fall BAG v. 29.10.1992 – 2 AZR 267/92, ZIP 1993, 850 = AP Nr. 31 zu IPR Arbeitsrecht.

41 Hierauf stellte ab: LAG Berlin v. 20.7.1998 – 9 Sa 74/97, LAGE Nr. 2 zu Art. 30 EGBGB.

42 *Weigand in KR*, 12. Aufl. 2019, Internationales Arbeitsvertragsrecht Rz. 56; *von Hoffmann* in Soergel, Art. 30 EGBGB Rz. 50.

43 S. *Deinert*, Internationales Arbeitsrecht, 2013, § 9 Rz. 102; *Oetker* in MünchHdb/ArbR, 4. Aufl. 2018, § 11 Rz. 31; *Magnus* in Staudinger, Art. 8 Rom-I-VO Rz. 107; *Schlachter*, NZA 2002, 57 (59), jeweils m.w.N. S. aber zur a.A. insb. *Gamillscheg*, ZfA 1983, 307 (333): Das Gegenteil von „vorübergehend" sei nicht „endgültig", sondern „längerfristig".

44 *Von Hoffmann* in Soergel, Art. 30 EGBGB Rz. 39; *Gamillscheg*, ZfA 1983, 307 (333); *Franzen*, AR-Blattei, SD Nr. 920 Internationales Arbeitsrecht Rz. 62; gegen feste zeitliche Grenzen *Reiter*, NZA-Beilage 2014, 22 (24).

45 BT-Drucks. 10/504, 84.

46 *Gamillscheg*, ZfA 1983, 307 (333); zustimmend *Lorenz*, RdA 1989, 220 (223).

zwar zuweilen das Gegensatzpaar „vorübergehend oder endgültig“[47], nicht aber „vorübergehend oder längerfristig“. Die französische Wortwahl „temporaire“ und die englische Fassung „temporary“ weisen in die gleiche Richtung. Das ist auch sachlich richtig: Was seinen Ursprung und Ende im selben Staat haben soll, das hat regelmäßig zu eben diesem Staat den engsten Kontakt[48]. Aufgrund der Reform der Entsenderichtlinie 96/71/EG[49], die bis zum 30.7.2020 in nationales Recht umzusetzen ist, gilt zukünftig für Entsendungen von über 12 Monaten der Grundsatz der Gleichbehandlung unabhängig vom jeweils auf den Arbeitsvertrag anwendbaren Recht[50].

(3) Einheitlicher Arbeitsvertrag

Die Regelanknüpfung nach Art. 8 Abs. 2 Rom I-VO (ehemals Art. 30 Abs. 2 Nr. 1 EGBGB) ist auch 13.14
maßgeblich, wenn ein **ausländischer und ein inländischer Arbeitgeber mit dem Arbeitnehmer in einem einheitlichen Arbeitsvertrag** verbunden sind. Soll der Arbeitnehmer wieder in sein Heimatland zurückkehren, dann bleibt das deutsche Recht maßgeblich auch während des Auslandsaufenthalts und die arbeitsrechtlichen Beziehungen zum ausländischen Arbeitgeber beurteilen sich nach deutschem Recht. Die teilweise im Schrifttum geäußerte Vorstellung, die Kündigung eines solchen Arbeitsvertrages richte sich kumulativ nach den Rechtmäßigkeitsvoraussetzungen des deutschen und des ausländischen Rechts[51] ist daher unzutreffend, denn ausländisches Recht ist hier nicht anwendbar.

Unzutreffend ist es aber demgegenüber in den Fällen des doppelten, nicht einheitlichen Arbeitsver- 13.15
hältnisses beim zweiten, ausschließlich auf die Auslandstätigkeit bezogenen Arbeitsverhältnis von der Anwendbarkeit des Heimatrechts auszugehen. Hier ist während der ganzen befristeten Zeit des Arbeitsverhältnisses im Ausland der gewöhnliche Arbeitsort eben der fremde Staat, und daher führt hier die Regelanknüpfung nach Art. 8 Abs. 2 Rom I-VO (ehemals Art. 30 Abs. 2 Nr. 1 EGBGB) – trotz abweichender Äußerungen auch in den großen BGB-Kommentaren – zur Anwendbarkeit des fremden Rechts[52]. Hierfür spricht nicht nur der Wortlaut der Norm, sondern auch praktische Erwägungen: Es muss möglich sein, auch bei fortbestehenden arbeitsrechtlichen Beziehungen im Inland während der Zeit der Tätigkeit für den ausländischen Arbeitgeber mit den übrigen dort tätigen Arbeitnehmern rechtlich gleichgestellt zu werden. Der ausländische Arbeitgeber wäre sonst zwingend gehalten, den zu ihm versetzten Arbeitnehmer anders zu behandeln als seine übrigen Arbeitnehmer. Das erscheint wenig hilfreich und umso mehr scheint es richtig, dem Wortlaut der Norm Folge zu leisten.

dd) Art. 8 Abs. 1 Rom I-VO – Günstigkeitsvergleich

Diese nur in groben Strichen zitierten Linien der objektiven Rechtsanknüpfung haben Bedeutung 13.16
nicht nur bei Fehlen einer Rechtswahl. Denn auch wenn Arbeitgeber und Arbeitnehmer sich auf ein bestimmtes anzuwendendes Recht geeinigt haben, ist das sich in objektiver Anknüpfung ergebende Recht zu ermitteln. Nach Art. 8 Abs. 1 Rom I-VO (ehemals Art. 30 Abs. 1 EGBGB) darf die Rechtswahl der Parteien nicht dazu führen, dass dem Arbeitnehmer der Schutz entzogen wird, der durch die zwingenden Bestimmungen des Rechts gewährt wird, das mangels einer Rechtswahl anzuwenden wäre. Die Gründe hierfür sind klar. Wenn dem Arbeitgeber das deutsche Arbeitsrecht nicht gefällt, könnte er den Arbeitnehmer bitten oder drängen doch das Arbeitsrecht Kambodschas anzuwenden.

---

47 S. Art. 6 Abs. 6 Richtlinie 90/220/EWG; Art. 12 Abs. 2 Richtlinie 90/219/EWG; § 29a Abs. 6 StVZO.

48 A.A. allerdings Cass., Ch. soc. v. 9.10.2001 [00–41452 00–41459], Bulletin 2001 V, S. 243: Bei 15-jähriger Entsendung eines Argentiniers nach Frankreich.

49 S. Änderungsrichtlinie 2018/957/EU, ABl. L 173/16 vom 9.7.2018.

50 S. zu den Folgen ausführlich *Franzen*, EuZA 2019, 9; *Riesenhuber*, NZA 2018, 1433.

51 So *Junker*, RIW 2001, 94 (95).

52 A.A. *Martiny* in MünchKomm/BGB, 7. Aufl. 2018, Art. 8 Rom I-VO Rz. 66; *von Hoffmann* in Soergel, Art. 30 EGBGB Rz. 52; wohl auch *Junker*, Internationales Arbeitsrecht im Konzern, 1992, S. 205; *Junker*, ZIAS 1995, 564 (577).

Dieses sieht einen jährlichen Mindesturlaub von einer Woche, keine Entgeltfortzahlung im Krankheitsfall, fast keinen Kündigungsschutz und keine Betriebsräte vor. Verlockende Bedingungen – und jeder Ruf nach Flexibilisierung des Arbeitsrechts wäre überflüssig. Das zwingende Arbeitnehmerschutzrecht soll dadurch oder etwa auch durch die Wahl U.S.-amerikanischen Rechts (kein bezahlter Mindesturlaub, keine Entgeltfortzahlung im Krankheitsfall, kein bezahlter Mutterschaftsurlaub, kein allgemeiner Kündigungsschutz, keine Betriebsräte) nicht umgangen werden können. **Geboten ist hier also ein Günstigkeitsvergleich zwischen dem gewählten und dem sich aus objektiver Anknüpfung ergebenden Recht**[53]. Hierzu ist einiges geschrieben worden. Unklar ist etwa, ob solch zwingende Schutzbestimmungen auch bei tarifdispositivem Recht vorliegen[54], ob die Günstigkeit objektiv oder subjektiv nach der Wahl des Arbeitnehmers zu bestimmen ist[55], und welche Parameter des Günstigkeitsvergleichs man im Einzelnen einbeziehen muss: Ist es die punktuelle Regelung, etwa die einzelne Kündigungsfrist, oder der gesamte Normenkomplex, also etwa alle Regelungen über die Beendigung von Arbeitsverhältnissen? Die wohl herrschende Meinung favorisiert einen **Sachgruppenvergleich**, wie er aus dem Tarifvertragsrecht bekannt ist, wenn auch das Verständnis dessen, was als Sachgruppe zu werten ist, wohl nicht ganz einheitlich ist[56]. Das dürfte im Ansatz richtig sein, obwohl beide Rechtsinstitute dogmatisch natürlich herzlich wenig miteinander zu tun haben. Dies braucht hier jedoch nicht vertieft zu werden, denn die praktische Bedeutung ist doch recht gering. In der deutschen Rechtsprechung ist keine einzige Entscheidung dokumentiert, in der es tatsächlich auf einen solchen Günstigkeitsvergleich ankam – in allen Fällen lag keine Rechtswahl vor oder sie entsprach dem in objektiver Anknüpfung anzuwendenden Recht. Der 1986 bei Einführung des Günstigkeitsgrundsatzes befürchtete Triumph der Rosinentheorie wurde also nicht gefeiert; die Praxis kann wohl mit ihm leben[57].

ee) Wechsel des Arbeitsvertragsstatuts

13.17 Ist einmal das Arbeitsvertragsstatut nach den dargestellten Regeln ermittelt worden, stellt sich zuweilen die Frage, ob es in dem späteren Verlauf des Arbeitsverhältnisses gewechselt wurde. Unterfällt ein Arbeitsvertrag von der Wiege bis zur Bahre zwingend einem Statut oder kann das anzuwendende Recht wechseln? Sicherlich möglich ist die **nachträgliche Rechtswahl**, wenn sich also Arbeitgeber und Arbeitnehmer einvernehmlich darauf einigen, das anzuwendende Recht auszutauschen.

Fehlt es an einer solchen Einigung, regeln Art. 3 Abs. 2 und 5 Rom-I-VO (ehemals Art. 24 Abs. 2 und 4 EGBGB) für das allgemeine Vertragsrecht, dass es allein auf den Zeitpunkt des Vertragsschlusses ankommt und spätere Änderungen das Vertragsstatut nicht zu ändern vermögen. Art. 8 Abs. 2 Rom I-VO (ehemals Art. 30 Abs. 2 Nr. 1 EGBGB) ist diese Beschränkung jedoch nicht zu entnehmen. Nach Ansicht des BAG[58] und auch der Literatur[59] kommt es bei einem dauerhaften Wechsel des Arbeitsortes zu einer Änderung des Arbeitsvertragsstatuts.

---

53 Eingehend BAG v. 21.3.2017 – 7 AZR 207/15, NJOZ 2018, 1744 (1756); BAG v. 10.4.2014 – 2 AZR 741/13, RIW 2014, 691 = ZTR 2014, 624.

54 S. hierzu *Junker*, Internationales Arbeitsrecht im Konzern, 1992, S. 259.

55 *Oetker* in MünchHdb/ArbR, 4. Aufl. 2018, § 11 Rz. 25 f.; für eine objektive Beurteilung: *Deinert*, Internationales Arbeitsrecht, 2013, § 9 Rz. 60.

56 *Deinert*, Internationales Arbeitsrecht, 2013, § 9 Rz. 58; *Magnus* in Staudinger, Art. 8 Rom-I-VO Rz. 84; *Oetker* in MünchHdb/ArbR, 4. Aufl. 2018, § 11 Rz. 26; *Martiny* in MünchKomm/BGB, 7. Aufl. 2018, Art. 8 Rom I-VO Rz. 42; *Junker*, Internationales Arbeitsrecht im Konzern, 1992, S. 267; *Schlachter*, NZA 2000, 57 (61) m.w.N.

57 Ebenso *Junker*, RIW 2001, 94 (107).

58 BAG v. 26.5.2011 – 8 AZR 37/10, ZIP 2011, 2023 = NZA 2011, 1143.

59 S. auch *Martiny* in MünchKomm/BGB, 7. Aufl. 2018, Art. 8 Rom I-VO Rz. 81; *von Hoffmann* in Soergel, Art. 30 EGBGB Rz. 41.

ff) Eingriffsnorm Art. 9 Rom I-VO – International zwingendes deutsches Recht

(1) Zwingender Charakter

Die gewählte oder sich durch objektive Anknüpfung ergebende Arbeitsrechtsordnung wird durch Art. 9 Rom I-VO (ehemals Art. 34 EGBGB) ergänzt. Danach bleiben von den Art. 3 ff. Rom I-VO (ehemals Art. 27 ff. EGBGB) unberührt die Anwendung der Bestimmung des deutschen Rechts, die ohne Rücksicht auf das im Vertrag anzuwendende Recht den Sachverhalt zwingend regeln. **Also auch wenn der Arbeitsvertrag grundsätzlich ausländischem Recht unterfällt, bleiben bestimmte Normen deutschen Rechts anwendbar.** 13.18

Art. 9 Rom I-VO (Art. 34 EGBGB) setzt wie auch Art. 8 Abs. 1 Rom I-VO (ehemals Art. 30 Abs. 1 EGBGB) zwingende Normen voraus, greift aber darüber hinaus, denn nicht jedes zwingende Gesetzesrecht zum Schutz des Arbeitnehmers ist auch international zwingend. Im Arbeitsrecht werden solche Bestimmungen als international zwingend angesehen, die nicht nur den Ausgleich zwischen den individuellen Parteiinteressen regeln wollen, sondern darüber hinaus aus Gemeinwohlinteressen unbedingt Geltung verlangen[60]. Diese besondere Zielrichtung einer Vorschrift ist oftmals schwer zu bestimmen, denn ob der gesetzliche Urlaubsanspruch eher dem Erholungsinteresse des Arbeitnehmers oder sozialpolitisch der Volksgesundheit zuzuordnen ist, ist eine Wertungsfrage, über die sich lange streiten lässt[61]. Nur aber, wenn mit hinreichender Sicherheit festgestellt werden kann, dass der Schutz eines öffentlichen Interesses tragender Beweggrund der Norm ist, ist die Sonderanknüpfung geboten[62]. Auch hier ist die Judikatur nur dünn gesät[63]. Zu den zwingenden Regeln sollen nach Ansicht des BAG die Vorschriften über die **Massenentlassung** und den **Kündigungsschutz von Betriebsräten**, in deren Rahmen nach § 15 KSchG und § 103 BetrVG staatliche Stellen und Betriebsverfassungsorgane und Gerichte eingeschaltet werden, gehören[64]. Dies gelte erst recht für den **Schwerbehinderten- und Mutterschutz**, dessen Durchsetzung durch öffentlich-rechtliche Erlaubnisvorbehalte gesichert ist[65]. Ebenso bilden die öffentlich-rechtlichen Normen des AÜG Eingriffsrecht i.S.d. Art. 9 Abs. 1 Rom-I-VO[66]. International zwingend sind auch die **Normen des AEntG**, wie mehrere instanzgerichtliche Urteile wohl zutreffend feststellten[67]. Auch das **AGG** ist wohl international zwingend[68]. 13.19

Demgegenüber hat das BAG den international zwingenden Charakter des allgemeinen Kündigungsschutzes und auch gegenüber der Regelungen zum Übergang des Arbeitsverhältnisses bei einem Betriebsübergang sowie der Vorschriften des Seemannsgesetzes über Heuer und Urlaubsgeld verneint[69]. 13.20

---

60 BAG v. 21.3.2017 – 7 AZR 207/15, NJOZ 2018, 1744 (1754); BAG v. 18.4.2012 – 10 AZR 200/11, NZA 2012, 1152 (1154); BAG v. 12.12.2001 – 5 AZR 255/00, AP Nr. 10 zu Art. 30 EGBGB; BAG v. 3.5.1995 – 5 AZR 15/94, BAGE 80, 84 (92); BAG v. 24.8.1989 – 2 AZR 3/89, AP Nr. 30 zu IPR Arbeitsrecht; *Deinert*, Internationales Arbeitsrecht, 2013, § 10 Rz. 22; *Magnus* in Staudinger, Art. 8 Rom-I-VO Rz. 58.

61 S. auch *Schlachter*, NZA 2002, 57 (62).

62 S. auch BAG v. 21.3.2017 – 7 AZR 207/15, NJOZ 2018, 1744 (1754); BAG v. 24.3.1992 – 9 AZR 76/91, ZIP 1992, 1158 = AP Nr. 28 zu IPR Arbeitsrecht (*Junker*).

63 Aus dem Schrifttum: *Oetker* in MünchHdb/ArbR, 4. Aufl. 2018, § 11 Rz. 47 ff.; *Martiny* in MünchKomm/BGB, 7. Aufl. 2018, Art. 9 Rom I-VO Rz. 58 ff.; *Schlachter* in ErfKomm, 20. Aufl. 2020, Art. 9 Rom-I-VO Rz. 21.

64 BAG v. 24.8.1989 – 2 AZR 3/89, AP Nr. 30 IPR Arbeitsrecht.

65 BAG v. 24.8.1989 – 2 AZR 3/89, AP Nr. 30 IPR Arbeitsrecht.

66 BAG v. 21.3.2017 – 7 AZR 207/15, NJOZ 2018, 1744 (1754); s. dazu ausführlich *Mankowski*, RdA 2018, 181 (185 f.).

67 Z.B. LAG Frankfurt/M. v. 5.3.2001 – 16 Sa 583/00, n.v.; LAG Frankfurt/M. v. 10.4.2000 – 16 Sa 1858/99, n.v.

68 S. *Thüsing*, Arbeitsrechtlicher Diskriminierungsschutz, 2. Aufl. 2013, S. 36, Rz. 83 f.; *Schrader/Straube*, NZA 2007, 184.

69 BAG v. 24.8.1989 – 2 AZR 3/89, SAE 1990, 317 m. Anm. *Junker*; BAG v. 29.10.1992 – 2 AZR 267/92, ZIP 1993, 850 = SAE 1984, 28 m. Anm. *Junker*; BAG v. 3.5.1995 – 5 AZR 4/94, SAE 1997, 31 m. Anm. *Magnus*.

Auch den Vorschriften zum Präventionsverfahren nach § 84 Abs. 1, 2 SGB IX wird ein solcher Charakter abgesprochen[70]. Das LAG Hessen verneinte den international zwingenden Charakter der Entgeltfortzahlung, da die Verknüpfung mit der Krankenversicherung, die auf öffentlich-rechtlichen Normen beruht und sicherlich der Wahrung eines öffentlichen Interesses dient, nur untergeordnete Bedeutung habe[71]. Auch der Zuschuss zum Mutterschaftsgeld nach § 14 Abs. 1 MuSchG sei keine Eingriffsnorm, da auch dieser Zuschuss das Arbeitsentgelt substituiert, das dem vor allem dem Individualinteresse des Arbeitnehmers dient[72]. Anders verhalte es sich demgegenüber mit dem Anspruch auf Erziehungsurlaub nach § 15 BErzGG a.F., den das LAG Hessen auf Grund seiner Verknüpfung mit dem in § 18 Abs. 1 BErzGG a.F. normierten Kündigungsverbot als international zwingende Bestimmung i.S.d. Art. 9 Rom I-VO (ehemals Art. 34 EGBGB) wertet und der sich damit auch gegenüber einem ausländischen Arbeitsvertragsstatut durchsetzt (§§ 15–21 BErzGG aufgehoben durch Gesetz v. 5.12.2006, BGBl. I 2006, 2748). Das ist nicht ganz unbestritten und auch hier atmet alles größte Unsicherheit[73].

(2) Hinreichender Inlandsbezug

13.21 Hier wie bei allen anderen Eingriffsnormen i.S.d. Art. 9 Rom I-VO (ehemals Art. 34 EGBGB) muss jedoch, anders als etwa das LAG Hessen es gesehen hat, stets geprüft werden, inwieweit der Sachverhalt, zu dessen Entscheidung das deutsche Gericht berufen ist, einen hinreichenden Inlandsbezug hat[74]. Dieses Erfordernis ist im Wortlaut der Norm nicht ausdrücklich enthalten, ergibt sich aber aus der Natur der zwingenden Regelungen: Am deutschen Wesen soll nicht das Arbeitsrecht fremder Länder genesen. Weisen alle Anknüpfungspunkte auf die Anwendbarkeit ausländischen Rechts hin, ist Art. 9 Rom I-VO (ehemals Art. 34 EGBGB) daher nicht anwendbar[75].

(3) Ausländische Eingriffsnormen

13.22 Nicht geregelt war früher die Frage, inwieweit ausländische Eingriffsnormen, also international zwingendes Recht fremder Staaten, entsprechend den Regelungen des deutschen IPR zu berücksichtigen sind. Eine spiegelbildliche Norm zu Art. 34 EGBGB fehlte, da die vergleichbare Vorschrift für fremde Eingriffsnormen in Art. 7 Abs. 1 EVÜ nicht umgesetzt wurde. Nach Art. 9 Abs. 3 Satz 1 Rom I-VO, die aufgrund ihrer Rechtsnatur unmittelbar gilt, „kann den Eingriffsnormen des Staates, in dem die durch den Vertrag begründeten Verpflichtungen erfüllt werden sollen oder erfüllt worden sind, Wirkung verliehen werden, soweit diese Eingriffsnormen die Erfüllung des Vertrages unwirksam werden lassen“. So ist eine Berücksichtigung ausländischer Eingriffsnormen nun vorgesehen, allerdings nicht zwingend („kann“). Damit ist die Lösung dieser Kollision noch immer von Relevanz. Wie bei allen Lücken im Gesetz ist auch hier die Füllung umstritten – ein alter Schulenstreit ist mangels Federstrich des Gesetzes noch nicht Makulatur. Der Weg kann über eine **Sonderanknüpfung** gehen. Danach ist das ausländische Recht in Durchbrechung des Vertragsstatuts anzuwenden, wenn im Einzelnen näher zu bestimmende Voraussetzungen gegeben sind. Diesen Weg geht auch das Schweizer IPR, wenn gem. Art. 19 IPRG die Bestimmungen eines anderen Rechts berücksichtigt werden können, wenn nach schweizerischer Rechtsauffassung schützenswerte und offensichtlich überwiegende Interessen einer Partei es gebieten und der Sachverhalt mit jenem Recht

70 BAG v. 22.10.2015 – 2 AZR 720/14, NZA 2016, 473 (480).

71 LAG Hessen v. 16.11.1999 – 4 Sa 463/99, NZA-RR 2000, 401; zustimmend *Junker*, RIW 2001, 94 (103); a.A. *Gamillscheg*, ZfA 1983, 307 (360); s. auch *Oetker* in MünchHdb/ArbR, 4. Aufl. 2018, § 11 Rz. 49.

72 Zustimmend *Junker*, RIW 2001, 94 (103); *Schlachter* in ErfKomm, 14. Aufl. 2014, § 14 MuSchG Rz. 1 f.

73 A.A. etwa *Franzen*, AR-Blattei, SD Nr. 920 Rz. 143; s. zusammenfassend zu bisher entschiedenen Fällen *Schlachter* in ErfKomm, 20. Aufl. 2020, Art. 9 Rom-I-VO Rz. 23 f.

74 *Von Bar*, Internationales Privatrecht, Bd. 2, 1991, Rz. 452; *Deinert*, Internationales Arbeitsrecht, 2013, § 10 Rz. 40; *Magnus* in Staudinger, Art. 9 Rom-I-VO Rz. 81 ff.; zur alten Rechtslage BAG v. 30.4.1987 – 2 AZR 192/86, AP Nr. 15 zu § 12 SchwerbG.

75 S. BGH v. 19.3.1997 – VIII ZR 316/96, ZIP 1997, 848 = NJW 1997, 1697 = RIW 1998, 287 (*Mankowski*); *E. Lorenz*, RdA 1989, 217 (227).

einen engen Zusammenhang aufweist[76]. Im deutschen Recht wird dies vertreten für alle am (ausländischen) Arbeitsort geltenden Vorschriften über die Arbeitszeit und die Sicherheit und Gesundheit der Arbeitnehmer[77].

Die Frage, welche Normen nach Art. 9 Abs. 3 Satz 1 Rom-I-VO von den Gerichten berücksichtigt werden dürfen, wurde inzwischen vom EuGH beantwortet: **Als Ausnahmevorschrift sei Art. 9 Rom-I-VO grundsätzlich eng auszulegen**, sodass nur solchen ausländischen Eingriffsnormen Rechtswirkung verliehen werden darf, die entweder dem Staat des Gerichts oder dem Staat, in dem die Vertragspflichten erfüllt werden, zuzurechnen sind[78]. Andere Normen dürfen nicht als Rechtsnormen angewandt werden – wohl aber auf materiell-rechtlicher Ebene als Tatsachen Berücksichtigung finden[79]. Ob eine Berücksichtigung der ausländischen Eingriffsnorm überhaupt erfolgt, liegt im Ermessen des Gerichts und kann insbesondere bei Unvereinbarkeit mit den Grundsätzen des nationalen Rechts unterbleiben[80]. 13.23

Vieles dürfte aber von den Gerichten nicht so heiß gegessen werden, wie es vom Schrifttum gekocht wird. Der Streit gewinnt nur dann an Bedeutung, wenn das ausländische Recht nicht bereits auf Grund Rechtswahl oder objektiver Anknüpfung Anwendung findet und der Sachverhalt dennoch einen solchen Auslandsbezug hat, dass das ausländische Recht Geltung beansprucht. Dies wird wohl nicht so oft der Fall sein, denn ausländische arbeitsrechtliche Vorschriften, insbesondere etwa die des englischen Rechts, zielen regelmäßig von vornherein nur auf die im normsetzenden Staat geleistete Arbeit ab[81]. Dort wird bereits Art. 12 Abs. 2 Rom I-VO (ehemals Art. 32 Abs. 2 EGBGB) die meisten Fälle abdecken; s. Rz. 13.25 ff. Im U.S.-amerikanischen Arbeitsrecht ist dies freilich anders – hier ist durchaus arbeitsrechtliches Sendungsbewusstsein für das Ausland festzustellen. Zahlreiche Vorschriften des Diskriminierungsrechts beanspruchen internationale Geltung. So heißt es etwa in Title VII des Civil Rights Act, dass Arbeitsverhältnisse mit amerikanischen Arbeitgebern außerhalb der USA dann erfasst werden, wenn der Arbeitnehmer U.S.-Bürger ist. Weiter noch geht der Age Discrimination Employment Act. Von ihm wird ein U.S.-Bürger auch dann erfasst, wenn er von einem ausländischen Arbeitgeber außerhalb der U.S.A. beschäftigt wird (s. § 11 [f] ADEA; ähnlich § 101 [4] ADA; § 702 [a] Title VII Civil Rights Act). Solche Normen würden also entsprechend dem bestätigten Ansatz der deutschen Arbeitsrechtsprechung im Rahmen deutscher Generalklauseln, etwa dem allgemeinen Gleichbehandlungsgrundsatz oder § 242 BGB Geltung erlangen können, will man denn nicht den Weg über eine Sonderanknüpfung gehen. 13.24

gg) Art. 12 Abs. 2 Rom I-VO – Berücksichtigung des Ortsrechts bei der Vertragserfüllung

Der letzte Schritt in der Suche nach dem anwendbaren Recht führt nun zu Art. 12 Abs. 2 Rom I-VO (ehemals Art. 32 Abs. 2 EGBGB). Danach ist für die Art und Weise der Vertragserfüllung das Recht des Erfüllungsortes „zu berücksichtigen". Nach den Gesetzgebungsmaterialien soll dies auch für die **Erfüllungsmodalitäten** im Arbeitsverhältnis gelten und man nennt als Beispiel etwa die **Feiertagsregelung**[82]. Feiertage am ausländischen Arbeitsort sollen daher auch für die Beschäftigten gelten, die 13.25

76 Monographisch: *Millauer*, Sonderanknüpfung fremder zwingender Normen im Bereich von Schuldverträgen [Art. 19 IPRG und Art. 7 Abs. 1 EVÜ], 2001.

77 *Oetker* in MünchHdb/ArbR, 4. Aufl. 2018, § 11 Rz. 23; *Martiny* in MünchKomm/BGB, 7. Aufl. 2018, Art. 8 Rom I-VO Rz. 121.

78 EuGH v. 18.10.2016 – C-135/15, ECLI:EU:C:2016:774, EuZW 2016, 940 (942).

79 EuGH v. 18.10.2016 – C-135/15, ECLI:EU:C:2016:774, EuZW 2016, 940 (942); in der Folge dann auch BAG v. 26.4.2017 – 5 AZR 962/16, AP Nr. 12 zu § 20 GVG.

80 EuGH v. 18.10.2016 – C-135/15, ECLI:EU:C:2016:774, EuZW 2016, 940 (942); OLG Frankfurt v. 25.9. 2018 – 16 U 209/17, NJW 2018, 3591 (3593).

81 S. dazu *Gamillscheg*, RIW 1979, 225; *Martiny* in MünchKomm/BGB, 7. Aufl. 2018, Art. 8 Rom I-VO Rz. 136.

82 BT-Drucks. 10/504, 82; hierzu auch *Junker*, Internationales Arbeitsrecht im Konzern, 1992, S. 297 m.w.N.

deutschem Arbeitsrecht unterfallen, selbst wenn dies andere oder mehr oder weniger Tage sein sollten als in Deutschland[83]. Ebenfalls werden dazugerechnet **Höchstarbeitszeiten** oder **Unfallverhütungsvorschriften**[84]. Hier ist Spielraum für sehr viel mehr. Weil die Arbeitsleistung stets Erfüllungshandlung ist, kann jedes Gesetz, was sie regelt, hierunter subsumiert werden.

13.26 Hinzu kann man auch Regelungen über die Vertragserfüllung durch den Arbeitgeber, etwa der Auszahlung des Arbeitsentgelts, zählen. In Deutschland haben wir das Truck-Verbot in § 107 Abs. 2 GewO und im ausländischen Recht gibt es Entsprechungen und zusätzliche Normen. So verbietet Art. 115 des Arbeitsgesetzbuchs Kambodschas die Entlohnung in Form von Alkohol und schädlichen Drogen, das philippinische Arbeitsgesetzbuch verbietet die Auszahlung des Lohns im Massagesalon[85]. Auch der Arbeitnehmer, der deutschem Recht unterfällt, würde sich also auf diese Normen berufen können – wenn er denn will.

3. Gerichtsstand

a) Grundsätze

13.27 Im Grundsatz richtet sich die Frage nach der internationalen Zuständigkeit eines inländischen Arbeitsgerichts nach den allgemeinen Regeln. **Danach führt die Bejahung der örtlichen Zuständigkeit des Arbeitsgerichts regelmäßig auch zur internationalen Zuständigkeit**[86]. Wenn also ein Gericht örtlich zuständig ist nach den allgemeinen Regeln, ist es nicht entscheidend, dass es sich um einen Sachverhalt mit Auslandbezug handelt, wenn auch mit Ausnahme einzelner Vorschriften (z.B. §§ 606a, 640a Abs. 2 ZPO, § 187 FamFG). Diese allgemeinen Regeln wurden für Klagen aus dem Arbeitsvertrag (nicht für Klagen aus Tarifvertrag und Betriebsvereinbarung) früher im Bereich der Europäischen Union durch das Europäische Gerichtsstands- und Vollstreckungsübereinkommen verdrängt[87]. Das Übereinkommen ist seit dem 1.3.2002 für die Europäische Union mit Ausnahme Dänemarks durch die Verordnung 44/2001 über die gerichtliche Zuständigkeit und die Anerkennung und Vollstreckung von Entscheidungen in Zivil- und Handelssachen (EuGVVO) abgelöst worden[88]. Diese enthält wie zuvor bereits das EuGVÜ besondere Zuständigkeitsregelungen für individuelle Arbeitsverträge in Art. 20 bis 23 (Art. 18 bis 21 a.F.). Die Regelungen entsprechen über weite Strecken denen des EuGVÜ[89]. Der Arbeitgeber, der seinen Wohnsitz im Hoheitsgebiet eines Mitgliedstaats hat, kann vor den Gerichten des Mitgliedstaats, in dem er seinen Wohnsitz hat, verklagt werden, Art. 21 Nr. 1 EuGVVO (Art. 19 Nr. 1 EuGVVO a.F.). Zusätzlich kann er gem. Art. 21 Nr. 2 EuGVVO (Art. 19 Nr. 2 EuGVVO a.F.) verklagt werden – parallel zur Systematik des Art. 8 Abs. 2 Rom I-VO (ehemals Art. 30 Abs. 2 EGBGB) – in einem anderen Mitgliedstaat vor dem Gericht des Ortes, an dem der Arbeitnehmer gewöhnlich seine Arbeit verrichtet, oder, wenn der Arbeitnehmer seine Arbeit gewöhnlich nicht in ein und demselben Staat verrichtet, vor dem Gericht des Ortes, an dem sich die Niederlassung, die den Arbeitnehmer eingestellt hat, befindet bzw. befand.

83 S. *Schlachter*, NZA 2000, 57 (63); s. BT-Drucks. 10/504, 82.

84 S. *Magnus* in Staudinger, Art. 12 Rom-I-VO Rz. 84 ff.; *Franzen*, AR-Blattei, SD Nr. 920 Rz. 132 f.; *Schlachter*, NZA 2000, 57 (62).

85 *Gefken*, NZA 1997, 304.

86 S. BAG v. 9.10.2002 – 5 AZR 307/01, NZA 2003, 339; BAG v. 17.7.1997 – 8 AZR 328/95, AP Nr. 13 § 38 ZPO Internationale Zuständigkeit; BAG v. 3.5.1995 – 5 AZR 15/94, AP Nr. 32 IPR Arbeitsrecht; v. 26.2.1985 – 3 AZR 1/83, AP Nr. 23 IPR Arbeitsrecht; BAG v. 10.4.1975 – 2 AZR 128/74, AP Nr. 12 IPR Arbeitsrecht.

87 EuGVÜ vom 27.9.1968 (BGBl. II 1972, 774).

88 ABl. Nr. L 12 v. 16.1.2001, S. 1 ff.; für das Verhältnis der übrigen EU-Staaten zu Dänemark ist das EuGVÜ unverändert bindend.

89 S. neben der Kommentierung in *Kropholler/von Hein*, Europäisches Zivilprozessrecht, 9. Aufl. 2011, insb. *Junker*, RIW 2002, 569 (574); aus dem ausländischen Schrifttum *Droz/Gaudemet-Tallon*, Rev. crit. d.i.p. 90 (2001), 601.

Drei Abweichungen bestehen jenseits dieses gegenüber dem früheren Recht unveränderten Grundmusters (s. Art. 3, 5 Nr. 1 EuGVÜ), die kurz umrissen werden sollen: 13.28

1. Für Arbeitgeber aus Drittstaaten, also solche, die nicht ihren Sitz in der Europäischen Union haben, war die Geltung des EuGVÜ unklar und umstritten[90]. Die EuGVVO trifft hier eine klare Regelung, indem sie für die Zuständigkeit in Arbeitssachen eine Zweigniederlassung, Agentur oder sonstige Niederlassung ausreichen lässt. Der Arbeitgeber ist so zu behandeln, als ob er dort seinen Wohnsitz hätte, Art. 20 Abs. 2 EuGVVO (Art. 19 Abs. 2 EuGVVO a.F.).

2. Neben der früheren Zuständigkeitsanknüpfung nach dem gewöhnlichen Arbeitsort ist zusätzlich die Zuständigkeit nach dem letzten gewöhnlichen Arbeitsort geschaffen worden. Das Arbeitsverhältnis wird also nicht in seinem gesamten Verlauf betrachtet, sondern nur die letzte Etappe, die **letzte Versetzungsstation**. Das ist wohl mehr als eine „kosmetische Regeländerung"[91]. Hat ein Arbeitnehmer bei Kündigung seines Arbeitsverhältnisses zuerst ein Jahr in Frankreich, dann ein Jahr in den Niederlanden und zuletzt ein Jahr in Belgien gearbeitet, wird man schwerlich ein Land als „gewöhnlichen Arbeitsort" ansehen können. Nach heutiger Rechtslage ist klar, dass der Arbeitnehmer in Belgien klagen kann[92]. Dieses Gericht hat dann – soweit für das Arbeitsvertragsstatut die objektive Anknüpfung maßgeblich war – für die vergangenen Abschnitte jeweils ausländisches Recht anzuwenden.

3. Die Privilegierung durch Art. 21 EuGVVO (Art. 19 EuGVVO a.F.) gegenüber den allgemeinen Regeln gem. Art. 4 und 5 EuGVVO gilt **nicht für die Klagen des Arbeitgebers**. Es bleibt damit bei der Regel des Art. 22 EuGVVO (Art. 20 EuGVVO a.F.), wonach die Klage des Arbeitgebers nur vor den Gerichten des Mitgliedstaats erhoben werden kann, in dessen Hoheitsgebiet der Arbeitnehmer seinen Wohnsitz hat. Diese Einschränkung sah das alte EuGVÜ nicht vor; wo der Arbeitnehmer klagen konnte, konnte auch der Arbeitgeber klagen.

b) Ein Blick auf die Rechtsprechung

Betreffs der Rechtsprechung des BAG zur internationalen Zuständigkeit ist zu berichten: Das Gericht konkretisierte den gewöhnlichen Arbeitsort, der nach Art. 5 Nr. 1 Halbsatz 2 LugÜ nicht nur die internationale, sondern auch die örtliche Zuständigkeit begründet, für den Fall, dass der Arbeitnehmer an mehreren Orten innerhalb eines Landes eingesetzt ist. Zu Recht orientierte es sich nicht an der Rechtsprechung zu § 29 ZPO, sondern versuchte eine Lösung orientiert an der Rechtsprechung des EuGH[93]. In einer anderen Entscheidung stellte es zutreffend fest, dass § 8 AEntG nicht nur die internationale Zuständigkeit deutscher Gerichte, sondern auch die sachliche Zuständigkeit der Gerichte in Arbeitssachen begründet[94]; ein drittes Judikat beschäftigte sich mit der Frage, wie in einem grenzüberschreitenden Sachverhalt ohne die allgemeinen Regeln verdrängendes Vertragsrecht der Erfüllungsort zu bestimmen ist, der eine örtliche und damit auch internationale Zuständigkeit begründen kann[95]. Auch entschied das BAG, dass eine Gerichtsstandsvereinbarung, die vor Entste- 13.29

---

90 S. *Junker*, ZZP Int 3 (1998), 179 (191) in Auseinandersetzung mit EuGH v. 15.2.1989 – 32/88, Slg. 1989, 341.

91 *Junker*, RIW 2001, 572 (574).

92 Ähnlich auch *Gottwald* in MünchKomm/ZPO, 5. Aufl. 2017, Art. 21 Brüssel Ia-VO Rz. 10; *Kropholler/von Hein*, Europäisches Zivilprozessrecht, 9. Aufl. 2011, Art. 19 EuGVO Rz. 6. S. den bereits nach altem Recht übereinstimmenden Ansatz des EuGH v. 27.2.2002 – C-37/00, ECLI:EU:C:2002:122, Slg 2002 I, 2013 und hierzu *Mankowski*, IPRax 2003, 21; a.A. noch *GA Jacobs* in den Schlussanträgen vom 18.10.2001.

93 BAG v. 29.5.2002 – 5 AZR 141/01, AP Nr. 17 zu § 38 ZPO Internationale Zuständigkeit (*Mankowski*) in Anknüpfung an EuGH v. 9.1.1997 – C-383/95, ECLI:EU:C:1997:7, AP Nr. 2 zu Art. 5 Brüsseler Abkommen.

94 BAG v. 11.9.2002 – 5 AZB 3/02, NZA 2003, 62.

95 BAG v. 9.10.2002 – 5 AZR 307/01, NZA 2003, 339. Im Übrigen s. BAG v. 20.4.2004 – 3 AZR 301/03, BB 2004, 2360: „Der für § 29 ZPO maßgebliche Erfüllungsort ist dem nach deutschem internationalem Privatrecht anzuwendenden materiellen Recht zu entnehmen (lex causae)".

hung der Streitigkeit getroffen wurde, für einen Arbeitnehmer nicht den Ausschluss der in der EuGVVO vorgesehenen Gerichtsstände bewirken dürfe; vielmehr könne lediglich die Befugnis begründet oder erweitert werden, unter mehreren zuständigen Gerichten zu wählen[96].

II. Internationale, konzerndimensionale Arbeitnehmerüberlassung

1. Rechtliche Zulässigkeit der konzerndimensionalen Arbeitnehmerüberlassung

13.30 Auch die grenzüberschreitende, konzerndimensionale Arbeitnehmerüberlassung ist in multinational agierenden Konzernen ein verbreitetes Instrument zur Flexibilisierung und marktorientierter Personalplanung. Sie muss sich hierbei aber – sofern deutsches Recht Anwendung findet – am AÜG messen lassen. Grundsätzlich bedarf eine Arbeitnehmerüberlassung der **Erlaubnis**. Fehlt diese, ist sie grundsätzlich verboten. § 1 AÜG enthält insoweit ein Verbot mit Erlaubnisvorbehalt. Eine fehlende Erlaubnis zur Arbeitnehmerüberlassung nach dem AÜG führt aber nicht zur Unerlaubtheit, wenn § 1 Abs. 3 Nr. 2 AÜG eingreift[97]. Davon ist auch bei gewerblicher (Rz. 13.31), grenzüberschreitender (Rz. 13.33) und wiederholter (Rz. 13.36) Überlassung auszugehen.

a) Konzernprivileg auch bei gewerbsmäßiger Arbeitnehmerüberlassung

13.31 Umstritten war, ob nach § 1 Abs. 3 Nr. 2 AÜG nur die Anwendbarkeit des AÜG auf die nichtgewerbsmäßige Arbeitnehmerüberlassung ausgeschlossen ist[98] oder ob der Ausnahmetatbestand auch die gewerbsmäßige Arbeitnehmerüberlassung erfasst[99]. Seit der Reform des AÜG im Jahre 2011 ist klar, dass es auf diese Unterscheidung nicht ankommt – entscheidend ist allein, ob die Überlassung gem. § 1 Abs. 1 Satz 1 AÜG im Rahmen der wirtschaftlichen Tätigkeit erfolgt[100].

13.32 Hierfür sprechen auch Sinn und Zweck der Ausnahmeregelung. Die konzerninterne Überlassung ist privilegiert, weil die Anwendung des AÜG lediglich eine bürokratische Förmlichkeit darstellte. Denn die Überlassungen betreffen nur den internen Arbeitsmarkt des Konzerns. Eine soziale Gefährdung des Leiharbeitnehmers ist daher nicht zu befürchten. Diese Überlegungen treffen sowohl auf die gewerbs- als auch auf die nichtgewerbsmäßige Überlassung zu. Der Sozialschutz des Arbeitnehmers wird auf dem konzerninternen Arbeitsmarkt nicht gefährdet, eine Beschränkung auf nichtgewerbsmäßige Überlassungen ist daher unnötig[101]. Nicht von § 1 Abs. 3 Nr. 2 AÜG erfasst ist hingegen die Überlassung durch Personalführungsgesellschaften, s. Rz. 13.37.

b) Konzernprivileg auch bei grenzüberschreitender Arbeitnehmerüberlassung

13.33 Der Umstand, dass die Arbeitnehmerüberlassung grenzüberschreitend erfolgt, steht der fehlenden Genehmigungspflicht nicht entgegen. Allerdings hat die ältere Rechtsprechung des BSG diese Frage offen gelassen[102]. Nach der herrschenden Ansicht in der Literatur aber gilt die Ausnahmevorschrift des § 1 Abs. 3 Nr. 2 AÜG auch für grenzüberschreitende Sachverhalte, in dem eine ausländische

---

96 BAG v. 10.4.2014 – 2 AZR 741/13, BB 2014, 2228.

97 S. zur umstrittenen Frage der unionsrechtlichen Konformität der Ausnahmevorschrift *Waas* in Thüsing, 4. Aufl. 2018, § 1 AÜG Rz. 206; *Wank* in ErfKomm, 20. Aufl. 2020, § 1 AÜG Rz. 86 m.w.N.

98 So *Ulber*, 5. Aufl. 2017, § 1 AÜG Rz. 455; *Becker/Wulfgramm*, § 1 AÜG Rz. 113; *Becker*, DB 1988, 2561 (2564); *Schaub*, BB 1998, 2106 (2111).

99 So die ganz herrschende Meinung, s. etwa *Waas* in Thüsing, 4. Aufl. 2018, § 1 AÜG Rz. 200; *Boemke/Lembke*, 3. Aufl. 2013, § 1 AÜG Rz. 191; *Urban-Crell/Schulz*, Arbeitnehmerüberlassung und Arbeitsvermittlung, Rz. 559; *Rüthers/Bakker*, ZfA 1990, 245 (301 f.); *Feuerborn*, WiVerw 2001, 190 (194). Ebenso das BAG v. 5.5.1988 – 2 AZR 795/87, ZIP 1989, 592 = AP AÜG § 1 Nr. 8 (III 2c der Gründe).

100 *Hamann* in Schüren/Hamann, 5. Aufl. 2018, § 1 AÜG Rz. 626.

101 Ebenso *Feuerborn*, WiVerw 2001, 190 (194).

102 BSG v. 7.11.1996 – 12 RK 79/94, BSGE 79, 214 = SozR 3-2400 § 5 Nr. 2.

Konzerntochter Arbeitnehmer einer deutschen Konzerntochter überlässt[103]. Lediglich *Ulber* ist ohne weitere Begründung der Ansicht, dass die grenzüberschreitende Arbeitnehmerüberlassung im Konzern nicht durch § 1 Abs. 3 Nr. 2 AÜG privilegiert wird[104]. Doch auch hier stützt sich die herrschende Meinung auf überzeugende Gründe und daher bestimmt sie auch die Praxis. Auch nach den Fachlichen Weisungen der Bundesagentur für Arbeit zum AÜG ist die grenzüberschreitende Arbeitnehmerüberlassung unproblematisch erfasst – hier heißt es:

„Der Begriff „Konzernunternehmen im Sinne des § 18 des Aktiengesetzes" gilt auch für die Arbeitnehmerüberlassung innerhalb multinationaler Konzerne; damit fällt auch die grenzüberschreitende Entsendung innerhalb eines Konzerns unter die Ausnahme des § 1 Abs. 3 Nr. 2."[105]

Die Ansicht der überwiegenden Literatur überzeugt aber nicht nur wegen ihrer offensichtlichen Praxistauglichkeit, sondern auch aus dogmatischer Sicht. Der Wortlaut des § 1 Abs. 3 Nr. 2 AÜG enthält keine Beschränkung auf inländische Konzerntöchter. Eine territoriale Einschränkung wird lediglich dadurch erreicht, dass nach den Kollisionsnormen deutsches Recht anwendbar sein muss und die Voraussetzungen des § 18 AktG erfüllt sein müssen[106]. 13.34

Eine weitere Vertiefung der Argumente ist möglich, scheint aber angesichts der klaren Praxis unnötig. Nur ergänzend sei darauf hingewiesen, dass das AÜG damit teilweise anders als das österreichische Recht wertet. Hier ist die Frage in § 1 Abs. 2 Nr. 5 Arbeitskräfteüberlassungsgesetz ausdrücklich angesprochen, doch die dortigen Einschränkungen gegenüber § 1 Abs. 3 AÜG fehlen im deutschen Recht gerade. Auch daher liegt eine Argumentation *ex contrario* nahe. 13.35

„(2) Ausgenommen vom Geltungsbereich der Abschnitte II bis IV dieses Gesetzes ist …

5. die Überlassung von Arbeitskräften zwischen Konzernunternehmen innerhalb eines Konzerns im Sinne des § 15 des Aktiengesetzes 1965, BGBl. Nr. 98, und des § 115 des Gesetzes über Gesellschaften mit beschränkter Haftung, RGBl. Nr. 58/1906, sofern der Sitz und der Betriebsstandort beider Konzernunternehmen innerhalb des EWR liegt und die Überlassung nicht zum Betriebszweck des überlassenden Unternehmens gehört;"[107]

c) Voraussetzung der „vorübergehenden" Entsendung durch Höchstdauer konkretisiert

Bis zur Reform des AÜG im Jahre 2011 enthielt der Ausnahmetatbestand des § 1 Abs. 3 Nr. 2 AÜG noch die Voraussetzung der lediglich vorübergehenden Entsendung des Arbeitnehmers. Später war das Merkmal in § 1 Abs. 1 Satz 2 AÜG a.F. enthalten. Die bestehenden Streitigkeiten zur Auslegung des Begriffs „vorübergehend" – wobei dieser überwiegend weit ausgelegt wurde[108] – sind durch die Reform im Jahre 2017 entschärft worden: Seitdem besteht eine Höchstüberlassungsdauer von 18 Monaten, § 1 Abs. 1b AÜG. Dem Merkmal „vorübergehend" kommt daher keine eigene Bedeutung mehr zu[109]. 13.36

103 *Waas* in Thüsing, 4. Aufl. 2018, § 1 AÜG Rz. 233; *Boemke/Lembke*, 3. Aufl. 2013, § 1 AÜG Rz. 193; *Hamann* in Schüren/Hamann, 5. Aufl. 2018, § 1 AÜG Rz. 630; *Urban-Crell/Schulz*, Arbeitnehmerüberlassung und Arbeitsvermittlung, Rz. 566; *Feuerborn*, WiVerw 2001, 190 (196).

104 *Ulber*, 5. Aufl. 2017, § 1 AÜG Rz. 467.

105 Bundesagentur für Arbeit, Fachliche Weisungen Arbeitnehmerüberlassungsgesetz, Stand 1.8.2019, Ziff. 1.4.2 Abs. 6.

106 *Wank* in ErfKomm, 20. Aufl. 2020, § 1 AÜG Rz. 88; *Waas* in Thüsing, 4. Aufl. 2018, § 1 AÜG Rz. 232; *Rüthers/Bakker*, ZfA 1990, 245 (297 f.); *Feuerborn*, WiVerw 2001, 190 (196 f.).

107 S. hierzu *Sacherer* in Sacherer/Schwarz, Arbeitskräfteüberlassungsgesetz, S. 91 ff.

108 S. etwa BAG v. 10.7.2013 – 7 ABR 91/11, ZIP 2013, 2275 = NZA 2013, 1296; kritisch *Thüsing*, NZA 2014, 10 ff. und NZA 2013, 1248 ff.

109 So auch *Waas* in Thüsing, 4. Aufl. 2018, § 1 AÜG Rz. 118; vgl. auch *Hamann* in Schüren/Hamann, 5. Aufl. 2018, § 1 AÜG Rz. 321.

Ersetzt wurde es durch die Anforderung, der Arbeitnehmer dürfe nicht zum Zweck der Überlassung eingestellt und beschäftigt werden. Dies stellt klar, dass insbesondere Personalführungsgesellschaften – wie bisher – nicht vom Privilegierungstatbestand des § 1 Abs. 3 Nr. 2 AÜG erfasst werden.

d) Keine Privilegierung von Personalführungsgesellschaften

13.37 „Reine Personalführungsgesellschaften, deren einziger Zweck die Einstellung und Beschäftigung von Arbeitnehmern ist, die dann zu anderen Konzernunternehmen entsandt werden, unterliegen weiter den Bestimmungen des AÜG“[110]. Das BAG hat dieses Verständnis übernommen[111]. Entscheidend ist für die Personalführungsgesellschaft, dass diese keine eigene Beschäftigungsmöglichkeit hat[112]. Wie sollte man auch sonst die Personalführungsgesellschaft von anderen, privilegierten Gesellschaften sicher abgrenzen? Bei einer Personalführungsgesellschaft erfolgt die Beschäftigung ausschließlich (!) im Wege der Verleihung und Überlassung. Auch hier also gilt wiederum: Arbeitet der Arbeitnehmer, der nach Deutschland verliehen wird, auch bei seinem ausländischen Arbeitgeber, ist er also nur zeitweise Leiharbeitnehmer, aber eben auch regulärer Arbeitnehmer seines Arbeitgebers, dann schließt dies eine Anwendung von § 1 Abs. 3 AÜG nicht aus[113].

2. Sozialversicherungspflicht bei internationaler Arbeitnehmerentsendung

13.38 Ist nun geklärt, ob die internationale Arbeitnehmerentsendung überhaupt rechtlich zulässig ist, führt dies im zweiten Schritt dann ins Sozial- und Kollisionsrecht – also zur Frage, ob der verleihende Arbeitgeber entsprechend den Regeln des internationalen Sozialversicherungsrechts auch der Beitragspflichtige (in der ausländischen Sozialversicherung) ist oder ob dies trotz fehlender Arbeitgeberstellung der Entleiher (im Hinblick auf die deutsche Sozialversicherung) ist.

a) Das allgemeine Prüfungsraster

13.39 Es besteht kein sozialpflichtiges Beschäftigungsverhältnis, wenn dem deutschen Entleiher im Rahmen erlaubter Arbeitnehmerüberlassung Arbeitnehmer überlassen wurden[114]. Ein sozialversicherungspflichtiges Beschäftigungsverhältnis besteht dann nur gegenüber dem Verleiher, nicht gegenüber dem Entleiher. Gem. § 28e Abs. 1 SGB IV hat allein der Arbeitgeber, d.h. der Verleiher, den Sozialversicherungsbeitrag sowie die Beiträge zur Berufsgenossenschaft zu zahlen[115]. Liegt eine erlaubte Arbeitnehmerüberlassung vor, dann ist – ebenso wie bei anderen grenzüberschreitenden Sachverhalten – der **Schwerpunkt der Beschäftigung** für die Sozialversicherungspflicht entscheidend[116]. Zugleich ist der Schwerpunkt des Beschäftigungsverhältnisses entscheidend für die Versicherungspflicht in Entsendungsfällen auch dort, wo es sich nicht um grenzüberschreitende Arbeitnehmerüberlassung handelt.

---

110 BT-Drucks. 10/3206, 33.

111 BAG v. 9.2.2011 – 7 AZR 32/10, NZA 2011, 791; BAG v. 20.4.2005 – 7 ABR 20/04, NZA 2005, 1006.

112 Übereinstimmend *Boemke/Lembke*, 3. Aufl. 2013, § 1 AÜG Rz. 190; *Hamann* in Schüren, 5. Aufl. 2018, § 1 AÜG Rz. 645 ff.; *Waas* in Thüsing, 3. Aufl. 2012, § 1 AÜG Rz. 199.

113 So wohl auch *Hamann* in Schüren/Hamann, 5. Aufl. 2018, § 1 AÜG Rz. 658 ff.; *Kock* in BeckOK Arbeitsrecht, 54. Ed. (Stand 1.12.2019), § 1 AÜG Rz. 222; a.A. LAG Thüringen v. 23.11.2016 – 6 Sa 283/15, BeckRS 2016, 111694.

114 S. hingegen zum Fall unerlaubter Arbeitnehmerüberlassung BSG v. 29.6.2016 – B 12 R 8/14 R, ZIP 2017, 389 = BB 2017, 382; *Zieglmeier* in KassKomm, 106. EL September 2019, § 6 SGB IV Rz. 53 ff.; *Zieglmeier*, NZS 2017, 321 (326).

115 S. auch *Zieglmeier*, NZS 2017, 321 (322).

116 BSG v. 7.11.1996 – 12 RK 79/94, BSGE 79, 214 = SozR 3-2400 § 5 Nr 2; bestätigt etwa in BSG v. 17.12. 2015 – B2 U 1/14 R, BeckRS 2016, 68682.

b) Keine Doppelversicherung

Ist damit der Schwerpunkt des Beschäftigungsverhältnisses für die Sozialversicherungspflicht entscheidend, kann es nur ein entweder oder geben: Liegt er im Ausland, dann besteht eine Versicherungspflicht im Entsendestaat, liegt er in Deutschland, dann besteht eine Versicherungspflicht in Deutschland. **Eine doppelte Versicherungspflicht in beiden Ländern für dieselbe Zeit kann es nicht geben.** 13.40

c) Schwerpunkt des Beschäftigungsverhältnisses

Entscheidende Frage ist damit, wo der Schwerpunkt des Beschäftigungsverhältnisses der entsandten Arbeitnehmer liegt. Das gilt in jedem Entsendungsfall – unabhängig davon, ob es sich hier um Arbeitnehmerüberlassung handelt oder nicht. Hier aber sind auch die ganz grundlegenden Weichenstellungen noch nicht abschließend vollzogen. 13.41

aa) Eingliederung in den Betrieb

Erster Anknüpfungspunkt ist hier die Eingliederung in den Betrieb[117]. Dies betont zu Recht das BSG in seiner Leitentscheidung vom 7.11.1996. Die Ausführungen des BSG in dieser Entscheidung – wie auch in den nachfolgenden bestätigenden Judikaten – müssen dahingehend verstanden werden, dass für eine Verlagerung des Schwerpunkts des Beschäftigungsverhältnisses weg vom Vertragsarbeitgeber die Eingliederung in einen fremden Betrieb und *kumulativ* die Entgeltzahlung durch den Betriebsinhaber entscheidend sind. Allein auf die Eingliederung abzustellen, kann regelmäßig nicht gewollt sein, schon weil dies ein klarer Widerspruch zu den nicht-grenzüberschreitenden, rein nationalen Sachverhalten ist: Bei der Arbeitnehmerüberlassung, bei der eine Eingliederung in den fremden Betrieb oftmals oder sogar regelmäßig gegeben sein wird, besteht nach § 28e Abs. 1 SGB IV eine Pflicht zur Abführung des Gesamtsozialversicherungsbeitrags nur für den Verleiher als Arbeitgeber, nicht für den Entleiher. Hierbei wird gewerbsmäßige wie nicht gewerbsmäßige Sozialversicherung gleich behandelt. Es macht keinen Sinn, den Schwerpunkt eines Beschäftigungsverhältnisses beim Entleiher zu sehen, um damit einen Entsendungsfall zu verneinen und zur Anwendbarkeit deutschen Rechts zu kommen, wenn eben dieses deutsche Recht sagt, dass der Entleiher keinen Sozialversicherungsbeitrag schuldet. 13.42

Was das BSG unter Eingliederung versteht, hat es in seiner Entscheidung vom 7.11.1996 näher ausgeführt. Es folgt hierbei Ansätzen außerhalb des internationalen Sozialrechts. Nach diesen Maßstäben ist regelmäßig von einer Eingliederung des entliehenen Arbeitnehmers für die Zeit in Deutschland auszugehen. Dies zeigt jedoch nur, dass abhängige Beschäftigung in Deutschland vorliegt, wie die Bezugnahme auf die Rechtsprechung zur Abgrenzung selbständiger Tätigkeit deutlich macht. Dies allein reicht für sich allein jedoch nicht, um den Schwerpunkt der Beschäftigung in Deutschland zu sehen – sonst wäre es, wie dargelegt (Rz. 13.33), bei jeder grenzüberschreitenden Arbeitnehmerüberlassung der Fall. 13.43

bb) Entgeltzahlung

Zusätzlich zur Eingliederung verlangt das BSG die Zahlung des Arbeitsentgelts. Entscheidend war jedoch für die Rechtsprechung des Bundessozialgerichts nicht allein, dass dem Arbeitnehmer „die wesentlichen Teile seines Gehalts im Inland ausgezahlt" wurden, sondern auch, dass sie von der deutschen Gesellschaft „steuerlich als Betriebsausgabe geltend gemacht worden sind"[118]. Hieran knüpfen auch die Richtlinien zur versicherungsrechtlichen Beurteilung von Arbeitnehmern bei Ausstrahlung (§ 4 SGB IV) und Einstrahlung (§ 5 SGB IV) in Abschn. 6.19 an. 13.44

---

117 BSG v. 7.11.1996 – 12 RK 79/94, BSGE 79, 214 = SozR 3-2400 § 5 Nr 2; so auch BSG v. 17.12.2015 – B2 U 1/14 R, BeckRS 2016, 68682.

118 BSG v. 7.11.1996 – 12 RK 79/94, BSGE 79, 214 = SozR 3-2400 § 5 Nr. 2.

d) Zwingende Berücksichtigung der zeitlichen Dimension

13.45 Unklar ist, wie darüber hinaus die zeitliche Dimension zu berücksichtigen ist: Wo arbeiten die Arbeitnehmer für die meiste Zeit? Die erläuternden Bundestagsdrucksachen und ihm folgend das BSG deuten dies selber an, indem sie darauf abstellen, „bei welchem Betrieb des Konzerns der Schwerpunkt der rechtlichen und tatsächlichen Merkmale des Beschäftigungsverhältnisses liegt." Eine Arbeitnehmerüberlassung, die sich zeitlich überwiegend in Deutschland vollzieht, bei der der Arbeitnehmer also die Haupttätigkeit in Deutschland ausübt und nicht in vergleichbarem und erweitertem Umfang im Ausland beschäftigt ist, hat seinen Schwerpunkt tatsächlich in Deutschland und es erschien als eine Umgehung, ihn nicht der deutschen Sozialversicherungspflicht zu unterwerfen. So wäre etwa vorstellbar, dass ein Arbeitnehmer von einem französischem Konzernunternehmen für Jahre nach Deutschland entsandt wird, in Frankreich nur sehr kurzfristig arbeitet und dennoch die französische Sozialversicherung eingreifen soll. Dies erscheint wenig sinnvoll. Das Ergebnis wird durch eine Einbeziehung der zeitlichen Dimension verhindert. Dass das BSG in seiner Entscheidung vom 7.11.1996 selber nicht auf die zeitliche Dimension einging, ist verständlich: Dort sollte die Entsendung viele Jahre betragen, sodass der zeitliche Schwerpunkt klar in Deutschland lag. In einem solchen Fall schiene es vertretbar, auch bei reiner Arbeitnehmerüberlassung den Schwerpunkt des Beschäftigungsverhältnisses in Deutschland zu sehen.

e) Europarechtliche Bestätigung

13.46 All dies findet europarechtliche Bestätigung. Nicht für den Bereich der Sozialversicherungsabkommen, jedoch für den sehr vergleichbaren Sachverhalt der ehemaligen Richtlinie 1408/71 hat der EuGH in der Entscheidung *Fitzwilliam* vom 10.2.2000 die entscheidenden Weichenstellungen vorgegeben[119]. Der EuGH hat in der Klage eines Unternehmens der gewerblichen Arbeitnehmerüberlassung mit Sitz in Irland entschieden, das irische Arbeitnehmer einem Entleiher in den Niederlanden überlassen hatte. Der EuGH entschied, dass in der gegebenen Konstellation ein Fall der Ausstrahlung anzunehmen sei, stellte dies aber unter die zusätzliche Voraussetzung, dass der Verleiher selbst der Sozialversicherung eines Sitzstaats zugeordnet werden könne. Das nimmt der EuGH an, wenn der Verleiher in dem Entsendestaat eine Betriebsstätte unterhält und er dort gewöhnlich eine nennenswerte Geschäftstätigkeit ausübt. Damit werde möglichen Missbrauchsfällen ein Riegel vorgeschoben: Wer als Arbeitgeber selbst keinen ausreichenden Bezug zur Sozialversicherung eines Mitgliedstaats hat, kann dies auch nicht Leiharbeitnehmern vermitteln, die er an andere Mitgliedstaaten verleiht. Der EuGH gab sodann dem Rechtsanwender Kriterien an die Hand, wonach der erforderliche Bezug zum Sitzstaat hergestellt werden kann. Zunächst kann die Entsendung nur angenommen werden, wenn während ihrer Dauer die arbeitsrechtliche Bindung an den entsendenden Arbeitgeber aufrechterhalten bleibt; insofern führt der EuGH die Linie seiner früheren Rechtsprechung fort[120]. Eine Weiterentwicklung enthielt das Urteil jedoch im Hinblick auf die Feststellung des ausreichenden Bezugs zum Sitzstaat des Verleihers: Ob eine nennenswerte Geschäftstätigkeit im Sitzstaat vorliegt, ist im Wege einer Gesamtschau festzustellen. Der EuGH nennt eine Reihe von Indizien, die dabei zu berücksichtigen sind, betont jedoch ausdrücklich dabei, dass die Auflistung nicht erschöpfend ist:

- der Ort, an dem das Zeitarbeitsunternehmen seinen Sitz und seine Verwaltung hat,
- die Zahl der dort in der Verwaltung beschäftigten Arbeitnehmer,
- der Ort, an dem die entsandten Arbeitnehmer eingestellt werden,
- der Ort, an dem ein Großteil der Verträge mit den Kunden abgeschlossen wird,
- das Recht, dem diese Verträge unterliegen,
- der in dem jeweiligen Mitgliedstaat erzielte Umsatz.

119 EuGH v. 10.2.2000 – C-202/97, ECLI:EU:C:2000:75 – Fitzwilliam, Slg. 2000, I-883 = ZIP 2000, 468.
120 EuGH v. 5.12.1967 – 19/67 – Van der Vecht, Slg. 1967, 462; EuGH v. 17.12.1970 – 35/70 – Manpower, Slg. 1970, 1251.

Es wird nicht verlangt, dass die Mehrzahl der Leiharbeitnehmer im Entsendestaat eingesetzt werden müssen. Unerheblich ist zudem die Art der Arbeiten, die einerseits die innerhalb des Sitzstaates verbliebenen Arbeitnehmer und andererseits die Arbeitnehmer verrichten, die in das Gebiet eines anderen Mitgliedstaates entsandt werden[121]. Diese Entscheidung wurde in der Literatur allgemein begrüßt[122] und zwar zu Recht. 13.47

3. Sozialversicherungsfreiheit aufgrund bindender Feststellungen des ausländischen Sozialversicherungsträgers

Umstritten ist die Frage, wie sich eine Bescheinigung eines ausländischen Sozialversicherungsträgers, die die sozialrechtliche Zuordnung des Leiharbeitnehmers bindend festlegt (sog. A-1 -Bescheinigung, früher E-101), auf die nach deutschem Recht bestehende Versicherungspflicht auswirkt. Dies hat insbesondere im Rahmen unerlaubter Arbeitnehmerüberlassung im Hinblick auf §§ 9, 10 AÜG tiefgreifende Auswirkungen. Während zum Teil eine gestaltende Wirkung einer A-1-Bescheinigung abgelehnt wird[123], geht die Gegenansicht – und hierbei insbesondere der EuGH – vom Vorrang der europäischen Regelung und damit von einer abschließenden Zuordnung durch die A-1-Bescheinigung aus[124]. 13.48

III. Transnationale Vereinbarungen mit Gewerkschaften – *International Framework Agreements (IFAs)*

International agierende Konzerne treffen in den jeweiligen Einzelstaaten auf unterschiedliche arbeitsrechtliche Niveaus. Öffentlichkeitswirksam wird von Arbeitnehmerseite häufig eine Vereinheitlichung der Schutzstandards innerhalb eines Konzerns unabhängig vom jeweils einschlägigen nationalen Arbeitsrecht gefordert. Es stellt sich die Frage: Internationaler Arbeitsmarkt – nationales Arbeitsrecht? Der Gegensatz führt zu Friktionen. Versuche, dies zu überwinden, gab es schon immer, doch die prominenteste nicht-staatliche Initiative sind sicherlich die *International Framework Agreements (IFAs)*. Die haben noch keine allzu lange Geschichte, doch mehren sie sich im Zuge fortschreitender Globalisierung auch des Wirtschaftslebens; die rechtlichen Wirkungen und Grenzen bleiben – dessen ungeachtet – weitgehend ungeklärt[125]. *IFAs* verdanken ihre vermehrte Entstehung in jüngster Vergangenheit insbesondere zwei Strömungen: zum einen sind sie Ausdruck des Wunschs nach öffentlicher Dokumentation einer *Corporate Social Responsibility*, zum anderen sind sie auf dem Willen, ethisch verantwortliches Verhalten nicht einseitig und national, sondern international und im kooperativen Dialog aller am Unternehmen beteiligten Stakeholder zu erarbeiten[126]. 13.49

1. Herkommen und Geschichte der *IFAs*

Die erste Vereinbarung eines *IFA* im modernen Sinne liegt über 30 Jahre zurück. Partner waren der französische Lebensmittelhersteller Danone und die *International Union of Food, Agricultural, Hotel,* 13.50

---

121 Insofern im Anschluss an EuGH v. 5.12.1967 – 19/67 – Van der Vecht, Slg. 1967, 462.

122 *Nowak/Reiter*, ZESAR 2005, 53.

123 *Zieglmeier* in KassKomm, 106. EL September 2019, § 6 SGB IV Rz. 54; *Zieglmeier*, NZS 2017, 321 (326).

124 So EuGH v. 6.9.2018 – C-527/16, ECLI:EU:C:2018:669, NZA 2018, 1253; *Diepenbrock* in Schüren/Hamann, 5. Aufl. 2018, Einl. AÜG Rz. 836; *Ulber*, 5. Aufl. 2017, Einl. AÜG Rz. 36.

125 Aus dem juristischen Schrifttum zum IFA bislang lediglich *Krebber*, EuZA 2008, 141; *Kocher*, RdA 2004, 27; *Seifert*, ZIAS 2006, 205 (221); s. auch *Seifert*, International Journal of Comparative Labour Law and Industrial Relations, 2008, vol. 24, n° 3, 327–348; aus dem französischen Schrifttum *Paris*, Droit Social 2007, 2026 (2032); *Moreau*, Droit Social, 2009, n°1, Jan., 93; aus dem US-Schrifttum *Herrnstadt*, Are International Framework Agreements a Path to Corporate Social Responsibility, 10 U. Oa. J. Bus. & Emp. L. 187 (2007); s. auch *Bronfenbrenner*, Global Unions: Challenging Transnational Capital through Cross-Border-Campaigns, 2007.

126 Ausführlich *Thüsing*, RdA 2010, 78.

Restaurant, Catering, Tobacco and Allied Workers Associations (IUF). Dieser Vereinbarung folgten zahlreiche weitere Vereinbarungen zwischen multinationalen Unternehmen und internationalen Branchengewerkschaften. Gerade in jüngerer Zeit finden sich mehr und mehr dieser Vereinbarungen. Zählte man 2005 noch 38 solcher Vereinbarungen[127], waren es im Mai 2007 schon 53 *IFAs*[128], Ende des Jahres schon 62[129], im Oktober 2008 dann 72[130]. Im Jahr 2011 zählt die IFA Datenbank der EU 107, im Jahr 2014 131 und schließlich 321 globale Rahmenvereinbarungen im Mai 2019[131]. Hierunter fallen 46 Vereinbarungen mit deutschen Unternehmen, von großen Konzernen wie ehemals DaimlerChrysler (jetzt: Daimler und Chrysler) und Hochtief bis zu kleineren Unternehmen wie Schwan-Stabilo und Faber-Castell. Auffällig ist hier schon die große Bandbreite der unterzeichnenden Parteien auf Arbeitnehmerseite. Die konstituierende Unterschrift eines globalen Gewerkschaftsverbandes wurde oftmals begleitet von der Unterschrift einer nationalen Gewerkschaft und/oder des Europäischen Betriebsrats.

13.51 Die Auswahl dieser zusätzlichen Vertragsparteien unterscheidet sich insbesondere nach der Branche des Unternehmens, seiner Nationalität und auch nach der Orientierung der Weltarbeitnehmerorganisation. Dies führt auch zu erheblichen Unterschieden in der Abfassung und Detailtreue des Textes. Während einige internationale Branchengewerkschaften ein Standardmodell für *IFAs* entwickelt haben[132], haben andere Unternehmen in spezifischer Ansehung ihrer betrieblichen Besonderheiten Texte verfasst.

13.52 Bei einigen wurden spezifische, präzise ausformulierte Rechte formuliert, bei anderen handelte es sich um sehr weit gefasste ***Policy Statements***. Ihnen allen ist jedoch gemein, dass für die Gewerkschaften die *IFAs* ein Weg sind, die Anerkennung der Organisation und der Arbeitnehmerrechte auf globaler Ebene zu fördern, besonders in Regionen und Ländern, in denen die nationale Arbeitsgesetzgebung unzureichend ist oder nicht durchgesetzt wird. Staatliche Regulation und Normdurchsetzung wird durch private Selbstverpflichtung und nicht rechtliche Sanktionsinstrumente ergänzt.

13.53 Auffällig ist dabei, dass *IFAs* bislang vor allem unter **europäischen Unternehmen und Konzernen verbreitet sind**. Das Abkommen zwischen Chiquita und der Latin-American Coordination of Banana Workers Unions (COLSIBA) im Jahr 2001 war lange Zeit das einzige US-amerikanische Abkommen. 2005 zog Coca-Cola nach. In der Zeit von 2008 bis 2012 wurden weitere Abkommen abgeschlossen. Insgesamt kommen die USA, eine der führenden Wirtschaftsmächte in der Welt, aktuell jedoch nur auf 6 transnationale Rahmenvereinbarungen. Das Ganze ist also mehr eine europäische denn eine wirklich globale Angelegenheit.

13.54 **Umfassende vergleichende Analysen** dieser Vereinbarungen existieren bislang nicht. Erste Versuche einer Ordnung führen jedoch zur Unterscheidung zwischen *rights agreements*, die auf Arbeitnehmerrechte fokussieren, und *bargaining agreements*, die auf den sozialen Dialog und die Informationsmöglichkeiten der Gewerkschaften auf nationaler und internationaler Ebene fokussieren[133].

---

127 *Hammer*, Transfer 2005, 516.

128 Eurofound, European Foundation for the Improvement of Living and Working Conditions, Codes of Conduct and International Framework Agreements: New Forms of Governance at Company Level, 2008, S. 13 ff.

129 *Papadakis*, (Ed.) (2008): Cross-border Social Dialogue and Agreements: an emerging global industrial relations framework? International Institute for Labour Studies and International Labour Office.

130 So die Zählung von Eurofound, http://www.eurofound.europa.eu/areas/industrialrelations/dictionary/definitions/internationalframeworkagreement.htm; Ein Nachweis über die bestehenden *IFAs* findet sich unter http://www.orse.org/site2/index.php?page=167; s. auch die Nachweise bei *Hammer*, Transfer 2005, 511 (516).

131 S. EU-Database on transnational company agreements, http://ec.europa.eu/social/main.jsp?catId=978&langId=en abgerufen am 12.5.2020.

132 So z.B. für den Metallbereich die IMB-Mustervereinbarung, veröffentlicht in IG Metall (Hrsg.), Soziale Mindeststandards in multinationalen Unternehmen, 2004, S. 22 ff.

133 S. insbesondere *Hammer*, Transfer 2005, 511 (516).

Ausführlichste und neueste inhaltliche Untersuchung seitens neutraler Stelle ist der Abschlussbericht der von der Europäischen Kommission eingesetzten Sachverständigengruppe. Über zwei Jahre hat die Expertengruppe einen umfassenden Bericht zu *IFA* verfasst und im Jahr 2012 veröffentlicht[134]. Im gleichen Jahr hat die Kommission ein Arbeitspapier zur weiteren Behandlung und Förderung der *IFA* auf europäischer Ebene herausgegeben[135]. Eine frühere Analyse aus März 2008 stammt von der European Foundation for the Improvement of Living and Working Conditions: „Codes of Conduct and International Framework Agreements: New Forms of Governance at Company Level"[136]. Daneben hat die Generaldirektion 5 ein gutes Arbeitspapier zu ihrem Study-Seminar „Transnational Agreements" vom 17.5.2006 herausgebracht, das ebenfalls eine neutrale Bestandsaufnahme der bisherigen Vereinbarung – auch über den engen Begriff des *IFA* hinaus – beinhaltet[137]. Auf diese Bestandsaufnahme sowie auf einzelne *IFAs*, soweit sie veröffentlicht wurden, wird in der folgenden vergleichenden Gesamtschau Bezug genommen.

2. Referenzobjekte der *IFAs*

Bei aller Unterschiedlichkeit der *IFAs* können doch zunächst gewisse **Referenzobjekte** benannt werden, auf die nahezu durchgehend, zumindest jedoch regelmäßig Bezug genommen wird. Ihre Regelungen stecken den Rahmen ab, in dem sich die internationale Branchengewerkschaft und das global agierende Unternehmen verständigen. Eine Auswertung von 52 *IFAs* ergab, dass 69 % allgemein die Regelungen der *ILO* und 55 % ausdrücklich die ILO-Kernarbeitsnormen zur Grundlage der Vereinbarung machten, 25 % verweisen auf die UN Deklaration der Menschenrechte, 23 % auf die Global Compact Prinzipien und 19 % auf die OECD-Leitsätze[138]. All diese Regelungen nehmen aufeinander Bezug und überschneiden sich in ihren Aussagen. Auch ein Blick in die jüngsten Vereinbarungen bestätigt diesen Trend: alle Vereinbarungen seit 2007 verweisen zumindest auf die ILO-Kernarbeitsnormen. 13.55

3. Typische Inhalte der *IFAs*

Dort, **wo *IFAs* Mindeststandards für Beschäftigte setzen**, sind dies zumeist wirklich nur Mindeststandards im eigentlich Sinn es Wortes. Die Regelungen machen deutlich, dass sie einen Internationalen Geltungsanspruch haben und das ausländische Arbeitsrecht eben oftmals nur rudimentär ausgebildet ist. 13.56

Ein **Verbot von Zwangs- und Pflichtarbeit** etwa nimmt zumeist inhaltlich Bezug auf das Übereinkommen 29 der ILO von 1930 und das Übereinkommen 105 von 1957. Es ist nahezu selbstverständlicher Bestandteil der meisten *IFAs*. Ebenso nahezu selbstverständlicher Bestandteil eines *IFA* ist die **Ablehnung von Kinderarbeit.** Dies nimmt regelmäßig Bezug auf das ILO-Übereinkommen 182 von 1999 zum Verbot und unverzüglichen Maßnahmen zur Beseitigung der schlimmsten Form von Kinderarbeit sowie das Übereinkommen 138 von 1973 zum Mindestalter für die Zulassung von Beschäftigung. Das niedrigste Alter, welches ILO-Regelungen vorsehen, liegt bei 15 Jahren, das für Entwicklungsländer jedoch auf 14 Jahre abgesenkt werden kann (Art. 2 Abs. 5 ILO-Übereinkommen 138). 13.57

134 Report – Expert Group – Transnational Company Agreements vom 31.1.2012 abrufbar unter http://ec.europa.eu/social/main.jsp?catId=707&langId=en&intPageId=214, zuletzt abgerufen: 12.5.2020.

135 Commission Staff Working Document: Transnational company agreements: realising the potential of social dialogue, SWD(2012) 264 endg.

136 Abrufbar unter http://www.eurofound.europa.eu/publications/htmlfiles/ef0792.htm; s. hierzu auch die vorbereitenden case studies, abrufbar unter http://www.eurofound.europa.eu/areas/industrialrelations/governancecasestudies.htm (betreffend Arcelor, BASF, Bosch, Chiquita, EDF, IKEA, Leoni, PSA, Securitas, Unilever).

137 http://ec.europa.eu/employment_social/labour_law/documentation_en.htm#5.

138 Eurofound, European Foundation for the Improvement of Living and Working Conditions, Codes of Conduct and International Framework Agreements: New Forms of Governance at Company Level, 2008, S. 24.

13.58 Das **Bekenntnis zur Förderung von Chancengleichheit** und die Ablehnung jeder Diskriminierung aufgrund der ethnischen Abstammung, der Hautfarbe, des Geschlechts, des Glaubensbekenntnis, der Staatsangehörigkeit, der politischen Meinung oder sozialen Herkunft hat ihr Vorbild in ILO Übereinkommen 111 sowie in den OECD Leitsätzen IV. 1. d und ein entsprechendes Bekenntnis findet sich im Prinzip 6 des Global Compacts. Die dort genannten Diskriminierungsverbote decken sich der Sache mit den meisten *IFAs*.

13.59 Die **Garantie einer angemessenen Entlohnung** hat seine Grundlage nicht in den ILO-Kernarbeitsnormen und auch die OECD-Leitsätze und die Prinzipien Global Compact schweigen hierzu. Dennoch finden sich vergleichbare Regelungen in zahlreichen *IFAs*. So gibt es entfernte Parallelen in der ILO Konvention 138 im Hinblick auf die Festsetzung eines Mindestlohns. Diese, 1970 verabschiedete, Konvention wurde von Deutschland bislang jedoch noch nicht ratifiziert und richtet sich allein an die Mitgliedstaaten, einen gesetzlichen Mindestlohn festzulegen.

13.60 Oftmals findet sich auch das Bekenntnis zur Einhaltung internationaler Regelungen und **Vereinbarungen zur Arbeitszeit und bezahlten Erholungsurlaub**. Ihre Grundlagen haben diese Regelungen nicht in den ILO Kernarbeitsnormen und auch in den OECD-Leitsätzen und im Global Compact Prinzipen finden sich hierzu keine Regelungen. Doch finden sich zahlreiche andere ILO-Übereinkommen, die zur Arbeitszeit Regelungen treffen. Insbesondere das erste Übereinkommen von 1919 betraf die Begrenzung der Arbeitszeit in gewerblichen Betrieben auf acht Stunden täglich und achtundvierzig Stunden wöchentlich (ILO-Übereinkommen Nr. 1, in Kraft getreten am 13.6.1921). In Europa finden sich hierzu einheitliche Mindestbedingungen aufgrund der Richtlinie 93/104/EG zur Arbeitszeit. Hinzuweisen ist aber auch auf die unterschiedlichen Arbeitszeitgestaltungen in den einzelnen Staaten der USA, die eine große Varianz aufweisen, und das dortige Fehlen eines bundesstaatlichen Anspruchs auf bezahlten Erholungsurlaub. Im einschränkungslosen Verweis auf das nationale Recht wird hier im Hinblick auf die verschiedenen Arbeitsverhältnisse also sehr Unterschiedliches versprochen. Der Verweis auf die nationalen Öffnungsklauseln im Hinblick auf die Arbeitszeit ist sinnvoll und entspricht der Praxis, insbesondere des deutschen Arbeitsrechts, und steht in Übereinstimmung mit Art. 17 der Richtlinie 43/104/EG.

13.61 Nahezu alle *IFAs* enthalten **Regelungen im Hinblick auf Gewerkschaften und Arbeitnehmervertretungen**. Ausgangspunkt sind die ILO-Übereinkommen 87 (Vereinigungsfreiheit und Schutz des Vereinigungsrechts, 1948) und 98 (Vereinigungsrecht und Schutz zur Kollektivverhandlungen, 1990), sowie die OECD-Leitsätze IV. 1. a, 2. a–c; 3., 4. und das Prinzip 3 des Global Compacts. Die Reichweite solcher Bekenntnisse ist unterschiedlich; ihnen gemein ist jedoch, dass regelmäßig nicht über den Rahmen des nationalen Rechts hinausgegangen wird.

4. Verbesserung der Rechtstellung von Arbeitnehmern und Gewerkschaft

13.62 *IFAs* sind durchgehend nicht einklagbar – zum Teil wird die Rechtsbindung ausdrücklich ausgeschlossen, teilweise ergibt sich dies aus dem vagen Inhalt der Regelungen[139]. Trotzdem wird durch sie die Stellung von Arbeitnehmern und Gewerkschaft nicht nur faktisch, sondern zumindest mittelbar auch rechtlich verbessert. Einschlägige Judikatur und kommentierendes Schrifttum fehlen, doch kann ein *IFA lege artis* durchaus als Maßstab zur Konkretisierung von gesetzgeberischen Generalklauseln herangezogen werden (Rz. 13.63) oder als auch Grundlage von nationalen Tarifverhandlungen sein (Rz. 13.64).

a) *IFAs* als Maßstab zur Konkretisierung von gesetzgeberischen Generalklauseln

13.63 Die Vereinbarungen der *IFAs* können Maßstab zur Konkretisierung von gesetzgeberischen Generalklauseln sein. Wenn es darum geht Sanktionen der Verletzung von Arbeits- und Gesundheitsschutzvorschriften festzulegen, könnte das Bestehen eines solchen *IFA* Indikator eines schweren Verschul-

139 Näher *Thüsing*, RdA 2010, 78.

dens sein, das staatliche Sanktionen schärfer werden lässt. Dort wo es – etwa nach US-amerikanischem Recht – darum geht, die Einzelpflichten eines ***bargaining in good faith***[140] zu bestimmen, könnte die Selbstverpflichtung, Information für den Beratungsprozess zur Verfügung zu stellen, Maßstab für die Konkretisierung des Rechtsbegriffs sein: Weigert sich die Arbeitgeberseite, Information zur Verhandlung zu geben, dann kann dies eine Verletzung der Pflicht zur ernsthaften Verhandlung mit dem Ziel zur Einigung verstanden werden. Fälle, in denen ein nationales Gericht freilich diesen Weg gegangen ist, sind bislang nicht ersichtlich.

b) *IFAs* als Grundlage von nationalen Tarifverhandlungen

13.64 Ebenso ist es denkbar, dass das *IFA* als Grundlage für nationale Tarifverhandlungen genommen wird. Ein Arbeitgeber, der sich – wenn auch rechtlich unverbindlich – zu etwas bereiterklärt hat, könnte rechtsmissbräuchlich handeln, wenn er dies nicht auch gegenüber der nationalen Arbeitnehmervertretung rechtsverbindlich festschreiben will. Mit anderen Worten: Es könnte als ein Verstoß gegen den Grundsatz des ***venire contra factum proprium*** angesehen werden, einerseits einen bestimmten Mindeststandard zu versprechen, andererseits gegenüber der im jeweiligen Mitgliedsland zuständigen Gewerkschaft nicht richtig einklagbar ausgestalten zu wollen. Auch hier fehlen freilich einschlägige Judikate.

IV. Internationaler Datentransfer im Konzern

1. Praktische Relevanz

13.65 Ein Datenfluss im Konzern oder an Dritte kann für verschiedenste Geschäftsfelder bedeutsam werden, etwa für die Steuerung der IT-Infrastruktur, wenn hier zentrale Netzwerkdienste oder technische Hilfsdienste unterhalten werden, für elektronische Verzeichnisse[141] oder auch zentrale Email- oder Internetserver. Ein weiteres Anwendungsfeld der Datenweitergabe im Konzern oder an Dritte eröffnet die Personalverwaltung. Sowohl bei der Mitarbeitergewinnung als auch bei der Verwaltung bestehender Arbeitsverhältnisse (Gehalts- und Urlaubsabrechnung, Versetzungen) werden Aufgaben oft von zentralen, rechtlich verselbständigten Konzernstellen oder auch externen Dienstleistern wahrgenommen, die dazu Zugriff auf Beschäftigtendaten erhalten müssen. Eine Datenweitergabe im Konzern ist zudem häufig erforderlich zur Gewährleistung effektiver Compliance, insbesondere, wenn eine zentrale Innenrevision oder Compliance-Abteilung existiert oder externe Ermittler beigezogen werden. Schließlich kann die Datenweitergabe im Konzern oder an Dritte erforderlich werden, wenn Konzernteile veräußert werden und eine *due diligence* durchgeführt wird[142].

2. Grundlagen von Datenschutzgrundverordnung (DS-GVO) und Bundesdatenschutzgesetz (BDSG)

13.66 Da die DS-GVO aufgrund ihrer aus Art. 288 Abs. 2 AEUV folgenden unmittelbaren Wirkung in den Mitgliedstaaten – mehr noch als bislang die Datenschutzrichtlinie (DSRL)[143] – eine Vollharmonisie-

---

140 The duty to bargain collectively is defined in section 8(d) of the National Labor Relations Act as „the mutual obligation of the employer and the representative of the employees to meet at reasonable times and confer in good faith with respect to wages, hours, and other terms and conditions of employment, on the negotiation of an agreement, or any question arising thereunder, … but such obligation does not compel either party to agree to a proposal or require the making of a concession …“. Hierzu *Cox/Bok/Gorman/Finkin*, Labor Law, 1996, S. 374 ff.

141 Zum Komplex der zentralen Personalverwaltung s. *Nink/Müller*, ZD 2012, 505 ff.

142 Ausführlich GDD-Arbeitskreis „Datenschutz-Praxis“, Praxishilfe V: Mitarbeiterdaten im Unternehmensverbund, 2007, S. 12 ff. mit weiteren Praxisbeispielen; *Göpfert/Meyer*, NZA 2011, 486.

143 EuGH v. 6.11.2003 – C-101/01, ECLI:EU:C:2003:596 – Lindquist, Slg. 2003, I-12971 Rz. 96; EuGH v. 16.12.2008 – C-524/06, ECLI:EU:C:2008:724 – Huber, Slg. 2008, I-9705 Rz. 51; EuGH v. 24.11.2011 – C-468/10 u.a. – ASNEF/FECEMD, RDV 2012, 22 Rz. 28.

rung des Datenschutzrechts aller Staaten der EU bzw. des EWR beinhaltet[144], sind Abweichungen den Staaten grundsätzlich nicht gestattet – weder „nach oben" noch „nach unten"[145]. Jedoch enthält die DS-GVO zahlreiche Öffnungsklauseln, die trotz der grundsätzlich vollharmonisierenden Wirkung der DS-GVO ein Tätigwerden des nationalen Gesetzgebers ermöglichen. Dies gilt insbesondere für den Beschäftigtendatenschutz. Hier wird den Mitgliedstaaten gem. Art. 88 Abs. 1 DS-GVO die Möglichkeit eröffnet, spezifischere Vorschriften hinsichtlich der Verarbeitung personenbezogener Beschäftigtendaten im Beschäftigungskontext vorzusehen. Daher muss im Folgenden sowohl auf die Vorschriften der DS-GVO als auch des BDSG eingegangen werden, soweit Letzteres Ausgestaltungen der Öffnungsklauseln der DS-GVO enthält.

13.67 Für Übermittlungen in der Unternehmensgruppe gibt es derzeit in der DS-GVO keinen speziellen Erlaubnistatbestand (sog. **„Konzernprivileg"**), so dass jede Übermittlung zwischen den Gesellschaften einer Unternehmensgruppe nach den allgemeinen Regeln gerechtfertigt werden muss[146]. Allerdings ergibt sich aus ErwG 48 Satz 1 DS-GVO, dass der Unionsgesetzgeber das Interesse an einem Datenaustausch innerhalb einer Unternehmensgruppe als berechtigt anerkennt. Folge dessen ist, dass im Rahmen einer Interessenabwägung zugunsten des verarbeitenden Unternehmens berücksichtigt werden muss, wenn Daten lediglich innerhalb des Unternehmens und damit gerade nicht an Externe übermittelt werden[147]. Allerdings stellt ErwG 48 Satz 2 DS-GVO ausdrücklich klar, dass die Grundprinzipien für die Datenübermittlung innerhalb einer Unternehmensgruppe bei der Übermittlung in Drittländer unberührt bleiben. Für den Beschäftigtendatenschutz steht es den Mitgliedstaaten auf Grundlage von Art. 88 Abs. 1 DS-GVO indes frei, Regelungen zur Datenübermittlung an Konzernunternehmen vorzusehen, wie sich aus Art. 88 Abs. 2 DS-GVO ergibt[148]. Zwar hat der deutsche Gesetzgeber im BDSG von dieser Ermächtigung bislang keinen Gebrauch gemacht, allerdings ist es möglich, bei einem Datenfluss in der Unternehmensgruppe innerhalb Deutschlands entsprechende Regelungen durch eine **Konzernbetriebsvereinbarung** autonom[149] zu gestalten, weil Betriebsvereinbarungen (§ 77 BetrVG) gem. Art. 88 Abs. 1 DS-GVO i.V.m. ErwG 155 DS-GVO ein zulässiges Instrument darstellen, um spezifischere Regelungen für den Beschäftigtendatenschutz zu treffen. Sie können damit datenschutzrechtliche Erlaubnistatbestände sein[150]. Diese Lösung scheidet bei einer Übermittlung personenbezogener Daten zwischen Gesellschaften einer internationalen Unternehmensgruppe jedoch aus, denn die im Betriebsverfassungsrecht herrschende Ansicht folgt dem **Territorialitätsprinzip**, so dass es nach dieser Ansicht – von engen Ausnahmen abgesehen – keine Betriebsvereinbarungen geben kann, die Auslandssachverhalte regeln[151].

144 *Dzida/Grau*, BB 2018, 189, 193; *Klösel/Mahnhold*, NZA 2017, 1428, 1430; *Maschmann*, NZA-Beil. 2018, 115 (117); *Wybitul/Sörup/Pötters*, ZD 2015, 559 (561).

145 Sehr str. inwieweit innerhalb der Öffnungsklauseln Abweichungen zulässig sind. Darstellung des Streitstandes für den Beschäftigtendatenschutz bei *Maschmann* in Kühling/Buchner, 2. Aufl. 2018, Art. 88 DS-GVO Rz. 30 ff.

146 Der deutsche Gesetzgeber hat zwischenzeitlich erwogen, ein solches „Konzernprivileg" in einen neuen § 32m BDSG aufzunehmen. Nicht öffentliche Vorschläge enthielten dazu nicht weniger als drei Formulierungsvarianten. Im BDSG gibt es keine entsprechende Regelung.

147 *Buchner/Petri* in Kühling/Buchner, 2. Aufl. 2018, Art. 6 DS-GVO Rz. 168.

148 Ebenso *Schantz* in Simitis/Hornung/Spiecker, 1. Aufl. 2019, Art. 88 DS-GVO Rz. 116.

149 Zur Betriebsautonomie statt aller *Waltermann*, Rechtsetzung durch Betriebsvereinbarung zwischen Privatautonomie und Tarifautonomie, 1996, S. 99 ff.

150 *Riesenhuber* in BeckOK DatenschutzR, 30. Ed. (Stand 1.11.2019), § 26 BDSG Rz. 54 f.; *Dzida*, BB 2018, 2677 (2681); *Pötters* in Gola, 2. Aufl. 2018, Art. 88 DS-GVO Rz. 66; *Maschmann* in Kühling/Buchner, 2. Aufl. 2018, § 26 BDSG Rz. 66; *Kort*, ZD 2017, 319 (322); *Körner*, NZA 2019, 1389; *Maschmann*, NZA-Beil. 2018, 115 (116); *Schrey/Kielkowski*, BB 2018, 629 (631); *Wybitul/Sörup/Pötters*, ZD 2015, 559, (561); *Wybitul*, NZA 2017, 413 (417).

151 BAG v. 9.11.1977 – 5 AZR 132/76 – Sender Freies Europa, NJW 1978, 1124; zur Bindung des ausländischen Arbeitgebers an die Betriebsverfassung im Inland BAG v. 22.7.2008 – 1 ABR 40/07 – Honeywell, BAGE 127, 146 Rz. 60 = ZIP 2008, 2433.

3. Anzuwendendes Recht

Der räumliche Anwendungsbereich der DS-GVO bestimmt sich nach Art. 3 DS-GVO, der als Nachfolgervorschrift des Art. 4 DSRL anzusehen ist[152]. Art. 4 DSRL war dabei als Kollisionsnorm *lex specialis* zu den Vorschriften der Rom I-VO[153] bzw. der Rom II-VO[154] (vgl. Art. 23 Rom I-VO, Art. 30 Abs. 2 Rom II-VO)[155]. Art. 3 DS-GVO beschränkt sich dabei darauf, den Anwendungsbereich der Verordnung festzulegen, verzichtet aber gerade auf eine Regelung zur Anwendbarkeit mitgliedstaatlichen Datenschutzrechts in Bezug auf solche Verarbeitungsvorgänge, für welche die nationalen Gesetzgeber Normen gerade in Ausgestaltung der Öffnungsklauseln der DS-GVO getroffen haben. 13.68

a) Kollisionsregel gegenüber EU/EWR-Staaten

Angesichts der unmittelbaren und zwingenden Wirkung der DS-GVO in den Mitgliedsaaten stellt sich – anders als vor ihrem Inkrafttreten – grundsätzlich nicht die Frage, welches Recht bei auf die EU beschränkten, grenzüberschreitenden Sachverhalten, Anwendung findet. Zu einer Kollision kann es gar nicht erst kommen. Bislang galt insofern Art. 4 Abs. 1 lit. a Satz 1 DSRL, der festlegte, **dass das Recht des Staates gilt, in dem die Niederlassung belegen ist, die eine Verarbeitung vornimmt – und zwar selbst dann, wenn diese Niederlassung die Verarbeitung in einem anderen EU/EWR-Staat durchführt**[156]. Unter Geltung der DS-GVO können sich Probleme nur dann ergeben, wenn auf den Datenverarbeitungsvorgang mitgliedstaatliches Recht Anwendung findet, das diese in Ausgestaltung der Öffnungsklauseln der DS-GVO erlassen haben. Diese Problematik regelt die DS-GVO nicht ausdrücklich. 13.69

Allerdings enthält das deutsche Recht **Kollisionsregeln** für den Fall, dass ausnahmsweise die DS-GVO nicht unmittelbar gilt (§ 1 Abs. 5 DS-GVO), entweder weil ihr Anwendungsbereich nicht eröffnet ist oder nationale Vorschriften in Ausgestaltung der Öffnungsklauseln der DS-GVO dieser vorgehen. So normiert § 1 Abs. 4 Satz 2 Nr. 1 BDSG, dass das BDSG bei der Datenverarbeitung durch nichtöffentliche Stellen Anwendung findet, sofern der Verantwortliche oder Auftragsverarbeiter personenbezogene Daten im Inland verarbeitet. Erfasst sind davon Datenverarbeitungsvorgänge, die durch Verantwortliche durchgeführt werden, die ihre Niederlassung in einem anderen Mitgliedstaat haben, aber dennoch im Inland Daten verarbeiten[157]. Dies stellt eine Kehrtwende gegenüber dem bislang geltenden Niederlassungsprinzip dar und führt dazu, dass sich widersprechende Regelungen drohen, sofern der Mitgliedstaat, in dem der Verantwortliche seine Niederlassung hat, am Niederlassungsprinzip festhält[158]. 13.70

Darüber hinaus findet gem. § 1 Abs. 4 Satz 2 Nr. 2 BDSG das BDSG bei der Datenverarbeitung durch nichtöffentliche Stellen Anwendung, wenn der Verantwortliche Daten zwar im (EU-)Ausland verarbeitet, die Verarbeitung jedoch im Rahmen der Tätigkeiten einer inländischen Niederlassung des Verantwortlichen oder Auftragsverarbeiters erfolgt. Damit ist das BDSG sowohl anzuwenden, wenn ein ausländischer Verantwortlicher Daten im Inland verarbeitet, als auch dann, wenn ein inländischer Verantwortlicher Daten im Ausland verarbeitet. Dennoch erweist sich diese Vorschrift als weitaus weniger problematisch, da sie – ebenso wie bereits Art. 4 Abs. 1 lit. a Satz 1 DSRL – an das Niederlassungsprinzip anknüpft und damit abweichende Kollisionsnormen im Recht der übri- 13.71

---

152 *Hornung* in Simitis/Hornung/Spiecker, 1. Aufl. 2019, Art. 88 DS-GVO Rz. 5.

153 Verordnung (EG) Nr. 593/2008 des Europäischen Parlaments und des Rates vom 17.6.2008 über das auf vertragliche Schuldverhältnisse anzuwendende Recht (Rom I), ABl. Nr. L 177 v. 4.7.2008, S. 6 ff.

154 Verordnung (EG) Nr. 864/2007 des Europäischen Parlaments und des Rates vom 11.7.2007 über das auf außervertragliche Schuldverhältnisse anzuwendende Recht (Rom II), ABl. Nr. L 199 v. 31.7.2007, S. 40 ff.

155 Für die Rom II-Verordnung ebenso *Gabel* in Taeger/Gabel, 2. Aufl. 2013, § 1 BDSG Rz. 50.

156 Statt aller *Gola/Schomerus*, 11. Aufl. 2012, § 1 BDSG Rz. 27.

157 *Hornung* in Simitis/Hornung/Spiecker, 1. Aufl. 2019, Art. 3 DS-GVO Rz. 13.

158 *Hornung* in Simitis/Hornung/Spiecker, 1. Aufl. 2019, Art. 3 DS-GVO Rz. 13.

gen Mitgliedstaaten jedenfalls nicht zwangsläufig zu erwarten sind. Zudem findet sich das Niederlassungsprinzip zumindest wertungsmäßig auch in Art. 3 Abs. 1 DS-GVO wieder, sodass § 1 Abs. 4 Satz 2 Nr. 2 BDSG als grundsätzlich zulässig anzusehen ist. Probleme können sich allenfalls im Einzelfall ergeben, da einige Öffnungsklauseln selbst spezielle Hinweise zur Anwendungsbarkeit des mitgliedstaatlichen Rechts enthalten und § 1 Abs. 4 Satz 2 Nr. 2 BDSG mit diesen in Konflikt geraten kann[159].

13.72 Nicht enthalten ist im BDSG eine ausdrückliche Regelung für den Fall, dass ein Verantwortlicher **mehrere Niederlassungen** in verschiedenen Mitgliedstaaten hat. Während er nach Art. 4 Abs. 1 lit. a Satz 2 DSRL verpflichtet war, jeweils das Datenschutzrecht einzuhalten, das an dem Ort der Niederlassung gilt, bei der die Verarbeitung erfolgt, ist die Problematik nunmehr nach § 1 Abs. 4 Satz 2 Nr. 1, 2 BDSG aufzulösen. Das BDSG findet sowohl Anwendung, wenn die Datenverarbeitung durch eine ausländische Niederlassung im Inland erfolgt als auch wenn eine inländische Niederlassung im Ausland personenbezogene Daten verarbeitet. Hat also ein Verantwortlicher eine Niederlassung in Deutschland und in Frankreich, muss sie für Verarbeitungen, die die deutsche Niederlassung in Frankreich durchführt ebenso das BDSG beachten wie für Verarbeitung durch die französische Niederlassung in Deutschland.

13.73 Da Art. 3 DS-GVO wie auch § 1 Abs. 4 Satz 2 Nr. 1, 2 BDSG an den Belegenheitsort der Niederlassung anknüpfen, ist die Auslegung des Begriffs „Niederlassung" von großer Bedeutung. Zwar ist die „Niederlassung" weder in der DS-GVO noch im BDSG legaldefiniert, sie wird aber in ErwG 2 DS-GVO umschrieben. Danach setzt eine Niederlassung im Hoheitsgebiet eines Mitgliedstaats die effektive und **tatsächliche Ausübung einer Tätigkeit** mittels einer festen Einrichtung voraus (en: *effective and real exercise of activity through stable arrangements*; fr: *l'exercice effectif et réel d'une activité au moyen d'un dispositif stable*). Die Rechtsform der Niederlassung wird ausdrücklich als „nicht maßgeblich" bezeichnet. Entscheidend ist also eine faktische Betrachtung. Da die Niederlassung über eine feste Einrichtung verfügen muss, sind vorübergehende und mobile Tätigkeiten nicht erfasst[160].

b) Kollisionsregel gegenüber Drittstaaten

13.74 Im Verhältnis der EU/EWR-Staaten zu Drittstaaten bestimmt sich das anzuwendende Recht anhand des von Art. 3 DS-GVO festgelegten räumlichen Geltungsbereichs der DS-GVO. Gem. Art. 3 Abs. 1 DS-GVO findet sie Anwendung auf „die Verarbeitung personenbezogener Daten, soweit diese im Rahmen der Tätigkeiten einer Niederlassung eines Verantwortlichen oder eines Auftragsverarbeiters in der Union erfolgt, unabhängig davon, ob die Verarbeitung in der Union stattfindet." Zudem gilt sie gem. Art. 3 Abs. 2 DS-GVO „für die Verarbeitung personenbezogener Daten von betroffenen Personen, die sich in der Union befinden, durch einen nicht in der Union niedergelassenen Verantwortlichen oder Auftragsverarbeiter, wenn die Datenverarbeitung im Zusammenhang damit steht, betroffenen Personen in der Union Waren oder Dienstleistungen anzubieten, unabhängig davon, ob von diesen betroffenen Personen eine Zahlung zu leisten ist [oder] das Verhalten betroffener Personen zu beobachten, soweit ihr Verhalten in der Union erfolgt." Im Verhältnis zu Drittstaaten beansprucht die DS-GVO also in sehr weitem Umfang Geltung. Diese ablehnende Haltung der DS-GVO gegenüber dem Datenschutzrecht von Drittstaaten lässt sich dadurch erklären, dass aus der Sicht der EU bzw. des EWR nicht ohne Weiteres davon ausgegangen werden kann, dass in einem Drittstaat ein angemessenes Datenschutzniveau vorherrscht[161].

13.75 Der Geltungsbereich der DS-GVO ist damit gegenüber der DSRL noch einmal deutlich erweitert worden. Während dort insbesondere Fälle Schwierigkeiten bereitet haben, in denen Datenverarbei-

159 *Klar* in Kühling/Buchner, 2. Aufl. 2018, Art. 3 DS-GVO Rz. 109.
160 So zum insoweit gleichlautenden ErwG 19 DSRL ausführlich *Dammann* in Simitis, 8. Aufl. 2014, § 1 BDSG Rz. 203.
161 In diesem Sinne ErwG 101 DS-GVO.

tungen über das **Internet** stattgefunden haben, die **Server** aber nicht in der EU bzw. im EWR betrieben wurden[162], werden diese nunmehr ohne Weiteres von Art. 3 Abs. 2 DS-GVO erfasst. Dies trägt den modernen Formen der Datenverarbeitung Rechnung und gewinnt insbesondere auch für **Cloud-Anbieter** erhebliche Bedeutung[163].

Ergänzend legt § 1 Abs. 4 Satz 2 Nr. 3 BDSG fest, dass das BDSG – soweit die DS-GVO ausnahmsweise keine unmittelbare Anwendung findet – gilt, „sofern der Verantwortliche oder Auftragsverarbeiter zwar keine Niederlassung in einem Mitgliedstaat der Europäischen Union oder in einem anderen Vertragsstaat des Abkommens über den Europäischen Wirtschaftsraum hat, er aber in den Anwendungsbereich der Verordnung (EU) 2016/679 des Europäischen Parlaments und des Rates vom 27. April 2016 zum Schutz natürlicher Personen bei der Verarbeitung personenbezogener Daten, zum freien Datenverkehr und zur Aufhebung der Richtlinie 95/46/EG (Datenschutz-Grundverordnung) (ABl. L 119 vom 4.5.2016, S. 1; L 314 vom 22.11.2016, S. 72; L 127 vom 23.5.2018, S. 2) in der jeweils geltenden Fassung fällt." Dies hätte indes zur Folge, dass das BDSG auch auf Verantwortliche in Drittländern anzuwenden ist, wenn diese in den Anwendungsbereich der DS-GVO fallen, es aber an jedem Bezug zu Deutschland fehlt[164]. Infolgedessen muss die Norm dahingehend ausgelegt werden, dass das BDSG nur dann Anwendung findet, denn die Datenverarbeitung einen hinreichenden Inlandsbezug aufweist, die Datenverarbeitung also entweder erfolgt, um betroffenen Personen in Deutschland Waren oder Dienstleistungen anzubieten oder gerade das Verhalten von Personen in Deutschland überwacht wird[165]. 13.76

4. Internationaler Datentransfer

a) Grundlagen der internationalen Datenübermittlung nach dem BDSG

Ist geklärt, welche Rechtsgrundlage auf den internationalen Datentransfer Anwendung findet, so stellt sich die Frage der rechtlichen Zulässigkeit der Datenübermittlung. Gem. Art. 4 Nr. 2 BDSG ist die Übermittlung – ebenso wie auch die Erhebung, Erfassung, Speicherung, Veränderung, Verwendung, Verbreitung, Löschung oder Vernichtung – personenbezogener Daten als „Verarbeitung" im Sinne der DS-GVO anzusehen. In welcher Form die Weitergabe erfolgt (schriftlich oder mündlich, per Telefax, durch Weitergabe des Datenträgers selbst), ist unerheblich[166]. 13.77

Da die Übermittlung als Verarbeitung i.S.v. Art. 4 Nr. 2 DS-GVO anzusehen ist, bedarf sie nach der Grundregel des Art. 6 Abs. 1 Satz 1 DS-GVO einer **Rechtfertigung, die sich ausweislich ErwG 40 DS-GVO entweder aus einer Rechtsgrundlage – d.h. aus der DS-GVO, dem sonstigen Unionsrecht oder dem mitgliedstaatlichen Recht – oder der Einwilligung des Betroffenen ergeben kann.** Im Falle der Verarbeitung besonders sensibler personenbezogener Daten ist zusätzlich Art. 9 DS-GVO zu beachten. Auf nationaler Ebene können eigenständige Erlaubnistatbestände nur in Ausgestaltung der in der DS-GVO enthaltenen Öffnungsklauseln vorgesehen werden. Im deutschen Recht kommt als gesetzlicher Rechtfertigungsgrund für die Übermittlung von Daten durch öffentliche Stellen dabei primär § 25 BDSG in Betracht. Für nicht-öffentliche Stellen gewinnt im Bereich des Beschäftigtendatenschutzes insbesondere der Rechtfertigungstatbestand nach den § 26 BDSG Bedeutung. Sondervorschriften greifen ein, wenn Daten an Stellen im Ausland weitergegeben werden. Das Gesetz unterscheidet dabei zwischen einer Weitergabe an Stellen innerhalb der EU/des 13.78

162 Ausführlich *Gabel* in Taeger/Gabel, 2. Aufl. 2013, § 1 BDSG Rz. 59 m.z.w.N.

163 *Klar* in Kühling/Buchner, 2. Aufl. 2018, Art. 88 DS-GVO Rz. 3.

164 *Hanloser* in BeckOK DatenschutzR, 30. Ed. (Stand 1.2.2019), Art. 3 DS-GVO Rz. 9; *Hornung* in Simitis/Hornung/Spiecker, 1. Aufl. 2019, Art. 3 DS-GVO Rz. 15; *Klar* in Kühling/Buchner, 2. Aufl. 2018, § 1 BDSG Rz. 30.

165 *Hornung* in Simitis/Hornung/Spiecker, 1. Aufl. 2019, Art. 3 DS-GVO Rz. 15; *Klar* in Kühling/Buchner, 2. Aufl. 2018, § 1 BDSG Rz. 30.

166 *Herbst* in Kühling/Buchner, 2. Aufl. 2018, Art. 4 Nr. 2 DS-GVO Rz. 16 ff. So auch schon zum BDSG a.F. *Gola/Schomerus*, 11. Aufl. 2012, § 3 BDSG Rz. 32.

EWR, für die unzweifelhaft die DS-GVO gilt, und einer solchen an Stellen in Drittstaaten (Art. 44 DS-GVO), die besondere Voraussetzungen erfüllen muss[167].

13.79 Der Betroffene einer Datenweitergabe, insbesondere ein Beschäftigter, kann nach Art. 13 Abs. 1 lit. e DS-GVO (für den Fall, dass die Daten, bei der betroffenen Person erhoben wurden) oder nach Art. 14 Abs. 1 lit. e DS-GVO (für den Fall, dass die Daten bei einem Dritten erhoben wurden) über die Weitergabe der Daten an Dritte zu unterrichten sein. Dies gilt ausnahmsweise nicht in den in §§ 32, 33 BDSG genannten Fällen.

13.80 Eine Übermittlung i.S.d. Art. 4 Nr. 2 DS-GVO liegt – anders als noch im Rahmen von § 3 Abs. 4 Satz 2 Nr. 3 BDSG – nicht allein dann vor, wenn Daten an einen Dritten weitergegeben werden. Vielmehr genügt die Weitergabe an eine andere Stelle, also auch an einen Auftragsverarbeiter nach Art. 4 Nr. 8 DS-GVO oder an Personen, die unter der unmittelbaren Verantwortung des Verantwortlichen oder Auftragsverarbeiters befugt sind, die Daten zu verarbeiten[168]. Daher ist auch die Übermittlung an Auftragsverarbeiter und den Personen, die unter der unmittelbaren Verantwortung des Verantwortlichen oder des Auftragsverarbeiters stehen, rechtfertigungsbedürftig. Infolgedessen hat für die Praxis die Frage, wie etwa die Personalabteilung, die Konzernrevision bzw. ein externer Servicedienstleister datenschutzrechtlich im Verhältnis zur ursprünglich datenschutzrechtlich verantwortlichen Stelle zu klassifizieren sind, nicht an Bedeutung verloren. Mithin ist es sinnvoll zu klären, wer als „Verantwortlicher" i.S.v. Art. 4 Nr. 7 DS-GVO, wer als „Dritter" i.S.v. Art. 4 Nr. 10 DS-GVO und wer als „Auftragsverarbeiter" i.S.v. Art. 4 Nr. 8 DS-GVO zu qualifizieren ist.

aa) „Verantwortlicher" (Art. 4 Nr. 7 DS-GVO)

13.81 Wer Verantwortlicher gem. Art. 4 Nr. 7 DS-GVO ist, der ist zugleich Adressat der durch die DS-GVO normierten Rechte und Pflichten im Rahmen der Verarbeitung personenbezogener Daten[169]. Der Begriff erfasst jede „natürliche oder juristische Person, Behörde, Einrichtung oder andere Stelle, die allein oder gemeinsam mit anderen über die Zwecke und Mittel der Verarbeitung von personenbezogenen Daten entscheidet." Maßgeblich ist also letztlich, wem die Entscheidungsbefugnis über Zwecke und Mittel der Datenverarbeitung zusteht. Daher ist es möglich, dass Verantwortlicher nicht zwangsläufig diejenige Organisationseinheit einer Behörde oder eines Unternehmens ist, die die Daten tatsächlich verarbeitet, sondern vielmehr die Behörde oder juristische Person, der diese Organisationseinheit angehört. Denkbar ist umgekehrt aber auch, dass Organisationseinheiten innerhalb derselben Stelle des Unternehmens dennoch selbst Verantwortliche sind.

13.82 Eine eigenständige Verantwortlichkeit einzelner Gesellschaften innerhalb einer Unternehmensgruppe kommt allerdings insbesondere in Betracht, wenn diese rechtlich verselbstständigt sind. Denn dann ist es naheliegend, dass sie auch eigenständige Entscheidungen über Zwecke und Mittel der Datenverarbeitung treffen. **Ein Konzernprivileg kennt die DS-GVO – ebenso wie zuvor die Datenschutzrichtlinie – nicht.** Einzig ErwG 48 Satz 1 DS-GVO zeigt, dass der Unionsgesetzgeber das Interesse an einem Datenaustausch innerhalb einer Unternehmensgruppe als berechtigt anerkennt. Dies hat allerdings allein zur Folge, dass ihm Rahmen einer Interessenabwägung zugunsten des verarbeitenden Unternehmens berücksichtigt werden muss, wenn Daten lediglich innerhalb des Unternehmens und damit gerade nicht an Externe übermittelt werden[170]. Ist das Konzernunternehmen, an das die Daten übermittelt werden, Verantwortlicher i.S.d. Art. 4 Nr. 7 DS-GVO, so liegt eine rechtfertigungsbedürftige Datenverarbeitung in Form der Übermittlung vor. Entscheiden mehrere Konzernunternehmen gemeinsam über Zwecke und Mittel der Datenverarbeitung, kommt eine

---

167 Zur Anwendbarkeit des BDSG s. Rz. 13.70 ff.

168 *Herbst* in Kühling/Buchner, 2. Aufl. 2018, Art. 4 Nr. 2 DS-GVO Rz. 29; *Roßnagel* in Simitis/Hornung/Spiecker, 1. Aufl. 2019, Art. 4 Nr. 2 DS-GVO Rz. 26.

169 *Hartung* in Kühling/Buchner, 2. Aufl. 2018, Art. 4 Nr. 7 DS-GVO Rz. 1; *Schwartmann/Mühlenbeck* in Heidelberger Kommentar, 2. Aufl. 2020, Art. 4 DS-GVO Rz. 106.

170 *Buchner/Petri* in Kühling/Buchner, 2. Aufl. 2018, Art. 6 DS-GVO, Rz. 168.

gemeinsame Verantwortlichkeit in Betracht[171]. Eine solche Einschätzung kann insbesondere auch dann von Bedeutung werden, wenn zwei Konzerngesellschaften einen gemeinsamen Betrieb unterhalten: Treffen die Gesellschaften gemeinsam die Entscheidung über Zwecke und Mittel der Datenverarbeitung, sind sie gemeinsam Verantwortliche.

bb) „Dritter" (Art. 4 Nr. 10 DS-GVO)

Gegenbegriff zur verantwortlichen Stelle ist der Dritte. Dritter ist nach der Legaldefinition in Art. 4 Nr. 10 DS-GVO eine natürliche oder juristische Person, Behörde, Einrichtung oder andere Stelle, außer der betroffenen Person, dem Verantwortlichen, dem Auftragsverarbeiter und den Personen, die unter der unmittelbaren Verantwortung des Verantwortlichen oder des Auftragsverarbeiters befugt sind, die personenbezogenen Daten zu verarbeiten. **Auch Behörden oder sonstige öffentliche Stellen können Dritte sein, der Betriebsrat hingegen nicht**, er ist als Teil der verantwortlichen Stelle, der er betriebsverfassungsrechtlich zugeordnet ist, anzusehen. Unselbstständige Zweigstellen eines Unternehmens oder Teile einer Behörde können – wie oben erwähnt – ebenfalls Dritte sein. Ein Datentransfer zwischen dem Verantwortlichen und dem Dritten ist stets eine erlaubnispflichtige Übermittlung im datenschutzrechtlichen Sinne. 13.83

cc) „Auftragsverarbeiter" (Art. 4 Nr. 8 DS-GVO) und sonstige Personen

Ausweislich Art. 4 Nr. 8 DS-GVO ist „Auftragsverarbeiter" eine „natürliche oder juristische Person, Behörde, Einrichtung oder andere Stelle, die personenbezogene Daten im Auftrag des Verantwortlichen verarbeitet." Zudem stellt auch die Datenweitergabe an Personen, die unter der unmittelbaren Verantwortung des Verantwortlichen oder Auftragsverarbeiters befugt sind, die Daten zu verarbeiten, eine rechtfertigungsbedürftige Datenübermittlung dar. Dies sind insbesondere einzelne Personen, die organisatorisch unabhängig von der verantwortlichen Stelle oder dem Auftragsverarbeiter tätig sind, also beispielsweise freiberufliche Mitarbeiter oder Berater[172]. Da Beschäftigte des Verantwortlichen oder Auftragsverarbeiters diesem organisatorisch zugeordnet sind und dessen Weisungsbefugnis unterliegen, sind sie hingegen als Teil dieser Stelle einzuordnen[173]. 13.84

b) Auftragsdatenverarbeitung im Konzern

Verantwortlicher ist gem. Art. 24 DS-GVO bei einer Auftragsdatenverarbeitung allein der Auftraggeber. Weder der Auftragnehmer noch der Auftraggeber ist in diesem Fall Dritter, wie sich bereits auf Grundlage der eigenständigen Definitionen der Begriffe in Art. 4 Nr. 7, 8, 10 DS-GVO zeigt. Auftragnehmer ist ausweislich Art. 4 Nr. 8 DS-GVO jede „natürliche oder juristische Person, Behörde, Einrichtung oder andere Stelle, die personenbezogene Daten im Auftrag des Verantwortlichen verarbeitet", d.h. in der Regel Service-Unternehmen, die gewissermaßen als verlängerter Arm des immer noch Verantwortlichen tätig werden. Die Verarbeitung durch den Auftragsverarbeiter erfolgt gem. Art. 28 Abs. 3 Satz 1 DS-GVO „auf der Grundlage eines Vertrags oder eines anderen Rechtsinstruments nach dem Unionsrecht oder dem Recht der Mitgliedstaaten, der bzw. das den Auftragsverarbeiter in Bezug auf den Verantwortlichen bindet und in dem Gegenstand und Dauer der Verarbeitung, Art und Zweck der Verarbeitung, die Art der personenbezogenen Daten, die Kategorien betroffener Personen und die Pflichten und Rechte des Verantwortlichen festgelegt sind." Darüber hinaus muss der Vertrag bzw. das sonstige Rechtsinstrument die in Art. 28 Abs. 3 Satz 2 aufgezählten Vorgaben einhalten. Mangels tatbestandlicher Einschränkungen ist die Art des zugrunde liegenden schuldrechtlichen Vertrages indes unerheblich. Sowohl Dienst- als auch Werk-, Geschäftsbesorgungs- oder Auftragsverhältnisse i.S.v. § 662 BGB sind daher erfasst. Es kommt zudem nicht darauf an, ob das Rechtsverhältnis einen zivilrechtlichen oder einen öffentlich-rechtlichen Charakter auf- 13.85

171 Ausführlich *Lezzi/Oberlin*, ZD 2018, 398.
172 *Buchner/Kühling* in Kühling/Buchner, 2. Aufl. 2018, Art. 4 Nr. 10 DS-GVO Rz. 9.
173 *Buchner/Kühling* in Kühling/Buchner, 2. Aufl. 2018, Art. 4 Nr. 10 DS-GVO Rz. 9.

weist. Auch die Verbindungen in einem Konzern können ein Auftragsverhältnis in diesem Sinne darstellen, solange der Vertrag den inhaltlichen Anforderungen des Art. 28 Abs. 3 DS-GVO entspricht. Exemplarisch ist der Einsatz eines zentralisierten Rechenzentrums. Ein weiteres Beispiel findet man in der Praxis für den Bereich der betrieblichen Altersversorgung, wo vielfach sowohl konzerninterne wie auch konzernexterne (dann häufig kommerziell auftretende) Auftragnehmer mit unterschiedlichen Teilfunktionen hinsichtlich der Verwaltung eines Versorgungssystems betraut sein können. Das kann von der Bestimmung der Rückstellungen für Pensionsverpflichtungen bis hin zur privatrechtlichen Insolvenzsicherung für Versorgungsansprüche reichen. Unerheblich ist bei der Einbeziehung des Auftragnehmers die Häufigkeit oder das Maß der zeitlichen Inanspruchnahme des Auftragnehmers. Erforderlich ist allerdings gem. Art. 28 Abs. 3 Satz 1 DS-GVO, dass der zugrundeliegende Vertrag die Dauer der Auftragsverarbeitung bestimmt. Auch ein einmaliger Auftrag kann jedoch grundsätzlich ausreichend sein.

13.86 Im Konzern bietet sich die Auftragsdatenverarbeitung an, um möglichst unkompliziert und rechtssicher den Datentransfer zu ermöglichen. Eine Einwilligung (Art. 4 Nr. 11 DS-GVO, § 26 Abs. 2 BDSG) der Beschäftigten im Arbeitsvertrag vermag dies hingegen meist nicht zu leisten, schon weil sie frei widerruflich ist und daher keine Rechtssicherheit bietet. Allerdings muss stets im Einzelfall genau überprüft werden, ob es sich bei einer Konzerndatenverarbeitung tatsächlich um einen Fall der Auftragsverarbeitung handelt: Dies setzt nämlich zwingend voraus, dass das verarbeitende Unternehmen tatsächlich im Auftrag des anderen Konzernunternehmens tätig wird, das wiederum allein über Zwecke und Mittel der Verarbeitung entscheidet und dem verarbeitenden Unternehmen diesbezüglich verbindliche Weisungen erteilen kann[174]. Voraussetzung für die Rechtmäßigkeit einer Auftragsdatenverarbeitung ist auch im Konzern gem. Art. 28 Abs. 3 Satz 1 DS-GVO der Bestand eines Vertrages oder anderen Rechtsinstruments, das die in Art. 28 Abs. 3 Satz 1 DS-GVO im Einzelnen konkretisierten Anforderungen erfüllt sowie die sorgfältige Auswahl des Beauftragten gem. Art. 28 Abs. 1 DS-GVO.

c) Schriftlichkeit der Auftragserteilung

aa) Form der Auftragserteilung

13.87 Ebenso wie § 11 BDSG a.F. sieht Art. 28 Abs. 9 DS-GVO vor, dass der Vertrag zwischen Verantwortlichem und Auftragsverarbeiter schriftlich geschlossen werden muss. Indes fehlte bereits im BDSG a.F. eine nähere Definition der Schriftlichkeit, sodass problematisch war, ob das Schriftformerfordernis i.S.v. § 126 BGB zu verstehen war. Dem musste entgegen gehalten werden, dass das Schriftlichkeitserfordernis des § 11 BDSG a.F. auf Art. 17 Abs. 4 DSRL zurückzuführen war. Schriftlichkeitserfordernisse im Unionsrecht sind nach der Rechtsprechung des EuGH autonom-europäisch auszulegen[175]. Dabei ist der Zweck der Vorschrift maßgeblich zur Auslegung heranzuziehen. Art. 17 Abs. 4 DSRL benannte als Zweck der Schriftform ausdrücklich die Beweissicherung. Diese kann aber auch ohne Unterschrift gewährleistet werden, es genügte daher etwa auch die Textform.

13.88 Anders als § 11 BDSG a.F. lässt Art. 28 Abs. 9 DS-GVO neben der Schriftform ausdrücklich auch ein „elektronisches Format“ zu. Fraglich ist allerdings, ob dies die elektronische Form i.S.d. § 126a BGB meint oder auch eine andere Form ausreicht, beispielsweise die Textform gem. § 126b BGB. Auch hier gilt, dass die Verordnung autonom unionsrechtlich auszulegen ist[176]. Ausgangspunkt ist insofern, dass der Unionsgesetzgeber den Begriff „elektronisches Format“ nicht ausschließlich im Zusammenhang mit der strengen elektronischen Form mit qualifizierter elektronischer Signatur verwendet, wie ein Blick auf die Richtlinie über das elektronische Rechnungswesen (2010/45/EU)

174 *Petri* in Simitis/Hornung/Spiecker, 1. Aufl. 2019, Art. 28 DS-GVO Rz. 24.

175 EuGH v. 29.4.1982 – C-66/81 – Butterreinfett, Slg. 1982, 1363 Rz. 19 ff.

176 EuGH v. 15.7.1964 – 6/64 – Costa Enel, Slg. 1964, 1259, 1269; *Hartung* in Kühling/Buchner, 2. Aufl. 2018, Art. 28 DS-GVO Rz. 95; *Kremer* in Heidelberger Kommentar, 2. Aufl. 2020, Art. 28 DS-GVO Rz. 165; *Petri* in Simitis/Hornung/Spiecker, 1. Aufl. 2019, Art. 28 DS-GVO Rz. 92.

zeigt[177]. Zudem macht Art. 28 Abs. 3 DS-GVO zahlreiche inhaltliche Vorgaben an den der Auftragsverarbeitung zugrunde liegenden Vertrag, deren Einhaltung – wie es auch im Rahmen von Art. 17 Abs. 4 DSRL der Fall war – nur dann kontrolliert werden kann, wenn der Vertragsinhalt fixiert ist, wobei es jedoch letztlich keinen Unterschied macht, wie diese Fixierung konkret erfolgt. Dies gilt umso mehr, als der Vertrag regelmäßig zwischen zwei Unternehmern geschlossen wird, sodass sich insbesondere aus der Verbrauchereigenschaft eines der Vertragspartner keine besondere Schutzbedürftigkeit ableiten lässt, die eine besonders strenge Form fordern würde[178].

Es wird deutlich, dass es dem Gesetzgeber im Wesentlichen darauf ankam, *dass* die erforderlichen Angaben fixiert werden, weniger aber *wie* diese zu fixieren sind. Zwar bildet damit weder § 126 BGB noch § 126a BGB den Maßstab, dennoch wird es aus Gründen der Rechtssicherheit ratsam sein, sich an deren Vorgaben zu orientieren. Ausreichend ist indes jede Form der Niederlegung, sodass neben der Schriftform und der elektronischen Form auch die Textform in Betracht kommt. 13.89

bb) Umfang der Dokumentationspflicht

Nach Art. 28 Abs. 3 Satz 2 DS-GVO muss der Vertrag bzw. das sonstige Rechtsinstrument insbesondere vorsehen, dass der Auftragsverarbeiter: 13.90

a. die personenbezogenen Daten nur auf dokumentierte Weisung des Verantwortlichen – auch in Bezug auf die Übermittlung personenbezogener Daten an ein Drittland oder eine internationale Organisation – verarbeitet, sofern er nicht durch das Recht der Union oder der Mitgliedstaaten, dem der Auftragsverarbeiter unterliegt, hierzu verpflichtet ist; in einem solchen Fall teilt der Auftragsverarbeiter dem Verantwortlichen diese rechtlichen Anforderungen vor der Verarbeitung mit, sofern das betreffende Recht eine solche Mitteilung nicht wegen eines wichtigen öffentlichen Interesses verbietet;

b. gewährleistet, dass sich die zur Verarbeitung der personenbezogenen Daten befugten Personen zur Vertraulichkeit verpflichtet haben oder einer angemessenen gesetzlichen Verschwiegenheitspflicht unterliegen;

c. alle gemäß Artikel 32 erforderlichen Maßnahmen ergreift;

d. die in den Absätzen 2 und 4 genannten Bedingungen für die Inanspruchnahme der Dienste eines weiteren Auftragsverarbeiters einhält;

e. angesichts der Art der Verarbeitung den Verantwortlichen nach Möglichkeit mit geeigneten technischen und organisatorischen Maßnahmen dabei unterstützt, seiner Pflicht zur Beantwortung von Anträgen auf Wahrnehmung der in Kapitel III genannten Rechte der betroffenen Person nachzukommen;

f. unter Berücksichtigung der Art der Verarbeitung und der ihm zur Verfügung stehenden Informationen den Verantwortlichen bei der Einhaltung der in den Artikeln 32 bis 36 genannten Pflichten unterstützt;

g. nach Abschluss der Erbringung der Verarbeitungsleistungen alle personenbezogenen Daten nach Wahl des Verantwortlichen entweder löscht oder zurückgibt und die vorhandenen Kopien löscht, sofern nicht nach dem Unionsrecht oder dem Recht der Mitgliedstaaten eine Verpflichtung zur Speicherung der personenbezogenen Daten besteht;

h. dem Verantwortlichen alle erforderlichen Informationen zum Nachweis der Einhaltung der in diesem Artikel niedergelegten Pflichten zur Verfügung stellt und Überprüfungen – einschließlich Inspektionen –, die vom Verantwortlichen oder einem anderen von diesem beauftragten Prüfer durchgeführt werden, ermöglicht und dazu beiträgt.

177 *Hartung* in Kühling/Buchner, 2. Aufl. 2018, Art. 28 DS-GVO Rz. 95.
178 *Hartung* in Kühling/Buchner, 2. Aufl. 2018, Art. 28 DS-GVO Rz. 96.

13.91 Aus der Formulierung im Eingangssatz („*insbesondere*“) ergibt sich, dass es sich bei den aufgezählten Aspekten um Mindestanforderungen handelt. Diese können ergänzt werden, sofern dadurch nicht der durch die Pflichtangaben vorgegebene Schutzstandard unterschritten wird[179]. Daneben macht Art. 28 Abs. 3 Satz 2 lit. a DS-GVO deutlich, dass nunmehr auch eine Dokumentation der Einzelweisungen des Verantwortlichen erforderlich ist. Während mit Blick auf § 11 Abs. 2 Satz 2 BDSG, der die Schriftform nur für die generelle Auftragserteilung anordnete, noch davon ausgegangen werden konnte, dass dies für die Einzelanweisung gerade nicht gelten sollte[180], müssen nunmehr sowohl an den der Auftragsverarbeitung zugrunde liegenden Vertrag als auch an die Einzelanweisung dieselben Anforderungen gestellt werden: Beide müssen in irgendeiner Form fixiert werden, wobei auch im Rahmen der Einzelanweisungen die Schriftform, die elektronische Form aber auch die Textform in Betracht kommen können[181].

d) Auswahl des Auftragnehmers

13.92 Nach Art. 28 Abs. 1 DS-GVO ist der Auftragnehmer danach auszuwählen, dass er „hinreichend Garantien dafür bietet, dass geeignete technische und organisatorische Maßnahmen so durchgeführt werden, dass die Verarbeitung im Einklang mit den Anforderungen dieser Verordnung erfolgt und den Schutz der Rechte der betroffenen Person gewährleistet“. **Art. 28 Abs. 1 DS-GVO schließt die Auswahl einer konzernangehörigen Gesellschaft als Auftragnehmer nicht aus**, vielmehr kann diese sogar besonders geeignet sein, weil hier ggf. bessere Überwachungsmöglichkeiten bestehen als bei einem externer Anbieter. Die Auswahlsorgfalt des Auftraggebers muss darauf gerichtet sein, auch im Rahmen einer Auftragsdatenverarbeitung die Datensicherheit zu gewährleisten. **Vergleichsmaßstab ist dabei derjenige Sicherheitsstandard, der bei einer Eigenverarbeitung gelten würde**[182]. Der Auftragsverarbeiter muss bestimmten Anforderungen im Hinblick sowohl auf seine persönliche als auch seine fachliche Qualifikation genügen, wie sich mit einem Blick auf ErwG 81 DS-GVO zeigt, der ausdrücklich das Fachwissen, die Zuverlässigkeit und die Ressourcen des Auftragnehmers in den Vordergrund rückt. Der Auftragsverarbeiter kann den Nachweis entsprechender Garantien gem. Art. 38 Abs. 5 DS-GVO insbesondere durch die Einhaltung genehmigter Verfahrensregeln (Art. 40 DS-GV) oder aufgrund eines genehmigten Zertifizierungsverfahrens (Art. 42 DS-GVO) nachweisen. Im Einzelnen müssen letztlich **drei Kriterien**[183] erfüllt sein: Der Auftragnehmer muss erstens technisch-organisatorisch dazu *fähig* sein, die datenschutzrechtlichen Anforderungen zu erfüllen. Er muss zweitens *gewillt* sein, diese Anforderungen auch tatsächlich einzuhalten. Drittens muss der Auftraggeber in der Lage sein, dem Auftragnehmer *Weisung* hinsichtlich des Umgangs mit den Daten zu erteilen[184]. Dabei hat der Auftraggeber bei der Auswahl des Auftragnehmers umso höhere Anforderungen an die Qualität des Auftragnehmers zu stellen, je sensibler (in Bezug auf das allgemeine Persönlichkeitsrecht des Beschäftigten) oder umfangreicher die zu verarbeitenden Daten sind.

13.93 Die **Pflichten des Auftraggebers** erschöpfen sich nicht in der sorgfältigen Auswahl des Auftragnehmers. Vielmehr muss der Auftraggeber sich vor Beginn der Datenverarbeitung von der Einhaltung der bei dem Auftragnehmer getroffenen technischen und organisatorischen Maßnahmen überzeugen (sog. Erstkontrolle)[185]. Zudem muss er sich auch fortlaufend davon überzeugen, dass der Auftragnehmer seine übertragenen Pflichten ordnungsgemäß erfüllt[186]. Dies normiert Art. 28 Abs. 1

179 *Petri* in Simitis/Hornung/Spiecker, 1. Aufl. 2019, Art. 28 DS-GVO Rz. 24.
180 A.A. *Hanloser*, MMR 2009, 594 (597).
181 Ebenso *Hartung* in Kühling/Buchner, 2. Aufl. 2018, Art. 28 DS-GVO Rz. 99.
182 *Petri* in Simitis/Hornung/Spiecker, 1. Aufl. 2019, Art. 28 DS-GVO Rz. 40.
183 So auch zu § 11 BDSG a.F. *Gola/Schomerus*, 11. Aufl. 2012, § 11 BDSG Rz. 20.
184 Dies kann insbesondere bei einer Datenverarbeitung durch die Konzernmutter problematisch sein, vgl. *Hartung* in Kühling/Buchner, 2. Aufl. 2018, Art. 28 DS-GVO Rz. 55.
185 *Petri* in Simitis/Hornung/Spiecker, 1. Aufl. 2019, Art. 28 DS-GVO Rz. 36.
186 *Hornung* in Kühling/Buchner, 2. Aufl. 2018, Art. 28 DS-GVO Rz. 60; *Petri* in Simitis/Hornung/Spiecker, 1. Aufl. 2019, Art. 28 DS-GVO Rz. 36.

DS-GVO zwar nicht ausdrücklich, allerdings stellt die Vorschrift klar, dass eine Zusammenarbeit mit dem Auftragsverarbeiter nur so lange zulässig ist, wie er die notwendigen Garantien bietet[187]. Das Ergebnis dieser Überprüfungen ist zwar – anders als nach § 11 Abs. 2 Satz 5 BDSG a.F. – nicht mehr zwingend zu dokumentieren, allerdings sollte eine Dokumentation durch den Auftraggeber mit Blick auf die Rechenschaftspflicht des Art. 5 Abs. 2 DS-GVO dennoch erfolgen[188]. Bislang war in der Gesetzesbegründung zu § 11 BDSG a.F. klargestellt, dass der Auftraggeber nicht dazu verpflichtet war, sich selbst vor Ort ein Bild von den Vorkehrungen des Auftragnehmers zu machen[189], sodass insbesondere bei nur geringen Umfang des Auftrags der Grundsatz der Verhältnismäßigkeit gewahrt blieb. Obwohl dies in der DS-GVO nicht ausdrücklich aufgenommen wurde, ist dennoch davon auszugehen, dass weiterhin im Sinne eines angemessenen Verhältnisses zwischen dem Umfang der Auftragsverarbeitung und dem Überprüfungsaufwand nicht zwingend eine persönliche Überprüfung vor Ort notwendig ist. Dieses Ergebnis wird insbesondere dadurch gestützt, dass Art. 28 Abs. 5 DS-GVO ausdrücklich zulässt, die Einhaltung genehmigter Verhaltensregeln (Art. 40 DS-GVO) oder eines genehmigten Zertifizierungsverfahrens (Art. 42 DS-GVO) durch einen Auftragsverarbeiter als Faktor heranzuziehen, um die Erfüllung der Pflichten des Verantwortlichen nachzuweisen.

5. Datentransfer in Drittstaaten

Als weitere Möglichkeit des internationalen Datentransfers kommt die Übermittlung von Daten in Drittländer in Betracht, Art. 44 DS-GVO. Trotz des missverständlichen Wortlauts der Vorschrift, der von Datenübermittlung „an" Drittländer spricht, erstreckt sich die Vorschrift auf die Datenübermittlung an in einem Drittland belegene staatliche und private Stellen gleichermaßen[190]. Der Datentransfer in Drittstaaten folgt abweichenden Grundsätzen als die Datenübermittlung innerhalb der EU. 13.94

a) Anwendbarkeit der DS-GVO und des BDSG

Werden Daten an Konzerntöchter in Drittstaaten übermittelt, stellt sich zunächst die Frage nach der Anwendbarkeit der DS-GVO sowie des BDSG. Gem. Art. 3 Abs. 1 DS-GVO findet die DS-GVO sowohl Anwendung auf „die Verarbeitung personenbezogener Daten soweit diese im Rahmen der Tätigkeiten einer Niederlassung eines Verantwortlichen oder eines Auftragsverarbeiters in der Union erfolgt, unabhängig davon, ob die Verarbeitung in der Union stattfindet." Zusätzlich ist ihr Anwendungsbereich gem. Art. 3 Abs. 2 DS-GVO auch bei der Verarbeitung durch einen nicht in der Union niedergelassenen Verantwortlichen oder Auftragsverarbeiter eröffnet, wenn dieser Daten einer Person, die sich in der Union befindet verarbeitet oder die Datenverarbeitung im Zusammenhang damit steht, betroffenen Personen in der Union Waren oder Dienstleistungen anzubieten oder das Verhalten betroffener Personen in der Union zu beobachten. Art. 3 Abs. 1 DS-GVO knüpft damit an das **Niederlassungsprinzip** an[191], Art. 3 Abs. 2 DS-GVO führt ein **Marktortprinzip** ein[192]. Auf die Datenübermittlung an eine in einem Drittstaat belegene Konzerntochter findet die DS-GVO also Anwendung, wenn die die Datenverarbeitung im Rahmen der Tätigkeit einer Niederlassung des Konzerns in der Union erfolgt. Darauf, ob die Verarbeitung selbst in der Union stattfindet, kommt es nicht an. Zudem ist ihr Anwendungsbereich eröffnet, wenn der Konzern keine Niederlassung in der Union hat, aber Daten von Personen, die sich in der Union befinden, verarbeitet, ihnen Dienstleistungen anbietet oder ihr Verhalten in der Union beobachtet. Das BDSG findet gem. § 1 Abs. 4 Satz 2 13.95

187 *Hornung* in Kühling/Buchner, 2. Aufl. 2018, Art. 28 DS-GVO Rz. 60.
188 *Hornung* in Kühling/Buchner, 2. Aufl. 2018, Art. 28 DS-GVO Rz. 58; *Kremer* in Heidelberger Kommentar, 2. Aufl. 2020, Art. 28 DS-GVO Rz. 84.
189 BT-Drucks. 16/13657, 18.
190 *Schröder* in Kühling/Buchner, 2. Aufl. 2018, Art. 44 DS-GVO Rz. 19.
191 *Hornung* in Simitis/Hornung/Spiecker, 1. Aufl. 2019, Art. 3 DS-GVO Rz. 1.
192 *Klar* in Kühling/Buchner, 2. Aufl. 2018, Art. 3 DS-GVO Rz. 3; *Hornung* in Simitis/Hornung/Spiecker, 1. Aufl. 2019, Art. 3 DS-GVO Rz. 1.

Nr. 3 BDSG Anwendung – soweit die DS-GVO ausnahmsweise nicht unmittelbar gilt – sofern der Verantwortliche oder Auftragsverarbeiter zwar keine Niederlassung in einem Mitgliedstaat der Europäischen Union oder in einem anderen Vertragsstaat des Abkommens über den Europäischen Wirtschaftsraum hat, er aber in den Anwendungsbereich der DS-GVO fällt. Dies ist indes einschränkend dahingehend auszulegen, dass das BDSG nur Anwendung findet, wenn die Datenverarbeitung einen hinreichenden Inlandsbezug hat, also entweder erfolgt, um betroffenen Personen in Deutschland Waren oder Dienstleistungen anzubieten oder gerade das Verhalten von Personen in Deutschland überwacht wird[193].

b) Voraussetzungen der Datenübermittlung in Drittstaaten

13.96 Ist die DS-GVO nach Art. 3 DS-GVO auf die Datenübermittlung an eine in einem Drittstaat belegene Konzerntochter anwendbar, normiert deren Zulässigkeitsvoraussetzungen Art. 44 DS-GVO. Nach Art. 44 DS-GVO ist jede „Übermittlung personenbezogener Daten, die bereits verarbeitet werden oder nach ihrer Übermittlung an ein Drittland oder eine internationale Organisation verarbeitet werden sollen, [...] nur zulässig, wenn der Verantwortliche und der Auftragsverarbeiter die [im 5. Kapitel der DS-GVO] niedergelegten Bedingungen einhalten und auch die sonstigen Bestimmungen dieser Verordnung eingehalten werden." Es sind damit **zwei Anforderungen** zu erfüllen: **Für die Übermittlung von Daten in Drittstaaten gilt *erstens*, dass diese nur zulässig ist, wenn sie auch nach den allgemeinen Vorschriften der DS-GVO zulässig wäre.**

13.97 ***Zweitens* ist die Datenübermittlung in einen Drittstaat nur zulässig, wenn die besonderen Vorschriften des 5. Kapitels der DS-GVO eingehalten sind.** Hat die Kommission in Bezug auf ein bestimmtes Drittland beschlossen, dass diese über ein angemessenes Datenschutzniveau verfügen, ist eine Übermittlung in dieses Land ohne besondere Genehmigung zulässig (Art. 45 Abs. 1 DS-GVO). Dabei bleiben gem. Art. 45 Abs. 9 DS-GVO sämtliche vor Wirksamwerden der DS-GVO getroffene Angemessenheitsbeschlüsse in Kraft, bis sie aufgehoben werden. Ein angemessenes Schutzniveau hat die EU-Kommission insbesondere folgenden Staaten bzw. Regionen bescheinigt: Argentinien, Australien, Isle of Man, Israel, Kanada, Neuseeland, Schweiz[194]. In Bezug auf die USA gilt das sog. EU/US Privacy Shield[195], Die Kriterien für den Angemessenheitsbeschluss ergeben sich – nicht abschließend – aus Art. 45 Abs. 2 lit. a bis c DS-GVO. Liegt kein Angemessenheitsbeschluss vor, kann die Datenübermittlung zulässig sein, wenn der Verantwortlich oder Auftragsverarbeiter gem. Art. 46 DS-GVO geeignete Garantien zum Schutz der personenbezogenen Daten vorsieht. Außerhalb von Art. 45 und 46 DS-GVO kann eine Datenübermittlung in Drittstaaten nur in den in Art. 48, 49 DS-GVO genannten Ausnahmefällen zulässig sein.

c) Verbindliche Unternehmensregelungen als Rechtfertigungsgrundlage, Art. 46 Abs. 2 lit. b, 47 DS-GVO

13.98 Eine Möglichkeit, eine rechtmäßige Übermittlung der personenbezogenen Daten von Kunden, Arbeitnehmern, Gesellschaftern und sonstigen Personen in Drittländer innerhalb der Unternehmensgruppe zu gewährleisten sind verbindliche Unternehmensregelungen (*binding corporate rules, BCRs*). Diese finden ihre Grundlage finden in Art. 46 Abs. 2 lit. b, 47 DS-GVO. Auf Grundlage solcher Regelungen können Unternehmen personenbezogene Daten auch in nicht sichere Drittländer übermitteln, sofern ihre verbindlichen internen Datenschutzvorschriften durch die zuständige Aufsichtsbehörde genehmigt worden sind.

193 *Hornung* in Simitis/Hornung/Spiecker, 1. Aufl. 2019, Art. 3 DS-GVO Rz. 15; *Klar* in Kühling/Buchner, 2. Aufl. 2018, § 1 BDSG Rz. 30.

194 Amtliche Fundstellen bei *Schröder* in Kühling/Buchner, 2. Aufl. 2018, Art. 45 DS-GVO Rz. 34.

195 Ausführlich s. *Schröder* in Kühling/Buchner, 2. Aufl. 2018, Art. 45 DS-GVO Rz. 40 ff.

Gem. Art. 4 Nr. 20 DS-GVO sind verbindliche interne Datenschutzvorschriften „Maßnahmen zum Schutz personenbezogener Daten, zu deren Einhaltung sich ein im Hoheitsgebiet eines Mitgliedstaats niedergelassener Verantwortlicher oder Auftragsverarbeiter verpflichtet im Hinblick auf Datenübermittlungen oder eine Kategorie von Datenübermittlungen personenbezogener Daten an einen Verantwortlichen oder Auftragsverarbeiter derselben Unternehmensgruppe oder derselben Gruppe von Unternehmen, die eine gemeinsame Wirtschaftstätigkeit ausüben, in einem oder mehreren Drittländern.“ Welche inhaltlichen Anforderungen an eine solche verbindliche Unternehmensregelung zu stellen sind, ergibt sich maßgeblich aus Art. 47 DS-GVO. Wichtig ist, dass sie verbindlich (Art. 47 Abs. 1 lit. a DS-GVO) bzw. rechtlich durchsetzbar (Art. 47 Abs. 1 lit. b DS-GVO) sind, wobei je nach Rechtssystem eine einseitige Erklärung als nicht ausreichend gesehen wird. **Die Regeln müssen für alle betreffenden Mitglieder der Unternehmensgruppe gelten**. Durch die Legaldefinition des Art. 4 Nr. 20 DS-GVO wird dabei klargestellt, dass Voraussetzung für die Rechtfertigungswirkung verbindlicher interner Datenschutzvorschriften eine Niederlassung des Verantwortlichen oder Auftragsverarbeiters in der EU ist. Dagegen gelten die internen Regeln gerade nicht für externe Dienstleister, da sie nur auf die unternehmensinterne Absicherung von internationaler Datentransfer abzielen. Sie betreffen auch nur die personenbezogenen Daten, die aus der EU oder dem EWR in ein Drittland übermittelt werden sowie die weitere Verarbeitung dieser Daten[196]. Zudem werden Daten erfasst, die zwischenzeitlich von einer Niederlassung innerhalb der EU verarbeitet wurden[197]. 13.99

Zu beachten ist freilich: Dies ist der geforderte Mindestregelungsbestand. In der Praxis können und werden aus guten Gründen (z.B. Ungleichbehandlung von Arbeitnehmerdaten in Drittländern und Aufwand der Datenseparierung EU/NichtEU) freiwillig z.T. auch alle personenbezogenen Daten unter den Schutz von verbindlichen Unternehmensregelungen gestellt.

aa) Art. 44 DS-GVO in der Systematik der DS-GVO

Die Bedeutung verbindlicher Unternehmensregelungen wird nur im systematischen Zusammenhang zwischen Art. 44 DS-GVO und den übrigen Regelungen der DS-GVO verständlich. Zentralgestirn der DS-GVO ist Art. 6 Abs. 1 DS-GVO. Die Verarbeitung personenbezogener Daten ist nach dieser Vorschrift nur zulässig, soweit sie auf einen Erlaubnistatbestand gestützt werden kann. Dieser kann sich ausweislich ErwG 40 DS-GVO entweder aus einer Rechtsgrundlage – d.h. aus der DS-GVO, dem sonstigen Unionsrecht oder dem mitgliedstaatlichen Recht – oder der Einwilligung des Betroffenen ergeben. Art. 6 DS-GVO enthält mithin ein präventives Verbot mit Erlaubnisvorbehalt[198]. Für Datenübermittlungen innerhalb der EU gelten einheitlich die Bestimmungen der DS-GVO, sofern diese nicht ausnahmsweise keine unmittelbare Geltung beansprucht. Für die Übermittlung personenbezogener Daten in Drittstaaten enthält die DS-GVO die Sonderregelungen der Art. 44 ff. DS-GVO. Auch diese ist nur dann zulässig, wenn zusätzlich ein Erlaubnistatbestand eingreift, insbesondere eine Einwilligung vorliegt oder ein gesetzlicher Erlaubnistatbestand einschlägig ist (zweistufige Rechtmäßigkeitsprüfung). Art. 44 DS-GVO ist – ebenso wie Art. 45, 46 DS-GVO – selber kein solcher Erlaubnistatbestand[199]. 13.100

Selbst wenn ein solcher Tatbestand vorliegt, gilt zusätzlich weiterhin das Verbotsprinzip des Art. 44 Abs. 1 Satz 1: Neben dem allgemeinen Erlaubnistatbestand – der die Datenverarbeitung als solche 13.101

---

196 *Schantz* in Simitis/Hornung/Spiecker, 1. Aufl. 2019, Art. 47 DS-GVO Rz. 6; *Schröder* in Kühling/Buchner, 2. Aufl. 2018, Art. 47 DS-GVO Rz. 17.

197 *Schantz* in Simitis/Hornung/Spiecker, 1. Aufl. 2019, Art. 47 DS-GVO Rz. 6.

198 *Buchner/Petri* in Kühling/Buchner, 2. Aufl. 2018, Art. 6 DS-GVO Rz. 1, 11 ff.; *Linck* in Schaub, Arbeitsrechts-Handbuch, 18. Aufl. 2019, § 153 Rz. 5; *Schwartmann/Jacquemain* in Heidelberger Kommentar, 2. Aufl. 2020, Art. 6 DS-GVO Rz. 6.

199 *Pauly* in Paal/Pauly, 2. Aufl. 2018, Art. 44 DS-GVO Rz. 9; Probleme ergeben sich allerdings im Rahmen der Ausnahmetatbestände der Art. 48, 49 DS-GVO, da diese bereits so klare Vorgaben machen, dass daneben kein Raum für eine Anwendung des Art. 6 DS-GVO bleibt, s. *Schröder* in Kühling/Buchner, 2. Aufl. 2018, Art. 44 DS-GVO Rz. 20, 23.

rechtfertigt – ist erforderlich, dass einer der Tatbestände der Art. 45 ff. DS-GVO erfüllt ist, der die Übermittlung gerade in den spezifischen Drittstaat erlaubt. Grundsätzlich unzulässig ist eine Datenübermittlung in Drittstaaten, in denen kein angemessenes Datenschutzniveau i.S.v. Art. 45 DS-GVO besteht, wie sich mittelbar aus Art. 46 Abs. 1, 49 Abs. 1 Satz 1 DS-GVO ergibt. Die Kriterien, nach denen sich die Angemessenheit im Einzelfall bemisst, legt Art. 45 Abs. 2 DS-GVO fest. Zur DSRL wurde insofern die Auffassung vertreten, dass lediglich ein „angemessenes" (en: *adequate*; fr: *adéquat*), aber kein dem europäischen und erst Recht nicht dem deutschen gleichwertiges Schutzniveau erforderlich sei[200]. Dieser Ansicht war allerdings der EuGH in seiner „Safe Harbour"-Entscheidung entgegengetreten und verlangte einen den europäischen Grundrechten gleichwertigen Schutz personenbezogener Daten im jeweiligen Drittland[201], wobei gleichwertig jedoch nicht im Sinne von identisch zu verstehen sei[202]. Insofern ist mit Blick auf ErwG 104 DS-GVO davon auszugehen, dass die DS-GVO an die Rechtsprechung des EuGH anknüpft und ein gleichwertiges Schutzniveau im Drittstaat fordert[203].

13.102 Die Europäische Kommission kann nach Art. 45 Abs. 3 Satz 1 DS-GVO einzelfallunabhängig, verbindlich und unmittelbar wirkend feststellen, dass bestimmte Staaten ein angemessenes Datenschutzniveau aufweisen[204]. Das diesbezügliche Verfahren kann unter anderem vom Drittland oder den Mitgliedstaaten initiiert werden, wobei die Europäische Kommission anhand verschiedener Kriterien entscheidet, mit welchen Drittländern sie einen Dialog über die Angemessenheit des Schutzniveaus führt[205]. Allerdings verfügen aktuell nach Ansicht der Europäischen Kommission die wenigsten Staaten außerhalb Europas über ein adäquates Datenschutzniveau, insbesondere nicht wichtige Handelspartner der EU wie etwa China[206]. Einen Sonderfall stellen die USA dar. Unter Geltung der DSRL hatten die EU-Kommission und die US-Regierung sogenannte „*Safe Harbor Principles*" ausgehandelt. Bei Stellen in den USA, die den „Safe Harbor Principles"[207] beigetreten waren, war demnach von einem angemessenen Schutzniveau auszugehen[208]. Der entsprechende Angemessenheitsbeschluss wurde allerdings durch den EuGH für ungültig erklärt[209]. Nunmehr gilt daher das **„EU/US Privacy Shield"**. Danach können sich US-Unternehmen – ähnlich wie im Rahmen des Safe-Harbour-Programms – freiwillig bestimmten datenschutzrechtlichen Grundprinzipien unterwerfen und sich dementsprechend zertifizieren lassen[210]. Die Europäische Kommission hat das „EU/US Privacy Shield" auf Grundlage von Art. 25 Abs. 6 DSRL angenommen[211]. Diese Entscheidung gilt gem. Art. 45 Abs. 9 DS-GVO fort. Liegen die vorgenannten Voraussetzungen nicht vor, muss eine Datenübermittlung in die USA und in sonstige Drittstaaten ohne angemessenes Schutz-

200 *Gabel* in Taeger/Gabel, 2. Aufl. 2013, § 4b BDSG Rz. 21; *Gola/Schomerus*, 11. Aufl. 2012, § 4b BDSG Rz. 12; *Däubler* in Däubler/Klebe/Wedde/Weichert, 3. Aufl. 2010, § 4b BDSG Rz. 12; *Draf*, Regelung der Übermittlung, 1999, S. 82 ff.; a.A. *Simitis* in Simitis, 8. Aufl. 2014, § 4b BDSG Rz. 52, der gleichwohl nur einen „harten Kern" an Datenschutz fordert.

201 EuGH v. 6.10.2015 – C-362/14, ECLI:EU:C:2015:650 – Schrems, EuZW 2015, 881, 885 Rz. 73 f.

202 EuGH v. 6.10.2015 – C-362/14, ECLI:EU:C:2015:650 – Schrems, EuZW 2015, 881, 885 Rz. 73.

203 Ebenso *Schröder* in Kühling/Buchner, 2. Aufl. 2018, Art. 45 DS-GVO Rz. 13.

204 Eine aktualisierte Liste der Staaten ist abrufbar unter https://ec.europa.eu/info/law/law-topic/data-protection/international-dimension-data-protection/adequacy-decisions_de (Stand: 29.1.2020). Erfasst sind derzeit insbesondere Argentinien, Israel, Kanada, Japan und die Schweiz.

205 Eine Liste dieser Kriterien findet sich unter https://ec.europa.eu/transparency/regdoc/rep/1/2017/DE/COM-2017-7-F1-DE-MAIN-PART-1.PDF (Stand 29.1.2020).

206 Inzwischen aber Japan s. https://ec.europa.eu/info/law/law-topic/data-protection/international-dimension-data-protection/adequacy-decisions_de (Stand 29.1.2020).

207 Anzumerken ist allerdings, dass nicht alle US-amerikanische Unternehmen dem Safe Harbor Agreement beitreten konnten, da sie nicht der Aufsicht der FTC unterfallen, welche als „aufsichtsbehördliche Kontrollinstanz" hinter dem Abkommen in den USA steht.

208 S. zum Ganzen Entscheidung der Kommission 2000/520/EG, ABl. Nr. L 215 v. 25.8.2000, S. 7.

209 EuGH v. 6.10.2015 – C-362/14, ECLI:EU:C:2015:650 – Schrems, EuZW 2015, 881.

210 Dazu s. *Grau/Granetzny*, NZA 2016, 405; *Schreiber/Kohm*, ZD 2016, 255.

211 Entscheidung der Kommission v. 12.7.2016, C(2016), 4176.

niveau grundsätzlich unterbleiben. Von diesem Grundsatz sehen die Art. 46 ff. DS-GVO wiederum bestimmte Ausnahmen vor.

Auf Grundlage von Art. 46 DS-GVO sind Datenübermittlungen in Drittstaaten auch ohne Vorliegen eines Angemessenheitsbeschlusses nach Art. 45 DS-GVO gerechtfertigt, wenn der Verantwortliche oder der Auftragsverarbeiter geeignete Garantien vorgesehen hat und den betroffenen Personen durchsetzbare Rechte und wirksame Rechtsbehelfe zur Verfügung stehen. Diese geeigneten Garantien können in verbindlichen internen Unternehmensvorschriften i.S.v. Art. 47 DS-GVO bestehen (Art. 46 Abs. 2 lit. b DS-GVO). Allerdings können auch solche internen Regelungen nur das grundsätzliche Übermittlungsverbot in Drittstaaten ohne angemessenes Datenschutzniveau überwinden. Deshalb ist jedoch auch dann, wenn eine entsprechende Regelung gegeben ist, zusätzliche Voraussetzung für die Übermittlung, dass ein Erlaubnistatbestand i.S.d. Art. 6 DS-GVO eingreift[212]. Denn jede Verarbeitung personenbezogener Daten – und damit auch deren Übermittlung – ist mangels Konzernprivilegs in der DS-GVO rechtfertigungsbedürftig. 13.103

bb) Interne Unternehmensregelungen als Erlaubnistatbestand auch für die Übermittlung

Es stellt sich allerdings die Frage, eine verbindliche Unternehmensregelung ihrerseits auch Rechtsgrundlage für die Datenübermittlung als solche sein kann. Denn Art. 6 Abs. 1 DS-GVO i.V.m. ErwG 40 DS-GVO stellt klar, dass die Verarbeitung rechtmäßig ist, wenn sie mit Einwilligung der betroffenen Person oder auf Grundlage einer sonstigen zulässigen Rechtsgrundlage erfolgt, die sich aus der DS-GVO oder dem sonstigen Unionsrecht oder dem Recht der Mitgliedstaaten ergibt. Insofern ist für den Bereich des Beschäftigtendatenschutzes anerkannt, dass auch Tarifverträge und Betriebsvereinbarungen gem. Art. 88 Abs. 1 DS-GVO i.V.m. § 26 Abs. 4 BDSG Rechtsgrundlage für die Verarbeitung personenbezogener Beschäftigtendaten sein können, da sie bindende Wirkung haben. Dies ließe sich auf verbindliche Unternehmensregelungen übertragen. Doch gegen eine entsprechende Einstufung spricht die Systematik der DS-GVO. Art. 46 Abs. 1 DS-GVO soll eine Datenübermittlung in unsichere Drittstaaten nur unter bestimmten Voraussetzungen zulassen. Ausweislich Art. 44 Abs. 1 Satz 1 DS-GVO müssen neben den Vorschriften des 5. Kapitels der DS-GVO – die gerade die Übermittlung in Drittstaaten betreffen – jedoch auch die sonstigen Bestimmungen der DS-GVO eingehalten werden. Würde man verbindliche Unternehmensregelungen als Rechtsgrundlage auch für die Verarbeitung als solche anerkennen, würde Art. 6 DS-GVO als „zweite Verteidigungslinie" neben den Art. 44 ff. DS-GVO wegfallen, obwohl sich aus der Bezugnahme des Art. 44 Abs. 1 Satz 1 DS-GVO auf die Art. 1 ff. DS-GVO ergibt, dass der Schutz des Art. 46 Abs. 1 DS-GVO *zusätzlich* zu Art. 6 DS-GVO eingreifen soll. Verbindliche Unternehmensregelungen können somit genauso wenig wie die Standardklauseln auf der ersten Stufe, die – lokale – Datenverarbeitung legitimieren. 13.104

cc) Verhältnis zum Datenschutzrecht

Verbindliche Unternehmensregelungen können das Datenschutzrecht nicht abbedingen, soweit dieses zwingend ist. Das stellte die Artikel-29-Datenschutzgruppe schon unter Geltung der DSRL für das Verhältnis verbindlicher Unternehmensregelungen zum nationalen Datenschutzrecht ausdrücklich klar[213]. Dem ist weiterhin auch im Verhältnis zur DS-GVO zuzustimmen, weil dies nicht der Funktion verbindlicher Unternehmensregelungen entspricht: Diese sollen das europäische Datenschutzrecht vielmehr bei dem Datenimporteur im Drittstaat ohne angemessenes gesetzliches Datenschutzniveau zur Anwendung bringen und so bei ihm (nur) in Bezug auf die der DS-GVO unterliegenden Daten ein angemessenes Datenschutzniveau einführen. Alle andere personenbezogen Daten unterfallen mithin ausschließlich dem lokal – sofern vorhanden – anwendbaren Recht. **Verbindliche** 13.105

212 *Traut* in Heidelberger Kommentar, 2. Aufl. 2020, Art. 47 DS-GVO Rz. 7.
213 Arbeitspapier 74 v. 3.6.2003, S. 7, abrufbar unter https://ec.europa.eu/justice/article-29/documentation/opinion-recommendation/files/2003/wp74_en.pdf.

Unternehmensregelungen können damit genutzt werden, um in der Unternehmensgruppe ein global einheitliches, angemessenes Datenschutzniveau herzustellen, sofern nationale Gesetze dem nicht entgegenstehen. Der Gefahr einer Kollision der internen Datenschutzregelungen mit der DS-GVO wird allerdings auch wirksam durch das gem. Art. 47 Abs. 1 DS-GVO erforderlichen Kohärenzverfahren zur Genehmigung der jeweiligen Regelungen vorgebeugt.

Teil V
Die Holding im Steuerrecht

§ 14 Die Holding aus steuerrechtlicher Sicht

I. Einführende Grundlagen 14.1

II. Rechtsformwahl

1. Grundsätze 14.6

2. Entscheidungskriterien

a) Steuersubjekteigenschaft 14.13

b) Einkünftezurechnung 14.21

c) Einkünftequalifizierung 14.27

d) Steuerbelastungsunterschiede 14.32

aa) Einkommensteuer/Körperschaftsteuer 14.35

bb) Gewerbesteuer 14.48

cc) Quantifizierter Steuerbelastungsvergleich 14.55

dd) Umsatzsteuer 14.61

e) Vermeidung der Doppelbesteuerung bei ausländischem Gesellschafter ... 14.62

aa) Abkommensberechtigung 14.63

bb) Verteilung der Besteuerungsrechte 14.64

f) Erbschaft-/Schenkungsteuer 14.70

III. Steuerliche Gestaltungsziele

1. Minderung der Steuerbelastung ... 14.72

2. Vertikale Gewinn- und Verlustverrechnung 14.73

3. Dividendenfreistellung 14.84

4. Umqualifizierung von Einkünften . 14.92

5. Freistellung von Veräußerungsgewinnen 14.97

6. Uneingeschränkter Betriebsausgabenabzug 14.102

a) Pauschaliertes Betriebsausgabenabzugsverbot 14.103

b) Zinsschranke gem. § 4h EStG, § 8a KStG

aa) Einführung 14.105

bb) Zinsabzugsbeschränkung nach § 4h Abs. 1 EStG, § 8a KStG ... 14.111

(1) Persönlicher Anwendungsbereich 14.113

(2) Betrieb i.S.d. § 4h EStG, § 8a KStG 14.114

(3) Abziehbarkeit des Zinssaldos bis zum verrechenbaren EBITDA .. 14.115

cc) Ausnahmetatbestände gem. § 4h Abs. 2 Satz 1 EStG 14.122

(1) Freigrenze (§ 4h Abs. 2 Satz 1 Buchst. a EStG) 14.123

(2) Stand-alone-Klausel (§ 4h Abs. 2 Satz 1 Buchst. b EStG) 14.126

(3) Escape-Klausel (§ 4h Abs. 2 Satz 1 Buchst. c EStG) 14.131

dd) Gewerbesteuer 14.138

7. Nutzung von Verlusten und von Verlustvorträgen

a) Grundlagen 14.139

b) § 8c KStG 14.141

c) § 10a GewStG 14.146

8. Vermeidung inländischen Ort der Geschäftsleitung 14.147

9. Vorsteuerabzug 14.153

10. Erbschaftsteuerliche Verschonung . 14.154

11. Vermeidung der Hinzurechnungsbesteuerung

a) Allgemeine Hinweise 14.157

b) Ausländische Ein- und Verkaufsgesellschaften, Dienstleistungsgesellschaften 14.162

c) Ausländische Holding- und Finanzierungsgesellschaften 14.163

IV. Errichtung 14.167

1. Kapitalgesellschaften

a) Einbringung

aa) Anteilstausch nach § 21 UmwStG 14.170

bb) Veräußerungsvorgang gem. § 8b Abs. 2 KStG 14.214

cc) Veräußerungsvorgang gem. § 3 Nr. 40 EStG 14.225

dd) Sonstige Besteuerungsfolgen ... 14.230

ee) Veräußerung der sperrfristbehafteten Anteile 14.235

ff) Einbringung eines Mitunternehmeranteils nach § 20 UmwStG . 14.250

gg) Auswirkungen bei der Holding gem. § 23 UmwStG 14.303

hh) Umsatzsteuerrechtliche Folgen der Einbringung 14.312

ii) Grunderwerbsteuerrechtliche Folgen der Einbringung 14.318

b) Spaltung 14.326

c) Verschmelzung 14.358

d) Formwechsel 14.365

2. Personengesellschaften 14.374

a) Einbringung 14.375

b) Spaltung 14.389

c) Verschmelzung 14.392
d) Formwechsel 14.398

V. Änderung von Beteiligungsstrukturen 14.400
1. Kauf/Verkauf (Übertragung gegen Entgelt) 14.401
a) Gewinnrealisierung 14.402
b) § 6b-Rücklage 14.411
2. Einbringung durch verdeckte Einlage (unentgeltliche Übertragung) 14.413
a) Gewinnrealisierung 14.414
b) § 6b-Rücklage 14.417
3. Umstrukturierung 14.418

VI. Auflösung 14.419
1. Kapitalgesellschaften
a) Liquidationsbesteuerung 14.420
b) Steuerneutrale Auflösung 14.421
2. Personengesellschaften
a) Betriebsaufgabe/Betriebsveräußerung 14.422
b) Steuerneutrale Auflösung 14.423

VII. Besonderheiten der laufenden Besteuerung
1. Körperschaftsteuer/Einkommensteuer
a) Kapitalgesellschaften
aa) Dividendenbesteuerung 14.427
bb) Besteuerung von Gewinnanteilen 14.445
cc) Abzugsbeschränkung bei Anteilen an Kapitalgesellschaften 14.446
(1) Bewertung mit dem Teilwert . 14.447
(2) § 8b Abs. 3 KStG 14.449
dd) Abzugsbeschränkung für Wertverluste bei Gesellschafterdarlehen 14.451
ee) Finanzierungskosten 14.454
b) Personengesellschaften 14.456
aa) Dividendenbesteuerung 14.457
bb) Abzugsbeschränkungen für Wertverluste bei Anteilen an Kapitalgesellschaften 14.458
cc) Abzugsbeschränkungen für Wertverluste bei Gesellschafterdarlehen 14.460
dd) Finanzierungskosten 14.461
ee) Thesaurierungsbesteuerung . . 14.462
ff) Ermäßigung der Einkommensteuer 14.465
2. Gewerbesteuer
a) Kapitalgesellschaften/Genossenschaften 14.466
b) Personengesellschaften 14.476
3. Maßnahmen zur Vermeidung der Doppelbesteuerung
a) Unilaterale Maßnahmen 14.477
b) Bilaterale Maßnahmen 14.494
c) Erstattung von Quellensteuern . . . 14.510
4. Umsatzsteuer 14.515
a) Unternehmereigenschaft einer Holding 14.516
b) Vorsteuerabzug einer Holding . . . 14.524
5. Besteuerung in Organschaftsfällen 14.529
a) Körperschaftsteuerrechtliche Organschaft
aa) Grundlagen 14.530
bb) Organgesellschaft 14.532
cc) Organträger 14.536
dd) Finanzielle Eingliederung . . . 14.538
ee) Inländische Organträgerbetriebsstätte 14.546
(1) Inländische Betriebsstätte . . . 14.547
(2) Zuordnung zu einer inländischen Betriebsstätte 14.549
(3) Zeitraumbezogene Zuordnung der Organbeteiligung 14.552
(4) Zurechnung des Organeinkommens 14.553
ff) Gewinnabführungsvertrag . . . 14.554
gg) Ausschluss der doppelten Verlustnutzung 14.558
hh) § 15 KStG 14.559
ii) Verfahrensfragen 14.565
jj) Haftung nach § 73 AO 14.570
b) Gewerbesteuerrechtliche Organschaft 14.571
c) Umsatzsteuerrechtliche Organschaft
aa) Grundlagen 14.579
bb) Organträger 14.583
cc) Organgesellschaft 14.584
dd) Eingliederungsvoraussetzungen
(1) Finanzielle Eingliederung . . . 14.586
(2) Wirtschaftliche Eingliederung . 14.587
(3) Organisatorische Eingliederung 14.588
d) Grunderwerbsteuerrechtliche Organschaft 14.591
6. Konzernprüfung (Außenprüfung) 14.593

VIII. Grundlagen der Finanzierung von Holdingunternehmen 14.594
1. Eigenkapitalfinanzierung
a) Kapitalgesellschaften als Holding . . 14.595
b) Personengesellschaften als Holding 14.599
2. Fremdkapitalfinanzierung 14.600
3. Finanzierungsalternativen 14.603

IX. Tax Compliance 14.604

X. Abgabenrechtliche Aspekte
1. Anzeige- und Mitteilungspflichten gem. §§ 137, 138 AO 14.608
2. Vertretung in Steuerangelegenheiten 14.614
3. Haftung nach § 74 AO 14.617

Literaturübersicht: Allgemeine Literatur: *Bader*, Steuergestaltung mit Holdinggesellschaften, 3. Aufl. 2018; *Baumbach/Hopt*, Kommentar zum HGB, 39. Aufl. 2020; Beck'scher Bilanz-Kommentar, 12. Aufl. 2020; *Blümich*, Kommentar zum EStG/KStG/GewStG (Loseblatt); *Boruttau*, Kommentar zum GrEStG, 19. Aufl. 2019; *Bunjes*, Kommentar zum UStG, 18. Aufl. 2019; *Calliess/Ruffert*, EUV/AEUV, 5. Aufl. 2016; *Dötsch/Pung/Möhlenbrock*, Die Körperschaftsteuer, Kommentar (Loseblatt); *Ernst & Young*, Kommentar zum KStG (Loseblatt); *Ebenroth/Boujong/Joost/Strohn*, Kommentar zum HGB, Band 1 (§§ 1–342e), 4. Aufl. 2020; *Flick/Wassermeyer/Baumhoff/Schönfeld*, Kommentar zum Außensteuerrecht (Loseblatt); *Frotscher/Geurts*, Kommentar zum EStG (Loseblatt); *Frotscher/Drüen*, Kommentar zum KStG/GewStG/UmwStG (Loseblatt); *Glanegger/Güroff*, Gewerbesteuergesetz, 9. Aufl. 2017; *Gosch*, KStG-Kommentar, 4. Aufl. 2020; *Gosch/Kroppen/Grotherr/Kraft*, DBA-Kommentar (Loseblatt); *Grotherr*, Handbuch der internationalen Steuerplanung, 3. Aufl. 2011; *Haase*, Außensteuergesetz und Doppelbesteuerungsabkommen, 3. Aufl. 2016; *Haas*, Konzernrecht der Personengesellschaften: Grundlagen der Schutz- und Ausgleichsmechanismen im Personengesellschaftskonzern, 2000; *Haritz/Menner/Bilitewski*, Umwandlungssteuergesetz, 5. Aufl. 2019; *Hauschka/Moosmayer/Lösler*, Corporate Compliance, 3. Aufl. 2016; *Hendricks*, Joint und Abkommensrecht, Festgabe Wassermeyer zum 75. Geburtstag, 2015; *Helde*, Dreiecksverhältnisse im Internationalen Steuerrecht, 2000; *Herrmann/Heuer/Raupach*, Einkommensteuer- und Körperschaftsteuergesetz mit Nebengesetzen (Loseblatt); *Hübschmann/Hepp/Spitaler*, AO/FGO-Kommentar (Loseblatt); *Hüffer/Koch*, Aktiengesetz, 14. Aufl. 2020; *Jacobs*, Internationale Unternehmensbesteuerung, 8. Aufl. 2016; *Jesse*, Errichtung internationaler Holdingstrukturen durch Anteilstausch, Festschrift für Hans Flick, 1997; *Jesse*, Präventivberatung im Steuerstrafrecht, 2012; *Kapp/Ebeling*, Erbschaftsteuer- und Schenkungsteuergesetz, (Loseblatt); *Kessler*, Die Euro-Holding, 1996; *Kessler/Kröner/Köhler*, Konzernsteuerrecht, 3. Aufl. 2018; *Kirchhof*, EStG-Kommentar, 19. Aufl. 2020; *Klein*, Abgabenordnung-Kommentar, 15. Aufl. 2020; *Lenski/Steinberg*, Gewerbesteuergesetz-Kommentar (Loseblatt); *Littmann/Bitz/Pust*, Das Einkommensteuerrecht (Loseblatt); *Looks/Heinsen*, Betriebsstättenbesteuerung, 3. Aufl. 2017; *Lüdicke/Sistermann*, Unternehmensteuerrecht, 2. Aufl. 2018; *Lutter/Scheffler/U.H. Schneider*, Handbuch der Konzernfinanzierung, 1998; *Müller/Detmering/Lieber*, Die Organschaft, 11. Aufl. 2020; *Mestmäcker/Behrens*, Das Gesellschaftsrecht der Konzerne im internationalen Vergleich, 1991; *Mössner* u.a., Steuerrecht international tätiger Unternehmen, 5. Aufl. 2018; MünchKomm/Bilanzrecht, Band 2, §§ 238–342e HGB, 4. Aufl. 2020; MünchKomm/BGB, Band 11, Internationales Handels- und Gesellschaftsrecht, 8. Aufl. 2020; MünchKomm/GmbHG, Band 1, 3. Aufl. 2018; *Pahlke*, GrEStG-Kommentar, 7. Aufl. 2020; *Prinz*, Umwandlungen in Internationalen Steuerrecht, 2013; *Rau/Dürrwächter*, UStG-Kommentar (Loseblatt); *Reiß/Kraeusel/Langer*, UStG-Kommentar (Loseblatt); *Rödder/Herlinghaus/van Lishaut*, UmwStG, 3. Aufl. 2019; *Rust*, Die Hinzurechnungsbesteuerung, 2007; *Sagasser/Bula/Brünger*, Umwandlungen, 5. Aufl. 2017; *Schaumburg*, Internationales Steuerrecht, 4. Aufl. 2017; *Schaumburg/Englisch*, Europäisches Steuerrecht, 2. Aufl. 2020; *Schaumburg*, Steuerrecht und steuerorientierte Gestaltungen im Konzern, 1998; *Schaumburg/Piltz*, Holdinggesellschaften im internationalen Steuerrecht, 2002; *Schaumburg/Rödder*, Unternehmensteuerreform 2008, 2007; *Schmidt*, EStG, Kommentar, 39. Aufl. 2020; *Schaumburg/Schulte*, Die KGaA, 2000; *Schmitt/Hörtnagl/Stratz*, UmwG/UmwStG, 9. Aufl. 2020; *Schnitger/Fehrenbacher*, Kommentar zum KStG, 2. Aufl. 2018; *Schönfeld*, Hinzurechnungsbesteuerung und Europäisches Gemeinschaftsrecht, 2005; *Schönfeld/Ditz*, DBA, 2. Aufl. 2019; *Spindler/Stilz*, Kommentar zum AktG, §§ 1–149, 4. Aufl. 2019; *Streck*, Körperschaftsteuergesetz mit Nebengesetzen, 9. Aufl. 2018; *Strunk/Kaminski/Köhler*, Außensteuergesetz – Doppelbesteuerungsabkommen (Loseblatt); *Tipke/Kruse*, Abgabenordnung – Finanzgerichtsordnung, Kommentar (Loseblatt); *Tipke/Lang*, Steuerrecht, 23. Aufl. 2018; *Troll/Gebel/Jülicher/Gottschalk*, Erbschaftsteuer- und Schenkungsteuergesetz: ErbStG (Loseblatt); *Vogel/Lehner*, Doppelbesteuerungsabkommen, 6. Aufl. 2015; *Wassermeyer*, Doppelbesteuerung (Loseblatt); *Wassermeyer*, Doppelbesteuerung: DBA: Zum 75. Geburtstag von Prof. Dr. Dr. h.c. Franz Wassermeyer, 1. Aufl. 2015; *Wassermeyer/Andresen/Ditz*, Betriebsstätten-Handbuch, 2. Aufl. 2017; *Wassermeyer/Richter/Schnittger*, Personengesellschaften im Internationalen Steuerrecht, 2. Aufl. 2015; *Weilbach*, GrEStG-Kommentar (Loseblatt); *Widmann/Mayer*, Umwandlungsrecht (Loseblatt).

Besondere Literatur: *Adrian*, Beteiligungsbezogene oder isolierende Betrachtungsweise beim unterjährigen Erwerb von Kapitalgesellschaftsanteilen?, GmbHR 2014, 407 ff.; *Altmeppen*, Schutz vor „europäischen" Kapitalgesellschaften, NJW 2004, 97 ff.; *Bareis*, Steuerliche Gewinnbegriffe und Thesaurierungsbegünstigung gem. § 34a EStG, FR 2014, 581 ff.; *Bayer*, Die EuGH-Entscheidung „Inspire Art" und die deutsche GmbH im Wettbewerb der europäischen Rechtsordnungen, BB 2003, 2357 ff.; *Becker/Robisch*, Die umsatzsteuerliche Behandlung von Einlagen nach dem EuGH-Urteil vom 26. Juni 2003, UVR 2003, 395 ff.; *Benecke/Schnitger*, Wichtige Änderungen bei der körperschaftsteuerlichen Organschaft durch das UntStG 2013, IStR 2013, 143 ff.; *Benz/Jetter*, Die Neuregelung zur Steuerpflicht von Streubesitzdividenden, DStR 2013,

489 ff.; *Beuchert/Friese*, Optimiertes KapESt-Management bei Holdinggesellschaften, DB 2013, 2825 ff.; *Beyme*, Ist das Teileinkünfteverfahren für Streubesitzdividenden bei Körperschaften anwendbar? – Mögliche Auswirkungen für die Erstellung von Jahresabschlüssen, NWB 2014, 867 ff.; *Bilitewski/Schifferdecker*, Aktuelle Entwicklungen im Bereich der Wegzugsbesteuerung natürlicher Personen in Drittstaaten, Ubg 2013, 559 ff.; *Birkenfeld*, Organschaft als Mehrwertsteuergruppe, UR 2014, 120 ff.; *Bodden*, Aktuelle Brennpunkte der Thesaurierungsbesteuerung nach § 34a EStG, FR 2014, 920 ff.; *Bodden*, Die Neuregelungen des § 50i EStG durch das StÄndAnpG-Kroatien, DB 2014, 2371 ff.; *Bolik/Zöller*, Unterjähriger Hinzuerwerb von Beteiligungen im Rahmen des § 8b Abs. 4 KStG, DStR 2014, 782 f.; *Boor*, Grundlegende Entscheidungen des EuGH zur Gruppenbesteuerung im Mehrwertsteuerrecht, UR 2013, 729 ff.; *Brandenberg*, Personengesellschaftsbesteuerung nach dem Unternehmenssteuerfortentwicklungsgesetz, Teil I, DStZ 2002, 511 ff., Teil II, DStZ 2002, 551 ff., Teil III, DStZ 2002, 594 ff.; *Brandi*, Die Europäische Aktiengesellschaft im deutschen und internationalen Konzernrecht, NZG 2003, 889 ff.; *von Brocke*, Lidl Belgium und die praktischen Folgen, DStR 2008, 2201; *Bron*, Der neugefasste § 50i EStG und seine Gefahren – mit Kanonen auf Spatzen zu schießen, DStR 2014, 1849 ff.; *Bruns*, Seminar E: Fragen im Bereich der Diskriminierungsverbote (IFA/OECD), IStR 2007, 579; *Buttgereit/Schulte*, Umsatzsteuerrechtliche Organschaft und wirtschaftliche Eingliederung – „nichts Genaues weiß man nicht" – eine Rechtsprechungsanalyse, UR 2011, 605 ff.; *Cichy/Cziupka*, Compliance-Verantwortung der Geschäftsleiter bei Unternehmenstätigkeit mit Auslandsbezug, BB 2014, 1482; *Crezelius*, Gewährung von Gesellschaftsrechten bei § 6 Abs. 5 EStG, §§ 20, 24 UmwStG, DB 2004, 397 ff.; *Dahm/Hamacher*, Umsatzsteuerliche Organschaft – Reform wider Willen, IStR 2013, 820 ff.; *Deiniger*, Körperschaftsteuerrechtliche Auswirkungen der Überseering-Entscheidung des EuGH, IStR 2003, 214 ff.; *Ditz/Quilitzsch*, Die Änderungen im internationalen Steuerrecht durch das Anti-BEPS-Umsetzungsgesetz, DStR 2017, 281 ff.; *Dötsch/Pung*, Die Neuerungen bei der Körperschaftsteuer und bei der Gewerbesteuer durch das Steuergesetzgebungspaket vom Dezember 2003, Teil II: Die Änderungen insbesondere bei der Verlustnutzung und bei § 8b KStG, DB 2004, 151 ff.; *Dötsch/Pung*, SEStEG: Die Änderungen des UmwStG (Teil I und Teil II), DB 2006, 2704 ff., 2763 ff.; *Dötsch/Pung*, Organträger-Personengesellschaft mit ausländischen Gesellschaftern: Zur Anwendung des § 14 Abs. 1 Satz 1 Nr. 2 Satz 7 KStG, DB 2014, 1215 ff.; *Dötsch/Pung*, Gesetz zur Änderung und Vereinfachung der Unternehmensbesteuerung und des steuerlichen Reisekostenrechts: Die Änderung bei der Organschaft, DB 2013, 305 ff.; *Drüen/Heek*, Die Kommanditgesellschaft auf Aktien zwischen Trennungs- und Transparenzprinzip – Eine steuersystematische Bestandsaufnahme, DStR 2012, 541 ff.; *Erdbrügger*, Deutsche Regelungen über die Umsatzsteuer-Organschaft aufgrund neuer EuGH-Rechtsprechung unerwartet auf dem Prüfstand, DStR 2013, 1573 ff.; *Ernst*, Restriktives aus der Verwaltung zur Streubesitzregelung in § 8b Abs. 4 KStG, DB 2014, 449 ff.; *Farnschlader/Dörschmidt*, Die ertragsteuerneutrale Übertragung des Betriebs einer GmbH & Co. KG auf eine GmbH & Co. KGaA, DB 1999, 1923 ff.; *Förster*, Umsatzsteuerliche Konsequenzen von Überführungen bzw. Übertragungen von Wirtschaftsgütern gem. § 6 Abs. 5 EStG, DStR 2012, 381 ff.; *Frotscher*, Anwendung des § 8b KStG, INF 2003, 457 ff.; *Gerlach*, Die Organschaft im Ertragsteuerrecht – ein Auslaufmodell?, FR 2012, 450 ff.; *Graf Kerssenbrock*, § 8b Abs. 5 KStG nach der „Lankhorst-Hohorst"-Entscheidung des EuGH, BB 2003, 2156 ff.; *Grotherr*, Der Abschluss eines Gewinnabführungsvertrages als (un-)verzichtbares Tatbestandsmerkmal der körperschaftsteuerlichen Organschaft, FR 1995, 1 ff.; *Grotherr*, Anwendungsfragen bei der länderbezogenen Berichterstattung – Country-by-Country Reporting, IStR 2016, 991 ff; *Hagemann/Jakob/Ropohl/Viebrock*, SEStEG, Das neue Konzept der Verstrickung und Entstrickung sowie die Neufassung des Umwandlungssteuergesetzes, NWB, Sonderheft 1/2007; *Hagen/Schynol*, Die Besteuerung außerordentlicher Einkünfte nach dem Steuersenkungsgesetz und dem Steuersenkungsergänzungsgesetz, DB 2001, 397 ff.; *Hahne*, Die Begünstigung von Beteiligungen an Personengesellschaften bei der „Zinsschranke" – Gestaltungsmöglichkeiten zur Erhöhung des steuerlichen Zinsabzugs, DStR 2007, 1947 ff.; *Halasz/Kloster/Kloster*, Umwandlungen von GmbH und GmbH & Co. KG in eine GmbH & Co. KG (II), GmbHR 2002, 359 ff.; *Harbarth/Brechtel*, Rechtliche Anforderungen an eine pflichtgemäße Compliance-Organisation im Wandel der Zeit, ZIP 2016, 241; *Haritz/Wisniewski*, Steuerneutrale Umwandlung über die Grenze, Anmerkungen zum Vorschlag der Europäischen Kommission zur Änderung der steuerlichen Fusionsrichtlinie, GmbHR 2004, 28 ff.; *Häuselmann/Wagner*, Grenzen der Einbeziehung von Aktienderivaten in das Halbeinkünfteverfahren, BB 2002, 2170 ff.; *Hebeler*, Verlustanteile aus der Beteiligung an Personengesellschaften in den Bilanzen einer Kapitalgesellschaft, BB 1998, 206 ff.; *Heidenhain*, Ausländische Kapitalgesellschaften mit Verwaltungssitz in Deutschland, NZG 2002, 1141 ff.; *Hendricks*, Verfahrensrechtliche Grundlagen der körperschaftsteuerlichen Organschaft, Ubg 2011, 711 ff.; *Herlinghaus*, Rechtsfragen zur Steuerpflicht von Streubesitzdividenden gem. § 8b Abs. 4 KStG n.F., FR 2013, 529 ff.; *Herzig/Liekenbrock*, Zinsschranke im Organkreis, DB 2007, 2387 ff.; *Herzig/Wagner*, Zukunft der Organschaft im EG-Binnenmarkt, DB 2005, 1 ff.; *Hesse*, Die Europäische Aktiengesellschaft, INF

2003, 951 ff.; *Heuermann*, Steuerinnovation im Wandel: Einige Thesen zur Zinsschranke und ihrer Verfassungsmäßigkeit, DStR 2013, 1 ff.; *Heuermann*, System- und Prinzipienfragen beim Verlustabzug, FR 2012, 435 ff.; *Heurung/Engel/Seidel*, Das DBA-Schachtelprivileg in Körperschaft- und Gewerbesteuer, DB 2010, 1551; *Hruschka*, Das neue BMF-Schreiben zur Anwendung von DBA auf Personengesellschaften, DStR 2014, 2421 ff.; *Huschens*, Umsatzsteuerliche Aspekte der Aufnahme von Gesellschaftern in Personengesellschaften, INF 2003, 700 ff.; *Ismer*, Verfassungsrechtliche Rechtfertigung der Zinsschranke, FR 2014, 777 ff.; *Jacobs*, Internationale Unternehmensbesteuerung, 8. Aufl. 2016; *Jacobs*, Unternehmensbesteuerung und Rechtsform, 5. Aufl. 2015; *Jehl-Magnus*, Die gewerblich geprägte Personengesellschaft im internationalen Steuerrecht, NWB 2014, 1649 ff.; *Jesse*, Richtlinien-Umsetzungsgesetz – EURLUmsG: Anpassung des § 43b EStG (Kapitalertragsteuerbefreiung) an die geänderte Mutter-Tochter-Richtlinie, IStR 2005, 151 ff.; *Jesse*, Neuregelungen zur ertragsteuerlichen Organschaft, FR 2013, 629 ff., 681 ff.; *Jesse*, Holdinggesellschaften als sog. „Dauerüberzahler" im Sinne des § 44a Abs. 5 EStG, FR 2015, 249 ff.; *Joisten/Vossel*, Anwendung des Teileinkünfteverfahrens auf Streubesitzdividenden gem. § 8b Abs. 4 KStG?, FR 2014, 794 ff.; *Kaeser*, Der Gewinnabführungsvertrag als formale Hürde der Organschaft, DStR 2010, Beihefter zu Heft 30, 56 ff.; *Kahle*, Die Sonderbilanz bei der Personengesellschaft, FR 2012, 109 ff.; *Kahle/Cortez*, Zuzug von Kapitalgesellschaften im Ertragsteuerrecht, FR 2014, 673 ff.; *Kessler/Achilles/Huck*, Die Europäische Aktiengesellschaft im Spannungsfeld zwischen nationalem Steuergesetzgeber und EuGH, IStR 2003, 715 ff.; *Kessler/Dietrich*, Die Zinsschranke nach dem WaBeschG – la dolce vita o il dolce far niente?, DB 2010, 240 ff.; *Kessler/Köhler/Knörzer*, Die Zinsschranke im Rechtsvergleich: Problemfelder und Lösungsansätze, IStR 2007, 418 ff.; *Kessler/Obser*, Überblick zur Gesellschafter-Fremdfinanzierung in den Mitgliedstaaten der Europäischen Union, IStR 2004, 187 ff.; *Kessler/Pfuhl/Grether*, Die Thesaurierungsbegünstigung nach § 34a EStG in der steuerlichen (Beratungs-)Praxis, DB 2011, 185 ff.; *Keuthen*, Gewerbesteuer nach § 24 Abs. 3 Satz 3 UmwStG bei Einbringungen „an sich selbst", Ubg 2013, 480; *Kirchhof/Söhn/Mellinghoff*, Einkommensteuergesetz Kommentar (Loseblatt); *Kofler/Lüdicke/Simonek*, Hybride Personengesellschaften – Umsetzung des OECD Partnership Reports in Deutschland, Österreich und der Schweiz, IStR 2014, 349 ff.; *Kofler/Lüdicke/Simonek*, Hybride Personengesellschaften – Umsetzung des OECD Partnership Reports in Deutschland, Österreich und der Schweiz, IStR 2014, 349; *Köhler*, Unternehmenssteuerreform 2001: Auswirkungen des Steuersenkungsgesetzes auf deutsche Auslandsinvestitionen, DStR 2000, 1849 ff.; *Korn*, Buchwertfortführung für die Übertragung einzelner Wirtschaftsgüter bei Mitunternehmerschaften, KÖSDI 2002, 13272 ff.; *Kollruss*, Europarechtswidrigkeit der gewerbesteuerlichen Schachtelprivilegien bei doppelt ansässigen ausländischen EU-Tochtergesellschaften, IStR 2014, 51 ff.; *Korezkij*, ErbStR-E 2019: Änderungen bei der Betriebsvermögensnachfolge, DStR 2019, 137 ff.; *Korezkij*, Neue Erkenntnisse zur Betriebsvermögensnachfolge aus den ErbSt-Hinweisen 2019, DB 2020, 305 ff.; *Kraft/Gebhardt/Quilitzsch*, Das Auslandsdividendenpuzzle, FR 2011, 593 ff.; *Kraft/Heider*, Das Country-by-Country Reporting und seine innerstaatliche Umsetzung im Rahmen des „Anti-BEPS-Umsetzungsgesetzes", DStR 2017, 1353 ff.; *Kudert/Kahlenberg/Mroz*, Inhalt und Stellenwert des neuen § 50i EStG, ISR 2013, 365 ff.; *Küffner/Streit*, Einbeziehung eines Nichtsteuerpflichtigen in eine Organschaft, UR 2013, 401 ff.; *Kusterer*, Anteilsumwandlung bei atypisch ausgestalteter KGaA, DStR 1999, 1681 ff.; *Kußmaul/Pfirmann/Meyering/Schäfer*, Ausgewählte Anwendungsprobleme der Zinsschranke, BB 2008, 135 ff.; *Kußmaul/Ruiner/Schappe*, Ausgewählte Gestaltungsmaßnahmen zur Vermeidung der Anwendung der Zinsschranke, GmbHR 2008, 505 ff.; *Lappas/Ruckes*, Die praktische Umsetzung von FATCA in Deutschland, IStR 2013, 929 ff.; *Lausterer*, Der Binnenmarkt hat keine Grenzen – Anmerkung zu dem EuGH-Urteil „Bosal" v. 18.9.2003, IStR 2003, 705 ff.; *Lenz/Adrian*, Besitzzeitanrechnung bei Umwandlungen und Einbringungen, DB 2014, 2670 ff.; *Lenz/Rautenstrauch*, Der Richtlinienentwurf zur Gemensamen konsolidierten KSt-Bemessungsgrundlage (GKKB), DB 2011, 726 ff.; *Levedag*, Einbringung und Einlage von Privatvermögen in vermögensverwaltende und gewerbliche Personengesellschaften, GmbHR 2013, 243 ff.; *Liekenbrock*, „Steuerfreie" Entstrickung oder § 50i EStG?, IStR 2013, 690 ff.; *Lohse*, Aufnahme eines Gesellschafters in Personengesellschaft nicht steuerbar BB-Kommentar zu EuGH, Urteil C 442/01 v. 26.6.2003, BB 2003, 1713 ff.; *Marquardt/Jehlin*, Zu den verfassungsrechtlichen Grenzen einer „Steuerinnovation", DStR 2013, 2301 ff.; *Meilicke*, Die Niederlassungsfreiheit nach „Überseering" – Rückblick und Ausblick nach Handelsrecht und Steuerrecht, GmbHR 2003, 793 ff.; *Mitschke*, Grenzüberschreitende Sondervergütungen bei PersGes und gewerblich geprägte PersGes im internationalen Steuerrecht nach dem AmtshilfeRL-UmsG, FR 2013, 694; *Möhlenbrock*, Detailfragen der Zinsschranke aus Sicht der Finanzverwaltung, Ubg 2008, 1 ff.; *Neu*, Die Aktivierung von Dividendenforderungen in Handels- und Steuerbilanz, BB 1995, 399 ff.; *Neumann*, Spaltung von Kapitalgesellschaften nach dem UmwSt-Erlass 2011, GmbHR 2012, 141 ff.; *Patt*, Die steuerliche Behandlung der Einbringung von Unternehmensteilen in eine Kapitalgesellschaft oder Europäische Genossenschaft und des Anteilstauschs nach dem SEStEG, Der Konzern 2006, 730 ff.; *Prinz*, Mittelstandsfinanzierung in Zeiten der Zinsschranke, FR 2008, 441 ff.; *Pohl*, Die „vermögensverwaltende" Personengesellschaft im Abkommensrecht – Rechtsänderungen durch den neuen § 50i EStG, IStR 2013, 699 ff.; *Prinz*, Der neue § 50i EStG: Grenzüberschreitende „Gepräge-KG" zur Verhinderung einer Wegzugsbesteuerung, DB 2013, 1378 ff.; *Rathke/Ritter*, Anwendbarkeit des Teileinkünfteverfahrens bei Kapitalgesellschaften auf Erträge aus Streubesitzbeteiligungen, DStR 2014, 1207 ff.; *Rau/Dürrwächter*, Umsatzsteuergesetz (Loseblatt); *Raupach*, Der international tätige Spartenkonzern – Organisation – Recht – Steuern, IStR 1993, 194 ff.; *Regniet*, Ergänzungsbilanzen bei der Personengesellschaft, 1990; *Rödder*, Grundfragen der Besteuerung der Europäischen Aktiengesellschaft (SE), Der Konzern 2003, 522 ff.; *Rödder/Schumacher*, Das BMF-Schreiben zu § 8 KStG, DStR 2003, 909 ff.; *Rödder/Stangl*, Zur geplanten Zinsschranke, DB 2007, 479 ff.; *Rödder/Kuhr/Heinig*, § 50i EStG-Strukturen nach dem „Kroatiengesetz" – warum massive Kollateralschäden drohen, Ubg 2014, 477 ff.; *Rödder/Dietrich*, Erbschaftsteuerliche Begünstigung und Umstrukturierungen – ausgewählte Punkte der „November-Erlasse" aus Sicht der Beratungspraxis, Ubg 2014, 90 ff.; *Schaden/Käshammer*, Der Zinsvortrag im Rahmen der Regelungen zur Zinsschranke, BB 2007, 2317 ff.; *Schimmele/Weber*, Haftung bei Organschaft – Offene Fragen zu § 73 AO, BB 2013, 2263 ff.; *Schirmer*, Organschaft: Zuordnung zu einer inländischen Betriebsstätte, FR 2013, 605 ff; *Schlagheck*, Gewerbesteuerliche Organschaft und Anwendung von § 8b Abs. 5 KStG auf Schachteldividenden der Organgesellschaft, GmbHR 2014, 1138 ff.; *Schmidt/Werner*, Vorsteuerabzug aus Aufwendungen im Zusammenhang mit Kapitalerhöhungsmaßnahmen, insbesondere in Verbindung mit einem Börsengang, BB 2003, 2207 ff.; *Schmitt*, Auf- und Abspaltung von Kapitalgesellschaften, DStR 2011, 1108 ff.; *Schmitt/Keuthen*, Positive und negative Ergänzungsbilanzen bei Einbringungen i.S. von § 24 UmwStG, DStR 2013, 1565; *Schmitt/Schlossmacher*, Das Antragswahlrecht im UmwStG, DB 2010, 522 ff.; *Schneeloch*, Rechtsformwahl und Rechtsformwechsel mittelständischer Unternehmen, 2. Aufl. 2006; *Schönfeld*, Die Steuerpflicht von Streubesitzdividenden gem. § 8b Abs. 4 KStG n.F. – dargestellt anhand von Beispielen, DStR 2013, 937 ff.; *Schönfeld*, Seminar C: Steuerliche Ansässigkeit von Kapitalgesellschaften, IStR 2014, 693 ff.; *Seibt/Cziupka*, 20 Thesen zur Compliance-Verantwortung im System der Organhaftung aus Anlass des Siemens/Neubürger-Urteils, DB 2014, 1598 ff.; *Seibt/Cziupka*, Rechtspflichten und Best Practices für Vorstands- und Aufsichtsratshandeln bei der Kapitalmarktrecht-Compliance, AG 2015, 93 ff.; *Spengel/Schaden/Wehrße*, Besteuerung von Personengesellschaften in den 27 EU-Mitgliedstaaten und den USA – eine Analyse der nationalen Besteuerungskonzeptionen, StuW 2010, 44 ff.; *Staats/Renger*, Hebelt ein Logikfehler des Gesetzgebers die Zinsschranke aus?, DStR 2007, 1801 ff.; *Stangl/Aichberger*, Keine Erleichterungen konzerninterner Umstrukturierungen durch den Erlass zu § 1 Abs. 2a GrEStG vom 18.2.2014, DB 2014, 1509 ff.; *Starke*, Ungeliebte Abzugsbeschränkungen des neuen § 3c EStG, FR 2001, 25 ff.; *Sterzinger*, Notwendige Einbeziehung von Nichtsteuerpflichtigen in einen Organkreis, UR 2014, 133 ff.; *Streit/Behrens*, Vorsteuerabzug aus Kosten und Gemeinkosten insbesondere bei Holdinggesellschaften und Anteilsumsätzen, UR 2014, 833 ff.; *Strunk/Kaminski*, Anwendung des § 8b KStG 2002 und Auswirkungen auf die Gewerbesteuer, NWB, Fach 4, 4731; *Thiel*, Die Spaltung (Teilverschmelzung) im Umwandlungsgesetz und im Umwandlungssteuergesetz – neue Möglichkeiten zur erfolgsneutralen Umstrukturierung von Kapitalgesellschaften (Teil I), DStR 1995, 237 ff.; *Töben*, § 50i EStG n.F. – Fälle und Unfälle – Wegzugbesteuerung nach neuen Regeln außerhalb des § 6 AStG, IStR 2013, 682 ff.; *Viebrock/Loose*, Erste Gedanken zu § 2 Abs. 4 Sätze 3 bis 6 UmwStG, DStR 2013, 1364 ff.; *Wachter*, Auswirkungen des EuGH-Urteils in Sachen Inspire Art Ltd. auf Beratungspraxis und Gesetzgebung, GmbHR 2004, 88 ff.; *Wagner*, „Überseering" und Folgen für das Steuerrecht, GmbHR 2003, 684 ff.; *Wagner/Fischer*, Anwendung der Zinsschranke bei Personengesellschaften, BB 2007, 1811 ff.; *Wiese/Lay*, Die Besteuerung sog. „Streubesitzdividenden" im Körperschaftsteuerrecht – Zu § 8b Abs. 4, § 15 Satz 3 KStG n.F. –, GmbHR 2013, 404 ff.; *Winkemann*, Die Realteilung – eine Zwischenbilanz, BB 2004, 130 ff.; *Winter/Marx*, „Grenzüberschreitende" Organschaft mit zugezogenen EU-/EWR-Gesellschaften, DStR 2011, 1101 ff.

I. Einführende Grundlagen

14.1 Als **Holding** werden im Folgenden Gesellschaften behandelt, die entweder nach deutschem Recht oder nach ausländischem Recht gegründet worden sind und ihren Ort der Geschäftsleitung im Inland haben. Hält die Holding inländische Beteiligungen, wird diese als **inländische Holding** bezeichnet, während in den Fällen des Haltens von ausländischen Beteiligungen von einer **ausländischen Holding** gesprochen wird. Die Holding kann dabei z.B. nur die Rolle einer deutschen Zwischenholding für weitere nationale und internationale Aktivitäten ihrer Gesellschafter innehaben oder aber ihrerseits die Konzernspitze darstellen. Während früher die Konzernstrukturierung oftmals an einem allgemeinen Trend hin zu Holdingstrukturen ausgerichtet war, hat sich das Bild mittlerweile gewandelt. Die Entscheidung für die Etablierung von Holdingstrukturen wird nicht zuletzt aus Effizienz- und Kostengründen zunehmend an messbaren Mehrwerten ausgerichtet, sei es organisatorischer, betriebswirtschaftlicher, haftungsrechtlicher oder steuerrechtlicher Art. Neben den Konzern-Holdingstrukturen, wie z.B. Top-Holding und Sparten-Holding, lassen sich aus steuerrechtlicher Sicht Holdingstrukturen in Gestalt von Beteiligungsverwaltungsgesellschaften feststellen, deren Zweck in der steuerfreien Vereinnahmung von Dividenden und Veräußerungsgewinnen und deren Reinvestition besteht. Derartige Holdingstrukturen werden aber auch zunehmend zur Nutzung der Zinsschrankenfreigrenze des § 4h Abs. 2 Satz 1 Buchst. a EStG eingesetzt. Daneben spielt die „Organträger-Holding“ im Ertrag- und Umsatzsteuerrecht eine herausragende Rolle. Im Mittelstand treten vor allem sog. Familien-Holdingstrukturen in Form von Personengesellschaften in Erscheinung, die die Bündelung der Gesellschafterinteressen jenseits der operativen Einheiten auf der Familienebene ermöglichen und sich als Poolgesellschaft i.S.d. § 13b Abs. 1 Nr. 3 ErbStG für die erbschaft- bzw. schenkungsteuerliche Optimierung nutzen lassen. Des Weiteren lassen sich in der Unternehmenspraxis unechte Holdingstrukturen in Gestalt von zentralen Steuerungseinheiten ohne gesellschaftsrechtliche Beteiligungen feststellen, die innerhalb einer Unternehmensgruppe Leitungs- und Zentralfunktionen wahrnehmen und insoweit ggf. entgeltliche Dienstleistungen erbringen, wobei die Höhe des Entgelts einer steuerrechtlichen Angemessenheitskontrolle unterliegt. Über eine Personalunion auf der Leitungsebene kommt es dann zu einer „Quasi-Führungsholding-Struktur“.

Das deutsche Steuerrecht enthält weder ein eigenständiges Konzernsteuerrecht noch spezifisch nur 14.2
für **Holdinggesellschaften** geltende Vorschriften. Ein einheitliches, an einer Sachgesetzlichkeit orientiertes, Normengefüge existiert damit für Holdinggesellschaften nicht. Vielmehr lassen sich vereinzelt solche Normen feststellen, die den besonderen Holdingstrukturen Rechnung tragen. Zu diesen Vorschriften zählen insbesondere die

- steuerrechtliche Organschaft betreffenden §§ 14 ff. KStG, § 2 Abs. 2 Satz 2 GewStG, § 2 Abs. 2 Nr. 2 UStG, deren Anwendungsbereich im Regelfall Holdinggesellschaften erfassen,
- zum Regelungskreis der in den §§ 7–14 AStG normierten Hinzurechnungsbesteuerung gehörenden §§ 8 Abs. 1 Nr. 8 und 9 AStG, wonach Gewinnausschüttungen von ausländischen Kapitalgesellschaften und Gewinne aus der Veräußerung von Anteilen an ausländischen Kapitalgesellschaften unter bestimmten Voraussetzungen als aktive Einkünfte qualifiziert werden und somit von der Hinzurechnungsbesteuerung auf Ebene der Holdingsgesellschaft auszunehmen sind,
- unilateralen und bilateralen Normen zur Vermeidung der Doppelbesteuerung, wonach für Zwecke der Körperschaftsteuer und Gewerbesteuer Gewinnausschüttungen sowie Gewinne aus der Veräußerung von Anteilen an ausländischen Kapitalgesellschaften unter bestimmten Voraussetzungen nahezu steuerfrei sind (§ 8b Abs. 1 bis Abs. 6 KStG, § 9 Nr. 2, Nr. 2a, Nr. 7, Nr. 8 GewStG)[1]. Dem stehen allerdings die Regeln des § 8b Abs. 7 KStG entgegen, wonach das Privileg der nahezu Steuerfreistellung von Dividenden und von Veräußerungsgewinnen nach § 8b Abs. 2 KStG u.a. auch für Holdinggesellschaften versagt wird,
- grunderwerbsteuerrechtliche Vergünstigungsvorschrift des § 6a GrEStG, wonach Umstrukturierungen innerhalb von Holdingstrukturen ohne Belastung mit Grunderwerbsteuer durchgeführt werden können,
- Herausnahme von Beteiligungsgesellschaften aus dem sog. Verwaltungsvermögen einer Holding, wenn neben anderen Voraussetzungen eine Mindestbeteiligung von mehr als 25 % nach § 13b Abs. 4 Nr. 2 ErbStG gegeben ist.

1 Hierzu gehört auch das sog. internationale Schachtelprivileg für Dividenden nach den DBA, vgl. Art. 10 Abs. 2 Buchst. a OECD-MA.

14.3 Auf der anderen Seite sind vereinzelt holdingspezifische Regelungen anzutreffen, die eine steuerliche Schlechterstellung von Holdingunternehmen gegenüber operativ tätigen Unternehmen beinhalten. Zu nennen sind z.B.

- die Versagung des sog. „Stille-Reserven-Escape“ gem. § 8c Abs. 1 Satz 6 KStG bei der Frage des Verlustuntergangs bei schädlichem Anteilseignerwechsel, soweit die stillen Reserven auf Anteile an Kapitalgesellschaften entfallen,
- die Beteiligungsbuchwertkürzung nach § 4h Abs. 2 Satz 1 Buchst. c Satz 5 EStG bei der Ermittlung der Eigenkapitalquote des Betriebs für Zwecke der Zinsschranke,
- die eingeschränkte Möglichkeit für Holdinggesellschaften in der Rechtsform der Personengesellschaft, körperschaftsteuerrechtlicher Organträger sein zu können,
- die Versagung der Unternehmereigenschaft für Zwecke der Umsatzsteuer bei reinen Finanzholdingunternehmen.

14.4 Darüber hinaus enthält das deutsche Steuerrecht mit dem **Umwandlungssteuergesetz** auch ein normatives Instrumentarium bereit, das im Gefolge des Umwandlungsgesetzes eine Konzernbildung und damit auch die Einschaltung von Holdinggesellschaften steuerlich erleichtert[2]. Das Umwandlungssteuergesetz ist in seiner derzeitigen Fassung europatauglich ausgestaltet und ermöglicht eine weitestgehende Steuerneutralität infolge der Errichtung oder Änderung nationaler und internationaler Holdingstrukturen. Zu erwähnen sind zudem die Regelungen des § 6 Abs. 3 EStG und des § 6 Abs. 5 EStG sowie des § 16 Abs. 2 Satz 3 ff. EStG (**Realteilung**), die in ihrem Anwendungsbereich steuerrechtlich ebenfalls Strukturveränderungen ohne Aufdeckung stiller Reserven vorsehen und damit die Bildung und Auflösung von Holdingstrukturen ermöglichen.

14.5 Insbesondere die Vorschriften des **Internationalen Steuerrechts** zielen, soweit sie steuerliche Privilegierungen enthalten, primär auf Strukturen von Stammhauskonzernen[3] ab, d.h. auf Holdingsgesellschaften, die selbst unternehmerisch am Markt auftreten. So unterliegen etwa die Einkünfte ausländischer (nicht unternehmerisch am Markt agierender) Management-Holdinggesellschaften[4] grundsätzlich der Hinzurechnungsbesteuerung (§§ 7–14 AStG). Schließlich werden ausländische Vermögens- bzw. Finanzholdinggesellschaften[5] insbesondere mit ihren Zinseinkünften ebenfalls von der Hinzurechnungsbesteuerung (§§ 7–14 AStG) erfasst. Die abgestufte Sonderbelastung von für Holdinggesellschaften typischen Einkünften reicht hier von den unter den Voraussetzungen des § 8 Abs. 1 Nr. 7 AStG nicht der Hinzurechnungsbesteuerung unterworfenen Finanzierungseinkünften bis zu den Finanzierungs- und Finanzdienstleistungseinkünften, die uneingeschränkt der Hinzurechnungsbesteuerung unterliegen (zu Einzelheiten Rz. 14.157 ff.). Die Folgen dieser steuerlichen Diskriminierung gerade von Vermögens- und Finanzholdinggesellschaften sind nicht auf die Hinzurechnungsbesteuerung beschränkt, sondern betreffen auch die Anwendung der unilateralen und bilateralen Normen zur Vermeidung der Doppelbesteuerung, soweit diese unter Aktivitätsvorbehalt stehen (zu Einzelheiten Rz. 14.494 ff.). Hervorzuheben sind insoweit die Bemühungen der Bundesrepublik Deutschland, die DBA-rechtliche Freistellung von Dividenden und Gewinnen aus der Veräußerung von Anteilen an Kapitalgesellschaften unter einen Aktivitätsvorbehalt zu stellen, so dass bei Nichterfüllung des Aktivitätskatalogs statt der Freistellungsmethode die Anrechnungsmethode Anwendung findet[6].

2 Im Vordergrund stehen hier der qualifizierte Anteilstausch nach § 21 Abs. 1 Satz 2 UmwStG sowie die Einbringung nach § 20 UmwStG.

3 Zum Stammhauskonzept *Lutter/Bayer* Rz. 1.15.

4 Hierzu *Lutter/Bayer* Rz. 1.16 ff.

5 Zum Begriff *Lutter/Bayer* Rz. 1.22.

6 Vgl. Muster-DBA v. 22.8.2013 – IV B 2 - S 1301/13/10009, n.v.; aktuelle Fassungen des DBA/Niederlande v. 12.4.2012, BGBl. II 2012, 1414 (sollte spätestens ab dem 1.1.2015 in Kraft treten) und DBA/Luxemburg v. 23.4.2012, BGBl. II 2012, 1402 (ab dem 1.1.2014 in Kraft) enthalten bereits derartige Aktivitätsvorbehalte.

II. Rechtsformwahl

1. Grundsätze

Inländische Unternehmensstrukturen sind in der Praxis durchweg durch Kapitalgesellschaften und Personengesellschaften geprägt, ohne dass eine Dominanz der einen oder anderen Rechtsform feststellbar ist. Dieser **Rechtsformdualismus** beruht bei Holdingstrukturen im Wesentlichen auf der Akzeptanz, die Personengesellschaften, insbesondere GmbH & Co. KG, neben den Kapitalgesellschaften im deutschen Rechtskreis gefunden haben. Im Hinblick darauf spielen Personengesellschaften, etwa GmbH & Co. KG-Konzerne, in der Bundesrepublik Deutschland eine gewichtige Rolle. Im Übrigen zeigt auch ein steuerlicher Belastungsvergleich zwischen Kapitalgesellschaften einerseits und Personengesellschaften (Mitunternehmerschaften) andererseits, dass sich durch Personengesellschaften geprägte Holdingstrukturen unter bestimmten Voraussetzungen durchaus gegenüber in der Rechtsform von Kapitalgesellschaften geführten Holdingkonzernen behaupten können. Besondere Tendenzen, zu einer an der **Rechtsformneutralität** ausgerichteten Besteuerung zu gelangen, sind derzeit im Umsatzsteuerrecht erkennbar. Danach soll auch die (kapitalistisch strukturierte) Personengesellschaft, ebenso wie die Kapitalgesellschaft, umsatzsteuerliche Organgesellschaft sein können (vgl. Rz. 14.579 ff.). Zudem sind die für Kapitalgesellschaften und kapitalistisch strukturierte Personengesellschaften, wie die GmbH & Co. KG, geltenden Rechnungslegungsvorschriften weitgehend angenähert. 14.6

Holdinggesellschaften mit ausländischen Beteiligungen sind demgegenüber durchweg durch die Rechtsform der **Kapitalgesellschaft** geprägt. Dies hat seinen Grund insbesondere darin, dass international die Strukturhomogenität sowohl in gesellschaftsrechtlicher als auch in steuerrechtlicher Hinsicht bei Kapitalgesellschaften weitgehend gewährleistet ist. So sind Kapitalgesellschaften durchweg mit eigenständiger zivilrechtlicher und steuerrechtlicher Rechtsfähigkeit ausgestattet mit der Folge, dass insbesondere im grenzüberschreitenden Leistungs- und Kapitaltransfer steuerliche Qualifikationskonflikte[7] selten sind. Demgegenüber sind Personengesellschaften international dualen Rechtsstrukturen unterworfen: Im Zivilrecht werden sie entweder wie Kapitalgesellschaften als rechtsfähige Personen anerkannt[8] oder es wird ihnen die Rechtsfähigkeit ganz oder teilweise versagt[9]. Das Steuerrecht knüpft an diese zivilrechtlichen Vorgaben nur partiell an. So werden Personengesellschaften in einzelnen Staaten durchgehend als eigenständige Steuersubjekte behandelt. In anderen Staaten dagegen, wie etwa in der Bundesrepublik Deutschland, werden sie für Zwecke der Umsatzsteuer als Steuersubjekte und für Zwecke der Einkommensteuer/Körperschaftsteuer nach Maßgabe der Mitunternehmerkonzeption (Transparenzprinzip) nur als eigenständige Einkünfteerzielungs- und Einkünfteermittlungssubjekte, nicht aber als Steuersubjekte eingestuft (vgl. § 15 Abs. 1 Satz 1 Nr. 2 EStG). Als Folge dieser divergierenden Besteuerungskonzeptionen kommt es bei Holdingsgesellschaften mit ausländischen Beteiligungen auf der Ebene von DBA nicht selten zu Qualifikationskonflikten[10], so dass die Vermeidung der Doppelbesteuerung hierdurch mitunter vereitelt wird. Entsprechend spielen auch ausländisch beherrschte Personengesellschaftskonzerne im Inland keine große Rolle[11]. 14.7

---

7 Hierzu *Schaumburg*, Internationales Steuerrecht, Rz. 19.79 ff.

8 So etwa im romanischen Rechtskreis.

9 So etwa im deutschen Recht.

10 Zu Einzelheiten *Ditz* in Schönfeld/Ditz, Art. 7 OECD-MA (2008) Rz. 72 ff.; *Wassermeyer* in Wassermeyer, Art. 7 OECD-MA (2000) Rz. 120 ff.; *Wassermeyer* in Wassermeyer/Richter/Schnittker, Personengesellschaften im internationalen Steuerrecht, Rz. 2.1 ff.; *Schaumburg*, Internationales Steuerrecht, Rz. 19.177 ff.; vgl. hierzu auch Übersicht im BMF v. 26.9.2014, BStBl. I 2014, 1258, Anlage, sowie OECD-Partnership-Report v. 26.8.1999, The Application of the OECD Model Tax Convention to Partnerships (Partnership-Report), Issues in International Taxation No. 6, Paris 1999 sowie *Kofler/Lüdicke/Simonek*, IStR 2014, 349 ff.; *Spengel/Schaden/Wehrße*, StuW 2010, 44 f., StuW 2012, 105 ff.

11 Zur Eignung von Personengesellschaften als Organisationselement im Konzernaufbau *Hommelhoff* in Mestmäcker/Behrens, Das Gesellschaftsrecht der Konzerne im internationalen Vergleich, 1991, S. 91 ff. (122 ff.); hierzu auch *Haas*, Konzernrecht der Personengesellschaften, 2000, S. 1 ff.; *Müller-Dott* in

14.8 Diesem steuerlich gebotenen **Rechtsformerfordernis** wird auch von inländischen Personengesellschaftskonzernen zumeist dadurch entsprochen, dass die Beteiligungen an ausländischen Kapitalgesellschaften über eine in der Rechtsform als Kapitalgesellschaft organisierte inländische Holding gehalten werden. Soweit die Dachholding als GmbH & Co. KG geführt wird, übernimmt hierbei zumeist die Komplementär-GmbH die Funktion der internationalen Holding für nachgeordnete ausländische Kapitalgesellschaften. Die GmbH & Co. KG selbst hat als Dachholding darüber hinaus Bedeutung, wenn es um eine Abschirmwirkung gegenüber einer durch Wegzug von Gesellschaftern ausgelöste Besteuerung geht. Voraussetzung hierfür ist in DBA-Fällen grundsätzlich, dass es sich insoweit um eine originär gewerblich tätige Gesellschaft handelt, der die Kapitalanteile funktional zuzuordnen sind[12]. Diese Abschirmwirkung entfaltet allerdings auch eine gewerblich geprägte GmbH & Co. KG (§ 15 Abs. 3 Nr. 2 EStG)[13], wenn in diese vor dem 29.6.2013[14] Wirtschaftsgüter des Betriebsvermögens oder Anteile i.S.v. § 17 EStG steuerneutral eingelegt worden sind und der Wegzug in ein DBA-Ausland vor dem 1.1.2017 erfolgt ist (§ 50i Abs. 1 Satz 1 EStG)[15]. In diesem Fall setzt eine Besteuerung erst bei späterer Veräußerung oder Entnahme dieser Wirtschaftsgüter ein, und zwar ungeachtet entgegenstehender abkommensrechtlicher Regelungen[16]. Entsprechendes gilt im Falle einer vor dem 29.6.2013 begründeten Betriebsaufspaltung (§ 50i Abs. 1 Satz 3 EStG)[17].

14.9 Im Unterschied zu Kapitalgesellschaften vermitteln klassische Personengesellschaften, wie GbR oder OHG, ihren Gesellschaftern keinen Schutz vor der **Haftung** für Gesellschaftsschulden. In eingeschränktem Umfang besteht hingegen ein derartiger Schutz für Kommanditisten einer KG. Im internationalen Vergleich lässt sich feststellen, dass eine haftungsmäßige Abschottung zwischen Gesellschaftsebene einerseits und Gesellschafterebene andererseits nicht einmal in denjenigen Gesellschaftsrechtsordnungen vorkommt, die Personengesellschaften Rechtsfähigkeit verleihen[18]. Im Übrigen vermögen nur solche Gesellschaftsformen im Ergebnis eine Abschottungswirkung gegenüber der Gesellschafterebene zu entfalten, die eine Beteiligung von juristischen Personen als Gesellschafter der Personengesellschaft zulassen. Zu diesen haftungsbegrenzenden Mischtypen gehören insbesondere die nach deutschem Gesellschaftsrecht zulässigen kapitalistisch strukturierten Personengesellschaften, wie die GmbH & Co. KG[19]. Eine derartige Haftungsbegrenzung kann auch hier bei Missbrauch nicht in Anspruch genommen werden[20].

14.10 Inländische oder ausländische Holdingkonzerne sind jeweils zumeist durch eine durchgehend einheitliche Rechtsform (**Rechtsformhomogenität**) geprägt. In aller Regel werden die einer Holding nachgeordneten Tochtergesellschaften in der gleichen Rechtsform organisiert sein wie die Holding selbst. Die Rechtsformhomogenität gewährleistet parallele Organisationsstrukturen und ermöglicht eine effiziente Umsetzung der Unternehmensstrategie durch einheitliche Führungs- und Koordinationsinstrumente. Aus steuerlicher Sicht beinhaltet die Rechtsformhomogenität die Anwendung identischer Besteuerungsregelungen und vermeidet weitgehend das Aufeinandertreffen unterschiedlicher

---

Schaumburg (Hrsg.), Steuerrecht und steuerorientierte Gestaltungen im Konzern, Rz. 189 ff.; *Raupach*, IStR 1993, 194 ff. (196 ff.).

12 Vgl. BFH v. 28.4.2010 – I R 81/09, BFH/NV 2010, 1550; BFH v. 25.5.2011 – I R 95/10, BFH/NV 2011, 1602; BFH v. 24.8.2011 – I R 46/10, BFH/NV 2011, 2165.

13 Ebenso eine gewerblich infizierte Personengesellschaft (§ 15 Abs. 3 Nr. 1 EStG).

14 Tag der Gesetzesverkündung des AmtshilfeRLUmwG (BGBl. I 2013, 1809).

15 Hierzu im Überblick *Töben*, IstR 2013, 682; *Bilitewski/Schifferdecker*, Ubg 2013, 559; *Kudert/Kahlenberg/Mroz*, ISR 2013, 365; *Levedag*, GmbHR 2013, 243; *Liekenbrock*, IStR 2013, 690; *Pohl*, IStR 2013, 699.

16 Treaty overriding; zu verfassungsrechtlichen Zweifeln vgl. BFH v. 10.1.2012 – I R 66/09, BFH/NV 2012, 1056; BFH v. 11.12.2013 – I R 4/13, BFH/NV 2014, 614.

17 Zu den überschießenden Regelungen des § 50i Abs. 2 EStG, der auch Fälle erfasst, in denen eine Beschränkung oder ein Ausschluss deutschen Besteuerungsrechts nicht gegeben ist *Rödder/Kuhr/Heinig*, Ubg 2014, 477 ff.

18 So etwa im romanischen Rechtskreis.

19 Ähnlich z.B. in Ungarn, Osterreich und Luxemburg.

20 Vgl. *Roth* in Baumbach/Hopt, Anh. § 177a HGB Rz. 51b ff.

Besteuerungskonzeptionen mit evtl. nachteiligen Folgen. Bei Holdinggesellschaften mit ausländischen Gesellschaftern wird allerdings regelmäßig die Rechtsform der Kapitalgesellschaft vorzugswürdig sein (vgl. hierzu Rz. 14.63).

Unter steuerlichen Gesichtspunkten wird sich die Rechtsformwahl für die Holding danach unterscheiden, ob es sich um eine nationale oder internationale Holding handelt. Zudem kommt dem Umstand besondere Bedeutung zu, ob und in welchem Umfang die Holding durch inländische oder durch ausländische Gesellschafter beherrscht wird. Die Wahl der Rechtsform hat daher aus steuerlicher Sicht prinzipiell drei Ebenen zu berücksichtigen: 14.11

1. Ebene der Holding,
2. Ebene der Gesellschafter,
3. Ebene der Beteiligungsgesellschaften.

Bei einer nationalen Holding mit inländischen Gesellschaftern hat sich demnach die Rechtsformwahl im Wesentlichen an den Regelungen des deutschen Steuerrechts zu orientieren. Ist die nationale Holding demgegenüber ausländisch beherrscht, sind zusätzlich die steuerlichen Regelungen des jeweiligen Ansässigkeitsstaats der Gesellschafter in die Rechtsformüberlegungen einzubeziehen. Bei einer internationalen Holding sind zudem die ausländischen Steuervorschriften, die in dem Staat der ausländischen Beteiligungsgesellschaft gelten, in die Betrachtung einzubeziehen. Soweit der Holdingkonzern grenzüberschreitende Strukturen aufweist, sei es auf Ebene der Holding selbst, der Beteiligungsgesellschaften oder der Gesellschafter, kommen neben den jeweiligen nationalen Steuerregelungen unilaterale oder bilaterale Regelungen (DBA) zur Vermeidung der Doppelbesteuerung hinzu. Die hierdurch bedingte Komplexität der Abwägungsgesichtspunkte erfordert eine differenzierte Betrachtung der einzelnen Ebenen. Auf der ersten Ebene orientiert sich die Rechtsform zunächst an den steuerlichen Verhältnissen ausschließlich in der Bundesrepublik Deutschland, wobei die Rechtsformwahl durch die Rechtsform der im Ausland ansässigen Beteiligungsgesellschaften (dritte Ebene) vorgegeben sein kann. Auf der zweiten und dritten Ebene geht es um die Vermeidung der Doppelbesteuerung. Hierbei greifen sowohl auf bilateraler als auch auf unilateraler Ebene unterschiedliche Maßnahmen zur Vermeidung der Doppelbesteuerung ein. 14.12

2. Entscheidungskriterien

a) Steuersubjekteigenschaft

Kapitalgesellschaften werden im **Ertragsteuerrecht**[21] als eigenständige Steuersubjekte eingestuft. Dies gilt z.B. auch in den für Holdingstrukturen bedeutsamen Fällen der körperschaftsteuerrechtlichen Organschaft (§§ 14 ff. KStG), die lediglich dazu führt, dass das Einkommen der Organgesellschaft dem als Holding fungierenden Organträger zuzurechnen ist (vgl. hierzu im Einzelnen nachstehend Rz. 14.530 ff.). Die Steuersubjekteigenschaft der Organgesellschaft bleibt hierdurch unberührt[22]. Abweichend vom Körperschaftsteuerrecht wird im Falle der gewerbesteuerlichen Organschaft die Steuersubjekteigenschaft der Organgesellschaft negiert, weil die Organgesellschaft hier gem. § 2 Abs. 2 Satz 2 GewStG als Betriebsstätte des anderen Unternehmens fingiert wird (vgl. zu Einzelheiten Rz. 14.571 ff.). 14.13

Demgegenüber sind **gewerblich tätige oder geprägte Personengesellschaften** im **Ertragsteuerrecht** nicht mit uneingeschränkter Steuerrechtssubjektivität ausgestattet: Nicht die Personengesellschaft, sondern die an ihr beteiligten Gesellschafter unterliegen der Einkommen-/Körperschaftsteuer (vgl. § 15 Abs. 1 Satz 1 Nr. 2 Satz 1 EStG). Derartige Personengesellschaften sind jedoch insoweit beschränkt steuerrechtsfähig, als sie selbst mit den von ihnen geführten Gewerbebetrieben Gewinn er- 14.14

21 Z.B. §§ 1 Abs. 1 Nr. 1, Nr. 4; 3 Abs. 1 KStG; §§ 2 Abs. 2, 5 Abs. 1 Satz 2 GewStG.

22 *Dötsch/Witt* in Dötsch/Pung/Möhlenbrock, § 14 KStG Rz. 2; *Olbing* in Streck, § 14 KStG Rz. 130.

zielen mit der Folge, dass für steuerliche Zwecke die Personengesellschaft einerseits und ihre Gesellschafter andererseits wie Fremde zueinander in Rechtsbeziehungen treten und dementsprechend mit Gewinnrealisierung Leistungen austauschen können[23]. Insoweit sind sie selbständige Subjekte der Einkünftequalifikation und der Einkünftermittlung[24]. Weitergehend bestimmt § 1 Abs. 1 Satz 2, Abs. 5 Satz 7 AStG[25], dass Personengesellschaften und Mitunternehmerschaften für Zwecke des § 1 AStG Kapitalgesellschaften als Steuerpflichtiger gleich gestellt werden[26]. Davon abweichend sind **vermögensverwaltende Personengesellschaften**, die weder gewerbliche Einkünfte haben noch gewerblich geprägt sind, nicht mit einer partiellen Steuerrechtsfähigkeit ausgestattet. Vielmehr erzielen die hieran beteiligten Gesellschafter in ihrer Verbundenheit die entsprechenden Einkünfte, die ihnen nach § 39 Abs. 2 Nr. 2 AO i.V.m. §§ 179 Abs. 2 Satz 2, 180 Abs. 1 Nr. 2 Buchst. a AO anteilig zuzurechnen sind[27]. Im Gewerbesteuerrecht wird die gewerblich tätige oder gewerblich geprägte Personengesellschaft ebenso wie die Kapitalgesellschaft grundsätzlich als eigenständiges Steuersubjekt behandelt mit der Folge, dass nicht die Gesellschafter, sondern die Personengesellschaft als solche Steuerschuldnerin ist (§ 5 Abs. 1 Satz 3 GewStG)[28]. Dies gilt allerdings nicht für Europäische wirtschaftliche Interessenvereinigungen (EWIV): Obwohl sie als Personengesellschaft zu qualifizieren sind (Art. 10 EWIV-VO; § 1 EWIV-AG), werden abweichend von dem vorgenannten Grundsatz deren Mitglieder als gewerbesteuerliche Gesamtschuldner behandelt (§ 5 Abs. 1 Satz 4 GewStG).

14.15 Im **Umsatzsteuerrecht** gilt der Grundsatz der **Rechtsformneutralität**, weil das Umsatzsteuerrecht für die Bestimmung des Steuersubjektes an den Begriff des Unternehmers gem. § 2 Abs. 1 UStG und nicht an die Rechtsform anknüpft. Demzufolge sind Personen- und Kapitalgesellschaften im Umsatzsteuerrecht gleichermaßen mit eigener Steuersubjektfähigkeit ausgestattet. Im Falle der **umsatzsteuerrechtlichen Organschaft** verliert allerdings die Organgesellschaft ihre umsatzsteuerrechtliche Subjektfähigkeit zugunsten des Organträgers gem. § 2 Abs. 2 Nr. 2 Satz 3 UStG, mit der Folge, dass Unternehmer nur der Organträger ist und alle Leistungsbeziehungen innerhalb des Organkreises gem. § 2 Abs. 2 Nr. 2 Satz 2 UStG als sog. nichtsteuerbare Innenumsätze (hierzu im Einzelnen Rz. 14.579 ff.) umsatzsteuerlich unbeachtlich sind. Vor dem Hintergrund der europäischen Rechtsentwicklung kommt der Rechtsformneutralität der Umsatzsteuer besondere Bedeutung zu. Insbesondere die in § 2 Abs. 2 Nr. 2 Satz 1 UStG angeordnete Differenzierung hinsichtlich der Nichteignung einer Personengesellschaft gegenüber einer Kapitalgesellschaft als Organgesellschaft ist europarechtswidrig (vgl. Rz. 14.584)[29]. Zweifel bestehen auch insoweit, wie § 2 Abs. 2 Nr. 2 Satz 1 UStG für die Anerkennung einer umsatzsteuerlichen Organschaft eine hierarchische Abhängigkeit der Organgesellschaft von dem Organträgerunternehmen verlangt, während sich dies aus Art. 11 Abs. 1 MwStSystRL[30] so nicht ergibt (vgl. hierzu Rz. 14.582).

---

23 Vgl. BFH v. 25.2.1991 – GrS 7/89, BStBl. II 1991, 691; zu Einzelheiten *Wacker* in Schmidt, § 15 EStG Rz. 626.

24 *Wacker* in Schmidt, § 15 EStG Rz. 164; BFH v. 11.4.2005 – GrS 2/02, BStBl. II 2005, 679 (681) = ZIP 2005, 2069; BFH v. 8.10.2010 – IV B 46/10, BFH/NV 2011, 244.

25 In der Fassung des Gesetzes zur Umsetzung der Amtshilferichtlinie sowie zur Änderung steuerlicher Vorschriften (Amtshilferichtlinie-Umsetzungsgesetz – AmtshilfeRLUmsG) v. 26.6.2013, BGBl. I 2013, 1809.

26 Vgl. Begründung des Bundesrates zu dem Entwurf eines Jahressteuergesetzes 2013 v. 10.4.2013, BT-Drucks. 17/13033, 83.

27 BFH v. 9.10.2008 – IX R 72/07, BStBl. II 2009, 231 (232); vgl. BFH v. 11.4.2005 – GrS 2/02, BStBl. II 2005, 679 = ZIP 2005, 2069, zu der Frage der Umqualifizierung von Einkünften aus einer vermögensverwaltenden Gesellschaft bei betrieblicher Beteiligung eines Gesellschafters (sog. Zebragesellschaft).

28 Die Gesellschafter werden dagegen als Unternehmer angesehen, vgl. *Sarrazin* in Lenski/Steinberg, § 5 GewStG Rz. 70, 72; *Selder* in Glanegger/Güroff, § 5 GewStG Rz. 5; BFH v. 3.5.1993 – GrS 3/92, BStBl. II 1993, 616.

29 Vgl. BFH v. 2.12.2015 – VR 25/13, BStBl. II 2017, 547 = ZIP 2016, 463; UStAE 2.8. Abs. 5a.

30 Richtlinie 2006/112/EG v. 28.11.2006, ABl. EU Nr. L 347 v. 11.12.2006, S. 1, ber. ABl. EU Nr. L 335 v. 20.12.2007, S. 60, zuletzt geändert durch Richtlinie 2019/2235/EU v. 16.12.2019, ABl. EU Nr. L 336 v. 30.12.2019, S. 10.

14.16 Die Folge des Grundsatzes der steuerlichen Eigenständigkeit (Steuerrechtsubjektivität) von Kapitalgesellschaften ist, dass ihr Einkommen unabhängig von dem der Anteilseigner der Besteuerung unterworfen wird. Dieses **Trennungsprinzip** bewirkt, dass die Besteuerung sowohl auf Gesellschafts- als auch auf Gesellschafterebene eingreift. Die Besteuerung auf Gesellschafterebene wird allerdings grundsätzlich bis zur Ausschüttung seitens der Kapitalgesellschaft hinausgeschoben[31]. Eine Ausnahme hiervon ergibt sich in den Fällen der Hinzurechnungsbesteuerung bei ausländischen Kapitalgesellschaften nach § 10 Abs. 2 Satz 1 AStG (vgl. hierzu Rz. 14.157 ff.). Damit entfaltet die Kapitalgesellschaft in steuerlicher Hinsicht bei Thesaurierung für ihre Gesellschafter grundsätzlich eine Abschirmwirkung. Für die Kapitalgesellschaft hat die Alternative der Thesaurierung oder der Ausschüttung von Gewinnen an ihre Gesellschafter – abgesehen von dem Abfluss von Liquidität bei Ausschüttung – keine weiteren steuerlichen Belastungen oder Entlastungen zur Folge. Der Körperschaftsteuersatz beträgt nach § 23 Abs. 1 KStG unabhängig von der Thesaurierung oder Ausschüttung der Gewinne (vgl. § 8 Abs. 3 Satz 1 KStG) einheitlich 15 %[32]. Auch der Gewerbeertrag der Kapitalgesellschaft unterliegt unabhängig von der Thesaurierung bzw. der Ausschüttung von Gewinnen nach § 7 Satz 1 GewStG der Gewerbesteuer. Es kommt mithin zu einer ertragsteuerlichen Gesamtbelastung auf der Ebene der Kapitalgesellschaft von 29,825 %[33].

14.17 Wird ausgeschüttet, so ist eine differenzierte Betrachtung notwendig. Handelt es sich bei dem Gesellschafter um eine unbeschränkt steuerpflichtige natürliche Person, die die Beteiligung an der Kapitalgesellschaft im Privatvermögen hält, unterliegen die Dividenden bei ihm grundsätzlich der sog. **Abgeltungsteuer** nach § 43 Abs. 5 Satz 1 EStG mit einem Steuersatz von 25 % zzgl. Solidaritätszuschlag und ggf. Kirchensteuer (vgl. § 32d Abs. 1 Satz 1 EStG). Auf Antrag kann die Dividende bei Vorliegen der Vorausrechnungen des § 32d Abs. 2 Nr. 3 EStG nach dem Teileinkünfteverfahren besteuert werden. Gehört die Beteiligung an der ausschüttenden Kapitalgesellschaft hingegen zum Betriebsvermögen, unterliegt die Ausschüttung auf der Ebene der unbeschränkt steuerpflichtigen natürlichen Person dem sog. **Teileinkünfteverfahren** nach § 3 Nr. 40 Satz 1 Buchst. d EStG i.V.m. § 3 Nr. 40 Satz 2, § 20 Abs. 8 Satz 1 EStG, wonach 40 % der Dividende steuerfrei sind und 60 % dem regulären Einkommensteuersatz von bis zu 45 % nach § 32a Abs. 1 Satz 2 EStG zzgl. Solidaritätszuschlag und ggf. Kirchensteuer unterliegen[34]. Bei Körperschaften als Anteilseigner sind die Dividenden nach § 8b Abs. 1 Satz 1 KStG zu 100 % steuerfrei; allerdings gelten zugleich 5 % der steuerfreien Dividende gem. § 8b Abs. 5 Satz 1 KStG als Ausgaben, die nicht als Betriebsausgaben abgezogen werden dürfen, so dass sie im wirtschaftlichen Ergebnis insoweit der Körperschaftsteuer und Gewerbesteuer unterliegen[35]. Handelt es sich hingegen um sog. **Streubesitzdividenden** (Beteiligung von weniger als 10 %) kommt es zu einer Doppelbelastung, weil die Dividenden nach § 8b Abs. 4 Satz 1 KStG auf der Ebene der empfangenden Körperschaft in vollem Umfang der Körperschaftsteuer und Gewerbesteuer unterliegen[36]. Soweit in der Literatur demgegenüber zum Teil die abweichende Auffassung vertreten wird, auf derartige Streubesitzdividenden sei § 3 Nr. 40 EStG anwendbar[37], kann dem nicht gefolgt werden[38]. Für beschränkt steuerpflichtige Anteilseigner kann es zu steuerlichen Mehrbelastungen kommen, weil die von der ausschüttenden Kapitalgesellschaft nach §§ 43 Abs. 1 Satz 1 Nr. 1, 1a, 43a Abs. 1 Satz 1 Nr. 1 EStG einbehaltene Kapitalertragsteuer i.H.v. 25 % zzgl. Solidaritätszuschlag[39]

---

31 Sog. deferral-principle, vgl. hierzu: *Jacobs*, Internationale Unternehmensbesteuerung, S. 105.

32 Vgl. zu früheren Körperschaftsteuersystemen: *Hey* in Tipke/Lang, Steuerrecht, § 11 Rz. 8 ff.

33 Annahmen: KSt-Satz 15 % + 5,5 % Solidaritätszuschlag, GewSt-Hebesatz: 400 %.

34 Bemessungsgrundlage des Solidaritätszuschlags ist wie bei der Kapitalertragsteuer der volle Kapitalertrag gem. § 3 Abs. 1 Nr. 5 SolZG i.V.m. § 43a Abs. 2 Satz 1 EStG. Dies gilt nach § 51a Abs. 2 Satz 2 EStG auch für die Kirchensteuer.

35 Besonderheiten gelten allerdings nach § 8b Abs. 7 bis 10 KStG.

36 Eine Kürzung des Gewerbeertrages nach § 9 Nr. 2a bzw. § 9 Nr. 7 GewStG ist wegen der in diesem Fall erforderlichen Mindestbeteiligung von 15 % bzw. 10 % nicht möglich.

37 *Rathke/Ritter*, DStR 2014, 1207 ff.; *Beyme*, NWB 2014, 867 ff.

38 *Joisten/Vossel*, FR 2014, 794 ff.

39 Vorbehaltlich § 43b EStG, § 44a Abs. 9 EStG und Ermäßigungen auf Grund von DBA.

durch die insoweit zu beachtende Abgeltungswirkung definitiv wird (vgl. § 43 Abs. 5, § 50 Abs. 2 Satz 1 EStG; § 32 Abs. 1 Nr. 2 KStG).

14.18 Bei **gewerblich tätigen** oder **gewerblich geprägten Personengesellschaften** besteht zwar keine dem bei Kapitalgesellschaften geltenden Trennungsprinzip vergleichbare Regelung, so dass eine Besteuerung der Gesellschafter grundsätzlich unabhängig von der **Thesaurierung von Gewinnen** bei der Personengesellschaft erfolgt. Allerdings besteht mit § 34a EStG eine Regelung für Gesellschafter von Personengesellschaften, wonach nicht entnommene Gewinne mit einem ermäßigten Einkommensteuersatz von 28,25 % zzgl. Solidaritätszuschlag besteuert werden (sog. **Thesaurierungsbegünstigung**, vgl. § 34a Abs. 1 Satz 1 EStG). Werden diese Gewinne zu einem späteren Zeitpunkt entnommen, erfolgt eine Besteuerung in Analogie zur Dividendenbesteuerung mit einer sog. **Nachsteuer** i.H.v. 25 % zzgl. Solidaritätszuschlag (vgl. § 34a Abs. 4 Satz 2 EStG), so dass sich – je nach Betrachtung – eine Gesamtsteuerbelastung von 48,32 %, 48,17 % bzw. 47,99 % ergibt (vgl. hierzu Rz. 14.58). Der Gesetzgeber hat diese Regelung mit dem Ziel geschaffen, eine weitgehende Belastungsneutralität zwischen den Rechtsformen auf Unternehmensebene zu erreichen, und so die Investitionsfähigkeit von Personenunternehmen zu erhöhen[40].

14.19 Die getrennte Besteuerung auf Gesellschafts- und Gesellschafterebene bezieht sich nicht nur auf laufende Einkünfte, sondern auch auf **Veräußerungsgewinne.** So werden die stillen Reserven der den Kapitalgesellschaften zuzuordnenden Wirtschaftsgüter nicht nur bei der Kapitalgesellschaft selbst, sondern unter bestimmten Voraussetzungen auch beim Gesellschafter als gewerbliche Einkünfte i.S.v. § 17 EStG oder aus Kapitalvermögen i.S.v. § 20 Abs. 2 Nr. 1 steuerlich erfasst: Gewinne aus der Veräußerung von Kapitalbeteiligungen unterliegen durchweg[41] der Einkommensteuer, wobei allerdings die Besteuerung bei Einkünften i.S.v. § 20 Abs. 2 Nr. 1 EStG im Rahmen der Abgeltungsteuer (§ 43 Abs. 5 Satz 1 EStG) und bei gewerblichen Einkünften i.S.v. § 17 EStG nach dem Teileinkünfteverfahren erfolgt (§ 3 Nr. 40 Satz 1 Buchst. c EStG). Werden die Kapitalanteile durch Körperschaften veräußert, greift demgegenüber grundsätzlich[42] die Steuerbefreiung gem. § 8b Abs. 2, 3 KStG ein.

14.20 Aus dem Trennungsprinzip folgt, dass die Einkünfte, die Kapitalgesellschaften erzielen und diesen allein zuzurechnen sind, Ausgangspunkt für die Berechnung des Einkommens sind, mit denen Kapitalgesellschaften der Besteuerung unterliegen (§ 8 Abs. 1 KStG i.V.m. § 2 Abs. 1 EStG). Die Verteilung dieses Einkommens führt zu keiner Minderung des Einkommens selbst (§ 8 Abs. 3 Satz 1 KStG) mit der Folge, dass neben **offenen Gewinnausschüttungen** auch **verdeckte Gewinnausschüttungen** einkommensneutral sind (§ 8 Abs. 3 Satz 2 KStG). Bei verdeckten Gewinnausschüttungen handelt es sich um Vermögensvorteile, die eine Kapitalgesellschaft ihren unbeschränkt oder beschränkt steuerpflichtigen Gesellschaftern oder diesen nahestehenden Personen außerhalb der gesellschaftsrechtlichen Gewinnverteilung zuwendet, wenn ein ordentlicher und gewissenhafter Geschäftsleiter sie einem Nichtgesellschafter unter sonst gleichen Umständen nicht zugewendet hätte[43]. Oder anders ausgedrückt: Eine verdeckte Gewinnausschüttung ist eine Vermögensminderung oder verhinderte Vermögensmehrung[44], die durch das Gesellschaftsverhältnis veranlasst ist, sich auf die

40 Vgl. Begründung zu dem Entwurf eines Unternehmensteuerreformgesetzes 2008 v. 27.3.2007, BT-Drucks. 16/4841, 32.

41 Ausnahme: Veräußerung von nicht zu einem Betriebsvermögen gehörenden Kapitalanteilen, die nicht unter §§ 17, 20 Abs. 2 EStG bzw. § 21 UmwStG a.F. fallen.

42 Besonderheiten gelten allerdings nach § 8b Abs. 7 bis 10 KStG sowie für einbringungsgeborene Anteile gem. § 8b Abs. 4 KStG a.F.

43 Vgl. z.B. BFH v. 15.9.2004 – I R 62/03, BStBl. II 2005, 176; BFH v. 11.9.2013 – I R 28/13, GmbHR 2014, 489; BFH v. 23.10.2013 – I R 60/12, GmbHR 2014, 495; BFH v. 23.10.2013 – I R 89/12, GmbHR 2014, 492.

44 Nach Berücksichtigung eines Vorteilsausgleichs, vgl. hierzu: H 8.5 II. „Vorteilsausgleich" KStR 2015; BFH v. 22.4.1964 – I 62/61-U, BStBl. III 1964, 370; BFH v. 4.5.1965 – I 130/62-U, BStBl. III 1965, 598; BFH v. 21.12.1972 – I R 70/70, BStBl. II 1973, 449; BFH v. 8.6.1977 – I R 95/75, BStBl. II 1977, 704; BFH v. 20.8.1986 – I R 87/83, BStBl. II 1987, 75; BFH v. 7.12.1988 – I R 25/82, BStBl. II 1989, 248; BFH

Höhe des Unterschiedsbetrages i.S.d. § 4 Abs. 1 EStG auswirkt und nicht auf einem den gesellschaftsrechtlichen Vorschriften entsprechenden Gewinnverteilungsbeschluss beruht[45]. Im Ergebnis können verdeckte Gewinnausschüttungen für die Kapitalgesellschaft zu Ertragsteuermehrbelastungen führen, wenn es infolge der Vermögensminderung oder der verhinderten Vermögensmehrung zu einer Einkommenserhöhung kommt, die der Besteuerung mit Körperschaftsteuer und Gewerbesteuer unterliegt. Vermögensminderungen, die von der Kapitalgesellschaft aus dem steuerlichen Einlagekonto nach § 27 Abs. 1 Satz 3 KStG (sog. **Einlagenrückgewähr**) finanziert werden, beeinflussen das steuerpflichtige Einkommen nicht. Die Korrektur der verdeckten Gewinnausschüttung erfolgt außersteuerbilanziell[46]. Eine Einkommenserhöhung hat nach § 8 Abs. 3 Sätze 4, 5 KStG ebenfalls zu erfolgen, soweit eine **verdeckte Einlage** das Einkommen des Gesellschafters bzw. des einer dem Gesellschafter nahestehenden Person gemindert hat.

b) Einkünftezurechnung

Die Besteuerung von Kapital- und Personengesellschaften ist durch unterschiedliche Vorschriften über die Einkünftezurechnung und Einkünfteermittlung geprägt. Während zwischen unselbständigen Unternehmensteilen ein- und desselben Steuersubjekts das Erfordernis einer Einkünftezurechnung grundsätzlich nur bei grenzüberschreitenden Liefer- und Leistungsbeziehungen besteht, ist die Einkünftezurechnung zwischen verschiedenen Steuersubjekten, etwa zwischen Kapitalgesellschaften, prinzipieller Natur. Es gilt insoweit das **Steuersubjektprinzip**, wonach Einkünfte nur demjenigen zuzurechnen sind, der den konkreten Tatbestand der Einkünfteerzielung erfüllt[47]. Die Erfüllung des Einkünfteerzielungstatbestandes determiniert neben der Höhe der Einkünfte insoweit zugleich denjenigen, dem die daraus resultierenden Einkünfte mit steuerlicher Wirkung zuzurechnen sind. 14.21

Diese allgemeine Zurechnungsregel gilt grundsätzlich auch für miteinander **verbundene Kapitalgesellschaften** und damit auch zwischen einer nationalen Holding und ihren Beteiligungsgesellschaften in der Rechtsform der Kapitalgesellschaft. Während die Anwendung der allgemeinen Einkünftezurechnungsregeln bei fremden Dritten (sog. „stand alone"-Betrachtung) abschließend darüber entscheidet, wem welche Einkünfte mit steuerlicher Wirkung zuzurechnen sind, würde die uneingeschränkte Anwendung dieser Regeln auf Geschäftsbeziehungen zwischen verbundenen Unternehmen mangels entsprechender Interessengegensätze zu unzutreffenden Besteuerungsergebnissen führen können. Die Liefer- und Leistungsbeziehungen zwischen verbundenen Unternehmen und damit auch innerhalb von Holdingstrukturen sind regelmäßig an einem gemeinsamen Ziel ausgerichtet, deren Bedingungen sich nicht zwingend am Fremdvergleich orientieren. Demzufolge werden die allgemeinen Einkünftezurechnungsregeln durch Sondervorschriften in Gestalt von sog. **Einkünftekorrekturnormen** ergänzt. Hierzu gehören z.B. § 8 Abs. 3 Satz 2 KStG (verdeckte Gewinnausschüttung), § 8 Abs. 3 Sätze 3 bis 6 KStG und § 8 Abs. 1 KStG i.V.m. § 4 Abs. 1 Sätze 1 und 8 EStG (verdeckte Einlage) sowie § 1 AStG (Berichtigung von Einkünften). Diese Einkünftekorrekturnormen unterliegen bei Anwendung von DBA den Schrankenwirkungen der abkommensrechtlichen (bilateralen) Korrekturklauseln (Art. 9 OECD-MA)[48]. Neben betrieblich veranlassten Rechtsbeziehungen gibt es nach Ansicht des BFH lediglich offene und verdeckte Gewinnausschüttungen sowie Kapitalrückzahlungen, aber keine freigebigen Zuwendungen, die der Schenkungsteuer unterliegen[49]. Zu 14.22

---

v. 27.7.2010 – I B 61/10, BFH/NV 2010, 2119; BFH v. 28.4.2010 – I R 78/08, ZIP 2010, 1873 = BStBl. II 2013, 41.

45 R 8.5 Abs. 1 Satz 1 KStR 2015; BFH v. 11.10.2012 – I R 75/11, BStBl. II 2013, 1046 m.w.N.

46 Vgl. BMF v. 28.5.2002, BStBl. I 2002, 603, Rz. 3.

47 *Weber-Grellet* in Schmidt, § 2 EStG Rz. 19; *Hey* in Tipke/Lang, Steuerrecht, § 8 Rz. 150; *Kirchhof* in Kirchhof, § 2 EStG Rz. 72a; *Musil* in Herrmann/Heuer/Raupach, § 2 EStG Anm. 100 ff.

48 Hierzu *Schaumburg*, Internationales Steuerrecht, Rz. 19.289 ff.

49 BFH v. 30.1.2013 – II R 6/12, BStBl. II 2013, 930; Nichtanwendungserlass: Gleichlautende Erlasse der obersten Finanzbehörden der Länder v. 5.6.2013, BStBl. I 2013, 1465. Vgl. aber § 7 Abs. 8 ErbStG und die dazu ergangenen Gleichlautenden Erlasse der obersten Finanzbehörden der Länder v. 20.4.2018, BStBl. I 2018, 632.

den zu beachtenden Einkünftekorrekturnormen zählt auch § 42 AO, dessen Rechtsfolge eine von der formalen Tatbestandsverwirklichung abweichende Einkünftezurechnung bedeuten kann[50].

14.23 Ausfluss des Steuersubjektprinzips und des damit bei Kapitalgesellschaften bestehenden Trennungsprinzips ist die steuerliche Verhaftung der in dem eigenen Betriebsvermögen befindlichen stillen Reserven. Ein **Betriebsvermögenstransfer** innerhalb eines kapitalistisch strukturierten Holdingkonzerns führt bei dem Übertragenden zur Aufdeckung der in dem übertragenen Wirtschaftsgut ruhenden stillen Reserven und zu dessen Besteuerung[51]. Ein steuerneutraler Transfer stiller Reserven innerhalb eines Holdingkonzerns ist daher nicht möglich. Allerdings lässt sich durch die rechtsformspezifische Privilegierungsnorm des § 8b Abs. 2 KStG die Übertragung von Kapitalgesellschaftsbeteiligungen steuerfrei gestalten (vgl. nachstehend Rz. 14.97 ff.)[52]. Im Übrigen gelten die allgemeinen für alle Steuerpflichtigen anzuwendenden Grundsätze und normativen Sonderregelungen, die auf eine Gewinnrealisierung insbesondere bei Umwandlungs- und Einbringungsvorgängen (zu Einzelheiten Rz. 14.167 ff.) verzichten.

14.24 Bei **Personengesellschaften** ist die Rechtslage demgegenüber grundsätzlich anders. Nach Maßgabe des für Personengesellschaften geltenden **Transparenzprinzips** im Gegensatz zum für Kapitalgesellschaften geltenden Trennungsprinzip unterliegen nicht die Personengesellschaften selbst, sondern ausschließlich ihre Gesellschafter der Einkommen- oder Körperschaftsteuer (vgl. § 15 Abs. 1 Satz 1 Nr. 2 Satz 1 EStG für Einkünfte aus einer gewerblich tätigen oder gewerblich geprägten Personengesellschaft). Hieraus folgt, dass allein die Gesellschafter Subjekte der Einkünftezurechnung sind (vgl. Rz. 14.14)[53]. Während bei **vermögensverwaltenden Personengesellschaften** (z.B. GbR oder OHG oder KG) die Gesellschafter den Einkünfteerzielungstatbestand in ihrer gesamthänderischen Verbundenheit verwirklichen und ihnen die daraus resultierenden Einkünfte gem. § 39 Abs. 2 Nr. 2 AO anteilig zuzurechnen sind[54], erfolgt die Einkünftezurechnung bei **gewerblich tätigen** oder **gewerblich geprägten Personengesellschaften** nach der speziellen Regelung des § 15 Abs. 1 Satz 1 Nr. 2 EStG.

14.25 Danach sind Gegenstand der Einkünftezurechnung die in § 15 Abs. 1 Satz 1 Nr. 2 Satz 1 EStG genannten **Gewinnanteile** und **Sondervergütungen** der Gesellschafter. Der Sinn und Zweck des § 15 Abs. 1 Satz 1 Nr. 2 EStG besteht darin, die Besteuerung von Mitunternehmern derjenigen von Einzelunternehmern möglichst weitgehend anzunähern (sog. **Gleichstellungsthese**)[55]. Der dem Gewinnanteil zugrunde liegende Gewinn der Personengesellschaft ist hierbei auf Gesellschaftsebene[56], Sonderbetriebseinnahmen bzw. -ausgaben und hierbei insbesondere die in § 15 Abs. 1 Satz 1 Nr. 2 Satz 1 EStG genannten Sondervergütungen dagegen sind für die einzelnen Gesellschafter von der Mitunternehmerschaft[57] aufgrund von Sonderbilanzen[58] zu ermitteln. Insoweit findet jedoch keine separate Gewinnermittlung bei den einzelnen Gesellschaftern statt; vielmehr sind die Sonderbilanzen Teil der Gesamtbilanz der Mitunternehmerschaft und die daraus resultierenden Gewinne werden additiv zum Anteil des Gesellschafters am Gesamtgewinn der Mitunternehmerschaft zusammen-

50 Vgl. z.B. BFH v. 18.3.2004 – III R 25/02, BStBl. II 2004, 787 (793 f.).
51 Vorbehaltlich der Regelung des § 6b EStG.
52 Es gelten allerdings 5 % des steuerfreien Veräußerungsgewinns nach § 8b Abs. 3 Satz 1 KStG als Ausgaben, die nicht als Betriebsausgaben abgezogen werden dürfen.
53 BFH v. 3.7.1995 – GrS 1/93, BStBl. II 1995, 617; *Wacker* in Schmidt, § 15 EStG Rz. 163.
54 BFH v. 9.10.2008 – IX R 72/07, BStBl. II 2009, 231 (232); *Wacker* in Schmidt, § 15 EStG Rz. 200.
55 *Wacker* in Schmidt, § 15 EStG Rz. 161 m.w.N.
56 Insoweit ist die Personengesellschaft partiell steuerrechtsfähig und insoweit Subjekt der Einkünftequalifizierung und der Gewinnermittlung, vgl. hierzu: BFH v. 11.4.2005 – GrS 2/02, BStBl. II 2005, 679 (681) = ZIP 2005, 2069; BFH v. 8.10.2010 – IV B 46/10, BFH/NV 2011, 244; *Wacker* in Schmidt, § 15 EStG Rz. 164.
57 BFH v. 25.1.2006 – IV R 14/04, BStBl. II 2006, 418 (419); zweifelnd: *Reiß* in Kirchhof, § 15 EStG Rz. 236 m.w.N.
58 Hierzu: *Kahle*, FR 2012, 109 ff.; *Wacker* in Schmidt, § 15 EStG Rz. 401, 475 m.w.N.; *Hennrichs* in Tipke/Lang, Steuerrecht, § 10 Rz. 106 ff.

geführt[59]. Vor dem Hintergrund der additiven Gewinnermittlung und der partiellen Steuerrechtsfähigkeit der Personengesellschaft werden Liefer- und Leistungsbeziehungen zwischen der Personengesellschaft und ihren Gesellschaftern grundsätzlich anerkannt[60]. Die hieraus resultierenden Erträge oder Aufwände finden auf der Ebene der Personengesellschaft Eingang in deren Steuerbilanz. Spiegelbildlich hierzu werden die daraus resultierenden Erträge und Verluste in der Sonderbilanz des jeweiligen Mitunternehmers erfasst (**korrespondierende Bilanzierung**) und finden somit Eingang in dem dem einzelnen Mitunternehmer im Wege der additiven Gewinnermittlung zuzurechnenden Gewinnanteil aus der Mitunternehmerschaft[61]. Ergänzend hierzu wird die einkommensteuerliche Gewinnermittlung durch die Regelungen über die (verdeckte) Einlage (§ 4 Abs. 1 Satz 1 i.V.m. § 4 Abs. 1 Satz 8 EStG) und die Entnahme (§ 4 Abs. 1 Satz 1 i.V.m. § 4 Abs. 1 Sätze 2 bis 4 EStG) korrigiert[62]. Es handelt sich hierbei um nicht betrieblich veranlasste Betriebsvermögensmehrungen oder -minderungen[63]. Bei etwaigen grenzüberschreitenden Liefer- und Leistungsbeziehungen zwischen der Personengesellschaft und deren Beteiligungsunternehmen oder deren Gesellschafter können an einem gemeinsamen Ziel ausgerichtet, deren Bedingungen sich nicht zwingend an einem Fremdvergleich orientieren. Demzufolge kann es auch bei Personengesellschaften zu **Einkünftekorrekturen** gem. § 1 AStG (Berichtigung von Einkünften) kommen (vgl. § 1 Abs. 5 Satz 7 AStG).

Aus den vorstehend beschriebenen Besonderheiten für Personengesellschaften ergeben sich zudem 14.26
Einschränkungen in Bezug auf das **Realisationsprinzip** bei einem vertikalen und horizontalen Betriebsvermögenstransfer. Wird ein zum Betriebsvermögen gehörendes Wirtschaftsgut aus dem eigenen Betriebsvermögen des Steuerpflichtigen in dessen Sonderbetriebsvermögen bei einer Mitunternehmerschaft und umgekehrt oder zwischen verschiedenen Sonderbetriebsvermögen desselben Steuerpflichtigen bei verschiedenen Mitunternehmerschaften überführt, erfolgt eine Buchwertfortführung ohne Realisierung der in dem Wirtschaftsgut vorhandenen stillen Reserven (§ 6 Abs. 5 Satz 2 EStG). Das Gleiche gilt, soweit ein Wirtschaftsgut unentgeltlich oder gegen Gewährung oder Minderung von Gesellschaftsrechten aus einem Betriebsvermögen oder Sonderbetriebsvermögen des Mitunternehmers in das Gesamthandsvermögen einer Mitunternehmerschaft oder umgekehrt oder unentgeltlich zwischen den jeweiligen Sonderbetriebsvermögen verschiedener Mitunternehmerschaften, an der der Steuerpflichtige beteiligt ist, übertragen wird (§ 6 Abs. 5 Satz 3 EStG). Hierin kommt in besonderer Weise die – trotz Übertragung – weiterhin gegebene Zuordnung der stillen Reserven zu dem Steuerpflichtigen zum Ausdruck. Es handelt sich um den **Grundsatz der Individualbesteuerung**[64], der eine Besteuerung stiller Reserven dann ausschließt, wenn diese weiterhin dem Steuerpflichtigen zugeordnet bleiben[65]. Diesem Grundsatz folgend führt auch die sog. **Realteilung** einer Mitunternehmerschaft (Übertragung von Teilbetrieben, Mitunternehmeranteilen oder

59 BFH v. 13.10.1998 – VIII R 78/97, BStBl. II 1999, 163 (165) m.w.N.; *Wacker* in Schmidt, § 15 EStG Rz. 401 m.w.N.

60 *Wacker* in Schmidt, § 15 EStG Rz. 626; *Hennrichs* in Tipke/Lang, Steuerrecht, § 10 Rz. 103; *Reiß* in Kirchhof, § 15 EStG Rz. 165, 229.

61 Davon ausgenommen bleiben solche Liefer- und Leistungsbeziehungen, die auf einen eigenen Gewerbebetrieb des Mitunternehmers zurückgehen und Gegenstand des üblichen Geschäftsverkehrs sind: *Tiede* in Herrmann/Heuer/Raupach, § 15 EStG Anm. 531 m.w.N.

62 *Musil* in Herrmann/Heuer/Raupach, § 4 EStG Anm. 136.

63 BFH v. 9.9.2010 – IV R 12/08, BFH/NV 2011, 768, Rz. 11 f.; BFH v. 26.10.1987 – GrS 2/86, AG 1988, 237 = BStBl. II 1988, 348.

64 Vgl. Vorlagebeschluss des BFH v. 10.4.2013 – I R 80/12, BStBl. II 2013, 1004, Rz. 41 m.w.N. (BVerfG – 2 BvL 8/13).

65 Vgl. zu der umstrittenen Frage, ob eine Buchwertübertragung auch zwischen verschiedenen Gesamthandsvermögen (Schwesterpersonengesellschaften) zulässig ist: verneinend: BMF v. 8.12.2011, BStBl. I 2011, 1279, Rz. 18; Senator für Finanzen Berlin, Erlass v. 3.2.2012 – III B - S 2242 - 1/2009, GmbHR 2012, 544; BFH v. 25.11.2009 – I R 72/08, BStBl. II 2010, 471; bejahend im AdV-Verfahren: BFH v. 15.4.2010 – IV B 105/09, BStBl. II 2010, 971; hierzu BMF v. 29.10.2010, BStBl. I 2010, 1206 sowie Vorlagebeschluss des BFH v. 10.4.2013 – I R 80/12, BStBl. II 2013, 1004 (BVerfG – 2 BvL 8/13); BFH v. 27.12.2013 – IV R 28/12, BFH/NV 2014, 535.

einzelnen Wirtschaftsgütern in das jeweilige Betriebsvermögen der einzelnen Mitunternehmer) zur Buchwertfortführung (§ 16 Abs. 3 Sätze 2 bis 4 EStG), so dass eine Gewinnrealisierung ausscheidet (vgl. Rz. 14.424 ff.)[66].

c) Einkünftequalifizierung

14.27 Für unbeschränkt steuerpflichtige Körperschaften i.S.d. § 1 Abs. 1 Nr. 1 bis 3 KStG, also insbesondere **Kapitalgesellschaften** i.S.d. § 1 Abs. 1 Nr. 1 KStG, bestimmt § 8 Abs. 2 KStG, dass bei diesen alle Einkünfte als **Einkünfte aus Gewerbebetrieb** zu behandeln sind. Sinn der Regelung ist es, den dem Einkommensteuerrecht innewohnenden Dualismus der Einkünfteermittlung für die dort genannten Körperschaften auszuschließen[67]. Die Norm fingiert nach ihrem Wortlaut das Vorliegen gewerblicher Einkünfte[68], so dass nach ständiger Rechtsprechung des BFH das Vorliegen einer außerbetrieblichen Sphäre insoweit ausgeschlossen ist[69]. Die Bedeutung der Regelung besteht darin, dass für die sich aus den sieben Einkunftsarten nach § 8 Abs. 1 i.V.m. § 2 Abs. 1 EStG ergebenden Einkünfte die Vorschriften über die Ermittlung der Einkünfte aus Gewerbebetrieb gelten[70]. Die Regelung gilt gem. § 7 Satz 1 GewStG auch für die **Gewerbesteuer**. § 2 Abs. 2 Satz 1 GewStG enthält insoweit allerdings eine eigenständige Vorschrift, die für die dort genannten Kapitalgesellschaften gewerbliche Einkünfte fingiert.

14.28 Die Einkünftequalifizierung richtet sich bei **vermögensverwaltenden Personengesellschaften** hiervon abweichend danach, welche Einkunftsart die Gesellschafter in ihrer Verbundenheit erzielen[71]. Die Zurechnung der Einkünfte bei den Gesellschaftern erfolgt in diesem Fall nach § 39 Abs. 2 Nr. 2 AO i.V.m. §§ 179 Abs. 2 Satz 2, 180 Abs. 1 Nr. 2 Buchst. a AO (vgl. Rz. 14.14). Da **gewerblich tätige und gewerblich geprägte Personengesellschaften** partiell steuerrechtsfähig sind (vgl. Rz. 14.14), richtet sich die Einkünftequalifizierung nach der Tatbestandsverwirklichung auf der Ebene der Personengesellschaft. Die gewerblich tätige Personengesellschaft ist insoweit Subjekt der Einkünftequalifikation und Gewinnermittlung[72] und erzielt Einkünfte aus Gewerbebetrieb nach § 15 Abs. 1 Nr. 1 EStG. Darüber hinaus bestimmt § 15 Abs. 3 EStG, dass die mit Gewinnerzielungsabsicht unternommene Tätigkeit einer Personengesellschaft in den dort genannten Fällen in vollem Umfang als Gewerbebetrieb gilt. Diese gesetzliche Fiktion ähnelt der Regelung des § 8 Abs. 2 KStG für die dort genannten Körperschaften.

14.29 § 15 Abs. 3 Nr. 1 EStG basiert auf der sog. **Abfärbetheorie**, wonach eine dort genannte Personengesellschaft, die neben anderen Tätigkeiten zugleich eine gewerbliche Tätigkeit i.S.d. § 15 Abs. 1 Nr. 1 EStG ausübt oder gewerbliche Einkünfte als Mitunternehmerin aus einer Tochterpersonengesellschaft nach § 15 Abs. 1 Satz 1 Nr. 2 EStG bezieht, in vollem Umfang gewerbliche Einkünfte erzielt **(sog. gewerblich infizierte Personengesellschaft)**[73]. Der zuletzt genannte Fall ist insbesondere für eine Holding in der Rechtsform einer Personengesellschaft von Bedeutung, die ihrerseits an nachgeschalteten operativ tätigen Personengesellschaften beteiligt ist. § 15 Abs. 3 Nr. 2 Satz 1 EStG betrifft die sog. **gewerblich geprägte Personengesellschaft**, die selbst keine gewerbliche Tätigkeit i.S.d. § 15 Abs. 1 Satz 1 Nr. 1 EStG ausübt, bei der jedoch ausschließlich eine oder mehrere Kapitalgesell-

66 Vgl. Begründung zu dem Entwurf eines Gesetzes zur Fortentwicklung des Unternehmensteuerrechts (Unternehmensteuerfortentwicklungsgesetz – UntStFG) v. 10.9.2001, BT-Drucks. 14/6882, 34.

67 *Lang* in Dötsch/Pung/Möhlenbrock, § 8 KStG Rz. 4.

68 *Schallmoser* in Herrmann/Heuer/Raupach, § 8 KStG Anm. 30.

69 Vgl. BFH v. 21.9.2009 – I B 39/09, BFH/NV 2010, 248 m.w.N.

70 Begründung zu dem Entwurf eines Dritten Steuerreformgesetzes v. 9.1.1974, BT-Drucks. 7/1470, 341; *Schallmoser* in Herrmann/Heuer/Raupach, § 8 KStG Anm. 30.

71 BFH v. 9.10.2008 – IX R 72/07, BStBl. II 2009, 231 (232); *Wacker* in Schmidt, § 15 EStG Rz. 200.

72 *Wacker* in Schmidt, § 15 EStG Rz. 164 m.w.N.

73 Vgl. zur Abgrenzung bei Bagatellfällen: BFH v. 11.8.1999 – XI R 12/98, BStBl. II 2000, 229; BFH v. 27.8.2014 – VIII R 6/12, ZIP 2015, 486 = DStR 2015, 345; BFH v. 27.8.2014 – VIII R 41/11; *Wacker* in Schmidt, § 15 EStG Rz. 188.

schaften persönlich haftende Gesellschafter sind und nur diese oder Personen, die nicht Gesellschafter sind, zur Geschäftsführung befugt sind[74]. § 15 Abs. 3 Nr. 2 Satz 2 EStG erweitert den Anwendungsbereich der Regelung auf Personengesellschaften, an denen gewerblich geprägte Personengesellschaften als persönlich haftende Gesellschafter beteiligt sind. Kapitalistisch strukturierte Personengesellschaften, wie z.B. die GmbH & Co. KG oder die AG & Co. KG, fallen demnach als gewerblich geprägte Personengesellschaften regelmäßig unter die Regelung des § 15 Abs. 3 Nr. 2 Satz 1 EStG. Gewerblich tätige und gewerblich geprägte Personengesellschaften unterliegen nach § 2 Abs. 1 GewStG auch als Steuersubjekte der Gewerbesteuer (vgl. § 5 Abs. 1 Satz 3 GewStG)[75]. Erzielt eine vermögensverwaltende Personengesellschaft allein aufgrund einer Beteiligung an einer Mitunternehmerschaft gewerbliche Einkünfte (gewerbliche Infizierung), unterliegen ihre gewerblichen Einkünfte nicht der Gewerbesteuer[76].

Nach § 2 Abs. 2 Satz 1 GewStG gilt stets und in vollem Umfang u.a. die Tätigkeit der **Kapitalgesellschaften** (insbesondere Europäische Gesellschaften, AG, KGaA, GmbH) für **gewerbesteuerliche Zwecke** als Gewerbebetrieb. Demzufolge unterliegen u.a. Kapitalgesellschaften qua Rechtsform der Gewerbesteuer gem. § 2 Abs. 1 Satz 1 i.V.m. § 5 Abs. 1 Satz 1 GewStG. Ein Freibetrag wird ihnen – anders als Einzelunternehmen und Personengesellschaften – nicht gewährt (vgl. § 11 Abs. 1 GewStG). Die gesetzliche Fiktion des § 2 Abs. 2 Satz 1 GewStG entspricht derjenigen des § 8 Abs. 2 KStG[77], die über § 7 Satz 1 GewStG ohnehin für Gewerbesteuerzwecke Anwendung findet. Für eine Holding in der Rechtsform der Kapitalgesellschaft bedeutet die gewerbesteuerliche Fiktion, dass sie mit ihrem Gewerbeertrag der Gewerbesteuer unterliegt, soweit nicht eine Kürzung nach § 9 GewStG, z.B. § 9 Nr. 2 Buchst. a oder Nr. 7 GewStG, erfolgt. Kapitalgesellschaften sind daher ohne weiteres als Organträger geeignete gewerbliche Unternehmen i.S.d. § 14 Abs. 1 Satz 1 KStG anzusehen (vgl. Rz. 14.572). 14.30

Personengesellschaften unterliegen nach § 2 Abs. 1 Sätze 1, 2 i.V.m. § 5 Abs. 1 Satz 3 GewStG dann der **Gewerbesteuer**, wenn sie ein gewerbliches Unternehmen im Sinne des Einkommensteuergesetzes betreiben. Demnach entscheidet die einkommensteuerliche Einkünftequalifikation (vgl. Rz. 14.28) darüber, ob die Personengesellschaft als solche der Gewerbesteuer unterliegt. Somit fallen vermögensverwaltende Personengesellschaften, die keine gewerblichen Einkünfte erzielen und auch nicht gewerblich geprägt sind, aus dem Anwendungsbereich der Gewerbesteuer heraus. Demgegenüber unterliegen gewerblich tätige und gewerblich geprägte Personengesellschaften mit ihrem Gewerbeertrag nach Abzug des Freibetrages von 24.500 Euro (§ 11 Abs. 1 Satz 3 Nr. 1 GewStG) – ebenso wie Kapitalgesellschaften – der Gewerbesteuer. Vermögensverwaltende Personengesellschaften, die nur aufgrund einer Beteiligung an einer Mitunternehmerschaft gewerbliche Einkünfte erzielen (gewerbliche Infizierung), unterliegen nicht der Gewerbesteuer[78]. Der Gewerbeertrag einer Holding in der Rechtsform einer gewerblich tätigen oder gewerblich geprägten Personengesellschaft kann ebenso wie derjenige einer Kapitalgesellschaft nach § 9 GewStG, z.B. § 9 Nr. 2, Nr. 2 Buchst. a oder Nr. 7 GewStG, gekürzt werden. Gewerbliche geprägte Personengesellschaft sind grundsätzlich nicht als gewerbliche Unternehmen i.S.d. § 14 Abs. 1 Satz 1 KStG und damit nicht als Organträger geeignet (vgl. dazu Rz. 14.537). 14.31

d) Steuerbelastungsunterschiede

Für das deutsche Unternehmensteuerrecht existiert kein einheitliches, in sich geschlossenes Regelwerk. Vielmehr ist eine Vielzahl von Einzelsteuergesetzen vorhanden, die mit unterschiedlichen In- 14.32

74 Vgl. zur Vermeidung der gewerblichen Prägung durch Übertragung der Geschäftsführung auf einen Kommanditisten bei einer GmbH & Co. KG: BFH v. 23.5.1996 – IV R 87/93, BStBl. II 1996, 523; *Wacker* in Schmidt, § 15 EStG Rz. 222.

75 BFH v. 17.3.2010 – IV R 41/07, BStBl. II 2010, 977 (979), Rz. 28.

76 Vgl. BFH v. 6.6.2019 – IVR 30/16, Ubg 2019, 523.

77 *Sarrazin* in Lenski/Steinberg, § 2 GewStG Anm. 2477.

78 Vgl. BFH v. 6.6.2019 – IVR 30/16, Ubg 2019, 523.

halten und Wertungen verbunden ist. Ursache hierfür sind nicht zuletzt die mit der Erhebung von Steuern verbundenen Ziele der Einnahmeerzielung und wirtschafts- und sozialpolitischer Förderungs- und Lenkungszwecke (vgl. § 3 Abs. 1 AO)[79]. Im Hinblick darauf fehlt es auch an einer einheitlichen Besteuerungskonzeption mit der Folge, dass es eine **rechtsformneutrale Besteuerung** derzeit in Deutschland nicht gibt. Nach Ansicht des BVerfG gebietet Art. 3 Abs. 1 GG kein allgemeines Verfassungsgebot einer rechtsformneutralen Besteuerung[80]. Die Folge dieser fehlenden Konzeption sind erhebliche Steuerbelastungsunterschiede insbesondere zwischen Personengesellschaften einerseits und Kapitalgesellschaften andererseits[81]. Diese Steuerbelastungsunterschiede ergeben sich selbst bei denjenigen Steuerarten, die tatbestandsseitig sowohl hinsichtlich des Steuersubjektes als auch des Steuerobjektes rechtsformneutral ausgestaltet sind. So gilt zwar der umsatzsteuerliche Grundtatbestand des § 1 Abs. 1 Nr. 1 Satz 1 UStG ohne Rücksicht auf die Rechtsform für alle Unternehmer, belastungserhebliche Unterschiede ergeben sich aber beispielsweise im Zusammenhang mit der umsatzsteuerlichen Organschaft nach dem Wortlaut des § 2 Abs. 2 Nr. 2 Satz 1 UStG, wonach Organgesellschaften nur juristische Personen (insbesondere Kapitalgesellschaften), grundsätzlich nicht aber Personengesellschaften sein können (vgl. zu Einzelheiten Rz. 14.584).

14.33 Aus der fehlenden **Rechtsformneutralität** der Besteuerung folgen steuerliche Belastungsunterschiede, die die Rechtsformwahl insbesondere auch für Holdingstrukturen erheblich beeinflussen können. Die für die Rechtsformwahl von Holdingstrukturen maßgeblichen steuerlichen Bestimmungsfaktoren (vgl. nachfolgend Rz. 14.34 ff.). haben bei den einzelnen Steuerarten unterschiedliches Gewicht. Auch eingehende Analysen[82] zeigen, dass allgemein quantitativ untermauerte Vorteilhaftigkeitsaussagen nicht möglich sind. Insbesondere der für Holdingstrukturen bedeutsame Belastungsvergleich zwischen Kapitalgesellschaft einerseits und Personengesellschaft andererseits wird u.a. dadurch beeinflusst, welche Besteuerungsebenen (Holdingebene, Gesellschafterebene, Ebene der Beteiligungsgesellschaften) in die Betrachtung einbezogen werden und ob die Gewinne steuerfrei oder steuerpflichtig sind, und (bei der Kapitalgesellschaft) deren Gesellschafter für die Ausschüttungen die Regelungen über das Teileinkünfteverfahren beanspruchen können oder nicht.

14.34 Für die zu wählende Rechtsform einer Holding sind bei den einzelnen Steuerarten insbesondere die nachfolgend beschriebenen Bestimmungsfaktoren von Bedeutung.

aa) Einkommensteuer/Körperschaftsteuer

14.35 Während **Personengesellschaften** nur im Bereich der Gewinnerzielung und Gewinnermittlung eine eigene Steuersubjektfähigkeit zukommt, sind **Kapitalgesellschaften** uneingeschränkt steuerrechtsfähig. Da darüber hinaus für die Besteuerung von Kapitalgesellschaften mit dem Körperschaftsteuergesetz ein eigenständiger Normenkreis geschaffen worden ist, sind hier die Besteuerungsunterschiede zwischen Personengesellschaften einerseits und Kapitalgesellschaften andererseits am größten. Aus der uneingeschränkten Steuerrechtsfähigkeit der Kapitalgesellschaft folgt indessen keine prinzipielle steuerliche Doppelbelastung oder gar Mehrfachbelastung: Ausschüttungen sind auf Gesellschafterebene bei natürlichen Personen, die die Anteile im Betriebsvermögen halten, im Rahmen des Teileinkünfteverfahrens (§ 3 Nr. 40 Satz 1 Buchst. d EStG) i.H.v. 40 %[83] und bei Kapitalgesell-

---

79 Vgl. dazu: *Seer* in Tipke/Lang, Steuerrecht, § 2 Rz. 10 f. sowie BVerfG v. 21.6.2006 – 2 BvL 2/99, NJW 2006, 2757 ff.

80 BVerfG v. 24.3.2010 – 1 BvR 2130/09, ZIP 2010, 1174 = FR 2010, 670; BVerfG v. 21.6.2006 – 2 BvL 2/99, NJW 2006, 2757 (2762), Rz. 114; BFH v. 15.2.2012 – I B 97/11, BStBl. II 2012, 697 (699) = GmbHR 2012, 528; BFH v. 16.1.2014 – I R 21/12, GmbHR 2014, 660 = DB 2014, 1060 (1062).

81 Vgl. hierzu: *Montag* in Tipke/Lang, Steuerrecht, § 13 Rz. 168 ff.

82 Umfassend: *Jacobs*, Unternehmensbesteuerung und Rechtsform, 5. Aufl. 2015; *Schneeloch*, Rechtsformwahl und Rechtsformwechsel mittelständischer Unternehmen, 2. Aufl. 2006; *Mielke*, Steuerorientierte Rechtsformwahl, 1997.

83 Bei natürlichen Personen, die die Anteile im Privatvermögen halten, unterliegen die Dividenden in vollem Umfang der Abgeltungsteuer von 25 % nach § 43 Abs. 5 Satz 1 EStG.

schaften als Gesellschafter i.H.v. 95 % (§ 8b Abs. 1 und Abs. 5 KStG)[84] steuerbefreit. Letzteres gilt allerdings nicht im Falle von Streubesitzdividenden nach § 8b Abs. 4 KStG, wonach es zu einer Doppelbelastung kommt (vgl. dazu Rz. 14.427 ff.).

Eine Folge der uneingeschränkten Steuerrechtsfähigkeit der Kapitalgesellschaft ist die **steuerliche Abschirmwirkung** gegenüber den Anteilseignern. Diesem dem Körperschaftsteuergesetz als Konzeption zugrunde liegenden Trennungsprinzip entspricht es, dass die bei einer Kapitalgesellschaft anfallenden Verluste nicht mit anderen positiven Einkünften auf Gesellschafterebene verrechnet werden können. Eine Ausnahme hiervon ergibt sich nur bei einer ertragsteuerlichen Organschaft (hierzu Rz. 14.530 ff.). 14.36

Was bei Kapitalgesellschaften die Ausnahme ist, erweist sich bei **einer Personengesellschaft** dagegen als Regel: Die von einer Personengesellschaft erwirtschafteten Verluste werden den Gesellschaftern grundsätzlich[85] unmittelbar zugerechnet, so dass diese vertikale Einkünftezurechnung (hierzu Rz. 14.73 ff.) auf Gesellschafterebene zu einem Verlustausgleich oder Verlustabzug (§ 10d EStG) führt. 14.37

Die **steuerliche Abschirmwirkung** der Kapitalgesellschaft gegenüber ihren Anteilseignern führt schließlich auch dazu, dass der Kapitalgesellschaft für bestimmte Einkünfte gewährte Steuerbefreiungen den Gesellschaftern im Ergebnis grundsätzlich nicht zugutekommen. Angesprochen sind hierbei insbesondere die Steuerbefreiungen gem. § 8b Abs. 1 bis 5 KStG sowie die nach Maßgabe der DBA steuerfreien ausländischen Betriebsstättengewinne[86]. Dies gilt auch dann, wenn die Kapitalgesellschaft nach § 13 InvZulG 2010 steuerfreie Investitionszulagebeträge oder andere sachlich steuerbefreite Bezüge erhält. Diese Steuerbefreiungen gelten nur für die Kapitalgesellschaft selbst. Im Ergebnis werden daher bei der Kapitalgesellschaft steuerfrei gestellte Gewinne durch Ausschüttung beim Anteilseigner, soweit er eine natürliche Person ist und die Anteile im Betriebsvermögen hält, grundsätzlich auf die für ihn unter Berücksichtigung des Teileinkünfteverfahrens nach § 3 Nr. 40 Satz 1 Buchst. d EStG maßgebliche einkommensteuerliche Endbelastung herauf geschleust[87]. 14.38

Eine Ausnahme von dieser **Nachholwirkung** ergibt sich lediglich für Weiterausschüttungen an andere Kapitalgesellschaften, insbesondere innerhalb eines Konzerns, nach Maßgabe des § 8b Abs. 1 und Abs. 5 KStG[88] (hierzu Rz. 14.427 ff.), soweit es sich nicht um Streubesitzdividenden nach § 8b Abs. 4 KStG handelt (vgl. dazu Rz. 14.436 ff.), sowie im Falle der Einkommenszurechnung aufgrund einer körperschaftsteuerlichen Organschaft (zu Einzelheiten Rz. 14.530 ff.), soweit hierfür die in § 15 Satz 1 Nr. 2 KStG genannten Voraussetzungen erfüllt sind. Demgegenüber wirken bei einer Personengesellschaft die Steuerbefreiungen stets auch für deren Gesellschafter. 14.39

Obwohl Personengesellschaften für Zwecke der Gewinnerzielung und Gewinnermittlung eigenständige Steuersubjekte sind, werden steuerlich dennoch **schuldrechtliche Rechtsbeziehungen** zwischen ihnen und den Gesellschaftern nicht uneingeschränkt anerkannt. Auf der ersten Gewinnermittlungsstufe wird zwar der Gewinn unter Einbeziehung nur des Gesamthandsvermögens und unter Berücksichtigung aller schuldrechtlichen Beziehungen ermittelt, auf einer zweiten Gewinnermittlungsstufe 14.40

84 Allerdings gelten nach § 8b Abs. 5 Satz 1 KStG 5 % der steuerfreien Dividende als nicht abzugsfähige Betriebsausgabe.

85 Vorbehaltlich der Regelung des § 15a EStG (negatives Kapitalkonto); weitere Ausnahmen: §§ 15b (Steuerstundungsmodelle), 15 Abs. 4 Satz 6 EStG (stille Gesellschaft).

86 Art. 7 Abs. 1 OECD-MA; vgl. zu Einzelheiten: *Schaumburg*, Internationales Steuerrecht, Rz. 19.239 ff.

87 Für natürliche Personen, die die Anteile an der Kapitalgesellschaft im Privatvermögen halten, unterliegen die Dividenden in vollem Umfang der Abgeltungsteuer nach § 43 Abs. 5 Satz 1 EStG i.H.v. 25 %; auf Antrag kann unter besonderen Voraussetzungen nach § 32d Abs. 2 Nr. 3 EStG in das Teileinkünfteverfahren „gewechselt" werden.

88 Für Finanzunternehmen i.S.d. § 8b Abs. 7 Satz 2 KStG und für Lebens- und Krankenversicherungsunternehmen i.S.d. § 8b Abs. 8 KStG gelten Besonderheiten.

erfolgt aber eine Korrektur nach Maßgabe des § 15 Abs. 1 Satz 1 Nr. 2 EStG in Höhe der von den Gesellschaftern bezogenen Sondervergütungen sowie der mit dem Sonderbetriebsvermögen zusammenhängenden Sonderbetriebseinnahmen und Sonderbetriebsausgaben[89]. Bei den Sondervergütungen handelt es sich um Tätigkeitsvergütungen sowie um Vergütungen für die Hingabe von Darlehen und die Überlassung von Wirtschaftsgütern zur Nutzung. Diese Sondervergütungen gehen in den dem Gesellschafter zuzurechnenden Gewinnanteil mit der Folge ein, dass insoweit der steuerliche Gesamtgewinn einer Personengesellschaft stets höher ist als der vergleichbare Gewinn bei einer Kapitalgesellschaft. Da vergleichbare Leistungsvergütungen bei Gesellschaftern von Kapitalgesellschaften als eigene originäre Einkünfte der Einkommensteuer unterliegen, ergeben sich, von Steuersatzdifferenzen abgesehen, im Wesentlichen nur Unterschiede bei der Gewerbesteuer.

14.41 Sowohl für Personen- als auch für Kapitalgesellschaften gilt, dass **Leistungstransfers** zwischen Gesellschaft einerseits und Gesellschafter andererseits den steuerlichen Gewinn nicht beeinflussen dürfen, soweit sie nicht betrieblich, sondern durch das Gesellschaftsverhältnis veranlasst sind. Die Gewinnneutralität dieser gesellschaftlich veranlassten Vorgänge wird durch spezifische Einkünftekorrekturnormen sichergestellt. Bei Personengesellschaften erfolgt diese Korrektur für Sondervergütungen über § 15 Abs. 1 Satz 1 Nr. 2 EStG und im Übrigen durch die Vorschriften über Entnahmen und Einlagen (§ 4 Abs. 1 Satz 1 EStG). Die für Kapitalgesellschaften maßgeblichen Einkünftekorrekturnormen sind § 8 Abs. 3 Satz 2 KStG (verdeckte Gewinnausschüttung) und § 8 Abs. 1 KStG i.V.m. § 4 Abs. 1 Sätze 1 und 8 EStG (§ 6 Abs. 6 Satz 2 EStG, verdeckte Einlage)[90]. Bei grenzüberschreitenden Leistungstransfers greift die für Kapitalgesellschaften geltende Einkünftekorrekturnorm des § 1 AStG (Berichtigung von Einkünften) ein[91]. Ab dem Veranlagungszeitraum 2013 ist durch Einfügung des § 1 Abs. 1 Satz 2, Abs. 5 Satz 7 AStG ausdrücklich geregelt[92], dass Personengesellschaften und Mitunternehmerschaften für Zwecke des § 1 AStG Kapitalgesellschaften als Steuerpflichtige gleich gestellt werden[93]. Zu den zu beachtenden Einkünftekorrekturnormen zählt auch § 42 AO, dessen Rechtsfolge eine von der formalen Tatbestandsverwirklichung abweichende Einkünftezurechnung bedeuten kann[94].

14.42 Obwohl sich die vorgenannten Einkünftekorrekturnormen weitgehend entsprechen, hat insbesondere die für Kapitalgesellschaften maßgebliche **verdeckte Gewinnausschüttung** i.S.v. § 8 Abs. 3 Satz 2 KStG eine größere Reichweite als die entsprechende für Personengesellschaften geltende Entnahme. Die im Vergleich zur Entnahme größere Reichweite der verdeckten Gewinnausschüttung beruht im Wesentlichen darauf, dass eine gesellschaftliche Veranlassung bei einem beherrschenden Gesellschafter auch dann anzunehmen sein kann, wenn es an einer zivilrechtlich wirksamen, klaren, eindeutigen und im vorausabgeschlossenen und tatsächlich durchgeführten Vereinbarung darüber fehlt, ob und in welcher Höhe ein Entgelt für eine Leistung des Gesellschafters zu zahlen ist[95]. Für diesen auf dem Trennungsprinzip beruhenden formalen Aspekt der verdeckten Gewinnausschüttung gibt es keine Parallele bei der Entnahme.

---

89 Vgl. zu Einzelheiten: *Wacker* in Schmidt, § 15 EStG Rz. 401 ff.

90 Vgl. zum Verfahrensrecht: § 32a KStG.

91 Vgl. zu Einzelheiten: *Schaumburg*, Internationales Steuerrecht, Rz. 21.180 ff.; vgl. zu der Frage, ob auch Personengesellschaften von § 1 AstG a.F. erfasst waren: BMF v. 14.5.2004, BStBl. I 2004, Sondernummer 1, 3, Rz. 1.4.3.; *Schaumburg*, Internationales Steuerrecht, Rz. 21.180 m.w.N.

92 In der Fassung des Gesetzes zur Umsetzung der Amtshilferichtlinie sowie zur Änderung steuerlicher Vorschriften (Amtshilferichtlinie – Umsetzungsgesetz – AmtshilfeRLUmsG) v. 26.6.2013, BGBl. I 2013, 1809.

93 Vgl. Begründung des Bundesrates zu dem Entwurf eines Jahressteuergesetzes 2013 v. 10.4.2013, BT-Drucks. 17/13033, 83.

94 Vgl. z.B. BFH v. 18.3.2004 – III R 25/02, BStBl. II 2004, 787 (793 f.) = GmbHR 2004, 958.

95 R 8.5 Abs. 2 Satz 1 KStR 2015; BFH v. 22.2.1989 – I R 9/85, BStBl. II 1989, 631; BFH v. 14.3.1990 – I R 6/89, BStBl. II 1990, 795; BFH v. 19.3.1997 – I R 75/96, BStBl. II 1997, 577; BFH v. 17.12.1997 – I R 70/97, BStBl. II 1998, 545; BFH v. 27.3.2001 – I R 27/99, BStBl. II 2002, 111; BFH v. 8.10.2008 – I R 61/07, BStBl. II 2011, 62; BFH v. 31.1.2012 – I R 1/11, BStBl. II 2012, 694.

Belastungsdivergenzen ergeben sich schließlich auch im Zusammenhang mit der Veräußerung von Anteilen an Personengesellschaften einerseits und an Kapitalgesellschaften andererseits. 14.43

Gewinne aus der **Veräußerung** von Anteilen an **einer Personengesellschaft** unterliegen, je nachdem, ob es sich um den gesamten Mitunternehmeranteil oder nur um einen Teil eines Mitunternehmeranteils handelt, einer privilegierten Veräußerungsgewinnbesteuerung (§ 16 Abs. 1 Satz 1 Nr. 2 EStG) oder als laufender Gewinn der regulären Besteuerung (§ 16 Abs. 1 Satz 2 EStG). Soweit der gesamte Mitunternehmeranteil von einer natürlichen Person unmittelbar oder mittelbar über eine Personengesellschaft veräußert wird, gelten, falls auf der Seite des Veräußerers und des Erwerbers nicht dieselben Personen stehen (§ 16 Abs. 2 Satz 3 EStG), für den Veräußerungsgewinn die folgenden Steuervergünstigungen: Bei Vollendung des 55. Lebensjahres oder dauernder Berufsunfähigkeit im sozialversicherungsrechtlichen Sinn kommt auf Antrag einmal im Leben der Freibetrag nach § 16 Abs. 4 EStG von bis zu 45.000 Euro sowie darüber hinausgehend bis zu einem Höchstbetrag von 5 Mio. Euro ein ermäßigter Steuersatz von 56 % des durchschnittlichen Steuersatzes (§ 34 Abs. 3 EStG), mindestens jedoch 14 %, und im Übrigen die Fünftelregelung des § 34 Abs. 1 EStG zur Anwendung. Wird nur ein Teil eines Mitunternehmeranteils veräußert, handelt es sich nach § 16 Abs. 1 Satz 2 EStG um einen laufenden Gewinn, der der regulären Einkommensteuer, ohne Anwendung von §§ 16 Abs. 4, 34 EStG unterfällt. Werden die Anteile an einer Personengesellschaft von einer Kapitalgesellschaft veräußert, kommen die vorgenannten Steuervergünstigungen nicht in Betracht[96]. Diese Einschränkungen sind für Holdinggesellschaften, denen Personengesellschaften nachgeordnet sind, von besonderer Bedeutung. Werden Anteile an ausländischen Personengesellschaften veräußert oder veräußert ein ausländischer Gesellschafter Anteile an einer inländischen Personengesellschaft, hat grundsätzlich derjenige Staat das Recht zur Besteuerung, in welchem sich die Personengesellschaft (Betriebsstätte) befindet (Art. 13 Abs. 2 OECD-MA). Der andere Staat ist dann zur Freistellung des Veräußerungsgewinns (Freistellungsmethode) oder zur Anrechnung der ausländischen Steuer auf die deutsche Steuer auf den Veräußerungsgewinn (Anrechnungsmethode) verpflichtet. 14.44

Bei der **Veräußerung** von **Anteilen** an **Kapitalgesellschaften** ist die Rechtslage wie folgt: Werden die Anteile von einer natürlichen Person im Privatvermögen gehalten, so ist danach zu differenzieren, ob der Gesellschafter i.S.v. § 17 EStG beteiligt ist oder nicht. Ist die natürliche Person an der Kapitalgesellschaft i.S.v. § 17 EStG beteiligt, findet das sog. Teileinkünfteverfahren gem. § 3 Nr. 40 Satz 1 Buchst. c EStG Anwendung, so dass der Veräußerungsgewinn Höhe von 40 % steuerfrei und im Übrigen mit dem regulären Einkommensteuersatz zu versteuern ist. Fällt seine Beteiligung nicht unter § 17 EStG, ist der Veräußerungsgewinn gem. § 20 Abs. 2 Satz 1 Nr. 1 EStG als Einkünfte aus Kapitalvermögen mit der Abgeltungsteuer mit einem Steuersatz von 25 % zu besteuern (§ 43 Abs. 5 Satz 1, § 32d EStG). Der ermäßigte Steuersatz gem. § 34 EStG kommt in diesen Fällen nicht zur Anwendung (§ 34 Abs. 2 Nr. 1 EStG). Gehören die Kapitalanteile zu einem Betriebsvermögen, so wird der Veräußerungsgewinn nach § 3 Nr. 40 Satz 1 Buchst. a EStG ebenfalls i.H.v. 40 % freigestellt und im Übrigen besteuert, es sei denn, für den Gewinn wird eine § 6b-Rücklage gebildet (vgl. dazu Rz. 14.411 ff.)[97]. Bei der Veräußerung einer 100 %- Beteiligung, die im Betriebsvermögen gehalten wird, handelt es sich nach § 16 Abs. 1 Satz 1 Nr. 1 Satz 2 EStG um einen fiktiven Teilbetrieb. Auf den Veräußerungsgewinn ist das Teileinkünfteverfahren gem. § 3 Nr. 40 Satz 1 Buchst. b EStG anzuwenden, so dass 40 % des Veräußerungsgewinns steuerfrei ist und im Übrigen der Freibetrag nach § 16 Abs. 4 EStG in Anspruch genommen werden kann. Eine Tarifbegünstigung nach § 34 EStG wird nicht gewährt[98]. Etwaige Veräußerungsverluste werden im Teileinkünfteverfahren bei natürlichen Personen gem. § 3c Abs. 2 EStG nur i.H.v. 60 % berücksichtigt[99]. Wird der Veräußerungs- 14.45

96 BFH v. 21.2.1991 – IV R 93/89, BStBl. II 1991, 455; *Wacker* in Schmidt, § 34 EStG Rz. 3.

97 Gemäß § 6b Abs. 10 EStG kann der Gewinn bis zu einem Höchstbetrag von 500.000 Euro von den Anschaffungskosten bestimmter Reinvestitionsgüter abgezogen oder in eine entsprechende Rücklage eingestellt werden.

98 *Wacker* in Schmidt, § 16 EStG Rz. 161.

99 Vgl. hierzu: *Levedag* in Schmidt, § 3c EStG Rz. 13 ff.

gewinn von einer Kapitalgesellschaft erzielt, ist dieser zu 95 % steuerfrei (§ 8b Abs. 2 und Abs. 3 KStG)[100], es sei denn, es handelt sich um solche, die Gegenstand eines kurzfristigen Eigenhandels bei Banken und Finanzdienstleistern[101] (§ 8b Abs. 7 KStG) sind[102]. Veräußert eine Personengesellschaft Kapitalanteile, ist der Veräußerungsgewinn grundsätzlich i.H.v. 40 % steuerfrei, soweit natürliche Personen, und zur Gänze steuerfrei, soweit Kapitalgesellschaften Gesellschafter sind (§ 8b Abs. 6 KStG). Werden Anteile an ausländische Kapitalgesellschaften veräußert oder veräußert ein ausländischer Gesellschafter Anteile an einer inländischen Kapitalgesellschaft, hat grundsätzlich derjenige Staat das Recht zur Besteuerung, in welcher sich der Gesellschafter befindet (Art. 13 Abs. 5 OECD-MA). Der andere Staat ist dann zur Freistellung verpflichtet. Etwas anderes kann bei Immobilienkapitalgesellschaften gelten (vgl. Art. 13 Abs. 4 OECD-MA).

14.46 Für die alternative Rechtsformwahl Personengesellschaft/Kapitalgesellschaft sind die im Einkommen- und Körperschaftsteuerrecht verankerten **steuersatzorientierten Belastungsdivergenzen** von besonderer Bedeutung (vgl. hierzu die Tabellen Rz. 14.55 ff.). Während thesaurierte Gewinne bei Kapitalgesellschaften einer Gesamtsteuerbelastung von 29,83 %[103] unterliegen, sind Gewinne von gewerblichen Personengesellschaften einer steuerlichen Spitzenbelastung von 47,44 %[104] ausgesetzt. Dieser auf erste Sicht eklatante Belastungsunterschied hat allerdings seine Ursache darin, dass wegen des für Kapitalgesellschaften geltenden Trennungsprinzips und des für Personengesellschaften geltenden Transparenzprinzips unterschiedliche Besteuerungsebenen in die Betrachtung einbezogen werden müssen. Betrachtet man beide Rechtsformen demgegenüber nur aus dem Blickwinkel des jeweiligen Steuerschuldners, ist die Personengesellschaft klar im Vorteil, weil sie nach § 5 Abs. 1 Satz 3 GewStG nur für die Gewerbesteuer Steuerschuldner ist, so dass sich hieraus eine auf sie entfallende Belastung bei einem angenommenen Hebesatz von 400 % in Höhe von 14 % ergibt. Steuerschuldner der Einkommensteuer sind hingegen nach § 1 i.V.m. § 15 Abs. 1 Satz 1 Nr. 2 EStG die Gesellschafter. Demgegenüber ist eine Kapitalgesellschaft sowohl Steuerschuldner der Körperschaftsteuer (vgl. § 1 Abs. 1 KStG) als auch der Gewerbesteuer (vgl. § 5 Abs. 1 Satz 1 i.V.m. § 2 Abs. 2 Satz 1 GewStG). Eine mit der für Kapitalgesellschaften vergleichbare Belastung ergibt sich bei Personengesellschaften, wenn deren Gesellschafter sich für die sog. Thesaurierungsbegünstigung nach § 34a EStG entscheiden, mithin die Gewinne nicht entnehmen (vgl. dazu Rz. 14.18). Die Steuerbelastung beträgt dann 29,77 %/32,25 %/36,16 %, je nach Betrachtung (vgl. hierzu Rz. 14.57)[105]. Der Steuersatzvorteil bei Thesaurierung zugunsten der Kapitalgesellschaft verwandelt sich indessen in einen geringen Steuersatznachteil gegenüber der sofortigen Vollversteuerung bei der Personengesellschaft, falls ausgeschüttet wird. Auf der Ebene des Gesellschafters tritt nämlich durch die Ausschüttung ein Nachholeffekt dadurch ein, dass die Dividenden im Rahmen der Abgeltungsteuer (§ 43 Abs. 5 Satz 1 EStG) bzw. des Teileinkünfteverfahrens (§ 3 Nr. 40 Satz 1 Buchst. d EStG) der Einkommensteuer unterliegen. Bei einer Gesamtbetrachtung beider Besteuerungsebenen folgt hieraus eine Gesamtbelastung von 48,33 % bzw. 49,82 %[106]. Diese Steuerbelastung entspricht in etwa derjenigen, die sich im Falle der Nachversteuerung infolge der Entnahme des thesaurierten Gewinns nach zuvor genutz-

100 Unter Berücksichtigung nicht abzugsfähiger Betriebsausgaben gem. § 8b Abs. 3 Satz 1 KStG i.H.v. 5 % des steuerfreien Veräußerungsgewinns.

101 Hierzu können auch Holdinggesellschaften zählen; vgl. BMF v. 25.7.2002, BStBl. I 2002, 712; BFH v. 14.1.2009 – I R 36/08, BStBl. II 2009, 671, 672; BFH v. 26.10.2011 – I R 17/11, GmbHR 2012, 349.

102 Ausnahmsweise sind Gewinne aus der Veräußerung von Kapitalanteilen auch bei Lebens- und Krankenversicherungen steuerpflichtig (§ 8b Abs. 8 KStG).

103 Einschließlich Solidaritätszuschlag und einem angenommenen Hebesatz für Gewerbesteuerzwecke von 400 %; vgl. *Montag* in Tipke/Lang, Steuerrecht, § 13 Rz. 21.

104 Einschließlich Solidaritätszuschlag und einem angenommenen Hebesatz für Gewerbesteuerzwecke von 400 % sowie der Anrechnung der Gewerbesteuer auf die Einkommensteuer nach § 35 EStG; vgl. *Montag* in Tipke/Lang, Steuerrecht, § 13 Rz. 21.

105 Einschließlich Solidaritätszuschlag und einem angenommenen Hebesatz für Gewerbesteuerzwecke von 400 % sowie der Anrechnung der Gewerbesteuer auf die Einkommensteuer nach § 35 EStG; vgl. *Montag* in Tipke/Lang, Steuerrecht, § 13 Rz. 21.

106 Einschließlich Solidaritätszuschlag; vgl. *Montag* in Tipke/Lang, Steuerrecht, § 13 Rz. 21.

ter Thesaurierungsbegünstigung bei einer Personengesellschaft ergibt. Hieraus folgt eine Gesamtbelastung von 48,32 %/48,17 %/47,99 % in Abhängigkeit von der Finanzierung der ursprünglichen Einkommensteuer bzw. Gewerbesteuer (vgl. hierzu Rz. 14.58)[107]. Zusätzliche Steuerbelastungen können sich dann ergeben, wenn für die dem Gewerbeertrag zuzuordnenden Ausschüttungen bei Streubesitzdividenden eine Hinzurechnung gem. § 8 Nr. 5 GewStG erfolgt. Die Steuerbelastungsunterschiede zeigen, dass für die Gesamtbelastung das Ausschüttungs- bzw. Entnahmeverhalten entscheidend ist. Durch die Thesaurierungsbegünstigung bei Personengesellschaften ist eine den Kapitalgesellschaften vergleichbare Besteuerungssituation vorhanden. Die ursprünglich bestehenden Belastungsunterschiede zwischen den Rechtsformen sind daher im Wesentlichen beseitigt.

Ebenso wie in der Bundesrepublik Deutschland ist auch international die Besteuerung durch eine Belastungsdivergenz zwischen Kapitalgesellschaften einerseits und natürlichen Personen (Personengesellschaften) andererseits geprägt. Das bedeutet, dass die steuerliche Belastung (thesaurierter) Gewinne bei Kapitalgesellschaften deutlich niedriger ist als die Spitzeneinkommensteuerbelastung bei natürlichen Personen. Eine Nachbelastung erfolgt allerdings dann, wenn seitens der Kapitalgesellschaften Gewinne an natürliche Personen ausgeschüttet werden. In diesem Zusammenhang zielen die Gestaltungen darauf ab, die ausländische Steuerspreizung durch eine zweistufige Holdingstruktur z.B. wie folgt zu nutzen **(Organschaftsmodell):** Unbeschränkt steuerpflichtige Gesellschafter halten ihre Beteiligungen an ausländischen Personengesellschaften über eine zwischengeschaltete inländische Kapitalgesellschaft, die ihrerseits mit einer vorgeschalteten – originär gewerblichen – Personengesellschaft organschaftlich verbunden wird. Auf Grund des zwischen der Organträger-Personengesellschaft und der nachgeschalteten Kapitalgesellschaft abgeschlossenen Gewinnabführungsvertrages können die in Deutschland abkommensrechtlich steuerfrei gestellten ausländischen Betriebsstättengewinne bis zu den Gesellschaftern nach §§ 14 ff. KStG durchgeleitet werden, ohne dass hierfür eine weitere deutsche Steuer anfällt. Die auf den ausländischen Gewinnen lastende im Vergleich zur deutschen Einkommensteuer niedrige ausländische Körperschaftsteuer wird somit definitiv[108]. 14.47

bb) Gewerbesteuer

Da Kapital- und Personengesellschaften für Zwecke der Besteuerung nach dem **Gewerbeertrag** gleichermaßen Steuersubjekte sind, ist ihre Besteuerung weitgehend angenähert. Ein wesentlicher Unterschied besteht indessen darin, dass Kapitalgesellschaften stets und in vollem Umfang als Gewerbebetriebe gelten (§ 2 Abs. 2 Satz 1 GewStG), während Personengesellschaften nicht ohne weiteres der Gewerbesteuer unterliegen, insbesondere dann nicht, wenn sie nur vermögensverwaltend tätig sind. Ein weiterer entscheidender Unterschied besteht darin, dass Besteuerungsmerkmale des Gesellschafters bei einer Personengesellschaft über § 7 Satz 2 bzw. § 7 Satz 4 GewStG auf die Ebene der Mitunternehmerschaft durchschlagen, während dies bei einer Kapitalgesellschaft nicht der Fall ist. 14.48

Da sowohl Personen- als auch Kapitalgesellschaften im Inland der Gewerbesteuer unterliegen, kann es bei einem mehrstufigen Gesellschaftsaufbau auch hier zu **Doppel-** und **Mehrfachbelastungen** kommen. Die Regelungen zur Vermeidung dieser Doppel- und Mehrfachbelastungen sind indessen für Personen- und Kapitalgesellschaften nicht einheitlich: Während die Beseitigung der gewerbesteuerlichen Doppelbelastung bei Beteiligungen an Personengesellschaften ohne wesentliche Voraussetzungen eingreift (§§ 9 Nr. 2, 8 Nr. 8 GewStG), unterliegen Gewinnausschüttungen einer Kapitalgesellschaft demgegenüber nur dann nicht erneut der Gewerbesteuer, wenn die Beteiligungsquote zu Beginn des Erhebungszeitraums mindestens 15 % beträgt (§§ 9 Nr. 2a, 8 Nr. 5 Satz 1 GewStG). Liegt 14.49

107 Einschließlich Solidaritätszuschlag; vgl. *Montag* in Tipke/Lang, Steuerrecht, § 13 Rz. 21.

108 Allerdings Progressionsvorbehalt (§ 32b Abs. 1a EStG); zu diesem Organschaftsmodell *Schaumburg* in Schaumburg, Steuerrecht und steuerorientierte Gestaltungen im Konzern, Rz. 47; *Schaumburg* in Schaumburg/Piltz, Holdinggesellschaften im Internationalen Steuerrecht, S. 1 ff. (34).

die Beteiligungsquote niedriger, unterliegen die Dividenden bei einer Personengesellschaft der gewerbesteuerlichen Hinzurechnung nach §§ 9 Nr. 2a, 8 Nr. 5 Satz 1 GewStG in Abhängigkeit von dem Umfang der einkommensteuer- bzw. körperschaftsteuerlichen Dividendenfreistellung, die nach § 7 Satz 4 GewStG i.V.m. § 3 Nr. 40 EStG und § 3c Abs. 2 EStG sowie § 8b KStG Eingang in die Ermittlung des Gewerbeertrages findet. Soweit natürliche Personen beteiligt sind, wird der einkommensteuerlich steuerfrei gestellte Anteil von 40 % nach § 8 Nr. 5 Satz 1 GewStG i.V.m. § 3 Nr. 40 Satz 1 Buchst. d EStG gewerbesteuerlich hinzugerechnet. Soweit eine Kapitalgesellschaft an der Personengesellschaft oder unmittelbar an der Tochterkapitalgesellschaft beteiligt ist, findet bei einer Beteiligungsquote zwischen 10 % und unter 15 % nach § 8 Nr. 5 Satz 1 i.V.m. § 8b Abs. 1 KStG eine gewerbesteuerliche Hinzurechnung der nach § 8b Abs. 1 KStG zur Gänze körperschaftsteuerfreien Dividende statt. Liegt die Beteiligungsquote unter 10 % (sog. Streubesitzdividende), entfällt eine Hinzurechnung nach 8 Nr. 5 Satz 1 GewStG, weil diese Dividende nach § 8b Abs. 4 KStG, § 7 Satz 1, Satz 4 GewStG bereits Teil des Gewerbeertrags ist[109].

14.50 Im Gegensatz zu Kapitalgesellschaften hat bei **Personengesellschaften** die Gewerbesteuer allerdings eine größere Reichweite. So unterliegen über § 7 Satz 1 GewStG der Gewerbeertragsteuer bei Personengesellschaften auch die Sondervergütungen i.S.v. § 15 Abs. 1 Satz 1 Nr. 2 EStG sowie Sonderbetriebseinnahmen und -ausgaben der Gesellschafter. Erfasst werden damit die gewerblichen Einkünfte der Gesellschafter, die durch die Steuerbilanz der Gesellschaft und durch etwaige Ergänzungsbilanzen und Sonderbilanzen der Gesellschafter abgebildet werden.

14.51 Bei **Kapitalgesellschaften** unterliegen die entsprechenden Vergütungen nicht der Gewerbesteuer, es sei denn, es erfolgen hierfür Hinzurechnungen[110].

14.52 Soweit ein **Gewerbeverlust** (§ 10a GewStG) geltend gemacht werden soll, bestehen ebenfalls Unterschiede: Bei einer Personengesellschaft erfordert die Geltendmachung eines Gewerbeverlustes das Vorliegen der Unternehmens- und Unternehmeridentität[111], wobei letzeres bei einem Gesellschafterwechsel in dem Umfang nicht der Fall ist, in dem der ausgeschiedene Mitunternehmer beteiligt war[112]. Das gilt auch in den Fällen, in denen ein ausgeschiedener Gesellschafter über eine andere Personengesellschaft oder über eine Organgesellschaft mittelbar an der Untergesellschaft beteiligt bleibt[113]. Auf der anderen Seite bleibt die (Unternehmens- und) Unternehmeridentität bestehen, wenn bei der Oberpersonengesellschaft ein Gesellschafterwechsel eintritt[114]. Demgegenüber spielt die Unternehmensidentität und Unternehmeridentität bei einer Kapitalgesellschaft wegen der Gewerblichkeitsfiktion nach § 2 Abs. 2 Satz 1 GewStG grundsätzlich keine Rolle[115]. Allerdings unterliegen Gewerbeverluste bei Kapitalgesellschaften und diesen nachgeschalteten Mitunternehmerschaften den Beschränkungen nach des § 10a Satz 10 GewStG i.V.m. § 8c KStG (schädlicher Anteilseignerwechsel)[116].

---

109 Zur Vermeidung der internationalen Doppelbesteuerung bei der Gewerbesteuer, vgl. Rz. 14.491 ff.

110 Schuldzinsen gem. § 8 Nr. 1 Buchst. a GewStG und Miet- und Pachtzinsen gem. § 8 Nr. 1 Buchst. d und e GewStG.

111 R 10a.1 Abs. 3 Satz 3 GewStR 2009.

112 BFH v. 3.5.1993 – GrS 3/92, BStBl. II 1993, 616; BFH v. 14.9.1993 – I R 33/92, BStBl. II 1994, 764; BFH v. 7.12.1993 – VIII R 54/88, BStBl. II 1994, 331; BFH v. 26.6.1996 – VIII R 41/95, BStBl. II 1997, 179; R 10a.3 Abs. 3 Satz 9 Nr. 1, 3 GewStR 2009.

113 BFH v. 26.6.1996 – VIII R 41/95, BStBl. II 1997, 179; BFH v. 31.8.1999 – VIII B 74/99, BStBl. II 1999, 794; BFH v. 29.8.2000 – VIII R 1/00, BStBl. II 2001, 114; *Hey* in Tipke/Lang, Steuerrecht, § 12 Rz. 36.

114 Vgl. BFH v. 13.11.1984 – VIII R 312/82, BStBl. II 1985, 334; BFH v. 6.9.2000 – IV R 69/99, BStBl. II 2001, 731.

115 *Kleinheisterkamp* in Lenski/Steinberg, § 10a GewStG Rz. 29 m.w.N.; OFD Münster, Verfügung v. 27.6. 2012, FR 2012, 835.

116 *Kleinheisterkamp* in Lenski/Steinberg, § 10a GewStG Rz. 56.

Neben weiteren Unterschieden in den Fällen der Veräußerung[117] und Liquidation[118] sind die Besteuerungsdifferenzen zwischen Personen- und Kapitalgesellschaften schließlich auch dadurch gekennzeichnet, dass im Unterschied zu Kapitalgesellschaften Personengesellschaften ebenso wie natürlichen Personen bei der Gewerbesteuer ein **Freibetrag** von 24.500 Euro eingeräumt wird. Die einheitliche Steuermesszahl beträgt demgegenüber rechtsformunabhängig 3,5 % (§ 11 Abs. 2 GewStG). 14.53

Die gewerbesteuerliche Behandlung von **Gewinnen aus der Veräußerung** von Anteilen an Personen- und Kapitalgesellschaften ist wie folgt: Die Gewinne aus der Veräußerung von Anteilen an Personengesellschaften unterliegen grundsätzlich[119], falls es sich um den gesamten Mitunternehmeranteil handelt, nicht der Gewerbesteuer, soweit der Veräußerungsgewinn auf eine natürliche Person als unmittelbar beteiligter Mitunternehmer entfällt (§ 7 Satz 2 Nr. 2 GewStG). Werden die Anteile, unabhängig von dem Veräußerungsumfang, von einer Kapitalgesellschaft veräußert, fällt Gewerbesteuer an (§ 7 Satz 2 Nr. 2 GewStG). Wird nur ein Teil eines Mitunternehmeranteils von einer natürlichen Person veräußert, unterliegt der Gewinn als laufender Gewinn (§ 16 Abs. 1 Satz 2 EStG) der Gewerbesteuer[120]. Der Gewinn aus der Veräußerung von Anteilen an Kapitalgesellschaften, die im Privatvermögen gehalten werden, sind, unabhängig von der Beteiligungshöhe und des Veräußerungsumfangs, nicht gewerbesteuerpflichtig. Sind die Anteile dagegen einem Betriebsvermögen zuzuordnen, zählen die Veräußerungsgewinne zum Gewerbeertrag, und zwar auch dann, wenn es sich um eine 100%ige Beteiligung handelt. Etwas anderes gilt allerdings dann, wenn die Veräußerung im engen Zusammenhang mit der Aufgabe des Betriebs erfolgt[121]. Die entsprechenden Veräußerungsgewinne sind jedoch, soweit sie auf natürliche Personen entfallen (§ 7 Satz 2 Nr. 2 GewStG), i.H.v. 40 % (§ 3 Nr. 40 Satz 1 Buchst. b EStG, § 7 Satz 1 GewStG) und, soweit sie auf Kapitalgesellschaften entfallen, zur Gänze (§ 8b Abs. 2 KStG, § 7 Satz 1 GewStG) steuerfrei[122]. Werden Kapitalanteile von einer Personengesellschaft veräußert, ist zu differenzieren: Soweit Kapitalgesellschaften beteiligt sind, ist der Gewinn voll steuerbefreit (§ 8b Abs. 2, 6 KStG, § 7 Satz 1, Satz 4 GewStG); soweit natürliche Personen beteiligt sind, ist der Gewinn i.H.v. 40 % steuerfrei (§ 3 Nr. 40 EStG, § 7 Satz 1, Satz 4 GewStG). Die gleiche Differenzierung gilt für die Veräußerung von Anteilen an Personengesellschaften, soweit zu deren Gesamthands- oder Sonderbetriebsvermögen Kapitalanteile zählen. 14.54

cc) Quantifizierter Steuerbelastungsvergleich

Im Folgenden werden die rechtsformspezifischen Steuerbelastungen, die sich für Kapitalgesellschaften und Personengesellschaften bzw. deren Gesellschafter ergeben, je nachdem, ob Dividenden ausgeschüttet bzw. Gewinne entnommen werden oder nicht, dargestellt. Basis sind die folgenden Annahmen: Körperschaftsteuersatz: 15 %; Gewerbesteuermesszahl: 3.5 %; steuerlich keine Abzugsfähigkeit der Gewerbesteuer; Thesaurierungsbegünstigung bei Personengesellschaften: 28,5 % zzgl. Nachsteuer von 25 %; Dividendenbesteuerung: 25 % Abgeltungsteuer bzw. 40 % Steuerfreiheit beim Teileinkünfteverfahren. 14.55

117 Vgl. *Montag* in Tipke/Lang, Steuerrecht, § 13 Rz. 45 f.

118 Vgl. *Montag* in Tipke/Lang, Steuerrecht, § 13 Rz. 57 f.

119 Ausnahme: Auf der Seite des Veräußerers und des Erwerbers stehen dieselben Personen (§ 16 Abs. 2 Satz 3, Abs. 3 Satz 2 EStG, H 7.1 Abs. 3 „Veräußerungs- und Aufgabegewinne" GewStR 2009.

120 R 7.1 Abs. 3 Satz 6 GewStR 2009.

121 H 7.1 Abs. 3 „Gewinn aus der Veräußerung einer 100%igen Beteiligung an einer Kapitalgesellschaft" GewStR 2009.

122 Die nach § 8b Abs. 3 Satz 1 KStG für Körperschaftsteuerzwecke als nicht abzugsfähig geltenden Betriebsausgaben i.H.v. 5 % unterliegen damit auch der Gewerbesteuer.

14.56 **Tabelle 1: Personengesellschaft**

Regelbesteuerung

Gewinn vor Gewerbesteuer	**100,00**
Gewerbesteuer	- 14,00
ESt-pflichtiger Gewinn nach Gewerbesteuer	100,00
Einkommensteuer Gesellschafter*	- 45,00
Anrechnung GewSt gem. § 35 EStG (Faktor 3,8)	13,30
Verbleibende Einkommensteuer	- 31,70
Solidaritätszuschlag Gesellschafter	- 1,74
Verbleibende Liquidität	52,56
Steuerbelastung Gesellschafter in v.H.	33,44
Gesamtsteuerbelastung in v.H.	**47,44**
* ESt: 45 %	

Die Tabelle 1 zeigt die reguläre einkommensteuerliche und gewerbesteuerliche Belastung des Gewinns einer Personengesellschaft bzw. von deren Gesellschaftern, unabhängig davon, ob die Gewinne entnommen werden oder nicht. Bei der Gewerbesteuer ist von einem durchschnittlichen Hebesatz von 400 % ausgegangen worden. Die Einkommensteuer ist mit dem Spitzensteuersatz von 45 % zzgl. Solidaritätszuschlag angenommen worden. Die Gewerbesteuer hat in dem in Tabelle 1 dargestellten Beispiel 14,00 betragen, während die Anrechnung nach § 35 EStG nur 13,30 beträgt. Allerdings reduziert sich zugleich der ursprüngliche Solidaritätszuschlag von 2,475 (5,5 % von 45) durch die Anrechnung der Gewerbesteuer auf 1,7435 (5,5 % von 31,70)[123], so dass der Differenzbetrag von 0,7315 zusammen mit dem Gewerbesteueranrechnungsbetrag von 13,30 die tatsächlich gezahlte Gewerbesteuer von 14 in vollem Umfang egalisiert.

14.57 **Tabelle 2: Personengesellschaft**

Thesaurierungsbesteuerung

	Idealtypisch („ohne Gewerbesteuer")	**Berücksichtigung Gewerbesteuer**	**Berücksichtigung Gewerbesteuer und Entnahme ESt**
	Spalte 1	Spalte 2	Spalte 3
Gewinn vor Gewerbesteuer	**100,00**	**100,00**	**100,00**
Gewerbesteuer	- 14,00	- 14,00	- 14,00
Gewinn gem. §§ 4, 5 EStG	100,00	86,00	86,00
Entnahme	0,00	0,00	22,16
Gewinn gem. § 34a Abs. 2 EStG	100,00	86,00	63,84
ESt auf entnommenen Gewinn*	0,00	- 6,30	- 16,27
ESt gem. § 34a EStG**	- 28,25	- 24,30	- 18,03
Summe ESt	- 28,25	- 30,60	- 34,30
Anrechnung GewSt gem. § 35 EStG (Faktor 3,8)	13,30	13,30	13,30
Verbleibende Einkommensteuer	- 14,95	- 17,30	- 21,00
Solidaritätszuschlag	- 0,82	- 0,95	- 1,16

123 Vgl. § 3 Abs. 2 SolZG; vgl. hierzu: *Levedag* in Herrmann/Heuer/Raupach, § 35 EStG Anm. 17.

	Idealtypisch („ohne Gewerbesteuer")	Berücksichtigung Gewerbesteuer	Berücksichtigung Gewerbesteuer und Entnahme ESt
	Spalte 1	Spalte 2	Spalte 3
Verbleibende Liquidität	70,23	67,75	63,84
Steuerbelastung Gesellschafter in v.H.	15,77	18,25	22,16
Gesamtsteuerbelastung in v.H.	**29,77**	**32,25**	**36,16**
* ESt: 45 % ** ESt: 28,25 %			

Die Tabelle 2 zeigt die einkommensteuerliche Belastung des Gewinns einer Personengesellschaft bei Nutzung der sog. Thesaurierungsbesteuerung nach § 34a EStG durch natürliche Personen als Gesellschafter zuzüglich der regulären Gewerbesteuer. Bei der Gewerbesteuer ist von einem durchschnittlichen Hebesatz von 400 % ausgegangen worden. Die Einkommensteuer ist mit dem Spitzensteuersatz von 45 % zzgl. Solidaritätszuschlag angenommen worden. In der Spalte 1 wird (idealtypisch) unterstellt, dass eine Vollthesaurierung des Gewinns möglich ist und die für die Zahlung der Gewerbesteuer und Einkommensteuer erforderliche Liquidität von außerhalb des Unternehmens zur Verfügung gestellt wird. In Teilen der Literatur wird darauf hingewiesen, dass es hierdurch zu einer Gesamtsteuerbelastung von 29,77 % kommt[124]. Die Gesetzesbegründung ist insoweit missverständlich, weil dort ohne weitere Einschränkungen von einer Belastungsneutralität der Thesaurierungsbesteuerung auf Unternehmensebene im Vergleich zu Kapitalgesellschaften gesprochen wird[125]. Dabei ist allerdings zu berücksichtigen, dass der nicht entnommene Gewinn nach § 34a Abs. 2 EStG der nach § 4 Abs. 1 Satz 1 oder § 5 EStG ermittelte Gewinn vermindert um den positiven Saldo der Entnahmen und Einlagen des Wirtschaftsjahres ist. Der Gewerbesteueraufwand mindert daher den in der Handels- und Steuerbilanz der Personengesellschaft ausgewiesenen Gewinn und wird nach § 4 Abs. 5b EStG außersteuerbilanziell wieder hinzugerechnet[126]. Trägt der Gesellschafter den Gewerbesteueraufwand, liegt eine Einlage in die Personengesellschaft vor, die den nicht entnommenen Gewinn nicht erhöht. Die Darstellung in der Spalte 1 soll daher die Herleitung dieser Belastungsziffer aufzeigen. Spalte 2 zeigt die Steuerbelastung für den Fall auf, dass die Gewerbesteuer von der Personengesellschaft getragen wird, während die erforderliche Liquidität für die Zahlung der Einkommensteuer von dem Gesellschafter stammt. Spalte 3 stellt schließlich die Steuerbelastung für den Fall dar, dass die Personengesellschaft nicht nur die Gewerbesteuer, sondern auch die Einkommensteuer des Gesellschafters zahlt. Hieraus resultiert ein entnommener Gewinn von 36,16 (GewSt: 14,00 und ESt: 22,16). Nur der danach verbleibende Betrag kann der Thesaurierungsbegünstigung unterworfen werden. Die Gewerbesteuer hat in dem in Tabelle 2 dargestellten Beispiel 14,00 betragen, während die Anrechnung nach § 35 EStG nur 13,30 beträgt. Allerdings reduziert sich zugleich der ursprüngliche Solidaritätszuschlag von 2,475 (5,5 % von 45) durch die Anrechnung der Gewerbesteuer auf 1,7435 (5,5 % von 31,70)[127], so dass der Differenzbetrag von 0,7315 zusammen mit dem Gewerbesteueranrechnungsbetrag von 13,30 die tatsächlich gezahlte Gewerbesteuer von 14 in vollem Umfang egalisiert.

124 *Montag* in Tipke/Lang, Steuerrecht, § 13 Rz. 22 m.w.N.

125 Vgl. Begründung zu dem Entwurf eines Unternehmensteuerreformgesetzes 2008 v. 27.3.2007, BT-Drucks. 16/4841, 32.

126 Der Gewerbesteueraufwand unterliegt als nichtabziehbare Betriebsausgabe nicht dem Thesaurierungssteuersatz, vgl. FG Münster v. 19.2.2014 – 9 K 511/14 F, EFG 2014, 1201, rkr.; vgl. hierzu: *Bareis*, FR 2014, 581 ff.; *Bodden*, FR 2014, 920 ff.

127 Vgl. § 3 Abs. 2 SolZG; vgl. hierzu: *Levedag* in Herrmann/Heuer/Raupach, § 35 EStG Anm. 17.

14.58 **Tabelle 3: Personengesellschaft**

Nachversteuerung

	Idealtypisch („ohne Gewerbesteuer")	Berücksichtigung Gewerbesteuer	Berücksichtigung Gewerbesteuer und Entnahme ESt
	Spalte 1	Spalte 2	Spalte 3
Entnahme	**100,00**	**86,00**	**63,84**
Abzgl. ESt auf nicht entnommenen Gewinn	- 28,25	- 24,30	- 18,03
Abzgl. SolZ	- 1,55	- 1,34	- 0,99
Nachversteuerungspflichtiger Betrag	70,20	60,36	44,82
Nachversteuerung ESt*	- 17,55	- 15,09	- 11,21
Nachversteuerung SolZ	- 0,97	- 0,83	- 0,62
Liquidität Gesellschafter	51,68	51,83	52,01
Steuerbelastung Gesellschafter in v.H.	18,52	15,92	11,83
Gesamtsteuerbelastung in v.H.	**48,32**	**48,17**	**47,99**
* ESt: 25 %			

Die Tabelle 3 zeigt die einkommensteuerliche Belastung des Gewinns einer Personengesellschaft unter Berücksichtigung der Nachsteuer von 25 % zzgl. Solidaritätszuschlag nach vorheriger Nutzung der Thesaurierungsbesteuerung (vgl. Tabelle 2). Die Spalten 1 bis 3 zeigen die Wirkungen der Nachsteuer in den Fällen der Vollthesaurierung, der Berücksichtigung der Gewerbesteuer und der Entnahme der Einkommensteuer (vgl. dazu die Erläuterungen zu Tabelle 2).

14.59 **Tabelle 4: Kapitalgesellschaft**

Thesaurierung

Gewinn vor Gewerbesteuer	**100,00**
Gewerbesteuer (Hebesatz 400 %)	- 14,00
Gewinn nach Gewerbesteuer	100,00
Körperschaftsteuer	- 15,00
Solidaritätszuschlag	- 0,83
Dividende	0,00
Stpfl. Einkünfte Gesellschafter	0,00
Einkommensteuer Gesellschafter auf Dividende	0,00
SolZ Gesellschafter auf Dividende	0,00
Nettozufluss Gesellschaft	70,17
Gesamtsteuerbelastung in v.H.	**29,83**

Die Tabelle 4 zeigt die körperschaftsteuerliche und gewerbesteuerliche Belastung des Gewinns einer Kapitalgesellschaft. Bei der Gewerbesteuer ist von einem durchschnittlichen Hebesatz von 400 % ausgegangen worden. Die Körperschaftsteuer ist mit dem einheitlichen Steuersatz von 15 % zzgl. Solidaritätszuschlag angesetzt worden. Etwaige Gewinnausschüttungen berühren die steuerliche Behandlung auf der Ebene der Kapitalgesellschaft nicht.

Tabelle 5: Kapitalgesellschaft 14.60

Vollausschüttung

	ab 2009	ab 2009
	Privatvermögen	**Betriebsvermögen**
Gewinn vor Gewerbesteuer	**100,00**	**100,00**
Gewerbesteuer (Hebesatz 400 %)	- 14,00	- 14,00
Gewinn nach Gewerbesteuer	100,00	100,00
Körperschaftsteuer	- 15,00	- 15,00
Solidaritätszuschlag	- 0,83	- 0,83
Dividende	70,17	70,17
Stpfl. Einkünfte Gesellschafter	70,17	42,10
ESt Gesellschafter auf Dividende*	- 17,54	- 18,95
SolZ Gesellschafter auf Dividende	- 0,96	- 1,04
Nettozufluss Gesellschafter	51,67	50,18
Steuerbelastung Gesellschafter in v.H.	18,50	19,99
Gesamtsteuerbelastung in v.H.	**48,33**	**49,82**
* bei Privatvermögen Abgeltungsteuer (25 %); bei Betriebsvermögen Teileinkünfteverfahren (ESt 45 %)		

Die Tabelle 5 zeigt die körperschaftsteuerliche und gewerbesteuerliche Belastung des Gewinns einer Kapitalgesellschaft einschließlich der Ebene einer natürlichen Person als Gesellschafter im Falle der höchstmöglichen Gewinnausschüttung. Durch die Gewinnausschüttung bleibt die steuerliche Belastung der Kapitalgesellschaft unverändert (vgl. Tabelle 4). Spalte 1 zeigt die einkommensteuerliche Belastung einer natürlichen Person als Gesellschafter, der die Anteile im Privatvermögen hält. Es gilt insoweit die Abgeltungsteuer von 25 % zzgl. Solidaritätszuschlag. Spalte 2 zeigt demgegenüber die einkommensteuerliche Belastung einer natürlichen Person als Gesellschafter, die die Anteile im Betriebsvermögen hält. Es gilt insoweit das Teileinkünfteverfahren. Die Gewerbesteuerbelastung auf den steuerpflichtigen Anteil ist vorstehend nicht dargestellt worden, da sich diese wegen der Anrechnung nach § 35 EStG letztlich idealtypisch ausgleicht (vgl. vorstehende Tabelle 1). Eine Hinzurechnung des steuerfreien Teils der Dividende in Höhe von 40 % nach § 8 Nr. 5 Satz 1 GewStG erfolgt nicht, wenn der Gesellschafter zu Beginn des Erhebungszeitraums mit mindestens 15 % nach § 9 Nr. 2a GewStG beteiligt ist. Die Vorbelastung der Dividendenzahlung mit Kapitalertragsteuer ist aus Vereinfachungsgründen nicht dargestellt.

Die vorstehend dargestellten Tabellen 1 bis 5 zeigen, dass bei einer streng steuersubjektbezogenen Betrachtung die Personengesellschaft gegenüber der Kapitalgesellschaft klar im Vorteil ist, weil sich die Gewerbesteuer- und Einkommensteuerbelastung auf zwei Ebenen verteilen. Aus Sicht einer natürlichen Person als Gesellschafter der Holding sind Gewinnausschüttungen einer Kapitalgesellschaft gegenüber Gewinnentnahmen aus einer Personengesellschaft mit einer erheblich geringeren Steuerbelastung verbunden, wenn man die steuerliche Vorbelastung außer Betracht lässt. Dieses Bild bestätigt sich bei einer Kapitalgesellschaft als Gesellschafter der Holding, weil Gewinnausschüttungen der Holding bei der vorgeschalteten Kapitalgesellschaft steuerfrei sind, während die Gewinnanteile an einer Personengesellschaft mit Körperschaftsteuer in Höhe von 15 % belastet werden.

dd) Umsatzsteuer

Die Umsatzbesteuerung der Holding ist rechtsformneutral, da sie an dem **Begriff** des Unternehmers 14.61
gem. § 2 UStG und nicht an der Rechtsform ausgerichtet ist. Unter den weiteren Voraussetzungen des § 2 Abs. 1 UStG sind sowohl Personengesellschaften des Handelsrechts als auch Kapitalgesell-

schaften, soweit letztere nicht in das Unternehmen eines Organträgers nach § 2 Abs. 2 Nr. 2 UStG eingegliedert sind (vgl. dazu Rz. 14.579 ff.), generell selbständig im Sinne des Umsatzsteuerrechts[128]. Unter diesen Voraussetzungen können sowohl die Holding als auch ihre Gesellschafter separate umsatzsteuerliche Unternehmer und damit als eigenständige **Steuersubjekte** zu behandeln sein. Die Unternehmereigenschaft einer Holding und damit die umsatzsteuerliche Steuersubjekteigenschaft wird jedoch unabhängig von deren Rechtsform vielfach nicht vorliegen[129] (vgl. hierzu: Rz. 14.516 ff.). Ebenfalls rechtsformneutral sind die umsatzsteuerlichen Fragestellungen im Zusammenhang mit der Vorsteuerabzugsberechtigung einer Holding[130] (vgl. hierzu Rz. 14.524 ff.). Ansonsten sind Liefer- und Leistungsbeziehungen zwischen der Holding und ihren Gesellschaftern grundsätzlich unabhängig von der Rechtsform der Holding und der ihrer Gesellschafter umsatzsteuerbar[131]. Das gilt auch für das Organ der Holding unabhängig von deren Rechtsform, der ihr gegenüber gegen Entgelt Geschäftsführungs- und Vertretungsleistungen erbringt[132]. Allerdings ist hierbei zu prüfen, ob das Organ diese Leistung nichtselbständig oder selbständig im Sinne des § 2 Abs. 1 UStG erbringt[133]. Das gilt bei Personengesellschaften auch für Liefer- und Leistungsbeziehungen zwischen der Personengesellschaft und ihren Gesellschaftern, weil das ertragsteuerliche Transparenzprinzip insoweit nicht gilt. Allerdings ergeben sich bei einer Holding in der Rechtsform der Personengesellschaft insoweit umsatzsteuerlich Besonderheiten, als der Gesellschafter der Personengesellschaft grundsätzlich frei entscheiden kann, in welcher Eigenschaft er für die Personengesellschaft tätig wird[134]. Er kann an die Gesellschaft sowohl Leistungen erbringen, die ihren Grund in einem gesellschaftsrechtlichen Beitragsverhältnis haben, als auch Leistungen, die auf einem gesonderten schuldrechtlichen Austauschverhältnis beruhen[135]. Je nachdem handelt es sich um Leistungen, die als Gesellschafterbeitrag durch die Beteiligung am Gewinn und Verlust der Gesellschaft abgegolten werden, oder um Leistungen, die gegen Sonderentgelt ausgeführt werden und damit auf einen Leistungsaustausch ausgerichtet sind[136]. Kapitalgesellschaften verlieren jedoch ihre umsatzsteuerliche **Steuersubjekteigenschaft**, wenn sie nach § 2 Abs. 2 Nr. 2 UStG in das Unternehmen eines Organträgers eingegliedert sind (vgl. dazu Rz. 14.579 ff.). Aber auch Personengesellschaften kommen unter besonderen – engen – Voraussetzungen als Organgesellschaften in Betracht (vgl. hierzu Rz. 14.584 ff.).

e) Vermeidung der Doppelbesteuerung bei ausländischem Gesellschafter

14.62 Aus der Sicht von im Ausland ansässigen Gesellschaftern der Holding hat sich die Rechtsformwahl auch an der Reichweite der auf die **Vermeidung der Doppelbesteuerung** gerichteten Normen zu orientieren. Die Vermeidung der Doppelbesteuerung erfolgt generell entweder im Rahmen unilateraler Maßnahmen, also einseitig durch nationale Vorschriften, oder aber im Rahmen bilateraler Maßnahmen durch die sog. Abkommen zur Vermeidung der Doppelbesteuerung (DBA).

aa) Abkommensberechtigung

14.63 Die Anwendbarkeit von DBA hängt davon ab, ob sich der Steuerpflichtige hierauf im Einzelfall berufen kann, m.a.W., ob eine sog. Abkommensberechtigung vorliegt. Nach Art. 1 OECD-MA[137] gilt ein DBA für Personen, die in einem Vertragsstaat oder in beiden Vertragsstaaten ansässig sind. An-

128 Abschn. 2.2 Abs. 5 Satz 1 und Abschn. 2.2 Abs. 6 Satz 1 UStAE.
129 Abschn. 2.3 UStAE.
130 Abschn. 15.22 UStAE.
131 Abschn. 1.1 Abs. 12 Satz 1 UStAE; Abschn. 1.6 Abs. 1 Satz 1 UStAE.
132 Abschn. 1.1 Abs. 12 Satz 2 UStAE.
133 Abschn. 2.2. Abs. 2 UStAE.
134 BFH v. 16.3.1993 – XI R 45/90, BStBl. II 1993, 530, Abschn. 1.6 Abs. 3 Satz 8 UStAE.
135 Abschn. 1.6 Abs. 3 Satz 1 UStAE.
136 Abschn. 1.6 Abs. 3 Satz 2 UStAE.
137 Vgl. auch Art. 1 der Verhandlungsgrundlage für Doppelbesteuerungsabkommen im Bereich der Steuern vom Einkommen und Vermögen, BMF v. 22.8.2013 – IV B 2 - S 1301/13/10009, n.v.

knüpfungspunkt ist also der Begriff der „Person", der in Art. 3 Abs. 1 Buchst. a OECD-MA mit natürlichen Personen, Gesellschaften und alle Personenvereinigungen definiert wird. Der Ausdruck „Gesellschaft" bedeutet nach Art. 3 Abs. 1 Buchst. b OECD-MA juristische Personen oder Rechtsträger, die für die Besteuerung wie juristische Personen behandelt werden. Demzufolge sind natürliche Personen und juristische Personen, insbesondere **Kapitalgesellschaften**, wie die Europäische Gesellschaft, AG, KGaA und GmbH, und die anderen in § 1 Abs. 1 Nr. 2 bis 4 KStG genannten Körperschaftsteuersubjekte abkommensberechtigt, weil sie nach Art. 4 Abs. 1 Satz 1 OECD-MA in diesem Sinne ansässige Person sind[138]. Demgegenüber können **Personengesellschaften** zwar nach Art. 1 i.V.m. Art. 3 Buchst. a OECD-MA Personen sein, sie sind jedoch mangels eigener Einkommen- bzw. Körperschaftsteuerpflicht keine ansässigen Personen i.S.d. Art. 4 Abs. 1 Satz 1 OECD-MA[139]. Demzufolge kommt Personengesellschaften regelmäßig keine Abkommensberechtigung zu[140]. Als ansässige und damit abkommensberechtigte Person sind die Gesellschafter anzusehen, soweit sie nicht selbst Personengesellschaft sind[141]. Das kann insbesondere in sog. Dreiecksfällen, also dann, wenn die Personengesellschaft Einkünfte aus Drittländern bezieht, zu einer nicht behebbaren Doppelbesteuerung führen[142]. Wird eine deutsche Personengesellschaft in dem anderen Vertragsstaat als eigenständiges Steuersubjekt anerkannt und etwa dort unmittelbar selbst mit ihren Einkünften der beschränkten Steuerpflicht unterworfen, entfällt die Abkommensberechtigung ebenfalls. Es ist dann auf deren Gesellschafter abzustellen[143]. Was bei deutschen Personengesellschaften die Regel ist, erweist sich bei natürlichen und juristischen Personen als Ausnahme: Die Abkommensberechtigung wird hier nur aus Gründen versagt, die weitgehend dem Gesichtspunkt des (missbräuchlichen) treaty shopping[144] oder entsprechenden Zielsetzungen Rechnung tragen. Im Hinblick auf diese unterschiedliche steuerliche Behandlung, die deutsche Personengesellschaften in den einzelnen Staaten erfahren, ergeben sich derart erhebliche Schwierigkeiten bei der Abkommensanwendung[145], dass Steuerausländer mit der Errichtung von Personengesellschaften in der Bundesrepublik Deutschland durchweg Zurückhaltung üben. Das gilt insbesondere für Holdinggesellschaften.

bb) Verteilung der Besteuerungsrechte

Nach Maßgabe der deutschen DBA dürfen Dividenden deutscher Kapitalgesellschaften grundsätzlich nur einer der Höhe nach begrenzten **Kapitalertragsteuer** unterworfen werden. Die Quellensteuersätze sind hierbei auf 0, 5, 10 oder 15 % der Bruttobeträge begrenzt[146]. Für Ausschüttungen der deutschen **Holdingkapitalgesellschaft** an EU-Muttergesellschaften darf die Bundesrepublik Deutschland gem. § 43b EStG entsprechend der Mutter-Tochter-Richtlinie[147] unter den dort genannten Voraussetzungen 14.64

138 *Dremel* in Schönfeld/Ditz, Art. 1 OECD-MA Rz. 39 ff.

139 Vgl. BMF v. 26.9.2014, BStBl. I 2014, 1258, Tz. 2.1.2.

140 Vgl. aber zur Gewerbesteuer: BMF v. 26.9.2014, BStBl. I 2014, 1258, Tz. 2.1.2 i.V.m. Tz. 3.3; *Dremel* in Schönfeld/Ditz, Art. 1 OECD-MA Rz. 45 ff.

141 BMF v. 26.9.2014, BStBl. I 2014, 1258, Tz. 2.1.2; *Prokisch* in Vogel/Lehner, Art. 1 DBA Rz. 25 ff.; *Schaumburg*, Internationales Steuerrecht, Rz. 19.177 ff.; *Dremel* in Schönfeld/Ditz, Art. 1 OECD-MA Rz. 45 ff.

142 Vgl. zu Einzelheiten: *Schaumburg*, Internationales Steuerrecht, Rz. 19.182 f. m.w.N.; *Dremel* in Schönfeld/Ditz, Art. 1 DBA Rz. 53; *Helde*, Dreiecksverhältnisse im Internationalen Steuerrecht, 2000.

143 *Prokisch* in Vogel/Lehner, Art. 1 DBA Rz. 32 ff.

144 Vgl. hierzu: *Prokisch* in Vogel/Lehner, Art. 1 DBA Rz. 100 ff.; *Dremel* in Schönfeld/Ditz, Art. 1 OECD-MA Rz. 125 ff.

145 Vgl. zu Einzelheiten: *Prokisch* in Vogel/Lehner, Art. 1 DBA Rz. 14 ff.; *Schaumburg*, Internationales Steuerrecht, Rz. 19.177 ff.; *Dremel* in Schönfeld/Ditz, Art. 1 OECD-MA Rz. 45 ff.; *Greif* in Mössner u.a., Steuerrecht international tätiger Unternehmen, Rz. E 12 ff., S. 555 ff.; *Piltz* in Mössner u.a., Steuerrecht international tätiger Unternehmen, Rz. F 98 ff., S. 829 ff.

146 Vgl. zur deutschen Abkommenspraxis: *Tischbirek/Specker* in Vogel/Lehner, Art. 10 DBA Rz. 67 ff., 87 ff.

147 Richtlinie 2011/96/EU über das gemeinsame Steuersystem der Mutter- und Tochtergesellschaften verschiedener Mitgliedstaaten v. 30.11.2011, ABl. Nr. L 345 v. 29.12.2011, S. 8; zuletzt geändert durch Richtlinie 2015/96/EU v. 27.1.2015, ABl. Nr. L 21 v. 28.1.2015, S. 1.

allerdings keine Quellensteuer erheben bzw. muss diese auf Antrag erstatten. Der grenzüberschreitende Gewinntransfer von in der Bundesrepublik Deutschland in der Rechtsform von **Personengesellschaften** geführten Holdinggesellschaften ist demgegenüber generell nicht mit Quellensteuer belastet.

14.65 Die **laufenden Einkünfte** von Personengesellschaften selbst sind auf Ebene des DBA grundsätzlich als **Unternehmensgewinne**[148] zu qualifizieren. Für die laufenden Gewinne der inländischen (gewerblichen) Personengesellschaft besteht grundsätzlich eine beschränkte Steuerpflicht nach § 49 Abs. 1 Nr. 2a EStG für die ausländischen Anteilseigner. Dies gilt auch im Fall der Existenz eines DBA (vgl. Art. 7 OECD-MA), so dass insoweit das international akzeptierte Betriebsstättenprinzip verwirklicht wird. Nach Ansicht des BFH und der Finanzverwaltung gilt dies allerdings nicht für vermögensverwaltende Personengesellschaften, die lediglich als sog. gewerblich infizierte bzw. gewerblich geprägte Personengesellschaften im Sinne des § 15 Abs. 3 EStG Einkünfte aus Gewerbebetrieb erzielen[149]. Demzufolge findet insoweit nicht Art. 7 OECD-MA, sondern die übrigen Verteilungsartikel des DBA Anwendung[150]. Das Besteuerungsrecht kann demnach – abhängig von den jeweils von der Personengesellschaft erzielten Einkünften – im Ansässigkeitsstaat des beschränkt steuerpflichtigen Gesellschafters liegen. Eine Doppelbesteuerung wird dann durch Freistellung in der Bundesrepublik Deutschland erreicht.

14.66 Für die **Gewinne aus der Veräußerung** von Anteilen an in der Rechtsform von **Kapitalgesellschaften** geführten Holdinggesellschaften wird die grundsätzlich nach § 49 Abs. 1 EStG für den ausländischen Gesellschafter bestehende Steuerpflicht in der Bundesrepublik Deutschland verdrängt, wenn ein DBA mit dem Ansässigkeitsstaat des Gesellschafters besteht. In diesem Fall hat grundsätzlich der Ansässigkeitsstaat des Geellschafters gem. Art. 13 Abs. 5 OECD-MA das Recht zur Besteuerung eines Veräußerungsgewinns[151]. Da nach Maßgabe der deutschen DBA die Beteiligungen an einer deutschen gewerblichen **Personengesellschaft** demgegenüber wie eine vom Gesellschafter betriebene Betriebsstätte anzusehen ist[152], gilt für die Veräußerung von Beteiligungen an deutschen Personengesellschaften das Betriebsstättenprinzip mit der Folge, dass für die Besteuerung nicht der Ansässigkeitsstaat des ausländischen Gesellschafters, sondern die Bundesrepublik Deutschland als Betriebsstättenstaat gem. Art. 13 Abs. 2 OECD-MA zuständig ist[153].

14.67 Für die Rechtsformwahl deutscher Holdinggesellschaften ist aus der Sicht ausländischer Gesellschafter schließlich auch von Bedeutung, wie nach Maßgabe der in Betracht kommenden DBA die Doppelbesteuerung in ihrem eigenen **Ansässigkeitsstaat** vermieden wird. Während für die Gewinnanteile an deutschen Personengesellschaften der andere Vertragsstaat zumeist auf die Besteuerung durch Steuerfreistellung unter Progressionsvorbehalt verzichtet (Kapitalimportneutralität)[154], erfolgt

148 Art. 7 OECD-MA.

149 Bei gewerblich geführten Gesellschaften sind für Zwecke der Anwendung des DBA die originär gewerblichen Einkünfte von den Einkünften aus Vermögensverwaltung abzugrenzen.

150 BFH v. 28.4.2010 – I R 81/09, BStBl. II 2014, 754; BFH v. 4.5.2011 – II R 51/09, BStBl. II 2014, 751; BFH v. 25.5.2011 – I R 95/10, BStBl. II 2014, 760; BMF v. 26.9.2014, BStBl. I 2014, 1258, Tz. 2.3.1; vgl. auch die „Treaty override-Klausel" des § 50i Abs. 1 EStG, vgl. hierzu BMF v. 26.9.2014, BStBl. I 2014, 1258, Tz. 2.3.3; *Loschelder* in Schmidt, § 50i EStG Rz. 1 ff.; *Rehfeld* in Herrmann/Heuer/Raupach, § 50i EStG Anm. 3 f.; *Bäuml* in Frotscher/Geurts, § 50i EStG Rz. 1 ff.; *Prinz*, DB 2013, 1378 ff.; *Liekenbrock*, IStR 2013, 690 ff.; *Mitschke*, FR 2013, 694 ff.; *Jehl-Magnus*, NWB 2014, 1649 ff.; *Bron*, DStR 2014, 1849 ff.; *Bodden*, DB 2014, 2371 ff.; *Hruschka*, DStR 2014, 2421 (2422 ff.).

151 Art. 13 Abs. 2 OECD-MA (Anteile im ausländischen Betriebsvermögen); Art. 13 Abs. 5 OECD-MA (Anteile im Privatvermögen); Einzelheiten bei *Schaumburg*, Internationales Steuerrecht, Rz. 19.399 ff.

152 BFH v. 29.1.1964 – I 153/61 S, BStBl. III 1964, 165; BFH v. 13.9.1989 – I R 117/87, BStBl. II 1990, 57; BFH v. 27.2.1991 – I R 15/89, BStBl. II 1991, 444; BFH v. 4.12.1991 – I R 140/90, BStBl. II 1992, 750; BFH v. 26.2.1992 – I R 85/91, BStBl. II 1992, 937; BFH v. 17.10.2007 – I R 5/06, BStBl. II 2009, 356 (358); BFH v. 11.12.2013 – I R 4/13, DStR 2014, 306 (308).

153 Vgl. zu den Einzelheiten: *Schaumburg*, Internationales Steuerrecht, Rz. 19.385 ff.; *Reimer* in Vogel/Lehner, Art. 13 DBA Rz. 83.

154 Abkommensübersicht bei *Ismer* in Vogel/Lehner, Art. 23 DBA Rz. 32 ff.

die Vermeidung der Doppelbesteuerung für Dividenden deutscher Kapitalgesellschaften im Ansässigkeitsstaat des Anteilseigners entweder durch Anrechnung der deutschen Kapitalertragsteuer (Kapitalexportneutralität) oder aber durch Freistellung nach nationalem Recht oder aufgrund des abkommensrechtlichen internationalen Schachtelprivilegs, wobei die deutsche Kapitalertragsteuer definitiv wird[155].

Soweit keine DBA eingreifen, wird die Rechtsformwahl deutscher Holdinggesellschaften aus der Sicht von Steuerausländern maßgeblich durch das auf die Vermeidung der Doppelbesteuerung gerichtete **nationale Normensystem** bestimmt. Diese unilateralen Normen zur Vermeidung der Doppelbesteuerung werden international von einer Methodenpluralität beherrscht: Neben der Steueranrechnung, dem Steuerabzug, der Steuerermäßigung und der Steuerpauschalierung wird die Steuerfreistellung nur ausnahmsweise gewährt. Das gilt für Ausschüttungen aus deutschen Kapitalgesellschaften und Gewinntransfers aus deutschen Personengesellschaften gleichermaßen. Beim mehrstufigen grenzüberschreitenden Konzernaufbau wird darüber hinaus eine internationale steuerliche Mehrfachbelastung mitunter auch dadurch vermieden, dass die von deutschen Enkel- und/oder Tochtergesellschaften auf eigene Gewinne gezahlten deutschen Körperschaftsteuern unter bestimmten Voraussetzungen bei der ausländischen Muttergesellschaft angerechnet werden können (indirekte Steueranrechnung)[156]. 14.68

Im Fall der Personengesellschaft als Holdinggesellschaft kann es aufgrund von unterschiedlicher steuerrechtlicher Einordnung der Personengesellschaft als Kapitalgesellschaft oder Personengesellschaft in der Bundesrepublik Deutschland und im Ausland zu **Qualifikationskonflikten** sowohl bei der Besteuerung der laufenden Einkünfte als auch bei der Besteuerung von Gewinnen aus der Veräußerung der Anteile an der Personengesellschaft kommen[157]. Diese können zu einer internationalen Doppelbesteuerung der jeweiligen Einkünfte führen. In diesen Fällen sollte als Holdingsgesellschaft eine Kapitalgesellschaft gewählt werden (vgl. hierzu Rz. 14.7). 14.69

f) Erbschaft-/Schenkungsteuer

Die Rechtsformwahl aus Sicht der Gesellschafter der Holding hängt von einer Reihe von Parametern ab, zu denen u.a. die eigene Rechtsform sowie die Ansässigkeit im In- oder Ausland gehört. Insoweit sind die für die Holding selbst geltenden Abwägungsgesichtspunkte entsprechend heranzuziehen. Für natürliche Personen als Gesellschafter hat daneben die erbschaft- bzw. schenkungsteuerliche Belastung besondere Bedeutung. Dabei sind die in §§ 13a, 13c und 28a ErbStG vorgesehenen **Betriebsvermögensprivilegien** hervorzuheben. Der Sache nach geht es hierbei um die sog. **Regelverschonung** (§ 13a Abs. 1 ErbStG) bzw. **Optionsverschonung** (§ 13a Abs. 10 ErbStG) von privilegiertem Betriebsvermögen bei Erwerben begünstigten Vermögens bis 26 Mio. EUR. Bei darüber hinausgehenden Erwerben begünstigten Vermögens können das sog. Abschmelzungsmodell (bis max. 90 Mio. EUR, § 13c ErbStG) oder die sog. Verschonungsbedarfsprüfung (§ 28a ErbStG) zur Anwendung kommen. Privilegiertes Betriebsvermögen im Sinne der Verschonungsregelungen sind u.a. Anteile an mitunternehmerischen Personengesellschaften, unabhängig von der Beteiligungshöhe, sowie Anteile an Kapitalgesellschaften bei einer Mindestbeteiligung von mehr als 25 %. Andere juristische Personen werden nicht privilegiert[158]. Bei der Regelverschonung erfolgt ein Verschonungsabschlag von 85 % und bei der Optionsverschonung i.H.v. 100 %. Der jeweilige Verschonungsabschlag führt bei Vorliegen weiterer Voraussetzungen dazu, dass die durch Schenkung oder von Todes wegen übergehenden Anteile an der Holding in dem entsprechenden Umfang steuerfrei gestellt werden. Handelt es sich bei der Holdinggesellschaft um eine **Kapitalgesellschaft** wird ein Verschonungsabschlag für die Anteile an der Holding nur gewährt, wenn die Holding zur Zeit der Entstehung der 14.70

155 Abkommensübersicht bei *Ismer* in Vogel/Lehner, Art. 23 DBA Rz. 78 ff.
156 Entsprechend § 26 Abs. 2, 2a und 5 KStG a.F.
157 Vgl. BMF v. 26.9.2014, BStBl. I 2014, 1258 Tz. 4.1.3.1.
158 Vgl. R E 13b.6 Abs. 1 ErbStR 2019.

Steuer Sitz oder Geschäftsleitung im Inland oder in einem Mitgliedstaat der Europäischen Union oder in einem EWR-Staat hat und der Erblasser oder Schenker am Nennkapital dieser Gesellschaft zu mehr als 25 % unmittelbar beteiligt war (**Mindestbeteiligung**). Hierbei ist nur die Beteiligungshöhe des Erblassers bzw. Schenkers zum Zeitpunkt des Erbfalls bzw. der Schenkung entscheidend. Es kommt demgegenüber nicht darauf an, in welchem Umfang Anteile an der Holding im Erbwege oder durch Schenkung übergehen. Diese Mindestbeteiligungsgrenze führt dazu, dass bei Nichterreichen der Mindestbeteiligungsgrenze im Erbwege oder im Schenkungswege übergehende Anteile an Holdingkapitalgesellschaften unabhängig davon diskriminiert werden, ob die Gesellschaften unmittelbar oder mittelbar wiederum nur sog. **Verwaltungsvermögen** oder **produktives Vermögen** besitzen. In § 13b Abs. 1 Nr. 3 Satz 2 ErbStG wird zwar die Möglichkeit eingeräumt, durch den Abschluss sog. **Poolverträge** die Mindestbeteiligungshöhe durch einen entsprechenden vertraglichen Zusammenschluss mit anderen Gesellschaftern zu erreichen, jedoch beinhaltet diese Möglichkeit eine erhebliche Beschränkung der rechtlichen Einflussnahmen der an der Poolvereinbarung beteiligten Gesellschafter. Zudem muss die Poolvereinbarung nach § 13a Abs. 6 Satz 1 Nr. 5 ErbStG innerhalb der fünf- bzw. siebenjährigen Bindungsfrist aufrechterhalten werden, um nachteilige Folgen zu vermeiden. Demgegenüber gewährt die Rechtsform der **Personengesellschaft** für die natürliche Person als Gesellschafter eines Holdingunternehmens erhebliche erbschaft- bzw. schenkungsteuerliche Vorteile. Insoweit besteht keine Mindestbeteiligungsgrenze, sondern grundsätzlich sind Anteile an mitunternehmerischen Personengesellschaften unabhängig von der Beteiligungshöhe nach § 13b Abs. 1 Nr. 2 ErbStG privilegiert. Hieraus resultiert ein Rechtsformvorteil für eine Holdinggesellschaft in der Rechtsform der Personengesellschaft für die an dieser beteiligten natürlichen Personen.

14.71 In beiden Fällen – Holdinggesellschaft in der Rechtsform der Kapitalgesellschaft oder Holdinggesellschaft in der Rechtsform der Personengesellschaft – erfordert die Gewährung der Betriebsvermögensprivilegien allerdings zusätzlich, dass diese Gesellschaften, soweit sie an Tochterkapitalgesellschaften beteiligt sind, wiederum die Mindestbeteiligungshöhe von mehr als 25 % erreichen. Auch insofern besteht für Personengesellschaftsstrukturen wiederum ein erheblicher Rechtsformvorteil, weil für Tochterpersonengesellschaften aus Sicht des Holdingunternehmens keine **Mindestbeteiligungshöhe** vorgeschrieben ist. Holdinggesellschaften sind daher, wenn sie insgesamt als Personengesellschaft strukturiert sind, erbschaft- bzw. schenkungsteuerlich für natürliche Person als deren Gesellschafter vorteilhaft. Demgegenüber stellen insbesondere im Bereich von Familienholdingunternehmern Kapitalgesellschaftsstrukturen einen erheblichen Nachteil dar. Diese unterschiedliche Behandlung setzt sich auch im Bereich der Tarifbegrenzung gem. § 19a ErbStG fort, wonach das Steuerklassenprivileg wiederum bei mitunternehmerischen Personengesellschaftsbeteiligungen unabhängig von der Beteiligungshöhe gewährt wird, während dies bei Anteilen an Kapitalgesellschaften nur bei Erreichen der Mindestbeteiligungshöhe von mehr als 25 % der Fall ist.

Gleiche Rechtsformunterschiede bestehen auch bei der – in der Praxis allerdings kaum relevanten – Steuerstundung nach § 28 ErbStG.

Seit dem In-Kraft-Treten der Erbschaftsteuerreform 2016 ist die Personengesellschaft allerdings nicht immer die optimale Rechtsform, wenn es um Tochtergesellschaften geht. Auf Ebenen unterhalb der Holding können Personengesellschaften insbesondere in folgenden Fällen zu erbschaftsteuerlichen Nachteilen führen:

- Nach umstrittener Verwaltungsauffassung[159] sollen konzerninterne Einlagen zu sog. jungen Finanzmitteln führen. Junge Finanzmittel (§ 13b Abs. 4 Nr. 5 Satz 2 ErbStG) sind erbschaftsteuerlich nachteilig und werden in der Praxis soweit möglich vermieden. Bei Tochterkapitalgesellschaften stellt man daher die Eigen- auf die Fremdkapitalfinanzierung um. Bei Tochterpersonengesellschaften führt jedoch auch die Darlehensgewährung zu Einlagen ins Sonderbetriebsvermögen und damit zu jungen Finanzmitteln. Insbesondere die in der Praxis verbreiteten Cash-Pooling-Strukturen können bei Tochterpersonengesellschaften so zu erheblichen Nachteilen führen.

159 R E 13b.29 Abs. 3 ErbStR 2019; hierzu ausf. *Korezkij*, DB 2020, 305 m.w.N.

- Die Darlehensfinanzierung kann bei Tochterpersonengesellschaften auch aus anderen Gründen nachteilig sein: Nach umstrittener Verwaltungsauffassung[160] soll eine – sonst nach § 13b Abs. 9 Satz 3 ErbStG zwingend vorzunehmende – Verrechnung konzerninterner Forderungen und Verbindlichkeiten ausnahmsweise dann nicht möglich sein, wenn sich die Forderung im Sonderbetriebsvermögen befindet. Bei Fremdfinanzierung von Tochterpersonengesellschaften befinden sich Forderungen aber regelmäßig im Sonderbetriebsvermögen. Nach Verwaltungsauffassung werden sie nun nicht mit entsprechenden Verbindlichkeiten saldiert. Dadurch sind sie bei der Prüfung der sog. 90 %-Grenze nach § 13b Abs. 2 Satz 2 ErbStG mit zu berücksichtigen. Allein dadurch kann bei einem Personengesellschaftskonzern die 90 %-Grenze viel schneller erreicht werden als bei einem Kapitalgesellschaftskonzern mit gleichen Finanzierungsstrukturen. Beim Erreichen der 90 %-Grenze gilt das gesamte Vermögen als nicht begünstigt und hierfür kommen die oben beschriebenen Begünstigungen dann nicht mehr in Betracht.
- Im Übrigen kann es u.U. auch zu einem Nachteil führen, dass Beteiligungen an Tochterpersonengesellschaften nicht als Verwaltungsvermögen gelten, während Anteile an Kapitalgesellschaften von bis zu 25 % nach § 13b Abs. 4 Nr. 2 ErbStG automatisch als Verwaltungsvermögen zu erfassen sind. Die als Verwaltungsvermögen geltenden Anteile an Kapitalgesellschaften schirmen quasi ab (§ 13b Abs. 9 Satz 5 ErbStG); auf das eigene Verwaltungsvermögen der Kapitalgesellschaften kommt es nicht mehr an – und zwar auch dann nicht, wenn es einen höheren Wert hat als der Anteil an dieser Kapitalgesellschaft. Bei Tochterpersonengesellschaften gilt dagegen das Transparenzprinzip: Man schaut durch die Personengesellschaft hindurch und berücksichtigt deren Verwaltungsvermögen quotenentsprechend bei der Muttergesellschaft. Dieses kann je nach dem Einzelfall einen höheren Wert haben und zu einem größeren Nachteil führen als wenn die Beteiligung an der Personengesellschaft selbst als Verwaltungsvermögen zu erfassen wäre.

Vor dem Hintergrund dieser Effekte haben Personengesellschaft als Holdinggesellschaft aus erbschaft- bzw. schenkungsteuerlicher Sicht zwar Vorteile gegenüber Kapitalgesellschaften, auf Ebene von Tochter- und Enkelgesellschaften bestehen aber Nachteile.

III. Steuerliche Gestaltungsziele

1. Minderung der Steuerbelastung

Der unter Rz. 14.55 ff. dargestellte Steuerbelastungsvergleich hat gezeigt, dass sich die laufende Steuerbelastung bei Kapital- und Personengesellschaften, betrachtet man sowohl die Ebene der Gesellschaft als auch die der Gesellschafter, weitestgehend entspricht. Bedeutsame Unterschiede ergeben sich jedoch bei einer isolierten Betrachtung der einzelnen Ebene. **Kapitalgesellschaften** unterliegen, unabhängig von der Thesaurierung oder Gewinnausschüttung einer Körperschaftsteuer von 15 % (§ 23 Abs. 1 KStG) zzgl. Solidaritätszuschlag. Unter Berücksichtigung der Gewerbesteuer (angenommener Hebesatz von 400 %) ergibt sich hieraus eine Gesamtbelastung von 29,83 %. Demgegenüber ist eine **Personengesellschaft** wegen des insoweit geltenden Transparenzprinzips nicht Subjekt der Einkommensteuer, so dass die Gewinne von den Gesellschaftern zu versteuern sind. Hingegen unterliegt die Personengesellschaft selbst als Steuersubjekt und Steuerschuldner der Gewerbesteuer. Die Gewerbesteuer führt bei einem angenommenen Hebesatz von 400 % zu einer Steuerbelastung von 14 %[161]. Die Personengesellschaft ist daher bei isolierter Betrachtung der Gesellschaftsebene gegenüber der Kapitalgesellschaft klar im Vorteil. Für natürliche Personen als Gesellschafter der Holding ergeben sich hieraus konträre Belastungseffekte. Gewinnausschüttungen von Kapitalgesellschaften führen bei natürlichen Personen als deren Gesellschafter zu einer einkommensteuerlichen Belastung von 25 % zzgl. Solidaritätszuschlag bei Anwendung des Abgeltungsteuerverfahrens und von 27 % zzgl. Solidaritätszuschlag im Teileinkünfteverfahren bei Anwendung des Spitzensteuersatzes von 45 %. Gewinne von Personengesellschaften unterliegen demgegenüber bei deren Gesellschaftern ei- 14.72

160 R E 13b.28 Abs. 5 Satz 6–8 ErbStR 2019; hierzu *Korezkij*, DStR 2019, 137 (140 f.).

161 Ohne Berücksichtigung des Freibetrages von 24.500 Euro gem. § 11 Abs. 1 Satz 3 Nr. 1 GewStG.

ner Einkommensteuerbelastung i.H.v. 36,7 % zzgl. Solidaritätszuschlag[162] bei einem Spitzensteuersatz von 45 % und unter Anrechnung der Gewerbesteuer. Wählt der Gesellschafter demgegenüber die Thesaurierungsbesteuerung, sinkt die Einkommensteuerbelastung auf die thesaurierten Gewinne[163] auf 20,1 % zzgl. Solidaritätszuschlag nach Anrechnung der Gewerbesteuer. Kommt es zur Nachversteuerung dieser Gewinne, fällt eine zusätzliche Einkommensteuer von 17,50 % zzgl. Solidaritätszuschlag an. Aus Gesellschaftersicht ist daher die Rechtsform der Kapitalgesellschaft gegenüber derjenigen der Personengesellschaft, vorbehaltlich der Thesaurierungsbesteuerung, vorteilhaft. Für Gesellschafter einer Personengesellschaft bietet sich zur Vermeidung der vorstehend beschriebenen Steuernachteile ggf. die Zwischenschaltung einer Kapitalgesellschaft als unmittelbarem Gesellschafter der Personengesellschaft an. Dadurch wird die Steuerbelastung mit Gewerbesteuer und Körperschaftsteuer auf die Ebene der Personengesellschaft und die der Kapitalgesellschaft verteilt. Der Gesellschafter der Kapitalgesellschaft unterliegt dann mit den Gewinnausschüttungen dem Teileinkünfteverfahren bzw. der Abgeltungsteuer. Auf der anderen Seite darf nicht übersehen werden, dass die unmittelbare Beteiligung an einer Personengesellschaft gegenüber derjenigen an einer Kapitalgesellschaft dann vorteilhaft ist, wenn Verluste mit anderen Einkünften auf Gesellschafterebene verrechnet werden sollen[164].

2. Vertikale Gewinn- und Verlustverrechnung

14.73 Obwohl es zu den national und international tragenden Besteuerungsprinzipien gehört, Kapitalgesellschaften als eigenständige Steuersubjekte zu behandeln, können miteinander **verbundene Kapitalgesellschaften** unter bestimmten Voraussetzungen eine vertikale Gewinn- und Verlustverrechnung vornehmen. Es handelt sich hierbei im Ergebnis um eine insbesondere für Holdinggesellschaften bedeutsame zusammengefasste Besteuerung, die unter den Voraussetzungen einer Organschaft (§§ 14 ff. KStG; zu Einzelheiten Rz. 14.530 ff.) möglich ist. Damit wird der wirtschaftlichen Einheit insbesondere eines Konzerns Rechnung getragen. Dies gilt auch für einen Holdingkonzern, bei dem eine mehrstufige Organschaft mit einer Dachholding als Organträger nicht selten ist. Im wirtschaftlichen Ergebnis lässt sich hierdurch auch eine horizontale Verlustverrechnung erreichen, weil die Ergebnisse mehrerer Tochtergesellschaften in die Gewinn- und Verlustverrechnung bei dem Organträger (Holdinggesellschaft) einbezogen werden können. Eine grenzüberschreitende Organschaft ist dem deutschen Steuerrecht unbekannt. Allerdings hat der Gesetzgeber die Organschaftsregelungen durch das Gesetz zur Änderung und Vereinfachung der Unternehmensbesteuerung und des steuerlichen Reisekostenrechts vom 20.2.2013[165] in gewisser Weise „internationalisiert". Danach muss der Organträger nicht zwingend im Inland ansässig sein. Für die Organgesellschaft genügt ein inländischer Ort der Geschäftsleitung. Zur Sicherung des inländischen Besteuerungsrechts ist allerdings das Vorliegen einer inländischen Organträgerbetriebsstätte, der die Beteiligung an der Organgesellschaft zuzuordnen ist, vorgeschrieben (vgl. dazu im Einzelnen Rz. 14.546 ff.). Gesetzlich geregelt ist darüber hinaus eine grenzüberschreitende vertikale Gewinnzurechnung, um Einkommensverlagerungen in das niedrig besteuernde Ausland zu verhindern (sog. Hinzurechnungsbesteuerung gem. §§ 7 ff. AStG; zu Einzelheiten vgl. Rz. 14.157 ff.).

14.74 Bei Holdinggesellschaften mit ausländischen Beteiligungen, bei denen Gewinne und Verluste nicht im Rahmen einer Organschaft konsolidiert werden können kann regelmäßig eine Verlustverrechnung zumindest zwischen den ausländischen Beteiligungsgesellschaften erreicht werden, indem die ausländischen Beteiligungsgesellschaften in einer ausländischen Zwischenholding gebündelt werden, in der sodann Gewinne und Verluste gepoolt werden[166].

162 Nach Abzug der Gewerbesteuer.

163 Nach Abzug der Gewerbesteuer.

164 Sofern nicht Verlustausgleichsbeschränkungen i.S.v. § 15a EStG bestehen.

165 BGBl. I 2013, 285.

166 Zu diesem „CrossBorder Group Relief Shopping" *Bader*, Steuergestaltung mit Holdinggesellschaften, S. 105 ff.; *Schaumburg* in Schaumburg/Piltz, Holdinggesellschaften im internationalen Steuerrecht, S. 51 ff.; *Kessler* in Grotherr, Handbuch der internationalen Steuerplanung, S. 215 ff. (236).

Während die vertikale Gewinn- und Verlustverrechnung in Durchbrechung des Trennungsprinzips bei Kapitalgesellschaften die Ausnahme ist, hat sie bei **Personengesellschaften** prinzipielle Bedeutung: Gewinne und Verluste der Personengesellschaft werden den Gesellschaftern als Mitunternehmern einkommensteuerlich unmittelbar zugerechnet und unterliegen dort zusammen mit den positiven oder negativen Einkünften aus anderen Einkunftsquellen der Körperschaft- oder Einkommensteuer. Auf Gesellschafterebene wird damit ohne weitere Voraussetzung auch ein horizontaler Verlustausgleich[167] ermöglicht. Einschränkungen ergeben sich für Kommanditisten einer GmbH & Co. KG und gesetzlich gleichgestellte Mitunternehmer bei Vorliegen eines sog. negativen Kapitalkontos aus § 15a EStG. 14.75

Die vertikale Gewinn- und Verlustverrechnung zwischen **Personengesellschaften** ist grundsätzlich auch über die Grenze möglich. Eine Einschränkung ergibt sich hierbei insbesondere aufgrund von DBA, soweit diese die Einkünfte entsprechend dem sog. **Betriebsstättenprinzip**[168] ausschließlich der Besteuerung im Betriebsstättenstaat zuweisen und der Ansässigkeitsstaat zur Freistellung verpflichtet ist. Zu den Einkünften der Personengesellschaft, die nach Maßgabe der deutschen DBA nur im Betriebsstättenstaat, nicht aber im Ansässigkeitsstaat des Gesellschafters der Besteuerung zugewiesen sind, zählen nach ständiger Rechtsprechung nicht nur Gewinne, sondern auch Verluste[169], so dass ausländische Verluste aus Personengesellschaften, abgesehen von einem etwaigen negativen Progressionsvorbehalt[170], in der Bundesrepublik Deutschland grundsätzlich unberücksichtigt bleiben **(sog. Symmetriethese)**[171]. Einschränkungen hierzu ergeben sich aufgrund der jüngeren Rechtsprechung des EuGH und BFH zur Berücksichtigung sog. **„finaler Verluste"** innerhalb der Europäischen Union[172]. Eine Finalität ist insbesondere bei Umwandlung, Aufgabe und Übertragung der auslän- 14.76

167 Vgl. zum Begriff: *Hey* in Tipke/Lang, Steuerrecht, § 8 Rz. 61.

168 Art. 7 Abs. 1 OECD-MA; aus dem deutschen Mitunternehmerkonzept folgt, dass Personengesellschaften mit gewerblichen Betriebsstätten jedem einzelnen Gesellschafter über dessen Beteiligung an der Gesellschaft eine Betriebsstätte vermitteln, vgl. BFH v. 29.1.1964 – I 153/61 S, BStBl. III 1964, 165; BFH v. 13.9.1989 – I R 117/87, BStBl. II 1990, 57; BFH v. 17.10.1990 – I R 16/89, BStBl. II 1991, 211; BFH v. 27.2.1991 – I R 15/89, BStBl. II 1991, 444; BFH v. 4.12.1991 – I R 140/90, BStBl. II 1992, 750; BFH v. 26.2.1992 – I R 85/91, BStBl. II 1992, 937; BFH v. 18.12.2002 – I R 92/01, BFH/NV 2003, 964; BFH v. 12.6.2013 – I R 47/12, GmbHR 2013, 1285; BFH v. 13.11.2013 – I R 67/12, BStBl. II 2014, 172; zu Einzelheiten: *Schaumburg*, Internationales Steuerrecht, Rz. 19.240 ff. Keine Anwendung findet Art. 7 OECD-MA auf die Gewinne von gewerblich infizierten oder gewerblich geprägten Personengesellschaften im Sinne des § 15 Abs. 3 EStG.

169 BFH v. 11.3.1970 – I B 50/68 u.a., BStBl. II 1970, 569; BFH v. 12.1.1983 – I R 90/79, BStBl. II 1983, 382; BFH v. 8.3.1989 – X R 181/87, BStBl. II 1989, 541; BFH v. 17.10.1990 – I R 182/87, BStBl. II 1991, 136; BFH v. 26.3.1991 – IX R 162/85, BStBl. II 1991, 704; BFH v. 29.11.2006 – I R 45/05, BStBl. II 2007, 398; BFH v. 17.7.2008 – I R 84/04, BStBl. II 2009, 630; BFH v. 3.2.2010 – I R 23/09, BStBl. II 2010, 599; BFH v. 9.6.2010 – I R 107/09, GmbHR 2010, 996; BFH v. 5.2.2014 – I R 48/11, DStR 2014, 847.

170 Vgl. hierzu *Schaumburg*, Internationales Steuerrecht, Rz. 19.534 ff.

171 Ständige Rechtsprechung: RFH v. 26.6.1935, RStBl. 1935, 1358; BFH v. 11.3.1970 – I B 50/68 u.a., BStBl. II 1970, 569; BFH v. 23.3.1972 – I R 128/70, BStBl. II 1972, 948; BFH v. 28.3.1973 – I R 59/71, BStBl. II 1973, 531; BFH v. 20.7.1973 – VI R 198/69, BStBl. II 1973, 732; BFH v. 25.2.1976 – I R 150/73, BStBl. II 1976, 454; BFH v. 12.1.1983 – I R 90/79, BStBl. II 1983, 382; BFH v. 28.4.1983 – IV R 122/79, BStBl. II 1983, 566; BFH v. 9.8.1989 – I B 118/88, BStBl. II 1990, 175; BFH v. 17.10.1990 – I R 182/87, BStBl. II 1991, 136; BFH v. 26.3.1991 – IX R 162/85, BStBl. II 1991, 704; BFH v. 29.11.2006 – I R 45/05, BStBl. II 2007, 398; BFH v. 17.7.2008 – I R 84/04, BStBl. II 2009, 630; BFH v. 3.2.2010 – I R 23/09, BStBl. II 2010, 599; BFH v. 9.6.2010 – I R 107/09, GmbHR 2010, 996; BFH v. 5.2.2014 – I R 48/11, DStR 2014, 847; zur Kritik *Ismer* in Vogel/Lehner, Art. 23 DBA Rz. 56 ff.

172 EuGH v. 15.5.2008 – C-414/06, ECLI:EU:C:2008:278 – Lidl Belgium GmbH & Co. KG, BStBl. II 2009, 692; BFH v. 9.6.2010 – I R 107/09, GmbHR 2010, 996; BFH v. 9.6.2010 – I R 100/09, GmbHR 2010, 1001; BFH v. 5.2.2014 – I R 48/11, GmbHR 2014, 607; EuGH v. 12.6.2018 – C-650/16, ECLI:EU:C:2018:424 – Berola, ZIP 2018, 2070, vgl. BayLAfSt v. 19.2.2010, IStR 2010, 411. Vgl. im Übrigen: *Schaumburg*, Internationales Steuerrecht, Rz. 19.532.

dischen Betriebsstätte gegeben[173], ferner dann, wenn eine spätere Verlustberücksichtigung im Ausland zwar theoretisch möglich, praktisch aber so gut wie ausgeschlossen ist[174]. Die europäischen Grundfreiheiten gebieten in derartigen Fällen eine Berücksichtigung der Verluste trotz Freistellung[175], und zwar phasenverschoben[176] zu dem Zeitpunkt, in dem die Verluste tatsächlich final geworden sind[177]. Die vorstehenden Grundsätze gelten sinngemäß auch für die Berücksichtigung von Fremdwährungsverlusten. Diese sind der ausländischen Einkunftsquelle zuzuordnen, so dass sie bei Anwendung der Freistellungsmethode im Inland grundsätzlich unberücksichtigt bleiben[178]. Das gilt allerdings nicht für umrechnungsbedingte Währungsverluste aus der grenzüberschreitenden Rückführung des Dotationskapitals einer EU/EWR-Betriebsstätte auf das inländische Stammhaus, weil anderenfalls ein Verstoß gegen die europarechtlich verbürgten Grundfreiheiten gegeben wäre[179].

14.77 Soweit kein DBA mit Freistellungsmethode (Anwendbarkeit der Anrechnungsmethode) oder gar kein DBA anwendbar ist, können bestimmte, aus sog. Drittstaaten stammende Verluste durch das besondere Ausgleichsverbot des § 2a Abs. 1, 2 EStG auf Ebene der inländischen Holding nicht verrechenbar sein[180]. Hiernach dürfen negative Einkünfte aus einem Drittstaat nicht mit positiven Einkünften der inländischen Holding verrechnet werden. Hiervon werden insbesondere Verluste aus einer in einem Drittstaat belegenen gewerblichen Betriebsstätte erfasst, wenn diese nicht aus bestimmten in § 2a Abs. 2 Satz 1 EStG genannten aktiven Tätigkeiten stammen. Als Folge dieser Verlustausgleichsbeschränkung ergibt sich, dass die negativen Einkünfte nur mit späteren positiven Einkünften aus diesen Tätigkeiten verrechnet werden können. Die Verlustausgleichsbeschränkung entfällt nach § 2a Abs. 2 EStG, wenn diese Verluste aus einer in einem Drittstaat belegenen gewerblichen Betriebsstätte stammen, die ausschließlich oder fast ausschließlich aktiv tätig ist. Abweichend von § 8 Abs. 1 AStG umschreibt § 2a Abs. 2 Satz 1 EStG die **begünstigten Tätigkeiten** eigenständig wie folgt:

- Herstellung oder Lieferung von Waren, außer Waffen,
- Gewinnung von Bodenschätzen,
- Bewirkung von gewerblichen Leistungen, soweit diese nicht in der Errichtung oder dem Betrieb von Anlagen, die dem Fremdenverkehr dienen, oder in der Vermietung oder der Verpachtung von Wirtschaftsgütern einschließlich der Überlassung von Rechten, Plänen, Mustern, Verfahren, Erfahrungen und Kenntnissen bestehen.

Gleichgestellt hiermit wird das unmittelbare Halten einer Beteiligung von mindestens 25 % am Nennkapital einer ausländischen Kapitalgesellschaft, die ausschließlich oder fast ausschließlich die vorgenannten aktiven Tätigkeiten zum Gegenstand hat. Ebenfalls als Bewirkung gewerblicher Leis-

173 BFH v. 9.6.2010 – I R 107/09, GmbHR 2010, 996.

174 BFH v. 5.2.2014 – I R 48/11, GmbHR 2014, 607.

175 EuGH v. 15.5.2008 – C-414/06, ECLI:EU:C:2008:278 – Lidl Belgium, GmbHR 2008, 709; vgl. auch EuGH v. 23.10.2008 – C-157/07 – KR Wannsee, GmbHR 2008, 1285 zu § 2a Abs. 3, 4 EStG a.F.; BFH v. 9.6.2010 – I R 107/09, GmbHR 2010, 996.

176 Rückwirkendes Ereignis i.S.v. § 175 Abs. 1 Satz 1 Nr. 2 AO; BFH v. 9.6.2010 – I R 107/09, GmbHR 2010, 996.

177 BFH v. 9.6.2010 – I R 107/09, GmbHR 2010, 996: bei Aufgabe der ausländischen Betriebsstätte; BFH v. 9.11.2010 – I R 16/10, GmbHR 2011, 277: bei Beendigung der Geschäftstätigkeit oder ggf. bei Liquidation betreffend Verluste einer ausländischen Tochtergesellschaft; *Gosch*, BFH-PR 2008, 491; *Gosch*, BFH-PR 2011, 142; *de Weerth*, IStR 2008, 405; *Englisch*, IStR 2008, 404; für phasengleiche Berücksichtigung *von Brocke*, DStR 2008, 2201 (2203); *Ditz/Plansky*, DB 2009, 1669 (1672).

178 BFH v. 16.2.1996 – I R 43/95, BStBl. II 1997, 128; BFH v. 18.9.1996 – I R 69/95, BFH/NV 1997, 408; BFH v. 16.12.2008 – I B 44/08, BFH/NV 2009, 940; *Wassermeyer* in Wassermeyer/Andresen/Ditz, Betriebsstätten-Handbuch, Rz. 6.9; *Looks* in Löwenstein/Looks, Betriebsstättenbesteuerung, Rz. 973 ff.; *Ditz/Schönfeld*, DB 2008, 1458 (1460 f.).

179 EuGH v. 28.2.2008 – C-293/06, ECLI:EU:C:2008:129 – Deutsche Shell, GmbHR 2008, 391.

180 Vgl. zu den Einzelheiten *Schaumburg*, Internationales Steuerrecht, Rz. 6.69 ff.

tungen gilt die mit dem Halten der Beteiligung im Zusammenhang stehende Finanzierung. Diese **Holdingklausel** setzt voraus, dass die in einem Drittstaat ansässige Kapitalgesellschaft die aktiven Tätigkeiten entweder selbst oder aber über die nachgeschalteten Kapitalgesellschaften ausübt. In diesem Zusammenhang ist von Bedeutung, dass die Funktion einer geschäftsleitenden Holding „als Bewirkung gewerblicher Leistungen“ zu qualifizieren ist[181]. Privilegiert ist hiernach auch ein mehr als dreistufiger Konzernaufbau, wobei für den maßgeblichen Aktivitätstest auf die letzte Beteiligungsstufe abzustellen ist[182].

Im Inland ansässige internationale Holdings können Verluste ausländischer Tochterkapitalgesellschaften mittelbar auch durch **Teilwertabschreibungen** auf die zum inländischen Betriebsvermögen gehörenden Beteiligungen berücksichtigen. Wird die Holding in der Rechtsform einer **Kapitalgesellschaft** geführt, scheidet allerdings eine Teilwertabschreibung wegen § 8b Abs. 3 Satz 3 KStG grundsätzlich aus[183]. Das gilt freilich nicht in den Fällen, in denen es sich um (ausländische) Kapitalanteile handelt, für die die Steuerfreistellung gem. § 8b Abs. 1, 2 KStG z.B. wegen § 8b Abs. 7, 8 KStG nicht in Betracht kommt. Wegen dieser Restriktionen liegt es nahe, den (internationalen) Konzernaufbau so zu gestalten, dass (ausländische) Tochtergesellschaften mit hohen Verlustrisiken einer Zwischenholding in einem Staat nachgeschaltet werden, in dem entsprechende Teilwertabschreibungen steuerlich wirksam vorgenommen werden können[184]. Werden die ausländischen Kapitalanteile von in der Rechtsform von **Personengesellschaften** geführten Holdings gehalten, ist zu differenzieren: Sind Gesellschafter Kapitalgesellschaften, ist eine Teilwertabschreibung gem. § 8b Abs. 6 KStG ausgeschlossen[185]. Sind Gesellschafter demgegenüber natürliche Personen, bleibt eine Teilwertabschreibung nur i.H.v. 40 % versagt (§ 3c Abs. 2 EStG)[186]. Soweit hiernach eine Teilwertabschreibung zulässig ist, gilt Folgendes: Nach den Grundsätzen der höchstrichterlichen Rechtsprechung[187] ist eine Teilwertabschreibung wegen Anlaufverluste während einer Zeit von fünf Jahren für im Ausland errichtete Kapitalgesellschaften grundsätzlich ausgeschlossen[188]. Im Übrigen ist die Teilwertabschreibung wegen nachhaltiger Verluste ausländischer Tochtergesellschaften bei der inländischen Holding zulässig. Nur insoweit ist eine „voraussichtlich dauernde Wertminderung“ der Auslandsanteile gegeben (§ 6 Abs. 1 Satz 1 Nr. 1 Satz 2 EStG)[189]. 14.78

Die hiernach im Grundsatz mögliche verlustbedingte Teilwertabschreibung von Auslandsbeteiligungen unterliegt freilich den **Verlustausgleichsbeschränkungen** des **§ 2a Abs. 1 Nr. 3a EStG**, soweit es sich um Anteile an einer **Drittstaaten-Körperschaft** handelt. Auf Grund dieses Verlustausgleichsverbots wird etwa einer im Inland ansässigen in der Rechtsform einer Personengesellschaft geführten internationalen Holding die Möglichkeit genommen, negative Einkünfte aufgrund von Teilwertabschreibungen auf entsprechende ausländische Beteiligungen und sonstige ausländische Beteiligungsverluste mit übrigen positiven Einkünften auszugleichen. In diesen Fällen verbleibt im Ergebnis nur die Möglichkeit, die vorgenannten Beteiligungsverluste mit späteren Beteiligungsgewinnen zu verrechnen. Dieses partielle Verlustausgleichsverbot gilt allerdings dann nicht, wenn nachgewie- 14.79

181 *Schaumburg*, Internationales Steuerrecht, Rz. 6.81.

182 *Schaumburg*, Internationales Steuerrecht, Rz. 6.81; a.A. *Probst* in Flick/Wassermeyer/Baumhoff/Schönfeld, § 2a EStG Rz. 391.1.

183 Entsprechendes gilt für Teilwertabschreibungen auf hingegebene Darlehen (§ 8b Abs. 3 Sätze 4–8 KStG); verfassungsrechtlich nicht zu beanstanden; vgl. BFH v. 12.3.2014 – I R 87/12, DStR 2014, 1227; *Gosch*, BFH/PR 2014, 318.

184 Zu diesem sog. „Deduction Shopping“ *Bader*, Steuergestaltung mit Holdinggesellschaften S. 85; *Kessler* in Grotherr, Handbuch der internationalen Steuerplanung, S. 215 ff. (234 f.); *Jacobs*, Internationale Unternehmensbesteuerung, S. 1035 f.

185 Das gilt nicht in dem Falle, dass § 8b Abs. 1, 2 KStG ausnahmsweise nicht eingreift.

186 Zu Einzelheiten *von Beckerath* in Kirchhof, § 3c EStG Rz. 25.

187 BFH v. 27.7.1988 – I R 104/84, BStBl. II 1989; BFH v. 17.2.1993 – I R 3/92, BStBl. II 1993, 457; vgl. auch *Kulosa* in Schmidt, § 6 EStG Rz. 282.

188 Hierzu kritisch *Henkel* in Mössner u.a., Steuerrecht international tätiger Unternehmen, Rz. 6.134.

189 Vgl. hierzu das BMF v. 2.9.2016, BStBl. I 2016, 995.

sen wird, dass die ausländischen Drittstaaten-Tochtergesellschaften entweder seit ihrer Gründung oder während der letzten fünf Jahre vor und in dem maßgeblichen Veranlagungszeitraum ausschließlich oder fast ausschließlich die in § 2a Abs. 2 Satz 1 EStG genannten aktiven Tätigkeiten ausüben (§ 2a Abs. 2 Satz 2 EStG). Soweit hiernach Teilwertabschreibungen auf Anteile an ausländischen Kapitalgesellschaften ohne Einschränkung möglich sind, können die hierauf beruhenden negativen Einkünfte auf der Ebene der im Inland ansässigen Personengesellschafts-Holding insbesondere mit Ausschüttungserträgen und organschaftlich zugerechneten Einkommen nachgeschalteter Kapitalgesellschaften verrechnet werden. Die entsprechenden steuerlichen Verrechnungspotentiale werden dabei nicht selten erst durch eine Bündelung von Beteiligungen auf der Ebene von Holdings geschaffen. Die **Vorschrift des § 2a Abs. 1 Nr. 7a EStG** enthält eine weitere Verlustausgleichsbeschränkung für Anteile an **(in- oder ausländischen) EU/EWR-Körperschaften**. Diese Vorschrift erweitert die in § 2a Abs. 1 Nr. 1 bis 6 EStG enthaltenen unmittelbaren Verlustausgleichsbeschränkungen kraft gesetzlicher Fiktion auf den Fall der Zwischenschaltung einer inländischen oder ausländischen EU-/EWR-Körperschaft, bei der die Verluste nach § 2a Abs. 1 Nr. 1 bis 6 EStG nicht abziehbar sind, indem verhindert wird, dass diese unmittelbare Verlustausgleichsbeschränkung durch eine Teilwertabschreibung auf die Anteile an der zwischengeschalteten Körperschaft umgangen wird[190].

14.80 Da **Kapitalgesellschaften** auch im **Gewerbesteuerrecht** mit eigener Steuersubjektfähigkeit ausgestattet sind (§ 2 Abs. 2 Satz 1 GewStG), scheidet grundsätzlich eine vertikale Ergebniszurechnung für Zwecke der Gewerbesteuer ebenso aus wie für Zwecke der Körperschaftsteuer. Ist aber eine Kapitalgesellschaft in ein anderes inländisches Unternehmen finanziell eingegliedert und ist ein Gewinnabführungsvertrag abgeschlossen, sind also die Voraussetzungen einer gewerbesteuerlichen Organschaft erfüllt (§ 2 Abs. 2 Satz 2 GewStG), so gilt die eingegliederte Kapitalgesellschaft (Organgesellschaft) als Betriebsstätte des Organträgers mit der Folge, dass die Gewerbesteuerpflicht der Organgesellschaft entfällt (vgl. dazu im Einzelnen Rz. 14.571 ff.). Im Ergebnis werden damit Gewinne und Verluste der Organgesellschaft dem Organträger (Holding) unmittelbar zugerechnet.

14.81 Bei einer Beteiligung von beschränkt steuerpflichtigen Personen an verschiedenen inländischen Kapitalgesellschaften kann ein nationaler (gewerbesteuerlicher) Gewinn- und Verlustausgleich durch Zwischenschaltung einer inländischen Holding herbeigeführt werden, wenn zwischen dieser Holding als Organträger und den nachgeschalteten Kapitalgesellschaften eine gewerbesteuerliche Organschaft gebildet wird. Dieses Organschaftsmodell führt unter den vorstehend beschriebenen Voraussetzungen im Ergebnis zu einem **horizontalen Verlustausgleich.**

14.82 Bei **Personengesellschaften** ist die Rechtslage demgegenüber anders: Zwar gilt die Tätigkeit einer Personengesellschaft, bei der die Gesellschafter als Unternehmer (Mitunternehmer) des Gewerbebetriebes anzusehen sind, ebenfalls stets und im vollen Umfang als Gewerbebetrieb (§ 2 Abs. 1 Satz 2 GewStG i.V.m. § 15 Abs. 3 Nr. 1 EStG), eine Organschaft mit Personengesellschaften als Organgesellschaften ist aber ausgeschlossen. Damit sind Personengesellschaften stets für sich selbständig gewerbesteuerlich zu beurteilen, und zwar selbst dann, wenn sie personen- und beteiligungsidentisch sind[191]. Hieraus folgt, dass in gewerbesteuerlicher Hinsicht Personengesellschaften stets eine Abschirmwirkung gegenüber ihrem Gesellschafter (Holdinggesellschaft) entfalten. Eine Berücksichtigung gewerbesteuerlicher Verluste auf Gesellschafterebene ist daher ausgeschlossen. Abhilfe kann hier ggf. durch Treuhandkonstruktionen geschaffen werden[192].

14.83 Aus der Unternehmereigenschaft sowohl der Kapital- als auch der Personengesellschaften folgt, dass im Grundsatz eine vertikale Zurechnung der Umsätze versagt bleibt. Eine Ausnahme hiervon gilt im

---

190 *Probst* in Flick/Wassermeyer/Baumhoff/Schönfeld, § 2a EStG Rz. 166, 287; *Schaumburg*, Internationales Steuerrecht, Rz. 6.85.

191 Die frühere Rechtsprechung zur sog. Unternehmenseinheit ist durch BFH v. 21.2.1980 – I R 95/76, BStBl. II 1980, 465, aufgegeben worden.

192 Vgl. BFH v. 3.2.2010 – IVR 26/07, ZIP 2010, 1498 = GmbHR 2010, 536; *Pyszka* in Kessler/Kröner/Köhler, Konzernsteuerrecht, § 3 Rz. 657 ff.

Falle der **umsatzsteuerlichen Organschaft** (§ 2 Abs. 2 Nr. 2 UStG): Die in der Rechtsform einer Kapitalgesellschaft geführte Organgesellschaft verliert ihre Unternehmereigenschaft mit der Folge, dass die Umsätze der Organgesellschaft unmittelbar beim Organträger als dessen eigene Umsätze erfasst werden (vgl. dazu Rz. 14.579 ff.). Eine vertikale Zurechnung der Umsätze ist darüber hinaus ausgeschlossen[193]. Personengesellschaften sind, anders als Kapitalgesellschaften, nicht per se als umsatzsteuerliche Organgesellschaften zugelassen. Ausgehend von der Rechtsprechung des EuGH können diese unter engen Voraussetzungen Organgesellschaften i.S.v. § 2 Abs. 2 Nr. 2 UStG sein (vgl. dazu Rz. 14.584)[194].

3. Dividendenfreistellung

Der Dividendentransfer zwischen inländischer Kapitalgesellschaft einerseits und in- oder ausländischer Kapitalgesellschaft andererseits ist für **Körperschaftsteuerzwecke** gem. § 8b Abs. 1 KStG ohne jede Vorbedingung steuerlich freigestellt[195]. Das bedeutet, dass mit Ausnahme sog. Streubesitzdividenden i.S.d. § 8b Abs. 4 KStG (Beteiligung weniger als 10 %) eine Mindestbesitzzeit ebenso wenig erforderlich ist wie eine Mindestbeteiligungsquote. Darüber hinaus wird die Steuerfreistellung auch nicht davon abhängig gemacht, ob die ausschüttende inländische Kapitalgesellschaft aktiv tätig oder in bestimmter Höhe steuerlich vorbelastet ist. Ohne Bedeutung ist schließlich auch, ob zwischen der ausschüttenden und empfangenden Kapitalgesellschaft eine Personengesellschaft zwischengeschaltet ist (§ 8b Abs. 6 KStG). Entsprechendes gilt auch für aus dem Ausland stammende Dividenden. Von der Reichweite der Steuerbefreiung gem. § 8b Abs. 1 KStG werden offene und verdeckte Gewinnausschüttungen erfasst. Vor diesem Hintergrund sind Gesellschaftsstrukturen zu wählen, die eine entsprechende Freistellung ermöglichen. 14.84

Die vorgenannte Dividendenfreistellung wirkt grundsätzlich auch für die **Gewerbesteuer**, und zwar auch in den Fällen, in denen eine Personengesellschaft zwischengeschaltet ist[196]. Für gewerbesteuerliche Zwecke wird die Steuerfreistellung für in- und ausländische Dividenden allerdings dahin gehend eingeschränkt, dass unter bestimmten Voraussetzungen (u.a. Mindestbeteiligung von 15 % zu Beginn des Erhebungszeitraums) eine Hinzurechnung zum Gewerbeertrag gem. § 8 Nr. 5 Satz 1 i.V.m. § 9 Nr. 2 und Nr. 7 GewStG erfolgt. Betroffen sind hiervon insbesondere Beteiligungen an in- und ausländischen Kapitalgesellschaften von weniger als 15 %. Die vorstehende Einschränkung gilt allerdings nicht für Ausschüttungen, die nach DBA steuerfrei sind (vgl. dazu im Einzelnen Rz. 14.494 ff.). 14.85

Soweit natürliche Personen an einer (inländischen) Holdingkapitalgesellschaft beteiligt sind, ist aus ihrer Sicht die Gesamtsteuerbelastung davon abhängig, ob die (inländische) Holdingkapitalgesellschaft ausschüttet oder nicht. Wird ausgeschüttet, erfolgt auf Gesellschafterebene im Rahmen der Abgeltungsteuer bzw. des Teileinkünfteverfahrens eine partielle **Nachversteuerung.** Im Hinblick darauf werden jedenfalls jene Anteilseigner, die auf Ausschüttungen nicht angewiesen sind, eine Thesaurierung vorziehen. Andere Anteilseigner wiederum, die auf diese Ausschüttungen angewiesen sind und/oder deren individuelle Einkommensteuerbelastung gering oder überhaupt nicht gegeben ist, weil etwa steuerliche Verlustvorträge nutzbar sind[197], werden demgegenüber eine Ausschüttung vorziehen. Im Hinblick auf derart divergierende Ausschüttungsinteressen werden bei einem überschaubaren Gesellschafterkreis die Gestaltungen darauf gerichtet sein, durch Einschaltung von inländischen Zwischenholdinggesellschaften eine Individualisierung der Ausschüttungsströme herzustellen[198]. Das 14.86

---

193 Die frühere Rechtsprechung zur umsatzsteuerlichen Unternehmenseinheit ist durch BFH v. 30.11.1978 – V R 29/73, BStBl. II 1979, 352 aufgegeben worden.

194 BFH v. 2.12.2015 – V R 25/13, BStBl. II 2017, 547 = ZIP 2016, 463; BFH v. 3.12.2015 – V R 36/13, BStBl. II 2017, 563; 2.8 Abs. 5a UStAE.

195 Zu beachten ist aber die 5 %-Klausel des § 8b Abs. 5 Satz 1 KStG, so dass die Steuerfreistellung im wirtschaftlichen Ergebnis lediglich 95 % beträgt.

196 Vgl. § 7 Satz 4 GewStG.

197 Vgl. allerdings die Einschränkung des Verlustabzuges gem. § 10d Abs. 2 EStG.

198 Hierzu *Schaumburg* in Schaumburg/Piltz (Hrsg.), Holdinggesellschaften im Internationalen Steuerrecht, S. 1 ff. (35).

gilt vor allen Dingen, wenn an einer (inländischen) Kapitalgesellschaft in- und ausländische Anteilseigner beteiligt sind und die ausländischen Anteilseigner am Abgeltungsteuerverfahren deshalb nicht partizipieren, weil deren Dividenden aufgrund abkommensrechtlicher Bestimmungen ausschließlich im Ausland[199] versteuert werden[200]. Ein derartiges Modell bietet sich insbesondere für ausländische Investorengruppen an, die sich nur auf Zeit beteiligen wollen. Für sie eröffnet sich damit die Möglichkeit, die von der inländischen Zwischenholding gehaltenen Anteile an der inländischen Kapitalgesellschaft zu einem späteren Zeitpunkt zu 95 % steuerfrei zu veräußern[201] und den Veräußerungserlös nach Abzug einer nur geringen steuerlichen Belastung sodann für anderweitige Investitionen einzusetzen. Soweit die beschränkt steuerpflichtigen Anteilseigner in DBA-Staaten ansässig sind, die für natürliche Personen keine Steuern auf Veräußerungsgewinne erheben (z.B. bestimmte Kantone in der Schweiz), ergibt sich darüber hinaus die Möglichkeit, unmittelbar die Anteile an der zwischengeschalteten inländischen Holding ohne jede steuerliche Belastung zu veräußern. Dies deshalb, weil nach den maßgeblichen deutschen DBA die Besteuerung der Gewinne aus der Veräußerung von Anteilen an inländischen Kapitalgesellschaften allein dem ausländischen Ansässigkeitsstaat des Anteilseigners überlassen bleibt[202].

14.87 Gemäß § 43 Abs. 1 Satz 1 Nr. 1 i.V.m. 43a Abs. 1 Satz 1 Nr. 1 EStG ist eine **Kapitalertragsteuer** (25 %) trotz Steuerbefreiung der (inländischen) Dividende auf die Dividende einzubehalten (vgl. § 43a Abs. 2 Satz 1 EStG). Auf Antrag unterbleibt bei Ausschüttungen von inländischen an ausländische EU-Kapitalgesellschaften eine Erhebung der Kapitalertragsteuer (§ 43b EStG), wenn eine Mindestbeteiligungsquote von 10 % und eine Mindestbesitzzeit von zwölf Monaten erreicht wird[203].

14.88 In den Fällen, in denen ein Kapitalertragsteuerabzug nicht unterbleibt und die Beteiligung an der inländischen Kapitalgesellschaft nicht in einer inländischen Betriebsstätte gehalten wird, ist die beschränkte Körperschaftsteuerpflicht durch die einbehaltene **Kapitalertragsteuer** abgegolten (§ 32 Abs. 1 Nr. 2 KStG i.V.m. § 43 Abs. 1 Satz 1 Nr. 1 EStG). Damit entsteht eine Steuerbelastung – 25 % auf Bruttobasis –, obwohl § 8b Abs. 1 KStG eine Steuerfreiheit vorsieht. Allerdings kann eine Erstattung i.H.v. ⅖ der einbehaltenen Kapitalertragsteuer nach § 44a Abs. 9 EStG beantragt werden. Die verbleibende Steuerbelastung ist nach Einführung der Steuerpflicht für Streubesitzdividenden gem. § 8b Abs. 4 KStG wohl als EU-konform anzusehen.

14.89 Im Hinblick auf die vorstehenden steuerlichen Verwerfungen werden die Gestaltungen in der Praxis darauf gerichtet sein, Anteile an inländischen Kapitalgesellschaften in einer **inländischen Betriebsstätte** zu halten: Die Abgeltungswirkung entfällt (§ 32 Abs. 1 Nr. 2 KStG), so dass insoweit die Steuerfreiheit gem. § 8b Abs. 1 KStG aufrechterhalten bleibt.

14.90 Die 95%ige Dividendenfreistellung nach § 8b Abs. 1 und 5 KStG greift ausnahmsweise nicht ein, wenn es sich bei der empfangenden Kapitalgesellschaft um ein Unternehmen der **Lebens- oder Krankenversicherung** (§ 8b Abs. 8 KStG) oder um ein **Finanzunternehmen** handelt (§ 8b Abs. 7 KStG). Für Holdinggesellschaften, die ihren Beteiligungsbesitz langfristig dem Anlagevermögen gewidmet haben, gilt die zuletzt genannte Ausnahme nicht (vgl. dazu Rz. 14.220). Die Dividendenfreistellung gilt für solche Kapitalgesellschaften aber dann, wenn die Voraussetzungen der Mutter-Tochter-Richtlinie[204] erfüllt sind (vgl. § 8b Abs. 9 KStG).

---

199 Art. 10 Abs. 1 i.V.m. Art. 23 A OECD-MA.

200 Entsprechendes gilt auch in Nicht-DBA-Fällen, soweit die Abgeltungswirkung (§§ 43 Abs. 5 Satz 1, 50 Abs. 2 Satz 1 EStG) eingreift.

201 Vgl. § 8b Abs. 2 und Abs. 3 KStG.

202 Art. 13 Abs. 5 OECD-MA; hierzu *Schaumburg*, Internationales Steuerrecht, Rz. 19.399 ff.

203 Vgl. hierzu: *Jesse*, IStR 2005, 151 ff.

204 Richtlinie 2011/96/EU über das gemeinsame Steuersystem der Mutter- und Tochtergesellschaften verschiedener Mitgliedstaaten v. 30.11.2011, ABl. Nr. L 345 v. 29.12.2011, S. 8; zuletzt geändert durch Richtlinie 2015/96/EU v. 27.1.2015, ABl. Nr. L 21 v. 28.1.2015, S. 1.

Im Hinblick darauf, dass für die Steuerfreistellung gem. § 8b Abs. 1 KStG eine Mindestbeteiligungsquote von 10 % (§ 8b Abs. 4 KStG) und für die Inanspruchnahme des gewerbesteuerlichen Schachtelprivilegs (§ 9 Nr. 7 GewStG) eine solche von 15 % erforderlich ist, werden bei inländischen Holdingkapitalgesellschaften in Ländern, in denen eine geringere oder gar keine Mindestbeteiligungsquote verlangt wird, Zwischenholdings eingeschaltet mit der Folge, dass so dann jedenfalls die entsprechenden Voraussetzungen für die Steuerbefreiung bei der Körperschaftsteuer erfüllt sind. Eine derart eingeschaltete **ausländische Zwischenholding** löst auf Ebene der inländischen Holding auch keine Hinzurechnungsbesteuerung aus, weil die Dividenden aktive Einkünfte der ausländischen Zwischenholding (§ 8 Abs. 1 Nr. 8 AStG) sind (vgl. hierzu Rz. 14.157 ff.). Im Hinblick darauf ist auch keine missbräuchliche Gestaltung (§ 42 AO) gegeben[205]. 14.91

4. Umqualifizierung von Einkünften

Die internationale Besteuerungspraxis ist dadurch geprägt, dass Einkünfte in den einzelnen Steuerrechtsordnungen keiner **einheitlichen Besteuerung** unterworfen sind. So sind etwa Dividendeneinkünfte einerseits und Zinseinkünfte andererseits unterschiedlichen steuerlichen Belastungen ausgesetzt. Während im internationalen Kontext auf Dividendentransfers zumeist eine Quellensteuer erhoben wird[206], bleiben Zinszahlungen an beschränkt steuerpflichtige Personen in vielen Staaten ohne Quellensteuerbelastung[207]. 14.92

Die Besteuerungsunterschiede sind indessen nicht nur die Folge der jeweiligen im nationalen Steuerrecht verankerten divergierenden Steuerregeln, sie beruhen auch auf den unterschiedlichen Schrankenwirkungen der **DBA.** Im Hinblick darauf werden grenzüberschreitende Sachverhaltsgestaltungen nicht selten an diesen Belastungsdivergenzen verschiedener Einkunftsarten ausgerichtet. Internationale Steuerplanung, insbesondere in internationalen Konzernen, ist daher stets auch eine steuerliche Einkunftsartenplanung. Hierbei nehmen Holdings eine zentrale Stellung ein. So ist die Entscheidung, ausländische Tochtergesellschaften seitens der im Inland ansässigen internationalen Holding mit Eigen- oder mit Fremdkapital auszustatten, stets auch eine Entscheidung zwischen Dividenden- und Zinseinkünften. 14.93

Die in der internationalen Besteuerungspraxis gebräuchlichen auf die Umqualifizierung von Einkünften ausgerichteten Gestaltungsmaßnahmen[208] müssen sich freilich an den jeweiligen **Missbrauchsregeln** des nationalen Rechts messen lassen. Diese Missbrauchsregeln sind sehr unvollkommen. Verbreitet sind sog. thin capitalisation rules, die darauf gerichtet sind, Umqualifizierungen von Dividenden in Zinsen durch Gesellschafterfremdfinanzierungen zu verhindern[209]. Im deutschen Steuerrecht gilt die sog. **Zinsschranke** gem. § 8a KStG i.V.m. § 4h EStG, wonach Zinsen nur bis zur Höhe des Zinsertrags und darüber hinaus nur bis zur Höhe von 30 % des verrechenbaren EBITDA abziehbar sind (vgl. hierzu Rz. 14.105 ff.). Eine Besonderheit ergibt sich im Falle der Organschaft, wonach die Zinsschranke bei der Organgesellschaft nicht anzuwenden ist (§ 15 Satz 1 Nr. 3 KStG) mit der Folge, dass z.B. die Holding als Organträgerin das EBITDA der Organgesellschaften nutzen kann (vgl. hierzu Rz. 14.114). Ohne Organschaft stünde der Holding wegen der Dividendenfreistellung (§ 8b Abs. 1 KStG) kein ausreichend hohes (steuerliches) EBITDA zur Verfügung, so dass 14.94

205 Vgl. BFH v. 23.10.1991 – I R 40/89, BStBl. II 1992, 1026; BFH v. 10.6.1992 – I R 105/89, BStBl. II 1992, 1029; *Gosch* in FS Reiß, S. 597 ff. (602, 604 f.).

206 Aufgrund des Art. 5 der sog. Mutter-Tochter-Richtlinie sind allerdings Ausschüttungen von EU-Tochtergesellschaften an EU-Muttergesellschaften grundsätzlich vom Quellensteuerabzug befreit (vgl. § 43b Abs. 1 EStG).

207 So etwa in der Bundesrepublik Deutschland (vgl. § 49 Abs. 1 Nr. 5 Buchst. c EStG); ferner aufgrund der Zins- und Lizenzgebührenrichtlinie, umgesetzt durch § 50g EStG.

208 Zu diesem sog. „Rule Shopping" *Bader*, Steuergestaltung mit Holdinggesellschaften, S. 103 f.; *Kessler* in Schaumburg/Piltz, Holdinggesellschaften im Internationalen Steuerrecht, S. 67 ff. (94 ff.).

209 Hierzu die Übersicht bei *Grotherr* in Piltz/Schaumburg, Unternehmensfinanzierung im Internationalen Steuerrecht, 1995, S. 49 ff.; *Kessler/Obser*, IStR 2004, 187 ff.

durch die Zinsschranke insoweit keine Finanzierungsspielräume verblieben. Die vorstehende Gesellschafter-Fremdfinanzierungsbegrenzung ist abschließend, so dass die allgemeine Missbrauchsregelung des § 42 AO insoweit nicht zur Anwendung kommt[210].

14.95 Eine **Umqualifizierung** von Dividenden in Zinsen wird in all jenen Fällen sinnvoll erscheinen, in denen die Gewinne ausländischer Tochtergesellschaften im Ausland hoch besteuert werden und im Inland entsprechend hohe Verlustvorträge zur Verfügung stehen.

14.96 Von besonderer Bedeutung ist in der Praxis die durch Einschaltung einer ausländischen Holding mögliche Umqualifizierung von Betriebsstättengewinnen in Dividenden in den Fällen, in denen die abkommensrechtliche Betriebsstättenfreistellung unter bilateralen oder unilateralen Aktivitätsvorbehalt[211] steht. Da demgegenüber die Dividendenfreistellungen gem. § 8b Abs. 1 KStG unabhängig davon gewährt wird, ob die ausschüttende Kapitalgesellschaft aktiv tätig ist oder nicht, zielen die Gestaltungen in der Praxis darauf ab, nicht aktiv tätige ausländische Betriebsstätten über eine zwischengeschaltete ausländische Holding zu halten, um somit jedenfalls die Dividendenfreistellung gem. § 8b Abs. 1 KStG[212] in Anspruch zu nehmen. Die Zwischenschaltung der ausländischen Holding dient damit dem Ziel, ausländische Betriebsstättengewinne in Dividenden umzuqualifizieren[213]. Die zwischengeschaltete ausländische Holding wird aber nur dann entsprechende steuerliche Vorteile vermitteln können, wenn zugleich eine Hinzurechnungsbesteuerung etwa deshalb ausscheidet, weil gem. § 8 Abs. 1 AStG aktive Einkünfte gegeben sind[214] oder aber das EU-/EWR-Privileg des § 8 Abs. 2 AStG eingreift (vgl. hierzu Rz. 14.157).

5. Freistellung von Veräußerungsgewinnen

14.97 Parallel zur Besteuerung von Dividenden unterliegen auch Gewinne aus der Veräußerung von Kapitalanteilen durch unbeschränkt oder beschränkt steuerpflichtige **natürliche Personen** dem Teileinkünfteverfahren (§ 3 Nr. 40 Satz 1 Buchst. a, c EStG) bzw. der Abgeltungsteuer (§ 20 Abs. 2 Nr. 1, 43 Abs. 1 Satz 1 Nr. 9, 43 Abs. 5 Satz 1 EStG). Hierbei spielt es keine Rolle, ob es sich um Anteile an in- oder ausländischen Kapitalgesellschaften handelt. Greifen DBA ein, ist die alleinige Besteuerungskompetenz durchweg dem Ansässigkeitsstaat der veräußernden natürlichen Person zugewiesen[215].

14.98 Demgegenüber sind die entsprechenden Veräußerungsgewinne, die unbeschränkt oder beschränkt steuerpflichtige **Kapitalgesellschaften** erzielen, von der Körperschaftsteuer zu 95 % befreit (§ 8b Abs. 2 und 3 KStG). Diese Steuerfreiheit wird ohne jede Vorbedingung gewährt, so dass es weder auf eine Mindestbeteiligungsquote, Mindestbesitzzeit noch auf eine bestimmte steuerliche Vorbelastung oder eine aktive Tätigkeit der Kapitalgesellschaft ankommt, deren Anteile veräußert werden (vgl. zur Reichweite des § 8b Abs. 2 KStG Rz. 14.403 ff.).

14.99 Die Kehrseite der Steuerbefreiung ist, dass **Veräußerungsverluste** oder etwa **Teilwertabschreibungen** steuerlich nach § 8b Abs. 3 KStG unberücksichtigt bleiben (vgl. dazu Rz. 14.446 ff.). Soweit im Übrigen die 5 %-Klausel des § 8b Abs. 3 Satz 1 KStG eingreift, ergeben sich Nachteile, soweit überhaupt keine Betriebsausgaben in Zusammenhang mit den Anteilsveräußerungen entstanden sind.

---

210 *Prinz* in Herrmann/Heuer/Raupach, § 8a KStG Rz. 8; *Mattern* in Schnitger/Fehrenbacher, § 8a KStG Rz. 31; a.A. *Möhlenbrock/Pung* in Dötsch/Pung/Möhlenbrock, § 8a KStG Rz. 23.

211 Vgl. *Ismer* in Vogel/Lehner, Art. 23 DBA Rz. 67 ff.; ferner § 20 Abs. 2 AStG, wonach zusätzlich eine Niedrigbesteuerung (§ 8 Abs. 3 AStG) gegeben sein muss.

212 Wegen § 8b Abs. 5 KStG beträgt die Steuerfreistellung im Ergebnis nur 95 %.

213 Zu weiteren Einzelheiten *Kessler*, Die Euroholding, S. 86 ff.; *Schaumburg* in Schaumburg/Piltz, Holdinggesellschaften im Internationalen Steuerrecht, S. 1 ff. (59 ff.).

214 Die abkommensrechtlichen Aktivitätskataloge sind nicht deckungsgleich mit § 8 Abs. 1 AStG; Ausnahme: z.B. DBA/Schweiz.

215 Art. 13 Abs. 5 OECD-MA; hierzu *Schaumburg*, Internationales Steuerrecht, Rz. 19.399 ff.

Im Hinblick auf die vorgenannte nur für Kapitalgesellschaften zu gewährende Steuerbefreiungen zielen die Gestaltungen in der Praxis durchweg darauf ab, inländische Kapitalgesellschaften vom Ausland aus über **zwischengeschaltete inländische Holdings** zu halten. Dies ist jedenfalls dann der Fall, wenn die (mittelbar) beteiligten Steuerausländer, soweit sie natürliche Personen sind, etwa erzielte Veräußerungsgewinne reinvestieren wollen. 14.100

Die für Kapitalgesellschaften maßgebliche Steuerbefreiung gem. § 8b Abs. 2 und 3 KStG, die auch für die Gewerbesteuer gilt, führt in der Praxis dazu, dass bestimmte Vermögenskomplexe, z.B. Grundstücke, von einzelnen in der Rechtsform von Kapitalgesellschaften geführten Objektgesellschaften, deren Anteile bei einer zwischengeschalteten inländischen Holding liegen, gehalten werden. Die Gewinne aus der Veräußerung der Anteile an den nachgeschalteten Objektgesellschaften sind als Folge hiervon bei der Holding gem. § 8b Abs. 2 und 3 KStG steuerfrei. Werden sodann die Gewinne seitens der Holding an die ausländischen Anteilseigner ausgeschüttet, ist eine Kapitalertragsteuer von 25 % (§§ 43 Abs. 1 Satz 1 Nr. 1, 43a Abs. 1 Satz 1 Nr. 1 KStG), ggf. unter Berücksichtigung einer Erstattung von ⅖ nach § 44a Abs. 9 EStG, und in DBA-Fällen eine entsprechend niedrigere Kapitalertragsteuer einzubehalten. Unterliegen die Dividenden im Ausland einer dem deutschen Teileinkünfteverfahren vergleichbaren niedrigen Besteuerung, ist unter Anrechnung der deutschen Kapitalertragsteuer nur eine geringe Nachversteuerung zu erwarten. Würden die Grundstücke nicht in Grundstücksgesellschaften, sondern von den Steuerausländern unmittelbar selbst gehalten, unterlägen die entsprechenden Veräußerungsgewinne uneingeschränkt der deutschen Besteuerung (§ 1 Abs. 4 i.V.m. § 49 Abs. 1 Nr. 2 Buchst. f bb EStG). 14.101

6. Uneingeschränkter Betriebsausgabenabzug

Ein wesentliches Gestaltungsziel besteht in dem uneingeschränkten Betriebsausgabenabzug. Dieses Ziel lässt sich allerdings nur bedingt erreichen, weil der Gesetzgeber in einer Reihe von Fällen die Abzugsfähigkeit von Betriebsausgaben aus unterschiedlichen Motiven ausgeschlossen oder eingeschränkt hat. In § 4 Abs. 4 EStG ist der Grundsatz verankert, dass Betriebsausgaben Aufwendungen sind, die durch den Betrieb veranlasst sind. Im Rahmen der Gewinnermittlung nach §§ 4, 5 EStG sind diese an sich zu berücksichtigen. Allerdings hat der Gesetzgeber z.B. in § 4 Abs. 5 EStG einen enumerativen Katalog nicht abzugsfähiger Betriebsausgaben gesetzlich verankert. Weitere Einschränkungen ergeben sich z.B. aus § 4 Abs. 4a (Schuldzinsenabzugsverbot bei Überentnahmen) oder auch aus § 4h EStG, § 8a KStG (sog. Zinsschranke). Betriebsausgabenabzugsverbote sind zudem in § 3c Abs. 2 EStG bzw. § 8b Abs. 3 Satz 1, Abs. 5 Satz 1 KStG im Zusammenhang mit der Einführung des Teileinkünfteverfahrens geregelt worden. 14.102

a) Pauschaliertes Betriebsausgabenabzugsverbot

Dividenden inländischer Kapitalgesellschaften, die bei den Dividendenempfängern gem. § 8b Abs. 1 KStG steuerfrei sind oder gem. § 3 Nr. 40 Satz 1 Buchst. d EStG dem Teileinkünfteverfahren unterliegen, führen zu einer **Ausgabenabzugsbeschränkung**. Gemäß § 8 Abs. 5 Satz 1 KStG gelten 5 % der steuerfreien Dividende als Ausgaben, die nicht als Betriebsausgaben abgezogen werden dürfen. Auf der anderen Seite sind diese Refinanzierungsaufwendungen vorbehaltlich der sog. Zinsschranke unbegrenzt als Betriebsausgaben abzugsfähig (vgl. hierzu Rz. 14.105 ff.). § 3c Abs. 2 EStG verbietet demgegenüber den Abzug von Ausgaben i.H.v. 40 %, soweit diese in einem – auch mittelbaren – wirtschaftlichen Zusammenhang mit Dividenden stehen, die dem Teileinkünfteverfahren unterliegen. Für beschränkt steuerpflichtige Anteilseigner ist schließlich ein Ausgabenabzug von vornherein ausgeschlossen, wenn die beschränkte Steuerpflicht durch den Kapitalertragsteuereinbehalt abgegolten ist (§§ 43 Abs. 5 Satz 1, 50 Abs. 2 Satz 1 EStG)[216]. 14.103

216 Zu dieser verfassungswidrigen und europarechtswidrigen Bruttobesteuerung *Schaumburg*, Internationales Steuerrecht, Rz. 6.134 ff.

14.104 Im Hinblick auf diese unterschiedlichen Ausgabenabzugsbeschränkungen zielen in der Praxis die Gestaltungsmaßnahmen darauf ab, die Ausgaben, die in einem unmittelbaren wirtschaftlichen Zusammenhang mit den Auslandsdividenden stehen, dem Regime des § 8b Abs. 5 KStG zu unterstellen. Das gilt insbesondere für **akquisitionsbedingte Finanzierungen** durch ausländische Investoren. Hierfür ist die Einschaltung einer inländischen in der Rechtsform einer Kapitalgesellschaft geführten Holding erforderlich, damit diese etwa den Erwerb von Anteilen an einer ausländischen Kapitalgesellschaft unter Einsatz von Fremdmitteln finanziert. Hierdurch wird ermöglicht, dass die Zinsen, die für die Finanzierung des Beteiligungserwerbs tatsächlich aufgewendet werden, im Übrigen – allerdings nur im Rahmen der Zinsschranke gem. § 8a KStG i.V.m. § 4h EStG (vgl. hierzu Rz. 14.105 ff.) – abzugsfähig sind. Diese abzugsfähigen Aufwendungen können mit anderweitigen steuerpflichtigen Einkünften der Holding ausgeglichen oder aber im Rahmen eines Verlustabzugs (§ 10d EStG) verrechnet werden[217]. Soweit die Holding nicht über ausreichende steuerpflichtige Einkünfte verfügt, kann eine Verrechnung der Finanzierungsaufwendungen durch eine **körperschaftsteuerliche Organschaft** i.S.v. § 14 ff. KStG mit der Tochtergesellschaft ermöglicht werden (vgl. hierzu Rz. 14.530 ff.). Dies Organschaft hat somit eine Doppelfunktion: Sie verhindert die Anwendung des § 8b Abs. 5 KStG[218] und ermöglicht einen vertikalen Verlustausgleich mit Finanzierungsaufwendungen. Dies gilt im Grundsatz auch für die gewerbesteuerliche Organschaft[219]. Im Fall des Erwerbs einer ausländischen Tochtergesellschaft wird in der Praxis die **Beteiligungsfinanzierung** über entsprechende ausländische Landesholdings gesteuert, um so im Akquisitionsland die Finanzierungsaufwendungen im Rahmen einer dort möglichen Gruppenbesteuerung steuerlich zu nutzen[220].

b) Zinsschranke gem. § 4h EStG, § 8a KStG

aa) Einführung

14.105 Nach den Regelungen der Zinsschranke in den §§ 4h EStG, 8a KStG ist der Abzug von Zinsaufwendungen eines konzernangehörigen Betriebes, welche dessen Zinseinnahmen um über 3 Mio. EUR übersteigen, auf 30 % des steuerlichen EBITDA beschränkt, wenn nicht die sog. Escape-Klausel eingreift und keine schädliche Fremdfinanzierung vorliegt. Sinn und Zweck der Regelungen sind aus Sicht des Gesetzgebers[221]

- die Verhinderung übermäßiger Fremdkapitalfinanzierung aus Gründen der Steueroptimierung, um dadurch das Eigenkapital zu stärken und einer Insolvenz vorzubeugen,
- die Verhinderung des Transfers von in Deutschland erwirtschafteter Erträge ins Ausland mittels grenzüberschreitender konzerninterner Fremdkapitalfinanzierung (sog. asymmetrische Finanzierungsstrukturen),
- die Verhinderung der konzernweiten Finanzierung durch Refinanzierung inländischer Tochtergesellschaften zu Lasten der deutschen Steuerbemessungsgrundlage.

---

217 Freilich nur im Rahmen der sog. Mindestbesteuerung und vorbehaltlich § 8c KStG.

218 Bei mehrstufiger Organschaft kann auch der sog. Kaskadeneffekt des § 8b Abs. 5 Satz 1 KStG, also das 5%ige Abzugsverbot auf jeder Ausschüttungsstufe, verhindert werden; vgl. zur möglichen Verfassungswidrigkeit der kumulierenden Wirkung; BVerfG v. 12.10.2010 – 1 BvL 12/07, GmbHR 2011, 203.

219 Zur Wirkung des § 8b Abs. 5 KStG bei gewerbesteuerlicher Organschaft: *Dötsch/Pung*, DB 2004, 151 ff.

220 Zu dieser dept-push-down Gestaltung *Bader*, Steuergestaltung mit Holdinggesellschaften, S. 93 ff.; *Jonas* in Schaumburg/Piltz, Holdinggesellschaften im internationalen Steuerrecht, S. 179 ff. (190).

221 Begründung zu dem Entwurf eines Unternehmensteuerreformgesetzes 2008 v. 27.3.2007, BT-Drucks. 16/4841, 31.

Letztlich soll durch die Zinsschranke ergänzt durch Regelungen über die Hinzurechnung bei der Gewerbesteuer (vgl. Rz. 14.600 ff.) das inländische Steuersubstrat gesichert werden[222]. Die Regelung soll insbesondere bei größeren Unternehmen, die in eine Konzernstruktur eingebunden sind, Anreize setzen, Gewinne im Inland zu versteuern und gleichzeitig eine übermäßige Fremdfinanzierung unterbinden[223]. Betroffen sind hiervon in besonderem Maße Holdinggesellschaften, da die Zinsschranke insbesondere für Holdinggesellschaften nachteilig sein können.

Aus Sicht des Gesetzgebers sind insbesondere drei Zielgruppen von Finanzierungsstrukturen durch die Regelungen der § 4h EStG, § 8a KStG betroffen[224]. 14.106

(1) Down-stream-Inbound-Finanzierung

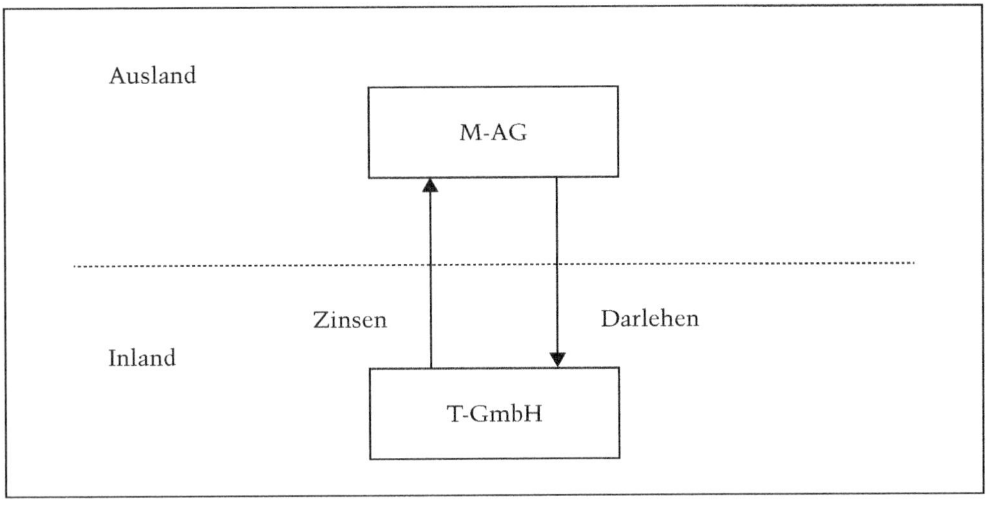

In diesem Fall wird eine inländische Tochtergesellschaft durch eine im Ausland ansässige Muttergesellschaft mit entsprechendem Fremdkapital ausgestattet. Die deutsche Tochtergesellschaft zahlt zu Lasten des deutschen steuerlichen Ergebnisses Zinsen an die ausländische Muttergesellschaft, die dort keiner oder nur einer geringen Besteuerung unterliegen.

222 Begründung zu dem Entwurf eines Unternehmensteuerreformgesetzes 2008 v. 27.3.2007, BT-Drucks. 16/4841, 1, 48.

223 Begründung zu dem Entwurf eines Gesetzes zur Beschleunigung des Wirtschaftswachstums (Wachstumsbeschleunigungsgesetz) v. 9.11.2009, BT-Drucks. 17/15, 18.

224 Vgl. hierzu: sog. „Steinbrück/Koch-Papier" v. 3.11.2006.

(2) Up-stream-Inbound-Finanzierung

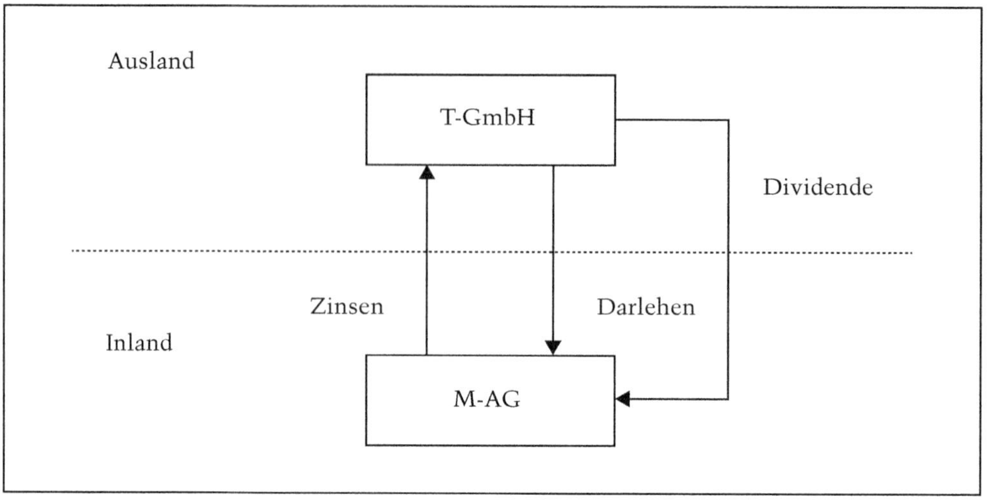

In dieser Struktur wird eine inländische Muttergesellschaft von ihrer ausländischen Tochtergesellschaft finanziert. Die inländische Muttergesellschaft zahlt an ihre ausländische Tochtergesellschaft Zinsen, die das deutsche Ergebnis mindern. Im Gegenzug erhält die inländische Muttergesellschaft von ihrer ausländischen Tochtergesellschaft nach § 8b 1, Abs. 5 KStG steuerfreie Dividenden. Derartige Fälle werden ggf. auch von der Hinzurechnungsbesteuerung nach §§ 7 ff. AStG erfasst (vgl. Rz. 14.157 ff.).

(3) Outbound-Finanzierung

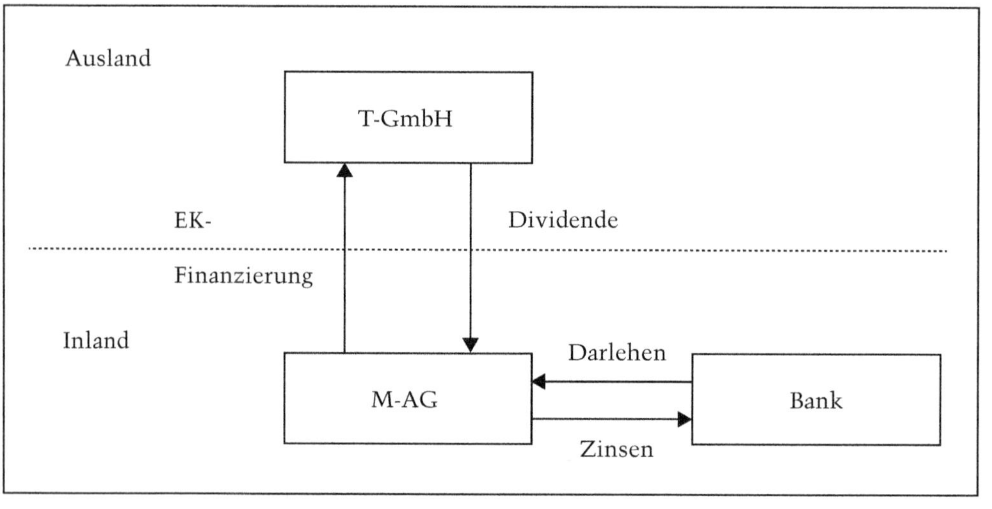

In diesem Fall nimmt eine inländische Muttergesellschaft von einer Bank ein Darlehen auf und zahlt hierfür Zinsen an die Bank. Gleichzeitig wird dieses Darlehen an die ausländische Tochtergesellschaft als Eigenkapital weitergeben. Die ausländische Tochtergesellschaft zahlt entsprechende Dividenden an die inländische Muttergesellschaft. In diesem Fall ist der Zinsaufwand bei der inländischen Muttergesellschaft zu Lasten des inländischen Ergebnisses abzugsfähig. Der Dividendenbezug von der ausländischen Tochtergesellschaft ist nach § 8b Abs. 1, 5 KStG i.H.v. 95 % steuerfrei.

Mit der Zinsschrankenregelung wird der Abzug betrieblich veranlasster Zinsaufwendungen gem. § 4h Abs. 1 Satz 1 EStG beschränkt und zwar auf die Höhe eines etwaigen Zinsertrages und darüber hinaus auf 30 % eines modifizierten Betriebsergebnisses, des sog. **verrechenbaren EBITDA** (earnings before interest, taxes, depreciation and amortization)[225]. Damit wird der Abzug von Zinsaufwendungen in Abhängigkeit vom Gewinn beschränkt[226]. Übersteigende Zinsaufwendungen sind als nicht abzugsfähige Betriebsausgaben außersteuerbilanziell hinzuzurechnen[227] und nach § 4h Abs. 1 Satz 5 EStG als Zinsvortag in Folgejahre vorzutragen. Soweit ein verrechenbares EBITDA nicht durch entsprechende Zinsaufwendungen aufgebraucht wird, kann dieses als sog. **EBITDA-Vortrag** in die folgenden fünf Wirtschaftsjahren vorgetragen werden (vgl. § 4h Abs. 1 Satz 3 EStG).[228] Nicht abziehbare Zinsaufwendungen sind als sog. **Zinsvortrag** in die Folgejahre vorzutragen und erhöhen die Zinsaufwendungen (vgl. § 4h Abs. 1 Satz 5 und 6 EStG)[229]. Der Zinsvortrag ist, anders als der EBITDA-Vortrag, unbefristet vortragsfähig[230]. Bei einem schädlichen Anteilseignerwechsel i.S.v. § 8c KStG kommt es grundsätzlich zu einem **vollständigen Wegfall des Zinsvortrags** (§ 4h Abs. 5 Satz 3 EStG)[231]. Soweit in Höhe des Zinsvortrags allerdings stille Reserven in dem Betriebsvermögen vorhanden sind, bleibt der Zinsvortrag bestehen, wobei allerdings die vorhandenen stillen Reserven zunächst mit anderen Verlustvorträgen (z.B. nach § 10d EStG, § 10a GewStG) verrechnet werden (nachrangige Verwendung, vgl. insbesondere § 8a Abs. 1 Satz 3 Halbs. 2 KStG). Für Holdinggesellschaften kommt der sog. **„Stille-Reserven-Escape“** i.S.d. § 8c KStG regelmäßig nicht in Betracht, da hierbei nur im Inland steuerpflichtige stille Reserven berücksichtigt werden, während die stillen Reserven aus Beteiligungen an Körperschaften im Falle der Veräußerung nach § 8b Abs. 2 und 3 KStG zu 95 % steuerbefreit sind[232]. Die Regelung des § 8a Abs. 1 Satz 3 KStG findet auf einen EBITDA-Vortrag keine Anwendung[233]. 14.107

§ 4h Abs. 5 Satz 1 EStG sieht für einen nicht verbrauchten EBITDA-Vortrag und einen nicht verbrauchten Zinsvortrag deren Wegfall bei **Aufgabe** oder **Übertragung des Betriebs** vor. Der Wegfall des EBITDA-Vortrags und des Zinsvortrags wird in diesen Fällen damit begründet, dass diese betriebsbezogen ermittelt und festgestellt werden, so die **Betriebsaufgabe** bzw. der **Betriebsübergang** zu deren Untergang führen[234]. Nach § 4h Abs. 5 Satz 2 EStG gehen der EBITDA-Vortrag und der Zinsvortrag für den Fall des **Ausscheidens eines Mitunternehmers** aus einer Gesellschaft anteilig mit der Quote unter, mit der der ausgeschiedene Gesellschafter an der Gesellschaft beteiligt war. Insoweit gelten die Grundsätze zu § 10a GewStG entsprechend[235]. Darüber hinaus sind spezielle Re- 14.108

225 Es handelt sich hierbei um eine spezifische Rechengröße, die sich aus dem sog. maßgeblichen Gewinn ableitet (vgl. § 4h Abs. 1 Satz 2 EStG).

226 Begründung zu dem Entwurf eines Unternehmensteuerreformgesetzes 2008 v. 27.3.2007, BT-Drucks. 16/4841, 47; Begründung zu dem Entwurf eines Gesetzes zur Beschleunigung des Wirtschaftswachstums (Wachstumsbeschleunigungsgesetz) v. 9.11.2009, BT-Drucks. 17/15, 18.

227 *Loschelder* in Schmidt, § 4h EStG Rz. 7.

228 Nach § 4h Abs. 1 Satz 3 Halbs. 2 EStG entsteht ein EBITDA-Vortrag allerdings nicht in Wirtschaftsjahren, in denen § 4h Abs. 1 Satz 1 EStG nicht zur Anwendung kommt, weil einer der Ausnahmetatbestände gem. § 4h Abs. 2 EStG ggf. i.V.m. § 8a Abs. 2 und 3 KStG eingreift. Der EBITDA-Vortrag ist nach § 4h Abs. 4 Satz 1 EStG gesondert festzustellen.

229 Der Zinsvortrag ist nach § 4h Abs. 4 Satz 1 EStG gesondert festzustellen.

230 *Möhlenbrock/Pung* in Dötsch/Pung/Möhlenbrock, § 8a KStG Rz. 240.

231 Auf den EBITDA-Vortrag findet § 8a Abs. 1 Satz 3 KStG nach dessen eindeutigem Wortlaut, anders als auf den Zinsvortrag, keine Anwendung. Demzufolge führt ein etwaiger Anteilseignerwechsel nach § 8c Abs. 1 KStG nicht zum Wegfall eines EBITDA-Vortrages.

232 Begründung zu dem Entwurf eines Gesetzes zur Beschleunigung des Wirtschaftswachstums (Wachstumsbeschleunigungsgesetz) v. 9.11.2009, BT-Drucks. 17/15, 19; vgl. dazu: *Kessler/Dietrich*, DB 2010, 240 (242).

233 *Möhlenbrock/Pung* in Dötsch/Pung/Möhlenbrock, § 8a KStG Rz. 243.

234 Begründung zu dem Entwurf eines Unternehmensteuerreformgesetzes 2008 v. 27.3.2007, BT-Drucks. 16/4841, 50.

235 Begründung zu dem Entwurf eines Unternehmensteuerreformgesetzes 2008 v. 27.3.2007, BT-Drucks. 16/4841, 50.

gelungen für **Umwandlungen** in § 4 Abs. 2, § 12 Abs. 3 Halbs. 2, § 15 Abs. 3, § 20 Abs. 9, § 24 Abs. 6 UmwStG vorgesehen, wonach ein EBITDA-Vortrag und ein Zinsvortrag in den dort genannten Fällen ganz oder teilweise wegfallen[236].

14.109 § 4h Abs. 2 Satz 1 EStG enthält die **Ausnahmetatbestände**, bei deren Vorliegen die Abzugsbeschränkung nicht eingreift. Die als Ausnahmetatbestände konzipierten Regelungen bedeuten in steuersystematischer Hinsicht, dass bei Vorliegen zumindest eines der Ausnahmetatbestände, die Zinsabzugsbeschränkung – unabhängig von der 30 %-Grenze – von vornherein nicht eingreift. Diese Systematik gebietet daher zuerst die Überprüfung des Vorliegens eines der Ausnahmetatbestände nach § 4h Abs. 2 Satz 1 EStG. Sofern die Zinsaufwendungen bei einer Körperschaft oder bei einer Personengesellschaft anfallen, an welcher eine Körperschaft beteiligt ist (§ 4h Abs. 2 Satz 2 EStG), kommen die Ausnahmetatbestände bei der Körperschaft oder Personengesellschaft nur unter den weiteren Voraussetzungen des § 8a Abs. 2 und 3 KStG zur Anwendung. Nur wenn keiner der Ausnahmetatbestände vorliegt, stellt sich die Frage nach dem Zinsabzugsverbot in Höhe des verrechenbaren EBITDA[237].

14.110 Bei den **Ausnahmetatbeständen** handelt sich zum ersten um die in § 4h Abs. 1 Satz 1 Buchst. a EStG bestimmte **Freigrenze** i.H.v. 2.999.999 Euro (vgl. Rz. 14.123 ff.), zum zweiten um die in § 4h Abs. 2 Satz 1 Buchst. b EStG bestimmte sog. „**Stand-alone-Klausel**“[238] (vgl. Rz. 14.126 ff.) sowie drittens um den in § 4h Abs. 2 Satz 1 Buchst. c EStG bestimmten Eigenkapitalvergleich (sog. „**Escape-Klausel**“, vgl. Rz. 14.131 ff.). Sofern Körperschaften oder Personengesellschaften, an welche eine Körperschaft beteiligt ist (§ 4h Abs. 2 Satz 2 EStG), die Ausnahmetatbestände geltend machen, müssen sie die zusätzlichen Voraussetzungen der sog. Gesellschafterfremdfinanzierungstatbestände gem. § 8a Abs. 2 und 3 KStG erfüllen. Während die Freigrenzenregelung des § 4h Abs. 1 Satz 1 Buchst. a EStG für Körperschaften und Personengesellschaften mit Körperschaften als Gesellschafter uneingeschränkt Anwendung findet[239], schränken § 8a Abs. 2 und Abs. 3 KStG die Anwendung der Ausnahmetatbestände der „Stand-alone-Klausel“ nach § 4h Abs. 2 Satz 1 Buchst. b EStG und der „Escape-Klausel“ (Eigenkapitalvergleich) nach § 4h Abs. 2 Satz 1 Buchst. c EStG in dem dort beschriebenen Umfang ein.

bb) Zinsabzugsbeschränkung nach § 4h Abs. 1 EStG, § 8a KStG

14.111 Nach § 4h Abs. 1 Satz 1 EStG sind Zinsaufwendungen eines Betriebs in Höhe des Zinsertrags, darüber hinaus nur bis zur Höhe des verrechenbaren EBITDA abziehbar. Zinsaufwendungen können daher ohne Beschränkung durch die Zinsschranke bis zur Höhe des Zinsertrags abgezogen werden. Der eigentlichen Zinsschranke in Gestalt des verrechenbaren EBITDA unterliegt somit nur der sog. **verbleibende Zinsaufwand** (= Zinsaufwand nach Saldierung mit dem Zinsertrag). Diese Saldierung bezieht sich auf die Zinsaufwendungen und Zinserträge desselben Wirtschaftsjahres[240]. Die uneingeschränkte Nutzung von Zinserträgen als Verrechnungsvolumen für Zinsaufwendungen eröffnet

---

236 Vgl. hierzu: *Möhlenbrock/Pung* in Dötsch/Pung/Möhlenbrock, § 8a KStG Rz. 247 f.

237 Der BFH hält die Zinsschrankenregelung wegen Verstoßes gegen Art. 3 Abs. 1 GG für verfassungswidrig. BFH v. 18.12.2013 – I B 85/13, BStBl. II 2014, 947; Nichtanwendungserlass der Finanzverwaltung, vgl. BMF v. 13.11.2014, BStBl. I 2014, 1516; BFH v. 14.10.2015 – I R 20/15, AG 2016, 219 = BStBl. II 2017, 1240 (Vorlagebeschluss, Az. BVerfG: 2 BvL 1/16); zweifelnd: FG Nds. v. 11.7.2013 – 6 K 226/11, EFG 2013, 1790, n.rkr. (BFH I R 57/13); a.A.: FG Baden-Württemberg v. 26.11.2012 – 6 K 3390/11; vgl. zur Verfassungswidrigkeit einerseits *Prinz*, DB 2013, 1571 (1572); *Desens*, FR 2012, 745 (749); *Kube*, DStR 2011, 1781 (1789 f.); *Marquardt/Jehlin*, DStR 2013, 2301 (2305 f.); *Loschelder* in Schmidt, § 4h EStG Rz. 4 m.w.N.; andererseits *Heuermann*, DStR 2013, 1 ff. sowie *Ismer*, FR 2014, 777 ff.

238 Vgl. zum Begriff: BFH v. 13.3.2012 – I B 111/11, BStBl. II 2012, 611 (614) = AG 2012, 409.

239 BMF v. 4.7.2008, BStBl. I 2008, 718, Tz. 56.

240 Begründung zu dem Entwurf eines Unternehmensteuerreformgesetzes 2008 v. 27.3.2007, BT-Drucks. 16/4841, 48.

ggf. Gestaltungsmöglichkeiten, die aus Sicht der Finanzverwaltung missbräuchlich sein können. So sollen Gestaltungen in Form einer Wertpapierleihe oder einem ähnlichen Geschäft einen **Missbrauch rechtlicher Gestaltungsmöglichkeiten** darstellen, wenn sie z.B. dazu dienen sollen, beim Entleiher künstlich Zinseinnahmen zu erzielen und dadurch die Abzugsmöglichkeit für anfallende Zinsaufwendungen zu erhöhen[241] (vgl. auch § 8b Abs. 10 KStG).

Nachfolgend werden die einzelnen **Tatbestandsmerkmale** der Zinsschranke behandelt. Dabei wird zunächst der persönliche Anwendungsbereich der Zinsschranke dargestellt (vgl. Rz. 14.113). Anschließend werden die sachlichen Tatbestandsvoraussetzungen wie der Begriff des Betriebs (vgl. Rz. 14.114), die Bemessungsgrundlagen für die Abzugsbeschränkung (maßgeblicher Gewinn/maßgebliches Einkommen und das verrechenbare EBITDA (vgl. Rz. 14.115 ff.) erläutert. Schließlich wird auf die relevanten Zinsaufwendungen bzw. Zinserträge eingegangen (vgl. Rz. 14.119 ff.). 14.112

(1) Persönlicher Anwendungsbereich

§ 4h EStG ist eine Gewinnermittlungsvorschrift und beschränkt den Betriebsausgabenabzug für Zinsaufwendungen eines Betriebs. Voraussetzung sind Einkünfte aus Land- und Forstwirtschaft, Gewerbebetrieb oder selbständiger Arbeit[242]. Demzufolge findet die Regelung Anwendung auf **Einzelunternehmer, Personengesellschaften** (Mitunternehmerschaften) sowie **Körperschaften** mit entsprechenden Einkünften[243]. Anwendbar ist § 4h EStG auf eine Personengesellschaft, die nur qua gewerblicher Prägung gewerbliche Einkünfte nach § 15 Abs. 3 Nr. 2 EStG erzielt[244] oder wegen der sog. Infektionswirkung nach § 15 Abs. 3 Nr. 1 EStG insgesamt gewerbliche Einkünfte hat[245]. Auf Organgesellschaften findet § 4h EStG gem. § 15 Satz 1 Nr. 3 Satz 1 KStG keine Anwendung. Organträger und **Organgesellschaft** gelten gem. § 15 Satz 1 Nr. 3 Satz 2 KStG als ein Betrieb i.S.d. § 4h EStG (vgl. dazu Rz. 14.530 ff.). 4h Abs. 1 EStG setzt Zinsaufwendungen eines Betriebs voraus, der der inländischen Gewinnermittlung unterliegt. Demzufolge werden sowohl unbeschränkt als auch beschränkt steuerpflichtige Einzelunternehmer, Personengesellschaften und Körperschaften erfasst, die über einen inländischen Betrieb verfügen[246] (vgl. zum Betriebsbegriff i.S.d. § 4h EStG nachstehend Rz. 14.114). 14.113

(2) Betrieb i.S.d. § 4h EStG, § 8a KStG

§ 4h Abs. 1 Satz 1 EStG stellt auf die Zinsaufwendungen eines Betriebs ab. Der Begriff des Betriebs wird weder in § 4h EStG noch in § 8a KStG definiert. Betrieb i.S.d. § 4h Abs. 1 EStG ist wegen der Bedeutung der Vorschrift als Teil der Gewinnermittlungsvorschriften jedes inländische (partielle) **Gewinnermittlungsobjekt**[247], bei dessen Gewinnermittlung sich Zinsaufwendungen mindernd auswirken[248]. Demzufolge kann ein Einzelunternehmer mehrere Betriebe i.S.d. § 4h EStG haben[249]. Personengesellschaften, die gewerbliche Einkünfte erzielen oder gewerblich geprägt sind (vgl. § 15 Abs. 3 Nr. 2 EStG) oder wegen der Infektionswirkung des § 15 Abs. 3 Nr. 1 EStG insgesamt gewerbliche Einkünfte haben, verfügen nur über einen Betrieb i.S.d. § 4h EStG[250]. Hierzu gehört auch das 14.114

241 BMF v. 4.7.2008, BStBl. I 2008, 718, Tz. 24; vgl. hierzu: *Hick* in Herrmann/Heuer/Raupach, § 4h EStG Anm. 80.
242 BMF v. 4.7.2008, BStBl. I 2008, 718, Tz. 2.
243 Auf Körperschaften, die ihre Einkünfte gem. § 2 Abs. 2 Nr. 2 EStG durch den Überschuss der Einnahmen über die Werbungskosten ermitteln, ist nach § 8a Abs. 1 Satz 4 KStG § 4h EStG sinngemäß anzuwenden.
244 BMF v. 4.7.2008, BStBl. I 2008, 718, Tz. 4, 6.
245 *Möhlenbrock/Pung* in Dötsch/Pung/Möhlenbrock, § 8a KStG Rz. 45 m.w.N.
246 *Seiler* in Kirchhof, § 4h EStG Rz. 7.
247 Begründung zu dem Entwurf eines Unternehmensteuerreformgesetzes 2008 v. 27.3.2007, BT-Drucks. 16/4841, 48.
248 Vgl. *Loschelder* in Schmidt, § 4h EStG Rz. 8; *Schaden/Käshammer*, BB 2007, 2317 (2319).
249 BMF v. 4.7.2008, BStBl. I 2008, 718, Tz. 3.
250 BMF v. 4.7.2008, BStBl. I 2008, 718, Tz. 6.

Sonderbetriebsvermögen der Gesellschafter (Mitunternehmer) einer Personengesellschaft (Mitunternehmerschaft)[251]. Vermögensverwaltende Personengesellschaften, die nicht unter § 15 Abs. 3 Nr. 2 EStG fallen, verfügen nicht über einen Betrieb i.S.d. § 4h EStG[252]. Kapitalgesellschaften haben grundsätzlich nur einen Betrieb[253]. Organträger und Organgesellschaften gelten gem. § 15 Abs. 1 Satz 1 Nr. 3 Satz 2 KStG als ein Betrieb i.S.d. § 4h EStG[254]. Demzufolge ist § 4h EStG bei der Organgesellschaft nach § 4h Satz 1 Nr. 3 Satz 1 KStG nicht anzuwenden[255]. In- und ausländische Betriebsstätten stellen keinen separaten Betrieb i.S.d. § 4h EStG dar[256], sondern sind Teil des Betriebs für Zwecke der Zinsschranke[257]. Dabei ist Gegenstand der Zinsschrankenregelung der inländische Betrieb, zu dem ggf. auch eine ausländische Betriebsstätte gehören kann[258].

(3) Abziehbarkeit des Zinssaldos bis zum verrechenbaren EBITDA

14.115 Nach § 4h Abs. 1 Satz 1 EStG sind Zinsaufwendungen eines Betriebs in Höhe des Zinsertrages abziehbar, darüber hinaus nur bis zur Höhe des verrechenbaren EBITDA (earnings before interest, taxes, depreciation and amortization)[259]. Vor der Anwendung der Zinsschranke in Gestalt des verrechenbaren EBITDA ist der Zinsaufwand bis zur Höhe des Zinsertrages desselben Wirtschaftsjahres abziehbar. Der Zinsschranke unterliegt damit nur der sog. **verbleibende Zinsaufwand** (= Zinsaufwand nach Saldierung mit dem Zinsertrag). Das verrechenbare EBITDA ist nach § 4h Abs. 1 Satz 2 EStG 30 % des um die Zinsaufwendungen und um die nach § 6 Abs. 2 Satz 1 abzuziehenden, nach § 6 Abs. 2a Satz 2 gewinnmindernd aufzulösenden und nach § 7 EStG abgesetzten Beträge erhöhten und um die Zinserträge verminderten maßgeblichen Gewinns (sog. **steuerliches EBITDA**)[260]. Ausgangsgröße des verrechenbaren EBITDA ist demnach der **maßgebliche Gewinn gem. § 4h Abs. 3 Satz 1 EStG** bzw. des **maßgeblichen Einkommens gem. § 8a Abs. 1 Satz 2 KStG** modifiziert um die im Einzelnen genannten Korrekturen.

14.116 **Maßgeblicher Gewinn**, welcher der Ermittlung des steuerlichen EBITDA zugrunde zu legen ist, ist gem. § 4h Abs. 3 Satz 1 EStG der nach den Vorschriften des EStG mit Ausnahme des § 4h Abs. 1 EStG ermittelte steuerpflichtige Gewinn. Für **Mitunternehmerschaften** ist auf den Gesamtgewinn der Mitunternehmerschaft abzustellen, d.h. unter Einbeziehung etwaiger Sonderbetriebseinahmen

---

251 BMF v. 4.7.2008, BStBl. I 2008, 718, Tz. 6. Bei einer GmbH & Co. KG gelten die KG und die Komplementär-GmbH als ein Betrieb, wenn sich die Tätigkeit der GmbH – neben ihrer Vertretungsbefugnis – in der Übernahme der Haftung und Geschäftsführung für die KG erschöpft und weder die KG noch die GmbH anderweitig zu einem Konzern gehören. Die GmbH & Co. KG ist in diesem Fall nicht als Konzern anzusehen. Dies gilt nicht, wenn die GmbH darüber hinaus eine eigene Geschäftstätigkeit entfaltet. Davon ist z.B. auszugehen, wenn der GmbH für steuerliche Zwecke Zinsaufwendungen zuzuordnen sind. Diese Grundsätze finden auch auf der der GmbH & Co. KG vergleichbare Rechtsformen, wie z.B. der Limited & Co. KG, Anwendung (BMF v. 4.7.2008, BStBl. I 2008, 718, Tz. 66).

252 BMF v. 4.7.2008, BStBl. I 2008, 718, Tz. 5. Auch KGaA haben nur einen Betrieb, wobei der Gewinnanteil des persönlich haftenden Gesellschafters nach Auffassung der Finanzverwaltung diesem Betrieb zuzuordnen ist (BMF v. 4.7.2008, BStBl. I 2008, 718, Tz. 7).

253 BMF v. 4.7.2008, BStBl. I 2008, 718, Tz. 5.

254 BMF v. 4.7.2008, BStBl. I 2008, 718, Tz. 10.

255 Die Zinserträge/Zinsaufwendungen der Organgesellschaft sind gem. vgl. § 15 Satz 1 Nr. 3 Satz 3 KStG beim Organträger einzubeziehen (vgl. BMF v. 4.7.2008, BStBl. I 2008, 718, Tz. 45); vgl. hierzu auch: *Herzig/Liekenbrock*, DB 2007, 2387 ff.

256 BMF v. 4.7.2008, BStBl. I 2008, 718, Tz. 9.

257 *Loschelder* in Schmidt, § 4h EStG Rz. 8; *Seiler* in Kirchhof, § 4h EStG Rz. 14; vgl. auch *Hick* in Herrmann/Heuer/Raupach, § 4h EStG Anm. 26 zu weiteren Fragestellungen in diesem Zusammenhang.

258 *Hick* in Herrmann/Heuer/Raupach, § 4h EStG Anm. 26; vgl. aber Begründung zu dem Entwurf eines Unternehmensteuerreformgesetzes 2008 v. 27.3.2007, BT-Drucks. 16/4841, 77, wonach ein ausländisches Stammhaus mit ausländischer und inländischer Betriebsstätte zwei getrennte Betriebe hat.

259 Es handelt sich hierbei um eine spezifische Rechengröße, die sich aus dem sog. maßgeblichen Gewinn ableitet (vgl. § 4h Abs. 1 Satz 2 EStG).

260 BMF v. 4.7.2008, BStBl. I 2008, 718, Tz. 40.

und -ausgaben und etwaiger Ergebnisse aus einer Ergänzungsbilanz[261]. Demzufolge werden etwaige Zinsaufwendungen und -erträge, die Sonderbetriebsausgaben oder -einnahmen sind, der Mitunternehmerschaft zugeordnet[262]. Sondervergütungen eines Mitunternehmers nach § 15 Abs. 1 Satz 1 Nr. 2 EStG finden ebenfalls Eingang in die Ermittlung des Gesamtgewinns der Mitunternehmerschaft und wirken sich wegen der korrespondierenden Erfassung in der Steuerbilanz der Mitunternehmerschaft nicht aus[263]. **Maßgebliches Einkommen**, welches der Ermittlung des steuerlichen EBITDA bei Körperschaften zugrunde zu legen ist, ist gem. § 8a Abs. 1 Satz 2 KStG das nach des Vorschriften des EStG und des KStG mit Ausnahme der §§ 4h und 10d EStG und des § 9 Abs. 1 Nr. 2 KStG ermittelte Einkommen. Demzufolge ist auf den steuerlichen Gewinn bzw. das Einkommen vor Anwendung der Zinsschranke abzustellen[264].

Bei einer **Holdinggesellschaft**, die an Personengesellschaften (Mitunternehmerschaften) beteiligt ist, 14.117
stellt sich die Frage, ob der maßgebliche Gewinn bzw. das maßgebliche Einkommen der Holding von den Ergebnisanteilen der Tochterpersonengesellschaften beeinflusst werden darf. Falls man diese Frage bejaht, kommt es zu einer mehrfachen Berücksichtigung der für die Ermittlung des verrechenbaren EBITDA maßgeblichen Bezugsgröße *„steuerlicher Gewinn bzw. Einkommen"* und damit auch des (verrechenbaren) steuerlichen EBITDA (sog. **Kaskadeneffekt**)[265]. Die Finanzverwaltung vertritt hierzu die Auffassung, dass wegen der betriebsbezogenen Ermittlung des steuerlichen EBITDA der maßgebliche Gewinn einer Personengesellschaft (Mitunternehmerschaft), der in deren steuerliches EBITDA einfließt, nicht nochmals bei dem Gesellschafter (Mitunternehmer) Berücksichtigung finden darf[266]. Das FG Köln ist dieser Auffassung entgegengetreten und hat unter Berufung auf den in § 4h Abs. 3 Satz 1 EStG definierten Begriff des maßgeblichen Gewinns für Zwecke der Zinsschranke entschieden, dass der maßgebliche Gewinn einer Mutterpersonengesellschaft unter Einbeziehung der einheitlich und gesondert festgestellten Ergebnisanteile der Tochterpersonengesellschaften zu erfolgen hat[267]. In der Literatur wird diese Frage kontrovers diskutiert. Zum Teil wird dort die Auffassung vertreten, es müsse in Übereinstimmung mit der Auffassung der Finanzverwaltung eine Abgrenzung zwischen dem maßgeblichen Gewinn der Personengesellschaft (Mitunternehmerschaft) und dem maßgeblichen Gewinn bzw. maßgeblichen Einkommen des Gesellschafters (Mitunternehmers) erfolgen, so dass eine Mehrfachberücksichtigung ausgeschlossen sei[268]. Zum anderen Teil wird unter Berufung auf den Wortlaut des § 4h Abs. 3 Satz 1 EStG und den allgemeinen Gewinnbegriff eine Berücksichtigung der Ergebnisanteile von Tochterpersonengesellschaften befürwortet[269]. Nach der hier vertretenen Auffassung wird man für Zwecke der Zinsschranke eine teleologische Reduktion des Begriffs des maßgeblichen Gewinns auf der Ebene von Mitunternehmern vornehmen müssen. Die Zinsschranke soll ausweislich der Gesetzesbegründung[270] u.a. eine rechtsformneutrale Belastung sicherstellen, so dass Ergebnisanteile aus Mitunternehmerschaften bei dem

261 *Kußmaul/Pfirmann/Meyering/Schäfer*, BB 2008, 135.

262 BMF v. 4.7.2008, BStBl. I 2008, 718, Tz. 19; *Wagner/Fischer*, BB 2007, 1811.

263 BMF v. 4.7.2008, BStBl. I 2008, 718, Tz. 19; *Wagner/Fischer*, BB 2007, 1811.

264 BMF v. 4.7.2008, BStBl. I 2008, 718, Tz. 40.

265 Vgl. hierzu: *Hahne*, DStR 2007, 1947 ff.

266 BMF v. 4.7.2008, BStBl. I 2008, 718, Tz. 42.

267 FG Köln v. 19.12.2013 – 10 K 1916/12, EFG 2014, 521, n.rkr. (BFH IV R 4/14).

268 *Möhlenbrock/Pung* in Dötsch/Pung/Möhlenbrock, § 8a KStG Rz. 56 m.w.N.; *Möhlenbrock*, Ubg 2008, 1, 5; *Förster* in Gosch, § 8a KStG Rz. 19 sowie § 4h EStG Rz. 52; *Heuermann* in Blümich, § 4h EStG Rz. 42.

269 *Loschelder* in Schmidt, § 4h EStG Rz. 11; *Stangl/Hageböke* in Schaumburg/Rödder, URef 2008, 458 ff.; *Stangl* in Rödder/Herlinghaus/Neuman, § 8a KStG Rz. 36; *Hick* in Herrmann/Heuer/Raupach, § 4h EStG Anm. 29 und 71; *Frotscher* in Frotscher/Drüen, § 8a KStG Rz. 67a sowie *Frotscher* in Frotscher/Geurts, § 4h EStG Rz. 53a; *Hahne*, DStR 2007, 1947 (1949); *Kußmaul/Pfirmann/Meyering/Schäfer*, BB 2007, 135 (136); *Hoffmann* in Littmann/Bitz/Pust, § 4h EStG Rz. 331.

270 Begründung zu dem Entwurf eines Unternehmensteuerreformgesetzes 2008 v. 27.3.2007, BT-Drucks. 16/4841, 1, 31.

jeweiligen Mitunternehmer für Zwecke der Ermittlung des maßgeblichen Gewinns nicht zu berücksichtigen sind. Diese Sichtweise wird normspezifisch durch die Regelungen des § 4h Abs. 1 Satz 1, Abs. 2 Satz 1 Buchst. b und Buchst. c, Abs. 5 Satz 1 EStG bestätigt, wonach die Zinsschranke *betriebsbezogen* wirkt („*Zinsaufwendungen eines Betriebs …*"). Dies führt andererseits dazu, dass auch Verlustanteile aus der Beteiligung an Personengesellschaften (Mitunternehmerschaften) unberücksichtigt bleiben, so dass der maßgebliche Gewinn bzw. das maßgebliche Einkommen des Mitunternehmers insoweit nicht geschmälert wird[271].

14.118 Für **Holdinggesellschaften**, die ausschließlich oder überwiegend nach § 8b Abs. 1 KStG oder § 3 Nr. 40 Satz 1 Buchst. d EStG steuerfreie Dividenden von Beteiligungsgesellschaften in der Rechtsform der Kapitalgesellschaft erhalten, können sich **hieraus erhebliche Nachteile** ergeben[272]. Denn das maßgebliche Einkommen bzw. der maßgebliche Gewinn wird bei Holdingkapitalgesellschaften unter Ausschluss von zu 95 % steuerfreien Gewinnausschüttungen von Tochterkapitalgesellschaften ermittelt und so auch das verrechenbare EBITDA gemindert. Bei reinen Kapitalgesellschaftsstrukturen verbleibt für die Holdingkapitalgesellschaft im Extremfall ein maßgebliches Einkommen als Bemessungsgrundlage für das verrechenbare EBITDA nur in Höhe der nichtabzugsfähigen Betriebsausgaben gem. § 8b Abs. 5 Satz 1 KStG[273]. Erschwerend tritt hinzu, dass Holdinggesellschaften auch bei dem als Ausnahmetatbestand konzipierten Eigenkapitalvergleich gem. § 4h Abs. 2 Satz 1 Buchst. c EStG durch die in § 4h Abs. 2 Satz 5 EStG vorgesehene Kürzung des Eigenkapitals um die Buchwerte der Beteiligungsgesellschaften benachteiligt werden (vgl. dazu Rz. 14.131 ff.). Vor diesem Hintergrund verbieten sich aus steuerlicher Sicht Gestaltungen, bei denen die Holdingkapitalgesellschaft zinstragende Gesellschaft ist, soweit nicht die Freigrenze nach § 8a Abs. 1 i.V.m. § 4h Abs. 2 Satz 1 Buchst. a EStG i.H.v. 2.999.999 Euro genutzt werden kann. Vor allem bei Unternehmenserwerben in der Form eines Share-Deals, bei dem die Fremdfinanzierung häufig zunächst auf Ebene der erwerbenden Holdinggesellschaft erfolgt, droht somit ein Eingreifen der Zinsschranke. Es sollte die Finanzierung deshalb unmittelbar durch die operativen Tochterkapitalgesellschaften erfolgen, so dass deren maßgebliches Einkommen als Bemessungsgrundlage für deren verrechenbare EBITDA zur Verfügung steht[274]. Ist die Finanzierung durch die Holdinggesellschaft erfolgt, können „debt-push-down"-Strukturen genutzt werden, um die Fremdfinanzierung auf „EBITDA-reiche" (operative) Gesellschaften zu verlagern. Für eine derartige Gestaltung spricht zudem, dass auch bei Nichtanwendung des § 8a KStG i.V.m. § 4h EStG Zinsaufwendungen auf der Ebene der Holding nur dann steuermindernd wirken können, wenn die Holding über entsprechende steuerpflichtige Einkünfte, z.B. aus Dienstleistungen usw., verfügt. Alternativ sollte erwogen werden, eine ertragsteuerliche Organschaft zwischen der Holdingkapitalgesellschaft und ihren Tochterkapitalgesellschaften zu begründen, um eine Trennung zwischen der zinstragenden Holding und den operativen Tochtergesellschaften für Zwecke der Zinsschranke zu vermeiden[275]. Nach § 15 Satz 1 Nr. 3 Satz 1 KStG gilt dann der Organkreis als ein Betrieb im Sinne der Zinsschranke. Hierdurch lässt sich die Bemessungsgrundlage des verrechenbaren EBITDA insgesamt erhöhen. Gleichzeitig werden aber auch die etwaigen Zinserträge und -aufwendungen der Tochtergesellschaften auf der Ebene der Holdinggesellschaft in die Berechnung einbezogen (vgl. § 15 Satz 1 Nr. 3 Satz 2 KStG). Andererseits kann die Freigrenze des § 8a Abs. 1 i.V.m. § 4h Abs. 2 Satz 1 Buchst. a EStG für den Organkreis nur einmal genutzt werden[276]. Für eine solche Lösung spricht demgegenüber, dass der Organkreis für sich allein

---

271 Vgl. *Förster* in Gosch, § 4h EStG Rz. 52.

272 *Möhlenbrock/Pung* in Dötsch/Pung/Möhlenbrock, § 8a KStG Rz. 27, 52.

273 *Kessler/Köhler/Knörzer*, IStR 2007, 418 (419); *Rödder/Stangl*, DB 2007, 479 (480).

274 Dies gilt allerdings nur unter der Voraussetzung, dass das steuerliche Ergebnis der Tochtergesellschaften eine entsprechende Verrechnung erlaubt.

275 Hierbei ist jedoch zu beachten, dass für ertragsteuerrechtliche Zwecke eine Mindestlaufzeit des Gewinnabführungsvertrages von fünf Jahren vereinbart sein muss (vgl. § 14 Abs. 1 Satz 1 Nr. 3 Satz 1 KStG). Zudem kann sich für die Holding hieraus ein Haftungsrisiko ergeben (vgl. § 302 AktG).

276 BMF v. 4.7.2008, BStBl. I 2008, 718, Tz. 57; Begründung zu dem Entwurf eines Unternehmensteuerreformgesetzes 2008 v. 27.3.2007, BT-Drucks. 16/4841, 77.

keinen Konzern bildet[277], so dass der Ausnahmetatbestand des § 8a Abs. 1 i.V.m. § 4h Abs. 2 Satz 1 Buchst. b EStG (sog. **Stand-alone-Klausel**) genutzt werden kann. Dies gilt nur unter der Voraussetzung, dass die Holdinggesellschaft selbst ihrerseits nicht eine konzernangehörige Gesellschaft i.S.d. § 4h Abs. 3 Sätze 5 und 6 EStG ist (vgl. hierzu Rz. 14.126). Zudem ist zu beachten, dass dieser Ausnahmetatbestand nur unter der Voraussetzung des § 8a Abs. 2 KStG (**schädliche Gesellschafter-fremdfinanzierung**) eingreift (vgl. dazu Rz. 14.128 ff.).

Nach § 4h Abs. 3 Satz 2 EStG sind Zinsaufwendungen Vergütungen für Fremdkapital, die den maßgeblichen Gewinn gemindert haben. Zinserträge sind nach § 4h Abs. 3 Satz 3 EStG Erträge aus Kapitalforderungen jeder Art, die den maßgeblichen Gewinn erhöht haben. Nur soweit sie sich gewinnmindert bzw. gewinnerhöhend ausgewirkt haben, sind sie hier von Bedeutung[278]. Demzufolge scheiden solche Zinsen aus der Betrachtung aus, die nach § 3c Abs. 1 und 2 EStG, § 4 Abs. 4a EStG, § 4 Abs. 5 Satz 1 Nr. 8a EStG nicht abziehbar sind und Zinsen, die gem. § 8 Abs. 3 Satz 2 KStG als verdeckte Gewinnausschüttungen das Einkommen einer Körperschaft nicht gemindert haben[279]. Zinsaufwendungen und Zinserträge von Mitunternehmern werden der Mitunternehmerschaft zugeordnet (vgl. Rz. 14.25). Zinsaufwendungen, die im Inland steuerpflichtige Sondervergütungen eines Mitunternehmers i.S.d. § 15 Abs. 1 Satz 1 Nr. 2 EStG sind, stellen weder Zinsaufwendungen der Mitunternehmerschaft noch Zinserträge des Mitunternehmers dar. Die Ermittlung der Zinsaufwendungen erfolgt betriebsbezogen, so dass die nicht abzugsfähigen Zinsaufwendungen bei einer Mitunternehmerschaft den Mitunternehmern auch dann nach dem allgemeinen Gewinnverteilungsschlüssel zuzurechnen sind, wenn es sich um Zinsaufwendungen aus dem Sonderbetriebsvermögensbereich eines Mitunternehmers handelt[280]. 14.119

Den Zinserträgen kommt nach § 4h Abs. 1 Satz 1 EStG eine besondere Bedeutung zu, weil Zinsaufwendungen in Höhe der Zinserträge uneingeschränkt abgezogen werden können. Nur der sog. **verbleibende Zinsaufwand** (= Zinsaufwand nach Saldierung mit dem Zinsertrag) unterliegt der Zinsschranke in Gestalt des verrechenbaren EBITDA (vgl. hierzu Rz. 14.115). In gleicher Weise gewinnt die Freigrenze gem. § 4h Abs. 2 Satz 1 Buchst. a EStG nur in Höhe des verbleibenden Zinsaufwandes an Bedeutung (vgl. dazu Rz. 14.123). 14.120

Nach der in § 4h Abs. 3 Sätze 2, 3 EStG enthaltenen Legaldefinition werden alle Zinsen für die vorübergehende **Überlassung von Geldkapital** (Zinserträge und Zinsaufwendungen im engeren Sinn)[281] unabhängig davon erfasst, ob es sich um kurzfristige oder langfristige Finanzierungen oder um Bankdarlehen, Gesellschafterdarlehen[282] oder z.B. mezzanine Finanzierungsformen handelt. Nach § 4h Abs. 3 Satz 4 EStG gehören hierzu auch Auf- und Abzinsungen von unverzinslichen oder niedrig verzinslichen Verbindlichkeiten oder Kapitalforderungen. Des Weiteren fallen hierunter Vergütungen für partiarische Darlehen, typisch stille Beteiligungen, für Genussrechtskapital, Gewinnschuldverschreibungen und Umsatzbeteiligungen. Ebenso erfasst werden Damnum, Disagio und Vorfälligkeitsentschädigungen sowie Provisionen und Gebühren, die an den Darlehensgeber gezahlt werden[283]. „**Sale-and-lease-back**"-Gestaltungen können genutzt werden, um eine Vermeidung der Zinsschranke zu erreichen[284]. 14.121

277 BMF v. 4.7.2008, BStBl. I 2008, 718, Tz. 65.
278 BMF v. 4.7.2008, BStBl. I 2008, 718, Tz. 18.
279 BMF v. 4.7.2008, BStBl. I 2008, 718, Tz. 18; *Möhlenbrock/Pung* in Dötsch/Pung/Möhlenbrock, § 8a KStG Rz. 73 m.w.N.
280 BMF v. 4.7.2008, BStBl. I 2008, 718, Tz. 51.
281 Begründung zu dem Entwurf eines Unternehmensteuerreformgesetzes 2008 v. 27.3.2007, BT-Drucks. 16/4841, 49.
282 Vorbehaltlich § 15 Abs. 1 Satz 1 Nr. 2 EStG.
283 BMF v. 4.7.2008, BStBl. I 2008, 718, Tz. 15; *Möhlenbrock/Pung* in Dötsch/Pung/Möhlenbrock, § 8a KStG Rz. 218; *Loschelder* in Schmidt, § 4h EStG Rz. 24.
284 Vgl. BMF v. 4.7.2008, BStBl. I 2008, 718, Tz. 26.

cc) Ausnahmetatbestände gem. § 4h Abs. 2 Satz 1 EStG

14.122 Die Ausnahmetatbestände des § 4h Abs. 2 Satz 1 EStG sind konzeptionell darauf ausgerichtet, die Anwendung der Zinsschranke in den enumerativ abschließend aufgeführten Fällen (vorbehaltlich der Saldierung der Zinsaufwendungen mit dem Zinsertrag) – unabhängig von der Nutzung des verrechenbaren EBITDA – auszuschließen. Wegen der aus der Anwendung der Zinsschranke resultierenden Belastung der Unternehmen kommt den Ausnahmetatbeständen besondere Bedeutung zu. Die Zinsschrankenregelung ist nach § 4h Abs. 2 Satz 1 EStG nicht anzuwenden, wenn

- der Betrag der Zinsaufwendungen, soweit er den Betrag der Zinserträge übersteigt, weniger als 3 Mio. Euro beträgt (**Freigrenze**),
- der Betrieb nicht oder nur anteilmäßig zu einem Konzern gehört, sog. „**Stand-alone-Klausel**"[285] oder
- der Betrieb zu einem Konzern gehört und seine Eigenkapitalquote am Schluss des vorangegangen Abschlussstichtages gleichhoch oder höher ist als die des Konzerns (sog. **Escape-Klausel**). Ein Unterschreiten der Eigenkapitalquote des Konzerns bis zu zwei Prozentpunkte ist unschädlich.

(1) Freigrenze (§ 4h Abs. 2 Satz 1 Buchst. a EStG)

14.123 § 4h Abs. 2 Satz 1 Buchst. a EStG sieht eine Freigrenze von 2.999.999 Euro vor. Mit dieser Freigrenze soll sichergestellt werden, dass kleine und mittlere Betriebe nicht von der Beschränkung der Abzugsfähigkeit der Zinsaufwendungen betroffen sind[286]. Die Freigrenze gilt rechtsformunabhängig und gem. § 8 Abs. 1 Satz 1 KStG i.V.m. § 4h Abs. 2 Satz 1 Buchst. a EStG auch für Körperschaften[287]. Übersteigt der Betrag der Zinsaufwendungen nach Abzug der Zinserträge die Freigrenze (z.B. um 1 Euro), dann kommt es – vorbehaltlich der weiteren Ausnahmetatbestände – zur uneingeschränkten Anwendbarkeit der Zinsschranke. Dies ist deshalb problematisch, weil sich der konkrete Zinssaldo des Wirtschaftsjahres und damit auch eine Einhaltung der betragsmäßigen Grenze oftmals nicht sicher vorherplanen lässt. Sachgerechter wäre es daher, die Freigrenze als Freibetrag auszugestalten.

14.124 Da die Freigrenze pro Betrieb i.S.d. § 4h Abs. 1 Satz 1 i.V.m. § 4h Abs. 2 Satz 1 Buchst. a EStG gewährt wird, bietet es sich ggf. an, ein bislang als Stammhaus organisiertes Unternehmen, das entsprechende Zinslasten zu tragen hat, in verschiedene operative Einheiten, ggf. unter Führung durch ein Holding, aufzugliedern. Dadurch lässt sich die Freigrenze für jedes einzelne (Teil-)Unternehmen nutzen. Voraussetzung einer derartigen „**Atomisierungsstrategie**" ist allerdings, dass die Aufgliederung in einzelne operative Einheiten steuerneutral gestaltet werden kann, da anderenfalls zusätzliche Steuerlasten aus einer derartigen Umstrukturierung drohen. Es muss daher im Einzelfall sorgfältig geprüft werden, ob im Hinblick auf die Nutzung zusätzlicher Zinsschrankenfreigrenzen eine Aufgliederung in einzelne Unternehmen sinnvoll ist. Weitere Gestaltungsmöglichkeiten in diesem Zusammenhang können die Abspaltung von Teilbetrieben sein, die Beendigung einer bestehenden Organschaft sowie Maßnahmen zur Umfinanzierung innerhalb einer Unternehmensgruppe[288]. Der Vorwurf des Gestaltungsmissbrauchs nach § 42 AO kann insoweit nicht erhoben werden, da eine auf Dauer angelegte Unternehmensumstrukturierung, die letztlich auch der Steueroptimierung dient, nicht zu einer unangemessenen Gestaltung i.S.d. § 42 Abs. 2 Satz 1 AO führen kann[289].

---

285 Vgl. zum Begriff: BFH v. 13.3.2012 – I B 111/11, BStBl. II 2012, 611 (614) = AG 2012, 409.

286 Begründung zu dem Entwurf eines Unternehmensteuerreformgesetzes 2008 v. 27.3.2007, BT-Drucks. 16/4841, 48.

287 BMF v. 4.7.2008, BStBl. I 2008, 718, Tz. 56 Satz 2; *Möhlenbrock/Pung* in Dötsch/Pung/Möhlenbrock, § 8a KStG Rz. 72; *Hick* in Herrmann/Heuer/Raupach, § 4h EStG Anm. 41.

288 Vgl. hierzu: *Prinz*, FR 2008, 441 ff.; *Kußmaul/Ruiner/Schappe*, GmbHR 2008, 505 ff.

289 BFH v. 20.5.2010 – IV R 74/07, BStBl. II 2010, 1104 (1108), Rz. 30 m.w.N.

Die Freigrenze ist nur auf die Zinsaufwendungen anwendbar, die Teil einer **inländischen Gewinnermittlung** sind[290]. Dabei wird die Freigrenze für jeden Betrieb im Sinne der Zinsschranke (vgl. Rz. 14.114) gewährt. Hat das inländische Unternehmen auch ausländische Betriebe oder Betriebstätten, ist der diesen Betriebsteilen zuzuordnende Zinsaufwand für die Freigrenze dann unbeachtlich, wenn es sich um ein nach DBA freigestelltes Betriebsstättenergebnis handelt. Bei Fehlen eines DBA oder bei Vorliegen eines DBA mit Anrechnungsmethode ist das ausländische Betriebsstättenergebnis einschließlich eines etwaigen Zinsaufwandes und Zinsertrages Teil der inländischen Gewinnermittlung und die Freigrenze findet insoweit auf den gesamten Betrieb Anwendung[291]. Die Freigrenze spielt bei Zinszahlungen zwischen einer Personengesellschaft (Mitunternehmerschaft) und deren Gesellschafter (Mitunternehmern) keine Rolle, da sie wegen § 15 Abs. 1 Satz 1 Nr. 2 EStG als sog. Sondervergütungen den Gewinn nicht mindern. Anderes gilt allerdings für den Refinanzierungsaufwand des Gesellschafters für den Erwerb des Gesellschaftsanteils (Mitunternehmeranteils). Diese stellen Sonderbetriebsausgaben dar, und haben somit den Gewinn der Personengesellschaft gemindert. Die Freigrenze steht für die Mitunternehmerschaft insgesamt nur einmal und nicht bezogen auf jeden Mitunternehmer zur Verfügung (sog. **betriebsbezogene Betrachtung**). Die Zinserträge und Zinsaufwendungen aus Rechtsbeziehungen innerhalb eines Organkreises sind für die Freigrenze unbeachtlich, da der Organkreis als ein Betrieb i.S.d. § 4h EStG gilt (§ 15 Satz 1 Nr. 3 KStG). Allerdings hat dies auch zur Folge, dass die Freigrenze für den gesamten Organkreis nur einmal zur Verfügung steht[292]. Ggf. bietet es sich daher an, die Organschaft mit dem Ziel der Nutzung der Freigrenze sowohl auf der Ebene des Organträgers als auch der Organgesellschaften zu beenden. 14.125

(2) Stand-alone-Klausel (§ 4h Abs. 2 Satz 1 Buchst. b EStG)

Nach § 4h Abs. 2 Satz 1 Buchst. b EStG findet die Zinsschranke keine Anwendung, wenn der Betrieb **nicht oder nur anteilmäßig** zu einem **Konzern** gehört. Diese sog. Stand-alone-Klausel steht für Körperschaften und Personengesellschaften (Mitunternehmerschaften), an denen Körperschaften beteiligt sind (§ 4h Abs. 2 Satz 2 EStG), unter dem Vorbehalt sog. **schädlicher Gesellschafterfremdfinanzierung** gem. § 8a Abs. 2 KStG (vgl. dazu Rz. 14.128). Das Fehlen der Konzernzugehörigkeit ist damit Voraussetzung für den Ausnahmetatbestand der Stand-alone-Klausel. Eine gesetzliche Definition existiert insoweit nicht. Allerdings soll der Zinsschranke ein erweiterter Konzernbegriff zugrunde liegen[293]. Insoweit definieren § 4h Abs. 3 Sätze 5, 6 EStG positiv, wann eine Konzernzugehörigkeit gegeben ist. Gemäß § 4h Abs. 3 Satz 5 EStG gehört ein Betrieb zu einem Konzern, wenn er nach dem für die Anwendung des § 4h Abs. 2 Satz 1 Buchst. c EStG zugrunde gelegten **Rechnungslegungsstandard** mit einem oder mehreren anderen Betrieben konsolidiert wird oder werden könnte (sog. Grundfall)[294]. Maßgeblich sind insoweit die in § 4h Abs. 2 Sätze 8 ff. EStG im Einzelnen aufgeführten Rechnungslegungsstandards. Eine mögliche Einbeziehung in einen Konzernabschluss ist z.B. auch im Fall des § 296 Abs. 2 HGB gegeben, wenn eine Tochtergesellschaft nur von untergeordneter Bedeutung ist[295]. Gemeinschaftlich geführte Unternehmen nach § 310 HGB oder vergleichbare Unternehmen, die nach anderen zur Anwendung kommenden Rechnungslegungsstandards (z.B. IAS 31) nur anteilmäßig in den Konzernabschluss einbezogen werden, gehören für Zwecke der Zinsschranke nicht zu einem Konzern. Das Gleiche gilt für assoziierte Unternehmen (§ 311 HGB) oder diesen vergleichbare Unternehmen[296]. Liegt hiernach kein Konzern vor, sind die Voraus- 14.126

290 Begründung zu dem Entwurf eines Unternehmensteuerreformgesetzes 2008 v. 27.3.2007, BT-Drucks. 16/4841, 48.
291 *Hick* in Herrmann/Heuer/Raupach, § 4h EStG Anm. 26.
292 Begründung zu dem Entwurf eines Unternehmensteuerreformgesetzes 2008 v. 27.3.2007, BT-Drucks. 16/4841, 77.
293 Begründung zu dem Entwurf eines Unternehmensteuerreformgesetzes 2008 v. 27.3.2007, BT-Drucks. 16/4841, 50; BMF v. 4.7.2008, BStBl. I 2008, 718, Tz. 59.
294 BMF v. 4.7.2008, BStBl. I 2008, 718, Tz. 59.
295 *Möhlenbrock/Pung* in Dötsch/Pung/Möhlenbrock, § 8a KStG Rz. 77.
296 Begründung zu dem Entwurf eines Unternehmensteuerreformgesetzes 2008 v. 27.3.2007, BT-Drucks. 16/4841, 50; BMF v. 4.7.2008, BStBl. I 2008, 718, Tz. 61.

setzungen des § 4h Abs. 3 Satz 6 EStG (sog. Gleichordnungskonzern) zu prüfen[297]. Nach § 4h Abs. 3 Satz 6 EStG gehört ein Betrieb für Zwecke des § 4h Abs. 2 EStG auch zu einem Konzern, wenn seine **Finanz- und Geschäftspolitik** mit einem oder mehreren anderen Betrieben einheitlich bestimmt werden kann (Beherrschungsverhältnis nach IAS 27)[298]. Ein Konzern kann somit auch dann vorliegen, wenn eine natürliche Person an der Spitze des Konzerns steht und die Beteiligungen an den beherrschten Rechtsträgern im Privatvermögen gehalten werden[299]. Auch eine vermögensverwaltend tätige Gesellschaft kann Konzernspitze sein[300].

14.127 Die „Stand-alone-Klausel" ist regelmäßig erfüllt, wenn es sich um ein Einzelunternehmen handelt, das keine weiteren Beteiligungen hält oder um eine Kapitalgesellschaft, die sich im Streubesitz befindet und ebenfalls keine weiteren Beteiligungen hält[301]. Da Organgesellschaften und Organträger für Zwecke der Zinsschranke einen Betrieb darstellen[302], findet die Zinsschranke auf den **Organkreis** keine Anwendung[303]. Eine **Holdinggesellschaft**, die über Beteiligungsbesitz verfügt, gehört demgegenüber zu einem Konzern und unterliegt der Zinsschranke, falls nicht einer der anderen Ausnahmetatbestände des § 4h Abs. 2 EStG ggf. i.V.m. § 8a Abs. 3 KStG vorliegt. Besitzunternehmen bei einer **Betriebsaufspaltung** stellen keinen Konzern dar, wenn sich die Gewerblichkeit des Besitzunternehmens nur aufgrund einer personellen und sachlichen Verflechtung mit dem Betriebsunternehmen ergibt[304].

14.128 Nach **§ 8a Abs. 2 KStG** ist der Ausnahmetatbestand § 4h Abs. 2 Satz 1 Buchst. b EStG (**„Stand-alone-Klausel"**) bei Körperschaften oder bei Personengesellschaften (Mitunternehmerschaften), an denen eine Körperschaft beteiligt ist (§ 4h Abs. 2 Satz 2 EStG) nur dann anwendbar, wenn die Vergütungen für Fremdkapital an einen zu mehr als einem Viertel unmittelbar oder mittelbar am Grund- oder Stammkapital beteiligten Anteilseigner, eine diesem nahestehende Person (§ 1 Abs. 2 AStG) oder einen Dritten, der auf den zu mehr als einem Viertel am Grund- oder Stammkapital beteiligten Anteilseigner oder eine diesem nahestehende Person zurückgreifen kann (back-to-back-Finanzierungen)[305], nicht mehr als 10 % der die Zinserträge übersteigenden Zinsaufwendungen der Körperschaft i.S.d. § 4h Abs. 3 EStG betragen und die Körperschaft dies nachweist (Feststellungslast liegt bei der Gesellschaft, welche sich auf die „Stand-alone-Klausel" beruft). Der Tatbestand des § 8a Abs. 2 KStG beschreibt die sog. **schädliche Gesellschafterfremdfinanzierung**, wenn kein Konzern vorliegt. Adressat der Norm ist danach nur ein Rechtsträger, der nicht zu einem Konzern gehört[306].

14.129 Die Einschränkung des § 8a Abs. 2 KStG gilt nur für Körperschaften in der Rechtsform der **Kapitalgesellschaft**, da der Wortlaut auf einen am Grund- oder Stammkapital beteiligten Anteilseigner abstellt[307]. Insofern unterscheidet sich der Wortlaut von dem des § 8a Abs. 3 Satz 1 KStG, wo auf einen

297 BMF v. 4.7.2008, BStBl. I 2008, 718, Tz. 60.
298 Begründung zu dem Entwurf eines Unternehmensteuerreformgesetzes 2008 v. 27.3.2007, BT-Drucks. 16/4841, 50.
299 Begründung zu dem Entwurf eines Unternehmensteuerreformgesetzes 2008 v. 27.3.2007, BT-Drucks. 16/4841, 50.
300 BMF v. 4.7.2008, BStBl. I 2008, 718, Tz. 60.
301 Begründung zu dem Entwurf eines Unternehmensteuerreformgesetzes 2008 v. 27.3.2007, BT-Drucks. 16/4841, 48.
302 Begründung zu dem Entwurf eines Unternehmensteuerreformgesetzes 2008 v. 27.3.2007, BT-Drucks. 16/4841, 77.
303 Begründung zu dem Entwurf eines Unternehmensteuerreformgesetzes 2008 v. 27.3.2007, BT-Drucks. 16/4841, 77.
304 Begründung zu dem Entwurf eines Unternehmensteuerreformgesetzes 2008 v. 27.3.2007, BT-Drucks. 16/4841, 50; BMF v. 4.7.2008, BStBl. I 2008, 718, Tz. 63.
305 Vgl. zu den „schädlichen" Geldgebern *Möhlenbrock/Pung* in Dötsch/Pung/Möhlenbrock, § 8a KStG Rz. 108 ff.
306 BMF v. 4.7.2008, BStBl. I 2008, 718, Tz. 79.
307 *Schwedhelm* in Streck, § 8a KStG Rz. 40; *Prinz* in Herrmann/Heuer/Raupach, § 8a KStG Anm. 20; *Heuermann* in Blümich, § 8a KStG Rz. 15.

am Kapital beteiligten Gesellschafter abgestellt wird. Zum Teil wird allerdings die abweichende Auffassung vertreten, die Regelung fände auch auf solche Körperschaften Anwendung, die Mitgliedschaftsrechte haben, wie z.B. Genossenschaften[308]. Darüber hinaus wird die Auffassung vertreten, von § 8a Abs. 2 KStG seien alle Körperschaften erfasst, also z.B. auch Vereine und Stiftungen[309]. Folge wäre, dass die Stand-alone-Klausel des § 4h Abs. 2 lit. b) EStG für sämtliche Körperschaften nur unter den besonderen (weiteren) Voraussetzungen des § 8a Abs. 2 KStG anwendbar wäre. Bei Personengesellschaften (Mitunternehmerschaften) i.S.v. § 4h Abs. 2 Satz 2 EStG ist für Zwecke der Prüfung des § 8a Abs. 2 KStG auf den Gesellschafter (Mitunternehmer) der Personengesellschaft abzustellen[310]. § 8a Abs. 2 KStG ist nach der hier vertretenen Auffassung daher nur dann anwendbar, wenn der Gesellschafter (Mitunternehmer) der Personengesellschaft eine Kapitalgesellschaft ist. Bei einer **Organschaft** i.S.v. §§ 14 ff. KStG ist § 8a Abs. 2 KStG im Sinne einer betriebsbezogenen Betrachtungsweise auf den Organkreis anzuwenden (keine rechtsträgerbezogene Anwendung)[311]. § 8a Abs. 2 KStG findet bei Organschaften allerdings nur dann Anwendung, wenn – nach der hier vertretenen Ansicht – Organträger eine Kapitalgesellschaft ist.

Während es bei Körperschaften bei der Anwendung des § 8a Abs. 2 KStG darauf ankommt, dass die Vergütungen für Fremdkapital, die an einen zu mehr als einem Viertel unmittelbar oder mittelbar am Grund- oder Stammkapital beteiligten Anteilseigner, eine diesem nahestehende Person (§ 1 Abs. 2 AStG) oder einen Dritten, der auf den zu mehr als einem Viertel am Grund- oder Stammkapital beteiligten Anteilseigner oder eine diesem nahestehende Person zurückgreifen kann[312], nicht mehr als 10 % der die Zinserträge übersteigenden Zinsaufwendungen der Körperschaft betragen dürfen, ist bei **Personengesellschaften (Mitunternehmerschaften)** i.S.v. § 4h Abs. 2 Satz 2 EStG fraglich, ob die Anteilseignereigenschaft, die in § 8a Abs 2 KStG genannte Wesentlichkeitsgrenze von einem Viertel oder das Nahestehen und die Rückgriffsberechtigung **im Verhältnis zu der vorgeschalteten Körperschaft oder im Verhältnis zu der Personengesellschaft selbst** zu prüfen sind. Nach der hier vertretenen Ansicht ist insoweit auf die übergeordnete Körperschaft abzustellen. In Bezug auf diese müssen also die tatbestandlichen Voraussetzungen des § 8a Abs. 2 KStG geprüft sein. Damit fällt die Grundkonstellation, wonach ein an der vorgeschalteten Körperschaft wesentlich beteiligter Anteilseigner der Mitunternehmerschaft ein Darlehen gewährt, ohne weiteres in den Anwendungsbereich des § 8a Abs. 2 KStG. Soweit Zinszahlungen an eine einem Mitunternehmer, der natürliche Person ist, nahestehende Person oder einen rückgriffsberechtigten Dritten geleistet werden, ist § 8a Abs. 2 KStG tatbestandlich nicht erfüllt. 14.130

(3) Escape-Klausel (§ 4h Abs. 2 Satz 1 Buchst. c EStG)

Nach § 4h Abs. 2 Satz 1 Buchst. c Satz 1 EStG ist die Zinsschranke nicht anzuwenden, wenn der Betrieb zwar zu einem Konzern gehört, seine Eigenkapitalquote am Schluss des vorangegangenen Abschlussstichtages jedoch gleich hoch oder höher ist als die des Konzerns (**Eigenkapitalvergleich**). Gemäß § 4h Abs. 2 Satz 1 Buchst. c Satz 2 EStG ist ein Unterschreiten der Eigenkapitalquote des Konzerns um bis zu zwei Prozentpunkte unschädlich. Mit dem Eigenkapitalvergleich soll sichergestellt werden, dass inländische Betriebe nicht zu Lasten des deutschen Steuersubstrats übermäßig durch Fremdkapital finanziert werden[313]. Der Ausnahmetatbestand steht im Falle der **Gesellschafterfremdfinanzierung** unter dem Vorbehalt des § 8a Abs. 3 KStG (vgl. dazu Rz. 14.135 ff.). Unter 14.131

308 *Förster* in Gosch, § 8a KStG Rz. 36.

309 *Möhlenbrock/Pung* in Dötsch/Pung/Möhlenbrock, § 8a KStG Rz. 106.

310 Vgl. *Möhlenbrock/Pung* in Dötsch/Pung/Möhlenbrock, § 8a KStG Rz. 193.

311 *Möhlenbrock/Pung* in Dötsch/Pung/Möhlenbrock, § 8a KStG Rz. 104; *Herzig/Liekenbrock*, DB 2007, 2387 (2390); in diesem Sinne wohl auch: Begründung zu dem Entwurf eines Unternehmensteuerreformgesetz 2008 v. 27.3.2007, BT-Drucks. 16/4841, 77.

312 Vgl. zu den „schädlichen" Geldgebern *Möhlenbrock/Pung* in Dötsch/Pung/Möhlenbrock, § 8a KStG Rz. 108 f.

313 Begründung zu dem Entwurf eines Gesetzes zur Beschleunigung des Wirtschaftswachstums (Wachstumsbeschleunigungsgesetz) v. 9.11.2009, BT-Drucks. 17/15, 17.

die Escape-Klausel gehören demnach Fälle, in denen eine Konzernangehörigkeit des Betriebes i.S.d. § 4h Abs. 3 Sätze 5, 6 EStG gegeben ist.

14.132 Als **Eigenkapitalquote** wird nach § 4h Abs. 2 Satz 1 Buchst. c Satz 3 Halbs. 1 EStG das Verhältnis des Eigenkapitals zur Bilanzsumme bestimmt. Sie bemisst sich gem. § 4h Abs. 2 Satz 1 Buchst. c Satz 3 Halbs. 2 EStG nach dem Konzernabschluss, der den Betrieb umfasst und ist für den Betrieb auf der Grundlage des Jahresabschlusses oder Einzelabschlusses zu ermitteln. **Stichtag** für den Eigenkapitalvergleich und damit für die Ermittlung der Eigenkapitalquote ist gem. § 4h Abs. 2 Satz 1 Buchst. c Satz 1 EStG der vorangegangene Abschlussstichtag. Gelingt der Eigenkapitalvergleich nicht, ist also die Eigenkapitalquote des Betriebs mehr als 2 %-Punkte geringer als diejenige des Konzerns, dem der Betrieb angehört, findet die Zinsschranke Anwendung. Die Detailregelungen zur Ermittlung der Eigenkapitalquote sind in § 4h Abs. 2 Satz 1 Buchst. c Sätze 4 ff. EStG enthalten. Im Zusammenhang mit Holdinggesellschaften ist insbesondere auf Folgendes hinzuweisen: Nach § 4h Abs. 2 Satz 5 EStG ist bei der Ermittlung der Eigenkapitalquote des Betriebs das Eigenkapital insbesondere um den Buchwert der Anteile an anderen Konzerngesellschaften zu kürzen. Die Kürzung umfasst sowohl Anteile an inländischen als auch an ausländischen Konzerngesellschaften und auch Anteile an Personengesellschaften (Mitunternehmerschaften). Die Beteiligungshöhe ist unmaßgeblich. Eine Kürzung um eigene Anteile und um Anteile an nicht konzernangehörigen Gesellschaften unterbleibt[314]. Die Kürzung soll dazu dienen, Kaskadeneffekte zu verhindern, durch die die Wirkungen der Zinsschranke unterlaufen werden könnten.

14.133 Die vorstehend beschriebene **Kürzung des Eigenkapitals** um Anteile an anderen Konzerngesellschaften ist für **Holdinggesellschaften** von besonderem Nachteil, weil hierdurch die **Escape-Klausel** bei diesen **regelmäßig nicht** anwendbar ist[315]. Zudem sind Holdinggesellschaften wegen der im Wesentlichen steuerfreien Beteiligungserträge im Hinblick auf die Ermittlung des verrechenbaren EBITDA nach § 4h Abs. 1 Satz 1 EStG benachteiligt. Eine unternehmerisch und betriebswirtschaftlich sinnvolle Akquisitionsfinanzierung auf der Ebene der Holdinggesellschaft wird durch die Wirkung der Zinsschranke regelmäßig erschwert bzw. unmöglich gemacht. Der Holdingstandort Deutschland verliert damit im Vergleich zu ausländischen Standorten erheblich an Attraktivität. In gestalterischer Hinsicht bleibt ggf. nur die Möglichkeit der Begründung einer Organschaft, so dass nach § 15 Satz 1 Nr. 3 Satz 2 KStG Organträger und Organgesellschaften als ein Betrieb gelten und dadurch die Buchwertkürzung ausgeschlossen wird[316] (vgl. dazu auch Rz. 14.131 ff.). Alternativ kann die Finanzierung auf die Ebene der Tochtergesellschaft durch eine „dept-push-down-Struktur“ verlagert werden.

14.134 Die dem Eigenkapitalvergleich zugrunde zu legenden **Einzel**- bzw. **Konzernabschlüsse** sind gem. § 4h Abs. 2 Satz 1 Buchst. c Sätze 8 ff. EStG nach IFRS zu erstellen, hilfsweise nach nationalem Handelsrecht innerhalb der EU, falls ein IFRS-Konzernabschluss nicht erforderlich ist, hilfsweise nach US-GAAP, falls weder der IFRS-Konzernabschluss noch ein nationaler Konzernabschluss innerhalb der EU erforderlich sind. Der Einzelabschluss ist mit prüferischer Durchsicht zu versehen; auf Verlangen der Behörde ist er durch einen Abschlussprüfer i.S.d. § 319 HGB zu testieren. Da im Falle der Organschaft Organträger und Organgesellschaften nach § 15 Satz 1 Nr. 3 Satz 2 KStG als ein Betrieb i.S.d. § 4h EStG gelten, ist das Eigenkapital der Gesellschaften, die zu einem Organkreis gehören, für Zwecke der Zinsschranke nach den Grundsätzen des Rechnungslegungsstandards zu konsolidieren, der für die Konsolidierung des Konzernkreises angewendet wird, dem der Organkreis angehört. Ist ein dem Eigenkapitalvergleich zugrunde gelegter Abschluss unrichtig und führt der zutreffende Abschluss zu einer Erhöhung der nach § 4h Abs. 1 EStG nicht abziehbaren Zinsaufwendungen, ist gem. § 4h Abs. 2 Satz 1 Buchst. c Satz 14 EStG ein Zuschlag entsprechend § 162 Abs. 4 Satz 1 und 2 AO

314 BMF v. 4.7.2008, BStBl. I 2008, 718, Tz. 74.

315 *Hick* in Herrmann/Heuer/Raupach, § 4h EStG Anm. 54; *Rödder/Stangl*, DB 2007, 479, 484.

316 BMF v. 4.7.2008, BStBl. I 2008, 718, Tz. 65; *Hick* in Herrmann/Heuer/Raupach, § 4h EStG Anm. 54.

festzusetzen. Der Zuschlag gehört gem. § 4 Abs. 5 Satz 1 Nr. 12 EStG zu den nicht abziehbaren Betriebsausgaben.

Nach § **8a Abs. 3 Satz 1 KStG** ist der Ausnahmetatbestand § 4h Abs. 2 Satz 1 Buchst. c EStG (**Escape-Klausel**) bei Körperschaften oder bei Personengesellschaften (Mitunternehmerschaften), an denen eine Körperschaft beteiligt ist (§ 4h Abs. 2 Satz 2 EStG) nur dann anwendbar, wenn die Vergütungen für Fremdkapital der Körperschaft oder eines anderen demselben Konzern zugehörenden Rechtsträgers an einen zu mehr als einem Viertel unmittelbar oder mittelbar am Kapital beteiligten Gesellschafter einer konzernzugehörigen Gesellschaft, eine diesem nahe stehende Person (§ 1 Abs. 2 AStG) oder einen Dritten, der auf den zu mehr als einem Viertel am Kapital beteiligten Gesellschafter oder eine diesem nahe stehende Person zurückgreifen kann[317], nicht mehr als 10 % der die Zinserträge übersteigenden Zinsaufwendungen des Rechtsträgers im Sinne des § 4h Abs. 3 EStG betragen und die Körperschaft dies nachweist. Die Einschränkung der Escape-Klause nach § 8a Abs. 3 Satz 1 KStG gilt allerdings nur für Zinsaufwendungen aus Verbindlichkeiten, die in dem voll konsolidierten Konzernabschluss nach § 4h Abs. 2 Satz 1 Buchst. c EStG ausgewiesen sind und bei Finanzierung durch einen Dritten einen Rückgriff gegen einen nicht zum Konzern gehörenden Gesellschafter oder eine diesem nahe stehende Person auslösen (§ 8a Abs. 3 Satz 2 KStG). Rechtsfolge des § 8a Abs. 3 Satz 2 KStG ist, dass bei der Prüfung der 10 %-Grenze **nur Zinsaufwendungen aus konzernexternen Finanzierungen** zu beachten sind[318]. Konzerninterne Finanzierungen sind damit unschädlich. 14.135

Die schädliche Gesellschafterfremdfinanzierung nach § 8a Abs. 3 KStG ist in Bezug auf **alle konzernzugehörigen Rechtsträger** zu prüfen. Der Tatbestand des § 8a Abs. 3 Satz 1 KStG verweist insoweit auf eine *Körperschaft* oder *einen anderen konzernzugehörenden Rechtsträger*, der Fremdkapital von einem zu mehr als einem Viertel (unmittelbar oder mittelbar) am Kapital beteiligten Gesellschafter einer konzernzugehörigen Gesellschaft erhalten hat. Damit ist die schädliche Gesellschafterfremdfinanzierung nicht nur für die den konkreten Betrieb innehabende Körperschaft zu prüfen, sondern für alle in- oder ausländischen Rechtsträger[319], soweit sie zum Konzern i.S.d. § 4 Abs. 3 Sätze 5 und 6 EStG gehören (**konzernweite Prüfung**). Rechtsträger in diesem Sinn sind demnach nicht nur Körperschaften, sondern auch Personengesellschaften und Konzernspitzen in der Rechtsform des Einzelunternehmens[320]. Somit sind auch im Ausland vorliegende Zinsaufwendungen von ausländischen Konzerngesellschaften relevant[321]. Rechtsfolgenseitig sind aber nur Körperschaften betroffen, soweit sie der inländischen Gewinnermittlung unterliegen[322], so dass es sachgerechter wäre, den Kreis der potenziell schädlichen Leistenden auf inländische Rechtsträger zu beschränken[323]. Werden die Voraussetzungen des § 8a Abs. 3 KStG nicht erfüllt, können alle der inländischen Gewinnermittlung unterliegenden konzernangehörenden Körperschaften sich nicht auf die Escape-Klausel des § 4h Abs. 2 Buchst. c EStG berufen[324]. Es kann dadurch zu einer Infektion einer inländischen Körperschaft durch irgendeine, auch noch so unbedeutende Konzerngesellschaft im In- oder Ausland, kommen[325]. Für (nationale) Holdinggesellschaften, die Zentralfunktionen wahrnehmen, beinhaltet die Regelung einen erheblichen Kontroll- und Managementaufwand, um konzernweite Gesellschafterfremdfinanzierungsfälle aufzuspüren und ggf. zu verhindern. Wegen der komplexen Regelung bestehen erhebliche Auslegungs- und Abgrenzungsschwierigkeiten, die sich durch die gesetzliche 14.136

317 Vgl. zu den „schädlichen" Geldgebern *Möhlenbrock/Pung* in Dötsch/Pung/Möhlenbrock, § 8a KStG Rz. 170 ff.

318 *Stangl* in Rödder/Herlinghaus/Neuman, § 8a KStG Rz. 258.

319 BMF v. 4.7.2008, BStBl. I 2008, 718, Tz. 80; vgl. zu diesbezüglichen Auslegungszweifeln: *Staats/Renger*, DStR 2007, 1801 ff. sowie *Prinz* in Herrmann/Heuer/Raupach, § 8a KStG Anm. 27.

320 *Förster* in Gosch, § 8a KStG Rz. 80.

321 BMF v. 4.7.2008, BStBl. I 2008, 718, Tz. 80.

322 *Prinz* in Herrmann/Heuer/Raupach, § 8a KStG Anm. 25.

323 *Stangl* in Rödder/Herlinghaus/Neuman, § 8a KStG Rz. 233 und 236.

324 Begründung zu dem Entwurf eines Unternehmensteuerreformgesetzes 2008 v. 27.3.2007, BT-Drucks. 16/4841, 75.

325 *Seiler* in Kirchhof, § 4h EStG Rz. 60.

Nachweispflicht noch verschärfen. Dabei kommt der 10 %-Grenze und ihrer Administrierbarkeit eine zentrale Bedeutung zu. Bei einer **Organschaft** i.S.v. § 14 ff. KStG findet § 8a Abs. 3 KStG auf den Organkreis keine Anwendung, da dieser als ein Betrieb gilt (vgl. § 15 Satz 1 Nr. 3 Satz 2 KStG) und für sich genommen keinen Konzern bildet[326]. Etwas anderes gilt allerdings dann, wenn der Organkreis Teil eines (weiteren) Konzerns ist.

14.137 Im Falle einer **Personengesellschaft (Mitunternehmerschaft)** findet § 8a Abs. 3 KStG nach § 4h Abs. 2 Satz 2 EStG entsprechende Anwendung. Voraussetzung ist, dass die Personengesellschaft Teil des Konzerns i.S.v. § 4h Abs. 3 Sätze 5 und 6 EStG ist[327]. Bei der Anwendung des § 8a Abs. 3 KStG auf Personengesellschaften bestehen eine Vielzahl von Zweifelsfragen[328].

dd) Gewerbesteuer

14.138 Soweit nach den vorstehenden Regelungen ein Abzug der Zinsaufwendungen möglich ist, also insbesondere in Höhe des verrechenbaren EBITDA, kommt eine **gewerbesteuerliche Hinzurechnung** nach § 8 Nr. 1 Buchst. a GewStG in Betracht[329]. Sind Zinsaufwendungen nach § 4h Abs. 1 EStG **nicht** abziehbar, findet keine Hinzurechnung bei der Gewerbesteuer statt[330]. Erfolgt der Abzug von Zinsaufwendungen in einem späteren Wirtschaftsjahr (Zinsvortrag), greift § 8 Nr. 1 Buchst. a GewStG für die gesamten in diesem Wirtschaftsjahr zum Abzug zugelassenen Zinsaufwendungen, und zwar unabhängig davon, ob es sich um Zinsaufwendungen aus einem Zinsvortrag oder um Zinsaufwendungen des jeweiligen Wirtschaftsjahres handelt[331].

7. Nutzung von Verlusten und von Verlustvorträgen

a) Grundlagen

14.139 Die Nutzung etwaiger steuerlicher Verluste oder von steuerlichen Verlustvorträgen durch die Holding selbst und ihre Beteiligungsgesellschaften ist von großer wirtschaftlicher Bedeutung, um unabhängig von der Abschnittsbesteuerung eine an der Leistungsfähigkeit orientierte **Steuerbelastungswirkung** herbei zu führen. In den letzten Jahrzehnten hat es verschiedene gesetzgeberische Maßnahmen gegeben, durch die die Verlustnutzung eingeschränkt bzw. ausgeschlossen worden ist. Grundsätzlich soll auf den Verlustabzug weder ein Grundrechtsanspruch noch ein Vertrauensschutzanspruch auf dessen Fortbestand bestehen[332]. Verluste i.S.d. § 2 Abs. 1 EStG sind grundsätzlich im Veranlagungszeitraum des Entstehens mit anderen positiven Einkünften zu verrechnen, soweit dies nicht gesetzlich ausgeschlossen ist (vgl. § 2 Abs. 3 EStG). Demzufolge ist ein innerperiodischer Verlustausgleich grundsätzlich unbeschränkt möglich[333]. Kann der Verlust im laufenden Veranlagungszeitraum nicht mit anderen positiven Einkünften verrechnet werden, bestimmt § 10d EStG, inwieweit ein Verlustabzug durch (eingeschränkten) **Verlustrücktrag** oder durch (eingeschränkten) **Verlustvortrag** genutzt werden kann. § 10d EStG ermöglicht aus Gründen der Steuergerechtigkeit seit jeher auf unterschiedlichste Art und Weise eine Erweiterung der Abschnitts-

---

326 BMF v. 4.7.2008, BStBl. I 2008, 718, Tz. 65; Begründung zu dem Entwurf eines Unternehmensteuerreformgesetzes 2008 v. 27.3.2007, BT-Drucks. 16/4841, 77; *Stangl* in Rödder/Herlinghaus/Neuman, § 8a KStG Rz. 249; *Förster* in Gosch, § 8a KStG Rz. 80.

327 *Frotscher* in Frotscher/Drüen, § 8a KStG Rz. 168a; a.A.: *Möhlenbrock/Pung* in Dötsch/Pung/Möhlenbrock, § 8a KStG Rz. 196, wonach § 8a Abs. 3 KStG unmittelbar anwendbar sein soll.

328 Vgl. *Stangl* in Rödder/Herlinghaus/Neuman, § 8a KStG Rz. 277 ff.

329 OFD Nordrhein-Westfalen, Verfügung v. 11.7.2013, DB 2013, 1580 (1581).

330 Begründung zu dem Entwurf eines Unternehmensteuerreformgesetzes 2008 v. 27.3.2007, BT-Drucks. 16/4841, 48.

331 Begründung zu dem Entwurf eines Unternehmensteuerreformgesetzes 2008 v. 27.3.2007, BT-Drucks. 16/4841, 48.

332 *Heuermann*, FR 2012, 435 (438 f.); vgl. *Heinicke* in Schmidt, § 10d EStG Rz. 10 m.w.N.

333 Vgl. aber z.B. die Einschränkung durch § 15b EStG bei Steuerstundungsmodellen.

besteuerung. Einerseits soll bei schwankenden Einkünften nicht auf das zufällige Jahresergebnis abgestellt werden mit der Folge, dass z.B. gewerbliche Anlaufverluste endgültig ohne steuerliche Auswirkung bleiben. Andererseits sollte dies nicht unbegrenzt gelten und die vielfach durch künstliche Verlustproduktion ausgenutzte Verrechnungsmöglichkeit positiver und negativer Einkünfte eingeschränkt werden[334]. § 10d enthält seit dem Veranlagungszeitraum 2004 die sog. **Mindestbesteuerung**, wonach negative Einkünfte, die bei der Ermittlung des Gesamtbetrags nicht ausgeglichen werden, bis zu einem Betrag 1.000.000 Euro vom Gesamtbetrag der Einkünfte des unmittelbar vorangegangenen Veranlagungszeitraums abzuziehen sind (sog. Verlustrücktrag, § 10d Abs. 1 EStG). Nicht ausgeglichene negative Einkünfte, die nicht nach § 10d Abs. 1 EStG abgezogen worden sind, sind gem. § 10d Abs. 2 Satz 1 EStG bis zu einem Gesamtbetrag der Einkünfte von 1.000.000 Euro unbeschränkt, darüber hinaus bis zu 60 % des 1 Mio. Euro übersteigenden Gesamtbetrags der Einkünfte abzuziehen (sog. Verlustvortrag). Diese sog. Mindestbesteuerung führt dazu, dass mindestens 40 % des übersteigenden Gewinnes zu versteuern sind. § 10a Sätze 1, 2 GewStG enthalten für gewerbesteuerliche Zwecke eine vergleichbare Mindestbesteuerungs- bzw. Verlustvortragsregelung. Ein Verlustrücktrag ist bei der Gewerbesteuer ausgeschlossen. Die Rechtsprechung hält die Mindestbesteuerung für verfassungsgemäß[335]. Zweifel an der Verfassungsmäßigkeit der Mindestbesteuerung sind aber dann gegeben, wenn eine Verlustverrechnung in späteren Veranlagungszeiträumen aus tatsächlichen oder rechtlichen Gründen ausgeschlossen ist (sog. **Definitiveffekte**)[336]. Weitere Einschränkungen hinsichtlich der Verlustnutzung ergeben sich in Umwandlungsfällen (vgl. §§ 2 Abs. 4, 4 Abs. 2 Satz 2, 12 Abs. 3 Halbs. 2, 15 Abs. 3, 18 Abs. 1, 19 Abs. 2, 23 Abs. 5 UmwStG). Dies gilt nach § 10a Satz 8 i.V.m. § 2 Abs. 5 GewStG auch bei Übertragung eines Gewerbebetriebes.

Die Möglichkeit der Nutzung von Verlustvorträgen zur Verrechnung mit Gewinnen wird durch die Mindestbesteuerung erheblich eingeschränkt. Zudem ergibt sich für Holdinggesellschaften in der Rechtsform von Kapitalgesellschaften bei dem Bezug steuerfreier Dividenden nach § 8b Abs. 1, Abs. 5 KStG bzw. steuerfreier Veräußerungsgewinne nach § 8b Abs. 2, Abs. 3 KStG weitestgehend ein faktischer Ausschluss der Nutzung von anderweitigen Verlusten, z.B. aus Refinanzierungsaufwendungen für den Erwerb von Beteiligungsgesellschaften. Insoweit besteht nur die Möglichkeit der Begründung **ertragsteuerrechtlicher Organschaften** i.S.v. § 14 ff. KStG, um einen horizontalen und vertikalen Verlustausgleich zu ermöglichen. Vororganschaftliche Verluste bleiben allerdings während der Dauer der Organschaft gesperrt (vgl. § 15 Satz 1 Nr. 1 KStG, § 10a Satz 3 GewStG). Wegen des bei Personengesellschaften geltenden Transparenzprinzips können deren Verluste einkommensteuerrechtlich, vorbehaltlich § 15a EStG, uneingeschränkt auf der Ebene der Holdinggesellschaft mit ggf. vorhandenen Gewinnen saldiert werden. Für gewerbesteuerliche Zwecke stellt sich die Personengesellschaft wegen ihres eigenständigen Steuersubjektcharakters demgegenüber als sog. „Gewerbesteuerinsel“ dar, so dass eine Verrechnung von gewerbesteuerlichen Verlusten mit Gewinnen auf Ebene der Holdinggesellschaften grundsätzlich ausscheidet. Hier kann über Treuhandkonstruktionen eine Verlustrechnung erreicht werden (sog. gewerbesteuerliches Treuhandmodell). 14.140

b) § 8c KStG

Darüber hinaus unterliegen körperschaftsteuerliche Verlustvorträge dem § 8c KStG[337], der unter besonderen Voraussetzungen einen Untergang von Verlusten vorsieht. Historisch betrachtet geht die 14.141

---

334 *Heinicke* in Schmidt, § 10d EStG Rz. 1.

335 BFH v. 22.8.2012 – I R 9/11, BStBl. II 2013, 512 (515) Rz. 22 ff.; BFH v. 20.9.2012 – IV R 36/10, BStBl. II 2013, 498 (502) Rz. 41 ff.; vgl. zur Frage der Berücksichtigung sog. „finaler Verluste“ im internationalen Kontext: zuletzt EuGH v. 7.11.2013 – C-322/11, K, ECLI:EU:C:2013:716, IStR 2013, 913 sowie Anmerkung: *Benecke/Staats*, IStR 2013, 918 ff.

336 Vgl. BFH v. 26.2.2014 – I R 59/12, BFH/NV 2014, 1674 (BVerfG – 2 BvL 19/14); BFH v. 26.8.2010 – I B 49/10, BStBl. II 2011, 826; BMF v. 19.10.2011, BStBl. I 2011, 974; OFD Frankfurt a.M., Verfügung v. 20.6.2013, DB 2013, 1696.

337 Vgl. hierzu: BMF v. 28.11.2017, BStBl. I 2017, 1645.

Regelung auf die sog. **Mantelkauffälle** des § 8 Abs. 4 KStG a.F. zurück. Die ehemalige sog. „Mantelkaufregelung“ des § 8 Abs. 4 EStG a.F., die die ungerechtfertigte Nutzung und den Handel von Verlustvorträgen verhindern sollte, wurde als zu kompliziert und gestaltungsanfällig betrachtet. Aus diesem Grund soll die Regelung des § 8c KStG den vollständigen oder teilweisen Wegfall des Verlustvortrages dann bewirken, wenn ein neuer Anteilseigner maßgebend auf die Geschicke der Kapitalgesellschaft einwirken kann und es so prinzipiell in der Hand hat, die Verwertung der Verluste zu steuern. Der Regelung des § 8c KStG liegt der Gedanke zugrunde, dass sich die wirtschaftliche Identität einer Gesellschaft durch das wirtschaftliche Engagement eines anderen Anteilseigners (oder Anteilseignerkreises) ändert. Die in früherer Zeit erzielten Verluste bleiben unberücksichtigt. § 8c Abs. 1 Satz 1, KStG sieht einen Wegfall des Verlustvortrages vor, wenn mehr als 50 % des gezeichneten Kapitals, der Mitgliedschaftsrechte, oder der Stimmrechte an einer Kapitalgesellschaft, an einem Gewerbe oder dessen nahestehender Person unmittelbar oder mittelbar übertragen werden (sog. schädlicher Beteiligungserwerb). Anteils- oder Stimmrechtsübertragungen bis zu einer Höhe von 50 % sind demgegenüber unschädlich. Als schädlicher Beteiligungserwerb gelten auch vergleichbare Sachverhalte[338]. Bei der Bestimmung der Höhe der innerhalb eines Fünf-Jahreszeitraums übertragenen Stimmrechte oder Anteile werden alle Übertragungen an einen Erwerber, diesem nahestehende Personen oder auch eine Gruppe von Erwerbern mit gleichgerichteten Interessen (vgl. § 8c Abs. 1 Satz 3 KStG) zusammengerechnet. Eine Kapitalerhöhung steht der Übertragung des gezeichneten Kapitals nach § 8c Abs. 1 Satz 4 KStG gleich, wenn sie zu einer Veränderung der Beteiligungsquoten führt. Bei Vorliegen der vorgenannten Voraussetzungen kommt es zu einem zwingenden Wegfall der vollständigen bis zum schädlichen Beteiligungserwerb nicht ausgeglichenen oder abgezogenen negativen Einkünfte (nicht genutzte Verluste) der übertragenen Gesellschaft (vgl. zu den Ausnahmen Rz. 14.142 ff.). D.h. die steuerlichen Konsequenzen werden auf der Ebene der Beteiligungsgesellschaft gezogen, obwohl deren Ursache auf der Ebene der Holdinggesellschaft liegt. Es handelt sich insoweit um eine Drittwirkung von Besteuerungsmerkmalen, die in prinzipieller Hinsicht einen Verstoß gegen das Steuersubjektprinzip darstellt. Die Wirkung des § 8c Abs. 1 KStG erstreckt sich bei Holdingstrukturen auf alle unmittelbar oder mittelbar vorhandenen verlusttragenden Beteiligungsgesellschaften, so dass sich bei mehrstufigen Konzernstrukturen Anteilsübertragungen aus steuerlicher Sicht ggf. verbieten.

14.142 Eine Ausnahme von dem anteiligen oder vollständigen Wegfall der Verluste regelt § 8c Abs. 1 Satz 4 KStG. § 8c Abs. 1 Satz 4 KStG enthält die sog. **Konzernklausel**, wonach ein schädlicher Beteiligungserwerb nicht vorliegt, wenn

(1.) an dem übertragenden Rechtsträger der Erwerber zu 100 % mittelbar oder unmittelbar beteiligt ist und der Erwerber eine natürliche oder juristische Person oder eine Personenhandelsgesellschaft ist,

(2.) an dem übernehmenden Rechtsträger der Veräußerer zu 100 % mittelbar oder unmittelbar beteiligt ist und der Veräußerer eine natürliche oder juristische Person oder eine Personenhandelsgesellschaft ist oder

(3.) an dem übertragenden und an dem übernehmenden Rechtsträger dieselbe natürliche oder juristische Person oder dieselbe Personenhandelsgesellschaft zu jeweils 100 % mittelbar oder unmittel-bar beteiligt ist.

Begünstigt sind hiernach nur Konzernstrukturen, an deren Spitze zu 100 % eine Holding, sei es als Einzelunternehmen oder als juristische Person, steht. Etwaige Drittbeteiligungen an dem übertragenden oder dem übernehmenden Rechtsträger verhindern die Anwendbarkeit der Konzernklausel. Demgegenüber ist die Konzernklausel auch anwendbar, wenn an der Verlustgesellschaft neben dem übertragenden Rechtsträger auch Dritte beteiligt sind[339].

338 Vgl. hierzu: BMF v. 28.11.2017, BStBl. I 2017, 1645, Rz. 7.
339 BMF v. 28.11.2017, BStBl. I 2017, 1645, Rz. 44.

Eine weitere Ausnahme von dem anteiligen oder vollständigen Wegfall der Verluste regelt § 8c Abs. 1 Sätze 6 ff. KStG. § 8c Abs. 1 Sätze 6, 7 KStG beinhalten den sog. **„stille Reserven-Escape“**, wonach Verluste bei einem schädlichen Beteiligungserwerb nicht entfallen, soweit ihnen entsprechende im Inland steuerpflichtige stille Reserven der Körperschaft gegenüberstehen[340]. Zur Rechtfertigung des Ausnahmetatbestandes wird in der Gesetzesbegründung angeführt, dass den Verlusten insoweit die vorhandenen stillen Reserven gegenüberstehen und kein zusätzliches Verlustverrechnungspotential übergeht[341]. § 8c Abs. 1 Satz 7 ff. KStG beinhaltet die gesetzliche Definition der stillen Reserven i.S.d. § 8c Abs. 1 Satz 6 KStG. Für Holdinggesellschaften mit Tochterkapitalgesellschaften lässt sich eine Verlustnutzung bei einem schädlichen Beteiligungserwerb nicht unter Hinweis auf den „stille-Reserven-Escape“ erreichen, soweit die stillen Reserven auf den Beteiligungsbesitz entfallen, weil nur im Inland steuerpflichtige stille Reserven Berücksichtigung finden. Etwaige Veräußerungsgewinne wären jedoch auf der Ebene der Holding nach § 8b Abs. 2, Abs. 3 KStG steuerfrei[342]. Hieraus ergeben sich hieraus für Holdingstrukturen erhebliche Nachteile. 14.143

Schließlich enthält § 8c Abs. 1a KStG einen weiteren Ausnahmetatbestand zu dem schädlichen Beteiligungserwerb i.S.d. Abs. 1. Es handelt sich um das sog. **Sanierungsprivileg**. Danach sind Beteiligungserwerbe bei der Ermittlung des schädlichen Beteiligungserwerbs unbeachtlich, wenn sie zum Zwecke der Sanierung des Geschäftsbetriebs der Körperschaft erfolgen. Nachdem die Europäische Kommission die Sanierungsklausel des § 8c Abs. 1a KStG als mit dem EU-Beihilferecht für nicht vereinbar erklärt hat[343], wird diese Frage im Rahmen mehrerer rechtshängiger Nichtigkeitsklageverfahren vor dem EuGH geklärt werden müssen[344]. Gemäß § 34 Abs. 7c KStG[345] bzw. § 34 Abs. 6 KStG[346] ist § 8c Abs. 1a KStG nach Maßgabe der dortigen Regelungen suspendiert. 14.144

Die Ausnahmen von dem Verlustuntergang (Konzern-Klausel, Stille-Reserven-Klausel und Sanierungsklausel) kommen lediglich Körperschaften zugute, die in entsprechenden Konzernstrukturen organisiert sind bzw. die aufgrund ihrer Geschäftstätigkeit ausreichend hohe stille Reserven haben oder die zum Zwecke der Sanierung erworben werden. Nach **§ 8d KStG** bleibt eine steuerliche Nutzung der bisher aufgelaufenen Verluste darüber hinaus möglich, wenn der Geschäftsbetrieb der Körperschaft nach dem schädlichen Beteiligungserwerb erhalten bleibt und eine anderweitige Nutzung der Verluste ausgeschlossen ist (Fortführung der aufgelaufenen Verluste als sog. fortführungsgebundener Verlustvortrag). Die Fortführung der Verluste als fortführungs-gebundener Verlustvortrag ist nach § 8d Abs. 1 Satz 1 KStG (nach einem schädlichen Beteiligungserwerb) auf Antrag möglich, wenn die Körperschaft seit ihrer Gründung oder zumindest seit dem Beginn des dritten Veranlagungszeitraums, der dem Veranlagungszeitraum des schädlichen Beteiligungserwerbs vorausgeht, ausschließlich den selben Geschäftsbetrieb unterhält und in diesem Zeitraum bis zum Schluss des Veranlagungszeitraums des schädlichen Beteiligungserwerbs kein schädliches Ereignisse i.S.v. § 8d Abs. 2 KStG stattgefunden hat. In diesem sog. Beobachtungszeitraum darf daher der Geschäftsbetrieb der Körperschaft nicht eingestellt, nicht ruhend gestellt oder einer andersartigen Zweckbestimmung zugeführt worden sein. Zudem darf die Körperschaft keinen zusätzlichen Geschäftsbetrieb aufgenommen oder sich an einer Mitunternehmerschaft beteiligt haben. Schädlich ist auch, 14.145

340 Vgl. hierzu: BMF v. 28.11.2017, BStBl. I 2017, 1645, Rz. 49 ff.

341 Begründung zu dem Entwurf eines Gesetzes zur Beschleunigung des Wirtschaftswachstums (Wachstumsbeschleunigungsgesetz) v. 9.11.2009, BT-Drucks. 17/15, 19.

342 Vgl. Begründung zu dem Entwurf eines Gesetzes zur Beschleunigung des Wirtschaftswachstums (Wachstumsbeschleunigungsgesetz) v. 9.11.2009, BT-Drucks. 17/15, 19; BMF v. 28.11.2017, BStBl. I 2017, 1645, Rz. 52.

343 Vgl. EU-Kommission v. 26.1.2011 – C-7/10, DB 2011, 2069.

344 Vgl. hierzu: *Dötsch* in Dötsch/Pung/Möhlenbrock, § 8c KStG Rz. 105a m.w.N.

345 In der Fassung des Art. 4 des Gesetzes zur Umsetzung der Beitreibungsrichtlinie sowie zur Änderung steuerlicher Vorschriften (Betreibungsrichtlinie-Umsetzungsgesetz – BeitrRLUmsG) v. 7.12.2011, BGBl. I 2011, 2592.

346 In der Fassung des Gesetzes zur Anpassung des nationalen Steuerrechts an den Beitritt Kroatiens zur EU und zur Änderung weiterer steuerlicher Vorschriften v. 25.7.2014, BGBl. I 2014, 1266.

wenn die Körperschaft im Beobachtungszeitraum Organträgerin i.S.v. § 14 ff. KStG war oder Wirtschaftsgüter auf die Körperschaft übertragen wurden, die diese zu einem Wert unterhalb des gemeinen Werts angesetzt hat. Die Fortführung des sog. fortführungsgebundenen Verlustvortrags gilt nach § 8d Abs. 1 Satz 2 Nr. 1 KStG indessen nicht für Verluste, die vor dem Beobachtungszeitraum und vor einer (vor dem Beginn des Beobachtungszeitraums) erfolgten Einstellung/Ruhendstellung des Geschäftsbetriebs angefallen sind. Außerdem ist die Fortführung ausgeschlossen, wenn die Körperschaft vor oder zu Beginn des Beobachtungszeitraums Organträger i.S.v. § 14 ff. KStG oder an einer Mitunternehmerschaft beteiligt war. Zudem geht der fortführungsgebundene Verlustvortrag unter, wenn die in § 8d Abs. 2 Satz 2 KStG genannten Ereignisse eintreten (keine Einstellung oder Ruhendstellung des Geschäftsbetriebs der Körperschaft, Zweckbestimmung des Geschäftsbetriebs darf nicht geändert werden oder ein zusätzlicher Geschäftsbetrieb aufgenommen werden, Beteiligung an einer Mitunternehmerschaft oder Einnahme der Stellung einer Organträgerin i.S.v. § 14 ff. KStG, oder Übertragung von Wirtschaftsgütern auf die Körperschaft, die diese zu einem Wert unterhalb des gemeinen Werts ansetzt). Aufgrund der Einschränkungen des Anwendungsbereichs dürfte § 8d EStG für die Mehrheit der Unternehmen keine Bedeutung haben[347].

c) § 10a GewStG

14.146 § 10a GewStG regelt die Berücksichtigung **gewerbesteuerlicher Verluste**. § 10a Sätze 1 und 2 GewStG enthält eine der einkommensteuerlichen Regelung des § 10d Abs. 2 EStG entsprechende **Mindestbesteuerung** (vgl. dazu Rz. 14.139). Die Möglichkeit des Verlustrücktrags, wie bei § 10d Abs. 1 EStG, besteht gewerbesteuerlich nicht. Wird eine ertragsteuerliche Organschaft i.S.v. § 14 ff. KStG begründet, sind vororganschaftliche Verluste vom Abzug ausgeschlossen (vgl. § 10a Satz 3 GewStG), ebenso wie körperschaftsteuerliche vororganschaftliche Verluste (vgl. § 15 Satz 1 Nr. 1 KStG). Für Personengesellschaften ist weitere Voraussetzung für die Verlustnutzung die Unternehmer- und Unternehmensidentität. Für **Mitunternehmerschaften** enthalten § 10a Sätze 4 ff. GewStG spezielle Regelungen, die das Steuersubjektprinzip der Gewerbesteuer (§§ 2 Abs. 1, 5 Abs. 1 Satz 3 GewStG) durchbrechen. Für Zwecke des gewerbesteuerlichen Verlustabzugs von Mitunternehmerschaften wird eine mitunternehmerbezogene Betrachtung vorgenommen, so dass ein Wechsel im Gesellschafterbestand und bei Änderung von Beteiligungsquoten zu einem anteiligen Wegfall des Verlustabzugs führt[348]. Bei der Übertragung eines Gewerbebetriebs nach § 2 Abs. 5 GewStG entfällt der Verlustabzug in vollem Umfang (vgl. § 10a Satz 8 GewStG). Nach § 10a Satz 10 Halbs. 1 GewStG finden § 8c und § 8d KStG auf die gewerbesteuerlichen Fehlbeträge entsprechende Anwendung (vgl. dazu Rz. 14.141 ff.). Dies gilt nach § 10a Satz 10 Halbs. 2 auch für die Fehlbeträge von solchen Mitunternehmerschaften, die unmittelbar oder mittelbar Körperschaften nachgeordnet sind[349]. Durch diese Regelung sollen Missbrauchsfälle verhindert werden, die dadurch entstehen, dass ein Verlustbetrieb einer Kapitalgesellschaft auf eine Personengesellschaft ausgegliedert wird und sich anschließend auf der Ebene der Kapitalgesellschaft ein schädlicher Beteiligungserwerb ergibt[350].

8. Vermeidung inländischen Ort der Geschäftsleitung

14.147 Ausländische Beteiligungsgesellschaften von internationalen Holdings können die steuerlichen Standortvorteile u.a. nur dann nutzen und eine Abschirmwirkung gegenüber der deutschen Besteuerung entfalten, wenn deren unbeschränkte Steuerpflicht im Inland vermieden wird. Von den in § 1 Abs. 1 KStG genannten Anknüpfungsmerkmalen für die unbeschränkte Steuerpflicht (Sitz oder Ge-

347 *Rödder*, JbFStR 2017/2018, 108; *Hey* in Tipke/Lang, Steuerrecht, § 11 Rz. 58; *Suchanek/Rüsch* in *Herrmann/Heuer/Raupach*, § 8d KStG Rz. 5 m.w.N.

348 R 10a.3 Abs. 3 Sätze 7 ff. GewStR 2009.

349 Vgl. hierzu: *Drüen* in Blümich, § 10a GewStG Rz. 88.

350 Bericht des Finanzausschusses zu dem Entwurf eines Jahressteuergesetzes 2009 v. 27.11.2008, BT-Drucks. 16/11108, 30.

schäftsleitung im Inland) kommt dem **Ort der Geschäftsleitung** i.S.d. § 10 AO in der Praxis besondere Bedeutung zu.

Dem Regelungsbereich des § 1 Abs. 1 KStG unterliegen nicht nur inländische, sondern auch nach ausländischem Recht errichtete Kapitalgesellschaften[351]. Voraussetzung ist, dass sie körperschaftlich strukturiert und mit den in § 1 Abs. 1 Nr. 1 KStG genannten Gesellschaften deutschen Rechts vergleichbar sind[352]. Damit entspricht § 1 Abs. 1 Nr. 1 KStG der europarechtlich verbürgten Niederlassungsfreiheit (Art. 49, 54 AEUV), wie sie für den Zuzug von Kapitalgesellschaften durch die Rechtsprechung des EuGH[353] konkretisiert worden ist. Die Qualifikation als Körperschaftsteuersubjekt hat unabhängig davon zu erfolgen, ob nach den Regeln des internationalen Gesellschaftsrechts die Sitz- oder Gründungstheorie zur Anwendung kommt[354]. Damit ist auch unerheblich, ob die ausländische Gesellschaft aus der Sicht des deutschen internationalen Privatrechts Rechtsfähigkeit hat oder nicht. Die vorstehenden Grundsätze gelten, da § 1 Abs. 1 Nr. 1 KStG insoweit nicht differenziert, auch für in Drittstaaten errichtete Rechtsträger mit der Folge, dass diese auch dann Körperschaftsteuersubjekte sind, wenn ihnen nach Maßgabe des deutschen internationalen Privatrechts in Orientierung an die Sitztheorie die Rechtsfähigkeit versagt wird[355]. Diese Grundsätze finden Anwendung nicht nur für Kapitalgesellschaften, sondern auch für die in § 1 Abs. 1 Nr. 2 bis 6 KStG aufgeführten Rechtsträger. So unterliegen dem Anwendungsbereich des § 1 Abs. 1 Nr. 2 KStG nicht nur rechtsfähige und nicht rechtsfähige Genossenschaften deutschen Rechts[356], sondern auch nach ausländischem Recht errichtete Genossenschaften, wenn sie ihrer Struktur nach einer Genossenschaft deutschen Rechts entsprechen. Auch rechtsfähige Vereine und rechtsfähige privatrechtliche Stiftungen ausländischen Rechts können gem. § 1 Abs. 1 Nr. 4 KStG unbeschränkt körperschaftsteuerpflichtig sein, sofern sie im Inland ihre Geschäftsleitung haben. Entsprechendes gilt schließlich auch für nicht rechtsfähige Vereine und nicht rechtsfähige Stiftungen ausländischen Rechts. Sie werden von § 1 Abs. 1 Nr. 5 KStG erfasst, wenn sie mit den entsprechenden Rechtsträgern deutschen Rechts vergleichbar sind. Dies gilt in besonderer Weise für ausländisches Zweckvermögen, etwa Trusts[357], sofern die vom Trust erzielten Einkünfte nicht dem Stiftungs- oder Treugeber zuzurechnen sind[358]. 14.148

Nach der Legaldefinition des § 10 AO ist Geschäftsleitung der Mittelpunkt der geschäftlichen Oberleitung. Das ist der Ort, wo der für die Geschäftsführung maßgebende Wille gebildet wird[359]. Bei einer an mehreren Orten tätigen Geschäftsführung ist der gem. § 10 AO maßgebliche Mittelpunkt der geschäftlichen Oberleitung da, wo sich die in organisatorischer und wirtschaftlicher Hinsicht bedeu- 14.149

351 Der Klammerzusatz in § 1 Abs. 1 Nr. 1 KStG enthält eine nicht abschließende Aufzählung von Kapitalgesellschaften („insbesondere"); vgl. auch BFH v. 8.9.2010 – I R 6/09, BStBl. II 2013, 186; *Schönfeld*, IStR 2014, 693.

352 Zu den einzelnen Merkmalen des maßgeblichen Typenvergleichs BFH v. 1.7.1992 – I R 6/92, BStBl. II 1993, 222; BFH v. 17.5.2000 – I R 19/98, BStBl. II 2000, 619; BFH v. 19.3.2002 – VIII R 62/00, BFH/NV 2002, 1411; BFH v. 20.8.2008 – I R 39/08, BStBl. II 2009, 234; BFH v. 25.5.2011 – I R 95/10, BFH/NV 2011, 1602; BMF v. 19.3.2004, BStBl. I 2004, 411 (zur LLC).

353 EuGH v. 9.3.1999 – C-212/97, ECLI:EU:C:1999:126 – Centros, EuGHE 1999 I-1459 = ZIP 1999, 438; EuGH v. 5.11.2002 – C-208/00, ECLI:EU:C:2002:632 – Überseering, EuGHE 2002 I-9919 = AG 2003, 37 = ZIP 2002, 2037; EuGH v. 30.1.2003 – C-167/01, ECLI:EU:C:2003:57 – Inspire Art, EuGHE 2003 I-10155.

354 *Altendorfer* in Herrmann/Heuer/Raupach, § 1 KStG Rz. J 06-3; *Kalbfleisch* in Ernst & Young, § 1 KStG Rz. 45; *Hey* in Tipke/Lang, Steuerrecht, § 11 Rz. 31; *Schaumburg* in Lutter, Europäische Auslandsgesellschaften in Deutschland, S. 403 (411 ff.).

355 So etwa von in der Schweiz errichteten Kapitalgesellschaften; vgl. BGH v. 27.10.2008 – II ZR 158/06 – Trabrennbahn, ZIP 2008, 2411.

356 Namentlich Erwerbs- und Erzeugergenossenschaften; hierzu *Lambrecht* in Gosch, § 1 KStG Rz. 75.

357 Vgl. BFH v. 5.11.1992 – I R 39/92, BStBl. II 1993, 388.

358 BFH v. 5.11.1992 – I R 39/92, BStBl. II 1993, 388; BFH v. 2.2.1994 – I R 66/92, BStBl. II 1994, 727; vgl. auch BFH v. 28.6.2007 – II R 21/05, BStBl. II 2007, 669; *Lambrecht* in Gosch, § 1 KStG Rz. 92.

359 BFH v. 16.12.1998 – I R 138/97, BStBl. II 1999, 437; BFH v. 19.3.2002 – VIII R 62/00, BFH/NV 2002, 1411; BFH v. 31.1.2002 – V B 108/01, BStBl. II 2004, 622.

tungsvollste Stelle befindet[360]. Sind kaufmännische und technische Leitung getrennt, ist auf den Ort der **kaufmännischen Leitung** abzustellen[361]. Gibt es mehrere Orte der kaufmännischen Leitung, ist derjenige Ort maßgeblich, an dem die wichtigsten Entscheidungen getroffen werden. Im Hinblick auf den Wortlaut des § 10 AO „Mittelpunkt der geschäftlichen Oberleitung" gibt es somit stets nur einen einzigen Ort der Geschäftsleitung[362], der sich allerdings gerade bei polyzentrischen Unternehmen in der Praxis nur sehr schwer bestimmen lässt. Es kommt allein darauf an, wo die für die Geschäftsführung nötigen Maßnahmen von einigem Gewicht angeordnet werden[363]. Das ist regelmäßig der Ort, an dem die zur Vertretung befugten Personen die ihnen obliegende laufende Geschäftsführungstätigkeit entfalten, d.h., an dem sie die tatsächlichen organisatorischen und rechtsgeschäftlichen Handlungen vornehmen, die der gewöhnliche Betrieb der Gesellschaft mit sich bringt (sog. Tagesgeschäfte)[364]. Unbeachtlich ist mithin, wo die abgegebenen Willenserklärungen wirksam werden oder die angeordneten Maßnahmen auszuführen sind[365]. Der Ort der nach außen hin erkennbaren Verwaltung muss daher örtlich nicht identisch sein mit dem Ort der geschäftlichen Oberleitung, der im Zweifel dort ist, wo sich das Büro des Geschäftsführers oder Vorstandes befindet[366]. Nimmt der Geschäftsführer bzw. Vorstand seine Geschäfte von seiner Wohnung aus wahr, ist dort der Ort der Geschäftsleitung[367].

14.150 Die Ausübung von gesellschaftsrechtlichem Einfluss auf die Geschäftsführer, etwa im Rahmen derjenigen Befugnisse, die dem Aufsichtsrat einer Aktiengesellschaft (§ 111 AktG) oder den Gesellschaftern einer GmbH (§ 46 GmbHG) zustehen, hat auf den Ort der Geschäftsleitung grundsätzlich keinen Einfluss[368]. Die Einwirkung auf die Geschäftsführung muss vielmehr über die fallweise Beeinflussung hinausgehen und sich auf den täglichen Geschäftsablauf erstrecken. Daher befindet sich bei **Organgesellschaften** der Ort der Geschäftsleitung nur dann am Ort der Geschäftsleitung des Organträgers, wenn die Organgesellschaft nach Art einer Betriebsabteilung des Organträgers geführt wird[369]. Die bloße Verwaltung von Beteiligungen an anderen Gesellschaften, etwa durch **Holdinggesellschaften**[370], ist demgegenüber für § 10 AO ebenso wenig von Bedeutung wie der einheitliche Betätigungswille bei **Betriebsaufspaltungen**[371]. Nicht selten werden bei im Ausland domizilierenden Gesellschaften ohne eigenen Geschäftsbetrieb die Geschäfte von den im Inland ansässigen Gesellschaftern oder durch von ihnen bestimmte Personen vom Inland aus dadurch geführt, dass sie über ihre gesellschaftsrechtlichen Einflussmöglichkeiten hinaus die tatsächliche Geschäftsführung an sich ziehen. Daher stehen insbesondere „ausländische" **Briefkastengesellschaften, Basisgesellschaften** und **Holdinggesellschaften** aus der Sicht der deutschen Finanzverwaltung in besonderem Maße im Verdacht, im Inland unbeschränkt körperschaftsteuerpflichtig zu sein.

14.151 Die vorstehenden Ausführungen gelten auch für Zwecke der **Gewerbesteuer.** Nach § 2 Abs. 1 Satz 3 GewStG unterliegt der Gewerbesteuer auch ein ausländischer Gewerbebetrieb, soweit für ihn im In-

---

360 BFH v. 7.12.1994 – I K 1/93, BStBl. II 1995, 175.

361 BFH v. 3.8.1977 – I R 128/75, BStBl. II 1977, 857; BFH v. 23.1.1991 – I R 22/90, BStBl. II 1991, 554.

362 Diese in der Praxis wenig bedeutsame Frage ist allerdings streitig; vgl. hierzu den Überblick bei *Drüen* in Tipke/Kruse, § 10 AO Rz. 9.

363 BFH v. 17.7.1968 – I 121/64, BStBl. II 1968, 695; BFH v. 21.9.1989 – V R 55/84, BFH/NV 1990, 353; BFH v. 21.9.1989 – V R 32/88, BFH/NV 1990, 688; BFH v. 23.1.1991 – I R 22/90, BStBl. II 1991, 554; BFH v. 7.12.1994 – I K 1/93, BStBl. II 1995, 175.

364 BFH v. 16.12.1998 – I R 138/97, BStBl. II 1999, 437; BFH v. 3.7.1997 – IV R 58/95, BStBl. II 1998, 86; BFH v. 31.1.2002 – V B 108/01, BStBl. II 2004, 622.

365 *Drüen* in Tipke/Kruse, § 10 AO Rz. 2a; *Hummel* in Gosch, § 1 KStG Rz. 47.

366 BFH v. 29.4.1987 – X R 16/81, BFH/NV 1988, 64; BFH v. 23.1.1991 – I R 22/90, BStBl. II 1991, 554; BFH v. 16.12.1998 – I R 138/97, BStBl. II 1999, 437.

367 BFH v. 13.7.2006 – IV R 25/05, BStBl. II 2006, 804; *Drüen* in Tipke/Kruse, § 10 AO Rz. 2 m.w.N.

368 BFH v. 17.7.1968 – I 121/64, BStBl. II 1968, 695; BFH v. 16.1.1976 – III R 92/74, BStBl. II 1976, 401; BFH v. 7.12.1994 – I K 1/93, BStBl. II 1995, 175; *Schaumburg*, Internationales Steuerrecht, Rz. 7.3.

369 BFH v. 26.5.1970 – II 29/65, BStBl. II 1970, 759; *Drüen* in Tipke/Kruse, § 10 AO Rz. 6.

370 Hierzu *Drüen* in Tipke/Kruse, § 10 AO Rz. 10.

371 BFH v. 7.12.1994 – I K 1/93, BStBl. II 1995, 175; *Drüen* in Tipke/Kruse, § 10 AO Rz. 8 m.w.N.

land eine Betriebsstätte unterhalten wird. Da ein inländischer Geschäftsleitungsort gem. § 12 Abs. 2 Nr. 1 AO auch dann eine Betriebsstätte begründet, wenn keine feste Geschäftseinrichtung besteht[372], ist die inländische Gewerbesteuerpflicht unabhängig davon gegeben, ob die ausländische Beteiligungsgesellschaft im Inland entsprechende Räumlichkeiten unterhält.

Soweit die ausländische Beteiligungsgesellschaft in der Rechtsform einer **Personengesellschaft** betrieben wird, bestimmt sich der Ort der Geschäftsleitung ebenfalls nach § 10 AO. Hiernach befindet sich der Mittelpunkt der geschäftlichen Oberleitung einer Personengesellschaft regelmäßig an dem Ort, an dem die zur Vertretung befugten Personen die ihnen obliegende Geschäftsführungstätigkeit entfalten. Bei einer OHG ist auf die Gesellschafter abzustellen, die – ggf. abweichend von § 125 Abs. 1 HGB – vertretungsberechtigt sind. Entsprechendes gilt für eine GmbH & Co. KG, bei der auf die Geschäftsführung der Komplementär-GmbH abzustellen ist. Im Übrigen gelten die gleichen Kriterien wie bei der ausländischen Kapitalgesellschaft[373]. 14.152

9. Vorsteuerabzug

Ein weiteres wesentliches Gestaltungsziel liegt in der Sicherstellung des umsatzsteuerlichen Vorsteuerabzugs bei Holdinggesellschaften. Diese unterliegen grundsätzlich einer umsatzsteuerlichen Schlechterstellung, weil ihnen die für den Vorsteuerabzug erforderliche Unternehmereigenschaft vielfach nicht zuerkannt wird (vgl. dazu Rz. 14.516 ff.). Hiermit geht eine erhebliche wirtschaftliche Belastung einher, weil die nicht abziehbare Vorsteuer damit Teil der Anschaffungs-/Herstellungskosten bzw. sonstigen Leistungskosten bezogener Waren oder Dienstleistungen wird und sich ggf. nur über die Minderung der ertragsteuerlichen Bemessungsgrundlage auswirken kann. Bezieht die Holding nur steuerfreie Dividenden oder Veräußerungsgewinne wirken die versagten Vorsteuerabzüge wie nicht abzugsfähige Betriebsausgaben. 14.153

10. Erbschaftsteuerliche Verschonung

Holdinggesellschaften haben in der Praxis auch Bedeutung für die Inanspruchnahme von den in §§ 13a bis 13c, 28a ErbStG verankerten **Verschonungsregelungen**. Es geht hierbei vor allem um personalistisch strukturierte Holdinggesellschaften (Familienholdings) mit in- und ausländischem Beteiligungsbesitz. Voraussetzung für die Begünstigungsfähigkeit unternehmerischen Vermögens ist nämlich bei Anteilen an Kapitalgesellschaften eine unmittelbare Beteiligung des Erblassers oder Schenkers von mehr als 25 % (§ 13b Abs. 1 Nr. 3 ErbStG), wobei nur inländische und ausländische EU-/EWR-Kapitalgesellschaften zum begünstigungsfähigen Vermögen gehören[374]. Die geforderte Mindestbeteiligung erfolgt hierbei durch dingliche Poolung der Kapitalanteile in einer gewerblichen Holdinggesellschaft in der Rechtsform einer Kapital- oder Personengesellschaft[375]. Begünstigungsfähig sind sodann nicht nur inländisches Betriebsvermögen, sondern auch Anteile an nachgeschalteten Kapital- und Personengesellschaften im EU-/EWR-Ausland und in Drittstaaten[376]. Damit ermöglicht die internationale Holding auch für die ausländischen Beteiligungen den Einstieg in die Regel- und Vollverschonung. Die Begünstigung ist allerdings davon abhängig, dass das Betriebsvermögen kein schädliches Verwaltungsvermögen enthält, das nach Maßgabe des § 13b Abs. 2 bis 9 ErbStG ermittelt wird. Zum Verwaltungsvermögen zählen Kapitalanteile, wenn die unmittelbare Be- 14.154

372 BFH v. 28.7.1993 – I R 15/93, BStBl. II 1994, 148 (149).

373 BFH v. 3.7.1997 – IV R 58/95, BStBl. II 1998, 86.

374 Zu Einzelheiten *Jülicher* in Troll/Gebel/Jülicher/Gottschalk, § 13b ErbStG Rz. 171 ff.; *Geck* in Kapp/Ebeling, § 13b ErbStG Rz. 39 ff.

375 Eine bloß vermögensverwaltende Gesamthands-GbR reicht nicht aus; BFH v. 11.6.2013 – II R 4/12, GmbHR 2013, 940; vgl. zu den Poolvereinbarungen den Überblick bei *Geck* in Kapp/Ebeling, § 13b ErbStG Rz. 55 ff.

376 R E 13b.5 Abs. 4 Sätze 1 und 4 ErbStR.

teiligung am Nennkapital 25 % oder weniger beträgt (§ 13b Abs. 4 Nr. 2 ErbStG), wobei durch entsprechende Poolvereinbarungen diese Beteiligungshürde überwunden werden kann[377].

14.155 Die vorgenannten erbschaftsteuerlichen Vergünstigungen sind schließlich davon abhängig, dass innerhalb von fünf Jahren (Regelverschonung) bzw. sieben Jahren (Vollverschonung bzw. Verschonungsbedarfsprüfung nach § 28a ErbStG) das begünstigt übertragene Betriebsvermögen nicht veräußert wird. Diese **Behaltensregelung** (§ 13a Abs. 6 ErbStG) gilt nicht nur für die Veräußerung der Anteile an der internationalen Holding selbst (§ 13a Abs. 6 Satz 1 Nr. 4 Satz 1 ErbStG), sondern auch für die Veräußerung von (ausländischen) Tochter- und Enkelgesellschaften, soweit der Erlös privatisiert wird (§ 13a Abs. 5 Satz 1 Nr. 4 Satz 2 ErbStG). Bleibt dagegen der Erlös etwa für Investitionszwecke im Konzernverbund, wird eine Nachversteuerung nicht ausgelöst (§ 13a Abs. 6 Sätze 3 und 4 ErbStG)[378]. Entsprechendes gilt in den Fällen der Umstrukturierung, wobei allerdings etwa bei einer grenzüberschreitenden Einbringung die übernehmende Gesellschaft Sitz oder Geschäftsleitung in einem EU-/EWR-Staat haben muss[379].

14.156 Die vorgenannte Verschonungsregelung ist ferner davon abhängig, dass in den begünstigt übertragenen Kapitalanteilen die Lohnsumme nur bis zu bestimmten Grenzen bzw. gar nicht absinkt (§ 13a Abs. 3 Satz 11, 12 ErbStG). Hierbei sind die Lohnsummen von (ausländischen) Tochter- und Enkelgesellschaften mit Sitz oder Geschäftsleitung in einem EU-/EWR-Staat mit einzubeziehen (§ 13a Abs. 4 Satz 5 ErbStG)[380]. Wird gegen diese **Lohnsummenregelung** verstoßen, erfolgt ebenfalls eine Nachversteuerung[381].

11. Vermeidung der Hinzurechnungsbesteuerung

a) Allgemeine Hinweise

14.157 Es gehört zu den international tragenden Besteuerungsprinzipien, Kapitalgesellschaften als eigenständige Steuersubjekte zu behandeln. Die Folge dieser steuerrechtlichen Eigenständigkeit ist, dass das Einkommen von Kapitalgesellschaften unabhängig von dem der Anteilseigner der Besteuerung unterworfen wird. Die Besteuerung der Anteilseigner wird bis zur Ausschüttung seitens der Gesellschaft hinausgeschoben[382]. Damit entfaltet die Kapitalgesellschaft in steuerlicher Hinsicht eine **Abschirmwirkung**. Im außensteuerlichen Kontext bedeutet diese Abschirmwirkung, dass Gewinne ausländischer Kapitalgesellschaften, an denen inländische Anteilseigner beteiligt sind, so lange der inländischen Besteuerung entzogen sind, wie Ausschüttungen unterbleiben. Werden ausländische Kapitalgesellschaften mit ihren Gewinnen im Ausland nur einer niedrigen Besteuerung unterworfen, richtet sich diese Abschirmwirkung zugleich gegen die deutsche Hochbesteuerung beim Anteilseigner. Diese Abschirmwirkung spielt insbesondere bei grenzüberschreitenden Konzernen eine Rolle: Sie eröffnet Spielräume zur Nutzung des zwischenstaatlichen Steuergefälles[383].

14.158 Die Reichweite dieser Aufschub- bzw. Abschirmwirkung ist zwar im Grundsatz auf den Fall der Thesaurierung begrenzt, sie erfährt aber auf zwei Ebenen eine **Erweiterung:** Soweit nach Maßgabe der nationalen Dividendenfreistellung (§ 8b Abs. 1 KStG) und der in Betracht kommenden DBA für die Ausschüttungen der ausländischen Kapitalgesellschaft eine Steuerfreistellung eingreift, reicht die Aufschub- bzw. Abschirmwirkung in das Inland hinein. Wird sodann seitens der die Dividenden

377 R E 13b. 20 Abs. 1 Satz 2 ErbStR.

378 Hierzu *Jülicher* in Troll/Gebel/Jülicher/Gottschalk, § 13a ErbStG Rz. 417 ff.

379 R E 13a. 16 Abs. 3–6, R E 13a 17 Abs. 3, R E 13a. 13 Abs. 3 S 3 und 4 ErbStR; H E 13a. 16 ErbStH.

380 R E 13a. 7 Abs. 4-8 ErbStR; H E 13a. 7 Abs. 4–8 ErbStH.

381 Zur Ermittlung der maßgeblichen Lohnsumme in Umwandlungsfällen; R E 13a. 8 Abs. 2–6 ErbStR; H E 13a. 8 Abs. 2–4 ErbStH; hierzu *Rödder/Dietrich*, Ubg 2014, 90 ff. (93 ff.).

382 Sog. „deferral-principle"; hierzu *Kessler*, Die Euro-Holding, S. 89 f.; *Mössner*, RIW 1986, 208 ff. (209).

383 Zum sog. Deferral Shopping *Bader*, Steuergestaltung mit Holdinggesellschaften, S. 98 f.; *Kessler* in Schaumburg/Piltz, Holdinggesellschaften im Internationalen Steuerrecht, S. 67 ff. (98 f.).

empfangenden inländischen Kapitalgesellschaft an eine andere Kapitalgesellschaft ausgeschüttet, kann die Steuerfreiheit für die Dividenden weitergereicht werden (§ 8b Abs. 1 KStG). Einschränkungen ergeben sich allerdings insbesondere für Streubesitzdividenden (§ 8b Abs. 4 KStG), auf Grund des sog. (internationalen) Korrespondenzprinzips (§ 8b Abs. 1 Satz 2 KStG) und der sog. Schachtelstrafe (§ 8b Abs. 5 KStG). Soweit solche Einschränkungen nicht gegeben sind, kann durch die vorbezeichneten Regelungsmechanismen innerhalb eines grenzüberschreitenden Konzerns die Niedrigbesteuerung effektuiert werden, solange nicht an den letzten (privaten) Anteilseigner ausgeschüttet wird[384]. In Deutschland ansässige internationale Holdings haben nicht selten die Aufgabe, diese im Ausland niedrig und im Inland nicht besteuerten Beträge zu sammeln und für Investitionen im Konzern nutzbar zu machen.

Dieser vorbezeichneten Abschirmwirkung gegenüber der spätestens beim letzten (privaten) Anteils- 14.159
eigner ansetzenden inländischen Besteuerung werden indessen durch die in den §§ 7 bis 14 AStG normierte **Hinzurechnungsbesteuerung** Grenzen gesetzt: Bestimmte sich in der ausländischen Kapitalgesellschaft ansammelnde Einkünfte werden zeitlich vor den tatsächlichen Ausschüttungen der inländischen Besteuerung zugeführt. Dieses Ziel wird technisch durch eine Ausschüttungsfiktion derart erreicht, dass die Besteuerung im Grundsatz so vorgenommen wird, als ob die ausländische Gesellschaft ihren ausschüttungsfähigen Gewinn der vorgenannten Art im frühestmöglichen Zeitpunkt ausgeschüttet hätte. Der inländische Anteilseigner, etwa die im Inland ansässige internationale Holding, erzielt damit im Ergebnis fiktive Dividendenerträge[385]. Von diesen für die Einkommen-, Körperschaft- und Gewerbesteuer bedeutsamen Wirkungen der Hinzurechnungsbesteuerung sind insbesondere im Inland ansässige **internationale Holdings** betroffen, **denen niedrig besteuerte ausländische Kapitalgesellschaften mit Einkünften aus passivem Erwerb (§ 8 Abs. 1 AStG)** – in der Terminologie des AStG Zwischengesellschaften genannt – nachgeschaltet sind. Zu diesen von der Reichweite der Hinzurechnungsbesteuerung erfassten ausländischen Tochtergesellschaften zählen unter bestimmten Voraussetzungen insbesondere Ein- und Verkaufsgesellschaften und Finanzierungsgesellschaften. Es sollte versucht werden, die Hinzurechnungsbesteuerung zu vermeiden bzw. deren Rechtsfolgen zu begrenzen.

Die Hinzurechnungsbesteuerung setzt grundsätzlich[386] voraus, dass an der ausländischen Kapitalge- 14.160
sellschaft, die mit ihren Einkünften aus passivem Erwerb einer Niedrigbesteuerung[387] unterliegt, unbeschränkt oder erweitert beschränkt steuerpflichtige Personen zu mehr als der Hälfte beteiligt sind. Liegen diese Voraussetzungen des Grundtatbestandes (§ 7 Abs. 1 AStG) vor, werden die niedrig besteuerten Einkünfte aus passivem Erwerb der ausländischen Kapitalgesellschaft (Zwischengesellschaft) nach Ablauf ihres Wirtschaftsjahres den inländischen Anteilseignern nach Maßgabe ihrer Beteiligung als eigene Einkünfte **hinzugerechnet** (§ 10 Abs. 2 AStG). Im Ergebnis wird damit von Gesetzes wegen die frühestmögliche Ausschüttung der Einkünfte aus passivem Erwerb der ausländischen Kapitalgesellschaft unterstellt. Hieraus folgt, dass nur diejenigen Beträge, die nach Abzug der auf die Einkünfte aus passivem Erwerb erhobenen Steuern verbleiben, der Hinzurechnungsbesteuerung bei den inländischen Anteilseignern unterworfen werden (§ 10 Abs. 1 Satz 1 AStG). An Stelle des Steuerabzugs kann der inländische Anteilseigner indessen auch für die Steueranrechnung optieren (§ 12 Abs. 1 AStG). Obwohl es der von Gesetzes wegen unterstellten Ausschüttung entspricht, dass auf die hinzugerechneten Beträge die Teileinkünftebesteuerung (§ 3 Nr. 40 Satz 1 Buchst. d EStG), die Abgeltungsteuer (§ 32d EStG) oder die nationale Dividendenfreistellung (§ 8b Abs. 1 KStG) sowie die DBA so angewendet werden, als sei tatsächlich ausgeschüttet worden, kommen die vorgenannten Regelungen nicht zur Anwendung. Das ergibt sich einerseits aus § 10 Abs. 2 Satz 3 AStG und andererseits aus § 20 Abs. 1 AStG, wonach die abkommensrechtlichen internatio-

384 Die Besteuerung erfolgt hier im Rahmen des Teileinkünfteverfahrens (§ 3 Nr. 40 EStG) oder des § 32d EStG (Abgeltungssteuer).

385 Zur Zielsetzung der Hinzurechnungsbesteuerung im Einzelnen *Schaumburg*, Internationales Steuerrecht, Rz. 13.1 ff.; *Wassermeyer* in Flick/Wassermeyer/Baumhoff/Schönfeld, Vor §§ 7–14 AStG Rz. 46 ff.

386 Im Rahmen der verschärften Hinzurechnungsbesteuerung (§ 7 Abs. 6a AStG) gelten Besonderheiten.

387 Gemäß § 8 Abs. 3 AStG < 25 %.

nalen Schachtelprivilegien suspendiert werden[388]. Hieraus folgt, dass insbesondere bei grenzüberschreitenden Konzernen die Hinzurechnungsbeträge nicht aufgrund des abkommensrechtlichen internationalen Schachtelprivilegs von der Steuer freigestellt werden. Zugleich sind die Hinzurechnungsbeträge gewerbesteuerpflichtig (vgl. § 7 Abs. 7 GewStG). Die Doppelbesteuerung von Hinzurechnungsbetrag einerseits und tatsächlicher Ausschüttung andererseits wird durch die Dividendenfreistellung gem. § 3 Nr. 41 EStG und § 8b Abs. 1 KStG vermieden. Schließlich wird sichergestellt, dass die Rechtsfolgen der Hinzurechnungsbesteuerung auch eintreten, wenn Zwischengesellschaften aktiv tätigen ausländischen Kapitalgesellschaften nachgeschaltet sind (§ 14 AStG).

14.161 Über diese (normale) Hinzurechnungsbesteuerung[389] hinaus, sieht §§ 7 Abs. 6, 6a AStG eine verschärfte Hinzurechnungsbesteuerung für sog. **Kapitalanlageeinkünfte** vor[390]. Diese verschärfte Hinzurechnungsbesteuerung bewirkt in Abweichung vom Grundtatbestand (§ 7 Abs. 1 AStG), dass die Rechtsfolgen bei einem Steuerinländer bereits eintreten, wenn dieser zu mindestens 1 % an der die Kapitalanlageeinkünfte erzielenden Zwischengesellschaft beteiligt ist, falls diese Kapitalanlageeinkünfte erzielt, die mehr als 10 %, aber weniger als 90 % der den gesamten Zwischeneinkünften zugrunde liegenden Bruttoerträge der ausländischen Zwischengesellschaft oder bezogen auf den einzelnen Anteilseigner nicht mehr als 80.000 Euro betragen. Ausnahmsweise reicht auch eine Beteiligung von weniger als 1 % aus, wenn die Kapitalanlageeinkünfte zu mindestens 90 % der vorbezeichneten Bruttoerträge ausmachen, es sei denn, die ausländische Zwischengesellschaft ist börsennotiert (§ 10 Abs. 6 Sätze 2 und 3 AStG). Zu den Kapitalanlageeinkünften (§ 7 Abs. 6a AStG) zählen insbesondere Einkünfte aus Finanzierungen und Finanzdienstleistungen. Voraussetzung ist allerdings stets, dass diese Einkünfte dem Grunde nach niedrig besteuerte Einkünfte aus passivem Erwerb sind. Was Einkünfte aus passivem Erwerb sind, lässt sich aus § 8 Abs. 1 AStG schließen. Nach § 8 Abs. 3 AStG liegt eine niedrige Besteuerung vor, wenn die Einkünfte mit Ertragsteuern von weniger als 25 % belastet sind. Eine **Sonderregelung** für den EU-/EWR-Bereich enthält **§ 8 Abs. 2 AStG**, wonach Einkünfte aus passivem Erwerb nicht anzunehmen sind, wenn nachgewiesen wird, dass die ausländische Gesellschaft einer tatsächlichen wirtschaftlichen Tätigkeit nachgeht und der andere Staat entsprechende Auskünfte erteilt.

b) Ausländische Ein- und Verkaufsgesellschaften, Dienstleistungsgesellschaften

14.162 International operierende deutsche Konzerne unterhalten nicht selten in Niedrigsteuerländern **Einkaufs-** und **Verkaufsgesellschaften** sowie **Dienstleistungsgesellschaften**, die im Wesentlichen konzerninterne Funktionen wahrnehmen. Die Einkünfte dieser Tochtergesellschaften sind häufig als Einkünfte aus passivem Erwerb zu qualifizieren mit der Folge, dass sie etwa bei der vorgeschalteten in der Bundesrepublik Deutschland ansässigen internationalen Holding der Hinzurechnungsbesteuerung unterliegen. Derartige Einkünfte aus passivem Erwerb erzielen ausländische Einkaufs- und Verkaufsgesellschaften im Grundsatz dann, wenn die gehandelten Güter oder Waren von inländischen Konzerngesellschaften an die ausländische Verkaufsgesellschaft oder aber von der ausländischen Einkaufsgesellschaft an die inländischen Konzerngesellschaften geliefert werden[391]. Dieser Konzernhandel ist nur dann nicht schädlich, wenn die ausländischen Einkaufs- und Verkaufsgesellschaften einen eingerichteten Geschäftsbetrieb unter Teilnahme am allgemeinen wirtschaftlichen

---

388 Hinzurechnungsbeträge unterliegen somit als andere Einkünfte (Art. 21 OECD-MA) abkommensrechtlich dem Besteuerungszugriff des Wohnsitzstaates des Ausschüttungsempfängers; vgl. hierzu *Wassermeyer* in Flick/Wassermeyer/Baumhoff/Schönfeld, Vor §§ 7 bis 14 AStG Rz. 47 ff.

389 Die Einzelheiten können hier nicht dargestellt werden; weiterführend *Schaumburg*, Internationales Steuerrecht, Rz. 13.1 ff.; *Henkel* in Mössner, Steuerrecht international tätiger Unternehmen, Rz. 7.1 ff.; *Schönfeld*, Hinzurechnungsbesteuerung und Europäisches Gemeinschaftsrecht, Köln 2005; *Rust*, Die Hinzurechnungsbesteuerung, 2007.

390 Zu europarechtlichen Zweifeln vgl. *Oellerich* in Schaumburg/Englisch, Europäisches Steuerrecht, Rz. 8.152.

391 Es reicht aus, wenn jeweils die Verfügungsmacht verschafft wird, ohne dass die Güter oder Waren physisch über die Grenze geliefert werden müssen.

Verkehr unterhalten (§ 8 Abs. 1 Nr. 4 Buchst. a, b AStG). Ähnlich ist die Rechtslage bei ausländischen Dienstleistungsgesellschaften: Die Dienstleistungstätigkeit ist nicht aktiv, wenn die ausländische Dienstleistungsgesellschaft sich für die Dienstleistung inländischer Konzerngesellschaften bedient oder aber die Dienstleistungen gegenüber verbundenen Konzernunternehmen erbringt (§ 8 Abs. 1 Nr. 5 Buchst. a, b AStG). Das Erbringen von Dienstleistungen gegenüber Konzerngesellschaften ist allerdings unschädlich, wenn die ausländische Dienstleistungsgesellschaft einen für das Bewirken derartiger Dienstleistungen eingerichteten Geschäftsbetrieb unter Teilnahme am allgemeinen wirtschaftlichen Verkehr unterhält und die zu der Dienstleistung gehörenden Tätigkeiten ohne Mitwirkung konzernverbundener Unternehmen ausübt[392]. Insoweit sollten – wenn möglich – die ausländischen Einkaufs- und Verkaufsgesellschaften sowie die ausländischen Dienstleistungsgesellschaften jeweils einen eingerichteten Geschäftsbetrieb unterhalten, welcher sich am allgemeinen wirtschaftlichen Verkehr beteiligt, also nicht nur gegenüber anderen Konzerngesellschaften Leistungen erbringt. Vor dem Hintergrund, dass nur eine einzelne passive Tätigkeit im Wirtschaftsjahr ausreicht, um die gesamten Einkünfte i.S.d. § 8 Nr. 5 Buchst. a AStG zu Einkünften aus passivem Erwerb zu machen (z.B. bedient sich die ausländische Dienstleistungsgesellschaft nur bei einzelnen Dienstleistung einer inländischen Kapitalgesellschaft), sollten diese Dienstleistungen unmittelbar durch die inländische Gesellschaft erbracht werden. Teilweise wird insoweit zur Vermeidung von Einkünften aus passivem Erwerb nach § 8 Nr. 5 Buchst. a AStG empfohlen, dass die inländische Gesellschaft ihre Leistungen unentgeltlich erbringen sollte, da nur dann Einkünfte aus passivem Erwerb vorliegen, wenn die inländische Gesellschaft „mit ihren Einkünften aus der von ihr beigetragenen Leistung im Geltungsbereich dieses Gesetzes steuerpflichtig ist“. Dies ist nicht ganz zweifelfrei, weil – auch im Fall der unentgeltlichen Leistungserbringung – die Leistung gem. § 1 AStG mit einem fremdüblichen Verrechnungspreis „abgerechnet“ wird.

c) Ausländische Holding- und Finanzierungsgesellschaften

14.163 Dividendeneinkünfte sowie Gewinne aus der Veräußerung von Beteiligungen[393] sind grundsätzlich Einkünfte aus aktiver Tätigkeit (§ 8 Abs. 1 Nr. 8, 9 AStG). Damit sind **ausländische Holdinggesellschaften** weitgehend aus dem Diskriminierungsrahmen der Hinzurechnungsbesteuerung ausgenommen. Das gilt allerdings nicht für Veräußerungsgewinne, die anteilig auf vermietete oder verpachtete Grundstücke einer steuerbefreiten REIT-AG sowie auf Wirtschaftsgüter entfallen, die den niedrig besteuerten Kapitalanlageeinkünften führenden Tätigkeiten der ausländischen Gesellschaft, deren Anteile veräußert werden, oder einer ihr nachgeschalteten ausländischen Gesellschaft dienen. Im ersten Fall wird sichergestellt, dass wegen der fehlenden steuerlichen Vorbelastung auf Gesellschaftsebene im Inland jedenfalls Gewinne aus der Veräußerung von Anteilen an der steuerbefreiten REIT-AG als Einkünfte aus passivem Erwerb in die Hinzurechnungsbesteuerung einbezogen werden[394]. Erfasst werden im zweiten Fall im Ausgangspunkt die in entsprechenden Wirtschaftsgütern ruhenden stillen Reserven auf den beiden der veräußernden ausländischen Gesellschaft nachgeordneten Beteiligungsstufen. Auf weiteren Beteiligungsstufen angesiedelte stille Reserven bleiben somit bei der durch die Veräußerung veranlassten Hinzurechnungsbesteuerung außer Betracht[395]. Im Hinblick darauf kann durch Implementierung einer Holding zwischen der ausländischen Gesellschaft, deren Anteile veräußert werden sollen, und der ihr nachgeschalteten Gesellschaft mit Einkünften aus Kapitalanlagecharakter die Hinzurechnungsbesteuerung auf den Veräußerungsgewinn vermieden werden[396].

392 Zu Einzelheiten *Wassermeyer* in Flick/Wassermeyer/Baumhoff/Schönfeld, § 8 AStG Rz. 180 ff.; *Schaumburg*, Internationales Steuerrecht, Rz. 13.100 ff.

393 Den Veräußerungsgewinnen stehen Auflösungs- und Kapitalherabsetzungsgewinne gleich (§ 8 Abs. 1 Nr. 9 AStG).

394 Hierzu *Wassermeyer/Schönfeld* in Flick/Wassermeyer/Baumhoff/Schönfeld, § 8 AStG Rz. 304.1.

395 Zu Einzelheiten *Wassermeyer/Schönfeld* in Flick/Wassermeyer/Baumhoff/Schönfeld, § 8 AStG Rz. 307 ff.

396 Die Einzelheiten sind streitig; vgl. hierzu *Wassermeyer/Schönfeld* in Flick/Wassermeyer/Baumhoff/Schönfeld, § 8 AStG Rz. 308.1 ff.

14.164 Im Unterschied zu Dividenden sind **Zinsen**, soweit sie nicht in einem funktionalen Zusammenhang[397] mit Einkünften aus aktiver Tätigkeit stehen, grundsätzlich Einkünfte aus passivem Erwerb. Betroffen hiervon sind grundsätzliche **ausländische Konzernfinanzierungsgesellschaften**. Soweit die Einkünfte aus der Aufnahme und darlehensweisen Vergabe von Kapital stammen, für das nachgewiesen wird, dass es ausschließlich auf ausländischen Kapitalmärkten und nicht bei einer dem inländischen Steuerpflichtigen oder der ausländischen Gesellschaft nahestehenden Person i.S.d. § 1 Abs. 2 AStG aufgenommen worden ist und ausländischen Betrieben oder Betriebsstätten, die ihre Bruttoerträge ausschließlich oder fast ausschließlich aus aktiven Tätigkeiten beziehen, oder inländischen Betrieben oder Betriebsstätten zugeführt wird, sind sie jedoch als Einkünfte aus aktiver Tätigkeit zu qualifizieren (§ 8 Abs. 1 Nr. 7 AStG).

14.165 Soweit die Voraussetzungen des § 8 Abs. 1 Nr. 7 AStG **nicht** erfüllt sind, unterliegen die als Einkünfte aus passivem Erwerb zu qualifizierenden Finanzierungseinkünfte von einer im Inland ansässigen internationalen Holding nachgeschalteten ausländischen Konzernfinanzierungsgesellschaft der Hinzurechnungsbesteuerung. Erfasst werden insbesondere niedrig besteuerte Zinsen aus der Hingabe von Darlehen aus Eigenmitteln an aktiv tätige konzernverbundene Gesellschaften im Ausland (**eigenkapitalbasierte Fremdfinanzierung**). Sind Konzernfinanzierungsgesellschaften indessen im EU-/EWR-Bereich ansässig, kann ggf. das entsprechende Privileg des § 8 Abs. 2 AStG in Anspruch genommen werden. Im Hinblick darauf haben Konzernfinanzierungsgesellschaften z.B. in den Niederlanden, in Belgien und Luxemburg und auch in Irland durchaus steuerliche Attraktivität.

14.166 Wird später seitens der ausländischen Finanzierungsgesellschaft oder einer anderen Zwischengesellschaft an die vorgeschaltete im Inland ansässige internationale Holding ausgeschüttet, sind die Ausschüttungen entweder gem. § 8b Abs. 1 KStG[398] oder ggf. nach § 3 Nr. 41 Buchst. a EStG steuerfrei, wobei im letzten Fall eine Anrechnung einbehaltener ausländischer Quellensteuer in Betracht kommt (§ 12 Abs. 3 AStG). Für in der Rechtsform von Personengesellschaften geführte Holdings greift in den vorgenannten Fällen, soweit natürliche Personen beteiligt sind, bei der Ausschüttung die Ausgabenabzugsbegrenzung des § 3c Abs. 2 EStG ein. Holdingkapitalgesellschaften sind demgegenüber der Ausgabenabzugsbeschränkung des § 8b Abs. 5 KStG ausgesetzt, wonach stets 5 % der Ausschüttungen als nicht abzugsfähige Betriebsausgaben gelten. Um auch eine gewerbesteuerliche Doppelbelastung zu vermeiden, unterbleibt für Gewinnausschüttungen, die unter § 3 Nr. 41 Buchst. a EStG fallen, die an sich gebotene Hinzurechnung gem. § 8 Nr. 5 GewStG. Dies gilt entsprechend auch für Kapitalgesellschaften[399].

IV. Errichtung

14.167 Aus steuerlicher Sicht stellt die Errichtung einer Holdingstruktur durch Zwischenschaltung von Kapitalgesellschaften generell keinen **Missbrauch** i.S.d. § 42 AO dar, wenn diese Strukturierung dauerhaft und nicht nur geschäftsvorfallbezogen ist. Dies gilt auch dann, wenn die Umstrukturierung auf der Übertragung nicht wesentlicher Beteiligungen beruht[400]. Andererseits sanktioniert die gesetzliche Regelung des § 50d Abs. 3 EStG als spezielle Ausformung des Missbrauchsgedankens die Zwischenschaltung funktionsloser Holdinggesellschaften in dem dort genannten Umfang.

14.168 Die Errichtung einer nationalen Holdinggesellschaft kann in vielfältiger Form erfolgen[401]. Man kann hierbei zwischen einer „originären" und einer „derivativen" Errichtung unterscheiden. Von einer

397 Zur funktionalen Betrachtungsweise *Wassermeyer* in Flick/Wassermeyer/Baumhoff/Schönfeld, § 8 AStG Rz. 31 ff.

398 Vorbehaltlich § 8b Abs. 1 Satz 2 KStG (Korrespondenzklausel), § 8b Abs. 4 KStG (Streubesitzdividenden) und § 8b Abs. 7 KStG (Finanzunternehmen).

399 Über § 8 Abs. 1 KStG findet § 3 Nr. 41 EStG Anwendung, R 8.1 Abs. 1 Nr. 1 KStR 2015.

400 Ständige Rechtsprechung: vgl. BFH v. 20.5.2010 – IV R 74/07, BStBl. II 2010, 1104 (1108), Rz. 30 m.w.N.

401 Vgl. hierzu im Einzelnen: *Stephan* Rz. 3.74 ff.

„originären" Errichtung lässt sich im Falle der **Bar-** oder **Sachgründung** der Holdinggesellschaft sprechen, also in dem Fall, in dem unter Beachtung der entsprechenden deutschen gesellschaftsrechtlichen Gründungsvorschriften die Holdinggesellschaft als Rechtssubjekt erstmals entsteht. Besonderheiten gelten für die Gründung der sog. Holding-SE nach Art. 2 i.V.m. Art. 32 ff., VO SE[402]. Demgegenüber lassen sich unter dem Begriff der „derivativen" Errichtung alle die Fälle subsumieren, in denen die Holdinggesellschaft durch Nutzung entsprechender deutscher gesellschaftsrechtlicher Regelungen aus bestehenden Rechtssubjekten, z.B. in Gestalt der Verschmelzung, Spaltung usw. entsteht. Die „originäre" Errichtung einer Holdinggesellschaft kann als reine Bar- oder Sachgründung oder auch als gemischte Bar- und Sachgründung erfolgen. Bei einer Bargründung wird das Gesellschaftskapital durch Einlage von Barmitteln erbracht, so dass die Holdinggesellschaft zunächst ohne entsprechenden Unterbau, d.h. ohne Vorhandensein von Beteiligungsgesellschaften existiert. Auf die dergestalt errichtete Holdinggesellschaft werden dann in einem zweiten Schritt in- oder ausländische Beteiligungsgesellschaften übertragen oder von dieser erworben. Demgegenüber ermöglicht die Sachgründung durch Einlage von Vermögensgegenständen, wie z.B. Beteiligungen an anderen in- oder ausländischen Gesellschaften, die unmittelbare Schaffung von umfassenden Holdingstrukturen. Die gemischte Bar- und Sachgründung stellt sich als Kombination von Barmittelzuführung und der Einlage von z.B. in- oder ausländischen Beteiligungen an anderen Gesellschaften (Sacheinlage) dar. Eine derartige Gestaltung zwecks Errichtung von Holdinggesellschaften ist dann sinnvoll, wenn ein Erwerb weiterer (fremder) Beteiligungen durch die Holding zeitnah geplant ist. Die „derivative" Errichtung einer Holdinggesellschaft erfordert grundsätzlich die Umstrukturierung vorhandener gesellschaftsrechtlicher Strukturen, zumeist durch Nutzung entsprechender Umwandlungsmöglichkeiten nach dem Umwandlungsgesetz[403]. In einem weiteren Sinn kann als Maßnahme zur Errichtung einer nationalen Holding auch der **„Zuzug"** einer im EU- oder EWR-Ausland wirksam errichteten Kapitalgesellschaft verstanden werden. Die (identitätswahrende) Verlegung des Verwaltungssitzes bzw. des Ortes der Geschäftsleitung einer Kapitalgesellschaft vom Ausland ins Inland lässt deren zivil- und steuerrechtliche Anerkennung im Inland vor dem Hintergrund der Rechtsprechung des EuGH zur Niederlassungsfreiheit nach Art. 49, 54 AEUV unberührt (vgl. Rz. 14.148 ff.).

Für die steuerneutrale Errichtung einer nationalen Holding sind die Regelungen des **Umwandlungssteuergesetzes** sowie § 8b Abs. 2 und 3 KStG von besonderer Bedeutung. Mit Wirkung ab dem 13.12.2006[404] ist das Umwandlungssteuergesetz durch Art. 6 des Gesetzes über steuerliche Begleitmaßnahmen zur Einführung der Europäischen Gesellschaft und zur Änderung weiterer steuerrechtlicher Vorschriften (SEStEG) vom 7.12.2006[405] an europarechtliche Vorgaben angepasst worden. Hierdurch sollte das Umwandlungssteuerrecht unter Berücksichtigung der Vorgaben der Änderungsrichtlinie zur Fusionsrichtlinie i.d.F. vom 17.2.2005 in seinem Anwendungsbereich auf grenzüberschreitende Vorgänge mit Beteiligung von Rechtsträgern aus Mitgliedstaaten der Europäischen Union und des Europäischen Wirtschaftsraums geöffnet werden[406]. Zuvor erfasste das UmwStG im Wesentlichen nur inländische Umwandlungsvorgänge mit Ausnahme von § 23 UmwStG a.F. und dort insbesondere § 23 Abs. 4 UmwStG a.F. hinsichtlich des Anteilstauschs[407]. 14.169

402 Verordnung (EG) Nr. 2157/2001 des Rates v. 8.10.2001 über das Statut der Europäischen Gesellschaft (SE).

403 Vgl. hierzu: *Stephan* Rz. 3.98 ff.

404 Vgl. § 27 Abs. 1 UmwStG.

405 BGBl. I 2006, 2782.

406 Vgl. Begründung zu dem Entwurf eines Gesetzes über steuerliche Begleitmaßnahmen zur Einführung der Europäischen Gesellschaft und zur Änderung weiterer steuerrechtlicher Vorschriften (SEStEG) v. 25.9.2006, BT-Drucks. 16/2710, 27.

407 Vgl. zu den Änderungen im Einzelnen: *Dötsch/Pung*, DB 2006, 2704 ff., 2763 ff.; *Hagemann/Jakob/Ropohl/Viebrock*, NWB, Sonderheft 1/2007; *Patt*, Der Konzern 2006, 730 ff.

1. Kapitalgesellschaften

a) Einbringung

aa) Anteilstausch nach § 21 UmwStG

14.170 Wird eine **Beteiligung an einer Kapitalgesellschaft** gegen Gewährung von Gesellschaftsrechten in die Holding eingebracht, handelt es sich aus umwandlungssteuerrechtlicher Sicht um einen sog. **Anteilstausch** nach § 21 Abs. 1 Satz 1 UmwStG. § 21 UmwStG ist nur auf Anteile im Betriebsvermögen, Anteile im Privatvermögen i.S.d. § 17 EStG und sog. einbringungsgeborene Anteile i.S.d. § 21 UmwStG 1995 anzuwenden. Für alle übrigen Anteile gilt § 20 Abs. 4a Satz 1 und 2 EStG[408]. § 21 Abs. 1 Satz 1 UmwStG beinhaltet die Legaldefinition für den Anteilstausch i.S.d. UmwStG[409]. Danach stellt jede Einbringung von Anteilen in eine Kapitalgesellschaft oder Europäische Genossenschaft gegen Gewährung neuer Anteile an der erwerbenden Gesellschaft einen Anteilstausch dar. Auf die Höhe der Beteiligung kommt es nicht an. Grundsätzlich sind in allen Fällen des Anteilstauschs die eingebrachten Anteile mit dem gemeinen Wert anzusetzen[410]. Der gemeine Wert ist auf den Einbringungszeitpunkt zu ermitteln. Für die Ermittlung des gemeinen Wertes gilt § 11 BewG[411]. Das Gesetz definiert nicht, was unter einem Anteil an einer Kapitalgesellschaft oder Genossenschaft zu verstehen ist. Nach allgemeiner Auffassung gehören hierzu Anteile am Nenn-, Grund- oder Stammkapital einer Kapitalgesellschaft bzw. Geschäftsanteile bei einer Genossenschaft[412]. Auch Anteile an einer sog. Vor-GmbH sind als Anteile i.S.d. § 21 Abs. 1 UmwStG zu betrachten, wenn die GmbH später durch Eintragung in das Handelsregister tatsächlich wirksam entsteht[413]. Demgegenüber können Bezugsrechte, die eine Anwartschaft auf Anteile beinhalten, nicht als Anteile i.S.d. § 21 Abs. 1 UmwStG qualifiziert werden[414]. Ebenfalls keine Anteile in diesem Sinn stellen Genussrechte[415] oder stille Beteiligungen an Kapitalgesellschaften dar[416]. Der in § 21 Abs. 1 UmwStG verwandte Begriff der Einbringung bedeutet die Übertragung des Volleigentums, aber auch des nur wirtschaftlichen Eigentums[417]. Die Finanzverwaltung scheint diese Auffassung zu teilen. In dem Umwandlungssteuererlass heißt es hierzu:

„Die Anteile müssen dem Einbringenden vor Durchführung des Anteilstauschs steuerlich zuzurechnen sein. Maßgebend hierfür ist das wirtschaftliche Eigentum an den Anteilen (§ 39 Abs. 2 Nr. 1 AO).“[418]

---

408 BMF v. 11.11.2011, BStBl. I 2011, 1314, Rz. 21.02.

409 Begründung zu dem Entwurf eines Gesetzes über steuerliche Begleitmaßnahmen zur Einführung der Europäischen Gesellschaft und zur Änderung weiterer steuerrechtlicher Vorschriften (SEStEG) v. 25.9.2006, BT-Drucks. 16/2710, 45.

410 Begründung zu dem Entwurf eines Gesetzes über steuerliche Begleitmaßnahmen zur Einführung der Europäischen Gesellschaft und zur Änderung weiterer steuerrechtlicher Vorschriften (SEStEG) v. 25.9.2006, BT-Drucks. 16/2710, 45.

411 BMF v. 11.11.2011, BStBl. I 2011, 1314, Rz. 21.08.

412 *Behrens* in Haritz/Menner/Bilitewski, § 21 UmwStG Rz. 116, 119; *Patt* in Dötsch/Pung/Möhlenbrock, § 21 UmwStG Rz. 26; *Schmitt* in Schmitt/Hörtnagl/Stratz, § 21 UmwStG Rz. 22; *Nitzsche* in Blümich, § 21 UmwStG 2006 Rz. 27.

413 *Schmitt* in Schmitt/Hörtnagl/Stratz, § 21 UmwStG Rz. 22; *Patt* in Dötsch/Pung/Möhlenbrock, § 21 UmwStG Rz. 26; BFH v. 12.12.2007 – X R 17/05, BStBl. II 2008, 579 (581 f.) = ZIP 2008, 1678.

414 *Nitzsche* in Blümich, § 21 UmwStG 2006 Rz. 27; allerdings hat der BFH zu § 8b Abs. 2 KStG entschieden, dass Bezugsrechte nicht als „Anteile“ anzusehen sind, vgl. auch BFH v. 23.1.2008 – I R 101/06, BStBl. II 2008, 719 zu § 8b Abs. 2 KStG; *Patt* in Dötsch/Pung/Möhlenbrock, § 21 UmwStG Rz. 26; *Behrens* in Haritz/Menner/Bilitewski, § 21 UmwStG Rz. 116.

415 Demgegenüber stellen Genussrechte i.S.d. § 8 Abs. 3 Satz 2 KStG privilegierte Anteile i.S.d. § 8b Abs. 2 Satz 1 Halbs. 1 KStG dar, vgl. BMF v. 28.4.2003, BStBl. I 2003, 292, Tz. 24.

416 *Patt* in Dötsch/Pung/Möhlenbrock, § 21 UmwStG Rz. 25.

417 *Schmitt* in Schmitt/Hörtnagl/Stratz, § 21 UmwStG Rz. 26; *Patt* in Dötsch/Pung/Möhlenbrock, § 21 UmwStG Rz. 4.

418 BMF v. 11.11.2011, BStBl. I 2011, 1314, Rz. 21.06.

Da § 21 Abs. 1 i.V.m. § 1 Abs. 3 Nr. 5 UmwStG keine gesetzliche Definition des Begriffes der **Einbringung** enthält, können hierunter letztlich alle Vorgänge subsumiert werden, die zu einer anderen steuerlichen Zurechnung der Anteile bei der übernehmenden Gesellschaft führen (Übergang des zumindest wirtschaftlichen Eigentums)[419]. Erfolgt ein derartiger Anteilstausch durch einen der in § 1 Abs. 3 Nr. 1 bis 4 UmwG genannten Tatbestände[420], geht § 1 Abs. 3 Nr. 5 i.V.m. § 21 Abs. 1 UmwStG in seinem Anwendungsbereich den § 1 Abs. 3 Nr. 1 bis 4 UmwStG vor, so dass die in § 1 Abs. 4 Satz 1 Nr. 2 UmwStG aufgeführten Einschränkungen nicht gelten[421]. Hiervon zu unterscheiden ist das Konkurrenzverhältnisses von § 21 Abs. 1 UmwStG zu § 20 UmwStG, wenn Anteile an einer Kapitalgesellschaft oder Genossenschaft, die zum Betriebsvermögen eines Betriebs, Teilbetriebs oder Mitunternehmeranteils gehören, mit den Wirtschaftsgütern dieses Unternehmensteils in eine Kapitalgesellschaft oder Genossenschaft eingebracht werden. In diesem Fall geht die Regelung des § 20 UmwStG der des § 21 UmwStG vor[422] (vgl. zur Sacheinlage eines Mitunternehmeranteils zu dessen Betriebsvermögen Anteile an einer Kapitalgesellschaft oder Genossenschaft gehören, nachstehend Rz. 14.286 ff.). Der Anteilstausch i.S.d. des § 21 Abs. 1 UmwStG kann somit insbesondere im Wege der **Gesamtrechtsnachfolge** durch Ausgliederung von Vermögensteilen eines Einzelkaufmanns, einer Personenhandelsgesellschaft, einer Kapitalgesellschaft oder eines sonstigen sowohl in § 1 Abs. 1 KStG als auch in § 124 Abs. 1 2. Alt. i.V.m. § 3 Abs. 1 UmwG genannten Rechtsträgers auf eine bereits bestehende oder neu gegründete Kapitalgesellschaft oder im Wege der **Einzelrechtsnachfolge** durch Sacheinlage i.S.v. § 5 Abs. 4 GmbHG, § 27 AktG oder § 7a Abs. 3 GenG bei der Gründung einer Kapitalgesellschaft bzw. Genossenschaft oder durch Sachkapitalerhöhung aus Gesellschaftermitteln (vgl. § 56 GmbHG, §§ 183, 194, 205 AktG) bei einer bestehenden Kapitalgesellschaft erfolgen[423]. 14.171

§ 21 Abs. 1 UmwStG ist gegenüber der Regelung des § 6 Abs. 6 Satz 1 EStG vorrangig, wenn die eingebrachte Beteiligung aus einem **Betriebsvermögen** stammt[424]. Anteile i.S.d. § 17 EStG im Privatvermögen werden ebenfalls von § 21 Abs. 1 UmwStG erfasst, wie sich im Umkehrschluss aus § 21 Abs. 2 Satz 5 UmwStG ergibt. Eine Konkurrenzsituation zu § 6 Abs. 6 Satz 1 EStG kann sich mangels Betriebsvermögenseigenschaft der eingebrachten Anteile nicht ergeben. Daneben ist die Sondervorschrift des § 20 Abs. 4a EStG für Anteile im Privatvermögen unter 1 % zu beachten[425]. 14.172

Abweichend von § 21 Abs. 1 Satz 1 UmwStG enthält § 21 Abs. 1 Satz 2 UmwStG die Legaldefinition für den sog. **qualifizierten Anteilstausch**[426]. Nach § 21 Abs. 1 Satz 2 UmwStG können Anteile an einer Kapitalgesellschaft oder einer Genossenschaft (erworbene Gesellschaft) in eine Kapitalgesellschaft oder Genossenschaft (übernehmende Gesellschaft) eingebracht und auf Antrag mit dem Buchwert oder einem höheren Wert, höchstens jedoch mit dem gemeinen Wert angesetzt werden, wenn die übernehmende Gesellschaft nach der Einbringung auf Grund ihrer Beteiligung einschließ- 14.173

---

419 *Patt* in Dötsch/Pung/Möhlenbrock, § 21 UmwStG Rz. 2.

420 Vgl. z.B. zur Zulässigeit der Abspaltung einzelner Wirtschaftsgüter nach § 123 Abs. 2 UmwG: BFH v. 7.4.2010 – I R 96/08, BStBl. II 2011, 467 (469), Rz. 26.

421 *Patt* in Dötsch/Pung/Möhlenbrock, § 21 UmwStG Rz. 3; *Behrens* in Haritz/Menner/Bilitewski, § 21 UmwStG Rz. 44; *Mutscher* in Frotscher/Drüen, § 21 UmwStG Rz. 20; s. auch: BMF v. 11.11.2011, BStBl. I 2011, 1314, Rz. 21.03.

422 BMF v. 11.11.2011, BStBl. I 2011, 1314, Rz. 21.01; *Rabback* in Rödder/Herlinghaus/van Lishaut, § 21 UmwStG Rz. 13; FG Münster v. 25.7.2012 – 10 K 3388/08 KGF, EFG 2012, 2057, erledigt durch Rücknahme der Klage im Revisionsverfahren (BFH v. 17.9.2014 – I R 62/12, n.v.), zu § 20 Abs. 1 Satz 1 und § 20 Abs. 1 Satz 2 UmwStG a.F.

423 BMF v. 11.11.2011, BStBl. I 2011, 1314, Rz. 01.46.

424 *Kulosa* in Schmidt, § 6 EStG Rz. 853; *Patt* in Dötsch/Pung/Möhlenbrock, vor §§ 20–23 UmwStG Rz. 55.

425 BMF v. 11.11.2011, BStBl. I 2011, 1314, Rz. 21.02.

426 Begründung zu dem Entwurf eines Gesetzes über steuerliche Begleitmaßnahmen zur Einführung der Europäischen Gesellschaft und zur Änderung weiterer steuerrechtlicher Vorschriften (SEStEG) v. 25.9.2006, BT-Drucks. 16/2710, 45.

lich der eingebrachten Anteile nachweisbar unmittelbar die Mehrheit der Stimmrechte an der erworbenen Gesellschaft hat und der Einbringende als Gegenleistung neue Anteile an der übernehmenden Gesellschaft erhält. Nach dem eindeutigen Wortlaut des § 21 Abs. 1 Satz 2 UmwStG stellt der gemeine Wert, der bei dem Anteilstausch nach § 21 Abs. 1 Satz 1 UmwStG zwingend anzusetzen ist, bei dem qualifizierten Anteilstausch die **Bewertungsobergrenze** dar und darf im Rahmen der Ausübung des Bewertungswahlrechtes nicht überschritten werden. Demzufolge ist der gemeine Wert auch dann anzusetzen, wenn er geringer als der Buchwert sein sollte[427]. Der gemeine Wert ist auf den Einbringungszeitpunkt zu ermitteln. Für die Ermittlung des gemeinen Wertes gilt § 11 BewG[428].

14.174 Der **persönliche Anwendungsbereich** des § 21 Abs. 1 Sätze 1, 2 UmwStG umfasst gem. § 1 Abs. 3 Nr. 5 i.V.m. Abs. 4 Nr. 1 UmwStG hinsichtlich des übernehmenden Rechtsträgers, also der Holdinggesellschaft, nur Kapitalgesellschaften und Genossenschaften gem. § 1 Abs. 2 Satz 1 Nr. 1 UmwStG. Demzufolge muss es sich um nach den Rechtsvorschriften eines EU-Mitgliedstaates oder eines EWR-Staates gegründete Gesellschaften i.S.d. Art 54 AEUV oder des Art. 34 EWR-Abkommen, deren **Sitz** und **Ort der Geschäftsleitung** sich innerhalb des Hoheitsgebietes eines dieser Staaten befindet, handeln[429]. Während Art. 54 Abs. 2 AEUV bzw. Art. 34 Abs. 2 EWR-Abkommen erweiternd neben Kapitalgesellschaften und Genossenschaften auch Gesellschaften bürgerlichen Rechts und des Handelsrechts und sonstige juristische Personen des öffentlichen und privaten Rechts mit Ausnahme derjenigen, die keinen Erwerbszweck verfolgen, umfasst, beschränkt sich der persönliche Anwendungsbereich der Regelungen über den Anteilstauschs nach § 21 Abs. 1 Sätze 1, 2 i.V.m. § 1 Abs. 4 Nr. 1 UmwStG auf die dort genannten Kapitalgesellschaften und Genossenschaften. Erfasst werden von der Regelung somit die in § 1 Abs. 1 Nr. 1 KStG genannten Kapitalgesellschaften (insbesondere Europäische Gesellschaften, AG, KGaA und GmbH) sowie die in § 1 Abs. 1 Nr. 2 KStG genannten Genossenschaften einschließlich der Europäischen Genossenschaften. Dies gilt unabhängig davon, ob der übernehmende Rechtsträger unbeschränkt oder beschränkt körperschaftsteuerpflichtig[430] oder gar nicht steuerpflichtig oder steuerbefreit ist[431]. Insoweit ist die Regelung weitergehend, als dies nach Art. 3 Buchst. c Fusionsrichtlinie[432] vorgesehen ist.

14.175 **Sitz** (§ 11 AO) und **Ort der Geschäftsleitung** (§ 10 AO) des übernehmenden Rechtsträgers müssen sich in einem Mitgliedstaat der EU oder des EWR-Abkommens befinden, wobei es sich auch um verschiedene Mitgliedstaaten handeln kann[433]. § 1 Abs. 2 Satz 2 UmwStG fingiert für die SE und SCE die Gründung in dem EU- oder EWR-Staat, in dem sie ihren Sitz hat. Das Erfordernis der sog. **doppelten Ansässigkeit** soll einerseits der Europäisierung des Umwandlungssteuergesetzes Genüge tun, aber andererseits eine Beschränkung auf die Hoheitsgebiete der EU- und EWR-Mitgliedstaaten erreichen. Keine Anwendung findet § 21 Abs. 1 UmwStG demnach auf erwerbende Rechtsträger, die ihren Sitz und Ort der Geschäftsleitung oder eines von beiden in einem Drittstaat haben. Dies betrifft internationale Holdinggesellschaften mit einem Ort der Geschäftsleitung in einem Drittstaat, auch wenn sich deren Sitz im Inland befindet (sog. „Wegzugsfall"), aber ebenso eine nationale Holding, die zwar einen inländischen Ort der Geschäftsleitung, aber einen in einem Drittstaat befindlichen Sitz hat (sog. „Zuzugsfall").

14.176 Als **nationale Holding** mit inländischem Sitz und Geschäftsleitungsort kommen somit nur die in § 1 Abs. 1 Nr. 1 und Nr. 2 KStG genannten Kapitalgesellschaften und Genossenschaften in Betracht. Eine nationale Holding mit inländischem Geschäftsleitungsort, deren Sitz sich aber in einem ande-

---

427 BMF v. 11.11.2011, BStBl. I 2011, 1314, Rz. 21.09.
428 BMF v. 11.11.2011, BStBl. I 2011, 1314, Rz. 21.08.
429 BMF v. 11.11.2011, BStBl. I 2011, 1314, Rz. 21.04 i.V.m. Rz. 20.04, 01.54.
430 BMF v. 11.11.2011, BStBl. I 2011, 1314, Rz. 21.04 i.V.m. Rz. 20.04, 01.54.
431 *Patt* in Dötsch/Pung/Möhlenbrock, § 21 UmwStG Rz. 6.
432 Richtlinie 2009/133/EG v. 19.10.2009, ABl. EG Nr. L 310 v. 25.11.2009, S. 34, zuletzt geändert durch Richtlinie 2013/13/EU v. 13.5.2013, ABl. EU Nr. L 141 v. 28.5.2013, S. 30.
433 *Patt* in Dötsch/Pung/Möhlenbrock, § 21 UmwStG Rz. 6; BMF v. 11.11.2011, BStBl. I 2011, 1314, Rz. 01.49.

ren Mitgliedstaat der EU oder des EWR-Raumes befindet (sog. „Zuzugsfall")[434], soll sich nach Auffassung der Literatur nur dann als Kapitalgesellschaft bzw. Genossenschaft i.S.d. § 21 Abs. 1 Sätze 1, 2 UmwStG qualifizieren können, wenn sie auf Grund einer wertenden Betrachtung anhand eines **Rechtstypenvergleichs** einer inländischen Kapitalgesellschaft oder Genossenschaft entspricht[435]. Diese für Zwecke der unbeschränkten Körperschaftsteuerpflicht i.S.d. § 1 Abs. 1 Nr. 1 KStG vorzunehmende Betrachtung[436], begegnet im Anwendungsbereich des § 21 Abs. 1 UmwStG Bedenken, weil Art. 3 Buchst a i.V.m. Anhang I Teil A Fusionsrichtlinie[437] den Kreis der u.a. für den grenzüberschreitenden Anteilstausch nach Art. 1 Buchst. a i.V.m. Art. 8 Abs. 1 Fusionsrichtlinie begünstigten Gesellschaftsformen unwiderlegbar festlegt. Ein Typenvergleich verbietet sich nach der hier vertretenen Auffassung daher zumindest für Fälle des grenzüberschreitenden Anteilstauschs unter Beteiligung von Gesellschaften oder Genossenschaften aus zwei oder mehr EU-Mitgliedstaaten. Da die Fusionsrichtlinie gem. Art. 1 Fusionsrichtlinie unmittelbar nur in den EU-Mitgliedstaaten gilt und das EWR-Abkommen keine ausdrückliche Geltung anordnet (vgl. Art. 7 EWR-Abkommen i.V.m. den Anhängen), scheidet eine Anwendung auf die darüber hinaus bestehenden Mitgliedstaaten des EWR-Abkommens, die nicht zugleich EU-Mitgliedstaaten sind (Island, Liechtenstein, Norwegen), aus[438]. Der EuGH schließt diese Lücke allerdings durch eine Anwendung des Art. 31 EWR-Abkommen, wonach der Anteilstausch unter Beteiligung einer Gesellschaft mit einem Sitz in einem EWR-Mitgliedstaat steuerlich nicht anders behandelt werden darf, als dies bei einer Beteiligung von inländischen Gesellschaften oder einer Gesellschaft mit Sitz in einem EU-Mitgliedstaat der Fall ist[439]. Voraussetzung ist aber, dass zwischen den beteiligten Staaten eine wirksame Steuerkontrolle durch ein gegenseitiges Amtshilfeabkommen, wie es die Amtshilferichtlinie[440] vorsieht, möglich ist[441]. Mangels Anwendbarkeit der Fusionsrichtlinie[442] hat für Gesellschaften mit Sitz in einem EWR-Mitgliedstaat insoweit allerdings ein Typenvergleich zu erfolgen.

Darüber hinaus sind nach dem Wortlaut des § 21 Abs. 1 Sätze 1, 2 UmwStG die übrigen in § 1 Abs. 1 Nr. 3 bis 6 KStG aufgezählten **Körperschaftsteuersubjekte** als erwerbende Rechtsträger ausgeschlossen. Es handelt sich hierbei insbesondere um Versicherungsvereine auf Gegenseitigkeit, sonstige juristische Personen des privaten Rechts, wie z.B. Stiftungen, und Betriebe gewerblicher Art von juristischen Personen des öffentlichen Rechts. Auch insoweit liegt ein Verstoß gegen Art. 1 Buchst. a, Art. 8 Abs. 1 i.V.m. Art. 3 Buchst a i.V.m. Anhang I Teil A Fusionsrichtlinie[443] vor, weil dort diese Rechtsträger als begünstigte Gesellschaftsformen bei einem grenzüberschreitenden Anteilstausch unter Beteiligung von entsprechenden Rechtsträgern aus zwei oder mehr EU-Mitgliedstaaten aufgeführt sind. Lediglich die Gesellschaftsformen, die als steuerlich transparent betrachtet 14.177

434 Vgl. hierzu: *Kahle/Cortez*, FR 2014, 673 ff.

435 *Rabback* in Rödder/Herlinghaus/van Lishaut, § 21 UmwStG Rz. 46; *Patt* in Dötsch/Pung/Möhlenbrock, § 21 UmwStG Rz. 6; *Hörtnagl* in Schmitt/Hörtnagl/Stratz, § 1 UmwStG Rz. 117; *Schmitt* in Schmitt/Hörtnagl/Stratz, § 21 UmwStG Rz. 19; *Behrens* in Haritz/Menner/Bilitewski, § 21 UmwStG Rz. 85; *Dötsch/Pung*, DB 2006, 2704; vgl. auch: Begründung zu dem Entwurf eines Gesetzes über steuerliche Begleitmaßnahmen zur Einführung der Europäischen Gesellschaft und zur Änderung weiterer steuerrechtlicher Vorschriften (SEStEG) v. 25.9.2006, BT-Drucks. 16/2710, 35.

436 *Graffe* in Dötsch/Pung/Möhlenbrock, § 1 KStG Rz. 87.

437 Richtlinie 2009/133/EG v. 19.10.2009, ABl. EG Nr. L 310 v. 25.11.2009, S. 34, zuletzt geändert durch Richtlinie 2013/13/EU v. 13.5.2013, ABl. EU Nr. L 141 v. 28.5.2013, S. 30.

438 EuGH v. 19.7.2012 – C-48/11 – A Oy, DStRE 2013, 148 (149), Rz. 14.

439 EuGH v. 19.7.2012 – C-48/11 – A Oy, DStRE 2013, 148 (150), Rz. 29 ff., vgl. auch: *Sedemund* in Prinz, Umwandlungen im Internationalen Steuerrecht, Rz. 3.54.

440 Richtlinie 2011/16/EU v. 15.2.2011, ABl. EU Nr. L 64 v. 11.3.2011, S. 1, zuletzt geändert durch Richtlinie 2016/2258/EU v. 6.12.2016, ABl. EU Nr. L 342, S. 1.

441 EuGH v. 19.7.2012 – C-48/11 – A Oy, DStRE 2013, 148 (151), Rz. 33.

442 Richtlinie 2009/133/EG v. 19.10.2009, ABl. EG Nr. L 310 v. 25.11.2009, S. 34, zuletzt geändert durch Richtlinie 2013/13/EU v. 13.5.2013, ABl. EU Nr. L 141 v. 28.5.2013, S. 30.

443 Richtlinie 2009/133/EG v. 19.10.2009, ABl. EG Nr. L 310 v. 25.11.2009, S. 34, zuletzt geändert durch Richtlinie 2013/13/EU v. 13.5.2013, ABl. EU Nr. L 141 v. 28.5.2013, S. 30.

werden, können in Einklang mit Art. 11 Abs. 3 Fusionsrichtlinie aus dem Anwendungsbereich herausgenommen werden.

14.178 Eine **internationale Holding** mit ausländischem Ort der Geschäftsleitung kommt als erwerbender Rechtsträger gem. § 21 Abs. 1 Sätze 1, 2 UmwStG in Betracht, wenn es sich hierbei um eine Gesellschaft handelt, die die Voraussetzungen des § 1 Abs. 3 Nr. 5 i.V.m. Abs. 4 Nr. 1 UmwStG, § 1 Abs. 2 Satz 1 Nr. 1 UmwStG erfüllt. Demzufolge müssen sich Ort der Geschäftsleitung und Sitz in einem EU-Mitgliedstaat oder einem Mitgliedstaat des EWR-Abkommens befinden, wobei es sich nicht um denselben Mitgliedstaat handeln muss. Liegt zumindest eines der persönlichen Anknüpfungsmerkmale in einem Drittstaat, scheidet die Anwendung des § 21 Abs. 1 UmwStG aus. Für die internationale Holdinggesellschaft in der Rechtsform der SE oder SCE wird durch § 1 Abs. 2 Satz 2 UmwStG das Vorliegen der doppelten Ansässigkeit fingiert. In den Anwendungsbereich des § 21 Abs. 1 UmwStG können demnach internationale Holdinggesellschaften mit doppelter Ansässigkeit fallen, die unbeschränkt körperschaftsteuerpflichtig nach § 1 Abs. 1 Nr. 1 KStG sind, weil sie ihren Sitz im Inland haben (sog. „Wegzugsfälle"), oder die beschränkt körperschaftsteuerpflichtig nach § 2 Nr. 1 KStG sind, weil beide Anknüpfungsmerkmale in einem EU-Mitgliedstaat oder einem Mitgliedstaat des EWR-Abkommens gegeben sind. Nur in dem letztgenannten Fall stellt sich wiederum die zuvor bereits angesprochene Frage des Typenvergleichs.

14.179 In „**Zuzugsfällen**" stellt sich mit besonderem Nachdruck die Frage nach der Zivilrechtsfähigkeit der zuziehenden Kapitalgesellschaft, weil die an den inländischen Ort der Geschäftsleitung anknüpfende unbeschränkte Körperschaftsteuerpflicht i.S.d. § 1 Abs. 1 Nr. 1 KStG deren Vorliegen voraussetzt. Bei grenzüberschreitenden Strukturen wurde eine Kapitalgesellschaft i.S.d. § 1 Abs. 1 Nr. 1 KStG in der Vergangenheit nur dann als zivilrechtsfähig angesehen, wenn sie nach Maßgabe des deutschen internationalen Privatrechts als rechtsfähig anerkannt war[444]. Nach der Rechtsprechung des BGH[445] und der ganz überwiegenden Meinung im Schrifttum[446] richtete sich diese Beurteilung nach der Rechtsordnung, die am tatsächlichen Sitz der Hauptverwaltung gilt (sog. **Sitztheorie).** Entscheidend war somit der Ort, an dem die grundlegenden Entscheidungen der Unternehmensleitung effektiv in laufende Geschäftsführungsakte umgesetzt wurden (sog. Verwaltungssitz)[447]. Danach wurde die Auffassung vertreten, eine im Ausland wirksam gegründete Kapitalgesellschaft, die ihren Verwaltungssitz ins Inland verlegt, sei im Inland als Kapitalgesellschaft nicht rechtsfähig[448]. Dem hat jedoch der EuGH in der Entscheidung „Überseering"[449] widersprochen. Die sog. Sitztheorie verstößt hiernach gegen Art. 43, jetzt Art. 49, 54 AEUV. Nach Auffassung des EuGH kann sich eine Gesellschaft, die nach dem Recht eines Mitgliedstaates gegründet worden ist, in dessen Hoheitsgebiet sie ihren satzungsmäßigen Sitz hat, in einem anderen Mitgliedstaat auf ihre Niederlassungsfreiheit in Gestalt der Verlagerung des tatsächlichen Verwaltungssitzes in den anderen Mitgliedstaat gem. Art. 49, 54 AEUV berufen, so dass dieser andere Mitgliedstaat die Rechtsfähigkeit zu achten hat, die diese Gesellschaft nach dem Recht ihres Gründungsstaates besitzt[450]. Bereits in der Entscheidung „Centros" war diese Rechtsprechungstendenz zu erkennen[451]. Die Frage, ob mit EuGH-Urteil in der Rechts-

---

444 BFH v. 23.6.1992 – IX R 182/87, BStBl. II 1992, 972 (973); BFH v. 23.6.1993 – I R 31/92, GmbHR 1994, 900.

445 BGH v. 21.3.1986 – V ZR 10/85, ZIP 1986, 643 = GmbHR 1986, 351; OLG Hamm v. 4.10.1996 – 29 U 108/95, RIW 1997, 236.

446 *Kindler* in MünchKomm/BGB, Internationales Handels- und Gesellschaftsrecht, Rz. 420 ff. m.w.N.

447 BGH v. 21.3.1986 – V ZR 10/85, BGHZ 97, 269 (272) = GmbHR 1986, 351 = ZIP 1986, 643.

448 BFH v. 23.6.1992 – IX R 182/87, BStBl. II 1992, 972 (973); BFH v. 23.6.1993 – I R 31/92, GmbHR 1994, 900.

449 EuGH v. 5.11.2002 – C-280/00 – Überseering, IStR 2002, 809.

450 Vgl. auch EuGH v. 30.9.2003 – C-167/01, ECLI:EU:C:2003:512 – Inspire Art, AG 2003, 680; *Bayer*, BB 2003, 2357 (2363); *Altmeppen*, NJW 2004, 97 ff.; *Wachter*, GmbHR 2004, 88 ff.; *Heidenhain*, NZG 2002, 1141 ff.; BGH v. 19.9.2005 – II ZR 372/03, GmbHR 2005, 1483.

451 EuGH v. 9.3.1999 – C-212/97, ECLI:EU:C:1999:126 – Centros, GmbHR 1999, 474 = ZIP 1999, 438.

sache „VALE“[452] eine Einschränkung der bisherigen EuGH-Rechtsprechung dahingehend verbunden war, dass die Ausübung der Niederlassungsfreiheit unter einem Aktivitätsvorbehalt steht[453], dürfte jedoch die Entscheidung des EuGH in der Rechtssache „Polbud“[454] dahingehend geklärt sein, dass die nach den Rechtsvorschriften eines Mitgliedsstaats gegründete und fortbestehende Gesellschaft sich unabhängig von Aktivitäten in dem vorgenannten Mitgliedsstaat auf die Niederlassungsfreiheit berufen kann.

Hieran anknüpfend ist der Herkunftsstaat grundsätzlich gehindert, an den Wegzug steuerrechtlich nachteilige Folgen zu knüpfen[455]. Dabei ist allerdings zu berücksichtigen, dass die Gesellschaft durch den Wegzug Gefahr läuft, in ihrem Gründungsstaat die Rechtspersönlichkeit zu verlieren und dann auch nicht in dem **Zuzugsstaat** als eigene Rechtsperson anerkannt werden kann. Der EuGH lässt eine derartige zivil- und gesellschaftsrechtliche Diskriminierung in dem Herkunftsstaat der Gesellschaft dann unbeanstandet, wenn das dortige Zivil- und Gesellschaftsrecht eine Auflösung der Gesellschaft für den Fall des Wegzugs vorsieht. Hintergrund dieser Auffassung ist der Umstand, dass die zivil- und gesellschaftsrechtlichen Regelungen der einzelnen Mitgliedstaaten nicht harmonisiert sind, so dass die Niederlassungsfreiheit gem. Art. 49, 54 AEUV derartigen Regelungen nicht entgegensteht[456]. Dies hat der EuGH in seinen Entscheidungen „Überseering“[457], „CARTESIO“[458] und „VALE“[459] ausdrücklich bestätigt. Danach ist der Wegzugsstaat nicht gehindert, eine Auflösung der wegziehenden Gesellschaft anzunehmen, wenn diese ihren Verwaltungssitz in einen anderen Mitgliedstaat verlegt. Verlagert eine im Inland wirksam gegründete Kapitalgesellschaft ihren Verwaltungssitz ins Ausland, hat sie nach überholter Rechtslage regelmäßig ihre Rechtsfähigkeit verloren[460]. Zwischenzeitlich ist allerdings durch das Gesetz zur Modernisierung des GmbH-Rechts und zur Bekämpfung von Missbräuchen vom 17.12.2008[461] eine gesetzliche Neuregelung für nach deutschem Recht gegründete Gesellschaften erfolgt. So sind § 4a Abs. 2 GmbHG a.F. sowie § 5 Abs. 2 AktG a.F. gestrichen worden. § 4a GmbHG n.F. sieht vor, dass der Sitz der Gesellschaft der Ort im Inland ist, den der Gesellschaftsvertrag bestimmt. Nach § 5 AktG n.F. ist Sitz der Gesellschaft der Ort im Inland, den die Satzung bestimmt. Der Gesetzgeber hat hierdurch deutschen GmbH und Aktiengesellschaften die Möglichkeit eröffnet, einen Verwaltungssitz zu wählen, der nicht notwendig mit dem Satzungssitz übereinstimmt. Dieser Verwaltungssitz kann auch im Ausland liegen. Damit wird der Spielraum deutscher Holdinggesellschaften erweitert, ihre Geschäftstätigkeit auch außerhalb des deutschen Hoheitsgebietes zu entfalten. In der Praxis kommen als ausländische Herkunftsstaaten demnach nur solche in Betracht, in denen das **Gründungsstatut** gilt, so dass der Wegzug einer Gesellschaft nicht zu deren Auflösung führt. Zu nennen sind insoweit Niederlande, Finnland, Dänemark und Liechtenstein[462]. 14.180

452 EuGH v. 12.7.2012 – C-378/10, ECLI:EU:C:2012:440 – VALE, NJW 2012, 2715.

453 Vgl. *Breithecker/Herbort*, StuW 2015, 156.

454 EuGH v. 25.10.2017 – C-106/16, ECLI:EU:C:2017:804 – Polbud, AG 2017, 854 = ZIP 2017, 2145 = DStR 2017, 2684.

455 Vgl. hierzu: EuGH v. 29.11.2011 – C-371/10, ECLI:EU:C:2011:785 – National Grid Indus BV, GmbHR 2012, 56, Rz. 37 ff.

456 EuGH v. 12.7.2012 – C-378/10, ECLI:EU:C:2012:440 – VALE, NJW 2012, 2715 (2716), Rz. 28 ff.; EuGH v. 16.12.2008 – C-210/06, ECLI:EU:C:2008:723, 24 – Cartesio, NJW 2009, 569 (571), Rz. 110 = AG 2009, 79 = ZIP 2009; EuGH v. 29.11.2011 – C-371/10, ECLI:EU:C:2011:785 – National Grid Indus BV, GmbHR 2012, 56, Rz. 27.

457 Vgl. EuGH v. 5.11.2002 – C-208/00, ECLI:EU:C:2002:632 – Überseering, IStR 2002, 809 = AG 2003, 37 = NZG 2002, 1164, Rz. 70; vgl. hierzu: *Deininger*, IStR 2003, 214 ff.; kritisch: *Bayer*, BB 2003, 2357 (2363); *Wagner*, GmbHR 2003, 684 (691 f.); *Meilicke*, GmbHR 2003, 793 (803).

458 EuGH v. 16.12.2008 – C-210/06, ECLI:EU:C:2008:723 – Cartesio, NJW 2009, 569 ff. = AG 2009, 79 = ZIP 2009, 24.

459 EuGH v. 12.7.2012 – C-378/10, ECLI:EU:C:2012:440 – VALE, NJW 2012, 2715 (2716), Rz. 28 ff.

460 *Kindler* in MünchKomm/BGB, Internationales Handels- und Gesellschaftsrecht, Rz. 520.

461 BGBl. I 2008, 2586.

462 Vgl. hierzu: *Winter/Marx*, DStR 2011, 1101 (1102).

14.181 Allerdings ist zu berücksichtigen, dass sich die Rechtsprechung des EuGH nur auf den EU- bzw. EWR-Raum bezieht. Verlegt eine schweizerische Aktiengesellschaft ihren Verwaltungssitz ins Inland, gilt nach Auffassung des BGH nach wie vor die **Sitztheorie**, so dass die Gesellschaft als solche im Inland nicht anzuerkennen ist. Vielmehr handelt es sich nach der Rechtsprechung des BGH um eine rechtsfähige Personengesellschaft deutschen Rechts, und zwar eine OHG oder Gesellschaft bürgerlichen Rechts, die keiner Eintragung in ein deutsches Register bedarf[463]. Die Drittstaatengesellschaft kann sich nicht auf die Niederlassungsfreiheit berufen, weil der persönliche Anwendungsbereich nach Art. 54 Abs. 1 i.V.m. Art. 49 AEUV auf Gesellschaften beschränkt ist, die ihren satzungsmäßigen Sitz, ihre Hauptverwaltung oder ihre Hauptniederlassung in einem EU-Mitgliedstaat oder nach Art. 34 Abs. 1 i.V.m. Art. 31 EWR-Abkommen in einem EWR-Mitgliedstaat haben. Der Zuzug von Drittstaatengesellschaften ins Inland berührt hinsichtlich seiner zivil- und gesellschaftsrechtlichen Beurteilung die Frage der Anwendbarkeit der Kapitalverkehrsfreiheit nach Art. 63 AEUV im Inland nicht, weil die Frage der identitätswahrenden Sitzverlegung in Bezug auf die zuziehende Gesellschaft keine Frage der Kapitalverkehrsfreiheit ist. Der sachliche und persönliche Anwendungsbereich der Kapitalverkehrsfreiheit ist sowohl für Staatsangehörige eines EU-Mitgliedstaates als auch eines Drittstaates eröffnet, wenn es um Beschränkungen des Kapital- oder Zahlungsverkehrs zwischen EU-Mitgliedstaaten und zwischen EU-Mitgliedstaaten und Drittstaaten geht[464]. Insoweit kann die Kapitalverkehrsfreiheit in diesem Zusammenhang nur Relevanz für den in einem EU-Mitgliedstaat oder einem EWR-Staat ansässigen Gesellschafter der aus einem Drittstaat zuziehenden Gesellschaft haben.

14.182 Wie bereits zuvor dargelegt (vgl. Rz. 14.174), muss die aufnehmende Holdinggesellschaft Sitz und Ort der Geschäftsleitung nach § 21 Abs. 1 i.V.m. §§ 1 Abs. 4 Nr. 1, Abs. 3 Nr. 5, 1 Abs. 2 Nr. 1 UmwStG in einem Mitgliedstaat der EU oder des EWR-Raums haben. Auf das Vorliegen der unbeschränkten Körperschaftsteuerpflicht nach § 1 Abs. 1 Nr. 1 KStG kommt es – anders als nach § 20 Abs. 1 Satz 2 UmwStG a.F. – nicht an. Eine nationale Holdinggesellschaft, die im Inland doppelt ansässig ist i.S.d. § 1 Abs. 2 Nr. 1 UmwStG ist, qualifiziert sich ohne weiteres als geeigneter Rechtsträger für einen Anteilstausch i.S.d. § 21 Abs. 1 UmwStG. Das Gleiche gilt für eine nationale Holdinggesellschaft mit inländischem Ort der Geschäftsleitung und Sitz in einem EU-Mitgliedstaat oder in einem Mitgliedstaat des EWR-Raums. Bereits vorstehend ist dargelegt worden, dass es für die Frage der Anwendbarkeit des § 21 Abs. 1 UmwStG nicht auf einen Rechtstypenvergleich ankommen kann, anders hingegen für die davon zu trennende Frage der unbeschränkten Körperschaftsteuerpflicht nach § 1 Abs. 1 Nr. 1 KStG. Nach Art. 8 Abs. 1 der EU-Richtlinie vom 8.10.2001 über das **Statut der Europäischen Gesellschaft** (VO SE)[465] kann eine SE ihren Satzungssitz identitätswahrend von einem Mitgliedstaat der EU in einen anderen Mitgliedstaat der EU verlegen. Allerdings müssen nach Art. 7 Satz 1 VO SE der statutarische Sitz und der Verwaltungssitz der SE immer in demselben Mitgliedstaat der EU liegen. § 1 Abs. 2 Satz 2 UmwStG fingiert insoweit das Vorliegen der Anwendungsvoraussetzungen des § 1 Abs. 2 Nr. 1 UmwStG. Eine derartige SE wäre nach entsprechender Sitzverlegung ohne weiteres als aufnehmende Gesellschaft i.S.d. § 21 Abs. 1 UmwStG anzusehen. Die EU-Richtlinie gilt ab dem 8.10.2004 unmittelbar, ohne dass es einer Umsetzung in nationales Recht bedürfte[466]. Nach Art. 12 Fusionsrichtlinie[467] darf die Sitzverlegung isoliert betrachtet nicht zu einer Besteuerung der der SE zuzurechnenden Betriebsstätten in weiteren EU-Mitgliedsländern führen. Die Steuerneutralität der Sitzverlegung wird hinsichtlich des Betriebsstättenvermögens dadurch gewahrt, dass die Entstrickungsregelung des § 12 Abs. 3 KStG nur unter den dort genannten Voraussetzungen eine Liquidationsbesteuerung anordnet. Entsprechendes gilt für die Besteuerung der Gesellschafter der SE gem. Art. 14 Fusionsrichtlinie. D.h., die Sitzverlegung muss steuerneutral durch-

463 BGH v. 27.10.2008 – II ZR 158/06, ZIP 2008, 2411 = GmbHR 2009, 138 = AG 2009, 84 = NJW 2009, 289 (291); BGH v. 12.7.2011 – II ZR 28/10, ZIP 2011, 1837 = GmbHR 2011, 1094; *Schnittger/Pitzal* in Prinz, Umwandlungen im Internationalen Steuerrecht, Rz. 10.105 sowie 10.124.

464 *Bröhmer* in Calliess/Ruffert, Art. 63 AEUV Rz. 6.

465 ABl. EG Nr. L 294 v. 10.11.2001; vgl. hierzu: *Hesse*, INF 2003, 951 ff.; *Brandi*, NZG 2003, 889 ff.

466 Vgl. Art. 70 VO SE.

467 Richtlinie 2009/133/EG v. 19.10.2009, ABl. EG Nr. L 310 v. 25.11.2009, S. 34, zuletzt geändert durch Richtlinie 2013/13/EU v. 13.5.2013, ABl. EU Nr. L 141 v. 28.5.2013, S. 30.

geführt werden können[468]. Der nationale Gesetzgeber hat diese Vorgabe in § 4 Abs. 1 Satz 5 EStG umgesetzt, wobei allerdings die Anteile an der SE nach § 15 Abs. 1a EStG steuerverhaftet bleiben.

Hinsichtlich der Person des **Einbringenden** ergeben sich im Anwendungsbereich des § 21 Abs. 1 UmwStG keine Restriktionen[469]. Die Einschränkungen des § 1 Abs. 4 Satz 1 Nr. 2 UmwStG finden bei dem Anteilstausch nach § 21 Abs. 1 i.V.m. § 1 Abs. 3 Nr. 5 UmwStG keine Anwendung. Etwas anderes gilt allerdings, wenn Anteile an einer Kapitalgesellschaft als Teil einer Sacheinlage nach § 20 Abs. 1 UmwStG gegen Gewährung von Gesellschaftsrechten eingebracht werden (vgl. Rz. 14.255 ff.). 14.183

Die Kapitalgesellschaft bzw. Genossenschaft, deren Anteile eingebracht werden (sog. **erworbene Gesellschaft**), unterliegt im Anwendungsbereich des § 21 Abs. 1 UmwStG keinen besonderen Ansässigkeitsvoraussetzungen, wie sich im Umkehrschluss aus § 1 Abs. 3 Nr. 5 i.V.m. § 1 Abs. 4 Nr. 1 UmwStG ergibt. Demzufolge kommen als Einbringungsgegenstand Anteile an inländischen und ausländischen Kapitalgesellschaften und Genossenschaften in Betracht, ohne dass ein Bezug zu einem EU-Mitgliedstaat oder EWR-Mitgliedstaat erforderlich wäre. Auch Anteile an **Drittstaatenkapitalgesellschaften** oder **Drittstaatengenossenschaften** sind geeigneter Einbringungsgegenstand[470]. Allerdings muss es sich um eine Kapitalgesellschaft bzw. Genossenschaft i.S.d. § 21 Abs. 1 UmwStG handeln. Insofern hat bei ausländischen Rechtsträgern ein Rechtstypenvergleich zu erfolgen[471], soweit es sich nicht um eine Gesellschaft i.S.d. des Art. 8 i.V.m. Art. 3 Fusionsrichtlinie[472] handelt. 14.184

Während der Anteilstausch nach § 21 Abs. 1 Satz 1 UmwStG zu einem Ansatz der eingebrachten Anteile bei der nationalen Holding zwingend zum gemeinen Wert erfolgt[473], besteht im Falle des qualifizierten Anteilstauschs nach § 21 Abs. 1 Satz 2 UmwStG die Möglichkeit, die eingebrachten Anteile mit dem Buchwert, einem Zwischenwert oder dem gemeinen Wert anzusetzen. Voraussetzung hierfür ist zunächst, dass der Einbringungsvorgang aus Sicht der nationalen Holding nachweisbar zu einer unmittelbaren **Mehrheitsbeteiligung** an der Tochtergesellschaft führt, falls eine solche nicht bereits zuvor bestand. Eine Mehrheitsbeteiligung ist dann gegeben, wenn der übernehmenden Holdinggesellschaft die Mehrheit der Stimmrechte an der Tochtergesellschaft zusteht (sog. **mehrheitsvermittelnde Beteiligung**). Eine mehrheitsvermittelnde Beteiligung liegt somit vor, wenn auf die Holding mehr als die Hälfte der bei der erworbenen Gesellschaft vorhandenen Stimmen entfallen[474]. Auf eine eventuell hiervon abweichende kapitalmäßige Beteiligung kommt es nicht an[475]. Begünstigt ist sowohl der Fall, dass eine Mehrheitsbeteiligung erst durch den Einbringungsvorgang entsteht, sei es, dass die Holdinggesellschaft erstmals an der eingebrachten Kapitalgesellschaft oder Genossenschaft beteiligt wird oder eine bereits bestehende Minderheitsbeteiligung auf eine Mehrheitsbeteiligung aufgestockt wird, als auch der Fall, dass eine bereits bestehende Mehrheitsbeteiligung weiter aufgestockt wird[476]. Ausreichend ist ebenfalls, wenn sich an der Einbringung verschiedene 14.185

468 Vgl. *Haritz/Wisniewski*, GmbHR 2004, 28 (34); *Kessler/Achilles/Huck*, IStR 2003, 715 (717); *Rödder*, Der Konzern 2003, 522 (527 f.).

469 BMF v. 11.11.2011, BStBl. I 2011, 1314, Rz. 21.03.

470 BMF v. 11.11.2011, BStBl. I 2011, 1314, Rz. 21.05.

471 BMF v. 11.11.2011, BStBl. I 2011, 1314, Rz. 21.05 i.V.m. Rz. 01.27.

472 Richtlinie 2009/133/EG v. 19.10.2009, ABl. EG Nr. L 310 v. 25.11.2009, S. 34, zuletzt geändert durch Richtlinie 2013/13/EU v. 13.5.2013, ABl. EU Nr. L 141 v. 28.5.2013, S. 30.

473 Der Maßgeblichkeitsgrundsatz gilt insoweit nicht, vgl. BMF v. 11.11.2011, BStBl. I 2011, 1314, Rz. 21.07.

474 *Rabback* in Rödder/Herlinghaus/van Lishaut, § 21 UmwStG Rz. 80 ff.; *Schmitt* in Schmitt/Hörtnagl/Stratz, § 21 UmwStG Rz. 43. Eine vergleichbare Regelung findet sich in Art. 32 Abs. 2 Satz 4 VO SE als Voraussetzung für die Gründung einer Holding-SE.

475 *Rabback* in Rödder/Herlinghaus/van Lishaut, § 21 UmwStG Rz. 80; *Schmitt* in Schmitt/Hörtnagl/Stratz, § 21 UmwStG Rz. 43; *Patt* in Dötsch/Pung/Möhlenbrock, § 21 UmwStG Rz. 32.

476 BMF v. 11.11.2011, BStBl. I 2011, 1314, Rz. 21.09; vgl. auch Art. 2 Buchst. e Fusionsrichtlinie, Richtlinie 2009/133/EG v. 19.10.2009, ABl. EG Nr. L 310 v. 25.11.2009, S. 34, zuletzt geändert durch Richtlinie 2013/13/EU v. 13.5.2013, ABl. EU Nr. L 141 v. 28.5.2013, S. 30.

Gesellschafter mit jeweils einer Minderheitsbeteiligung beteiligen und erst die gesamten eingebrachten Anteile zu einer Mehrheitsbeteiligung der Holding führen. Dies gilt jedenfalls dann, wenn es sich bei den Einbringungen um einen einheitlichen Vorgang handelt, wie z.B. im Rahmen der Gründung der Holding oder bei einer Kapitalerhöhung[477]. Derartige Vorgänge spielen besonders bei Joint-Venture-Gestaltungen eine Rolle. Für die Ermittlung der Stimmrechtsmehrheit ist je nach Rechtsform der erworbenen Gesellschaft auf die gesetzlichen Stimmrechtsregelungen gem. § 42 Abs. 2 GmbHG, § 134 Abs. 1 Satz 1 AktG oder § 43 Abs. 3 GenG abzustellen, soweit nicht der Gesellschaftsvertrag bzw. die Satzung der erworbenen Gesellschaft hiervon abweichende Regelungen, wie etwa Mehrstimmrechte[478], Zurechnung weiterer Stimmrechte[479] oder Stimmrechtsbeschränkungen[480] bzw. -ausschlüsse[481], vorsehen. Weichen die gesellschaftsvertraglichen bzw. satzungsrechtlichen von den gesetzlichen Stimmrechtsregelungen ab, kommt es insoweit auf die gesellschaftsrechtlichen bzw. satzungsrechtlichen Stimmrechtsregelungen an. Handelt es sich bei der erworbenen Gesellschaft um eine nach ausländischem Gesellschaftsrecht gegründete Gesellschaft, kommt es für die Ermittlung der Stimmrechtsmehrheit auf das insoweit geltende ausländische Gesellschaftsrecht bzw. den Gesellschaftsvertrag oder die Satzung an[482].

14.186 Die Berücksichtigung von gesellschaftsvertraglichen oder satzungsrechtlichen **Mehrstimmrechten** eröffnet insbesondere bei GmbH Gestaltungsspielräume, weil der Anwendungsbereich des § 21 Abs. 1 Satz 2 UmwStG auch dann gegeben ist, wenn eine Minderheitsbeteiligung eingebracht werden soll und erst im Zuge der Einbringung gesellschaftsvertragliche Mehrstimmrechte für die Holdinggesellschaft vereinbart werden, so dass die Holdinggesellschaft nach der Einbringung die Stimmrechtsmehrheit innehat. Die Vereinbarung von derartigen Mehrstimmrechten im Zusammenhang mit der Einbringung von Anteilen an Tochterkapitalgesellschaften in eine Holding unterliegt allerdings ggf. einer besonderen Prüfung nach § 42 AO. In diesem Fall müssen demnach außersteuerliche Gründe für die Vereinbarung derartiger Mehrstimmrechte usw. gegeben sein. Dies lässt sich im Zusammenhang mit der Errichtung von Holdingstrukturen durchaus damit belegen, dass entsprechende Joint Venture-Gestaltungen ermöglicht werden sollen. Insbesondere dürfte ein Missbrauch nach § 42 AO auszuschließen sein, wenn fremde Dritte als Mitgesellschafter der Vereinbarung von Mehrstimmrechten zugunsten der Holding zustimmen[483].

14.187 Nach § 21 Abs. 1 Satz 2 UmwStG muss die Stimmrechtsmehrheit *nach* der Einbringung zugunsten der übernehmenden Holdinggesellschaft bestehen. Der entscheidende Beurteilungszeitpunkt für das Vorliegen der Voraussetzungen des qualifizierten Anteilstauschs ist hiernach also nicht der Einbringungszeitpunkt selbst, sondern eine logische Sekunde danach[484]. **Einbringungszeitpunkt** in diesem Sinn und damit Zeitpunkt des Anteilstauschs ist der Übergang des zumindest wirtschaftlichen Ei-

---

477 BMF v. 11.11.2011, BStBl. I 2011, 1314, Rz. 21.09; *Patt* in Dötsch/Pung/Möhlenbrock, § 21 UmwStG Rz. 33; vgl. zu § 20 Abs. 1 Satz 2 UmwStG a.F.: BMF v. 25.3.1998 – IV B-7 – S 19–8 – 21/98, BStBl. I 1998, 268, Tz. 20.15; *Jesse* in FS Flick, S. 831, 852 m.w.N.; *Herzig/Förster*, DB 1992, 959, 960.

478 Bei einer GmbH können abweichend von § 47 Abs. 2 GmbHG Mehrstimmrechte vorgesehen werden; vgl. auch § 43 Abs. 3 Satz 2 GenG, wonach die Satzung einer Genossenschaft Mehrstimmrechte vorsehen kann. Bei einer AG sind Mehrstimmrechte gem. § 12 Abs. 2 AktG unzulässig (vgl. aber § 5 EGAktG).

479 Vgl. § 134 Abs. 1 Sätze 3, 4 AktG.

480 Vgl. § 134 Abs. 1 Satz 2 AktG.

481 Nach § 12 Abs. 1 Satz 2 i.V.m. § 139 Abs. 1 AktG kann das Stimmrecht bei Vorzugsaktien ausgeschlossen werden. Nach § 140 Abs. 2 AktG lebt das Stimmrecht der Vorzugsaktionäre in dem dort bezeichneten Fall wieder auf.

482 *Patt* in Dötsch/Pung/Möhlenbrock, § 21 UmwStG Rz. 34.

483 Vgl. auch: *Widmann/Mayer*, § 20 UmwStG Rz. 212; *Milatz/Lütticken*, GmbHR 2001, 560 (561 ff.); kritisch dürfte es allerdings sein, wenn die zunächst gesellschaftsvertraglich eingeräumten Mehrstimmrechte zugunsten der Holding in einem engen zeitlichen Zusammenhang anschließend wieder entfallen, vgl. hierzu: *Behrens* in Haritz/Menner/Bilitewski, § 21 UmwStG Rz. 162.

484 *Schmitt* in Schmitt/Hörtnagl/Stratz, § 21 UmwStG Rz. 45.

gentums an den eingebrachten Anteilen auf die Holdinggesellschaft[485]. Hiervon abweichend geht die Gesetzesbegründung von dem **Datum des Vertragsabschlusses** aus[486]. § 21 Abs. 1 Satz 2 UmwStG ordnet insoweit keine Dauer für das Vorliegen der Stimmrechtsmehrheit an, so dass ein nach dem Beurteilungszeitpunkt erfolgender Verlust der Stimmrechtsmehrheit auf Seiten der Holdinggesellschaft, sei es durch einen vollständigen oder teilweisen Verkauf oder weitere Einbringung der erworbenen Anteile, sei es durch Änderung gesellschaftsvertraglicher oder satzungsrechtlicher Regelungen auf der Ebene der erworbenen Gesellschaft in Bezug auf die Stimmrechte oder auch durch eine Kapitalerhöhung, an der die Holdinggesellschaft nicht teilnimmt, unbeachtlich sind[487]. Das Vorliegen eines **Gestaltungsmissbrauchs** nach § 42 AO kann jedoch in Einzelfällen zu prüfen sein, wenn, wie vorstehend dargelegt, die Stimmrechtsmehrheit der Holdinggesellschaft dadurch herbeigeführt wird, dass unmittelbar vor der Einbringung Mehrstimmrechte hinsichtlich der eingebrachten Anteile vereinbart werden und diese zeitnah nach der Einbringung wieder entfallen.

Wie der Begriff des Anteilstauschs bzw. qualifizierten Anteilstauschs in § 21 Abs. 1 Sätze 1, 2 UmwStG besagt, müssen dem Einbringenden als **Gegenleistung** Anteile an der Holding gewährt werden. Es muss sich hierbei nach der Regelung des § 21 Abs. 1 Satz 1 UmwStG um neue Anteile handeln, die im Rahmen der Gründung der Holdinggesellschaft oder bei einer Kapitalerhöhung erstmalig ausgegeben werden. Dabei reicht es aus, wenn überhaupt neue Gesellschaftsrechte als Gegenleistung ausgegeben werden. Ein Mindestumfang an neuen Gesellschaftsrechten verlangt das Gesetz nicht[488]. Demzufolge ist es auch nicht erforderlich, dass der Einbringende nach der Einbringung in einem bestimmten Mindestumfang an der übernehmenden Holding beteiligt ist. Eine Gewährung neuer Anteile i.S.d. § 21 Abs. 1 UmwStG ist auch gegeben, wenn im Rahmen einer Bargründung oder Barkapitalerhöhung neben der Bareinlage als Aufgeld (Agio) die Beteiligung als Sacheinlage eingebracht wird[489]. Erfolgt der Anteilstausch im Rahmen einer **Sachkapitalerhöhung** muss der Einbringende entweder erstmalig an der Holding durch Ausgabe zusätzlich geschaffener Gesellschaftsrechte beteiligt werden oder aber seine bereits bestehenden Gesellschaftsrechte werden durch Auf- 14.188

485 BMF v. 11.11.2011, BStBl. I 2011, 1314, Rz. 21.17.

486 Begründung zu dem Entwurf eines Gesetzes über steuerliche Begleitmaßnahmen zur Einführung der Europäischen Gesellschaft und zur Änderung weiterer steuerrechtlicher Vorschriften (SEStEG) v. 25.9.2006, BT-Drucks. 16/2710, 47.

487 *Schmitt* in Schmitt/Hörtnagl/Stratz, § 21 UmwStG Rz. 45; *Rabback* in Rödder/Herlinghaus/van Lishaut, § 21 UmwStG Rz. 87; *Behrens* in Haritz/Menner/Bilitewski, § 21 UmwStG Rz. 162; *Milatz/Lüttiken*, GmbHR 2001, 560 (561 ff.).

488 BMF v. 11.11.2011, BStBl. I 2011, 1314, Rz. E 20.09, E 20.10, E 21.01; die Initiative des Bundesrates im Rahmen des Gesetzgebungsverfahrens zu dem Entwurf eines Jahressteuergesetzes 2013 v. 6.7.2012, BR-Drucks. 302/12, 97, §§ 20, 21 UmwStG im Hinblick auf das Erfordernis zur Ausgabe von neuen Anteilen und der Möglichkeit von Zuzahlungen einzuschränken, ist nicht umgesetzt worden; vgl. zu der Vorgängervorschrift des § 20 Abs. 1 Satz 2 UmwStG a.F.: BMF v. 25.3.1998, BStBl. I 1998, 268, Tz. 20.03; *Jesse* in FS Flick, S. 831, 852 m.w.N.; *Crezelius*, DB 2004, 397 (398). Der Bundesrat hat allerdings im Rahmen des Gesetzgebungsverfahrens zu dem Gesetz zur Anpassung der Abgabenordnung an den Zollkodex der Union und zur Änderung weiterer steuerlicher Vorschriften in seiner Stellungnahme v. 7.11.2014, BR-Drucks. 432/14, 101 ff., eine Begrenzung der steuerunschädlichen Zuzahlungen in Fällen des Anteilstauschs und der Einbringung auf 10 % des Buchwertes des eingebrachten Vermögens gefordert (vgl. §§ 20 Abs. 2 Nr. 4, 21 Abs. 1 Satz 2, 24 Abs. 2 Satz 2 UmwStG-E). Die Bundesregierung hat insoweit eine Prüfung zugesagt, vgl. Gegenäußerung der Bundesregierung v. 12.11. 2014, BT-Drucks. 18/3158, 84. Letztendlich sind die Vorschläge des Bundesrates in das Gesetz zur Anpassung der Abgabenordnung an den Zollkodex der Union und zur Änderung weiterer steuerlicher Vorschriften v. 22.12.2014, BGBl. I 2014, 2417, nicht übernommen worden. Die Bundesregierung hat allerdings angekündigt, einen Gesetzentwurf, der insbesondere systemwidrige Gestaltungen im Umwandlungssteuerrecht ausschließen soll, im ersten Quartal 2015 vorzulegen, vgl. Protokollerklärung der Bundesregierung v. 19.12.2014, BR-Plenarprotokoll 929 v. 19.12.2014, Anlage 12.

489 BMF v. 11.11.2011, BStBl. I 2011, 1314, Rz. E 20.09; *Schmitt* in Schmitt/Hörtnagl/Stratz, § 21 UmwStG Rz. 28; BFH v. 7.4.2010 – I R 55/09, BStBl. II 2010, 1094 zu § 20 UmwStG 1995.

stockung des Nennbetrages erhöht[490]. Im Zusammenhang mit dem Anteilstausch kann es zu verdeckten Gewinnausschüttungen i.S.v. § 8 Abs. 3 Satz 2 KStG oder schenkungsteuerpflichtigen Erwerben nach § 7 Abs. 8 ErbStG kommen, wenn hierdurch Anteile anderer Mitgesellschafter der Holding eine Werterhöhung erfahren, ohne dass diese eine adäquate Einlageleistung erbringen.

14.189 Das von § 21 Abs. 1 UmwStG aufgestellte Erfordernis der Gewährung *neuer* Anteile schränkt das Besteuerungsverbot gem. Art. 8 Abs. 1 i.V.m. Art. 2 Buchst. e Fusionsrichtlinie im Anwendungsbereich der Fusionsrichtlinie[491] unzulässig ein. Nach dem insoweit eindeutigen Wortlaut des Art. 2 Buchst. e FusionsRrichtlinie liegt ein privilegierter Anteilstausch vor, wenn die Gesellschafter im Austausch für ihre Anteile Anteile am Gesellschaftskapital der erwerbenden Gesellschaft erhalten. Eine Beschränkung auf *neue* Anteile lässt sich hieraus nicht ableiten. Im Anwendungsbereich der Fusionsrichtlinie sind somit auch Anteilstauschvorgänge privilegiert, bei denen die Gegenleistung in bereits existierenden Gesellschaftsrechten an der erwerbenden Gesellschaft, wie z.B. eigenen Anteilen, besteht[492].

14.190 Ausdrücklich zugelassen sind als Gegenleistung neben der Gewährung von neuen Gesellschaftsrechten auch sonstige Gegenleistungen (§ 21 Abs. 1 Satz 2 und 4 UmwStG)[493]. Diese können sowohl von der zu gründenden Holding als auch von dritter Seite, etwa anderen Gesellschaftern, als Gegenleistung gewährt werden[494]. Bei der Errichtung der Holding kommen als weitere Gegenleistungen z.B. die Übertragung eigener Anteile sowie die Übernahme von Verbindlichkeiten durch die Holding oder auch die Gewährung eines Spitzenausgleiches in Betracht[495]. Durch die Gewährung sonstiger Gegenleistungen neben neuen Gesellschaftsrechten wird das Bewertungswahlrecht für die Holding gem. § 21 Abs. 1 Satz 4 UmwStG eingeschränkt[496]. Soll der qualifizierte Anteilstausch (steuerneutral) zu Buchwerten bzw. Anschaffungskosten erfolgen, darf die sonstige Gegenleistung 25 % des Buchwerts der eingebrachten Anteile oder 500.000 Euro, höchstens jedoch den Buchwert der eingebrachten Anteile nicht übersteigen (§ 21 Abs. 1 Satz 2 Nr. 2 UmwStG). Das vorstehend beschriebene Bewertungswahlrecht ist nach § 21 Abs. 1 Satz 3 UmwStG auch insoweit eingeschränkt, als der Einbringende neben neuen Gesellschaftsrechten eine sonstige Gegenleistung erhält, deren gemeiner Wert den Buchwert der eingebrachten Anteile übersteigt. In diesem Fall hat die übernehmende Holding die eingebrachten Anteile mindestens mit dem gemeinen Wert der sonstigen Gegenleistungen anzusetzen[497]. Es kommt in diesem Fall zu einem Einbringungsgewinn[498]. Soweit der Eigenkapitalzugang den Nominalbetrag der gewährten Gesellschaftsrechte und den gemeinen Wert der sonstigen Gegenleistungen übersteigt, ist der Differenzbetrag dem Einlagekonto gem. § 27 KStG zuzuordnen[499]. Sind neben den Gesellschaftsanteilen an der Holding auch sonstige Gegenleistungen gewährt worden, ist deren gemeiner Wert bei der Bemessung der Anschaffungskosten der Gesellschaftsanteile von dem Wert abzuziehen, mit dem die Holding die eingebrachte Beteiligung angesetzt hat (§ 21 Abs. 2 Satz 6 i.V.m. § 20 Abs. 3 Satz 3 UmwStG). Dies führt dazu, dass die Anschaffungskosten

---

490 *Schmitt* in Schmitt/Hörtnagl/Stratz, § 21 UmwStG Rz. 30 i.V.m. § 20 UmwStG Rz. 204; *Patt* in Dötsch/Pung/Möhlenbrock, § 21 UmwStG Rz. 41 i.V.m. § 20 UmwStG Rz. 171; *Rabback* in Rödder/Herlinghaus/van Lishaut, § 21 UmwStG Rz. 58 ff. i.V.m. *Herlinghaus* in Rödder/Herlinghaus/van Lishaut, § 20 UmwStG Rz. 213 ff.; a.A.: *Mutscher* in Frotscher/Drüen, § 21 UmwStG Rz. 55 i.V.m. § 20 UmwStG Rz. 172.

491 Richtlinie 2009/133/EG v. 19.10.2009, ABl. EG Nr. L 310 v. 25.11.2009, S. 34, zuletzt geändert durch Richtlinie 2013/13/EU v. 13.5.2013, ABl. EU Nr. L 141 v. 28.5.2013, S. 30.

492 *Schmitt* in Schmitt/Hörtnagl/Stratz, § 21 UmwStG Rz. 30; *Mutscher* in Frotscher/Drüen, § 21 UmwStG Rz. 56; *Nitzsche* in Blümich, § 21 UmwStG 2006 Rz. 32 i.V.m. § 20 UmwStG 2006 Rz. 74.

493 BMF v. 11.11.2011, BStBl. I 2011, 1314, Rz. E 20.11.

494 *Widmann/Mayer*, § 20 UmwStG Rz. 472; *Patt* in Dötsch/Pung/Möhlenbrock, § 21 UmwStG Rz. 51i.

495 *Patt* in Dötsch/Pung/Möhlenbrock, § 21 UmwStG Rz. 51; *Widmann/Mayer*, § 20 UmwStG Rz. 472.

496 BMF v. 11.11.2011, BStBl. I 2011, 1314, Rz. 21.10.

497 BMF v. 11.11.2011, BStBl. I 2011, 1314, Rz. 21.10.

498 *Patt* in Dötsch/Pung/Möhlenbrock, § 21 UmwStG Rz. 51.

499 Vgl. BMF v. 4.6.2003, BStBl. I 2003, 366, Tz. 6; BMF v. 16.12.2003, BStBl. I 2003, 786, Tz. 20; *Schmitt* in Schmitt/Hörtnagl/Stratz, § 21 UmwStG Rz. 68.

der erworbenen Gesellschaftsanteile ggf. 0 Euro betragen[500]. Dadurch wird die Versteuerung des durch die Gewährung sonstiger Gegenleistungen an sich bereits im Zeitpunkt der Sacheinlage realisierten Gewinns auf den Zeitpunkt verschoben, in dem die in den neuen Gesellschaftsanteilen ruhenden stillen Reserven aufgedeckt und steuerlich erfasst werden.

Der übernehmenden Holding steht hinsichtlich der Bilanzierung der eingebrachten Beteiligung ein **steuerliches Wahlrecht** mit dem Inhalt zu, die Beteiligung mit dem Buchwert, dem gemeinen Wert oder einem Zwischenwert anzusetzen (§ 21 Abs. 1 Satz 2 UmwStG). **Buchwert** ist gem. § 1 Abs. 5 Nr. 4 UmwStG der Wert, der sich nach den steuerrechtlichen Vorschriften über die Gewinnermittlung in einer für den steuerlichen Übertragungsstichtag aufzustellenden Steuerbilanz ergibt oder ergäbe. Gehören die eingebrachten Anteile zum Privatvermögen des Einbringenden, treten an die Stelle des Buchwertes die Anschaffungskosten (§ 21 Abs. 2 Satz 5 UmwStG)[501]. Der **gemeine Wert** ist auf den Einbringungszeitpunkt gem. § 11 BewG zu bestimmen[502]. Der **Zwischenwert** ist gem. § 21 Abs. 1 Satz 2 UmwStG jeder über dem Buchwert und unter dem gemeinen Wert liegende Wert. Der gemeine Wert ist die **Bewertungsobergrenze** und auch dann anzusetzen, wenn er niedriger als der Buchwert ist[503]. Setzt die Holding die eingebrachte Beteiligung mit einem unter dem gemeinen Wert liegenden Wert (Buch- oder Zwischenwert) an, gelten gem. § 23 Abs. 1 UmwStG § 4 Abs. 2 Satz 3 UmwStG und § 12 Abs. 3 Halbs. 1 UmwStG entsprechend. Dies bedeutet, dass die übernehmende Holding in die steuerliche Rechtsstellung des Einbringenden eintritt[504]. 14.191

Nach § 21 Abs. 2 Satz 1 UmwStG gilt der Wert, mit dem die Holding die eingebrachte Beteiligung ansetzt, für den Einbringenden als Veräußerungspreis der eingebrachten Beteiligung und als Anschaffungskosten der erhaltenen Anteile. Hierbei wird allein auf die tatsächliche Bilanzierung durch die Holding abgestellt; etwaige hiervon abweichende vertragliche Regelungen, z.B. im Rahmen des Einbringungsvertrages, sind unbeachtlich[505]. Dieses zu einer **Wertverknüpfung** führende **Korrespondenzprinzip** zwischen dem Wertansatz der eingebrachten Beteiligung in der Steuerbilanz der Holding und der Höhe des Veräußerungspreises der eingebrachten Beteiligung bzw. der Anschaffungskosten der erhaltenen Anteile wird in den in § 21 Abs. 2 Sätze 2 ff. UmwStG genannten Fällen durchbrochen (vgl. Rz. 14.197 ff.). 14.192

Soweit der Holding unter Berücksichtigung der vorstehenden Ausführungen ein **antragsabhängiges Bewertungswahlrecht**, abweichend von dem gemeinen Wert, (Buchwert, oder Zwischenwert) zusteht, also nur im Falle des qualifizierten Anteilstauschs nach § 21 Abs. 1 Satz 2 UmwStG, ist das Wahlrecht durch entsprechende Antragstellung spätestens bis zur erstmaligen Abgabe der steuerlichen Schlussbilanz für das Wirtschaftsjahr, in welches der Einbringungszeitpunkt fällt, bei dem für die Besteuerung der Holding zuständigen Finanzamt auszuüben (vgl. § 21 Abs. 1 Satz 2 Halbs. 2 i.V.m. § 20 Abs. 2 Satz 3 UmwStG)[506]. Unter dem Begriff der **steuerlichen Schlussbilanz** ist keine eigenständige von der Gewinnermittlung nach §§ 4 Abs. 1, 5 Abs. 1 EStG zu unterscheidende Bilanz zu verstehen[507]. Es han- 14.193

500 *Patt* in Dötsch/Pung/Möhlenbrock, § 21 UmwStG Rz. 63.
501 BMF v. 11.11.2011, BStBl. I 2011, 1314, Rz. 21.09.
502 BMF v. 11.11.2011 BStBl. I 2011, 1314, Rz. 21.08.
503 BMF v. 11.11.2011, BStBl. I 2011, 1314, Rz. 01.57, 21.09; vgl. zu Konstellationen, in denen der gemeine Wert geringer als der Buchwert sein kann: *Patt* in Dötsch/Pung/Möhlenbrock, § 21 UmwStG Rz. 50 i.V.m. vor §§ 20–23 UmwStG Rz. 10.
504 BMF v. 11.11.2011, BStBl. I 2011, 1314, Rz. 23.06.
505 BMF v. 11.11.2011, BStBl. I 2011, 1314, Rz. 21.13 i.V.m. Rz. 20.23; *Schmitt* in Schmitt/Hörtnagl/Stratz, § 21 UmwStG Rz. 82; *Patt* in Dötsch/Pung/Möhlenbrock, § 21 UmwStG Rz. 56; vgl. auch: BFH v. 19.12.2007 – I R 111/05, BStBl. II 2008, 536 (538) zu § 20 Abs. 4 Satz 1 UmwStG a.F.
506 BMF v. 11.11.2011, BStBl. I 2011, 1314, Rz. 21.12 i.V.m. Rz. 20.21; Bayerisches Landesamt für Steuern, Verfügung v. 7.7.2014 – S 1978d.2.1-17/1 St32, DB 2014, 1898, ersetzt durch Bayerisches Landesamt für Steuern, Verfügung v. 11.11.2014 – S 1978d.2.1-17/10 St32, DB 2014, 2681 (2682).
507 BMF v. 11.11.2011, BStBl. I 2011, 1314, Rz. 21.12 i.V.m. Rz. 20.21; a.A. BayLAfSt, Verfügung v. 7.7. 2014, DB 2014, 1898 (1899), ersetzt durch BayLAfSt, Verfügung v. 11.11.2014, DB 2014, 2681 (2682).

delt sich hierbei vielmehr um die (reguläre) Steuerbilanz, in der das übernommene Betriebsvermögen erstmals auszuweisen ist[508]. Stellt die Holding keinen oder keinen fristgerechten Antrag auf Buchwert- oder Zwischenwertansatz, ist zwingend der gemeine Wert anzusetzen (vgl. § 21 Abs. 1 Satz 1 UmwStG)[509]. Nach dem insoweit eindeutigen Wortlaut des § 21 Abs. 1 Satz 2 Halbs. 2 i.V.m. § 20 Abs. 2 Satz 3 UmwStG hängt die wirksame Wahlrechtsausübung von einer rechtzeitigen Antragstellung bei dem für die Besteuerung der Holding nach § 20 AO zuständigen Finanzamt ab. Antragsberechtigt ist allein die Holding. Für den Antrag ist keine besondere Form vorgeschrieben. Aus Gründen der Beweisvorsorge und zur Vermeidung von Rechtsnachteilen empfiehlt sich jedoch die Schriftform mit einem entsprechenden Zugangsnachweis bei der zuständigen Finanzbehörde. Der Antrag ist im Übrigen bedingungsfeindlich und unwiderruflich[510]. Der Antrag muss ausdrücklich oder zumindest konkludent, z.B. durch Einreichung der entsprechenden Steuerbilanz, ergeben, dass die eingebrachte Beteiligung – abweichend von dem (höheren) gemeinen Wert – mit dem Buchwert oder einem Zwischenwert[511] angesetzt werden soll und die eingereichte Steuerbilanz zugleich die steuerliche Schlussbilanz sein soll[512]. Entspricht der gemeine Wert im Einbringungszeitpunkt dem Buchwert oder ist dieser geringer als der Buchwert, stellt der gemeine Wert die Obergrenze der Bewertung dar.

14.194 Bei der Wahlrechtsausübung kommt es allein auf die tatsächliche Antragstellung durch die Holding an. Dem Einbringenden steht insoweit das Recht zu, die für ihn nach § 21 Abs. 2 Satz 1 UmwStG verbindliche Steuerfestsetzung gegenüber der Holding als sog. Drittbetroffenem anzufechten (sog. **Drittanfechtungsklage**)[513].

14.195 Auf der anderen Seite bestimmt der Wert, mit dem die Holding die eingebrachte Beteiligung angesetzt hat, den **Veräußerungspreis** für die eingebrachte Beteiligung. Dabei kommt es allein auf den Ansatz in der Steuerbilanz an. Durch Gegenüberstellung des Veräußerungspreises mit dem Buchwert bzw. den Anschaffungskosten der eingebrachten Beteiligung ergibt sich rein rechnerisch die Höhe des Veräußerungs- bzw. Einbringungsgewinns[514]. Unterschreitet der Ansatz in der Steuerbilanz der Holding den Buchwert bzw. die Anschaffungskosten der eingebrachten Beteiligung, entsteht insoweit ein Veräußerungs- bzw. Einbringungsverlust[515]. Insbesondere in den Fällen des § 21 Abs. 2 Satz 2 UmwStG, in denen zwingend ein Ansatz mit dem gemeinen Wert zu erfolgen hat (vgl. Rz. 14.199 ff.), kann es regelmäßig zu einem Veräußerungs- bzw. Einbringungsgewinn kommen.

14.196 Von der Frage der Entstehung eines Veräußerungs- oder Einbringungsgewinns ist die Frage zu trennen, inwieweit dieser Gewinn der **deutschen Besteuerung** unterliegt. Eine Befreiung von der deutschen Einkommen- bzw. Körperschaftsteuer ist insbesondere bei beschränkt Steuerpflichtigen möglich, bei denen das jeweils anwendbare DBA das Besteuerungsrecht hinsichtlich des Gewinns aus der

508 A.A. sog. Übernahmebilanz, vgl. BayLAfSt, Verfügung v. 7.7.2014, DB 2014, 1898 (1899), ersetzt durch BayLAfSt, Verfügung v. 11.11.2014, DB 2014, 2681 (2682).

509 BayLAfSt, Verfügung v. 7.7.2014, DB 2014, 1898 (1899), ersetzt durch BayLAfSt, Verfügung v. 11.11. 2014, DB 2014, 2681 (2682).

510 BMF v. 11.11.2011, BStBl. I 2011, 1314, Rz. 21.12 i.V.m. Rz. 20.21, 20.24, 03.29; Bayerisches Landesamt für Steuern, Verfügung v. 7.7.2014, DB 2014, 1898 (1899), ersetzt durch Bayerisches Landesamt für Steuern, Verfügung v. 11.11.2014, DB 2014, 2681 (2682).

511 Nach Ansicht der Finanzverwaltung soll der Antrag auf Zwischenwertansatz nur ausdrücklich unter Hinweis auf die Höhe der aufzudeckenden stillen Reserven gestellt werden können, vgl. BMF v. 11.11. 2011, BStBl. I 2011, 1314, Rz. 21.12 i.V.m. Rz. 20.21, 03.29.

512 BayLAfSt, Verfügung v. 7.7.2014, DB 2014, 1898 (1899), ersetzt durch BayLAfSt, Verfügung v. 11.11. 2014, DB 2014, 2681 (2682).

513 BFH v. 6.2.2014 – I B 168/13, BFH/NV 2014, 921, Rz. 13; BFH v. 8.6.2011 – I R 79/10, BStBl. II 2012, 421; BFH v. 20.4.2011 – I R 97/10, BStBl. II 2011, 815; *Schmitt* in Schmitt/Hörtnagl/Stratz, § 21 UmwStG Rz. 57.

514 Ggf. entstandene Einbringungskosten sind abzuziehen, vgl. *Schmitt* in Schmitt/Hörtnagl/Stratz, § 21 UmwStG Rz. 115.

515 *Schmitt* in Schmitt/Hörtnagl/Stratz, § 21 UmwStG Rz. 130; *Patt* in Dötsch/Pung/Möhlenbrock, § 21 UmwStG Rz. 79.

Veräußerung der eingebrachten Anteile dem Wohnsitzstaat zuweist. Gerade in derartigen Fällen empfiehlt sich der Ansatz der eingebrachten Beteiligung mit dem gemeinen Wert, da anderenfalls der deutschen Steuer nicht unterliegende stille Reserven auf die Holding übertragen werden und damit wiederum der deutschen Besteuerung unterliegen[516] (vorbehaltlich des § 8b Abs. 2 KStG bzw. § 3 Nr. 40 EStG). Bei der Einbringung von nicht wesentlichen Beteiligungen an Kapitalgesellschaften (Beteiligung < 1 %), die im Privatvermögen gehalten werden, ist zu differenzieren. Nach § 20 Abs. 2 Satz 1 Nr. 1 Satz 1 EStG sind Veräußerungs- und Einbringungsgewinne aus Anteilen, die nach dem 31.12.2008 erworben wurden, einkommensteuerpflichtig (vgl. § 52a Abs. 10 Satz 1 EStG)[517]. Handelt es sich demgegenüber um Altanteile, also solche Anteile, die vor dem 1.1.2009 erworben wurden, sind etwaige hieraus resultierende Veräußerungs- bzw. Einbringungsgewinne – vorbehaltlich § 23 Abs. 1 Satz 1 Nr. 2 EStG a.F. – nicht steuerbar (vgl. § 52a Abs. 11 Satz 4 EStG).

Die in § 21 Abs. 2 Satz 1 UmwStG normierte **Wertverknüpfung** zwischen dem Wertansatz der eingebrachten Beteiligung in der Steuerbilanz der Holding und der Höhe des Veräußerungspreises der eingebrachten Beteiligung bzw. der Anschaffungskosten der erhaltenen Anteile (sog. **Korrespondenzprinzip**) wird in den in § 21 Abs. 2 Sätze 2 ff. UmwStG genannten Fällen durchbrochen. Danach gilt abweichend von § 21 Abs. 2 Satz 1 UmwStG – unabhängig von dem Wertansatz bei der Holding – für den Einbringenden der gemeine Wert der eingebrachten Anteile als Veräußerungspreis und als Anschaffungskosten der erhaltenen Anteile, wenn für die eingebrachten Anteile nach der Einbringung das Recht der Bundesrepublik Deutschland hinsichtlich der Besteuerung des Gewinns aus der Veräußerung dieser Anteile ausgeschlossen oder beschränkt ist; dies gilt auch, wenn das Recht der Bundesrepublik Deutschland hinsichtlich der Besteuerung des Gewinns aus der Veräußerung der erhaltenen Anteile ausgeschlossen oder beschränkt ist. Diese Regelungen sollen ausweislich der Gesetzesbegründung das Besteuerungsrecht der Bundesrepublik Deutschland sicherstellen[518]. 14.197

§ 21 Abs. 2 Satz 3 UmwStG enthält hierzu antragsabhängige **Rückausnahmen**. Während § 20 Abs. 1 Satz 2 i.V.m. § 20 Abs. 3 UmwStG a.F. für die Holding einen zwingenden Teilwertansatz hinsichtlich der eingebrachten Beteiligung für den Fall vorsah, dass das Besteuerungsrecht der Bundesrepublik Deutschland hinsichtlich des Gewinns aus einer Veräußerung der dem Einbringenden gewährten Gesellschaftsanteile im Zeitpunkt der Sacheinlage ausgeschlossen ist, bleibt das Bewertungswahlrecht der Holding für die steuerliche Bilanzierung der eingebrachten Beteiligung nach § 21 Abs. 1 Satz 2 UmwStG hiervon unberührt. Während die nationale Holding regelmäßig ein Interesse daran haben wird, die erworbene Beteiligung mit dem gemeinen Wert in ihrer Steuerbilanz anzusetzen, um die spätere Versteuerung bereits zum Zeitpunkt des Anteilstauschs vorhandener stiller Reserven zu vermeiden, wird der Einbringende eher beabsichtigen, die sofortige Besteuerung der stillen Reserven im Zuge des qualifizierten Anteilstauschs auszuschließen. Diesem Zielkonflikt tragen die in § 21 Abs. 2 Satz 3 UmwStG enthaltenen Regelungen Rechnung, wobei es sich für den Einbringenden im Ergebnis nur um Stundungsregelungen handelt. 14.198

Der in § 21 Abs. 2 Satz 2 UmwStG angeordnete Ansatz der eingebrachten bzw. erhaltenen Anteile mit dem gemeinen Wert auf der Ebene des Einbringenden setzt generell voraus, dass vor der Einbringung bereits ein Besteuerungsrecht der Bundesrepublik Deutschland hinsichtlich der eingebrachten Beteiligung bestanden hat und dieses durch die Einbringung eingeschränkt oder ausgeschlossen wird[519]. Es hat mithin ein Vergleich der Höhe und des Umfanges des Besteuerungsrechts der Bundesrepublik Deutschland hinsichtlich der eingebrachten Beteiligung vor und nach 14.199

516 Vgl. *Jesse* in FS Flick, S. 831, 853.

517 Insoweit ist die Sonderregelung des § 20 Abs. 4a EStG zu beachten.

518 Begründung zu dem Entwurf eines Gesetzes über steuerliche Begleitmaßnahmen zur Einführung der Europäischen Gesellschaft und zur Änderung weiterer steuerrechtlicher Vorschriften (SEStEG) v. 25.9.2006, BT-Drucks. 16/2710, 1, 27.

519 BMF v. 11.11.2011 BStBl. I 2011, 1314, Rz. 20.19 i.V.m. Rz. 03.19; *Schmitt* in Schmitt/Hörtnagl/Stratz, § 21 UmwStG Rz. 91; *Rabback* in Rödder/Herlinghaus/van Lishaut, § 21 UmwStG Rz. 102.

dem qualifizierten Anteilstausch zu erfolgen[520]. Das deutsche Besteuerungsrecht wird nach Auffassung der Finanzverwaltung im Anwendungsbereich der §§ 3 Abs. 2 Satz 1 Nr. 2, 20 Abs. 2 Satz 2 Nr. 3 UmwStG ausgeschlossen oder beschränkt, wenn ein sog. **Entstrickungsfall** vorliegt, d.h. wenn ein bisher einer inländischen Betriebsstätte zuzuordnendes Wirtschaftsgut einer ausländischen Betriebsstätte zuzuordnen ist (vgl. § 4 Abs. 1 Satz 4 EStG, § 12 Abs. 1 Satz 2 KStG)[521]. Inwieweit diese Auffassung im Anwendungsbereich des § 21 Abs. 2 Satz 2 UmwStG von Relevanz ist, erscheint zweifelhaft, weil § 21 Abs. 2 Satz 2 UmwStG insoweit als lex specialis den allgemeinen Entstrickungsregelungen vorgeht[522]. Im Übrigen liegt ein **Ausschluss des deutschen Besteuerungsrechts** vor, wenn ein – ggf. auch eingeschränktes – deutsches Besteuerungsrecht vor der Einbringung bestanden hat und im Zuge der Einbringung in vollem Umfang entfällt[523]. Eine **Beschränkung des deutschen Besteuerungsrechts** ist gegeben, wenn ein vor der Einbringung bestehendes uneingeschränktes Beststeuerungsrecht der Höhe oder dem Umfang nach nur eingeschränkt fortbesteht[524].

14.200 Ein **Ausschluss** oder eine **Beschränkung** des **Besteuerungsrechts** der Bundesrepublik Deutschland hinsichtlich des Gewinns aus der Veräußerung der in die Holding eingebrachten Beteiligung i.S.d. § 21 Abs. 2 Satz 2 Halbs. 1 UmwStG ist bei einer Einbringung in eine nationale Holding – anders als bei Einbringung in eine internationale Holding mit ausländischem Ort der Geschäftsleitung – regelmäßig nicht gegeben, da im Falle der Zuordnung der eingebrachten Beteiligung zu einer inländischen Betriebsstätte der Holding und bei Bestehen einer an Art. 13 Abs. 2 OECD-MA[525] i.V.m. der Freistellungsmethode nach Art. 23 A OECD-MA ausgerichteten DBA-Regelung zwischen der Bundesrepublik Deutschland und dem Ansässigkeitsstaat der erworbenen Gesellschaft der Bundesrepublik Deutschland das ausschließliche Besteuerungsrecht zusteht. Eine Ausnahme hiervon kann sich dann ergeben, wenn die eingebrachte Beteiligung, die zunächst einer inländischen Betriebsstätte des Einbringenden zuzuordnen war, nach der Einbringung einer ausländischen Betriebsstätte der Holding zuzuordnen ist[526] und hiernach das zuvor bestehende deutsche Besteuerungsrecht in Bezug auf die eingebrachte Beteiligung durch das entsprechende DBA ausgeschlossen oder in seiner Höhe oder seinem Umfang eingeschränkt wird[527], z.B. durch eine Anrechnungsverpflichtung aufgrund von §§ 34c Abs. 1, 6 EStG, § 26 KStG[528].

14.201 Nach § 21 Abs. 2 Satz 2 Halbs. 2 UmwStG gilt der gemeine Wert der eingebrachten Beteiligung für den Einbringenden auch dann als Veräußerungspreis und als Anschaffungskosten, wenn das deutsche Besteuerungsrecht in Bezug auf die im Rahmen des qualifizierten Anteilstauschs erhaltenen Anteile ausgeschlossen oder beschränkt ist. Da die im Zuge des qualifizierten Anteilstauschs erhaltenen Anteile erstmals entstehen, lässt sich die Frage des **Ausschlusses** oder der **Beschränkung** des deutschen **Besteuerungsrechtes** nicht durch einen Vergleich mit der Besteuerungssituation vor dem Anteilstausch in Bezug auf diese Anteile beantworten. Demzufolge hat ein Vergleich mit der Besteue-

---

520 *Schmitt* in Schmitt/Hörtnagl/Stratz, § 21 UmwStG Rz. 91; *Patt* in Dötsch/Pung/Möhlenbrock, § 21 UmwStG Rz. 60.

521 BMF v. 11.11.2011, BStBl. I 2011, 1314, Rz. 20.19 i.V.m. Rz. 03.18; vgl. die Rechtsprechung des BFH zur Aufgabe der sog. finalen Entnahmetheorie: BFH v. 17.7.2008 – I R 77/06, BStBl. II 2009, 464; BFH v. 28.10.2009 – I R 28/08, BFH/NV 2010, 432; BFH v. 28.10.2009 – I R 99/08, BStBl. II 2011, 1019 = ZIP 2010, 283; vgl. auch: BMF v. 18.11.2011, BStBl. I 2011, 1278.

522 *Schmitt* in Schmitt/Hörtnagl/Stratz, § 21 UmwStG Rz. 86 m.w.N.

523 BMF v. 11.11.2011, BStBl. I 2011, 1314, Rz. 20.19 i.V.m. Rz. 03.19.

524 BMF v. 11.11.2011, BStBl. I 2011, 1314, Rz. 20.19 i.V.m. Rz. 03.19.

525 Art. 13 Abs. 2 OECD-MA ist gegenüber Art. 7 Abs. 1 OECD-MA lex specialis, vgl. *Lieber* in Schönfeld/Ditz, Art. 13 OECD-MA Rz. 42.

526 Es handelt sich hierbei aber um eine Ausnahme, da Beteiligungen wegen der Zentralfunktion der nationalen Holding regelmäßig ihrer inländischen Betriebsstätte zuzuordnen sein dürften, vgl. BMF v. 24.12.1999, BStBl. I 1999, 1076, Tz. 2.4; *Looks* in Looks/Heinsen, Rz. 820 ff.

527 BMF v. 11.11.2011, BStBl. I 2011, 1314, Rz. 20.19 i.V.m. Rz. 03.19; *Schmitt* in Schmitt/Hörtnagl/Stratz, § 21 UmwStG Rz. 86.

528 *Behrens* in Haritz/Menner/Bilitewski, § 21 UmwStG Rz. 270.

rungssituation in Bezug auf die eingebrachten Anteile vor deren Einbringung zu erfolgen[529]. Diese Regelung steht unabhängig neben der des § 21 Abs. 2 Satz 1 Halbs. 1 UmwStG und soll die Treaty-override-Klausel des § 21 Abs. 2 Satz 3 Nr. 2 UmwStG absichern[530]. § 21 Abs. 2 Satz 2 Halbs. 2 UmwStG findet bei einer Einbringung in eine nationale Holding – anders als bei einer Einbringung in eine internationale Holding mit ausländischem Ort der Geschäftsleitung – regelmäßig ebenfalls keine Anwendung, weil die Besteuerungssituation hinsichtlich des Gewinns aus der Veräußerung der eingebrachten Beteiligung und der erhaltenen Anteile an der Holding vergleichbar ist. Ist der Einbringende unbeschränkt steuerpflichtig, verbleibt das Besteuerungsrecht hinsichtlich des Gewinns aus der Veräußerung der eingebrachten Beteiligung und der erhaltenen Anteile in Deutschland, falls diese keiner ausländischen Betriebsstätte des Einbringenden zuzurechnen sind. Ist der Einbringende beschränkt steuerpflichtig, treten ebenfalls kein Ausschluss und keine Beschränkung des deutschen Besteuerungsrechts hinsichtlich des Gewinns aus der Veräußerung der erhaltenen Anteile im Vergleich zu der eingebrachten Beteiligung ein, weil sich die Besteuerungssituation dadurch nicht ändert.

Hauptanwendungsfall der Regelung des § 21 Abs. 2 Satz 2 Halbs. 2 UmwStG ist demgegenüber die Besteuerungssituation in Bezug auf die aus einem qualifizierten Anteilstausch bei einer internationalen Holding hervorgehenden Anteile, wenn hierdurch das zuvor bestehende **Besteuerungsrecht** Deutschlands an der eingebrachten Beteiligung eingeschränkt oder ausgeschlossen wird, wie dies insbesondere in Fällen des DBA mit der Tschechischen Republik, Bulgarien und Zypern der Fall ist[531]. Voraussetzung für die Rechtsfolge des § 21 Abs. 2 Satz 2 Halbs. 1 und Halbs. 2 UmwStG ist, dass das Besteuerungsrecht der Bundesrepublik Deutschland hinsichtlich des Gewinns aus der Veräußerung der eingebrachten Beteiligung und der erhaltenen Anteile im Vergleich zu dem Besteuerungsrecht der Bundesrepublik Deutschland hinsichtlich des Gewinns aus der Veräußerung der eingebrachten Beteiligung eingeschränkt oder ausgeschlossen ist[532]. Bestand bereits im Einbringungszeitpunkt kein deutsches Besteuerungsrecht oder war dies bereits zu diesem Zeitpunkt entsprechend eingeschränkt, ist der Tatbestand des § 21 Abs. 2 Satz 2 Halbs. 1 und Halbs. 2 UmwStG nicht erfüllt. M.a.W. findet § 21 Abs. 2 Satz 2 Halbs. 1 und Halbs. 2 UmwStG nur Anwendung, wenn sich infolge der Einbringung die Höhe und/oder der Umfang des deutschen Besteuerungsrechts im Vergleich zu der Höhe und dem Umfang des deutschen Besteuerungsrechts in Bezug auf die eingebrachte Beteiligung vor der Einbringung verringert. Die Regelung trägt dem gesetzgeberischen Ziel der Sicherung des deutschen Besteuerungsrechts Rechnung[533]. Wird das deutsche Besteuerungsrecht erst nach der Einbringung eingeschränkt oder ausgeschlossen, löst dies nicht die Folgen des § 21 Abs. 2 Satz 2 UmwStG aus. Ggf. kommen die allgemeinen Entstrickungsregelungen zur Anwendung[534]. 14.202

Gewinne aus der Veräußerung von Anteilen eines beschränkt Einkommen- bzw. Körperschaftsteuerpflichtigen an einer inländischen Kapitalgesellschaft können nur dann der deutschen Besteuerung 14.203

529 Begründung zu dem Entwurf eines Gesetzes über steuerliche Begleitmaßnahmen zur Einführung der Europäischen Gesellschaft und zur Änderung weiterer steuerrechtlicher Vorschriften (SEStEG) v. 25.9.2006, BT-Drucks. 16/2710, 45; *Behrens* in Haritz/Menner/Bilitewski, § 21 UmwStG Rz. 262; *Mutscher* in Frotscher/Drüen, § 21 UmwStG Rz. 169.

530 Bericht des Finanzausschusses v. 9.11.2006 zu dem Gesetzentwurf der Bundesregierung über steuerliche Begleitmaßnahmen zur Einführung der Europäischen Gesellschaft und zur Änderung weiterer steuerrechtlicher Vorschriften (SEStEG), BT-Drucks. 16/3369, 11 f.; BMF v. 11.11.2011, BStBl. I 2011, 1314, Rz. 21.15; *Behrens* in Haritz/Menner/Bilitewski, § 21 UmwStG Rz. 271; *Rabback* in Rödder/Herlinghaus/van Lishaut, § 21 UmwStG Rz. 161.

531 *Rabback* in Rödder/Herlinghaus/van Lishaut, § 21 UmwStG Rz. 163; BMF v. 11.11.2011, BStBl. I 2011, 1314, Rz. 21.15, Beispiel 2.

532 *Patt* in Dötsch/Pung/Möhlenbrock, § 21 UmwStG Rz. 59.

533 Begründung zu dem Entwurf eines Gesetzes über steuerliche Begleitmaßnahmen zur Einführung der Europäischen Gesellschaft und zur Änderung weiterer steuerrechtlicher Vorschriften (SEStEG) v. 25.9.2006, BT-Drucks. 16/2710, 1, 27; *Rabback* in Rödder/Herlinghaus/van Lishaut, § 21 UmwStG Rz. 158; *Patt* in Dötsch/Pung/Möhlenbrock, § 21 UmwStG Rz. 59.

534 *Patt* in Dötsch/Pung/Möhlenbrock, § 21 UmwStG Rz. 59; *Schmitt* in Schmitt/Hörtnagl/Stratz, § 21 UmwStG Rz. 92.

unterliegen, wenn die Anteile zu einem **inländischen Betriebsvermögen** gehören (§ 49 Abs. 1 Nr. 2a EStG) oder es sich um eine **Beteiligung i.S.d. § 17 EStG** (§ 49 Abs. 1 Nr. 2e EStG[535]) handelt[536]. Nach § 17 Abs. 6 EStG gelten auch die dort genannten Anteile sowie nach § 17 Abs. 7 EStG die Anteile an einer Genossenschaft einschließlich der Europäischen Genossenschaft als Anteile i.S.d. § 17 Abs. 1 Satz 1 EStG[537]. Besteht mit dem betreffenden Staat kein DBA, verbleibt es bei dem deutschen Besteuerungsumfang. Liegt demgegenüber ein DBA vor, ist danach zu unterscheiden, wem das DBA das Besteuerungsrecht zuweist. Im Falle der Zugehörigkeit der Beteiligung zu einer inländischen Betriebsstätte gilt nach Art. 7 Abs. 1, Art. 13 Abs. 2 OECD-MA das sog. Betriebsstättenprinzip, wonach dem Betriebsstättenstaat das Besteuerungsrecht unter Freistellung im Sitzstaat der Gesellschaft (vgl. Art. 23 A OECD-MA) zusteht. Da dieses Betriebsstättenprinzip in allen deutschen DBA verankert ist[538], verbleibt es insoweit bei dem deutschen Besteuerungsrecht. Im Fall von Anteilen an einer Kapitalgesellschaft oder Genossenschaft, deren Wert der Anteile zu irgendeinem Zeitpunkt in den vorausgegangenen 365 Tagen zu mehr als 50 % auf Immobilien zurückzuführen ist, die im anderen Vertragsstaat belegen sind, behält das Besteuerungsrecht der Belegenheitsstaat (Art. 13 Abs. 4 OECD-MA).

14.204 Umgekehrt steht das Besteuerungsrecht bei Vorliegen einer **Beteiligung i.S.d. § 17 EStG** nach Art. 13 Abs. 5 OECD-MA dem Wohnsitzstaat des Anteilseigners zu. Demzufolge ist die Einbringung einer Beteiligung i.S.d. § 17 EStG durch einen beschränkt Einkommen- oder Körperschaftsteuerpflichtigen dann nicht für diesen mit dem gemeinen Wert anzusetzen, wenn das konkret anzuwendende DBA entsprechend Art. 13 Abs. 5 i.V.m. Art. 23 A OECD-MA das ausschließliche Besteuerungsrecht für Gewinne aus der Veräußerung der Beteiligung dem Ansässigkeitsstaat zuweist. Denn in diesem Fall bestand von vornherein kein deutsches Besteuerungsrecht, das durch die Einbringung der Beteiligung in die nationale Holding ausgeschlossen werden könnte. Bei dem deutschen Besteuerungsrecht verbleibt es im Übrigen, wenn kein DBA besteht oder bei Bestehen eines DBA das Anrechnungsverfahren uneingeschränkt gilt.

14.205 Ein deutsches Besteuerungsrecht besteht – vorbehaltlich abweichender DBA-Regelungen – auch an einer Beteiligung an einer **inländischen Kapitalgesellschaft** eines beschränkt Steuerpflichtigen nach § 49 Abs. 1 Nr. 2e Buchst. aa EStG, wenn diese Beteiligung zwar nicht den ansonsten erforderlichen Mindestumfang von 1 % aufweist, jedoch die in § 17 Abs. 6 EStG genannten Voraussetzungen erfüllt sind[539]. Ein deutsches Besteuerungsrecht – vorbehaltlich eines DBA – kann sich in Bezug auf Anteile an ausländischen Kapitalgesellschaften auch aus § 49 Abs. 1 Nr. 2 e cc) EStG ergeben (sog. Immobiliengesellschaften).

14.206 Die vorstehend dargestellten **Entstrickungsregelungen** des § 21 Abs. 2 Satz 2 UmwStG werden durch die antragsabhängigen **Rückausnahmen** des § 21 Abs. 2 Satz 3 UmwStG suspendiert. § 21 Abs. 2 Satz 3 UmwStG zählt alternativ zwei Fälle auf, in denen auf Antrag der Buchwert – bei Anteilen im Privatvermögen treten an die Stelle des Buchwertes die Anschaffungskosten gem. § 21 Abs. 2 Satz 5 UmwStG – oder ein höherer Wert, höchstens der gemeine Wert, als Veräußerungspreis der eingebrachten Beteiligung und als Anschaffungskosten der erhaltenen Anteile gilt. § 21 Abs. 2 Satz 3 UmwStG stellt eine Rückausnahme zu der Regelung des § 21 Abs. 2 Satz 2 UmwStG dar, so dass zunächst der diesbezügliche Tatbestand, d.h. der Ausschluss oder die Beschränkung des deutschen Be-

535 Insoweit ist es unerheblich, ob die Anteile in einem ausländischen Betriebsvermögen oder privat gehalten werden, vgl. *Loschelder* in Schmidt, § 49 EStG Rz. 48 m.w.N.

536 Für Anteile im Privatvermögen, die nicht die Voraussetzungen des § 17 Abs. 1 EStG erfüllen, besteht eine beschränkte Einkommensteuerpflicht nach § 49 Abs. 1 Nr. 5d i.V.m. §§ 43 Abs. 1 Satz 1 Nr. 9, 20 Abs. 2 Satz 1 Nr. 1 EStG.

537 Zweifelhaft ist allerdings, ob Anteile an einer (Europäischen) Genossenschaft tatsächlich unter die beschränkte Steuerpflicht nach § 49 Abs. 1 Nr. 2e EStG fallen, weil dort ausdrücklich nur auf Anteile an Kapitalgesellschaften verwiesen wird, vgl. hierzu: *Frotscher* in Frotscher/Geurts, § 49 EStG Rz. 163.

538 Vgl. *Hemmelrath* in Vogel/Lehner, Art. 7 DBA Rz. 48.

539 *Loschelder* in Schmidt, § 49 EStG Rz. 50; *Frotscher* in Frotscher/Geurts, § 49 EStG Rz. 166.

steuerungsrechts, erfüllt sein muss. Zudem verweist § 21 Abs. 2 Satz 3 UmwStG darauf, dass die Rückausnahme zu § 21 Abs. 2 Satz 2 UmwStG unter den Voraussetzungen des 21 Abs. 1 Satz 2 UmwStG, also dem Vorliegen eines qualifizierten Anteilstauschs, gilt[540].

Nach § 21 Abs. 2 Satz 3 Nr. 1 UmwStG besteht das **Wahlrecht**, wenn das Recht der Bundesrepublik Deutschland hinsichtlich der Besteuerung des Gewinns aus der Veräußerung der erhaltenen Anteile nicht ausgeschlossen oder beschränkt ist. Maßstab für den Ausschluss oder die Beschränkung des deutschen Besteuerungsrechts ist der vorstehend dargestellte Vergleich der Besteuerungssituation hinsichtlich der eingebrachten Beteiligung und der erhaltenen Anteile. Dadurch, dass § 21 Abs. 2 Satz 3 UmwStG tatbestandsseitig generell auf die Fälle des § 21 Abs. 2 Satz 2 UmwStG verweist, kommt es zu einem offensichtlichen Widerspruch zwischen der Regelung des § 21 Abs. 2 Satz 2 Halbs. 2 UmwStG und § 21 Abs. 2 Satz 3 Nr. 1 UmwStG. Während § 21 Abs. 2 Satz 2 Halbs. 2 UmwStG einen Ausschluss oder eine Beschränkung des deutschen Besteuerungsrechts hinsichtlich des Gewinns aus der Veräußerung der erhaltenen Anteile voraussetzt, verlangt die Rückausnahme des § 21 Abs. 2 Satz 3 Nr. 1 UmwStG genau das Gegenteil hiervon. Offenbar handelt es sich hierbei um ein Redaktionsversehen. Die Regelung ist wohl so zu verstehen, dass sie nur eine Rückausnahme für den Fall des § 21 Abs. 2 Satz 2 Halbs. 1 UmwStG enthält. Dies bedeutet, dass trotz Ausschluss oder Beschränkung des deutschen Besteuerungsrechts hinsichtlich der eingebrachten Beteiligung ein Wahlrecht für den Einbringenden hinsichtlich der erhaltenen Anteile unter den in § 21 Abs. 2 Satz 3 Nr. 1 UmwStG genannten Voraussetzungen besteht, wenn für diese Anteile das deutsche Besteuerungsrecht unberührt bleibt. 14.207

Nach § 21 Abs. 2 Satz 3 Nr. 2 UmwStG besteht das **Wahlrecht** alternativ, wenn der Gewinn aus dem Anteilstausch auf Grund Art. 8 Fusionsrichtlinie[541] nicht besteuert werden darf; in diesem Fall ist der Gewinn aus einer späteren Veräußerung der erhaltenen Anteile ungeachtet der Bestimmungen eines DBA in der gleichen Art und Weise zu besteuern, wie die Veräußerung der Anteile an der erworbenen Gesellschaft zu besteuern gewesen wäre; § 15 Abs. 1a Satz 2 EStG ist entsprechend anzuwenden. Durch die Regelung des § 21 Abs. 2 Satz 3 Halbs. 1 UmwStG wird im Wege eines „treaty override" die spätere Besteuerung des Gewinns aus der Veräußerung der erhaltenen Anteile sichergestellt[542]. Zudem ist die Regelung nur anwendbar, wenn für den konkreten Anteilstausch die Fusionsrichtlinie greift[543]. 14.208

§ 21 Abs. 2 Satz 3 Nr. 2 Halbs. 1 UmwStG erfasst u.a. den Fall, dass das deutsche Besteuerungsrecht nach § 21 Abs. 2 Satz 2 Halbs. 1 UmwStG hinsichtlich des Gewinns aus der Veräußerung der eingebrachten Beteiligung ausgeschlossen oder beschränkt wird, weil die eingebrachte Beteiligung, die ursprünglich einer inländischen Betriebsstätte des Einbringenden zuzuordnen war, nach der Einbringung einer **ausländischen Betriebsstätte** der nationalen Holding zuzuordnen ist. Darüber hinaus erfasst § 21 Abs. 2 Satz 3 Nr. 2 Halbs. 1 UmwStG in Abgrenzung zu § 21 Abs. 2 Satz 3 Nr. 1 UmwStG den Fall, dass das deutsche Besteuerungsrecht an den erhaltenen Anteilen ausgeschlossen oder beschränkt ist, jedoch eine Besteuerung der in der eingebrachten Beteiligung liegenden stillen Reserven nach Art. 8 FusionsRrichtlinie[544] ausgeschlossen ist. Dies ist dann der Fall, wenn neben der übernehmenden Gesellschaft auch die eingebrachte Gesellschaft in einem EU/EWR-Mitgliedstaat ansässig ist und die Zuzahlung 10 % des Nennwertes der ausgegebenen Anteile nicht überschreitet[545]. 14.209

Für die Einbringung in die nationale Holding kann sich diese Konstellation dann ergeben, wenn z.B. ein beschränkt Steuerpflichtiger eine in einem inländischen Betriebsvermögen befindliche Betei- 14.210

540 *Rabback* in Rödder/Herlinghaus/van Lishaut, § 21 UmwStG Rz. 167.
541 Richtlinie 2009/133/EG v. 19.10.2009, ABl. EG Nr. L 310 v. 25.11.2009, S. 34, zuletzt geändert durch Richtlinie 2013/13/EU v. 13.5.2013, ABl. EU Nr. L 141 v. 28.5.2013, S. 30.
542 *Rabback* in Rödder/Herlinghaus/van Lishaut, § 21 UmwStG Rz. 166.
543 *Rabback* in Rödder/Herlinghaus/van Lishaut, § 21 UmwStG Rz. 166 ff.
544 Richtlinie 2009/133/EG v. 19.10.2009, ABl. EG Nr. L 310 v. 25.11.2009, S. 34, zuletzt geändert durch Richtlinie 2013/13/EU v. 13.5.2013, ABl. EU Nr. L 141 v. 28.5.2013, S. 30.
545 Vgl. hierzu: BMF v. 11.11.2011, BStBl. I 2011, 1314, Rz. 21.15, Beispiel 2.

ligung an einer EU/EWR-Gesellschaft in die nationale Holding im Wege des qualifizierten Anteilstauschs einbringt und die erhaltenen Anteile sich nicht in einem **inländischen Betriebsvermögen** des Einbringenden befinden. Dann ist zwar das deutsche Besteuerungsrecht hinsichtlich des Gewinns aus der Veräußerung der erhaltenen Anteile im Vergleich zu dem deutschen Besteuerungsrecht an der eingebrachten Beteiligung ggf. entsprechend Art. 7 Abs. 1 bzw. Art. 13 Abs. 2, Abs. 5 OECD-MA i.V.m. Art. 23 A OECD-MA ausgeschlossen bzw. eingeschränkt, jedoch verbietet Art. 8 Fusionsrichtlinie die Besteuerung der in der eingebrachten Beteiligung liegenden stillen Reserven im Zuge des Anteilstauschs, so dass der Einbringende das Wahlrecht nach § 21 Abs. 2 Satz 3 Nr. 2 UmwStG mit der Maßgabe ausüben kann, dass für seine eingebrachte Beteiligung der Buchwert oder einen Zwischenwert als Veräußerungspreis bzw. für seine erhaltenen Anteile als Anschaffungskosten gilt. Handelt es sich bei der erworbenen Gesellschaft demgegenüber um eine Drittstaatengesellschaft, steht dem Einbringenden das Wahlrecht nicht zu, da in diesem Fall Art. 8 Fusionsrichtlinie nach Art. 1 i.V.m. Art. 3 Fusionsrichtlinie nicht anwendbar ist. Macht der Einbringende von seinem Wahlrecht nach § 21 Abs. 2 Satz 3 Nr. 2 UmwStG Gebrauch, so dass als Veräußerungspreis für die eingebrachte Beteiligung der Buch- oder ein Zwischenwert und dieser als Anschaffungskosten für die erhaltenen Anteile gilt, wird der spätere Gewinn aus der Veräußerung der erhaltenen Anteile nach § 21 Abs. 2 Satz 3 Halbs. 2 UmwStG ungeachtet etwaiger DBA-Regelungen in der gleichen Art und Weise besteuert, wie die Anteile an der erworbenen Gesellschaft zu besteuern gewesen wären. Diese **„treaty-override"-Klausel** geht auf Art. 8 Abs. 6 Fusionsrichtlinie zurück und wird durch die Regelung des § 49 Abs. 1 Nr. 2e bb) EStG zur beschränkten Steuerpflicht abgesichert[546]. Nach § 21 Abs. 2 Satz 3 Nr. 2 Halbs. 3 UmwStG ist § 15 Abs. 1a Satz 2 EStG entsprechend anwendbar. Dadurch soll die Anwendung der in § 21 Abs. 2 Satz 3 Nr. 2 Halbs. 2 UmwStG enthaltenen treaty-override-Klausel auch in den Fällen der verdeckten Einlage der erhaltenen Anteile in eine Kapitalgesellschaft und der Liquidation der Gesellschaft, an der die erhaltenen Anteile bestehen, sichergestellt werden[547].

14.211 Das Wahlrecht nach § 21 Abs. 2 Satz 3 UmwStG ist inhaltlich gem. § 21 Abs. 2 Satz 6 UmwStG durch Verweis auf § 20 Abs. 3 Satz 3 UmwStG eingeschränkt. Es handelt sich hierbei um den Fall, dass neben den neu ausgegebenen Anteilen auch eine sonstige Gegenleistung gewährt wird, so dass deren gemeiner Wert von den Anschaffungskosten der erhaltenen Anteile abzuziehen ist. Darüber hinaus ordnet § 21 Abs. 2 Satz 6 UmwStG die entsprechende Geltung des § 20 Abs. 3 Satz 4 UmwStG an. Dies bedeutet, dass die Einbringung sog. **einbringungsgeborener Anteile** i.S.v. § 21 UmwStG a.F. dazu führt, dass auch die neu ausgegebenen Anteile als einbringungsgeborene Anteile steuerverstrickt bleiben[548].

14.212 Eine dem § 21 Abs. 2 UmwStG vergleichbare Sonderregelung für **Anteile im Privatvermögen**, die nicht unter § 17 EStG fallen, enthält § 20 Abs. 4a EStG, wonach § 21 UmwStG in diesen Fällen durch die Sonderregelung verdrängt wird[549].

14.213 Nach § 21 Abs. 2 Satz 4 UmwStG ist das Wahlrecht des Einbringenden gem. § 21 Abs. 2 Satz 3 UmwStG durch ausdrückliche, ggf. auch konkludente **Antragstellung** beim dem für den Einbrin-

546 Bericht des Finanzausschusses v. 9.11.2006 zu dem Gesetzentwurf der Bundesregierung über steuerliche Begleitmaßnahmen zur Einführung der Europäischen Gesellschaft und zur Änderung weiterer steuerrechtlicher Vorschriften (SEStEG), BT-Drucks. 16/3369, 12.

547 Bericht des Finanzausschusses v. 9.11.2006 zu dem Gesetzentwurf der Bundesregierung über steuerliche Begleitmaßnahmen zur Einführung der Europäischen Gesellschaft und zur Änderung weiterer steuerrechtlicher Vorschriften (SEStEG), BT-Drucks. 16/3369, 12.

548 Vgl. hierzu: BMF v. 11.11.2011, BStBl. I 2011, 1314, Rz. 27.04; *Patt* in Dötsch/Pung/Möhlenbrock, § 21 UmwStG Rz. 68; *Rabback* in Rödder/Herlinghaus/van Lishaut, § 21 UmwStG Rz. 183; *Behrens* in Haritz/Menner/Bilitewski, § 21 UmwStG Rz. 324 ff.; Bericht des Finanzausschusses v. 9.11.2006 zu dem Gesetzentwurf der Bundesregierung über steuerliche Begleitmaßnahmen zur Einführung der Europäischen Gesellschaft und zur Änderung weiterer steuerrechtlicher Vorschriften (SEStEG), BT-Drucks. 16/3369, 12.

549 BMF v. 11.11.2011, BStBl. I 2011, 1314, Rz. 21.02.

genden zuständigen Finanzamt spätestens bis zur erstmaligen Abgabe der Steuererklärung auszuüben[550]. Nach Ansicht der Finanzverwaltung kann ein einmal rechtzeitig gestellter Antrag nicht widerrufen oder geändert werden[551].

bb) Veräußerungsvorgang gem. § 8b Abs. 2 KStG

14.214 Da die Einbringung von Anteilen gegen Gewährung von Gesellschaftsrechten einen **Veräußerungsvorgang** darstellt, findet auf den dabei entstehenden Veräußerungs- bzw. Einbringungsgewinn, soweit er auf die dort genannten Anteile entfällt, § 8b Abs. 2 KStG unter den dort genannten Voraussetzungen Anwendung[552] und zwar unabhängig davon, ob der Gewinn auf einem Zwischenwertansatz oder dem Ansatz mit dem gemeinen Wert beruht. Dieses Ergebnis wird durch § 21 Abs. 3 Satz 1 UmwStG bestätigt, da der Gesetzeswortlaut von dem Begriff des Veräußerungsgewinns infolge des Anteilstauschs ausgeht. Nach § 8b Abs. 2 Satz 6 KStG ist Veräußerung im vorstehenden Sinn auch die verdeckte Einlage. Gem. § 8b Abs. 3 KStG gelten 5 % des nach § 8b Abs. 2 KStG steuerfreien Preises als nicht abzugsfähige Betriebsausgabe, so dass die steuerfrei gestellten Gewinne im Ergebnis in einer Höhe von 5 % der Besteuerung unterliegen, unabhängig davon, ob es sich um Anteile an in- oder ausländischen Tochtergesellschaften handelt[553]. § 8b Abs. 2 KStG kommt somit große Bedeutung für Unternehmensumstrukturierungen zu, insbesondere für die Holdingbildung oder Entflechtung[554].

14.215 Vor dem Hintergrund der Errichtung einer Holdingstruktur im Wege des Anteilstauschs nach § 21 Abs. 1 UmwStG kommt der Regelung des **§ 8b Abs. 2 KStG** für den Einbringenden besondere Bedeutung zu, weil § 8b Abs. 2 KStG die Besteuerung der im Zuge der Einbringung aufgedeckten stillen Reserven weitestgehend vermeidet[555], ohne dass die besonderen Voraussetzungen des qualifizierten Anteilstauschs nach § 21 Abs. 1 Satz 2, Abs. 2 UmwStG vorliegen müssen bzw. Restriktionen nach § 21 Abs. 2 UmwStG bestehen. § 8b Abs. 2 KStG sieht weder eine Mindestbeteiligungshöhe, eine Mindestbesitzdauer oder eine Aktivitätsklausel in Bezug auf die in die Holding eingebrachte Gesellschaft vor[556]. Demzufolge ist § 8b Abs. 2 KStG besonders dann von Relevanz, wenn die Voraus-

550 BMF v. 11.11.2011, BStBl. I 2011, 1314, Rz. 21.15.

551 BMF v. 11.11.2011, BStBl. I 2011, 1314, Rz. 21.12 i.V.m. Rz. 20.24; *Schmitt* in Schmitt/Hörtnagl/Stratz, § 21 UmwStG Rz. 110; a.A.: *Patt* in Dötsch/Pung/Möhlenbrock, § 21 UmwStG Rz. 65; *Rabback* in Rödder/Herlinghaus/van Lishaut, § 21 UmwStG Rz. 179; *Behrens* in Haritz/Menner/Bilitewski, § 21 UmwStG Rz. 305; *Mutscher* in Frotscher/Drüen, § 21 UmwStG Rz. 203 f.

552 BMF v. 11.11.2011, BStBl. I 2011, 1314, Rz. 00.02; *Patt* in Dötsch/Pung/Möhlenbrock, § 21 UmwStG Rz. 81; *Schmitt* in Schmitt/Hörtnagl/Stratz, § 21 UmwStG Rz. 125; *Behrens* in Haritz/Menner/Bilitewski, § 21 UmwStG Rz. 347; *Pung* in Dötsch/Pung/Möhlenbrock, § 8b KStG Rz. 124; *Gosch* in Gosch, § 8b KStG Rz. 186 f.; BFH v. 5.6.2002 – I R 6/01, BFH/NV 2003, 88, zu § 20 UmwStG; offen gelassen von: *Frotscher* in Frotscher/Drüen, § 8b KStG Rz. 188.

553 Vgl. im Einzelnen: *Dötsch/Pung*, DB 2004, 151 ff.

554 Vgl. *Pung* in Dötsch/Pung/Möhlenbrock, § 8b KStG Rz. 101; *Frotscher* in Frotscher/Drüen, § 8b KStG Rz. 148; *Herzig*, DB 2000, 2235; *Köhler*, DStR 2000, 1849 (1852).

555 Nach § 8b Abs. 3 Satz 1 KStG gelten lediglich 5 % des steuerfreien Veräußerungsgewinns als Ausgaben, die nicht als Betriebsausgaben abgezogen werden dürfen.

556 Vgl. aber die Ermächtigungsnorm des § 33 Abs. 1 Nr. 2 Buchst. e KStG i.V.m. § 4 Steuerhinterziehungsbekämpfungsverordnung (SteuerHBekV) v. 18.9.2009, BGBl. I 2009, 3046, wonach die Steuerbefreiung nach § 8b Abs. 1 Satz 1 KStG und § 8b Abs. 2 Satz 1 KStG sowie vergleichbare DBA-Schachtelprivilegien für Beteiligungen an Gesellschaften, die ihren Sitz oder den Ort ihrer Geschäftsleitung in einem ausländischen Staat haben, von der Erfüllung besonderer Nachweis- und Mitwirkungspflichten abhängig gemacht werden kann. Voraussetzung hierfür ist, dass mit dem ausländischen Staat kein Auskunftsaustausch entsprechend Art. 26 OECD-MA besteht oder der ausländische Staat Auskünfte in einem vergleichbaren Umfang nicht erteilt oder nicht zu einer entsprechenden Auskunftserteilung bereit ist (sog. nicht kooperierende Staaten). Diese Regelungen gelten ab dem Veranlagungszeitraum 2010. Derzeit erfüllt kein Staat die vorgenannten Voraussetzungen, so dass die Regelungen leerlaufen, vgl. BMF v. 5.1.2010, BStBl. I 2010, 19.

setzungen des qualifizierten Anteilstauschs nach § 21 Abs. 1 Satz 2 UmwStG nicht vorliegen, d.h. wenn es sich z.B. um einen Anteilstausch i.S.d. § 21 Abs. 1 Satz 1 UmwStG handelt oder die Voraussetzungen des § 21 Abs. 2 Satz 2 UmwStG gegeben sind und die Rückausnahme nach § 21 Abs. 2 Satz 3 UmwStG nicht vorliegt oder wenn die Holding die erworbene Beteiligung nach § 21 Abs. 1 Satz 2 UmwStG mit einem über dem Buchwert liegenden Wert ansetzt und dieser Wert nach § 21 Abs. 2 Satz 1 UmwStG für den Einbringenden als Veräußerungspreis anzusetzen ist. Die Steuerfreistellung eines etwaigen Gewinns aus einem (qualifizierten) Anteilst1ausch gem. § 8b Abs. 2 KStG lässt allerdings das Entstehen eines entsprechenden handelsbilanziellen Buchgewinns unberührt. Denn der qualifizierte Anteilstausch stellt handelsrechtlich einen Tauschvorgang dar, der handelsrechtlich zum Ansatz der eingebrachten Beteiligung mit den Anschaffungskosten führt. Diese bemessen sich im Regelfall nach dem Zeitwert der neu ausgegebenen Gesellschaftsrechte. Nach h.M. besteht jedoch handelsrechtlich ein Wahlrecht zur erfolgsneutralen Bilanzierung mit dem Buchwert[557]. Soweit im konkreten Fall anstelle einer gewinnrealisierenden Einbringung unter Nutzung von § 8b Abs. 2 KStG auch eine steuerliche Buchwerteinbringung möglich ist, sollten die handelsbilanziellen Konsequenzen bedacht werden. Die steuerfreie Gewinnrealisierung unter Anwendung von § 8b Abs. 2 KStG kann ggf. dazu genutzt werden, das Eigenkapital der einbringenden Gesellschaft um die Höhe der aufgedeckten stillen Reserven in der eingebrachten Beteiligung zu erhöhen und damit ggf. Ausschüttungspotential zu generieren. Allerdings beinhaltet eine solche Eigenkapitalerhöhung nicht zugleich einen entsprechenden Liquiditätszufluss, so dass etwaige hieraus resultierende Ausschüttungszwänge zu wirtschaftlichen Problemen führen können. Zudem muss die steuerliche Belastung infolge der Regelung des § 8b Abs. 3 Satz 1 KStG berücksichtigt werden (5 % nicht abzugsfähige Betriebsausgaben).

14.216 Nach § 8b Abs. 2 Satz 1 KStG bleiben Gewinne aus der **Veräußerung** eines Anteils an einer Körperschaft oder Personenvereinigung, deren Leistungen beim Empfänger zu Einnahmen i.S.d. § 20 Abs. 1 Nr. 1, 2, 9 und 10 Buchst. a EStG gehören, oder an einer Organgesellschaft i.S.d. § 14 oder § 17 KStG[558] außer Ansatz. Dies gilt nach § 8b Abs. 2 Satz 3 KStG entsprechend für Gewinne aus der Auflösung oder der Herabsetzung des Nennkapitals. Die Anwendung des § 8b Abs. 2 Satz 1 KStG führt zu einer außersteuerbilanziellen Korrektur[559]. § 8b Abs. 2 KStG gilt persönlich für alle Körperschaften (z.B. auch beschränkt steuerpflichtige Körperschaften ohne inländisches Betriebsvermögen oder auch steuerpflichtige Vereine)[560]. In sachlicher Hinsicht knüpft die Steuerbefreiung gem. § 8b Abs. 2 Satz 1 1. Alt. KStG an den dort genannten **Einnahmenkatalog** und die dadurch identifizierten Anteile an Körperschaften und Personenvereinigungen an. § 8b Abs. 2 Satz 1 1. Alt. KStG gilt sowohl für Anteile an inländischen als auch für Anteile an ausländischen Körperschaften[561]. Eine Mindestbeteiligungshöhe ist – anders nach § 8b Abs. 1 i.V.m. Abs. 4 KStG – nicht erforderlich[562]. Die Veräußerungsgewinnbefreiung kann nur derjenige in Anspruch nehmen, dem nach § 8b Abs. 2 Satz 1 1. Alt. KStG i.V.m. § 20 Abs. 5 EStG, § 39 AO die Anteile zuzurechnen sind. Demzufolge ist für die Frage, ob der Gewinn aus dem Anteilstausch nach § 8b Abs. 2 Satz 1 1. Alt. KStG steuerfrei ist, darauf abzustellen, ob der Einbringende im Einbringungszeitpunkt – eine Leistung von der ein-

557 *Schubert/Gadek* in BeckBilKomm, § 255 HGB Rz. 40 m.w.N.; a.A.: *Tiedchen* in MünchKomm/Bilanzecht, § 255 HGB Rz. 48.

558 Vgl. § 8b Abs. 2 Satz 1 KStG in der Fassung des Gesetzes zur Anpassung des nationalen Steuerrechts an den Beitritt Kroatiens zur EU und zur Änderung weiterer steuerlicher Vorschriften v. 25.7.2014, BGBl. I 2014, 1266. Der zuvor in § 8b Abs. 2 Satz 1 KStG enthaltene Hinweis auf § 18 KStG war gegenstandslos, weil § 18 KStG bereits durch das Gesetz zur Änderung und Vereinfachung der Unternehmensbesteuerung und des steuerlichen Reisekostenrechts v. 20.2.2013, BGBl. I 2013, 285, mit Wirkung ab dem Veranlagungszeitraum 2012 aufgehoben worden ist.

559 Vgl. R 7.1 Abs. 1 Satz 2 Nr. 17 KStR 2015.

560 BMF v. 28.4.2003, BStBl. I 2003, 292, Tz. 13; *Pung* in Dötsch/Pung/Möhlenbrock, § 8b KStG Rz. 102 i.V.m. Rz. 41.

561 BFH v. 13.10.2010 – I R 79/09, DStRE 2011, 223 (225) = AG 2011, 134 = ZIP 2011, 272; BMF v. 28.4.2003, BStBl. I 2003, 292, Tz. 13.

562 BMF v. 28.4.2003, BStBl. I 2003, 292, Tz. 13.

gebrachten Gesellschaft unterstellt – zumindest wirtschaftlicher Eigentümer der eingebrachten Anteile ist und die unterstellte Leistung beim Empfänger zu den Einnahmen im Sinne des Einnahmenkatalogs gehört. Im Regelfall ergeben sich hieraus keine Besonderheiten, weil der Einbringende, falls er zumindest wirtschaftlicher Eigentümer der einzubringenden Anteile ist, zugleich derjenige Anteilseigner ist, dem nach § 20 Abs. 5 Sätze 1, 2 EStG die Einkünfte aus Kapitalvermögen zuzurechnen sind. Abweichungen können sich allerdings bei Nießbrauchsgestaltungen, wie sie z.B. bei Familienholdinggesellschaften durchaus vorkommen, ergeben. In diesen Fällen können das zivilrechtliche und wirtschaftliche Eigentum an den nießbrauchsbelasteten Anteilen und die Zurechnung der Einkünfte aus Kapitalvermögen auseinanderfallen (vgl. § 20 Abs. 5 Satz 3 EStG). Allerdings setzt § 8b Abs. 2 Satz 1 1. Alt. KStG nur voraus, dass die entsprechenden Einnahmen bei dem Empfänger der Leistung zu dem genannten Katalog gehören. Eine Identität von Empfänger der Leistung und demjenigen, dem die Anteile steuerlich zuzurechnen sind, muss nicht bestehen. Privilegiert sind nach § 8b Abs. 2 Satz 1 1. Alt. KStG in erster Linie Veräußerungsgewinne in Bezug auf Anteile an Kapitalgesellschaften i.S.d. § 1 Abs. 1 Nr. 1 KStG, deren Ausschüttungen zu Einkünften aus Kapitalvermögen gem. § 20 Abs. 1 Nr. 1 Satz 1 EStG führen. Dies sind insbesondere Europäische Gesellschaften, AG[563], KGaA sowie GmbH. Da § 8b Abs. 2 Satz 1 1. Alt. KStG die privilegierten Rechtsträger mittels des dort beschriebenen Einnahmenkatalogs, der demjenigen des § 8b Abs. 1 Satz 1 KStG entspricht, bestimmt, sind auch ausländische Kapitalgesellschaften erfasst, soweit sie sich nach dem Rechtstypenvergleich als eine der vorgenannten Kapitalgesellschaften qualifizieren[564]. Privilegiert sind nach § 8b Abs. 2 Satz 1 1. Alt. KStG i.V.m. § 20 Abs. 1 Nr. 1 Satz 1 EStG auch Gewinne aus der Veräußerung von Genussrechten, mit denen das Recht am Gewinn und Liquidationserlös einer Kapitalgesellschaft verbunden ist. Es handelt sich hierbei um **Genussrechte** i.S.d. § 8 Abs. 3 Satz 2 KStG[565]. Diese stellen allerdings keine Anteile i.S.d. § 21 Abs. 1 UmwStG dar.

Nach § 8b Abs. 2 Satz 2 KStG ist Veräußerungsgewinn der Betrag, um den der Veräußerungspreis oder der an dessen Stelle tretende Wert nach Abzug der Veräußerungskosten den Wert übersteigt, der sich nach den Vorschriften über die steuerliche Gewinnermittlung im Zeitpunkt der Veräußerung ergibt (Buchwert). Demzufolge mindern die **Veräußerungskosten** in vollem Umfang den steuerfreien Veräußerungsgewinn[566]. 14.217

Die Kehrseite der Veräußerungsgewinnbefreiung nach § 8b Abs. 2 KStG stellt die Regelung des § 8b Abs. 3 KStG dar. Nach § 8b Abs. 3 Satz 1 KStG gelten 5 % des Veräußerungsgewinns i.S.d. § 8b Abs. 2 Satz 1, 3 und 6 KStG als **Ausgaben**, die nicht als Betriebsausgaben abgezogen werden dürfen. Bemessungsgrundlage des fiktiven Betriebsausgabenabzugsbetrages von 5 % ist der um etwaige Veräußerungskosten geminderte steuerfreie Veräußerungsgewinn[567]. Gem. § 8b Abs. 3 Satz 2 KStG ist § 3c Abs. 1 EStG nicht anzuwenden. Die pauschalierten Abzugsverbote des § 8b Abs. 3 Satz 1, Abs. 5 Satz 1 KStG sind nach Ansicht des BVerfG mit Art. 3 Abs. 1 GG auch insoweit vereinbar, als die tatsächlichen Betriebsausgaben der betroffenen Körperschaft geringer als die sich hiernach ergebenden Beträge sind[568]. Hintergrund der Regelung war die erforderliche Gleichbehandlung von In- und 14.218

563 Vgl. die Ausnahme für Anteile an einer REIT-AG: § 19 Abs. 3 Gesetz über deutsche Immobilien-Aktiengesellschaften mit börsennotierten Anteilen (REIT-Gesetz – REITG) v. 28.5.2007, BGBl. I 2007, 914.

564 Vgl. *Pung* in Dötsch/Pung/Möhlenbrock, § 8b KStG Rz. 25 m.w.N.

565 Andere Genussrechte sowie Wandelschuldverschreibungen, Optionsanleihen und sonstige Options- und Bezugsrechte fallen nicht in den Anwendungsbereich des § 8b Abs. 2 KStG; vgl. BMF v. 28.4. 2003, BStBl. I 2003, 292, Tz. 24; BFH v. 23.1.2008 – I R 101/06, BStBl. II 2008, 719; BFH v. 6.3.2012 – I R 18/12, BStBl. II 2013, 588 (589); vgl. *Pung* in Dötsch/Pung/Möhlenbrock, § 8b KStG Rz. 121; *Rödder/Schumacher*, DStR 2003, 909 (911); *Strunk/Kaminski*, NWB, Fach 4, 4731, 4735; s. auch *Häuselmann/Wagner*, BB 2002, 2170 (2431); a.A.: *Frotscher*, INF 2003, 457 (460).

566 BFH v. 12.3.2014 – I R 45/13, DStR 2014, 1219 (1220), Rz. 10 f. m.w.N.; *Dötsch/Pung*, DB 2004, 151 (153); *Pung* in Dötsch/Pung/Möhlenbrock, § 8b KStG Rz. 109; *Gosch* in Gosch, § 8b KStG Rz. 195.

567 BFH v. 12.3.2014 – I R 45/13, DStR 2014, 1219 (1220), Rz. 10 f. m.w.N.

568 Vgl. BVerfG v. 12.10.2010 – 1 BvL 12/07, NJW 2010, 2393.

Auslandsbeteiligungen wegen der bis dahin drohenden EU-Rechtswidrigkeit der diskriminierenden Regelung des § 8b Abs. 5 KStG a.F.[569].

14.219 § 8b Abs. 1 bis 5 KStG gelten nach § 8b Abs. 6 Satz 1 KStG auch für die dort genannten Bezüge, Gewinne und Gewinnminderungen, die dem Steuerpflichtigen im Rahmen des Gewinnanteils aus einer **Mitunternehmerschaft** zugerechnet werden, und insbesondere für Gewinne und Verluste, soweit sie bei der Veräußerung oder Aufgabe eines Mitunternehmeranteils auf Anteile i.S.d. § 8b Abs. 2 KStG entfallen. Die Steuerbefreiungen und die Abzugsbeschränkungen des § 8b KStG gelten daher auch, wenn die Körperschaften, Personenvereinigungen und Vermögensmassen die Bezüge, Gewinne bzw. Gewinnminderungen nicht unmittelbar, sondern nur mittelbar über eine **Mitunternehmerschaft** erzielen. Dies gilt auch bei mehrstufigen Mitunternehmerschaften[570]. Die Regelung erfasst auch Gewinne bzw. Gewinnminderungen aus der Veräußerung von Mitunternehmeranteilen, soweit zu dem Betriebsvermögen der Mitunternehmerschaft eine Beteiligung an einer Kapitalgesellschaft, Personenvereinigung oder Vermögensmasse gehört[571]. § 8b Abs. 1 bis 5 KStG sind auch bei mittelbarer Beteiligung über eine vermögensverwaltende Personengesellschaft anzuwenden. Der Durchgriff durch die vermögensverwaltende Personengesellschaft folgt aus der sog. Bruchteilsbetrachtung (§ 39 Abs. 2 Nr. 2 AO)[572]. § 8b Abs. 1 bis 5 KStG ist auch bei der Ermittlung des **Gewerbeertrages** (§ 7 GewStG) einer **Mitunternehmerschaft** anzuwenden (§ 7 Satz 4 GewStG)[573].

14.220 Nach § 8b Abs. 7 Satz 1 KStG sind § 8b Abs. 1 bis 6 KStG nicht auf Anteile anzuwenden, die bei **Kreditinstituten** und **Finanzdienstleistungsinstituten** dem Handelsbestand i.S.d. § 340e Abs. 3 HGB (Finanzinstrumente als Handelsbestand) zuzuordnen sind. GmbH-Anteile dürften als Finanzinstrumente des Handelsbestands i.S.v. § 340e Abs. 3 HGB qualifizieren können, da der Begriff des Finanzinstruments sehr weit gefasst ist[574]. Eine Zuordnung im Handelsbestand i.S.v. § 340e Abs. 3 HGB kommt aber nur dann in Betracht, wenn diese mit der Absicht der Erzielung eines kurzfristigem Eigenhandelserfolgs erworben werden[575].

14.221 Gleiches gilt nach § 8 Abs. 7 Satz 2 KStG für Anteile, die bei **Finanzunternehmen** i.S.d. KWG, an denen Kreditinstitute oder Finanzdienstleistungsinstitute unmittelbar oder mittelbar zu mehr als 50 % zum Zeitpunkt des Zugangs des Anteils an der Beteiligungsgesellschaft beteiligt sind. Der Tatbestand des § 8b Abs. 7 Satz 2 KStG ist wegen seiner weitreichenden Rechtsfolgen, nämlich dem Ausschluss der Steuerfreistellungen nach § 8b Abs. 1 bis 6 KStG, in besonderer Weise auch für Holdinggesellschaften zu beachten[576]. Im Anwendungsbereich des § 8b Abs. 7 Satz 2 KStG werden die Steuerfreistellungen für Dividenden i.S.d. § 8b Abs. 1 KStG (vorbehaltlich § 8b Abs. 9 KStG, vgl. dazu Rz. 14.223) sowie der Veräußerungsgewinne i.S.d. § 8b Abs. 2 KStG ausgeschlossen. Andererseits gelten dadurch die Abzugsbeschränkungen des § 8b Abs. 3 KStG und § 8b Abs. 5 Satz 1 KStG nicht[577]. Nach Ansicht der Finanzverwaltung und des BFH ist der Begriff des Finanzunternehmens in Anlehnung an § 1 Abs. 3 KWG weit auszulegen, so dass insbesondere **Holding-** und **Beteiligungsgesellschaften** als Finanzunternehmen im vorgenannten Sinn zu qualifizieren sind, wenn ihre Haupttätigkeit darin besteht, Beteiligungen zu erwerben und zu halten[578]. Diese Gesellschaften

569 Vgl. hierzu: EuGH v. 18.9.2003 – C-168/01, ECLI:EU:C:2003:479 – Bosal Holding, ZIP 2003, 1841 = IStR 2003, 666; *Lausterer*, IStR 2003, 705 (706).

570 BMF v. 28.4.2003, BStBl. I 2003, 292, Tz. 54.

571 BMF v. 28.4.2003, BStBl. I 2003, 292, Tz. 55; a.A. für die Zeit vor Inkrafttreten des Steuersenkungsgesetzes: Erlass des Finanzministeriums Bayern v. 9.5.2000, DB 2000, 1305.

572 BMF v. 28.8.2003, BStBl. I 2003, 292, Tz. 56.

573 BMF v. 28.4.2003, BStBl. I 2003, 292, Tz. 57, 58 a.F.

574 Vgl. *Böcking/Gros/Morawietz* in Ebenroth/Joost/Strohn, § 340c HGB, Rz. 10.

575 Vgl. *Böcking/Gros/Morawietz* in Ebenroth/Joost/Strohn, § 340c HGB, Rz. 10.

576 Vgl. Nachweise zum Diskussionsstand: *Pung* in Dötsch/Pung/Möhlenbrock, § 8b KStG Rz. 441 ff., 446 ff.

577 *Pung* in Dötsch/Pung/Möhlenbrock, § 8b KStG Rz. 454.

578 BMF v. 25.7.2002, BStBl. I 2002, 712; BFH v. 14.1.2009 – I R 36/08, BStBl. II 2009, 671 (672); BFH v. 26.10.2011 – I R 17/11, BFH/NV 2012, 613.

qualifizieren sich damit als Finanzunternehmen i.S.d. § 8b Abs. 7 Satz 2 KStG. Weitere Voraussetzung ist allerdings, dass an der Holding Kreditinstitute oder Finanzdienstleistungsinstitute (i.S.d. KWG) unmittelbar oder mittelbar zu mehr als 50 % beteiligt sind und zwar zum Zeitpunkt des Zugangs des Anteils an der Beteiligungsgesellschaft[579]. Aufgrund dieser stärker bankpezifischen Ausrichtung dürften Industrieholdings nicht mehr ohne Weiteres vom Anwendungsbereich des § 8b Abs. 7 KStG erfasst werden[580]. Werden Anteile i.S.d. des § 8b Abs. 1 KStG bzw. § 8b Abs. 2 KStG unmittelbar von einer als Mitunternehmerschaft zu qualifizierenden **Personengesellschaft** gehalten, kommt es für die Tatbestandsmäßigkeit des § 8b Abs. 7 Satz 2 KStG auf die Mitunternehmerschaft als solche an. Wird der Tatbestand des § 8b Abs. 7 Satz 2 KStG auf der Ebene der Mitunternehmerschaft erfüllt, kommt eine Steuerfreistellung für eine an der Mitunternehmerschaft beteiligte Körperschaft nach § 8b Abs. 6 i.V.m. § 8b Abs. 1 bis 5 KStG nicht in Betracht[581]. Die Regelung des § 8b Abs. 7 Satz 2 KStG kann auch bei **Einbringungsvorgängen** gem. § 20 Abs. 1 UmwStG bzw. bei einem **Anteilstausch** nach § 21 Abs. 1 UmwStG Relevanz haben[582]. Wie vorstehend dargestellt, handelt es sich um tauschähnliche Vorgänge, so dass aus Sicht des Einbringenden eine Veräußerung und aus Sicht der übernehmenden Holding ein Erwerbsvorgang gegeben sind. Qualifiziert sich der Einbringende als Finanzunternehmen im vorgenannten Sinn, kann die Einbringung der Anteile unter den vorgenannten Voraussetzungen insoweit in den Anwendungsbereich des § 8b Abs. 7 Satz 2 KStG fallen, als keine steuerneutrale Einbringung nach § 20 Abs. 2 Satz 2 bzw. § 21 Abs. 1 Satz 2, Abs. 2 UmwStG erfolgt. Auf der Seite der übernehmenden Holding kann der spätere Verkauf der eingebrachten Anteile ebenfalls zu einer Anwendung des § 8b Abs. 7 Satz 2 KStG führen, wenn deren Tatbestand insoweit erfüllt wird[583]. Da allerdings die übernehmende Holding hinsichtlich der eingebrachten Anteile unter den Voraussetzungen des § 23 Abs. 1 UmwStG entsprechend § 4 Abs. 2 Satz 3 und § 12 Abs. 3 Halbs. 1 UmwStG in die steuerliche Rechtsstellung des Einbringenden eintritt, führt ein späterer Verkauf der eingebrachten Anteile durch die Holding nur dann zu einer Anwendung des § 8b Abs. 7 Satz 2 KStG, wenn die Anteile bereits bei dem Einbringenden als solche i.S.d. § 8b Abs. 7 Satz 2 KStG zu qualifizieren waren[584].

Nach § 8b Abs. 8 Satz 1 KStG sind § 8b Abs. 1 bis 7 KStG nicht anzuwenden auf Anteile, die bei **Lebens-** und **Krankenversicherungsunternehmen** den Kapitalanlagen zuzurechnen sind. § 8b Abs. 8 Satz 2 KStG enthält in Bezug auf die Gewinne i.S.v. § 8b Abs. 2 KStG eine **Rückausnahme**, soweit eine Teilwertabschreibung in früheren Jahren nach § 8b Abs. 3 KStG unberücksichtigt geblieben ist und diese Minderung nicht durch den Ansatz eines höheren Wertes ausgeglichen worden ist. § 8b Abs. 8 Satz 3 KStG enthält eine weitere **Rückausnahme** hinsichtlich der Berücksichtigung von Gewinnminderungen bezüglich der in § 8b Abs. 8 Satz 1 KStG genannten Anteile, wenn diese Anteile von einem verbundenen Unternehmen i.S.d. § 15 AktG erworben worden sind und der dabei entstandene Veräußerungsgewinn gem. § 8b Abs. 2 KStG steuerfrei gestellt worden ist. § 8b Abs. 8 Satz 4 KStG ordnet schließlich an, dass die Anteile für die Ermittlung des Einkommens mit den nach handelsrechtlichen Vorschriften ausgewiesenen Werten anzusetzen sind, die bei der Ermittlung der nach § 21 KStG abziehbaren Beträge zugrunde gelegt wurden. Hierdurch werden mögliche Verwerfungen zwischen der handelsrechtlichen Bemessungsgrundlage für die steuerliche Berücksichtigung von Beitragsrückerstattungen nach § 21 KStG und dem Wertansatz der Anteile im Anwendungsbereich des § 8b Abs. 8 Satz 1 KStG vermieden[585]. 14.222

579 *Rengers* in Blümich, § 8b KStG, Rz. 445; BT-Drucks. 18/9636,55.
580 Vgl. *Rengers* in Blümich, § 8b KStG Rz. 430.
581 *Pung* in Dötsch/Pung/Möhlenbrock, § 8b KStG Rz. 425 m.w.N.
582 *Pung* in Dötsch/Pung/Möhlenbrock, § 8b KStG Rz. 449; *Kröner* in Ernst & Young, § 8b KStG Rz. 280.2.
583 *Pung* in Dötsch/Pung/Möhlenbrock, § 8b KStG Rz. 449; *Frotscher* in Frotscher/Drüen, § 8b KStG Rz. 579.
584 *Pung* in Dötsch/Pung/Möhlenbrock, § 8b KStG Rz. 449.
585 Vgl. hierzu: *Pung* in Dötsch/Pung/Möhlenbrock, § 8b KStG Rz. 464.

14.223 § 8b Abs. 9 KStG enthält für die steuerliche Behandlung von Bezügen i.S.d. § 8b Abs. 1 KStG eine **Rückausnahme** von den in § 8b Abs. 7 und Abs. 8 KStG (vgl. Rz. 14.221 und Rz. 14.222) getroffenen Regelungen. Damit wird die in § 8b Abs. 7 und Abs. 8 KStG angeordnete Steuerpflicht von Bezügen i.S.d. § 8b Abs. 1 KStG zurückgenommen, wenn auf die Bezüge die sog. **Mutter-Tochter-Richtlinie** anzuwenden ist.

14.224 § 8b Abs. 10 KStG erfasst die sog. **Wertpapierleihe** bzw. das sog. **Wertpapierpensionsgeschäft**[586]. Ziel der Regelung ist es, bestimmte steuerlich motivierte Gestaltungen zu verhindern, durch die alle Entgelte, die der Entleiher im Zusammenhang mit der Wertpapierleihe leistet, nicht als Betriebsausgabe abziehbar sind[587]. Im Zusammenhang mit der Einbringung von Anteilen in die Holding spielt die Regelung keine Rolle, da die Einbringung – anders als die Wertpapierleihe oder das Wertpapierpensionsgeschäft – grundsätzlich auf Dauer angelegt ist. Allerdings kommt der Regelung bei der laufenden Besteuerung der Holding ggf. eine Bedeutung zu.

cc) Veräußerungsvorgang gem. § 3 Nr. 40 EStG

14.225 Handelt es sich bei dem Einbringenden um eine natürliche Person oder Personengesellschaft, an der natürliche Personen beteiligt sind, kommt insoweit § 8b Abs. 2 KStG nicht zur Anwendung. In diesem Fall greift allerdings ggf. § 3 Nr. 40 EStG. Nach § 3 Nr. 40 Satz 1 Buchst. a EStG sind 40 % der Einnahmen aus der Veräußerung von Anteilen an Körperschaften, Personenvereinigungen und Vermögensmassen, deren Leistungen beim Empfänger zu Einnahmen i.S.d. § 20 Abs. 1 Nr. und 9 EStG gehören, steuerfrei, soweit sie zu den Einkünften aus Land- und Forstwirtschaft, aus Gewerbetrieb oder aus selbständiger Arbeit gehören. Der Anwendungsbereich des § 3 Nr. 40 Satz 1 Buchst. a EStG entspricht demjenigen des § 8b Abs. 2 Sätze 1 und 3 ff. KStG für Körperschaften, so dass auf die dortigen Ausführungen unter Rz. 14.216 verwiesen werden kann. Führt der Anteilstausch nach § 21 UmwStG bzw. die Sacheinlage zu einem Einbringungs- bzw. Veräußerungsgewinn, unterliegt dieser nach § 3 Nr. 40 Satz 1 Buchst. a EStG nur i.H.v. 60 % der Besteuerung mit Einkommen- und Gewerbesteuer, falls es sich bei dem Einbringenden um eine natürliche Person bzw. eine Personengesellschaft, an der insoweit eine natürliche Person beteiligt ist, handelt und die eingebrachte Beteiligung vor der Einbringung zu einem Betriebsvermögen des Einbringenden gehörte. Korrespondierend hierzu beschränkt § 3c Abs. 2 EStG den **Betriebsausgabenabzug** bzw. die Berücksichtigung von **Anschaffungskosten** auf 60 %[588]. Für die Anwendung des § 3 Nr. 40 Satz 1 Buchst. a EStG ist es unbeachtlich, ob die Aufdeckung stiller Reserven in der eingebrachten Beteiligung auf einem Ansatz mit dem gemeinen Wert oder einem Zwischenwert basiert.

14.226 Bedeutung hat der Wertansatz allerdings für die Anwendung des § 16 Abs. 4 EStG. Nach § 21 Abs. 3 Satz 1 Halbs. 2 UmwStG wird die **Steuerbegünstigung** des § 16 Abs. 4 EStG nur gewährt, wenn die übernehmende Holding die eingebrachte Beteiligung mit dem gemeinen Wert ansetzt oder der gemeine Wert für den Einbringenden nach § 21 Abs. 2 Satz 2 UmwStG zur Anwendung kommt und die eingebrachte Beteiligung das gesamte Nennkapital der Kapitalgesellschaft umfasst (vgl. § 16 Abs. 1 Nr. 1 Satz 2 EStG)[589]. Ein derartig privilegierter Fall ist auch dann gegeben, wenn ein oder mehrere Mitunternehmer ihre Anteile jeweils im Sonderbetriebsvermögen derselben Personengesellschaft halten und im Laufe eines Wirtschaftsjahres insgesamt 100 % der Anteile in die Holding ein-

586 Vgl. hierzu: OFD Frankfurt/M., Verfügung v. 19.11.2013 – S 2134-A – 5 – St 210, DB 2014, 454.

587 Vgl. hierzu: Begründung zu dem Entwurf eines Unternehmensteuerreformgesetz 2008 v. 27.3.2007, BT-Drucks. 16/4841, 75.

588 Vgl. hierzu: OFD Niedersachsen, Verfügung v. 10.10.2013 – S-22-4 – 1-0 – St 244, EStK, § 17 EStG Nr. 1.

589 Das Vorliegen eines begünstigten Veräußerungsgewinns scheitert in diesem Fall nicht daran, dass der Einbringende als Gesellschafter an der Holding beteiligt wird. Denn die Regelung des § 16 Abs. 2 Satz 3 EStG greift nur ein, soweit die Holding ein Einzelunternehmen oder eine Mitunternehmerschaft darstellt und der Einbringende hieran beteiligt ist oder wird.

bringen[590]. Der Freibetrag nach § 16 Abs. 4 EStG ist vorrangig von dem dem Teileinkünfteverfahren unterliegenden Veräußerungsgewinn abzuziehen[591]. § 16 Abs. 4 EStG findet bei beschränkt Steuerpflichtigen nach § 50 Abs. 1 Satz 3 EStG keine Anwendung. Der günstige Steuertarif des § 34 Abs. 1 EStG ist gem. § 21 Abs. 3 Satz 1 UmwStG, unabhängig davon, ob die Realisierung der stillen Reserven aus dem Ansatz mit dem gemeinen Wert oder einem Zwischenwert basiert, nicht anwendbar[592].

Die gewinnrealisierende Einbringung einer Beteiligung i.S.d. § 17 EStG führt zur Anwendung des **Teileinkünfteverfahrens** gem. § 3 Nr. 40 Satz 1 Buchst. c Satz 1 EStG i.V.m. § 3c Abs. 2 EStG. Es spielt hierbei keine Rolle, ob der Einbringungsgewinn auf einem Ansatz mit dem gemeinen Wert oder einem Zwischenwertansatz beruht. Bei der Einbringung einer Beteiligung i.S.d. § 17 EStG komm § 17 Abs. 3 EStG gem. § 21 Abs. 3 Satz 1 Halbs. 1 UmwStG voraus, dass der Einbringende eine natürliche Person ist und die übernehmende Holding die eingebrachten Anteile nach § 21 Abs. 1 Satz 1 UmwStG mit dem gemeinen Wert ansetzt oder in den Fällen des § 21 Abs. 2 Satz 2 UmwStG die eingebrachten Anteile für den Einbringenden als mit dem gemeinen Wert angesetzt gelten. Ein Ansatz mit einem Zwischenwert reicht demnach nicht aus. Der **Freibetrag** nach § 17 Abs. 3 EStG kommt nur in Bezug auf den steuerpflichtigen Teil des Veräußerungsgewinns nach Anwendung des § 3 Nr. 40 Satz 1 Buchst. c Satz 1 EStG in Betracht[593]. 14.227

Bringt eine natürliche Person Anteile an einer Kapitalgesellschaft, die nicht die Voraussetzungen des § 17 Abs. 1 Satz 1, Abs. 6 oder 7 EStG erfüllen, im Wege eines **Anteilstauschs** in die Holding ein, unterliegt ein hierbei entstehender Einbringungsgewinn gem. § 20 Abs. 2 Nr. 1 Satz 1 EStG als Einkünfte aus Kapitalvermögen grundsätzlich der Besteuerung. Allerdings besteht nach § 20 Abs. 4a Satz 1 EStG im Falle des Anteilstauschs unter den dort genannten Voraussetzungen eine Ausnahme von dieser Besteuerung. Die im Wege des Anteilstauschs erhaltenen Anteile treten an die Stelle der eingebrachten Anteile(§ 20 Abs. 4a Satz 1 EStG). 14.228

Dem Grunde nach kann bei Vorliegen der Voraussetzungen auch **§ 6b Abs. 10 EStG** auf den Veräußerungsgewinn anwendbar sein (vgl. hierzu Rz. 14.417 ff.)[594]. Dies gilt insbesondere auch dann, wenn die Einbringung zu einem Zwischenwert erfolgt[595]. Falls § 6b EStG in Anspruch genommen wird, scheidet allerdings die Tarifermäßigung nach § 34 EStG aus (vgl. § 34 Abs. 1 Satz 4 EStG). 14.229

dd) Sonstige Besteuerungsfolgen

Der Veräußerungs- bzw. Einbringungsgewinn ist für Zwecke der **Gewerbesteuer** grundsätzlich ebenfalls nach § 8b Abs. 2 KStG bzw. § 3 Nr. 40 EStG steuerbefreit, falls sich die eingebrachten Anteile zuvor im Betriebsvermögen befunden haben. 14.230

Etwaige Veräußerungs- bzw. Einbringungsverluste sind vorbehaltlich des § 8b Abs. 3 Satz 3 KStG bzw. § 3c Abs. 2 EStG im Rahmen des **§ 10d EStG** zu berücksichtigen (möglichst als Verlustvor- und -rücktrag). 14.231

Mittelbare steuerliche Folgen können sich auf Grund der Anteilseinbringung in die Holding für die erworbene Gesellschaft im Hinblick auf einen etwaigen **Verlustvortrag** (vgl. hierzu Rz. 14.141) oder **Zinsvortrag** bzw. **EBITDA-Vortrag** (vgl. hierzu Rz. 14.107) ergeben. 14.232

590 R 16 Abs. 3 Satz 6 f. EStR; *Wacker* in Schmidt, § 16 EStG Rz. 162.

591 BFH v. 14.7.2010 – X R 61/08, BStBl. II 2010, 1011 (1012), Rz. 14 zum Hablbeinkünfteverfahren; H 16 Abs. 13 „Teileinkünfteverfahren" EStR; *Reiß* in Kirchhof, § 16 EStG Rz. 282.

592 *Patt* in Dötsch/Pung/Möhlenbrock, § 21 UmwStG Rz. 83.

593 R 17 Abs. 9 EStR; *Weber-Grellet* in Schmidt, § 17 EStG Rz. 192.

594 BMF v. 11.11.2011, BStBl. I 2011, 1314, Rz. 20.26; *Patt* in Dötsch/Pung/Möhlenbrock, § 21 UmwStG Rz. 80 i.V.m. § 20 UmwStG Rz. 261; *Schmitt* in Schmitt/Hörtnagl/Stratz, § 21 UmwStG Rz. 131.

595 *Patt* in Dötsch/Pung/Möhlenbrock, § 21 UmwStG Rz. 80 i.V.m. § 20 UmwStG Rz. 261.

14.233 Wie vorstehend ausgeführt, führt der nicht qualifizierte Anteilstausch gem. § 21 Abs. 1 Satz 1 UmwStG auf der Ebene der übernehmenden Holding zum Ansatz mit dem gemeinen Wert, so dass für den Einbringenden nach § 21 Abs. 2 Satz 1 UmwStG ebenfalls der gemeine Wert als **Veräußerungspreis** der eingebrachten Anteile gilt. Die Einbringung einer Minderheitsbeteiligung aus einem Betriebsvermögen gegen Gewährung von Gesellschaftsrechten in die Holding stellt in diesem Fall einen Tausch dar, der zum Ansatz der hingegebenen Beteiligung mit ihrem gemeinen Wert führt[596]. Der hieraus resultierende Zwang zur Gewinnrealisierung ist, wie vorstehend ausgeführt, nach § 8b Abs. 2 i.V.m. § 8b Abs. 3 Satz 1 KStG bzw. § 3 Nr. 40 Satz 1 Buchst. a i.V.m. § 3c Abs. 2 EStG unter den dort genannten Voraussetzungen privilegiert. Die Einbringung einer Minderheitsbeteiligung in die Holding lässt sich daher bei Vorliegen stiller Reserven umwandlungssteuerrechtlich ohne Aufdeckung stiller Reserven nur erreichen, wenn die Minderheitsbeteiligung im Rahmen einer Betriebs- oder Teilbetriebseinbringung als notwendiges oder gewillkürtes Betriebsvermögen mit eingebracht wird. In diesem Fall handelt es sich um eine Betriebs- oder Teilbetriebseinbringung gem. § 20 Abs. 1 Satz 1 UmwStG, für die insoweit die Rechtsfolgen des Anteilstauschs nach § 22 Abs. 2 UmwStG gelten[597]. Möglich wäre auch die steuerneutrale Einbringung einer Minderheitsbeteiligung an einer Kapitalgesellschaft aus dem Betriebsvermögen des Einbringenden in eine Personengesellschaft nach Maßgabe des § 6 Abs. 5 Satz 3 UmwStG (vgl. § 6 Abs. 6 Satz 4 EStG)[598]. Wird anschließend der dem Einbringenden zugehörige Mitunternehmeranteil in die Holding in der Rechtsform der Kapitalgesellschaft gem. § 20 Abs. 1 Satz 1 UmwStG gegen Gewährung von Gesellschaftsrechten steuerneutral eingebracht, stellt sich die Frage, wie das Konkurrenzverhältnis zu § 6 Abs. 5 Satz 6 EStG zu entscheiden ist. Nach **§ 6 Abs. 5 Satz 6 EStG** ist das auf die Personengesellschaft übertragene Wirtschaftsgut rückwirkend auf den Zeitpunkt der Übertragung mit dem Teilwert anzusetzen, soweit innerhalb von sieben Jahren nach der steuerneutralen Übertragung des Wirtschaftsgutes gem. § 6 Abs. 5 Satz 3 EStG (Sperrfrist) der Anteil einer Körperschaft, Personenvereinigung oder Vermögensmasse an dem übertragenen Wirtschaftsgut aus einem anderen Grund unmittelbar oder mittelbar begründet wird oder dieser sich erhöht. Die Finanzverwaltung vertritt hierzu die Auffassung, § 6 Abs. 5 Satz 6 EStG sei auch bei Umwandlungsfällen, insbesondere bei der Einbringung eines Mitunternehmeranteils nach Maßgabe des § 20 Abs. 1 Satz 1 UmwStG in eine Holding in der Rechtsform der Kapitalgesellschaft, innerhalb der Sperrfrist des § 6 Abs. 5 Satz 6 EStG anzuwenden, so dass rückwirkend die Einbringung des Wirtschaftsgutes in die Personengesellschaft zum Teilwert zu erfolgen habe[599].

14.234 Die **verdeckte Einlage** einer Minderheitsbeteiligung aus dem Betriebsvermögen in die Holding in der Rechtsform der Kapitalgesellschaft führt gem. § 6 Abs. 6 Satz 2 EStG zu einem gewinnwirksamen Vorgang. Handelt es sich bei dem Einbringenden um eine Kapitalgesellschaft, unterliegt der Gewinn aus der verdeckten Einlage den Regelungen des § 8b Abs. 2 Satz 1 i.V.m. Abs. 2 Satz 6, Abs. 3 Satz 1 KStG. Erfolgt die verdeckte Einlage durch eine natürliche Person bzw. Personengesellschaft, an der nur natürliche Personen beteiligt sind, unterfällt der hieraus resultierende Gewinn dem Teileinkünfteverfahren nach § 3 Nr. 40 Satz 1 Buchst. a, § 3c Abs. 2 EStG. Bei der verdeckten Einlage einer Minderheitsbeteiligung aus dem Privatvermögen in das Betriebsvermögen der Holding sind § 17 Abs. 1 Satz 2 EStG bzw. § 20 Abs. 2 Satz 2 Halbs. 1 i.V.m. Satz 1 Nr. 1 EStG zu beachten[600].

ee) Veräußerung der sperrfristbehafteten Anteile

14.235 § 22 UmwStG regelt die Besteuerungsfolgen für den Einbringenden in den Fällen der **Sacheinlage** bzw. des **Anteilstauschs** zu einem unter dem gemeinen Wert liegenden Bewertungsansatz (Buchwert- oder Zwischenwertansatz), falls die erhaltenen Anteile bzw. die eingebrachten Anteile inner-

596 Vgl. § 6 Abs. 6 Satz 1 EStG.

597 BMF v. 11.11.2011, BStBl. I 2011, 1314, Rz. E 20.02, 22.02.

598 Vgl. BMF v. 8.12.2011, BStBl. I 2011, 1279, Rz. 8.

599 Vgl. BMF v. 8.12.2011, BStBl. I 2011, 1279, Rz. 34; *Kulosa* in Schmidt, § 6 EStG Rz. 726; *Patt* in Herrmann/Heuer/Raupach, Steuerreform 1999, 2000, 2002, § 6 EStG Anm. R 137; *Brandenberg*, DStZ 2002, 511 ff., 551 ff., 559, 594 ff.; *Niehus/Wilke* in Herrmann/Heuer/Raupach, § 6 EStG Anm. 1474u.

600 Vgl. *Kulosa* in Schmidt, § 6 EStG Rz. 749.

halb einer **Sperrfrist** von sieben Jahren veräußert werden. Die Regelung zielt, wenn gegen die Sperrfrist verstoßen wurde im Grundsatz darauf ab, unter den dort im Einzelnen genannten (zeitlichen) Voraussetzungen die im Zeitpunkt der Einbringung vorhandenen stillen Reserven beim Einbringenden nachträglich zu besteuern[601]. Demzufolge treten etwaige Besteuerungsfolgen aus der Veräußerung der erworbenen Gesellschaft durch die Holding oder der Veräußerung der erworbenen Anteile an der Holding bei dem Einbringenden nach den allgemein geltenden steuerlichen Vorschriften ein[602], so dass bei der Holding auf einen etwaigen Veräußerungsgewinn aus der Veräußerung der erworbenen Gesellschaft § 8b Abs. 2, 3 KStG Anwendung findet. Auslösendes Moment der Besteuerungsfolgen des § 22 Abs. 1, Abs. 2 UmwStG ist die Veräußerung der sog. **sperrfristbehafteten Anteile** innerhalb der Sieben-Jahres-Frist. Im Fall des § 22 Abs. 1 UmwStG (Sacheinlage) stellen die erhaltenen Anteile und im Falle des § 22 Abs. 2 UmwStG die eingebrachten Anteile die sog. sperrfristbehafteten Anteile dar[603].

§ 22 Abs. 1 UmwStG sieht in den Fällen der **Sacheinlage** (§ 20 Abs. 1 UmwStG) mit einem Wert- 14.236
ansatz unterhalb des gemeinen Wertes (Buchwert- oder Zwischenwertansatz) eine nachträgliche Besteuerung der auf den steuerlichen Übertragungsstichtag zu ermittelnden stillen Reserven vor, wenn die Veräußerung der im Gegenzug erhaltenen Anteile an der Holding durch den Einbringenden oder bei unentgeltlichem Erwerb der Anteile durch den Rechtsnachfolger (vgl. § 22 Abs. 6 UmwStG) innerhalb einer **Sperrfrist** von sieben Jahren nach dem steuerlichen Einbringungszeitpunkt erfolgt[604]. Erfolgt die Veräußerung nach Ablauf der Sperrfrist von sieben Jahren, kommt § 22 Abs. 1 UmwStG nicht mehr zur Anwendung und die ursprüngliche steuerliche Behandlung des Einbringungsvorganges bleibt unberührt. § 22 Abs. 1 UmwStG findet ebenfalls keine Anwendung, wenn die Einbringung zum gemeinen Wert erfolgt ist. Tatbestandlich setzt § 22 Abs. 1 Satz 1 UmwStG die Einbringung eines **Betriebes, Teilbetriebes** oder **Mitunternehmeranteils** gegen Gewährung von Gesellschaftsrechten (Sacheinlage) zum Buchwert oder zu einem Zwischenwert gem. § 20 Abs. 1 i.V.m. § 20 Abs. 2 Satz 2 UmwStG voraus. Veräußert der Einbringende die für die Sacheinlage als Gegenleistung erhaltenen Anteile innerhalb der Sperrfrist von sieben Jahren nach dem Einbringungszeitpunkt, ist der Gewinn aus der Einbringung rückwirkend im Wirtschaftsjahr der Einbringung als Gewinn des Einbringenden i.S.v. § 16 EStG zu versteuern (**Einbringungsgewinn I**); § 16 Abs. 4 EStG und § 34 EStG sind nicht anzuwenden. § 22 Abs. 1 Satz 3 UmwStG definiert den Einbringungsgewinn I als den Betrag, um den der gemeine Wert des eingebrachten Betriebsvermögens im Einbringungszeitpunkt nach Abzug der Kosten für den Vermögensübergang, den Wert übersteigt, mit dem die übernehmende Gesellschaft dieses eingebrachte Betriebsvermögen angesetzt hat, vermindert um jeweils ein Siebtel für jedes seit dem Einbringungszeitpunkt abgelaufene Zeitjahr. Wie sich aus § 22 Abs. 1 Satz 2 UmwStG ergibt, gilt die Veräußerung der erhaltenen Anteile innerhalb des Zeitraums von sieben Jahren nach der Einbringung als rückwirkendes Ereignis gem. § 175 Abs. 1 Satz 1 Nr. 2 AO und löst damit die nachträgliche Besteuerung des Einbringungsgewinns I rückwirkend im Wirtschaftsjahr der Einbringung aus. Für die Verzinsung des hieraus resultierenden Steueranspruchs ist § 233a Abs. 2a AO zu berücksichtigen.

Bedeutung hat der genaue Zeitpunkt der Veräußerung für die Ermittlung der Höhe des Einbrin- 14.237
gungsgewinns I. Nach der **pro-rata-temporis-Regel** des § 22 Abs. 1 Satz 3 UmwStG wird der zu versteuernde Einbringungsgewinn um jeweils ein Siebtel für jedes seit dem Einbringungszeitpunkt abgelaufene Zeitjahr vermindert. Einbringungszeitpunkt ist hierbei der ggf. zurückbezogene steuerliche

601 Begründung zu dem Entwurf eines Gesetzes über steuerliche Begleitmaßnahmen zur Einführung der Europäischen Gesellschaft und zur Änderung weiterer steuerrechtlicher Vorschriften (SEStEG) v. 25.9.2006, BT-Drucks. 16/2710, 46.

602 BMF v. 11.11.2011, BStBl. I 2011, 1314, Rz. 22.05.

603 BMF v. 11.11.2011, BStBl. I 2011, 1314, Rz. 22.02.

604 Begründung zu dem Entwurf eines Gesetzes über steuerliche Begleitmaßnahmen zur Einführung der Europäischen Gesellschaft und zur Änderung weiterer steuerrechtlicher Vorschriften (SEStEG) v. 25.9.2006, BT-Drucks. 16/2710, 46 f.

Übertragungsstichtag gem. § 20 Abs. 5 Satz 1 i.V.m. Abs. 6 UmwStG[605]. Der Einbringungsgewinn I gilt gem. § 22 Abs. 1 Satz 4 UmwStG als nachträgliche Anschaffungskosten der erhaltenen Anteile und vermindert insoweit einen etwaigen Gewinn[606] bzw. erhöht einen etwaigen Verlust aus der Veräußerung der erhaltenen Anteile. Dies gilt gem. § 22 Abs. 1 Satz 7 UmwStG auch in den Fällen der in § 22 Abs. 1 Satz 6 Nr. 4 und 5 UmwStG genannten Ersatzrealisationstatbestände hinsichtlich der Anschaffungskosten der auf einer Weitereinbringung dieser Anteile (§ 20 Abs. 1 und § 21 Abs. 1 Satz 2 UmwStG) zum Buchwert beruhenden Anteile. Da der Einbringungsgewinn I und damit auch die nachträglichen Anschaffungskosten der sperrfristbehafteten Anteile unter Berücksichtigung der pro-rata-temporis-Regel zu ermitteln sind, unterliegen die anteilig wegen Zeitablaufs nicht mehr als Einbringungsgewinn I erfassten stillen Reserven aus dem eingebrachten Betriebsvermögen im Rahmen der Besteuerung des Gewinns aus der Veräußerung der sperrfristbehafteten Anteile dort der Besteuerung nach den allgemeinen Regeln. Dies gilt allerdings nur soweit zwischenzeitlich kein Wertverlust hinsichtlich der sperrfristbehafteten Anteile eingetreten ist. Umfasst das eingebrachte Betriebsvermögen auch Anteile an Kapitalgesellschaften oder Genossenschaften ist nach § 22 Abs. 1 Satz 5 UmwStG insoweit § 22 Abs. 2 UmwStG anzuwenden.

14.238 Der Begriff der den Tatbestand des § 22 Abs. 1 Satz 1 UmwStG auslösenden Veräußerung der erhaltenen Anteile innerhalb der Sperrfrist beinhaltet jede Übertragung gegen Entgelt. Demzufolge gehören hierzu neben dem Verkauf und der Abtretung der erhaltenen Anteile auch Umwandlungen und Einbringungen, wie z.B. Verschmelzung, Auf- oder Abspaltung, Formwechsel[607]. Nach § 22 Abs. 1 Satz 6 Nr. 1 bis 6 UmwStG gelten die dort enumerativ aufgezählten Fälle als der Veräußerung gleich gestellte **Ersatzrealisationstatbestände**, die ebenfalls die Besteuerung des Einbringungsgewinns I auslösen[608]. Wird nur ein Teil der sperrfristbehafteten Anteile veräußert oder ist nur hinsichtlich eines Teils dieser Anteile ein der Veräußerung gleich gestellter Tatbestand i.S.d. § 22 Abs. 1 Satz 6 UmwStG erfüllt, erfolgt auch die rückwirkende Einbringungsgewinnbesteuerung nur anteilig (§ 22 Abs. 1 Satz 1 UmwStG)[609]. Dieser ist nicht per se – wie die Finanzverwaltung meint[610] – gewerbesteuerpflichtig[611]. Nach § 22 Abs. 6 UmwStG gilt in den Fällen der unentgeltlichen **Rechtsnachfolge** der Rechtsnachfolger des Einbringenden als Einbringender i.S.d. Abs. 1 bis 5 und der Rechtsnachfolger der übernehmenden Gesellschaft als übernehmende Gesellschaft i.S.d. Abs. 2. Als unentgeltliche Rechtsnachfolge in die sperrfristbehafteten Anteile kommen nach § 22 Abs. 6 1. Alt. UmwStG z.B. die unmittelbare oder mittelbare unentgeltliche Übertragung durch Schenkung, Erbfall, unentgeltliche vorweggenommene Erbfolge, verdeckte Gewinnausschüttung, unentgeltliche Übertragung oder Überführung nach § 6 Abs. 3 oder § 6 Abs. 5 EStG oder Realteilung in Betracht. Dies gilt nicht in den Fällen der unentgeltlichen Übertragung auf eine Kapitalgesellschaft oder Genossenschaft nach § 22 Abs. 1 Satz 6 Nr. 1 UmwStG[612]. Eine weitere Sonderregelung enthält § 22 Abs. 7 UmwStG, wonach auch solche Anteile als sperrfristbehaftete Anteile i.S.d. § 22 Abs. 1 UmwStG gelten, auf die im Rahmen der Gesellschaftsgründung oder einer Kapitalerhöhung stille Reserven im Falle einer Sacheinlage nach § 20 Abs. 1 UmwStG von den erhaltenen Anteilen oder von auf diesen Anteilen beru-

605 *Patt* in Dötsch/Pung/Möhlenbrock, § 22 UmwStG Rz. 19.
606 BMF v. 11.11.2011, BStBl. I 2011, 1314, Rz. 22.10.
607 BMF v. 11.11.2011, BStBl. I 2011, 1314, Rz. 22.07 i.V.m. Rz. 00.02.
608 Vgl. zu den Einzelheiten: BMF v. 11.11.2011, BStBl. I 2011, 1314, Rz. 22.03 i.V.m. Rz. 22.18 ff.; *Patt* in Dötsch/Pung/Möhlenbrock, § 22 UmwStG Rz. 39 ff.; *Stangl* in Rödder/Herlinghaus/van Lishaut, § 22 UmwStG Rz. 101 ff.; s. auch: Begründung zu dem Entwurf eines Gesetzes über steuerliche Begleitmaßnahmen zur Einführung der Europäischen Gesellschaft und zur Änderung weiterer steuerrechtlicher Vorschriften (SEStEG) v. 25.9.2006, BT-Drucks. 16/2710, 47 f. Vgl. aber die Billigkeitsregelung in BMF v. 11.11.2011, BStBl. I 2011, 1314, Rz. 22.23 und hierzu: OFD Niedersachsen, Verfügung v. 22.8. 2014 – S 1978c-136-St 243, DB 2014, 2256.
609 BMF v. 11.11.2011, BStBl. I 2011, 1314, Rz. 22.04.
610 BMF v. 11.11.2011, BStBl. I 2011, 1314, Rz. 22.07.
611 Vgl. BFH v. 11.7.2019 – I R 13/18, DB 2020, 427; BFH v. 11.7.2019 – I R 26/18, AG 2020, 341 = ZIP 2020, 670 = DB 2020, 425.
612 BMF v. 11.11.2011, BStBl. I 2011, 1314, Rz. 22.41.

henden Anteilen auf andere Anteile desselben Gesellschafters oder unentgeltlich auf Anteile Dritter übergehen (sog. **Mitverstrickung von Anteilen**)[613]. Wird eine Kapitalerhöhung aus Gesellschaftsmitteln vorgenommen, gelten die jungen Anteile als sperrfristbehaftete Anteile, soweit sie ihrerseits auf sperrfristbehaftete Altanteile entfallen[614].

Ist Einbringender eine **Personengesellschaft**, ist wegen des Transparenzprinzips sowohl eine Veräußerung der sperrfristbehafteten Anteile durch die Personengesellschaft selbst als auch die Veräußerung eines Mitunternehmeranteils, zu dessen Betriebsvermögen die sperrfristbehafteten Anteile gehören, durch den Mitunternehmer ein Veräußerungsvorgang i.S.d. § 22 Abs. 1 Satz 1 UmwStG. Dies gilt infolge des Transparenzprinzips auch, wenn bei doppel- oder mehrstöckigen Personengesellschaften eine mittelbare Veräußerung eines Mitunternehmeranteils erfolgt. In diesem Fall sind die Voraussetzungen des § 1 Abs. 4 und § 22 UmwStG gesellschafterbezogen zu prüfen[615]. 14.239

Zur Sicherstellung der Besteuerung des **Einbringungsgewinns I** hat der Einbringende die in § 22 Abs. 3 Satz 1 Nr. 1 UmwStG in Bezug auf die sperrfristbehafteten Anteile und die auf diesen Anteilen beruhenden Anteile bestimmten Nachweispflichten zu erfüllen. Danach hat der Einbringende in dem, dem Einbringungszeitpunkt folgenden sieben Jahren, jährlich spätestens bis zum 31. Mai den Nachweis darüber zu erbringen, wem mit Ablauf des Tages, der dem maßgebenden Einbringungszeitpunkt entspricht, die sperrfristbehafteten Anteile und die auf diesen Anteilen beruhenden Anteile zuzurechnen sind. Ist Einbringender eine Personengesellschaft gilt dies auch in Bezug auf die diesbezüglichen Mitunternehmeranteile[616]. Erfüllt der Einbringende die Nachweispflichten nicht, gelten die sperrfristbehafteten Anteile und die auf diesen Anteilen beruhenden Anteile bzw. die Mitunternehmeranteile an dem Tag, der dem Einbringungszeitpunkt folgt, oder der in den Folgejahren diesem Kalendertag entspricht, als veräußert. Die in § 22 Abs. 3 Satz 1 UmwStG genannte Nachweisfrist kann nicht verlängert werden. Allerdings kann ein verspätet vorgelegter Nachweis noch berücksichtigt werden, wenn eine Änderung der betroffenen Bescheide verfahrensrechtlich noch möglich ist[617]. 14.240

Für die übernehmende Holding besteht nach § 23 Abs. 2 Satz 1 UmwStG ein Antragsrecht, wonach der nachweislich versteuerte Einbringungsgewinn I (§ 22 Abs. 5 UmwStG) im Wirtschaftsjahr der Veräußerung der sperrfristbehafteten Anteile oder des Eintritts eines Ersatzrealisationstatbestandes als **Erhöhungsbetrag** ohne Gewinnauswirkung angesetzt werden kann. Dies gilt nach § 23 Abs. 2 Satz 2 UmwStG nur, soweit das eingebrachte Betriebsvermögen noch zum Betriebsvermögen der übernehmenden Gesellschaft gehört, es sei denn, dieses wurde zum gemeinen Wert übertragen. Der Erhöhungsbetrag führt zu einer erfolgswirksamen Aufstockung der Buchwerte der eingebrachten Wirtschaftsgüter des Betriebsvermögens im Wirtschaftsjahr der Veräußerung der sperrfristbehafteten Anteile bzw. des Eintritts eines Ersatzrealisationstatbestandes in der Steuerbilanz. Dieser Steuerbilanzgewinn ist außersteuerbilanziell zu neutralisieren[618]. Die **Buchwertaufstockung** ist einheitlich nach dem Verhältnis der stillen Reserven und stillen Lasten im Einbringungszeitpunkt bei den einzelnen Wirtschaftsgütern vorzunehmen[619]. Nach § 23 Abs. 2 Satz 2 UmwStG kommt eine Buchwertaufstockung nur in Betracht, wenn das jeweilige Wirtschaftsgut im Zeitpunkt des schädlichen Ereignisses noch zum Betriebsvermögen der übernehmenden Gesellschaft gehört. Ist ein Wirtschaftsgut bereits vor dem schädlichen Ereignis aus dem Betriebsvermögen zum gemeinen Wert ausgeschieden, z.B. durch Verkauf, oder untergegangen, stellt der Teil des Aufstockungsbetrages, der auf dieses 14.241

613 BMF v. 11.11.2011, BStBl. I 2011, 1314, Rz. 22.43.

614 BMF v. 11.11.2011, BStBl. I 2011, 1314, Rz. 22.46; Begründung zu dem Entwurf eines Gesetzes über steuerliche Begleitmaßnahmen zur Einführung der Europäischen Gesellschaft und zur Änderung weiterer steuerrechtlicher Vorschriften (SEStEG) v. 25.9.2006, BT-Drucks. 16/2710, 47.

615 BMF v. 11.11.2011, BStBl. I 2011, 1314, Rz. 22.02.

616 Vgl. BMF v. 11.11.2011, BStBl. I 2011, 1314, Rz. 22.28 mit weiteren Einzelheiten.

617 Vgl. BMF v. 11.11.2011, BStBl. I 2011, 1314, Rz. 22.28 ff. mit weiteren Einzelheiten.

618 BMF v. 11.11.2011, BStBl. I 2011, 1314, Rz. 23.07.

619 BMF v. 11.11.2011, BStBl. I 2011, 1314, Rz. 23.08.

Wirtschaftsgut entfallen wäre, eine sofort abziehbare Betriebsausgabe dar[620]. Eine Buchwertaufstockung setzt nach § 23 Abs. 2 Satz 1 i.V.m. § 22 Abs. 5 UmwStG das dort bezeichnete Bescheinigungsverfahren voraus, das von der übernehmenden Holding beantragt werden kann. Aus Vereinfachungsgründen kann die Antragstellung auch durch den Einbringenden erfolgen[621]. Demzufolge hängt die Höhe der Buchwertaufstockung u.a. von der Höhe der von dem Einbringenden entrichteten Steuer, die auf den Einbringungsgewinn entfällt, ab[622]. Die Regelung soll der Sicherstellung des Steueraufkommens dienen[623]. Gesetzessystematisch liegt darin eine Durchbrechung des Steuersubjektprinzips, weil die Besteuerungsfolgen bei der übernehmenden Holding von der Steuerzahlung des Einbringenden abhängen. Entrichtete Steuer in diesem Sinn ist nur die Einkommensteuer oder Körperschaftsteuer[624], nicht hingegen die Gewerbesteuer oder etwaige Zuschlagsteuern, wie der Solidaritätszuschlag oder die Kirchensteuer, und steuerliche Nebenleistungen, wie Zinsen[625]. Diese Rechtsfolge ergibt sich nach der hier vertretenen Auffassung daraus, dass § 23 Abs. 2 Satz 1 i.V.m. § 22 Abs. 5 UmwStG auf die Bescheinigung des für die Besteuerung der übernehmenden Holding zuständigen Finanzamtes abstellt und dieses als Betriebsfinanzamt im Regelfall (vgl. Ausnahme gem. § 22 Abs. 2 AO in den sog. Stadtstaaten) nach § 22 Abs. 1 AO nicht für die Festsetzung und Beitreibung der Gewerbesteuer zuständig ist[626].

14.242 § 22 Abs. 2 UmwStG sieht in den Fällen des **Anteilstauschs** (§ 21 Abs. 1 UmwStG) und der **Einbringung von Anteilen im Rahmen einer Sacheinlage** (§ 20 Abs. 1 UmwStG) mit einem Wertansatz unterhalb des gemeinen Wertes (Buchwert- oder Zwischenwertansatz) die nachträgliche Besteuerung der auf den Einbringungszeitpunkt zu ermittelnden stillen Reserven vor, wenn der Einbringende eine nicht von § 8b Abs. 2 KStG begünstigte Person ist und die eingebrachten Anteile (sog. **sperrfristbehaftete Anteile**) durch die erwerbende oder übernehmende Holding oder bei unentgeltlichem Erwerb der Anteile durch deren Rechtsnachfolger innerhalb der Sperrfrist von sieben Jahren veräußert werden[627]. **Einbringungszeitpunkt** in diesem Sinn und damit Zeitpunkt des Anteilstauschs ist der Übergang des zumindest wirtschaftlichen Eigentums an den eingebrachten Anteilen auf die Holdinggesellschaft[628]. Erfolgt die Veräußerung nach Ablauf der Sperrfrist von sieben Jahren, kommt § 22 Abs. 2 UmwStG nicht mehr zur Anwendung und die ursprüngliche steuerliche Behandlung des Anteilstausches bzw. des Einbringungsvorganges bleibt unberührt. Ebenfalls findet § 22 Abs. 2 UmwStG keine Anwendung, wenn die Einbringung zum gemeinen Wert erfolgt ist, oder die im Rahmen der Einbringung gewährten Anteile zeitlich veräußert werden (§ 22 Abs. 2 Satz 5 UmwStG).

14.243 Tatbestandlich setzt § 22 Abs. 2 Satz 1 UmwStG einen **qualifizierten Anteilstausch** (§ 21 Abs. 1 Satz 2 UmwStG) oder die **Einbringung von Anteilen im Rahmen einer Sacheinlage** (§ 20 Abs. 1 UmwStG) zum Buchwert oder zu einem Zwischenwert gem. § 20 Abs. 1 i.V.m. § 20 Abs. 2 Satz 2

620 BMF v. 11.11.2011, BStBl. I 2011, 1314, Rz. 23.09.

621 BMF v. 11.11.2011, BStBl. I 2011, 1314, Rz. 22.39.

622 BMF v. 11.11.2011, BStBl. I 2011, 1314, Rz. 23.12.

623 *Patt* in Dötsch/Pung/Möhlenbrock, § 23 UmwStG Rz. 115.

624 Vgl. BMF v. 11.11.2011, BStBl. I 2011, 1314, Rz. 22.38.

625 *Patt* in Dötsch/Pung/Möhlenbrock, § 23 UmwStG Rz. 116; *Ritzer* in Rödder/Herlinghaus/van Lishaut, § 23 UmwStG Rz. 121; *Schmitt* in Schmitt/Hörtnagl/Stratz, § 23 UmwStG Rz. 39, 59; *Mutscher* in Frotscher/Drüen, § 23 UmwStG Rz. 162; a.A. für die GewSt: *Bilitewski* in Haritz/Menner/Bilitewski, § 23 UmwStG Rz. 84; *Widmann/Mayer*, § 22 UmwStG Rz. 415.

626 *Patt* in Dötsch/Pung/Möhlenbrock, § 23 UmwStG Rz. 116 i.V.m. § 22 UmwStG Rz. 104.

627 Begründung zu dem Entwurf eines Gesetzes über steuerliche Begleitmaßnahmen zur Einführung der Europäischen Gesellschaft und zur Änderung weiterer steuerrechtlicher Vorschriften (SEStEG) v. 25.9.2006, BT-Drucks. 16/2710, 47.

628 BMF v. 11.11.2011, BStBl. I 2011, 1314, Rz. 21.17. Hiervon abweichend geht die Gesetzesbegründung insoweit von dem **Datum des Vertragsabschlusses** aus. Begründung zu dem Entwurf eines Gesetzes über steuerliche Begleitmaßnahmen zur Einführung der Europäischen Gesellschaft und zur Änderung weiterer steuerrechtlicher Vorschriften (SEStEG) v. 25.9.2006, BT-Drucks. 16/2710, 48.

UmwStG voraus. Veräußert die übernehmende Gesellschaft die sperrfristbehafteten Anteile innerhalb der Sperrfrist von sieben Jahren nach dem Einbringungszeitpunkt und wäre der Gewinn aus der Veräußerung der Anteile im Einbringungszeitpunkt nicht nach § 8b Abs. 2 KStG steuerfrei gewesen, ist der Gewinn aus der Einbringung rückwirkend im Wirtschaftsjahr der Einbringung als Gewinn des Einbringenden aus der Veräußerung von Anteilen zu versteuern (**Einbringungsgewinn II**); § 16 Abs. 4 EStG und § 34 EStG sind nicht anzuwenden. Die Regelung des § 22 Abs. 2 Satz 1 UmwStG findet demnach nur Anwendung, wenn der Einbringende zum Einbringungszeitpunkt nicht zu dem von § 8b Abs. 2 KStG begünstigten Personenkreis gehört. Ist der Einbringende eine Personengesellschaft, ist der Anwendungsbereich des § 22 Abs. 2 UmwStG eröffnet, soweit nicht von § 8b Abs. 2 KStG begünstigte Personen an dieser unmittelbar oder mittelbar über andere Personengesellschaften beteiligt sind. Die Veräußerung der sperrfristbehafteten Anteile gilt gem. § 22 Abs. 2 Satz 2 i.V.m. § 22 Abs. 1 Satz 2 UmwStG als rückwirkendes Ereignis gem. § 175 Abs. 1 Satz 1 Nr. 2 AO und löst damit die nachträgliche Besteuerung des Einbringungsgewinns II rückwirkend im Wirtschaftsjahr der Einbringung aus[629]. Für die Verzinsung des hieraus resultierenden Steueranspruchs ist § 233a Abs. 2a AO zu berücksichtigen.

§ 22 Abs. 2 Satz 3 UmwStG definiert den **Einbringungsgewinn II** als den Betrag, um den der gemeine Wert der eingebrachten Anteile im Einbringungszeitpunkt nach Abzug der Kosten für den Vermögensübergang, den Wert übersteigt, mit dem der Einbringende die erhaltenen Anteile angesetzt hat, vermindert um jeweils ein Siebtel für jedes seit dem Einbringungszeitpunkt abgelaufene Zeitjahr. Der Einbringungsgewinn II gilt nach § 22 Abs. 2 Satz 4 UmwStG als nachträgliche Anschaffungskosten der erhaltenen Anteile. Nach § 22 Abs. 2 Satz 5 UmwStG sind § 22 Abs. 2 Sätze 1 bis 4 UmwStG nicht anzuwenden, soweit der Einbringende die erhaltenen Anteile veräußert hat; dies gilt auch in den Fällen des § 6 AStG in der jeweils geltenden Fassung, wenn und soweit die Steuer nicht gestundet worden ist. Gemäß § 22 Abs. 2 Satz 6 UmwStG gelten § 22 Abs. 2 Sätze 1 bis 5 UmwStG entsprechend, wenn die übernehmende Gesellschaft die eingebrachten Anteile ihrerseits durch einen Vorgang nach § 22 Abs. 1 Satz 6 Nr. 1 bis 5 UmwStG weiter überträgt oder für diese die Voraussetzungen des § 1 Abs. 4 UmwStG nicht mehr erfüllt sind. § 22 Abs. 1 Satz 7 UmwStG ist gem. § 22 Abs. 2 Satz 7 UmwStG entsprechend anzuwenden. 14.244

Die Veräußerung der sperrfristbehafteten Anteile durch die übernehmende Holding ergeben sich aus den allgemeinen Regeln, so dass der Veräußerungsgewinn auf der Ebene der Holding nach § 8b Abs. 2 KStG steuerfrei ist. Gleichzeitig gelten nach § 8b Abs. 3 Satz 1 KStG 5 % des steuerfreien Veräußerungsgewinns als nicht abzugsfähige Betriebsausgaben. Der Veräußerungsgewinn auf der Ebene der Holding ergibt sich nach § 8b Abs. 2 Satz 2 KStG aus der Differenz zwischen Buchwert und Veräußerungspreis (abzgl. Veräußerungskosten) zum Veräußerungszeitpunkt (vgl. Rz. 14.98). Eine Konnexität zwischen Veräußerungsgewinn und dem Einbringungsgewinn II besteht nicht. Dies gilt sowohl hinsichtlich der Höhe des Gewinns als auch hinsichtlich des Zeitpunktes seiner Ermittlung. Die Veräußerung der sperrfristbehafteten Anteile durch die Holding hat allerdings als Tatbestand auslösendes Moment Bedeutung für die nachträgliche Besteuerung der stillen Reserven in die eingebrachten Anteile bei dem Einbringenden. Nach der **pro-rata-temporis-Regel** des § 22 Abs. 2 Satz 3 UmwStG wird der zu versteuernde Einbringungsgewinn um jeweils ein Siebtel für jedes seit dem Einbringungszeitpunkt abgelaufene Zeitjahr vermindert. Einbringungszeitpunkt ist hierbei – mangels Rückbezugsmöglichkeit – der Zeitpunkt des Überganges des zumindest wirtschaftlichen Eigentums an den eingebrachten Anteilen[630]. Der Einbringungsgewinn II gilt gem. § 22 Abs. 2 Satz 4 UmwStG als nachträgliche Anschaffungskosten der erhaltenen Anteile und vermindert insoweit 14.245

629 Vgl. hierzu: BMF v. 21.12.2011, BStBl. I 2012, 42, zur nachträglichen außerbilanziellen Korrektur des Veräußerungsgewinns bei Anteilen i.S.d. § 17 EStG, bei denen auf Grund der Absenkung der Beteiligungshöhe rückwirkend Wertsteigerungen steuerlich erfasst wurden.

630 BMF v. 11.11.2011, BStBl. I 2011, 1314, Rz. 21.17; *Patt* in Dötsch/Pung/Möhlenbrock, § 22 UmwStG Rz. 19.

einen etwaigen Gewinn[631] bzw. erhöht einen etwaigen Verlust aus der späteren Veräußerung der erhaltenen Anteile. Dies gilt gem. § 22 Abs. 2 Satz 7 i.V.m. § 22 Abs. 1 Satz 7 UmwStG auch in den Fällen der in § 22 Abs. 1 Satz 6 Nr. 4 und 5 UmwStG genannten Ersatzrealisationstatbestände hinsichtlich der Anschaffungskosten der auf einer Weitereinbringung dieser Anteile (§ 20 Abs. 1 und § 21 Abs. 1 Satz 2 UmwStG) zum Buchwert beruhenden Anteile. Da der Einbringungsgewinn II und damit auch die nachträglichen Anschaffungskosten der erhaltenen Anteile unter Berücksichtigung der pro-rata-temporis-Regel zu ermitteln sind, unterliegen die anteilig wegen Zeitablaufs nicht mehr als Einbringungsgewinn II erfassten stillen Reserven aus den sperrfristbehafteten Anteilen im Rahmen der Besteuerung des Gewinns aus der Veräußerung der erhaltenen Anteile dort der Besteuerung nach den allgemeinen Regeln. Dies gilt allerdings nur soweit zwischenzeitlich kein Wertverlust hinsichtlich der erhaltenen Anteile eingetreten ist.

14.246 Der Begriff der den Tatbestand des § 22 Abs. 2 Satz 1 UmwStG auslösenden Veräußerung der erhaltenen Anteile innerhalb der Sperrfrist beinhaltet jede Übertragung gegen Entgelt (vgl. vorstehend Rz. 14.274) Nach § 22 Abs. 2 Satz 6 i.V.m. § 22 Abs. 1 Satz 6 Nr. 1 bis 5 UmwStG gelten die dort enumerativ aufgezählten Fälle als der Veräußerung gleich gestellte **Ersatzrealisationstatbestände**. Insoweit gelten hier die obigen Ausführungen zum Einbringungsgewinn I entsprechend (vgl. Rz. 14.238).

14.247 Zur Sicherstellung der Besteuerung des **Einbringungsgewinns II** hat der Einbringende die in § 22 Abs. 3 Satz 1 Nr. 2 UmwStG in Bezug auf die sperrfristbehafteten Anteile und die auf diesen Anteilen beruhenden Anteile bestimmten **Nachweispflichten** zu erfüllen. Insoweit gelten hier die obigen Ausführungen zum Einbringungsgewinn I entsprechend (vgl. Rz. 14.240).

14.248 Nach § 23 Abs. 2 Satz 3 UmwStG besteht das unter Rz. 14.241 dargestellte Antragsrecht für die übernehmende Holding auch in Bezug auf die **Anschaffungskosten** von Anteilen, die im Rahmen einer Sacheinlage nach § 20 Abs. 1 UmwStG eingebracht oder im Rahmen eines Anteilstauschs nach § 21 Abs. 1 UmwStG erworben worden sind (vgl. § 22 Abs. 2 UmwStG). Hiernach erhöht der nachweislich versteuerte Einbringungsgewinn II (vgl. § 22 Abs. 5 UmwStG) die Anschaffungskosten der eingebrachten Anteile. Zugleich verringert sich dadurch der Gewinn aus der Veräußerung der eingebrachten Anteile entsprechend. Dies gilt in den Fällen der Weitereinbringung der eingebrachten Anteile zum Buchwert auch im Hinblick auf die auf der Weitereinbringung beruhenden Anteile[632]. Auf Antrag der übernehmenden Holding bescheinigt das für den Einbringenden zuständige Finanzamt dieser gem. § 22 Abs. 5 UmwStG die Höhe des zu versteuernden Einbringungsgewinns, die darauf entfallende festgesetzte Steuer und den darauf entrichteten Betrag. Aus Vereinfachungsgründen kann die Antragstellung auch durch den Einbringenden erfolgen[633]. Nachträgliche Minderungen des versteuerten Einbringungsgewinns sowie die darauf entfallende festgesetzte Steuer und der darauf entrichtete Betrag sind dem für die übernehmende Holding zuständigen Finanzamt von Amts wegen mitzuteilen.

14.249 Es kann zu Überschneidungen zwischen der Anwendung des § 22 Abs. 1 und § 22 Abs. 2 UmwStG, z.B. bei der Weitereinbringung von erhaltenen Anteilen oder bei **Ketteneinbringungen**, kommen. Wird z.B. ein (Teil-)Betrieb, der stille Reserven enthält, durch eine natürliche Person in die X-GmbH zum Buchwert gegen Gewährung von Gesellschaftsrechten nach § 20 Abs. 1, Abs. 2 Satz 2 UmwStG eingebracht und die erhaltenen Anteile ihrerseits im Rahmen eines Anteilstauschs nach § 21 Abs. 1 Satz 2 UmwStG zum Buchwert gegen Gewährung von Gesellschaftsrechten in die Y-GmbH eingebracht, löst die Veräußerung der Anteile an der X-GmbH durch die Y-GmbH zum gemeinen Wert innerhalb der Sperrfrist von sieben Jahren die Versteuerung des Einbringungsgewinns I gem. § 22 Abs. 1 Satz 6 Nr. 4 UmwStG und des Einbringungsgewinns II gem. § 22 Abs. 2 Satz 1 UmwStG aus[634].

631 BMF v. 11.11.2011, BStBl. I 2011, 1314, Rz. 22.16.
632 BMF v. 11.11.2011, BStBl. I 2011, 1314, Rz. 23.11.
633 BMF v. 11.11.2011, BStBl. I 2011, 1314, Rz. 22.39.
634 Vgl. Beispiel bei: Begründung zu dem Entwurf eines Gesetzes über steuerliche Begleitmaßnahmen zur Einführung der Europäischen Gesellschaft und zur Änderung weiterer steuerrechtlicher Vorschriften (SEStEG) v. 25.9.2006, BT-Drucks. 16/2710, 48 f.

Während die ursprüngliche Fassung des Entwurfes eines § 22 Abs. 6 Satz 6 UmwStG ausdrücklich den Vorrang des § 22 Abs. 1 UmwStG vorsah[635], hat der Gesetzgeber im weiteren Gesetzgebungsverfahren eine ausdrückliche Vorrangregelung für entbehrlich gehalten, da auf Grund der rückwirkenden Besteuerung des Einbringungsgewinns im jeweiligen Einbringungszeitpunkt eine Kollision hinsichtlich der Reihenfolge der Besteuerung nach § 22 Abs. 1 und Abs. 2 UmwStG nicht eintreten kann[636]. Demzufolge ist in dem vorgenannten Beispiel zunächst der Einbringungsgewinn I bei der natürlichen Person gem. § 22 Abs. 1 UmwStG nach § 16 EStG zu versteuern. Nach § 22 Abs. 1 Satz 4 UmwStG erhöht der Einbringungsgewinn I nachträglich die Anschaffungskosten der Anteile an der X-GmbH und verringert damit den Einbringungsgewinn II gem. § 22 Abs. 2 Satz 3 UmwStG (vgl. auch § 23 Abs. 2 Satz 3 UmwStG)[637].

ff) Einbringung eines Mitunternehmeranteils nach § 20 UmwStG

14.250 Eine weitere Möglichkeit zur Errichtung der Holding besteht darin, einen **Anteil an einer Personengesellschaft (Mitunternehmerschaft)** unter Fortbestehen der Personengesellschaft in die Holding in der Rechtsform einer Kapitalgesellschaft als **Sacheinlage** einzubringen. Eine derartige Konstruktion – Holding in der Rechtsform der Kapitalgesellschaft und Beteiligungsgesellschaft in der Rechtsform der Personengesellschaft – ist zwar in der Praxis die Regel, kann sich jedoch durchaus als Interimslösung für eine bevorstehende Verschmelzung oder auch einen Formwechsel anbieten. Zudem kann hierdurch bei natürlichen Personen oder Personengesellschaften, an denen nur natürliche Personen beteiligt sind, als Einbringenden die Versteuerung der operativen Gewinne aus der Tätigkeit der Beteiligungsgesellschaft auch ohne Formwechsel mit dem Körperschaftsteuersatz gem. § 23 Abs. 1 KStG von 15 % anstelle des Einkommensteuersatzes gem. § 32a Abs. 1 EStG von bis zu 45 % erreicht werden[638]. Nach § 20 Abs. 1 i.V.m. Abs. 2 Satz 2, Abs. 3 Satz 1 UmwStG kann die Sacheinlage für den Einbringenden steuerneutral erfolgen, wenn der einzubringende Personengesellschaftsanteil einen **Mitunternehmeranteil** oder zumindest einen Bruchteil eines Mitunternehmeranteils darstellt[639] und die Voraussetzungen des § 1 Abs. 4 Satz 1 i.V.m. Abs. 3 Nr. 4 UmwStG gegeben sind.

14.251 In persönlicher Hinsicht setzt die Anwendbarkeit des § 20 Abs. 1 i.V.m. Abs. 2 Satz 2, Abs. 3 Satz 1 UmwStG voraus, dass die Holding als übernehmender Rechtsträger die Voraussetzungen des § 1

635 Vgl. Art. 6 des Entwurfes eines Gesetzes über steuerliche Begleitmaßnahmen zur Einführung der Europäischen Gesellschaft und zur Änderung weiterer steuerrechtlicher Vorschriften (SEStEG) v. 25.9. 2006, BT-Drucks. 16/2710.

636 Bericht des Finanzausschusses v. 9.11.2006 zu dem Gesetzentwurf der Bundesregierung über steuerliche Begleitmaßnahmen zur Einführung der Europäischen Gesellschaft und zur Änderung weiterer steuerrechtlicher Vorschriften (SEStEG), BT-Drucks. 16/3369, 13.

637 Vgl. Beispiel: BMF v. 11.11.2011, BStBl. I 2011, 1314, Rz. 22.25; Begründung zu dem Entwurf eines Gesetzes über steuerliche Begleitmaßnahmen zur Einführung der Europäischen Gesellschaft und zur Änderung weiterer steuerrechtlicher Vorschriften (SEStEG) v. 25.9.2006, BT-Drucks. 16/2710, 48 f. sowie *Patt* in Dötsch/Pung/Möhlenbrock, § 22 UmwStG Rz. 83; *Stangl* in Rödder/Herlinghaus/van Lishaut, § 22 UmwStG Rz. 179.

638 Die steuerliche Vorteilhaftigkeit einer derartigen Gestaltung ist insbesondere dann gegeben, wenn eine langfristige Thesaurierung der Gewinne auf der Ebene der Holding erfolgen soll. Hierdurch kann die Innenfinanzierung der Unternehmensgruppe deutlich gestärkt werden. Auf der anderen Seite entfällt allerdings die Gewerbesteueranrechung nach § 35 EStG. Im Übrigen ist zu beachten, dass eine steuerliche Thesaurierung der Gewinne auf der Ebene der Personengesellschaft mit einer vergleichbaren Steuerbelastung nach § 34a EStG erreicht werden kann.

639 Begründung zu dem Entwurf eines Gesetzes über steuerliche Begleitmaßnahmen zur Einführung der Europäischen Gesellschaft und zur Änderung weiterer steuerrechtlicher Vorschriften (SEStEG) v. 25.9.2006, BT-Drucks. 16/2710, 42; BMF v. 11.11.2011, BStBl. I 2011, 1314, Rz. 20.11; *Patt* in Dötsch/Pung/Möhlenbrock, § 20 UmwStG Rz. 142.

Abs. 4 Satz 1 Nr. 1 i.V.m. Abs. 2 Satz 1 Nr. 1 UmwStG erfüllt[640]. Wie sich aus dem Wortlaut des § 20 Abs. 1 UmwStG ergibt ist der **persönliche Anwendungsbereich** der Norm auf die dort genannten Kapitalgesellschaften und Genossenschaften als übernehmende Rechtsträger beschränkt. Erfasst werden von der Regelung somit die in § 1 Abs. 1 Nr. 1 KStG genannten Kapitalgesellschaften (insbesondere Europäische Gesellschaften, AG, KGaA und GmbH) sowie die in § 1 Abs. 1 Nr. 2 KStG genannten Genossenschaften einschließlich der Europäischen Genossenschaften. Dies gilt unabhängig davon, ob der übernehmende Rechtsträger unbeschränkt oder beschränkt körperschaftsteuerpflichtig[641] oder gar nicht steuerpflichtig oder steuerbefreit ist[642]. Insoweit ist die Regelung weitergehend, als dies nach Art. 3 Buchst. c Fusionsrichtlinie vorgesehen ist.

14.252 **Sitz** (§ 11 AO) und **Ort der Geschäftsleitung** (§ 10 AO) des übernehmenden Rechtsträgers müssen sich in einem Mitgliedstaat der EU oder des EWR-Abkommens befinden, wobei es sich auch um verschiedene Mitgliedstaaten handeln kann[643].

14.253 Als **nationale Holding** mit inländischem Sitz und Geschäftsleitungsort kommen somit nur die in § 1 Abs. 1 Nr. 1 und Nr. 2 KStG genannten Kapitalgesellschaften und Genossenschaften in Betracht. Eine nationale Holding mit inländischem Geschäftsleitungsort, deren Sitz sich aber in einem anderen Mitgliedstaat der EU oder des EWR-Raumes befindet (sog. „**Zuzugsfall**"), soll sich nach Auffassung der Literatur nur dann als Kapitalgesellschaft bzw. Genossenschaft i.S.d. § 20 Abs. 1 UmwStG qualifizieren können, wenn sie auf Grund einer wertenden Betrachtung anhand eines **Rechtstypenvergleichs** einer inländischen Kapitalgesellschaft oder Genossenschaft entspricht[644]. Diese für Zwecke der unbeschränkten Körperschaftsteuerpflicht i.S.d. § 1 Abs. 1 Nr. 1 KStG vorzunehmende Betrachtung[645], begegnet im Anwendungsbereich des § 20 Abs. 1 UmwStG Bedenken, weil Art. 3 Buchst a i.V.m. Anhang I Teil A Fusionsrichtlinie den Kreis der u.a. für den grenzüberschreitenden Anteilstausch nach Art. 1 Buchst. a i.V.m. Art. 8 Fusionsrichtlinie begünstigten Gesellschaftsformen unwiderlegbar festlegt (vgl. zu der vergleichbaren Rechtslage in Bezug auf den Anteilstausch Rz. 14.174).

14.254 Eine **internationale Holding** mit ausländischem Ort der Geschäftsleitung kommt als erwerbender Rechtsträger gem. § 20 Abs. 1 UmwStG in Betracht, wenn es sich hierbei um eine Gesellschaft handelt, die die Voraussetzungen des § 1 Abs. 3 Nr. 4 i.V.m. Abs. 4 Nr. 1 UmwStG, § 1 Abs. 2 Satz 1 Nr. 1 UmwStG erfüllt. Demzufolge müssen sich Ort der Geschäftsleitung und Sitz in einem EU-Mitgliedstaat oder einem Mitgliedstaat des EWR-Abkommens befinden, wobei es sich nicht um denselben Mitgliedstaat handeln muss. Liegt zumindest eines der persönlichen Anknüpfungsmerkmale in einem Drittstaat, scheidet die Anwendung des § 20 Abs. 1 UmwStG aus. Für die internationale Holding in der Rechtsform der SE oder SCE wird durch § 1 Abs. 2 Satz 2 UmwStG das Vorliegen der **doppelten Ansässigkeit** fingiert. In den Anwendungsbereich des § 20 Abs. 1 UmwStG können demnach internationale Holdinggesellschaften mit doppelter Ansässigkeit fallen, die unbeschränkt körperschaftsteuerpflichtig nach § 1 Abs. 1 Nr. 1 KStG sind, weil sie ihren Sitz im Inland haben (sog. „**Wegzugsfälle**"), oder die beschränkt körperschaftsteuerpflichtig nach § 2 Nr. 1 KStG sind, weil

640 Begründung zu dem Entwurf eines Gesetzes über steuerliche Begleitmaßnahmen zur Einführung der Europäischen Gesellschaft und zur Änderung weiterer steuerrechtlicher Vorschriften (SEStEG) v. 25.9.2006, BT-Drucks. 16/2710, 42.

641 BMF v. 11.11.2011, BStBl. I 2011, 1314, Rz. 20.04 i.V.m. Rz. 01.54.

642 *Patt* in Dötsch/Pung/Möhlenbrock, § 20 UmwStG Rz. 10.

643 *Patt* in Dötsch/Pung/Möhlenbrock, § 20 UmwStG Rz. 10; BMF v. 11.11.2011, BStBl. I 2011, 1314, Rz. 01.49.

644 *Herlinghaus* in Rödder/Herlinghaus/van Lishaut, § 20 UmwStG Rz. 116; *Patt* in Dötsch/Pung/Möhlenbrock, § 20 UmwStG Rz. 10; *Hörtnagl* in Schmitt/Hörtnagl/Stratz, § 1 UmwStG Rz. 117; *Menner* in Haritz/Menner/Bilitewski, § 20 UmwStG Rz. 295; *Dötsch/Pung*, DB 2006, 2704; vgl. auch: Begründung zu dem Entwurf eines Gesetzes über steuerliche Begleitmaßnahmen zur Einführung der Europäischen Gesellschaft und zur Änderung weiterer steuerrechtlicher Vorschriften (SEStEG) v. 25.9.2006, BT-Drucks. 16/2710, 35, 42.

645 *Graffe* in Dötsch/Pung/Möhlenbrock, § 1 KStG Rz. 87.

beide Anknüpfungsmerkmale in einem EU-Mitgliedstaat oder einem Mitgliedstaat des EWR-Abkommens gegeben sind. Nur in dem letztgenannten Fall stellt sich wiederum die zuvor bereits angesprochene Frage des **Rechtstypenvergleichs** (vgl. Rz. 14.176).

Hinsichtlich der Person des Einbringenden sieht § 20 Abs. 1 UmwStG keine Einschränkungen vor. 14.255
Diese ergeben sich allerdings aus § 1 Abs. 4 Satz 1 Nr. 2 Buchst. a i.V.m. Abs. 3 Nr. 4 UmwStG. Danach muss der **Einbringende** in den Fällen der **Einbringung von Betriebsvermögen** durch **Einzelrechtsnachfolge** entweder eine Gesellschaft i.S.d. § 1 Abs. 2 Satz 1 Nr. 1 UmwStG oder eine natürliche Person i.S.d. § 1 Abs. 2 Satz 1 Nr. 2 UmwStG sein[646]. Handelt es sich bei dem Einbringenden um eine Personengesellschaft oder um eine nach dem Recht der Bundesrepublik Deutschland als steuerlich transparent anzusehende Gesellschaft (vgl. hierzu auch § 20 Abs. 8 UmwStG), so kommt § 20 UmwStG nur zur Anwendung, wenn bei den einzelnen Mitunternehmern die Voraussetzungen des § 1 Abs. 2 UmwStG erfüllt sind (§ 1 Abs. 3 Nr. 4 i.V.m. § 1 Abs. 4 Nr. 2 Buchst. a aa UmwStG)[647]. Erfüllt der Einbringende diese Anforderungen nicht, findet § 20 UmwStG nach § 1 Abs. 4 Satz 1 Buchst. b UmwStG Anwendung, wenn das Recht der Bundesrepublik Deutschland hinsichtlich der Besteuerung des Gewinns aus der Veräußerung der erhaltenen Anteile nicht ausgeschlossen oder beschränkt ist.

§ 20 Abs. 1 UmwStG nennt als **Einbringungsgegenstand** neben einem Betrieb und Teilbetrieb[648] 14.256
einen **Mitunternehmeranteil**. Hierunter fällt auch der Bruchteil eines solchen Mitunternehmeranteils.

Bei der Personengesellschaft, an der der einzubringende Mitunternehmeranteil besteht, muss es sich 14.257
entweder um ein **gewerbliches Unternehmen** i.S.d. § 15 Abs. 1 Satz 1 Nr. 2 Satz 1 i.V.m. § 15 Abs. 2 EStG bzw. § 15 Abs. 3 Nr. 1 EStG oder aber um eine **gewerblich geprägte Personengesellschaft** i.S.d. § 15 Abs. 3 Nr. 2 EStG handeln. Zudem müssen die Gesellschafter als Mitunternehmer i.S.d. § 15 Abs. 1 Satz 1 Nr. 2 EStG anzusehen sein. Die Mitunternehmereigenschaft verlangt das Vorliegen von Mitunternehmerinitiative und -risiko[649]. Zu den Mitunternehmerschaften zählen im Regelfall OHG, KG, EWIV, atypisch stille Gesellschaft und atypische Unterbeteiligungen[650]. Darüber hinaus ist auch die Einbringung eines Anteils des persönlich haftenden Gesellschafters einer KGaA i.S.d. §§ 278 ff. AktG in die Holding ein Anwendungsfall des § 20 Abs. 1 UmwStG[651]. Die KGaA stellt eine hybride Gesellschaftsform dar, die steuerlich sowohl Elemente einer Kapitalgesellschaft (§ 1 Abs. 1 Nr. 1 KStG) als auch hinsichtlich des Anteils des persönlichen Gesellschafters einer Mitunternehmerschaft aufweist (vgl. § 15 Abs. 1 Satz 1 Nr. 3 EStG). Mitunternehmerschaften i.S.d. § 20 Abs. 1 UmwStG sind auch **ausländische Rechtsträger**, unabhängig von dem Ort ihrer Geschäftsleitung oder ihres Sitz, wenn sie sich nach dem sog. **Typenvergleich** als Personengesellschaft qualifizieren[652] und gewerblich

646 Begründung zu dem Entwurf eines Gesetzes über steuerliche Begleitmaßnahmen zur Einführung der Europäischen Gesellschaft und zur Änderung weiterer steuerrechtlicher Vorschriften (SEStEG) v. 25.9.2006, BT-Drucks. 16/2710, 42.

647 Begründung zu dem Entwurf eines Gesetzes über steuerliche Begleitmaßnahmen zur Einführung der Europäischen Gesellschaft und zur Änderung weiterer steuerrechtlicher Vorschriften (SEStEG) v. 25.9.2006, BT-Drucks. 16/2710, 42.

648 Vgl. zum Begriff des Betriebs und Teilbetriebs: BMF v. 11.11.2011, BStBl. I 2011, 1314, Rz. 20.06; *Patt* in Dötsch/Pung/Möhlenbrock, § 20 UmwStG Rz. 74 ff.

649 *Patt* in Dötsch/Pung/Möhlenbrock, § 20 UmwStG Rz. 119 ff.

650 *Patt* in Dötsch/Pung/Möhlenbrock, § 20 UmwStG Rz. 117; *Schmitt* in Schmitt/Hörtnagl/Stratz, § 20 UmwStG Rz. 134; *Herlinghaus* in Rödder/Herlinghaus/van Lishaut, § 20 UmwStG Rz. 89; vgl. zur ertragsteuerlichen Behandlung der atypisch stillen Gesellschaft: OFD Frankfurt/M., Verfügung v. 26.3. 2004 – S-2241-A – 7 – St II 21, EStK § 15 Fach 2 Karte 3; zur steuerlichen Behandlung der typischen und atypisch stillen Gesellschaft: OFD Erfurt, Verfügung v. 23.10.2003 – S-2241 A-08-L221, FR 2003, 1299.

651 *Patt* in Dötsch/Pung/Möhlenbrock, § 20 UmwStG Rz. 117.

652 Vgl. hierzu BFH v. 20.8.2008 – I R 34/08, BStBl. II 2009, 263 (266).

tätig bzw. geprägt sind[653]. Für die Tatbestandsmäßigkeit des § 20 Abs. 1 UmwStG spielt es keine Rolle, dass gewerblich geprägte ausländische Personengesellschaften nach Ansicht des BFH keine Unternehmensgewinne i.S.d. Art. 7 OECD-MA erzielen, weil sie nicht unternehmerisch tätig sind[654]. Im Übrigen ergeben sich hinsichtlich der Anforderungen an die Mitunternehmerschaft, deren Mitunternehmeranteil nach § 20 Abs. 1 UmwStG in die Holding eingebracht wird, keine Einschränkungen aus § 1 Abs. 4 Satz 1 Nr. 2 Buchst. a i.V.m. Abs. 3 Nr. 4 UmwStG, weil bei der Einbringung durch Einzelrechtsnachfolge nur der einbringende Rechtsträger, nicht hingegen der Einbringungsgegenstand, die Anforderungen des § 1 Abs. 2 Satz 1 Nr. 1 UmwStG erfüllen muss.

14.258 Mit der **Einbringung eines Mitunternehmeranteils** wird die Holding selbst Mitunternehmer der Personengesellschaft. Denkbar ist es auch, dass alle Mitunternehmeranteile (Personengesellschaftsanteile) in die Holding eingebracht werden und das Vermögen der Mitunternehmerschaft (Personengesellschaft) dadurch der Holding gem. § 738 Abs. 1 Satz 1 BGB anwächst[655]. Allerdings erlischt die Personengesellschaft hierdurch und die Holding wird selbst zur operativen Gesellschaft, die das bisherige Unternehmen der Mitunternehmerschaft (Personengesellschaft) fortführt. Ebenfalls als Einbringung von Mitunternehmeranteilen soll der Fall anzusehen sein, dass eine Mitunternehmerschaft zivilrechtlich ihr gesamtes Betriebsvermögen auf eine Kapitalgesellschaft überträgt und die Mitunternehmer hierfür neue Anteile an der Kapitalgesellschaft erhalten[656]. § 20 Abs. 1 UmwStG gilt auch für Mitunternehmeranteile, die zum Betriebsvermögen eines Betriebs gehören. Werden mehrere zu einem Betriebsvermögen gehörende Mitunternehmeranteile eingebracht, liegt hinsichtlich eines jeden Mitunternehmeranteils ein gesonderter Einbringungsvorgang vor. Bei doppel- bzw. mehrstöckigen Personengesellschaften führt die Einbringung des Mitunternehmeranteils an der Obergesellschaft nur insoweit zur Anwendung des § 20 Abs. 1 UmwStG. Hinsichtlich des Mitunternehmeranteils der Ober- an der Unterpersonengesellschaft liegt kein gesonderter Einbringungsvorgang nach § 20 Abs. 1 UmwStG vor[657].

14.259 Die Einbringung eines Mitunternehmeranteils unterliegt insgesamt auch dann der Regelung des § 20 Abs. 1 UmwStG, wenn Teil des durch den Mitunternehmeranteil eingebrachten Betriebsvermögens (anteiliges Gesamthandsvermögen und Sonderbetriebsvermögen) **Anteile an einer Kapitalgesellschaft** sind. Insoweit geht § 20 UmwStG der Regelung des § 21 UmwStG vor[658]. Dieser Umstand hat insbesondere Bedeutung bei der Einbringung eines Mitunternehmeranteils für die nach § 1 Abs. 4 Satz 1 Nr. 1 und Nr. 2, Abs. 3 Nr. 4 UmwStG zu beachtenden Restriktionen in Bezug auf die Person des übernehmenden und einbringenden Rechtsträgers.

14.260 Die Anwendung des § 20 Abs. 1 UmwStG setzt bei Einbringung eines Mitunternehmeranteils u.a. voraus, dass solche Wirtschaftsgüter, die einem Mitunternehmer zivilrechtlich gehören und eine wesentliche Grundlage des Betriebsvermögens der Mitunternehmerschaft darstellen (sog. **Sonderbetriebsvermögen**), ebenfalls in die Holding eingebracht werden[659]. Es handelt sich hierbei um not-

653 *Patt* in Dötsch/Pung/Möhlenbrock, § 20 UmwStG Rz. 118; *Herlinghaus* in Rödder/Herlinghaus/van Lishaut, § 20 UmwStG Rz. 101; *Schmitt* in Schmitt/Hörtnagl/Stratz, § 20 UmwStG Rz. 135.

654 BFH v. 9.12.2010 – I R 49/09, BStBl. II 2011, 483 (484), Rz. 18.

655 BMF v. 11.11.2011, BStBl. I 2011, 1314, Rz. 01.44; in der Praxis hat sich der Ausdruck „Anwachsung" verfestigt, obwohl das Gesetz von „Zuwachsen" spricht.

656 *Widmann/Mayer*, § 20 UmwStG Rz. 92; differenzierend: *Patt* in Dötsch/Pung/Möhlenbrock, § 20 UmwStG Rz. 39.

657 BMF v. 11.11.2011, BStBl. I 2011, 1314, Rz. 20.12.

658 BMF v. 11.11.2011, BStBl. I 2011, 1314, Rz. 21.01; *Graw* in Rödder/Herlinghaus/van Lishaut, § 1 UmwStG Rz. 238; *Rabback* in Rödder/Herlinghaus/van Lishaut, § 21 UmwStG Rz. 13; a.A.: *Behrens* in Haritz/Menner/Bilitewski/Bilitewski, § 21 UmwStG Rz. 9 f.

659 BFH v. 25.11.2009 – I R 72/08, BStBl. II 2010, 471 (472); BMF v. 11.11.2011, BStBl. I 2011, 1314, Rz. 20.10 i.V.m. Rz. 20.06; *Menner* in Haritz/Menner/Bilitewski, § 20 UmwStG Rz. 164; *Schmitt* in Schmitt/Hörtnagl/Stratz, § 20 UmwStG Rz. 150; *Patt* in Dötsch/Pung/Möhlenbrock, § 20 UmwStG Rz. 124.

wendiges Betriebsvermögen der Personengesellschaft, das entweder unmittelbar dem Betrieb der Personengesellschaft (**Sonderbetriebsvermögen I**) oder seiner Beteiligung an der Personengesellschaft (**Sonderbetriebsvermögen II**) dient oder zu dienen bestimmt ist[660]. Die Frage, ob eine wesentliche Betriebsgrundlage vorliegt, ist abweichend von dem im Rahmen des § 16 EStG anzuwendenden Begriff bei § 20 UmwStG aufgrund der **funktionalen Betrachtungsweise** vorzunehmen. Als funktional wesentlich sind dabei alle Wirtschaftsgüter anzusehen, die für den Betriebsablauf ein erhebliches Gewicht haben und mithin für die Fortführung des Betriebs notwendig sind oder dem Betrieb das Gepräge geben[661]. Insbesondere die Beteiligung eines Kommanditisten an der Komplementär-GmbH gehört im Regelfall zum Sonderbetriebsvermögen II[662]. Dies kann auch für eine GmbH & atypisch stille Gesellschaft hinsichtlich der Beteiligung an der GmbH gelten[663]. Wie ein Mitunternehmeranteil wird auch der Anteil des persönlich haftenden Gesellschafters einer KGaA betrachtet (vgl. § 15 Abs. 1 Satz 1 Nr. 3, § 16 Abs. 1 Satz 1 Nr. 3 EStG)[664], so dass auch dieser gem. § 20 UmwStG in die Holding eingebracht werden kann[665]. Die Anteile des persönlich haftenden Gesellschafters an dem Grundkapital der KGaA (sog. Kommanditaktien) können ggf. Sonderbetriebsvermögen II darstellen[666]. Das Vorhandensein erheblicher stiller Reserven (**quantitative Betrachtungsweise**) soll das Vorliegen einer wesentlichen Betriebsgrundlage nach zweifelhafter Ansicht der Finanzverwaltung jedoch dann begründen können, wenn natürliche Personen an der Einbringung beteiligt sind und die aufnehmende Kapitalgesellschaft das eingebrachte Betriebsvermögen gem. § 20 Abs. 2, Abs. 4 UmwStG mit dem gemeinen Wert ansetzt, weil es sich in diesem Fall um eine echte Betriebsveräußerung i.S.d. § 16 EStG handelt und gem. § 20 Abs. 4 Sätze 1, 2 UmwStG in diesem Fall die §§ 16, 34 EStG Anwendung finden[667]. Erfolgt die Einbringung des Mitunternehmeranteils ohne die wesentlichen Betriebsgrundlagen im Sonderbetriebsvermögen, sind die in dem eingebrachten Mitunternehmeranteil bzw. die in den betreffenden Wirtschaftsgütern anteilig ruhenden stillen Reserven aufzudecken und zu versteuern. § 20 UmwStG kommt insoweit nicht zur Anwendung[668]. Die Zurückbehaltung nicht wesentlicher Betriebsgrundlagen ist demgegenüber unschädlich[669]. Die zurückbehaltenen wesentlichen und nicht wesentlichen Betriebsgrundlagen gelten grundsätzlich als entnommen, es sei denn, sie sind weiterhin Betriebsvermögen[670]. Werden funktional wesentliche Betriebsgrundlagen im Sonderbetriebsvermögen im zeitlichen und wirtschaftlichen Zusammenhang mit der Einbringung des Mitunternehmeranteils in ein anderes Betriebsvermögen, z.B. nach § 6 Abs. 5 EStG, überführt oder übertragen, soll nach Auffassung der Finanzverwaltung die Anwendung der sog. **Gesamtplanrechtsprechung** zu prüfen sein[671]. Die an dem Sinn und Zweck der Tarif-

660 Vgl. hierzu im Einzelnen: OFD Frankfurt/M., Verfügung v. 13.2.2014, DStR 2014, 746.

661 BMF v. 11.11.2011, BStBl. I 2011, 1314, Rz. 20.10. i.V.m. Rz. 20.06; BFH v. 25.11.2009 – I R 72/08, BStBl. II 2010, 471 (473), Rz. 17; BFH v. 16.12.2009 – I R 97/08, BStBl. II 2010, 808 (810), Rz. 14.

662 Vgl. im Einzelnen: OFD Frankfurt/M., Verfügung v. 13.2.2014 – S-2134-A – t – St 213, DStR 2014, 746; *Patt* in Dötsch/Pung/Möhlenbrock, § 20 UmwStG Rz. 137.

663 OFD Frankfurt/M., Verfügung v. 13.2.2014, DStR 2014, 746, Rz. 3; *Patt* in Dötsch/Pung/Möhlenbrock, § 20 UmwStG Rz. 136.

664 *Patt* in Dötsch/Pung/Möhlenbrock, § 20 UmwStG Rz. 117; *Herlinghaus* in Rödder/Herlinghaus/van Lishaut, § 20 UmwStG Rz. 172.

665 Vgl. zu der Frage, inwieweit eine nicht natürliche Person persönlich haftender Gesellschafter einer KGaA sein kann: § 279 Abs. 2 AktG sowie *Schmitt* in Schmitt/Hörtnagl/Stratz, § 20 UmwStG Rz. 157 m.w.N.

666 A.A.: BFH v. 21.6.1989 – X R 14/88, AG 1990, 32 = BStBl. II 1989, 881; *Wacker* in Schmidt, § 15 EStG Rz. 891.

667 BMF v. 16.8.2000, BStBl. I 2000, 1253; a.A.: *Patt* in Dötsch/Pung/Möhlenbrock, § 20 UmwStG Rz. 44; s. auch: BMF v. 11.11.2011, BStBl. I 2011, 1314, Rz. 20.10 i.V.m. Rz. 20.06.

668 BMF v. 11.11.2011, BStBl. I 2011, 1314, Rz. 20.10 i.V.m. Rz. 20.07; *Patt* in Dötsch/Pung/Möhlenbrock, § 20 UmwStG Rz. 126 i.V.m. Rz. 64, 124.

669 *Schmitt* in Schmitt/Hörtnagl/Stratz, § 20 UmwStG Rz. 149 m.w.N.

670 BMF v. 11.11.2011, BStBl. I 2011, 1314, Rz. 20.10 i.V.m. Rz. 20.08.

671 BMF v. 11.11.2011, BStBl. I 2011, 1314, Rz. 20.10 i.V.m. Rz. 20.07.

begünstigung gem. §§ 16, 34 EStG orientierte Gesamtplanrechtsprechung[672] führt im Anwendungsbereich des § 20 UmwStG zu dessen Versagung, wenn nicht auch die in den wesentlichen Betriebsgrundlagen des Sonderbetriebsvermögens enthaltenen stillen Reserven zusammen mit dem Mitunternehmeranteil eingebracht werden, sondern im zeitlichen und wirtschaftlichen Zusammenhang mit der Einbringung anderweitig übertragen werden. Diese für den Anwendungsbereich des § 20 UmwStG ohnehin zweifelhafte Auffassung erfährt jedenfalls dann eine Ausnahme, wenn die vor der Einbringung des Mitunternehmeranteils erfolgte Übertragung wesentlicher Betriebsgrundlagen des Sonderbetriebsvermögens unter Aufdeckung der stillen Reserven erfolgte[673] oder auf Dauer angelegt ist und deshalb andere wirtschaftliche Folgen auslöst als die Einbeziehung des betreffenden Wirtschaftsguts in den Einbringungsvorgang[674]. § 20 UmwStG bedeutet dies, dass allein auf den Übertragungszeitpunkt[675] abzustellen ist und in diesem Zeitpunkt zu prüfen ist, ob ein funktionsfähiger Mitunternehmeranteil vorliegt.

14.261 Gehören zu den wesentlichen Betriebsgrundlagen des Sonderbetriebsvermögens auch Anteile an der aufnehmenden Holdinggesellschaft, führt die Einbringung des Mitunternehmeranteils einschließlich der Anteile im Sonderbetriebsvermögen zum **Erwerb eigener Anteile** durch die Holdinggesellschaft. Da ein Erwerb eigener Anteile handelsrechtlichen Beschränkungen unterliegt (vgl. z.B. § 71 AktG), ist es aus Sicht der Finanzverwaltung für die Anwendbarkeit des § 20 UmwStG unschädlich, wenn diese Anteile im Zuge der Einbringung des Mitunternehmeranteils zurückbehalten werden und der Einbringende auf unwiderruflichen Antrag hin erklärt, dass die zurückbehaltenen Anteile künftig in vollem Umfang als Anteile zu behandeln sind, die durch eine Sacheinlage erworben worden sind. Es ist dementsprechend auch für diese Anteile § 22 Abs. 1 UmwStG anzuwenden[676].

14.262 Wie bereits vorstehend ausgeführt, fällt auch die Einbringung eines Teils eines Mitunternehmeranteils unter § 20 UmwStG. Problematisch ist die Einbringung eines Teils eines Mitunternehmeranteils jedoch bei Vorliegen von Sonderbetriebsvermögen, das eine wesentliche Betriebsgrundlage darstellt, wenn Letzteres nicht **quotenentsprechend** mit eingebracht wird[677].

14.263 § 20 Abs. 1 UmwStG setzt die **Einbringung** des dort genannten Betriebsvermögens, also insbesondere eines Mitunternehmeranteils voraus. Der Begriff der Einbringung setzt die Übertragung des Volleigentums an dem Personengesellschaftsanteil (Mitunternehmeranteil) einschließlich der im Sonderbetriebsvermögen befindlichen wesentlichen Betriebsgrundlagen voraus. Zweifelhaft ist insoweit, ob der Übergang des zumindest wirtschaftlichen Eigentums genügt. Nach Auffassung der Finanzverwaltung wird der Übertragung des wirtschaftlichen Eigentums die Einzelrechtsnachfolge i.S.d. § 1 Abs. 3 Nr. 4 UmwStG gleichgestellt[678]. Eine bloße Gebrauchs- oder Nutzungsüberlassung, die nicht zum Übergang des wirtschaftlichen Eigentums führt, ist jedenfalls nicht ausreichend[679].

---

672 BFH v. 6.9.2000 – IV R 18/99, BStBl. II 2001, 229; BFH v. 25.2.2010 – IV R 49/08, BStBl. II 2010, 726.

673 BFH v. 9.11.2011 – X R 60/09, BStBl. II 2012, 638 (642), Rz. 45 ff.

674 BFH v. 25.11.2009 – I R 72/08, BStBl. II 2010, 471 (474), Rz. 23; vgl. hierzu *Herlinghaus* in Rödder/Herlinghaus/van Lishaut, § 20 UmwStG Rz. 106 ff.

675 Nach Sichtweise der Finanzverwaltung ist maßgeblich der Zeitpunkt der steuerliche Übergangsstichtag i.S.v. § 20 Abs. 5 und 6 UmwStG; vgl. BMF v. 11.11.2011, BStBl. I 2011, 1314, Rz. 20.10 i.V.m. Rz. 20.06. Richtigerweise ist maßgeblich der Zeitpunkt des Übergangs des wirtschaftlichen Eigentums, vgl. *Herlinghaus* in Rödder/Herlinghaus/van Lishaut, § 20 UmwStG Rz. 104 ff.

676 BMF v. 11.11.2011, BStBl. I 2011, 1314, Rz. 20.09.

677 Vgl. hierzu: *Patt* in Dötsch/Pung/Möhlenbrock, § 20 UmwStG Rz. 143 f. m.w.N.; *Schmitt* in Schmitt/Hörtnagl/Stratz, § 20 UmwStG Rz. 156; BMF v. 11.11.2011, BStBl. I 2011, 1314, Rz. 15.04.

678 Vgl. BMF v. 11.11.2011, BStBl. I 2011, 1314, Rz. 01.43; *Schmitt* in Schmitt/Hörtnagl/Stratz, § 20 UmwStG Rz. 21; a.A.: *Patt* in Dötsch/Pung/Möhlenbrock, § 20 UmwStG Rz. 7; vgl. *Herlinghaus* in Rödder/Herlinghaus/van Lishaut, § 20 UmwStG Rz. 83 ff. m.w.N. zum Streitstand.

679 BMF v. 11.11.2011, BStBl. I 2011, 1314, Rz. 20.10 i.V.m. Rz. 20.06; *Patt* in Dötsch/Pung/Möhlenbrock, § 20 UmwStG Rz. 126 i.V.m. Rz. 124; vgl. zu § 15 UmwStG: BFH v. 7.4.2010 – I R 96/08, BStBl. II 2011, 467 (469), Rz. 47 f.

Die Anwendbarkeit des § 20 Abs. 1 UmwStG setzt nach § 1 Abs. 3 UmwStG in jedem Fall voraus, dass es sich um eine Einbringung eines Mitunternehmeranteils im Wege einer der dort enumerativ aufgezählten Vorgänge handelt[680]. Für die Errichtung der Holding durch Einbringung eines Mitunternehmeranteils kommt in erster Linie die Übertragung durch **Einzelrechtsnachfolge** nach § 1 Abs. 3 Nr. 4 UmwStG in Betracht. Es kann sich hierbei um eine Sacheinlage bei Gründung der Holdinggesellschaft (z.B. § 5 Abs. 4 GmbHG, § 27 AktG, § 7a Abs. 3 GenG) oder um eine Sacheinlage im Rahmen einer Kapitalerhöhung (§ 56 GmbHG, §§ 183, 194, 205 AktG) handeln[681]. Bei einer Bargründung oder -kapitalerhöhung kann auch dann eine Sacheinlage vorliegen, wenn der Gesellschafter zusätzlich zu der Bareinlage gleichzeitig eine Verpflichtung übernimmt, als Aufgeld (Agio) einen (Betrieb, Teilbetrieb oder) Mitunternehmeranteil in die Holding einzubringen[682]. Eine Einbringung im Wege der Einzelrechtsnachfolge ist ebenfalls gegeben, wenn es durch die Einbringung des Mitunternehmeranteils zur **Anwachsung** nach § 738 Abs. 1 Satz 1 BGB[683] kommt[684]. Allerdings erlischt die Personengesellschaft hierdurch und die Holding wird selbst zur operativen Gesellschaft, die das bisherige Unternehmen der Mitunternehmerschaft (Personengesellschaft) fortführt. 14.264

Wie bei dem Anteilstausch nach § 21 Abs. 1 UmwStG (vgl. Rz. 14.188) bedarf es auch bei der Einbringung eines Mitunternehmeranteils nach § 20 Abs. 1 UmwStG einer **Gegenleistung** der Holding in Gestalt der **Anteilsgewährung**. Wie § 21 Abs. 1 UmwStG (Anteilstausch) erfordert auch § 20 Abs. 1 UmwStG die Ausgabe neuer Anteile (vgl. Rz. 14.188). Dabei ist es ebenfalls ausreichend, wenn die Gegenleistung nur zum Teil in neuen Gesellschaftsrechten besteht (vgl. Rz. 14.188) und der übersteigende Betrag den offenen Rücklagen (§ 272 Abs. 2 Nr. 4 HGB) zugeführt wird[685]. Es genügt den Anforderungen des § 20 Abs. 1 UmwStG, wenn die Sacheinlage als **Aufgeld** erbracht wird[686]. Neue Anteile entstehen nur im Falle der Gesellschaftsgründung oder einer Kapitalerhöhung. Demzufolge genügen die folgenden Vorgänge mangels Gewährung neuer Gesellschaftsrechte diesen Anforderungen nicht[687]: 14.265

- die verdeckte Einlage,
- die verschleierte Sachgründung oder die verschleierte Sachkapitalerhöhung[688],
- Das Ausscheiden der Kommanditisten aus einer Kapitalgesellschaft & Co. KG unter Anwachsung ihrer Anteile gem. § 738 BGB, ohne dass die Kommanditisten einen Ausgleich in Form neuer Gesellschaftsrechte an der Kapitalgesellschaft erhalten,
- die Fälle des § 54 Abs. 1 und § 68 Abs. 1 und 2 UmwG.

Zudem kann die Holding gem. § 20 Abs. 2 Satz 4, § 20 Abs. 3 Satz 3 UmwStG neben den neuen Anteilen eine sonstige Gegenleistung in den Grenzen des § 20 Abs. 2 Satz 2 Nr. 4 UmwStG gewähren. Parallel zu § 21 Abs. 1 Satz 3 UmwStG bestimmt § 20 Abs. 2 Satz 4 UmwStG, dass die übernehmende Holding das eingebrachte Betriebsvermögen (den eingebrachten Mitunternehmeranteil) mindestens mit dem gemeinen Wert der sonstige Gegenleistungen anzusetzen hat, wenn deren gemeiner Wert den Buchwert des eingebrachten Betriebsvermögens (des eingebrachten Mitunternehmer- 14.266

680 Vgl. hierzu: BMF v. 11.11.2011, BStBl. I 2011, 1314, Rz. 01.44.
681 BMF v. 11.11.2011, BStBl. I 2011, 1314, Rz. 01.44.
682 BFH v. 7.4.2010 – I R 55/09, BStBl. II 2010, 1094 (1096), Rz. 29 ff.; BMF v. 11.11.2011, BStBl. I 2011, 1314, Rz. 01.44.
683 In der Praxis hat sich der Ausdruck „Anwachsung" verfestigt, obwohl das Gesetz von „Zuwachsen" spricht.
684 BMF v. 11.11.2011, BStBl. I 2011, 1314, Rz. 01.44.
685 BMF v. 11.11.2011, BStBl. I 2011, 1314, Rz. E 20.11.
686 BMF v. 11.11.2011, BStBl. I 2011, 1314, Rz. E 20.09.
687 BMF v. 11.11.2011, BStBl. I 2011, 1314, Rz. E 20.10.
688 BFH v. 1.7.1992 – I R 5/92, BStBl. II 1993, 131.

anteils) übersteigt (vgl. hierzu im Einzelnen Rz. 14.190)[689]. Korrespondierend hierzu ordnet § 20 Abs. 3 Satz 3 UmwStG, ebenso wie § 21 Abs. 2 Satz 6 UmwStG, an, dass der gemeine Wert der neben den Gesellschaftsrechten gewährten sonstigen Gegenleistungen bei der Bemessung der Anschaffungskosten der gewährten Gesellschaftsrechte abzuziehen ist. Die **Übernahme von Verbindlichkeiten** durch die Holding lässt sich nur dann als den Erhalt einer sonstigen Gegenleistung auffassen, wenn es sich um eigene Verbindlichkeiten des Einbringenden handelt, die die Holding schuldbefreiend übernimmt. Demgegenüber sind beispielsweise Verbindlichkeiten, die aus dem ursprünglichen Erwerb des Mitunternehmeranteils resultieren, als Sonderbetriebsschulden notwendiges (passives) Sonderbetriebsvermögen[690], so dass deren Übernahme durch die Holding keine sonstige Gegenleistung i.S.d. § 20 Abs. 2 Satz 4 UmwStG darstellt, sondern als Saldogröße den Wert des eingebrachten Mitunternehmeranteils beeinflusst[691]. Werden derartige Verbindlichkeiten nicht mit eingebracht, bleibt § 20 Abs. 1 UmwStG gleichwohl anwendbar, da es sich nicht um eine wesentliche Betriebsgrundlage des Mitunternehmeranteils handelt[692]. Die später insoweit entstehenden Schuldzinsen sind grundsätzlich Werbungskosten bei den Einkünften aus Kapitalvermögen[693]. Da die dann anfallenden Schuldzinsen im Zusammenhang mit dem Erwerb von Anteilen an der Holding (Kapitalgesellschaft) stehen, greift insofern § 3c Abs. 2 EStG bzw. bei Körperschaften § 8b Abs. 3 Satz 2 bzw. Abs. 5 Satz 2 KStG ein. Soweit der Eigenkapitalzugang den Nominalbetrag der gewährten Gesellschaftsrechte und der anderen Wirtschaftsgüter übersteigt, ist der Differenzbetrag dem Einlagekonto gem. § 27 KStG zuzuordnen[694].

14.267 Nach § 20 Abs. 2 Satz 1 Halbs. 1 UmwStG hat die übernehmende Holding den eingebrachten Mitunternehmeranteil grundsätzlich mit dem **gemeinen Wert** anzusetzen. Gemeiner Wert i.S.d. § 20 Abs. 2 Satz 1 Halbs. 1 UmwStG ist der gemeine Wert gem. § 9 Abs. 2 BewG[695]. Der gemeine Wert des eingebrachten Betriebsvermögens umfasst auch selbst geschaffene immaterielle Wirtschaftsgüter (z.B. originärer Firmenwert)[696]. Für die Übernahme von Pensionsverpflichtungen, die in der Gesamthandsbilanz der Mitunternehmerschaft ausgewiesen sind, ist nach § 20 Abs. 2 Satz 1 Halbs. 2 UmwStG der Teilwert nach § 6a EStG anzusetzen[697].

---

689 Der Bundesrat hat allerdings im Rahmen des Gesetzgebungsverfahrens zu dem Gesetz zur Anpassung der Abgabenordnung an den Zollkodex der Union und zur Änderung weiterer steuerlicher Vorschriften in seiner Stellungnahme v. 7.11.2014, BR-Drucks. 432/14, 101 ff., eine Begrenzung der steuerunschädlichen Zuzahlungen in Fällen des Anteilstauschs und der Einbringung auf 10 % des Buchwertes des eingebrachten Vermögens gefordert (vgl. §§ 20 Abs. 2 Nr. 4, 21 Abs. 1 Satz 2, 24 Abs. 2 Satz 2 UmwStG-E). Die Bundesregierung hat insoweit eine Prüfung zugesagt, vgl. Gegenäußerung der Bundesregierung v. 12.11.2014, BT-Drucks. 18/3158, 84. Letztendlich sind die Vorschläge des Bundesrates nicht in das Gesetz zur Anpassung der Abgabenordnung an den Zollkodex der Union und zur Änderung weiterer steuerlicher Vorschriften v. 22.12.2014, BGBl. I 2014, 2417 übernommen worden. Die Bundesregierung hat allerdings angekündigt, einen Gesetzentwurf, der insbesondere systemwidrige Gestaltungen im Umwandlungssteuerrecht ausschließen soll, im ersten Quartal 2015 vorzulegen, vgl. Protokollerklärung der Bundesregierung v. 19.12.2014, BR-Plenarprotokoll 929 v. 19.12.2014, Anlage 12.

690 BFH v. 20.9.2007 – IV R 68/05, BStBl. II 2008, 483 (485); *Wacker* in Schmidt, § 15 EStG Rz. 522.

691 *Patt* in Dötsch/Pung/Möhlenbrock, § 20 UmwStG Rz. 187.

692 *Patt* in Dötsch/Pung/Möhlenbrock, § 20 UmwStG Rz. 140; *Schmitt* in Schmitt/Hörtnagl/Stratz, § 20 UmwStG Rz. 76.

693 *Schmitt* in Schmitt/Hörtnagl/Stratz, § 20 UmwStG Rz. 76; *Patt* in Dötsch/Pung/Möhlenbrock, § 20 UmwStG Rz. 140.

694 Vgl. BMF v. 4.6.2003, BStBl. I 2003, 366, Tz. 6; BMF v. 16.12.2003, BStBl. I 2003, 786, Tz. 20.

695 Begründung zu dem Entwurf eines Gesetzes über steuerliche Begleitmaßnahmen zur Einführung der Europäischen Gesellschaft und zur Änderung weiterer steuerrechtlicher Vorschriften (SEStEG) v. 25.9.2006, BT-Drucks. 16/2710, 43; *Herlinghaus* in Rödder/Herlinghaus/van Lishaut, § 20 UmwStG Rz. 241.

696 Begründung zu dem Entwurf eines Gesetzes über steuerliche Begleitmaßnahmen zur Einführung der Europäischen Gesellschaft und zur Änderung weiterer steuerrechtlicher Vorschriften (SEStEG) v. 25.9.2006, BT-Drucks. 16/2710, 43.

697 Vgl. hierzu: BMF v. 11.11.2011, BStBl. I 2011, 1314, Rz. 20.17 i.V.m. Rz. 03.07 ff., Rz. 20.28 ff.; *Patt* in Dötsch/Pung/Möhlenbrock, § 20 UmwStG Rz. 199.

Für die übernehmende Holding besteht bei der Bilanzierung des eingebrachten Mitunternehmeranteils – abweichend von der Regelbewertung mit dem gemeinen Wert nach § 20 Abs. 2 Satz Halbs. 1 UmwStG ein **Bewertungswahlrecht** gem. § 20 Abs. 2 Satz 2 UmwStG, wonach das übernommene Betriebsvermögen (Mitunternehmeranteil) auf Antrag nur einheitlich mit dem Buchwert, oder einem höheren Wert (Zwischenwert), höchstens jedoch mit dem gemeinen Wert bzw. bei Pensionsverpflichtungen mit dem Teilwert angesetzt werden kann, soweit die dort im Einzelnen genannten Voraussetzungen erfüllt werden. Werden gleichzeitig mehrere Mitunternehmeranteile einer Personengesellschaft eingebracht, liegt auch dann hinsichtlich eines jeden Mitunternehmeranteils ein gesonderter Einbringungsvorgang vor, wenn diese zu einem Betriebsvermögen gehören (gesellschafterbezogene Betrachtungsweise)[698]. Während das Bewertungswahlrecht für die übernehmende Holding bei einem qualifizierten Anteilstausch nach § 21 Abs. 1 Satz 2 UmwStG ohne weitere Einschränkungen besteht und stattdessen der Wertansatz für den Einbringenden bei den eingebrachten bzw. erhaltenen Anteilen den dort genannten Restriktionen unterliegt (vgl. Rz. 14.197 ff.), ist das Bewertungswahlrecht nach § 20 Abs. 2 Satz 2 UmwStG für die übernehmende Holding eingeschränkt. Das Antragswahlrecht steht – auch bei der Einbringung von Mitunternehmeranteilen – der übernehmenden Holding zu. Dies ergibt sich aus dem Wortlaut des § 20 Abs. 2 Satz 1 und 2 UmwStG[699]. Dieses Ergebnis stimmt auch mit der Regelung des § 20 Abs. 2 Satz 3 UmwStG überein, wonach der – formlos – zu stellende **Antrag** (von der übernehmenden Gesellschaft) bei dem für die Besteuerung der übernehmenden Gesellschaft zuständigen Finanzamt zu stellen ist[700]. Dass sich der auf dem Antrag beruhende Wertansatz steuerbilanziell nur auf der Ebene der Mitunternehmerschaft, z.B. in Gestalt einer für den Einbringenden zusätzlich aufzustellenden Ergänzungsbilanz, auswirkt, steht dem nicht entgegen. Steuerpflichtiger und damit derjenige, in dessen Person die für die Ausübung des Bewertungswahlrechts nach § 20 Abs. 2 Satz 2 Nr. 1 und 3 UmwStG erforderlichen Voraussetzungen erfüllt sein müssen, bleibt die übernehmende Holding. 14.268

Die übernehmende Holding kann hinsichtlich des eingebrachten Mitunternehmeranteils einen **Buchwert**- oder **Zwischenwertansatz** nach § 20 Abs. 2 Satz 2 UmwStG nur wählen, soweit 14.269

1. sichergestellt ist, dass das eingebrachte Betriebsvermögen später bei der übernehmenden Körperschaft der Besteuerung mit Körperschaftsteuer unterliegt (vgl. Rz. 14.272),
2. die Passivposten des eingebrachten Betriebsvermögens die Aktivposten nicht übersteigen; dabei ist das Eigenkapital nicht zu berücksichtigen (vgl. Rz. 14.273),
3. das Recht der Bundesrepublik Deutschland hinsichtlich der Besteuerung des Gewinns aus der Veräußerung des eingebrachten Betriebsvermögens bei der übernehmenden Gesellschaft nicht ausgeschlossen oder beschränkt wird (vgl. Rz. 14.274),
4. der gemeine Wert von sonstigen Gegenleistungen, die neben den neuen Gesellschaftsanteilen gewährt werden, nicht mehr beträgt als a) 25 % des Buchwerts des eingebrachten Betriebsvermögens oder b) 500.000 Euro, höchstens jedoch den Buchwert des eingebrachten Betriebsvermögens.

Die vorgenannten Restriktionen sind kumulativ zu verstehen, so dass bei Vorliegen auch nur eines Tatbestandes, ein Buch- oder Zwischenwertansatz insoweit ausgeschlossen ist[701]. Eine spezialgesetz-

---

698 Begründung zu dem Entwurf eines Gesetzes über steuerliche Begleitmaßnahmen zur Einführung der Europäischen Gesellschaft und zur Änderung weiterer steuerrechtlicher Vorschriften (SEStEG) v. 25.9.2006, BT-Drucks. 16/2710, 43.

699 Ebenso: *Herlinghaus* in Rödder/Herlinghaus/van Lishaut, § 20 UmwStG Rz. 268 m.w.N.; *Nitzschke* in Blümich, § 20 UmwStG Rz. 91.

700 Vgl. hierzu auch Bericht des Finanzausschusses v. 9.11.2006 zu dem Gesetzentwurf der Bundesregierung über steuerliche Begleitmaßnahmen zur Einführung der Europäischen Gesellschaft und zur Änderung weiterer steuerrechtlicher Vorschriften (SEStEG), BT-Drucks. 16/3369, 11.

701 Begründung zu dem Entwurf eines Gesetzes über steuerliche Begleitmaßnahmen zur Einführung der Europäischen Gesellschaft und zur Änderung weiterer steuerrechtlicher Vorschriften (SEStEG) v. 25.9.2006, BT-Drucks. 16/2710, 43.

lich geregelte Ausnahme enthält zudem § 50i Abs. 2 Satz 1 EStG. In den Fällen des § 50i Abs. 2 Satz 1 ist zwingend der gemeine Wert anzusetzen. Ein Buchwert- oder Zwischenwertansatz ist dann ausgeschlossen. Der Ansatz mit dem gemeinen Wert soll der Verhinderung der Umgehung der Wegzugsbesteuerung gem. § 6 AStG und damit verbundener Steuerausfälle dienen. § 50i Abs. 2 Satz 1 EStG soll die Treaty-override-Klausel des § 50i Abs. 1 EStG ergänzen und Umgehungen durch nachgelagerte Einbringungen i.S.v. § 20 UmwStG verhindern[702]. Entgegen dem insoweit zu weit geratenen Wortlaut des § 50i Abs. 2 Satz 1 EStG findet die Regelung nur auf Einbringungen im Zusammenhang mit gewerblich infizierten und gewerblich geprägten Personengesellschaften im Sinne des § 50i Abs. 1 i.V.m. § 15 Abs. 3 EStG[703] und nur insoweit Anwendung, als die stillen Reserven auf einen Steuerpflichtigen entfallen, der in einem anderen DBA-Staat ansässig ist[704].

14.270 **Buchwert** i.S.d. § 20 Abs. 2 Satz 2 UmwStG ist der in § 1 Abs. 5 Nr. 4 UmwStG bezeichnete Wert, der sich nach steuerrechtlichen Vorschriften über die Gewinnermittlung in einer für den steuerlichen Übertragungsstichtag aufzustellenden Steuerbilanz ergibt oder ergäbe[705]. Ist der gemeine Wert geringer als der Buchwert, ist Bewertungsobergrenze der gemeine Wert[706]. Buchwert bei der Einbringung eines Mitunternehmeranteils ist das **Kapitalkonto** des einbringenden Mitunternehmers in der Steuerbilanz der Mitunternehmerschaft einschließlich seiner Ergänzungs- und Sonderbilanz[707]. Der Buchwert kann, wie in den Fällen der Einbringung eines Betriebs oder Teilbetriebs, für alle Wirtschaftsgüter der Mitunternehmerschaft und des Sonderbetriebsvermögens nur einheitlich angesetzt werden[708].

14.271 **Zwischenwert** i.S.d. § 20 Abs. 2 Satz 2 UmwStG ist ein beliebiger Wertansatz zwischen dem Buchwert (vgl. Rz. 14.270) und dem gemeinen Wert (vgl. Rz. 14.267). Auch der Zwischenwertansatz hat im Hinblick auf die durch den Mitunternehmeranteil verkörperten Wirtschaftsgüter einheitlich zu erfolgen[709].

14.272 Die in § 20 Abs. 2 Satz 2 Nr. 1 UmwStG enthaltene Restriktion für den Buch- oder Zwischenwertansatz, wonach sichergestellt sein muss, dass der in die Holding eingebrachte Mitunternehmeranteil bei der Holding der **Besteuerung mit Körperschaftsteuer** unterliegt, entspricht derjenigen in § 3 Abs. 2 Satz 1 Nr. 1 UmwStG bzw. § 11 Abs. 2 Satz 1 Nr. 1 UmwStG für die Fälle der dort geregelten Verschmelzungen bzw. des Formwechsels[710]. Entscheidend ist hiernach, dass die Wertsteigerungen

---

702 Beschlussempfehlung und Bericht des Finanzausschusses zu dem Entwurf eines Gesetzes zur Anpassung des nationalen Steuerrechts an den Beitritt Kroatiens zur EU und zur Änderung weiterer steuerlicher Vorschriften v. 2.7.2014, BT-Drucks. 18/1995, 116, sowie Begründung zu dem Gesetzesantrag der Länder Rheinland-Pfalz, Hamburg und Nordrhein-Westfalen zu dem Entwurf eines Jahressteuergesetzes 2013 v. 22.2.2013, BR-Drucks. 139/13, 141 f.; vgl. auch: *Jehl-Magnus*, NWB 2014, 1649 ff.; *Bron*, DStR 2014, 1849 ff.

703 Weitere Voraussetzung ist, dass die in § 50i Abs. 1 EStG genannten Wirtschaftsgüter und Anteile im Sinne des § 17 EStG vor dem 29.6.2013 auf die Personengesellschaft übertragen oder überführt worden sind und eine Besteuerung der in diesen Wirtschaftsgütern bzw. Anteilen im Sinne des § 17 EStG im Zeitpunkt der Übertragung bzw. Überführung unterblieben ist.

704 Diese Einschränkung ergibt sich nicht aus dem insoweit zu weit geratenen Wortlaut der Regelung. Allerdings lässt sich dies aus dem Zusammenhang mit der in § 50i Abs. 1 EStG enthaltenen Treaty-override-Klausel entnehmen; vgl. Beschlussempfehlung und Bericht des Finanzausschusses zu dem Entwurf eines Gesetzes zur Anpassung des nationalen Steuerrechts an den Beitritt Kroatiens zur EU und zur Änderung weiterer steuerlicher Vorschriften v. 2.7.2014, BT-Drucks. 18/1995, 116 f.; ebenso: *Bodden*, DB 2014, 2371 (2374).

705 BMF v. 11.11.2011, BStBl. I 2011, 1314, Rz. 20.18 i.V.m. Rz. 01.57.

706 BMF v. 11.11.2011, BStBl. I 2011, 1314, Rz. 20.18 i.V.m. Rz. 01.57.

707 BMF v. 11.11.2011, BStBl. I 2011, 1314, Rz. 20.18 i.V.m. Rz. 03.10; *Patt* in Dötsch/Pung/Möhlenbrock, § 20 UmwStG Rz. 195.

708 BMF v. 11.11.2011, BStBl. I 2011, 1314, Rz. 20.18.

709 *Patt* in Dötsch/Pung/Möhlenbrock, § 20 UmwStG Rz. 205 f.

710 BMF v. 11.11.2011, BStBl. I 2011, 1314, Rz. 20.19 i.V.m. Rz. 03.17.

der in dem eingebrachten Mitunternehmeranteil verkörperten Wirtschaftsgüter weiterhin der Körperschaftsteuer unterliegen. Dabei ist es ausreichend, wenn es sich bei der Körperschaftsteuer um eine der deutschen Körperschaftsteuer vergleichbare ausländische Körperschaftsteuer handelt[711]. Auf eine etwaige Besteuerung mit Gewerbesteuer kommt es insoweit nicht an[712]. Bei einer Einbringung eines Mitunternehmeranteils in eine nationale Holding, die unbeschränkt körperschaftsteuerpflichtig ist, ist die diesbezügliche Besteuerung grundsätzlich sichergestellt[713]. Etwas anderes würde nur gelten, soweit die übernehmende Holding von der Körperschaftsteuer befreit ist (vgl. z.B. § 5 KStG oder § 16 Abs. 1 Satz 1 REITG). Entscheidend ist insoweit die subjektive Körperschaftsteuerbefreiung[714]. Etwaige sachliche Steuerbefreiungen nach § 8b Abs. 2 i.V.m. Abs. 6 KStG sind nicht zu berücksichtigen. Handelt es sich bei der übernehmenden Holding um eine Organgesellschaft i.S.d. §§ 14, 17 KStG, kommt es für die Sicherstellung der Besteuerung mit Körperschaftsteuer infolge der Einkommenszurechnung bei dem Organträger auf die dortige Besteuerung mit Körperschaftsteuer an[715]. Wie sich aus dem Wortlaut des § 20 Abs. 2 Satz 2 Nr. 1 UmwStG ergibt, muss das eingebrachte Betriebsvermögen *später* bei der Holding der Besteuerung mit Körperschaftsteuer unterliegen. Demzufolge hat für diese Frage nach umstrittener Sichtweise der Finanzverwaltung eine zeitraumbezogene Betrachtung bis zum Zeitpunkt der Realisierung der stillen Reserven zu erfolgen[716]. Eine nur auf den steuerlichen Einbringungsstichtag bezogene Betrachtung soll nicht genügen[717].

Die in § 20 Abs. 2 Satz 2 Nr. 2 UmwStG enthaltene Restriktion für den Buch- oder Zwischenwertansatz, wonach die Passivposten des eingebrachten Betriebsvermögens die Aktivposten nicht übersteigen dürfen, wobei das Eigenkapital nicht zu berücksichtigen ist, beinhaltet für die hier relevante Einbringung eines Mitunternehmeranteils unter Berücksichtigung etwaiger Ergänzungs- und/oder Sonderbilanzen das Verbot der Einbringung eines **negativen Kapitalkontos**[718], wie es sich aus der Steuerbilanz ergibt[719]. Ein derartiges negatives Kapitalkonto kann sich insbesondere auch daraus ergeben, dass Sonderbetriebsschulden zusammen mit dem Anteil an einer Personengesellschaft ebenfalls auf die Holding übertragen werden[720]. Zur Vermeidung des negativen Kapitalkontos muss – bei Vorliegen entsprechender stiller Reserven – dann ein entsprechender Zwischenwertansatz erfolgen, so dass das Kapitalkonto mindestens 0 Euro beträgt[721]. Nach Ansicht der Finanzverwaltung kann 14.273

711 BMF v. 11.11.2011, BStBl. I 2011, 1314, Rz. 20.19 i.V.m. Rz. 03.17.

712 BMF v. 11.11.2011, BStBl. I 2011, 1314, Rz. 20.19 i.V.m. Rz. 03.17; *Patt* in Dötsch/Pung/Möhlenbrock, § 20 UmwStG Rz. 225.

713 Vgl. BMF v. 11.11.2011, BStBl. I 2011, 1314, Rz. 11.07, für den vergleichbaren Fall der Verschmelzung nach § 11 Abs. 2 Satz 1 Nr. 1 UmwStG.

714 Begründung zu dem Entwurf eines Gesetzes über steuerliche Begleitmaßnahmen zur Einführung der Europäischen Gesellschaft und zur Änderung weiterer steuerrechtlicher Vorschriften (SEStEG) v. 25.9.2006, BT-Drucks. 16/2710, 37; Bericht des Finanzausschusses v. 9.11.2006 zu dem Gesetzentwurf der Bundesregierung über steuerliche Begleitmaßnahmen zur Einführung der Europäischen Gesellschaft und zur Änderung weiterer steuerrechtlicher Vorschriften (SEStEG), BT-Drucks. 16/3369, 11; *Herlinghaus* in Rödder/Herlinghaus/van Lishaut, § 20 UmwStG Rz. 286 ff.

715 BMF v. 11.11.2011, BStBl. I 2011, 1314, Rz. 20.19.

716 BMF v. 11.11.2011, BStBl. I 2011, 1314, Rz. 20.19 i.V.m. Rz. 03.17; *Patt* in Dötsch/Pung/Möhlenbrock, § 20 UmwStG Rz. 225; *Menner* in Haritz/Menner/Bilitewski, § 20 UmwStG Rz. 322.

717 A.A. *Herlinghaus* in Rödder/Herlinghaus/van Lishaut, § 20 UmwStG Rz. 286; *Schmitt* in Schmitt/Hörtnagl/Stratz, § 20 UmwStG Rz. 327.

718 Begründung zu dem Entwurf eines Gesetzes über steuerliche Begleitmaßnahmen zur Einführung der Europäischen Gesellschaft und zur Änderung weiterer steuerrechtlicher Vorschriften (SEStEG) v. 25.9.2006, BT-Drucks. 16/2710, 43; *Nitzschke* in Blümich, § 20 UmwStG Rz. 82.

719 *Schmitt* in Schmitt/Hörtnagl/Stratz, § 20 UmwStG Rz. 336.

720 *Schmitt* in Schmitt/Hörtnagl/Stratz, § 20 UmwStG Rz. 336.

721 BMF v. 11.11.2011, BStBl. I 2011, 1314, Rz. 20.19; *Nitzschke* in Blümich, § 20 UmwStG Rz. 82a; *Mutscher* in Frotscher/Mass, § 20 UmwStG Rz. 207; *Menner* in Haritz/Menner/Bilitewski, § 20 UmwStG Rz. 328.

ein negatives Kapitalkonto auch dadurch entstehen, dass im steuerlichen Rückwirkungszeitzeitraum nach § 20 Abs. 6 Satz 3 i.V.m. § 20 Abs. 5 UmwStG Entnahmen erfolgen[722].

14.274 Die in § 20 Abs. 2 Satz 2 Nr. 3 UmwStG enthaltene Restriktion für den Buch- oder Zwischenwertansatz, wonach das Recht der Bundesrepublik Deutschland hinsichtlich der Besteuerung des Gewinns aus der Veräußerung des eingebrachten Betriebsvermögens bei der übernehmenden Holding nicht ausgeschlossen oder beschränkt wird, entspricht der Regelung in § 3 Abs. 2 Satz 1 Nr. 2 UmwStG bzw. § 11 Abs. 2 Satz 1 Nr. 2 UmwStG in den dort genannten Fällen der Verschmelzung bzw. des Formwechsels. Die Regelung des § 20 Abs. 2 Satz 2 Nr. 3 UmwStG bezieht sich auf die Fälle der sog. **Entstrickung**, wie sie auch in § 4 Abs. 1 Satz 3 EStG, § 12 Abs. 1 KStG enthalten sind (vgl. hierzu Rz. 14.199 und Rz. 14.275)[723]. Maßgebender Beurteilungszeitpunkt für die Frage der Entstrickung ist der steuerliche Einbringungszeitpunkt[724]. Für spätere Änderungen des Besteuerungsrechts gelten die allgemeinen Entstrickungsregeln[725]. Ein Ausschluss oder eine Beschränkung des deutschen Besteuerungsrechts hinsichtlich des Gewinns aus der Veräußerung des eingebrachten Mitunternehmeranteils liegt hiernach vor, wenn die durch den Mitunternehmeranteil verkörperten Wirtschaftsgüter bzw. ideellen Anteilen an diesen Wirtschaftsgütern, die vor der Einbringung des Mitunternehmeranteils einer inländischen Betriebsstätte zuzuordnen waren, nach der Einbringung einer **ausländischen Betriebsstätte** zuzuordnen sind (vgl. § 4 Abs. 1 Satz 4 EStG, § 12 Abs. 1 Satz 2 KStG)[726]. Da ein Mitunternehmeranteil selbst kein Wirtschaftsgut darstellt, führt dessen Einbringung in die Holding regelmäßig nicht zu einer abweichenden Betriebsstättenzuordnung der entsprechenden ideellen Anteile an den durch den Mitunternehmeranteil verkörperten Wirtschaftsgütern[727]. Insoweit kann die Einbringung eines Mitunternehmeranteils in die Holding nicht zu einer Entstrickung führen. Das Bewertungswahlrecht bleibt daher ohne Einschränkungen gem. § 20 Abs. 2 Satz 2 Nr. 3 UmwStG bestehen. Abweichend hiervon sind abweichende Betriebsstättenzuordnungen dann denkbar, wenn durch die Einbringung des Mitunternehmeranteils in die Holding ein bisher bestehender Funktionszusammenhang zwischen den Wirtschaftsgütern der inländischen Betriebsstätte der Personengesellschaft zugunsten einer Zuordnung zu einer ausländischen Betriebsstätte geändert wird[728]. Eine weitere Ausnahme kann sich dann ergeben, wenn Wirtschaftsgüter des **Sonderbetriebsvermögens** mit eingebracht werden, bei denen durch die Einbringung eine Zuordnung zu einer ausländischen Betriebsstätte erfolgt. Ein Buchwert- oder Zwischenwertansatz ist dann beschränkt auf diese Wirtschaftsgüter ausgeschlossen[729].

14.275 Des Weiteren kann § 20 Abs. 2 Satz 2 Nr. 3 UmwStG bei einer Einbringung in eine Holding insoweit Relevanz haben, als hierdurch das deutsche Besteuerungsrecht an den ideellen Anteilen der durch den Mitunternehmeranteil verkörperten Wirtschaftsgüter gegenüber dem Zustand vor Einbringung eingeschränkt oder ausgeschlossen wird. Ein **Ausschluss des deutschen Besteuerungsrechts** setzt voraus, dass ein – ggf. auch eingeschränktes – deutsches Besteuerungsrecht bestanden hat (zu beach-

722 BMF v. 11.11.2011, BStBl. I 2011, 1314, Rz. 20.19; *Nitzschke* in Blümich, § 20 UmwStG Rz. 82; *Patt* in Dötsch/Pung/Möhlenbrock, § 20 UmwStG Rz. 223; ebenso: FG Nürnberg v. 30.6.2009 – I 21/2006, n.v. (rkr.), zu § 20 Abs. 1 UmwStG a.F.; a.A. BFH v. 7.3.2018 – I R 12/16, DB 2018, 1705; *Herlinghaus* in Rödder/Herlinghaus/van Lishaut, § 20 UmwStG Rz. 291.

723 BMF v. 11.11.2011, BStBl. I 2011, 1314, Rz. 20.19 i.V.m. Rz. 03.18.

724 *Herlinghaus* in Rödder/Herlinghaus/van Lishaut, § 20 UmwStG Rz. 301 ff.; *Schmitt* in Schmitt/Hörtnagl/Stratz, § 20 UmwStG Rz. 346.

725 *Schmitt* in Schmitt/Hörtnagl/Stratz, § 20 UmwStG Rz. 346.

726 BMF v. 11.11.2011, BStBl. I 2011, 1314, Rz. 20.19 i.V.m. Rz. 03.18 f.; kritisch hierzu: *Schmitt* in Schmitt/Hörtnagl/Stratz, § 20 UmwStG Rz. 343 ff. m.w.N.

727 BMF v. 11.11.2011, BStBl. I 2011, 1314, Rz. 20.19 i.V.m. Rz. 03.20.

728 Vgl. BMF v. 26.9.2014, BStBl. I 2014, 1258, Tz. 2.2.4.1 i.V.m. der Verordnung zur Anwendung des Fremdvergleichsgrundsatzes auf Betriebstätten nach § 1 Abs. 5 AStG (Betriebstättengewinnaufteilungsverordnung), BGBl. I 2014, 1603.

729 *Patt* in Dötsch/Pung/Möhlenbrock, § 20 UmwStG Rz. 226; *Herlinghaus* in Rödder/Herlinghaus/van Lishaut, § 20 UmwStG Rz. 301 ff.

ten ist auch der Fall des § 20 Abs. 2 AStG) und dies in vollem Umfang entfällt[730]. Dies ist z.B. dann der Fall, wenn ein inländischer Gesellschafter einer ausländischen Personengesellschaft seinen Mitunternehmeranteil in eine internationale Holding mit ausländischem Ort der Geschäftsleitung einbringt und hierdurch das zuvor mangels DBA bestehende unbeschränkte oder nach DBA beschränkte Besteuerungsrecht Deutschlands an den Wirtschaftsgütern der ausländischen Betriebsstätte verloren geht (vgl. hierzu Art. 11 Fusionsrichtlinie sowie § 20 Abs. 8 UmwStG). Eine **Einschränkung des deutschen Besteuerungsrechts** liegt vor, wenn es zu einer materiellen Einschränkung des deutschen Besteuerungsrechts kommt[731]. Dies ist z.B. der Fall, wenn vor der Einbringung das Besteuerungsrecht ohne Anrechnungsverpflichtung bestand und nachher ein Besteuerungsrecht mit Anrechnungsverpflichtung besteht[732]. Eine Anrechnungsverpflichtung kann sich auch aus § 34c EStG, § 26 KStG ergeben[733]. Wird ein Mitunternehmeranteil an einer inländischen oder ausländischen Personengesellschaft in eine nationale Holding eingebracht, steht § 20 Abs. 2 Satz 2 Nr. 3 UmwStG dem Bewertungswahlrecht regelmäßig nicht entgegen, da das deutsche Besteuerungsrecht hinsichtlich der durch den Mitunternehmeranteil verkörperten ideellen Anteile an den Wirtschaftsgütern der Personengesellschaft nicht zuungunsten von Deutschland verändert wird[734]. Dies gilt erst recht für die (Mit-)Einbringung von Wirtschaftsgütern des Sonderbetriebsvermögens. Abweichendes kann dann gelten, wenn durch die Einbringung eine geänderte funktionale Zuordnung einzelner Wirtschaftsgüter zu einer ausländischen Betriebsstätte erfolgt.

Allein der Ausschluss oder die Beschränkung des deutschen Besteuerungsrechts für Zwecke der **Gewerbesteuer** stellt keinen Fall des § 20 Abs. 2 Satz 2 Nr. 3 UmwStG dar. 14.276

Werden durch die Einbringung des Mitunternehmeranteils in die Holding die durch diesen verkörperten ideellen Anteile an den Wirtschaftsgütern erstmals im Inland **steuerverstrickt**, sind diese zwingend mit dem gemeinen Wert anzusetzen (vgl. §§ 4 Abs. 1 Satz 8 Halbs. 2, 6 Abs. 1 Nr. 5a EStG)[735]. Ein derartiger Fall kann sich dann ergeben, wenn ein Mitunternehmeranteil an einer ausländischen Personengesellschaft durch einen ausländischen Gesellschafter in eine unbeschränkt steuerpflichtige Holding eingebracht wird. 14.277

Eine weitere **Einschränkung des Bewertungswahlrechtes** nach § 20 Abs. 2 Satz 2 UmwStG ergibt sich aus der Regelung des § 20 Abs. 2 Satz 2 Nr. 4 und Satz 4 UmwStG, falls der Einbringende neben den als Gegenleistung für die Einbringung des Mitunternehmeranteils gewährten Gesellschaftsrechten an der Holding (vgl. Rz. 14.188) eine sonstige Gegenleistung erhält, deren gemeiner Wert den Buchwert des eingebrachten Mitunternehmeranteils übersteigt. In diesem Fall ist der eingebrachte Mitunternehmeranteil mindestens mit dem gemeinen Wert der sonstigen Gegenleistung anzusetzen, wenn dieser den nach § 20 Abs. 2 Satz 2 UmwStG ergebenden Wert übersteigt (vgl. hierzu Rz. 14.190). 14.278

Nach den vorstehenden Ausführungen steht das Bewertungswahlrecht nach § 20 Abs. 2 Satz 2 UmwStG der übernehmenden Holding zu, wenngleich die Mitunternehmerschaft in der von ihr aufzustellenden Gesamtbilanz einschließlich der Ergänzungs- und Sonderbilanzen der Gesellschafter den von der Holding gewählten Wertansatz anzusetzen hat. Der Wertansatz in der steuerlichen Gesamtbilanz ist dabei nicht an den Ansatz in der Handelsbilanz der Mitunternehmerschaft bzw. der 14.279

730 BMF v. 11.11.2011, BStBl. I 2011, 1314, Rz. 20.19 i.V.m. Rz. 03.19.

731 *Herlinghaus* in Rödder/Herlinghaus/van Lishaut, § 20 UmwStG Rz. 301 ff.

732 BMF v. 11.11.2011, BStBl. I 2011, 1314, Rz. 20.19 i.V.m. Rz. 03.19; Begründung zu dem Entwurf eines Gesetzes über steuerliche Begleitmaßnahmen zur Einführung der Europäischen Gesellschaft und zur Änderung weiterer steuerrechtlicher Vorschriften (SEStEG) v. 25.9.2006, BT-Drucks. 16/2710, 43.

733 *Herlinghaus* in Rödder/Herlinghaus/van Lishaut, § 20 UmwStG Rz. 308.

734 Vgl. hierzu Beispiele: *Herlinghaus* in Rödder/Herlinghaus/van Lishaut, § 20 UmwStG Rz. 312 ff.

735 Begründung zu dem Entwurf eines Gesetzes über steuerliche Begleitmaßnahmen zur Einführung der Europäischen Gesellschaft und zur Änderung weiterer steuerrechtlicher Vorschriften (SEStEG) v. 25.9.2006, BT-Drucks. 16/2710, 43; *Patt* in Dötsch/Pung/Möhlenbrock, § 20 UmwStG Rz. 228 m.w.N.; a.A.: *Herlinghaus* in Rödder/Herlinghaus/van Lishaut, § 20 UmwStG Rz. 309.

Handelsbilanz der übernehmenden Holding, in der der eingebrachte Anteil an der Personengesellschaft als eigenständiger Vermögensgegenstand bilanziert wird, gebunden. Es gelten die Ausführungen zu § 21 Abs. 1 Satz 2 UmwStG (qualifizierter Anteilstausch) entsprechend.

14.280 **Bewertungszeitpunkt** für den Buch- oder Zwischenwertansatz bzw. den Ansatz mit dem gemeinen Wert des in die Holding eingebrachten Mitunternehmeranteils ist grundsätzlich der **Zeitpunkt der Sacheinlage**. Entscheidend ist hiernach der Zeitpunkt der Übertragung des wirtschaftlichen Eigentums an dem Mitunternehmeranteil auf die Holding. Die Übertragung des wirtschaftlichen Eigentums an dem Mitunternehmeranteil erfolgt in den Fällen der Einzelrechtsnachfolge regelmäßig zu dem im Einbringungsvertrag vorgesehenen Zeitpunkt des Übergangs von Nutzen und Lasten. In Fällen der Gesamtrechtsnachfolge geht das wirtschaftliche Eigentum spätestens im Zeitpunkt der Eintragung der Rechtsänderung im Handelsregister über[736]. Für die Errichtung der Holding bedeutet dies, dass bereits in deren Gründungsstadium eine Übertragung des Mitunternehmeranteils mit steuerlicher Wirkung möglich ist. Entscheidend ist hiernach allein, dass der Gesellschaftsvertrag notariell beurkundet worden ist und die Holding damit – abweichend vom Gesellschaftsrecht[737] – bereits als (Steuer-)Rechtssubjekt existent ist (sog. Vorgesellschaft)[738].

14.281 Aus Praktikabilitätserwägungen sieht § 20 Abs. 6 UmwStG eine **Rückbeziehung** der Umwandlungsvorgänge mit steuerlicher Wirkung auf einen vor dem Zeitpunkt des Übergangs des wirtschaftlichen Eigentums liegenden **Übertragungsstichtag** (Einbringungszeitpunkt) vor. Nach § 20 Abs. 5 und 6 UmwStG kann auch im Falle der Einbringung eines Mitunternehmeranteils im Wege der Einzelrechtsnachfolge eine steuerliche Rückbeziehung von bis zu acht Monaten auf Antrag erfolgen. Im Falle der Rückbeziehung ist der Wertansatz für die Sacheinlage auf den Rückbeziehungszeitpunkt (steuerlicher Einbringungsstichtag) vorzunehmen. Zu diesem Zeitpunkt muss der eingebrachte Mitunternehmeranteil vorgelegen haben[739]. Die höchstmögliche Rückbeziehungsfrist von acht Monaten berechnet sich nach § 20 Abs. 6 Satz 2 UmwStG und knüpft kumulativ an den Tag des Abschlusses des Einbringungsvertrages und den Übergang des wirtschaftlichen Eigentums an. Nach § 20 Abs. 5 Satz 1 UmwStG sind sowohl das Einkommen und das Vermögen des Einbringenden auf Antrag so zu ermitteln, als ob der eingebrachte Mitunternehmeranteil mit Ablauf des steuerlichen Übertragungsstichtages auf die übernehmende Holding übergegangen wäre. Dies gilt gem. § 20 Abs. 5 Satz 2 UmwStG hinsichtlich des Einkommens und des Gewerbeertrages nicht für Entnahmen und Einlagen, die nach dem steuerlichen Übertragungsstichtag erfolgen. Demzufolge gilt die Rückwirkung auch für die Gewerbesteuer[740]. Allerdings sind für Zwecke der Ermittlung des Einkommens und des Gewerbeertrags Entnahmen und Einlagen, die nach dem steuerlichen Übertragungsstichtag erfolgen, von der Rückwirkung ausgenommen (vgl. § 20 Abs. 5 Satz 2 UmwStG). Der **Antrag auf Rückbeziehung** ist von der übernehmenden Holding zu stellen[741]. Der Antrag kann formlos und konkludent gestellt werden. Ausreichend ist, dass sich aus der Bilanz oder der Steuererklärung der übernehmenden Holding eindeutig ergibt, welchen Einbringungszeitpunkt die Holding wählt[742]. Die Einbringung eines Mitunternehmeranteils in eine Holding lässt sich auch auf einen innerhalb des Rückwirkungszeitraums von bis zu acht Monaten bestimmten Übertragungsstichtag mit steuerlicher Wirkung durchführen, auch wenn die Holding als solche zum Zeitpunkt des steuerlichen Übertragungsstichtages noch nicht zivilrechtlich existent ist und erst im Zeitpunkt der Einbringung gegründet

736 BMF v. 11.11.2011, BStBl. I 2011, 1314, Rz. 20.13.

737 Nach § 11 Abs. 1 GmbHG, § 41 Abs. 1 Satz 1 AktG, § 13 GenG entsteht die GmbH, AG und Genossenschaft erst mit ihrer Eintragung ins Handelsregister.

738 Vgl. BMF v. 11.11.2011, BStBl. I 2011, 1314, Rz. 20.15 i.V.m. Rz. 02.11; *Schmitt* in Schmitt/Hörtnagl/Stratz, § 20 UmwStG Rz. 170; BFH v. 14.10.1992 – I R 17/92, BStBl. II 1993, 352.

739 BMF v. 11.11.2011, BStBl. I 2011, 1314, Rz. 20.15.

740 *Patt* in Dötsch/Pung/Möhlenbrock, § 20 UmwStG Rz. 312.

741 BMF v. 11.11.2011, BStBl. I 2011, 1314, Rz. 20.14; *Schmitt* in Schmitt/Hörtnagl/Stratz, § 20 UmwStG Rz. 258 m.w.N.

742 BMF v. 11.11.2011, BStBl. I 2011, 1314, Rz. 20.14.

wird[743]. Soweit der einbringende Mitunternehmer vor der Einbringung Vergütungen der Personengesellschaft erhalten hat, die bislang gem. § 15 Abs. 1 Satz 1 Nr. 2 EStG seinem Gewinnanteil hinzugerechnet worden sind (sog. **Sondervergütungen**), führt die steuerliche Rückbeziehung der Einbringung dazu, dass § 15 Abs. 1 Satz 1 Nr. 2 EStG bereits im Rückwirkungszeitraum auf die Vergütungen der Personengesellschaft nicht mehr anwendbar ist. Vielmehr sind die Vergütungen Betriebsausgaben der übernehmenden Holding, soweit sie als angemessenes Entgelt für die Leistungen des einbringenden Gesellschafters anzusehen sind. Soweit die Vergütungen als unangemessen anzusehen, handelt es sich um Entnahmen, für die § 20 Abs. 5 Satz 3 UmwStG gilt[744].

Die Rückbeziehungsmöglichkeit bzw. die **Wirkung der Rückbeziehung** des § 20 Abs. 6 Satz 3 UmwStG wird allerdings durch die Regelung des § 20 Abs. 6 Satz 4 UmwStG eingeschränkt. Danach gelten § 2 Abs. 3 und 4 UmwStG entsprechend. Während bei **Auslandssachverhalten** unter den Voraussetzungen des § 2 Abs. 3 UmwStG eine Rückwirkung ausgeschlossen ist (vgl. dazu Rz. 14.283), bleibt die Rückwirkung in den Fällen des § 2 Abs. 4 UmwStG als solche unberührt. § 2 Abs. 4 UmwStG beinhaltet demgegenüber eine **Verlustausgleichs- und Verlustverrechnungsbeschränkung**[745]. § 20 Abs. 6 Satz 4 i.V.m. § 2 Abs. 4 UmwStG führt zu unterschiedlichen Rechtsfolgen. Nach § 20 Abs. 6 Satz 4 i.V.m. § 2 Abs. 4 Satz 1 UmwStG dürfen Verluste usw. des einbringenden Rechtsträgers unter den dort genannten Voraussetzungen nicht mit einem Einbringungsgewinn verrechnet werden (vgl. dazu im Einzelnen Rz. 14.284). § 20 Abs. 6 Satz 4 i.V.m. § 2 Abs. 4 Satz 2 UmwStG soll eine Verlustnutzung usw. bei der übernehmenden Holding verhindern, die der einbringende Rechtsträger im Rückwirkungszeitraum erzielt hat und selbst ohne die Rückwirkung nicht hätte nutzen können (vgl. dazu im Einzelnen Rz. 14.286). § 20 Abs. 6 Satz 4 i.V.m. § 2 Abs. 4 Sätze 3 bis 5 UmwStG schließen die Verlustverrechnung usw. bei der übernehmenden Holding mit positiven Einkünften des einbringenden Rechtsträgers im Rückwirkungszeitraum aus. § 20 Abs. 6 Satz 4 i.V.m. § 2 Abs. 4 Satz 6 UmwStG enthält bei verbundenen Unternehmen schließlich eine **Rückausnahme** (vgl. dazu im Einzelnen Rz. 14.287 ff.) 14.282

Bei Umwandlungen mit Auslandsberührung sollen durch § 2 Abs. 3 UmwStG unbesteuerte sog. **weiße Einkünfte** infolge abweichender Rückbeziehungsregelungen vermieden werden[746]. Abweichende Rückwirkungsregelungen liegen insbesondere bei unterschiedlichen Rückwirkungszeiträumen oder unterschiedlicher Ausgestaltung der Rückwirkungsregelungen vor[747]. Keine Anwendung findet die Regelung demzufolge bei reinen Inlandssachverhalten[748]. Bei Auslandssachverhalten, z.B. der Einbringung eines Mitunternehmeranteils an einer ausländischen Personengesellschaft durch einen inländischen Gesellschafter in eine internationale Holding mit ausländischem Ort der Geschäftsleitung, kann es durch die Anwendung unterschiedlich geregelter Rückbeziehungsmöglichkeiten in den Anwenderstaaten zu Besteuerungslücken kommen[749]. Rechtsfolge des § 20 Abs. 6 Satz 4 i.V.m. § 2 Abs. 3 UmwStG ist der **Ausschluss der Rückbeziehung** hinsichtlich der Wirtschaftsgüter, bei denen sich im Rückbeziehungszeitraum eine Nichtbesteuerung ergeben würde. In zeitlicher Hinsicht ist die Rückbeziehung insoweit ausgeschlossen, als sich durch unterschiedliche Rückbeziehungsmöglichkeiten eine Besteuerungslücke ergeben würde[750]. Danach ist z.B. der achtmonatige 14.283

---

743 BMF v. 11.11.2011, BStBl. I 2011, 1314, Rz. 20.15 i.V.m. Rz. 02.11; *Schmitt* in Schmitt/Hörtnagl/Stratz, § 20 UmwStG Rz. 170; *Patt* in Dötsch/Pung/Möhlenbrock, § 20 UmwStG Rz. 156.

744 BMF v. 11.11.2011, BStBl. I 2011, 1314, Rz. 20.16.

745 Vgl. hierzu: Finanzministerium Brandenburg, Erlass v. 28.5.2014 – 35-S 1978-1/09, DB 2014, 2135.

746 Begründung zu dem Entwurf eines Gesetzes über steuerliche Begleitmaßnahmen zur Einführung der Europäischen Gesellschaft und zur Änderung weiterer steuerrechtlicher Vorschriften (SEStEG) v. 25.9.2006, BT-Drucks. 16/2710, 36 f.

747 BMF v. 11.11.2011, BStBl. I 2011, 1314, Rz. 02.38.

748 Vgl. BMF v. 11.11.2011, BStBl. I 2011, 1314, Rz. 02.38.

749 *Patt* in Dötsch/Pung/Möhlenbrock, § 20 UmwStG Rz. 337 i.V.m. *Dötsch* in Dötsch/Pung/Möhlenbrock, § 2 UmwStG Rz. 78.

750 *Patt* in Dötsch/Pung/Möhlenbrock, § 20 UmwStG Rz. 337; *Herlinghaus* in Rödder/Herlinghaus/van Lishaut, § 20 UmwStG Rz. 452 und Rz. 477 ff.

Rückbeziehungszeitraum nach § 20 Abs. 6 Satz 3 UmwStG auf den ggf. kürzeren ausländischen Rückbeziehungszeitraum beschränkt[751].

14.284 § 2 Abs. 4 Sätze 1 und 2 UmwStG sollen verhindern, dass aufgrund der steuerlichen Rückbeziehungsmöglichkeiten gestalterisch eine **Verlustnutzung** oder ein Erhalt des **Zinsvortrags** oder EBITDA-Vortrags erreicht werden kann, obwohl der Verlust oder Zinsvortrag wegen § 8c KStG bereits untergegangen ist. Voraussetzung für die Verlustnutzung oder Nutzung des Zinsvortrags durch Rückwirkung ist deshalb, dass ein Verlust oder ein Zinsvortrag auch ohne die Umwandlung hätte ausgeglichen oder verrechnet werden können[752].

14.285 § 20 Abs. 6 Satz 4 i.V.m. § 2 Abs. 4 Satz 1 UmwStG gilt im Wesentlichen nur für Inlandsfälle und insoweit auch nur für Einbringende als Körperschaften, auf die § 8c bzw. § 8d KStG Anwendung findet[753]. Handelt es sich demgegenüber bei dem Einbringenden um eine natürliche Person oder eine Personengesellschaft, an der nur natürliche Personen beteiligt sind, scheidet die Regelung aus[754]. Im Übrigen setzt die Anwendbarkeit der Regelung voraus, dass es zu einem Einbringungsgewinn kommt und die übernehmende Holding einen Antrag auf Rückbeziehung nach § 20 Abs. 6 Satz 3 i.V.m. Abs. 5 UmwStG stellt. Bei einer Buchwerteinbringung greift die Regelung mangels Vorliegens eines Einbringungsgewinns ebenso wenig ein, wie in dem Fall, dass keine rückbezügliche Einbringung gegeben ist[755]. Auf der Rechtsfolgenseite sperrt § 20 Abs. 6 Satz 4 i.V.m. 2 Abs. 4 Satz 1 UmwStG die Verrechnung eines infolge der Einbringung in die Holding bei dem einbringenden Rechtsträger entstehenden **Einbringungsgewinns** mit Verlusten usw., soweit diese ohne die Rückwirkung im Hinblick auf einen schädlichen Beteiligungserwerb gem. § 8c KStG nicht hätten genutzt werden können[756]. Die Rückbeziehung als solche bleibt von § 20 Abs. 6 Satz 4 i.V.m. § 2 Abs. 4 Satz 1 UmwStG unberührt[757].

14.286 § 20 Abs. 6 Satz 4 i.V.m. § 2 Abs. 4 Satz 2 UmwStG UmwStG erweitert die Restriktion auf den Fall, dass der Einbringende im Rückwirkungszeitraum bis zum Zeitpunkt des nach § 8c KStG schädlichen Ereignisses (Beteiligungserwerb) **Verluste** erzielt und diese demzufolge gem. § 20 Abs. 5 Satz 1 UmwStG der übernehmenden Holding zuzurechnen sind. Derartige Verluste, die ohne die steuerliche Rückwirkung wegen des schädlichen Beteiligungserwerbs von der einbringenden Körperschaft nicht hätten genutzt werden können, sollen auch bei der übernehmenden Holding nicht nutzbar sein[758].

14.287 Bei § 2 Abs. 4 Sätze 3 bis 6 UmwStG handelt sich um Regelungen zur Vermeidung von **missbräuchlichen Gestaltungen**, welche die die **Verrechnung von Verlusten** usw. der übernehmenden Holding mit positiven Einkünften des einbringenden Rechtsträgers im Rückwirkungszeitraum bewirken sollen[759]. Nach § 20 Abs. 6 Satz 4 i.V.m. § 2 Abs. 4 Satz 3 UmwStG ist der Ausgleich oder die Verrechnung von positiven Einkünften der einbringenden Körperschaft im Rückwirkungszeitraum mit verrechenbaren Verlusten, verbleibenden Verlustvorträgen, nicht ausgeglichenen negativen Einkünften

751 *Patt* in Dötsch/Pung/Möhlenbrock, § 20 UmwStG Rz. 337.

752 Bericht des Finanzausschusses zu dem Entwurf eines Jahressteuergesetzes 2009 (JStG 2009) v. 27.11.2008, BT-Drucks. 16/11108, 33.

753 *Patt* in Dötsch/Pung/Möhlenbrock, § 20 UmwStG Rz. 292d; vgl. hierzu BMF v. 28.11.2017, BStBl. I 2017, 1645, Tz. 1.

754 *Patt* in Dötsch/Pung/Möhlenbrock, § 20 UmwStG Rz. 292d.

755 *Patt* in Dötsch/Pung/Möhlenbrock, § 20 UmwStG Rz. 292c.

756 BMF v. 11.11.2011, BStBl. I 2011, 1314, Rz. 02.39; Finanzministerium Brandenburg, Erlass v. 28.5.2014, DB 2014, 2135, Tz. 2.2 i.V.m. Tz. 3.1.

757 Finanzministerium Brandenburg, Erlass v. 28.5.2014 – 35-S 1978-1/09, DB 2014, 2135, Tz. 2.1; *Patt* in Dötsch/Pung/Möhlenbrock, § 20 UmwStG Rz. 292 f.

758 Finanzministerium Brandenburg, Erlass v. 28.5.2014 – 35-S 1978-1/09, DB 2014, 2135, Tz. 2.3.1 i.V.m. Tz. 3.1; *Patt* in Dötsch/Pung/Möhlenbrock, § 20 UmwStG Rz. 292g.

759 Begründung zu dem Entwurf eines Jahressteuergesetzes 2013 v. 10.4.2013, BT-Drucks. 17/13033, 90.

und einem Zinsvortrag nach § 4h Abs. 1 Satz 5 EStG der übernehmenden Holding nicht zulässig. Demzufolge muss die übernehmende Holding die ihr im Rückwirkungszeitraum nach § 20 Abs. 5 Satz 1 UmwStG zuzurechnenden positiven Einkünfte versteuern[760]. Nicht gesperrt ist hingegen der Verlustausgleich der übernehmenden Holding im Interimszeitraum[761]. Ist die übernehmende Holding selbst Organgesellschaft, gilt nach § 20 Abs. 6 Satz 4 i.V.m. § 2 Abs. 4 Satz 4 UmwStG die vorgenannte Sperre beim Organträger entsprechend[762]. Ist die übernehmende Holding eine Personengesellschaft, gilt die Sperre des § 2 Abs. 4 Satz 3 UmwStG nach § 20 Abs. 6 Satz 4 i.V.m. § 2 Abs. 4 Satz 5 UmwStG entsprechend für einen Ausgleich oder eine Verrechnung bei deren Gesellschaftern. Eine Rückausnahme zu § 2 Abs. 4 Sätze 3 bis 5 UmwStG enthält § 2 Abs. 4 Satz 6 UmwStG. Danach gelten die Restriktionen nicht, wenn der einbringende Rechtsträger und die übernehmende Holding vor Ablauf des Übertragungsstichtages **verbundene Unternehmen** i.S.d. § 271 Abs. 2 HGB sind[763]. Die Rückausnahme wird damit begründet, dass bei bereits bestehenden Beteiligungsverhältnissen keine missbräuchliche Gestaltung unterstellt wird[764].

Nach § 20 Abs. 2 Satz 3 UmwStG ist der **Antrag** auf Buch- oder Zwischenwertansatz spätestens bis zur erstmaligen Abgabe der steuerlichen Schlussbilanz bei dem für die Besteuerung der übernehmenden Holding zuständigen Finanzamt zu stellen. Antragsberechtigt ist allein die übernehmende Holding[765]. Insoweit kann auf die Ausführungen zu dem qualifizierten Anteilstausch nach § 21 Abs. 1 Satz 2 Halbs. 2 UmwStG verwiesen werden (vgl. dazu im Einzelnen Rz. 14.193). 14.288

Nach § 20 Abs. 3 Satz 1 UmwStG gilt der Wert, mit dem die übernehmende Holding den eingebrachten Mitunternehmeranteil ansetzt, für den Einbringenden als **Veräußerungspreis** und als **Anschaffungskosten** der Gesellschaftsanteile an der Holding. Wie vorstehend ausgeführt, stellt der Mitunternehmeranteil kein Wirtschaftsgut dar, so dass auf den Wertansatz in der Gesamtbilanz der Mitunternehmerschaft einschließlich etwaiger Ergänzungs- und Sonderbilanzen abzustellen ist. Das in § 20 Abs. 3 Satz 1 UmwStG zum Ausdruck kommende **Korrespondenzprinzip** entspricht demjenigen des § 21 Abs. 2 Satz 1 UmwStG für den Fall des Anteilstauschs, so dass insoweit auf die dortigen Ausführungen verwiesen werden kann (vgl. Rz. 14.192). Dem Einbringenden steht insoweit ggf. ein Schadensersatzanspruch[766] bzw. das Recht zu, die für ihn nach § 20 Abs. 3 Satz 1 UmwStG verbindliche Steuerfestsetzung gegenüber der Holding als sog. Drittbetroffenem anzufechten (sog. **Drittanfechtungsklage**)[767]. Das vorgenannte Korrespondenzprinzip, das zu einer **Werteverknüpfung** zwischen dem Wertansatz der Holding (bzw. Mitunternehmerschaft) und dem Veräußerungspreis und den Anschaffungskosten des Einbringenden führt, wird in dem in § 20 Abs. 3 Satz 2 UmwStG genannten Fall durchbrochen. Danach gilt – abweichend von dem Wertansatz bei der Holding bzw. Mitunternehmerschaft – der gemeine Wert des eingebrachten Mitunternehmeranteils als Anschaffungskosten seiner neu erworbenen Gesellschaftsanteile an der Holding, falls das Recht der Bundesrepublik Deutschland hinsichtlich der Besteuerung des Gewinns aus der Veräußerung des eingebrachten Mitunternehmeranteils im Zeitpunkt der Einbringung ausgeschlossen ist und dieses 14.289

760 Begründung zu dem Entwurf eines Jahressteuergesetzes 2013 v. 10.4.2013, BT-Drucks. 17/13033, 90. Finanzministerium Brandenburg, Erlass v. 28.5.2014 – 35-S 1978-1/09, DB 2014, 2135, Tz. 2.3.2 i.V.m. Tz. 3.1. Nach *Viebrock/Loose*, DStR 2013, 1364 (1366), soll die Regelung keine Auswirkungen auf die Gewerbesteuer haben.

761 *Dötsch* in Dötsch/Pung/Möhlenbrock, § 2 UmwStG Rz. 115.

762 Finanzministerium Brandenburg, Erlass v. 28.5.2014 – 35-S 1978-1/09, DB 2014, 2135, Tz. 2.3.2 i.V.m. Tz. 3.1.

763 Finanzministerium Brandenburg, Erlass v. 28.5.2014 – 35-S 1978-1/09, DB 2014, 2135, Tz. 2.3.2 i.V.m. Tz. 3.1.

764 *Klingberg* in Blümich, § 20 UmwStG Rz. 55.

765 Vgl: hierzu auch: *Schmitt/Schlossmacher*, DB 2010, 522 ff.

766 Vgl. BFH v. 19.12.2007 – I R 111/05, BStBl. II 2008, 536 (539), zu § 20 UmwStG a.F.

767 BFH v. 6.2.2014 – I B 168/13, BFH/NV 2014, 921, Rz. 13; BFH v. 8.6.2011 – I R 79/10, BStBl. II 2012, 421; BFH v. 20.4.2011 – I R 97/10, BStBl. II 2011, 815; *Schmitt* in Schmitt/Hörtnagl/Stratz, § 21 UmwStG Rz. 57.

auch nicht durch die Einbringung begründet wird (**Verstrickung mit dem gemeinen Wert**)[768]. Relevanz hat diese Regelung nur, falls die stillen Reserven in den erhaltenen Anteilen an der Holding im Inland steuerverstrickt sind[769] und die übernehmende Holding auf Antrag Buch- oder Zwischenwerte ansetzt[770]. Mit der Regelung sollen die in dem eingebrachten Mitunternehmeranteil angewachsenen stillen Reserven, die nicht der inländischen Besteuerung unterlegen haben, korrespondierend auch aus der inländischen Besteuerung hinsichtlich der erhaltenen Anteile ausgenommen werden[771]. Der gemeine Wert nach § 20 Abs. 3 Satz 2 UmwStG ersetzt den davon abweichenden Wertansatz, wie er sich aus § 20 Abs. 3 Satz 1 UmwStG ergeben würde[772]. Relevanz hat die Regelung insbesondere in solchen Fällen, in denen ein Mitunternehmeranteil an einer ausländischen Personengesellschaft mit auf Grund DBA-Freistellungsmethode steuerbefreiter Betriebsstätte durch einen unbeschränkt Steuerpflichtigen in die nationale Holding eingebracht wird.

14.290 Nach § 20 Abs. 3 Satz 3 UmwStG sind die **Anschaffungskosten des Einbringenden**, die sich aus § 20 Abs. 3 Satz 1 oder Satz 2 UmwStG ergeben, um den gemeinen Wert der neben den Gesellschaftsrechten an der Holding gewährten sonstigen Gegenleistung zu mindern. Es kann insoweit auf die Ausführungen zu der Parallelvorschrift des § 21 Abs. 2 Satz 6 UmwStG in Bezug auf den Anteilstausch verwiesen werden (vgl. Rz. 14.190).

14.291 Nach § 20 Abs. 5 Satz 3 UmwStG sind die Anschaffungskosten des Einbringenden, die sich aus § 20 Abs. 3 UmwStG ergeben, um den Buchwert der **Entnahmen** zu vermindern und um den sich nach § 6 Abs. 1 Nr. 5 EStG ergebenden Wert der **Einlagen** zu erhöhen, die sich nach § 20 Abs. 5 Satz 2 UmwStG im Rückwirkungszeitraum ergeben haben.

14.292 Da die Einbringung eines Mitunternehmeranteils in die Holding gegen Gewährung von Gesellschaftsrechten nach § 20 Abs. 1 UmwStG einen zur **Gewinnrealisierung** führenden Veräußerungsvorgang darstellt[773], unterliegt der hieraus resultierende Veräußerungs- bzw. Einbringungsgewinn (infolge des Ansatzes mit dem gemeinen Wert oder einem Zwischenwert) dann der deutschen Besteuerung, wenn das der Mitunternehmerschaft zuzurechnende Betriebsvermögen Teil einer **inländischen Betriebsstätte** ist und zwar unabhängig davon, ob der Einbringende unbeschränkt oder beschränkt steuerpflichtig ist. Denn nach § 49 Abs. 1 Nr. 2 Buchst. a EStG i.V.m. Art. 13 Abs. 2, Art. 5 OECD-MA unterliegt auch der beschränkt Steuerpflichtige mit seinem Gewinn aus der Veräußerung des inländischen Betriebsstättenvermögens der deutschen Besteuerung. Ist das Betriebsvermögen der Mitunternehmerschaft demgegenüber einer **ausländischen Betriebsstätte** zuzuordnen, kommt eine Besteuerung des Gewinns aus der Veräußerung des Betriebsstättenvermögens in Deutschland nur bei einem unbeschränkt Steuerpflichtigen als Einbringendem in Betracht. Zudem ist hierzu erforderlich, dass mit dem ausländischen Betriebsstättenstaat kein DBA oder ein solches mit Anrechnungsmethode besteht. Gilt demgegenüber ein DBA mit Freistellungsmethode, scheidet insoweit ein deutsches Besteuerungsrecht aus. Ebenfalls kein deutsches Besteuerungsrecht besteht, wenn der Einbringende nicht unbeschränkt steuerpflichtig ist und das relevante Betriebsvermögen einer auslän-

---

768 Vgl. Begründung zu dem Entwurf eines Gesetzes über steuerliche Begleitmaßnahmen zur Einführung der Europäischen Gesellschaft und zur Änderung weiterer steuerrechtlicher Vorschriften (SEStEG) v. 25.9.2006, BT-Drucks. 16/2710, 44.

769 *Patt* in Dötsch/Pung/Möhlenbrock, § 20 UmwStG Rz. 296.

770 BMF v. 11.11.2011, BStBl. I 2011, 1314, Rz. 20.34; *Herlinghaus* in Rödder/Herlinghaus/van Lishaut, § 20 UmwStG Rz. 389.

771 *Patt* in Dötsch/Pung/Möhlenbrock, § 20 UmwStG Rz. 296; *Herlinghaus* in Rödder/Herlinghaus/van Lishaut, § 20 UmwStG Rz. 389.

772 Nach *Patt* in Dötsch/Pung/Möhlenbrock, § 20 UmwStG Rz. 296, soll es insoweit zu einer Erhöhung der Anschaffungskosten der erhaltenen Anteile um die Differenz zwischen dem Wert nach § 20 Abs. 3 Satz 1 UmwStG und dem gemeinen Wert kommen.

773 BMF v. 11.11.2011, BStBl. I 2011, 1314, Rz. 20.01 i.V.m. Rz. 00.02; BFH v. 7.4.2010 – I R 55/09, BStBl. II 2010, 1094 (1096), Rz. 28; BFH v. 5.6.2002 – I R 6/01, BFH/NV 2003, 88; *Schmitt* in Schmitt/Hörtnagl/Stratz, § 20 UmwStG Rz. 419 i.V.m. Vor §§ 20–23 UmwStG Rz. 9.

dischen Betriebsstätte zuzuordnen ist. Auf das Bestehen oder Nichtbestehen eines DBA kommt es dann nicht an.

Unterliegt der Gewinn aus der Einbringung eines **Mitunternehmeranteils** gegen Gewährung von Gesellschaftsrechten nach den vorstehenden Ausführungen der Besteuerung in Deutschland, gelten für den Einbringenden die allgemeinen einkommensteuerlichen bzw. körperschaftsteuerlichen Folgen[774]. Soweit zu dem Betriebsvermögen des eingebrachten Mitunternehmeranteils auch Anteile an einer Kapitalgesellschaft gehören, kommt gem. § 8b Abs. 6 i.V.m. § 8b Abs. 2 KStG, § 3 Nr. 40 Satz 1 Buchst. b EStG eine entsprechende Steuerbefreiung des Veräußerungs- bzw. Einbringungsgewinns zur Anwendung, wobei die Einschränkungen gem. § 8b Abs. 3 KStG bzw. § 3c Abs. 2 EStG zu beachten sind[775] (vgl. dazu im Einzelnen Rz. 14.214 und Rz. 14.225). 14.293

Der **Freibetrag** nach **§ 16 Abs. 4 EStG** wird gem. § 20 Abs. 4 Satz 1 UmwStG nur natürlichen Personen als Einbringenden gewährt, und nur dann, wenn es sich nicht um die Einbringung von Teilen eines Mitunternehmeranteils handelt (vgl. § 16 Abs. 1 Satz 2 i.V.m. § 16 Abs. 4 EStG) und die übernehmende Holding bzw. die Mitunternehmerschaft den eingebrachten Mitunternehmeranteil mit dem gemeinen Wert angesetzt hat. Bei einem Buch- oder Zwischenwertansatz scheidet § 16 Abs. 4 EStG aus. Entscheidend ist in diesem Zusammenhang, dass sämtliche stille Reserven einschließlich eines originären Geschäfts- oder Firmenwertes aufgedeckt werden[776]. Ist der Gewinn gem. § 3 Nr. 40 Satz 1 Buchst. b i.V.m. § 3c Abs. 2 EStG anteilig steuerbefreit, findet § 16 Abs. 4 EStG vorrangig auf den steuerpflichtigen Teil Anwendung[777]. Für beschränkt Steuerpflichtige kommt die Regelung des § 16 Abs. 4 EStG gem. § 50 Abs. 1 Satz 3 EStG nicht zur Anwendung. Eine Anwendung des § 16 Abs. 4 EStG auf körperschaftsteuerpflichtige Steuersubjekte ist ebenfalls nicht möglich[778]. 14.294

Nach § 20 Abs. 4 Satz 2 UmwStG kommt die **Tarifermäßigung** nach **§ 34 Abs. 1 und Abs. 3 EStG** unter den in § 20 Abs. 4 Satz 1 UmwStG genannten Voraussetzungen und nur zur Anwendung, soweit der Veräußerungs- bzw. Einbringungsgewinn nicht nach § 3 Nr. 40 Satz 1 i.V.m. § 3c Abs. 2 EStG steuerbefreit ist[779]. Wird § 6b EStG in Anspruch genommen (vgl. Rz. 14.411 ff.), entfällt die Tarifermäßigung gem. § 34 Abs. 1 Satz 4 EStG. Auch beschränkt Steuerpflichtige können unter den genannten Voraussetzungen in den Genuss dieser Steuervergünstigung kommen (vgl. § 50 Abs. 1 Satz 3 EStG). Demgegenüber können körperschaftsteuerpflichtige Steuersubjekte die Tarifermäßigung des § 34 Abs. 1 und 3 EStG, unabhängig von der Regelung des § 20 Abs. 4 UmwStG, nicht in Anspruch nehmen[780]. 14.295

Die Einbringung eines Mitunternehmeranteils in die Holding kann zu einer nachteiligen Besteuerung im Zusammenhang mit der **Thesaurierungsbesteuerung** gem. § 34a EStG (vgl. hierzu Rz. 14.18 ff.) führen. Nach § 34a Abs. 6 Satz 1 Nr. 2 EStG löst die Einbringung eines Mitunternehmeranteils die **Nachversteuerung** bislang nicht entnommener Gewinne nach § 34a Abs. 4 EStG mit einem Einkommensteuersatz von 25 % zzgl. Solidaritätszuschlag u.a. dann aus, wenn die Einbringung des Mitunternehmeranteils in eine Kapitalgesellschaft oder Genossenschaft erfolgt und der einbringende Mitunternehmer die Thesaurierungsbesteuerung nach § 34a Abs. 1 EStG in Anspruch genommen hatte[781]. 14.296

774 BMF v. 11.11.2011, BStBl. I 2011, 1314, Rz. 20.25.
775 BMF v. 11.11.2011, BStBl. I 2011, 1314, Rz. 20.25.
776 *Schmitt* in Schmitt/Hörtnagl/Stratz, § 20 UmwStG Rz. 426.
777 R 16 Abs. 13 Satz 10 EStR; BFH v. 14.7.2010 – X R 61/08, BStBl. II 2010, 1011 (1012), Rz. 12, 24; *Wacker* in Schmidt, § 16 EStG Rz. 578.
778 R 8.1 Abs. 1 Nr. 1 KStR 2015; *Wacker* in Schmidt, § 16 EStG Rz. 579.
779 BMF v. 11.11.2011, BStBl. I 2011, 1314, Rz. 20.27; vgl. auch BFH v. 14.7.2010 – X R 61/08, BStBl. II 2010, 1011 (1013), Rz. 25.
780 R 8.1 Abs. 1 Nr. 1 KStR 2015; *Schmitt* in Schmitt/Hörtnagl/Stratz, § 20 UmwStG Rz. 428.
781 Vgl. hierzu: *Wacker* in Schmidt, § 34a EStG Rz. 77 m.w.N.

14.297 Im Übrigen ist auch **§ 6b EStG** auf den Einbringungsgewinn anwendbar, soweit dieser auf begünstigte Wirtschaftsgüter entfällt[782] (vgl. hierzu Rz. 14.411 ff.).

14.298 Nach § 20 Abs. 9 UmwStG gehen ein **Zinsvortrag** nach § 4h Abs. 1 Satz 5 EStG und ein **EBITDA-Vortrag** nach § 4h Abs. 1 Satz 3 EStG des eingebrachten Betriebs nicht auf die übernehmende Gesellschaft über. Die Regelungen stehen im Zusammenhang mit der Einführung der sog. „**Zinsschranke**" nach § 4h EStG bzw. § 8a KStG[783]. Mit Art. 5 des Unternehmensteuerreformgesetzes 2008 vom 14.8.2007[784] ist § 20 Abs. 9 UmwStG, der zunächst nur den Zinsvortrag erfasste, mit Wirkung nach dem 31.12.2007 (vgl. § 27 Abs. 5 UmwStG) in das Gesetz eingefügt worden. Durch Art. 4 des Gesetzes zur Beschleunigung des Wirtschaftswachstums (Wachstumsbeschleunigungsgesetz) vom 22.12.2009[785] ist die Regelung des § 20 Abs. 9 UmwStG um den EBITDA-Vortrag mit Wirkung nach dem 31.12.2009 (vgl. § 27 Abs. 10 UmwStG i.V.m. § 52 Abs. 12d Satz 4 EStG) erweitert worden. Nach der Gesetzesbegründung sollen Unternehmenseinbringungen zum Untergang des Zinsvortrages und des EBITDA-Vortrages führen, da es sich bei der Zinsschranke um eine betriebsbezogene Regelung handelt. Das Schicksal des Zinsvortrages und des EBITDA-Vortrages sei daher eng mit dem Schicksal des „zinsverursachenden" Betriebs verbunden[786]. Die Regelungen des § 20 Abs. 9 UmwStG, die dazu führen, dass der Zinsvortrag und EBITDA-Vortrag nicht von der übernehmenden Holding genutzt werden können, korrespondieren mit § 4h Abs. 5 Satz 1 EStG, wonach ein nicht verbrauchter Zinsvortrag und EBITDA-Vortrag bei Aufgabe oder Übertragung des Betriebs untergehen. Während § 4h Abs. 5 Satz 2 EStG weitergehend einen anteiligen Untergang des Zinsvortrages und EBITDA-Vortrages für den Fall des **Ausscheidens eines Mitunternehmers** aus der Gesellschaft ausdrücklich anordnet[787], enthält § 20 Abs. 9 UmwStG diesbezüglich keine ausdrückliche Regelung. Das Ausscheiden eines Mitunternehmers aus der Gesellschaft soll nach § 4h Abs. 5 Satz 2 EStG für den anteiligen Zinsvortrag und EBITDA-Vortrag die gleichen Konsequenzen haben, wie dies für den Gewerbeverlust nach § 10a GewStG gilt[788]. In der Literatur wird insoweit die Auffassung vertreten, der Zinsvortrag und der EBITDA-Vortrag würden nach § 20 Abs. 9 UmwStG auch dann anteilig nicht übergehen, wenn ein Mitunternehmeranteil in die Holding eingebracht wird[789].

14.299 Die Einbringung eines Mitunternehmeranteils unter Aufdeckung stiller Reserven kann auf der Ebene der Mitunternehmerschaft **Gewerbesteuer** nur auslösen, soweit es sich um eine Mitunternehmerschaft mit einer inländischen Betriebsstätte handelt. Denn die Gewerbesteuerpflicht knüpft gem. § 2 Abs. 1 Sätze 1, 2 i.V.m. Satz 3 GewStG an das Vorliegen einer inländischen Betriebsstätte i.S.d. § 12 AO an[790]. Der Gewinn aus der Einbringung von Mitunternehmeranteilen an Mitunternehmerschaften, die über keine inländische Betriebsstätte verfügen, kann daher von vornherein nicht der Gewerbesteuer unterliegen. Der aus der Einbringung des Mitunternehmeranteils resultierende Gewinn wird für gewerbesteuerliche Zwecke hiernach – wenn überhaupt – auf der Ebene der Personengesellschaft und nicht auf der Ebene des Gesellschafters (Mitunternehmers) besteuert[791]. Diese

782 Vgl. BMF v. 11.11.2011, BStBl. I 2011, 1314, Rz. 20.26.

783 Vgl. zu verfassungsrechtlichen Bedenken: BFH v. 18.12.2013 – I B 85/13, GmbHR 2014, 542; Nichtanwendungserlass der Finanzverwaltung, vgl. BMF v. 13.11.2014, BStBl. I 2014, 1516.

784 BGBl. I 2007, 1912.

785 BGBl. I 2009, 3950.

786 Begründung zu dem Entwurf eines Unternehmensteuerreformgesetzes v. 27.3.2007, BT-Drucks. 16/4841, 82.

787 Vgl. BMF v. 4.7.2008, BStBl. I 2008, 718, Tz. 52.

788 Begründung zu dem Entwurf eines Unternehmensteuerreformgesetzes v. 27.3.2007, BT-Drucks. 16/4841, 50.

789 *Patt* in Dötsch/Pung/Möhlenbrock, § 20 UmwStG Rz. 341 m.w.N.; *Herlinghaus* in Rödder/Herlinghaus/van Lishaut, § 20 UmwStG Rz. 504; a.A.: *Menner* in Haritz/Menner/Bilitewski, § 20 UmwStG Rz. 715.

790 *Schmitt* in Schmitt/Hörtnagl/Stratz, § 20 UmwStG Rz. 432.

791 *Selder* in Glanegger/Güroff, § 7 GewStG Rz. 128 m.w.N.; BFH v. 25.8.2010 – I R 21/10, BFH/NV 2011, 258, Rz. 22.

Rechtsfolge hat nach Ansicht des BFH seine Ursache darin, dass der Gewerbebetrieb als solche die Quelle des Gewerbeertrags ist[792]. Die Belastung des Einbringungsgewinns mit Gewerbesteuer hängt davon ab, wer Einbringender und was Einbringungsgegenstand ist. Handelt es sich bei dem Einbringenden um eine natürliche Person und bringt diese ihren **gesamten Mitunternehmeranteil** unter Realisierung stiller Reserven ein, unterliegt der hieraus resultierende (Veräußerungs-)Einbringungsgewinn nicht der Gewerbesteuer[793]. Eine Ausnahme hiervon ergibt sich in den Fällen des § 18 Abs. 3 UmwStG[794]. Bringt die natürliche Person nur einen **Teil ihres Mitunternehmeranteils** in die Holding ein, handelt es sich nach § 16 Abs. 1 Satz 2 EStG um einen laufenden Gewinn, so dass insoweit Gewerbesteuer entsteht[795]. Ebenfalls der Gewerbesteuer unterliegt der (laufende) Gewinn aus der Einbringung eines Mitunternehmeranteils an einer den **gewerblichen Grundstückshandel** betreibenden Mitunternehmerschaft, soweit der Einbringungsgewinn auf die Realisierung von stillen Reserven der Grundstücke des Umlaufvermögens entfällt[796]. Handelt es sich bei dem Einbringenden nicht um eine natürliche Person, sondern z.B. um eine Körperschaft oder Mitunternehmerschaft (doppelstöckige Mitunternehmerschaft), gehört der aus der Einbringung des gesamten Mitunternehmeranteils oder des Teils eines Mitunternehmeranteils resultierende Gewinn gem. § 7 Satz 2 Nr. 2 GewStG zum Gewerbeertrag der Mitunternehmerschaft, deren Anteil eingebracht worden ist[797]. Nach § 7 Satz 4 GewStG sind bei der Ermittlung des Gewerbeertrags der Mitunternehmerschaft, soweit Anteile an einer Kapitalgesellschaft zum Betriebsvermögen der Mitunternehmerschaft gehören, § 3 Nr. 40 und § 3c EStG sowie § 8b KStG anzuwenden (vgl. hierzu Rz. 14.49). Soweit Gewerbesteuerpflicht besteht, ist der Gewerbeertrag der betroffenen Mitunternehmerschaft gem. § 11 Abs. 1 Satz 3 Nr. 2 GewStG um einen Freibetrag i.H.v. 24.500 Euro zu kürzen.

Soweit der Ansatz der Sacheinlage bei dem Einbringenden zu einem Veräußerungs- bzw. Einbringungsverlust führt, ist dieser im Rahmen des **§ 10d EStG** vorbehaltlich der Regelungen des § 8b Abs. 3 Satz 3 KStG und § 3c Abs. 2 EStG zu berücksichtigen[798]. Ein verbleibender **Verlustvortrag** nach § 10d Abs. 4 Satz 2 EStG geht infolge der Einbringung des Mitunternehmeranteils nicht auf die übernehmende Holding über, sondern verbleibt bei dem Einbringenden[799]. 14.300

Nach § 20 Abs. 7 UmwStG ist § 3 Abs. 3 UmwStG entsprechend anzuwenden. Hierbei handelt es sich um die Umsetzung der Regelung in Art. 10 Fusionsrichtlinie[800], die den Sonderfall der **Einbringung einer Betriebsstätte** behandelt[801]. Der Anwendungsbereich des § 20 Abs. 7 UmwStG i.V.m. § 3 Abs. 3 UmwStG beschränkt sich auf in einem EU-Mitgliedstaat belegene Betriebsstätten, für die infolge der Einbringung das zuvor bestehende deutsche Besteuerungsrecht eingeschränkt wird. Da in diesem Fall gem. § 20 Abs. 2 Satz 2 Nr. 3 i.V.m. § 20 Abs. 2 Satz 1 UmwStG das eingebrachte Betriebsvermögen mit dem gemeinen Wert anzusetzen ist, ist die hierauf entfallende deutsche Steuer durch Anrechnung der fiktiven ausländischen Steuer zu reduzieren[802]. 14.301

---

792 Vgl. BFH v. 25.5.1962 – I 78/61 S, BStBl. II 1962, 438 (440); BFH v. 15.6.2004 – VIII R 7/01, ZIP 2004, 1500 = BB 2004, 1720.

793 *Patt* in Dötsch/Pung/Möhlenbrock, § 20 UmwStG Rz. 284.

794 *Patt* in Dötsch/Pung/Möhlenbrock, § 20 UmwStG Rz. 285.

795 *Patt* in Dötsch/Pung/Möhlenbrock, § 20 UmwStG Rz. 285.

796 BFH v. 25.8.2010 – I R 21/10, BFH/NV 2011, 258, Rz. 22; *Patt* in Dötsch/Pung/Möhlenbrock, § 20 UmwStG Rz. 285.

797 *Patt* in DötschPung/Möhlenbrock, § 20 UmwStG Rz. 288, 291.

798 *Schmitt* in Schmitt/Hörtnagl/Stratz, § 20 UmwStG Rz. 415; *Herlinghaus* in Rödder/Herlinghaus/van Lishaut, § 20 UmwStG Rz. 422; vgl. zur Problematik des § 15a EStG: *Schmitt* in Schmitt/Hörtnagl/Stratz, § 20 UmwStG Rz. 407 m.w.N.; *Wacker* in Schmidt, § 15a EStG Rz. 237.

799 BMF v. 11.11.2011, BStBl. I 2011, 1314, Rz. 23.02.

800 Richtlinie 2009/133/EG v. 19.10.2009, ABl. EG Nr. L 310 v. 25.11.2009, S. 34, zuletzt geändert durch Richtlinie 2013/13/EU v. 13.5.2013, ABl. EU Nr. L 141 v. 28.5.2013, S. 30.

801 Vgl. hierzu: *Patt* in Dötsch/Pung/Möhlenbrock, § 20 UmwStG Rz. 339; BMF v. 11.11.2011, BStBl. I 2011, 1314, Rz. 20.36.

802 Vgl. im Einzelnen: *Schmitt* in Schmitt/Hörtnagl/Stratz, § 20 UmwStG Rz. 439 f.; *Patt* in Dötsch/Pung/Möhlenbrock, § 20 UmwStG Rz. 339 sowie Beispiel in der Begründung zu dem Entwurf eines Geset-

14.302 Nach § 20 Abs. 8 UmwStG findet in dem dort genannten Sonderfall **steuerlich transparenter Gesellschaften** eine Anrechnung fiktiver ausländischer Steuer auf den der deutschen Besteuerung unterliegenden Einbringungsgewinn statt[803]. Es handelt bei der Norm um die Umsetzung der Regelung in Art. 11 Fusionsrichtlinie[804]. § 20 Abs. 8 UmwStG erfasst insbesondere auch den Fall der Einbringung eines Mitunternehmeranteils an einer unter den Anwendungsbereich des Art. 11 Fusionsrichtlinie fallenden transparenten Gesellschaft[805].

gg) Auswirkungen bei der Holding gem. § 23 UmwStG

14.303 Für die übernehmende Holding ergeben sich die weiteren **Besteuerungsfolgen** der Einbringung aus § 23 UmwStG. § 23 Abs. 1 UmwStG gilt für alle Fälle der Einbringung von Betriebsvermögen, also sowohl für die **Sacheinlage** nach § 20 Abs. 2 Satz 2 UmwStG als auch für den **qualifizierten Anteilstausch** nach § 21 Abs. 1 Satz 2 UmwStG.

14.304 Nach § 23 Abs. 1 UmwStG tritt die übernehmende Holding im Falle der Einbringung zu einem **unter dem gemeinen Wert** liegenden Wert hinsichtlich des eingebrachten Betriebsvermögens (Sacheinlage gem. § 20 Abs. 2 Satz 2 UmwStG und qualifizierter Anteilstausch gem. § 21 Abs. 1 Satz 2 UmwStG) grundsätzlich in die steuerliche Rechtsstellung des Einbringenden ein[806]. Voraussetzung hierfür ist, dass die übernehmende Holding das eingebrachte Betriebsvermögen mit einem unter dem gemeinen Wert liegenden Wert (§ 20 Abs. 2 Satz 2, § 21 Abs. 1 Satz 2 UmwStG) ansetzt, mithin also für das eingebrachte Betriebsvermögen den **Buch-** oder einen **Zwischenwertansatz** wählt. In diesem Fall gelten § 4 Abs. 2 Satz 3 und § 12 Abs. 3 Halbs. 1 UmwStG entsprechend. Wählt die übernehmende Holding einen Zwischenwertansatz, kommen ergänzend die Regelungen des § 23 Abs. 3 UmwStG zur Anwendung. § 23 Abs. 1 i.V.m. § 4 Abs. 2 Satz 3 UmwStG beinhaltet eine Regelung zur sog. **Besitzzeitanrechnung**, wonach für den Fall, dass die Dauer eines Wirtschaftsgutes zum Betriebsvermögen für die Besteuerung bedeutsam ist, der Zeitraum seiner Zugehörigkeit zum Betriebsvermögen des Einbringenden der übernehmenden Holding anzurechnen ist. Bedeutung hat diese Regelung z.B. für Vorbesitzzeiten nach § 6b EStG oder auch für die **gewerbesteuerlichen Schachtelprivilegien** gem. § 8 Nr. 5, § 9 Nr. 2a und 7 GewStG[807] (vgl. zur sog. **Fußstapfentheorie** auch Rz. 14.541) sowie die neue Regelung des § 8b Abs. 4 Satz 1 KStG. Nach Auffassung des BFH kommt das gewerbesteuerrechtliche Schachtelprivileg gem. § 9 Nr. 2a GewStG bei einem qualifizierten Anteilstausch zu einem unter dem gemeinen Wert liegenden Wert nicht in Betracht, weil § 9 Nr. 2a GewStG eine stichtagsbezogene Betrachtung erfordert, während § 23 Abs. 1 UmwStG i.V.m. § 4 Abs. 2 Satz 3 UmwStG (nur) eine zeitraumbezogene Wirkung entfaltet[808]. § 23 Abs. 1 i.V.m. § 12 Abs. 3 Halbs. 1 UmwStG bestimmt den Eintritt der Holding in die steuerliche Rechtsstellung des Einbringenden[809], z.B. hinsichtlich der Absetzung für Abnutzung usw.

---

zes über steuerliche Begleitmaßnahmen zur Einführung der Europäischen Gesellschaft und zur Änderung weiterer steuerrechtlicher Vorschriften (SEStEG) v. 25.9.2006, BT-Drucks. 16/2710, 44.

803 Vgl. im Einzelnen: *Schmitt* in Schmitt/Hörtnagl/Stratz, § 20 UmwStG Rz. 442 f.; *Patt* in Dötsch/Pung/Möhlenbrock, § 20 UmwStG Rz. 340 sowie Begründung zu dem Entwurf eines Gesetzes über steuerliche Begleitmaßnahmen zur Einführung der Europäischen Gesellschaft und zur Änderung weiterer steuerrechtlicher Vorschriften (SEStEG) v. 25.9.2006, BT-Drucks. 16/2710, 44 f.

804 Richtlinie 2009/133/EG v. 19.10.2009, ABl. EG Nr. L 310 v. 25.11.2009, S. 34, zuletzt geändert durch Richtlinie 2013/13/EU v. 13.5.2013, ABl. EU Nr. L 141 v. 28.5.2013, S. 30.

805 *Schmitt* in Schmitt/Hörtnagl/Stratz, § 20 UmwStG Rz. 443.

806 Vgl. Bericht des Finanzausschusses zu dem Entwurf eines Jahressteuergesetzes 2009 (JStG 2009) v. 27.11.2008, BT-Drucks. 16/11108, 33.

807 BMF v. 11.11.2011, BStBl. I 2011, 1314, Rz. 23.06 i.V.m. Rz. 04.15; *Ritzer* in Rödder/Herlinghaus/van Lishaut, § 23 UmwStG Rz. 51 ff. m.w. Beispielen.

808 BFH v. 16.4.2014 – I R 44/13, DB 2014, 1716 (1717), Rz. 10 ff. m.w.N. zum Diskussionsstand; vgl. hierzu: *Lenz/Adrian*, DB 2014, 2670 ff.

809 Begründung zu dem Entwurf eines Gesetzes über steuerliche Begleitmaßnahmen zur Einführung der Europäischen Gesellschaft und zur Änderung weiterer steuerrechtlicher Vorschriften (SEStEG) v.

Setzt die übernehmende Holding das eingebrachte Betriebsvermögen mit einem **Zwischenwert** an, gilt gem. § 23 Abs. 3 Satz 1 UmwStG § 12 Abs. 3 Halbs. 1 UmwStG hinsichtlich der in § 23 Abs. 3 Satz 1 Nr. 1 und 2 UmwStG im Einzelnen genannten Absetzungen für Abnutzung entsprechend. Die Norm enthält für die dort genannten Absetzungen für Abnutzung eine **Aufstockung** der Abschreibungsbemessungsgrundlage in Höhe der Differenz zwischen dem Buchwert des eingebrachten Betriebsvermögens und dem angesetzten Zwischenwertstatt[810]. Bei einer Erhöhung der Anschaffungskosten oder Herstellungskosten auf Grund rückwirkender Besteuerung des Einbringungsgewinns (vgl. § 23 Abs. 2 UmwStG), gilt dies gem. § 23 Abs. 3 Satz 2 UmwStG mit der Maßgabe, dass an die Stelle des Zeitpunktes der Einbringung der Beginn des Wirtschaftsjahres tritt, in welches das die Besteuerung des Einbringungsgewinns auslösende Ereignis tritt. Zu diesem Zeitpunkt erfolgt dann die Aufstockung in Höhe des besteuerten Einbringungsgewinns I[811]. 14.305

Setzt die übernehmende Holding das eingebrachte Betriebsvermögen mit dem **gemeinen Wert** an, bestimmen sich die Besteuerungsfolgen nach § 23 Abs. 4 UmwStG. Danach gelten die eingebrachten Wirtschaftsgüter als im Zeitpunkt der Einbringung von der Holding angeschafft, wenn die Einbringung des Betriebsvermögens im Wege der **Einzelrechtsnachfolge** erfolgt; erfolgt die Einbringung des Betriebsvermögens im Wege der **Gesamtrechtsnachfolge** nach den Vorschriften des UmwG, gilt § 23 Abs. 3 UmwStG entsprechend, so dass sich eine steuerrechtliche Rechtsnachfolge der übernehmenden Holding wie bei einem Zwischenwertansatz ergibt[812]. 14.306

Ein verbleibender **Verlustvortrag** nach § 10d Abs. 4 Satz 2 EStG geht infolge der Einbringung des Mitunternehmeranteils nicht auf die übernehmende Holding über, sondern verbleibt bei dem Einbringenden[813]. Auch ein verrechenbarer Verlustanteil des Einbringenden i.S.d. § 15a EStG geht bei Einbringung eines Mitunternehmeranteils in die Holding nicht auf diese über[814]. Allerdings kann dieser verrechenbare Verlust ggf. durch einen gewinnrealisierenden Ansatz des eingebrachten Mitunternehmeranteils mit einem Zwischenwert genutzt werden[815]. 14.307

Objektbezogene Kosten, die infolge der Einbringung anfallen, können nicht als sofort abziehbare Betriebsausgaben von der übernehmenden Holding abgezogen werden. Diese Kosten, insbesondere die infolge der Einbringung entstandene Grunderwerbsteuer, sind als zusätzliche Anschaffungskosten der Wirtschaftsgüter zu aktivieren, bei deren Erwerb (Einbringung) sie angefallen sind[816]. Etwas anderes gilt allerdings im Fall der durch eine Anteilsvereinigung nach § 1 Abs. 3 Nr. 1 GrEStG ausgelösten Grunderwerbsteuer. Diese ist mangels fehlendem inneren, finalen Zweckzusammenhangs zwischen Anschaffungsvorgang und Aufwendung als sofort abziehbare Betriebsausgabe zu behandeln[817]. Dies gilt auch bei einem zum Entstehen von Grunderwerbsteuer führenden Gesellschafterwechsel gem. § 1 Abs. 2a GrEStG[818] (vgl. zum Entstehen von Grunderwerbsteuer durch Einbringungsvorgänge Rz. 14.318 ff.). 14.308

25.9.2006, BT-Drucks. 16/2710, 50; *Patt* in Dötsch/Pung/Möhlenbrock, § 23 UmwStG Rz. 30 ff. sowie *Ritzer* in Rödder/Herlinghaus/van Lishaut, § 23 UmwStG Rz. 51 ff., jeweils mit Hinweisen auf die Bedeutung der Regelung.

810 Vgl. hierzu im Einzelnen: BMF v. 11.11.2011, BStBl. I 2011, 1314, Rz. 23.15; *Patt* in Dötsch/Pung/Möhlenbrock, § 23 UmwStG Rz. 54 ff.

811 Begründung zu dem Entwurf eines Gesetzes über steuerliche Begleitmaßnahmen zur Einführung der Europäischen Gesellschaft und zur Änderung weiterer steuerrechtlicher Vorschriften (SEStEG) v. 25.9.2006, BT-Drucks. 16/2710, 50.

812 *Schmitt* in Schmitt/Hörtnagl/Stratz, § 20 UmwStG Rz. 96.

813 BMF v. 11.11.2011, BStBl. I 2011, 1314, Rz. 23.02; *Patt* in Dötsch/Pung/Möhlenbrock, § 23 UmwStG Rz. 37 m.w.N.

814 *Patt* in Dötsch/Pung/Möhlenbrock, § 23 UmwStG Rz. 38 m.w.N.

815 *Ritzer* in Rödder/Herlinghaus/van Lishaut, § 23 UmwStG Rz. 35 ff.

816 BMF v. 11.11.2011, BStBl. I 2011, 1314, Rz. 23.01.

817 BFH v. 20.4.2011 – I R 2/10, BStBl. II 2011, 761 (763 f.), Rz. 20; BFH v. 14.3.2011 – I R 40/10, AG 2011, 681 = BStBl. II 2012, 281; BMF v. 11.11.2011, BStBl. I 2011, 1314, Rz. 23.01.

818 FG Münster v. 14.2.2013, – 2 K 2838/10 G, F, DStRE 2013, 749, n.rkr. (BFH IV R 10/13); FG München v. 22.10.2013, – 5 K 1847/13, EFG 2014, 478, bestätigt durch BFH v. 2.9.2014 – IX R 50/13, DStR 2015,

14.309 Nach § 23 Abs. 5 UmwStG kann der maßgebende Gewerbeertrag der übernehmenden Holding nicht um die **vortragsfähigen Fehlbeträge** des Einbringenden i.S.d. § **10a GewStG** gekürzt werden. Der Wortlaut der Reglung findet unmittelbar nur auf die Einbringung von Betriebsvermögen in Gestalt eines Betriebs oder Teilbetriebes Anwendung. Handelt es sich demgegenüber um die Einbringung eines Anteils an einer Kapitalgesellschaft ist für die Frage des Wegfalls eines gewerbesteuerlichen Verlustvortrages auf der Ebene der eingebrachten Kapitalgesellschaft § 10a Satz 10 Halbs. 1 GewStG i.V.m. § 8c KStG zu beachten. Falls ein Mitunternehmeranteil in die Holding eingebracht wird, geht der auf den einbringenden Mitunternehmer entfallende gewerbesteuerliche Verlustvortrag der Personengesellschaft nach § 10a GewStG entsprechend der Beteiligungsquote unter[819]. Für einen etwaigen Zinsvortrag nach § 4h Abs. 1 Satz 5 EStG bzw. einen EBITDA-Vortrag nach § 4h Abs. 1 Satz 3 EStG ist § 20 Abs. 9 UmwStG zu beachten (vgl. hierzu Rz. 14.298).

14.310 Nach § 23 Abs. 6 UmwStG gilt § 6 Abs. 1 und 3 UmwStG entsprechend. Es handelt sich hierbei um eine Sonderregelung für den Fall der „**inkongruenten Konfusion**" von Forderungen und Verbindlichkeiten zwischen der übernehmenden Holding und dem Einbringenden[820]. Nach der Regelung kann ein **Übernahme**- bzw. **Einbringungsfolgegewinn** entstehen, wenn die übernehmende Holding vor der Einbringung bereits bestanden hat und zwischen ihr und dem Einbringenden Forderungen und Verbindlichkeiten bestanden, die bei den beteiligten Vertragspartnern nicht korrespondierend bilanziert sind[821]. Zudem kann die Regelung anwendbar sein, wenn durch die Einbringung die Notwendigkeit der Bildung einer Rückstellung entfällt[822]. Bei kongruenter Bilanzierung vollzieht sich die Konfusion erfolgsneutral[823]. Nach § 23 Abs. 6 i.V.m. § 6 Abs. 1 Satz 1 UmwStG kann der aus der Konfusion entstehende Einbringungsfolgegewinn bei der übernehmenden Holding in eine steuerfreie Rücklage eingestellt werden. Gemäß § 23 Abs. 6 i.V.m. § 6 Abs. 1 Satz 2 UmwStG ist die Rücklage in den auf ihre Bildung folgenden drei Jahre mit mindestens je einem Drittel gewinnerhöhend aufzulösen. § 23 Abs. 1 i.V.m. § 6 Abs. 1 UmwStG hat daher nur einen **Steuerstundungseffekt**[824]. § 23 Abs. 6 i.V.m. § 6 Abs. 1, Abs. 3 UmwStG findet nach Auffassung der Finanzverwaltung auch auf die Einbringung eines Mitunternehmeranteils Anwendung[825], obwohl in § 6 Abs. 3 UmwStG nur von dem „Betrieb" die Rede ist. Im Zusammenhang mit der Einbringung eines Mitunternehmeranteils kann die Regelung Bedeutung erlangen, wenn zugleich Forderungen und Verbindlichkeiten des Sonderbetriebsvermögens eingebracht werden, die im Verhältnis zur Holding bestehen und unterschiedlich bilanziert worden sind[826]. § 23 Abs. 6 i.V.m. § 6 Abs. 3 UmwStG enthält eine spezielle Missbrauchsregelung, wonach die steuerfreie Rücklage rückwirkend entfällt, wenn die übernehmende Holding den auf sie übertragenen Mitunternehmeranteil innerhalb von fünf Jahren nach dem steuerlichen Übertragungsstichtag in eine Kapitalgesellschaft einbringt oder ohne triftigen Grund veräußert oder aufgibt. Bereits erteilte Steuerbescheide, Steuermessbescheide, Freistellungsbescheide oder Feststellungsbescheide sind zu ändern, soweit sie auf der Anwendung des § 6 Abs. 1 UmwStG beruhen. Die Einstellung eines Einbringungsfolgegewinns in eine steuerfreie Rücklage führt daher für die Holding zu einer fünfjährigen **Sperrfrist**, in der die genannten Einbringungs-

291; a.A.: OFD Rheinland, Verfügung v. 23.1.2012 – S 21-4 – St 141 (01/2009)(Rhld)/S 21-4 – 10-1 – St 141 (Rhld), DB 2012, 486 mit Hinweis auf eine Ausnahme bei mittelbarem Gesellschafterwechsel, bei dem eine Kapitalgesellschaft zwischengeschaltet ist.

819 R 10a.3 Abs. 3 Satz 9 Nr. 2 GewStR 2009; *Ritzer* in Rödder/Herlinghaus/van Lishaut, § 23 UmwStG Rz. 257 ff.; *Patt* in Dötsch/Pung/Möhlenbrock, § 23 UmwStG Rz. 98.

820 Vgl. hierzu: *Schmitt* in Schmitt/Hörtnagl/Stratz, § 23 UmwStG Rz. 105 ff.

821 *Ritzer* in Rödder/Herlinghaus/van Lishaut, § 23 UmwStG Rz. 268 ff.

822 *Ritzer* in Rödder/Herlinghaus/van Lishaut, § 23 UmwStG Rz. 268 ff.

823 *Schmitt* in Schmitt/Hörtnagl/Stratz, § 23 UmwStG Rz. 105.

824 *Schmitt* in Schmitt/Hörtnagl/Stratz, § 23 UmwStG Rz. 106.

825 Vgl. BMF v. 11.11.2011, BStBl. I 2011, 1314, Rz. 06.09; *Mutscher* in Frotscher/Drüen, § 23 UmwStG Rz. 138.

826 Vgl. auch *Mutscher* in Frotscher/Drüen, § 23 UmwStG Rz. 138, zu dem Fall, dass die übernehmende Holding der Mitunternehmerschaft ein Darlehen gewährt hatte.

oder Veräußerungstatbestände nachteilige Steuerfolgen haben[827]. § 23 Abs. 6 i.V.m. § 6 Abs. 1 und 3 UmwStG findet keine Anwendung auf Fälle des Anteilstauschs nach § 21 UmwStG[828].

Nach § 22 UmwStG kommt es zu einer nachträglichen Besteuerung des ursprünglichen Einbringungsvorgangs in Höhe des **Einbringungsgewinns**, wenn in den Fällen des § 20 Abs. 1, Abs. 2 Satz 2 UmwStG (Betriebseinbringung) die als Gegenleistung erhaltenen Anteile oder in den Fällen des § 21 Abs. 1 Satz 2 UmwStG (qualifizierter Anteilstausch) die eingebrachten Anteile innerhalb einer Frist von sieben Jahren nach der Einbringung veräußert werden[829]. In Bezug auf diese sog. sperrfristverhafteten Anteile i.S.v. § 22 Abs. 1 UmwStG (Fälle des § 20 UmwStG) und i.S.v. § 22 Abs. 2 UmwStG (Fälle des § 21 UmwStG) enthält § 22 Abs. 1 Satz 6 bzw. Abs. 2 Satz 6 UmwStG sog. Ersatzrealisationstatbestände bei deren Realisierung ebenfalls rückwirkend der Einbringungsvorgang besteuert wird. Insoweit kann auf die Ausführungen im Zusammenhang mit dem qualifizierten Anteilstausch nach § 21 Abs. 1 Satz 2 UmwStG verwiesen werden (vgl. Rz. 14.236 ff.). 14.311

hh) Umsatzsteuerrechtliche Folgen der Einbringung

Die Einbringung von Anteilen an einer Kapitalgesellschaft bzw. an einer Personengesellschaft gegen Gewährung von Gesellschaftsrechten in die Holding kann einen **umsatzsteuerbaren Vorgang** i.S.d. § 1 Abs. 1 Nr. 1 Satz 1 UStG in Gestalt einer sonstigen Leistung[830] darstellen, wenn die Einbringung durch einen Unternehmer im Rahmen seines Unternehmens erfolgt[831]. Es soll sich hierbei um einen **tauschähnlichen Umsatz** i.S.d. § 3 Abs. 12 Satz 2 UStG handeln, wobei die Gegenleistung in der Gewährung von Gesellschaftsrechten bzw. der Übernahme von Verbindlichkeiten usw. besteht[832]. 14.312

Die Einbringung von Gesellschaftsanteilen gegen Gewährung von Gesellschaftsrechten als solche vermag eine **unternehmerische Tätigkeit** des Einbringenden allerdings nicht zu begründen[833]. Nach Auffassung des Europäischen Gerichtshofes ist das bloße Erwerben, Halten und Veräußern von gesellschaftsrechtlichen Beteiligungen keine unternehmerische Tätigkeit[834]. Einer derartigen Gesellschaft fehlt die **Unternehmereigenschaft**, weil Dividenden und andere Gewinnbeteiligungen aus Gesellschaftsverhältnissen nicht als umsatzsteuerrechtliches Entgelt im Rahmen eines Leistungsaustausches anzusehen sind[835]. Dies gilt auch bei Bestehen eines Beherrschungsvertrages zu einer Tochtergesellschaft, da es jedenfalls auch insoweit an einem entgeltlichen Leistungsaustausch fehlt[836]. Ist der Einbringende wegen weiterer von ihm ausgeübter Geschäftstätigkeiten insoweit unternehmerisch tätig, ist eine von ihm gehaltene Beteiligung an einer anderen Gesellschaft dem nichtunternehmerischen Bereich zuzuordnen. Aus diesem Grund ist eine Trennung des unternehmerischen von dem 14.313

827 BMF v. 11.11.2011, BStBl. I 2011, 1314, Rz. 23.04.

828 *Mutscher* in Frotscher/Drüen, § 23 UmwStG Rz. 135.

829 Begründung zu dem Entwurf eines Gesetzes über steuerliche Begleitmaßnahmen zur Einführung der Europäischen Gesellschaft und zur Änderung weiterer steuerrechtlicher Vorschriften (SEStEG) v. 25.9.2006, BT-Drucks. 16/2710, 42.

830 Vgl. EuGH v. 26.5.2005 – C-465/03, ECLI:EU:C:2005:320 – Kretztechnik, AG 2005, 577 = ZIP 2005, 1134 = DStR 2005, 965; Abschn. 3.5 Abs. 8 Satz 1 i.V.m. Abschn. 4.8.2010 Abs. 1 Satz 1 UStAE.

831 Abschn. 1.6 Abs. 2 Satz 3 i.V.m. Abschn. 3.5 Abs. 8 Satz 1 UStAE; *Patt* in Dötsch/Pung/Möhlenbrock, § 23 UmwStG Rz. 103; *Robisch* in Bunjes, § 1 UStG Rz. 700.

832 *Rasche* in Rödder/Herlinghaus/van Lishaut, Anh. 11, Rz. 9 m.w.N.

833 Vgl. Abschn. 2.3 Abs. 1a Satz 4 i.V.m. Abs. 2 UStAE.

834 EuGH v. 14.11.2000 – C-142/99, ECLI:EU:C:2000:623 – Floridienne SA, Berginvest SA, HFR 2001, 191; EuGH v. 27.9.2001 – C-16/00, ECLI:EU:C:2001:495 – Cibo Participations SA, HFR 2001, 1213; EuGH v. 29.4.2004 – C-77/01, ECLI:EU:C:2004:243 – Empresa de Desenvolvimento Mineiro SGPS SA (EDM), HFR 2004, 812; EuGH v. 19.10.2009 – C-29/08 – AB SKF, UR 2010, 107 (109), Rz. 28; EuGH v. 30.5.2013 – C-651/11, ECLI:EU:C:2013:346 – X BV, UR 2013, 582 (585), Rz. 36; Abschn. 2.3 Abs. 2 Satz 1 UStAE.

835 EuGH v. 21.10.2004 – C-8/03, ECLI:EU:C:2004:650 – Banque Bruxelles SA (BBL), HFR 2005, 72; EuGH v. 19.10.2009 – C-29/08 – AB SKF, UR 2010, 107 (109), Rz. 29; Abschn. 2.3 Abs. 2 Satz 3 UStAE.

836 *Stadie* in Rau/Dürrwächter, § 2 UStG Anm. 248.

nichtunternehmerischen Bereich bei Holdinggesellschaften geboten. Dieser Grundsatz gilt für alle Unternehmer gleich welcher Rechtsform[837]. Hiervon bestehen Ausnahmen, wenn der Einbringende einen **gewerblichen Wertpapierhandel** betreibt und in diesem Zusammenhang Beteiligungen gewerbsmäßig erwirbt und veräußert[838] oder die Beteiligung im Zusammenhang mit einem unternehmerischen Grundgeschäft erworben, gehalten und veräußert bzw. eingebracht wird und es sich hierbei also um ein Hilfsgeschäft handelt[839]. Dabei muss zwischen der gesellschaftsrechtlichen Beteiligung und der unternehmerischen Haupttätigkeit ein erkennbarer und objektiver wirtschaftlicher Zusammenhang bestehen. Das ist der Fall, wenn die Aufwendungen für die gesellschaftsrechtliche Beteiligung zu den Kostenelementen der Umsätze aus der Haupttätigkeit gehören[840]. Dies kann z.B. dann gegeben sein, wenn die Beteiligung nicht um ihrer selbst willen (bloßer Wille, Dividenden zu erhalten) gehalten wird, sondern der Förderung einer bestehenden oder beabsichtigten unternehmerischen Tätigkeit (z.B. Sicherung günstiger Einkaufskonditionen, Verschaffung von Einfluss bei potentiellen Konkurrenten, Sicherung günstiger Absatzkonditionen) dient[841]. Hierzu gehören auch Fälle, in denen die Beteiligung, abgesehen von der Ausübung der Rechte als Gesellschafter oder Aktionär, zum Zweck des unmittelbaren Eingreifens in die Verwaltung der Gesellschaften, an denen die Beteiligung besteht, erfolgt. Die Eingriffe müssen dabei zwingend durch unternehmerische Leistungen i.S.d. § 1 Abs. 1 Nr. 1 und § 2 Abs. 1 UStG erfolgen, z.B. durch das entgeltliche Erbringen von administrativen, finanziellen, kaufmännischen und technischen Dienstleistungen an die jeweilige Beteiligungsgesellschaft[842]. In der Praxis kommen insoweit insbesondere **Führungs-, Funktions-** bzw. **Managementholdings** in Betracht (vgl. hierzu Rz. 14.518 ff.).

14.314 Stellt die Einbringung des Gesellschaftsanteils gegen Gewährung von Gesellschaftsrechten seitens des Einbringenden eine unternehmerische Tätigkeit dar, ist die Einbringung des Gesellschaftsanteils als sog. **Geschäftsveräußerung im Ganzen** nach § 1 Abs. 1a UStG dann nicht umsatzsteuerbar, wenn dem Erwerber mit der Einbringung die Fortsetzung einer unternehmerischer Tätigkeit ermöglicht wird[843]. Dies ist beispielsweise dann der Fall, wenn es sich bei der eingebrachten Beteiligung um eine Beteiligung an einer Organgesellschaft i.S.d. § 2 Abs. 2 Satz 1 Nr. 2 UStG handelt (insbesondere muss die eingebrachte Beteiligung also mehr als 50 % betragen) und der Erwerber beabsichtigt, mit der erworbenen Gesellschaft eine umsatzsteuerliche Organschaft (vgl. zur umsatzsteuerlichen Organschaft Rz. 14.579) zu begründen[844]. Etwaige (Dienstleistungs)Verträge, welche die wirtschaftliche Eingliederung begründen, müssen nicht mitübertragen werden[845]. Bei Übertragung einer Beteiligung ohne Vorliegen der umsatzsteuerlichen Organschaftsvoraussetzungen dürfte hingegen eine nicht steuerbare Geschäftsveräußerung im Ganzen gem. § 1 Abs. 1a UStG nur in Betracht kommen, wenn der übertragene Gesellschaftsanteil Teil einer eigenständigen Einheit ist, die eine selbständige wirtschaftliche Betätigung ermöglicht, und diese Tätigkeit vom Erwerber fortgeführt wird[846].

14.315 Auf der anderen Seite erbringt die übernehmende Holding – unabhängig von ihrer Rechtsform als Kapital- oder Personengesellschaft – mit der **Gewährung von Gesellschaftsrechten** an den Einbringenden keine umsatzsteuerbare Leistung gem. § 1 Abs. 1 Nr. 1 Satz 1 UStG[847].

837 Abschn. 2.3 Abs. 2 Sätze 4 ff. UStAE.
838 Abschn. 2.3 Abs. 3 Satz 5 Nr. 1 UStAE.
839 Abschn. 2.3. Abs. 4 Satz 1 UStAE.
840 Abschn. 2.3 Abs. 4 Sätze 3, 4 UStAE.
841 Abschn. 2.3 Abs. 3 Satz 5 Nr. 2 UStAE.
842 EuGH v. 30.5.2013 – C-651/11, UR 2013, 582 (585), Rz. 37; Abschn. 2.3. Abs. 3 Satz 5 Nr. 3 UStAE; BFH v. 27.1.2011 – V R 38/09, BStBl. II 2012, 68 (70), Rz. 15 = ZIP 2011, 1156.
843 BFH v. 18.9.2019 – XI R 33/18, BFH/NV 2020, 290, Rz. 35 = ZIP 2020, 708.
844 BFH v. 18.9.2019 – XI R 33/18, BFH/NV 2020, 290, Rz. 42 ff. = ZIP 2020, 708; BFH v. 27.1.2011 – V R 38/09, BStBl. II 2012, 68 (71), Rz. 24 = ZIP 2011, 1156.
845 BFH v. 18.9.2019 – XI R 33/18, BFH/NV 2020, 290, Rz. 46 = ZIP 2020, 708.
846 BFH v. 18.9.2019 – XI R 33/18, BFH/NV 2020, 290, Rz. 35 = ZIP 2020, 708.
847 Abschn. 1.6 Abs. 2 Sätze 1, 2 UStAE; *Husmann* in Rau/Dürrwächter, § 1 UStG Anm. 249; *Robisch* in Bunjes, § 1 UStG Rz. 69; *Schmidt/Werner*, BB 2003, 2207 (2209); *Huschens*, INF 2003, 700 (703 f.); *Be-*

Ergibt sich nach den vorstehenden Ausführungen im Hinblick auf die Einbringung der Beteiligung (Anteil an einer Kapital- oder Personengesellschaft) eine Umsatzsteuerbarkeit, greift allerdings die **Steuerbefreiungsvorschrift** des § 4 Nr. 8e bzw. Nr. 8f UStG ein[848]. Hieraus resultiert dann nach § 15 Abs. 2 Satz 1 Nr. 1 UStG ein **Ausschluss vom Vorsteuerabzug**[849], so dass ggf. eine **Option** nach § 9 Abs. 1 UStG in Erwägung zu ziehen ist. Gem. § 9 Abs. 1 UStG kann der Einbringende unter den dort genannten Voraussetzungen für die Steuerpflicht optieren, was allerdings voraussetzt, dass die übernehmende Holding ihrerseits Unternehmer i.S.d. § 2 Abs. 1 UStG ist (vgl. hierzu Rz. 14.516 ff.). 14.316

Hinsichtlich der Ausübung der Option sind die besonderen Anforderungen nach Abschn. 9.1 Abs. 3 UStAE zu beachten. Die Umsatzsteuer wird in diesem Fall für jeden Umsatz gem. § 10 Abs. 1 Satz 1 UStG nach dem Entgelt bemessen. Entgelt ist nach § 10 Abs. 1 Satz 2 UStG alles, was der Leistungsempfänger aufwendet, um die Leistung zu erhalten, jedoch abzgl. der Umsatzsteuer. Bei einem Tausch (§ 3 Abs. 12 Satz 1 UStG) bzw. tauschähnlichen Umsatz (§ 3 Abs. 12 Satz 2 UStG) gilt der Wert jedes Umsatzes als Entgelt für den anderen Umsatz. Entscheidend ist somit der **subjektive Wert**, den der Einbringende der Gegenleistung in Gestalt der erhaltenen Gesellschaftsrechte beimisst, die er sich verschaffen will und deren Wert dem Betrag entspricht, den er zu diesem Zweck aufzuwenden bereit ist[850]. Demzufolge kommt es für die Ermittlung der umsatzsteuerlichen Bemessungsgrundlage nicht auf den objektiven Wert der als Gegenleistung erhaltenen Gesellschaftsrechte an der Holding an, sondern auf den Wert der Aufwendungen des Einbringenden. Dies sind die Anschaffungskosten des Einbringenden für die eingebrachte Beteiligung[851]. Der Steuersatz beträgt gem. § 12 Abs. 1 UStG 19 %. 14.317

ii) Grunderwerbsteuerrechtliche Folgen der Einbringung

Die Einbringung von Anteilen an einer Kapital- oder Personengesellschaft in die Holding kann u.U. gem. § 1 Abs. 2a bzw. § 1 Abs. 3 GrEStG **Grunderwerbsteuer** auslösen, falls die eingebrachte Gesellschaft über inländischen Grundbesitz verfügt (vgl. aber zu der Ausnahme nach § 6a GrEStG Rz. 14.323 ff.). Die Grunderwerbsteuerbelastung durch die Einbringung von Gesellschaftsrechten an Grundbesitz haltenden Gesellschaften bemisst sich gem. § 8 Abs. 2 Satz 1 Nr. 3 GrEStG nach den Werten i.S.d. § 138 Abs. 2 bis 4 BewG, so dass im Regelfall die sog. Bedarfswerte zur Anwendung kommen. Die Steuersätze für Zwecke der Grunderwerbsteuer liegen in den Bundesländern derzeit zwischen 3,5 % und 6,5 %. Es ist davon auszugehen, dass die Steuersätze in den Bundesländern für Zwecke der Grunderwerbsteuer auch weiterhin steigen werden. Die Grunderwerbsteuerbelastung ist damit zunehmend zu einem Umstrukturierungshindernis geworden. 14.318

Nach § 1 Abs. 3 Nr. 3 GrEStG unterliegen der **Grunderwerbsteuer** auch Rechtsgeschäfte, die den Anspruch auf Übertragung unmittelbar oder mittelbar von mindestens 95 % der Anteile an einer inländischen Grundbesitz haltenden Gesellschaft begründen. Als Gesellschaft in diesem Sinne sind wegen der gebotenen Rechtsformneutralität des § 1 Abs. 3 GrEStG sowohl Kapitalgesellschaften als 14.319

---

cker/Robisch, UVR 2003, 395 (398); EuGH v. 26.6.2003 – C-442/01, ECLI:EU:C:2003:381 – KapHag Renditefonds, ZIP 2003, 1649 = IStR 2003, 601; EuGH v. 26.5.2005 – C-465/03, ECLI:EU:C:2005:320 – Kretztechnik, AG 2005, 577 = ZIP 2005, 1134 = DStR 2005, 965; BFH v. 1.7.2004 – V R 32/00, BStBl. II 2004, 1022.

848 BFH v. 27.1.2011 – V R 38/09, BStBl. II 2012, 68 (71), Rz. 26 = ZIP 2011, 1156; Abschn. 4.8.2010 Abs. 1 Satz 1 UStAE; *Heidner* in Bunjes, § 4 Nr. 8 UStG Rz. 45.

849 Abschn. 15.22 Abs. 2 Satz 5 UStAE; BFH v. 27.1.2011 – V R 38/09, BStBl. II 2012, 68 (71), Rz. 31 ff. = ZIP 2011, 1156.

850 Abschn. 10.5 Abs. 1 Sätze 2, 3 UStAE; BFH v. 16.4.2008 – XI R 56/06, BStBl. II 2008, 909 (912) m.w.N.; BFH v. 11.7.2012 – XI R 11/11, DStR 2013, 33 (35), Rz. 35; *Korn* in Bunjes, § 10 UStG Rz. 50.

851 *Tehler* in Reiß/Kraeusel/Langer, § 10 UStG Rz. 237; BFH v. 1.8.2002 – V R 21/01, BStBl. II 2003, 438 (440); BFH v. 11.7.2012 – XI R 11/11, DStR 2013, 33 (35), Rz. 36 ff.; Abschn. 10.5 Abs. 1 Satz 5 UStAE; vgl. auch *Förster*, DStR 2012, 381 (385), für den Fall des § 6 Abs. 5 Satz 3 EStG.

auch Personengesellschaften anzusehen[852]. Bei Personengesellschaften ist allerdings zu beachten, dass für diese die Regelung des § 1 Abs. 2a GrEStG gilt, die § 1 Abs. 3 GrEStG vorgeht[853]. Darüber hinaus würde die Übertragung aller Anteile an einer inländischen Grundbesitz haltenden Personengesellschaft auf einen Erwerber zum Erlöschen der Personengesellschaft durch Anwachsung gem. § 738 Abs. 1 Satz 1 BGB führen, so dass der Übergang des Eigentums an dem dieser gehörenden Grundvermögen nach § 1 Abs. 1 Nr. 3 GrEStG der Besteuerung unterliegt[854]. Werden somit unmittelbar oder mittelbar mindestens 95 % der Anteile an einer Kapitalgesellschaft, die inländisches Grundvermögen besitzt, in die Holding eingebracht, ist der Vorgang nach § 1 Abs. 3 Nr. 3 GrEStG steuerbar. Werden die Anteile an der Beteiligungsgesellschaft nicht im Wege der Einzelrechtsnachfolge, sondern z.B. auf dem Wege der partiellen Gesamtrechtsnachfolge in die Holding eingebracht, richtet sich eine mögliche Grunderwerbsteuerpflicht nach § 1 Abs. 3 Nr. 4 GrEStG. Nach § 1 Abs. 3 Nr. 1 bzw. § 1 Abs. 3 Nr. 2 GrEStG unterliegen der Grunderwerbsteuer auch entsprechende Anteilseinbringungen, wenn die Holding bereits Gesellschafterin der Grundbesitz haltenden Gesellschaft ist und es durch die Anteilseinbringung zu einer **Anteilsvereinigung** im Sinne der Vorschriften kommt, oder aber mehrere Gesellschafter ihre Anteile in die Holding einbringen und dadurch der Tatbestand der Anteilsvereinigung erfüllt wird[855]. Im Übrigen ist zu beachten, dass § 1 Abs. 3 GrEStG gegenüber § 1 Abs. 2a GrEStG nachrangig ist[856]. Darüber hinaus ist in mehrstufigen Konzernstrukturen zu beachten, dass auch die mittelbare Übertragung von Anteilen an Grundbesitz haltenden Gesellschaften bei Schaffung einer Holdingstruktur zur Grunderwerbsteuerpflicht führen kann. Für den Anwendungsbereich des § 1 Abs. 3 GrEStG reicht es aus, wenn der entsprechende Anteilsumfang (mindestens 95 %) in der Hand von herrschenden und abhängigen Unternehmen gehalten wird. Abhängig sind i.S.d. § 1 Abs. 3 GrEStG nach § 1 Abs. 4 Nr. 2 Buchst. b GrEStG juristische Personen, die nach dem Gesamtbild der tatsächlichen Verhältnisse finanziell, wirtschaftlich und organisatorisch in ein Unternehmen eingegliedert sind. Hiermit werden die umsatzsteuerlichen Organschaftsvoraussetzungen gem. § 2 Abs. 2 Satz 2 UStG für Zwecke der Grunderwerbsteuer herangezogen (vgl. dazu Rz. 14.579 ff.). Wie sich aus dem Wortlaut des § 1 Abs. 4 Nr. 2 Buchst. b GrEStG ergibt, kommen als abhängige Unternehmen nur juristische Personen, nicht hingegen Personengesellschaften in Betracht[857]. Demzufolge lassen sich grunderwerbsteuerpflichtige Tatbestände ggf. durch die Einschaltung von Personengesellschaften und/oder die Zurückbehaltung eines Beteiligungsumfanges von mehr als 5 % vorbehaltlich der Regelung des § 1 Abs. 3a GrEStG (vgl. dazu Rz. 14.321) vermeiden. Mehrstufige Konzernstrukturen werden allerdings – abgesehen von der Frage der Abhängigkeit – nur dann zusammengerechnet, wenn jede Stufe mindestens einen Beteiligungsumfang von 95 % repräsentiert[858]. Steuerschuldner ist in den Fällen des § 1 Abs. 3 GrEStG nach § 13 Nr. 5 GrEStG grundsätzlich der Erwerber, bei der Anteilsvereinigung in der Hand mehrerer Unternehmen oder Personen, diese Beteiligten. Für die vorgenannten grunderwerbsteuerbaren Vorgänge kommt ggf. eine Steuerbefreiung nach § 6a GrEStG zur Anwendung (vgl. dazu Rz. 14.322 ff.). Die durch eine Anteilseinbringung entstandene Grunderwerbsteuer kann als Betriebsausgabe abgezogen werden (vgl. Rz. 14.308).

852 Vgl. BFH v. 9.4.2008 – II R 39/06, BFH/NV 2008, 1529; FG Berlin-Brandenburg v. 16.10.2013 – 11 K 4248/10, EFG 2014, 221, rkr.; *Meßbacher-Hönsch* in Boruttau, § 1 GrEStG Rz. 955; *Weilbach*, § 1 GrEStG Rz. 87; Gleichlautender Erlass der obersten Finanzbehörden der Länder v. 19.9.2018, BStBl. I 2018, 1069, Tz. 3; BFH v. 26.7.1995 – II R 68/92, BStBl. II 1995, 736; BFH v. 26.7.1995 – II R 67/92, BFH/NV 1996, 171.

853 Gleich lautender Erlass der obersten Finanzbehörden der Länder v.12.11.2018, BStBl. I 2018, 1314, Tz. 7; *Meßbacher-Hönsch* in Boruttau, § 1 GrEStG Rz. 926.

854 *Meßbacher-Hönsch* in Boruttau, § 1 GrEStG Rz. 350.

855 Die durch die Anteilsvereinigung ausgelöste Grunderwerbsteuer ist nicht als Anschaffungsnebenkosten zu aktivieren, sondern sofort abzugsfähige Betriebsausgabe, vgl. BFH v. 20.4.2011 – I R 2/10, BStBl. II 2011, 761 m.w.N.

856 Gleichlautender Erlass der obersten Finanzbehörden der Länder v. 12.11.2018, BStBl. I 2018, 1314, Tz. 7.

857 BFH v. 8.8.2001 – II R 66/98, BStBl. II 2002, 156 (158).

858 Gleichlautender Erlass der obersten Finanzbehörden der Länder v. 2.12.1999, BStBl. I 1999, 991; Finanzministerium Baden-Württemberg, Erlass v. 14.2.2000, DStR 2000, 430.

Die Sacheinlage eines Mitunternehmeranteils kann sowohl nach § 1 Abs. 3 GrEStG als auch nach § 1 Abs. 2a GrEStG **Grunderwerbsteuer** auslösen. § 1 Abs. 2a GrEStG geht der Regelung des § 1 Abs. 3 GrEStG vor, wie sich aus dem Einleitungssatz des § 1 Abs. 3 GrEStG ergibt[859]. Nach § 1 Abs. 2a Satz 1 GrEStG ist ein grunderwerbsteuerpflichtiger Tatbestand gegeben, wenn sich bei einer Personengesellschaft, zu deren Vermögen ein inländisches Grundstück gehört, innerhalb von fünf Jahren der Gesellschafterbestand unmittelbar oder mittelbar dergestalt ändert, dass mindestens 95 % der Anteile am Gesellschaftsvermögen auf neue Gesellschafter übergehen. In diesem Fall gilt dies als ein auf die Übereignung des Grundstücks auf eine neue Personengesellschaft[860] gerichtetes Rechtsgeschäft. Während es bei der unmittelbaren Änderung des Gesellschafterbestandes auf den zivilrechtlich wirksamen Übergang des Mitgliedschaftsrechtes an der Gesellschaft ankommt, richtet sich die mittelbare Änderung im Gesellschafterbestand nach § 1 Abs. 2a Sätze 2 bis 5 GrEStG[861]. Eine mittelbare Änderung im Gesellschafterbestand einer an einer grundbesitzenden Personengesellschaft ist durch Multiplikation der Vomhundertsätze der mittelbar am Gesellschaftsvermögen Beteiligten zu ermitteln und löst dann Grunderwerbsteuer nach § 1 Abs. 2a GrEStG aus, wenn es dadurch (zusammen mit unmittelbaren Änderungen im Gesellschafterbestand) zu einer Änderung im Gesellschafterbestand von mindestens 95 % kommt. Ist eine Kapitalgesellschaft an einer Personengesellschaft unmittelbar oder mittelbar beteiligt, gilt, dass eine unmittelbar beteiligte Kapitalgesellschaft in vollem Umfang als neue Gesellschafterin gilt, wenn an ihr mindestens 95 % der Anteile auf neue Gesellschafter übergehen (§ 1 Abs. 2a Satz 4 GrEStG). Bei mehrstufigen Beteiligungen gilt dies auf der Ebene jeder mittelbar beteiligten Kapitalgesellschaft entsprechend (§ 1 Abs. 2a Satz 4 GrEStG). Neue Mitglieder einer grundbesitzenden Personengesellschaft im Sinne des § 1 Abs. 2a Satz 1 GrEStG können natürliche und juristische Personen sowie Personengesellschaften sein. Die Einbringung von Mitunternehmeranteilen an einer Grundbesitz haltenden Personengesellschaft kann daher unter den zuvor genannten Voraussetzungen Grunderwerbsteuer auslösen[862]. Steuerschuldner der Grunderwerbsteuer ist gem. § 13 Nr. 6 GrEStG die Personengesellschaft. Ein nach § 1 Abs. 2a GrEStG steuerbarer Vorgang kann nach § 6a GrEStG grunderwerbsteuerbefreit sein (vgl. dazu Rz. 14.322 ff.). Die durch eine Anteilseinbringung entstandene Grunderwerbsteuer kann als Betriebsausgabe abgezogen werden (vgl. Rz. 14.308). 14.320

Bei § 1 Abs. 3a GrEStG handelt sich um einen Fiktionstatbestand, durch den die durch sog. **RETT-Blocker-Strukturen**[863] beabsichtigte Vermeidung der Besteuerung, verhindert werden soll[864]. § 1 Abs. 3a GrEStG ist ausweislich seines Einleitungssatzes gegenüber den Tatbeständen der §§ 1 Abs. 2a, Abs. 3 GrEStG nachrangig[865]. Die Rechtsfolge des § 1 Abs. 3a Satz 1 GrEStG besteht darin, einen Rechtsvorgang, aufgrund dessen ein Rechtsträger unmittelbar oder mittelbar oder teils unmit- 14.321

859 Gleichlautender Erlass der obersten Finanzbehörden der Länder v. 12.11.2018, BStBl. I 2018, 1314, Tz. 7; vgl. hierzu auch *Behrens*, DStR 2014, 1516 ff. sowie *Stangl/Aichberger*, DB 2014, 1509 ff.

860 Als Personengesellschaften i.S.d. § 1 Abs. 2a GrEStG kommen insbesondere GbR, OHG, KG, GmbH & Co. KG sowie ausländische Personengesellschaften, deren rechtliche Struktur den inländischen Personengesellschaften entspricht, in Betracht, vgl. Gleichlautende Erlasse der obersten Finanzbehörden der Länder v. 12.11.2018, BStBl. I 2018, 1314, Tz. 2.

861 BFH v. 24.4.2013 – II R 17/10, BStBl. II 2013, 833 (835), Rz. 13 ff.; BFH v. 9.7.2014 – II R 49/12, DStR 2014, 1829, Rz. 14 ff.

862 Vgl. hierzu im Einzelnen: Gleichlautende Erlasse der obersten Finanzbehörden der Länder v. 12.11. 2018, BStBl. I 2018, 1314. Die hierdurch ausgelöste Grunderwerbsteuer ist nicht als Anschaffungsnebenkosten zu aktivieren, sondern sofort abzugsfähige Betriebsausgabe bzw. Werbungskosten, vgl. FG München v. 22.10.2013 – 5 K 1847/13, EFG 2014, 478, bestätigt durch BFH v. 2.9.2014 – IX R 50/13, DStR 2015, 291.

863 Real Estate Transfer Tax-Blocker-Strukturen.

864 Begründung zu dem Entwurf eines Jahressteuergesetzes 2013 v. 10.4.2013, BT-Drucks. 17/13033, 110; s. auch. Gleichlautende Erlasse der obersten Finanzbehörden der Länder v. 19.9.2018, BStBl. I 2018, 1078, Tz. 1.

865 Vgl. Gleichlautende Erlasse der obersten Finanzbehörden der Länder v. 19.9.2018, BStBl. I 2018, 1078, Tz. 3.

telbar, teils mittelbar eine wirtschaftliche Beteiligung i.H.v. mindestens 95 % an einer Gesellschaft, zu deren Vermögen ein inländisches Grundstück gehört, als Rechtsvorgang i.S.d. § 1 Abs. 3 GrEStG zu fingieren. Die Norm stellt damit teilweise abweichend von § 1 Abs. 2a und Abs. 3 GrEStG auf eine wirtschaftliche Beteiligung i.H.v. mindestens 95 % ab. Mit der neu geschaffenen Regelung sollen Strukturen vermieden werden, die darauf abzielen, bei einem Rechtsträgerwechsel die grunderwerbsteuerrechtliche Zuordnung eines inländischen Grundstücks durch Zwischenschaltung einer Gesellschaft, an der ein Fremder wirtschaftlich nicht oder nur geringfügig beteiligt ist, zu verhindern[866]. Die Regelung gilt für Kapitalgesellschaften und Personengesellschaften gleichermaßen[867]. Die Höhe der wirtschaftlichen Beteiligung ergibt sich gem. § 1 Abs. 3a Satz 2 GrEStG aus der Summe der unmittelbaren und mittelbaren Beteiligungen am Kapital oder am Vermögen der Gesellschaft. Nach § 1 Abs. 3a GrEStG sind für die Ermittlung der mittelbaren Beteiligungen die Vomhundertsätze am Kapital oder am Vermögen der Gesellschaften zu multiplizieren. Durch das Abstellen auf eine unmittelbare oder mittelbare wirtschaftliche Beteiligung von mindestens 95 % an der grundbesitzhaltenden Gesellschaft sind die vormals möglichen Gestaltungen, die im Grundsatz mit einer unmittelbaren 94,9%igen Beteiligung in Kombination mit einer mittelbar gehaltenen 5,1%igen Beteiligung funktionierten, hinfällig[868]. Die Regelung führt dazu, dass alle Beteiligungen am Kapital oder Vermögen einer Gesellschaft rechtsformneutral anteilig zu berücksichtigen sind. Bei mittelbarer Beteiligung ist die Beteiligung am Kapital oder Vermögen aufgrund der vorgesehenen Multiplikation „durchzurechnen“. Die unmittelbaren und mittelbaren Beteiligungen eines Rechtsträgers an der Gesellschaft mit inländischem Grundstück werden für die Ermittlung der maßgeblichen wirtschaftlichen Beteiligung zusammengerechnet[869]. Steuerschuldner ist im Fall des § 1 Abs. 3a GrEStG gem. § 13 Nr. 7 GrEStG der Rechtsträger, der die wirtschaftliche Beteiligung innehat. Liegt der Tatbestand des § 1 Abs. 3a GrEStG vor, kann eine Steuerbefreiung gem. § 6a GrEStG in Betracht kommen (vgl. dazu Rz. 14.322 ff.).

14.322 § 6a GrEStG sieht unter besonderen Voraussetzungen eine Befreiung von der Grunderwerbsteuer bei Umstrukturierungen in Konzernfällen vor. Weder die erstmalige Bildung von Holding- bzw. Konzernstrukturen noch deren Entflechtung sind dem Grunde nach allerdings privilegiert. Zudem werden durch die Haltefrist von fünf Jahren vor und nach der Umstrukturierung außersteuerlich begründete Umstrukturierungsmaßnahmen im fiskalischen Interesse unnötig behindert.

14.323 § 6a Satz 1 GrEStG gewährt eine **sachliche Steuerbefreiung** für nach § 1 Abs. 1 Nr. 3 Satz 1, Abs. 2, 2a, 3 oder Abs. 3a GrEStG steuerbare Rechtsvorgänge auf Grund einer **Umwandlung** i.S.d. § 1 Abs. 1 Nr. 1 bis 3 UmwG, einer Einbringung oder eines anderen Erwerbsvorganges auf gesellschaftsvertraglicher Grundlage. Durch den ausdrücklichen Verweis auf Umwandlungen i.S.d. § 1 Abs. 1 Nr. 1 bis 3 UmwG kommen insoweit die Verschmelzung, Spaltung und Vermögensübertragung, nicht hingegen der Formwechsel, als die Steuerbarkeit auslösende Vorgänge in Betracht. Die Nichteinbeziehung des Formwechsels in die Aufzählung der Umwandlungsvorgänge erschließt sich vor dem Hintergrund, dass es sich hierbei, anders als bei den anderen Umwandlungsvorgängen, nicht um einen Rechtsträgerwechsel an einem Grundstück im Sinne des Grunderwerbsteuergesetzes handelt[870]. Nach § 6a Satz 2 GrEStG wird der Anwendungsbereich der sachlichen Steuerbefreiung auf entsprechende Umwandlungen, Einbringungen sowie andere Erwerbsvorgänge auf Grund des Rechts eines EU- oder EWR-Staates erweitert. Die hiernach erforderliche Vergleichbarkeitsprüfung ist in Anlehnung an die

---

866 Begründung zu dem Entwurf eines Jahressteuergesetzes 2013 v. 10.4.2013, BT-Drucks. 17/13033, 110.

867 Gleichlautende Erlasse der obersten Finanzbehörden der Länder v. 19.9.2018, BStBl. I 2018, 1078, Tz. 1.

868 Vgl. Gleichlautende Erlasse der obersten Finanzbehörden der Länder v. 19.9.2018, BStBl. I 2018, 1078, Tz. 2 Beispiel 1.

869 Begründung zu dem Entwurf eines Jahressteuergesetzes 2013 v. 10.4.2013, BT-Drucks. 17/13033, 110 f.

870 Vgl. Bericht des Finanzausschusses zu dem Entwurf eines Gesetzes zur Beschleunigung des Wirtschaftswachstums (Wachstumsbeschleunigungsgesetz) v. 3.12.2009, BT-Drucks. 17/147, 10; *Viskorf* in Boruttau, § 6a GrEStG Rz. 29.

umwandlungssteuerrechtlichen Vorgaben[871] durchzuführen[872]. § 6a Satz 1 Halbs. 2 GrEStG erweitert damit den Tatbestand der die Steuerbarkeit auslösenden Umwandlungsvorgänge um die Einbringungen und andere Erwerbsvorgänge auf gesellschaftsvertraglicher Grundlage. Die dort genannten Vorgänge treten damit als selbständige Alternative neben diejenige der Umwandlung. Beide Alternativen erfordern aber eine Steuerbarkeit nach der im Einleitungsteil des § 6a Satz 1 GrEStG aufgezählten Normen[873].

Nach § 6a Satz 3 GrEStG gilt die sachliche Grunderwerbsteuerbefreiung nur, wenn an dem in Satz 1 genannten Rechtsvorgang ausschließlich ein **herrschendes Unternehmen** und ein oder mehrere von diesem herrschenden Unternehmen **abhängige Gesellschaften** oder mehrere von einem herrschenden Unternehmen abhängige Gesellschaften beteiligt sind. Gemäß § 6a Satz 4 GrEStG ist eine Gesellschaft im vorstehenden Sinn abhängig, wenn das herrschende Unternehmen an deren Kapital oder Gesellschaftsvermögen innerhalb von fünf Jahren vor dem Rechtsvorgang und fünf Jahren nach dem Rechtsvorgang unmittelbar oder mittelbar oder teils unmittelbar, teils mittelbar zu mindestens 95 % ununterbrochen beteiligt ist (sog. grunderwerbsteuerlicher Verbund). Die Regelung einer sog. **Vor- und Nachbehaltensfrist** von jeweils fünf Jahren soll ungewollte Mitnahmeeffekte verhindern[874]. Die Regelung stellt sich letztlich als erhebliches Umstrukturierungshindernis dar, weil in der Summe eine Behaltefrist von mindestens zehn Jahren erfüllt werden muss. Der BFH legt – anders als die Finanzverwaltung[875] – § 6a Satz 4 GrEStG im Sinne einer an der Systematik und des Zwecks des § 6a GrEStG ausgerichteten Auslegung dahingehend weit aus, dass die dort genannten Vor- und Nachbehaltensfristen nur insoweit eingehalten werden müssen, als sie aufgrund eines begünstigten Umwandlungsvorgangs auch eingehalten werden können[876]. Daraus schlussfolgert der BFH[877], dass bei Umwandlungsvorgängen zwischen einer abhängigen Gesellschaft und einem beherrschenden Unternehmen in Fällen der Verschmelzung nur die Vorbehaltensfrist und den Fällen der Abspaltung oder Ausgliederung zur Neugründung nur die Nachbehaltensfrist eingehalten werden muss. Das gilt bei der Verschmelzung sowohl für die Verschmelzung auf die abhängige Gesellschaft als auch für die Verschmelzung auf das herrschende Unternehmen. Die Nachbehaltensfrist muss bei der Verschmelzung, die Vorbehaltensfrist bei der Abspaltung oder Ausgliederung zur Neugründung nicht eingehalten werden, um die Steuerbegünstigung des § 6a GrEStG zu erlangen. Entsprechendes gilt, wenn mehrere von einem herrschenden Unternehmen abhängige Gesellschaften an dem Umwandlungsvorgang beteiligt sind. In diesem Fall muss bei der Verschmelzung die Nachbehaltensfrist nur in Bezug auf die aufnehmende Gesellschaft, die Vorbehaltensfrist in Bezug auf die beiden abhängigen Gesellschaften eingehalten werden. Bei der Abspaltung oder Ausgliederung zur Neugründung muss die Vorbehaltensfrist nur in Bezug auf die abgebende Gesellschaft und die Nachbehaltensfrist in Bezug auf beide abhängigen Gesellschaften eingehalten werden. Unerheblich für die Anwendung des § 6a GrEStG ist nach der Rechtsprechung des BFH auch, wenn durch die Umwandlung (umwandlungsbedingt) der grunderwerbsteuerliche Verbund i.S.v. § 6a Satz 4 GrEStG beendet wird[878]. Angesichts des Sinn- und Zwecks des § 6a Satz 4 GrEStG, ungewollte Mitnahmeeffekte zu vermeiden[879], sollte die Einhaltung der **Vorbehaltensfrist** – entgegen der Rechtsprechung des BFH – nur auf die Beteiligung an dem übertragenden Rechtsträger erforderlich sein. Vor dem Hintergrund des Ziels der Missbrauchsvermeidung ist es nicht einzusehen, warum das herrschende Unternehmen 14.324

871 Vgl. dazu: BMF v. 11.11.2011, BStBl. I 2011, 1314, Rz. 01.20 bis 01.42.

872 *Pahlke* in Pahlke, § 6a GrEStG Rz. 26.; *Weilbach*, § 6a GrEStG Rz. 21; Gleichlautender Erlass der obersten Finanzbehörden der Länder v. 19.6.2012, BStBl. I 2012, 662, Tz. 3.2.

873 Vgl. *Viskorf* in Boruttau, § 6a GrEStG Rz. 32 ff.

874 Begründung zu dem Entwurf eines Gesetzes zur Beschleunigung des Wirtschaftswachstums (Wachstumsbeschleunigungsgesetz) v. 9.11.2009, BT-Drucks. 17/15, 21.

875 Gleichlautender Erlass der obersten Finanzbehörden der Länder v. 19.6.2012 – BStBl. I 2012, 662, Rz. 4 und 5.

876 Vgl. nur BFH v. 21.8.2019 – II R 15/19, DStR 2020, 343.

877 Vgl. nur BFH v. 21.8.2019 – II R 15/19, DStR 2020, 343.

878 BFH v. 22.8.2019 – II R 18/19, AG 2020, 395 = ZIP 2020, 365 = DStR 2020, 337.

879 Vgl. BT-Drucks. 17/147, 10.

auch am **übernehmenden Rechtsträger** seit mind. 5 Jahren beteiligt sein soll, wo doch dem übernehmenden Rechtsträger vor der Umwandlung das Grundstück gar nicht zuzurechnen war. Insoweit sollte es zur Vermeidung von Missbräuchen allein ausreichen, wenn die **Vorbehaltensfrist** in Bezug auf den **übertragenden** Rechtsträger erfüllt wird. Zudem sollte die Einhaltung der fünfjährigen **Nachbehaltensfrist** nur in Bezug auf den **übernehmenden** Rechtsträger beachtlich sein, da die fünfjährige Nachbehaltensfrist in Bezug auf übertragenden Rechtsträger zur Vermeidung von Missbräuchen ebenfalls nicht erforderlich ist. Die in Bezug auf den übernehmenden Rechtsträger zu beachtende Nachbehaltensfrist sollte zudem enden, sobald das Grundstück durch den übernehmenden Rechtsträger grunderwerbsteuerbar veräußert wurde[880].

14.325 Für Holdinggesellschaften stellt sich die Auffassung der Finanzverwaltung zu der Frage, was ein **herrschendes Unternehmen** i.S.d. § 6a GrEStG ist, als besonders problematisch dar. Die Finanzverwaltung geht davon aus, dass ein herrschendes Unternehmen i.S.d. § 6a GrEStG rechtsformunabhängig sowohl eine natürliche Person oder eine juristische Person und auch eine Personengesellschaft sein könne, jedoch müsse es sich jeweils um einen **Unternehmer** im umsatzsteuerrechtlichen Sinne handeln. Demzufolge dürfe das herrschende Unternehmen keine reine Finanzholdinggesellschaft sein (vgl. zu den hiermit verbundenen Problemen bei der Umsatzsteuer Rz. 14.153 ff.). Im Ergebnis kommt nach Sichtweise der Finanzverwaltung im dem hier interessierenden Zusammenhang nur eine Führungs- bzw. Funktionsholding (vgl. dazu Rz. 14.516 ff.) als herrschendes Unternehmen i.S.d. § 6a GrEStG in Betracht[881]. Der BFH hat nunmehr dementgegen entschieden, dass der Anwendungsbereich des § 6a GrEStG nicht auf Unternehmen i.S.d. Umsatzsteuergesetzes beschränkt ist[882]. Ausreichend ist, dass das herrschende Unternehmen wirtschaftlich tätig ist, wobei das Halten einer Beteiligung hierfür genügt[883]. Damit kann jeder Rechtsträger herrschendes Unternehmen i.S.d. § 6a GrEStG sein. Es ist auch dementsprechend – entgegen der Sichtweise der Finanzverwaltung – nicht erforderlich, dass die Beteiligung an der abhängigen Gesellschaft dem unternehmerischen Bereich des herrschenden Unternehmens zugeordnet werden kann[884]. Auch ist irrelevant, ob die Beteiligung an der abhängigen Gesellschaft dem Betriebsvermögen oder dem Privatvermögen des beherrschenden Rechtsträgers zuzuordnen ist, da es auf diese ertragsteuerrechtliche Einordnung i.R.v. § 6a GrEStG nicht ankommt[885]. Entsprechend können sich auch Finanzholdinggesellschaften als herrschendes Unternehmen im Rahmen eines grunderwerbsteuerlichen Verbunds qualifizieren.

b) Spaltung

14.326 Mit den Begriffen **Aufspaltung, Abspaltung** und **Ausgliederung** (jeweils zur Neugründung) bezeichnet das Umwandlungsgesetz in dem hier interessierenden Zusammenhang in §§ 1 Abs. 1 Nr. 2 i.V.m. 123 Abs. 1 Nr. 2, Abs. 2 Nr. 2 und Abs. 3 Nr. 2 UmwG die Sonderformen der Sachgründung durch Vermögensübertragung im Wege der Sonderrechtsnachfolge auf neu gegründete Rechtsträger[886]. Der Begriff der **Aufspaltung zur Neugründung** ist dadurch gekennzeichnet, dass ein bestehender Rechtsträger sein Vermögen unter Auflösung ohne Abwicklung auf mindestens zwei neu zu gründende Rechtsträger gegen Gewährung von Gesellschaftsanteilen an die Anteilsinhaber des übertragenden Rechtsträgers überträgt. Die **Abspaltung zur Neugründung** beinhaltet die Übertragung eines Teils des Vermögens eines übertragenden Rechtsträgers als Gesamtheit auf mindestens einen neu gegründeten Rechtsträger gegen Gewährung von Gesellschaftsanteilen an die Anteilsinhaber des übertragenden Rechtsträgers. Mit der **Ausgliederung zur Neugründung** wird schließlich der Fall er-

880 Vgl. *Behrens*, BB 2019, 360.
881 *Pahlke* in Pahlke, § 6a GrEStG Rz. 44.
882 Vgl. nur BFH v. 21.8.2019 – II R 15/19, DStR 2020, 343; so auch *Viskorf* in Boruttau, § 6a GrEStG, Rz. 84; *Pahlke* in Pahlke, § 6a GrEStG Rz. 44; *Hofmann* in Hofmann, § 6a GrEStG, Rz. 11; *Behrens*, DStR 2012, 2149; *Stangl/Brühl*, DStR 2016, 24 m.w.N.
883 Vgl. nur BFH v. 21.8.2019 – II R 15/19, DStR 2020, 343.
884 Vgl. nur BFH v. 21.8.2019 – II R 15/19, DStR 2020, 343.
885 Vgl. nur BFH v. 21.8.2019 – II R 15/19, DStR 2020, 343.
886 Vgl. hierzu: BMF v. 11.11.2011, BStBl. I 2011, 1314, Rz. 01.13 ff.

fasst, dass ein Rechtsträger aus seinem Vermögen einen Teil oder mehrere Teile als Gesamtheit auf mindestens einen neu gegründeten Rechtsträger gegen Gewährung von Gesellschaftsanteilen an den übertragenden Rechtsträger überträgt. Das UmwG ermöglicht darüber hinaus auch die Spaltung auf bereits bestehende Rechtsträger (vgl. §§ 123 Abs. 1 Nr. 1, Abs. 2 Nr. 1, Abs. 3 Nr. 1 UmwG). Ebenso ist die Spaltung zugleich auf bestehende und neu gegründete Rechtsträger zulässig (vgl. § 123 Abs. 4 UmwG). Als aufnehmende und übertragende Rechtsträger, die an einer Auf-, Abspaltung oder Ausgliederung teilnehmen können, kommen u.a. Kapitalgesellschaften und Personenhandelsgesellschaften in Betracht (§ 124 i.V.m. § 3 Abs. 1 UmwG).

Wie sich aus § 1 Abs. 1 Satz 1 Nr. 1 UmwStG ergibt, finden der 2. bis 5. Teil des UmwStG auch auf die den dort genannten inländischen Umwandlungen **vergleichbaren ausländischen Rechtsvorgänge** Anwendung. Hierbei handelt es sich um Umwandlungen, bei denen auf den übertragenden Rechtsträger oder auf den übernehmenden Rechtsträger bzw. beim Formwechsel auf den umwandelnden Rechtsträger das UmwG nach den allgemeinen Grundsätzen kollisionsrechtlich keine Anwendung findet. Das für die Umwandlung maßgebliche Recht bestimmt sich regelmäßig nach dem Gesellschaftsstatut des Staats, in dem der jeweilige Rechtsträger in ein öffentliches Register eingetragen ist. Ist er nicht oder noch nicht in ein öffentliches Register eingetragen, ist das Gesellschaftsstatut des Staats maßgeblich, nach dem er organisiert ist[887]. Auch grenzüberschreitende Umwandlungsvorgänge unter Beteiligung von Rechtsträgern, die dem deutschen Gesellschaftsstatut unterliegen, sind derartige ausländische Vorgänge. Ein ausländischer Vorgang kann auch dann gegeben sein, wenn sämtliche beteiligten Rechtsträger im Inland unbeschränkt steuerpflichtig sind, weil sie z.B. den Ort der Geschäftsleitung im Inland, jedoch ihren statutarischen Sitz in ihren Gründungsstaaten haben[888]. Der ausländische Umwandlungsvorgang muss mit einem inländischen vergleichbar sein. Die Prüfung der **Vergleichbarkeit** erfolgt durch die im jeweiligen Einzelfall zuständige inländische Finanzbehörde. Die Vergleichbarkeit ist gegeben, wenn der ausländische Umwandlungsvorgang seinem Wesen nach einer Verschmelzung, Auf-, Abspaltung oder einem Formwechsel i.S.d. UmwG entspricht[889]. 14.327

Durch die einzelnen **Spaltungsarten** lassen sich in besonderer Weise Holdingstrukturen schaffen. Die insoweit relevanten umwandlungs- und umwandlungssteuerrechtlichen Vorschriften qualifizieren sich durchaus als holdingspezifische Regelungen, weil sie, ebenso wie die Regelungen über den Anteilstausch nach § 21 UmwStG, die Errichtung von Holdingstrukturen bzw. die Neuordnung von Beteiligungsverhältnissen (steuerlich) erleichtern. Zu nennen sind etwa die Fälle, in denen aus einem Stammhauskonzern operative Einheiten abgespalten werden, so dass sich das Stammhausunternehmen zu einer (gemischten) Holding wandelt. Ebenso gehören hierzu die Fälle, in denen operative Einheiten in Sparten- oder Zwischenholdings aufgeteilt werden[890]. Schließlich lassen sich durch Spaltungsvorgänge auch Beteiligungsgesellschaften auf der Ebene von Holdinggesellschaften bündeln. 14.328

Das UmwStG unterscheidet in §§ 15, 16 zwischen der Auf- und Abspaltung auf eine **Körperschaft** und auf eine **Personengesellschaft**, wobei als übertragender Rechtsträger jeweils nur Körperschaften erwähnt sind. Daneben umfasst der 4. Teil des UmwStG (§§ 15, 16 UmwStG) die hier nicht weiter zu behandelnde Vermögensübertragung (Teilübertragung) nach § 174 UmwG. Für die Spaltung einer Kapitalgesellschaft in Gestalt der Auf- bzw. Abspaltung ordnet § 15 Abs. 1 UmwStG die entsprechende Anwendung der §§ 11 bis 13 UmwStG vorbehaltlich des § 16 UmwStG an, wenn im Falle der Aufspaltung auf die übernehmenden Rechtsträger jeweils Teilbetriebe übergehen und im Falle der Abspaltung auch der verbleibende Vermögensteil einen Teilbetrieb darstellt. Aufgrund ausdrücklicher gesetzlicher Fiktion gilt nach § 15 Abs. 1 Satz 3 UmwStG als Teilbetrieb auch ein Mit- 14.329

887 BMF v. 11.11.2011, BStBl. I 2011, 1314, Rz. 01.20.
888 BMF v. 11.11.2011, BStBl. I 2011, 1314, Rz. 01.22.
889 Vgl. zu den weiteren Einzelheiten: BMF v. 11.11.2011, BStBl. I 2011, 1314, Rz. 01.23 ff.
890 Begründung zu dem Entwurf eines Gesetzes der CDU/CSU- und FDP-Fraktionen zur Bereinigung des Umwandlungsrechts (UmwBerG) v. 1.2.1994, BT-Drucks. 12/6699, 74.

unternehmeranteil oder die Beteiligung an einer Kapitalgesellschaft, die das gesamte Nennkapital der Gesellschaft umfasst. Diese Fiktionstatbestände sind in besonderer Weise geeignet, die Bildung von Holdingstrukturen steuerlich zu erleichtern, weil sie eine Zusammenführung von Beteiligungsgesellschaften in der Rechtsform einer Personen- oder Kapitalgesellschaft auf der Ebene einer (Zwischen-)Holding ohne weitere ertragsteuerliche Belastung ermöglichen. Allerdings stellt § 15 Abs. 1 Satz 2 UmwStG für die Steuerneutralität mit dem Erfordernis eines (verbleibenden) Teilbetriebs (sog. **doppeltes Teilbetriebserfordernis**)[891] eine erhebliche Hürde auf, die in der Praxis oftmals zu einem Spaltungshindernis wird. Zudem weicht das UmwStG insoweit von den Regelungen des UmwG ab, wonach lediglich auf die Übertragung von Vermögensteilen abgestellt wird (§ 123 UmwG). Die umwandlungsrechtlich zu den Spaltungsvorgängen zählende **Ausgliederung** (vgl. § 1 Abs. 1 Satz 2, 123 Abs. 3 UmwG) gehört umwandlungssteuerrechtlich zu den Einbringungsvorgängen nach § 20 bzw. 24 UmwStG (vgl. § 1 Abs. 3 Nr. 2 UmwStG)[892].

14.330 In **persönlicher Hinsicht** ist Voraussetzung für die Anwendung des § 15 UmwStG nach § 1 Abs. 1 Nr. 1 i.V.m. Abs. 2 Satz 1 Nr. 1 UmwStG, dass die übertragenden und übernehmenden Rechtsträger nach den Vorschriften eines Mitgliedstaates der Europäischen Union oder eines EWR-Staates gegründete Gesellschaften i.S.d. Art. 54 AEUV oder Art. 34 EWR-Abkommen sind, deren Sitz und Ort der Geschäftsleitung sich innerhalb eines dieser Staaten befinden. Die in § 1 Abs. 1 Nr. 1 i.V.m. Abs. 2 Satz 1 Nr. 2 UmwStG vorgesehene Alternative, wonach neben dem übertragenden Rechtsträger i.S.d. § 1 Abs. 2 Satz 1 Nr. 1 UmwStG übernehmender Rechtsträger eine natürliche Person sein kann, kommt im Zusammenhang mit der Errichtung einer Holdinggesellschaft durch einen Spaltungsvorgang nicht in Betracht. Nach § 1 Abs. 1 Nr. 1 i.V.m. Abs. 2 Satz 2 UmwStG gilt eine Europäische Gesellschaft im Sinne der Verordnung (EG) Nr. 2157/2001 und eine Europäische Genossenschaft im Sinne der Verordnung (EG) Nr. 1435/2003 für die Anwendung des § 1 Abs. 2 Satz 1 UmwStG als eine nach den Rechtsvorschriften des Staates gegründete Gesellschaft, in dessen Hoheitsgebiet sich der Sitz der Gesellschaft befindet. In persönlicher Hinsicht gelten für den übertragenden und übernehmenden Rechtsträger daher die Ausführungen zu dem übernehmenden Rechtsträger im Rahmen eines Anteilstauschs nach § 21 Abs. 1 UmwStG i.V.m. § 1 Abs. 3 Nr. 4, Abs. 4 Satz 1 Nr. 1, Abs. 2 Satz 1 Nr. 1 UmwStG entsprechend (vgl. dazu Rz. 14.174 ff.). Erfasst werden von der Regelung somit die in § 1 Abs. 1 Nr. 1 KStG genannten Kapitalgesellschaften (insbesondere Europäische Gesellschaften, AG, KGaA und GmbH) sowie die in § 1 Abs. 1 Nr. 2 KStG genannten Genossenschaften einschließlich der Europäischen Genossenschaften. Dies gilt unabhängig davon, ob der übertragende oder übernehmende Rechtsträger unbeschränkt oder beschränkt körperschaftsteuerpflichtig ist[893]. Sog. Drittstaaten-Spaltungen sind hingegen nicht erfasst[894].

14.331 Nach § 15 Abs. 1 Satz 1 UmwStG finden auf den Vermögensübergang einer Körperschaft durch Aufspaltung oder Abspaltung §§ 11 bis 13 UmwStG vorbehaltlich § 15 Abs. 1 Satz 2 und § 16 UmwStG entsprechende Anwendung. Nach § 11 Abs. 1 Satz 1 UmwStG ist in diesem Fall der Vermögensübergang mit dem **gemeinen Wert**, d.h. unter Aufdeckung der stillen Reserven, zu bewerten. Es gelten insoweit die Ausführungen zu § 21 Abs. 1 UmwStG entsprechend (vgl. hierzu Rz. 14.267). Gemäß § 11 Abs. 1 Satz 2 UmwStG gilt für die Bewertung von Pensionsrückstellungen § 6a EStG, so dass der Teilwert anzusetzen ist. Es gelten insoweit die Ausführungen zu § 20 Abs. 2 Satz 1 Halbs. 2 UmwStG entsprechend (vgl. hierzu Rz. 14.267).

---

891 Vgl. Begründung zu dem Entwurf eines Gesetzes über steuerliche Begleitmaßnahmen zur Einführung der Europäischen Gesellschaft und zur Änderung weiterer steuerrechtlicher Vorschriften (SEStEG) v. 25.9.2006, BT-Drucks. 16/2710, 42; vgl. zu der Frage, ob § 15 Abs. 1 Satz 2 UmwStG nur erfordert, dass im Falle der Abspaltung bei der übertragenden Körperschaft mindestens ein Teilbetrieb verbleibt, oder ob das zurückbleibende Vermögen insgesamt zu einem Teilbetrieb gehören muss: *Dötsch/Pung* in Dötsch/Pung/Möhlenbrock, § 15 UmwStG Rz. 56 m.w.N. zum Diskussionsstand.

892 *Hörtnagl* in Schmitt/Hörtnagl/Stratz, § 15 UmwStG Rz. 1.

893 BMF v. 11.11.2011, BStBl. I 2011, 1314, Rz. 01.49.

894 *Dötsch/Pung* in Dötsch/Pung/Möhlenbrock, § 15 UmwStG Rz. 244.

Eine steuerneutrale Auf- bzw. Abspaltung ermöglicht § 15 Abs. 1 Satz 2 i.V.m. § 11 Abs. 2 und § 13 Abs. 2 UmwStG nur, wenn auf die Übernehmerinnen durch Aufspaltung oder Abspaltung ein **Teilbetrieb** übertragen wird und im Fall der Abspaltung bei der übertragenden Körperschaft ein Teilbetrieb verbleibt (sog. **doppeltes Teilbetriebserfordernis**)[895]. Der Begriff des Teilbetriebs i.S.d. § 15 Abs. 1 Satz 2 UmwStG ist nach Maßgabe des Art. 2 Buchst. j Fusionsrichtlinie[896] auszulegen, so dass es sich hierbei um die Gesamtheit der in einem Unternehmen einer Gesellschaft vorhandenen aktiven und passiven Wirtschaftsgüter handelt, die in organisatorischer Hinsicht einen selbständigen Betrieb, d.h. eine aus eigenen Mitteln funktionsfähige Einheit, darstellen[897]. Demzufolge gehören zu einem Teilbetrieb alle funktional wesentlichen Betriebsgrundlagen[898] sowie diesem Teilbetrieb nach wirtschaftlichen Zusammenhängen zuordenbaren Wirtschaftsgüter[899]. Es ist insoweit auf die Sicht des übertragenden Rechtsträgers abzustellen[900]. Die Auf- oder Abspaltung führt an sich zum Übergang des zivilrechtlichen Eigentums nach §§ 123 Abs. 1, 2 i.V.m. § 131 Abs. 1 Nr. 1 UmwG, so dass der Übergang nur des wirtschaftlichen Eigentums an sich für die Anwendung des § 15 UmwStG nicht ausreichen kann[901]. Insoweit soll dann auch die Übertragung des wirtschaftlichen Eigentums nach Ansicht der Finanzverwaltung der Einzelrechtsnachfolge i.S.d. § 1 Abs. 3 Nr. 4 UmwStG gleichgestellt sein[902]. Gleichwohl lässt die Finanzverwaltung im Anwendungsbereich des § 15 UmwStG den Übergang des nur wirtschaftlichen Eigentums genügen[903]. Eine bloße Nutzungsüberlassung reicht jedenfalls nicht aus[904]. 14.332

§ 15 Abs. 1 Satz 3 UmwStG bestimmt als Teilbetrieb im Wege der **gesetzlichen Fiktion** einen **Mitunternehmeranteil** und einen **100 %-Anteil an einer Kapitalgesellschaft**[905]. Als Teilbetrieb gilt nach Auffassung der Finanzverwaltung insoweit auch der **Teil eines Mitunternehmeranteils**. Wird ein solcher übertragen, muss auch das dazu gehörende Sonderbetriebsvermögen anteilig mitübertragen werden[906]. Der Mitunternehmeranteil sowie die 100 %-Beteiligung können sowohl an in- als auch an ausländischen Rechtsträgern bestehen. Einer 100 %-Beteiligung oder einem Mitunternehmeranteil können im Rahmen der Spaltung nur die Wirtschaftsgüter einschließlich der Schulden zugeordnet werden, die in unmittelbarem wirtschaftlichen Zusammenhang mit der Beteiligung oder dem Mitunternehmeranteil stehen. Dazu gehören bei einer 100 %-Beteiligung alle Wirtschaftsgüter, die für die Verwaltung der Beteiligung erforderlich sind (z.B. Erträgniskonten, Einrichtung)[907]. Eine 100 %-Beteiligung stellt keinen eigenständigen Teilbetrieb i.S.d. § 15 Abs. 1 Satz 3 UmwStG dar, 14.333

895 Vgl. Begründung zu dem Entwurf eines Gesetzes über steuerliche Begleitmaßnahmen zur Einführung der Europäischen Gesellschaft und zur Änderung weiterer steuerrechtlicher Vorschriften (SEStEG) v. 25.9.2006, BT-Drucks. 16/2710, 42; vgl. zu der Frage, ob § 15 Abs. 1 Satz 2 UmwStG nur erfordert, dass im Falle der Abspaltung bei der übertragenden Körperschaft mindestens ein Teilbetrieb verbleibt, oder ob das zurückbleibende Vermögen insgesamt zu einem Teilbetrieb gehören muss: *Dötsch/Pung* in Dötsch/Pung/Möhlenbrock, § 15 UmwStG Rz. 56 m.w.N. zum Diskussionsstand.

896 Richtlinie 2009/133/EG v. 19.10.2009, ABl. EG Nr. L 310 v. 25.11.2009, S. 34, zuletzt geändert durch Richtlinie 2013/13/EU v. 13.5.2013, ABl. EU Nr. L 141 v. 28.5.2013, S. 30.

897 BMF v. 11.11.2011, BStBl. I 2011, 1314, Rz. 15.02; *Patt* in Dötsch/Pung/Möhlenbrock, § 15 UmwStG Rz. 58 ff.

898 BFH v. 7.4.2010 – I R 96/08, BStBl. II 2011, 467 (468), Rz. 23; BFH v. 11.6.2013 – I B 144/12, BFH/NV 2013, 1650, Rz. 5.

899 BMF v. 11.11.2011, BStBl. I 2011, 1314, Rz. 15.02; kritisch hierzu: *Schmitt*, DStR 2011, 1108 (1109 f.); *Schumacher* in Rödder/Herlinghaus/van Lishaut, § 15 UmwStG Rz. 134.

900 BFH v. 7.4.2010 – I R 96/08, BStBl. II 2011, 467 (468), Rz. 22 ff.

901 *Dötsch/Pung* in Dötsch/Pung/Möhlenbrock, § 15 UmwStG Rz. 52.

902 BMF v. 11.11.2011, BStBl. I 2011, 1314, Rz. 01.43.

903 BMF v. 11.11.2011, BStBl. I 2011, 1314, Rz. 15.07.

904 BMF v. 11.11.2011, BStBl. I 2011, 1314, Rz. 15.07; BFH v. 7.4.2010 – I R 96/08, BStBl. II 2011, 467.

905 Eine weitere gesetzliche Fiktion enthält § 6 Abs. 2 EnWG, wonach gem. § 7 Abs. 1 und §§ 7a bis 10e EnWG übertragene Wirtschaftsgüter u.a. auch für Zwecke des § 15 UmwStG als Teilbetrieb gelten. Zugleich gilt das sog. doppelte Teilbetriebserfordernis des § 15 Abs. 1 Satz 2 UmwStG als erfüllt.

906 BMF v. 11.11.2011, BStBl. I 2011, 1314, Rz. 15.04.

907 BMF v. 11.11.2011, BStBl. I 2011, 1314, Rz. 15.11.

wenn sie einem Teilbetrieb als funktional wesentliche Betriebsgrundlage zuzurechnen ist. Wird in diesem Fall die 100 %-Beteiligung übertragen, stellt das zurückbleibende Vermögen keinen Teilbetrieb mehr dar[908]. Die gesetzliche Fiktion des § 15 Abs. 1 Satz 3 UmwStG ist für die Errichtung von Holdingstrukturen von besonderer Bedeutung, weil sich hierdurch eine steuerneutrale Herauslösung und Neuordnung von Beteiligungsgesellschaften in der Rechtsform einer Personen- oder Kapitalgesellschaft erreichen lässt. Allerdings kann sich das in § 15 Abs. 1 Satz 2 UmwStG enthaltene doppelte Teilbetriebserfordernis mangels Vorhandensein als Spaltungshindernis herausstellen. Darüber hinaus hat § 15 Abs. 1 Satz 3 UmwStG für Kapitalgesellschaftsbeteiligungen nur eine eingeschränkte Bedeutung, weil es sich um 100 %-Beteiligungen handeln muss. Gegenüber dem qualifizierten Anteilstausch nach § 21 Abs. 1 Satz 2 UmwStG, bei dem eine Mehrheitsbeteiligung ausreichend ist (vgl. hierzu vorstehend Rz. 14.185), beinhaltet § 15 Abs. 1 Satz 3 UmwStG insoweit erhöhte Anforderungen. Im Anwendungsbereich des § 15 UmwStG kann demzufolge eine nicht das gesamte Nennkapital einer Kapitalgesellschaft umfassende Beteiligung nur als Bestandteil eines (echten) Teilbetriebes oder als Sonderbetriebsvermögen im Zusammenhang mit einem Mitunternehmeranteil steuerneutral übertragen werden.

14.334 Nach § 15 Abs. 1 Satz 2 i.V.m. § 11 Abs. 2 UmwStG können die mit dem Teilbetrieb übergehenden Wirtschaftsgüter auf Antrag abweichend von dem Wertansatz nach § 11 Abs. 1 UmwStG mit dem **Buchwert** (vgl. § 1 Abs. 5 Nr. 4 UmwStG) oder einem **höheren Wert**, höchstens jedoch mit dem gemeinen Wert nach § 11 Abs. 1 UmwStG, angesetzt werden, soweit

1. sichergestellt ist, dass sie später bei der übernehmenden Körperschaft der Besteuerung mit Körperschaftsteuer unterliegen und
2. das Recht der Bundesrepublik Deutschland hinsichtlich der Besteuerung des Gewinns aus der Veräußerung der übertragenen Wirtschaftsgüter bei der übernehmenden Körperschaft nicht ausgeschlossen oder beschränkt wird und
3. eine Gegenleistung nicht gewährt wird oder in Gesellschaftsrechten besteht.

14.335 Bei der Übertragung eines **Mitunternehmeranteils** ergibt sich der Buchwert aus dem auf die übertragende Körperschaft entfallenden anteiligen Kapitalkonto – unter Berücksichtigung etwaiger Ergänzungs- oder Sonderbilanzen – bei der Mitunternehmerschaft[909]. Die vorgenannten Voraussetzungen gem. § 11 Abs. 2 Nr. 1 und 2 UmwStG entsprechen denjenigen des § 20 Abs. 2 Satz 1 Nr. 1 und 3 UmwStG, so dass insoweit auf die diesbezüglichen Ausführungen verwiesen werden kann (vgl. Rz. 14.268 ff.). Das vorstehend genannte Bewertungswahlrecht setzt nach § 11 Abs. 2 Satz 1 Nr. 3 UmwStG zusätzlich voraus, dass im Rahmen der Spaltung keine Gegenleistung oder nur eine solche in Gestalt von Gesellschaftsrechten gewährt wird[910]. Eine andere Gegenleistung als die Gewährung von Gesellschaftsrechten ist schädlich und führt zu einem Veräußerungserlös[911].

14.336 Gemäß § 15 Abs. 1 Satz 1 i.V.m. § 11 Abs. 1 Satz 1 UmwStG hat die übertragende Körperschaft eine steuerliche Schlussbilanz auf den steuerlichen Übertragungsstichtag aufzustellen und hierin bei Vorliegen der Voraussetzungen des § 15 Abs. 1 Satz 2 UmwStG ihr **Bewertungswahlrecht**, d.h. anstelle des Ansatzes des gemeinen Wertes den Buchwert oder einen Zwischenwert anzusetzen, auszuüben[912]. Soweit ein Mitunternehmeranteil übertragen wird, kann mangels Wirtschaftsguteigenschaft des Mitunternehmeranteils der entsprechende steuerbilanzielle Wertansatz nur auf der Ebene der Mitunternehmerschaft erfolgen. Die Ausübung des Bewertungswahlrechts ist von der handels-

908 BMF v. 11.11.2011, BStBl. I 2011, 1314, Rz. 15.06.

909 BMF v. 11.11.2011, BStBl. I 2011, 1314, Rz. 15.14 i.V.m. 11.05.

910 Vgl. hierzu im Einzelnen: *Schmitt* in Schmitt/Hörtnagl/Stratz, § 11 UmwStG Rz. 127 ff.

911 BMF v. 11.11.2011, BStBl. I 2011, 1314, Rz. 11.10 i.V.m. Rz. 03.21; vgl. im Einzelnen: *Schmitt* in Schmitt/Hörtnagl/Stratz, § 11 UmwStG Rz. 135 ff.

912 Vgl. BMF v. 11.11.2011, BStBl. I 2011, 1314, Rz. 15.14 i.V.m. Rz. 11.02; *Hörtnagl* in Schmitt/Hörtnagl/Stratz, § 15 UmwStG Rz. 111 ff.

bilanziellen Behandlung unabhängig, da der **Maßgeblichkeitsgrundsatz** nicht gilt[913]. Das Bewertungswahlrecht darf insoweit von der übertragenden Körperschaft bezogen auf den einzelnen übertragenen Teilbetrieb auch dann getrennt ausgeübt werden, wenn andere Teilbetriebe im Rahmen der Spaltung auf denselben Rechtsträger übergehen[914]. Bei der Abspaltung bezieht sich das Bewertungswahlrecht des § 11 Abs. 2 UmwStG insoweit nur auf den übertragenen Teilbetrieb, nicht jedoch auf den bei der übertragenden Körperschaft verbleibenden Teilbetrieb. Dieser ist unverändert mit dem Wert fortzuführen, der vor der Übertragung anzusetzen war[915]. Das Bewertungswahlrecht steht der übertragenden Körperschaft allerdings unter den in § 15 Abs. 2 UmwStG genannten Voraussetzungen nicht zu. Im Übrigen ergibt sich aus § 15 Abs. 1 i.V.m. § 11 Abs. 2 Satz 2 UmwStG ein **Wertaufholungsgebot** bei einer Abwärtsspaltung[916].

Der **Antrag** auf Ansatz der übertragenen Wirtschaftsgüter mit dem Buchwert oder einem Zwischenwert ist nach § 15 Abs. 1 Satz 1 i.V.m. §§ 11 Abs. 3, 3 Abs. 2 Satz 2 UmwStG von der übertragenden Körperschaft bei dem für diese nach §§ 20, 26 AO zuständigen Finanzamt spätestens bis zur Abgabe der steuerlichen Schlussbilanz zu stellen[917]. Dies gilt auch, wenn ein Anteil an einer in- oder ausländischen Mitunternehmerschaft übertragen wird[918]. Eine ausdrückliche und aus Beweisvorsorgegründen auch schriftliche Antragstellung empfiehlt sich, da die entsprechenden Verlautbarungen der Finanzverwaltung insoweit nicht eindeutig sind[919]. Danach soll die ausdrückliche Erklärung, dass die Steuerbilanz i.S.d. § 4 Abs. 1, § 5 Abs. 1 EStG gleichzeitig die steuerliche Schlussbilanz sein soll, den konkludenten Antrag auf Ansatz des Buchwertes enthalten, sofern kein ausdrücklicher gesonderter anderweitiger Antrag gestellt wurde[920]. Andererseits soll für einen Zwischenwertansatz erforderlich sein, dass ausdrücklich angegeben wird, in welcher Höhe und zu welchem Prozentsatz die stillen Reserven aufzudecken sind[921]. 14.337

Nach § 15 Abs. 1 UmwStG i.V.m. §§ 125, 17 Abs. 2 Satz 4 UmwG, § 2 Abs. 1 UmwStG kann die Auf- oder Abspaltung mit steuerlicher Wirkung auf einen höchstens acht Monate vor der Anmeldung liegenden Stichtag zurückbezogen werden[922]. Die **steuerrechtliche Rückwirkung** einer Aufspaltung bzw. Abspaltung in Bezug auf 100 %-Beteiligungen an Kapitalgesellschaften kann sich gegenüber dem qualifizierten Anteilstausch nach § 21 Abs. 1 Satz 2 UmwStG, der eine diesbezügliche Rückwirkung nicht ermöglicht, insoweit durchaus als vorteilhaft darstellen. 14.338

Das vorstehend beschriebene Bewertungswahlrecht steht der übertragenden Körperschaft in den in § 15 Abs. 2 UmwStG genannten Fällen nicht zu. § 15 Abs. 2 UmwStG umschreibt aus Sicht des Gesetzgebers in typisierender Form bestimmte **Missbrauchsregelungen**, die eine steuerneutrale Auf- und Abspaltung ausschließen sollen[923]. Nach § 15 Abs. 2 Satz 1 UmwStG ist § 11 Abs. 2 UmwStG auf Mitunternehmeranteile und Beteiligungen i.S.d. § 15 Abs. 1 UmwStG nicht anzuwenden, wenn sie innerhalb eines Zeitraumes von drei Jahren vor dem steuerlichen Übertragungsstichtag durch 14.339

913 BMF v. 11.11.2011, BStBl. I 2011, 1314, Rz. 15.14 i.V.m. Rz. 11.05.

914 *Asmus* in Haritz/Menner/Bilitewski, § 15 UmwStG Rz. 206; *Hörtnagl* in Schmitt/Hörtnagl/Stratz, § 15 UmwStG Rz. 249; *Sagasser/Schöneberger* in Sagasser/Bula/Brünger, Umwandlungen, § 20 Rz. 34; *Dötsch/Pung* in Dötsch/Pung/Möhlenbrock, § 15 UmwStG Rz. 218; a.A.: *Thiel*, DStR 1995, 237 (239).

915 *Hörtnagl* in Schmitt/Hörtnagl/Stratz, § 15 UmwStG Rz. 248; *Dötsch/Pung* in Dötsch/Pung/Möhlenbrock, § 15 UmwStG Rz. 217.

916 Vgl. hierzu: BMF v. 11.11.2011, BStBl. I 2011, 1314, Rz. 11.17 sowie *Hörtnagl* in Schmitt/Hörtnagl/Stratz, § 15 UmwStG Rz. 260.

917 BMF v. 11.11.2011, BStBl. I 2011, 1314, Rz. 15.14 i.V.m. Rz. 11.12.

918 BMF v. 11.11.2011, BStBl. I 2011, 1314, Rz. 15.14 i.V.m. Rz. 11.12, 03.27.

919 Vgl. hierzu: *Dötsch* in Dötsch/Pung/Möhlenbrock, § 11 UmwStG Rz. 43.

920 Bayerisches Landesamt für Steuern, Verfügung v. 7.7.2014 – S 1978d.2.1-17/1 St32, DB 2014, 1898 (1899), ersetzt durch Bayerisches Landesamt für Steuern, Verfügung v. 11.11.2014 – S 1978d.2.1-17/10 St32, DB 2014, 2681 (2682).

921 BMF v. 11.11.2011, BStBl. I 2011, 1314, Rz. 15.14 i.V.m. Rz. 11.12, 03.29.

922 Vgl. zu den Sonderregelungen gem. § 2 Abs. 3 und 4 UmwStG.

923 BMF v. 11.11.2011, BStBl. I 2011, 1314, Rz. 15.15.

Übertragung von Wirtschaftsgütern, die kein Teilbetrieb sind, erworben oder aufgestockt worden sind. Zweifelhaft ist insoweit, ob sich die Regelung nicht nur auf die übertragenen Mitunternehmeranteile/100 %-Beteiligungen sondern auch auf die bei der Körperschaft im Falle der Abspaltung ggf. verbleibenden Mitunternehmeranteile/100 %-Beteiligungen erstreckt und damit insgesamt eine steuerneutrale Abspaltung ausschließt[924]. Der Wortlaut des § 15 Abs. 2 Satz 1 UmwStG lässt eine derartig extensive Auslegung nicht zu. Vielmehr ergibt sich aus der gesetzlich angeordneten Nichtanwendbarkeit von § 11 Abs. 2 UmwStG, dass nur die dort genannten übergehenden Wirtschaftsgüter gemeint sein können. Rechtsfolge der Missbrauchsregelung des § 15 Abs. 2 Satz 1 UmwStG ist die Nichtanwendbarkeit des § 11 Abs. 2 UmwStG, so dass eine steuerneutrale Auf- oder Abspaltung ausgeschlossen ist. In diesem Fall sind nach § 11 Abs. 1 UmwStG die übergegangenen Wirtschaftsgüter mit dem gemeinen Wert anzusetzen. Im Falle der Abspaltung sind die in den zurückbleibenden Wirtschaftsgütern enthaltenen stillen Reserven nicht aufzudecken[925]. Weiterhin kommt § 11 Abs. 2 UmwStG gem. § 15 Abs. 2 Sätze 2 und 3 UmwStG dann nicht zur Anwendung, wenn durch die Spaltung eine Veräußerung an außenstehende Personen vollzogen wird bzw. wenn durch die Spaltung die Voraussetzungen für eine Veräußerung geschaffen werden. Nach § 15 Abs. 2 Satz 4 UmwStG ist davon auszugehen, wenn innerhalb von fünf Jahren nach dem steuerlichen Übertragungsstichtag Anteile an einer an der Spaltung beteiligten Körperschaft, die mehr als 20 % der vor Wirksamwerden der Spaltung an der Körperschaft bestehenden Anteile ausmachen, veräußert werden[926]. Bei der Trennung von Gesellschafterstämmen setzt die Anwendung des § 11 Abs. 2 UmwStG außerdem voraus, dass die Beteiligungen an der übertragenden Körperschaft mindestens fünf Jahre vor dem steuerlichen Übertragungsstichtag bestanden haben (§ 15 Abs. 2 Satz 5 UmwStG)[927].

14.340 Für die **steuerlichen Folgen** der Auf- bzw. Abspaltung gilt es, die Ebene der übertragenden Körperschaft, der übernehmenden Körperschaft und der Gesellschafter der übertragenden Körperschaft zu unterscheiden. Zusätzlich sind die Besteuerungsfolgen danach zu unterscheiden, mit welchem Wert die übertragende Körperschaft die Teilbetriebe in der steuerlichen Schlussbilanz ansetzt. Gemäß § 15 Abs. 1 Satz 1 i.V.m. § 12 Abs. 1 Satz 1 UmwStG gilt der **Grundsatz der Wertverknüpfung**. Dies bedeutet, dass die in der steuerlichen Schlussbilanz der übertragenden Körperschaft angesetzten Werte von der übernehmenden Körperschaft fortzuführen sind[928]. Durch diese Wertverknüpfung ist im Falle des Buch- bzw. Zwischenwertansatzes sichergestellt, dass die insoweit weiter bestehenden stillen Reserven auf die übernehmende Körperschaft übergehen und dort einer späteren Besteuerung unterliegen[929]. Soweit von der übertragenden Körperschaft der gemeine Wert nach § 15 Abs. 1 Satz 1 i.V.m. § 11 Abs. 1 Satz 1 UmwStG anzusetzen ist bzw. die übertragende Körperschaft ihr Wahlrecht nach § 15 Abs. 1 Satz 1 i.V.m. § 11 Abs. 2 Satz 1 UmwStG dahingehend ausübt, dass sie einen Zwischenwert oder den gemeinen Wert ansetzt, liegt ein laufender Geschäftsvorfall bei dem übertragenden Rechtsträger vor, der zu einem steuerpflichtigen Gewinn (sog. **Übertragungsgewinn**) führt. Der Übertragungsgewinn unterliegt bei der übertragenden Körperschaft der Besteuerung nach den allgemeinen Vorschriften des KStG und gem. § 19 Abs. 1 UmwStG auch der Gewerbesteuer, soweit

---

924 In diesem Sinn: BMF v. 11.11.2011, BStBl. I 2011, 1314, Rz. 15.14; Begründung zu dem Entwurf der Bundesregierung eines Gesetzes zur Änderung des UmwStG v. 10.2.1994, BR-Drucks. 132/94, 65; *Dötsch/Pung* in Dötsch/Pung/Möhlenbrock, § 15 UmwStG Rz. 103; *Neumann*, GmbHR 2012, 141 (147); *Frotscher* in Frotscher/Drüen, § 15 UmwStG Rz. 145; a.A.: *Hörtnagl* in Schmitt/Hörtnagl/Stratz, § 15 UmwStG Rz. 121; *Herzig/Förster*, DB 1995, 338 (344); *Asmus* in Haritz/Menner/Bilitewski, § 15 UmwStG Rz. 115 ff.; *Sagasser/Schöneberger* in Sagasser/Bula/Brünger, Umwandlungen, § 20 Rz. 42; *Schumacher* in Rödder/Herlinghaus/van Lishaut, § 15 UmwStG Rz. 215 ff.

925 BMF v. 11.11.2011, BStBl. I 2011, 1314, Rz. 15.21; *Dötsch/Pung* in Dötsch/Pung/Möhlenbrock, § 15 UmwStG Rz. 112.

926 Vgl. hierzu: Finanzministerium Brandenburg, Erlass v. 16.7.2014, DB 2014, 2257.

927 Vgl. im Einzelnen: *Dötsch/Pung* in Dötsch/Pung/Möhlenbrock, § 15 UmwStG Rz. 120 ff., 185 ff.; *Asmus* in Haritz/Menner/Bilitewski, § 15 UmwStG Rz. 195 ff.

928 BMF v. 11.11.2011, BStBl. I 2011, 1314, Rz. 12.01.

929 *Hörtnagl* in Schmitt/Hörtnagl/Stratz, § 15 UmwStG Rz. 264.

nicht eine DBA-Freistellung eingreift[930]. Unter den Voraussetzungen des § 8b Abs. 2 KStG ist der Übertragungsgewinn, soweit er auf eine Beteiligung an einer Kapitalgesellschaft entfällt, steuerfrei, wobei die Regelung des § 8b Abs. 3 KStG zu beachten ist[931].

Nach § 15 Abs. 3 UmwStG verringern sich in **Abspaltungsfällen** bei der übertragenden Körperschaft verrechenbare Verluste, verbleibende Verlustvorträge, nicht ausgeglichene negative Einkünfte, ein Zinsvortrag nach § 4h Abs. 1 Satz 5 EStG und ein EBITDA-Vortrag nach § 4h Abs. 1 Satz 3 EStG in dem Verhältnis, in dem bei Zugrundelegung des gemeinen Wertes das Vermögen auf eine andere Körperschaft übergeht. Die Wertrelation soll sich nach Auffassung der Finanzverwaltung in der Regel aus dem Spaltungsschlüssel ergeben[932]. Falls die Abspaltung zu einem unterjährigen steuerlichen Übertragungsstichtag erfolgt, geht auch ein laufender Verlust nach Auffassung der Finanzverwaltung entsprechend unter[933]. In **Aufspaltungsfällen** entfallen diese steuerlichen Positionen vollständig. Ein Übergang der entsprechenden steuerlichen Positionen auf den übernehmenden Rechtsträger ist nach § 15 Abs. 1 i.V.m. §§ 12 Abs. 3 Halbs. 2, 4 Abs. 2 Satz 2 UmwStG ausgeschlossen (vgl. hierzu Rz. 14.344 ff.). 14.341

Aufgrund der **Wertverknüpfung** gem. § 15 Abs. 1 Satz 1 i.V.m. § 12 Abs. 1 Satz 1 UmwStG hat die übernehmende Körperschaft die Wertansätze aus der steuerlichen Schlussbilanz der übertragenden Körperschaft fortzuführen. Handelsrechtlich besteht für die übernehmende Körperschaft keine Wertverknüpfung. Nach §§ 125, 17 Abs. 2 Satz 2 UmwG hat die übertragende Körperschaft im Falle der Spaltung in ihrer Schlussbilanz die fortgeführten Buchwerte anzusetzen[934]. Gemäß §§ 125, 24 UmwG hat die übernehmende Körperschaft handelsrechtlich das Wahlrecht, die auf sie übergegangenen Wirtschaftsgüter mit den Anschaffungskosten (Zeitwert) oder mit den in der handelsrechtlichen Schlussbilanz der übertragenden Körperschaft ausgewiesenen Werten (Buchwerte) anzusetzen[935]. In diesem Fall hatte die Finanzverwaltung in der Vergangenheit nach dem Konzept der sog. **phasenverschobenen Wertaufholung** die Auffassung vertreten, dass die übergegangenen Wirtschaftsgüter an dem der Umwandlung folgenden Bilanzstichtag auch in der Steuerbilanz insoweit bis zur Höhe der steuerlichen Anschaffungs- oder Herstellungskosten der übertragenden Körperschaft (ggf. gemindert um Absetzungen für Abnutzung) erfolgswirksam aufzustocken seien[936]. Diese Auffassung hat die Finanzverwaltung spätestens mit Veröffentlichung des Umwandlungssteuererlasses 2011[937] aufgegeben[938]. § 15 Abs. 1 Satz 1 i.V.m. §§ 12 Abs. 1 Satz 2, 4 Abs. 1 Satz 2 und 3 UmwStG betrifft die Wertaufholung im Fall der Aufwärtsauf- und -abspaltung. In diesem Fall wird Vermögen einer Körperschaft auf die Muttergesellschaft auf- oder abgespalten[939]. 14.342

Nach § 15 Abs. 1 i.V.m. § 12 Abs. 2 Satz 1 UmwStG bleibt ein etwaiger **Übernahmegewinn** oder **-verlust** der übernehmenden Körperschaft, der sich aus dem Unterschiedsbetrag zwischen dem Buchwert der Anteile an der übertragenden Körperschaft und dem Wert, mit dem die übergegangenen Wirtschaftsgüter zu übernehmen sind, abzgl. der Kosten für den Vermögensübergang, außer Ansatz. Ein derartiger Übernahmegewinn oder -verlust kann entstehen, soweit die übernehmende 14.343

930 *Schmitt* in Schmitt/Hörtnagl/Stratz, § 11 UmwStG Rz. 154.

931 *Schmitt* in Schmitt/Hörtnagl/Stratz, § 11 UmwStG Rz. 154; BMF v. 28.4.2003, BStBl. I 2003, 292, Tz. 23; *Dötsch/Pung* in Dötsch/Pung/Möhlenbrock, § 15 UmwStG Rz. 49 i.V.m. *Dötsch* in Dötsch/Pung/Möhlenbrock, § 11 UmwStG Rz. 18.

932 BMF v. 11.11.2011, BStBl. I 2011, 1314, Rz. 15.41.

933 BMF v. 11.11.2011, BStBl. I 2011, 1314, Rz. 15.41.

934 *Schumacher* in Rödder/Herlinghaus/van Lishaut, § 15 UmwStG Rz. 39.

935 Vgl. hierzu: *Schumacher* in Rödder/Herlinghaus/van Lishaut, § 15 UmwStG Rz. 42; *Dötsch* in Dötsch/Pung/Möhlenbrock, § 12 UmwStG Rz. 15.

936 BMF v. 25.3.1998, BStBl. I 1998, 268, Tz. 15.12 i.V.m. Tz. 11.01.

937 BMF v. 11.11.2011, BStBl. I 2011, 1314, Rz. 12.02 i.V.m. 04.04.

938 Vgl. hierzu: *Dötsch* in Dötsch/Pung/Möhlenbrock, § 12 UmwStG Rz. 16.

939 Vgl. hierzu: BMF v. 11.11.2011, BStBl. I 2011, 1314, Rz. 12.03 sowie *Hörtnagl* in Schmitt/Hörtnagl/Stratz, § 15 UmwStG Rz. 266 f.

Körperschaft an der übertragenden Körperschaft beteiligt ist und eine **Aufwärtsspaltung** erfolgt[940]. Nach Ansicht der Finanzverwaltung findet § 12 Abs. 2 Satz 1 UmwStG in allen Fällen der Verschmelzung bzw. Spaltung Anwendung, unabhängig davon, ob die übernehmende Körperschaft an der übertragenden Körperschaft beteiligt ist, also auch in Fällen der Abwärts- oder Seitwärtsverschmelzung bzw. -spaltung[941]. Der BFH hat sich dieser Auffassung zwischenzeitlich angeschlossen[942]. Die Konsequenz dieser Regelung besteht darin, dass der Übernahmegewinn bzw. -verlust außersteuerbilanziell gekürzt werden, allerdings auch die Kosten für den Vermögensübergang durch Kürzung des Unterschiedsbetrages sich steuerlich nicht auswirken[943]. Gemäß § 15 Abs. 1 i.V.m. § 12 Abs. 2 Satz 2 UmwStG ist § 8b KStG auf den Übernahmegewinn anzuwenden, soweit der Gewinn abzgl. der anteilig darauf entfallenden Kosten für den Vermögensübergang, dem Anteil der übernehmenden Körperschaft an der übertragenden Körperschaft entspricht. Nach § 12 Abs. 2 Satz 3 UmwStG gilt § 5 Abs. 1 UmwStG entsprechend. Die Konsequenz dieser Regelung besteht darin, dass in den Fällen der Beteiligung der übernehmenden an der übertragenden Körperschaft der Übernahmegewinn entgegen der Grundregel des § 12 Abs. 2 Satz 1 UmwStG, wonach er steuerlich außer Ansatz bleibt, unter das Regime des § 8b KStG fällt. Dies hat zur Konsequenz, dass einerseits der nach § 8b Abs. 2 KStG steuerfreie Gewinn um die anteiligen Kosten des Vermögensübergangs gekürzt wird, mithin also mit diesen Kosten saldiert wird und andererseits § 8b Abs. 3 Satz 1 KStG mit der Folge zur Anwendung gelangt, dass 5 % des nach § 8b Abs. 2 KStG steuerfreien Gewinns als Ausgaben gelten, die nicht als Betriebsausgaben abgezogen werden dürfen. Zudem sind § 8b Abs. 7 bis 10 KStG zu beachten, die bei Vorliegen der dort genannten Voraussetzungen (vgl. dazu Rz. 14.220 ff.) Anwendung finden.

14.344 Nach § 15 Abs. 1 i.V.m. § 12 Abs. 3 UmwStG tritt die übernehmende Körperschaft, insbesondere bezüglich der Bewertung der übernommenen Wirtschaftsgüter und. der Absetzung für Abnutzung in die **steuerliche Rechtsstellung** der übertragenden Körperschaft ein. Gemäß § 15 Abs. 1 i.V.m. §§ 12 Abs. 3 Halbs. 2, 4 Abs. 2 Satz 3 UmwStG ist für die übernehmende Körperschaft eine Besitzzeitanrechnung vorgesehen (z.B. für Zwecke des § 6b EStG). Von besonderer Bedeutung ist der in § 15 Abs. 1 i.V.m. §§ 12 Abs. 3 Halbs. 2, 4 Abs. 2 Satz 2 UmwStG vorgesehene Ausschluss des Übergangs verrechenbarer Verluste, verbleibender Verlustvorträge, vom übertragenden Rechtsträger nicht ausgeglichener negativer Einkünfte, ein Zinsvortrag nach § 4h Abs. 1 Satz 5 EStG und ein EBITDA-Vortrag nach § 4h Abs. 1 Satz 3 EStG. Für den übertragenden Rechtsträger ergeben sich die diesbezüglichen Rechtsfolgen aus § 15 Abs. 3 UmwStG (vgl. Rz. 14.341). Gemäß § 19 Abs. 2 UmwStG gelten die vorstehenden Regelungen auch für die Gewerbesteuer.

14.345 Nach § 29 Abs. 3 KStG ist der Bestand des **steuerlichen Einlagekontos** gem. § 27 KStG der übertragenden Körperschaft grundsätzlich im Verhältnis der übergehenden Vermögensteile zu dem bei der übertragenden Körperschaft vor dem Übergang bestehenden Vermögen zuzuordnen, wie es i.d.R. in den Angaben zum Umtauschverhältnis der Anteile im Spaltungs- und Übernahmevertrag oder im Spaltungsplan (§ 126 Abs. 1 Nr. 3, § 136 UmwG) zum Ausdruck kommt[944]. Entspricht das Umtauschverhältnis der Anteile nicht dem Verhältnis der übergehenden Vermögensteile zu dem bei der übertragenden Körperschaft vor der Spaltung bestehenden Vermögen, ist das Verhältnis der gemeinen Werte der übergehenden Vermögensteile zu dem vor der Spaltung vorhandenen Vermögen maßgebend. Die Ermittlung der gemeinen Werte der übergehenden Vermögensteile bzw. des vor der Spaltung bestehenden Vermögens ist daher nur dann erforderlich, wenn der Spaltungs- und Übernahmevertrag oder der Spaltungsplan keine Angaben zum Umtauschverhältnis der Anteile ent-

940 *Hörtnagl* in Schmitt/Hörtnagl/Stratz, § 15 UmwStG Rz. 268.

941 BMF v. 11.11.2011, BStBl. I 2011, 1314, Rz. 12.05; kritisch hierzu: *Hörtnagl* in Schmitt/Hörtnagl/Stratz, § 15 UmwStG Rz. 268 i.V.m. *Schmitt* in Schmitt/Hörtnagl/Stratz, § 12 UmwStG Rz. 43 f.

942 BFH v. 9.1.2013 – I R 24/12, DStR 2013, 582, Rz. 13 ff. m.w.N. zur abweichenden Auffassung in der Literatur.

943 BMF v. 11.11.2011, BStBl. I 2011, 1314, Rz. 12.05 i.V.m. Rz. 04.34.

944 Vgl. hierzu: BMF v. 16.12.2003, BStBl. I 2003, 786, Tz. 28 ff.; *van Lishaut* in Rödder/Herlinghaus/van Lishaut, UmwStG Anh. 3 Rz. 44 ff.

halten[945] oder die Spaltung gem. § 29 Abs. 3 Satz 2 KStG nicht verhältniswahrend durchgeführt wird. Für den Übergang des (alten) **Körperschaftsteuerguthabens** nach § 37 Abs. 5 KStG bzw. des **Körperschaftsteuererhöhungsbetrages** nach § 38 Abs. 5, 6 KStG gelten die vorstehenden Ausführungen entsprechend[946].

Nach § 15 Abs. 1 i.V.m. § 12 Abs. 4 UmwStG gilt § 6 UmwStG sinngemäß für den Teil des Gewinns aus der Vereinigung von Forderungen und Verbindlichkeiten, die der Beteiligung der übernehmenden Körperschaft am Grund- oder Stammkapital der übertragenden Körperschaft entspricht. Infolge der **Konfusion** von Forderungen und Verbindlichkeiten kann es zu einem „Übernahmefolgegewinn" kommen. Es gelten insoweit die Ausführungen zu § 23 Abs. 6 UmwStG entsprechend (vgl. dazu Rz. 14.310). 14.346

§ 15 Abs. 1 i.V.m. § 12 Abs. 5 UmwStG regelt den Sonderfall beim **Vermögensübergang auf nicht steuerpflichtige bzw. steuerbefreite Körperschaften**. Der Sache nach führt die Vorschrift in ihrem Anwendungsbereich zu fiktiven Kapitalerträgen i.S.d. § 20 Abs. 1 Nr. 1 EStG bei dem übernehmenden Rechtsträger in Höhe des bei der übertragenden Körperschaft vorhandenen Eigenkapitals abzgl. des Bestandes des steuerlichen Einlagekontos gem. § 27 KStG[947]. 14.347

Auf der **Ebene der Gesellschafter** der übertragenden Körperschaft regelt § 15 Abs. 1 i.V.m. § 13 UmwStG die steuerlichen Folgen der Auf- bzw. Abspaltung. Im Falle der Aufspaltung einer Körperschaft können die Anteilseigner der übertragenden Körperschaft Anteile an mehreren übernehmenden Körperschaften, im Falle der Abspaltung neben Anteilen an der übertragenden auch Anteile an der übernehmenden Körperschaft erhalten[948]. § 13 UmwStG ist nach Ansicht der Finanzverwaltung nur auf Anteile anwendbar, die zu einem Betriebsvermögen gehören, oder Anteile i.S.d. § 17 EStG und einbringungsgeborene Anteile i.S.d. § 21 Abs. 1 UmwStG a.F. Für alle anderen Anteile ergeben sich die Rechtsfolgen bei einer Aufspaltung aus § 20 Abs. 4a Satz 1 EStG und bei einer Abspaltung aus § 20 Abs. 4a Satz 7 EStG[949]. Im Falle der Aufwärtsspaltung ist § 13 UmwStG nicht anwendbar, soweit die übernehmende Körperschaft an der übertragenden Körperschaft beteiligt ist[950]. Nach Ansicht der Finanzverwaltung findet § 13 UmwStG nur insoweit Anwendung, als dem Anteilseigner der übertragenden Körperschaft keine Gegenleistung oder eine in Gesellschaftsrechten bestehende Gegenleistung gewährt wird. Andere Gegenleistungen stellen bei dem Anteilseigner einen Veräußerungserlös für seine Anteile dar. Bei einer nur anteiligen Veräußerung sind dem Veräußerungserlös nur die anteiligen Anschaffungskosten dieser Anteile an dem übertragenden Rechtsträger gegenüberzustellen. In diesen Fällen gilt § 13 UmwStG nur für den übrigen Teil der Anteile[951]. § 13 UmwStG findet insoweit keine Anwendung, als es aufgrund der Auf- oder Abspaltung zu einer **Wertverschiebung** zwischen den Anteilen der beteiligten Anteilseigner kommt. Insoweit handelt es sich um eine Vorteilszuwendung zwischen den Anteilseignern, für deren steuerliche Beurteilung die allgemeinen Grundsätze gelten. Insoweit kann eine verdeckte Gewinnausschüttung oder verdeckte Einlage in Bezug auf eine an dem übertragenden Rechtsträger beteiligte Kapitalgesellschaft vorliegen[952]. Ggf. kommen auch Schenkungsteuertatbestände in Betracht (vgl. § 7 Abs. 8 ErbStG)[953]. 14.348

---

945 Begründung zu dem Entwurf eines Gesetzes der Bundesregierung zur Bereinigung des Umwandlungssteuerrechts v. 10.2.1994, BR-Drucks. 132/94, 78 f.

946 Vgl. *van Lishaut* in Rödder/Herlinghaus/van Lishaut, UmwStG Anh. 3 Rz. 78 ff.; *Hörtnagl* in Schmitt/Hörtnagl/Stratz, § 15 UmwStG Rz. 305.

947 Vgl. dazu: *Dötsch* in Dötsch/Pung/Möhlenbrock, § 12 UmwStG Rz. 69 ff.

948 BMF v. 11.11.2011, BStBl. I 2011, 1314, Rz. 15.42.

949 BMF v. 11.11.2011, BStBl. I 2011, 1314, Rz. 13.01 i.V.m. Rz. 15.12.

950 BMF v. 11.11.2011, BStBl. I 2011, 1314, Rz. 13.01 i.V.m. Rz. 13.01 i.V.m. Rz. 15.12.

951 BMF v. 11.11.2011, BStBl. I 2011, 1314, Rz. 13.01 i.V.m. Rz. 13.01 i.V.m. Rz. 13.02.

952 BMF v. 11.11.2011, BStBl. I 2011, 1314, Rz. 13.01 i.V.m. Rz. 13.01 i.V.m. Rz. 13.03 i.V.m. 15.44; BFH v. 9.11.2010 – IX R 24/09, BStBl. II 2011, 799.

953 Vgl. hierzu: Gleichlautende Erlass der obersten Finanzbehörden der Länder v. 20.4.2018, BStBl. I 2018, 621.

14.349 Aus § 13 Abs. 1 UmwStG ergibt sich, dass die Anteile an der übertragenden Körperschaft als zum **gemeinen Wert** veräußert und die an ihre Stelle tretenden Anteile an der übernehmenden Körperschaft als mit dem gemeinen Wert angeschafft gelten. Nach § 13 Abs. 2 Satz 1 UmwStG sind hiervon abweichend auf Antrag die Anteile an der übernehmenden Körperschaft mit dem **Buchwert** der Anteile an der übertragenden Körperschaft anzusetzen, wenn

1. das Recht der Bundesrepublik Deutschland hinsichtlich der Besteuerung des Gewinns aus der Veräußerung der Anteile an der übernehmenden Körperschaft nicht ausgeschlossen oder beschränkt wird oder

2. die Mitgliedstaaten der Europäischen Union bei einer Verschmelzung Art. 8 der Richtlinie 90/434/EWG anzuwenden haben; in diesem Fall ist der Gewinn aus einer späteren Versteuerung der erworbenen Anteile ungeachtet der Bestimmungen eines Abkommens zur Vermeidung der Doppelbesteuerung in der gleichen Art und Weise zu besteuern, wie die Veräußerung der Anteile an der übertragenen Körperschaft zu besteuern wäre. § 15 Abs. 1a Satz 2 EStG ist entsprechend anzuwenden.

Hinsichtlich dieser Voraussetzungen kann auf die Ausführungen zu § 21 Abs. 2 Satz 3 UmwStG im Zusammenhang mit dem qualifizierten Anteilstausch verwiesen werden (vgl. dazu vorstehend Rz. 14.170 ff.). Ein **Zwischenwertansatz** ist nicht möglich. Nach § 13 Abs. 2 Satz 2 UmwStG treten die Anteile an der übernehmenden Körperschaft steuerlich an die Stelle der Anteile an der übertragenden Körperschaft. Gehören die Anteile an der übertragenden Körperschaft nicht zu einem Betriebsvermögen, treten nach § 13 Abs. 3 Satz 3 UmwStG an die Stelle des Buchwertes die Anschaffungskosten.

14.350 Die Anwendung des § 15 Abs. 1 i.V.m. § 13 Abs. 1 und 2 UmwStG erforderte eine **Aufteilung** der Anschaffungskosten bzw. des Buchwertes der Anteile an der übertragenden Körperschaft. Nach Ansicht der Finanzverwaltung kann der Aufteilung grundsätzlich das Umtauschverhältnis der Anteile im Spaltungs- oder Übernahmevertrag oder im Spaltungsplan zugrunde gelegt werden. Ist dies nicht möglich, ist die Aufteilung nach dem Verhältnis der gemeinen Werte der übergehenden Vermögensteile zu dem vor der Spaltung vorhandenen Vermögen vorzunehmen[954].

14.351 Besondere Regelungen für **beschränkt Steuerpflichtige** als Anteilseigner der übertragenden Körperschaft sind nicht gegeben. Demnach ist davon auszugehen, dass die Beteiligung solcher Anteilseigner der steuerneutralen Behandlung der Spaltung nach § 13 Abs. 2 UmwStG nicht entgegensteht[955].

14.352 Der Fall der **Ausgliederung** richtet sich steuerlich nach der Vorschrift des § 20 Abs. 1 UmwStG, d.h., die Ausgliederung nach „unten" (in eine Tochterkapitalgesellschaft) erfolgt durch Übertragung eines Betriebs, Teilbetriebs oder Mitunternehmeranteils.

14.353 Die körperschaftsteuerlichen Folgen der Auf- bzw. Abspaltung gelten nach § 19 UmwStG auch für Zwecke der **Gewerbesteuer.** Dies gilt insbesondere für einen gewerbesteuerlichen Verlust i.S.d. § 10a GewStG.

14.354 Die Auf- und Abspaltung von **Personengesellschaften** fällt nicht in den Anwendungsbereich der §§ 15, 16 UmwStG. Vielmehr findet nach § 1 Abs. 3 Nr. 1 UmwStG der sechste bis achte Teil des UmwStG Anwendung. Danach ist zu unterscheiden, ob die Spaltung auf eine Kapitalgesellschaft oder eine Personengesellschaft erfolgt. Die Spaltung einer Personengesellschaft auf eine Kapitalgesellschaft oder Genossenschaft unterfällt der Regelung des § 20 UmwStG. Demgegenüber findet auf die Spaltung einer Personengesellschaft auf eine Personengesellschaft § 24 UmwStG Anwendung[956].

954 BMF v. 11.11.2011, BStBl. I 2011, 1314, Rz. 13.01 i.V.m. Rz. 15.43; a.A.: *Hörtnagl* in Schmitt/Hörtnagl/Stratz, § 15 UmwStG Rz. 291.
955 *Dötsch/Pung* in Dötsch/Pung/Möhlenbrock, § 15 UmwStG Rz. 244.
956 BMF v. 11.11.2011, BStBl. I 2011, 1314, Rz. 01.43 f.

14.355 Bei der **Spaltung einer Personengesellschaft** auf eine **Kapitalgesellschaft** oder **Genossenschaft** setzt die Anwendung des § 20 UmwStG nach § 1 Abs. 3 Nr. 1 i.V.m. Abs. 4 Satz 1 Nr. 1 und Nr. 2 Buchst. a aa UmwStG voraus, dass der übernehmende Rechtsträger, also die Kapitalgesellschaft, eine Gesellschaft i.S.d. § 1 Abs. 2 Satz 1 Nr. 1 UmwStG ist (vgl. dazu Rz. 14.178 ff.) und der übertragende Rechtsträger, also die zu spaltende Personengesellschaft, eine Gesellschaft i.S.d. § 1 Abs. 2 Satz 1 Nr. 1 UmwStG ist (vgl. hierzu Rz. 14.178 ff.), die ihren Sitz und Ort der Geschäftsleitung im EU-/EWR-Bereich hat und soweit an dieser, Körperschaften, Personenvereinigungen oder natürliche Personen unmittelbar oder mittelbar über eine oder mehrere Personengesellschaften beteiligt sind, diese die Voraussetzungen des § 1 Abs. 2 Satz 1 Nr. 1 und 2 UmwStG erfüllen. Alternativ findet § 20 UmwStG nach § 1 Abs. 3 Nr. 1 i.V.m. Abs. 4 Nr. 1, und Nr. 2 Buchst. b UmwStG Anwendung, wenn der übernehmende Rechtsträger eine Gesellschaft i.S.v. § 1 Abs. 2 Satz 1 Nr. 1 UmwStG ist und nach § 1 Abs. 4 Satz 1 Nr. 2 Buchst. b UmwStG das Recht der Bundesrepublik Deutschland hinsichtlich der Besteuerung des Gewinns aus der Veräußerung der erhaltenen Anteile nicht ausgeschlossen oder beschränkt ist. Die Ausgliederung von Vermögensteilen aus einer Personengesellschaft gem. § 123 Abs. 3 UmwG in eine Personengesellschaft unterfällt § 24 UmwStG[957] (vgl. dazu Rz. 14.375). Nach § 1 Abs. 4 Satz 2 UmwStG gelten die Beschränkungen des § 1 Abs. 4 Satz 1 UmwStG nicht.

14.356 In **umsatzsteuerlicher** Hinsicht sind für die Auf-, Abspaltung und Ausgliederung die unter Rz. 14.312 ff. dargelegten Ausführungen entsprechend anzuwenden. Insbesondere ist darauf hinzuweisen, dass eine Geschäftsveräußerung im Ganzen gem. § 1 Abs. 1a UStG nur dann vorliegen kann, wenn ein Teilbetrieb übertragen wird[958]. Ein in der Gliederung eines Unternehmens gesondert geführter Betrieb liegt hiernach vor, wenn der veräußerte Teil des Unternehmens vom Erwerber als selbständiges wirtschaftliches Unternehmen fortgeführt werden kann[959].

14.357 Die **grunderwerbsteuerlichen** Tatbestände sind bei der Auf-/Abspaltung und der Ausgliederung zu beachten[960]. Wird inländischer Grundbesitz im Wege der Auf- oder Abspaltung sowie der Ausgliederung mitübertragen, entsteht grundsätzlich Grunderwerbsteuer. Insbesondere § 1 Abs. 2a GrEStG bzw. § 1 Abs. 3 GrEStG können erfüllt sein, wenn Anteile an einer grundbesitzenden Personen- bzw. Kapitalgesellschaft auf Grund einer Abspaltung auf neue Gesellschafter übergehen[961]. Steuerbegünstigungen können sich insoweit nach § 6a GrEStG ergeben (vgl. dazu Rz. 14.322 ff.). Bei der Ausgliederung sind insbesondere §§ 5 Abs. 2 und 3 GrEStG zu berücksichtigen[962]. Von Bedeutung ist in diesem Zusammenhang die Regelung des § 8 Abs. 2 Satz 1 Nr. 2 GrEStG, wonach bei Umwandlungen i.S.d. Umwandlungsgesetzes die Grundstückswerte nach § 138 Abs. 2 bis 4 BewG heranzuziehen sind[963]. Gemäß § 11 Abs. 1 GrEStG beträgt die Grunderwerbsteuer 3,5 %. Allerdings haben die meisten Bundesländer von der ihnen eingeräumten Möglichkeit Gebrauch gemacht, separate Grunderwerbsteuersätze zwischen 4,5 % und 6,5 % festzusetzen. Die durch eine Spaltung entstandene Grunderwerbsteuer kann als Betriebsausgabe abgezogen werden (vgl. Rz. 14.308)[964].

c) Verschmelzung

14.358 Die in § 2 UmwG geregelte **Verschmelzung** (Vermögensübertragung von vorhandenen Rechtsträgern auf einen zu gründenden oder schon vorhandenen Rechtsträger) eröffnet insbesondere die

957 BMF v. 11.11.2011, BStBl. I 2011, 1314, Rz. 01.47.
958 Abschn. 1.5 Abs. 6 UStAE.
959 Abschn. 1.5 Abs. 6 Satz 1 UStAE; BFH v. 19.12.2012 – XI R 38/10, BStBl. II 2013, 1053.
960 Koordinierter Ländererlass, Finanzministerium Bayern v. 12.12.1997, geändert mit Verfügung v. 2.11. 1999 und 14.2.2000 – 36-S 45-1 – 16/1-4 – 60 799, GrEStK Karte 1/1.1.3 B.
961 BFH v. 3.6.2014 – II R 1/13, BFH/NV 2014, 1461, Rz. 11.
962 Vgl. hierzu: OFD Niedersachsen, Verfügung v. 31.10.2013 – S-45-4 – 5 – St 261, UVR 2014, 102; BFH v. 25.6.2003 – II R 20/02, BStBl. II 2004, 193; Finanzministerium Baden-Württemberg, Erlass v. 14.2. 2002 – 3-S 4400/15, DB 2002, 455.
963 Vgl. OFD Rostock, Verfügung v. 16.1.1997, BB 1997, 510.
964 BMF v. 11.11.2011, BStBl. I 2011, 1314, Rz. 04.34.

Möglichkeit, Kooperationen durch eine gemeinsame Holding einzugehen oder auch die Bereinigung von Konzernstrukturen durch Zusammenlegung von zwischengeschalteten Holdings, wie z.B. die Beseitigung von Sparten-Holdings (**Verkürzung von Beteiligungsketten**). Die Verschmelzung stellt insofern den umgekehrten Weg gegenüber der Spaltung dar[965]. Als zu verschmelzende Rechtsträger kommen neben Kapitalgesellschaften (GmbH, AG oder KGaA) und Genossenschaften auch Personenhandelsgesellschaften (OHG, KG) in Betracht (vgl. § 3 Abs. 1 Nr. 1 bis 3 UmwG). In ertragsteuerlicher Hinsicht ist für die Verschmelzung gem. § 1 Abs. 1 Satz 1 Nr. 1 UmwStG der 3. Teil des UmwStG (§§ 11 bis 13) anzuwenden. Die §§ 11 bis 13 UmwStG sind sowohl auf Auf-, Ab- als auch Seitwärtsverschmelzungen anzuwenden[966]. Nach § 1 Abs. 2 UmwStG müssen für den übertragenden und übernehmenden Rechtsträger die dort genannten Voraussetzungen erfüllt sein (vgl. dazu Rz. 14.330). Wie bei der Auf- bzw. Abspaltung bereits dargelegt, kann auch die Verschmelzung gem. § 11 Abs. 2 UmwStG steuerneutral gestaltet werden, soweit die dort genannten Voraussetzungen erfüllt sind[967] (vgl. dazu Rz. 14.334). Nach § 12 Abs. 1 Satz 1 UmwStG ist die übernehmende Körperschaft an die Wertansätze der übertragenden Körperschaft gebunden. Eine Bindung an den Ansatz in der Handelsbilanz besteht nicht[968]. Wird die Beteiligungskette durch eine Aufwärtsverschmelzung verkürzt, kann es zu einem sog. Beteiligungskorrekturgewinn bei der übernehmenden (Holding)Kapitalgesellschaft kommen, wenn etwa in der Vergangenheit steuerwirksame Teilwertabschreibungen auf die Kapitalanteile vorgenommen wurden (§ 12 Abs. 1 Satz 2 i.V.m. § 4 Abs. 1 Satz 2 UmwStG) [969].

14.359 Nach § 12 Abs. 3 Halbs. 2 i.V.m. § 4 Abs. 2 Satz 2 UmwStG geht ein **verbleibender Verlustvortrag** i.S.d. § 10d EStG usw. nicht auf den übernehmenden Rechtsträger über (vgl. dazu Rz. 14.394). Für die vortragsfähigen Fehlbeträge der übertragenden Körperschaft i.S.d. § 10a GewStG gilt § 12 Abs. 3 UmwStG gem. § 19 Abs. 2 UmwStG entsprechend. Insoweit ist bei der Verschmelzung darauf zu achten, dass auf den Rechtsträger verschmolzen wird, der über Verlustvorträge verfügt und nicht umgekehrt.

14.360 **Hinsichtlich der Anteile an der übertragenden Körperschaft ordnet § 13 Abs. 1** UmwStG zwingend an, dass diese als zum gemeinen Wert veräußert und die an ihre Stelle tretenden Anteile als mit diesem Wert angeschafft gelten. Nach § 13 Abs. 2 UmwStG können die Anteile an der übernehmenden Körperschaft mit dem Buchwert der Anteile an der übertragenden Körperschaft auf Antrag angesetzt werden, wenn die dort genannten Voraussetzungen erfüllt sind (vgl. dazu Rz. 14.349). Ein Zwischenwertansatz ist nicht möglich.

14.361 Geht das Vermögen einer unbeschränkt steuerpflichtigen Körperschaft durch Verschmelzung nach § 2 UmwG auf eine unbeschränkt steuerpflichtige Körperschaft über, so ist der Bestand **des steuerlichen Einlagekontos gem. § 27 KStG** dem steuerlichen Einlagekonto der übernehmenden Körperschaft hinzuzurechnen (vgl. § 29 Abs. 2 Satz 1 KStG). Nach § 29 Abs. 2 Satz 2 KStG unterbleibt die vorgenannte Hinzurechnung im Verhältnis des Anteils des Übernehmers an dem übertragenden Rechtsträger. Der Bestand des Einlagekontos des Übernehmers mindert sich gem. § 29 Abs. 2 Satz 3 KStG anteilig im Verhältnis des Anteils des übertragenden Rechtsträgers am Übernehmer. Ein etwaiger **Körperschaftsteuerauszahlungsanspruch** der übertragenden Körperschaft gem. § 37 Abs. 5 KStG geht ebenso wie ein etwaiger **Körperschaftsteuererhöhungsbetrag** gem. § 38 Abs. 6 KStG auf den übernehmenden Rechtsträger über[970].

---

965 Begründung zu dem Entwurf eines Gesetzes der CDU/CSU- und FDP-Fraktionen zur Bereinigung des Umwandlungsrechts v. 1.2.1994, BT-Drucks. 12/6699, 71; zu den Einzelheiten: *Schaumburg*, FR 1995, 211.

966 BMF v. 11.11.2011, BStBl. I 2011, 1314, Rz. 11.01.

967 Vgl. dazu: BMF v. 11.11.2011, BStBl. I 2011, 1314, Rz. 11.05.

968 BMF v. 11.11.2011, BStBl. I 2011, 1314, Rz. 11.05.

969 Zu Einzelheiten *Schmitt* in Schmitt/Hörtnagl/Stratz, § 12 UmwStG Rz. 14 ff.; *Rödder* in Rödder/Herlinghaus/van Lishaut, § 12 UmwStG Rz. 50 ff.

970 Vgl. hierzu: BMF v. 16.12.2003, BStBl. I 2003, 786, Tz. 35 ff.; *van Lishaut* in Rödder/Herlinghaus/van Lishaut, UmwStG Anh. 3 Rz. 78 ff.; *Schmitt* in Schmitt/Hörtnagl/Stratz, § 12 UmwStG Rz. 30.

Umsatzsteuerlich stellt die Verschmelzung als Geschäftsveräußerung im Ganzen einen nicht steuerbaren Vorgang gem. § 1 Abs. 1a UStG dar[971]. Der übernehmende Rechtsträger tritt gem. § 1 Abs. 1a Satz 3 UStG an die Stelle des übertragenden Rechtsträgers. Dies gilt insbesondere für die nach § 15a UStG anwendbaren Berichtigungszeiträume hinsichtlich der im Zuge der Verschmelzung übergehenden Wirtschaftsgüter (vgl. § 15a Abs. 10 UStG). Aufgrund der Rechtsnachfolgeanordnung des § 1 Abs. 1a Satz 3 UStG wird der für das Wirtschaftsgut maßgebliche Berichtigungszeitraum nicht unterbrochen. Die Gewährung von Gesellschaftsrechten durch die übernehmende Körperschaft ist umsatzsteuerlich unbeachtlich[972] (vgl. dazu Rz. 14.314). 14.362

Die Verschmelzung führt zur Entstehung von **Grunderwerbsteuer** für den Fall, dass die übertragende Körperschaft inländisches Grundvermögen besitzt. Es handelt sich hierbei um einen grunderwerbsteuerpflichtigen Tatbestand gem. § 1 Abs. 1 Nr. 3 GrEStG[973]. Der Grunderwerbsteuer unterliegt erst der Eigentumsübergang an den Grundstücken und nicht schon der Abschluss des Verschmelzungsvertrages, auch nicht nach Zustimmung der Gesellschafter- bzw. Hauptversammlung der beteiligten Gesellschaften. Die Grunderwerbsteuer entsteht erst mit der Eintragung der Verschmelzung in das Handelsregister[974]. Hinsichtlich der Bemessungsgrundlage ist zu beachten, dass gem. § 8 Abs. 2 Satz 1 Nr. 2 GrEStG die Grundbesitzwerte gem. § 138 Abs. 2 bis 4 BewG heranzuziehen sind. Der Steuersatz beträgt gem. § 11 Abs. 1 GrEStG 3,5 %. Allerdings haben die meisten Bundesländer von der ihnen eingeräumten Möglichkeit Gebrauch gemacht, separate Grunderwerbsteuersätze zwischen 4,5 % und 6,5 % festzusetzen. Für Grundstücke der übertragenden Körperschaft, die vor der Wirksamkeit der Verschmelzung schuldrechtlich an Dritte veräußert worden sind, fällt aus sachlichen Billigkeitsgründen keine Grunderwerbsteuer aus Anlass der Verschmelzung an[975]. Die Verschmelzung einer Kapitalgesellschaft auf einen anderen Rechtsträger kann dann Grunderwerbsteuer auslösen, wenn die übertragende Kapitalgesellschaft innerhalb von fünf Jahren vor der Verschmelzung inländischen Grundbesitz unter Nutzung der Steuerbefreiung nach § 5 Abs. 2 GrEStG auf eine Personengesellschaft ausgegliedert hatte. In diesem Fall findet § 5 Abs. 3 GrEStG Anwendung[976]. Eine **Steuerbegünstigung** kann sich in Verschmelzungsfällen aus § 6a GrEStG ergeben (vgl. dazu vorstehend Rz. 14.322 ff.). Die durch eine Verschmelzung entstandene Grunderwerbsteuer kann als Betriebsausgabe abgezogen werden (vgl. Rz. 14.308)[977]. 14.363

Die **Verschmelzung von Personengesellschaften** auf eine neu zu gründende Kapitalgesellschaftsholding wird ertragsteuerlich nicht von dem 3. Teil des UmwStG erfasst (§§ 11 bis 13). Vielmehr finden insoweit gem. § 1 Abs. 3 Satz 1 Nr. 1, Abs. 4 UmwStG, §§ 20 ff. UmwStG Anwendung (vgl. hierzu Rz. 14.250 ff.). 14.364

d) Formwechsel

Des Weiteren ist der **Formwechsel** nach § 1 Abs. 1 Nr. 4 i.V.m. §§ 190 ff. UmwG im Zusammenhang mit der Errichtung einer Holding zu erwähnen. Rechtstechnisch findet zwar keine Vermögensüber- 14.365

---

971 *Rasche* in Rödder/Herlinghaus/van Lishaut, UmwStG Anh. 10 Rz. 10; *Husmann* in Rau/Dürrwächter, § 1 UStG Anm. 1121.

972 Abschn. 1.6 Abs. 2 Sätze 1, 2 UStAE.

973 BFH v. 17.4.2013 – II R 59/11, BFH/NV 2013, 1149, Rz. 18; BFH v. 7.3.2012 – II B 90/11, BFH/NV 2012, 998; BFH v. 9.4.2008 – II R 32/06, BFH/NV 2008, 1526; BFH v. 29.9.2005 – II R 23/04, BStBl. II 2006, 137; Koordinierter Ländererlass, Finanzministerium Bayern v. 12.12.1997, geändert mit Verfügung v. 2.11.1999 und 14.2.2000 – 36-S 45-1 – 16/1-4 – 60 799, GrEStK Karte 1/1.1.3 B; *Meßbacher-Hönsch* in Boruttau, § 1 GrEStG Rz. 351.

974 BFH v. 17.4.2013 – II R 59/11, BFH/NV 2013, 1149, Rz. 18; BFH v. 29.9.2005 – II R 23/04, BStBl. II 2006, 137 (138 f.); BFH v. 16.2.1994 – II R 125/90, BStBl. II 1994, 866; *Meßbacher-Hönsch* in Boruttau, § 1 GrEStG Rz. 351 m.w.N.

975 Finanzministerium Baden-Württemberg, Erlass v. 16.9.2003 – 3 – S 4500/71, DStR 2003, 1794, 1981.

976 Vgl. BFH v. 25.6.2003 – II R 20/02, BStBl. II 2004, 193 (194); Finanzministerium Baden-Württemberg, Erlass v. 14.2.2002 – 3 – S 4400/14, DB 2002, 455, Tz. 2.

977 BMF v. 11.11.2011, BStBl. I 2011, 1314, Rz. 04.34.

tragung statt, allerdings wird ein bisheriger Rechtsträger durch Austausch des Rechtskleids umgewandelt, wobei die Gründungsvorschriften für die einzelnen Rechtsformen Anwendung finden (§ 197 UmwG). Als für den Formwechsel geeignete Rechtsträger kommen insbesondere Kapitalgesellschaften, Personenhandelsgesellschaften und Genossenschaften in Betracht, die in eine Kapitalgesellschaft oder Genossenschaft umgewandelt werden sollen (§ 191 Abs. 1 und 2 UmwG).

14.366 Möglich ist innerhalb der EU auch ein **Formwechsel über die Grenze** (bspw. von einer ausländischen Kapitalgesellschaft mit damit verbundener Neugründung einer Personengesellschaft im Inland) derart, dass die Gesellschaft ihren Satzungs- und Verwaltungssitz in einen anderen EU-Staat verlegt und dort in das Handelsregister eingetragen wird. Der EuGH sieht hierin einen von der europäischen Niederlassungsfreiheit gedeckten grenzüberschreitenden Formwechsel[978]. Daraus folgt für den Zuzugsfall, dass mit einer derartigen formwechselnden Verlegung des Satzungssitzes aus einem EU-Mitgliedstaat nach Deutschland ein grenzüberschreitender Formwechsel herbeigeführt werden kann[979]. Die deutschen Zivilgerichte sind dem zwischenzeitlich gefolgt[980]. Entsprechendes gilt für den Wegzug aus Deutschland durch grenzüberschreitenden Formwechsel[981]. Dies gilt für den Formwechsel, der mit einem Typuswechsel (Formwechsel von einer Kapital- in eine Personengesellschaft und umgekehrt) einhergeht, gleichermaßen. Etwas anderes kann jedoch dann gelten, wenn die beteiligte ausländische Rechtsordnung beim Formwechsel keine Kontinuität vorsieht, sondern diesen wie eine Auflösung und anschließende Neugründung behandelt[982]. Erforderlich ist nach der sog. Vereinigungstheorie eine sukzessive Anwendung nationaler Rechtsnormen sowohl des Wegzugs- als auch des Zuzugsstaates. Aus deutscher Sicht sind die Formwechselvorschriften des UmwG (§§ 190 ff.) und die für die neue Rechtsform geltenden Gründungsvorschriften sinngemäß anzuwenden.

14.367 Von besonderer Bedeutung kann beispielsweise der Formwechsel von einer GmbH- in eine AG-Holding sein, wenn anschließend ein Börsengang geplant ist. Praktische Relevanz ist ebenfalls gegeben, wenn eine Personengesellschaft zu einer Kapitalgesellschaftsholding umgewandelt werden soll, um insbesondere Schachtelprivilegien gem. § 8b Abs. 1 oder § 8b Abs. 2 KStG[983] zu nutzen. Der Formwechsel von einer Personengesellschaft in eine Kapitalgesellschaft wird in der Praxis auch im außensteuerlichen Kontext angestrebt, um bei einem etwaigen Wegzug der Gesellschafter eine Entstrickung bei einer nicht originär gewerblich tätigen Personengesellschaft zu vermeiden (§ 4 Abs. 1 Satz 3, 4; § 16 Abs. 3a EStG)[984] und stattdessen in EU-/EWR-Fällen die Steuerstundung des § 6 Abs. 5 AStG in Anspruch zu nehmen[985].

14.368 In **ertragsteuerlicher Hinsicht** ist der Formwechsel von einer Kapitalgesellschaft in eine andere Kapitalgesellschaft, beispielsweise von einer GmbH zu einer AG oder umgekehrt, irrelevant[986] (vgl. auch § 1 Abs. 1 Nr. 2, § 1 Abs. 3 Nr. 3 UmwStG). Besonderheiten können sich allerdings bei dem Formwechsel von einer KGaA in eine andere Kapitalgesellschaft (GmbH oder AG) ergeben. Nach § 3 Abs. 1 Nr. 2 UmwG i.V.m. § 1 Abs. 1 Nr. 1 KStG ist die KGaA eine Kapitalgesellschaft und diese

978 EuGH v. 12.7.2012 – C-378/10, ECLI:EU:C:2012:440 – VALE, DB 2012, 1614; *Winter* in Rödder/Herlinghaus/van Lishaut, Anh. 1 Rz. 494.

979 Der EuGH hat seine Rechtsprechung in der Rs. Polbud (v. 25.10.2017 – C-106/16, ZIP 2017, 2145 = AG 2017, 854 = GmbHR 2017, 1261) auf die isolierte Verlegung des Satzungssitzes ohne gleichzeitige Verlegung des Verwaltungssitzes ausgedehnt; vgl. dazu *Bärwaldt/Hoefling*, DB 2017, 3051.

980 OLG Nürnberg v. 19.6.2013 – 12 W 520/13, ZIP 2014, 128 = GmbHR 2014, 96; KG Berlin v. 21.3.2016 – 22 W 64/15, AG 2016, 586 = ZIP 2016, 1223; dazu *Winter/Marx/De Decker*, DStR 2016, 1997.

981 OLG Frankfurt v. 3.1.2017 – 20 W 88/15, ZIP 2017, 611 = GmbHR 2017, 420; *Winter/Marx/De Decker*, DStR 2017, 1664; *Winter* in Rödder/Herlinghaus/van Lishaut, Anh. 1 Rz. 507.

982 Vgl. *Graw* in Rödder/Herlinghaus/van Lishaut, § 1 UmwStG Rz. 98 m.w.N.

983 Vorbehaltlich der Regelung des § 8b Abs. 4 KStG bzw. § 22 Abs. 1 UmwStG.

984 Relevant in den Fällen, in denen § 50i Abs. 1 Satz 1 EStG nicht zur Anwendung kommt; vgl. hierzu *Rödder/Kuhr/Heimig*, Ubg 2014, 477 ff. (478).

985 Vgl. hierzu *Wassermeyer* in Flick/Wassermeyer/Baumhoff/Schönfeld, § 6 AStG Rz. 206 ff.

986 BMF v. 11.11.2011, BStBl. I 2011, 1314, Rz. 01.11; *Graw* in Rödder/Herlinghaus/van Lishaut, § 1 UmwStG Rz. 11; *Möhlenbrock* in Dötsch/Pung/Möhlenbrock, § 1 UmwStG Rz. 38.

ist nach § 1 Abs. 1 Nr. 1 KStG körperschaftsteuerpflichtig[987]. Gleichzeitig unterliegt der (vermögens-) beteiligte Komplementär nach § 15 Abs. 1 Satz 1 Nr. 3 EStG der Einkommensteuer wie bei einem Mitunternehmer[988]. Der Formwechsel einer KGaA in eine Kapitalgesellschaft anderer Rechtsform könnte auf Grund der hybriden Struktur daher im Hinblick auf den Komplementär-Anteil wie eine Einbringung nach § 20 UmwStG zu betrachten sein[989]. Die Besonderheit des Formwechsels einer KGaA in eine Kapitalgesellschaft anderer Rechtsform besteht jedoch darin, dass der persönlich haftende Gesellschafter durch den Formwechsel nach § 247 Abs. 2 UmwG zwingend aus der Gesellschaft ausscheidet. Ihm steht insoweit ein Abfindungsanspruch nach § 278 Abs. 2 AktG i.V.m. §§ 161 Abs. 2, 105 Abs. 2 HGB, § 738 BGB zu[990]. Nach ganz überwiegender Auffassung in der Literatur findet § 20 Abs. 1 UmwStG auf den Komplementär-Anteil einer in eine Kapitalgesellschaft anderer Rechtsform wechselnden KGaA keine Anwendung, weil der infolge des Formwechsels ausscheidende Komplementär keinen Mitunternehmeranteil in die neue Kapitalgesellschaft einbringen kann, sondern nur seinen Abfindungsanspruch. Insoweit liegt ein Veräußerungsvorgang nach § 16 Abs. 1 Satz 1 Nr. 1 i.V.m. § 16 Abs. 3 Satz 1 EStG vor[991].

Die ertragsteuerlichen Folgen des Formwechsels von einer **Personengesellschaft** in eine Kapitalgesellschaft oder Genossenschaft sind in § 25 UmwStG geregelt. Danach gelten §§ 20 bis 23 UmwStG entsprechend (vgl. § 25 Satz 1 UmwStG). Auf die Ausführungen zu §§ 20 ff. UmwStG kann daher verwiesen werden (vgl. Rz. 14.250 ff.). In persönlicher Hinsicht findet § 25 UmwStG nach § 1 Abs. 3 Nr. 3 i.V.m. § 1 Abs. 4 Satz 1 Nr. 2 Buchst. a UmwStG auf die dort genannten Rechtsträger unter den im Einzelnen aufgeführten Voraussetzungen Anwendung. Die Ausführungen zur Einbringung von Anteilen an einer Personengesellschaft in eine Kapitalgesellschaft gem. §§ 20 ff. UmwStG gelten entsprechend (vgl. Rz. 14.258 ff.). Im Übrigen haben nach § 25 Satz 2 i.V.m. § 9 Satz 2 UmwStG auf den steuerlichen Übertragungsstichtag die Personengesellschaft eine Übertragungsbilanz und die Kapitalgesellschaft eine Eröffnungsbilanz aufzustellen. Nach § 25 Satz 2 i.V.m. § 9 Satz 2 Halbs. 1 UmwStG dürfen die vorgenannten Bilanzen auch für einen Stichtag aufgestellt werden, der höchstens acht Monate vor der Anmeldung des Formwechsels zur Eintragung in ein öffentliches Register liegt (Übertragungsstichtag). Gemäß § 25 Satz 2 i.V.m. § 9 Satz 2 Halbs. 2 UmwStG gilt § 2 Abs. 3 und 4 UmwStG entsprechend (vgl. dazu Rz. 14.282 ff.). Eine Bindung an die handelsrechtlichen Werte besteht nicht[992], so dass die aus dem Formwechsel hervorgehende Kapitalgesellschaft das ihr zuzuordnende Betriebsvermögen mit dem Buchwert, einem Zwischenwert oder dem gemeinen Wert ansetzen kann[993]. Es gelten insoweit die Ausführungen zu §§ 20 ff. UmwStG entsprechend (vgl. Rz. 14.288). Nach § 27 Abs. 1 Satz 1 KStG ist die aus dem Formwechsel hervorgehende Kapitalgesellschaft verpflichtet, das in ihrer Eröffnungsbilanz auszuweisende Eigenkapital, soweit es das Nennkapital übersteigt, als Zugang auf dem steuerlichen Einlagekonto auszuweisen[994]. Für den grenzüberschreitenden Formwechsel ist das UmwStG gem. § 1 Abs. 1 Satz 1 Nr. 2 UmwStG entsprechend anwendbar, so dass die Ausführungen auch für den grenzüberschreitenden Formwechsel entsprechend gelten[995]. 14.369

987 Vgl. auch die Anlage 2 zu § 43b EStG, wonach die KGaA als begünstigte Muttergesellschaft i.S.d. § 43b Abs. 2 Satz 1 EStG angesehen wird (vgl. Ziff. 1 Buchst. f).

988 Vgl. *Wacker* in Schmidt, § 15 EStG Rz. 891 m.w.N.; *Drüen/Heek*, DStR 2012, 541 (543 f.); nach § 281 Abs. 2 AktG kann der persönlich haftende Gesellschafter eine Vermögenseinlage erbringen, die nicht auf das Grundkapital der KGaA geleistet wird. Diese ist in der Jahresbilanz der Gesellschaft gem. § 286 Abs. 2 Satz 1 AktG unter dem Posten „gezeichnetes Kapital" gesondert auszuweisen.

989 Vgl. hierzu: *Schaumburg/Schulte*, Die KGaA, Rz. 211; *Kusterer*, DStR 1999, 1681 (1682).

990 Vgl. *Stratz* in Schmitt/Hörtnagl/Stratz, § 247 UmwG Rz. 7, 12.

991 *Patt* in Dötsch/Pung/Möhlenbrock, § 25 UmwStG Rz. 32; *Schmitt* in Schmitt/Hörtnagl/Stratz, § 25 UmwStG Rz. 12; *Rabback* in Rödder/Herlinghaus/van Lishaut, § 25 UmwStG Rz. 23.

992 BMF v. 11.11.2011, BStBl. I 2011, 1314, Rz. 25.01 i.V.m. Rz. 20.20.

993 BMF v. 11.11.2011, BStBl. I 2011, 1314, Rz. 25.01 i.V.m. Rz. 20.01–23.21.

994 BMF v. 4.6.2003, BStBl. I 2003, 366, Tz. 6, 27.

995 Vgl. *Graw* in Rödder/Herlinghaus/van Lishaut, § 1 UmwStG Rz. 98.

14.370 Der Formwechsel einer Personengesellschaft in eine **KGaA** kann, je nachdem, ob eine Sacheinlage auf das Grundkapital oder auf die Vermögenseinlage des persönlich haftenden Gesellschafters erfolgt, unterschiedlich zu behandeln sein. Nur soweit eine Sacheinlage auf das Grundkapital der KGaA erbracht wird, handelt es sich um einen Anwendungsfall des § 25 Satz 1 UmwStG i.V.m. §§ 20 ff. UmwStG. Demgegenüber führt ein Gesellschafter der Personengesellschaft, der bei der KGaA im Zuge des Formwechsels persönlich haftender Gesellschafter wird, steuerlich – unbeachtlich – seine Mitunternehmerstellung fort[996]. Handelt es sich bei dem persönlich haftenden Gesellschafter der KGaA um einen neu hinzutretenden Gesellschafter, der zuvor nicht der Personengesellschaft angehört hat (vgl. § 221 UmwG), liegt insoweit kein umwandlungssteuerrechtlicher Vorgang vor[997]. Soweit die Gegenleistung für die über § 25 UmwStG fingierte Sacheinlage in der Ausgabe von Kommanditaktien besteht, ist § 20 Abs. 1 Satz 1 UmwStG anwendbar[998]. Werden im Zusammenhang mit dem Formwechsel sowohl Kommanditaktien ausgegeben als auch die Stellung des persönlich haftenden Gesellschafters in Gestalt einer Vermögenseinlage begründet, müssen sowohl die Voraussetzungen des § 20 als auch des § 24 UmwStG gegeben sein[999]. Problematisch kann in diesem Zusammenhang der Umstand sein, dass eine Sachgesamtheit, z.B. ein Betrieb oder Teilbetrieb, nicht in zwei Teile aufgeteilt werden kann[1000]. Entscheidend ist jedoch, dass aus Sicht der aufnehmenden Gesellschaft das Betriebs- oder Teilbetriebserfordernis insgesamt erfüllt ist[1001]. Ungeachtet dessen kann bei dem Formwechsel der Personengesellschaft in eine KGaA unter gleichzeitiger Einräumung der vermögensmäßig beteiligten Stellung als persönlich haftender Gesellschafter und der Ausgabe von Kommanditaktien diese Problematik dann dahinstehen, wenn zwei Teilbetriebe oder ein Mitunternehmeranteil eingebracht werden, der für Zwecke der §§ 20, 24 UmwStG auch in Bruchteilen aufgespalten werden kann[1002]. Für den grenzüberschreitenden Formwechsel ist das UmwStG gem. § 1 Abs. 1 Satz 1 Nr. 2 UmwStG entsprechend anwendbar, so dass die Ausführungen auch für den grenzüberschreitenden Formwechsel entsprechend gelten[1003].

14.371 **Umsatzsteuerlich** stellt der Formwechsel keinen entgeltlichen Leistungsaustausch i.S.d. § 1 Abs. 1 Nr. 1 UStG dar. Denn die formwechselnde Umwandlung wird handelsrechtlich durch das Prinzip der Identität des Rechtsträgers, der Kontinuität seines Vermögens (wirtschaftliche Identität) und der Diskontinuität seiner Verfassung bestimmt, die auch umsatzsteuerlich gelten[1004]. Demzufolge ist die formwechselnde Umwandlung nicht umsatzsteuerbar[1005]. Etwas anderes gilt allerdings hinsichtlich des Formwechsels der KGaA in eine andere Kapitalgesellschaft, soweit der vermögensmäßig beteiligte persönlich haftende Gesellschafter zivilrechtlich seinen Abfindungsanspruch nach § 247 Abs. 3 UmwG i.V.m. §§ 161 Abs. 2, 105 HGB, § 738 BGB, § 278 Abs. 2 AktG gegen Gewährung von Aktien oder GmbH-Anteilen einbringt. Auch insoweit fehlt es an einem Leistungsaustausch seitens der formgewechselten Kapitalgesellschaft[1006]. Die Erbringung der Sacheinlage (Abfindungsanspruch) seitens des Gesellschafters kann allerdings unter den weiteren Voraussetzungen des § 1 Abs. 1 Nr. 1 UStG eine steuerbare und steuerpflichtige Leistung darstellen.

---

996 Vgl. *Patt* in Dötsch/Pung/Möhlenbrock, § 25 UmwStG Rz. 31.

997 *Patt* in Dötsch/Pung/Möhlenbrock, § 25 UmwStG Rz. 31.

998 *Schaumburg/Schulte*, Die KGaA, Rz. 203 m.w.N.

999 *Patt* in Dötsch/Pung/Möhlenbrock, § 20 UmwStG Rz. 185 f.

1000 Vgl. zu der Problematik *Patt* in Dötsch/Pung/Möhlenbrock, § 20 UmwStG Rz. 186; *Kusterer*, DB 2000, 250.

1001 Vgl. *Halasz/Kloster/Kloster*, GmbHR 2002, 359 (368); *Farnschläder/Dörschmidt*, DB 1999, 1923 (1927).

1002 *Patt* in Dötsch/Pung/Möhlenbrock, § 20 UmwStG Rz. 186 a.E.

1003 Vgl. *Graw* in Rödder/Herlinghaus/van Lishaut, § 1 UmwStG Rz. 98.

1004 BFH v. 4.12.1996 – II B 116/96, BStBl. II 1997, 661 (662) = ZIP 1997, 144, zur Grunderwerbsteuer.

1005 BFH v. 4.12.1996 – II B 116/96, BStBl. II 1997, 661 = ZIP 1997, 144, zur Grunderwerbsteuer; *Robisch* in Bunjes, § 1 UStG Rz. 71; *Husmann* in Rau/Dürrwächter, § 1 UStG Rz. 297 m.w.N.

1006 EuGH v. 26.5.2005 – C-465/03, ECLI:EU:C:2005:320, AG 2005, 577 = ZIP 2005, 1134 = IStR 2005, 416; EuGH v. 26.6.2003 – C-442/01, ECLI:EU:C:2003:381, ZIP 2003, 1649 = IStR 2003, 601; Abschn. 1.6 Abs. 2 Satz 2 UStAE; *Lohse*, BB 2003, 1713; vgl. auch Abschn. 18.7 Satz 2 UStAE.

Hinsichtlich der **Grunderwerbsteuer** ist zu beachten, dass ebenfalls in Anlehnung an die handelsrechtlichen Regelungen des Formwechsels mangels Vermögensübertragung keine Grunderwerbsteuerpflicht gegeben ist[1007]. Anders ist hingegen der Formwechsel einer Personengesellschaft in eine Kapitalgesellschaft zu werten, falls zuvor ein Grundstück in die Personengesellschaft eingebracht und für diese Einbringung die Steuerbefreiung nach § 5 Abs. 2 GrEStG in Anspruch genommen worden ist. Nach § 5 Abs. 3 GrEStG wird die im Zuge der Einbringung gewährte Steuerbefreiung insoweit nicht gewährt, als sich der Anteil des Veräußerers am Vermögen der Gesamthand innerhalb von fünf Jahren nach dem Übergang des Grundstücks auf die Gesamthand vermindert. Der Formwechsel einer Personengesellschaft in eine Kapitalgesellschaft innerhalb der fünfjährigen Frist stellt einen Fall des § 5 Abs. 3 GrEStG dar und führt zur nachträglichen Steuerpflicht der Einbringung des Grundstücks in die Gesamthand[1008]. Korrigiert wird die ursprünglich gewährte Steuerfreiheit nach § 5 Abs. 2 GrEStG über § 175 Abs. 1 Satz 1 Nr. 2 AO. Nach Ablauf der fünfjährigen Frist des § 5 Abs. 3 GrEStG ist der Formwechsel jedoch grunderwerbsteuerlich unschädlich. Eine Privilegierung nach § 6a GrEStG kommt nicht in Betracht, da § 6a Satz 1 GrEStG ausdrücklich den Fall des Formwechsels nicht einschließt[1009]. 14.372

Ist die umgewandelte Personengesellschaft zu mindestens 95 % an einer anderen inländischen Grundbesitz haltenden Personengesellschaft beteiligt, führt die formwechselnde Umwandlung der (Ober-)Personengesellschaft in eine Kapitalgesellschaft nicht zu einer wesentlichen **Änderung des Gesellschafterbestandes** i.S.d. § 1 Abs. 2a GrEStG. Der Formwechsel löst daher in diesem Fall keine Grunderwerbsteuer hinsichtlich der Untergesellschaft aus[1010]. 14.373

2. Personengesellschaften

Bei der **Gründung** einer nationalen Holding in der Rechtsform der Personengesellschaft ist der Abschluss des Gesellschaftsvertrages von entscheidender Bedeutung. Der Gesellschaftsvertrag einer GbR, einer OHG oder auch einer KG kann gem. § 705 BGB, §§ 105, 161 HGB privatschriftlich abgeschlossen werden und unterliegt weitestgehend der Privatautonomie der Gesellschafter. OHG und KG bedürfen, anders als die GbR, der Eintragung in das Handelsregister (vgl. §§ 106, 161 Abs. 2 HGB). Die Errichtung einer Holding in der Rechtsform der Personengesellschaft bietet insbesondere für Gesellschafter von Familienholdinggesellschaften in Bezug auf die Gewährung erbschaft-/schenkungsteuerlicher Betriebsvermögensprivilegien gem. §§ 13a, 13b ErbStG erhebliche Vorteile, da eine Mindestbeteiligung des Erblassers/Schenkers, anders als bei einer Holdingkapitalgesellschaft, nicht erforderlich ist (vgl. dazu Rz. 14.154 ff.). 14.374

a) Einbringung

Wie bei der Holding in der Rechtsform der Kapitalgesellschaft lässt sich auch bei der Holding in der Rechtsform der Personengesellschaft, z.B. GbR, OHG oder KG, die steuerneutrale Einbringung einer Beteiligung an einer Kapitalgesellschaft im Wege der **Sacheinlage** durchführen. Nach § 1 Abs. 3 14.375

1007 BFH v. 4.12.1996 – II B 116/96, BStBl. II 1997, 661 (662) = ZIP 1997, 144; *Patt* in Dötsch/Pung/Möhlenbrock, § 25 UmwStG Rz. 87; Finanzministerium Baden-Württemberg, Koordinierter Ländererlass v. 31.1.2000 – 3 – S-4520/2, GrEStK § 9 GrEStG Karte 31; *Schmitt* in Schmitt/Hörtnagl/Stratz, § 25 UmwStG Rz. 45; *Meßbacher-Hönsch* in Boruttau, § 1 GrEStG Rz. 355.

1008 BFH v. 4.5.2011 – II B 151/10, BFH/NV 2011, 1395, Rz. 10 f.; *Patt* in Dötsch/Pung/Möhlenbrock, § 25 UmwStG Rz. 93 m.w.N.; OFD Niedersachsen, Verfügung v. 31.10.2013 – S-45 – 4–5 – St 261, UVR 2014, 102, Tz. 3; Finanzministerium Baden-Württemberg, Erlass v. 14.2.2002 – 3 – S 4400/15, DB 2002, 455, Tz. 2; a.A.: *Beckmann*, GmbHR 1999, 217.

1009 Gleichlautender Erlass der Obersten Finanzbehörden der Länder v. 19.12.2012, BStBl. I 2012, 662, Tz. 3.1; *Patt* in Dötsch/Pung/Möhlenbrock, § 25 UmwStG Rz. 91.

1010 Vgl. OFD Niedersachsen, Verfügung v. 31.10.2013 – S-45–4 – 5 – St 261, UVR 2014, 102, Tz. 3; Finanzministerium Baden-Württemberg, Erlass v. 14.2.2002 – 3 – S 4400/15, DB 2002, 455, Tz. 2; *Patt* in Dötsch/Pung/Möhlenbrock, § 25 UmwStG Rz. 62.

Nr. 4 UmwStG kann dies im Wege der Einzelrechtsnachfolge oder auch im Wege der Umwandlung durch Verschmelzung oder Spaltung erfolgen. Die für den Fall der Einzelrechtsnachfolge vorgesehenen Beschränkungen nach § 1 Abs. 4 Satz 1 UmwStG gelten gem. § 1 Abs. 4 Satz 2 UmwStG in den Fällen des § 24 UmwStG nicht. Der Wortlaut des § 24 Abs. 1 i.V.m. Abs. 2 Satz 2 UmwStG lässt an sich nur eine steuerneutrale Einbringung eines Betriebes, Teilbetriebes oder eines Mitunternehmeranteils in die Holding zu. Die bloße Beteiligung an einer Kapitalgesellschaft reicht hierzu regelmäßig nicht aus, es sei denn, es handelt sich um eine 100 %-Beteiligung an einer Kapitalgesellschaft, die nach § 15 Abs. 1 Satz 3 UmwStG einem Teilbetrieb gleichsteht[1011]. Nach Auffassung der Finanzverwaltung ist eine 100 %-Beteiligung als Einbringungsgegenstand i.S.d. § 24 UmwStG nur dann begünstigt, wenn es sich um eine 100 %-Beteiligung handelt, die zu einem Betriebsvermögen gehört[1012]. Handelt es sich demgegenüber nicht um eine 100 %-Beteiligung an einer Kapitalgesellschaft, die aus einem Betriebsvermögen stammt, findet insoweit nicht § 24 UmwStG, sondern ggf. § 6 Abs. 5 Satz 3 EStG Anwendung. Ist die einzubringende Beteiligung an einer Kapitalgesellschaft wesentliche Betriebsgrundlage eines Betriebs, Teilbetriebs oder Mitunternehmeranteils, gelten die allgemeinen Grundsätze zur Einbringung von Betriebsvermögen nach § 24 UmwStG[1013]. In diesem Fall kann die Beteiligung an der Kapitalgesellschaft nicht isoliert steuerneutral in die Holdingpersonengesellschaft nach § 24 UmwStG eingebracht werden[1014]. Allerdings besteht die Möglichkeit, die Einbindung einer 100 %-Beteiligung in einen Betrieb oder Teilbetrieb dadurch aufzulösen, dass vor der Einbringung andere wesentliche Betriebsgrundlagen des Betriebs oder Teilbetriebs unter Aufdeckung stiller Reserven dauerhaft veräußert werden, so dass ein Betrieb oder Teilbetrieb, zu dem die 100 %-Beteiligung gehören könnte, nicht mehr vorhanden ist. Diese Vorgehensweise stellt nach Auffassung des BFH auch keinen Fall des Missbrauchs gem. § 42 AO dar. Abzustellen ist für die Frage, ob die Beteiligung wesentliche Betriebsgrundlage eines Betriebs oder Teilbetriebs ist, auf den Zeitpunkt der tatsächlichen Einbringung[1015].

14.376 Mit der Einbringung einer **100%igen Beteiligung** an einer Kapitalgesellschaft aus einem Betriebsvermögen muss der Einbringende Mitunternehmer der Holdingpersonengesellschaft werden. D.h., bei der aufnehmenden Personengesellschaft muss es sich entweder um ein gewerbliches Unternehmen i.S.d. § 15 Abs. 1 Satz 1 Nr. 2 i.V.m. § 15 Abs. 2 bzw. § 15 Abs. 3 Nr. 1 EStG handeln[1016] oder aber um eine gewerblich geprägte Personengesellschaft i.S.d. § 15 Abs. 3 Nr. 2 EStG[1017]. Personengesellschaft i.S.d. § 24 UmwStG kann auch eine nach ausländischem Recht errichtete Personengesellschaft sein, wenn diese die Qualifikationsvoraussetzungen im vorgenannten Sinne erfüllt und die Beteiligung in eine inländische Betriebsstätte der ausländischen Personengesellschaften eingebracht wird oder die inländische Betriebsstätte der ausländischen Personengesellschaft hierdurch erst ent-

1011 Vgl. auch § 16 Abs. 1 Satz 1 Nr. 1 Satz 2 Halbs. 1 EStG.

1012 BMF v. 11.11.2011, BStBl. I 2011, 1314, Rz. 25.01 i.V.m. Rz. 24.02; Begründung zu dem Entwurf eines Gesetzes über steuerliche Begleitmaßnahmen zur Einführung der Europäischen Gesellschaft und zur Änderung weiterer steuerrechtlicher Vorschriften (SEStEG) v. 25.9.2006, BT-Drucks. 16/2710, 50; *Schmitt* in Schmitt/Hörtnagl/Stratz, § 24 UmwStG Rz. 75, 155; *Patt* in Dötsch/Pung/Möhlenbrock, § 24 UmwStG Rz. 95; *Schlößer/Schley* in Haritz/Menner/Bilitewski, § 24 UmwStG Rz. 36; a.A.: *Rasche* in Rödder/Herlinghaus/van Lishaut, § 24 UmwStG Rz. 63 ff.; BFH v. 17.7.2008 – I R 77/06, BStBl. II 2009, 464, zu § 24 UmwStG 1995.

1013 *Frotscher* in Frotscher/Drüen, § 24 UmwStG Rz. 47.

1014 BMF v. 11.11.2011, BStBl. I 2011, 1314, Rz. 24.02 i.V.m. Rz. 15.06 Satz 1; *Patt* in Dötsch/Pung/Möhlenbrock, § 25 UmwStG Rz. 95.

1015 BFH v. 9.11.2011 – X R 60/90, BStBl. II 2012, 638 (641), Rz. 30 ff. m.w.N. zum Diskussionsstand; a.A.: Berücksichtigung der sog. Gesamtplanrechtsprechung, vgl. BMF v. 11.11.2011, BStBl. I 2011, 1314, Rz. 24.03 i.V.m. Rz. 20.07; BFH v. 25.2.2010 – IV R 49/08, BStBl. II 2010, 726.

1016 *Schmitt* in Schmitt/Hörtnagl/Stratz, § 24 UmwStG Rz. 112; *Schmidt*, § 15 EStG Rz. 180; *Patt* in Dötsch/Pung/Möhlenbrock, § 24 UmwStG Rz. 99.

1017 *Schmitt* in Schmitt/Hörtnagl/Stratz, § 24 UmwStG Rz. 129; BFH v. 25.2.1991 – GrS 7/89, BStBl. II 1991, 691 (702).

steht[1018]. Die Personengesellschaftsholding kann bereits bestehen oder auch im Zuge der Einbringung neu gegründet werden. Für die Personengesellschaftsholding wird regelmäßig nur die gewerbliche Prägung, also z.B. als GmbH & Co. KG, in Betracht kommen, da das bloße Halten und Verwalten von Beteiligungen grundsätzlich als Vermögensverwaltung anzusehen ist, welche nicht zu einer Gewerblichkeit der Personengesellschaft führt. In Einzelfällen kann als Holdinggesellschaft auch die **KGaA** Verwendung finden. Zwar handelt es sich hierbei um eine Kapitalgesellschaft i.S.d. § 3 Abs. 2 Nr. 2 UmwG, die körperschaftsteuerpflichtig i.S.d. § 1 Abs. 1 KStG ist, jedoch unterliegt der persönlich haftende Gesellschafter der KGaA gem. § 15 Abs. 1 Satz 1 Nr. 3 KStG der Besteuerung wie ein Mitunternehmer. Aufgrund der hybriden Rechtsform kann es sich daher anbieten, § 24 UmwStG hinsichtlich der dem persönlich haftenden Gesellschafter zuzuordnenden Vermögenseinlage durch die Einbringung einer 100 %-Beteiligung an einer Kapitalgesellschaft zu nutzen. Hierdurch entsteht eine Holding in der Rechtsform der KGaA, auf die aber hinsichtlich der Einbringung der Tochtergesellschaftsanteile § 24 UmwStG Anwendung findet. Eine derartige Gestaltung bietet sich an, da die KGaA, anders als die gewerblich geprägte Personengesellschaft (z.B. GmbH & Co. KG), Organträgereignung hat (vgl. dazu Rz. 14.536).

Die für den Einbringenden erforderliche **Mitunternehmerstellung** setzt voraus, dass entweder eine zivilrechtliche Gesellschafterstellung oder zumindest eine der Gesellschafterstellung wirtschaftlich vergleichbare Stellung eingeräumt wird[1019]. Dabei ist es nicht erforderlich, dass der Einbringende als Gegenleistung in vollem Umfang Gesellschafterrechte erhält. Vielmehr genügt es, wenn der Einbringende überhaupt Mitunternehmer wird[1020]. Es genügt, wenn das eingebrachte Betriebsvermögen bzw. die eingebrachte Beteiligung wertmäßig dem Kapitalkonto I oder auch teilweise einem gesamthänderisch gebundenen Rücklagekonto gutgeschrieben wird[1021]. Die Verbuchung allein auf einem Darlehenskonto genügt hingegen nicht[1022]. Soweit diese Voraussetzungen gegeben sind, steht der Personengesellschaftsholding gem. § 24 Abs. 2 Satz 1 i.V.m. Satz 2 UmwStG ein **Wahlrecht** hinsichtlich der Bewertung der eingebrachten Beteiligung zu. Dabei gilt nach § 24 Abs. 2 Satz 1 UmwStG der Grundsatz, dass die eingebrachte Beteiligung von der Holding mit ihrem gemeinen Wert anzusetzen ist. Davon abweichend kann die Holding nach § 24 Abs. 2 Satz 2 UmwStG unter den dort genannten Voraussetzungen zwischen einem Ansatz mit dem Buchwert oder einem Zwischenwert wählen. Das Wahlrecht wird durch den Ansatz in der Gesamthandsbilanz (Steuerbilanz) einschließlich etwaiger Ergänzungsbilanzen der Personengesellschaftsholding ausgeübt[1023]. Neben Gesellschaftsrechten darf die Personengesellschaft dem Einbringenden auch einen sonstige Gegenleistung (z.B. in Form von Darlehensgewährungen) für die eingebrachte Beteiligung gewähren[1024]. Erfolgt die Einbringung gegen ein sog. Mischentgelt, d.h. gegen Gewährung von Gesellschaftsrechten und eine sonstige Gegenleistung ist die Einbringung nur in den Grenzen des § 24 Abs. 2 Satz 2 Nr. 4 UmwStG steuerneutral möglich. Im Übrigen ist § 24 UmwStG auch erfüllt, wenn der Einbringende bereits Mitunternehmer der aufnehmenden Personengesellschaft ist und seine Mitunternehmerstellung (Gesellschaftsrechte) durch die Einbringung entsprechend erhöht. Ob tatsächlich eine Buchwerteinbringung vorliegt, ergibt sich ausschließlich aus einer Betrachtung der Gesamthandsbilanz der aufnehmenden Personengesellschaft und der ggf. gebildeten steuerlichen (positiven oder negativen) Ergän- 14.377

1018 *Patt* in Dötsch/Pung/Möhlenbrock, § 24 UmwStG Rz. 99b; *Schlößer/Schley* in Haritz/Menner/Bilitewski, § 24 UmwStG Rz. 60.

1019 BFH v. 25.6.1984 – GrS 4/82, BStBl. II 1984, 751 (769); H 15.8 Abs. 1 „Gesellschafter" EStR 2012; *Schmitt* in Schmitt/Hörtnagl/Stratz, § 24 UmwStG Rz. 119.

1020 BFH v. 26.1.1994 – III R 39/91, BStBl. II 1994, 458 (460); *Schmitt* in Schmitt/Hörtnagl/Stratz, § 24 UmwStG Rz. 131; *Schlößer/Schley* in Haritz/Menner/Bilitewski, § 24 UmwStG Rz. 77; *Widmann/Mayer*, § 24 UmwStG Rz. 101.3.

1021 BFH v. 29.7.2015 – IV R 15/14, BStBl. II 2016, 593; BMF v. 26.7.2016, BStBl. I 2016, 684.

1022 BMF v. 11.11.2011, BStBl. I 2011, 1314, Rz. 24.07.

1023 BFH v. 26.1.1994 – III R 39/91, BStBl. II 1994, 458 (461); BMF v. 11.11.2011, BStBl. I 2011, 1314, Rz. 24.03 i.V.m. Rz. 20.17 ff.; *Schmitt* in Schmitt/Hörtnagl/Stratz, § 24 UmwStG Rz. 156; *Widmann/Mayer*, § 24 UmwStG Rz. 1.

1024 Vgl. zu der Problematik: *Schmitt* in Schmitt/Hörtnagl/Stratz, § 24 UmwStG Rz. 139 ff. m.w.N.

zungsbilanzen[1025]. Die Ausübung des Bilanzierungswahlrechtes erfolgt ausschließlich durch die aufnehmende Personengesellschaft in ihrer Gesamthandsbilanz (Steuerbilanz) und der von ihr aufzustellenden Ergänzungsbilanzen[1026]. Das Wahlrecht wird dadurch ausgeübt, dass die Personengesellschaft den Antrag auf (Minder-)Bewertung, also zum Buch- oder Zwischenwertansatz, bei ihrem für die Besteuerung örtlich zuständigen Betriebsfinanzamt gem. § 18 Abs. 1 Nr. 2 AO spätestens bis zur erstmaligen Abgabe der steuerlichen Schlussbilanz stellt (vgl. § 24 Abs. 2 Satz 3 i.V.m. § 20 Abs. 2 Satz 3 UmwStG)[1027]. Die Ausführungen zur Antragstellung nach § 20 Abs. 2 Satz 3 UmwStG gelten insoweit entsprechend (vgl. dazu Rz. 14.288). Hiernach ist es beispielsweise zulässig, dass die Holding die eingebrachte Beteiligung in ihrer Gesamthandsbilanz (Steuerbilanz) mit dem gemeinen Wert ansetzt und dies durch eine gleichzeitig gebildete negative Ergänzungsbilanz für den Einbringenden auf den steuerlichen Buchwert wieder abstockt. Hiervon unabhängig ist die handelsrechtliche Abbildung bei der übernehmenden Gesellschaft (Holding).

14.378 Der Wert, mit dem die Beteiligung in der Bilanz der Holdingpersonengesellschaft einschließlich der Ergänzungsbilanzen angesetzt wird, gilt für den Einbringenden als **Veräußerungspreis** gem. § 24 Abs. 3 Satz 1 UmwStG[1028]. Wird die 100 %-Beteiligung an einer Kapitalgesellschaft mit dem Buchwert angesetzt, entsteht durch die Einbringung kein Gewinn, so dass der Vorgang steuerneutral ist. Bei einem Ansatz mit einem Zwischen- oder dem Teilwert ergibt sich hingegen in Höhe der Differenz zwischen dem Buchwert und dem Zwischen- bzw. Teilwert ein steuerpflichtiger Einbringungsgewinn[1029].

14.379 Inwieweit dieser **Gewinn** steuerpflichtig ist, hängt davon ab, ob es sich bei dem Einbringenden um eine Kapitalgesellschaft oder Personengesellschaft bzw. natürliche Person handelt. Je nachdem, kommt § 8b Abs. 2 KStG bzw. § 3 Nr. 40 Satz 1 Buchst. a EStG in Betracht. Soweit der Gewinn steuerpflichtig ist, kommt eine Begünstigung nach §§ 16, 34 EStG in Frage. Die Steuerbegünstigung hängt davon ab, ob der Gewinn aus dem Ansatz mit dem gemeinen Wert oder einem Zwischenwert resultiert. Bei Ansatz mit einem Zwischenwert scheidet von vornherein eine Anwendung der §§ 16, 34 EStG aus (vgl. § 24 Abs. 3 Satz 2 UmwStG)[1030].

14.380 Wird demgegenüber die Beteiligung mit dem **gemeinen Wert** angesetzt, sind vorbehaltlich der Regelung des § 3 Nr. 40 Satz 1 Buchst. a EStG, § 8b Abs. 2 KStG die §§ 16, 34 EStG anzuwenden. Allerdings enthält § 24 Abs. 3 Satz 3 UmwStG den Hinweis auf die entsprechende Anwendung des § 16 Abs. 2 Satz 3 EStG. Nach § 16 Abs. 2 Satz 3 EStG wird ein Veräußerungsgewinn als laufender Gewinn umqualifiziert, wenn auf der Seite des Erwerbers und auf der Seite des Veräußerers dieselben Personen Unternehmer oder Mitunternehmer sind. Diese Gesetzesfiktion hat zur Folge, dass insoweit eine Tarifbegünstigung nach §§ 16 Abs. 4, 34 EStG ausscheidet. Durch die entsprechende Anwendung im Rahmen des § 24 UmwStG soll der gesetzgeberische Wille klargestellt werden, dass bei einer Einbringung zum gemeinen Wert der Einbringungsgewinn als laufender Gewinn anzusehen ist, soweit auf Erwerber- und Veräußererseite Beteiligungsidentität besteht. Es handelt sich hierbei um die Fälle der Veräußerung „an sich selbst"[1031]. Die Umqualifizierung des Veräußerungsgewinns

---

1025 BMF v. 11.11.2011, BStBl. I 2011, 1314, Rz. 24.13; *Schmitt* in Schmitt/Hörtnagl/Stratz, § 24 UmwStG Rz. 182 ff.

1026 BMF v. 11.11.2011, BStBl. I 2011, 1314, Rz. 24.13; *Rasche* in Rödder/Herlinghaus/van Lishaut, § 24 UmwStG Rz. 93; *Patt* in Dötsch/Pung/Möhlenbrock, § 24 UmwStG Rz. 118; *Schmitt* in Schmitt/Hörtnagl/Stratz, § 24 UmwStG Rz. 158.

1027 BMF v. 11.11.2011, BStBl. I 2011, 1314, Rz. 24.03 i.V.m. Rz. 20.21.

1028 BMF v. 11.11.2011, BStBl. I 2011, 1314, Rz. 24.13.

1029 Bei der Berechnung des Einbringungsgewinns sind etwaige Einbringungskosten, z.B. Notarkosten usw., abzuziehen.

1030 BMF v. 11.11.2011, BStBl. I 2011, 1314, Rz. 24.15.

1031 Vgl. Beschlussempfehlung und Bericht des Finanzausschusses zu dem Entwurf eines Gesetzes zur Bekämpfung des Missbrauchs und zur Bereinigung des Steuerrechts (Missbrauchsbekämpfungs- und Steuerbereinigungsgesetz – StMG) v. 8.11.1993, BT-Drucks. 12/6078, 122; BMF v. 11.11.2011, BStBl. I 2011, 1314, Rz. 24.16; *Wacker* in Schmidt, § 16 EStG Rz. 7 m.w.N.

in einen laufenden Gewinn gilt auch für die Gewerbesteuer[1032], allerdings nur dann, wenn der gemeine Wert angesetzt wird[1033]. Für die Einbringung einer 100 %-Beteiligung an einer Kapitalgesellschaft ergeben sich jedoch erhebliche Zweifel, ob die Umqualifizierung des Veräußerungsgewinns in einen laufenden Gewinn nach § 24 Abs. 3 Satz 3 UmwStG i.V.m. § 16 Abs. 2 Satz 3 EStG sachgerecht ist.

Im Übrigen erklärt **§ 24 Abs. 4 Halbs. 1 UmwStG** § 23 Abs. 1, 3, und 6 für entsprechend anwendbar. Nach § 24 Abs. 4 Halbs. 2 UmwStG kommt eine rückwirkende Einbringung entsprechend § 20 Abs. 5 und 6 UmwStG nur in Betracht, wenn die Einbringung im Wege der **Gesamtrechtsnachfolge** durchgeführt wird. Eine steuerliche Rückwirkung ist bei einer Einbringung durch Einzelrechtsnachfolge nicht möglich. Als Einzelrechtsnachfolge gilt insoweit auch der Fall der Anwachsung[1034]. 14.381

Im Rahmen von Einbringungen nach § 24 UmwStG ist § 24 Abs. 5 UmwStG zu beachten. Es handelt sich um eine **Missbrauchsverhinderungsvorschrift.** Danach sollen die in die Holdingpersonengesellschaft unter dem gemeinen Wert eingebrachten Anteile an einer Körperschaft, Personenvereinigung oder Vermögensmasse als sog. **sperrfristbehaftete Anteile** einer siebenjährigen Sperrfrist unterliegen. Dies soll insoweit gelten, als für den Einbringenden auf einen eventuellen Gewinn aus der Veräußerung dieser Anteile § 8b Abs. 2 KStG nicht anwendbar war und soweit ein späterer Gewinn aus der Veräußerung der sperrfristbehafteten Anteile auf Mitunternehmer entfällt, für die § 8b Abs. 2 KStG anwendbar ist. Ziel der Regelung ist die steuerliche Erfassung stiller Reserven in Anteilen an Kapitalgesellschaften, die von natürlichen Personen in eine Mitunternehmerschaft, an der Kapitalgesellschaften beteiligt sind oder sich nach der Einbringung beteiligen, nach § 24 UmwStG eingebracht werden[1035]. Die Regelung steht im Kontext zu der ebenfalls als Missbrauchsverhinderungsvorschrift konzipierten Regelung des § 16 Abs. 5 EStG im Rahmen einer Realteilung (vgl. dazu Rz. 14.425). Ganz offenbar geht der Gesetzgeber davon aus, dass es im Rahmen der Einbringung zu einem unbesteuerten Überspringen stiller Reserven kommen kann[1036]. Die Rechtsfolge der Regelung besteht darin, dass bei einer Veräußerung bzw. Weiterübertragung gem. § 22 Abs. 1 Satz 6 Nr. 1 bis 5 UmwStG (vgl. dazu Rz. 14.238) der sperrfristbehafteten Anteile durch die Holdingpersonengesellschaft innerhalb eines Zeitraums von sieben Jahren nach der Einbringung § 22 Abs. 2, 3 und 5 bis 7 UmwStG insoweit entsprechend anzuwenden ist (vgl. dazu Rz. 14.235 ff.), als der Gewinn aus der Veräußerung der eingebrachten Anteile auf einen Mitunternehmer entfällt, für den insoweit § 8b Abs. 2 KStG Anwendung findet[1037]. 14.382

Nach § 24 Abs. 6 UmwStG gilt § 20 Abs. 9 UmwStG entsprechend (vgl. dazu vorstehend Rz. 14.298). Demzufolge gehen ein etwaiger **Zinsvortrag** nach § 4h Abs. 1 Satz 5 EStG und ein etwaiger **EBITDA**-Vortrag nach § 4h Abs. 1 Satz 3 EStG nicht auf die Holdingpersonengesellschaft über. 14.383

Wie vorstehend dargelegt, soll § 24 UmwStG für die Einlage einer **100 %-Beteiligung im Privatvermögen** nicht anwendbar sein. Wird gleichwohl eine derartige Beteiligung in eine Personengesellschaft gegen Gewährung von Gesellschaftsrechten eingelegt, handelt es sich nach Auffassung der Finanzverwaltung um einen tauschähnlichen Vorgang, wenn dem Einbringenden als Gegenleistung für die eingebrachte Beteiligung Gesellschaftsrechte gewährt werden, die dem Wert der Beteiligung 14.384

1032 BMF v. 11.11.2011, BStBl. I 2011, 1314, Rz. 24.17; BFH v. 15.6.2004 – VIII R 7/01, BStBl. II 2004, 754 = ZIP 2004, 1500.

1033 Vgl. *Keuthen*, Ubg 2013, 480.

1034 BMF v. 11.11.2011, BStBl. I 2011, 1314, Rz. 24.06.

1035 Bericht des Finanzausschusses zu dem Entwurf eines Gesetzes über steuerliche Begleitmaßnahmen zur Einführung der Europäischen Gesellschaft und zur Änderung weiterer steuerrechtlicher Vorschriften (SEStEG) v. 9.11.2006, BT-Drucks. 16/3369, 14.

1036 Vgl. *Schmitt/Keuthen*, DStR 2013, 1565.

1037 Vgl. dazu im Einzelnen: BMF v. 11.11.2011, BStBl. I 2011, 1314, Rz. 24.18 ff.; *Rasche* in Rödder/Herlinghaus/van Lishaut, § 24 UmwStG Rz. 175 ff.; *Patt* in Dötsch/Pung/Möhlenbrock, § 24 UmwStG Rz. 226 ff.; *Schmitt* in Schmitt/Hörtnagl/Stratz, § 24 UmwStG Rz. 282 ff.

entsprechen (offene Sacheinlage). § 6 Abs. 1 Nr. 5b EStG kommt nicht zur Anwendung[1038]. Auf einen etwaigen Veräußerungsgewinn ist § 17 Abs. 3 EStG sowie § 3 Nr. 40 Buchst. c EStG anzuwenden. § 34 EStG ist nicht anwendbar.

14.385 Ebenfalls von § 24 Abs. 1 UmwStG wird die Einbringung eines **Mitunternehmeranteils** erfasst. Voraussetzung hierfür ist, dass die Personengesellschaft, deren Anteil eingebracht wird, als Mitunternehmerschaft anzusehen ist. Derartige doppelstöckige Personengesellschaftsstrukturen werden ohne weiteres anerkannt[1039].

14.386 Anstelle des § 24 UmwStG kann eine Einbringung nach **§ 6 Abs. 5 Satz 3 EStG** erfolgen. § 6 Abs. 5 EStG steht insoweit in Konkurrenz zu § 24 Abs. 1 UmwStG, als es um die Einbringung einer 100 %-Beteiligung an einer Kapitalgesellschaft aus dem eigenen Betriebsvermögen des Einbringenden geht. In diesem Fall ist § 24 Abs. 1 UmwStG lex specialis[1040]. Handelt es sich demgegenüber nicht um eine 100 %-Beteiligung an einer Kapitalgesellschaft, die aus einem Betriebsvermögen in die Personengesellschaftsholding eingebracht werden soll, kommt nur § 6 Abs. 5 Satz 3 EStG zur steuerneutralen Einbringung in Betracht. Ebenfalls ist § 6 Abs. 5 Satz 3 EStG anzuwenden, wenn die Beteiligung bereits Sonderbetriebsvermögen der Personengesellschaft ist, in die die Beteiligung eingebracht werden soll[1041]. Danach ist eine Buchwertübertragung in das Gesamthandsvermögen der Personengesellschaftsholding sowohl unentgeltlich als auch gegen Gewährung von Gesellschaftsrechten zulässig. Die Steuerneutralität unterliegt gem. § 6 Abs. 5 Satz 4 EStG einer Sperrfrist von drei Jahren. Wird nach § 6 Abs. 5 Satz 4 EStG die übertragene Beteiligung innerhalb dieser Sperrfrist veräußert oder entnommen, ist rückwirkend auf den Zeitpunkt der Einbringung der Teilwert anzusetzen, es sei denn, die bis zur Übertragung entstandenen stillen Reserven sind durch Erstellung einer Ergänzungsbilanz dem übertragenden Gesellschafter zugeordnet worden; diese Sperrfrist endet drei Jahre nach Abgabe der Steuererklärung des Übertragenden für den Veranlagungszeitraum, in dem die in § 6 Abs. 5 Satz 3 EStG bezeichnete Übertragung erfolgt ist[1042]. Des Weiteren enthält § 6 Abs. 5 Satz 5 EStG als Rechtsfolge die Aufdeckung der stillen Reserven, soweit ein Anteil einer Körperschaft bezogen auf die eingebrachte Beteiligung unmittelbar oder mittelbar begründet wird oder sich erhöht. Nach § 6 Abs. 5 Satz 6 EStG ist ebenfalls der Teilwert rückwirkend anzusetzen, wenn innerhalb von sieben Jahren nach der Einbringung der Anteil einer Körperschaft an der eingebrachten Beteiligung aus einem anderen Grund unmittelbar oder mittelbar begründet wird oder sich erhöht. Nicht hiervon betroffen ist der Fall, dass die einer Körperschaft unmittelbar zuzurechnende Beteiligung an einer Kapitalgesellschaft nach § 6 Abs. 5 Satz 3 EStG in die Personengesellschaftsholding eingebracht wird und die Körperschaft danach mittelbar in dem gleichen Umfang an der eingebrachten Beteiligung beteiligt ist[1043].

14.387 In **umsatzsteuerlicher** Hinsicht stellt die Einbringung einer 100 %-Beteiligung an einer Kapitalgesellschaft bzw. die Einbringung eines Mitunternehmeranteils in die Personengesellschaftsholding aus Sicht des Einbringenden nur dann einen steuerbaren Leistungsaustausch gem. § 1 Abs. 1 Nr. 1 UStG dar, wenn der Einbringende die Einbringung als Unternehmer im Rahmen seines Unternehmens erbringt. Dieser Umsatz ist gem. § 4 Nr. 8e bzw. § 4 Nr. 8f UStG steuerbefreit, wobei allerdings gem. § 9 Abs. 1 UStG die Möglichkeit der Option besteht. Die Personengesellschaftsholding erbringt ihrerseits keine umsatzsteuerbare Leistung (vgl. hierzu Rz. 14.315).

14.388 Die Sacheinlage einer 100 %-Beteiligung an einer inländisches Grundvermögen besitzenden Kapitalgesellschaft stellt gem. § 1 Abs. 3 Nr. 3, 4 GrEStG einen **grunderwerbsteuerbaren Tatbestand** dar.

1038 BMF v. 11.7.2011, BStBl. I 2011, 713, Ziff. II.2.
1039 BFH v. 25.2.1991 – GrS 7/89, BStBl. II 1991, 691 (699 f.); *Wacker* in Schmidt, § 15 EStG Rz. 610 ff.; vgl. auch: § 15 Abs. 1 Satz 1 Nr. 2 Satz 2 EStG.
1040 *Patt* in Dötsch/Pung/Möhlenbrock, § 24 UmwStG Rz. 82.
1041 *Patt* in Dötsch/Pung/Möhlenbrock, § 24 UmwStG Rz. 82.
1042 BMF v. 8.12.2011, BStBl. I 2011, 1279, Tz. 22 ff.
1043 BMF v. 8.12.2011, BStBl. I 2011, 1279, Tz. 31.

Allerdings greift insoweit die Steuervergünstigung gem. § 5 Abs. 2 GrEStG ein, soweit der Einbringende an der Personengesellschaftsholding beteiligt ist[1044]. Nicht anwendbar sind hingegen die Vergünstigungsvorschriften gem. § 5 Abs. 1 und Abs. 2 GrEStG, wenn sich die Anteilsvereinigung nach § 1 Abs. 3 Nr. 1 und 2 GrEStG erst auf der Ebene der Personengesellschaft vollzieht[1045]. Ggf. kommt auch eine Steuervergünstigung nach § 6a GrEStG in Betracht[1046] (vgl. dazu Rz. 14.323 ff.). Bemessungsgrundlage der Grunderwerbsteuer ist gem. § 8 Abs. 2 Satz 1 Nr. 3 GrEStG der nach § 138 Abs. 2 bis 4 BewG zu ermittelnde Grundbesitzwert. Die Steuer bemisst sich vorrangig nach den länderspezifischen Grunderwerbsteuersätzen. Der hiervon abweichende Steuersatz gem. § 11 Abs. 1 GrEStG beträgt 3,5 %. Die durch die Einbringung entstandene Grunderwerbsteuer kann als Betriebsausgabe abgezogen werden (vgl. Rz. 14.308).

b) Spaltung

Wie auch die Kapitalgesellschaftsholding kann die Personengesellschaftsholding als neu zu gründender Rechtsträger an einer **Auf-, Abspaltung** und **Ausgliederung** teilnehmen (§ 123 i.V.m. § 3 Abs. 1 Nr. 1 UmwG, § 124 Abs. 1 UmwG). Soweit die Holding in der Rechtsform der Personengesellschaft durch eine Auf- bzw. Abspaltung errichtet werden soll, ist § 16 UmwStG zu beachten. Danach gelten die §§ 3 bis 8, 10 und 15 UmwStG entsprechend. Insofern ist von Bedeutung, dass § 16 Satz 1 UmwStG den Begriff der Personengesellschaft verwendet, während handelsrechtlich bei der Auf- bzw. Abspaltung auf Personenhandelsgesellschaften abgestellt wird (vgl. § 3 Abs. 1 Nr. 1 UmwG)[1047]. Während demzufolge nach § 16 UmwStG auch eine GbR als aufnehmende Personengesellschaft in Betracht käme, lässt sich dies nach § 124 Abs. 1 i.V.m. § 3 Abs. 1 Nr. 1 UmwG nicht im Wege der umwandlungsrechtlichen Auf- oder Abspaltung durchführen[1048]. Personenhandelsgesellschaften i.S.d. § 124 Abs. 1 i.V.m. § 3 Abs. 1 Nr. 1 UmwG sind lediglich OHG, KG und Partnerschaftsgesellschaft. Nach § 1 Abs. 2 Satz 1 Nr. 1 UmwStG kommt des Weiteren als Holding auch eine EU-/EWR-Personengesellschaft i.S.v. Art. 54 AEUV bzw. Art. 34 EWR-Abkommen in Betracht[1049]. Über die entsprechende Anwendung der §§ 3 ff. UmwStG steht der übertragenden Körperschaft hinsichtlich der Bewertung der übertragenden Teilbetriebe das steuerliche Bewertungswahlrecht zu. Dieses Wahlrecht setzt allerdings voraus, dass die übergehenden Teilbetriebe bei der aufnehmenden Personengesellschaft Betriebsvermögen werden (vgl. auch § 8 UmwStG). Im Übrigen müssen die Voraussetzungen des § 15 Abs. 1 bis 3 UmwStG vorliegen. Für Zwecke der Gewerbesteuer ordnet § 18 Abs. 1 UmwStG die entsprechende Geltung der §§ 3 bis 9, 14 und 16 UmwStG an. Nach § 18 Abs. 1 Satz 2 UmwStG ist der Übergang eines gewerbesteuerlichen Verlustvortrages gem. § 10a GewStG auf die übernehmende Personengesellschaft nicht möglich. Zudem enthält § 18 Abs. 3 Satz 1 UmwStG eine „Antimissbrauchsregelung", wonach im Falle der Veräußerung oder Aufgabe des Betriebs der Personengesellschaft innerhalb von fünf Jahren nach dem Vermögensübergang der gesamte Veräußerungs- oder Aufgabegewinn der Gewerbesteuer unterliegt. Das Gilt auch, soweit ein Teilbetrieb oder ein Anteil an der Personengesellschaft aufgegeben oder veräußert wird (vgl. § 18 Abs. 3 Satz 2 UmwStG). Nach § 18 Abs. 3 Satz 3 UmwStG ist der auf den Aufgabe- oder Veräußerungsgewinnen beruhende Teil des Gewerbesteuer-Messbetrages bei der Ermäßigung der Einkommensteuer nach § 35 EStG nicht zu berücksichtigen. 14.389

Die **Ausgliederung** einer Körperschaft auf eine Personengesellschaft ist ein Fall des § 24 UmwStG und richtet sich nach den dort gegebenen Regelungen (vgl. hierzu Rz. 14.375 ff.). 14.390

1044 BFH v. 2.4.2008 – II R 53/06, BStBl. II 2009, 544 (546); BFH v. 16.1.2002 – II R 52/00, BFH/NV 2002, 1053; *Pahlke* in Pahlke, § 5 GrEStG Rz. 15.

1045 BFH v. 2.4.2008 – II R 53/06, BStBl. II 2009, 544 (546); *Pahlke* in Pahlke, § 5 GrEStG Rz. 13.

1046 Vgl. dazu: *Pahlke* in Pahlke, § 6a GrEStG Rz. 19.

1047 Vgl. hierzu: *Hörtnagl* in Schmitt/Hörtnagl/Stratz, § 16 UmwStG Rz. 8.

1048 *Hörtnagl* in Schmitt/Hörtnagl/Stratz, § 16 UmwStG Rz. 8.

1049 *Hörtnagl* in Schmitt/Hörtnagl/Stratz, § 16 UmwStG Rz. 9.

14.391 Die Auf- und Abspaltung einer **Personengesellschaft** sowie die Ausgliederung aus der Personengesellschaft in eine neu zu gründende Personengesellschaftsholding unterfällt der Regelung des § 24 UmwStG[1050] (vgl. hierzu Rz. 14.375).

c) Verschmelzung

14.392 Die **Verschmelzung** von Kapitalgesellschaften auf eine Personengesellschaftsholding wird ertragsteuerlich insbesondere durch §§ 3 ff., 18 UmwStG geregelt. Für die beteiligten Rechtsträger müssen in persönlicher Hinsicht die Voraussetzungen des § 1 Abs. 2 UmwStG erfüllt sein (vgl. hierzu Rz. 14.174). Nach § 3 Abs. 1 Satz 1 UmwStG sind die im Wege der Verschmelzung übergehenden Wirtschaftsgüter, einschließlich nicht entgeltlich erworbener und selbst geschaffener immaterieller Wirtschaftsgüter, in der steuerlichen Schlussbilanz der übertragenden Körperschaft mit dem gemeinen Wert anzusetzen[1051]. Nach § 3 Abs. 1 Satz 2 UmwStG gilt davon abweichend für die Bewertung von Pensionsrückstellungen § 6a EStG[1052]. Die übertragende Kapitalgesellschaft hat davon abweichend hinsichtlich des übertragenen Vermögens gem. § 3 Abs. 2 Satz 1 UmwStG das Wahlrecht, die Wirtschaftsgüter mit dem Buchwert oder, einem Zwischenwert anzusetzen. Dieses Wahlrecht besteht nach § 3 Abs. 2 Satz 1 UmwStG nur, soweit

1. das übergehende Vermögen Betriebsvermögen der übernehmenden Personengesellschaft wird und sichergestellt ist, dass die Wirtschaftsgüter später der Besteuerung mit Einkommensteuer oder Körperschaftsteuer unterliegen,
2. das Recht der Bundesrepublik Deutschland hinsichtlich der Besteuerung des Gewinns aus der Veräußerung der übertragenen Wirtschaftsgüter bei den Gesellschaftern der übernehmenden Personengesellschaft nicht ausgeschlossen oder beschränkt wird, und
3. eine Gegenleistung nicht gewährt wird oder in Gesellschaftsrechten besteht[1053].

Die übertragende Körperschaft hat ihr Wahlrecht durch einen Antrag gem. § 3 Abs. 1 Satz 2 UmwStG auszuüben[1054].

14.393 Gemäß § 2 Abs. 1, Abs. 2 UmwStG i.V.m. § 17 Abs. 2 UmwG darf die Verschmelzung auf einen höchstens acht Monate vor der Anmeldung der Verschmelzung liegenden Stichtag zurückbezogen werden (sog. **steuerlicher Übertragungsstichtag**)[1055]. Soweit die übergehenden Wirtschaftsgüter mit dem gemeinen Wert ansetzt werden, ist auch ein originärer Firmen-/Geschäftswert auszuweisen. Das Ansatzverbot des § 5 Abs. 2 EStG gilt insoweit nicht[1056]. Der Ansatz des Buch- oder Zwischenwertes ist nicht von dem Wertansatz in der Handelsbilanz abhängig[1057].

14.394 Der Wert, mit dem die übertragende Kapitalgesellschaft die Wirtschaftsgüter ansetzt, ist von der Personengesellschaft zwingend gem. § 4 Abs. 1 UmwStG zu übernehmen. Handelsrechtlich kann jedoch die übernehmende Körperschaft gem. § 24 UmwG auch über dem Buchwert der Schlussbilanz der übertragenden Körperschaft liegende Werte ansetzen. Eine **Bindung der steuerlichen Werte** an die handelsrechtliche Bewertung besteht nicht. Im Übrigen tritt die aufnehmende Personengesellschaft hinsichtlich der Abschreibungen usw. nach Maßgabe des § 4 Abs. 2, 3 UmwStG in die Rechts-

---

1050 Vgl. hierzu: BMF v. 11.11.2011, BStBl. I 2011, 1314, Rz. 01.47.

1051 Vgl. hierzu: BMF v. 11.11.2011, BStBl. I 2011, 1314, Rz. 03.04 f.; vgl. zur Ermittlung des gemeinen Wertes: BMF v. 11.11.2011, BStBl. I 2011, 1314, Rz. 03.08.

1052 Vgl. hierzu: BMF v. 11.11.2011, BStBl. I 2011, 1314, Rz. 03.08 f.

1053 Vgl. hierzu: BMF v. 11.11.2011, BStBl. I 2011, 1314, Rz. 03.14 ff.

1054 Vgl. hierzu: BMF v. 11.11.2011, BStBl. I 2011, 1314, Rz. 03.27 ff.

1055 BMF v. 11.11.2011, BStBl. I 2011, 1314, Rz. 02.12.

1056 BMF v. 11.11.2011, BStBl. I 2011, 1314, Rz. 03.04 i.V.m. Rz. 03.06; *Birkemeier* in Rödder/Herlinghaus/van Lishaut, § 3 UmwStG Rz. 72 ff.; nach *Möhlenbrock/Pung* in Dötsch/Pung/Möhlenbrock, § 3 UmwStG Rz. 14, soll der Geschäfts- oder Firmenwert mit dem Teilwert anzusetzen sein.

1057 BMF v. 11.11.2011, BStBl. I 2011, 1314, Rz. 03.10, Rz. 03.25.

stellung der übertragenden Kapitalgesellschaft ein. Hiervon bestehen jedoch gem. § 4 Abs. 2 Satz 2 UmwStG wesentliche Ausnahmen. Nach § 4 Abs. 2 Satz 2 UmwStG gehen verrechenbare Verluste, verbleibende Verlustvorträge, vom übertragenden Rechtsträger nicht ausgeglichene negative Einkünfte, ein Zinsvortrag nach § 4h Abs. 1 Satz 5 EStG und ein EBITDA-Vortrag nach § 4h Abs. 1 Satz 3 EStG nicht über. Für den gewerbesteuerlichen Verlustvortrag sieht § 18 Abs. 1 Satz 2 UmwStG eine entsprechende Regelung vor. Ggf. empfiehlt es sich, einen Zwischenwertansatz oder gar den Ansatz zum gemeinen Wert für das übergehende Betriebsvermögen zu wählen, um die Verlustpotentiale und ggf. den Zinsvortrag zu nutzen. Wegen der sog. Mindestbesteuerung ist jedoch § 10d EStG zu beachten. Für den gewerbesteuerlichen Verlustvortrag gem. § 10a GewStG gilt Entsprechendes[1058]. Von Bedeutung ist auch die in § 4 Abs. 2 Satz 3 UmwStG vorgesehene Besitzzeitanrechnung für die übernehmende Personengesellschaft, z.B. für Zwecke des § 6b EStG[1059].

14.395 Auch wenn die Personengesellschaft aufgrund der Wertverknüpfung gem. § 4 Abs. 1 UmwStG die Buchwerte der Wirtschaftsgüter fortführt, kann es gem. § 4 Abs. 4 UmwStG zu einem **Übernahmegewinn** oder **-verlust** kommen. § 4 Abs. 4 Satz 1 UmwStG definiert den Übernahmegewinn oder -verlust als den Unterschiedsbetrag zwischen dem Wert, mit dem die übergegangenen Wirtschaftsgüter zu übernehmen sind, abzgl. der Kosten für den Vermögensübergang und dem Wert der Anteile an der übertragenden Körperschaft (Absätze 1 und 2, § 5 Abs. 2 und 3 UmwStG). Hierdurch werden die im übertragenen Vermögen enthaltenen offenen Reserven (vgl. § 7 UmwStG) sowie bestimmte stille Reserven erfasst[1060]. Um den Übernahmegewinn bzw. -verlust im Rahmen des Betriebsvermögensvergleichs der Personengesellschaft ermitteln zu können, fingiert § 5 UmwStG die Zugehörigkeit der Anteile an der übertragenden Körperschaft in bestimmten Fällen zu dem Betriebsvermögen der Personengesellschaft, soweit sie sich nicht ohnehin im Betriebsvermögen der Personengesellschaft befinden. Nach § 5 Abs. 2 UmwStG gelten Anteile an der übertragenden Kapitalgesellschaft i.S.d. § 17 EStG mit ihren Anschaffungskosten als in das Betriebsvermögen eingelegt. Anteile, die sich bereits in einem Betriebsvermögen eines Gesellschafters der Personengesellschaft befinden, gelten gem. § 5 Abs. 3 Satz 1 UmwStG als mit ihrem Buchwert in das Betriebsvermögen der Personengesellschaft eingelegt. Nach § 5 Abs. 3 Satz 2 UmwStG gilt § 4 Abs. 1 Satz 3 UmwStG entsprechend. Aus diesen Regelungen wird deutlich, dass nicht wesentliche Anteile an einer Kapitalgesellschaft, die auch nicht zu einem Betriebsvermögen gehören, nicht der Betriebsvermögenszuordnungsfiktion unterliegen. Dementsprechend bestimmt § 4 Abs. 4 Satz 3 UmwStG, dass bei der Ermittlung des Übernahmegewinns oder Übernahmeverlustes der Wert der übergegangenen Wirtschaftsgüter außer Ansatz bleibt, soweit er auf derartige Anteile entfällt. Hiermit korrespondierend bestimmt § 7 UmwStG, dass das auf diese Anteile entfallende in der Steuerbilanz der Kapitalgesellschaft ausgewiesene Eigenkapital abzgl. des Bestandes des steuerlichen Einlagekontos i.S.d. § 27 KStG bei dem betreffenden Anteilseigner als Einkünfte aus Kapitalvermögen zu versteuern ist. § 7 UmwStG fingiert in diesen Fällen eine Gewinnausschüttung. In der Praxis ist dafür Sorge zu tragen, dass die fiktive Gewinnausschüttung nicht gewerbesteuerpflichtig ist, weil sie die Voraussetzungen des § 9 Nr. 2a oder Nr. 7 GewStG nicht erfüllt (sog. Gewerbesteuerfalle). Für Zwecke der Gewerbesteuer bestimmt § 18 Abs. 1 UmwStG, dass die §§ 3 bis 9 und 16 UmwStG ebenfalls gelten. Insbesondere kann gem. § 18 Abs. 1 Satz 2 UmwStG ein vortragsfähiger Fehlbetrag i.S.d. § 10a GewStG nicht auf die Personengesellschaft übertragen werden (nach § 4 Abs. 6 UmwStG bleibt ein etwaiger Übernahmeverlust außer Ansatz). Ein etwaiger Übernahmegewinn bleibt nach § 4 Abs. 7 Satz 1 UmwStG ebenfalls außer Ansatz, soweit er auf eine Körperschaft, Personenvereinigung oder Vermögensmasse als Mitunternehmerin der Personengesellschaft entfällt. Nach § 4 Abs. 7 Satz 2 UmwStG ist er in den übrigen Fällen unter Anwendung von § 3 Nr. 40 sowie § 3c EStG zu berücksichtigen. Gleichzeitig regelt § 18 Abs. 2 Satz 1 UmwStG, dass ein Übernahmegewinn oder -verlust

1058 BGBl. I 2003, 2922.

1059 Vgl. hierzu: BMF v. 11.11.2011, BStBl. I 2011, 1314, Rz. 04.15.

1060 Begründung zu dem Entwurf eines Gesetzes über steuerliche Begleitmaßnahmen zur Einführung der Europäischen Gesellschaft und zur Änderung weiterer steuerrechtlicher Vorschriften (SEStEG) v. 25.9.2006, BT-Drucks. 16/2710, 38.

nicht zu erfassen ist. Um Missbräuche zu verhindern, sieht § 18 Abs. 3 UmwStG vor, dass der (gesamte) Gewinn aus der Veräußerung oder Aufgabe des Betriebs der Personengesellschaft nachträglich der Gewerbesteuer unterliegt, falls die Veräußerung oder Betriebsaufgabe innerhalb von fünf Jahren nach dem Vermögensübergang erfolgt.

14.396 Hinsichtlich der **umsatzsteuerrechtlichen** und **grunderwerbsteuerlichen** Folgen gelten die vorstehenden Ausführungen zu Rz. 14.312 ff. und Rz. 14.318 ff. entsprechend.

14.397 Die Verschmelzung von **Personengesellschaften** auf eine Personengesellschaftsholding richtet sich in ertragsteuerlicher Hinsicht nach § 24 UmwStG (vgl. hierzu Rz. 14.375 ff.). Wirtschaftlich betrachtet kann man unter dem Begriff der Verschmelzung einer Personengesellschaft auf ihren Gesellschafter auch die Anwachsung gem. § 738 BGB, § 142 HGB verstehen[1061]. Scheiden aus einer Personengesellschaft alle anderen Gesellschafter bis auf einen Gesellschafter aus, wächst das Vermögen der Personengesellschaft dem verbleibenden Gesellschafter an. Waren die ausgeschiedenen Gesellschafter nicht am Vermögen der Personengesellschaft beteiligt, liegt kein Fall des § 6 Abs. 3 EStG vor. Der verbleibende Gesellschafter führt die Buchwerte mangels Anschaffungsvorgang fort, da ihm die Wirtschaftsgüter bereits zuvor zuzurechnen waren. Waren die ausgeschiedenen Gesellschafter am Vermögen der Personengesellschaft beteiligt, liegt entweder eine entgeltliche Übertragung mit der Folge der Anteilsveräußerung gem. § 16 Abs. 1 Satz 1 Nr. 2 EStG oder eine unentgeltliche Übertragung gem. § 6 Abs. 3 EStG bzw. eine verdeckte Einlage vor[1062]. Werden z.B. bei einer GmbH & Co. KG die Kommanditanteile in die Komplementär-GmbH im Wege einer Kapitalerhöhung eingebracht (sog. erweitertes Anwachsungsmodell) tritt nach Maßgabe des § 20 Abs. 1, Abs. 2 Satz 2 UmwStG keine Gewinnrealisierung ein.

d) Formwechsel

14.398 Der **Formwechsel** von einer Kapitalgesellschaft in eine Personengesellschaftsholding (vgl. zum Formwechsel Rz. 14.365) unterliegt in ertragsteuerlicher Hinsicht den §§ 3 ff., 18 UmwStG. Anders als handelsrechtlich wird der Formwechsel ertragsteuerlich als Vermögensübertragung wie bei der Verschmelzung beurteilt (vgl. hierzu Rz. 14.368 ff.). Das Gleiche gilt gem. § 18 UmwStG für die Gewerbesteuer.

14.399 Der Formwechsel einer **Personengesellschaft** in eine andere **Personengesellschaft** ist steuerlich irrelevant, soweit auch die neue Personengesellschaft über Betriebsvermögen verfügt.

V. Änderung von Beteiligungsstrukturen

14.400 Mit der Änderung von Beteiligungsstrukturen kann u.a. die Bildung von Management- und Führungsholdings oder auch die Einrichtung dezentral geführter Konzerne angestrebt werden. Nicht zuletzt lassen sich hierdurch auch die steuerrechtlichen Voraussetzungen der Organschaft schaffen (vgl. hierzu Rz. 14.529 ff.) oder vorhandene gewerbesteuerliche oder körperschaftsteuerliche Verlustvorträge nutzen. Von erheblicher Bedeutung sind in diesem Zusammenhang die mit der Änderung der Beteiligungsstruktur ggf. verbundene Auflösung stiller Reserven und die hieraus resultierende Ertragsteuerbelastung. Eine Kompensation der Ertragssteuerbelastung durch die spätere Nutzung von Abschreibungsvolumen lässt sich bei Beteiligungsgesellschaften in der Rechtsform der Kapitalgesellschaft regelmäßig nicht nutzen, da Anteile an einer Kapitalgesellschaft lediglich einer Teilwertabschreibung, nicht hingegen der Abschreibung nach § 7 EStG zugänglich sind (§ 6 Abs. 1 Nr. 2

1061 Der Wortlaut des § 738 Abs. 1 Satz 1 BGB weicht insoweit hiervon ab: *„Scheidet ein Gesellschafter aus der Gesellschaft aus, so wächst sein Anteil am Gesellschaftsvermögen den übrigen Gesellschaftern zu“.*

1062 BMF v. 3.3.2005, BStBl. I 2005, 458, Rz. 2; BMF v. 11.11.2011, BStBl. I 2011, 1314, Rz. E 20.10; vgl. im Übrigen zum Anwachsungsmodell: *Wacker* in Schmidt, § 16 EStG Rz. 513.

Satz 1 EStG). Im Übrigen schließt § 8b Abs. 3 KStG die steuerliche Nutzung von Teilwertabschreibungsverlusten auf Anteile an Kapitalgesellschaften aus. Etwas anderes gilt allerdings für Beteiligungsgesellschaften in der Rechtsform der Personengesellschaft. Anteile an Personengesellschaften (Mitunternehmerschaften) repräsentieren steuerlich die entsprechenden Anteile an den zum Gesamthandsvermögen gehörenden Wirtschaftsgütern, die ggf. einer Abschreibung nach § 7 EStG unterliegen[1063]. Die Erweiterung bzw. Einschränkung bestehender Beteiligungsstrukturen kann durch Kauf bzw. Verkauf, durch Einbringung oder durch das bereits beschriebene Instrumentarium des UmwG (Spaltung, Verschmelzung) erfolgen.

1. Kauf/Verkauf (Übertragung gegen Entgelt)

Die Änderung der Beteiligungsstruktur in Form des Kaufs bzw. Verkaufs von Anteilen lässt sich aus Sicht der Holding sowohl durch entsprechende Rechtsgeschäfte mit Dritten als auch mit ihren Gesellschaftern verwirklichen. Ebenfalls ist es denkbar, dass zur Bereinigung von Konzernstrukturen Beteiligungen an Enkelgesellschaften von der Holding unmittelbar erworben werden oder umgekehrt unmittelbare Beteiligungen durch Veräußerungen an Tochtergesellschaften zu mittelbaren Beteiligungen werden. 14.401

a) Gewinnrealisierung

Wird ein Wirtschaftsgut veräußert und erhält der Steuerpflichtige dafür Geld oder eine auf Geld gerichtete Forderung, deren zu bilanzierender Nennwert höher ist als der Buchwert des veräußerten Wirtschaftsgutes, so tritt in Höhe der Differenz zwischen Buchwert und zu bilanzierendem Nennwert der Forderung eine **Gewinnrealisierung** ein[1064]. Der Gewinn wird in dem Zeitpunkt realisiert, in dem der Anspruch auf das Entgelt anstelle des veräußerten Wirtschaftsgutes zu aktivieren ist[1065]. Regelmäßig ist hiernach der Zeitpunkt der wirtschaftlichen Erfüllung des Vertrages maßgeblich[1066], d.h. des Überganges des wirtschaftlichen Eigentums. Gewinnrealisierende Veräußerungsvorgänge sind auch zwischen verbundenen Unternehmen möglich[1067]. Im Regelfall liegt hierin auch keine missbräuchliche Gestaltung[1068]. Die entgeltliche Übertragung von z.B. Beteiligungen an in- oder ausländischen Tochtergesellschaften auf die Holding führt daher zu entsprechenden Gewinnausweisen bei der Muttergesellschaft, falls entsprechende stille Reserven vorhanden sind. In der Literatur wird allerdings vereinzelt darauf hingewiesen, dass eine Gewinnrealisierung nicht gegeben sei, wenn einzelne Wirtschaftsgüter von der Muttergesellschaft in von dieser beherrschte Tochtergesellschaften ausgegliedert werden. Mangels Überganges des wirtschaftlichen Eigentums stellt die hierbei von der herrschenden Meinung angenommene Gewinnrealisierung einen Verstoß gegen das sowohl handels- als auch steuerrechtlich geltende Realisationsprinzip dar. Denn das Mutterunternehmen und die beherrschte Tochtergesellschaft seien als wirtschaftliche Einheit zu betrachten, so dass von einem Übergang des wirtschaftlichen Eigentums keine Rede sein könne. Die Muttergesellschaft sei vielmehr weiterhin mittelbar an dem veräußerten Wirtschaftsgut beteiligt[1069]. Würde man diese Auffassung konsequent zu Ende denken, wären gewinnrealisierende Veräußerungstatbestände zwischen Mutter- und Tochtergesellschaft nicht möglich. Erst die Veräußerung des Wirtschaftsgutes an einen Erwerber außerhalb des Konzerns oder die Veräußerung des Konzerns selbst würde den Tatbestand der Gewinnrealisierung erfüllen können. Der Grundsatz der wirtschaftlichen Betrachtungsweise vermag 14.402

1063 BFH v. 18.2.1993 – IV R 40/92, BStBl. II 1994, 224 (225); BFH v. 12.12.1996 – IV R 77/93, BStBl. II 1998, 180; *Wacker* in Schmidt, § 15 EStG Rz. 461 m.w.N.
1064 *Weber-Grellet* in Schmidt, § 5 EStG Rz. 602.
1065 *Weber-Grellet* in Schmidt, § 5 EStG Rz. 607 m.w.N.
1066 BFH v. 29.11.2007 – IV R 62/05, BStBl. II 2008, 557 (558 f.); *Krumm* in Blümich, § 5 EStG Rz. 939 m.w.N.
1067 Vgl. *Weber-Grellet* in Schmidt, § 5 EStG Rz. 675; *Krumm* in Blümich, § 5 EStG Rz. 960 „Konzern".
1068 BFH v. 29.5.2008 – IX R 77/06, BStBl. II 2008, 789 (790) = ZIP 2009, 270.
1069 Vgl. *Seifried*, DB 1990, 1473 (1477); *Moxter*, StuW 1989, 232 (237); *Löcke*, BB 1998, 415 (419).

diesen Ansatz nicht zu rechtfertigen. Nach § 39 Abs. 2 Nr. 1 Satz 1 AO setzt das wirtschaftliche Eigentum eine tatsächliche Herrschaft in der Weise voraus, dass der zivilrechtliche Eigentümer im Regelfall für die gewöhnliche Nutzungsdauer von der Einwirkung auf das Wirtschaftsgut wirtschaftlich ausgeschlossen werden kann. Die Verschaffung wirtschaftlichen Eigentums an einer Beteiligung scheitert nicht schon daran, dass die Muttergesellschaft über ihre Stellung als Allein- oder Mehrheitsgesellschafterin Einfluss auf die Geschäftspolitik der Tochtergesellschaft nehmen kann. Dies wäre nur dann der Fall, wenn die Tochtergesellschaft hinsichtlich der wirtschaftlichen Nutzung des übertragenden Wirtschaftsgutes keinerlei Dispositionsfreiheit besitzen würde. In Übereinstimmung mit der herrschenden Meinung ist daher davon auszugehen, dass die entgeltliche Übertragung von Beteiligungen auf die Holding einen Gewinnrealisierungstatbestand darstellt[1070].

14.403 Die steuerliche Behandlung des **Veräußerungsgewinns** richtet sich nach § 8b Abs. 2 KStG bzw. § 3 Nr. 40 EStG und bei Veräußerung von Mitunternehmeranteilen nach §§ 15, 16 EStG. Die Einzelheiten hierzu sind unter Rz. 14.97 ff. dargestellt.

14.404 Bei der Besteuerung des Veräußerungsgewinns kommen ggf. die **Steuerbegünstigungen** gem. §§ 16, 17, 34 EStG zur Anwendung. Nach § 16 Abs. 4 EStG und § 17 Abs. 3 EStG wird der Veräußerungsgewinn um bestimmte Freibeträge unter den dort näher geregelten Voraussetzungen gekürzt. Von entscheidender Bedeutung ist die Steuerbegünstigung des Veräußerungsgewinns in Bezug auf Mitunternehmeranteile i.S.d. § 16 Abs. 1 Satz 1 Nr. 2 EStG nach Maßgabe des § 34 EStG[1071]. § 34 Abs. 1 Satz 1 i.V.m. § 34 Abs. 2 Nr. 1 EStG bewirkt, dass der dort bezeichnete Veräußerungsgewinn, der den Betrag von 5 Mio. Euro nicht übersteigt, nur mit einem ermäßigten Steuersatz besteuert wird, wenn der Steuerpflichtige das 55. Lebensjahr vollendet hat oder er im sozialversicherungsrechtlichen Sinne dauernd berufsunfähig ist. Die Steuerermäßigung wird auf Antrag gewährt. Der ermäßigte Steuersatz beträgt gem. § 34 Abs. 3 Satz 2 EStG 56 % des durchschnittlichen Steuersatzes, der sich ergäbe, wenn die tarifliche Einkommensteuer nach dem gesamten zu versteuernden Einkommen zzgl. der dem Progressionsvorbehalt unterliegenden Einkünfte zu bemessen wäre, mindestens jedoch 14 %. Erst der darüber hinausgehende Teil des Veräußerungsgewinns unterliegt der Normalbesteuerung (§ 34 Abs. 3 Satz 3 EStG). Die Steuerermäßigung kann der Steuerpflichtige gem. § 34 Abs. 3 Satz 4 EStG nur einmal im Leben in Anspruch nehmen. Voraussetzung für die Gewährung der Steuerermäßigung ist neben den weiteren in § 34 Abs. 3 Satz 1 EStG genannten Bedingungen, dass es sich um einen Veräußerungsgewinn i.S.d. § 16 EStG handelt. Ausdrücklich ausgenommen von der Steuerbegünstigung ist nach § 34 Abs. 2 Nr. 1 EStG der steuerpflichtige Teil des Veräußerungsgewinns, der nach § 3 Nr. 40 Buchst. b EStG i.V.m. § 3c Abs. 2 EStG teilweise steuerbefreit ist. Dies bedeutet, dass eine Steuerbegünstigung nach § 34 EStG nicht in Betracht kommt, soweit Anteile an einer Kapitalgesellschaft als Teil der Veräußerung eines Betriebs, Teilbetriebs oder Mitunternehmeranteils durch § 3 Nr. 40 Buchst. b EStG teilweise steuerfrei sind und somit bereits steuerlich begünstigt wurden[1072]. Im Ergebnis scheidet damit eine Privilegierung nach § 34 EStG insoweit aus.

1070 Bei Erwerb einer Beteiligung durch die Holding in der Rechtsform der Aktiengesellschaft ist § 52 Abs. 1 AktG (sog. Nachgründung) zu beachten. Danach sind entgeltliche Rechtsgeschäfte der Gesellschaft mit Gründern oder mit mehr als 10 % des Grundkapitals an der Gesellschaft beteiligten Aktionären innerhalb von zwei Jahren seit der Eintragung der Gesellschaft in das Handelsregister nur mit Zustimmung der Hauptversammlung und nur mit ihrer Eintragung in das Handelsregister wirksam, wenn das für die erworbene Beteiligung zu zahlende Entgelt mehr als 10 % des Grundkapitals beträgt. Diese Regelung gilt gem. § 52 Abs. 9 AktG nicht, wenn der Erwerb der Vermögensgegenstände im Rahmen der laufenden Geschäfte der Gesellschaft, in der Zwangsvollstreckung oder an der Börse erfolgt.

1071 Nach § 16 Abs. 1 Satz 2 EStG sind Gewinne, die bei der Veräußerung eines Teils eines Anteils i.S.d. § 16 Abs. 1 Satz 1 Nr. 2 oder Nr. 3 EStG erzielt werden, laufende Gewinne. Diese Gewinne sind nicht nach § 34 EStG begünstigt.

1072 Vgl. hierzu: *Hagen/Schynol*, DB 2001, 397 ff.; *Wacker* in Schmidt, § 34 EStG Rz. 25.

Eine Steuerermäßigung für **Veräußerungsgewinne i.S.d. § 17 EStG** wird nach § 34 EStG nicht gewährt. Ursprünglich unterlagen derartige Veräußerungsgewinne nach Maßgabe des § 34 Abs. 2, 3 EStG a.F., ebenso wie Veräußerungsgewinne nach § 16 EStG, einem ermäßigten Steuersatz. Im Zusammenhang mit der Einführung des Halbeinkünfte- bzw. späteren Teileinkünfteverfahrens ist die Steuerermäßigung für Veräußerungsgewinne nach § 17 EStG entfallen[1073], um eine Doppelbegünstigung derartiger Gewinne durch die hälftige Steuerfreistellung einerseits und die Anwendung eines ermäßigten Steuersatzes andererseits zu vermeiden[1074]. 14.405

Als **Einschränkung** qualifiziert § 16 Abs. 2 Satz 3 bzw. § 16 Abs. 3 Satz 5 EStG den Gewinn aufgrund der vorgenannten Anteilsveräußerung lediglich als laufenden und nicht als Veräußerungs- bzw. Aufgabegewinn i.S.d. §§ 16 Abs. 2 Satz 1, 16 Abs. 3 Satz 1 i.V.m. § 34 EStG, wenn auf der Seite des Erwerbers und auf der Seite des Veräußerers dieselben Personen Unternehmer oder Mitunternehmer sind. Es handelt sich hierbei um die Fälle der Veräußerung „an sich selbst“[1075]. Diese Gesetzesfiktion hat zur Folge, dass insoweit eine Tarifbegünstigung nach § 34 EStG ausscheidet[1076]. Erfasst werden insbesondere die Fälle, in denen die erwerbende Holding als Personengesellschaft konzipiert und der Veräußerer bereits an der Personengesellschaft beteiligt ist[1077]. Handelt es sich bei der erwerbenden Holding dagegen um eine Kapitalgesellschaft, an der der Veräußerer beteiligt ist, greift die Umqualifizierungsregel nicht ein[1078]. Die Versagung der Tarifbegünstigung gilt allerdings nur, soweit Beteiligungsidentität besteht[1079]. 14.406

Problematisch ist in diesem Zusammenhang die Anteilsveräußerung an die Holding im Zusammenhang mit der **Betriebsaufgabe** (§ 16 Abs. 3 Satz 2 EStG). Während § 16 Abs. 2 Satz 3 EStG ausdrücklich die Formulierung enthält, dass der Gewinn „insoweit“ als laufender Gewinn gilt, fehlt diese Einschränkung bei § 16 Abs. 3 Satz 5 EStG. Hieraus könnte der Schluss gezogen werden, dass in dem Fall der Betriebsaufgabe der gesamte Aufgabegewinn als laufender Gewinn gilt[1080]. Nach der hier vertretenen Auffassung ist die in § 16 Abs. 2 Satz 3 EStG enthaltene Einschränkung durch das Wort „insoweit“ überflüssig, da bereits der erste Halbsatz eine entsprechende Einschränkung durch das Wort „soweit“ enthält. Eine Umqualifizierung des Veräußerungsgewinns in einen laufenden Gewinn als Rechtsfolge ist daher von vornherein nur in dem Umfang der Beteiligung möglich. Demzufolge gilt auch bei § 16 Abs. 3 Satz 5 EStG die entsprechende Einschränkung, ohne dass es auf das Fehlen des Wortes „insoweit“ ankommt. 14.407

1073 Vgl. Gesetz zur Senkung der Steuersätze und zur Reform der Unternehmensbesteuerung – Steuersenkungsgesetz (StSenkG) v. 23.10.2000, BGBl. I 2000, 1433; vgl. auch: *Hagen/Schynol*, DB 2001, 397 (399); vgl. zu der Frage der Verfassungsmäßigkeit und der Europarechtlichen Konformität der Veräußerungsgewinnbesteuerung nach § 17 EStG im Veranlagungszeitraum 2001: BFH v. 20.10.2010 – IX R 56/09, DStR 2011, 16.

1074 Begründung zu dem Entwurf eines Gesetzes zur Senkung der Steuersätze und zur Reform der Unternehmensbesteuerung (Steuersenkungsgesetz – StSenkG) v. 15.2.2000, BT-Drucks. 14/2683, 116.

1075 Vgl. Beschlussempfehlung und Bericht des Finanzausschusses zu dem Entwurf eines Gesetzes zur Bekämpfung des Missbrauchs und zur Bereinigung des Steuerrechts (Missbrauchsbekämpfungs- und Steuerbereinigungsgesetz – StMG) v. 8.11.1993, BT-Drucks. 12/6078, 122; *Wacker* in Schmidt, § 16 EStG Rz. 7 m.w.N.

1076 Das Gleiche gilt im Falle des § 24 Abs. 3 Satz 3 UmwStG, dazu Rz. 14.380.

1077 Voraussetzung ist allerdings, dass die Personengesellschaft als eine Mitunternehmerschaft i.S.d. § 15 Abs. 1 Satz 1 Nr. 2 oder § 15 Abs. 3 EStG anzusehen ist; vgl. auch: *Schulze zur Wiesche*, DB 1994, 344.

1078 *Wacker* in Schmidt, § 34 EStG Rz. 3.

1079 Vgl. Beispiele bei *Schulze zur Wiesche*, DB 1994, 344; *Sagasser/Schüppen*, DStR 1994, 265 (267); *Stuhrmann* in Blümich, § 16 EStG Rz. 437.

1080 Nach *Sagasser/Schüppen*, DStR 1994, 265 (267), soll unter Berufung auf die Gesetzesbegründung allerdings von einer Gleichbehandlung mit dem Fall der Betriebs- oder Teilbetriebsveräußerung auszugehen sein.

14.408 Berücksichtigt man die mit der Regelung der §§ 16 Abs. 2 Satz 3, 16 Abs. 3 Satz 5 EStG beabsichtigte Beseitigung steuersystematisch ungerechtfertigter Vorteile[1081], so ergeben sich Zweifel, ob die Regelung nicht in dem Fall der Veräußerung von Betrieben, Teilbetrieben oder Mitunternehmeranteilen, soweit dazu Anteile an Kapitalgesellschaften gehören, oder einer 100 %-Beteiligung an einer **Kapitalgesellschaft**, die nach § 16 Abs. 1 Satz 1 Nr. 1 Satz 2 EStG als Teilbetrieb gilt, als zu weitgehend betrachtet werden muss. Dies gilt jedenfalls, soweit die Gewinne aus der Veräußerung von Anteilen an Kapitalgesellschaften durch die Restriktion des § 34 Abs. 2 Nr. 1 EStG ohnehin keiner Tarifbegünstigung unterliegen. Nach der bis zum 31.12.1993 geltenden Rechtslage konnte ein Veräußerer, soweit er gleichzeitig Erwerber ist, in seiner Person sowohl einen tarifbegünstigten Veräußerungsgewinn erzielen als auch auf Erwerberseite über die Abschreibung der erhöhten Anschaffungskosten seinen laufenden Gewinn mindern. Diese Doppelbegünstigung gilt aber gerade dann nicht, wenn sich die Anschaffungskosten auf Erwerberseite auf nicht abnutzbare Wirtschaftsgüter, wie z.B. Kapitalbeteiligungen, beziehen[1082]. In einem derartigen Fall wird dem Veräußerer die Tarifermäßigung nach § 34 EStG versagt, obwohl in seiner Person die von dem Normzweck des § 34 EStG beabsichtigte Beseitigung einer unbilligen Progressionswirkung durch außerordentliche Einkünfte[1083] erforderlich wird. Eine Kompensation dieser Progressionswirkung aufgrund erhöhter Abschreibungen besteht bei nicht abnutzbaren Wirtschaftsgütern nicht[1084]. Dies gilt umso mehr, als etwaige Teilwertabschreibungen bei Körperschaften als Anteilseignern gem. § 8b Abs. 3 KStG steuerlich unbeachtlich sind. Bei natürlichen Personen erfolgt ebenfalls über § 3c Abs. 2 EStG eine entsprechend eingeschränkte Berücksichtigung derartiger Teilwertabschreibungen. Der Wortlaut der §§ 16 Abs. 2 Satz 3, 16 Abs. 3 Satz 5 EStG ist daher einschränkend dahin gehend auszulegen, dass die Umqualifizierung des Veräußerungsgewinns in einen laufenden Gewinn nur für den aus der Veräußerung abnutzbarer Wirtschaftsgüter resultierenden Gewinn gelten kann. Der Gewinn aus der Veräußerung von Anteilen an Kapitalgesellschaften ist daher unter den Voraussetzungen des §§ 16 Abs. 1 Satz 1 Nr. 1, 16 Abs. 3 Satz 1 EStG grundsätzlich als Veräußerungsgewinn zu qualifizieren, was insbesondere Bedeutung für die Gewerbesteuer hat[1085].

14.409 Inwieweit die zur Gewinnrealisierung führende Änderung von Beteiligungsstrukturen **Gewerbesteuer** auslöst, hängt in erster Linie davon ab, welche Rechtsform der Veräußerer hat und was Gegenstand der Veräußerung ist. Gewinne aus der Veräußerung von Anteilen an Kapitalgesellschaften durch Kapitalgesellschaften unterliegen nach § 8b Abs. 2 KStG i.V.m. § 7 Satz 1 GewStG nicht der Gewerbesteuer[1086]. Der Gewinn aus der Veräußerung eines Mitunternehmeranteils durch eine Kapitalgesellschaft ist hingegen gewerbesteuerpflichtig (§ 7 Satz 2 GewStG).

14.410 Wie bereits bei der Einkommensteuer hinsichtlich der Tarifbegünstigung nach § 34 EStG stellt sich auch bei der Gewerbesteuer die Frage, inwieweit § 16 Abs. 2 Satz 3, § 16 Abs. 3 Satz 5 EStG Einfluss auf die **Gewerbesteuerfreiheit** des Veräußerungsgewinns haben. Nach der Gesetzesbegründung soll die einkommensteuerliche Umqualifizierung des Veräußerungsgewinns in laufenden Gewinn auch zur entsprechenden Gewerbesteuerbelastung führen[1087]. Nach der Ansicht des BFH soll die einkom-

1081 Begründung zu dem Entwurf eines Gesetzes der CDU/CSU- und FDP-Fraktion zur Bekämpfung des Missbrauchs und zur Bereinigung des Steuerrechts (Missbrauchsbekämpfungs- und Steuerbereinigungsgesetz – StMBG) v. 7.9.1993, BT-Drucks. 12/5630, 58 i.V.m. 80.

1082 Vgl. § 6 Abs. 1 Nr. 2 Satz 2 EStG, wonach lediglich Teilwertabschreibungen zulässig sind.

1083 *Wacker* in Schmidt, § 34 EStG Rz. 1.

1084 Vgl. auch: *Sagasser/Schüppen*, DStR 1994, 265 (266 f.).

1085 Vgl. zu der Frage, ob die Umqualifizierung des Veräußerungsgewinns in einen laufenden Gewinn nach § 16 Abs. 2 Satz 3 EStG zur Gewerbesteuerpflicht führt: BFH v. 5.6.2008 – IV R 86/06, BStBl. II 2010, 974; FG Berlin-Brandenburg v. 25.10.2011 – 6 K 6183/08, EFG 2012, 867, n.rkr. (BFH v. 18.12. 2014 – IV R 59/11) sowie *Kobor* in Herrmann/Heuer/Raupach, § 34 EStG Anm. 455 m.w.N.

1086 Beachte aber die Gewerbesteuerpflicht von Gewinnen aus der Veräußerung sog. einbringungsgeborener Anteile nach § 8b Abs. 4 KStG a.F.

1087 Begründung zu dem Entwurf eines Gesetzes der Bundesregierung zur Bekämpfung des Missbrauchs und zur Bereinigung des Steuerrechts (Missbrauchsbekämpfungs- und Steuerbereinigungsgesetz – StMBG) v. 3.9.1993, BR-Drucks. 612/93, 60 i.V.m. 82.

mensteuerliche Umqualifizierung in einen laufenden Gewinn unter Berufung auf die Gesetzesbegründung auch für die Gewerbesteuer gelten[1088]. Die Finanzverwaltung hat sich der Auffassung des BFH angeschlossen[1089]. In der Literatur werden unterschiedliche Auffassungen hierzu vertreten[1090]. Der Auffassung des BFH und der Finanzverwaltung ist nicht zuzustimmen, da es sich bei § 16 Abs. 2 Satz 3, § 16 Abs. 3 Satz 5 EStG lediglich um Fiktionen handelt, die an der gewerbesteuerlichen Behandlung von Veräußerungsgewinnen nichts ändern[1091].

b) § 6b-Rücklage

Nach § 6b Abs. 10 Satz 1 EStG können Steuerpflichtige, die keine Körperschaften, Personenvereinigungen oder Vermögensmassen sind, Gewinne aus der Veräußerung von **Anteilen an Kapitalgesellschaften** bis zu einem Betrag von 500.000 Euro auf die im Wirtschaftsjahr der Veräußerung oder den folgenden zwei Wirtschaftsjahren angeschafften Anteile an Kapitalgesellschaften oder angeschafften oder hergestellten abnutzbaren beweglichen Wirtschaftsgütern oder auf die im Wirtschaftsjahr der Veräußerung oder in den folgenden vier Wirtschaftsjahren angeschafften oder hergestellten Gebäude nach Maßgabe der Sätze 2 bis 10 des § 6b Abs. 10 EStG übertragen. Der Begriff der Kapitalgesellschaft entspricht demjenigen des § 17 Abs. 1 Satz 3 EStG unter Berücksichtigung von § 17 Abs. 7 EStG[1092]. Wie sich aus § 6b Abs. 10 Satz 1 EStG ergibt, findet die Regelung keine Anwendung auf Körperschaften, Personenvereinigungen oder Vermögensmassen, sondern demzufolge nur auf natürliche Personen als Einzelunternehmer und Mitunternehmerschaften. Der Gesetzgeber hat insoweit für natürliche Personen und Personenunternehmen, an denen keine Körperschaften usw. beteiligt sind, einen Ausgleich für die den Körperschaften zur Verfügung stehende Steuerbefreiung nach § 8b Abs. 2 KStG schaffen wollen[1093]. Soweit zum Gesamthandsvermögen von Personengesellschaften oder Gemeinschaften Anteile an Kapitalgesellschaften gehören und diese veräußert werden, gilt § 6b Abs. 10 Sätze 1 bis 9 EStG nur, soweit an den Personengesellschaften und Gemeinschaften keine Körperschaften, Personenvereinigungen oder Vermögensmassen beteiligt sind (vgl. § 6b Abs. 10 Satz 10 EStG). Die Einschränkungen nach § 6b Abs. 10 Satz 10 EStG hinsichtlich der Reinvestitionsmöglichkeiten sind nur insoweit anwendbar, als eine Körperschaft, Personenvereinigung oder Vermögensmasse an den sachlich begünstigten Kapitalgesellschaftsanteilen des Gesamthandvermögens beteiligt ist. Die Regelung kann nicht dahin verstanden werden, dass bei Beteiligung einer Körperschaft für alle Gesamthänder die Regelung des § 6b Abs. 10 Sätze 1 bis 9 EStG entfällt[1094]. Soweit eine Übertragung des gem. § 6b Abs. 10 Satz 1 EStG begünstigten Gewinns nicht erfolgt, kann nach § 6b Abs. 10 Satz 5 EStG eine entsprechende Rücklage gebildet werden. Ist die Rücklage bis zum 4. Jahr nach ihrer Bildung noch vorhanden, so ist sie nach § 6b Abs. 10 Satz 8 EStG in diesem Zeitpunkt gewinnerhöhend aufzulösen. Der Gewinn des Auflösungsjahres ist nach § 6b Abs. 10 Satz 9 EStG für jedes Jahr, in dem die Rücklage bestanden hat, um 6 % des steuerpflichtigen Auflösungsbetrages zu erhöhen. 14.411

Im Übrigen ist zu beachten, dass für die Berechnung des Höchstbetrages nach § 6b Abs. 10 Satz 1 EStG bei **Mitunternehmerschaften** der einzelne Mitunternehmer als Steuerpflichtiger anzusehen ist mit der Folge, dass der Höchstbetrag von 500.000 Euro für jeden Mitunternehmer pro Veranla- 14.412

1088 BFH v. 15.6.2004 – VIII R 7/01, BStBl. II 2004, 754 (756) = ZIP 2004, 1500; zustimmend: FG Berlin-Brandenburg v. 25.10.2011 – 6 K 6183/08, EFG 2012, 867, n.rkr. (BFH v. 18.12.2014 – IV R 59/11).

1089 H 7.1 Abs. 3 „Veräußerungs- und Aufgabegewinne" GewStR 2009; BMF v. 11.11.2011, BStBl. I 2011, 1314, Tz. 24.17.

1090 Vgl. hierzu: *Kobor* in Herrmann/Heuer/Raupach, § 16 EStG Anm. 455 m.w.N.

1091 Vgl. *Kobor* in Herrmann/Heuer/Raupach, § 34 EStG Anm. 455; *Roser* in Lenski/Steinberg, § 7 GewStG Anm. 259; *Sagasser/Schüppen*, DStR 1994, 265 (267).

1092 *Loschelder* in Schmidt, § 6b EStG Rz. 95.

1093 Begründung zu dem Entwurf eines Gesetzes zur Fortentwicklung des Unternehmensteuerrechts (Unternehmensteuerfortentwicklungsgesetz – UntStFG) v. 10.9.2001, BT-Drucks. 14/6882, 33.

1094 Vgl. OFD Frankfurt/M., Verfügung v. 1.9.2003 – S – 2139 A – 24-St II 2.01, DStZ 2004, 53; *Loschelder* in Schmidt, § 6b EStG Rz. 110.

gungszeitraum zur Anwendung kommt[1095]. Die Privilegierung des § 6b Abs. 10 EStG greift im Übrigen nur ein, wenn u.a. die Voraussetzung des § 6b Abs. 4 Nr. 2 EStG erfüllt ist. D.h., die veräußerten Anteile an einer Kapitalgesellschaft müssen im Zeitpunkt der Veräußerung mindestens sechs Jahre ununterbrochen zum Anlagevermögen einer inländischen Betriebsstätte gehört haben. Sind Anteile an einer Kapitalgesellschaft durch Kapitalerhöhung aus Gesellschaftsmitteln entstanden, ist der Besitzzeit dieser (neuen) Anteilsrechte die Besitzzeit der (alten) Anteilsrechte hinzuzurechnen, auf die die (neuen) Anteilsrechte entfallen. Der Besitzzeit von Bezugsrechten ist die Besitzzeit der (alten) Anteilsrechte hinzuzurechnen, von denen sie abgespalten sind[1096]. Anteilsrechte, die bei einer Kapitalerhöhung gegen Leistung einer Einlage erworben worden sind, können jedoch nicht – auch nicht teilweise – als mit den aus den alten Anteilsrechten abgespaltenen Bezugsrechten wirtschaftlich identisch angesehen werden. Sie erfüllen deshalb nur dann die Voraussetzung des § 6b Abs. 4 Satz 1 Nr. 2 EStG, wenn sie selbst mindestens sechs Jahre ununterbrochen zum Anlagevermögen einer inländischen Betriebsstätte des Steuerpflichtigen gehört haben[1097]. Im Übrigen ist zu beachten, dass § 6b Abs. 10 EStG auch in Betracht kommt, wenn die Kapitalgesellschaftsanteile von der Mitunternehmerschaft an den Mitunternehmer veräußert werden[1098]. Für den Gewinn aus der Veräußerung eines Mitunternehmeranteils kommt ebenfalls eine Anwendung des § 6b EStG in Betracht. Denn einkommensteuerrechtlich ist Gegenstand der Veräußerung die ideellen Anteile an den Vermögensgegenständen des Gesamthandsvermögens, so dass § 6b EStG insoweit hinsichtlich des auf die einzelnen Vermögensgegenstände entfallenden anteiligen Gewinns zu berücksichtigen ist[1099].

2. Einbringung durch verdeckte Einlage (unentgeltliche Übertragung)

14.413 Wie bereits bei Gründung der Holding kann zu einem späteren Zeitpunkt die Einbringung einer Beteiligung gegen Gewährung von Gesellschaftsrechten **steuerneutral** erfolgen. Hierbei sind insbesondere die bereits zuvor beschriebenen §§ 20, 21, 24 UmwStG zu berücksichtigen, je nachdem, ob es sich um eine Kapitalgesellschafts- oder Personengesellschaftsholding handelt. Des Weiteren spielen die Spaltung, Verschmelzung und der Formwechsel sowie § 6 Abs. 5 Satz 3 EStG eine besondere Rolle bei Änderung der Beteiligungsstruktur durch Gewährung von Gesellschaftsrechten. Es kann allerdings auch eine unentgeltliche Übertragung von Beteiligungen erfolgen, um eine Änderung der Beteiligungsstruktur herbeizuführen.

a) Gewinnrealisierung

14.414 Wird die Einbringung einer Beteiligung an einer Kapitalgesellschaft in die Holding nicht gegen Gewährung von Gesellschaftsrechten vorgenommen, sondern „verdeckt", handelt es sich um eine „unentgeltliche" Übertragung. Hierbei gilt es einerseits zwischen der Einbringung einer Beteiligung aus dem Privat- und Betriebsvermögen sowie andererseits zwischen Kapitalgesellschafts- und Personengesellschaftsholding zu unterscheiden. Die **verdeckte Einlage** einer Beteiligung an einer Kapitalgesellschaft aus dem Privatvermögen in eine Kapitalgesellschaftsholding steht gem. § 17 Abs. 1 Satz 2 EStG der Veräußerung gleich. Für Anteile an einer (Europäischen) Genossenschaft gilt dies nach § 17 Abs. 7 EStG entsprechend. Damit führt die verdeckte Einlage von Beteiligungen i.S.d. § 17 EStG in eine Kapitalgesellschaft zwingend zur Gewinnrealisierung, soweit stille Reserven vorhanden sind. In diesem Zusammenhang kann es auch zu einem schenkungsteuerbaren Vorgang nach § 7 Abs. 8 ErbStG kommen, wenn sich der Wert von Anteilen anderer Gesellschafter an der Holdingkapitalge-

1095 Vgl. R 6b.2 Abs. 12 Satz 1 EStR 2012; OFD Frankfurt/M., Verfügung v. 1.9.2003 – S – 2139 A – 24-St II 2.01, DStZ 2004, 53.

1096 Vgl. R 6b.3 Abs. 6 Sätze 1, 2 EStR 2012.

1097 R 6b.3 Abs. 6 Sätze 3, 4 EStR 2012.

1098 OFD Koblenz, Verfügung v. 23.12.2003 – S – 2139/S – 2139 a A, DStR 2004, 314.

1099 OFD Frankfurt/M., Verfügung v. 1.9.2003 – S – 2139 A – 24-St II 2.01, DStZ 2004, 53; *Wacker* in Schmidt, § 16 EStG Rz. 452 m.w.N.; vgl. auch Finanzministerium Schleswig-Holstein, Kurzinformation v. 2.9.2014 – VI 306-S 2139-134, DStR 2014, 2180.

sellschaft durch die verdeckte Einlage erhöht[1100]. Handelt es sich demgegenüber bei der Holding um eine (mitunternehmerische) Personengesellschaft, in die eine Beteiligung i.S.d. § 17 EStG verdeckt eingebracht wird, findet die Vorschrift des § 17 Abs. 1 Satz 2 EStG keine Anwendung. Demzufolge ist die verdeckte Einlage einer Beteiligung i.S.d. § 17 EStG in die Personengesellschaftsholding als Einlage i.S.d. § 4 Abs. 1 Satz 8 i.V.m. § 6 Abs. 1 Nr. 5 Satz 1 Buchst. b EStG zu betrachten und stellt keine entgeltliche Veräußerung dar, die zur Gewinnrealisierung führt[1101]. Eine Gewährung von Gesellschaftsrechten ist demgegenüber anzunehmen, wenn die durch die Übertragung eintretende Erhöhung des Gesellschaftsvermögens dem Kapitalkonto des einbringenden Gesellschafters gutgeschrieben wird, das für seine Beteiligung am Gesellschaftsvermögen maßgebend ist[1102]. Es handelt sich hierbei um einen tauschähnlichen Vorgang, der zur Gewinnrealisierung führt[1103]. Die Verbuchung auf einem Darlehenskonto stellt keine offene Sacheinlage dar; stellt aber ebenfalls einen gewinnrealisierenden Veräußerungsvorgang dar[1104].

Handelt es sich demgegenüber um die verdeckte Einlage einer **Beteiligung an einer Kapitalgesellschaft** aus einem Betriebsvermögen, gilt es zwischen dem Betriebsvermögen einer Personengesellschaft oder eines Einzelunternehmers und dem Betriebsvermögen einer Kapitalgesellschaft als Ausgangsbetriebsvermögen zu unterscheiden. Bei verdeckter Einlage aus einem Betriebsvermögen einer Personengesellschaft bzw. eines Einzelunternehmers in eine Kapitalgesellschaft liegt nach überwiegender Auffassung ein zur Gewinnrealisierung führender Entnahmetatbestand vor[1105]. Nach § 6 Abs. 6 Satz 2 EStG sind die Anschaffungskosten der Anteile an der Kapitalgesellschaft, in die die Beteiligung verdeckt eingelegt wurde, um den Teilwert des eingelegten Wirtschaftsgutes zu erhöhen. In diesem Zusammenhang kann es auch zu einem schenkungsteuerpflichtigen Vorgang nach § 7 Abs. 8 ErbStG kommen, wenn sich der Wert von Anteilen anderer Gesellschafter an der Holdingkapitalgesellschaft durch die verdeckte Einlage erhöht[1106]. Wird demgegenüber die verdeckte Einlage in eine Personengesellschaftsholding durchgeführt, liegt grundsätzlich ebenfalls eine Entnahme vor, allerdings ist der Buchwert fortzuführen (vgl. § 6 Abs. 5 Satz 3 Nr. 1 i.V.m. § 6 Abs. 5 Satz 1 EStG)[1107]. Hierbei stellt sich allerdings das Problem, dass eine 100 %-Beteiligung an einer Kapitalgesellschaft einen fiktiven Teilbetrieb i.S.d. § 24 UmwStG darstellt[1108] und damit die Anwendbarkeit des § 6 Abs. 5 Satz 3 EStG zweifelhaft sein könnte[1109]. Falls die verdeckte Einlage aus dem Betriebsvermögen einer Kapitalgesellschaft erfolgt, handelt es sich nach § 8b Abs. 2 Satz 6 KStG um einen veräußerungsgleichen Tatbestand, so dass der hieraus resultierende Gewinn nach § 8b Abs. 2 Satz 1 KStG steuerfrei ist[1110]. Nach § 8b Abs. 3 Satz 1 KStG gelten dann 5 % des Gewinns als nicht abzugsfähige Betriebsausgaben. 14.415

Die verdeckte Einlage eines **Mitunternehmeranteils** in eine Holdingkapitalgesellschaft kann als gewinnrealisierende Betriebsaufgabe anzusehen sein[1111]. Die verdeckte Einlage eines Mitunternehmer- 14.416

1100 Vgl. hierzu: Gleichlautender Erlass der Obersten Finanzbehörden der Länder v. 14.3.2012, BStBl. I 2012, 331.
1101 *Weber-Grellet* in Schmidt, § 17 EStG Rz. 115; BMF v. 11.7.2011, BStBl. I 2011, 713, Ziff. II.1.; BMF v. 29.3.2000, BStBl. I 2000, 462, Ziff. II.1.b).
1102 BMF v. 11.7.2011, BStBl. I 2011, 713, Ziff. I.
1103 BMF v. 11.7.2011, BStBl. I 2011, 713, Ziff. II.2.a); BMF v. 29.3.2000, BStBl. I 2000, 462, Ziff. II.1.a); BFH v. 19.10.1998 – VIII R 69/95, BStBl. II 2000, 230; BFH v. 17.7.2008 – I R 77/06, BStBl. II 2009, 464.
1104 BMF v. 11.7.2011, BStBl. I 2011, 713, Ziff. II.2.; BMF v. 29.3.2000, BStBl. I 2000, 462, Ziff. II.1.a).
1105 *Weber-Grellet* in Schmidt, § 5 EStG Rz. 639 m.w.N.
1106 Vgl. hierzu: Gleichlautender Erlass der Obersten Finanzbehörden der Länder v. 14.3.2012, BStBl. I 2012, 331.
1107 BMF v. 8.12.2011, BStBl. I 2011, 1279, Rz. 1, 8.
1108 BMF v. 11.11.2011, BStBl. I 2011, 1314, Tz. 24.02.
1109 Vgl. hierzu: *Niehues/Wilke* in Herrmann/Heuer/Raupach, § 6 EStG Anm. 1451a. Darüber hinaus stellt sich dann die Frage, ob nicht insoweit vorrangig § 6 Abs. 3 EStG anwendbar wäre.
1110 BMF v. 28.4.2003, BStBl. I 2003, 292, Rz. 20; *Pung* in Dötsch/Pung/Möhlenbrock, § 8b KStG Rz. 164.
1111 *Kulosa* in Schmidt, § 6 EStG Rz. 653.

anteils in eine Holdingpersonengesellschaft fällt nicht in den Anwendungsbereich des § 24 UmwStG[1112]. Allerdings genügt es für die Anwendbarkeit des § 24 UmwStG bereits, dass die für die Einbringung zu gewährende Gegenleistung auf dem Kapitalkonto I und auch einem gesamthänderisch gebundenen Rücklagekonto oder nur auf einem variablen Kapitalkonto (z.B. Kapitalkonto II) erfolgt[1113]. Fraglich ist insoweit, ob die verdeckte Einlage eines Mitunternehmeranteils in ein Gesamthandsvermögen (Personengesellschaftsholding) unter die Regelung des § 6 Abs. 5 Satz 3 EStG fällt. Die Finanzverwaltung hat zwar in ihrem BMF-Schreiben vom 8.12.2011 die Anwendbarkeit des § 6 Abs. 5 Sätze 1 und 2 EStG u.a. auch auf Mitunternehmeranteile ausdrücklich erstreckt[1114]; dies jedoch im Anwendungsbereich des § 6 Abs. 5 Satz 3 EStG nicht wiederholt[1115]. Dem Mitunternehmeranteil kommt ebenso wie den anderen Sachgesamtheiten, Betrieb und Teilbetrieb, für ertragsteuerliche Zwecke keine eigenständige Bedeutung zu, vielmehr gelten die entsprechenden ideellen Anteile an den einzelnen Wirtschaftsgütern als eingebracht, so dass § 6 Abs. 5 Satz 3 EStG nach der hier vertretenen Auffassung unter den dort genannten Voraussetzungen erfüllt ist[1116].

b) § 6b-Rücklage

14.417 Führt die verdeckte Einlage zu einer Gewinnrealisierung, fragt sich, ob insoweit **§ 6b Abs. 10 EStG** Anwendung findet. Nach der Rechtsprechung des BFH sind Gewinne infolge der Entnahme aus dem Betriebsvermögen keine nach § 6b EStG privilegierten Gewinne, da es sich nicht um eine Veräußerung handelt[1117]. Die gesetzlichen Veräußerungsfiktionen gem. § 17 Abs. 1 Satz 2 EStG und § 8b Abs. 2 Satz 6 KStG führen hierbei nicht weiter, weil die davon betroffenen Steuerpflichtigen in persönlicher Hinsicht nicht in den Anwendungsbereich des § 6b Abs. 10 KStG fallen.

3. Umstrukturierung

14.418 Die Veränderung von Holdingstrukturen kann insbesondere dazu dienen, Beteiligungsstrukturen zu verkürzen. Geeignete Maßnahmen hierzu sind die **Verschmelzung** nach § 2 UmwG sowie die **Anwachsung** bei Personengesellschaften nach § 738 BGB. Umgekehrt können **Auf-** und **Abspaltung** sowie **Ausgliederung** geeignete Mittel sein, um überhaupt erst eine Holding zu schaffen bzw. eine bestehende Holding in Sparten-Holdinggesellschaften aufzugliedern. Die gesetzlichen Regeln des UmwG bzw. UmwStG ermöglichen insoweit weitestgehende Umstrukturierungen ohne ertragsteuerliche Belastungen (vgl. hierzu Rz. 14.167 ff.). Von besonderer Bedeutung sind in diesem Zusammenhang die steuerneutrale Übertragung der Vermögenswerte sowie die Nutzung bereits bestehender Verlust-, Zins- und EBITDA-vorträge.

VI. Auflösung

14.419 Die Auflösung der Holdinggesellschaft führt grundsätzlich zur **Gewinnrealisierung**, soweit nicht Ausnahmevorschriften eine steuerneutrale Fortführung der Beteiligungen ermöglichen. Je nach Rechtsform kommen hierbei unterschiedliche Vorschriften zur Anwendung (vgl. auch *Kremer/Junker* § 19 und *Kremer/Uelner* § 20).

1112 BMF v. 11.11.2011, BStBl. I 2011, 1314, Tz. 24.07.

1113 BFH v. 29.7.2015 – IV R 15/17, BStBl. II 2016, 593; BMF v. 26.7.2016, BStBl. I 2016, 684; BMF v. 11.11.2011, BStBl. I 2011, 1314, Tz. 24.07.

1114 BMF v. 8.12.2011, BStBl. I 2011, 1279, Rz. 6.

1115 BMF v. 8.12.2011, BStBl. I 2011, 1279, Rz. 12.

1116 *Niehues/Wilke* in Herrmann/Heuer/Raupach, § 6 EStG Anm. 1451a; a.A.: *Korn*, KÖSDI 2002, 13272 (13274); *Kulosa* in Schmidt, § 6 EStG Rz. 690, unter Hinweis auf BMF v. 8.12.2011, BStBl. I 2011, 1279, Rz. 12.

1117 BFH v. 6.12.1972 – I R 182/70, BStBl. II 1973, 291; BFH v. 27.8.1992 – IV R 89/90, BStBl. II 1993, 225 (227); BFH v. 14.2.2008 – IV R 61/05, BFH/NV 2008, 1460; R 6b.1 Abs. 1 Satz 4 EStR 2012; *Loschelder* in Schmidt, § 6b EStG Rz. 29; *Marchal* in Herrmann/Heuer/Raupach, § 6b EStG Anm. 30.

1. Kapitalgesellschaften

a) Liquidationsbesteuerung

Die Auflösung einer nationalen Holding in der Rechtsform der **Kapitalgesellschaft** oder **Genossenschaft** führt zur **Liquidationsbesteuerung** gem. § 11 KStG. Die Auflösung der Holding setzt das Vorliegen entsprechender Auflösungsgründe und gesellschaftsrechtlicher Beschlüsse bzw. sonstiger Tatbestände, wie z.B. die Eröffnung des Insolvenzverfahrens, nach Maßgabe der § 262 AktG, § 60 GmbHG, § 101 GenG voraus. § 11 KStG betrifft insofern nur die Abwicklung der Holding, nicht jedoch die dieser Abwicklung vorausgehende Auflösung. Im Einzelnen enthält § 11 KStG Regelungen für die Ermittlung des sog. Liquidationsgewinnes oder -verlustes. Durch Gegenüberstellung des Abwicklungs-Endvermögens und des Abwicklungs-Anfangsvermögens wird der sich hierbei ergebende Gewinn der Besteuerung unterworfen (§ 11 Abs. 2 KStG). § 11 Abs. 4 Satz 1 KStG definiert das Abwicklungsanfangsvermögen als das Betriebsvermögen, das am Schluss des der Auflösung vorangegangenen Wirtschaftsjahres der Veranlagung zur Körperschaftsteuer zugrunde gelegt worden ist. Demgegenüber ist das Abwicklungs-Endvermögen nach § 11 Abs. 3 KStG das zur Verteilung kommende Vermögen, vermindert um die steuerfreien Vermögensmehrungen, die dem Steuerpflichtigen in dem Abwicklungszeitraum zugeflossen sind. Das Abwicklungs-Endvermögen ist einschließlich der vorhandenen Beteiligungen mit dem gemeinen Wert anzusetzen[1118]. In Höhe der Differenz zum Buchwert (= Anschaffungskosten) wird ein Gewinn realisiert, der auf der Ebene der Holding der Gewerbesteuer und der Körperschaftsteuer unterliegt. Verfahrenstechnisch wird der Besteuerung der innerhalb des Liquidationszeitraums sich ergebende Gewinn besteuert. Der Liquidationszeitraum soll nicht mehr als drei Jahre betragen (§ 11 Abs. 1 Satz 2 KStG). Neben der Auskehrung der Beteiligungen und etwaiger weiterer Wirtschaftsgüter an die Gesellschafter kann die Auflösung der Holding auch durch Verkauf der Beteiligungen erfolgen. Des Weiteren können zur Vorbereitung der Liquidation Gewinnausschüttungen in Form von Sachdividenden durch Übertragung von Beteiligungen an die Gesellschafter durchgeführt werden. Auch insoweit sind die Beteiligungen mit ihrem gemeinen Wert auf der Ebene der Holding anzusetzen, so dass insofern ein Gewinn entsteht[1119]. Dieser Gewinn ist unter den Voraussetzungen des § 8b Abs. 2 KStG auf der Ebene der Holding steuerfrei[1120]. Darüber hinaus lässt sich eine Kapitalherabsetzung durchführen, bei der das zurückzuzahlende Nennkapital in Form der auszukehrenden Beteiligungen erbracht wird. Auch insofern liegt ein Gewinnrealisierungstatbestand vor, der auf der Ebene der Kapitalgesellschaft zu einem Ansatz der auszukehrenden Beteiligung mit dem gemeinen Wert führt. Gleichzeitig handelt es sich bei der Holdinggesellschaft um einen Anwendungsfall des § 8b Abs. 2 KStG[1121]. Schließlich ist es auch denkbar, dass die Holding im Tausch gegen eigene Anteile ihre Beteiligung an die Gesellschafter überträgt. Für die Holding kann insofern § 8b Abs. 2 KStG angewendet werden. Dieser Fall stellt praktisch das Gegenstück zu der Einbringung gegen Gewährung von Gesellschaftsrechten i.S.d. § 20 Abs. 1 Satz 2 UmwStG dar. Nach § 71 AktG, § 33 GmbHG sind hierbei jedoch besondere Beschränkungen zu beachten. 14.420

b) Steuerneutrale Auflösung

Die Regelungen des UmwG/UmwStG eröffnen die Möglichkeit **einer steuerneutralen Verschmelzung** der Kapitalgesellschaftsholding auf einen anderen Rechtsträger oder auch die Aufspaltung in zwei oder mehr Rechtsträger. Die unter Rz. 14.358 ff. dargelegten Ausführungen gelten entsprechend. In diesen Zusammenhang gehört auch die nach § 3 Abs. 2 Nr. 2 UmwG bestehende Möglichkeit, das Vermögen einer Kapitalgesellschaft auf eine natürliche Person als Alleingesellschafter zu übertragen. Ertragsteuerlich ist die Auflösung der Kapitalgesellschaftsholding gem. § 3 Abs. 2 UmwStG ohne Steuerbelastung möglich, wenn das Vermögen der Kapitalgesellschaft Betriebsver- 14.421

1118 *Graffe* in Dötsch/Pung/Möhlenbrock, § 11 KStG Rz. 25; *Holland* in Ernst & Young, § 11 KStG Rz. 50.
1119 BMF v. 28.4.2003, BStBl. I 2003, 292, Rz. 22.
1120 BMF v. 28.4.2003, BStBl. I 2003, 292, Rz. 22.
1121 Vgl. im Übrigen auch: BMF v. 26.8.2003, BStBl. I 2003, 434.

mögen der natürlichen Person wird (vgl. auch § 8 UmwStG). Allerdings gelten in diesem Fall die bei der Holdinggesellschaft vorhandenen offenen Rücklagen als gem. § 7 UmwStG an die Gesellschaften ausgeschüttet (vgl. Rz. 14.395).

2. Personengesellschaften

a) Betriebsaufgabe/Betriebsveräußerung

14.422 Die **Auflösung** einer Holding in der Rechtsform der **Personengesellschaft** erfolgt gesellschaftsrechtlich nach den Vorschriften der §§ 726 ff. BGB, §§ 131, 161 Abs. 2 HGB. Wie bei der Kapitalgesellschaftsholding sind hierfür entsprechende Beschlüsse der Gesellschafterversammlung bzw. das Vorliegen bestimmter Tatbestände, wie z.B. die Eröffnung des Insolvenzverfahrens über das Vermögen der Gesellschaft, erforderlich. Eine derartige Auflösung der Holding führt im Regelfall zur Gewinnrealisierung. Dies gilt im Fall der Betriebsveräußerung gem. § 16 Abs. 1 Satz 1 Nr. 1 EStG oder der Betriebsaufgabe gem. § 16 Abs. 3 Satz 1 EStG. In diesen Fällen unterliegt der Gewinn allerdings nur auf der Ebene der Gesellschafter der Einkommensteuer/Körperschaftsteuer, nicht hingegen auf der Ebene der Holding der Gewerbesteuer[1122]. Dies gilt allerdings nicht, soweit der Gewerbeertrag nicht unmittelbar auf eine natürliche Person als Unternehmer oder Mitunternehmer entfällt (§ 7 Satz 2 GewStG). Nach Ansicht des BFH und der Finanzverwaltung soll der Veräußerungs- und Aufgabegewinn auch dann gewerbesteuerpflichtig sein, wenn ein Fall des § 16 Abs. 2 Satz 3, Abs. 3 Satz 2 EStG vorliegt (vgl. dazu Rz. 14.408). Werden die von der Holding gehaltenen Anteile an Tochtergesellschaften anlässlich der Auflösung der Holding nicht veräußert, sondern ins Privatvermögen überführt, liegt eine zur Gewinnrealisierung führende Entnahme vor, wobei der gemeine Wert gem. § 16 Abs. 3 Satz 7 EStG anzusetzen ist. § 6 Abs. 1 Nr. 4 Satz 1 EStG, der für die Entnahme den Teilwertansatz vorsieht, tritt hinter die Spezialregelung des § 16 Abs. 3 Satz 7 EStG zurück. Der gemeine Wert stellt für die ins Privatvermögen überführten Anteile den Betrag der Anschaffungskosten i.S.d. § 17 Abs. 2 EStG dar[1123]. Der Betriebsveräußerungs- bzw. Aufgabegewinn ist nach §§ 16, 34 EStG begünstigt. Dies bedeutet unter den in § 34 Abs. 2 Nr. 1 i.V.m. Abs. 3 EStG genannten Voraussetzungen, dass der Betriebsaufgabe- oder Veräußerungsgewinn bis zum Höchstbetrag von 5 Mio. Euro der Steuerermäßigung unterliegt.

b) Steuerneutrale Auflösung

14.423 Zur Vorbereitung einer Auflösung der Holding kann auch eine **steuerneutrale Übertragung** der von der Holding gehaltenen Beteiligungen in das Betriebsvermögen der Gesellschafter erfolgen. Nach § 6 Abs. 5 Satz 3 Nr. 1 EStG ist eine Buchwertübertragung eines Wirtschaftsgutes, z.B. einer Beteiligung, unentgeltlich oder gegen Minderung von Gesellschaftsrechten aus dem Gesamthandsvermögen einer Mitunternehmerschaft in das Betriebsvermögen des Mitunternehmers möglich[1124]. Diese steuerneutrale Übertragung ist rückwirkend unter Ansatz des Teilwertes zu korrigieren, wenn die übertragene Beteiligung innerhalb einer Sperrfrist veräußert oder entnommen wird, es sei denn, die bis zur Übertragung entstandenen stillen Reserven sind durch Erstellung einer Ergänzungsbilanz

1122 H 7.1 Abs. 3 „Veräußerungs- und Aufgabegewinne“ GewStR 2009.

1123 BFH v. 29.4.1992 – XI R 5/90, BStBl. II 1992, 969 (970); *Weber-Grellet* in Schmidt, § 17 EStG Rz. 179. Dies gilt allerdings nur, soweit die stillen Reserven durch den Entnahmetatbestand tatsächlich versteuert worden sind. Anderenfalls sind die historischen Anschaffungskosten fortzuführen, vgl. BFH v. 13.4.2010 – IX R 22/09, BStBl. II 2010, 790.

1124 Vgl. zu der umstrittenen Frage, ob eine Buchwertübertragung auch zwischen verschiedenen Gesamthandsvermögen (Schwesterpersonengsellschaften) zulässig ist: verneinend: BMF v. 8.12.2011, BStBl. I 2011, 1279, Rz. 18; Senator für Finanzen Berlin, Erlass v. 3.2.2012 – III B – S 2242 – 1/2009, GmbHR 2012, 544; BFH v. 25.11.2009 – I R 72/08, BStBl. II 2010, 471; bejahend im AdV-Verfahren: BFH v. 15.4.2010 – IV B 105/09, BStBl. II 2010, 971; hierzu BMF v. 29.10.2010, BStBl. I 2010, 1206 sowie Vorlagebeschluss des BFH v. 10.4.2013 – I R 80/12, BStBl. II 2013, 1004 (BVer-G – 2 BvL 8/13); BFH v. 27.12.2013 – IV R 28/12, BFH/NV 2014, 535.

dem übertragenden Gesellschafter zugeordnet worden[1125]. Die Sperrfrist beträgt drei Jahre und beginnt mit dem Zeitpunkt der Abgabe der Steuererklärung für den Veranlagungszeitraum, in dem die Übertragung erfolgt (vgl. § 6 Abs. 5 Satz 4 EStG). Des Weiteren ist der Teilwert auch anzusetzen, soweit sich im Falle des § 6 Abs. 5 Satz 3 EStG der Anteil einer Körperschaft an der Beteiligungsgesellschaft unmittelbar oder mittelbar erhöht oder unmittelbar oder mittelbar begründet wird (vgl. § 6 Abs. 5 Satz 5 EStG). Die Regelung soll nach der Gesetzesbegründung das Überspringen stiller Reserven auf Kapitalgesellschaften verhindern. Wird die Beteiligung aus dem Gesamthandsvermögen auf einen zu 100 % vermögensmäßig an der Gesamthand beteiligten Mitunternehmer (z.B. bei einer GmbH & Co. KG) in der Rechtsform der Körperschaft, Personenvereinigung oder Vermögensmasse übertragen, hat die Übertragung nach § 6 Abs. 5 Satz 3 Nr. 1 EStG zwingend zum Buchwert zu erfolgen, da ihr vermögensmäßiger Anteil an der Beteiligung weder begründet wird noch sich erhöht[1126]. Handelt es sich bei dem zu 100 % vermögensmäßig an der Gesamthand beteiligten Mitunternehmer um eine natürliche Person, in deren Betriebsvermögen die Beteiligung übertragen wird, greift die Regelung des § 6 Abs. 5 Satz 5 EStG von vornherein nicht, so dass nach § 6 Abs. 5 Satz 3 Nr. 1 EStG ein zwingender Buchwertansatz zu erfolgen hat. Sind an der Gesamthand weitere Körperschaften und/oder natürliche Personen vermögensmäßig beteiligt, ist die Übertragung der Beteiligung auf eine der Körperschaften nur in Höhe des zuvor mittelbar bestehenden Anteils an der Beteiligung zum Buchwert nach § 6 Abs. 5 Satz 3 Nr. 1 EStG durchzuführen. Im Übrigen hat ein Ansatz mit dem Teilwert zu erfolgen[1127]. Wird die Beteiligung in dem vorgenannten Fall auf die natürliche Person übertragen, verbleibt es bei dem vollständigen Buchwertansatz, da die Voraussetzungen des § 6 Abs. 5 Satz 5 EStG nicht gegeben sind[1128]. Schließlich ist rückwirkend auf den Zeitpunkt der Übertragung der Teilwert anzusetzen, soweit innerhalb von sieben Jahren nach der Übertragung der Beteiligung der Anteil einer Körperschaft an der übertragenen Beteiligung aus einem anderen Grund unmittelbar oder mittelbar begründet wird oder sich erhöht (vgl. § 6 Abs. 5 Satz 6 EStG). Die Buchwertübertragung nach § 6 Abs. 5 Satz 3 EStG setzt voraus, dass die Besteuerung der stillen Reserven sichergestellt ist. Diese Tatbestandsvoraussetzung ergibt sich aus dem Verweis des § 6 Abs. 5 Satz 3 EStG auf die entsprechende Geltung des § 6 Abs. 5 Satz 1 EStG. Damit ist insbesondere die entsprechende Geltung des § 4 Abs. 1 Satz 4 EStG angeordnet. Dies bedeutet, dass eine Buchwertübertragung hinsichtlich der Beteiligung dann ausgeschlossen ist, wenn sie nach der Übertragung einer ausländischen Betriebsstätte des Mitunternehmers zuzuordnen ist. § 6 Abs. 5 Satz 3 EStG steht in Konkurrenz zu der sog. **Realteilung** (vgl. Rz. 14.424 f.). Die Realteilung hat dann Vorrang vor der Anwendung des § 6 Abs. 5 Satz 3 EStG, wenn die bisherige Mitunternehmerschaft beendet wird oder zumindest ein Mitunternehmer vollständig aus der Mitunternehmerschaft ausscheidet.

Daneben besteht auch die Möglichkeit der Auflösung der Holding nach den Grundsätzen der sog. **Realteilung** nach § 16 Abs. 3 Sätze 2 bis 4 EStG[1129]. D.h., die Beteiligungen der Holding werden von den Gesellschaftern der Holding übernommen und in eigenen Gewerbebetrieben mit ihrem Buchwert fortgeführt. Auch die Realteilung ermöglicht die steuerneutrale Zuteilung von einzelnen Wirtschaftsgütern, sofern das unternehmerische Engagement in anderer Form fortgesetzt und nicht nur eine nachfolgende Veräußerung oder Entnahme vorbereitet wird[1130]. Eine wesentliche Voraussetzung hierfür ist, dass es auf der Ebene der Personengesellschaft (Mitunternehmerschaft) zu einer Be- 14.424

1125 Der BFH hält § 6 Abs. 5 Satz 4 EStG bei sog. Einmann-GmbH & Co. KG grundsätzlich für nicht anwendbar, so dass eine Veräußerung des auf die KG übertragenen Wirtschaftsgutes innerhalb der Sperrfrist nicht zu einem rückwirkwenden Teilwertansatz führt. Dies gilt unabhängig davon, ob bei der Übrtragung eine Ergänzungsbilanz erstellt worden ist oder nicht, vgl. BFH v. 31.7.2013 – I R 44/12, DB 2013, 2480 und BFH v. 26.6.2014 – IV R 31/12, DB 2014, 2565.

1126 BMF v. 8.12.2011, BStBl. I 2011, 1279, Rz. 29.

1127 BMF v. 8.12.2011, BStBl. I 2011, 1279, Rz. 31.

1128 BMF v. 8.12.2011, BStBl. I 2011, 1279, Rz. 30.

1129 Vgl. hierzu: *Winkemann*, BB 2004, 130 ff.

1130 Vgl. Begründung zu dem Entwurf eines Gesetzes zur Fortentwicklung des Unternehmensteuerrechts (Unternehmensteuerfortentwicklungsgesetz – UntStFG) v. 10.9.2001, BT-Drucks. 14/6882, 34.

triebsaufgabe i.S.d. § 16 Abs. 3 Satz 1 EStG kommt[1131]. Eine Betriebsaufgabe auf Ebene der Personengesellschaft (Mitunternehmerschaft) und damit ein Fall der „echten" Realteilung liegt auch bei Ausscheiden eines Gesellschafters aus einer zweigliedrigen Personengesellschaft (Mitunternehmerschaft) und Fortführung des Holding-Betriebs durch den verbleibenden Gesellschafter in Form eines Einzelunternehmens vor[1132]. Erfasst wird von der Realteilung i.S.d. § 16 Abs. 3 Satz 2 EStG auch der Fall, dass ein Gesellschafter aus einer mehrgliedrigen Personengesellschaft (Mitunternehmerschaft) vollständig aus der Personengesellschaft ausscheidet[1133]. § 16 Abs. 3 Satz 2 EStG ermöglicht in diesem Falle die Übertragung von Teilbetrieben, (Teil-)Mitunternehmeranteilen oder einzelnen Wirtschaftsgütern in das jeweilige Betriebsvermögen der einzelnen (aus der Mitunternehmerschaft ausscheidenden) Mitunternehmer unter Fortführung der Buchwerte. Voraussetzung ist allerdings, dass die Besteuerung der stillen Reserven beim übernehmenden Mitunternehmer sichergestellt ist. § 4 Abs. 1 Satz 4 EStG ist insoweit entsprechend anzuwenden. Demzufolge ist eine gewinnrealisierende Entnahme gegeben, wenn der übertragene Teilbetrieb, Mitunternehmeranteil oder das übertragene Einzelwirtschaftsgut, die bisher einer inländischen Betriebsstätte zuzuordnen waren, nach der Realteilung einer ausländischen Betriebsstätte zuzuordnen sind. Gegenstand einer Realteilung ist das gesamte Betriebsvermögen der Mitunternehmerschaft einschließlich des Sonderbetriebsvermögens der einzelnen Realteiler, soweit diese im Rahmen der Realteilung auf andere Mitunternehmer übertragen wird[1134]. Die Realteilung kann durch Übertragung oder Überführung von Teilbetrieben, Mitunternehmeranteilen oder Einzelwirtschaftsgütern erfolgen. Mitunternehmeranteile in diesem Sinn sind auch Teile von Mitunternehmeranteilen. Die Übertragung einer 100%igen Beteiligung an einer Kapitalgesellschaft ist als Übertragung eines Teilbetriebs zu behandeln[1135]. Die Realteilung ist rückwirkend unter Ansatz der gemeinen Werte durchzuführen, soweit bei einer Realteilung, bei der einzelne Wirtschaftsgüter übertragen worden sind, zum Buchwert übertragener Grund und Boden, übertragene Gebäude oder andere übertragene wesentliche Betriebsgrundlagen innerhalb einer Sperrfrist nach der Übertragung veräußert oder entnommen werden. Die Sperrfrist endet drei Jahre nach Abgabe der Steuererklärung der Mitunternehmerschaft für den Veranlagungszeitraum der Realteilung (vgl. § 16 Abs. 3 Satz 3 EStG). Die Übertragung von Mitunternehmeranteilen stellt, ebenso wie die Übertragung von Betrieben und Teilbetrieben, insoweit keinen Fall der Übertragung von Einzelwirtschaftsgütern mit der Folge der Anwendung der vorgenannten Sperrfrist dar[1136]. Keine steuerneutrale Realteilung ist möglich, soweit einzelne Wirtschaftsgüter unmittelbar oder mittelbar auf eine Körperschaft, Personenvereinigung oder Vermögensmasse übertragen werden; in diesem Fall ist bei der Übertragung der gemeine Wert anzusetzen (vgl. § 16 Abs. 3 Satz 4 EStG)[1137]. Die Regelung soll in Anlehnung an § 6 Abs. 5 Satz 5, 6 EStG nach der Gesetzesbegründung das Überspringen stiller Reserven auf Kapitalgesellschaften verhindern. Von der Sperrwirkung des § 16 Abs. 3 Satz 4 EStG ist nicht die Übertragung einer 100 %-Beteiligung an einer Kapitalgesellschaft erfasst, da diese für Zwecke der Realteilung als Teilbetrieb gilt (vgl. dazu aber § 16 Abs. 5 EStG, Rz. 14.424).

14.425 Eine besondere **Missbrauchsvermeidungsregel** im Zusammenhang mit einer Realteilung enthält § 16 Abs. 5 EStG. § 16 Abs. 5 EStG soll in Fällen der Realteilung, bei denen Teilbetriebe oder Mitunternehmerschaftsanteile übertragen werden, den steuerfreien Übergang stiller Reserven in Anteilen an Kapitalgesellschaften von natürlichen Personen auf Körperschaften im Rahmen einer Realteilung durch eine rückwirkende Besteuerung im Falle der Veräußerung der realgeteilten Kapitalanteile

1131 BFH v. 16.3.2017 – IV R 31/14, BStBl. II 2019, 24 = ZIP 2017, 1714; BMF v. 19.12.2018, BStBl. I 2019, 6 Rz. 1, sog. „echte" Realteilung.

1132 BMF v. 19.12.2018, BStBl. I 2019, 6 Rz. 1.

1133 BFH v. 17.9.2015 – III R 49/13, BStBl. II 2017, 37; BFH v. 16.3.2017 – IV R 31/14, BStBl. II 2019, 24 = ZIP 2017, 1714; BFH v. 30.3.2017 – IV R 11/15, BStBl. II 2019, 29; BMF v. 19.12.2018, BStBl. I 2019, 6 Rz. 2, sog. „unechte" Realteilung.

1134 BMF v. 19.12.2018, BStBl. I 2019, 6 Rz. 1; BStBl. I 2019, 6, Rz. 5.

1135 BMF v. 19.12.2018, BStBl. I 2019, 6 Rz. 6.

1136 BMF v. 19.12.2018, BStBl. I 2019, 6 Rz. 11.

1137 Vgl. hierzu BMF v. 19.12.2018, BStBl. I 2019, 6 Rz. 11.

durch die Körperschaft verhindern[1138]. Auf der Tatbestandsseite setzt § 16 Abs. 5 EStG voraus, dass bei einer Realteilung i.S.d. § 16 Abs. 3 Satz 2 EStG Teilbetriebe auf einzelne Mitunternehmer übertragen werden und zu den wesentlichen Betriebsgrundlagen des Teilbetriebs Anteile an einer Körperschaft, Personenvereinigung oder Vermögensmasse gehören, die unmittelbar oder mittelbar von einem nicht von § 8b Abs. 2 KStG begünstigten Steuerpflichtigen auf einen von § 8b Abs. 2 KStG begünstigten Mitunternehmer übertragen werden, und diese Anteile innerhalb von sieben Jahren nach der Realteilung von dem übernehmenden Mitunternehmer unmittelbar oder mittelbar veräußert oder durch einen Vorgang nach § 22 Abs. 1 Satz 6 Nr. 1 bis 5 UmwStG weiter übertragen werden. § 22 Abs. 2 Satz 3 UmwStG gilt entsprechend. Über den ausdrücklichen Wortlaut hinausgehend wird auch die Übertragung einer 100%igen Beteiligung an einer Kapitalgesellschaft erfasst[1139]. Als Rechtsfolge bestimmt § 16 Abs. 5 Halbs. 1 EStG, dass die veräußerten Kapitalanteile rückwirkend auf den Realteilungszeitpunkt abweichend von § 16 Abs. 3 Satz 2 EStG mit dem gemeinen Wert anzusetzen sind. Damit kommt es für die natürliche Person in Höhe ihrer (quotalen) Beteiligung an der realgeteilten Mitunternehmerschaft zu einer nachträglichen Besteuerung des Veräußerungsgewinns nach § 16 EStG, wobei nach § 16 Abs. 5 Halbs. 2 EStG i.V.m. § 22 Abs. 2 Satz 3 UmwStG die Siebtel-Regelung Anwendung findet[1140].

Schließlich sind auch wiederum Verschmelzung und Aufspaltung nach dem UmwStG zur Beseitigung der Personengesellschaftsholding steuerneutral möglich. Die vorstehend unter Rz. 14.426 ff. dargelegten Ausführungen gelten auch hier entsprechend. 14.426

VII. Besonderheiten der laufenden Besteuerung

1. Körperschaftsteuer/Einkommensteuer

a) Kapitalgesellschaften

aa) Dividendenbesteuerung

Die nationale Holding unterliegt gem. § 1 Abs. 1 Nr. 1 KStG der Körperschaftsteuer. Die unbeschränkte Körperschaftsteuerpflicht erstreckt sich gem. § 1 Abs. 2 KStG auf sämtliche Einkünfte. Als Einkünfte der Holding kommen im Wesentlichen **Dividendeneinkünfte** aus den inländischen Beteiligungsgesellschaften in Betracht. An sich stellt die von der Holding ausgeübte Tätigkeit – Halten und Verwalten von Beteiligungen – Vermögensverwaltung dar. Über die Vorschrift des § 8 Abs. 2 KStG werden jedoch für unbeschränkt Steuerpflichtige i.S.d. § 1 Abs. 1 Nr. 1 bis 3 KStG sämtliche Einkünfte der Holding als Einkünfte aus Gewerbebetrieb umqualifiziert. 14.427

Eine besondere Rolle spielt die **Bilanzierung von Beteiligungserträgen.** Die Holding hat die Dividendenansprüche aus ihren Beteiligungsgesellschaften im Regelfall erst zu aktivieren, wenn diese durch einen Gewinnverwendungsbeschluss auf der Ebene der Beteiligungsgesellschaften entstanden sind[1141]. Hiervon abweichend kam in der Vergangenheit eine zeitkongruente Aktivierung eines rechtlich noch nicht, aber wirtschaftlich entstandenen Dividendenanspruchs in Betracht. Diese han- 14.428

1138 Vgl. Begründung zu dem Entwurf eines Gesetzes über steuerliche Begleitmaßnahmen zur Einführung der Europäischen Gesellschaft und zur Änderung weiterer steuerrechtlicher Vorschriften (SEStEG) v. 9.11.2006, BT-Drucks. 16/3369, 6.

1139 Begründung zu dem Entwurf eines Gesetzes über steuerliche Begleitmaßnahmen zur Einführung der Europäischen Gesellschaft und zur Änderung weiterer steuerrechtlicher Vorschriften (SEStEG) v. 9.11.2006, BT-Drucks. 16/3369, 6; *Wacker* in Schmidt, § 16 EStG Rz. 557.

1140 *Wacker* in Schmidt, § 16 EStG Rz. 558; a.A.: *Kulosa* in Herrmann/Heuer/Raupach, § 16 EStG Anm. 755, wonach der Veräußerungsgewinn allen Realteilern nach dem allgemeinen Gewinnverteilungsschlüssel zugerechnet werden soll.

1141 *Neu*, BB 1995, 399 (401) m.w.N.; *Weber-Grellet* in Schmidt, § 5 EStG Rz. 270 „Dividendenansprüche“; *Tiedchen* in Herrmann/Heuer/Raupach, § 5 EStG Anm. 621.

delsrechtlich und einkommensteuerrechtlich gebotene sog. „**phasengleiche Aktivierung**“ eines rechtlich noch nicht, aber wirtschaftlich entstandenen Dividendenanspruches basierte auf der Rechtsprechung des BGH[1142] sowie des EuGH[1143]. Hiervon abweichend, hat der Große Senat des BFH[1144] entschieden, dass eine phasengleiche Dividenden-Aktivierung steuerrechtlich nicht zulässig sei[1145], es sei denn, es ist objektiv belegt, dass die ausschüttende Gesellschaft am maßgeblichen Bilanzstichtag unwiderruflich zur Ausschüttung entschlossen war[1146].

14.429 Die steuerliche Behandlung der **Dividendenbezüge** ist durch den Übergang vom Vollanrechnungsverfahren zum sog. Halbeinkünfteverfahren bzw. späteren Teileinkünfteverfahren infolge des Steuersenkungsgesetzes vom 23.10.2000[1147] einem gravierenden Wandel unterlegen. Mit der Umstellung auf das Halbeinkünfteverfahren ist insbesondere § 8b KStG grundlegend geändert worden. Das Halbeinkünfteverfahren bzw. das sog. Teileinkünfteverfahren führen dazu, dass die Gewinne der Holding unabhängig davon, ob sie ausgeschüttet oder einbehalten werden, in Höhe des jeweiligen Körperschaftsteuersatzes gem. § 23 Abs. 1 KStG von 15 % besteuert werden. Die Gewinne werden auf der Ebene der Holding gem. § 8b Abs. 1 Satz 1 KStG steuerfrei gestellt. Nach § 8b Abs. 5 Satz 1 KStG gelten 5 % der steuerfreien Bezüge als Ausgaben, die nicht als Betriebsausgaben abgezogen werden dürfen. Handelt es sich bei dem Anteilseigner um eine natürliche Person, die die Anteile im Betriebsvermögen hält, oder um eine mitunternehmerische Personengesellschaft, an der natürliche Personen beteiligt sind, werden die Gewinne gem. § 3 Nr. 40 Satz 1 Buchst. d Satz 1 EStG i.H.v. 40 % steuerfrei gestellt. Korrespondierend hierzu sieht § 3c Abs. 2 EStG einen Betriebsausgabenabzug nur i.H.v. 60 % vor. Eine Unterscheidung von in- und ausländischen Dividenden ist insoweit nicht erforderlich. Privilegiert sind hierdurch auch einstufige Holdingstrukturen im Inland (und grenzüberschreitende Strukturen). Die DBA-Regelungen hinsichtlich etwaiger Schachtelprivilegien für Dividenden sind insoweit nur noch eingeschränkt von Bedeutung[1148]. Die DBA-Regelungen kommen aber zur Anwendung, wenn § 8b Abs. 1 KStG aufgrund einer gesetzlichen Anordnung ausgeschlossen ist[1149]. Bedeutung gewinnt das DBA-Schachtelprivileg ggf. in den Fällen der Körperschaftsteuerpflicht von Streubesitzdividenden nach § 8b Abs. 4 KStG.

14.430 Begünstigte Rechtsträger des § 8b Abs. 1 KStG sind, ebenso wie bei § 8b Abs. 2 KStG alle unbeschränkt und beschränkt steuerpflichtigen Körperschaften[1150]. § 8b Abs. 1 KStG setzt, vorbehaltlich der Regelung des § 8b Abs. 4 KStG, keine Mindestbesitzzeit oder Mindestbeteiligung voraus. Ebenso wenig bestehen Einschränkungen hinsichtlich der Aktivitäten der Beteiligungsgesellschaft (vgl. hierzu auch § 8 Abs. 1 Nr. 9 AStG). Voraussetzung für die **Steuerfreiheit der Dividende** ist nach § 8b Abs. 1 Satz 1 KStG, dass es sich um Bezüge i.S.d. § 20 Abs. 1 Nr. 1, 2, 9 und 10a EStG handelt. Der Umfang der begünstigten Bezüge entspricht insoweit der in § 8b Abs. 2 Satz 1 1. Alt. KStG enthaltenen Aufzählung (vgl. hierzu Rz. 14.216). Damit werden zum einen offene und verdeckte Gewinnausschüttungen und zum anderen Leistungen aus Kapitalherabsetzung oder Liquidation erfasst, soweit hierbei Beträge i.S.d. § 28 Abs. 2 Satz 2 KStG als verwendet gelten (vgl. § 20 Abs. 1 Nr. 2 Satz 2 EStG). Beträge in diesem Sinne sind aus versteuerten Rücklagen stammende Kapitalerhöhungsbeträge, die bei einer Kapitalherabsetzung oder Liquidation als zuerst für die Kapitalrückzah-

---

1142 Vgl. BGH v. 12.1.1998 – II ZR 82/93, AG 1998, 280 = ZIP 1998, 467 = DStR 1998, 383.

1143 EuGH v. 27.6.1996 – C-234/97, DStR 1996, 1093; vgl. hierzu: *Weber-Grellet* in Schmidt, § 5 EStG Rz. 270 „Dividendenansprüche“.

1144 BFH v. 7.8.2000 – GrS 2/99, AG 2001, 134 = BStBl. II 2000, 632; vgl. auch BFH v. 26.11.1998 – IV R 52/96, BStBl. II 1999, 547 und BFH v. 16.12.1998 – I R 50/95, BStBl. II 1999, 551.

1145 Vgl. hierzu: *Wassermeyer/Hoffmann*, GmbHR 2000, 1111 (1113).

1146 BFH v. 20.12.2000 – I R 50/95, BStBl. II 2001, 409; BFH v. 7.2.2007 – I R 15/06, BStBl. II 2008, 340; *Hoffmann*, DB 2001, 736.

1147 BGBl. I 2000, 1433.

1148 Auswirkungen können sich z.B. für die Höhe ausländischer Quellensteuern und für die Gewerbesteuer ergeben.

1149 BFH v. 23.6.2010 – I R 71/09, BStBl. II 2011, 129 (131), Rz. 13.

1150 BMF v. 28.4.2003, BStBl. I 2003, 292, Rz. 4; *Pung* in Dötsch/Pung/Möhlenbrock, § 8b KStG Rz. 41.

lung verwendet gelten[1151]. Ebenfalls hierhin gehören nach § 8b Abs. 1 i.V.m. § 20 Abs. 1 Satz 1 Nr. 1 EStG auch Gewinnanteile aus Genussrechten, mit denen das Recht am Gewinn und Liquidationserlös einer Kapitalgesellschaft verbunden ist. Die steuerliche Behandlung von Ausschüttungen aus dem steuerlichen Einlagekonto i.S.d. § 27 KStG ist umstritten. Nach Ansicht der Finanzverwaltung sind Zahlungen aus dem steuerlichen Einlagekonto i.S.d. § 27 KStG nicht nach § 8b Abs. 1 KStG steuerbefreit, sondern unterliegen der Steuerbefreiung nach § 8b Abs. 2 KStG, soweit sie den Buchwert der Beteiligung übersteigen[1152]. Auch der BFH geht davon aus, dass Auszahlungen aus dem steuerlichen Einlagekonto nicht unter die Befreiungsnorm des § 8b Abs. 1 KStG fallen können, weil § 20 Abs. 1 Nr. 1 Satz 3 EStG diese aus den steuerpflichtigen Einnahmen ausklammere. Die Anwendbarkeit des § 8b Abs. 1 KStG setzt aber voraus, dass überhaupt steuerbare Einnahmen vorliegen. Nach Ansicht des BFH seien die Auszahlungen aus dem steuerlichen Einlagekonto zunächst mit dem Buchwert zu verrechnen und stellen daher nicht steuerbare Vermögensmehrungen dar[1153]. Ob diese Bezüge dann unter § 8b Abs. 2 KStG fallen, soweit sie den Beteiligungsbuchwert übersteigen, hat der BFH ausdrücklich offen gelassen[1154]. In der Literatur werden hierzu unterschiedliche Auffassungen vertreten[1155]. Für die Vergangenheit hat diese Kontroverse nur noch eingeschränkt Bedeutung[1156]. Allerdings gewinnt die Zuordnungsfrage erhebliche Bedeutung durch die Neuregelung für Streubesitzdividenden gem. § 8b Abs. 4 KStG. Sind die Ausschüttungen aus dem steuerlichen Einlagekonto nicht dem § 8b Abs. 1 KStG sondern, soweit sie den Beteiligungsbuchwert übersteigen, dem § 8b Abs. 2 KStG zuzuordnen, verbleibt es bei der Steuerbefreiung auch im Fall von Streubesitzbeteiligungen, weil § 8b Abs. 4 KStG nur für Dividenden, nicht aber für Veräußerungsgewinne gilt[1157]. Nach der hier vertretenen Auffassung ist eine wortlautgetreue Auslegung erforderlich, die auf den von § 8b Abs. 1 Satz 1 KStG verwandten Begriff der *„Bezüge i.S.d. § 20 Abs. 1 Nr. 1 u.a. EStG“* abstellt. Damit bezieht sich der Anwendungsbereich von § 8b Abs. 1 Satz 1 KStG auch auf die in § 20 Abs. 1 Nr. 1 Satz 3 bezeichneten Bezüge. Die von § 20 Abs. 1 Nr. 1 Satz 3 EStG angeordnete Herausnahme der Auszahlungen aus dem steuerlichen Einlagekonto aus den Einnahmen, vermag hieran nichts zu ändern[1158]. Diese Auszahlungen bleiben Bezüge, die von § 8b Abs. 1 Satz 1 KStG erfasst werden. Damit sind allerdings derartige Bezüge i.S.v. § 8b Abs. 4 Satz 1 KStG bei Streubesitzbeteiligungen voll steuerpflichtig. Von § 8b Abs. 1 KStG werden Erträge aus stillen Beteiligungen und aus partiarischen Darlehen nicht erfasst. Durch die Regelung des § 8b Abs. 6 Satz 1 KStG ist sichergestellt, dass die Steuerbefreiung nach § 8b Abs. 1 KStG auch dann gewährt wird, wenn die Holding ihre Beteiligung an der Tochterkapitalgesellschaft nicht unmittelbar, sondern mittelbar über eine mitunternehmerische Personengesellschaft hält.

§ 8b Abs. 1 Sätze 2 bis 4 KStG enthalten **Ausnahmetatbestände** für die Steuerfreistellung. Die Re- 14.431
gelungen verknüpfen die Gesellschafts- und die Gesellschafterebene in materieller Hinsicht (sog. **materielles Korrespondenzprinzip**)[1159]. Nach § 8b Abs. 1 Satz 2 KStG gilt die Steuerbefreiung von Dividenden usw. nur, soweit die Bezüge das Einkommen der leistenden Körperschaft nicht gemindert haben. Es geht hierbei insbesondere um verdeckte Gewinnausschüttungen und hybride Finan-

1151 Darüber hinaus werden von § 8b Abs. 1 Satz 5 KStG auch Einnahmen aus der Veräußerung von Dividendenscheinen und sonstigen Ansprüchen i.S.d. § 20 Abs. 2 Satz 1 Nr. 2a EStG sowie Einnahmen aus der Abtretung von Dividendenansprüchen oder sonstigen Ansprüchen i.S.d. § 20 Abs. 2 Satz 2 EStG erfasst.

1152 BMF v. 28.4.2003, BStBl. I 2003, 292, Rz. 6.

1153 BFH v. 28.10.2009 – I R 116/08, BStBl. II 2011, 898 (899), Rz. 10; bestätigt durch BFH v. 19.5.2010 – I R 51/09, DStR 2010, 1833 (1834), Rz. 19; kritisch hierzu: *Prinz*, FR 2010, 580 ff.

1154 BFH v. 28.10.2009 – I R 116/08, BStBl. II 2011, 898 (900), Rz. 13.

1155 Vgl. hierzu im Einzelnen: *Pung* in Dötsch/Pung/Möhlenbrock, § 8b KStG Rz. 137 m.w.N. sowie Literaturnachweise in BFH v. 28.10.2009 – I R 116/08, BStBl. II 2011, 898 (899), Rz. 9.

1156 Vgl. hierzu: *Pung* in Dötsch/Pung/Möhlenbrock, § 8b KStG Rz. 137.

1157 Vgl. *Pung* in Dötsch/Pung/Möhlenbrock, § 8b KStG Rz. 137.

1158 Vgl. auch: *Jesse* in Schaumburg/Piltz, Holdinggesellschaften im Internationalen Steuerrecht, S. 109, 117.

1159 *Pung* in Dötsch/Pung/Möhlenbrock, § 8b KStG Rz. 64.

zierungen, die vornehmlich bei ausländischen Tochtergesellschaften zu sog. „weißen Einkünften" führen könnten[1160]. § 8b Abs. 1 Satz 3 KStG erstreckt den Ausnahmetatbestand auf den Fall, dass eine Dividendenfreistellung auf Grund des DBA-rechtlichen internationalen Schachtelprivilegs erfolgt. Die Norm beinhaltet insoweit eine Art „treaty override"[1161]. § 8b Abs. 1 Satz 4 KStG behandelt den Fall der verdeckten Gewinnausschüttung in sog. Dreiecksfällen[1162].

14.432 Trotz der Befreiung der Dividendenbezüge nach § 8b Abs. 1 KStG hat ein **Kapitalertragsteuerabzug** seitens der ausschüttenden Tochtergesellschaft, falls es sich hierbei um eine unbeschränkt steuerpflichtige Körperschaft handelt, für Rechnung der Holdinggesellschaft zu erfolgen (vgl. § 43 Abs. 1 Satz 3, § 43 Abs. 3 Satz 1 EStG)[1163]. Die Kapitalertragsteuer beträgt nach § 43a Abs. 1 Satz 1 Nr. 1 EStG 25 % und ist nach § 43a Abs. 2 Satz 1 EStG von den vollen Kapitalerträgen ohne Berücksichtigung des Teileinkünfteverfahrens abzuziehen (vgl. § 43 Abs. 1 Satz 3 EStG). Zudem ist ein Solidaritätszuschlag i.H.v. 5 % einzubehalten und abzuführen (vgl. § 4 SolZG), so dass sich eine Gesamtbelastung der Dividenden von 26,375 % ergibt. Sowohl der Kapitalertragsteuerabzug als auch deren Abführung haben nach § 44 Abs. 1 Satz 3 EStG zum Zeitpunkt des Zuflusses der Dividende bei der Holdinggesellschaft zu erfolgen. Die Tochtergesellschaft haftet nach § 44 Abs. 5 Satz 1 EStG für die Einbehaltung und Abführung der Kapitalertragsteuer. Die einbehaltene und abgeführte Kapitalertragsteuer hat für die Holdinggesellschaft, anders als für Privatpersonen, keine abgeltende Wirkung (vgl. § 43 Abs. 5 EStG), sondern wird als Vorauszahlung der Holdinggesellschaft bzw. deren Gesellschafter im Rahmen der Einkommen- bzw. Körperschaftsteuerveranlagung der Holdinggesellschaft bzw. deren Gesellschafter in voller Höhe auf die Einkommensteuer bzw. Körperschaftsteuer angerechnet (§ 31 Abs. 1 Satz 1 KStG i.V.m. § 36 Abs. 2 Satz 2 Nr. 2 EStG) bzw. bei Überzahlung erstattet (vgl. § 36 Abs. 4 Satz 2 EStG)[1164]. Zu berücksichtigen ist allerdings, dass es durch die zeitlich nachgelagerte Körperschaftsteuerveranlagung der Holding infolge des Kapitalertragsteuerabzugs zu Zins-/Liquiditätsnachteilen kommen kann, wenn die Holdinggesellschaft im Wesentlichen nur nach § 8b Abs. 1 i.V.m. Abs. 5 KStG steuerfreie Dividenden bezieht. Während erstattete Kapitalertragsteuerabzugsbeträge nach § 233a Abs. 1 Satz 2 AO überhaupt nicht verzinst werden[1165], beginnt die Verzinsung von Körperschaftsteuererstattungsbeträgen nach § 233a Abs. 1 Satz 1, Abs. 2 Satz 1, Abs. 3 Satz 1 und Satz 3 AO erst 15 Monate nach Ablauf des Veranlagungszeitraums. Dieses strukturelle Defizit ist Folge der in § 43 Abs. 1 Satz 3 EStG angeordneten Kapitalertragsteuerabzugspflicht für Dividendenzahlungen trotz Vorliegens der Befreiungstatbestände gem. § 3 Nr. 40 Satz 1 Buchst. d EStG bzw. § 8b Abs. 1 KStG.

14.433 Die hieraus ggf. resultierende Situation einer sog. **Dauerüberzahlung** wird in den in § 44a Abs. 5 EStG genannten Fällen dadurch vermieden, dass unter den dort genannten Voraussetzungen eine Abstandnahme vom Kapitalertragsteuerabzug möglich ist. Danach kann der Abzug von Kapital-

---

1160 Vgl.§ 8b Abs. 1 Satz 2 KStG i.d.F. des Amtshilferichtlinie-Umsetzungsgesetzes v. 26.6.2013, BGBl. I 2013, 1809, mit Wirkung ab dem Veranlagungszeitraum 2014, § 34 Abs. 7 Sätze 13, 14 KStG; vgl. hierzu: Empfehlungen der Ausschüsse zu dem Entwurf eines Jahressteuergesetzes 2013 v. 22.6.2012, BR-Drucks. 302/1/12, 7; *Pung* in Dötsch/Pung/Möhlenbrock, § 8b KStG Rz. 64, 76. Vgl. auch den Vorschlag des Bundesrates v. 7.11.2014, BR-Drucks. 432/14, 12 ff., zur Einführung eines allgemeinen Korrespondenzprinzips bei hybriden Finanzierungen in einem § 4 Abs. 5a EStG-E. Die Bundesregierung hat zugesagt, diesen Vorschlag im Rahmen der Umsetzung des BEPS-Projektes in die Beratungen einzubeziehen, vgl. Gegenäußerung der Bundesregierung v. 12.11.2014, BT-Drucks. 18/3158, 79 sowie Protokollerklärung der Bundesregierung v. 19.12.2014, BR-Plenarprotokoll 929 v. 19.12.2014, Anlage 12.

1161 *Pung* in Dötsch/Pung/Möhlenbrock, § 8b KStG Rz. 64, 87.

1162 Vgl. hierzu: *Pung* in Dötsch/Pung/Möhlenbrock, § 8b KStG Rz. 91 ff.

1163 BMF v. 28.4.2003, BStBl. I 2003, 292, Rz. 11.

1164 BMF v. 28.4.2003, BStBl. I 2003, 292, Rz. 11; der einbehaltene Solidaritätszuschlag wird gem. § 3 Abs. 1 Nr. 1 SolZG nach der endgültig festgesetzten Körperschaftsteuer bemessen und bei Überzahlung erstattet.

1165 *Heuermann* in Hübschmann/Hepp/Spitaler, § 233a AO Rz. 20.

ertragsteuer u.a. für Dividenden gem. § 43 Abs. 1 Satz 1 Nr. 1 Satz 1 EStG zugunsten einer Holdinggesellschaft dann unterlassen werden, wenn die Kapitalertragsteuer bei der Holding auf Grund der Art ihrer Geschäfte auf Dauer höher wäre als die gesamte festzusetzende Einkommensteuer oder Körperschaftsteuer (sog. **Dauerüberzahler**)[1166]. Die Finanzverwaltung hat bestätigt, dass Holdinggesellschaften, die fast ausschließlich nach § 8b Abs. 1 KStG steuerfreie Beteiligungseinkünfte erwirtschaften, die Voraussetzungen des § 44a Abs. 5 EStG erfüllen und demnach eine Abstandnahme vom Kapitalertragsteuerabzug möglich ist. Andere steuerpflichtige Einkünfte in geringem Umfang, z.B. Zinseinnahmen, stehen der Erteilung einer Bescheinigung nach § 44a Abs. 5 Satz 4 EStG nicht entgegen[1167]. Demgegenüber sollen Holdinggesellschaften, die nach § 8b Abs. 7 Satz 2 KStG als Finanzunternehmen gelten (vgl. dazu Rz. 14.221), nicht in den Anwendungsbereich des § 44a Abs. 5 EStG fallen[1168]. Darüber hinaus ist zu beachten, dass Holdinggesellschaften, die Streubesitzanteile (unter 10 %) halten, ebenfalls nicht nach § 44a Abs. 5 EStG privilegiert sein sollen, da derartige Dividenden nach § 8b Abs. 4 KStG steuerpflichtig sind[1169]. Die vorstehenden Einschränkungen sind zweifelhaft, weil der Gesetzeswortlaut keine ausdrückliche Regelung über das für die Anwendung des § 44a Abs. 5 EStG erforderliche Ausmaß der Überzahlung enthält. Bei wortlautgetreuer Auslegung ergibt sich für Holdinggesellschaften in der Rechtsform der Kapitalgesellschaft generell eine Überzahlersituation auch bei dem Bezug steuerpflichtiger (Streubesitz-)Dividenden, weil der Kapitalertragsteuersatz von 25 % den einheitlichen Körperschaftsteuersatz von 15 % dauerhaft übersteigt. Es liegt daher nahe, das **Dauerüberzahlerprivileg** des § 44a Abs. 5 EStG allen Holdinggesellschaften zu gewähren, die im Wesentlichen nur Dividenden beziehen und dies unabhängig davon, ob die Dividenden bei der Holding steuerfrei sind oder nicht. Damit lässt sich ein Korrektiv zu der Regelung des § 43 Abs. 1 Satz 3 EStG schaffen[1170]. Anderenfalls droht ein Verstoß gegen das **Übermaßverbot** der Art. 12 Abs. 1 und 14 Abs. 1 GG[1171]. Eine sachgerechte Besteuerung kann in diesen Fällen durch die Festsetzung von Körperschaftsteuervorauszahlungen gem. § 31 Abs. 1 KStG i.V.m. § 37 EStG erreicht werden. Handelt es sich bei der Holding um eine Personengesellschaft, ist für die Anwendung des § 44a Abs. 5 EStG auf die Gesellschafter als **Gläubiger der Kapitalerträge** im steuerrechtlichen Sinn gem. § 44 Abs. 1 Satz 1 i.V.m. § 20 Abs. 5 Satz 2 EStG abzustellen. Es kommt insoweit nicht auf den Gläubiger der Kapitalerträge im zivilrechtlichen Sinn an[1172]. In praktischer Hinsicht ergeben sich hieraus jedoch Zweifelsfragen, weil die ausschüttende Tochtergesellschaft ggf. den Gesellschafterkreis der Holdingpersonengesellschaft und deren Beteiligungsumfang im Einzelnen nicht kennt oder nur einzelne Gesellschafter eine Freistellungsbescheinigung im Sinne des § 44a Abs. 5 Satz 4 EStG vorlegen. Die Voraussetzung des § 44a Abs. 5 Satz 1 EStG ist gem. § 44a Abs. 5 Satz 4 EStG durch eine Bescheinigung des für die Holdinggesellschaft nach § 20 AO zuständigen Finanzamtes nachzuweisen. Die Bescheinigung wird von dem zuständigen Finanzamt nach § 44a Abs. 5 Satz 5

1166 Vgl. hierzu: *Beuchert/Friese*, DB 2013, 2825 (2826 f.).

1167 OFD NRW, Verfügung v. 9.12.2013, DB 2014, 572; OFD Frankfurt a.M., Verfügung v. 13.9.2019, DStR 2019, 2539.

1168 OFD Hannover, Verfügung v. 11.2.2002, FR 2002, 543, Rz. 2; OFD Frankfurt a.M., Verfügung v. 13.9.2019, DStR 2019, 2539.

1169 Vgl. *Beuchert/Friese*, DB 2013, 2825 (2827).

1170 Die als Begründung für die Regelung angeführten praktischen Erwägungen, vgl. Begründung zu dem Entwurf eines Gesetzes zur Verbesserung der steuerlichen Bedingungen zur Sicherung des Wirtschaftsstandorts Deutschland im Europäischen Binnenmarkt (Standortsicherungsgesetz – StandOG) v. 5.3.1993, BT-Drucks. 12/4487, 35, *Knaupp* in Kirchhof, § 43 EStG Rz. 6, stehen dem nicht entgegen, weil im Einzelfall eine Freistellungsbescheinigung gem. § 44a Abs. 5 Satz 4 EStG vorzulegen ist; vgl. im Einzelnen: *Jesse*, FR 2015, 249 ff.

1171 Vgl. hierzu: *Hey* in Tipke/Lang, Steuerrecht, § 3 Rz. 180 ff.

1172 Vgl. BFH v. 9.11.1994 – I R 5/94, BStBl. II 1995, 255 = ZIP 1995, 661; BFH v. 15.3.1995, BFH/NV 1996, 112; *Beuchert/Friese*, DB 2013, 2825 (2827); *Storg* in Frotscher/Geurts, § 44 EStG Rz. 8; FG Sachsen-Anhalt v. 30.5.2013, n.v., rkr. (NZB unzulässig: BFH v. 26.2.2014 – I B 132/13, n.v.); vgl. hierzu im Einzelnen: *Jesse*, FR 2015, 249 ff.; a.A.: BFH v. 26.5.2011, BFH/NV 2011, 1509, Rz. 7, zu Zinsen aus einer Kapitallebensversicherung: Personengesellschaft ist Gläubiger der Kapitalerträge und Schuldner der Kapitalertragsteuer.

EStG unter dem Vorbehalt des Widerrufs erteilt. § 44a Abs. 5 EStG ist in steuersystematischer Hinsicht Teil des Steuererhebungsverfahrens und stellt wie etwa die Regelungen des § 43b EStG oder § 50d EStG einen Ausnahmetatbestand zu dem der Sicherung des Steueraufkommens dienenden Steuerabzugsverfahren dar. Bei beschränkt steuerpflichtigen Anteilseignern i.S.d. § 2 Nr. 1 KStG, die nicht in den Anwendungsbereich der Mutter-Tochter-Richtlinie fallen, kann die einbehaltene und abgeführte Kapitalertragsteuer nach § 44a Abs. 9 EStG unter den dort genannten Voraussetzungen um ⅖ reduziert werden. Holdinggesellschaften in der Rechtsform der **mitunternehmerischen Personengesellschaft** (also gewerblich tätige oder gewerblich geprägte Personengesellschaften) kommen zwar als Gläubiger der Kapitalerträge nach § 44a Abs. 1 Satz 1 EStG in Betracht. Die für die Inanspruchnahme des Dauerüberzahlerprivilegs erforderliche Einkünftezurechnung bei der Holdingpersonengesellschaft ist jedoch nicht gegeben. Zwar sind mitunternehmerische Personengesellschaften für Zwecke der Einkünftequalifikation und der Gewinnermittlung selbständige Steuersubjekte[1173], jedoch werden die entsprechenden Gewinnanteile und Sondervergütungen den Gesellschaftern nach § 15 Abs. 1 Satz 1 Nr. 2 Satz 1 EStG zugerechnet[1174]. Eine anteilige Zurechnung der Anteile nach § 39 Abs. 2 Nr. 2 AO zu den einzelnen Mitunternehmern erfolgt bei mitunternehmerischen Personengesellschaften demgegenüber nicht[1175]. Mitunternehmerische Personengesellschaften haben insoweit eine hybride Struktur, weil sie einerseits Anteilseigner im Sinne des § 20 Abs. 5 Satz 2 EStG sein können, die Kapitalerträge jedoch andererseits den Gesellschaftern zugerechnet werden. § 15 Abs. 1 Satz 1 Nr. 2 Satz 1 EStG enthält eine von § 20 Abs. 5 Satz 2 i.V.m. Satz 1 EStG abweichende Einkünftezurechnung. Demzufolge ist für die Anwendbarkeit des § 44a Abs. 5 EStG auf die Gesellschafter abzustellen. Mangels Personenidentität zwischen der Holdingpersonengesellschaft als dem Gläubiger der Kapitalerträge und den Mitunternehmern, denen die Einkünfte mit steuerlicher Wirkung zuzurechen sind, lässt sich de lege lata das Dauerüberzahlerprivileg für Holdingpersonengesellschaften nicht nutzen.

14.434 Aus gestalterischer Sicht lässt sich die vorstehend unter Rz. 14.433 beschriebene Problematik insbesondere durch Errichtung einer **körperschaftsteuerlichen Organschaft** zwischen der Holding und ihren Tochterkapitalgesellschaften vermeiden. Denn die Gewinnabführung der Tochterkapitalgesellschaft an die Holding auf Grund des Gewinnabführungsvertrages stellt keine kapitalertragsteuerpflichtige Dividendenzahlung dar[1176]. Es erfolgt vielmehr eine Einkommenszurechnung nach §§ 14 Satz 1, 17 KStG (vgl. hierzu Rz. 14.530 ff.). Alternativ besteht die Möglichkeit, sog. **Mäanderstrukturen** zu errichten, wobei die inländische Tochterkapitalgesellschaft nicht von der Holding direkt, sondern mittelbar über eine in einem anderen EU-Mitgliedstaat ansässige Tochterkapitalgesellschaft gehalten wird. Die Dividendenausschüttung der inländischen Gesellschaft an die zwischengeschaltete EU-Gesellschaft unterliegt nach § 43b EStG nicht dem Kapitalertragsteuerabzug[1177]. Die Weiterausschüttung dieser Dividende von der EU-Gesellschaft an die inländische Holding ist nach Maßgabe der Mutter-Tochter-Richtlinie ebenfalls ohne Kapitalertragsteuerabzug möglich.

14.435 § 8b Abs. 5 KStG sieht im Falle des Bezuges von Dividenden ein **pauschales Betriebsausgabenabzugsverbot** i.H.v. 5 % der nach § 8b Abs. 1 KStG steuerfreien Dividende vor. Nach Satz 2 in § 8b Abs. 5 KStG ist § 3c Abs. 1 EStG nicht anzuwenden. Durch das pauschale Betriebsausgabenabzugsverbot kommt es zu einer Doppelbesteuerung mit Körperschaftsteuer und – jedenfalls bei inländischen Tochterkapitalgesellschaften – Gewerbesteuer[1178]. Dies deshalb, weil auf der Ebene der Toch-

1173 BFH v. 11.4.2005 – GrS 2/02, BStBl. II 2005, 679 (681) = ZIP 2005, 2069; BFH v. 3.2.2010 – IV R 26/07, BStBl. II 2010, 751 (754), Rz. 25 = ZIP 2010, 1498; BFH v. 8.10.2010 – IV B 46/10, BFH/NV 2011, 244, Rz. 14.

1174 Vgl. BFH v. 3.7.1995 – GrS 1/93, BStBl. II 1995, 617; *Wacker* in Schmidt, § 15 EStG Rz. 163.

1175 BFH v. 3.2.2010 – IB R 26/07, BStBl. II 2010, 751 (754), Rz. 25.

1176 Vgl. hierzu: *Beuchert/Friese*, DB 2013, 2825 (2826); *Jesse*, FR 2015, 249 ff.

1177 Allerdings sind die Anforderungen des § 50d Abs. 3 EStG zu beachten. Zudem muss der Dividendenbezug in dem ausländischen EU-Mitgliedstaat, in dem die zwischengeschaltete Gesellschaft ansässig ist, nach einem nationalen oder internationalen Schachtenprivileg steuerbefreit sein.

1178 Vgl. hierzu: *Graf Kerssenbrock*, BB 2003, 2156 f.

terkapitalgesellschaft deren Gewinne bereits mit Körperschaftsteuer und ggf. Gewerbesteuer vorbelastet sind und sodann – wirtschaftlich betrachtet – die Dividenden nochmals auf der Ebene der Holding in einem Umfang von 5 % der Körperschaftsteuer und Gewerbesteuer unterliegen. Nach Ansicht des BVerfG sind die pauschalen Betriebsausgabenabzugsverbote gem. § 8b Abs. 3 Satz 1 und Abs. 5 Satz 1 KStG mit Art. 3 Abs. 1 GG vereinbar. Dies gilt insbesondere auch dann, wenn die tatsächlichen Betriebsausgaben der betroffenen Körperschaft geringer als der sich hiernach ergebende Pauschalbetrag sein sollten[1179]. Das BVerfG hat allerdings die Frage ausdrücklich offen gelassen, ob der sog. **„Kaskadeneffekt"**, wonach sich das pauschale Betriebsausgabenabzugsverbot in mehrfach gestaffelten Beteiligungsstrukturen kumulativ nachteilig auswirkt, eine andere Beurteilung eröffnet[1180]. In den Fällen allerdings, in denen die Betriebsausgaben im Zusammenhang mit der Beteiligungsgesellschaft höher als 5 % der bezogenen Dividenden sind, kommt es zu einer steuerlich günstigen Situation. Auf der Ebene der Holding können sich die über die 5 % nicht abzugsfähigen Betriebsausgaben hinaus gehenden Betriebsausgaben allerdings nur steuerlich auswirken, wenn im Übrigen steuerpflichtige Gewinne vorliegen. Auch hier zeigt sich, dass die reine Finanzholding steuerlich ungünstig ist, während gemischte Holdinggesellschaften steuerliche Optimierungen zulassen. Im Übrigen ist zu beachten, dass die Problematik des § 8b Abs. 5 KStG im Falle der körperschaftsteuerlichen Organschaft vermieden werden kann (vgl. dazu Rz. 14.530 ff.). Eine Anrechnung ausländischer Quellensteuer auf die durch das pauschale Betriebsausgabenabzugsverbot gem. § 8b Abs. 5 Satz 1 KStG ausgelöste Körperschaftsteuer gem. § 26 Abs. 1und 2 KStG a.F.[1181] kommt nicht in Betracht, da es sich hierbei begrifflich nicht um ausländische Einkünfte handelt[1182].

Nach § 8b Abs. 4 KStG besteht eine Steuerpflicht für Dividenden aus sog. **Streubesitzbeteiligungen.** 14.436
Hintergrund der gesetzlichen Regelung ist das Urteil des EuGH vom 20.10.2011 in der Rechtssache C-284/09, durch das im Rahmen eines Vertragsverletzungsverfahrens gegen die Bundesrepublik Deutschland entschieden worden ist, dass die Abgeltungswirkung des § 32 Abs. 1 Nr. 2 KStG für Dividenden an ausländische Körperschaften, die die nach der sog. Mutter-Tochter-Richtlinie vorgesehene Mindestbeteiligung von derzeit 10 % (vgl. § 43b Abs. 2 Satz 1 EStG) nicht erreichen, gegen die Kapitalverkehrsfreiheit des AEUV und des EWR-Abkommens verstößt. Der EuGH hat hierin eine nicht gerechtfertigte Schlechterstellung von Dividendenzahlungen an ausländische Muttergesellschaften gegenüber inländischen Muttergesellschaften gesehen, weil inländische Muttergesellschaften die einbehaltene und abgeführte Kapitalertragsteuer auf die eigene Körperschaftsteuer anrechnen können, während der Kapitalertragsteuereinbehalt für ausländische Muttergesellschaften, vorbehaltlich einer Minderung durch DBA oder durch die Regelung des § 44a Abs. 9 EStG auf Grund der Abgeltungswirkung des § 32 Abs. 1 Nr. 2 KStG definitiv wird.

Während nach § 8b Abs. 4 KStG unbeschränkt steuerpflichtige Körperschaften mit ihren Streu- 14.437
besitzdividenden der Körperschaftsteuer unterliegen und die einbehaltene und abgeführte Kapitalertragsteuer auf die Körperschaftsteuer nach § 31 KStG i.V.m. § 36 Abs. 2 Nr. 2 EStG angerechnet wird, bleibt es für beschränkt steuerpflichtige Körperschaften ohne inländische Betriebsstätte auch nach Einführung der Neuregelung für Streubesitzdividenden bei der abgeltenden Wirkung des Kapitalertragsteuereinbehalts nach § 32 Abs. 1 Nr. 2 KStG. Beschränkt steuerpflichtige Körperschaften können, soweit nicht eine Erstattung der einbehaltenen und abgeführten Kapitalertragsteuer auf Grund eines DBA in Betracht kommt, eine Erstattung gem. § 31 KStG i.V.m. § 44a Abs. 9 EStG i.H.v. ⅖ nach Maßgabe des § 50d Abs. 1 Sätze 3 ff. EStG beantragen. Die Erstattung steht unter dem

1179 BVerfG v. 12.10.2010 – 1 BvL 12/07, DStR 2010, 2393.

1180 BVerfG v. 12.10.2010 – 1 BvL 12/07, DStR 2010, 2393 (2400), Rz. 95 m.w.N.

1181 Vgl. § 26 Abs. 1 und Abs. 2 KStG in der Fassung des Gesetzes zur Anpassung des nationalen Steuerrechts an den Beitritt Kroatiens zur EU und zur Änderung weiterer steuerlicher Vorschriften v. 25.7. 2014, BGBl. I 2014, 1266.

1182 *Pung* in Dötsch/Pung/Möhlenbrock, § 8b KStG Rz. 19, 384 m.w.N. zum Streitstand; vgl. auch *Heinicke* in Schmidt, § 34c EStG Rz. 6. In Einzelfällen kann das internationale Schachtelprivileg dazu führen, dass eine Hinzurechung nach § 8b Abs. 5 KStG nicht zulässig ist, vgl. Senatsverwaltung für Finanzen Berlin, Erlass v. 29.8.2014, DStR 2014, 2460, zu Art. 20 Abs. 1 Buchst. b DBA/Frankreich.

Vorbehalt des § 50d Abs. 3 EStG (vgl. § 44a Abs. 9 Satz 2 EStG). Damit ist letztlich die Besteuerungssituation für beschränkt steuerpflichtige Körperschaften trotz Einführung der generellen Steuerpflicht für Streubesitzdividenden nach § 8b Abs. 4 KStG unverändert geblieben (vorbehaltlich der nach § 32 Abs. 5 KStG vorgesehenen Möglichkeit zur Erstattung von Kapitalertragsteuer)[1183]. Eine zusätzliche Steuerbelastung ergibt sich aus der Einführung des § 8b Abs. 4 KStG demgegenüber für unbeschränkt steuerpflichtige Körperschaften mit Streubesitzdividenden. Das Halten und der Erwerb von Streubesitzbeteiligungen sind daher für Holdinggesellschaften wenig attraktiv. Soweit möglich, sollten bestehende Beteiligungsstrukturen insoweit vorsorglich überprüft werden und ggf. Ausweichgestaltungen, z.B. Hinzuerwerb von Anteilen oder Kapitalerhöhung bis zum Erreichen der Mindestbeteiligungsgrenze, erwogen werden. Durch die Neuregelung bleibt die steuerliche Behandlung von Dividendenzahlungen an natürliche Personen, die die Anteile im Privat- oder Betriebsvermögen halten, oder mitunternehmerische Personengesellschaften, an denen natürliche Personen beteiligt sind, unabhängig von der Beteiligungshöhe, unberührt. Es gilt insoweit das Abgeltungsteuer- bzw. das Teileinkünfteverfahren[1184] (vgl. Rz. 14.17).

14.438 Nach § 8b Abs. 4 Satz 1 KStG sind Bezüge i.S.d. § 8b Abs. 1 KStG abweichend von Abs. 1 Satz 1 bei der Ermittlung des Einkommens zu berücksichtigen, wenn die Beteiligung zu Beginn des Kalenderjahres unmittelbar weniger als 10 % des Grund- oder Stammkapitals betragen hat; ist ein Grund- oder Stammkapital nicht vorhanden, ist die Beteiligung an dem Vermögen, bei Genossenschaften die Beteiligung an der Summe der Geschäftsguthaben, maßgebend (sog. **Streubesitzbeteiligung**). Auch Genussrechte, die als Eigenkapital zu qualifizieren sind, werden bei der Ermittlung der Beteiligungsgrenze berücksichtigt[1185]. Es kommt mithin auf die unmittelbare Beteiligung an der die Dividenden zahlenden Tochtergesellschaft an. Mittelbar über eine Mitunternehmerschaft gehaltene Beteiligungen sind nach § 8b Abs. 4 Satz 4 Halbs. 1 KStG dem Mitunternehmer anteilig nach dem allgemeinen Gewinnverteilungsschlüssel zuzurechnen[1186]. Dies gilt auch bei mehrstufigen Mitunternehmerschaftsstrukturen (vgl. § 8b Abs. 4 Satz 4 Halbs. 2 KStG i.V.m. § 15 Abs. 1 Satz 1 Nr. 2 Satz 2 EStG). § 8b Abs. 4 Satz 5 KStG ordnet insoweit an, dass eine dem Mitunternehmer nach Satz 4 zugerechnete Beteiligung für die Anwendung des § 8b Abs. 4 KStG als unmittelbare Beteiligung gilt. Anteile im Sonderbetriebsvermögen werden dem Mitunternehmer direkt zugerechnet. Nach dem eindeutigen Wortlaut des § 8b Abs. 4 Satz 1 KStG bedarf es für deren Anwendung einer Beteiligung von weniger als 10 %, so dass Beteiligungen ab genau 10 % aus dem Anwendungsbereich herausfallen. Der Gesetzgeber hat damit ein körperschaftsteuerliches Schachtelprivileg für Dividenden ab einer Mindestbeteiligungshöhe von 10 % eingeführt, ohne dies mit den gewerbesteuerlichen Schachtelprivilegien nach § 9 Nr. 2a und Nr. 7 GewStG abzustimmen (vgl. dazu Rz. 14.471 ff.). Erfasst werden alle in- und ausländischen Beteiligungsgesellschaften, deren Ausschüttungen zu Bezügen i.S.d. § 8b Abs. 1 Satz 1 KStG führen. Für die Bemessung der Höhe der Beteiligung ist nach § 8b Abs. 4 Satz 2 KStG § 13 Abs. 2 Satz 2 UmwStG nicht anzuwenden. Für Zwecke des § 8b Abs. 4 KStG treten in Verschmelzungs- und Spaltungsfällen die Anteile an der übernehmenden Gesellschaft danach nicht an die Stelle der übertragenden Gesellschaft. Die Regelung soll der Vereinfachung dienen und kann sich zugunsten wie zu Lasten des Anteilseigners auswirken[1187]. § 8b Abs. 4 Satz 3 KStG enthält für Fälle der sog. **Wertpapierleihe** eine Sonderregelung, wonach die Anteile für die Ermittlung der Beteiligungshöhe der überlassenden Körperschaft, also dem Verleiher, zugerechnet werden. dadurch soll ausgeschlossen werden, dass die Beteiligungsgrenze mit Hilfe von Wertpapierleihgeschäften

1183 *Adrian*, GmbHR 2014, 407 (408).

1184 Empfehlungen der Ausschüsse zu dem Entwurf eines Jahressteuergesetzes 2013 v. 13.11.2012, BR-Drucks. 632/1/12, 32.

1185 *Pung* in Dötsch/Pung/Möhlenbrock, § 8b KStG Rz. 260 m.w.N.

1186 Vgl. Empfehlungen der Ausschüsse zu dem Entwurf eines Jahressteuergesetzes 2013 v. 22.6.2012, BR-Drucks. 302/1/12, 77, zu dem Entwurf eines § 8b Abs. 4 Satz 3 KStG in der vorgenannten Entwurfsfassung.

1187 Empfehlungen der Ausschüsse zum Entwurf eines Jahressteuergesetzes 2013 v. 13.11.2012, BR-Drucks. 632/1/12, 33.

kurzfristig unterschritten oder überschritten werden kann (vgl. auch § 8b Abs. 10 KStG)[1188]. § 8b Abs. 4 Satz 8 KStG enthält schließlich eine Sonderregelung für Kreditinstitute, die Mitglied einer kreditwirtschaftlichen Verbundgruppe sind. Eine weitere Sonderregelung ergibt sich § 15 Satz 1 Nr. 2 Satz 4 KStG für den Fall der körperschaftsteuerlichen Organschaft. Danach werden für die Anwendung der Beteiligungsgrenze in § 8b Abs. 4 KStG Beteiligungen der Organgesellschaft und des Organträgers getrennt betrachtet.

Bei der Ermittlung der Beteiligungshöhe hat eine **stichtagsbezogene Betrachtung** zu erfolgen. D.h. abzustellen ist auf die unmittelbare Beteiligung am 1.1., 0:00 Uhr, desjenigen Jahres, in dem die Ausschüttung erfolgt. Erhöhungen und Minderungen des Anteilsbesitzes vor oder nach dem Stichtag haben grundsätzlich keine Auswirkungen auf die Tatbestandsmäßigkeit der Norm. Bei einem Erwerb einer Beteiligung zum Ende eines Kalenderjahres sollte unter Anwendung des sog. Mitternachtserlasses (vgl. R 14.4. Abs. 2 Satz 1 KStR 2015) davon auszugehen sein, dass der Eigentumsübergang am 31.12., 24:00 Uhr/1.1., 0:00 Uhr erfolgt. Vorbehaltlich der **Ausnahmeregelung** des § 8b Abs. 4 Satz 6 KStG (vgl. dazu Rz. 14.441) sind von dem insoweit zu weit geratenen Tatbestand des § 8b Abs. 4 Satz 1 KStG nicht nur am 1.1. eines Jahres vorhandene Streubesitzbeteiligungen sondern unterjährig sukzessiv erworbene Streubesitzbeteiligungen, deren Höhe in der Summe mindestens 10 % beträgt, sowie auch unterjährig erworbene Beteiligungen i.H.v. mindestens 10 %, jeweils im Erstjahr betroffen, weil die Diskriminierungsregel des § 8b Abs. 4 Satz 1 KStG auf die Höhe des Beteiligungsbesitzes am 1.1. des Kalenderjahres abstellt. Damit enthält § 8b Abs. 4 Satz 1 KStG eine Verschärfung, die im wirtschaftlichen Ergebnis zu einer **Ausschüttungssperre** im Erstjahr führt. Die Ausnahmeregelung des § 8b Abs. 4 Satz 6 KStG, die eine Rückbeziehungsfiktion auf den Beginn des Kalenderjahres enthält, vermag die damit verbundenen Probleme nicht hinreichend zu lösen (vgl. dazu Rz. 14.440 ff.). Im Übrigen steht § 8b Abs. 4 Satz 1 KStG in Widerspruch zu der Regelung des § 43b Abs. 2 Satz 1 KStG, wonach es für die Kapitalertragsteuerbefreiung nach der sog. Mutter-Tochter-Richtlinie auf die Beteiligungshöhe zum Zeitpunkt der Entstehung der Kapitalertragsteuer nach § 44 Abs. 1 Satz 2 EStG, mithin auf den Zuflusszeitpunkt der Kapitalerträge, ankommt. 14.439

Eine Ausnahme besteht nach § 8b Abs. 4 Satz 6 KStG, wonach für Zwecke des § 8b Abs. 4 KStG der Erwerb einer Beteiligung von mindestens 10 % als zu Beginn des Kalenderjahres erfolgt gilt (sog. **Rückbeziehungsfiktion**). Die Rückbeziehungsfiktion soll Verwerfungen vermeiden, die durch den unterjährigen Erwerb von mindestens 10 %-Beteiligungen entstehen würde, weil dann im Erstjahr generell von der Steuerpflicht der Dividenden auszugehen wäre. Dies würde ohne die Rückwirkungsfiktion selbst in den Fällen des Erwerbs einer 100 %-Beteiligung, z.B. bei Gründung einer Gesellschaft, gelten[1189]. Die Rückwirkungsfiktion bezieht sich nach § 8b Abs. 4 Satz 6 KStG ausschließlich auf die Anwendung des § 8b Abs. 4 KStG. Eine (abweichende) **Zurechnung von Dividendeneinkünften** ist damit nicht verbunden, so dass vor dem tatsächlichen Erwerb und nach der Veräußerung der Beteiligung etwa erfolgte Ausschüttungen dem jeweiligen Anteilseigner i.S.d. § 20 Abs. 5 Satz 2 EStG zugerechnet werden[1190]. Es kann dadurch unterjährig zu einer mehrfachen Nutzung der Steuerbefreiung nach § 8b Abs. 1 KStG kommen[1191]. Entscheidend für die Anwendung der Rückbeziehungsfiktion ist der unterjährige Erwerb einer mindestens 10%igen Beteiligung. Demzufolge genügt jeder entgeltliche oder unentgeltliche Erwerb[1192]. Voraussetzung ist allerdings, dass zumindest das wirtschaftliche Eigentum auf den Erwerber übergeht. 14.440

1188 Empfehlungen der Ausschüsse zu dem Entwurf eines Jahressteuergesetzes 2013 v. 22.6.2012, BR-Drucks. 302/1/12, 77.

1189 Empfehlungen der Ausschüsse zu § 8b Abs. 4 Satz 8 in der Fassung des Entwurfes eines Jahressteuergesetzes 2013 v. 22.6.2012, BR-Drucks. 302/1/12, 77.

1190 *Herlinghaus*, FR 2013, 529 (537); *Ernst*, DB 2014, 449 (450); *Pung* in Dötsch/Pung/Möhlenbrock, § 8b KStG Rz. 286.

1191 OFD Frankfurt/M., Verfügung v. 2.12.2013, DB 2014, 329 (330), Beispiel 6.

1192 *Pung* in Dötsch/Pung/Möhlenbrock, § 8b KStG Rz. 287 m.w.N.

14.441 Die Finanzverwaltung hat zu der Tatbestandsmäßigkeit der **Rückbeziehungsfiktion** in einer Verfügung vom 2.12.2013 anhand von Fallbeispielen Stellung genommen[1193]. Dabei lässt sich feststellen, dass die Finanzverwaltung den Anwendungsbereich des § 8b Abs. 4 Satz 6 KStG äußerst restriktiv handhaben möchte[1194]. In der Literatur wird der Anwendungsbereich der Rückbeziehungsfiktion ebenfalls kontrovers diskutiert[1195]. Es muss sich nach Ansicht der Finanzverwaltung zur Anwendung der Rückbeziehungsfiktion um einen einheitlichen Erwerbsvorgang handeln. Der (zeitgleiche) Erwerb von Anteilen von mehreren Veräußerern soll nicht zusammengerechnet werden dürfen[1196]. Der unterjährige Erwerb von einzelnen Anteilen, die nur in der Summe zu einer mindestens 10% igen Beteiligung führen, soll danach ebenfalls nicht genügen[1197]. Der unterjährige Hinzuerwerb einer Streubesitzbeteiligung (weniger als 10 %) kann nicht mit einer zu Jahresbeginn bereits bestehenden Streubesitzbeteiligung an der Gesellschaft zusammengerechnet werden[1198]. Die Rückbeziehungsfiktion soll für bereits zu Jahresbeginn vorhandene Streubesitzanteile ebenfalls nicht gelten, wenn unterjährig eine Beteiligung i.H.v. mindestens 10 % erworben wird[1199]. Diese Auffassung steht zumindest mit dem Wortlaut des § 8b Abs. 4 Satz 6 KStG nicht in Einklang, wonach für Zwecke der Anwendung des § 8b Abs. 4 KStG der Erwerb einer mindestens 10%igen Beteiligung als zu Beginn des Jahres als erfolgt gilt, so dass auch schon zu Jahresbeginn vorhandene Streubesitzbeteiligungen mit der hinzuerworbenen Mindestbeteiligung von 10 % zusammenzurechnen sind und etwaige unterjährige Ausschüttungen insgesamt aus dem Anwendungsreich des § 8b Abs. 4 Satz 1 KStG herausfallen. Dieses Ergebnis ergibt sich auch bei einer wortlautgetreuen Auslegung des § 8b Abs. 4 Satz 1 KStG, wonach der Anwendungsbereich der Norm nur eröffnet ist, *wenn* die Mindestbeteiligung nicht erreicht wird. Wäre die Auffassung der Finanzverwaltung zutreffend, hätte es an dieser Stelle „*soweit*" heißen müssen. Diese Auslegung entspricht auch der gesetzgeberischen Zielsetzung, wonach § 8b Abs. 4 Satz 6 KStG sowohl den Ersterwerb als auch den Hinzuerwerb einer mindestens 10%igen Beteiligung auf den Beginn eines Jahres zurückbeziehen soll, um damit insgesamt die Streubesitzregelung auszuschließen[1200]. Darüber hinaus sollen nach Ansicht der Finanzverwaltung nach dem unterjährigen Erwerb einer mindestens 10%igen Beteiligung anschließend erworbene Streubesitzanteile nicht begünstigt sein, und die hierauf entfallenden Dividenden isoliert dem Anwendungsbereich des § 8b Abs. 4 Satz 1 KStG unterfallen[1201]. Diese Sichtweise ist aus den vorgenannten Gründen ebenfalls abzulehnen[1202]. Wird unterjährig eine Mindestbeteiligung von 10 % erworben und in demselben Jahr ganz oder teilweise wieder veräußert, ist die in diesem Jahr an den Ersterwerber gezahlte Dividende nach § 8b Abs. 1 KStG steuerbefreit, weil die Rückbeziehungsfiktion des § 8b Abs. 4 Satz 6 KStG die Anwendbarkeit des § 8b Abs. 4 Satz 1 KStG ausschließt[1203]. Für den Zweiterwerber besteht ebenfalls die Möglichkeit, eine an ihn nach seinem Erwerb gezahlte Dividende steuerfrei nach § 8b Abs. 1 KStG zu beziehen, wenn die von ihm erworbene Beteiligung mindestens 10 % beträgt. Hieraus wird deutlich, dass die Rückbeziehungsfiktion in einem Jahr von verschiedenen Erwerbern

---

1193 OFD Frankfurt/M., Verfügung v. 2.12.2013, DB 2014, 329.

1194 Vgl. *Ernst*, DB 2014, 449.

1195 Vgl. hierzu: *Pung* in Dötsch/Pung/Möhlenbrock, § 8b KStG Rz. 286 ff.; *Ernst*, DB 2014, 449 ff.; *Bolik/Zöller*, DStR 2014, 782 f.; *Adrian*, GmbHR 2014, 407 ff.; *Herlinghaus*, FR 2013, 529 ff.; *Benz/Jetter*, DStR 2013, 489 ff.; *Schönfeld*, DStR 2013, 937 ff.; *Wiese/Lay*, GmbHR 2013, 404 ff.

1196 OFD Frankfurt/M., Verfügung v. 2.12.2013, DB 2014, 329 (330), Beispiel 6.

1197 OFD Frankfurt/M., Verfügung v. 2.12.2013, DB 2014, 329 (330), Beispiel 4; *Pung* in Dötsch/Pung/Möhlenbrock, § 8b KStG Rz. 288 Buchst. c.

1198 OFD Frankfurt/M., Verfügung v. 2.12.2013, DB 2014, 329 (330), Beispiel 2.

1199 OFD Frankfurt/M., Verfügung v. 2.12.2013, DB 2014, 329 (330), Beispiel 3; a.A.: *Pung* in Dötsch/Pung/Möhlenbrock, § 8b KStG Rz. 288 Buchst. g m.w.N. zum Diskussionsstand.

1200 Vgl. Empfehlungen der Ausschüsse zu § 8b Abs. 4 Satz 8 KStG in der Fassung des Entwurfes eines Jahressteuergesetzes 2013 v. 22.6.2012, BR-Drucks. 302/1/12, 77.

1201 OFD Frankfurt/M., Verfügung v. 2.12.2013, DB 2014, 329 (330), Beispiel 4.

1202 Im Ergebnis ebenso: *Pung* in Dötsch/Pung/Möhlenbrock, § 8b KStG Rz. 288 Buchst. f m.w.N. zum Diskussionsstand.

1203 Ebenso: *Pung* in Dötsch/Pung/Möhlenbrock, § 8b KStG Rz. 288 Buchst. b m.w.N. zum Diskussionsstand.

mehrfach genutzt werden kann[1204]. Bei einer Gesamtbetrachtung der mit der Rückbeziehungsfiktion verbundenen Fragestellungen zeigt sich die Komplexität und fehlende Praxistauglichkeit der Norm. Der Gesetzgeber hätte statt der Einführung einer Rückbeziehungsfiktion besser eine dem § 43b Abs. 2 Satz 1 EStG nachempfundene Lösung wählen sollen, wonach die Beteiligungshöhe zum Zeitpunkt des Zuflusses der Kapitalerträge nach § 44 Abs. 1 Satz 2 EStG entscheidend ist.

Die Rechtsfolge des § 8b Abs. 4 Satz 1 KStG besteht darin, dass derartige Bezüge i.S.d. § 8b Abs. 1 KStG abweichend von § 8b Abs. 1 Satz 1 KStG bei der Ermittlung des Einkommens zu berücksichtigen sind. § 8b Abs. 4 KStG bewirkt in seinem Anwendungsbereich eine **Steuerpflicht für Streubesitzdividenden**. Dabei findet nach § 8b Abs. 4 Satz 7 KStG § 8b Abs. 5 KStG keine Anwendung. Diese offenbar der Klarstellung dienende Regelung ist zumindest hinsichtlich des § 8b Abs. 5 Satz 1 KStG überflüssig, da § 8b Abs. 5 Satz 1 KStG nur Anwendung findet, soweit Bezüge i.S.d. § 8b Abs. 1 KStG bei der Ermittlung des Einkommens außer Ansatz bleiben, was bei Bezügen nach § 8b Abs. 4 Satz 1 KStG gerade nicht der Fall ist. Allenfalls für § 8b Abs. 5 Satz 2 KStG kann § 8b Abs. 4 Satz 7 KStG konstitutive Bedeutung haben. Im Ergebnis sind damit die auf die Streubesitzbeteiligung entfallenden Dividenden körperschaftsteuerpflichtig. Folge dieser Steuerpflicht ist eine Doppelbelastung der entsprechenden Gewinne. Eine Anwendung des § 3 Nr. 40 Satz 1 Buchst. d) EStG auf der Ebene der die Dividende empfangenden Körperschaft ist ausgeschlossen, da die Norm durch § 8b Abs. 1 Satz 1 i.V.m. § 8b Abs. 4 KStG verdrängt wird[1205]. Eine andere Sichtweise würde auch die von dem Gesetzgeber beabsichtigte Gleichbehandlung von unbeschränkt und beschränkt steuerpflichtigen Körperschaften konterkarieren. Eine pauschale Hinzurechnung von nicht abziehbaren Betriebsausgaben unterbleibt. Der Abzug von Betriebsausgaben richtet sich nach § 3c Abs. 1 EStG und ist mangels Steuerfreiheit der Dividenden in vollem Umfang zulässig[1206]. Etwaig einbehaltene und abgeführte Kapitalertragsteuern sind nach § 31 KStG i.V.m. § 36 Abs. 2 Nr. 2 EStG auf die Körperschaftsteuer anzurechnen. 14.442

Nach **§ 8b Abs. 7 KStG** gelten die Abs. 1 bis 6 nicht in den dort genannten Fällen[1207] (vgl. dazu Rz. 14.221). § 8b Abs. 1 bis 7 KStG sind nach **§ 8b Abs. 8 KStG** in den dort genannten Fällen nicht anzuwenden[1208] (vgl. dazu Rz. 14.90). 14.443

Sind die Voraussetzungen für die Steuerfreistellung gem. § 8b Abs. 1 KStG nicht erfüllt, können bei Beteiligungen an ausländischen Kapitalgesellschaften die internationalen in DBA enthaltenen Schachtelprivilegien in Betracht kommen (vgl. hierzu Rz. 14.504)[1209]. 14.444

bb) Besteuerung von Gewinnanteilen

Falls die Holdingkapitalgesellschaft an einer Personengesellschaft beteiligt ist (Mitunternehmerschaft), wird der **Gewinnanteil** aus der Steuerbilanz der Mitunternehmerschaft einschließlich etwaiger Ergänzungs- und Sonderbilanzen ermittelt[1210]. Der sich aus der Steuerbilanz ergebende Gewinnanteil wird nach Maßgabe des vertraglichen Gewinnverteilungsschlüssels auf die einzelnen Mitunternehmer verteilt[1211]. Auf der Ebene der Holding ist der sich hiernach ergebende steuerliche Gewinn- 14.445

1204 OFD Frankfurt/M., Verfügung v. 2.12.2013, DB 2014, 329, 330, Beispiel 6.

1205 Vgl. *Watermeyer* in Herrmann/Heuer/Raupach, § 8b KStG Rz. 24; *Schnitger* in Schnitger/Fehrenbacher, § 8b KStG Rz. 50; *Joisten/Vossel*, FR 2014, 794 ff.; a.A.: *Rathke/Ritter*, DStR 2014, 1207 ff.; *Beyme*, NWB 2014, 867 ff.

1206 *Pung* in Dötsch/Pung/Möhlenbrock, § 8b KStG Rz. 291 m.w.N.

1207 Vgl. hierzu im Einzelnen: *Pung* in Dötsch/Pung/Möhlenbrock, § 8b KStG Rz. 423 ff.

1208 Vgl. hierzu im Einzelnen: *Pung* in Dötsch/Pung/Möhlenbrock, § 8b KStG Rz. 460 ff.

1209 *Pung* in Dötsch/Pung/Möhlenbrock, § 8b KStG Rz. 19; *Schnitger* in Schnitger/Fehrenbacher, § 8b KStG Rz. 77; *Heurung/Engel/Seidel*, DB 2010, 1551 ff. (1553). Ausnahme: Korrespondenzprinzip (§ 8b Abs. 1 Satz 2 u. 3 KStG), das auch abkommensrechtlich wirkt; vgl. hierzu *Schaumburg* in FS Frotscher, S. 503 ff. (514 ff.).

1210 *Wacker* in Schmidt, § 15 EStG Rz. 401 m.w.N.

1211 *Wacker* in Schmidt, § 15 EStG Rz. 443.

anteil einschließlich der zusätzlichen Beträge aufgrund der Ergänzungs- oder Sonderbilanz als eigene originäre Einkünfte zuzuordnen[1212], und zwar zum Ende des Wirtschaftsjahres der Mitunternehmerschaft[1213]. Dabei kommt es nicht darauf an, ob der Gewinnanteil entnahmefähig ist, ob die Mitunternehmer eine Gewinnausschüttung bzw. Entnahme beschließen oder ob ein Zufluss der Gewinnanteile i.S.d. § 11 EStG gegeben ist[1214]. Ebenso wenig ist entscheidend, inwieweit der Gewinnanteil handelsrechtlich und zu welchem Zeitpunkt bilanziert wird. Soweit die Mitunternehmerschaft ihrerseits Anteile an Kapitalgesellschaften hält, sind etwaige Dividenden einschließlich der einbehaltenen Kapitalertragsteuer bei der Mitunternehmerschaft zu aktivieren. Eine etwaige anrechenbare Kapitalertragsteuer steht nur den Mitunternehmern selbst zu (Sonderbetriebsvermögen)[1215].

cc) Abzugsbeschränkung bei Anteilen an Kapitalgesellschaften

14.446 Wertverluste bei Kapitalanteilen, sei es in Form von **Teilwertabschreibungen, Veräußerungs-** oder **Liquidationsverlusten**, unterliegen steuerlichen Abzugsbeschränkungen gem. § 8b Abs. 3 KStG. Ursache hierfür ist die vollständige Steuerbefreiung für die entsprechenden Veräußerungsgewinne nach § 8b Abs. 2 KStG. Die Teilwertabschreibung von Anteilen an einer Tochterkapitalgesellschaft bzw. die bei einer Veräußerung oder Liquidation erzielten Verluste haben für die Holding daher aus steuerlicher Sicht nur eingeschränkte Bedeutung. Die steuerliche Beurteilung von Teilwertschreibungen auf Kapitalanteile setzt aber zunächst voraus, dass eine Teilwertabschreibung überhaupt zulässig ist.

(1) Bewertung mit dem Teilwert

14.447 Grundsätzlich hat die Holding die von ihr erworbenen Anteile an Beteiligungsgesellschaften in der Rechtsform der Kapitalgesellschaft nach § 6 Abs. 1 Nr. 2 Satz 1 EStG mit ihren Anschaffungskosten anzusetzen. Eine **Abschreibung** kann gem. § 6 Abs. 1 Nr. 2 Satz 2 EStG dann vorgenommen werden, wenn der Teilwert aufgrund einer voraussichtlich dauernden Wertminderung unter die Anschaffungskosten gesunken ist. Die Nachweispflicht für den niedrigeren Teilwert liegt beim Steuerpflichtigen[1216]. Nach § 6 Abs. 1 Nr. 2 Satz 3 EStG i.V.m. § 6 Abs. 1 Nr. 1 Satz 4 EStG sind zu jedem folgenden Bilanzstichtag die Anschaffungskosten anzusetzen, es sei denn, der Steuerpflichtige weist nach, dass ein niedrigerer Teilwert angesetzt werden kann **(sog. Wertaufholungsgebot)**[1217]. Handelsrechtlich sind nach § 253 Abs. 3 Satz 3 HGB bei Vermögensgegenständen des Anlagevermögens bei voraussichtlich dauernder Wertminderung außerplanmäßige Abschreibungen vorzunehmen, um diese mit dem niedrigeren Wert anzusetzen, der ihnen am Abschlussstichtag beizulegen ist. Bei Finanzanlagen können außerplanmäßige Abschreibungen auch bei voraussichtlich nicht dauernder Wertminderung vorgenommen werden (vgl. § 253 Abs. 3 Satz 4 HGB).

14.448 Eine Teilwertabschreibung nach § 6 Abs. 1 Nr. 2 Satz 2 EStG hinsichtlich der Anteile an einer Tochterkapitalgesellschaft kann steuerlich bei einer voraussichtlich dauernden Wertminderung vorgenommen werden. Dabei stellen die Anschaffungskosten die Ausgangsgröße für die Beurteilung dar. Teilwert der Beteiligung ist der Betrag, den ein Erwerber des ganzen Betriebes im Rahmen des Gesamtkaufpreises für die Beteiligung ansetzen würde. Dabei ist davon auszugehen, dass der Erwerber den Betrieb fortführt (vgl. § 6 Abs. 1 Nr. 1 Satz 3 EStG). Die Abschreibung einer Beteiligung auf den niedrigeren Teilwert setzt voraus, dass der innere Wert der Beteiligung gesunken ist[1218]. Nach der Rechtsprechung besteht die allerdings wiederlegbare Vermutung, dass im Zeitpunkt der An-

1212 BFH v. 3.5.1993 – GrS 3/92, BStBl. II 1993, 616 (621).
1213 BFH v. 25.6.1984 – GrS 4/82, BStBl. II 1984, 751; *Wacker* in Schmidt, § 15 EStG Rz. 441.
1214 BFH v. 24.2.1988 – I R 95/84, BStBl. II 1988, 663 (666); *Wacker* in Schmidt, § 15 EStG Rz. 441.
1215 H 15.8 Abs. 3 „GmbH-Beteiligung" EStR 2012; BFH v. 22.11.1995 – I R 114/94, BStBl. II 1996, 531 (532).
1216 BMF v. 2.9.2016, BStBl. I 2016, 995, Rz. 4.
1217 BMF v. 2.9.2016, BStBl. I 2016, 995, Rz. 4.
1218 BFH v. 7.11.1990 – I R 116/86, BStBl. II 1991, 342 (343); vgl. hierzu: *Kulosa* in Schmidt, § 6 EStG Rz. 281.

schaffung der Teilwert den Anschaffungskosten entspricht. Diese Vermutung beruht auf der Erfahrung des Wirtschaftslebens, dass ein Kaufmann für den Erwerb einer Beteiligung keinen höheren Preis zu zahlen bereit ist, als diese ihm wert ist[1219]. Diese Vermutung gilt grundsätzlich auch für einen späteren Zeitpunkt[1220]. Bei börsennotierten Anteilen ergibt sich der Teilwert aus dem Börsenkurs zum Bewertungsstichtag[1221]. Nach Ansicht des BFH liegt bei börsennotierten Anteilen eine voraussichtlich dauernde Wertminderung, die eine Teilwertabschreibung rechtfertigt, vor, wenn der Börsenkurs der Aktie zum Bilanzstichtag unter ihren Buchwert gesunken ist und keine konkreten Anhaltspunkte für eine baldige Wertsteigerung vorliegen. Dabei bleibt eine Bagatellgrenze von 5 % der Notierung im Erwerbszeitpunkt unbeachtet[1222]. Bei nichtbörsennotierten Anteilen kann auf zeitnahe Verkäufe zurückgegriffen werden[1223]. Anderenfalls sind Unternehmensbewertungsverfahren zur Teilwertschätzung heranzuziehen[1224]. Im Vordergrund stehen dabei Ertragswertverfahren. Aber auch der Substanzwert und die funktionale Bedeutung der Beteiligung sind zu berücksichtigen[1225]. Auslöser einer Teilwertabschreibung kann somit nur eine Fehlmaßnahme oder eine nachträgliche Wertminderung, z.B. durch Verluste, sein. Verluste in der sog. Anlaufphase von 3 Jahren (bei Inlandsbeteiligungen) und 5 Jahren (bei Auslandsbeteiligungen) sind aber unbeachtlich[1226].

(2) § 8b Abs. 3 KStG

Nach § 8b Abs. 3 Satz 3 KStG sind **Gewinnminderungen**, die im Zusammenhang mit dem in § 8b Abs. 2 KStG genannten Anteil entstehen, bei der Ermittlung des Einkommens nicht zu berücksichtigen. Die Regelung stellt die Kehrseite zu der Veräußerungsgewinnbefreiung nach § 8b Abs. 2 Satz 1 KStG dar. Während Teilwertabschreibungen auf die in § 8b Abs. 2 KStG genannten Anteile unter das Abzugsverbot des § 8b Abs. 3 Satz 3 KStG fallen[1227], ist die steuerrechtliche Zuordnung von Veräußerungs- und Liquidationsverlusten umstritten. Zum Teil wird die Auffassung vertreten, auch diese Gewinnminderungen seien unter § 8b Abs. 3 Satz 3 KStG zu subsumieren[1228]. Nach anderer Auffassung sollen Veräußerungs- und Liquidationsverluste hinsichtlich der unter § 8b Abs. 2 KStG fallenden Anteile unter § 8b Abs. 2 KStG zu fassen sein[1229]. Nach der hier vertretenen Ansicht gehören Veräußerungs- und Liquidationsverluste zu § 8b Abs. 3 Satz 3 KStG. Die hiervon abweichende Auffassung, die zu ihrer Rechtfertigung auf die Definition des Veräußerungsgewinns in § 8b Abs. 2 Satz 2 KStG verweist, überdehnt den Wortsinn des in § 8b Abs. 2 Satz 1 KStG verwandten Begriffs des Gewinns. Soweit also Teilwertabschreibungen, Veräußerungs- und Liquidationsverluste unter § 8b Abs. 3 Satz 3 KStG fallen, sind entsprechende außersteuerbilanzielle Korrekturen vorzunehmen. Ergibt sich nach einer steuerlich nicht wirksamen Teilwertabschreibung in Folgejahren eine Wertaufholung nach § 6 Abs. 1 Nummer 2 Satz 3 EStG, unterfällt der sich hieraus ergebende Gewinn der Regelung des § 8b Abs. 2 Satz 3 KStG[1230], so dass nach § 8b Abs. 3 Satz 1 KStG 5 % dieses Gewinns 14.449

1219 BFH v. 27.7.1988 – I R 104/84, BStBl. II 1989, 274; *Kulosa* in Schmidt, § 6 EStG Rz. 281.
1220 BFH v. 7.11.1990 – I R 116/86, BStBl. II 1991, 342 (344); *Kulosa* in Schmidt, § 6 EStG Rz. 22.
1221 *Kulosa* in Schmidt, § 6 EStG Rz. 278.
1222 BFH v. 21.9.2011 – I R 89/2010, DStR 2012, 21.
1223 *Kulosa* in Schmidt, § 6 EStG Rz. 279.
1224 Vgl. dazu: *Kulosa* in Schmidt, § 6 EStG Rz. 280 m.w.N.
1225 Vgl. *Kulosa* in Schmidt, § 6 EStG Rz. 283.
1226 Vgl. *Kulosa* in Schmidt, § 6 EStG Rz. 282; BFH v. 27.7.1988 – I R 104/84, BStBl. II 1989, 274 (275); FG Rheinland-Pfalz v. 28.6.2993 – 7 K 2981/90, EFG 1994, 89, rkr.
1227 Vgl. *Pung* in Dötsch/Pung/Möhlenbrock, § 8b KStG Rz. 187 m.w.N.
1228 BFH v. 13.10.2010 – I R 79/09, FR 2011, 475 (477) = AG 2011, 134 = ZIP 2011, 272; BFH v. 12.3. 2014 – I R 87/12, BStBl. II 2014, 859 (861), Rz. 12; *Pung* in Dötsch/Pung/Möhlenbrock, § 8b KStG Rz. 190 m.w.N.
1229 *Gosch* in Gosch, § 8b KStG Rz. 266.
1230 Bei dem zuvor in § 8b Abs. 2 Satz 3 KStG enthaltenen Verweis auf § 6 Abs. 1 Satz 1 Nr. 2 Satz 3 EStG handelte es sich um einen Verweisungsfehler, der durch das Gesetz zur Anpassung des nationalen Steuerrechts an den Beitritt Kroatiens zur EU und zur Änderung weiterer steuerlicher Vorschriften v. 25.7.2014, BGBl. I 2014, 1266, mit Wirkung ab dem Tag nach der Verkündung des Gesetzes berichtigt worden ist.

als nicht abzugsfähige Betriebsausgaben gelten[1231]. Wertaufholungen, denen in früheren Jahren sowohl steuerwirksame als auch steuerunwirksame Teilwertabschreibungen vorangegangen sind, sind nach dem Grundsatz „Last in – First out“ zuerst mit den steuerunwirksamen und erst danach – mit der Folge der Steuerpflicht daraus resultierender Gewinne – mit den steuerwirksamen Teilwertabschreibungen zu verrechnen[1232].

14.450 § 8b Abs. 3 KStG gilt nicht in den Fällen des § 8b Abs. 7 und 8 KStG (vgl. hierzu Rz. 14.221 und Rz. 14.90). In diesen Fällen können Teilwertabschreibungen grundsätzlich steuerwirksam vorgenommen werden. In diesen Fällen sind allerdings die Verlustverrechnungsbeschränkungen des § 2a Abs. 1 Nr. 3 EStG (Beteiligung an Drittstaaten-Körperschaft) sowie des § 2a Abs. 1 Nr. 7 EStG (Beteiligung an in- oder ausländischer EU/EWR-Körperschaft) zu beachten (vgl. hierzu Rz. 14.79).

dd) Abzugsbeschränkung für Wertverluste bei Gesellschafterdarlehen

14.451 Abschreibungen auf Gesellschafterdarlehen unterliegen in steuerlicher Hinsicht Abzugsbeschänkungen, je nachdem, ob es sich bei dem Gläubiger um eine Körperschaft oder ein Einzelunternehmen bzw. eine mitunternehmerische Personengesellschaft handelt, soweit an dieser natürliche Personen beteiligt sind. Für Holdingunternehmen, die ihre Tochtergesellschaften durch Fremdkapital finanzieren, können sich hieraus im Krisenfall der Tochtergesellschaft erhebliche steuerliche Nachteile ergeben.

14.452 § 8b Abs. 3 Sätze 4 ff. KStG sehen eine Abzugsbeschränkung für Wertverluste aus der Abschreibung von Gesellschafterdarlehen vor. Nach § 8b Abs. 3 Satz 4 KStG gehören zu den Gewinnminderungen i.S.d. § 8b Abs. 3 Satz 3 KStG auch Gewinnminderungen im Zusammenhang mit einer **Darlehensforderung** oder aus der Inanspruchnahme von Sicherheiten, die für ein Darlehen hingegeben wurden, wenn das Darlehen oder die Sicherheit von einem Gesellschafter gewährt wird, der zu mehr als einem Viertel unmittelbar oder mittelbar am Grund- oder Stammkapital der Körperschaft, der das Darlehen gewährt wurde, beteiligt ist oder war. Dies gilt nach § 8b Abs. 3 Satz 5 KStG auch für diesem Gesellschafter nahestehende Personen i.S.d. § 1 Abs. 2 AStG oder für Gewinnminderungen aus dem Rückgriff eines Dritten auf den zu mehr als einem Viertel am Grund- oder Stammkapital beteiligten Gesellschafter oder eine diesem nahestehende Person auf Grund eines der Gesellschaft gewährten Darlehens. Gewinnminderungen im Zusammenhang mit einem Darlehen sind insbesondere Teilwertabschreibungen auf die Darlehensforderung, wobei zunächst zu prüfen ist, ob eine Teilwertabschreibung dem Grunde nach zulässig ist[1233]. Allein der auf der Unverzinslichkeit einer im Anlagevermögen gehaltenen Forderung beruhende Wert ist keine voraussichtlich dauernde Wertminderung und rechtfertigt deshalb keine Teilwertabschreibung[1234]. Die Darlehensgewährung muss durch einen **beherrschenden Gesellschafter**, eine diesem **nahestehende Person** oder einen **rückgriffsberechtigten Dritten** erfolgen[1235]. Gemäß § 8b Abs. 3 Satz 6 KStG sind die Sätze 4 und 5 nicht anzuwenden, wenn nachgewiesen wird, dass auch ein fremder Dritter das Darlehen bei sonst gleichen Umständen gewährt oder noch nicht zurückgefordert hätte; dabei sind nur die eigenen Sicherungsmittel der Gesellschaft zu berücksichtigen. Diese Regelung ermöglicht die steuerliche Berücksichtigung des Wertverlustes durch einen **Drittvergleich**, welcher in der Praxis nur selten geführt werden kann. Es handelt sich hierbei um eine Beweislastumkehr[1236]. Nach § 8b Abs. 3 Satz 7 KStG gelten die Sätze 4 bis 6 entsprechend für Forderungen aus Rechtshandlungen, die einer Darlehensgewährung wirtschaftlich vergleichbar sind. Gewinne aus dem Ansatz einer Darlehensforderung mit

1231 OFD Frankfurt/M., Verfügung v. 25.8.2010, DStR 2011, 77; *Pung* in Dötsch/Pung/Möhlenbrock, § 8b KStG Rz. 179.

1232 BFH v. 19.8.2009 – I R 2/09, BStBl. II 2010, 760.

1233 *Pung* in Dötsch/Pung/Möhlenbrock, § 8b KStG Rz. 225; vgl. hierzu auch: BMF v. 29.3.2011, BStBl. I 2011, 277.

1234 BFH v. 24.10.2012 – I R 43/11, BStBl. II 2013, 162; BMF v. 2.9.2016, BStBl. I 2016, 995, Rz. 15.

1235 Vgl. hierzu im Einzelnen: *Pung* in Dötsch/Pung/Möhlenbrock, § 8b KStG Rz. 224 ff., 229 ff.

1236 *Pung* in Dötsch/Pung/Möhlenbrock, § 8b KStG Rz. 231.

dem nach § 6 Abs. 1 Nr. 2 Satz 3 EStG maßgeblichen Wert bleiben gem. § 8b Abs. 3 Satz 8 KStG bei der Ermittlung des Einkommens außer Ansatz, soweit auf die vorangegangene Teilwertabschreibung Satz 3 angewendet worden ist.

Soweit die Holding an Tochtergesellschaften in der Rechtsform von **Personengesellschaften** (Mitunternehmerschaften) beteiligt ist, scheidet eine Teilwertabschreibung auf die Beteiligung bereits begrifflich aus, da die Beteiligung einkommensteuerrechtlich keine eigenständige Bedeutung hat. Vielmehr repräsentiert sie nur die ideellen Anteile an den Wirtschaftsgütern des Gesamthandsvermögens[1237]. 14.453

ee) Finanzierungskosten

Refinanzierungsaufwendungen der Holding für den Erwerb ihrer inländischen Tochterkapitalgesellschaften sind grundsätzlich voll abzugsfähig. Denn aufgrund der pauschalierten Nichtabzugsfähigkeit von 5 % der bezogenen Dividenden und Veräußerungsgewinne als Betriebsausgaben gem. § 8b Abs. 3 und 5 KStG sind im Übrigen Betriebsausgaben unbegrenzt abzugsfähig, unabhängig davon, ob es sich hierbei um Aufwendungen im Zusammenhang mit dem Bezug der steuerfreien Dividenden oder der diesen Dividenden zugrunde liegenden Beteiligung handelt. Bei dem Bezug von **Streubesitzdividenden**, die nach § 8b Abs. 4 Satz 1 KStG voll steuerpflichtig sind, oder in anderen Fällen, in denen § 8b Abs. 1 KStG nicht eingreift (z.B. § 8b Abs. 7 KStG), stellt sich die Frage der Abzugsfähigkeit von Finanzierungskosten von vornherein nicht, da in diesem Fall § 3c Abs. 1 EStG nicht gilt. Kommt es allerdings in derartigen Fällen zu einer Dividendenfreistellung allein aufgrund eines DBA-Schachtelprivilegs[1238], unterliegen etwaige Refinanzierungsaufwendungen der Abzugsbeschränkung nach § 3c Abs. 1 EStG. Ein für die Anwendung des § 3c Abs. 1 EStG erforderlicher unmittelbarer wirtschaftlicher Veranlassungszusammenhang zwischen Darlehenszinsen und steuerfreien Schachteldividenden ist anzunehmen, wenn das Darlehen, das Zinsen auslöst, zur Finanzierung des Erwerbs der Beteiligung verwendet wurde. Der Veranlassungszusammenhang bestimmt sich allein nach der tatsächlichen Darlehensverwendung und nicht nach einer wirtschaftlich wertenden Betrachtungsweise[1239]. Dies bedeutet, dass die Zinsen in dem Umfang abzugsfähige Betriebsausgaben sind, in dem sie den Betrag der steuerfrei zufließenden Schachteldividenden übersteigen. Fließen überhaupt keine Schachteldividenden zu, können die Zinsen in vollem Umfang abgezogen werden (sog. **Ballooning-Concept**)[1240]. Allerdings ist zu beachten, dass sich die Zinsen als Betriebsausgaben steuerentlastend nur auswirken können, wenn die Holdingkapitalgesellschaft im Übrigen steuerpflichtige Einnahmen hatte. Bei einer reinen Finanzholding dürfte dies regelmäßig nicht der Fall sein. 14.454

Finanzierungskosten im Zusammenhang mit dem Erwerb einer Tochtergesellschaft in der Rechtsform der Personengesellschaft stellen für die Holdingpersonengesellschaft **Sonderbetriebsausgaben** dar[1241]. Diese Sonderbetriebsausgaben gehen in die Gesamtbilanz der Mitunternehmerschaft 14.455

1237 BFH v. 20.6.1985 – IV R 36/83, BStBl. II 1985, 654 (655) = DB 1985, 2331; *Kulosa* in Schmidt, § 6 EStG Rz. 140 „Beteiligungen an Personengesellschaften im Anlagevermögen"; a.A.: *Hebeler*, BB 1998, 206 (209).

1238 Vgl. zur nachrangigen Anwendbarkeit des DBA-Schachtelprivilegs: BFH v. 23.6.2010 – I R 71/09, BStBl. II 2011, 129 sowie *Kraft/Gebhardt/Quilitzsch*, FR 2011, 593 ff. mit weiteren Nachweisen zum Diskussionsstand.

1239 BFH v. 29.5.1996 – I R 15/94, BStBl. II 1997, 57 (59); *Schaumburg/Jesse* in Lutter/Scheffler/U.H. Schneider, Handbuch der Konzernfinanzierung, Rz. 37.35.

1240 BFH v. 29.5.1996 – I R 15/94, BStBl. II 1997, 57; BFH v. 29.5.1996 – I R 167/94, BStBl. II 1997, 60; BFH v. 29.5.1996 – I R 21/95, BStBl. II 1997, 63; BFH v. 14.7.2004 – I R 17/03, BStBl. II 2005, 53; vgl. aber: EuGH v. 23.2.2006 – C-471/04 – Keller-Holding GmbH, BStBl. II 2008, 834, zur Europarechtswidrigkeit des Abzugsverbotes; vgl. in Frotscher/Drüen, § 8b KStG Rz. 527, sowie *Kraft/Gebhardt/Quilitzsch*, FR 2011, 592 ff.

1241 BFH v. 30.3.1993 – VIII R 63/91, BStBl. II 1993, 706 (708); BFH v. 17.6.1993 – IV R 10/92, BStBl. II 1993, 843; *Starke*, FR 2001, 25; BFH v. 28.10.1999 – VIII R 42/98, BStBl. II 2000, 390 (391); *Wacker* in Schmidt, § 15 EStG Rz. 645 m.w.N.

ein[1242]. Soweit sich im Gesamthandsvermögen der Mitunternehmerschaft Anteile an Kapitalgesellschaften befinden, sind die Finanzierungskosten nach Maßgabe des § 8b Abs. 6 i.V.m. § 8b Abs. 1, Abs. 5 EStG vollständig abzugsfähig. Dies gilt auch, wenn die Anteile an der Tochterkapitalgesellschaft von einem Mitunternehmer in dem Sonderbetriebsvermögen der Mitunternehmerschaft gehalten werden[1243]. Demzufolge können die Refinanzierungsaufwendungen einmal auf der Ebene des Mitunternehmers als Sonderbetriebsausgaben anfallen (für den Erwerb der Mitunternehmeranteile bzw. der Anteile an der Kapitalgesellschaft, die im Sonderbetriebsvermögen gehalten werden). Zum anderen kann der Refinanzierungsaufwand auf der Ebene der Personengesellschaft für den unmittelbaren Erwerb der Kapitalgesellschaftsanteile entstehen[1244].

b) Personengesellschaften

14.456 Die **Personengesellschaftsholding** (z.B. GbR, OHG, KG) ist selbst nicht Steuerrechtssubjekt. Nach der Mitunternehmerkonzeption unterliegen nur die Gesellschafter der Einkommensteuer bzw. Körperschaftsteuer. Lediglich hinsichtlich der Feststellung der Einkunftsart und der Ermittlung der Einkünfte ist die Personengesellschaft partielles Steuerrechtssubjekt[1245]. Eine Personengesellschaft, deren Tätigkeit ausschließlich auf das Halten und Verwalten von Beteiligungen beschränkt ist, ist grundsätzlich nicht gewerblich i.S.v. § 15 Abs. 2 EStG, sondern lediglich vermögensverwaltend tätig. Die Gesellschafter beziehen hiernach Einkünfte aus Kapitalvermögen i.S.d. § 20 EStG. Die Grenze zur gewerblichen Tätigkeit wird erst überschritten, wenn besondere Umstände vorliegen, wie z.B. ein geschäftsmäßiger Betrieb[1246]. Allein das Streben nach bestimmendem Einfluss auf die Tochterkapitalgesellschaft reicht hierzu nicht aus[1247]. Eine gewerbliche Tätigkeit ist aber gegeben, wenn eine Führungs- oder Funktionsholding in der Rechtsform der Personengesellschaft entgeltliche Dienstleistungen gegenüber auch nur einer Konzerngesellschaft, z.B. Erstellen der Buchführung, EDV-Unterstützung o.Ä., erbringt und diese wie gegenüber fremden Dritten abgerechnet werden[1248]. Ist die Personengesellschaftsholding gewerblich geprägt i.S.d. § 15 Abs. 3 Nr. 2 EStG (z.B. GmbH & Co. KG), werden die Einkünfte aus Kapitalvermögen als Einkünfte aus Gewerbebetrieb fingiert.

aa) Dividendenbesteuerung

14.457 Bei **natürlichen Personen** als Anteilseigner der Holdingpersonengesellschaft, die die Anteile im Betriebsvermögen halten und für **mitunternehmerische Personengesellschaften** als Anteilseigner, an denen natürliche Personen beteiligt sind, unterliegen die Dividenden dem sog. **Teileinkünfteverfahren** nach § 3 Nr. 40 Satz 1 Buchst. d EStG. Demzufolge sind die Dividenden usw. i.H.v. 40 % steuerbefreit. Nach § 3c Abs. 2 EStG sind korrespondierend hierzu Betriebsausgaben, die in wirtschaftlichem Zusammenhang mit den Dividenden stehen, nur i.H.v. 60 % abzugsfähig. Werden die Anteile an der Holding im **Privatvermögen** gehalten, unterliegen die Dividenden der sog. **Abgeltungsteuer** nach § 43 Abs. 5 Satz 1 EStG (vgl. hierzu: § 32d EStG). Nach § 20 Abs. 9 Satz 1 EStG ist bei der Ermittlung der Einkünfte aus Kapitalvermögen ein Betrag von 801 Euro (bei Ehegatten: 1 602 Euro) abzuziehen. Ein Abzug der tatsächlichen Werbungskosten ist ausgeschlossen. Für Kapitalgesellschaften als Anteilseigner gelten die Ausführungen unter Rz. 14.427.

1242 BFH v. 11.12.1986 – IV R 222/84, BStBl. II 1987, 553 (556); BFH v. 21.6.1989 – X R 14/88, BStBl. II 1989, 881 (886) = AG 1990, 32; *Wacker* in Schmidt, § 15 EStG Rz. 640 f.

1243 *Pung* in Dötsch/Pung/Möhlenbrock, § 8b KStG Rz. 411.

1244 Vgl. zur verfahrensrechtlichen Zulässigkeit der sog. Bruttomethode: BFH v. 18.7.2012 – X R 28/10, DB 2012, 2915; *Pung* in Dötsch/Pung/Möhlenbrock, § 8b KStG Rz. 411.

1245 *Wacker* in Schmidt, § 15 EStG Rz. 164 m.w.N.

1246 BFH v. 4.3.1980 – VIII R 150/76, BStBl. II 1980, 389 (391) = AG 1981, 76.

1247 BFH v. 4.3.1980 – VIII R 150/76, BStBl. II 1980, 389 (391) = AG 1981, 76.

1248 BMF v. 10.11.2005, BStBl. I 2005, 1038, Tz. 19.

bb) Abzugsbeschränkungen für Wertverluste bei Anteilen an Kapitalgesellschaften

Für natürliche Personen als Gesellschafter der Personenholdinggesellschaft (Mitunternehmerschaft), welche Anteile an einer Kapitalgesellschaft hält, **mitunternehmerischen Personengesellschaft**, an der natürliche Personen beteiligt sind, folgt die steuerliche Behandlung von Teilwertabschreibungen, Veräußerungs- und Liquidationsverlusten in Bezug auf die von der Personenholdinggesellschaft gehaltenen Anteile an der Kapitalgesellschaft aus § 3c Abs. 2 EStG. Nach § 3c Abs. 2 Satz 1 Halbs. 1 EStG sind die dort genannten Gewinnminderungen nur i.H.v. 60 % zu berücksichtigen. Für den nach § 3c Abs. 2 Satz 1 EStG erforderlichen wirtschaftlichen Zusammenhang zwischen den genannten Ausgaben und den in § 3 Nr. 40 EStG genannten Betriebsvermögensmehrungen oder Einnahmen, genügt jeder (mittelbare) wirtschaftliche Zusammenhang. Ein rechtlicher Zusammenhang ist nicht erforderlich. Der Normzweck des § 3c Abs. 2 Satz 1 EStG erfasst danach nicht nur die substanzverwertenden Veräußerungsfälle i.S.v. § 3 Nr. 40 Satz 1 Buchst. a bis c und j EStG, sondern auch den Bereich der laufenden Einkünfte i.S.v. § 3 Nr. 40 Satz 1 Buchst. d bis i EStG[1249]. Demzufolge unterliegen Teilwertabschreibungen auf Anteile i.S.d. § 3 Nr. 40 Satz 1 Buchst. a EStG oder daraus resultierende Veräußerungs- oder Liquidationsverluste der vorgenannten Abzugsbeschränkung[1250]. Nach § 3c Abs. 2 Satz 3 EStG gilt dies auch für abführungsbedingte Gewinnminderungen bei Organschaften[1251]. Das Wertaufholungsgebot des § 6 Abs. 1 Nr. 2 Satz 3 i.V.m. § 6 Abs. 1 Nr. 1 Satz 4 EStG bleibt von den Regelungen des § 3 Nr. 40 EStG und § 3c Abs. 2 EStG unberührt[1252]. Dies bedeutet, dass bei Vorliegen der Voraussetzungen eine Wertaufholung unabhängig von §§ 3 Nr. 40, 3c Abs. 2 EStG vorzunehmen ist. Allerdings bleibt der Wertaufholungsbetrag nach § 3 Nr. 40 Satz 1 Buchst. a Satz 2 EStG insoweit steuerfrei, als er zuvor bei der Teilwertabschreibung nach § 3c Abs. 2 Satz 1 Halbs. 2 EStG nicht abzugsfähig war. 14.458

Zu beachten sind jedenfalls die Verlustverrechnungsbeschränkungen des § 2a Abs. 1 Nr. 3 EStG (Beteiligung an Drittstaaten-Körperschaft) sowie des § 2a Abs. 1 Nr. 7 EStG (Beteiligung an in- oder ausländischer EU/EWR-Körperschaft) (vgl. hierzu Rz. 14.79). 14.459

cc) Abzugsbeschränkungen für Wertverluste bei Gesellschafterdarlehen

Im Anwendungsbereich des § 3c Abs. 2 EStG hat es der Gesetzgeber zunächst verabsäumt, eine dem § 8b Abs. 3 Sätze 4 ff. EStG vergleichbare Regelung aufzunehmen. Der BFH ist daher der Auffassung, dass entsprechende Abschreibungen auf **Gesellschafterdarlehensforderungen** nicht dem Abzugsverbot nach § 3c Abs. 2 EStG unterliegen[1253]. Vor diesem Hintergrund hat der Gesetzgeber in den Sätzen 2 bis 5 des § 3c Abs. 2 EStG Regelungen in Bezug auf Gesellschafterdarlehen aufgenommen, die denen in § 8b Abs. 3 Sätze 4 ff. KStG entsprechen. Zudem sieht § 3c Abs. 2 Satz 6 EStG vor, dass das Teilabzugsverbot auch für Betriebsvermögensminderungen, Betriebsausgaben oder Veräußerungskosten gilt, soweit diese mit einer im Gesellschaftsverhältnis veranlassten unentgeltlichen oder teilentgeltlichen Überlassung von Wirtschaftsgütern an eine Kapitalgesellschaft, an der der Überlassende beteiligt ist (insbesondere in **Betriebsaufspaltungsfällen**) in Zusammenhang stehen, wie beispielsweise Refinanzierungskosten oder Unterhaltungsaufwendungen des Besitzunternehmens[1254]. 14.460

1249 BFH v. 18.10.2012 – X R 5/10, BStBl. II 2013, 785 (788); BFH v. 18.4.2012 – X R 7/10, BStBl. II 2013, 791 (795).

1250 *Levedag* in Schmidt, § 3c EStG Rz. 13.

1251 Vgl. *Levedag* in Schmidt, § 3c EStG Rz. 19. § 3c Abs. 2 Satz 3 EStG ist durch das Gesetz zur Anpassung der Abgabenordnung an den Zollkodex der Union und zur Änderung weiterer steuerlicher Vorschriften v. 22.12.2014, BGBl. I 2014, 2417, zu § 3c Abs. 2 Satz 8 EStG geworden.

1252 BMF v. 2.9.2016, BStBl. I 2016, 995, Rz. 29.

1253 BFH v. 18.10.1012 – X R 5/10, BStBl. II 2013, 785 (788); BFH v. 18.4.2012 – X R 7/10, BStBl. II 2013, 791 (796); BMF v. 23.10.2013, BStBl. I 2013, 1269, Rz. 11.

1254 Vgl. Begründung zu dem Entwurf der Bundesregierung eines Gesetzes zur Anpassung der Abgabenordnung an den Zollkodex der Union und zur Änderung weiterer steuerlicher Vorschriften v. 3.11. 2014, BT-Drucks. 18/3017, 38.

dd) Finanzierungskosten

14.461 Handelt es sich bei der Holdingpersonengesellschaft um eine **mitunternehmerische Personengesellschaft**, an der natürliche Personen beteiligt sind, ist für etwaige Refinanzierungsaufwendungen aus dem Erwerb von Tochtergesellschaften § 3c Abs. 2 EStG zu beachten[1255], so dass nur 60 % dieser Aufwendungen als Betriebsausgaben abgezogen werden können (vgl. dazu auch Rz. 14.429). Soweit an der Holding Körperschaften als Gesellschafter beteiligt sind, findet § 8b Abs. 5 KStG gem. § 8b Abs. 6 KStG Anwendung.

ee) Thesaurierungsbesteuerung

14.462 Bei **gewerblich tätigen** oder **gewerblich geprägten Personengesellschaften** besteht zwar keine dem bei Kapitalgesellschaften geltenden Trennungsprinzip vergleichbare Regelung, so dass eine Besteuerung der Gesellschafter grundsätzlich unabhängig von der **Thesaurierung von Gewinnen** bei der Personengesellschaft erfolgt. Allerdings hat der Gesetzgeber mit § 34a EStG eine Regelung für Gesellschafter von Personenunternehmen unter Durchbrechung des Transparenzprinzips geschaffen, wonach nicht entnommene Gewinne mit einem ermäßigten Einkommensteuersatz von 28,25 % zzgl. Solidaritätszuschlag besteuert werden (sog. **Thesaurierungsbegünstigung**, vgl. § 34a Abs. 1 Satz 1 EStG). Werden diese Gewinne zu einem späteren Zeitpunkt entnommen, erfolgt eine Besteuerung in Analogie zur Dividendenbesteuerung mit einer sog. **Nachsteuer** i.H.v. 25 % zzgl. Solidaritätszuschlag (vgl. § 34a Abs. 4 Satz 2 EStG), so dass sich – je nach Betrachtung – eine Gesamtsteuerbelastung von 48,32 %, 48,17 % bzw. 47,99 % ergibt. Der Gesetzgeber hat diese Regelung mit dem Ziel geschaffen, eine weitgehende Belastungsneutralität zwischen den Rechtsformen auf Unternehmensebene zu erreichen, und so die Investitionsfähigkeit von Personenunternehmen zu erhöhen[1256]. Der Anwendungsbereich der Norm ist nur für natürliche Personen als Einzelunternehmer oder als Mitunternehmer der Holding in der Rechtsform der Personengesellschaft eröffnet[1257].

14.463 Nicht entnommener Gewinn des Betriebs oder des Mitunternehmeranteils ist nach § 34a Abs. 2 EStG der nach § 4 Abs. 1 Satz 1 EStG oder § 5 EStG ermittelte Gewinn vermindert um den positiven Saldo der Entnahmen und Einlagen. Für Holdingpersonengesellschaften, bei denen auf die Dividenden § 3 Nr. 40 Satz 1 Buchst. d EStG Anwendung findet, und damit eine teilweise Steuerbefreiung gewährt wird, reduziert sich der für die Thesaurierungsbegünstigung maßgebliche nicht entnommene Gewinn um die steuerfreien Dividendenanteile[1258]. Damit reduziert sich auch die wirtschaftliche Bedeutung der Thesaurierungsbegünstigung.

14.464 Für Holdingpersonengesellschaften sind die **Nachversteuerungsfälle** des § 34a Abs. 6 Satz 1 EStG zu beachten. Davon haben für die Holdingpersonengesellschaft besondere Bedeutung:

1. die Betriebsveräußerung oder -aufgabe
2. die Einbringung eines Betriebs oder Mitunternehmeranteils in eine Kapitalgesellschaft oder eine Genossenschaft sowie der Formwechsel einer Personengesellschaft in eine Kapitalgesellschaft oder Genossenschaft.

Für die Holding und ihre Gesellschafter kann sich die von den Gesellschaftern gewählte Thesaurierungsbegünstigung daher in wirtschaftlicher Hinsicht zu einer Umwandlungssperre entwickeln. Privilegiert sind demgegenüber Entnahmen für **Erbschaft-/Schenkungsteuer**, die anlässlich der Über-

1255 *Desens* in Herrmann/Heuer/Raupach, § 3c EStG Anm. 56.

1256 Vgl. Begründung zu dem Entwurf eines Unternehmensteuerreformgesetzes 2008 v. 27.3.2007, BT-Drucks. 16/4841, 32.

1257 Vgl. zur Nutzung der Thesaurierungsbegünstigung in der Praxis: *Kessler/Pfuhl/Grether*, DB 2011, 185 ff.

1258 BMF v. 11.8.2008, BStBl. I 2008, 838, Rz. 17.

tragung des Betriebs oder Mitunternehmeranteils vorgenommen werden. Diese unterliegen nach § 34a Abs. 4 Satz 3 EStG nicht der Nachversteuerung[1259].

ff) Ermäßigung der Einkommensteuer

Für **gewerbliche Einkünfte** einer Holdingpersonengesellschaft sieht § 35 EStG eine Ermäßigung der Einkommensteuer vor, indem sie die Anrechnung von (anteiliger) Gewerbesteuer auf die Einkommensteuer der Gesellschafter ermöglicht. Die Regelung soll bei allen natürlichen Personen und Personengesellschaften, soweit an ihnen natürliche Personen beteiligt sind, zu einer Entlastung von der Gewerbesteuer führen[1260]. Dieses Ziel wird bei einem Hebesatz von 400 % vollständig erreicht[1261]. In § 35 Abs. 1 Satz 5 EStG ist eine Begrenzung der Steuerermäßigung auf die tatsächlich zu zahlende Gewerbesteuer vorgesehen. Dadurch soll eine aufkommensgerechtere Behandlung insbesondere zwischen Personenunternehmen und Kapitalgesellschaften erreicht werden[1262]. Nach § 35 Abs. 1 EStG wird die tarifliche Einkommensteuer, vermindert um die sonstigen Steuerermäßigungen mit Ausnahme der §§ 34f und 34g und 35a EStG, ermäßigt, soweit sie anteilig auf im zu versteuernden Einkommen enthaltene gewerbliche Einkünfte entfällt (Ermäßigungshöchstbetrag), 14.465

1. bei Einkünften aus gewerblichen Unternehmen i.S.d. § 15 Abs. 1 Satz 1 Nr. 1 EStG um das 3,8fache des jeweils für den dem Veranlagungszeitraum entsprechenden Erhebungszeitraum nach § 14 GewStG für das Unternehmen festgesetzten Steuermessbetrages (Gewerbesteuer-Messbetrag); Abs. 2 Satz 5 ist entsprechend anzuwenden;
2. bei Einkünften aus Gewerbebetrieb als Mitunternehmer i.S.d. § 15 Abs. 1 Satz 1 Nr. 2 oder als persönlich haftender Gesellschafter einer KG auf Aktien i.S.d. § 15 Abs. 1 Satz 1 Nr. 3 EStG um das 3,8fache des jeweils für den dem Veranlagungszeitraum entsprechenden Erhebungszeitraum festgesetzten anteiligen Gewerbesteuer-Messbetrags.

Bei Mitunternehmerschaften i.S.d. § 15 Abs. 1 Satz 1 Nr. 2 und 3 EStG ist der Betrag des Gewerbesteuer-Messbetrags, die tatsächlich zu zahlende Gewerbesteuer und der auf die einzelnen Mitunternehmer oder auf den persönlich haftenden Gesellschafter entfallende Anteil gesondert und einheitlich festzustellen (vgl. § 35 Abs. 2 Satz 1 EStG). Der Anteil eines Mitunternehmers am Gewerbesteuer-Messbetrag richtet sich nach seinem Anteil am Gewinn der Mitunternehmerschaft nach Maßgabe des allgemeinen Gewinnverteilungsschlüssels; Vorabgewinnanteile sind nicht zu berücksichtigen (vgl. § 35 Abs. 2 Satz 2 EStG). Bei zweistöckigen oder mehrstöckigen Personengesellschaftsstrukturen sind anteilige Gewerbesteuer-Messbeträge, die aus einer Beteiligung an einer Mitunternehmerschaft stammen, einzubeziehen (vgl. § 35 Abs. 2 Satz 5 EStG). Das hiernach ermittelte Anrechnungsvolumen ist auf die Höhe der tariflichen Einkommensteuer begrenzt[1263]. Gewerbliche Einkünfte i.S.d. § 35 EStG sind in erster Linie gewerbliche Einkünfte i.S.d. § 15 EStG. Einkünfte i.S.d. §§ 16 und 17 EStG gehören damit grundsätzlich nicht zu den gewerblichen Einkünften i.S.d. § 35 EStG[1264]. In die gewerblichen Einkünfte i.S.d. § 35 EStG einzubeziehen sind jedoch die gewerbesteuerlichen Veräußerungsgewinne aus einer 100%igen Beteiligung an einer Kapitalgesellschaft, wenn die Veräußerung nicht im engen Zusammenhang mit der Aufgabe des Gewerbebetriebes erfolgt, sowie die Veräußerungsgewinne, die nach § 7 Satz 2 GewStG gewerbesteuerpflichtig sind. Der Gewinn aus der Veräußerung eines Teils eines Mitunternehmeranteils i.S.d. § 16 Abs. 1 Satz 2 EStG gehört als laufender Gewinn auch zu den gewerblichen Einkünften i.S.d. § 35 EStG. Die auf einen Veräußerungs-

1259 BMF v. 11.8.2008, BStBl. I 2008, 838, Rz. 31.
1260 Begründung zu dem Entwurf eines Gesetzes zur Senkung der Steuersätze und zur Reform der Unternehmensbesteuerung (Steuersenkungsgesetz – StSenkG) v. 15.2.2000, BT-Drucks. 14/2683, 97.
1261 Begründung zu dem Entwurf eines Gesetzes zur Senkung der Steuersätze und zur Reform der Unternehmensbesteuerung (Steuersenkungsgesetz – StSenkG) v. 15.2.2000, BT-Drucks. 14/2683, 32.
1262 Vgl. Begründung zu dem Entwurf eines Unternehmensteuerreformgesetzes 2008 v. 27.3.2007, BT-Drucks. 16/4841, 65.
1263 Vgl. BMF v. 24.2.2009, BStBl. I 2009, 440, Rz. 6, 16 ff.
1264 BMF v. 24.2.2009, BStBl. I 2009, 440, Rz. 14.

oder Aufgabegewinn nach § 18 Abs. 3 Satz 1 und 2 UmwStG entfallenden gewerblichen Einkünfte sind nicht in die gewerblichen Einkünfte i.S.d. § 35 EStG einzubeziehen[1265]. Nicht entnommene Gewinne i.S.d. § 34a EStG (vgl. dazu vorstehend Rz. 14.504 ff.) sind im Veranlagungszeitraum ihrer begünstigten Besteuerung bei der Steuermäßigung nach § 35 EStG einzubeziehen. Im Veranlagungszeitraum der Nachversteuerung i.S.d. § 34a Abs. 4 EStG gehören die Nachversteuerungsbeträge nicht zu den begünstigten gewerblichen Einkünften. Die Einkommensteuer auf den Nachversteuerungsbetrag gehört zur tariflichen Einkommensteuer[1266]. Je nach Höhe des Hebesatzes kommt es zu einer vollständigen oder nur teilweisen Entlastung von der Gewerbesteuer. Durch die Einführung eines Höchstbetrages in Höhe der tatsächlich zu zahlenden Gewerbesteuer (vgl. § 35 Abs. 1 Satz 5 EStG), kann es nicht mehr zu einer in der Vergangenheit möglichen Überkompensation kommen.

2. Gewerbesteuer

a) Kapitalgesellschaften/Genossenschaften

14.466 Nach § 7 Satz 1 GewStG wird der nach den Vorschriften des EStG und des KStG ermittelte Gewerbeertrag durch die **Hinzurechnungsvorschriften** gem. § 8 GewStG und die **Kürzungsvorschriften** gem. § 9 GewStG modifiziert. Die Hinzurechnungen und Kürzungen sollen dem Objektsteuercharakter der Gewerbesteuer Rechnung tragen[1267]. In Bezug auf die Dividendenbesteuerung ergeben sich aus der Hinzurechnungsnorm des § 8 Nr. 5 GewStG und den Kürzungsnormen gem. § 9 Nr. 2a und Nr. 7 GewStG besondere Belastungs- bzw. Entlastungseffekte. Die **gewerbesteuerliche Behandlung** von Dividenden hängt u.a. von der Rechtsform der nationalen Holding ab. Handelt es sich bei der Holding um eine unbeschränkt steuerpflichtige Körperschaft i.S.d. § 1 Abs. 1 Nr. 1 bis 3 KStG, sind nach § 8 Abs. 2 KStG alle Einkünfte als solche aus Gewerbebetrieb zu behandeln. Übereinstimmend hiermit gelten nach § 2 Abs. 2 Satz 1 GewStG die dort genannten Kapitalgesellschaften und Genossenschaften in vollem Umfang als Gewerbebetrieb. Die von Personengesellschaften erzielten Einkünfte unterliegen grundsätzlich dann der Gewerbesteuer, wenn die Personengesellschaft gewerbliche Einkünfte i.S.v. § 15 EStG erzielt. Die Personengesellschaft (Mitunternehmerschaft) ist dann Schuldner der Gewerbesteuer (§ 5 Abs. 1 Satz 3 GewStG).

14.467 Nach § 7 Satz 1 GewStG gehören daher auch Dividenden von Tochtergesellschaften grundsätzlich zu dem Gewerbeertrag. Bei der Holding in der Rechtsform der Kapitalgesellschaft oder Genossenschaft findet insoweit die **Dividendenbefreiung** nach § 8b Abs. 1 KStG i.V.m. § 7 Satz 1 GewStG Anwendung, so dass sie dem Grunde nach nicht der Gewerbesteuer unterliegen[1268]. Lediglich der Betrag, der nach § 8b Abs. 5 Satz 1 KStG als nicht abziehbare Betriebsausgabe gilt, wird mit Gewerbesteuer belastet. § 8b KStG gilt nach § 7 Satz 4 Halbs. 2 GewStG auch bei einem mittelbaren Bezug der Dividenden über eine Mitunternehmerschaft für die Ermittlung des Gewerbeertrags dieser Mitunternehmerschaft, soweit hieran Körperschaften beteiligt sind. Für die steuerliche Behandlung von **Streubesitzdividenden** gelten allerdings Besonderheiten. § 8b Abs. 4 KStG sieht eine Körperschaftsteuerpflicht für Streubesitzdividenden und damit gem. § 7 Satz 1 GewStG auch für die Gewerbesteuer vor.

14.468 Sog. **Streubesitzdividenden** nach § 8b Abs. 4 KStG i.V.m. § 7 Satz 1 GewStG unterliegen der Gewerbesteuer[1269]. Hiermit sind Dividenden aus Beteiligungen von weniger als 10 % sowohl körperschaftsteuerlich als gewerbesteuerlich diskriminiert. Eine (zusätzliche) Hinzurechnung der hiervon betroffenen Dividenden nach § 8 Nr. 5 Satz 1 GewStG kommt nicht in Betracht, da es in diesem Fall an einer für die Hinzurechnung erforderlichen Steuerbefreiung nach § 8b Abs. 1 KStG mangelt und

1265 BMF v. 24.2.2009, BStBl. I 2009, 440, Rz. 14.
1266 BMF v. 24.2.2009, BStBl. I 2009, 440, Rz. 15.
1267 *Köster* in Lenski/Steinberg, § 8 Nr. 1 Buchst. a GewStG Rz. 1.
1268 *Nöcker* in Lenski/Steinberg, § 8 Nr. 5 GewStG Rz. 10.
1269 *Nöcker* in Lenski/Steinberg, § 8 Nr. 5 GewStG Rz. 12.

die diesbezüglichen Dividenden bereits Teil des Gewerbeertrages sind[1270]. Für nationale Holdinggesellschaften stellt dies im internationalen Vergleich eine zusätzliche Steuerbelastung dar, die in der Zukunft Einfluss auf die Standortwahl haben dürfte. Durch die Nichtabzugsfähigkeit der Gewerbesteuer von der körperschafteuer- und einkommensteuerlichen Bemessungsgrundlage nach § 4 Abs. 5b EStG[1271] wirkt sich die gewerbesteuerliche Belastung von Streubesitzdividenden besonders nachteilig aus. Eine Kürzung des Gewerbeertrages nach § 9 Nr. 2a oder Nr. 7 GewStG durch das sog. **gewerbesteuerliche Schachtelprivileg** ist nicht möglich, da dies in allen Tatbestandsalternativen u.a. eine 15%ige (§ 9 Nr. 2a GewStG und § 9 Nr. 7 Satz 1 Halbs. 1 GewStG) bzw. 10%ige (§ 9 Nr. 7 Satz 1 Halbs. 2 GewStG) Mindestbeteiligung voraussetzt. Erreicht die Beteiligungshöhe der Holding an der Tochtergesellschaft 10 % oder mehr, bedarf es wegen der vorrangigen Anwendung der Dividendenbefreiung nach § 8b Abs. 1 KStG ebenfalls nicht der Kürzungsnormen nach § 9 Nr. 2a bzw. Nr. 7 GewStG, da die Dividenden von vornherein gem. § 7 Satz 1 GewStG nicht Teil des Gewerbeertrages sind.

Allerdings stellt sich in den Fällen des § 8b Abs. 1 KStG die Frage, ob, trotz der körperschaftsteuer- 14.469
lichen Dividendenfreistellung, nicht eine **Hinzurechnung** nach § 8 Nr. 5 GewStG[1272] zu erfolgen hat, weil zwar die Voraussetzungen des körperschaftsteuerlichen (vgl. § 8b Abs. 1 i.V.m. Abs. 4 KStG) nicht aber der gewerbesteuerlichen Schachtelprivilegien (vgl. § 9 Nr. 2a, Nr. 7 GewStG) erfüllt sind. Nach § 8 Nr. 5 Satz 1 GewStG sind dem gewerbesteuerlichen Gewinn die nach § 8b Abs. 1 KStG außer Ansatz bleibenden Gewinnanteile (Dividenden) und die diesen gleichgestellten Bezüge und erhaltenen Leistungen aus Anteilen an einer Körperschaft, Personenvereinigung oder Vermögensmasse i.S.d. KStG, soweit sie nicht die Voraussetzungen des § 9 Nr. 2a oder 7 GewStG erfüllen, hinzuzurechnen. Nach dem Einleitungssatz des § 8 GewStG gilt dies, wie in allen Fällen der Hinzurechnung, nur, soweit die hinzuzurechnenden Beträge bei der Ermittlung des Gewinns tatsächlich abgesetzt worden sind. Die Hinzurechnung erfolgt in Abhängigkeit von der Rechtsform des Anteilseigners in Höhe der nach § 8b Abs. 1 KStG steuerfreien Dividenden. Aus gewerbesteuerlicher Sicht ist die Wirkung der Hinzurechnung damit rechtsformneutral[1273]. Nach Einführung der körperschaftsteuerlichen Steuerpflicht für Streubesitzdividenden durch § 8b Abs. 4 KStG kommt eine Hinzurechnung der hiervon betroffenen Dividenden nach § 8 Nr. 5 Satz 1 GewStG nicht in Betracht, da es in diesem Fall an einer Steuerbefreiung nach § 8b Abs. 1 KStG mangelt und die diesbezüglichen Dividenden bereits Teil des Gewerbeertrages sind[1274]. Soweit eine Hinzurechnung der Dividenden aus Tochterkapitalgesellschaften erfolgt, werden diese allerdings um die hiermit zusammenhängenden Betriebsausgaben gekürzt, soweit diese Ausgaben nach § 8b Abs. 5 KStG unberücksichtigt geblieben sind. Demzufolge werden insbesondere die nicht als Betriebsausgaben abzugsfähigen Aufwendungen i.H.v. 5 % der steuerfreien Dividende nach § 8b Abs. 5 Satz 1 KStG bei der Hinzurechnung nach § 8 Nr. 5 Satz 1 GewStG gekürzt. Hierdurch wird insofern eine Doppelbelastung vermieden. Die Hinzurechnung nach § 8 Nr. 5 Satz 1 GewStG erfolgt nur, soweit nicht die Voraussetzungen der gewerbesteuerlichen Schachtelprivilegien nach § 9 Nr. 2a oder § 9 Nr. 7 GewStG erfüllt sind. Die Hinzurechnung unterbleibt gem. § 8 Nr. 5 Satz 2 GewStG ebenfalls, soweit die Dividenden unter § 3 Nr. 41 Buchst. a EStG fallen. Hierdurch soll eine Doppelbelastung von Dividenden und diesen zugrunde liegenden Hinzurechnungsbeträgen nach § 10 Abs. 2 AStG vermieden werden.

Eine Hinzurechnung erfolgt nach § 8 Nr. 5 Satz 1 GewStG auch, wenn die Beteiligung an der Toch- 14.470
terkapitalgesellschaft unterjährig erworben wurde und nicht zu Beginn des Erhebungszeitraums i.S.v.

1270 *Nöcker* in Lenski/Steinberg, § 8 Nr. 5 GewStG Rz. 12.

1271 Der BFH hält die Regelung für verfassungsgemäß: BFH v. 16.1.2014 – I R 21/12, DB 2014, 2060.

1272 Eingeführt durch das Gesetz zur Fortentwicklung des Unternehmensteuerrechts (Unternehmensteuerfortentwicklungsgesetz – UntStFG) v. 20.12.2001, BGBl. I 2001, 3858, ab dem Erhebungszeitraum 2001.

1273 Vgl. zur diesbezüglichen Zielsetzung: Stellungnahme des Bundesrates und Gegenäußerung der Bundesregierung zu dem Entwurf eines Gesetzes zur Fortentwicklung des Unternehmensteuerrechts (Unternehmensteuerfortentwicklungsgesetz – UntStFG) v. 10.10.2001, BT-Drucks. 14/7084, 4.

1274 *Nöcker* in Lenski/Steinberg, § 8 Nr. 5 GewStG Rz. 12.

§ 14 GewStG die Voraussetzungen des gewerbesteuerlichen Schachtelprivilegs i.S.v. § 9 Nr. 2a GewStG und § 9 Nr. 7 GewStG erfüllt sind. Insoweit stellt sich die Frage, ob die in § 8b Abs. 4 Satz 6 KStG geregelte **Rückbeziehungsfiktion** auch für Zwecke der Gewerbesteuer gilt. Für körperschaftsteuerliche Zwecke gilt der unterjährige Erwerb einer unmittelbaren Beteiligung an einer Tochtergesellschaft von mindestens 10 % als zu Beginn des Kalenderjahres erfolgt. Rechtsfolge dieser Rückbeziehungsfiktion ist die Nichtanwendung des § 8b Abs. 4 Satz 1 KStG und die Gewährung der körperschaftsteuerlichen Dividendenfreistellung nach § 8b Abs. 1 KStG. Der Wortlaut des § 8b Abs. 4 Satz 6 KStG schränkt allerdings die Wirkung der Fiktion ausdrücklich auf § 8b Abs. 4 KStG ein. Da die in § 8b Abs. 4 KStG geregelte Steuerpflicht für Streubesitzdividenden letztlich nicht mit den gewerbesteuerlichen Schachtelprivilegien abgestimmt ist[1275], stehen sich die körperschaftsteuerliche Fiktion des § 8b Abs. 4 Satz 6 KStG und die gewerbesteuerlichen Tatbestände der § 9 Nr. 2a und Nr. 7 GewStG konträr gegenüber. Wegen der Eigenständigkeit der gewerbesteuerlichen Gewinnermittlung[1276], die insbesondere durch die dem Objektsteuercharakter dienenden Hinzurechnungen und Kürzungen zum Ausdruck kommt, greift die Rückbeziehungsfiktion nicht für gewerbesteuerliche Zwecke[1277].

14.471 Das **nationale gewerbesteuerliche Schachtelprivileg** des § 9 Nr. 2a GewStG soll eine gewerbesteuerliche Doppelbelastung ausgeschütteter Gewinne vermeiden. Nach § 9 Nr. 2a GewStG erfolgt eine Kürzung um die u.a. von einer Kapitalgesellschaft gezahlten Dividenden, die bei der Ermittlung des Gewinns (§ 7 GewStG) angesetzt worden sind, wenn die Beteiligung zu Beginn des Erhebungszeitraums mindestens 15 % des Grund- oder Stammkapitals beträgt. Der Kürzungsbetrag umfasst nur eine Nettogröße nach Abzug der mit den Gewinnanteilen in unmittelbarem Zusammenhang stehenden Aufwendungen (vgl. § 9 Nr. 2a Satz 3 GewStG). Die nach § 8b Abs. 5 Satz 1 KStG als nicht abzugsfähige Betriebsausgaben in dem Gewinn enthaltenen Beträge werden nicht aus dem Gewerbeertrag herausgenommen (vgl. § 9 Nr. 2a Satz 4 GewStG)[1278]. Die Voraussetzungen des nationalen gewerbesteuerlichen Schachtelprivilegs sind eigenständig auszulegen. Aus diesem Grund scheidet eine Anwendung der in § 8b Abs. 4 Satz 6 KStG enthaltenen Rückbeziehungsfiktion für gewerbesteuerliche Zwecke aus. Nationale Holdinggesellschaften sind, unabhängig von ihrer Rechtsform[1279], insoweit privilegiert, wie sie an einer inländischen Kapitalgesellschaft stichtagsbezogen in dem genannten Umfang beteiligt sind. Es gilt insoweit ein strenges Stichtagsprinzip (Beginn des Erhebungszeitraums). Veränderungen vor oder nach dem Stichtag sind unbeachtlich[1280]. Neben einer unmittelbaren Beteiligung ist auch eine mittelbare Beteiligung in dem genannten Umfang ausreichend[1281]. Für die Ermittlung der erforderlichen Beteiligungshöhe einer Personengesellschaft sind die im Gesamthands- und Sonderbetriebsvermögen gehaltenen Anteile zusammenzurechnen[1282]. Im Fall der ertragsteuerrechtlichen Organschaft ist gewerbesteuerrechtlich § 9 Nr. 2a und Nr. 7 GewStG auf der Ebene des Organträgers anzuwenden (vgl. § 7a GewStG)[1283]. Für den Begriff der (inländischen) Kapitalgesellschaft ist auf die gesellschaftsrechtliche Rechtsform abzustellen[1284]. Demzufolge sind die Kapitalgesellschaften i.S.d. § 2 Abs. 2 Satz 1 GewStG erfasst, sowie solche Kapitalgesellschaften ausländischen Rechts, die einer der vorgenannten Kapitalgesellschaften nach einem sog. Typusvergleich entsprechen. Ob danach sog. doppelt ansässige Gesellschaften, die ihren Sitz im Ausland und ihren Ort der Geschäftsleitung im Inland haben, inländische Kapitalgesellschaften in diesem Sinn sind, ist

1275 *Adrian*, GmbHR 2014, 407 (408 f.).

1276 Vgl. BFH v. 9.6.2010 – I R 107/09, DStR 2010, 1611 (1615), Rz. 25; BFH v. 8.4.2008 – VIII R 73/05, BStBl. II 2008, 681 (684); *Selder* in Glanegger/Güroff, § 7 GewStG Rz. 1 f.

1277 *Benz/Jetter*, DStR 2013, 489 (493); wohl auch: *Herlinghaus*, FR 2013, 529 (535).

1278 BFH v. 10.1.2007 – I R 53/06, BStBl. II 2007, 585.

1279 *Güroff* in Glanegger/Güroff, § 9 Nr. 2a GewStG Rz. 2.

1280 *Güroff* in Glanegger/Güroff, § 9 Nr. 2a GewStG Rz. 5.

1281 H 9.3 „Mittelbare Beteiligung" GewStR 2009.

1282 R 9.3 Satz 4 GewStR 2009.

1283 *Roser* in Lenski/Steinberg, § 9 Nr. 2a GewStG Rz. 45b.

1284 Vgl. zu weiteren Einzelheiten: *Roser* in Lenski/Steinberg, § 9 Nr. 2a GewStG Rz. 16.

umstritten[1285]. Nach der hier vertretenen Auffassung ist eine inländische Kapitalgesellschaft dann gegeben, wenn sie nach dem Sinn und Zwecke der Gewerbesteuer einen inländischen Anknüpfungspunkt, wie er in § 2 Abs. 1 Satz 1 und 3 GewStG enthalten ist, aufweist. Die Kapitalgesellschaft muss also zumindest über eine inländische Betriebsstätte verfügen[1286]. Zusätzlich darf die Kapitalgesellschaft nicht steuerbefreit sein.

Das **internationale gewerbesteuerliche Schachtelprivileg** des § 9 Nr. 7 GewStG soll eine Gleichstel- 14.472
lung mit dem inländischen gewerbesteuerlichen Schachtelprivileg herbeiführen[1287]. Die Voraussetzungen des internationalen gewerbesteuerlichen Schachtelprivilegs sind eigenständig auszulegen. Aus diesem Grund scheidet eine Anwendung der in § 8b Abs. 4 Satz 6 KStG enthaltenen Rückbeziehungsfiktion für gewerbesteuerliche Zwecke aus. Nach § 9 Nr. 7 Satz 1 GewStG sind Gewinne aus Anteilen an einer Kapitalgesellschaft mit Geschäftsleitung und Sitz außerhalb dieses Gesetzes, an deren Nennkapital die Holdinggesellschaft zu Beginn des Erhebungszeitraums mindestens zu 15 % beteiligt ist (Tochterkapitalgesellschaft), zu kürzen, wenn die Gewinnanteile bei der Ermittlung des Gewinns (§ 7 GewStG) angesetzt worden sind. Die Mindestbeteiligung von 15 % kann sowohl unmittelbar als auch mittelbar bestehen[1288]. Bei der Tochtergesellschaft muss es sich um eine Gesellschaft ohne Ort der Geschäftsleitung und Sitz im Inland handeln, so dass sog. doppelt ansässige Gesellschaften nicht hierunter fallen. Nach § 9 Nr. 7 Satz 2 GewStG gelten § 9 Nr. 2a Satz 3 bis 5 GewStG entsprechend[1289].

Die in Rz. 14.499 ff. dargelegten Beschränkungen zur Teilwertabschreibung u.a. gelten für Zwecke 14.473
der **Gewerbesteuer** entsprechend[1290].

Die Finanzierungskosten für den Erwerb der Tochtergesellschaft unterliegen auf der Ebene der Hol- 14.474
dingkapitalgesellschaft der **gewerbesteuerlichen Hinzurechnung** nach § 8 Nr. 1 Buchst. a Satz 1 GewStG i.H.v. 25 %[1291].

Bei der Beteiligung der Holdingkapitalgesellschaft an einer Mitunternehmerschaft sind die Korrektu- 14.475
ren nach **§ 8 Nr. 8 GewStG** und **§ 9 Nr. 2 GewStG** zu beachten. § 8 Nr. 8 GewStG bestimmt, dass die Anteile am Verlust einer inländischen oder ausländischen Personengesellschaft (Mitunternehmerschaft) dem Gewinn hinzuzurechnen sind. Dadurch soll die doppelte Berücksichtigung von Verlusten für gewerbesteuerliche Zwecke vermieden werden. Andererseits sind Gewinnanteile aus in- oder ausländischen Personengesellschaft (Mitunternehmerschaften) nach § 9 Nr. 2 GewStG für gewerbesteuerliche Zwecke zu eliminieren. Als Gegenstück zu § 8 Nr. 8 GewStG soll hierdurch eine Doppelbelastung vermieden werden.

1285 Zustimmend: *Suchanek/Hannweber*, Ubg 2016, 441; *Roser* in Lenski/Steinberg, § 9 Nr. 2a GewStG Rz. 16 m.w.N.; a.A.: *Gosch* in Blümich, § 9 GewStG Rz. 164, wonach nur Kapitalgesellschaften erfasst sind, die den Ort der Geschäftsleitung und ihren Sitz im Inland haben; vgl. zu europarechtlichen Fragestellungen: *Kollruss*, IStR 2014, 51 ff.

1286 Vgl. *Roser* in Lenski/Steinberg, § 9 Nr. 2a GewStG Rz. 16 m.w.N.; a.A.: *Gosch* in Blümich, § 9 GewStG Rz. 164, wonach nur Kapitalgesellschaften erfasst sind, die den Ort der Geschäftsleitung und ihren Sitz im Inland haben; vgl. zu europarechtlichen Fragestellungen: *Kollruss*, IStR 2014, 51 ff.

1287 *Güroff* in Glanegger/Güroff, § 9 Nr. 7 GewStG Rz. 1; *Roser* in Lenski/Steinberg, § 9 Nr. 7 GewStG Rz. 18.

1288 H 9.5 „Mindestbeteiligung für die Kürzung nach § 9 Nr. 7 Satz 1 GewStG" GewStR 2009.

1289 Begründung zu dem Entwurf eines Jahressteuergesetzes 2008 (JStG 2008) v. 10.8.2007, BR-Drucks. 544/07, 98.

1290 Die ausschüttungs- und abführungsbedingten Teilwertabschreibungen sind gewerbesteuerlich nicht anzuerkennen, vgl. im Einzelnen: § 8 Nr. 10a GewStG.

1291 Es wird für alle Hinzurechnungstatbestände nach § 8 Nr. 1 GewStG ein Freibetrag von 100.000 Euro gewährt.

b) Personengesellschaften

14.476 Die Personengesellschaftsholding ist gem. § 2 Abs. 1 Satz 2 GewStG selbst **Gewerbesteuersubjekt**, falls sie gewerbliche Einkünfte i.S.d. § 15 EStG erzielt. Nach § 7 Satz 4 GewStG finden § 8b KStG sowie § 3 Nr. 40 und § 3c Abs. 2 EStG bei der **Ermittlung des Gewerbeertrags** (§ 7 GewStG) einer Mitunternehmerschaft ebenfalls Anwendung[1292]. Soweit natürliche Personen als **Mitunternehmer** an der Holding der Rechtsform der Personengesellschaft beteiligt sind, sind die Dividenden i.H.v. 40 % für Zwecke der Gewerbesteuer befreit; etwaige mit den Dividenden in wirtschaftlichem Zusammenhang stehende Betriebsausgaben sind nur i.H.v. 60 % zum Abzug zugelassen. Soweit Kapitalgesellschaften oder Genossenschaften an der Holdingpersonengesellschaft beteiligt sind, gelten die obigen Ausführungen (vgl. Rz. 14.467). Da die Kürzungsnorm des § 8 Nr. 5 GewStG und die Hinzurechnungsnormen der § 9 Nr. 2a und Nr. 7 GewStG rechtsformunabhängig ausgestaltet sind, kann wegen der sich hieraus ergebenden Folgen auf die vorstehenden Ausführungen unter Rz. 14.466 verwiesen werden.

3. Maßnahmen zur Vermeidung der Doppelbesteuerung

a) Unilaterale Maßnahmen

14.477 Soweit DBA nicht eingreifen, wird die Doppelbesteuerung und ggf. auch eine Mehrfachbesteuerung durch **unilaterale Maßnahmen** vermieden, die im Einkommensteuerrecht insbesondere in § 34c EStG, im Körperschaftsteuerrecht in § 26 KStG und im Gewerbesteuerrecht im § 9 Nr. 7 GewStG verankert sind. Während im Gewerbesteuerrecht die Vermeidung der Doppelbesteuerung im Wege der Steuerbefreiung möglich ist, stehen im Einkommen- und Körperschaftsteuerrecht die Steueranrechnung als Methode der Vermeidung der Doppelbesteuerung im Vordergrund. Daneben sind als weitere Methoden zur Vermeidung der Doppelbesteuerung der Steuerabzug, die Steuerpauschalierung, die Steuerermäßigung und der Steuererlass vorgesehen. Schließlich lassen sich auch die teilweise Besteuerung von Dividenden und Anteilsveräußerungsgewinnen gem. § 3 Nr. 40 EStG, die Steuerfreistellung gem. § 3 Nr. 41 EStG sowie die Dividendenfreistellung gem. § 8b Abs. 1 KStG und die Steuerbefreiung für Anteilsveräußerungsgewinne gem. § 8b Abs. 2 KStG als Maßnahmen zur Vermeidung der Doppelbesteuerung auffassen.

14.478 Für den Bereich der **Einkommensteuer**, also bei in der Rechtsform von **Personengesellschaften** geführten Holdings mit Beteiligung natürlicher Personen, sind die unilateralen Maßnahmen zur Vermeidung der Doppelbesteuerung in **§ 34c EStG** normiert. § 34c Abs. 1 EStG regelt die direkte **Steueranrechnung**, die als begrenzte Anrechnungsmethode (ordinary credit) so ausgestaltet ist, dass eine Anrechnung ausländischer Steuern beim Gesellschafter nur bis zur Höhe der entsprechenden inländischen Einkommensteuer in Betracht kommt. Das gilt auch in den Fällen, in denen auf ausländische Dividenden eine Quellensteuer lastet. Soweit das Teileinkünfteverfahren (§ 3 Nr. 40 Buchst. d EStG) zur Anwendung kommt, ist hierbei die anzurechnende ausländische Quellensteuer nicht entsprechend (40 %) zu kürzen[1293]. Greift (ausnahmsweise) die sog. Abgeltungsteuer (§ 32d EStG) ein, weil es sich um eine (nichtgewerbliche) vermögensverwaltende Personengesellschaft handelt; beurteilt sich die Steueranrechnung nach § 32d Abs. 5 EStG.

14.479 Anrechnungsfähig sind nur **ausländische Steuern**, die auf **ausländische Einkünfte** erhoben werden. Was unter ausländischen Einkünften zu verstehen ist, ergibt sich aus § 34d EStG. Hierunter fallen insbesondere Einkünfte von im Inland ansässigen Personengesellschaft-Holdings, die diese im Ausland durch eine dort belegene Betriebsstätte oder als Gewinnanteile von einer dortigen Personengesellschaft (§ 34d Nr. 2 EStG) oder als Dividenden von ausländischen Kapitalgesellschaften (§ 34d

1292 Die urspünglich abweichende Auffassung der Finanzverwaltung im BMF v. 28.4.2003, BStBl. I 2003, 292, Tz. 57, ist überholt.

1293 Vgl. R 34c Abs. 2 Satz 3 EStR.

Nr. 6 EStG) beziehen. Bei der Ermittlung der ausländischen Einkünfte[1294] sind Betriebsausgaben und Betriebsvermögensminderungen abzuziehen, die mit diesen Einkünften zugrunde liegenden Einnahmen in wirtschaftlichem Zusammenhang stehen (§ 34c Abs. 1 Satz 4 EStG). Es reicht somit ein bloß mittelbarer Zusammenhang aus. Betroffen hierdurch sind ausländische Einkünfte der in § 34d Nr. 3, 4, 6, 7 und 8 Buchst. c EStG genannten Art. Damit sind etwa Wertverluste an Beteiligungen zu berücksichtigen. Entsprechendes gilt für Währungsverluste: Sie sind grundsätzlich den ausländischen Einkünften zuzuordnen[1295], so dass das Anrechnungsvolumen entsprechend gekürzt wird. Etwas anderes gilt allerdings bei finalen Währungsverlusten im EU-/EWR-Bereich, die im Betriebstättenstaat nicht berücksichtigt werden können[1296]. Diese stellen keine ausländischen Einkünfte dar. Anrechenbar sind nur die Steuern des Staates, aus dem die Einkünfte stammen. Drittstaatensteuern können nicht angerechnet werden; für diese kommt allein ein Steuerabzug gem. § 34c Abs. 3 EStG in Betracht.

Die Steuern des Ursprungsstaates müssen der deutschen Einkommensteuer entsprechen. Da die 14.480
Steuersysteme der verschiedenen Staaten unterschiedlich sind, genügt die **Gleichartigkeit** der Auslandssteuern mit der deutschen Einkommensteuer[1297]. Anrechenbar ist nur eine festgesetzte und gezahlte sowie keinem Ermäßigungsanspruch mehr unterliegende ausländische Steuer. Diese Steuer ist auf die deutsche Einkommensteuer anzurechnen, die auf die Einkünfte aus dem betreffenden ausländischen Staat entfällt. Die auf die ausländischen Einkünfte entfallende deutsche Einkommensteuer ist in der Weise zu ermitteln, dass der sich bei der Veranlagung des zu versteuernden Einkommens, einschließlich der ausländischen Einkünfte, nach den §§ 32a, 32b, 34, 34a und 34b EStG ergebende durchschnittliche Steuersatz auf die ausländischen Einkünfte anzuwenden ist. Damit wird im Ergebnis lediglich die Anrechnung ausländischer Steuern auf diejenige deutsche Einkommensteuer ermöglicht, die auf Einkünfte aus dem betreffenden ausländischen Staat selbst entfällt (**Anrechnungshöchstbetrag**). Diese per country limitation ergibt sich ausdrücklich aus § 68a EStDV.

Die Anwendung der **per country limitation** verhindert eine durchgängige Vermeidung der Doppel- 14.481
besteuerung: Bei Bezug von Einkünften in mehreren Staaten, dürfen die den jeweiligen Höchstbetrag übersteigenden ausländischen Steuern nicht durch nicht ausgenutzte Höchstbeträge in anderen Ländern aufgefangen werden. Ein Ausgleich von hoch und niedrig besteuerten Einkünften verschiedener Länder ist für Zwecke der Steueranrechnung also nicht möglich[1298]. Stehen allerdings positiven Einkünften aus einem ausländischen Staat negative Einkünfte aus einem anderen ausländischen Staat gegenüber, wirkt sich die Höchstbetragsrechnung nach der per country limitation günstig aus, weil anderenfalls im Falle der Zusammenrechnung eine Steueranrechnung mangels ausländischer Einkünfte zunichte gemacht würde. Übersteigt die ausländische Steuer den Anrechnungshöchstbetrag, so kann für den übersteigenden Teil die Doppelbesteuerung insoweit nicht vermieden werden. Insbesondere können derartige Anrechnungsüberhänge nicht im Rahmen eines Anrechnungsvor- oder -rücktrags (carry forward, carry back) steuerlich zur Geltung gebracht werden[1299]. Anrechnungsüberhänge entstehen insbesondere in den Fällen, in denen im Ausland Quellensteuern auf Bruttobasis erhoben werden[1300].

1294 Hierfür gilt das deutsche Steuerrecht.

1295 BFH v. 16.3.1994 – I R 42/93, BStBl. II 1994, 799; BFH v. 16.2.1996 – I R 46/95, BStBl. II 1996, 588; BFH v. 16.2.1996 – I R 43/95, BStBl. II 1997, 128; BFH v. 18.9.1996 – I R 69/95, BFH/NV 1997, 408; BFH v. 16.12.2008 – I B 44/08, BFH/NV 2009, 940.

1296 EuGH v. 28.2.2008 – C-293/06, ECLI:EU:C:2008:129 – Deutsche Shell, GmbHR 2008, 391 für den Fall der grenzüberschreitenden Rückführung.

1297 Vgl. Anlage 6 zu R 34c EStG, die einen nicht abschließenden Katalog ausländischer Steuern enthält, die der deutschen Einkommensteuer entsprechen.

1298 Hierzu *Schaumburg*, Internationales Steuerrecht, Rz. 18.104 f.

1299 Hierzu *Schaumburg*, Internationales Steuerrecht, Rz. 18.112 f.

1300 Hier ist ggf. eine gesetzestechnisch nicht vorgesehene Anrechnung auch auf die Gewerbesteuer von Bedeutung; zu diesem Problem vgl. *Schaumburg*, Internationales Steuerrecht, Rz. 18.217; *M. Frotscher* in FS Frotscher, S. 115 ff.

14.482 Erfolgt die Anrechnung ausländischer Steuern nach Maßgabe des § 32d Abs. 5 EStG (Abgeltungsteuer), beträgt der Höchstbetrag der Anrechnung 25 % auf den einzelnen Kapitalertrag (§ 32d Abs. 5 Satz 1 EStG). Die per country limitation gilt hier (ausnahmsweise) nicht[1301].

14.483 Gemäß **§ 34c Abs. 2 EStG** kann anstelle der Anrechnung die ausländische Steuer auf Antrag bei der Ermittlung der Einkünfte **abgezogen werden.** Dieses Wahlrecht impliziert, dass **Steuerabzug** und Steueranrechnung nur unter den gleichen Voraussetzungen möglich sind. Der Steuerabzug, für den länderbezogen Jahr für Jahr gesondert optiert werden kann[1302], wird insbesondere in folgenden Fällen günstiger sein als die Steueranrechnung[1303]:

- Fällt etwa infolge von (inländischen) Verlusten keine deutsche Einkommensteuer auf die ausländischen Einkünfte der Personengesellschaft an, so geht eine Steueranrechnung ins Leere. Dagegen führt der Steuerabzug zu einer Erhöhung des Verlustrück- bzw. Verlustvortrages (§ 10d EStG) und kann hierdurch steuerwirksam werden.
- Überschreitet die ausländische Steuer auf die ausländischen Einkünfte den Anrechnungshöchstbetrag, geht der Anrechnungsüberhang verloren. Handelt es sich hierbei nicht nur um geringfügige Beträge, ist der Steuerabzug gem. § 34c Abs. 2 EStG insgesamt günstiger.

14.484 Im Unterschied zum Steuerabzug gem. § 34c Abs. 2 EStG greift der Steuerabzug gem. **§ 34c Abs. 3 EStG** nur dann ein, wenn die Voraussetzungen für eine Steueranrechnung gem. § 34c Abs. 1 EStG nicht gegeben sind. Dieser Steuerabzug kommt mithin insbesondere dann in Betracht, wenn die ausländische Steuer

- nicht der deutschen Einkommensteuer entspricht,
- nicht in dem Staat erhoben wird, aus dem die Einkünfte stammen, oder
- auf Einkünfte erhoben wird, die keine ausländischen Einkünfte i.S.d. § 34d EStG sind.

14.485 Neben Steueranrechnung und Steuerabzug kommt als Maßnahme zur Vermeidung der Doppelbesteuerung auch die **Steuerpauschalierung** in Betracht (§ 34c Abs. 5 EStG)[1304].

14.486 Wird die im Inland ansässige internationale Holding in der Rechtsform einer **Kapitalgesellschaft** geführt, so greifen die in **§ 26 KStG** für die **Körperschaftsteuer** maßgeblichen unilateralen Maßnahmen zur Vermeidung der Doppelbesteuerung ein. Während auf bilateraler Ebene neben der Anrechnungsmethode auch die Freistellungsmethode Geltung hat, ist ebenso wie im § 34c EStG auch im § 26 KStG die Freistellungsmethode nicht vorgesehen. Allerdings sieht § 8b Abs. 1, 2 KStG für Dividenden und Anteilsveräußerungsgewinne eine auf die Vermeidung der Doppelbesteuerung gerichtete Freistellung vor.

14.487 Im **§ 26 KStG** sind folgende Methoden zur Vermeidung der Doppelbesteuerung geregelt:

- Direkte Steueranrechnung (§ 26 Abs. 1 KStG),
- Steuerabzug (§ 26 Abs. 1 KStG i.V.m. § 34c Abs. 2 und 3 EStG),
- Steuerpauschalierung (§ 26 Abs. 1 KStG i.V.m. § 34c Abs. 5 EStG).

14.488 Die **direkte Steueranrechnung** (§ 26 Abs. 1 KStG) entspricht weitgehend der in § 34c Abs. 1 EStG geregelten Steueranrechnung (hierzu Rz. 14.478). § 26 Abs. 1 KStG ermöglicht es insbesondere, die auf von ausländischen Tochterkapitalgesellschaften entrichteten Lizenzgebühren erhobenen Quellensteuern sowie die für die Gewinne ausländischer Tochterpersonengesellschaften und Betriebsstät-

1301 *Weber-Grellet* in Schmidt, § 32d EStG Rz. 18; BMF v. 18.1.2016, BStBl. I 2016, 85 Rz. 202.
1302 Vgl. R 34c Abs. 4 EStR.
1303 Hierzu *Wassermeyer* in Flick/Wassermeyer/Baumhoff/Schönfeld, § 34c EStG Rz. 257.
1304 Zu Einzelheiten *Schaumburg*, Internationales Steuerrecht, Rz. 18.124 ff.

ten gezahlten Körperschaftsteuern anzurechnen[1305]. Soweit ausländische Quellensteuern auf Bruttobasis erhoben werden, kann es zu Anrechnungsüberhängen kommen[1306].

Gemäß § 26 Abs. 1 Satz 1 Nr. 1 KStG kann anstelle der Steueranrechnung die Vermeidung der Doppelbesteuerung wahlweise auch durch den **Steuerabzug gem. § 34c Abs. 2 EStG** erfolgen. Über § 26 Abs. 6 Satz 1 KStG kommt auch der Steuerabzug gem. § 34c Abs. 3 EStG in Betracht, und zwar dann, wenn die Voraussetzungen für die Steueranrechnung gem. § 26 Abs. 1 Satz 1 KStG (§ 34c Abs. 1 EStG) oder den Steuerabzug gem. 26 Abs. 1 Satz 1 KStG (§ 34c Abs. 2 EStG) nicht gegeben sind, weil die ausländische Steuer 14.489

- nicht der deutschen Einkommen-/Körperschaftsteuer entspricht,
- nicht in dem Staat erhoben wird, aus dem die Einkünfte stammen, oder
- auf Einkünfte erhoben wird, die keine ausländischen Einkünfte i.S.d. § 34d EStG sind.

Über § 26 Abs. 1 KStG findet schließlich auch die Regelung des § 34c Abs. 5 EStG Anwendung mit der Folge, dass ebenso wie für die Einkommensteuer auch für die Körperschaftsteuer z.B. ein **Steuerpauschalierung** in Anspruch genommen werden kann. 14.490

Für Zwecke der **Gewerbesteuer** wird für im Inland ansässige internationale in der Rechtsform von **Personengesellschaften** geführte Holdings die Doppelbesteuerung für Dividenden aus dem Ausland durch das in § 9 Nr. 7 GewStG verankerte **gewerbesteuerliche Schachtelprivileg** vermieden. Zwar schlägt die teilweise Dividendenfreistellung (§ 3 Nr. 40 Buchst. d EStG) auf die Gewerbesteuer durch, soweit natürliche Personen unmittelbar oder mittelbar über eine oder mehrere Personengesellschaften beteiligt sind (§ 7 Satz 4 GewStG), gem. § 8 Nr. 5 GewStG erfolgt aber eine Hinzurechnung, soweit nicht die Voraussetzungen des § 9 Nr. 7 GewStG vorliegen. Demgegenüber verbleibt es für die Gewinne aus der Veräußerung von Kapitalanteilen bei der auch für die Gewerbesteuer maßgeblichen Besteuerung im Teileinkünfteverfahren. Für Holdings in der Rechtsform von **Kapitalgesellschaften** greift für Dividenden aus dem Ausland die Steuerfreistellung gem. § 8b Abs. 1 KStG ein[1307], die im Grundsatz auch auf die Gewerbesteuer durchschlägt (§ 7 Satz 1 GewStG). Indessen erfolgt auch hier eine gewerbesteuerliche Hinzurechnung (§ 8 Nr. 5 GewStG), soweit nicht die Voraussetzungen des **gewerbesteuerlichen Schachtelprivilegs** (§ 9 Nr. 7 GewStG) erfüllt sind. Gewinne aus der Veräußerung von Kapitalanteilen sind in Anknüpfung an § 8b Abs. 2 und Abs. 3 KStG dagegen ohne zusätzliche gewerbesteuerrechtliche Einschränkung zu 95 % von der Gewerbesteuer befreit. 14.491

Das **gewerbesteuerliche Schachtelprivileg** ist als Kürzung ausgestaltet und bewirkt beim Gewerbeertrag, dass die Summe des Gewinns und der Hinzurechnungen um die Gewinne aus Anteilen einer ausländischen Kapitalgesellschaft bei einer Beteiligung von mindestens 15 %[1308] gekürzt wird (§ 9 Nr. 7 Satz 1 Halbs. 1 GewStG). Voraussetzung ist neben einer Mindestbeteiligungsquote von 15 %, eine Beteiligung zu Beginn des Erhebungszeitraums. 14.492

Bezieht die im Inland ansässige Holding Gewinnanteile von ausländischen Personengesellschaften, so erfolgt ohne Rücksicht auf eine Mindestbeteiligungsquote eine Kürzung gem. § 9 Nr. 2 Satz 1 GewStG. Ebenso sind Gewinne aus der Veräußerung von Anteilen an ausländischen Personengesellschaften generell der Besteuerung durch die deutsche Gewerbesteuer entzogen (§ 2 Abs. 1, und Abs. 6 GewStG). 14.493

1305 Zu Einzelheiten *Schaumburg*, Internationales Steuerrecht, Rz. 18.198 ff.

1306 Zum Problem einer Anrechnung auf die Gewerbesteuer, vgl. *Schaumburg*, Internationales Steuerrecht, Rz. 18.217; *M. Frotscher* in FS Frotscher, S. 115 ff.

1307 Vorbehaltlich § 8b Abs. 1 Satz 2 KStG (Korrespondenzklausel), § 8b Abs. 4 KStG (Streubesitzdividenden) und § 8b Abs. 7 KStG (Finanzunternehmen).

1308 Eine mittelbare Beteiligung etwa über eine vermögensverwaltende Personengesellschaft fällt auch hierunter; BFH v. 17.5.2000 – I R 31/99, BStBl. II 2001, 685.

b) Bilaterale Maßnahmen

14.494 Die Bundesrepublik Deutschland unterhält ein dichtes Netz von DBA[1309], so dass die Doppelbesteuerung im bilateralen Verhältnis jedenfalls zu den wichtigsten Industriestaaten durch **DBA** gemildert oder gar vermieden wird. Für im Inland ansässige internationale Holdings steht hierbei die Vermeidung der Doppelbesteuerung von Dividenden[1310] und sonstigen Gewinntransfers aus dem Ausland, etwa von Betriebsstätten und Personengesellschaften, im Vordergrund. Die Vermeidung der Doppelbesteuerung erfolgt hierbei entweder durch Steuerfreistellung oder durch Steueranrechnung. Welche Methode eingreift, hängt im Wesentlichen von der Qualifikation der zufließenden Dividenden und Gewinne ab. Darüber hinaus kommt es auch darauf an, ob Empfänger dieser Dividenden und Gewinne Kapitalgesellschaften oder Personengesellschaften sind.

14.495 Im Einzelnen gilt Folgendes: Ist eine in der Bundesrepublik Deutschland ansässige internationale Holding, die in der Rechtsform einer **Personengesellschaft** organisiert ist, an originär gewerblich tätigen ausländischen Personengesellschaften beteiligt, so werden diese Gewinnanteile und die ihnen zugrunde liegenden Vermögenswerte nach Maßgabe der meisten deutschen DBA im Inland von den Steuern vom Einkommen[1311] freigestellt (Betriebsstättenfreistellung).

14.496 Da deutsche Personengesellschaften durchweg nicht abkommensberechtigt sind[1312], können nur ihre Gesellschafter unmittelbar selbst die abkommensrechtlichen Schutzwirkungen in Anspruch nehmen. Die für Gewinnanteile an ausländischen Personengesellschaften gewährte Befreiung schlägt damit stets auf die Gesellschafterebene der deutschen Personengesellschaft durch.

14.497 Die Freistellung der Gewinnanteile an ausländischen originär gewerblich tätigen Personengesellschaften beruht auf dem in allen deutschen DBA verankerten **Betriebsstättenprinzip**[1313]. Die Reichweite der Steuerbefreiung hängt davon ab, welche Gewinne der ausländischen Personengesellschaften (Betriebstätten) zugerechnet werden können. Abzustellen ist hierbei auf den Veranlassungszusammenhang mit der ausgeübten Tätigkeit. Die Gewinnaufteilung richtet sich nach § 1 Abs. 5 AStG i.V.m. der Betriebstättengewinnaufteilungsverordnung[1314]. Dieses Betriebsstättenprinzip führt indessen nicht ohne Vorbehalt zu einer Steuerfreistellung. So wird die Steuerfreistellung nach Maßgabe des abkommensrechtlichen Betriebsstättenprinzips in Drittstaatenfällen unter Progressionsvorbehalt gestellt (§ 32b Abs. 1 Satz 1 Nr. 3 EStG) mit der Folge, dass die steuerbefreiten ausländischen Einkünfte bei der Ermittlung des Steuersatzeinkommens der an der internationalen Holding beteiligten Gesellschafter (Mitunternehmer) als steuerpflichtig zu behandeln sind[1315]. Darüber hinaus steht in der deutschen Abkommenspraxis die Freistellung von Betriebsstätteneinkünften nicht selten unter Aktivitätsvorbehalt[1316], so dass die Steuerfreistellung versagt wird, wenn die Einnahmen der Betriebsstätte nicht aus aktiven Tätigkeiten stammen. Insoweit verbleibt nur eine Steueranrechnung oder alternativ der Steuerabzug (§ 34c Abs. 6 Satz 2 EStG), für die beide die Regeln des § 34c EStG

1309 Der Stand der DBA wird jeweils zu Beginn eines Jahres im BStBl. I veröffentlicht.

1310 Für Kapitalgesellschaften ist die Inanspruchnahme von § 8b Abs. 1 KStG vorrangig; *Schaumburg*, Internationales Steuerrecht, Rz. 18.145.

1311 Einschließlich des als Ergänzungsabgabe erhobenen Solidaritätszuschlags, vgl. §§ 1 und 4 SolZG. Aus deutscher Sicht gehören hierzu die Einkommen-, Körperschaft- und die Gewerbesteuer.

1312 Zu Einzelheiten *Schaumburg*, Internationales Steuerrecht, Rz. 19.177 ff.; BMF v. 26.9.2014, BStBl. I 2014, 1258 Rz. 2.1.

1313 Jedem Gesellschafter (Mitunternehmer) wird jeweils eine Betriebsstätte vermittelt, so dass das Betriebsstättenprinzip (Art. 7 Abs. 1 OECD-MA) ebenfalls für jeden Gesellschafter gilt; BFH v. 24.8. 2011 – I R 46/10, BFH/NV 2011, 2165; BFH v. 16.10.2002 – I R 17/01, BStBl. II 2003, 631; BFH v. 12.6.2013 – I R 47/12, RIW 2014, 90; *Ditz* in Schönfeld/Ditz, Art. 7 OECD-MA (2008) Rz. 70.

1314 Verordnung zur Anwendung des Fremdvergleichsgrundsatzes auf Betriebstätten nach § 1 Abs. 5 AStG (Betriebstättengewinnaufteilungsverordnung), BGBl. I 2014, 1603.

1315 Der Progressionsvorbehalt gilt nur für die Einkommensteuer und damit zugleich für die Kirchensteuer und den Solidaritätszuschlag.

1316 So z.B. gem. Art. 24 Abs. 1 Nr. 1a DBA-Schweiz; *Ismer* in Vogel/Lehner, Art. 23 DBA Rz. 67 ff.

(hierzu Rz. 14.478 ff.) maßgeblich sind. Entsprechendes gilt für in Betriebsstätten erzielte niedrig besteuerte Einkünfte aus passivem Erwerb, für die gem. § 20 Abs. 2 AStG ungeachtet der DBA nicht die Freistellungs-, sondern lediglich die Anrechnungsmethode zur Anwendung kommt[1317]. Im Betriebsstättenstaat unterliegen die Gewinnanteile der dort ansässigen originär gewerblich tätigen Personengesellschaften aufgrund des abkommensrechtlichen Betriebsstättenprinzips somit uneingeschränkt der dortigen Besteuerung. Die vorgenannten Grundsätze gelten auch für entsprechende Veräußerungsgewinne (Art. 13 Abs. 2 OECD-MA)[1318].

Die dargestellten Rechtsfolgen gelten nur dann, wenn den im Inland ansässigen Holdings auslän- 14.498
dische Personengesellschaften nachgeschaltet sind, die nach **übereinstimmender Qualifikation**[1319] der beteiligten Vertragsstaaten als nicht selbständige Steuersubjekte nach Maßgabe der auch im deutschen Steuerrecht verankerten Mitunternehmerkonzeption (§ 15 Abs. 1 Nr. 2 EStG) unterworfen sind[1320]. Wird dagegen die ausländische Personengesellschaft übereinstimmend als selbständiges Steuersubjekt behandelt, so erzielt diese Personengesellschaft selbst Unternehmensgewinne und deren Gesellschafter – hier: die in der Bundesrepublik Deutschland ansässige internationale Holding – erhalten im Falle der Ausschüttung Dividenden[1321]. Bei einer derart übereinstimmenden Qualifikation ist eine auf einheitliche Rechtsfolgen gerichtete gleichförmige Anwendung der DBA und damit eine weitgehende Vermeidung der Doppelbesteuerung gewährleistet.

Bei **divergierender Qualifikation** als selbständiges Steuersubjekt nur im Sitzstaat der ausländischen 14.499
Personengesellschaft bezieht die Personengesellschaft abkommensrechtlich zwar ebenfalls Unternehmensgewinne und im Falle der Ausschüttung die Gesellschafter ebenfalls Dividendeneinkünfte[1322], in Deutschland werden die entsprechenden Zuflüsse nach innerstaatlichem Steuerrecht aber als nicht steuerbare Entnahmen gewertet[1323]. Wird die ausländische Personengesellschaft nur in Deutschland (ausnahmsweise) als selbständiges Steuersubjekt anerkannt, erzielen abkommensrechtlich die Gesellschafter andere Einkünfte (Art. 21 OECD-MA)[1324], die in Deutschland als Dividenden (§ 20 Abs. 1 Nr. 1 EStG) zu behandeln sind, für die die §§ 3 Nr. 40 Buchst. d, 32d EStG oder § 8b Abs. 1 KStG zur Anwendung kommen[1325]. Es kommt dann zu sog. Qualifikationskonflikten, die zu einer internationalen Doppelbesteuerung führen können[1326].

1317 Zu dieser treaty overriding-Klausel *Seer*, IStR 1997, 481 ff., 520 ff.; zur Verfassungsmäßigkeit BFH v. 10.1.2012 – I R 66/09, BFH/NV 2012, 1056; BFH v. 11.12.2013 – I R 4/13, GmbHR 2014, 323.

1318 Zu Einzelheiten vgl. *Lieber* in Schönfeld/Ditz, Art. 13 OECD-MA Rz. 59 ff.

1319 Zum Rechtstypenvergleich aus deutscher Sicht BFH v. 20.8.2008 – I R 34/08, BStBl. II 2009, 263; BFH v. 25.5.2011 – I R 95/10, GmbHR 2011, 1004; BMF v. 19.3.2004, BStBl. I 2004, 411; BMF v. 26.9.2014, BStBl. I 2014, 1258 Rz. 1.2; *Ditz* in Schönfeld/Ditz, Art. 7 OECD-MA (2008) Rz. 76.

1320 In diesem Fall ist der Anteil eines jeden Gesellschafters an der ausländischen Personengesellschaft Unternehmen i.S.v. Art. 7 OECD-MA; BFH v. 17.10.1990 – I R 16/89, BStBl. II 1991, 211; BFH v. 18.12.2002 – I R 92/01, IStR 2003, 388; *Hemmelrath* in Vogel/Lehner, Art. 7 DBA Rz. 36 f.; *Ditz* in Schönfeld/Ditz, Art. 7 OECD-MA (2008) Rz. 76.

1321 Art. 10 OECD-MA; hierzu *Schaumburg*, Internationales Steuerrecht, Rz. 19.177 ff.; *Ditz* in Schönfeld/Ditz, Art. 7 OECD-MA (2008) Rz. 77.

1322 *Prokisch* in Vogel/Lehner, Art. 1 DBA Rz. 34c; *Schaumburg*, Internationales Steuerrecht, Rz. 19.177 ff.

1323 BFH v. 16.11.1989 – IV R 143/85, BStBl. II 1990, 204; *Prokisch* in Vogel/Lehner, Art. 1 DBA Rz. 34c; *Ditz* in Schönfeld/Ditz, Art. 7 OECD-MA (2008) Rz. 78; *Schaumburg*, Internationales Steuerrecht, Rz. 19.177 ff.

1324 BFH v. 20.8.2008 – I R 34/08, BStBl. II 2009, 263; *Schaumburg*, Internationales Steuerrecht, Rz. 19.177 ff.

1325 *Prokisch* in Vogel/Lehner, Art. 1 DBA Rz. 35a; *Schaumburg*, Internationales Steuerrecht, Rz. 19.177 ff.

1326 Vgl. BMF v. 26.9.2014, BStBl. I 2014, 1258, Tz. 4.1.3.1.

14.500 Dem Regime des abkommensrechtlichen Betriebsstättenprinzips sind grundsätzlich auch **Sondervergütungen**[1327] der in der Bundesrepublik Deutschland ansässigen internationalen Holding unterstellt (§ 50d Abs. 10 EStG)[1328]. Dementsprechend kommt im Grundsatz die abkommensrechtliche Betriebsstättenfreistellung zur Anwendung. Sie entfällt allerdings, wenn auf Grund unterschiedlicher Abkommensanwendung (Qualifikationskonflikt) eine Nicht- oder eine zu niedrige Besteuerung die Folge ist (§ 50d Abs. 10 Satz 8 i.V.m. § 50d Abs. 9 Satz 1 Nr. 1 EStG). Die vorgenannten Regelungen gelten auch für durch Sonderbetriebsvermögen veranlasste Erträge und Aufwendungen (§ 50d Abs. 10 Satz 2 EStG).

14.501 Das abkommensrechtliche Betriebsstättenprinzip vermag freilich nicht durchgängig eine Doppelbesteuerung zu vermeiden. Die Versagung der Abkommensberechtigung für Personengesellschaften, soweit sie im Sitzstaat keine Steuersubjekteigenschaft besitzen, führt nach Abkommensrecht insbesondere dann zu einer **nicht vermeidbaren Doppelbesteuerung**, wenn der ausländischen Personengesellschaft in Drittländern erzielte Einkünfte zuzuordnen sind[1329]. Im Hinblick darauf sind die Vermögensstrukturen internationaler Personengesellschaftskonzerne in der Praxis durchweg binnenorientiert.

14.502 Soweit einer in der Rechtsform einer Personengesellschaft organisierten inländischen internationalen Holding **ausländische Tochterkapitalgesellschaften** nachgeschaltet sind, werden bei Ausschüttungen sowohl nach Abkommensrecht[1330] als auch nach nationalem Recht Dividendeneinkünfte erzielt. Eine Steuerfreistellung, etwa aufgrund des abkommensrechtlichen **internationalen Schachtelprivilegs**[1331], ist auf Abkommensebene nicht vorgesehen: Eine Steuerfreistellung kann grundsätzlich nur unmittelbar von Kapitalgesellschaften in Anspruch genommen werden[1332]. Indessen: Sind an der Personengesellschaft Kapitalgesellschaften beteiligt, kann insoweit für Dividenden die Steuerfreistellung gem. § 8b Abs. 1, 6 KStG[1333], und sind natürliche Personen beteiligt, kann die teilweise Steuerbefreiung gem. § 3 Nr. 40 Buchst. d EStG beansprucht werden. Eine etwaige ausländische Quellensteuer kann sodann von Kapitalgesellschaften überhaupt nicht und von natürlichen Personen vollen Umfangs angerechnet oder (alternativ) abgezogen werden. Die Quellensteuerbefugnis des ausländischen Quellenstaates ist der Höhe nach beschränkt und übersteigt in keinem Fall 25 %[1334].

14.503 In den Fällen, in denen, den im Inland in der Rechtsform von Kapitalgesellschaften organisierten internationalen Holdings **ausländische Personengesellschaften** nachgeschaltet sind, gilt das abkom-

---

1327 Nach innerstaatlichem deutschen Steuerrecht greift stets § 15 Abs. 1 Nr. 2 EStG ein.

1328 Es handelt sich insoweit um ein sog. Treaty overriding; vgl. zu verfassungsrechtlichen Zweifeln BFH v. 10.1.2012 – I R 66/09, BFH/NV 2012, 1056, 2 BvL 1/12; BFH v. 11.12.2013 – I R 4/13, GmbHR 2014, 323, 614.

1329 Zu diesen Dreiecksverhältnissen *Prokisch* in Vogel/Lehner, Art. 1 DBA Rz. 7 ff.; *Dremel* in Schönfeld/Ditz, Art. 1 OECD-MA Rz. 71; *Schaumburg*, Internationales Steuerrecht, Rz. 19.182 f.

1330 Art. 10 OECD-MA.

1331 Einzelheiten hierzu *Schaumburg*, Internationales Steuerrecht, Rz. 19.324 ff.

1332 *Kaeser/Wassermeyer* in Wassermeyer, Art. 10 OECD-MA Rz. 92; *Gaffron* in Haase, Art. 10 OECD-MA Rz. 67; *Schönfeld/Häck* in Schönfeld/Ditz, Art. 23 A/B OECD-MA Rz. 68; *Schaumburg*, Internationales Steuerrecht, Rz. 19.350; zu vergleichbaren Fallgestaltungen BFH v. 4.4.1974 – III R 168/72, BStBl. II 1974, 598; BFH v. 4.4.1974 – I R 73/72, BStBl. II 1974, 645; BFH v. 8.5.1985 – I R 108/81, BStBl. II 1985, 523; BFH v. 15.6.1988 – II R 224/84, AG 1989, 204 = BStBl. II 1988, 761; anders dagegen zu § 9 Nr. 7 GewStG BFH v. 17.5.2000 – I R 31/99, BStBl. II 2001, 685; a.A. *Tischbirek/Specker* in Vogel/Lehner, Art. 10 DBA Rz. 74; *Gradel/Kleinhans* in Strunk/Kaminski/Köhler, Art. 10 OECD-MA Rz. 42; *Grützner* in Gosch/Kroppen/Grotherr, Art. 10 OECD-MA Rz. 104 f.; *Lemaitre/Lüdermann* in Wassermeyer/Richter/Schnittker, Personengesellschaften im Internationalen Steuerrecht, Rz. 7.39 unter Hinweis auf das entsprechende Revisionsprotokoll v. 12.3.2002 zum DBA-Schweiz (Art. VI Protokoll Nr. 1b zu Art. 10 Abs. 3; Gesetz v. 8.2.2003, BStBl. I 2003, 165).

1333 Vorbehaltlich § 8b Abs. 1 Satz 2 KStG (Korrespondenzklausel), § 8b Abs. 4 KStG (Streubesitzdividenden), § 8b Abs. 5 KStG (Schachtelstrafe), § 8b Abs. 7 KStG (Finanzunternehmen).

1334 Vgl. hierzu die Übersicht bei *Wassermeyer* in Wassermeyer, DBA, Anlage vor Art. 10–12 MA.

mensrechtliche Betriebsstättenprinzip[1335], soweit die Personengesellschaften originär gewerblich tätig sind (vgl. Rz. 14.497 ff.). Mitunter gilt allerdings die Besonderheit, dass für Gewinntransfers der Betriebsstättenstaat eine Quellensteuer erheben darf[1336].

Soweit im Inland in der Rechtsform von Kapitalgesellschaften geführte internationale Holdings Schachteldividenden von im Ausland nachgeschalteten Tochterkapitalgesellschaften erhalten, wird nach Maßgabe der deutschen DBA die Doppelbesteuerung grundsätzlich durch Steuerfreistellung aufgrund des **internationalen Schachtelprivilegs** vermieden. Das internationale Schachtelprivileg, das grundsätzlich für die Körperschaft- und Gewerbesteuer gilt, dient im Wesentlichen der Vermeidung der steuerlichen Mehrfachbelastung bei mehrstufigem Konzernaufbau. Dieses internationale Schachtelprivileg hat freilich nur in den Fällen Bedeutung, in denen die unilaterale Dividendenfreistellung des § 8b Abs. 1 KStG nicht eingreift. Das gilt z.B. für typisch stille Beteiligungen, wenn sie nach Maßgabe der deutschen DBA zwar Dividenden, aber nicht begünstigte Bezüge i.S.v. § 8b Abs. 1 KStG sind, und z.B. für von Finanzunternehmen vereinnahmte Dividenden, für die § 8b Abs. 7 KStG die Steuerbefreiung versagt. 14.504

Bei einem mehrstufigen inländischen Konzernaufbau wird nicht selten zwecks Vermeidung eines durch die sog. Schachtelstrafe (§ 8b Abs. 5 KStG) ausgelösten Kaskadeneffekts, ein (mehrstufiges) Organschaftsverhältnis begründet. In diesem Fall kann nur der Organträger die Steuerfreistellung des § 8b Abs. 1 KStG oder das abkommensrechtliche Schachtelprivileg in Anspruch nehmen, soweit er selbst die entsprechenden Voraussetzungen erfüllt (§ 15 Satz 1 Nr. 2, Satz 2 KStG)[1337]. 14.505

Das in den abkommensrechtlichen Vermeidungsnormen verankerte internationale Schachtelprivileg korrespondiert regelmäßig mit einer **Reduktion der Quellensteuer** auf Dividenden, so dass die Quellensteuer in keinem Fall 25 % übersteigt[1338]. Das internationale Schachtelprivileg setzt abkommensrechtlich zumeist eine Beteiligung an der Tochterkapitalgesellschaft i.H.v. mindestens 25 % voraus[1339]. 14.506

In nicht wenigen DBA[1340] wird die Steuerbefreiung aufgrund des internationalen Schachtelprivilegs unter **Aktivitätsvorbehalt** gestellt. Hieraus folgt, dass, soweit § 8b Abs. 1 KStG nicht in Betracht kommt, die Steuerbefreiung nur dann in Anspruch genommen werden kann, wenn die ausschüttenden ausländischen Tochterkapitalgesellschaften bestimmte Einkünfte aus aktiver Tätigkeit erzielen. Werden die Voraussetzungen des jeweiligen Aktivitätsvorbehaltes nicht erfüllt und greift auch nicht § 8b Abs. 1 KStG ein, unterliegen die Dividenden uneingeschränkt der deutschen Körperschaftsteuer, wobei dann die im anderen Vertragsstaat erhobene Quellensteuer angerechnet (§ 26 Abs. 1 KStG) oder aber vom Gesamtbetrag der Einkünfte der deutschen Kapitalgesellschaftsholding abgezogen werden kann (§ 34c Abs. 2 EStG, § 26 Abs. 1 KStG). Entsprechendes gilt auch für die Gewerbesteuer: Dividenden von nicht aktiv tätigen ausländischen Tochter-/Enkelgesellschaften unterliegen bei der die Dividenden empfangenden inländischen in der Rechtsform einer Kapitalgesellschaft geführten 14.507

1335 Art. 7 Abs. 1 OECD-MA.

1336 So z.B. die Branch Profits Tax gem. Art. 10 Abs. 9 DBA-USA.

1337 Sog. Bruttomethode; vgl. hierzu *Herlinghaus* in Herrmann/Heuer/Raupach, § 15 KStG Rz. 42 ff.; *Dötsch* in Dötsch/Pung/Möhlenbrock, § 15 KStG Rz. 20 f.; anders dagegen ggf. bei der gewerbesteuerlichen Organschaft; FG Münster v. 14.5.2014 – 10 K 1007/13 G, ISR 2014, 276 m. Anm. *von Böhmer*; hierzu *Pyszka/Nienhaus*, DStR 2014, 1585; Schlagheck, GmbHR 2014, 1138.

1338 Hierzu die Übersicht bei *Wassermeyer* in Wassermeyer, DBA, Anlage vor Art. 10–12 MA.

1339 Abkommensübersicht bei *Ismer* in Vogel/Lehner, Art. 23 DBA Rz. 90. Im Anwendungsbereich der sog. Mutter-Tochter-Richtlinie (Richtlinie 2011/96/EU über das gemeinsame Steuersystem der Mutter- und Tochtergesellschaften verschiedener Mitgliedstaaten v. 30.11.2011, ABl. Nr. L 345 v. 29.12. 2011, S. 8; zuletzt geändert durch Richtlinie 2015/96/EU v. 27.1.2015, ABl. Nr. L 21 v. 28.1.2015, S. 1), die lediglich eine Beteiligung von mindestens 10 % an der ausschüttenden EU-Tochtergesellschaft voraussetzt, darf im Ansässigkeitsstaat der ausschüttenden EU-Tochtergesellschaft keine Quellensteuer erhoben werden bzw. ist diese zu erstatten.

1340 Abkommensübersicht bei *Ismer* in Vogel/Lehner, Art. 23 DBA Rz. 90.

Holding uneingeschränkt der Gewerbesteuer, wenn das abkommensrechtliche Schachtelprivileg unter entsprechendem Aktivitätsvorbehalt steht[1341].

14.508 Das abkommensrechtliche internationale Schachtelprivileg hat nur eine **begrenzte Reichweite:** Die Steuerfreiheit kann von den Anteilseignern der inländischen Kapitalgesellschaftsholding grundsätzlich nicht in Anspruch genommen werden. Soweit nämlich die steuerfreien Schachteldividenden weiter ausgeschüttet werden, wird die Besteuerung auf Gesellschafterebene nachgeholt, soweit es sich um natürliche Personen handelt[1342]. Das gilt nur dann nicht, wenn die steuerfreien Schachteldividenden an andere vorgeschaltete Kapitalgesellschaften ausgeschüttet (§ 8b Abs. 1 KStG)[1343] oder aber im Rahmen einer Organschaft als Einkommen einer anderen Kapitalgesellschaft zugerechnet werden.

14.509 Das vorgenannte internationale Schachtelprivileg findet seine Erweiterung in § 8b Abs. 2 KStG, wonach die Gewinne aus der Veräußerung von Kapitalanteilen von der Körperschaftsteuer freizustellen sind[1344]. Auch diese steuerfreien Veräußerungsgewinne können ohne weitere Steuerbelastung[1345] an andere vorgeschaltete Kapitalgesellschaften weiter ausgeschüttet werden (§ 8b Abs. 1 KStG).

c) Erstattung von Quellensteuern

14.510 Die meisten Doppelbesteuerungsabkommen, die die Bundesrepublik Deutschland abgeschlossen hat, sehen hinsichtlich der **Quellensteuer** auf Dividenden Steuersätze zwischen 5 % und 25 % vor. Insofern werden bei Vorliegen bestimmter Voraussetzungen (Mindestbeteiligungshöhe, Mindestbeteiligungszeit) die jeweils nationalen Quellensteuersätze auf DBA-Ebene reduziert. Innerhalb der EU ist durch die Umsetzung der sog. Mutter-Tochter-Richtlinie[1346] eine Quellensteuerfreiheit bei Vorliegen bestimmter Voraussetzungen gegeben.

14.511 Die **Mutter-Tochter-Richtlinie** ist darauf gerichtet, innerhalb der EU die Mehrfachbesteuerung von Dividenden zwischen Kapitalgesellschaften zu vermeiden. Diese Mehrfachbesteuerung wird auf der Ebene der Muttergesellschaft dadurch vermieden, dass einerseits die Quellensteuer bei der ausschüttenden Tochtergesellschaft nicht erhoben und andererseits die Ausschüttungen bei der Muttergesellschaft von der Steuer freigestellt werden oder aber eine indirekte Steueranrechnung ermöglicht wird. Die Umsetzung in nationales Recht ist durch § 43b EStG, § 8b Abs. 1, 9 KStG[1347] und § 9 Nr. 7 GewStG erfolgt. Hiernach fällt keine Kapitalertragsteuer an, wenn die EU-Kapitalgesellschaft zum Zeitpunkt der Entstehung der Kapitalertragsteuer nachweislich mindestens zu 10 % unmittelbar am Kapital der (inländischen) Tochtergesellschaft beteiligt ist (§ 43b Abs. 2 Satz 1 EStG). Diese Mindestbeteiligung ist auch dann gegeben, wenn die Beteiligung an der (inländischen) Tochtergesellschaft

1341 Vgl. §§ 8 Nr. 5, 9 Nr. 7 GewStG.

1342 Teileinkünfteverfahren (§ 3 Nr. 40 Buchst. d EStG) oder Abgeltungsteuer (§ 32d EStG).

1343 Wegen § 8b Abs. 5 KStG greift im Ergebnis aber eine Steuerpflicht i.H.v. 5 % ein (sog. Schachtelstrafe); ggf. auch Steuerpflicht wegen § 8b Abs. 4 KStG (Streubesitzdividenden) oder wegen § 8b Abs. 7 KStG (Finanzunternehmen).

1344 Wegen § 8b Abs. 3 KStG beträgt die Steuerfreiheit im Ergebnis nur 95 %.

1345 Hinweis auf die 5 %-Klausel des § 8b Abs. 3 KStG; ggf. auch Steuerpflicht wegen § 8b Abs. 4 KStG (Streubesitzdividenden) oder wegen § 8b Abs. 7 KStG (Finanzunternehmen).

1346 Richtlinie 2011/96/EU über das gemeinsame Steuersystem der Mutter- und Tochtergesellschaften verschiedener Mitgliedstaaten v. 30.11.2011, ABl. Nr. L 345 v. 29.12.2011, S. 8; zuletzt geändert durch Richtlinie 2015/96/EU v. 27.1.2015, ABl. Nr. L 21 v. 28.1.2015, S. 1.

1347 Auf Grund der am 7.4.2014 vom Europäischen Rat beschlossenen Änderung der Mutter-Tochter-Richtlinie, die bis zum 31.12.2015 in nationales Recht umzusetzen ist, wird die Steuerfreistellung für Dividenden nur gewährt, wenn diese bei der ausschüttenden Gesellschaft nicht zu einem steuerlichen Abzug geführt haben. Diese auf die Vermeidung doppelter Nichtbesteuerung gerichtete Anti-Hybrid-Regelung ist bereits im Rahmen der in § 8b Abs. 1 Sätze 2 und 3 KStG verankerten Korrespondenzklausel berücksichtigt; vgl. hierzu *Haase*, IStR 2014, 650; *Kahlenberg*, StuW 2014, 647.

über eine EU-Betriebsstätte einer unbeschränkt steuerpflichtigen Muttergesellschaft gehalten wird, was voraussetzt, dass die Beteiligung an der (inländischen) Tochtergesellschaft tatsächlich zum Betriebsvermögen der Betriebsstätte gehört (§ 43b Abs. 1 Satz 3 EStG)[1348]. Voraussetzung ist ferner, dass die Mindestbeteiligung ununterbrochen zwölf Monate besteht, wobei diese Mindestbesitzzeit nicht bereits zum Zeitpunkt der Entstehung der Kapitalertragsteuer gegeben sein muss (§ 43b Abs. 2 Sätze 4 und 5 EStG). In diesem Fall ist die Kapitalertragsteuer nachträglich zu erstatten.

Die Erstattung erfolgt auf Antrag des Gläubigers (EU-Kapitalgesellschaft) beim Bundeszentralamt für Steuern (BZSt) (§ 50d Abs. 1 Satz 3 EStG). Die Kapitalertragsteuer wird von vornherein nicht einbehalten, wenn eine entsprechende Freistellungsbescheinigung des Bundeszentralamtes für Steuern vorliegt (§ 50d Abs. 2 EStG). Ein Anspruch auf Erstattung oder Freistellung ist allerdings dann nicht gegeben, soweit an der ausländischen EU-Kapitalgesellschaft 14.512

- Personen beteiligt sind, denen die Erstattung oder Freistellung nicht zustände, wenn sie die Kapitalerträge unmittelbar erzielten, und
- die von der ausländischen EU-Kapitalgesellschaft im betreffenden Wirtschaftsjahr erzielten Bruttoerträge nicht aus eigener Wirtschaftstätigkeit stammen, sowie
- in Bezug auf diese Erträge für die Einschaltung der ausländischen Gesellschaft wirtschaftlich oder sonst beachtliche Gründe fehlen, oder
- die ausländische EU-Kapitalgesellschaft nicht mit einen für ihren Geschäftszweck angemessen eingerichteten Geschäftsbetrieb am allgemeinen wirtschaftlichen Verkehr teilnimmt (§ 50d Abs. 3 Satz 1 EStG).

Die vorstehende **Missbrauchsregelung**[1349] ist gleichermaßen gegen die in § 43b Abs. 1 EStG und in den DBA verankerten Quellensteuerreduktionen gerichtet, so dass hierdurch zum einen EU-Kapitalgesellschaften[1350] und zum anderen abkommensberechtigte Gesellschaften[1351] erfasst sind. Soweit die vorstehende Regelung voraussetzt, dass an der ausländischen Gesellschaft[1352] Personen beteiligt sind, denen die Steuerentlastung bei unmittelbarem Bezug der Einkünfte nicht zustände, sind hierdurch sowohl natürliche als auch juristische Personen betroffen. Ob diese Personen im Inland oder im Ausland ansässig sind[1353], spielt keine Rolle. Damit werden von der Reichweite des § 50d Abs. 3 EStG auch sog. Mäander-Strukturen erfasst, in denen etwa eine inländische Kapitalgesellschaft Anteile an anderen inländischen Kapitalgesellschaften über eine ausländische Zwischenholding hält[1354]. Abzustellen ist nur auf die unmittelbar an der ausländischen Gesellschaft beteiligten Personen[1355]. 14.513

1348 § 43b Abs. 2a EStG enthält eine eigenständige Betriebsstättendefinition.

1349 Die anti-treaty-shopping-Regelung geht § 42 AO vor; *Loschelder* in Schmidt, § 50d EStG Rz. 45; BMF v. 24.1.2012, BStBl. I 2012, 171 Rz. 11.

1350 Anlage 2 zu § 43b EStG.

1351 Nach Art. 3 Abs. 1a und b OECD-MA in erster Linie Kapitalgesellschaften; vgl. BMF v. 24.1.2012, BStBl. I 2012, 171 Rz. 3.

1352 Ausländische Gesellschaften sind solche, die weder Sitz noch Ort der Geschäftsleitung im Inland haben oder im Falle der Doppelansässigkeit als im anderen DBA-Vertragsstaat ansässig gelten; BMF v. 24.1.2012, BStBl. I 2012, 171 Rz. 3.

1353 Im Sinne unbeschränkter oder beschränkter Steuerpflicht.

1354 *Klein* in Herrmann/Heuer/Raupach, § 50d EStG Rz. 55; *Loschelder* in Schmidt, § 50d EStG Rz. 47; *Gosch* in Kirchhof, § 50d EStG Rz. 28; *Schönfeld* in Flick/Wassermeyer/Baumhoff/Schönfeld, § 50d Abs. 3 EStG Rz. 82; a.A. *Lüdicke* in Piltz/Schaumburg, Unternehmensfinanzierung im Internationalen Steuerrecht, S. 102 (107), wonach als Personen nur Steuerausländer erfasst sein sollen; für Steuerinländer käme hiernach § 42 AO in Betracht.

1355 BFH v. 20.3.2002 – I R 38/00, BStBl. II 2002, 819 (allerdings missverständlich); *Frotscher* in Frotscher/Geurts, § 50d EStG Rz. 73; dagegen auch für eine mittelbare Beteiligung *Gosch* in Kirchhof, § 50d EStG Rz. 28b; *Wagner* in Blümich, § 50d EStG Rz. 80; *Hahn-Joecks* in Kirchhof/Söhn/Mellinghoff, § 50d EStG Rz. E21a; BMF v. 24.1.2012, BStBl. I 2012, 171 Rz. 4.2; *Lüdicke* in Piltz/Schaumburg,

Im Hinblick auf die geforderte eigene Wirtschaftstätigkeit der ausländischen Gesellschaft reicht es nicht aus, wenn lediglich Bruttoerträge aus der Verwaltung von Wirtschaftsgütern erzielt oder wesentliche Geschäftstätigkeiten auf Dritte übertragen werden (§ 50d Abs. 3 Satz 3 EStG). Damit wird im Ergebnis eine ins Gewicht fallende aktive Wirtschaftstätigkeit verlangt, die über die bloße Vermögensverwaltung hinausgeht. Daher ist die Verwaltung eigenen Vermögens, etwa die Holdingtätigkeit für nur eine Tochtergesellschaft[1356], ebenso schädlich wie die Auslagerung (Outsourcing) von wesentlichen Geschäftstätigkeiten. Das gilt auch in den Fällen, in denen die ausländische Gesellschaft nicht mit allen für ihren Geschäftszweck angemessen eingerichteten Geschäftsbetrieb am allgemeinen wirtschaftlichen Verkehr teilnimmt (§ 50d Abs. 3 Satz 1 Nr. 2 EStG). Abgestellt wird damit auf eine erforderliche substantielle Geschäftsausstattung, etwa qualifiziertes Personal, Geschäftsräume und technische Kommunikationsmittel[1357]. Für die in § 50d Abs. 3 Sätze 1 bis 3 EStG aufgeführten (Aktivitäts-)Kriterien trägt die Steuerentlastung begehrende ausländische Kapitalgesellschaft im Rahmen ihrer Mitwirkungspflichten (§ 90 Abs. 2 AO) letztlich die Feststellungslast[1358]. Diese Mitwirkungspflichten scheitern indessen insbesondere bei börsennotierten Unternehmen zumeist an anfänglicher Unmöglichkeit. Daher suspendiert die im § 50d Abs. 3 Satz 5 EStG verankerte Börsenklausel § 50d Abs. 3 Sätze 1 bis 3 EStG. Entsprechendes gilt für ausländische Gesellschaften, für die das InvStG zur Anwendung kommt.

14.514 Soweit die Tatbestandsvoraussetzungen vorliegen, sind die Steuerentlastungen für kapitalertragsteuerpflichtige und gem. § 50a EStG quellensteuerpflichtige Einkünfte zu versagen. Dieses partiell wirkende Missbrauchsverdikt führt ggf. zu einer gesellschafterbezogenen Aufteilung[1359]. Diese Rechtsfolge geht indessen über den Sinn und Zweck der besonderen Missbrauchsklausel hinaus. Hiernach soll nämlich diejenige Besteuerung eingreifen, die ohne Zwischenschaltung der ausländischen Gesellschaft bestände. Im Hinblick darauf ist eine teleologische Reduktion auf das zur Missbrauchsbekämpfung erforderliche Maß geboten. Im Ergebnis entspricht damit die Rechtsfolge derjenigen des § 42 Abs. 1 Satz 3 AO. Damit sind jedenfalls stets diejenigen Steuerentlastungen zu gewähren, die bei unmittelbarem Bezug der Einkünfte durch den Gesellschafter der ausländischen Gesellschaft nach Maßgabe des für ihn in Betracht kommenden DBAs in Anspruch genommen werden könnten[1360].

4. Umsatzsteuer

14.515 Für Holdinggesellschaften ergeben sich in Bezug auf die Unternehmereigenschaft, den Vorsteuerabzug und nicht zuletzt auf die umsatzsteuerliche Organträgereignung erhebliche Einschränkungen. Infolge der in den letzten Jahren diesbezüglich festzustellenden Rechtsprechungsverschärfung bzw. -präzisierung durch den EuGH bzw. den BFH und dem folgend die Finanzverwaltung, insbesondere im Rahmen von Umsatzsteuer-Sonderprüfungen, sehen sich Holdinggesellschaften zunehmend zusätzlichen Steuerbelastungen durch nicht abziehbare Vorsteuerbeträge ausgesetzt. Letztlich findet dadurch der umsatzsteuerliche **Neutralitätsgrundsatz**[1361] auf Holdinggesellschaften nur eingeschränkt Anwendung.

Unternehmensfinanzierung im Internationalen Steuerrecht, S. 102 (108); in diesem Sinne auch § 2 SteuerHBekV.

1356 Nach BMF v. 24.1.2012, BStBl. I 2012, 171 Rz. 5.2 ist eine geschäftsleitende Funktion gegenüber zwei Tochtergesellschaften ausreichend, wobei es genügt, wenn eine der beiden Tochtergesellschaften eine inländische Gesellschaft ist; vgl. hierzu *Perwein*, ISR 2017, 231 m.w.N. aus dem Schrifttum.

1357 BMF v. 24.1.2012, BStBl. I 2012, 171 Rz. 7; einschränkend *Gosch* in Kirchhof, § 50d EStG Rz. 29.

1358 *Loschelder* in Schmidt, § 50d EStG Rz. 47; *Schönfeld* in Flick/Wassermeyer/Baumhoff/Schönfeld, § 50d Abs. 3 EStG Rz. 221.

1359 BMF v. 24.1.2012, BStBl. I 2012, 171 Rz. 4.1.

1360 *Schönfeld* in Flick/Wassermeyer/Baumhoff/Schönfeld, § 50d Abs. 3 EStG Rz. 73; *Prokisch* in Vogel/Lehner, Art. 1 DBA Rz. 133 f.; *Klein* in Herrmann/Heuer/Raupach, § 50d EStG Rz. 61; *Wied* in Blümich, § 50d EStG Rz. 41; BMF v. 24.1.2012, BStBl. I 2012, 171 Rz. 12.

1361 Vgl. hierzu: *Robisch* in Bunjes, vor § 1 UStG Rz. 15.

a) Unternehmereigenschaft einer Holding

Adressat und damit Steuersubjekt der Umsatzsteuer ist der **Unternehmer** gem. § 2 Abs. 1 Satz 1 UStG. Unternehmer ist hiernach, wer eine gewerbliche oder berufliche Tätigkeit selbständig ausübt. Das Unternehmen umfasst gem. § 2 Abs. 1 Satz 2 UStG die gesamte gewerbliche oder berufliche Tätigkeit des Unternehmers. Gewerblich oder beruflich ist gem. § 2 Abs. 1 Satz 3 UStG jede nachhaltige Tätigkeit zur Erzielung von Einnahmen, auch wenn die Absicht, Gewinn zu erzielen, fehlt oder eine Personenvereinigung nur gegenüber ihren Mitgliedern tätig wird. Unternehmer im umsatzsteuerlichen Sinn können hiernach natürliche und juristische Personen sowie Personenzusammenschlüsse sein[1362]. Auch eine Personengesellschaft kann Unternehmer sein, wobei es nicht darauf ankommt, dass die Gesellschafter Mitunternehmer i.S.d. § 15 Abs. 1 Satz 1 Nr. 2 UStG sind[1363]. Der Unternehmerbegriff des UStG ist insoweit **rechtsformneutral** und **ansässigkeitsneutral**[1364]. Es kommt gem. § 1 Abs. 2 Satz 3 UStG nicht darauf an, ob der Unternehmer seinen Wohnsitz oder Sitz im Inland hat, im Inland eine Betriebsstätte unterhält, die Rechnung erteilt oder die Zahlung empfängt. 14.516

Unabhängig von der Rechtsform – Kapitalgesellschaft oder Personengesellschaft – ist die umsatzsteuerliche Unternehmereigenschaft einer Holding im Einzelfall zu prüfen. Die Rechtsprechung und die Finanzverwaltung unterscheiden in Bezug auf Holdinggesellschaften zwischen der sog. **Finanzholding** und der sog. **Führungs**- oder **Funktionsholding**. 14.517

Als **Finanzholding** wird eine Gesellschaft bezeichnet, deren Zweck sich auf das Halten und Verwalten gesellschaftsrechtlicher Beteiligungen beschränkt und die keine Leistungen gegen Entgelt erbringt und somit nicht Unternehmer i.S.d. § 2 UStG ist[1365]. Nach Auffassung des Europäischen Gerichtshofes ist das bloße Erwerben, Halten und Veräußern von gesellschaftsrechtlichen Beteiligungen keine unternehmerische Tätigkeit[1366]. Es handelt sich insoweit um sog. **nichtwirtschaftliche Tätigkeiten** im engeren Sinn, die von den **unternehmensfremden Tätigkeiten** (privat veranlasst) zu unterscheiden sind[1367]. Einer derartigen Gesellschaft fehlt die Unternehmereigenschaft, weil Dividenden und andere Gewinnbeteiligungen aus Gesellschaftsverhältnissen nicht als umsatzsteuerrechtliches Entgelt im Rahmen eines Leistungsaustausches anzusehen sind[1368] Dies gilt auch bei Bestehen eines Beherrschungsvertrages zu einer Tochtergesellschaft, da es jedenfalls auch insoweit an einem entgeltlichen Leistungsaustausch fehlt[1369]. 14.518

Eine **Führungs**- oder **Funktionsholding** ist eine Holding, die im Sinne einer einheitlichen Leitung aktiv in das laufende Tagesgeschäft ihrer Tochtergesellschaften eingreift und somit unternehmerisch tätig ist[1370]. Wird demgegenüber eine Holding nur gegenüber einigen Tochtergesellschaften geschäftsleitend tätig, während sie Beteiligungen an anderen Tochtergesellschaften lediglich hält und verwaltet (sog. **gemischte Holding**), hat sie sowohl einen unternehmerischen als auch einen nicht unternehmerischen Bereich[1371]. Der nichtunternehmerische Bereich wird auch als sog. **nichtwirtschaftliche Tätigkeiten** im engeren Sinn in Abgrenzung zu den **unternehmensfremden Tätigkeiten**, die privat veranlasst sind, bezeichnet[1372]. Eine gemischte Holding verfügt demnach sowohl über 14.519

1362 Abschn. 2.1 Abs. 2 UStAE.
1363 Abschn. 2.1 Abs. 2 Satz 1 UStAE.
1364 *Korn* in Bunjes, § 2 UStG Rz. 8.
1365 Abschn. 2.3 Abs. 3 Satz 2 UStAE.
1366 EuGH v. 14.11.2000 – C-142/99, ECLI:EU:C:2000:623, HFR 2001, 191; EuGH v. 27.9.2001 – C-16/00, ECLI:EU:C:2001:495, HFR 2001, 1213; EuGH v. 29.4.2004 – C-77/01, ECLI:EU:C:2004:243, HFR 2004, 812; EuGH v. 19.10.2009 – C-29/08, HFR 2010, 198, Rz. 28; Abschn. 2.3 Abs. 2 Satz 1 UStAE.
1367 Abschn. 2.3 Abs. 1a UStAE.
1368 EuGH v. 21.10.2004 – C-8/03, ECLI:EU:C:2004:650, HFR 2005, 72; EuGH v. 19.10.2009 – C-29/08, HFR 2010, 198, Rz. 29; Abschn. 2.3 Abs. 2 Satz 3 UStAE.
1369 *Stadie* in Rau/Dürrwächter, § 2 UStG Anm. 248.
1370 EuGH v. 19.10.2009 – C-29/08, HFR 2010, 198, Rz. 30; Abschn. 2.3 Abs. 3 Satz 3 UStAE.
1371 Abschn. 2.3 Abs. 3 Satz 4 UStAE.
1372 Abschn. 2.3 Abs. 1a UStAE.

einen unternehmerischen als auch einen nichtunternehmerischen Bereich, dem die jeweiligen Beteiligungen an den Tochtergesellschaften zuzuordnen sind. Nach der Rechtsprechung des EuGH, des BFH und der Auffassung der Finanzverwaltung stellt das Erwerben, Halten und Veräußern einer gesellschaftsrechtlichen Beteiligung nur dann eine unternehmerische Tätigkeit dar,

1. soweit Beteiligungen im Sinne eines gewerblichen **Wertpapierhandels** gewerbsmäßig erworben und veräußert werden und dadurch eine nachhaltige auf Einnahmeerzielungsabsicht gerichtete Tätigkeit entfaltet wird oder
2. wenn die Beteiligung nicht um ihrer selbst willen (bloßer Wille, Dividenden zu erhalten) gehalten wird, sondern der Förderung einer bestehenden oder beabsichtigten unternehmerischen Tätigkeit (z.B. Sicherung günstiger Einkaufskonditionen, Verschaffung von Einfluss bei potentiellen Konkurrenten, Sicherung günstiger Absatzkonditionen) dient oder
3. soweit die Beteiligung, abgesehen von der Ausübung der Rechte als Gesellschafter oder Aktionär, zum Zweck des unmittelbaren Eingreifens in die Verwaltung der Gesellschaften, an denen die Beteiligung besteht, erfolgt. Die Eingriffe müssen dabei zwingend durch unternehmerische Leistungen i.S.d. §§ 1 Abs. 1 Nr. 1, 2 Abs. 1 UStG erfolgen, z.B. durch das entgeltliche Erbringen von administrativen, finanziellen, kaufmännischen und technischen Dienstleistungen an die jeweilige Beteiligungsgesellschaft[1373].

14.520 Abgesehen von dem vorstehend in Ziff. 1. genannten Wertpapierhandel (Rz. 14.519) setzt der vorstehend in Ziff. 2. genannte Fall (Rz. 14.519) voraus, dass die gesellschaftsrechtliche Beteiligung im Zusammenhang mit einem unternehmerischen **Grundgeschäft** erworben, gehalten oder veräußert wird, es sich hierbei also um Hilfsgeschäfte handelt. Dabei reicht nicht jeder beliebige Zusammenhang zwischen dem Erwerb und Halten der gesellschaftsrechtlichen Beteiligung und der unternehmerischen Haupttätigkeit aus. Vielmehr muss zwischen der gesellschaftsrechtlichen Beteiligung und der unternehmerischen Haupttätigkeit ein erkennbarer und objektiver Zusammenhang bestehen. Das ist der Fall, wenn die Aufwendungen für die gesellschaftsrechtliche Beteiligung zu den Kostenelementen der Umsätze aus der Haupttätigkeit gehören[1374].

14.521 Die vorstehend in Ziff. 3. genannten **Eingriffe** in die Verwaltung von Tochtergesellschaften (Rz. 14.519) müssen sich als wirtschaftliche Tätigkeiten i.S.d. Art. 9 Abs. 1 MwStSystRL darstellen[1375]. Dazu gehört, dass für die von der Holding an ihre Tochtergesellschaften erbrachten Dienstleistungen eine gesonderte Vergütung vereinbart ist[1376]. Als eine derartige gesonderte Vergütung ist z.B. eine Kostenumlage für sog. Managementleistungen (Weiterbelastung von Kosten für die Wahrnehmung der Geschäftsführung bei Tochtergesellschaften) anzusehen[1377]. Insoweit könnte es allerdings zweifelhaft sein, ob auch dann von einem entgeltlichen Leistungsaustausch auszugehen ist, wenn der bei der Tochtergesellschaft tätige Geschäftsführer (auch) deren Organ ist. In derartigen Fällen stellt sich das Abgrenzungsproblem, ob sich die Kostenweiterbelastung nicht im Rahmen eines Leistungsaustauschs, sondern vielmehr als betriebswirtschaftlich motivierte Abrechnung von anteiligen Kosten darstellt. Die Finanzverwaltung vertritt hierzu die Auffassung, dass entgeltliche Geschäftsführungs- und Vertretungsleistungen unabhängig von der Rechtsform des Leistungsempfängers auch dann steuerbar sind, wenn es sich bei dem Leistenden um ein Organ des Leistungs-

1373 EuGH v. 19.10.2009 – C-29/08, HFR 2010, 198, Rz. 31; Abschn. 2.3 Abs. 3 Satz 5 UStAE m.w.N.; kritisch hierzu: *Stadie* in Rau/Dürrwächter, § 2 UStG Anm. 248 ff. und *Stadie* in Rau/Dürrwächter, § 15 UStG Anm. 128.

1374 Abschn. 2.3 Abs. 4 UStAE m.w.N.

1375 EuGH v. 12.7.2001 – C-102/00, ECLI:EU:C:2001:416, HFR 2001, 1118; EuGH v. 19.10.2009 – C-29/08, HFR 2010, 198, Rz. 30; *Korn* in Bunjes, § 2 UStG Rz. 83.

1376 *Heidner* in Bunjes, § 15 UStG Rz. 83.

1377 FG Hessen v. 17.2.2003 – 6 K 493/99, EFG 2003, 1046, rkr.; *Stadie* in Rau/Dürrwächter, § 2 UStG Rz. 261.

empfängers handelt[1378]. **Personalgestellungen** und **-überlassungen** gegen Entgelt, auch gegen Aufwendungsersatz, erfolgen nach Auffassung der Finanzverwaltung grundsätzlich im Rahmen eines Leistungsaustauschs[1379]. Bei einer Mehrfachfunktion des Geschäftsführers, sowohl bei der Holding als auch bei einer Tochtergesellschaft, sollte sichergestellt sein, dass der Anstellungsvertrag des Geschäftsführers nur mit der Holding abgeschlossen ist und diese alleiniger Arbeitgeber bleibt. Im Rahmen eines separat zu vereinbarenden Managementvertrages kann dann mit den Tochtergesellschaften die Personalgestellung geregelt werden.

Auch Kostenumlagen oder Kostenverrechnungen in Höhe eines **Aufwendungsersatzes** sind in diesem Sinn Entgelt, wenn sie als Gegenleistung für eine Leistungstätigkeit (z.B. als umsatzbezogener Pauschalsatz) ausgetauscht werden[1380]. Derartige entgeltliche Dienstleistungen sind auch z.B. die Erbringung von Verwaltungs-, Buchhaltungs- und EDV-Dienstleistungen[1381]. Nicht ausreichend ist demgegenüber die Weiterberechnung von Kosten aufgrund einer wirtschaftlichen Zurechnung holdinginterner betriebswirtschaftlicher Überlegungen, ohne dass der Weiterberechnung ein Leistungsaustausch zugrunde liegt[1382]. 14.522

Eine Führungs- und Funktionsholding i.S.v. § 2 Abs. 2 Satz 2 UStG ist auch dann Unternehmer, wenn sie die entgeltlichen Dienstleistungen im Rahmen einer **Organschaft** ausschließlich an ihre Tochtergesellschaften (Organgesellschaften) erbringt[1383]. Dabei ist es unerheblich, dass es sich bei den entgeltlichen Dienstleistungen aufgrund der Organschaft um nichtsteuerbare Innenleistungen handelt[1384]. 14.523

b) Vorsteuerabzug einer Holding

Eine Finanzholding, die nach den vorstehend (vgl. Rz. 14.516 f.) dargelegten Kriterien nicht Unternehmer i.S.d. § 2 Abs. 1 UStG ist, steht ein Vorsteuerabzug nicht zu[1385]. Demgegenüber kann eine unternehmerisch tätige Führungs- oder Funktionsholding (vgl. dazu Rz. 14.519) grundsätzlich den Vorsteuerabzug aus ihr gegenüber erbrachten Eingangsleistungen geltend machen. Besonders praxisrelevant sind jedoch sog. **gemischte Holdings**, die sowohl über Beteiligungsbesitz verfügen als auch entgeltliche Leistungen erbringen, weil in diesen Fällen zumeist eine **Vorsteueraufteilung** zu erfolgen hat. Der BFH hat in seinem Urteil vom 9.2.2012[1386] entschieden, dass eine gemischt tätige Holdinggesellschaft, die über umfangreichen Beteiligungsbesitz verfügt und daneben auch entgeltliche Dienstleistungen erbringt, nur insoweit zum Vorsteuerabzug aus den Eingangsleistungen berechtigt ist, als diese Eingangsleistungen ihren entgeltlichen Ausgangsleistungen wirtschaftlich zuzurechnen sind. In dem entschiedenen Fall verfügte eine Holdinggesellschaft über umfangreichen Beteiligungsbesitz (ca. 50 Gesellschaften). Daneben erbrachte sie entgeltliche Beratungsleistungen gegenüber einzelnen Tochtergesellschaften. Dividenden vereinnahmte die Holdinggesellschaft in dem Streitjahr nicht. Die Holdinggesellschaft hatte vorsteuerbelastete Eingangsumsätze in dem Streitjahr, z.B. aufgrund der Durchführung ihrer Hauptversammlung, der Prüfung des Jahresabschlusses, der laufenden Steuerberatung und Rechtsberatung, von Aufsichtsratsvergütungen sowie 14.524

1378 Abschn. 1.1 Abs. 12 Satz 2 UStAE.
1379 Abschn. 1.1 Abs. 16 Satz 1 UStAE.
1380 BFH v. 11.4.2002 – V R 65/00, BStBl. II 2002, 782 (784); FG Hessen v. 17.2.2003 – 6 K 493/99, EFG 2003, 1046, rkr.
1381 EuGH v. 19.10.2009 – C-29/08, HFR 2010, 198, Rz. 30.
1382 FG Niedersachsen v. 2.2.2010 – 16 K 17/09, EFG 2010, 1254.
1383 BFH v. 9.10.2002 – V R 64/99, BStBl. II 2003, 375 (377 f.); FG Berlin-Brandenburg v. 10.5.2012 – 5 K 5264/09, ZIP 2012, 2212 = EFG 2012, 1794, rkr.; BFH v. 18.6.2009 – V R 4/08, BStBl. II 2010, 310 (313); Abschn. 2.8 Abs. 2 Satz 7 UStAE.
1384 BFH v. 22.10.2009 – V R 14/08, BStBl. II 2011, 988 (990) = ZIP 2010, 383.
1385 Vgl. hierzu: *Heidner* in Bunjes, § 15 UStG Rz. 82 m.w.N.
1386 BFH v. 9.2.2012 – V R 40/10, BStBl. II 2012, 844 = ZIP 2012, 2101; vgl. hierzu: *Streit/Behrens*, UR 2014, 833 (837 ff.).

der entsprechenden Aufsichtsratssitzungen und daneben Aufwendungen für Versicherungen, Personal usw. Der BFH kommt in dem entschiedenen Fall zu dem Ergebnis, dass die Holdinggesellschaft im Streitjahr sowohl wirtschaftlich (unternehmerisch) als auch nicht wirtschaftlich (nicht unternehmerisch) tätig war. Denn nach der Rechtsprechung des Europäischen Gerichtshofes sind der bloße Erwerb, das bloße Halten und der bloße Verkauf von Aktien an sich keine wirtschaftlichen Tätigkeiten, da diese Vorgänge nicht die Nutzung eines Gegenstandes zur nachhaltigen Erzielung von Einnahmen beinhalten und das einzige Entgelt in einem etwaigen Gewinn beim Verkauf dieser Aktien liegt. Demgegenüber stellt die Vereinnahmung von Dividenden oder anderen Erträgen aus Aktien keine wirtschaftliche Tätigkeit dar. Andererseits führt die finanzielle Beteiligung an einem anderen Unternehmen mit unmittelbaren oder mittelbaren Eingriffen in die Verwaltung dieser Gesellschaft zu einer wirtschaftlichen Tätigkeit, wenn sie entgeltlich erbracht wird. Der BFH hält daher in Fällen der vorliegenden Art eine Vorsteueraufteilung für Leistungsbezüge, die einer wirtschaftlichen und einer nicht wirtschaftlichen Tätigkeit des Unternehmers dienen, für erforderlich. Es hat insoweit eine Vorsteueraufteilung aufgrund sachgerechter Schätzung der danach maßgeblichen wirtschaftlichen Zurechnung analog § 15 Abs. 4 UStG stattzufinden[1387]. Im Rahmen dieser Vorsteueraufteilung differenziert der BFH wie folgt:

1. Besteht ein direkter und unmittelbarer Zusammenhang der Eingangsleistung zu einem einzelnen Ausgangsumsatz seiner wirtschaftlichen Tätigkeit, der steuerpflichtig ist, kann der Unternehmer den Vorsteuerabzug in Anspruch nehmen. Die für den Leistungsbezug getätigten Aufwendungen gehören dann zu den Kostenelementen dieses Ausgangsumsatzes[1388].
2. Bei einem direkten und unmittelbaren Zusammenhang zu einem Ausgangsumsatz, der mangels wirtschaftlicher Tätigkeit nicht dem Anwendungsbereich der Umsatzsteuer unterliegt oder steuerfrei ist, besteht keine Berechtigung zum Vorsteuerabzug. Dies gilt auch, wenn der Unternehmer eine Leistung z.B. für einen steuerfreien Ausgangsumsatz bezieht, um mittelbar seine zum Vorsteuerabzug berechtigende wirtschaftliche Gesamttätigkeit zu stärken, da der von ihm verfolgte endgültige Zweck unerheblich ist[1389].
3. Fehlt ein direkter und unmittelbarer Zusammenhang zwischen einem bestimmten Eingangsumsatz und einem oder mehreren Ausgangsumsätzen, kann der Unternehmer zum Vorsteuerabzug berechtigt sein, wenn die Kosten für die Eingangsleistung zu seinen allgemeinen Aufwendungen gehören und als solche Bestandteile des Preises der von ihm erbrachten Leistungen sind. Derartige Kosten hängen direkt und unmittelbar mit seiner wirtschaftlichen Gesamttätigkeit zusammen und berechtigen nach Maßgabe dieser Gesamttätigkeit zum Vorsteuerabzug[1390].

14.525 Bei einer Führungs- und Finanzholding (gemischte Holding) sind die **Verwaltungsgemeinkosten** nicht direkt und unmittelbar einer unternehmerischen oder nichtunternehmerischen Tätigkeit zuzuordnen. Sie stehen im unmittelbaren Zusammenhang mit der Gesamttätigkeit der Führungs- und Finanzholding (gemischten Holding). Vorsteuern aus derartigen Eingangsleistungen sind analog § 15 Abs. 4 UStG aufzuteilen[1391]. In Betracht kommen z.B. allgemeine Verwaltungskosten der Holding, allgemeine Beratungskosten, Steuerberatungskosten usw.[1392]. Bei der entsprechend § 15 Abs. 4 UStG vorzunehmenden Aufteilung soll nach Ansicht des FG München vom 28.1.2009[1393] der Vorsteuerabzug aus den Eingangsleistungen der Höhe nach auf die Steuer für die Leistungsentgelte be-

1387 BFH v. 9.2.2012 – V R 40/10, BStBl. II 2012, 844 (847) = ZIP 2012, 2101.
1388 BFH v. 9.2.2012 – V R 40/10, BStBl. II 2012, 844 (846) = ZIP 2012, 2101.
1389 BFH v. 9.2.2012 – V R 40/10, BStBl. II 2012, 844 (846) = ZIP 2012, 2101.
1390 BFH v. 9.2.2012 – V R 40/10, BStBl. II 2012, 844 (846) = ZIP 2012, 2101.
1391 BFH v. 9.2.2012 – V R 40/10, BStBl. II 2012, 844 (846 f.) = ZIP 2012, 2101; BFH v. 3.3.2011 – V R 23/10, BStBl. II 2012, 74 (77); BFH v. 6.4.2016 – V R 6/14, BStBl. II 2017, 577 = ZIP 2016, 1672; BMF v. 2.2.2012, BStBl. I 2012, 60 (63), Beispiel 2.
1392 Abschn. 15.22 Abs. 1 Satz 3 UStAE.
1393 FG München v. 28.1.2009 – 3 K 3141/05, EFG 2009, 1153.

grenzt sein. Der BFH hat diese Frage in der Revisionsentscheidung ausdrücklich offen gelassen[1394]. Hat die Führungs- und Funktionsholding nur einen unternehmerischen Bereich, ist eine Aufteilung der Vorsteuern aus Verwaltungsgemeinkosten nicht erforderlich und zwar auch dann nicht, wenn die Entgelte für die Verwaltungsleistungen deutlich höher sind, als die Dienstleistungsentgelte[1395].

Eine sachgerechte Methode zur **Vorsteueraufteilung** ist bislang nicht normiert. Demzufolge existieren in der Praxis bei Eingangsumsätzen, die der wirtschaftlichen und der nichtwirtschaftlichen Tätigkeit einer Holding dienen, hinsichtlich der erforderlichen Vorsteueraufteilung erhebliche Rechtsunsicherheiten. Zum Teil wird die Auffassung vertreten, es sei eine Aufteilung nach dem **Umsatzschlüssel**, d.h. nach dem Verhältnis der Erlöse aus der operativen Tätigkeit zu den Erlösen aus den Beteiligungen vorzunehmen. Andererseits soll eine Aufteilung nach den Investitionen (sog. **Investitionsschlüssel**) in die wirtschaftlichen Tätigkeiten einerseits und in den Bereich nichtwirtschaftlicher Tätigkeiten andererseits erfolgen. Schließlich soll eine Aufteilung nach **betriebswirtschaftlichen Größen**, wie etwa der Anzahl der mit der Beteiligung befassten Personen oder der entsprechenden Personalkosten usw., durchgeführt werden[1396]. 14.526

Nach Auffassung des BFH sind dem unternehmerischen, d.h. wirtschaftlichen Bereich einer Führungs- und Funktionsholding, diejenigen **Beteiligungen** zuzuordnen, an die die Holding entgeltliche Dienstleistungen erbringt. Diejenigen Beteiligungen, an die die Holding keine entgeltlichen Dienstleistungen erbringt, sind demgegenüber dem nichtunternehmerischen, d.h. dem nichtwirtschaftlichen Bereich zuzuordnen. Eine weitergehende Zuordnung der Beteiligungen, denen gegenüber keine entgeltlichen Dienstleistungen erbracht werden, zu dem unternehmerischen Bereich, soll nach Ansicht des BFH allenfalls dann möglich sein, wenn diese im Zusammenhang mit einer wirtschaftlichen Tätigkeit der Holding gehalten werden[1397]. Erschöpft sich jedoch die wirtschaftliche Tätigkeit einer Führungs- und Funktionsholding in der Erbringung entgeltlicher Dienstleistungen gegenüber einzelnen Beteiligungsgesellschaften, dürfte ein solcher Zusammenhang mit den übrigen Beteiligungen nicht gegeben sein. 14.527

Die Veräußerung der Anteile an den Beteiligungsgesellschaften stellt für die Holding, soweit sie unternehmerisch tätig ist und die Beteiligung dem unternehmerischen Bereich zuzuordnen ist, einen **Leistungsaustausch** i.S.d. § 1 Abs. 1 Nr. 1 UStG dar und ist grundsätzlich steuerbar. Allerdings kann im Einzelfall eine Geschäftsveräußerung im Ganzen gem. § 1 Abs. 1a UStG gegeben sein[1398], so dass die Steuerbarkeit entfällt (vgl. dazu Rz. 14.314). Verbleibt es bei der Steuerbarkeit, ist der Umsatz nach § 4 Nr. 8e bzw. § 4 Nr. 8f UStG steuerfrei. Insofern sind die für Eingangsumsätze erhobenen Vorsteuern vom Vorsteuerabzug gem. § 15 Abs. 2 Satz 1 Nr. 1 UStG ausgeschlossen[1399]. Der Ausnahmetatbestand des § 15 Abs. 3 Nr. 1b UStG liegt im Regelfall nicht vor. Hinsichtlich der steuerbefreiten Umsätze besteht gem. § 9 Abs. 1 UStG unter den dort genannten Voraussetzungen die Möglichkeit der Option zur Umsatzsteuerpflicht. 14.528

5. Besteuerung in Organschaftsfällen

Die Voraussetzungen der gewerbesteuerlichen und körperschaftsteuerlichen Organschaft sind gleich[1400] und unterscheiden sich von den Voraussetzungen der umsatzsteuerlichen Organschaft. 14.529

1394 BFH v. 9.2.2012 – V R 40/10, BStBl. II 2012, 844 (847) = ZIP 2012, 2101.
1395 FG Berlin-Brandenburg v. 10.5.2012 – 5 K 5264/09, ZIP 2012, 2212 = EFG 2012, 1794, rkr.
1396 Vgl. Nachweise bei: Vorlagebeschluss des BFH v. 11.12.2013 – XI R 17/11, UR 2014, 313 (317), (EuGH – C-108/14), und Vorlagebeschluss des BFH v. 11.12.2013 – XI R 38/12, UR 2014, 323 (327), (EuGH – Rs. v. 16.7.2015 – C-109/14).
1397 BFH v. 9.2.2012 – V R 40/10, BStBl. II 2012, 844 (847) = ZIP 2012, 2101.
1398 Vgl. BFH v. 27.1.2011 – V R 38/09, BStBl. II 2012, 68 (70) = ZIP 2011, 1156.
1399 BFH v. 27.1.2011 – V R 38/09, BStBl. II 2012, 68 (72) = ZIP 2011, 1156; Abschn. 15.22 Abs. 2 Satz 5 UStAE.
1400 Vgl. R 2.3 Abs. 1 Satz 1 GewStR 2009.

Eine umsatzsteuerliche Organschaft liegt gem. § 2 Abs. 2 Nr. 2 Satz 1 UStG nur vor, wenn die finanzielle, wirtschaftliche und organisatorische Eingliederung gegeben ist, während eine gewerbe- oder körperschaftsteuerliche (ertragsteuerliche) Organschaft grundsätzlich nur eine finanzielle Eingliederung und den Abschluss eines Gewinnabführungsvertrags voraussetzt (vgl. § 14 ff. KStG Satz 2 Abs. 2 GewStG). Das Rechtsinstitut der körperschaftsteuerrechtlichen Organschaft führt dazu, dass gem. § 14 Abs. 1 Satz 1 KStG das Einkommen der Organgesellschaft dem Organträger zugerechnet wird, ohne dass die Organgesellschaft hierbei ihre Steuerrechtssubjektfähigkeit verliert[1401]. Gemäß § 2 Abs. 2 Satz 2 GewStG verliert demgegenüber die Organgesellschaft ihre Steuerrechtssubjektfähigkeit und gilt als Betriebstätte des Organträgers mit der Folge, dass der Gewerbeertrag bzw. ihre Umsätze unmittelbar beim Organträger erfasst werden[1402]. Gemäß § 2 Abs. 2 Nr. 2 UStG verliert im Rahmen der umsatzsteuerlichen Organschaft die Organschaft ihre Unternehmerstellen, so dass ihre Umsätze dem Organträger zugerechnet werden.

a) Körperschaftsteuerrechtliche Organschaft

aa) Grundlagen

14.530 Die **körperschaftsteuerrechtliche Organschaft** i.S.d. § 14 KStG ermöglicht den zeitnahen Ausgleich von Verlusten und Gewinnen der Organträger und den Organgesellschaften. Zudem kann die steuerliche Belastung auf Gewinnausschüttungen vermieden werden.

14.531 Je nachdem, welche Rechtsform der Organträger aufweist, ergeben sich unterschiedliche **Doppelbelastungswirkungen**. Für Personengesellschaften (Mitunternehmerschaften), die die Anteile an einer Tochtergesellschaft im Betriebsvermögen halten, und an denen natürliche Personen beteiligt sind, sieht § 3 Nr. 40 Satz 1 Buchst. a bzw. Buchst. d EStG eine Steuerbefreiung von Veräußerungsgewinnen bzw. Dividenden i.H.v. 40 % vor (sog. Teileinkünfteverfahren). Korrespondierend hierzu sind etwaige mit der Beteiligung in wirtschaftlichem Zusammenhang stehende Betriebsausgaben, wie z.B. Refinanzierungsaufwendungen für den Erwerb der Beteiligung, nur i.H.v. 60 % abzugsfähig. Für Personengesellschaften als Organträger ergibt sich hieraus die Möglichkeit, die infolge des Teileinkünfteverfahrens eintretende (partielle) Doppelbelastung der Gewinne auf der Ebene der Organgesellschaft und des Organträgers zu vermeiden und eine vollständige Verrechnung der Betriebsausgaben mit den Gewinnen der Tochtergesellschaft zu erreichen. Für Körperschaften sehen § 8b Abs. 1 (vorbehaltlich § 8 Abs. 4 KStG) und Abs. 2 KStG eine Steuerbefreiung für Dividenden und Veräußerungsgewinne darauf vor, dass 5 % der steuerfreien Beteiligungserträge und der steuerfreien Veräußerungsgewinne als nicht abzugsfähige Betriebsausgaben gelten, so dass die steuerfrei gestellten Erträge bzw. Gewinne im Ergebnis in einer Höhe von 5 % der Besteuerung unterliegen, unabhängig davon, ob es sich um in- oder ausländische Tochtergesellschaften handelt. Bei mehrstufigen Konzernstrukturen kann es zu einer Kumulation, der nicht abzugsfähigen Betriebsausgaben kommen. Demgegenüber sind etwaige Refinanzierungsaufwendungen für den Erwerb der Beteiligungsgesellschaften in Kapitalgesellschaftstrukturen auch ohne Organschaft uneingeschränkt abzugsfähig. Die Errichtung einer Organschaftsstruktur vermeidet insoweit nicht abzugsfähige Betriebsausgaben. Zugleich können die Refinanzierungsaufwendungen unmittelbar mit den Gewinnen der Tochtergesellschaft verrechnet werden. Die dem Teileinkünfteverfahren immanente (partielle) Doppelbesteuerung, lässt sich zwar steuersystematisch wegen der vorhandenen verschiedenen Steuersubjekte rechtfertigen, löst jedoch wirtschaftlich betrachtet ohne Errichtung einer Organschaftsstruktur ggf. Thesaurierungszwänge aus. Des Weiteren kann sich die Errichtung einer körperschaftsteuerrechtlichen Organschaft im Hinblick auf die Vermeidung der Zinsschranke als vorteilhaft erweisen, da ein Or-

1401 *Jesse*, DStZ 2001, 113 (114) m.w.N.

1402 *Müller* in Müller/Detmering/Lieber, Die Organschaft, Rz. 469, 961 ff.; *Jesse*, DStZ 2001, 113 (114). Allerdings bleiben bei der gewerbesteuerlichen Organschaft Organträger und Organgesellschaft selbständige Gewerbebetriebe, die einzeln bilanzieren und deren Gewerbeerträge getrennt zu ermitteln sind, vgl. BFH v. 21.10.2009, BStBl. II 2010, 644 (645), sog. gebrochene oder eingeschränkte Einheitstheorie.

gankreis als ein Betrieb im Sinne der Zinsschranke gilt (vgl. dazu Rz. 14.114). Ebenso lassen sich Gewerbesteuerhinzurechnungstatbestände nach § 8 Nr. 1 GewStG im Organkreis vermeiden. Darüber hinaus besteht der Vorteil der Organschaft darin, dass auch steuerfreie und ermäßigt besteuerte Vermögensmehrungen, die bei der Organgesellschaft anfallen, durch die Einkommenszurechnung an den Organträger bzw. die Sondervorschrift des § 15 KStG vermittelt werden können. Schließlich können durch die organschaftsbedingte Gewinnabführung anstelle der sonst erfolgenden Gewinnausschüttung eine zeitlich vorgezogene Gewinnzuordnung herbeigeführt und die Einbehaltung und Abführung von Kapitalertragsteuer und damit etwaige Liquiditätsnachteile vermieden werden[1403]. Auf der anderen Seite dürfen die mit der Errichtung einer Organschaftsstruktur verbundenen Nachteile, insbesondere für den Organträger, nicht vernachlässigt werden. Im Ergebnis führt die Organschaft zu einer Durchbrechung der haftungsmäßigen Abschirmwirkung der nachgeschalteten Kapitalgesellschaften gegenüber der Holding, da der Organträger wegen des körperschaftsteuerrechtlich zwingend erforderlichen Gewinnabführungsvertrages einschließlich der Verlustübernahmeverpflichtung (§§ 14, 17 KStG) für die Verluste der Organgesellschaften einzustehen hat (vgl. § 302 AktG)[1404]. Dies kann sich insbesondere deshalb als problematisch erweisen, weil der Gewinnabführungsvertrag auf eine Mindestdauer von fünf Jahre abgeschlossen werden muss, um die steuerliche Anerkennung der Organschaft zu gewährleisten. Für die Organgesellschaften kann sich der Haftungstatbestand des § 73 AO als nachteilig erweisen[1405].

bb) Organgesellschaft

Als Organgesellschaft kommen die AG, KGaA, Europäische Gesellschaft und andere Kapitalgesellschaften, insbesondere GmbHs, in Betracht. Die Gesellschaft muss nach §§ 14 Abs. 1 Satz 1, 17 Abs. 1 Satz 1 KStG ihre Geschäftsleitung im Inland und ihren Sitz in einem Mitgliedstaat der Europäischen Union oder in einem Vertragsstaat des EWR-Abkommens haben. Die Neuregelung ist gem. § 34 Abs. 9 Nr. 8 KStG 2013[1406] in allen noch nicht bestandskräftig veranlagten Fällen anzuwenden. Neben den EU-Mitgliedstaaten sind also die zusätzlichen EWR-Staaten Norwegen, Island und Liechtenstein als Sitzstaaten erfasst. Erfasst werden damit Zuzugsfälle, also die Verlegung der Geschäftsleitung einer EU-/EWR-Kapitalgesellschaft ins Inland. 14.532

Aus **Drittstaaten** zuziehende Kapitalgesellschaften können keine Organgesellschaften sein. Ein möglicher Verstoß gegen die auch Drittstaatenschutz gewährende Kapitalverkehrsfreiheit kommt infolge des Vorrangs der Niederlassungsfreiheit in Fällen mit Mehrheitsbeteiligung – wie bei einer Organgesellschaft – nicht in Betracht[1407]. Soweit einzelne DBA eine dem Staatsangehörigkeitsdiskriminie- 14.533

1403 Im internationalen Bereich existierte zunächst ein Vorschlag für eine Richtlinie des Rates über eine Regelung für Unternehmen zur Berücksichtigung der Verluste ihrer in anderen Mitgliedstaaten belegenen Betriebsstätten und Tochtergesellschaften, KOM (90), 595, endg. v. 28.11.1990, ABl. EG Nr. C 53/30, BR-Drucks. 96/91. Dieser Vorschlag wurde von der Europäischen Kommission zurückgezogen. Stattdessen hat sich die Europäische Kommission in ihrer Mitteilung „Ein Binnenmarkt ohne steuerliche Hemmnisse“ v. 23.10.2001, KOM (2001), 582, endg. S. 15, für die Einführung einer konsolidierten Körperschaftsteuer-Bemessungsgrundlage für grenzüberschreitende Geschäftstätigkeit in der EU ausgesprochen und einen Prozess in Gang gesetzt, in dessen Verlauf am 16.3.2011 ein Vorschlag für eine Richtlinie des Rates über eine Gemeinsame konsolidierte Körperschaftsteuer-Bemessungsgrundlage (GKKB), KOM (2011) 121/4, veröffentlicht worden ist, vgl. hierzu: *Lenz/Rautenstrauch*, DB 2011, 726 ff.

1404 Zu den Einzelheiten dieser Haftung vgl. *Pelzer*, AG 1975, 309 ff.; *Schöneberger*, BB 1978, 1646 ff.; *Mösbauer*, FR 1989, 473.

1405 Vgl. hierzu: *Schimmele/Weber*, BB 2013, 2263 ff.

1406 Vgl. § 34 Abs. 9 Nr. 8 KStG in der Fassung vor Änderung des § 34 KStG durch das Gesetz zur Anpassung des nationalen Steuerrechts an den Beitritt Kroatiens zur EU und zur Änderung weiterer steuerlicher Vorschriften v. 25.7.2014, BGBl. I 2014, 1266.

1407 EuGH v. 12.12.2006 – C-446/04, ECLI:EU:C:2006:774 – Test The Claimants in the FII Group Litigation, HFR 2007, 294, Rz. 37 m.w.N.; EuGH v. 13.11.2012 – C-35/11, ECLI:EU:C:2012:707 – Test

rungsverbot des Art. 24 Abs. 1 i.V.m. Art. 4 Abs. 3 OECD-MA entsprechende Regelung enthalten, kann hierin allerdings ein dagegen gerichteter Verstoß gesehen werden[1408]. Die Geltendmachung eines Verstoßes gegen das Staatsangehörigkeitsdiskriminierungsverbot dürfte aber aller Voraussicht nach nur dann erfolgversprechend sein, wenn auch tatsächlich ein wirksamer Gewinnabführungsvertrag abgeschlossen, oder zumindest der ernsthafte Versuch des Abschlusses eines solchen Vertrages erkennbar wird, da anderenfalls eine Ungleichbehandlung i.S.d. Art. 24 Abs. 1 OECD-MA gegenüber einer rein inländischen Kapitalgesellschaft ohne Gewinnabführungsvertrag nicht vorliegen würde[1409]. Dabei darf jedoch nicht übersehen werden, dass aus dem Ausland (EU-/EWR-/Drittstaat) zuziehende Kapitalgesellschaften regelmäßig ihre Rechtspersönlichkeit in ihrem Herkunftsstaat verlieren, soweit dort die sog. Sitztheorie gilt. Nach der Rechtsprechung des EuGH in der Rechtssache *Cartesio*[1410] und der Rechtssache *Vale*[1411] stellt diese Rechtsfolge keine unzulässige Diskriminierung dar, da es bislang keine gesellschafts- und zivilrechtliche Harmonisierung gibt. Für den Zuzugsstaat, also Deutschland, gibt es hiernach keinen Grund, diese Gesellschaften als Organgesellschaften anzuerkennen[1412]. Lediglich für Kapitalgesellschaften aus Staaten, in denen das sog. Gründungsstatut gilt, wie z.B. in den Niederlanden, Finnland, Dänemark und Liechtenstein[1413], könnte das Diskriminierungsverbot relevant sein.

14.534 Aus deutscher Sicht bleiben **Wegzugsfälle**, d.h. im Inland wirksam gegründete Kapitalgesellschaften, die ihren Ort der Geschäftsleitung in EU-/EWR-Staaten oder Drittstaaten verlegen, von dem Anwendungsbereich der Neuregelung ausgeschlossen[1414]. Nach dem insoweit eindeutigen Wortlaut der Neuregelung kommt eine derartige Kapitalgesellschaft nicht als Organgesellschaft in Betracht. Die Verlegung der Geschäftsleitung kann aufgrund der Regelungen des § 4a GmbHG und § 5 AktG identitätswahrend erfolgen, so dass die wegziehende Kapitalgesellschaft ihre Rechtspersönlichkeit behält. Die Diskriminierung wegziehender Inlandsgesellschaften in das EU-/EWR-Ausland stellt einen Verstoß gegen die Niederlassungsfreiheit dar[1415], wie sich der Entscheidung des EuGH in der Rechtssache *National Grid Indus BV* eindrucksvoll entnehmen lässt[1416].

14.535 Im Ergebnis kommen somit die in § 14 Abs. 1 Satz 1 KStG genannten **Kapitalgesellschaften** (Europäische Gesellschaft, AG oder KGaA) als Organgesellschaft in Betracht, falls sie ihre Geschäftsleitung und ihren Sitz im Inland oder zumindest ihre Geschäftsleitung im Inland und ihren Sitz in einem Mitgliedstaat der Europäischen Union oder in einem Vertragsstaat des EWR-Abkommens haben. § 17 Abs. 1 Satz 1 KStG erweitert den Kreis der Organgesellschaften auf andere Kapitalgesellschaften, die die vorgenannten Anknüpfungsmerkmale erfüllen. Hierzu gehört insbesondere die GmbH (einschließlich der sog. Unternehmergesellschaft, vgl. § 5a GmbHG). Bei einer ausländischen Gesellschaft, die ihren Sitz in einem Mitgliedstaat der Europäischen Union oder in einem Vertragsstaat des EWR-Abkommens hat, ist anhand eines **Typusvergleichs** zu prüfen, ob sie einer deutschen Ka-

---

Claimants in the FII Group Litigation, IStR 2012, 924 (931), Rz. 91 f. Vgl. auch: OFD Rheinland, Kurzinformation v. 1.10.2012, Sonstige Besitz- und Verkehrsteuern Nr. 005/2012, DStR 2012, 812.

1408 *Benecke/Schnitger*, IStR 2013, 143 (144) sowie *Bruns*, IStR 2007, 579 (580).

1409 BFH v. 7.12.2012 – I R 30/08, BStBl. II 2012, 507 (510).

1410 EuGH v. 16.12.2008 – C-210/06, ECLI:EU:C:2008:723 – Cartesio, NJW 2009, 569 (571), Rz. 110 = AG 2009, 79 = ZIP 2009, 24.

1411 EuGH v. 12.7.2012 – C-378/10, ECLI:EU:C:2012:440 – Vale, NJW 2012, 2715 (2716), Rz. 29.

1412 Vgl. auch zur Weitergeltung der Sitztheorie im Verhältnis zu Drittstaaten: BGH v. 27.10.2008 – II ZR 158/06 (Schweizerische Aktiengesellschaft), NJW 2009, 289 (291) = AG 2009, 84 = ZIP 2008, 2411 sowie BGH v. 12.7.2011 – II ZR 28/10, NJW 2011, 3372 (3373) = ZIP 2011, 1837.

1413 Vgl. hierzu: *Winter/Marx*, DStR 2011, 1101 f.

1414 *Dötsch* in Dötsch/Pung/Möhlenbrock, § 14 KStG Rz. 59a.

1415 Stellungnahme der Bundessteuerberaterkammer v. 19.10.2012, IStR 2012, Heft 21, II/III.

1416 EuGH v. 29.11.2011 – C-371/10, ECLI:EU:C:2011:785 – National Grid Indus BV, IStR 2012, 27 = ZIP 2012, 169; vgl. auch EuGH v. 25.4.2013 – C-64/11, ECLI:EU:C:2013:264, Vertragsverletzungsverfahren Europäische Kommission gegen Spanien.

pitalgesellschaft vergleichbar ist[1417]. Der Ort der Geschäftsleitung und Sitz bestimmen sich nach §§ 10, 11 AO. Auch bei einer Organgesellschaft ist der Ort der Geschäftsleitung eigenständig zu ermitteln. Eine Personengesellschaft, insbesondere eine GmbH & Co. KG, kommt als Organgesellschaft nicht in Betracht[1418].

cc) Organträger

Nach §§ 14 Abs. 1 Satz 1 Nr. 2 Satz 1, 17 Abs. 1 Satz 1 KStG kann Organträger insbesondere jede nicht steuerbefreite Körperschaft, Personenvereinigung oder Vermögensmasse i.S.v. § 1 KStG sein. Unabhängig von ihrem Sitz, Ort der Geschäftsleitung oder einem anderen Ansässigkeitsmerkmal. Allerdings ist Voraussetzung, dass die Beteiligung an der Organgesellschaft einer inländischen Betriebsstätte der Gesellschaft zuzuordnen ist (vgl. §§ 14 Abs. 1 Satz 1 Nr. 2 Sätze 4, 7, 17 Abs. 1 Satz 1 KStG) und das Einkommen der Organgesellschaft der inländischen Betriebstätte der Gesellschaft zuzuordnen ist (vgl. § 14 Abs. 1 Nr. 2 Satz 6 KStG) (vgl. dazu Rz. 14.547 ff.)[1419]. 14.536

Geeignete Organträger können auch **Personengesellschaften** sein, wenn sie eine originär gewerbliche Tätigkeit i.S.v. § 15 Abs. 1 Satz 1 Nr. 1 EStG ausüben. Für Holdingunternehmen in der Rechtsform der Personengesellschaft ergeben sich hieraus erhebliche Einschränkungen. Eine Finanzholding in der Rechtsform der Personengesellschaft, z.B. einer GmbH & Co. KG, deren Tätigkeit sich in dem Halten und Verwalten der Beteiligungsgesellschaften erschöpft, kann danach keine Organschaft begründen[1420]. Auch die Beteiligung der Holdingpersonengesellschaft an gewerblich tätigen Personengesellschaften genügt nicht[1421]. Eine Besitzpersonengesellschaft im Rahmen einer Betriebsaufspaltung kommt allerdings als Organträger in Betracht. Ihr wird die gewerbliche Tätigkeit i.S.d. § 15 Abs. 1 Satz 1 Nr. 1 EStG der Betriebsgesellschaft zugerechnet[1422]. Auch eine Führungs- oder Funktionsholding in der Rechtsform der Personengesellschaft kommt als Organträgerunternehmen in Betracht, wenn sie entgeltliche Dienstleistungen gegenüber auch nur einer Konzerngesellschaft, z.B. Erstellen der Buchführung, EDV-Unterstützung o.Ä., erbringt und diese wie gegenüber fremden Dritten abgerechnet werden[1423]. 14.537

dd) Finanzielle Eingliederung

Die Organschaft i.S.d. § 14 KStG erfordert ferner eine **finanzielle Eingliederung** der Organgesellschaft in den Organträger[1424]. Die finanzielle Eingliederung setzt im Falle einer unmittelbaren Beteiligung voraus, dass der Organträger vom Beginn des Wirtschaftsjahres der Organgesellschaft an ununterbrochen in einem solchen Maße beteiligt ist, dass ihm die Mehrheit der Stimmrechte aus den Anteilen an der Organgesellschaft zusteht (§ 14 Abs. 1 Satz 1 Nr. 1 Satz 1 KStG). Im Falle der mittelbaren Beteiligung ist erforderlich, dass die Beteiligung an jeder vermittelnden Gesellschaft die Mehrheit der Stimmrechte gewährt (§ 14 Abs. 1 Satz 1 Nr. 1 Satz 2 KStG). Vermittelnde Gesellschaften in 14.538

1417 *Frotscher* in Frotscher/Drüen, § 17 KStG Rz. 9.

1418 Vgl. *Müller* in Müller/Detmering/Lieber, Die Organschaft, Rz. 27 m.w.N.; vgl. zur abweichenden Rechtsentwicklung bei der umsatzsteuerrechtlichen Organschaft, Rz. 14.584.

1419 Begründung zu dem Entwurf der Fraktionen der CDU/CSU und FDP eines Gesetzes zur Änderung und Vereinfachung der Unternehmensbesteuerung und des steuerlichen Reisekostenrechts v. 25.9. 2012, BT-Drucks. 17/10774, 30.

1420 Vgl. R 2.3 Abs. 3 Satz 3 GewStR 2009.

1421 BMF v. 10.11.2005, BStBl. I 2005, 1038, Tz. 20; *Dötsch* in Dötsch/Pung/Möhlenbrock, § 14 KStG Rz. 98 m.w.N. zum Diskussionsstand.

1422 BMF v. 10.11.2005, BStBl. I 2005, 1038, Tz. 16; R 2.3 Abs. 3 Satz 4 GewStR 2009.

1423 BMF v. 10.11.2005, BStBl. I 2005, 1038, Tz. 19.

1424 Voraussetzung ist also ein Über- bzw. Unterordnungsverhältnis; Schwestergesellschaften können daher nicht wechselseitig Organträger oder Organgesellschaft sein, vgl. BFH v. 25.10.1960 – I 62/59 S, BStBl. III 1961, 69; *Dötsch* in Dötsch/Pung/Möhlenbrock, § 14 KStG Rz. 120. Vgl. zur vergleichbaren Frage bei der umsatzsteuerlichen Organschaft Rz. 14.582.

diesem Sinne können sowohl Kapital- als auch Personengesellschaften sein[1425]. Eine derartige mittelbare Beteiligung kann auch über eine Gesellschaft bestehen, die nicht selbst Organgesellschaft sein kann[1426]. Zweifelhaft ist allerdings, wie die Höhe der Stimmrechte bei mittelbarer Beteiligung zu berechnen ist. Während nach § 14 Abs. 1 Satz 1 Nr. 1 Satz 2 KStG mittelbare Beteiligungen ausdrücklich nur zu berücksichtigen sind, wenn die Beteiligung an der vermittelnden Gesellschaft die Mehrheit der Stimmrechte gewährt, fehlt eine klare Aussage dazu, ob die von dieser an der Organgesellschaft oder einer weiteren vermittelnden Gesellschaft vermittelten Stimmrechte nominal oder nur quotal in Höhe der Beteiligung an der vermittelnden Gesellschaft einzubeziehen sind. Nach Ansicht der Finanzverwaltung erfolgt nur eine quotale Berücksichtigung[1427]. Ist z.B. eine Obergesellschaft i.H.v. 80 % an einer vermittelnden Gesellschaft beteiligt, die ihrerseits i.H.v. 60 % an einer Untergesellschaft beteiligt ist, würde eine finanzielle Eingliederung nach Auffassung der Finanzverwaltung nicht möglich sein, weil die Obergesellschaft an der Untergesellschaft quotal nur zu 48 % beteiligt ist. Nach der hier vertretenen Auffassung hat demgegenüber eine nominale Berücksichtigung der Beteiligung von 60 % an der Untergesellschaft zu erfolgen, weil die Obergesellschaft an der vermittelnden Gesellschaft, wie es § 14 Abs. 1 Satz 1 Nr. 1 Satz 2 KStG verlangt, die Mehrheit der Stimmrechte gewährt[1428]. Weitergehende Anforderungen sieht die Regelung nicht vor. Dabei wird die finanzielle Eingliederung der Organgesellschaft dann erreicht, wenn die vom Organträger unmittelbar und die von den finanziell eingegliederten vermittelnden Gesellschaften gehaltenen Beteiligungen an der Organgesellschaft zusammen die Mehrheit der Stimmrechte an der Organgesellschaft gewähren[1429]. Bei einer Personengesellschaft als Organträger müssen die Voraussetzungen der finanziellen Eingliederung nach § 14 Abs. 1 Satz 1 Nr. 2 Satz 3 KStG im Verhältnis zur Personengesellschaft selbst erfüllt sein. Demzufolge müssen zumindest die Anteile, die die Mehrheit der Stimmrechte an der Organgesellschaft vermitteln, im Gesamthandsvermögen der Personengesellschaft gehalten werden[1430].

14.539 Das Erfordernis der **Mehrheit der Stimmrechte** nach § 14 Abs. 1 Satz 1 Nr. 1 Satz 1 KStG zum Erreichen der finanziellen Eingliederung entspricht den Anforderungen, wie sie auch in § 21 Abs. 1 Satz 2 UmwStG für den qualifizierten Anteilstausch maßgeblich sind (vgl. hierzu Rz. 14.173). Zunächst ist hierfür Voraussetzung, dass der Organträger an der Organgesellschaft zumindest wirtschaftliches Eigentum i.S.d. § 39 Abs. 2 Nr. 1 AO hat. Des Weiteren ist Voraussetzung, dass der Organträger über die Mehrheit der Stimmrechte i.S.d. § 12 AktG bzw. § 47 Abs. 2 GmbHG verfügt. Generell ist hierbei auf die Regelung in der Satzung bzw. dem Gesellschaftsvertrag und die darin geregelten Beschlussmehrheiten abzustellen. Nach § 133 Abs. 1 AktG bzw. § 47 Abs. 1 GmbHG reichen von Gesetzes wegen regelmäßig die einfache Mehrheit, also mehr als 50 % der Stimmen. Insoweit ist es unschädlich, wenn das Gesetz oder die Satzung bzw. der Gesellschaftsvertrag für einzelne Beschlussgegenstände eine höhere Mehrheit erfordern. Stimmrechtsverbote für einzelne Geschäfte zwischen Organträger und Organgesellschaft stehen der finanziellen Eingliederung ebenfalls nicht entgegen[1431]. Ist demgegenüber in der Satzung oder in dem Gesellschaftsvertrag der Organgesellschaft generell oder ganz überwiegend für die Beschlussfassung eine qualifizierte Mehrheit erforderlich, liegt eine finanzielle Eingliederung der Organgesellschaft nur vor, wenn der Organträger auch über diese qualifizierte Mehrheit der Stimmrechte verfügt. Ist für die Gesellschafterbeschlüsse teilweise die einfache, teilweise eine qualifizierte Mehrheit erforderlich, muss im Einzelfall nach der jeweiligen Gewichtung der Beschlussgegenstände entschieden werden, ob die Stimmrechtsmacht eine finanzielle Eingliederung zu

1425 BFH v. 2.11.1977 – I R 143/75, BStBl. II 1978; R 14.2 Abs. 1 KStR 2015.

1426 BFH v. 2.11.1977 – I R 143/75, BStBl. I 1978, 74; H 14.2 „Mittelbare Beteiligung" KStR 2015.

1427 R 14.2 Beispiel 3 KStR 2015; zustimmend: *Neumann* in Gosch, § 14 KStG Rz. 139; *Müller* in Müller/Detmering/Lieber, Die Organschaft, Rz. 94.

1428 Im Ergebnis ebenso: *Dötsch* in Dötsch/Pung/Möhlenbrock, § 14 KStG Rz. 127; *Frotscher* in Frotscher/Drüen, § 14 KStG Rz. 237 m.w.N.; *Walter* in Ernst & Young, § 14 KStG Rz. 295.1.

1429 *Dötsch* in Dötsch/Pung/Möhlenbrock, § 14 KStG Rz. 132.

1430 BMF v. 10.11.2005, BStBl. I 2005, 1038, Tz. 13.

1431 BFH v. 26.1.1989 – IV R 151/86, BStBl. II 1989, 455; H 14.2 „Stimmrechtsverbot" KStR 2015.

rechtfertigen vermag[1432]. Insbesondere außergesellschaftsvertragliche oder außersatzungsmäßige Stimmrechtsabsprachen oder Stimmrechtsverbote sind nicht geeignet, die Frage der finanziellen Eingliederung zu beeinflussen. Sollte bspw. der Organträger mit Minderheitsgesellschaftern der Organgesellschaft Stimmpoolverträge, z.B. nach § 13b Abs. 1 Nr. 3 Satz 2 ErbStG, oder Konsortialabsprachen getroffen haben, wonach seine Stimmrechtsmacht in bestimmten Bereichen eingeschränkt ist, würde allein die nach Gesellschaftsvertrag bzw. Satzung bestehende Stimmrechtsmacht für die Frage der finanziellen Eingliederung herangezogen werden. Dies deshalb, weil die im Stimmpoolvertrag bzw. in der Konsortialabsprache bestehenden Einschränkungen schuldrechtlicher Natur sind und lediglich die Vertragsparteien im Innenverhältnis binden, nicht jedoch die Rechtsmacht des Organträgers gegenüber der Organgesellschaft auf gesellschaftsrechtlicher Basis beeinflussen.

Die finanzielle Eingliederung muss nach § 14 Abs. 1 Satz 1 Nr. 1 KStG an der Organgesellschaft vom Beginn ihres Wirtschaftsjahres an ununterbrochen bestehen. Entscheidend ist somit der Beginn des Wirtschaftsjahres der Organgesellschaft. In diesem Zusammenhang ist von Bedeutung, ob die finanzielle Eingliederung an der Organgesellschaft rückwirkend in **Umwandlungsfällen** erreicht werden kann. Die Finanzverwaltung hat hierzu im sog. Umwandlungssteuererlass vom 11.11.2011 Stellung genommen[1433]. 14.540

Danach kann im Falle des **qualifizierten Anteilstauschs** nach § 21 Abs. 1 Satz 2 UmwStG die Einbringung einer Beteiligung steuerlich nicht rückwirkend erfolgen[1434], so dass eine Organschaft zwischen der übernehmenden Gesellschaft und der erworbenen Gesellschaft frühestens ab dem Beginn des auf die Einbringung folgenden Wirtschaftsjahres der erworbenen Gesellschaft begründet werden kann[1435]. Bestand bei einem Anteilstausch i.S.d. § 21 UmwStG bisher zwischen dem Einbringenden und der erworbenen Gesellschaft eine Organschaft, kann bei Vorliegen der in § 14 Abs. 1 Satz 1 Nr. 1 Satz 2 KStG genannten Voraussetzungen das bestehende Organschaftsverhältnis in Form einer mittelbaren Organschaft fortgeführt werden[1436]. Demgegenüber vertritt der BFH für den Fall des qualifizierten Anteilstauschs nach § 21 Abs. 1 Satz 2 UmwStG unter Berufung auf die in § 23 Abs. 1 i.V.m. § 4 Abs. 2 Satz 3, § 12 Abs. 3 Halbs. 1 UmwStG verankerte sog. **Fußstapfentheorie** die Auffassung, dass die für die körperschaft- und gewerbesteuerliche Organschaft nach §§ 14 Satz 1 Nr. 1, 17 Abs. 1 Satz 1 KStG, § 2 Abs. 2 Satz 2 GewStG erforderliche finanzielle Eingliederung bei der aufnehmenden Kapitalgesellschaft zu bejahen ist, wenn die einbringende Kapitalgesellschaft zumindest seit Beginn des Wirtschaftsjahres der eingebrachten Kapitalgesellschaft in dem nach §§ 14 Satz 1 Nr. 1, 17 Abs. 1 Satz 1 KStG, § 2 Abs. 2 Satz 2 GewStG erforderlichen Umfang beteiligt war[1437]. 14.541

Wird im Rahmen einer **Sacheinlage** nach § 20 Abs. 1 UmwStG (vgl. hierzu Rz. 14.250 ff.) mit steuerlicher Rückwirkung nach § 20 Abs. 5, 6 UmwStG auch eine Mehrheitsbeteiligung an einer Kapitalgesellschaft als funktional wesentliche Betriebsgrundlage eingebracht, ist wegen des in § 23 Abs. 1 i.V.m. § 12 Abs. 3 Halbs. 1 UmwStG geregelten Eintritts in die steuerliche Rechtsstellung eine zum steuerlichen Übertragungsstichtag noch gegenüber dem übertragenden Rechtsträger bestehende finanzielle Eingliederung mit Wirkung ab dem steuerlichen Übertragungsstichtag dem übernehmenden Rechtsträger zuzurechnen[1438]. Dies gilt nach § 24 Abs. 4 Halbs. 2 UmwStG auch bei einer entsprechenden Sacheinlage in eine Personengesellschaft im Wege der Gesamtrechtsnachfolge[1439]. 14.542

1432 Vgl. *Dötsch* in Dötsch/Pung/Möhlenbrock, § 14 KStG Rz. 122.
1433 Vgl. BMF v. 11.11.2011, BStBl. I 2011, 1314, Rz. Org. 01 ff.
1434 BMF v. 11.11.2011, BStBl. I 2011, 1314, Rz. 21.17.
1435 BMF v. 11.11.2011, BStBl. I 2011, 1314, Rz. Org. 15.
1436 BMF v. 11.11.2011, BStBl. I 2011, 1314, Rz. Org. 16.
1437 BFH v. 28.7.2010 – I R 89/09, BStBl. II 2011, 528 (530); BFH v. 28.7.2010 – I R 111/09, BFH/NV 2011, 67; *Patt* in Dötsch/Pung/Möhlenbrock, § 20 UmwStG Rz. 335; *Herlinghaus* in Rödder/Herlinghaus/van Lishaut, UmwStG Anh. 4, Rz. 39; *Mutscher* in Frotscher/Drüen, § 23 UmwStG Rz. 81b; a.A. offenbar die Finanzverwaltung: BMF v. 11.11.2011, BStBl. I 2011, 1314, Rz. Org. 02.
1438 BMF v. 11.11.2011, BStBl. I 2011, 1314, Rz. Org. 14.
1439 BMF v. 11.11.2011, BStBl. I 2011, 1314, Rz. Org. 02.

14.543 Bei einer **formwechselnden Umwandlung** einer Tochterpersonengesellschaft in eine Tochterkapitalgesellschaft (vgl. hierzu Rz. 14.365 ff.) mit steuerlicher Rückwirkung ist dem Einbringenden die Beteiligung an der Tochterkapitalgesellschaft mit Ablauf des steuerlichen Übertragungsstichtages zuzurechnen[1440]. Dies gilt auch dann, wenn die Tochterkapitalgesellschaft zum Zeitpunkt des steuerlichen Übertragungsstichtages noch nicht rechtlich existent war[1441].

14.544 In Fällen der **Verschmelzung** (vgl. hierzu Rz. 14.358 ff.) geht eine bereits zum übertragenden Rechtsträger bestehende finanzielle Eingliederung einer Tochtergesellschaft auf den übernehmenden Rechtsträger gem. § 12 Abs. 3 Halbs. 1 UmwStG mit Wirkung zum steuerlichen Übertragungsstichtag über[1442]. Demzufolge setzt sich eine bereits mit dem übertragenden Rechtsträger und der finanzielle eingegliederten Gesellschaft bestehende Organschaft durch den übernehmenden Rechtsträger fort oder aber der übernehmende Rechtsträger kann erstmals mit Wirkung zum steuerlichen Übertragungsstichtag eine Organschaft zu der finanziell eingegliederten Gesellschaft begründen[1443].

14.545 In Fällen der **Auf-, Abspaltung** und **Ausgliederung** (vgl. hierzu Rz. 14.326 ff.) gelten die vorstehenden Ausführungen entsprechend. D.h. eine zu dem übertragenden Rechtsträger bereits bestehende finanzielle Eingliederung einer Tochtergesellschaft geht auf den die Beteiligung an der Tochtergesellschaft übernehmenden Rechtsträger mit Wirkung zum steuerlichen Übertragungsstichtag über[1444].

ee) Inländische Organträgerbetriebsstätte

14.546 Die Beteiligung an der Organgesellschaft muss einer inländischen **Organträgerbetriebsstätte** zugeordnet werden können (§ 14 Abs. 1 Nr. 2 Satz 4 KStG). Dadurch soll das deutsche Besteuerungsrecht hinsichtlich des dem Organträger zugerechneten Einkommens der Organgesellschaft gesichert werden[1445]. Nach §§ 14 Abs. 1 Satz 1 Nr. 2 Satz 4, 17 Abs. 1 Satz 1 KStG muss die Beteiligung an der Organgesellschaft einer inländischen Betriebsstätte des Organträgers i.S.d. § 12 AO ununterbrochen während der gesamten Dauer der Organschaft zuzuordnen sein. Bei mittelbarer Beteiligung i.S.d. § 14 Abs. 1 Satz 1 Nr. 1 Satz 2 KStG muss die Beteiligung an der vermittelnden Gesellschaft entsprechend zuzuordnen sein. Die Betriebsstätte i.S.d. §§ 14 Abs. 1 Satz 1 Nr. 2, 17 Abs. 1 Satz 1 KStG muss zudem die besonderen Anforderungen gem. §§ 14 Abs. 1 Satz 1 Nr. 2 Satz 7, 17 Abs. 1 Satz 1 KStG erfüllen.

(1) Inländische Betriebsstätte

14.547 Wie sich aus dem insoweit eindeutigen Wortlaut des § 14 Abs. 1 Satz 1 Nr. 2 Satz 4 KStG ergibt, reicht eine Zuordnung zu einem inländischen ständigen Vertreter nach § 13 AO nicht aus. Es muss sich mithin um eine feste Geschäftseinrichtung des Organträgers im Inland i.S.d. § 12 Satz 1 AO handeln, die seiner Tätigkeit dient. Wegen der besonderen Erfordernisse nach §§ 14 Abs. 1 Satz 1 Nr. 2 Satz 7, 17 Abs. 1 Satz 1 KStG muss sich die inländische Betriebsstätte nach § 12 AO zudem als Betriebsstätte i.S.d. jeweiligen DBA (vgl. Art. 5 OECD-MA) qualifizieren, so dass die der Betriebsstätte zuzurechnenden Einkünfte auch nach dem DBA der inländischen Besteuerung unterliegen (sog. **qualifizierte Betriebsstätte**)[1446]. Die Doppelqualifizierung als inländische Betriebsstätte i.S.d.

1440 BMF v. 11.11.2011, BStBl. I 2011, 1314, Rz. Org. 25 i.V.m. Rz. Org. 13.

1441 BFH v. 17.9.2003 – I R 55/02, BStBl. II 2004, 534 = ZIP 2004, 116.

1442 BMF v. 11.11.2011, BStBl. I 2011, 1314, Rz. Org. 02; BFH v. 28.7.2010 – I R 89/09, BStBl. II 2011, 528.

1443 BMF v. 11.11.2011, BStBl. I 2011, 1314, Rz. Org. 02 f.

1444 BMF v. 11.11.2011, BStBl. I 2011, 1314, Rz. Org. 06 ff.

1445 Begründung zu dem Entwurf der Fraktionen der CDU/CSU und FDP eines Gesetzes zur Änderung und Vereinfachung der Unternehmensbesteuerung und des steuerlichen Reisekostenrechts v. 25.9. 2012, BT-Drucks. 17/10774, 33.

1446 OFD Karlsruhe, Verfügung v. 16.1.2014, FR 2014, 434, Arbeitshilfe zu § 14 Abs. 1 Satz 1 Nr. 2 Satz 7 KStG.

§ 12 AO und als DBA-Betriebsstätte wirft die bekannten Zweifelsfragen zu den inhaltlichen Unterscheidungen auf. Der inländische Betriebsstättenbegriff erfordert gem. § 12 Satz 1 AO eine feste Geschäftseinrichtung, die der Tätigkeit eines Unternehmens dient. Davon abweichend bestimmt Art. 5 Abs. 1 OECD-MA, dass es sich um eine feste Geschäftseinrichtung handeln muss, durch die die Tätigkeit eines Unternehmens ganz oder teilweise ausgeübt wird. Diese sprachlichen Abweichungen werden gemeinhin als unbeachtlich bezeichnet, jedoch soll der Betriebsstättenbegriff des Art. 5 OECD-MA enger als der des § 12 AO sein. Unbeschadet der vorstehenden Zweifelsfragen unterscheiden sich die Betriebsstättenbegriffe im Hinblick auf die sog. Vertreterbetriebsstätte. Während § 13 AO den Begriff des ständigen Vertreters als eigenständiges Anknüpfungsmerkmal für die beschränkte Steuerpflicht neben der der Betriebsstätte gem. § 12 AO definiert, fingiert Art. 5 Abs. 5 OECD-MA im Falle des abhängigen Vertreters das Vorliegen einer Betriebsstätte. Da §§ 14 Abs. 1 Satz 1 Nr. 2 Satz 4, 17 Abs. 1 Satz 1 KStG jedoch von vornherein eine Betriebsstätte gem. § 12 AO fordert, kommt der insoweit weitergehende Betriebsstättenbegriff des Art. 5 Abs. 5 OECD-MA bei §§ 14 Abs. 1 Satz 1 Nr. 2 Satz 7, 17 Abs. 1 Satz 1 KStG nicht zur Anwendung.

Generell keine Änderung ergibt sich für **internationale Holdings** mit inländischen Tochtergesell- 14.548
schaften ohne gleichzeitige inländische Betriebsstätte. Bei diesen Strukturen besteht nicht die Möglichkeit, eine Organschaft zu der inländischen Tochterkapitalgesellschaft zu begründen. In diesem Sinn gibt es nach wie vor keine grenzüberschreitende Organschaft[1447].

(2) Zuordnung zu einer inländischen Betriebsstätte

Nach § 14 Abs. 1 Satz 1 Nr. 2 Satz 4 KStG muss die **Beteiligung an der Organgesellschaft** oder, bei 14.549
mittelbarer Beteiligung an der Organgesellschaft, die Beteiligung an der vermittelnden Gesellschaft, ununterbrochen während der gesamten Dauer der Organschaft einer inländischen Betriebsstätte i.S.d. § 12 AO zuzuordnen sein. Diese Zuordnung richtet sich isoliert betrachtet nach deutschem Recht[1448], allerdings ist nach § 14 Abs. 1 Satz 1 Nr. 2 Satz 7 KStG eine derartige Betriebsstätte nur gegeben, wenn die dieser Betriebsstätte zuzurechnenden Einkünfte sowohl nach innerstaatlichem Recht als auch nach einem anzuwendenden DBA der inländischen Besteuerung unterliegen. Es muss sich mithin um eine qualifizierte Betriebsstätte handeln (vgl. dazu Rz. 14.547). Bei einer nationalen Holding als Organträger, die keine ausländischen Betriebsstätten unterhält, ist die Zuordnung der Beteiligung an Organgesellschaften zu einer inländischen Betriebsstätte unproblematisch. Etwas anderes würde nur dann gelten, wenn es „betriebsstättenlose" Strukturen gäbe, so dass das Betriebsstättenkriterium nicht erfüllt werden könnte. Der BFH vertritt in Übereinstimmung mit der überwiegenden Ansicht in der Literatur die Auffassung, dass es prinzipiell keine „betriebsstättenlosen" gewerblichen Einkünfte (sog. floating income") gebe[1449]. Im Zweifel ist zumindest eine Geschäftsleitungsbetriebsstätte gem. § 12 Satz 2 Nr. 1 AO anzunehmen[1450], der die Beteiligungen zuzuordnen sind[1451].

Für nationale Holdinggesellschaften als Organträger, die auch ausländische Betriebsstätten unterhal- 14.550
ten oder internationale Holdinggesellschaften mit ausländischen und inländischen Betriebsstätten sowie für doppelt ansässige Holdinggesellschaften stellt sich die Zuordnungsfrage mit besonderem Nachdruck. Die Bedeutung des inländischen Anknüpfungsmerkmals in Gestalt des **Belegenheitskriteriums** besteht zum einen in der Begründung der zumindest beschränkten Steuerpflicht des Organträgers und zum anderen in dem Aufrechterhalten des deutschen Besteuerungsrechts im Falle von DBA mit Freistellungsmethode. Damit gewinnt das Belegenheitskriterium eine herausragende Be-

1447 *Dötsch/Pung*, DB 2013, 305 (307); *Dötsch* in Dötsch/Pung/Möhlenbrock, § 14 KStG Rz. 70b.

1448 OFD Karlsruhe, Verfügung v. 16.1.2014, FR 2014, 434, Arbeitshilfe zu § 14 Abs. 1 Satz 1 Nr. 2 Sätze 4 und 5 KStG.

1449 BFH v. 19.12.2007 – I R 19/06, BStBl. II 2010, 398 (402) m.w.N.; a.A.: BMF v. 14.5.2004, BStBl. I 2004, Sondernummer 1, Tz. 2004, 3, Tz. 2.5.0.1, sowie z.B. *Kramer*, DB 2011, 1882 ff.

1450 BFH v. 19.12.2007 – I R 19/06, BStBl. II 2010, 398 (402).

1451 Vgl. auch die Sonderregelung des § 2 Abs. 1 Satz 2 AStG.

deutung für die Anerkennung einer ertragsteuerlichen Organschaft in grenzüberschreitenden Fällen. In der Praxis kann die Zuordnung von Wirtschaftsgütern und die Zurechnung von Einkünften zu einer in- oder ausländischen Betriebsstätte Probleme mit sich bringen. Die Zuordnung nach § 14 Abs. 1 Nr. 2 Satz 4 KStG richtet sich grundsätzlich nach nationalem Recht. Hiernach ist maßgeblich, ob die Beteiligung an der Organgesellschaft notwendiges oder gewillkürtes Betriebsvermögen der inländischen Betriebstätte darstellt. Besteht ein DBA, ist die Zuordnung nach funktionalen Zusammenhängen vorzunehmen, die sich nach § 1 Abs. 5 AStG, i.V.m § 7 BsGAV[1452] beurteilen[1453]. In Zweifelsfällen wird eine Organschaft in der Praxis hieran. Eine Zuordnung zu der inländischen Betriebsstätte wird gegeben sein, wenn die Organbeteiligung in einem funktionalen Zusammenhang mit der Tätigkeit der Betriebsstätte steht, was voraussetzt, dass die Organbeteiligung durch die Betriebsstätte tatsächlich genutzt wird bzw. dieser dient und zu ihrem Betriebsergebnis beiträgt.

14.551 Bei **mehrstufigen Strukturen** kommt es für die Zuordnung auf die Anteile an der vermittelnden Kapitalgesellschaft an, die dem Organträger unmittelbar nachgeordnet ist[1454]. Eine Zuordnung der Beteiligung an der Organgesellschaft zu der Betriebsstätte ist dann nicht erforderlich[1455]. Die demgegenüber vereinzelt in der Literatur vertretene Auffassung, bei mittelbarer Beteiligung bzw. mehreren Beteiligungsebenen müsse die (funktionale) Zuordnung unabhängig von einer bilanziellen Zuordnung auf jeder Ebene gegeben sein[1456], wird dem Wortlaut des § 14 Abs. 1 Satz 1 Nr. 2 Sätze 4, 6, § 17 Abs. 1 Satz 1 KStG nicht gerecht. Während § 14 Abs. 1 Satz 1 Nr. 1 Satz 2 KStG für das Vorliegen der finanziellen Eingliederung bei mittelbarer Beteiligung ausdrücklich die Mehrheit der Stimmrechte an *jeder* vermittelnden Gesellschaft verlangt, enthält die Neuregelung den Verweis auf die Beteiligung im Sinne der Nr. 1 an *der* vermittelnden Gesellschaft. Zudem ist eine funktionale Zuordnung tiefer gestufter Beteiligungen zu der Betriebsstätte wegen des Bilanzierungsvorrangs des eigenen Betriebsvermögens der zwischengeschalteten Kapitalgesellschaften gegenüber dem der (Organträger-)Betriebsstätte nicht möglich. Nach der hier vertretenen Auffassung setzt eine funktionale Zuordnung immer auch eine steuerbilanziell zumindest mögliche Zuordnung voraus. Bei mittelbarer Beteiligung des Organträgers an der Organgesellschaft über eine oder mehrere **Personengesellschaften** gilt gem. § 14 Abs. 1 Satz 1 Nr. 2 Satz 5, § 17 Abs. 1 Satz 1 KStG Satz 4 sinngemäß. Die Bedeutung dieser Regelung ist zweifelhaft. Einerseits ordnet die Regelung die sinngemäße Anwendung des Satzes 4 an: es muss also die Beteiligung an der vermittelnden Gesellschaft der inländischen Betriebsstätte des Organträgers zuzuordnen sein, andererseits beschreibt die Gesetzesbegründung den Anwendungsbereich des Satzes 5 dahingehend, dass die vermittelnde Personengesellschaft wiederum über eine oder mehrere Kapitalgesellschaften an der Organgesellschaft beteiligt ist, so dass die der Personengesellschaft unmittelbar nachgeordnete Kapitalgesellschaftsbeteiligung der Betriebsstätte des Organträger zugeordnet sein muss[1457]. Im Falle des Satzes 5 muss die Beteiligung an der Organgesellschaft einer inländischen Betriebsstätte der vermittelnden Personengesellschaft zuzuordnen sein[1458]. Bei weiteren nachgeschalteten Kapitalgesellschaften ist auf die Zuordnung der der vermittelnden Personengesellschaft unmittelbar nachgeschalteten Kapitalgesellschaftsbeteiligung abzustellen.

(3) Zeitraumbezogene Zuordnung der Organbeteiligung

14.552 Nach § 14 Abs. 1 Satz 1 Nr. 2 Satz 4, § 17 Abs. 1 Satz 1 KStG muss die Organbeteiligung, bei mittelbarer Beteiligung, die Beteiligung an der vermittelnden Gesellschaft, ununterbrochen während der

---

1452 BMF v. 22.12.2016, BStBl. I 2017, 182; vgl. auch BMF v. 26.9.2014, 1258, Rz. 4.1.1.1.1.i.V.m. Rz. 2.2.4.1.

1453 *Dötsch* in Dötsch/Pung/Möhlenbrock, § 14 KStG Rz. 185 ff.

1454 *Dötsch* in Dötsch/Pung/Möhlenbrock, § 14 KStG Rz. 192.

1455 *Benecke/Schnitger*, IStR 2013, 143 (154).

1456 *Schirmer*, FR 2013, 605 (608).

1457 Begründung zu dem Entwurf der Fraktionen der CDU/CSU und FDP eines Gesetzes zur Änderung und Vereinfachung der Unternehmensbesteuerung und des steuerlichen Reisekostenrechts v. 25.9. 2012, BT-Drucks. 17/10774, 30 f.

1458 *Benecke/Schnitger*, IStR 2013, 143 (155).

gesamten Dauer der Organschaft einer inländischen Betriebsstätte des Organträgers zuzuordnen sein. Die **zeitliche Zuordnung** richtet sich nach nationalem Recht und nicht nach DBA-Kriterien[1459]. Die Zuordnung muss also bereits zu Beginn des Wirtschaftsjahres der Organgesellschaft, in dem der Gewinnabführungsvertrag wirksam wird, gegeben sein. Diese Zuordnung muss bis zum Zeitpunkt der Beendigung der Organschaft, also bis zum Ende des entsprechenden Wirtschaftsjahres der Organgesellschaft, vorhanden sein, wobei dies nicht bedeutet, dass die Organbeteiligung während der gesamten Dauer derselben inländischen Betriebsstätte des Organträger zugeordnet sein muss[1460]. Unproblematisch sind auch die Verlängerung oder Verkürzung von Beteiligungsketten durch Wegfall oder Zusammenschaltung von vermittelnden Gesellschaften[1461]. Anhaltspunkte dafür, dass das Entfallen der Zuordnung zu einer rückwirkenden Aberkennung der Organschaft führen, sind nicht ersichtlich. Insbesondere kann die Regelung des § 14 Abs. 1 Satz 1 Nr. 3 Satz 1 KStG (Mindestdauer des Gewinnabführungsvertrags von fünf Jahren) nicht entsprechend herangezogen werden[1462]. Entfällt die Zuordnung unterjährig, z.B. durch Nichterfüllen der Zuordnungskriterien oder gar den Verkauf der Organgesellschaft, wirkt dies auf den Beginn des entsprechenden Wirtschaftsjahres der Organgesellschaft zurück. Im Übrigen hängt die Wirksamkeit der Organschaft – wie bisher – von der Dauer und Durchführung des Gewinnabführungsvertrags ab. Wird die Organbeteiligung zu einem späteren Zeitpunkt wiederum einer inländischen Betriebsstätte des Organträgers zugeordnet, kann die Organschaft erneut begründet werden.

(4) Zurechnung des Organeinkommens

Nach § 14 Abs. 1 Satz 1 Nr. 2 Satz 6, § 17 Abs. 1 Satz 1 KStG ist das Einkommen der Organgesell- 14.553
schaft der inländischen Betriebsstätte des Organträgers zuzurechnen, der die Organbeteiligung zuzuordnen ist. Mit der Zuordnung der Organbeteiligung ist also die **Einkommenszurechnung** unwiderlegbar verknüpft. Im Fall der grenzüberschreitenden Organschaft mit einem beschränkt steuerpflichtigen Organträger, ist § 14 Abs. 1 Nr. 2 Satz 6 KStG als Ergänzung der Ermittlung der steuerpflichtigen Betriebstätteneinkünfte zu sehen. Die Vorschrift qualifiziert das zuzurechnende Organeinkommen als Einkünfte i.S.v. § 49 Abs. 1 Nr. 2a EStG[1463]. § 14 Abs. 1 Satz 1 Nr. 2 Satz 7 KStG regelt zur Sicherstellung der Besteuerung, dass eine inländische Betriebsstätte i.S.d. Sätze 4 bis 6 nur gegeben ist, wenn die dieser Betriebsstätte zuzurechnenden Einkommen **sowohl nach innerstaatlichem Steuerrecht als auch nach dem anzuwendenden DBA der inländischen Besteuerung unterliegen**[1464]. Diese Zusatzregelung soll einen Verlust des deutschen Besteuerungsrechts insbesondere in Fällen verhindern, in denen wegen Unterschieden in der Definition oder Auslegung des Betriebsstättenbegriffs in § 12 AO und in den DBA-Regelungen (vgl. Art. 5 OECD-MA) formal die Zuordnung zu einer Betriebsstätte i.S.d. § 12 AO gegeben ist, eine inländische Betriebsstätte aber wegen eines abweichenden Betriebsstättenbegriffs in dem DBA trotzdem nicht anzunehmen ist[1465]. Insoweit ist auch eine abkommensrechtliche Zuordnung der Beteiligung an der Organgesellschaft nach funktionalen Zusammenhängen zur inländischen Betriebsstätte erforderlich (vgl. hierzu Rz. 14.547). Für die Prüfung des Bestehens eines deutschen Besteuerungsrechts ist nach Auffassung der Finanzverwaltung[1466] zunächst darauf abzustellen, ob für die Einkünfte aus der Beteiligung an der Organgesellschaft abstrakt nach den Grundsätzen des Art. 10 OECD-MA (laufende Einkünfte in Form von Dividenden) bzw. des Art. 13 OECD-MA (Veräußerungsgewinne) ein deutsches Besteuerungsrecht besteht. Nur dann, wenn die Organbeteiligung tatsächlich zu einer inländischen Betriebsstätte i.S.d. Art. 5 OECD-MA gehört, wird das vorrangige Besteuerungsrecht des Ansässigkeitsstaats des Gesell-

---

1459 OFD Karlsruhe, Verfügung v. 16.1.2014, FR 2014, 434, Arbeitshilfe zu § 14 Abs. 1 Satz 1 Nr. 2 Sätze 4 und 5 KStG.

1460 *Rödder/Liekenbrock*, Ubg 2015, 445 (448); *Dötsch* in Dötsch/Pung/Möhlenbrock, § 14 KStG Rz. 198.

1461 *Rödder/Liekenbrock*, Ubg 2015, 445 (448); *Dötsch* in Dötsch/Pung/Möhlenbrock, § 14 KStG Rz. 200.

1462 A.A.: *Schwenke*, ISR 2013, 41 (46).

1463 *Dötsch* in Dötsch/Pung/Möhlenbrock, § 14 KStG Rz. 204; *Stange/Brühl*, DK 2013, 77 (82).

1464 *Dötsch/Pung* in Dötsch/Pung/Möhlenbrock, § 14 KStG Rz. 206.

1465 *Schwenke*, ISR 2013, 41, (46).

1466 Vgl. OFD Karlsruhe, Verfügung v. 16.1.2014, FR 2014, 434, 435; dazu auch *Kröner*, IWB 2014, 1186.

schafters für die durch diese Beteiligung vermittelten Dividendenerträge und Veräußerungsgewinne durch das Besteuerungsrecht Deutschlands verdrängt (Art. 10 Abs. 4 und Art. 13 Abs. 2 OECD-MA).

ff) Gewinnabführungsvertrag

14.554 Zum Tatbestand der körperschaftsteuerrechtlichen Organschaft gehört schließlich auch, dass sich die Organgesellschaft durch einen **Gewinnabführungsvertrag** verpflichtet[1467], ihren gesamten Gewinn an den Organträger abzuführen[1468]. § 14 Abs. 1 Satz 1 Nr. 3 Satz 1 KStG verlangt, dass der Gewinnabführungsvertrag auf mindestens fünf Jahre abgeschlossen und während seiner gesamten Geltungsdauer durchgeführt werden muss. Die Mindestvertragsdauer von fünf Jahren bemisst sich nach Zeitjahren und nicht nach Wirtschaftsjahren[1469]. Bei der Verlängerung eines bereits seit mindestens fünf Jahren bestehenden Gewinnabführungsvertrages genügt der Abschluss für jeweils mindestens ein weiteres Jahr[1470]. Bei nicht eingegliederten Aktiengesellschaften oder KGaA oder GmbH reicht es aus, dass der Gewinnabführungsvertrag bis zum Ende des Wirtschaftsjahres der Organgesellschaft abgeschlossen und wirksam wird (vgl. § 14 Abs. 1 Satz 2, § 17 Abs. 1 Satz 1 KStG). Danach muss der Gewinnabführungsvertrag bis zum Ende des Wirtschaftsjahres der Organgesellschaft, für das die Folgen der steuerlichen Organschaft erstmals eintreten sollen, in das Handelsregister eingetragen sein[1471]. Bei nach den §§ 319–327 AktG eingegliederten AG oder KGaA tritt die zivilrechtliche Wirksamkeit des Gewinnabführungsvertrages bereits ein, sobald er in Schriftform abgeschlossen ist (§ 324 Abs. 2 AktG)[1472]. In den vorgenannten Fällen muss der Gewinnabführungsvertrag im Übrigen den Anforderungen des § 291 Abs. 1 AktG entsprechen[1473]. Soweit es sich bei der Organgesellschaft nicht um eine Aktiengesellschaft oder KGaA handelt, also etwa um eine GmbH, müssen für den Gewinnabführungsvertrag die Voraussetzungen des § 17 KStG erfüllt sein. Bei einer nach ausländischem Gesellschaftsrecht errichteten Organgesellschaft, die ihren Ort der Geschäftsleitung im Inland hat, richtet sich die Frage, ob ein Gewinnabführungsvertrag wirksam abgeschlossen werden kann, im Wesentlichen nach dem Gesellschafts- und Zivilrecht der ausländischen Organgesellschaft[1474]. Das Gesellschafts- und Zivilrecht des Organträgers bleibt aber insoweit beachtlich, als sich die Frage der Wirksamkeit des Abschlusses des Gewinnabführungsvertrags (Zustimmungsbeschluss) nach dem für diesen geltenden Rechtsvorschriften bestimmt. Soweit ersichtlich kennen innerhalb der EU nur einige wenige Staaten das Institut des GAV (z.B. Portugal, Slowenien, Kroatien). Die Finanzverwaltung erkennt nach ausländischem Recht abgeschlossenen GAV unter folgenden Voraussetzungen an[1475]. Die Regelungen des ausländischen GAV (1) entsprechen vollständig den Vorgaben des § 291

1467 Vgl. zur Diskussion über ein modernes Gruppenbesteuerungssystem: *Herzig/Wagner*, DB 2005, 1 ff.; *Gerlach*, FR 2012, 450 ff.; *Montag* in Tipke/Lang, Steuerrecht, § 14 Rz. 28 ff.; *Kaeser*, DStR 2010, Beihefter zu Heft 30, 56 ff.

1468 Am Gewinn der Organgesellschaft orientierte Ausgleichszahlungen an außenstehende Anteilseigner sind allerdings unschädlich, vgl. BMF v. 16.4.1991, DB 1991, 1049, BMF v. 13.9.1991, DB 1991, 2110, BMF v. 20.4.2010, BStBl. I 2010, 372; einschränkend: BFH v. 4.3.2009 – I R 1/08, BStBl. II 2010, 407 = AG 2009, 694 = ZIP 2009, 1662; vgl. auch: *Dötsch* in Dötsch/Pung/Möhlenbrock, § 16 KStG Rz. 24 ff. m.w.N.

1469 BFH v. 12.1.2011 – I R 3/10, BStBl. II 2011, 727 (729) = AG 2011, 417; R 60 Abs. 2 Satz 1 KStR 2004.

1470 *Dötsch* in Dötsch/Pung/Möhlenbrock, § 14 KStG Rz. 552.

1471 BMF v. 10.11.2005, BStBl. I 2005, 1038, Tz. 3; OLG Zweibrücken v. 29.10.2013 – 3 W 82/13, DStR 2014, 910 (911) m.w.N. = AG 2014, 630 = ZIP 2014, 1020.

1472 R 60 Abs. 1 Satz 3 KStR 2004.

1473 Vgl. zu den zivilrechtlichen Wirksamkeitsvoraussetzungen: BGH v. 5.4.1993 – II ZR 238/91, AG 1993, 422 = ZIP 1993, 751 = DB 1993, 1074; OLG Frankfurt v. 26.8.2009 – 23 U 69/08, AG 2010, 368 = DB 2009, 2200, rkr.

1474 Vgl. z.B. *Hoene*, IStR 2012, 462 (463); *Liebscher* in MünchKomm/GmbHG, § 13 GmbHG Anh. Rz. 1095; *Schall* in Spindler/Stilz, vor § 15 AktG Rz. 37; *Dötsch/Pung*, DB 2013, 305 (306); *Dötsch* in Dötsch/Pung/Möhlenbrock, § 14 KStG Rz. 59b; BFH v. 7.12.2011 – I R 30/08, BStBl. II 2012, 507 (509).

1475 OFD Frankfurt a.M., Verfügung v. 12.11.2019, DStR 2019, 2701.

AktG und beinhalten insbesondere auch die Pflicht zur Verlustübernahme entsprechend der Regelung des § 302 AktG, (2) sind nach ausländische (Zivil-)Recht zulässig (insbesondere Vereinbarkeit mit den dortigen handels- und gesellschaftsrechtlichen Vorschriften zum Schutz von Gläubigern sowie Minderheitsgesellschaftern), (3) sind in eintragungspflichtiger Form vereinbart, d.h. es besteht nach ausländischem Recht eine Pflicht, die Regelungen in ein mit dem deutschen Handelsregister vergleichbares öffentliches Register einzutragen oder die Regelungen zur Gewinnabführung werden in die Satzung der Organgesellschaft aufgenommen und es besteht nach dem ausländischen Recht eine Eintragungspflicht hinsichtlich von Satzungsänderungen, und (4) haben, falls der GAV nicht selbst in der Satzung verankert wird, satzungsändernden Charakter (eine bloße satzungsüberlagernde Wirkung genügt nicht). Gib es das Institut des GAV nicht, stellt sich die umstrittene Frage, ob ein inhaltlich dem GAV i.S.d. § 291 Abs. 1 AktG nachgebildeter schuldrechtlicher Vertrag als Grundlage für die Anwendung der Organschaftsregelungen anzuerkennen ist[1476].

Nach § 14 Abs. 1 Satz 1 Nr. 3 Satz 1 KStG muss der **Gewinnabführungsvertrag** nicht nur auf mindestens fünf Zeitjahre abgeschlossen, sondern auch tatsächlich durchgeführt werden. In der Praxis haben sich aus diesem Erfordernis immer wieder Probleme ergeben, die im Zweifel die Anerkennung der Organschaft gefährden konnten. Mit der Regelung des § 14 Abs. 1 Satz 1 Nr. 3 Satz 4 KStG sollen Erleichterungen bei **fehlerhaften Bilanzansätzen** und deren Auswirkungen auf die **tatsächliche Durchführung** des Gewinnabführungsvertrages geschaffen werden. Hintergrund der Regelung ist die sich nach der Rechtsprechung des BGH aus dem Gewinnabführungsvertrag ergebende Verpflichtung zur Gewinnabführung bzw. Verlustübernahme nach dem sich bei ordnungsgemäßer Bilanzierung ergebenden handelsrechtlichen Ergebnis[1477], so dass fehlerhafte Bilanzansätze die tatsächliche Durchführung des Gewinnabführungsvertrages gefährden können[1478]. 14.555

Die Neuregelung des § 14 Abs. 1 Satz 1 Nr. 3 Satz 4 KStG **fingiert die tatsächliche Durchführung** des Gewinnabführungsvertrages unter den im Einzelnen genannten Voraussetzungen für den Fall, dass der abgeführte Gewinn oder ausgeglichene Verlust auf einem Jahresabschluss beruht, der fehlerhafte Bilanzansätze enthält. Voraussetzung hierfür ist nach § 14 Abs. 1 Satz 1 Nr. 3 Satz 4 KStG im Einzelnen[1479], dass 14.556

a) der der Gewinnabführung oder dem Verlustausgleich zugrunde liegende Jahresabschluss wirksam festgestellt ist,

b) die Fehlerhaftigkeit bei Erstellung des Jahresabschlusses unter Anwendung der Sorgfalt eines ordentlichen Kaufmanns nicht hätte erkannt werden müssen und

c) ein von der Finanzverwaltung beanstandeter Fehler spätestens in dem nächsten nach dem Zeitpunkt der Beanstandung des Fehlers aufzustellenden Jahresabschluss der Organgesellschaft und des Organträgers korrigiert und das Ergebnis entsprechend abgeführt oder ausgeglichen wird, soweit es sich um einen Fehler handelt, der in der Handelsbilanz zu korrigieren ist.

Die vorgenannten Voraussetzungen müssen kumulativ vorliegen und beziehen sich auf den Jahresabschluss, auf dem der abgeführte Gewinn oder der ausgeglichene Verlust beruht. Es geht somit um den Jahresabschluss der Organgesellschaft als Fehlerquelle. Der Jahresabschluss des Organträger-

1476 Bejahend FG Schleswig-Holstein v. 13.3.2019 – 1 K 218/15, EFG 2019, 1466: Rev. AZ BFH: I R 26/19; *Schönfeld*, IStR 2012, 368 (372); *Winter/Marx*, DStR 2011, 1101 (1104); ablehnend *Gosch*, IWB 2012, 694; *Dötsch* in Dötsch/Pung/Möhlenbrock, § 14 KStG Rz. 339 f.

1477 BGH v. 5.6.1989 – II ZR 172/88, AG 1989, 358 = ZIP 1989, 1324 = BB 1989, 588; BGH v. 11.10.1999 – II ZR 120/98, AG 2000, 129 = ZIP 1999, 1965 = DB 1999, 2457; BGH v. 14.2.2005 – II ZR 361/02, AG 2005, 397 = ZIP 2005, 854 = DB 2005, 937.

1478 Vgl. auch R 60 Abs. 8 Satz 1 KStR 2004.

1479 Vgl. hierzu im Einzelnen: *Jesse*, FR 2013, 681 ff. m.w.N.; *Dötsch* in Dötsch/Pung/Möhlenbrock, § 14 KStG Rz. 209b ff.; *Frotscher* in Frotscher/Drüen, § 14 KStG Rz. 445 ff. sowie OFD Karlsruhe, Verfügung v. 16.1.2014, FR 2014, 434, 436, Arbeitshilfe zu § 14 Abs. 1 Satz 1 Nr. 3 Sätze 4 und 5 KStG und OFD Frankfurt/M., Verfügung v. 14.4.2014, DB 2014, 2194.

unternehmens und dessen evtl. Fehlerhaftigkeit spielen nur insoweit eine Rolle, als dort nach § 14 Abs. 1 Satz 1 Nr. 3 Satz 4 Buchst. c KStG eine korrespondierende Fehlerkorrektur zu erfolgen hat. Die Neuregelung erlaubt eine Korrektur fehlerhafter Bilanzansätze in laufender Rechnung[1480], während nach der bisherigen Rechtslage eine „Rückwärtsberichtigung" erforderlich war, um die Organschaftsfolgen zu bewahren.

14.557 Liegen alle Voraussetzungen der Organschaft vor, ist als **Rechtsfolge** das bei der Organgesellschaft selbständig ermittelte Einkommen dem Organträger zuzurechnen, so dass die Organgesellschaft als eigenständiges Körperschaftsteuerrechtssubjekt in aller Regel einkommenslos bleibt[1481]. Für das zunächst auf der Ebene der Organgesellschaft zu ermittelnde Einkommen gelten die allgemeinen Vorschriften. Da indessen aufgrund des Gewinnabführungsvertrages die Gewinnabführung und die Verlustübernahme in der Gewinn- und Verlustrechnung grundsätzlich mit der Folge eines ausgeglichenen Ergebnisses berücksichtigt werden (§ 277 Abs. 3 Satz 2 HGB), bedarf es für die Ermittlung des zuzurechnenden Einkommens einer Modifikation dahin gehend, dass das Einkommen der Organgesellschaft vor Berücksichtigung des an den Organträger abgeführten Gewinns oder des vom Organträger zum Ausgleich eines sonst entstehenden Jahresfehlbetrags geleisteten Betrags zuzurechnen ist[1482]. Dementsprechend bleibt bei der Ermittlung des Einkommens des Organträgers der von der Organgesellschaft an den Organträger abgeführte Gewinn ebenso außer Ansatz wie ein vom Organträger an die Organgesellschaft zum Ausgleich eines sonst entstehenden Jahresfehlbetrages geleisteter Betrag. Einschränkungen ergeben sich allerdings aus § 14 Abs. 1 Satz 1 Nr. 5 KStG (vgl. dazu Rz. 14.558). Ansprüche auf Gewinnabführung und Verlustübernahme sind ggf. ab Fälligkeit zu verzinsen. Unterbleibt eine Verzinsung oder wird auf sie verzichtet, hindert dies die Wirksamkeit der Organschaft nicht[1483].

gg) Ausschluss der doppelten Verlustnutzung

14.558 § 14 Abs. 1 Satz 1 Nr. 5 KStG sieht den Ausschluss der sog. **doppelten Verlustnutzung** vor[1484]. Danach bleiben negative Einkünfte des Organträgers oder der Organgesellschaft bei der inländischen Besteuerung unberücksichtigt, soweit sie in einem ausländischen Staat im Rahmen der Besteuerung des Organträgers, der Organgesellschaft oder einer anderen Person berücksichtigt werden. Hauptanwendungsfälle dürften grenzüberschreitende Konzernstrukturen sein, bei denen nach der ausländischen Steuerrechtsordnung Verluste des Organträgers oder der Organgesellschaft dort in Abzug gebracht werden können. Rechtsfolglich des § 14 Abs. 1 Satz 1 Nr. 5 KStG ist, dass die negativen Einkünfte der Organgesellschaft dem Organträger nicht zugeordnet werden (kein Verlustausgleich). Außerdem können die von der Abzugsbeschränkung des § 14 Abs. 1 Satz 1 Nr. 5 KStG betroffenen negativen Einkünfte des Organträgers nicht mit dem zugeordneten positiven Einkommen der Organgesellschaft verrechnet werden.

hh) § 15 KStG

14.559 Bei der Ermittlung des dem Organträger zuzurechnenden Einkommens der Organgesellschaft sind des Weiteren die Besonderheiten des § 15 KStG zu beachten. Auf diese soll nachfolgend mit Ausnahme der Regelungen des § 15 Abs. 1 Nr. 1a, 2a, 4 und 5 KStG eingegangen werden.

14.560 Durch § 15 Satz 1 Nr. 1 KStG wird der **Verlustabzug** i.S.d. § 10d EStG bei der Organgesellschaft ausgeschlossen, so dass Verluste der Organgesellschaft, die vor Inkrafttreten des Gewinnabführungsver-

1480 OFD Frankfurt/M., Verfügung v. 14.4.2014, DB 2014, 2194 (2195).

1481 Ausnahme: Ausgleichszahlungen, die in den Fällen der §§ 14, 17 KStG an außenstehende Anteilseigner gezahlt werden, sind nach § 16 KStG stets als eigenes Einkommen von der Organgesellschaft zu versteuern (Abschn. 65 KStR 2004).

1482 Vgl. hierzu das Berechnungsschema bei *Dötsch* in Dötsch/Pung/Möhlenbrock, § 14 KStG Rz. 271.

1483 BMF v. 15.10.2007, BStBl. I 2007, 765; vgl. hierzu im Einzelnen: *Dötsch* in Dötsch/Pung/Möhlenbrock, § 14 KStG Rz. 439.

1484 Vgl. hierzu im Einzelnen: *Jesse*, FR 2013, 629 (636 ff.).

trages entstanden sind, beim Organträger steuerlich nicht wirksam werden[1485]. Daher wird in der Praxis entweder der Abschluss des Gewinnabführungsvertrages selbst oder aber dessen Wirksamwerden zeitlich hinausgeschoben.

§ 15 Satz 1 Nr. 2 Satz 1 KStG bestimmt nunmehr, dass § 8b Abs. 1 bis 6 KStG sowie § 4 Abs. 6 UmwStG bei der Organgesellschaft nicht anzuwenden sind. Hintergrund ist die Regelung der Dividenden- und Veräußerungsgewinnbesteuerung im Rahmen des § 8b KStG. § 15 Satz 1 Nr. 2 Satz 1 KStG schreibt insoweit die sog. **Bruttomethode**[1486] fest. Sind in dem dem Organträger zugerechneten Einkommen Bezüge, Gewinne oder Gewinnminderungen i.S.d. § 8b Abs. 1 bis 3 KStG oder mit solchen Beträgen zusammenhängende Ausgaben i.S.d. § 3c Abs. 2 EStG oder ein Übernahmeverlust i.S.d. § 4 Abs. 6 UmwStG enthalten, sind § 8b KStG, § 4 Abs. 6 UmwStG sowie § 3 Nr. 40 und § 3c Abs. 2 EStG bei der Ermittlung des Einkommens des Organträgers anzuwenden. In dem Einkommen der Organgesellschaft, das dem Organträger zugerechnet wird, können also Beteiligungserträge und damit zusammenhängende Betriebsausgaben enthalten sein (= brutto). Das heißt die Anwendung der entsprechenden Regelungen hängt von der jeweiligen Rechtsform des Organträgers ab[1487]. Nach § 15 Satz 1 Nr. 2 Satz 3 KStG gilt die vorstehende Regelung nicht, soweit bei der Organgesellschaft § 8b Abs. 7, 8 oder 10 KStG anzuwenden ist. Es handelt sich hierbei um Rückausnahmen von der Bruttomethode[1488], mit der Folge, dass diese Normen auf der Ebene der Organgesellschaft, soweit ihre Voraussetzungen vorliegen, Anwendung finden[1489]. § 15 Satz 1 Nr. 2 Satz 4 KStG bestimmt, dass für die Anwendung der Beteiligungsgrenze i.S.v. § 8b Abs. 4 KStG Beteiligungen der Organgesellschaft und Beteiligungen des Organträgers getrennt betrachtet werden. Es handelt sich um sog. **Streubesitzdividenden** (Beteiligung beträgt weniger als 10 % des Grund- oder Stammkapitals), für die nach § 8b Abs. 4 KStG die Steuerfreiheit des § 8b Abs. 1 KStG nicht gilt. Wegen der Anwendung der Bruttomethode auf der Ebene des Organträgers ist dort zu entscheiden, ob etwaige Beteiligungserträge nach § 8b Abs. 1 KStG steuerfrei oder nach § 8b Abs. 4 KStG steuerpflichtig sind. § 15 Satz 1 Nr. 2 Satz 4 KStG erfasst insoweit den Fall, dass sowohl der Organträger als auch die Organgesellschaft an der ausschüttenden Kapitalgesellschaft beteiligt sind, so dass bei jeder Beteiligung isoliert die Beteiligungshöhe zu prüfen ist[1490]. Sind in dem Organträger zugerechneten Einkommen Erträge und/oder Aufwendungen aus Streubesitzbeteiligungen enthalten, kommt § 8b Abs. 4 KStG zur Anwendung, sofern bei ihm das KStG Anwendung findet. Nach § 15 Satz 2 KStG gilt § 15 Satz 1 Nr. 2 KStG entsprechend für Gewinnanteile aus der Beteiligung an einer ausländischen Gesellschaft, die nach den Vorschriften eines DBA von der Besteuerung auszunehmen sind. Das heißt auch insoweit kommt eine Steuerbefreiung für ausländische Dividenden nur in Betracht, wenn der Organträger zu den nach dem DBA privilegierten Personen gehört. 14.561

Entsprechendes gilt auch für **Tarifermäßigungen** (§ 19 KStG[1491]). Zwar betrifft § 14 KStG nur die Zurechnung des Einkommens der Organgesellschaft, so dass sich grundsätzlich die Anwendung der Vorschriften des ersten und zweiten Teils des KStG nach den Verhältnissen der Organgesellschaft und diejenigen der folgenden Teile nach dem Verhältnis allein des Organträgers richtet, ausnahmsweise werden aber die im dritten Teil des KStG geregelten Tarifvorschriften unter bestimmten Voraussetzungen beim Organträger so angewendet, als wären die Voraussetzungen für ihre Anwen- 14.562

1485 R 64 KStR 2004.

1486 Vgl. hierzu: BMF v. 26.8.2003, BStBl. I 2003, 437, Tz. 22.

1487 Vgl. *Neumann* in Gosch, § 15 KStG Rz. 21 ff.; vgl. auch: BMF v. 26.8.2003, BStBl. I 2003, 437, Tz. 26 f.

1488 *Dötsch* in Dötsch/Pung/Möhlenbrock, § 15 KStG Rz. 38.

1489 Bericht des Finanzausschusses zu dem Entwurf eines Jahressteuergesetzes 2009 (JStG 2009) v. 27.11. 2008, BT-Drucks. 16/11108, 28.

1490 Empfehlungen der Ausschüsse zu dem Entwurf eines Jahresteuergesetzes 2013 v. 22.6.2012, BR-Drucks. 302/1/12, 79; *Dötsch* in Dötsch/Pung/Möhlenbrock, § 15 KStG Rz. 50.

1491 In der Fassung des Gesetzes zur Anpassung des nationalen Steuerrechts an den Beitritt Kroatiens zur EU und zur Änderung weiterer steuerlicher Vorschriften v. 25.7.2014, BGBl. I 2014, 1266.

dung bei ihm selbst erfüllt (vgl. § 19 Abs. 1 KStG[1492]). Es handelt sich hierbei um die Anwendung besonderer Tarifvorschriften, die einen Abzug von der Körperschaftsteuer vorsehen (z.B. Anrechnung ausländischer Körperschaftsteuer auf die deutsche Körperschaftsteuer nach § 26 KStG), die aber bei der Organgesellschaft grundsätzlich leerlaufen, weil diese grundsätzlich kein eigenes Einkommen hat. Die Anwendung der besonderen Tarifvorschriften hängt ebenfalls davon ab, dass diese auch ohne vorliegendes Organschaftsverhältnis von der Organgesellschaft selbst in Anspruch genommen werden könnten[1493]. Darüber hinaus muss der Organträger selbst zu den Steuersubjekten gehören, für die die besonderen Tarifvorschriften in Betracht kommen[1494]. Ist eine Personengesellschaft Organträger, so kann der Steuerabzug nur bei den Gesellschaftern nach Maßgabe ihrer Beteiligung am zuzurechnenden Einkommen gewährt werden (§ 19 Abs. 4 Satz 2 KStG).

14.563 § 15 Satz 1 Nr. 3 KStG ist durch das Unternehmensteuerreformgesetz 2008 vom 14.8.2007[1495] im Zusammenhang mit der Einführung der **Zinsschranke** nach § 4h EStG, § 8a KStG geschaffen worden. Nach der Zielsetzung der Zinsschranke haben Finanzierungsgestaltungen innerhalb eines Organkreises keine Bedeutung (vgl. dazu Rz. 14.114). Sind der Organkreis und der Konzern i.S.v. § 4h EStG Abs. 3 EStG deckungsgleich, findet – sofern keine schädliche Gesellschafterfremdfinanzierung i.S.v. § 8a KStG vorliegt – § 4h Abs. 1 EStG keine Anwendung[1496]. Aus diesem Grund ordnet § 15 Satz 1 Nr. 3 Satz 2 EStG an, dass Organträger und Organgesellschaften als ein Betrieb gelten. Nach § 15 Satz 1 Nr. 3 Satz 1 KStG ist § 4h EStG bei der Organgesellschaft nicht anzuwenden. Es gilt insoweit ebenfalls die Bruttomethode[1497]. Sind in dem dem Organträger zugerechneten Einkommen der Organgesellschaften Zinsaufwendungen und Zinserträge i.S.d. § 4h Abs. 3 EStG enthalten, sind diese nach § 15 Satz 1 Nr. 3 Satz 3 KStG bei Anwendung des § 4h Abs. 1 EStG beim Organträger einzubeziehen. Mit dieser Regelung werden alle Zinsaufwendungen und Zinserträge der Organgesellschaften auf der Ebene des Organträgers in die Prüfung der Zinsschranke einbezogen, die auf Rechtsbeziehungen zu Zinsgläubigern und Zinsschuldnern außerhalb des Organkreises beruhen[1498].

14.564 Da die Steuerrechtssubjektfähigkeit der Organgesellschaft trotz Organschaft erhalten bleibt, ergeben sich im Zusammenhang mit der steuerlichen Zurechnung des Einkommens der Organgesellschaft zum Organträger Abweichungen gegenüber der handelsrechtlichen Gewinnabführung bzw. der Verlustübernahme. Für die hieraus resultierenden **Mehr- und Minderabführungen** enthalten § 14 Abs. 3 und Abs. 4 KStG bzw. § 27 Abs. 6 KStG bestimmte Regelungen[1499].

ii) Verfahrensfragen

14.565 § 14 Abs. 5 KStG enthält ein **gesondertes und einheitliches Feststellungsverfahren** für das dem Organträger zuzurechnende Einkommen der Organgesellschaft. Der Gesetzgeber hat die Regelung zum Zweck der Verbesserung der Rechtssicherheit[1500] eingeführt, weil der BFH bislang entschieden hat, dass ein der Organgesellschaft gegenüber erlassener Steuerbescheid für den Organträger nicht bin-

1492 In der Fassung des Gesetzes zur Anpassung des nationalen Steuerrechts an den Beitritt Kroatiens zur EU und zur Änderung weiterer steuerlicher Vorschriften v. 25.7.2014, BGBl. I 2014, 1266.

1493 R 67 Abs. 1 Satz 2 KStR 2004.

1494 Vgl. *Müller* in Müller/Detmering/Lieber, Die Organschaft, Rz. 585.

1495 BGBl. I 2007, 1912.

1496 Begründung zu dem Entwurf eines Unternehmensteuerreformgesetzes 2008 v. 27.3.2008, BT-Drucks. 16/4841, 77.

1497 *Dötsch* in Dötsch/Pung/Möhlenbrock, § 15 KStG Rz. 67; *Neumann* in Gosch, § 15 KStG Rz. 36.

1498 *Neumann* in Gosch, § 15 KStG Rz. 36.

1499 Vgl. hierzu: R 63 KStR 2004; *Dötsch* in Dötsch/Pung/Möhlenbrock, § 14 KStG Rz. 400 ff.; BMF v. 26.8.2003, BStBl. I 2003, 437, Tz. 40 ff. Vgl. zur Entstehung von Kapitalertragsteuer bei Mehrabführungen im Sine des § 14 Abs. 3 KStG: § 44 Abs. 7 EStG.

1500 Begründung zu dem Entwurf der Fraktionen der CDU/CSU und FDP eines Gesetzes zur Änderung und Vereinfachung der Unternehmensbesteuerung und des steuerlichen Reisekostenrechts v. 25.9. 2012, BT-Drucks. 17/10774, 33.

dend ist[1501]. § 14 Abs. 5 Satz 1 KStG sieht vor, dass das dem Organträger zuzurechnende Einkommen der Organgesellschaft und damit zusammenhängende andere Besteuerungsgrundlagen dem Organträger und der Organgesellschaft gegenüber einheitlich und gesondert festgestellt werden. Nach § 14 Abs. 5 Satz 2 KStG hat der Feststellungsbescheid für die Besteuerung des Einkommens des Organträgers und der Organgesellschaft bindende Wirkung, d.h. es handelt sich um einen Grundlagenbescheid i.S.d. § 171 Abs. 10 und des § 175 Abs. 1 Satz 1 Nr. 1 AO[1502]. Die Bindungswirkung gilt im Regelfall gegenüber dem Körperschaftsteuerbescheid der Organgesellschaft und dem Körperschaftsteuerbescheid des Organträgers. Handelt es sich bei dem Organträger um eine natürliche Person oder eine Personengesellschaft, besteht die Bindungswirkung des Feststellungsbescheides auch für den Einkommensteuer- bzw. Feststellungsbescheid des Organträgers. Darüber hinaus besteht die Bindungswirkung auch für andere Bescheide, in denen sich die nach § 14 Abs. 5 Satz 1 KStG festzustellenden mit dem Einkommen der Organgesellschaft zusammenhängenden anderen Besteuerungsgrundlagen auswirken, wie z.B. dem Bescheid über die gesonderte Feststellung des steuerlichen Einlagekontos der Organgesellschaft hinsichtlich der Mehr-/Minderabführungen, die ihre Ursache in organschaftlicher Zeit haben (vgl. § 27 Abs. 6 KStG)[1503]. Daneben beinhaltet diese Feststellung zugleich die grundlegende Feststellung darüber, dass eine steuerlich anzuerkennende Organschaft vorliegt. Damit wird inzident auch über die für die Organschaft erforderliche Zuordnung der Beteiligung an der Organgesellschaft zu einer inländischen Betriebsstätte des Organträgers gem. § 14 Abs. 1 Satz 1 Nr. 2 Satz 4 KStG entschieden. Im Hinblick auf eine erhöhte Rechtssicherheit ist diese Regelung zu begrüßen. Allerdings darf man hierbei nicht übersehen, dass der Feststellungsbescheid gem. § 14 Abs. 5 Satz 1 KStG regelmäßig unter dem Vorbehalt der Nachprüfung gem. § 164 Abs. 1 Satz 1 i.V.m. § 181 Abs. 1 Satz 1 AO ergehen wird, so dass erst im Rahmen einer sich anschließenden Außenprüfung eine abschließende Beurteilung möglich ist. Nach § 14 Abs. 5 Satz 3 KStG sind in Anlehnung an § 180 Abs. 5 AO auch die von der Organgesellschaft geleisteten Steuern, wie z.B. die anzurechnende Kapitalertragsteuer, gesondert und einheitlich festzustellen.

Die gesonderten Feststellungen nach § 14 Abs. 5 Satz 1 KStG erfolgen gegenüber dem Organträger 14.566
und der Organgesellschaft **einheitlich**. Es handelt sich dabei nicht um mehrere rechtlich voneinander selbständige Feststellungen gegen verschiedene Personen, die lediglich „technisch" zu einem Bescheid zusammengefasst sind, sondern um gesonderte Feststellungen, die gegenüber beiden Beteiligten inhaltlich nur einheitlich ergehen. Dies bedeutet, dass der Feststellungsbescheid sowohl dem Organträger als auch der Organgesellschaft nach § 122 Abs. 1 Satz 1 AO bekannt gegeben werden muss. Sowohl der Organträger als auch die Organgesellschaft können den Feststellungsbescheid mit dem Einspruch anfechten und ggf. Aussetzung der Vollziehung beantragen. Wird der Einspruch nur durch einen an der Organschaft Beteiligten eingelegt, ist der andere nach § 360 Abs. 3 Satz 1 AO notwendig hinzuzuziehen.

Gemäß § 14 Abs. 5 Satz 4 KStG ist für die Feststellungen, also auch für das Vorliegen der Organ- 14.567
schaftsvoraussetzungen selbst, das Finanzamt **örtlich zuständig**, das gem. § 20 AO für die Besteuerung nach dem Einkommen der Organgesellschaft zuständig ist. Die Zuständigkeit des Finanzamtes der Organgesellschaft berücksichtigt den Umstand, dass bei der Organgesellschaft zumindest der Ort der Geschäftsleitung im Inland belegen sein muss, während für den Organträger das Vorhandensein einer inländischen Betriebsstätte als Anknüpfungsmerkmal ausreichend ist. Die örtliche Zuständigkeit korrespondiert dadurch mit der die unbeschränkte Steuerpflicht der Organgesellschaft

1501 BFH v. 28.1.2004 – I R 84/03, BStBl. II 2004, 539; BFH v. 6.3.2008 – IV R 74/05, BStBl. II 2008, 663; vgl. *Hendricks* Ubg 2011, 711.

1502 Der Feststellungsbescheid soll im Interesse der Verfahrensökonomie, der Rechtssicherheit und einer gleichmäßigen Besteuerung die steuerrechtliche Bedeutung des Einkommens der Organgesellschaft sowie bestimmter anderer Besteuerungsgrundlagen mit Bindungswirkung für die Steuerbescheide der Organgesellschaft und den Organträger regeln, vgl. Begründung zu dem Entwurf der Fraktionen der CDU/CSU und FDP eines Gesetzes zur Änderung und Vereinfachung der Unternehmensbesteuerung und des steuerlichen Reisekostenrechts v. 25.9.2012, BT-Drucks. 17/10774, 33.

1503 *Dötsch* in Dötsch/Pung/Möhlenbrock, § 14 KStG Rz. 1146.

voraussetzenden Zuständigkeitsregel des § 20 Abs. 1 AO und nicht mit einer ggf. nur beschränkten Steuerpflicht des Organträgers, wie es bei § 20 Abs. 3, Abs. 4 AO der Fall ist.

14.568 Nach § 14 Abs. 5 Satz 5 KStG soll die **Erklärung zu den gesonderten und einheitlichen Feststellungen** nach § 14 Abs. 5 Sätzen 1 und 2 KStG mit der Körperschaftsteuererklärung der Organgesellschaft verbunden werden. Unbeschadet dieser „Soll-Regelung" besteht eine Erklärungspflicht nach § 181 Abs. 2 Satz 1 AO sowohl für die Organgesellschaft als auch den Organträger. Hat die Organgesellschaft die Feststellungserklärung (zusammen mit ihrer Körperschaftsteuererklärung) abgegeben, ist der Organträger insoweit von der Erklärungspflicht befreit (vgl. § 181 Abs. 2 Satz 3 AO). Anderenfalls bleibt der Organträger erklärungspflichtig[1504].

14.569 Nach der Gesetzesbegründung soll eine vergleichbare Notwendigkeit für eine gesonderte Feststellung für die **Gewerbesteuer** nicht bestehen, da durch § 35b GewStG bereits jetzt eine hinreichende Änderungsmöglichkeit für einen Gewerbesteuermessbescheid des Organträgers vorhanden ist, wenn diese infolge einer Gewinnänderung auf der Ebene der Organgesellschaft erforderlich wird[1505].

jj) Haftung nach § 73 AO

14.570 Die körperschaftsteuerrechtliche Organschaft bewirkt, dass das Einkommen der Organgesellschaft dem Organträger zugerechnet wird und von diesem zu versteuern ist. Damit ist die Organgesellschaft, soweit sie nicht eigenes Einkommen hat[1506], aus der Steuerschuldnerschaft zwar entlassen, diese wird aber durch eine gesetzliche **Haftungsschuldnerschaft** ersetzt. Gemäß § 73 AO haftet die Organgesellschaft für alle organschaftsbedingten Steuern, so etwa für die Körperschaftsteuer, und zwar auch, soweit sie im Betrieb des Organträgers oder anderer Organgesellschaften entstanden ist[1507]. Die steuerliche Haftung begründet eine Fremdhaftung durch das Einstehen müssen für die Schuld eines Dritten[1508]. Die Norm wird damit gerechtfertigt, dass bei steuerlicher Anerkennung einer Organschaft die vom Organträger zu zahlende Steuer auch die Beträge umfasst, die ohne diese Organschaft von der Organgesellschaft geschuldet worden wären. Insoweit wird der Organkreis als einheitliches Ganzes betrachtet[1509]. Hieraus folgt eine gesamtschuldnerische Haftung gem. § 44 AO. Die Regelung soll eine umfassende Sicherung des Steueranspruchs gewährleisten[1510]. Die Inanspruchnahme der Organgesellschaft ist gem. § 219 Satz 1 AO nachrangig. Im Falle der Inanspruchnahme der Organgesellschaft hat diese im Organkreis einen Rückgriffsanspruch (§ 426 Abs. 1 BGB)[1511]. Im Organkreis kann schließlich die Organgesellschaft gegenüber dem Organträger auch einen Ausgleich dafür verlangen, dass dieser bei Verlustübernahme Körperschaftsteuer spart. Wird positives Einkommen zugerechnet, hat der Organträger umgekehrt einen Anspruch gegen die Organgesellschaft.

1504 Begründung zu dem Entwurf der Fraktionen der CDU/CSU und FDP eines Gesetzes zur Änderung und Vereinfachung der Unternehmensbesteuerung und des steuerlichen Reisekostenrechts v. 25.9. 2012, BT-Drucks. 17/10774, 33 f.

1505 Begründung zu dem Entwurf der Fraktionen der CDU/CSU und FDP eines Gesetzes zur Änderung und Vereinfachung der Unternehmensbesteuerung und des steuerlichen Reisekostenrechts v. 25.9. 2012, BT-Drucks. 17/10774, 34, unter Hinweis auf BFH v. 21.10.2009 – I R 29/09, BStBl. II 2010, 644.

1506 Vgl. § 16 KStG.

1507 Zu den Einzelheiten vgl. *Loose* in Tipke/Kruse, § 73 AO Rz. 4; *Rüsken* in Klein, § 73 AO Rz. 6 ff.; vgl. zum Übermaß dieser Haftungsregelung: *Loose* in Tipke/Kruse, § 73 AO Rz. 6.

1508 BFH v. 19.12.2013 – V R 5/12, BFH/NV II 2014, 1122, Rz. 42; *Rüsken* in Klein, § 73 AO Rz. 1.

1509 Begründung zu dem Entwurf einer Abgabenordnung (AO 1974) v. 19.3.1971, BT-Drucks. VI/1982, 120.

1510 BFH v. 23.9.2009 – VII R 43/08, BStBl. II 2010, 215 (217) = ZIP 2009, 2455; BFH v. 4.10.2004 – VII R 76/03, BStBl. II 2006, 3.

1511 Vgl. BGH v. 29.1.2013 – I ZR 91/11, AG 2013, 222 = ZIP 2013, 409 = DStR 2013, 478.

b) Gewerbesteuerrechtliche Organschaft

Die Voraussetzungen der gewerbesteuerlichen Organschaft entsprechen aufgrund des Verweises im § 2 Abs. 21 Satz 2 GewStG auf § 14 und § 17 KStG denjenigen der körperschaftsteuerlichen Organschaft (vgl. Rz. 14.530 ff.). Im Gegensatz zur körperschaftsteuerrechtlichen Organschaft verliert im **Gewerbesteuerrecht** die eingegliederte Organgesellschaft ihre Steuersubjektfähigkeit[1512]. Dies ergibt sich aus § 2 Abs. 2 Satz 2 GewStG, wonach die Organgesellschaft als Betriebsstätte des Organträgers gilt. Damit sollen die am Aufkommen der Gewerbesteuer beteiligten Gemeinden vor willkürlichen Gewinnverlagerungen geschützt, aber auch die zweimalige Erfassung des wirtschaftlich gleichen Ertrags durch die gleiche Steuerart vermieden werden[1513]. Ihre eigentliche Bedeutung erlangt die gewerbesteuerrechtliche Organschaft aber dadurch, dass Gewinne und Verluste im Organkreis zeitnah miteinander verrechnet werden können. Im Hinblick darauf entfalten insbesondere Holdings ihre steuerliche Vorteilhaftigkeit dadurch, dass sie auch für gewerbesteuerliche Zwecke Adressaten einer vertikalen Gewinn- und Verlustzurechnung sein können (hierzu Rz. 14.73 ff.). 14.571

Organträger kann gem. § 2 Abs. 1 Satz 2 GewStG ungeachtet der Rechtsform – jedes gewerbliche Unternehmen im Sinne des Einkommensteuerrechts sein[1514]. Es gelten insoweit die Ausführungen zur körperschaftsteuerlichen Organschaft entsprechend (vgl. Rz. 14.536 f.). 14.572

Organgesellschaft kann nur eine Kapitalgesellschaft sein (vgl. § 2 Abs. 2 Satz 2 GewStG)[1515]. Es gelten die Ausführungen zur körperschaftsteuerrechtlichen Organschaft insoweit entsprechend (vgl. Rz. 14.532 ff.). 14.573

Für die gewerbesteuerliche Organschaft gelten im Übrigen die gleichen Voraussetzungen wie bei der **körperschaftsteuerlichen Organschaft**[1516] (vgl. § 2 Abs. 2 Satz 2 GewStG). Es gelten daher die Ausführungen zur körperschaftsteuerlichen Organschaft entsprechend (vgl. Rz. 14.530 ff.) 14.574

Die Rechtsfolge der gewerbesteuerrechtlichen Organschaft geht dahin, dass die Organgesellschaft als **Betriebsstätte** des Organträgers gilt (§ 2 Abs. 2 Satz 2 GewStG). Damit entfällt für die Organgesellschaft ihre gewerbesteuerrechtliche Subjekteigenschaft mit der Folge, dass ausschließlich der Organträger als Unternehmer Steuerschuldner (§ 5 Abs. 1 Satz 1 GewStG) ist[1517]. Dies gilt auch im Falle einer Personengesellschaft als Organträger (vgl. § 5 Abs. 1 Satz 3 GewStG). Beim Organträger erfolgt allerdings keine einheitliche Ermittlung des Gewerbeertrages. Der Gewerbeertrag wird vielmehr bei der Organgesellschaft und beim Organträger getrennt ermittelt. Die Organgesellschaft bleibt daher insoweit selbständiges Subjekt der Gewinnermittlung (sog. gebrochene oder eingeschränkte Einheitstheorie)[1518]. Demzufolge ist der Gewerbeertrag von Organträger und Organgesellschaft jeweils getrennt unter Berücksichtigung der in §§ 8, 9 GewStG bezeichneten Beträge zu ermitteln[1519]. Dies bedeutet insbesondere, dass die tatbestandlichen Voraussetzungen etwaiger gewerbesteuerlicher Befreiungen oder Vergünstigungen von dem Organträger bzw. der jeweiligen Organgesellschaft selbst erfüllt sein müssen[1520]. Die 14.575

1512 Vgl. BFH v. 21.10.2009 – I R 29/09, BStBl. II 2010, 644 (645).

1513 Hierzu BFH v. 26.1.1972 – I R 171/68, BStBl. II 1972, 358; BFH v. 23.10.1974 – I R 182/74, BStBl. II 1975, 46; BFH v. 9.10.1974 – I R 5/73, BStBl. II 1975, 179; *Güroff* in Glanegger/Güroff, § 2 GewStG Rz. 488.

1514 Vgl. hierzu: *Güroff* in Glanegger/Güroff, § 2 GewStG Rz. 490 ff.

1515 Vgl. hierzu: *Güroff* in Glanegger/Güroff, § 2 GewStG Rz. 496 ff.

1516 R 2.3 Abs. 1 Satz 1 GewStR 2009.

1517 BFH v. 21.10.2009 – I R 29/09, BStBl. II 2010, 644 (645).

1518 BFH v. 18.5.2011 – X R 4/10, BStBl. II 2011, 887 (889); BFH v. 21.10.2009 – I R 29/09, BStBl. II 2010, 644 (645); BFH v. 4.6.2003 – I R 100/01, BStBl. II 2004, 244; H 2.3 Abs. 1 „Ermittlung des Gewerbeertrags von Organträger und Organgesellschaft" GewStR 2009; *Kontny* in Wendt/Suchanek/Möllmann/Heinemann, § 2 Rz. 140 ff.; *Güroff* in Glanegger/Güroff, § 2 GewStG Rz. 518 m.w.N.

1519 R 7.1 Abs. 5 Satz 2 GewStR 2009; BFH v. 18.5.2011 – X R 4/10, BStBl. II 2011, 887 (889).

1520 BFH v. 4.6.2003 – I R 100/01, BStBl. II 2004, 244 (245 f.); vgl. zur Anwendung von § 8b Abs. 5 KStG: OFD Koblenz, Verfügung v. 11.9.2003, DB 2003, 2041.

Reichweite dieser begrenzten Steuersubjekteigenschaft endet allerdings beim Gewerbeertrag: Die Zusammenrechnung erfolgt bereits auf der Ebene des Organträgers mit der Folge, dass etwa die für die Ermittlung des Steuermessbetrages nach dem Gewerbeertrag für den Organträger maßgebliche Steuermesszahl anzuwenden ist. Da der Gewerbeertrag der jeweiligen Organgesellschaften auf der Ebene des Organträgers mit dessen Gewerbeertrag zusammengerechnet wird, kann es im Hinblick auf die gem. § 8 GewStG gebotenen Hinzurechnungen zu Doppelerfassungen kommen. Um diese Doppelerfassungen zu vermeiden, sind Korrekturen erforderlich.

14.576 **Streubesitzdividenden** der Organgesellschaft aus Beteiligungen, die die Voraussetzungen des § 9 Nr. 2a oder Nr. 7 GewStG nicht erfüllen, sind in dem dem Organträger zuzurechnenden Organeinkommen enthalten. Beträgt die Beteiligungshöhe weniger als 10 %, kommt § 8b Abs. 1 KStG wegen der Regelung des § 15 Satz 1 Nr. 2 Satz 4 KStG i.V.m. § 8b Abs. 4 KStG nicht zur Anwendung und diese Beteiligungserträge unterliegen auf der Ebene des Organträgers der Gewerbesteuer[1521]. Bei einer Beteiligungshöhe von mindestens 10 % und weniger als 15 % findet § 8b Abs. 1 KStG auf der Ebene des Organträgers Anwendung. Da die Voraussetzungen des gewerbesteuerlichen Schachtelprivilegs i.S.v. § 9 Nr. 2 oder Nr. 7 GewStG in diesem Fall nicht greifen, unterliegen die Dividenden dann auf Ebene des Organträgers der Gewerbesteuer.

14.577 § 10a Satz 3 GewStG verbietet im Fall der gewerbesteuerlichen Organschaft die Kürzung des maßgebenden Gewerbeertrags der Organgesellschaft um **Fehlbeträge**, die sich vor dem wirksamen Abschluss des Gewinnabführungsvertrags bei der Organgesellschaft ergeben haben. Die Norm bezweckt ausweislich der Begründung des Gesetzentwurfs eine Gleichbehandlung körperschaft- und gewerbesteuerlicher Verluste[1522]. Im Ergebnis sind daher – wie bei der körperschaftsteuerlichen Organschaft die vororganschaftlichen Fehlbeträge „eingefroren“. Der Organträger kann im Gegensatz zur Organgesellschaft seine vororganschaftlichen Fehlbeträge – mit eigenen positiven Gewerbeerträgen und den positiven Gewerbeerträgen der Organgesellschaft verrechnen[1523].

14.578 **Steuerschuldner** (§ 5 GewStG) ist allein der Organträger, so dass gegen ihn der Gewerbesteuermessbescheid und der Gewerbesteuerbescheid zu richten sind[1524]. Damit ist zwar die Organgesellschaft aus der Steuerschuldnerschaft entlassen, dies ändert aber nichts daran, dass sie gem. § 73 AO zur Haftung herangezogen werden kann. Es gelten insoweit die Ausführungen zur Haftung der Organgesellschaft bei körperschaftsteuerlicher Organschaft gem. § 73 AO entsprechend (vgl. Rz. 14.570).

c) Umsatzsteuerrechtliche Organschaft

aa) Grundlagen

14.579 Im Umsatzsteuerrecht sind Personen- und Kapitalgesellschaften gleichermaßen mit eigener **Steuersubjektfähigkeit** ausgestattet (vgl. § 2 Abs. 1 UStG). Die umsatzsteuerrechtliche Organschaft hat demgegenüber zur Folge, dass die in den Organträger eingegliederten Organgesellschaften ihre Steuersubjektfähigkeit verlieren, somit nicht (mehr) Unternehmer gem. § 2 Abs. 1 UStG sind. Vielmehr sind nach § 2 Abs. 2 Nr. 2 Satz 3 UStG alle von der Organschaft erfassten Unternehmensteile als ein Unternehmen zu behandeln. Die Leistungsbeziehungen innerhalb des Organkreises sind als sog. Innenleistungen nicht steuerbar (vgl. § 2 Abs. 2 Nr. 2 Satz 2 UStG). Die umsatzsteuerliche Organschaft bewirkt eine „*Verschmelzung zu einem einzigen Steuerpflichtigen*“[1525]. Die umsatzsteuerrechtliche Organschaft hat in der Praxis eine erhebliche Bedeutung. Neben Auswirkungen auf den Vorsteuer-

1521 *Dötsch* in Dötsch/Pung/Möhlenbrock, § 15 KStG Rz. 54.

1522 Vgl. BT-Drucks. 15/1517, 19.

1523 *Güroff* in Glanegger/Güroff, § 10a GewStR Rz. 109; *Suchanek/Hesse* in Wendt/Suchanek/Möllmann/Heinemann, § 10a GewStG Rz. 159 m.w.N.

1524 BFH v. 18.5.2011 – X R 4/10, BStBl. II 2011, 887 (889).

1525 EuGH v. 22.5.2008 – C-162/07, ECLI:EU:C:2008:301, HFR 2008, 878, Rz. 19; BFH v. 8.8.2013 – V R 18/13, BFH/NV 2013, 1747 = ZIP 2013, 1773; BFH v. 19.12.2013 – V R 5/12, BFH/NV 2014, 1122.

abzug im Zusammenhang mit steuerbefreiten Leistungen erleichtert die Organschaft vor allem den Abrechnungsverkehr innerhalb des Organkreises. Für Holdinggesellschaften ergeben sich allerdings in Bezug auf die Unternehmereigenschaft (vgl. dazu Rz. 14.516 ff.), den Vorsteuerabzug (vgl. dazu Rz. 14.524 ff.) und nicht zuletzt auf die umsatzsteuerliche Organträgereignung erhebliche Einschränkungen.

Im Gegensatz zu der Vorschrift des § 2 Abs. 2 UStG ermöglichen Art. 9 und Art. 11 MwStSystRL[1526] nach der Rechtsprechung des EuGH, dass auch Nichtunternehmer Teil einer sog. **Mehrwertsteuergruppe** als Organträger und Organgesellschaft sein können[1527]. Aus dieser Rechtsprechung resultiert die Frage, ob diese Grundsätze zwingend auch bei der Auslegung des § 2 Abs. 2 Nr. 2 UStG zu berücksichtigen sind[1528], so dass auch Nichtunternehmer Teil einer umsatzsteuerlich anzuerkennenden Organschaft sein können. Nach bisherigem Verständnis des BFH müssen sowohl Organträger als auch Organgesellschaften unternehmerisch tätig sein[1529]. Sollte man zu dem Ergebnis gelangen, dass für die deutsche Rechtsanwendung auch Nichtunternehmer Teil einer im Übrigen gegebenen Organschaft sein können, hätte dies insbesondere für Holdinggesellschaften erhebliche Konsequenzen. In diesem Fall wäre eine wirksame umsatzsteuerliche Organschaft auch dann anzuerkennen, wenn die Holding, z.B. als reine Finanzholding, kein Unternehmer ist, aber zumindest eine Organgesellschaft die Unternehmereigenschaft besitzt. Vor dem Hintergrund der europäischen Rechtsentwicklung kommt der **Rechtsformneutralität** der Umsatzsteuer besondere Bedeutung zu. Insbesondere die in § 2 Abs. 2 Nr. 2 Satz 1 UStG angeordnete Differenzierung hinsichtlich der Nichteignung einer Personengesellschaft gegenüber einer Kapitalgesellschaft als Organgesellschaft begegnet europarechtlichen Bedenken (vgl. Rz. 14.584)[1530]. Zweifel bestehen auch insoweit, als § 2 Abs. 2 Nr. 2 Satz 1 UStG für die Anerkennung einer umsatzsteuerlichen Organschaft eine hierarchische Abhängigkeit der Organgesellschaft von dem Organträgerunternehmen verlangt, während sich dies aus Art. 11 Abs. 1 MWStSystRL so nicht ergibt (vgl. hierzu Rz. 14.582)[1531]. 14.580

Gemäß § 2 Abs. 2 Nr. 2 UStG ist eine **Organschaft** gegeben, wenn eine juristische Person nach dem Gesamtbild der tatsächlichen Verhältnisse finanziell, wirtschaftlich und organisatorisch in das Unternehmen des Organträgers eingegliedert ist. Damit hat die umsatzsteuerrechtliche Organschaft eine eigene Regelung erfahren, die von den Voraussetzungen der körperschaftsteuerrechtlichen und gewerbesteuerrechtlichen Organschaft abweicht[1532]. 14.581

Ob das von § 2 Abs. 2 Nr. 2 Satz 1 UStG für das Vorliegen einer Organschaft geforderte **Über-/Unterordnungsverhältnis** in Gestalt der finanziellen, wirtschaftlichen und organisatorischen Eingliederung der Organgesellschaft in das Unternehmen des Organträgers gegen Art. 11 MwStSystRL verstößt, ist fraglich. Der EuGH hat die Richtlinienwidrigkeit des Kriteriums der Über-/Unterordnung 14.582

1526 Richtlinie 2006/112/EG v. 28.11.2006, ABl. EU Nr. L 347 v. 11.12.2006, S. 1, ber. ABl. EU Nr. L 335 v. 20.12.2007, S. 60, zuletzt geändert durch Richtlinie 2019/2235/EU v. 16.12.2019, ABl. EU Nr. L 336 v. 30.12.2019, S. 10.

1527 Vgl. hierzu: EuGH v. 9.4.2013 – C-85/11, ECLI:EU:C:2013:217 – Kommission/Irland, DStR 2013, 806; EuGH v. 25.4.2013 – C-480/10, ECLI:EU:C:2013:263 – Kommission/Königreich Schweden, UR 2013, 423; *Sterzinger*, UR 2014, 133 ff.; *Birkenfeld*, UR 2014, 120 ff.; *Küffner/Streit*, UR 2013, 401 ff.; *Erdbrügger*, DStR 2013, 1573 ff.; *Dahm/Hamacher*, IStR 2013, 820 ff.; *Boor*, UR 2013, 729 ff.; *Korn* in Bunjes, § 2 UStG Rz. 113.

1528 Bejahend: *Küffner/Streit*, UR 2013, 401 (404 f.); *Erdbrügger*, DStR 2013, 1573 (1578); *Birkenfeld*, UR 2014, 120 (124 ff.); a.A.: BMF v. 5.5.2014, BStBl. I 2014, 820; *Sterzinger*, UR 2014, 133 (135 ff.).

1529 BFH v. 29.10.2008 – XI R 74/07, BStBl. II 2009, 256.

1530 Vgl. FG München v. 13.3.2013 – 3 K 235/10, DStR 2013, 1471, n.rkr. (BFH v. 2.12.2015 – V R 25/13, ZIP 2016, 463); Vorlagebeschluss des BFH v. 11.12.2013 – XI R 17/11, UR 2014, 313 (EuGH – C-108/14), und Vorlagebeschluss des BFH v. 11.12.2013 – XI R 38/12, UR 2014, 323 (EuGH v. 16.7.2015 – C-109/14).

1531 Vorlagebeschluss des BFH v. 11.12.2013 – XI R 17/11, UR 2014, 313 (EuGH – C-108/14) und Vorlagebeschluss des BFH v. 11.12.2013 – XI R 38/12, UR 2014, 323 (EuGH v. 16.7.2015 – C-109/14).

1532 Vgl. Abschn. 2.8. Abs. 3 UStAE.

nicht per se bejaht, sondern eine Vereinbarkeit für möglich gehalten, sofern das Kriterium mit dem in Art. 11 Abs. 2 MwStSystRL[1533] enthaltenen Missbrauchsvorbehalt gerechtfertigt werden kann[1534]. Greift der Missbrauchsvorbehalt nicht, würde auch ein **horizontaler Unternehmensverbund** als geeigneter Organkreis in Betracht kommen[1535].

bb) Organträger

14.583 **Organträger** kann eine natürliche oder juristische Person oder aber eine Personengesellschaft sein. In allen Fällen muss es sich aber um einen Unternehmer i.S.d. § 2 Abs. 1 UStG handeln. Der Organträger muss eine eigenständige Unternehmenstätigkeit ausüben[1536]. Für Holdinggesellschaften stellt sich die Frage nach dem Vorliegen der Unternehmereigenschaft mit besonderem Nachdruck. Während eine Finanzholding in der Regel nicht als Unternehmer anzusehen ist, kann einer Führungs- oder Funktionsholding die Unternehmereigenschaft zuerkannt werden (vgl. dazu Rz. 14.515 ff.). Besondere Abgrenzungsfragen ergeben sich für gemischt tätige Holdinggesellschaften (vgl. dazu Rz. 14.519 ff.).

cc) Organgesellschaft

14.584 Bisher bestand Einigkeit darüber, dass bei der umsatzsteuerrechtlichen Organschaft gem. § 2 Abs. 2 Nr. 2 Satz 1 UStG ebenso wie bei der körperschaftsteuer- und gewerbesteuerrechtlichen Organschaft nur juristische Personen bzw. Kapitalgesellschaften **Organgesellschaften** sein können, so dass Personengesellschaften keine umsatzsteuerlichen Organgesellschaften sein konnten[1537]. Dieser Auffassung ist das FG München mit seiner Entscheidung vom 13.3.2013[1538] entgegen getreten. Danach erfordert Art 11 MwStSystRL[1539] bei der Auslegung des § 2 Abs. 2 Nr. 2 Satz 1 UStG eine Gleichbehandlung von juristischen Personen und kapitalistisch strukturierten Personengesellschaften, wie der GmbH & Co. KG. Nach Ansicht des FG München gebietet der Grundsatz der **Rechtsformneutralität** eine entsprechende Einbeziehung von kapitalistisch strukturierten Personengesellschaften in den Anwendungsbereich des § 2 Abs. 2 Nr. 2 Satz 1 UStG[1540]. Der EuGH[1541] hat auf Vorlage des BFH[1542] entschieden, dass ein Ausschluss von Unternehmern ohne Rechtspersönlichkeit grundsätzlich richtlinienwidrig ist, es sei denn, dieser diene der Missbrauchsbekämpfung i.S.d. Art. 11 Abs. 2

1533 Richtlinie 2006/112/EG v. 28.11.2006, ABl. EU Nr. L 347 v. 11.12.2006, S. 1, ber. ABl. EU Nr. L 335 v. 20.12.2007, S. 60, zuletzt geändert durch Richtlinie 2019/2235/EU v. 16.12.2019, ABl. EU Nr. L 336 v. 30.12.2019, S. 10.

1534 EuGH v. 16.7.2015 – C-108/14 u. C-109/14, ECLI:EU:C:2015:496, BStBl. II 2017, 604 = ZIP 2015, 1971.

1535 Nach BFH v. 18.12.1996 – XI R 25/94, BStBl. II 1997, 441, können Schwestergesellschaften nicht zueinander Organträger und Organgesellschaft sein.

1536 BFH v. 29.10.2008 – XI R 74/07, BStBl. II 2009, 256 (257).

1537 BFH v. 7.12.1978 – V R 22/74, BStBl. II 1979, 356; BFH v. 8.2.1979 – V R 101/78, BStBl. II 1979, 362; BFH v. 17.4.1986 – IV R 221/84, BFH/NV 1988, 116; BFH v. 15.7.1987 – X R 19/80, BStBl. II 1987, 746; BFH v. 19.5.2005 – V R 31/03, BStBl. II 2005, 671 = ZIP 2006, 31; *Korn* in Bunjes, § 2 UStG Rz. 112; kritisch hierzu: *Stadie* in Rau/Dürrwächter, § 2 UStG Rz. 839 ff.; zum früheren von der Rechtsprechung angenommenen sog. organschaftsähnlichen Verhältnis vgl. *Detmering* in Müller/Detmering/Lieber, Die Organschaft, Rz. 1160 ff.

1538 FG München v. 13.3.2013 – 3 K 235/10, DStR 2013, 1471, n.rkr. (BFH v. 2.12.2015 – V R 25/13, ZIP 2016, 463).

1539 Richtlinie 2006/112/EG v. 28.11.2006, ABl. EU Nr. L 347 v. 11.12.2006, S. 1, ber. ABl. EU Nr. L 335 v. 20.12.2007, S. 60, zuletzt geändert durch Richtlinie 2019/2235 v. 16.12.2019, ABl. EU Nr. L 336 v. 30.12.2019.

1540 FG München v. 13.3.2013 – 3 K 235/10, DStR 2013, 1471 (1473), n.rkr. (BFH v. 2.12.2015 – V R 25/13, ZIP 2016, 463); zustimmend: *Detmering* in Müller/Detmering/Lieber, Die Organschaft, Rz. 1127.

1541 EuGH v. 16.7.2015 – C-108/14 – Larentia + Minerva und C-109/14 – Marenave, DStR 2015, 1673.

1542 Vgl. BFH v. 11.12.2013 – XI R 17/11, BStBl. II 2014, 417.

MwStSystRL. In einer Grundsatzentscheidung hat der V. Senat des BFH daraufhin entschieden, dass Personengesellschaften, bei denen neben dem Organträger Gesellschafter nur Personen sind, die nach § 2 Abs. 2 Nr. 2 UStG in das Unternehmen des Organträgers finanziell eingegliedert sind, als Organgesellschaften qualifizieren können. Insoweit enthalte § 2 Abs. 2 Nr. 2 UStG eine Lücke, die durch teleologische Extension zu schließen sei und sich als Präzisierung des Art. 11 Abs. 1 MwStSystRL darstelle[1543]. Wenige Wochen nach der Entscheidung des V. Senats des BFH veröffentlichte der XI. Senat des BFH seine erste Nachfolgeentscheidung zu dem genannten EuGH-Urteil in der Rechtssache Larentia + Minerva, und Marenave[1544] und etwas später die zweite Nachfolgeentscheidung[1545]. Er folgt nicht der Argumentation des V. Senats des BFH. Vielmehr geht der XI. Senat des BFH davon aus, dass ein Ausschluss von Personengesellschaften nur aus Gründen des Missbrauchs nach Art. 11 Abs. 2 MwStSystRL zu rechtfertigen sei. Der XI. Senat stellt infolgedessen nicht auf die Alleinbeherrschung der Tochter-Personengesellschaft, sondern auf ihre der Kapitalgesellschaft ähnliche Verfassung ab. Demnach können Personengesellschaften mit kapitalistischer Struktur, wie die GmbH & Co KG, durch richtlinienkonforme Auslegung als juristische Person anzusehen sein. Ob die Anteile an der GmbH & Co KG dann zu 100 % von Gesellschaftern gehalten werden, die in den Organträger finanziell eingegliedert sind, ist für den XI. Senat nicht von Bedeutung[1546]. Die Finanzverwaltung hat sich weitgehend der Entscheidung des V. Senats des BFH angeschlossen und vertritt damit die Auffassung, wonach der geltende Ausschluss von Personengesellschaften als Organgesellschaft eine – unionsrechtskonforme – Präzisierung der in Art. 11 Abs. 1 MwStSystRL vorgegebenen Eingliederungsmerkmale und nur im Falle einer vom Organträger zu 100 % beherrschten Personengesellschaft nicht gerechtfertigt ist (A 2.8 Abs. 2 Sätze 5 und Abs. 5a UStAE.). Offen bleibt, ob der XI. Senat des BFH auf diese Linie umschwenkt oder ob er dabei bleibt, dass § 2 Abs. 2 Nr. 2 UStG unionsrechtswidrig ist, so dass Deutschland zu einer gesetzlichen Änderung gezwungen ist[1547].

Eine Eingliederung der Organgesellschaft nach § 2 Abs. 2 Nr. 2 Satz 1 i.V.m. Satz 3 UStG ist nur im Verhältnis zu einem Organträger möglich, so dass sich für umsatzsteuerliche Zwecke eine sog. **Mehrmütterorganschaft** verbietet[1548]. Der Organträger muss **finanziell** über die Mehrheit der Stimmrechte bei der abhängigen Person verfügen[1549], **wirtschaftlich** mit der Organgesellschaft verflochten sein und **organisatorisch** eine von seinem Willen abweichende Willensbildung bei der Organgesellschaft verhindern können[1550]. Nach Ansicht der Finanzverwaltung kann eine Organschaft gegeben sein, wenn die Eingliederung auf einem der drei Gebiete (finanziell, wirtschaftlich und organisatorisch) nicht vollständig, dafür aber auf den anderen Gebieten umso eindeutiger ist, so dass sich die Eingliederung aus dem Gesamtbild der tatsächlichen Verhältnisse ergibt[1551]. Nach Ansicht des BFH ist es insbesondere unschädlich, wenn bei finanzieller und organisatorischer Eingliederung die wirtschaftliche Eingliederung weniger deutlich zu Tage tritt. Allerdings reicht es hiernach nicht aus, dass eine Eingliederung nur in Bezug auf zwei der drei Merkmale besteht[1552]. In die Organgesellschaften können wiederum andere Kapitalgesellschaften finanziell, wirtschaftlich und organisatorisch eingegliedert sein, so dass die Einbindung eines Mehrstufen-Konzerns in einen einheitlichen 14.585

1543 vgl. *Korn* in Bunjes, § 2 UStG Rz. 112a; *Heuermann* DB 2016, 608.

1544 BFH v. 19.1.2016 – XI R 38/12, ZIP 2016, 1378 = DStR 2016, 587.

1545 BFH v. 1.6.2016 – XI R 17/11, BStBl. II 2017, 581 = ZIP 2016, 1577.

1546 Vgl. *Korn* in Bunjes, § 2 UStG Rz. 112c; *Englisch* UR 2016, 822; *Hudasch/Höink* UVR 2016, 106; *Wäger* UR 2016, 173.

1547 Für den Ansatz des XI. Senats vgl. *Rauch* UR 2017, 885 (891 f.).

1548 BFH v. 30.4.2009 – V R 3/08, BStBl. II 2013, 873 (876) = ZIP 2009, 2100; Abschn. 2.8 Abs. 3 Satz 2 UStAE.

1549 BFH v. 19.5.2005 – V R 31/03, BStBl. II 2005, 671 = ZIP 2006, 31; BFH v. 29.10.2008 – XI R 74/07, BStBl. II 2009, 256 (258).

1550 BFH v. 5.12.2007 – V R 26/06, BStBl. II 2008, 451; BFH v. 29.10.2008 – XI R 74/07, BStBl. II 2009, 256 (258).

1551 Abschn. 2.8 Abs. 1 Satz 3 UStAE.

1552 BFH v. 3.4.2008 – V R 76/05, BStBl. II 2008, 905 (908) = ZIP 2009, 1009.

Organkreis ohne weiteres möglich ist[1553]. Organgesellschaft kann auch eine (Zwischen-)Holding sein, wenn sie selbst unternehmerisch tätig ist[1554]. Innerhalb eines Organkreises ist ein steuerbarer Leistungsaustausch ausgeschlossen: Die Leistungen zwischen dem Organträger und den Organgesellschaften oder umgekehrt sowie alle Leistungen zwischen mehreren Organgesellschaften desselben Organträgers stellen nicht steuerbare Innenumsätze dar, weil es an einem Leistungsaustausch mit einem Dritten fehlt (vgl. § 1 Abs. 1 Nr. 1 UStG)[1555]. Da nur der Organträger umsatzsteuerlicher Unternehmer ist[1556], sind die Umsätze von Organgesellschaften mit Dritten dem Organträger zuzurechnen[1557]. Liegt eine wirksame umsatzsteuerliche Organschaft vor, treten die entsprechenden Rechtsfolgen von Gesetzes wegen ein. Ein Wahlrecht des Steuerpflichtigen besteht insoweit nicht[1558].

dd) Eingliederungsvoraussetzungen

(1) Finanzielle Eingliederung

14.586 Eine finanzielle Eingliederung i.S.d. § 2 Abs. 2 Nr. 2 Satz 1 UStG liegt vor, wenn der Organträger finanziell in der Weise an der Organgesellschaft beteiligt ist, dass er seinen Willen durch **Mehrheitsbeschluss** in der Gesellschafterversammlung durchsetzen kann[1559]. Es ist ausreichend, wenn die finanzielle Eingliederung mittelbar über eine unternehmerisch oder nichtunternehmerisch tätige Tochtergesellschaft des Organträgers erfolgt[1560]. Bei Personengesellschaften als Organgesellschaft ist insoweit nach Sichtweise der Finanzverwaltung und des V. Senats des BFH Voraussetzung, dass alle an der Personengesellschaft beteiligten Gesellschafter finanziell in den Organträger eingegliedert sind (vgl. Rz. 14.584).

(2) Wirtschaftliche Eingliederung

14.587 Eine wirtschaftliche Eingliederung i.S.d. § 2 Abs. 2 Nr. 2 Satz 1 UStG setzt voraus, dass die Organgesellschaft im Gefüge des übergeordneten Organträgers als dessen Bestandteil erscheint[1561]. Eine derartige (mittelbare) wirtschaftliche Eingliederung zu dem Organträger kann auch auf wirtschaftlichen Verflechtungen zwischen zwei oder mehreren Organgesellschaften beruhen[1562]. Auf keinen Fall ausreichend ist demgegenüber eine unentgeltliche Nutzungsüberlassung an die Tochtergesellschaft[1563]. Generell muss für die wirtschaftliche Eingliederung zwischen Organträger und Organgesellschaft ein **vernünftiger wirtschaftlicher Zusammenhang** im Sinne einer wirtschaftlichen Einheit, Kooperation oder Verflechtung vorhanden sein. Die Tätigkeiten von Organträger und Organgesellschaft müssen aufeinander abgestimmt sein und sich dabei fördern und ergänzen[1564]. Nach Ansicht des BFH und der Finanzverwaltung kommt der Entstehungsgeschichte der Tochtergesellschaft für die Frage der wirtschaftlichen Verflechtung eine wesentliche Bedeutung zu. Demzufolge können „ge-

---

1553 *Detmering* in Müller/Detmering/Lieber, Die Organschaft, Rz. 1239.

1554 A 2.8 Abs. 5 Satz 5 UStAE; *Detmering* in Müller/Detmering/Lieber, Die Organschaft, Rz. 1223.

1555 *Detmering* in Müller/Detmering/Lieber, Die Organschaft, Rz. 1446.

1556 Vgl. BFH v. 29.10.2008 – XI R 74/07, BStBl. II 2009, 256 (258); BFH v. 17.1.2002 – V R 37/00, BStBl. II 2002, 373 (375) = ZIP 2002, 1813.

1557 BFH v. 20.2.1992 – V R 80/85, BFH/NV 1993, 133; Abschn. 2.8 Abs. 1 Satz 6 UStAE; *Detmering* in Müller/Detmering/Lieber, Die Organschaft, Rz. 1446 f.

1558 BFH v. 17.1.2002 – V R 37/00, BStBl. II 2002, 373 (376) = ZIP 2002, 1813; BFH v. 29.10.2008 – XI R 74/07, BStBl. II 2009, 256 (258); kritisch hierzu: *Stadie* in Rau/Dürrwächter, § 2 UStG Rz. 910 ff.

1559 BFH v. 1.12.2010 – XI R 43/08, BStBl. II 2011, 600 = AG 2011, 380 = ZIP 2011, 710; BFH v. 7.7.2011 – V R 53/10, BStBl. II 2013, 218 = ZIP 2011, 2196; BFH v. 8.8.2013 – V R 18/13, ZIP 2013, 1773 = UR 2013, 785; Abschn. 2.8 Abs. 5 UStAE; *Detmering* in Müller/Detmering/Lieber, Die Organschaft, Rz. 1281 ff.

1560 Abschn. 2.8 Abs. 5 Satz 4 UStAE.

1561 BFH v. 20.8.2009 – V R 30/06, BStBl. II 2010, 863; Abschn. 2.8 Abs. 6 UStAE.

1562 BFH v. 20.8.2009 – V R 30/06, BStBl. II 2010, 863 (869); Abschn. 2.8 Abs. 6 Satz 4 UStAE.

1563 BFH v. 18.6.2009 – V R 4/08, BStBl. II 2010, 310 (313).

1564 BFH v. 22.10.2009 – V R 14/08, BStBl. II 2011, 988 (990), Rz. 36 = ZIP 2010, 383.

wachsene Strukturen“, z.B. Gründung einer Produktionsgesellschaft zur Versorgung eines bestimmten Marktes, zu einer wirtschaftlichen Eingliederung als Organgesellschaft auch dann führen, wenn zwischen ihr und der Muttergesellschaft geringe oder keine Liefer- und Leistungsbeziehungen bestehen[1565]. Beruht die wirtschaftliche Eingliederung auf Leistungen des Organträgers gegenüber seiner Organgesellschaft, müssen jedoch entgeltliche Leistungen vorliegen, denen für das Unternehmen der Organgesellschaft mehr als nur unwesentliche Bedeutung zukommt[1566]. Der BFH hat die wirtschaftliche Eingliederung in einem Fall verneint, in dem der Organträger gegenüber seiner Tochtergesellschaft in geringem Umfang entgeltliche Dienstleistungen in den Bereichen Buchhaltung, Personalwesen, Lohn- und Gehaltsabrechnung und Steuerberatung erbracht hat. Nach Ansicht des BFH muss die für die wirtschaftliche Eingliederung erforderliche wirtschaftliche Verflechtung von einem gewissen wirtschaftlichen Gewicht und nicht nur von untergeordneter Bedeutung für die Tochtergesellschaft sein[1567]. Eine wirtschaftliche Eingliederung ist z.B. zu bejahen, wenn die Holdinggesellschaft betriebsnotwendige operative Aufgaben der Beteiligungsunternehmen, wie z.B. die Geschäftsführung, gegen Entgelt übernimmt. In diesem Fall wäre die wirtschaftliche Eingliederung zwar ggf. nur schwach ausgeprägt, jedoch würde dies bei einer entsprechend starken Ausprägung der finanziellen sowie organisatorischen Eingliederung für das Vorliegen einer umsatzsteuerlichen Organschaft ausreichen, da nicht alle Eingliederungsmerkmale in gleichem Maße vorliegen müssen. In diesem Zusammenhang stellt sich die weitere Frage, ob zu den Tochtergesellschaften, die dem nichtunternehmerischen Bereich der Holding zuzuordnen sind, eine umsatzsteuerliche Organschaft begründet werden kann. Diese Frage wird von der Finanzverwaltung verneint[1568]. Es dürfte es in diesem Fall an der für die Anerkennung einer umsatzsteuerlichen Organschaft erforderlichen wirtschaftlichen Eingliederung der Organgesellschaft in das Unternehmen des Organträgers gem. § 2 Abs. 2 Nr. 2 Satz 1 UStG fehlen.

(3) Organisatorische Eingliederung

Eine organisatorische Eingliederung i.S.d. § 2 Abs. 2 Nr. 2 Satz 1 UStG setzt voraus, dass der Organ- 14.588
träger die mit der finanziellen Eingliederung verbundene Möglichkeit der **Beherrschung der Tochtergesellschaft** in der laufenden Geschäftsführung wahrnimmt, wobei er die Organgesellschaft durch die Art und Weise der Geschäftsführung beherrschen und seinen Willen bei der Organgesellschaft durchsetzen können muss[1569]. Die organisatorische Eingliederung setzt regelmäßig die personelle Verflechtung der Geschäftsführungen des Organträgers und der Organgesellschaften voraus[1570]. Dies ist z.B. bei einer **Personenidentität** in den Leitungsgremien beider Gesellschaften gegeben[1571]. Die organisatorische Eingliederung kann sich aber auch daraus ergeben, dass (leitende) Mitarbeiter des Organträgers als Geschäftsführer der Organgesellschaft tätig sind[1572]. Die organisatorische Eingliederung kann auch über eine Beteiligungskette vermittelt werden[1573].

1565 BFH v. 15.6.1972 – V R 15/69, BStBl. II 1972, 840; Abschn. 2.8 Abs. 6a Satz 3 UStAE.

1566 BFH v. 18.6.2009 – V R 4/08, BStBl. II 2010, 310; BFH v. 6.5.2010 – V R 26/09, BStBl. II 2010, 1114; Abschn. 2.8 Abs. 6 Satz 5 UStAE.

1567 BFH v. 20.8.2009 – V R 30/06, BStBl. II 2010, 863 (867 f.); BFH v. 6.5.2010 – V R 26/09, BStBl. II 2010, 1114 (1116); A 2.8. Abs. 6 Satz 5 UStAE.

1568 Abschn. 2.8 Abs. 6 Satz 2 i.V.m. Abschn. 2.3 Abs. 2 UStAE; BMF v. 26.1.2007, BStBl. I 2007, 211, Tz. 15 ff.; a.A.: *Buttgereit/Schulte*, UR 2011, 605 (606 ff.).

1569 BFH v. 20.8.2009 – V R 30/06, BStBl. II 2010, 863; Abschn. 2.8 Abs. 7 ff. UStAE.

1570 Abschn. 2.8 Abs. 8 Satz 1 UStAE.

1571 BFH v. 3.4.2008 – V R 76/05, BStBl. II 2008, 905 = ZIP 2009, 1009; BFH v. 28.10.2010 – V R 7/10, BStBl. II 2011, 391; Abschn. 2.8 Abs. 8 Satz 2 UStAE.

1572 BFH v. 20.8.2009 – V R 30/06, BStBl. II 2010, 863 (867); BFH v. 7.7.2011 – V R 53/10, BStBl. II 2013, 218 (220) = ZIP 2011, 2196; Abschn. 2.8 Abs. 9 UStAE in der Fassung des BMFs v. 5.5.2014, BStBl. I 2014, 820 (821), Tz. III.2.

1573 Abschn. 2.8 Abs. 10a UStAE in der Fassung des BMFs v. 5.5.2014, BStBl. I 2014, 820 (821 f.), Tz. III.4.

14.589 Da allein der Organträger **Unternehmer** ist, ist er auch Schuldner sämtlicher durch Umsätze gegenüber Dritten entstandener Umsatzsteuern[1574] und Gläubiger etwaiger Erstattungsansprüche[1575]. Vorsteuerabzugsberechtigt ist schließlich ebenfalls nur der Organträger[1576]. Zivilrechtlich sind allerdings Organträger und Organgesellschaft entsprechend § 426 Abs. 1 Satz 1 BGB im Innenverhältnis nach dem Verursachungsprinzip zum Ausgleich von Umsatzsteuer und Vorsteuer verpflichtet[1577].

14.590 Als **Rechtsfolge** der Organschaft ergibt sich zwar einerseits, dass allein der Organträger als Unternehmer gem. § 2 Abs. 2 Nr. 2 Satz 3 i.V.m. § 13a Abs. 1 Nr. 1 UStG insgesamt die Umsatzsteuer schuldet[1578], dafür wird die Organgesellschaft aber andererseits zur Haftung herangezogen: Sie haftet gem. § 73 Satz 1 AO für die vom Organträger geschuldete Umsatzsteuer. Diese Haftung erstreckt sich nicht nur auf die Umsatzsteuern, die die Organgesellschaft selbst veranlasst hat, sondern auch auf diejenige, die durch Tätigkeiten des Organträgers und anderer Organgesellschaften desselben Organkreises verursacht worden sind[1579]. Gemäß § 44 Abs. 1 AO sind Organträger und Organgesellschaft insoweit Gesamtschuldner. Nach § 219 Satz 1 AO haftet die Organgesellschaft allerdings nachrangig.

d) Grunderwerbsteuerrechtliche Organschaft

14.591 Mit dem Begriff der grunderwerbsteuerrechtlichen Organschaft wird der Sondertatbestand des § 1 Abs. 4 Nr. 2 Buchst. b GrEStG umschrieben, wonach die dort bezeichneten juristischen Personen als abhängig i.S.d. § 1 Abs. 3 GrEStG gelten. Grundsätzlich gibt es allerdings kein allgemeines **Institut der Organschaft**[1580], so dass Grundstücks- und Anteilsverschiebungen im Konzern und im Organkreis grunderwerbsteuerbar sind. Es gibt insoweit keine grunderwerbsteuerrechtliche Einheit[1581]. § 1 Abs. 4 Nr. 2 Buchst. b GrEStG steht in Zusammenhang mit der Anteilsvereinigung gem. § 1 Abs. 3 Nr. 1 GrEStG und erweitert den Anwendungsbereich der Anteilsvereinigung bei Vorliegen einer Organschaft über den Regelfall hinaus. Der Gesetzgeber des RStG 1940 hielt diese Erweiterung für notwendig,

„*weil größere Unternehmen mit weitgehender gesellschaftlicher Verschachtelung die Entstehung der Steuer bisher dadurch umgehen konnten, dass sie die Anteile in der Hand mehrerer abhängiger Unternehmen oder in der Hand des herrschenden und eines abhängigen Unternehmens vereinigten*"[1582].

§ 1 Abs. 4 Nr. 2 Buchst. b i.V.m. § 1 Abs. 3 Nr. 1 GrEStG normiert einen besonders geregelten Fall der mittelbaren Anteilsvereinigung, bei welcher das Gesetz das genannte Abhängigkeitsverhältnis genügen lässt und auf eine 100%ige (95%ige) Beteiligung des herrschenden an dem abhängigen Unternehmen verzichtet[1583]. Die Finanzverwaltung hat hierzu einen umfangreichen Ländererlass vom

1574 BFH v. 30.4.2009 – V R 3/08, BStBl. II 2013, 873 (875) = ZIP 2009, 2100; BFH v. 3.4.2003 – V R 63/01, BStBl. II 2004, 434 = AG 2004, 35; *Detmering* in Müller/Detmering/Lieber, Die Organschaft, Rz. 1463.

1575 BFH v. 31.8.1987 – V B 53/87, BFH/NV 1988, 201; *Detmering* in Müller/Detmering/Lieber, Die Organschaft, Rz. 1480.

1576 BFH v. 13.5.2009 – XI R 84/07, BStBl. II 2009, 868 (869); *Korn* in Bunjes, § 2 UStG Rz. 138.

1577 BGH v. 29.1.2013 – I ZR 91/11, AG 2013, 222 = ZIP 2013, 409 = DStR 2013, 478.

1578 *Detmering* in Müller/Detmering/Lieber, Die Organschaft, Rz. 1463.

1579 Vgl. *Loose* in Tipke/Kruse, § 73 AO Rz. 5 ff., dort auch zum Übermaß dieser Regelung.

1580 BFH v. 14.2.1967 – II-170/64, BStBl. III 1967, 346; BFH v. 7.3.1967 – II-100/64, BStBl. III 1967, 346; BFH v. 8.3.1972 – II R 2/71, BStBl. II 1972, 676; BFH v. 12.4.1978 – II R 149/73, BStBl. II 1978, 422; BFH v. 13.10.1082 – I R 164/80, BStBl. II 1983, 139.

1581 BFH v. 7.3.2012 – II B 90/11, BFH/NV 2012, 998; BFH v. 15.12.2010 – II R 45/08, DStR 2011, 310 (311), Rz. 14; BFH v. 30.3.1988 – II R 81/85, BStBl. II 1988, 682.

1582 Vgl. Abs. 24 der Begründung zu § 1 GrEStG, RStBl. 1940, 387 (392), Nachweis in BFH v. 30.3.1988 – II R 81/85, BStBl. II 1988, 682.

1583 BFH v. 20.7.2005 – II R 30/04, BStBl. II 2005, 839 (840) m.w.N. = ZIP 2006, 1140; *Pahlke* in Pahlke, § 1 GrEStG Rz. 352; *Meßbacher-Hönsch* in Boruttau, § 1 GrEStG Rz. 1105 ff.; kritisch hierzu: *Lieber* in Müller/Detmering/Lieber, Die Organschaft, Rz. 1805.

21.3.2007 herausgegeben[1584]. Die Tatbestandsmäßigkeit der mittelbaren Anteilsvereinigung gem. § 1 Abs. 3 Nr. 1 i.V.m. § 1 Abs. 4 Nr. 2 Buchst. b GrEStG setzt in jedem Fall eine Anteilsübertragung bzw. -verschiebung voraus. Die bloße **Begründung einer Organschaft** kann den Tatbestand nicht auslösen[1585]. Andererseits verhindert eine bereits bestehende Organschaft eine durch Anteilsübertragung eintretende Anteilsvereinigung und damit einen grunderwerbsteuerbaren Vorgang nach § 1 Abs. 3 Nr. 1 GrEStG nicht. Ebenfalls kann eine bloße Konzernzugehörigkeit einer grundbesitzhaltenden Gesellschaft im Falle der Anteilsübertragung das Entstehen von Grunderwerbsteuer nicht verhindern (vgl. aber § 6a GrEStG), da es eine wirtschaftliche Betrachtungsweise etwa dergestalt, dass die Umstrukturierung eines Konzerns eine Einheit bilde und daher unabhängig von der rechtlichen Gestaltung nur einmal Grunderwerbsteuer auslösen könne, mit dem Charakter der Grunderwerbsteuer als Rechtsverkehrsteuer nicht vereinbar ist[1586]. Für Holdingunternehmen, die Anteile an grundbesitzhaltenden Gesellschaften erwerben, ergibt sich hieraus zur Vermeidung von Nachteilen ggf. der Zwang, mit der anschließenden Begründung einer Organschaft länger als 15 Monate zu warten[1587].

Nach § 1 Abs. 4 Buchst. b GrEStG gelten juristische Personen, die nach dem Gesamtbild der tatsächlichen Verhältnisse finanziell, wirtschaftlich und organisatorisch in ein Unternehmen eingegliedert sind, als abhängig i.S.d. § 1 Abs. 3 GrEStG. Die für die Abhängigkeit erforderliche finanzielle, wirtschaftliche und organisatorische Eingliederung lehnt sich an die Definition der **umsatzsteuerrechtlichen Organschaft** nach § 2 Abs. 2 Nr. 2 Satz 1 UStG an[1588]. Es kann insoweit auf die dortigen Ausführungen verwiesen werden (vgl. dazu Rz. 14.585 ff.). 14.592

6. Konzernprüfung (Außenprüfung)

Die Holding unterliegt nach §§ 193 ff. AO der **Außenprüfung**. Zweck der Außenprüfung ist die Ermittlung und Beurteilung der steuerlich bedeutsamen Sachverhalte, um die Gleichmäßigkeit der Besteuerung sicherzustellen (§§ 85, 199 AO). Die sog. Betriebsprüfungsordnung (BpO 2000) vom 15.3. 2000[1589] enthält diesbezügliche Verwaltungsvorschriften, die insbesondere die Durchführung einer Außenprüfung regeln. Für Holdingunternehmen, die sich zugleich als Konzernunternehmen qualifizieren, sehen §§ 13 ff. BpO 2000 besondere Regelungen vor. Nach §§ 13 Abs. 1, 18 Satz 1 Nr. 1 BpO 2000 sind Konzernunternehmen im Sinne der Verwaltungsvorschrift Unternehmen, die zu einem Konzern i.S.d. § 18 AktG gehören. Bei Konzernunternehmen in diesem Sinn, deren Außenumsätze insgesamt mindestens 25 Mio. Euro im Jahr betragen, findet eine sog. Konzernprüfung statt. D.h. die Konzernunternehmen sind nach § 13 Abs. 1 BpO 2000 unter einheitlicher Leitung und nach einheitlichen Gesichtspunkten zu prüfen. Demzufolge findet auf Seiten der Finanzbehörden eine „Prüfungskonzentration" statt. Es handelt sich insoweit nicht um eine Außenprüfung eigener Art, sondern um reguläre Außenprüfungen, die wegen der einzelnen zu prüfenden Konzernunternehmen einem besonderen Kooperationsgebot auf Seiten der beteiligten Finanzbehörden unterliegen[1590]. Nach § 14 Abs. 1 BpO 2000 soll die Finanzbehörde, die für die Außenprüfung des herrschenden oder einheitlich leitenden Unternehmens zuständig ist, die Leitung der einheitlichen Prüfung übernehmen. 14.593

1584 Vgl. Gleichlautender Ländererlass v. 19.9.2018, BStBl. I 2018, 1056.

1585 BFH v. 20.7.2005 – II R 30/04, BStBl. II 2005, 839 (840) = ZIP 2006, 1140; Gleichlautender Ländererlass v. 19.9.2018, BStBl. I 2018, 1056, Tz. 1; *Meßbacher-Hönsch* in Boruttau, § 1 GrEStG Rz. 1131; *Pahlke* in Pahlke, § 1 GrEStG Rz. 361.

1586 BFH v. 15.12.2010 – II R 45/08, BStBl. II 2010, 292 (294), Rz. 14; BFH v. 7.3.2012 – II B 90/11, BFH/NV 2012, 998, Rz. 8.

1587 Gleichlautender Ländererlass v. 19.9.2018, BStBl. I 2018, 1056, Tz. 1; *Pahlke* in Pahlke, § 1 GrEStG Rz: 361; a.A. *Behrens* in Behrens/Wachter; § 1 GrEStG Rz. 622 ff.

1588 Gleichlautender Ländererlass 19.9.2018, BStBl. I 2018, 1056, Tz. 1; *Pahlke* in Pahlke, § 1 GrEStG Rz. 358; *Meßbacher-Hönsch* in Boruttau, § 1 GrEStG Rz. 1115.

1589 BStBl. I 2000, 368, geändert durch allgemeine Verwaltungsvorschrift v. 11.12.2001, BStBl. I 2001, 984, v. 22.1.2008, BStBl. I 2008, 274 und v. 20.7.2011, BStBl. I 2011, 710.

1590 *Schallmoser* in Hübschmann/Hepp/Spitaler, vor §§ 193–203 AO Rz. 126.

Dies gilt für die Außenprüfung bei internationalen verbundenen Unternehmen nach § 19 Abs. 2 Satz 1 BpO 2000 entsprechend. Bei Konzernunternehmen, die die vorgenannte Umsatzgrenze nicht erreichen, kann nach pflichtgemäßem Ermessen der Finanzbehörde ebenfalls eine einheitliche Konzernprüfung durchgeführt werden (vgl. § 18 Satz 1 Nr. 1 BpO 2000). Dies gilt auch für Unternehmen, die nicht zu einem Konzern gehören, aber eng miteinander verbunden sind, z.B. durch wirtschaftliche oder verwandtschaftliche Beziehungen der Beteiligten oder gemeinschaftliche betriebliche Tätigkeiten (§ 18 Satz 1 Nr. 2 BpO 2000). Die Konzernprüfung erfolgt bei den beteiligten Konzernunternehmen nach einheitlichen Prüfungsrichtlinien (vgl. § 13 Abs. 1 i.V.m. § 16 Abs. 1 Satz 1 BpO 2000). Die Richtlinien können neben prüfungstechnischen Einzelheiten auch Vorschläge zur einheitlichen Beurteilung von Sachverhalten enthalten (vgl. § 16 Abs. 1 Satz 2 BpO 2000). Im Zusammenhang mit Konzernprüfungen gewinnt die EU-weite sog. **„gleichzeitige Prüfung“** nach § 12 EUAHiG zunehmend an Bedeutung (sog. Simultanprüfungen). Es finden in Absprache der beteiligten Finanzbehörden parallel nationale Außenprüfungen in zwei oder mehreren EU-Mitgliedstaaten bei einem oder mehreren Steuerpflichtigen statt. Dabei können Bedienstete des jeweiligen anderen EU-Mitgliedstaates bei der nationalen Prüfung anwesend sein, und in eingeschränktem Umfang auch Prüfungstätigkeiten (Befragungs- und Einsichtsrechte) ausüben[1591]. Der Hauptzweck der gleichzeitigen Prüfung besteht in dem grenzüberschreitenden Informationsaustausch[1592].

VIII. Grundlagen der Finanzierung von Holdingunternehmen

14.594 Die Entscheidung für eine bestimmte **Finanzierungsform** von Holdingunternehmen wird aus steuerlicher Sicht in erster Linie durch die unterschiedliche Behandlung von Eigen- und Fremdkapitalvergütungen determiniert. Während die Eigenkapitalfinanzierung begriffsnotwendig nur gesellschafterbezogen denkbar ist, kann die Fremdfinanzierung sowohl durch einen Gesellschafter als auch durch Dritte erfolgen.

1. Eigenkapitalfinanzierung

a) Kapitalgesellschaften als Holding

14.595 Die klassische **Eigenkapitalfinanzierung** einer nationalen Holding besteht darin, dass diese im Wege der Bar- oder Sachgründung bzw. späteren Kapitalerhöhung mit entsprechendem Stammkapital oder Grundkapital bzw. bei Personenunternehmen mit entsprechendem Kapital (Kapitalkonten) ausgestattet wird. Die Mindesteigenkapitalhöhe richtet sich bei Kapitalgesellschaften nach den einschlägigen gesellschaftsrechtlichen Vorschriften (§ 7 AktG: 50.000 Euro, § 5 Abs. 1 GmbHG: 25.000 Euro, Art. 4 Abs. 2 VO SE: 120.000 Euro). Für Personengesellschaften existieren derartige Mindesteigenkapitalregelungen nicht. Darüber hinaus kann entsprechendes Rücklagekapital in Form von Bar- oder Sacheinlagen geschaffen werden (vgl. § 272 Abs. 2 Nr. 4 HGB). Besonders praxisrelevant ist der sog. **Anteilstausch** im Rahmen der Errichtung eines Holdingunternehmens oder bei einer Kapitalerhöhung, durch den Anteile an Tochtergesellschaften in die Holding gegen Gewährung von Gesellschaftsrechten eingebracht werden. Es handelt sich hierbei regelmäßig um eine Eigenkapitalfinanzierung. Daneben besteht allerdings auch die Möglichkeit, in bestimmtem Umfang gleichzeitig eine weitere Gegenleistung, z.B. die Einräumung eines Gesellschafterdarlehens, zu erbringen (vgl. §§ 20 Abs. 2 Satz 4, 21 Abs. 1 Satz 3 UmwStG). Die **Eigenkapitalfinanzierung** einer nationalen Holding ist damit im Grundsatz rechtsformunabhängig und steuerneutral[1593] Die von der Holding als Gegenleistung für das überlassene Eigenkapital zu erbringende Gewinnausschüttung oder Gewinnentnahme hat steuerlich bei der Holding keine Auswirkungen (vgl. § 8 Abs. 3 Satz 1 KStG, § 4 Abs. 1 Satz 1 EStG).

1591 Vgl. *Hendricks* in FG Wassermeyer zum 75. Geburtstag, 2015, 565.

1592 Vgl. hierzu: *Jesse*, Präventivberatung im Steuerstrafrecht, Tz. III.14.3.5.4.

1593 Allerdings stellt das Eigenkapital bei Personenunternehmen anders als bei Kapitalgesellschaften ein wesentliches Element der möglichen Verlustverrechnung nach § 15a EStG dar.

Neben der Eigenkapitalzuführung von Gesellschafterseite kann sich die Holding auch Eigenkapital durch eine sog. **Innenfinanzierung** sichern. In diesem Fall werden die benötigten Mittel nicht von außen zugeführt, sondern durch den konzernweiten Verbund erwirtschaftet und ganz oder teilweise der Holding zur Verfügung gestellt. Holdingunternehmen können eine Innenfinanzierung insbesondere durch den Bezug von Dividenden und/oder Zinserträgen sicherstellen. Hierbei wird besonders deutlich, dass die Stärkung der Innenfinanzierung durch den Bezug von Dividenden aus Sicht der Holding steuerlich vorteilhaft ist, weil diese zu 95 % steuerfrei bezogen werden können (vgl. § 8b Abs. 1 und Abs. 5 KStG)[1594], während Zinserträge der Holding nur nach der entsprechenden Steuerbelastung als Liquidität zur Verfügung stehen. Diese isolierte Betrachtung bedarf jedoch der Differenzierung, wenn der Zinsaufwand bei der Tochter-/Enkelgesellschaft wiederum einer abweichenden Besteuerung unterliegt. Geeignete Instrumente zur Innenfinanzierung sind auch die Begründung von Organschaften sowie der Verkauf von Beteiligungsgesellschaften. Der Verkauf von Beteiligungsgesellschaften in der Rechtsform der Kapitalgesellschaft kann grundsätzlich zu einer geringeren Steuerbelastung realisiert werden[1595], während die Begründung von Organschaften zu einer Besteuerung als Einheitsunternehmen auf der Ebene der Holding führt (vgl. dazu Rz. 14.530 ff.). 14.596

Die Gewinnausschüttungen einer Kapitalgesellschaft unterliegen unabhängig von der unbeschränkten oder beschränkten Steuerpflicht und unabhängig von der Rechtsform des Anteilseigners generell einer 25%igen **Kapitalertragsteuer** (§ 43a Abs. 2 Satz 1 EStG, § 50d Abs. 1 Satz 1 EStG). Eine Ausnahme hierzu besteht im Anwendungsbereich der sog. **Mutter-Tochter-Richtlinie**, die bei einer beschränkt steuerpflichtigen EU-Muttergesellschaft i.S.d. § 43b EStG eine Erstattung bzw. Abstandnahme vom Kapitalertragsteuerabzug nach §§ 43b, 50d Abs. 2 EStG ermöglicht[1596]. Eine weitere Ausnahme vom Kapitalertragsteuerabzug besteht bei sog. **Dauerüberzahlern** nach § 44a Abs. 5 EStG, wonach der Steuerabzug nicht vorzunehmen ist, wenn die Kapitalerträge Betriebseinnahmen des Gläubigers sind und die Kapitalertragsteuer bei ihm auf Grund der Art seiner Geschäfte auf Dauer höher wäre als die gesamte festzusetzende Einkommensteuer oder Körperschaftsteuer. Während hiernach also Inlandsstrukturen im Regelfall zu einer Vorbelastung der Dividenden mit Kapitalertragsteuer führen, bieten sog. **Mäanderstrukturen** unter Einbeziehung von zwischengeschalteten EU-Gesellschaften der inländischen Holding die Möglichkeit, Dividenden inländischer Tochtergesellschaften letztlich ohne Kapitalertragsteuervorbelastung zu vereinnahmen. Allerdings stehen derartige Strukturen unter dem Verdacht des Gestaltungsmissbrauchs, so dass sie die besonderen Anforderungen nach § 50d Abs. 3 EStG erfüllen müssen, um anerkannt zu werden. 14.597

Die **Gesellschafter** der Holding können für die von ihnen erbrachte Einlageleistung nur dann eine Gewinnausschüttung oder Gewinnentnahme erhalten, wenn und soweit ein entsprechender Jahresüberschuss erwirtschaftet worden ist (vgl. § 58 Abs. 4 AktG, § 29 Abs. 1 GmbHG, §§ 120 ff. HGB). Verluste einer Holdingkapitalgesellschaft können anders als bei einer Holdingpersonengesellschaft[1597] von den Eigenkapitalgebern nicht steuerlich geltend gemacht werden[1598]. Auf der Ebene der Anteilseigner ist die steuerliche Behandlung der Dividenden unterschiedlich: 14.598

(1) Handelt es sich um eine **unbeschränkt steuerpflichtige Körperschaft**, ist die Dividende nach § 8b Abs. 1 KStG steuerfrei[1599]. 5 % der steuerfreien Dividende gelten allerdings nach § 8b Abs. 5 Satz 1 KStG als nichtabzugsfähige Betriebsausgabe. Die von der Holding einbehaltene und abgeführte Kapitalertragsteuer wird auf die eigene Steuerschuld der Körperschaft angerechnet bzw. an diese erstattet. Die Dividende ist daher bei der inländischen Körperschaft nur mit ca. 1,5 %-Punkten steuerlich belastet. Diese Zusatzbelastung lässt sich durch die Begründung ei-

---

1594 Vorbehaltlich § 8b Abs. 3 und Abs. 5 Satz 1 KStG.

1595 Vgl. aber § 8b Abs. 3 Satz 1 KStG.

1596 Unter dem Vorbehalt des § 50d Abs. 3 EStG.

1597 Vorbehaltlich § 15a EStG.

1598 Ausnahmsweise ist eine Berücksichtigung von Verlusten bei Begründung einer Organschaft möglich.

1599 Vorbehaltlich der sog. Streubesitzdividende (Beteiligung weniger als 10 %) nach § 8b Abs. 4 KStG, die in vollem Umfang körperschaftsteuerpflichtig ist.

ner Organschaft vermeiden. Bei Vorliegen einer Streubesitzdividende nach § 8b Abs. 4 KStG kommt es zu einer Zusatzbelastung i.H.v. 29,83 %[1600].

(2) Bei einer **beschränkt steuerpflichtigen Körperschaft**, die die Anteile an der Holding nicht in einem inländischen Betriebsvermögen hält, hat der Kapitalertragsteuereinbehalt, soweit nicht eine Erstattung auf Grund der Mutter-Tochter-Richtlinie in Betracht kommt, abgeltende Wirkung (vgl. § 32 Abs. 1 Nr. 2 KStG). Es kann nach § 44a Abs. 9 EStG eine Erstattung der einbehaltenen und abgeführten Kapitalertragsteuer i.H.v. ⅖ beantragt werden. Dies gilt unabhängig davon, ob es sich um eine Streubesitzdividende oder um eine Mehrheitsbeteiligung handelt[1601]. Ggf. kommt eine Reduzierung der Kapitalertragsteuer aufgrund einer DBA-Regelung in Betracht.

(3) Für eine **unbeschränkt steuerpflichtige natürliche Personen** als Anteilseigner wird die Kapitalertragsteuerbelastung von 25 % definitiv, falls sie in den Anwendungsbereich des Abgeltungsteuerverfahrens nach § 43 Abs. 5 Satz 1 EStG fällt[1602]. Bei betrieblicher Beteiligung findet das Teileinkünfteverfahren nach § 3 Nr. 40 Satz 1 Buchst. d i.V.m. Satz 2 EStG Anwendung, so dass 40 % der Dividende steuerfrei gestellt werden und im Übrigen der reguläre Einkommensteuersatz gilt. Dies gilt auch für eine beschränkt steuerpflichtige natürliche Person, die die Anteile in einem inländischen Betriebsvermögen hält (vgl. § 50 Abs. 2 Satz 2 Nr. 1 EStG).

(4) Für eine **beschränkt steuerpflichtige natürliche Person**, die die Anteile nicht in einem inländischen Betriebsvermögen hält, verbleibt es mangels Veranlagungsverfahrens und vorbehaltlich einer Quellensteuerreduzierung aufgrund eines DBA bei einer endgültigen Belastung von 25 % (vgl. § 50 Abs. 2 Satz 1 EStG, § 2 Abs. 5 Satz 3 AStG).

b) Personengesellschaften als Holding

14.599 **Gewinnentnahmen** aus einer inländischen **Holdingpersonengesellschaft** unterliegen demgegenüber keiner steuerlichen Vorbelastung durch Kapitalertragsteuern[1603]. Auf Grund des insoweit geltenden Transparenzprinzips werden die Gewinne unabhängig von ihrer Entnahme[1604] unmittelbar bei den Gesellschaftern mit Einkommensteuer bzw. Körperschaftsteuer belastet. Für die Anteilseigner ergeben sich hieraus unterschiedliche Belastungseffekte:

(1) Handelt es sich bei dem Anteilseigner um eine **unbeschränkt oder beschränkt steuerpflichtige Körperschaft**, fällt grundsätzlich Körperschaftsteuer i.H.v. 15 % zzgl. Solidaritätszuschlag an. Etwaige DBA hindern die deutsche Besteuerung nicht, da nach dem Grundprinzip des Art. 7 Abs. 1 OECD-MA der Ansässigkeitsstaat des Unternehmens das Besteuerungsrecht hat. Diese Steuerbelastung entspricht derjenigen bei einer Dividendenvereinnahmung durch eine beschränkt steuerpflichtige Körperschaft, die nicht in den Anwendungsbereich der Mutter-Tochter-Richtlinie fällt. Hat die Holdingpersonengesellschaft jedoch ihrerseits Dividendeneinkünfte bezogen, wirkt sich das Schachtelprivileg des § 8b Abs. 1 KStG über § 8b Abs. 6 KStG auch auf der Ebene der in- oder ausländischen Anteilseignerkörperschaft aus. Für beschränkt steuerpflichtige Körperschaften, die nicht unter die Mutter-Tochter-Richtlinie fallen, ist also eine „dividendentragende" Holdingpersonengesellschaft gegenüber einer Holdingkapitalgesellschaft steuerlich vorteilhaft, weil eine Besteuerungsebene wegfällt.

(2) Bei einer unbeschränkt oder beschränkt steuerpflichtigen natürlichen Person sind die Gewinnanteile unabhängig von ihrer Entnahme[1605] mit dem regulären Einkommensteuersatz unter An-

1600 Bei einem gewerbesteuerlichen Hebesatz von 400 %.

1601 Das Erstattungsverfahren nach § 32 Abs. 5 KStG findet im Ergebnis nur für vor dem Veranlagungszeitraum 2013 zugeflossene Kapitalerträge unter den dort genannten Voraussetzungen Anwendung.

1602 Ausnahme: Antrag nach § 32d Abs. 2 Nr. 3 EStG i.V.m. § 43 Abs. 5 Satz 2 EStG oder sog. „Günstigerprüfung" nach § 32d Abs. 6 EStG.

1603 Die Personengesellschaft ist allerdings nach § 5 Abs. 1 Satz 3 GewStG Schuldner der Gewerbesteuer.

1604 Vorbehaltlich der für natürliche Personen geltenden Thesaurierungsbegünstigung nach § 34a EStG.

1605 Vorbehaltlich der Thesaurierungsbegünstigung nach § 34a EStG.

rechnung der Gewerbesteuer zu versteuern. Handelt es sich um eine „dividendentragende" Holdingpersonengesellschaft kommt insoweit das Teileinkünfteverfahren nach § 3 Nr. 40 Satz 1 Buchst. d EStG zur Anwendung, so dass 60 % des Gewinnanteils gleichermaßen mit dem persönlichen Einkommensteuersatz unter Anrechnung der von der Personengesellschaft gezahlten Gewerbesteuer steuerpflichtig sind[1606]. Gegenüber der Dividendenvereinnahmung kommt es damit zu einer tendenziell höheren Steuerbelastung auf der Ebene des Gesellschafters (vgl. dazu Steuerbelastungsvergleich Rz. 14.55 ff.).

2. Fremdkapitalfinanzierung

Demgegenüber stellen sich die steuerlichen Wirkungen bei mit **Fremdkapital** finanzierten Holdingunternehmen differenziert dar. Vergütungen für die Überlassung von Fremdkapital, also insbesondere Zinszahlungen, sind bei einem Holdingunternehmen in der Rechtsform der Kapitalgesellschaft, soweit sie betrieblich veranlasst sind, dem Grunde nach uneingeschränkt als Betriebsausgabe abzugsfähig (§ 4 Abs. 4 EStG)[1607]. Eine Mindesteigen-/Fremdkapitalrelation existiert im deutschen Steuerrecht nicht. Es erfolgt allerdings bei der Holding eine gewerbesteuerliche Hinzurechnung nach § 8 Nr. 1 Buchst. a GewStG. Die Zinszahlungen unterliegen im Übrigen – anders als Dividenden – grundsätzlich keinem Kapitalertragsteuerabzug (vgl. § 43 Abs. 1 Satz 1 Nr. 7 EStG). Die hieraus resultierende Besteuerungsdivergenz gegenüber Gewinnausschüttungen hat in der Vergangenheit nicht selten zu **Gestaltungen** inspiriert, die u.a. darauf gerichtet waren, durch Einschaltung einer über Gesellschafterdarlehen fremdfinanzierten inländischen (Zwischen)Holding für als Betriebsausgaben abzugsfähige Zinsen die beschränkte Steuerpflicht des ausländischen Anteilseigners zu vermeiden. Derartigen Gestaltungen wurde insbesondere im Rahmen von durch beschränkt steuerpflichtige Personen veranlassten inländischen Unternehmenskäufen der Vorzug gegeben. Eine derartige durch **Gesellschafterdarlehen** bewirkte Fremdkapitalisierung war steuerlich stets vorteilhaft, wenn die bei der alternativen Gewinnausschüttung in Deutschland anfallenden Steuern höher waren als die auf den Fremdkapitalvergütungen lastende Steuer im Ansässigkeitsstaat. In Fällen der Finanzierung von inländischen Holdinggesellschaften durch beschränkt steuerpflichtige Gesellschafter konnte mitunter eine Körperschaftsteuer bzw. Einkommensteuer der inländischen Unternehmensgruppe gänzlich vermieden werden. Diesen Gestaltungsbestrebungen ist der Gesetzgeber mit der sog. **Zinsschranke** nach § 4h EStG, § 8a KStG entgegen getreten. Diese bewirkt, dass, dass Zinsaufwendungen in Abhängigkeit von dem EBITDA nur bis zu einer bestimmten Größenordnung als Betriebsausgaben abgezogen und darüber hinaus vorgetragen werden können. Für Holdingunternehmen, die über Tochterkapitalgesellschaften verfügen, ergibt sich hieraus eine steuerliche Diskriminierung, weil die steuerfrei bezogenen Dividenden nicht Eingang in das EBITDA finden und auch bei dem sog. Eigenkapitalvergleich eine Beteiligungsbuchwertkürzung insoweit erfolgt (vgl. dazu Rz. 14.131 ff.). Aber auch wenn die Holding den Zinsabzug uneingeschränkt geltend machen kann, wirken sich die daraus resultierenden Betriebsausgaben nur aus, wenn entsprechende steuerpflichtige Einkünfte vorliegen. Dies ist bei einer reinen Finanzholding regelmäßig nicht der Fall, so dass sich eine Fremdkapitalfinanzierung insoweit verbietet. Aus gestalterischer Sicht könnte allerdings die durch Fremdkapital erhaltene Liquidität dazu genutzt werden, Tochtergesellschaften wiederum fremd zu finanzieren, so dass den eigenen Zinsaufwendungen entsprechende Zinserträge gegenüber stehen. 14.600

Die Besteuerungsfolgen von fremdkapitalfinanzierten Holdingunternehmen unterscheiden sich je nach deren **Rechtsform:** 14.601

(1) Bei Holdingunternehmen in der Rechtsform der **Kapitalgesellschaft** stellen Gesellschafterdarlehen Fremdkapital dar, so dass die diesbezüglichen Zinsaufwendungen grundsätzlich als Be-

1606 Vorbehaltlich der Thesaurierungsbegünstigung nach § 34a EStG.

1607 Wegen der Regelung des § 8b Abs. 5 Satz 2, Abs. 3 Satz 2 KStG sind die Zinsaufwendungen bei der Holding auch dann uneingeschränkt abzugsfähig, wenn sie nur steuerfreie Beteiligungserträge oder Veräußerungsgewinne erzielt.

triebsausgaben abzugsfähig sind. Sie unterliegen allerdings den Abzugsbeschränkungen der Zinsschranke (vgl. Rz. 14.105 ff.) sowie der gewerbesteuerlichen Hinzurechnung nach § 8 Nr. 1 Buchst. a GewStG.

(2) Bei Holdingunternehmen in der Rechtsform der **Personengesellschaft** stellen **Gesellschafterdarlehen** zwar Fremdkapital dar, so dass die Zinsen den Gewinn der Holding mindern, jedoch werden sie als Sonderbetriebseinnahmen des Mitunternehmers dem Gesamtgewinn der Mitunternehmerschaft wieder hinzurechnet. Aus steuerlicher Sicht stellt sich diese Art der Fremdfinanzierung daher zumindest bei einem zu 100 % beteiligten Gesellschafter im Ergebnis wie eine Eigenkapitalfinanzierung dar. Eine Anwendung der Zinsschranke oder eine gewerbesteuerliche Hinzurechnung scheiden damit aus. Allerdings wirkt sich der Zinsaufwand für die Personengesellschaft auch nicht gewerbesteuermindernd aus.

14.602 Auf **Gesellschafterebene** sind die Zinserträge bei einer Holdingpersonengesellschaft Sonderbetriebseinnahmen[1608] und damit Teil des steuerlichen Gesamtgewinns aus der Personengesellschaft sind die Gesellschafter im Ausland ansässig, kann es zu einer Doppelbesteuerung kommen[1609]. Auf der Gesellschafterebene bei einer Holdingkapitalgesellschaft führen die Zinseinnahmen zu steuerpflichtigen Zinserträgen beim Gesellschafter, die je nach Ansässigkeit des Anteilseigners unterschiedlich besteuert werden:

(1) Für **unbeschränkt steuerpflichtige Anteilseigner** stellen die Zinszahlungen steuerpflichtige Kapitalerträge dar, die im Privatbereich dem Sondersteuersatz nach § 32d Abs. 1 EStG i.H.v. 25 % zzgl. Solidaritätszuschlag unterliegen. Ausgenommen hiervon sind die in § 32d Abs. 2 Satz 1 Nr. 1 EStG genannten Fälle, die zu einer Besteuerung mit dem regulären Einkommensteuersatz führen. Von besonderer Relevanz ist hierbei der Tatbestand des § 32d Abs. 2 Satz 1 Nr. 1 Buchst. b EStG, wonach der Sondersteuersatz nach § 32d Abs. 1 EStG bei einer sog. **Gesellschafterfremdfinanzierung** nicht zur Anwendung kommt. Im betrieblichen Bereich sind die Zinszahlungen als Betriebseinnahmen mit dem regulären Einkommensteuersatz bzw. Körperschaftsteuersatz zzgl. Solidaritätszuschlag zu besteuern. Zudem fällt Gewerbesteuer an. Diese Steuerbelastung gilt unabhängig davon, ob die Zinszahlungen auf der Ebene der Holdinggesellschaft einer Abzugsbeschränkung aufgrund der Zinsschranke oder der gewerbesteuerlichen Hinzurechnung nach § 8 Nr. 1 Buchst. a GewStGunterliegen.

(2) **Beschränkt steuerpflichtige Anteilseigner** sind mit den Zinszahlungen nur dann nach § 49 Abs. 1 Nr. 5 Buchst. c aa EStG steuerpflichtig, wenn das der Zinszahlung zugrunde liegende Kapitalvermögen grundbuchrechtlich gesichert ist, oder die Kapitalforderung und die Zinszahlungen einer inländischen Betriebsstätte des Anteilseigners zuzuordnen sind oder die erweiterte beschränkte Einkommensteuerpflicht nach § 2 Abs. 1 AStG zur Anwendung kommt. Zinszahlungen zwischen verbundenen EU-Unternehmen werden nach § 50g Abs. 1 EStG von der Besteuerung freigestellt.

3. Finanzierungsalternativen

14.603 Als Finanzierungsalternativen kommen neben der klassischen Eigen- und Fremdkapitalfinanzierung auch **hybride Finanzierungsinstrumente**, wie Genussrechte, Wandel-/Optionsanleihen, typisch stille Gesellschaften, partiarische Darlehen oder atypisch stille Gesellschaften in Betracht. Daneben sind finanzierungsähnliche Instrumente, wie Leasing, Forfaitierung und Factoring zu nennen[1610]. Für Holdingunternehmen bietet sich daneben auch die Möglichkeit der sog. Wertpapierleihe an[1611].

1608 Vorbehaltlich § 50d Abs. 10 EStG; vgl. zur Reichweite der Norm sowie zu der Frage der möglichen Verfassungswidrigkeit: *Loschelder* in Schmidt, § 50d EStG Rz. 60 m.w.N.

1609 Vgl. § 50d Abs. 10 EStG und *Gosch* in Kirchhof § 50d EStG Rz. 48a.

1610 Vgl. hierzu: *Schaumburg/Jesse* in Lutter/Scheffler/U.H. Schneider, Handbuch der Konzernfinanzierung, Rz. 37.1 ff.

1611 Vgl. aber § 8b Abs. 10 KStG.

IX. Tax Compliance

Tax Compliance ist ein Teilaspekt der inhaltlichen und organisatorischen Anforderungen, die den konzerninternen **Compliance Regeln** immanent sind (vgl. hierzu ausführlich *Mackert* Rz. 6.1 ff.). Für die Holdinggesellschaft als Zentraleinheit ergeben sich aus steuerlicher Sicht diesbezüglich erhebliche Koordinierungs-, Überwachungs- und Managementaufgaben. Tax Compliance lässt sich in diesem Sinne als **Einhaltung von steuerlichen Regeln** begreifen[1612]. Diese Aufgabenstellung trifft die Holding sowohl in eigenen Angelegenheiten als auch in ihrer Eigenschaft als Zentraleinheit für die angeschlossenen Konzerngesellschaften[1613]. Das Thema Tax Compliance hat – wie der Komplex der rechtlichen Compliance überhaupt – in der Unternehmenspraxis ganz erheblich an Bedeutung gewonnen. Dies ist insbesondere auf eine verschärfte Rechtsprechung[1614] und eine spürbar deutlich strengere Rechtsanwendung durch die (Steuer)Strafverfolgungsbehörden zurückzuführen. Tax Compliance ist ebenso wie Compliance insgesamt kein in sich geschlossenes Normengefüge. Vielmehr hat der Gesetzgeber die Notwendigkeit von (Tax-)Compliance erkannt und vereinzelt diesbezügliche Regelungen geschaffen. Zu nennen sind etwa § 161 AktG oder § 91 Abs. 2 AktG. In generalisierender Weise enthält der Deutsche Corporate Governance Kodex unter A 1 (Grundsatz 5) folgende Festlegung: 14.604

„Der Vorstand hat für die Einhaltung der gesetzlichen Bestimmungen und der internen Richtlinien zu sorgen und wirkt auf deren Beachtung Unternehmen hin (Compliance)."[1615]

Für den Begriff der Tax Compliance lässt sich hieraus die Einhaltung von Steuererklärungspflichten (§§ 149 ff. AO), Mitwirkungs- und Wahrheitspflichten (vgl. z.B. §§ 90, 200 AO), Anzeigepflichten (§§ 137 ff. AO), Buchführungs- und Aufzeichnungspflichten (§§ 140 ff. AO), Aufbewahrungspflichten (§§ 147 ff. AO) und Steuerzahlungspflichten (§ 220 AO) bzw. entsprechende und ggf. weitere Pflichten nach ausländischen Rechtsordnungen. Tax Compliance setzt dabei voraus, dass diesen Verpflichtungen jeweils inhaltlich richtig (materielles Element) sowie form- und fristgerecht (formelles Element) nachgekommen wird. Die primäre Verantwortung für Tax Compliance tragen die Leitungsorgane des Unternehmens (also die Geschäftsleiter, wie z.B. Vorstandsmitglieder oder Geschäftsführer). Dies ergibt sich aus deren allgemeiner Legalitätspflicht, die sich grundsätzlich auf alle Rechtsbereiche gleichermaßen erstreckt und unabhängig von der jeweiligen Rechtsform und der Größe des betreffenden Unternehmens besteht[1616]. Compliance-Verantwortung bedeutet hierbei, Legalität im eigenen Handeln zu wahren und Illegalität „aus dem Unternehmen heraus" entgegenzusteuern[1617].

Der Bereich der Tax Compliance ist besonders brisant, weil eine 100%ige Einhaltung von Regeln im Bereich von Steuern – jedenfalls bei größeren Unternehmungen – praktisch ausgeschlossen ist. Dies 14.605

1612 Vgl. *Jesse*, Präventivberatung im Steuerstrafrecht, Tz. III.2.6.1.

1613 Holdinggesellschaften können als sog. Investmentunternehmen in den Anwendungsbereich des Foreign Account Tax Compliance Act v. 31.5.2013 (sog. FACTA) fallen, vgl. Abkommen v. 31.5.2013 zwischen der Bundesrepublik Deutschland und den Vereinigten Staaten von Amerika zur Förderung der Steuerehrlichkeit bei internationalen Sachverhalten und hinsichtlich der als Gesetz über die Steuerehrlichkeit bezüglich Auslandskonten bekannten US-amerikanischen Informations- und Meldebestimmungen, BGBl. II 2013, 1363. In diesem Fall unterliegen sie erheblichen Melde- und Informationspflichten, vgl. hierzu: *Lappas/Ruckes*, IStR 2013, 929 (935 f.), sowie Verordnung zur Umsetzung der Verpflichtungen aus dem Abkommen zwischen der Bundesrepublik Deutschland und den Vereinigten Staaten von Amerika zur Förderung der Steuerehrlichkeit bei internationalen Sachverhalten und hinsichtlich der als Gesetz über die Steuerehrlichkeit bezüglich Auslandskonten bekannten US-amerikanischen Informations- und Meldebestimmungen (FATCA-USA-Umsetzungsverordnung – FATCA-USA-UmsV) v. 23.7.2014, BGBl. I 2014, 1222, zuletzt geändert durch Art. 15 des Gesetzes v. 20.12.2016 (BGBl. I 2016, 3000).

1614 Landgericht München I v. 10.12.2013 – 5 HKO 1387/10, ZIP 2015, 275 = DB 2014, 766.

1615 Vgl. Deutscher Corporate Governance Kodex in der Fassung v. 16.12.2019; ähnlich Governance Kodex für Familienunternehmen v. 29.5.2015, Tz. 4.1.2.

1616 vgl. nur *Harbarth/Brechtel*, ZIP 2016, 241.

1617 *Arnold*, ZGR 2014, 76 (78 f.); *Cichy/Cziupka*, BB 2014, 1482; *Seibt/Cziupka*, DB 2014, 1598 (1599).

ist der Kleinteiligkeit steuerlicher Sachverhalte, der Vielzahl an Schnittstellenthemen mit anderen Unternehmensbereichen (Buchführung, Personal etc.) und der Komplexität steuerlicher Regelungen, insbesondere im internationalen Kontext, geschuldet[1618]. Wenn aber ein Gesetzesverstoß im Sinne einer objektiv verkürzten Steuer sich praktisch nicht vermeiden lässt, kommt der Frage nach dem subjektiven Schuldvorwurf der für die Erfüllung der steuerlichen Pflichten verantwortlichen Personen (Geschäftsleitung) die entscheidende Bedeutung zu. In der Praxis kann die Geschäftsleitung ihrer Pflicht zur Einhaltung von steuerlichen Pflichten – jedenfalls bei größeren Unternehmen – in der Regel nur gerecht werden, wenn ein funktionierendes Tax Compliance Management System implementiert und aufrecht erhalten wird. Kommen die verantwortlichen Personen (d.h. die Geschäftsleitung) dieser Verantwortung nicht hinreichend nach, kann dies sowohl für das Unternehmen als auch für die Geschäftsleitung zu beachtlichen negativen Konsequenzen führen. Als Konsequenzen für Geschäftsleitung sind beispielweise zu nennen[1619]: Zivilrechtliche Haftung für Schäden der Gesellschaft wie z.B. einen Zinsschaden oder Kosten einer nachträglichen Aufklärungsuntersuchung[1620] oder Ordnungswidrigkeiten nach §§ 369 ff. AO. Für das Unternehmen können sich folgende zum Teil erhebliche Konsequenzen ergeben[1621]: Finanzielle Nachteile (Zinsen, Zuschläge, Strafzahlungen, Geldbußen), Ausschluss bei der Vergabe von öffentlichen Aufträge aufgrund von Eintragungen ins Wettbewerbsregister[1622].

14.606 Die Errichtung eines Tax-Compliance-Systems ist damit insbesondere ein Instrument, das präventiv Haftungsgefahren für das Unternehmen und/oder deren Geschäftsleiter reduzieren kann. Der BGH hat bei der Bemessung des Bußgelds das Vorhandensein eines Compliance Managementsystems herangezogen[1623]. In diesem Sinne hat auch das BMF mit Ergänzung des AEAO zu § 153 AO durch Verfügung vom 23.5.2016 zur Frage der Abgrenzung von Berichtigungs- und Selbstanzeige Stellung genommen. Dort heißt es in Tz. 2.6 Satz 6:

> „Hat der Steuerpflichtige ein innerbetriebliches Kontrollsystem eingerichtet, das der Erfüllung der steuerlichen Pflichten dient, kann dies ggf. ein Indiz darstellen, das gegen das Vorliegen eines Vorsatzes oder der Leichtfertigkeit sprechen kann, jedoch befreit dies nicht von einer Prüfung des jeweiligen Einzelfalls."

Wenn es auch keine gesetzlich festgeschriebene Pflicht zur Etablierung eines Tax Compliance Management Systems gibt[1624], so ist dessen Implementierung bei größeren Holdingunternehmen zur Reduzierung der o.g. negativen Konsequenzen bei einem Verstoß gegen die steuerlichen Pflichten ratsam.

14.607 Eine praxisrelevante Frage ist, ob ein Tax Compliance Managementsystem **konzernweit** ausgestaltet werden muss, also ob die Konzernmuttergesellschaft zugleich verpflichtet ist, die Erfüllung der steuerlichen Pflichten bei ihren Tochtergesellschaften zu überwachen. Im Gesellschaftsrecht ist umstritten, ob die Konzernmutter zugleich eine Pflicht zur Kontrolle der Einhaltung von Regeln bei ihren Tochtergesellschaften hat. Zum Teil wird eine entsprechende Verpflichtung im Grundsatz unter Hinweis auf das gesellschaftsrechtliche Trennungsprinzip verneint[1625], während ein Teil der Literatur diese bejaht, da die Konzernmutter faktisch in der Lage sei, die Tochtergesellschaften zu steuern[1626]. Das OLG München geht in einem Beschluss im Zusammenhang mit einem Ordnungswid-

1618 Vgl. *Schwahn/Cziupka* in Lüdicke/Sistermann, Unternehmensteuerrecht, 2. Aufl. 2018, § 7 Rz. 6.
1619 Vgl. *Schwahn/Cziupka* in Lüdicke/Sistermann, Unternehmensteuerrecht, 2. Aufl. 2018, § 7 Rz. 7.
1620 Vgl. zur Regresspflicht *Seibt/Cziupka*, AG 2015, 93 (106), steuerliche Haftung nach §§ 69, 71 AO, steuerstrafrechtliche Folgen nach §§ 369 ff. AO.
1621 Vgl. *Schwahn/Cziupka* in Lüdicke/Sistermann, Unternehmensteuerrecht, 2. Aufl. 2018, § 7 Rz. 7.
1622 Vgl. § 2. Abs. 1 Nr. 1d) WRegG) oder ins Korruptionsregister einzelner Bundesländer, Reputationsschäden durch Bekanntwerden von entsprechenden Rechtsverstößen, Ordnungswidrigkeitenverfahren nach §§ 130, 30 OWiG.
1623 Vgl. BGH v. 9.5.2017 – 1 StR 265/16, AG 2018, 39 = ZIP 2017, 2205.
1624 Vgl. *Schwahn/Cziupka* in Lüdicke/Sistermann, Unternehmensteuerrecht, 2. Aufl. 2018, § 7 Rz. 9 ff. m.w.N.
1625 Vgl. nur Hüffer/Koch, § 76 AktG Rz. 21 ff.
1626 Vgl. *Bürkle* in Hauschka/Moosmayer/Lösler, Corporate Compliance, 3. Aufl. 2016, § 36 Rz. 82 ff.

rigkeitsverfahren nach § 130 OWiG jedenfalls davon aus, dass eine Konzernmutter Überwachungspflichten für eine Tochtergesellschaft dann treffen, wenn die Konzernmutter tatsächlich steuernd in den Unternehmensbereich der Tochtergesellschaft eingegriffen hat[1627]. Bei Führungs- und Funktionsholdinggesellschaften ist deshalb davon auszugehen, dass eine entsprechende Überwachungsverpflichtung besteht und ab einer bestimmten Größe der Unternehmen anzuraten, ein Tax Compliance Managementsystem zu installieren[1628].

X. Abgabenrechtliche Aspekte

1. Anzeige- und Mitteilungspflichten gem. §§ 137, 138 AO

Holdinggesellschaften haben ebenso wie andere nicht natürliche Personen die Pflicht, die Umstände anzuzeigen, die für die **steuerliche Erfassung** von Bedeutung sind (§ 137 Abs. 1 Satz 1 AO). Nach § 137 Abs. 1 Satz 1 AO hat die Holding daher dem nach § 20 AO zuständigen Finanzamt und den für die Erhebung der Realsteuern zuständigen Gemeinden insbesondere die Gründung, den Erwerb der Rechtsfähigkeit, die Änderung der Rechtsform, die Verlegung der Geschäftsleitung oder Sitzes und die Auflösung anzuzeigen. Nach § 137 Abs. 2 AO sind die Mitteilungen innerhalb eines Monats seit dem meldepflichtigen Ereignis zu erstatten. Durch den Verweis des § 137 Abs. 1 Satz 1 AO auf die für die Anzeige zuständige Finanzbehörde gem. § 20 AO wird deutlich, dass nur Körperschaften, Personenvereinigungen und Vermögensmassen der Anzeigepflicht gegenüber dem für die Besteuerung zuständigen Finanzamt unterliegen, nicht hingegen Personengesellschaften. Diese sind mangels ausdrücklicher gesetzlicher Anordnung auch nicht gegenüber dem nach § 18 AO für die gesonderte Feststellung zuständigen Finanzamt anzeigepflichtig[1629]. Allerdings nennt § 137 Abs. 1 Satz 1 AO als weiteren Adressaten der Anzeigepflicht die für die Erhebung der Realsteuern zuständigen Gemeinden. Da die Personengesellschaft nach § 33 Abs. 1 AO i.V.m. § 10 GrStG und § 5 Abs. 1 Satz 3 GewStG Steuerschuldner der Realsteuern und damit Steuerpflichtiger ist, besteht insoweit eine Anzeigepflicht[1630]. Die Erfüllung der Anzeigepflicht kann von dem Finanzamt nach §§ 328 ff. AO erzwungen werden. Den Gemeinden stehen Zwangsmaßnahmen nicht zu (vgl. § 1 Abs. 2 AO). Ein Verstoß gegen die Anzeigepflicht stellt keine Ordnungswidrigkeit dar (vgl. § 379 Abs. 2 AO). 14.608

Nach § 138 Abs. 1 Satz 1 AO hat derjenige, der einen Betrieb der Land- und Forstwirtschaft, einen gewerblichen Betrieb oder eine Betriebstätte eröffnet, dies nach amtlich vorgeschriebenem Vordruck der Gemeinde mitzuteilen, in der der Betrieb oder die Betriebsstätte eröffnet wird; die Gemeinde unterrichtet unverzüglich das nach § 22 Abs. 1 AO zuständige Finanzamt von dem Inhalt der Mitteilung. Das Gleiche gilt nach § 138 Abs. 1 Satz 4 AO für die Verlegung und die Aufgabe eines Betriebs, einer Betriebsstätte oder einer freiberuflichen Tätigkeit. Für die Holdinggesellschaft resultiert hieraus die Pflicht, die **Aufnahme** oder die **räumliche Veränderung** der steuerlich erheblichen betrieblichen Tätigkeit anzuzeigen[1631]. Falls es sich bei der Holdinggesellschaft um einen Unternehmer i.S.d. § 2 UStG handelt, kann die Anzeigepflicht gem. § 138 Abs. 1a AO zusätzlich auch bei der für die Umsatzbesteuerung zuständigen Finanzbehörde elektronisch erfüllt werden. Gem. § 138 Abs. 1b AO besteht über die Mitteilungspflicht nach § 138 Abs. 1 AO hinaus die Verpflichtung, weitere Auskünfte über für die Besteuerung erhebliche rechtliche und tatsächliche Verhältnisse zu erteilen. Die Mitteilungen gem. § 138 Abs. 1 und Abs. 1a AO sind gem. § 138 Abs. 3 Satz 4 innerhalb eines Monats nach dem meldepflichtigen Ereignis zu erstatten. Die Erfüllung der Mitteilungspflicht kann von der 14.609

1627 Vgl. OLG München v. 23.9.2014 – 3 Ws 599/14, 3 Ws 600/14, Der Konzern 2015, 518.

1628 Vgl. zum Tax Compliance Managementsystem *Schwahn/Cziupka* in Lüdicke/Sistermann, Unternehmensteuerrecht, 2. Aufl. 2018, § 7 Rz. 22 ff.

1629 *Schallmoser* in Hübschmann/Hepp/Spitaler, § 137 AO Rz. 5; kritisch: *Brandis* in Tipke/Kruse, § 137 AO Rz. 2.

1630 *Schallmoser* in Hübschmann/Hepp/Spitaler, § 137 AO Rz. 5; *Brandis* in Tipke/Kruse, § 137 AO Rz. 2.

1631 Auch die Aufgabe der betrieblichen Tätigkeit ist nach § 138 Abs. 1 Satz 4 AO anzeigepflichtig.

Finanzbehörde nach §§ 328 ff. AO erzwungen werden. Die Verletzung der Mitteilungspflicht stellt keine Ordnungswidrigkeit dar (vgl. § 379 Abs. 2 AO).

14.610 § 138 Abs. 2 AO beinhaltet für die nationale Holding eine sanktionsbewährte Mitteilungspflicht in Bezug auf **Auslandsbeteiligungen**. Nach § 138 Abs. 2 AO haben Steuerpflichtige mit Wohnsitz, gewöhnlichem Aufenthalt, Geschäftsleitung oder Sitz im Geltungsbereich der AO dem nach den § 18 bis 20 zuständigen Finanzamt mitzuteilen:

1. die Gründung und den Erwerb von Betrieben und Betriebstätten im Ausland;
2. den Erwerb, die Aufgabe oder die Veränderung einer Beteiligung an ausländischen Personengesellschaften;
3. den Erwerb oder die Veräußerung von Beteiligungen an einer Körperschaft, Personenvereinigung oder Vermögensmasse mit Sitz und Geschäftsleitung außerhalb des Geltungsbereichs dieses Gesetzes, wenn
   a) damit eine Beteiligung von mindestens 10 % am Kapital oder am Vermögen der Körperschaft, Personenvereinigung oder Vermögensmasse erreicht wird oder
   b) die Summe der Anschaffungskosten aller Beteiligungen mehr als 150.000 Euro beträgt;
4. die Tatsache, dass sie allein oder zusammen mit nahestehenden Personen im Sinne des § 1 Absatz 2 AStG erstmals unmittelbar oder mittelbar einen beherrschenden oder bestimmenden Einfluss auf die gesellschaftsrechtlichen, finanziellen oder geschäftlichen Angelegenheiten einer Gesellschaft i.S.v. § 138 Abs. 3 AO[1632] ausüben können;
5. die Art der wirtschaftlichen Tätigkeit des Betriebs, der Betriebstätte, der Personengesellschaft, Körperschaft, Personenvereinigung, Vermögensmasse oder der Gesellschaft i.S.v. § 138 Abs. 3 AO.

Betroffen von dieser Mitteilungspflicht sind damit unbeschränkt steuerpflichtige Holdingkapitalgesellschaften und Holdingpersonengesellschaften[1633].

14.611 Die Erfüllung der Anzeigepflicht dient der rechtzeitigen steuerlichen Erfassung und Überwachung **grenzüberschreitender Sachverhalte**. Die Mitteilungen nach § 138 Abs. 2 AO sind grundsätzlich zusammen mit der Einkommensteuer- oder Körperschaftsteuererklärung oder Feststellungserklärung für den Besteuerungszeitraum, in dem der mitzuteilende Sachverhalt verwirklicht wurde, spätestens jedoch bis zum Ablauf von 14 Monaten nach Ablauf dieses Besteuerungszeitraums, nach amtlich vorgeschriebenem Datensatz über die amtlich bestimmten Schnittstellen zu erstatten (vgl. § 138 Abs. 5 AO). Die bei den Finanzämtern eingehenden Meldungen über ausländische Beteiligungen werden an das Bundeszentralamt für Steuern (Informationszentrale für Auslandsbeziehungen – IZA) zwecks Auswertung weitergeleitet[1634]. Die Erfüllung der Anzeigepflicht kann gem. §§ 328 ff. AO mit Zwangsmitteln durchgesetzt werden[1635]. Zudem begeht derjenige, der der Mitteilungspflicht nach § 138 Abs. 2 AO vorsätzlich oder leichtfertig nicht, nicht vollständig oder nicht rechtzeitig nachkommt, gem. § 379 Abs. 2 Nr. 1 AO eine Ordnungswidrigkeit, die nach § 379 Abs. 4 AO mit einer Geldbuße bis zu 5 000 Euro geahndet werden kann, wenn die Handlung nicht nach § 378 AO geahndet werden kann. Damit ist der Ordnungswidrigkeitentatbestand des § 379 Abs. 2 Nr. 1 AO gegenüber dem Ordnungswidrigkeitentatbestand der leichtfertigen Steuerverkürzung nach § 378 AO

1632 Gesellschaften mit Sitz oder Geschäftsleitung außerhalb der EU oder außerhalb der Europäischen Freihandelsassoziation („EFTA"). Mitgliedsstaaten der EFTA, die nicht Mitgliedstaaten der EU sind, sind derzeit Island, Liechtenstein, Norwegen und Schweiz sowie zukünftig voraussichtlich Vereinigtes Königreich von Großbritannien.

1633 Vgl. BMF v. 5.2.2018, BStBl. I 2018, 289 Tz. 1.5) sowie ggf. unbeschränkt steuerpflichtige Gesellschafter von Holdingpersonengesellschaften.

1634 BMF v. 5.2.2018, BStBl. I 2018, 289, Tz. 4.

1635 BMF v. 5.2.2018, BStBl. I 2018, 289, Tz. 3.

subsidiär[1636]. Bereits ein Verstoß gegen die Anzeigepflicht kann zu einer Mitteilung an die Bußgeld- und Strafsachenstelle.

Nach § 138a Abs. 1 AO[1637] haben Holdinggesellschaften mit Sitz oder Geschäftsleitung im Inland, die einen Konzernabschluss aufstellen oder nach anderen Regelungen als den Steuergesetzen aufzustellen haben, nach Ablauf eines Wirtschaftsjahres für dieses Wirtschaftsjahr einen sog. länderbezogenen Bericht dieses Konzerns (sog. **Country-by-Country Reporting**) zu erstellen und dem Bundeszentralamt für Steuern zu übermitteln[1638]. Voraussetzung ist, dass der Konzernabschluss mindestens eine Gesellschaft mit Sitz und Geschäftsleitung im Ausland oder eine ausländische Betriebsstätte umfasst und die im Konzernabschluss ausgewiesenen, konsolidierten Umsatzerlöse im vorangegangenen Wirtschaftsjahr mindestens 750 Millionen Euro betragen haben. Betroffen sind also von dieser besonderen Berichtspflicht große multinationale Holdinggesellschaften. Ausgenommen von dieser Berichtspflicht sind grundsätzlich inländische (Holding)Gesellschaften, welche ihrerseits in den Konzernabschluss einer übergeordneten ausländischen Holdinggesellschaft eingebunden sind (vgl. § 138a Abs. 1 Satz 2 AO). Solche inländische Gesellschaften können aber dann zur Erstellung des länderbezogenen Berichts verpflichtet sein, wenn der Konzernabschluss eines ausländischen Unternehmens, das nach Absatz 1 zur Abgabe des länderbezogenen Berichts verpflichtet wäre, wenn es Sitz oder Geschäftsleitung im Inland hätte (hypothetische Betrachtung), das Unternehmen der inländische Gesellschaft umfasst und die ausländische Holdinggesellschaft die einbezogene inländische Gesellschaft damit beauftragt, einen länderbezogenen Bericht für den Konzern abzugeben (vgl. § 138a Abs. 3 und 4 AO). Der länderbezogene Bericht hat insbesondere eine nach Steuerhoheitsgebieten gegliederte Auflistung aller Gesellschaften und Betriebsstätten zu enthalten. Ausgehend vom Konzernabschluss sind zudem verschiedene in § 138a Abs. 2 AO aufgezählte länderbezogene Angaben zu machen, z.B. Zahl der Beschäftigten, Umsatzerlöse und sonstige Erträge, gezahlte Ertragsteuern sowie Jahresergebnisse vor Steuern. Der länderbezogene Bericht ist nach § 138a Abs. 6 Satz 1 AO für das abgelaufene Wirtschaftsjahr zu erstellen und dem Bundeszentralamt für Steuern **innerhalb eines Jahres nach Ablauf des berichtspflichtigen Wirtschaftsjahrs** zu übermitteln. Für diese gesetzliche Frist ist keine Verlängerungsmöglichkeit vorgesehen. Sie ist zwingend und steht nicht zur Disposition der Finanzbehörden. Sie ist nicht nach § 109 Abs. 1 AO, der nur für behördlich gesetzte Fristen gilt, verlängerbar[1639]. Bei unverschuldeter Fristversäumung ist nach § 110 AO Wiedereinsetzung in den vorigen Stand möglich. 14.612

Fehlende oder unvollständige Berichterstattung löst keine Schätzungsbefugnis und auch keine Sanktionen nach § 162 Abs. 3 und 4 AO für Verrechnungspreisdokumentationen aus[1640]. Auch Verspätungszuschläge nach § 152 AO können nicht festgesetzt werden, weder bei fehlender noch bei verspäteter Abgabe des länderbezogenen Berichts[1641]. Eine zwangsweise Durchsetzung der Berichtspflicht durch Zwangsmittel (§§ 328 ff. AO) ist dagegen möglich[1642]. Zudem drohen zwar nach § 379 Abs. 2 Nr. 1c., Abs. 4 AO **Geldbußen**. Diese betragen jedoch max. 5.000 € bei fahrlässiger und 10.000 € bei vorsätzlicher Missachtung der Mitteilungspflicht (§ 379 Abs. 4 AO). Zudem unterfällt ein zwar vollständiger, aber fehlerhafter Bericht nicht dem Wortlaut des § 379 Abs. 2 Nr. 1c 14.613

1636 BMF v. 5.2.2018, BStBl. I 2018, 289 Tz. 3.

1637 § 138a AO setzt Art. 8a der Richtlinie (EUR) v. 8.12.2015 – 2015/2376, zuletzt geändert durch Richtlinie (EU) v. 25.5.2016 – EU 2016/881 um.

1638 Der länderbezogene Bericht ist kein Mittel konkreter Verrechnungspreisprüfung, vgl. BT-Drucks. 18/9536, 37; *Schallmoser* in Hübschmann/Hepp/Spitaler, § 138a AO Rz. 12; *Drüen* in Tipke/Kruse, § 138a AO Rz. 2. Der länderbezogene Bericht soll helfen fiskalische Risiken bei der Verrechnungspreisgestaltung abstrakt überschlägig einzuschätzen und auf Gewinnverkürzungs- und -verlagerungstendenzen hinzuweisen, vgl. BT-Drucks. 18/9536, 39.

1639 *Schallmoser* in Hübschmann/Hepp/Spitaler, § 138a AO Rz. 107.

1640 *Drüen* in Tipke/Kruse, § 138a AO Rz. 48; *Grotherr*, IStR 2016, 991 (1005); *Schallmoser* in Hübschmann/Hepp/Spitaler, § 138a AO Rz. 151.

1641 *Drüen* in Tipke/Kruse, § 138a AO Rz. 48.

1642 *Schallmoser* in Hübschmann/Hepp/Spitaler, § 138a AO Rz. 152.

AO[1643]. Mit Blick auf den hohen Erfüllungsaufwand wird erwogen, ob es für nicht wirtschaftlich günstiger sei, unter Inkaufnahme des rechtmäßigen Bußgeldes auf die Berichtserstellung und -übermittlung zu verzichten[1644]. Zu bedenken ist aber, dass der Konzern meist auch ausländischen Berichtspflichten nachkommen muss, deren Verletzung ggf. schärfer sanktioniert werden[1645]. Zudem ist der gegenüber der inländischen Finanzverwaltung entstehende Reputationsschaden zu berücksichtigen[1646].

2. Vertretung in Steuerangelegenheiten

14.614 Holdinggesellschaften können, ebenso wie andere Steuerpflichtige, in eigenen Steuerangelegenheiten Einspruchs- und Klageverfahren führen, wenn sie geltend machen, durch einen Verwaltungsakt, dessen Unterlassung oder durch die Ablehnung des Erlasses eines beantragten Verwaltungsaktes beschwert zu sein bzw. in ihren Rechten verletzt zu sein (§ 350 AO, § 40 Abs. 2 FGO). Es handelt sich insoweit nicht um eine Hilfeleistung in Steuersachen nach § 1 StBerG[1647]. Führungs- und Funktionsholdinggesellschaften nehmen zudem innerhalb ihrer Unternehmensgruppe oftmals **zentrale Aufgaben** wahr. In der Praxis werden – abweichend von dezentralen Organisationsformen – zumeist zentrale Steuerabteilungen auf der Ebene der Holding gebildet, die die laufenden Steuerangelegenheiten der konzernangehörigen Gesellschaften (entgeltlich) bearbeiten. Steuerbescheide und andere Verwaltungsakte, die die konzernangehörigen Gesellschaften betreffen, können nach §§ 122 Abs. 1 Satz 3, 155 Abs. 1 Satz 2 AO der Holding bzw. deren Organen als **Bevollmächtigte** i.S.d. § 80 AO wirksam bekannt gegeben werden[1648]. Holdinggesellschaften in der Rechtsform der juristischen Person sind nach § 79 Abs. 1 Nr. 3 AO durch ihre gesetzlichen Vertreter handlungs- und damit auch bevollmächtigtenfähig[1649]. Für Holdingpersonengesellschaften gilt dies entsprechend, z.B. bei einer GmbH & Co. KG, die durch ihre Komplementär-GmbH und diese wiederum durch ihren Geschäftsführer als besonders Beauftragtem i.S.d. § 79 Abs. 1 Nr. 3 AO handelt[1650]. In diesem Zusammenhang stellt sich Frage, ob die für die Holding handelnden natürlichen Personen i.S.d. § 79 Abs. 1 Nr. 3 AO auch berechtigt sind, für die konzernangehörigen Gesellschaften Steuerverfahren vor den Finanzbehörden oder Finanzgerichte zu führen oder ob es sich dann um eine unbefugte Hilfeleistung in Steuersachen nach § 5 StBerG handelt. Nach § 80 Abs. 5 Halbs. 1 AO sind neben Beiständen auch Bevollmächtigte zurückzuweisen, wenn sie geschäftsmäßig Hilfe in Steuersachen leisten, ohne dazu befugt zu sein.

14.615 In der Vergangenheit wurde die Zulässigkeit einer „steuerberatenden Tätigkeit" einer konzernangehörigen Gesellschaft für verbundene Unternehmen damit begründet, dass es sich bei Vorliegen einer organisatorisch, wirtschaftlich und finanziell zusammengeschlossenen Unternehmensgruppe um die Wahrnehmung eigener und nicht fremder Steuerangelegenheiten handelt[1651]. Entscheidend war hierbei, dass die konzernangehörige Gesellschaft wegen der Organschaftswirkungen (vgl. §§ 14, 17 KStG a.F., § 2 Abs. 2 Satz 2 GewStG a.F., § 2 Abs. 2 Nr. 2 KStG) jedenfalls auch eigene Steuerangele-

1643 *Ditz/Quilitzsch*, DStR 2017, 281 (284).

1644 Vgl. *Grotherr*, IStR 2016, 991 (1005).

1645 *Drüen* in Tipke/Kruse, § 138a AO Rz. 49; *Grotherr*, IStR 2016, 991 (1005); *Kraft/Heider*, DStR 2017, 1353 (1361) unter Verweis auf Österreich, Niederlande und Schweiz.

1646 *Drüen* in Tipke/Kruse, § 138a AO Rz. 49; *Grotherr*, IStR 2016, 991 (1005).

1647 BFH v. 8.10.2010 – II B 111/10, BFH/NV 2011, 73, Rz. 16; *Drüen* in Tipke/Kruse, § 80 AO Rz. 56a.

1648 In der Praxis werden die Verwaltungsakte/Steuerbescheide der Holding gegenüber bekannt gegeben, obwohl der Status als Bevollmächtigter Handlungsfähigkeit i.S.d. § 79 AO voraussetzt. Handlungsfähig sind aber nur natürliche Personen, vgl. *Drüen* in Tipke/Kruse, § 79 AO Rz. 3. Im Zweifel gilt der der Holding gegenüber bekannt gegebene Verwaltungsakt zugleich als gegenüber dem gesetzlichen Vertreter oder dem besonders Beauftragten nach § 79 Abs. 1 Nr. 3 AO als bekannt gegeben. Vgl. hierzu: *Söhn* in Hübschmann/Hepp/Spitaler, § 80 AO Rz. 65.

1649 Vgl. *Jesse*, Einspruch und Klage im Steuerrecht, Rz. B 382 f.

1650 BFH v. 30.10.2008 – III R 107/07, BStBl. II 2009, 352 (353).

1651 Vgl. hierzu: *Jesse*, Einspruch und Klage im Steuerrecht, Rz. B 383 m.w.N.

genheiten wahrgenommen hat. D.h. in dem jeweiligen Einspruchsverfahren war zu prüfen, ob die bevollmächtigte Konzerngesellschaft hinsichtlich der dort betroffenen Steuerart zum Organkreis gehört. Anderenfalls konnte eine Wahrnehmung eigener Steuerangelegenheiten nicht angenommen werden. Dies galt insbesondere für den Fall, dass die bevollmächtigte Gesellschaft außerhalb des Organkreises stand oder bei solchen Steuerarten, für die keine Organschaft bestanden hat. Daneben sollte es zulässig sein, wenn die bevollmächtigte Gesellschaft aufgrund eines mit der Konzernobergesellschaft abgeschlossenen Beherrschungsvertrages weisungsabhängig tätig wurde[1652]. Nachdem die Organschaftsvoraussetzungen bei der Körperschaft- und Gewerbesteuer, abweichend von der umsatzsteuerlichen Organschaft, einheitlich auf das Vorliegen der finanziellen Eingliederung reduziert worden sind, stellt sich die Frage, ob auch dann noch von einer Unternehmenseinheit gesprochen werden kann, die die Wahrnehmung *eigener* Steuerangelegenheiten bewirkt. Die hiermit verbundene Rechtsunsicherheit dürfte spätestens seit der Geltung des § 2 Abs. 3 Nr. 6 RDG, die mit Wirkung ab dem 1.7.2008 anzuwenden ist[1653], beseitigt sein. Nach § 2 Abs. 3 Nr. RDG stellt die Erledigung von Rechtsangelegenheiten innerhalb verbundener Unternehmen (§ 15 AktG) keine erlaubnispflichtige Rechtsdienstleistung i.S.d. § 2 Abs. 1 RDG dar. Diese gesetzgeberische Wertung ist auch bei der Wahrnehmung von Steuerangelegenheiten innerhalb verbundener Unternehmen anwendbar[1654]. Entscheidend ist somit, dass das im Einspruchsverfahren bevollmächtigte Unternehmen i.S.d. § 15 AktG verbundenes Unternehmen ist[1655]. Nicht ausreichend ist demgegenüber die bloße Beteiligung an einer Kapitalgesellschaft ohne gleichzeitige Verbundenheit i.S.d. § 15 AktG.

Für das **Finanzgerichtsverfahren** sieht § 62 Abs. 2 Satz 2 Nr. 1 FGO ausdrücklich die Möglichkeit 14.616
der Prozessvertretung durch ein verbundenes Unternehmen vor. Die Vertretung durch einen Bevollmächtigten vor dem FG beinhaltet zugleich eine Einschränkung des Grundsatzes des Selbstvertretungsrechtes der Beteiligten. Nach dem Wortlaut der Regelung dürfen Mitarbeiter verbundener Unternehmen die Prozessvertretung innerhalb des Unternehmensverbundes übernehmen. Abgestellt wird insoweit nicht auf den Begriff des Konzerns, sondern auf den weiteren Begriff der verbundenen Unternehmen. Aufgrund der aktienrechtlichen Konzernvermutung und der Tatsache, dass im Einzelfall tatsächlich eine Vertretung innerhalb verbundener Unternehmen erfolgt, ist das besondere Näheverhältnis zu dem vertretenen Unternehmen, das die Zulassung als Prozessbevollmächtigter in den Fällen der Nr. 1 rechtfertigt, indiziert. Insbesondere soll das Prozessgericht sich nicht mit Fragen des Konzernrechts befassen müssen und überprüfen, ob ggf. die Konzernvermutung bei verbundenen Unternehmen widerlegt ist. Es genügt, dass sich aus der Prozessvollmacht, die nach § 62 Abs. 6 Satz 1 FGO schriftlich vorzulegen ist, ergibt, dass der Vertreter für ein verbundenes Unternehmen i.S.d. § 15 AktG auftritt[1656]. Nach § 62 Abs. 4 FGO müssen sich die Beteiligten vor dem BFH allerdings durch Prozessbevollmächtigte vertreten lassen, die nach § 62 Abs. 4 Satz 3 FGO zu den in § 62 Abs. 2 Satz 1 FGO bezeichneten Personen und Gesellschaften gehören.

3. Haftung nach § 74 AO

§ 74 Abs. 1 AO beschreibt einen besonderen Haftungstatbestand für **Betriebssteuerschulden** eines 14.617
Unternehmens, bei dem wichtige pfändbare, dem Unternehmen dienende Gegenstände einem anderen, am Unternehmen wesentlich Beteiligten gehören und der Unternehmer selbst kein ausreichendes vollstreckbares Vermögen besitzt. § 74 AO begründet eine verschuldensunabhängige Ausfallhaftung. Anlass für die Einführung des Haftungstatbestandes war die Befürchtung, dass die Beitreibung

1652 Vgl. hierzu: *Jesse*, Einspruch und Klage im Steuerrecht, Rz. B 383 m.w.N.

1653 Vergleiche Art. 20 des Gesetzes zur Neuregelung des Rechtsberatungsrechts v. 12.12.2007, BGBl. I 2007, 2840.

1654 *Drüen* in Tipke/Kruse, § 80 AO Rz. 56a.

1655 *Jesse*, Einspruch und Klage im Steuerrecht, Rz. B 383 a.E.; *Drüen* in Tipke/Kruse, § 80 AO Rz. 56a; BFH v. 8.10.2010 – II B 111/10, BFH/NV 2011, 73, Rz. 20.

1656 Begründung zu dem Entwurf eines Gesetzes zur Neuregelung des Rechtsberatungsrechts v. 30.11. 2006, BT-Drucks. 16/3655, 98 i.V.m. 87.

einer Gewerbesteuerschuld sich gegenüber einem Unternehmer deswegen als unmöglich erweisen könnte, weil alle pfändbaren, dem Betrieb dienenden Gegenstände und einem anderen als dem Unternehmer gehören, insbesondere wenn der Unternehmer mit gepachteten Betriebsmitteln wirtschaftet[1657]. In solchen Fällen sollte eine Beitreibung der Steuerschuld wenigstens dann ermöglicht werden, wenn der Eigentümer, der dem Betrieb dienenden Gegenstände überlässt, wesentlich an dem Unternehmen beteiligt ist[1658]. Der eigentliche Grund für die Haftung ist nicht die rechtliche Beteiligung am Unternehmen, sondern der objektive Beitrag, den der Gesellschafter durch die Bereitstellung von Gegenständen, die dem Unternehmen dienen, für die Weiterführung des Gewerbes leistet. Entscheidendes Kriterium ist die Parallelität des – durch die wesentliche Beteiligung vermittelten – Einflusses auf die unternehmerische Tätigkeit des Unternehmens und des Einsatzes des (eigenen) Vermögens für diese Tätigkeit[1659].

14.618 Voraussetzung für die Haftung ist, dass Gegenstände, die einem Unternehmen dienen, nicht dem Unternehmer selbst, sondern einer an dem Unternehmen wesentlich beteiligten Person gehören (§ 74 Abs. 1 Satz 1 AO). Nach § 74 Abs. 1 Satz 1 AO ist eine Person an dem Unternehmen **wesentlich beteiligt**, wenn sie unmittelbar oder mittelbar zu mehr als einem Viertel am Grund- oder Stammkapital oder am Vermögen des Unternehmens beteiligt ist. Demzufolge kann auch eine mittelbare Beteiligung der Holding über eine Tochtergesellschaft ausreichend sein[1660]. Nach § 74 Abs. 2 Satz 2 AO wird dem eine wirtschaftliche Beteiligung in diesem Sinne gleichgestellt, wenn der Haftende auf das Unternehmen einen beherrschenden Einfluss ausübt und durch sein Verhalten dazu beiträgt, dass fällige Steuern i.S.d. § 74 Abs. 1 Satz 1 AO nicht entrichtet werden. Dies ist insbesondere dann der Fall, wenn der Haftende trotz seiner geringeren Beteiligung z.B. 60 % des Gewinns einer Tochter-KG erhält[1661]. Es genügt daher nicht, wenn eine Person nur die Möglichkeit hat, beherrschenden Einfluss auszuüben[1662]. Insoweit kann eine nur geschäftsleitende Holding nicht in als Haftender nach § 74 AO in Anspruch genommen werden. Der Haftungstatbestand kann für eine Holdinggesellschaft allerdings dann Bedeutung haben, wenn diese nach § 74 Abs. 2 Satz 1 AO unmittelbar oder mittelbar zu mehr als einem Viertel am Grund- oder Stammkapital oder am Vermögen einer Tochtergesellschaft beteiligt ist und dieser Tochtergesellschaft oder weiteren Konzerngesellschaften Gegenstände, insbesondere Grundstücke, für deren unternehmerische Zwecke überlässt. Danach kommt der Haftungstatbestand insbesondere in Fällen der sog. **Betriebsaufspaltung** in Betracht[1663]. Für Holding- und Konzernobergesellschaften wird der Haftungstatbestand für den Fall erweitert, dass nicht die Holding selbst, sondern eine andere konzernangehörige Gesellschaft den Gegenstand einer weiteren konzernangehörigen Gesellschaft überlässt und der unmittelbar oder mittelbar wesentlich beteiligten Holding diese Überlassung zuzurechnen ist, weil diese auf die überlassende Konzerngesellschaft einen entscheidenden Einfluss hat und über deren Wirtschaftsgüter verfügen kann[1664]. Letztlich handelt es sich hierbei um eine Art „Durchgriffshaftung", weil auf die Holding als „wirtschaftlichem Eigentümer" des überlassenden Gegenstandes i.S.d. § 74 AO zurückgegriffen wird.

14.619 Als für den Haftungstatbestand des § 74 Abs. 1 AO in Frage kommende **Gegenstände** sind nicht nur körperliche Gegenstände, sondern auch **immaterielle Wirtschaftsgüter** heranzuziehen, wenn in solche vollstreckt werden kann[1665]. Demzufolge gehören hierzu nicht nur Grundstücke, sondern zu-

1657 BFH v. 27.6.1957 – V 298/56 U, BStBl. III 1957, 279.

1658 BFH v. 23.5.2012 – VII R 28/10, BStBl. II 2012, 763 (764), Rz. 12, Verfassungsbeschwerde nicht zur Entscheidung angenommen: BVerfG v. 17.9.2013 – 1 BvR 1928/12, ZIP 2013, 2105, n.v.

1659 BFH v. 23.5.2012 – VII R 28/10, BStBl. II 2012, 763 (764); BFH v. 28.1.2014 – VII R 34/12, BStBl. II 2014, 551 (552), Rz. 8.

1660 AEAO zu § 74 Nr. 3.

1661 BFH v. 22.11.2011 – VII R 67/10, n.v.

1662 AEAO zu § 74 Nr. 4 Halbs. 2.

1663 *Boeker* in Hübschmann/Hepp/Spitaler, § 74 AO Rz. 15.

1664 BFH v. 23.5.2012 – VII R 28/10, BStBl. II 2012, 763 (765).

1665 BFH v. 23.5.2012 – VII R 28/10, BStBl. II 2012, 763.

mindest auch grundstücksähnliche Rechte, wie Erbbaurechte[1666]. Die Frage, ob Rechte und Forderungen als Gegenstände i.S.d. § 74 Abs. 1 AO angesehen werden können, ist im Schrifttum umstritten[1667]. § 74 Abs. 1 Satz 1 AO findet nach Auffassung des BFH auch auf sog. **Surrogate** Anwendung. Demzufolge erstreckt sich die Haftung auch auf den Erlös aus dem Verkauf eines Gegenstandes, der dem Unternehmen gedient hat, selbst wenn dieser später veräußert worden ist, oder ein sonstiges Surrogat, wenn der Haftende anderweitig das Eigentum aufgegeben oder verloren hat[1668]. In Betracht kommen insbesondere Schadensersatz- und Versicherungsansprüche. Dem Umfang nach haftet die Holding persönlich, aber beschränkt auf die dem Unternehmen zur Verfügung gestellten Gegenstände bzw. deren Surrogate[1669]. Es handelt sich hierbei um eine gegenständliche Haftung, so dass eine Aufrechnung des Haftungsanspruches durch das Finanzamt mit etwaigen Steuervergütungsansprüchen des Haftungsschuldners ausgeschlossen ist[1670]. Zweifelhaft ist insoweit, ob § 74 AO eine Haftung in Höhe des Wertes ehemals überlassener Gegenstände begründet[1671].

Von der Haftung der Holding sind die **Betriebssteuern** nach § 74 Abs. 1 Satz 1 AO umfasst. Das 14.620
sind die Steuern und Ansprüche auf Erstattung von Steuervergütungen, bei denen sich die Steuerpflicht auf den Betrieb des Unternehmens gründet und die während des Bestehens der wesentlichen Beteiligung entstanden sind[1672]; auf die Fälligkeit kommt es nicht an[1673]. Entscheidend ist aber, dass der Gegenstand dem Unternehmen in dem Zeitraum der Steuerschuldentstehung gedient hat[1674]. Danach besteht für solche Steuern eine Haftung, bei denen die Steuerpflicht an den Betrieb eines Unternehmens geknüpft ist und die bei einem Nichtunternehmen nicht anfallen können. Zu den Betriebssteuern gehören danach Umsatzsteuer, Gewerbesteuer, Verbrauchsteuern und Versicherungsteuer[1675], **nicht** hingegen die Personensteuern (Einkommen-, Körperschaft- und Erbschaftsteuer). Ebenso erstreckt sich die Haftung nicht auf steuerliche Nebenleistungen[1676]. Die Inanspruchnahme der Holding erfolgt durch einen Haftungsbescheid gem. § 191 AO.

1666 BFH v. 23.5.2012 – VII R 28/10, BStBl. II 2012, 763 (765); BFH v. 23.5.2012 – VII R 29/10, BFH/NV 2012, 1924.

1667 Vergleiche hierzu Nachweise bei: BFH v. 23.5.2012 – VII R 28/10, BStBl. II 2012, 763 (764), Rz. 10 f.

1668 BFH v. 22.11.2011 – VII R 67/10, n.v., Rz. 19; BFH v. 22.11.2011 – VII R 63/10, BStBl. II 2012, 223 (226), Rz. 22.

1669 AEAO zu § 74 Nr. 1 Satz 1.

1670 BFH v. 28.1.2014 – VII R 34/12, BStBl. II 2014, 551 (552), Rz. 7.

1671 Offen gelassen von BFH v. 28.1.2014 – VII R 34/12, BStBl. II 2014, 551 (552), Rz. 7.

1672 BFH v. 22.11.2012 – VII R 63/10, BStBl. II 2012, 223 (225), Rz. 10.

1673 AEAO zu § 74 Nr. 2 Satz 1.

1674 BFH v. 22.11.2011 – VII R 63/10, BStBl. II 2012, 223 (226), Rz. 22.

1675 AEAO zu § 74 Nr. 2 Satz 2.

1676 AEAO zu § 74 Nr. 2 Satz 2.

§ 15 Steuerliche Parameter für die internationale Standortwahl

I. Einführung 15.1

II. Allgemeine Überlegungen zur Gründung einer ausländischen Zwischenholding

1. Steuerliche Motive 15.8

2. Kapitalgesellschaft vs. Personengesellschaft als Rechtsform der ausländischen Zwischenholding 15.10

3. Grenzen der Gestaltungsmöglichkeiten und steuerliche Missbrauchsbestimmungen

a) Allgemeines 15.13

b) Ort der Geschäftsleitung der Auslandsholding 15.15

c) Durchgriffsbesteuerung nach § 42 AO 15.20

d) Hinzurechnungsbesteuerung nach §§ 7 ff. AStG 15.27

e) Anti-Treaty-Shopping- bzw. Anti-Directive-Shopping-Regelungen . . . 15.33

III. Die Errichtung einer ausländischen Zwischenholding

1. Grundsätzliche Wege in die ausländische Zwischenholding 15.40

2. Besteuerungsrechte, Realisierung stiller Reserven sowie weitere mögliche steuerliche Folgen 15.42

3. Steuerliche Auswirkungen der verschiedenen Wege in die ausländische Zwischenholding

a) Veräußerung von ausländischen Kapitalgesellschaften 15.46

b) Veräußerung von ausländischen Personengesellschaften, Betriebsstätten und Teilbetrieben 15.48

c) Einbringung von Kapitalgesellschaften nach § 21 UmwStG 15.52

d) Einbringung von Betrieben, Teilbetrieben und Mitunternehmeranteilen nach § 20 UmwStG 15.59

e) Verschmelzung nach §§ 11 bis 13 UmwStG 15.67

f) Spaltung nach § 15 UmwStG 15.76

g) Sitzverlegung ins Ausland und grenzüberschreitender Formwechsel

aa) Möglichkeiten der Sitzverlegung 15.81

bb) Verlegung des Orts der Geschäftsleitung einer inländischen GmbH bzw. AG ins Ausland . . 15.82

cc) Grenzüberschreitender Formwechsel einer inländischen GmbH bzw. AG 15.88

dd) Sitzverlegung einer Europäischen Gesellschaft (SE) ins Ausland 15.91

IV. Die laufende Besteuerung der ausländischen Zwischenholding

1. Laufende Besteuerung nach dem Steuerrecht des ausländischen Holdingstandorts 15.94

2. Deutsche außensteuerliche Aspekte

a) Voraussetzungen der Hinzurechnungsbesteuerung 15.96

b) Hinzurechnung passiver Einkünfte . . 15.97

c) Nachweis einer tatsächlichen wirtschaftlichen Tätigkeit 15.102

d) Reform der Hinzurechnungsbesteuerung durch die ATAD I 15.110

3. Repatriierung von Gewinnen nach Deutschland 15.114

4. Fragestellungen bei doppelt ansässigen ausländischen Zwischenholdinggesellschaften 15.119

a) Gewerbesteuerliches Schachtelprivileg 15.120

b) Einbehalt deutscher Kapitalertragsteuer 15.123

c) Anwendung der Switch-Over-Klausel des § 20 Abs. 2 AStG 15.125

V. Die Auflösung der ausländischen Zwischenholding

1. Vorbemerkung 15.129

2. Mögliche Wege zur Auflösung der ausländischen Zwischenholding

a) Veräußerung der Beteiligungen und Ausschüttung des Veräußerungserlöses 15.130

b) Ausschüttungen der Beteiligungen oder Liquidation der ausländischen Zwischenholding 15.134

c) Verschmelzung der ausländischen Zwischenholding auf die deutsche Muttergesellschaft 15.136

d) Abspaltung der Beteiligungen auf die deutsche Muttergesellschaft 15.143

e) Umwandlung der ausländischen Zwischenholding in eine operative Gesellschaft 15.145

f) Sitzverlegung der ausländischen Zwischenholding ins Inland 15.149

aa) Verlegung des Orts der Geschäftsleitung der ausländischen Zwischenholding nach Deutschland 15.150

bb) Grenzüberschreitender Formwechsel einer ausländischen Zwischenholding in eine GmbH oder AG 15.155

cc) Sitzverlegung einer Europäischen Gesellschaft (SE) ins Inland 15.157

Literaturübersicht: Bücher und Kommentare: *Bader*, Steuergestaltung mit Holdinggesellschaften, 3. Aufl. 2018; Beck'sches Handbuch Umwandlungen international, 2013; Beck'sches Holding Handbuch, 3. Aufl. 2020; *Blümich*, EStG/KStG/GewStG (Loseblatt); *Flick/Wassermeyer/Baumhoff/Schönfeld*, Außensteuerrecht Kommentar (Loseblatt); *Frotscher/Drüen*, KStG-Kommentar (Loseblatt); *Gosch*, Körperschaftsteuergesetz, 3. Aufl. 2015; *Haritz/Menner/Bilitewski*, UmwStG, 5. Aufl. 2019; *Jacobs/Endres/Spengel*, Internationale Unternehmensbesteuerung, 8. Aufl. 2016; *Kessler*, Euro-Holding, 1996; *Kessler/Kröner/Köhler*, Konzernsteuerrecht, 3. Aufl. 2018; *Kraft*, Außensteuergesetz, 2. Aufl. 2019; *Lenski/Steinberg*, Gewerbesteuergesetz Kommentar (Loseblatt); *Lüdicke/Sistermann*, Unternehmenssteuerrecht, 1. Aufl. 2008; Münchener Handbuch des Gesellschaftsrechts, Band 6 – Internationales Gesellschaftsrecht – Grenzüberschreitende Umwandlungen, 4. Aufl. 2013; *Michalski*, GmbHG, 3. Aufl. 2017; *Sagasser/Bula/Brünger*, Umwandlungen, 5. Aufl. 2017; *Schmitt/Hörtnagl/Stratz*, Umwandlungsgesetz, Umwandlungssteuergesetz, 8. Aufl. 2018; *Strunk/Kaminski/Köhler*, AStG/DBA-Kommentar (Loseblatt); *Wassermeyer*, Doppelbesteuerung Kommentar (Loseblatt).

Aufsätze: *Bregenhorn-Kuhs/Drumm/Wagner*, Gewerbesteuerliches Schachtelprivileg bei Gewinnanteilen aus doppelt ansässigen Kapitalgesellschaften, IWB Fach 3, Gruppe 5; *v. Busekist*, Ort der Geschäftsleitung und missbräuchlicher Einsatz von Auslandsgesellschaften, GmbHR 2006, 132; *Ebert*, Der Ort der Geschäftsleitung in internationalen Holding-Konzernstrukturen, IStR 2005, 534; *Ege/Klett*, Praxisfragen der grenzüberschreitenden Mobilität von Gesellschaften, DStR 2012, 2442; *Elser/Dürrschmidt*, Die deutsche Immobilien-GmbH mit Geschäftsleitung im Ausland – Gesellschaftsrechtliche Grundlagen und ausgewählte steuerrechtliche Fragen, IStR 2010, 79; *Günkel*, WPg-Sonderheft 2003, 41; *Käshammer/Schmohl/Schuhmann*, Einlagenrückgewähr durch eine Drittstaatengesellschaft – Ausgewählte Praxisüberlegungen, IStR 2019, 858; *Kessler/Dorfmüller*, Gestaltungsstrategien bei internationaler Steuerplanung mit Holdinggesellschaften, PIStB 2001, 178; *Kessler/Müller*, Ort der Geschäftsleitung einer Kapitalgesellschaft nach nationalem und DBA-Recht – Bestandsaufnahme und aktuelle Entwicklungen, IStR 2003, 361; *Köhler/Haun*, Kritische Analyse der Änderungen der Hinzurechnungsbesteuerung durch das JStG 2008, Ubg 2008, 73; *Kollruss*, Gewerbesteuerliches Schachtelprivileg und doppelt ansässige Kapitalgesellschaften, StuW 2009, 346; *Kollruss*, Hinzurechnungsbesteuerung bei doppelt ansässigen Kapitalgesellschaften, IStR 2008, 316; *Kollruss*, Hinzurechnungsbesteuerung: Overkill durch Kodifizierung einer allgemeinen gewerbesteuerlichen Erfassung?, IStR 2017, 522; *Kopp*, Steuer- und „Substance"-Fragen bei Einsatz ausländischer Gesellschaften, ISR 2013, 274; *Körner*, Auf- und Umbau von Holdingstrukturen, IStR 2009, 1; *Körner*, Ent- und Verstrickung, IStR 2009, 741; *Niedrig*, Substanzerfordernisse bei ausländischen Gesellschaften, IStR 2003, 474; *Rubner/Leuering*, Grenzüberschreitende Verlegung des Satzungssitzes, NJW-Spezial 2012, 527 (527); *Stangl*, Ausgewählte Streitpunkte des § 8b KStG, DStR-Beih 2013, 8; *Schaden/Dieterlen*, Vorsicht Falle: § 8 Abs. 1 Nr. 9 AStG bei hochbesteuerten Gesellschaften, IStR 2011, 290; *Schön*, Deutsche Hinzurechnungsbesteuerung und Europäische Grundfreiheiten, IStR-Beihefter 2013, 3; *Scheidle*, Die funktionale Betrachtungsweise des AStG in der Bewährungsprobe, IStR 2007, 287; *Schnitger*, Ausländische Umwandlungen – Fragen im Zusammenhang mit § 8 Abs. 1 Nr. 10 AStG, IStR 2010, 265; *Schnitger*, Die Niederlande als Niedrigsteuerland i.S.d. § 8 Abs. 3 AStG und die gewerbesteuerliche Kürzung des Hinzurechnungsbetrags, IStR 2011, 328; *Schnitger*, Fragestellungen zur steuerlichen Behandlung doppelt ansässiger Kapitalgesellschaften, IStR 2013, 82; *Schnitger*, Der Entwurf des AHRL-ÄndUmsG, IStR 2016, 637; *Schönhaus/Müller*, Grenzüberschreitender Formwechsel aus gesellschafts- und steuerrechtlicher Sicht, IStR 2013, 174; *Wacker*, Einlagenrückgewähr durch eine Drittstaatengesellschaft, FR 2019, 907; *Wacker*, Einlagenrückgewähr durch Drittstaatengesellschaften nach dem BFH-Urteil v. 10.4.2019 – I R 15/16, FR 2019, 907 – erste Anmerkungen, Jürgen Lüdicke gewidmet, FR 2019, 979; *Wicke*, Zulässigkeit des grenzüberschreitenden Formwechsels – Rechtssache „Vale" des Europäischen Gerichtshofs zur Niederlassungsfreiheit, DStR 2012, 1756; *Wiehe/Thies*, Sitzverlegung nach Luxemburg in der Praxis, BB 2012, 1891.

Rechtsprechung: BFH v. 29.11.1966 – I 216/64, BStBl. III 1967, 392; BFH v. 13.9.1972 – I R 130/70, BStBl. II 1973, 57; BFH v. 29.7.1976 – VIII R 142/73, BStBl. II 1977, 263; BFH v. 9.12.1980 – VIII R 11/77, BStBl. II 1981, 339; EuGH v. 27.9.1988 – C-81/87 – Daily Mail, DB 1989, 269; BFH v. 16.5.1990 – I R 16/88, BStBl. II 1990, 1049; BFH v. 23.10.1991 – I R 40/89, DStR 1992, 493; BFH v. 23.6.1992 – IX R 182/87, BStBl. II 1992, 972; BFH v. 7.12.1994 – I K 1/93, BStBl. II 1995, 175; BFH v. 3.7.1997 – IV R 58/95,

BStBl. II 1998, 86; BFH v. 19.3.2002 – I R 15/01, BFH/NV 2002, 1411; BFH v. 20.3.2002 – I R 63/99, BStBl. II 2003, 50; BFH v. 25.2.2004 – I R 42/02, BStBl. II 2005, 14; BFH v. 15.9.2004 – I R 102-104/03, IStR 2005, 567; BFH v. 17.11.2004 – I R 55/03, DStRE 2005, 580; BFH v. 31.5.2005 – I R 74, 88/04, IStR 2005, 710 m. Anm. von *Jacob/Klein* und *Haarmann*, IStR 2005, 711; BFH v. 7.9.2005 – I R 118/04, BStBl. II 2006, 537; EuGH v. 12.9.2006 – C-196/04 – Cadbury Schweppes, IStR 2006, 670; BFH v. 19.12.2007 – I R 66/06, BStBl. II 2008, 510; BFH v. 29.5.2008 – IX R 77/06, BStBl. II 2008, 789; BFH v. 20.8.2008 – I R 34/08, BStBl. II 2009, 263; EuGH v. 16.12.2008 – C-210/06 – Cartesio, AG 2009, 79; BFH v. 23.6.2010 – I R 71/09, BStBl. II 2011, 129; EuGH v. 12.7.2012 – C-378/10, BB 2012, 2069; OLG Nürnberg v. 19.6.2013 – 12 W 520/13, GmbHR 2014, 96; EuGH v. 21.5.2015 – C-657/13 – Verder LabTec GmbH & Co. KG, DStR 2015, 1166; BFH v. 26.4.2017 – I R 84/15, BStBl. II 2018, 492; BFH v. 13.7.2016 – VIII R 47/13, DStR 2016, 2395; BFH v. 13.7.2016 – VIII R 73/13, DStRE 2016, 1416; EuGH v. 25.10.2017 – C-106/16 – Polbud, EuZW 2017, 906; BFH v. 29.11.2017 – I R 58/15, BFH/NV 2018, 684; EuGH v. 20.12.2017 – C-504/16, C-613/16 – Deister Holding AG (C-504/16), Juhler Holding A/S (C-613/16), DStR 2018, 119; BFH v. 13.6. 2018 – I R 94/15, IStR 2018, 882; EuGH v. 14.6.2018 – C-440/17 – GS, DStR 2018, 1479; FG Hessen v. 5.11.2018 – 8 K 1279/16, IStR 2019, 116; EuGH v 20.9.2018 – C-685/16 – EV, IStR 2018, 802; EuGH v. 26.2.2019 – verb. Rs. C-116/16, C-117/16 – Skatteministeriet/T Danmark, Y Denmark Aps, IStR 2019, 266; EuGH v. 26.2.2019 – verb. Rs. C-115/16, C-118/16, C-119/16, C-299/16 – N Luxembourg 1, X Denmark A/S, C Danmark I, Z Denmark ApS; EuGH v. 26.2.2019 – C-135/17, X-GmbH, DStR 2019, 489; BFH v. 10.4.2019 – I R 15/16, BFH/NV 2019, 1312; BFH v. 22.5.2019 – I R 11/19, DStR 2019, 2353.

BMF-Schreiben: BMF-Schreiben v. 19.3.2004 – IV B 4 - S 1301 USA – 22/04, BStBl. I 2004, 411; BMF-Schreiben v. 14.5.2004 – IV B 4 - S 1340 – 11/04, BStBl. I Sondernr. 1, 3; BMF-Schreiben v. 8.1.2007 – IV B 4 - S 1351 – 1/07, DStR 2007, 112; BMF-Schreiben v. 17.7.2008 – IV A 3 - S 0062/08/10006, DStR 2008, 1591; BMF-Schreiben v. 16.4.2010 – IV B 2 - S 1300/09/10003, BStBl. I 2010, 354; BMF-Schreiben v. 11.11. 2011 – IV C 2 - S 1978-b/08/10001, BStBl. I 2011, 1314; Oberste Finanzbehörde der Länder, GLE v. 14.12. 2015, IStR 2016, 215; Oberste Finanzbehörde der Länder, GLE v. 25.1.2019, DStR 2019, 286.

I. Einführung

15.1 Die internationale Holding ist selbstverständliches Gestaltungs- und Strukturelement der grenzüberschreitenden Unternehmenstätigkeit. Dies gilt sowohl für Groß- als auch für mittelständische Unternehmen.

15.2 Im folgenden Kapital sollen die steuerlichen Rahmenbedingungen internationaler Holdingstrukturen dargestellt werden. Die Beschränkung auf **steuerliche Aspekte** soll nicht verkennen, dass außersteuerliche Kriterien für die Standortwahl, wie politische und wirtschaftliche Stabilität, gute Infrastruktur, Währungsrisiken, Rechtssicherheit, gesellschaftsrechtliche Flexibilität, Verfügbarkeit von ausgebildeten Arbeitskräften, Marktgröße, etc. ebenso Determinanten für die Wahl eines geeigneten Standortes sind[1]. Gleichzeitig fallen außersteuerliche Aspekte bei Holdinggesellschaften jedoch weniger ins Gewicht als bei Produktions- oder Vertriebsgesellschaften. Die Aufgaben einer Holding, wie die Verwaltung, Finanzierung und Leitung anderer Gesellschaften, sind grundsätzlich nicht an einen bestimmten Standort gebunden, sondern können flexibel an andere Standorte verlagert werden. Damit kommt steuerlichen Standortfaktoren tendenziell eine höhere Bedeutung zu[2].

15.3 Der Beitrag behält die Perspektive einer deutschen Muttergesellschaft als oberste Spitzeneinheit bei und thematisiert davon ausgehend die steuerlichen Parameter einer **Holdingansiedlung im Ausland** in Form einer ausländischen Zwischenholding. Hierzu sollen zunächst die möglichen steuerlichen Motive für die Etablierung einer Auslandsholding beleuchtet werden, aber auch Gefahren einer rein steuerlich motivierten Holdinggründung thematisiert werden.

---

1 Vgl. *Kessler* in Kessler/Kröner/Köhler, Konzernsteuerrecht, § 8 Rz. 237; *Jacobs/Endres/Spengel*, Internationale Unternehmensbesteuerung, S. 1015.

2 Vgl. *Kessler* in Kessler/Kröner/Köhler, Konzernsteuerrecht, § 8 Rz. 235; *Bader*, Steuergestaltung mit Holdinggesellschaften, S. 59.

Eine zentrale Frage bei der Etablierung einer Auslandsholding ist, inwieweit sich eine Holdingstruktur im Ausland begründen lässt, ohne dass dadurch selbst steuerliche Belastungen ausgelöst werden. Neben Einbringungen und Umwandlungen bietet sich die Möglichkeit der Sitzverlegung ins Ausland an. Hier haben sich in den vergangenen Jahren, insbesondere durch die Europäisierung des Umwandlungssteuergesetzes und die Einführung der Europäischen Gesellschaft durch das SEStEG[3] sowie durch die Änderungen des GmbH- und Aktiengesetzes durch das MoMiG[4], neue Möglichkeiten ergeben. Durch die Änderungen lässt sich eine Holdinggesellschaft in einem **EU- bzw. EWR-Staat** steuerlich leichter begründen als in einem Drittstaat, für den verschiedene Begünstigungen nicht gelten. 15.4

Nicht außer Acht zu lassen ist der Aspekt der steuereffizienten Auflösung einer ausländischen Zwischenholding. Dies gilt insbesondere vor dem Hintergrund, dass Holdinggesellschaften im Ausland oftmals vordergründig aus steuerlichen Gesichtspunkten errichtet werden. Ändern sich relevante steuerliche Kriterien, welche ausschlaggebend für die Errichtung der Holding in der entsprechenden Jurisdiktion waren, kann eine Auflösung der Holding geboten sein. 15.5

Der laufenden Besteuerung der ausländischen Holding gilt in der Praxis jedoch das Hauptaugenmerk; der Beitrag stellt daher die wesentlichen Aspekte der laufenden Besteuerung dar (Rz. 15.9 ff. und 15.94 ff.). Auch bei der laufenden Besteuerung ist das Europarecht ein wesentlicher Faktor, da z.B. steuerbegünstigende Regelungen, wie die Mutter-Tochter-Richtlinie oder die Zins-Lizenz-Richtlinie in Anspruch genommen werden können. Die laufende Besteuerung darf jedoch nicht nur die steuerlichen Folgen im entsprechenden Ansässigkeitsstaat der Auslandsholding in Betracht ziehen, sondern muss darüber hinaus im Falle einer deutschen Spitzeneinheit auch deutsche außensteuerliche Aspekte im Blick haben. 15.6

Im Kapitel § 16 „Ausländische Holding-Standorte" sind die wesentlichen Aspekte der laufenden Besteuerung einer Holdinggesellschaft für verschiedene ausländische Holding-Standorte dargestellt. Dabei werden insbesondere die im nächsten Abschnitt unter Rz. 15.9 aufgelisteten Parameter für die Auswahl eines geeigneten Holding-Standortes näher beschrieben. 15.7

II. Allgemeine Überlegungen zur Gründung einer ausländischen Zwischenholding

1. Steuerliche Motive

Ungeachtet der Vielzahl betriebswirtschaftlicher Motive, die für die Gründung einer ausländischen Zwischenholding maßgeblich sein können, dürfte die Gründung einer Auslandsholding bzw. die definitive Standortwahl in der Praxis – wie eingangs bereits erwähnt – überwiegend immer noch **steuerlich motiviert** sein. Die wichtigsten steuerlichen Parameter für eine internationale Standortwahl werden im Folgenden dargestellt. Hierbei wird deutlich werden, dass regelmäßig eine Vielzahl von steuerlichen Parametern Eingang in die Entscheidung über den Holdingstandort finden. Den idealen Holdingstandort wird es dabei in der Praxis selten geben[5]. Vielmehr sind die verschiedenen Standortfaktoren vor dem Hintergrund der verfolgten steuerlichen Ziele zu gewichten, so dass eine Einzelfallentscheidung getroffen werden kann[6]. 15.8

Die nachfolgende Aufstellung darf daher keineswegs als Rangfolge verstanden werden, sondern stellt eine Auflistung von steuerlichen Parametern dar, die in eine Einzelfallentscheidung eingehen[7]: 15.9

3 Gesetz über steuerliche Begleitmaßnahmen zur Einführung der Europäischen Gesellschaft und zur Änderung weiterer steuerrechtlicher Vorschriften v. 7.12.2006, BGBl. I 2006, 2782, BGBl. I 2007, 68.

4 Gesetz zur Modernisierung des GmbH-Rechts und zur Bekämpfung von Missbräuchen v. 23.10.2008, BGBl. I 2008, 2026.

5 Vgl. *Kessler/Dorfmüller*, PIStB 2001, 177 (178).

6 Vgl. *Kessler*, Euro-Holding, S. 73 f.; *Kessler* in Kessler/Kröner/Köhler, Konzernsteuerrecht, § 8 Rz. 236.

7 Vgl. *Jacobs/Endres/Spengel*, Internationale Unternehmensbesteuerung, S. 1019; *Bader*, Steuergestaltung mit Holdinggesellschaften, S. 33 ff.; *Kessler* in Kessler/Kröner/Köhler, Konzernsteuerrecht, § 8 Rz. 236 f.;

- **Niedrige laufende Besteuerung** der Holdinggesellschaft; dies gilt insbesondere dann, wenn die Holding neben i.d.R. steuerbegünstigten (zumeist steuerfreien) Dividenden auch weitere Einkünfte aus Finanzierungstätigkeit, Lizenzvergabe oder der Erbringung von Dienstleistungen erzielt.
- Steuerbefreiung von empfangenen **Dividenden** aufgrund eines unilateralen oder DBA-Schachtelprivilegs, so dass es bei der steuerlichen Vorbelastung auf Ebene der ausschüttenden Tochtergesellschaft bleibt.
- Steuerbefreiung von **Gewinnen aus der Veräußerung** von Tochterkapitalgesellschaften: Das Recht, Gewinne aus der Veräußerung von Anteilen an Kapitalgesellschaften zu besteuern, steht nach Art. 13 Abs. 4 des OECD-Musterabkommens grundsätzlich dem Ansässigkeitsstaat des Veräußerers, also dem Ansässigkeitsstaat der Holding zu. Stellt der Ansässigkeitsstaat der Holding derartige Gewinne von der Besteuerung frei, wird eine Veräußerungsgewinnbesteuerung i.d.R. vollständig vermieden[8].
- Steuerliche Berücksichtigung von **Veräußerungsverlusten** und **Teilwertabschreibungen** auf die von der Holding gehaltenen Tochterkapitalgesellschaften. Alternativ ist die Möglichkeit der steuerlichen Berücksichtigung von **Wertverlusten von Gesellschafterdarlehen** an die Tochtergesellschaften zu prüfen. Beides setzt sonstiges steuerliches Einkommen der Holdinggesellschaft neben steuerbegünstigten Dividenden voraus.
- Steuerbefreiung von ausländischen **Betriebsstätteneinkünften** sowie entsprechenden Veräußerungsgewinnen. Im Falle von (temporären) Betriebsstättenverlusten kann die Möglichkeit der Berücksichtigung entsprechender negativer Einkünfte ein relevanter Parameter sein. Dies setzt wiederum entsprechende positive Einkünfte zum Verlustausgleich voraus.
- Abzug von **Finanzierungsaufwendungen**, die im Zusammenhang mit steuerbegünstigten Dividenden stehen und die ein sonstiges steuerpflichtiges Einkommen der Holding (z.B. aus Zinserträgen oder aus einer steuerlichen Konsolidierung mit operativen Gesellschaften) mindern. Dies betrifft sowohl Zinsaufwendungen gegenüber externen Darlehensgebern als auch Zinsaufwendungen gegenüber Anteilseignern der Holding bzw. nahestehenden Personen, für welche verschiedenen Jurisdiktionen spezielle Abzugsbeschränkungen im Rahmen der Gesellschafterfremdfinanzierung vorsehen.
- Abzug **anderer Aufwendungen**, die mit dem Halten, Verwalten und Finanzieren von Beteiligungen zusammenhängen (z.B. Management- und Beratungsaufwendungen) und die ein sonstiges steuerpflichtiges Einkommen der Holding mindern. Verbunden damit ist auch die Möglichkeit des **Vorsteuerabzugs auf Eingangsleistungen** der Holding; dies dürfte jedoch in der Regel ein aktives Verwalten der Tochtergesellschaft im Rahmen einer unternehmerischen Tätigkeit erfordern.
- **Steuerliche Konsolidierung** von positiven und negativen Ergebnissen der Tochtergesellschaften der Holding. In der Regel wird die Konsolidierung analog zur deutschen Organschaft auf Tochtergesellschaften beschränkt sein, die in der Jurisdiktion der Holding steuerlich ansässig sind. Einzelne Staaten (z.B. Österreich) erlauben jedoch auch eine Berücksichtigung von Verlusten aus Tochtergesellschaften, welche in anderen Jurisdiktionen ansässig sind. Eine grenzüberschreitende Verlustverrechnung macht jedoch nur Sinn, wenn die Verluste gegen Gewinne der Holding selbst oder gegen Gewinne der Tochtergesellschaft der Holding verrechnet werden können[9].

Günkel, WPg-Sonderheft 2003, 41 ff.; *Kessler*, Euro-Holding, S. 98 ff.; *Rödding* in Beck'sches Holding Handbuch, S. 512 ff.

8 Vgl. *Kessler*, Euro-Holding, S. 57.

9 Vgl. hierzu sowie zu einer Übersicht ausländischer Konsolidierungssysteme: *Jacobs/Endres/Spengel*, Internationale Unternehmensbesteuerung, S. 1016 ff.

- Nutzung des **DBA-Netzes** des ausländischen Staates: Durch die Zwischenschaltung einer Holding und Lenkung von Zahlungsströmen über die Holding kann im Vergleich zur Direktzahlung die Belastung mit Quellensteuern (z.B. auf Dividenden, Zins- und Lizenzzahlungen) vermieden oder zumindest reduziert werden, sofern der Ansässigkeitsstaat der Holding ein umfangreicheres DBA-Netz oder eine DBA-Netz mit niedrigeren Quellensteuersätzen aufweist. Die Grenzen einer solchen Gestaltung stellen neben unilateralen Regelungen die Beschränkung missbräuchlicher Abkommens- und Richtlinienausnutzung, des sog. Treaty- bzw. Directive-Shopping dar.

- Vermeidung von **Anrechnungsüberhängen:** Bei der Anwendung der Anrechnungsmethode zur Vermeidung der internationalen Doppelbesteuerung (z.B. bei grenzüberschreitenden Zins- und Lizenzzahlungen) ist der mögliche Anrechnungsbetrag ausländischer Quellensteuern in Deutschland länderbezogen zu errechnen (sog. per-country-limitation). Anrechnungsüberhänge wirken sich nicht aus. Durch die Gründung einer ausländischen Zwischenholding, in der die Einkünfte aus Gesellschaften aus mehreren Staaten gebündelt werden, kann – sofern das ausländische Steuerecht keine per-country-limitation vorsieht – durch eine Durchschnittsbildung die Entstehung von Anrechnungsüberhängen vermieden werden. Darüber hinaus ist in Deutschland im Falle einer Kapitalgesellschaft eine Anrechnung nur auf die relativ niedrige 15%ige Körperschaftsteuer, nicht jedoch auf die Gewerbesteuer möglich, so dass auch hieraus Anrechnungsüberhänge entstehen können[10].

- Der ausländische Holdingstandort darf keine oder nur beschränkte **Kapitalverkehr-** und **Substanzsteuern** erheben. Kapitalverkehrssteuern kommen z.B. in der Form von Gesellschaftsteuern, Transfersteuern oder Stamp Duties vor, welche auf die Zufuhr von Eigenkapital, die Übertragung von Anteilen, die Gewährung von Darlehen oder den Abschluss von Verträgen erhoben werden. Substanzsteuern treten in der Form von Vermögensteuern auf und werden unabhängig vom Einkommen erhoben.

- Keine Erhebung von **Quellensteuern auf Dividenden, Zins- und Lizenzzahlungen**, die von der ausländischen Zwischenholding an die deutsche Muttergesellschaft (oder an andere Konzerngesellschaften) gezahlt werden. Damit soll vermieden werden, dass die auf Ebene der ausländischen Holding „zwischengeparkten" Gewinne dort eingeschlossen sind und nicht wieder nach Deutschland repatriiert werden können.

- Der Ansässigkeitsstaat der ausländischen Zwischenholding darf **keine Hinzurechnungsbesteuerung** in Bezug auf die von der Holding gehaltenen Tochtergesellschaften (sog. Controlled Foreign Corporation Rules oder CFC Rules) aufweisen, welche zu einer zusätzlichen Besteuerung der Einkünfte der Tochtergesellschaften auf Ebene der Holding führt. Ebenso ist eine mögliche deutsche Hinzurechnungsbesteuerung auf Ebene der deutschen Spitzeneinheit in Bezug auf die Einkünfte der Zwischenholding zu prüfen (vgl. hierzu Rz. 15.96 ff.).

- **Positives Steuerklima und Stabilität der Steuergesetzgebung:** Da Holdingstrukturen in der Regel für eine gewisse Dauer angelegt sind, ist es entscheidend, dass die Gesetzgebung des Holdingstandortes Kontinuität aufweist. Insbesondere traditionelle Holdingstandorte wie Luxemburg oder die Niederlande bieten eine sicheren und stabilen Rahmen für Holdingaktivitäten. Über die Gesetzgebung hinaus ist die Möglichkeit, steuerliche Strukturen über verbindliche Auskünfte (sog. Rulings) abzusichern, ein wichtiger Aspekt bei der Standortwahl.

- Möglichkeit der **steuerneutralen Etablierung** der ausländischen Zwischenholding, ohne dass steuerliche Belastungen im Ansässigkeitsstaat der Holding oder auf Ebene der deutschen Spitzeneinheit ausgelöst werden (vgl. hierzu Rz. 15.40 ff.).

- Letztlich ist bereits bei der Etablierung internationaler Holdingstrukturen dem Exit, der **steuerneutralen Auflösung**, steuerplanerische Beachtung zu schenken. Gerade der heute zu beobachtende Trend zur permanenten Unternehmensreorganisation – verbunden mit einer nie gekannten

10 Vgl. *Jacobs/Endres/Spengel*, Internationale Unternehmensbesteuerung, S. 1010 ff.

Innovationsgeschwindigkeit in- und ausländischer Steuergesetzgebungen – gebietet es, der Beendigung einer Holding und die steuerneutrale Übertragung der von ihr gehaltenen Beteiligungen auf andere Gesellschaften der Unternehmensgruppe möglichst frühzeitig konzeptionell zu berücksichtigen (vgl. hierzu Rz. 15.129 ff.).

2. Kapitalgesellschaft vs. Personengesellschaft als Rechtsform der ausländischen Zwischenholding

15.10 Eine ausländische Zwischenholding lässt sich grundsätzlich in der Rechtsform einer Kapital- oder Personengesellschaft errichten. **Kapitalgesellschaften** werden aus deutscher steuerlicher Sicht als **intransparent** behandelt, d.h. es findet eine separate Besteuerung auf Ebene der Kapitalgesellschaft und auf Ebene des Anteilseigners statt. Die Einkünfte einer ausländischen Kapitalgesellschaftsholding werden folglich zunächst von der deutschen Besteuerung **abgeschirmt** und unterliegen bei Thesaurierung nur auf Ebene der ausländischen Holding der dortigen Besteuerung. Weißt der Ansässigkeitsstaat der ausländischen Zwischenholding hinsichtlich der von der Holding erzielten Einkünfte, wie z.B. Dividenden, Veräußerungsgewinnen, Zinsen und Lizenzen, ein vorteilhaftes Steuerregime auf (s. Rz. 15.9), lässt sich damit eine Reduzierung der Steuerbelastung herbeiführen und der gewünschte steuerliche Effekt der Auslandsholding realisieren. Aufgrund der Abschirmwirkung werden ausländische Zwischenholdings typischerweise in der Rechtsform einer Kapitalgesellschaft implementiert[11]. Durch die Zwischenschaltung einer derartigen Auslandsholding entsteht gleichwohl auch die Gefahr zusätzlicher steuerlicher Belastungen, da eine zusätzliche Besteuerungsebene geschaffen wird[12]. Es ist folglich darauf zu achten, dass sowohl auf Ebene der Auslandsholding selbst als auch bei Transferierung der Gewinne nach Deutschland nicht zusätzliche steuerliche Belastungen (z.B. durch ausländische Quellensteuern oder durch eine Dividendenbesteuerung in Deutschland) entstehen.

15.11 Ausländische **Personengesellschaften**, die nach dem Rechtstypenvergleich[13] einer deutschen Personengesellschaft entsprechen, werden aus deutscher steuerlicher Sicht als **transparent** behandelt, d.h. es wird grundsätzlich **keine Abschirmwirkung** erzielt, sondern die Einkünfte der Personengesellschaft werden in die deutsche Besteuerung einbezogen. Eine Steuerfreistellung der Einkünfte in Deutschland würde nur gelingen, soweit die Einkünfte einer ausländischen Betriebsstätte zuzuordnen sind, welche die ausländische Personengesellschaft der deutschen Muttergesellschaft vermittelt und für diese Betriebsstätteneinkünfte gemäß dem anzuwendenden Doppelbesteuerungsabkommen (DBA) die Freistellungsmethode zur Anwendung gelangt. Dies setzt jedoch zum einen voraus, dass die Einkünfte, d.h. insbesondere Dividenden, Veräußerungsgewinne, etc. tatsächlich einer ausländischen Betriebsstätte zuzuordnen sind, d.h. es muss ein funktionaler Zusammenhang zwischen den Betriebsstättenaktivitäten und den gehaltenen Beteiligungen bestehen[14]. Zum anderen wird die DBA-Freistellung oft nur bei sog. aktiv tätigen Betriebsstätten gewährt und ggf. durch die nationale Switch-over-Klausel des § 20 Abs. 2 AStG außer Kraft gesetzt[15].

15.12 Ein weiterer Nachteil von Personengesellschaften ist, dass ihre **Besteuerung international nicht einheitlich** geregelt ist. Teilweise werden Personengesellschaften wie in Deutschland als steuerlich transparent behandelt. Andere Staaten wiederum qualifizieren Personengesellschaften als steuerlich intransparent oder sehen Wahlrechte hinsichtlich der steuerlichen Einordnung vor. In der Folge gibt

11 Vgl. *Bader*, Steuergestaltung mit Holdinggesellschaften, S. 39 ff.

12 Vgl. *Kessler/Dorfmüller*, PIStB 2001, 177 (177).

13 Vgl. hierzu BFH v. 20.8.2008 – I R 34/08, BStBl. II 2009, 263 = GmbHR 2009, 101 und BMF-Schreiben v. 19.3.2004 – IV B 4 - S 1301 USA – 22/04, BStBl. I 2004, 411.

14 Vgl. BFH v. 19.12.2007 – I R 66/06, BStBl. II 2008, 510 = GmbHR 2008, 447; BMF-Schreiben v. 16.4. 2010 – IV B 2 - S 1300/09/10003, BStBl. I 2010, 354 Tz. 2.2.4.1.; *Kessler* in Kessler/Kröner/Köhler, Konzernsteuerrecht, § 8 Rz. 218, 678.

15 Vgl. *Kessler* in Kessler/Kröner/Köhler, Konzernsteuerrecht, § 8 Rz. 296.

es international auch keine einheitliche Handhabung bezüglich der Abkommensberechtigung von Personengesellschaften. Darüber hinaus kann die unterschiedliche steuerliche Einordnung zu Qualifikationskonflikten führen. Hierfür sehen verschiedene DBAs bzw. das nationale Recht verschiedener Jurisdiktionen Sonderregelungen vor. Die international nicht abgestimmte steuerliche Einordnung macht Personengesellschaften schwerer zu handhaben und führt teilweise zu Rechtsunsicherheit. Gleichzeitig bietet die unterschiedliche steuerliche Behandlung jedoch auch Gestaltungmöglichkeiten einer Minderbesteuerung, z.B. durch den doppelten Abzug von Aufwendungen oder Verlusten (sog. double-dips), der Vermeidung von Quellensteuern, der Nichtbesteuerung von Einkünften oder der zeitlich verzögertem Besteuerung von Einkünften[16]. Da solche Gestaltungen jedoch eher für bestimmte Sonderkonstellationen als für ausländische Zwischenholdings im Allgemeinen interessant sind, soll sich die folgende Diskussion auf Holdinggesellschaften in der Rechtsform einer Kapitalgesellschaft konzentrieren. Es sei an dieser Stelle jedoch darauf hingewiesen, dass mit Einführung der Anti-Hybrid Regelung durch die EU-Richtlinie zur Bekämpfung von Steuervermeidungspraktiken mit unmittelbaren Auswirkungen auf das Funktionieren des Binnenmarkts vom 12.7.2016 (Anti-Tax Avoidance Directive I, kurz: ATAD I) sowie die EU-Richtlinie zur Änderung der Richtlinie (EU) 2016/1164 bezüglich hybrider Gestaltungen mit Drittländern (Anti-Tax Avoidance Directive II, kurz: ATAD II) der Anwendungsbereich solcher Gestaltungsmöglichkeiten erheblich eingeschränkt wird[17].

3. Grenzen der Gestaltungsmöglichkeiten und steuerliche Missbrauchsbestimmungen

a) Allgemeines

Zunächst ist festzuhalten, dass eine überwiegend steuerlich optimierte Unternehmensstruktur auch den **betriebswirtschaftlichen Erfordernissen** gerecht werden muss. Die steuerlichen Vorteile der Auslandsholding dürfen nicht durch zusätzliche Kosten in anderen Bereichen, wie z.B. Kosten einer zusätzlichen rechtlichen Einheit, Rechts- und Beratungskosten, Kommunikations- und Reisekosten, Währungsrisiken, Verkomplizierung der Gruppenstruktur, etc. überkompensiert werden[18]. Auch können Staaten, die bei isolierter steuerlicher Würdigung den optimalen Standort für eine Zwischenholding bieten würden, unter anderen **außersteuerlichen Gesichtspunkten** ungeeignet sein. Außersteuerlich Kriterien sind insbesondere[19]: 15.13

- die politische, wirtschaftliche und soziale Stabilität des Landes;
- eine stabile und frei konvertierbare Währung;
- ein flexibles Gesellschaftsrecht;
- keine Kapital- und Gewinntransferbeschränkungen;
- die Qualität der Kommunikations- und Verkehrsverbindungen;
- die Qualität der rechtlichen, steuerlichen und sonstigen Dienstleistungen im ausländischen Staat;
- ein geringer Umfang der gesetzlichen und administrativen Auflagen.

Weiterhin muss die Auslandsholding auch eine gewisse „Substanz" und eine wirtschaftliche Rechtfertigung aufweisen, wenn sie **von den Finanzverwaltungen** im In- und Ausland **anerkannt** werden sollen. Das deutsche Steuerrecht hält hierfür verschiedene Abwehrmechanismen zur Verhinderung 15.14

16 Vgl. *Kessler* in Kessler/Kröner/Köhler, Konzernsteuerrecht, § 8 Rz. 281 ff.

17 Vgl. Richtlinie 1164/2016/EU des Rates v. 12.7.2016, ABl. EU Nr. L 193 19.7.2016, S. 1 und Richtlinie 952/2017/EU des Rates v. 29.5.2017, ABl. EU Nr. L 144 7.6.2017, S. 1

18 Vgl. *Bader*, Steuergestaltung mit Holdinggesellschaften, S. 49 f.

19 Vgl. *Jacobs/Endres/Spengel*, Internationale Unternehmensbesteuerung, S. 1015; *Kessler* in Kessler/Kröner/Köhler, Konzernsteuerrecht, § 8 Rz. 237.

der Verlagerung von Steuersubstrat an den ausländischen Holdingstandort bereit, vgl. hierzu im Folgenden unter Rz. 15.15–15.32. Der Fiskus des ausländischen Holdingstandortes wird in der Regel von der Verlagerung von Steuersubstrat in seine Jurisdiktion profitieren und mit der Ausnahme von Konstellationen, in denen zusätzliche Aufwendungen, Verluste, etc. dorthin verlagert werden, keine Abwehrmaßnahmen ergreifen[20]. Weitere Missbrauchsbestimmungen könnte jedoch das Steuerrecht der Staaten vorsehen, in denen die Tochtergesellschaften der ausländischen Zwischenholding angesiedelt sind. Da ausländische Zwischenholdings oft implementiert werden, um eine Reduktion der Quellensteuer auf Dividenden, Zins- und Lizenzzahlungen durch Anwendung eines günstigeren DBAs oder eine EU-Richtlinie zu erreichen, haben viele Staaten Maßnahmen zur Vermeidung des sog. Treaty- oder Directive-Shoppings implementiert, vgl. hierzu im Folgenden unter Rz. 15.33 ff.

b) Ort der Geschäftsleitung der Auslandsholding

15.15 Die gewünschte **Abschirmwirkung** einer ausländischen Zwischenholding kann nur gelingen, wenn diese den Ort der Geschäftsleitung tatsächlich im Ausland hat. Liegt der Ort der Geschäftsleitung in Deutschland, wäre die ausländische Holding in Deutschland **unbeschränkt körperschaftsteuerpflichtig** nach § 1 Abs. 1 KStG mit der Folge, dass sämtliche Einkünfte gemäß dem Welteinkommensprinzip der deutschen Besteuerung unterlägen[21]. Darüber hinaus wäre die ausländische Holding zudem trotz des ausländischen Satzungssitzes auch abkommensrechtlich gemäß der Tie-Breaker-Rule der bisherigen Version des Art. 4 Abs. 3 OECD-MA in Deutschland ansässig mit der Folge, dass das **Abkommensnetz** des ausländischen Holdingstaates nicht genutzt werden könnte[22]. Nach der Version des Art. 4 Abs. 3 OECD-MA 2017 ist zur Bestimmung der DBA-rechtlichen Ansässigkeit einer Gesellschaft ein Verständigungsverfahren durchzuführen. Ohne ein solches Verständigungsverfahren gilt eine doppelt-ansässige Gesellschaft als in keinem der beiden Vertragsstaaten ansässig und ist damit nicht abkommensberechtigt. Deutschland wird wohl an der bisherigen abkommensrechtlichen Regelung bei doppelter Ansässigkeit einer Gesellschaft grundsätzlich festhalten. Allerdings gibt es auch von dieser Regel Ausnahmen, so sehen einige Doppelbesteuerungsabkommen (beispielsweise DBA USA) bereits heute ein Verständigungsverfahren im Falle der Doppelansässigkeit vor.

15.16 Die Geschäftsleitung einer Kapitalgesellschaft ist gem. § 10 AO der Mittelpunkt der geschäftlichen Oberleitung. Der **Mittelpunkt der geschäftlichen Oberleitung** befindet sich dort, wo der für die Geschäftsführung maßgebende Wille gebildet wird. Es ist folglich entscheidend, an welchem Ort die für die Geschäftsführung nötigen Maßnahmen von einiger Wichtigkeit angeordnet werden. Bei einer Kapitalgesellschaft ist das regelmäßig der Ort, an dem die zur Vertretung befugten Personen die ihnen obliegende laufende Geschäftsführertätigkeit entfalten, d.h. an dem sie die **tatsächlichen, organisatorischen und rechtsgeschäftlichen Handlungen** vornehmen, die der gewöhnliche Betrieb der Gesellschaft mit sich bringt (sog. Tagesgeschäfte)[23]. Von der Geschäftsleitung zu unterscheiden sind Aufgaben, die der Anteilseigner im Rahmen seiner Funktion als Gesellschafter der Kapitalgesellschaft wahrnimmt[24]. Zur laufenden Geschäftsführung gehören daher nicht die Festlegung der Grundsätze der Unternehmenspolitik und die **Mitwirkung der Gesellschafter** an ungewöhnlichen Maßnahmen bzw. an Entscheidungen von besonderer wirtschaftlicher Bedeutung[25].

15.17 Bei einer (Zwischen-)Holdinggesellschaft ist der **Art und Umfang der notwendigen laufenden Geschäftsführungstätigkeiten tendenziell eher gering**[26]. Holdinggesellschaften haben – insbesondere,

20 Vgl. *Jacobs/Endres/Spengel*, Internationale Unternehmensbesteuerung, S. 1128.

21 Vgl. hierzu BFH v. 23.6.1992 – IX R 182/87, BStBl. II 1992, 972 = GmbHR 1993, 184; *Jacobs/Endres/Spengel*, Internationale Unternehmensbesteuerung, S. 1032 f.

22 Vgl. *Kessler* in Kessler/Kröner/Köhler, Konzernsteuerrecht, 277 f.

23 Vgl. BFH v. 19.3.2002 – I R 15/01, BFH/NV 2002, 1411.

24 Vgl. *Jacobs/Endres/Spengel*, Internationale Unternehmensbesteuerung, S. 1032 f.

25 Vgl. BFH v. 3.7.1997 – IV R 58/95, BStBl. II 1998, 86.

26 Vgl. *Kessler/Müller*, IStR 2003, 361 (363).

wenn es sich um reine Finanzholdings handelt – oft kein umfangreiches laufendes Tagesgeschäft. Die Geschäftsvorfälle begrenzen sich vielmehr auf (gelegentliche) Anlageentscheidungen, die Teilnahme an Gesellschafterversammlungen der gehaltenen Tochtergesellschaften sowie auf die laufende Buchführung und Erstellung von Jahresabschlüssen, die notwendige steuerliche Deklaration, die Abwicklung des Zahlungsverkehrs, etc. Das hierfür notwendige Personal und die erforderliche Geschäftsausstattung sind daher ebenso gering[27]. Gemäß BFH kann der Mittelpunkt der geschäftlichen Oberleitung einer (vermögensverwaltenden) Gesellschaft dort liegen, wo die Kapitalgesellschaft die laufende Kontrolle über ihr Vermögen ausübt, wo sie ihre Wertpapiere verwahrt oder wo sie ihre Steuererklärungen anfertigt bzw. unterschreibt, wenn sie nur an keinem anderen Ort gewichtigere Entscheidungen trifft. Wird eine Kapitalgesellschaft an verschiedenen Orten geschäftsführend tätig, so sind die an den verschiedenen Orten ausgeübten Tätigkeiten nach ihrer Bedeutung für die Kapitalgesellschaft zu gewichten, um auf diese Weise den Ort der Geschäftsleitung zu bestimmen[28].

Zur steuerlichen Anerkennung des ausländischen Orts der Geschäftsleitung empfiehlt es sich daher, **im Ausland ansässige Geschäftsführer** anzustellen, die die begrenzten laufenden Geschäftsführungsmaßnahmen vor Ort wahrnehmen und im Ausland über **eigene Büroräume und Kommunikationsmittel** (Telefon, E-Mail, Fax) verfügen[29]. Sollen auch in Deutschland ansässige Personen Geschäftsführer der ausländischen Holding werden, so ist darauf zu achten, dass dadurch der Mittelpunkt der geschäftlichen Oberleitung nicht ins Inland verlagert wird, d.h. dass die deutschen Geschäftsführer relevante Entscheidungen nicht im Inland treffen, sondern vor Ort im Ausland und dass dies durch Protokolle von Geschäftsführersitzungen nachvollziehbar dokumentiert wird. 15.18

Der **gesellschaftsrechtliche Einfluss der deutschen Muttergesellschaft** auf die ausländische Zwischenholding ist für die Frage, wo sich der Ort der Geschäftsleitung der ausländischen Zwischenholding befindet grundsätzlich irrelevant, solange durch den Gesellschafter nicht in das laufende Tagesgeschäft der ausländischen Holding „hineinregiert" wird und nicht ständig relevante Entscheidungen des Tagesgeschäfts getroffen werden[30]. 15.19

c) Durchgriffsbesteuerung nach § 42 AO

Die Abschirmwirkung einer ausländischen Zwischenholding kommt ebenfalls nicht zur Anwendung, wenn die **Holding als sog. Basisgesellschaft steuerlich negiert** wird mit der Folge, dass ihre Erträge und ihr Vermögen nach der Durchgriffsbesteuerung unter Anwendung von § 42 AO der deutschen Muttergesellschaft zugerechnet werden[31]. Die Durchgriffsbesteuerung nach § 42 AO ist nachrangig zum Ort der Geschäftsleitung zu prüfen. Liegt der Ort der Geschäftsleitung der ausländischen Holding in Deutschland erfolgt keine Durchgriffsbesteuerung, da die Einkünfte dann ohnehin im Inland der unbeschränkten Steuerpflicht unterliegen[32]. 15.20

Unter einer Basisgesellschaft (oder auch Briefkastengesellschaft) versteht man eine Gesellschaft, die **weder über qualifiziertes Personal, Räumlichkeiten, technische Infrastruktur** verfügt, **noch auf eigene Rechnung und eigene Gefahr** handelt[33]. Eine Holdingstruktur ist jedoch nicht bereits dann als missbräuchlich anzusehen, wenn sie mit dem Ziel errichtet wurde, die inländische Steuerlast zu 15.21

27 Vgl. *Ebert*, IStR 2005, 534 (535).
28 Vgl. BFH v. 7.12.1994 – I K 1/93, BStBl. II 1995, 175; BFH v. 29.11.2017 – I R 58/15, BFH/NV 2018, 684.
29 Vgl. *Jacobs/Endres/Spengel*, Internationale Unternehmensbesteuerung, S. 1032 f.
30 Vgl. *Ebert*, IStR 2005, 534 (535); *Kessler/Müller*, IStR 2003, 361 (364); BFH v. 3.7.1997 – IV R 58/95, BStBl. II 1998, 86.
31 Vgl. *Jacobs/Endres/Spengel*, Internationale Unternehmensbesteuerung, S. 437 f.
32 Vgl. BFH v. 19.3.2002 – I R 15/01, BFH/NV 2002, 1411.
33 Vgl. *Kessler* in Kessler/Kröner/Köhler, Konzernsteuerrecht, § 8 Rz. 299; *Niedrig*, IStR 2003, 474 (478); *Kopp*, ISR 2013, 274 (274 f.).

reduzieren[34]. Entscheidend für die steuerliche Anerkennung der Auslandsholding ist, dass die wirtschaftlichen Verhältnisse den formalrechtlichen Gestaltungen entsprechen[35]. Die zivilrechtliche Struktur wird dann akzeptiert, sofern für diese wirtschaftliche oder sonst beachtliche Gründe vorliegen und die Gestaltung nicht lediglich der Manipulation dient. Mit der Struktur muss ein **angemessener wirtschaftlicher Zweck** verfolgt werden[36].

15.22 Hierzu muss die ausländische Zwischenholding zum einen **ihre Aufgaben selbst wahrnehmen**. Dafür ist es erforderlich, dass sie über die dafür notwendigen **personellen und sachlichen Ressourcen** wie qualifiziertes Personal, Büroraum, Kommunikationsmittel, etc. verfügt. Die Ressourcen müssen dabei im Verhältnis zu den Aufgaben der Gesellschaft stehen. Dies bedeutet auch, dass nicht mehr Ressourcen notwendig sind, als es die Aufgaben der Gesellschaft erfordern[37]. Bei einer ausländischen Zwischenholding brauchen daher zur steuerlichen Anerkennung nicht mehr Personal und nicht mehr Geschäftsausstattung angesiedelt werden, als es die Holdingtätigkeit verlangt[38]. Schädlich wäre es jedoch, wenn die Tätigkeiten der ausländischen Zwischenholding tatsächlich von der deutschen Muttergesellschaft ausgeführt werden, da die ausländische Zwischenholding nicht über die dafür notwendigen Ressourcen verfügt[39].

15.23 Zum anderen muss die ausländische Zwischenholding **im eigenen Namen und auf eigene Rechnung** handeln, d.h. die aus den Entscheidungen **resultierenden Risiken** müssen bei der ausländischen Holding verbleiben. Die ausländische Holding darf nicht bloße Formal- und Rechtshandlungen vornehmen, d.h. sie darf sich nicht darauf beschränken, nur das umzusetzen, was auf Ebene der Muttergesellschaft entschieden wurde, sondern muss eine eigene wirtschaftliche Tätigkeit ausüben und unternehmerische Aktivität entfalten[40].

15.24 Eine Basisgesellschaft und die daraus resultierende Durchgriffsbesteuerung wurde vom BFH abgelehnt für den Fall der Errichtung einer ausländischen Gesellschaft mit dem Ziel, Beteiligungen von einigem Gewicht im Basisland, Drittländern und/oder Inland zu erwerben[41] oder bei Wahrnehmung auch nur einzelner Funktionen einer geschäftsleitenden Holding, wie der Finanzierung von Tochtergesellschaften[42].

15.25 Bei ausreichender **Ausprägung des Unternehmenszwecks, d.h. der eigenwirtschaftlichen Funktionen** der ausländischen Gesellschaft, misst der BFH teilweise auch dem **Erfordernis eigenen Personals und eigener Büroräume eine geringere Bedeutung** bei[43]. So wurde eine niederländische Holdinggesellschaft, die aktive operative niederländische Gesellschaften im Rahmen einer **passiven Beteiligungsverwaltung** hielt – trotz fehlender eigener Büroräume und mit Ausnahme der Geschäftsführung fehlenden eigenen Personals – nicht als Basisgesellschaft eingestuft[44]. Im Urteil wurde darauf

34 Vgl. z.B. BFH v. 29.11.1966 – I 216/64, BStBl. III 1967, 392; BFH v. 13.9.1972 – I R 130/70, BStBl. II 1973, 57; BFH v. 29.5.2008 – IX R 77/06, BStBl. II 2008, 789 = ZIP 2009, 270 = GmbHR 2008, 996. Die Ansicht wird von der Finanzverwaltung geteilt: BMF-Schreiben zur Änderung des AEAO v. 17.7.2008 – IV A 3 - S 0062/08/10006, DStR 2008, 1591.

35 Vgl. *Jacobs/Endres/Spengel*, Internationale Unternehmensbesteuerung, S. 1034.

36 Vgl. BFH v. 20.3.2002 – I R 63/99, BStBl. II 2003, 50.

37 Vgl. BFH v. 20.3.2002 – I R 63/99, BStBl. II 2003, 50; *Niedrig*, IStR 2003, 474 (476); *Protzen* in Kraft, § 7 AStG Rz. 101.

38 Teilweise kann es genügen, dass die relevanten Aufgaben durch die Geschäftsführung wahrgenommen werden, ohne dass weiteres Personal oder spezielle Büroräume vorhanden sind, vgl. hierzu Rz. 15.25 f. mit den dort zitierten BFH-Urteilen.

39 Vgl. *Niedrig*, IStR 2003, 474 (476).

40 Vgl. BFH v. 20.3.2002 – I R 63/99, BStBl. II 2003, 50; *Niedrig*, IStR 2003, 474 (477).

41 Vgl. BFH v. 29.7.1976 – VIII R 142/73, BStBl. II 1977, 263.

42 Vgl. BFH v. 9.12.1980 – VIII R 11/77, BStBl. II 1981, 339; BFH v. 23.10.1991 – I R 40/89, DStR 1992, 493.

43 Vgl. *v. Busekist*, GmbHR 2006, 132 (133).

44 Vgl. BFH v. 31.5.2005 – I R 74, 88/04, IStR 2005, 710. Vgl. auch Anmerkung von *Jacob/Klein* und *Haarmann* hierzu, IStR 2005, 711 ff.

abgestellt, dass die passive Beteiligungsverwaltung konzernintern einheitlich in eigene Gesellschaften ausgegliedert wurde sowie dass die Holding und Tochtergesellschaften im gleichen Staat ansässig waren und damit auch keine Abkommensvorteile erlangt wurden. Eine ähnliche Entscheidung erging bereits zuvor zu niederländischen **Immobilienprojektgesellschaften** ohne eigene Büroräume und ohne eigenes Personal[45]. Auch hier stellte der BFH darauf ab, dass die Funktionen der Gesellschaft durch die Geschäftsführung wahrgenommen wurde sowie auf die Tatsache, dass dieses Strukturkonzept konzerneinheitlich in Bezug auf das ausländische Immobilienengagement verwirklicht wurde.

Entscheidend dürfte damit letztlich sein, dass die **ausländische Holdinggesellschaft ihre Funktionen wahrnehmen kann bzw. eine eigenwirtschaftliche Tätigkeit entfaltet**. Hierfür sind nicht zwingend eigene Büroräume und über die Geschäftsführung hinausgehendes Personal notwendig. Die Geschäftsführung kann Managementaufgaben auch auf externe Dienstleister übertragen, ohne dass die Zwischenschaltung der ausländischen Gesellschaft dadurch missbräuchlich wird[46]. Um das Risiko einer Nichtanerkennung der ausländischen Zwischenholding zu vermeiden, empfiehlt es sich in der Praxis gleichwohl darauf zu achten, dass die ausländische Gesellschaft zumindest über entsprechende Räumlichkeiten und Kommunikationsmittel verfügt. Diese können ggf. von einer bereits vorhandenen operativen Konzerngesellschaft gemietet werden. Wichtiger ist jedoch, dass die ausländische Zwischenholding eine wirtschaftliche Tätigkeit entfaltet und das unternehmerische Risiko ihrer Entscheidungen selbst trägt. 15.26

d) Hinzurechnungsbesteuerung nach §§ 7 ff. AStG

Handelt es sich bei der ausländischen Zwischenholding nicht um eine steuerlich zu negierende Basisgesellschaft, wird die Eigenständigkeit und Abschirmwirkung der ausländischen Gesellschaft grundsätzlich anerkannt. Es ist dann jedoch in einem nächsten Schritt zu prüfen, ob die **Abschirmwirkung durch die Vorschriften über die deutsche Hinzurechnungsbesteuerung gem. §§ 7 ff. AStG teilweise aufgehoben** wird[47]. Die Hinzurechnungsbesteuerung kommt dabei nur zur Anwendung, wenn die Durchgriffsbesteuerung nach § 42 AO nicht einschlägig ist[48]. 15.27

Die Hinzurechnungsbesteuerung sanktioniert das Erzielen bestimmter sog. passiver Einkünfte durch Tochtergesellschaften im niedrig besteuerten Ausland. Die entsprechenden Einkünfte werden dem inländischen unbeschränkt Steuerpflichtigen hinzugerechnet und bei ihm der inländischen Besteuerung unterworfen. Die Hinzurechnungsbesteuerung kommt grundsätzlich zur Anwendung, wenn 15.28

- unbeschränkt Steuerpflichtige **zu mehr als 50 %** an den Anteilen oder Stimmrechten einer Gesellschaft beteiligt sind, die weder Sitz noch Ort der Geschäftsleitung im Inland hat (ausländische Gesellschaft), § 7 Abs. 1 und 2 AStG;
- die ausländische Gesellschaft sog. **passive Einkünfte** erzielt, welche nicht im Katalog der aktiven Einkünfte des § 8 Abs. 1 AStG enthalten sind; und
- die Einkünfte der ausländischen Gesellschaft einer **niedrigen Ertragsbesteuerung** von weniger als 25 % unterliegen, § 8 Abs. 3 AStG.

Sind diese Voraussetzungen erfüllt, werden die **passiven niedrig besteuerten Einkünfte** der ausländischen Gesellschaft dem deutschen Anteilseigner entsprechend seiner Beteiligungsquote an der ausländischen Gesellschaft **hinzugerechnet**, § 7 Abs. 1 und § 10 Abs. 1 AStG. Die im Ausland entrichteten Steuern können dabei vom Hinzurechnungsbetrag abgezogen oder auf die deutsche Einkom- 15.29

45 Vgl. BFH v. 17.11.2004 – I R 55/03, DStRE 2005, 580.
46 Vgl. BFH v. 25.2.2004 – I R 42/02, BStBl. II 2005, 14.
47 Vgl. *Jacobs/Endres/Spengel*, Internationale Unternehmensbesteuerung, S. 1082.
48 Vgl. BFH v. 20.3.2002 – I R 63/99, BStBl. II 2003, 50; BFH v. 7.9.2005 – I R 118/04, BStBl. II 2006, 537; BMF-Schreiben v. 14.5.2004 – IV B 4 - S 1340 – 11/04, BStBl. I Sondernr. 1, 3, Tz. 7.0.2.

men- oder Körperschaftsteuer, die auf den Hinzurechnungsbetrag entfällt, angerechnet werden, § 10 Abs. 1 und § 12 Abs. 1 AStG.

15.30 Bei Gesellschaften mit Sitz oder Ort der Geschäftsleitung in einem EU- bzw. EWR-Staat, die in diesem Staat nachweislich einer **tatsächlichen wirtschaftlichen Tätigkeit** nachgehen, unterbleibt die Hinzurechnungsbesteuerung gem. § 8 Abs. 2 AStG. Die Norm setzt das EuGH-Urteil „Cadbury Schweppes" vom 12.9.2006 um[49]. Darin hatte der EuGH entschieden, dass die britischen Hinzurechnungsbesteuerungsvorschriften gegen die europäische Niederlassungsfreiheit verstoßen, soweit sie **nicht nur rein künstliche Gestaltungen** betreffen, die dazu bestimmt sind, die national geschuldete Steuer zu umgehen. Von der Hinzurechnungsbesteuerung ist daher abzusehen, wenn die ausländische Gesellschaft ungeachtet des Vorhandenseins von steuerlichen Motiven im ausländischen Staat einer tatsächlichen wirtschaftlichen Tätigkeit, mittels einer tatsächlichen Niederlassung in Form von Geschäftsräumen, Personal und Ausrüstungsgegenständen, nachgeht.

15.31 Die Abschirmwirkung der ausländischen Zwischenholding gegenüber einer deutschen Muttergesellschaft würde folglich nicht zur Anwendung gelangen, soweit die Holding niedrig besteuerte passive Einkünfte erzielt und nicht nachgewiesen werden kann, dass im Falle einer Holding im EU- bzw. EWR-Raum diese in ihrem Ansässigkeitsstaat einer tatsächlichen wirtschaftlichen Tätigkeit nachgeht. Vgl. hierzu im Detail Rz. 15.96 ff.

15.32 Aufgrund der EU-Richtlinie zur Bekämpfung von Steuervermeidungspraktiken mit unmittelbaren Auswirkungen auf das Funktionieren des Binnenmarkts vom 12.7.2016 (Anti-Tax Avoidance Directive I, kurz: ATAD I)[50] sind alle EU-Staaten verpflichtet ab dem 1.1.2019 eine Hinzurechnungsbesteuerung einzuführen, welche die sog. Mindeststandards der Richtlinie erfüllt. Daher wird erwartet, dass auch die bestehende deutsche Hinzurechnungsbesteuerung in Kürze reformiert wird. Unter anderem könnte sich die Schwelle der Niedrigbesteuerung, die Definition der aktiven bzw. passiven Einkünfte sowie auch die Anforderungen an die EU-Ausnahme aufgrund der Niederlassungsfreiheit ändern. Vgl. hierzu im Detail Rz. 15.110 ff.

e) Anti-Treaty-Shopping- bzw. Anti-Directive-Shopping-Regelungen

15.33 Eines der steuerlichen Motive für die Etablierung einer ausländischen Zwischenholding kann es sein, ausländische **Quellensteuerbelastungen zu reduzieren bzw. zu vermeiden**, indem Dividenden-, aber auch Zins- und Lizenzzahlungen nicht direkt von der ausländischen Tochtergesellschaft nach Deutschland fließen, sondern **über eine ausländische Holding umgeleitet** werden. Ziel ist es dabei, in den Anwendungsbereich eines DBAs (bzw. einer EU-Richtlinie) zwischen der jeweiligen Tochtergesellschaft und der ausländischen Holding zu gelangen, welches eine niedrigere (oder keine Quellensteuerbelastung) auf entsprechende Dividenden, Zinsen und Lizenzen vorsieht als das DBA zwischen Deutschland und dem jeweiligen ausländischen Staat (sog. Treaty- oder Directive-Shopping). Im Folgenden ist weiterhin darauf zu achten, dass die Einkünfte dann auch von der ausländischen Zwischenholding quellensteuerfrei nach Deutschland repatriiert werden können.

15.34 Da das Treaty- oder Directive-Shopping zu Lasten der **Quellenbesteuerung des Ansässigkeitsstaats** der ausländischen Tochtergesellschaft geht, ist zu prüfen, ob das **nationale Recht** des jeweiligen Staates bzw. das relevante DBA-Recht **Abwehrmaßnahmen** hiergegen vorsehen (sog. Anti-Treaty- oder Anti-Directive-Shopping-Regelungen).

15.35 Deutschland als Quellenstaat hat in dieser Hinsicht mit § 50d Abs. 3 EStG eine sehr weitegehende nationale Anti-Missbrauchsvorschrift geschaffen, die eine Quellensteuerreduktion nicht gewährt, so-

49 Vgl. EuGH v. 12.9.2006 – C-196/04, ECLI:EU:C:2006:544, GmbHR 2006, 1049 = AG 2006, 852 = IStR 2006, 670. Vor der gesetzlichen Regelung hatte die Finanzverwaltung mit BMF-Schreiben v. 8.1.2007 – IV B 4 - S 1351 – 1/07, DStR 2007, 112 auf das EuGH-Urteil reagiert.

50 Vgl. Richtlinie 1164/2016/EU des Rates v. 12.7.2016, ABl. EU Nr. L 193 v. 19.7.2016, S. 1.

weit Personen an der ausländischen Gesellschaft beteiligt sind, denen eine Quellensteuerreduktion persönlich nicht zuständе und soweit die ausländische Gesellschaft nicht über ausreichend „Substanz" verfügt[51].

Sofern das **nationale Recht des jeweiligen ausländischen Staates** ähnliche Vorschriften kennt, würde das Umleiten der Einkünfte über die ausländische Zwischenholding zu keinen Steuervorteilen führen.

Auch im **Abkommensrecht** finden sich verschiedene Normen, die eine missbräuchliche Inanspruchnahme des DBA-Schutzes für Zwecke der Quellensteuerreduktion verhindern sollen. So sehen die Art. 10 (Dividenden), Art. 11 (Zinsen) und Art. 12 (Lizenzen) des OECD-MA eine Quellensteuerreduktion im Quellenstaat nur unter der Voraussetzung vor, dass der im anderen Vertragsstaat ansässige Empfänger der Dividenden, Zinsen oder Lizenzen auch der **Nutzungsberechtigte (beneficial owner) der Einkünfte** ist[52]. Die Vorschrift soll verhindern, dass nur formal ein anderer Empfänger für Zwecke der Quellensteuerreduktion zwischengeschaltet wird, dem die Einkünfte jedoch wirtschaftlich nicht zustehen[53]. Auch die EU-Zins- und Lizenzrichtlinie über die Quellensteuerbefreiung von Zins- und Lizenzzahlungen zwischen verbundenen Unternehmen innerhalb der EU verlangt, dass der Empfänger der Zins- bzw. Lizenzzahlungen der Nutzungsberechtigte ist, d.h. die Zahlungen zu eigenen Gunsten und nicht nur als Zwischenträger, etwa als Vertreter, Treuhänder oder Bevollmächtigter für eine andere Person erhält[54]. Die EU-Finanzverwaltungen dürften sich durch die jüngste EuGH-Rechtsprechung zur EU-Mutter-Tochter- und EU-Zins-Lizenzrichtlinie zum dänischen Steuerrecht darin bestärkt sehen, potentielles Treaty- oder Directive-Shopping durch das Zwischenschalten von Holdinggesellschaften mit dem Argument zu begegnen, dass der Empfänger der Einkünfte nicht der Nutzungsberechtigte sei, da der EUGH in den entsprechenden Urteilen die Hürden für den Nachweis relativ hoch gelegt hat[55]. 15.36

Verschiedene DBAs, insbesondere mit den USA, enthalten spezielle **Vorschriften über die Abkommensberechtigung** (sog. **Limitation-on-Benefits-Klauseln** oder LOB-Klauseln), um eine missbräuchliche Inanspruchnahme des Abkommens zu verhindern[56]. Die LOB-Klauseln knüpfen die Anwendung des DBAs an spezielle, oft detaillierte Voraussetzungen, z.B. bezüglich der Aktivitäten und Anteilseigner der Gesellschaft, die die Abkommensvorteile in Anspruch nehmen möchte. Die LOB-Klauseln sind teilweise noch weiter verschärft, sofern eine Quellensteuerreduktion in Anspruch genommen werden soll[57]. 15.37

Die **EU-Mutter-Tochter-Richtlinie** über die Quellensteuerbefreiung von Dividendenzahlungen zwischen verbundenen Unternehmen innerhalb der EU und die **EU-Zins- und Lizenzrichtlinie** über 15.38

51 Der EuGH hat die Vorschrift in mehreren Urteilen als nicht-unionsrechtskonform angesehen (vgl. EuGH v. 20.12.2017 – C-504/16, C-613/16 – Deister Holding AG (C-504/16), Juhler Holding A/S (C-613/16), DStR 2018, 119; EuGH v. 14.6.2018 – C-440/17, ECLI:EU:C:2018:437 – GS, DStR 2018, 1479 = ZIP 2018, 2065). Die Verwaltung hat die Vorschrift mittels BMF-Schreiben v. 4.4.2018 „entschärft", vgl. DStR 2018, 744.

52 Vgl. *Jacobs/Endres/Spengel*, Internationale Unternehmensbesteuerung, S. 1000.

53 Vgl. *Kaeser/Wassermeyer* in Wassermeyer, Art. 10 OECD-MA Rz. 69 f.

54 Vgl. Art. 1 Abs. 1 und 4 der Richtlinie 2003/49/EG des Rates v. 3.6.2003 über eine gemeinsame Steuerregelung für Zahlungen von Zinsen und Lizenzgebühren zwischen verbundenen Unternehmen verschiedener Mitgliedstaaten, ABl. Nr. L 157 v. 26.6.2003, S. 49, zuletzt geändert durch Richtlinie 2013/13/EU des Rates v. 13.5.2013 (EU-Zins- und Lizenzrichtlinie), ABl. Nr. L 141 v. 28.5.2013, S. 30.

55 Vgl. EuGH v. 26.2.2019 – verb. Rs. C-116/16, C-117/16, ECLI:EU:C:2019:135 – Skatteministeriet/T Danmark (C-116/16), Y Denmark Aps (C-117/16), IStR 2019, 266; EuGH v. 26.2.2019 verb. Rs. C-115/16, C-118/16, C-119/16, C-299/16, ECLI:EU:C:2019:134 – N Luxembourg 1 (C-115/16), X Denmark A/S (C-118/16), C Danmark I (C-119/16), Z Denmark ApS (C-299/16).

56 Vgl. *Jacobs/Endres/Spengel*, Internationale Unternehmensbesteuerung, S. 1048.

57 Vgl. z.B. Art. 28 DBA Deutschland-USA zu den LOB-Klauseln im Allgemeinen und Art. 10 Abs. 3 Buchst. a DBA Deutschland-USA zu den verschärften LOB-Klauseln bei der Quellensteuerbefreiung für Dividenden.

die Quellensteuerbefreiung von Zins- und Lizenzzahlungen zwischen verbundenen Unternehmen innerhalb der EU enthalten jeweils Regelungen, die klarstellen, dass nationale Vorschriften der Mitgliedstaaten zur **Verhinderung von Missbräuchen** unberührt bleiben[58]. Die EU-Zins- und Lizenzrichtlinie enthält weiterhin eine Auflistung bestimmter Tatbestände, bei denen der Quellenstaat eine Steuerfreistellung nicht gewähren muss, z.B. bei hybriden Darlehensinstrumenten oder gewinnabhängigen Darlehen[59].

15.39 Im Zuge der globalen „BEPS"-Diskussion droht weltweit eine erhebliche Verschärfung der Maßnahmen gegen das Treaty- und Directive Shopping. Der OECD-Aktionspunkt 6 aus dem Jahr 2015 beschäftigt sich explizit mit dem Thema Abkommensmissbrauch. Hierin empfiehlt die OECD, dass die Staaten eine allgemeine Missbrauchsvorschrift, den sog. **Principal Purpose Test** (kurz: PPT), in ihre DBAs übernehmen sowie darüber hinaus optional die o.g. LOB-Klauseln einführen. Durch das sog. Multilaterale Instrument, welches zeitnah eine Vielzahl der global bestehenden DBAs an verschiedene BEPS-Maßnahmen anpassen soll, ist zu erwarten, dass der PPT flächendeckend in die DBAs aufgenommen wird. Auch das OECD-MA 2017 enthält in Art. 29 Abs. 9 den PPT. Darüber hinaus ist auch in der EU-Mutter-Tochter-Richtlinie eine sehr ähnliche Klausel enthalten[60].

Nach dem PPT wird eine Abkommensvergünstigung nicht gewährt, wenn der Erhalt dieser Vergünstigung einer der Hauptzwecke einer Gestaltung oder Transaktion war, es sei denn, es kann nachgewiesen werden, dass die Gewährung dieser Vergünstigung mit dem Ziel und Zweck der einschlägigen Bestimmungen des DBA im Einklang steht. Diese allgemeine Missbrauchsvorschrift könnte beispielsweise in klassischen Treaty-Shopping-Gestaltungen zur Anwendung gelangen.

III. Die Errichtung einer ausländischen Zwischenholding

1. Grundsätzliche Wege in die ausländische Zwischenholding

15.40 Eine ausländische Zwischenholding kann auf unterschiedliche Art und Weise geschaffen werden. Die Wahl der Maßnahme ist bei der Reorganisation bestehender Strukturen von großer steuerlicher Relevanz, da die in den zu **übertragenden Anteilen oder Unternehmensteilen regelmäßig enthaltenen stillen Reserven** in Abhängigkeit von der gewählten Übertragungsart realisiert und besteuert werden müssen oder fortgeführt werden können. Die Fragestellung ergibt sich dagegen bei der Neugründung einer Unternehmensgruppe nicht, da hier von Beginn an die gewünschte Holdingstruktur implementiert werden kann.

15.41 Die folgenden Ausführungen sollen darstellen, wie ausgehend von einer **bestehenden Konzernstruktur mit deutscher Spitzeneinheit in Form einer Kapital- bzw. Personengesellschaft** eine ausländische Zwischenholding implementiert werden kann. Dabei soll davon ausgegangen werden, dass **ausländische Tochterkapitalgesellschaften, Tochterpersonengesellschaften und Betriebsstätten, die gegenwärtig von der deutschen Spitzeneinheit gehalten werden, auf eine ausländische Zwischenholding übertragen** werden. Neben der Übertragung von Kapitalgesellschaften, Personengesellschaften und Betriebsstätten im Wege eines grundsätzlich gewinnrealisierenden Verkaufs oder Anteilstausches sollen insbesondere auch Möglichkeiten dargestellt werden, eine Übertragung steuerneutral durch Einbringungen oder Umwandlungen nach dem UmwStG vorzunehmen. Hierbei werden die jeweils deutschen steuerlichen Folgen der Transaktion dargestellt. Es ist jedoch jeweils auch zu prüfen, ob die Übertragung steuerliche Konsequenzen im Ansässigkeitsstaat der auslän-

58 Vgl. Art. 1 Abs. 2 der Richtlinie 2011/96/EU des Rates v. 30.11.2011 über das gemeinsame Steuersystem der Mutter- und Tochtergesellschaften verschiedener Mitgliedstaaten (Neufassung), ABl. Nr. L 345 v. 29.12.2011, S. 8, zuletzt geändert durch RL 2013/13/EU des Rates v. 13.5.2013 (EU-Mutter-Tochter-Richtlinie), ABl. Nr. L 141 v. 28.5.2013, S. 30, sowie Art. 5 der EU-Zins- und Lizenzrichtlinie.

59 Vgl. Art. 4 der EU-Zins- und Lizenzrichtlinie (Fn. 53).

60 Vgl. Art. 1 Abs. 2 der Richtlinie 2011/96/EU, ABl. Nr. L 345 v. 29.12.2011, S. 8, zuletzt geändert durch Richtlinie 2015/121/EU des Rates v. 27.1.2015 (ABl. Nr. L 21 v. 28.1.2015, S. 1).

dischen Tochterkapital- oder Tochterpersonengesellschaft bzw. im Belegenheitsstaat der ausländischen Betriebsstätte hat. Diese werden im Folgenden kurz allgemein dargestellt, bei der Diskussion der verschiedenen Wege in die ausländische Zwischenholding jedoch nicht näher beleuchtet.

2. Besteuerungsrechte, Realisierung stiller Reserven sowie weitere mögliche steuerliche Folgen

Bei grenzüberschreitenden **Anteilsübertragungen von Kapitalgesellschaften** weisen die Doppelbesteuerungsabkommen das **Besteuerungsrecht** gem. Art. 13 Abs. 5 OECD-MA i.d.R. allein dem **Ansässigkeitsstaat** des Anteilseigners zu. Werden Anteile an Kapitalgesellschaften auf eine ausländische Zwischenholding übertragen, findet daher grundsätzlich eine Steuerentstrickung statt. Ob dies zum Anlass für eine Besteuerung der stillen Reserven genommen wird, richtet sich jeweils nach dem nationalen Steuerrecht des Ansässigkeitsstaates des Anteilseigners. Macht er von seinem Besteuerungsrecht Gebrauch, ist der Gang in die ausländische Holding nicht ohne steuerliche Belastungen möglich. Handelt es sich dagegen um Kapitalgesellschaften, deren Wert zu mehr als 50 % aus unbeweglichen Vermögen besteht, welches im anderen Vertragsstaat liegt, so hat auch der andere Staat gem. Art. 13 Abs. 4 OECD-MA ein Besteuerungsrecht für den Veräußerungsgewinn. Der Ansässigkeitsstaat des Anteilseigners wendet dann entweder die Freistellungs- oder Anrechnungsmethode an, Art. 23A Abs. 1 bzw. Art. 23B Abs. 1 OECD-MA. Im Falle der Anrechnungsmethode besteht folglich die Gefahr, dass beide Vertragsstaaten ihr Besteuerungsrecht wahrnehmen und eine steuerneutrale Übertragung verhindern. 15.42

Neben einer Besteuerung der stillen Reserven in den Anteilen sind jedoch weitere steuerliche Folgen zu prüfen. Die Übertragung der Anteile an einer Kapitalgesellschaft führt in verschiedenen Jurisdiktionen zum **Untergang von steuerlichen Attributen der Kapitalgesellschaft**, wie z.B. steuerliche Verlustvorträge, steuerliche Zinsvorträge[61], anrechenbare Steuerguthaben, etc. Weiterhin ist zu prüfen, ob der Ansässigkeitsstaat der ausländischen Kapitalgesellschaft aufgrund der Übertragung **Transfersteuern** wie z.B. Grunderwerbsteuer im Falle von grundvermögenbesitzenden Gesellschaften, Stamp Duties, etc. erhebt. 15.43

Ähnliches gilt bei der **Übertragung von (transparenten) Personengesellschaften, Betriebsstätten oder Unternehmensteilen.** Hier hat grundsätzlich der Betriebsstättenstaat die Steuerhoheit, d.h., die zu einem Unternehmensteil oder einer Betriebsstätte gehörenden Wirtschaftsgüter sind im Staat ihrer Belegenheit, dem Betriebsstättenstaat, steuerverhaftet. Das OECD-MA weist dem Betriebsstättenstaat gem. Art. 13 Abs. 1 und Abs. 2 hierfür das Besteuerungsrecht zu. Der Ansässigkeitsstaat wendet die Freistellungs- oder Anrechnungsmethode an, Art. 23A Abs. 1 bzw. Art. 23B Abs. 1 OECD-MA. Eine Übertragung von Personengesellschaften, Betriebsstätten oder Unternehmensteilen auf eine ausländische Zwischenholding kann daher eine Gewinnrealisierung im Betriebsstättenstaat und im Falle der Anrechnungsmethode auch im Ansässigkeitsstaat zur Folge haben. 15.44

Wie bei der Übertragung von Kapitalgesellschaften ist zu prüfen, ob **steuerliche Attribute** aufgrund der Übertragung mit übergehen oder untergehen sowie ob **Transfersteuern** wie Grunderwerbsteuer, Stamp Duties, etc. ausgelöst werden. 15.45

3. Steuerliche Auswirkungen der verschiedenen Wege in die ausländische Zwischenholding

a) Veräußerung von ausländischen Kapitalgesellschaften

Kapitalgesellschaften können grundsätzlich **auf schuldrechtlicher oder gesellschaftsrechtlicher Basis** auf eine ausländische Zwischenholding übertragen werden. Die schuldrechtliche Übertragung im 15.46

61 In Deutschland z.B. gem. § 8c KStG, § 8a Abs. 1 Satz 3 KStG.

Wege eines Verkaufs kann dabei **gegen Barzahlung oder eine Forderung** erfolgen. Im Falle einer Barzahlung ist die ausländische Zwischenholding zunächst mit den entsprechenden Mitteln auszustatten. Bei Übertragung gegen eine Forderung ist die Forderung fremdüblich zu verzinsen, um keine Einkommenskorrektur nach § 1 AStG auszulösen. Weiterhin ist zu bedenken, dass dann Zinserträge auf Ebene der deutschen übertragenden Gesellschaft und Zinsaufwendungen auf Ebene der ausländischen Zwischenholding anfallen. Alternativ kann auf gesellschaftsrechtlicher Basis ein Anteilstausch vorgenommen werden, bei dem die deutsche übertragende Gesellschaft die Kapitalgesellschaft in die ausländische Zwischenholding **gegen neue Anteile** an der ausländischen Zwischenholding einlegt[62].

15.47 In allen Fällen erfolgt die Übertragung für deutsche steuerliche Zwecke **gewinnrealisierend**, d.h. eventuelle stille Reserven in den Anteilen an der zu übertragenden Kapitalgesellschaft sind aufzudecken. Sofern die zu übertragenden Kapitalgesellschaften von einer deutschen Muttergesellschaft gehalten werden und es sich bei den zu übertragenden Kapitalgesellschaften nicht um Grundstücksgesellschaften handelt, steht Deutschland für die Übertragung das alleinige Besteuerungsrechts nach Art. 13 Abs. 5 OECD-MA zu. Der **Veräußerungsgewinn** ermittelt sich im Falle der Übertragung gegen neue Anteile auf Basis des gemeinen Werts der übertragenden Kapitalgesellschaft (§ 6 Abs. 6 EStG). Der entsprechende Veräußerungsgewinn dürfte im Falle einer deutschen Mutterkapitalgesellschaft in der Regel **zu 5 % der Besteuerung mit Körperschaftsteuer und Gewerbesteuer** unterliegen (§ 8b Abs. 2 und 3 KStG). Im Falle einer Personengesellschaft mit dahinter stehenden natürlichen Personen käme das **Teileinkünfteverfahren** zur Anwendung, d.h. der Veräußerungsgewinn unterläge zu 60 % der Besteuerung mit Einkommensteuer und Gewerbesteuer (§ 3 Nr. 40, § 3c Abs. 2 EStG). Es ist jedoch darauf zu achten, dass die zu übertragenden Anteile nicht sperrfristbehaftet aufgrund einer vorherigen Umstrukturierung sind, z.B. nach § 22 Abs. 1, 2 oder § 15 Abs. 2 Satz 2–4 UmwStG[63].

b) Veräußerung von ausländischen Personengesellschaften, Betriebsstätten und Teilbetrieben

15.48 Ebenso wie Kapitalgesellschaften können auch Personengesellschaften, Betriebsstätten und Teilbetriebe **auf schuldrechtlicher oder gesellschaftsrechtlicher Basis** von einer deutschen Muttergesellschaft auf eine ausländische Zwischenholding übertragen werden, d.h. die Übertragung kann gegen Barzahlung, eine Darlehensforderung oder gegen neue Anteile an der ausländischen Zwischenholding erfolgen (vgl. unter Rz. 15.46).

15.49 Die Übertragung erfolgt auch hier jeweils **gewinnrealisierend**. Bei der Übertragung von (aus deutscher Sicht transparenten) Personengesellschaften, Betrieben oder Teilbetrieben liegt steuerlich jeweils ein sog. Asset-Deal vor, d.h. steuerlich werden die einzelnen Wirtschaftsgüter übertragen. Handelt es sich hierbei um ausländisches Betriebsstättenvermögen steht dem ausländischen Betriebsstättenstaat nach Art. 13 Abs. 1 und 2 OECD-MA das Besteuerungsrecht für den aus der Übertragung resultierenden Gewinn zu. Die zuvor genannten Artikel weisen dem Betriebsstättenstaat jedoch nicht das alleinige Besteuerungsrecht zu. Daher ist zu unterscheiden, ob Deutschland im jeweiligen DBA die Freistellungs- oder Anrechnungsmethode gem. Art. 23A Abs. 1 bzw. Art. 23B Abs. 1 OECD-MA vereinbart hat.

15.50 Im Falle der **Anrechnungsmethode** besteuert Deutschland die Übertragung mit Körperschaftsteuer (bei einer Mutterkapitalgesellschaft) bzw. mit Einkommensteuer (bei einer Mutterpersonengesellschaft mit dahinter stehenden natürlichen Personen) wobei die im Ausland zu entrichtende Steuer auf die deutsche Körperschaftsteuer bzw. Einkommensteuer angerechnet werden kann (§ 26 KStG bzw. § 34c EStG). Wird im Ausland auf die Übertragung keine Steuer erhoben, weil z.B. die zu übertragende Personengesellschaft steuerlich wie eine Kapitalgesellschaft behandelt wird und daher

62 Vgl. *Körner*, IStR 2009, 1 (5).
63 Vgl. *Körner*, IStR 2009, 1 (5).

Deutschland das Besteuerungsrecht zugewiesen wird (sog. Qualifikationskonflikt), ist keine Steueranrechnung möglich, d.h. es wird die volle Körperschaftsteuer bzw. Einkommensteuer erhoben. Gewerbesteuer dürfte aufgrund der nationalen Kürzungsvorschriften des § 9 Nr. 2 und 3 GewStG jeweils nicht anfallen.

Kommt die **Freistellungsmethode** zur Anwendung, besteuert Deutschland die aus der Übertragung resultierenden Gewinne nicht. Nimmt der Betriebsstättenstaat jedoch sein Besteuerungsrecht – z.B. aufgrund eines Qualifikationskonfliktes – nicht wahr, ist fraglich, ob dann Deutschland die Freistellung der Einkünfte gewährt. Gelegentlich erhalten DBAs sog. Subject-to-Tax-Klauseln, nach denen der Ansässigkeitsstaat die Freistellungsmethode nur anzuwenden hat, wenn der Quellenstaat die Einkünfte auch besteuert und nicht aufgrund einer anderen Abkommensauslegung freistellt (vgl. z.B. Art. 23A Abs. 4 OECD-MA). Weiterhin sieht das deutsche Steuerrecht in § 50d Abs. 9 EStG eine nationale Subject-to-Tax-Klausel vor, welche die gleiche Wirkung hat. Auch in diesem Fall kämen jedoch die gewerbesteuerliche Kürzungsvorschriften des § 9 Nr. 2 und 3 GewStG zur Anwendung, so dass es bei der Belastung mit Körperschaftsteuer bzw. Einkommensteuer bliebe. 15.51

c) Einbringung von Kapitalgesellschaften nach § 21 UmwStG

In der Praxis wird stets der Wunsch vorherrschen, die Etablierung einer ausländischen Zwischenholding steuerneutral zu gestalten d.h. bei der Übertragung von Kapitalgesellschaften keine 5%ige Besteuerung (bzw. 60%ige Besteuerung im Teileinkünfteverfahren) eines Veräußerungsgewinns auszulösen. Daher wird man Kapitalgesellschaften, insbesondere wenn in den Anteilen stille Reserven vermutet werden, sofern möglich nach § 21 UmwStG **steuerneutral auf die ausländische Zwischenholding** übertragen. 15.52

Die Vorschrift des § 21 UmwStG lässt grundsätzlich eine steuerneutrale Übertragung von Kapitalgesellschaften auf **EU-/EWR-(Zwischenholding-)Kapitalgesellschaften** zu (§ 1 Abs. 3 Nr. 5, Abs. 4 Satz 1 Nr. 1 i.V.m. Abs. 2 Satz 1 Nr. 1 UmwStG). Die aufnehmende Zwischenholding muss dabei nach dem Recht eines EU- bzw. EWR-Staates gegründet sein und auch ihren Sitz und Ort der Geschäftsleitung in einem dieser Staaten haben. Damit scheidet eine steuerneutrale Etablierung einer Zwischenholding in einem Staat außerhalb der EU- bzw. des EWR (z.B. in der Schweiz) diesbezüglich aus. Hinsichtlich der zu **übertragenden Kapitalgesellschaft** sieht das UmwStG jedoch **keine Beschränkungen** vor, d.h. auch Kapitalgesellschaften außerhalb der EU bzw. des EWR können steuerneutral übertragen werden. Die Übertragung wird stets im Wege der **Einzelrechtsnachfolge** vorgenommen werden, da eine grenzüberschreitende Ausgliederung im Wege der Gesamtrechtsnachfolge nach § 123 Abs. 3 UmwG gegenwärtig zivilrechtlich – ohne sich auf die europäische Niederlassungsfreiheit zu berufen – nicht möglich ist[64]. 15.53

Voraussetzung für eine steuerneutrale Einbringung zu Buchwerten nach § 21 UmwStG ist u.a., dass die übernehmende ausländische Zwischenholding der einbringenden deutschen **Gesellschaft neue Anteile gewährt**. Neben den Anteilen können dabei auch andere Wirtschaftsgüter (z.B. Darlehensforderungen) gewährt werden, deren gemeiner Wert jedoch EUR 500.000,– oder 25 % des steuerlichen Buchwerts der eingebrachten Anteile nicht übersteigen darf. Übersteigt der gemeine der anderen Wirtschaftsgüter diese Grenzen sind stille Reserven in den eingebrachten Anteilen insoweit aufzudecken. Weiterhin muss die ausländische Zwischenholding nach der Einbringung unmittelbar die **Mehrheit der Stimmrechte an der übertragenen Kapitalgesellschaft** halten (§ 21 Abs. 1 UmwStG). 15.54

Deutschland wird das Besteuerungsrecht an den Anteilen an der eingebrachten Kapitalgesellschaft regelmäßig verlieren, da es vor der Einbringung grundsätzlich Deutschland als dem Ansässigkeitsstaat des Anteilseigners zustand, nach der Einbringung jedoch dem Ansässigkeitsstaat der auslän- 15.55

64 Vgl. hierzu sowie zur Frage der Europarechtswidrigkeit: *Hörtnagl* in Schmitt/Hörtnagl/Stratz, § 1 UmwG Rz. 46 ff.; *Veith* in Beck'sches Handbuch Umwandlungen international, S. 275 ff.

dischen Zwischenholding zustehen wird (Art. 13 Abs. 5 OECD-MA). Dennoch lässt das UmwStG eine steuerneutrale Einbringung zu, wenn (i) das Recht Deutschlands hinsichtlich der Besteuerung des Gewinns aus der Veräußerung der **erhaltenen Anteile** an der ausländischen Zwischenholding nicht ausgeschlossen oder beschränkt ist oder (ii) die **EU-Fusionsrichtlinie** einen Aufschub der Besteuerung des Gewinns aus dem Anteilstausch gewährt[65] (§ 21 Abs. 2 Satz 3 UmwStG). Die erste Variante dürfte in der Regel erfüllt sein, da Deutschland grundsätzlich nach Art. 13 Abs. 5 OECD-MA das **Besteuerungsrecht an den erhaltenen Anteilen** an der ausländischen Zwischenholding hat. Etwas anderes dürfte nur in Sonderfällten gelten[66]. Dann käme jedoch grundsätzlich eine Anwendung der EU-Fusionsrichtlinie in Betracht.

15.56 Ein Anteilstausch darf nach Art. 8 Abs. 1 der **EU-Fusionsrichtlinie** keine Besteuerung auslösen, wenn an dem Anteilstausch nur **EU-Gesellschaften aus verschiedenen Mitgliedstaaten** beteiligt sind (vgl. Art. 1 Buchst. a und Abs. 3 der EU-Fusionsrichtlinie). Als beteiligt gelten die übernehmende ausländische Zwischenholding sowie die zu übertragende Gesellschaft (Art. 2 Buchst. d i.V.m. Art. 1 Buchst. a der EU-Fusionsrichtlinie). Wird in eine EU-Zwischenholding eingebracht, muss die **übertragene Kapitalgesellschaft folglich aus einem anderen Mitgliedstaat** sein. Weiterhin dürfen bare Zuzahlungen 10 % des Nennwerts bzw. des rechnerischen Werts der ausgegebenen Anteile an der ausländischen Zwischenholding nicht übersteigen (Art. 2 Buchst. d Fusionsrichtlinie). Bei Anwendung der EU-Fusionsrichtlinie ist der Gewinn aus einer späteren Veräußerung der erhaltenen Anteile an der ausländischen Zwischenholding ungeachtet der Bestimmungen eines Abkommens zur Vermeidung der Doppelbesteuerung in der gleichen Art und Weise zu besteuern, wie die Veräußerung der Anteile an der eingebrachten Kapitalgesellschaft zu besteuern gewesen wäre (§ 21 Abs. 2 Satz 3 Nr. 2 Halbsatz 2 UmwStG, Art. 8 Abs. 6 Fusionsrichtlinie)[67].

15.57 Weitere Bedingung für die Buchwertübertragung ist, dass bei dem für die Besteuerung der übernehmenden Gesellschaft bzw. des Einbringenden zuständigen Finanzamt bis zur erstmaligen Abgabe der entsprechenden Steuererklärung ein **Antrag auf Buchwertfortführung** gestellt wird (§ 21 Abs. 1 Satz 3 i.V.m. § 20 Abs. 2 Satz 3 bzw. § 21 Abs. 2 Satz 3 und 4 UmwStG).

15.58 Erfolgt die Einbringung durch eine nach § 8b Abs. 2 KStG begünstige deutsche Kapitalgesellschaft, entstehen durch die Einbringung keine Sperrfristen. Erfolgt die Einbringung dagegen durch eine Personengesellschaft mit deutschen natürlichen Personen als Anteilseigner, dann sind die in die ausländische Zwischenholding eingebrachten Anteile **für sieben Jahre sperrfristbehaftet**. Sofern die übernehmende ausländische Zwischenholding die sperrfristbehafteten Anteile innerhalb von sieben Jahren veräußert, ist der Einbringungsgewinn rückwirkend zu versteuern, wobei sich der Gewinn für jedes seit der Einbringung abgelaufene Zeitjahr um ein Siebtel reduziert (§ 22 Abs. 2 UmwStG).

d) Einbringung von Betrieben, Teilbetrieben und Mitunternehmeranteilen nach § 20 UmwStG

15.59 Auch die Einbringung von (transparenten) Personengesellschaften und Unternehmensteilen wird man in der Praxis stets steuerneutral nach § 20 UmwStG vornehmen wollen, um steuerliche Belastungen aufgrund der Restrukturierung zu vermeiden.

---

65 Vgl. Art. 8 der Richtlinie 90/434/EWG des Rates v. 23.7.1990 über das gemeinsame Steuersystem für Fusionen, Spaltungen, Abspaltungen, die Einbringung von Unternehmensteilen und den Austausch von Anteilen, die Gesellschaften verschiedener Mitgliedstaaten betreffen, sowie für die Verlegung des Sitzes einer Europäischen Gesellschaft oder einer Europäischen Genossenschaft von einem Mitgliedstaat in einen anderen Mitgliedstaat v. 23.7.1990, zuletzt geändert durch die Richtlinie 2005/19/EG des Rates v. 17.2.2005 (EU-Fusionsrichtlinie), ABl. Nr. L 225 v. 20.8.1990, S. 1).

66 Z.B. wenn die ausländische Zwischenholding (i) einer ausländischen Betriebsstätte des deutschen Anteilseigners zuzuordnen wäre, (ii) als Grundbesitzgesellschaft i.S.d. Art. 13 Abs. 4 OECD-MA qualifiziert oder (iii) das jeweilige DBA dem Ansässigkeitsstaat der Zwischenholding das Besteuerungsrecht für deren Anteile zugesteht (z.B. Art. 13 Abs. 3 DBA Tschechien).

67 Vgl. *Behrens* in Haritz/Menner/Bilitewski, § 21 UmwStG Rz. 297 ff.

Die Vorschrift des § 20 UmwStG lässt eine steuerneutrale Einbringung von Betrieben, Teilbetrieben und Mitunternehmeranteilen auf eine **EU-/EWR-(Zwischenholding-)Kapitalgesellschaften** zu. Die aufnehmende Zwischenholding muss dabei nach dem Recht eines EU- bzw. EWR-Staates gegründet sein und auch ihren Sitz und Ort der Geschäftsleitung in einem dieser Staaten haben. Damit scheidet eine steuerneutrale Etablierung einer Zwischenholding in einem Staat außerhalb der EU- bzw. des EWR (z.B. in der Schweiz) in dieser Hinsicht aus. Weiterhin muss die einbringende Gesellschaft eine EU-/EWR-Kapitalgesellschaft oder eine Personengesellschaft sein, hinter der EU-/EWR-Kapitalgesellschaften bzw. in der EU oder dem EWR ansässige natürliche Personen stehen bzw. das Besteuerungsrecht für die Anteile an der ausländischen Zwischenholding darf nicht ausgeschlossen oder beschränkt werden (§ 1 Abs. 3 Nr. 4, Abs. 4 Satz 1 Nr. 1 und 2 bzw. Satz 2 UmwStG)[68]. Hinsichtlich des eingebrachten Vermögens bestehen keine Beschränkungen. Die Übertragung wird stets im Wege der **Einzelrechtsnachfolge** vorgenommen werden, da eine grenzüberschreitende Ausgliederung im Wege der Gesamtrechtsnachfolge nach § 123 Abs. 3 UmwG gegenwärtig zivilrechtlich – ohne sich auf die europäische Niederlassungsfreiheit zu berufen – nicht möglich ist[69]. 15.60

Der Einbringende muss im Rahmen der Einbringung **neue Anteile** an der aufnehmenden Zwischenholding erhalten (§ 20 Abs. 1 UmwStG). Die Einbringung des Betriebs, Teilbetriebs oder Mitunternehmeranteils kann steuerneutral zu Buchwerten erfolgen, soweit (i) der steuerliche Buchwert des eingebrachten **Vermögens positiv** ist, (ii) die übernehmende ausländische Zwischenholding der **Besteuerung mit Körperschaftsteuer** unterliegt und (iii) das **Recht Deutschlands hinsichtlich der Besteuerung** des Gewinns aus der Veräußerung des eingebrachten Betriebsvermögens bei der übernehmenden ausländischen Zwischenholding **nicht ausgeschlossen oder beschränkt wird** und sonstige Gegenleistungen EUR 500.000,- oder 25 % des steuerlichen Buchwerts des eingebrachten Betriebsvermögens nicht übersteigen (§ 20 Abs. 2 Satz 2 UmwStG). 15.61

Nach der Einbringung von ausländischen Betrieben, Teilbetrieben und Mitunternehmerschaften in die ausländische Zwischenholding wird Deutschland grundsätzlich kein Besteuerungsrecht an dem Vermögen mehr haben. Ein Ausschluss oder eine Beschränkung des Besteuerungsrechts kann dabei jedoch nur resultieren, sofern vor Einbringung ein Besteuerungsrecht bestand. Handelt es sich beim eingebrachten Vermögen um ausländisches Betriebsstättenvermögen, für das nach einem DBA die **Freistellungsmethode** zur Anwendung kommt, bestand grundsätzlich kein deutsches Besteuerungsrecht, welches ausgeschlossen oder beschränkt werden könnte. Findet auf das eingebrachte Vermögen dagegen nach einem DBA oder nach nationaler Vorschrift die **Anrechnungsmethode** Anwendung, geht das deutsche Besteuerungsrecht grundsätzlich verloren. In diesem Fall ist eine steuerneutrale Einbringung nicht möglich. 15.62

Wie bei der Einbringung einer Kapitalgesellschaft in eine ausländische Zwischenholding können auch bei der Einbringung von Betriebsvermögen in eine ausländische Zwischenholding teilweise **andere Wirtschaftsgüter**, wie z.B. Darlehensforderungen, **gewährt** werden. Die Einbringung ist dabei steuerneutral möglich, soweit der gemeine Wert der anderen Wirtschaftsgüter die zuvor genannten Grenzen nicht übersteigt (§ 20 Abs. 2 Satz 4 UmwStG). 15.63

Voraussetzung für eine steuerneutrale Einbringung ist weiterhin, dass ein Antrag auf Buchwertfortführung gestellt wird. Der **Antrag** ist spätestens bis zur erstmaligen Abgabe der Steuererklärung bei dem für die Besteuerung des Übernehmenden zuständigen Finanzamts zu stellen (§ 20 Abs. 2 Satz 2 und 3 UmwStG)[70]. Ein Antrag auf Buchwertfortführung dürfte bei Einbringung ausländischen Be- 15.64

68 Alternativ genügt es ebenso, wenn das deutsche Besteuerungsrecht an den erhaltenen Anteilen an der ausländischen Zwischenholding nicht ausgeschlossen oder beschränkt ist, § 1 Abs. 4 Satz 1 Nr. 2 Buchst. b UmwStG.

69 Vgl. hierzu sowie zur Frage der Europarechtswidrigkeit: *Hörtnagl* in Schmitt/Hörtnagl/Stratz, § 1 UmwG Rz. 46 ff.; *Veith* in Beck'sches Handbuch Umwandlungen international, S. 275 ff.

70 Vgl. hierzu *Menner* in Haritz/Menner/Bilitewski, § 20 UmwStG Rz. 379 ff.

triebsvermögens in eine ausländische Kapitalgesellschaft **regelmäßig nicht notwendig bzw. nicht möglich** sein, da entweder (i) kein deutsches Besteuerungsrecht an dem ausländischen Betriebsvermögen besteht oder (ii) das deutsche Besteuerungsrecht ausgeschlossen wird, so dass kein Buchwertantrag möglich ist.

15.65 Folglich dürfte das ausländische Betriebsvermögen grundsätzlich zu gemeinen Werten auf die ausländische Zwischenholdingkapitalgesellschaft übergehen. Dies führt dazu, dass die **neu erhaltenen Anteile an der ausländischen Zwischenholding** ebenfalls **zu gemeinen Werten anzusetzen** sind. Dies gilt selbst dann, wenn ausländisches Betriebsvermögen, für welches vor der Einbringung kein deutsches Besteuerungsrecht bestand auf Ebene der ausländischen Zwischenholding zu Buchwerten angesetzt wird (§ 20 Abs. 3 Satz 1 und 2 UmwStG). Dadurch wird verhindert, dass stille Reserven im nicht steuerverstrickten Auslandsvermögen auf die im Inland grundsätzlich steuerpflichtigen Anteile an der ausländischen Zwischenholding verlagert werden[71].

15.66 Erfolgt die Einbringung von Betrieben, Teilbetrieben und Mitunternehmeranteilen in die ausländische Zwischenholding unterhalb des gemeines Wert, so sind die erhaltenen Anteile an der ausländischen Zwischenholding für **sieben Jahre sperrfristbehaftet** mit der Folge, dass eine Veräußerung der erhaltenen Anteile innerhalb von sieben Jahren zu einer rückwirkenden Besteuerung des Einbringungsgewinns führt, wobei sich der Gewinn für jedes seit der Einbringung abgelaufene Zeitjahr um ein Siebtel reduziert (§ 22 Abs. 1 UmwStG). Wie zuvor dargelegt dürfte eine Einbringung von ausländischen Betriebsvermögen in eine ausländische Zwischenholding zu Buchwerten bzw. zu Werten unterhalb des gemeinen Wertes jedoch ein Ausnahmefall sein.

e) Verschmelzung nach §§ 11 bis 13 UmwStG

15.67 Ebenfalls denkbar ist die Etablierung einer ausländischen Zwischenholding durch eine Umwandlung in Form einer Verschmelzung. Dies kann z.B. geschehen, indem eine bereits **bestehende inländische (oder ausländische) Zwischenholding**, die verschiedene ausländische Beteiligungen hält, auf eine neue ausländische Zwischenholding im gewünschten Zielstaat verschmolzen wird. Möglich ist ebenso die Verschmelzung einer **operativen ausländischen Kapitalgesellschaft auf die neue ausländische Zwischenholding**. Letztere Variante hätte gleichwohl zur Folge, dass die neue ausländische Zwischenholding selbst über operatives Geschäft verfügen würde. Eine solche Konstellation könnte u.a. gewünscht sein, wenn die ausländische Zwischenholding Aufwendungen (z.B. Zinsaufwendungen) trägt, die mit operativen Ergebnissen verrechnet werden sollen oder der Ansässigkeitsstaat der ausländischen Holding eine grenzüberschreitende Verlustkonsolidierung ermöglicht.

15.68 Die grenzüberschreitende **Hinausverschmelzung einer inländischen Kapitalgesellschafft** auf eine EU-/EWR-(Zwischenholding-)Kapitalgesellschaft ist zivilrechtlich gem. §§ 122a ff. UmwG möglich[72]. Für eine grenzüberschreitende Hinausverschmelzung einer inländischen Kapitalgesellschaft auf eine (Zwischenholding-)Kapitalgesellschaft in einem Staat außerhalb der EU bzw. des EWR fehlt jedoch eine explizite zivilrechtliche Grundlage[73]. Eine (grenzüberschreitende) **Verschmelzung zweier ausländischer Kapitalgesellschaften** richtet sich nach dem Zivilrecht des oder der jeweiligen Staaten.

15.69 Das **UmwStG** erfasst grundsätzlich die Hinausverschmelzung einer deutschen Kapitalgesellschaft auf eine EU- bzw. EWR-Kapitalgesellschaft bzw. die Verschmelzung zweier EU- bzw. EWR-Kapitalgesellschaft aus dem gleichen oder aus verschiedenen Staaten, sofern der Vorgang zu einer inländischen Verschmelzung vergleichbar[74] ist (§ 1 Abs. 1 Satz 1 Nr. 1, Abs. 2 Satz 1 Nr. 1 UmwStG). Die

71 Vgl. *Schmitt* in Schmitt/Hörtnagl/Stratz, § 20 UmwStG Rz. 395.
72 Vgl. *Krüger* in Beck'sches Handbuch Umwandlungen international, S. 63 ff.
73 Vgl. *Krüger* in Beck'sches Handbuch Umwandlungen international, S. 153 ff.
74 Vgl. zur Vergleichbarkeit ausländischer Vorgänge: BMF-Schreiben v. 11.11.2011 – IV C 2 - S 1978-b/08/10001, BStBl. I 2011, 1314, Tz. 1.24 ff.

an der Verschmelzung beteiligten Kapitalgesellschaften müssen dabei nach dem Recht eines EU- bzw. EWR-Staates gegründet sein und auch ihren Sitz und Ort der Geschäftsleitung in einem dieser Staaten haben.

Im Falle einer **Hinausverschmelzung einer inländischen Kapitalgesellschaft auf eine ausländische Zwischenholding** regelt die Vorschrift des § 11 UmwStG die steuerlichen Folgen auf Ebene der übertragenden deutschen Kapitalgesellschaft. Die deutsche Kapitalgesellschaft hat eine **steuerliche Schlussbilanz** zu erstellen, in der die Wirtschaftsgüter auf Antrag mit dem **Buchwert** angesetzt werden können, soweit (i) sichergestellt ist, dass sie später bei der übernehmenden ausländischen Zwischenholding der Besteuerung mit Körperschaftsteuer unterliegen, (ii) das Recht der Bundesrepublik Deutschland hinsichtlich der Besteuerung des Gewinns aus der Veräußerung der übertragenen Wirtschaftsgüter bei der ausländischen Zwischenholding nicht ausgeschlossen oder beschränkt wird und (iii) eine Gegenleistung nicht gewährt wird oder in Gesellschaftsrechten besteht (§ 11 Abs. 2 Satz 1 UmwStG). Für die Buchwertfortführung ist spätestens bis zur erstmaligen Abgabe der steuerlichen Schlussbilanz der inländischen Kapitalgesellschaft beim zuständigen Finanzamt ein **Antrag** zu stellen (§ 11 Abs. 3 i.V.m. § 3 Abs. 2 Satz 2 UmwStG). 15.70

Ein Ausschluss bzw. eine Beschränkung des deutschen Besteuerungsrechts für die übertragenen Wirtschaftsgüter dürfte insbesondere für **Anteile an (inländischen und ausländischen) Tochterkapitalgesellschaften** der übertragenden inländischen Kapitalgesellschaft resultieren, da das Besteuerungsrecht hierfür in der Regel nach Art. 13 Abs. 5 OECD-MA dem Ansässigkeitsstaat des Anteilseigner zusteht und damit von Deutschland auf den Ansässigkeitsstaat der aufnehmenden Zwischenholding wechselt. Für **ausländisches Betriebsvermögen** in Form ausländischer Tochterpersonengesellschaften bzw. ausländischer Betriebsstätten dürfte ein Verlust des deutschen Besteuerungsrechts resultieren, sofern mit dem entsprechenden Staat kein DBA bzw. ein DBA mit Anrechnungsmethode bestand. Im Falle eines DBAs mit Freistellungsmethode bestand dagegen bereits vor Verschmelzung kein deutsches Besteuerungsrecht, welches aufgrund der Verschmelzung ausgeschlossen oder beschränkt werden könnte. Sofern kein deutsches Betriebsstättenvermögen übertragen wird, dürfte ein **Buchwertantrag daher regelmäßig nicht möglich bzw. notwendig** sein, da das deutsche Besteuerungsrecht entweder verloren geht bzw. gar nicht bestand. 15.71

Eventuelle **steuerliche Verlustvorträge bzw. Zinsvorträge** der übertragenden deutschen Kapitalgesellschaft gehen aufgrund der Verschmelzung unter (§ 12 Abs. 3 Halbsatz 2 i.V.m. § 4 Abs. 2 Satz 2 UmwStG). 15.72

Im Falle einer (grenzüberschreitenden) **Verschmelzung einer EU-/EWR-Kapitalgesellschaft** auf die ausländische EU-/EWR-Zwischenholding ist § 11 UmwStG, soweit die übertragende Kapitalgesellschaft kein inländisches Vermögen hält, nicht relevant. 15.73

Bei Verschmelzung einer inländischen bzw. EU-/EWR-Kapitalgesellschaft auf die Schwester-EU-/EWR-Zwischenholding liegt aus **Sicht des deutschen Anteilseigners** eine Veräußerung der Anteile an der übertragenden Kapitalgesellschaft zum gemeinen Wert und eine Anschaffung der Anteile an der übernehmenden Zwischenholding zu diesem Wert vor, d.h. der Vorgang ist grundsätzlich steuerlich gewinnrealisierend, § 13 Abs. 1 UmwStG. Das UmwStG gewährt jedoch auf Antrag für den Anteilseigner die Buchwertfortführung, sofern (i) das Recht Deutschlands hinsichtlich der Besteuerung des Gewinns aus der Veräußerung der **erhaltenen Anteile an der übernehmenden ausländischen Zwischenholding** nicht ausgeschlossen oder beschränkt wird oder (ii) die **EU-Fusionsrichtlinie** einen Aufschub der Besteuerung gewährt[75] (§ 13 Abs. 2 Satz 1 UmwStG). 15.74

Deutschland dürfte in der Regel das Besteuerungsrecht an den Anteilen an der übernehmenden ausländischen Zwischenholding aufgrund des Art. 13 Abs. 5 OECD-MA zustehen. Etwas anderes dürfte 15.75

75 Vgl. Art. 8 der EU-Fusionsrichtlinie (Fn. 64).

nur in Sonderfällen gelten[76]. Dann käme jedoch grundsätzlich eine Anwendung der EU-Fusionsrichtlinie in Betracht. Voraussetzung für die Anwendung der EU-Fusionsrichtlinie ist dabei u.a., dass an der Verschmelzung zwei Kapitalgesellschaften (i.S.v. Art. 3 Buchst. a EU-Fusionsrichtlinie) aus zwei verschiedenen EU-Mitgliedstaaten beteiligt sind (Art. 1 Buchst. a der EU-Fusionsrichtlinie). Bei Anwendung der EU-Fusionsrichtlinie ist der Gewinn aus einer späteren Veräußerung der erhaltenen Anteile an der ausländischen Zwischenholding ungeachtet der Bestimmungen eines Abkommens zur Vermeidung der Doppelbesteuerung in der gleichen Art und Weise zu besteuern, wie die Veräußerung der Anteile an der verschmolzenen Kapitalgesellschaft zu besteuern gewesen wäre (§ 13 Abs. 2 Satz 2 Nr. 2 Halbsatz 2 UmwStG, Art. 8 Abs. 6 Fusionsrichtlinie)[77].

f) Spaltung nach § 15 UmwStG

15.76 Beteiligungen an (ausländischen) Kapitalgesellschaften und Personengesellschaften sowie (ausländisches) Betriebsstättenvermögen kann grundsätzlich auch im Rahmen einer **Spaltung (Auf- oder Abspaltung) von einer inländischen oder ausländischen Kapitalgesellschaft auf die ausländische Zwischenholding** übertragen werden.

15.77 Für den Fall der **Hinausspaltung** von Vermögen einer inländischen Kapitalgesellschaft auf eine ausländische (Zwischenholding-)Kapitalgesellschaft **fehlt** es gegenwärtig an einer **zivilrechtlichen Grundlage**. Das UmwG sieht in §§ 122a ff. lediglich grenzüberschreitende Verschmelzungen, nicht jedoch grenzüberschreitenden Spaltungen vor[78]. Daher wäre eine **grenzüberschreitende Hinausspaltung einer inländischen Kapitalgesellschaft** auf eine EU- bzw. EWR-Zwischenholdingkapitalgesellschaft nur unter Berufung auf europäisches Gemeinschaftsrecht möglich[79]. Die EU hat eine Richtlinie beschlossen, welche grenzüberschreitende Umwandlungen gesellschaftsrechtlich erleichtern soll[80]. Danach muss Deutschland künftig auch grenzüberschreitende Spaltungen unter Teilnahme deutscher Gesellschaften zulassen. Eine (grenzüberschreitende) Spaltung zweier ausländischer Kapitalgesellschaften richtet sich nach dem Zivilrecht des oder der jeweiligen Staaten.

15.78 Das **UmwStG** knüpft **sachlich** an Spaltungen nach dem UmwG bzw. vergleichbare ausländische Vorgänge an (§ 1 Abs. 1 Satz 1 Nr. 1 UmwStG). Gelangt man aufgrund einer europarechtskonformen Auslegung des UmwG dazu, dass die grenzüberschreitende Hinausspaltung einer inländischen Kapitalgesellschaft auf eine EU-/EWR-Kapitalgesellschaft zivilrechtlich möglich ist bzw. künftig durch Umsetzung der zuvor genannten EU-Richtlinie möglich wird, wäre auch das UmwStG sachlich anwendbar[81]. Gleiches gilt für ausländische Spaltungen, sofern der Vorgang mit einer inländischen Spaltung vergleichbar ist[82]. **Persönlich** müssen die an der Spaltung beteiligten Kapitalgesellschaften nach dem Recht eines EU- bzw. EWR-Staates gegründet sein und auch ihren Sitz und Ort der Geschäftsleitung in einem dieser Staaten haben (§ 1 Abs. 2 Satz 1 Nr. 1 UmwStG).

15.79 Die Vorschrift des § 15 UmwStG erlaubt grundsätzlich eine **steuerneutrale Übertragung von Teilbetrieben**. Als Teilbetrieb gilt dabei auch ein Mitunternehmeranteil oder die 100%ige Beteiligung an

---

76 Z.B. wenn die ausländische Zwischenholding (i) einer ausländischen Betriebsstätte des deutschen Anteilseigners zuzuordnen wäre, (ii) als Grundbesitzgesellschaft i.S.d. Art. 13 Abs. 4 OECD-MA qualifiziert oder (iii) das jeweilige DBA dem Ansässigkeitsstaat der Zwischenholding das Besteuerungsrecht für deren Anteile zugesteht (z.B. Art. 13 Abs. 3 DBA Tschechien).

77 Vgl. *Schroer* in Haritz/Menner/Bilitewski, § 13 UmwStG Rz. 44 ff.

78 Vgl. *Hörtnagl* in Schmitt/Hörtnagl/Stratz, § 1 UmwG Rz. 46 ff.

79 Vgl. *Veith* in Beck'sches Handbuch Umwandlungen international, S. 275 ff.

80 Vgl. Richtlinie 2017/1132/EU des Europäischen Parlaments und des Rates v. 14.6.2017 über bestimmte Aspekte des Gesellschaftsrechts, ABl. Nr. L 169 v. 30.6.2017, S. 46.

81 Vgl. *Wernicke* in Beck'sches Handbuch Umwandlungen international, S. 33.

82 Vgl. zur Vergleichbarkeit ausländischer Vorgänge: BMF-Schreiben v. 11.11.2011 – IV C 2 - S 1978-b/08/10001, BStBl. I 2011, 1314, Tz. 1.24 ff.

einer Kapitalgesellschaft. Nach dem sog. doppelten Teilbetriebserfordernis müssen bei der übertragenden Kapitalgesellschaft ein Teilbetrieb verbleiben und ein Teilbetrieb zur übernehmenden Kapitalgesellschaft übergehen (§ 15 Abs. 1 UmwStG). Unter diesen Voraussetzungen sind die §§ 11 bis 13 UmwStG für die Spaltung analog anwendbar. Insoweit wird auf die Ausführungen zur Verschmelzung zuvor verwiesen. Weiterhin enthält § 15 Abs. 2 UmwStG bestimmte Missbrauchsvorschriften, die zu beachten sind.

Bei einer Abspaltung mindern sich **Verlust- und Zinsvorträge** einer inländischen übertragenden Kapitalgesellschaft in dem Verhältnis, in dem bei Zugrundelegung des gemeinen Werts das Vermögen auf die übernehmenden ausländische Zwischenholding übergeht (§ 15 Abs. 3 UmwStG). Bei einer Aufspaltung geht die übertragende inländische Kapitalgesellschaft unter und damit sämtliche Verlust- und Zinsvorträge verloren[83]. 15.80

g) Sitzverlegung ins Ausland und grenzüberschreitender Formwechsel

aa) Möglichkeiten der Sitzverlegung

Eine ausländische Zwischenholding kann ebenfalls etabliert werden, indem eine bereits **bestehende inländische Zwischenholding** ihren **Sitz ins Ausland verlegt** und dort steuerlich ansässig wird. Hinsichtlich der Sitzverlegung einer Kapitalgesellschaft ist zwischen der Verlegung des Satzungssitzes und des Verwaltungssitzes zu unterscheiden. Unter dem **Verwaltungssitz** versteht man den Tätigkeitsort der Geschäftsführung, d.h. der Ort an dem die laufenden Geschäftsführungsakte umgesetzt werden[84]. Der Verwaltungssitz entspricht dem Ort der Geschäftsleitung i.S.d. § 10 AO[85]. Der **Satzungssitz** ist der Ort, den die Gesellschaftssatzung bestimmt, d.h. an dem die Gesellschaft in das zuständige Register eingetragen ist[86]. Der Satzungssitz entspricht dem Sitz in § 11 AO. 15.81

Seit der Modernisierung des deutschen Gesellschaftsrechts durch das MoMiG[87] müssen deutsche GmbHs und AGs ihren Verwaltungssitz nicht mehr zwingend dort haben, wo sich ihr Satzungssitz befindet, d.h. **GmbHs und AGs** dürfen ihren **Verwaltungssitz, d.h. den Ort der Geschäftsleitung ins Ausland verlegen**[88]. Damit wollte der Gesetzgeber die deutschen Rechtsformen attraktiver machen. Eine europarechtliche Notwendigkeit hierfür bestand jedoch nicht, da der EuGH in den Urteilen zu „Daily Mail" und „Cartesio" entschieden hatte, dass es mit der Niederlassungsfreiheit vereinbar ist, wenn ein Mitgliedstaat es einer nach seinem Recht gegründeten Gesellschaft verwehrt, ihren Verwaltungssitz in einen anderen Mitgliedstaat zu verlegen[89]. Eine **Verlegung des Satzungssitzes** einer GmbH bzw. AG ins Ausland ist dagegen **nicht möglich**, ohne die Identität als deutsche GmbH bzw. AG zu verlieren[90].

bb) Verlegung des Orts der Geschäftsleitung einer inländischen GmbH bzw. AG ins Ausland

Eine deutsche GmbH bzw. AG kann jedoch ihren Verwaltungssitz, d.h. den Ort ihrer Geschäftslei- 15.82
tung unter Wahrung ihrer gesellschaftsrechtlichen Identität ins Ausland verlegen. Die Kapitalgesell-

83 Vgl. *Klingberg* in Blümich, EStG/KStG/GewStG, § 15 UmwStG Rz. 125 f.
84 Vgl. *Sagasser/Clasen* in Sagasser/Bula/Brünger, Umwandlungen, § 32 Rz. 74.
85 Vgl. *Rubner/Leuering*, NJW-Spezial 2012, 527 (527).
86 Vgl. *Michalski/Funke* in Michalski, Band 1, GmbH, Abschnitt 1, B. Rz. 3 f.
87 Vgl. Gesetz zur Modernisierung des GmbH-Rechts und zur Bekämpfung von Missbräuchen (MoMiG) v. 23.10.2008, BGBl. I 2008, 2026.
88 Die bis dahin in den § 4a Abs. 2 GmbHG und § 5 Abs. 2 AktG geregelten Beschränkungen wurden aufgehoben.
89 Vgl. *Wicke*, DStR 2012, 1756 (1756); *Friedl* in Beck'sches Handbuch Umwandlungen international, S. 48 f.; EuGH v. 27.9.1988 – 81/87, ECLI:EU:C:1988:456 – Daily-Mail, DB 1989, 269; EuGH v. 16.12. 2008 – C-210/06, ECLI:EU:C:2008:723 – Cartesio, NJW 2009, 569.
90 Vgl. *Wicke*, DStR 2012, 1756 (1756); *Sagasser/Clasen* in Sagasser/Bula/Brünger, Umwandlungen, § 32 Rz. 89; *Jacobs/Endres/Spengel*, Internationale Unternehmensbesteuerung, S. 1183.

schaft wäre folglich **doppelt ansässig**, d.h. der Ort der Geschäftsleitung nach § 10 AO wäre im Ausland, der Satzungssitz nach § 11 AO dagegen im Inland. Daher wird grundsätzlich eine unbeschränkte Steuerpflicht in zwei Staaten vorliegen. Das frühere OECD-MA und so auch die meisten deutschen DBA weisen nach Art. 4 Abs. 3 in diesem Fall die Ansässigkeit dem Staat zu, in dem der Ort der Geschäftsleitung liegt. Sofern im Inland keine Betriebsstätte zurückbleibt, steht dem ausländischen Ansässigkeitsstaat der weggezogenen Gesellschaft das alleinige Besteuerungsrecht für deren Unternehmensgewinne zu (Art. 7 Abs. 1 OECD-MA). Das OECD-MA 2017 dagegen sieht in Art. 4 Abs. 3 vor, dass in Fällen der Doppeltansässigkeit zur Bestimmung der DBA-rechtlichen Ansässigkeit ein Verständigungsverfahren durchzuführen ist sowie, dass ohne ein solches Verständigungsverfahren die entsprechende Gesellschaft nicht abkommensberechtigt ist[91].

15.83 Die Verlegung des Orts der Geschäftsleitung ins Ausland wird jedoch in der Regel zu **steuerlichen Konsequenzen im Inland** führen. Bei Verlegung des Orts der Geschäftsleitung in einen anderen EU- bzw. EWR-Staat kommt die Vorschrift des § 12 Abs. 1 KStG zum Tragen[92]. Danach gilt der Ausschluss oder die Beschränkung des deutschen Besteuerungsrechts hinsichtlich des Gewinns aus der Veräußerung eines Wirtschaftsgutes als **Veräußerung des Wirtschaftsguts zum gemeinen Wert** (sog. Entstrickung). Davon ist insbesondere auszugehen, wenn ein bisher einer inländischen Betriebsstätte einer Kapitalgesellschaft zuzuordnendes Wirtschaftsgut einer ausländischen Betriebsstätte dieser Kapitalgesellschaft zuzuordnen ist (§ 12 Abs. 1 Satz 1 und 2 KStG). Verlegt eine inländische Holdinggesellschaft den Ort ihrer Geschäftsleitung ins Ausland und verbleibt im Inland keine Betriebsstätte zurück, sind die Wirtschaftsgüter der Gesellschaft, d.h. vorliegend insbesondere (ausländische) **Beteiligungen an anderen Kapitalgesellschaften**, künftig einer ausländischen Betriebsstätte zuzuordnen. Das Ausland hat dann im DBA-Fall künftig das alleinige Besteuerungsrecht an den Anteilen (Art. 4 Abs. 3, Art. 7, Art. 13 Abs. 5 OECD-MA). Nach Auffassung der Finanzverwaltung führt dies zur Entstrickungsbesteuerung nach § 12 Abs. 1 KStG aufgrund des Verlusts des deutschen Besteuerungsrechts. In der Regel dürften effektiv 5 % des fingierten Veräußerungsgewinn der Besteuerung mit Körperschaftsteuer und Gewerbesteuer unterliegen (§ 8b Abs. 2 und 3 KStG)[93]. Im Falle einer **ausländischen Betriebsstätte**, welche von der wegziehenden Kapitalgesellschaft gehalten wird, käme es nur dann zu einer Entstrickungsbesteuerung, wenn zuvor ein deutsches Besteuerungsrecht bestand, d.h. nur im Falle einer Anrechnungs-, nicht dagegen im Falle einer Freistellungsbetriebsstätte[94].

15.84 Im Falle der Entstrickung besteht die Möglichkeit den Gewinn aus der fingierten Veräußerung von Wirtschaftsgütern des Anlagevermögens gleichmäßig auf das Wirtschaftsjahr der Entstrickung sowie die folgenden vier Wirtschaftsjahre durch Bildung und Auflösung eines **Ausgleichspostens** zu verteilen. Im Falle einer tatsächlichen Realisation der stillen Reserven im Ausland ist der Ausgleichsposten vorzeitig aufzulösen. Die Möglichkeit besteht jedoch nur im Falle des **Wegzugs in die EU- bzw. EWR-Staaten**[95] (§ 12 Abs. 1 Satz 1 Halbsatz 2 KStG i.V.m. § 4g EStG). Lange war fraglich, ob die sofortige Einziehung der Steuer aufgrund der Entstrickung bzw. die Verteilung des Gewinns und damit der Steuer auf fünf Jahre nach § 4g EStG im Einklang mit der europäischen Niederlassungsfreiheit

91 Das Multilaterale Instrument der OECD sieht vor, dass die bisherige Tie-Breaker-Rule, wonach der Ort der Geschäftsleitung für die abkommensrechtliche Ansässigkeit maßgebend ist, durch ein Verständigungsverfahren ersetzt wird. Diese Änderung ist jedoch optional und wird durch Deutschland wohl nicht angewendet werden mit der Folge, dass sich die deutschen DBA in diesem Punkt zunächst nicht ändern.

92 Vgl. *Geerling* in Haritz/Menner/Bilitewski, UmwStG, Anhang, Sitzverlegung ins Ausland Rz. 21.

93 Vgl. *Geerling* in Haritz/Menner/Bilitewski, UmwStG, Anhang, Sitzverlegung ins Ausland Rz 41.

94 Vgl. *Sagasser/Clasen* in Sagasser/Bula/Brünger, Umwandlungen, § 32 Rz. 118.

95 Das Gesetz nennt explizit nur EU-Staaten. Es ist jedoch davon auszugehen, dass dies auch für EWR-Fälle gilt, da hier die Grundfreiheiten ebenso Anwendung finden. Vgl. *Geerling* in Haritz/Menner/Bilitewski, UmwStG, Anhang, Sitzverlegung ins Ausland Rz. 62; *Frotscher* in Frotscher/Drüen, § 12 KStG Rz. 54 ff.

steht. Mit Urteil vom 21.5.2015 sah der EuGH eine entsprechende Verteilung der Steuer auf 5 Jahre als europarechtskonform an[96].

Verlegt eine inländische GmbH oder AG den **Ort der Geschäftsleitung in einen Drittstaat**, d.h. außerhalb der EU oder des EWR, und ist sie nach der Verlegung auch abkommensrechtlich in einem Drittstaat (nach Art. 4 Abs. 3 OECD-MA) ansässig, ist die Vorschrift des § 11 KStG über die Liquidationsbesteuerung entsprechend anzuwenden. An die Stelle des zur Verteilung kommenden Vermögens tritt der gemeine Wert des vorhandenen Vermögens (§ 12 Abs. 3 KStG). Nach der Vorschrift werden nicht nur die stillen Reserven einer Besteuerung unterworfen, für die Deutschland aufgrund einer Entstrickung das Besteuerungsrecht verliert, sondern auch die stillen Reserven in Wirtschaftsgütern, für die das Besteuerungsrecht erhalten bleibt, z.B. weil sie einer inländischen Betriebsstätte zuzuordnen sind[97]. Die Möglichkeit der Bildung eines Ausgleichspostens nach § 4g EStG besteht nicht. 15.85

Aus Sicht des **deutschen Anteilseigners** der inländischen Kapitalgesellschaft, die ins Ausland (EU, EWR oder Drittstaat) verlegt wird, stellt sich die Frage, ob es hier zu einer steuerlichen Entstrickung der Anteile aufgrund der geänderten abkommensrechtlichen Ansässigkeit der Gesellschaft kommt. Dies dürfte in der Regel nicht der Fall sein, da das OECD-MA grundsätzlich dem Ansässigkeitsstaat des Anteilseigners das Besteuerungsrecht für die Anteile nach Art. 13 Abs. 5 OECD-MA zuweist[98]. Etwas anders gilt nur in bestimmten Sonderfällen, z.B. wenn das entsprechende DBA dem Ansässigkeitsstaat der Kapitalgesellschaft das Besteuerungsrecht für deren Anteile zugesteht (z.B. Art. 13 Abs. 3 DBA Tschechien). Dann fände ebenso eine Entstrickungsbesteuerung statt (§ 4 Abs. 1 Satz 3 EStG bzw. § 12 Abs. 1 KStG). 15.86

Eine ausländische Zwischenholding in Form einer **doppelt ansässigen deutschen GmbH oder AG** wirft jedoch in der laufenden Besteuerung **verschiedene Fragen** auf. Vgl. hierzu Rz. 15.119 ff. 15.87

cc) Grenzüberschreitender Formwechsel einer inländischen GmbH bzw. AG

Wie zuvor dargelegt, ist die Verlegung des Verwaltungssitzes einer GmbH oder AG ins Ausland möglich. Es ist jedoch nicht zulässig, den Satzungssitz ins Ausland zu verlegen, ohne die Identität als deutsche GmbH oder AG zu verlieren. Nach dem EuGH-Urteil „Vale“[99] sowie „Polbud“[100] sollte es jedoch aufgrund des europäischen Primärrechts grundsätzlich für eine deutsche GmbH oder AG möglich sein, durch die **Verlegung des Satzungssitzes** in einen anderen EU- bzw. EWR-Staat einen **Formwechsel** durchzuführen und eine **Rechtsform des ausländischen Ziellandes** anzunehmen. 15.88

Bereits im Urteil zur Rechtssache „Cartesio“[101] hatte der EuGH entscheiden, dass der **Wegzugsstaat** im Falle der Verlegung des Verwaltungssitzes und des Satzungssitzes einer Gesellschaft ins EU-/EWR-Ausland der Gesellschaft zwar den heimischen Gesellschaftsstatus entziehen darf, die Gesellschaft jedoch **nicht auflösen und liquidieren** darf[102]. Nach dem Urteil zu „Vale“ und „Polbud“ folgt nun, dass der **Zuzugsstaat** die Möglichkeit der Annahme einer lokalen Rechtsform, d.h. einen **Formwechsel**, für Gesellschaften anderer Mitgliedstaaten zulassen muss, wenn und soweit er dies für seine eigenen Rechtsträger zulässt[103]. Sind diese Voraussetzungen erfüllt, so ist ein identitätswah- 15.89

96 Vgl. EuGH v. 21.5.2015 – C-657/13, ECLI:EU:C:2015:331 – Verder LabTec GmbH & Co. KG, DStR 2015, 1166.
97 Vgl. *Geerling* in Haritz/Menner/Bilitewski, UmwStG, Anhang, Sitzverlegung ins Ausland Rz. 76.
98 Vgl. *Geerling* in Haritz/Menner/Bilitewski, UmwStG, Anhang, Sitzverlegung ins Ausland Rz. 71 f.
99 Vgl. EuGH v. 12.7.2012 – C-378/10, ECLI:EU:C:2012:440 – Vale, BB 2012, 2069.
100 Vgl. EuGH v. 25.10.2017 – C-106/16, ECLI:EU:C:2017:804 – Polbud, ZIP 2017, 1319 = EuZW 2017, 906.
101 Vgl. EuGH v. 16.12.2008 – C-210/06, ECLI:EU:C:2008:723 – Cartesio, NJW 2009, 569.
102 Vgl. *Schönhaus/Müller*, IStR 2013, 174 (176); *Wicke*, DStR 2012, 1756 (1757).
103 Vgl. *Ege/Klett*, DStR 2012, 2442 (2442).

render grenzüberschreitender Formwechsel in eine Rechtsform eines anderes EU-/EWR-Staates möglich. Die formwechselnde Gesellschaft wird dabei nicht aufgelöst, d.h. sie bleibt Trägerin von Rechten und Pflichten, ohne dass eine rechtsgeschäftliche oder gesetzliche Einzel- oder Gesamtrechtsnachfolge notwendig ist[104]. Folglich kann eine inländische Zwischenholding in der Rechtsform einer GmbH oder AG mit Sitz und Ort der Geschäftsleitung im Inland in eine **ausländische Zwischenholding** mit einer **Rechtsform eines EU- bzw. EWR-Staates** und Sitz und Ort der Geschäftsleitung im EU- bzw. EWR-Ausland formgewechselt werden. Noch sieht jedoch das deutsche UmwG keine Regelungen zum grenzüberschreitenden Formwechsel vor, so dass die praktische Umsetzung bis zu einer gesetzlichen Neuregelung mit Unsicherheiten behaftet bleibt[105].

15.90 Erfolgt der Formwechsel aus einer GmbH bzw. AG in die Rechtsform einer Kapitalgesellschaft eines anderen EU- bzw. EWR-Staates und damit rechtsformkongruent, ergeben sich die **steuerlichen Folgen des Formwechsels** aus den § 12 Abs. 1 KStG (Verlust oder Beschränkung des deutschen Besteuerungsrechts) sowie § 4g EStG (Bildung eines Ausgleichspostens)[106]. Vgl. hierzu jeweils Rz. 15.83 ff.

dd) Sitzverlegung einer Europäischen Gesellschaft (SE) ins Ausland

15.91 Bei der Europäischen Gesellschaft (Societas Europaea oder kurz SE) handelt es sich um eine europäische Form der Aktiengesellschaft, die immer weitere Verbreitung findet (vgl. im Detail hierzu § 18). Eine SE muss ihren **Satzungssitz und Verwaltungssitz** immer **im gleichen EU- bzw. EWR-Staat** haben (Art. 7 Satz 1 SE-VO[107]) haben[108]. Die SE kann ihren Sitz, d.h. den **Satzungs- und Verwaltungssitz in einen anderen EU- bzw. EWR-Staat verlegen**, ohne dass sie dadurch aufgelöst wird bzw. eine neue juristische Person gegründet wird. Damit kann die SE ihren Sitz identitätswahrend in einen anderen EU- bzw. EWR-Staat verlegen (Art. 8 Abs. 1 SE-VO)[109]. Ein Wegzug in einen Drittstaat außerhalb der EU bzw. des EWR unter Beibehaltung der Rechtsform der SE ist dagegen nicht möglich[110]. Existiert folglich bereits eine inländische Zwischenholding in der Rechtsform einer SE kann diese in einen anderen EU- bzw. EWR-Staat verlegt werden.

15.92 Da die Sitzverlegung einer SE immer die Verlegung des Orts der Geschäftsleitung und des Satzungssitzes zur Folge hat, **endet** aufgrund der Verlegung deren **unbeschränkte Körperschaftsteuerpflicht** in Deutschland. Wie bei der Verlegung des Orts der Geschäftsleitung einer GmbH oder AG, kommt auch im Falle der Sitzverlegung einer SE ins EU- bzw. EWR-Ausland die **Entstrickungsbesteuerung** des § 12 Abs. 1 KStG zum Tragen. Damit findet bei Wegzug eine Besteuerung der stillen Reserven in den Wirtschaftsgütern statt, an denen das deutsche Besteuerungsrecht verloren geht bzw. eingeschränkt wird. Im Falle einer Holdinggesellschaft dürften dies insbesondere stille Reserven in Beteiligungen bzw. in Wirtschaftsgütern ausländischer Anrechnungsbetriebsstätten sein[111]. Ebenfalls besteht die Möglichkeit den Entstrickungsgewinn durch Ausgleichspostenbildung nach § 4g EStG über fünf Jahre zu verteilen. Vgl. hierzu jeweils Rz. 15.83 ff.[112].

15.93 Eine Besonderheit besteht bei der SE allerdings für eine **mögliche Entstrickung der Anteile an der SE auf Ebene des Anteilseigners**. Hier verbietet die EU-Fusionsrichtlinie nach Art. 10d eine sofor-

---

104 Vgl. *Schönhaus/Müller*, IStR 2013, 174 (176).
105 Vgl. *Ege/Klett*, DStR 2012, 2442 (2443 ff.); *Rubner/Leuering*, NJW-Spezial 2012, 527 (528).
106 Vgl. *Schönhaus/Müller*, IStR 2013, 174 (178).
107 Vgl. Verordnung (EG) Nr. 2157/2001 des Rates v. 8.10.2001 über das Statut der Europäischen Gesellschaft (SE), ABl. Nr. L 294 v. 10.11.2001, S. 1, zuletzt geändert durch Art. 1 Abs. 1 Buchst. c ÄndVO (EU) 517/2013 v. 13.5.2013 (SE-VO), ABl. Nr. L 158 v. 10.6.2013, S. 1.
108 Vgl. *Sagasser/Clasen* in Sagasser/Bula/Brünger, Umwandlungen, § 32 Rz. 3 ff.
109 Vgl. *Friedl* in Beck'sches Handbuch Umwandlungen international, S. 49.
110 Vgl. *Sagasser/Clasen* in Sagasser/Bula/Brünger, Umwandlungen, § 32 Rz. 3.
111 Vgl. *Geerling* in Haritz/Menner/Bilitewski, UmwStG, Anhang, Sitzverlegung ins Ausland Rz. 29 f.
112 Vgl. zur Europarechtswidrigkeit der Entstrickungsbesteuerung bei der SE auch: *Körner*, IStR 2009, 741 (747).

tige Besteuerung des Veräußerungsgewinns des Anteilseigners. Folglich sieht § 12 Abs. 1 Satz 1 Halbsatz 2 KStG i.V.m. § 4 Abs. 1 Satz 5 EStG eine Ausnahme von der sofortigen Entstrickungsbesteuerung vor. Im Falle einer späteren tatsächlichen Veräußerung der Anteile an der SE besteuert Deutschland auch dann, wenn das deutsche Besteuerungsrecht nach DBA ausgeschlossen ist (§ 12 Abs. 1 Satz 1 Halbsatz 2 KStG i.V.m. § 15 Abs. 1a EStG)[113]. Da das deutsche Besteuerungsrecht bei einem inländischen Anteilseigner jedoch in der Regel aufgrund des Art. 13 Abs. 5 OECD-MA nicht eingeschränkt werden dürfte, hat die Vorschrift vorliegend eher geringe Bedeutung.

IV. Die laufende Besteuerung der ausländischen Zwischenholding

1. Laufende Besteuerung nach dem Steuerrecht des ausländischen Holdingstandorts

Obwohl die Bildung und die Beendigung einer ausländischen Holdinggesellschaft erhebliche steuerliche Auswirkungen haben können, gilt in der Praxis bei einem Standortvergleich regelmäßig der laufenden Besteuerung die größte Aufmerksamkeit. Diese Sichtweise ist jedenfalls dann gerechtfertigt, wenn die ausländische Holdinggesellschaft als **Dauerlösung** etabliert werden soll. Die maßgeblichen Kriterien, die ein Land aus steuerlicher Sicht als geeigneten Holdingstandort qualifizieren, sind unter Rz. 15.9 ff. aufgeführt. Im Kapitel § 16 sind verschiedene Jurisdiktionen vor diesem Hintergrund dargestellt. 15.94

Die laufende Besteuerung der ausländischen Zwischenholding darf jedoch nicht nur aus Sicht des Ansässigkeitsstaats der Holding betrachtet werden. Relevant ist ebenfalls die **steuerliche Behandlung aus Sicht der ausländischen Tochtergesellschaften der Holding**, z.B. im Hinblick auf die Gewährung von Quellensteuerreduktionen nach einem DBA oder eine EU-Richtlinie (vgl. Rz. 15.34 ff.). Darüber hinaus ist die laufende Besteuerung der ausländischen Zwischenholding auch aus **Sicht des deutschen Steuerrechts** und des deutschen Anteilseigners zu berücksichtigen. 15.95

2. Deutsche außensteuerliche Aspekte

a) Voraussetzungen der Hinzurechnungsbesteuerung

Wird eine ausländische Zwischenholding mit Sitz und Ort der Geschäftsleitung im Ausland unmittelbar oder mittelbar **zu mehr als 50 % von im Inland unbeschränkt Steuerpflichtigen** gehalten und erzielt die ausländische Zwischenholding sog. **niedrig besteuerte passive Einkünfte**, so erfolgt bei den unbeschränkt Steuerpflichtigen im Inland eine Hinzurechnungsbesteuerung (§§ 7 ff. AStG). Dies gilt ebenso für ausländische Gesellschaften, die der ausländischen Zwischenholding nachgeordnet sind (§ 14 AStG). Die Hinzurechnungsbesteuerung findet jedoch keine Anwendung für ausländische Zwischenholdings bzw. dieser nachgeordnete ausländische Gesellschaften mit Sitz und Ort der Geschäftsleitung in der EU bzw. dem EWR, soweit nachgewiesen wird, dass die Zwischenholding in diesem Staat einer tatsächlichen wirtschaftlichen Tätigkeit nachgeht (§ 8 Abs. 2 AStG). Vgl. hierzu auch Rz. 15.27 ff. 15.96

Eine niedrige Besteuerung liegt vor, wenn die Einkünfte der ausländischen Gesellschaft einer Belastung durch **Ertragsteuern von weniger als 25 %** unterliegen, ohne dass dies auf einem Verlustausgleich beruht (§ 8 Abs. 3 Satz 1 AStG). Für die Ermittlung der Ertragssteuerbelastung sind die tatsächlich auf die passiven Einkünfte entrichteten Ertragsteuern den errechneten passiven Einkünften gegenüberzustellen[114]. Die passiven Einkünfte sind dabei nach deutschen Einkünfteermittlungsvorschriften unter Anwendung des § 10 Abs. 3 AStG, welcher z.B. die Anwendung der §§ 8a und 8b

113 Vgl. *Jacobs/Endres/Spegel*, Internationale Unternehmensbesteuerung, S. 184 oder 1185; *Pfirmann* in Blümich, EStG/KStG/GewStG, § 12 KStG Rz. 70 f.

114 Vgl. *Kraft* in Kraft, § 8 AStG Rz. 901.

KStG ausschließt, zu bestimmen[115]. Eine ausländische Gesellschaft, die Zwischeneinkünfte erzielt, wird nicht deshalb niedrig besteuert, weil ihre Einkünfte im Rahmen einer **Gruppenbesteuerung** bei einer anderen Gesellschaft besteuert werden[116].

b) Hinzurechnung passiver Einkünfte

15.97 Als **passiv** sind alle Einkünfte zu qualifizieren, die **nicht im Aktivkatalog** des § 8 Abs. 1 AStG enthalten bzw. den dort genannten Tatbeständen nicht funktional zuzuordnen sind. Die Vorschrift enthält eine abschließende Aufzählung der aktiven Einkünfte, welche nicht unter die Hinzurechnungsbesteuerung fallen. Im Folgenden sollen die **typischen Einkünfte einer ausländischen Zwischenholding** vor dem Hintergrund der außensteuerlichen Qualifikation betrachtet werden:

- **Gewinnausschüttungen von Kapitalgesellschaften**, welche die ausländische Zwischenholding erzielt, sind stets **aktive Einkünfte** und unterliegen nicht der Hinzurechnungsbesteuerung (§ 8 Abs. 1 Nr. 8 AStG). Dies gilt sowohl für offene als auch für verdeckte Gewinnausschüttungen und unabhängig davon, wie hoch die Beteiligung an der ausschüttenden Kapitalgesellschaft ist und welchen Aktivitäten sie nachgeht[117].
- **Gewinne aus der Veräußerung von Anteilen an Kapitalgesellschaften** (sowie aus deren Auflösung oder der Herabsetzung ihres Kapitals) sind **grundsätzlich aktiv**, soweit nachgewiesen wird, dass der Gewinn nicht Wirtschaftsgütern der veräußerten Kapitalgesellschaft oder Wirtschaftsgütern von Tochtergesellschaften der veräußerten Kapitalgesellschaft zuzuordnen ist, welche der Erzielung von sog. **Zwischeneinkünften mit Kapitalanlagecharakter** nach § 7 Abs. 6a AStG dienen (§ 8 Abs. 1 Nr. 9 AStG). Zwischeneinkünfte mit Kapitalanlagecharakter sind Einkünfte, die aus dem Halten, der Verwaltung, Werterhaltung oder Werterhöhung von Zahlungsmitteln, Forderungen, Wertpapieren oder ähnlichen Vermögenswerten stammen. Hierbei ist strittig, ob nur auf unmittelbare Tochtergesellschaften oder auch Enkelgesellschaften, etc. abzustellen ist sowie ob es darauf ankommt, dass die Tochter- und Enkelgesellschaften ebenfalls niedrig besteuert sind[118]. Ein möglicher Veräußerungsgewinn lässt sich jedoch grundsätzlich durch eine vorherige aktive Gewinnausschüttung mindern[119]. **Veräußerungsverluste** sind spiegelbildlich für Hinzurechnungsbesteuerungszwecke zu berücksichtigen, wenn sie auf Wirtschaftsgüter der veräußerten Kapitalgesellschaft zurückzuführen sind, die der Erzielung von Zwischeneinkünften mit Kapitalanlagecharakter dienen (§ 8 Abs. 1 Nr. 9 Satz 2 Halbsatz 3 AStG).
- **Gewinne aus Umwandlungen** sind **aktiv**, sofern sie ungeachtet der persönlichen Anwendungsvoraussetzungen des UmwStG nach § 1 Abs. 2 und 4 zu Buchwerten erfolgen könnten. Dies gilt jedoch nicht, soweit die Umwandlung den Anteil an einer Kapitalgesellschaft erfasst, deren Wirtschaftsgüter der Erzielung von **Zwischeneinkünften mit Kapitalanlagecharakter** dienen (§ 8 Abs. 1 Nr. 10 AStG). Aktiv sind daher alle Umwandlungen i.S.d. UmwStG, unabhängig davon, ob die beteiligten Rechtsträger im EU-/EWR-Raum ansässig sind, sofern die Umwandlung zu Buchwerten möglich wäre, ohne dass sie tatsächlich auch zu Buchwerten erfolgen muss und soweit kein Anteil an einer Kapitalgesellschaft erfasst ist, deren Wirtschaftsgüter der Erzielung von Zwischeneinkünften mit Kapitalanlagecharakter dienen[120].
- **Zinseinkünfte** aus der Finanzierung anderer Gesellschaften sind, sofern sie nicht funktional einer aktiven Tätigkeit zuzuordnen sind, **grundsätzlich passiv**. Dies gilt jedoch nicht im Falle der Aufnahme und darlehensweisen Vergabe von Kapital, für das der Steuerpflichtige nachweist, dass es ausschließlich auf ausländischen Kapitalmärkten und nicht bei einer ihm oder der ausländischen

115 Vgl. *Kraft* in Kraft, § 8 AStG Rz. 900; BMF-Schreiben v. 14.5.2004 – IV B 4 - S 1340 – 11/04, BStBl. I Sondernr. 1, 3, Tz. 8.3.2.1. i.V.m. 10.1.1.
116 Vgl. BMF-Schreiben v. 14.5.2004 – IV B 4 - S 1340 – 11/04, BStBl. I Sondernr. 1, 3, Tz. 8.3.2.1.
117 Vgl. *Vogt* in Blümich, EStG/KStG/GewStG, § 8 AStG Rz. 91; *Rödel* in Kraft, § 8 AStG Rz. 494.
118 Vgl. hierzu *Schaden/Dieterlen*, IStR 2011, 290.
119 Vgl. *Lehfeldt* in Strunk/Kaminski/Köhler, AStG/DBA-Kommentar, § 8 AStG Rz. 178.
120 Vgl. zur Regelung im Detail: *Schnitger*, IStR 2010, 265.

Gesellschaft nahestehenden Person aufgenommen wurde und aktiv tätigen ausländischen Betrieben oder Betriebsstätten oder inländischen Betriebsstätten überlassen wird (§ 8 Abs. 1 Nr. 7 AStG).

- **Lizenzeinkünfte** sind ebenfalls **grundsätzlich passiv**, es sei denn der Steuerpflichtige weist nach, dass die ausländische Gesellschaft die Ergebnisse eigener Forschungs- oder Entwicklungsarbeit auswertet, die ohne Mitwirkung eines Steuerpflichtigen, der gem. § 7 AStG an der Gesellschaft beteiligt ist, oder einer einem solchen Steuerpflichtigen nahestehenden Person unternommen worden ist (§ 8 Abs. 1 Nr. 6 Buchst. a AStG).
- **Einkünfte aus transparenten Personengesellschaften bzw. Betriebsstätten** der ausländischen Zwischenholding sind aktiv, soweit diese auf aktive Tätigkeiten zurückzuführen sind, z.B. der Herstellung, Bearbeitung, Verarbeitung oder Montage von Sachen, der Erzeugung von Energie sowie dem Aufsuchen und der Gewinnung von Bodenschätzen (§ 8 Abs. 1 Nr. 2 AStG), dem Handel oder Dienstleistungen, soweit nicht eine schädliche Mitwirkung eines nahestehenden unbeschränkt Steuerpflichtgen vorliegt (§ 8 Abs. 1 Nr. 4 und 5 AStG).

Einkünfte, die für sich betrachtet als passiv qualifizieren, sind jedoch dann aktiv, wenn sie einem der Tatbestände des § 8 Abs. 1 AStG funktional zuzuordnen sind. Nach der **funktionalen Betrachtungsweise** sind wirtschaftlich zusammengehörige Tätigkeiten einheitlich zu subsumieren, wenn die Tätigkeiten Ausfluss einer einheitlichen wirtschaftlichen Funktionsausübung sind. Dabei ist die Tätigkeit maßgebend, auf der das wirtschaftliche Schwergewicht liegt[121]. Für sich betrachtet passive Einkünfte einer ausländischen Gesellschaft die Vor-, Neben- oder Folgeerträge der eigentlichen aktiven Haupttätigkeit darstellen, sind aufgrund des wirtschaftlichen Zusammenhangs daher ebenso als aktiv zu beurteilen[122]. 15.98

In Folge dessen sind z.B. **Zinserträge** aus der Anlage von vereinnahmten aktiven Gewinnausschüttungen oder Zinserträge aus Liquidität, welche für den Erwerb von Beteiligungen oder Kapitalerhöhungen bereitgehalten wird, ebenso als aktiv zu qualifizieren, da sie funktional zu Einkünften aus Gewinnausschüttungen von Kapitalgesellschaften nach § 8 Abs. 1 Nr. 8 AStG gehören[123]. Ihre Grenze findet die Zuordnung von Zinserträgen zu aktiven Einkünften jedoch dort, wo die Reservenbildung nicht mehr durch operative Erfordernisse gerechtfertigt werden kann und in eine Kapitalanlage- und Finanzierungstätigkeit mündet[124]. Die funktionale Betrachtungsweise gilt auch für die **Zuordnung von Aufwendungen**. So sind z.B. Schuldzinsen für ein Darlehen zum Erwerb einer Beteiligung ebenso als aktiv zu qualifizieren, da sie mit aktiven Gewinnausschüttungen Sinne des § 8 Abs. 1 Nr. 8 AStG in wirtschaftlichem Zusammenhang stehen[125]. 15.99

Sind die Voraussetzungen für die Hinzurechnungsbesteuerung erfüllt, werden die **passiven niedrig besteuerten Einkünfte** der ausländischen Zwischenholding dem deutschen Anteilseigner entsprechend seiner Beteiligungsquote hinzugerechnet (§ 7 Abs. 1 und § 10 Abs. 1 AStG). Dies gilt auch für mögliche passive niedrig besteuerte Einkünfte von ausländischen Tochtergesellschaften der ausländischen Zwischenholding (§ 14 AStG). Dabei findet zunächst eine Zurechnung dieser Einkünfte der Tochtergesellschaft zur ausländischen Obergesellschaft statt. Dabei können auf Ebene der Obergesellschaft positive und negative niedrig besteuerte passive Einkünfte aller Gesellschaften ausgeglichen werden; es findet eine **steuerliche Konsolidierung** statt[126]. Auch vor diesem Hintergrund kann 15.100

121 Vgl. BFH v. 16.5.1990 – I R 16/88, BStBl. II 1990, 1049 = GmbHR 1991, 135; BFH v. 15.9.2004 – I R 102-104/03, IStR 2005, 567; *Scheidle*, IStR 2007, 287 (288); *Lehfeldt* in Strunk/Kaminski/Köhler, AStG/DBA-Kommentar, § 8 AStG Rz. 15; BMF-Schreiben v. 14.5.2004 – IV B 4 - S 1340 – 11/04, BStBl. I Sondernr. 1, 3, Tz. 8.0.2.

122 Vgl. *Rödel* in Kraft, § 8 AStG Rz. 40.

123 Vgl. *Rödel* in Kraft, § 8 AStG Rz. 54.

124 Vgl. *Lehfeldt* in Strunk/Kaminski/Köhler, AStG/DBA-Kommentar, § 8 AStG Rz. 18.

125 Vgl. BMF-Schreiben v. 14.5.2004 – IV B 4 - S 1340 – 11/04, BStBl. I Sondernr. 1, 3, Tz. 8.1.8.

126 Vgl. *Protzen* in Kraft, § 14 AStG Rz. 134; *Vogt* in Blümich, EStG/KStG/GewStG, § 14 AStG Rz. 17 und 24; BMF-Schreiben v. 14.5.2004 – IV B 4 - S 1340 – 11/04, BStBl. I Sondernr. 1, 3, Tz. 14.1.6.

die Einschaltung einer ausländischen Zwischenholding interessant sein. Würden zwei ausländische Gesellschaften direkt von einer deutschen Muttergesellschaft gehalten und erzielt eine Gesellschaft positive niedrig besteuerte passive Einkünfte, die andere Gesellschaft aber negative niedrig besteuerte passive Einkünfte, käme es zu keiner steuerlichen Konsolidierung. Vielmehr unterlägen nur die positiven, nicht jedoch die negativen niedrig passiven besteuerten Einkünfte der Hinzurechnung (§ 10 Abs. 1 Satz 4 AStG). Die Einschaltung einer ausländischen Zwischenholding ermöglicht dagegen eine steuerliche Konsolidierung in der Hinzurechnungsbesteuerung.

15.101 Der Hinzurechnungsbetrag unterliegt beim unbeschränkt Steuerpflichtigen der **Einkommen- bzw. Körperschaftsteuer**. Die im Ausland entrichteten Steuern können dabei vom Hinzurechnungsbetrag abgezogen oder auf die deutsche Einkommen- oder Körperschaftsteuer, die auf den Hinzurechnungsbetrag entfällt, angerechnet werden (§ 10 Abs. 1 und § 12 Abs. 1 AStG). Mit Urteil vom 11.3. 2015 hatte der BFH entschieden, dass der Hinzurechnungsbetrag bei der **Gewerbesteuer** nach § 9 Nr. 3 Satz 1 GewStG als ausländischer Betriebstättengewinn zu kürzen ist und damit effektiv nicht der Gewerbesteuer unterliegt[127]. Die Finanzverwaltung hat das Urteil mit einem Nichtanwendungserlass belegt[128]. In der Folge wurde das Gesetz in § 7 Satz 7 und § 9 Nr. 3 Satz 1 GewStG geändert und die Kürzung entsprechend ausgeschlossen. Noch nicht entschieden ist jedoch, ob der Hinzurechnungsbetrag als ausländische Dividende nach § 9 Nr. 7 GewStG zu kürzen sein könnte[129].

c) Nachweis einer tatsächlichen wirtschaftlichen Tätigkeit

15.102 Dem Steuerpflichtigen steht jedoch die Möglichkeit offen, bei ausländischen Gesellschaften mit Sitz oder Ort der Geschäftsleitung in einem EU- bzw. EWR-Staat, den **Nachweis** zu erbringen, dass die Gesellschaft in diesem Staat einer **tatsächlichen wirtschaftlichen Tätigkeit** nachgeht mit der Folge, dass die Hinzurechnungsbesteuerung insoweit unterbleibt (§ 8 Abs. 2 Satz 1 AStG). Dies gilt jedoch nicht für zuzurechnende Zwischeneinkünfte einer nachgeordneten Zwischengesellschaft mit Sitz und Ort der Geschäftsleitung außerhalb der EU bzw. des EWR sowie für Einkünfte aus Betriebsstätten außerhalb der EU bzw. des EWR (§ 8 Abs. 2 Satz 3 und 4 AStG). Der tatsächlichen wirtschaftlichen Tätigkeit der Gesellschaft sind dabei nur Einkünfte der Gesellschaft zuzuordnen, die durch diese Tätigkeit erzielt werden und dies nur insoweit, als der Fremdvergleichsgrundsatz beachtet worden ist (§ 8 Abs. 2 Satz 5 AStG).

15.103 Die Vorschrift wurde aufgrund des EuGH-Urteils „**Cadbury Schweppes**" vom 12.9.2006 erlassen, in dem der EuGH entschieden hat, dass die britischen Hinzurechnungsbesteuerungsvorschriften gegen die europäische Niederlassungsfreiheit verstoßen, soweit sie nicht nur **rein künstliche Gestaltungen** betreffen, die dazu bestimmt sind die national geschuldete Steuer zu umgehen[130].

15.104 Der Begriff der **tatsächlichen wirtschaftlichen Tätigkeit** ist im Gesetz nicht näher definiert. Im vor der gesetzlichen Neuregelung ergangenen **BMF-Schreiben**[131] forderte die Finanzverwaltung für den Nachweis, dass (i) die Gesellschaft in dem Mitgliedstaat, in dem sie ihren Sitz oder ihre Geschäftsleitung hat, am dortigen **Marktgeschehen** im Rahmen ihrer gewöhnlichen Geschäftstätigkeit aktiv, ständig und nachhaltig teilnimmt, (ii) die Gesellschaft dort für die Ausübung ihrer Tätigkeit ständig sowohl **geschäftsleitendes als auch anderes Personal** beschäftigt, (iii) das Personal der Gesellschaft über die **Qualifikation** verfügt, um die der Gesellschaft übertragenen Aufgaben eigenverantwortlich und selbständig zu erfüllen, (iv) die Einkünfte der Gesellschaft **ursächlich aufgrund der eigenen Aktivitäten** der Gesellschaft erzielt werden und (v) den Leistungen der Gesellschaft, sofern sie ihre Geschäfte überwiegend mit nahestehenden Personen i.S.d. § 1 Abs. 2 AStG betreibt, für die Leis-

127 Vgl. BFH v. 11.3.2015 – I R 10/14, IStR 2015, 444.
128 Vgl. Oberste Finanzbehörde der Länder, GLE v. 14.12.2015, IStR 2016, 215.
129 Vgl. *Kahlenberg/Weiss*, IStR 2019, 81 (85).
130 Vgl. EuGH v. 12.9.2006 – C-196/04, ECLI:EU:C:2006:544 – Cadbury-Schweppes, GmbHR 2006, 1049 = AG 2006, 852 = IStR 2006, 670.
131 Vgl. BMF-Schreiben v. 8.1.2007 – IV B 4 - S 1351 – 1/07, DStR 2007, 112.

tungsempfänger **wertschöpfende Bedeutung** zukommt und die Ausstattung mit Kapital zu der erbrachten Wertschöpfung in einem angemessenen Verhältnis steht.

Nach der **Gesetzesbegründung**[132] zur Einführung der Vorschrift setzt der Nachweis u.a. voraus, dass die ausländische Gesellschaft (i) in **stabiler und kontinuierlicher Weise am Wirtschaftsleben** eines anderen Mitgliedstaates teilnimmt, (ii) tatsächlich im Aufnahmemitgliedstaat **angesiedelt** ist und dort eine **wirkliche wirtschaftliche Tätigkeit** ausübt, (iii) im anderen Mitgliedstaat greifbar in Form von **Geschäftsräumen, Personal und Ausrüstungsgegenständen** vorhanden ist. Diese Voraussetzungen sollen nicht erfüllt sein, wenn die Kernfunktionen, die die Gesellschaft hat, nicht von ihr selbst ausgeübt werden. Das gilt ebenso, wenn sich die Funktionen der Gesellschaft in gelegentlicher Kapitalanlage oder in der **Verwaltung von Beteiligungen** ohne gleichzeitige Ausübung geschäftsleitender Funktionen erschöpfen. 15.105

Der **EuGH** hatte im Urteil darauf abgestellt, dass die ausländische Gesellschaft ungeachtet des Vorhandenseins von steuerlichen Motiven im ausländischen Staat einer tatsächlichen wirtschaftlichen Tätigkeit, mittels einer **tatsächlichen Niederlassung** auf unbestimmte Zeit in Form von **Geschäftsräumen, Personal und Ausrüstungsgegenständen**, nachgeht und dass keine rein künstliche Gestaltung in Form einer Briefkastenfirma vorliegt. 15.106

Insbesondere die „Substanzerfordernisse" des BMF-Schreibens gehen über den Gesetzeswortlaut sowie die Grundsätze des EuGH-Urteils hinaus[133]. Diesen sind keine Erfordernisse hinsichtlich Art und Umfang der Ausstattung sowie hinsichtlich der Qualifikation des Personals zu entnehmen. Entscheidend dürfte vielmehr sein, dass die **personelle und sachliche Ausstattung den Funktionen der Gesellschaft gerecht** wird[134]. Auch das von Gesetzesbegründung scheinbar als schädlich angesehene Outsourcing von Kernfunktionen sowie die Tätigkeit des reinen Verwaltens von Beteiligungen dürfte keine rein künstliche Gestaltung darstellen[135]. Richtigerweise kann es für die Frage, ob eine solche rein künstliche Gestaltung vorliegt, nicht auf ein quantitatives oder qualitatives Mindestmaß an „Substanz" ankommen, sondern darauf, dass sich der wirtschaftliche Vorgang und die hierfür gewählte Form entsprechen[136]. Der BFH musste im Fall einer zypriotischen Lizenzgesellschaft nicht explizit zu den „Substanzanforderungen" Stellung nehmen. Aufgrund der im Urteilsfall vorliegenden nur administrativen Tätigkeiten in Zypern wurde eine Verrechnungspreisanpassung vorgenommen. Für die dann noch verbliebenen geringen Gewinne waren die vorhandenen administrativen Funktionen ausreichend, um den „Substanznachweis" zu erfüllen[137]. 15.107

Folgt man dieser Auslegung des Gesetzes, sollte es grundsätzlich auch für die typischen Tätigkeiten einer **ausländische Zwischenholding** möglich sein, den Nachweis einer tatsächlichen wirtschaftlichen Tätigkeit in einem anderen EU-/EWR-Staat zu erbringen. Zumindest gegenwärtig ist dies aufgrund der fortlaufenden Diskussion zur Auslegung des § 8 Abs. 2 AStG jedoch noch mit **Unsicherheiten** behaftet. 15.108

Darüber hinaus könnte auch in Drittstaatenfällen, durch Berufung auf die Kapitalverkehrsfreiheit, eine Exkulpation von der Hinzurechnungsbesteuerung möglich sein[138]. Noch ist jedoch unklar, wie die Finanzverwaltung auf die Rechtsprechung reagieren wird. 15.109

---

132 Vgl. BT-Drucks. 16/6290 v. 4.9.2007, 92 f.

133 Vgl. *Kraft* in Kraft, § 8 AStG Rz. 748.

134 Vgl. *Lehfeldt* in Strunk/Kaminski/Köhler, AStG/DBA-Kommentar, § 8 AStG Rz. 182.20.

135 Vgl. *Lehfeldt* in Strunk/Kaminski/Köhler, AStG/DBA-Kommentar, § 8 AStG Rz. 182.21 f.; *Kraft* in Kraft, § 8 AStG Rz. 750; *Köhler/Haun*, Ubg 2008, 73 (79).

136 Vgl. hierzu ausführlich: *Schön*, IStR-Beihefter 2013, 3.

137 Vgl. BFH v. 13.6.2018 – I R 94/15, IStR 2018, 882.

138 Vgl. BFH v. 22.5.2019 – I R 11/19, DStR 2019, 2353; EuGH v. 26.2.2019 – C-135/17, ECLI:EU:C:2019:136 – X-GmbH, DStR 2019, 489.

d) Reform der Hinzurechnungsbesteuerung durch die ATAD I

15.110 Durch die ATAD I wurde die Hinzurechnungsbesteuerung flächendeckend in der EU zum 1.1.2019 eingeführt. Es wird erwartet, dass Deutschland die ATAD I zum Anlass nimmt, die deutsche Hinzurechnungsbesteuerung in Kürze zu reformieren. Die ATAD I definiert dabei einen Mindeststandard, der nicht unterschritten werden darf. Eine strengere Hinzurechnungsbesteuerung als durch ATAD I vorgeschrieben, ist dagegen zulässig. In Deutschland könnte es hierbei insbesondere in folgenden Punkten zu Anpassungen kommen.

15.111 Zum einen sieht die ATAD I – anders das gegenwärtige deutsche Gesetz in § 8 Abs. 1 AStG – anstatt eines Katalogs aktiver Einkünfte, einen sog. **Passivkatalog** vor (vgl. Art. 7 Abs. 2 ATAD I). Danach wären künftig passiv: (i) Zinsen oder sonstige Einkünfte aus Finanzanlagevermögen, (ii) Lizenzgebühren oder sonstige Einkünfte aus geistigem Eigentum, (iii) Dividenden und Einkünfte aus der Veräußerung von Anteilen, (iv) Einkünfte aus Finanzierungsleasing, (v) Einkünfte aus Tätigkeiten von Versicherungen und Banken und aus anderen finanziellen Tätigkeiten, (vi) Einkünfte von Abrechnungsunternehmen, die Einkünfte aus dem Verkauf von Waren und der Erbringung von Dienstleistungen erzielen, die von verbundenen Unternehmen erworben oder an diese verkauft werden, und keinen oder nur geringen wirtschaftlichen Mehrwert bringen. Insbesondere die grundsätzliche Einstufung von Dividenden, Veräußerungsgewinnen und Lizenzeinkünfte als passiv könnte für Holdinggesellschaften relevant sein. Fraglich ist dann, ob und unter welchen Voraussetzungen Dividenden und Veräußerungsgewinne bei der Ermittlung des Hinzurechnungsbetrages befreit werden sowie unter welchen Voraussetzungen für Lizenzen eine Exkulpation über den Substanznachweis möglich ist.

15.112 Die ATAD I definiert die Schwelle der **Niedrigbesteuerung** als weniger als 50 % der Körperschaftsteuer im Mitgliedstaat der Muttergesellschaft der ausländischen Gesellschaft (vgl. Art. 7 Abs. 1 ATAD I). Die aktuelle deutsche Schwelle der Niedrigbesteuerung liegt gemäß § 8 Abs. 3 AStG bei 25 %. Da die ATAD I nur einen Mindeststandard definiert, müsste Deutschland nicht zwingend eine Anpassung vornehmen. Aufgrund der globalen Senkung der Körperschaftsteuersätze wird jedoch allgemein erwartet, dass Deutschland die Schwelle der Niedrigbesteuerung ebenfalls nach unten anpasst.

15.113 Auch die ATAD I lässt eine **Exkulpation** von der Hinzurechnungsbesteuerung zu. Die Mitgliedstaaten haben dabei die Wahl, die Exkulpation nur in EU-/EWR-Fällen oder auch in Drittstaatenfällen zu ermöglichen. Voraussetzung hierfür ist, dass das beherrschte ausländische Unternehmen gestützt auf Personal, Ausstattung, Vermögenswerte und Räumlichkeiten eine **wesentliche wirtschaftliche Tätigkeit** ausübt, die durch relevante Fakten und Umstände nachgewiesen wird (vgl. Art. 7 Abs. 2 ATAD I). Damit weicht der Wortlaut der Richtlinie wohl bewusst von der EuGH-Rechtsprechung „Cadbury Schweppes" ab, wonach Voraussetzung für die Exkulpation eine wirkliche bzw. tatsächliche wirtschaftliche Tätigkeit ist[139]. Eine wesentliche wirtschaftliche Tätigkeit könnte im Vergleich zur EuGH-Rechtsprechung höhere Anforderung an die Qualität und Quantität der „Substanz" der ausländischen Gesellschaft stellen.

3. Repatriierung von Gewinnen nach Deutschland

15.114 Gewinne einer ausländischen Zwischenholding können grundsätzlich über **Ausschüttungen** an die deutsche Muttergesellschaft nach Deutschland repatriiert werden. Dividenden sind auf Ebene einer empfangenden deutschen Kapitalgesellschaft für **Körperschaftsteuerzwecke** effektiv zu 95 % steuerbefreit (§ 8b Abs. 1 und 5 KStG). Empfängt eine Personengesellschaft mit deutschen natürlichen Personen als Anteilseigner die Dividende, unterliegt die Ausschüttung für **einkommensteuerliche Zwecke** dem Teileinkünfteverfahren, d.h. zu 60 % der Besteuerung (§ 3 Nr. 40 EStG).

---

139 Vgl. EuGH v. 12.9.2006 – C-196/04, ECLI:EU:C:2006:544 – Cadbury-Schweppes, ZIP 2006, 1817 = IStR 2006, 670.

Die 95%ige bzw. 40%ige Freistellung der Dividende gilt grundsätzlich auch für den **Gewerbeertrag** (§ 7 GewStG). In der Folge kommt es jedoch zu einer vollständigen **Hinzurechnung der nach KStG bzw. EStG freigestellten Teile**, wenn die Voraussetzungen des gewerbesteuerlichen Schachtelprivilegs nicht erfüllt sind. Sind die Voraussetzungen erfüllt, kommt es im Falle einer Personengesellschaft mit natürlichen Personen als Anteilseigner zur **Kürzung** des 60%igen steuerpflichtigen Teils. Bis zum Veranlagungszeitraum 2019 forderte das Gesetz für das gewerbesteuerliche Schachtelprivileg eine Mindestbeteiligung von 10 % zu Beginn des Erhebungszeitraums (Zwischenholding nach der EU-Mutter-Tochter-Richtlinie) bzw. 15 % seit Beginn des Erhebungszeitraums (übrige Zwischenholdings). Die verschärften Voraussetzungen für Zwischenholdings, die nicht unter die EU-Mutter-Tochter-Richtlinie fallen, wonach die Zwischenholding ihre Bruttoeinkünfte aus aktiver Tätigkeit erzielt oder als sog. Landes- bzw. Funktionsholding qualifiziert (§ 9 Nr. 7 GewStG)[140], wurden durch gleichlautenden Ländererlass in Folge der EuGH-Rechtsprechung aufgehoben[141]. Als Reaktion hierauf hat das gewerbesteuerliche Schachtelprivileg mit Beginn des Erhebungszeitraums 2020 eine Anpassung erfahren. So wurden die erhöhten Anforderungen für Drittstaatengesellschaften gestrichen und eine einheitliche Beteiligungsgrenze von 15 % zu Beginn des Erhebungszeitraums für EU- und Drittstaatengesellschaften eingeführt. Sind diese Voraussetzungen nicht erfüllt, kommt es zur vollständigen gewerbesteuerlichen Hinzurechnung der Dividende nach § 8 Nr. 5 GewStG. Im Falle einer gewebesteuerlichen Hinzurechnung kann das deutsche Besteuerungsrecht jedoch aufgrund eines DBA-Schachtelprivilegs ausgeschlossen sein[142]. Zum gewerbesteuerlichen Schachtelprivileg bei doppelt ansässigen Gesellschaften, vgl. Rz. 15.120 ff. 15.115

Soweit im laufenden Wirtschaftsjahr oder in den vorangegangenen sieben Wirtschaftsjahren Hinzurechnungsbeträge aus der ausländischen Zwischenholding versteuert wurden, kommt auch eine **Dividendenfreistellung nach § 3 Nr. 41 Buchst. a EStG** in Betracht, welche auch auf die Gewerbesteuer durchschlägt (§ 8 Nr. 5 Satz 2 GewStG). Die Dividendenfreistellung nach § 3 Nr. 41 Buchst. a EStG führt allerdings nicht zu einer vollständigen Freistellung der Dividende. Nach Ansicht des BFH gilt das in § 8b Abs. 5 KStG geregelte pauschale Betriebsausgabenabzugsverbot auch für solche Gewinnausschüttungen, die nach § 3 Nr. 41 Buchst. a EStG i. V. m. § 8 Abs. 1 KStG steuerfrei geblieben wären[143]. 15.116

Für EU-Zwischenholdings[144] besteht darüber hinaus die Möglichkeit auf Antrag und unter Berücksichtigung der Verwendungsfiktion im Rahmen einer Leistung eine **Einlagerückgewähr** zu erbringen (§ 27 Abs. 8 KStG), welche auf Ebene der empfangenden deutschen Muttergesellschaft mit dem steuerlichen Beteiligungsbuchwert an der ausländischen Zwischenholding verrechnet wird[145]. Übersteigt die Einlagerückgewähr den Beteiligungsbuchwert liegt insoweit ein steuerpflichtiger Veräußerungsgewinn gem. § 8b Abs. 2 KStG vor, der effektiv zu 5 % steuerpflichtig ist (§ 8b Abs. 3 KStG). Basierend auf der Rechtsprechung des BFH gilt dies auch für Drittstaatengesellschaften. Der BFH[146] geht in Übereinstimmung mit seiner früheren Rechtsprechung davon aus, dass auch Drittstaatengesellschaften, außerhalb der Nennkapitalrückzahlung, die Möglichkeit einer Einlagenrückgewähr auf Basis des ausländischen Handels- und Gesellschaftsrechts zusteht. Inwiefern es einer Überleitungsrechnung analog § 60 EStDV zur deutschen Steuerbilanz bedarf, ähnlich der Forderung des Gesetzes 15.117

140 Vgl. *Gosch* in Blümich, EStG/KStG/GewStG, § 9 GewStG Rz. 304 ff.

141 Vgl. Oberste Finanzbehörde der Länder, GLE v. 25.1.2019, DStR 2019, 286; EuGH v. 20.9.2018 – C-685/16, ECLI:EU:C:2018:743 – EV, IStR 2018, 802.

142 Vgl. BFH v. 23.6.2010 – I R 71/09, BStBl. II 2011, 129 = GmbHR 2010, 1062.

143 Vgl. BFH v. 26.4.2017 – I R 84/15, BStBl. II 2018, 492; BFH v. 13.7.2016 – VIII R 73/13, AG 2016, 822 = DStRE 2016, 1416; BFH v. 13.7.2016 – VIII R 47/13, AG 2016, 819 = DStR 2016, 2395.

144 Nicht explizit erfasst sind EWR-Staaten. Es ist fraglich, ob dies europarechtskonform ist. Vgl. *Bauschatz* in Gosch, § 27 KStG Rz. 136; *Endert* in Frotscher/Drüen, § 27 KStG Rz. 274.

145 Teile des Schrifttums sehen dies im Gegensatz zur Finanzverwaltung jedoch kritisch, vgl. *Stangl*, DStR-Beiheft 2013, 8 (10 f.).

146 Vgl. BFH v. 10.4.2019 – I R 15/16, BFH/NV 2019, 1312 = ZIP 2020, 272.

für EU-Gesellschaften, ist unklar. Mangels gesetzlicher Regelung bedarf es für Drittstaatengesellschaften keines Feststellungsverfahrens i. S. d. § 27 Abs. 8 KStG[147].

15.118 Grundsätzlich kann auch darüber nachgedacht werden, die ausländische Zwischenholding über ein Gesellschafterdarlehen mit Fremdmitteln auszustatten. Dies ermöglicht Liquiditätsrückführungen nach Deutschland über **steuerneutrale Darlehensrückzahlungen** vorzunehmen. Entsprechende Darlehen können z.B. implementiert werden, indem Beteiligungen in die ausländische Zwischenholding bei Etablierung der Struktur teilweise gegen Forderungen eingebracht werden. Entsprechende Darlehen bringen jedoch den Nachteil mit sich, dass diese fremdüblich zu verzinsen sind, da es ansonsten zu einer Einkommenskorrektur nach § 1 AStG kommt. Dies führt zu Zinserträgen auf Ebene der inländischen Muttergesellschaft und Zinsaufwendungen auf Ebene der ausländischen Zwischenholding, was insbesondere im Falle eines Steuersatzgefälles bzw. einer effektiven Nichtabzugsfähigkeit der Zinsaufwendungen bei der Zwischenholding nachteilig sein kann.

4. Fragestellungen bei doppelt ansässigen ausländischen Zwischenholdinggesellschaften

15.119 Bei doppelt ansässigen Gesellschaften ergeben sich verschiedene steuerliche Fragestellungen. Im Folgenden soll beleuchtet werden, welche Auswirkungen es auf das **gewerbesteuerliche Schachtelprivileg**, die **Kapitalertragssteuerpflicht** sowie die **Hinzurechnungsbesteuerung** hat, wenn die ausländische Zwischenholding eine GmbH bzw. AG ist, die ihren Satzungssitz im Inland und den Ort ihrer Geschäftsleitung im Ausland hat.

a) Gewerbesteuerliches Schachtelprivileg

15.120 Dividenden gehen grundsätzlich entweder zu 5 % in die körperschaftsteuerliche oder zu 60 % in die einkommensteuerliche Bemessungsgrundlage ein. Dies gilt grundsätzlich auch für den Gewerbeertrag, wobei eine Hinzurechnung des bislang nicht in den Gewerbeertrag eingegangenen Teils von 95 % bzw. 40 % nach § 8 Nr. 5 GewStG erfolgt, soweit nicht die Voraussetzungen des **gewerbesteuerlichen Schachtelprivilegs** nach § 9 Nr. 2a bzw. § 9 Nr. 7 GewStG erfüllt sind.

15.121 Die Vorschrift des § 9 Nr. 7 GewStG fordert hierbei u.a., dass die ausschüttende Gesellschaft ihren **Sitz und Ort der Geschäftsleitung im Ausland** hat. Die Regelung findet daher auf doppelt ansässige GmbHs bzw. AGs mit Sitz im Inland und Ort der Geschäftsleitung keine Anwendung. § 9 Nr. 2a GewStG enthält eine Kürzungsvorschrift für Gewinne aus Anteilen an einer **nicht steuerbefreiten inländischen Kapitalgesellschaft** i.S.d. § 2 Abs. 2 GewStG. Nach § 2 Abs. 2 GewStG gilt als Gewerbebetrieb gilt stets und in vollem Umfang die Tätigkeit der Kapitalgesellschaften (insbesondere Europäische Gesellschaften, Aktiengesellschaften, Kommanditgesellschaften auf Aktien, Gesellschaften mit beschränkter Haftung). Damit sollen vom Wortlaut des § 9 Nr. 2a GewStG auch nach **deutschem Recht gegründete Gesellschaften erfasst** sein, die ihre **Geschäftsleitung im Ausland** haben[148]. Diese Auffassung lässt sich auch systematisch rechtfertigen, da sonst bei doppelt ansässigen Gesellschaften im Gegensatz zu Gesellschaften mit einheitlichem Sitz und Ort der Geschäftsleitung im Inland bzw. Ausland keine gewerbesteuerliche Kürzung möglich wäre[149]. Im Übrigen wäre eine Versagung des gewerbesteuerlichen Schachtelprivilegs europarechtlich bedenklich[150]. Es finden sich jedoch auch Stimmen in der Literatur, die einer solchen Auslegung mangels inländischen Gewerbebetriebs, nicht folgen wollen und das gewerbesteuerliche Schachtelprivileg als nicht anwendbar ansehen[151].

---

147 Vgl. *Käshammer/Schmohl/Schuhmann*, IStR 2019, 858; *Wacker*, FR 2019, 907; *Wacker*, FR 2019, 979.

148 Vgl. *Schnitger*, IStR 2013, 82 (87 f.); *Elser/Dürrschmidt*, IStR 2010, 79 (84 f.); *Roser* in Lenski/Steinberg, Gewerbesteuergesetz Kommentar, § 9 GewStG Rz. 16; *Bregenhorn-Kuhs/Drumm/Wagner*, IWB Fach 3, Gruppe 5, 85 (88 f.); *Kollruss*, StuW 2009, 346 (346 f.).

149 Vgl. *Schnitger*, IStR 2013, 82 (87 f.).

150 Vgl. *Elser/Dürrschmidt*, IStR 2010, 79 (85).

151 Vgl. *Gosch* in Blümich, EStG/KStG/GewStG, § 9 GewStG Rz. 164.

Für den umgekehrten Fall – ausländische Gesellschaft mit Ort der Geschäftsleitung im Inland – vertritt das FG Hessen die Auffassung, dass die gewerbesteuerliche Kürzung nach § 9 Nr. 2a GewStG auch einer nach ausländischem Recht gegründeten Gesellschaft zusteht, sofern diese im Wege eines Rechtstypenvergleichs mit einer deutschen Kapitalgesellschaft vergleichbar ist und deren Geschäftsleitung (§ 10 AO) sich im Inland befindet. Den in der Literatur verlangten doppelten Inlandsbezug verneint das Gericht für den Fall der inländischen Geschäftsleitungsbetriebsstätte, da es andernfalls zu einer Doppelbelastung hinsichtlich der Gewerbesteuer kommen würde[152]. Die Kürzung von Gewinnanteilen, die im Inland aufgrund des Vorhandenseins eines inländischen Gewerbebetriebs der Besteuerung unterlegen haben, findet Zustimmung in der Literatur[153]. Es bleibt abzuwarten, ob das anhängige BFH-Verfahren auch Aussagen zu einer doppelt ansässigen GmbH bzw. AG mit Sitz im Inland und Ort der Geschäftsleitung im Ausland enthalten wird. 15.122

b) Einbehalt deutscher Kapitalertragsteuer

Auf Gewinnausschüttungen der doppelt ansässigen deutschen GmbH oder AG an ihre deutsche Muttergesellschaft ist weiterhin **Kapitalertragsteuer i.H.v. 25 % einzubehalten**, da die GmbH oder AG zwar nicht den Ort der Geschäftsleitung, jedoch weiterhin ihren Sitz im Inland hat (§ 43 Abs. 1 und 3 EStG, § 43a Abs. 1 EStG). Es ist jedoch zu prüfen, ob das Recht Deutschlands zum Kapitalertragsteuereinbehalt aufgrund eines DBAs ausgeschlossen wird. Nach Art. 10 Abs. 1 OECD-MA können Dividenden, die eine in einem Vertragsstaat ansässige Gesellschaft an eine im anderen Vertragsstaat ansässige Person zahlt, im anderen Staat besteuert werden. Dem Ansässigkeitsstaat steht mitunter jedoch ein Recht auf Quellensteuereinbehalt zu. Fallen Sitz und Ort der Geschäftsleitung auseinander, so ist die Gesellschaft grundsätzlich in beiden Staaten unbeschränkt steuerpflichtig. Sie gilt jedoch nach Art. 4 Abs. 3 OECD-MA nur in dem Staat als ansässig, in dem sich die tatsächliche Geschäftsleitung befindet. D. h., Dividenden der aufgrund des Art. 4 Abs. 3 OECD-MA[154] im Ausland ansässigen deutschen GmbH oder AG können folglich im Vertragsstaat des Anteilseigners, also vorliegend in Deutschland, besteuert werden. Deutschland als Sitzstatt der ausschüttenden Gesellschaft muss sich dem Kapitalertragsteuereinbehalt enthalten. Ist jedoch, wie im vorliegenden Fall, Deutschland auch Ansässigkeitsstaat des Anteilseigners, so kann Deutschland sein Besteuerungsrecht auch in Form der Quellenbesteuerung wahrnehmen[155]. Das deutsche Quellenbesteuerungsrecht dürfte jedoch ausgeschlossen sein, wenn der entsprechende Methodenartikel des DBA ein Schachtelprivileg vorsieht, wonach Deutschland die Dividenden von der im anderen Vertragsstaat ansässigen Kapitalgesellschaft nicht besteuern darf. Fraglich ist allerdings, ob das Bundeszentralamt für Steuern gem. § 50d Abs. 2 Satz 1 Halbsatz 2 EStG eine Freistellungsbescheinigung hierfür gewähren würde. Wird Kapitalertragsteuer erhoben, wäre diese auf Ebene des deutschen Anteilseigners vollständig anrechenbar (§ 8 Abs. 1 KStG i.V.m. § 36 Abs. 2 Nr. 2 Satz 1 EStG), so dass lediglich ein Liquiditätsnachteil vorliegt. 15.123

Darüber hinaus kann der Ansässigkeitsstaat der deutschen GmbH oder AG vorbehaltlich eines DBAs oder der EU-Mutter-Tochter-Richtlinie ebenfalls Quellensteuer auf Gewinnausschüttungen einbehalten. 15.124

c) Anwendung der Switch-Over-Klausel des § 20 Abs. 2 AStG

Die **Hinzurechnungsbesteuerung** findet für die ausländische Zwischenholding keine Anwendung, wenn diese eine **doppelt ansässige deutsche GmbH oder AG** ist, die den Satzungssitz im Inland, 15.125

---

152 Vgl. FG Hessen v. 5.11.2018 – 8 K 1279/16, IStR 2019, 116 (Revision beim BFH I R 43/18).

153 Vgl. *Gosch* in Blümich, EStG/KStG/GewStG, § 9 GewStG Rz. 164c, *Kollruss*, IStR 2014, 51.

154 An dieser Stelle sei der Vollständigkeit halber darauf verwiesen, dass der Art. 4 Abs. 3 OECD-MA 2017 eine Änderung zugunsten einer Reglung zur Verständigung unter den zuständigen Behörden der Vertragsstaaten zur Bestimmung des Ansässigkeitsstaats erfahren hat. Aufgrund der Tatsache, dass zurzeit die meisten von Deutschland abgeschlossenen Doppelbesteuerungsabkommen jedoch die Tie-Breaker-Regelung anhand des Orts der Geschäftsleitung vorsehen, wird weiterhin hierauf Bezug genommen.

155 Vgl. *Wassermeyer/Kaeser* in Wassermeyer DBA, Art. 10 DBA-MA Rz. 35.

den Ort der Geschäftsleitung jedoch im Ausland, da hier das Erfordernis, dass die ausländische Gesellschaft Sitz und Ort der Geschäftsleitung im Ausland hat nicht erfüllt ist (§ 7 Abs. 1 AStG)[156].

15.126 Fraglich ist jedoch, ob in diesem Fall die **Vorschrift des § 20 Abs. 2 AStG** (sog. Switch-Over-Klausel) zur Anwendung kommt. Fallen danach Einkünfte in der ausländischen Betriebsstätte eines unbeschränkt Steuerpflichtigen an und wären sie ungeachtet des § 8 Abs. 2 AStG als Zwischeneinkünfte steuerpflichtig, falls diese Betriebsstätte eine ausländische Gesellschaft wäre, ist insoweit die Doppelbesteuerung **nicht durch Freistellung, sondern durch Anrechnung** der auf diese Einkünfte erhobenen ausländischen Steuern zu vermeiden (§ 20 Abs. 2 Satz 1 AStG)[157]. Entscheidend ist hierbei, wie der Begriff der Freistellung auszulegen ist. Eine deutsche GmbH oder AG mit Sitz im Inland und Geschäftsleitung im Ausland wird aufgrund des Art. 4 Abs. 3 OECD-MA abkommensrechtlich im Ausland ansässig sein. Besteht im Inland keine Betriebsstätte, steht dem Ausland nach der Verteilungsnorm des Art. 7 Abs. 1 OECD-MA das alleinige Besteuerungsrecht für die Unternehmensgewinne zu. Der Methodenartikel 23A über die Freistellungsmethode kommt nicht zur Anwendung. Es handelt sich vorliegend folglich nicht um den Fall, dass Deutschland als Ansässigkeitsstaat ausländische Betriebsstätteneinkünfte nach dem Methodenartikel 23A abkommensrechtlich freistellen muss[158].

15.127 Interpretiert man § 20 Abs. 2 AStG als Vorschrift, die eine abkommensrechtliche **Freistellung nach dem Methodenartikel** aufhebt und stattdessen die Anrechnungsmethode vorschreibt, dann fände § 20 Abs. 2 AStG auf den vorliegenden Fall einer doppelt ansässigen GmbH oder AG keine Anwendung mit der Folge, dass die Einkünfte in Deutschland unbesteuert bleiben. Versteht man unter Freistellung dagegen **jegliche abkommensrechtliche Freistellung**, also auch eine Freistellung nach den Verteilungsnormen, dann wäre § 20 Abs. 2 AStG auf den vorliegenden Fall anwendbar[159]. Die Frage ist im Schrifttum umstritten, wobei die überwiegende Auffassung dahin zu tendieren scheint, dass § 20 Abs. 2 AStG auf den Fall einer doppelt ansässigen inländischen GmbH oder AG Anwendung findet, da man insbesondere dem Wortlaut der Regelung keine explizite Beschränkung auf die Freistellung durch den Methodenartikel entnehmen könne[160].

15.128 Befürwortet man eine Anwendung des § 20 Abs. 2 AStG, so hätte dies zur Folge, dass die **passiven niedrig besteuerten Einkünfte der ausländischen Betriebsstätte** der ausländischen Zwischenholding in Deutschland der Besteuerung mit **Körperschaftsteuer unter Anrechnung der ausländischen Steuer** unterliegen. Ein Gegenbeweis für EU-/EWR-Betriebsstätten aufgrund einer tatsächlichen wirtschaftlichen Tätigkeit gem. § 8 Abs. 2 AStG ist gemäß der Vorschrift nicht möglich[161]. Mit der Einführung des § 7 Satz 8 GewStG gelten die Einkünfte kraft Fiktion als in einer inländischen Betriebsstätte erzielt und unterliegen somit der Gewerbesteuer. Eine Kürzung der „§ 20 Abs. 2 AStG-Einkünfte" ist aufgrund § 9 Nr. 3 Satz 1 Halbsatz 2 GewStG ausgeschlossen. Voraussetzung ist jedoch das Vorliegen einer inländischen Betriebsstätte. Verfügt die doppeltansässige GmbH oder AG mit Sitz in Deutschland und Ort der Geschäftsleitung im Ausland über keine inländische Betriebsstätte, läuft die Vorschrift unseres Erachtens leer, da Voraussetzung für die Zuordnung der

156 Vgl. *Vogt* in Blümich, EStG/KStG/GewStG, § 20 AStG Rz. 31.

157 Gem. § 20 Abs. 2 Satz 2 AStG gilt dies nicht, soweit in der ausländischen Betriebsstätte Einkünfte anfallen, die nach § 8 Abs. 1 Nr. 5 Buchst. a AStG als Zwischeneinkünfte steuerpflichtig wären (Ausnahme für bestimmte gewerbliche Dienstleistungen).

158 Vgl. *Kollruss*, IStR 2008, 316 (318).

159 Vgl. *Prokopf* in Strunk/Kaminski/Köhler, AStG/DBA-Kommentar, § 20 ASt Rz. 165.1.

160 Vgl. *Prokopf* in Strunk/Kaminski/Köhler, AStG/DBA-Kommentar, § 20 AStG Rz. 165.3 f.; *Kollruss*, IStR 2008, 316; *Vogt* in Blümich, EStG/KStG/GewStG, § 20 AStG Rz. 31; *Schnitger*, IStR 2013, 82 (90); *Wassermeyer/Schönfeld* in Flick/Wassermeyer/Baumhoff/Schönfeld, § 20 AStG Rz. 130.

161 Vgl. zur Frage der Europarechtswidrigkeit *Kraft* in Kraft, § 20 AStG Rz. 75; *Vogt* in Blümich, EStG/KStG/GewStG, § 20 AStG Rz. 29; *Prokopf* in Strunk/Kaminski/Köhler, AStG/DBA-Kommentar, § 20 AStG Rz. 158 ff.

„§ 20 Abs. 2 AStG-Einkünfte" zu einer inländischen Betriebsstätte zunächst ist, dass eine solche überhaupt vorliegt. Infolge dessen wird auch künftig keine Gewerbesteuer erhoben[162].

V. Die Auflösung der ausländischen Zwischenholding

1. Vorbemerkung

Ein bei der Etablierung einer ausländischen Zwischenholding wichtiger Aspekt ist die Frage, welche **steuerlichen Belastungen** mit der **Auflösung einer ausländischen Zwischenholding** verbunden sind. Vor dem Hintergrund, dass sich operative Anforderungen und steuerliche Parameter ändern können, ist es ebenso wichtig, dass ein flexibler Exit aus einer aufzusetzen Holdingstruktur möglich ist und die Tochtergesellschaften der ausländischen Zwischenholding wieder zur deutschen Muttergesellschaft „umgehangen" werden können. Hierbei sind zum einen steuerliche Belastungen am **ausländischen Holdingstandort** zu berücksichtigen (z.B. Besteuerung stiller Reserven in Anteilen und anderen Wirtschaftsgütern, mögliche Quellensteuern bei der Repatriierung von Gewinnen nach Deutschland, etc.). Zum anderen sind aber auch die steuerlichen Folgen der Auflösung der ausländischen Zwischenholding auf **Ebene der deutschen Muttergesellschaft** zu berücksichtigen. Diese sollen im Folgenden anhand verschiedener möglicher Wege aus der ausländischen Zwischenholding dargestellt werden. 15.129

2. Mögliche Wege zur Auflösung der ausländischen Zwischenholding

a) Veräußerung der Beteiligungen und Ausschüttung des Veräußerungserlöses

Eine Möglichkeit zur Auflösung der ausländischen Zwischenholding besteht darin, dass die Zwischenholding ihre Beteiligungen an die deutsche Muttergesellschaft veräußert und den Veräußerungserlös an die deutsche Muttergesellschaft ausschüttet. Diese Variante kann insbesondere dann attraktiv sein, wenn der Ansässigkeitsstaat der ausländischen Zwischenholding **Gewinne aus der Veräußerung von Kapitalgesellschaften** vollständig steuerlich freistellt und auf Gewinnausschüttungen an die deutsche Muttergesellschaft entweder nach nationalem Recht keine **Quellensteuer** erhebt oder eine Quellensteuerreduktion auf 0 % nach einem DBA oder der EU-Mutter-Tochter-Richtlinie gewährt. Eventuell ist auch eine Rückführung von Kapitalrücklagen bzw. Rückführung von Darlehensverbindlichkeiten gegenüber der deutschen Muttergesellschaft möglich. Die Veräußerung von möglichen Personengesellschaftsbeteiligungen bzw. ausländischen Betriebsstättenvermögen dürfte dagegen zumindest im Betriebsstättenstaat der Besteuerung unterliegen. 15.130

Aus deutscher steuerlicher Sicht ist zu prüfen, ob die Veräußerung des Vermögens der ausländischen Zwischenholding eventuelle **Hinzurechnungsbesteuerungsfolgen** nach dem AStG auslöst. S. hierzu Rz. 15.96 ff. 15.131

Die **Ausschüttung** des Veräußerungserlöses stellt auf Ebene der empfangenden deutschen Muttergesellschaft eine Dividende dar. Dividenden sind auf Ebene einer empfangenden deutschen Kapitalgesellschaft für **Körperschaftsteuerzwecke** effektiv zu **95 % steuerbefreit** (§ 8b Abs. 1 und 5 KStG). Empfängt eine Personengesellschaft mit deutschen natürlichen Personen als Anteilseigner die Dividende, unterliegt die Ausschüttung für **einkommensteuerliche Zwecke** dem Teileinkünfteverfahren, d.h. **zu 60 % der Besteuerung** (§ 3 Nr. 40 KStG). Zu beachten ist jedoch, dass die 95%ige Körperschaftsteuerfreistellung für die **Gewerbesteuer** nur gilt, wenn das gewerbesteuerliche Schachtelprivileg erfüllt ist. Im Teileinkünfteverfahren kommt es in diesem Fall zu einer vollständigen Kürzung der Dividende, während bei Nichterfüllung eine vollständige Hinzurechnung resultiert. 15.132

162 Vgl. *Drüen* in Blümich, EStG/KStG/GewStG, § 7 GewStG Rz. 91c; *Kollruss*, IStR 2017, 522 (524 f.); *Schnitger*, IStR 2016, 637 (643).

15.133 Grundsätzlich kann auch eine **Dividendenfreistellung nach § 3 Nr. 41 Buchst. a EStG** in Betracht kommen, sofern im laufenden Wirtschaftsjahr oder in den vorangegangenen sieben Wirtschaftsjahren Hinzurechnungsbeträge der Besteuerung unterlagen. Weiterhin besteht bei EU-Zwischenholdings darüber hinaus die Möglichkeit auf Antrag eine **Einlagerückgewähr** zu erbringen (§ 27 Abs. 8 KStG). Eine solche Einlagerückgewähr ist nach BFH-Rechtsprechung auch bei Drittstaatengesellschaften möglich[163]. Vgl. jeweils im Detail Rz. 15.114 ff.

b) Ausschüttungen der Beteiligungen oder Liquidation der ausländischen Zwischenholding

15.134 Das gleiche Ergebnis wie bei einer Veräußerung der Beteiligungen an die deutsche Muttergesellschaft mit anschließender Ausschüttung des Veräußerungserlöses lässt sich auch erreichen, indem die Beteiligungen (bzw. anderen Wirtschaftsgüter) der ausländischen Zwischenholding im Rahmen einer **Sachausschüttung an die deutsche Muttergesellschaft** ausgekehrt werden. Die Sachdividende dürfte in den meisten Jurisdiktionen zur Realisierung von stillen Reserven im ausgeschütteten Vermögen führen, da eine Sachausschüttung nichts anderes darstellt, als die Zusammenfassung der Veräußerung des Vermögens an die Muttergesellschaft zum Verkehrswert und der anschließenden Ausschüttung des Veräußerungserlöses[164]. Ein ähnliches Resultat lässt sich erzielen, indem die ausländische Zwischenholding **liquidiert** wird.

15.135 Aus deutscher steuerlicher Sicht sind wiederum **außensteuerliche Aspekte** des Realisationsvorgangs auf Ebene der ausländischen Zwischenholding sowie die **Dividendenbesteuerung** auf Ebene der empfangenden deutschen Muttergesellschaft zu beachten. Hierzu gelten grundsätzlich die Ausführungen zuvor analog. Im Falle der Liquidation ist die Liquidationsauskehrung auf Ebene der empfangenden deutschen Muttergesellschaft in eine Gewinnausschüttung sowie eine Kapitalrückzahlung aufzuteilen. Im Falle einer Körperschaft als Empfängerin der Liquidationszahlungen findet entsprechend entweder § 8b Abs. 1 oder 2 KStG Anwendung[165].

c) Verschmelzung der ausländischen Zwischenholding auf die deutsche Muttergesellschaft

15.136 Die ausländische Zwischenholding kann aufgelöst werden, indem sie **auf die deutsche Muttergesellschaft im Wege eines Upstream-Mergers verschmolzen** wird. Zivilrechtlich ist eine grenzüberschreitende Hereinverschmelzung von EU- bzw. EWR-Kapitalgesellschaften auf eine inländische Kapitalgesellschaft gem. §§ 122a ff. UmwG möglich. Im Folgenden sollen die steuerlichen Konsequenzen der Verschmelzung einer ausländischen Kapitalgesellschaft auf eine inländische Mutterkapitalgesellschaft dargestellt werden[166].

15.137 Auf eine grenzüberschreitende Hereinverschmelzung einer EU-/EWR-Kapitalgesellschaft auf eine inländische Kapitalgesellschaft findet die **Vorschriften der §§ 11 bis 13 UmwStG** Anwendung (§ 1 Abs. 1 Satz 1 Nr. 1, Abs. 2 Satz 1 Nr. 1 UmwStG). Danach kann die übertragende EU-/EWR-Gesellschaft unter bestimmten Voraussetzungen einen Antrag stellen, in der **aufzustellenden Schlussbilanz** die Buchwerte fortzuführen. Aus deutscher steuerlicher Sicht ist dies jedoch nur relevant, soweit die ausländische Kapitalgesellschaft über Vermögen verfügt, welches im Inland steuerverstrickt ist (z.B. aufgrund einer inländischen Betriebsstätte). Liegt kein im Inland steuerverstricktes Vermögen vor, können aus deutscher steuerlicher Sicht die gemeinen Werte angesetzt werden. Dies erhöht jedoch im Folgenden einen möglichen Übernahmegewinn nach § 12 UmwStG.

15.138 Die übernehmende inländische Mutterkapitalgesellschaft hat die auf sie übergehenden Wirtschaftsgüter mit dem in der steuerlichen Schlussbilanz der übertragenden EU-/EWR-Kapitalgesellschaft

---

163 Vgl. u.a. BFH v. 10.4.2019 – I R 15/16, ZIP 2020, 272 = DStR 2019, 1917.
164 Vgl. *Körner*, IStR 2009, 1 (14).
165 Vgl. *Teske/Keß* in Lüdicke/Sistermann, Unternehmenssteuerrecht, § 18 Rz. 90.
166 Vgl. hierzu auch *Körner*, IStR 2009, 1 (12).

enthaltenen Wert i.S.d. § 11 UmwStG zu **übernehmen**, d.h. entweder mit dem Buchwert, gemeinen Wert oder einem Zwischenwert (§ 12 Abs. 1 UmwStG). Bei der inländischen Muttergesellschaft ergibt sich ein steuerlich außer Ansatz bleibender **Übernahmegewinn oder -verlust** in Höhe des Unterschieds zwischen dem steuerlichen Buchwert der Anteile an der übertragenden Zwischenholding und dem Wert, mit dem die übergegangenen Wirtschaftsgüter zu übernehmen sind, abzgl. der Kosten für den Vermögensübergang (§ 12 Abs. 2 Satz 1 UmwStG). Der Wertansatz in der Schlussbilanz der übertragenden Zwischenholding hat folglich Auswirkungen auf die Höhe des Übernahmeergebnisses. Auf dieses findet § 8b KStG Anwendung mit der Folge, dass ein Gewinn effektiv zu 95 % steuerbefreit und Verlust steuerlich nicht abzugsfähig ist (§ 12 Abs. 2 Satz 2 UmwStG).

Neben einem Upstream-Merger auf die deutsche Muttergesellschaft ist grundsätzlich auch denkbar 15.139
die ausländische Zwischenholding im Wege eines **Side-Stream-Mergers auf eine deutsche Kapitalgesellschaft zu verschmelzen**. Auch hier finden im EU-/EWR-Fall die genannten Vorschriften des UmwG und UmwStG entsprechend Anwendung. Die Seitwärtsverschmelzung hat dabei den Vorteil, dass auf das Übernahmeergebnis § 8b KStG nicht anzuwenden ist mit der Folge, dass keine 5%ige Besteuerung eines möglichen Übernahmegewinns erfolgt (vgl. § 12 Abs. 2 Satz 2 UmwStG).

Auch aus Sicht des **deutschen Anteilseigners** der EU-/EWR-Zwischenholding kann die Verschmel- 15.140
zung nach § 13 UmwStG unter bestimmten Voraussetzungen auf Antrag steuerneutral erfolgen, mit der Konsequenz, dass sich der steuerliche Buchwert an der übertragenden EU-/EWR-Zwischenholding auf die Anteile an der übernehmenden inländischen Kapitalgesellschaft überträgt.

Fraglich ist, ob trotz eines Buchwertantrags nach § 11 Abs. 2 UmwStG für die Ebene der übertragen- 15.141
den ausländischen Zwischenholding auf Ebene der übernehmenden inländischen Kapitalgesellschaft die allgemeinen **Verstrickungsregelungen** (§ 8 Abs. 1 KStG i.V.m. § 4 Abs. 1 Satz 8 Halbsatz 2 und § 6 Abs. 1 Nr. 5a EStG) mit Folge einer Aufstockung der Buchwerte zum Tragen kommen. Zunächst könnte dem die Wertverknüpfung des § 12 Abs. 1 UmwStG für die Ebene der übernehmenden Kapitalgesellschaft entgegenstehen. Es spricht jedoch nichts dagegen, dass die Verstrickungsregelungen eine logische Sekunde nach der erstmaligen Einbuchung der Wirtschaftsgüter im Zuge der Verschmelzung zur Anwendung kommen[167]. Relevant ist die Frage insbesondere vor dem Hintergrund, dass der Buchwertantrag (auch im Falle von im Inland verstrickten und nicht verstrickten Vermögen) nur einheitlich gestellt werden kann sowie aufgrund der Tatsache, dass auch ein Buchwertantrag für nicht im Inland steuerverstricktes Vermögen sinnvoll sein kann, um einen möglichen Übernahmegewinn möglichst gering zu halten[168].

Hinsichtlich möglicher **Hinzurechnungsbesteuerungsfolgen** der Verschmelzung nach dem AStG, 15.142
vgl. Rz. 15.96 ff.

d) Abspaltung der Beteiligungen auf die deutsche Muttergesellschaft

Ein Exit aus der ausländischen Zwischenholding könnte (teilweise) auch dadurch erfolgen, dass ein- 15.143
zelne Beteiligungen bzw. Vermögen von der ausländischen Zwischenholding auf die deutsche Muttergesellschaft abgespalten werden. Für eine grenzüberschreitende Hereinspaltung fehlt es gegenwärtig jedoch an einer gesetzlichen zivilrechtlichen Grundlage, da das UmwG in §§ 122a ff. UmwG lediglich grenzüberschreitende Verschmelzungen vorsieht[169]. Daher wäre eine **grenzüberschreitende Hereinspaltung** einer EU- bzw. EWR-Zwischenholdingkapitalgesellschaft auf eine inländische Mutterkapitalgesellschaft nur unter Berufung auf **europäisches Gemeinschaftsrecht** möglich[170]. Vgl. zu den geplanten europarechtlichen Änderungen in dieser Hinsicht Rz. 15.77.

167 Vgl. *Oppen/Euchner* in Beck'sches Handbuch Umwandlungen international, S. 221 ff.
168 Vgl. *Oppen/Euchner* in Beck'sches Handbuch Umwandlungen international, S. 215 und 221.
169 Vgl. *Hörtnagl* in Schmitt/Hörtnagl/Stratz, § 1 UmwG Rz. 46 ff.
170 Vgl. *Veith* in Beck'sches Handbuch Umwandlungen international, S. 325 ff.

15.144 Auf die grenzüberschreitende Hereinspaltung einer EU- bzw. EWR-Kapitalgesellschaft auf eine inländische Kapitalgesellschaft finden die Vorschriften des § 15 i.V.m. §§ 11 bis 13 UmwStG Anwendung (§ 1 Abs. 1 Satz 1 Nr. 1, Abs. 2 Satz 1 Nr. 1 UmwStG). Die Vorschrift des § 15 UmwStG erlaubt grundsätzlich eine **steuerneutrale Übertragung von Teilbetrieben**. Als Teilbetrieb gilt dabei auch ein Mitunternehmeranteil oder die 100%ige Beteiligung an einer Kapitalgesellschaft. Nach dem sog. doppelten Teilbetriebserfordernis müssen bei der übertragenden Kapitalgesellschaft ein Teilbetrieb verbleiben und ein Teilbetrieb zur übernehmenden Kapitalgesellschaft übergehen (§ 15 Abs. 1 UmwStG). Unter diesen Voraussetzungen sind die §§ 11 bis 13 UmwStG für die Spaltung analog anwendbar. Insoweit wird auf die Ausführungen zur Verschmelzung zuvor verwiesen. Weiterhin enthält § 15 Abs. 2 UmwStG bestimmte Missbrauchsvorschriften, die zu beachten sind.

e) Umwandlung der ausländischen Zwischenholding in eine operative Gesellschaft

15.145 Denkbar ist es auch, die ausländische Zwischenholdingstruktur aufzulösen, indem die Zwischenholding in eine ausländische operative Gesellschaft umgewandelt wird. Eine Umwandlung in eine operative Gesellschaft kann z.B. dadurch realisiert, dass (i) operative Tochtergesellschaften der ausländischen Zwischenholding auf die Zwischenholding verschmolzen werden, (ii) die ausländische Zwischenholding selbst auf eine operative Gesellschaft verschmolzen wird oder (iii) operatives Geschäft auf die ausländische Zwischenholding verlagert wird (z.B. durch eine Einbringung eines Betriebs oder Teilbetriebes, etc.).

15.146 Die Variante der **Verschmelzung operativer Tochtergesellschaften der ausländischen Zwischenholding** auf die Zwischenholding ist aus deutscher steuerlicher Sicht, sofern kein im Inland steuerverhaftetes Vermögen vorliegt, höchstens aus deutscher außensteuerlicher Sicht relevant (vgl. Rz. 15.96 ff.).

15.147 Die **Verschmelzung der ausländischen Zwischenholding** auf eine operative Tochtergesellschaft (down-stream) oder eine operative Schwestergesellschaft (side-stream) fällt, sofern es sich jeweils um EU-/EWR-Gesellschaften handelt, unter die §§ 11 bis 13 UmwStG. Auch hier sind mögliche außensteuerliche Aspekte zu berücksichtigen.

15.148 Die **Verlagerung operativen Geschäfts auf die ausländische Zwischenholding** kann auf verschiedenen Wegen erfolgen. Hinsichtlich einer möglichen Einbringung operativer Einheiten in die ausländische Zwischenholding, vgl. Rz. 15.59 ff.

f) Sitzverlegung der ausländischen Zwischenholding ins Inland

15.149 Eine weitere Möglichkeit der Auflösung einer ausländischen Zwischenholdingstruktur besteht darin, die ausländische Zwischenholding durch Sitzverlegung nach Deutschland zu verlegen. Hierbei bestehen grundsätzlich die **Möglichkeiten**, (i) den Ort der Geschäftsleitung einer ausländischen Kapitalgesellschaft nach Deutschland zu verlegen, (ii) im Falle von EU-/EWR-Kapitalgesellschaften einen grenzüberschreitenden Formwechsel ins Inland auf Basis der EuGH-Rechtsprechung vorzunehmen oder (iii) im Falle einer SE den Ort der Geschäftsleitung und den Satzungssitz ins Inland zu verlegen. Vergleiche hierzu auch die Ausführungen zur Errichtung einer ausländischen Holding durch Sitzverlegung bzw. grenzüberschreitenden Formwechsel (Rz. 15.81 ff.).

aa) Verlegung des Orts der Geschäftsleitung der ausländischen Zwischenholding nach Deutschland

15.150 Kapitalgesellschaften mit Satzungssitz und Verwaltungssitz **in der EU bzw. im EWR**, die ihren Verwaltungssitz, d.h. den Ort ihrer Geschäftsleitung nach Deutschland verlegen, sind gemäß der Rechtsprechung des EuGH aufgrund der Niederlassungsfreiheit in Deutschland **als Gesellschaft ausländischen Rechts anzuerkennen**, sofern der Staat, in dem sie gegründet wurden die Verlegung des

Verwaltungssitzes zulässt. Die in Deutschland bis dahin geltende Sitztheorie, wonach eine ausländische Kapitalgesellschaft nach Verlegung des Verwaltungssitzes nach Deutschland ihre Rechtsfähigkeit verliert, kommt im EU-/EWR-Fall nicht mehr zur Anwendung[171]. Die zuziehende Kapitalgesellschaft begründet folglich mit dem inländischen Ort der Geschäftsleitung in Deutschland die unbeschränkte Körperschaftsteuerpflicht nach § 1 Abs. 1 Nr. 1 KStG.

Kapitalgesellschaften mit Satzungssitz und Verwaltungssitz in einem Staat **außerhalb der EU- bzw. des EWR**, die ihren Verwaltungssitz, d.h. den Ort ihrer Geschäftsleitung nach Deutschland verlegen, werden dagegen in Deutschland aufgrund der Sitztheorie nicht als rechtsfähige Kapitalgesellschaft behandelt und in der Folge in eine **nicht eintragungsfähige Personengesellschaft umqualifiziert**[172]. Hinsichtlich der Körperschaftsteuerpflicht ist jedoch nicht entscheidend, ob die Kapitalgesellschaft in Deutschland als solche rechtsfähig ist, sondern ob sie nach dem Typenvergleich als Körperschaft strukturiert ist[173]. 15.151

Denkbar ist weiterhin, dass die ausländische Zwischenholding **bereits doppelt ansässig war**, z.B. in Form einer deutschen GmbH oder AG mit Satzungssitz in Deutschland und Ort der Geschäftsleitung im Ausland. In diesem Fall kann der Ort der Geschäftsleitung nach Deutschland zurückverlegt werden. 15.152

Die Verlegung der ausländischen Zwischenholding ins Inland führt in den zuvor genannten Fällen dazu, dass die Gesellschaft abkommensrechtlich in Deutschland ansässig wird (Art. 4 Abs. 1 und 3 OECD-MA) und, sofern im Ausland keine Betriebsstätte zurückbleibt, Deutschland das alleinige Besteuerungsrecht an den Wirtschaftsgütern, insbesondere den gehaltenen Kapitalgesellschaften erhält (Art. 7 Abs. 1, Art. 13 Abs. 5 OECD-MA). Es kommt folglich zur sog. **Verstrickung** in Deutschland. Die entsprechenden Wirtschaftsgüter sind daher für steuerliche Zwecke mit dem gemeinen Wert anzusetzen (§ 8 Abs. 1 KStG i.V.m. § 4 Abs. 1 Satz 8 Halbsatz 2 und § 6 Abs. 1 Nr. 5a EStG)[174]. 15.153

Eine **Entstrickung** von in Deutschland steuerverhaftetem Vermögen der ausländischen Zwischenholding dürfte in den zuvor aufgezeigten Varianten nicht resultieren, da im Falle einer zuziehenden deutschen Kapitalgesellschaft sowie EU-/EWR-Gesellschaft, sofern es der wegziehende Staat zulässt, diese gesellschaftsrechtlich fortbesteht. Dies gilt ebenso bei Zuzug einer Drittstaatengesellschaft, sofern der wegziehende Staat deren Fortbestand zulässt, da diese zwar aus deutscher Sicht ihre Rechtsfähigkeit verliert, aber dennoch Körperschaftssteuersubjekt bleibt[175]. 15.154

bb) Grenzüberschreitender Formwechsel einer ausländischen Zwischenholding in eine GmbH oder AG

Auf Basis der EuGH-Urteile „Vale“ und „Polbud“[176] ist es nun auch möglich, eine **ausländische Zwischenholding** identitätswahrend und ohne Vermögensübertragung in eine Kapitalgesellschaft deutscher Rechtsform, d.h. eine GmbH oder AG grenzüberschreitend formzuwechseln. Verlegt eine EU-/EWR-Kapitalgesellschaft ihren Verwaltungs- und Satzungssitz ins Inland, muss Deutschland, da es auch innerstaatlich nach § 1 Abs. 1 Nr. 4 UmwG einen Rechtsformwechsel zulässt, der ausländischen Kapitalgesellschaft einen **identitätswahrenden Formwechsel in eine deutsche GmbH oder** 15.155

171 Vgl. *Friedl* in Beck'sches Handbuch Umwandlungen international, S. 49; *Sagasser/Clasen* in Sagasser/Bula/Brünger, Umwandlungen, § 32 Rz. 83 f. mit Verweis auf EuGH-Urteil „Überseering“.

172 Vgl. *Ege/Klett*, DStR 2012, 2442 (2447); *Sagasser/Clasen* in Sagasser/Bula/Brünger, Umwandlungen, § 32 Rz. 102.

173 Vgl. *Frotscher* in Frotscher/Drüen, § 1 KStG Rz. 53 ff.; H 2 KStH (Ausländische Gesellschaften, Typenvergleich).

174 Vgl. *Körner*, IStR 2009, 741 (747).

175 Vgl. *Ege/Klett*, DStR 2012, 2442 (2449); *Sagasser/Clasen* in Sagasser/Bula/Brünger, Umwandlungen, § 32 Rz. 130.

176 Vgl. hierzu im Detail Rz. 15.88 ff.

AG gewähren[177]. Bis zu einer expliziten gesetzlichen Neuregelung sind die Praxisfragen eines solchen Formwechsels teilweise ungeklärt[178]. Das OLG Nürnberg sowie das OLG Frankfurt haben die Möglichkeit eines grenzüberschreitenden Herein-Formwechsels auf Basis der EuGH-Rechtsprechung jedoch explizit bestätigt[179].

15.156 In der Folge begründet die formgewechselte ausländische Kapitalgesellschaft die unbeschränkte Körperschaftsteuerpflicht in Deutschland und ist aufgrund des inländischen Orts der Geschäftsleitung und des Satzungssitzes auch nicht doppelt ansässig. Hinsichtlich der Verstrickung und Entstrickung gelten die Ausführungen zuvor.

cc) Sitzverlegung einer Europäischen Gesellschaft (SE) ins Inland

15.157 Firmiert die ausländische Zwischenholding in der Rechtsform einer Europäischen Gesellschaft (SE), kann diese identitätswahrend ihren **Satzungs- und Verwaltungssitz vom EU-/EWR-Ausland nach Deutschland** verlegen und damit in Deutschland die unbeschränkte Körperschaftsteuerpflicht begründen. Vergleiche hierzu die Ausführungen unter zur Etablierung einer ausländischen Zwischenholding durch Sitzverlegung einer SE (Rz. 15.91 ff.). Hinsichtlich der Verstrickung und Entstrickung gelten die Ausführungen zuvor analog.

177 Vgl. *Schönhaus/Müller*, IStR 2013, 174 (176).

178 Vgl. *Ege/Klett*, DStR 2012, 2442 (2443 ff.).

179 Vgl. OLG Nürnberg v. 19.6.2013 – 12 W 520/13, ZIP 2014, 128 = GmbHR 2014, 96; OLG Frankfurt v. 3.1.2017 – 20 W 88/15, ZIP 2017, 611 = DNotZ 2017, 381.

Teil VI
Internationales

§ 16 Ausländische Holding-Standorte

I. Einführung 16.1

II. Ausländische Holding-Standorte

1. Luxemburg

a) Rechtsformen 16.4
- aa) Société Anonyme (S.A.) 16.5
- bb) Société à responsabilité limitée (S.à r.l.) 16.7

b) Steuerliche Holdingparameter
- aa) Einführung/Körperschaftsteuersystem 16.9
- bb) Dividendenbesteuerung 16.12
- cc) Besteuerung von Veräußerungsgewinnen 16.18
- dd) Besteuerung von Veräußerungsverlusten und Teilwertabschreibungen 16.20
- ee) Besteuerung von Zins- und Lizenzeinkünften 16.22
- ff) Finanzierungsaufwendungen . . 16.23
- gg) Konsolidierte Besteuerung 16.27
- hh) Hinzurechnungsbesteuerung/CFC-Rules 16.30
- ii) Quellensteuern 16.31
- jj) Kapitalverkehrsteuern 16.33
- kk) DBA-Netzwerk 16.34

2. Niederlande

a) Rechtsformen 16.35
- aa) N.V. 16.36
- bb) B.V. 16.38

b) Steuerliche Holdingparameter
- aa) Einführung/Körperschaftsteuersystem 16.40
- bb) Dividendenbesteuerung 16.42
- cc) Besteuerung von Veräußerungsgewinnen 16.46
- dd) Besteuerung von Veräußerungsverlusten und Teilwertabschreibungen 16.47
- ee) Besteuerung von Zins- und Lizenzeinkünften 16.48
- ff) Finanzierungsaufwendungen . . 16.51
- gg) Konsolidierte Besteuerung 16.54
- hh) Hinzurechnungsbesteuerung/CFC-Rules 16.57
- ii) Quellensteuern 16.59
- jj) Kapitalverkehrsteuern 16.61
- kk) DBA-Netzwerk 16.62

3. Österreich

a) Rechtsformen 16.63
- aa) Aktiengesellschaft (AG) 16.64
- bb) Gesellschaft mit beschränkter Haftung (GmbH) 16.66

b) Steuerliche Holdingparameter
- aa) Einführung/Körperschaftsteuersystem 16.70
- bb) Dividendenbesteuerung 16.72
- cc) Besteuerung von Veräußerungsgewinnen 16.76
- dd) Besteuerung von Veräußerungsverlusten und Teilwertabschreibungen 16.77
- ee) Besteuerung von Zins- und Lizenzeinkünften 16.78
- ff) Finanzierungsaufwendungen . . 16.79
- gg) Konsolidierte Besteuerung 16.82
- hh) Hinzurechnungsbesteuerung/CFC-Rules 16.84
- ii) Quellensteuern 16.85
- jj) Kapitalverkehrsteuern 16.89
- kk) DBA-Netzwerk 16.90

4. Schweiz

a) Rechtsformen 16.91
- aa) Aktiengesellschaft (AG) 16.92
- bb) Gesellschaft mit beschränkter Haftung (GmbH) 16.95

b) Steuerliche Holdingparameter
- aa) Einführung/Körperschaftsteuersystem 16.98
  - (1) Patentbox
  - (2) Zusätzlicher Abzug für Forschung und Entwicklung
  - (3) Abzug für Eigenfinanzierung
- bb) Dividendenbesteuerung 16.101
- cc) Besteuerung von Veräußerungsgewinnen 16.103
- dd) Besteuerung von Veräußerungsverlusten und Teilwertabschreibungen 16.104
- ee) Besteuerung von Zins- und Lizenzeinkünften 16.105
- ff) Finanzierungsaufwendungen . . 16.106
- gg) Konsolidierte Besteuerung 16.108
- hh) Hinzurechnungsbesteuerung/CFC-Rules 16.109
- ii) Quellensteuern 16.110

jj) Kapitalverkehrsteuern 16.113
kk) DBA-Netzwerk 16.114
5. Großbritannien
a) Rechtsformen 16.115
aa) Public limited company (plc) . . 16.116
bb) Private limited company (Ltd.) . 16.119
b) Steuerliche Holdingparameter
aa) Einführung/Körperschaftsteuersystem 16.121
bb) Dividendenbesteuerung 16.125
cc) Besteuerung von Veräußerungsgewinnen 16.126
dd) Besteuerung von Veräußerungsverlusten und Teilwertabschreibungen 16.127
ee) Besteuerung von Zins- und Lizenzeinkünften 16.128
ff) Finanzierungsaufwendungen . . 16.129
gg) Konsolidierte Besteuerung 16.132
hh) Hinzurechnungsbesteuerung/CFC-Rules 16.134
ii) Quellensteuern 16.137
jj) Kapitalverkehrsteuern 16.139
kk) DBA-Netzwerk 16.140
6. Belgien
a) Rechtsformen 16.141
aa) NV/SA 16.142
bb) BVBA/SPRL 16.144
b) Steuerliche Holdingparameter
aa) Einführung/Körperschaftsteuersystem 16.147
bb) Dividendenbesteuerung 16.149
cc) Besteuerung von Veräußerungsgewinnen 16.150
dd) Besteuerung von Veräußerungsverlusten und Teilwertabschreibungen 16.151
ee) Besteuerung von Zins- und Lizenzeinkünften 16.152
ff) Finanzierungsaufwendungen . . 16.154
gg) Konsolidierte Besteuerung 16.156
hh) Hinzurechnungsbesteuerung/CFC-Rules 16.157
ii) Quellensteuern 16.158
jj) Kapitalverkehrsteuern 16.160
kk) DBA-Netzwerk 16.161
7. Liechtenstein
a) Rechtsformen 16.162
aa) Aktiengesellschaft (AG) 16.163
bb) Gesellschaft mit beschränkter Haftung (GmbH) 16.165
b) Steuerliche Holdingparameter
aa) Einführung/Körperschaftsteuersystem 16.167
bb) Dividendenbesteuerung 16.168
cc) Besteuerung von Veräußerungsgewinnen 16.170
dd) Besteuerung von Veräußerungsverlusten und Teilwertabschreibungen 16.171
ee) Besteuerung von Zins- und Lizenzeinkünften 16.172
ff) Finanzierungsaufwendungen . . 16.174
gg) Konsolidierte Besteuerung 16.175
hh) Hinzurechnungsbesteuerung/CFC-Rules 16.177
ii) Quellensteuern 16.178
jj) Kapitalverkehrsteuern 16.179
kk) DBA-Netzwerk 16.180
8. USA
a) Rechtsformen 16.181
aa) Corporation 16.183
bb) Limited Liability Company (LLC) 16.185
b) Steuerliche Holdingparameter
aa) Einführung/Körperschaftsteuersystem 16.187
bb) Dividendenbesteuerung 16.191
cc) Besteuerung von Veräußerungsgewinnen 16.192
dd) Besteuerung von Veräußerungsverlusten und Teilwertabschreibungen 16.193
ee) Besteuerung von Zins- und Lizenzeinkünften 16.194
ff) Finanzierungsaufwendungen . . 16.195
gg) Konsolidierte Besteuerung 16.197
hh) Hinzurechnungsbesteuerung/CFC-Rules 16.199
ii) Quellensteuern 16.201
jj) Kapitalverkehrsteuern 16.202
kk) DBA-Netzwerk 16.203
9. Hongkong
a) Rechtsformen 16.204
b) Steuerliche Holdingparameter
aa) Einführung/Körperschaftsteuersystem 16.206
bb) Dividendenbesteuerung 16.208
cc) Besteuerung von Veräußerungsgewinnen 16.209
dd) Besteuerung von Veräußerungsverlusten und Teilwertabschreibungen 16.210
ee) Besteuerung von Zins- und Lizenzeinkünften 16.211
ff) Finanzierungsaufwendungen . . 16.212
gg) Konsolidierte Besteuerung 16.213
hh) Hinzurechnungsbesteuerung/CFC-Rules 16.214
ii) Quellensteuern 16.215
jj) Kapitalverkehrsteuern 16.216
kk) DBA-Netzwerk 16.217
10. Singapur
a) Rechtsformen 16.218

b) Steuerliche Holdingparameter
aa) Einführung/Körperschaftsteuersystem 16.221
bb) Dividendenbesteuerung 16.223
cc) Besteuerung von Veräußerungsgewinnen 16.224
dd) Besteuerung von Veräußerungsverlusten und Teilwertabschreibungen 16.225
ee) Besteuerung von Zins- und Lizenzeinkünften 16.226
ff) Finanzierungsaufwendungen . . 16.227
gg) Konsolidierte Besteuerung 16.228
hh) Hinzurechnungsbesteuerung/ CFC-Rules 16.229
ii) Quellensteuern 16.230
jj) Kapitalverkehrsteuern 16.231
kk) DBA-Netzwerk 16.232

Literaturübersicht: Bücher und Kommentare: Ausländische Geschäftsaktivitäten in Singapur, Ernst & Young, Luther, 2006; *Bader*, Steuergestaltung mit Holdinggesellschaften, 3. Aufl. 2018; Beck'sches Steuerberater-Handbuch 2019/20, 17. Auflage; Beck'sches Holding Handbuch, 3. Aufl. 2020; *Endres/Schreiber*, Investitions- und Steuerstandort USA, 1. Aufl. 2008; *Djanani/Brähler/Lösel*, Investitionen und Steuern in den USA – Doing Business in USA, 1. Aufl. 2005; *Flick/Wassermeyer/Kempermann*, DBA Deutschland – Schweiz, 53. Ergänzungslieferung, 2019; *Hosp/Langer*, Steuerstandort Liechtenstein, 2011; IBFD, Belgium – Corporate Taxation – Country Tax Guides, Stand: 1. Oktober 2019; IBFD, Hong Kong – Corporate Taxation – Country Tax Guides, Stand: 1. Oktober 2019; IBFD, Singapore – Corporate Taxation – Country Tax Guides, Stand. 1. Dezember 2019; IBFD, Switzerland – Corporate Taxation – Country Tax Guides, Stand: 1. November 2019; IBFD, Switzerland – Holding Companies – Country Tax Guides, Stand: 1. Juni 2019; *Kubaile/Suter* in Der Steuer- und Investitionsstandort Schweiz, 3. Aufl. 2015; *Mennel/Förster*, Steuern in Europa, Asien und Amerika, 121. Ergänzungslieferung 2019; Münchener Handbuch des Gesellschaftsrechts, Band 6 – Internationales Gesellschaftsrecht – Grenzüberschreitende Umwandlungen, 4. Aufl. 2013; *Süß/Wachter*, Handbuch des internationalen GmbH-Rechts, 3. Aufl. 2016; *Wegen/Spahlinger/Barth*, Gesellschaftsrecht des Auslands, 2018; *Weigell/Brand/Safarik* in Investitions- und Steuerstandort Schweiz, 3. Aufl. 2012; Worldwide Corporate Tax Guide, Ernst & Young, April 2019.

Aufsätze: *Bader*, Hongkong als Holdingstandort – Eine Analyse der attraktiven Rahmenbedingungen, IWB 19/2014, 732; *De Ridder*, Belgien: Die Steuerreform und ihre Folgen ab 2018, IStR-LB 2018, 30; *Elsweier/Grave*, Die niederländische Einheitstheorie im Praxistest – eine Alternative für die Organschaft in Deutschland?, IStR 2013, 91; *Hiort/Marges/Schurings*, Relevance of the new Dutch „Flex B.V." from a German Perspective, Corporate Finance law 2013, 33; *Lehnen/Bley*, Steueranreize für Holdingstandorte: Singapur und Hongkong im Vergleich, IStR 2012, 531; *Linn*, Die US-Steuerreform und ihre Auswirkungen auf das deutsche Unternehmensteuerrecht, DStR 2018, 321; *Luckhaupt/Müller*, Neuregelung des Beteiligungsabzugs in Liechtenstein, IStR 2019, 177; *Oepen/Weber*, Belgien: NID, Veräußerungsgewinne, Dienstleistungsbetriebsstätte und weitere gesetzgeberische Entwicklungen, IStR-LB 2013, 50; *Oepen*, Belgien: „Fairness Tax" und „Besteuerung von Investmentgesellschaften", IStR-LB 2014, 2; *Oepen/Weber*, Belgien: (Noch) keine große Körperschaftsteuerreform, jedoch Einführung des Abzugs für Innovationseinkünfte und zahlreiche weitere Gesetzesänderungen, IStR-LB 2017, 46; *Richter*, Die neuen Controlled Foreign Company Regeln in Großbritannien, IStR 2013, 187; *Schönfeld/Zinowsky/Rieck*, Die US-Steuerreform – Überblick über die wichtigsten Neuregelungen für Unternehmen, IStR 2018, 127; *Schreiber/Weimann*, Schweiz: National- und Ständerat einigen sich auf Steuerreformvorlage, IStR-LB 2018, 71; *Trinks*, Das Abgabenänderungsgesetz 2014 und die neue „Lizenzschranke", PIStB 2014, 99; *Trinks*, Österreich: Abgabenänderungsgesetz 2014, IStR-LB 2014, 20; *Weidlich*, Singapur: Neue Entwicklungen in der Dividendenbesteuerung, IStR 2003, 805.

BMF-Schreiben: BMF-Schreiben v. 19.3.2004 – IV B 4 - S 1301 USA – 22/04, BStBl. I 2004, 411; BMF-Schreiben v. 24.12.1999 – IV B 4 - S 1300 - 111/99, BStBl. I 1999, 1076.

I. Einführung

Im folgenden Kapital sollen relevante ausländische Holding-Standorte behandelt werden. Zunächst 16.1
werden die klassischen Holding-Standorte Luxemburg (Rz. 16.4 ff.) und Niederlande (Rz. 16.35 ff.) dargestellt. Danach wird auf weitere Staaten eingegangen, welche für einen Holding-Standort interessante steuerliche Paramater aufweisen. Hier sollen exemplarisch Österreich (Rz. 16.63 ff.), die Schweiz (Rz. 16.91 ff.), Großbritannien (Rz. 16.115 ff.), Belgien (Rz. 16.141 ff.) und Liechtenstein (Rz. 16.162 ff.) vorgestellt werden.

16.2 Aufgrund der Größe der lokalen Marktes, der Bedeutung des Finanzstandortes und der Innovationsführerschaft in vielen Wirtschaftsbereichen wird ebenso die USA als Holding-Standort dargestellt. Gleichwohl sind die USA als Standort für eine (Zwischen-)Holding aus rein steuerlicher Sicht eher ungeeignet (Rz. 16.181 ff.). Aufgrund der zunehmenden Bedeutung Südostasiens als Wirtschaftsstandort werden abschließend Hongkong (Rz. 16.204 ff.) und Singapur (Rz. 16.218 ff.) als Holding-Standorte beschrieben. Beide Staaten weisen attraktive rechtliche und steuerliche Rahmenbedingungen und erfreuen zunehmender Beliebtheit als Holding-Standorte für Investitionen in der Region.

16.3 Die Darstellung ist nicht abschließend. Aufgrund des bestehenden Steuerwettbewerbs zwischen den Staaten sowie der Tatsache, dass das Steuerrecht einem beständigem Wandel unterworfen ist, wird es dazu kommen, dass weitere Staaten hinzutreten bzw. andere Jurisdiktionen im Zeitablauf an Attraktivität verlieren. Den jeweiligen Länderteilen sind Kurzvorstellungen der relevanten Gesellschaftsformen vorangestellt; der steuerliche Teil folgt jeweils dem Prüfschema der steuerlichen Holdingparameter (vgl. Rz. 15.9 des Kapitals § 15 „Steuerliche Parameter für die internationale Standortwahl“).

II. Ausländische Holding-Standorte

1. Luxemburg

a) Rechtsformen

16.4 Die in Luxemburg für Holdinggesellschaften gebräuchlichen Rechtsformen sind die der Aktiengesellschaft (**Société Anonyme – S.A.**) sowie der Gesellschaft mit beschränkter Haftung (**Société à responsabilité limitée – S.à r.l.**).

aa) Société Anonyme (S.A.)

16.5 Das **Mindeststammkapital** der S.A. beträgt 30.986,69 Euro, allerdings erfolgt bei einer Gründung mit dem Mindeststammkapital in der Regel eine Einzahlung von 31.000 Euro. Sacheinlagen sind möglich. Eine S.A. kann auch nur einen Aktionär in Form einer natürlichen oder juristischen Person haben; eine Mehrzahl von Aktionären ist nicht erforderlich. Die Aktionäre müssen nicht in Luxemburg ansässig sein. Die Gründung erfolgt über eine notariell beglaubigte Gründungsurkunde (Satzung), welche beim Handelsregister zu hinterlegen ist.

16.6 Das luxemburgische Recht unterscheidet zwischen dem monistischen und dem dualistischen System. Organe der S.A. im monistischen System sind der Verwaltungsrat und die Hauptversammlung. Im dualistischen System ist der Vorstand das Leitungsorgan. Der **Verwaltungsrat** besteht aus mindestens drei natürlichen oder juristischen Personen und nimmt die Geschäftsführung und Vertretung der Gesellschaft wahr. Der **Vorstand** besteht aus mindestens zwei Vorstandsmitgliedern. Die **Hauptversammlung** als oberstes Organ der Gesellschaft ist insbesondere für die Wahl und Entlassung der Mitglieder des Verwaltungsrats, den Jahresabschluss und die Verwendung des Gewinns sowie Satzungsänderungen zuständig[1].

bb) Société à responsabilité limitée (S.à r.l.)

16.7 Die **S.à r.l.** muss ein **Mindeststammkapital von 12.394,68 Euro** haben, in der Regel werden jedoch 12.500 Euro eingezahlt. Sacheinlagen sind zulässig. Gesellschafter können natürliche oder juristische Personen sein. Einmann-Gesellschaften sind zulässig; die maximale Gesellschafterzahl beträgt 40. Die Gründung erfolgt ebenso wie bei der S.A. über eine notariell beglaubigte Gründungsurkunde[2].

---

1 Vgl. *Harles/Opitz* in Wegen/Spahlinger/Barth, Gesellschaftsrecht des Auslands, Rz. 9 ff.
2 Vgl. *Harles/Opitz* in Wegen/Spahlinger/Barth, Gesellschaftsrecht des Auslands, Rz. 148 ff.

Ein oder mehrere **Geschäftsführer** nehmen die Geschäftsführung und Vertretung der Gesellschaft wahr. Die Aufgaben der **Gesellschafterversammlung** entsprechen im Wesentlichen denen der Hauptversammlung bei der S.A. 16.8

b) Steuerliche Holdingparameter

aa) Einführung/Körperschaftsteuersystem

Das luxemburgische Körperschaftsteuersystem ist ein **klassisches System der Doppelbesteuerung** 16.9 mit Erfassung der Gewinne auf der Ebene der Körperschaft sowie der Dividenden bei den Gesellschaftern. Der **Körperschaftsteuersatz beträgt maximal 18,19 %** (seit 2019 17 % Körperschaftsteuer ab einem zu versteuernden Gewinn von 200.000 Euro zzgl. 7 % Zuschlag). Weiterhin wird eine kommunale **Gewerbesteuer** erhoben, deren Steuersatz abhängig von der Gemeinde ist. Der Gewerbesteuersatz liegt gegenwärtig bei 6,75 % (in Luxemburg-Stadt), durchschnittlich bei 7,5 % %[3]. Folglich ergibt sich für Kapitalgesellschaften eine **Gesamtsteuerbelastung von 24,94 %** (Luxemburg-Stadt). Entlastung wird natürlichen Personen durch eine 50%ige, Kapitalgesellschaften durch eine 50%ige oder 100%ige Freistellung der Dividenden gewährt[4].

Luxemburg erhebt weiterhin eine **0,5%ige Vermögensteuer** auf Basis des zum 1. Januar des jewei- 16.10 ligen Steuerjahres vorhandenen Nettovermögens der Kapitalgesellschaft. Hiervon ausgenommen sind jedoch Schachtelbeteiligungen an anderen Kapitalgesellschaften mit einer Beteiligungshöhe von mindestens 10 %. Weiterhin besteht zur Vermeidung der Doppelbelastung mit Körperschaftsteuer unter bestimmten Voraussetzungen eine Möglichkeit zur Reduktion der Vermögensteuer[5].

Luxemburg gilt als **traditioneller Holdingstandort**, der auf dem mit Gesetz vom 31.7.1929 ein- 16.11 geführten speziellen Steuerregime für Holdinggesellschaften beruht. Bei den sog. **„1929er-Holdings"** handelte es sich um Gesellschaften, deren Zweck sich ausschließlich auf den Erwerb von Beteiligungen an luxemburgischen oder internationalen Unternehmen sowie auf die Verwaltung dieser Beteiligungen beschränkte. Die 1929er-Holdings waren bis auf eine taxe d'abonnement (0,2 % des Grundkapitals) von der laufenden Besteuerung in Luxemburg befreit. Auf ihre Ausschüttungen wurde keine Kapitalertragsteuer erhoben. Die EU-Kommission hatte die Steuerbefreiung von „1929er-Holdings" jedoch für rechtswidrig erklärt. Seit dem 1.1.2011 findet das spezielle Steuerregime keine Anwendung mehr[6].

bb) Dividendenbesteuerung

Dividenden aus Schachtelbeteiligungen sind vollständig steuerbefreit, sofern die folgenden Voraus- 16.12 setzungen erfüllt sind:

- unmittelbare oder mittelbare (über transparente Personengesellschaften gehaltene) **Beteiligung von mindestens 12 Monaten Dauer** bei einer Beteiligung **i.H.v. mindestens 10 %** bzw. bei **Anschaffungskosten von mindestens 1,2 Mio. Euro**; und
- die ausschüttende Kapitalgesellschaft ist eine unbeschränkt steuerpflichtige **luxemburgische Gesellschaft**, eine **ausländische Gesellschaft**, die einer mindestens 8,5%igen Körperschaftsteuer unterliegt oder eine **EU-Gesellschaft**, die von Art. 2 der EU-Mutter-Tochter-Richtlinie erfasst wird.

Die **Mindesthaltedauer** von 12 Monaten in Höhe der Mindestbeteiligungsquote muss zum Zeit- 16.13 punkt der Ausschüttung erfüllt sein, kann jedoch bei vorzeitigen Ausschüttungen auch nachträglich

3 Vgl. Fort in Steuern in Europa, Asien und Amerika, Kapitel: Belgien, Rz. 243 f. und 269; Worldwide Corporate Tax Guide, Ernst & Young, S. 970.
4 Vgl. *Bader*, Steuergestaltung mit Holdinggesellschaften, S. 233.
5 Vgl. *Taferner/Bahlmann/von Brocke* in Steuerrecht der EU-Staaten, H. Steuerrecht der EU-Staaten, Rz. 421.
6 Vgl. *Bader*, Steuergestaltung mit Holdinggesellschaften, S. 234.

aufgrund des Eingehens einer entsprechenden Halteverpflichtung seitens der Muttergesellschaft erfüllt werden[7].

16.14 Nach luxemburgischem Körperschaftsteuerrecht bestehen hinsichtlich der **wirtschaftlichen Aktivität** einer (ausländischen) Beteiligungsgesellschaft keine Einschränkungen. Demnach kann die ausländische Tochtergesellschaft passive Einkünfte erzielen, ohne dass dies zu einer Einschränkung des Holdingprivilegs führt[8].

16.15 Sind sämtliche Voraussetzungen des Schachtelprivilegs erfüllt, so ist das Einkommen aus der Beteiligung in Luxemburg steuerfrei. Zum Einkommen aus einer Beteiligung zählen sowohl **Dividendenerträge** als auch **Liquidationserlöse**[9].

16.16 Sind die Voraussetzungen für das Schachtelprivileg nicht erfüllt, sind dennoch **50 % der Dividendenerträge** von der luxemburgischen Körperschaftsteuer befreit, wenn die Dividenden von einer der folgenden Gesellschaften ausgeschüttet werden: (i) unbeschränkt steuerpflichtige **luxemburgische Gesellschaften**, (ii) **ausländische Gesellschaften**, die einer mindestens 8,5%igen Körperschaftsteuer unterliegen oder (iii) **EU-Gesellschaften**, die von Art. 2 der EU-Mutter-Tochter-Richtlinie erfasst sind.

16.17 Seit dem Jahr 2016 sieht das luxemburgische Steuerrecht jedoch zwei Regelungen vor, die die Steuerbefreiung für Dividendeneinkünfte unter Umständen versagen. Einerseits ist eine Steuerbefreiung der Dividende nicht mehr möglich, wenn das Einkommen bei der zahlenden (EU-)Gesellschaft abzugsfähig ist (Korrespondenzprinzip). Weiterhin wird eine Freistellung aufgrund der Umsetzung der Richtlinie (EU) 2016/1164 des Rates vom 12.7.2016 versagt, wenn eine unangemessene Gestaltung oder eine unangemessene Abfolge von Gestaltungen vorliegen, bei der der wesentliche Zweck der Gestaltung darin liegt, die Vorteile der der Mutter-Tochter-Richtlinie zu erlangen[10].

cc) Besteuerung von Veräußerungsgewinnen

16.18 Gewinne aus der Veräußerung von Kapitalgesellschaften sind vollständig steuerbefreit, sofern die folgenden Voraussetzungen erfüllt sind:

- unmittelbare oder mittelbare (über transparente Personengesellschaften gehaltene) **Beteiligung von mindestens 12 Monaten Dauer** bei einer Beteiligung **i.H.v. mindestens 10 %** bzw. bei **Anschaffungskosten von mindestens 6 Mio. Euro**; und
- die veräußerte Kapitalgesellschaft ist eine unbeschränkt steuerpflichtige **luxemburgische Gesellschaft**, eine **ausländische Gesellschaft**, die einer vergleichbaren Körperschaftsteuer unterliegt oder eine **EU-Gesellschaft**, die von Art. 2 der EU-Mutter-Tochter-Richtlinie erfasst ist.

16.19 Die Steuerbefreiung wird jedoch insoweit eingeschränkt, als dass steuerwirksame Teilwertabschreibungen vorgenommen oder Ausgaben (z.B. Zinsen) im Zusammenhang mit der Beteiligung steuerwirksam abgezogen wurden[11].

---

7 Vgl. Fort in Steuern in Europa, Asien und Amerika, Kapitel: Luxemburg, Rz. 262; Worldwide Corporate Tax Guide, Ernst & Young, S. 974 ff.

8 Vgl. *Bader*, Steuergestaltung mit Holdinggesellschaften, S. 235; Fort in Steuern in Europa, Asien und Amerika, Kapitel: Luxemburg, Rz. 262 ff.

9 Vgl. *Taferner/Bahlmann/von Brocke* in Steuerrecht der EU-Staaten, H. Steuerrecht der EU-Staaten, Rz. 410; Steichen/Riedelin Beck'sches StB-Handbuch 2019/20, H. Steuerrecht europäischer Staaten und anderer wichtiger Industriestaaten, Rz. 508i.

10 Vgl. Worldwide Corporate Tax Guide, Ernst & Young, S. 976.

11 Vgl. *Bader*, Steuergestaltung mit Holdinggesellschaften, S. 237; Worldwide Corporate Tax Guide, Ernst & Young, S. 973 f.

dd) Besteuerung von Veräußerungsverlusten und Teilwertabschreibungen

Verluste aus der Veräußerung einer Schachtelbeteiligung sowie Teilwertabschreibungen sind trotz der Steuerfreiheit von Veräußerungsgewinnen **vollständig steuerlich abzugsfähig**. Ausschüttungsbedingte Teilwertabschreibungen sind dagegen bis zur Höhe der im gleichen Jahr vereinnahmten Dividende steuerlich nicht abzugsfähig. 16.20

Steuerfreie Veräußerungsgewinne werden aber um den Betrag steuerwirksamer Teilwertabschreibungen sowie um frühere steuerwirksame Aufwendungen im Zusammenhang mit der Beteiligung **gemindert**. Zudem besteht für geltend gemachte Teilwertabschreibungen eine steuerpflichtige Zuschreibungspflicht, wenn der Beteiligungswert wieder steigt[12]. 16.21

ee) Besteuerung von Zins- und Lizenzeinkünften

Zinseinkünfte unterliegen der regulären Besteuerung. Nettoeinkommen und Veräußerungsgewinne von bestimmten gewerblichen Schutzrechten und Urheberrechten sind zu 80 % steuerbefreit, sofern diese nach dem 31.12.2007 angeschafft oder hergestellt wurden[13]. Allerdings wurde die Regelung zum 1.7.2016 aufgrund der Entwicklungen hinsichtlich des Aktionspunkts 5 der BEPS-Initiative (OECD Nexus Approach) abgeschafft. Jedoch wurde eine Übergangszeit von 5 Jahren vereinbart, die es ermöglicht die Regelung bis zum 30.6.2021 weiterhin anzuwenden, sofern das entsprechende IP vor dem 1.7.2016 angeschafft oder hergestellt wurde. Mit Beginn des Fiskaljahres 2018 wurde von der luxemburgischen Regierung eine ähnliche OECD-konforme Reglung für gewerbliche Schutzrechte und Urheberrechte geschaffen, welche eine 80%ige Freistellung des Nettoeinkommens von begünstigen Schutzrechten vorsieht[14]. 16.22

ff) Finanzierungsaufwendungen

Finanzierungsaufwendungen, die im Zusammenhang mit Beteiligungen stehen, sind **abzugsfähig**, soweit die Aufwendungen die steuerfreien Dividenden übersteigen. Die danach abzugsfähigen Finanzierungsaufwendungen mindern jedoch einen später anfallenden Veräußerungsgewinn. Bis zur Umsetzung der Anti Tax Avoidance Directive[15] (kurz: ATAD) bestanden keine spezielle Regelungen zur Gesellschafterfremdfinanzierung. Nach Auffassung der Finanzverwaltung gilt jedoch eine zu beachtende Eigenkapital-Fremdkapital-Quote von 15:85. Wird die zulässige Höhe des Fremdkapitals überschritten, werden die Finanzierungsaufwendungen insoweit als verdeckte Gewinnausschüttungen behandelt[16]. 16.23

Im Zuge der ATAD Umsetzung wurden jedoch Vorschriften eingeführt, die einen Abzug der Zinsaufwendungen verwehren bzw. einschränken können. So wurde im Zuge der Gesetzgebung klargestellt, dass die bisherige allgemeine Missbrauchsklausel im Einklang mit der ATAD-Regelung steht. Hiernach kann eine gesetzliche Reglung nicht durch eine Gestaltung umgangen werden, bei der zumindest eines der Ziele die Erlangung eines Steuervorteils ist[17]. 16.24

Darüber hinaus wurden folgende Regelungen gesetzlich umgesetzt. Einerseits wurde eine Hybrid-Regelung eingeführt. Die Regelung greift bei Vereinbarungen die einen hybriden Charakter haben. Nach der Regelung wird der Abzug der Aufwendungen versagt, wenn es aufgrund des hybriden Cha- 16.25

12 Vgl. *Bader*, Steuergestaltung mit Holdinggesellschaften, S. 237.
13 Vgl. *Taferner/Bahlmann/von Brocke* in Steuerrecht der EU-Staaten, H. Steuerrecht der EU-Staaten, Rz. 410; Worldwide Corporate Tax Guide, Ernst & Young 2019, S. 978 f.
14 Vgl. Worldwide Corporate Tax Guide, Ernst & Young, S. 978 f.
15 Vgl. Richtlinie (EU) 1164/2016 des Rates v. 12.7.2016, ABl. EU Nr. L 193 v. 19.7.2016, S. 1.
16 Vgl. *Rödding* in Beck'sches Holding Handbuch, S. 604; *Bader*, Steuergestaltung mit Holdinggesellschaften, S. 239.
17 Vgl. Worldwide Corporate Tax Guide, Ernst & Young, S. 982 f.

rakters der Vereinbarung zu einem weiteren Abzug der Aufwendungen in einem anderen Staat kommt bzw. den Aufwendungen im Empfänger-Staat keine entsprechenden Einkünfte gegenüber stehen[18].

Andererseits wurde eine Zinsschrankenregelung nach deutschem Vorbild in das Gesetz aufgenommen. Diese besagt, dass ein die Zinserträge übersteigender Zinsaufwand von 3 Mio. Euro nur in Höhe von 30 % des EBITDA der jeweiligen Gesellschaft abzugsfähig ist. Ein darüberhinausgehender Zinsaufwand ist vorzutragen. Ähnlich der deutschen Regelung ist eine Exkulpation für Gruppengesellschaften mittels eines Eigenkapitaltests möglich. Einzelunternehmen fallen nicht unter die Zinsschrankenregelung. Weiterhin werden Zinsaufwendungen aus Darlehensverträgen, die vor dem 17.6.2016 abgeschlossen wurden nicht von der Zinsschrankenregelung erfasst, sofern die Darlehen unverändert fortbestehen[19].

16.26 Im Falle der konsolidierten Besteuerung ist die Beschränkung des Zinsabzugs für die gesamte Gruppe zu prüfen.

gg) Konsolidierte Besteuerung

16.27 Eine Gruppenbesteuerung ist auf Antrag möglich. Voraussetzung ist, dass eine unbeschränkt steuerpflichtige luxemburgische Gesellschaft oder die luxemburgische Betriebsstätte einer beschränkt steuerpflichtigen Gesellschaft (Organträger) unmittelbar oder mittelbar **mindestens 95 % der Anteile** (in Ausnahmefällen reicht auch eine 75 % Beteiligung) an einer unbeschränkt steuerpflichtigen luxemburgischen Kapitalgesellschaft (Organgesellschaft) hält. Die Beteiligung muss seit Beginn des Wirtschaftsjahres bestehen, für das die Gruppenbesteuerung erstmals Anwendung finden soll. Die Gruppenbesteuerung muss **fünf Jahre** durchgeführt werden. Die Notwendigkeit eines Ergebnisabführungsvertrages besteht nicht. Eine grenzüberschreitende Gruppenbesteuerung ist nicht möglich.

16.28 Die Gruppenbesteuerung hat zur Folge, dass Gewinne und Verluste auf Ebene des Organträgers **verrechnet** und dort zusammengefasst besteuert werden. Eine vollständige steuerliche Konsolidierung findet, wie bei der deutschen Organschaft, nicht statt[20].

16.29 Mit dem Jahr 2015 wurde das bestehende vertikale System um ein horizontales System erweitert. Aufgrund der Neuregelung ist es möglich eine konsolidierte Besteuerung zwischen Schwestergesellschaften zu erreichen. Hierzu muss die gemeinsame Muttergesellschaft in der EU bzw. im Europäischen Wirtschaftsraum ansässig sein und dort der unbeschränkten Steuerpflicht unterliegen. Die Konsolidierung erfolgt auf Ebene einer der Tochtergesellschaften (Organträger-Tochtergesellschaft)[21].

hh) Hinzurechnungsbesteuerung/CFC-Rules

16.30 Im Zuge der Anti-Tax-Avoidance Directive[22] (kurz: ATAD) hat auch die Hinzurechnungsbesteuerung zum 1.1.2019 Einzug in das luxemburgische Steuerrecht erhalten. Hierbei werden Einkünfte von ausländischen Gesellschaften, welche nicht direkt nach Luxemburg ausgeschüttet werden, der Besteuerung in Luxemburg unterworfen, sofern es sich um Gestaltungen handelt, deren Ziel es ist, einen Steuervorteil zu erlangen und die auf rein künstlichen Gestaltungen beruhen[23].

18 Vgl. Worldwide Corporate Tax Guide, Ernst & Young, S. 983.

19 Vgl. Worldwide Corporate Tax Guide, Ernst & Young, S. 983.

20 Vgl. *Bader*, Steuergestaltung mit Holdinggesellschaften, S. 237 f.; Worldwide Corporate Tax Guide, Ernst & Young, S. 981.

21 Vgl. *Bader*, Steuergestaltung mit Holdinggesellschaften, S. 238.

22 Vgl. Richtlinie 1164/2016/EU des Rates v. 12.7.2016, ABl. EU Nr. L 193 v. 19.7.2016, S. 1.

23 Vgl. Worldwide Corporate Tax Guide, Ernst & Young, S. 983.

ii) Quellensteuern

Luxemburg erhebt grundsätzlich Quellensteuern auf **Dividenden** i.H.v. 15 %. Nach nationalem Recht wird jedoch keine Quellensteuer erhoben, wenn der Empfänger seit 12 Monaten zu mindestens 10 % bzw. mit Anschaffungskosten von mindestens 1,2 Mio. Euro an der luxemburgischen Gesellschaft beteiligt ist und es sich um folgende Empfänger handelt: 16.31

- luxemburgische unbeschränkt steuerpflichtige Kapitalgesellschaft;
- EU-Gesellschaften, die unter Art. 2 der EU-Mutter-Tochter-Richtlinie fallen;
- EWR-Gesellschaften und Gesellschaften, die in Staaten ansässig sind, mit denen Luxemburg ein DBA geschlossen hat und die in ihrem Ansässigkeitsstaat einer mindestens 8,5%igen Körperschaftsteuer unterliegen; oder
- schweizerische Kapitalgesellschaften, die keiner Steuerbefreiung unterliegen.

Die **Mindesthaltedauer** von 12 Monate in Höhe der Mindestbeteiligungsquote muss zum Zeitpunkt der Ausschüttung erfüllt sein, kann jedoch bei vorzeitigen Ausschüttungen auch nachträglich aufgrund des Eingehens einer entsprechenden Halteverpflichtung seitens der Muttergesellschaft erfüllt werden[24].

Zinszahlungen an andere Kapitalgesellschaften unterliegen grundsätzlich keiner luxemburgischen Quellensteuer, es sei denn, es handelt sich um Zinszahlungen auf partiarische Darlehen, gewinnabhängige Darlehen und ähnliche Finanzinstrumente[25]. Luxemburg erhebt keine Quellensteuern auf **Lizenzzahlungen**[26]. 16.32

jj) Kapitalverkehrsteuern

Die früher erhobene Kapitalverkehrsteuer i.H.v. 1 %, welche u.a. bei der Gründung einer Gesellschaft und bei einer Kapitalerhöhung zu entrichten war, wurde zum 1.1.2009 abgeschafft. Bestimmte Vorgänge (z.B. Gesellschaftsgründungen, Verlegung des Gesellschaftssitzes, Einbringung von Vermögen) unterliegen bei Registrierung jedoch weiterhin einer fixen oder proportionalen Registrierungsgebühr[27]. 16.33

kk) DBA-Netzwerk

Das luxemburgische DBA-Recht umfasst 82 Doppelbesteuerungsabkommen[28]. 16.34

2. Niederlande

a) Rechtsformen

Als Holdingkapitalgesellschaften eignen sich die **Aktiengesellschaft** (**N.V.** – Naamloze Vennootschap) und die **Gesellschaft mit beschränkter Haftung** (**B.V.** – Besloten vennootschap met beperkte 16.35

24 Vgl. *Taferner/Bahlmann/von Brocke* in Steuerrecht der EU-Staaten, H. Steuerrecht der EU-Staaten, Rz. 416; Worldwide Corporate Tax Guide, Ernst & Young, S. 974 ff.

25 Vgl. *Bader*, Steuergestaltung mit Holdinggesellschaften, S. 236; Worldwide Corporate Tax Guide, Ernst & Young, S. 977.

26 Vgl. *Taferner/Bahlmann/von Brocke* in Steuerrecht der EU-Staaten, H. Steuerrecht der EU-Staaten, Rz. 416; Worldwide Corporate Tax Guide, Ernst & Young, S. 987.

27 Vgl. *Taferner/Bahlmann/von Brocke* in Steuerrecht der EU-Staaten, H. Steuerrecht der EU-Staaten, Rz. 419.

28 Vgl. Worldwide Corporate Tax Guide, Ernst & Young, S. 985 ff.

aansprakelijheid)[29]. Vereinzelt findet man aus Quellensteuergründen jedoch auch die Coöperatie, eine niederländische Form der Genossenschaft (vgl. Rz. 16.59).

aa) N.V.

16.36 Das **Mindeststammkapital der N.V.** beträgt **45.000 Euro**. Das Mindestkapital muss sofort einbezahlt werden. Sacheinlagen sind möglich. Die Gründung ist notariell zu beurkunden; eine Nichtbeanstandung des Justizministeriums ist einzuholen. Eine N.V. kann mit einem Gesellschafter gegründet werden.

16.37 Die **Organe** der N.V. sind die Gesellschafterversammlung, der Vorstand und ggf. der Aufsichtsrat. Die **Gesellschafterversammlung** entscheidet insbesondere über die Grundfragen der Gesellschaft (z.B. Satzungsänderungen etc.), die Ernennung und Entlassung des Vorstandes, über mindestens ⅔ der Mitglieder des Aufsichtsrates, die Feststellung des Jahresabschlusses sowie die Ernennung und Entlassung des Wirtschaftsprüfers. Für das Tagesgeschäft ist der **Vorstand** verantwortlich. Ein **Aufsichtsrat** ist zwingend bei einer N.V., die gewisse Größengrenzen überschreitet. Seine Aufgabe ist die Überwachung des Vorstands.

bb) B.V.

16.38 Zum 1.1.2012 wurde das niederländische Gesellschaftsrecht hinsichtlich der Rechtsform der B.V. angepasst. Ziel war es, die Gründung zu vereinfachen und mehr Flexibilität zu schaffen. Im Vergleich zum deutschen Gesellschaftsrecht (Unternehmergesellschaft) wurde keine neue Rechtsform geschaffen, sondern die bestehende B.V. angepasst. Das **Mindeststammkapital der B.V.** beträgt **0,01 Euro** (vormals 18.000 Euro), Sacheinlagen sind möglich. Die Gründung kann durch eine natürliche oder juristische Person als Gesellschafter erfolgen. Die B.V. entsteht durch notarielle Beurkundung des Gesellschaftsvertrages und der Satzung; eine Nichtbeanstandung des Justizministeriums ist einzuholen. Aufgrund der Reform ist es auch möglich, Aktien ohne Stimmrechte oder ohne Gewinnrechte auszugeben.

16.39 Die **Organe** der B.V. sind die Gesellschafterversammlung, die Geschäftsführung und ggf. der Aufsichtsrat. Die Aufgaben der Organe entsprechen grundsätzlich denen der N.V.

b) Steuerliche Holdingparameter

aa) Einführung/Körperschaftsteuersystem

16.40 Das niederländische Körperschaftsteuersystem ist ein **klassisches System** mit Doppelbelastung auf Gesellschafts- und Gesellschafterebene. Bei Kapitalgesellschaften als Anteilseigner erfolgt die Beseitigung der Doppelbelastung aufgrund des Schachtelprivilegs, bei natürlichen Personen die Milderung durch eine reduzierte Besteuerung der Dividenden. Der **Körperschaftsteuersatz** betrug bislang 25 % und wird ab 2020 bis zum Jahr 2021 schrittweise auf **20,5 % abgesenkt**, wobei für ein zu versteuerndes Einkommen bis zu 200.000 Euro derzeit ein Körperschaftsteuersatz von 20 % zur Anwendung gelangt, der bis 2021 schrittweise auf 15 % abgesenkt wird[30].

16.41 Kommunal- oder Substanzsteuern werden keine erhoben[31].

---

29 Vgl. *van Helden/Willeumier* in Wegen/Spahlinger/Barth, Gesellschaftsrecht des Auslands, Rz. 4 ff.; *van Helvoirt/Spierts* in Beck'sches StB-Handbuch 2019/20, H. Steuerrecht europäischer Staaten und anderer wichtiger Industriestaaten, Rz. 530; *Hiort/Marges/Schurings*, Corporate Finance law 2013, 33 (33 ff.).

30 Vgl. *Bader*, Steuergestaltung mit Holdinggesellschaften, S. 247; Worldwide Corporate Tax Guide, Ernst & Young, S. 1154.

31 Vgl. *Bader*, Steuergestaltung mit Holdinggesellschaften, S. 248.

bb) Dividendenbesteuerung

Gewinnausschüttungen von in- und ausländischen Tochtergesellschaften sind **vollständig steuerbefreit**, sofern eine Beteiligung von **mindestens 5 % am Nennkapital** der Tochtergesellschaft besteht und (i) die Beteiligung **nicht lediglich zu Kapitalanlagezwecken** (Portfolio Investment) gehalten wird, (ii) **nicht als niedrig besteuerte Tochtergesellschaft** anzusehen ist oder (iii) ein sog. **Asset Test** erfüllt ist. Eine Mindestbeteiligungsdauer ist nicht erforderlich. 16.42

Eine Beteiligung gilt als **Portfolio Investment**, wenn die Beteiligung nicht aus wirtschaftlichen Gründen, sondern zum Zweck der Erzielung von Wertsteigerungen gehalten wird. Die Abgrenzung wird auf Basis der Funktionen und Wirtschaftsgüter der Tochtergesellschaft vorgenommen. Auch für Beteiligungen, die als Portfolio Investment gelten, kommt die Dividendenbefreiung zur Anwendung, sofern die Tochtergesellschaft nicht **niedrig besteuert** ist. Dies ist in der Regel erfüllt, sofern der ausländische Steuersatz mindestens 10 % beträgt und das lokale Steuersystem nicht wesentlich vom niederländischen Steuersystem abweicht. Der **Asset Test** gilt als erfüllt, wenn weniger als die Hälfte der Wirtschaftsgüter der Tochtergesellschaft aus sog. niedrig besteuerten freien Portfolio-Investments bestehen. Freie Portfolio Investments sind Wirtschaftsgüter, die nicht für die Geschäftstätigkeit der Tochtergesellschaft bestimmt sind. Grundvermögen ist dabei ausgenommen. Ausschüttungen aus Grundstücksgesellschaften sind daher grundsätzlich befreit. 16.43

Beträgt die **Beteiligung weniger als 5 %** kann die Dividendenbefreiung dennoch zur Anwendung gelangen, sofern (i) eine verbundene Gesellschaft mindestens 5 % hält, (ii) eine 5%ige Beteiligung für mindestens ein Jahr bestand – in diesem Fall ist die Befreiung für die nächsten drei Jahre anwendbar oder (iii) mindestens 5 % der Stimmrechte gehalten werden und die Tochtergesellschaft in einem EU-Staat ansässig ist, der mit den Niederlanden ein DBA mit Quellensteuerreduktion für Dividenden bei einer Beteiligung von mindestens 5 % der Stimmrechte abgeschlossen hat. 16.44

Die Dividendenfreistellung wird jedoch nur gewährt, sofern die Zahlung bei der leistenden Gesellschaft nicht abgezogen wurden (Korrespondenzprinzip)[32]. 16.45

cc) Besteuerung von Veräußerungsgewinnen

Veräußerungsgewinne aus Beteiligungen sind vollständig **steuerbefreit**, soweit für entsprechende Dividenden das Schachtelprivileg greift[33]. 16.46

dd) Besteuerung von Veräußerungsverlusten und Teilwertabschreibungen

Veräußerungsverluste und Teilwertabschreibungen auf Beteiligungen, für welche die Dividendenbefreiung bzw. die Veräußerungsgewinnbefreiung zur Anwendung kommt, sind korrespondierend **steuerlich nicht abzugsfähig**. Liquidationsverluste sind dagegen grundsätzlich steuerlich abzugsfähig[34]. 16.47

ee) Besteuerung von Zins- und Lizenzeinkünften

Zinseinkünfte unterliegen der regulären Körperschaftsteuerbelastung. 16.48

Für bestimmt **Lizenzeinkünfte** kann für die Besteuerung nach der sog. Innovationsbox optiert werden. Die Innovationsbox sieht vor, dass Nettoeinkünfte aus selbst entwickelten sog. qualifizierten 16.49

---

32 Vgl. *Bader*, Steuergestaltung mit Holdinggesellschaften, S. 249; Worldwide Corporate Tax Guide, Ernst & Young, S. 1161 f.

33 Vgl. Worldwide Corporate Tax Guide, Ernst & Young, S. 1161 f.; *Rödding* in Beck'sches Holding Handbuch, S. 606.

34 Vgl. Worldwide Corporate Tax Guide, Ernst & Young, S. 1161; *Rödding* in Beck'sches Holding Handbuch, S. 604; *Stiebing/von Brocke* in Steuerrecht der EU-Staaten, H. Steuerrecht der EU-Staaten Rz. 461.

immateriellen Wirtschaftsgütern einer Besteuerung mit einem Steuersatz von 7 % unterliegen. Die Entwicklungsaufwendungen für die immateriellen Wirtschaftsgüter bleiben mit dem regulären Körperschaftsteuersatz von 25 % (Stand 2019) abzugsfähig. Voraussetzung für die begünstigte Besteuerung ist, dass dem Steuerpflichtigen ein Patent bzw. eine vergleichbare Bescheinigung des Wirtschaftsministeriums gewährt wurde. Handels-, Schutzmarken und ähnliche Wirtschaftsgüter sind nicht begünstigt. Ausländische Quellensteuern sind grundsätzlich anrechenbar, soweit niederländische Körperschaftsteuer auf die Lizenzeinkünfte entfällt. Seit dem Jahr 2017 hat auch der Nexus-Ansatz der OECD, neben andere Anpassungen, Einzug in das Gesetz gefunden[35].

16.50 Weiterhin werden **Forschungs- und Entwicklungsaufwendungen** gefördert. Unabhängig von der Größe des Unternehmens sind Lohnkosten sowie andere Aufwendungen, die im Zusammenhang mit Forschung und Entwicklung stehen, unmittelbar begünstigt. Voraussetzung ist eine entsprechende Genehmigung der Unternehmensagentur in den Niederlanden (RVO)[36].

ff) Finanzierungsaufwendungen

16.51 Die Thin-Capitalization Regeln, welche ein Verhältnis von Fremd- zu Eigenkapital von 3:1 vorsahen, wurden mit Wirkung zum 1.1.2013 abgeschafft. Es bestehen jedoch Vorschriften, welche eine übermäßige Fremdfinanzierung, insbesondere im Zusammenhang mit Beteiligungen verhindern sollen.

16.52 **Zinsaufwendungen gegenüber nahestehenden Personen** sind nicht steuerlich abzugsfähig, soweit damit (i) Dividendenausschüttungen finanziert werden, (ii) Kapitaleinlagen in Tochtergesellschaften finanziert werden oder (iii) Beteiligungen erworben werden. Die Abzugsbeschränkung greift jedoch grundsätzlich nicht, soweit für das Darlehen und die Transaktion wirtschaftliche Gründe vorliegen oder die Zinserträge beim Empfänger einer Besteuerung von mindestens 10 % unterliegen[37].

16.53 Mit Wirkung zum 1.1.2019 wurden die Zinsabzugsbeschränkungen, die im Zusammenhang mit Beteiligungen und die aus dem Erwerb von Gesellschaften resultieren, aus dem Gesetz gestrichen. Dafür wurde eine Zinsschrankenregelung in das Gesetz aufgenommen. Hiernach sind Nettozinsaufwendungen, welche die Freigrenze von 1 Mio. Euro übersteigen nur in Höhe von 30 % des EBITDA der jeweiligen Gesellschaft abzugsfähig. Das Gesetz sieht keinen Eigenkapitaltest wie beispielsweise das deutsche Recht vor. Zinsen, die nicht abgezogen werden können, sind vortragsfähig. Allerdings gilt es zu beachten, dass ab 1.1.2020 Zinsvorträge einer Gesellschaft untergehen, sofern ein Anteilseignerwechsel größer 30 % stattfindet. Es bestehen jedoch mehrere Möglichkeiten des Nachweises um sicherzustellen, dass die Verlustvorträge auch in Zukunft abzugsfähig sind[38].

gg) Konsolidierte Besteuerung

16.54 Das niederländische Steuerrecht sieht die Möglichkeit einer **Gruppenbesteuerung** (fiscale eenheid) vor. Hierbei handelt es sich um eine vollständige steuerliche Konsolidierung, bei der nicht nur die Gewinne und Verluste der einzelnen Gruppengesellschaften miteinander verrechnet werden können, sondern auch Transaktionen zwischen den Gruppenmitgliedern steuerlich nicht erfasst werden. Ausländische Verluste können nicht berücksichtigt werden.

16.55 **Voraussetzung** für die Gruppenbesteuerung ist, dass (i) eine niederländische Kapitalgesellschaft oder eine niederländische Betriebstätte einer ausländischen Kapitalgesellschaft (ii) unmittelbar oder mittelbar mindestens 95 % der Anteile an einer niederländischen Kapitalgesellschaft oder einer ausländischen Kapitalgesellschaft mit niederländischer Betriebstätte hält, (iii) die Gruppengesellschaften dasselbe Wirtschaftsjahr haben und (iv) ein entsprechender Antrag gestellt wird.

---

35 Vgl. Worldwide Corporate Tax Guide, Ernst & Young, S. 1154 f.
36 Vgl. Worldwide Corporate Tax Guide, Ernst & Young, S. 1155.
37 Vgl. Worldwide Corporate Tax Guide, Ernst & Young, S. 1166 f.
38 Vgl. Worldwide Corporate Tax Guide, Ernst & Young, S. 1166 ff.

Steuerliche Verlustvorträge einzelner Gruppengesellschaften aus der Zeit vor Wirksamwerden der Gruppenbesteuerung werden für die Zeit der Gruppenbesteuerung eingefroren. Die Verlustvorträge können jedoch mit den Gewinnen des jeweiligen Gruppenmitgliedes, nicht jedoch mit den Gewinnen anderer Gruppenmitglieder verrechnet werden[39]. 16.56

hh) Hinzurechnungsbesteuerung/CFC-Rules

Bis zur Umsetzung der ATAD[40], gab es **keine spezifischen Regelungen zur Hinzurechnungsbesteuerung.** Unter bestimmten Voraussetzungen wurden die Wertveränderungen ausländischer Beteiligungen mit passiven Einkünften in die steuerliche Bemessungsgrundlage einbezogen[41]. 16.57

Zum 1.1.2019 wurde in Folge der Umsetzung der ATAD eine Hinzurechnungsbesteuerung in den Niederlanden eingeführt. Die Hinzurechnungsbesteuerung greift, wenn eine niederländische Gesellschaft mehr als 50 % an einer ausländischen Gesellschaft hält und diese Gesellschaft in einem Land ansässig ist, welches auf der Liste, der nicht kooperativen Länder der EU (Schwarze Liste) steht oder in einem Niedrigsteuerland (Steuersatz kleiner 9 %) ansässig ist. Sofern die oben genannten Voraussetzungen erfüllt sind, werden die ausländischen Einkünfte (passive Einkünfte wie Dividenden, Zinsen, etc.), sofern nicht ausgeschüttet, anteilig in den Niederlanden besteuert. Keine Hinzurechnung erfolgt, sofern mehr als 70 % der Einkünfte der Gesellschaft aktiv sind oder die ausländische Gesellschaft, die im niederländischen Steuerrecht festgelegten Substanzvoraussetzungen erfüllt[42]. 16.58

ii) Quellensteuern

Gewinnausschüttungen unterliegen grundsätzlich einer nationalen Quellensteuer von 15 %. Dividenden zwischen niederländischen Gesellschaften sind grundsätzlich quellensteuerbefreit. Bei Ausschüttungen an eine EU-Kapitalgesellschaft, die mindestens 5 % an der ausschüttenden niederländischen Gesellschaft hält, wird keine Quellensteuer einbehalten. Der Quellensteuereinbehalt entfällt auch, sofern das Schachtelprivileg anwendbar wäre, falls die ausländische empfangende Gesellschaft in den Niederlanden ansässig wäre. Darüber hinaus kommt eine Quellensteuerreduktion nach DBA in Frage. Gewinnausschüttungen einer niederländischen Genossenschaft (Coöperatie) unterliegen grundsätzlich keiner nationalen Quellensteuer. Führt die niederländische Coöperatie allerdings hauptsächlich Holding- bzw. Finanzierungstätigkeiten aus, dann unterliegen die Ausschüttungen einer Quellensteuer von 15 %, sofern nicht die oben genannten Befreiungsvorschriften greifen[43]. 16.59

Auf **Zins- und Lizenzzahlungen** wird nach nationalem Recht keine Quellensteuer erhoben[44]. 16.60

jj) Kapitalverkehrsteuern

Mit Ausnahme einer Grunderwerbsteuer auf die Übertragung niederländischen Grundvermögens bzw. niederländischer Grundstücksgesellschaften werden keine Kapitalverkehrsteuern erhoben[45]. 16.61

39 Vgl. Worldwide Corporate Tax Guide, Ernst & Young, S. 1163; *Elsweier/Grave*, IStR 2013, 91.
40 Vgl. Richtlinie 1164/2016/EU des Rates v. 12.7.2016, ABl. EU Nr. L 193 v. 19.7.2016, S. 1.
41 Vgl. *Bader*, Steuergestaltung mit Holdinggesellschaften, S. 252.
42 Vgl. Worldwide Corporate Tax Guide, Ernst & Young, S. 1164 f.
43 Vgl. *Stiebing/von Brocke* in Steuerrecht der EU-Staaten, H. Steuerrecht der EU-Staaten, Rz. 467; Worldwide Corporate Tax Guide, Ernst & Young, S. 1158 f.
44 Vgl. Worldwide Corporate Tax Guide, Ernst & Young, S. 1153; *Stiebing/von Brocke* in Steuerrecht der EU-Staaten, H. Steuerrecht der EU-Staaten, Rz. 466 und 468.
45 Vgl. *Stiebing/von Brocke* in Steuerrecht der EU-Staaten, H. Steuerrecht der EU-Staaten, Rz. 470.

kk) DBA-Netzwerk

16.62 Das niederländische DBA-Netzwerk gilt als eines der umfangreichsten und vorteilhaftesten mit gegenwärtig 94 Doppelbesteuerungsabkommen[46].

3. Österreich

a) Rechtsformen

16.63 Die österreichischen Kapitalgesellschaftsformen sind die **Aktiengesellschaft (AG)** und die **Gesellschaft mit beschränkter Haftung (GmbH)**[47].

aa) Aktiengesellschaft (AG)

16.64 Die **Aktiengesellschaft** ist die für größere und Großunternehmen gebräuchliche Rechtsform. Gesellschafter können natürliche oder juristische Personen sein. Ihre **Organe** sind Vorstand, Aufsichtsrat und Hauptversammlung. Die Mitglieder des Vorstands werden vom Aufsichtsrat ernannt. Der Vorstand unterliegt keinen Weisungen seitens Aufsichtsrat oder Hauptversammlung; bei bedeutenden Transaktionen sind aber Zustimmungsvorbehalte zu beachten. Die Hauptversammlung entscheidet über Satzungsänderungen, die Gewinnverwendung und die Wahl von Aufsichtsrat und Wirtschaftsprüfer.

16.65 Das **Mindestgrundkapital** der AG beträgt 70.000 Euro. Sacheinlagen sind möglich. Die Gründung erfolgt in folgenden Schritten:

- Entwurf der Satzung, Zeichnung der Aktien, Wahl des ersten Aufsichtsrats, der den ersten Vorstand ernennt, sowie der Abschlussprüfer,
- Anmeldung zum Handelsregister (Firmenbuch).

bb) Gesellschaft mit beschränkter Haftung (GmbH)

16.66 Die **GmbH** ist die für kleinere und mittlere Unternehmen sowie für österreichische Tochtergesellschaften ausländischer Unternehmen gebräuchliche Rechtsform. Bei der Gestaltung des Gesellschaftsvertrags besteht mehr Flexibilität als bei der AG.

16.67 **Organe der GmbH** sind die Gesellschafterversammlung sowie der bzw. die Geschäftsführer. Ein Aufsichtsrat ist verpflichtend, wenn das Stammkapital 70.000 Euro und die Zahl der Gesellschafter 50 übersteigen oder mehr als 300 Mitarbeiter beschäftigt werden. Der Aufsichtsrat muss aus mindestens drei Mitgliedern bestehen, die teilweise von den Arbeitnehmern entsandt werden[48].

16.68 Das **Mindeststammkapital** beträgt **35.000 Euro**. Es muss bei Gründung in voller Höhe gezeichnet und grundsätzlich zu 50 % eingezahlt sein. Sacheinlagen sind möglich und erfordern ggf. eine Prüfung. Die Gründung erfolgt in folgenden Schritten:

- Abschluss des Gesellschaftsvertrages vor einem Notar (eine Einmann-Gründung ist möglich);
- Einzahlung des Stammkapitals mit dem im Gesellschaftsvertrag genannten Betrag;
- Eintragung ins Handelsregister[49].

---

46 Vgl. Worldwide Corporate Tax Guide, Ernst & Young, S. 1168 ff.

47 Vgl. *Süß* in MünchHdb/Internationales Gesellschaftsrecht, § 47 Gesellschaftsformen ausgewählter Staaten – Österreich, S. 1023 ff.

48 Vgl. *Beer* in Süß/Wachter, Handbuch des internationalen GmbH-Rechts, S. 1269 ff.

49 Vgl. *Beer* in Süß/Wachter, Handbuch des internationalen GmbH-Rechts, S. 1277 ff. und S. 1268 ff.

– Aufgrund diverser Reformen kann das Stammkapital bei der Gründung, maximal für 10 Jahre, auf 10.000 Euro begrenzt werden, wobei mindestens 5.000 Euro bar einzuzahlen sind. Nach Ablauf der 10 Jahre muss das Stammkapital spätestens auf 35.000 Euro angehoben werden[50]. 16.69

b) Steuerliche Holdingparameter

aa) Einführung/Körperschaftsteuersystem

Österreich hat ein klassisches Körperschaftsteuersystem mit Besteuerung auf Ebene der Gesellschaft und des Gesellschafters. Die **Körperschaftsteuer beträgt 25 %**. Hinzu kommt eine 3%ige Kommunalsteuer auf Basis der gezahlten Löhne und Gehälter. Ausschüttungen an natürliche Personen unterliegen einer 27,5%igen Abgeltungssteuer. Für Körperschaften als Gesellschafter besteht ein Schachtelprivileg[51]. Es werden – mit Ausnahme einer Grundsteuer auf österreichischen Grundbesitz – keine allgemeinen Vermögens- oder Substanzsteuer erhoben. 16.70

Aufgrund der vollständigen Steuerbefreiung von Dividenden sowie der Möglichkeit ausländische Verluste im Rahmen der österreichischen Gruppenbesteuerung zu berücksichtigen, hat die Bedeutung Österreichs als Holdingstandort zugenommen[52]. 16.71

bb) Dividendenbesteuerung

Dividenden von anderen **österreichischen Kapitalgesellschaften** sind ohne Mindestbeteiligungsvoraussetzungen und ohne Mindesthaltedauern vollständig körperschaftsteuerbefreit. Die vollständige Steuerbefreiung gilt ebenso für Dividenden von **EU-Gesellschaften**, EWR-Gesellschaften (derzeit nur Liechtenstein und Norwegen, Island nicht aufgrund des fehlenden Informationstausches) und Drittstaatengesellschaften ohne Beteiligungsvoraussetzung, sofern mit dem ausländischen Staat eine Vereinbarung über den Informationsaustausch vorliegt. Die Steuerbefreiung wird jedoch versagt, sollte die ausländische Gesellschaft die Voraussetzungen der Hinzurechnungsbesteuerung (siehe Rz. 16.84) erfüllen. 16.72

Weiterhin sind Dividenden von **Drittstaatengesellschaften** nach dem internationalen Schachtelprivileg vollständig steuerbefreit, wenn eine mindestens 10%ige Beteiligung für mindestens 1 Jahr besteht und die Gesellschaft nicht die Voraussetzungen der österreichischen Hinzurechnungsbesteuerung (siehe Rz. 16.84) erfüllt[53]. 16.73

Allerdings erfolgt keine Freistellung der Dividende einer ausländischen Gesellschaft, sofern die Zahlung im Land der ausschüttenden Gesellschaft abzugsfähig war[54]. 16.74

Sofern keine Freistellung erfolgt, unterliegt die Dividende der österreichischen Körperschaftsteuer von 25 %, wobei die im Ausland gezahlte Körperschaftsteuer sowie eventuelle Quellensteuern angerechnet werden können. 16.75

cc) Besteuerung von Veräußerungsgewinnen

Gewinne aus der Veräußerung von **österreichischen Kapitalgesellschaften** sind vollständig steuerpflichtig. Veräußerungsgewinne aus **ausländischen Kapitalgesellschaftsbeteiligungen** sind grund- 16.76

---

50 Vgl. *Baumann/Wöhrer* in Beck'sches StB-Handbuch 2019/20, H. Steuerrecht europäischer Staaten und anderer wichtiger Industriestaaten, Rz. 580; Worldwide Corporate Tax Guide, Ernst & Young, S. 108.

51 Vgl. *Bader*, Steuergestaltung mit Holdinggesellschaften, S. 290; *Baumann/Wöhrer* in Beck'sches StB-Handbuch 2019/20, H. Steuerrecht europäischer Staaten und anderer wichtiger Industriestaaten, Rz. 595.

52 Vgl. *Rödding* in Beck'sches Holding Handbuch, S. 610.

53 Vgl. Worldwide Corporate Tax Guide, Ernst & Young, S. 107.

54 Vgl. Worldwide Corporate Tax Guide, Ernst & Young, S. 108.

sätzlich steuerbefreit, wenn eine Beteiligung von mindestens 10 % für ein Jahr besteht und die Gesellschaft nicht die Voraussetzungen der österreichischen Hinzurechnungsbesteuerung erfüllt. Ansonsten besteht auch hier eine vollständige Steuerpflicht[55].

dd) Besteuerung von Veräußerungsverlusten und Teilwertabschreibungen

16.77 Veräußerungsverluste und Teilwertabschreibungen auf **österreichische Beteiligungen**, die nicht auf Ausschüttungen beruhen sind grundsätzlich über sieben Jahre verteilt abzugsfähig. Es besteht jedoch auch die Möglichkeit der Verrechnung mit entsprechenden Veräußerungsgewinnen und Zuschreibungen. Veräußerungsverluste und Teilwertabschreibungen auf **ausländische Beteiligungen**, bei denen entsprechende Veräußerungsgewinne unter den zuvor genannten Voraussetzungen steuerbefreit wären, sind nicht steuerlich abzugsfähig. Es besteht jedoch die Möglichkeit zur Steuerpflicht zu optieren, so dass dann sowohl Gewinne als auch entsprechende Verluste ausländischer Beteiligungen steuerpflichtig sind[56].

ee) Besteuerung von Zins- und Lizenzeinkünften

16.78 Zins- und Lizenzeinkünfte unterliegen grundsätzlich der regulären österreichischen Besteuerung. Es bestehen jedoch steuerliche Anreize für Forschung und Entwicklung[57].

ff) Finanzierungsaufwendungen

16.79 Zinsaufwendungen für den Erwerb inländischer oder ausländischer Beteiligungen sind grundsätzlich steuerlich abzugsfähig[58]. Durch das Abgabenänderungsgesetz 2014 wurde jedoch eine Regelung eingeführt, wonach Zinsaufwendungen aus konzerninternen Beteiligungserwerben steuerlich nicht mehr abzugsfähig sind.

16.80 Bei übermäßiger Gesellschafterfremdfinanzierung kann eine Umqualifizierung des Fremdkapitals in Eigenkapital vorgenommen werden mit der Folge, dass Zinsaufwendungen steuerlich nicht abzugsfähig sind und als verdeckte Gewinnausschüttungen behandelt werden[59].

16.81 Seit dem Abgabenänderungsgesetz 2014 sind Zinszahlungen an andere Konzerngesellschaften steuerlich nur dann abzugsfähig, wenn die Zinseinkünfte bei der darlehensgebenden Konzerngesellschaft einer Besteuerung von mindestens 10 % unterliegen. Dies gilt ebenso für konzerninterne Lizenzzahlungen[60].

gg) Konsolidierte Besteuerung

16.82 Österreich sieht eine konsolidierte Besteuerung in Form einer sog. **Gruppenbesteuerung** vor. Die Gruppenbesteuerung setzt voraus, dass (i) eine österreichische Kapitalgesellschaft bzw. die österreichische Betriebstätte einer EU-Kapitalgesellschaft (Gruppenträger), (ii) unmittelbar oder mittelbar mindestens 50 % am stimmberechtigten Kapital einer Gruppengesellschaft für das gesamte Jahr hält. Die Gruppenzugehörigkeit einer Gruppengesellschaft beträgt mindestens drei Jahre. Ein Ergebnis-

---

55 Vgl. Worldwide Corporate Tax Guide, Ernst & Young, S. 107 f.
56 Vgl. *Bader*, Steuergestaltung mit Holdinggesellschaften, S. 257; *Rödding* in Beck'sches Holding Handbuch, S. 612; Worldwide Corporate Tax Guide, Ernst & Young, S. 107.
57 Vgl. Worldwide Corporate Tax Guiden 2019, Ernst & Young, S. 109 ff.
58 Vgl. *Stefaner/von Brocke* in Steuerrecht der EU-Staaten, H. Steuerrecht der EU-Staaten, Rz. 485; *Bader*, Steuergestaltung mit Holdinggesellschaften, S. 260.
59 Vgl. *Bader*, Steuergestaltung mit Holdinggesellschaften, S. 260.
60 Vgl. *Trinks*, PIStB 2014, 99 (100 ff.); *Trinks*, IStR-LB 2014, 20; *Bader*, Steuergestaltung mit Holdinggesellschaften, S. 256; Worldwide Corporate Tax Guide, Ernst & Young, S. 108.

abführungsvertrag ist nicht erforderlich; es genügt ein entsprechender Antrag auf Gruppenbesteuerung. Auch ausländische Kapitalgesellschaften können Gruppenmitglieder sein[61].

Die Ergebnisse der österreichischen Gruppengesellschaften werden dem Gruppenträger zugrechnet und dort saldiert. Eine vollständige Konsolidierung findet jedoch nicht statt. Bei ausländischen Gruppengesellschaften werden nur die Verluste berücksichtigt. Damit wird eine sofortige **grenzüberschreitende Verlustnutzung** ermöglicht. Es erfolgt jedoch eine Nachversteuerung, wenn die ausländische Gruppengesellschaft Gewinne erwirtschaftet bzw. aus der Gruppe ausscheidet[62]. Seit dem Abgabenänderungsgesetz 2014 dürfen nur noch Gesellschaften aus EU-/EWR-Staaten oder aus Drittstaaten, die Österreich umfassend Amtshilfe leisten, Gruppenmitglieder werden. Weiterhin können ausländische Verluste ab 2015 nur noch zu 75 % vom inländischen Einkommen der Gruppe abgezogen werden; darüber hinausgehende Verluste gehen in den Verlustvortrag ein[63]. 16.83

hh) Hinzurechnungsbesteuerung/CFC-Rules

Mit der Umsetzung der ATAD[64] wurde zum 1.1.2019 eine Hinzurechnungsbesteuerung in Österreich eingeführt, die sich an den Vorgaben der EU-Richtlinie orientiert. Die Hinzurechnungsbesteuerung greift, wenn eine österreichische Gesellschaft an einer ausländischen Gesellschaft alleine oder mit nahestehenden Personen direkt oder indirekt mehr als die Hälfte der Anteile hält und die ausländische Gesellschaft mehr als ein Drittel ihrer niedrig besteuerten Einkünfte aus passiven Einkünften generiert. Hinsichtlich der passiven Einkünfte orientiert sich das österreichische Gesetz an der EU-Richtlinie. Eine Niedrigbesteuerung liegt vor, wenn die effektive Steuerbelastung der ausländischen Gesellschaft weniger als 12,5 % beträgt[65]. 16.84

ii) Quellensteuern

Die Quellensteuer auf **Dividenden** beträgt grundsätzlich 27,5 %, kann jedoch auf 25 % reduziert werden sofern der Nachweis erbracht wird, dass der Empfänger der Dividende eine Körperschaft ist. Ist Empfänger eine EU-Kapitalgesellschaft mit einer Beteiligung von 10 % für mindestens ein Jahr wird nach der EU-Mutter-Tochter-Richtlinie von der Erhebung von Quellensteuer abgesehen. Darüber hinaus ist eine Quellensteuerreduktion nach DBA möglich[66]. 16.85

Österreich erhebt grundsätzlich keine Quellensteuer auf **Zinszahlungen** an beschränkt Steuerpflichtige. Ausnahmen bestehen für bestimmte Schuldverhältnisse, wie z.B. stille Beteiligungen oder Forderungen, die durch österreichischen Grundbesitz besichert sind[67]. 16.86

Lizenzzahlungen an Steuerausländer unterliegen einer österreichischen Quellenbesteuerung in Höhe von 20 %[68]. 16.87

Für Zins- und Lizenzzahlungen kommen grundsätzlich eine Quellensteuerreduktionen nach der EU-Zins- und Lizenzrichtlinie sowie nach DBA in Betracht. 16.88

---

61 Vgl. *Rödding* in Beck'sches Holding Handbuch, S. 613 f.; *Bader*, Steuergestaltung mit Holdinggesellschaften, S. 260.

62 Vgl. *Stefaner/von Brocke* in Steuerrecht der EU-Staaten, H. Steuerrecht der EU-Staaten, Rz. 485; Worldwide Corporate Tax Guide, Ernst & Young, S. 112.

63 Vgl. *Trinks*, IStR-LB 2014, 20; Worldwide Corporate Tax Guide, Ernst & Young, S. 111 f.

64 Vgl. Richtlinie (EU) 1164/2016 des Rates v. 12.7.2016, ABl. EU Nr. L 193 v. 19.7.2016, S. 1.

65 Vgl. Worldwide Corporate Tax Guide, Ernst & Young, S. 114.

66 Vgl. *Stefaner/von Brocke* in Steuerrecht der EU-Staaten, H. Steuerrecht der EU-Staaten, Rz. 491; Worldwide Corporate Tax Guide, Ernst & Young, S. 108 f.

67 Vgl. *Stefaner/von Brocke* in Steuerrecht der EU-Staaten, H. Steuerrecht der EU-Staaten, Rz. 490.

68 Vgl. *Bader*, Steuergestaltung mit Holdinggesellschaften, S. 256.

jj) Kapitalverkehrsteuern

16.89 Die Beurkundung von Rechtsgeschäften mit Bezug zu Österreich unterliegt einer 0,8%igen bis 2 %igen Rechtsgeschäftsgebühr[69]. In gewissen Fällen ist es möglich, keine Gebühr auszulösen, allerdings gilt es hier zu beachten, dass auch Ersatzbeurkundungsvorgänge gebührenpflichtig sein können[70].

kk) DBA-Netzwerk

16.90 Das österreichische DBA-Recht umfasst 90 Doppelbesteuerungsabkommen[71].

4. Schweiz

a) Rechtsformen

16.91 Als relevante Rechtsformen einer Kapitalgesellschaft bieten sich in der Schweiz die **Aktiengesellschaft (AG)** und die **Gesellschaft mit beschränkter Haftung (GmbH)** an[72].

aa) Aktiengesellschaft (AG)

16.92 Die Aktiengesellschaft hat ein **Mindestgrundkapital von 100.000 CHF**. Das Grundkapital muss bei Gründung zu mindestens 20 %, mindestens aber zu 50.000 CHF eingezahlt sein. Die Aufbringung durch Sacheinlagen ist möglich. Eine AG kann bereits **mit einem Aktionär** (z.B. in Form einer natürlichen oder juristischen Person) gegründet werden.

16.93 Eine AG hat die folgenden **Organe:** die Generalversammlung der Aktionäre, den Verwaltungsrat und die Revisionsstelle.

16.94 Das oberste Organ der AG ist die **Generalversammlung.** Sie ist u.a. zuständig für die Wahl des Verwaltungsrats und der Revisionsstelle sowie die Genehmigung des Jahresberichts und der Gewinnverwendung. Der **Verwaltungsrat** ist das geschäftsführende Organ. Mindestens ein Mitglied muss in der Schweiz seinen Wohnsitz und Einzelzeichnungsbefugnis haben. Die Revisionsstelle ist zuständig für die Prüfung der Buchführung und des Jahresberichts. Unter bestimmten Voraussetzungen kann auf die Revision verzichtet werden.

bb) Gesellschaft mit beschränkter Haftung (GmbH)

16.95 Die GmbH erfordert ein **Mindeststammkapital von 20.000 CHF**, welches bei Gründung voll einbezahlt sein muss. Eine früher bestehende Obergrenze des Stammkapitals besteht mittlerweile nicht mehr. Eine GmbH kann mit **einem Gesellschafter** (z.B. in Form einer natürlichen oder juristischen Person) gegründet werden.

16.96 Die zwingenden **Organe** der GmbH sind die Gesellschafterversammlung, der bzw. die Geschäftsführer und die Revisionsstelle.

16.97 Die **Gesellschafterversammlung** hat die gleichen Aufgaben wie die der Generalversammlung bei der AG. Gleiches gilt für die Revisionsstelle. Die Geschäftsführung kann durch die Gesellschafter selbst wahrgenommen oder auf Dritte übertragen werden. Wenigstens ein vertretungsberechtigter Gesellschafter muss jedoch in der Schweiz wohnhaft sein.

---

69 Vgl. Worldwide Corporate Tax Guide, Ernst & Young, S. 112.

70 Vgl. *Baumann/Wöhrer* in Beck'sches StB-Handbuch 2019/20, H. Steuerrecht europäischer Staaten und anderer wichtiger Industriestaaten, Rz. 600.

71 Vgl. Worldwide Corporate Tax Guide, Ernst & Young, S. 115 ff.

72 Vgl. *Kubaile/Suter* in Der Steuer- und Investitionsstandort Schweiz, S. 566 ff.; *Weigell/Brand/Safarik* in Investitions- und Steuerstandort Schweiz, S. 226 ff.

b) Steuerliche Holdingparameter

aa) Einführung/Körperschaftsteuersystem

In der Schweiz bestehen Steuerhoheiten auf der Ebene des **Bundes, der Kantone und der Gemeinden.** Das schweizerische Bundeskörperschaftsteuersystem ist ein klassisches System der Doppelbesteuerung mit Schachtelprivileg zugunsten von körperschaftsteuerpflichtigen Gesellschaftern. Der Körperschaftsteuersatz auf Bundesebene beträgt nominal 8,5 %, effektiv unter Berücksichtigung der Abzugsfähigkeit der Steuer 7,83 %. Auf kantonaler und kommunaler Ebene sind die Steuersätze sehr unterschiedlich. Insgesamt ergibt sich eine effektive Ertragsteuerbelastung, welche sich je nach Kanton und Gemeinde im Rahmen von 12 % bis 22 %, in den meisten Kantonen zwischen 12–14 %, bewegt[73]. Zu beachten ist, das mit dem Bundesgesetz über die Steuerreform und die AHV-Finanzierung („STAF"), welchem mit der Volksabstimmung vom 19.5.2019 zugestimmt wurde, das Schweizer Steuerrecht zahlreiche Änderungen erfahren hat, die es bei der Steuerplanung zu beachten gilt[74]. 16.98

Im Zuge der Steuerreform, wirksam ab dem 1.1.2020, wurde die Kapitalsteuer, welche auf das Eigenkapital erhoben wird, angepasst[75] und mit einem einheitlichen Steuersatz für alle Gesellschaftsformen versehen. Die Höhe des Steuersatzes bestimmt hierbei der Kanton. Um den Wegfall des Steuervorteils für Holdinggesellschaften zu kompensieren, ist es den Kantonen nun möglich, den Kapitalsteuersatz auf Patente und vergleichbare Rechte, qualifizierte Beteiligungen (mindestens 10 %) sowie konzerninterne Darlehen zu reduzieren bzw. ein Steueranrechungssystem einzuführen. 16.99

Ein elementarer Teil Steuerreform war der Wegfall der privilegierten Steuerpraxen auf Bundesebene (Prinzipalgesellschaften, Swiss Finance Branch) sowie der besondere Steuerstatus auf Kantonsebene (Holding-, Domizil- und gemischte Gesellschaft). Zum Ausgleich des Wegfalls dieser Regelung wurden, neben der oben erwähnten Anpassung der Kapitalsteuer, folgende Regelungen eingeführt[76]: 16.100

- Patentbox,
- Zusätzlicher Forschungs- und Entwicklungsabzug,
- Eigenfinanzierungsabzug.

Die hierbei erwähnten Maßnahmen unterliegen einer Entlastungsbegrenzung von max. 70 % für alle Kantone.

(1) Patentbox

Einer der Kernbestandteile der Steuerreform war die Einführung einer Patentbox in Übereinstimmung mit den Regelungen der OECD. Sie gilt verpflichtend für alle Kantone. Innerhalb der Patentbox werden Erträge von in- und ausländischen Patenten und vergleichbaren Rechten gesondert mit einer maximalen Ermäßigung von 90 % besteuert. Zu den qualifizierenden Immaterialgüterrechten zählen Patente (auch ausländische Patente) sowie vergleichbare Rechte. Nicht von der Regelung erfasst ist urheberechtlich geschützte Software, es sei denn, sie ist in einem Patent enthalten.

(2) Zusätzlicher Abzug für Forschung und Entwicklung

Diese Regelung ist optional für die Kantone und ermöglicht einen zusätzlichen Abzug für in der Schweiz durchgeführte Forschungs- und Entwicklungsaktivitäten (inklusive Auftragsforschung in

73 Vgl. *Weigell/Brand/Safarik* in Investitions- und Steuerstandort Schweiz, S. 6, 47 und S. 335; *Kubaile/Suter* in Der Steuer- und Investitionsstandort Schweiz, S. 45, 69 und 335; *Kolb* in Flick/Wassermeyer/Kempermann, DBA Deutschland – Schweiz, Rz. 633.

74 Vgl. *Kolb* in Flick/Wassermeyer/Kempermann, DBA Deutschland – Schweiz, Rz. 626 ff.

75 Vgl. *Schreiber*, Weimann, IStR-LB 2018, 71 (72).

76 Vgl. IBFD, Switzerland – Holding Companies – Country Tax Guides – 1.1.1 General; *Kolb* in Flick/Wassermeyer/Kempermann, DBA Deutschland – Schweiz, Rz. 633.

der Schweiz) bis zu max. 50 %. Ein Abzug ist für den F&E-Auftragnehmer jedoch nur dann möglich, wenn der Auftraggeber keinen Anspruch auf Abzug der Kosten hat.

(3) Abzug für Eigenfinanzierung

Die Einführung dieser Regelung soll es Hochsteuerkantonen (Gesamtsteuersatz von mindestens 18 %) ermöglichen, einen Zinsabzug auf überschüssiges Eigenkapital zuzulassen. Durch den Eigenfinanzierungsabzug wird eine Senkung des Steuersatzes von bis zu 7 % ermöglicht. Zurzeit würde nur der Kanton Zürich diese Voraussetzung erfüllen.

bb) Dividendenbesteuerung

16.101 Auf Bundes und kantonaler Ebene erfolgt eine Freistellung durch den sog. **Beteiligungsabzug**.

16.102 Der Beteiligungsabzug für Dividenden setzt voraus, dass eine Beteiligung von **mindestens 10 %** am Grundkapital der ausschüttenden Gesellschaft besteht oder dass der **Verkehrswert** der Beteiligung **mindestens 1 Mio. CHF** beträgt. Der Beteiligungsabzug führt zu einer Ermäßigung der Gesamtsteuer der Gesellschaft in Höhe des Verhältnisses von Nettodividende zu Nettogesamteinkommen. Werden 50 % Beteiligungserträge erzielt, reduziert sich die Steuer folglich um die Hälfte. Es handelt sich damit nur um eine indirekte Dividendenfreistellung. Bei ausreichendem positivem Einkommen der empfangenden Gesellschaft werden durch den Beteiligungsabzug die Wirkungen des Schachtelprivilegs erzielt; in Gesamtverlustfällen entfällt der Beteiligungsabzug dagegen und die Dividendeneinkünfte werden somit nicht steuereffizient vereinnahmt[77].

cc) Besteuerung von Veräußerungsgewinnen

16.103 Der **Beteiligungsabzug** auf Bundes- und Kantonebene gilt ebenso für Gewinne aus der **Veräußerung von Kapitalgesellschaften**. Der Beteiligungsabzug setzt eine mindestens 10%ige Beteiligung an der veräußerten Tochtergesellschaft während des letzten Jahres vor der Veräußerung voraus. Dies gilt nicht für Zuschreibungserträge, die steuerwirksame Abschreibungen rückgängig machen[78].

dd) Besteuerung von Veräußerungsverlusten und Teilwertabschreibungen

16.104 Veräußerungsverluste sowie verlustbedingte Teilwertabschreibungen werden steuerlich anerkannt[79].

ee) Besteuerung von Zins- und Lizenzeinkünften

16.105 Im Zuge der Steuerreform sind die speziellen Steuerregime für Zins- und Lizenzeinkünfte weggefallen. Die Einkünfte sind auf Bundesebene steuerbar, lediglich auf kantonaler Ebene besteht die Möglichkeit aufgrund der Patentbox sowie des Zinsabzugs auf Eigenkapital eine Begünstigung zu erreichen[80] (vgl. Rz. 16.100).

ff) Finanzierungsaufwendungen

16.106 Zinsaufwendungen im Zusammenhang mit Beteiligungen sind grundsätzlich **steuerlich abzugsfähig**, mindern jedoch den Beteiligungsabzug, d.h. sie sind vom Bruttobetrag der Dividende im Rahmen der Verhältnisrechnung abzuziehen.

---

77 Vgl. *Rödding* in Beck'sches Holding Handbuch, S. 609; *Bader*, Steuergestaltung mit Holdinggesellschaften, S. 268; *Kubaile/Suter* in Der Steuer- und Investitionsstandort Schweiz, S. 175.
78 Vgl. IBFD, Switzerland – Holding Companies – Country Tax Guides – 5. Taxation of Capital Gains.
79 Vgl. *Bader*, Steuergestaltung mit Holdinggesellschaften, S. 305; *Rödding* in Beck'sches Holding Handbuch, S. 610.
80 Vgl. *Kolb* in Flick/Wassermeyer/Kempermann, DBA Deutschland – Schweiz, Rz. 633.

Zinsen auf Darlehen eines Gesellschafters bzw. einer dem Gesellschafter nahestehenden Person sind abzugsfähig, soweit sie **fremdüblich** sind. Darüber hinaus kann eine Umqualifizierung von Fremdkapital in Eigenkapital erfolgen, wenn der zulässige Verschuldungsgrad überschritten wird. Der zulässige Verschuldungsgrad einer Gesellschaft ist abhängig von den zugrunde liegenden Wirtschaftsgütern. Er beträgt bei Beteiligungen z.B. 70 %. Ist die zulässige Grenze überschritten, wird das Fremdkapital als sog. verdecktes Eigenkapital betrachtet mit der Folge, dass die entsprechenden Zinsaufwendungen insoweit steuerlich nicht abzugsfähig sind[81]. 16.107

gg) Konsolidierte Besteuerung

In der Schweiz besteht weder auf Bundes- noch auf kantonaler Ebene eine nationale oder grenzüberschreitende Möglichkeit der steuerlichen Konsolidierung[82]. 16.108

hh) Hinzurechnungsbesteuerung/CFC-Rules

In der Schweiz gibt es keine Hinzurechnungsbesteuerung[83]. 16.109

ii) Quellensteuern

Dividenden, die eine Schweizer Gesellschaft an ihre Muttergesellschaft ausschüttet, unterliegen grundsätzlich einer **35%igen Quellensteuer** (sog. Verrechnungssteuer). Bei Ausschüttungen an EU-Muttergesellschaften kann eine **Befreiung** von der Quellensteuer gewährt werden, wenn diese während der letzten zwei Jahre unmittelbar zu mindestens 25 % an der Schweizer Gesellschaft beteiligt war. Weiterhin sehen DBAs eine Quellensteuerreduktion auf bis zu 0 % vor[84]. 16.110

Erfolgt die Ausschüttung aus der Kapitaleinlagereserve, so unterliegt die Dividende nicht der Quellensteuer[85].

Zinszahlungen unterliegen grundsätzlich nur im Falle von Bankeinlagen oder von Bonds, die von einem Schweizer Schuldner ausgegeben wurden einer Schweizer Quellensteuer von 35 %. Sonstige Darlehen (z.B. von einer ausländischen Muttergesellschaft) unterliegen dagegen nicht der Schweizer Quellensteuer. Im Übrigen besteht die Möglichkeit einer Quellensteuerbefreiung für Zinszahlungen an Gesellschaften in anderen EU-Staaten unter der Voraussetzung einer 25%igen Beteiligung während der letzten zwei Jahre[86]. 16.111

Auf **Lizenzzahlungen** wird in der Schweiz keine Quellensteuer erhoben[87]. 16.112

jj) Kapitalverkehrsteuern

Die Ausgabe von Anteilen an Kapitalgesellschaften bzw. die Kapitalerhöhung unterliegen, soweit das Kapital einen Betrag von CHF 1 Mio. übersteigt, einer Emissionsabgabe i.H.v. 1 %. Die Gründung 16.113

81 Vgl. *Rödding* in Beck'sches Holding Handbuch, S. 610; IBFD, Switzerland – Corporate Taxation – Country Tax Guides – 10. Anti-Avoidance.

82 Vgl. *Bader*, Steuergestaltung mit Holdinggesellschaften, S. 266; *Rödding* in Beck'sches Holding Handbuch, S. 610.

83 Vgl. *Bader*, Steuergestaltung mit Holdinggesellschaften, S. 266; *Rödding* in Beck'sches Holding Handbuch, S. 610.

84 Vgl. *Rödding* in Beck'sches Holding Handbuch, S. 609.

85 Vgl. IBFD, Switzerland – Holding Companies – Country Tax Guides – 4. Taxation of Dividends.

86 Vgl. *Bader*, Steuergestaltung mit Holdinggesellschaften, S. 265; *Rödding* in Beck'sches Holding Handbuch, S. 609; IBFD, Switzerland – Corporate Taxation – Country Tax Guides, 1.10.3 Withholding taxes.

87 Vgl. *Bader*, Steuergestaltung mit Holdinggesellschaften, S. 265; IBFD, Switzerland – Corporate Taxation – Country Tax Guides, 1.10.3 Withholding taxes.

einer Holding mittels Einbringung von Beteiligungen sowie Kapitalerhöhungen im Zusammenhang mit Umstrukturierungen sind von der Emissionsabgabe grundsätzlich befreit[88].

kk) DBA-Netzwerk

16.114 Das schweizerische DBA-Netzwerk umfasst über 100 Doppelbesteuerungsabkommen.

5. Großbritannien

a) Rechtsformen

16.115 Als Kapitalgesellschaftsformen stehen die **public limited company (plc)** und die **private limited company (Ltd.)** zur Verfügung[89]. Zwischen beiden Rechtsformen bestehen hinsichtlich der rechtlichen Struktur keine wesentlichen Unterschiede.

aa) Public limited company (plc)

16.116 Das **Mindestkapital** einer public limited company beträgt **50.000 GBP**, wovon mindestens 25 % einbezahlt sein muss. Die Rechtsform bietet die Möglichkeit, dass ihre Anteile öffentlich angeboten werden und börsennotiert sein können.

16.117 Das **Management** einer plc besteht aus ihren Direktoren. Das Board of Directors ist das Geschäftsführungs- und Exekutivorgan der Gesellschaft. Die **Gesellschafter** entscheiden über die Belange der Gesellschaft in der jährlichen ordentlichen Gesellschafterversammlung oder in außerordentlichen Gesellschafterversammlungen.

16.118 Die **Gründung** einer plc ist vergleichsweise einfach. Der unterzeichnete Gesellschaftsvertrag muss – mit der Registrierungsgebühr und einigen zusätzlichen Angaben – an das zuständige Register in Cardiff (für England und Wales), Edinburgh (für Schottland) oder Belfast (für Nordirland) gesandt werden. Mit der Registrierung ist die Gesellschaft entstanden.

bb) Private limited company (Ltd.)

16.119 Im (wesentlichen) Unterschied zur plc ist es der private limited company (Ltd.) untersagt, ihre Anteile der Öffentlichkeit zum Erwerb anzubieten. Ein Mindeststammkapital ist nicht vorgeschrieben. Eine Einmanngesellschaft ist zulässig. Ferner ist nur ein Geschäftsführer erforderlich. Die jährliche Gesellschafterversammlung kann durch ein schriftliches Verfahren ersetzt werden.

16.120 Die Gründungsformalitäten gleichen denen einer plc. Eine Gründung ist in der Regel innerhalb von wenigen Tagen möglich. Vorratsgesellschaften sind grundsätzlich verfügbar.

b) Steuerliche Holdingparameter

aa) Einführung/Körperschaftsteuersystem

16.121 Das britische Körperschaftsteuersystem ist ein Teilanrechnungssystem, d.h. es erfolgt eine teilweise Anrechnung der Körperschaftsteuer auf die persönliche Einkommensteuer des Gesellschafters bei Ausschüttung. Natürliche Personen erhalten eine Steuergutschrift i.H.v. 1/9 der Dividende[90].

---

88 Vgl. *Kubaile/Suter* in Der Steuer- und Investitionsstandort Schweiz, S. 83 f.; IBFD, Switzerland – Corporate Taxation – Country Tax Guides, 14. Miscellaneous Indirect Tax.

89 Vgl. *Ebert/Levedag* in Süß/Wachter, Handbuch des internationalen GmbH-Rechts, S. 675 ff.; *Süß* in MünchHdb/Internationales Gesellschaftsrecht, § 47 Gesellschaftsformen ausgewählter Staaten – GB, S. 967 ff.

90 Vgl. *Altman* in Steuern in Europa, Asien und Amerika, Kapitel: Großbritannien und Nordirland, Rz. 182.

Der britische **Körperschaftsteuersatz** beträgt derzeit 19 %. Ab dem 1.4.2020 soll er 17 % betragen[91]. 16.122

In Großbritannien werden **keine kommunalen Ertragsteuern** oder **Substanzbesteuern** erhoben[92]. 16.123

Neben der normalen Körperschaftbesteuerung wurde zum 1.4.2015 noch die sogenannte diverted profit tax (DPT) eingeführt. Die Missbrauchsnorm soll dann greifen, wenn Transaktionen vorgenommen werden, um die Besteuerung in Großbritannien zu vermeiden bzw. zu verringern. Sofern die Voraussetzungen hierfür erfüllt sind, greifen besondere Steuersätze, grundsätzlich 25 %. Von der DPT gibt es jedoch zahlreiche Rückausnahmen[93]. 16.124

bb) Dividendenbesteuerung

Seit dem 1.7.2009 gilt in Großbritannien grundsätzlich eine **Steuerbefreiung** für empfangene Dividenden von britischen und ausländischen Kapitalgesellschaften[94]. 16.125

cc) Besteuerung von Veräußerungsgewinnen

Gewinne aus der Veräußerung von britischen und ausländischen Kapitalgesellschaften sind von der Besteuerung **freigestellt**, wenn (i) die veräußernde britische Kapitalgesellschaft sowie die veräußerte Kapitalgesellschaft als **„trading company"** qualifizieren, (ii) an der zu veräußerten Kapitalgesellschaft eine wesentliche **Beteiligung** i.H.v. unmittelbar oder mittelbar **10 %** für einen Zeitraum von mindestens 12 Monaten innerhalb der letzten 6 Jahre besteht. Der Begriff „trading company" setzt eine Gesellschaft voraus, die **aktive Handelstätigkeiten** ausübt. Bei einem Konzern gilt eine konzernweite Betrachtung. Verschiedene Missbrauchsbestimmungen sind hierbei jedoch zu beachten[95]. 16.126

dd) Besteuerung von Veräußerungsverlusten und Teilwertabschreibungen

Bei Vorliegen der Voraussetzungen für die Befreiung von Veräußerungsgewinnen sind **Veräußerungsverluste steuerlich nicht abzugsfähig**. Veräußerungsverluste aus nicht begünstigten Anteilen können nur mit entsprechenden Veräußerungsgewinnen verrechnet werden und sind ggf. vorzutragen. Teilwertabschreibungen auf Beteiligungen sind nicht zulässig[96]. 16.127

ee) Besteuerung von Zins- und Lizenzeinkünften

Zinseinkünfte unterliegen der regulären Besteuerung. Für **Lizenzeinkünfte** besteht mit der sog. **Patentbox** ein begünstigtes Besteuerungsregime, wonach Einkünfte von sog. qualifizierten Patenten einer effektiven Besteuerung von 10 % unterliegen[97]. Im Zuge der BEPS-Diskussion wurde die Patentbox angepasst. Seit dem 30.6.2019 gilt für neu entwickeltes IP die Begünstigung nicht mehr, sofern ein bestimmter Teil der Forschung und Entwicklung durch nahestehende Personen stattgefunden hat bzw. das IP erworben wurde[98]. 16.128

---

91 Vgl. Worldwide Corporate Tax Guide, Ernst & Young, S. 1746.
92 Vgl. Worldwide Corporate Tax Guide, Ernst & Young, S. 1744 ff.
93 Vgl. Worldwide Corporate Tax Guide, Ernst & Young, S. 1759 f.
94 Vgl. Worldwide Corporate Tax Guide, Ernst & Young, S. 1748; *Altman* in Steuern in Europa, Asien und Amerika, Kapitel: Großbritannien und Nordirland, Rz. 224.
95 Vgl. Worldwide Corporate Tax Guide, Ernst & Young, S. 1746 f.; *Qarmar* in Beck'sches StB-Handbuch 2019/20, H. Steuerrecht europäischer Staaten und anderer wichtiger Industriestaaten, Rz. 232.
96 Vgl. Worldwide Corporate Tax Guide, Ernst & Young, S. 1747.
97 Vgl. *Altman* in Steuern in Europa, Asien und Amerika, Kapitel: Großbritannien und Nordirland, Rz. 231.
98 Vgl. Worldwide Corporate Tax Guide, Ernst & Young, S. 1760 f.

ff) Finanzierungsaufwendungen

16.129 Der Abzug von Fremdfinanzierungsaufwendungen gegenüber anderen Konzernunternehmen setzt zunächst voraus, dass die zugrunde liegenden Konditionen **fremdüblich** sind und auch ein fremder Dritter das Darlehen in der entsprechenden Form gewährt hätte[99].

16.130 Des Weiteren sieht das britische Steuerrecht Beschränkungen für den Abzug von Zinsaufwendungen vor. Mit Wirkung zum 1.4.2017 wurden die sog. **Worldwide Debt Cap Rules** (WWDC) durch eine Zinsschrankenregelung abgelöst, die sich an den Vorschlägen der OECD orientiert. Hiernach sind die Nettozinsaufwendungen nur in Höhe von 30 % des EBITDA abzugsfähig. Zinsen, die nicht abgezogen werden können, sind unbeschränkt vortragsfähig. Eine nicht voll ausgeschöpfte Abzugsmöglichkeit (ähnlich den deutschen EBITDA-Vortrag) kann ebenfalls bis zu 5 Jahre vorgetragen werden. Ein Abzug des Nettozinsaufwand bis zu 2 Mio. GBP ist grundsätzlich immer möglich[100].

16.131 Darüber hinaus wurde zum 1.1.2019 eine weitere Regelung eingeführt, die den Zinsabzug versagt, sofern die Aufwendungen in mehreren Ländern abgezogen werden können bzw. den die Aufwendungen gegenüberstehende Erträge nicht besteuert werden (Anti-Hybrid-Regelung). Die Regelung orientiert sich hierbei an den Vorschlägen des Aktionspunkt 2 der OECD[101].

gg) Konsolidierte Besteuerung

16.132 In Großbritannien besteht grundsätzlich keine Möglichkeit der konsolidierten Besteuerung im engeren Sinne. Vielmehr ist jede Gesellschaft einer Gruppe selbständig steuerpflichtig. Es besteht jedoch die Möglichkeit Verluste innerhalb einer Gruppe im Rahmen des sog. **Group Reliefs** zu übertragen. Voraussetzung ist, dass zwischen den teilnehmenden britischen Gesellschaften eine unmittelbare oder mittelbare Beteiligung von mindestens 75 % besteht. Innerhalb einer 75 %-Gruppe können **Verluste** nach oben, nach unten oder seitwärts **transferiert** werden. Dies gilt auch dann, wenn ausländische Gesellschaften zwischen den britischen Gesellschaften gehalten werden. Die Verluste ausländischer Gesellschaften können jedoch nicht berücksichtigt werden. Ebenso können **Aktiva** in einer 75 %-Gruppe **ohne sofortige Gewinnrealisierung übertragen** werden. Eine Gewinnrealisierung tritt jedoch ein, wenn die aufnehmende Gesellschaft die Gruppe innerhalb von sechs Jahren verlässt.

16.133 Die Möglichkeit, **Verluste zu übertragen** besteht auch innerhalb eines Konsortiums (sog. **Consortium Relief**). Ein Konsortium besteht aus maximal 20 Mitgliedern, die jeweils mindestens 5 % und zusammen mindestens 75 % der entsprechenden britischen Gesellschaft halten[102].

hh) Hinzurechnungsbesteuerung/CFC-Rules

16.134 Die britischen CFC-Rules[103] wurden mit Wirkung zum 1.1.2013 grundlegend reformiert. Nach den neuen Regeln gilt eine ausländische Gesellschaft u.a. dann als Controlled Foreign Company (CFC), wenn britische Steuerpflichtige **mehr als 50 % der Anteile oder Stimmrechte** an einer ausländischen Gesellschaft halten oder britische Steuerpflichtige die CFC nach britischen Rechnungslegungsstandards konsolidieren müssen. Der Tatbestand der **Niedrigbesteuerung** gilt nicht mehr als Voraussetzung für die Qualifikation als CFC. Es besteht jedoch eine Ausnahme von der Hinzurechnungsbesteuerung, wenn die ausländische Gesellschaft einem Steuersatz von mindestens 75 % des britischen Steuersatzes unterliegt.

---

99 Vgl. Worldwide Corporate Tax Guide, Ernst & Young, S. 1441 f.
100 Vgl. Worldwide Corporate Tax Guide, Ernst & Young, S. 1758.
101 Vgl. Worldwide Corporate Tax Guide, Ernst & Young, S. 1756.
102 Vgl. Worldwide Corporate Tax Guide, Ernst & Young, S. 1752 f.; *Altman* in Steuern in Europa, Asien und Amerika, Kapitel: Großbritannien und Nordirland, Rz. 2220.
103 Vgl. *Richter*, IStR 2013, 187; *Altman* in Steuern in Europa, Asien und Amerika, Kapitel: Großbritannien und Nordirland, Rz. 214 ff.

Liegt eine CFC vor, so ist in einem nächsten Schritt zu prüfen, ob und welche Gewinne tatsächlich im Rahmen der Hinzurechnungsbesteuerung erfasst werden. Dies geschieht im Rahmen sog. **Gateway Tests**, nach denen insbesondere die **Gewinne künstlicher und steuerschädlicher Strukturen** erfasst werden sollen. In einer nächsten Stufe ist dann zu prüfen, ob bestimmte Ausnahmen von der Hinzurechnungsbesteuerung, sog. **Exemptions**, greifen. Eine bereits zuvor erwähnte Ausnahme greift z.B. wenn die Steuerbelastung im Ausland mindestens 75 % der britischen Steuerbelastung beträgt. Weiterhin wurde eine Ausnahme für Zinseinkünfte einer CFC eingeführt, die aus der Finanzierung ausländischer Gruppenaktivitäten resultieren. Danach unterliegen **nur 25 % der Zinseinkünfte** der britischen Hinzurechnungsbesteuerung. Nach Auffassung der EU-Kommission verstößt die Regelung jedoch teilweise gegen das EU-Beihilferecht[104]. 16.135

Kommt es zur Hinzurechnungsbesteuerung sind ausländische Steuern auf die hinzurechneten Einkünfte grundsätzlich anrechenbar. 16.136

ii) Quellensteuern

In Großbritannien wird nach nationalem Recht grundsätzlich keine Quellensteuer auf **Dividenden** erhoben[105]. 16.137

Zins- und Lizenzzahlungen innerhalb Großbritanniens unterliegen keiner Quellenbesteuerung. Zins- und Lizenzzahlungen an beschränkt Steuerpflichtige unterliegen einer 20%igen Quellensteuer. Die Quellensteuer kann jedoch aufgrund eines DBAs oder EU-Zins- und Lizenzrichtlinie bis auf 0 % reduziert werden[106]. Allerdings gilt es zu beachten, dass mit Wirkung zum 16.3.2016 eine Regelung eingeführt wurde, die die Steuerbefreiung in DBA-Fällen auf Lizenzzahlungen versagt, wenn zumindest einer der Hauptgründe die Umgehung der Quellensteuer ist[107]. 16.138

jj) Kapitalverkehrsteuern

Es wird grundsätzlich eine **Stamp Duty** auf die Übertragung von Anteilen und Wertpapieren i.H.v. 0,5 % erhoben[108]. 16.139

kk) DBA-Netzwerk

Das britische DBA-Netzwerk umfasst 129 Doppelbesteuerungsabkommen[109]. 16.140

6. Belgien

a) Rechtsformen

Die relevanten Formen der belgischen Kapitalgesellschaft für Holdingzwecke sind die der **Aktiengesellschaft** (Naamloze vennootschap – **NV**/Société anonyme – **SA**) und bisher die **Gesellschaft mit beschränkter Haftung** (besloten vennootschap met beperkte aansprakelijkheid – **BVBA**/Société privée à responsabilité limitée – **SPRL**)[110]. Zu beachten ist, dass zum 1.1.2019 ein neues Gesetz in Kraft getreten ist, das eine Reform des belgischen Gesellschaftsrechts beinhaltet. Die Anzahl von der- 16.141

104 Beschluss 2019/1352/EU der Kommission v. 2.4.2019, ABl. Nr. L 216 v. 20.8.2019, S. 1.
105 Vgl. Worldwide Corporate Tax Guide, Ernst & Young, S. 1748 f.
106 Vgl. Worldwide Corporate Tax Guide, Ernst & Young, S. 1755 ff.; *Qarmar* in Beck'sches StB-Handbuch 2019/20, H. Steuerrecht europäischer Staaten und anderer wichtiger Industriestaaten, Rz. 235 ff.
107 Vgl. Worldwide Corporate Tax Guide, Ernst & Young, S. 1756 f.
108 Vgl. Worldwide Corporate Tax Guide, Ernst & Young, S. 1753.
109 Vgl. Worldwide Corporate Tax Guide, Ernst & Young, S. 1762 ff.
110 Vgl. *Süß* in MünchHdb/Internationales Gesellschaftsrecht, § 47 Gesellschaftsformen ausgewählter Staaten – Belgien, S. 939 ff.

zeit 15 Gesellschaftsformen wird hierbei reduziert. Gesellschaften mit einer nach der Reform nicht mehr gültigen Gesellschaftsform sind verpflichtet, innerhalb von zehn Jahren eine Umwandlung in eine zulässige Gesellschaftsform vorzunehmen[111].

aa) NV/SA

16.142 Die belgische Aktiengesellschaft (NV/SA) hat ein **Mindeststammkapital von 61.500 Euro**, welches bei der Gründung voll einzubezahlen ist. Eine Sachgründung ist möglich. Die Gründung erfolgt mit mindestens zwei Gesellschaftern durch Beurkundung von Gründungsvertrag und Satzung.

16.143 Der **Verwaltungsrat** nimmt die Geschäftsführung und Vertretung der Gesellschaft wahr. Er besteht aus mindestens drei Mitgliedern bzw. sofern die Gesellschaft von zwei Gesellschaftern gegründet wurde aus mindestens zwei Mitgliedern. Oberstes Organ der Gesellschaft ist die **Hauptversammlung**. Die ordentliche Hauptversammlung muss mindestens einmal jährlich stattfinden. Zudem sind außerordentliche Hauptversammlungen möglich. Die Hauptversammlung wählt und entlässt die Mitglieder des Verwaltungsrats, genehmigt den Jahresabschluss, entscheidet über die Verwendung des Jahresgewinns und bestimmt über mögliche Satzungsänderungen.

bb) BVBA/SPRL

16.144 Die belgische GmbH (BVBA/SPRL) hat ein **Mindeststammkapital von 18.550 Euro**. Bei Gründung muss mindestens ein Betrag von 6.200 Euro eingezahlt sein. Eine Ein-Mann-Gründung ist möglich, wobei hier mindestens ein Betrag von 12.400 Euro aufgebracht werden muss. Die Einlage kann auch als Sacheinlage erfolgen. Die Gründung erfolgt durch notarielle Beurkundung des Gesellschaftsvertrages.

16.145 Geschäftsführung und Vertretung der Gesellschaft übernehmen ein oder mehrere **Geschäftsführer**. Oberstes Organ der Gesellschaft ist die Gesellschafterversammlung, welche dieselben Aufgaben wie die Hauptversammlung bei der Aktiengesellschaft hat.

16.146 Aufgrund der Gesellschaftsreform wird die société privée à responsabilité limitée (BVBA/SPRL) durch die société à responsabilité limitée (SRL/BV) ersetzt und soll künftig die am häufigsten verwendete Gesellschaftsform werden. Hierzu ist die Gesellschaftsform mit einem hohen Maß an Flexibilität bei der Leitung, Finanzierung und Verteilung der Gewinne ausgestattet. So soll in Zukunft die Gesellschaftsform auch mit nur einem Gesellschafter existieren können und kein Mindestkapital erfordern. Darüber hinaus soll die Anteilsübertragung vereinfacht werden[112].

b) Steuerliche Holdingparameter

aa) Einführung/Körperschaftsteuersystem

16.147 Das belgische Körperschaftsteuersystem ist ein klassisches System mit Besteuerung auf Ebene der Gesellschaft und des Gesellschafters. Die Doppelbesteuerung wird bei Körperschaften durch das Schachtelprivileg und bei natürlichen Personen durch einen ermäßigten Steuersatz auf Dividenden vermieden. Der Körperschaftsteuersatz beträgt 29 % (ab 2020 25 %) zzgl. einer Krisensteuer von 2 %. Die **Effektivbelastung** beträgt somit **29,58 %**. Bei einem Einkommen von unter 100.000 Euro kommt unter bestimmten Voraussetzungen ein verringerter Steuersatz von 20 % zur Anwendung[113].

111 Vgl. *Dhaene/Vermeesch* in Beck'sches StB-Handbuch 2019/20, H. Steuerrecht europäischer Staaten und anderer wichtiger Industriestaaten, Rz. 101.

112 Vgl. *Dhaene/Vermeesch* in Beck'sches StB-Handbuch 2019/20, H. Steuerrecht europäischer Staaten und anderer wichtiger Industriestaaten, Rz. 101.

113 Vgl. Worldwide Corporate Tax Guide, Ernst & Young, S. 170; *De Ridder*, IStR-LB 2018, 30 (30).

Das belgische Steuerrecht gewährt einen **fiktiven Zinsabzug auf das bilanzielle Eigenkapital** (sog. Notional Interest Deduction). Der Zinssatz bemisst sich auf Basis der Durchschnittsverzinsung von 10-jährigen belgischen Staatsanleihen im dritten Quartal des vorletzten Jahres, beträgt aber maximal 0,746 % für große bzw. 1,246 % für kleine und mittelgroße Unternehmen. Für 2020 beträgt der fiktive Zinsabzug 0,726 % für große (bzw. 1,246 % für kleine und mittelgroße Unternehmen)[114]. Da der fiktive Zinsabzug oft dazu führt, dass in Belgien nur eine geringe oder keine Körperschaftsteuer anfällt und im Falle von Gewinnausschüttungen vielfach auch keine Quellensteuer erhoben werden kann (z.B. aufgrund der EU-Mutter-Tochter-Richtlinie), führte Belgien ab dem Jahr 2014 eine sog. „Fairness Tax" i.H.v. 5,15 % (inkl. Krisensteuer) ein. Die Bemessungsgrundlage bestimmt sich in Abhängigkeit der getätigten Gewinnausschüttungen sowie der in Anspruch genommenen fiktiven Zinsabzüge. Kleine und mittlere Unternehmen sind ausgenommen[115]. Das belgische Verfassungsgericht hat in der Zwischenzeit die Fairness Tax für ungültig erklärt. Allerdings wurde beschlossen, ihre Erhebung für die Steuerjahre 2014 bis 2018 beizubehalten[116].

Kommunalsteuern und Substanzsteuern werden nicht erhoben[117]. 16.148

bb) Dividendenbesteuerung

Dividenden von belgischen und ausländischen Tochtergesellschaften werden **zu 100 % von der Besteuerung befreit**, sofern (i) eine mindestens 10%ige Beteiligung an der Tochtergesellschaft besteht bzw. sich die Anschaffungskosten auf mindestens 2,5 Mio. Euro belaufen haben, (ii) die Beteiligung ununterbrochen seit mindestens einem Jahr besteht und (iii) die Tochtergesellschaft der belgischen Körperschaftsteuer oder einer vergleichbaren ausländischen Steuer (von grundsätzlich mindestens 15 %) unterliegt[118]. Zum 1.1.2016 wurde das Schachtelprivileg, in Anlehnung an die Mutter-Tochter-Richtlinie, angepasst. Die Befreiung greift hiernach nur, wenn die Zahlung bei der ausschüttenden Gesellschaft nicht abzugsfähig ist[119]. 16.149

cc) Besteuerung von Veräußerungsgewinnen

Gewinne aus der Veräußerung von Anteilen an Kapitalgesellschaften sind steuerfrei, sofern (i) die Beteiligung ununterbrochen seit mindestens einem Jahr besteht, (ii) die Kapitalgesellschaft der belgischen Körperschaftsteuer oder einer vergleichbaren ausländischen Steuer (von grundsätzlich mindestens 15 %) unterliegt und (iii) die veräußernde Gesellschaft mindestens 10 % an der veräußerten Gesellschaft hält oder einen Anschaffungswert von mindestens 2,5 Mio. Euro hat. Sofern die Voraussetzung der einjährigen Mindesthaltedauer nicht erfüllt ist, kommt ein ermäßigter Steuersatz von 25 % zur Anwendung. Unterliegt die veräußerte Kapitalgesellschaft keiner Mindestbesteuerung, wird der Veräußerungsgewinn mit dem regulären Steuersatz belastet Der spezielle **Steuersatz von 0,412 %** (inkl. Krisensteuer) wurde mit Wirkung 2019 gestrichen[120]. 16.150

114 Vgl. Worldwide Corporate Tax Guide, Ernst & Young, S. 170.

115 Vgl. *Oepen*, IStR-LB 2014, 2 (2 f.).

116 Vgl. *Paquet* in Steuern in Europa, Asien und Amerika, Kapitel: Belgien, Rz. 266/1; *De Ridder*, IStR-LB 2018, 30 (30).

117 Vgl. *Bader*, Steuergestaltung mit Holdinggesellschaften, S. 214.

118 Vgl. *Bader*, Steuergestaltung mit Holdinggesellschaften, S. 216; Worldwide Corporate Tax Guide, Ernst & Young, S. 176 f.; *De Ridder*, IStR-LB 2018, 30 (30).

119 Vgl. *Paquet* in Steuern in Europa, Asien und Amerika, Kapitel: Belgien, Rz. 270/2; *Oepen/Weber*, IStR-LB 2017, 46 (48 f.).

120 Vgl. Worldwide Corporate Tax Guide, Ernst & Young, S. 173 f.; *Paquet* in Steuern in Europa, Asien und Amerika, Kapitel: Belgien, Rz. 267 ff.

dd) Besteuerung von Veräußerungsverlusten und Teilwertabschreibungen

16.151 Veräußerungsverluste und Teilwertabschreibungen auf Kapitalgesellschaften sind steuerlich grundsätzlich **nicht abzugsfähig**[121].

ee) Besteuerung von Zins- und Lizenzeinkünften

16.152 Zinseinkünfte unterliegen der regulären Besteuerung. Unter Berücksichtigung der Notional Interest Deduction kann jedoch bei Eigenkapitalfinanzierung eine **niedrige effektive Steuerbelastung auf Zinseinkünfte** erreicht werden.

16.153 **Lizenzeinkünfte** aus Patenen unterliegen unter bestimmten Voraussetzungen einer begünstigten Besteuerung, wobei die bisherige Regelung abgeschafft wurde. Seit 2017 können belgische Unternehmen 85 % (bisher 80 %) ihrer Nettoeinnahmen (bisher: Bruttoeinnahmen) aus Patenten von ihrem steuerpflichtigen Gewinn multipliziert mit den sog. Nexus-Anteil abziehen. Im Ergebnis kommt es somit zu einer effektiven Steuerbelastung von ca. 5 %. Aufgrund des Nexus-Ansatzes finden nur die Ausgaben für selbst ausgeführte Forschungs- und Entwicklungstätigkeiten, als sogenannte begünstigte Aufwendungen, Berücksichtigung bei der Berechnung des Nexus-Anteils[122].

ff) Finanzierungsaufwendungen

16.154 Zinsaufwendungen im Zusammenhang mit der Finanzierung von Beteiligungen sind **grundsätzlich steuerlich abzugsfähig**. Die Abzugsfähigkeit entfällt jedoch, soweit die Höhe des Zinssatzes nicht fremdüblich ist. Darüber hinaus sind Zinszahlungen, die auf Darlehensverträgen beruhen die vor dem 17.6.2016 abgeschlossen wurden, insoweit nicht abzugsfähig, als dass ein Verhältnis von Fremd- zu Eigenkapital von 5:1 überschritten wird und die Zinszahlungen beim Empfänger nicht der Besteuerung oder einer niedrigeren Besteuerung als der in Belgien unterliegen. Bei Zinszahlungen an Gesellschafter oder Direktoren gilt hierbei ein Verhältnis von Fremd- zu Eigenkapital von 1:1[123].

16.155 Zum 1.1.2019 wurde im Zuge der Umsetzung der ATAD-Richtlinie[124] eine Zinsschrankenregelung eingeführt. Nach dieser Regelung ist der Nettozinsaufwand bis zu 30 % des EBITDA der belgischen Gesellschaft abzugsfähig. Bei Nettozinsaufwendungen kleiner 3 Mio. Euro entfällt die Abzugsbeschränkung. Darüber hinaus hat Belgien die ATAD hinsichtlich hybrider Gestaltungen umgesetzt, weshalb es auch hierdurch zum Ausschluss bzw. Beschränkung der Abzugsfähigkeit von Aufwendungen kommen kann[125].

gg) Konsolidierte Besteuerung

16.156 Seit 2019 sieht das belgische Recht eine eingeschränkte Form der Gruppenbesteuerung vor, in der die steuerliche Konsolidierung von Verlusten innerhalb der Unternehmensgruppe ermöglicht wird. Der Abzug erfolgt gegen Entschädigungszahlung in Höhe der ohne den Konzernbeitrag entstandenen Steuer. Die Entschädigungszahlung ist nicht abzugsfähig, bei der defizitären Gesellschaft ist der Beitrag steuerfrei. Voraussetzung ist, dass eine Mindestbeteiligung von 90 % im Verhältnis Mutter-Tochter besteht. Auch kommt eine Konsolidierung zwischen Schwestergesellschaften in Betracht, so-

---

121 Vgl. *Bader*, Steuergestaltung mit Holdinggesellschaften, S. 218.

122 Vgl. Worldwide Corporate Tax Guide, Ernst & Young 2019, S. 178 f.; *Bader*, Steuergestaltung mit Holdinggesellschaften, S. 215; *Paquet* in Steuern in Europa, Asien und Amerika, Kapitel: Belgien, Rz. 258/1; *Oepen/Weber*, IStR-LB 2017, 46 (46 f.).

123 Vgl. *Paquet* in Steuern in Europa, Asien und Amerika, Kapitel: Belgien, Rz. 149; IBFD, Belgium – Corporate Taxation – Country Tax Guides, Section 10.3. Limitations on interest deductibility.

124 Vgl. Richtlinie 1164/2016/EU des Rates v. 12.7.2016, ABl. EU Nr. L 193 v. 19.7.2016, S. 1.

125 Vgl. Worldwide Corporate Tax Guide, Ernst & Young, S. 186; *Paquet* in Steuern in Europa, Asien und Amerika, Kapitel: Belgien, Rz. 249/1; IBFD, Belgium – Corporate Taxation – Country Tax Guides, Section 10.3. Limitations on interest deductibility und Section 10.6 Other anti-avoidance rules.

fern beide zu mindestens 90 % von der gleichen Gesellschaft gehalten werden. Als gemeinsame Gesellschaft kommt auch eine ausländische Gesellschaft in Betracht, sofern mit dem entsprechenden Staat ein Abkommen zur Vermeidung von Doppelbesteuerung abgeschlossen wurde. Weiterhin muss die in- oder ausländische Gesellschaft während eines ununterbrochenen Zeitraums von 5 Jahren einschließlich des aktuellen Steuerzeitraums mit den Tochtergesellschaften verbunden sein[126].

hh) Hinzurechnungsbesteuerung/CFC-Rules

Weiterhin verfügt das belgische Steuerrecht seit 2019 ebenfalls über eine Hinzurechnungsbesteuerung, welche auf nicht ausgeschüttete Einkünfte ausländischer Beteiligungen Anwendung findet, sofern es sich um Gestaltungen handelt, deren Ziel es ist, einen Steuervorteil zu erlangen und die auf rein künstlichen Gestaltungen beruhen, an denen die belgische Gesellschaft zu mindestens 50 % beteiligt ist und die ausländischen Einkünfte mit weniger als 12,5 % besteuert werden[127]. 16.157

ii) Quellensteuern

Die nationale Quellensteuer auf **Dividenden** beträgt ab dem 1.1.2017 grundsätzlich 30 %. Sie findet auch bei Liquidation Anwendung. Die Quellensteuer kann jedoch bei Anwendung eines DBA oder der EU-Mutter-Tochter-Richtlinie auf bis zu 0 % reduziert werden. 16.158

Zins- und Lizenzeinkünfte unterliegen einer nationalen Quellensteuer von ebenfalls 30 %. Auch kommt eine Quellensteuerreduktion auf bis zu 0 % in Betracht, wenn eine DBA oder die EU-Zins- und Lizenzrichtlinie zur Anwendung gelangt[128]. 16.159

jj) Kapitalverkehrsteuern

Bei der Einbringung von Wirtschaftsgütern gegen Anteile bzw. im Rahmen von Umstrukturierungen wird keine Kapitalverkehrsteuer erhoben. In bestimmten anderen Konstellationen, z.B. der Einbringung von Wirtschaftsgütern gegen Verbindlichkeiten, wird eine Kapitalverkehrsteuer erhoben. 16.160

kk) DBA-Netzwerk

Das belgische DBA-Netzwerk umfasst 94 Doppelbesteuerungsabkommen[129]. 16.161

7. Liechtenstein

a) Rechtsformen

Eine liechtensteinische Kapitalgesellschaft kann in Form einer **Aktiengesellschaft (AG)** oder einer **Gesellschaft mit beschränkter Haftung (GmbH)** gegründet werden[130]. 16.162

aa) Aktiengesellschaft (AG)

Das **Mindeststammkapital** der AG beträgt **50.000 CHF**. Das Kapital kann durch Sacheinlagen aufgebracht werden. Die Gründung erfolgt mittels Einreichung von Errichtungsurkunde und Statuten. 16.163

---

126 Vgl. Worldwide Corporate Tax Guide, Ernst & Young, S. 179; *Paquet* in Steuern in Europa, Asien und Amerika, Kapitel: Belgien, Rz. 277; *De Ridder*, IStR-LB 2018, 30 (30).

127 Vgl. Worldwide Corporate Tax Guide, Ernst & Young, S. 186.

128 Vgl. Worldwide Corporate Tax Guide, Ernst & Young, S. 175 ff.; *Paquet* in Steuern in Europa, Asien und Amerika, Kapitel: Belgien, Rz. 274; *Bader*, Steuergestaltung mit Holdinggesellschaften, S. 217; *Oepen/Weber*, IStR-LB 2017, 46 (48).

129 Vgl. Worldwide Corporate Tax Guide, Ernst & Young, S. 181 f.

130 Vgl. *Batliner* in Wegen/Spahlinger/Barth, Gesellschaftsrecht des Auslands, Rz. 5 ff.

Rechtspersönlichkeit erlangt die Gesellschaft mit Eintragung im Öffentlichkeitsregister. Die Gründung muss durch mindestens zwei Gesellschafter erfolgen. Allerdings können nach Gründung alle Aktien in der Hand einer Person vereinigt werden.

16.164 Die Geschäftsführung und Vertretung der Gesellschaft obliegt der **Verwaltung**, welche aus einer oder mehreren natürlichen oder juristischen Personen besteht. Die **Generalversammlung der Aktionäre** ist das oberste Organ der Gesellschaft. Sie entscheidet insbesondere über die Wahl der Mitglieder der Verwaltung und der Kontrollstelle, den Jahresabschluss und die Änderung der Statuten. Die **Kontrollstelle** prüft die Buchführung.

bb) Gesellschaft mit beschränkter Haftung (GmbH)

16.165 Die GmbH hat ein **Mindeststammkapital von 30.000 CHF**. Sacheinlagen sind wie bei der AG möglich. Anders als bei der AG kann eine GmbH auch mit nur einem Gesellschafter gegründet werden. Die Gründung erfolgt mittels Einreichung der Statuten und Eintragung im Öffentlichkeitsregister.

16.166 Organe einer GmbH sind die **Geschäftsführung, Gesellschafterversammlung und Kontrollstelle**. Die Aufgaben entsprechenden denen der Verwaltung, Generalversammlung und Kontrollstelle bei der AG.

b) Steuerliche Holdingparameter

aa) Einführung/Körperschaftsteuersystem

16.167 Kapitalgesellschaften unterliegen in Liechtenstein einer **Körperschaftsteuer i.H.v. 12,5 %**, wobei eine Mindeststeuer von CHF 1.800 erhoben wird. Die effektive Steuerlast wird jedoch aufgrund eines fiktiven Zinsabzugs auf das vorhandene Eigenkapital (sog. Eigenkapitalzinsabzug) von gegenwärtig 4 % gemindert.

bb) Dividendenbesteuerung

16.168 Dividenden von in- und ausländischen Tochtergesellschaften sind unabhängig von einer Mindestbeteiligungsdauer oder Mindestbeteiligungshöhe in Liechtenstein **vollständig steuerbefreit**[131]. Seit 2018 scheidet eine Steuerfreistellung jedoch aus, wenn die erhaltene Zahlung von einer Tochtergesellschaft, an der eine Mindestbeteiligung von 25 % besteht, auf Ebene der Tochtergesellschaft abzugsfähig ist (Korrespondenzprinzip). Für ausländische Tochtergesellschaften gilt seit dem 1.1.2019 eine weitere Einschränkung der Steuerfreistellung. Die Steuerfreistellung kommt hiernach nur in Frage, sofern der Umsatz der Tochtergesellschaft zu weniger als 50 % aus passiven Einkünften besteht und die Gesellschaft nicht der Niedrigbesteuerung unterliegt[132].

16.169 Wann eine **Niedrigbesteuerung** vorliegt hängt von der Beteiligungshöhe ab. Bei einer Beteiligung von **weniger als 25 %** liegt eine Niedrigbesteuerung bei einer Belastung von weniger als 50 % des inländischen Steuersatzes (derzeit 12,5 %) vor, d.h. 6,25 %. Bei einer Beteiligung von **mindestens 25 %** liegt eine Niedrigbesteuerung vor, wenn die effektive Ertragsteuerbelastung des Gewinns weniger als 50 % im Vergleich zum Inlandsfall beträgt[133].

cc) Besteuerung von Veräußerungsgewinnen

16.170 Gewinne aus der Veräußerung von inländischen Tochterkapitalgesellschaften sind in Liechtenstein ebenfalls unabhängig von einer Mindestbeteiligungsdauer oder Mindestbeteiligungshöhe **vollständig**

131 Vgl. *Hosp/Langer*, Steuerstandort Liechtenstein, S. 94.

132 Vgl. Worldwide Corporate Tax Guide, Ernst & Young, S. 949; *Luckhaupt/Müller*, IStR 2019, 177 (179).

133 Vgl. *Luckhaupt/Müller*, IStR 2019, 177 (178).

steuerbefreit. Die Steuerfreiheit wird jedoch nicht gewährt, soweit in der Vergangenheit steuerwirksame Abschreibungen auf die Beteiligung vorgenommen wurden[134]. Seit 1.1.2019 kommt für ausländische Tochtergesellschaften die Befreiung nur in Betracht, sofern der Umsatz der Tochtergesellschaft zu weniger als 50 % aus passiven Einkünften besteht und die Gesellschaft nicht der Niedrigbesteuerung unterliegt. Hinsichtlich der Niedrigbesteuerung siehe Rz. 16.168. Für Beteiligungen die bereits 2018 bestanden haben, finden die Neuregelungen aufgrund einer Übergangsfrist erst ab 2022 Anwendung[135].

dd) Besteuerung von Veräußerungsverlusten und Teilwertabschreibungen

Aufgrund der Steuerfreiheit von Veräußerungsgewinnen, können **Veräußerungsverluste steuerlich nicht berücksichtigt** werden. Jedoch ist es möglich, dauerhafte **Wertminderungen** von Beteiligungen durch **Abschreibungen steuerlich geltend** zu machen. Erfolgt später eine Werterhöhung, so ist eine steuerpflichtige Zuschreibung vorzunehmen[136]. 16.171

ee) Besteuerung von Zins- und Lizenzeinkünften

Zinserträge unterliegen der regulären Besteuerung; es wird jedoch soweit Eigenkapitalfinanzierung vorliegt, ein fiktiver Zinsabzug i.H.v. gegenwärtig 4 % (sog. Eigenkapitalzinsabzug) gewährt. 16.172

Die für **Lizenzeinkünfte** geltende Patentbox wurde mit Wirkung zum 1.1.2017 abgeschafft. Für Unternehmen, die die Regelung bis einschließlich 2016 genutzt haben, wurde eine Übergangsphase bis Ende 2020 eingeführt[137]. 16.173

ff) Finanzierungsaufwendungen

Finanzierungsaufwendungen im Zusammenhang mit Beteiligungen sind trotz der Steuerfreiheit von Beteiligungserträgen **steuerlich abzugsfähig**. Bei der Gewährung von Gesellschafterdarlehen ist der Fremdvergleichsgrundsatz zu beachten. Hinzu kommt seit 2019, dass ein Zinsabzug nicht mehr vollständig zulässig ist, sofern die Gesellschaft das aufgenommene Fremdkapital dazu verwendet, eine Tochtergesellschaft zu kaufen, welche in der Lage ist, den sog. Eigenkapitalzinsabzug in Anspruch zu nehmen[138]. 16.174

gg) Konsolidierte Besteuerung

Liechtenstein kennt eine **grenzüberschreitende** Gruppenbesteuerung. Voraussetzung ist, dass ein Gruppenträger seit Beginn des Wirtschaftsjahres unmittelbar oder mittelbar mehr als 50 % der Anteile an Gruppenmitgliedern hält und ein entsprechender Antrag auf Gruppenbesteuerung gestellt wird. Gruppenträger kann eine liechtensteinische Kapitalgesellschaft oder eine ausländische Gesellschaft mit Zweigniederlassung in Liechtenstein sein, der die Gruppenmitglieder wirtschaftlich zuzurechnen sind. Gruppenmitglieder können liechtensteinische Kapitalgesellschaften oder ausländische Kapitalgesellschaften sein, die in Liechtenstein nicht steuerpflichtig sind. Der Abschluss eines Gewinnabführungsvertrages oder tatsächliche Zahlungen sind nicht erforderlich. 16.175

---

134 Vgl. *Hosp/Langer*, Steuerstandort Liechtenstein, S. 94 und 108; Worldwide Corporate Tax Guide, Ernst & Young, S. 948.

135 Vgl. Worldwide Corporate Tax Guide, Ernst & Young, S. 948; *Luckhaupt/Müller*, IStR 2019, 177 (180).

136 Vgl. *Hosp/Langer*, Steuerstandort Liechtenstein, S. 108; *Bader*, Steuergestaltung mit Holdinggesellschaften, S. 232.

137 Vgl. Worldwide Corporate Tax Guide, Ernst & Young, S. 948.

138 Vgl. Worldwide Corporate Tax Guide, Ernst & Young, S. 948.

16.176 Die liechtensteinische Gruppenbesteuerung sieht **keine tatsächliche steuerliche Konsolidierung** vor. Es werden stattdessen nur die **Verluste der in- und ausländischen Gruppenmitglieder dem Gruppenträger zugerechnet**. Dort können die Verluste entweder mit den liechtensteinischen Gewinnen des Gruppenträgers verrechnet werden. Sind auf Ebene des Gruppenträgers nicht genug Gewinne vorhanden, kann der Gruppenträger die Verluste an ein beliebiges liechtensteinisches Gruppenmitglied weiterreichen. Damit können ausländische Verluste grundsätzlich in Liechtenstein berücksichtigt werden[139].

hh) Hinzurechnungsbesteuerung/CFC-Rules

16.177 Liechtenstein kennt keine Hinzurechnungsbesteuerung.

ii) Quellensteuern

16.178 Liechtenstein erhebt **keine Quellensteuern** auf Dividenden, Zins- und Lizenzzahlungen[140].

jj) Kapitalverkehrsteuern

16.179 Die Gründung von und Kapitalerhöhung bei juristischen Personen unterliegt grundsätzlich einer **Gründungsabgabe** i.H.v. 1 % des zugeführten Kapitals, wobei eine Freigrenze von 1 Mio. CHF gilt[141].

kk) DBA-Netzwerk

16.180 Das DBA-Netz Liechtensteins umfasst derzeit 18 Abkommen[142].

8. USA

a) Rechtsformen

16.181 Die typische Rechtsform der US-amerikanischen Kapitalgesellschaft ist die **Corporation**[143]. Die Corporation wird für US-steuerliche Zwecke als sog. Per se Corporation stets als intransparent, d.h. als Kapitalgesellschaft, behandelt[144]. Aus deutscher steuerlicher Sicht gilt die Corporation aufgrund des Rechtstypenvergleichs ebenfalls als Kapitalgesellschaft[145].

16.182 In der Praxis findet sich sehr häufig die Rechtsform der **Limited Liability Company** (LLC). Die LLC ist eine hybride Rechtsform, die sowohl über Charakteristika einer Personen- als auch Kapitalgesellschaft verfügt[146]. Der rechtliche Aufbau einer LLC bestimmt sich nach dem Recht des jeweiligen US-Bundesstaates. Hinsichtlich der Ausgestaltung besteht große Flexibilität[147]. Steuerlich gilt die LLC in den USA als sog. Eligible Entity. Die LLC wird damit grundsätzlich als transparent behandelt. Es besteht jedoch das Wahlrecht, im Rahmen der sog. Check-the-Box-Election die LLC als intransparent, d.h. als Kapitalgesellschaft, zu besteuern. Aus deutscher steuerlicher Sicht ist ein Rechtstypenver-

---

139 Vgl. *Hosp/Langer*, Steuerstandort Liechtenstein, S. 116 ff.; Worldwide Corporate Tax Guide, Ernst & Young, S. 950.
140 Vgl. Worldwide Corporate Tax Guide, Ernst & Young, S. 949 und 952.
141 Vgl. *Hosp/Langer*, Steuerstandort Liechtenstein, S. 137 f.; *Bader*, Steuergestaltung mit Holdinggesellschaften, S. 232.
142 Vgl. Worldwide Corporate Tax Guide, Ernst & Young, S. 952.
143 Vgl. *Dubert/Schreiber* in Endres/Schreiber, Investitions- und Steuerstandort USA, S. 20 ff.
144 Vgl. *Ditsch/Meier-Holzgräbe* in Endres/Schreiber, Investitions- und Steuerstandort USA, S. 66 f.
145 Vgl. BMF-Schreiben v. 24.12.1999 – IV B 4 - S 1300 - 111/99, BStBl. I 1999, 1076, Tabelle 1.
146 Vgl. *Dubert/Schreiber* in Endres/Schreiber, Investitions- und Steuerstandort USA, S. 19 f.
147 Vgl. BMF-Schreiben v. 19.3.2004 – IV B 4 - S 1301 USA – 22/04, BStBl. I 2004, 411, Tz. I.

gleich vorzunehmen[148]. Aufgrund der zivilrechtlichen Flexibilität in den USA kann die LLC damit auch aus deutscher steuerlicher Sicht als Kapitalgesellschaft ausgestaltet werden.

aa) Corporation

Die Corporation erfordert nach dem Recht der meisten US-Bundesstaaten **kein Mindestkapital** und keine Mindestanzahl von Anteilseignern. Die Gründung der Corporation wird mit ihrer Registrierung beim Secretary of State wirksam. Es wird zwischen der börsennotierten Corporation (sog. Public Corporation) und der nicht öffentlich gehandelten Corporation (sog. Close Corporation) unterschieden. 16.183

Die Organe einer Corporation sind das **Board of Directors** und das **Shareholders' Meeting.** Das Board of Directors nimmt die Geschäftsführung der Corporation wahr. Vorsitzender ist der Chairman. Für das Tagesgeschäft werden Officers berufen, an deren Spitze der **Chief Executive Officer (CEO)** steht. Die Anteilseigner der Corporation können im Shareholders' Meeting über ihre Stimmrechte indirekten Einfluss auf die Geschäftspolitik der Corporation nehmen, z.B. durch Wahl des Board of Directors[149]. 16.184

bb) Limited Liability Company (LLC)

Die LLC hat ebenso wie die Corporation grundsätzlich **kein Mindestkapital**[150]. In den meisten US-Bundesstaaten kann die LLC mit nur einem Gesellschafter gegründet werden. Die LLC erlangt ihre Rechtspersönlichkeit durch Einreichung der Gründungsurkunde beim Secretary of State[151]. 16.185

Die Geschäftsführung der LLC wird grundsätzlich von den Gesellschaftern wahrgenommen. Es besteht jedoch die Möglichkeit, im Gesellschaftsvertrag zu regeln, dass ein externes Managementgremium eingesetzt wird[152]. 16.186

b) Steuerliche Holdingparameter

aa) Einführung/Körperschaftsteuersystem

Die USA verfügen über ein **klassisches Körperschaftsteuersystem**, d.h. es erfolgt grundsätzlich eine Besteuerung auf Ebene der Gesellschaft als auch auf Ebene des Gesellschafters. Der nationale US-**Körperschaftsteuersatz** betrug bis zum 31.12.2017 **in der Spitze 35 %**. Durch den Tax Cuts and Jobs Act (Trump Tax Reform) wurde der US-Bundeskörperschaftsteuersatz ab dem 1.1.2018 auf 21 % gesenkt. Die meisten US-Bundesstaaten erheben eine zusätzliche Staatenkörperschaftsteuer, welche je nach Staat bis zu 12 % betragen kann. Darüber hinaus können lokale Gebietskörperschaften eine lokale Körperschaftsteuer erheben[153]. Die Staatenkörperschaftsteuer und lokale Körperschaftsteuer sind auf Ebene der Bundeskörperschaftssteuer abzugsfähig[154]. 16.187

Im Zuge der Trump Tax Reform wurde für bestimmte ausländische Einkünfte ein begünstigter Steuersatz von 13,125 % (bzw. 16,406 % ab 2026) eingeführt (sog. Foreign Derived Intangible Income, kurz: FDII). Hierzu ist zunächst das sog. „deemed intangible income" zu ermitteln, welches das Einkommen darstellt, welches eine Routinerendite von 10 % auf die materiellen Vermögenswerte des Unternehmens übersteigt. Für den Teil dieses „deemed intangible income", der aus dem Ausland stammt, kann der begünstigte Steuersatz in Anspruch genommen werden. Hierunter können bei-

148 Vgl. BMF-Schreiben v. 19.3.2004 – IV B 4 - S 1301 USA – 22/04, BStBl. I 2004, 411, Tz. IV.
149 Vgl. *Dubert/Schreiber* in Endres/Schreiber, Investitions- und Steuerstandort USA, S. 20 ff.
150 Vgl. *Dubert/Schreiber* in Endres/Schreiber, Investitions- und Steuerstandort USA, S. 19.
151 Vgl. *Djanani/Brähler/Lösel*, Investitionen und Steuern in den USA – Doing Business in USA, S. 44 ff.
152 Vgl. *Djanani/Brähler/Lösel*, Investitionen und Steuern in den USA – Doing Business in USA, S. 48.
153 Vgl. *Brunsbach* in Endres/Schreiber, Investitions- und Steuerstandort USA, S. 33 und 36.
154 Vgl. *Schönfeld/Zinowsky/Rieck*, IStR 2018, 127 (127).

spielsweise Einkünfte aus Lieferungen in Ausland, ins Ausland erbrachte Dienstleistungen oder ausländische Lizenzeinkünfte fallen[155].

16.188 Zur Vermeidung einer wirtschaftlichen Doppelbesteuerung sind Dividenden von US-Tochtergesellschaften in Abhängigkeit von der Beteiligungshöhe teilweise oder vollständig steuerbefreit. Seit der Trump Tax Reform gilt dies bei einer Haltedauer von 12 Monaten und einer Beteiligungsquote von 10 % auch für Dividenden ausländischer Tochtergesellschaften. Veräußerungsgewinne sind dagegen weiterhin grundsätzlich vollständig steuerpflichtig[156].

16.189 US-Kapitalgesellschaften werden in den USA mit ihrem weltweiten Einkommen besteuert. Die von den USA abgeschlossen Doppelbesteuerungsabkommen sehen für US-Steuerpflichtige dabei regelmäßig die Anrechnungsmethode vor. Darüber hinaus kann auch das Einkommen ausländischer Tochtergesellschaften bei Anwendung der US-Hinzurechnungsbesteuerung (CFC-Rules) in die US-Besteuerung unter Anrechnung der ausländischen Steuern einbezogen werden[157]. Im Zuge der Trump Tax Reform wurde zudem eine besondere Form der Hinzurechnungsbesteuerung eingeführt: das sog. Global Intangible Low-Taxed Income (GILTI) Regime. Danach werden Einkünfte ausländischer Tochtergesellschaften, welche ein bestimmtes Rentabilitätsniveau übersteigen, zusätzlich in den USA erfasst und besteuert.

16.190 Insbesondere die Tatsache, dass für **ausländische Einkünfte** die **Anrechnungsmethode** zur Anwendung gelangt und darüber hinaus in- und ausländische Veräußerungsgewinne vollständig steuerpflichtig sind, führt dazu, dass die USA **als Holdingstandort unattraktiv** sind. Zwar sind ausländische Dividenden seit 2018 grundsätzlich steuerbefreit. Dem steht allerdings die mögliche Erfassung ausländischer Gewinne in den USA im Rahmen der GILTI-Besteuerung gegenüber.

bb) Dividendenbesteuerung

16.191 **Inländische Dividenden**, die eine US-Kapitalgesellschaft von einer anderen US-Kapitalgesellschaft bezieht, sind aufgrund der sog. **Dividend Received Deduction** bei einer Beteiligungshöhe von

- bis zu 20 % in Höhe von 50 % steuerbefreit
- von mindestens 20 % in Höhe von 65 % steuerbefreit
- von mindestens 80 % vollständig steuerbefreit.

Ausländische Dividenden, die eine US-Kapitalgesellschaft von einer ausländischen Tochterkapitalgesellschaft erhält, sind bei einer Mindestbeteiligungsquote von 10 % und einer Mindesthaltedauer von 12 Monaten seit dem 1.1.2018 vollständig steuerbefreit[158].

cc) Besteuerung von Veräußerungsgewinnen

16.192 Gewinne aus der Veräußerung von in- und ausländischen Tochterkapitalgesellschaften unterliegen in den USA der **regulären Besteuerung**. Eine Veräußerungsgewinnbefreiung existiert nicht[159]. Jedoch besteht insbesondere bei ausländischen Tochtergesellschaften, die über nicht ausgeschüttete Gewinne (Earnings & Profits) verfügen, die Möglichkeit, dass der Veräußerungsgewinn (teilweise) in eine Dividende umqualifiziert wird mit der Folge, dass insoweit dann grundsätzlich die Dividendenbefreiung in Anspruch genommen werden kann.

---

155 Vgl. *Schönfeld/Zinowsky/Rieck*, IStR 2018, 127 (133 f.).
156 Vgl. Worldwide Corporate Tax Guide, Ernst & Young, S. 1819.
157 Vgl. *Ditsch/Meier-Holzgräbe* in Endres/Schreiber, Investitions- und Steuerstandort USA, S. 94.
158 Vgl. *Ditsch/Meier-Holzgräbe* in Endres/Schreiber, Investitions- und Steuerstandort USA, S. 75 f. und 94 ff.; *Linn*, DStR 2018, 321 (322, 323).
159 Vgl. Worldwide Corporate Tax Guide, Ernst & Young, S. 1817; *Linn*, DStR 2018, 321 (323).

dd) Besteuerung von Veräußerungsverlusten und Teilwertabschreibungen

Verluste aus der Veräußerung von in- und ausländischen Tochterkapitalgesellschaften und entsprechende Abschreibungen aufgrund von Wertminderungen sind grundsätzlich **steuerlich abzugsfähig**. Jedoch sind derartige Verluste nur mit entsprechenden Veräußerungsgewinnen und nicht mit laufenden Gewinnen ausgleichfähig. Ein zeitlich begrenzter Verlustvortrag und -rücktrag ist möglich[160]. 16.193

ee) Besteuerung von Zins- und Lizenzeinkünften

Zins- und Lizenzeinkünfte unterliegen grundsätzlich der regulären Besteuerung. Für ausländische Lizenzeinkünfte kommt allerdings eine begünstige Besteuerung nach dem sog. FDII-Regime in Betracht (siehe Rz. 16.187). 16.194

ff) Finanzierungsaufwendungen

Grundsätzlich ist für jedes Finanzierungsinstrument zu prüfen, ob es sich um **steuerliches Eigen- oder Fremdkapital** handelt. Hierbei sind u.a. folgende Kriterien zu berücksichtigen: Rückzahlung der Mittel zu einem fixen Termin oder auf Verlangen des Gläubigers, Rangstellung des Darlehens, Möglichkeit zur Wandlung in Eigenkapital, Eigen-/Fremdkapitalverhältnis beim Schuldner, etc.[161]. Liegt danach ein Fremdkapitalinstrument vor, so sind die Zinsaufwendungen grundsätzlich steuerlich abzugsfähig. 16.195

Darüber hinaus ist jedoch zu prüfen, ob der Zinsabzug durch die Regelungen zur Zinsabzugsbeschränkung versagt wird. Im Zuge der Trump Tax Reform wurden die bisherigen Vorschriften zur Gesellschafterfremdfinanzierung zum 1.1.2018 durch eine der deutschen Zinsschranke sehr ähnlichen Regelung ersetzt. 16.196

Danach ist zunächst der Nettozinsaufwand, d.h. Zinsaufwendungen abzüglich Zinserträge, zu bestimmen. Die Nettozinsaufwendungen sind nur in Höhe von 30 % des EBITDA abziehbar. Ab dem Jahr 2022 ist der Abzug auf 30 % des EBIT begrenzt, d.h. Abschreibungen können nicht mehr berücksichtigt werden. Nicht abziehbare Zinsaufwendungen können zeitlich unbegrenzt vorgetragen werden. Einen Vortrag von nicht genutzten EBITDA bzw. EBIT gibt es jedoch nicht.

Die bei der deutschen Zinsschranke bekannten Ausnahmen – 3 Mio. Euro Freigrenze, Konzernklausel und Escape-Klausel – gibt es in den USA nicht. Die Zinsabzugsbegrenzungen gelten aber nur für Unternehmen, deren Umsatz im Durchschnitt der letzten 3 Jahre USD 25 Mio. überschritten hat[162].

gg) Konsolidierte Besteuerung

Das US-Steuerrecht sieht für eine Gruppe verbundener US-Kapitalgesellschaften (Affiliated Group) das Wahlrecht vor, eine gemeinsame **konsolidierte Steuererklärung** abzugeben (Consolidated Return). Voraussetzung für das Vorliegen einer Affiliated Group ist, dass ein herrschendes Unternehmen (Common Parent) **mindestens 80 % der Stimmrechte und Kapitalanteile** an mindestens einer abhängigen Gesellschaft (Subsidiary) hält. Wird das Wahlrecht ausgeübt, sind alle Tochtergesellschaften, an denen die Beteiligungsvoraussetzungen erfüllt sind, in die Konsolidierung einzubeziehen. Die Konsolidierung besteht, bis die Gruppe aufgelöst wird oder ein wichtiger Grund (Good Cause) zur Auflösung der Gruppe vorgebracht wird. Die Notwendigkeit eines Ergebnisabführungsvertrages bzw. einer Ergebnisabführung besteht nicht. 16.197

Die Einkommen der Kapitalgesellschaften der Affiliated Group werden zusammengerechnet mit der Folge, dass Gewinne und Verluste verschiedener Gruppenmitglieder miteinander verrechnet werden 16.198

160 Vgl. *Ditsch/Meier-Holzgräbe* in Endres/Schreiber, Investitions- und Steuerstandort USA, S. 76 f.
161 Vgl. *Ditsch/Meier-Holzgräbe* in Endres/Schreiber, Investitions- und Steuerstandort USA, S. 91.
162 Vgl. *Linn*, DStR 2018, 321 (323); *Schönfeld/Zinowsky/Rieck*, IStR 2018, 127 (129).

können. Darüber hinaus werden auch – anders als bei der deutschen Organschaft – Gewinne und Verluste aus Transaktionen zwischen den Gruppenmitgliedern herauskonsolidiert. Verluste eines Gruppenmitglieds, welche vor Beitritt zur Gruppe entstanden sind (sog. Separate Return Limitation Year Losses), können nicht mit den Gewinnen der anderen Gruppenmitglieder, sondern nur mit Gewinnen der entsprechenden Gesellschaft verrechnet werden[163].

hh) Hinzurechnungsbesteuerung/CFC-Rules

16.199 Das US-Steuerrecht kennt umfangreiche Regelungen zur Hinzurechnungsbesteuerung. Die sog. CFC-Rules kommen zur Anwendung, wenn

- US-Anteilseigner **mehr als 50 % der Anteile an einer ausländischen Gesellschaft** halten,
- der **effektive Steuersatz der ausländischen Gesellschaft** unter 90 % des US-Steuersatzes von gegenwärtig 21 %, d.h. **unter 18,9 %** liegt, und
- die ausländische Gesellschaft bestimmte schädliche Einkünfte, sog. **Subpart F Income** (benannt nach dem entsprechenden Abschnitt im US-Steuergesetz) erzielt, z.B. bestimmte Dividenden-, Zins-, Lizenzeinkünfte, Einkünfte aus dem Handel oder Dienstleistungen mit nahestehenden Personen, etc.

16.200 Ähnlich der deutschen Hinzurechnungsbesteuerung gelten die entsprechenden Einkünfte **als an die US-Anteilseigner ausgeschüttet** und werden bei ihnen in die US-Besteuerung einbezogen (Subpart F Inclusion). Die Hinzurechnungsbesteuerung unterbleibt jedoch, wenn das Subpart F Income weniger als USD 1 Mio. bzw. 5 % des Einkommens der ausländischen Gesellschaft beträgt. Beträgt das Subpart F Income dagegen mehr als 70 % des Einkommens der ausländischen Gesellschaft, wird das gesamte Einkommen hinzugerechnet. Die Hinzurechnung ist jedoch stets auf den Betrag des ausschüttbaren Gewinns (Earnings & Profits) der ausländischen Gesellschaft beschränkt[164].

Neben der allgemeinen Hinzurechnungsbesteuerung, welche das sog. Subpart F Income ausländischer Tochtergesellschaften in den USA erfasst, tritt seit dem 1.1.2018 eine spezielle Form der Hinzurechnungsbesteuerung, welche sehr rentable Aktivitäten ausländischer Tochtergesellschaften besteuert (sog. Global Intangible Low-Taxed Income (GILTI)), hinzu.

Bei der Ermittlung des GILTI wird zunächst von einer gedachten Routinerendite von 10 % auf die qualifizierten materiellen Vermögenswerte der ausländischen Tochtergesellschaft ausgegangen (sog. „net deemed tangible income return“). Dass die Routinerendite übersteigende Einkommen wird pauschal um 50 % reduziert (ab 2026 um 37,5 % reduziert) und dem US-Körperschaftsteuersatz von 21 % unterworfen. Damit unterliegen die einer Rendite von 10 % übersteigenden Einkünfte ausländischer Tochtergesellschaften – unabhängig davon, ob diese aktiv oder passiv sind – einer effektiven globalen Mindeststeuer von 10,5 % bzw. von 13,125 % ab 2026.

Im Ausland gezahlte Steuern können in Höhe von 80 % auf die US-Körperschaftsteuer angerechnet werden. Damit kommt es bei einer steuerlichen Vorbelastung der Einkünfte im Ausland von 13,125 % bzw. 16,406 % ab 2026 zu keiner Effektivbelastung in den USA[165].

ii) Quellensteuern

16.201 Die USA erheben eine **30%ige Quellensteuer auf Dividenden, Zinsen und Lizenzen**, welche an nicht in den USA ansässige Steuerpflichtige gezahlt werden. Die Quellensteuer kann jedoch bei Anwendung eines DBA auf bis zu 0 % reduziert werden[166].

---

163 Vgl. *Ditsch/Meier-Holzgräbe* in Endres/Schreiber, Investitions- und Steuerstandort USA, S. 85 ff.; Worldwide Corporate Tax Guide, Ernst & Young, S. 1828.

164 Vgl. *Ditsch/Meier-Holzgräbe* in Endres/Schreiber, Investitions- und Steuerstandort USA, S. 107 ff.

165 Vgl. *Linn*, DStR 2018, 321 (325 f.); *Schönfeld/Zinowsky/Rieck*, IStR 2018, 127 (132 f.).

166 Vgl. Worldwide Corporate Tax Guide, Ernst & Young, S. 1825f.

jj) Kapitalverkehrsteuern

Die USA erheben auf Bundesebene sowie grundsätzlich auch auf Ebene der US-Einzelstaaten keine Kapitalverkehrsteuern. 16.202

kk) DBA-Netzwerk

Das US-DBA-Netzwerk umfasst 59 Doppelbesteuerungsabkommen[167]. 16.203

9. Hongkong

a) Rechtsformen

Die Rechtsform der Kapitalgesellschaft in Hongkong ist die der **Limited Company**. Liegt keine Börsennotierung vor wird sie als Private Limited Company, ansonsten als Public Limited Company bezeichnet. Es besteht **kein Mindestkapitalerfordernis**. Die Limited Company kann von nur einem Anteilseigner gehalten werden. 16.204

Die Geschäfte der Private Limited werden durch den **Director** geführt. Der **Secretary** kümmert sich um die administrativen Aufgaben der Gesellschaft und muss in Hongkong ansässig sein[168]. 16.205

b) Steuerliche Holdingparameter

aa) Einführung/Körperschaftsteuersystem

Der **Körperschaftsteuersatz** in Hongkong beträgt grundsätzlich **16,5 %**. Seit dem 1.4.2018 gilt ein zweistufiger Steuersatz. Gewinne bis 2 Mio. HKD werden mit einem Steuersatz von 8,25 % besteuert. Der übersteigende Betrag wird mit dem Regelsteuersatz 16,5 % besteuert. Besteuert wird jedoch, anders als international üblich, nicht das Welteinkommen der Hongkonger Kapitalgesellschaft, sondern nach dem Territorialprinzip nur das inländische Einkommen, welches aus Quellen in Hongkong stammt. Eine wirtschaftliche Doppelbesteuerung wird vermieden, indem die **Gewinne nur auf Ebene der Kapitalgesellschaft besteuert** und vom Anteilseigner empfangene Dividenden steuerfrei gestellt werden (sog. Double Taxation Avoidance System). 16.206

Kapitalgesellschaften müssen darüber hinaus eine 15%ige Real Property Tax auf Einkünfte aus inländischem Immobilien- bzw. Grundbesitz entrichten, welche von der Körperschaftssteuer abzugsfähig ist. Weitere kommunale Steuern oder Substanzsteuern werden nicht erhoben[169]. 16.207

bb) Dividendenbesteuerung

Vereinnahme inländische und ausländische Dividendenerträge **unterliegen nicht der Besteuerung**[170]. 16.208

cc) Besteuerung von Veräußerungsgewinnen

Gewinne aus der Veräußerung von Kapitalgesellschaften sind **steuerbefreit**[171]. Die Steuerbefreiung greift jedoch nicht, wenn die Absicht besteht, Gewinne durch Handel und Spekulation zu erzielen. 16.209

---

167 Vgl. Worldwide Corporate Tax Guide, Ernst & Young, S. 1831f.

168 Vgl. *Rothenburg/Tortoiseshell/Cardno* in Wegen/Spahlinger/Barth, Gesellschaftsrecht des Auslands, Rz. 12 ff.

169 Vgl. Worldwide Corporate Tax Guide, Ernst & Young, S. 657; IBFD, Hong Kong – Corporate Taxation – Country Tax Guides – 1.10.1 Income.

170 Vgl. *Bader*, IWB 19/2014, 732 (734); *Bader*, Steuergestaltung mit Holdinggesellschaften, S. 273.

171 Vgl. Worldwide Corporate Tax Guide, Ernst & Young, S. 659.

Hierbei wird unter anderem auf die Haltedauer, die Finanzierungsform, die Wiederholungsabsicht und Veräußerungsmotive abgestellt[172].

dd) Besteuerung von Veräußerungsverlusten und Teilwertabschreibungen

16.210 Korrespondierend zur Steuerfreistellung von Veräußerungsgewinnen sind Veräußerungsverluste und Teilwertabschreibungen von Beteiligungen **steuerlich nicht abzugsfähig**[173].

ee) Besteuerung von Zins- und Lizenzeinkünften

16.211 Zins- und Lizenzeinkünfte unterliegen in Hongkong der **regulären Besteuerung**. Aufgrund des Territorialprinzips gilt dies jedoch **nur für inländische Zins- und Lizenzeinkünfte aus Quellen in Hongkong**. Entsprechende ausländische Einkünfte werden in Hongkong steuerlich nicht erfasst[174]. Zu beachten ist jedoch, dass auch ausländische Lizenzeinkünfte der Besteuerung in Hong Kong unterliegen können, sofern gewisse Voraussetzungen (bspw. Ort der Entscheidung und rechtliche Abwicklung der Lizenzvergabe liegen in Hongkong) gegeben sind. Dies gilt es bei Vertragsgestaltung im Voraus zu beachten[175]. Darüber hinaus bestehen steuerliche Anreize für Forschung und Entwicklung[176].

ff) Finanzierungsaufwendungen

16.212 Der **Abzug** von Finanzierungsaufwendungen ist in Hongkong **steuerlich begrenzt**. Zinszahlungen sind grundsätzlich nur dann abzugsfähig, wenn der Empfänger in Hongkong steuerpflichtig oder es sich beim Empfänger um ein in- oder ausländisches Finanzinstitut handelt. Zinsaufwendungen im Zusammenhang mit steuerfreien Einkünften, wie z.B. Dividenden, sind darüber hinaus generell nicht abzugsfähig. Spezielle Regelungen zur Begrenzung der Gesellschafterfremdfinanzierung existieren dagegen nicht[177].

gg) Konsolidierte Besteuerung

16.213 Das Hongkonger Steuerrecht kennt weder eine Gruppenbesteuerung, noch die Möglichkeit, Verluste innerhalb der Gruppe zu verrechnen[178].

hh) Hinzurechnungsbesteuerung/CFC-Rules

16.214 Eine Hinzurechnungsbesteuerung gibt es in Hongkong nicht[179].

ii) Quellensteuern

16.215 Hongkong erhebt generell **keine Quellensteuern auf Dividenden und Zinszahlungen**. Bei Lizenzen ist dagegen zwischen Zahlungen an in- und ausländische Lizenzgeber zu unterscheiden. Zahlungen an **inländische Lizenzgeber** unterliegen **keiner Quellensteuer**. Auf Zahlungen an **ausländische Li-**

---

172 Vgl. *Bader*, IWB 19/2014, 732 (735); *Lehnen/Bley*, IStR 2012, 531 (531 f.); *Bader*, Steuergestaltung mit Holdinggesellschaften, S. 276.
173 Vgl. *Bader*, IWB 19/2014, 732 (735); Worldwide Corporate Tax Guide, Ernst & Young, S. 659.
174 Vgl. *Bader*, IWB 19/2014, 732 (733).
175 Vgl. *Bader*, Steuergestaltung mit Holdinggesellschaften, S. 274.
176 Vgl. *Lehnen/Bley*, IStR 2012, 531 (535).
177 Vgl. *Bader*, IWB 19/2014, 732 (735); Worldwide Corporate Tax Guide, Ernst & Young, S. 663 f.; *Bader*, Steuergestaltung mit Holdinggesellschaften, S. 277.
178 Vgl. *Bader*, IWB 19/2014, 732 (735); Worldwide Corporate Tax Guide, Ernst & Young, S. 661.
179 Vgl. *Bader*, IWB 19/2014, 732 (736).

zenzgeber wird dagegen eine **Quellensteuer erhoben**. Ist ein Empfänger der Lizenzzahlung ein verbundenes Unternehmen, beträgt die Quellensteuer 16,5 %. Handelt es sich dagegen nicht um ein verbundenes Unternehmen, unterliegen nur 30 % der Lizenzzahlung dem Steuersatz von 16,5 %, woraus ein effektiver Quellensteuersatz von 4,95 % resultiert[180].

jj) Kapitalverkehrsteuern

Hongkong erhebt eine **Stamp Duty auf die Übertragung von Gesellschaftsanteilen** in Höhe von 0,2 % des Kaufpreises bzw. des Marktwertes[181]. Konzerninterne Übertragungen können jedoch unter bestimmten Voraussetzungen ausgenommen sein[182]. 16.216

kk) DBA-Netzwerk

Für Hongkong als Sonderverwaltungszone gelten die von der Volksrepublik China abgeschlossenen DBAs nicht. Hongkong hat jedoch inzwischen 40 eigene DBAs abgeschlossen[183]. Weitere DBAs, unter anderem mit Deutschland, sind in Verhandlung. 16.217

10. Singapur

a) Rechtsformen

Die Rechtsform der Kapitalgesellschaft in Singapur ist die **Limited Company**. Es wird zwischen der nicht börsennotierten Private Limited Company und der börsennotierten Public Limited Company unterschieden. Die Anzahl der Gesellschafter der Private Limited Company ist auf 50 begrenzt, bei der Public Limited Company gibt es keine derartige Beschränkung. Eine Private Limited Company kann mit **nur einem Gesellschafter** gegründet werden. Ein **Mindestkapitalerfordernis** beträgt 1 SGD. 16.218

Die Geschäftsführung und Vertretung der Gesellschaft wird durch das **Board of Directors** wahrgenommen. Das Board of Directors wird durch die **Gesellschafterversammlung** (General Meeting) bestellt. 16.219

Die Gründung einer Limited Company ist einfach und schnell durchführbar. Der Gesellschaftsvertrag muss mit weiteren Informationen beim Registrar eingereicht und eine Registergebühr entrichtet werden. Mit Eintragung ist die Gesellschaft gegründet und rechtsfähig[184]. 16.220

b) Steuerliche Holdingparameter

aa) Einführung/Körperschaftsteuersystem

Der **Körperschaftsteuersatz** in Singapur beträgt **17 %**. Singapur wendet – wie Hongkong – nicht das Welteinkommensprinzip, sondern das **Territorialprinzip** an und besteuert nur inländische Einkünfte aus Quellen in Singapur. Im Gegensatz zu Hongkong werden jedoch darüber hinaus auch Einkünfte in die Besteuerung einbezogen, die nach Singapur zugeflossen sind[185]. Zur Förderung Singapurs als Wirtschaftsstandort bestehen für Investitionen in Singapur zahlreiche **Steueranreize**, wie z.B. zeitliche Steuerbefreiungen, Verminderungen des Steuersatzes, Ausnahme von Einkünften beim steuerpflichtigen Einkommen oder Gewährung besonderer Betriebsausgaben[186]. 16.221

---

180 Vgl. *Bader*, IWB 19/2014, 732 (734); *Lehnen/Bley*, IStR 2012, 531 (532).
181 Vgl. *Bader*, IWB 19/2014, 732 (734).
182 Vgl. *Lehnen/Bley*, IStR 2012, 531 (532).
183 Vgl. Worldwide Corporate Tax Guide, Ernst & Young, S. 665 f.
184 Vgl. *Barth/Yee* in Wegen/Spahlinger/Barth, Gesellschaftsrecht des Auslands, Rz. 2 ff.
185 Vgl. *Lehnen/Bley*, IStR 2012, 531 (531); *Bader*, Steuergestaltung mit Holdinggesellschaften, S. 297.
186 Vgl. *Dörrfuß* in Debatin/Wassermeyer, DBA Singapur, ANHANG Überblick über das Steuerrecht Singapurs, Rz. 38; Worldwide Corporate Tax Guide, Ernst & Young, S. 1492 ff.

16.222 Das Körperschaftsteuersystem ist ein sog. **einstufiges Körperschaftsteuersystem**, bei dem die Besteuerung abschließend auf Ebene der Körperschaft mit Körperschaftsteuer stattfindet. Ausgeschüttete Gewinne unterliegen beim Empfänger keiner weiteren Besteuerung[187].

bb) Dividendenbesteuerung

16.223 **Inländische Dividenden**, die eine Körperschaft von einer anderen Körperschaft in Singapur empfängt, sind aufgrund des einstufigen Körperschaftsteuersystems generell von der Steuer **befreit**[188]. Dividenden von **ausländischen Körperschaften** sind grundsätzlich vollständig körperschaftsteuerpflichtig, wobei die im Ausland gezahlte Steuer auf die Körperschaftsteuer in Singapur angerechnet werden kann. Alternativ dazu sind auch ausländische Dividenden von der Körperschaftsteuer befreit, wenn der Höchstsatz der ausländischen Körperschaftsteuer mindestens 15 % beträgt, die Gewinne der ausländischen Körperschaft im Ausland der Besteuerung unterlegen haben (kein Mindeststeuersatz erforderlich) und die Steuerbehörden davon überzeugt sind, dass die Steuerbefreiung zum Vorteil des Steuerpflichtigen ist[189].

cc) Besteuerung von Veräußerungsgewinnen

16.224 Gewinne aus der Veräußerung von Beteiligungen sind in Singapur **grundsätzlich steuerbefreit**. Die Steuerbefreiung greift jedoch – wie in Hongkong – nicht, wenn die Absicht besteht, Gewinne durch Handel und Spekulation zu erzielen. Die Steuerbefreiung soll jedoch nach einer Gesetzesklarstellung stets gelten, wenn die veräußerte Beteiligung in den vergangenen 24 Monaten zu mindestens 20 % gehalten wurde. Die Gesetzesklarstellung galt allerdings zunächst nur vom 1.6.2012 bis zum 31.5. 2017[190], wurde aber bis 31.5.2022 verlängert[191].

dd) Besteuerung von Veräußerungsverlusten und Teilwertabschreibungen

16.225 Spiegelbildlich zur grundsätzlichen Befreiung von Veräußerungsgewinnen, sind entsprechende Verluste im Zusammenhang mit Beteiligungen **nicht abzugsfähig**[192].

ee) Besteuerung von Zins- und Lizenzeinkünften

16.226 Zins- und Lizenzeinkünfte unterliegen der **regulären Besteuerung** in Singapur[193]. Aufgrund des Territorialsystems werden jedoch nur Zinsen und Lizenzen aus inländischen Quellen bzw. nach Singapur zugeflossene Zinsen und Lizenzen erfasst. Für Forschungs- und Entwicklungstätigkeiten bestehen umfangreiche steuerliche Vergünstigungen[194]. Hiervon erfasst sind auch Erlöse aus dem Verkauf von Produkten und der Nutzung von Verfahren, die direkt mit dem geistigen Eigentumswert zusammenhängen[195].

ff) Finanzierungsaufwendungen

16.227 Zinsaufwendungen für die Fremdfinanzierung des Erwerbs von Beteiligungen sind grundsätzlich steuerlich abzugsfähig. Der Abzug wird jedoch versagt, wenn aus der Beteiligung tatsächlich keine

---

187 Vgl. *Weidlich*, IStR 2003, 805 (807).
188 Vgl. Worldwide Corporate Tax 2019 Guide, Ernst & Young, S. 1492.
189 Vgl. *Bader*, Steuergestaltung mit Holdinggesellschaften, S. 297.
190 Vgl. *Lehnen/Bley*, IStR 2012, 531 (531 f.).
191 Vgl. IBFD, Singapore – Corporate Taxation – Country Tax Guides – 1.7. Capital gains.
192 Vgl. IBFD, Singapore – Corporate Taxation – Country Tax Guides – 1.8.2. Capital losses.
193 Vgl. *Dörrfuß* in Debatin/Wassermeyer, DBA Singapur, ANHANG Überblick über das Steuerrecht Singapurs, Rz. 28.
194 Vgl. Worldwide Corporate Tax Guide, Ernst & Young, S. 1492 ff.; *Lehnen/Bley*, IStR 2012, 531 (534).
195 Vgl. *Bader*, Steuergestaltung mit Holdinggesellschaften, S. 301.

Einkünfte, wie z.B. Dividenden, generiert werden. Darüber hinaus sind Aufwendungen nicht abzugsfähig, welche dazu dienen, ausländische Einkünfte zu generieren, die in Singapur aufgrund des Territorialsystems steuerlich nicht in erfasst werden[196]. Steuerliche Regelungen zur Begrenzung des Zinsabzugs durch spezifische Eigen-/Fremdkapitalverhältnis-Vorschriften existieren dagegen nicht[197].

gg) Konsolidierte Besteuerung

Das Steuersystem Singapurs kennt keine vollständige steuerliche Konsolidierung. Jedoch besteht ähnlich wie in Großbritannien ein sog. **Group Relief System**, wonach Verluste innerhalb einer Gruppe übertragen werden können. Eine Gruppe besteht aus singapurischen Kapitalgesellschaften, zwischen denen ein mindestens 75%igen Beteiligungsverhältnis vorliegt. Innerhalb der Gruppe können **laufende Verluste** (nicht jedoch Verlustvorträge), **Investitionsabschreibungen** und **Spendenabzüge übertragen** werden. Ausländische Verluste, welche in Singapur aufgrund des Territorialprinzips steuerlich nicht von Bedeutung sind, können nicht transferiert werden[198]. 16.228

hh) Hinzurechnungsbesteuerung/CFC-Rules

In Singapur gibt es keine Hinzurechnungsbesteuerung. 16.229

ii) Quellensteuern

Singapur erhebt keine Quellensteuer auf Dividenden[199]. Auf Zinszahlungen wird eine 15%ige und auf Lizenzzahlungen eine 10%ige Quellensteuer erhoben, sofern der Empfänger nicht in Singapur ansässig ist[200]. 16.230

jj) Kapitalverkehrsteuern

In Singapur wird eine **Stamp Duty auf die Übertragung von Gesellschaftsanteilen** in Höhe von 0,2 % des Werts erhoben. Konzerninterne Übertragungen können jedoch unter bestimmten Voraussetzungen ausgenommen sein[201]. 16.231

kk) DBA-Netzwerk

Singapur hat Doppelbesteuerungsabkommen mit 85 Staaten abgeschlossen[202]. Zu beachten ist, dass viele Doppelbesteuerungsabkommen eine sogenannte Überweisungsklausel vorsehen (beispielsweise Art. 22 DBA Deutschland-Singapur). Hiernach ist der Quellenstaat nur zur Steuerbefreiung oder-ermäßigung aufgrund des Abkommen verpflichtet, soweit die Einkünfte tatsächlich nach Singapur überwiesen werden[203]. 16.232

---

196 Vgl. Worldwide Corporate Tax Guide, Ernst & Young, S. 1494 f.
197 Vgl. Worldwide Corporate Tax Guide, Ernst & Young, S. 1498.
198 Vgl. Ausländische Geschäftsaktivitäten in Singapur, Ernst & Young, Luther, S. 116 f.; Worldwide Corporate Tax Guide, Ernst & Young, S. 1497.
199 Vgl. Worldwide Corporate Tax Guide, Ernst & Young, S. 1494.
200 Vgl. Worldwide Corporate Tax Guide, Ernst & Young, S. 1500 f.; *Lehnen/Bley*, IStR 2012, 531 (531 f.).
201 Vgl. *Lehnen/Bley*, IStR 2012, 531 (532).
202 Vgl. Worldwide Corporate Tax Guide, Ernst & Young, S. 1500 ff.
203 Vgl. *Dörrfuß* in Debatin/Wassermeyer, DBA Singapur, Art. 22, Rz. 5 ff.

§ 17 Holding-SE

I. Europäische Gesellschaft (SE) als eigene Rechtsform . . . 17.1
1. Rechtsgrundlagen . . . 17.1
2. Vorteile der SE . . . 17.4
3. Die SE als Holding . . . 17.9

II. Gründung einer Holding-SE . . . 17.10
1. Varianten der Gründung einer SE . 17.10
2. Gründung einer deutschen Holding-SE . . . 17.14
a) Gründungsplan . . . 17.15
aa) Angaben gem. Art. 20 Abs. 1 lit. a–c, f–i SE-VO . . . 17.16
(1) Überblick . . . 17.16
(2) Höhe möglicher Ausgleichsleistungen . . . 17.17
(3) Einzelheiten der Übertragung der Aktien der SE . . . 17.18
(4) Festlegung des Grundkapitals in der Satzung der SE . . . 17.19
bb) Mindestprozentsatz der einzubringenden Anteile . . . 17.20
cc) Gründungsbericht der Leitungsorgane . . . 17.21
dd) Abfindungsangebot . . . 17.33
ee) Form des Gründungsplans . . . 17.34
b) Offenlegung des Gründungsplans . . 17.35
c) Prüfung durch unabhängige Sachverständige . . . 17.36
aa) Bestellung der Prüfer . . . 17.37
bb) Gegenstand der Prüfung . . . 17.38
cc) Prüfungsbericht . . . 17.41
d) Beteiligung der Arbeitnehmer . . . 17.42
aa) Einsetzung eines besonderen Verhandlungsgremiums . . . 17.43
bb) Inhalt einer Vereinbarung zur Mitbestimmung . . . 17.45
cc) Auffangregelung für die Mitbestimmung . . . 17.47
e) Zustimmung der Gründungsgesellschaften . . . 17.49
aa) Vorbereitung der Haupt- bzw. Gesellschafterversammlung . . . 17.49
bb) Durchführung der Haupt- bzw. Gesellschafterversammlung . . . 17.52
cc) Zustimmung zum Gründungsplan . . . 17.53
dd) Vorbehalt der Haupt- bzw. Gesellschafterversammlung . . . 17.57
f) Einbringung der Anteile der Gründungsgesellschaften . . . 17.58
aa) Überblick . . . 17.58
bb) Einbringungswahlrecht . . . 17.59
cc) Einbringungsverfahren . . . 17.60
(1) Phase 1 („Mindestquotenphase“) . . . 17.60
(2) Offenlegung (Art. 33 Abs. 3 SE-VO) . . . 17.64
(3) Phase 2 („Zaunkönigphase“) . . 17.65
g) Gründung nach §§ 32 ff. AktG . . . 17.67
aa) Bestellung der Organe und des Abschlussprüfers . . . 17.68
bb) Gründungsbericht . . . 17.70
cc) Gründungsprüfung . . . 17.75
dd) Prüfung durch das Registergericht . . . 17.77

III. Klagen gegen den Zustimmungsbeschluss zum Gründungsplan . . . 17.81
1. Bedeutung für die Eintragung im Handelsregister . . . 17.81
2. Klageausschluss und Spruchverfahren in bestimmten Fällen . . . 17.84
a) Fehlerhaftes Abfindungsangebot . . . 17.85
b) Nicht angemessenes Umtauschverhältnis . . . 17.88

IV. Pflichtangebot nach WpÜG? . . . 17.91

V. Konzernrecht der SE . . . 17.95

Literaturübersicht: *Bayer*, Die Gründung einer Europäischen Gesellschaft mit Sitz in Deutschland, in Lutter/Hommelhoff (Hrsg.), Die Europäische Gesellschaft, 2005; *Blonke*, Das Statut der Europäischen Aktiengesellschaft (Societas Europaea, „SE“), ZGR 2002, 20; *Brandt/Scheifele*, Die Europäische Aktiengesellschaft, DStR 2002, 547; DAV: Stellungnahme zum Diskussionsentwurf eines Gesetzes zur Ausführung der Verordnung (EG) Nr. 2157/2001 des Rates vom 8.10.2001 über das Statut der Europäischen Gesellschaft (SE) (SE-Ausführungsgesetz – SEAG), NZG 2004, 75; *Ebert*, Das anwendbare Konzernrecht der Europäischen Aktiengesellschaft, BB 2003, 1854; *Eidenmüller/Engert/Hornuf*, Die Societas Europaea: Empirische Bestandsaufnahme und Entwicklungslinien einer neuen Rechtsform, AG 2008, 721; *Göz*, Beschlussmängelklagen bei der Societas Europaea (SE), ZGR 2008, 593; *Haarmann*, Gesellschafts- und Zivilrecht bei Holdingsstrukturen, WPg-Sonderheft 2003, S 75; *Habersack*, Das Konzernrecht der „deutschen“ SE, ZGR 2003, 724; *Habersack/Drinhausen*, SE-Recht, 2013; *Heckschen*, Die Europäische AG aus notarieller Sicht, DNotZ 2003, 251; *Heinze*, Die Europäische Aktiengesellschaft, ZGR 2002, 66; *Henssler*, Unternehmerische Mitbestimmung in der Societas Europaea, FS Ulmer, 2003, S.193; *Hirte*, Die Europäische Aktiengesellschaft, NZG 2002, 1; *Hommelhoff*, Zum Konzernrecht der Europäischen Aktiengesellschaft, AG 2003, 179; *van Hulle/Maul/Drinhausen*, Handbuch zur Europäischen Gesellschaft (SE), 2007; *Ihrig/Wagner*, Das Gesetz zur Einführung der Europäischen Gesellschaft (SEEG) auf der Zielgeraden, BB 2004, 1749; *Jaecks/Schönborn*, Die Europäische Aktiengesellschaft, das Internationale und das deutsche Konzernrecht, RIW 2003, 254; *Kallmeyer*, Das monistische System in der SE mit Sitz in Deutschland, ZIP 2003, 1531; *Kalss*, Der Minderheitenschutz bei Gründung und Sitzverlegung der SE nach dem Diskussionsentwurf, ZGR 2003, 593; *Koke*, Die Finanzverfassung der Europäischen Aktiengesellschaft mit Sitz in Deutschland, 2005; *Köstler*, Die Mitbestimmung in der SE, ZGR 2003, 800; *Kraushaar*, Europäische Aktiengesellschaft (SE) und Unternehmensmitbestimmung, BB 2003, 1614; *Lächler*, Das Konzernrecht der Europäischen Gesellschaft, 2007; *Marsch-Barner*, Zur monistischen Führungsstruktur einer deutschen Europäischen Gesellschaft (SE), GS U. Bosch, 2006, S. 99; *Lutter/Bayer/J. Schmidt*, Europäisches Unternehmens- und Kapitalmarktrecht, 6. Aufl. 2018; *Lutter/Hommelhoff/Teichmann* (Hrsg.), SE-Kommentar, 2. Aufl. 2015; *Maul*, Konzernrecht der „deutschen" SE – Ausgewählte Fragen zum Vertragskonzern und den faktischen Unternehmensverbindungen, ZGR 2003, 743; *Merkt*, Die monistische Unternehmensverfassung für die Europäische Aktiengesellschaft aus deutscher Sicht, ZGR 2003, 650; *Neye/Teichmann*, Der Entwurf für das Ausführungsgesetz zur Europäischen Aktiengesellschaft, AG 2003, 169; *Reichert/Brandes*, Mitbestimmung der Arbeitnehmer in der SE: Gestaltungsfreiheit und Bestandsschutz, ZGR 2003, 767; *Scheifele*, Die Gründung der Europäischen Aktiengesellschaft (SE), 2004; *J. Schmidt*, „Deutsche" vs. „britische" Societas Europaea (SE), 2006; *Schwarz*, Zum Statut der Europäischen Aktiengesellschaft, ZIP 2001, 1847; *Spitzbart*, Die Europäische Aktiengesellschaft (Societas Europaea – SE) – Aufbau und Gründung, RNotZ 2006, 369; *Teichmann*, Die Einführung der Europäischen Aktiengesellschaft, ZGR 2002, 383; *Teichmann*, Vorschläge für das Deutsche Ausführungsgesetz zur Europäischen Aktiengesellschaft, ZIP 2002, 1109; *Teichmann*, Gestaltungsfreiheit im monistischen Leitungssystem der Europäischen Aktiengesellschaft, BB 2004, 53; *Teichmann*, Austrittsrecht und Pflichtangebot bei Gründung einer Europäischen Aktiengesellschaft, AG 2004, 67; *Teichmann*, Minderheitenschutz bei Gründung und Sitzverlegung der SE, ZGR 2003, 367; *Theisen/Wenz* (Hrsg.), Die Europäische Aktiengesellschaft, 2. Aufl. 2005; *Theißen*, Die Gründung einer Holdinggesellschaft de lege ferenda, 2000; *Thoma/Leuering*, Die Europäische Aktiengesellschaft – Societas Europaea, NJW 2002, 1449; *Veil*, Das Konzernrecht der Europäischen Aktiengesellschaft, WM 2003, 2169; *J. Vetter*, Minderheitenschutz bei der Gründung einer Europäischen Gesellschaft, in Lutter/Hommelhoff (Hrsg.), Die Europäische Gesellschaft, 2005; *Vossius*, Gründung und Umwandlung der deutschen Europäischen Gesellschaft (SE), ZIP 2005, 741; *Wagner*, Die Bestimmung des auf die SE anwendbaren Rechts, NZG 2002, 985; *Witten*, Minderheitenschutz bei Gründung und Sitzverlegung der Europäischen Aktiengesellschaft (SE), 2011.

I. Europäische Gesellschaft (SE) als eigene Rechtsform

1. Rechtsgrundlagen

Am 8.10.2001 wurde die **Verordnung** über das **Statut der Europäischen Gesellschaft** (Societas Europaea – SE)[1] (SE-VO) und die dazugehörige **Richtlinie über die Beteiligung der Arbeitnehmer** (SE-RL)[2] verabschiedet. Damit war es nach jahrzehntelangen Bemühungen endlich gelungen, die SE als europäische Rechtsform zu etablieren. Die SE-VO ist am 8.10.2004 in Kraft getreten; am gleichen Tag lief die Umsetzungsfrist für die SE-RL ab[3]. Die Anpassung des deutschen Rechts erfolgte durch das Gesetz zur Ausführung der SE-VO (SE-Ausführungsgesetz – SEAG). Mit dem Gesetz über die Beteiligung der Arbeitnehmer in einer Europäischen Gesellschaft (SE-Beteiligungsgesetz – SEBG) wurde die SE-Richtlinie in deutsches Recht umgesetzt. Beide Gesetze traten als Teile des Gesetzes zur Einführung der SE (SEEG)[4] am 29.12.2004 in Kraft. 17.1

Gegenstand der **SE-VO** sind die **gesellschaftsrechtlichen Fragen**. Von diesen Fragen sind in der SE-VO selbst aber nur einige Aspekte wie Gründung, Unternehmensverfassung und Sitzverlegung ge- 17.2

1 Verordnung (EG) Nr. 2157/2001 v. 8.10.2001, ABl. EG Nr. L 294 v. 10.11.2001, S. 1.
2 Richtlinie 2001/86/EG des Rates v. 8.10.2001, ABl. EG Nr. L 294 v. 10.11.2001, S. 22.
3 Art. 70 SE-VO, Art. 14 Abs. 1 SE-RL.
4 Gesetz zur Einführung der Europäischen Gesellschaft (SEEG) v. 22.12.2004, BGBl. I 2004, 3675.

regelt. Im Übrigen wird auf das Aktienrecht des jeweiligen Sitzmitgliedstaates verwiesen[5]. Neben der Generalverweisungsnorm des Art. 9 SE-VO findet sich in der SE-VO eine Vielzahl von Spezialverweisungen. Ferner enthält die SE-VO auch zahlreiche Regelungsermächtigungen und -verpflichtungen für die Mitgliedstaaten zur Schaffung SE-spezifischer Regelungen; dies betrifft etwa den Minderheitenschutz bei der Gründung sowie die Ausgestaltung des Führungssystems[6]. Im Ergebnis weist die SE trotz ihrer europarechtlichen Verankerung ein je nach Mitgliedstaat u.U. sehr unterschiedliches Erscheinungsbild auf: Letztlich gibt es gar nicht *die* SE, sondern genauso viele Formen der SE, wie Mitgliedstaaten, in denen die SE-VO und SE-RL gelten[7].

17.3 Die **SE-RL**, die in Deutschland durch das SEBG umgesetzt wurde, regelt die **Beteiligung der Arbeitnehmer**[8]. Sie basiert auf dem Vorrang von Verhandlungen und einem subsidiären Auffangmodell; tragender Grundsatz für den Grad der Arbeitnehmermitbestimmung ist dabei das „Vorher-Nachher-Prinzip“[9]. Zum Zweck der Verhandlungen ist auf Arbeitnehmerseite ein sog. Besonderes Verhandlungsgremium (BVG) zu bilden (Art. 3 Abs. 2 SE-RL/§§ 5 ff. SEBG). Dieses verhandelt dann mit den Leitungen der Gründungsgesellschaften über den Abschluss einer Beteiligungsvereinbarung. Kommt keine Vereinbarung zustande, so greift eine Auffanglösung (Anhang SE-RL/§§ 22 ff., 34 ff. SEBG). Dann ist ein SE-Betriebsrat zu bilden; abhängig von der Gründungsvariante und dem Grad der vorher bestehenden Mitbestimmung gilt dann zudem ggf. auch für die SE eine Form der Mitbestimmung.

2. Vorteile der SE

17.4 Die SE ist damit eine Rechtsform für **grenzüberschreitende Unternehmensverbindungen in der EU.** In dieser Funktion soll sie zu niedrigeren Verwaltungskosten sowie zu einer Vereinheitlichung der Organisationsstruktur, der Geschäftsführung und des Berichtssystems führen[10]. Durch die Wahl des Sitzes der SE kann auch eine bestimmte Rechtsordnung ausgesucht werden. Erkauft wird dies allerdings durch ein komplexes Regelwerk, dessen Anwendung erhebliche Rechtsberatung erfordert. Unabhängig von den dadurch entstehenden Kosten bietet sich die SE jedoch als Holding oder Zwischenholding für Unternehmensverbindungen an, die ihre wirtschaftliche Verankerung in der EU durch die europäische Rechtsform der SE zum Ausdruck bringen wollen. Auch bei grenzüberschreitenden Fusionen innerhalb der EU kann die SE hilfreich sein, weil sie trotz ihres notwendigen Sitzes in einem Mitgliedstaat und der Anlehnung an das nationale Aktienrecht eine supranationale Rechtsform darstellt[11].

17.5 Ein Vorteil der SE ist, dass sie ihren **Sitz** innerhalb des gesamten EU- und EWR-Raums **verlegen** kann (Art. 8 SE-VO). Sie besitzt damit grenzüberschreitende Mobilität. Dieser Aspekt war insbesondere vor der Anerkennung eines grenzüberschreitenden Formwechsels durch den EuGH[12] ein entscheidender Vorzug der SE. Nach Umsetzung des durch die MobilRL[13] eingeführten neuen Titel II

---

5 Überblick zur Verweisungssystematik der SE-VO bei *Lutter/Bayer/J. Schmidt*, EuropUR, 45.25 ff. m.w.N.

6 Vgl. Art. 39 Abs. 5 und 43 Abs. 4 SE-VO.

7 *Lutter/Bayer/J. Schmidt*, EuropUR, 45.22.

8 Überblick bei *Lutter/Bayer/J. Schmidt*, EuropUR, 45.186 ff. m.w.N.

9 *Lutter/Bayer/J. Schmidt*, EuropUR, 45.186.

10 *Monti*, WM 1997, 607.

11 Vgl. den Zusammenschluss zwischen der deutschen Hoechst AG und der französischen Rhone-Poulenc S.A. zur Aventis S.A., bei dem an eine spätere Umwandlung in eine SE gedacht war, s. dazu *Hoffmann*, NZG 1999, 1077 (1083).

12 Grundlegend: EuGH v. 12.7.2012 – C-378/10, ECLI:EU:C:2012:440 – *VALE*; EuGH v. 25.10.2017 – C-106/16, ECLI:EU:C:2017:804 – *Polbud*, ZIP 2017, 1319.

13 Richtlinie (EU) 2019/2121 des EP und des Rates v. 27.11.2019 zur Änderung der Richtlinie (EU) 2017/1132 in Bezug auf grenzüberschreitende Umwandlungen, Verschmelzungen und Spaltungen, ABl. EU Nr. L 321 v. 12.12.2019, S. 1.

Kapitel-I GesRRL[14], der allen EU-Kapitalgesellschaften einen grenzüberschreitenden Formwechsel auf der Basis eines klaren EU-Rechtsrahmens ermöglicht, wird die SE insofern allerdings plötzlich im Nachteil sein: Denn Titel II Kapitel -I GesRRL gestattet auch die isolierte Satzungssitzverlegung (vgl. Art. 86b Nr. 2 GesRRL), während bei der SE nur eine gleichzeitige Verlegung von Satzungs- und Verwaltungssitz zulässig ist (vgl. Art. 7 Satz 1, 8 Abs. 1, 64 SE-VO).

Ein weiterer Vorteil der SE ist, dass sie hinsichtlich der **Führungsstruktur** flexibler als die deutsche AG ist. So kann eine SE zwischen einem dualistischen System aus Leitungs- und Aufsichtsorgan und einer monistischen Struktur mit einem einheitlichen Verwaltungsorgan wählen (vgl. Art. 38 SE-VO). Diese Wahlmöglichkeit stellt aus der Sicht des deutschen Rechts eine bedeutende Erweiterung der Gestaltungsmöglichkeiten dar. 17.6

Nach Angaben von ETUI gab es am 7.12.2019 im **EU-/EWR-Raum** insgesamt **3273 SE**[15]. Die größte Anzahl davon entfällt auf die Tschechische Republik (2195 SE/67,1 %), gefolgt von Deutschland (628 SE/19,2 %), der Slowakei (161 SE/4,9 %) und Frankreich (40 SE/1,2 %). Die meisten SE wurden als Tochter-SE gegründet; die Gründung einer SE als Holding machte dagegen nur 0,4 % der Gründungen aus[16]. Dabei überwiegt europaweit das dualistische Führungssystem das monistische System bei Weitem. 17.7

In **Deutschland** überwiegt ebenfalls das dualistische System. Die bekanntesten deutschen SE sind die Allianz SE, BASF SE, MAN SE, E.ON SE, Porsche Automobil Holding SE und SAP SE. Alle diese Gesellschaften werden durch Leitungs- und Aufsichtsorgan geführt. Die monistische Form findet sich vorwiegend bei kleineren Gesellschaften. Zu den bekannteren monistisch organisierten SE gehört die Deichmann SE (die allerdings nicht mitbestimmt ist). Die mitbestimmte PUMA SE war ursprünglich monistisch strukturiert, 2018 erfolgte jedoch ein Wechsel ins dualistische System. 17.8

3. Die SE als Holding

Bezeichnet sich eine SE als Holding, so kann damit eine Gesellschaft gemeint sein, die nach den Bestimmungen der Art. 2 Abs. 2, Art. 32 ff. SE-VO als Holding-SE gegründet worden ist und deshalb den Holding-Zusatz in ihre Firma aufgenommen hat. Solche Fälle sind allerdings selten, da die meisten SE auf anderem Wege gegründet werden (dazu Rz. 17.7 und 17.10). Doch auch eine anders gegründete SE kann die Funktion einer Holding wahrnehmen und deshalb den Holding-Zusatz in ihrer Firma tragen. Ein Beispiel dafür ist die Porsche Automobil Holding SE, die aus der Umwandlung einer AG entstanden ist. Der Holding-Zusatz verweist dann nicht auf die Art der Gründung, sondern auf die Funktion der Gesellschaft. Entsprechend dieser unterschiedlichen Blickrichtung wird in der folgenden Darstellung zwischen der Gründung einer Holding-SE (II, Rz. 17.10 ff.) und den rechtlichen Besonderheiten unterschieden, die sich dann ergeben, wenn eine SE die Funktion einer verwaltenden oder geschäftsleitenden Holding ausübt (V, Rz. 17.95 f.). Dabei spielt es keine Rolle, wie diese SE gegründet wurde und ob in der Firma auf ihre Funktion hingewiesen wird. 17.9

14 Richtlinie (EU) 2017/1132 des EP und des Rates v. 14.6.2017 über bestimmte Aspekte des Gesellschaftsrechts (Kodifizierter Text), ABl. EU Nr. L 169 v. 30.6.2017, S. 46.

15 European Company Data Base (ECDB) (http://ecdb.worker-participation.eu).

16 Andere Quellen sprechen von einem Gesamtanteil von 3 % oder 4 %; vgl. die Angaben bei *Scholz* in Habersack/Drinhausen, SE-Recht, Art. 32 SE-VO Rz. 33; vgl. auch die Angaben bei *Eidenmüller/Engert/Hornuf*, AG 2008, 721 (729).

II. Gründung einer Holding-SE

1. Varianten der Gründung einer SE

17.10 Ein wesentliches Charakteristikum der SE-VO ist der historisch-politisch bedingte ***numerus clausus***[17] von Gründungsvarianten, bestehend aus vier primären Gründungsvarianten – **Verschmelzung** (Art. 2 Abs. 1, Art. 17–31 SE-VO), **Holding-SE** (Art. 2 Abs. 2, Art. 32–34 SE-VO), **Tochter-SE** (Art. 2 Abs. 3, Art. 35–36 SE-VO) und **Formwechsel** (Art. 2 Abs. 4, Art. 37 SE-VO) – und der Möglichkeit einer **sekundären SE-Gründung** (Art. 3 Abs. 2 SE-VO).

17.11 **Beschränkt** sind aber nicht nur die Gründungsformen, sondern auch der **Gründerkreis**[18]: Natürliche Personen können überhaupt nicht Gründer sein, im Übrigen ist der Kreis potentieller Gründer gründungsspezifisch abgestuft: Bei der Verschmelzung und beim Formwechsel sind nur AG i.S.d. Anhang I (inkl. SE, vgl. Art. 3 Abs. 1 SE-VO) gründungsberechtigt (Art. 2 Abs. 2, 4 SE-VO), bei der Holding-Gründung auch GmbH i.S.d. Anhang II (Art. 2 Abs. 2 SE-VO), bei der gemeinsamen Tochter SE dagegen alle rechtlich konfigurierten Marktakteure i.S.d. Art. 54 Abs. 2 AEUV (Art. 2 Abs. 3 SE-VO).

17.12 Gründungsberechtigt sind zudem **grundsätzlich nur EU-/EWR-Gesellschaften**, d.h. Gesellschaften, die nach dem Recht eines Mitgliedstaats gegründet worden sind und ihren Satzungssitz[19] und ihre Hauptverwaltung im EU-/EWR-Gebiet (aber nicht notwendig im selben Mitgliedstaat) haben. Das Optionsrecht des Art. 2 Abs. 5 SE-VO gestattet es den Mitgliedstaaten zwar unter bestimmten Voraussetzungen, auch Gesellschaften mit Hauptverwaltung außerhalb des EU/EWR-Gebiets zur SE-Gründung zuzulassen; Deutschland hat hiervon jedoch keinen Gebrauch gemacht.

17.13 Ferner ist stets ein **grenzüberschreitendes Element** erforderlich (sog. **Mehrstaatlichkeitserfordernis**), das allerdings ebenfalls gründungsspezifisch abgestuft ist. Bei der Verschmelzung müssen mindestens zwei der beteiligten Gesellschaften dem Recht verschiedener Mitgliedstaaten unterliegen (Art. 2 Abs. 1 SE-VO); bei der Holding-SE und der gemeinsamen Tochter SE genügt es dagegen alternativ auch, wenn mindestens zwei Gründungsgesellschaften seit mindestens zwei Jahren eine dem Recht eines anderen Mitgliedstaats unterliegende Tochtergesellschaft oder eine Zweigniederlassung in einem anderen Mitgliedstaat haben (Art. 2 Abs. 2, 3 SE-VO); beim Formwechsel muss die AG seit mindestens zwei Jahren eine dem Recht eines anderen Mitgliedstaats unterliegende Tochtergesellschaft haben (vgl. Art. 2 Abs. 4 SE-VO). Nur bei der sekundären SE-Gründung (Art. 3 Abs. 2 SE-VO) wurde auf ein spezielles Mehrstaatlichkeitserfordernis verzichtet, weil die „europäische Dimension“ hier bereits im Rahmen der Gründung der „Mutter-SE“ gewährleistet wurde[20].

2. Gründung einer deutschen Holding-SE

17.14 Das Verfahren der Gründung einer Holding-SE ist in **Art. 32–34 SE-VO** im Vergleich zur Verschmelzung nur relativ knapp geregelt, folgt aber ebenfalls im Grundsatz dem „europäischen Modell für Strukturmaßnahmen“[21]. Ergänzend gilt für die Ebene der Gründungsgesellschaften **analog Art. 18 SE-VO** deren nationales Recht[22] (d.h. bei einer deutschen AG deutsches Aktienrecht, bei einer deutschen GmbH deutsches GmbH-Recht) und für die Ebene der künftigen SE gem. **Art. 15 Abs. 1 SE-VO** das nationale Recht des künftigen Sitzstaats der SE (d.h. bei Gründung einer deutschen SE §§ 23 ff. AktG)[23].

17 Vgl. *Lutter/Bayer/J. Schmidt*, EuropUR, 45.29 m.w.N.
18 Vgl. *Lutter/Bayer/J. Schmidt*, EuropUR, 45.30 m.w.N.
19 Vgl. englisch „registered office“; *Lutter/Bayer/J. Schmidt*, EuropUR, 45.31 m.w.N.
20 Begr. KOM z. SE-VOE 1989, BT-Drucks. 11/5427, 8.
21 *Lutter/Bayer/J. Schmidt*, EuropUR, 45.50.
22 *J. Schmidt*, SE, S. 271 ff.; *Lutter/Bayer/J. Schmidt*, EuropUR, 45.50 m.w.N.
23 *J. Schmidt*, SE, S. 270 f.; *Lutter/Bayer/J. Schmidt*, EuropUR, 45.50 m.w.N.

a) Gründungsplan

Grundlage der zu errichtenden Holding ist ein einheitlicher Gründungsplan, der von den Leitungs- oder Verwaltungsorganen der die Gründung anstrebenden Gesellschaften zu erstellen ist (Art. 32 Abs. 2 Satz 1 SE-VO). Er muss die Mindestangaben nach Art. 20 Abs. 1 Satz 2 lit. a-c, f–i SE-VO (Art. 32 Abs. 2 Satz 3 Halbs. 1 SE-VO, Rz. 17.16 ff.) und den Mindestprozentsatz der für die SE-Gründung einzubringenden Anteile (Art. 32 Abs. 2 Satz 3 Halbs. 2 SE-VO, Rz. 17.20) sowie einen Gründungsbericht (Art. 32 Abs. 2 Satz 2 SE-VO, Rz. 17.21 ff.) enthalten. Ferner muss der Gründungsplan einer deutschen Holding-SE ggf. ein Abfindungsangebot gem. Art. 34 SE-VO i.V.m. § 9 SEAG enthalten (Rz. 17.33). Im Übrigen steht es den Parteien frei, weitere Inhalte aufzunehmen[24]. 17.15

aa) Angaben gem. Art. 20 Abs. 1 lit. a–c, f–i SE-VO

(1) Überblick

Art. 32 Abs. 2 Satz 3 Halbs. 1 SE-VO verweist auf die meisten Angaben in Art. 20 Abs. 1 Satz 2 SE-VO; darin zeigt sich die enge Verwandtschaft von Holding- und Verschmelzungsgründung[25]. Ausgenommen sind nur Art. 20 Abs. 1 Satz 2 lit. d (Zeitpunkt der Gewinnberechtigung) und lit. e SE-VO (Verschmelzungsstichtag). Dies beruht aber schlicht darauf, dass die Gründungsgesellschaften bei der Holding-Gründung nicht erlöschen und ihr Vermögen nicht auf einen anderen Rechtsträger übergeht[26]. Anzugeben sind mithin gem. **Art. 32 Abs. 2 Satz 3 Halbs. 1 i.V.m. Art. 20 Abs. 1 Satz 2 lit. a–c, f–i SE-VO:** 17.16

lit. a: Firma und Sitz der die Gründung der Holding-SE anstrebenden Gesellschaften sowie die für die SE vorgesehene Firma und ihr geplanter Sitz;

lit. b: Umtauschverhältnis der Aktien oder Geschäftsanteile und ggf. die Höhe der Ausgleichsleistung;

lit. c: die Einzelheiten hinsichtlich der Übertragung der Aktien der SE;

lit. f: die Rechte, welche die SE den mit Sonderrechten ausgestatteten Aktionären bzw. Gesellschaftern der Gründungsgesellschaften und den Inhabern anderer Wertpapiere als Aktien gewährt, oder die für diese Personen vorgeschlagenen Maßnahmen;

lit. g: jeder besondere Vorteil, der den Sachverständigen, die den Gründungsplan prüfen, oder den Mitgliedern der Verwaltungs-, Leitungs-, Aufsichts- oder Kontrollorgane der die Gründung anstrebenden Gesellschaften gewährt wird;

lit. h: die Satzung der SE;

lit. i: Angaben zu dem Verfahren, nach dem die Vereinbarung über die Beteiligung der Arbeitnehmer gemäß der Richtlinie über die Beteiligung der Arbeitnehmer geschlossen wird.

Wesentliche Unterschiede zur Verschmelzungsgründung ergeben sich dabei nur im Hinblick auf drei Punkte: Die Höhe möglicher Ausgleichsleistungen (Rz. 17.17), die Einzelheiten der Übertragung der Aktien der SE (Rz. 17.18) sowie die Festlegung des Grundkapitals in der Satzung der SE (Rz. 17.19).

(2) Höhe möglicher Ausgleichsleistungen

Die Gesellschafter der die Gründung der Holding anstrebenden Gesellschaften erhalten für die Einbringung ihrer Anteile Aktien der SE (Art. 33 Abs. 4 SE-VO). Dafür ist nicht nur das **Umtauschverhältnis**, sondern auch die Höhe einer eventuellen **Ausgleichsleistung** anzugeben (Art. 32 Abs. 3 Satz 3 i.V.m. Art. 20 Abs. 1 Satz 1 lit. b SE-VO). Eine Obergrenze dieser Ausgleichszahlung ist in der 17.17

---

24 *Bayer* in Lutter/Hommelhoff/Teichmann, Art. 32 SE-VO Rz. 23 m.w.N.

25 *J. Schmidt*, SE, S. 275 f.

26 *J. Schmidt*, SE, S. 276; *Bayer* in Lutter/Hommelhoff/Teichmann, Art. 32 SE-VO Rz. 24 m.w.N.

SE-VO nicht vorgesehen. Ein Teil der Literatur nimmt daher an, dass es keine Obergrenze gebe[27]. Richtigerweise wird man Art. 15 Abs. 1 SE-VO[28] aber auch als Verweisung auf das nationale Verschmelzungsrecht auffassen müssen, sodass bei Gründung einer deutschen Holding SE hinsichtlich der Höhe der (zwingend baren) Zuzahlung die 10 %-Grenze der §§ 73, 68 Abs. 3 UmwG gilt[29].

(3) Einzelheiten der Übertragung der Aktien der SE

17.18 In der Literatur wird teilweise angenommen, dass bei Gründung einer deutschen Holding-SE analog Art. 18 SE-VO[30] oder über Art. 15 Abs. 1 SE-VO[31] gem. § 71 UmwG ein Treuhänder zu bestellen ist. Richtigerweise ist eine solche Verpflichtung jedoch zu verneinen[32]. Denn Art. 33 Abs. 4 SE-VO regelt gerade nur das „Ob" des Anteilstauschs; die Bestimmung von Zeit und Ort der Erwerbsmodalität wird hingegen den Gründungsgesellschaften überlassen[33]. Ferner entspricht § 71 UmwG auch nicht der speziellen Interessenlage bei der Holding-Gründung, denn anders als bei der Verschmelzung kommt es hier gerade nicht zum Erlöschen der Gründungsgesellschaften[34]. Der freiwilligen Bestellung eines Treuhänders steht indes nichts entgegen[35].

(4) Festlegung des Grundkapitals in der Satzung der SE

17.19 Ein Sonderproblem stellt sich im Hinblick auf die Angabe des Grundkapitals in der Satzung. Denn bei Aufstellung des Gründungsplans ist es *de facto* unmöglich, die Höhe des Grundkapitals definitiv anzugeben. Wegen des in Art. 33 SE-VO geregelten zweistufigen Einbringungsverfahrens steht nämlich überhaupt erst nach Ablauf der Nachfrist des Art. 33 Abs. 3 Satz 2 SE-VO (Rz. 17.58, 17.65 f.) endgültig fest, wie viele Anteile insgesamt eingebracht werden und welche Grundkapitalziffer sich infolgedessen letztlich für die SE ergibt. Im Schrifttum werden hierfür verschiedenste Lösungswege vorgeschlagen. Eine **stufenweise Festsetzung** des Grundkapitals[36] würde zwar eine praktikable Lösung bieten; ihre Vereinbarkeit mit dem System des festen Grundkapitals ist jedoch äußerst zweifelhaft[37]. Grundsätzlich denkbar wäre der Weg über ein **bedingtes Kapital:** Die Holdinggründung lässt sich im Wege einer SE-spezifischen Auslegung des § 192 Abs. 2 Nr. 2 AktG unter „Vorbereitung eines Zusammenschlusses" subsumieren[38]. Zudem wird man § 192 Abs. 1 AktG SE-spezifisch dahin auslegen müssen, dass ein bedingtes Kapital auch in der Gründungssatzung festgelegt werden kann[39]. Misslich ist freilich die Begrenzung auf die Hälfte des Grundkapitals (§ 192 Abs. 3 Satz 1 AktG). Dieses Problem ergibt sich auch im Falle des Weges über ein **genehmigtes Kapital** (§ 203 Abs. 3 Satz 1 AktG); die Aufnahme eines genehmigten Kapitals in die Gründungssatzung ist aber

27 So *Hügel* in Kalss/Hügel, SEK, §§ 25, 26 SEG Rz. 10 i.V.m. § 17 SEG Rz. 13.

28 Entgegen einer verbreiteten Auffassung (so etwa *Schäfer* in MünchKomm/AktG, Art. 32 SE-VO Rz. 12; *Schwarz*, Art. 32 SE-VO Rz. 42) gilt insoweit nicht Art. 18 SE-VO analog.

29 *Bayer* in Lutter/Hommelhoff/Teichmann, Art. 32 SE-VO Rz. 26; *Paefgen* in KölnKomm/AktG, Art. 32 SE-VO Rz. 46; *J. Schmidt*, SE, S. 276.

30 So *Scheifele*, Gründung der SE, S. 315.

31 So *Koke*, Finanzverfassung, S. 47; *Schwarz*, Art. 32 SE-VO Rz. 16.

32 *Bayer* in Lutter/Hommelhoff/Teichmann, Art. 32 SE-VO Rz. 27; *Brandes*, AG 2005, 177, 186; *Schäfer* in MünchKomm/AktG, Art. 32 SE-VO Rz. 13; *J. Schmidt*, SE, S. 277.

33 *Bayer* in Lutter/Hommelhoff/Teichmann, Art. 32 SE-VO Rz. 27; *J. Schmidt*, SE, S. 277.

34 *Bayer* in Lutter/Hommelhoff/Teichmann, Art. 32 SE-VO Rz. 27; *J. Schmidt*, SE, S. 277.

35 *Bayer* in Lutter/Hommelhoff/Teichmann, Art. 32 SE-VO Rz. 27; *Brandes*, AG 2005, 177 (186); *Vossius*, ZIP 2005, 741 (746).

36 Dafür etwa *Oplustil* (2003) 4 GLJ 120; *Scholz* in Habersack/Drinhausen, SE-Recht, Art. 32 SE-VO Rz. 71 f.

37 Vgl. *Bayer* in Lutter/Hommelhoff/Teichmann, Art. 32 SE-VO Rz. 32; *Koke*, Finanzverfassung, S. 45 f.; *Paefgen* in KölnKomm/AktG, Art. 32 SE-VO Rz. 54.

38 *Bayer* in Lutter/Hommelhoff/Teichmann, Art. 32 SE-VO Rz. 34; *J. Schmidt*, SE, S. 279; *Stöber*, AG 2013, 110 (117).

39 *Bayer* in Lutter/Hommelhoff/Teichmann, Art. 32 SE-VO Rz. 34; *Schäfer* in MünchKomm/AktG, Art. 32 SE-VO Rz. 23; *J. Schmidt*, SE, S. 279 f.

ausdrücklich gesetzlich zugelassen (§ 202 Abs. 1 AktG). Dass über die Ausübung des genehmigten Kapitals prinzipiell das Leitungsorgan bzw. der Verwaltungsrat entscheidet, ist i.E. unproblematisch: Soweit die Ausübung zwecks Ausgabe von Aktien an die tauschenden Anteilsinhaber nicht bereits in der Satzung ausdrücklich festgelegt ist, wird das Ausübungsermessen jedenfalls als auf Null reduziert angesehen werden müssen[40]. Als Ausweg bietet sich an, das in der Satzung vorgesehene Grundkapital mit einer **„bis zu"-Sachkapitalerhöhung** zu verbinden, die einen Umtausch aller Anteile[41] der Gründungsgesellschaften in SE-Aktien abdeckt[42].

bb) Mindestprozentsatz der einzubringenden Anteile

Im Gründungsplan muss jede Gründungsgesellschaft angeben, welchen Mindestprozentsatz der Aktien oder Geschäftsanteile die Aktionäre bzw. Gesellschafter der Gründungsgesellschaften einbringen müssen, damit die SE gegründet werden kann (Art. 32 Abs. 2 Satz 3 SE-VO). Dieser Prozentsatz muss **mehr als 50 %** der durch Aktien verliehenen ständigen Stimmrechte betragen (Art. 32 Abs. 2 Satz 4 SE-VO). Die Holding-SE ist somit zwingend als beherrschende Konzernspitze konzipiert[43]. Der Mindestprozentsatz kann bei den einzelnen Gründungsgesellschaften unterschiedlich sein, muss aber stets über 50 % der stimmberechtigten Anteile liegen[44]. Die Festlegung einer Höchstgrenze ist unzulässig, da sonst das Einbringungswahlrecht nach Art. 33 Abs. 1 und 4 SE-VO unterlaufen würde[45]. Eigene Aktien sind bei der Ermittlung der ständigen Stimmrechte angesichts des nur vorübergehenden Ruhens des Stimmrechts (§ 71b AktG) einzubeziehen[46]. Stimmrechtslose Vorzugsaktien (§ 140 AktG) bleiben dagegen unberücksichtigt[47]. 17.20

cc) Gründungsbericht der Leitungsorgane

Die an der Gründung einer Holding-SE beteiligten Gesellschaften haben durch ihre Leitungs- oder Verwaltungsorgane einen **schriftlichen Bericht** zu erstellen (Art. 32 Abs. 2 Satz 2 SE-VO). Dieser Bericht ist als **Teil des Gründungsplans** vorgesehen (Art. 32 Abs. 2 Satz 2 SE-VO). Der (jeweilige) Gründungsbericht kann aber auch in einer separaten, dem Plan beigefügten Urkunde enthalten sein[48]. In dem Bericht ist die Gründung der Holding-SE aus rechtlicher und wirtschaftlicher Sicht zu **erläutern** und zu **begründen**. In ihm ist außerdem darzulegen, welche **Auswirkungen** der Übergang zur Rechtsform der SE für die Aktionäre bzw. Gesellschafter sowie für die Arbeitnehmer der Gründungsgesellschaften hat. 17.21

---

40 *Bayer* in Lutter/Hommelhoff/Teichmann, Art. 32 SE-VO Rz. 34a; *J. Schmidt*, SE, S. 280.

41 Eine Begrenzung des Umtauschs auf einen bestimmten Höchstbetrag wäre nicht zulässig, vgl. *Eberspächer* in Spindler/Stilz, Art. 32 SE-VO Rz. 11; *Scholz* in Habersack/Drinhausen, SE-Recht, Art. 32 SE-VO Rz. 57.

42 So z.B. *Austmann* in MünchHdb/AG, § 84 Rz. 53; *Bayer* in Lutter/Hommelhoff/Teichmann, Art. 32 SE-VO Rz. 34b; *Eberspächer* in Spindler/Stilz, Art. 32 SE-VO Rz. 10; *Paefgen* in KölnKomm/AktG, Art. 32 SE-VO Rz. 59.

43 *J. Schmidt*, SE, S. 281 m.w.N.

44 *Bayer* in Lutter/Hommelhoff/Teichmann, Art. 32 SE-VO Rz. 39; *Paefgen* in KölnKomm/AktG, Art. 32 SE-VO Rz. 63; *J. Schmidt*, SE, S. 282; *Schwarz*, Art. 32 SE-VO Rz. 23 f.; *Scheifele*, Gründung der SE, S. 320.

45 *Bayer* in Lutter/Hommelhoff/Teichmann, Art. 32 SE-VO Rz. 40; *Eberspächer* in Spindler/Stilz, Art. 32 SE-VO Rz. 11; *J. Schmidt*, SE, S. 282; *Scholz* in Habersack/Drinhausen, SE-Recht, Art. 32 SE-VO Rz. 57; der Mindestprozentsatz kann aber z.B. auf 100 % festgesetzt werden, vgl. *Eberspächer* in Spindler/Stilz, Art. 32 SE-VO Rz. 11.

46 *Bayer* in Lutter/Hommelhoff/Teichmann, Art. 32 SE-VO Rz. 38; *Paefgen* in KölnKomm/AktG, Art. 32 SE-VO Rz. 65; *Scheifele*, Gründung der SE, S. 320; *J. Schmidt*, SE, S. 282; *Scholz* in Habersack/Drinhausen, SE-Recht, Art. 32 SE-VO Rz. 59.

47 *Bayer* in Lutter/Hommelhoff/Teichmann, Art. 32 SE-VO Rz. 38; *J. Schmidt*, SE, S. 282; *Scholz* in Habersack/Drinhausen, SE-Recht, Art. 32 SE-VO Rz. 59 m.w.N.

48 *Kalss*, ZGR 2003, 593 (630); *Bayer* in Lutter/Hommelhoff/Teichmann, Art. 32 SE-VO Rz. 41 m.w.N.

17.22 Nach dem Wortlaut der SE-VO soll es nur einen, **gleich lautenden Gründungsbericht** geben (Art. 32 Abs. 2 Satz 1 und 2 SE-VO). Dies bedeutet indes nicht, dass zwingend ein gemeinsamer Bericht zu erstellen ist. Ausreichend ist vielmehr, wenn die für die einzelnen Gründungsgesellschaften erstellten Gründungsberichte insoweit übereinstimmen, als sich aus dem analog Art. 18 SE-VO anwendbaren nationalen Recht nichts Abweichendes ergibt[49]; zudem dürfen sie sich inhaltlich nicht widersprechen[50].

17.23 Anders als Art. 95 GesRRL (in Deutschland umgesetzt durch § 8 UmwG) enthält Art. 32 Abs. 2 SE-VO zwar weder eine ausdrückliche Verpflichtung zur Erläuterung und Begründung des Umtauschverhältnisses sowie des Inhalts des Gründungsplans noch die Vorgabe einer „ausführlichen" Berichterstattung. Unterschiedliche Anforderungen ergeben sich daraus gleichwohl nicht[51]. Sinn und Zweck der Berichterstattung ist nämlich in beiden Fällen, die Anteilsinhaber umfassend zu informieren, um ihnen so eine fundierte Entscheidung zu ermöglichen[52]. Daher sind den Anteilsinhabern auch bei der Holdinggründung sämtliche für eine sachgerechte Entscheidung erforderlichen Informationen mitzuteilen[53]. Folglich sind neben der Zweckmäßigkeit der Holdinggründung auch das **Umtauschverhältnis** der Anteile und der Inhalt des **Gründungsplans zu erläutern und zu begründen**[54].

17.24 Der Bericht hat die Gründung aus rechtlicher und wirtschaftlicher Sicht zu erläutern und zu begründen. Dazu gehört eine Beschreibung der **künftigen Holding** sowie der mit ihrer Gründung verfolgten Absichten. Darzulegen ist dabei auch die Zweckmäßigkeit dieser Zielrechtsform mit einer Abwägung der Vor- und Nachteile. Zur Begründung der Holding-SE sind andere, ebenfalls in Betracht kommende Alternativen zu erörtern und mit dem beabsichtigten Konzept zu vergleichen[55]. Dies hat nicht in allen Einzelheiten zu geschehen. Die Wahl der Holding-SE muss auch nicht sachlich gerechtfertigt werden. Es genügt vielmehr, wenn das verfolgte unternehmerische Konzept **plausibel** gemacht wird. Dafür muss der Bericht aber alle wesentlichen Informationen enthalten.

17.25 Neben der Holding sind die an der Gründung **beteiligten Gesellschaften** sowie der Gründungsvorgang darzustellen. Zur Beschreibung der Gründungsgesellschaften gehören zunächst die formalen Angaben über Firma, Rechtsform und Sitz. Erforderlich sind sodann weitere Angaben, insbesondere über das Tätigkeitsfeld, den Umsatz, wesentliche Beteiligungen, die Kapitalstruktur sowie die beschäftigten Mitarbeiter. Soweit die Gründungsgesellschaften mit anderen Unternehmen verbunden sind, ist auch auf diese einzugehen, soweit dies für die künftige Holding von wesentlicher Bedeutung ist.

17.26 Die Darstellung des **Gründungsvorgangs** bezieht sich auf die rechtlichen Erfordernisse und die zeitlichen Abläufe, insbesondere die notwendigen Zustimmungen der Gesellschafterversammlungen der Gründungsgesellschaften zum Gründungsplan mit der Satzung der Holding-SE, die Erteilung behördlicher Genehmigungen wie z.B. einer kartellrechtlichen Freigabe, die Vereinbarung mit den Arbeitnehmern über deren Beteiligung im Aufsichts- oder Verwaltungsrat sowie die Einbringung der Anteile an den Gründungsgesellschaften in die Holding-SE gem. Art. 33 SE-VO und schließlich die Eintragung der Holding-SE in das Handelsregister.

---

49 *Bayer* in Lutter/Hommelhoff/Teichmann, Art. 32 SE-VO Rz. 41; *Eberspächer* in Spindler/Stilz, Art. 32 SE-VO Rz. 14; *Schäfer* in MünchKomm/AktG, Art. 32 SE-VO Rz. 17; *Scholz* in Habersack/Drinhausen, SE-Recht, Art. 32 SE-VO Rz. 40.

50 *Bayer* in Lutter/Hommelhoff/Teichmann, Art. 32 SE-VO Rz. 41; *Eberspächer* in Spindler/Stilz, Art. 32 SE-VO Rz. 14; *Schäfer* in MünchKomm/AktG, Art. 32 SE-VO Rz. 17; ablehnend jedoch *Scholz* in Habersack/Drinhausen, SE-Recht, Art. 32 SE-VO Rz. 40.

51 *J. Schmidt*, SE, 283.

52 *J. Schmidt*, SE, 283.

53 *J. Schmidt*, SE, 283.

54 *Bayer* in Lutter/Hommelhoff/Teichmann, Art. 32 SE-VO Rz. 43; *J. Schmidt*, SE, 283; *Schäfer* in MünchKomm/AktG, Art. 32 SE-VO Rz. 18; *Scholz* in Habersack/Drinhausen, SE-Recht, Art. 32 SE-VO Rz. 47.

55 *Eberspächer* in Spindler/Stilz, Art. 32 SE-VO Rz. 15; *Paefgen* in KölnKomm/AktG, Art. 32 SE-VO Rz. 70; enger *Scholz* in Habersack/Drinhausen, SE-Recht, Art. 32 SE-VO Rz. 47.

Im Gründungsplan ist auch auf die **Auswirkungen** der Holdinggründung **auf die Gesellschafter** der Gründungsgesellschaften einzugehen. Dazu gehört eine Erläuterung des jeweiligen **Umtauschverhältnisses** (Rz. 17.23). Darzustellen ist insbesondere, nach welchen Methoden die verschiedenen Unternehmenswerte und die daraus abgeleiteten Umtauschrelationen ermittelt worden sind. Dabei kann auf den Ertragswert, die Entwicklung der Börsenkurse oder andere geeignete Vergleichsverfahren abgestellt werden. Die SE-VO enthält dazu keine Vorgaben. Sinnvollerweise muss die Bewertungsmethode aber für alle beteiligten Gründungsgesellschaften gleich sein. 17.27

Für die Aktionäre bzw. die Gesellschafter der Gründungsgesellschaften ist außerdem wichtig zu erfahren, welche Unterschiede zwischen der **Binnenstruktur** ihrer bisherigen Gesellschaftsform und der SE nach deren Satzung sowie den ergänzenden nationalen Rechtsvorschriften bestehen. Dies ist insbesondere dann von Interesse, wenn zwischen den verschiedenen Rechtsformen größere Unterschiede bei den jeweiligen Mitgliedschaftsrechten bestehen. Solche Unterschiede können vor allem dann gegeben sein, wenn Gesellschaften mit Sitz im Ausland an der Gründung beteiligt sind. Zu den zu erläuternden Auswirkungen gehören auch Angaben zur **Übertragbarkeit der Aktien** der SE sowie zu **steuerlichen Fragen**, insbesondere im Zusammenhang mit dem Aktientausch und dem künftigen Dividendenbezug. 17.28

Zu erläutern ist ferner, welche **Auswirkungen** der Übergang zur Rechtsform der SE **für die Arbeitnehmer** hat (Art. 32 Abs. 2 Satz 2 SE-VO). Unmittelbare Auswirkungen auf die Arbeitsverhältnisse ergeben sich aus der Gründung der Holding-SE im Allgemeinen nicht, da die Gründungsgesellschaften und die mit diesen bestehenden Arbeitsverhältnisse weiterbestehen. Aus dem neuen Verbund können sich allerdings in der Zukunft Umstrukturierungen oder Verlagerungen ergeben. Solche mittelbaren Folgen können bei der Gründung aber nur dargestellt werden, wenn es dazu bereits konkrete Pläne gibt[56]. 17.29

Im Übrigen geht es hauptsächlich um die **Mitbestimmung** bei der künftigen SE, d.h. um die eventuelle Errichtung eines SE-Betriebsrats sowie um die Art und den Umfang der Mitbestimmung der Arbeitnehmer der Holding-SE und ihrer Gründungsgesellschaften im Aufsichtsorgan oder Verwaltungsrat der künftigen Holding. Die entweder durch Vereinbarung (Art. 4 SE-RL/§ 21 SEBG) erzielte oder nach der Auffangregelung (Anhang SE-RL/§§ 34 ff. SEBG) geltende Form der Mitbestimmung ist im Gründungsplan darzustellen. Ist das Verfahren zur Beteiligung der Arbeitnehmer noch nicht abgeschlossen, genügt eine Darstellung der gesetzlichen Regelung[57]. Die **Hauptversammlung** jeder der an der Gründung beteiligten Gesellschaften kann sich das Recht vorbehalten, die Eintragung der SE davon abhängig zu machen, dass die Vereinbarung über die Arbeitnehmerbeteiligung von ihr ausdrücklich genehmigt wird (Art. 32 Abs. 6 UAbs. 2 Satz 2 SE-VO) (vgl. dazu Rz. 17.57). Im Falle eines solchen Vorbehalts sind den Aktionären bzw. Gesellschaftern alle für eine sachgerechte Beurteilung der Arbeitnehmerbeteiligung und ihre Folgen erforderlichen Informationen zu erteilen. 17.30

Eine Zuleitung des Gründungsberichts an den **Betriebsrat** ist (anders als nach § 5 Abs. 3 UmwG für den Verschmelzungsvertrag) nicht vorgeschrieben[58]. 17.31

Stimmen alle Gesellschafter der beteiligten Gesellschaften zu, kann wie bei der Verschmelzung auf den Bericht in **verzichtet** werden (Art. 18 SE-VO analog i.V.m. § 8 Abs. 3 Satz 1 UmwG analog)[59]. 17.32

56 *Scholz* in Habersack/Drinhausen, SE-Recht, Art. 32 SE-VO Rz. 50; *Schäfer* in MünchKomm/AktG, Art. 32 SE-VO Rz. 18.

57 *Eberspächer* in Spindler/Stilz, Art. 32 SE-VO Rz. 15; *Scholz* in Habersack/Drinhausen, SE-Recht, Art. 32 SE-VO Rz. 50.

58 *Schwarz*, Art. 32 SE-VO Rz. 42; *Eberspächer* in Spindler/Stilz, Art. 32 SE-VO Rz. 15.

59 *Eberspächer* in Spindler/Stilz, Art. 32 SE-VO Rz. 15; *Schäfer* in MünchKomm/AktG, Art. 32 SE-VO Rz. 17; *Scholz* in Habersack/Drinhausen, SE-Recht, Art. 32 SE-VO Rz. 45.

Die Verzichtserklärungen der Anteilsinhaber deutscher Gesellschaften sind dabei notariell zu beurkunden (Art. 18 SE-VO analog i.V.m. § 8 Abs. 3 Satz 2 UmwG analog)[60].

dd) Abfindungsangebot

17.33 Der deutsche Gesetzgeber hat auf der Grundlage des Art. 34 Abs. 2 SE-VO in § 9 SEAG für bestimmte Fälle der Gründung einer Holding-SE die Pflicht zur Abgabe eines Barabfindungsangebots vorgesehen. Eine solche Pflicht besteht aber nach § 9 Abs. 1 Satz 1 SEAG nur für Gründungsgesellschaften in der Rechtsform einer AG[61] und nur dann, wenn entweder (i) die Holding-SE ihren Sitz im Ausland haben soll oder (ii) die Holding-SE ihrerseits abhängig i.S.d. § 17 AktG ist.

ee) Form des Gründungsplans

17.34 Der Gründungsplan einer deutschen Gründungsgesellschaft bedarf nach Art. 18 SE-VO analog i.V.m. § 6 UmwG analog der **notariellen Beurkundung**[62].

b) Offenlegung des Gründungsplans

17.35 Der Gründungsplan ist mindestens einen Monat vor jeder Haupt- bzw. Gesellschafterversammlung der Gründungsgesellschaften offenzulegen (Art. 32 Abs. 3 SE-VO). Maßgebend dafür sind die gem. Art. 16 GesRRL[63] vorgesehenen nationalen Rechtsvorschriften. Dies bedeutet für Gründungsgesellschaften mit Sitz in Deutschland, dass der Gründungsplan einschließlich des Holdingberichts[64] entsprechend Art. 18 SE-VO analog i.V.m. § 61 UmwG zum **Handelsregister einzureichen** ist; dann erfolgt eine Hinweisbekanntmachung (§ 10 HGB).

c) Prüfung durch unabhängige Sachverständige

17.36 Der Gründungsplan ist durch unabhängige Sachverständige zu prüfen; über das Ergebnis der Prüfung haben diese den Aktionären bzw. Gesellschaftern der Gründungsgesellschaften schriftlich zu berichten (**Art. 32 Abs. 4 SE-VO**). Diese Prüfung ergänzt die Berichterstattung durch das Leitungsorgan im Gründungsplan und dient wie diese dazu, die Anteilsinhaber der Gründungsgesellschaften umfassend über die Holding-Gründung zu unterrichten.

aa) Bestellung der Prüfer

17.37 Wie bei der Verschmelzung ist es auch bei der Holdinggründung möglich, an Stelle einer getrennten Prüfung für alle Gründungsgesellschaften eine gemeinsame Prüfung durchzuführen (Art. 32 Abs. 4 Satz 1, 2 SE-VO). Im Falle einer getrennten Prüfung müssen die Prüfer gem. Art. 32 Abs. 4 SE-VO

---

60 *Eberspächer* in Spindler/Stilz, Art. 32 SE-VO Rz. 15; *Paefgen* in KölnKomm/AktG, Art. 32 SE-VO Rz. 75.

61 Kritisch zur Beschränkung auf AG etwa *Bayer* in Lutter/Hommelhoff/Teichmann, Art. 34 SE-VO Rz. 15; *Eberspächer* in Spindler/Stilz, Art. 32 SE-VO Rz. 12; *J. Schmidt*, SE, S. 320.

62 *Bayer* in Lutter/Hommelhoff/Teichmann, Art. 32 SE-VO Rz. 22; *Eberspächer* in Spindler/Stilz, Art. 32 SE-VO Rz. 12; *Oplustil* (2003) 4 GLJ 107 (113); *Paefgen* in KölnKomm/AktG, Art. 32 SE-VO Rz. 80; *Schäfer* in MünchKomm/AktG, Art. 32 SE-VO Rz. 23; *J. Schmidt*, SE, S. 284; *Scholz* in Habersack/Drinhausen, SE-Recht, Art. 32 SE-VO Rz. 38; *Schwarz*, Art. 33 SE-VO Rz. 37.

63 Die Verweisung auf Art. 3 RL 68/151/EWG (PubRL) ist gem. Art. 166 UAbs. 2 GesRRL i.V.m. Art. 16 UAbs. 2 RL 2009/101/EG als Verweisung auf Art. 16 GesRRL zu lesen.

64 *Jannott* in Jannott/Frodermann, § 3 Rz. 152; *J. Schmidt*, SE, S. 284; *Scholz* in Habersack/Drinhausen, SE-Recht, Art. 32 SE-VO Rz. 73; für eine teleologische Reduktion dahingehend, dass eine Offenlegung des Gründungsberichts nicht erforderlich ist, jedoch etwa *Schäfer* in MünchKomm/AktG, Art. 32 SE-VO Rz. 24; *Paefgen* in KölnKomm/AktG, Art. 32 SE-VO Rz. 82.

nach den jeweiligen nationalen Umsetzungsvorschriften zu **Art. 96 Abs. 1 Satz 1 GesRRL**[65] durch ein Gericht oder eine Verwaltungsbehörde bestellt oder zugelassen sein, d.h. für eine deutsche Gründungsgesellschaft erfolgt die Prüferbestellung gem. § 10 Abs. 1 Satz 1 UmwG auf Antrag des Vorstands bzw. der Geschäftsführer durch das Gericht[66]. Im Falle einer gemeinsamen Prüfung erfolgt die Bestellung nach den nationalen Umsetzungsvorschriften zu **Art. 96 Abs. 1 Satz 2 GesRRL** auf gemeinsamen Antrag der Gründungsgesellschaften durch ein Gericht oder eine Verwaltungsbehörde, d.h. im Falle einer gemeinsamen Prüfung in Deutschland gem. § 10 Abs. 1 Satz 2, Abs. 2 UmwG durch das Landgericht, in dessen Bezirk eine Gründungsgesellschaft oder die künftige SE ihren Sitz hat[67]. Hinsichtlich der Qualifikation der unabhängigen Sachverständigen verweisen Art. 32 Abs. 4 Satz 1, 2 SE-VO auf die nationalen Umsetzungsvorschriften zu Art. 96 GesRRL, d.h. für die Prüfer einer deutschen Gründungsgesellschaft bzw. bei einer gemeinsamen Prüfung nach deutschem Recht gelten § 60, § 11 Abs. 1 Satz 1 UmwG i.V.m. § 319 Abs. 1–4, § 319a, § 319b Abs. 1, § 320 Abs. 1 Satz 2, Abs. 2 Satz 1 und 2 HGB[68].

bb) Gegenstand der Prüfung

Gegenstand der Holding-Prüfung ist der **gesamte gemeinsame Gründungsplan**, inklusive des Gründungsberichts (Art. 32 Abs. 2, Abs. 4 Satz 1 SE-VO). Zu prüfen ist jedoch nur die **Richtigkeit** und **Vollständigkeit** des Gründungsplans[69]. Nicht zu prüfen ist hingegen die Zweckmäßigkeit der Holding-SE und ihrer Gründung[70]. 17.38

Wichtigster Gegenstand der Prüfung ist die Angemessenheit des vorgeschlagenen **Umtauschverhältnisses** (Art. 32 Abs. 5 SE-VO). Dazu gehört auch die Prüfung etwaiger Ausgleichsleistungen, wie sie insbesondere zum Ausgleich von beim Umtausch verbleibenden Spitzen vorgesehen sein können (Art. 32 Abs. 2 Satz 3 i.V.m. Art. 20 Abs. 1 Satz 2 lit. b SE-VO). 17.39

Bei Prüfung einer deutschen Gründungsgesellschaft ist gem. Art. 34 Abs. 2 SE-VO i.V.m. § 9 Abs. 2 i.V.m. § 7 Abs. 3 SEAG ggf. auch die Angemessenheit einer im Gründungsplan anzubietenden **Barabfindung** zu prüfen, wobei die §§ 9–12 UmwG entsprechend anzuwenden sind[71]. 17.40

cc) Prüfungsbericht

Der gem. Art. 32 Abs. 4, 5 SE-VO zu erstellende Prüfungsbericht muss auf besondere Bewertungsschwierigkeiten hinweisen und erklären, ob das Umtauschverhältnis der Aktien oder Anteile angemessen ist, sowie angeben, nach welchen Methoden es bestimmt worden ist und ob diese Methoden im vorliegenden Fall angemessen sind. Bei Prüfung einer deutschen Gründungsgesellschaft ist ggf. auch über die Prüfung einer gem. § 9 SEAG anzubietenden Barabfindung zu berichten (§ 9 Abs. 2 i.V.m. § 7 Abs. 3 SEAG)[72]. 17.41

---

65 Die Verweisung auf Art. 10 RL 78/855/EWG (FusRL) ist gem. Art. 166 UAbs. 2 GesRRL i.V.m. Art. 32 UAbs. 2 RL 2011/35/EU als Verweisung auf Art. 96 GesRRL zu lesen.

66 *Bayer* in Lutter/Hommelhoff/Teichmann, Art. 34 SE-VO Rz. 53a; *J. Schmidt*, SE, S. 288 f.

67 *Bayer* in Lutter/Hommelhoff/Teichmann, Art. 34 SE-VO Rz. 53; *Schäfer* in MünchKomm/AktG, Art. 32 SE-VO Rz. 27; *J. Schmidt*, SE, S. 288; abweichend (Einvernehmen der Gründungsgesellschaften genügt) *Neun* in Theisen/Wenz, Europäische Aktiengesellschaft, S. 57, 151; *Schröder* in Manz/Mayer/Schröder, Art. 32 SE-VO Rz. 69.

68 *J. Schmidt*, SE, S. 289; *Lutter/Bayer/J. Schmidt*, EuropUR, 45.53 m.w.N.

69 *Bayer* in Lutter/Hommelhoff/Teichmann, Art. 34 SE-VO Rz. 53; *Schäfer* in MünchKomm/AktG, Art. 32 SE-VO Rz. 28; *J. Schmidt*, SE, S. 290.

70 *Bayer* in Lutter/Hommelhoff/Teichmann, Art. 34 SE-VO Rz. 53; *Eberspächer* in Spindler/Stilz, Art. 32 SE-VO Rz. 18; *Scheifele*, Gründung der SE, S. 333; *J. Schmidt*, SE, S. 290; *Scholz* in Habersack/Drinhausen, SE-Recht, Art. 32 SE-VO Rz. 77.

71 *Bayer* in Lutter/Hommelhoff/Teichmann, Art. 32 SE-VO Rz. 56; *J. Schmidt*, SE, S. 290 f.; *Scholz* in Habersack/Drinhausen, SE-Recht, Art. 32 SE-VO Rz. 77; *Seibt/Saame*, AnwBl. 2005, 225 (231).

72 *Bayer* in Lutter/Hommelhoff/Teichmann, Art. 32 SE-VO Rz. 57; *J. Schmidt*, SE, S. 291; *Scholz* in Habersack/Drinhausen, SE-Recht, Art. 32 SE-VO Rz. 78.

d) Beteiligung der Arbeitnehmer

17.42 Das Verhandlungsverfahren zwischen Leitungen und Arbeitnehmern richtet sich – soweit sich aus der SE-RL nichts anderes ergibt – nach dem Recht des Mitgliedstaats, in dem die SE ihren Sitz haben wird (Art. 6 SE-RL). Wenn die **SE** ihren **Sitz in Deutschland** haben soll, gilt somit das **SEBG** (vgl. § 3 Abs. 1 Satz 1 SEBG). Das SEBG gilt zudem unabhängig vom Sitz der SE auch für Arbeitnehmer der SE, die im Inland beschäftigt sind sowie für beteiligte Gesellschaften, betroffene Tochtergesellschaften und betroffene Betriebe mit Sitz im Inland (§ 3 Abs. 1 Satz 2 SEBG).

aa) Einsetzung eines besonderen Verhandlungsgremiums

17.43 Nach der Offenlegung des Gründungsplans haben die Leitungs- oder Verwaltungsorgane der Gründungsgesellschaften so rasch wie möglich die erforderlichen Schritte für die Aufnahme von Verhandlungen mit den Arbeitnehmervertretern über eine Vereinbarung über die Beteiligung der Arbeitnehmer in der SE einzuleiten (Art. 3 Abs. 1 SE-RL, § 4 SEBG). Zum Zweck der Verhandlungen ist auf Arbeitnehmerseite gem. Art. 3 Abs. 2 SE-RL/§§ 5 ff. SEBG, die ein im Detail äußerst komplexes Wahlverfahren etablieren, ein sog. Besonderes Verhandlungsgremium (**BVG**) zu bilden, das aus Vertretern der Arbeitnehmer der Gründungsgesellschaften sowie der betroffenen Tochtergesellschaften und Betriebe besteht.

17.44 Sobald das Einsetzungsverfahren beendet ist, haben die zuständigen Organe der an der Gründung der Holding-SE beteiligten Gesellschaften das besondere Verhandlungsgremium über das Vorhaben der Gründung der Holding-SE und den Verlauf des Verfahrens bis zur Eintragung zu **unterrichten** (Art. 3 Abs. 3 UAbs. 2 SE-RL/§ 13 Abs. 2 SEBG). Danach ist mit den **Verhandlungen** zu beginnen. Diese können bis zu sechs Monate dauern (Art. 5 Abs. 1 SE-RL/§ 20 Abs. 1 SEBG). Diese Frist kann einvernehmlich auf bis zu insgesamt einem Jahr verlängert werden (Art. 5 Abs. 2 SE-RL/§ 20 Abs. 2 SEBG). Die Ausgestaltung des Verfahrens ist in den §§ 11–20 SEBG näher geregelt.

bb) Inhalt einer Vereinbarung zur Mitbestimmung

17.45 Bezüglich des Inhalts der auszuhandelnden Vereinbarung zur Mitbestimmung sind bestimmte **Mindestinhalte** vorgegeben (vgl. Art. 4 Abs. 2 SE-RL/§ 21 SEBGB). Darüber hinaus sind die Parteien jedoch frei. In der Regel dürfte eine Vereinbarung getroffen werden, die sich an der Mitbestimmung in den Gründungsgesellschaften orientiert. Zulässig sind aber (jedenfalls bei der Holding-SE-Gründung[73]) auch Vereinbarungen, die hinter der in diesen Gesellschaften bestehenden Mitbestimmung zurückbleiben[74] oder die ein ganz neues – weiter gehendes oder schwächeres – Mitbestimmungsmodell[75] zum Inhalt haben. Die Parteien können auf eine Mitbestimmung auch ganz verzichten, mit der Folge, dass die zu gründende Holding-SE mitbestimmungsfrei bleibt[76]. Damit können theoretisch individuelle, auf die jeweilige SE zugeschnittene Lösungen gefunden werden.

17.46 Eine **Absenkung des** vorhandenen **Mitbestimmungsstandards** wird allerdings dadurch erschwert, dass das besondere Verhandlungsgremium entsprechenden Vereinbarungen mit einer **qualifizierten Mehrheit** zustimmen muss: Die Beschlussfassung bedarf in diesen Fällen einer Mehrheit von zwei Dritteln der Stimmen der Mitglieder, wobei diese mindestens zwei Drittel der Arbeitnehmer vertreten müssen, mit der zusätzlichen Maßgabe, dass diese Mitglieder Arbeitnehmer in mindestens zwei Mitgliedstaaten vertreten müssen (Art. 3 Abs. 4 UAbs. 1 Satz 3 SE-RL/§ 15 Abs. 3 Satz 1 SEBG).

73 Anders im Falle des Formwechsels, vgl. Art. 4 Abs. 4 SE-RL/§ 21 Abs. 6 SEBG.

74 *Reichert/Brandes*, ZGR 2003, 767 (774), einschränkend für den Fall der SE-Gründung durch Umwandlung § 21 Abs. 6 SEBG.

75 Vgl. z.B. die Vorschläge von *Gruber/Weller*, NZG 2003, 297 ff.

76 Vgl. *Henssler* in FS Ulmer, 2003, S. 193 (197); *Herfs-Röttgen*, NZA 2002, 358 (363); *Kallmeyer*, AG 2003, 197 (200); *Oetker* in Lutter/Hommelhoff/Teichmann, § 21 SEBG Rz. 51; *Reichert/Brandes*, ZGR 2003, 767 (774).

Diese Hürde gilt allerdings nur, wenn sich die Mitbestimmung im Falle der Gründung einer Holding-SE auf mindestens 50 % der Arbeitnehmer aller beteiligten Gesellschaften erstreckt (Art. 3 Abs. 4 UAbs. 1 Satz 3 SE-RL/§ 15 Abs. 3 Satz 2 Nr. 2 SEBG). Eine Minderung der Mitbestimmung liegt dabei schon dann vor, wenn der **„Anteil"** der Arbeitnehmer im Aufsichts- oder Verwaltungsorgan der SE geringer ist als der höchste in den beteiligten Gesellschaften bestehende Anteil oder das Recht, Mitglieder des Aufsichts- oder Verwaltungsorgans der Gesellschaft zu wählen, zu bestellen, zu empfehlen oder abzulehnen, beseitigt oder eingeschränkt wird (Art. 4 Abs. 3 UAbs. 2 SE-RL/§ 15 Abs. 4 SEBG).

cc) Auffangregelung für die Mitbestimmung

Wird im Verhandlungswege keine Einigung erzielt, gelten im Falle einer Holding-SE mit Sitz in Deutschland die gesetzlichen Auffangregelungen der §§ 22 ff., 34 ff. SEBG (die den Anhang zur SE-RL umsetzen). Bei diesen ist zwischen der Sicherung des Rechts der Arbeitnehmer auf Unterrichtung und Anhörung (§§ 23 ff. SEBG) und der Mitbestimmung der Arbeitnehmer im Aufsichts- oder Verwaltungsorgan der SE (§§ 34 ff. SEBG) zu unterscheiden[77]. Zum Zwecke der Unterrichtung und Anhörung ist gem. § 23 SEBG ein **SE-Betriebsrat** zu errichten, wobei das Gesetz nicht zwischen den verschiedenen Gründungswegen der SE unterscheidet. Die Mitbestimmung der Arbeitnehmer in dem **Aufsichts- oder Verwaltungsorgan** der SE ist in den §§ 34–38 SEBG geregelt. Hier wird zwischen den einzelnen Gründungsvarianten unterschieden. Bei der Errichtung einer Holding-SE ist erforderlich, dass bei den Gründungsgesellschaften bereits bestimmte Formen der Mitbestimmung bestanden und sich auf mindestens 50 % der Gesamtzahl der Arbeitnehmer aller beteiligten Gesellschaften erstreckten (§ 34 Abs. 1 Nr. 3 lit. a SEBG). Wird dieser Schwellenwert nicht erreicht, so greift die gesetzliche Auffangregelung nur ein, wenn das besondere Verhandlungsgremium einen entsprechenden Beschluss fasst (§ 34 Abs. 1 Nr. 3 lit. b SEBG). 17.47

Bei mehreren Mitbestimmungsformen in den an der Gründung beteiligten Gesellschaften entscheidet das besondere Verhandlungsgremium, welche Form davon in der SE eingeführt wird. Dafür gilt das Erfordernis der einfachen Mehrheit gem. § 15 Abs. 2 SEBG[78]. Wird kein solcher Beschluss gefasst und ist eine **mitbestimmte deutsche Gesellschaft** beteiligt, so ist deren Mitbestimmung für die SE maßgeblich (§ 34 Abs. 2 Satz 2 SEBG). Wie viele Arbeitnehmer betroffen sind, ist dabei unerheblich[79]. Wird dieses Ergebnis von den Gründungsgesellschaften nicht gewünscht, bleibt ihnen nur übrig, das Vorhaben der Gründung der Holding-SE aufzugeben. Eine Ablehnung ist insbesondere bei ausländischen Partnern zu erwarten, die nicht ohne Weiteres bereit sein werden, die deutsche paritätische Mitbestimmung in die Holding-SE zu übernehmen[80]. Ist keine inländische mitbestimmte Gesellschaft beteiligt, so gilt die Form der Mitbestimmung i.S.d. § 2 Abs. 12 SEBG, die sich auf die höchste Zahl der in den beteiligten Gesellschaften beschäftigten Arbeitnehmer erstreckt (§ 34 Abs. 2 Satz 3 SEBG). 17.48

e) Zustimmung der Gründungsgesellschaften

aa) Vorbereitung der Haupt- bzw. Gesellschafterversammlung

Ist der Gründungsplan erstellt und liegt der Prüfungsbericht vor, kann der Gründungsplan den Haupt- bzw. Gesellschaftsversammlungen der Gründungsgesellschaften zur Zustimmung vorgelegt werden. Mangels Regelung in der SE-VO richtet sich die Einberufung und Vorbereitung der jewei- 17.49

77 S. dazu näher *Oetker*, BB Spezial Nr. 1/2005, 2, 11.

78 *Oetker* in Lutter/Hommelhoff/Teichmann, § 34 SEBG Rz. 27.

79 *Hohenstatt/Müller-Bonanni* in Habersack/Drinhausen, SE-Recht, § 34 SEBG Rz. 14; *Jacobs* in MünchKomm/AktG, § 34 SEBG Rz. 17; *Oetker* in Lutter/Hommelhoff/Teichmann, § 34 SEBG Rz. 29.

80 Kritisch dazu z.B. *Heinze*, ZGR 2002, 66 ff.; *Henssler* in FS Ulmer, 2003, S. 193 ff.; *Reichert/Brandes*, ZGR 2003, 767 (780 f.).

ligen Haupt- oder Gesellschafterversammlung **analog Art. 18 SE-VO** nach dem **nationalen Recht**, dem die jeweilige Gesellschaft unterliegt[81].

17.50 Für die **Einberufung** gelten daher bei einer deutschen Gründungsgesellschaft §§ 121 ff. AktG bzw. §§ 49 ff. GmbHG.

17.51 In Bezug auf die **Vorabinformation** der Anteilsinhaber gelten jedenfalls bei AG die jeweiligen nationalen Umsetzungsvorschriften zu Art. 97 GesRRL, d.h. bei einer deutschen AG § 63 UmwG[82]. Nach zutreffender Auffassung sind die nationalen Umsetzungsvorschriften zu Art. 97 GesRRL aber auch auf Gründungsgesellschaften in der Form der GmbH anzuwenden: Mit Blick darauf, dass Art. 32 Abs. 7 SE-VO die GmbH in Bezug auf die Holdinggründung explizit den Aktiengesellschaften gleichstellt, kann für diese insoweit kein anderer Schutzstandard gelten[83]. Für deutsche GmbH gilt daher ebenfalls § 63 UmwG (und nicht §§ 47, 49 UmwG)[84].

bb) Durchführung der Haupt- bzw. Gesellschafterversammlung

17.52 Ebenso wie die Vorbereitung und Vorabinformation richtet sich auch die Durchführung der Versammlungen der Gründungsgesellschaften **analog Art. 18 SE-VO nach nationalem Recht**[85]. Für deutsche Gründungsgesellschaften gilt somit § 64 UmwG – und zwar aus den oben (Rz. 17.51) dargelegten Gründen auch für GmbH[86].

cc) Zustimmung zum Gründungsplan

17.53 **Beschlussgegenstand** ist gem. Art. 32 Abs. 6 UAbs. 1 SE-VO der **Gründungsplan**, zu dem gem. Art. 32 Abs. 2 Satz 2 SE-VO als integraler Bestandteil **auch** der **Gründungsbericht** gehört. Ein Teil der Literatur will Art. 32 Abs. 6 UAbs. 1 SE-VO zwar teleologisch dahingehend reduzieren, dass nur die durch Art. 32 Abs. 2 Satz 2 SE-VO fixierten Bestandteile des Gründungsplans Beschlussgegenstand sind, d.h. nicht der Gründungsbericht, weil dieser nur der Vorabinformation und damit der Vorbereitung der Beschlussfassung diene[87]. Angesichts des eindeutigen Wortlauts erscheint indes äußerst zweifelhaft, ob eine solche teleologische Reduktion vor dem EuGH Bestand haben würde[88]. Wenn bei einer deutschen Gründungsgesellschaft gem. § 9 SEAG ein Barabfindungsangebot erforderlich ist, gehört auch dieses als Teil des Gründungsplans zum Beschlussgegenstand[89].

17.54 Im Schrifttum wird teilweise angenommen, dass der Beschluss auch bei deutschen Gründungsgesellschaften keiner besonderen Form bedürfe[90]. Aus Art. 18 SE-VO analog i.V.m. § 13 Abs. 3 UmwG er-

81 *Bayer* in Lutter/Hommelhoff/Teichmann, Art. 32 SE-VO Rz. 60; *Eberspächer* in Spindler/Stilz, Art. 32 SE-VO Rz. 20; *Neun* in Theisen/Wenz, S. 156; *J. Schmidt*, SE, S. 292; *Scholz* in Habersack/Drinhausen, SE-Recht, Art. 32 SE-VO Rz. 86.

82 *J. Schmidt*, SE, S. 293; *Bayer* in Lutter/Hommelhoff/Teichmann, Art. 32 SE-VO Rz. 61 m.w.N.

83 *J. Schmidt*, SE, S. 293; *Bayer* in Lutter/Hommelhoff/Teichmann, Art. 32 SE-VO Rz. 61 m.w.N.

84 *J. Schmidt*, SE, S. 293; *Bayer* in Lutter/Hommelhoff/Teichmann, Art. 32 SE-VO Rz. 61 m.w.N.

85 *J. Schmidt*, SE, S. 293; *Bayer* in Lutter/Hommelhoff/Teichmann, Art. 32 SE-VO Rz. 62; *Schäfer* in MünchKomm/AktG, Art. 32 SE-VO Rz. 33; *Schwarz*, Art. 32 SE-VO Rz. 63.

86 *J. Schmidt*, SE, S. 293; *Bayer* in Lutter/Hommelhoff/Teichmann, Art. 32 SE-VO Rz. 62 m.w.N.

87 So etwa *Schäfer* in MünchKomm/AktG, Art. 32 SE-VO Rz. 34; *Paefgen* in KölnKomm/AktG, Art. 32 SE-VO Rz. 114; *Scholz* in Habersack/Drinhausen, SE-Recht, Art. 32 SE-VO Rz. 93; *Schwarz*, Art. 32 SE-VO Rz. 66.

88 *Bayer* in Lutter/Hommelhoff/Teichmann, Art. 32 SE-VO Rz. 63; *J. Schmidt*, SE, S. 294.

89 *J. Schmidt*, SE, S. 294; *Bayer* in Lutter/Hommelhoff/Teichmann, Art. 32 SE-VO Rz. 64.

90 So jedenfalls für die GmbH: *Neun* in Theisen/Wenz, S. 158; *Jannott* in Jannott/Frodermann, § 3 Rz. 162; s. ferner auch *Marsch-Barner* in der 4. Aufl.

gibt sich jedoch, dass der Zustimmungsbeschluss einer deutschen Gründungsgesellschaft notariell zu **beurkunden** ist[91].

Im Hinblick auf die erforderliche Mehrheit wird in der Literatur teilweise vertreten, dass sich aus den europarechtlichen Vorgaben kein Erfordernis einer qualifizierten Mehrheit ableiten lasse[92]. Richtigerweise ist jedoch **analog Art. 18 SE-VO** i.V.m. den nationalen Umsetzungsvorschriften zu Art. 93 Abs. 1 GesRRL eine qualifizierte Mehrheit erforderlich[93]. Im Interesse eines homogenen Schutzstandards und wegen Art. 32 Abs. 7 SE-VO muss dies auch für Gründungsgesellschaften in der Rechtsform einer GmbH gelten[94]. § 10 Abs. 1 Satz 1 SEAG ist somit jedenfalls für AG rein deklaratorischer Natur[95]. In Bezug auf GmbH ist § 10 Abs. 1 Satz 1 SEAG hingegen wegen des Vorrangs des Unionsrechts unanwendbar; hier ist vielmehr gem. Art. 18 SE-VO analog i.V.m. § 65 Abs. 1 Satz 1 UmwG i.V.m. § 47 Abs. 1 GmbH eine Mehrheit von mindestens drei Vierteln des bei der Beschlussfassung vertretenen Stammkapitals plus eine einfache Stimmenmehrheit erforderlich[96]. 17.55

Der Zustimmungsbeschluss bedarf **keiner** besonderen **sachlichen Rechtfertigung**[97]. 17.56

dd) Vorbehalt der Haupt- bzw. Gesellschafterversammlung

Die Haupt- bzw. Gesellschafterversammlung einer jeden Gründungsgesellschaft kann sich das Recht vorbehalten, die Eintragung der SE davon abhängig zu machen, dass die über die Beteiligung der Arbeitnehmer geschlossene Vereinbarung von ihr **genehmigt** wird (Art. 32 Abs. 6 UAbs. 2 Satz 2 SE-VO). In diesem Fall hat die Haupt- bzw. Gesellschafterversammlung über die getroffene Vereinbarung zu beschließen. Richtiger Ansicht nach genügt dabei bei deutschen Gründungsgesellschaften sowohl für die Erklärung des Vorbehalts als auch für die spätere Genehmigung die einfache Mehrheit (§ 133 Abs. 1 AktG, § 47 Abs. 1 GmbHG)[98]. 17.57

f) Einbringung der Anteile der Gründungsgesellschaften

aa) Überblick

Charakteristikum der Gründung einer Holding-SE ist, dass mindestens 50 % der Anteilsinhaber jeder der beteiligten Gründungsgesellschaften ihre Anteile an diesen in Anteile der SE „umtauschen" (vgl. Art. 32 Abs. 2 Satz 2, 3; Art. 33 Abs. 4 SE-VO); damit wird die SE zur Holding-Gesellschaft der Gründungsgesellschaften, die eingebrachten Anteile bilden das Grundkapital der Holding-SE[99]. 17.58

---

91 Vgl. z.B. *Bayer* in Lutter/Hommelhoff/Teichmann, Art. 32 SE-VO Rz. 70; *Heckschen*, DNotZ 2003, 251 (262); *Paefgen* in KölnKomm/AktG, Art. 32 SE-VO Rz. 113; *Schäfer* in MünchKomm/AktG, Art. 32 SE-VO Rz. 34; *J. Schmidt*, SE, S. 298; *Scholz* in Habersack/Drinhausen, SE-Recht, Art. 32 SE-VO Rz. 95.

92 So etwa *Caspar* in FS Ulmer, 2003, S. 51 (60 f.); *Handelsrechtsausschuss des DAV*, NZG 2004, 74 (79); *Scheifele*, Gründung der SE, S. 342.

93 Ausf. *J. Schmidt*, SE, S. 296 f.; ebenso *Bayer* in Lutter/Hommelhoff/Teichmann, Art. 32 SE-VO Rz. 67; *Heckschen*, DNotZ 2003, 251 (262); *Schwarz*, Art. 32 SE-VO Rz. 65.

94 *Bayer* in Lutter/Hommelhoff/Teichmann, Art. 32 SE-VO Rz. 67; *J. Schmidt*, SE, S. 297.

95 *Bayer* in Lutter/Hommelhoff/Teichmann, Art. 32 SE-VO Rz. 67; *J. Schmidt*, SE, S. 297.

96 *J. Schmidt*, SE, S. 297 f.; s. ferner auch *Bayer* in Lutter/Hommelhoff/Teichmann, Art. 32 SE-VO Rz. 69.

97 *Scheifele*, Gründung der SE, S. 336; *J. Schmidt*, SE, S. 298; *Scholz* in Habersack/Drinhausen, SE-Recht, Art. 32 SE-VO Rz. 99; s. ferner auch *Teichmann*, AG 2004, 67 (70 ff.); *Paefgen* in KölnKomm/AktG, Art. 32 SE-VO Rz. 122 ff.

98 Vgl. zur Parallelproblematik bei der Verschmelzung *Bayer* in Lutter/Hommelhoff/Teichmann, Art. 23 SE-VO Rz. 17, 20 m.w.N.

99 *J. Schmidt*, SE, S. 299.

Gem. Art. 33 SE-VO erfolgt der **„Anteilstausch" in zwei Phasen**[100]:

Phase 1 („Mindestquotenphase"): Nach der endgültigen Festlegung des Gründungsplans haben die Anteilsinhaber der Gründungsgesellschaften zunächst drei Monate Zeit, um „ihrer" Gesellschaft mitzuteilen, ob sie beabsichtigen, ihre Gesellschaftsanteile bei der Gründung der SE einzubringen (Art. 33 Abs. 1 SE-VO). Nur wenn die im Gründungsplan für jede Gründungsgesellschaft festgelegte Mindesteinbringungsquote erreicht wird, kommt es überhaupt tatsächlich zur Gründung der SE (Art. 33 Abs. 2 SE-VO).

Phase 2 („Zaunkönigphase"): Diejenigen Anteilsinhaber, die in Phase 1 nicht mitgeteilt haben, dass sie ihre Anteile einbringen wollen, kommen in den Genuss einer Nachfrist von einem Monat, um dies doch noch zu tun (Art. 33 Abs. 3 Satz 2 SE-VO). Die „Zaunkönig-Regel" verhindert das Entstehen einer Art „prisoner's dilemma" für die Anteilsinhaber der SE: Sie können zunächst abwarten, ob es überhaupt zur Entstehung der SE kommt, ohne Gefahr zu laufen, sich mangels Tausch ihrer Anteile plötzlich als „einsamer" Minderheitsgesellschafter in der nunmehr von der Holding-SE kontrollierten Gesellschaft wiederzufinden[101]. Daneben dient die „Zaunkönig-Regel" aber auch dazu, dass – falls es zur Entstehung der Holding-SE kommt – die Holding-SE letztlich möglichst viele Anteile an den Gründungsgesellschaften erhält und damit ihre Holding-Funktion effektiv ausüben kann[102].

bb) Einbringungswahlrecht

17.59 Art. 33 Abs. 1 SE-VO gewährt den Anteilsinhabern der Gründungsgesellschaften also ein Wahlrecht: Sie können frei entscheiden, **ob und wie viele** ihrer Anteile sie in solche der Holding-SE „tauschen" möchten (und ob sie dies schon in Phase 1 oder erst in Phase 2 tun möchten)[103]. Dieses Wahlrecht besteht völlig unabhängig vom Abstimmungsverhalten in der Haupt- bzw. Gesellschafterversammlung: Art. 33 SE-VO differenziert nämlich gerade nicht zwischen Anteilsinhabern, die für und solchen, die gegen die Holding-SE-Gründung gestimmt haben[104].

cc) Einbringungsverfahren

(1) Phase 1 („Mindestquotenphase")

17.60 In Phase 1 haben die Anteilsinhaber der beteiligten Gründungsgesellschaften drei Monate Zeit, „ihrer" Gesellschaft „mitzuteilen, ob sie beabsichtigen, ihre Gesellschaftsanteile bei der Gründung der SE einzubringen". Bei dieser „**Mitteilung**" handelt es sich nicht etwa nur um eine informatorische Benachrichtigung, sondern um eine rechtsverbindliche Erklärung[105]: Da die Gründung der Holding-SE davon abhängig ist, dass sich eine ausreichende Anzahl von Anteilsinhabern zum Umtausch verpflichtet, muss definitiv klar sein, ob die erforderliche Mindestquote erreicht ist[106]. Nach zutreffender Ansicht handelt es sich um ein verbindliches **Angebot des Anteilsinhabers**, das von der jeweiligen Gründungsgesellschaft an die Vertretungsorgane der SE bzw. Vor-SE übermittelt wird[107]. Al-

100 *J. Schmidt*, SE, S. 300; *Bayer* in Lutter/Hommelhoff/Teichmann, Art. 33 SE-VO Rz. 2 m.w.N.

101 *J. Schmidt*, SE, S. 300; *Bayer* in Lutter/Hommelhoff/Teichmann, Art. 33 SE-VO Rz. 2 m.w.N.

102 *J. Schmidt*, SE, S. 300; *Bayer* in Lutter/Hommelhoff/Teichmann, Art. 33 SE-VO Rz. 2 m.w.N.

103 *Bayer* in Lutter/Hommelhoff/Teichmann, Art. 33 SE-VO Rz. 2, 4; *Schäfer* in MünchKomm/AktG, Art. 33 SE-VO Rz. 10; *J. Schmidt*, SE, S. 300 f.

104 *Bayer* in Lutter/Hommelhoff/Teichmann, Art. 33 SE-VO Rz. 3; *Schäfer* in MünchKomm/AktG, Art. 33 SE-VO Rz. 3; *J. Schmidt*, SE, S. 301; *Schwarz*, Art. 33 SE-VO Rz. 7.

105 *Bayer* in Lutter/Hommelhoff/Teichmann, Art. 33 SE-VO Rz. 9; *Heckschen*, DNotZ 2003, 251 (262); *J. Schmidt*, SE, S. 307; *Schwarz*, Art. 33 SE-VO Rz. 18; *Teichmann*, ZGR 2002, 383 (437).

106 *J. Schmidt*, SE, S. 307.

107 *Bayer* in Lutter/Hommelhoff/Teichmann, Art. 33 SE-VO Rz. 10; *Schäfer* in MünchKomm/AktG, Art. 33 SE-VO Rz. 6; *J. Schmidt*, SE, S. 307; abweichend jedoch (Annahmeerklärung): *Scheifele*, Gründung der SE, S. 361 f.; *Schwarz*, Art. 33 SE-VO Rz. 18.

lerdings ist anzunehmen, dass die Erklärung der Natur der Sache nach durch das Erreichen der Mindesteinbringungsquote aufschiebend bedingt ist[108].

Die Mitteilung muss innerhalb einer **Frist von drei Monaten** erfolgen, die gem. Art. 33 Abs. 1 Satz 2 SE-VO „mit dem Zeitpunkt, zu dem der Gründungsplan für die SE gemäß Artikel 32 endgültig festgelegt worden ist" beginnt. Dies ist prinzipiell mit dem Zustimmungsbeschluss der Haupt- bzw. Gesellschafterversammlung der Fall; nur im Sonderfall eines Zustimmungsvorbehalts gem. Art. 32 Abs. 6 Satz 3 SE-VO ist auf den Zeitpunkt der Genehmigung des Mitbestimmungsmodells abzustellen[109]. Aus der Systematik des Art. 33 SE-VO folgt, dass die Frist für jede Gründungsgesellschaft separat ab dem jeweiligen Zustimmungs- bzw. Genehmigungsbeschluss läuft[110] (und nicht etwa einheitlich ab dem jeweils letzten Zustimmungs- bzw. Genehmigungsbeschluss[111]). 17.61

Unter dem Begriff der „Einbringung" i.S.d. Art. 33 Abs. 2 SE-VO ist zutreffender Ansicht nach nicht die dingliche Übertragung, sondern nur die schuldrechtliche Verpflichtung zur dinglichen Übertragung der Anteile zu verstehen[112]. Dass mit „Einbringung" nicht die dingliche Übertragung an die Vor-SE gemeint sein kann, zeigt sich zwangsläufig, wenn man berücksichtigt, dass es gar nicht in allen Mitgliedstaaten eine „Vor-SE" gibt, an welche die Anteile dinglich übertragen werden könnten[113]. 17.62

Zeitpunkt und Modalitäten der **dinglichen Übertragung** richten sich hingegen – als Frage der Kapitalaufbringung – grundsätzlich gem. Art. 15 Abs. 1 SE-VO nach dem **nationalen Recht des Sitzstaats der künftigen SE**, denn bei den einzubringenden Anteilen handelt es sich *de facto* um Sacheinlagen, durch die das Grundkapital der SE aufgebracht wird[114]. Die spezifische Funktion gebietet es dabei, dass die Anteile (abweichend von Art. 48 UAbs. 2 GesRRL) spätestens im Zeitpunkt der Eintragung der Holding-SE vollständig auf diese übertragen sind[115]. Bei Geschäftsanteilen einer deutschen GmbH bedarf die Abtretung gem. § 15 Abs. 3 GmbHG der notariellen Beurkundung[116]. 17.63

(2) Offenlegung (Art. 33 Abs. 3 SE-VO)

Sobald alle Bedingungen der Holding-Gründung erfüllt sind, ist dies von jeder Gründungsgesellschaft gesondert nach den jeweiligen nationalen Umsetzungsvorschriften zu Art. 16 GesRRL[117] **offenzulegen** (Art. 33 Abs. 3 UAbs. 1 SE-VO). Die Offenlegung bezieht sich auf das Erreichen der 17.64

---

108 *Bayer* in Lutter/Hommelhoff/Teichmann, Art. 33 SE-VO Rz. 11; *J. Schmidt*, SE, S. 307.

109 *Bayer* in Lutter/Hommelhoff/Teichmann, Art. 33 SE-VO Rz. 13; *Brandes*, AG 2005, 177 (186); *J. Schmidt*, SE, S. 307; *Schwarz*, Art. 33 SE-VO Rz. 20; *Teichmann*, ZGR 2002, 383 (436).

110 *Bayer* in Lutter/Hommelhoff/Teichmann, Art. 33 SE-VO Rz. 13; *J. Schmidt*, SE, S. 308; *Scheifele*, Gründung der SE, S. 362 f.; *Schwarz*, Art. 33 SE-VO Rz. 20.

111 So aber *Brandes*, AG 2005, 177 (186); *Eberspächer* in Spindler/Stilz, Art. 33 SE-VO Rz. 3; *Schäfer* in MünchKomm/AktG, Art. 33 SE-VO Rz. 4; *Scholz* in Habersack/Drinhausen, Art. 33 SE-VO Rz. 19 f.

112 Ausf. *J. Schmidt*, SE, S. 301 ff.; ebenso *Bayer* in Lutter/Hommelhoff/Teichmann, Art. 33 SE-VO Rz. 16; *Brandes*, AG 2005, 177 (186); *Scheifele*, Gründung der SE, S. 360, 362; *Scholz* in Habersack/Drinhausen, SE-Recht, Art. 33 SE-VO Rz. 25; *Schwarz*, Art. 33 SE-VO Rz. 15 ff., 19.

113 *J. Schmidt*, SE, S. 303; *Bayer* in Lutter/Hommelhoff/Teichmann, Art. 33 SE-VO Rz. 16.

114 *J. Schmidt*, SE, S. 303 f.; *Bayer* in Lutter/Hommelhoff/Teichmann, Art. 33 SE-VO Rz. 17.

115 *Bayer* in Lutter/Hommelhoff/Teichmann, Art. 33 SE-VO Rz. 19; *Schäfer* in MünchKomm/AktG, Art. 33 SE-VO Rz. 9; *Scheifele*, Gründung der SE, S. 360; *J. Schmidt*, SE, S. 303 ff.

116 *Bayer* in Lutter/Hommelhoff/Teichmann, Art. 33 SE-VO Rz. 20; *Heckschen*, DNotZ 2003, 251 (262); *J. Schmidt*, SE, S. 305.

117 Die Verweisung auf Art. 3 RL 68/151/EWG (PubRL) ist gem. Art. 166 UAbs. 2 GesRRL i.V.m. Art. 16 UAbs. 2 RL 2009/101/EG als Verweisung auf Art. 16 GesRRL zu lesen.

Mindestquoten insgesamt und die bei jeder Gründungsgesellschaft tatsächlich erreichte Quote[118]. Für deutsche Gründungsgesellschaften richtet sich die Offenlegung nach § 10 HGB[119].

(3) Phase 2 („Zaunkönigphase")

17.65 Die Offenlegung nach Art. 33 Abs. 3 Satz 1 SE-VO markiert zugleich den Beginn der zweiten Phase des Anteilstauschs, der sog. „Zaunkönigphase". Ab der Offenlegung nach Art. 33 Abs. 3 Satz 1 SE-VO[120] (und nicht erst mit der Eintragung der Holding-SE[121]) haben diejenigen Anteilsinhaber, die dies in Phase 1 noch nicht getan haben, einen Monat Zeit, „ihrer" Gründungsgesellschaft mitzuteilen, ob sie die Absicht haben, ihre Gesellschaftsanteile diesen Gesellschaften im Hinblick auf die Gründung der künftigen SE zur Verfügung zu stellen. Wegen der zentralen Bedeutung des „Anteilstauschs" für die Gründung der Holding-SE ist auch unter der Mitteilung gem. Art. 33 Abs. 3 Satz 2 SE-VO eine rechtsverbindliche Erklärung zu verstehen[122]; es handelt sich nach zutreffender Ansicht auch hier um ein Angebot des Anteilsinhabers auf Abschluss eines Zeichnungsvertrags[123].

17.66 Die **Eintragung** der SE in das Handelsregister kann entgegen einer verbreiteten Auffassung[124] **erst nach Ablauf der Nachfrist** erfolgen[125].

g) Gründung nach §§ 32 ff. AktG

17.67 Die Gründung einer Holding-SE unterliegt neben den Bestimmungen der SE-VO auch dem **Gründungsrecht der AG** (Art. 5, Art. 15 Abs. 1 SE-VO). Dabei werden einzelne Erfordernisse wie die Feststellung der Satzung bereits durch die Zustimmung der Gründungsgesellschaften zu dem Gründungsplan erfüllt. Ergänzend anzuwenden bleiben die übrigen Vorschriften zur Gründung einer AG, insbesondere die §§ 30 ff. AktG. Dabei ist zu beachten, dass die Holding-SE durch die Einbringung von Anteilen an den Gründungsgesellschaften errichtet wird und damit eine **Sachgründung** vorliegt.

aa) Bestellung der Organe und des Abschlussprüfers

17.68 Die Mitglieder des **ersten Aufsichts- oder Verwaltungsorgans** werden in der Satzung bestellt (Art. 40 Abs. 2 Satz 2, Art. 43 Abs. 3 Satz 2 SE-VO). Zwar ist auch eine Bestellung durch die Hauptversammlung möglich, dieser Weg ist aber unsicher, da vor der Eintragung allenfalls eine Vor-SE besteht[126]. Die Bestellung der Mitglieder des ersten Aufsichtsorgans erfolgt für das erste Voll- oder

---

118 *Eberspächer* in Spindler/Stilz, Art. 33 SE-VO Rz. 11; *Paefgen* in KölnKomm/AktG, Art. 33 SE-VO Rz. 44; *Schäfer* in MünchKomm/AktG, Art. 33 SE-VO Rz. 17; *Scholz* in Habersack/Drinhausen, SE-Recht, Art. 33 SE-VO Rz. 31.

119 *Bayer* in Lutter/Hommelhoff/Teichmann, Art. 33 SE-VO Rz. 29; *Schäfer* in MünchKomm/AktG, Art. 33 SE-VO Rz. 18; *J. Schmidt*, SE, S. 309.

120 *Bayer* in Lutter/Hommelhoff/Teichmann, Art. 33 SE-VO Rz. 31; *Brandes*, AG 2005, 177 (186); *Schäfer* in MünchKomm/AktG, Art. 33 SE-VO Rz. 16, 19; *J. Schmidt*, SE, S. 309; *Teichmann*, ZGR 2002, 383 (437).

121 So aber *Kersting*, DB 2001, 2078 (2084); *Thümmel*, Europäische Aktiengesellschaft, Rz. 108.

122 *Bayer* in Lutter/Hommelhoff/Teichmann, Art. 33 SE-VO Rz. 32; *Schäfer* in MünchKomm/AktG, Art. 33 SE-VO Rz. 20; *J. Schmidt*, SE, S. 309.

123 *Bayer* in Lutter/Hommelhoff/Teichmann, Art. 33 SE-VO Rz. 32; *Schäfer* in MünchKomm/AktG, Art. 33 SE-VO Rz. 20; *J. Schmidt*, SE, S. 309.

124 *Eberspächer* in Spindler/Stilz, Art. 33 SE-VO Rz. 15; *Schäfer* in MünchKomm/AktG, Art. 33 SE-VO Rz. 9, 23, 26; *Scheifele*, Gründung der SE, S. 378 ff.; *Schwarz*, Art. 33 SE-VO Rz. 50; *Spitzbart*, RNotZ 2006, 369 (409); *Teichmann*, ZGR 2002, 383 (437); *Neun* in Theisen/Wenz, S. 163 f.

125 Ausf. *J. Schmidt*, SE, S. 340 ff.; ebenso: *Bayer* in Lutter/Hommelhoff/Teichmann, Art. 33 SE-VO Rz. 37; *Kersting*, DB 2001, 2079 (2084); *Paefgen* in KölnKomm/AktG, Art. 33 SE-VO Rz. 76; *Scholz* in Habersack/Drinhausen, SE-Recht, Art. 33 SE-VO Rz. 4, 35.

126 *Verse* in Habersack/Drinhausen, SE-Recht, Art. 43 SE-VO Rz. 28.

Rumpfgeschäftsjahr (Art. 15 Abs. 1 SE-VO i.V.m. § 30 Abs. 1 AktG)[127]. Bestellt werden dabei, da kein Unternehmen als Sacheinlage eingebracht wird, nur die Anteilseignervertreter (§ 31 AktG)[128]. Sind auch Arbeitnehmervertreter zu bestellen, hat das Leitungsorgan unverzüglich nach Einbringung aller Sacheinlagen das Statusverfahren zur Zusammensetzung des Aufsichtsorgans einzuleiten (§ 31 Abs. 3 i.V.m. §§ 97 ff. AktG)[129]. Im Falle einer monistischen SE sind die Mitglieder des ersten Verwaltungsorgans gem. Art. 15 Abs. 1 SE-VO i.V.m. §§ 30, 31 AktG analog zu bestellen[130]. In der Satzung können dabei nur die Anteilseignervertreter bestimmt werden; etwaige Arbeitnehmervertreter sind nach der Vereinbarung über die Mitbestimmung oder der gesetzlichen Auffangregelung zu bestellen[131]. Sobald das erste Aufsichtsorgan oder der erste Verwaltungsrat bestellt ist, hat dieses/r beim dualistischen System die Mitglieder des ersten Leitungsorgans (§ 30 Abs. 4, §84 AktG) und beim monistischen System den oder die geschäftsführenden Direktoren (§ 40 SEAG) zu bestellen.

Nach Art. 15 Abs. 1 SE-VO i.V.m. § 30 Abs. 1 AktG haben die an der Gründung der Holding-SE beteiligten Gesellschaften auch den **Abschlussprüfer** für das erste Voll- oder Rumpfgeschäftsjahr zu bestellen[132]. 17.69

bb) Gründungsbericht

Nach Art. 15 Abs. 1 SE-VO i.V.m. § 32 AktG haben die Gründer der SE einen schriftlichen Gründungsbericht zu erstatten[133]. **Gründer** sind im Falle einer Holding-SE die an der Gründung beteiligten Gesellschaften[134]. Zwar sind es die Anteilseigner dieser Gesellschaften, die ihre Aktien oder Geschäftsanteile in die Holding-SE einbringen und dafür SE-Aktien erhalten. Über den Gründungsplan einschließlich der Satzung beschließen aber die Haupt- bzw. Gesellschafterversammlungen der die Gründung anstrebenden Gesellschaften; deshalb erscheint es sachgerecht, diese mit den besonderen Pflichten und Haftungsrisiken der Gründer (§ 46 AktG) zu belasten[135]. 17.70

Zweck des Gründungsberichts ist die **Offenlegung des Gründungsvorgangs**, damit dieser anschließend durch den Gründungsprüfer (Art. 15 Abs. 1 SE-VO i.V.m. §§ 33, 34 AktG) und das Registergericht (Art. 15 Abs. 1 SE-VO i.V.m. § 38 AktG) geprüft werden kann[136]. Der Bericht hat deshalb eine andere Funktion als der im Gründungsplan vorgesehene Bericht der Leitungs- oder Verwaltungsorgane. Dieser dient dazu, die Aktionäre bzw. Gesellschafter der Gründungsgesellschaften in Vor- 17.71

---

127 *Drygala* in Lutter/Hommelhoff/Teichmann, Art. 40 SE-VO Rz. 28; *Paefgen* in KölnKomm/AktG, Art. 40 SE-VO Rz. 71 f.; *Seibt* in Habersack/Drinhausen, SE-Recht, Art. 40 SE-VO Rz. 51; a.A. *Schwarz*, Vorb Art. 32–34 SE-VO Rz. 26.

128 *Scheifele*, Gründung der SE, S. 367 f.

129 *Paefgen* in KölnKomm/AktG, Art. 40 SE-VO Rz. 73; *Seibt* in Habersack/Drinhausen, SE-Recht, Art. 40 SE-VO Rz. 51.

130 *Eberspächer* in Spindler/Stilz, Art. 43 SE-VO Rz. 33; *Reichert/Brandes* in MünchKomm/AktG, Art. 43 SE-VO Rz. 45; a.A. *Schwarz*, Vorb Art. 32–34 SE-VO Rz. 26; *Siems* in KölnKomm/AktG, Art. 43 SE-VO Rz. 51; *Seibt* in Habersack/Drinhausen, SE-Recht, Art. 43 SE-VO Rz. 27.

131 Vgl. *Schwarz*, Art. 43 SE-VO Rz. 105; *Seibt* in Habersack/Drinhausen, SE-Recht, Art. 43 SE-VO Rz. 29 f.

132 *Scheifele*, Gründung der SE, S. 368; *Neun* in Theisen/Wenz, S. 161; *Vossius*, ZIP 2005, 741 (745).

133 *Bayer* in Lutter/Hommelhoff/Teichmann, Art. 33 SE-VO Rz. 40; *Scheifele*, Gründung der SE, S. 368; *Schwarz*, Vorb. Art. 32–34 SE-VO Rz. 27f; *Paefgen* in KölnKomm/AktG, Art. 33 SE-VO Rz. 81; *J. Schmidt*, SE, S. 312; *Scholz* in Habersack/Drinhausen, SE-Recht, Art. 33 SE-VO Rz. 40.

134 *Bayer* in Lutter/Hommelhoff/Teichmann, Art. 32 SE-VO Rz. 11; *DAV-Handelsrechtsausschuss*, NZG 2004, 75 (78) und NZG 2004, 957 (958); *Neun* in Theisen/Wenz, S. 166 f.; *Neye/Teichmann*, AG 2003, 169 (174); *Paefgen* in KölnKomm/AktG, Art. 33 SE-VO Rz. 79 f.; *J. Schmidt*, SE, S. 312; *Scholz* in Habersack/Drinhausen, SE-Recht, Art. 33 SE-VO Rz. 39; *Teichmann*, ZGR 2002, 383 (436 Fn. 201); *Teichmann*, ZGR 2003, 367 (392 f.).

135 *Bayer* in Lutter/Hommelhoff/Teichmann, Art. 33 SE-VO Rz. 42; *Scheifele*, Gründung der SE, S. 308; *J. Schmidt*, SE, S. 311 f.

136 *Bayer* in K. Schmidt/Lutter, § 32 AktG Rz. 1; Hüffer/Koch, § 32 AktG Rz. 1.

bereitung auf die Zustimmungsbeschlüsse dieser Gesellschaften zu informieren. Der Gründungsbericht wird dagegen erst nach dieser Zustimmung erstellt und ist beim Registergericht als Anlage zu der Eintragungsanmeldung einzureichen (Art. 15 Abs. 1 SE-VO i.V.m. § 37 Abs. 4 Nr. 4 AktG). Der Zweck der Gründungsprüfung besteht dabei darin, die ordnungsgemäße Kapitalaufbringung sicherzustellen[137].

17.72 In dem Gründungsbericht ist zunächst der **Hergang der Gründung** darzustellen (Art. 15 Abs. 1 SE-VO i.V.m. § 32 Abs. 1 AktG). Dazu gehören alle für die Entstehung der SE wesentlichen Umstände. Wichtig sind z.B. Angaben zum Gründungsplan mit der Satzung und zur Höhe des Grundkapitals, zu den Zustimmungsbeschlüssen der Gründungsgesellschaften, der Übernahme der SE-Aktien im Tausch gegen Aktien oder Geschäftsanteile dieser Gesellschaften sowie der Bestellung der Organe und des Abschlussprüfers[138].

17.73 Da es sich bei der Bildung einer Holding-SE um eine Sachgründung handelt, sind in dem Gründungsbericht zusätzlich alle wesentlichen Umstände darzulegen, von denen die **Angemessenheit der Gegenleistung** für die als Sacheinlage eingebrachten Aktien oder Geschäftsanteile abhängt (Art. 15 Abs. 1 SE-VO i.V.m. § 32 Abs. 2 Satz 1 AktG). Den Erwerb der Anteile durch der SE vorausgegangene Rechtsgeschäfte (Art. 15 Abs. 1 SE-VO i.V.m. § 32 Abs. 2 Satz 2 Nr. 1 AktG) wird es kaum geben. Ebenso entfallen Angaben zum Übergang eines Unternehmens (Art. 15 Abs. 1 SE-VO i.V.m. § 32 Abs. 2 Satz 2 Nr. 3 AktG)[139]. Anzugeben sind dagegen die Anschaffungs- und Herstellungskosten der einzulegenden Aktien oder Geschäftsanteile aus den beiden letzten Jahren (Art. 15 Abs. 1 SE-VO i.V.m. § 32 Abs. 2 Satz 2 Nr. 2 AktG). Beteiligen sich an der Holding-SE viele Sacheinleger, kann die Erfüllung dieser Vorschrift Schwierigkeiten bereiten. Die Vorschrift deshalb für nicht anwendbar zu erklären[140], geht allerdings zu weit gehen. Die im Einzelnen zu stellenden Anforderungen sind jedoch im Wege der SE-spezifischen Auslegung der Norm kontextspezifisch zu reduzieren[141].

17.74 Im Gründungsbericht ist ferner anzugeben, ob und in welchem Umfang bei der Gründung Aktien für Rechnung eines Mitglieds des Leitungs-, Aufsichts- oder Verwaltungsorgans übernommen worden sind und ob und in welcher Weise sich diese Personen einen besonderen Vorteil, eine Entschädigung oder eine Belohnung ausbedungen haben (Art. 15 Abs. 1 SE-VO i.V.m. **§ 32 Abs. 3 AktG**).

cc) Gründungsprüfung

17.75 Der Hergang der Gründung ist von den Mitgliedern des **Leitungs-** und **Aufsichtsorgans** bzw. im monistischen System von den Mitgliedern des **Verwaltungsorgans** zu prüfen (Art. 15 Abs. 1 SE-VO i.V.m. § 33 Abs. 1 AktG). Da es sich um eine Gründung mit Sacheinlagen handelt, ist die Gründung außerdem von einem oder mehreren vom Gericht bestellten Prüfern, den sog. **Gründungsprüfern**, zu prüfen (Art. 15 Abs. 1 SE-VO i.V.m. § 33 Abs. 2 Nr. 4 AktG). Zweck dieser Prüfung ist es, eine ordnungsgemäße Errichtung der Gesellschaft sicherzustellen[142]. Die – gegenständlich gleiche – Prüfung hat sich darauf zu erstrecken, ob die Angaben im Gründungsbericht **richtig** und **vollständig** sind. Die Prüfung muss auf jeden Fall die Übernahme der SE-Aktien und etwaige Festsetzungen

---

137 Vgl. *Bayer* in Lutter/Hommelhoff/Teichmann, Art. 33 SE-VO Rz. 38; *Schäfer* in MünchKomm/AktG, Art. 32 SE-VO Rz. 37; *Scheifele*, Gründung der SE, S. 368.

138 Vgl. *Bayer* in K. Schmidt/Lutter, § 32 AktG Rz. 4; Hüffer/Koch, § 32 AktG Rz. 3; *Neun* in Theisen/Wenz, S. 167.

139 *Scholz* in Habersack/Drinhausen, SE-Recht, Art. 33 SE-VO Rz. 45.

140 So *Paefgen* in KölnKomm/AktG, Art. 33 SE-VO Rz. 85; *Schäfer* in MünchKomm/AktG, Art. 32 SE-VO Rz. 37; *Scholz* in Habersack/Drinhausen, SE-Recht, Art. 33 SE-VO Rz. 46; für eine Anwendung nur auf personalistisch strukturierte Gründungsgesellschaften *Neun* in Theisen/Wenz, S. 57, 167 f.

141 *Bayer* in Lutter/Hommelhoff/Teichmann, Art. 33 SE-VO Rz. 40.

142 Hüffer/Koch, § 33 AktG Rz. 1, § 34 AktG Rz. 2; *Pentz* in MünchKomm/AktG, § 33 AktG Rz. 4, § 34 AktG Rz. 5.

nach §§ 26, 27 AktG (Sondervorteile, Gründerlohn, Gründungsaufwand und Sacheinlagen) in der Satzung umfassen und sich zur Werthaltigkeit der Sacheinlagen äußern (vgl. Art. 15 Abs. 1 SE-VO i.V.m. § 34 Abs. 1 AktG). Außerdem sind die Sacheinlagen, also die eingebrachten Aktien oder Geschäftsanteile, zu beschreiben und die für die Ermittlung des Umtauschverhältnisses angewandten Bewertungsmethoden anzugeben (Art. 15 Abs. 1 SE-VO i.V.m. § 34 Abs. 2 Satz 2 AktG).

Gem. Art. 15 Abs. 1 SE-VO i.V.m. § 34 Abs. 2 Satz 1 AktG ist ein **schriftlicher Prüfungsbericht** erforderlich, der insbesondere auch eine Beschreibung des Gegenstands der Sacheinlage enthalten sowie die angewendete(n) Bewertungsmethode(n) angeben muss. Der Prüfungsbericht ist mit der Anmeldung beim Registergericht einzureichen (Art. 15 Abs. 1 SE-VO i.V.m. § 34 Abs. 3 Satz 1, § 37 Abs. 4 Nr. 4 AktG, § 4 SEAG). 17.76

dd) Prüfung durch das Registergericht

Die Holding-SE ist von allen Gründern sowie von den Mitgliedern des Leitungs- und Aufsichtsorgans (Art. 15 Abs. 1 SE-VO i.V.m. § 36 Abs. 1 AktG) bzw. den Mitgliedern des Verwaltungsorgans und den geschäftsführenden Direktoren (§ 21 Abs. 1 SEAG) zur Eintragung in das Handelsregister anzumelden. Der Inhalt der Anmeldung ergibt sich aus § 37 AktG. Zuständig für die Eintragung ist das Registergericht am Sitz der SE (vgl. Art. 68 Abs. 2 SE-VO i.V.m. § 4 SEAG und § 14 AktG). Dieses Gericht hat gem. Art. 15 Abs. 1 SE-VO i.V.m. § 38 Abs. 1 AktG zu prüfen, ob die SE **ordnungsgemäß errichtet** und **angemeldet** ist. 17.77

Nach Art. 33 Abs. 5 SE-VO hat das Registergericht auch zu prüfen, ob der **Gründungsplan** die erforderlichen Bestandteile enthält und die Haupt- und Gesellschafterversammlungen der Gründungsgesellschaften diesem Plan **zugestimmt** haben. Bei einem Vorbehalt über die Arbeitnehmerbeteiligung (vgl. Art. 32 Abs. 6 Satz 2 SE-VO) ist außerdem zu prüfen, ob die getroffene Vereinbarung von den Haupt- und Gesellschafterversammlungen genehmigt wurde. Schließlich hat sich das Registergericht davon zu überzeugen, dass die im Gründungsplan vorgesehene **Mindesteinbringungsquote** sowie die übrigen Bedingungen erfüllt wurden. 17.78

Fraglich ist, ob und inwieweit sich die Prüfung der **Zustimmungsbeschlüsse** der Gründungsgesellschaften auch auf deren Rechtmäßigkeit erstreckt. Eine materiell-rechtliche Prüfung sehen insoweit weder die SE-VO noch die Gründungsvorschriften des Aktienrechts vor. Zudem sprechen eine ganze Reihe gewichtiger systematischer und teleologischer Erwägungen gegen eine umfassende materielle Kontrolle der Zustimmungsbeschlüsse anhand des jeweiligen nationalen Rechts. Zum einen wäre sie bereits rein praktisch kaum durchführbar, da damit eine umfängliche Prüfung am Maßstab ausländischen Rechts gefordert wäre[143]. Überdies stünde sie im Widerspruch zu dem auch bei der Gründung einer Holding-SE geltenden Prinzip der Sphärentrennung, das im Parallelfall der Verschmelzung gerade damit korreliert, dass den jeweiligen Kontrollstellen nur die Prüfung des eigenen nationalen Rechts (sowie des SE-Rechts) auferlegt wird[144]. Gleichwohl kann von der SE-VO andererseits aber auch kaum gewollt sein, dass die Kontrollstelle im Sitzstaat der SE selbst dann zur Eintragung verpflichtet sein soll, wenn einer der Zustimmungsbeschlüsse evident fehlerhaft ist; zumindest die Durchführung einer **Evidenzkontrolle** im Hinblick auf die Ordnungsmäßigkeit der Zustimmungsbeschlüsse dürfte daher unverzichtbar sein[145]. Hier dürfte der deutsche Gesetzgeber mit der in § 10 Abs. 2 SEAG vorgesehenen Negativerklärung eine sinnvolle und praktikable Lösung gefunden haben: Wenn die Vertretungsorgane der künftigen Holding-SE erklären, dass eine Klage gegen die Zustimmungsbeschlüsse nicht (fristgemäß) erhoben oder rechtskräftig abgewiesen oder zurück- 17.79

143 *J. Schmidt*, SE, S. 334; *Bayer* in Lutter/Hommelhoff/Teichmann, Art. 33 SE-VO Rz. 48.
144 *J. Schmidt*, SE, S. 334; *Bayer* in Lutter/Hommelhoff/Teichmann, Art. 33 SE-VO Rz. 48.
145 *J. Schmidt*, SE, S. 334 f.; *Bayer* in Lutter/Hommelhoff/Teichmann, Art. 33 SE-VO Rz. 48; *Paefgen* in KölnKomm/AktG, Art. 33 SE-VO Rz. 104.

gewiesen ist, so kann und darf sich das Registergericht im Rahmen der vorzunehmenden Evidenzkontrolle darauf verlassen und die SE eintragen[146].

17.80 Mit der **Eintragung** im Handelsregister entsteht die SE als rechtsfähige juristische Person (Art. 16 Abs. 1 SE-VO). Die Anteilsinhaber der Gründungsgesellschaften, die ihre Aktien bzw. Geschäftsanteile in die SE eingebracht haben, werden Aktionäre der SE; die Gründungsgesellschaften werden Tochtergesellschaften der SE. Die Eintragung einer Holding-SE mit Sitz in Deutschland ist gem. Art. 15 Abs. 2, Art. 13 Abs. 2 SE-VO i.V.m. § 10, § 8b Abs. 2 Nr. 1 HGB bekanntzumachen. Die Eintragung ist außerdem im ABl. EU zu veröffentlichen (Art. 14 SE-VO).

III. Klagen gegen den Zustimmungsbeschluss zum Gründungsplan

1. Bedeutung für die Eintragung im Handelsregister

17.81 Soweit an der Gründung einer Holding-SE Aktiengesellschaften und GmbH mit Sitz in Deutschland beteiligt sind, können deren Gesellschafter die Wirksamkeit des Zustimmungsbeschlusses ihrer Haupt- oder Gesellschafterversammlung mit der **Anfechtungs- oder Nichtigkeitsklage** angreifen. Dabei gelten die aktienrechtlichen Bestimmungen (§§ 241, 246 AktG) für die GmbH weitgehend entsprechend[147]. Ist eine derartige Klage anhängig, führt dies anders als im Umwandlungsrecht (vgl. § 16 Abs. 2 Satz 2 UmwG) nicht zu einer Eintragungssperre[148]. Es liegt dann vielmehr im pflichtgemäßen Ermessen des Registergerichts, ob es die SE einträgt oder nicht. In der Regel wird das Gericht allerdings die Eintragung aussetzen, bis über die Klage entschieden ist oder sich der Rechtsstreit anderweitig, z.B. durch Klagerücknahme, erledigt hat (vgl. § 21 FamFG).

17.82 Im Umwandlungsrecht kann die durch Erhebung einer Beschlussmängelklage eintretende Registersperre u.U. durch einen Freigabebeschluss gem. § 16 Abs. 3, § 125 Satz 1, § 198 Abs. 3 UmwG aufgehoben werden. Damit kann das Erpressungspotential solcher Klagen deutlich eingeschränkt werden. Für die Eintragung der Holding-SE sieht das SEAG kein entsprechendes **Freigabeverfahren** vor. Über Art. 18 SE-VO ist § 16 Abs. 3 UmwG aber analog anwendbar. Es ist kein sachlicher Grund ersichtlich, warum das Freigabeverfahren, das bei der Gründung einer SE im Wege der Verschmelzung gilt, nicht auch bei der Gründung einer Holding-SE gelten soll. Andernfalls würde das Erfordernis der Negativerklärung gem. § 10 Abs. 2 SEAG bedeuten, dass die Gründung einer Holding-SE gegen den Willen einzelner Minderheitsgesellschafter nicht durchführbar wäre[149]. Dies ist gerade bei Strukturänderungen aber nicht gewollt (vgl. § 246a Abs. 2, § 319 Abs. 6 Satz 3, § 320 Abs. 1 Satz 3, § 327e Abs. 2 AktG).

17.83 Wird bei einer oder mehreren Gründungsgesellschaften ein Freigabeverfahren erfolgreich durchgeführt und wird die Holding-SE daraufhin trotz der erhobenen Beschlussmängelklage(n) in das Handelsregister eingetragen, so ist diese Eintragung endgültig. Selbst wenn die Beschlussmängelklage fortgeführt wird und sich als begründet erweist, kann eine Rückgängigmachung der Eintragung nicht verlangt werden (§ 16 Abs. 3 Satz 10 UmwG analog). Die Eintragung der Holding-SE begründet über die im Freigabeverfahren behandelten Rechtsmängel hinaus aber keinen **Bestandsschutz**. Art. 30 Satz 1 SE-VO, der einen umfassenden Bestandsschutz bei der Gründung einer SE im Wege der Verschmelzung vorsieht, ist auf die Holding-SE wegen der eher möglichen Rückabwick-

146 *J. Schmidt*, SE, S. 334 f.; *Bayer* in Lutter/Hommelhoff/Teichmann, Art. 33 SE-VO Rz. 48.

147 Vgl. nur *Wertenbruch* in MünchKomm/GmbHG, Anh. § 47 GmbHG Rz. 1 ff.

148 *Scholz* in Habersack/Drinhausen, SE-Recht, Art. 32 SE-VO Rz. 100; *Paefgen* in KölnKomm/AktG, Art. 33 SE-VO Rz. 109.

149 Vgl. *Eberspächer* in Spindler/Stilz, Art. 33 SE-VO Rz. 18; *Göz*, ZGR 2008, 593 (606 f.); *Schäfer* in MünchKomm/AktG, Art. 33 SE-VO Rz. 30; *Paefgen* in KölnKomm/AktG, Art. 33 SE-VO Rz. 109 f.; *Scholz* in Habersack/Drinhausen, SE-Recht, Art. 32 SE-VO Rz. 101; abl. *Bayer* in Lutter/Hommelhoff/Teichmann, Art. 33 SE-VO Rz. 54; *Drinhausen* in van Hulle/Maul/Drinhausen, Hdb zur SE, 4. Abschnitt § 3 Rz. 33; *J. Vetter* in Lutter/Hommelhoff, Europäische Gesellschaft, S. 111, 154.

lung der Gründung nicht übertragbar[150]. Ein Bestandsschutz analog § 20 Abs. 2 UmwG scheidet ebenfalls aus[151]. Eine fehlerhaft gegründete deutsche Holding-SE kann daher u.U. gem. §§ 275 ff., 262 Abs. 1 Nr. 5 AktG i.V.m. §§ 397 f. FamFG wieder gelöscht werden.

2. Klageausschluss und Spruchverfahren in bestimmten Fällen

Der deutsche Gesetzgeber hat auf der Basis der Ermächtigung in Art. 34 Abs. 2 SE-VO zum Schutz der Minderheitsgesellschafter eine Pflicht zu einem Abfindungsangebot im Gründungsplan (§ 9 SEAG, Rz. 17.33 und Rz. 17.85) sowie einen Anspruch auf Nachbesserung des Umtauschverhältnisses vorgesehen (§ 11 SEAG, Rz. 17.88 f.); beides ist verbunden mit dem Ausschluss von Anfechtungsklagen und dem Verweis ins Spruchverfahren (§ 9 Abs. 2 i.V.m. § 7 Abs. 5, 7 SEAG; § 11 Abs. 2 i.V.m. § 6 Abs. 1, Abs. 4 SEAG). 17.84

a) Fehlerhaftes Abfindungsangebot

Nach **§ 9 Abs. 2, § 7 Abs. 5 SEAG** kann eine Klage gegen die Wirksamkeit des Zustimmungsbeschlusses einer deutschen Gründungs-Aktiengesellschaft nicht darauf gestützt werden, dass das **Barabfindungsangebot** im Gründungsplan (s. dazu Rz. 17.33) **zu niedrig** bemessen ist oder dass die Barabfindung im Gründungsplan **nicht oder nicht ordnungsgemäß angeboten** worden sei. Gem. § 243 Abs. 4 Satz 2 AktG sind auch auf diesbezügliche **Informationsmängel** gestützte Klagen ausgeschlossen[152]. 17.85

Als Korrelat zum Ausschluss der Anfechtungsklage verweisen § 9 Abs. 2, § 7 Abs. 7 Satz 1 und 2 SEAG die Aktionäre darauf, im **Spruchverfahren** die Bestimmung einer ordnungsgemäßen Barabfindung zu beantragen. Gem. § 9 Abs. 2, § 7 Abs. 7 Satz 3 SEAG können auch die Aktionäre einer übertragenden ausländischen Gesellschaft ein Spruchverfahren vor deutschen Gerichten einleiten – allerdings nur, wenn nach dem Recht des betreffenden EU/EWR-Mitgliedstaats ein „Spruchverfahren" vorgesehen ist und deutsche Gerichte für dessen Durchführung international zuständig sind. 17.86

Klageausschluss und Verweis ins Spruchverfahren gelten allerdings nur unter den **Voraussetzungen des Art. 25 Abs. 3 Satz 1 SE-VO**[153] (vgl. § 9 Abs. 2, § 7 Abs. 5, Abs. 7 Satz 1 SEAG) – also nur, wenn auch für die anderen Gründungsgesellschaften ein solches „Spruchverfahren" existiert oder die anderen Gründungsgesellschaften in Mitgliedstaaten, in denen kein „Spruchverfahren" besteht, dies bei der Zustimmung zum Gründungsplan ausdrücklich akzeptiert haben. Da indes *de lege lata*[154] nur wenige andere Rechtsordnungen ein solches „Spruchverfahren" vorsehen und für die Aktionäre ausländischer Gründungsgesellschaften wenig Anreiz besteht, der Durchführung eines „Spruchverfahrens" bei einer deutschen Gründungsgesellschaft zuzustimmen, wird der Klageausschluss und der Verweis ins Spruchverfahren nur selten greifen[155]. 17.87

---

150 Vgl. *Bayer* in Lutter/Hommelhoff/Teichmann, Art. 33 SE-VO Rz. 58; *Eberspächer* in Spindler/Stilz, Art. 33 SE-VO Rz. 19; *J. Schmidt*, SE, S. 342; *Scholz* in Habersack/Drinhausen, SE-Recht, Art. 33 SE-VO Rz. 58; a.A. *Brandes*, AG 2005, 177 (187).

151 *Scheifele*, Gründung der SE, S. 381; *Paefgen* in KölnKomm/AktG, Art. 33 SE-VO Rz. 117.

152 Vgl. *Bayer* in Lutter/Hommelhoff/Teichmann, Art. 34 SE-VO Rz. 26; *Paefgen* in KölnKomm/AktG, Art. 34 SE-VO Rz. 31.

153 Zur analogen Geltung des Art. 25 Abs. 3 SE-VO bei der Holdinggründung *J. Schmidt*, SE, S. 322 f. m.w.N.

154 Dies könnte sich indes mit der Umsetzung des Company Law Package ändern: Dieses betrifft zwar nicht die SE, könnte aber auch für andere Mitgliedstaaten Anlass sein, auch für die SE-Gründung „Spruchverfahren" einzuführen.

155 Zur Problematik bereits *J. Schmidt*, SE, S. 226 ff., 323 m.w.N.

b) Nicht angemessenes Umtauschverhältnis

17.88 Nach **§ 11 Abs. 2 i.V.m. § 6 Abs. 1 SEAG** kann eine Klage gegen die Wirksamkeit des Zustimmungsbeschlusses einer deutschen Gründungsgesellschaft nicht darauf gestützt werden, dass das **Umtauschverhältnis** der Anteile **nicht angemessen** ist.

17.89 Die Anteilsinhaber haben jedoch gem. **§ 11 Abs. 1 SEAG** gegen die SE einen Anspruch auf **Ausgleich durch bare Zuzahlung**. Dieser ist gem. § 11 Abs. 2, § 6 Abs. 4 SEAG im **Spruchverfahren** geltend zu machen. Einen Ausgleichsanspruch haben jedoch nur Anteilsinhaber, die ihre Anteile ganz oder teilweise in Aktien der SE getauscht haben[156]. Den übrigen Anteilsinhabern einer deutschen Gründungsgesellschaft, die sich nicht an der SE beteiligt haben, steht das Antragsrecht nicht zu, denn sie sind nicht schutzbedürftig[157]. Der Anspruch auf bare Zuzahlung ist nach zutreffender Ansicht auch nicht von einem Widerspruch abhängig[158]. Gem. § 11 Abs. 2, § 6 Abs. 4 Satz 2 SEAG können auch Anteilsinhaber einer übertragenden ausländischen Gesellschaft ein Spruchverfahren vor deutschen Gerichten einleiten – allerdings nur, wenn nach dem Recht des betreffenden EU/EWR-Mitgliedstaats ein „Spruchverfahren" vorgesehen ist und deutsche Gerichte für dessen Durchführung international zuständig sind.

17.90 Klageausschluss und Verweis ins Spruchverfahren gelten allerdings auch hier nur unter den **Voraussetzungen des Art. 25 Abs. 3 Satz 1 SE-VO**[159] (vgl. § 11 Abs. 2, § 6 Abs. 1, Abs. 4 Satz 1 SEAG) – also nur, wenn auch für die anderen Gründungsgesellschaften ein solches „Spruchverfahren" existiert oder die anderen Gründungsgesellschaften in Mitgliedstaaten, in denen kein „Spruchverfahren" besteht, dies bei der Zustimmung zum Gründungsplan ausdrücklich akzeptiert haben. Klageausschluss und Spruchverfahren werden daher nur selten greifen (s. bereits Rz. 17.87). Misslich ist außerdem, dass es sich zwingend um eine bare Zuzahlung handeln muss; im Interesse von mehr Flexibilität und der Vermeidung eines übergroßen Liquiditätsabflusses wäre es wünschenswert, der Gesellschaft zu gestatten, anstelle des Barausgleichs wahlweise zusätzliche Aktien zu gewähren[160].

IV. Pflichtangebot nach WpÜG?

17.91 Die Gründung einer Holding-SE erfordert, dass diese mehr als 50 % der durch Gesellschaftsanteile verliehenen ständigen Stimmrechte der Gründungsgesellschaften erwirbt (Art. 32 Abs. 2 Satz 4 und Abs. 7 SE-VO); damit stellt sich die Frage, ob die Holding-SE ein Pflichtangebot nach den nationalen Umsetzungsvorschriften zu **Art. 5 Abs. 1 TBD**[161] unterbreiten muss, d.h. soweit der Anwendungsbereich des WpÜG eröffnet ist, nach **§ 35 WpÜG**.

17.92 Im Schrifttum wird teilweise die Ansicht vertreten, dass das (in Umsetzung der TBD erlassene) nationale **Übernahmerecht** im Falle der Gründung einer Holding-SE **durch die Art. 32 ff. SE-VO ver-**

---

156 Vgl. *Bayer* in Lutter/Hommelhoff/Teichmann, Art. 34 SE-VO Rz. 36; *Eberspächer* in Spindler/Stilz, Art. 34 SE-VO Rz. 4; *Paefgen* in KölnKomm/AktG, Art. 34 SE-VO Rz. 39; *Scheifele*, Gründung der SE, S. 349; *Scholz* in Habersack/Drinhausen, SE-Recht, Art. 34 SE-VO Rz. 8; *Schwarz*, Art. 34 SE-VO Rz. 13.

157 Vgl. *Bayer* in Lutter/Hommelhoff/Teichmann, Art. 34 SE-VO Rz. 36; *Handelsrechtsausschuss des DAV*, NZG 2004, 957 (959); *Scheifele*, Gründung der SE, S. 351; *J. Schmidt*, SE, S. 323.

158 Näher *J. Schmidt*, SE, S. 324; ebenso *Eberspächer* in Spindler/Stilz, Art. 34 SE-VO Rz. 1; *Schäfer* in MünchKomm/AktG, Art. 34 SE-VO Rz. 3; *Scholz* in Habersack/Drinhausen, SE-Recht, Art. 34 SE-VO Rz. 6; a.A. *Handelsrechtsausschuss des DAV*, NZG 2004, 957 (959); *Schröder* in Manz/Mayer/Schröder, Art. 34 SE-VO Rz. 9 f., 21; *J. Vetter* in Lutter/Hommelhoff, Europäische Gesellschaft, S. 111, 155.

159 Zur analogen Geltung des Art. 25 Abs. 3 SE-VO bei der Holdinggründung *J. Schmidt*, SE, S. 322 f. m.w.N.

160 Vgl. *Bayer* in Lutter/Hommelhoff/Teichmann, Art. 34 SE-VO Rz. 35; *Handelsrechtsauschuss des DAV*, NZG 2004, 75 (79); *Handelsrechtsauschuss des DAV*, NZG 2004, 957 (959); *J. Schmidt*, SE, S. 324.

161 Richtlinie 2004/25/EG des EP und des Rates v. 21.4.2004 betreffend Übernahmeangebote, ABl. EU Nr. L 142 v. 30.4.2004, S. 12.

drängt werde[162]. Neben der Zaunkönigregel des Art. 33 Abs. 3 Satz 2 SE-VO sei für die Anwendbarkeit mitgliedstaatlichen Übernahmerechts kein Raum[163]. Zudem sei die Preiskontrolle in Form einer Überprüfung der Bewertungsrelation in Art. 32 Abs. 4 und Abs. 5 SE-VO abschließend geregelt[164]. Unabhängig davon fehle es aber in jedem Fall überhaupt an einer Übernahmesituation, da der Übertragungsvorgang von den Gründungsgesellschaften gemeinsam und nicht von einer Bietergesellschaft allein ausgehe[165].

Im Ergebnis kann diese Auffassung jedoch nicht überzeugen und wird von der **h.M.** zu Recht abgelehnt: Das nationale **Übernahmerecht** ist vielmehr grundsätzlich **parallel** zu den speziellen Regelungen der **SE-VO** über die Gründung einer Holding-SE zur Anwendung berufen[166]. Erwägungsgrund 12 SE-VO bestimmt ausdrücklich, dass einzelstaatliche Bestimmungen bezüglich öffentlich zur Zeichnung auffordernde Aktiengesellschaften auch bei Gründung einer SE gelten. Gerade vor dem Hintergrund, dass seit 2004 mit der TBD ein europaweit einheitlicher übernahmerechtlicher Mindeststandard existiert, ist nicht ersichtlich, weshalb gerade die SE als „europäisches Flaggschiff" von der Geltung dieser Standards ausgenommen sein sollte[167]. Da die Holding-SE im Zuge ihrer Gründung zwingend die Mehrheit der Anteile an den Gründungsgesellschaften erwerben muss, findet stets ein Kontrollerwerb im übernahmerechtlichen Sinne statt[168]; dass die SE im Zeitpunkt des Anteilserwerbs überhaupt erst zur Entstehung gelangt, ist unerheblich[169]. Die unterschiedlichen Schutzziele von Gesellschafts- und Übernahmerecht lassen eine prinzipiell parallele Anwendung zudem auch unter Wertungsaspekten geboten erscheinen[170]. So muss etwa die vom Bieter angebotene Gegenleistung gem. Art. 5 Abs. 5 TBD entweder aus Geld oder liquiden Wertpapieren bestehen; die SE-VO hingegen räumt den Anteilsinhabern der Gründungsgesellschaften nur ein Recht auf Umtausch ihrer Anteile in solche der SE ein – diese sind jedoch nicht zwingend liquide[171]. Zudem sehen TBD und nationales Übernahmerecht auch unterschiedliche Informations- und Rechtsschutzmöglichkeiten vor[172]. 17.93

Speziell auch aus deutscher Sicht führt die Kumulation der Regelungen des WpÜG und des SEAG indes nicht nur zu erheblichen **Koordinationsproblemen**, sondern auch zu einer äußerst misslichen Doppelung von Verfahrens-, Informations- und Abfindungsregeln[173]. In der Literatur wird teilweise versucht, diese Problematik durch die Anwendung des § 35 Abs. 3 WpÜG zu lösen[174]. Dem ist jedoch nicht zu folgen. Ein vorausgehendes freiwilliges Übernahmeangebot kann ein Pflichtangebot nur dann entbehrlich machen, wenn es denselben Standards (insbesondere Mindestpreisregelung 17.94

---

162 So etwa *Brandt*, NZG 2002, 991 (995); *Ihrig/Wagner*, BB 2003, 969 (973); *Ihrig/Wagner*, BB 2004, 1749 (1753); *J. Vetter* in Lutter/Hommelhoff, Europäische Gesellschaft, S. 111 (162).

163 *Ihrig/Wagner*, BB 2003, 969 (973); *Ihrig/Wagner*, BB 2004, 1749 (1753); *J. Vetter* in Lutter/Hommelhoff, Europäische Gesellschaft, S. 111 (162).

164 *Brandt*, NZG 2002, 991 (995); *J. Vetter* in Lutter/Hommelhoff, Europäische Gesellschaft, S. 111 (162).

165 *Brandt*, NZG 2002, 991 (995).

166 *Bayer* in Lutter/Hommelhoff/Teichmann, Art. 32 SE-VO Rz. 19; *Handelsrechtsauschuss des DAV, NZG* 2004, 957 (958); *Horn*, DB 2005, 147 (149); *Kalss*, ZGR 2003, 593 (642); *Kloster*, EuZW 293 (294 Fn. 17); *Koke*, Finanzverfassung, S. 62 ff.; *Oplustil* (2003) 4 GLJ 107 (125 f.); *Paefgen* in KölnKomm/AktG, Art. 32 SE-VO Rz. 147 f.; *Schäfer* in MünchKomm/AktG, Art. 32 SE-VO Rz. 6; *Scheifele*, Gründung, S. 366; *J. Schmidt*, SE, S. 327; *Schwarz*, Vorb. Art. 32–34 SE-VO Rz. 14; *Thoma/Leuering*, NJW 2002, 1449 (1453).

167 *J. Schmidt*, SE, S. 327 m.w.N.

168 *J. Schmidt*, SE, S. 327.

169 *J. Schmidt*, SE, S. 327; *Teichmann*, AG 2004, 67 (77).

170 *Bayer* in Lutter/Hommelhoff/Teichmann, Art. 32 SE-VO Rz. 19; *Kalss*, ZGR 2003, 593 (642); *Oplustil* (2003) 4 GLJ 107 (125); *J. Schmidt*, SE, S. 328; *Teichmann*, AG 2004, 67 (82).

171 *Bayer* in Lutter/Hommelhoff/Teichmann, Art. 32 SE-VO Rz. 19; *Oplustil* (2003) 4 GLJ 107 (125); *J. Schmidt*, SE, S. 328.

172 *Bayer* in Lutter/Hommelhoff/Teichmann, Art. 32 SE-VO Rz. 19; *J. Schmidt*, SE, S. 328.

173 *J. Schmidt*, SE, S. 329 m.w.N.

174 *Kalss*, ZGR 2003, 593 (642); *Scheifele*, Gründung der SE, S. 367.

des § 31 WpÜG) genügt; dies ist im Hinblick auf das im Gründungsplan der Holding-SE enthaltene „Tauschangebot" jedoch nicht der Fall[175]. Die Problematik ist vielmehr über eine **Befreiung von der Angebotspflicht gem. § 37 WpÜG** zu lösen; wenn die Interessen der Minderheitsaktionäre durch ein Austrittsrecht gem. § 9 SEAG hinreichend geschützt ist, ist das Ermessen der BaFin auf Null reduziert[176].

V. Konzernrecht der SE

17.95 Zum Konzernrecht enthält die SE-VO im Gegensatz zu früheren Entwürfen[177] keine ausdrücklichen Regeln. Dies ist gerade bei der Holding-SE bedauerlich, da diese mit ihrer Gründung automatisch **herrschendes** Unternehmen im Verhältnis zu den sie gründenden Gesellschaften wird (vgl. Rz. 18.10 ff.). Eine SE kann allerdings auch außerhalb des Gründungsverfahrens nach Art. 32 ff. SE-VO konzernrechtlich herrschendes Unternehmen werden. Eine solche SE kann insbesondere durch Umwandlung einer schon bisher konzernleitenden AG entstehen. Auch dann liegt eine Holding-SE im weiteren Sinn vor (vgl. Rz. 17.9). Daneben kann die Holding-SE auch **abhängiges** Unternehmen sein, so z.B., wenn sie als Zwischenholding einer untergeordneten Unternehmensverbindung fungiert[178].

17.96 Aufgrund des Fehlens spezieller Regelungen in der **endgültigen Fassung der SE-VO** ist die Materie des Konzernrechts der SE nach wie vor sehr umstritten. Einer Ansicht nach gehört das Konzernrecht zum Regelungsbereich der SE-VO; gestritten wird jedoch darüber, ob Art. 9 SE-VO insofern eine Sach-[179] oder Gesamtnormverweisung[180] ist. Nach der überzeugenden Gegenansicht liegt das **Konzernrecht außerhalb des Anwendungsbereichs der SE-VO**. Dafür spricht neben der dargestellten Historie insbesondere auch Erwägungsgrund 15. Das **anwendbare Konzernrecht** ist daher nach den allgemeinen Regeln des IPR zu bestimmen[181]. Nach ganz h.M. gilt nach deutschem internationalen Privatrecht grundsätzlich das Statut der hauptbetroffenen Gesellschaft, d.h. über den Schutz der Anteilseigner und Gläubiger der beherrschten Gesellschaft entscheidet das Statut der abhängigen Gesellschaft, hinsichtlich des Schutzes der Gesellschafter und Gläubiger der herrschenden Gesellschaft gilt hingegen das Statut der herrschenden Gesellschaft[182].

---

175 *Bayer* in Lutter/Hommelhoff/Teichmann, Art. 32 SE-VO Rz. 20; *J. Schmidt*, SE, S. 329.

176 Vgl. *Bayer* in Lutter/Hommelhoff/Teichmann, Art. 32 SE-VO Rz. 20; *Teichmann*, AG 2004, 67 (82 f.); *J. Schmidt*, „Deutsche" vs. „britische" SE, S. 330; *Schröder* in Manz/Mayer/Schröder, Art. 34 SE-VO Rz. 34; s. ferner auch *Brandes*, AG 2005, 177 (186); *Koke*, Finanzverfassung, S. 69; *Paefgen* in KölnKomm/AktG, Art. 32 SE-VO Rz. 149 ff.

177 Vgl. Titel VII des SE-VOE 1970 (KOM(70) 150) und des SE-VOE 1975 (KOM(75) 150); zu letzterem ausf. *Würdinger* DB 1975, 1733; *Würdinger*, EuR 1974, 25.

178 S. die Beispiele in *Hommelhoff/Lächler*, AG 2014, 257.

179 So etwa *Ego* in MünchKomm/AktG, Art. 9 Anh. Konzernrecht der Europäischen Aktiengesellschaft Rz. 23 ff.; *Engert*, ZVglRWiss. 104 (2005), 444 (446 ff.); *Schwarz*, SE-Kommentar, 2006, Art. 9 Rz. 173 ff.; *Wagner*, NZG 2002, 985 (988).

180 So etwa *Schröder* in Manz/Mayer/Schröder, SE-Kommentar, Art. 9 Rz. 35 ff.; *Brandi*, NZG 2003, 889 (890 f.); *Lächler/Oplustil*, NZG 2005, 381 (386); *S. Maul* in Lutter/Hommelhoff (Hrsg.), Die Europäische Gesellschaft, 2005, S. 249, 250.

181 So etwa *Altmeppen* in MünchKomm/AktG, 3. Aufl. 2012, Anh. Konzernrecht der Europäischen Aktiengesellschaft Rz. 23 ff.; *Eberspächer* in FS Ulmer, 2003, S. 51 (67); *Habersack*, ZGR 2003, 724 (727 f.); *Veil* in KölnKomm/AktG, Art. 9 SE-VO Rz. 22.

182 Vgl. nur *Leible* in Michalski/Heidinger/Leible/J. Schmidt, GmbHG, Syst. Dar. Rz. 239 m.z.w.N.; grundlegend *Bayer*, Der grenzüberschreitende Beherrschungsvertrag, 1988, S. 37 ff., 73.

§ 18 Europäisches Unternehmensrecht

I. **Einleitung** 18.1

II. **EU-Rechtsformen als Holding** 18.2
1. **EWIV** 18.3
a) Rechtsnatur 18.4
b) Haftung 18.5
c) Sitz 18.6
d) Zweckbeschränkung 18.7
2. **SE** 18.10
a) Holding-SE 18.11
b) SE im Allgemeinen 18.12
3. **SCE** 18.15
4. **Rechtsformprojekte** 18.17
a) SPE 18.17
b) SUP 18.20
c) FE 18.21

III. **Konzern- und Holdingrecht unter dem Blickwinkel der Niederlassungs- und Kapitalverkehrsfreiheit** . 18.22
1. **Gewährleistungsgehalt** 18.23
2. **Bedeutung für Holding-/Konzernstrukturen** 18.25
a) Bindung an die Niederlassungs- und Kapitalverkehrsfreiheit 18.25
b) Konzernhaftungstatbestände – Konzernrecht als Schutzrecht 18.26
aa) Konzernhaftungsvorschriften nur für inländische Gesellschaften 18.27
bb) Strengere Vorschriften für ausländische Gesellschaften . . . 18.28
cc) Erstreckung nationaler konzernrechtlicher Haftungsregeln gleichermaßen auch auf ausländische Gesellschaften 18.29
c) Konzernrecht als enabling law 18.31
d) Komplementarität der beiden Funktionen und Konsequenzen 18.33

IV. **EU-Recht als enabling law für grenzüberschreitende Umwandlungen** 18.35
1. **Verlegung des Verwaltungssitzes** . . 18.36
a) Zuzug 18.37
b) Wegzug 18.38
2. **Grenzüberschreitende Verschmelzung** 18.39
3. **Grenzüberschreitende Spaltung** . . . 18.41
4. **Grenzüberschreitender Formwechsel** 18.43

V. **Holdingrelevante Regelungen in EU-Rechtsakten** 18.46
1. **Gesellschaftsrechtliche Rechtsakte** . 18.46
a) Erwerb eigener Aktien: Art. 67 GesRRL 18.46
b) Related Party Transactions (RPT) . . 18.50
c) Spezielle Regelungen für Verschmelzungen und Spaltungen im Konzern 18.59
aa) Nationale Verschmelzungen . . . 18.60
(1) Upstream-merger einer 100%igen Tochter 18.61
(2) Upstream-merger einer mindestens 90%igen Tochter 18.62
bb) Grenzüberschreitende Verschmelzungen 18.63
(1) Upstream-merger einer 100%igen Tochter oder side-step merger 18.64
(2) Upstream-merger einer mindestens 90%igen Tochter 18.66
(3) Erleichterungen für Einpersonengesellschaften 18.68
cc) Nationale Spaltung 18.69
dd) Grenzüberschreitende Spaltung . 18.70
d) Sonderregelungen im Bilanz- und Abschlussprüfungsrecht 18.71
aa) Bilanzrecht 18.72
bb) Abschlussprüfung konsolidierter Abschlüsse 18.74
e) Einpersonenholding: Art. 2 Abs. 1 lit. b der 12. EpGRL 18.75
f) Relevante Besonderheiten im Übernahmerecht 18.77
2. **Kapitalmarkt- und bankrechtliche Rechtsakte** 18.79
a) AIFMD 18.79
b) FICOD 18.81
c) EMIR 18.82
d) OGAW-RL, MiFID II und MiFIR . . 18.83
e) TrRL 18.84
f) BRRD 18.87
g) IFR und IFD 18.88

VI. **Resümee und Ausblick** 18.89

Literaturübersicht: *Bayer/Selentin*, Related Party Transactions: Der neueste EU-Vorschlag im Kontext des deutschen Aktien- und Konzernrechts, NZG 2015, 7; *Bayer/J. Schmidt*, BB-Gesetzgebungs- und Rechtsprechungsreport Europäisches Unternehmensrecht 2013/14, BB 2014, 1219; *Bayer/J. Schmidt*, BB-Gesetzgebungs- und Rechtsprechungsreport zum Europäischen Unternehmensrecht 2018/19 – Teil I: Company Law, BB 2019, 1922; *Bayer/J. Schmidt*, BB-Gesetzgebungs- und Rechtsprechungsreport zum

Europäischen Unternehmensrecht 2018/19 – Teil II, BB 2019, 2178; *Grundmann*, Europäisches Gesellschaftsrecht, 2. Aufl. 2011; *Habersack/Verse*, Europäisches Gesellschaftsrecht, 5. Aufl. 2019; *Jung/Krebs/Stiegler* (Hrsg.), Gesellschaftsrecht in Europa, 2019; *Lutter/Bayer/J. Schmidt*, Europäisches Unternehmens- und Kapitalmarktrecht, 6. Aufl. 2018; *J. Schmidt*, Europäisches Konzernrecht – Retrospektive und Perspektiven –, DK 2017, 1; *J. Schmidt*, EU Company Law Package 2018, Der Konzern 2018, 229 und 273; *J. Schmidt*, Related Party Transactions nach dem RegE zum ARUG II, EuZW 2019, 261; *Teichmann*, Konzernrecht und Niederlassungsfreiheit, ZGR 2014, 45; *Teichmann*, Europäisches Konzernrecht: Vom Schutzrecht zum Enabling Law, AG 2013, 184.

I. Einleitung

18.1 Vor dem Hintergrund, dass das Konzernrecht als solches in Europa bislang nicht harmonisiert ist[1], existiert im Europäischen Unternehmensrecht aktuell auch **kein spezielles „Holding-Recht“** als eigenständiges (Teil-)Rechtsgebiet. Allerdings existieren mittlerweile EU-Rechtsformen, die als Holding verwendet werden können (dazu II, Rz. 18.2 ff.). Darüber hinaus haben Niederlassungs- und Kapitalverkehrsfreiheit erhebliche Relevanz für den Rechtsrahmen für Holdings und Konzerne im Allgemeinen (dazu III, Rz. 18.22 ff.). Zudem hat das Unionsrecht auch eine wichtige Funktion als „enabling law“ für die gerade für Holdings so wichtigen grenzüberschreitenden Umwandlungen (dazu IV, Rz. 18.35 ff.). Untersucht man die unionsrechtlichen gesellschafts- und kapitalmarktrechtlichen Rechtsakte genauer, so finden sich zudem eine ganze Reihe punktueller holdingrelevanter Regelungen (dazu V., Rz. 18.46 ff.).

II. EU-Rechtsformen als Holding

18.2 Inzwischen existieren drei EU-Rechtsformen, die für die Verwendung als Holding oder Tochtergesellschaft in Betracht kommen; weitere könnten folgen.

1. EWIV

18.3 Die seit 1989 existierende Rechtsform der Europäischen Wirtschaftlichen Interessenvereinigung (EWIV) soll ausweislich der Erwägungsgründe 1 und 2 der maßgeblichen EWIV-VO[2] die grenzüberschreitende Zusammenarbeit zwischen Unternehmen (KMU) ermöglichen. Für Konzern- und speziell Holdingstrukturen ist die EWIV gleichwohl nur bedingt geeignet.

a) Rechtsnatur

18.4 Nicht unproblematisch ist insofern bereits die Rechtsnatur der EWIV. Nach Art. 1 Abs. 2 EWIV-VO ist die EWIV zwar rechtsfähig; Art. 1 Abs. 3 EWIV-VO überlässt es jedoch explizit den Mitgliedstaaten, ob sie der EWIV auch eigene Rechtspersönlichkeit zuerkennen[3].

Der deutsche Gesetzgeber hat die „deutsche“ EWIV[4] als oHG qualifiziert (vgl. § 1 EWIV-AG[5])[6].

1 Vgl. dazu *Lutter/Bayer/J. Schmidt*, § 12 m.w.N.
2 Verordnung (EWG) Nr. 2137/85 des Rates vom 25.7.1985 über die Schaffung einer Europäischen wirtschaftlichen Interessenvereinigung (EWIV), ABl. EG Nr. L 199 v. 31.7.1985, S. 1. Text und ausf. Erläuterungen bei *Lutter/Bayer/J. Schmidt*, EuropUR, § 40 m.w.N.
3 Vgl. dazu *Lutter/Bayer/J. Schmidt*, EuropUR, 44.8 m.w.N.
4 D.h. die EWIV mit Sitz in Deutschland.
5 Gesetz zur Ausführung der EWG-Verordnung über die Europäische wirtschaftliche Interessenvereinigung (EWIV-Ausführungsgesetz) vom 14.4.1988, BGBl. I 1988, 514.
6 Vgl. dazu *Lutter/Bayer/J. Schmidt*, EuropUR, 44.10 m.w.N.

b) Haftung

Ein weiteres Manko der EWIV mit Blick auf die potentielle Nutzung in Konzern- und Holdingstrukturen ist die Ausgestaltung der Haftung. Nach Art. 24 Abs. 1 EWIV-VO trifft alle Mitglieder eine **unbeschränkte gesamtschuldnerische Haftung** für die Verbindlichkeiten der EWIV[7]. Diese Haftung ist zwar gem. Art. 24 Abs. 2 EWIV-VO bis zum Schluss der Abwicklung nur subsidiär[8]. Für Konzern- und Holdingstrukturen, in denen typischerweise eine Haftungsbeschränkung gewollt ist, macht sie die EWIV gleichwohl nicht gerade ideal. 18.5

c) Sitz

Alles andere als optimal für Konzern-/Holdingstrukturen ist auch die Regelung zum Sitz der EWIV: Dieser muss gem. Art. 12 Satz 1 EWIV-VO im EU/EWR-Gebiet liegen; zudem kann gem. Art. 12 Satz 2 EWIV-VO als Sitz nur der Ort der Hauptverwaltung der EWIV (lit. a) oder – sofern die EWIV dort tatsächlich eine Tätigkeit ausübt – der Ort der Hauptverwaltung bzw. Haupttätigkeit eines Mitglieds (lit. b) gewählt werden[9]. 18.6

d) Zweckbeschränkung

Größtes Defizit der EWIV mit Blick auf Konzern-/Holdingstrukturen ist indes zweifellos ihre charakteristische Zweckbeschränkung. 18.7

Art. 3 Abs. 1 Satz 1 EWIV-VO limitiert den Anwendungsbereich der EWIV auf den eines reinen **Kooperationsinstruments**[10]: Zweck der EWIV ist es, die wirtschaftliche Tätigkeit ihrer Mitglieder zu erleichtern oder zu entwickeln sowie die Ergebnisse dieser Tätigkeit zu verbessern oder zu steigern; sie hat nicht den Zweck, Gewinn für sich selbst zu erzielen[11]. Zudem bestimmt Art. 3 Abs. 1 Satz 2 EWIV-VO, dass die Tätigkeit der EWIV im Zusammenhang mit der wirtschaftlichen Tätigkeit ihrer Mitglieder stehen muss und nur eine Hilfstätigkeit hierzu bilden darf[12]. Die EWIV hat also lediglich „dienende Funktion"[13]. 18.8

Darüber hinaus statuiert Art. 3 Abs. 3 EWIV-VO fünf explizite **Verbote**, von denen speziell die ersten beiden die EWIV für den Einsatz als Konzern-/Holdingbaustein letztlich weitgehend disqualifizieren. Nach dem in lit. a normierten absoluten Konzernleitungsverbot darf eine EWIV weder unmittelbar noch mittelbar die Leitungs- oder Kontrollmacht über die eigenen Tätigkeiten ihrer Mitglieder oder die Tätigkeiten eines anderen Unternehmens ausüben[14]. Das in lit. b statuierte Holdingverbot[15] ist 18.9

---

7 Vgl. dazu *Lutter/Bayer/J. Schmidt*, EuropUR, 44.722 m.w.N.

8 Gläubiger können ihre Forderungen erst dann unmittelbar geltend machen, wenn sie die EWIV zur Zahlung aufgefordert haben und die Zahlung nicht innerhalb einer angemessenen Frist erfolgt ist; vgl. dazu näher *Lutter/Bayer/J. Schmidt*, EuropUR, 44.75 m.w.N.

9 Vgl. dazu *Lutter/Bayer/J. Schmidt*, EuropUR, 44.21 m.w.N.

10 Vgl. dazu *Lutter/Bayer/J. Schmidt*, EuropUR, 44.12 m.w.N.

11 Dies heißt allerdings nicht, dass es der EWIV untersagt wäre, tatsächlich Gewinn zu erzielen; ihr Zweck darf lediglich nicht darauf gerichtet sein; vgl. KOM(73) 2046, Art. 2 Rz. 1.2; *Lutter/Bayer/J. Schmidt*, EuropUR, 44.12 m.w.N.

12 Vgl. auch Erwägungsgrund 5 Satz 2 EWIV-VO.

13 Vgl. dazu *Lutter/Bayer/J. Schmidt*, EuropUR, 44.13 m.w.N.

14 Vgl. dazu *Authenrieth*, BB 1989, 305 (306 f.); *Gloria/Karbowski*, WM 1990, 1313 (1316 f.); *Lentner*, Das Gesellschaftsrecht der Europäischen wirtschaftlichen Interessenvereinigung (EWIV), 1994, S. 68; *Manz* in Selbherr/Manz, EWIV, 1995, Art. 3 Rz. 16 ff.; *Lutter/Bayer/J. Schmidt*, EuropUR, 44.14; *Rinze*, Die Europäische wirtschaftliche Interessenvereinigung (EWIV) im Unternehmensverbund, 1996, S. 126 ff.

15 Vgl. dazu näher *Authenrieth*, BB 1989, 305 (306); *Lentner*, Das Gesellschaftsrecht der Europäischen wirtschaftlichen Interessenvereinigung (EWIV), 1994, S. 68 f.; *Lutter/Bayer/J. Schmidt*, EuropUR, 44.15; *Manz* in Selbherr/Manz, EWIV, 1995, Art. 3 Rz. 21 ff.; *Rinze*, Die Europäische wirtschaftliche Interessenvereinigung (EWIV) im Unternehmensverbund, 1996, S. 126 ff.; *Schwarz*, Europäisches Gesellschaftsrecht, 2000, Rz. 985.

zwar etwas differenzierter, aber dennoch eine ganz erhebliche Einschränkung: Das Halten von Anteilen an ihren Mitgliedsunternehmen ist einer EWIV generell verboten; das Halten von Anteilen an Drittunternehmen ist hingegen insoweit zulässig, als es für Rechnung ihrer Mitglieder geschieht und notwendig ist, um das Ziel der EWIV zu erreichen. Nicht unbedingt ideal für Konzern-/Holdingstrukturen sind aber auch die Begrenzung auf maximal 500 Arbeitnehmer des lit. c[16], das Kreditgewährungsverbot des lit. d[17] und das Beteiligungsverbot des lit. e, welches es einer EWIV untersagt, Mitglied einer anderen EWIV zu sein[18].

2. SE

18.10 Deutlich besser für den Einsatz in Konzern-/Holdingstrukturen geeignet ist im Vergleich zur EWIV die Europäische Aktiengesellschaft (Societas Europaea – SE) – schon allein aufgrund ihrer Rechtsnatur als Kapitalgesellschaft (vgl. Art. 1 Abs. 2 SE-VO[19]).

a) Holding-SE

18.11 Dass die SE gerade auch für den Einsatz in Holding-/Konzernstrukturen gedacht ist, zeigt sich schon daran, dass hierfür sogar eine ganz spezielle Gründungsvariante zur Verfügung gestellt wurde: Die Gründung einer **Holding-SE gem. Art. 2 Abs. 3, Art. 32–34 SE-VO**[20] (dazu ausf. *Marsch-Barner/J. Schmidt* in § 17).

b) SE im Allgemeinen

18.12 Doch auch die mittels einer anderen Gründungsvariante errichtete SE ist prinzipiell gut als Konzern-/Holdingbaustein geeignet.

18.13 In den ersten **Verordnungsentwürfen von 1970**[21] **und 1975**[22] fand sich sogar noch ein separater Abschnitt mit speziellen konzernrechtlichen Vorschriften (Art. 223 ff.). Diese wurden jedoch im SE-VOE 1989[23] gestrichen, weil man der Harmonisierung der nationalen Vorschriften durch die – zwischenzeitlich gescheiterte – Konzernrechts-RL[24] nicht vorgreifen wollte[25].

18.14 Das Fehlen spezieller Regelungen in der **endgültigen Fassung der SE-VO** hat allerdings zur Folge, dass die Materie des Konzernrechts der SE nach wie vor sehr umstritten ist. Einer Ansicht nach gehört das Konzernrecht zum Regelungsbereich der SE-VO; gestritten wird jedoch darüber, ob Art. 9 SE-VO insofern eine Sach-[26] oder Gesamtnormverweisung[27] ist. Nach der überzeugenden Gegen-

16 Vgl. dazu näher *Lutter/Bayer/J. Schmidt*, EuropUR, 44.16 m.w.N.
17 Vgl. dazu näher *Lutter/Bayer/J. Schmidt*, EuropUR, 44.17 m.w.N.
18 Vgl. dazu näher *Lutter/Bayer/J. Schmidt*, EuropUR, 44.18 m.w.N.
19 Verordnung (EG) Nr. 2157/2001 des Rates vom 8.10.2001 über das Statut der Europäischen Gesellschaft (SE), ABl. EG Nr. L 294 v. 10.11.2001, S. 1.
20 Einzelheiten bei *Bayer* in Lutter/Hommelhoff/Teichmann, SE-Kommentar, 2. Aufl. 2015, Kommentierung zu Art. 32-34 SE-VO.
21 ABl. EG Nr. C 134 v. 10.10.1970, S. 1 = Beil. Bull. EG 8/1970 = BT-Drucks. VI/1109.
22 KOM(75) 150 = BT-Drucks. 7/3713.
23 KOM(89) 268 = BT-Drucks. 11/5427.
24 Vgl. zum Projekt einer Konzernrechts-RL und seinem Scheitern näher *Lutter/Bayer/J. Schmidt*, 12.1 ff. m.w.N.
25 Vgl. KOM(89) 268 = BT-Drucks. 11/5427, Begründung zu Art. 114.
26 So etwa *Ego* in MünchKomm/AktG, Art. 9 Anh. Konzernrecht der Europäischen Aktiengesellschaft Rz. 23 ff.; *Engert*, ZVglRWiss. 104 (2005), 444 (446 ff.); *Schwarz*, SE-Kommentar, 2006, Art. 9 Rz. 173 ff.; *Wagner*, NZG 2002, 985 (988).
27 So etwa *Schröder* in Manz/Mayer/Schröder, SE-Kommentar, Art. 9 Rz. 35 ff.; *Brandi*, NZG 2003, 889 (890 f.); *Lächler/Oplustil*, NZG 2005, 381 (386); *S. Maul* in Lutter/Hommelhoff (Hrsg.), Die Europäische Gesellschaft, 2005, S. 249, 250.

ansicht liegt das **Konzernrecht außerhalb des Anwendungsbereichs der SE-VO**. Dafür spricht neben der dargestellten Historie insbesondere auch Erwägungsgrund 15. Das **anwendbare Konzernrecht** ist daher nach den allgemeinen Regeln des IPR zu bestimmen[28]. Nach ganz h.M. gilt nach deutschem internationalen Privatrecht grundsätzlich das Statut der hauptbetroffenen Gesellschaft, d.h. über den Schutz der Anteilseigner und Gläubiger der beherrschten Gesellschaft entscheidet das Statut der abhängigen Gesellschaft, hinsichtlich des Schutzes der Gesellschafter und Gläubiger der herrschenden Gesellschaft gilt hingegen das Statut der herrschenden Gesellschaft[29].

3. SCE

Für die Europäische Genossenschaft (Societas Europaea Cooperativa – SCE) sind zwar ebenfalls keine mit denjenigen bei der EWIV vergleichbaren Beschränkungen vorgesehen, welche sie als Konzern-/Holdingbaustein von vornherein weitgehend disqualifizieren würden. Art. 1 Abs. 3 Satz 2 SCE-VO[30] sieht im Gegenteil sogar explizit vor, dass Zweck einer SCE auch sein kann, den Bedarf ihrer Mitglieder durch ihre Beteiligung an einer oder mehreren SCE und/oder nationalen Genossenschaften zu decken; nach Art. 1 Abs. 3 Satz 3 SCE-VO kann eine SCE ihre Tätigkeiten über eine Tochtergesellschaft ausüben. Die SCE als Muttergesellschaft/Holding ist also durchaus denkbar, sogar gewollt. Die SCE als Tochtergesellschafter innerhalb einer Holding-/Konzernstruktur ist hingegen schon deshalb problematisch, weil die SCE-VO einer Mehrheitsherrschaft enge Grenzen[31] zieht[32]. 18.15

Im Übrigen stellt sich bei der SCE mangels spezieller Regelung dieselbe Problematik im Hinblick auf die Frage nach dem anwendbaren Konzernrecht wie bei der SE[33]. 18.16

4. Rechtsformprojekte

a) SPE

Hochinteressant für Konzern-/Holdingstrukturen könnte eine Europäische Privatgesellschaft (Societas Privata Europaea – SPE)[34] sein: Die Funktion als **„Konzernbaustein"** speziell für KMU[35] – aber auch für Großkonzerne[36] – war sogar von Anfang an als eines der potentiellen (Haupt-)Einsatzfelder 18.17

28 So etwa *Altmeppen* in MünchKomm/AktG, 3. Aufl. 2012, Anh. Konzernrecht der Europäischen Aktiengesellschaft Rz. 23 ff.; *Casper* in FS Ulmer, 2003, S. 51 (67); *Habersack*, ZGR 2003, 724 (727 f.); *Veil* in KölnKomm/AktG, 3. Aufl. 2010, Art. 9 SE-VO Rz. 22.

29 Vgl. nur *Leible* in Michalski/Heidinger/Leible/J. Schmidt, GmbHG, 3. Aufl. 2017, Syst. Dar. Rz. 239 m.z.w.N.; grundlegend *Bayer*, Der grenzüberschreitende Beherrschungsvertrag, 1988, S. 37 ff., 73.

30 Verordnung (EG) Nr. 1435/2003 des Rates vom 22.7.2003 über das Statut der Europäischen Genossenschaft (SCE), ABl. EU Nr. L 207 v. 18.8.2003, S. 1. Näher zur SCE: *Lutter/Bayer/J. Schmidt*, EuropUR, § 46 m.w.N.

31 Vgl. zu den Schutzvorkehrungen in der SCE-VO gegen eine „Dominanz" der SCE durch sog. investierende Mitglieder: *Lutter/Bayer/J. Schmidt*, EuropUR, 46.45 m.w.N.

32 Vgl. zur vergleichbaren Situation nach deutschem Genossenschaftsrecht etwa *Bayer* in MünchKomm/AktG, 5. Aufl. 2019, § 17 AktG Rz. 128 ff.; *Emmerich* in Emmerich/Habersack, Aktien- und GmbH-Konzernrecht, 9. Aufl. 2019, § 17 AktG Rz. 49 m.w.N.

33 Vgl. dazu Rz. 18.14; vgl. *Lutter/Bayer/J. Schmidt*, EuropUR, 46.12.

34 Ausf. zum Projekt einer SPE: *Hirte/Teichmann* (eds.), The European Private Company – Societas Privata Europaea (SPE), 2013; *Lutter/Bayer/J. Schmidt*, EuropUR, § 47 m.z.w.N.

35 Vgl. *Hommelhoff*, ZHR 173 (2009), 255 (256 f.); *Hommelhoff* in FS Loewenheim, 2009, S. 591, 592 f.; *Hommelhoff/Teichmann*, GmbHR 2008, 897; *Hommelhoff/Teichmann* in FS Hopt, 2010, S. 849; *Hommelhoff/Teichmann*, GmbHR 2014, 177 (181 ff.); *Lutter/Bayer/J. Schmidt*, EuropUR, 47.58; *S. Maul/Röhricht*, BB 2008, 1574 (1579 f.); *Teichmann*, RIW 2010, 120 ff.

36 Vgl. *Brems/Cannivé*, Der Konzern 2008, 629 ff.; *Drury* (2008) 9 EBOR 125, 126; *Hommelhoff/Teichmann*, GmbHR 2014, 177 (181 ff.); *Hommelhoff/Krause/Teichmann*, GmbHR 2008, 1193 (1197); *Lutter/Bayer/J. Schmidt*, EuropUR, 47.85; *Makowicz/Saifee*, (2009) 30 Co Law 227, 229; *Martinek* in FS Kreutz, 2010, S. 747 (750); *S. Maul/Röhricht*, BB 2008, 1574 (1580).

der SPE anvisiert. Eine SPE verspricht insofern enormes Sparpotential: Anstelle der kostenintensiven und zeitaufwendigen Gründung verschiedener Tochtergesellschaften in der Rechtsform des jeweiligen Mitgliedstaats, könnte künftig einheitlich die supranationale Rechtsform der SPE genutzt werden[37].

18.18 Mangels spezieller Regelungen zum Konzernrecht ergibt sich indes zumindest auf der Basis des 2008 vorgelegten Entwurfs eine ähnliche Problematik hinsichtlich des anwendbaren Konzernrechts wie bei der SE.[38] Die Schaffung entsprechender konzernrechtlicher Regeln erscheint vor diesem Hintergrund als wichtiges rechtspolitisches Desiderat[39].

18.19 Nachdem der SPE-Entwurf im Sommer 2011 im Rat gescheitert war[40], hat ihn die Kommission zwar im Mai 2014 offiziell zurückgezogen[41]. In der rechtspolitischen Diskussion lebt die Grundidee aber fort. Einen wichtigen Impuls für eine „SPE 2.0“ könnten die derzeit laufenden Arbeiten einer deutsch-französischen Arbeitsgruppe zur Schaffung einer „Société Européenne Simplifiée“[42] geben.

b) SUP

18.20 Der 2014 von der Kommission präsentierte Vorschlag zur Schaffung einer *Societas Unius Personae* (SUP) wurde 2018 ebenfalls zurückgenommen[43]. Eine solche SUP wäre indes aus Sicht europäischer Unternehmen ohnehin ein deutliches „Minus“ gegenüber einer umfassend – auch für Mehrpersonengesellschaften – einsetzbaren SPE gewesen[44].

c) FE

18.21 Zurückgenommen[45] wurde ferner auch der 2012 vorgelegte Entwurf für eine Verordnung über die Europäische Stiftung (Fundatio Europaea – FE)[46].

III. Konzern- und Holdingrecht unter dem Blickwinkel der Niederlassungs- und Kapitalverkehrsfreiheit

18.22 Bedeutung für das Konzern- und Holdingrecht haben schließlich auch die Grundfreiheiten, speziell die Niederlassungsfreiheit (Art. 49, 54 AEUV) sowie die Kapitalverkehrsfreiheit (Art. 63 AEUV).

1. Gewährleistungsgehalt

18.23 In Bezug auf Beteiligungen im Rahmen von Holdingstrukturen überlappen sich die sachlichen Anwendungsbereiche dieser beiden Grundfreiheiten partiell[47]:

---

37 Vgl. IP/08/1003; *Lutter/Bayer/J. Schmidt*, EuropUR, 47.5; *J. Schmidt*, EWS 2008, 455 (456); *Teichmann*, RIW 2010, 120 (121 ff.).
38 Vgl. *Lutter/Bayer/J. Schmidt*, EuropUR, 47.192.
39 Vgl. auch *Hommelhoff/Teichmann*, GmbHR 2014, 177 (183 f.).
40 Vgl. dazu *Lutter/Bayer/J. Schmidt*, EuropUR, 47.6 m.w.N.
41 Vgl. ABl. EU Nr. C 153 v. 21.5.2014, S. 6.
42 Dazu *Hommelhoff/Teichmann*, ZEuP 2019, 260 (285 f.); s. ferner bereits *Teichmann*, GmbHR 2018, 713 ff.
43 ABl. EU Nr. C 233 v. 4.7.2018, S. 7.
44 Vgl. *J. Schmidt*, FAZ v. 19.2.2014, S. 19; *J. Schmidt*, GmbHR 2014, R129; *Bayer/J. Schmidt*, BB 2014, 1219 (1223).
45 ABl. EU Nr. C 80 v. 7.3.2015, S. 17 (21).
46 Vorschlag für eine Verordnung des Rates über das Statut der Europäischen Stiftung (FE), KOM(2012) 35. Dazu *Lutter/Bayer/J. Schmidt*, EuropUR, 10.11 ff. m.w.N.
47 Vgl. zum – äußerst umstrittenen – Verhältnis von Kapitalverkehrs- und Niederlassungsfreiheit: *Lutter/Bayer/J. Schmidt*, EuropUR, 4.24 ff.; *J. Schmidt/Meckl*, BB 2020, 1218 (1224 f.) m.z.w.N.

Die **Kapitalverkehrsfreiheit** (Art. 63 AEUV) umfasst nicht nur sog. Portfolioinvestitionen, d.h. Investitionen in Form des Erwerbs von Wertpapieren auf dem Kapitalmarkt allein in der Absicht der Geldanlage, ohne auf die Verwaltung und Kontrolle des Unternehmens Einfluss nehmen zu wollen, sondern auch sog. Direktinvestitionen, d.h. Investitionen in Form der Beteiligung an einem Unternehmen durch Besitz von Aktien, die die Möglichkeit verschaffen, sich tatsächlich an der Verwaltung und der Kontrolle des Unternehmens zu beteiligen[48].

Die **Niederlassungsfreiheit** (Art. 49, 54 AEUV) gewährleistet Gesellschaften, die ihren satzungsmäßigen Sitz, ihre Hauptverwaltung oder ihre Hauptniederlassung innerhalb der EU haben, das Recht, ihre Tätigkeit in anderen Mitgliedstaaten durch eine Tochtergesellschaft, eine Zweigniederlassung oder eine Agentur auszuüben. Sie umfasst damit insbesondere auch nationale Vorschriften, die anzuwenden sind, wenn es um eine Beteiligung am Kapital einer Gesellschaft geht, die es ermöglicht, einen sicheren Einfluss auf die Entscheidungen dieser Gesellschaft auszuüben und deren Tätigkeiten zu bestimmen[49].

Sowohl die Kapitalverkehrs- (Art. 63 AEUV)[50] als auch die Niederlassungsfreiheit (Art. 49 AEUV)[51] 18.24
enthalten nach st. Rspr. des EuGH nicht nur ein Diskriminierungs-, sondern auch **ein allgemeines Beschränkungsverbot**. Nationale Regelungen sind „Beschränkungen" der Kapitalverkehrsfreiheit, wenn sie geeignet sind, den Erwerb von Aktien der betreffenden Unternehmen zu verhindern oder zu beschränken oder aber Investoren aus anderen Mitgliedstaaten davon abzuschrecken, in das Kapital dieser Unternehmen zu investieren[52]. Beschränkungen i.S.d. Art. 49 AEUV sind alle Maßnahmen, welche die Ausübung der Niederlassungsfreiheit verbieten, behindern oder weniger attraktiv machen[53].

---

48 Vgl. EuGH v. 28.9.2006 – C-282/04 u. C-283/04, *Kommission ./. Niederlande*, ECLI:EU:C:2006:608 („KPN/TPG"), Rz. 19, AG 2006, 850 = ZIP 2007, 221; EuGH v. 8.7.2010 – C-171/08, *Kommission ./. Portugal*, ECLI:EU:C:2010:412 („Portugal Telecom"), Rz. 49, ZIP 2010, 2199; EuGH v. 21.10.2010 – C-81/09, *Idryma Typou*, ECLI:EU:C:2010:622, Rz. 48, AG 2011, 81 = ZIP 2010, 2493; EuGH v. 11.11.2010 – C-543/08, *Kommission ./. Portugal*, ECLI:EU:C:2010:669 („Energias de Portugal"), Rz. 46, AG 2011, 123 = ZIP 2010, 2340; EuGH v. 22.10.2013 – C-105/12 – C-107/12, *Essent*, ECLI:EU:C:2013:677, Rz. 39, AG 2014, 37; EuGH v. 21.12.2016 – C-201/15, *AGET Iraklis*, ECLI:EU:C:2016:972, Rz. 58.

49 Vgl. EuGH v. 23.10.2007 – C-112/05, *Kommission ./. Deutschland*, ECLI:EU:C:2007:623 („VW I"), Rz. 13; EuGH v. 26.3.2009 – C-326/07, *Kommission ./. Italien*, ECLI:EU:C:2009:193 („ENI II"), Rz. 34; EuGH v. 21.10.2010 – C-81/09, *Idryma Typou*, ECLI:EU:C:2010:622, Rz. 47, AG 2011, 81 = ZIP 2010, 2493; EuGH v. 11.11.2010 – C-543/08, *Kommission ./. Portugal*, ECLI:EU:C:2010:669, („Energias de Portugal"), Rz. 41, AG 2011, 123 = ZIP 2010, 2340; EuGH v. 5.2.2014 – C-385/12, *Hervis*, ECLI:EU:C:2014:47, Rz. 22, ZIP 2014, 966; EuGH v. 21.12.2016 – C-503/14, *Kommission ./. Portugal*, ECLI:EU:C:2016:979, Rz. 79.

50 Vgl. EuGH v. 23.10.2007 – C-112/05, *Kommission ./. Deutschland*, ECLI:EU:C:2007:623 („VW I"), Rz. 17; EuGH v. 8.7.2010 – C-171/08, *Kommission ./. Portugal*, ECLI:EU:C:2010:412 („Portugal Telecom"), Rz. 48, ZIP 2010, 2199; EuGH v. 11.11.2010 – C-543/08, *Kommission ./. Portugal*, ECLI:EU:C:2010:669 („Energias de Portugal"), Rz. 45, AG 2011, 123 = ZIP 2010, 2340.

51 Grundlegend: EuGH v. 31.3.1993 – C-19/92, *Kraus*, ECLI:EU:C:1993:125; EuGH v. 30.11.1995 – C-55/94, *Gebhard*, ECLI:EU:C:1995:411; vgl. weiter etwa EuGH v. 21.10.2010 – C-81/09, *Idryma Typou*, ECLI:EU:C:2010:622, Rz. 54, AG 2011, 81 = ZIP 2010, 2493; EuGH v. 26.9.2013 – C-418/11, *Texdata Software GmbH*, ECLI:EU:C:2013:588, Rz. 33.

52 Vgl. EuGH v. 21.10.2010 – C-81/09, *Idryma Typou*, ECLI:EU:C:2010:622, Rz. 55, AG 2011, 81 = ZIP 2010, 2493; EuGH v. 8.7.2010 – C-171/08, *Kommission ./. Portugal*, ECLI:EU:C:2010:412 („Portugal Telecom"), Rz. 50, ZIP 2010, 2199; EuGH v. 11.11.2010 – C-543/08, *Kommission ./. Portugal*, ECLI:EU:C:2010:669 („Energias de Portugal"), Rz. 47, AG 2011, 123 = ZIP 2010, 2340.

53 Vgl. EuGH v. 28.4.2009 – C-518/06, *Kommission ./. Italien*, ECLI:EU:C:2009:270, Rz. 62; EuGH v. 21.10.2010 – C-81/09, *Idryma Typou*, ECLI:EU:C:2010:622, Rz. 54, AG 2011, 81 = ZIP 2010, 2493; EuGH v. 26.9.2013 – C-418/11, *Texdata Software GmbH*, ECLI:EU:C:2013:588, Rz. 33; EuGH v. 27.2.2019 – C-563/17, *Associação Peço a Palavra*, ECLI:EU:C:2019:144, Rz. 54.

2. Bedeutung für Holding-/Konzernstrukturen

a) Bindung an die Niederlassungs- und Kapitalverkehrsfreiheit

18.25 Für den Rechtsrahmen für Holding-/Konzernstrukturen bedeutet dies zunächst, dass die Mitgliedstaaten auch in diesem Bereich nicht völlig frei sind, sondern die Niederlassungs- und ggf. Kapitalverkehrsfreiheit zu achten haben; die (bislang) mangelnde Harmonisierung des Rechts der Unternehmensgruppen auf EU-Ebene steht dem – wie der EuGH in der Rs. *Impacto Azul*[54] ausdrücklich entschieden hat[55] – nicht entgegen[56].

b) Konzernhaftungstatbestände – Konzernrecht als Schutzrecht

18.26 Nationale Vorschriften, die spezielle Konzernhaftungstatbestände statuieren, sind somit am Maßstab der Niederlassungsfreiheit zu messen (Art. 49, 54 AEUV). Dabei kann man zwischen drei Gruppen von Regelungen differenzieren: (1) Konzernhaftungsregeln, die nur inländische Gesellschaften adressieren (d.h. solche, deren Gesellschaftsstatut das Recht des Regelungsstaats ist), (2) Vorschriften, die gleichermaßen für in- und ausländische Gesellschaften gelten, und (3) strengere Vorschriften für ausländische Gesellschaften.

aa) Konzernhaftungsvorschriften nur für inländische Gesellschaften

18.27 In *Impacto Azul* hat der EuGH entschieden, dass eine nationale Regelung, die eine konzernrechtliche Haftung auf Muttergesellschaften mit Sitz im Inland beschränkt, mit der Niederlassungsfreiheit (Art. 49, 54 AEUV) vereinbar ist; denn dies stellt eine – nach st. Rspr. **zulässige**[57] – sog. **Inländerdiskriminierung** dar[58].

bb) Strengere Vorschriften für ausländische Gesellschaften

18.28 Vorschriften, die eine strengere konzernrechtliche Haftung oder striktere organisationsrechtliche Vorgaben für ausländische Gesellschaften vorsehen, stellen unzweifelhaft eine **Beschränkung der Niederlassungsfreiheit** dar, die wohl nur in Ausnahmefällen aus Gründen der öffentlichen Sicherheit und Ordnung (Art. 52 Abs. 1 AEUV) oder aus zwingenden Gründen des Allgemeininteresses gerechtfertigt sein könnte[59].

cc) Erstreckung nationaler konzernrechtlicher Haftungsregeln gleichermaßen auch auf ausländische Gesellschaften

18.29 Schwierig ist die dritte Fallgruppe: Nationale Vorschriften, die ausländische Gesellschaften „nur" denselben konzernrechtlichen Haftungs- und Strukturvorgaben unterwerfen wie inländische. So knüpft die deutsche h.M. etwa den internationalen Anwendungsbereich der §§ 293 ff. AktG an das Statut der abhängigen Gesellschaft an, d.h. die dort normierten Haftungstatbestände werden auch dann angewendet, wenn das herrschende Unternehmen eine ausländische Gesellschaft ist[60].

---

54 EuGH v. 20.6.2013 – C-186/12, *Impacto Azul SA*, ECLI:EU:C:2013:412. Dazu *Bayer/J. Schmidt*, KSzW 2014, 69 (70); *Lehmann*, LMK 2013, 352735; *J. Schmidt*, GPR 2014, 40 ff.; *Teichmann*, ZGR 2014, 45 ff.

55 EuGH v. 20.6.2013 – C-186/12, *Impacto Azul SA*, ECLI:EU:C:2013:412, Rz. 35.

56 Vgl. *J. Schmidt*, GPR 2014, 40; *Teichmann*, ZGR 2014, 45 (66 f.).

57 Vgl. EuGH v. 13.3.1979 – 119/78, *SA des grandes distilleries Peureux*, ECLI:EU:C:1979:66, Rz. 32 (Warenverkehrsfreiheit); EuGH v. 7.2.1984 – 237/82, *Jongeneel Kaas*, ECLI:EU:C:1984:44, Rz. 20 (Warenverkehrsfreiheit); EuGH v. 5.5.2011 – C-434/09, *McCarthy*, ECLI:EU:C:2011:277, Rz. 45 (Freizügigkeit).

58 EuGH v. 20.6.2013 – C-186/12, *Impacto Azul SA*, ECLI:EU:C:2013:412, Rz. 35.

59 Vgl. *J. Schmidt*, GPR 2014, 40 (41).

60 Vgl. nur *Altmeppen* in MünchKomm/AktG, 4. Aufl. 2015, Einl. vor §§ 291 ff. AktG Rz. 3638; *Habersack* in Emmerich/Habersack, Aktien- und GmbH-Konzernrecht, 9. Aufl. 2019, § 311 AktG Rz. 21 (jeweils m.w.N.); grundlegend *Bayer*, Der grenzüberschreitende Beherrschungsvertrag, 1988, S. 37 ff., 73.

Ausgehend davon, dass derartige spezielle Konzernhaftungsregeln durchaus geeignet sind, die Gründung von Tochtergesellschaften für ausländische Konzernmütter weniger attraktiv zu machen, wären sie als rechtfertigungsbedürftige Beschränkungen der Niederlassungsfreiheit zu qualifizieren[61]. Allerdings sprechen gewichtige Argumente dafür, derartige Vorschriften als **„Modalitäten" i.S.d. der *Keck*-Judikatur**[62] einzuordnen und eine Beschränkung somit zu verneinen[63]. Der EuGH hat eine entsprechende Anwendung der *Keck*-Grundsätze auch auf die Niederlassungs- und Kapitalverkehrsfreiheit zwar bislang nicht explizit anerkannt; er scheint dem indes zumindest prinzipiell offen, wenn nicht gar positiv gegenüberzustehen[64]. Solange und soweit das Konzernrecht an sich nicht harmonisiert ist, wird man aber jedenfalls nicht umhinkommen, dem nationalen Gesetzgeber bei der Ausgestaltung des Rechtsrahmens für Konzern- und Holdingstrukturen zumindest eine gewisse Einschätzungsprärogative zuzugestehen[65]. 18.30

c) Konzernrecht als *enabling law*

Wie speziell *Teichmann* herausgearbeitet hat[66], hat Konzernrecht jedoch nicht nur eine Schutzfunktion (Stichworte: Transparenz, Aktionärs- und Gläubigerschutz)[67]. Es fungiert vielmehr zugleich in vielfältiger Weise auch als ***enabling law*** („ermöglichendes Recht"): Konzernrecht bietet einen verlässlichen Rechtsrahmen für die Tätigkeit einer Unternehmensgruppe und eröffnet Organisationsstrukturen, die andernfalls nicht oder zumindest nicht in rechtssicherer und effizienter Weise möglich wären[68]. 18.31

Nationales Konzernrecht, das bestimmte Organisationsstrukturen (Bsp.: Beherrschungsvertrag) überhaupt erst ermöglicht, muss daher grundsätzlich gleichermaßen auch ausländischen Gesellschaften offen stehen – ihr Ausschluss wäre eine rechtfertigungsbedürftige Beschränkung der Niederlassungs- und ggf. auch der Kapitalverkehrsfreiheit[69]. 18.32

d) Komplementarität der beiden Funktionen und Konsequenzen

Problematisch ist indes, dass sich die beiden Funktionen des Konzernrechts – **Schutzrecht und *enabling law*** – faktisch kaum trennen lassen, sondern vielmehr quasi untrennbar miteinander verflochten sind[70]. Ähnlich wie sich das Mindestkapital als „Preis" für die beschränkte Haftung verstehen lässt, lassen sich auch Konzernhaftungstatbestände als **Korrelat** und „Kehrseite" des Zugangs zu konzernrechtlichen Organisationsstrukturen verstehen. So berechtigt etwa ein Beherrschungsvertrag gem. § 308 Abs. 1 Satz 1 AktG zur Erteilung von Weisungen (insbesondere auch nachteiliger); im Gegenzug besteht aber im Falle sorgfaltswidriger Weisungen eine Haftung des herrschenden Unternehmens[71] und seiner Vertreter (vgl. § 309 Abs. 2 AktG) (dazu näher *Bayer/Trölitzsch* Rz. 8.64 ff.). 18.33

---

61 Vgl. *Lehmann*, LMK 2013, 35273.

62 Grundlegend: EuGH v. 24.11.1993 – C-267/91 u. C-268/91, *Keck und Mithouard*, ECLI:EU:C:1993:905.

63 Vgl. *J. Schmidt*, GPR 2014, 40 (41).

64 Vgl. *J. Schmidt*, GPR 2014, 40 (41) und näher zum Ganzen *Lutter/Bayer/J. Schmidt*, EuropUR, 4.34, 7.59, 15.32 m.w.N.

65 Vgl. *J. Schmidt*, GPR 2014, 40 (41); *Lutter/Bayer/J. Schmidt*, EuropUR, 15.33.

66 Vgl. *Teichmann*, AG 2013, 184 ff.; *Teichmann*, ZGR 2014, 45 (68 ff.).

67 Vgl. *Teichmann*, AG 2013, 184 (186 ff.).

68 Vgl. *Teichmann*, AG 2013, 184 (190); *Teichmann*, ZGR 2014, 45 (68).

69 Vgl. *Teichmann*, ZGR 2014, 45 (68 ff.).

70 Vgl. *Teichmann*, ZGR 2014, 45 (68).

71 Die Haftung des herrschenden Unternehmens selbst ist zwar gesetzlich nicht ausdrücklich geregelt, aber allgemein anerkannt (vgl. nur *Emmerich* in Emmerich/Habersack, Aktien- und GmbH-Konzernrecht, 9. Aufl. 2019, § 309 AktG Rz. 21 m.w.N.). Nach Auffassung des Gesetzgebers war eine besondere Regelung nicht erforderlich, weil das herrschende Unternehmen nach allgemeinen Rechtsgrundsätzen auf Grund des Vertrags hafte (vgl. Begr. RegE AktG, BT-Drucks. 4/171, 227).

18.34 Vor diesem Hintergrund kann konsequenterweise auch die Prüfung der Vereinbarkeit nationaler Konzernrechtsvorschriften mit der Niederlassungs- und ggf. Kapitalverkehrsfreiheit nicht „isoliert" erfolgen, sondern muss sinnvollerweise das **„Gesamtkonzept"** mit in den Blick nehmen. Ist ein konzernrechtlicher Haftungstatbestand nach der legislatorischen Konzeption der „Preis" für den Zugang zu einer speziellen konzernrechtlichen Organisationsform, so ist dies im Rahmen der Prüfung der Rechtfertigung der Beschränkung zu berücksichtigen. Insoweit wird man die Schaffung eines effizienten Rechtsrahmens für die Tätigkeit von Konzernen als zwingenden Grund des Allgemeininteresses anerkennen müssen. Hat der nationale Gesetzgeber hier im Rahmen seiner Einschätzungsprärogative ein Gesamtkonzept etabliert, das jedenfalls nicht evident inkonsistent oder vollkommen unverhältnismäßig ist, so ist die in der Etablierung der Haftungsregel liegende Beschränkung als durch zwingende Gründe des Allgemeininteresses gerechtfertigt anzusehen.

IV. EU-Recht als *enabling law* für grenzüberschreitende Umwandlungen

18.35 Speziell für Holdings von großer Bedeutung ist schließlich die Funktion des EU-Rechts als *enabling law* für grenzüberschreitende Umwandlungen.

1. Verlegung des Verwaltungssitzes

18.36 Im Hinblick auf die Verwaltungssitzverlegung ist zwischen Zuzug und Wegzug zu differenzieren:

a) Zuzug

18.37 Für Zuzugsfälle hat der EuGH in seiner Entscheidungstrias *Centros*[72] – *Überseering*[73] – *Inspire Art*[74] de facto das „Herkunftslandprinzip" (**„europarechtliche Gründungstheorie"**)[75] etabliert: Mit dem Verwaltungssitz „zuziehende" EU/EWR-ausländische Gesellschaften sind vom Aufnahmestaat aufgrund der Niederlassungsfreiheit (Art. 49, 54 AEUV) „als solche" anzuerkennen, und zwar grundsätzlich genauso und in der Form, wie sie „nach dem Recht des Gründungsstaats" ausgestaltet sind[76]. Sonderregeln für solche „Scheinauslandsgesellschaften" sind nur zulässig, wenn sie durch einen der geschriebenen Rechtfertigungsgründe des AEUV oder durch zwingende Gründe des Allgemeininteresses gerechtfertigt sind; daneben kann die Berufung auf die Niederlassungsfreiheit ausnahmsweise unzulässig sein, wenn im konkreten Einzelfall ein Missbrauch nachgewiesen ist[77].

b) Wegzug

18.38 Der „Wegzug" – genauer: die Verlegung des Verwaltungssitzes in einen anderen Mitgliedstaat unter Beibehaltung der Eigenschaft als Gesellschaft nach dem nationalen Recht des Gründungsstaats – ist hingegen nach dem Grundsatzurteil des EuGH in der Rs. *Cartesio*[78] **nicht durch die Niederlassungsfreiheit** gem. Art. 49, 54 AEUV **geschützt**. Den Mitgliedstaaten steht es also frei, den Versuch des „Wegzugs" mit der Auflösung zu sanktionieren und damit „ihre" Gesellschaften quasi „einzumauern"[79].

72 EuGH v. 9.3.1999 – C-212/97, *Centros*, ECLI:EU:C:1999:126, AG 1999, 226 = ZIP 1999, 438. Dazu *Lutter/Bayer/J. Schmidt*, EuropUR, 7.19 ff. m.w.N.

73 EuGH v. 5.11.2002 – C-208/00, *Überseering*, ECLI:EU:C:2002:632, AG 2003, 37 = ZIP 2002, 2037. Dazu *Lutter/Bayer/J. Schmidt*, EuropUR, 7.23 ff. m.w.N.

74 EuGH v. 30.9.2003 – C-167/01, *Inspire Art*, ECLI:EU:C:2003:512, AG 2003, 680 = ZIP 2003, 1885. Dazu *Lutter/Bayer/J. Schmidt*, EuropUR, 7.27 ff. m.w.N.

75 Vgl. *Bayer/J. Schmidt*, ZHR 173 (2009), 735 (739); *Lutter/Bayer/J. Schmidt*, EuropUR, 7.64 m.w.N.

76 Vgl. *Lutter/Bayer/J. Schmidt*, EuropUR, 7.64 m.w.N.

77 Vgl. *Lutter/Bayer/J. Schmidt*, EuropUR, 7.62 m.w.N.

78 EuGH v. 16.12.2008 – C-210/06, *Cartesio*, ECLI:EU:C:2008:723, ZIP 2006, 1536. Dazu *Lutter/Bayer/J. Schmidt*, EuropUR, 7.37 ff. m.w.N.

79 Vgl. *Lutter/Bayer/J. Schmidt*, EuropUR, 7.81 m.w.N.

2. Grenzüberschreitende Verschmelzung

Für die grenzüberschreitende Verschmelzung von **Kapitalgesellschaften** aus verschiedenen EU-/ EWR-Mitgliedstaaten ist auf EU-Ebene bereits 2005 mit der **CBMD**[80] ein sicherer Rechtsrahmen etabliert worden. 2017 wurden die Regelungen als **Titel II Kapitel II** in die **GesRRL**[81] integriert. 2019 erfolgte durch die MobilRL[82] eine umfassende Novellierung, die von den Mitgliedstaaten bis zum 31.1.2023 umsetzen ist. Zu den speziellen Vorschriften für Konzernverschmelzungen Rz. 18.59 ff. 18.39

Nicht von der CBMD bzw. nun Titel II Kapitel II GesRL erfasst sind allerdings Personengesellschaften (die indes für Holdingsstrukturen wohl ohnehin eine eher untergeordnete Rolle spielen dürften). Jedoch genießen nach ganz h.M. auch Personengesellschaften, die Gesellschaften i.S.d. Art. 54 AEUV sind, aufgrund des *Sevic*-Urteils[83] „Verschmelzungsfreiheit“ auf der Basis der Art. 49, 54 AEUV[84] – und zwar richtiger Ansicht nach sowohl in Bezug auf die Hinein- als auch in Bezug auf die Herausverschmelzung[85]. Da der EuGH jedoch die Einzelheiten des Verschmelzungsverfahrens bislang nicht näher konturiert hat, herrscht insofern erhebliche Rechtsunsicherheit[86]. 18.40

3. Grenzüberschreitende Spaltung

Für grenzüberschreitende Spaltungen wurde 2019 durch die MobilRL im neuen **Titel II Kapitel IV GesRRL** endlich ein spezieller EU-Rechtsrahmen geschaffen; die Mitgliedstaaten müssen die Vorgaben bis zum 31.1.2023 umsetzen. Erfasst ist allerdings leider nur die Spaltung von EU-Kapitalgesellschaften[87] zur Neugründung (vgl. Art. 160b Nr. 4 GesRRL)[88]. Immerhin werden aber drei Spaltungsvarianten ermöglicht: Aufspaltung, Abspaltung und Ausgliederung (vgl. Art. 160b Nr. 4 GesRRL). 18.41

Bis zur Umsetzung dieser neuen Vorgaben sowie für Fälle außerhalb ihres Anwendungsbereichs – d.h. insbesondere für die Spaltung von Personengesellschaften sowie für die Spaltung zur Auf- 18.42

80 Richtlinie 2005/56/EG des Europäischen Parlaments und des Rates vom 26.10.2005 über die Verschmelzung von Kapitalgesellschaften aus verschiedenen Mitgliedstaaten, ABl. EU Nr. L 310 v. 25.11. 2005, S. 1.

81 Richtlinie (EU) 2017/1132 des Europäischen Parlaments und des Rates vom 14.6.2017 über bestimmte Aspekte des Gesellschaftsrechts (Kodifizierter Text), ABl. EU Nr. L 169 v. 30.6.2017, S. 46.

82 Richtlinie (EU) 2019/2121 des Europäischen Parlaments und des Rates vom 27.11.2019 zur Änderung der Richtlinie (EU) 2017/1132 in Bezug auf grenzüberschreitende Umwandlungen, Verschmelzungen und Spaltungen, ABl. EU Nr. L 321 v. 12.12.2019, S. 1. Dazu *Bayer/J. Schmidt*, BB 2019, 1922 (1925 ff.) (m.w.N. zu Literatur zu den Entwürfen); ferner: *Bernard*, RPDA 2020, n° 6, 1 ff.; *Bremer/Schümmer*, NZG 2020, 538 ff.; *Bungert/Becker*, DB 2019, 1609 ff.; *Corbisier*, trv-rps 2019, 809 ff.; *Kraft*, BB 2019, 1864 ff.; *Luy*, GmbHR 2019, 1105 ff.; *Luy*, NJW 2019, 1905 ff.; *M. Noack*, AG 2019, 665 ff.; *M. Noack*, ZGR 2020, 90 ff.; *M. Noack/Habrich*, AG 2019, 908 ff.; *Pütz*, AG 2020, 117 ff.; *Schollmeyer*, AG 2019, 541 ff.; *J. Schmidt*, ZEuP 3/2020; *Schulte*, GmbHR 2020, 139 ff.; *Schurr*, EuZW 2019, 539 ff.; *Stelmaszczyk*, ZIP 2019, 2437 ff.; *Stelmaszczyk*, GmbHR 2020, 61 ff.; *Verbrugh*, (2020) 17 ECL 4 ff.; s. ferner bereits *J. Schmidt*, Der Konzern 2018, 228 ff., 273 ff.; *J. Schmidt*, ECFR 2019, 222 ff.; *J. Schmidt*, (2019) 16 ECL 13 ff.

83 EuGH v. 13.12.2005 – C-411/03, *Sevic*, ECLI:EU:C:2005:762, AG 2006, 80 = ZIP 2005, 2311. Dazu *Lutter/Bayer/J. Schmidt*, 7.31 ff. m.w.N.

84 Vgl. *Lutter/Bayer/J. Schmidt*, EuropUR, 7.101 m.w.N.

85 Vgl. *Lutter/Bayer/J. Schmidt*, EuropUR, 7.101 m.w.N.

86 Vgl. *Bayer/J. Schmidt*, BB 2019, 1922 (1926); *Lutter/Bayer/J. Schmidt*, EuropUR, 7.101 m.w.N.

87 Sofern (was wahrscheinlich ist) eine Aufnahme in den EWR-*acquis* erfolgt, werden auch EWR-Kapitalgesellschaften erfasst sein.

88 Kritisch dazu *Bayer/J. Schmidt*, BB 2019, 1922 (1926); s. ferner bereits *Bayer/J. Schmidt*, BB 2018, 2562 (2570); *Bernard*, D.A.O.R. 2018-3, n° 127, 5 (11 f.); *Binard/Schumer*, (2019) 16 ECL 31 (34); *Bormann/Stelmaszczyk*, ZIP 2018, 353 (355); *Bungert/Becker*, DB 2019, 1609; *Bungert/Wansleben*, DB 2018, 2094 (2095); *ECLE*, ECFR 2019, 196, 201; *Menjucq*, Rev. soc. 2019, 17, 18; *J. Schmidt*, Der Konzern 2018, 273, 275; *J. Schmidt*, ECFR 2019, 222, 234; *J. Schmidt*, (2019) 16 ECL 13 (14); *Teichmann*, NZG 2019, 241 (243); *Wachter*, GmbH-StB 2018, 317 (329); zustimmend jedoch *Mastrullo*, BJS 2018, 456 (459).

nahme – ist eine grenzüberschreitende Spaltung nur auf der Basis der Niederlassungsfreiheit (**Art. 49, 54 AEUV**) möglich. Nach inzwischen ganz h.M. folgt aus der Niederlassungsfreiheit auch die „Spaltungsfreiheit" – und zwar sowohl für Kapital- als auch für Personengesellschaften und sowohl in Form der Hinein- als auch der Herausspaltung[89]. Dies hat der EuGH zwar bislang nicht explizit entschieden, ergibt sich aber klar aus der Zusammenschau der Urteile *Sevic*[90], *VALE*[91] und *Polbud*[92, 93]. Für die Praxis besteht indes in Ermangelung einer näheren Konturierung des verfahrensrechtlichen Rahmens auch insoweit erhebliche Rechtsunsicherheit[94].

4. Grenzüberschreitender Formwechsel

18.43 Der grenzüberschreitende Formwechsel (grenzüberschreitende statutenwechselnde Sitzverlegung) fällt ebenfalls in den Schutzbereich der Niederlassungsfreiheit (**Art. 49, 54 AEUV**). Dies war vom EuGH bereits in der *Sevic*-Entscheidung[95] angedeutet, im Urteil in der Rs. *Cartesio*[96] dann *obiter* eingeflochten worden und wurde dann 2012 im *VALE*-Urteil[97] unmissverständlich und eindeutig höchstrichterlich bestätigt[98]. Im *Polbud*-Urteil entschied der Gerichtshof dann 2017, dass der Schutzbereich der Niederlassungsfreiheit auch den grenzüberschreitenden Formwechsel in Form der isolierten Satzungssitzverlegung umfasst[99].

18.44 Durch die MobilRL wurde dann 2019 im neuen **Titel II Kapitel-I GesRRL** ein spezieller EU-Rechtsrahmen geschaffen, der – im Einklang mit dem *Polbud*-Urteil – auch den grenzüberschreitenden Formwechsel in Form der isolierten Satzungssitzverlegung umfasst (vgl. Art. 86b Nr. 2 GesRRL) – allerdings nur für EU-Kapitalgesellschaften[100].

18.45 Bis zur Umsetzung dieser neuen Vorgaben sowie für Fälle außerhalb ihres Anwendungsbereichs – d.h. insbesondere für Personengesellschaften – ist ein grenzüberschreitender Formwechsel (weiterhin) nur auf der Basis der Niederlassungsfreiheit (**Art. 49, 54 AEUV**) möglich. Nach dem *VALE*-Urteil gelten dabei in Bezug auf das Verfahren mangels unionsrechtlicher Regelungen die innerstaatlichen Formwechselgründungs- und -funktionsregelungen des Herkunftsmitgliedstaats und des Aufnahmemitgliedstaats; aus Art. 49, 54 AEUV folgt jedoch, dass die jeweiligen nationalen Vorschriften nur i.R.d. Äquivalenz- und Effektivitätsgrundsatzes anzuwenden sind, d.h. (1) grenzüberschreitende Formwechsel dürfen nicht ungünstiger behandelt werden als innerstaatliche Formwechsel (Äquivalenzgrundsatz) und (2) nicht praktisch unmöglich gemacht oder übermäßig erschwert werden (Effektivitätsgrundsatz)[101]. Spezifische Sonderregeln für grenzüberschreitende Formwechsel sind so-

89 Vgl. *J. Schmidt*, Cross-border mergers and divisions, transfers of seat: Is there a need to legislate?, PE 556.960, S. 11; *Lutter/Bayer/J. Schmidt*, EuropUR, 7.105 m.w.N.

90 EuGH v. 13.12.2005 – C-411/03, *Sevic*, ECLI:EU:C:2005:762, AG 2006, 80 = ZIP 2005, 2311.

91 EuGH v. 12.7.2012 – C-378/10, *VALE*, ECLI:EU:C:2012:440.

92 EuGH v. 25.10.2017 – C-106/16, *Polbud*, ECLI:EU:C:2017:804. Dazu *Bayer/J. Schmidt*, ZIP 2017, 2225 ff.; *Bayer/J. Schmidt*, BB 2018, 2562 m.w.N.

93 Vgl. *J. Schmidt*, Der Konzern 2018, 229 (236); *Lutter/Bayer/J. Schmidt*, EuropUR, 7.105 m.w.N.

94 Vgl. *J. Schmidt*, Der Konzern 2018, 229 (236); *Lutter/Bayer/J. Schmidt*, EuropUR, 7.105 m.w.N.

95 EuGH v. 13.12.2005 – C-411/03, *Sevic*, ECLI:EU:C:2005:762, AG 2006, 80 = ZIP 2005, 2311. Dazu *Lutter/Bayer/J. Schmidt*, EuropUR, 7.31 ff. m.w.N.

96 EuGH v. 16.12.2008 – C-210/06, *Cartesio*, ECLI:EU:C:2008:723, ZIP 2006, 1536. Dazu *Lutter/Bayer/J. Schmidt*, EuropUR, 7.37 ff. m.w.N.

97 EuGH v. 12.7.2012 – C-378/10, *VALE*, ECLI:EU:C:2012:440. Dazu *Lutter/Bayer/J. Schmidt*, EuropUR, 7.46 ff. m.w.N.

98 Vgl. *Bayer/J. Schmidt*, KSzW 2014, 69.

99 EuGH v. 25.10.2017 – C-106/16, *Polbud*, ECLI:EU:C:2017:804. Dazu *Bayer/J. Schmidt*, ZIP 2017, 2225 ff.; *Bayer/J. Schmidt*, BB 2018, 2562 m.w.N.

100 Sofern (was wahrscheinlich ist) eine Aufnahme in den EWR-*acquis* erfolgt, werden auch EWR-Kapitalgesellschaften erfasst sein.

101 Näher *Bayer/J. Schmidt*, ZIP 2012, 1481 (1487 f.).

wohl seitens des Herkunfts- als auch des Aufnahmemitgliedstaats nur zulässig, wenn und soweit sie durch die speziellen Rechtfertigungsgründe des AEUV, durch zwingende Gründe des Allgemeininteresses oder – in engen Grenzen – durch den Missbrauchsvorbehalt gerechtfertigt sind[102].

V. Holdingrelevante Regelungen in EU-Rechtsakten

1. Gesellschaftsrechtliche Rechtsakte

a) Erwerb eigener Aktien: Art. 67 GesRRL

Für Holdinggesellschaften, die entweder AG sind oder eine Tochtergesellschaft in dieser Rechtsform haben, sind die Kapitalschutzvorschriften in Titel I Kapitel IV[103] der GesRRL zu beachten. Darin hat der europäische Gesetzgeber im Kontext des Erwerbs eigener Aktien eine funktional konzern- bzw. holdingspezifische Sonderregelung getroffen: **Art. 67 GesRRL** betreffend **Zeichnung und Erwerb eigener Aktien mittels Zwischenschaltung von Tochtergesellschaften**. Diese 1992 (damals als Art. 24a KapRL) eingefügte Vorschrift soll verhindern, dass die strikten Regeln betreffend Zeichnung und Erwerb eigener Aktien in Art. 59 ff. GesRRL auf diesem Wege unterlaufen werden können[104]. 18.46

Aufgrund der in Art. 67 Abs. 1 UAbs. 1 GesRRL normierten **Gleichstellung** sind Zeichnung, Erwerb und Besitz von Aktien durch eine „abhängige" Gesellschaft prinzipiell nur dann zulässig, wenn die Gesellschaft die Aktien auch selbst zeichnen, erwerben oder besitzen könnte. Erfasst sind allerdings nur „abhängige" Gesellschaften in einer Rechtsform i.S.d. Anhang II (also von den deutschen Rechtsformen: AG, KGaA, GmbH) sowie gem. Art. 67 Abs. 1 UAbs. 2 GesRRL auch Gesellschaften aus Drittstaaten in einer vergleichbaren Rechtsform (also z.B. eine corporation nach dem Recht von Delaware)[105]. 18.47

„Abhängigkeit" liegt gem. Art. 67 Abs. 1 UAbs. 1 GesRRL vor, wenn die Aktiengesellschaft „unmittelbar oder mittelbar über die Mehrheit der Stimmrechte" der Tochter verfügt oder auf diese „unmittelbar oder mittelbar einen beherrschenden Einfluss" ausüben kann. Wegen der mangelnden Harmonisierung des Konzernrechts lässt die GesRRL den Mitgliedstaaten im Hinblick auf die Definition dieser Abhängigkeitstatbestände indes einen weiten Spielraum: Abs. 2 räumt den Mitgliedstaaten explizit die Definitionsmacht bezüglich derjenigen Fälle ein, in denen von einem beherrschenden Einfluss (lit. a), einer Stimmenmehrheit (lit. c) oder einem mittelbaren beherrschenden Einfluss bzw. einer mittelbaren Stimmenmehrheit (lit. b) ausgegangen werden kann[106]. Begrenzt wird dieses Definitionsrecht nur durch die in lit. a genannten Fälle, in denen – wenn und soweit vom Definitionsrecht Gebrauch gemacht wird – auf jeden Fall die Möglichkeit der Ausübung eines beherrschenden Einflusses anzunehmen ist[107]. Ferner gestatten Abs. 3 bis 5 des Art. 67 den Mitgliedstaaten in zahlreichen Fällen Ausnahmen von der Gleichstellung[108]. 18.48

Im deutschen Recht sind die Vorgaben des Art. 67 GesRRL in **§ 71d AktG** umgesetzt[109]. 18.49

---

102 Näher *Bayer/J. Schmidt*, ZIP 2012, 1481 (1486 ff.).

103 Kapitel IV kodifiziert die frühere KapRL: Ursprünglich: Richtlinie 77/91/EWG; seit 4.12.2012: Richtlinie 2012/30/EU des Europäischen Parlaments und des Rates vom 25.10.2012 zur Koordinierung der Schutzbestimmungen, die in den Mitgliedstaaten den Gesellschaften i.S.d. Art. 54 Abs. 2 des Vertrages über die Arbeitsweise der Europäischen Union im Interesse der Gesellschafter sowie Dritter für die Gründung der Aktiengesellschaft sowie für die Erhaltung und Änderung ihres Kapitals vorgeschrieben sind, um diese Bestimmungen gleichwertig zu gestalten (Neufassung), ABl. EU Nr. L 315 v. 14.11. 2012, S. 74. Ausf. Erläuterungen bei *Lutter/Bayer/J. Schmidt*, EuropUR, § 19 m.z.w.N.

104 Vgl. *Lutter/Bayer/J. Schmidt*, EuropUR, 19.165.

105 Vgl. *Lutter/Bayer/J. Schmidt*, EuropUR, 19.166 m.w.N.

106 Vgl. *Lutter/Bayer/J. Schmidt*, EuropUR, 19.167 m.w.N.

107 Vgl. *Lutter/Bayer/J. Schmidt*, EuropUR, 19.167 m.w.N.

108 Dazu näher *Habersack/Verse*, § 7 Rz. 54 ff.; *Lutter/Bayer/J. Schmidt*, EuropUR, 19.168 m.w.N.

109 Vgl. *Lutter/Bayer/J. Schmidt*, EuropUR, 19.167 m.w.N.

b) Related Party Transactions (RPT)

18.50 In Holding- und Konzernstrukturen sind Geschäfte mit nahestehenden Unternehmen geradezu typisch. Der durch die Änderungs-RL (EU) 2017/828[110] eingeführte **Art. 9c ARRL**[111] hat zum Schutz der mit solchen Related Party Transactions (RPT) verbundenen Gefahren (Stichwort: „tunneling")[112] Transparenzanforderungen sowie Zustimmungspflichten für wesentliche Geschäfte mit related parties etabliert.

18.51 Nach der Legaldefinition in Art. 2 lit. h ARRL hat der Begriff der „nahestehenden Unternehmen und Personen" (**related parties**) im Rahmen der ARRL dieselbe Bedeutung wie nach den gemäß der IFRS-VO übernommenen IFRS, d.h. maßgeblich ist IAS 24.9[113]. Der Kreis der Unternehmen, die danach related party sind, ist relativ weit gezogen; erfasst sind über die bloße Zugehörigkeit zum selben Konzern hinaus z.B. auch wesentliche personelle Verflechtungen[114].

18.52 Der Begriff des **Geschäfts** wird in der ARRL nicht definiert. Angesichts des vom Unionsgesetzgeber offenbar intendierten Gleichlaufs mit den IFRS erscheint es sinnvoll, sich insoweit an dem Begriff des Geschäftsvorfalls in IAS 24.9 zu orientieren[115]. Art. 9c Abs. 1 ARRL verpflichtet jeden Mitgliedstaat selbst innerhalb der dort statuierten Rahmenvorgaben festzulegen, wann Geschäfte mit *related parties* so **wesentlich** sind, dass sie Zustimmungs- und Transparenzpflichten auslösen[116].

18.53 **Transparenz:** Gem. Art. 9c Abs. 2 Satz 1 ARRL sind wesentliche Geschäfte mit related parties spätestens zum Zeitpunkt ihres Abschlusses öffentlich bekanntzumachen[117]. Nach Art. 9c Abs. 3 UAbs. 1 ARRL können die Mitgliedstaaten zudem vorsehen, dass ein Bericht beigefügt wird, in dem bewertet wird, ob das Geschäft aus Sicht der Gesellschaft und der Aktionäre, die keine related party sind, angemessen und vernünftig ist (sog. Fairness Opinion)[118].

18.54 Art. 9c Abs. 4 UAbs. 1 ARRL verpflichtet die Mitgliedstaaten, für wesentliche Geschäfte mit related parties eine **Zustimmungspflicht** zu begründen. Dabei haben die Mitgliedstaaten ein Wahlrecht, ob die Zustimmung durch die Hauptversammlung, das Verwaltungsorgan oder das Aufsichtsorgan der Gesellschaft erfolgen muss[119]. Das Zustimmungsverfahren muss so ausgestaltet sein, dass verhindert wird, dass die related party ihre Position ausnutzt und einen angemessenen Schutz der Interessen der Gesellschaft und der Aktionäre, die nicht related party sind, bietet[120].

---

110 Richtlinie (EU) 2017/828 des Europäischen Parlaments und des Rates vom 17.5.2017 zur Änderung der Richtlinie 2007/36/EG im Hinblick auf die Förderung der langfristigen Mitwirkungen der Aktionäre, ABl. EU Nr. L 132 v. 20.5.2017, S. 1.

111 Dazu näher *Habersack/Verse*, § 7 Rz. 59 ff.; *Jung/Krebs/Stiegler*, § 30 Rz. 256 ff.; *Lutter/Bayer/J. Schmidt*, EuropUR, 29.163 ff. (jeweils m.w.N. zu einschlägigen Zeitschriftenbeiträgen).

112 Dazu *Lutter/Bayer/J. Schmidt*, EuropUR, 29.163 m.w.N.

113 Begr. RegE z. ARUG II, BT-Drucks. 19/9739, S. 79; *Jung/Krebs/Stiegler*, § 30 Rz. 263; *Lutter/Bayer/J. Schmidt*, EuropUR, 29.169; *J. Schmidt*, EuZW 2019, 261 (262).

114 *Lutter/Bayer/J. Schmidt*, EuropUR, 29.171. Ausf. dazu etwa *Schmitt/Stürke* in Schulze-Osterloh/Hennrichs/Wüstemann, Handbuch des Jahresabschlusses, 73. EL 9.2019, Rechnungslegung über Beziehungen zu nahestehenden Unternehmen und Personen, Rz. 6 ff.

115 *Habersack/Verse*, § 7 Rz. 58; *Lutter/Bayer/J. Schmidt*, EuropUR, 29.178; *Lanfermann/Maul*, BB 2014, 1283 (1287); *J. Vetter*, ZHR 179 (2015) 273 (284); *J. Schmidt*, NZG 2018, 1201 (1209) (m.w.N.).

116 Dazu *Jung/Krebs/Stiegler*, § 30 Rz. 268 ff.; *Lutter/Bayer/J. Schmidt*, EuropUR, 29.173 ff. m.w.N.

117 Dazu *Habersack/Verse*, § 7 Rz. 61 ff.; *Jung/Krebs/Stiegler*, § 30 Rz. 309 ff.; *Lutter/Bayer/J. Schmidt*, EuropUR, 29.179 f. m.w.N.

118 Dazu *Habersack/Verse*, § 7 Rz. 65; *Jung/Krebs/Stiegler*, § 30 Rz. 316 ff.; *Lutter/Bayer/J. Schmidt*, EuropUR, 29.181 ff. m.w.N.

119 Dazu *Habersack/Verse*, § 7 Rz. 67; *Jung/Krebs/Stiegler*, § 30 Rz. 322 ff.; *Lutter/Bayer/J. Schmidt*, EuropUR, 29.184 m.w.N.

120 Dazu *Habersack/Verse*, § 7 Rz. 67 ff.; *Jung/Krebs/Stiegler*, § 30 Rz. 325 ff.; *Lutter/Bayer/J. Schmidt*, EuropUR, 29.185 f. m.w.N.

Wichtig vor allem im Holding- und Konzernkontext ist, dass Art. 9c Abs. 7 ARRL die Transparenzanforderungen des Art. 9c Abs. 2 und 3 ARRL – nicht aber das Zustimmungserfordernis des Art. 9c Abs. 4 ARRL – auch auf **Geschäfte von related parties mit Tochtergesellschaften** erstreckt[121]. Um Umgehungen durch eine „Salamitaktik" zu verhindern, hat zudem eine **Aggregation** aller Geschäfte mit derselben related party, die in einem beliebigen Zeitraum von 12 Monaten oder in demselben Geschäftsjahr getätigt wurden, zu erfolgen (Art. 9c Abs. 8 ARRL)[122]. 18.55

Art. 9c Abs. 5 UAbs. 1 Satz 1 ARRL statuiert eine **Bereichsausnahme** für Geschäfte, die im ordentlichen Geschäftsgang und zu **marktüblichen Bedingungen** getätigt werden; für diese gelten grundsätzlich weder die Transparenzanforderungen gem. Art. 9c Abs. 2 und 3 ARRL noch die Zustimmungspflicht gem. Art. 9c Abs. 4 ARRL[123]. 18.56

Art. 9c Abs. 6 ARRL enthält einen Katalog von **fünf Mitgliedstaatenoptionen für weitere Ausnahmen**[124]. Von besonderer Bedeutung für Holding- und Konzernstrukturen ist dabei insbesondere **lit. a**. Er enthält eine Ausnahmeoption für Geschäfte zwischen der Gesellschaft und ihren Tochtergesellschaften, allerdings nur für drei bestimmte Fälle: (i) wenn es sich um eine 100%ige Tochtergesellschaft handelt, (ii) wenn keine andere related party an der Tochtergesellschaft beteiligt ist, oder (iii) sofern im nationalen Recht Vorschriften zum angemessenen Schutz der Interessen der Gesellschaft, der Tochtergesellschaft, und ihrer Aktionäre, die weder ein nahestehendes Unternehmen noch eine nahestehende Person sind, einschließlich der Minderheitsaktionäre, bei derartigen Geschäften vorgesehen sind. Von hoher Relevanz für Holding- und Konzernstrukturen ist ferner die Ausnahmeoption in **lit. b** für genau festgelegte Arten von Geschäften mit Zustimmung der Hauptversammlung. 18.57

Der deutsche Gesetzgeber hat die Vorgaben des Art. 9c ARRL durch das ARUG II[125] in den neuen §§ 107 Abs. 3 Satz 4–6, 111a–111c AktG (sowie durch weitere Folgeänderungen) umgesetzt[126]. Die Zuständigkeit für die Zustimmung zu Related Party Transactions wurde dabei in § 111b Abs. 1 AktG systemkonform dem Aufsichtsrat überantwortet; dieser kann hierfür auch einen beschließenden RPT-Ausschuss einrichten (§ 107 Abs. 3 Satz 4–6 AktG). Zustimmungserfordernis (§ 111b Abs. 1, 3 AktG) und Veröffentlichungspflicht (§ 111c Abs. 1 Satz 1 AktG) greifen, wenn der wirtschaftliche Wert des Geschäfts 1,5 % der Summe aus Anlage- und Umlaufvermögen der Gesellschaft 18.58

121 Dazu *Habersack/Verse*, § 7 Rz. 63 f.; *Jung/Krebs/Stiegler*, § 30 Rz. 264; *Lutter/Bayer/J. Schmidt*, EuropUR, 29.201 f. m.w.N.

122 Dazu *Habersack/Verse*, § 7 Rz. 60; *Jung/Krebs/Stiegler*, § 30 Rz. 289 ff.; *Lutter/Bayer/J. Schmidt*, 29.203 m.w.N.

123 Dazu *Habersack/Verse*, § 7 Rz. 72; *Jung/Krebs/Stiegler*, § 30 Rz. 284 ff.; *Lutter/Bayer/J. Schmidt*, EuropUR, 29.187 ff. m.w.N.

124 Dazu *Habersack/Verse*, § 7 Rz. 73 ff.; *Jung/Krebs/Stiegler*, § 30 Rz. 293 ff.; *Lutter/Bayer/J. Schmidt*, EuropUR, 29.190 ff. m.w.N.

125 Gesetz zur Umsetzung der zweiten Aktionärsrechterichtlinie (ARUG II) vom 12.12.2019, BGBl. I 2019, 2637.

126 Dazu: *Backhaus/Brouwer*, AG 2019, 287 ff.; *Barg*, AG 2020, 149 ff.; *Bayer/J. Schmidt*, BB 2018, 2562 (2574 f.); *Bayer/J. Schmidt*, BB 2019, 2178 (2179 ff.); *Bungert/Berger*, DB 2018, 2860 ff.; *Bungert/Wansleben*, BB 2019, 1026 ff.; *Decher* in FS E. Vetter, 2019, S. 95 ff.; *Eisele/Oser*, DB 2019, 1517 ff.; *Engert/Florstedt*, ZIP 2019, 493 ff.; *Fiebelkorn*, ZIP 2020, 953 ff.; *Florsteadt*, ZHR 184 (2020) 10 ff.; *Florstedt*, ZIP 2020, 1 ff.; *Grigoleit*, ZGR 2019, 412 ff.; *Habersack*, BB 2020/1, I; *Heldt*, AG 2018, 905 (913 ff.); *Kleinert/Mayer*, EuZW 2019, 103 ff.; *Lieder/Wernert*, ZIP 2019, 989 ff.; *Markworth*, AG 2020, 166 ff.; *Müller*, ZGR 2019, 97 ff.; *Müller* in FS E. Vetter, 2019, S. 479 ff.; *Müller*, ZIP 2019, 2429 ff.; *Mutter*, AG 2019, R340 f.; *Paschos/Goslar*, AG 2018, 857 (866 ff.); *Paschos/Goslar*, AG 2019, 365 (370 ff.); *Redeke/Schäfer/Troidl*, AG 2020, 159 ff.; *J. Schmidt*, NZG 2018, 1201 (1209 ff.); *J. Schmidt*, EuZW 2019, 261 ff.; *J. Schmidt* in FS E. Vetter, 2019, S. 707 (719 ff.); *Seibert* in FS E. Vetter, 2019, S. 749 ff.; *Seulen*, DB 2018, 2915 (2916 ff.); *Stöber*, DStR 2020, 391 (396 ff.); *Tarde*, NZG 2019, 488 ff.; *Tröger/Roth/Strenger*, BB 2018, 2946 ff.; *J. Vetter*, AG 2019, 853 ff.; *Wentz*, WM 2019, 906 (910 ff.); *Zipperle/Lingen*, BB 2020, 131 (134 ff.).

bzw. des Konzerns übersteigt; dabei werden alle Geschäfte innerhalb eines Geschäftsjahres aggregiert. Für Holding- und Konzernstrukturen besonders wichtig ist, dass der Gesetzgeber nicht nur in § 111a Abs. 2 AktG die Bereichsausnahme für marktübliche Geschäfte umgesetzt hat, sondern in § 111a Abs. 3 AktG auch umfassend von allen Ausnahmeoptionen des Art. 9c Abs. 6 ARRL Gebrauch gemacht hat. Von zentraler Bedeutung ist insofern speziell, dass durch § 111a Abs. 3 Nr. 2 und 3 AktG eine umfassende Ausnahme für Vertragskonzerne begründet wird: Vom RPT-Regime ausgenommen sind nicht nur der Abschluss des Unternehmensvertrags selbst, sondern auch Geschäfte auf der Grundlage eines solchen, d.h. sämtliche Geschäfte innerhalb eines Vertragskonzerns[127]. Von einer speziellen Ausnahme für Geschäfte im Rahmen faktischer Konzerne hat der Gesetzgeber hingegen mit guten Gründen abgesehen[128]; § 311 Abs. 3 AktG stellt vielmehr explizit klar, dass §§ 111a–111c AktG unberührt bleiben.

c) Spezielle Regelungen für Verschmelzungen und Spaltungen im Konzern

18.59 Für Holdings relevant sind weiterhin die speziellen Regelungen für Verschmelzungen und Spaltungen im Konzern. Der europäische Gesetzgeber sieht sowohl bei nationalen als auch bei grenzüberschreitenden Verschmelzungen und Spaltungen signifikante **Erleichterungen** für derartige Umwandlungen im Konzern vor. Dahinter steht die Überlegung, dass viele verfahrensrechtliche Anforderungen primär dem Schutz außenstehender Gesellschafter dienen und daher im Falle von Verschmelzungen bzw. Spaltungen im Konzern keine bzw. nur verminderte Bedeutung haben[129]. Darüber hinaus wollte der europäische Gesetzgeber damit aber insbesondere auch den Bedürfnissen der Praxis Rechnung tragen; denn die ganz überwiegende Zahl der Verschmelzungen und Spaltung ist nach wie vor konzerninterner Natur[130].

aa) Nationale Verschmelzungen

18.60 Für nationale Verschmelzungen statuieren die **Art. 110–115 GesRRL** Erleichterungen für Konzernverschmelzungen. Erfasst sind allerdings nur Fälle des sog. upstream-merger einer 100%igen Tochtergesellschaft (Art. 110–112 GesRRL) oder einer mindestens 90%igen Tochtergesellschaft (Art. 113-115 GesRRL). Die Vorschriften erfassen zwar grundsätzlich nur die „echte" 100 %- bzw. mindestens 90 %-Beteiligung; es ist den Mitgliedstaaten jedoch gem. Art. 112 bzw. Art. 115 GesRRL gestattet, sie auch auf Fälle einer nur „wirtschaftlichen" Beteiligung in entsprechender Höhe auszudehnen (d.h. solche, in denen die entsprechende Beteiligung vollständig oder teilweise von anderen Personen für Rechnung der übernehmenden Gesellschaft gehalten wird)[131]. Der deutsche Gesetzgeber hat allerdings von den Optionsrechten der Art. 112 und 115 GesRRL keinen Gebrauch gemacht[132].

(1) Upstream-merger einer 100%igen Tochter

18.61 Im Falle des upstream-merger einer 100%igen Tochter bedarf es weder eines Verschmelzungsberichts noch einer Verschmelzungsprüfung (Art. 110 Satz 3 GesRRL; deutsches Recht: § 8 Abs. 3 Satz 1 Alt. 2, § 9 Abs. 2 und 3 UmwG)[133]. Konsequenterweise entfällt zudem auch die entsprechende

---

127 *Bayer/J. Schmidt*, BB 2018, 2562 (2575); *J. Schmidt*, NZG 2018, 1201 (1211).

128 *Bayer/J. Schmidt*, BB 2018, 2562 (2575); näher dazu *Grigoleit*, ZGR 2019, 412 (441 ff.); *Müller*, ZGR 2019, 97 (119 ff.); *J. Schmidt*, EuZW 2019, 261 (262 f.) m.w.N.

129 Vgl. *Bayer/J. Schmidt*, BB 2019, 1922 (1935); *Lutter/Bayer/J. Schmidt*, EuropUR, 20.142 f., 20.150; 21.112; 22.131 (jeweils m.w.N.).

130 Vgl. *Bayer/Hoffmann/J. Schmidt*, Der Konzern 2012, 225 (228); *Lutter/Bayer/J. Schmidt*, EuropUR, 20.142; *Simon* in KölnKomm/UmwG, 2009, § 2 UmwG Rz. 4; *Stengel* in Semler/Stengel, 4. Aufl. 2017, § 2 UmwG Rz. 20; vgl. ferner auch schon *Lutter/Timm*, NJW 1982, 409 (413); *Priester*, NJW 1983, 1459 (1465).

131 Vgl. *Lutter/Bayer/J. Schmidt*, EuropUR, 20.148, 20.150.

132 Vgl. *Lutter/Bayer/J. Schmidt*, EuropUR, 20.149, 20.154.

133 Vgl. *Lutter/Bayer/J. Schmidt*, EuropUR, 20.145.

Vorabinformation und die diesbezügliche Haftung der Sachverständigen[134]. Da kein Aktientausch stattfindet[135], entfallen ferner auch die entsprechenden Angaben im Verschmelzungsplan gem. Art. 91 Abs. 2 lit. b, c und d GesRRL (Art. 110 Satz 3 GesRRL; deutsches Recht: § 5 Abs. 2 UmwG)[136]. Gem. Art. 111 GesRRL sind darüber hinaus unter bestimmten Voraussetzungen auch die Hauptversammlungsbeschlüsse entbehrlich (deutsches Recht: § 62 Abs. 1–4 UmwG[137])[138].

(2) Upstream-merger einer mindestens 90%igen Tochter

Bei einem upstream-merger einer mindestens 90%igen Tochter sind die Erleichterungen zwar nicht ganz so weitgehend, aber doch bedeutsam: Nach Art. 113 GesRRL ist unter bestimmten Voraussetzungen kein Hauptversammlungsbeschluss der übernehmenden Gesellschaft erforderlich[139] (deutsches Recht: § 62 Abs. 1–3 UmwG). Nach Art. 114 UAbs. 1 GesRRL sind zudem auch Verschmelzungsbericht, Verschmelzungsprüfung und die Vorabinformation entbehrlich, wenn das nationale Recht ein Sell-out-Recht zugunsten der Minderheitsaktionäre vorsieht; allerdings eröffnet Art. 114 UAbs. 2 GesRRL den Mitgliedstaaten die Alternative, der übernehmenden Gesellschaft stattdessen die Möglichkeit eines *pre-merger Squeeze-out* einzuräumen (d.h. von allen verbleibenden Minderheitsaktionären der übertragenden Gesellschaft(en) zu verlangen, ihre Anteile vor der Verschmelzung zu einem angemessenen Preis an sie zu veräußern)[140]. Der deutsche Gesetzgeber hat sich insoweit mit dem 3. UmwGÄndG[141] für die Option eines verschmelzungsspezifischen Squeeze-out entschieden, der heute in § 62 Abs. 5 UmwG[142] geregelt ist[143]. 18.62

bb) Grenzüberschreitende Verschmelzungen

Korrespondierende – im Detail allerdings in einigen Punkten abweichende – Erleichterungen für Konzernverschmelzungen hat der europäische Gesetzgeber durch **Art. 132 GesRRL** auch für grenzüberschreitende Verschmelzungen von Kapitalgesellschaften statuiert. Erfasst waren auch hier ursprünglich nur upstream-merger einer 100%igen oder einer mindestens 90%igen Tochter; seit der MobilRL sind jedoch auch bestimmte *side-step merger* (nämlich Fälle, in denen eine Person unmittelbar oder mittelbar alle Anteile an den beteiligten Gesellschaften besitzt) erfasst[144]. 18.63

(1) Upstream-merger einer 100%igen Tochter oder side-step merger

In den Fällen eines upstream-mergers einer 100%igen Tochter sind auch hier mangels Anteilstauschs[145] keine Angaben zum Anteilstausch im Verschmelzungsplan (Art. 122 Satz 2 lit. b, c und e GesRRL) und keine Verschmelzungsprüfung (Art. 125 GesRRL) erforderlich (**Art. 132 Abs. 1 Sps. 1 GesRRL**; deutsches Recht: § 122c Abs. 3, § 122f Satz 1, § 9 Abs. 2 UmwG). Zudem ist der Verschmelzungsbeschluss der übertragenden Gesellschaft generell (also anders als bei nationalen Verschmelzungen unabhängig von weiteren Voraussetzungen) entbehrlich (Art. 132 Abs. 1 Sps. 2 18.64

134 Vgl. *Lutter/Bayer/J. Schmidt*, EuropUR, 20.145.
135 Art. 110 Satz 3 GesRRL bestimmt deshalb auch ausdrücklich, dass Art. 105 Abs. 1 lit. b nicht angewendet werden darf; vgl. im deutschen Recht: § 20 Abs. 1 Nr. 3 Satz 1 Halbs. 2 UmwG.
136 Vgl. dazu näher *Lutter/Bayer/J. Schmidt*, EuropUR, 20.144 m.w.N.
137 Vgl. zur Umsetzung näher *Lutter/Bayer/J. Schmidt*, EuropUR, 20.149 m.w.N.
138 Vgl. dazu näher *Lutter/Bayer/J. Schmidt*, EuropUR, 20.146.
139 Vgl. dazu näher *Lutter/Bayer/J. Schmidt*, EuropUR, 20.151.
140 Vgl. dazu näher *Lutter/Bayer/J. Schmidt*, EuropUR, 20.152 f. m.w.N.
141 Drittes Gesetz zur Änderung des Umwandlungsgesetzes vom 11.7.2011, BGBl. I 2011, 1338.
142 Einzelheiten bei *Grunewald* in Lutter, 6. Aufl. 2019, § 62 UmwG Rz. 30 ff. m.w.N.
143 Vgl. *Lutter/Bayer/J. Schmidt*, EuropUR, 20.154 m.w.N.
144 Dazu (sowie zur Inkonsistenz mit Art. 119 Nr. 2 GesRRL): *Bayer/J. Schmidt*, BB 2019, 1922 (1935) m.w.N.
145 Art. 132 Abs. 1 Sps. 1 GesRRL bestimmt ausdrücklich, dass Art. 131 Abs. 1 lit. b GesRRL keine Anwendung findet; vgl. im deutschen Recht: § 122a Abs. 2 UmwG i.V.m. § 20 Abs. 1 Nr. 3 Satz 1 Halbs. 2 UmwG.

GesRRL; deutsches Recht: § 122g Abs. 2 UmwG). Der Verschmelzungsbeschluss der übernehmenden Gesellschaft ist hingegen – wie bei allen (d.h. auch nicht konzerninternen) grenzüberschreitenden Verschmelzungen – nur unter den Voraussetzungen des Art. 126 Abs. 3 GesRRL entbehrlich (deutsches Recht: § 122a Abs. 2 i.V.m. § 62 Abs. 1 UmwG[146]). Seit der MobilRL gelten diese Privilegierungen auch für die von Art. 132 GesRRL erfassten *side-step merger* (Rz. 18.63).

18.65 Seit der MobilRL dispensiert **Art. 132 Abs. 1 Sps. 2 GesRRL** zudem auch generell von Art. 124 GesRRL, d.h. vom **Verschmelzungsbericht**. Hier stellt sich die Frage, ob tatsächlich ein Dispens vom gesamten Verschmelzungsbericht oder vielmehr nur vom Abschnitt bzw. gesonderten Bericht für die Gesellschafter gewollt war und die Regelung demensprechend teleologisch zu reduzieren ist. Denn im Kommissionsentwurf[147] waren noch zwingend ein separater Bericht für die Gesellschafter (Art. 124 GesRRL-KOM) und für die Arbeitnehmer (Art. 124a GesRRL-KOM) vorgesehen und Art. 132 Abs. 1 Sps. 2 GesRRL-KOM dispensierte ausdrücklich nur von Art. 124 GesRRL-KOM, d.h. vom Bericht für die Gesellschafter. Im Rat wurde der Regelungsgehalt des Art. 124a GesRRL-KOM dann jedoch wieder – in modifizierter Form – in Art. 124 GesRRL integriert; dieser stellt es den Gesellschaften nun frei, ob sie zwei separate Berichte oder einen einzigen mit speziellen Abschnitten für Gesellschafter und Arbeiternehmer erstellen. Art. 132 Abs. 1 Sps. 2 GesRRL wurde jedoch nicht angepasst. Ein Bericht(sabschnitt) für die Gesellschafter macht in den Fällen des Art. 132 Abs. 1 GesRRL zwar in der Tat keinen Sinn[148]. Für den durch den Bericht(sabschnitt) an die Arbeitnehmer vermittelten Schutz besteht hingegen grundsätzlich auch in den von Art. 132 Abs. 1 GesRRL erfassten Konstellationen ein Bedürfnis[149] (jedenfalls dann, wenn die beteiligten Gesellschaften Arbeitnehmer haben; haben sie keine, ist der Berichtsabschnitt an die Arbeitnehmer schon gem. Art. 124 Abs. 8 GesRRL entbehrlich). Es spricht daher viel dafür, dass es sich bei der generellen Bezugnahme auf Art. 124 GesRRL in Art. 132 Abs. 1 Sps. 2 GesRRL um ein Redaktionsversehen handelt und Art. 132 Abs. 1 Sps. 2 GesRRL teleologisch dahin zu reduzieren ist, dass nur der Bericht(sabschnitt) für die Gesellschafter entbehrlich ist.

(2) Upstream-merger einer mindestens 90%igen Tochter

18.66 In Bezug auf upstream-merger einer mindestens 90%igen Tochter sieht die GesRRL für grenzüberschreitende Verschmelzungen – anders als für nationale[150] – eine kollisionsrechtliche Lösung vor: Nach **Art. 132 Abs. 2 GesRRL** sind Verschmelzungsprüfung und Verschmelzungsprüfungsbericht nur insoweit erforderlich, als dies nach den entweder für die übernehmende oder die übertragende Gesellschaft geltenden nationalen Rechtsvorschriften vorgesehen ist[151]. Im deutschen Recht besteht damit mangels entsprechender Sonderregelungen nur die Möglichkeit eines Verzichts gem. § 122f Satz 1, § 9 Abs. 3, § 8 Abs. 3 Satz 1 Alt. 1 UmwG[152].

18.67 Der Verschmelzungsbeschluss der übernehmenden Gesellschaft ist – wie bei allen (d.h. auch nicht konzerninternen) grenzüberschreitenden Verschmelzungen – nur unter den Voraussetzungen des Art. 126 Abs. 3 GesRRL entbehrlich (deutsches Recht: § 122a Abs. 2 i.V.m. § 62 Abs. 1 UmwG[153]). Vom Erfordernis des Verschmelzungsbeschlusses der übertragenden Gesellschaft wird – anders als bei nationalen Verschmelzungen (Art. 113 GesRRL) – überhaupt nicht dispensiert[154].

---

146 Vgl. dazu und speziell zur Richtlinienkonformität näher *Bayer* in Lutter, 6. Aufl. 2019, § 122g UmwG Rz. 36 m.w.N.
147 COM(2018) 241.
148 *Bormann/Stelmaszczyk*, ZIP 2019, 300 (306); *J. Schmidt*, Der Konzern 2018, 229 (242).
149 *Bormann/Stelmaszczyk*, ZIP 2019, 300 (306).
150 Vgl. dazu Rz. 18.62.
151 Vgl. *Lutter/Bayer/J. Schmidt*, EuropUR, 22.134.
152 Vgl. *Lutter/Bayer/J. Schmidt*, EuropUR, 22.137.
153 Vgl. dazu und speziell zur Richtlinienkonformität näher *Bayer* in Lutter, 6. Aufl. 2019, § 122g UmwG Rz. 36 m.w.N.
154 Vgl. dazu *Lutter/Bayer/J. Schmidt*, EuropUR, 22.135.

(3) Erleichterungen für Einpersonengesellschaften

Für Konzernverschmelzungen können zudem die durch die MobilRL eingeführten Erleichterungen für die grenzüberschreitende Verschmelzung von Einpersonengesellschaften bedeutsam sein: Die Mitgliedstaaten können vorsehen, dass in diesen Fällen kein Verschmelzungsbericht(sabschnitt) für die Gesellschafter (**Art. 124 Abs. 4 Satz 2 GesRRL**)[155] und keine Verschmelzungsprüfung (**Art. 125 Abs. 4 UAbs. 2 GesRRL**) erforderlich ist. 18.68

cc) Nationale Spaltung

In Bezug auf die nationale Spaltung hat der europäische Gesetzgeber vor dem Hintergrund der besonderen Gefahren für Minderheitsaktionäre nur für den Fall einer 100 %-upstream-Spaltung[156] eine Erleichterung vorgesehen: Nach **Art. 154 GesRRL** ist der Hauptversammlungsbeschluss der gespaltenen Gesellschafter unter bestimmten Voraussetzungen entbehrlich[157]. Im deutschen Recht ist dies durch § 125 Satz 1 i.V.m. § 62 Abs. 4 UmwG umgesetzt[158]. 18.69

dd) Grenzüberschreitende Spaltung

Für grenzüberschreitende Spaltungen sind in **Art. 160s GesRRL** eine Reihe von Privilegierungen für Ausgliederungen vorgesehen: Es entfallen der Spaltungsbericht (Art. 160e GesRRL), die Spaltungsprüfung (Art. 160f GesRRL), der Gesellschafterschutz gem. Art. 160i GesRRL sowie die Angaben gem. Art. 160d Satz 2 lit. b, c, f, i, o und p GesRRL im Spaltungsplan. Im Übrigen existieren jedoch keine speziellen Privilegierungen für Konzernspaltungen – was allerdings wohl (auch) dadurch begründet ist, dass (leider) nur Spaltungen zur Neugründung erfasst sind (Rz. 18.41).[159] Bedeutsam insbesondere auch für Konzernspaltungen können allerdings die Mitgliedstaatenoptionen für Erleichterungen von Spaltungen von Einpersonengesellschaften sein: Die Mitgliedstaaten können vorsehen, dass in diesen Fällen kein Spaltungsbericht(sabschnitt) für die Gesellschafter (**Art. 160e Abs. 4 Satz 2 GesRRL**)[160] und keine Spaltungsprüfung (**Art. 160f Abs. 3 UAbs. 2 GesRRL**) erforderlich ist. 18.70

d) Sonderregelungen im Bilanz- und Abschlussprüfungsrecht

Umfangreiche Sonderregelungen für Konzerne und damit insbesondere auch für Holdinggesellschaften finden sich aber vor allem im EU-Bilanz- und Abschlussprüfungsrecht. 18.71

155 Die Vorschrift ist teleologisch dahin zu reduzieren, dass nur vom Bericht(sabschnitt) abgesehen werden kann. S. schon *Bayer/J. Schmidt*, BB 2019, 1922 (1928); ebenso *Stelmaszczyk*, GmbHR 2020, 61 (68); vgl. ferner zur Problematik auch *Schollmeyer*, AG 2019, 541 (548 f.).

156 D.h. wenn den begünstigten Gesellschaften insgesamt alle Aktien sowie alle sonstigen ein Stimmrecht gewährenden Anteile der gespaltenen Gesellschaft gehören; anders als für nationale Verschmelzungen (dazu Rz. 18.60) ist für nationale Spaltungen insoweit keine Option zur Gleichstellung einer nur „wirtschaftlichen" Beteiligung vorgesehen; vgl. *Lutter/Bayer/J. Schmidt*, EuropUR, 21.112.

157 Näher *Lutter/Bayer/J. Schmidt*, EuropUR, 21.112.

158 Vgl. Begr. RegE zum 3. UmwGÄndG, BR-Drucks. 485/10, 10 f.; Bericht Rechtsausschuss zum 3. UmwGÄndG, BT-Drucks. 17/5930, 8; *Bayer/J. Schmidt*, ZIP 2010, 953 (959); *Lutter/Bayer/J. Schmidt*, EuropUR, 21.114 m.w.N.

159 *Bayer/J. Schmidt*, BB 2019, 1922 (1935); *J. Schmidt*, ECFR 2019, 222 (270).

160 Die Vorschrift ist teleologisch dahin zu reduzieren, dass nur vom Bericht(sabschnitt) für die Gesellschafter für die Gesellschafter abgesehen werden kann. S. schon *Bayer/J. Schmidt*, BB 2019, 1922 (1928); ebenso *Stelmaszczyk*, GmbHR 2020, 61 (68); vgl. zur Problematik auch *Schollmeyer*, AG 2019, 541 (548 f.).

aa) Bilanzrecht

18.72 Für Konzernabschlüsse wurde auf europäischer Ebene 1983 eine spezielle Richtlinie verabschiedet: die 7. (Konzernbilanz-)RL[161]. Der Dualismus von 4. (Bilanz-)RL[162] für den Einzelabschluss und 7. (Konzernbilanz-)RL für den Konzernabschluss wurde 2013 mit der Verabschiedung der **EU-Bilanz-RL**[163] beendet: Sie gilt für Geschäftsjahre, die ab dem 1.1.2016 beginnen, statuiert in **Art. 21 ff.** EU-Bilanz-RL aber weiterhin Sonderregeln für konsolidierte Abschlüsse[164]. Kapitalmarktorientierte Gesellschaften müssen ihren konsolidierten Abschluss für das am oder nach dem 1.1.2005 beginnende Geschäftsjahr und alle nachfolgenden Geschäftsjahre jedoch gem. Art. 4 IFRS-VO[165] nach Maßgabe der in das europäische Recht überführten internationalen Rechnungslegungsstandards aufstellen[166].

18.73 Nach Art. 21 EU-Bilanz-RL gelten die Vorschriften für konsolidierte Abschlüsse und Berichte nur, wenn das Mutterunternehmen eine Kapitalgesellschaft oder eine Kapitalgesellschaft & Co. i.S.d. Art. 1 i.V.m. Anhang I und II ist[167]. Die **Konsolidierungspflicht** knüpft an enumerativ aufgezählte Tatbestände der Beherrschungsmöglichkeit eines Mutterunternehmens über ein oder mehrere Tochterunternehmen an; als Kriterien für die Bestimmung der Beherrschungsmöglichkeiten wird dabei abgestellt auf die Kapitalmehrheit, die Stimmenmehrheit, die Möglichkeit der Bestellung der Mehrheit der Organe des Tochterunternehmens und schließlich die Beherrschungsmöglichkeit kraft Vertrages oder Satzung (sog. *control*-Konzept, Art. 22 Abs. 1 der EU-Bilanz-RL)[168]. Allerdings können die Mitgliedstaaten für Mutterunternehmen, die ihrem Recht unterliegen, zusätzlich auch eine Konsolidierungspflicht vorsehen, wenn das Mutterunternehmen einen beherrschenden Einfluss auf oder die Kontrolle über das Tochterunternehmen ausüben kann oder tatsächlich ausübt (lit. a) oder Mutter- und Tochterunternehmen unter einheitlicher Leitung des Mutterunternehmens stehen (lit. b) (sog. Beherrschungskonzept, Art. 22 Abs. 2 EU-Bilanz-RL)[169]. Darüber hinaus ist auch die Einbeziehung des Gleichordnungskonzerns gestattet (Art. 22 Abs. 7 EU-Bilanz-RL).

bb) Abschlussprüfung konsolidierter Abschlüsse

18.74 Für die Abschlussprüfung solcher konsolidierter Abschlüsse gelten nach der **APRL**[170] und der **AP-VO**[171] ebenfalls Besonderheiten (vgl. Art. 27, Art. 34 Abs. 2 und 3, Art. 47 Abs. 1 lit. a APRL und Art. 4 Abs. 2; Art. 11 Abs. 2 lit. j, l, m, n; Art. 13 Abs. 2 lit. b Ziff. iv und lit. k APVO).

---

161 Siebente Richtlinie 83/349/EWG des Rates vom 13.6.1983 aufgrund von Art. 54 Abs. 3 Buchstabe g) des Vertrages über den konsolidierten Abschluss, ABl. EG Nr. L 193 v. 18.7.1983, S. 1. Text und Erläuterungen bei *Lutter/Bayer/J. Schmidt*, EuropUR, § 25 m.z.w.N.

162 Vierte Richtlinie 78/660/EWG des Rates vom 25.7.1978 aufgrund von Art. 54 Abs. 3 Buchstabe g) des Vertrages über den Jahresabschluss von Gesellschaften bestimmter Rechtsformen, ABl. EG Nr. L 222 v. 14.8.1978, S. 11.

163 Richtlinie 2013/34/EU des Europäischen Parlaments und des Rates vom 26.6.2013 über den Jahresabschluss, den konsolidierten Abschluss und damit verbundene Berichte von Unternehmen bestimmter Rechtsformen und zur Änderung der Richtlinie 2006/43/EG des Europäischen Parlaments und des Rates und zur Aufhebung der Richtlinien 78/660/EWG und 83/349/EWG des Rates, ABl. EU Nr. L 182 v. 29.6.2013, S. 19. Dazu *Lutter/Bayer/J. Schmidt*, EuropUR, § 23.

164 Vgl. dazu *Bayer/J. Schmidt*, BB 2014, 1219 (1223 f.) m.w.N.

165 Verordnung (EG) Nr. 1606/2002 des Europäischen Parlaments und des Rates vom 19.7.2002 betreffend die Anwendung internationaler Rechnungslegungsstandards, ABl. EG Nr. L 243 v. 11.9.2002, S. 1.

166 Vgl. dazu *Lutter/Bayer/J. Schmidt*, EuropUR, § 24.

167 Vgl. dazu auch Erwägungsgrund 30 EU-Bilanz-RL.

168 Vgl. *Lutter/Bayer/J. Schmidt*, EuropUR, 23.44 m.w.N.

169 Vgl. *Lutter/Bayer/J. Schmidt*, EuropUR, 23.45 m.w.N.

170 Richtlinie 2006/43/EG des Europäischen Parlaments und des Rates vom 17.5.2006 über Abschlussprüfungen von Jah-resabschlüssen und konsolidierten Abschlüssen, zur Änderung der Richtlinien 78/660/EWG und 83/349/EWG des Rates und zur Aufhebung der Richtlinie 84/253/EWG des Rates, ABl. EU Nr. L 157 v. 9.6.2006, S. 87. Dazu *Lutter/Bayer/J. Schmidt*, EuropUR, § 25 m.w.N.

171 Verordnung (EU) Nr. 537/2014 des Europäischen Parlaments und des Rates vom 16.4.2014 über spezifische Anforderungen an die Abschlussprüfung bei Unternehmen von öffentlichem Interesse

e) Einpersonenholding: Art. 2 Abs. 1 lit. b der 12. EpGRL

In der EpGRL[172] findet sich eine interessante Sonderregelung für Holdings, zu denen Einpersonengesellschaften gehören: **Art. 2 Abs. 2 lit. b EpGRL** gestattet es den Mitgliedstaaten bis zur Koordinierung der einzelstaatlichen Vorschriften für das Konzernrecht **Sonderregelungen** für den Fall vorzusehen, dass der Alleingesellschafter einer Einpersonengesellschaft ebenfalls eine Einpersonengesellschaft oder eine andere juristische Person ist (sog. „Gesellschaftsketten"). Damit soll es den Mitgliedstaaten ermöglicht werden, „undurchsichtige Gesellschaftsketten" zu verhindern bzw. diese besonderen Kautelen zu unterwerfen[173]. Die konkrete Ausgestaltung besonderer Bestimmungen und/oder Sanktionen auf der Basis des Art. 2 Abs. 2 lit. b EpGRL ist grundsätzlich dem jeweiligen Mitgliedstaat überlassen[174]. Aus Erwägungsgrund 5 Satz 4 EpGRL und der Entstehungsgeschichte ergibt sich indes, dass der europäische Gesetzgeber primär Regelungen betreffend Einschränkungen beim Zugang zur Einpersonengesellschaft oder eine unbeschränkte Haftung des einzigen Gesellschafters vor Augen hatte. Der deutsche Gesetzgeber hat von dieser Option indes ohnehin keinen Gebrauch gemacht[175]. 18.75

Hervorzuheben ist in diesem Kontext, dass Art. 2 Abs. 2 EpGRL richtiger Ansicht nach **abschließend** ist: Die Einpersonengesellschaft *als solche* darf nur in den in Art. 2 Abs. 2 EpGRL abschließend genannten Fällen besonderen Bestimmungen und/oder Sanktionen – auch solchen konzernrechtlicher Natur – unterworfen werden[176]. Unberührt bleibt dagegen die Befugnis der Mitgliedstaaten zum Erlass von (ggf. auch konzernrechtlichen) Sonderregeln, die im Einzelfall Sanktionen an ein bestimmtes Verhalten des Alleingesellschafters oder der Einpersonengesellschaft knüpfen[177]. 18.76

f) Relevante Besonderheiten im Übernahmerecht

Im Rahmen der übernahmerechtlichen Regelungen in der Takeover Bids Directive (TBD) kann eine Holdingstruktur speziell an zwei Stellen relevant werden: Zum einen für die Frage, ob ein Pflichtangebot gem. Art. 5 Abs. 1 TBD[178] gemacht werden muss: entweder aufgrund **Zurechnung** der Anteile, die von einer oder mehreren zur Holding gehörenden Gesellschaften gehalten werden[179] oder weil das Zusammenwirken mehrerer zur Holding gehörender Gesellschaften u.U. ein ***acting in concert***[180] darstellen kann. 18.77

Zudem können **Holdingstrukturen** auch **als Abwehrmechanismen** relevant werden: Sie fallen daher ggf. unter Art. 10 Abs. 1 lit. c TBD, wonach im Lage- bzw. Konzernlagebericht auch bedeutende direkte oder indirekte Beteiligungen am Kapital (z.B. durch Pyramidenstrukturen oder wechselsei- 18.78

---

und zur Aufhebung des Beschlusses 2005/909/EG der Kommission, ABl. EU Nr. L 158 v. 27.5.2014, S. 77.

172 Ursprünglich: Richtlinie 89/667/EWG; seit 21.10.2009: Richtlinie 2009/102/EG des Europäischen Parlaments und des Rates vom 16.9.2009 auf dem Gebiet des Gesellschaftsrechts betreffend Gesellschaften mit beschränkter Haftung mit einem einzigen Gesellschafter, ABl. EU Nr. L 258 v. 1.10.2009, S. 20. Dazu *Lutter/Bayer/J. Schmidt*, EuropUR, § 27 m.w.N.

173 Vgl. KOM(88) 101, S. 5 zum (obligatorischen) „Enkelverbot" im ersten RL-Entwurf; *Lutter/Bayer/J. Schmidt*, EuropUR, 27.20.

174 Vgl. *Lutter/Bayer/J. Schmidt*, EuropUR, 27.21; *Mousoulas*, Rev. soc. 1990, 395 (403).

175 Vgl. *Lutter/Bayer/J. Schmidt*, EuropUR, 27.25.

176 Näher *Lutter/Bayer/J. Schmidt*, EuropUR, 27.23 m.w.N.

177 Näher *Lutter/Bayer/J. Schmidt*, EuropUR, 27.24 m.w.N.

178 Richtlinie 2004/25/EG des Europäischen Parlaments und des Rates vom 21.4.2004 betreffend Übernahmeangebote, ABl. EU Nr. L 142 v. 30.4.2004, S. 12. Dazu *Lutter/Bayer/J. Schmidt*, EuropUR, § 28 m.w.N.

179 Der Anteil der Stimmrechte, der Kontrolle begründet und die Art seiner Berechnung richtet sich gem. Art. 5 Abs. 3 TBD nach den Vorschriften des Mitgliedstaats, in dem die Gesellschaft ihren (Satzungs-) sitz hat, vgl. dazu *Lutter/Bayer/J. Schmidt*, EuropUR, 28.34 m.w.N.

180 Vgl. dazu *Lutter/Bayer/J. Schmidt*, EuropUR, 28.37 ff. m.w.N. S. ferner speziell das ESMA Statement v. 12.11.2013, ESMA/2013/1642.

tige Beteiligungen) i.S.v. Art. 9 TrRL[181] anzugeben sind. Im deutschen Recht ist dies umgesetzt durch § 289a Satz 1 Nr. 4, § 315a Satz 1 Nr. 3 HGB.

2. Kapitalmarkt- und bankrechtliche Rechtsakte

a) AIFMD

18.79 Die AIFMD[182] nimmt Holdinggesellschaften explizit von ihrem Anwendungsbereich aus (Art. 2 Abs. 3 lit. a AIFMD) und normiert zu diesem Zweck eine Legaldefinition des Begriffs „Holdinggesellschaft". Nach **Art. 4 Abs. 1 lit. o AIFMD** ist **„Holdinggesellschaft"** eine Gesellschaft, die an einem oder mehreren anderen Unternehmen eine Beteiligung hält, deren Geschäftsgegenstand darin besteht, durch ihre Tochterunternehmen oder verbundenen Unternehmen oder Beteiligungen eine Geschäftsstrategie oder -strategien zur Förderung deren langfristigen Werts zu verfolgen, und bei der es sich um eine Gesellschaft handelt, die entweder i) auf eigene Rechnung tätig ist und deren Anteile zum Handel auf einem geregelten Markt in der Union zugelassen sind, oder ii) die ausweislich ihres Jahresberichts oder anderer amtlicher Unterlagen nicht mit dem Hauptzweck gegründet wurde, ihren Anlegern durch Veräußerung ihrer Tochterunternehmen oder verbundenen Unternehmen eine Rendite zu verschaffen.[183] Die deutsche Umsetzungsvorschrift hierzu findet sich in § 2 Abs. 1 Nr. 1 KAGB[184].

18.80 Hintergrund ist, dass der europäische Gesetzgeber **industrielle Holdinggesellschaften** ganz bewusst vom Anwendungsbereich der AIFMD ausnehmen wollte, und zwar auch solche, die u.U. selbst keine oder kaum operative Funktionen wahrnehmen, sondern ein Konglomerat von (evtl. sehr unterschiedlichen) Unternehmen steuern[185]. Die Kommission nennt als Beispiele für solche nicht erfassten Industrieholdings etwa Siemens und Shell[186]. In der Praxis dürfte die Abgrenzung solcher Industrieholdings zu „aktiven" bzw. „industriell orientierten" Private Equity Fonds indes nicht immer einfach sein[187].

b) FICOD

18.81 In der Finanzkonglomerate-RL (FICOD)[188] finden sich einige Sonderregeln für sog. gemischte Finanzholdinggesellschaften. Darunter ist nach der Legaldefinition in **Art. 2 Nr. 15 FICOD** ein nicht der Aufsicht unterliegendes Mutterunternehmen zu verstehen, das zusammen mit seinen Tochter-

---

181 Richtlinie 2004/109/EG des Europäischen Parlaments und des Rates vom 15.12.2004 zur Harmonisierung der Transparenzanforderungen in Bezug auf Informationen über Emittenten, deren Wertpapiere zum Handel auf einem geregelten Markt zugelassen sind, und zur Änderung der Richtlinie 2001/34/EG, ABl. EU Nr. L 390 v. 31.12.2004, S. 38. Der Verweis auf Art. 85 CARD (RL 2001/34/EG) ist gem. Art. 32 TrRL als Verweis auf Art. 9 TrRL zu lesen.

182 Richtlinie 2011/61/EU des Europäischen Parlaments und des Rates vom 8.6.2011 über die Verwalter alternativer Investmentfonds und zur Änderung der Richtlinien 2003/41/EG und 2009/65/EG und der Verordnungen (EG) Nr. 1060/2009 und (EU) Nr. 1095/2010, ABl. EU Nr. L 174 v. 1.7.2011, S. 1.

183 Näher dazu *Trouvain*, Asset Stripping durch Finanzinvestoren, 2019, S. 109 ff. m.w.N.

184 Vgl. Begr. RegE zum AIFM-UmsG, BT-Drucks. 17/12294, 204 f.

185 Vgl. *Nelle/Klebeck*, BB 2013, 2499 (2505); *Tollmann* in Dornseifer/Jesch/Klebeck/Tollmann, AIFM-Richtlinie, 2013, Art. 2 Rz. 81; *Trouvain*, Asset Stripping durch Finanzinvestoren, 2019, S. 109.

186 AIFMD Commission Q&A, <https://ec.europa.eu/info/sites/info/files/aifmd-commission-questions-answers_en.pdf>, S. 5 f.

187 Vgl. *Haisch/Helios*, BB 2013, 1687 (1690); *Nelle/Klebeck*, BB 2013, 2499 (2505).

188 Richtlinie 2002/87/EG des Europäischen Parlaments und des Rates vom 16.12.2002 über die zusätzliche Beaufsichtigung der Kreditinstitute, Versicherungsunternehmen und Wertpapierfirmen eines Finanzkonglomerats und zur Änderung der Richtlinien 73/239/EWG, 79/267/EWG, 92/49/EWG, 92/96/EWG, 93/6/EWG und 93/22/EWG des Rates und der Richtlinien 98/78/EG und 2000/12/EG des Europäischen Parlaments und des Rates, ABl. EU Nr. L 35 v. 11.2.2003, S. 1.

unternehmen, von denen mindestens eines ein beaufsichtigtes Unternehmen ist, welches seinen Sitz in der Union hat, und anderen Unternehmen ein Finanzkonglomerat bildet.

c) EMIR

In der EMIR[189] findet sich ebenfalls der Begriff der Finanzholdinggesellschaft; er ist in **Art. 2 Nr. 18 EMIR** legaldefiniert als ein Finanzinstitut, dessen Tochterunternehmen ausschließlich oder hauptsächlich Kreditinstitute oder andere Finanzinstitute sind, wobei mindestens eines dieser Tochterunternehmen ein Kreditinstitut ist, und welches keine gemischte Finanzholdinggesellschaft i.S.d. Art. 2 Nr. 15 FICOD ist. Relevant wird dieser Terminus für die Frage, ob ein gruppeninternes Geschäft i.S.d. Art. 3 EMIR vorliegt (vgl. Art. 3 Abs. 2 lit. a Ziff. ii EMIR). 18.82

d) OGAW-RL, MiFID II und MiFIR

Im Rahmen der OGAW-RL[190], der MiFID II[191] und der MiFIR[192] gelten im Kontext von Holdingstrukturen Besonderheiten, wenn der Tatbestand einer **„engen Verbindung“** (Legaldefinition in Art. 2 Abs. 1 lit. i OGAW-RL, Art. 4 Abs. 1 Nr. 35 MiFID II und Art. 2 Abs. 1 Nr. 21 MiFIR) oder einer **„qualifizierten Beteiligung“** (Legaldefinition in Art. 2 Abs. 1 lit. j OGAW-RL, Art. 4 Abs. 1 Nr. 31 MiFID II) erfüllt ist. 18.83

e) TrRL

Bedeutsam für Holdings ist ferner die Beteiligungstransparenz nach der TrRL[193], welche durch die Änderungs-RL 2013/50/EU[194] signifikant reformiert wurde. Gemäß **Art. 9 Abs. 1 TrRL** besteht eine **Mitteilungspflicht** zunächst für jeden Aktionär, der Aktien des Emittenten, die zum Handel an einem geregelten Markt zugelassen sind und an die Stimmrechte geknüpft sind, erwirbt oder veräußert und dadurch die maßgeblichen Schwellenwerte erreicht, über- oder unterschreitet; Abs. 2 statuiert zudem eine Meldepflicht bei Veränderungen des Stimmrechtsanteils auf Grund von Ereignissen, welche die Aufteilung der Stimmrechte verändern. 18.84

---

189 Verordnung (EU) Nr. 648/2012 des Europäischen Parlaments und des Rates vom 4.7.2012 über OTC-Derivate, zentrale Gegenparteien und Transaktionsregister, ABl. EU Nr. L 201 v. 27.7.2012, S. 1.

190 Richtlinie 2009/65/EG des Europäischen Parlaments und des Rates vom 13.7.2009 zur Koordinierung der Rechts- und Verwaltungsvorschriften betreffend bestimmte Organismen für gemeinsame Anlagen in Wertpapieren (OGAW) (Neufassung), ABl. EU Nr. L 302 v. 17.11.2009, S. 32.

191 Richtlinie 2014/65/EU des Europäischen Parlaments und des Rates vom 15.5.2014 über Märkte für Finanzinstrumente sowie zur Änderung der Richtlinien 2002/92/EG und 2011/61/EU (Neufassung), ABl. EU Nr. L 173 v. 12.6.2014, S. 349.

192 Verordnung (EU) Nr. 600/2014 des Europäischen Parlaments und des Rates vom 15.5.2014 über Märkte für Finanzinstrumente und zur Änderung der Verordnung (EU) Nr. 648/2012, ABl. EU Nr. L 173 v. 12.6.2014, S. 84.

193 Richtlinie 2004/109/EG des Europäischen Parlaments und des Rates vom 15.12.2004 zur Harmonisierung der Transparenzanforderungen in Bezug auf Informationen über Emittenten, deren Wertpapiere zum Handel auf einem geregelten Markt zugelassen sind, und zur Änderung der Richtlinie 2001/34/EG, ABl. EU Nr. L 390 v. 31.12.2004, S. 38.

194 Richtlinie 2013/50/EU des Europäischen Parlaments und des Rates vom 22.10.2013 zur Änderung der Richtlinie 2004/109/EG des Europäischen Parlaments und des Rates zur Harmonisierung der Transparenzanforderungen in Bezug auf Informationen über Emittenten, deren Wertpapiere zum Handel auf einem geregelten Markt zugelassen sind, der Richtlinie 2003/71/EG des Europäischen Parlaments und des Rates betreffend den Prospekt, der beim öffentlichen Angebot von Wertpapieren oder bei deren Zulassung zum Handel zu veröffentlichen ist, sowie der Richtlinie 2007/14/EG der Kommission mit Durchführungsbestimmungen zu bestimmten Vorschriften der Richtlinie 2004/109/EG, ABl. EU Nr. L 294 v. 6.11.2013, S. 13.

18.85 Auslöser der Beteiligungspublizität ist jedes Erreichen, Über- oder Unterschreiten der **Meldeschwellen** von 5 %, 10 %, 15 %, 25 %, 30 %, 50 % und 75 % der Stimmrechte (Art. 9 Abs. 1 TrRL); die Mitgliedstaaten können jedoch anstelle der 30 %- eine ⅓ – und anstelle der 75 %- eine ⅔-Schwelle vorsehen (Art. 9 Abs. 3 TrRL). Nach Art. 3 Abs. 1 a.F. TrRL handelte es sich bei den Regelungen der TrRL generell nur um einen Mindeststandard, so dass die Mitgliedstaaten weitere Meldeschwellen vorsehen konnten[195]. Doch auch Art. 3 Abs. 1a UAbs. 4 lit. i TrRL n.F. gestattet es den Mitgliedstaaten explizit, niedrigere oder ergänzende Meldeschwellen festzulegen oder gleichwertige Mitteilungen in Bezug auf Kapitalanteilsschwellen vorzuschreiben[196]. Der deutsche Gesetzgeber konnte also an der durch das TUG[197] eingeführten zusätzlichen Meldeschwelle von 3 % (vgl. § 33 Abs. 1 Satz 1WpHG [§ 21 Abs. 1 Satz 1 WpHG a.F.]) festhalten. Speziell in Bezug auf Holdings relevant ist insofern auch der Katalog von Zurechnungstatbeständen in Art. 10 TrRL, insbesondere die Zurechnung im Falle des *acting in concert* (lit. a) oder wenn Stimmrechte von kontrollierten Unternehmen gehalten werden (lit. e). Im deutschen Recht sind diese Zurechnungstatbestände in § 34 WpHG umgesetzt. Art. 9 Abs. 4–6a TrRL enthalten allerdings auch eine Reihe von Ausnahmen von der Meldepflicht[198].

18.86 Um ein unbemerktes „Anschleichen" zu verhindern[199], erstreckt **Art. 13 TrRL** die Meldepflicht ferner auch auf bestimmte **Finanzinstrumente**, die „latente" oder „potentielle" Beteiligungen repräsentieren. Die Neufassung der Vorschrift durch die Änderungs-RL 2013/50/EU hat hier einige durchaus signifikante Änderungen gebracht, die in Deutschland zu einer Neugestaltung des Systems der Meldetatbestände durch das TrRLÄndUG[200] führte (nun: §§ 33, 38, 39 WpHG)[201].

f) BRRD

18.87 Hochinteressant für Holdings im Finanzsektor ist die BRRD[202]. Sie enthält nämlich eine ganze Reihe von **Sondervorschriften für grenzübergreifende Gruppen**, namentlich in Bezug auf Vorbereitung und Prävention (Art. 7, 8, 12, 13 und 16 BRRD), Frühintervention (Art. 30 BRRD) und Abwicklung (Art. 87 ff. BRRD). Zudem statuiert sie spezielle Regelungen dazu, inwieweit in finanziellen Notlagen Vermögenswerte zwischen gruppenzugehörigen Instituten übertragen werden können (Art. 19 ff. BRRD)[203]. Der europäische Gesetzgeber will damit ein angemessenes Gleichgewicht zwischen dem Ziel einer effizienten Abwicklung der Gruppe als Ganzes einerseits und dem Ziel des Erhalts der Finanzstabilität in der EU und den einzelnen Mitgliedstaaten andererseits gewährleisten[204]. Diese Vorschriften sind indes auch weit über den Bereich des Finanzsektors hinaus von großem Interesse; ins-

195 Vgl. *Lutter/Bayer/J. Schmidt*, EuropUR, 36.8 m.w.N.

196 Vgl. dazu auch *Parmentier*, AG 2014, 15 (17 f.); *Lutter/Bayer/J. Schmidt*, EuropUR, 36.19 m.w.N.

197 Gesetz zur Umsetzung der Richtlinie 2004/109/EG des Europäischen Parlaments und des Rates vom 15.12.2004 zur Harmonisierung der Transparenzanforderungen in Bezug auf Informationen über Emittenten, deren Wertpapiere zum Handel auf einem geregelten Markt zugelassen sind, und zur Änderung der Richtlinie 2001/34/EG (Transparenzrichtlinie-Umsetzungsgesetz – TUG) vom 5.1.2007, BGBl. I 2007, 10.

198 Vgl. dazu *Lutter/Bayer/J. Schmidt*, EuropUR, 36.24.

199 Vgl. *Lutter/Bayer/J. Schmidt*, EuropUR, 36.21; *Parmentier*, AG 2014, 15 (21).

200 Gesetz zur Umsetzung der Transparenzrichtlinie-Änderungsrichtlinie vom 20.11.2015, BGBl. I 2015, 2029.

201 Vgl. *Lutter/Bayer/J. Schmidt*, EuropUR, 36.21 ff., 36.45 m.w.N.

202 Richtlinie 2014/59/EU des Europäischen Parlaments und des Rates vom 15.5.2014 zur Festlegung eines Rahmens für die Sanierung und Abwicklung von Kreditinstituten und Wertpapierfirmen und zur Änderung der Richtlinie 82/891/EWG des Rates, der Richtlinien 2001/24/EG, 2002/47/EG, 2004/25/EG, 2005/56/EG, 2007/36/EG, 2011/35/EU, 2012/30/EU und 2013/36/EU sowie der Verordnungen (EU) Nr. 1093/2010 und (EU) Nr. 648/2012 des Europäischen Parlaments und des Rates, ABl. EU Nr. L 173 v. 12.6.2014, S. 190.

203 Vgl. hierzu *Lutter*, ZIP 2014, 910 f.

204 Vgl. KOM(2012) 280, S. 7.

besondere die Vorschriften zur gruppeninternen finanziellen Unterstützung könnten womöglich der Grundstein für eine entsprechende allgemeine Regelung für alle grenzüberschreitenden Unternehmensgruppen werden.

f) IFR und IFD

18.88 Schließlich sieht auch der durch die Investment Firms Regulation (**IFR**)[205] und die Investment Firms Directive (**IFD**)[206] neu geschaffenen Aufsichtsrahmen für Wertpapierfirmen zahlreiche Sonderregeln für Gruppen von Wertpapierfirmen[207] vor, insbesondere auch eine Beaufsichtigung von Wertpapierfirmengruppen auf konsolidierter Basis (Art. 46 ff. IFD) sowie einen Gruppenkapitaltest (Art. 8 IFR).

VI. Resümee und Ausblick

18.89 Als abschließendes Resümee bleibt: Wenngleich das Konzernrecht an sich bislang nicht harmonisiert ist, hat der europäische Gesetzgeber in den vergangenen Jahrzehnten eine Vielzahl verschiedenster konzern- und holdingrelevanter legislatorischer Mosaiksteinchen gesetzt, die viele kleinere und größere Inseln auf dem weiten Meer des Konzern- und Holdingrechts bilden. Von einem **stimmigen Gesamtbild** ist man jedoch noch **weit entfernt**. Weitgehend unausgelotet sind vor allem auch zentrale Fragen im Spannungsfeld von nationalem Konzernrecht und Niederlassungs- bzw. Kapitalverkehrsfreiheit.

18.90 Eine generelle Harmonisierung des Konzernrechts ist indes realistischerweise zumindest in näherer Zukunft kaum zu erwarten. Mit dem Bericht der Reflection Group[208] und dem Aktionsplan 2012[209] ist das Konzern- und Holdingrecht aber zumindest wieder auf die EU-Agenda zurückgeholt worden. Als **punktuelle Harmonisierungsmaßnahmen** angedacht waren darin (zunächst) eine Verbesserung der **Informationen über Gruppen** sowie eine Anerkennung des Begriffs „**Gruppeninteresse**"[210]. Die ICLEG hat hierzu zwar 2016[211] bzw. 2017[212] Berichte vorgelegt; die Kommission hat diese jedoch bislang nicht in Form eines Legislativentwurfs aufgegriffen. Wichtige rechtspolitische Desiderate wä-

205 VO (EU) 2019/2033 des EP und des Rates v. 27.11.2019 über Aufsichtsanforderungen an Wertpapierfirmen und zur Änderung der VO (EU) Nr. 1093/2010, (EU) Nr. 575/2013, (EU) Nr. 600/2014 und (EU) Nr. 806/2014, ABl. EU Nr. L 314 v. 5.12.2019, S. 1.

206 RL (EU) 2019/2034 des EP und des Rates v. 27.11.2019 über die Beaufsichtigung von Wertpapierfirmen und zur Änderung der RL 2002/87/EG, 2009/65/EG, 2011/61/EU, 2013/36/EU, 2014/59/EU und 2014/65/EU, ABl. EU Nr. L 314 v. 5.12.2019, S. 6.

207 Vgl. dazu auch die zahlreichen speziellen Legaldefinitionen für „Gruppen" (Art. 3 Abs. 1 Nr. 13 IFD), „Finanzholdinggesellschaften" (Art. 4 Abs. 1 Nr. 16 IFR), „Wertpapierfirmengruppen" (Art. 3 Abs. 1 Nr. 20 IFD, Art. 4 Abs. 1 Nr. 25 IFR), „Investmentholdinggesellschaften" (Art. 4 Abs. 1 Nr. 23 IFR, Art. 3 Abs. 1 Nr. 21 IFD), „gemischte Finanzholdinggesellschaften" (Art. 3 Abs. 1 Nr. 25 IFD, Art. 4 Abs. 1 Nr. 40 IFR), „Mutterunternehmen" (Art. 3 Abs. 1 Nr. 28 IFD, Art. 4 Abs. 1 Nr. 42 IFR), „Tochterunternehmen" (Art. 3 Abs. 1 Nr. 29 IFD, Art. 4 Abs. 1 Nr. 51 IFR), „Unions-Mutterwertpapierfirmen" (Art. 4 Abs. 1 Nr. 56 IFR), „Unions-Mutterinvestmentholdinggesellschaften" (Art. 3 Abs. 1 Nr. 32 IFD, Art. 4 Abs. 1 Nr. 57 IFR) und „gemischte Unions-Mutterfinanzholdinggesellschaften" (Art. 4 Abs. 1 Nr. 58 IFR).

208 Abrufbar unter <https://www.ilf-frankfurt.de/fileadmin/_migrated/content_uploads/ILF_WP_126.pdf>.

209 Aktionsplan, KOM (2012) 740.

210 Vgl. Aktionsplan, KOM (2012) 740, 4.6.

211 *ICLEG*, Report on information on groups, March 2016 (<https://orbilu.uni.lu/bitstream/10993/31149/1/2016-03-24%20icleg-report-on-information-of-groups-march-2016_en.pdf>). Dazu *Bayer/J. Schmidt*, BB 2016, 1923 (1928 f.); *Fleischer*, ZGR 2017, 1 (19 f.); *Hommelhoff* in FS Baums, 2017, S. 597 ff.; *J. Schmidt*, Der Konzern 2017, 1 (7 f.).

212 *ICLEG*, Report on the recognition of the interest of the group, October 2016 (<https://orbilu.uni.lu/bitstream/10993/34455/1/2016-10%20icleg_recommendations_interest_group_final_en.pdf>). Dazu *Bayer/J. Schmidt*, BB 2017, 2114 (2119 f.); *J. Schmidt*, Der Konzern 2017, 1 (7 f.).

ren aber speziell auch eine grundlegende Harmonisierung in Bezug auf die **Konzernhaftung**[213] sowie des **internationalen Konzernrechts**[214].

213 Vgl. *J. Schmidt*, GPR 2014, 40 (41).
214 Vgl. ausf. und dezidiert *Teichmann*, ZGR 2014, 45 (70 ff.).

Teil VII
Wege aus der Holding

§ 19 Auflösung von Holdingstrukturen

I. Einführung und Gestaltungsmöglichkeiten . . . 19.1

II. Veräußerung der operativen Tochtergesellschaften . . . 19.3

1. Die Holding-AG als Veräußerer . . 19.3

a) Zustimmung der Hauptversammlung wegen Vorgaben der Satzung zum Unternehmensgegenstand . . . 19.5

aa) Holding als festgelegter Unternehmensgegenstand . . . 19.6

bb) Keine Festlegung als Regelfall . . 19.7

cc) Unterschreitung des Unternehmensgegenstandes . . . 19.8

dd) Satzungsänderung . . . 19.10

b) Zustimmung der Hauptversammlung nach § 179a AktG . . . 19.10

c) Zustimmung der Hauptversammlung nach den „Holzmüller/Gelatine-Grundsätzen“? . . . 19.13

aa) Die „Holzmüller/Gelatine-Grundsätze“ . . . 19.14

bb) Anwendung auf Beteiligungsveräußerungen . . . 19.15

d) Zusammenfassung . . . 19.15

2. Die Holding-GmbH als Veräußerer 19.16

III. Verschmelzung der operativen Tochtergesellschaften auf die Holding . . . 19.20

1. Die Holding-AG als aufnehmende Gesellschaft . . . 19.22

a) Bestellung eines Verschmelzungsprüfers (§ 60 UmwG) . . . 19.23

b) Erforderliche Aufsichtsratszustimmungen . . . 19.24

c) Verschmelzungsvertrag bzw. Entwurf . . . 19.25

d) Zuleitung an das Handelsregister . . . 19.26

e) Zuleitung an den Betriebsrat . . . 19.27

f) Verschmelzungsbericht . . . 19.28

g) Zustimmungsbeschlüsse der Hauptversammlungen/Gesellschafterversammlungen . . . 19.29

h) Keine Kapitalerhöhung . . . 19.35

i) Handelsregisteranmeldungen . . . 19.36

2. Die Holding-GmbH als aufnehmende Gesellschaft . . . 19.37

a) Keine obligatorische Verschmelzungsprüfung . . . 19.38

b) Keine Zuleitung des Verschmelzungsvertrages an das Handelsregister . . . 19.39

c) Keine erleichterte Konzernverschmelzung . . . 19.40

IV. Übertragende Auflösung der Tochtergesellschaft(en) durch die Holding . . . 19.41

1. Rechtliche Zulässigkeit . . . 19.44

2. Die übertragende Auflösung der Tochter-AG . . . 19.46

3. Die übertragende Auflösung der Tochter-GmbH . . . 19.54

4. Zusammenfassung und Ausblick . . 19.55

V. Weitere Gestaltungsmöglichkeiten . 19.56

Literaturübersicht: *Bohnet*, Die Mitwirkungskompetenz der Hauptversammlung von Holding-Gesellschaften bei der Veräußerung von Unternehmensbeteiligungen, DB 2000, 2617; *Carstens/Gisewski*, Anm. OLG Köln, Urt. v. 15.1.2009 – 18 U 205/07, CCZ 2009, 7; *Gottwald*, Grunderwerbsteuerfreie Umwandlungsvorgänge im Konzern, § 6a GrEStG, DNotZ 2012, 99; *Groß*, Zuständigkeit der Hauptversammlung bei Erwerb und Veräußerung von Unternehmensbeteiligungen, AG 1994, 266; *Henssler/Strohn*, Gesellschaftsrecht, 4. Aufl. 2019; *Kästle/Oberbracht*, Der Unternehmenskauf – Share Purchase Agreement, 3. Aufl. 2018; *Lutter*, Zur Binnenstruktur des Konzerns, in FS Harry Westermann, 1974, S. 347; *Lutter/Drygala*, Die übertragende Auflösung: Liquidation der Aktiengesellschaft oder Liquidation des Minderheitenschutzes?, in FS Kropff, 1997, S. 191; *Lutter/Leinekugel*, Kompetenzen von Hauptversammlung und Gesellschafterversammlung beim Verkauf von Unternehmensteilen, ZIP 1998, 225; Münchener Handbuch des Gesellschaftsrechts, Band 3, 5. Aufl. 2018, Band 4, 4. Aufl. 2015; *Priester*, ZGR 2017, 474, 478 ff; *Roth*, Die übertragende Auflösung nach Einführung des Squeeze-out, NZG 2003, 998; *Wollburg/Gehling*, Umgestaltung des Konzerns – Wer entscheidet über die Veräußerung von Beteiligungen einer Aktiengesellschaft?, in FS Lieberknecht, 1997, S. 133. Kommentarliteratur: *Baumbach/Hueck*, GmbHG, 22. Aufl.

2019; *Emmerich/Habersack*, Aktien- und GmbH-Konzernrecht, 9. Aufl. 2019; *Hölters*, AktG, 3. Aufl. 2017; *Hüffer/Koch*, AktG, 14. Aufl. 2020; *Kallmeyer*, UmwG, 7. Aufl. 2020; *Lutter*, UmwG, 6. Aufl. 2019; *Lutter/Hommelhoff*, GmbH-Gesetz, 20. Aufl. 2020; Haritz/Menner/Bilitewski, UmwStG, 5. Aufl. 2019; MünchKomm/AktG, Band 3, 4. Aufl. 2018, Band 4, 4. Aufl. 2016; MünchKomm/GmbHG, Band 2, 3. Aufl. 2019; MünchKomm/SpruchG, 5. Aufl. 2020; *Schmitt/Hörtnagl/Stratz*, Umwandlungsgesetz, Umwandlungssteuergesetz, 8. Aufl. 2018; *Scholz*, GmbHG, Band II, 11. Aufl. 2014, Band III, 11. Aufl. 2015; *Semler/Stengel*, UmwG, 4. Aufl. 2017; *Spindler/Stilz*, AktG, 4. Aufl. 2019; *Habersack/Henssler*, Mitbestimmungsrecht, 4. Aufl. 2018.

I. Einführung und Gestaltungsmöglichkeiten

19.1 Die Holding-Struktur ist nicht per se die für immer richtige Organisationsform für jeden Unternehmensverbund. Sie hängt vielmehr als Organisationsform von der **konkreten Geschäftstätigkeit** des Unternehmens und auch vom Führungsverständnis ab – diese können sich ändern[1]. Die Holding in ihren hier behandelten Erscheinungsformen „Führungsholding“ (dazu *Bayer/Lutter* Rz. 1.16 ff.) und „Mischholding“ (dazu *Bayer/Lutter* Rz. 1.21) zeichnet sich dadurch aus, dass sie entweder kein eigenes operatives Geschäft betreibt und sich auf die Führung im Sinne von einheitlicher Leitung (§ 18 AktG) von Tochtergesellschaften beschränkt oder doch jedenfalls nur einen kleinen Teil des operativen Geschäfts selbst betreibt und der größte Teil des Geschäfts in Tochtergesellschaften konzentriert ist. Diese für einen stark diversifizierten Konzern geeignete Organisationsform kann aber hinterfragt werden, wenn der Konzern seine strategische Ausrichtung ändert und sich auf wenige Kerngeschäftsfelder konzentrieren will. Ein anderer Grund für einen Wechsel des Konzepts mag beispielsweise der Wunsch nach stärkerer Einbindung des Managements der Tochtergesellschaften sein. Für einen so neu ausgerichteten Unternehmensverbund kann das Stammhauskonzept (dazu *Bayer/Lutter* Rz. 1.15) richtiger sein als das Holdingkonzept. Dann stellt sich für die Unternehmensführung die Frage, wie die vorhandenen Holdingsstrukturen aufgelöst werden können.

19.2 Die Umstrukturierung der Holding zu einer selbst am Markt aktiv tätigen Gesellschaft ist auf verschiedenen Wegen denkbar. In Betracht kommen insbesondere drei **Gestaltungsmöglichkeiten:**

- Die Holding veräußert ihre Beteiligungen an den operativen Tochtergesellschaften an Dritte und investiert den Veräußerungserlös in den Aufbau einer eigenen Geschäftstätigkeit (Rz. 19.3–19.19);
- Tochtergesellschaften werden auf die Holding verschmolzen (Rz. 19.20–19.40);
- die Holding übernimmt die Aktiva bzw. das Unternehmen aus den Tochtergesellschaften (Asset Deal) und die Tochtergesellschaften werden gleichzeitig aufgelöst und liquidiert (Rz. 19.41–19.55).

Für diese drei Gestaltungsmöglichkeiten werden nachfolgend für Holdinggesellschaften in den Rechtsformen der AG und GmbH damit verbundene Fragen abgehandelt.

II. Veräußerung der operativen Tochtergesellschaften

1. Die Holding-AG als Veräußerer

19.3 Die Veräußerung von Beteiligungen an Tochtergesellschaften liegt nach dem aktienrechtlichen Kompetenzgefüge im Allgemeinen in der **Verantwortung des Vorstands**. Er leitet nach § 76 Abs. 1 AktG die Gesellschaft unter eigener Verantwortung[2]. Die rechtliche Struktur einer Beteiligungsveräußerung und die Veräußerungskonditionen im Einzelnen sind in vielfältiger Weise von den Umständen des Einzelfalls abhängig, insbesondere von den steuerlichen Gegebenheiten, der Rechtsform

1 Dazu *Bayer/Lutter* Rz. 1.2 ff.; *Scheffler* Rz. 2.22 ff.

2 Vgl. OLG Stuttgart v. 13.7.2005 – 20 U 1/05, AG 2005, 693 = NZG 2007, 234, dazu Nichtannahmebeschluss des BGH, abgedruckt an gleicher Stelle.

der Tochtergesellschaft und nicht zuletzt von den Interessen des Erwerbers[3]. Beim Abschluss des Verkaufsvertrags wird die Gesellschaft durch den Vorstand vertreten (§ 78 AktG). Die Vertretungsmacht des Vorstands gilt uneingeschränkt selbst bei sehr weitreichenden Geschäftsführungsmaßnahmen, die die Struktur der Gesellschaft tiefgreifend verändern[4]. Daneben ist im Innenverhältnis im Regelfall die Zustimmung des Aufsichtsrats erforderlich[5]. Einer Zustimmung der Hauptversammlung bedarf es in der Regel nicht (s. Rz. 19.4 ff.).

Bei der Veräußerung von größeren Tochtergesellschaften stellt sich für den Holding-Vorstand die Frage, ob er das, was er nach außen aufgrund seiner uneingeschränkten Vertretungsmacht kann, auch im Innenverhältnis darf oder ob er – neben einer i.d.R. erforderlichen Zustimmung des Aufsichtsrats – auch die **Zustimmung** der Hauptversammlung einholen muss. Eine solche Mitwirkungspflicht könnte sich aus der Satzung der Holding, aus § 179a AktG oder aus der Holzmüller/Gelatine-Rechtsprechung des BGH ergeben. 19.4

a) Zustimmung der Hauptversammlung wegen Vorgaben der Satzung zum Unternehmensgegenstand

aa) Holding als festgelegter Unternehmensgegenstand

Die Aktionäre der Gesellschaft setzen der (internen) Geschäftsführungsbefugnis des Vorstands Grenzen durch die Bestimmung des Unternehmensgegenstandes in der Gesellschaftssatzung (§ 23 Abs. 3 Nr. 2 AktG)[6]. Sieht der **Unternehmensgegenstand** z.B. vor, dass die Gesellschaft ihren Unternehmensgegenstand *ausschließlich* durch das „Halten" und „Führen" von Tochtergesellschaften verfolgt, steht außer Zweifel, dass der Vorstand die Holdingstruktur erst aufgeben darf, wenn die Hauptversammlung im Wege einer Satzungsänderung die eigene operative Geschäftstätigkeit der Holding im Unternehmensgegenstand verankert hat und die Satzungsänderung im Handelsregister der Gesellschaft eingetragen worden ist. 19.5

bb) Keine Festlegung auf Holding als Regelfall

Viele Satzungen lassen dem Vorstand jedoch **die Wahl**, ob die Gesellschaft in den Geschäftsfeldern, die den Unternehmensgegenstand bestimmen – wie z.B. Entwicklung, Herstellung und Vertrieb von Komponenten für die Fahrzeugindustrie – selbst tätig wird oder (auch) als Holding über Tochtergesellschaften in den bezeichneten Geschäftsfeldern aktiv ist. Eine Standardformulierung für eine entsprechende Satzungsregelung wäre z.B.: 19.6

„Die Gesellschaft ist zu allen Geschäften und Maßnahmen berechtigt, die geeignet erscheinen, dem Gegenstand des Unternehmens zu dienen. Sie kann zu diesem Zweck auch andere Unternehmen gründen, erwerben oder sich an ihnen beteiligen. …"[7].

Die Veräußerung sämtlicher Beteiligungen der Holding würde auch in diesem Fall – vorausgesetzt die Holding ist selbst im Rahmen des Unternehmensgegenstandes nicht operativ tätig – dazu führen,

3 Zur inhaltlichen Gestaltung eines Geschäftsanteilskauf- und Übertragungsvertrages etwa *Kästle/Oberbracht*, Unternehmenskauf – Share Purchase Agreement.

4 Vgl. § 82 Abs. 1 AktG; dazu Hüffer/Koch, § 82 AktG Rz. 4; Ausnahme: § 179a AktG und die Holzmüller/Gelatine-Rechtsprechung; dazu sogleich.

5 S. § 111 Abs. 4 Satz 2 AktG und Grundsatz 6 Abs. 2 des Deutschen Corporate Governance Kodex 2020.

6 S. *Stephan* Rz. 3.187 ff. und Hüffer/Koch, § 23 AktG Rz. 21 ff.

7 *Hoffmann-Becking* in Beck'sches Formularbuch, Bürgerliches, Handels- und Wirtschaftsrecht, 13. Aufl. 2019, X.11; ähnlich z.B. die Satzung der Deutschen Telekom AG: *„Die Gesellschaft ist zu allen Geschäften und Maßnahmen berechtigt, die geeignet erscheinen, dem Gegenstand des Unternehmens [nach Abs. 1] zu dienen. Sie kann auch andere Unternehmen gleicher oder verwandter Art im In- und Ausland gründen, erwerben und sich an ihnen beteiligen sowie solche Unternehmen leiten oder sich auf die Verwaltung der Beteiligung beschränken. Sie kann ihren Betrieb ganz oder teilweise in verbundene Unternehmen ausgliedern."*

dass sich der Vorstand nicht mehr in den durch die Aktionäre vorgegebenen Grenzen hält, wenn der Vorstand nicht in nahem zeitlichen Zusammenhang eine eigene Aktivität der Gesellschaft aufbaut. Die bloße Investition des Gesellschaftsvermögens in Finanzanlagen ist dem Vorstand in dem genannten Beispiel nicht gestattet. Die Veräußerung der Beteiligungen der Holding und damit der Weg aus der Holding bedürfen in diesen Fällen der Legitimation durch eine Satzungsänderung, die gem. § 179 Abs. 1 Satz 1 AktG nur die Hauptversammlung beschließen kann.

cc) Unterschreitung des Unternehmensgegenstandes

19.7 Schwieriger in der Beurteilung ist der Fall, dass der Vorstand der Holding die Beteiligungen veräußern will, um mit dem Veräußerungserlös eine eigene Aktivität der Gesellschaft neu aufzubauen, die aber nicht alle bisherigen Tätigkeitsfelder der Tochtergesellschaften mit umfasst. Um im oben genannten Beispiel zu bleiben: Die Gesellschaft wird sich künftig nur noch mit dem Vertrieb von Komponenten für die Fahrzeugindustrie befassen und die eigene Entwicklungs- und Herstellungstätigkeit einstellen. Die Aufgabe der Holdingstruktur ist dann mit der Aufnahme einer anderen von der Satzung erlaubten Geschäftstätigkeit der Gesellschaft verbunden, die aber den Unternehmensgegenstand nicht mehr voll ausfüllt. Dann kommt es zu einem sog. **„Unterschreiten" des Unternehmensgegenstandes.** Nach heute ganz überwiegender und richtiger Meinung ist ein solches Unterschreiten jedoch unzulässig und ist der Vorstand nicht nur berechtigt, sondern auch verpflichtet, den im Unternehmensgegenstand bezeichneten Rahmen auszufüllen. Daraus wird im rechtswissenschaftlichen Schrifttum abgeleitet, dass der Vorstand die Zustimmung der Hauptversammlung benötigt, wenn er die Tätigkeit in einem Geschäftsfeld, das zum Gegenstand des Unternehmens gehört, auf Dauer aufgeben will[8].

19.8 In Einzelheiten weichen die Auffassungen dazu, wie eine **zulässige Einschränkung der Unternehmenstätigkeit** von einer unzulässigen Satzungsunterschreitung im Lichte der konkreten Satzungsvorgabe abzugrenzen ist, voneinander ab. Einerseits soll die Bestimmung des Unternehmensgegenstandes in der Regel auch bedeuten, dass der genannte Tätigkeitsbereich ausgefüllt werden muss[9]. Andererseits wird betont, dass der Unternehmensgegenstand so formuliert sein kann, dass er nur die Obergrenze für die Unternehmenstätigkeit darstellt[10]. Des Weiteren werden unterschiedliche Meinungen insbesondere zu der Frage vertreten, ob der Unternehmensgegenstand durch die Satzungsänderung vor oder nach einer solchen dauerhaften Aufgabe der Tätigkeit anzupassen ist[11]. Die überwiegende Auffassung geht richtigerweise dahin, dass eine vorherige Satzungsänderung erforderlich ist, um den Aktionär nicht vor vollendete Tatsachen zu stellen.

---

8 OLG Stuttgart v. 14.5.2003 – 20 U 31/02, NZG 2003, 778 (783) (KGaA) = ZIP 2003, 1981 = AG 2003, 527; OLG Stuttgart v. 13.7.2005 – 20 U 1/05, AG 2005, 693 = NZG 2007, 234 f.; OLG Köln v. 15.1.2009 – 18 U 205/07, AG 2009, 416 (417, Ziff. 2.1); näher *Wollburg/Gehling* in FS Lieberknecht, S. 133 (136 ff.) m.w.N. auch zur älteren Gegenmeinung; *Groß*, AG 1994, 266 (269); *Lutter/Leinekugel*, ZIP 1998, 225 (226 ff.); *Bohnet*, DB 1999, 2617; Hüffer/Koch, § 179 AktG Rz. 9a; *Kubis* in MünchKomm/AktG, § 119 AktG Rz. 66; *Stein* in MünchKomm/AktG, § 179 AktG Rz. 112; *Holzborn* in Spindler/Stilz, § 179 AktG Rz. 70; *Fleischer* in Spindler/Stilz, § 82 AktG Rz. 31, § 93 AktG Rz. 21; *Priester*, ZGR 2017, 474, 478 ff.

9 OLG Stuttgart v. 14.5.2003 – 20 U 31/02, NZG 2003, 778 (783) = ZIP 2003, 1981 = AG 2003, 527.

10 OLG Köln v. 15.1.2009 – 18 U 205/07, AG 2009, 416 (417) (zur Ausfüllung verpflichtet, „wenn die Tätigkeitsfelder in der Satzung verbindlich und abschließend gefasst sind"); dazu *Carstens/Gisewski*, CCZ 2009, 72 (73); vgl. Hüffer/Koch, § 179 AktG Rz. 9a (objektive Satzungsauslegung „wird i.d.R. ergeben, dass Satzung Obergrenze zulässiger Geschäftsführung bezeichnet, Vorstand aber nicht auf entsprechende Tätigkeit festlegen soll"); *Habersack* in Emmerich/Habersack, Aktien- und GmbH-Konzernrecht, vor § 311 AktG Rz. 31; Fn. 153 („namentlich bei weiter Gegenstandsbestimmung kann … die Auslegung der Satzung ergeben, dass lediglich eine Obergrenze … geregelt" ist).

11 S. dazu und zum Meinungsstand *Carstens/Gisewski*, CCZ 2009, 72 (74 f.); *Krieger* in MünchHdb/AG, § 70 Rz. 8.

dd) Satzungsänderung

Die **Satzungsänderung** folgt den in §§ 179–181 AktG festgelegten Regeln. Danach sind eine Beschlussfassung der Hauptversammlung mit einer Mehrheit von mindestens drei Viertel des bei der Beschlussfassung vertretenen Grundkapitals sowie die Eintragung der Satzungsänderung im Handelsregister erforderlich. Zur näheren Information der Aktionäre über die Satzungsänderung ist nach § 124 Abs. 2 Satz 3 1. Fall AktG der Wortlaut der vorgesehenen Satzungsänderung mit der Tagesordnung der Hauptversammlung vom Vorstand in den Gesellschaftsblättern bekannt zu machen. Weitere Vorabinformationen an die Hauptversammlung verlangt das Gesetz nicht, insbesondere keinen schriftlichen Vorstandsbericht. 19.9

b) Zustimmung der Hauptversammlung nach § 179a AktG

Im Zuge der Veräußerung der Beteiligungen kann die Situation eintreten, dass die Holding-AG mit der letzten Beteiligungsveräußerung praktisch ihr **gesamtes Vermögen veräußert**. Unabhängig von jeder Frage der Einhaltung der Satzung verlangt das Gesetz[12], dass ein Vertrag, durch den sich die Aktiengesellschaft zur Übertragung ihres gesamten Vermögens verpflichtet, der Zustimmung der Hauptversammlung bedarf, die mit einem Quorum von mindestens drei Viertel des bei der Beschlussfassung vertretenen Kapitals erteilt werden muss (satzungsändernde Mehrheit) (dazu auch *Stephan* Rz. 3.191). Dies gilt gem. § 179a Abs. 1 AktG nicht, wenn die Übertragung unter das Umwandlungsgesetz fällt; dann wird sich aber i.d.R. ein Zustimmungserfordernis für die Hauptversammlung aus dem Umwandlungsgesetz ergeben. Ohne einen nach § 179a Abs. 1 AktG erforderlichen Hauptversammlungsbeschluss kann der Vorstand mangels Vertretungsmacht die Aktiengesellschaft beim Vertragsabschluss nicht vertraglich binden[13]. 19.10

Sollte der Veräußerungsprozess **zeitlich gestreckt** verlaufen, weil z.B. die Tochtergesellschaften der Holding an verschiedene Erwerbsinteressenten veräußert werden müssen, bedürfen alle Verträge der Zustimmung der Hauptversammlung, wenn die Veräußerung aller Beteiligungen einen zeitlichen und wirtschaftlichen Zusammenhang hat, z.B. bei einem dahinterstehenden Konzept einer Umwandlung der Holdingstruktur in ein Stammhaus[14]. Die Abgrenzung zwischen einer zustimmungsfreien Einzelveräußerung und einer zustimmungspflichtigen Gesamtveräußerung von Beteiligungen aufgrund zeitlichen und wirtschaftlichen Zusammenhangs kann im Einzelfall mit deutlichen Schwierigkeiten behaftet sein. 19.11

Eine **Eintragung des Zustimmungsbeschlusses** der Holding-Hauptversammlung in das Handelsregister ist nicht erforderlich. Die Vorabinformation der Aktionäre erfolgt durch Bekanntgabe des wesentlichen Inhalts des Vertrages mit der Tagesordnung der Hauptversammlung[15]. Ferner ist der Vertrag oder sein Entwurf im Volltext in den Geschäftsräumen der Gesellschaft ab Einberufung der Hauptversammlung auszulegen oder – heute wohl der Regelfall – über die Internetseite der Gesellschaft zugänglich zu machen[16]. Auf diese Möglichkeit sollte in der Einladung zur Hauptversammlung hingewiesen werden[17]. In der Hauptversammlung ist der Vertrag ebenfalls zugänglich zu machen[18]. Des Weiteren hat der Vorstand den Vertrag zu Beginn des Tagesordnungspunktes, der sich mit der Zustimmung zu dem Vertrag befasst, zu erläutern[19]. Schließlich ist der Vertrag der Nieder- 19.12

12 § 179a Abs. 1 Satz 1 i.V.m. § 179 Abs. 1 Satz 1 AktG.
13 Hüffer/Koch, § 179a AktG Rz. 2; *Stein* in MünchKomm/AktG, § 179a AktG Rz. 40.
14 Vgl. die Literatur zur Abgrenzung der HV-Zuständigkeit nach den Holzmüller/Gelatine-Grundsätzen bei mehreren Einzelakten, z.B. *Krieger* in MünchHdb/AG, § 70 Rz. 11; *Kubis* in MünchKomm/AktG, § 119 AktG Rz. 52.
15 S. § 124 Abs. 2 Satz 3, 2. Fall AktG; dazu *Kubis* in MünchKomm/AktG, § 124 AktG Rz. 24 ff.
16 S. § 179a Abs. 2 Sätze 1–3 AktG; dazu *Stein* in MünchKomm/AktG, § 179a AktG Rz. 59.
17 *Stein* in MünchKomm/AktG, § 179a AktG Rz. 60.
18 S. § 179a Abs. 2 Satz 4 AktG.
19 S. § 179a Abs. 2 Satz 5 AktG; dazu *Stein* in MünchKomm/AktG, § 179a AktG Rz. 63; *Haberstock/Greitemann* in Hölters, § 179a AktG Rz. 13.

schrift der Hauptversammlung als Anlage beizufügen und mit dieser zum Handelsregister einzureichen[20].

c) Zustimmung der Hauptversammlung nach den „Holzmüller/Gelatine-Grundsätzen"?

aa) Die „Holzmüller/Gelatine-Grundsätze"

19.13 In einem **Grundsatzurteil** vom 25.2.1982 – „Holzmüller"[21] – führte der II. Zivilsenat des BGH aus, dass bei schwerwiegenden Eingriffen in die Rechte und Interessen der Aktionäre, wie z.B. der Ausgliederung eines Betriebs, der den wertvollsten Teil des Gesellschaftsvermögens bildet, auf eine dazu gegründete Tochtergesellschaft, der Vorstand ausnahmsweise nicht nur berechtigt, sondern auch verpflichtet sein kann, gem. § 119 Abs. 2 AktG eine Entscheidung der Hauptversammlung herbeizuführen[22]. Der BGH sieht den schwerwiegenden Eingriff in die Aktionärsrechte, der die Zustimmungspflicht der Hauptversammlung auslöst, darin, dass die Aktionäre durch die Ausgliederung die Möglichkeit verlieren, den Einsatz des ausgegliederten Betriebskapitals, das Risiko seines Verlustes und die Verwendung seiner Erträge im Rahmen der gesetzlichen Befugnisse der Hauptversammlung unmittelbar zu beeinflussen[23]. Der BGH präzisierte 2004 seine Rechtsprechung aus dem Holzmüller-Urteil in zwei **weiteren Entscheidungen („Gelatine")**[24]. Danach ist die Einschaltung der Hauptversammlung bei Geschäftsführungsmaßnahmen des Vorstands nur ganz ausnahmsweise geboten. Einer Mitwirkungspflicht der Hauptversammlung unterliegen nur solche Geschäftsführungsmaßnahmen des Vorstands, die „an die Kernkompetenz der Hauptversammlung, über die Verfassung zu bestimmen, rühren und in ihren Auswirkungen einem Zustand nahezu entsprechen, der allein durch eine Satzungsänderung herbeigeführt werden kann"[25]. Dazu muss die Maßnahme in seiner Bedeutung ungefähr die Ausmaße der Maßnahme im Holzmüller-Urteil erreichen[26].

bb) Anwendung auf Beteiligungsveräußerungen

19.14 Will die Holding ihre Tochtergesellschaften verkaufen, stellt sich daher die Frage, ob **Beteiligungsveräußerungen jenseits von § 179a AktG** einer Zustimmung durch die Hauptversammlung nach den Holzmüller/Gelatine-Grundsätzen bedürfen. Dies hat der BGH zwischenzeitlich verneint. Die Beteiligungsveräußerung einer AG bedürfe auch dann keiner Hauptversammlungszustimmung nach den „Holzmüller"-Grundsätzen, wenn quantitative Schwellenwerte der „Gelatine"-Entscheidung überschritten würden[27]. Diese Auffassung wird von einem erheblichen Teil des rechtswissenschaftlichen Schrifttums geteilt[28]. Das Kernargument lautet: Anders als bei einer Ausgliederung des wesent-

20 S. § 179a Abs. 2 Satz 6, § 130 Abs. 5 AktG.

21 BGH v. 25.2.1982 – II ZR 174/80, BGHZ 83, 122 ff. = ZIP 1982, 568. = AG 1982, 158 basierend im Wesentlichen auf Vorarbeiten von *Lutter* in FS Harry Westermann, S. 347 (357 ff.); die Entscheidung hat im rechtswissenschaftlichen Schrifttum ein geteiltes Echo gefunden, Hüffer/Koch, § 119 AktG Rz. 17; s. auch *Stephan* Rz. 3.192.

22 Leitsatz 1 der Entscheidung BGH v. 25.2.1982 – II ZR 174/80, BGHZ 83, 122 = AG 1982, 158.

23 BGH v. 25.2.1982 – II ZR 174/80, BGHZ 83, 122 = AG 1982, 158 (136 f.), sog. Mediatisierung von Aktionärsrechten.

24 BGH v. 26.4.2004 – II ZR 154/02 und II ZR 155/02 – Gelatine, AG 2004, 384 = ZIP 2004, 993.

25 So BGH v. 26.4.2004 – II ZR 155/02 – Gelatine, AG 2004, 384 = ZIP 2004, 993 – Entscheidungsgründe unter III. 2. a) cc) a.E.

26 BGH v. 26.4.2004 – II ZR 155/02 – Gelatine, AG 2004, 384 = ZIP 2004, 993 – Entscheidungsgründe unter III. 2. a) cc) a.E.

27 BGH v. 20.11.2006 – II ZR 226/05, ZIP 2007, 24 = AG 2007, 203 = NZG 2007, 234 (Beschluss über Nichtzulassungsbeschwerde); vgl. auch BVerfG v. 7.9.2011 – 1 BvR 1460/10, AG 2011, 873 = NZG 2011, 1379 (1380, Ziff. 19, „Die von Art. 14 Abs. 1 GG geschützte mitgliedschaftliche Komponente des Aktieneigentums wird durch die Veräußerung eines Unternehmensteils in der Regel nicht berührt, da eine Verkürzung der mitgliedschaftlichen Aktionärsrechte grundsätzlich nicht stattfindet.").

28 *Habersack* in Emmerich/Habersack, Aktien- und GmbH-Konzernrecht, Vor § 311 AktG Rz. 43; *Krieger* in MünchHdb/AG, § 70 Rz. 10 jeweils mit m.w.N.; Hüffer/Koch, § 119 AktG Rz. 22.

lichsten Betriebsteils hat die Beteiligungsveräußerung keine Auswirkungen auf die Mitgliedschaftsrechte des Aktionärs. Sämtliche Mitgliedschaftsrechte, die dem Aktionär nur bezüglich der Gesellschaft selbst zustehen, bleiben von der Beteiligungsveräußerung unberührt und werden sogar gestärkt, da die bisher in den Beteiligungen gebundenen finanziellen Mittel durch die Veräußerung in Form des Veräußerungserlöses der Gesellschaft wieder unmittelbar zur Verfügung stehen[29]. Für die Praxis hat der BGH den zuvor bestehenden Meinungsstreit also entschieden, so dass auf die Argumente der Gegenmeinung[30] an dieser Stelle nicht mehr einzugehen ist.

d) Zusammenfassung

Die „Umwandlung" der Holding in ein Stammhaus durch Veräußerung der Beteiligungen und Aufbau eigener Aktivitäten der bisherigen Holding bedarf ggf. der **Zustimmung der Hauptversammlung**. Die Zustimmungspflicht kann sich aus einem dauerhaften Unterschreiten des bisherigen Unternehmensgegenstandes in der Satzung der Holding ergeben. Nach § 179a AktG ergibt sich zudem eine Zustimmungspflicht, wenn von einem Beteiligungsverkauf das gesamte Gesellschaftsvermögen erfasst wird. Nach einer Entscheidung des BGH bedarf eine Beteiligungsveräußerung dagegen keiner Zustimmung der Hauptversammlung nach den sog. Holzmüller/Gelatine-Grundsätzen. 19.15

2. Die Holding-GmbH als Veräußerer

Obwohl die Holding-GmbH in der Praxis weiter verbreitet ist als die Holding-AG werden bei der GmbH Fragen der **Zuständigkeitsverteilung** zwischen Geschäftsführern und Gesellschafterversammlung im Rahmen von Umstrukturierungsmaßnahmen deutlich weniger intensiv diskutiert als bei der AG. Dies liegt zum einen an der ganz unterschiedlichen rechtlichen Struktur beider Rechtsformen. Während der Vorstand der AG die Gesellschaft eigenverantwortlich und grundsätzlich unabhängig von Weisungen führt, haben die GmbH-Gesellschafter das Recht, über eine Beschlussfassung in der Gesellschafterversammlung dem Geschäftsführer in Geschäftsführungsangelegenheiten jederzeit Weisungen zu erteilen. Die GmbH-Gesellschafter können zudem die Gesellschaftssatzung sehr weitgehend und nach eigenen Wünschen gestalten und auf ihre Bedürfnisse hin anpassen, während bei der AG diese Freiheit nicht gegeben ist[31]. Die Gesellschafter können daher in der Satzung die Durchführung von wesentlichen unternehmerischen Maßnahmen von ihrer vorherigen Zustimmung abhängig machen. Das geschieht in der Praxis in aller Regel. 19.16

Aber selbst wenn die Gesellschafter einer Holding-GmbH diese Vorsorge nicht getroffen haben, besteht nach h.M. die gesetzliche Verpflichtung der Geschäftsführer, bei außergewöhnlichen Maßnahmen die vorherige Zustimmung der **Gesellschafterversammlung** einzuholen[32]. Insbesondere müssen Geschäftsführer Maßnahmen, die den von den Gesellschaftern vorgegebenen Grundsätzen der Geschäftspolitik widersprechen, zur Zustimmung vorlegen. Unter die Vorlagepflicht fallen auch solche Maßnahmen, die wegen ihrer Bedeutung und den mit ihnen verbundenen Gefahren Ausnahmecharakter haben. Dies ist insbesondere bei der Übertragung der Anteile an wesentlichen Tochtergesellschaften der Fall[33]. 19.17

---

29 S. etwa die Argumentation von *Groß*, AG 1994, 266 (275); *Habersack* in Emmerich/Habersack, Aktien- und GmbH-Konzernrecht, Vor § 311 AktG Rz. 43.

30 S. dazu *Kremer* hier in der 4. Aufl., § 17 Rz. 13; *Kubis* in MünchKomm/AktG, § 119 AktG Rz. 68; *Wollburg/Gehling* in FS Lieberknecht, S. 133 (155 f.).

31 S. § 23 Abs. 5 AktG; § 119 Abs. 2 AktG.

32 Vgl. BGH v. 29.3.1973 – II ZR 139/70, NJW 1973, 1039; BGH v. 5.12.1983 – II ZR 56/82, WM 1984, 305 (306) = ZIP 1984, 310 = GmbHR 1984, 96; BGH v. 8.1.2019 – II ZR 364/18, NZG 2019, 505 Rz. 37 = AG 2019, 420; *Bayer* in Lutter/Hommelhoff, § 49 GmbHG Rz. 13; *Uwe H. Schneider/Sven H. Schneider* in Scholz, § 37 GmbHG Rz. 15 ff.; vgl. auch *Stephan* Rz. 3.211; differenzierend *Beurskens* in Baumbach/Hueck, § 37 GmbHG Rz. 46 f.

33 S. OLG Hamburg v. 28.6.1991 – 11 U 148/90, GmbHR 1992, 43 (46); *Uwe H. Schneider/Sven H. Schneider* in Scholz, § 37 GmbHG Rz. 19; *Stephan/Tieves* in MünchKomm/GmbHG, § 37 GmbHG Rz. 143.

19.18 Zur Vorbereitung der Gesellschafterentscheidung stellen die Geschäftsführer den Gesellschaftern die zur Beurteilung des Entscheidungsgegenstands erforderlichen **Informationen** rechtzeitig vor der Gesellschafterversammlung zur Verfügung[34]. Die Rechtsgrundlage für diese Informationspflicht ist noch nicht geklärt. Sie wird entweder in einer erweiterten Auslegung des § 51a GmbHG gesehen[35] oder als Annexanspruch der Gesellschafter zwecks sachgerechter Entscheidungsfindung abgeleitet[36]. Die Vorabinformationen müssen den Gesellschaftern mit der Einberufung der Gesellschafterversammlung zugeleitet werden.

19.19 Die Beschlussfassung erfolgt – soweit die Satzung keine anderweitige Regelung getroffen hat – grundsätzlich mit der **Mehrheit** der abgegebenen Stimmen (§ 47 Abs. 1 GmbHG). Das gilt auch, wenn das gesamte Gesellschaftsvermögen veräußert wird, denn § 179a AktG ist nicht analog auf die GmbH anwendbar[37]. Eine Dreiviertelmehrheit ist aber für die Beschlussfassung über eine Satzungsänderung erforderlich, wenn die Veräußerung eine solche mit sich bringt (§ 53 Abs. 2 GmbHG).

III. Verschmelzung der operativen Tochtergesellschaften auf die Holding

19.20 Die Auflösung der Holdingstruktur und die Umstrukturierung der Gesellschaft in ein Stammhausunternehmen können auch in der Weise geschehen, dass sämtliche Tochtergesellschaften auf die Mutter verschmolzen werden. Dieses Vorgehen bietet sich an, wenn sämtliche Aktivitäten, die bisher in den Tochtergesellschaften ausgeübt wurden, nach der Umstrukturierung **im Stammhaus** weiter betrieben werden sollen.

19.21 Für die übertragenden Tochtergesellschaften gilt insbesondere § 11 UmwStG. Die übergehenden Wirtschaftsgüter können demnach auf Antrag und unter den Voraussetzungen von § 11 Abs. 2 UmwStG zu Buchwerten übertragen werden. Die übernehmende Holding hat die auf sie übergehenden Wirtschaftsgüter mit dem in der steuerlichen Schlussbilanz der übertragenden Tochtergesellschaften enthaltenen Wert zu übernehmen[38]. Der bei der übernehmenden Holding entstehende Verschmelzungsgewinn bzw. -verlust (Differenz zwischen den wegfallenden Beteiligungsbuchwerten an den Tochtergesellschaften und dem bilanziellen Wert der übergehenden Wirtschaftsgüter der Tochtergesellschaften) bleibt steuerlich außer Ansatz (§ 12 Abs. 2 Satz 1 UmwStG). Auf den Verschmelzungsgewinn beim „upstream merger" ist allerdings § 8b KStG anzuwenden[39]; aufgrund dieses Verweises gelten im Grundsatz **5 % des Übernahmegewinns als nicht abzugsfähige Betriebsausgaben**[40]. Wird im Zuge der Verschmelzung der Tochtergesellschaften Grundbesitz auf die Holding übertragen, fällt unter den Voraussetzungen des § 6a GrEStG keine Grunderwerbsteuer an[41]. Bei der Verschmelzung sind wiederum rechtsformspezifische Unterschiede zwischen der Holding-AG und der Holding-GmbH zu beachten.

1. Die Holding-AG als aufnehmende Gesellschaft

19.22 Die Verschmelzung der übertragenden Tochtergesellschaften in der Rechtsform der GmbH oder AG auf die Holding-AG setzt rechtlich Folgendes voraus:

---

34 S. OLG Stuttgart v. 7.2.2001 – 20 U 52/97, DB 2001, 854 (858).

35 OLG Stuttgart v. 7.2.2001 – 20 U 52/97, DB 2001, 854 (858); OLG Nürnberg v. 21.4.2010 – 12 U 2235/09, WM 2010, 1286.

36 *Zöllner/Noack* in Baumbach/Hueck, § 51a GmbHG Rz. 56; *K. Schmidt* in Scholz, § 51a GmbHG Rz. 4.

37 BGH v. 8.1.2019 – II ZR 364/18, ZIP 2019, 701 = NZG 2019, 505 Rz. 14 ff., Rz. 38 gegen die zuvor herrschende Meinung.

38 § 12 Abs. 1 Satz 1 UmwStG.

39 Vgl. § 12 Abs. 2 Satz 2 UmwStG.

40 *Schmitt* in Schmitt/Hörtnagl/Stratz, § 12 UmwStG Rz. 48; *Wisniewski* in Haritz/Menner/Bilitewski, § 12 UmwStG Rz. 57.

41 Dazu *Gottwald*, DNotZ 2012, 99; *D. Mayer/Weiler* in MünchHdb/GmbHG, § 73 Rz. 248.

a) Bestellung eines Verschmelzungsprüfers (§ 60 UmwG)

Zur Prüfung des Verschmelzungsvertrags ist für alle beteiligten Aktiengesellschaften (sowie ggf. gem. § 48 UmwG für die beteiligten Tochtergesellschaften in der Rechtsform der GmbH) ein sachverständiger Prüfer zu bestellen. Für alle beteiligten Gesellschaften kann ein gemeinsamer Verschmelzungsprüfer bestellt werden. Die Bestellung erfolgt im Falle des gemeinsamen Verschmelzungsprüfers – der praktisch in der Regel gewählte Weg – auf gemeinsamen Antrag der Vertretungsorgane der beteiligten Gesellschaften bei einem zuständigen Landgericht[42]. Eine Verschmelzungsprüfung ist **entbehrlich**, wenn sich alle Anteile der übertragenden Tochtergesellschaft in der Hand der Holding befinden, oder wenn alle Anteilsinhaber der übertragenden Tochtergesellschaften und der Holding durch notariell beurkundete Erklärungen auf die Verschmelzungsprüfung verzichtet haben[43]. 19.23

b) Erforderliche Aufsichtsratszustimmungen

Rechtzeitig vor der Verschmelzung sind etwaig erforderliche Aufsichtsratszustimmungen bei der Holding-AG einzuholen (§ 111 Abs. 4 AktG). § 32 MitbestG ist zu beachten, falls die Holding und die Tochtergesellschaft dem MitbestG unterliegen; Verschmelzungen sind Umwandlungen i.S.d. § 32 MitbestG[44]. 19.24

c) Verschmelzungsvertrag bzw. Entwurf

Der zwischen den Verschmelzungspartnern ausgehandelte Verschmelzungsvertrag bedarf der notariellen Beurkundung (§ 6 UmwG). Wollen die Parteien mit dem Abschluss des Verschmelzungsvertrages bis nach der Zustimmung der Gesellschafter/Aktionäre warten, können die beteiligten Vorstände/Geschäftsführungen auch den ausverhandelten Entwurf zur **Grundlage der Gesellschafterentscheidung** machen (§ 5 Abs. 1, § 63 Abs. 1 Nr. 1, 64 Abs. 1 Satz 1 und 2 UmwG). Der Inhalt des Verschmelzungsvertrags ergibt sich aus den Bestimmungen des § 5 Abs. 1 UmwG. 19.25

d) Zuleitung an das Handelsregister

Der Vorstand der Holding-AG hat den Verschmelzungsvertrag bzw. dessen Entwurf vor der Einberufung der Hauptversammlung bei seinem Handelsregister einzureichen (§ 61 UmwG). Die gleiche Verpflichtung haben Vorstände der übertragenden Gesellschaft, falls sie in der Rechtsform der Aktiengesellschaft organisiert ist. 19.26

e) Zuleitung an den Betriebsrat

Der Verschmelzungsvertrag oder sein Entwurf muss mindestens **einen Monat vor** dem Tag der Verschmelzungshauptversammlung/Gesellschafterversammlung dem zuständigen Betriebsrat des übertragenden und des übernehmenden Rechtsträgers zugeleitet werden (§ 5 Abs. 3 UmwG). Welcher Betriebsrat zuständig ist, ergibt sich aus dem BetrVG. In Zweifelsfällen empfiehlt es sich, den Vertrag allen in Frage kommenden Betriebsräten zuzuleiten[45]. Nach h.M. kann ein Betriebsrat auf die Zuleitung nicht ganz verzichten[46]. Der Betriebsrat kann aber auf die Einhaltung der Monatsfrist verzichten; sie dient ausschließlich seinem Schutz[47]. 19.27

---

42 § 60 i.V.m. § 10 Abs. 1 Satz 1 und Satz 2, Abs. 2 UmwG.

43 § 60 i.V.m. § 9 Abs. 1 bzw. § 9 Abs. 3 mit § 8 Abs. 3 UmwG.

44 Vgl. § 1 Abs. 1 UmwG; s. *Habersack* in Habersack/Henssler, § 32 MitbestG Rz. 13.

45 *Schröer* in Semler/Stengel, § 5 UmwG Rz. 143; *Langner* in Schmitt/Hörtnagl/Stratz, § 5 UmwG Rz. 121 f.; *Heidinger* in Henssler/Strohn, § 5 UmwG Rz. 42.

46 OLG Naumburg v. 17.3.2003 – 7 Wx 6/02, GmbHR 2003, 1433 = NZG 2004, 734; *Willemsen* in Kallmeyer, § 5 UmwG Rz. 77b; *Drygala* in Lutter, § 5 UmwG Rz. 148; a.A. *Schröer* in Semler/Stengel, § 5 UmwG Rz. 146.

47 *Schröer* in Semler/Stengel, § 5 UmwG Rz. 145; *Drygala* in Lutter, § 5 UmwG Rz. 148 jeweils m.w.N.

f) Verschmelzungsbericht

19.28 Der Vorstand der Holding und die Geschäftsführungsorgane der übertragenden Tochtergesellschaften haben einen ausführlichen schriftlichen Bericht zu erstatten, in dem insbesondere die Verschmelzung und der Verschmelzungsvertrag sowie die Höhe einer ggf. anzubietenden Barabfindung (bei gem. § 29 UmwG abzufindenden Minderheitsgesellschaftern der zu verschmelzenden Tochtergesellschaft) **rechtlich und wirtschaftlich erläutert** und begründet werden (§ 8 UmwG)[48]. Befinden sich die übertragenden Tochtergesellschaften im alleinigen unmittelbaren[49] Anteilsbesitz der Holding-AG oder haben alle Anteilsinhaber der Holding-AG und der zur Verschmelzung anstehenden Tochtergesellschaften durch notariell beurkundete Erklärung auf die Erstattung des Verschmelzungsberichts verzichtet, bedarf es nach § 8 Abs. 3 UmwG keines Verschmelzungsberichts.

g) Zustimmungsbeschlüsse der Hauptversammlungen/Gesellschafterversammlungen

19.29 Der Verschmelzungsvertrag wird nur wirksam, wenn ihm die Anteilsinhaber der Holding und auch der Tochtergesellschaften durch Beschluss **zugestimmt** haben (§ 13 Abs. 1 UmwG); zur Ausnahme s. Rz. 19.30. Weitere Vorgaben zur Vorbereitung, Durchführung und Beschlussfassung der Hauptversammlung der aufnehmenden Holding-AG ergeben sich aus den §§ 63–65 UmwG.

19.30 Befinden sich mindestens **neun Zehntel** des Stamm- oder Grundkapitals der übertragenden Tochtergesellschaft im unmittelbaren Anteilsbesitz der aufnehmenden Holding-AG ist eine Beschlussfassung der Hauptversammlung der Holding über die Verschmelzung entbehrlich, es sei denn, mindestens 5 % der Aktionäre der Holding-AG verlangen eine Beschlussfassung ihrer Hauptversammlung (§ 62 Abs. 1 und 2 UmwG). Um den Aktionären der Holding die Möglichkeit zu eröffnen, die Einberufung der Hauptversammlung zu verlangen, sind sie mindestens einen Monat vor dem Tag der Gesellschafterversammlung der übertragenden Tochtergesellschaft durch eine Bekanntmachung über die bevorstehende Verschmelzung zu unterrichten und auf ihr Recht nach § 62 Abs. 2 UmwG hinzuweisen (§ 62 Abs. 3 Satz 2 und 3 UmwG); alternativ können die Unterlagen seit dem Gesetz zur Umsetzung der Aktionärsrechterichtlinie (ARUG) auf die Internetseite der Gesellschaft gestellt werden (§ 62 Abs. 3 Satz 8 UmwG).

19.31 Auch wenn der Verschmelzungsbeschluss der Holding-Hauptversammlung in den genannten Fallgruppen entbehrlich sein sollte, kann gleichwohl im Zusammenhang mit der Verschmelzung ein **Hauptversammlungsbeschluss** der Holding **aus anderen Gründen** erforderlich sein: Durch die Verschmelzung wird die vormalige Holding selbst unternehmerisch tätig, da sie die Aktiva und Passiva der Tochtergesellschaften übernommen hat. Sieht die Satzung der Holding in ihrem Unternehmensgegenstand nicht vor, dass die Gesellschaft auch selbst tätig werden darf, wird eine Beschlussfassung der Hauptversammlung über eine entsprechende Satzungsänderung erforderlich.

19.32 Weiter ist zu beachten, dass § 62 UmwG dem Vorstand nicht das Recht nimmt, von sich aus gem. § 119 Abs. 2 AktG die Verschmelzung als Geschäftsführungsmaßnahme der Hauptversammlung zur Zustimmung **vorzulegen**. Eine Vorlagepflicht nach den „Holzmüller/Gelatine-Grundsätzen“ besteht jedoch nicht, da dies im Gesetzgebungsprozess erwogen (und verworfen) worden war und die Übertragung der bisher in den Tochtergesellschaften ausgeübten unternehmerischen Aktivitäten auf die Holding nicht zu einer Mediatisierung im Sinne der genannten Rechtsprechungsgrundsätze führt – das Gegenteil ist der Fall[50].

48 Zu den inhaltlichen Anforderungen an den Verschmelzungsbericht ausführlich *Gehling* in Semler/Stengel, § 8 UmwG Rz. 11 ff.; Beispiel aus dem Internet etwa LindeAG/Linde Intermediate Holding AG: https://www.the-linde-group.com/de/images/Verschmelzungsbericht_DE_tcm16-504120.PDF.

49 S. *Gehling* in Semler/Stengel, § 8 UmwG Rz. 74.

50 *Junker* in Henssler/Strohn, § 62 UmwG Rz. 7; *Grunewald* in Lutter, § 62 UmwG Rz. 9; im Ergebnis auch *Diekmann* in Semler/Stengel, § 62 UmwG Rz. 5; *Marsch-Barner/Oppenhoff* in Kallmeyer, § 62 UmwG Rz. 3; für den Beteiligungserwerb OLG Frankfurt v. 7.12.2010 – 5 U 29/10, ZIP 2011, 75 = AG 2011, 173 = NZG 2011, 62, offen gelassen BGH v. 7.2.2012 – II ZR 253/10, ZIP 2012, 515 = NZG 2012, 347.

Befindet sich das **gesamte Stamm- oder Grundkapital** der übertragenden Tochtergesellschaft in der Hand der Holding-AG, ist ein Verschmelzungsbeschluss des Anteilsinhabers – d.h. eine Beschlussfassung der Gesellschafterversammlung der Holding-AG als einzige Gesellschafterin der Tochtergesellschaft – ebenfalls nicht erforderlich (§ 62 Abs. 4 Satz 1 UmwG). Ein solcher Beschluss ist auch nicht erforderlich, wenn mit einem **90 %-Hauptgesellschafter** ein **Squeeze-out-Beschluss** gem. § 62 Abs. 5 UmwG gefasst und mit einem entsprechenden Vermerk ins Handelsregister eingetragen wurde (§ 62 Abs. 4 Satz 2 UmwG). Die Bekanntmachungs- und Auslegepflichten gem. § 62 Abs. 3 UmwG sind in diesen Fällen für die Dauer eines Monats zu erfüllen; der Verschmelzungsvertrag oder sein Entwurf ist spätestens bei Beginn dieser Frist den zuständigen Betriebsräten zuzuleiten (§ 62 Abs. 4 Satz 3 und 4 UmwG). 19.33

Zur Vorbereitung der Verschmelzungshauptversammlung der Holding und der Anteilseignerversammlungen in der oder den übertragenden Tochtergesellschaften sind die in § 63 Abs. 1 UmwG genannten Unterlagen im jeweiligen **Geschäftsraum** der betreffenden Aktiengesellschaft (sei sie eine übertragende oder aufnehmende AG) auszulegen. Zusätzlich ist jedem Aktionär auf Verlangen unverzüglich und kostenlos eine **Abschrift** der Unterlagen zu erteilen (§ 63 Abs. 3 UmwG). Diese Verpflichtungen entfallen, wenn die genannten Unterlagen über die **Internetseite** der betreffenden Gesellschaft zugänglich sind (§ 62 Abs. 3 UmwG). 19.34

h) Keine Kapitalerhöhung

Als Gegenleistung für die Übertragung des Vermögens auf die übernehmende Gesellschaft im Rahmen der Verschmelzung sieht das Umwandlungsgesetz normalerweise die Ausgabe von jungen Aktien aus einer Kapitalerhöhung der übernehmenden Gesellschaft an die Anteilsinhaber der übertragenden Gesellschaft vor (vgl. § 5 Nr. 3 und 4 UmwG). Anders ist dies in der hier beschriebenen Konstellation, soweit die Holding Anteile der auf sie zu verschmelzenden Tochtergesellschaft(en) hält; in diesem Fall darf die Holding zur Durchführung der Verschmelzung ihr Grundkapital nicht erhöhen (§ 68 Abs. 1 Nr. 1 UmwG). Ein Anteilserwerb der Holding an sich selbst stünde im Widerspruch zu den aktienrechtlichen Kapitalschutzvorschriften[51]. Bei der Verschmelzung einer 100 %-Tochter auf ihre Mutter ist eine Kapitalerhöhung demnach verboten[52]. 19.35

i) Handelsregisteranmeldungen

Die Verschmelzung wird zu den Handelsregistern der übertragenden Tochtergesellschaft(en) und der Holding-AG angemeldet (§ 16 UmwG). Sie wird zunächst in den Registern der übertragenden Tochtergesellschaften eingetragen (§ 19 UmwG). Mit der nachfolgenden Eintragung der Verschmelzung im Handelsregister der Holding wird die Verschmelzung dann wirksam (§ 20 UmwG). 19.36

2. Die Holding-GmbH als aufnehmende Gesellschaft

Die Verschmelzung auf eine Holding-GmbH vollzieht sich nach ähnlichen Regeln wie die Verschmelzung auf die Holding-AG. Im Wesentlichen ergeben sich folgende Abweichungen: 19.37

a) Keine obligatorische Verschmelzungsprüfung

Die Prüfung der Verschmelzung durch einen Verschmelzungsprüfer findet bei einer an der Verschmelzung beteiligten GmbH nur auf Verlangen eines Gesellschafters statt (§ 48 UmwG)[53]. Im Übrigen gelten die gleichen Regeln wie bei der Holding-AG. 19.38

---

51 Näher *Diekmann* in Semler/Stengel, § 68 UmwG Rz. 5; *Marsch-Barner/Oppenhoff* in Kallmeyer, § 68 UmwG Rz. 3 jeweils m.w.N.

52 *Junker* in Henssler/Strohn, § 68 UmwG Rz. 4.

53 Näher *Reichert* in Semler/Stengel, § 48 UmwG Rz. 7 ff.

b) Keine Zuleitung des Verschmelzungsvertrages an das Handelsregister

19.39 Der Verschmelzungsvertrag oder sein Entwurf sind auch bei einer an der Verschmelzung beteiligten GmbH dem Betriebsrat zuzuleiten (§ 5 Abs. 3 UmwG). Eine Vorab-Einreichung bei dem für die Gesellschaft zuständigen Handelsregister vor Beschlussfassung der Gesellschafterversammlung ist nicht vorgesehen.

c) Keine erleichterte Konzernverschmelzung

19.40 Eine der Vorschrift des § 62 UmwG entsprechende Regelung für die Verschmelzung einer Mehrheitsbeteiligung auf eine GmbH ist nicht vorgesehen. In Anbetracht der überwiegend **personalistischen Struktur der GmbH** in der Praxis wäre eine entsprechende Ausweitung auf die GmbH wohl auch nicht sachgerecht.

IV. Übertragende Auflösung der Tochtergesellschaft(en) durch die Holding

19.41 Ein Weg aus der Holding kann auch darin bestehen, dass die Holding das Vermögen der Tochtergesellschaft(en) als Ganzes mittels Kaufvertrag übernimmt und gleichzeitig die Auflösung ihrer Tochtergesellschaft(en) mit der erforderlichen satzungsändernden Mehrheit beschließt (**übertragende Auflösung**)[54]. Durch die übertragende Auflösung (sog. „**MotoMeter-Methode**") ihrer Tochtergesellschaft wird die Holding dann zu einer operativen Gesellschaft, die selbst aktiv ihr Geschäft betreibt (Stammhausgesellschaft).

19.42 Bei den Tochtergesellschaften entsteht in der Höhe der Differenz zwischen Buch- und Verkehrswerten der veräußerten Vermögensgegenstände ein der Körperschaftsteuer und Gewerbe**steuer** unterliegender Gewinn. Wird im Zuge der Übernahme auch Grundbesitz auf die Holding übertragen, fällt Grunderwerbsteuer an. Die übernehmende Holding-Gesellschaft muss die erworbenen Vermögensgegenstände mit ihren Anschaffungskosten bilanzieren und kann den Kaufpreis – soweit es sich um abnutzbare Gegenstände des Anlagevermögens oder um Vorratsvermögen handelt – in der Folgezeit steuermindernd abschreiben.

19.43 Weil eine übertragende Auflösung der Tochtergesellschaft auf die Holdinggesellschaft gegenüber einer Verschmelzung im Regelfall steuerlich nachteilig sein wird (s. Rz. 19.21 und 19.42), sie mit rechtlichen Unsicherheiten behaftet und in der praktischen Abwicklung umständlicher ist, wird sie **nur im Ausnahmefall eine Alternative zur Verschmelzung** auf die Holdinggesellschaft sein. Dies könnte z.B. deswegen der Fall sein, weil in der Tochtergesellschaft Risiken liegen, die nicht auf die Holding übergehen sollen.

1. Rechtliche Zulässigkeit

19.44 Die übertragende Auflösung wirft eine Reihe von rechtlichen Fragen auf, die insbesondere den **Schutz der Minderheitsgesellschafter** betreffen. Die übertragende Auflösung kommt in ihrem wirtschaftlichen Effekt einem Ausschluss der Minderheit der aufzulösenden Gesellschaft mit einer Beteiligungsquote von bis zu 25 % nahe[55]. Dies ist problematisch, weil der Ausschluss von Minderheitsaktionären einen Eingriff in deren Vermögens- und Mitgliedschaftsrechte darstellt, der in verschiedenen Vorschriften nur unter Beachtung besonderer Schutzmechanismen, insbesondere zur Sicherstellung einer angemessenen Abfindung für die Minderheitsaktionäre, vorgesehen und an eine höhere Beteiligungsquote des Mehrheitsaktionärs geknüpft ist (§§ 327a ff. AktG [Squeeze-out ab

---

54 Begriffsbildung nach *Lutter/Drygala* in FS Kropff, S. 191 (193); eingehend *Stein* in MünchKomm/AktG, § 179a AktG Rz. 71 ff.

55 Kritisch dazu etwa *Habersack* in Emmerich/Habersack, Aktien- und GmbH-Konzernrecht, § 327a AktG Rz. 10; *Haberstock/Greitemann* in Hölters, § 179a AktG Rz. 19; gänzlich ablehnend *Bachmann* in Spindler/Stilz, § 262 AktG Rz. 34 ff.

95 %], § 62 Abs. 5 UmwG [verschmelzungsrechtlicher Squeeze-out ab 90 %], §§ 39a ff. WpÜG [übernahmerechtlicher Squeeze-out ab 95 %], §§ 319 ff. AktG [Eingliederung ab 100 %]). Trotz dieser Bedenken hat die Rechtsprechung[56] einschließlich des BVerfG[57] die übertragende Auflösung grundsätzlich als zulässig anerkannt. Wesentlicher Gedanke: Das Interesse des Minderheitsgesellschafters kann insoweit hinter das Interesse des Großaktionärs an der freien Entfaltung seiner unternehmerischen Initiative zurückgestellt werden, als dabei die schutzwürdigen Interessen der zum Ausscheiden gezwungenen Gesellschafter gewahrt bleiben und diese für den Verlust ihrer Gesellschaftsbeteiligung wirtschaftlich voll kompensiert werden[58].

Bei der Ausgestaltung der Einzelheiten des Verfahrens zur übertragenden Auflösung besteht aber unverändert **erhebliche Rechtsunsicherheit**[59]. Die Diskussion im rechtswissenschaftlichen Schrifttum konzentriert sich auf die übertragende Auflösung bei der Aktiengesellschaft. 19.45

2. Die übertragende Auflösung der Tochter-AG

Bei einer übertragenden Auflösung sämtlicher Tochtergesellschaften der Holding stellt sich zunächst die Frage, ob der Vorstand der Holding-AG zu diesem Konzept die **Zustimmung seiner Hauptversammlung** nach Holzmüller/Gelatine-Grundsätzen einholen muss. Dies wird zu verneinen sein, da die übertragende Auflösung der Tochtergesellschaften keine Beeinträchtigung der mitgliedschaftlichen Rechtsposition der Aktionäre der Holding-AG mit sich bringt. Im Gegenteil, durch die Umstrukturierung der Holding in eine Stammhausgesellschaft werden die Rechte der Aktionäre eher gestärkt (vgl. auch Rz. 19.32). 19.46

Für die Tochter-AG gilt Folgendes: Die übertragende Auflösung setzt zunächst die Einberufung der **Hauptversammlung der Tochter-AG** mit i.d.R. zwei Tagesordnungspunkten voraus: Auflösung der Tochtergesellschaft (1) und Zustimmung zum Kauf- und Übernahmevertrag mit dem Mehrheitsaktionär gem. § 179a AktG (2). 19.47

Der **Auflösungsbeschluss** muss mit einer qualifizierten satzungsändernden Mehrheit gefasst werden (§ 262 Abs. 1 Nr. 2 AktG). Eine materielle Beschlusskontrolle des Auflösungsbeschlusses findet nicht statt[60]. Denn auch die übertragende Auflösung ist im Ergebnis nichts anderes als eine beschleunigte Form der Liquidation der Tochtergesellschaft. 19.48

Der Kauf- und Übernahmevertrag zwischen der Tochtergesellschaft und der Holding bedarf im Regelfall auch der **Zustimmung der Hauptversammlung der Tochter nach § 179a AktG**, weil die Übertragung des gesamten Gesellschaftsvermögens betroffen ist. Auch wenn nicht sämtliche Vermögensgegenstände der Tochter von der Mutter übernommen werden sollen, kann eine hauptversammlungspflichtige Übertragung des ganzen Gesellschaftsvermögens i.S.v. § 179a AktG vorliegen: Dies ist jedenfalls dann der Fall, wenn nur unwesentliches Vermögen zurück bleibt und/oder die Tochtergesellschaft ihren bisherigen Unternehmensgegenstand mit ihrem verbleibenden Vermögen selbst in eingeschränktem Umfang nicht mehr weiter verfolgen kann[61]. 19.49

---

56 OLG Stuttgart v. 21.12.1993 – 10 U 48/93 – Moto Meter, AG 1994, 411 = ZIP 1995, 1515 (1517 ff.); BGH v. 5.12.1994 – II ZR 8/94 (unveröffentlicht) – Hinweis bei *Lutter/Drygala* in FS Kropff, S. 191 (193 Fn. 3).

57 BVerfG v. 23.8.2000 – 1 BvR 68/95, 1 BvR 147/97 – Moto Meter, ZIP 2000, 1670 = AG 2001, 42 = NJW 2001, 279.

58 BVerfG v. 23.8.2000 – 1 BvR 68/95, 1 BvR 147/97 – Moto Meter, ZIP 2000, 1670 = AG 2001, 42 = NJW 2001, 279 (280 f.).

59 Dazu *Strohn* in Henssler/Strohn, § 179a AktG Rz. 13.

60 S. BGH v. 1.2.1988 – II ZR 75/87, BGHZ 103, 184 = AG 1988, 135 (190 f.); *Stein* in MünchKomm/AktG, § 179a AktG Rz. 76; Hüffer/Koch, § 179a AktG Rz. 10; *Holzborn* in Spindler/Stilz, § 179a AktG Rz. 38; *Lutter/Drygala* in FS Kropff, S. 191 (215 ff.).

61 BGH v. 25.2.1982 – II ZR 174/80, BGHZ 83, 122 = ZIP 1982, 568 = AG 1982, 158 (128); Hüffer/Koch, § 179a AktG Rz. 4; a.A. *Stein* in MünchKomm/AktG, § 179a AktG Rz. 18 ff.: Beteiligung der HV wegen erforderlicher Satzungsänderung.

19.50 Der Abschluss des Kauf- und Übertragungsvertrages durch die Holding als Mehrheitsaktionär verstößt im Regelfall nicht gegen die mitgliedschaftliche **Treuepflicht**[62].

19.51 Nach der Rechtsprechung ist **kein Ausgleich** und auch **keine Abfindung** entsprechend §§ 304, 305 AktG, §§ 15, 29 UmwG vorzusehen[63]. Ein Übernahmebericht in analoger Anwendung von § 8 UmwG, §§ 293a, 319 Abs. 3 Nr. 3 AktG, in dem die übertragende Auflösung und die Wertfindung für den Übernahmevertrag erläutert und begründet wird, ist nach überwiegender Meinung in der Literatur ebenfalls nicht erforderlich[64].

19.52 Der Mehrheitsaktionär (Holding) schuldet jedoch die Zahlung eines **angemessenen, marktkonformen Kaufpreises** für die übernommenen Aktiva. Ist die Tochtergesellschaft in der Rechtsform der Aktiengesellschaft organisiert, folgt das bereits aus den Kapitalerhaltungsregeln der §§ 57 ff. AktG[65].

19.53 Nach der Rechtsprechung des BVerfG[66] muss gewährleistet sein, dass der Minderheit der Vermögenswert ihrer Mitgliedschaft in vollem Umfang zufließt. Als Mittel der Kontrolle hat das BVerfG grundsätzlich das **Spruchverfahren oder die Anfechtungsklage** in Betracht gezogen. Nach einer überwiegend in der Rechtsprechung vertretenen Auffassung kommt bei der übertragenden Auflösung eine Wertkontrolle lediglich über eine Anfechtung des Zustimmungsbeschlusses nach § 179a AktG in Betracht. Im Rahmen des Anfechtungsverfahrens wird dann gerichtlich überprüft, ob dem Mehrheitsaktionär ein rechtswidriger Sondervorteil nach § 243 Abs. 2 AktG gewährt worden ist oder ob er seine Treuepflicht gegenüber den Minderheitsaktionären verletzt hat und daher eine zur Anfechtung berechtigende Gesetzesverletzung nach § 243 Abs. 1 AktG vorliegt. Die analoge Anwendung des gerichtlichen Spruchverfahrens auf die Kaufpreisfindung im Kauf- und Übernahmevertrag kommt nach dieser Auffassung nicht in Betracht[67]. Nach einer vordringenden Auffassung in der Literatur kann der Kaufpreis dagegen unter entsprechender Anwendung des SpruchG überprüft werden[68]. Die analoge Anwendung des Spruchverfahrens hat den Vorteil, dass auf diese Weise eine Neufestsetzung des Kaufpreises erreicht werden kann (der unmittelbar Einfluss auf die Höhe des individuellen Anteils der Aktionäre am Liquidationserlös hat). Die Durchführung der Anfechtung hat dagegen lediglich die Aufhebung des Zustimmungsbeschlusses der Hauptversammlung zur Folge und kann die Maßnahme jahrelang blockieren. Die Wertkontrolle über das Spruchverfahren wird daher den Interessen der Verfahrensparteien eher gerecht und ist deshalb die bessere Lösung[69].

---

62 Zu den Grundlagen der mitgliedschaftlichen Treuepflicht Hüffer/Koch, § 53a AktG Rz. 20 ff. Vgl. auch *Stein* in MünchKomm/AktG, § 179a AktG Rz. 73, zur übertragenden Auflösung.

63 S. BayObLG v. 17.9.1998 – 3Z BR 37/98, BayObLGZ 1998, 211 (214) = AG 1999, 185; OLG Stuttgart v. 4.12.1996 – 8 W 43/93, AG 1997, 136 (137) = ZIP 1997, 362; zustimmend Hüffer/Koch, § 179a AktG Rz. 23; *Holzborn* in Spindler/Stilz, § 179a AktG Rz. 41; ablehnend *Strohn* in Henssler/Strohn, § 179a AktG Rz. 13.

64 Hüffer/Koch, § 179a AktG Rz. 23; *Holzborn* in Spindler/Stilz, § 179a AktG Rz. 41; a.A. *Lutter/Drygala* in FS Kropff, S. 191 (214); *Roth*, NZG 2003, 998 (1001).

65 Vgl. Hüffer/Koch, § 57 AktG Rz. 8 m.w.N.

66 BVerfG v. 23.8.2000 – 1 BvR 68/95 – Moto Meter, ZIP 2000, 1670.

67 BayObLG v. 17.9.1998 – 3Z BR 37/98, BayObLGZ 1998, 211 (214 ff.) = AG 1999, 185 = ZIP 1998, 2002; OLG Stuttgart v. 4.12.1996 – 8 W 43/93, ZIP 1997, 362 = AG 1997, 136; OLG Zweibrücken v. 25.4.2005 – 3 W 255/04, ZIP 2005, 948 = AG 2005, 778 = NZG 2005, 935 f.; *Drescher* in Spindler/Stilz AktG, SpruchG § 1 Rz. 19; *Kubis* in MünchKomm/SpruchG, § 1 SpruchG Rz. 29.

68 *Stein* in MünchKomm/AktG, § 179a AktG Rz. 82 ff.; *Holzborn* in Spindler/Stilz, § 179a AktG Rz. 44 f.; *Emmerich* in Emmerich/Habersack, Aktien- und GmbH-Konzernrecht, § 1 SpruchG Rz. 7; Hüffer/Koch, § 179a AktG Rz. 22.

69 *Stein* in MünchKomm/AktG, § 179a AktG Rz. 83; vgl. *Holzborn* in Spindler/Stilz, § 179a AktG Rz. 45; für den Fall des Delistings auch BGH v. 25.11.2002 – II ZR 133/01, ZIP 2003, 387 = AG 2003, 273 = NJW 2003, 1032 (1035) (allerdings aufgegeben durch BGH v. 8.10.2013 – II ZB 26/12, ZIP 2013, 2254 = AG 2013, 877 = NZG 2013, 1342) und BVerfG v. 11.7.2012 – 1 BvR 3142/07, NJW 2012, 3081 (3086 Ziff. 71 u. 86); a.A. noch *Kremer* hier in der 4. Aufl.

3. Die übertragende Auflösung der Tochter-GmbH

Die übertragende Auflösung einer Tochter-GmbH erfolgt grundsätzlich nach denselben Regeln. 19.54
Zwar gibt es keine § 179a AktG entsprechende gesetzliche Regelung im GmbH-Recht, dennoch müssen auch die GmbH-Geschäftsführer einen im Zusammenhang mit der Auflösung der Gesellschaft abgeschlossenen oder abzuschließenden Kauf- und Übernahmevertrag mit dem Mehrheitsgesellschafter der Gesellschafterversammlung **als ungewöhnliche Maßnahme zur Zustimmung** vorlegen und den Gesellschaftern die in diesem Zusammenhang erforderlichen Informationen geben. Die Treuepflicht des Mehrheitsgesellschafters gegenüber der Minderheit verpflichtet ihn, einen angemessenen, marktgerechten Preis für das zu übernehmende Gesellschaftsvermögen zu zahlen. Geschieht das nicht, ist der Zustimmungsbeschluss anfechtbar und die Minderheit kann vom Mehrheitsgesellschafter im Wege der Gesellschafterklage die Rückerstattung des übernommenen Vermögens an die Gesellschaft verlangen[70].

4. Zusammenfassung und Ausblick

Obwohl die übertragende Auflösung vom Grundsatz her als zulässige Gestaltungsmaßnahme zur 19.55
Umstrukturierung einer Gesellschaftsgruppe anerkannt ist, besteht bei den Einzelheiten der rechtlichen Anforderungen im Zusammenhang mit der übertragenden Auflösung auch heute noch ein großes Maß an Rechtsunsicherheit. Daher ist der Einsatz dieses Instruments in der Praxis **nur beschränkt empfehlenswert** und kommt nach der Einführung der verschiedenen Squeeze-out-Regelungen (s. Rz. 19.44) in der Praxis auch nur noch selten zum Einsatz.

V. Weitere Gestaltungsmöglichkeiten

Die vorstehend beschriebenen Gestaltungsmodelle für einen Weg aus der Holdingstruktur sind in 19.56
der Praxis verbreitet, dürfen aber nicht als ausschließliche Gestaltungsmöglichkeiten verstanden werden. So sind **Kombinationen** der beschriebenen Modelle möglich. Zu denken ist insbesondere an den Fall, dass einige Tochtergesellschaften auf die Holding verschmolzen und andere an Dritte veräußert werden. Die rechtlichen Voraussetzungen, die an das jeweilige Kombinationsmodell zu stellen sind, müssen dann jeweils im Einzelfall geprüft werden. Unabhängig von möglichen Kombinationsmodellen sind auch noch **weitere Wege** aus der Holding vorstellbar, wie z.B. die Veräußerung sämtlicher Tochtergesellschaften durch die Holding und die Beibehaltung der Holdinggesellschaft als Vorratsmantel, z.B. um zu einem späteren Zeitpunkt steuerliche Verlustvorträge nochmals nutzen zu können. Eine Variante der (Teil-)Veräußerung einer Tochtergesellschaft ist beispielsweise auch deren Notierung an der Börse (IPO) mit Verkauf eines Teils oder aller Aktien.

70 Vgl. *Lutter/Hommelhoff* in Lutter/Hommelhoff, Anh. § 13 GmbHG Rz. 41.

§ 20 Liquidation und Insolvenz

I. Einführung 20.1

II. Auflösung und Liquidation 20.4
1. Auflösungsbeschluss 20.6
2. Liquidation 20.9
3. Gläubigerschutz 20.14
4. Alternativen zur förmlichen Liquidation 20.19
5. Liquidation und Insolvenz 20.20

III. Insolvenz der Holding 20.22
1. Hintergrund und Verfahrensgrundsätze 20.22
2. Insolvenzgründe 20.24
a) Zahlungsunfähigkeit 20.25
b) Drohende Zahlungsunfähigkeit 20.30
c) Überschuldung 20.33
3. Insolvenzantragstellung 20.41
a) Eigenantrag 20.41
b) Fremdantrag 20.43
4. Eröffnungsverfahren und vorläufige Insolvenzverwalter 20.44
5. Verfahrenseröffnung und Folgen für die Holding 20.50
6. Übertragende Sanierung und Zerschlagung der Holding 20.57
7. Beendigung des Insolvenzverfahrens . 20.60
8. Verfahrensgläubiger 20.61
a) Insolvenzgläubiger 20.61
b) Aussonderungsberechtigte Gläubiger 20.62
c) Absonderungsberechtigte Gläubiger . 20.63
d) Massegläubiger 20.64
9. Eigenverwaltung, Insolvenzplan und Schutzschirmverfahren 20.65
a) Eigenverwaltung 20.65
b) Insolvenzplanverfahren 20.68
c) Schutzschirmverfahren 20.74
10. Konzerninsolvenzrecht 20.78
11. Grenzüberschreitende Verfahren . . . 20.85
12. Ausblick: Restrukturierungsrichtlinie 20.87
13. Exkurs: Insolvenzgeld 20.90

Literaturübersicht: *Baumbach/Hueck*, GmbHG, 22. Aufl. 2019; *Braun* (Hrsg.), Insolvenzordnung (InsO), 7. Aufl. 2017; *Flöther* (Hrsg.), Sanierungsrecht, 1. Aufl. 2019; *Gottwald* (Hrsg.), Insolvenzrechts-Handbuch, 5. Aufl. 2015; *Emmerich/Habersack* (Hrsg.), Aktien- und GmbH-Konzernrecht, 9. Aufl. 2019; *Hess* (Hrsg.), Kölner Kommentar zur Insolvenzordnung, Bd. I, 2016; *Hess* (Hrsg.), Sanierungshandbuch, 6. Aufl. 2013; *Hölzle*, Praxisleitfaden ESUG, 2012; *Kayser/Thole* (Hrsg.), Insolvenzordnung, 9. Aufl. 2018, *Konold*, Konzerninsolvenz, 2019; *Lutter/Hommelhoff*, GmbHG, 20. Aufl. 2020; *Michalski* (Hrsg.), Kommentar GmbHG, Bd. II, 3. Aufl. 2017; *Nerlich/Römermann*, Insolvenzordnung Kommentar, Stand Oktober 2019, 39. Ergänzungslieferung; *Pape/Uhlenbruck/Voigt-Salus*, Insolvenzrecht, 2. Aufl. 2010; *Rotstegge*, Konzerninsolvenz – die verfahrensrechtliche Behandlung von verbundenen Unternehmen nach der Insolvenzordnung, 2007; *Schmidt* (Hrsg.), Sanierungsrecht, 2. Aufl. 2019, *K. Schmidt/Lutter* (Hrsg.), AktG, 3. Aufl. 2015; *K. Schmidt* (Hrsg.) Insolvenzordnung, 19. Aufl. 2016; *Scholz*, Kommentar zum GmbHG, Bd. II, 11. Aufl. 2014, Bd. III, 11. Aufl. 2015; *Spindler/Stilz* (Hrsg.), AktG, Bd. I und II, 4. Aufl. 2019; *Stürner/Eidenmüller/Schoppmeyer* (Hrsg.), Münchener Kommentar zur Insolvenzordnung, Bd. I+II, 4. Aufl. 2019, Bd. III, 4. Aufl. 2020; *Uhlenbruck/Hirte/Vallender* (Hrsg.), Insolvenzordnung, Kommentar, 15. Aufl. 2019; *Wimmer* (Hrsg.), Frankfurter Kommentar zur Insolvenzordnung, 9. Aufl. 2018.

I. Einführung

20.1 Eine Holding-Gesellschaft (Holding) ist trotz ihres strukturellen Verbundes mit anderen Unternehmen genau so wenig wie andere Gesellschaften davor geschützt, dass sich ihr Zweck im Laufe der Zeit ändert oder erledigt und sie als Führungsorgan einer Unternehmensgruppe überflüssig wird. Kommen andere Wege aus der Holding (s. dazu *Kremer/Junker* Rz. 19.3 ff.) nicht in Betracht, werden ihre Gesellschafter die Beendigung der Holding als Rechtsträger über eine freiwillige förmliche Auflösung im Wege der Liquidation in Betracht ziehen.

20.2 Auch die Insolvenz einer Holding führt in der Praxis regelmäßig zu ihrer förmlichen Auflösung und Abwicklung, und sei es im Wege einer übertragenden Sanierung[1], z.B. der Übertragung von Betrie-

1 *Janssen* in MünchKomm/InsO, § 157 InsO Rz. 16; *Zipperer* in Uhlenbruck, § 157 InsO Rz. 7; *Nerlich* in Michalski, § 60 GmbHG Rz. 201.

ben, Teilbetrieben, Rechtsgütern, Rechten etc. der Holding auf einen anderen Rechtsträger. Dieser Rechtsträger kann auch ein Unternehmen desselben Unternehmensverbundes sein.

Es lassen sich zwar keine Anhaltspunkte dafür finden, dass eine Holding besonders insolvenzgefährdet ist. Aber es gibt immer wieder spektakuläre Fälle von Holding-Insolvenzen, was nicht zuletzt daran liegen mag, dass eine wirtschaftliche Schieflage neben der Holding selbst weitere oder sogar alle Gesellschaften eines Unternehmens- bzw. Konzernverbundes betrifft infolge der Art und Weise, wie sie miteinander verwoben sind. In diesem Zusammenhang sei an die großen Insolvenzverfahren Babcock-Borsig, Kirch Media, BenQ, Arcandor/Quelle erinnert, aber auch zuletzt an den Konkurs der britischen Thomas Cook Group gedacht. 20.3

Dieser Systematik entsprechend basieren die wichtigsten Auflösungsgründe für eine Holding in der Rechtsform einer AG oder GmbH entweder auf einer privatautonomen Entscheidung der Gesellschafter oder im defizitären Vermögen der Gesellschaft[2].

II. Auflösung und Liquidation

Die **förmliche Liquidation** einer Holding zielt darauf ab, die Gesellschaft aufzulösen, die Aktiva zu verwerten, ihre Passiva zu begleichen, einen etwaigen Liquidationsüberschuss unter den Gesellschaftern zu verteilen und die Holding als Rechtsträger zum Erlöschen zu bringen. Der letzte Schritt ist die Löschung der Holding im Handelsregister. 20.4

Die anwendbaren gesetzlichen Vorschriften zur Auflösung und Liquidation richten sich nach der Rechtsform der Holding. Für die Aktiengesellschaft finden sie sich in den §§ 262 ff. AktG, für die GmbH in den §§ 60 ff. GmbHG. 20.5

1. Auflösungsbeschluss

Den Auflösungsvorschriften ist gemeinsam, dass ein legitimierender Gesellschafterbeschluss erforderlich ist, durch den die werbende Zwecksetzung der Holding beendet und die Liquidation der Gesellschaft angeordnet wird (Auflösungsbeschluss). Der Auflösungsbeschluss bedarf bei Kapitalgesellschaften grundsätzlich einer Mehrheit von mindestens drei Vierteln des bei der Beschlussfassung vertretenen Kapitals[3]. Sind an einer Holding Minderheitsgesellschafter beteiligt oder handelt es sich gar um eine Publikumsgesellschaft, wird vielfach die Frage gestellt, ob eine **materielle Beschlusskontrolle** des Auflösungsbeschlusses mit Blick auf die Treuepflicht der Gesellschafter untereinander eingreift. Mit der herrschenden Meinung ist diese Frage zu verneinen[4]. Jeder Auflösungsbeschluss ist per se gegen die Gesellschaft gerichtet und entzieht sich damit der Prüfung, ob die Auflösung im Interesse der Gesellschaft erforderlich und angemessen ist. Etwas anderes kann allerdings gelten, wenn im Rahmen der Liquidation Vermögen der Gesellschaft auf die Mehrheitsgesellschafter übertragen werden soll oder wenn die Liquidation dazu dient, Minderheitsgesellschafter aus dem Unternehmen zu entfernen[5]. 20.6

Während wohl früher überwiegend eine durch die Gesellschafterversammlung beschlossene **Verlegung des Satzungssitzes ins Ausland** wie einen Auflösungsbeschluss gewertet wurde[6], hat sich zu- 20.7

---

2 *Bachmann* in Spindler/Stilz, § 262 AktG Rz. 4.

3 Bei der AG kann die Satzung auch eine größere Kapitalmehrheit oder weitere Erfordernisse verlangen, § 262 Abs. 1 Nr. 2 AktG, bei der GmbH kann der Gesellschaftsvertrag auch etwas anderes bestimmen, § 60 Abs. 1 Nr. 2 GmbHG; vgl. hierzu auch *Kleindiek* in Lutter/Hommelhoff, § 60 GmbHG Rz. 6.

4 BGH v. 28.1.1980 – II ZR 124/78, BGHZ 76, 352 (353) = ZIP 1980, 275 = AG 1981, 48 = GmbHR 1981, 111; BGH v. 1.2.1988 – II ZR 75/87, BGHZ 103, 184 (190) = ZIP 1988, 301 = AG 1988, 135; vgl. *Kleindiek* in Lutter/Hommelhoff, § 60 GmbHG Rz. 6.

5 *Kleindiek* in Lutter/Hommelhoff, § 60 GmbHG Rz. 6 m.w.N.

6 *Hoffmann-Becking* in MünchHdb/AG, § 66 Rz. 4 m.w.N. aus Rechtsprechung und Literatur; *Bachmann* in Spindler/Stilz, § 262 AktG Rz. 74 ff.; Servatius in Baumbach/Hueck, § 4a GmbHG Rz. 9; Koch in MünchKomm/AktG, § 262 AktG Rz. 36; vgl. auch *Kleindiek* in Lutter/Hommelhoff, § 60 GmbHG Rz. 5.

mindest in Teilen der Literatur dazu eine andere Meinung gebildet. Ein auf Verlegung des Satzungssitzes ins Ausland gerichteter Beschluss wird nicht als Auflösungsbeschluss gewertet, sondern als nichtiger Beschluss angesehen, der nicht eintragungsfähig ist[7]. Nach dieser Meinung zeigt sich in einem solchen Beschluss gerade nicht der Wille zur Auflösung, sondern der Wille zur Fortführung der Aktivität im Ausland[8].

Die **Verlegung des Verwaltungssitzes** bei Wahrung des Satzungssitzes ist nach Streichung des § 5 Abs. 2 AktG a.F. und § 4a Abs. 2 GmbHG a.F. durch das am 1.11.2008 in Kraft getretene „MoMiG" ohne Auflösungsfolgen zulässig[9].

20.8 Bei Holdinggesellschaften, die dem MitbestG 1976 unterliegen, sind vor dem Auflösungsbeschluss eventuelle Zustimmungspflichten des Aufsichtsrats der Obergesellschaften nach **§ 32 MitbestG** zu beachten (dazu bereits *Krieger* Rz. 7.48).

2. Liquidation

20.9 Die Durchführung der Liquidation obliegt den sog. **Liquidatoren**[10] oder Abwicklern, die im Regelfall mit den bisherigen Vorstandsmitgliedern der Aktiengesellschaft (§ 265 Abs. 1 AktG) bzw. mit den Geschäftsführern der GmbH (§ 66 GmbHG) identisch sind. Aufgabe der Liquidatoren ist es zunächst, die laufenden Geschäfte zu beenden, die Forderungen einzuziehen, das Vermögen der Holding in Geld umzusetzen und die Gläubiger zu befriedigen.

20.10 Die Liquidation wird sich bei einer „reinen" Holding einfacher gestalten als bei Stammhaus-Unternehmen, da die wesentlichen Aktiva von reinen Holdings typischerweise in Anteilen an Beteiligungen bestehen und diese damit bereits separiert und rechtlich verselbständigt sind. Dies erleichtert den Veräußerungsprozess erheblich. Die Veräußerung von Beteiligungen, selbst wenn es sich um wesentliche Vermögensteile der Holding handelt, bedarf in der Liquidation nicht mehr der **Zustimmung der Gesellschafter**[11]. Wollen die Liquidatoren Beteiligungen der Holding an einen Gesellschafter veräußern, ist allerdings der Gleichbehandlungsgrundsatz zu wahren. In diesen Fällen kann sich die Einholung von externen Wertgutachten empfehlen.

20.11 Im Rahmen der Liquidation einer Holding sind die Liquidatoren berechtigt, **Gesellschafterrechte gegenüber den Tochtergesellschaften** auszuüben, soweit dies durch den konkreten Liquidationszweck gerechtfertigt ist. Das gilt insbesondere für das Weisungsrecht als Gesellschafter einer GmbH.

20.12 **Unternehmensverträge** einer Holding mit Tochtergesellschaften, insbesondere Beherrschungs- und Gewinnabführungsverträge, enden jedoch nach h.M. mit Eintritt in die Liquidation[12]. Der Liquidationszweck einer Holding und die Ausübung von Konzernleitung aufgrund eines Unternehmensvertrages lassen sich nicht in Übereinstimmung bringen.

---

7 *Weitbrecht* in MünchHdb/GmbH, § 62 Rz. 18; *Nerlich* in Michalski, § 60 GmbHG Rz. 44 f.; Cziupka in Scholz, § 4a GmbHG Rz. 19.

8 Hüffer/Koch, § 5 AktG Rz. 13; Solveen in *Hölters*, § 5 AktG Rz. 16 m.w.N.

9 S. auch *Bayer* in Lutter/Hommelhoff, § 4a GmbHG Rz. 14f.

10 Der Gesetzgeber verwendet für die Aktiengesellschaft den Begriff Abwickler und für die GmbH den Begriff Liquidator.

11 *Haas* in Baumbach/Hueck, § 70 GmbHG Rz. 8a; *K. Schmidt* in Scholz, § 70 GmbHG Rz. 14 – Ausnahme, das gesamte Vermögen der Gesellschaft wird uno actu veräußert.

12 *Langenbucher* in K. Schmidt/Lutter, § 297 AktG Rz. 30; *Hommelhoff* in Lutter/Hommelhoff, Anh. § 13 GmbHG Rz. 88; *Krieger* in MünchHdb/AG, § 71 Rz. 207; *Kiefner* in MünchHdb/GmbH, § 70 Rz. 34; a.A. bei einem bloßen Auflösungsbeschluss des herrschenden Unternehmens, *Emmerich* in Emmerich/Habersack, Aktien- und GmbH-Konzernrecht, § 297 AktG Rz. 50; verneinend für den Fall einer willkürlichen Auflösung OLG München v. 20.6.2011 – 31 Wx 163/11, ZIP 2011, 1912 = GmbHR 2011, 871 = NZG 2011, 867 für die Möglichkeit einer außerordentlichen Kündigung.

Mit dem Erlös aus der Veräußerung der Beteiligungen sind die Passiva der Holding zu begleichen. Schwierigkeiten bereitet in diesem Zusammenhang die Behandlung von **noch nicht fälligen Verbindlichkeiten**, deren konkrete Höhe nur schwer einschätzbar ist. Hier sind insbesondere eventuell bestehende Pensionsverbindlichkeiten und unverfallbare Pensionsanwartschaften der Mitarbeiter angesprochen. Diese Fallkonstellationen treten bei Holdinggesellschaften nicht selten auf und hängen damit zusammen, dass die betreffenden Holdings ursprünglich als Produktionsunternehmen tätig waren und erst im Zuge von Umstrukturierungsmaßnahmen zu Holdinggesellschaften geworden sind oder immer noch eigenes operatives Geschäft betreiben. Im Rahmen der Liquidation besteht dann nur die Möglichkeit, mit den Pensions- oder Anwartschaftsberechtigten jeweils im Einzelfall eine Einigung über die Abfindung ihrer Ansprüche, eventuell auch über eine Versicherungslösung herbeizuführen, eine Bank- oder Gesellschaftergarantie zu stellen, die Pensions- bzw. Anwartschaftsrechte auf eine dritte Gesellschaft nach den Regeln des Umwandlungsgesetzes abzuspalten oder die Liquidation einer Holding so lange fortzuführen, bis die letzte Pensionszahlung erfolgt ist. Dies kann dazu führen, dass sich die Liquidation über einen sehr langen Zeitraum (teilweise 10 und mehr Jahre) hinzieht und sie daher als Form der Beendigung einer Gesellschaft in vielen Fällen schlicht unattraktiv wird. 20.13

3. Gläubigerschutz

Insbesondere bei einer Liquidation ist die Sicherstellung eines angemessenen Gläubigerschutzes ein zentrales Anliegen der gesetzlichen Vorschriften; denn wenn die Schuldnergesellschaft liquidiert und im Handelsregister gelöscht ist, ist sie dem Gläubigerzugriff praktisch entzogen. Um den Gläubigerschutz zu gewährleisten, sehen AktG und GmbHG im Prinzip das gleiche **System** vor: Die Auflösung wird zum Handelsregister angemeldet, eingetragen und dann bekannt gemacht (§ 263 AktG, § 65 GmbHG). Zum Schutz von potentiellen Neugläubigern muss die Gesellschaft in ihrer Firmierung die laufende Liquidation offen ausweisen (Zusatz „i.L.") (§ 268 Abs. 4 AktG, § 71 Abs. 5 GmbHG). Die Gläubiger sind in den Gesellschaftsblättern, also jedenfalls im Bundesanzeiger (§ 25 AktG, § 12 GmbHG) aufzufordern, ihre Ansprüche bei der Gesellschaft anzumelden (§ 267 AktG, § 65 Abs. 2 Satz 2 GmbHG). Der nach vollständiger Befriedigung der Gläubiger verbleibende Liquidationserlös darf nicht früher als ein Jahr nach der Bekanntmachung der Gläubigeraufforderung an die Gesellschafter ausgeschüttet werden[13]. Dieses System sorgt für einen effizienten Gläubigerschutz, die Gesellschafter müssen aber lange auf „ihr Geld" warten. 20.14

Die **Rechnungslegung** einer Holding in der Liquidation erfordert zu Beginn der Liquidation die Aufstellung einer Liquidationseröffnungsbilanz nebst einem sie erläuternden Bericht (§ 270 Abs. 1 AktG, § 71 Abs. 1 GmbHG) und abschließend eine Schlussrechnung der Liquidatoren (§ 273 Abs. 1 AktG, § 74 Abs. 1 GmbHG). Die allgemeinen Vorschriften zu Jahresabschluss und Lagebericht gelten zusätzlich. 20.15

Die **Liquidation endet** mit der Anmeldung des Abschlusses der Abwicklung zum Handelsregister. Danach wird die Gesellschaft gelöscht und hört damit auf zu existieren. Wird dann zu einem späteren Zeitpunkt noch weiteres verteilbares Vermögen der Holding identifiziert, besteht trotz der Löschung die Möglichkeit, eine Nachtragsliquidation durchzuführen[14]. 20.16

Bis zur Beendigung der Liquidation und zur Löschung der Gesellschaft im Handelsregister besteht für die Gesellschafter noch die Möglichkeit, von der Liquidation abzusehen und die Gesell- 20.17

13 § 272 Abs. 1 AktG; § 73 Abs. 1 GmbHG; zu der umstrittenen Frage, ob die Eintragung konstitutiv für die Beendigung der Gesellschaft ist, s. für die GmbH *Kleindiek* in Lutter/Hommelhoff, § 74 GmbHG Rz. 6 f.

14 S. dazu *Kleindiek* in Lutter/Hommelhoff, § 74 GmbHG Rz. 19 ff. und für die AG § 273 Abs. 4 AktG, auf die Nachtragsliquidation findet auch bei der GmbH die Vorschrift des § 273 Abs. 5 AktG analog Anwendung.

schaft durch einen Fortführungsbeschluss wieder in eine werbende Gesellschaft zurück zu verwandeln[15].

20.18 **Zusammenfassend** lässt sich festhalten, dass die förmliche Liquidation eine in vielen Fällen eher aufwendige und sich über eine lange Zeit hinziehende Form der Beendigung der Holding ist. In der Praxis wird sie deshalb nur gewählt, wenn keine anderweitigen Beendigungsmöglichkeiten in Betracht kommen (s. dazu *Kremer/Junker* Rz. 19.2).

4. Alternativen zur förmlichen Liquidation

20.19 Als Alternative zur förmlichen Liquidation kommt mit Zustimmung der Gesellschafter die **Einstellung der werbenden Geschäftstätigkeit** ohne förmlichen Auflösungsbeschluss in Betracht[16]. Die Beteiligungen der Holding werden veräußert, es wird aber kein „Liquidationsüberschuss" an die Gesellschafter ausgeschüttet. Die Holding wird damit (vorübergehend) zu einer Mantelgesellschaft, bleibt aber als Rechtsträger erhalten[17]. Dieses Vorgehen kann sinnvoll sein, wenn die Holding z.B. über einen körperschaftssteuerlichen oder gewerbesteuerlichen Verlustvortrag verfügt, der in absehbarer Zeit durch die Zuführung neuer ertragsstarker Beteiligungen genutzt werden soll oder wenn lang laufende Verbindlichkeiten der Holding bestehen. Die stille Liquidation hat aber immer den Nachteil, dass die mit dem Erhalt des Rechtsträgers verbundenen Verwaltungskosten, insbesondere im Zusammenhang mit der jährlich abzuhaltenden Gesellschafterversammlung und der Aufstellung des Jahresabschlusses, weiterhin anfallen.

Eine stille Liquidation im Sinne einer „Firmenbestattung" ist allerdings rechtwidrig[18]. Im Rahmen dieser „stillen Liquidation" wird das verbleibende Gesellschaftsvermögen ohne Einhaltung des Sperrjahres verteilt. Anschließend wird dann entweder mit oder ohne Auflösungsbeschluss auf Löschung der Gesellschaft hingewirkt. Selbst wenn hierbei eine Einigung mit den Gläubigern erreicht wird, ist diese Form der faktischen Liquidation mit dem Zweck des Abwicklungsverfahrens nicht vereinbar.

5. Liquidation und Insolvenz

20.20 Im Rahmen eines Liquidationsverfahrens kann in der Praxis immer wieder die Situation auftauchen, dass der Erlös aus der Verwertung, insbesondere der Veräußerung der Aktiva, voraussichtlich nicht ausreichen wird, die bestehenden Passiva zu begleichen. In dieser sich **abzeichnenden Überschuldungssituation** können die Mitglieder des Geschäftsführungsorgans bzw. die Liquidatoren einer Holding längerfristig vom pflichtgemäßen Stellen des Insolvenzantrags nur absehen, wenn es zu einer Einigung mit ihren Hauptgläubigern kommt, in der Regel den kreditgebenden Banken oder auch darlehensgebenden Gesellschaftern. Der Erfolg solcher Verhandlungen hängt immer sehr vom Einzelfall ab.

20.21 Grundsätzlich werden die Hauptgläubiger aber ein Interesse daran haben, das Liquidationsverfahren fortzuführen, anstatt es zur Eröffnung eines Insolvenzverfahrens kommen zu lassen. Denn die Durchführung des Insolvenzverfahrens ist in der Regel zeitaufwendig und immer mit weiteren Kosten verbunden, insbesondere der Insolvenzverwaltervergütung und den Gerichtskosten, so dass Teile des ansonsten noch verbleibenden, im Rahmen der Abwicklung zur Verfügung stehenden Gesellschaftsvermögens aus Sicht der Gläubiger für sie zusätzlich verloren sind. Die Hauptgläubiger können daher damit einverstanden sein, für sämtliche oder für einen Teil ihrer Forderungen einen qua-

15 § 274 AktG, zur GmbH etwa *Haas* in Baumbach/Hueck, § 60 GmbHG Rz. 59 ff.; *Kleindiek* in Lutter/Hommelhoff, § 60 GmbHG Rz. 28 ff.
16 *Weitbrecht* in MünchHdb/GmbH, § 62 Rz. 26.
17 Näher *Weitbrecht* in MünchHdb/GmbH, § 63 Rz. 3.
18 *Bachmann* in Spindler/Stilz, § 264 AktG Rz. 6; *Riesenhuber* in K. Schmidt/Lutter, § 264 AktG Rz. 2a.

lifizierten **Rangrücktritt**[19] oder gar einen Verzicht zu erklären, wodurch eine insolvenzrechtlich relevante Überschuldung umgangen, mithin der Insolvenzeröffnungsgrund ausgeräumt bzw. sein Eintreten verhindert werden kann. Auf diese Weise wird mitunter das kostenintensive Insolvenzverfahren vermieden.

III. Insolvenz der Holding

1. Hintergrund und Verfahrensgrundsätze

Schon nach ihrem begrifflichen Inhalt bedeutet Insolvenz die Unfähigkeit, sich vorhandener Zahlungsverbindlichkeiten entledigen zu können. Um eine solche Situation mit Blick auf den gesellschaftlichen Allgemeinfrieden und das Funktionieren der Märkte beherrschbar zu machen, hatte der Gesetzgeber zum 1.1.1999 mit der **Insolvenzordnung** (InsO) ein förmliches und erstmals für sämtliche Schuldner – seien es natürliche oder juristische Personen, seien es Privatleute oder Unternehmen – einheitliches gerichtliches Verfahren bereitgestellt, also auch für den Insolvenzfall einer Holding. Das Insolvenzverfahren setzt im Interesse der bestmöglichen Befriedigung sämtlicher Mitglieder der bestehenden Gläubigergemeinschaft an die Stelle der Einzelvollstreckung von Gläubigern die Gesamtvollstreckung in das Vermögen des Schuldners und damit in das Vermögen eines einzelnen eigenständigen Trägers von Rechten und Pflichten. 20.22

In der Konsequenz ist die InsO maßgeblich von den **Verfahrensgrundsätzen** der Gläubigerautonomie[20] und der Gläubigergleichbehandlung[21] geprägt. Auch wenn es auf den ersten Blick, jedenfalls aus Sicht der Gläubiger, widersprüchlich erscheinen mag; es ist erklärtes (Neben)Ziel der InsO, den Erhalt und die Sanierung von Unternehmen zu fördern und eine Liquidation zu vermeiden[22]. Dies findet sich mittelbar in § 1 InsO und kommt insbesondere auch in den Regelungen des am 7.12.2011 verabschiedeten *Gesetzes zur weiteren Erleichterung der Sanierung von Unternehmen* (ESUG)[23] unmissverständlich zum Ausdruck. 20.23

2. Insolvenzgründe

Kennzeichnend für den Eintritt der Insolvenz einer Holding ist das Vorliegen zumindest eines der drei in den §§ 17–19 InsO geregelten Insolvenzgründe: *Zahlungsunfähigkeit*, *drohende Zahlungsunfähigkeit* oder *Überschuldung*. 20.24

a) Zahlungsunfähigkeit

Der allgemeine Eröffnungsgrund für ein Insolvenzverfahren, die **Zahlungsunfähigkeit** (§ 17 InsO), liegt vor, wenn ein Schuldner nicht in der Lage ist, seinen fälligen Zahlungsverpflichtungen nachzukommen. Während die Zahlungseinstellung der gesetzlichen Regelung nach ein (widerlegbares) Indiz für die eingetretene Zahlungsunfähigkeit ist, reichen bloße Zahlungsstockungen zu ihrer Feststellung nach allgemeiner Ansicht allerdings nicht aus[24]. Schon wegen der Notwendigkeit dieser Dif- 20.25

19 *Mock* in Uhlenbruck, § 19 InsO, Rz. 253 f.; *Raschke/Warneke* in Schmidt, Sanierungsrecht, Teil 1 Abschn. 4, Rz. 142 ff.; *Haas* in Baumbach/Hueck, vor § 64 GmbHG Rz. 59 ff.

20 *Gottwald*, Insolvenzrechts-Handbuch, § 1 Rz. 59; *Ganter/Bruns* in MünchKomm/InsO, § 1 InsO Rz. 53 ff.; *Hess* in KölnKomm/InsO, Vorbem. § 1 InsO Rz. 140 ff.

21 *Ganter/Bruns* in MünchKomm/InsO, § 1 InsO Rz. 52; *Jaffé* in FK-InsO, § 226 InsO Rz. 1; *K. Schmidt* in K. Schmidt, § 1 InsO Rz. 5.

22 *Pape* in Uhlenbruck, § 1 InsO Rz. 5 ff.; *Ganter/Bruns* in MünchKomm/InsO, § 1 InsO Rz. 85.

23 *Rühle* in Nerlich/Römermann, § 217 InsO Rz. 2 ff.; *Eidenmüller* in MünchKomm/InsO, vor §§ 217 bis 269 InsO Rz. 68 ff.

24 *Uhlenbruck* in Uhlenbruck, § 17 InsO Rz. 28 f.; *Huber* in Gottwald, Insolvenzrechts-Handbuch, § 47 Rz. 8.

ferenzierung kann die Beurteilung und Feststellung einer Zahlungsunfähigkeit, insbesondere von außen, im Einzelfall schwierig sein.

20.26 Mithilfe einer sog. **Liquiditätsbilanz**, aus der sich das Verhältnis der insolvenzrechtlich fälligen Verbindlichkeiten zu den verfügbaren oder kurzfristig flüssig zu machenden Mitteln ergibt, lässt sich das Ob der Zahlungsunfähigkeit einer Gesellschaft bestimmen[25]. Als insolvenzrechtlich fällig sind dabei solche Forderungen anzusehen, die Gläubiger ernsthaft einfordern bzw. eingefordert haben, wobei nicht allzu große Anforderungen an den Begriff des „ernsthaften Einforderns“ zu stellen sind[26].

20.27 **Gestundete Forderungen** sind ebenso wenig zu berücksichtigten wie Forderungen, bezüglich derer ein qualifizierter Rangrücktritt erklärt wurde[27]. Eine entsprechende Einigung mit einem maßgeblichen Gläubiger kann demzufolge in der Praxis eine unmittelbar bevorstehende Zahlungsunfähigkeit verhindern bzw. eine bereits eingetretene kurzfristig wieder beseitigen.

20.28 Ist es einmal zu einer **Zahlungseinstellung** gekommen, muss die Gesellschaft ihre Zahlungen allgemein wieder aufnehmen, um den Grund für die Eröffnung eines Insolvenzverfahrens auszuräumen. Stundungen bspw. nur eines Hauptgläubigers reichen dann regelmäßig nicht mehr aus, um die zuvor eingetretene Zahlungsunfähigkeit aus der Welt zu schaffen[28] und das Stellen eines Insolvenzantrages längerfristig zu vermeiden.

20.29 Nach mittlerweile ständiger höchstrichterlicher Rechtsprechung ist Zahlungsunfähigkeit jedenfalls dann gegeben, wenn der Schuldner eine **Liquiditätslücke** von mindestens 10 % nicht innerhalb kürzester Zeit mit an Sicherheit grenzender Wahrscheinlichkeit zu schließen imstande ist[29]. Den Gläubigern muss ein Zuwarten noch zuzumuten sein. Als Wartezeit geht man von längstens drei Wochen aus[30], was auch mit dem maßgeblichen Zeitraum für die Insolvenzantragspflicht nach § 15a InsO korrespondiert.

b) Drohende Zahlungsunfähigkeit

20.30 Anders als bei bereits eingetretener Zahlungsunfähigkeit haben die Mitglieder des Geschäftsführungsorgans einer Holding bei *nur* drohender Zahlungsunfähigkeit (§ 18 InsO) die Möglichkeit, nicht aber die Verpflichtung, einen Antrag auf Durchführung des Insolvenzverfahrens zu stellen. Tun sie dies dennoch, können sie auf diese Weise durch das Insolvenzverfahren das Unternehmensvermögen dem Einzelzugriff von Gläubigern im Wege der Zwangsvollstreckung entgehen und dadurch etwaige Sanierungschancen für die Holding bspw. über einen Insolvenzplan erhöhen. Mit Eintritt der Zahlungsunfähigkeit und/oder der Überschuldung sind **Bemühungen** um den Erhalt eines Unternehmens oder von Unternehmensteilen ehrfahrungsgemäß oftmals aussichtslos, zumindest aber wegen des vorangeschrittenen Stadiums der finanziellen Schieflage erheblich erschwert; denn nicht zuletzt das Vertrauen der Gläubiger wird bereits Schaden genommen haben, wenn nicht zu diesem Zeitpunkt gar Zahlungsausfälle zu verzeichnen sind, im Zweifel mit der Konsequenz einer deutlich verringerten allgemeinen Unterstützungsbereitschaft.

20.31 An dieser Stelle setzte das **ESUG**, das Gesetz *zur weiteren Erleichterung der Sanierung von Unternehmen*, an, dessen Änderungen der InsO am 1.3.2012 wirksam geworden waren. Insbesondere mit der

25 *Haas* in Baumbach/Hueck, vor § 64 GmbHG Rz. 15a ff.; *Rüntz/Laroche* in Kayser/Thole, § 17 InsO Rz. 23f.

26 *Huber* in Gottwald, Insolvenzrechts-Handbuch, § 47 Rz. 8; *Eilenberger* in MünchKomm/InsO, § 17 InsO Rz. 7a.

27 *K. Schmidt/Herrchen* in K. Schmidt, § 39 InsO Rz. 22; *Bußhardt* in Braun, § 17 InsO Rz. 23 ff.; *Hess* in KölnKomm/InsO, § 19 InsO Rz. 100.

28 *Schmerbach* in FK-InsO, § 17 InsO Rz. 52; *Bußhardt* in Braun, § 17 InsO Rz. 37.

29 *Bußhardt* in Braun, § 17 InsO Rz. 9; *Schmerbach* in FK-InsO, § 17 InsO Rz. 1.

30 *Kayser/Freudenberg* in MünchKomm/InsO, § 130 InsO Rz. 28–29b.

Einführung des sog. *Schutzschirmverfahrens* und der Erweiterung der Möglichkeit zur Eigenverwaltung schon im Insolvenzeröffnungsverfahren wurden wesentliche Anreize für eine frühzeitige Insolvenzantragsstellung durch die Schuldner bzw. deren gesellschaftsrechtliche Vertretungen geschaffen[31].

Diese vom Gesetzgeber zusätzlich bereitgestellten Verfahrensinstrumente wurden von zahlreichen Schuldnern in den letzten Jahren dankbar aufgegriffen, so dass Schutzschirmverfahren und (vorläufige) Eigenverwaltung aus der heutigen Praxis der Insolvenzverfahren kaum noch wegzudenken sind.

Ob sich aber allein hierdurch die Anzahl erfolgreicher Sanierungen tatsächlich erhöhen ließ, wie es die ursprüngliche gesetzgeberische Intention war, ist indes nicht feststellbar. Gerade bei Unternehmen mit präziser Finanzmittelsteuerung zeigt sich häufig, dass die Antragsstellung nur wenige Tage oder gar Stunden vor Eintritt der Zahlungsunfähigkeit erfolgt. Hier scheint also mehr als fraglich, ob die Unternehmensleitung frühzeitig einzulenken gedachte, um die Sanierungsaussichten zu erhöhen, oder nur die Vorzüge des Schutzschirms und der Eigenverwaltung für sich selbst nutzen will.

Um die drohende Zahlungsunfähigkeit darzulegen, stellt die Holding eine **Prognose** in Form eines Finanzplans auf, worin die voraussichtlichen Einnahmen und Ausgaben der Gesellschaft gegenüberzustellen sind[32]. Die Länge des maßgeblichen Prognosezeitraums ist dabei individuell festzulegen und von der Geschäftstätigkeit bzw. dem Geschäftsumfeld der Gesellschaft abhängig. Sie kann sich dementsprechend von wenigen Monaten auf bis zu zwei Jahre erstrecken[33]. Auch das Zugrundelegen eines noch längeren Prognosezeitraums mag in Einzelfällen begründbar und angemessen sein. 20.32

Ergibt sich aus dem **Finanzplan**, dass die vorhandene Liquidität und die zu erwartenden Einnahmen voraussichtlich nicht ausreichen werden, um die fälligen und die erwarteten Verbindlichkeiten abzudecken, ist der Insolvenzgrund der drohenden Zahlungsunfähigkeit verwirklicht. Die Eintrittswahrscheinlichkeit der Zahlungsunfähigkeit muss dabei höher erscheinen als die Wahrscheinlichkeit ihres Nichttritts, also im Ergebnis über 50 % liegen[34].

c) Überschuldung

Eine Überschuldung kommt als Grundlage für die Insolvenzverfahrenseröffnung einer Holding nur in Betracht, wenn es sich bei ihr um eine **juristische Person** (§ 9 Abs. 1 InsO) bzw. um eine Gesellschaft ohne eine natürliche Person als unbeschränkt persönlich haftenden Gesellschafter handelt (§ 19 Abs. 3 InsO). 20.33

Der Insolvenzgrund der Überschuldung ist nach dem sog. „**neuen Überschuldungsbegriff**"[35] erfüllt, wenn das Vermögen der Holding die bestehenden Verbindlichkeiten nicht deckt (vgl. § 19 Abs. 2 Satz 1 InsO), es sei denn, die Fortführung des Unternehmens ist nach den Umständen überwiegend, d.h. über 50 %, wahrscheinlich[36]. 20.34

Ob eine positive Fortführungsprognose vorliegt, spielt nicht nur für die Frage eine Rolle, wie die Werte in der Überschuldungsbilanz anzusetzen sind. Vielmehr ist die Klärung bzw. im Ergebnis 20.35

31 *Folitis* in FK-InsO, § 270b InsO Rz. 1; *Schmerbach* in FK-InsO, § 19 InsO Rz. 8.

32 *Schmerbach* in FK-InsO, § 18 InsO Rz. 22 ff.; *Kirchhof* in Kreft, § 18 InsO Rz. 14; *Drukarczyk* in MünchKomm/InsO, § 18 InsO Rz. 30 ff.

33 *Drukarczyk* in MünchKomm/InsO, § 18 InsO Rz. 63, *K. Schmidt* in K. Schmidt, § 18 InsO Rz. 27;*Uhlenbruck* in Uhlenbruck, § 18 InsO Rz. 21 ff.

34 *Kirchhof* in Kreft, § 18 InsO Rz. 13; *Bußhardt* in Braun, § 18 InsO Rz. 5; *Drukarczyk/Schüler* in MünchKomm/InsO, § 19 InsO Rz. 74 ff.

35 *Schmerbach* in FK-InsO, § 19 InsO Rz. 8; *Bußhardt* in Braun, § 19 InsO Rz. 8 ff.

36 *Kirchhof* in Kreft, § 19 InsO Rz. 11 f.; *Bußhardt* in Braun, § 18 InsO Rz. 5; *Rüntz/Laroche* in Kayser/Thole, § 19 InsO Rz. 11.

Verneinung dieser Frage Voraussetzung, um überhaupt zu einer im Sinne der InsO bedeutsamen Überschuldung zu gelangen[37].

20.36 Die eine insolvenzrechtlich relevante Überschuldung ausschließende **positive Fortführungsprognose** ist aus den Gesamtumständen abzuleiten. So bedarf es zunächst zwingend des Fortführungswillens der Unternehmensleitung[38]. Des Weiteren ist die Fortführungsprognose positiv, wenn nach überwiegender Wahrscheinlichkeit unter Berücksichtigung der absehbaren Geschäftsentwicklung und geplanter Sanierungsmaßnahmen die Gesellschaft mittelfristig ihre Fähigkeit bewahren bzw. wiedererlangen wird, die anfallenden Verbindlichkeiten bei deren jeweiliger Fälligkeit dauerhaft und pünktlich zu begleichen. Hierzu ist die erforderliche Ertrags- und Überlebensfähigkeit des Unternehmens anhand einer nach betriebswirtschaftlichen Grundsätzen zu erstellenden Liquiditätsplanung zu überprüfen; das Ergebnis muss positiv ausfallen. Die zugrunde gelegte Ertrags- und Finanzplanung sowie das erarbeitete Leitbild des sanierten Unternehmens müssen für einen Sachkundigen plausibel und nachvollziehbar sein[39].

20.37 Unter Berücksichtigung der Zielsetzung des Insolvenzverfahrens darf der **Prognosezeitraum** grundsätzlich nicht zu lange bemessen sein. Die herrschende Meinung geht deshalb davon aus, dass in der Regel das laufende und das folgende Geschäftsjahr betrachtet werden muss. In Einzelfällen kann aber aufgrund besonderer Umstände eine Abweichung hin zu wenigen Monaten oder auch mehreren Jahren geboten sein[40].

20.38 Ist die Fortführungsprognose nicht positiv, weil die Ertrags- und Finanzplanung eine Unterdeckung für den Prognosezeitraum ausweist, kommt es des Weiteren zur Feststellung des Insolvenzgrundes auf eine rein **rechnerische Überschuldung** der Holding – bezogen auf den Zeitpunkt der Eröffnung des Insolvenzverfahrens – an. Diese wird durch einfache Gegenüberstellung der positiven und negativen Vermögensgegenstände ermittelt, wobei dabei deren voraussichtliche Zerschlagungs- bzw. Liquidationswerte[41] und nicht deren Fortführungswerte[42] in Ansatz zu bringen sind.

20.39 Die Aktiva sind unter Auflösung etwaiger stiller Reserven mit ihrem Verkehrswert in einer zu erstellenden Überschuldungsbilanz anzusetzen. Das kann eine aufwendige Neubewertung vor allem der einzelnen Beteiligungsgesellschaften der Holding erfordern, so dass im Einzelfall auch die kurzfristige Einholung von entsprechenden Wertgutachten angezeigt sein mag. Die Passiva sind voll umfänglich und unabhängig von ihren Fälligkeitszeitpunkten in die Überschuldungsbilanz aufzunehmen. In diesem Zusammenhang sind **Gesellschafterdarlehen** und diesen wirtschaftlich vergleichbare bzw. gleichzusetzende Mittel jedenfalls dann nicht als Passiva zu berücksichtigen, wenn eine förmliche qualifizierte Rangrücktrittserklärung des betreffenden Gläubigers vorliegt (Rz. 20.21).

20.40 Bei der Aufstellung der **Überschuldungsbilanz** der Holding ist auch zu prüfen, ob Ansprüche von Tochtergesellschaften auf Verlustübernahme aus einem Unternehmensvertrag (§ 302 AktG, unmittelbar oder entsprechend bei der GmbH) bestehen[43] und ob sich im faktischen Konzern Ansprüche auf Verlustausgleich aus fehlerhafter Konzernführung oder Ansprüche aus rechtsmissbräuchlichen Eingriffen der Holding in das Vermögen ihrer Tochtergesellschaften begründet herleiten lassen.

---

37 *Bußhardt* in Braun, § 19 InsO Rz. 17; *Schmerbach* in FK-InsO, § 19 InsO Rz. 112.

38 *Kirchhof* in Kreft, § 19 InsO Rz. 8; *Schmerbach* in FK-InsO, § 19 InsO Rz. 37; *Mock* in Uhlenbruck, § 19 InsO Rz. 221.

39 *Bußhardt* in Braun, § 19 InsO Rz. 14; *Balthasar* in Nerlich/Römermann, § 156 InsO Rz. 23 f.

40 *Schmerbach* in FK-InsO, § 19 InsO Rz. 41; *Hess* in KölnKomm/InsO, § 19 InsO Rz. 59.

41 *Drukarczyk/Schmidt* in MünchKomm/InsO, § 19 InsO Rz. 115.

42 *Rüntz/Laroche* in Kayser/Thole, § 19 InsO Rz. 12.

43 *Drukarczyk/Schüler* in MünchKomm/InsO, § 19 InsO Rz. 126 ff.; *Veil* in Spindler/Stilz, § 302 AktG Rz. 10 ff.

3. Insolvenzantragstellung

a) Eigenantrag

Sobald einer der Insolvenzgründe Zahlungsunfähigkeit oder Überschuldung gegeben ist, sind die Mitglieder des Geschäftsführungsorgans verpflichtet, einen **Eröffnungsantrag** (§ 15a i.V.m. § 13 Abs. 1 Satz 2 Alt. 2 InsO, sog. *Eigenantrag*) beim zuständigen Insolvenzgericht zu stellen. Als Insolvenzgericht sachlich zuständig sind die Amtsgerichte, die sich an Orten eines Landgerichts befinden, solange die Regierung des betreffenden Bundeslandes bzw. die Landesjustizverwaltungen nicht von der Ermächtigung zur Bestimmung anderweitiger Zuständigkeiten Gebrauch gemacht hat (§ 2 InsO). Die örtliche Zuständigkeit des Insolvenzgerichts bestimmt sich nach dem Bezirk, in dem der Sitz der Holding bzw. der örtliche Schwerpunkt ihrer wirtschaftlichen Betätigung belegen ist (§ 3 Abs. 1 InsO). 20.41

Das **Unterlassen der Insolvenzantragsstellung** ist für Mitglieder der gesellschaftsrechtlichen Vertretungsorgane einer juristischen Person oder einer Gesellschaft ohne Rechtspersönlichkeit, unter bestimmten Voraussetzungen auch für Abwickler und Gesellschafter, nach § 15a InsO strafbewehrt[44]. Werden zum Zeitpunkt einer akuten wirtschaftlichen Schieflage noch Gespräche mit Banken, Gläubigern, Gesellschaftern, Investoren zwecks Abwendung der Krise geführt (vgl. Rz. 20.27) oder wird ein Sanierungsplan entwickelt, so bedeutet das nach allgemeiner Auffassung und höchstrichterlicher Rechtsprechung, dass dafür maximal ein Zeitraum von drei Wochen zur Verfügung steht[45]. Nach Ablauf dieser Frist ist die Antragsstellung zwingend. 20.42

b) Fremdantrag

Auch die Gläubiger einer Holding können berechtigt sein, einen **Insolvenzantrag** zu stellen (§ 13 Abs. 1 Satz 2 Alt. 1 i.V.m. § 14 InsO, sog. *Fremdantrag*). Den Gläubigern obliegt allerdings in diesem Zusammenhang neben der Glaubhaftmachung eigener offener Forderungen auch die Glaubhaftmachung des Vorliegens eines Insolvenzgrundes in Form der Zahlungsunfähigkeit bzw. Überschuldung der betreffenden Gesellschaft. Die drohende Zahlungsunfähigkeit ist im Falle des Fremdantrages nicht ausreichend. Zudem muss ein nachweisbares Interesse des antragstellenden Gläubigers an der Eröffnung des Insolvenzverfahrens über das Vermögen der Holding bestehen, was bei Vorliegen der vorstehenden Insolvenzgründe allerdings regelmäßig indiziert ist. In Zweifelsfällen reicht die einfache Glaubhaftmachung des Rechtsschutzinteresses jedoch nicht aus, sondern es bedarf des Beweises, dies insbesondere im Falle eines Bestreitens seitens des Schuldners[46]. 20.43

Da es Gläubigern regelmäßig an der direkten Einsicht in das schuldnerische Unternehmen, insbesondere in dessen Finanzmittelsteuerung fehlt, ist häufig schon die erforderliche Differenzierung zwischen eingetretener Zahlungsunfähigkeit und bestehender Zahlungsunwilligkeit von außen schwierig.

4. Eröffnungsverfahren und vorläufige Insolvenzverwalter

Das Insolvenzgericht wird aufgrund eines Insolvenzantrages das Insolvenzeröffnungsverfahren einleiten. In der Regel bestellt es zugleich im Rahmen einer ersten Entschließung einen **vorläufigen Insolvenzverwalter** und ordnet zur Sicherung der Masse an, dass Verfügungen des Schuldners nur mit Zustimmung des vorläufigen Insolvenzverwalters wirksam sind sowie dass Zahlungen von Schuldnern des Schuldners Erfüllungswirkung nur haben, sofern diese an den vorläufigen Insolvenzverwalter gerichtet sind (§ 21 Abs. 2 InsO). Damit bleibt das Geschäftsführungsorgan einer Holding trotz Insolvenzantragstellung jedenfalls formal zunächst im Amt, jedenfalls für die Zeit des Insolvenzeröffnungsverfahrens, muss sich aber nahezu hinsichtlich jeder Entscheidung mit wirtschaftlicher 20.44

---

44 *Schmerbach* in FK-InsO, § 15a InsO Rz. 8 ff.; *Hess* in KölnKomm/InsO, § 15a InsO Rz. 16 ff.

45 *Kleindiek* in Kayser/Thole, § 15a InsO Rz. 12; *Schmerbach* in FK-InsO, § 15a InsO Rz. 27 f.; *Hess* in KölnKomm/InsO, § 15a InsO Rz. 38; *K. Schmidt/Herrchen* in K. Schmidt, § 15a InsO Rz. 31.

46 *Sternal* in Kayser/Thole, § 14 InsO Rz. 52, *Vuia* in MünchKomm/InsO, § 14 InsO Rz. 18 ff.

Relevanz, z.B. dem Einkauf von Waren oder der Ausübung von Gesellschafterrechte gegenüber ihren Beteiligungsgesellschaften, faktisch mit dem vorläufigen Insolvenzverwalter abstimmen. Dennoch spricht man in diesem Fall der gerichtlichen Anordnungen von einem „schwachen" vorläufigen Insolvenzverwalter[47].

20.45 Alternativ hat das Insolvenzgericht die Möglichkeit, einer Holding unmittelbar nach Insolvenzantragsstellung oder zu einem späteren Zeitpunkt ein **allgemeines Verfügungsverbot** aufzuerlegen und dadurch dem vorläufigen Insolvenzverwalter die Verwaltungs- und Verfügungsbefugnis über das Vermögen der Holding insgesamt zu übertragen (§ 21 Abs. 1 InsO). Dadurch wird dieser zum sog. „starken" vorläufigen Insolvenzverwalter[48]. Kehrseitig ist dem Geschäftsführungsorgan der Holding die Vertretungsbefugnis dann vollständig entzogen. Dies geschieht regelmäßig, wenn der Geschäftsleitung einer Gesellschaft die weitere Steuerung der Gesellschaft nicht mehr zugetraut wird oder ein Agieren zuungunsten der Gläubiger zu befürchten steht.

20.46 Der starke vorläufige Insolvenzverwalter begründet mit seinen Handlungen unmittelbar **Masseverbindlichkeiten.** Dadurch wird den Gläubigern zum einen faktisch ein gewisses Maß an wirtschaftlicher Sicherheit verschafft, im Rahmen des Insolvenzverfahrens nicht weiteres Geld zu verlieren. Zum anderen kann dadurch ein Teil des zuvor verlorengegangenen Vertrauens in die Solvenz der Holding als Geschäftspartner zurückgewonnen werden. Mit eben dieser Zielrichtung machen die Gerichte mittlerweile auch öfter von der weiteren gesetzlichen Möglichkeit Gebrauch, den vorläufigen (schwachen) Insolvenzverwalter oder – im Falle der Eigenverwaltung – das schuldnerische Unternehmen mit der gesonderten Befugnis auszustatten, im Zusammenhang mit bestimmten Tätigkeitsbereichen schon im Eröffnungsverfahren Masseverbindlichkeiten zu begründen, ohne dem Schuldner zugleich ein allgemeines Verfügungsverbot aufzuerlegen.

20.47 Neben der obligatorischen Aufgabe, das Schuldnervermögens im Rahmen des Insolvenzeröffnungsverfahrens zu sichern und zu erhalten, ist der vorläufige Insolvenzverwalter stets mit der Begutachtung beauftragt, ob einer der gesetzlichen Insolvenzgründe tatsächlich gegeben ist und ob das vorgefundene Vermögen voraussichtlich die Kosten des Insolvenzverfahrens decken wird; nur dann kommt es später zu einer Eröffnung des Insolvenzverfahrens durch das Insolvenzgericht. Anderenfalls folgt die **Abweisung der Insolvenzeröffnung mangels Masse**.

20.48 Ferner wird der vorläufige Insolvenzverwalter erste Überlegungen zur **Sanierungsfähigkeit** des schuldnerischen Unternehmens anstellen, eventuell – soweit das betriebswirtschaftlich vernünftig erscheint – erste Sanierungsmaßnahmen vorbereiten oder einleiten und sich um eine jedenfalls vorläufige und möglichst uneingeschränkte Aufrechterhaltung des Geschäftsbetriebes bemühen.

20.49 In der Vergangenheit haben sich eine Reihe von Insolvenzverwaltern namentlich, zum Teil auch branchenspezifisch und überregional etablieren können, die von den Gerichten bevorzugt in Insolvenzverfahren größerer Unternehmungen oder Unternehmensverbände bestellt werden. Zur Bewältigung der häufig schwierigen Gemengelage regelmäßig gegenläufiger Verfahrensinteressen, insbesondere in der kritischen Zeit des Insolvenzeröffnungsverfahren, bedarf es hier neben dem rechtlichen und wirtschaftlichen Know-how vor allem auch eines ausgeprägten Fingerspitzengefühls, einer guten Vernetzung und einer umfangreichen Erfahrung.

5. Verfahrenseröffnung und Folgen für die Holding

20.50 Hat sich das Gericht auf der Grundlage des Gutachtens des vorläufigen Insolvenzverwalters davon überzeugt, dass mindestens ein Insolvenzgrund vorliegt und dass die Verfahrenskosten gedeckt sein

47 *Haarmeyer/Schildt* in MünchKomm/InsO, § 22 InsO Rz. 28 ff.; *Hölzle* in K. Schmidt, § 22 InsO Rz. 1; *Böhm* in Braun, § 22 InsO Rz. 22; *Schmerbach* in FK-InsO, § 22 InsO Rz. 10 ff.

48 *Böhm* in Braun, § 22 InsO Rz. 11; *Schmerbach* in FK-InsO, § 22 InsO Rz. 7 ff.; *Haarmeyer/Schildt* in MünchKomm/InsO, § 22 InsO Rz. 23 ff.; *Hölzle* in K. Schmidt, § 22 InsO Rz. 1.

werden, wird das Insolvenzverfahren im Beschlussweg eröffnet. Die **Veröffentlichung** der Beschlüsse der Insolvenzgerichte ist obligatorisch und erfolgt mittlerweile einheitlich über eine Online-Plattform des Ministeriums der Justiz NRW, zu erreichen unter *www.insolvenzbekanntmachungen.de*. Hiervon ausgenommen scheint die Anordnung des Schutzschirmverfahrens, im Interesse dessen Erfolgs der Gesetzgeber das Veröffentlichen des maßgeblichen Beschlusses offengelassen hat[49]; im Einzelfall kann durch die Nichtveröffentlichung und die direkte Ansprache von Geschäftspartnern zusätzlich Unruhe für das schuldnerische Unternehmen und richtungsweisende Spontanreaktionen von Geschäftspartnern und Märkten vermieden werden.

Zwischen der Insolvenzantragsstellung und der Verfahrenseröffnung bzw. Abweisung des Antrags mangels Masse liegen regelmäßig ein bis drei Monate, wobei diese Zeitspanne im Einzelfall kürzer, aber auch bedeutend länger – bis hin zu zwei Jahren – sein kann.

Eröffnet das Gericht das Insolvenzverfahren, bestellt es zugleich einen **Insolvenzverwalter** (Bestal- 20.51
lung), der meistens mit dem vorläufigen Insolvenzverwalter personenidentisch sein wird, aber nicht sein muss. Hiervon unabhängig handelt es sich bei der Stellung als vorläufiger Insolvenzverwalter und derjenigen als Insolvenzverwalter formell um voneinander unabhängige Ämter. Dies gilt ungeachtet dessen, ob man den Insolvenzverwalter als Organ der Rechtspflege („Organtheorie") ansieht oder als gesetzlichen Vertreter des Insolvenzschuldners bzw. der verbliebenen Vermögensmasse („neue Vertretertheorie")[50]. Mit der späteren Eröffnung des Insolvenzverfahrens geht grundsätzlich das Recht zur Verwaltung und Verfügung über das Vermögen der Holding auf den Insolvenzverwalter über.

Lehnt das Insolvenzgericht die Eröffnung des Insolvenzverfahrens mangels Vorhandenseins einer 20.52
die Kosten deckenden Vermögensmasse ab, wird die Holding von Gesetzes wegen aufgelöst und ist zu liquidieren. Selbstverständlich ist auch die Zurückweisung des Insolvenzantrags mangels Begründetheit denkbar, wenn kein Eröffnungsgrund durch das Insolvenzgericht feststellbar ist.

Nach der Intention der InsO soll auch nach Eröffnung des Insolvenzverfahrens über das Vermögen 20.53
einer Gesellschaft die **Geschäftstätigkeit** grundsätzlich fortgeführt werden, um möglicherweise bestehende Sanierungs- oder sonstige Chancen, die in der Holding begründet liegen, nutzen zu können. Zugleich ist es politischer Wille, Beschäftigungsverhältnisse möglichst lang aufrechtzuerhalten, nicht zuletzt um Arbeitsverhältnisse zu erhalten. Nach den gesetzlichen Regelungen obliegt es allerdings den Gläubigern, über die Stilllegung oder die Fortführung bspw. mithilfe einer vollständigen Restrukturierung des Schuldnerunternehmens zu entscheiden (§ 157 InsO).

Erwirtschaftet die Holding trotz Aufrechterhaltung der Geschäftstätigkeit aufgrund der Struktur des 20.54
Unternehmensverbundes keine oder zumindest keine liquiden Mittel, wird in aller Regel die Zuführung neuer Liquidität bspw. in Form eines Massedarlehens der beteiligten Großgläubiger, insbesondere der Banken unumgänglich sein. Auch die KfW hat in jüngerer Vergangenheit zu diesem Zweck gelegentlich Massekredite in Insolvenzverfahren gewährt (bspw. im Falle der Fluggesellschaft Condor).

Die Arbeit des Insolvenzverwalters oder des Geschäftsführungsorgans der Holding – soweit diesem 20.55
noch Verwaltungsbefugnisse wie im Fall der Eigenverwaltung zustehen – wird in der Regel von einem **Gläubigerausschuss** (§§ 67 ff. InsO) unterstützt und zugleich überwacht. Ein solcher kann und soll in besonders bedeutsamen Insolvenzfällen schon während des Eröffnungsverfahrens gebildet und vom Insolvenzgericht eingesetzt werden (§ 22a InsO). Mitglieder des Gläubigerausschusses sind zumeist Vertreter der Banken, des Betriebsrats, der Sozialversicherungsträger, der Bundesagentur für Arbeit, der institutionellen Gläubiger, der Kreditversicherer oder des Pensionssicherungsvereins.

---

49 *Brinkmann* in Schmidt, Sanierungsrecht § 270b InsO Rz. 37; *Zipperer* in Uhlenbruck, § 270b InsO Rz. 54.

50 *Vuia* in MünchKomm/InsO, § 80 InsO Rz. 26 ff.; *Kayser* in Kayser/Thole, § 80 InsO Rz. 13 ff.

20.56 Über die bestmögliche Verwertung der Insolvenzmasse entscheidet schließlich die **Gläubigerversammlung** auf der Basis eines Berichts des Insolvenzverwalters (§ 156 InsO). Der Insolvenzverwalter nimmt in seinem Bericht Stellung zur Sinnhaftigkeit der Fortführung oder Stilllegung des Geschäftsbetriebs der Holding, insbesondere zur vollständigen oder teilweisen Zerschlagung, zum Erhalt oder zur Liquidation der Holding als Rechtsträger sowie gegebenenfalls zum verfahrensrechtlichen und zeitlichen Rahmen der sich anbietenden Verwertungsmöglichkeiten. Der Gläubigerversammlung als maßgeblichem Beteiligungsorgan des Insolvenzverfahrens stehen darüber hinaus u.a. die Entscheidungen über das Fortbestehen einer angeordneten Eigenverwaltung oder die Annahme eines vorgelegten Insolvenzplanes zu.

6. Übertragende Sanierung und Zerschlagung der Holding

20.57 Kommt ein Insolvenzplan für die Holding nicht zustande oder ist seine Ausarbeitung von vornherein ohne Aussicht auf Erfolg, müssen die Veräußerung aller oder einzelner Vermögensbestandteile, insbesondere Beteiligungen an Dritte, die sog. **übertragende Sanierung** (Rz. 20.1), oder die vollständige Zerschlagung eventuell auch von Tochtergesellschaften in Betracht gezogen werden.

20.58 Da bei einer reinen Holding die operative Geschäftstätigkeit in aller Regel in rechtlich verselbständigten Tochtergesellschaften organisiert ist, können auch profitable Tochtergesellschaften vorhanden sein, die am Markt veräußerungsfähig sind. Als Erwerber kommen Drittunternehmen, aber in der Praxis auch sog. **Auffanggesellschaften**[51] in Betracht, die die bisherigen Gesellschafter der Holding meist gemeinsam mit neuen Investoren zur Übernahme von Tochtergesellschaften aus der Holdinginsolvenz bilden. Diese übertragende Sanierung ist rechtlich nicht zu beanstanden[52]. Bei der übertragenden Sanierung, die in der InsO nicht ausdrücklich genannt ist und nur eine besondere Form der Verwertung des Schuldnervermögens ist, fließt der Holding als Gegenleistung für die Übertragung einer Tochtergesellschaft bspw. an eine Auffanggesellschaft der Verwertungserlös zu, der den Unternehmenswert der Tochtergesellschaft repräsentiert und bestenfalls ihrem Marktwert zu der Zeit entspricht. Der Erwerb der Tochtergesellschaft aus dem Insolvenzverfahren bietet für den Erwerber den Vorteil, dass die Haftungsbestimmungen der §§ 25, 29 HGB und § 75 AO keine Anwendung finden und dass die Tochtergesellschaft frei von den Belastungen der Insolvenz ihrer Muttergesellschaft fortgeführt werden kann. Der Vermögenszufluss wird bei der Holding zur Gläubigerbefriedigung eingesetzt. Die übertragende Sanierung bedarf der Zustimmung der Gläubigerversammlung der Holding (§ 157 InsO), die die Entscheidungsbefugnis an den Gläubigerausschuss oder an den Insolvenzverwalter delegieren kann.

20.59 Sieht der Insolvenzverwalter keine Möglichkeit, einzelne oder alle Tochtergesellschaften an Dritte oder gegebenenfalls auch an eine oder mehrere Auffanggesellschaften zu veräußern, hat er dies den Gläubigern im Berichtstermin mitzuteilen. In diesen Fällen bleibt nur die Möglichkeit einer **Liquidation** der als Ganzes nicht veräußerbaren Tochtergesellschaften, sofern sie sich nicht selbst im Insolvenzverfahren befinden und dadurch dem Zugriff ihres Gesellschafters entzogen sind. Dieses Vorgehen eröffnet den Gläubigern einer Holding die Möglichkeit, auf einen eventuellen Liquidationserlös der Tochtergesellschaft zuzugreifen. Bei der Tochtergesellschaft kann sich so auch die Chance ergeben, ertragreiche Unternehmensteile zu veräußern und so deren Verkehrswert zu realisieren.

7. Beendigung des Insolvenzverfahrens

20.60 Das Insolvenzverfahren endet durch den **Aufhebungs- bzw. Einstellungsbeschluss** des zuständigen Insolvenzgerichts (§ 207 InsO). Dafür muss die Verwertung des Vermögens der Holding abgeschlossen sein und die Schlussverteilung an die Gläubiger stattgefunden haben. Alternativ ist das Insolvenzverfahren zu beenden, wenn dessen Fortsetzung mangels einer die weiteren Verfahrenskosten

51 *Ganter/Bruns* in MünchKomm/InsO, § 1 InsO Rz. 90a; *Zipperer* in Uhlenbruck, § 159 InsO Rz. 47.
52 S. so ausdrücklich die amtliche Begründung zur InsO, BT-Drucks. 12/2443, 94.

(einschließlich Insolvenzverwaltervergütung) abdeckenden Masse nicht gewährleistet werden kann. Eine weitere Möglichkeit der Verfahrensbeendigung stellt schließlich die Annahme eines Insolvenzplanes durch die Gläubiger nebst Bestätigung des Plans durch das Insolvenzgericht dar.

8. Verfahrensgläubiger

a) Insolvenzgläubiger

Mit der Eröffnung des Insolvenzverfahrens sind die Gläubiger zur Anmeldung ihrer **Insolvenzforderungen** zur Tabelle aufgefordert (§§ 28, 174 InsO). Unter dem Begriff der Insolvenzforderungen sind sämtliche Vermögensansprüche gegen die Holding zu subsumieren, die zum Zeitpunkt der Insolvenzverfahrenseröffnung unbeglichen sind (§ 38 InsO). Die Insolvenzgläubiger partizipieren nach der Feststellung ihrer Forderungen an den späteren Ausschüttungen der Verteilungsmasse insbesondere im Rahmen der Schlussverteilung. Eine Bevorrechtigung von Gläubigergruppen, insbesondere des Fiskus, der Sozialversicherungsträger und der Arbeitnehmer gibt es seit Einführung der InsO nicht mehr[53]. 20.61

b) Aussonderungsberechtigte Gläubiger

Aussonderungsberechtigte Gläubiger gelten nicht als Beteiligte am Insolvenzverfahren; sie sind keine Insolvenzgläubiger (§ 47 Satz 1 InsO). Aussonderungsberechtigt sind alle Gläubiger, die gegenüber dem Insolvenzverwalter geltend machen können, dass sich Vermögenswerte in der Insolvenzmasse befinden, die rechtlich und/oder wirtschaftlich dem eigenen und nicht dem **Schuldnervermögen** zuzuordnen sind. Mit Ausnahme des Sicherungseigentums hindern die betreffenden dinglichen und persönlichen Rechte der aussonderungsberechtigten Gläubiger die materielle Verwertbarkeit im Rahmen des Insolvenzverfahrens. Statt zu verwerten hat der Insolvenzverwalter diese zugunsten des Rechteinhabers herauszugeben. 20.62

c) Absonderungsberechtigte Gläubiger

Aus dem Verwertungserlös der Masse grundsätzlich vorrangig vor den Insolvenzgläubigern befriedigt werden die absonderungsberechtigten Gläubiger. Zu dieser Gruppe der Verfahrensbeteiligten zählen neben den Inhabern von Rechten an Gegenständen, die der Immobiliarvollstreckung unterliegen (§ 49 InsO), auch Pfandrechtsgläubiger (§ 50 InsO) sowie Sicherungszessionare und Sicherungseigentümer (§ 51 InsO); das ist in der wirtschaftlichen Nähe dieser Rechte zu den Pfandrechten begründet. 20.63

Wenn ein solches Absonderungsrecht besteht, übernimmt der Insolvenzverwalter nach Maßgabe der §§ 165 ff. InsO die Verwertung des betreffenden Gegenstandes bzw. Rechts und kehrt den Erlös abzgl. einer Kostenpauschale zu seinen Gunsten an den Rechteinhaber aus, soweit der Erlös die zugrunde liegende abgesicherte Forderung gegen den Schuldner deckt. Hinsichtlich eines verbleibenden Forderungssaldos wird der absonderungsberechtigte Gläubiger zum Insolvenzgläubiger (§ 52 InsO). Übersteigt der Erlös nach Abzug der Verwertungskosten die gesicherte Forderung fällt der überschießende Teil der Masse zu.

d) Massegläubiger

Massegläubiger, d.h. Gläubiger, deren Ansprüche gegen die Holding erst nach Verfahrenseröffnung oder aber aufgrund eines entsprechenden Gerichtsbeschlusses schon während des Eröffnungsverfahrens begründet worden sind, werden nach Befriedigung der Aussonderungs- und Absonderungs- 20.64

---

53 *Hess*, Sanierungshandbuch, Kap. 17 Rz. 23 f.; *Andres* in Nerlich/Römermann, § 38 InsO Rz. 4; *Ehricke/Behme* in MünchKomm/InsO, § 38 InsO Rz. 6; *Gottwald* in Gottwald, Insolvenzrechts-Handbuch, § 1 Rz. 53.

rechte ebenfalls vorrangig vor den einfachen Insolvenzgläubigern aus der Insolvenzmasse befriedigt. Zu den Masseschulden gehören in der Regel Massedarlehen zur Fortführung der Geschäftstätigkeit im Insolvenzverfahren oder Lieferantenforderungen im Zusammenhang mit Leistungen, die zur Aufrechterhaltung des Geschäftsbetriebs benötigt wurden.

9. Eigenverwaltung, Insolvenzplan und Schutzschirmverfahren

a) Eigenverwaltung

20.65 Das Insolvenzgericht kann und wird aufgrund eines darauf gerichteten Schuldnerantrags, im Eröffnungsbeschluss die **Eigenverwaltung** der Holding unter Aufsicht eines Sachwalters (§§ 270 ff. InsO) anordnen, wenn dadurch keine Nachteile für die Gläubiger zu erwarten sind[54].

Eigenverwaltung bedeutet, dass der Schuldner das Insolvenzverfahren selbständig und in eigener Verantwortung durchführt. Abgesehen von wenigen Ausnahmen übernimmt der Schuldner bzw. das Geschäftsführungsorgan neben der Fortführung der Geschäfte auch die wesentlichen Aufgaben, die sonst dem Insolvenzverwalter obliegen. Das führt zur Einsparung von Kosten, erübrigt aber auch die Einarbeitung eines Insolvenzverwalters in die Besonderheiten des betreffenden Unternehmens und seines wirtschaftlichen Betätigungsfelds.

20.66 Die Eigenverwaltung kann dem Schuldner insbesondere auf Betreiben der **Gläubigergemeinschaft** jederzeit entzogen werden. Gegebenenfalls bestellt das Insolvenzgericht zumeist den vorherigen Sachwalter, der der Unternehmung dann nicht mehr ganz so fremd ist, zum Insolvenzverwalter, was die Rückkehr zum so bezeichneten Regelverfahren bedeutet. Der auf die Beendigung der Eigenverwaltung gerichtete Beschluss der Gläubigerversammlung ist für das Gericht bindend, was den Gedanken der Gläubigerautonomie (Rz. 20.31) unterstreicht.

20.67 Während von der Option der Eigenverwaltung in der Praxis jahrelang – anders als zunächst vom Gesetzgeber geplant, der bereits mit Inkrafttreten der InsO diese Möglichkeit vorgesehen hatte – nur äußerst zurückhaltend Gebrauch gemacht wurde, kam es seit dem Inkrafttreten des ESUG (vgl. Rz. 20.31) zu einem deutlich spürbaren Anstieg der Insolvenzverfahren in Eigenverwaltung. Häufig wird die zuvor, mit Beginn des Insolvenzeröffnungsverfahrens gemeinsam mit dem Schutzschirm angeordnete **vorläufige Eigenverwaltung** im Zuge der Verfahrenseröffnung schlicht fortgesetzt. Das Institut der Eigenverwaltung im Vorverfahren wurde erst mit dem ESUG normiert (§ 270a InsO).

b) Insolvenzplanverfahren

20.68 Der gesetzgeberischen Idee nach zielt das Insolvenzplanverfahren darauf ab, den Verfahrensbeteiligten eine Möglichkeit an die Hand zu geben, abweichend von den gesetzlich weitestgehend starren Vorschriften zum Regelinsolvenzverfahren gemeinschaftlich eine Lösung zur Bewältigung der Krise zu gestalten (§§ 1, 217 InsO). Es ist insbesondere auf die tatsächliche Sanierung und damit den Erhalt des schuldnerischen Unternehmens ausgerichtet. Der Insolvenzplan als Chance zur **alternativen Masseverwertung** soll in besonderem Maße den unterschiedlichen Interessen der Gläubiger Rechnung tragen[55].

20.69 Der Insolvenzplan einer Holding enthält neben einem darstellenden Teil, in dem insbesondere das **Sanierungskonzept** erläutert wird, einen gestaltenden Teil, in dem die zur Sanierung der Holding erforderlichen Eingriffe in die Rechte der Gläubigergruppen aufgelistet sind. Vor allem ist darzustellen, ob und ggf. welche Maßnahmen geplant sind, die von der gesetzlich originär vorgesehenen Ver-

54 *Riggert* in Nerlich/Römermann, § 270 InsO Rz. 2; *Hirte* in Uhlenbruck, § 11 InsO Rz. 179; *Busch* in MünchKomm/InsO, § 27–29 InsO Rz. 33 f.

55 *Pape/Wilhelm* in Pape/Uhlenbruck/Voigt-Salus, Insolvenzrecht, Kap. 38 Rz. 7; *Nerlich* in Michalski, § 60 GmbHG Rz. 182.

wertung des Schuldnervermögens abweichen. Hierzu kann z.B. der Vorschlag gehören, die Holding zu erhalten und für die Gläubiger die Zahlung einer bestimmten „Vergleichsquote" unter Benennung konkreter Zahlungstermine in Aussicht zu stellen, wenn gleichzeitig auf etwaige Restforderungen verzichtet wird. Häufig finden sich in den Insolvenzplänen auch beabsichtigte Finanzierungsmaßnahmen (z.B. Verlängerung von Krediten) und Maßnahmen zur Planüberwachung. Der Insolvenzplan ist üblicherweise Gegenstand intensiver Verhandlungen, in die der Insolvenzverwalter, die Geschäftsführung der Holding (ggf. in Eigenverwaltung), die Gläubiger, der Gläubigerausschuss und die Gesellschafter der Holding einbezogen sind[56].

Wenn nicht alle Gläubiger gleichbehandelt werden sollen, müssen mehrere Gläubigergruppen gebildet werden (§ 222 InsO). Dabei kann praktisch ein Planinsolvenzverfahren auch unter Berücksichtigung nur einer Gruppe durchgeführt werden, nämlich die der nicht nachrangigen Insolvenzgläubiger, es sei denn, es gibt absonderungsberechtigte Gläubiger, in deren Rechte im Falle der Planumsetzung eingegriffen werden würde. 20.70

Der Insolvenzplan wird dem Gericht von der Holding oder vom Insolvenzverwalter vorgelegt, wobei die Gläubiger durch die Beauftragung des Insolvenzverwalters zur Planerstellung ihrerseits die **Planinitiative** ergreifen können. Der Insolvenzplan eines Schuldners wird durch das Gericht von Amts wegen zurückgewiesen, wenn er nach dessen Auffassung keine Aussicht auf Annahme durch die Gläubiger bzw. die Gläubigerversammlung oder auf spätere Bestätigung durch das Gericht hat. Gleiches gilt, wenn die Umsetzung des Plans hinsichtlich der Erfüllung der Ansprüche der Beteiligten offensichtlich ausgeschlossen ist (§ 231 Abs. 1 InsO). 20.71

Wenn der Insolvenzplan vorgelegt ist und der Insolvenzverwalter zum Planinhalt Stellung genommen hat sowie ggf. die Stellungnahmen des Schuldners und des Gläubigerausschusses bekannt gemacht worden sind, stimmen die einzelnen Gläubigergruppen im **Erörterungs- und Abstimmungstermin** (§ 235 InsO) über den Insolvenzplan und die darin vorgesehene Gläubigerbefriedigung sowie über etwaige weitere Maßnahmen ab. Mit der Annahme des Insolvenzplans durch die Gläubigerversammlung, für die es grundsätzlich einer einfachen Summen- und Kopfmehrheit in den Abstimmungen innerhalb der einzelnen Gläubigergruppen bedarf, und der Zustimmung der Geschäftsführung der Holding sowie der Bestätigung durch das Insolvenzgericht (§ 248 InsO), wird der Insolvenzplan wirksam. Findet der Insolvenzplan keine Zustimmung einzelner Gläubiger, kann dies nach § 245 InsO ebenso unbeachtlich sein wie nach § 247 InsO ein Widerspruch des Schuldners gegen den Insolvenzplan. 20.72

Mit der **Rechtskraft** des den Plan bestätigenden Gerichtsbeschlusses, d.h. nach Ablauf der Rechtsmittelfrist bzw. nach rechtskräftiger Entscheidung im Beschwerdeverfahren, erlangt der Plan gem. § 254 InsO Wirkung für und gegen alle Beteiligten, selbst gegenüber denjenigen, die ihre Zustimmung versagt oder am Planverfahren nicht teilgenommen haben. 20.73

Nachdem der Insolvenzverwalter die unstreitigen Masseansprüche befriedigt, also die vom ihm zumeist selbst begründeten Masseverbindlichkeiten erfüllt hat, werden die Mitglieder des Gläubigerausschusses und der Insolvenzverwalter ihrer Ämter „enthoben". Der Schuldner erhält zugleich seine Vermögensverwaltungs- und -verfügungsbefugnis zurück. Anschließend wird der gestaltende Teil des Insolvenzplans vollzogen. In diesem Zusammenhang kommt es regelmäßig zu Forderungsverzichten, Änderungen sachenrechtlicher Verhältnisse, Übertragung von Gesellschafteranteilen etc.

c) Schutzschirmverfahren

Während neben der Eigenverwaltung das Insolvenzplanverfahren schon immer Gegenstand der InsO waren, wurde das *Schutzschirmverfahren* (§ 270b InsO) erst durch das ESUG in die InsO ein- 20.74

56 *Eidenmüller* in MünchKomm/InsO, vor §§ 217 bis 269 InsO Rz. 1; *Pape/Wilhelm* in Pape/Uhlenbruck/Voigt-Salus, Insolvenzrecht, Kap. 38 Rz. 7.

geführt. Das Schutzschirmverfahren, für das u.a. das U.S.-amerikanisch **Chapter 11 Verfahren**[57] Pate stand, dient in erster Linie dem Schutz des Schuldners vor schnellen Vollstreckungsmaßnahmen einzelner Gläubiger, damit er die eigene Sanierung weitgehend „ungestört“ vorbereiten kann. Gleichwohl ist das sog. Schutzschirmverfahren ein Insolvenzantrags- bzw. Insolvenzeröffnungsverfahren, lediglich mit besonderer Ausprägung. Deshalb muss der Schuldner neben dem Insolvenzantrag einen Antrag auf Anordnung der Eigenverwaltung sowie auf Fristsetzung zur Vorlage eines Insolvenzplanes stellen.

20.75 Tut er dies, bzw. stellt das Geschäftsführungsorgan der Holding einen solchen Antrag, dem das Insolvenzgericht folgt, verbleiben abhängig von der gerichtlichen Entschließung in Form der **Fristsetzung** längstens drei Monate, einen Insolvenzplan zu erarbeiten und dem Insolvenzgericht vorzulegen. Idealerweise ist die Insolvenzplangestaltung mit Beendigung des Insolvenzeröffnungsverfahren soweit fortgeschritten, dass bereits wenige Wochen nach der Eröffnung des Insolvenzverfahrens im Rahmen der ersten Gläubigerversammlung über die Annahme des Insolvenzplans bereits entschieden werden kann.

20.76 Die gerichtliche Anordnung der vorläufigen Eigenverwaltung und die Einrichtung des Schutzschirms setzt immer voraus, dass der Eintritt der Insolvenzgründe der Zahlungsunfähigkeit oder der Überschuldung lediglich droht, keiner von beiden sich indes bereits verwirklicht hat. Des Weiteren darf die mit dem Insolvenzantrag vorgestellte und beabsichtigte Sanierung der Holding nicht offensichtlich aussichtslos erscheinen[58]. Um dem Gericht die Überprüfung dieser Tatbestandsvoraussetzungen zu erleichtern, hat der Gesetzgeber den Antragsstellern, die den Schutzschirm für sich nutzen wollen, durch § 270b Abs. 1 Satz 3 InsO die Vorlage einer Bescheinigung zur Auflage gemacht. Konkret handelt es sich dabei um die gutachterliche Auseinandersetzung eines qualifizierten Dritten mit der Insolvenzsituation des Antragsstellers verbunden mit seiner Bestätigung, dass die Idee einer Sanierung nicht jedweder Grundlage entbehrt[59].

20.77 Sind zwar die formalen Voraussetzungen erfüllt, entschließt sich das Insolvenzgericht dennoch, dem Antrag nicht zu entsprechen, weist es den Antragssteller darauf hin. Dadurch wird diesem die Möglichkeit zur **Rücknahme** des Antrags eröffnet; in Anbetracht der bloß drohenden Zahlungsunfähigkeit oder Überschuldung besteht eine Antragspflicht ja noch nicht.

10. Konzerninsolvenzrecht

20.78 Das Insolvenzverfahren über das Vermögen einer Holding-Gesellschaft betrifft aus rechtlicher Sicht lediglich die Gesellschaft selbst, nicht jedoch die unmittelbar oder mittelbar mit ihr im Verbund stehenden Unternehmen. Tochter- oder Beteiligungsgesellschaften werden von Gesetzes wegen nicht in das Insolvenzverfahren der Holding einbezogen[60]. Hieran hat sich auch durch das *Gesetz zur Erleichterung der Bewältigung von Konzerninsolvenzen*, welches am 21.4.2017 nach einer länger als vier Jahre andauernden parlamentarische Beratungszeit in Kraft getreten ist, nichts geändert.

20.79 Aber wenn auch im Verbund mit der Holding stehende Unternehmen nicht „automatisch“ in deren Insolvenz einbezogen sind, zieht die Insolvenz der Holding in der Praxis oft die Insolvenz ihrer Tochtergesellschaften nach sich, z.B. weil aufgrund eines zentralen Cash Managements über kurz oder lang die Liquidität für die Begleichung der eigenen fälligen Verbindlichkeiten fehlt und sie ihre Zahlungen einstellen müssen bzw. Zahlungen durch die Holding für ihre Tochtergesellschaft dieser nicht mehr möglich sind. Das hat nach weiterhin bestehender Rechtslage zur Folge, dass für jede in-

57 *Kern* in MünchKomm/InsO, § 270b InsO Rz. 15; *Lüer/Streit* in Uhlenbruck, vor § 217–269 InsO Rz. 9 f.; *Braun* in Nerlich/Römermann, vor § 217–269 InsO Rz. 9 f.

58 *Riggert* in Braun, § 270b InsO Rz. 2 f.; *Foltis* in FK-InsO, § 270b InsO Rz. 18.

59 *Undritz* in K. Schmidt, § 270b InsO Rz. 7. *Lüer/Streit* in Uhlenbruck, § 217 InsO Rz. 92; *Konold* in Konzerninsolvenzrecht, Teil 3 S. 36. *Rotstegge*, Konzerninsolvenz, § 3, S. 58.

60 *Hirte* in Uhlenbruck, § 11 InsO Rz. 394.

solvent gewordene Tochtergesellschaft nach eigener oder fremder Antragsstellung ein **selbständiges Insolvenzverfahren** eröffnet werden muss; es herrscht weiterhin das Trennungsprinzip[61]. Eine formale Zusammenführung mit dem Insolvenzverfahren der Holding zu einem einzigen, eigenständigen Verfahren ist nicht möglich[62].

Dennoch besteht selbstverständlich ein grundlegendes Interesse daran, dass der dem Verbund als solchem innewohnende wirtschaftliche Mehrwert trotz der Insolvenz mitunter sogar aller zur Unternehmensgruppe gehörenden Gesellschaften so umfassend wie möglich erhalten bleibt bzw. zugunsten der Gläubiger verwertet wird.

20.80 Um der im Laufe der wirtschaftlichen Entwicklung immer ausgeprägter werdenden Verbundenheit konzernangehöriger Gesellschaften untereinander sowie dem stetig wachsenden Umfang von Konzernen und Unternehmensverbänden Rechnung zu tragen, sieht die Insolvenzordnung seit ihrer letzten Novellierung zunächst den so bezeichneten „Gruppen-Gerichtsstand“ vor. Immer dann, wenn mehrere miteinander verbundene Unternehmen zeitgleich ein Insolvenzverfahren zu durchlaufen haben und jedenfalls eines dieser Unternehmen, sofern dieses nicht offensichtlich von untergeordneter Bedeutung ist, einen entsprechenden Antrag stellt, kann eine Bündelung der Verfahren an einem Wahlgerichtsstand stattfinden mit der weitergehende Folge der Zuständigkeit eines Insolvenzrichters für sämtliche der Insolvenzverfahren (§§ 3a–e InsO)[63].

20.81 Flankierend hat der Gesetzgeber dem dann einzig zuständigen Insolvenzgericht oder auch den zuständigen Insolvenzgerichten gemeinsam – werden die Verfahren nicht an einem **Gruppengerichtsstrand** konzentriert – in § 56b Abs. 1 InsO grundsätzlich die Bestellung desselben Insolvenzverwalters in den Insolvenzverfahren über die Vermögen von gruppenangehörigen Schuldnern InsO aufgegeben.

20.82 Während dadurch der bisherige, bewährte Gerichtsalltag gesetzlich grundlegende Zustimmung fand, beschritt die Legislative mit der Normierung der §§ 269a–i InsO für diejenige Fälle gänzlich neue Wege, in denen zwar schuldnerische Gesellschaften einer Unternehmensgruppe im Sinne des § 3e InsO angehören, die Insolvenzverfahren jedoch entweder von unterschiedlichen Insolvenzverwaltern oder bzw. und vor unterschiedlichen Insolvenzgerichten geführt werden. Die Insolvenzverwalter und -gerichte sind nun, jeweils untereinander, zur **umfassenden Zusammenarbeit** verpflichtet, die Insolvenzverwalter allerdings nur soweit die Beteiligteninteressen dadurch nicht in negativer Hinsicht tangiert sind[64]. Auch kann ein Gruppen-Gläubigerausschuss gebildet werden.

20.83 Des Weiteren wurde ein entkoppeltes Koordinationsverfahren geschaffen. Aufgabe und Ziel eines vom Koordinationsgericht (§ 269d InsO) zu bestellenden unabhängigen Dritten soll es sein, durch die eigene Tätigkeit die Gesamtmasse mittels zusätzlicher Gewinne aus der Koordinierung anzureichern. Dem so genannten **Verfahrenskoordinator** stehen dazu umfangreiche Informations- und Mitwirkungsrechte in Bezug auf die Einzelverfahren zu.

20.84 Um die parallel anhängigen Insolvenzverfahren eng miteinander zu verzahnen und um zu einer abgestimmten Abwicklung dieser zu gelangen, stellt das Gesetz als Mittel den Koordinationsplan bereit, ein dem Insolvenzplan strukturell höchstähnliches Instrument. Während der **Koordinationsplan** konsequenterweise die Einzelverfahren übergreifend gestaltet werden muss, kommt ihm unmittelbar keine Bindungswirkung zu, sondern er vermag seine faktische Wirkungskraft erst durch die Übernahme der Inhalte in Insolvenzpläne für die Einzelverfahren entfalten[65].

---

61 *Denkhaus/von Kaltenborn-Stachau* in Schmidt, Sanierungsrecht, Einf. zu §§ 269a–269i InsO Rz. 10.
62 *Rotstegge*, Konzerninsolvenz, § 6B II 1, S. 397; *Konold* in Konzerninsolvenzrecht, Teil 3, S. 36.
63 *Römermann/Montag* in Nerlich/Römermann, § 3a InsO Rz. 8 ff.
64 *Denkhaus/von Kaltenborn-Stachau* in Schmidt, Sanierungsrecht, Einf. zu §§ 269a–269i InsO Rz. 40.
65 *Denkhaus/von Kaltenborn-Stachau* in Schmidt, Sanierungsrecht, § 269h InsO Rz. 3 ff.

11. Grenzüberschreitende Verfahren

20.85 Insolvenzverfahren über das Vermögen von Gesellschaften eines Konzernverbundes und damit auch über das Vermögen einer Holding haben häufig **internationale Bezüge**, so bspw. wenn Unternehmenssitze im Ausland unterhalten werden, wenn sich Vermögen im Ausland befindet oder wenn Rechte des schuldnerischen Unternehmens nach ausländischen Rechtsordnungen zu beurteilen sind.

20.86 Innerhalb der Europäischen Union statuierte die Verordnung (EG) Nr. 1346/2000 des Rates über Insolvenzverfahren (EuInsVO) einheitliche Verfahrensregeln für grenzüberschreitende Insolvenzen; diese galten mit Ausnahme Dänemarks in sämtlichen Mitgliedstaaten als unmittelbar geltendes Recht und tun dies noch in Bezug auf Verfahren die vor dem 26.6.2017 eröffnet wurden. Den Rahmen für Verfahren jüngeren Datums im internationalen Kontext setzt nunmehr die Verordnung (EU) 2015/848 des Europäischen Parlaments und des Rates.

Das Internationale Insolvenzrecht regelt allerdings lediglich den Umgang mit Besonderheiten grenzüberschreitender Sachverhalte, überlässt aber die Ausgestaltung und die Durchführung des Insolvenzverfahrens dem Grunde nach weiterhin den nationalen Rechtsordnungen. In diesem Sinn sind auch die Vorschriften zum internationalen Insolvenzrecht in der Insolvenzordnung kodifiziert (§§ 335 ff. InsO)[66], deren Anwendbarkeit sich aber auf Verfahren mit Bezug zu Drittstaaten und Dänemark beschränkt.

12. Ausblick: Restrukturierungsrichtlinie

20.87 Die Richtlinie (EU) 2019/1023 des Europäischen Parlaments und des Rates vom 20.6.2019 über präventive Restrukturierungsrahmen, über Entschuldung und über Tätigkeitsverbote sowie über Maßnahmen zur Steigerung der Effizienz von Restrukturierungs-, Insolvenz- und Entschuldungsverfahren und zur Änderung der Richtlinie (EU) 2017/1132 (Richtlinie über Restrukturierung und Insolvenz) ist mit ihrer Veröffentlichung im Amtsblatt (L 172/18) am 26.6.2019 in Kraft getreten, womit auch die zweijährige Umsetzungsfrist in Gang gesetzt ist.

In wirtschaftlich unsicheren Zeiten angesichts Brexits, globalen Handelskonflikten und sichtbarer Konjunkturabschwächungen insbesondere im Europäischen Wirtschaftsraum war die Richtlinie zunächst mit Spannung erwartet, ihr Inhalt dann allgemein begrüßt worden.

20.88 In sämtlichen Mitgliedsstaaten sollen zukünftig zur Insolvenzprävention Verfahren etabliert sein, die es Unternehmen ermöglichen, sich in einem gesetzlichen **Restrukturierungsrahmen** bedeutend früher anders bzw. neu auszurichten, also auch schon auf deutliche Anzeichen einer Schieflage („wahrscheinliche Insolvenz“[67]) reagieren zu können. Der Idee nach arbeitet das Unternehmen dann schon in dieser frühen Phase einen Restrukturierungsplan[68] aus, während es die Geschäfte in Eigenverwaltung, d.h. unter Beibehaltung der operativen und finanziellen Unternehmenskontrolle, fortführt. Die Bestellung eines so genannten Restrukturierungsbeauftragten[69] durch die Justiz- oder Verwaltungsbehörden, im Wesen gleich oder jedenfalls vergleichbar einem Sachwalter (Rz. 20.65), soll dabei nicht obligatorisch sein. Der schließlich vorgelegte Plan bedarf der Zustimmung der beteiligten Gläubiger, unterteilt in verschiedene Klassen, um Bindungs- und Rechtswirkung zu entfalten, wobei Zustimmungsersetzungen im Mehrheitsinteresse von maximal 75 % gesetzlich vorzusehen sind.

20.89 Flankierend ist durch die Gesetzgeber zur Unterstützung der Restrukturierungsbemühungen die Möglichkeit der Aussetzung von Einzelvollstreckungsmaßnahmen auf Schuldnerantrag (**Morato-**

66 *Wenner/Schuster* in FK-InsO, vor §§ 335 ff. InsO Rz. 31 ff.
67 *Goetker* in Flöther, Sanierungsrecht, E. Rz. 54 ff.
68 *Schröder* in Schmidt, Sanierungsrecht, Teil 2 Rz. 75 ff.; *Madaus* in Flöther, Sanierungsrecht, F. Rz. 162 ff.
69 *Schröder* in Schmidt, Sanierungsrecht, Teil 2 Rz. 38 ff.

rium)[70] zu schaffen, ggf. auch verbunden mit dem Verbot, wesentliche Vertragsbeziehungen gläubigerseitig zu beenden, auszusetzen oder leerlaufen zu lassen, und der Schutz von Neu- bzw. Zwischenfinanzierungen[71] für den Fall eines später doch unausweichlichen Insolvenzverfahrens vorzusehen (bspw. vor Rückgriffen im Wege der Insolvenzanfechtung).

Wie die nationalen Gesetzgeber die Brüsseler Vorgaben im Detail umsetzen, gilt es nun abzuwarten.

13. Exkurs: Insolvenzgeld

Von größter praktischer Bedeutung ist heute das Insolvenzgeld, insbesondere aber die sog. **Insolvenzgeldvorfinanzierung**[72], weil der Geschäftsbetrieb einer Gesellschaft in der Regel nur fortgeführt werden kann, wenn die Belegschaft motiviert ist, ihre Tätigkeit für das Unternehmen trotz akuter Krise nicht einzustellen; dafür ist die Entlohnung essentielle Grundlage. 20.90

Da das schuldnerische Unternehmen spätestens mit dem Zeitpunkt der Insolvenzantragsstellung meist nicht mehr oder zumindest nicht mehr vollumfänglich in der Lage ist, Löhne und Gehälter zu zahlen, ist das Instrument der Insolvenzgeldzahlung geschaffen worden. Insolvenzgeld und seine Vorfinanzierung bieten die finanzielle Entlastung, die es insbesondere in personalkostenintensiven Unternehmen erst ermöglicht, eine Sanierung zu planen und auch umzusetzen.

Arbeitnehmer haben Anspruch auf Zahlung von **Insolvenz(ausfall)geld** gegenüber der Bundesagentur für Arbeit von längstens drei Monaten (§ 165 SGB III). Zahlt die Bundesagentur für Arbeit Insolvenzgeld, wird sie selbst Inhaberin der korrespondierenden Entgeltansprüche der Mitarbeiter und durch Anmeldung und Feststellung dieser Forderungen zur Insolvenztabelle zur Beteiligten des jeweiligen Insolvenzverfahrens[73]. 20.91

Da der Insolvenzgeldanspruch für rückständigen Lohn allerdings erst mit Eröffnung des Insolvenzverfahrens entsteht, hat sich in der Praxis mit der Insolvenzgeldvorfinanzierung eine Zwischenfinanzierungsform etabliert, bei der eine Bank die Entgeltforderungen der Mitarbeiter unmittelbar ankauft, damit die Auszahlung des Entgeltes wirtschaftlich übernimmt und sich im Gegenzug die Insolvenzgeldansprüche der Mitarbeiter abtreten lässt[74]. Diese Vorausabtretung bedarf der **Zustimmung** der Bundesagentur für Arbeit (§ 170 Abs. 4 SGB III), die sich zumeist durch ein qualifiziertes Sanierungskonzept sicherstellen lässt, dass vor allem auch der Erhalt von Arbeitsplätzen im konzeptionellen Mittelpunkt steht. Der Bundesagentur für Arbeit steht bei der Entscheidung ein eigener Ermessensspielraum zu[75]. 20.92

70 *Schönfelder* in Flöther, Sanierungsrecht, F. Rz. 10 ff.; *Schröder* in Schmidt, Sanierungsrecht, Teil 2 Rz. 44 ff.

71 *Morgen* in Schmidt, Sanierungsrecht, Teil 2 Rz. 182 ff.; *Hoegen/Wolf* in Flöther, Sanierungsrecht, F. Rz. 451 ff.

72 *Obermüller/Kuder* in Gottwald, § 97 Rz. 41 ff.; *Voigt-Salus* in Pape/Uhlenbruck/Voigt-Salus, Insolvenzrecht, Kap. 42, Rz. 3; *Böhm* in Braun, § 22 InsO Rz. 37 ff.

73 *Hess*, Sanierungshandbuch, Kap. 26 Rz. 79; *Mönning* in Nerlich/Römermann/Mönning, § 22 InsO Rz. 115.

74 *Obermüller/Kuder* in Gottwald, § 97 InsO Rz. 42; *Mues* in FK-InsO, Anhang zu § 113 InsO Rz. 59 ff.

75 *Mues* in FK-InsO, Anhang zu § 113 InsO Rz. 68.

Stichwortverzeichnis

Verfasserin: Stefanie Hörpel

Die Zahlen beziehen sich auf die Randzahlen des Werkes.

Abfärbetheorie 14.29
Abfindung 8.66
- Abfindungsklausel 9.521
- bei SE-Gründung 17.33
- fehlerhaftes Angebot 17.85 ff.
- Spruchverfahren 17.84 ff., 17.86; 19.53

Abgabenrecht 14.608 ff.; *siehe auch Steuer*
- Anzeigepflicht 14.608 ff.
- Außenprüfung nach AO 14.593
- bei Auslandsbeteiligung 14.610
- Durchgriffsbesteuerung 15.20 ff.
- Finanzgerichtsverfahren 14.616
- Haftung 14.617
- Mitteilungspflicht 14.608 ff.
- Vertretung in Steuerangelegenheiten 14.614

Abgeltungsteuer 14.17
Abgeltungswirkung 14.17, 14.89, 14.436
Abhängigkeit
- beherrschender Einfluss 1.43
- Berichtspflicht 5.54, 5.93; 8.69
- Vermutung 1.42
- Vermutungswiderlegung 1.47
- wirtschaftliche 1.43; 12.169

Abkommensrecht 15.36 ff.; *siehe auch Doppelbesteuerung*
Abordnung *siehe Entsendung*
Abschirmwirkung 14.36; 15.11, 15.15
Abschlussposten, typische 9.142 ff.
- Aktien 9.147
- Anteile an verbundenen Unternehmen 9.142 ff.
- Ausleihungen 9.214 ff.
- ausstehende Kapitaleinlagen 9.152
- Darlehen 9.219, 9.226
- Finanzaufwendungen 9.252 ff.
- Finanzerträge 9.252 ff.
- Kapitalerhöhung 9.153
- nach IFRS-Bewertung 9.498 ff.
- Nachschüsse 9.154, 9.177
- Optionsrecht 9.178
- Rückstellungen 9.234 ff.
- Wandelschuldverschreibungen 9.173
- Wertpapiere 9.227
- Zuschüsse 9.154

Abschlussprüfer
- Auswahl, Bestellung 9.599 ff.
- Bericht 9.620 ff.
- Prüfungsauftrag 9.610 ff.
- Unabhängigkeit 9.595 ff.

Abschlussprüfung 7.28
- Abschlussprüfer 9.595 ff.
- Aufsichtsrat 9.626 ff.
- bei SE-Gründung 17.69
- EU-Recht 18.74
- Prüfung des Jahres- und Konzernabschlusses 9.587 ff.

Abschreibung 9.91; 14.447
- auf Finanzanlagen 9.278 ff.
- auf Wertpapiere 9.280 f.
- außerplanmäßige 9.102, 9.113, 9.225
- planmäßige 9.101

Absonderungsrecht 20.63
Abspaltung 3.135; *siehe auch Spaltung*
- finanzielle Eingliederung 14.545
- Grunderwerbsteuer 14.357
- steuerliche Aspekte 14.326 ff., 14.389 ff.
- Umsatzsteuer 14.356
- zur Neugründung 14.326

Abwicklungsgesellschaft 12.55
Abzugsbeschränkung
- bei Gesellschafterdarlehen 14.451 ff.
- bei Kapitalanteilen 14.446 ff.

Actio-pro-socio 8.101
Aktien
- als Abschlussposten 9.147
- Erwerb eigener 14.261; 18.46 ff.

Aktiengesellschaft (AG)
- als Holding 3.20, 3.186 ff.
- Aufsichtsrat *siehe dort*
- faktischer Konzern *siehe dort*
- Formstrenge 3.23
- Grundkapital 3.21
- Hauptversammlung *siehe dort*
- in der Schweiz 16.91 ff.
- in Liechtenstein 16.162 f.
- in Österreich 16.63 f.
- Kapitalerhaltung 8.34; *siehe auch dort*
- Konzernbildung 3.191 ff.

- Konzernleitung 3.198 ff.
- Vorstand *siehe dort*

Allgemeines Gleichbehandlungsgesetz 13.19

Allgemeines Persönlichkeitsrecht
- bei Repression 6.113

Allokation
- finanzieller Ressourcen 4.70 ff.
- integrierte Finanzpolitik 4.82
- renditeorientierte 4.73 f.
- wertorientierte 4.73

Alternative Investment Fund Managers-Directive 18.79 f.

Altersversorgung 12.46, 12.231; *siehe auch Pension*
- Anpassungsentscheidung 12.46
- Anpassungspflicht 12.47

Änderung der Beteiligungsstruktur
- Betriebsaufgabe 14.407
- Einbringung 14.413 ff.
- EinkommensteuerG (§ 6b)-Rücklage 14.411 ff.
- Gewerbesteuer 14.409
- Gewinnrealisierung 14.402 ff., 14.414 ff.
- Kauf/Verkauf 14.401 ff.
- steuerliche Aspekte bei nationaler Holding 14.400 ff.
- Umstrukturierung 14.418

Änderungskündigung 12.21

Anfechtungsklage
- bei SE-Gründung 17.81
- bei übertragender Auflösung 19.53
- Bestandsschutz 17.83
- Darlegungs- und Beweislast 8.54
- Drittanfechtungsklage 14.194, 14.289
- Entreicherungseinwand 8.58
- Freigabeverfahren 17.83
- Gesellschafterdarlehen 8.47 ff.
- Gesellschaftersicherheit 8.52 ff.

Anhang
- Jahresabschluss 9.124 ff., 9.124 ff.
- Konzernanhang 9.390 ff.

Anhang, Jahresabschluss
- Angaben zu Beteiligungen 9.126 ff.
- Beteiligungen an verbundenen/anderen Unternehmen 9.126 ff.
- Kleinstunternehmen 9.125
- Meldepflichten für Beteiligungen 9.132 ff.
- sonstige Angaben 9.135 f.

Anhörung
- des Europäischen Betriebsrats 12.192, 12.208

Anknüpfung *siehe auch Rechtswahl*
- objektive 13.11
- Sonderanknüpfung 13.22

Anrechnungsmethode 15.50, 15.62

Anrechnungsüberhang 15.9

Anschaffungskosten 9.109, 9.163, 9.183, 9.220, 9.230, 9.443, 9.505
- fortgeführte 9.460, 9.526
- Konzernanschaffungskosten 9.332, 9.355
- Minderung 9.92
- nachträgliche 9.92, 9.154, 9.163
- Nebenanschaffungskosten 9.163

Anschaffungswertprinzip 9.11, 9.109 f., 9.243

Anstalt des öffentlichen Rechts
- als abhängiges Unternehmen 12.90

Anteil
- als Abschlussposten 9.142 ff.
- Anteilsbindungsinstrument 3.170 ff.
- einbringungsgeborener 14.211
- Einziehung 9.160
- nach IFRS-Bewertung 9.513
- sperrfristbehafteter 14.235 ff., 14.382
- Veräußerung 3.179
- Vereinigung 14.319
- Vermögen 10.1 ff., 10.34

Anteilseignerrechte 3.191 ff.

Anteilserwerb
- Jahresabschluss, Angaben zu Beteiligungen 9.126 ff.
- Meldepflichten für Beteiligungen 9.132 ff.

Anteilstausch
- antragsabhängiges Bewertungswahlrecht 14.193
- Anwendbarkeit deutsches Besteuerungsrecht 14.196
- aus steuerlicher Sicht 14.170 ff.
- bei Einbringung 14.170 ff.
- Einbringungszeitpunkt 14.187
- Entstrickung 14.199
- Fusions-RL 15.56
- Gegenleistung 14.188
- Gewährung neuer Anteile 14.189
- Korrespondenzprinzip 14.197
- Mehrstimmrechte 14.186
- persönlicher Anwendungsbereich 14.174
- qualifizierter 14.173, 14.243, 14.303, 14.541
- steuerliches Wahlrecht 14.191
- Veräußerungspreis 14.233

Anteilsveräußerung 3.179

Anti-directive-shopping 15.33 ff.

Anti-Tax Avoidance Directive (ATAD I) 15.110 ff.
- Exkulpation von Hinzurechnungsbesteuerung 15.113
- Niedrigbesteuerung 15.112

– Passivkatalog 15.111
Anti-treaty-shopping 15.33 ff.
Anwachsung 14.264, 14.418
– erweitertes Anwachsungsmodell 14.397
Anwartschaftsbarwertverfahren 9.539 f.
Anzeigepflicht 14.608 ff.
Arbeitgeber
– Arbeitgeberwechsel 12.21 ff.
– Arbeitsgeberverband 12.136, 12.148
– Entsendung *siehe dort*
– gespaltene Arbeitgeberstellung 12.13
– Holding als Arbeitgeber 12.1 ff.
– Konzernarbeitgeberverband 12.148
– Personalführungsgesellschaft 12.5, 12.27, 12.216
Arbeitnehmer
– Anstellung 12.1 ff.
– Arbeitnehmerüberlassung *siehe Entsendung*
– Auskunftsanspruch 12.199 f.
– bei SE-Gründung 17.42 ff.
– Chancengleichheit 13.58
– Entsendung *siehe dort*
– Erholungsurlaub 13.60
– Kündigung *siehe dort*
– Sorgfaltspflicht 12.64
– Stammarbeitsplatz 12.119
Arbeitnehmervertretung
– DrittelbG *siehe dort*
– Europäischer Betriebsrat *siehe dort*
– Friedenspflicht 12.155
– gegenüber Holding 12.135 ff.
– in Aufsichtsräten des Holdingkonzerns 12.75 ff.
– International Framework Agreement 13.61
– interne Richtlinien 6.66
– Konzernarbeitskampf 12.151 ff.
– Konzernbetriebstrat *siehe dort*
– Konzerneinheitlichkeit 12.156
– Mitbestimmung *siehe dort*
– Tarif *siehe dort*
– Unterstützungsstreik 12.153
Arbeitsverhältnis
– Arbeitsplatzrisiko 12.65
– Arbeitsteilung 4.37
– Arbeitsvertrag im gemeinsamen Betrieb 12.218
– Arbeitsvertrag im internationalen Konzern 13.1 ff.
– Arbeitsvertrag, ergänzender 12.35 ff.
– Arbeitsvertrag, holdingweiter 12.26 ff., 12.36
– Arbeitsvertragsstatut *siehe Rechtswahl*
– Bedeutung für Holdingstruktur 12.226 ff.
– Beendigung *siehe Kündigung*
– Berechnungsdurchgriff 12.60
– Datentransfer *siehe dort*
– drittbezogenes 12.68
– Entgelt 12.45; 13.59
– Gerichtsstand 13.27 ff.
– grenzüberschreitendes 13.2 ff.
– Haftungsdurchgriff 12.40 ff., 12.190
– Höchstarbeitszeit 13.25, 13.60
– International Framework Agreement (IFA) 13.49 ff.; *siehe auch dort*
– Massenentlassungen 12.162; 13.19
– Mehrfacharbeitsverhältnis 12.28 f., 12.122
– Sanktion 6.108 f.
– Statutenbestimmung 13.5 ff.
– Versetzungsklausel 12.30 ff.
– Weiterbeschäftigungspflicht 12.68 ff.
– Zusage 12.49
Asset Deal 10.155
Assoziiertes Unternehmen 9.357 ff.
– Begriff 2.10
– Bewertungszeitpunkt 9.360
– Equity-Methode 9.359, 9.517
– nach IFRS 9.514
– Rechnungslegung 9.357
– Vermutung 9.357
ATAD I 15.12, 15.32, 15.110 ff.
Atomisierungsstrategie 14.124
Atypische Holding 1.51
Auffanggesellschaft 20.58
Aufgabendelegation
– externe 5.13
– horizontale 5.10
– verbotene 5.14
– vertikale 5.12
Aufgeld 14.265
Auflösung *siehe auch Liquidation*
– Beschluss 20.6 ff.
– Beschlusskontrolle 20.6
Auflösung der Holdingstruktur
– Gestaltung 19.1 f., 19.56
– übertragende 19.41 ff.
– Veräußerung der Tochtergesellschaft 19.3 ff.
– Verschmelzung der Tochtergesellschaft 19.20 ff.
Aufsichtsrat
– Abschlussprüfung 9.626 ff.
– Arbeitnehmerbeteiligung 12.224
– Arbeitnehmervertretung 12.75
– bei GmbH 7.4
– Berichtspflicht 5.52
– Compliance-Management-System 6.44
– der Holding 5.85 ff.
– Einsichtsrecht 7.26 ff.

- erster Aufsichtsrat 17.68
- externe Überwachung *siehe dort*
- Haftung 6.22
- Konzernaufsichtsrat 5.56
- nebenamtlicher 7.35
- Pflichtverletzung 8.29
- Prüfungsrecht 7.26 ff.

Aufsichtsrecht
- Aufsichtsbehörde 5.53
- im Cash Management 11.122 f.
- Sanktionen 5.105

Aufspaltung 3.135; *siehe auch Spaltung*
- finanzielle Eingliederung 14.545
- Grunderwerbssteuer 14.357
- steuerliche Aspekte 14.326 ff., 14.389 ff.
- Umsatzsteuer 14.356
- zur Neugründung 14.326

Auftragsdatenverarbeitung 6.151
Aufwandskonsolidierung 9.356
Aufwärtsspaltung 14.343
Ausgabenabzugsbeschränkung 14.103
Ausgliederung
- Anfechtung 3.127
- Ausgliederungsmodell 3.123
- finanzielle Eingliederung 14.545
- Grunderwerbssteuer 14.357
- steuerliche Aspekte 14.352, 14.389 ff.
- Umsatzsteuer 14.356
- zur Neugründung 14.326
- Zustimmung 3.126; 7.52

Ausgründung 3.180, 3.186, 3.192 f.
Auskunftsanspruch
- der Arbeitnehmer 12.199 f.

Ausleihung 9.89, 9.214 ff.
- als Abschlussposten 9.214 ff.
- an Gesellschafter *siehe Gesellschafterdarlehen*
- Begriff 9.214 ff.
- Bewertung 9.220 ff.
- Gliederung 9.218
- nach IFRS-Bewertung 9.525 ff.
- niedrig verzinslich 9.220
- unverzinsliche 9.220

Ausschüttung
- aktive Einkünfte 15.97
- Ausschüttungsangleichung 4.64
- Ausschüttungsentscheidung 3.206
- Ausschüttungsteuer 14.20
- Gewinnrepatriierung 15.114
- Sachausschüttung 15.134
- verdeckte 8.39; 9.258; 14.42
- von Beteiligungen 15.134 f.

Ausschüttungssperre
- kapitalbezogene 11.22 ff.
- Körperschaftsteuer 14.439
- liquiditätsbezogene 11.67 ff.

Außenprüfung nach AO 14.593
Außergewöhnliche Maßnahme 3.208 f., 3.211
Aussonderungsrecht 20.62
Auszahlung
- Darlehen 11.20, 11.27 ff.
- Sicherheit 11.59 ff.

Bank
- Compliance 5.82; 6.9 ff.
- EU-Recht 18.79 ff.
- Funktionstrennung 5.43
- Hausbank 10.164
- Hinweisgebersystem 6.126
- interne Revision 5.84
- Risikocontrolling 5.43
- Risikomanagement 5.14
- Selbstkontrolle 5.16, 5.40
- zentrale Bankenpolitik 4.67

Bank Recovery and Resolution Directie (BRRD) 18.87
Bankers' Rule 10.89
Bankrott iSd StGB 11.112
Banning-Entscheidung 5.67
Bargeschäftsprivileg 11.89
Base Erosion and Profit Shifting (BEPS)
- treaty and directive Shopping, Verschärfung 15.39

Basisgesellschaft 15.20
Beauftragter für Datenschutz 6.159
Behaltefrist 14.324
Beherrschungsvertrag 1.40; 3.57, 3.59; 12.52, 12.102, 12.130 f.
- Cash Pool 11.55 ff., 11.66
- DrittelbG 12.130 f.
- isolierter 12.50
- Konzernführung 4.26
- Rechnungslegung 9.270
- Weisungsrecht 3.59

Belgien als Holding-Standort 16.141 ff.
- BVBA/SPRL 16.144 f.
- NV/SA 16.142 f.
- steuerliche Holdingparameter 16.147 ff.

Bemessungsdurchgriff 12.190
Beneficial owner 15.36
Berechnungsdurchgriff
- bei Tochtergesellschaft 12.60 f.
- im faktischen Konzern 12.54
- im Vertragskonzern 12.50 ff.
- umgekehrter 12.60

Bericht
- bei Abhängigkeit 5.54, 5.93; 8.69

- bei der GmbH 7.21
- Berichtspflicht 5.7a; 7.8
- für die Aufsichtsbehörde 5.53
- Gestaltung 7.22
- Inhalt 7.11 ff.
- konzernweiter 5.69
- Quartalsbericht 5.54; 7.13
- SE-Gründungsbericht 17.15 ff.
- Vorlagebericht 7.18

Besicherung 11.42, 11.146
Besitzzeitanrechnung 14.304, 14.344, 14.394, 14.541
Bestandsschutz 17.83
Bestechung iSd StGB 5.108
Beteiligung
- Auslandsbeteiligung 14.610
- Beteiligungsbuchwert 9.210
- Beteiligungserwerb 7.50
- Beteiligungsgesellschaft 1.23; 14.221
- Beteiligungsklausel 3.187
- Beteiligungsstrategie 4.87
- Beteiligungsunternehmen 9.30
- Beteiligungsveräußerung 7.50
- iSd Bilanzrechts 9.31 ff.
- Offenlegung 9.126 ff.
- Strategie 4.87
- Strukturänderung *siehe Änderung der Beteiligungsstruktur*
- Vermutung 9.43 ff.

Beteiligungsüberwachung
- Berichtspflichten 5.69 ff.
- Compliance 5.80 ff.
- Führungsstellenbesetzung 5.64 ff.
- grenzüberschreitende Unternehmensgruppen 5.84a
- Instrumente 5.63 ff.
- interne Revision 5.83 f.
- internes Kontrollsystem 5.76 f.
- Zustimmungsvorbehalt 5.74 f.

Betrieb
- Betriebsänderung 12.184 ff.
- Betriebsaufgabe 14.407, 14.422
- Betriebsaufspaltung 14.618
- Betriebsausgabenabzug *siehe dort*
- Betriebsführungsvertrag 3.67
- Betriebsinhaber nach § 130 OWiG 6.18
- Betriebspachtvertrag 3.57, 3.181
- Betriebsrat *siehe dort*
- Betriebsstättenprinzip 14.76
- Betriebsteilübergang 12.187
- Betriebsübergang 12.20
- Betriebsüberlassungsvertrag 3.57, 3.181
- Betriebsveräußerung 14.422
- Betriebsvereinbarung *siehe dort*
- Betriebsvermögensprivileg 14.70
- Betriebsvermögenstransfer 14.23
- gemeinsamer *siehe Gemeinsamer Betrieb*

Betriebliche Altersversorgung 12.231
- Anpassungsentscheidung 12.46
- Anpassungspflicht 12.47
- Insolvenzschutz 12.25
- Verfallklausel 12.24
- Zurechnung wirtschaftlicher Lage 12.46 ff.

Betriebsausgabenabzug 14.102 ff.
- Gesellschafterfremdfinanzierung *siehe dort*
- pauschales Verbot 14.103, 14.435
- Zinsschranke 14.105 ff.; *siehe auch dort*

Betriebsrat 12.157 ff.
- bei SE-Gründung 17.31, 17.47
- bei Verschmelzung 19.27
- betriebsratloser Betrieb 12.182
- Errichtung 12.157
- Europäischer Betriebsrat *siehe dort*
- Gesamtbetriebsrat 12.157 ff.
- Konzernbetriebsrat 12.163 ff.; *siehe auch dort*
- Wahlrecht 12.86, 12.123, 12.130
- Zurechnung von Arbeitnehmern 12.159

Betriebsstättenprinzip 14.497 ff.
Betriebsvereinbarung
- konzernweite 12.181 ff.; 13.67

Betrug iSd StGB 11.116
Bewertungswahlrecht 14.268, 14.336
- Einschränkung 14.278

Bezugsrecht 9.182
- Verkauf 9.161, 9.277

Bilanz 9.67 ff.; *siehe auch Rechnungslegung*
- Abschlussposten, typische 9.142 ff.; *siehe auch dort*
- Anteilsveräußerung 14.216
- Ausschüttungssperre 9.69
- Bewertungswahlrecht 14.268, 14.278
- Bilanzeid 9.16
- Bilanzierungspflicht 9.67
- Bilanzierungs-RL 9.21
- Bilanzierungsverbot 9.70
- Bilanzierungswahlrecht 9.68
- Bilanzpostenbewertung 9.100 ff.
- BilanzrechtsmodernisierungsG 5.30
- Bilanzrechtsmodernisierungsgesetz 9.1
- Bilanzstrukturnorm 10.88
- Bruttoausweis 9.176
- EU-Recht 9.21 ff.; 18.71 ff.
- Finanzanlagevermögen 9.77 ff.
- Forderungen 9.93 ff.
- goldene Regel 10.89

- korrespondierende Bilanzierung 14.25
- steuerliche Abschlussbilanz 15.70
- Umsatzerlöse 9.117 f.
- Unternehmensverbindungen iSd Bilanzrechts 9.29
- Veräußerungsgewinnbefreiung 14.214 ff.
- Verbindlichkeiten 9.93 ff.
- Verrechnungsverbot, speziell/generell 9.74
- Vollwertigkeit eines Darlehensanspruch 11.37

Bilanzrecht
- Grundzüge 9.7 ff.

Bilanzrechtsmodernisierungsgesetz (BilMoG) 9.1

Bonitätsrisiko 11.8

Börsengang 10.149 f.
- Holding 10.149
- Spin-off 10.150
- Tochtergesellschaft 10.150

Börsenkurs 9.198, 9.232

Börsennotiertes Unternehmen
- Berichtspflichten 5.54
- Sonderrecht 3.23

Bottom-up/Top-down-Prozess 4.84

Branche
- Bonitätsstufe 10.67
- Branchenstrategie 4.89
- Kapitalstruktur 10.66
- Ratingkennzahlen nach Branche 10.67

Bruttomethode (KStG) 14.471, 14.561 ff.

Buchführungsgrundsätze 9.10 ff.

Buchgewinne 9.277

Buchwertaufstockung 14.241

Buchwertfortführung 15.57, 15.64

Bundesanstalt für Finanzdienstleistungsaufsicht (BaFin) 5.53

Bundesbank 5.53

Bundesdatenschutzgesetz (BDSG) *siehe auch Datenschutz*
- bei internationalem Datentransfer 13.77 ff.
- bei Repression 6.114 f.
- Datentransfer in Drittstaaten 13.95
- Dritter 13.84
- Gesetzesnovelle 13.89
- Rechtfertigungsgrundlage 13.98 f.
- verantwortliche Stelle 13.81 ff.
- Verhältnismäßigkeitsgrundsatz 6.116

Bundeskartellamt *siehe Kartellrecht*

Business Combination Agreement 3.154

Business Judgement Rule 5.97

Buy-and-build-Strategie 3.106

Cadbury Schweppes-Entscheidung 15.103

Capital Asset Pricing Model (CAPM) 10.15

Cash Flow 10.71, 10.93
- Basis der Wertschaffung 10.26, 10.29
- Cash Flow Hedge 9.471
- Cash Flow Return on Investment (CFROI) 10.53, 10.57
- im Konzernabschluss 9.371 ff.
- Kapitalflussrechnung 9.364 ff.

Cash Management 10.124 ff.; 11.1 ff.
- Aufsichtsrecht 11.122 f.
- Ausgestaltung 11.124 ff.
- Dokumentation 11.130
- Frühwarnsystem 11.131
- grenzüberschreitendes 11.123
- Haftungsrisiko 11.5
- Kapitalschutz 11.139
- Kündigungsmöglichkeit 11.131
- Liquiditätsschutz 11.139
- lokales 11.3
- Schriftlichkeit 11.125 ff.

Cash Pool
- Aufsichtsrecht 11.122 f.
- Ausgestaltung 11.124 ff.
- Ausschüttungssperre *siehe dort*
- Begriff 11.1
- bei Aktiengesellschaft 11.117 ff.
- bei mehrgliedriger GmbH 11.106
- Dominoeffekt 11.16, 11.45
- Erbschaftsteuer 14.71
- Frühwarnsystem 11.46, 11.131 ff.
- Gefahren/Risiken 11.7 ff.
- Gesellschafterdarlehen 8.48; 11.86 ff.
- iRd Finanzwirtschaft 10.124 ff.
- Kapitalerhöhung 11.93 ff.
- Liquiditätsverantwortung 11.109 f.
- notional 11.4
- rechtliche Rahmenbedingungen 11.20 ff.
- Sockelbeträge 11.147 f.
- strafrechtliche Verantwortung 11.111 ff., 11.117
- Suspension 11.132
- Tilgungs- u. Verwendungsabreden 11.144 f.
- Verzinsung 11.50 ff.
- virtueller 11.4
- Vor-Pooling 11.3

Cash Value Added (CVA) 10.53

Cashmanagement 2.51

Chance/Risiko-Position 10.65

Chapter 11-Verfahren 20.74

Chief Compliance Officer
- bei Wertpapierdienstleistungsunternehmen 6.158
- Funktionsbeschreibung 6.30, 6.155 f.
- Garantenstellung 6.25

- Haftung 6.25
- in der Holding 6.155 ff.
Chief Financial Officer (CFO) *siehe Finanzleiter*
Clearing 11.1
Compliance
- Aufgaben der Compliance 6.54 ff.
- ausländisches Recht 6.59
- Beauftragter *siehe Compliance Officer*
- Begriff 6.1
- bei Wertpapierdienstleistungsgesellschaften 6.11
- Beratung 6.92
- Compliance Committee 6.137 ff.
- Compliance Consultation Desk 6.93
- Compliance Due Diligence 6.95 ff.
- Datenschutz 6.6
- Deutscher Corporate Governance Kodex 5.46; 6.12
- dezentrale 6.133
- digitale Ethik 6.15a
- Ethic Committee 6.141
- Garantenpflicht 6.25
- Haftung *siehe Haftung bei Complianceverstoß*
- im Bankenbereich 6.9 ff.
- im Konzern 5.80 ff.; 6.130 ff.
- in der Holding 5.80 ff.; 6.1 ff.
- Intra Group Compliance Agreement (IGCA) 6.161 ff.
- Prävention 6.60 ff.; *siehe auch dort*
- rechtliche Ableitung 6.2
- Repression 6.107 ff.; *siehe auch dort*
- Risiko-Analyse 6.54 ff.
- soziale Compliance 6.15
- System 5.45 ff.; 7.32
- Tax Compliance 14.604 ff.
- Unternehmensethik 6.12 ff.
- zentrale 6.132
Compliance-Management-System 5.45
- bei Mergers & Acquisitions 6.48
- Bußgeldhöhe 6.37
- Haftungsmilderung 6.33 ff.
- interne Richtlinien 6.61
- Leitfaden 6.39
- Zertifizierung 6.40 ff.
Conditional Value at Risk 10.113
Control-Konzept 1.54 f.; 12.194
Controlling, strategisches 4.95 ff.
- Beteiligungscontrolling 4.97
- Frühwarnsystem 4.96
- gestaffelte Zielkongruenz 4.94
- Investitionscontrolling 4.98
- Transparenz 4.94
Coronavirus 10.82, 10.107
Corporate Identity 4.121 ff.
- Verselbständigung 4.123
- Ziele 4.122
Corporate Value Management-Konzept 4.86, 4.88
Country-by-Country Reporting 14.612
Culpa-in-contrahendo 8.21
Cutoff-Rate 10.41

Dachholding 1.25
- Begriff 2.19
Damnum 9.222, 9.283, 9.526
Darlehen *siehe auch Gesellschafterdarlehen*
- absteigendes Darlehen 11.20
- als Abschlussposten 9.219, 9.226
- aufsteigendes Darlehen 11.20, 11.27 ff., 11.74 ff.
- insolvenzrechtliche Lösung 11.87
- Rückzahlungsanspruch 11.37, 11.47 ff., 11.69 ff.
- Schuldscheindarlehen 9.217
- Schwestergesellschaft 8.38
- von Dritten 8.46; 11.88
Datenschutz 6.6, 6.142 ff.; *siehe auch Bundesdatenschutzgesetz*
- Beauftragter 6.159
- Einwilligung 6.143
- Rechtfertigung 6.144 ff.
- Richtlinie (DSRL) 13.66 f.
Datenschutzgrundverordnung
- Auftragsdatenverarbeitung 6.151
- Betriebsrat 6.154
- Betriebsvereinbarung 6.153
- kleines Konzernprivileg 6.149
- Unternehmensgruppe 6.150
Datentransfer
- anwendbares Recht 13.68 ff.
- Dokumentationspflicht 13.90
- in Drittstaaten 13.94 ff.
- innerhalb der EU 13.85 f.
- internationaler 13.65 ff., 13.77 ff.
- Schriftlichkeit 13.87 ff.
Datenverarbeitung
- Auftragsdatenverarbeitung 6.151
- Betriebsrat 6.154
- Betriebsvereinbarung 6.153
- kleines Konzernprivileg 6.149
- Unternehmensgruppe 6.150
Dauerüberzahlung 14.433, 14.597
- Dauerüberzahlerprivileg 14.433
Deckungsvermögen 9.107, 9.540 f.
Definitiveffekt 14.139

Deliktshaftung 8.19 ff.
- Organpflichten 8.23
- Schutzgesetz (§ 823 Abs. 2 BGB) 8.23
- Sonderfall nach § 117 AktG 8.25
- Trihotel-Entscheidung 8.81
- Unterkapitalisierung 8.22

Delisting 3.166 ff.
- Anforderungen 3.167

Derivat 9.454
- eingebettetes 9.457
- European Market Infrastructure Regulation 18.82

Desinvestment 3.179

Deutsche Rechnungslegungsstandards 9.303

Deutscher Corporate Governance Kodex (DCGK) 5.32 ff., 5.67; 6.12; 7.39 f.; 9.560; 14.604

Devisen
- Devisenoption 10.122
- Devisentermingeschäft 10.121 ff.

Dezentralität
- der Holdingstruktur 4.15

Dienstleistungsvereinbarung 3.65

Dienstleistungszentrum 4.135

Dienstzeitaufwand 9.540

Digitalisierung
- Auswirkungen auf Unternehmen 10.165 ff.

Direktionsrecht 6.77 ff.
- Abtretung 12.14
- Ausübungsermächtigung 12.14
- bei GmbH 4.22
- Willenserklärung 6.83

Diversifikationseffekt 10.124 ff., 10.135

Dividende
- Besteuerung 14.457
- Dividendenfreistellung *siehe dort*
- Dividendengarantie 9.271
- Doppelbesteuerung *siehe dort*
- Quellensteuern 14.510 ff.
- Sachdividende 9.263
- Steuerfreiheit 14.430
- Streubesitzdividende 14.17, 14.437, 14.454, 14.576
- Unternehmenswert 10.5
- Zwischendividende 9.256

Dividenden
- Umqualifizierung 14.92 ff.

Dividendenbesteuerung 14.427 ff.
- Betriebsausgabenabzugsverbot 14.435
- Dauerüberzahlung 14.433
- einheitliche Steuerpflicht 14.437
- Kaskadeneffekt 14.435
- Korrespondenzprinzip, materielles 14.431
- Mäanderstruktur 14.434
- Rückbeziehungsfiktion 14.440 f.
- Schachtelprivileg 14.468
- Steuerfreiheit 14.430
- stichtagsbezogene Betrachtung 14.439
- Zurechnung von Dividendeneinkünften 14.440

Dividendenfreistellung 14.84 ff.; 15.114 ff.
- bei Finanzunternehmen 14.90
- bei Lebens-/Krankenversicherung 14.90

Divisionalisierung 1.4

Doppelbelastung
- Gewerbesteuer 14.49

Doppelbesteuerung
- Abkommen 15.42
- Abkommensberechtigung 14.62 ff.
- Ansässigkeitsstaat 14.67
- internationales Schachtelprivileg *siehe dort*
- Maßnahmen zur Vermeidung 14.477 ff.

Doppelbesteuerung, Vermeidung
- Betriebsstättenprinzip 14.497 ff.
- bilaterale Maßnahmen 14.494 ff.
- Erstattung von Quellensteuern 14.510 ff.
- Per Country Limitation 14.481
- unilaterale Maßnahmen 14.478 ff.

Doppelmandat 5.66; *siehe auch Personelle Führung*

Doppelorganschaften 5.64 ff.; *siehe auch Personelle Führung*

Doppeltes Teilbetriebserfordernis 14.329, 14.332

Dotierungspflicht
- bei Rentnergesellschaften 12.57
- bei Unternehmensverträgen 12.59

Down-stream-Inboundfinanzierung 14.105; *siehe auch Zinsschranke*

Down-stream-loan 11.20

Drittanfechtungsklage *siehe Anfechtungsklage*

DrittelbG 12.124 ff.
- Anwendbarkeit 12.124 ff.
- Arbeitnehmeranzahl 12.128 f.
- auf unteren Konzernebenen 12.133 ff.
- Rechtsformabhängigkeit 12.127
- Unternehmenszurechnung 12.130 ff.

Dritter (BDSG) 13.84

Due Diligence 6.96 f.
- Compliance Due Diligence 6.97
- Financial Due Diligence 6.97
- Legal Due Diligence 6.97
- Umfang 6.97

Durchgriffsbesteuerung 15.20 ff.

Durchsetzung
- actio-pro-socio 8.101
- von Haftungsansprüchen 8.96 ff.

EBITDA 14.284, 14.298, 14.383
- verrechenbares 14.107
Economic Value Added (EVA) 10.51
Effektivzinsmethode 9.460, 9.525 f.
Eigenerklärung 6.95
Eigenkapital 9.108
- aus steuerlicher Sicht 14.595 ff.
- Eigenkapitalausstattung 4.61
- Eigenkapitalkosten 10.47, 10.138
- Eigenkapitaltitel 9.79, 9.529
- Marktwert 10.145
Eigenkapitalveränderungsrechnung 9.381
- nach IFRS 9.425
Eigenverwaltung 20.65 ff.
- vorläufige 20.67
Einbringung 3.128, 3.149
- Änderung der Beteiligungsstruktur 14.413 ff.
- Anschaffungskosten Anteile 14.248
- Anteilstausch 14.170 ff., 14.228
- Betriebsausgabenabzug 14.225
- Bewertungszeitpunkt 14.280
- Einbringender 14.183
- einer Betriebsstätte 14.301; 15.59 ff.
- eines Teilbetriebes 15.59 ff.
- funktionale Betrachtung 14.260
- Gewerbesteuer 14.230
- Grunderwerbsteuer 14.318, 14.388
- Ketteneinbringung 14.249
- Mitunternehmeranteil 14.219, 14.236, 14.250 ff., 14.293; 15.59 ff.
- qualitative Betrachtung 14.260
- sperrfristbehaftete Anteile 14.235 ff., 14.382
- Steuerbegünstigung 14.226
- steuerliche Aspekte 14.375 ff.
- steuerneutrale 14.414
- Teileinkünfteverfahren 14.227
- Umsatzsteuer 14.312 ff., 14.387
- Veräußerungsvorgang 14.225 ff.
- verdeckte Einlage 14.234
- von Kapitalgesellschaften 14.170 ff.; 15.52 ff.
Einbringungsgewinn 14.285, 14.311
- Besteuerung 14.238
- Einbringungsfolgegewinn 14.310
- Einbringungsgewinn I 14.236, 14.240
- Einbringungsgewinn II 14.243 f., 14.247
Eindimensionale Holding
- Konzernbetriebsrat 12.168
- Mitbestimmung 12.89
- Unternehmenseigenschaft 1.36
Eingliederung 3.60 ff.
- DrittelbG 12.130
- finanzielle 14.538, 14.586
- in Organschaftsfällen 14.538 ff., 14.586 ff.
- Konzernführung 4.26
- Konzernvermutung 1.40
- organisatorische 14.588 ff.
- Weisungsrecht 3.61
- wirtschaftliche 14.587
Einheitliche Leitung 1.37
- Feststellung 1.44
- gemeinsamer Betrieb 12.213
- Konzernvermutung 1.39 ff.
- Unternehmen 1.34
- Widerlegung 1.45 ff.
Einheitstheorie 9.58, 9.315, 9.484
Einkommensteuer 14.35 ff.; *siehe auch Körperschaftsteuer*
- Abzugsbeschränkung bei Gesellschafterdarlehen 14.460
- Abzugsbeschränkung bei Wertverlust 14.458
- bei Personengesellschaft 14.456 ff.
- Doppelbesteuerung, Vermeidung 14.478 ff.
- Ermäßigung 14.465
- Leistungstransfer 14.41
Einkünfte
- aktive 15.97
- Korrekturnorm 14.22
- passive 15.28, 15.97
- weiße 14.283
- Zurechnung von Einkünften 14.21 ff.
- Zwischeneinkünfte 15.97
Einkünftequalifizierung 14.27 ff.
- Abfärbetheorie 14.29
Einlage
- Einlagenrückgewähr 9.257; 14.20; 15.117
- offene 9.180
- Sacheinlage *siehe dort*
- verdeckte 9.181; 14.20
Einpersonengesellschafts-RL 18.20 ff., 18.75
Einpersonenholding 18.75
Einsichtsrecht des Aufsichtsrats 7.26
Einstufige Holdingerrichtung 3.74
Einzelausgleich 12.56
Einzelbewertung 9.11
Einzelkaufmann
- Jahresabschluss 9.18, 9.85
EMIR *siehe European Market Infrastructure Regulation*
Entsendung 12.6 ff.; 13.2 ff., 13.30 ff.
- Abordnungsklausel 12.31
- Arbeitskräftebedarf 13.118
- arbeitsrechtliche Schutzpflichten 12.18
- Betriebsübergang 12.20
- Doppelversicherung 13.40
- Doppelzurechnung 12.117
- Erlaubnispflicht 12.10

- gewerbsmäßige 13.31 f.
- grenzüberschreitende 13.33 ff.
- Grundtypen 13.3 ff.
- internationale 13.30 ff., 13.38 ff.
- konzerndimensionale 13.30 ff.
- konzerninterne 12.115 ff.
- Konzernprivileg 12.8; 13.31 ff.; *siehe auch dort*
- Kündigung 12.73
- Mitbestimmung 12.115 ff.
- Rückrufrecht 12.16
- Sozialversicherungsfreiheit 13.48
- Sozialversicherungspflicht 13.38 ff.
- vorübergehende 12.8; 13.13, 13.36
- Weisungsrecht 12.13

Entstrickung 14.199, 14.199, 14.274, 14.277; 15.92 f.

Equity-carve-out 10.150 f.

Equity-Methode 9.359, 9.517

Erbschaftsteuer 14.70 ff., 14.464
- Cash Pool 14.71
- Mindestbeteiligungshöhe 14.70 f.
- Optionsverschonung 14.70
- Regelverschonung 14.70

Erholungsurlaub 13.60

Erklärung zur Unternehmensführung 5.54

Ersatzrealisationstatbestände 14.238, 14.246

Ertragskonsolidierung 9.356

Ertragsteuerrecht
- bei Formwechsel 14.368
- Kapitalertragsteuer *siehe dort*
- Steuersubjekteigenschaft 14.13 f.

Erwerb eigener Aktion 14.261; 18.46 ff.

Erwerberholding *siehe Investorenholding*

Erwerbsgesellschaft 3.115

Erwerbsmethode 9.484

Escape-Klausel 14.131 ff.
- Strafzuschlag 14.134

Ethic Committee 6.141

Europäische Gesellschaft 17.1 ff.; 18.10 ff.
- Abfindung 17.33
- Aktienübertragung 17.19
- als Holding 17.9 ff.; 18.11
- Anfechtungsklage 17.81
- Arbeitnehmerbeteiligung bei Gründung 17.42 ff.
- Beschlussmängelklage 17.81 ff.
- Festlegung des Grundkapitals 17.19
- Freigabeverfahren 17.82
- Gründerkreis 17.11
- Gründung 17.14 ff.
- Gründung nach AktG 17.67 ff.
- Gründungsbericht 17.15 ff., 17.21 ff., 17.70 ff.
- Gründungsgesellschaft 17.49 ff.
- Gründungsplan bei SE 17.15 ff.; *siehe auch dort*
- Gründungsprüfung 17.75 ff.
- im Konzernrecht 17.95
- Mehrstaatlichkeitserfordernis 17.13
- Mindestprozentsatz 17.20
- Mitbestimmung 17.1
- Nichtigkeitsklage 17.81
- Pflichtangebot 17.91 ff.
- Prüfung des Gründungsplans 17.36 ff.
- Prüfungsbericht 17.41
- Rechtsschutz der Anteilsinhaber 17.81 ff.
- Registergericht 17.77
- Satzung 17.19
- Sitzverlegung ins Ausland 15.91 ff.
- Sitzverlegung ins Inland 15.157
- Umtauschverhältnis 17.27
- Vorteile 17.4 ff.

Europäische Wirtschaftliche Interessenvereinigung (EWIV) 18.3 ff.
- Haftung 18.5
- Rechtsnatur 18.4
- Sitz 18.6
- Zweckbeschränkung 18.7 ff.

Europäische Zentralbank 5.53

Europäischer Betriebsrat 12.192 ff.
- Anhörung 12.192
- Anwendungsbereich 12.193 ff.
- bei Strukturveränderungen 12.205
- Errichtung 12.201 ff.
- kraft Gesetzes 12.204
- Transaktionssicherheit 12.206
- Unterlassungsanspruch 12.211
- Unterordnungsverhältnis 12.194
- Unterrichtung 12.192
- Vereinbarung 12.203
- Zuständigkeit 12.207 ff.

Europäisches Unternehmensrecht
- Abschlussprüfungsrecht 18.71
- bankrechtliche Rechtsakte 18.79 ff.
- bei Umstrukturierungen 18.35 ff.
- Bilanzrecht 18.71
- Einpersonenholding 18.75
- Erwerb eigener Aktien 18.46 ff.
- EU-Rechtsformen als Holding 18.2 ff.
- Europäische Wirtschaftliche Interessenvereinigung (EWIV) *siehe dort*
- geplante Rechtsformen 18.17 ff.
- kapitalmarktrechtliche Rechtsakte 18.79 ff.
- Kapitalverkehrsfreiheit 14.181, 14.199, 14.436, 14.533; 18.22 ff.

- Niederlassungsfreiheit 14.168, 14.179 ff., 14.199, 14.472, 14.533 f., 14.548; 18.22 ff.
- Societas Cooperative Europaea (SCE) 18.15 f.
- Societas Europaea (SE) *siehe Europäische Gesellschaft*
- Spaltung 18.69; *siehe auch dort*
- Übernahmerecht 18.77 f.
- Verschmelzung 18.59 ff.; *siehe auch dort*

European Market Infrastructure Regulation (EMIR) 18.82
Existenzvernichtungshaftung 11.67 ff., 11.85
- Berechnungsdurchgriff 12.54
- Rechtsprechung 8.80 f.
- Voraussetzung 8.84 ff.

Expected Shortfall (ES) 10.113
Exposure Management 4.67
Externe Überwachung 7.1 ff.
- Begriff 5.2; 7.1
- Berichtspflicht 7.8, 7.11 ff.
- Eingriffsmittel 7.41 ff.
- Einsichtsrecht 7.26
- Gegenstand 7.5 ff.
- Konzernaufsichtsrat 5.56; 7.9
- Personalentscheidungen 7.46 f.
- Prüfungsrecht 7.26 ff.
- Related Party Transactions 7.45a
- Überwachungsaspekte 7.31 ff.
- Umfang der Überwachung 7.35 ff.
- Verfahren der Überwachung 7.31 ff.

Fair Value 9.415, 9.444 f.
- Fair Value Hedge 9.470
- Fair Value Option 9.461

Faktischer Konzern
- Abhängigkeitsbericht 8.69
- Ausgleichspflicht 5.59, 5.93; 8.69 f.
- Berechnungsdurchgriff 12.54 ff.
- Compliance 6.65
- Einzelausgleich 12.56
- GmbH 5.60
- Haftung bei GmbH 8.71 ff.
- Haftung bei Personengesellschaft 8.71 ff.
- Haftungsdurchgriff 12.54 ff.
- Rückstellung 9.239
- Schadensersatz 8.70
- Schädigungsprivileg 8.69
- Überwachung 5.59 f., 5.93

Family Offices 3.105
Fehlbetrag, vortragsfähiger 14.309
Feiertagsregelung 13.25
Finaler Verlust 14.76
Financial Due Diligence 6.97
Financial-covenants 11.138
Finanzanlage 9.90, 9.91 f.
Finanzanlagevemögen 9.77 ff.
Finanzanlagevermögen
- Bewertung 9.109

Finanzaufwendungen
- als Abschlussposten 9.252 ff.
- aus Verlustübernahme 9.272 ff.
- Zinsaufwendung 9.286

Finanzcontrolling 4.67
Finanzdienstleister
- BaFin 5.53
- Funktionstrennung 5.43
- interne Revision 5.84
- Körperschaftsteuergesetz 14.220
- regulatorische Anforderungen für Holdingunternehmen 3.1
- Risikocontrolling 5.43
- Selbstkontrolle 5.16, 5.40
- Vier-Augen-Prinzip 5.16a

Finanzerträge
- als Abschlussposten 9.252 ff.
- aus Ausleihungen 9.275 ff.
- aus Beteiligungen 9.253 ff.
- aus Gewinnabführung 9.268 ff.
- aus verbundenen Unternehmen 9.254
- aus Wertpapieren 9.275 ff.
- nach IFRS-Bewertung 9.542 ff.
- Vereinnahmungszeitpunkt 9.260

Finanzholding
- Begriff 1.22 f.; 2.6
- Cashmanagement 2.51
- Risikomanagement 5.79
- Unternehmereigenschaft nach UStG 14.518
- Vor- und Nachteie 2.45 ff.

Finanzielle Führung 4.60 ff.
- Aufgabengliederung 4.66 f.
- finanzielle Handlungsfähigkeit 4.62 ff.
- Gesamtrisikoadäquanz 4.63
- Ressourcenallokation 4.70 ff.
- Ziel 4.60

Finanzielles Bemessungssystem 4.71
Finanzierung
- einer Holding 14.594 ff.
- Finanzierungsentscheidung 8.56; 10.64
- Finanzierungsmix 10.65
- Finanzierungsstruktur 10.156; 11.43
- Finanzierungstitel 9.78
- Finanzierungsverantwortung 8.33
- horizontale Finanzierungsregeln 10.87
- nichtfinanzieller Kapitalgesellschaften 10.74

Finanzierungsgesellschaft 11.6
- Kapitalschutz 11.140

Finanzinstrument
- Begriff 9.451 ff.
- Bewertung 9.459 ff.
- Bilanzierung 9.456 ff.
- derivatives 9.454
- Kategorien 9.452 ff.
- nach IFRS-Bewertung 9.449 ff.
- originäres 9.454
- Richtlinie 18.83
- Sicherungsinstrumente 9.247, 9.466 ff.

Finanzkommunikation 10.161 ff.
Finanzkonglomerate-RL 18.81
Finanzleiter 10.62 ff.
- Aufgaben 10.8
- Begriff 10.8
- digitaler 10.165 ff.
- Hebung Wertpotentiale, spezielle Aufgaben 10.124 ff.

Finanzmanagement *siehe auch Cash Management*
- zentrales 1.44; 8.40

Finanzmittelbeschaffung 10.135
Finanzplankredit 8.55 ff.
Finanzplanung 4.47
Finanzunternehmen
- Veräußerungsgewinnbefreiung 14.221

Finanzwirtschaft
- Analogieansatz 10.141
- Beiträge des Finanzleiters 10.62 ff.
- Cash Management *siehe dort*
- Kapitalstrukturpolitik 10.62 ff.
- Kapitalwertmethode 10.26 ff.
- Liquiditätsmanagement 10.81 ff.
- Risikomanagement 10.97 ff.
- Unternehmenswert *siehe dort*
- Wertanalyse 10.9 ff.
- Wertbeitragskennzahlen 10.46 ff.
- Wertpotentiale 10.124 ff.
- Wertschaffung 10.1 ff.; *siehe auch dort*

Firmentarifvertrag 12.154
Flexibilität
- als Holdingeigenschaft 2.60; 3.36; 4.12

Foreign Corrupt Practices Act (FCPA) 6.98
Foreign Exchange Geschäft 11.3
Formularvertrag bei Rechtswahl 13.9
Formwechsel
- bei SE-Gründung 17.10
- Ertragsteuer 14.368
- finanzielle Eingliederung 14.543
- grenzüberschreitender 15.88 ff., 15.155 f.; 18.43 ff.
- Grunderwerbsteuer 14.372
- Holdingerrichtung 3.98 ff.
- steuerliche Aspekte 14.365 ff., 14.398 ff.
- Umsatzsteuer 14.371

Freibetrag
- Einkommensteuergesetz 14.294
- Gewerbesteuergesetz 14.53

Freigabeverfahren
- bei SE-Gründung 17.82 f.

Freistellungsmethode 15.51, 15.62
Fremdfinanzierung
- aus steuerlicher Sicht 14.600 ff.
- dezentrale 4.67
- Rechtsformabhängigkeit 14.601

Fremdkapital 9.207; 10.71
- Fremdkapitalaufnahme 10.68
- Fremdkapitalgeber 10.70
- Fremdkapitaltitel 9.80

Fremd-Vergleichs-Prinzip 4.128
Friedenspflicht 12.155
Fristenkongruenz, Prinzip der 10.87
Frühwarnsystem
- Cash Management 11.131
- im Cash Pool 11.46
- strategisches Controlling 4.96

Führung der Holding
- aus betriebswirtschaftlicher Sicht 4.1 ff.
- Führungskosten 4.128
- Führungsphilosophie 4.142
- Führungsprinzipien *siehe dort*
- Führungsrolle 4.128
- Führungsstruktur 4.129 ff.; 17.6
- Führungssystem im Holdingverbund *siehe dort*
- Gestaltungskriterien 4.31
- Gremium (organextern) 4.137

Führungsfunktion der Holding 4.16 ff.
- als Gesellschafterin 4.19 ff.
- als Obergesellschaft 4.25 ff.
- Freudenberg-Gruppe, Beispiel 4.23
- Gestaltungskriterien 4.31
- Hauptaufgabenbereich 4.27
- Initiativ- und Unterstützungsfunktion 4.28

Führungsholding 14.313; *siehe auch Managementholding*
- Begriff 1.16 ff.; 2.7 ff.
- Merkmale unternehmerischer Beteiligung 2.8

Führungsprinzipien 4.34 ff.
- Gestaltung 4.35
- Integration und Koordination 4.36
- interne Faktoren 4.34
- verbundexterne Märkte 4.40

Führungssystem im Holdingverbund 4.42 ff.
- Corporate Identity 4.121 ff.

– dezentrale Konzernwirtschaft 4.65
– finanzielle Führung 4.60 ff.; *siehe auch dort*
– Führungseffektivität 4.55
– Grundstrategien 4.87 ff.
– normative Führung 4.45 ff.; *siehe auch dort*
– personelle Führung *siehe dort*
– strategische Führung *siehe dort*
– Zentralisierung 4.66
Fundatio Europaea (FE) 18.21
Funktionale Holdingführung 4.131
Funktionsholding 14.313, 14.517
– als Unternehmer nach UStG 14.519
Funktionsseparierung 3.181 ff.
– Managementvereinbarung 3.183 ff.
– Unternehmensvertrag 3.181 f.
Fusions-RL 15.55 f., 15.74
Fußstapfentheorie 14.304, 14.541
Future 10.116, 10.120

GAMMA-Entscheidung 8.83
Garantenpflicht
– des Compliance Officers 6.25
Gebergesellschaft 11.8
Gegenstromverfahren 4.84
Gelatine-Entscheidung *siehe Holzmüller/Gelatine-Rspr.*
Geldbuße 5.106 f.; 6.20, 6.37
Gemeinsamer Betrieb 12.212 ff.
– arbeitsvertragliche Konsequenzen 12.218
– einheitliche Leitung 12.213
– Indizien 12.215
– Personalführungsgesellschaft 12.216
– Prozessrecht 12.217
– Unternehmensvertrag 12.216
– Voraussetzungen 12.213 ff.
Gemeinschaftsunternehmen 9.352
– Begriff 2.11
– Konzernbetriebsrat 12.173
– Parität 12.91
Genossenschaft, eingetragene
– als Holding 3.32
– europäische 18.15 f.
– Gewerbesteuer 14.466 ff.
Genussrecht 9.35
Genussschein 9.229
Gerichtsstand im Arbeitsrecht
– internationale Zuständigkeit 13.27 ff.
– örtliche Zuständigkeit 13.27 ff.
– Rechtsprechungsüberblick 13.29
Gesamtbetriebsrat
– bei Entlassungen 12.162
– Errichtung 12.157 f.
– Zurechnung von Arbeitnehmern 12.159 f.
Gesamtkapitalkostensatz 10.35, 10.147
Gesamtplan-Rechtsprechung 14.260
Gesamtrechtsnachfolge 3.123; 14.171, 14.306, 14.381
Gesamtrisikoadäquanz 4.63
Gesamtunternehmensrendite 4.74
Gesamtverantwortung
– der Geschäftsleitung 5.10
Geschäftsaktivierungsstrategie 4.88
Geschäftsführung *siehe auch Vorstand*
– Aufgaben 5.17 ff.
– interne Überwachung *siehe dort*
– Rechtmäßigkeit 5.19 ff.
Geschäftsführungsvertrag 3.67
Gesellschaft bürgerlichen Rechts (GbR)
– als Holding 3.11, 3.13 f.
– als Unternehmen 9.34
Gesellschaft mit beschränkter Haftung (GmbH)
– als Holding 3.16 ff., 3.38; 19.16 ff.
– als Unternehmen des Holdingkonzerns 3.53
– Einpersonen-GmbH 8.76
– Geschäftsführung 3.18
– in der Schweiz 16.95 ff.
– in Liechtenstein 16.165 f.
– in Österreich 16.66 ff.
– Kapitalerhaltung 8.36
– Konzernbildung 3.210
– Konzernleitung 3.212 f.
– Mitwirkung Dritter 3.19
– nachteilige Weisung 8.74
– Rückstellungen 9.240
– Stammkapital 3.16
– Treuepflicht 8.71 ff.
– Vertretung 3.18
Gesellschafterdarlehen *siehe auch Darlehen*
– Abzugsbeschränkung bei Wertverlust 14.451 ff.
– als Abschlussposten 9.219, 9.226
– Anfechtbarkeit 8.47 ff.
– bei Überschuldung 20.39
– durch Dritte 8.46, 8.50
– Entsprechung 8.45
– Haftung 8.40 ff.
– insolvenzrechtliche Nachrangigkeit 8.44 ff.
– Risiken 11.86 ff.
Gesellschafterforderung 11.72
Gesellschafterfremdfinanzierung 14.602
– schädliche 14.118, 14.126
Gesellschafterkontinuität 3.35a
Gesellschaftersicherheit 8.40 ff.; 11.77 ff.
– Anfechtung 8.52 f.

Gesellschafterversammlung 19.17
- Verschmelzung 19.29 ff.
- Zuständigkeit 20.10

Gespaltene Arbeitgeberstellung 12.13
Gewerbebetrieb
- Einkünftequalifizierung 14.27

Gewerbesteuer 14.48 ff., 14.276, 14.299, 14.409
- bei Kapitalgesellschaften 14.466 ff.
- bei Personengesellschaften 14.476
- Doppel-/Mehrfachbelastung 14.49
- Doppelbesteuerung, Vermeidung 14.491
- Einkünftequalifizierung 14.27 ff.
- gesonderte Feststellung 14.569
- Gewerbeertrag 14.48, 14.476
- Gewerbeverlust 14.52
- Hinzurechnungsvorschrift 14.466
- Kürzungsvorschrift 14.466
- Organschaftsbegriff 14.571
- Organschaftsbesteuerung 14.571 ff.
- Schachtelprivileg 14.304, 14.468, 14.491 f.; 15.120
- Veräußerungsgewinn 14.54
- Zinsschranke 14.138; *siehe auch dort*

Gewerkschaft 12.135 ff.; 13.62 ff.
- International Framework Agreement (IFA) 13.49 ff.
- Tariffähigkeit *siehe dort*
- transnationale Vereinbarung 13.49 ff.

Gewinn
- Ausschüttung *siehe dort*
- Gemeinschaftsvertrag 3.57; 9.269
- Gewinnabschöpfung 5.102; 6.32
- Gewinnanspruch 9.167, 9.186
- Gewinnbesteuerung 14.445
- Gewinnerzielung 10.83
- Repatriierung 15.114 ff.
- Thesaurierung *siehe dort*
- Verwendungsregeln 4.64

Gewinn- und Verlustrechnung
- bei Nicht-Kapitalgesellschaften 9.66
- Gliederung 9.120
- in der Holding 9.116 ff.
- nach IFRS 9.422
- Umsatzerlöse 9.117 f.

Gewinnabführungsvertrag 3.57
- bei körperschaftsteuerrechtlicher Organschaft 14.554
- Cash Pool 11.55 ff.
- Finanzertrag 9.269
- isolierter 11.56; 12.53

Gewinnrealisierung 14.402 ff., 14.414 ff.
- Einschränkung 14.406

Gläubigerbegünstigung iSd StGB 11.113
Gläubigerschutz
- bei Liquidation 20.14 ff.
- Gläubigerausschuss 20.55
- Gläubigerversammlung 20.56
- HGB-Rechnungslegung 9.11
- in der Insolvenz 20.61 ff., 20.66
- Rechnungslegung 9.11

Gleichbehandlung nach WpÜG 3.158
Gleichstellungsthese 14.25
Gleichzeitige Prüfung 14.593
Good-faith-bargaining 13.63
Governance-Strukturen 6.134
Großaktionär 5.67
Großbritannien als Holding-Standort 16.115 ff.
- Private limited company (Ltd.) 16.119 ff.
- Public limited company (plc) 16.116 ff.
- steuerliche Holdingparameter 16.121 ff.

Grunderwerbsteuer
- bei Abspaltung 14.357
- bei Aufspaltung 14.357
- bei Ausgliederung 14.357
- bei Einbringung 14.318 ff., 14.388
- bei Formwechsel 14.372
- bei Verschmelzung 14.357, 14.363
- Organschaftsbesteuerung 14.591 f.

Grundlagenkompetenz 4.21
Gründung einer Holding 3.74 ff.; 14.168 ff.
- Anmeldung 3.88
- Bargründung 3.76 ff.; 14.168
- durch Formwechsel 3.98 f.; 14.365 ff., 14.398 f.
- durch Nachgründung 3.103, 3.134
- durch Verschmelzung 3.101; 14.358 ff., 14.392 ff.
- einstufige Errichtung 3.74
- gemischte Sachgründung 3.94
- Gründungsbericht 3.82
- Kapitalgesellschaft 3.79 ff., 3.87 ff.; 14.168 ff.
- Mantelgesellschaft 3.95 ff.
- Mischeinlage 3.94
- Mitbestimmung 3.104
- Personengesellschaft 3.76 f., 3.85 f.; 14.374 ff.
- Sachgründung 3.85 ff.; 14.168
- SE-Gründung 3.104a; 17.10 ff.
- Vorratsgesellschaft 3.95 ff.
- zweistufige Errichtung 3.74

Gründungsgesellschaft 17.49 ff., 17.79, 17.91
Gründungsplan bei SE 17.15 ff.
- Aktienübertragung der SE 17.18
- Ausgleichsleistung 17.17
- Festlegung des Grundkapitals 17.19

- Gründungsbericht 17.21 ff.
- Mindestprozentsatz 17.20
Günstigkeitsvergleich 13.10, 13.16

Haftung 8.1 ff.
- bei Complianceverstoß *siehe Haftung bei Complianceverstoß*
- bei Gesellschafterdarlehen 8.40 ff.; *siehe auch dort*
- bei Gesellschaftersicherheit 8.40 ff.
- beteiligungsspezifische 8.33
- Beweislastumkehr 8.75
- culpa in contrahendo 8.21
- Deliktshaftung 8.19 ff.; *siehe auch dort*
- Durchsetzung 8.96 ff.
- EU-Recht 18.26
- Existenzvernichtungshaftung *siehe dort*
- Haftungstrennung 8.9 ff.
- im Abgabenrecht 14.570, 14.617
- im faktischen Konzern 8.69 ff.
- im Kapitalerhaltungsrecht 8.34 ff.
- im qualifizierten Verbund 8.78 ff.
- in Organschaftsfällen (AO) 14.570
- kartellrechtliche Haftung 8.27 ff.
- Konkurrenz 8.108 ff.
- leitungsspezifische 8.62 ff.
- nach HGB 8.89
- „oben für unten“ 8.13 ff.
- Sphärenvermischung 8.94
- Umwelthaftung 8.24
- Unterkapitalisierung 8.90 ff.
- Verlustausgleich 8.62 ff.
- Vertragshaftung 8.19 ff.
- Vertrauenshaftung 8.26; 12.49
Haftung bei Complianceverstoß
- der gesetzlichen Vertreter 6.19
- des Aufsichtsrates 6.22
- des Betriebsinhabers 6.17 f.
- des CCO 6.25 ff.
- des Unternehmens 6.31 f.
- Gewinnabschöpfung 6.32
- Haftungsmilderung 6.33 ff.
- unterer Hierarchieebenen 6.23 ff.
Haftungsdurchgriff 12.43
- Existenzvernichtungshaftung 8.95; *siehe auch dort*
- Sphärenvermischung 8.94
- Subsidiarität 12.109
- Unterkapitalisierung 8.90 ff.
- Vermögensvermischung 8.89
Haftungsmaßstab 5.97 f.; 8.75
Haftungsrisiko
- im Cash Management 11.5
Haftungsverbund 11.11
Halbeinkünfteverfahren 14.446
Handelsregister
- bei Beschlussmängelklage 17.81 ff.
- bei Verschmelzung 19.26, 19.36, 19.39
Hauptversammlung
- Auskunftsrecht 3.27; 7.60
- bei SE-Gründung 17.30, 17.49 ff.
- bei Veräußerung der Tochtergesellschaft 19.5 ff.
- bei Verschmelzung 19.29 ff.
- Bekanntmachungen 7.55
- Einwirkungsmöglichkeit 3.28
- Holzmüller/Gelatine-Rspr. *siehe dort*
- Leitungskontrolle 7.49 ff.
- Unterlagen 7.55
- Vorabinformation der Anteilsnehmer 17.51
- Zuständigkeiten 3.27; 7.49 ff.; 19.46 ff.; 20.10
Haustarifvertrag 12.140
Hedge 10.116
- Cash Flow Hedge 9.471
- Fair Value Hedge 9.470
- Hedge Accounting 9.466
Hedging 9.242
Hereinspaltung 15.143
Herstellungskostenprinzip 9.110, 9.443
Hin- und Herzahlen 11.97
Hinausspaltung 15.76
Hinausverschmelzung 15.68 ff.
Hinweisgebersystem 6.125 ff.
- Bankenbereich 6.126
- Verpflichtung 6.128 f.
Hinzurechnungsbesteuerung
- ATAD I, Reform 15.110 ff.
- ausländische Ein-/Verkaufsgesellschaften 14.162
- ausländische Holding-/Finanzierungsgesellschaften 14.163 ff.
- Exkulpation nach ATAD I 15.113
- Gewerbesteuer 14.466
- internationale Standortwahl 15.27 ff., 15.96 ff., 15.125
- Konsolidierung 15.100
- passive Einkünfte 15.97
- Richtlinie zur Bekämpfung von Steuervermeidungspraktiken 15.32
- Vermeidung 14.157 ff.
Höchstarbeitszeiten 13.25, 13.60
Holding
- Allianzfähigkeit der Unternehmensgruppe 2.40
- als Arbeitgeber 12.1 ff.
- als Finanzunternehmen 14.221
- assoziiertes Unternehmen 2.10

- ausländische/inländische 14.1
- Begriff *siehe Holdingbegriff*
- beherrschender Einfluss 2.12
- erbschaftsteuerliche Verschonung 14.154 ff.
- Gründe für Errichtung 2.22 ff.
- Gründung *siehe Gründung einer Holding*
- Haftungsbegrenzung 2.42
- Interessen der Gesellschafter 2.23
- Kontroll- und Informationsanforderungen 2.43 f.
- konzernleitende 2.13 f., 2.54 ff.
- Mitwirkung an Entscheidungen der Tochtergesellschaft 3.197
- Nachteile 2.43 f.
- Organträger-Holding 14.1
- Ort der Geschäftsleitung 14.147 ff.
- Rechtsformen 2.21; 14.6 ff.; *siehe auch Rechtsformen der Holding*
- Risikomanagement 2.41
- Transparenz, Flexibilität 2.37
- Übertragung von Vermögensgegenständen 3.68a
- Umqualifizierung Einkünfte 14.92 ff.
- Unternehmereigenschaft nach UStG 14.516
- Verbundvorteile 2.36
- virtuelle 7.18
- Vorteile 2.34 ff.
- Zerschlagung *siehe dort*

Holdingarbeitsvertrag 12.36

Holdingbegriff 1.11 ff.; 2.1; 14.1 ff.
- Definitionskriterien 1.13 ff.
- funktionale Differenzierung 1.14 ff.
- hierarchische Differenzierung 1.25 ff.
- iSd Wirtschaftswissenschaften 1.12
- operative Gesellschaften 1.28
- regionale Ausrichtung 1.30 ff.

Holdinggeschichte 1.8 ff.

Holdingklausel 3.188

Holdingkonzepte 1.1 ff.
- Auslöser 1.3
- betriebswirtschaftliche Vorteile 1.2
- Divisionalisierung 1.4
- rechtliche Gründe 1.7
- Rechtsformen der Holding *siehe dort*

Holdingkonzern 1.29; 3.119
- ausländischer 1.30
- Begriff 2.58
- Cashmanagement 2.66
- Führung 4.2
- inländischer 1.30
- internationaler 1.31
- mehrstufiger 8.65
- Migros 4.15
- Nachteile 2.76 ff.
- nationaler 1.31
- Neutralität 2.73
- Risikomanagement 2.67
- Vorteile 2.54 ff.

Holdingmerkmale
- Dauerhaftigkeit 3.35a
- Dezentralisierung, Konzernleitung 3.43
- Flexibilität, Geschäftsführungsautonomie 3.36 ff.
- Kriterien der Rechtsformwahl 3.33 ff.
- Rechtsfähigkeit 3.35

Holding-SE, Gründung
- Beurkundung 17.54
- Einbringung der Anteile der Gründungsgesellschaft 17.58 ff.
- Einbringungswahlrecht 17.59
- Form 17.34
- Gründungsprüfung 17.36 ff.
- Mindestquotenphase 17.60 ff.
- Offenlegung 17.35, 17.64
- Prüfungsbericht 17.41
- Umtauschverhältnis 17.39, 17.58 ff.
- Zaunkönigphase 17.65 ff.
- Zustimmung 17.53 ff.

Holding-Standorte, ausländische
- Belgien 16.141 ff.
- Großbritannien 16.115 ff.
- Hongkong 16.204 ff.
- Liechtenstein 16.162 ff.
- Luxemburg 16.4 ff.
- Niederlande 16.35 ff.
- Österreich 16.63 ff.
- Schweiz 16.91 ff.
- Singapur 16.218 ff.
- USA 16.181 ff.

Holdingtypische Strukturen 4.4 ff.
- Einflussfaktoren 4.36

Holzmüller/Gelatine-Rspr. 3.192; 7.51; 19.13 ff.
- bei Tochtergesellschaften 7.57

Hongkong als Holding-Standort 16.204 ff.
- Rechtsformen 16.204 f.
- steuerliche Holdingparameter 16.206 ff.

Horizontaler Unternehmensverbund 14.582

Horizontaler Verlustausgleich 14.81

Hurdle Rate 10.147

IDW PS 980 6.40

Immaterielle Vermögenswerte
- Entwicklungskosten 9.502
- Erstbewertung 9.503
- nach IFRS-Bewertung 9.499

Immobiliengesellschaft 9.192, 9.197
Immobilienprojektgesellschaft 15.25
Immobilienvermögen nach IFRS 9.507
Imparitätsprinzip 9.11, 9.243
Individualbesteuerungsgrundsatz 14.26
Informationsdurchgriff 12.183
Informationspflicht
- bei Unternehmensverkauf 6.102
- vor Entlassungen 12.162
Inhaltskontrolle
- bei internen Richtlinien 6.85
Inhouse Banking System 11.2
Initial Public Offering (IPO) 10.149 f.; *siehe auch Börsengang*
Inkongruente Konfusion 14.310
Inlandsbezug 13.21
Innenfinanzierung 14.596
Insolvenz 20.22 ff.
- Absonderungsrecht 20.63
- Antragstellung 20.41 ff.
- Aussonderungsrecht 20.62
- „Chapter 11"-Verfahren 20.74
- Eigenverwaltung 20.65 ff.
- Eröffnungsverfahren 20.44 ff.
- Geldvorfinanzierung 20.90
- Gesellschafterdarlehen 8.44
- grenzüberschreitende 20.85 f.
- Insolvenzantragspflicht 5.104
- Insolvenzgeld 20.90 ff.
- Insolvenzgläubiger 20.61 ff.
- Insolvenzgründe 20.24 ff.
- Insolvenzmasse *siehe dort*
- Insolvenzplanverfahren 20.68 ff.
- Insolvenzverschleppung 5.103; 20.42
- Insolvenzverwalter 20.51
- Konzerninsolvenzverfahren 20.78 ff.
- Liquidation 20.20 f.
- Verfahrensbeendigung 20.60
- Verfahrensgrundsätze 20.23
- vorläufiger Insolvenzverwalter 20.44 ff.
Insolvenzmasse
- fehlende 20.47
- Gläubiger 20.64
- Verbindlichkeit 20.46
- Verwertung 20.68
Integration
- Konzernfinanzierungsmaßnahmen 10.148 ff.
- Konzernstrukturierungsmaßnahmen 10.148 ff.
Internal Rate of Return 10.37
International Accounting Standard 9.408; *siehe auch International Financial Reporting Standard (IFRS)*
International Financial Reporting Standard (IFRS) 9.4, 9.408 ff.
- Abfindungsklausel 9.521
- Abschluss nach IFRS 9.418 ff.
- Abschlussposten, typische 9.498 ff.
- Bewertung nach IFRS 9.438 ff.
- Bilanzierung 9.434 ff.
- Bilanzierungsgrundsätze 9.429 ff.
- ED/2019/7 General Presentation and Disclosures 9.424a ff.
- Eigenkapitalveränderungsrechnung 9.425
- Finanzinstrumente 9.449 ff.
- Fremdwährungsbeträge 9.487
- Gewinn- und Verlustrechnung 9.422
- Gläubigerrechte 9.522
- HGB-Vergleich 9.413 ff.
- immaterielle Vermögenswerte 9.499
- Informationsfunktion 9.413
- Kapitalflussrechnung 9.425; *siehe auch dort*
- Konzernabschluss nach IFRS 9.478 ff.; *siehe auch dort*
- Kündigungsklausel 9.521
- Lagebericht 9.428
- Leasingverhältnisse 9.508 ff.
- rechtliche Grundlage 9.408 ff.
- Rückstellungen 9.531 ff.
- Sachanlagen 9.504
- Segmentberichterstattung 9.426
- Stammaktien 9.520
- Vermögenswert nach IFRS 9.435
- Versorgungsverpflichtungen 9.537 ff.
- Vorratsvermögen 9.530 ff.
International Framework Agreement (IFA) 13.49 ff.
- Geschichte 13.50 ff.
- Inhalt, typischer 13.56 ff.
- Referenzobjekt 13.55
- Verbesserung für Arbeitnehmer 13.62 ff.
- Verbote 13.57
Internationales Schachtelprivileg *siehe Schachtelprivileg*
Interne Revision
- in der Holding 5.36, 5.49 ff.
- konzernweite 5.83 f.
Interne Richtlinie 6.61
- Arbeitnehmerbeteiligung 6.66 ff.
- Inhaltskontrolle 6.85
- rechtliche Grenzen 6.80
Interne Überwachung 5.8 ff.
- Abgrenzung 5.85 ff., 5.90 ff.
- Begriff 5.2
- Beteiligungsüberwachung *siehe dort*
- Erfordernis 5.9 ff.

- Formen 5.5
- Gegenstand 5.17 ff.
- im Konzern 5.55 ff.
- in der Holding 5.8 ff.
- Instrumente der Überwachung 5.28 ff.
- Sanktionen bei Verstoß 5.96 ff.
- Vorstandsaufgabe 5.8 ff.

Internes Kontrollsystem 5.38
- konzernweites 5.76 ff.

Intra Group Compliance Agreement (IGCA) 6.161 ff.
- Auslandsgesellschaften 6.162

Investition
- Controlling 4.98
- Investitionsautonomie 4.73
- Investitionsentscheidung 10.64
- Investitionsschlüssel 14.526
- Investor Relations 10.161
- Investorenvereinbarung 3.154
- Projekt 10.4
- strategischer Investor 10.154

Investment Firms Directive (IFD) 18.88

Investment Firms Regulation (IFR) 18.88

Investorenholding 3.105 ff.
- Begriff 2.18
- Gründung 3.105 ff.

Jahresabschluss 7.15; 9.62 ff.
- Anhang 9.124 ff., 9.124 ff.
- Bilanz *siehe dort*
- Bilanzeid 9.16
- Gewinn- und Verlustrechnung *siehe auch dort*
- Gliederung 9.62 ff.
- in der Holding 9.1 ff.
- Informations-/Dokumentationsfunktion 9.14
- Inhalt 9.62 ff.
- Kapitalgesellschaft 9.8
- Kaufmann 9.7 ff.
- Lagebericht 9.13, 9.137 ff.
- Meldepflichten 9.132
- Offenlegung 9.126 ff.
- Prüfung 9.587 ff.
- Rechenschaftslegung 9.15
- Rechnungslegung *siehe dort*
- Umfang 9.62
- Zweck 9.13 ff.

Kapital
- als Abschlussposten 9.152
- Eigenkapital *siehe dort*
- Fremdkapital *siehe dort*
- Kapitalanlageüberwachung 5.62
- Kapitalherabsetzung 9.158
- Kapitalkonsolidierung 9.339 ff.
- Kapitalkosten 10.4, 10.10
- Kapitalkosten von E.ON SE 10.137
- Kapitalkosten, differenziert 10.135 ff.
- Kapitalrendite 10.48
- Kapitalrückzahlung 9.159, 9.191
- Kapitalverflechtung 11.17; 12.106
- Kapitalwertmethode 10.26 ff., 10.35
- Kapitalwertrate 10.41
- Preisvergleichswerkzeug 10.32
- Subvention 9.289
- Unterkapitalisierung *siehe dort*

Kapitalausstattung
- der Holding 3.68a f.

Kapitalerhaltung
- bei der AG 8.34
- bei der GmbH 8.36
- Cash Pool 11.56
- Haftungsfragen 8.34 ff.

Kapitalerhöhung 7.58
- als Abschlussposten 9.153, 9.182
- Anteilstausch 14.595
- aus Gesellschaftsmitteln 9.182
- Barkapitalerhöhung 11.100
- bei Verschmelzung 19.35
- Cash Pool 11.93
- Sachkapitalerhöhung 11.101

Kapitalertragsteuer 14.64, 14.87, 14.597
- Abzug 14.432
- Einbehalt deutscher 15.123 f.

Kapitalflussrechnung 9.364 ff.
- aus Finanzierungstätigkeit 9.378
- aus Investitionstätigkeit 9.375
- aus laufender Geschäftstätigkeit 9.371
- nach IFRS 9.425

Kapitalgeber
- Informationsprobleme 10.76
- Überwachungsprobleme 10.76

Kapitalgesellschaft
- Abschirmwirkung 14.36
- als ausländische Zwischenholding 15.10 ff.
- als Holding 14.7
- Anteilsveräußerung 14.216
- Dividendenbesteuerung *siehe dort*
- Einbringung 14.170 ff.; 15.52 ff.
- Einkünftequalifizierung 14.27
- Einkünftezurechnung 14.22
- Erbschaftsteuer 14.70
- Formwechsel 14.365 ff.
- Gewerbesteuer 14.51, 14.466 ff.
- Gewinnanteilbesteuerung 14.445

- Haftung 8.10, 8.23
- Jahresabschluss 9.1 ff., 9.62, 9.126
- Körperschaftsteuer *siehe dort*
- Meldepflichten für Beteiligungen 9.132 ff.
- nicht-finanzielle 10.74
- Offenlegung 9.132
- Rechnungslegung 9.19, 9.85
- Stand-alone-Klausel 14.129
- steuerliche Gestaltung 14.73, 14.80, 14.103
- steuerneutrale Auflösung 14.421
- Steuersubjekteigenschaft 14.13, 14.35
- Thesaurierung 14.59
- Veräußerung von ausländischen 15.46 ff.
- Vermeidung Hinzurechnungsbesteuerung 14.157 ff.

Kapitalisierungszinsfuß 10.35
Kapitalisierungszinssatz 9.206
Kapitalmarkt 10.22
- EU-Recht 18.79 ff.
- holdingverbundinterner 4.70
- internalisiert 4.42

Kapitalrücklage 11.99
- Einkommensteuerrecht 14.411 ff.

Kapitalschutz
- im Cash Pool 11.140

Kapitalstruktur 10.4, 10.66, 10.68, 10.72 f.
- Kapitalstrukturpolitik 10.62 ff.
- optimale 10.78
- Verantwortung 4.72
- zukünftige 10.143

Kapitalverkehrsfreiheit 14.181, 14.199, 14.436, 14.533; 18.22 ff.
- Bedeutung für die Holding 18.25 ff.
- Gewährleistungsgehalt 18.23 f.

Kartellrecht
- Bonus-Regelung 6.51
- Bundeskartellamt 8.29
- Control-Management-System 6.52
- Durchgriffsschranken 5.102
- EU-Recht 8.27, 8.31 f.
- Gesamthaftung 8.31 f.
- Konzernverantwortung 8.27 ff.
- Rechtsverletzung 5.102; 6.5

Kaskadeneffekt 14.117, 14.435, 14.454
Kassenhaltung 10.129
Kinderarbeit 13.57
Kleinbeteiligtenprivileg 8.59
Kleinstkapitalgesellschaft 9.24, 9.73
Klumpenrisiko 11.15, 11.45
Kollisionsregel
- bei Datentransfer 13.69 ff.

Kommanditgesellschaft (KG)
- als Holding 3.11, 3.14, 3.38

Kommanditgesellschaft auf Aktien (KGaA) 14.376
- als Holding 3.29, 3.39

Kommunikation der Wertschaffung 10.161 ff.
Kompensationspflicht 8.64
Komplementär-Kapitalgesellschaft 12.110
Konfidenzniveau 10.109
Konfusion
- bei Spaltung 14.346
- inkongruente 14.310

Konsolidierung 9.337 ff.
- assoziiertes Unternehmen 9.357
- Aufwandskonsolidierung 9.356
- Entkonsolidierung 9.351
- Erstkonsolidierung 9.341
- Ertragskonsolidierung 9.356
- Kapitalkonsolidierung 9.339 ff.
- Konsolidierungskreis 9.323 f., 9.480 f.
- nach IFRS 9.489
- Quotenkonsolidierung 9.352
- Schuldenkonsolidierung 9.354
- Wahlrecht 9.324
- Zwischenergebniseliminierung 9.355

Konsortialvereinbarung 3.173; 4.10
Kontokorrent 11.90
KonTraG 5.29
Konzern
- Konzernarbeitgeberverband 12.148
- Konzernarbeitskampf 12.151
- Konzernaufsichtsrat 5.56
- Konzernbetriebsvereinbarung 12.181 ff.; 13.67
- Konzerneinheitlichkeit 12.156
- Konzernfinanzwirtschaft 4.65
- Konzerninsolvenzverfahren 20.78 ff.
- Konzernklausel 3.187
- Konzernkultur 4.54
- Konzernleihe 12.8
- Konzernrecht der SE 17.71 ff.
- Konzerntarifvertrag 12.135 ff.
- Konzernvertrauenshaftung 8.26
- Konzernvorstand 5.56
- Konzernwirtschaftsausschuss 12.183
- Leitungspflicht des Konzerns 5.55
- Stammhauskonzern 2.58

Konzern im Konzern
- Begriff 1.38; 5.97
- Konzernbetriebsrat 12.171
- Mitbestimmung 12.97 ff., 12.133

Konzernabschluss nach HGB 7.15; 9.299 ff.
- Anhang 9.390 ff.
- Bewertung 9.325 ff.

- Bilanzierung 9.325 ff.
- Eigenkapitalveränderungsrechnung 9.381
- Einheitstheorie 9.58, 9.315, 9.484
- Inhalt des Abschlusses 9.314
- Kapitalflussrechnung 9.364; *siehe auch dort*
- Konsolidierung 9.337; *siehe auch dort*
- Konsolidierungskreis 9.323 f.
- Konzernabschluss nach IFRS *siehe dort*
- Konzernbilanz 9.314
- Konzernlagebericht 9.396
- Pflicht 9.302
- Prüfung 9.587 ff.
- Segmentberichterstattung 9.385 ff.
- Überblick 9.299 ff.
- Unternehmensanteil 9.58
- Unterschiede zu IFRS 9.413 ff.

Konzernabschluss nach IFRS 9.478 ff.
- Aufstellungspflicht 9.480 f.
- Bestandteile 9.478 ff.
- Bewertung 9.484 ff.
- Grundsätze 9.478 ff.
- Kapitalkonsolidierung 9.489 ff.
- Konsolidierungskreis 9.480 f.

Konzernbegriff
- bilanzrechtlicher 1.54
- eindimensionale Holding 1.36
- einheitliche Leitung 1.37 ff.; *siehe auch dort*
- Holding als herrschendes Unternehmen 1.35
- Konzern im Konzern 1.38; 5.97
- konzernrechtlicher 1.34 ff.
- Problemstellung 1.33
- Vermutungen 1.39 ff., 1.45 ff.
- wirtschaftliche Abhängigkeit 1.43

Konzernbetriebsrat 12.163 ff.
- bei eindimensionaler Holding 12.168
- bei Gemeinschaftsunternehmen 12.173
- bei internen Richtlinien 6.69 f.
- beim Mischkonzern 12.174
- beim Teilkonzern 12.171
- Bildung 12.163 ff.
- Konzern im Konzern 12.171
- Konzernbegriff 12.167 ff.
- Konzernwirtschaftsausschuss 12.183 f.
- Unterkonzern 12.171
- Unternehmensbegriff 12.167 ff.
- Unterordnungskonzern 12.167
- Zuständigkeit 12.175 ff., 12.189

Konzernbildung 3.186 ff., 3.186 ff., 3.208 ff., 3.212 f.
- bei herrschender AG 3.186 ff.
- bei herrschender GmbH 3.210 f.
- bei herrschender Personengesellschaft 3.208 f.
- Mitwirkungsrechte 3.191 ff.
- satzungsmäßige Ermächtigung 3.186

Konzerngeschäftsführung 4.69
- Liquiditätsverantwortung 11.109

Konzernkontrolle
- Pflicht 5.55

Konzernleitende Holding
- Begriff 2.13 f.

Konzernleitung
- Doppelmandate 3.202a
- Mitwirkungsvorbehalte 3.202 ff.
- Rechtsfolgen bei Verstoß 3.207

Konzernleitungskontrolle 7.60
- bei Holding-GmbH 7.62
- durch Hauptversammlung 7.49 ff.
- Informationsrecht 7.60 f.

Konzernprivileg
- Bundesdatenschutzgesetz 13.82
- Datenschutzrichtlinie 13.82
- gewerbsmäßige Entsendung 13.31
- grenzüberschreitende Entsendung 13.33 ff.
- Personalführungsgesellschaft 13.37
- vorübergehende Entsendung 12.8; 13.36

Konzernprüfung nach AO 14.593
- gleichzeitige Prüfung 14.593

Konzernvermutung 1.40 ff.
- Widerlegung 1.45 ff.

Konzernwirtschaftsausschuss
- Informationspflicht 12.183a

Kooperationsholding
- Begriff 2.18

Körperschaft des öffentlichen Rechts
- als abhängiges Unternehmen 12.90

Körperschaftsteuer 14.35 ff., 14.272; *siehe auch Einkommensteuer*
- Abzugsbeschränkung bei Gesellschafterdarlehen 14.451 ff.
- Abzugsbeschränkung bei Kapitalanteilen 14.446 ff.
- bei Kapitalgesellschaft 14.427 ff.
- Bruttomethode 14.471, 14.561 ff.
- Dauerüberzahlung 14.433 f.
- Dividendenbesteuerung *siehe dort*
- Doppelbesteuerung, Vermeidung 14.486 ff.
- Finanzierungskosten 14.454 ff.
- Gewinnanteilbesteuerung 14.445
- Körperschaftsteuererhöhungsbetrag 14.345
- Körperschaftsteuerguthaben 14.345
- Organschaftsbesteuerung 14.530 ff.
- Subjekt 14.177

Korrespondenzprinzip 14.197, 14.289
- materielles 14.431

Korruptionsvermeidung 6.5

Kredit
- European Market Infrastructure Regulation 18.82
- Kreditwesengesetz 6.10
- Management 4.67

Kreditinstitute
- regulatorische Anforderungen für Holdingunternehmen 3.1

Kreislaufmodell 10.98

Kündigung
- abgeordneter Arbeitnehmer 12.73
- Änderungskündigung 12.21
- betriebsbedingte 12.65 ff., 12.74
- Betriebsrat 12.162; 13.19
- gemeinsamer Betrieb 12.218
- im Holdingbereich 12.62 ff.
- Kündigungsklausel 9.521
- Massenentlassungen 12.162
- unternehmensbezogene 12.62
- verhaltens-/personenbedingte 12.64, 12.73
- Weiterbeschäftigungspflicht 12.68 ff.

Lagebericht
- Inhalt 9.137 ff.
- Konzernlagebericht 9.396
- nach IFRS 9.428

Landesholding
- Begriff 2.20

Latente Steuern 9.96 ff., 9.334 f.
- aktive 9.98
- nach IFRS 9.545
- passive 9.97

Laufende Besteuerung
- bei nationaler Holding 14.427 ff.
- Dividendenbesteuerung *siehe dort*
- einer ausländischen Zwischenholding 15.94 ff.
- Einkommensteuer *siehe dort*
- Gewerbesteuer *siehe dort*
- Gewinnanteilbesteuerung 14.445
- Konzernprüfung 14.593
- Körperschaftsteuer *siehe dort*
- Organschaftsbesteuerung *siehe dort*
- Umsatzsteuer 14.515 ff.

Leasingverhältnisse
- Bewertung nach IFRS 9.508 ff.

Legal Due Diligence 6.97

Legalitätsprinzip 3.53; 14.427; *siehe auch Compliance*

Leistungsverweigerungsrecht 11.82; 12.200

Leitungskontrolle 14.427; *siehe auch Konzernleitungskontrolle*

Leitungsverantwortung
- Führungsholding 1.18

Liechtenstein als Holding-Standort 16.162 ff.
- Aktiengesellschaft (AG) 16.163 f.
- Gesellschaft mit beschränkter Haftung (GmbH) 16.165 f.
- steuerliche Holdingparameter 16.167 ff.

Limitation-language 11.65, 11.83

Limitation-on-benefits-Klausel 15.37

Liquidation 20.9 ff.
- Alternativen 20.19
- Besteuerung 14.420
- Betriebsaufgabe 14.422
- Betriebsveräußerung 14.422
- einer ausländischen Zwischenholding 15.129 ff.
- Gläubigerschutz 20.14 ff.
- Insolvenz 20.20 f.
- Liquidationsverlust 14.446
- Liquidationswert 9.201
- steuerliche Aspekte bei nationaler Holding 14.419 ff.
- steuerneutrale Auflösung 14.421, 14.423
- Zustimmung 20.10

Liquidität 10.3
- Ausschüttungssperre 11.67; *siehe auch dort*
- Cash Management 11.9 f., 11.139
- Liquidität 1. Grades 10.90
- Liquidität 2. Grades 10.90
- Liquiditätsbilanz 11.72
- Liquiditätslücke 20.29
- Liquiditätsmanagement 4.67; 10.81 ff.
- Liquiditätsplanung 10.82, 10.84
- Liquiditätsschutz 11.67
- Liquiditätsverantwortung 11.109
- Liquiditätsverbesserung 10.70
- Liquiditätsvorsorge 10.83
- Liquiditätszusage 8.20
- Liquidity at Risk 10.95
- Liquidity Value at Risk 10.95

Lizenzeinkünfte 15.97

Loyalitätspflicht 6.80

Luxemburg als Holding-Standort 16.4 ff.
- Société à responsabilité limitée (S.à.r.l.) 16.7 f.
- Société Anonyme (S.A.) 16.5 f.
- steuerliche Holdingparameter 16.9 ff.

Mäanderstruktur 14.434, 14.597

Management
- Informationsprobleme 10.76
- Managementvereinbarung 3.66, 3.183
- Überwachungsprobleme 10.76

Managementholding 2.5; 9.42; 14.313
- Begriff 1.16 ff.; 2.7 ff.
- einheitliche Leitung 2.55 ff.
- Grenzen der Leitungsmacht 2.57
- HGB-Konzernabschluss 9.300
- konzernleitende Holding 2.54
- Merkmale unternehmerischer Beteiligung 2.8
- strategische/operative Holding 2.15 ff.
- typische Entwicklung 3.117
- Vor- und Nachteile 2.54 ff.

Mantelgesellschaft 3.95 ff.
Mantelkauf 14.141
Markets in Financial Instruments Directive 18.83
Markt
- Marktprinzip 4.44
- Markt-Produkt-Kombination 4.80
- Marktrisiken 10.115
- Marktzins 10.116

Marktwert 4.32
- Eigenkapital 10.145
- Fremdkapital 10.145
- Marktwertbilanz 10.19

Massenentlassungen 12.162; 13.19
Maßgeblichkeit
- Grundsatz der 14.336

Matrixstruktur 6.82; 12.171
Mehrfacharbeitsverhältnis 12.29, 12.122
Mehrfachbelastung 14.49
Mehrwertsteuergruppe 14.580
Mergers and Acquisitions
- Compliance-Management-System 6.48
- Finanzierungsstruktur 10.156

Migros
- Holdingkonzern 4.15

Minderheit
- Beteiligungsüberwachung 5.61
- übertragende Auflösung 19.44

Mindestquotenphase 17.60 ff.
Mindestsolidität 11.137
Mischholding 1.21
Mitbestimmung
- Arbeitnehmerbegriff 12.82
- auf unterer Konzernebene 12.133 f.
- ausländisches Recht 12.79
- bei Arbeitnehmerüberlassung 12.115 ff.
- bei Umstrukturierungen 12.94
- Beibehaltungsgesetz 12.94
- DrittelbG 12.124; *siehe auch dort*
- Gründung einer Holding 3.104
- in der SE 3.55a; 17.1, 17.30, 17.45 ff.
- in der Tochtergesellschaft 12.95 f.
- internationaler Holdingkonzern 12.92
- Konzern im Konzern 12.97 ff., 12.133
- Mitbestimmungsgesetz 12.75 ff.
- Teilkonzern 12.104 ff.
- Tendenzschutz 12.76
- Theorie der Wirksamkeitsvoraussetzung 6.72
- Unternehmensbegriff 12.78, 12.89
- Voraussetzungen 12.78 ff.
- Zurechnung von Arbeitnehmern 12.159 ff.
- Zurechnung von Tochtergesellschaften 12.87 ff.

Mitunternehmeranteil
- Einbringung 14.250 ff.
- Fiktion 14.333
- Veräußerungsgewinnbefreiung 14.219

Modigliani/Miller-Theorem 10.62
MoMiG 8.42, 8.57; 11.22, 11.31, 11.55
Monte-Carlo-Simulation 10.106
Motivation 4.113 ff.
- Mentor/Coach 4.114
- Risikokapital 4.114
- Selbstverwirklichung 4.115

MotoMeter-Methode 19.41
Multiplikatoreneffekt 4.7
Mutterschutz 13.19
Mutter-Tochter-RL 14.597; 15.38

Nachbehaltensfrist 14.324
Nachgründung 3.103, 3.134
Nachhaltigkeitsrating 6.49
Nachschuss 9.154, 9.177
Nachsteuer 14.18, 14.462
Nach-Steuer-Rechnung 10.36
Nachteil
- Ausgleichspflicht 5.59, 5.93
- bei der GmbH 8.71 ff.; 11.107 f.

Nachversteuerung 14.58, 14.86, 14.296
Navigatorfunktion 4.95
Negativer Kaufpreis 9.166
Negativerklärung 17.79
Nehmergesellschaft 11.10
Nemo-tenetur-Grundsatz 6.119
Net Present Value (NPV) 10.31
Netting, multilaterales 10.131; 11.1
Neubewertungsbilanz 9.337
Neubewertungsrücklage 9.444
Neutralität
- als Holdingeigenschaft 2.73; 3.42; 4.8
- als Umsatzsteuergrundsatz 14.515, 14.580

NewCo-Verschmelzung 3.148
Nichtigkeitsklage
- bei SE-Gründung 17.81
- Bestandsschutz 17.83

Niederlande als Holding-Standort 16.35 ff.
- B.V. 16.38 f.
- N.V. 16.36 f.
- steuerlicher Holdingparameter 16.40 ff.

Niederlassungsfreiheit 14.168, 14.179 ff., 14.199, 14.472, 14.533 f., 14.548; 18.22
- Bedeutung für die Holding 18.25 ff.
- Gewährleistungsgehalt 18.23 f.

Niederstwertprinzip 9.102, 9.530
Normative Führung 4.45 ff.
- Einflussverlagerung 4.59
- Freudenberg-Gruppe, Beispiel 4.45
- Gegenstand 4.45
- Inhalt 4.52
- Integration 4.59
- Konzernrichtlinien 4.51
- konzernweite Kultur 4.54 ff.
- Unternehmensgrundsätze 4.51
- Verfahrensrichtlinien 4.53

Offene Handelsgesellschaft (OHG)
- als Holding 3.11, 3.14, 3.38

Offenlegung
- des Gründungsplans 17.35
- Jahresabschluss 9.126 ff.
- von Beteiligungsverhältnissen 9.126 ff.

Öffentlichkeitsarbeit 5.24
Opportunitätskosten 10.84
Option 10.120
- als Abschlussposten 9.178
- Devisenoption 10.122
- Optionsverschonung 14.70

Ordnungswidrigkeit 5.106 f.; 6.3
Organisationsautonomie 12.78
Organschaftsbesteuerung 14.529 ff.
- doppelte Verlustnutzung 14.558
- finanzielle Eingliederung 14.538, 14.586
- Gewerbesteuer 14.571 ff.
- Gewinnabführungsvertrag 14.554 ff.
- Grunderwerbsteuer 14.591 f.
- Haftung nach AO 14.570
- Körperschaftsteuer 14.530 ff.
- Mehrmütterorganschaft 14.585
- Mehrwertsteuergruppe 14.580
- Organgesellschaft 14.532, 14.573, 14.584
- organisatorische Eingliederung 14.588 ff.
- Organträger 14.536, 14.572, 14.583
- Organträgerbetriebsstätte *siehe dort*
- Steuerschuldner 14.578
- Über-/Unterordnungsverhältnis 14.582
- Umsatzsteuer 14.579 ff.
- Verfahrensfragen 14.565 ff.
- wirtschaftliche Eingliederung 14.587

Organträgerbetriebsstätte 14.546 ff.
- Belegenheitskriterium 14.550
- inländische Betriebsstätte 14.548
- mehrstufige Struktur 14.551
- qualifizierte 14.547
- zeitraumbezogene Zuordnung 14.552
- Zuordnung 14.549 ff.
- Zurechnung von Organeinkommen 14.553

Organträger-Holding 14.1
Ort der Geschäftsleitung
- Begriff 14.149
- einer Auslandsholding 15.15 ff.
- einer inländischen Holding 14.1
- Verlegung *siehe Sitzverlegung*
- Vermeidung inländischer Ort 14.147 ff.

Österreich als Holding-Standort 16.63 ff.
- Aktiengesellschaft (AG) 16.64 f.
- Gesellschaft mit beschränkter Haftung (GmbH) 16.66 ff.
- steuerliche Holdingparameter 16.70 ff.

Outbound-Finanzierung 14.107

Passivierungspflicht 9.236, 9.532
Patronatserklärung
- Haftung 8.20
- harte 12.49

Pension 14.224
- Pensionsanwartschaft 9.105
- Pensionsrückstellung 9.105
- Wertpapierpensionsgeschäft *siehe auch Altersversorgung*

Per Country Limitation 14.481
Personalführungsgesellschaft 12.5, 12.27, 12.216
Personelle Führung 4.100 ff.
- durch Organverknüpfung 4.107; 5.64 ff.
- Führungskoalition 4.112
- Managemententwicklung 4.101
- Motivation 4.113 ff.
- Personaltransfers 4.101
- qualifizierter Nachwuchs 4.106

Personenbezogene Daten
- Erhebung 6.145
- Verarbeitung/Nutzung 6.148

Personengesellschaft
- als ausländische Zwischenholding 15.10 ff.
- als Organgesellschaft 14.582
- Einbringung 14.375 ff.
- Einkommensteuer 14.456 ff.
- Einkünftequalifizierung 14.28
- Einkünftezurechnung 14.24
- Erbschaftsteuer 14.70, 14.464
- Formwechsel 14.398 f.

- Gewerbesteuer 14.50, 14.476
- Gewinn- und Verlustrechnung 9.66
- Haftung 8.9, 8.77; 14.9
- Jahresabschluss, Angaben zu Beteiligungen 9.128
- Offenlegung 9.128
- Rechnungslegung 9.18, 9.85
- Rückstellungen 9.240
- Spaltung 14.389 ff.
- Stand-alone-Klausel 14.130
- Steuerbelastungsvergleich 14.56 ff.
- steuerliche Aspekte bei Errichtung 14.374 ff.
- steuerliche Gestaltung 14.82
- steuerneutrale Auflösung 14.423
- Steuersubjekteigenschaft 14.13, 14.35
- Thesaurierung 14.18, 14.56
- Veräußerung von ausländischen 15.48 ff.
- Verschmelzung 14.392

Pflichtangebot nach WpÜG 17.91
- SEAG/WpÜG 17.94

Phasengleiche Aktivierung 14.427
Phasengleiche Vereinnahmung 9.262 ff.
Poolvereinbarung 3.173; 4.10
Porsche Automobil Holding SE 4.35
Portfoliostrategie 4.87
Postmerger-Prozess
- Corporate Identity 4.127

Potenzialplanung 4.79
Präferenz 10.72
Prävention 6.60
- Compliance Due Diligence 6.95
- Eigenerklärung 6.95
- Einzelfallberatung 6.92
- interne Richtlinien 6.61; *siehe auch dort*
- Schulungen 6.88

Principal Purpose Test (PPT)
- Aufnahme in DBA 15.39

Prinzipal-Agent-Theorie 4.63
Private Equity
- Private Equity Gesellschaft 10.153
- Private Equity Strukturen 3.106

Produktionsbedingung 10.71
Produktmarkt, internalisiert 4.42
Profitability Index 10.41
Prüfungsausschuss 5.30; 9.589, 9.599, 9.601
Prüfungsrecht 7.26

Qualifiziert-faktischer Konzern
- Beteiligungsüberwachung 5.60
- Haftung 8.78 ff.
- Verbot 8.86 f.

Quartalsbericht 5.54; 7.13
Quellensteuer
- ausländische Zwischenholding 15.33

Quellkonto 11.1
Quotenkonsolidierung 9.352

Rahmenvertrag 12.37
Rangrücktritt 20.21
Rating 11.41
- E.ON SE 10.139

Realisationsprinzip 9.11; 14.26
Realteilung 14.5, 14.26, 14.423
- Missbrauch 14.425

Rechnungslegung 9.142; *siehe auch Bilanz*
- Abschlussposten, typische 9.142; *siehe auch dort*
- Abwertungserfordernis 9.209
- Anhang *siehe dort*
- Begriff 9.1 ff.
- bei Liquidation 20.15
- Bewertungseinheit 9.243
- Buchführungsgrundsätze 9.10
- EU-Recht 9.21 ff.; 18.71 ff.
- in der Holding 9.1 ff., 9.67 ff.
- Konzernabschluss *siehe dort*
- Politik 9.326
- Prüfung durch Abschlussprüfer 9.595
- Prüfung durch Aufsichtsrat 9.620 ff.
- Prüfung Jahres- und Konzernabschluss 9.587 ff.
- Umfang 9.17
- Unternehmensverbindungen iSd Bilanzrechts 9.29
- verbundene Unternehmen 9.49 ff.

Rechtliche Selbständigkeit 4.13
Rechtsformen der Holding
- Aktiengesellschaft 3.20
- bestimmende Merkmale 3.33 ff.
- betriebliche Mitbestimmung 3.19
- Einflussnahme Dritter 3.15, 3.19
- eingetragene Genossenschaft 3.32
- Einzelkaufmann 3.9
- EWIV 18.3 ff.
- GmbH 3.16 ff.
- Grundfragen der Rechtsformwahl 3.5 ff.; 14.6 ff.
- KGaA 3.29
- Personengesellschaft 3.10 ff.
- SCE 18.15 f.
- SE 3.20; 18.10 ff.
- SPE 18.17 ff.
- Stiftung 3.30 f.
- SUP 18.20 ff.

- unternehmerische Mitbestimmung 3.19
- Verein 3.31 ff.

Rechtsformen der Unternehmen im Holdingkonzern 3.47 ff.
- Aktiengesellschaft 3.54 ff.
- Bedeutung der Rechtsform 3.48 ff.
- GmbH 3.53
- Kapitalaufbringung, -erhaltung 3.50
- Mitbestimmung 3.55a
- Personengesellschaft 3.52
- SE 3.54b

Rechtsformhomogenität 14.10

Rechtsformneutralität
- der Umsatzsteuer 14.15, 14.580, 14.584

Rechtsgegenständlichkeit 4.5

Rechtsvorschriften (BDSG) 13.104

Rechtswahl
- Anknüpfung 13.11
- bei vorübergehender Entsendung 13.13
- durch Tarifvertrag 13.10
- Eingriffsnorm 13.18, 13.22
- fehlende 13.11 ff.
- Formularvertrag 13.9
- freie 13.6, 13.7 ff.
- gewöhnlicher Arbeitsort 13.11
- Günstigkeitsvergleich 13.16
- nachträgliche 13.17
- Ortsrecht bei Vertragserfüllung 13.25 f.
- Wechsel des Statuts 13.17

Regelverschonung 14.70

Registergericht
- bei Gründungsprüfung 17.77

Related Party Transactions (RPT)
- Ausnahmen 18.57
- Begriff 7.45a; 18.50 ff.
- Geschäft 18.52
- Geschäfte mit Tochtergesellschaften 18.55
- Transparenz 18.53
- Zustimmungspflicht 18.54

Rendite 10.21 ff., 10.83
- Allokation 4.73 f.
- als Beurteilungsmaßstab für Wertschaffung 10.9 ff.
- Ermittlung zukünftiger 4.73
- Gesamtunternehmensrendite 4.74
- Kapitalrendite 10.48
- Renditemanagement 10.23
- Unterrentabilität 9.212

Rentnergesellschaft 12.55
- Dotierungspflicht 12.59

Repatriierung von Gewinnen 15.114 ff.

Repression 6.107 ff.
- Gesprächsprotokolle 6.120
- Grenzen der Ermittlung 6.112 ff.
- Hinweisgebersystem 6.125 ff.
- rechtlicher Hintergrund 6.107 ff.
- staatliche Untersuchung 6.110 f., 6.122 ff.
- Zusammenarbeit mit Behörde 6.122

Ressortprinzip 4.129; 5.10

Restrukturierungs-RL 20.87 ff.

Restrukturierungsstrategie 4.88

RETT-Blocker-Struktur 14.321

Return on Capital Employed (ROCE) 10.49

Richtlinie
- über bestimmte Aspekte des Gesellschaftsrechts (GesRRL) 18.46 ff.

Richtlinie über Beteiligung der Arbeitnehmer 17.3

Richtlinie über Märke für Finanzinstrumente 18.83

Risiko 10.21 ff.
- Früherkennungssystem 5.41 ff.
- Risikobereitschaft 10.72
- Risikobewertungen 6.57
- Risikominimierung 10.70
- Risikosimulation 10.43
- Risikosteuerung 10.115
- Risikotragfähigkeitskalkül 10.99
- Streuung 10.98

Risikocontrolling 5.31, 5.41 ff.
- konzernweites 5.78 f.

Risikokapital 4.114

Risikomanagement 2.41
- Finanzwirtschaft 10.6, 10.23, 10.97 ff.
- interne Überwachung 5.30 ff., 5.41 ff.
- Tax Compliance 14.604 ff.
- Three Lines of Defense-Modell 5.36a

Rom II-VO 13.11; *siehe auch Rechtswahl*

Rom I-VO 13.5, 13.7 ff., 13.11; *siehe auch Rechtswahl*
- Günstigkeitsvergleich 13.16

Rücksichtnahmepflicht 6.80

Rückstellungen
- als Abschlussposten 9.234 ff.
- bei schwebenden Geschäfte 9.245
- bei Unternehmensvertrag 9.234
- Bewertungseinheit 9.243
- Dokumentation 9.250
- im faktischen Konzern 9.239
- nach IFRS-Bewertung 9.531
- Sicherungsinstrumente 9.247
- wegen finanzieller Risiken 9.241

Sachanlage
- Bewertung nach IFRS 9.504

Sacheinlage 9.172
- Anspruch gegen Dritte 11.102
- gemischte 3.93
- Sachübernahme 3.89
- steuerliche Aspekte 14.250 ff., 14.542
- verdeckte 3.87; 11.97; 14.414

Safe-harbor-principles 13.102
Sale-and-lease-back-Gestaltung 14.121
Sanierung
- Sanierungsklausel 14.144
- Sanierungskonzept 20.69
- Sanierungsmaßnahme 4.88
- Sanierungsprivileg 8.60 ff.
- übertragende 20.57 ff.

Sanitary-Entscheidung 8.83
Sanktionen bei Verletzung interner Überwachungspflichten 5.96 ff.
- Aufsichtsrecht 5.105
- Gesellschaftsrecht 5.97 ff.
- Insolvenzrecht 5.103
- Kartellrecht 5.102
- Ordnungswidrigkeitenrecht 5.106 f.
- Strafrecht 5.108

Satzung
- Satzungsänderung 19.9

Schachtelprivileg 14.304
- gewerbesteuerliches 14.468, 14.491 f.; 15.120
- internationales gewerbesteuerliches 14.472, 14.502 ff.
- nationales gewerbesteuerliches 14.471

Schädigung
- Schädigungsprivileg 8.69
- Schädigungsverbot 8.73

Schenkungsteuer 14.70, 14.464
Schnittstellenproblematik 3.131
Schuldenkonsolidierung 9.354
Schuldscheindarlehen 9.217
Schulungen 6.88
Schutzgesetz (§ 823 Abs. 2 BGB) 8.23
Schutzpflichten bei Entsendung 12.18
Schutzschirmverfahren 20.74 ff.
Schweiz als Holding-Standort 16.91 ff.
- Aktiengesellschaft (AG) 16.92 ff.
- Beteiligungsabzug 16.101
- Gesellschaft mit beschränkter Haftung (GmbH) 16.95 ff.
- steuerliche Holdingparameter 16.98 ff.

Schwerbehindertenschutz 13.19
Segmentberichterstattung 9.385 ff.
- geografische 9.387
- nach IFRS 9.426
- produktorientierte 9.387
- relevante Daten 9.388

Sensitivitätsanalyse 10.42
Share Deal 10.155
Share Holder Value 10.2, 10.13, 10.16
- Politik 10.160

Short Costs 10.84
Sicherheit
- als Auszahlung 11.59 ff.
- Anfechtung 8.52 f.
- aufsteigende 11.77 ff.
- Personalsicherheit 11.81
- Pflicht zur Leistung 8.63
- Verwertungsbeschränkung 11.65
- Verwertungszeitpunkt 11.84

Sicherungsbeziehung
- Arten 9.469
- Dokumentation 9.250
- Wirksamkeit 9.248

Sicherungsgeschäfte 9.466 ff.
Sicherungsinstrumente 9.247, 9.466 ff.
Side-stream-merger 15.139
Singapur als Holding-Standort 16.28 ff.
- Rechtsformen 16.218 ff.
- steuerliche Holdingparameter 16.221 ff.

Sitzverlegung 15.81; 20.7 f.
- aus steuerlicher Sicht 15.81 ff., 15.91 ff., 15.149 ff.
- EU-Recht 18.36 ff.
- Satzungssitzverlegung 20.7
- Sitztheorie 14.181 f.
- Verwaltungssitzverlegung 18.36 ff.

Societas Cooperativa Europaea (SCE) 18.15
Societas Europaea (SE) 18.10 ff.; *siehe Europäische Gesellschaft*
Societas Privata Europaea (SPE) 18.17 ff.
Societas Unius Personae (SUP) 18.20 ff.
Sonderbetriebsausgaben 14.455
Sonderbetriebsvermögen 14.260, 14.274, 14.313
Sondervergütungen 14.281
Sozialauswahl 12.219
Sozialleistungssystem
- holdingübergreifendes 12.25

Sozialversicherungspflicht
- Anwartschaftsbarwertverfahren 9.539 f.
- bei internationaler Entsendung 13.38 ff.
- Freistellung 13.48

Spaltung 14.326 ff., 14.389 ff.; 18.69
- Abspaltung 3.135; *siehe auch dort*
- auf ausländische Zwischenholding 15.76 ff.
- Aufspaltung 3.135; *siehe auch dort*
- Aufwärtsspaltung 14.343
- Ausgliederung *siehe dort*
- grenzüberschreitende 18.41 f., 18.70

- Hereinspaltung 15.143
- Hinausspaltung 15.76
- Kombinationsmodell 3.142
- nationale 18.69
- Realspaltung 3.137
- Spaltungsmodell 3.123
- steuerliche Aspekte 14.326 ff., 14.389 ff.

Spartenführung 4.129 f.

Sperrfrist
- bei Anteilen 14.235 ff., 14.382
- bei ausländischer Holding 15.58, 15.66
- Einbringungsfolgegewinn 14.310

Spezialisierungsstrategie 4.90

Spezialisierungsvorteile 10.130

Sphärenvermischung 8.94

Spin-off 10.150

Spruchverfahren 17.84 ff., 17.86; 19.53

Squeeze-out 3.161 ff.; 19.33

Stabilität
- als Holdingeigenschaft 4.10 f.

Stakeholder 10.2

Stammarbeitsplatz 12.119

Stammhaus 3.117 ff.
- Begriff 1.15
- Entwicklung 3.117 ff.

Stammhauskonzern 3.117
- Begriff 1.15; 2.58

Stand-alone-Klausel 14.110, 14.118, 14.126 f.

Standortelastizität 4.14

Stetigkeitsgrundsatz 9.329, 9.433

Steuer
- Abgeltungsteuer 14.17, 14.457
- bei Änderung der Beteiligungsstruktur 14.400 ff.
- bei Einbringung *siehe dort*
- bei Errichtung 14.167 ff.
- bei Finanzierung von Holdingunternehmen 14.594 ff.
- bei SE-Gründung 17.28
- Dividendenbesteuerung *siehe dort*
- Doppelbesteuerung, Vermeidung 14.477 ff.
- Einkommensteuer *siehe dort*
- Gestaltungsziele *siehe Steuerliche Gestaltungsziele*
- Grunderwerbsteuer *siehe dort*
- Grundlagen 14.1 ff.
- Hinzurechnungsbesteuerung 14.157 ff.
- internationales Steuerrecht 14.5
- Körperschaftsteuer *siehe dort*
- korrespondierende Bilanzierung 14.25
- latente *siehe Latente Steuern*
- laufende *siehe Laufende Besteuerung*
- Leistungstransfers 14.41
- Organschaftsbesteuerung *siehe dort*
- Quellensteuern 14.510 ff.
- Realteilung 14.5, 14.26, 14.423, 14.425
- rechtsformneutrale 14.32 f.
- Steuer bei internationaler Standortwahl *siehe dort*
- Steuerbelastungsunterschiede 14.32 ff., 14.55 ff.
- Steuerbilanz 9.193
- Steuerstundungseffekt 14.310
- Steuersystem 10.146
- Steuervorteil 10.73
- Teileinkünfteverfahren 14.17
- transparente Gesellschaft 14.302
- Umsatzsteuer *siehe dort*
- Veräußerungsgewinnbefreiung 14.214 ff.
- Zinsschranke *siehe dort*

Steuer bei internationaler Standortwahl
- Gestaltungsziele *siehe Steuerliche Gestaltungsziele*

Steuerbegünstigung
- Einkommensteuerrecht 14.404
- Grunderwerbsteuerrecht 14.363

Steuerliche Gestaltungsziele 2.32; 14.72 ff.
- bei nationaler Holding 14.72 ff.
- Betriebsausgabenabzug 14.102 ff.
- Dividendenfreistellung 14.84 ff.
- erbschaftsteuerliche Verschonung 14.154 ff.
- Freistellung von Veräußerungsgewinnen 14.97 ff.
- Nutzung von Verlusten 14.139 ff.
- Steuerbelastungsminderung 14.72
- Vermeidung Hinzurechnungsbesteuerung 14.157 ff.
- vertikaler Gewinn- und Verlustausgleich 14.73 ff.
- Vorsteuerabzug 14.153, 14.316, 14.524
- Zinsschranke *siehe dort*

Steuersubjekteigenschaft 14.13 ff.
- Kapitalgesellschaft 14.13
- Personengesellschaft 14.14
- Steuersubjektprinzip 14.21

Steuerung, finanzielle 14.214; *siehe auch Finanzwirtschaft*

Stiftung 3.30 f.
- als Holding 3.30 f.
- Beteiligungsträgerstiftung 3.30 f.

Stille Reserven
- Realisierung 15.42 ff.
- stille Reserven-escape 14.143

Stille-Reserven-Escape 14.107

Strafrecht
- Bankrott 11.112

- beim Cash Pool 11.111 ff., 11.117
- Bestechung 5.108
- Betreuungspflicht 11.111, 11.115
- Betrug 11.116
- Garantenstellung des CCO 6.25
- Gläubigerbegünstigung 11.113
- interne Überwachung 5.108
- Untreue 5.108; 11.111
- Verbandsstrafengesetz, Entwurf 5.108a

Strategische Führung 4.77 ff.
- Branchenstrategie 4.89
- Grundstrategien 4.87 ff.
- Planung 4.78 ff.
- Portfoliostrategie 4.87
- Restrukturierungs- und Geschäftsaktivierungsstrategie 4.88
- Spezialisierungsstrategie 4.90
- Strategieumsetzung 4.78 ff.
- strategisches Controlling 4.94 ff.
- Transaktionsstrategie 4.91

Stresselement 10.110

Stresstest 10.82

Streubesitz 10.71, 10.98
- Beteiligungen 14.435, 14.438
- Dividende 14.17, 14.454, 14.467, 14.468 f., 14.576
- einheitliche Steuerpflicht 14.437

Swapstruktur 10.118

Switch-over-Klausel 15.125 ff.

Symmetriethese 14.76

Takeover
- Abwehrmaßnahme 10.158 f.
- hostile 10.158

Tarif
- Anschlussvertrag 12.147
- International Framework Agreement 13.64
- Konzerntarifvertrag 12.135 f.
- koordinierter Tarifvertrag 12.145 ff.
- mehrgliedriger Firmentarifvertrag 12.154
- Rechtswahl durch Tarifvertrag 13.10
- Tarifermäßigung 14.295
- Tariffähigkeit 12.137
- Tarifvereinheitlichung 12.140
- Verbandstarifvertrag 12.150, 12.152, 12.155
- Zuständigkeit im Holdingkonzern 12.137, 12.141

Tax Compliance 14.604 ff.

Teileinkünfteverfahren 14.17, 14.227, 14.457; 15.46

Teilgewinnabführungsvertrag 3.57
- Finanzerträge 9.269

Teilkonzern
- fingierte Spitze 12.134
- Konzernbetriebsrat 12.171
- Mitbestimmung 12.104 ff.

Teilwertabschreibung 14.78, 14.446

Tendenz
- Tendenzschutz 12.76, 12.105
- Tendenzunternehmen beim DrittelbG 12.126
- Tendenzzurechnung 12.76

Termingeschäft 10.116, 10.121 ff.

Territorialitätsprinzip 13.67, 13.95

Thesaurierung 14.18
- Thesaurierungsbegünstigung 14.18, 14.56, 14.462
- Thesaurierungsbesteuerung 14.296

Three Lines of Defense-Modell
- Risikomanagement 5.36a

Tilgungsabrede 11.144

Tochtergesellschaft
- Aktivitätenspektrum 4.48
- Ausgliederung 3.125
- beherrschender Einfluss 9.53
- Berechnungsdurchgriff 12.60 f.
- Besteuerung in Organschaftsfällen 14.588
- Börsengang 10.150
- dezentrale Konzernfinanzwirtschaft 4.65
- DrittelbG 12.125
- Einsichtsrecht 7.27
- ergänzender Arbeitsvertrag 12.35 ff.
- finanzielle Führung 4.61
- Integration 4.59
- Investitionsautonomie 4.73
- Jahresabschluss 9.49, 9.54, 9.58
- Kapitalerhöhung 3.199; 7.58
- Kartellrecht 8.30
- Konsolidierung 9.337
- Mindestzuständigkeit 4.18
- Mitbestimmung 12.95 f.
- Mitwirkung der Holding bei Entscheidungen 3.197
- nach IFRS 9.514
- organisatorische Eingliederung 14.588
- Rechtsformwahl 3.130
- Rücklagenbildung 3.206
- SE 17.10
- Strukturregeln 4.65
- Tarifrecht 12.138, 12.146
- übertragende Auflösung 19.41 ff.
- Umstrukturierung 7.52
- Unternehmensvertrag 7.58
- Veräußerung 19.3 ff.

- Verschmelzung 19.20 ff.
- Zurechnung 12.87
Transaktionsstrategie 4.91
Transfersteuer 15.43, 15.44
Transparenz(-prinzip)
- als Controllinginstrument 4.94
- als Kommunikationsprinzip 10.162
- bei Personengesellschaften 14.24
Transparenz-RL 18.84
TransPuG 5.33
Treaty-override-Klausel 14.210, 14.376
Trennungsfunktion
- Holding 2.39
Trennungsprinzip 8.9 ff.
- Ausnahmetatbestände 8.13 ff.
- im Steuerrecht 14.16
Treuepflicht
- Haftung bei GmbH 8.71 ff.
- mehrgliedrige GmbH 11.106
Trihotel-Entscheidung 8.81
Überlassung *siehe Entsendung*
Übermaßverbot
- Datenschutzgesetz 6.116
- laufende Besteuerung 14.433
Übernahme (Steuerrecht)
- Konfusion 14.346
- Übernahmefolgegewinn 14.310
- Übernahmegewinn 14.343, 14.395
- Übernahmeverlust 14.343
Übernahmeangebot 3.157 ff.
- Angebotsunterlage 3.158
- angemessene Gegenleistung 3.160
- Pflichtangebot 17.92
Übernahmerecht
- EU-Recht 18.77 f.
Übernahmeschutz 10.160
Überschuldung 20.33 ff.
- Bilanz 20.40
- neuer Begriff 20.34
- rechnerische 20.38
Übertragende Auflösung 19.41 ff.
Überwachung
- Beteiligungsüberwachung *siehe dort*
- externe *siehe dort*
- interne *siehe dort*

Umbuchung 9.91
Umgekehrter Durchgriff 12.44
Umlaufvermögen 9.114
Umqualifizierung
- des Veräußerungsgewinns 14.380, 14.407 ff.
- von Einkünften 14.236
Umsatzerlöse
- Begriff 9.117 f.
Umsatzschlüssel 14.526
Umsatzsteuer 14.61
- bei Abspaltung 14.356
- bei Aufspaltung 14.356
- bei Ausgliederung 14.356
- bei Einbringung 14.312 ff., 14.387
- bei Formwechsel 14.371
- bei Verschmelzung 14.362, 14.396
- laufende Besteuerung 14.515 ff.
- Leistungsaustausch 14.528
- Mehrwertsteuergruppe 14.580
- Neutralität 14.515
- Organschaftsbesteuerung 14.530 ff.
- Rechtsformneutralität 14.15, 14.580, 14.584
- Unternehmerbegriff 14.516 ff.
Umstrukturierung
- grenzüberschreitende 18.35 ff.
- im Holdingkonzern 12.94
- in Konzernfällen 14.322
- steuerliche Aspekte 14.418
Umtauschverhältnis
- bei SE-Gründung 17.27
- Klage 17.88 ff.
- Spruchverfahren 17.88 ff.
Umwandlung
- sachliche Steuerbefreiung 14.323
Umwelthaftung 8.24
Underpricing 10.152
Unfallverhütungsvorschriften 13.25
Unterbilanz
- im Cash Pool 11.24, 11.52 ff., 11.62
Unterkapitalisierung
- Haftung 8.22, 8.90 ff.
Unterkonzern *siehe Konzern im Konzern*
Unterlassungsanspruch
- Europäischer Betriebsrat 12.211
Unternehmen
- Mitbestimmung *siehe dort*
- Unternehmensbeendigung 9.156
- Unternehmensethik 6.12 ff.
- Unternehmensgegenstand 3.113, 3.187; 7.50
- Unternehmenskrise 10.70
Unternehmensbegriff 3.69 ff.; 9.33
- als Obergesellschaft 3.72
- als Untergesellschaft 3.71
Unternehmensfinanzierung
- Mindeststandards 8.41
Unternehmensgegenstand
- Bedeutung 3.187; 7.50
- bei Errichtung 3.113
- Zustimmungspflicht 19.5 ff.

Unternehmensplanung
- Aufgabe 4.78
- Bericht 7.14
- hierarchisch gespaltene 4.84
Unternehmensverbund, horizontaler 14.582
Unternehmensvertrag 3.57 ff.
- bei Liquidation 20.12
- Betriebspachtvertrag 3.57, 3.181
- Betriebsüberlassungsvertrag 3.57, 3.181
- Dotierungspflicht 12.59
- gemeinsamer Betrieb 12.216
- Gewinngemeinschaftsvertrag 3.57
- Rückstellungen 9.234
- Sicherheitsleistung 8.63
- Teilgewinnabführungsvertrag 3.57
- Tochtergesellschaft 7.58
- Trennungsprinzip 8.11
Unternehmenswert
- Marktwertbilanz 10.19
- Maximierung 10.3
Unterordnungskonzern 12.88, 12.167
Unterrichtung
- Europäischer Betriebsrat 12.192, 12.208
Unterstützungsstreik 12.153
Untreue iSd StGB 5.108; 11.111
Up-stream-Inboundfinanzierung 14.106
Up-stream-loan 11.20, 11.27 ff., 11.74 ff.
- Auszahlung 11.27 ff.
- Zinsschranke 14.121
Up-stream-merger *siehe Verschmelzung*
Ursprungskonto 11.1
USA als Holding-Standort 16.181 ff.
- Corporation 16.183 f.
- Limited Liabilty Company (LLC) 16.185 f.
- steuerliche Holdingparameter 16.187 ff.

Value at Risk (VaR) 10.100 f.
- Conditional VaR 10.113
Value Center 4.72
Verantwortliche Stelle (BDSG) 13.81 ff.
Veräußerungsgewinnbefreiung 14.214 ff.
- Finanzunternehmen 14.214 ff.
- Lebens- und Krankenversicherungsunternehmen 14.222
- Wertpapierleihe 14.224
Verbandstarifvertrag 12.150, 12.152, 12.155
Verbundene Unternehmen
- Abgänge 9.142 ff.
- Abschlussposten 9.109 ff.
- Anteilsbewertung 9.162 ff.
- Begriff 9.49
- beizulegender Wert 9.194
- Bewertung 9.162
- Finanzerträge 9.255
- Zugänge 9.142 ff.
Verbundvorteile 2.36
Verein
- als Holding 3.31 ff.
- Nebenzweckprivileg 3.31 ff.
Verfallsanordnung 5.107
Verfügungsverbot
- in der Insolvenz 20.45
Vergleichbarkeitsgrundsatz 9.433
Verhaltensrichtlinie *siehe Interne Richtlinie*
Verhältnismäßigkeit
- Datenschutzgesetz 6.116
- laufende Besteuerung 14.433
Verjährung
- Ersatzanspruch 5.100
Verkaufsmodell 3.180 f.
Verlässlichkeitsgrundsatz 9.432
Verlust
- Definitiveffekt 14.139
- gewerbesteuerlicher 14.146
- Gewinn- und Verlustrechnung *siehe dort*
- Konzernklausel 14.142
- Nutzung 14.139 ff.
- Verlustrücktrag 14.139
- Verlustvortrag 14.139, 14.300, 14.307
- vertikaler Gewinn- und Verlustausgleich 14.73 ff.
Verlustausgleichsanspruch 8.62 ff.
- bei operativer AG 8.62 ff.
- bei operativer GmbH 8.67
- bei Personengesellschaften 8.68
- horizontaler 14.81
Verlustausgleichsbeschränkung
- nationales Steuerrecht 14.282
Verlustverrechnung
- Beschränkung 14.282
Vermögen
- Betreuungspflicht iSd StGB 11.111, 11.115
- Vermögensholding *siehe Finanzholding*
- Vermögensstruktur 10.86
- Vermögensvermischung 8.89; 12.56
Vermögensholding
- Begriff 2.4 ff.
Vermutung
- assoziiertes Unternehmen 9.357
- Beteiligung 9.43 ff.
- Konzernvermutung 1.39 ff.
Verrechnung
- Verrechnungskonto 11.1, 11.95
- Verrechnungspreis 4.53
- Verrechnungsstichtag 9.341
- Verrechnungsverbot 9.74

Verrechnungsverbot 9.11, 9.433
Verschmelzung 3.101; 18.59 ff.
- aufnehmende Holding-AG 19.22 ff.
- aufnehmende Holding-GmbH 19.37 ff.
- Aufsichtsrat 19.24
- bei SE-Gründung 17.10
- erleichterte Konzernverschmelzung 19.40
- EU-Recht 18.59 ff.
- finanzielle Eingliederung 14.544
- grenzüberschreitende 3.55a; 18.39 f., 18.63 ff.
- Grunderwerbsteuer 14.363
- Hinausverschmelzung 15.68, 15.70
- mit Holding 19.20 ff.
- nationale 18.60 ff.
- steuerliche Aspekte 14.358 ff., 14.392 ff.
- steuerneutrale 14.421
- Umsatzsteuer 14.362, 14.396
- up-stream-merger 15.136 ff.
- upstream-merger 18.61 f., 18.64 ff.
- Verschmelzungsbericht 19.28
- Verschmelzungsentwurf 19.25
- Verschmelzungsprüfung 19.23, 19.38
- Verschmelzungsvertrag 19.25
- zur ausländischen Zwischenholding 15.67 ff.
- zur Holdingerrichtung 3.101

Verschuldung 10.68
Versetzungsklauseln 12.30 ff.
- Abordnungsklausel 12.31
- ergänzender Arbeitsvertrag 12.35 ff.
- Wechselklausel 12.32 f.

Versicherung
- Dividendenfreistellung 14.90
- interne Revision 5.84
- konzernweite Compliance 5.82
- Rechnungslegung 9.327

Versicherungsunternehmen
- regulatorische Anforderungen für Holdingunternehmen 3.1

Versorgungsplan
- beitragsorientiert 9.538
- leistungsorientiert 9.539

Versorgungsverpflichtungen
- nach IFRS 9.537 ff.
- Rentnergesellschaft 12.57

Verteilungsannahmen 10.106
Vertikaler Gewinn- und Verlustausgleich 14.73 ff.
Vertragskonzern
- Berechnungsdurchgriff 12.50 ff.
- Beteiligungsüberwachung 5.58
- Compliance 6.64

Vertrauenshaftung 8.26; 12.42, 12.49
- Konzernhierarchie 12.72
- Konzernvertrauenshaftung 8.26
- Schlüsselfaktor 10.164
- Vertrauensprinzip 5.10

Verwaltung
- Finanzverwaltung 15.14
- passive Beteiligungsverwaltung 15.25
- Verwaltungsgemeinkosten 14.525
- Verwaltungskosten 4.128
- Verwaltungssitz 15.81; *siehe auch Sitzverlegung*
- Verwaltungssitzverlegung 15.81; *siehe auch Sitzverlegung*
- Verwaltungsvermögen 14.70

Verwaltungsorgan, erstes 17.68
Verweisklausel im Arbeitsvertrag 6.86
Virtuelle Holding 1.20
Vollständigkeitsgrundsatz 9.11, 9.330
Vollwertigkeit
- Darlehensrückzahlungsanspruch 11.37
- Stichtag 11.47

Vorbehaltensfrist 14.324
Vorlagebericht 7.18
Vorratsgesellschaft 3.95 ff.
Vorratsvermögen nach IFRS 9.530
Vorsichtsprinzip 9.11
Vorstand
- Berichtspflicht 5.7a
- Compliance 6.1
- Compliance Committee 6.140
- Haftung 6.19
- Holzmüller/Gelatine-Rspr. *siehe dort*
- interne Überwachung 15.81; *siehe auch dort*
- Konzernvorstand 5.56
- Öffentlichkeitsarbeit 5.24
- Selbstkontrolle 5.15
- Tochtergesellschaft 19.3

Vorsteuerabzug 14.153
- Aufteilung 14.524
- Ausschluss 14.316
- einer Holding 14.524

Vorvertrag 12.37 f.
Vorzugsaktion 9.46

Wahlrecht
- Betriebsrat 12.86, 12.123, 12.130, 12.160
- phasengleiche Vereinnahmung 9.264 f.

Währung
- Währungsänderungsrisiko 10.132
- Währungsmanagement 4.67

Wandelschuldverschreibung
- als Abschlussposten 9.173

Wechsel des Arbeitgebers 12.21 ff.
Wechselklausel 12.32

Wechselkursrisiko 10.120, 10.146
Wegzugsfall 14.175 ff., 14.254, 14.534; 18.38
Weighted Average Cost of Capital (WACC) 10.35
Weiße Einkünfte 14.283
Weisung
- Beherrschungsvertrag 3.59; 12.50
- bei der GmbH 4.22; 7.62
- Eingliederung 3.61
- Haftung 8.62
- im Arbeitsrecht 12.13
- nachteilige 8.74
- Überwachungspflicht 5.92
Weiterbeschäftigungspflicht 12.68 ff., 12.220
Wertanalyse 10.9 ff., 10.142
- Kapitalwertmethode 10.26 ff.
- mittels Renditeforderung 10.9 ff.
- Wertbeitragskennzahlen 10.46 ff.
Wertanknüpfungsgrundsatz 14.340
Wertaufholung
- Bilanzpostenbewertung 9.102, 9.190
- Gebot 14.336, 14.447
- phasenverschobene 14.342
Wertbeitragskennzahlen 10.46 ff.
Wertcenter 4.72
Werteffekt
- bei Kapitalstrukturentscheidung 10.68
Werthebel 10.73
Wertpapier
- Abschreibung 9.280
- als Abschlussposten 9.227
- EU-Richtlinie 18.83
- European Market Infrastructure Regulation 18.82
- gewerblicher Handel 14.313, 14.519
- nach IFRS 9.529
- Wertpapierleihe 14.224, 14.438
- Wertpapierpensionsgeschäft 14.224
Wertpotential 10.124 ff.
Wertschaffung
- als Ziel 10.1 ff.
- Finanzleiter 10.62 ff.
- Kommunikation 10.161 ff.
- Wertanalysen 10.9 ff.
- Wertpotentiale 10.124 ff.
Wertschöpfung
- Idee 10.27
- Wertschöpfungsarchitektur 10.27
- Wertschöpfungsbeitrag der Holding 4.33
- Wertschöpfungsergebnis 10.27
Werttreiberbaum 10.58
Wertverknüpfung 14.289
Whistleblower-System 6.125; *siehe auch Hinweisgebersystem*
Widerstandsfähigkeit 5.27
Wirtschaftlichkeit
- als Geschäftsführungsprinzip 5.18
Wirtschaftsakademie-Entscheidung 8.83
Working Capital 9.372

Zahlungsfähigkeit 10.81
- drohende Zahlungsunfähigkeit 20.30 ff.
- Weigerungsrecht 11.73
- Zahlungseinstellung 20.28
- Zahlungsunfähigkeit 11.70; 19.25
Zaunkönigphase 17.65 ff.
Zentralität
- als Holdingeigenschaft 3.43; 4.6 f.
- Koordinationsfunktionen 4.133
- Wertsteigerung 10.135
Zero-bonds 9.231
Zerschlagung der Holding 20.57 ff.
Zertifizierung
- Cash Management 6.40 ff.
Zielantinomie 4.8
Zielgruppenorientierung 10.162
Zins
- Effektivzinsmethode 9.460, 9.525 f.
- Finanzaufwendung 9.286
- Finanzerträge 9.283 f.
- im Cash Pool 11.50 ff.
- Zinsabzugsverbot 14.105
- zinsähnliche Erträge 9.283
- Zinsänderungsrisiko 10.132
- Zinseinkünfte 15.97, 15.99
- Zinsmanagement 4.67
- Zinssatz 9.207
- Zinssubvention 9.289
Zins- und Lizenz-RL 15.38
Zinsschranke 14.105 ff., 14.563, 14.600
- Atomisierungsstrategie 14.124
- Ausnahmetatbestände nach EStG 14.122 ff.
- Begriff 14.105 ff.
- Betriebsaufgabe, -übergang 14.108
- Betriebsbegriff 14.114
- betriebsbezogene Betrachtung 14.125
- down-stream-Inboundfinanzierung 14.105
- EBITDA 14.107
- Einbringung eines Mitunternehmeranteils 14.298
- Freigrenze 14.110, 14.123 ff.
- Gesellschafterfremdfinanzierung 14.105; *siehe auch dort*
- Gewerbesteuer 14.138
- maßgeblicher Gewinn 14.116 ff.

- maßgebliches Einkommen 14.116 ff.
- outbound-Finanzierung 14.107
- persönlicher Anwendungsbereich 14.113
- up-stream-Inboundfinanzierung 14.106
- Zinsaufwendungen/-erträge 14.119

Zinsvortrag 14.107, 14.284, 14.298, 14.383

Zurechnung
- bei körperschaftsteuerrechtlicher Organschaft 14.553
- beim DrittelbG 12.130
- der wirtschaftlichen Lage 12.46 ff.
- im Kartellrecht 8.28
- von Arbeitnehmern 12.159
- von Dividendeneinkünften 14.440
- von Einkünften 14.21 ff.
- von Tochtergesellschaften 12.87

Zusage 12.49

Zusammenschlussinstrument 3.144 ff.

Zuschreibung 9.91

Zuständigkeit des Gerichts
- im Arbeitsrecht 13.27 ff.

Zustimmungsvorbehalte
- externe Überwachung 7.42
- konzernweite 5.74 ff.

Zuzugsfall 14.175 ff., 14.253, 14.532; 18.37

Zweckgesellschaft 9.51, 9.57

Zweistufige Holdingerrichtung 3.74

Zwischeneinkünfte
- mit Kapitalanlagecharakter 15.97

Zwischenergebniseliminierung 14.290

Zwischenholding 1.32; 3.4, 3.44
- Arbeitsrechtliches 12.232 f.
- Begriff 2.19
- Mitbestimmung 12.108, 12.232 f.

Zwischenholding, ausländische
- anti-directive-shopping 15.33 ff.
- anti-treaty-shopping 15.33 ff.
- Auflösung 15.129 ff.
- doppelt ansässige 15.119 ff.
- Durchgriffsbesteuerung 15.20 ff.
- Einführung 15.1 ff.
- Errichtung 15.40 ff.
- Gestaltungsgrenzen 15.13 ff.
- grenzüberschreitender Formwechsel 15.155 f.
- Hereinspaltung 15.143 f.
- Hinzurechnungsbesteuerung 15.27 ff.
- Holding-Standorte, ausländische *siehe dort*
- Kapitalgesellschaft 15.10 ff.
- laufende Besteuerung 15.94 ff.
- Nachweis wirtschaftlicher Tätigkeit 15.102 ff.
- Ort der Geschäftsleitung 15.15 ff.
- Personengesellschaft 15.10 ff.
- Sitzverlegung 15.27; *siehe auch dort*
- steuerliche Aspekte der Errichtung 15.46
- steuerliche Missbrauchsbestimmungen 15.13 ff.
- steuerliche Motive 15.8 ff.
- Umwandlung 15.145
- Verschmelzung 15.136 f.

Zwischenwertansatz 14.269, 14.304, 14.350